I0121269

LE DICTIONAIRE DES ARTS ET DES SCIENCES,

TOME SECOND.

M—Z

LE DICTIONAIRE DES ARTS ET DES SCIENCES,

De M. D. C. de l'Académie Françoise.

Nouvelle Edition revûë, corrigée, & augmentée par M. **** de l'Academie Royale des Sciences.

TOME SECOND.

M—Z

A PARIS;
Chez ROLLIN PERE, au Lion d'Or, Quay des Augustins.

MDCCXXXII.
AVEC PRIVILEGE DE SA MAJESTE'.

DICTIONAIRE UNIVERSEL DES TERMES, DES ARTS ET DES SCIENCES.

MAA

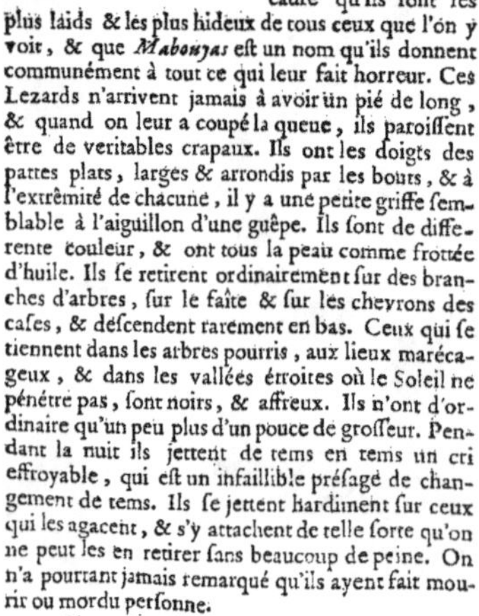

MAAIGNE'. adj. Vieux mot. Estropié.

MAB

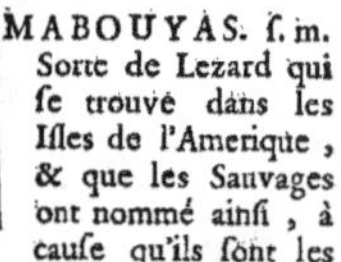

MABOUYAS. s. m. Sorte de Lezard qui se trouve dans les Isles de l'Amerique, & que les Sauvages ont nommé ainsi, à cause qu'ils sont les plus laids & les plus hideux de tous ceux que l'on y voit, & que *Mabouyas* est un nom qu'ils donnent communément à tout ce qui leur fait horreur. Ces Lezards n'arrivent jamais à avoir un pié de long, & quand on leur a coupé la queue, ils paroissent être de veritables crapaux. Ils ont les doigts des pattes plats, larges & arrondis par les bouts, & à l'extrêmité de chacune, il y a une petite griffe semblable à l'aiguillon d'une guêpe. Ils sont de differente couleur, & ont tous la peau comme frottée d'huile. Ils se retirent ordinairement sur des branches d'arbres, sur le faîte & sur les chevrons des cases, & descendent rarement en bas. Ceux qui se tiennent dans les arbres pourris, aux lieux marécageux, & dans les vallées étroites où le Soleil ne pénétre pas, sont noirs, & affreux. Ils n'ont d'ordinaire qu'un peu plus d'un pouce de grosseur. Pendant la nuit ils jettent de tems en tems un cri effroyable, qui est un infaillible présage de changement de tems. Ils se jettent hardiment sur ceux qui les agacent, & s'y attachent de telle sorte qu'on ne peut les en retirer sans beaucoup de peine. On n'a pourtant jamais remarqué qu'ils ayent fait mourir ou mordu personne.

MAC

MACARON. s. m. Sorte de patisserie faite d'amandes douces, de sucre & de blancs d'œufs. Quelques-uns font venir ce mot de l'Italien *Macaroni*, qui est une sorte de mets fait de farine & de fromage qu'on cuit dans le pot avec la viande, & dont les Italiens sont fort friands. On les appelle *Vermicelli*, lorsqu'ils sont taillés par menus filets. M. Ménage dérive *Macaron* du Grec *μάκαρ*, Heureux, comme si c'étoit le mets des heureux.

MACARONIQUE. adj. On appelle *Poësie Macaronique*, Une espece de Poësie Burlesque faite de mots écorchés du Latin & de la langue maternelle. On lui a donné ce nom de ce que les Italiens disent, *Tu sei un Macarone*, pour dire, Tu es un homme grossier, rustique, & de peu d'esprit, & cela vient de ce que les principaux mets des Villageois, qui sont de petits gâteaux faits de pâte non blutée, d'œufs & de fromage, sont nommés *Macaroni*. Il y a une Macaronie de Rimini, publiée l'an 1526. en six Livres par Guarino Capella, contre Cabri, Roi de Gogue Magogue, quel'on a voulu faire passer pour la premiere piece qui ait paru en ce genre, mais on assûre que Theophile Folengi, Moine Benedictin, avoit donné sa Macaronie dès l'an 1520. sous le nom de *Merlin Coccaye*. Cette piece l'a emporté sur toutes les autres, soit pour le stile, soit pour l'invention & pour le mêlange agreable du plaisant avec l'utile. Ainsi selon la force du mot *Macaroni* des Italiens, on peut regarder la Poësie Macaronique comme un ragoût de diverses choses assemblées à la paysanne, c'est-à-dire, qu'il y entre du Latin, de l'Italien, ou de quelque autre langue vulgaire, aux mots de laquelle on donne une terminaison latine.

MACAUT. s. m. Vieux mot. Besace, Poche. On a dit aussi *Magaut*.

MACEDONIENS. s. m. Heretiques ainsi appellés de Macedonius, Evêque de Constantinople. Ils tenoient que le saint Esprit étoit une Creature, un serviteur de Dieu, & non pas Dieu même, & que par le saint Esprit on entendoit seulement une puissance créée de Dieu & participante des creatures. Cette heresie fut opiniâtrement soûtenue sous Constantin, fils de Constantin, trois cens douze ans après Jesus-Christ, & condamnée au second Concile universel de Constantinople sous Theodose le Grand. On appella les Macedoniens πνευματομαχοὶ, à cause qu'ils combattoient le saint Esprit.

MACE. s. f. Vieux mot. Massue. Masse d'armes, qui avoit le bout fort gros. Il y avoit quelquefois un petit moulin dans le manche, afin que dans le besoin les soldats eussent le moyen de moudre leur blé. *Et se ferit emmi l'estour sa mace en main, & sçachez bien que ceux qu'il attaquoit n'avoient que faire de Myre.* On a dit aussi *Machue,*

En son poin tient une machue
Fierement la paumoit, & rue
Entour soi, à coups perilleux.

MACER. s. m. Ecorce qui s'apporte de Barbarie. Elle est rousse, épaisse & fort astringente au goût; prise en breuvage, elle sert à ceux qui crachent le sang, aux dysenteries, & aux flux de Ventre. Voilà ce qu'on en trouve dans Dioscoride. Pline dit que le Macer s'apporte des Indes, & que c'est une écorce rouge d'une grande racine qui s'appelle comme son arbre, quoiqu'il ne sçache quel arbre c'est. Galien qui parle aussi du Macer, dit de même que c'est une écorce que l'on apporte des Indes, qu'elle est âpre au goût, accompagnée d'une petite acrimonie odorante, qui se rapporte presque à l'odeur des autres drogues aromatiques qu'on nous en apporte. Il semble être composé d'une essence mixte, dont la plus grande partie est froide & terrestre, & la moindre, chaude & subtile, ce qui le rend efficacement dessiccatif & astrictif. Quelques-uns le confondent avec le Macis, & Matthiole fait voir leur erreur.

MACERATION. s. f. Terme de Chymie. Operation qui commence la digestion, dont elle ne differe que du plus ou du moins. C'est une espece d'infusion qui se fait avec peu de liqueur, & pour imprimer, plûtôt que pour ôter quelque chose au médicament. Les racines aperitives dont on veut augmenter la vertu, trempent avec un peu de vinaigre, & c'est ce qu'on appelle proprement *Maceration.* Elle se fait à froid au lieu qu'il faut de la chaleur dans l'infusion.

MACERON. s. m. Plante, qui, selon Dioscoride, croît en abondance au Mont Amanus, & dont la tige est semblable à l'ache. Ses feuilles qui sont plus larges, roides, grassettes, & qui panchent contre terre, ont une odeur aromatique, jointe à une certaine acrimonie agreable. Elles sont de couleur pâle tirant sur le roux, & les bouquets qu'on voit au-dessus des branches, sont faits en rond comme ceux d'aneth. Sa graine est semblable à celle du chou, ronde, noire, forte, & de goût de myrrhe, ensorte que l'on peut prendre aisément l'une pour l'autre. Sa racine qui est odorante & forte, pique le goût, chatouille la gorge, & est molle, tendre & pleine de jus. Son écorce est noire au-dehors, & verte ou blanchâtre au-dedans. Le Maceron croît parmi les pierres, aux lieux fangeux, & sur les côtaux. Les Grecs l'ont appellé σμύρνιον, à cause que sa graine a l'odeur de σμύρνα, qui veut dire, myrrhe. Sa racine prise en breuvage appaise la toux, & est bonne aux morsures des Serpens. Sa graine est un remede pour les accidents des reins, de la ratte & de la vessie, & prise aussi en breuvage, elle est propre aux sciatiques, & pour dissiper les ventosités de l'estomac. Galien dit qu'on appelle le Maceron *Hipposelinon sauvage*, qui est une espece d'ache & de persil, & que ceux de Cilicie appellent aussi *Persil*, celui qui croît au Mont Amanus. Il ajoûte qu'il y a un autre Smyrnium plus fort que le Smyrnium commun, & qui n'a point tant d'acrimonie que le persil; qu'ainsi il est propre à appliquer sur les ulceres, parce qu'il desseche sans douleur, & resout toutes duretés & tumeurs, étant du reste de proprieté semblable à l'ache & au persil.

MACHAO. s. m. Oiseau du Bresil, d'un plumage noir, mais si bien mêlé de verd, que quand le Soleil jette ses rayons dessus, il n'y a rien qui soit plus luisant. Il a les piés jaunes, le bec & les yeux rougeâtres. C'est seulement au milieu du pays qu'il aire, & on le trouve rarement auprès du rivage.

MACHECOULIS. s. m. Espece de galerie, d'allée, de passage, pour aller à couvert tout autour d'un bâtiment. Il y a au haut du pourtour des vieux châteaux de ces sortes de galeries, qui sont garnies d'une devanture, faite de brique ou de dales. Elles sont portées en saillie sur des corbeaux de pierres, & comme l'espace de l'un à l'autre est à jour, on jettoit de là autrefois des pierres pour empêcher que l'on approchât du pied de la muraille, & qu'on ne la vint escalader. On dit aussi *Machicoulis* & *Machicoules.*

MACHEFER. s. m. Sorte de crasse dure que fait l'acier ou le fer quand on les forge. Les Taillandiers se servent du Machefer pour éclaircir leur besogne.

MACHEMOURE. s. f. On appelle ainsi en termes de mer, le menu débris d'un biscuit, quand il est réduit en miettes. Les morceaux qui sont aussi gros qu'une noisette ne sont point reputés Machemoure.

MACHIAVELISTES. s. m. Nom qu'on donne à ceux qui en matiere de politique, embrassent les sentimens de Machiavel, dont les maximes répandues dans ses Traités sont très-dangereuses. Elles sont dures, cruelles, & les éloges qu'il a affecté de donner à Brutus & à Cassius persuadent qu'il étoit complice de la conjuration qui se fit contre les Medicis à Florence, sa patrie, quoique sa constance l'ait tiré d'affaires après avoir été mis à la question. Il mourut vers l'an 1528. d'une medecine prise à contre-tems.

MACHINE. s. f. *Engin, Instrument propre à faire mouvoir, tirer, lever, traîner, lancer quelque chose.* Acad. Fr. En Méchanique, on appelle *Machine* tout ce qui sert à augmenter la *force* ou la *puissance* dont on a besoin pour mouvoir ou pour arrêter un *poids*. L'arrêter, ce n'est qu'être en équilibre avec lui, le mouvoir, c'est l'emporter sur lui. On appelle *Poids* tout ce que l'on regarde comme devant être mû ou arrêté, & *Force* ou *Puissance* tout ce qui doit agir pour produire cet effet, & Machine tout ce qui donne à la Force ou Puissance plus d'avantage pour agir qu'elle n'en a par elle-même. Comme le mouvement se mesure par le produit de la masse & de la vîtesse des corps, (Voyez MOUVEMENT,) & que deux corps dont les masses sont inégales, ont des mouvemens égaux, si la vîtesse du plus petit récompense précisément sa masse, il s'ensuit que la masse d'une petite force ne pouvant être augmentée, il n'y a que sa vîtesse qui puisse l'être, & que c'est là le seul moyen de la rendre égale ou superieure à un poids qui auroit dû l'emporter par sa masse. Toutes les Machines & tout l'art de la Méchanique n'ont donc pour but que de disposer & de placer la Puissance & le Poids, ensorte que dans leurs mouvemens qui sont toûjours opposés, la vîtesse de la force soit plus grande que celle du Poids, que l'on suppose toûjours plus grand par sa masse. Ainsi dans le même tems que le Poids ne parcourt qu'un petit espace, la Puissance est obligée d'en parcourir un grand, & ce désavantage de la Puissance a fait dire à tous les Mechaniciens, que ce que l'on gagne en force, on le perd en espace & en tems. Il y a plusieurs Machines *simples*, telles que le *Levier*, le *Plan incliné*, la *Roue* avec son *aissieu*, la *Vis*, la *Poulie* ou *Mouvement*. Voyez ces mots. Les Machines *composées* sont faites des Machines simples differemment combinées ensemble.

On prend quelquefois le mot de Machine dans un sens moins précis & moins étroit, & l'on entend non pas ce qui augmente une force destinée à mouvoir un poids, mais ce qui est disposé avec art pour produire un certain effet, par exemple, *Machines Pneumatiques*, *les Machines Hydrauliques*. Voyez ces mots.

Machine. Terme de Cordonnier. Soufre préparé avec de la cire blanche qui sert à blanchir les points d'un talon de soulier. Ce mot a fait *Machiner*, & les Cordonniers disent *Machiner les points*, quand ils passent le Machinois sur les points du soulier.

MACHINOIS. s. m. Outil dont les Cordonniers se servent pour blanchir les points du derriere d'un soulier.

MACHURAT. s. m. Terme d'Imprimerie. Celui qui n'étant encore qu'apprenti chés un Imprimeur, & ne sçachant pas bien son mêtier, est sujet à gâter, & à barbouiller les feuilles qu'il tire.

MACHURER. v. a. Barbouiller une feuille en la tirant, ne pas tirer une feuille nette.

MACIS. s. m. Petite écorce rouge, qui est couverte d'une autre grosse écorce, & qui envelope la noix muscade lorsqu'elle a atteint sa maturité. Cette écorce s'ouvre quand la noix est seche, & prend un jaune doré. Les marques du bon Macis sont d'être roux ou jaune comme or, fort aromatique & d'une odeur agreable, d'avoir un goût un peu acre & piquant avec quelque petite amertume. Plus il est récent & plein de jus, plus il doit être estimé. Le suc qu'on en tire ressemble à la gomme de Lierre, & a plus de vertu que le Macis même. Il est cephalique, lithontriptique, hysterique, carminatif & propre à fortifier l'estomac. Il aide aussi à digerer. L'huile qu'on en fait est merveilleuse pour fortifier la matrice. Les anciens n'ont point connu le Macis.

MACLE. s. f. Fruit d'une herbe marécageuse qui est environ de la grosseur d'une noix. Cette herbe est pointue en plusieurs endroits. C'est une maniere de trefle d'eau, ou de châtaigne aquatique.

Macle. Terme de Blason. Sorte de petite figure, faite comme une maille de cuirasse, & percée en losange. La Macle a la même dimension que la losange, à laquelle elle est tout-à-fait semblable, excepté qu'elle est percée au milieu, en forme aussi de losange, en quoi elle differe des rustres qui sont percées en rond. Ce mot vient de *Macula*, d'où est venu *Maille*.

Macle. Terme de Marine. Il se dit des cordes, qui traversent & qui étant ridées ou bandées en losange font une figure de Mailles. On dit aussi *Macque*.

Macle. Mot qui se trouve dans Rabelais, où il semble signifier quelque poisson. *Ils furent plus muets que macles*.

MACOCO. s. m. Animal de la grosseur d'un cheval, qui se trouve dans le Royaume de Congo. Il a les jambes longues & grêles, le cou long, de couleur grise, & rayé de blanc, deux cornes extrêmement longues, minces & aigues. La fiente de cet Animal est faite comme celle des Brebis, & a une odeur qui approche du musc & de la civette, mais elle n'est pas si forte. On tient que ses ongles sont un remede contre l'engourdissement des nerfs. Le mot de *Macoco*, veut dire, Grande bête, dans la langue du Pays.

MACOCQUER. s. m. Sorte de fruit de la Virginie, presque semblable à nos mélons ou citrouilles, & qui est d'un goût fort agreable. Il y en a de diverses formes. Les Naturels du Pays en ôtent la poulpe & la semence, & l'ayant rempli de petites pierres ou d'une certaine graine assés grosse afin qu'en le remuant & le branslant, il rende un son plus fort, ils y ajustent un manche qu'ils tiennent en la main, s'en jouant auprès du feu en signe de joie, quand ils sont échapés de quelque danger, ou revenus de la guerre. Charles de l'Ecluse décrit un fruit apporté de la Virginie qu'il prétend être le Macocquer. Il étoit entierement rond, dit-il, poli & brunâtre par dehors, avoit l'écorce extrêmement dure, & étoit envelopé au-dedans d'une noire membrane, dans laquelle couroient çà & là de certaines fibres depuis la queue jusques à la sommité. Il enfermoit une poulpe noire, parce qu'il n'étoit pas frais, mais sec & vieux. Cette poulpe étoit aigre & un peu salée, & dedans il y avoit plusieurs grains envelopés, plats, de couleur brune, & d'une forme semblable à celle d'un cœur, ayant une moëlle blanche.

MAÇONNÉ, ÉE. adj. Terme de Blason. Il se dit des traits, des tours, pans de murs, châteaux & autres bâtimens. *De gueules au pont de deux arches d'or, maçonné de sable*.

MAÇONNERIE. s. f. Arrangement des pierres avec le mortier, ou quelqu'autre liaison. Il y a diverses especes de maçonnerie. Celle que l'on appelle *Maillée* ou *à échiquier*, est faite de pierres quarrées dans leur parement, & ces pierres sont posées ensorte que les joints vont obliquement, & que les diagonales sont, l'une à plomb, & l'autre à niveau. La *Maçonnerie en liaison*, est celle où les pierres sont posées les unes sur les autres, & les joints de niveau, mis de telle sorte que le joint du second lit pose sur le milieu de la pierre du premier. La Maçonnerie, qui, selon Vitruve, est particuliere aux Grecs, est celle où après avoir posé deux pierres dont chacune fait parement, on en met une en boutisse qui fait les deux paremens. Il y en a une autre espece qu'il appelle ἰσόδομος, qui veut dire, d'égale structure. Elle est semblable à la Maçonnerie en liaison, excepté que les pierres n'y sont point taillées, & qu'on les met par assiettes égales. Celle qu'il appelle ψευδισόδομος, est aussi de pierres non taillées & posées en liaison, mais d'inégale épaisseur, ensorte que l'égalité ne se trouve que dans chaque assise. La Maçonnerie qu'on appelle de *Limosinage*, & que Vitruve nomme ἔμπλεκτον, est faite de moilons posés sur leur lit en liaison, sans qu'ils soient dressés dans leurs paremens. On dit aussi *Maçonnerie de blocage*, en parlant de celle qui se fait de menues pierres jettées à bain de mortier, en Latin, *Structura ruderaria*.

MACREUSE. s. f. Sorte d'oiseau maritime fort semblable à un canard, & qui passe pour poisson à cause qu'il est d'un sang extrêmement froid, ce qui est cause que l'on permet de manger des Macreuses en Carême. Plusieurs croyent qu'elles s'engendrent de l'écume de la mer, ou du bois pourri des vieux Vaisseaux, où l'on a dit qu'elles se trouvent attachées par le bec, & d'où l'on pretend qu'elles se détachent quand elles sont bien formées, mais l'opinion la plus probable est que ce sont de vrais canards produits par des œufs couvés, comme les autres oiseaux. Il y en a un nombre infini en Ecosse, où elles apportent une si grande quantité de branches pour faire leurs nids, que les Habitans en font une partie de leur provision de bois.

MACUCAGUA. s. m. Oiseau du Bresil qui ressemble fort au Faisan, & qui est plus gros que les poules de l'Europe. Il a trois peaux & beaucoup de chair, & cette chair est fort délicate. Il pond deux fois tous les ans douze ou quinze œufs, & court sur terre, mais il vole sur les arbres aussi-tôt qu'il voit des hommes. On en trouve de plusieurs especes qu'il est facile de prendre.

MACULATURE. s. f. Terme d'Imprimerie. Feuille non tirée, & qui n'est bonne qu'à faire des envelopes. On appelle aussi *Maculature*, Un gros papier gris qui sert à envelopper. C'est encore un terme de Papetier, & il signifie un méchant papier qu'on fait avec du drapeau, & où l'on met du charbon afin de le rendre noir.

MACULE. s. f. Terme d'Astronomie. Il se dit des taches qui apparoissent sur le Soleil.

MAD

MADIENE. Juron ancien, qui vient du Grec μὰ Δία, *Per Jovem*, Par Jupiter.

MADIER. s. m. Vieux mot. Grosse table de Pâticier.

On appelle *Madiers*, en termes de Marine, Des pieces de bois qui sont clouées en égale distance sur la carene d'une Galere.

MADRAGUE. s. m. Nom qu'on donne à la pêche des Thons. Cette pêche se fait avec des cables & des filets, qui occupent près d'un mille en quarré.

MADRE', E'E. adj. Tacheté, diversifié de couleurs. On dit que *Du bois est madré*, Lorsqu'on y voit certaines parties plus condensées que le reste après qu'on l'a mis en œuvre, ce qui arrive particulierement dans les ouvrages de bois de hêtre, où ces parties condensées paroissent comme des taches brunes ; & comme elles sont plus dures & plus solides, le rabot les rend comme luisantes. On dit aussi *Leopard madré*, pour dire, qu'il est marqueté. Du Cange dit qu'anciennement dans la maison de nos Rois il y avoit un Officier qu'on appelloit *Madrinier*, qui avoit soin des vases précieux du Roi, & que ces vases étant faits d'une pierre qu'on croit être celle de l'Onice, étoient appellés, *Mazers*, *Mazerins*, ou *Madres*, ce qui faisoit dire en ce tems-là *Fin comme Madre*.

MADREURE. s. f. Tache ou marque sur la peau d'un animal. On appelle aussi *Madreure*, Les veines qui paroissent sur de certains bois.

MADRIER. s. m. Planche de bois de chêne fort épaisse, telle que peuvent être les dosses avec lesquelles on soûtient les terres, lorsqu'on travaille à des mines, ou à d'autres ouvrages. On appelle aussi *Madriers*, Les plus gros ais qui sont en maniere de plate-forme, & qui étant attachés sur des racinaux servent à asseoir le mur des douves d'un reservoir sur de la glaise. On s'en sert de même pour asseoir tout autre mur sur un terrain dont la consistance est foible. *Madrier*, se dit encore d'une grosse planche, qui sert à couvrir la bouche d'un petard quand il est chargé. Ce Madrier s'applique avec le petard contre ce qu'on veut briser, soit porte, ou toute autre chose. Il y a des Madriers que l'on revêt de fer blanc, & que l'on charge de terre contre les feux d'artifice. Ceux-là sont faits avec des planches plus longues que les Madriers que l'on applique aux petards. Quelques-uns font venir ce mot de l'Espagnol, *Madera*, Bois.

MADRIGAL. s. m. *Sorte de poësie fort semblable à l'Epigramme, qui renferme dans un petit nombre de vers une pensée galante & ingenieuse*. ACAD. FR. On dit que Melin de saint Gelais a été le premier qui ait introduit le Madrigal dans notre Poësie. M. Ménage fait venir ce mot de μάνδρα, Etable, parc, où l'on enferme le bétail, & dit qu'originairement c'étoit une chanson de Bergers, dont les Italiens ont fait *Madrigale*, & nous *Madrigal*. D'autres veulent qu'il vienne de l'Espagnol *Madrugar*, Se lever matin, à cause que ceux qui donnoient des aubades chantoient autrefois des Madrigaux.

MADRISE. Arbre qui se trouve dans l'Isle de Madagascar. Son bois est marbré & de couleur violette au milieu. Il a de petites feuilles.

MAE

MAESTRAL. s. m. Terme de Marine. On appelle ainsi dans la Mediterranée une sorte de vent, nommé Nordouest dans la Marine du Ponant. Ce vent que l'on appelle autrement *Galliego*, souffle entre l'Occident & le Septentrion, & est opposé à Siroco.

MAESTRALISER. v. n. Terme de Marine. Quand le bout de l'aiguille aimantée se retire du Nord à l'Ouest, c'est-à-dire, à l'Occident, ce qui fait appeller la variation occidentale, on dit alors sur la Mediterranée que *la boussole Maëstralise*, à cause du vent qui est entre le Septentrion & l'Occident, que les Italiens nomment *Maëstro*.

MAG

MAGA. s. m. Arbre qui croît aux Indes Occidentales, & qui se trouve dans l'Isle de saint Jean. Il est d'un bois extrêmement dur & non sujet à la vermoulure, ce qui fait que l'on s'en sert en Charpenterie.

MAGDALON. s. m. Rouleau, petit cylindre de souffre, d'onguent & autre chose, tel que l'on en vend chés les Apothicaires. Ce mot vient du Grec μαγδαλιὰ, qui veut dire, De la mie avec laquelle les anciens se frottoient les mains pour se les nettoyer après le repas, & qu'ils donnoient ensuite à manger aux chiens.

MAGDELEINE. Sainte Magdeleine. Ordre Militaire qui fut établi par Jean Chesnel, Gentilhomme de Bretagne, que le Roi Louis XIII. fit Chevalier en 1614. Il avoit proposé l'établissement de cet Ordre par un pur zele de Dieu, dans la vûe de retirer les François de leurs desordres, afin que pensant à la penitence de Marie Magdeleine, ils pûssent apprendre à se convertir. La Croix que les Chevaliers portoient à leur col ou sur leur manteau, avoit trois fleurs de lis aux trois bouts. Le pié étoit dans un Croissant, & dans le milieu on voyoit le visage de cette Sainte. Cette Croix étoit environnée de rameaux, pour faire connoître qu'en instituant cet Ordre, on avoit cherché à faciliter le chemin à la Terre-Sainte. Il y avoit quatre fleurs de lis & des rayons de Soleil dans ces rameaux, qui marquoient la gloire de la Nation Françoise. Les Chevaliers étoient obligés de renoncer suivant leur vœu, aux querelles, aux duels, aux blasphêmes, à toutes sortes de jeux de hazard, & à la lecture des livres défendus. Leur habit étoit de couleur de bleu celeste, & ils portoient une chaîne faite d'une M entrelacée avec les lettres L & A, pour signifier Marie Magdeleine, le Roi Louis, & la Reine Anne d'Autriche, joints ensemble avec des cœurs doubles, transpercés de fleches d'or en façon de croix. Le cordon étoit de cramoisi, auquel pendoit un ovale, qui avoit Marie-Magdeleine d'un côté, & S. Louis de l'autre, & pour Devise, *L'amour de Dieu est pacifique*. Ils avoient une maison qui leur fut donnée auprès de Paris, & où il y avoit d'ordinaire cinq cens Chevaliers. Ils étoient obligés d'y demeurer deux ans, comme par une espece de Noviciat, & d'assister au Service Divin qui s'y faisoit tous les Dimanches & toutes les Fêtes. Le serment de l'Ordre étoit d'amour, d'obéissance & de chasteté maritale. Les Chevaliers qui ne demeuroient pas dans cette Maison, que l'on appelloit *la Maison Royale*, devoient s'y assembler tous les ans le jour de sainte Magdeleine, pour rendre compte au Grand-Maître de tout ce qu'ils avoient fait. Ils avoient leurs Académies pour toutes sortes d'exercices; mais cet Ordre ne dura pas plus long-tems que la vie de Chesnel, qui alla finir ses jours dans un Hermitage au bout de la Forêt de Fontainebleau, & prit le nom de *Hermite pacifique de la Magdeleine*.

MAGDELONNETTES. s. f. Couvent de Religieuses où l'on enferme les Filles, qui par leurs débauches scandalisent le public, & où l'on tâche de leur inspirer la crainte de Dieu.

MAGIE. s. f. *Art qui produit des effets merveilleux par des causes occultes*. ACAD. FR. On distingue la Magie, en Magie blanche & en Magie noire. *La Magie blanche*, qui n'est autre chose que la Magie naturelle, est une science, qui par la consideration des Cieux, des Etoiles, des plantes, des mineraux, & de la transmutation des elemens, découvre les plus rares secrets de la nature. La *Magie noire*, est un art détestable, qui par l'invocation des Demons, & par le moyen des sortileges, fait faire des choses entierement au dessus de la nature.

MAGISTERE. s. m. Terme de Chimie. Corps mixte, exalté & ennobli par la detraction des impuretés externes, sans que sa substance soit beaucoup changée, en quoi il est opposé à la quintescence, en laquelle le mixte est tout-à-fait dépouillé de sa crasse elementaire. Le *Magistere de tartre*, dit *Tartre vitriolé*, se fait par le mélange de tartre & de l'esprit de vitriol. Le *Magistere de perles & de coraux*, se fait en les dissolvant dans l'eau acide de la poudre emetique ou autre menstrue, en y ajoûtant ensuite l'huile de tartre, & après les précipitant par l'eau commune. Le *Magistere de soufre*, se fait avec les fleurs de soufre & le sel de tartre digerés avec eau commune, & precipité avec le vinaigre distillé ou vin austere. Pour faire le *Magistere d'absynthe*, on prend ce qu'on veut d'absynthe, qu'on fait cuire dans une lessive empreignée de quelque alcali. On filtre la colature, on y jette de l'alun en poudre, & les particules dissoutes se precipitent au fond. La raison est que l'acide de l'alun se joint à l'alcali des lessives & en resserre les pores, ce qui precipite necessairement les parties vegetales dissoutes. Les préparations simples, au sentiment des plus habiles sont préferables à ces sortes de Magisteres, qui retiennent toûjours quelques particules du menstrue corrosif, & on s'obstineroit à les laver jusques à cent fois sans que l'on pût les en dépouiller. Ce qui prouve la presence de ces particules acides, c'est qu'après l'édulcoration, ces Magisteres sont toûjours beaucoup plus pesans que le remede simple n'étoit avant la corrosion; de sorte qu'il n'y a plus de menstrue qui les puisse dissoudre, ni de feu qui les puisse calciner. Zuvelpher a introduit des *Magisteres solubles*, qui ont été appellés ainsi, à cause que se dissolvant dans toutes sortes de liqueurs, ils se font sans précipitation, par l'infusion, l'abstraction & l'édulcoration de l'esprit du verdet seul. On les tient un peu plus méchans que ne sont les autres, parce qu'ils ne détruisent pas tant les sujets.

MAGMA. s. m. Terme de Pharmacie Marc, lie des onguents & oignemens. C'est ce qu'on appelle autrement *Fondrilles*. Ce mot est Grec, & vient de μάσσειν, Exprimer, comme quand on exprime le suc d'une plante.

MAGNEFIE. s. f. Pierre minerale, fossile, noire, opaque, qui entre dans la composition du verre qu'elle purifie & blanchit, si elle est en petite quantité; autrement elle le rend de couleur de pourpre ou bleu. Elle tire de celle de fer ou pourpre & ne contient nul metal, mais un soufre fixe & peu inflammable. Si avant que de cuire les pots de verre, on les peint de cette Magnefie dissoute, on leur donne aussi une couleur bleue, ou de pourpre.

MAGNES. s. m. Il y a un *Magnes Arsenical*, dont la composition se fait, en prenant deux onces d'antimoine cru, & autant de soufre jaune & d'arsenic blanc. Ces choses étant bien pulverisées, on les met dans une phiole sur le sable, & on donne le feu jusqu'à ce que le tout se fondant ensemble, acquiere une couleur rouge obscure. On laisse refroidir la phiole, & la matiere qui s'y trouve contenue, fait le Magnes Arsenical. On l'appelle ainsi, à cause qu'on le peut porter comme un antidote pendant les maladies malignes, & la peste même, dont il préserve par une vertu Magnetique.

On appelle en Medecine, *Magnesia Saturnina meteorisata*, Les fleurs d'antimoine corrigées pour les rendre purgatives. On entend l'antimoine par *Magnesia Saturnina*, ou *Marcassite de Saturne*, & le mot de *Meteorisation* ou *Sublimation*, en fait entendre les fleurs. On fait entrer une drachme de cette Magnesia dans une masse que l'on compose avec une demi-once d'aloës sucotrin, deux drachmes de myrrhe, une drachme de mastich, demi-drachme de safran & du syrop de roses solutif. On s'en sert pour guerir la Cardialgie, quand elle est opiniâtre; & la dose est depuis quinze grains jusqu'à vingt-quatre.

MAGNETISME. s. m. Sympathie. C'est proprement un consentiment, & consentir n'est rien autre chose que quand l'un sent en même-tems que l'autre, soit de même, soit d'une maniere differente. Le fondement de ce consentiment, dit Ettmuller en parlant des maladies archeales, consiste dans l'archée ou esprit vital, dont une portion étant détachée du corps & attachée à un autre sujet, reçoit diverses alterations, surquoi elle forge diverses idées semblables aux diverses passions de l'ame. L'archée fait la même chose dans le tout que dans la portion, & prend diverses déterminations selon la diversité des idées. Il y a, par exemple dans l'archée du sang qui sort d'une plaie, une idée de fureur & d'indignation, qui venant à s'appaiser par l'application de l'onguent Magnetique, à raison de l'usnée ou mousse de crane humain ou par la poudre de sympathie, à raison du soufre anodin de vitriol, la même idée s'appaise pareillement dans l'archée de la partie blessée, à cause du symbole d'unité qui est entre eux; d'où il arrive que tous les symptomes qui proviennent de cette idée, s'arrêtent d'abord, & l'empêchement n'est pas plûtôt ôté que la partie est guerie. Ainsi la même alteration que la poudre de sympathie donne à l'esprit vital du sang sorti de la plaie, est donnée à l'esprit vital de la partie distante, qui n'est qu'un, & le même esprit.

MAGNIE. s. f. Vieux mot. Mélange de gens. Plusieurs personnes ensemble.

MAGNITUDE. s. f. Vieux mot. Grandeur. Il est purement Latin, *Magnitudo*.

MAGUEI. s. m. Arbre gros comme la cuisse, & qui croît dans les Indes Occidentales, environ de la hauteur de vingt piés. Le bois en est leger, & l'écorce assés déliée. Ses feuilles sont fort grosses, longues de demi-aune, fort ameres en leur extrêmité, & épineuses, ce qui fait que les Espagnols appellent cet arbre *Chardon*. Elles sont d'une grande utilité, parce qu'on en tire une maniere de chanvre extrêmement fort, dont on fait de la ficelle, des cordes, & une étoffe qui ressemble à du canevas de Flandre. On en tire aussi un chanvre fort délié qui sert à faire des filets pour prendre des Oiseaux. Ces feuilles sont cannelées, & l'eau de pluie qui s'y ramasse est bonne à faire mourir les vers, à guerir les plaies chancreuses, & à ôter les taches des habits. La moëlle du Maguei est spongieuse & legere, & sert aux Peintres & aux Sculpteurs.

MAH

MAHALEB. s. m. Plante que Serapio appelle la Phillyrea de Dioscoride. Matthiole fait voir qu'il se trompe, & dit que le Mahaleb dont les noyaux servent aux savons de senteur & aux autres compositions des Parfumeurs, ne répond point à ce qui est rapporté de Phillyrea, qui a ses feuilles semblables à celles de l'Olivier, excepté qu'elles sont plus larges, & que ses grains sont entassés en maniere de grappe de raisin; ce qui ne convient en aucune sorte au Mahaleb. La Phillyrea est astringente comme l'olive sauvage, & le Mahaleb est chaud & remollitif; ce qui se voit dans ses noyaux, qui mollifient la rudesse de la peau & les duretés si on s'en frotte. Avicenne dit que le Mahaleb est abstersif, resolutif & propre à appaiser les douleurs, & qu'étant enduit il est fort bon pour celles du dos & des flancs. Pris en eau miellée, il est singulier aux défaillances de cœur, ainsi que pour la colique & la pierre des reins. Les autres Arabes le font propre à chasser les vers du ventre & à provoquer l'urine.

MAHOMETISME. s. m. Religion venue de Mahomet, qui nâquit à la Meque Ville de l'Arabie heureuse l'an 591. sous le regne de l'Empereur Maurice. Il avoit une vivacité d'esprit merveilleuse, qui lui ayant fait apprendre le vieux & le nouveau Testament, lui donna lieu d'imaginer une Religion dont il dressa des memoires, qu'il divisa en cent vingt-quatre chapitres remplis de fables, de calomnies, & d'un pur mélange de folie & d'impietés sans aucun ordre. Ce Livre promet à celui qui le lira mille fois, une femme dans le Paradis, laquelle aura les sourcils aussi larges que l'arc en Ciel. Mahomet fut secondé dans ce travail par un Moine Italien, nommé Sergius, qui n'ayant pu obtenir à Constantinople la dignité à laquelle il aspiroit, apostasia & se retira près de Mahomet, avec un nommé Jean, qui étoit d'Antioche & Nestorien, comme Sergius étoit Arrien; de sorte que la principale fin de cette Loi fut de renverser la Divinité de JESUS-CHRIST, que combattoient les Juifs & les Arriens. Mahomet trouva tant de credulité parmi les peuples, qu'il vint à bout de leur faire croire, que Dieu l'avoit choisi pour son Prophete, & que l'Ange Gabriel lui reveloit de sa part ce qu'il devoit enseigner aux hommes. Il attira contre lui les plus puissans de la Meque, où il avoit dit qu'il falloit abolir les sacrifices & abattre les idoles; & comme il fut obligé de fuir à Medine, pour éviter l'orage qui le menaçoit, ce qui arriva un Vendredi, c'est de cette fuite que les Mahometans commencent à compter leurs années, l'appellant *Hegyre* en leur langage. Cela les engage à avoir la même veneration pour le Vendredi, que les Chrétiens ont pour le Dimanche. Ce faux Prophete mourut en la soixante & troisiéme année de son âge, ordonnant par son testament que Mortis Ally lui succederoit. On enterra son corps dans une Mosquée, qui se voit encore dans la Ville de Medine, appellée depuis *Medina Talnaby*, c'est-à-dire, Cité des Prophetes. Il n'est point vrai que son corps soit suspendu en l'air dans un coffre de fer par la vertu de deux pierres d'aiman, comme le vulgaire a voulu le croire. Quinze ans après qu'il fut mort, Odoman ou Osman compila ensemble tous les Memoires qu'il avoit écrits de sa Religion, & qui lui furent donnés par sa principale femme, appellée Aza. Il en fit un Livre qu'ils nommerent *Alcoran*, qui en Arabe signifie, Recueil de preceptes. Osman étant mort lui-même, plusieurs travaillerent à expliquer cette nouvelle doctrine, de sorte qu'il se trouva plus de trois cens Alcorans, & un nombre infini de differens Commentaires, ce qui mit de la confusion parmi ceux qui étoient de cette secte. Un Prince Arabe voulant y remedier, fit une Assemblée generale, où tous les Docteurs de leur Loi firent choix de six d'entre eux, pour examiner ces divers Memoires, & en recueillir tout ce qui pouvoit donner de l'éclaircissement à l'Alcoran qu'Osman avoit composé. On brûla tous les autres Livres & Commentaires, avec une défense très-rigoureuse de se servir d'autres que de ceux que ces six Docteurs auroient composés. La contrarieté qui se trouva dans ces Livres, donna lieu ensuite à quatre diverses sectes, qui ne different qu'en ceremonies. Ils ne laissent pas de se tenir pour Heretiques les uns les autres & de se haïr plus qu'ils ne font les Chrétiens. La premiere de ces quatre Religions, est celle des Maures & des Arabes, qui sont les plus superstitieux & les plus zelés. La seconde, est celle des Persans qui sont les plus raisonnables. La troisiéme, celle des Turcs qui ont pris la plus libre, & la quatriéme celle des Tartares. Ces derniers sont les plus simples & les plus grossiers de tous. Les Arabes suivent les traditions d'Abuleker; les Persans celles d'Alli; les Turcs, les Traditions d'Omar, & les Tartares, celles d'Osman. La créance generale de ces differentes Nations, est que Dieu, depuis le commencement du monde, a envoyé sur la terre six vingt mille Prophetes, qui ont tous annoncé sa parole, & en differens endroits & en divers tems, entre lesquels il y en a eu trois que Dieu à cheris particulierement. Moyse est le premier; qui apporta une Loi severe que le tems aneantit; ce qui obligea Dieu, qui vouloit sauver les hommes, denvoyer JESUS-CHRIST, appellé par eux *Issa*. Ils disent qu'il le fit naître de son souffle & d'une Vierge, afin que cette voie extraordinaire de venir au monde, l'empêchât d'être meprisé, comme l'avoir été Moïse; à quoi ils ajoûtent, qu'il trouva les hommes si fort endurcis, que non seulement il y en eut peu qui crurent en lui, mais que sa parole fut aussi-tôt falsifiée par ses principaux Ministres, & que ce qui irrita Dieu davantage, ce fut que ceux de Jerusalem le traiterent avec de grandes indignités jusqu'à vouloir le faire mourir, ce qu'ils eussent fait sans un fantôme que Dieu mit en sa place, & qu'ils attacherent à une croix, persuadés qu'ils y attachoient Jesus-Christ. Ils prétendent que pour dernier Prophete, Dieu a envoyé Mahomet, qui d'une main a apporté une Loi pleine de liberté, & de l'autre une épée pour exterminer tous ceux qui ne voudront pas la recevoir. L'entrée de cette Religion est de se faire circoncire, ce qui n'est pas d'une necessité si absolue qu'ils ne puissent être sauvés sans cela. Ils sont obligés à observer particulierement cinq commandemens, dont le premier est de ne reconnoître qu'un Dieu & Mahomet son Prophete, & cela fait qu'ils accoûtument leurs enfans à dire sans cesse, *La hilla heilla alla. Mehemut resul alla.* Ils croyent ces paroles si agréables à Dieu, qu'ils sont persuadés qu'en les prononçant à l'article de la mort, on est sauvé, quelques crimes énormes que l'on ait commis. Le second commandement, est de faire leurs prieres cinq fois chaque jour; la premiere au lever du Soleil, la seconde, à midi; la troisiéme, à trois heures; la quatriéme, au Soleil couchant, & la cinquiéme à trois heures de nuit. Les plus zelés les font tout au moins trois fois dans la Mosquée, mais la plûpart prient dans leurs maisons à la reserve du Vendredi qu'ils sont obligés d'aller à midi dans la Mosquée. Ceux qui se trouvent dans cette heure-là à la campagne mettent leur mouchoir à terre devant eux, & se tournent vers le midi, à cause de Medina où est la sepulture de Mahomet. Ils ne souffrent point les femmes dans leurs Mosquées, croyant qu'il n'y a pour elles ni enfer ni paradis, ce qui rend leurs prieres inutiles. Ils doivent jeûner un Carême chaque année, & c'est leur troisiéme commandement. Ce Carême qu'ils appellent *Ramadan*, est une Lune entiere, qui change tous les ans; de sorte que si elle vient une année au mois de Mai, elle sera au mois d'Avril l'année suivante; à cause que ne faisant leurs années que de douze Lunes elles sont plus courtes de douze jours que les Solaires. Ils ont grand soin de saluer la nouvelle Lune, & portent la figure de son Croissant, comme nous portons celle de la Croix. Leur quatriéme commandement est l'aumône. Ils sont si exacts à l'observer, que l'on ne voit point de pauvres en Turquie demander leurs necessités publiquement. C'est par un effet de cette charité Mahometane, que les Voyageurs, au défaut des hôtelleries, trouvent des bâtimens magnifiques, où l'on est reçû de quelque Religion qu'on soit, sans qu'il en coûte aucune chose. Ceux qui ne sont pas assés riches pour fonder ces sortes de bâtimens font des fontaines sur les grands chemins, où ils laissent un homme pour verser à boire à tous les passans. Ils donnent aussi à de pauvres gens qui se veulent bien charger de ce soin, dequoi nourrir les chiens & les chats, & même il y en a qui vont au marché pour acheter des oiseaux, ausquels ils rendent la liberté. Par le cinquiéme commandement, ils sont obligés d'aller une fois en leur vie visiter le sepulcre de Mahomet. Plusieurs ne laissent pas de se contenter d'y envoyer quelqu'un en leur place. Le chemin est long & fâcheux pour ceux de la Grece, & très-dangereux à cause des voleurs d'Arabie, des montagnes de sable où plusieurs sont engloutis, & du manque d'eau dans ces deserts. Ils commencent leur voyage du Caire trois semaines après Pâque. La premiere station qu'ils font est à une journée de la Meque, bourg situé sur une montagne, où ils croyent que Mahomet vit l'Ange la premiere fois. Ils y passent la nuit en prieres, & arrivent le jour suivant à la Meque, où l'on a bâti une Mosquée toute revêtue par dedans de pierreries, & de lingots d'or qui ont été envoyés par les Princes de cette creance, & particulierement par les Rois Indiens. Le Prince Arabe qui en est Seigneur & Tributaire du Grand Turc, est obligé de venir avec cinq cens chevaux au devant des Caravanes. Quand les Pelerins sont arrivés à la Meque, la Maison d'Abraham, qu'ils disent avoir été miraculeusement bâtie, reçoit un toit neuf & une porte neuve. Ils vont sept fois autour de cette Maison d'Abraham; & alors ils baisent une pierre noire, qu'ils croyent être tombée là du Ciel. Au commencement elle étoit blanche, mais la quantité des baisers des pecheurs lui a fait acquerir cette noirceur. Après avoir séjourné cinq jours à la Meque, ils vont à la montagne de remission qui est à quinze lieues de là, & y ayant entendu une prédication & presenté des offrandes, ils croyent y laisser tous leurs pechés, ce qui fait qu'ils ne tournent pas le dos à la montagne en s'en retournant; afin d'empêcher que leurs pechés ne les suivent. Pour en être entierement délivrés, il courent en chemin jusqu'à la sueur, sur une certaine montagne, qu'ils nomment *Montagne de santé*, & vont ensuite à Medine, petite Ville habitée par des Santons & des Dervis Turcs, & éloignée de huit journées de la Meque. Au milieu de la Ville est la Mosquée, dans laquelle est le tombeau de Mahomet qui est de marbre & par terre, entouré de grands balustres d'argent, & orné de trois cens lampes qui ne s'éteignent jamais. Le Grand Seigneur envoye tous les ans un pavillon de velours vert en broderie, du prix de vingt mille écus. On le met autour de ce tombeau, & les Pelerins lorsqu'ils arrivent, coupent le vieux pavillon par pieces, & en prennent chacun un petit morceau qu'ils gardent comme une sainte Relique. On voit quantité d'argenterie & de pierreries dans cette Mosquée, & le tombeau en est tout couvert. Il est défendu aux Chrétiens sur peine de la vie, d'approcher de trois journées de Medine. Mahomet promet le Paradis à ceux qui observeront ces commandemens, & ils y doivent trouver des tapis de tables de soye, des rivieres agreables, des arbres fruitiers, de belles femmes, de la musique, bonne chere, du vin exquis, & une grande quantité d'assiettes d'or & d'argent avec des pierres precieuses, au lieu que l'Enfer est preparé à ceux qui négligeront d'obéir à cette Loi, & qu'ils y mangeront & boiront du feu, & seront liés de chaînes, & tourmentés par des eaux bouillantes. Outre ces commandemens, qui sont les fondemens de la Religion Mahometane, il leur est encore défendu de boire du vin & de manger du pourceau, & de la chair de bêtes étouffées dans leur sang. Ils confessent un seul Dieu qui a tout créé de rien, & disent que Jesus-Christ est vrai Prophete, conçû de sa parole, né de la bienheureuse Vierge Marie, non Dieu, ni Fils de Dieu, mais homme suprême & saint, qui fut dérobé à la vûe des Assistans par une nuée qui l'enleva au Ciel, tandis que les Juifs crucifierent un autre en sa place, ce qui fait qu'ils se mocquent de la Croix. Ils tiennent qu'il est encore vivant dans le Ciel, d'où il descendra en terre pour détruire les méchancetés de l'Antechrist, & regnera quarante années à Damas ; que pendant ce tems il n'y aura qu'une seule foi, un pasteur, une confession, & grande tranquillité ; qu'après cela il n'y aura point d'autre regne, mais que ce sera la fin des siecles.

MAHONNE. s. f. Sorte de Galeasse dont les Turcs se servent. Elle est plus petite & moins forte que les nôtres.

MAHOT. s. m. Arbrisseau rampant qu'on trouve aux Antilles & qui croît dans les marais parmi les roseaux. Il pousse une infinité de branches qui se traînent de tous côtés en confusion, & qui embarrassent si fort le chemin, qu'il est presque impossible de marcher dans les endroits où elles s'étendent, si on ne s'y fait un passage à coups de serpe. Il a quantité de feuilles rondes, larges comme le fond d'une assiette, lissées & douces au maniment. Les lezards en font leur nourriture aussi bien que de ses fleurs, qui sont jaunes & presque semblables à celles des mauves musquées. Quoique l'écorce de cet arbrisseau soit assés épaisse, elle est pourtant aisée à lever. On la coupe par longues aiguillettes, qui servent de corde aux Habitans. Elles sont beaucoup plus fortes que l'écorce de bouleau. Le Mahot est d'une très-grande utilité pour le petun, & pour attacher les roseaux sur les chevrons, afin de couvrir les cases. Les Espagnols en font de la mêche. Il y a un autre arbrisseau dont on tire une sorte de Mahot, qu'on appelle *Mahot d'herbe*. Cet arbrisseau est plus droit que l'autre, & a ses feuilles plus longues, mais le Mahot qu'on en tire n'est pas si fort, & pourrit incontinent.

MAHUTE. Terme de Fauconnerie. On appelle *Mahutes*, dans les oiseaux de proie, le haut des aîles près du corps.

MAHUTRE. Vieux mot qui se trouve dans la signification de *Bras*. Il se trouve aussi dans celle d'un *Homme sot*.

MAI

MAIDIEU. Ancien serment, qui vouloit dire, *M'aime Dieu*, ou, *m'aide Dieu*.

MAIER. s. m. Vieux mot. Maire d'une Ville. On a aussi appellé *Maier*, un Maître de Cavalerie. Ce mot a été fait de *Major*.

MAJEURE. s. f. Terme de Philosophie. Premiere proposition d'un Syllogisme. On appelle *Majeure ordinaire*, l'Acte de Theologie qu'on fait à la fin de la Licence. On y soutient de la positive pendant tout le jour. Cet Acte est opposé à la Mineure Ordinaire.

On appelle *Ton majeur*, en Musique, Celui qui surpasse le ton mineur d'un demi-ton.

MAIGNEN. s. m. Vieux mot. Chaudronnier. On l'appelle encore quelquefois ainsi quand on veut faire peur aux petits enfans.

MAIGRE. adj. *Qui n'a point de graisse, ou qui en a très-peu, qui est sec & décharné.* ACAD. FR. On dit, en termes de Maçon, qu'*Une pierre est maigre*, lorsqu'on en a trop coupé, en sorte qu'elle est plus petite que l'endroit qu'on lui veut faire remplir. Les Charpentiers disent, qu'*Un morceau de bois est trop maigre*, pour dire, qu'on en a trop ôté en le taillant, & qu'il laisse du vuide à l'endroit qu'il doit remplir, comme lorsqu'un tenon ne remplit pas la mortoise.

MAIGRESSE. s. f. Vieux mot. Maigreur,

De palisseur, ne de maigresse.

MAIGUE. s. m. La partie sereuse du lait qui en sort quand il se caille. Ce mot n'est guere en usage que parmi les Paysans. On écrit aussi *Mesgue*.

MAIGUE. s. m. Sorte de poisson de mer que les Latins appellent *Mesga* & *Umbra*, d'où les Italiens l'ont appellé *Umbrino*.

MAIL. s. m. Sorte de maillet ferré qui a un manche ployant de quatre ou cinq piés de long. On appelle *Masse de Mail*, le morceau de bois ferré par les deux bouts avec quoi l'on pousse une boule de bouis quand on joue. On appelle aussi *Mail*, Le lieu où l'on joue. C'est une allée d'arbres de trois ou quatre cens toises de long sur quatre à cinq de large. Elle est bordée d'ais attachés contre des pieux à hauteur d'appui avec une aire de recoupes de pierre couverte de ciment. C'est dans cette allée qu'on pousse les boules de Mail. *Mail*, dit Nicod, *vient de* Malleus, *& signifie une maßue à deux gros bouts plats, emmanchés en potence d'un manche moyennement long. L'instrument appellé* Pallemail, *que l'Italien dit* Pallemaglio, *étant composé de ces deux* Palla & Mail, *donne assés à entendre la figure dudit Mail, de la maniere duquel ne peut chaloir, soit fer, plomb, bois ou autres, pourvû que la figure y soit. De tel Mail, même étant de fer ou de plomb, usoient anciennement les François en la guerre, dont a été fait le verbe*, Chamailler, *qui vaut autant que, Frapper de tel Mail, & le nom* Chamaillis, *qui signifie proprement le cliquetis dudit Mail en combattant & par translation de conflict, comme.* Qui eût oui le chamaillis des deux armées il s'en fût étonné, *&*, Qui eût vû le chamaillis des Chevaliers, il eût dit qu'ils avoient grande envie d'éprouver leur valeur & leurs forces.

MAILLE. s. f. Petite monnoye de cuivre qui a valu la moitié d'un denier & qui n'est plus en usage que dans les fractions. Borel dit qu'elle étoit quarrée, & croit qu'elle a été nommé *Maille* à cause de la ressemblance qu'elle avoit avec une maille ou un quarreau de filet. Il y a eu du tems de François I. une monnoie d'or en forme de petit écu d'or, que l'on appelloit *Maille de Lorraine*, ayant d'un côté pour figure la tête d'un Duc de Lorraine, & de l'autre une croix & d'autres pieces dans son écu. Elle pesoit quatre deniers quatre grains, & avoit cours en France pour trente-trois sols six deniers. On a vû des *Mailles blanches* battues sous le regne de Philippe le Bel. Du Cange qui fait venir ce mot par contraction de *Medalia*, dit qu'il y a eu aussi une maille d'or, monnoie de Constantinople. Quelques-uns disent que l'on a dit *Maille*, parce que les mailles étoient faites de bas billon qu'on nomme *Métal* dans les Monnoies. M. Ménage dérive ce mot de *Mascula*, Monnoye ancienne.

Maille. Terme de Monnoyeur & d'Orfévre. Petit poids qui vaut deux felins, & qui est la quatriéme partie d'une once. Voici ce que Nicod dit de Maille. *Maille signifie ores une espece de monnoie noire, valant la moitié d'un denier tournois, presque équivalant à l'obole, laquelle en Avignon, Comté de Venise, Terres Papales & Pays limitrophes, est marquée en la pile de deux clefs ; ore une tache ronde en l'œil en forme de petite Maille, comme,* Il a la Maille en l'œil, *pour celui auquel mainte chose passe devant les yeux sans l'appercevoir ; ores la hagl ure & mouchetture du perdreau, selon laquelle signification, l'on dit un perdreau être déja maillé, quand en grossissant & croissant, ladite hagl ure se montre à plus d'évidence ; ores un cercelet, soit de fer, de laton, or, argent, ou autre métal propre à lacer, à en faire bourses, gants d'armes & de guerre, jacques & hoquetons, manches, coiffes d'armes, hauberts, & tels habillemens de gens de guerre. Selon ce on dit*

Il

Il a en laçant laissé une Maille entre deux, un gant de Maille, *qui sert ou pour saisir à plein poing les armes tranchantes de l'ennemi en combattant, ou pour couvrir celle de l'épée*, Jacques de Maille, une coiffe de Maille, un gorgerin & baniere de Maille, *dont les hommes d'armes userent jadis : & ores cette lozenge de fil à claires voyes, dont les rets & filets sont lacez. Selon ce on dit*, Alier tremaillé, *c'est-à-dire, Triple de Maille, qui est à trois rangs doubles de Maille ; en toutes lesquelles significations excepté la premiere, ce mot François* Maille, *vient de ce Latin* Macula, *par syncope de la voyelle* u, *& changement de la lettre* c, *en* l, *pour plus aisée prononciation.*

On appelle *Mailles* dans le treillage, les intervalles quarrés ou en lozange que des échalas croisés & liés de fil de fer y forment.

Maille. Terme de Blason. Boucle ronde sans ardillon.

Maille. Terme de Marine. Menu cordage, ou ligne qui fait plusieurs boucles au haut d'une bonnette, & qui sert à la joindre à la voile. *Maille* se dit aussi de la distance qu'il y a entre les membres d'un Vaisseau.

MAILLE', E'E. adj. On dit *Fer maillé*, en parlant d'un treillis dormant de barreaux de fer, dont les Mailles sont faites quarrément ou à losanges. Les Maçons appellent *Maçonnerie Maillée*, Celle qui est à échiquier, & que Vitruve appelle *Reticulatum.*

MAILLER. v. n. Terme de faiseur de filets de Pêcheur. Faire des mailles de filet. *Mailler en losange.*

Mailler. Terme de jardinage. Il se dit lorsque d'après un petit dessein de parterre graticulé, on le trace en grand par carreaux sur le terrein en pareil nombre. On dit aussi *Mailler*, en treillage, pour dire, Espacer des échalas par intervalles égaux, soit qu'on les fasse quarrés ou en losange.

MAILLET. s. m. Espece de Marteau de bois qui a deux têtes. Les Charpentiers en ont de gros & de mediocres. Il y en a de plats par les côtés dont se servent les Plombiers. Les Maillets des Menuisiers sont aussi de ces sortes de marteaux avec quoi ils serrent les valets, ils frapent sur leurs outils quand ils travaillent.

Maillet. Terme de Marine. On appelle *Maillet de Calfat*, Un Mail emmanché fort court, & qui sert pour calfater. Il a la masse fort longue & menue avec une mortoise à jour de chaque côté. Ses têtes sont reliées de cercles de fer.

Maillet. Arme ancienne qui avoit un Maillet de fer ou de plomb. C'est de-là qu'est venu le nom de *Maillotins*, que se donnerent certains séditieux qui s'éleverent en France sous le regne de Charles VI. & qui portoient de ces sortes d'armes. Nicod en parle de cette sorte. *Maillet est le diminutif de* Mail, *duquel diminutif ès Histoires & Romans de France, est nommé ledit instrument de guerre duquel usoient jadis les François, Nic. Gilles en la vie de Charles VI.* Le lendemain au matin, le populaire se rassembla en grand fureur, & allerent en l'Hôtel de la Ville, où ils entrerent par force, & prirent tous les habillemens de guerre qu'ils y trouverent, & principalement grande quantité de Maillets de plomb, que ledit Hugues Aubriot, lui étant Prévôt de Paris, avoit fait faire pour envoyer en une course qu'avoit fait le feu Connétable sur les Anglois ; au moyen desquels Maillets on appelle ladite assemblée, *l'Assemblée des Maillets*, mais autre part l'Assemblée d'iceux fut dite *Les Maillotins.*

MAILLETON. s. m. Vieux mot. *C'est*, dit Nicod, *Un nouveau jetton qui est sorti du bois ou serment de l'année précedente, & est appellé* Mailleton, *parce qu'en la partie & endroit d'où il est coupé du vieil serment, il ressemble à un petit Maillet.*

MAILLON. s. m. Vieux mot. C'est une espece de nœud que font les Jardiniers, quand ils lient avec de l'osier, les perches & la vigne d'une treille. On a dit aussi *Maillon*, pour dire, Le Maillot d'un enfant.

MAIN. s. f. *Partie du corps humain, qui est au bout du bras, & qui sert à toucher, à prendre & à plusieurs autres usages.* ACAD. FR. La Main se divise en trois parties, qui sont le poignet, appellé *Le Carpe*, la paume de la Main, appellée *Le Metacarpe*, & les cinq doigts. Il y a six paires de nerfs semés par toute la Main, & ces nerfs se distribuent dans divers muscles qui sont l'organe du mouvement volontaire. On appelle *Monts* les petites bossettes que font la peau & la charnure de la main.

On appelle en Chirurgie *Main de fer*, Une main artificielle que les Chirurgiens sçavent appliquer au bras dont la Main a été coupée. Il y a des pignons broches, gachettes, estoqueaux, ressorts & boutons, qui lui donnent la plûpart des mouvemens ordinaires de la Main.

En parlant des singes, des ours & de quelques autres animaux, on se sert du mot de *Main*, & on dit proprement du Faucon, qu'*Il a la Main habile, gluante, fine & bonne, forte, déliée & bien onglée*, quand cet Oiseau a ces bonnes qualités. S'il les a mauvaises, on dit qu'*Il a la Main grasse & charnue.*

Nicod rend raison de cette façon de parler, *Bailler la Main. C'est*, dit-il, *Une maniere de dire dont on use quand une femme mariée prête serment pardevant Notaires pour l'alienation ou hypotheque d'une chose où elle a droit & se dit ainsi, parce que, pour promettre avec ou sans serment, les parties mettoient la Main dextre en celle desdits Notaires, ainsi que aucuns l'usent encore. Ainsi on dit*, La femme a baillé la Main. *La raison de telle maniere de parler peut être prinse, de ce que ceux qui requeroient instamment aucuns de quelque grace, leur empoignoient la Main dextre, & que le requis octroyant ce dont il étoit supplié, pour sureté de promesse, bailloit sa Main dextre au requerant ; ou bien de ce que les rendus en bataille bailloient leur Main dextre au Vainqueur, pour signe de la foi de leur captivité, laquelle étant prinse par le Vainqueur, de-là en avant étoient appellés* Mancipes, *c'est-à-dire, prins par la main en droict de servage. L'usage est encore, en cas de promesses, en assûrer la foi & authorité par s'entrebailler les Mains dextres ; & les Chevaliers en deffis jettent le gantelet de la Main dextre pour gage de leur défiance. Bailler ses Mains, confessant, être vaincu, cela se usoit entre les peuples de jadis, dont les Romains avoient fait ces mots usités entre eux* Manucapere, Mancupatio, Mancupium ; *mais les François n'usent de telle maniere de faire, ne de dire, combien que l'homme d'armes, singulierement les Princes étans contrainćts de se rendre à l'ennemi, avoit accoûtumé de jetter ou bailler le gantelet de la Main dextre, qui est le signe par lequel ils se rendent prisonniers de guerre.*

Mains de cheval. On se sert rarement de ce terme, qui veut dire, Les piés de devant d'un cheval, quoiqu'on dise, *Bras de cheval.* On appelle *Main de la lance*, la Main droite du Cavalier, & sa Main gauche s'appelle *Main de la bride.* On dit *Tenir son cheval dans la main*, pour dire, Etre toûjours préparé à n'en être point surpris & à éviter ses contre-tems. On dit qu'*Un cheval est bien dans la Main*, lorsqu'il ne refuse jamais d'obéir aux effets de la main; qu'*Il pese à la main*, lorsqu'il s'abandonne sur la bride par lassitude ou autrement; qu'*Il tire à la Main*, quand il resiste aux effets de la bride, & qu'*Il force la Main*, quand ne craignant point la bride il s'emporte malgré le Cavalier. On dit aussi, *Faire partir un cheval de la Main*, pour dire, Le pousser de vîtesse, & *Travailler un cheval de la main à la main*, pour dire, Le travailler seulement par les effets de la bride, sans que les autres aides y contribuent si ce n'est le gras des jambes, quand on remarque qu'il en est besoin. On dit encore qu'*Un cheval est beau de la Main en avant*, pour dire, De la tête, de l'encolûre & du train de devant, & qu'*Il est bien fait de la Main en arriere*, pour signifier tout le reste du corps du cheval. *Cheval de Main*, se dit d'un cheval qu'on mene à la Main.

Main. Terme de Sellier. Gros cordons de soye qui sont attachés aux côtés des portieres du carrosse, & qu'on prend pour y monter, & pour se tenir quand on passe par quelque endroit où l'on est trop ébranlé.

Main. Terme de Banquier. Instrument de cuivre fait en maniere de petite pelle avec des rebords, dont on se sert pour recueillir l'argent qu'on a compté sur la table & le mettre dans des sacs.

Main. Morceau de bois ou de fer en forme de crochet, que l'on attache à une corde de puits, & où l'on fait tenir le sceau, quand on veut tirer de l'eau. On appelle aussi *Main de fer*, des pieces de fer courbées en differentes manieres, & dont on se sert pour accrocher des louves, des cables & autres choses.

Main chaude. Terme de Marine. On dit sur mer. *Jouer à la main chaude*, en parlant d'un divertissement que les gens de l'équipage prennent quelquefois. Ils se mettent dix ou douze ensemble, & l'un d'entre eux est choisi au sort. Celui-là se panche, & appuyant sa tête contre le grand mât, il tient sur le dos une de ses mains ouverte. Chacun vient l'un après l'autre frapper de toute sa force du plat de la main sur la sienne, & l'on continue jusqu'à ce qu'il ait deviné celui qui l'a frappé, & qui est obligé alors de prendre sa place. Il n'en sort guere qu'il n'ait la main chaude par les coups qu'il a reçûs.

Main. Terme de Marine. Espece de petite fourche de fer dont on se sert à tenir le fil de caret dans l'auge lorsqu'on le goudronne.

Main de poulie. Bois ou fer dont la poulie est environnée & qui entretient la corde.

On appelle, *Main de papier*, Vingt-cinq feuilles de papier mises ensemble; & *Main d'oublies*, Un certain nombre d'oublies que l'Oublieur tire de son corbillon pour jouer. Il doit y avoir vingt mains d'oublies dans chaque corbillon.

Main de pressoir. Certain instrument dont on se sert à relever le marc du raisin.

Main de carrosse. Il se dit des morceaux de fer attachés aux moutons & au bas du corps du carrosse. On y passe les soupentes pour le soûtenir en l'air.

Main de justice. Sceptre ou bâton de la longueur à peu près d'une coudée, ayant à l'extrêmité la figure d'une main d'yvoire. On met cette main de justice dans la main des Rois quand on les peint avec leurs habits royaux.

Main de gloire. Mandragore enfermée dans une boîte, ou quelque chose de semblable, que donnent des sorciers ou charlatans à un avare dont ils surprennent la credulité, en lui faisant croire que par le moyen de quelques cérémonies, l'argent qu'il mettra auprès doublera tous les jours.

MAIN-MORTE. s. f. Celui qui est mainmortable, de serve condition. Il se trouve encore dans la Province de Bourgôgne beaucoup de familles qui sont gens de main-morte. Il y en a qui le sont en tous biens, meubles & heritages, d'autres qui ne le sont qu'en meubles, & d'autres en heritages seulement. Ce mot de *Main-morte* est venu de ce qu'après la mort d'un de ces chefs de famille, le Seigneur avoit droit de prendre le plus beau meuble qu'il trouvât dans sa maison, & quand il n'y en avoit point, on lui offroit la main droite du mort, pour faire connoître qu'il ne le serviroit plus.

On appelle aussi *Gens de main-morte*, Tous les Corps & Communautés qui ne meurent point & qui se renouvellent de tems en tems. *Main-morte*, dit Nicod, *est une diction composée de ces deux mots ensemble*, Main *&* morte, *qu'on dit aussi par inversion* Morte-main, *& se prend pour une possession de fief ou autre heritage qui n'est mouvant ne confisquant, c'est-à-dire, qui ne fait par mort ne confiscation ouverture de droits feodaux ne censiers, ne muance de tenancier, comme sont Chapitres, Abbayes, Eglises, Communautés & semblables, les gens & possesseurs desquelles on appelle pour cette raison*, Gens de main-morte, *par mots divisés esdits deux mots entiers. Selon ce, on dit*, Un fief ou heritage être en main-morte, *quand il est chût & entré au domaine de telles maisons, parce qu'il ne change onc de maison pour être devenu de condition inalienable, mais ores que telles gens soient de main-morte, si ne sont pourtant les fiefs & rotures par eux tenus, admortis de ce seulement qu'ils sont tombés en leurs mains, si le benefice d'admortissement du Prince Souverain, & consentement du Seigneur feodal ou censier immediat n'y intervient.*

Main souveraine, continue Nicod, *c'est plus haute puissance & main hautaine. Ainsi on dit qu'étant disputé entre plusieurs Seigneurs, chacun d'iceux querellant le fief ouvert mouvoir de lui, le Vassal doit être reçû à la foi & hommage par* Main souveraine, *c'est par le Seigneur dont ledit fief est tenu en arriere-fief.*

MAIN. Vieux mot. Matin. Il vient du Latin *Mane*.

Qu'il li convient endurer
Au main & à la vesprée,
Joye de duel destrempée.

MAINT. Vieux mot qui se trouve dans la signification de, Il demeure, il loge.

Se Diel nel fait qui maint là sus.

On a dit aussi *Maindras*, pour, Demeureras, du Latin *Manere*.

MAJOR. s. m. Officier de guerre qui a differentes qualités & fonctions. On appelle *Major general de l'Armée*, Celui qui concerte avec les autres Majors de l'armée quel sera chaque jour l'emploi des Troupes, soit pour monter les gardes, soit pour les détachemens ou l'escorte des Convois.

Major de brigade de l'armée, Cavalerie ou Infanterie, est un Officier qui après avoir reçû l'ordre & le mot du Major general, le donne aux Majors des autres Regimens. L'Officier qui a le nom de Major dans un Regiment de Cavalerie, est d'ordinaire le premier Capitaine du Regiment. Il le commande en l'absence du Mestre de Camp & du Lieutenant Colonel quand il y en a. Dans les Regimens d'Infanterie le Major a soin de former le Bataillon de son Regiment, de lui faire faire l'exercice & de le rallier dans une bataille quand il plie. C'est le seul des Officiers du corps qui soit à cheval pendant un combat; ce qu'on lui permet, afin qu'il soit en pouvoir de remplir tout le détail du service. Il y a aussi un Major pour toutes les quatre Compagnies des Gardes du Corps. Cet Officier est considerable ; & comme il est reçû Lieutenant dans ces mêmes Compagnies, il a le droit d'ancienneté sur les Lieutenans que l'on reçoit après lui.

Major d'une Place. Officier qui commande dans la Place en l'absence du Gouverneur & du Lieutenant de Roi. Il a soin de la garde & des patrouilles, & doit être habile dans les Fortifications pour veiller à celles qui deviennent necessaires.

MAJORASQUE. s. m. Droit d'aînesse qui est établi en Espagne, & qui donne aux aînés des Ducs & des Grands l'avantage de succeder à leurs principales Terres sans aucun partage avec les Cadets. On dit aussi *Mayorasque*, de l'Espagnol *Mayorasgo.*

MAJORDOME. s. m. On appelle ainsi sur mer un Officier de Galere qui a soin des vivres.

MAJORITES. s. m. Heretiques ainsi appellés de George Major, l'un des disciples de Luther, qui soûtenoit que personne ne pouvoit être bienheureux sans bonnes œuvres, non pas même les enfans.

MAIRAIN. s. m. Bois de chêne refendu en petites planches minces. Elles servoient autrefois à lambrisser les cintres des Eglises. On en fait aujourd'hui des panneaux & des ouvrages de menuiserie. Ce sont aussi des pieces de bois dont on fait des tonneaux. Borel fait venir *Marain* de *Materiamen.* D'autres le font venir du Grec μερίζειν, Diviser, parce que ce bois est propre à fendre, & ils écrivent *Merein.*

MAIRE. s. m. *Le premier Officier de Ville en certaines Villes, comme Bordeaux, Dijon & autres.* Acad. Fr. Nicod croit que le mot de *Maire* vienne du Latin *Major* & *Maire*, dit-il, *selon ce qu'en écrit Beccan, vient de ce mot Allemand* Maier, *qui signifie le souverain Officier & Magistrat d'une Ville ou Communauté en plusieurs Villes de France, comme à la Rochelle & ailleurs, on appelle* Maire *un tel Magistrat de Ville. Il n'est pas inconvenient que l'Allemand ait tiré son* Maier *de* Major *Latin, disant le Picard* Majour *pour ce mesme Officier. Quoyque soit, l'ancien Office de la Couronne de France, qu'on trouve nommé aux histoires,* Maire du Palais, *c'étoit le souverain Officier de la Couronne sous le Roi, lequel ledit Beccan équipolle au Connestable.*

Maire-laine est la haute toison des bestes à laine, en laquelle quand elles se trouvent, sont tondues & dépouillées. Elle peut être ainsi appellée pour la raison du mot Maire, *qui signifie Majour, comme si vous disiez* Laine majeur, *à la difference de la laine appellée* Plis, *car pour autre raison dit-on* Mere-goutte, *de celle qui chet du raisin encuvé sans foulure.*

MAISHUY. adverbe de tems. Vieux mot. Aujourd'hui, presentement. *Je ne croi pas qu'il vienne maishuy.* Il a signifié aussi, A l'avenir. *On ne se hazardera pas maishuy à faire de telles choses.*

MAISIERE. s. f. Vieux mot. Borel croit qu'il vouloit dire une haie ou quelque autre chose qui faisoit la separation d'un champ ou d'une vigne.

Et li deable saut arriere,
Qui s'estoit mis en la maisiere.

MAISNÉ. s. m. Vieux mot. Puîné, cadet. On a dit aussi *Mainsné.*

MAISONCELLE. s. f. Vieux mot. Une petite maison. On a dit aussi *Maisonner*, pour, Faire des sons.

Viellesse acquiert, bâtit, maisonne,
Jeunesse du bon temps se donne.

Tome II.

MAISTÉ. s. f. Vieux mot. Majesté. *Les Anges l'emporterent à la Maisté du Ciel avec son Pere.*

MAISTRE. s. m. Qualité qui se donne à plusieurs Chefs & Officiers qui ont pouvoir d'ordonner, comme aux Chefs des Ordres de Chevalerie. Ainsi on dit, *Le Grand Maître de Malte, le Grand Maître de saint Lazare.*

Grand Maître de la Maison du Roi. Officier qu'on appelloit *Maire du Palais* sous la premiere race de nos Rois, & qui étoit comme Lieutenant General de tout le Royaume. Aussi se qualifioit-il Duc ou Prince des François. Son autorité ne se bornoit pas à la disposition de toutes les charges de la Maison du Roi ; elle s'étendoit sur les gens de Guerre, de Justice & de Finances, & sur toutes les affaires de l'Etat. Aujourd'hui le Grand Maître a jurisdiction entiere sur les sept Offices, & dispose de la plûpart des Charges qui en dépendent, dont les Officiers prêtent le serment de fidelité au Roi entre ses mains. Il reçoit aussi celui du premier Maître d'Hôtel, du Maître d'Hôtel ordinaire, & des douze Maîtres d'Hôtel de quartier, de Grand Pannetier, Echanson, Ecuyer tranchant, & de quantité d'autres Officiers de la Maison de Sa Majesté. Quand il fait le service en ceremonie, & qu'il accompagne les viandes. Il marche plus proche de la viande du Roi que tous les Maîtres d'Hôtel, qui portent leur bâton bas en sa presence, tandis qu'il l'a élevé. Il presente au Roi la premiere serviette mouillée dans les grandes ceremonies, & c'est sous son autorité que se tient le Bureau du Roi. Il y a un premier Maître d'Hôtel, un Maître d'Hôtel ordinaire, & douze Maîtres d'Hôtel qui servent par quartier. Ils ont commandement sur les sept Offices, & pour marque de leur pouvoir, quand ils conduisent la viande, ils portent un bâton garni d'argent vermeil doré. Quand Sa Majesté rend les pains benits à quelque Paroisse ou Confrairie, le Maître d'Hôtel de jour les accompagne jusqu'à l'Eglise, ayant son bâton en main, & marche à la droite de l'Aumônier qui les presente.

Grand Maître de la Garderobe. Officier qui a soin des habits, du linge & de la chaussûre du Roi, & l'honneur de lui donner la chemise, en l'absence du Grand Chambellan & des premiers Gentilshommes de la Chambre, à moins qu'il ne se trouve un Fils de France, Prince du Sang, ou Fils legitimé de France. Dans les Fêtes solennelles il lui attache le Collier de l'Ordre, après qu'il est habillé, & il a sa place derriere le fauteuil du Roi à côté du premier Gentilhomme de la Chambre ou du Grand Chambellan, quand Sa Majesté donne audience aux Ambassadeurs. Il y a aussi deux Maîtres de la Garderobe qui servent par année.

Grand Maître des Ceremonies. Officier qui exercent sa Charge concurremment avec le Maître & l'Aide des Ceremonies, aux solemnités Royales, ayant en main son bâton couvert de velours noir, le pommeau & le bout d'ivoire. Il se trouve aux Baptêmes, Sacres & Mariages des Rois, aux ouvertures des Etats, aux Receptions des Ambassadeurs ordinaires & extraordinaires, aux Obseques & Pompes funebres des Rois, Reines, Princes & Princesses, où il ordonne de tout, prenant soin du rang dû à chacun. Quand le Grand-Maître ou le Maître des Ceremonies va porter l'Ordre au Parlement & autres Cours superieures, il les salue, & prend place ensuite parmi les Conseillers. Le Grand-Maître se met au dessus du dernier Conseiller, & si c'est le Maître des Ceremonies, il se met après ce même Conseiller. Il parle assis &

couvert, l'épée au côté & le bâton de ceremonie en main, après que le premier President lui a fait signe. Aux premieres & dernieres Audiences des Ambassadeurs, le Grand-Maître ou le Maître des Ceremonies, marche à leur droite un peu devant, depuis le bas de l'escalier jusque dans la Salle des Gardes du Corps, où il s'avance pour aller avertir le Roi.

Grand-Maître de l'Artillerie. Officier qui a soin de reconnoître tout ce qui peut servir à l'Artillerie du Royaume, & qui distribue les Charges vacantes à ceux qui se presentent à lui, selon qu'il les en juge capables. Lorsqu'il entre dans une Place de guerre, on le salue de cinq volées de grosses pieces de canon, & on fait la même chose quand il en sort.

Maître de la Chambre aux deniers. Il y a trois Officiers qui ont cette qualité, l'Ancien, l'Alternatif, & le Triennal. Ils servent alternativement, & assistent à toutes les déliberations qui se font pour la police des Officiers, dépense de la Maison du Roi, & autres traitemens extraordinaires. Leur fonction est de solliciter les fonds pour la dépense de bouche de la Maison du Roi, & de payer les Officiers pour cette dépense. Ils payent aussi les livrées.

Maître de Chambre. Officier en Italie, qui introduit à l'audience des Cardinaux, & qui commande dans leur Chambre.

Maître du Sacré Palais. Grand Officier logé au Vatican, qui a soin de revoir tous les livres qu'on imprime à Rome, & qui donne permission de lire ceux qui sont défendus. Il entre dans la Congregation du saint Office & dans celle de l'Index, & a seance dans la Chapelle du Pape après le Doyen de la Rotte. C'est toûjours un Dominicain qui possede cette Charge.

Maître des Ports. On appelle ainsi en mer l'Officier qui est commis pour lever les impositions & traites foraines. Sur les rivieres il y a des *Maîtres de ponts & perthis.* Ils sont obligés à residence, & ont soin de faire passer les bateaux dans les passages difficiles.

Maître de Vaisseau. Officier Marinier que l'on appelle autrement *Patron.* Il commande toute la manœuvre, & est chargé de tout le détail du bâtiment.

Maître d'équipage. Officier Marinier que l'on établit dans chaque Arsenal, ou dans chaque flote; pour avoir soin de toutes les choses qui regardent l'équipement, l'armement & le désarmement des Vaisseaux.

Maître de Quai. Officier de Ville qui fait les fonctions de Capitaine de Port dans un Havre de Marchand.

Maître de Hache. Maître Charpentier du Vaisseau, qui a soin du radoub, & de donner ordre à ce que la tempête peut avoir brisé.

Maître de Grave. Celui qui ordonne aux échafauts, & qui a soin de faire secher le poisson en Terre-neuve.

Maître Valet. Homme de l'équipage qui distribue les provisions de bouche. On appelle *Maître Valet d'eau*, Celui qui a soin de la distribution de l'eau douce qu'on porte dans le Vaisseau.

Maître des Oeuvres. Officier que l'on prépose pour avoir Inspection sur les bâtimens de la Ville, afin d'empêcher qu'on ne les construise contre les reglemens de Police, & les Statuts de la Maçonnerie.

MAISTRIE. s. m. Vieux mot. Domination. On a dit aussi *Maistrier*, pour, Dominer, & *Maistrement*, pour, Magistralement.

MAL

MAL. s. m. Douleur, infirmité corporelle. Ettmuller dit que les femmes d'Allemagne donnent le nom de *Grand mal*, aux convulsions internes, qui affligent les visceres internes membraneux, comme dans les coliques scorbutiques, convulsives, dans les passions hysteriques où les intestins, le mesentere & les parties annexées sont travaillées par des convulsions spasmodiques. C'est cette maladie qui regne, poursuit-il, lorsque l'estomac en convulsion vomit dans la nephretique, ou que les intestins souffrent des tranchées de colique dans la même nephretique. Elle regne pareillement dans la palpitation du cœur, qui est une veritable convulsion, & dans les frequentes convulsions des parties internes des hypochondriaques, des scorbutiques & des femmes hysteriques, qui sont accompagnées de plusieurs symptomes vagues & errans, specialement quand les plexus du Mesentere sont attaqués.

On appelle *Mal de cœur*, Un soulevement de cœur qui est causé par quelque dégoût; *Mal de mer*, Un bondissement d'estomac qui fait aller par haut & par bas ceux qui n'ont pas encore pris l'habitude de la mer; *Mal de terre*, le Scorbut; *Mal d'avanture*, Une petite apostume fort douloureuse qui vient au bout du doigt, & qui est causée ordinairement par quelque piqûre; *Mal de mere*, Une suffocation qui arrive quand la matrice remonte, & ne laisse plus la respiration libre, & *Mal de rate*, Une maladie qui vient des vapeurs qu'envoie la rate au cerveau; *Mal d'enfant*, Est le travail d'une femme qui accouche; & le *Mal caduc*, ou autrement le *Haut mal*, *le Mal de saint Jean*, Est l'épilepsie qui trouble le jugement en attaquant le cerveau. On appelle *Mal de Naples*, La grosse verole; *Mal de tête*, La Migraine; *Mal de ventre*, La colique, & *Mal contagieux*, Un mal qui se communique comme la peste, la dysenterie & la petite verole, soit par la respiration de l'air corrompu, soit par l'attouchement de la personne infectée.

On appelle *Mal subtil*, en termes de Fauconnerie, Une espece de phtisie ou de caterre, qui tombe dans la mulette des oiseaux, & qui empêchant la digestion, les fait mourir maigres.

Mal. adverbe, qui en termes de Blason, se joint avec *ordonné*, & avec *taillé.* On dit *Mal ordonné*, de trois pieces mises en armoirie, dont l'une est en chef, & les deux autres paralleles en pointe. *D'azur à trois Croissans adossés & mal ordonnés.* On n'a des exemples de *Mal taillé*, qu'en Angleterre. Il se dit d'une manche d'habit bisarré. *D'or à une manche mal taillée de gueules.*

MALABATHRUM. s. m. Dioscoride dit que ceux qui prennent le nard des Indes pour le Malabathrum, à cause du rapport que ces deux drogues ont pour l'odeur, se trompent, & que c'est une feuille qui a son espece propre, & qui croît aux marais des Indes, nageant sur l'eau sans racine, comme la petite lentille de marais. Il ajoûte qu'on l'enfile avec du fil de lin, aussi-tôt qu'on l'a cueillie, & qu'on la serre quand elle est seche. Le meilleur Malabathrum est celui qui est frais, entier, tirant du blanc sur le noir, qui ne se rompt point, & qui perçant jusques au cerveau quand on le flaire, garde long-tems son odeur, approchant du Nardus, sans être aucunement salé. Celui qui est grêle & froissé en petites pieces, ne vaut rien. Il a les mêmes proprietés que le Nardus, & opere plus en toutes choses. Il provoque davantage l'urine, & conforte plus l'estomac. Matthiole dit qu'il n'a connu personne qui se pût vanter d'avoir vû le Malabathrum, que l'on appelle *Folium Indicum*, & qu'il est perdu peut-être par la faute de ceux du pays, qui peuvent avoir negligé, dans le tems que les marais sont secs, de brûler la terre en mettant le feu au bois qui y croît, faute de quoi Dioscoride dit que le Malabathrum ne renaît point. Ce nom lui a été donné de βάθρον, qui dans le langage des Indiens veut dire *Feuille*, & de *Malabar*, Province des Indes, où il croît. Pline dit que le Malabathrum croît en Surie, & que c'est un arbre qui jette ses feuilles repliées, de couleur semblable à une chose seche, dont on tire de l'huile qui est propre aux onguents odoriferans. Il ajoûte qu'on le trouve plus abondamment en Egypte, mais que le meilleur vient des Indes, où il croît dans les marais, sentant meilleur que le safran, étant noir & âpre à manier, & ayant quelque goût de sel; que le blanc n'est pas si bon, parce qu'il passe aussi-tôt & se moisit; qu'étant tenu sous la langue, il doit sentir le nardus, & qu'il est de beaucoup plus odorant quand il est bouilli avec du vin. Pline est contraire à Dioscoride, lorsqu'il dit que le meilleur Malabathrum doit être salé.

MALACHITE. s. f. Pierre précieuse, tout-à-fait opaque, & dont la couleur est mitoyenne entre le jaspe & la turquoise. On en distingue de quatre sortes, l'une mêlée de plusieurs couleurs, l'autre ayant des veines blanches mêlées de taches noires, une autre de couleur bleue mêlée, & une quatriéme qui a plus de bleu & qui approche davantage de la turquoise. C'est cette derniere que l'on estime le plus. On lui a donné le nom de *Malachite*, à cause qu'elle a quelque chose de la couleur de la mauve, que les Grecs appellent μαλάχη.

MALACIA. s. f. Appetit excessif des choses usitées que l'on desire avec un empressement extraordinaire, & qu'on mange avec excès, comme lorsqu'une femme grosse demande avec trop de passion, ou des harengs, ou quelqu'autre viande commune. C'est le contraire de l'affection qu'on appelle *le Pica* qui est un appetit dépravé, qui fait, par exemple, qu'une femme grosse desire des choses absurdes, comme des charbons. Comme l'appetit procede en general du levain de l'estomac, c'est de ce même levain que dépendent ces especes d'appetit dépravé ou augmenté. Tous les animaux, chacun dans son genre, ont un levain déterminé dans l'estomac, qui determine leur appetit, celui du chien pour les os, l'appetit du chat pour les souris, & celui de la cigogne pour les grenouilles, par la raison seule que le levain specifique de leur estomac demande un objet qui ait de la proportion avec son activité. Le Malacia a la même cause, c'est-à-dire, que le levain de l'estomac a pour lors une certaine détermination qui le porte à desirer telle ou telle chose, mais on n'a pû encore expliquer jusqu'à present en quoi consiste cette specification de levain, qui détermine chaque espece ou chaque individu pour une chose, plûtôt que pour une autre. Ce mot est Grec μαλακία, & vient de μαλακός, Mol, le Malacia étant comme une mollesse de l'estomac qui desire ce qui ne lui est pas propre.

MALACTIQUES. s. m. Terme de Medecine. Medicamens qui échauffent, dissolvent & liquefient ce qui est contre nature, & qui le remettent dans son état naturel. Ils ne doivent être ni trop chauds ni trop secs, & avoir pourtant une vertu emplastique. Ceux qu'on emploie pour ramollir une dureté qui vient de siccité, doivent être plus humides & plus temperés en chaleur. On met au nombre des Malactiques la mauve, la guimauve, le senegré, la graine de lin, les figues grasses, la mercuriale, les oignons de lis, la graisse de poule, l'axonge de porc, la plûpart des moëlles, la poix, la cire, le beurre, le labdanum, le bdellium, l'ammoniaque, le galbanum. Le mot de *Malactiques* est Grec, & vient de μαλάσσειν, Amollir: en Latin, *Emollientia*.

MALADIE. s. f. *Dereglement, indisposition, alteration dans la santé*. ACAD. FR. Comme l'integrité de la vie est nommée *Santé*, la ruine de cette même santé est appelée *Maladie*, & à la rigueur il n'y a point de milieu ni d'état de neutralité entre la santé & la maladie. Quoique celle-ci convienne au corps comme vivant, elle n'est point de l'appanage de la vie, puisqu'on ne peut dire que la Maladie soit saine ou malade. C'est une disposition à la mort, qui part de la vie, qui en est en quelque façon la racine. Par cette raison les plaies, les fractures & les obstructions qui arrivent à un corps mort, ne sont pas proprement des maladies, parce qu'elles ne sont telles qu'en tant qu'elles blessent le principe vital du corps vivant, ou le premier moteur de la machine en l'empêchant d'exercer ses actions. Tout le corps est le sujet de la maladie, mais diversement, suivant ses parties. Les parties contenues, sçavoir le sang & les esprits qui touchent de plus près à la racine de la vie, en sont le sujet principal, & les parties solides ou contenantes en sont le sujet moins principal. Comme tous les changemens considerables qui arrivent successivement au corps dans ses differens âges, ne viennent que des differentes alterations de la masse du sang & des esprits, les parties solides & organiques demeurant toûjours les mêmes, si ce n'est à l'égard de la nutrition, qui dépend de l'alteration de la masse du sang; ainsi les vices qui arrivent soudainement au corps par les maladies & les changemens qui se font dans ses operations ne peuvent dépendre que du vice du sang ou des esprits, qui au lieu de conduire la machine suivant les loix de la nature, se laissent conduire par elle. Les differences des maladies se tirent de la diversité du sujet, & du concours des circonstances. Les premieres sont essentielles, les dernieres accidentelles, & les parties du corps qui sont le sujet des maladies étant de trois sortes, il y a aussi trois differences essentielles de maladies, sçavoir, celles des esprits qui arrivent quand ceux-ci s'éloignent de leur constitution naturelle & requise pour gouverner le corps, ce qui regarde tant les esprits implantés, que les esprits influants; celles des humeurs contenues, & celles des parties solides contenantes.

Il y a des *Maladies par consentement*. C'est quand une partie affligée communique du mal à une autre, soit le sien, soit un mal d'une autre nature. Le fondement de ce consentement consiste dans la connexion des parties nerveuses. Elles sont, ou continues, ce qui est cause que la lévre inferieure tremble quand on est près de vomir, parce que la même membrane tapisse l'estomac, l'œsophage, la bouche, & les levres; ou contigues, ce qui fait que ceux qui ont la strangurie, ont en même-tems des envies frequentes d'aller à la selle; ou simplement jointes par des lacis de nerfs, d'où vient que le calcul des reins est accompagné des tranchées du ventre, du vomissement de la dysurie, à cause que le lacis du mesentere, d'où les reins reçoivent des nerfs en envoie des rameaux à toutes ces parties.

On appelle *Maladies contagieuses* & *épidemiques*, celles qui dépendent de certains écoulemens fermentatifs qui se mêlent avec la masse du sang & les autres humeurs contenues. La contagion est quand ce levain écoulé d'un malade passe dans un autre, où il se fermente & produit la même maladie, & l'Epidemie, c'est lorsque ces écoulemens sont reçus avec l'air dans l'inspiration, ou avec les alimens dans la déglutition, après quoi ils excitent des fermentations viciées. Ces écoulemens ressemblent, le contagieux, au levain des Boulangers qu'on a tiré d'une masse de pâte fermentée & qui sert à faire fermenter une autre masse de farine, & l'Epidemique, aux influences de la vigne en fleur, qui font troubler & fermenter le vin dans la cave.

Les *Maladies hereditaires*, sont celles qui passent des peres aux enfans, ce qui ne se peut faire que par le moyen de l'esprit genital, qui dévelope & manifeste en son tems l'alteration reçue dans le pere, soit materielle, soit ideale, & produit dans le fils une maladie de même nature, comme la gravelle, la goutte, la phtisie, la douleur nephretique, la melancolie, qui ont toutes de profondes racines, & sont des maladies longues & presque incurables.

Les Medecins appellent *Maladie maligne*, Une maladie qui ne paroit pas méchante quant à ses signes & à sa forme externe, quoiqu'elle soit effectivement très-méchante, mortelle & venimeuse. Les fiévres malignes sont les plus frequentes de ces maladies. Les uns en attribuent la cause à la corruption particuliere, ou à la coagulation du sang, les autres à la dissolution du sang causée par un alcali volatile très-âcre, & les autres à une putrefaction vermineuse, mais personne n'explique exactement l'essence de ces maladies ni la maniere dont elles nuisent, parce qu'elle est très-cachée. Ettmuller parle d'une *Maladie Hongroise*, qu'il dit être une fiévre militaire maligne plus qu'aucune autre, & remarquable par trois symptomes cruels, qui sont une grande cardialgie, avec des inquietudes, un mal de tête insupportable avec le delire, & une esquinancie fâcheuse de la langue.

On appelle ordinairement *Maladies Saturniennes*, Le mal hypochondriaque, le scorbut, la goutte vague & la mélancolie hypochondriaque. Le Besoard Saturnin est un excellent remede pour ces sortes de maladies. Pour le faire, on précipite le beurre de Saturne avec l'esprit de nitre, & après trois abstractions, trois édulcorations, & trois calcinations, on a un besoard Saturnin simple, qui ne tient aucunement de l'antimoine, comme les autres besoards metalliques.

MALAGE. s. m. Vieux mot. Mal, incommodité du corps.

MALAGUETTE. s. f. Grand Cardamome, que l'on appelle autrement *Graine de Paradis*. Sa gousse est faite en forme de figue & beaucoup plus grande que les autres especes de Cardamome. La Malaguette croît en grande quantité dans l'Isle de Madagascar, du côté de la Province de Ghalemboule. Son fruit est rouge comme l'écarlate, & sa chair blanche, d'un goût agreable & piquant, avec des grains noirs.

MALAN. s. m. Vieux mot. Défaut.

Si n'avoit tache ne malan.

MALANDRES. s. f. p. Galles ou crevasses qui se forment au pli du genouil du cheval, d'où coulent des eaux rousses & mordicantes qui le font souvent boîter par la douleur qu'il en souffre, ou qui lui tiennent la jambe fort roide au sortir de l'écurie.

Les Charpentiers appellent *Malandres*, dans le bois à bâtir, Certains nœuds pourris qui sont cause que les pieces étant équarries ne peuvent être employées de leur longueur. On rabat les Malandres aux Marchands en toisant les pieces.

MALEBESTE. s. f. Terme de Marine. Espece de hache à marteau, dont le côté du taillant est fait comme un calfat double. On s'en sert à pousser l'étoupe dans les grandes coutures. On l'appelle autrement *Petarasse*.

MALEIÇON. s. m. Vieux mot. Malediction. On a dit aussi *Maleir*, pour, Maudire, & *Malait* & *Malerit*, pour, Maudit.

Li malerit, li mescheant.

MALENGIN. s. m. Vieux mot. Fraude, tromperie.

Sans nul dol ny malengin.

MALETOSTE. s. f. *Imposition indue. Le public appelle ainsi par abus, toute sorte de nouvelle imposition.* ACAD. FR. *Maletoste*, dit Nicod, *est un mot accommodé à la Françoise, & prins de deux mots latins* Malus, *&* Tollo, *qui signifie Lever, comme qui diroit*, Chose malement levée. *De ce nom fut dit cet Impost que Nic. Gilles en la vie du Roi Philippe le Bel nomme* Exaction grande & non accoutumée, *qui se fit l'an mil deux cent quatre-vingt seize, par le Royaume de France, pour le fait de la guerre contre les Anglois, premierement sur les Marchands & laiz seulement, puis sur le centiéme, & derechef sur le cinquantiéme de tous les biens tant des laiz que des Clercs.*

MALFAÇON. s. f. Defaut dans la façon de quelque ouvrage ou travail. La Malfaçon, en Maçonnerie, consiste à poser des pierres de lit en joint, à faire des incrustations dans les murs d'une épaisseur mediocre, &c. & en Charpenterie, à mettre en œuvre des bois défectueux ou plus forts qu'il n'est besoin pour augmenter le toisé. Les Couvreurs sont accusés de mal-façon, quand ils se servent de tuile mal cuite ou d'ardoise trop foible, & les Serruriers lorsqu'ils emploient du fer aigre, cendreux, pailleux, ou qui a d'autres défauts. Les Menuisiers & les Vitriers peuvent aussi être recherchés de malfaçon, les uns pour avoir employé du bois trop vert, & fait des panneaux & parquets trop minces avec du bois vicieux, & les autres pour avoir mis en œuvre du verre ondé, moucheté ou casilleux.

MALHERBE. s. f. Plante qui a l'odeur forte. Elle est d'usage pour les Teinturiers, & croît en Provence & en Languedoc.

MALHEURE'. adj. Vieux mot. Malheureux. On a dit aussi, *Malheureté*, & *Malheurté*, pour Malheur.

MALICORIUM. s. m. L'écorce d'une Grenade. *Corium mali*, la peau, le cuir d'une Grenade. Le Malicorium est fort âpre au goût, & par consequent très-astringent.

MALIGNEUX. adj. Vieux mot. Mechant.

Une fumée venimeuse.
Mal odorante & Maligneuse.

MALIGNITE'. s. f. *Qualité de ce qui est malin.* ACAD. FR. Les Medecins appellent *Malignité*, dans les Maladies, Une contagion dont le suprême degré est pestilentiel. On dit, qu'*Il y a de la Malignité dans la fiévre*, quand les forces des malades sont abbattues tout d'un coup, & contre les apparences, ou quand les symptomes sont extraordinaires, & plus cruels qu'ils ne doivent être. Si des défaillances surviennent dans la fiévre tierce intermittante, ce symptome trop grand pour la nature du mal, fait connoître qu'il y a de la malignité cachée. De même si dans une fievre ardente tierce, le malade n'est point pressé de la soif, le mal est suspect de Malignité. Les causes éloignées de la Malignité sont quelquefois le vice de l'air, qui étant trop reposé ou renfermé dans un lieu peu propre, contracte de la corruption, en sorte que ceux qui le respirent ensuite en sont infectés, comme si c'étoit du poison. Il y a dans Rolandus un exemple singulier d'une fievre maligne, causée pour avoir remué du blé qui reposoit depuis quelques années. Les alimens corrompus & qui commencent à pourrir, engendrent ordinairement des fievres malignes. On se sent saisi d'abord d'un horreur legere & lente que la chaleur suit de près. Cette chaleur est souvent petite ou insensible, de sorte que les malades ne s'en plaignent point. L'abattement soudain des forces survient inopinément. Quelquefois le délire, les agitations & les inquietudes du corps succedent, & quelquefois des taches & des élevûres de differentes grandeurs & couleurs paroissent sur la peau.

MALINE. s. f. On appelle ainsi sur mer un tems de grande marée. C'est toûjours au plein & au défaut de la Lune.

MALLEOLE. s. Nom que les Medecins donnent à l'os dont la cheville du pié est formée. C'est l'éminence de la partie inferieure du petit focile.

MALOZ. s. m. Vieux mot. Bourdon, sorte de Mouche.

Toûjours doit li fumier puir
Et tahons poindre & Maloz bruire,
Envioux, envier & nuire.

MALTALENT. Vieux mot. Mauvaise volonté que l'on a contre quelqu'un. On a dit aussi *Etre en Maltalentine*, pour dire, Avoir dépit, être en mauvaise volonté.

MALTE. s. f. Sorte de ciment dont on se servoit autrefois. C'étoit un mélange de poix, de cire, de plâtre, & de graisse. On s'en servoit en faisant la Dedicace des Eglises, selon ce que porte le Pontifical. En Latin *Malta*.

MALTE. Chevaliers de Malte. Ordre Militaire, dont ceux qui le composerent furent d'abord appellés *Joannites* ou *Chevaliers de Saint Jean Baptiste*. Ayant obtenu permission de bâtir un Cloître en Jerusalem, ils le dédierent à la Vierge. Le premier Abbé & Moine de ce Couvent, fut envoyé là de Melfe en Italie, & depuis, ces Moines bâtirent un Hôpital pour y recevoir les pauvres Pelerins & une Eglise en l'honneur de saint Jean Baptiste. Ces Hospitaliers commencerent à devenir riches & puissans en 1099. quand les Chrétiens eurent pris Jerusalem, & à s'acquerir de la reputation auprès de Godefroi qui en étoit Roi. Alors ils s'obligerent eux-mêmes par des vœux à recevoir tous les Pelerins Latins, & à se servir des armes pour défendre les Chrétiens contre les Infideles. Le Pape Honoré II. ayant confirmé leur Ordre, ils alloient armés l'épée au côté, & avec une croix blanche. Le premier Grand-Maître qu'ils élûrent fut Raimond du Pui. Ceux qui entrent dans cet Ordre promettent à Dieu, à la Sainte Vierge & à Saint Jean-Baptiste, obéissance, pauvreté & chasteté, & sont obligés de communier, à Pâques, à la Pentecôte & à Noël. Ils ne peuvent faire de testament, ni transmettre par succession à leurs heritiers ce qu'ils ont acquis, ni aliener aucune chose, sans que leur Grand-Maître y ait consenti. On ne reçoit parmi eux aucun Payen, ni Juif, ni Arabe, ni Turc, ni homicide, ni homme marié, ni bâtards, si ce n'est qu'ils fussent enfans de Prince. L'emploi de tenir les chemins libres pour la sûreté des Pelerins, les ayant rendus hommes de guerre, d'Hospitaliers ils devinrent Chevaliers. Leur but demeura toûjours le même, c'est-à-dire, de faire une guerre irréconciliable aux Ennemis de la Foi. Les Guerres Civiles, dont les Princes d'Occident furent tourmentés, les ayant mis hors d'état d'en recevoir du secours, le Gouverneur de Damas les contraignit en 1299. d'abandonner tout ce qu'ils avoient dans la Syrie, après l'avoir possedé près de trois cens ans. Alors Jean de Lusignan leur donna Limisson dans son Royaume de Chypre, & ils y demeurerent jusqu'en 1310. qu'ils prirent l'Isle de Rhodes sur les Turcs, sous la conduite de Foulques de Villaret leur Grand-Maître, qui étoit François; ce qui les fit appeller *Chevaliers de Rhodes*. Soliman II. Empereur des Turcs, s'étant rendu maître de cette Isle en 1522. après une longue & vigoureuse défense, Pierre de Villiers Lisle Adam, leur Grand-Maître, se retira avec eux en Candie, alla delà en Sicile, & ensuite à Rome vers le Pape Adrien VI. qui leur donna la Ville de Viterbe. Enfin le Duc de Savoye leur donna retraite à Nice en Provence. C'étoit une Place forte, d'où ils faisoient la guerre aux Pyrates. La Ville de Bude en Hongrie ayant été prise par Soliman, ils s'avancerent à Syracuse en Sicile, & lorsqu'ils y furent, Charles-Quint touché du bruit de leurs grands exploits, leur donna l'Isle de Malte en 1529. à condition qu'ils défendroient Tripoli, feroient toûjours la guerre aux Pyrates, & reconnoîtroient pour leurs Protecteurs les Rois d'Espagne & de Sicile, ausquels ils presenteroient tous les ans un Epervier. Soliman ayant attaqué l'Isle de Malte en 1565. ils la défendirent courageusement pendant cinq mois, & l'obligerent de se retirer. On a depuis très-bien fortifié l'Isle & la Ville. En ce temslà l'Ordre étoit composé de huit Langues & Nations, mais presentement il n'y en a plus que sept, à cause du schisme d'Angleterre qui en faisoit une. Ces sept Langues sont la Provence, l'Auvergne, la France, l'Italie, l'Arragon, l'Allemagne & la Castille. C'est aujourd'hui l'Ordre le plus illustre & le plus considerable de toute la Chrétienté. On n'y peut entrer qu'on ne fasse preuve de quatre races de noblesse, tant du côté paternel, que du maternel. Il n'y a que les Grand-Croix, parmi les Chevaliers, qui puissent parvenir à la dignité de Grand-Maître, qui est leur Superieur & le Souverain de Malte. On le traite d'Eminence, & il envoie des Ambassadeurs dans toutes les Cours. Il y a aussi des Chevaliers servans. Il n'est point necessaire qu'ils soient nobles, mais seulement de bonne famille.

MALVE. adj. Vieux mot. Méchant.

Et les malvez en haut estieve.

On a dit aussi *Malvois*, *Malfez* & *Maufez* dans le même sens.

MAM

MAMEYA. s. m. Arbre fort beau des Indes Occidentales, qui croît dans la Province de Panama. Il est d'un verd agreable, branchu & d'un bois poreux. Ses feuilles sont plus longues que larges, & le fruit qu'il porte est gros & rond. Sa chair est semblable au coing, & il a trois ou quatre noyaux joints ensemble qui sont fort amers.

MAMEYES. Sorte de fruit qui se trouve aux Indes Occidentales dans la Province de Tabasco. On le met au rang des meilleurs fruits du Pays. Il est souvent rond, gros comme le poing, & a son écorce rude, & quelquefois jusqu'à trois noyaux, couvert au milieu d'une petite peau déliée, de couleur de châtaigne, d'un goût amer comme fiel. Ces noyaux sont environnés d'une chair de couleur fauve. L'arbre qui porte ce fruit est fort grand & beau, & a ses feuilles comme celles du noyer, mais beaucoup plus grandes.

MAMMALE. adj. Les Medecins appellent *Veines mammales*, celles des Mammelles qui naissant de la sousclaviere ont plusieurs rameaux qui s'étendent jusqu'au nombril par dedans le sternon & les muscles thoraciques.

MAMMELLE. s. f. *Cette partie charnue & glanduleuse du sein des femmes où se forme le lait.* ACAD. FR. Les hommes ont aussi des Mammelles, mais elles sont imparfaites, étant seulement de peau, de chair & de graisse sans glandules. Aussi ne peuvent-elles faire de lait, quoiqu'il en sorte quelquefois une humeur qui lui ressemble. Il n'y a que les Mammelles des femmes qui soient des Mammelles parfaites. Elles sont composées de corps glanduleux, entretissus d'une infinité de vaisseaux, de veines & d'arteres, qui ont seuls la proprieté d'engendrer du lait. Leur substance est fort rare. C'est comme une éponge qui peut contenir beaucoup d'humeurs. Elles portent sur les muscles du bras qu'on appelle Pectoraux, & ont une grande sympathie avec la matrice, à cause que c'est delà que le sang reflue aux Mammelles. Il y a des Voyageurs qui rapportent que les femmes de l'Isle Danabon ont les Mammelles si longues, qu'elles donnent à teter à leurs enfans par dessus l'épaule.

Mammelle, en termes de Sellier, se dit des endroits où finit le garot dont est composé l'arçon de devant qui soûtient le garot, c'est-à-dire, l'arcade qui est élevée de deux ou trois doigts au-dessus du garot du cheval.

MAMMELON. s. m. Le petit bout des mammelles. Il y a des Mammelons dans la langue. Ce sont des papilles nerveuses qui passent à travers la membrane reticulaire, & qui viennent aboutir à une autre qui est la plus exterieure & très-mince, & que l'on peut regarder comme l'épiderme qui couvre tout le corps, & qui défend les papilles nerveuses qui sont dessous, des approches de l'air. Cette membrane reçoit toutes ces papilles dans des étuis; & ce sont ces petits Mammelons qui s'étant ébranlés à l'occasion des sels contenus dans les alimens, nous font la sensation du goût plus ou moins forte, selon la qualité des sels.

Les Serruriers appellent *Mammelon de gond*, le bout du gond qui sort hors du bois ou de la pierre, & qui entre dans le repli de la barre de fer. On doit le souder sur un gros morceau de fer quarré qui excede le Mammelon d'un demi-pouce, afin que la penture porte dessus pour rouler plus aisément, & empêcher que la pesanteur de la porte ne coupe le gond avec la penture. On dit aussi *Mammelon d'un treuil*. C'est le bout d'un treuil, & la partie qui pose & qui tourne sur les pieces de bois qui le soûtiennent.

MAMMELUS. s. m. On a appellé ainsi les Esclaves Chrétiens qu'on avoit pris étant jeunes, & dont on faisoit la Milice des Sultans d'Egypte. Ils étoient puissans & considerables, & non seulement on leur donnoit les plus importantes Charges de l'Etat, mais on tiroit de leur Corps les Souverains d'Egypte, qui prenoient le titre de Sultan. On dit qu'ils s'y établirent en 1250. & que les premiers d'entre eux étoient sortis de Circassie. Après s'être rendus redoutables pendant plus de deux cens ans, ils furent défaits en 1516. par Selim, Empereur des Turcs, qui tua leur Sultan Campson. Ils lui donnerent Tomumbei pour successeur, & ce fut par lui que finit l'Empire des Mammelus, le même Selim l'ayant fait pendre, après que les Arabes l'eurent trouvé caché dans un marais; ce qui arriva l'année suivante.

Quelques-uns disent que le mot de *Mammelu* est un mot Syriaque qui veut dire *Soldat*. C'étoit l'éleve de la Milice du Soudan d'Egypte. On ne recevoit dans le rang des Mammelus ni Arabe, ni Sarasin, ni More, ni Turc, ni Juif. La plûpart étoient de Circassie; ce qui est cause qu'ils sont appellés *Cercas* par les Turcs: & il falloit qu'ils fussent tous, ou Chrétiens, ou fils de Chrétiens. Les Podoliens, les Tartares, les Valaques & les Précopites les enlevoient dans leur enfance pour les vendre à des Marchands. On choisissoit les plus braves, que l'on transportoit par la mer Mediterranée à Alexandrie, & delà au Caire devant le Soudan qui leur faisoit apprendre toute sorte d'exercice militaire, & les recevoit parmi ses Gardes, leur donnant des gages lorsqu'ils s'étoient rendus habiles à tirer de l'arc & à manier les armes. Les plus grossiers qui n'avoient aucune disposition à ces exercices, demeuroient valets des autres. L'impossibilité de s'élever par d'autres moyens les obligeoit à s'employer tout-à-fait aux armes, & par ce moyen on les voyoit souvent parvenir de l'esclavage à l'Empire. Il y avoit cela de fâcheux que leurs fils ne succedoient point à leurs Dignités; & comme le fils même du Soudan ne pouvoit ni monter au Trône, ni jouir des biens que ce Soudan avoit amassés pendant son regne, quelques-uns voulant laisser l'Empire à leurs enfans, les ont envoyés en Circassie, afin qu'étant nourris dans les mœurs & dans les coûtumes des Circassiens, ils fussent jugés dignes d'être choisis pour remplir leur place, mais les Mammelus n'y ont jamais voulu consentir. Chaque Mammelu avoit sa voix pour l'élection d'un successeur, & celui qu'ils élisoient leur donnoit un ducat d'or à chacun.

Nicod dit ce qui suit sur ce mot. Mamaluc, *& en pluriel* Mamalucs *ou* Mamaluques *en langue Surienne, qui est aussi Arabesque & conforme à la Moresque, est l'homme de cheval armé à la legere, nourri aux Ordonnances de ce Pays-là, & sont les Mammelus, dont est la Cavalerie ordinaire du Soldan, grandement redoutés & renommés, & tenus pour invincibles en tout le Pays d'Asie, à cause de la grande science militaire & prouesse qui sont en eux, de sorte que les Soldats mêmes, qui ne peuvent avoir telle dignité, si ce n'est par élection, doivent être reçûs à la lice & compagnie d'iceux Mammelus, par devers lesquels est la surintendance du gouvernement du Pays, & la puissance & autorité d'élire à telle dignité celui qui ayant été acheté, ou autrement étant parvenu en leur puissance, n'ait aucunement servi.*

MAMMILLAIRE. adj. On appelle *Apophyses Mammillaires*, deux petits Boutons ou bossettes qui ont du rapport à des bouts de mammelles, & qui sont sous les ventricules anterieurs du cerveau. On tient que ce sont les organes de l'odorat. On appelle aussi *Muscle mammillaire*, un certain Muscle qui sert à baisser la tête.

MAMMILLAIRES. s. m. On appelle ainsi certains Heretiques de Hollande, du Latin *Mammillarii*, qui font une Secte particuliere des Memnonites. Un jeune homme ayant mis la main sur la gorge d'une fille qu'il étoit prêt d'épouser, il y en eut qui soûtinrent qu'il le falloit excommunier. Les autres ayant condamné cette rigueur, furent nommés *Mamillarii*, & cela causa un schisme entre eux.

MAMMO. s. m. Arbre du Pays des Noirs, qui se trouve

trouve au Royaume de Quoja. Il est haut & épais, & produit un fruit d'un suc piquant, & qui ressemble à des prunes blanches. On s'en sert à des remedes, & il se conserve toute une année, pourvû qu'on le tienne couché en terre.

MAMOERA. s. m. Sorte d'arbre appellé ainsi par les Portugais, selon ce que pense Charles de l'Ecluse qui en a parlé. Il croît dans cette partie de l'Amerique où est située la celebre Baye qu'ils nomment *Baya de todos los santos*. Il y a le mâle & la femelle. Le mâle est sterile, & ne porte que des fleurs qui pendent à de longues queues comme par bouquets, tirant sur celles du sureau d'un blanc jaunâtre. La femelle porte seulement du fruit sans aucune fleur. Ce fruit qu'on appelle *Mamaon*, est rond, & de la grosseur & forme d'un petit pepon. La chair en est jaunâtre quand il a atteint sa maturité. Les Sauvages ont accoûtumé d'en manger quand ils veulent se lâcher le ventre. Il a plusieurs grains gros comme de petits pois. Ils sont noirs, luisans, & tout-à-fait inutiles. Ses feuilles, faites à peu près comme les grandes feuilles du Plane ou de l'Erable, sont attachées à de longues queues, & sortent entre les fruits, dont le gros de l'arbre est environné depuis l'endroit où il commence à jetter ses fleurs, jusques au sommet, en sorte qu'ils sont quelquefois pressés l'un contre l'autre jusques à neuf piés de haut. Le tronc de la femelle est gros d'environ deux piés, & elle est tellement amie de l'arbre mâle, que si elle en est séparée par un grand espace, elle devient sterile, & ne porte plus de fruit.

MAN

MANAGUAIL. s. m. Bête fort pesante qui se trouve dans la Nouvelle Espagne. Elle est toute couverte de pointes comme le herisson, & ces pointes ont environ un pié de longueur. Son museau est fait comme celui d'un pourceau, mais plus petit. Cette bête a le pié fort court, & la chair en est exquise.

MANATI. s. m. Poisson qui allaite ses petits de ses mammelles, & dont il se trouve un fort grand nombre aux Isles de Barlovento, aux Côtes du Perou & au Cap de la Magdeleine. Le Manati a des jambes pour marcher sur terre, où il mange des herbes & des fruits. La chair n'en est pas moins bonne que celle du veau, & étant salée, elle ressemble à du bœuf salé. On tient que ce poisson est la même chose que le Lamantin, auquel les Espagnols ont donné le nom de *Manati*. Il n'a point de piés de derriere; il a seulement les deux de devant, qui sont ronds comme ceux d'un Elephant, & chacun avec quatre ongles. Il a des yeux qu'il ferme & qu'il ouvre, & une peau épaisse, parsemée de quelque poil brun ou cendré.

MANBOUR. s. m. Vieux mot. Tuteur. On trouve dans Froissard, *Et y aura quatre Manbours pour gouverner ses biens*. On a dit aussi *Manburnie*, dans la signification de Tutelle. Le mot de *Manbour*, vient de *Manburgus*, qui dans la basse Latinité, signifie Curateur, comme *Manbournia*, y a été dit pour *Tutela*. Selon du Cange, *Mundiburdus*, *Mundiburdum*, & *mundiburnium*, sont mots qui viennent des Saxons & des Allemans, à quoi il ajoûte que les Patentes par lesquelles les Empereurs & les Rois mettoient les Eglises & les Monasteres en leur protection & sauvegarde, ont été aussi appellées *Mundiburnia*. Dans la basse Latinité, on a dit *Manbournire*, pour *Tueri*, Défendre, proteger.

MANCELLE. s. f. Terme de Chartier. Petite chaîne qui tient au collet du Cheval, & au bout de laquelle il y a un grand anneau qu'on met au limon, & qu'on arrête avec l'atteloire, ce qui est d'un grand usage pour tirer.

MANCENILLIER. s. m. Arbre très-dangereux qui croît aux Antilles, & dont le fruit empoisonne ceux qui en mangent. C'est une pomme toute semblable à celle d'Apis. Elle est panachée de rouge, & d'une odeur assés semblable à celle d'une pomme de rainette. On l'appelle *Pomme de Mancenille*. Elle est d'un goût fort doux à la bouche, mais ceux qui en mangent, meurent en fort peu de tems, à moins qu'ils n'avalent aussi-tôt un verre d'huile d'olive avec de l'eau tiede qui leur fasse tout vomir, & même quelque prompt remede qu'ils y apportent, s'ils en guerissent, ce n'est plus que pour languir, & pour traîner une vie malheureuse & courte. On a trouvé dans l'estomac de quelques personnes qui en étoient mortes, une place ronde, large comme la main, noire & brûlée. Dans les Isles où ce fruit vient en abondance, les couleuvres sont venimeuses, & dans le tems qu'il tombe par terre pour être trop mûr, la plûpart s'abstiennent de manger des crabes dans la crainte qu'elles ne l'ayent sucé. Il rend la chair des animaux qui en mangent, noire & comme brûlée, & il n'y a que l'Arras, qui en fasse sa nourriture sans courir aucun danger. Quand ces pommes tombent de l'arbre, elles ne pourrissent point, non pas même si elles tombent dans l'eau. Elles deviennent ligneuses, & se couvrent d'un salpêtre qui leur donne une croûte solide comme si elles étoient petrifiées. Elles sont aussi mortelles aux poissons qu'aux hommes. Le Mancenillier est beau à voir, & tout à fait semblable au Poirier, excepté qu'il a son écorce plus épaisse. Sous cette écorce, tant celle du tronc que celle des branches, est renfermée une eau gluante & blanche comme du lait, qui est d'une malignité sans pareille. Elle en sort en quantité à la moindre incision ou fracture. C'est un venin subtil & caustique, qui en approchant la chair nue la brûle, & y fait élever des cloches qui sont aussi-tôt suivies d'une inflammation très-dangereuse. S'il en tomboit une seule goute dans une plaie, elle y mettroit la gangrene. Il y a bien plus. La rosée & la pluie, après avoir demeuré quelque tems sur les feuilles de cet arbre, produisent le même effet, & si elles tombent sur la peau, elles l'écorchent comme feroit de l'eau forte. Ainsi il ne fait pas bon passer sous cet arbre dans le tems qu'il pleut. L'ombre même en est très-nuisible aux hommes, & ceux qui se reposent dessous ne se levent point sans avoir le corps enflé. Il n'y a pas jusqu'à la viande cuite au feu du bois du Mancellinier, qui ne contracte je ne sçai quoi de malin qui brûle la bouche & le gosier. Les Sauvages font des incisions à son écorce, & recueillent avec soin le lait qui en coule, pour empoisonner les fléches dont ils se servent contre leurs ennemis. Ils les oignent d'une certaine gomme visqueuse comme de la Terebentine, & les font secher au Soleil après les avoir trempées dans ce lait.

MANCHE. s. f. *Partie du vêtement dans laquelle on met le bras*. ACAD. FR. On appelle en termes de Marine, *Manche à eau*, ou *Manche pour l'eau*, Un long tuyau de cuir, fait en maniere de Manche ouverte par les deux bouts. On s'en sert à conduire l'eau que l'on embarque, du haut d'un Vaisseau jusques aux futailles qui sont rangées dans le fond de cale. On s'en sert aussi dans le même fond de cale, pour faire passer l'eau ou les liqueurs d'une futaille dans l'autre. On applique pour cela une des ouvertures de la manche sur la futaille vuide, & l'autre ouverture sur celle qui est pleine, & où l'on a mis une pompe qui fait monter l'eau. On appelle *Manche de pompe*, Une longue manche goudronnée, qui étant clouée à la pompe, reçoit l'eau qu'on en fait sortir, & la porte jusques hors le Vaisseau.

Manche. Terme de guerre. On appelle *Manches d'un Bataillon*, Les ailes d'un Bataillon, qui sont composées de Mousquetaires, & dont le centre est de Piquiers. Il y a *Manche de main droite*, & *Manche de main gauche*, & chacune se divise en demi-Manche, en quarts & en demi-quarts de Manche, ce qui facilite l'ordre quand on défile. On disoit autrefois *Manche d'un bataillon*, pour signifier Un petit corps de quarante ou de soixante Mousquetaires qu'on tiroit du corps d'un bataillon pour le mettre en deux files sur chaque angle de ce même bataillon. Ainsi un bataillon avoit quatre Manches, dont chacune étoit couverte par un peloton de soixante & quatre, ou de quatre-vingts hommes rangés en quarré.

Manche. Terme de Monnoie. Fourneau d'affinage de quatre à cinq piés de haut en forme de Manche, dont on se sert lorsqu'on affine les casses & les glettes, pour en retirer les parties d'argent qui y sont restées. Ce fourneau a quatre piés en quarré par le haut, entre quatre angles qui vont en glacis en maniere d'entonnoir plat. Il y a trois de ces angles qui ont environ deux piés de haut. Le quatriéme, qui est celui du devant, n'en a qu'un, afin de jetter les matieres par cet endroit-là. Le reste de la Manche n'a qu'environ demi-pié en quarré en dedans, & par le bas une ouverture d'environ deux pouces de diametre, pour laisser couler les matieres dans la casse à mesure qu'elles fondent. Cette Manche est faite de gros grais fort durs, qu'on taille en maniere de pavés, & qu'on lie ensemble avec de la terre, telle que celle dont on fait les fours.

MANCHE. s. m. *La partie d'un Instrument par où on le prend pour s'en servir*. ACAD. FR. On dit aussi, *Le manche d'une éclanche*, *le manche d'une épaule de mouton*, ou *de veau*.

On appelle *Manche de charrue*, La partie de la charrue que tient celui qui laboure & qui sert à la gouverner. On dit *Mancheron* aux environs de Paris. Ce mot vient de *Manubrium*. On appelle aussi *Manche* dans les Instrumens de Musique, La partie où sont les touches qui font varier les tons, & ce mot s'étend jusques au lieu où sont attachées les chevilles qui bandent les cordes.

MANCHEREAU. s. m. Vieux mot. *C'est*, dit Nicod, *le diminutif de Manche quand il est masculin. Ainsi on dit*, Manchereau de charrue, *les deux empoignures que le Laboureur happe pour enfoncer le soc en labourant. Quand Manche est feminin, son diminutif est* Mancheron, *qui signifie la couverture du bras depuis le coulde jusques au col du bras. Selon ce, on dit*, Mancherons de femmes, *ces demies manches de velours, satin, ou autre étoffe, qu'elles portent avec leurs robbes à larges & pendantes manches*, & Mancherons de pourpoint, *ces demies manches de velours, ou autre étoffe, que portoient anciennement les Bourgeois, voire les grands Seigneurs & les Rois, quand la frugalité étoit en regne, étant le reste des manches de leurs pourpoints qui ne se montroient, sous les manches lombardes de leurs houppelandes, d'autre & moindre étoffe*; & Mancherons de robbes *ou* houppelandes, *ces demies manches coupées à l'endroit du coulde & pendans d'icelui, par où les Mancherons du pourpoint se montroient, soit que la robbe ou houppelande fût faite à la lombarde, c'est-à-dire, le haut de la demie-manche plissée & fronsée haut & bas, ou autre façon sans ladite fronsure.*

MANCHES-DE-VELOURS. Nom que donnent les Pilotes à certains oiseaux, qui paroissent vers le Cap de Bonne-Esperance. Ils ont les bouts des ailes noirs, & le reste du corps blanc, & vont par bandes flotant sur l'eau. Les poissons leur servent de nourriture.

MANCIPE. s. m. Vieux mot. Esclave. *Chetif comme un poûre Mancipe*. Ce mot qui vient du Latin *Mancipium* formé de *manu captus*, a fait celui d'*Emanciper*.

MAND. s. m. Vieux mot. Mandement.

MANDARIN. s. m. Nom qui a été donné par les Portugais à la Noblesse des Orientaux. Il y a à la Chine neuf Ordres de Mandarins ayant differentes marques qui font connoître leur rang. Ceux du premier Ordre portent un bonnet qui finit en cone, & au haut duquel est une escarboucle enchassée dans de l'or avec une perle par devant à la base du bonnet, & une ceinture enrichie de quatre pierres précieuses verdâtres. La ceinture des Mandarins du second Ordre, est ornée de deux globes d'or, accompagnés de fleurs d'or avec une escarboucle au milieu, & à la pointe de leur bonnet ils ont un rubis, & un autre plus petit à sa base. Une escarboucle enchassée dans de l'or, fait l'ornement du bonnet de ceux du troisiéme Ordre. Elle est dans le haut, & il y a un saphir au bas, avec des demi-globes d'or sans fleurs sur leur ceinture. Les Mandarins du quatriéme Ordre, ont deux saphirs, l'un à la pointe de leur bonnet, & l'autre à la base; & ceux du cinquiéme Ordre n'en portent qu'un à la pointe avec leur ceinture de la même sorte. Celle des Mandarins du sixiéme Ordre, a pour ornement des pieces de corne de Rhinocerot qui sont enchassées dans de l'or, & au haut de leur bonnet ils ont un cristal taillé. Ceux du septiéme Ordre n'ont qu'un ornement d'or à la pointe de leur bonnet avec un saphir à la base & des plaques d'argent à leur ceinture; & ceux du huitiéme Ordre, n'ont que l'ornement d'or sans saphir à leur bonnet, & des plaques de cornes de Rhinocerot à leur ceinture. Le bonnet des Mandarins du neuviéme Ordre, est fait d'un brocart d'argent, & leur ceinture est couverte de plaques de corne de busle qui sont enchassées dans de l'argent. Il y a des Mandarins d'armes, par qui la Milice est commandée, & des Mandarins de lettres qui ont soin d'administrer la Justice. Ceux de lettres des trois premiers Ordres, & ceux d'armes des quatre premiers, ont des robes enrichies de figures de Dragons, qui les distinguent des Ordres inferieurs. Le mot de *Mandarin*, signifie, Chevalier du Seigneur.

MANDAT. s. m. Rescrit du Pape, par lequel il mande à un Collateur ordinaire, de pourvoir celui qu'il lui nomme du premier benefice qui sera vacant par mort à sa collation. Ce fut sous le Pontificat de Clement V. que les Mandats furent introduits en France, lorsqu'il vint tenir son siege à Avignon. Ils n'y ont plus lieu, quoiqu'ils soient compris dans le Concordat de François I.

MANDATAIRE. s. m. Celui qui peut requerir un Benefice, comme étant porteur d'un Mandat Apostolique.

MANDIBULE. s. f. Mot dont se servent quelques-uns pour signifier la mâchoire. On tient que le Crocodile ne peut remuer que la Mandibule superieure. Ce mot vient du Latin *Mandere*, Manger.

MANDORE. s. f. Instrument de Musique, fait en forme de petit luth, & qui en est une espece. Elle n'avoit autrefois que quatre cordes. La chanterelle servoit à jouer le sujet, & on la pinçoit avec le doigt index, auquel une plume appellée *Plectrum*, ou *Pecten*, étoit attachée. Les trois autres cordes faisoient une octave remplie de sa quinte, & on les frappoit avec le pouce l'une après l'autre. Quoiqu'il y ait encore aujourd'hui des Mandores à quatre cordes, on en fait quelquefois à six, & même à un plus grand nombre, & comme elles imitent mieux le luth, on les appelle *Mandores lutées*.

MANDOUAVATE. s. m. Arbre de l'Isle de Madagascar, dont l'écorce est verte, dure & pleine de piquants, & qui produit un fruit semblable à une noisette. Son bois sert à faire des poignées pour les Zagaies.

MANDOUTS. s. m. Espece de Serpent qui se trouve en Madagascar, & qui a la grosseur du bras ou de la jambe d'un homme. Quoiqu'il ne soit point venimeux, les naturels du Pays ne laissent pas de l'apprehender. Il se nourrit de rats, & de petits oiseaux qu'il trouve dans leur nid.

MANDRAGORE. s. f. Sorte de plante somnifere. Dioscoride la divise en deux especes. La noire, appellée *Femelle*, a ses feuilles semblables à la laitue, quoique moindres & plus étroites; ce qui la fait appeller *Thridacias*, du Grec θρίδαξ, Laitue. Elles ont l'odeur forte & mauvaise, & s'étendent sur la terre. La plante porte des pommes qui ressemblent aux cornes, & qui sont pâles & odorantes, ayant au-dedans une graine semblable à celles des poires. Elle a deux ou trois racines fort grandes, noires en dehors, blanches en dedans & couvertes d'une écorce épaisse. L'autre Mandragore qu'on appelle *Mâle*, produit des pommes deux fois plus grosses que celles de la femelle, ayant une bonne odeur, & qui sont d'une couleur qui tire sur le saffran. Elles assoupissent ceux qui en mangent. Ses feuilles sont grandes, blanches, larges, & lissées comme les feuilles de bete. Sa racine ressemble à celle de la femelle, étant toutefois plus grosse & plus grande. Ni l'une ni l'autre ne jette de tige. L'usage interieur de la Mandragore est fort suspect. Ælius la tient veneneuse à cause de sa vertu narcotique. Il y en a même qui tiennent qu'elle ôte la raison à ceux qui en prennent par la bouche, leur causant une langueur avec vertige, & une enflûre au visage, accompagnée d'un assoupissement si fort, que si on ne leur donne un très-prompt secours, par purgatifs, & par le moyen du vin & de la theriaque, ils meurent dans la convulsion. La Mandragore qui cause tous ces effets, est peut-être celle qu'on appelle *Morion*, du Grec μωρία, Folie, dont le même Dioscoride parle en cette sorte. On dit qu'il y a une autre espece de Mandragore, nommée *Morion*, qui croît aux lieux ombrageux, auprès des fosses & tanieres. Elle a ses feuilles semblables à la Mandragore mâle, quoique moindres. Elles sont blanches & de la longueur d'un palme, environnant de tous côtés la racine, laquelle est tendre & blanche, de la longueur d'un pié ou environ, & de la grosseur d'un pouce. On tient que si on mange une drachme de cette racine, soit avec du pain ou parmi la chair, ou en quelque sausse que ce soit, elle fait perdre le sens; de sorte que pendant trois ou quatre heures on demeure sans entendement, & comme endormi. Les Medecins s'en servent quand il faut couper ou cauteriser quelque membre. On se sert exterieurement de la Mandragore pour la rougeur & douleur des yeux, pour les écrouelles, pour les tumeurs dures, & pour les eresipeles. Quelques-uns veulent qu'on l'ait appellée *Mandragore*, à cause qu'elle naît auprès des cavernes ou des étables de pourceaux que les Grecs appellent μάνδρα. Matthiole rapporte que ce qu'on dit que les Mandragores ont leurs racines de la forme du corps humain est une fable, & que si Pythagore leur a donné le nom de ἀνθρωπόμορφος, qui veut dire, fait en forme d'homme, c'est que toutes les racines de cette plante, ou du moins la plûpart sont fourchues depuis la moitié en bas, ce qui fait une maniere de cuisses, de sorte qu'en les cueillant quand la Mandragore jette ses pommes, qui tiennent à une petite queue au dessus des feuilles qui panchent contre terre, elles paroissent semblables à un homme qui n'a point de bras. Matthiole ajoûte que les racines faites en façon de corps humain, appellées *Mandragores*, ou *Mains de gloire*, & que les Charlatans pretendent singulieres pour faire avoir des Enfans aux Femmes steriles, sont artificielles & faites de racines de roseaux, de coleuvrée & autres semblables. Il dit, sur ce qu'il a sçû d'un de ces Trompeurs, qu'ils taillent & gravent dans ces racines encore vertes les formes tant d'homme que de femme, & qu'aux lieux où il faut qu'il y ait du poil, ils fichent & plantent des grains d'orge ou de millet. Que les ayant ensuite enterrées, ils les couvrent de sable jusqu'à ce que l'orge ou le millet ait pris racine, ce qui arrive en trois semaines, après quoi ils les retirent de terre & coupent les racines qu'ont jettées ces grains, les accommodant de telle sorte qu'elles sont faites en maniere de barbe & de cheveux.

MANDRIN. s. m. Les Serruriers appellent *Mandrin*. Toutes sortes de poinçons gros & menus, qui servent à percer à chaud. On met sous la piece qu'on veut percer, un morceau de fer troué en rond, en quarré, ou de la même figure que le Mandrin. Les Mandrins sont de diverses sortes. Il y en a de ronds, qui sont comme de grandes broches de fer, dont on se sert pour tourner des canons, des bandes & d'autres pieces. Il y en a de quarrés, & en ovale, pour accroître les trous qui ont été faits avec le poinçon; d'autres en losanges pour faire les grilles & d'autres en triangles & autres figures pour former les trous après que les poinçons les ont commencés.

Les Tourneurs appellent aussi *Mandrins*, Des morceaux de bois faits exprès en forme de poulies, ou autrement contre lesquels on fait tenir avec du mastic, des pointes de clou, des vis, ou d'une autre maniere, certains ouvrages, comme des boëtes, & autres choses, qui ne se peuvent tourner entre les pointes. On s'en sert aussi pour tourner en bois de travers, & en ce cas on ne tourne point hors les pointes; mais seulement en changeant l'écart du support.

MANDUCATION. s. f. Terme de Theologie. Action de manger. Ce mot vient du Latin *Manducare*, & n'est en usage qu'en parlant du Mystere de la sainte Eucharistie. Les Calvinistes prétendent que la Manducation du Corps de Jesus-Christ n'est que par figure.

MANEAGE. s. m. Terme de Marine. Sorte de travail des Matelots qu'on appelle ainsi, à cause qu'il se fait avec les mains. C'est la charge & décharge qu'ils sont obligés de faire des planches, du merrein, du poisson tant vert que sec, sans qu'ils en puissent demander aucun salaire au marchand.

MANEGE. s. m. *Exercice qu'on fait faire à un cheval pour lui apprendre à manier.* Acad. Fr. Il y a plusieurs sortes de Manege. On appelle *Manege par haut*, la façon de faire travailler les sauteurs qui s'élevant plus haut que le terre à terre, manient à courbettes, à croupades, à balotades, ce qui s'appelle autrement *Airs relevez*. On dit *Manege de guerre*, pour dire, Le galop qui est d'une vîtesse inégale, & dans lequel le cheval change de main aisément selon les occasions.

MANEQUIN. f. m. Panier haut & rond, dans lequel on apporte ordinairement du fruit à Paris.

Manequin. Figure ou statue de bois dont les Peintres & Sculpteurs se servent pour disposer les draperies qu'ils veulent donner à leurs ouvrages. Les jointures de ces Manequins sont faites de telle sorte qu'on peut leur donner telle attitude qu'on veut. Ce mot vient de l'Allemand *Man*, Homme, & en est un diminutif.

MANGA. f. m. Sorte de fruit qu'on trouve dans l'Isle de Java & qui vient à un arbre assés semblable à nos Noyers, mais qui n'a pas tant de feuilles. C'est le même Arbre qui croît à Siam & qu'on appelle *Manguier*. Les Mangas sont de la grosseur d'un Pavi, mais plus longs & un peu courbés en forme de croissant. Leur couleur est d'un vert clair, tirant un peu sur le rouge. Ces fruits ont un gros noyau dans lequel est une amande plus longue que large & d'un assés mauvais goût quand elle est crûe. Cuite sur la braise, elle est assés agreable & sert dans la Medecine contre les vers, & contre la diarrhée. Le Manga parfaitement mûr n'est pas moins bon que la Pêche, & c'est au mois d'Octobre, de Novembre, & de Decembre qu'il mûrit. On cueille les Mangas encore verts pour les confire au sel, au vinaigre & à l'ail, & alors on les nomme *Mangas d'achar*. On s'en sert au lieu d'Olives. Il y en a de sauvages que l'on appelle *Mangas bravas*, & qui sont d'un vert pâle, mais plus reluisant que celui des autres. Le jus dont ils sont remplis est si dangereux qu'il tue sur le champ, sans qu'on ait encore trouvé aucun antidote contre ce poison. Voyez MANGUIER.

Manga, Est aussi une sorte d'arbre du Bresil qui se trouve en grand nombre auprès du rivage & des recoins de la mer. Il est toûjours vert, & a ses feuilles comme celles de nos Saules. Son bois est pesant, & presque aussi dur que le fer. Quelques-uns le nomment *Angle*. Il y a presque toûjours sous cet arbre une sorte de moucherons très-incommodes qu'on appelle *Maragues* ou *Marigui*. Ils sont fort petits, mais ils piquent très-vivement, & les habits ne les en empêchent point. Les Sauvages les chassent par la fumée, ou en se frottant le corps de fiente.

MANGANESE. f. f. sorte de pierre nommée en Latin *Maganesia*, comme si on disoit *Magnesia*, à cause de la ressemblance qu'elle a avec l'Aimant appellé *Magnes*, par sa pesanteur & par sa couleur. On l'apporte d'Allemagne, mais la meilleure vient de Piémont. On l'emploie dans les émaux, & étant mêlée avec le saffran, elle fait une couleur de pourpre. Elle est utile aux Verriers qui s'en servent pour purger leurs matieres, & y donner une couleur rougeâtre. La Manganese préparée par la calcination est comme une poudre noirâtre.

MANGARZAHOC. f. m. Bête fort grosse de l'Isle de Madagascar. Elle a les piés ronds comme ceux d'un cheval, & les oreilles si longues, qu'en descendant une montagne, elles s'abattent sur ses yeux & l'empêchent de voir où elle va. Le son qu'elle pousse est grand & fort desagreable, & comme il semble imiter le cri d'un âne qui brait, cela la fait mettre au rang des ânes sauvages.

MANGEUR. f. m. On appelloit autrefois *Mangeurs*, les Sergents ou Officiers que l'on envoyoit en garnison chés un débiteur aux dépens de qui ils vivoient jusqu'à ce qu'il eût payé ceux à qui il devoit, suivant ce que le Juge avoit ordonné. On y envoyoit aussi quelquefois des Soldats, qu'on nommoit *Gasteurs* ou *Gastadours*, comme mis en gât & garnison chés les débiteurs contumaces. Ces Mangeurs furent abolis en 1304. par Philippe IV.

MANGEURE. f. f. Terme de chasse. On appelle ainsi les pâtures des Loups & des Sangliers.

Mangeures, dit Nicod, *sont en termes de Venerie, La pâture du Sanglier mangeant le grain, la faine, ou le gland. Ainsi dit on*, Le Sanglier a fait ses Mangeures en telle part, *Car quand il fait ses boutis aux prez ou fraicheurs, on ne dit pas qu'il ait fait ses Mangeures aux prez, ainsi qu'il a vermillé, ni aussi quand il a fait sa nuit aux fouges ou au parc, on ne dit pas qu'il y ait fait ses Mangeures, ains qu'il y a fait ses boutis, comme aussi l'on dit que le Sanglier a muloté, quand il a renversé les cachettes où les mulots ont assemblé le grain, gland & autres fruits, & pareillement qu'il a herbeillé, quand il a peu l'herbe au pré; mais ce sont mots de l'art desdits Veneurs, qui en ce terme de* Mangeures, *donnent cette regle, que toute espece de fruits que le Sanglier peut manger sans fouger, se doivent nommer* Mangeures.

MANGONEAU. f. m. Sorte de machine antique dont Bochard dit que l'origine vient des Phœniciens. On s'en servoit à jetter des pierres.

Esraument commanda li Rois
Les Mangoneaux appareiller
Et les perrieres adrecier.

Borel fait venir ce mot de μάγγανον, Machine, ou fronde. On l'appelloit aussi *Mangoniel*, & on la braquoit sur les creneaux. On donnoit le nom de *Mangoneau*, non seulement à la machine, mais aussi aux pierres qu'elle jettoit, suivant ce passage de Froissard. *Et avoient engins qui jettoient pierres de foix & Mangoneaux jusqu'à la Ville.*

MANGOSTAN. f. m. Fruit qui vient dans l'Isle de Java, le long des grands chemins ou des buissons comme nos prunes sauvages, & qui a presque le même goût.

MANGUIER. f. m. Arbre qui croît au Royaume de Siam, & qui porte un fruit fort estimé appellé *Mangue*, & *Ma-mouan*, par ceux du pays. Il tient d'abord du goût de la Pêche & de l'Abricot, & ce goût-là devient sur la fin un peu plus fort & moins agreable. Les Mangues sont plates & en ovale, mais pointues par les deux bouts comme nos Amandes. Il y en a de grandes comme la main d'un enfant. Leur peau est d'une couleur tirant sur le jaune, & de la consistance de celle de nos Pavis. Leur chair qui n'est qu'une poulpe propre à succer, ne quitte point un grand noyau plat qu'elle enveloppe.

MANIAGE. f. m. Vieux mot. Maniement.

MANICHEENS. f. m. Heretiques qui prirent leur nom d'un malheureux Esclave de Perse qu'une Veuve, heritiere de l'argent & des livres d'un certain Terebinthus, qui trouvant les Prêtres & les Sçavans du pays entierement contraires à ses erreurs, s'étoit retiré chés-elle, adopta, & fit instruire dans les sciences qui s'y enseignoient. Il s'appelloit Curbicus, & après la mort de cette femme il prit le nom de Manés, pour faire oublier la condition d'esclave où on l'avoit vû. Il se disoit Apôtre de Jesus-Christ, & le Paraclet qu'il avoit promis, enseignant deux commencemens en Dieu, que tenoient les Marcionites, dont l'un étoit principe des biens, & l'autre des maux; qu'il y avoit deux ames en l'homme, l'une mauvaise, que le mauvais principe produisoit avec le corps, & l'autre bonne, qui tiroit son être du bon principe, & étoit de même nature que Dieu. Il commença à répandre ses erreurs dans le troisiéme siecle. Les Manichéens qui les embrasserent, tenoient comme lui, que Jesus-Christ étoit le serpent qui tenta Eve, qu'il n'avoit pas eu de veritable corps & qu'il n'étoit ni mort ni ressuscité. Ils ne mangeoient ni chair, ni œufs, ni lait, mais seulement des fruits de la terre dont le dedans avoit une pure & impeccable force. Ils rejettoient l'usage du vin comme étant le fiel du Prince des Tenebres, & croyoient avec Pythagore la transmigration des ames. Ils donnoient des membres à Dieu comme les Anthropomorphites, & disoient qu'il étoit substantiellement en chaque chose, mais jamais dans d'aussi basses ou viles que la fange & les ordures. Ils prétendoient que, la demeure de Jesus-Christ fût dans le Soleil, & celle de la Sapience Divine dans la Lune, ce qui les obligeoit d'adorer l'un & l'autre de ces Astres. Ils condamnoient le mariage, se permettant toute sorte de voluptés brutales, & tenoient que le baptême étoit inutile. Le franc-arbitre étoit détruit parmi eux, puisqu'ils supposoient que la volonté de l'homme étoit toûjours prévenue d'une certaine force à laquelle il ne pouvoit resister, ce qui l'empêchoit d'être libre dans ses actions. Manés, Auteur de ces detestables opinions, fut écorché vif, pour avoir laissé mourir le fils du Roi de Perse qu'il avoit promis de guerir, ce qui avoit fait chasser tous les Medecins d'auprès de lui. Saint Augustin qui avoit été lui-même Manichéen, a puissamment attaqué toutes ses erreurs, & en a triomphé glorieusement.

MANICHORDION. s. m. Instrument de Musique fait en forme d'épinette. Il a soixante & dix cordes qui portent sur cinq chevalets, dont le premier est le plus haut, les autres vont en diminuant Ses touches ou marches sont au nombre de quarante-neuf ou cinquante. Chaque chevalet contient divers rangs de cordes, dont quelques-uns sont à l'unisson, à cause qu'il y en a plus que de touches. Il y a plusieurs petites mortoises pour passer les sautereaux qui sont armés de petits crampons d'airain qui touchent & haussent les cordes ; elles sont couvertes de plusieurs morceaux d'écarlate ou de drap, depuis le clavier jusqu'aux mortoises, afin que le son en soit plus doux. Ces morceaux de drap l'étouffent si fort qu'on ne le peut entendre de loin, & cela est cause qu'on appelle cet instrument *Epinette sourde* ou *muette*.

MANIE. s. f. Terme de Medecine. Délire sans fiévre avec fureur, & perte totale de la raison, ce qui fait que les Maniaques se jettent sur tout ce qui se presente, brisant tout & maltraitant les gens de coups ou d'injures, quand ils ne peuvent faire pis, en sorte qu'on est obligé de les enchaîner. Il faut observer que cette fureur ou audace n'est pas sans quelque peur interne ; puisque si un Maniaque se jette d'abord sur celui qu'il voit avoir peur, il craint ceux qui sont assés hardis pour le battre, & les fuit à toutes jambes. La hardiesse de ces furieux est accompagnée d'une force surprenante. Ils rompent de grosses chaînes de fer, & on a vû une Nourrice Maniaque, qui jettant les dents sur tout ce qu'elle rencontroit, en cassoit les choses les plus fortes. Les Maniaques déchirent ordinairement leurs habits & demeurent tous nuds sur la place, sans en recevoir aucune incommodité ni engelûre, ce qui donne lieu d'admirer leur dureté à souffrir le froid. Lindanus assure qu'il a vû à Amsterdam un Maniaque, qui marchoit tout nud dans la saison la plus rigoureuse, & qui mettoit sa tête sous une pompe pour recevoir l'eau froide, ce qui le soulageoit au commencement de son accès. Cela arrive en partie de l'état de la masse du sang trop échauffée & bouillante, & en partie de ce que les Maniaques ne ressentent point la rigueur du froid. Comme il y a une espece d'ébullition contre nature dans la masse du sang des gens en colere, qui répand la chaleur dans tout leur corps, ainsi la masse du sang des Maniaques soufre une ébullition d'autant plus vehemente qu'elle est grossiere & épaisse, ce qui se démonstre par leur pouls qui est plein, frequent & assés grand, & par la respiration qui est frequente, haute & grande. La masse de leur sang est épaissie par l'acide vitié, & venant à faire effervesce ce, elle conçoit une chaleur bien plus grande que la masse du sang ordinaire, échauffe le corps & l'endurcit au froid. Les esprits émûs alors avec un peu trop de violence, produisent l'audace comme elle est produite dans la colere. On dit que la cervelle de chat mangée, engendre la Manie : & Borellus dit qu'un Theologien ayant mangé d'un ragoût où il y avoit du sang menstrual mêlé avec du sang de lievre, tomba dans une Manie si grande qu'il tua son propre pere. C'est un mal fort long & difficile à guerir. Quoiqu'il ait des intervalles de quelques mois & même de quelques années, il revient avec sa premiere cruauté, & accompagne les malades jusques à la mort. Le mot de *Manie* est Grec μανία, Démence, fureur.

MANIER. v. a. *Tâter, toucher avec les mains.* Acad. Fr. On dit en termes de Doreur, *Manier les couches de blanc pour dorer*, quand on les frotte bien avec la brosse, ce qui fait tenir ce blanc plus ferme, & le fait reluire. Il ne jaunit point quand il est employé sur de la pierre, ou sur du plâtre bien sec. On le fait reluire en le frottant avec une brosse de poil de Sanglier, il suffit même que ce soit avec la paume de la main quand il est bien sec.

Manier à bout. Terme de Couvreur. Relever la tuile ou l'ardoise d'une couverture, & y ajoûter du lattis neuf, en y mettant des tuiles ou ardoises neuves en la place de celles qui ne peuvent plus servir. Les paveurs se servent de ce même mot, pour dire, Asseoir du vieux pavé sur une forme neuve, ne faisant qu'ôter les pavés cassés, à la place desquels ils en mettent d'autres.

Manier. v. n. Terme de Manege. On dit qu'*Un cheval Manie*, pour dire, Qu'il est dressé, qu'il travaille sur les voltes & aux airs.

MANIFESTAIRES. s. m. Heretiques de Prusse appellés ainsi, de ce qu'ils croyent que c'est un crime de cacher la doctrine qu'ils professent, s'ils en sont interrogés. Ils suivent les erreurs des Anabaptistes.

MANIMA. s. m. Sorte de Serpent du Bresil, qui ne sort jamais de l'eau. Il y en a qui ont plus de vingt-cinq & trente piés de longueur. Tout ce Serpent a été marqueté par la nature de taches de differentes couleurs, les Sauvages disent que c'est de là qu'ils ont pris la coûtume de se peindre le corps. Ils l'estiment tellement que celui à qui le Manima s'est fait voir, demeure persuadé qu'il vivra longtems.

MANIOC. s. m. Arbrisseau fort tortu, tout rempli de nœuds ou de petites excrescences, de la grosseur d'une feve de Bresil, qui viennent aux endroits d'où les feuilles sont tombées, car il ne s'en dépouille pas tout à la fois, mais à mesure qu'il croît, & que les feuilles d'en bas vieillissent & tombent, il en croît d'autres en haut, qui le rendent toûjours vert. Ces feuilles qui ressemblent à celles du noyer, ont plusieurs filamens, & pendent ensemble à un rameau au nombre de cinq ou de sept, fort éparpillées. Sa tige est haute de dix ou douze piés dans l'Afrique, mais elle ne passe guere la grandeur d'un homme dans le Bresil. Le tronc se divise en plusieurs branches, dont le bois est souple comme l'osier. Le Manioc porte de la graine, qui étant semée pousse du bois, mais presque sans nulle racine, & même le peu qu'elle en pousse ne vaut rien, mais le bois qu'elle produit est très-bon pour être planté, & pousse de belles racines dont on fait du pain que les Habitans distinguent par la couleur des queues des côtes des feuilles ou de l'écorce de la racine. Le Manioc violet a une écorce sur sa racine, épaisse comme un quart d'écu, & d'un violet fort brun. C'est celui dont on fait le pain de meilleur goût, & il dure en terre davantage que les autres. En general la racine de cette plante ressemble à nos poires, & est pleine d'un suc blanc & épais comme du lait. Le Manioc gris a l'écorce de son bois & de sa racine grise & fait du pain qui n'est pas mauvais, mais il est inégal, rapportant quelquefois beaucoup, & quelquefois peu, ce que ne fait pas le le Manioc vert, qui rapporte toûjours beaucoup. On l'appelle ainsi, à cause que ses feuilles sont plus vertes que celles des autres. Le pain que l'on fait de sa racine est excellent, mais cette sorte de Manioc ne se conserve pas long-tems en terre. Le blanc a l'écorce de son bois blanchâtre, & celle de sa racine jaune, aussi bien que le dedans, en quoi il differe des trois autres. Il vient en six ou sept mois, & pousse beaucoup de racines, qui se resolvent toutes en eau, de sorte qu'encore que le pain en soit jaune comme de l'or, & qu'il ait un trèsbon goût, on n'y trouve pas son compte, ce qui fait qu'il n'y a que ceux qui n'ont point de Manioc planté, qui plantent de celui-ci, afin d'en avoir bientôt. Il y en a une autre sorte fort rare que l'on appelle *Kamanioc*. Celui-là est si semblable au Manioc blanc, qu'on a de la peine à les distinguer. On le fait cuire tout entier comme des patates, & on le mange sans en avoir exprimé le suc, & sans qu'il fasse aucun mal. C'est ce qu'il a de particulier, une seule cueillerée du suc de tous les autres Maniocs suffisant pour faire mourir un homme à l'instant même qu'il l'auroit prise, tant c'est un poison prompt & violent. Les Negres d'Angole nomment cette Plante *Mandihoca*. Plusieurs Insulaires de l'Amerique l'appellent *Yuca*, & les Mexicains *Quauhcamotli*. La culture s'en fait de cette sorte. On remue la terre avec des houes, & on en compose des mottes qui ont de largeur deux piés & demi ou trois piés, & qui sont longues environ de cinq. Ensuite en coupe des bouts des rameaux du Manioc, d'un pié de long, & d'un doigt d'épais, & on en plante trois ou quatre panchés l'un contre l'autre sur une de ces mottes, ensorte qu'ils soient quatre doigts hors de terre. Ces bouts de rameaux jettent en fort peu de tems de si profondes racines, qu'en neuf ou dix mois ils deviennent des arbres fort hauts, qui poussent diverses branches. Leur tronc est de l'épaisseur de la cuisse. On arrache tout autour les méchantes herbes deux fois l'an, afin que les racines deviennent plus grosses, & qu'elles attirent tout le suc de la terre. Quand on croit qu'elles sont mûres, on coupe l'arbre tout près de la terre, & on les arrache. On les dépouille de leur écorce avant qu'on les reduise en farine, & quant au bois qui ne sçauroit servir qu'à brûler, on en sépare les rejettons par lesquels cette plante est provignée. Les Indiens des grandes Isles persecutés par les Espagnols qui mettoient tout à feu & à sang, se sont souvent garantis d'une mort cruelle, en prenant le suc de cette racine, qui est froid comme celui de la cigue. Ce qu'il y a de particulier, c'est qu'au bout de vingt-quatre heures que ce suc, si venimeux pour toutes sortes d'animaux, est tiré de sa racine, il perd sa force, & n'a plus rien de mortel.

MANIPULE. s. m. Mesure dont se servent les Apothicaires, & qui veut dire, Ce que la main peut contenir d'herbes. Les Medecins désignent cette mesure dans leurs ordonnances, par un M qui est la premiere lettre de ce mot.

Manipule. Terme de Milice Romaine. Compagnie d'Infanterie qui étoit de cent hommes lorsque Romulus vivoit, & qui fut de deux cens Fantassins du tems des Consuls & des premiers Cesars. Le Manipule avoit deux Centurions pour Commandans, & l'un étoit comme Lieutenant de l'autre. Ce mot vient de *Manipulus*, Poignée, parce qu'ils attachoient une poignée de foin au bout d'une perche pour se pouvoir reconnoître, avant qu'ils eussent pris des Aigles pour Enseignes.

On appelle à la guerre *Manipule pyrotechnique*, Certaine quantité de petards de fer ou de cuivre, qu'on peut jetter à la main sur les Ennemis.

MANIQUE. s. f. Les Artisans disent *Menique* par corruption. Terme de Cordonnier & de quelques autres Artisans. Morceau de cuir ou de quelque autre chose dont on se couvre la main ou les poignets pour resister au travail, & en souffrir moins.

MANIQUETTE. s. f. Sorte de poivre que l'on appelle autrement *Graine de Paradis*, & qui vaut bien moins que le poivre des Indes. On en fait trafic du côté de Senega.

MANITOU. s. m. Animal qui se trouve dans l'Isle de la Grenade. On le nomme *Opassum*, dans la Virginie. Il a la tête d'un cochon, la queue comme un loir, avec un sac sous le ventre dans lequel il porte & nourrit ses petits. Il est d'ordinaire de la grandeur d'un moyen chat. Le Pere du Tertre rapporte qu'il en a vû un qui étoit un peu plus grand. Il avoit la tête longue comme celle d'un Renard. Elle tenoit un peu du grouin d'un cochon, & sa gueule étoit grande & pleine de dents de chat avec deux moustaches. Sa queue étoit presque deux fois aussi longue que son corps, moitié velue, & moitié pelée comme celle d'un rat. Tout le poil qui le couvroit étoit d'un gris fort brun. Il avoit le ventre double, & une petite ouverture au-dessous du fondement. Pour la remarquer, il falloit l'étendre avec les doigts, & cela faisoit une maniere de bourse, qui par dedans étoit toute revêtue d'un poil fort mollet. C'est dans cette bourse que se forment les petits. Ils s'y nourrissent en suçant huit petits tetons qui sont attachés au corps de la mere. Le mâle en a autant que la femelle, & on tient qu'il porte alternativement. Ces animaux sentent si mauvais que les chiens les fuyent. Ils sont méchants, & font la chasse aux poules & aux oiseaux. Ils ne laissent pas de manger des fruits & des cannes quand la proie leur manque. Leur queue est si forte qu'elle leur sert à se pendre par le bout aux branches des arbres, d'où ils s'élancent sur d'autres arbres avec une legereté merveilleuse.

MANIVELLE. s. f. Morceau de fer rond qui passe au milieu d'une roue, & qui sert à la faire tourner. Il se dit aussi d'un manche de bois dont on se sert pour le même usage.

On appelle *Manivelle*, dans un tire-plomb ou rouet à filer le plomb, Certain manche qui en faisant tourner l'arbre de dessous, fait aussi tourner celui de dessus par le moyen de son pignon.

Manivelle, dans un étau ou étal de Serrurier, est ce qui fait tourner la viz qui passe au milieu d'une de ses tiges, entre les mâchoires & la jumelle par l'œil de l'étau, & s'ajuste dans la boëte qui tient à l'autre tige où est l'écrou.

Manivelle, chés les Imprimeurs, est ce qui sert à rouler la presse.

MANNE. s. f. Drogue medecinale. La Manne, au rapport de Matthiole, suivant ce qu'il a recueilli des Arabes, & ce qu'il a vû lui-même en Calabre, d'où on apporte la meilleure, est une certaine rosée ou liqueur qui tombe du ciel avant le jour, & qui se trouve attachée sur les branches & feuilles des arbres, sur les herbes & les pierres, & quelquefois sur la terre. Cette liqueur étant incontinent congelée, se forme en petits grains comme gomme. Il y en a de deux especes, l'une qu'on apporte du Levant, & l'autre de Calabre. Cette derniere se cueille sur les feuilles des arbres ou herbes, & est la plus estimée. On lui donne le nom de *Manne de feuilles*. Ses grains sont petits, clairs, transparens, blancs, fort doux à goûter, & semblables à ceux du mastic. La meilleure après celle-là est celle qu'on trouve sur les branches des arbres, & la moindre de toutes, celle qui se rencontre sur les pierres & sur la terre, les grains en étant de couleur fort trouble & fort massifs. Il y a aussi de deux especes de Manne de Levant, dont la meilleure est surnommée *Masticine*, à cause qu'elle a de petits grains transparens qui ont grand rapport à ceux du mastic. L'autre appellée *Manne de coton* ou *Bombacine*, à cause de ses grains faits en floccons de laine ou de cotton, est moindre & en prix & en vertu. Ce n'est autre chose que la masticine vieille & éventée, ou qu'on a sophistiquée. Matthiole ajoûte qu'étant à Cosanze, ville de Calabre, on lui apporta de la Manne tombée la nuit même sur des feuilles de frêne, qui ressembloit tout-à-fait aux gouttes d'un Julep bien cuit, & que ceux du Pays lui dirent qu'il la falloit cueillir le matin avant que le Soleil fût haut, parce qu'elle se fondoit & s'évanouïssoit ensuite. Il dit encore que les Auteurs Arabes ont traité de deux sortes de Manne en deux differens chapitres, dont ils appellent l'une *Manne*, & l'autre *Tereniabin*, & qu'il n'y a aucune autre difference, sinon que l'une est liquide & semblable au miel, & l'autre faite en petits grains, qui est celle que l'on nous apporte. Etant au Comté de Goritie, il cueillit de ces deux especes de Manne. Celle qu'on trouvoit sur les feuilles de figuier & de frêne, tant de celui qui a les feuilles petites, que de celui qui est plus sauvage, & les a plus grandes, étoit blanche, épaissie & congelée en façon de gomme; mais celle qui étoit sur les feuilles des amandiers, des pêchers & des chênes, étoit rousse, & tomboit des arbres en forme de liqueur semblable au miel; ce qui lui fit soupçonner que la Manne par sa nature ne se congeloit point, & que cela venoit seulement de la differente qualité des feuilles où elle tomboit. Ainsi il conclut que Donatus Altomarus, Medecin expert, se trompe en disant que la Manne qu'on cueille dans la Pouille & en Calabre sur des feuilles de frêne, soit comme une sueur de la plante, & ne tombe pas du ciel. Il s'oppose aussi fortement à l'opinion de ceux qui prétendent qu'aux jours Caniculaires la Manne ne se trouve pas seulement sur les feuilles des herbes & des arbres dans la Calabre, mais qu'aussi en incisant les écorces du frêne commun & du sauvage, appellé *Orneoglossum*, on en voit sortir une liqueur semblable à la gomme, & cela sans aucune rosée du ciel; ce qu'il tient être contre toute sorte de raison naturelle, & hors de toute vrai-semblance, la Manne qui vient en Calabre & dans la Pouille des incisions de l'écorce des frênes faites aux Jours Caniculaires, ne provenant point de la liqueur de ces arbres, mais étant la Manne même qui est tombée du Ciel quelques jours auparavant, & demeurée sur ces frênes. Son raisonnement est que les frênes sur tous autres arbres, étant toûjours plus chargés de cette rosée de miel, & d'ailleurs leur écorce se trouvant fort seche, alterée & crevassée, il est impossible qu'une grande quantité d'humeur ne se perde & ne se confonde en ces écorces, & que de là vient qu'en les incisant aux Jours Caniculaires, la même humeur que ces écorces avoient attirée en sort & se congele en petits grains, qui neanmoins, pour être legers & spongieux à cause de la mixtion de l'humeur de l'arbre, n'approchent en aucune sorte des proprietés de l'autre Manne. Quant à ce que la Manne s'arrête particulierement sur les frênes sauvages & communs, quoiqu'elle tombe universellement sur toutes les plantes, Matthiole croit que cela vient d'un rapport secret que ces arbres ont avec la Manne, tel que celui de l'aimant au fer, & de l'ambre à la paille. Il est certain qu'en la Pouille & en Calabre il n'y a que les frênes communs & sauvages qui puissent retenir, épaissir & reduire la Manne en gomme, & qu'aussitôt qu'elle est tombée sur les autres arbres, elle en coule & tombe sur la terre, ou sur les pierres & les herbes qui sont dessous. La Manne est moderément chaude & humide. Elle lâche le ventre & purge la bile sans nulle incommodité. On en peut faire prendre aux personnes âgées depuis une once jusqu'à trois, & aux enfans jusqu'à une demi-once. Il faut la dissoudre dans un bouillon de poulet ou dans de la décoction d'orge. Elle est bonne pour soulager les maladies du poumon & de la poitrine.

On appelle *Manne de Mercure*, un sublimé fait avec le précipité que l'on sublime pour le précipiter une seconde fois, & ensuite encore le sublimer ainsi pour la seconde fois.

Manne d'encens. Farine d'encens que l'on ramasse dans les sacs où l'encens a été mis, les graines se froissant les unes contre les autres. On l'appelle en Latin *Mica thuris*, Mie d'encens. On l'emploie dans les parfums & dans les onguents, de même qu'on fait l'encens impur. La bonté de la Manne d'encens, au rapport de Dioscoride, se connoît, quand elle est blanche & pure, & qu'elle a force petits grains. Elle a les mêmes proprietés que l'encens, quoiqu'un peu moindres.

MANOBI. s. m. Sorte de fruit du Bresil, qui vient sous terre à la maniere des truffes, & qui se lie par de petits filets avec les autres fruits de même nature. Il contient un noyau de la grosseur & du goût d'une noisette. La peau en est grise, & n'est pas plus dure que l'écorce d'un pois sec.

MANOEUVRE. s. f. Terme de Marine qui signifie non seulement toutes les cordes qui servent à gouverner les vergues, les voiles & l'estage, & à tenir les mâts dans leur assiette, mais qui se dit aussi du service des Matelots & de l'usage de tous les cordages. Quelques-uns veulent que les cables & les hansieres ne s'appellent pas Manœuvres, quoiqu'on dise que Biter le cable soit une manœuvre qui se fait sous le pont. Quant au service du Matelot, on dit *Manœuvres hautes* en parlant de celles qui se font dessus les vergues, les cordages & les hunes, & *Manœuvres basses*, celles qui se peuvent faire de dessus le pont du Vaisseau. On dit qu'*On a fait une manœuvre fine*, *une manœuvre bardie*, quand on a fait tout d'un coup ce qu'il y avoit de plus avantageux à faire, ou que l'on a entrepris quelque chose de périlleux & de difficile, On appelle *Grosses manœuvres*, l'embarquement du lest, des cables, des canons, & enfin de tout ce qui regarde le gros travail, tel que celui de mettre les ancres où elles doivent être placées. On dit qu'*On a fait manœuvre tortue*, quand on a fait une autre route que celle qu'on avoit dessein de faire.

On appelle *Manœuvres majors*, les gros cordages, tels que sont les cables, les hansieres, l'estai, les greslins & autres; & *Menues manœuvres*, les petites cordes qui servent à manœuvrer tant les vergues que les voiles. Les bras, les cargues & les boulines sont de ce nombre. Les *Fausses manœuvres* sont celles qu'on met lorsqu'on se prépare à un combat, & qu'on fait servir quand les autres sont coupées. *Manœuvre qui ne fait rien*, est une corde qui n'étant ni tenue ni amarrée, ne travaille pas. On l'appelle autrement *Manœuvre en bande*. Il y a aussi des *Manœuvres passées à contre*, & des *Manœuvres passées à tour*. Les premieres sont des cordages qui sont passés de l'arriere du Vaisseau à l'avant, comme ceux du mât d'artimon. Les autres sont passées de l'avant du Vaisseau à l'arriere, comme les cordages du grand mât, & ceux des mâts de beaupré & de misaine.

On appelle *Manœuvres courantes* ou *coulantes*, les cordages qui passant sur des poulies, comme les bras, les écoutes, les boulines & autres, servent à manœuvrer le Vaisseau; & *Manœuvres dormantes*, les cordages fixes, comme l'itacle, les haubans, les étais & autres qui ne passent point par des poulies, & qu'on manœuvre plus rarement que les courantes.

MANOEUVRER. v. a. Terme de Marine. Travailler aux manœuvres, faire agir les vergues & les voiles d'un Vaisseau.

MANOEUVRIER. s. m. Celui qui est intelligent dans toutes les choses qui regardent la manœuvre d'un Vaisseau.

MANOIE. s. f. Vieux mot. Memoire.

MANOIR. s. m. Mot qui signifioit autrefois *Maison*, & qu'on trouve aussi employé comme verbe, pour dire, Habiter, demeurer, du Latin *Manere*. On a dit encore *Mansion*, pour Demeure, d'où l'on a fait le mot de *Maison*. *Manoir* n'est plus aujourd'hui en usage qu'au Palais, où l'on dit *Manoir*, *Seigneurial*, & entre heritiers qui partagent noblement, *Principal manoir*, c'est-à-dire, celui que l'aîné doit avoir par préciput. On dit aussi le *Manoir Episcopal*.

MANSARDE. s. f. Terme d'Architecture. Maniere de charpente ou couverture de maison, que l'on appelle autrement *Comble coupé* ou *brisé*. Il est composé du vrai comble qui est roide, & du faux comble qui est couché, & qui en fait la partie superieure. Il n'y a point aujourd'hui de beau bâtiment qui ne soit couvert d'une Mansarde. On lui a donné ce nom, de François Mansard, celebre Architecte moderne qui en est l'inventeur.

MANSFELDOIS. Nom de certains Protestans d'Allemagne, qu'on a appellés ainsi, de ce que dans le seiziéme siecle les jeunes Comtes de Mansfeld ne pouvant goûter la doctrine d'Osiander, de Stancarus & de quelques autres Docteurs Lutheriens, firent une secte à part; ce qui fut cause que l'on nomma leurs Sujets *Mansfeldois* ou *Mansfeldiens*.

MANSFENI. s. m. Oiseau de proie des Antilles, qui n'étant guere plus gros qu'un Faucon, a les griffes deux fois plus grandes & plus fortes. Il a un tel rapport avec l'aigle par sa forme & par son plumage, qu'il n'y a que sa petitesse qui l'en puisse distinguer. Cependant quoiqu'il soit si fort & si bien armé, il ne fait la guerre qu'aux ramiers, aux tourterelles, aux grives, & aux autres petits oiseaux qui sont incapables de lui resister. Il vit de serpents & de petits lezards, & se perche d'ordinaire sur les arbres secs les plus hauts & les plus élevés au milieu des Habitations. C'est où les Habitans le tirent à coups de fusil, mais il faut le prendre à rebours, autrement le plomb n'a point de prise sur lui, tant ses plumes sont serrées & fortes. La chair en est excellente, quoiqu'elle soit un peu noire.

MANTEAU. s. m. *Vêtement qu'on se met sur les épaules par dessus l'habit quand on veut aller par la ville ou à la campagne.* ACAD. FR. On appelle *Manteau*, en termes de Blason, la Representation de la cotte d'armes du Chevalier, qu'on met derriere son écu, & qu'on chamarre de ses Armoiries. Ces anciens Manteaux qui étoient ouverts sur le côté, & qui descendoient plus bas que le nombril, en maniere de juppe volante, avoient les manches raccourcies à l'endroit du coude. Les Princes non Souverains & les Ducs & Pairs de France en couvrent leurs écus, & ce Manteau est fourré d'hermines. Ce n'est que depuis un siecle que l'on a mis en usage les manteaux fourrés d'hermines. Ils sont armoyés sur le repli. Ceux des Presidens ne le sont pas de la même sorte. Ils sont d'écarlate doublée d'hermines & de petit gris. L'usage en est plus moderne.

On trouve le mot de *Manteau* employé dans le vieux langage pour une mesure ou un lé d'étoffe.

Combien faut-il bien de manteaux
Pour vostre serment, de quarreaux
Pour le fourrer de lombardie?

Borel dit que quelques-uns font venir *Manteau* de *Mandne*, mot Persan; d'autres de *μανδύη*, d'où nous est venu *Mandille*, ou de *Mantica*, Besace, parce qu'on porte un Manteau comme une besace, partie devant & partie derriere, ou enfin de *Manus*, Main, & de *Tegere*, Couvrir.

Manteau. Terme de Fauconnerie. La couleur du poil de plusieurs animaux & oiseaux, & particulierement des oiseaux de proie. C'est de-là qu'est venu le nom de *Corneille emmantelée*.

Manteau de cheminée. Ce qui paroît d'une cheminée dans une chambre, ce qui en couvre la hote, c'est-à-dire, les barres de fer qui portent sur les deux jambages, & qui étant ployées quarrément, sont sellées dans le gros mur.

On appelle *Manteaux de porte*, Les deux pieces d'une porte qui s'ouvre des deux côtés.

MANTELE', E'E. adj. Terme de Blason. Il se dit de l'écu ouvert en chappe, & du lyon & autres animaux qui ont un mantelet. *D'azur à la tour couverte d'argent, mantelée de même.*

MANTELET. s. m. Sorte de petit manteau violet que les Evêques mettent par dessus leur rochet en certaines occasions.

Mantelet, est aussi Un petit manteau de fourure ou de soie, garni d'ouëte, qui se met sur les épaules d'un malade, quand il peut se tenir en son seant.

Mantelet. Terme de Blason. Il se dit des courtines du pavillon des Armoiries, quand elles ne sont pas couvertes de leurs chapeaux. C'étoit autrefois une espece de lambrequin large & court qui couvroit les casques & les écus des Chevaliers.

On appelle *Mantelets*, dans les carrosses de voiture, les cuirs qui s'abattent sur les portieres & aux côtés dans les tems de pluie ou de vent, & que l'on releve

releve quand le tems est beau, & qu'on veut avoir de l'air.

Mantelet. Terme de Guerre. Couverture de grosses planches, qu'on incline contre une muraille qu'on veut sapper ou miner. Le Mantelet doit être à l'épreuve du mousquet par les côtés, & plus fort au dessus à cause des grosses pierres que l'on peut jetter. M. Felibien marque dans son Traité de l'Architecture, qu'on le couvre aussi de peaux de bœuf tendues, pour empêcher que les feux d'artifice ne le brûlent, qu'il s'en fait de plusieurs sortes, & qu'il y en a que les Mineurs qui sont dessous à couvert, font rouler devant eux pendant le jour, pour s'approcher des murs ou des tours d'un Château. Les Anciens bâtissoient les Mantelets d'un bois leger. Leur hauteur étoit de huit ou neuf piés, leur longueur de seize, & la largeur en étoit égale à la hauteur. Ils étoient couverts à double etage, l'un de planches & l'autre de claies avec les côtés d'osier, & revêtus par dehors de cuirs trempés dans l'eau pour les garantir du feu.

MANTONNET. s. m. Petite piece de bois ou de fer qui a un cran ou une entaillure qu'on attache aux jambages d'une porte, ou ailleurs, pour soûtenir & arrêter quelque chose, comme le battant d'un loquet.

MANTONNETE. s. f. Vieux mot. Sorte de drap ou de fourrure.

Se vous voulez de tortes bannes,
Par ma foy, j'en ay de bien fines,
Ou se vous voulez de groignettes,
Prenez-en où de mantonnettes.

MANTURES. s. f. Terme de Marine. Coups de mer & agitation des houles.

MANUCODIATA. s. f. Nom Indien que beaucoup de Relations de Voyages donnent à l'*Oiseau de Paradis.* Quelques-uns croyent qu'on l'appelle Oiseau de Paradis, à cause qu'il habite au haut de l'air. Il a le bec & le corps d'une hirondelle, & consiste tout en plumes, dont celles de la tête ressemblent à de l'or pur. Celles de ses ailes & de sa queue font une maniere de panache, & les plumes de sa gorge sont faites comme celles d'un canard. On a dit que cet oiseau n'ayant point de piés se pendoit par ses plumes aux branches d'un arbre quand il avoit envie de dormir; mais on tient que cela n'est fondé que sur ce qu'on ne leur voit point de piés, à cause que les Marchands les coupent pour faire paroître cet oiseau plus extraordinaire, ou pour l'empêcher de gâter ses plumes qui sont extrémement fines. Ceux qui le prennent lui coupent les piés si près du corps, que dès que la chair commence à se secher, la peau & les plumes se rejoignent d'une maniere qui empêche que la moindre cicatrice n'y paroisse. D'autres disent que les grandes fourmis qui sont aux Moluques, où ces oiseaux sont communs, leur mangent les piés. Le mâle est d'une couleur plus vive que la femelle, qui a une cavité sur le dos, où elle couve ses petits. Ces oiseaux volent toûjours, & se nourrissent des mouches qu'ils attrapent en l'air. On ne les trouve que morts, le bec fiché dans la terre.

MANVELLE. s. f. Terme de Marine. Barre de bois que le timonnier tient à la main pour gouverner le Vaisseau. Il y a une boucle de fer qui la joint à la barre du Gouvernail.

MANUMISSION. s. f. Action par laquelle les Romains donnoient la liberté à leurs Esclaves, en quoi il y avoit quelques ceremonies à observer. L'Empereur Constantin les faisoit faire à Rome dans les Eglises. On a appellé *Manumission*, en France, l'Affranchissement des gens de condition serve ou de main-morte, qu'ils devoient faire confirmer par des Lettres Patentes du Roi, verifiées en la Chambre des Comptes, après qu'ils l'avoient obtenu de leur Seigneur. Il y avoit une certaine Finance à payer pour les Manumissions.

MAP

MAPPEMONDE. s. f. Terme de Geographie. Description ou delineation de la figure du monde sur un plan ou dans une carte. Elle est comprise en deux cercles, qui sont les deux hemispheres, & dont l'un contient le Monde ancien, & l'autre le nouveau Monde.

MAQ

MAQUEREAU. s. m. Poisson de mer qui se pêche au mois d'Avril & de Mai, & que quelques-uns croyent avoir été appellé ainsi, du Latin *Macula*, Tache, à cause qu'il a le corps tacheté de bleu & de noir. Il est rond, épais, charnu, & n'a point d'écailles. Son museau est pointu ainsi que sa queue. Il vit en troupe & croît jusqu'à une coudée. Des Auteurs l'ont appellé *Macularellus*, d'où a été fait *Maquerellus.*

MAQUILLEUR. s. m. Bateau de simple tillac, dont on se sert pour la pêche du maquereau.

MAR

MARABOUT. s. m. Terme de Marine. Voile de galere qui ne s'appareille que de tems en tems. On dit aussi *Mazzabout.*

On appelle *Marabouts*, certains Prêtres Mahometans qui desservent les Mosquées, sur-tout en Afrique.

MARACOK. s. m. Sorte de fruit de la Virginie que l'on estime fort sain. Il croît subitement, & est mûr au mois de Septembre. C'est une espece de citrouille.

MARAISCHER. s. m. Jardinier qui cultive un marais, ou qui en est Fermier.

MARANDER. v. n. p. On dit en termes de mer, mais bassement, & seulement dans la Manche, qu'*Un vaisseau se marande*, pour dire, qu'Il gouverne bien.

MARANE. s. m. Terme injurieux, qui veut dire, Mahometan. Les François le donnent aux Espagnols par mépris.

MARASME. s. m. Terme de Medecine. Langueur qui fait que le corps s'amaigrit insensiblement & successivement. La fievre hectique qui est extrêmement lente, & dont la chaleur est douce & comme cachée, en sorte qu'on ne s'en apperçoit point d'abord, degenere ordinairement en Marasme. Ce mot est Grec μαρασμός, & vient de μαραίνειν, Dessecher, obscurcir, flétrir.

MARAUDE. s. f. Terme de Guerre. On dit des Soldats, qu'*Ils vont à la Maraude*, pour dire, qu'ils se dérobent du camp, pour aller à la petite guerre, c'est-à-dire, pour aller piller le paysan sans ordre & sans chef, ce qui ne se fait que par des miserables. Ce mot vient de *Maraud*, nom injurieux, qui veut dire, Coquin, fripon, & qu'on donne à ceux qui n'ont ni bien ni honneur. M. Ménage le fait venir de l'Hebreu *Maroud*, Gueux, & d'autres de *Marrucinus*, qui se trouve dans quelques Auteurs Latins.

MARAUDEUR. s. m. Soldat qui va à la petite guerre, qui s'échappe pour piller le paysan.

MARAVEDIS. s. m. Petite monnoie de cuivre qui a

cours en Espagne, où elle vaut trois deniers. Sur ce pied-là vingt Maravedis font cinq sols de notre monnoie. Les Espagnols pleins de faste, comptent presque toûjours par Maravedis. *Ce Seigneur a cent mille Maravedis de rente*, c'est douze cens cinquante livres. C'est aussi parmi eux une monnoie de compte, comme Livre l'est en France. Les Marchands tenans leurs Livres par Maravedis & les sommant par dixaines. Covarruvias dit que ce mot est Arabe, & qu'il vient des Maures Almoravides, qui étant passés d'Afrique en Espagne, donnerent leur nom à cette monnoie qui a été depuis appellée *Maravedis* par corruption.

MARBRE. s. m. *Sorte de pierre extrêmement dure & solide, dont les Sculpteurs font leurs plus beaux ouvrages, & dont les Architectes se servent aux plus beaux ornemens des Palais & des Eglises.* Acad. Fr. Il y a des Marbres de diverses sortes, les uns d'une seule couleur, & les autres veinés ou mêlés de taches. Ils sont tous opaques, à l'exception du blanc qui est transparent, & qu'on trouve en Grece & presque par tout l'Orient. M. Felibien dit qu'on s'en servoit autrefois au lieu de verre, pour mettre aux fenêtres des bains, des étuves, & des autres lieux que l'on vouloit garantir du froid, & qu'à Florence il y avoit une Eglise dont les fenêtres en étoient remplies, ce qui lui donnoit une très-grande clarté. Dans les mêmes carrieres où sont ces Marbres blancs, il y en a d'une autre espece qui n'a aucune veine, mais seulement la même couleur, & qui a le fil & le grain très-fin. C'est de celui-là que l'on faisoit tous les ornemens des Edifices, & les plus belles statues. Les Anciens appelloient leur plus beau marbre blanc, *Marmor Parium*, soit qu'il vînt de l'Isle de Paros, soit à cause du Sculpteur Agoracritos, qui en étoit originaire, & qui le premier tailla de Marbre blanc la statue de Venus. On en trouve de diverses sortes dans les Montagnes de Cararre, les uns noirs, d'autres tirant sur le gris, d'autres mêlés de rouge, & d'autres qui ont des veines grises. Il s'y trouve aussi un Marbre dont la blancheur égale celle du lait, & qui est admirable pour faire des figures. Les Marbres que les Italiens appellent *Cipollini*, à cause de leurs grandes nuances de blanc & de verd pâle, couleur de ciboule, servent seulement pour faire des pilastres, de grandes tables & d'autres ouvrages, & ne sont pas propres pour des statues. Il y en a qui sont un peu transparens & qui ressemblent à des congellations. Les Ouvriers les appellent *Sali ni*, à cause d'un certain brillant, pareil à celui qui paroît dans le sel. Leur grain qui est fort gros & rude, fait qu'on s'en sert rarement, & même difficilement pour en faire des figures. Il en dégoute de l'eau dans les tems humides; c'est comme une espece de sueur. Les Marbres que les Italiens appellent *Campanini*, de *Campana*, Cloche, à cause qu'ils rendent un son fort aigu quand on les travaille, se tirent à *Pietra sancta.* Ils sont naturellement durs, & s'éclatent plus aisément que les autres. On tire du pied des Alpes vers Cararre, un Marbre qui a le fond noir, avec de grandes veines jaunes, & qu'ils nomment *Portoro*, à cause de ses veines qui paroissent d'or.

On appelle *Marbre brut*, Le Marbre tel qu'il vient de la carriere, c'est-à-dire, par blocs d'échantillons, ou par quartiers ordinaires; *Marbre ébauché*, Celui qui est travaillé à double pointe pour la Sculpture, ou approché avec le ciseau pour l'Architecture; *Marbre dégrossi*, Celui qui est équarri selon la disposition d'une figure ou d'un profil avec la scie & la pointe, & *Marbre fini*, Celui qui est terminé avec le petit ciseau & la rape qui adoucit. On en evide les creux avec le trepan, afin de faire paroître les ornemens dégagés & de mettre l'ouvrage en l'air. Aux endroits où il ne faut pas de poli, on emploie la presse & la peau de chien de mer, pour distinguer les draperies polies d'avec les chairs qui sont mâtes & l'Architecture d'avec les ornemens. Le *Marbre poli* est celui, qui ayant été frotté avec le grais & de la pierre de Gothlande, & repassé ensuite avec la pierre de ponce, est enfin poli à force de bras au bouchon de linge. On se sert de la potée d'émeril pour les Marbres de couleur, & de celle d'étain pour les Marbres blancs, à cause que la potée d'émeril les roussit. On polit le Marbre en Italie avec un Morceau de plomb & de l'émeril, & cela lui donne un poli fort luisant & qui est de longue durée. Les taches d'huile penetrent le Marbre, ce qui fait que l'on ne sçauroit ôter ces sortes de taches, sur-tout sur le Marbre blanc. On dit, *Marbre filardeux*, & *Marbre cameloté.* Le premier est celui qui a des fils, comme la plûpart des Marbres de couleur en ont, mais particulierement le Serancolin & celui de Sainte Baume. Ce dernier est blanc & rouge mêlé de jaune approchant de la brocatelle. Le Marbre cameloté est une sorte de Marbre, qui quoiqu'il soit d'une même couleur, paroît tabisé après qu'il a reçu le poli. Le Marbre de Namur est de cette sorte. C'est un Marbre noir qui tire un peu sur le bleuâtre, & qui a quelques petits filets gris qui le traversent. Il est si commun que l'on en fait du pavé.

Il y a plusieurs sortes de Marbre, qu'on appelle *Breche*, à cause que n'ayant point de veines comme les autres ils se cassent comme par breches. Ces Marbres sont par taches rondes de differentes grandeurs & couleurs, formées du mêlange de plusieurs cailloux.

Il y a encore plusieurs Marbres dont la difference vient des couleurs. Le *Marbre blanc veiné*, est mêlé de grandes veines, de taches grises & de bleu foncé sur un fond blanc. Celui qu'on appelle *Bleu Turquin*, est mêlé de blanc sale, & vient des côtes de Genes. Le *Marbre fleur de Pêcher*, vient d'Italie. Il est mêlé de taches rouges & blanches un peu jaunâtre, & le *Marbre de Griote*, est d'un rouge foncé de blanc sale, & qui tire sur celui des Griotes ou cerises. Le *Marbre jaune*, n'est employé d'ordinaire que par incrustation dans les compartimens, quand il s'agit de former quelque piece de Blason. Il est antique & fort rare, d'un jaune isabelle sans veines. Il y en a un autre qui est encore plus jaune, & qu'on appelle doré. Le *Marbre noir & blanc*, a le fond noir pur & quelques veines fort blanches, & le *Marbre œil de paon*, est mêlé de taches rouges, blanches & bleuâtres. Le rapport qu'il a à cette sorte d'yeux que l'on voit au bout des plumes de la queue d'un Paon, lui a fait donner ce nom. Quant au *Marbre vert*, l'antique est d'un vert d'herbe & de noir par taches de grandeurs & de formes inégales. Le Moderne qu'on appelle *Serpentin*, en Italien *Scipolatio*, est d'un vert foncé, & taché d'un gris de lin & d'un peu de blanc. Il se tire près de Cararre sur les côtes de Genes, ainsi que le vert de mer, qui est d'un vert plus gai, avec des veines blanches. Quelques-uns font venir le mot de *Marbre*, du Grec μαρμαίρειν, Reluire, à cause qu'il est luisant.

On appelle *Marbre artificiel*, Un Marbre fait d'une composition de Gyp en forme de Stuc, où l'on mêle des couleurs qui le font paroître Marbre naturel. Cette composition, quoique d'une consistance assez dure, est sujette à s'écailler. Elle ne laisse pas pourtant de recevoir le poli comme fait le Marbre. On fait aussi du Marbre artificiel par des teintures corrosives qui penetrent de plus d'une ligne. Cette sorte de Marbre reçoit aussi le poli.

Marbre feint, se dit de toute peinture, qui imite non seulement la diversité des couleurs des Marbres, mais aussi leurs veines. On se sert d'un vernis pour donner à cette peinture l'apparence du poli, lorsqu'elle est sur de la menuiserie.

Marbre. Terme d'Imprimeur. Pierre sur laquelle les Imprimeurs mettent les caracteres arrangés, pour les imposer & pour corriger les formes. On appelle aussi *Marbre*, La pierre dont on se sert à broyer ou des couleurs ou des drogues.

MARBRIERE. s. f. Nom que donnent quelques-uns aux carrieres d'où l'on tire le marbre. Elles sont toûjours le long de quelque côte de montagne.

Il y a en France plusieurs Marbrieres, les plus communes se prennent à Laval. Toute la partie Orientale du circuit de la Ville d'Angers est de Marbre, il n'y a néanmoins qu'une Marbriere en état.

MARC. s. m. Poids de huit onces, qui est fait de cuivre, & subdivisé en plusieurs petits poids qui se mettent l'un dans l'autre, & qui diminuent toûjours de moitié. On se sert de cette sorte de poids, pour peser les choses prétieuses, ou qui sont en petit volume. Ce mot vient du Latin *Marca*, qui veut dire la même chose.

On dit en termes de monnoie, *Recours de la piece au marc, & du marc à la piece*, pour marquer que chaque espece d'or ou d'argent doit être taillée d'un poids si juste & si égal, qu'il n'y en ait aucune plus forte ni plus foible que l'autre, de sorte qu'en pesant les especes par Marc, il y en ait justement le nombre dont il faut que le Marc soit composé pour être droit de poids.

Marc étoit autrefois une monnoie d'argent, qui se divisoit en huit parties, & qui avoit cours en Allemagne.

On n'a commencé en France à se servir de poids de Marc que sous Philippe I. sur la fin du onziéme siecle. Jusques-là la livre de poids composée de douze onces avoit été en usage. Depuis on s'est servi de differens poids de Marc, & celui dont nous nous servons aujourd hui, a pour ses divisions, 8. onces, 64. gros, 192. deniers, 160. esterlins, 320. mailles, 640. felins, & 4608. grains.

Marc d'or. Droit qui se leve sur tous les Offices de France, toutes les fois qu'ils changent de Titulaire. Ce fut Henri III. qui l'établit, au lieu d'un droit qu'on prenoit pour la prestation de serment. Il y avoit certains Officiers qu'on taxoit à un marc d'or en espece, & d'autres à proportion, ce qu'on a depuis évalué en argent.

Marc. Saint Marc, Ordre de Chevalerie, qui fut établi à Venise, lorsqu'on y porta le corps de saint Marc qui étoit à Alexandrie. Les Chevaliers que l'on y reçoit ont le droit de Bourgeoisie, avec l'avantage de porter dans leurs armes un Lion ailé de gueules, & pour Devise, *Pax tibi, Marce Evangelista*, ce qui est un honneur fort estimé des Venitiens. Aussi cet Ordre n'est-il conferé qu'à ceux qui ont rendu de três-grands services à la Republique.

MARCASSIN. s. m. Jeune Sanglier au-dessous d'un an, qu'on appelle *Bête de Compagnie*, & qui est encore à la suite de la laye.

MARCASSITE. s. f. Pierre metallique, qui se forme de la partie la plus seche & la plus terrestre de l'exhalaison dont le métal est produit. Cela est cause qu'on en trouve presque dans toutes les mines. On estime particuliere celle qui se rencontre aux mines d'or & d'argent, & qui est marquetée communément de paillettes de métaux. Quelques-uns la croyent une espece de Pyrite, ce qui n'est pas vrai, puisqu'on n'en sçauroit tirer de feu. Il y auroit plus de raison de la confondre avec la Pierre plombaire, comme fait Falope, quoiqu'en la mettant au feu il ne s'en separe aucun plomb fondu, & qu'on l'y entende craqueter, comme étant remplie de flatuosités, ce qui n'arrive pas à celle dont on separe le plomb, & que l'on appelle *Vena plumbi.*

MARCHANDER. v. a. *Demander le prix de quelque chose, est essayer d'en convenir.* ACAD. FR. On dit encore *Marchander*, dans l'art de bâtir, pour dire, S'engager avec un Entrepreneur à faire un ouvrage pour un certain prix. Il se dit aussi-bien des gros ouvrages que des menues.

MARCHE. s. f. Degré. Partie de l'escalier sur laquelle on pose le pié quand on le monte ou qu'on le descend. Elle est comprise par son giron & par sa hauteur. On appelle *Marche d'Angle*, Celle qui est la plus longue d'un quartier tournant, & *Marches de demi-angle*, Les deux qui sont le plus près de la Marche d'angle. Il y a des *Marches quarrées* ou *droites*, & des *Mrches courbes.* Les unes sont celles dont le giron est contenu entre deux lignes paralleles, & les autres celles qui sont cintrées en devant & en arriere.

On dit aussi *Marches délardées*, pour dire, Celles qui étant démaigries en chamfrain par dessous, portent leur délardement, pour former une coquille d'escalier, & *Marches girannées*, pour dire, Celles des quartiers tournans des escaliers ronds ou ovales. Les Marches qu'on appelle *de gazon*, sont celles qui forment des perrons de gazon dans un jardin. Il y a d'ordinaire à chacune une piece de bois qui la retient, & qui regle sa hauteur.

Marche. Terme de Tourneur. Morceau de bois sur lequel il met le pié lorsqu'il tourne. Les Tisserans & Ferandiniers appellent aussi *Marches*, Le morceau de bois qu'ils touchent avec le pié quand ils font de la toile ou de l'étoffe, & qui fait aller les lames.

Marche, se dit encore des touches d'un clavier d'orgue, de clavessin, d'épinette.

Marche. Terme de Blason. Le P. Menestrier dit qu'il se trouve dans les anciens Manuscrits, où il est employé pour la corne du pié des vaches.

Marche. Mouvement de celui qui marche, les pas qu'il fait en marchant. On dit en termes de guerre *Battre la Marche*, quand le Tambour bat d'une certaine maniere qui fait connoître que les Soldats marchent, ou qu'ils sont prêts à marcher en ordre. Le mot de *Marche* signifioit autrefois, Confins, limites.

Marche, Frontiere, d'où vient *Marchis* & *Marquis*, voyez *le Traité des Marches d'Anjou & de Poitou* de Claude Pocquet de Livonniere, *à la fin de son Commentaire sur la Coûtume d'Anjou.*

MARCHE'. s. m. Stipulation verbale ou par écrit, qui engage à faire une certaine chose. Les Marchés qui se font pour un bâtiment entre l'Entrepreneur & celui qui fait bâtir, sont ou à la toise, ou la clef à la main. On appelle *Marché à la toise*, Celui qui se fait pour un certain prix dont on convient par toise de chaque espece d'ouvrage, & *Marché la clef à la main*, Un marché par lequel un Entrepreneur s'oblige envers celui qui l'emploie, de fournir tout ce qu'il faut pour lui faire un bâtiment parfait, logeable & commode, suivant les desseins & les devis qu'ils ont arrêtés ensemble, moyennant la somme portée par l'écrit qu'ils ont signé l'un & l'autre. On dit aussi *Marché au rabais*. C'est celui qui se fait sur des devis, de bâtiments neufs, ou de reparations d'ouvrages publics devant un Intendant ou des Trésoriers de France, & qu'on délivre à l'Entrepreneur qui s'oblige de les faire pour un prix plus bas que tous les autres.

MARCHE-PALIER. s. m. Marche qui fait le bord d'un Palier.

MARCHE-PIE'. s. m. Maniere de petite estrade sous des formes de chœur, sur quoi on pose les piés. On appelle aussi *Marchepié*, La derniere Marche d'un Autel, d'un Trône.

Marche-pié, chez les Paysans, c'est un coffre étroit de même longueur que le lit, & qui sert d'échelle pour y monter.

Marche-pié de carrosse. Planche sur laquelle le Cocher pose ses piés, lorsqu'il est assis sur le siege du carrosse.

Marche-pié. Terme de Marine. Cordages qui sont sur les grandes vergues, & sur lesquels les Matelots posent les piés, lorsqu'ils ferlent & deferlent les voiles.

On appelle aussi *Marche-pié*, dans les bords de rivieres, L'espace qu'on laisse libre de la largeur de trois toises, afin que les bateaux puissent remonter facilement.

MARCHER. v. n. *Aller, s'avancer d'un lieu à un autre par le mouvement des piés*. ACAD. FR. On dit en termes de Marine, *Marcher dans les eaux d'un Vaisseau*, pour dire, Faire même route, passer après lui par où il a passé.

Marcher, a été dit autrefois pour confiner; aboutir, à cause que les bornes étoient appellées *Marches*. On a dit aussi *Marchir*, pour dire, Etre ou faire frontiere à un territoire, Contrée ou Province, Pays ou Royaume. Nicole Gilles dans la vie de Clodion le Chevelu, *Luy & ses François commencerent à envahir les terres qui à eux marchissoient*.

MARCHETTE. s. f. Terme d'Oiselier. Petit bâton qui tient en état une Machine qui se détend lorsqu'un oiseau vient à marcher dessus, en sorte qu'il demeure pris.

MARCHIS. s. m. Nom qui a été donné autrefois aux Gouverneurs des Villes situées sur les marches ou frontieres d'un Etat. C'est de là qu'est venu celui de *Marquis*.

Li Chevalier & li Marchis
Ke Paris ot semont & pris.

MARCIONITES. s. m. Sectateurs de l'Heresiarque Marcion Paphlagonien, qui vivoit vers l'an 134. C'étoit un Philosophe Stoïcien, qui s'étant laissé débaucher par les Femmes, défendit l'Heresie de Cerdon à Rome, faisant deux Dieux comme lui, l'un bon, & l'autre mauvais, & niant l'Incarnation de JESUS-CHRIST, dont il disoit que le Corps étoit du Ciel, & non de la Vierge. Il pretendit que le Monde ne pouvoit être une œuvre du Dieu qui est bon, à cause des desordres qui s'y commettent. Il nioit la Resurrection, enseignant que JESUS-CHRIST en descendant aux enfers, en avoit délivré les ames des reprouvés qu'il avoit conduites au Ciel. Il condamnoit le Mariage, & réïteroit le Baptême après chaque chûte dans un grand peché. Les Marcionites permettoient aux femmes de baptiser, disoient qu'il n'y avoit point de guerre permise, & croyoient la transmigration des ames avec les Pythagoristes. Ils étoient encore en fort grand nombre du tems de Theodoret, qui en convertit plus de dix mille.

MARCIR. v. a. Vieux mot. Affliger.

Bien ne puis marcir & douloir

MARCITES. s. m. Sectateurs de l'Heretique Marcus Devin, qui vivoit dans le deuxiéme siecle sous Antonius Pius. Ils s'appelloient eux-mêmes parfaits, & se vantoient de surpasser Pierre & Paul en excellence & de pouvoir par de certaines paroles changer le vin sacramentel en sang, & attirer du Ciel en bas la grace de Dieu dans le calice. Ils nioient l'Humanité de JESUS-CHRIST, tenoient deux commencemens contraires, le silence & la parole, & enseignoient que tous les hommes, & chaque membre du corps de l'homme étoient gouvernés par certaines lettres & caracteres. Ils ne baptisoient pas au nom du Pere, du Fils, & du Saint Esprit, mais au nom du Pere inconnu de la verité, de la Mere de toutes choses, & de celui qui descendit sur JESUS.

MARCKGRAVE. s. m. Sorte de dignité en Allemagne. Ce mot est composé de *Mark*, Limite, & de *Grave*, qui veut dire Comte en Allemand.

MARDELLE. s. f. Pierre percée qu'on pose à hauteur d'appui pour faire le bord d'un puits, & qui recouvre les autres pierres. D'ordinaire elle est ronde ou à pans. Quand le puits est mitoyen, elle est ovale & avec languette. On dit aussi *Margelle*, du Latin *Margo*, Bord. Tous les Ouvriers disent *Mardelle*.

MARE'E. s. f. Le flux & le reflux de la mer. C'est un mouvement qui se fait sentir deux fois le jour, les eaux montant pendant six heures, & s'en retournant pendant six autres heures, ce qu'elles font encore de la même sorte pendant les douze autres heures, en sorte que ce mouvement réïteré s'acheve en vingt-quatre heures quarante-huit minutes. Chaque mois les marées augmentent vers la nouvelle & la pleine Lune, & elles ont leurs basses eaux ou leur diminution vers le premier & le second quartier, c'est-à-dire environ le huitiéme & le vingt & uniéme jour de la Lune. Ces mêmes marées ont leur mouvement beaucoup plus considerable aux nouvelles & aux pleines Lunes de Mars & de Septembre, tems des Equinoxes, que dans toutes les autres Lunes; & au contraire, la mer ne reoule jamais plus sensiblement & n'a son reflux plus grand que dans les nouvelles & les pleines Lunes de Juin & de Decembre, tems des solstices. On appelle *Mortes marées*, Les basses Marées, & on dit, qu'*On peut entrer dans un Port, & en sortir de toute marée*, pour dire, En quelque état que la mer puisse être, parce qu'il y a assés de fond au lieu dont l'on parle. On dit aussi que *Les Marées portent au vent*, pour dire, qu'Elles vont contre le vent. *La marée nous soûtient*, se dit d'un Vaisseau qui allant auprès du vent, & ayant le courant de la mer opposé, se trouve soûtenu par l'un contre la force de l'autre, en sorte qu'il va où il veut aller. On dit encore, *Avoir vent & marée*, pour dire, Avoir le vent & le courant de l'eau favorables.

MARELLE. s. f. Vieux mot. Tromperie *Veu qu'elle s'applique de bailler si lourde marelle.*

MARESCHAL. s. m. Artisan qui ferre les Chevaux, & qui les panse quand ils sont malades. Borel dit que *Mareschal*, signifioit autrefois, Gouverneur de Jumens, *Mar*, voulant dire Jument, sur quoi il remarque que les anciens Cavaliers qui alloient à l'épargne pour le fourrage, se servoient plus volontiers de Jumens, à cause qu'elles jettent leur urine en arriere hors de leur littiere, qu'elles gâtent moins que les chevaux. Il ajoûte que ce mot signifie aussi un ferreur de chevaux, que quelques-uns le dérivent de *Maire au champ*, ce qu'il n'approuve pas, & d'autres de *Marck*, ancien mot Gaulois qui veut dire, Cheval & Frontiere, & qui vient de *Ramak*, Jument en Hebreu; que ce mot de *Mark* joint à *Schal*, Officier ou serviteur en Allemand, forme le nom de Maréchal, qui est pris aussi pour un Medecin de chevaux, comme un abregé de *Myre cheval*, Myre s'étant dit anciennement pour Medecin (peut-être du Grec μύρον Onguent, quoique quelques-uns fassent venir Myre de l'Arabe *Emir*, Seigneur, Prêtre, Medecin) & qu'ensuite on appella Maréchal un chef de Cavalerie. M. Ménage fait venir ce mot de *Mareschalcus*, qu'on trouve dans les loix des Allemans, & qui est composée de *Marak* ou *Marck*, Cheval, & de *Schalc*, Puissant ou Serviteur.

Maréchal de France. Officier de la Couronne, qui est General né des Armées du Roi, pour commander ses Armées. Par leur premiere institution, ces Officiers étoient obligés de conduire l'avant-garde, pour découvrir l'ennemi, & choisir les lieux propres pour camper. Ils ont un bâton semé de fleurs de lys pour marque de leur dignité, & outre le serment qu'ils font au Roi en le recevant, ils le prêtent aussi en la Cour du Parlement de Paris. Ils sont les arbitres des differends qui surviennent entre la Noblesse, & ont sous eux des Lieutenans qui sont les Prevôts des Maréchaux. Ils n'étoient originairement que les premiers Ecuyers sous les Connétables. Alberic Clement, sieur du Mez en Gâtinois, l'un des Maréchaux de l'Ecurie du Roi, merita par ses services d'être fait Lieutenant du Sénéchal de France; & ses Successeurs, ce grand Officier manquant, furent comme les Lieutenans de la Sénéchaussée vacante, & éleverent leur charge dans les armes, avant que le Connétable qui avoit été leur chef, le pût devenir de nouveau dans la guerre en s'attribuant l'autorité militaire du Sénéchal, de sorte que cette charge dépend absolument de la Couronne. Le nombre des Maréchaux de France s'est extrémement multiplié depuis le Regne de François I. & à commencer par Alberic Clement qui mourut en 1191. on en compte cent soixante & trois jusqu'à Monsieur le Maréchal de Lorges, Capitaine des Gardes du Corps, à qui sa Majesté donna le bâton en 1676. Le mot de Connétable n'étant pas en usage en Allemagne, on se sert de celui de Maréchal, & le Duc de Saxe a le titre de *Grand Maréchal de l'Empire*.

Grand Maréchal des Logis. Officier dont la fonction est de recevoir les ordres du Roi pour ses logemens & pour ceux de toute sa Cour, & de les faire entendre aux Maréchaux & Fourriers des Logis qui prêtent le serment de fidelité entre ses mains. Il y a douze Maréchaux des Logis. On appelle aussi *Maréchal des Logis*, Un Officier de guerre qui a soin du logement des soldats. Chaque Compagnie de Cavalerie a son Maréchal des Logis, & il n'y en a qu'un par Regiment dans l'Infanterie. Chaque Compagnie des Gendarmes en a deux, ainsi que chaque Compagnie des Chevaux-legers d'ordonnance. Il y en a six dans chaque Compagnie des Mousquetaires du Roi. Il y a aussi un Maréchal des Logis de l'Armée.

Maréchal de Camp. Officier General qui a son rang immediatement après le Lieutenant General. Il prend les devans dans la marche d'une Armée, afin d'assurer la route, & de regler le lieu où les troupes doivent camper. Si en assiegeant une Place on fait deux attaques, & qu'il ne s'y trouve qu'un Lieutenant General, le Maréchal de Camp commande la gauche.

Maréchal de Bataille. Cette charge est supprimée. C'étoit un Officier dont les fonctions consistoient à faire connoître aux Maréchaux des Logis, les postes où les corps de garde d'un campement devoient être mis. Il avoit soin de ranger les troupes en bataille quand l'occasion s'en presentoit, & regloit leur marche. Les Maréchaux de Camp & les Majors Generaux font aujourd'hui cette charge.

MARFIL. s. m. Nom que les Marchands en gros donnent à l'yvoire. Il est Espagnol, & veut dire, Yvoire en cette langue.

MARGE. s. f. *Le blanc qui est autour d'une page imprimée ou écrite.* ACAD. FR. *Marge*, est aussi un terme d'Imprimeur en Taille-douce, & se dit de la feuille de papier qui se met sous la planche de cuivre pour servir à marquer l'estampe.

MARGER. v. a. Terme d'Imprimerie. Faire les marges d'une feuille de papier, & les compasser avant qu'on la tire. On dit aussi *Marger une planche.*

MARGOTER. v. n. Terme de Chasseur. On dit que *les Cailles margottent*, en parlant d'un certain cri enroué qu'elles font avant que de chanter.

MARGUERITE. s. f. *Petite fleur blanche, ou blanche & rouge, qui vient au commencement du Printems.* ACAD. FR. Matthiole parle de trois especes de Marguerites, la grande, la moyenne, & la petite. La grande que Pline appelle *Bellis*, produit des feuilles étroites à leur issue, & larges à la cime, rondelettes, grosses, dentelées, & couchées par terre en rond comme une roue. Celles qui sortent de sa tige sont plus longues & semblables à celles de Senesson. Elle jette d'une seule racine plusieurs tiges, hautes d'une coudée, rondes & fortes, portant à leur cime des fleurs plus grandes que celles de la Camomille pendant tout l'Eté, jaunes dedans, & blanches en leur circonference. Sa racine est fort divisée, & n'est guere profonde en terre. La *Marguerite moyenne* vient souvent aux prés, & a ses feuilles plus petites, moins dentelées, & qui se traînent à terre. Ses tiges sont minces, souples, rondes, & longues d'un palme. Sa racine est plus mince que celle de la grande Marguerite, mais bien munie, & elle a ses fleurs tout-à-fait semblables, mais plus petites. La petite *Marguerite* croît dans les Jardins, & il y en a diverses especes qui se distinguent toutes par les fleurs. Ces fleurs ne different pas seulement en la couleur, mais dans le nombre des feuilles. On en voit une espece en laquelle elles paroissent jaunes au milieu, garnies tout autour de feuilles rouges. En l'autre elles sont blanches, roussâtres ou de diverses couleurs & en plus grand nombre, & en une autre, rouges au-dedans, & blanches à l'entour. D'autres sont garnies de feuilles si bigarrées, qu'elles ressemblent à des flocs de soye. Elles fleurissent toute l'année. Les Modernes disent que toutes ces Marguerites sont d'une même proprieté, bonnes aux fractures de la tête & aux plaies qui ont pénétré jusques aux concavités de la poitrine. Dans ces sortes d'accidents, ils ordonnent le jus des Marguerites en breuvage. Quelques-uns les estiment particulierement pour les sciatiques & pour la paralysie. Leurs feuilles mangées guerissent les ulceres de la bouche & de la langue. L'herbe fraîche mangée en salade est propre à lâcher le ventre.

Marguerite. Terme de Marine. Certain nœud qu'on fait sur une Manœuvre, afin d'agir avec plus de force.

MARIAGE. s. m. Union charnelle & legitime de l'homme & de la femme pour la procréation des enfans, & pour entretenir une societé perpetuelle.

Les Juifs font un commandement exprès de se marier, & il a été déterminé parmi eux que ce seroit à dix-huit ans, ensorte que celui qui en passeroit vingt sans prendre une femme, seroit censé vivre dans le peché ; ce qui est fondé sur le premier chapitre de la Genese *Croissez & multipliez*. Par cette raison les Juifs sont mariés dehors par leurs Rabbins, soit sur les rues ou dans les cours, afin que regardant le ciel, ils puissent penser à multiplier comme les étoiles. L'époux porte autour de son col un habit de crin. Le Rabbin en met le bout sur la tête de l'épouse à l'exemple de Ruth qui voulut être voilée du bord du vêtement de Booz, & alors il prend un verre plein de vin sur lequel il prononce quelques benedictions, louant Dieu de cette alliance. Il donne le vin à l'un & à l'autre afin qu'ils le boivent, & ayant pris de l'époux un anneau d'or, il le met à un des doigts de l'épouse, ce qui est suivi d'une lecture publique du contrat de mariage. Le Rabbin prend encore un autre verre de vin sur lequel il prie, & le presente aux deux mariés pour en goûter. L'époux prend le verre & le jette contre la muraille en memoire de la destruction de Jerusalem, & pour la même raison on jette en quelques places des cendres sur la tête de l'époux, qui prend un chapeau noir pour marque de tristesse, comme l'épouse prend un manteau noir. Il est permis aux Juifs d'avoir plusieurs femmes suivant divers endroits de l'Ecriture, ce qui est pratiqué par les Levantins, mais non par les Allemans, ni par les Italiens. Ils peuvent épouser les filles de leurs Freres, mais le Neveu ne peut épouser sa tante. La Veuve ou la femme qui a été répudiée ne se peut remarier que trois mois après la répudiation, ou la mort de son mari, afin que si elle devient grosse, l'état de son enfant soit certain. Si la Veuve a un enfant à la mammelle, elle ne peut contracter un nouveau mariage qu'il n'ait deux ans accomplis. Lorsque l'on est convenu des conditions d'un mariage, il se fait un écrit entre l'époux & les parens de l'épouse, après quoi l'accordé va voir l'accordée, & lui touche dans la main. On arrête le jour des nôces, qu'on prend ordinairement dans la nouvelle Lune, un Mercredi, ou un Vendredi, si c'est une fille, & un Jeudi si c'est une Veuve. Ce jour arrivé, après que l'accordée a été au bain pour se laver toute nue selon la coûtume des femmes Juives, les parens & les amis s'assemblent au lieu marqué avec tous ceux de la Synagogue, & le Rabbin celebre le mariage. Le soir on fait un festin aux parens & aux amis, & on y chante sept fois la benediction que le Rabbin a prononcée dans la celebration, puis on fait les presens, & on couche les mariés. Il faut observer que si-tôt que l'épouse est femme, le mari est obligé de sortir du lit, où il ne sçauroit rentrer qu'elle n'ait encore été au bain. Le matin au premier Sabbath qui suit ces nôces, l'époux & l'épouse vont à la Synagogue, & l'épouse y est accompagnée des femmes qui ont été de sa nôce. Comme on fait alors la lecture du Pentateuque, on prie l'époux de le lire, & en récompense il promet de faire de grandes aumônes.

Les Romains ont eu leurs cérémonies dans leurs mariages. Selon la Jurisprudence des Institutes de Justinien, un Citoyen Romain ne pouvoit épouser qu'une Citoyenne, & à l'égard des familles, elles s'allioient sans distinction, excepté les Patriciens, qui conformément à la loi des douze Tables, ne pouvoient épouser des Plébeïennes. Quant aux cérémonies que l'on observoit, on consultoit d'abord les augures pour connoître par des présages qu'ils tenoient certains, si le mariage seroit approuvé des Dieux. Ensuite on apportoit de l'eau & du feu, & on les faisoit toucher à l'épouse, à cause que l'humidité & la chaleur sont les principes de la generation. On enlevoit cette épouse comme par force d'entre les bras de ses parens, en memoire du rapt des Sabines qui avoient succedé si heureusement à Romulus. Aussi-tôt on la couvroit d'un voile semblable à celui que la Prêtresse de Jupiter portoit, pour faire entendre que cet ornement sacré l'obligeoit à rendre l'alliance perpetuelle & exempte de divorce, de même que la Vestale ne pouvoit quitter l'exercice de la Religion à laquelle elle s'étoit consacrée. Elle étoit conduite en cet état par trois jeunes garçons qui étoient vêtus de robes de pourpre. L'un marchoit devant avec un flambeau pour imiter les Bergers qui ravirent les Sabines, & les deux autres la tenoient chacun par une main. Les garçons & les filles de la nôce se faisoient entendre dans tout le chemin, en chantant à haute voix, *Hymen, ô hymen e*, & quand l'épouse étoit arrivée à la porte de son mari, elle y demeuroit un peu de tems pour s'acquitter de quelques devoirs de Religion, après quoi elle entroit dans la chambre & l'on ôtoit le flambeau. En entrant, elle saluoit son mari par ces paroles, *Si vous êtes Caïus, je suis Caïa*, pour lui marquer qu'elle commençoit à porter son nom, & qu'elle suivroit par tout sa fortune. Le mari se servoit de la pointe d'une lance pour lui séparer les cheveux, ce qu'il croyoit, suivant les misteres de la Religion, devoir contribuer au bonheur de son mariage. Alors les deux jeunes garçons quittoient la main de l'épouse, & les femmes qui l'avoient accompagnée la mettoient au lit, où le mari lui ôtoit la ceinture de Vierge qu'elle portoit.

Les Turcs peuvent avoir trois sortes de femmes, mais ils n'épousent jamais leurs parentes, si elles leur sont plus proches que de la huitiéme generation. Ils en peuvent prendre de legitimes, & quand quelqu'un veut se marier de cette sorte, il convient avec les parens de la fille, qu'il ne voit qu'après que le mariage est fait, combien elle aura de dot, & l'affaire se traite devant le Cadi, comme si c'étoit une chose purement civile. Le pere de cette fille, son frere, ou son plus proche parent est present pour elle, & lorsqu'on est demeuré d'accord des conventions, on la mene à cheval sous un dais en la maison du marié, qui attend à la porte les bras ouverts pour la recevoir. Elle est couverte d'un voile, & suivie de plusieurs femmes. Après un fort grand festin où les hommes sont avec les hommes, & les femmes avec les femmes dans un appartement séparé, la mariée, si elle est de qualité, est conduite dans une chambre par un Eunuque, & si elle n'a aucun rang qui la distingue, elle est menée par une femme de ses plus proches parentes, & mise entre les mains du mari qui la dés-habille lui-même. Si un homme a répudié sa femme, ou si la séparation est venue d'elle, il ne la sçauroit reprendre s'il en a envie, qu'elle n'ait été mariée auparavant avec un autre homme. Quand quelqu'un prend une femme au Kebin, c'est-à-dire, pour son douaire fixe, on y fait moins de façon. On va trouver le Cadi, auquel on dit qu'on prend une telle femme, avec promesse de lui payer une telle somme, si on veut l'abandonner. La convention ayant été écrite par le Cadi, il la donne à l'homme, qui garde cette femme tant qu'il veut, & la répudie quand il lui plaît, en lui payant la somme promise & nourrissant les enfans qu'il a eus d'elle. Les Turcs peuvent aussi avoir des femmes esclaves ; & comme ils en sont les maîtres, ils en font ce qu'il leur plaît,

& en ont autant qu'ils veulent. Les enfans de toutes ces femmes sont aussi legitimes les uns que les autres.

Encore que la Loi de Mahomet permette d'avoir autant de femmes qu'on en peut nourrir, les Algeriens n'en prennent que deux ou trois. Ils se marient sur ce qu'on leur dit de leur maîtresse, sans la voir auparavant. Quand l'époux est convenu avec les parens, il lui envoie de certains mets, & on fait de grands festins quelques jours avant les nôces. On danse à la Moresque. L'épouse est assise à terre au milieu d'une troupe de femmes, parée d'habits enrichis de pierreries, ayant les mains, les bras & bien souvent le visage fardés & colorés. Le soir, l'époux amene chés-lui l'épouse couverte d'un voile au son des tambours & des flûtes. Ils s'enferment tous deux dans une chambre, & les femmes qui l'ont accompagnée demeurent dehors & attendent qu'on leur donne sa chemise ensanglantée, qu'elles portent en triomphe par toute la ville comme une marque de sa virginité.

Parmi les Egyptiens, les personnes de qualité & qui sont riches, entretiennent plusieurs femmes dans un serrail. C'est une espece de cloître où chacune à sa chambre séparée. Les Grenadins, qui sont ceux de la race des Maures chassés de Grenade, n'épousent qu'une seule femme. Les Mores Egyptiens, pour faire connoître l'amour qu'ils ont pour leur maîtresse, se brûlent le bras avec un fer chaud, ou s'y font des incisions en sa presence. Si leur maîtresse, touchée de les voir en cet état, leur baise les mains, ils se tiennent assûrés de réussir. Les filles y sont mariées dès l'âge de dix ou douze ans. Quand les conviés amenent l'épouse dans la maison de l'époux, on lui presente tout ce que l'époux lui a donné en mariage, de l'argent, des nipes, & les autres presens que ceux du commun ont accoûtumé de faire. Les parens des personnes de qualité donnent de l'argent, des ustensilles, des joyaux, & des esclaves de l'un & de l'autre sexe.

Les Mariages des Moscovites se font en prononçant les mêmes paroles que l'on prononce dans l'Eglise Catholique. Ils se servent même de l'anneau, & l'époux & l'épouse étant auprès de l'Autel, le Prêtre met la main de l'une dans celle de l'autre. Les paroles ayant été prononcées, l'épouse se prosterne aux piés de l'époux, frappant de la tête sur ses souliers, pour marque qu'elle se reconnoît soumise à lui, & l'époux jette sur elle le bout de son habit, pour faire entendre qu'il sera son protecteur. Ils vont ensuite au portail de l'Eglise, où ils boivent à la santé l'un de l'autre, puis ils s'en retournent en la maison du mari, qui peut faire divorce avec sa femme au moindre mécontentement, & se retirer dans un Cloître.

MARIAULE. f. m. Témoin peu digne de foi, dans la Coûtume de Hainaut, *ch.* 43. & 97. vient de *Marivolo* des Italiens. Furetiere s'est trompé, lorsqu'il a confondu ce mot avec *Marjallet*. L'i est voyelle dans ces deux mots, au lieu qu'il est consonne dans *Marjallet*.

MARIE. *Sainte Marie de Mercede*, ou *de la Redemption.* Ordre de Chevaliers qui furent établis par Jacques Roi d'Arragon, & nommés ainsi à cause qu'on les obligeoit de racheter les Esclaves. Ils portoient un habit blanc, avec une croix noire & étoient de l'Ordre des Cisterciens. Leur établissement commença vers l'an 1232. & le Pape Gregoire IX. le confirma. L'Ordre de *la Vierge Marie sur le Mont-Carmel*, fut établi par le Roi Henri IV. & confirmé en 1607. par le Pape Paul V. Il consistoit en cent Gentilshommes François, obligés de celebrer tous les ans un jour de fête le 26. Mai en l'honneur de la Vierge Marie du Mont-Carmel, de porter sur leur manteau une croix de velours tané, au milieu de laquelle devoit être son Image toute environnée de rayons d'or, & au col une croix d'or en maniere d'ancre où devoit être aussi au milieu la même Image en émail. Ces Gentilshommes ne pouvoient se marier plus de deux fois, & devoient combattre pour la Religion Catholique.

MARIGUI. f. m. Petit moucheron qui se trouve dans le Bresil, & qui pique fort cruellement.

MARINE', E'E. adj. Terme de Blason. Il se dit des Lions & des autres animaux, ausquels on donne une queue de poisson, comme aux Syrenes. *De gueules, au Lion mariné d'or.*

MARINETTE. f. f. Vieux mot. Pierre d'aimant.

Par vertu de la marinette,
Une pierre laide & noirette,
Où li fers volontiers se joint.

On appelloit aussi *Marinette*, la boussole qui étoit touchée de cette pierre, à cause qu'on s'en sert principalement à la Marine.

MARINGOIN. f. m. Sorte de Moucheron qui se trouve dans les Isles de l'Amerique, & qu'on appelle *Marigue* ou *Maragne*, dans le Bresil. C'est à peu près ce qu'on appelle en France *Cousin*. Au commencement ce n'est qu'un petit vermisseau, long comme un grain de blé, & qui n'est guere plus gros qu'un cheveu. Quand les ailes sont venues à ces moucherons, ils s'envolent en si grand nombre, que l'air en est obscurci dans quelques endroits, particulierement deux heures avant le jour, & autant après le Soleil couché. Ils tourmentent fort les habitans, & se jettent sur toutes les parties du corps qu'ils trouvent découvertes, ajustant leur petit bec sur un des pores de la peau. Si-tôt qu'ils ont rencontré la veine, ils serrent les ailes, roidissent les jarrets, & sucent le sang le plus pur. Ils en tirent tant, quand on les laisse faire, qu'à peine ensuite peuvent-ils voler.

MARJOLAINE. f. f. Plante extrêmement branchue, & d'une odeur forte qui fleurit deux fois l'année, & qui produit force surgeons souples & petits. Elle a ses feuilles longuettes, blanches & velues, qui environnent ses rameaux de tous côtés, avec force fleurs au bout de ses tiges, munies d'épis, & écaillées comme celles de l'origan. Elles sont vertes au commencement, jaunissent peu de tems après, & enfin pâlissent. Il en sort une petite graine. Pour sa racine, elle est inutile & dure comme du bois. Dioscoride dit, que la meilleure Marjolaine croît à Cizycene & en Chypre, après laquelle on estime celle d'Egypte, & que les Siciliens & les Cizicinien l'appellent *Amaracus*, les Grecs la nomment σάμψυχον, en Latin *Majorana.* Matthiole croit que ce nom de *Majorana* lui a été donné, à cause qu'elle est odorante & toûjours verte, ce qui fait qu'on prend plus de peine à la cultiver qu'aucune autre herbe. Il dit que les Toscans l'appellent *Persa*, à cause peut-être que les premieres plantes en ont été apportées de Perse en Italie, & qu'il y en a une autre sorte à minces feuilles qu'ils nomment *Persa Gentile.* Ses feuilles, ses fleurs & ses tiges, sont beaucoup plus minces que celles de l'autre. Elle ne laisse pas d'avoir de l'odeur. La Marjolaine, selon Galien, est de parties fort tenues, de faculté resolutive, & seche & dessiccative au troisiéme degré. Son jus pris en breuvage est bon au commencement de l'hydropisie, & singulier à ceux qui sont travaillés, ou de tranchées, ou de difficulté d'urine. On ne se sert ordinairement que de ses feuilles & de sa semence en medecine, quoique Matthiole dise, que toute l'herbe ou sa décoction, est bonne à tous défauts de la poitrine qui font qu'on a peine à respirer, & qu'appliquée par dehors ou prise par dedans, elle soulage l'estomac & les douleurs de foye & de ratte, par la vertu qu'elle a de les conforter & de les disoppiler. Il ajoûte que son jus distillé dans les oreilles en appaise la douleur; qu'il est singulier pour la surdité, & que tiré par le nés, il purge le cerveau, & fait sortir l'humeur pituiteuse. On n'emploie que les sommités de cette plante dans les Trochisques d'hedycroum.

MARIPENDA. s. m. Sorte d'Arbrisseau des Indes qui se trouve dans la Province de Mechoacan, donc le tronc est haut environ de vingt palmes. Ses branches sont noires,& ses feuilles semblables au fer d'un dard, larges & épaisses. Elles ont un vert purpurin dans la partie superieure, & leur queue est rouge. Le Maripenda porte ses fruits par grappes à la façon des raisins, mais plus clairs. Ils sont longs de six palmes, verts premierement, rouges ensuite, & enfin d'un pourpre obscur. Les habitans prennent les rejettons & les rameaux de cet arbrisseau, & les ayant couppés fort menu, ils les font bouillir jusqu'à ce que l'eau s'épaississe, & qu'elle vienne en consistance de syrop. Ce syrop guerit les playes les plus difficiles, & arrête le sang de celles qui sont recentes.

MARISQUES. s. f. Espece de grosse Figue, qui n'a aucun goût, du Latin *Marisca.*

MARITACACA. s. m. Sorte d'animal du Bresil, grand environ comme un chat, & approchant de la forme du Furet. Il a sur le dos deux lignes bien distinguées, l'une blanche, & l'autre brune, qui se traversent en croix. Il vit d'oiseaux, dont il mange aussi les œufs, & est tellement friant d'ambre que souvent il se promene la nuit le long du rivage de la mer pour en chercher. Cependant il ne laisse pas d'être d'une puanteur très-venimeuse qui pénétrant au travers des bois & des pierres, est mortelle pour les hommes & les bêtes. Elle dure quinze & vingt jours, & quelquefois plus, en sorte qu'on est contraint d'abandonner les villages dont cet animal s'est approché de trop près.

MARMENTEAU. s. m. Bois de haute fustaye ou en taillis qui sert à la décoration d'une maison ou d'un château, auquel on ne touche point, & que les usufruitiers ne peuvent faire couper.

MARMOT. s. m. Espece de gros Singe qui a une queue. Les Grecs l'appellent κερκοπίθηκος, en Latin *Cercopithecus*, de κέρκος, Queue, & de πίθηκος Singe.

MARMOTE. s. f. Petit animal grand comme un chat, qui ressemble au liévre par la tête, & qui comme lui a quatre dents de devant, mais plus longues & plus aigues avec quoi il ronge tout ce qu'il trouve. Il a de très-petites oreilles, les piés courts, le poil assés grand & de diverse couleur comme le blereau, & la queue courte. Ses ongles qu'il a fort aigus, lui croissent en une nuit, quand on les lui a coupés. Il se dresse comme l'Ours & marche sur les piés de derriere. Ces bêtes sont fort communes dans les montagnes de Savoie & de Dauphiné, ce qui les fait appeller *Mures montani.* Elles ont ensemble une espece de societé, qui fait que quand elles amassent du foin pour leur hiver, elles mettent des sentinelles sur les avenues, qui les avertissent par leur sifflement quand il paroît des Chasseurs. Elles sont extrêmement farouches, & il n'y a que les jeunes Marmotes que l'on puisse apprivoiser, mais elles font beaucoup de dégât, si elles rencontrent dequoi ronger. Les sauvages dorment tout l'hiver comme les loirs dans le foin & la paille où elles se cachent, & à force de dormir elles deviennent si grasses, que quelquefois elles sont monstrueuses. Leur chair sent fort le sauvage, & cause le vomissement à la plûpart de ceux qui la sentent. On lui ôte le mauvais goût & on la rend propre à manger, en desséchant la graisse dont elle est chargée, & qui est bonne pour mollifier & étendre les nerfs retirés. Cependant cette chair, quoique salée, est très-difficile à digerer, & nuit à l'estomac, échauffant universellement tout le corps. M. Ménage fait venir le mot de *Marmote* de l'Italien *Marmotta.* Matthiole dit qu'on en trouve quantité dans les montagnes de Trente & aux environs, & qu'on les appelle *Marmontaines*, comme qui diroit *Souris de montagnes.*

MARMOUSER. v. n. Vieux mot. Remuer les lévres comme les Marmots, les Singes.

MARNOIS. s. m. Bateau de mediocre grandeur, qui vient de Brie & de Champagne jusques aux ports de Paris sur la Marne, & sur la Seine. Il y en a qui sont longs de douze toises,& larges de seize piés en fond. Le bord en est haut de quatre.

MARONIER. s. m. Vieux mot. Marinier.

Voulsisse qu'il semblât l'étoile,
Qui ne se muet, moult bien le voyent,
Les Maroniers qui s'y avoyent.

MARONITES. s. m. Premiers Chrétiens du Levant, qui vivent dans une parfaite soumission à l'Evangile, & au Saint Siege de Rome, & sur-tout ceux qui habitent vers le Mont-Liban. Ils ont pris leur nom d'un saint Personnage appellé Maron, & qui a été leur Chef. Après avoir suivi les erreurs des Jacobites, des Nestoriens, & des Monothe'ites, ils s'en séparerent, & leur réunion à l'Eglise Romaine fut sous Baudouin IV. Roi de Jerusalem, & Aimeric, Patriarche Latin d'Antioche. La langue dont ils se servent tient un peu du Syriaque, dont le commerce qu'ils ont eu avec les Arabes leur a fait quitter l'usage, de sorte qu'ils n'en usent plus que dans l'Office divin, composé pour la plus grande partie par saint Ephrem. Ils ont un Patriarche qui se nomme toûjours Pierre, & veut porter le titre de Patriarche d'Antioche, que s'attribue celui des Jacobites qui s'appelle toûjours Ignace. Ils ont aussi des Archevêques, des Evêques, & cent cinquante Curés qui ont soin de leur conduite. La residence ordinaire du Patriarche est dans Canobin, Monastere bâti dans le roc. De tems en tems ils sont contraints de se retirer dans les montagnes du Chouf & du Castroan, pour se mettre à couvert des cruautés qu'exercent sur eux les Turcs. Il y a parmi eux une telle pauvreté, que les Curés, & même la plûpart de leurs Evêques, ne subsistent que par le travail de leurs mains; ils labourent des terres & cultivent des jardins, ce qu'ils font avec beaucoup de soumission à la Providence. Leurs Eglises, les seules du Levant où il y ait des cloches, ne sont que de simples Chapelles, où l'on entre en se courbant par des portes aussi étroites que basses. Ils les font de cette sorte afin d'empêcher les Turcs d'y entrer à cheval, comme ils font dans les autres Eglises des Chrétiens qui ont les portes plus larges & plus élevées. Ils ne se découvrent point en y entrant, non pas même durant la Messe, ni lorsqu'on chante l'Office. Leur tête est toûjours couverte d'un bonnet, entouré d'une écharpe blanche ou noire, rayée de blanc ou de quelqu'autre couleur. Si-tôt qu'ils sont entrés dans l'Eglise ils prennent de l'eau benite, ou s'ils n'en trouvent point ils touchent la muraille du bout des doigts qu'ils baisent ensuite. Cela fait ils prennent

prennent une potence de bois, soit pour paroître en la presence de Dieu, comme s'ils étoient crucifiés, soit pour protester qu'ils n'esperent être exaucés dans les prieres qu'ils font que par la vertu de la Croix que leur representent ces potences. Ils se courbent dessus en priant, & se tiennent toûjours de cette sorte, si ce n'est lorsqu'on lit l'Evangile, ou qu'on éleve le Corps & le Sang de Jesus-Christ. Alors ils sont découverts, & se mettent à genoux, & dans le tems de l'élevation, ils tournent leurs mains toutes ouvertes vers les Mysteres sacrés, puis ils se les passent sur le visage à la maniere des anciens Chrétiens, comme pour se sanctifier par cet attouchement. Les Femmes sont séparées des hommes par une cloison de bois, qui est faite en forme de jalousie, & elles entrent par une porte particuliere. Ces Peuples ont tant de foi que dès qu'ils sentent la moindre incommodité, ils font jetter des linges sous les piés du Prêtre, afin qu'ayant marché dessus pendant la celebration du Sacrifice, ces linges qu'ils appliquent ensuite sur la partie où est le mal, acquierent la vertu de les guerir. Après que celui qui dit la Messe a lû l'Epître & l'Evangile en Syriaque, on les lit au Peuple en Arabe, qui est la Langue vulgaire du Pays, & pendant cette lecture ils panchent la tête tantôt d'un côté, tantôt de l'autre, prononçant entre leurs dents certains mots, par lesquels ils témoignent que ce qu'ils entendent lire est la verité de Dieu, & qu'ils l'approuvent. Ils observent le Carême dans l'ancienne rigueur, ne mangeant qu'une fois le jour après qu'on a celebré la Messe; ce qui ne se fait que sur les quatre heures du soir. Ils mangent de la viande depuis Pâques jusqu'à l'Ascension, même les Mercredis & les Vendredis, qui sont les deux jours d'abstinence parmi eux dans chaque semaine. Ils font la même chose tous les Samedis, excepté dans le Carême, qu'ils passent comme le Dimanche, faisant maigre sans jeûner. Ils ont encore trois autres Carêmes, deux petits chacun de quinze jours, l'un des Apôtres S. Pierre & S. Paul, & l'autre de l'Assomption de la Vierge, qui finissent la veille de ces deux Fêtes. Le troisiéme est de l'Avent; il commence le quatriéme Decembre, & finit le vingt-quatriéme, Veille de Noël. Ces trois Carêmes ne les obligent qu'à l'abstinence, & non pas au jeûne. Ils n'ont que celui du Carême dans toute l'année, & ne boivent d'ordinaire que de l'eau, le vin n'étant en usage parmi eux que quand ils traitent quelqu'un. Ils ont un respect extrême pour leurs Prêtres, qui sont distingués par une écharpe toute bleue qu'ils portent seuls autour du bonnet. Quelques-uns de ces Prêtres sont mariés, c'est-à-dire, ceux qui l'étoient avant que d'entrer dans le Sacerdoce; car après qu'ils ont reçû l'Ordre de Prêtrise, le mariage leur est défendu, ainsi qu'aux Evêques, dont la Dignité n'est jamais conferée qu'à ceux qui ne sont point mariés. Ils n'ont dans l'Eglise ni chaire ni chœur, mais ils s'appuyent sur des potences, ainsi que le peuple, & se tiennent rangés autour d'une pierre, qui est élevée à une juste hauteur pour leur servir de pupitre, & sur laquelle ils mettent les livres dont ils se servent pour chanter l'Office divin. Ils observent toutes les cérémonies de l'Eglise Romaine lorsqu'ils administrent les Sacremens, si ce n'est dans le Baptême. Chaque fois qu'ils le conferent, ils font la benediction solemnelle de l'eau, telle qu'elle se fait dans nos Eglises la veille de Pâque & de la Pentecôte. Au lieu de cotton pour essuyer les onctions du saint Crême, ils se servent d'eau chaude & de savon, sans avoir égard aux cris de l'enfant. Ils croyent la presence réelle au S. Sacrement, & la transsubstantiation du pain & du vin au Corps & au Sang de Jesus-Christ. Ils sacrifient avec du pain azyme, & s'accordent avec l'Eglise Latine en plusieurs autres points, mais aussi ils en gardent beaucoup de la discipline de l'Eglise Grecque, avec la permission du Pape, comme de ne point jeûner le Samedy, de communier sous les deux Especes, & de donner la Communion aux petits enfans. Les Religieux suivent tous la Regle de S. Antoine, & ont une si grande veneration pour leurs Evêques, que s'ils sont à table avec eux, & qu'ils les voyent boire, ils se levent par respect & se prosternent par terre, en faisant quelques prieres pour leur obtenir des graces de Dieu. Ils ont un Seminaire à Rome, établi par Gregoire XIII. où plusieurs de leurs Ecclesiastiques sont instruits. Ils disent la Messe dans les Eglises des Catholiques de l'Europe, & nos Prêtres la disent aussi dans leurs Eglises. Leur vie est extraordinairement laborieuse. Quelque travail qu'ils ayent fait le jour pour gagner dequoi fournir à leur subsistance, ils ne laissent pas d'employer une partie de la nuit à chanter l'Office & à faire des prieres. Entre les Maronites il y en a quelques-uns que l'on appelle *Maronites blancs*. Quoique ceux-là n'ayent pas reçû Baptême, ils se confessent, & communient en secret, se disant Chrétiens, & vivant pourtant à la Mahometane.

MARPAUT. s. m. Vieux mot. Homme qui prend toûjours quelque chose.

MARQUE. s. f. La plûpart des Ouvriers disent *Marc*. Un Artisan ne peut prendre la Marc d'un autre plus ancien du même métier dans une même Ville ou du moins dans le même quartier. Lorsqu'ils prêtent serment, ils laissent leur Marc au Juge pour reconnoître leurs malversations.

MARQUER. v. a. *Mettre une marque sur quelque chose pour la distinguer d'une autre.* Acad Fr. Ce verbe est aussi neutre, & on dit en termes de Manege, qu'*Un cheval marque*, pour dire, qu'il fait connoître son âge par une marque noire qui lui vient dans le creux des coins quand il approche cinq ans & demi. Cette marque appellée *Germe de féve*, s'efface lorsqu'il a huit ans, & on dit alors qu'*Il ne marque plus*.

MARQUESEC. s. m. Sorte de filet dont on se sert sur les Côtes de Provence. Il a les mailles beaucoup plus petites que tous les autres filets, à cause qu'on le fait exprès pour prendre un fort petit poisson appellé *Nonnat*.

MARQUETERIE. s. f. Terme de Menuisier. Espece de Mosaïque & d'ouvrage de rapport qu'on fait de bois durs & precieux de differentes couleurs, débités par feuilles plaquées sur un assemblage, avec lesquels on represente des figures & autres ornemens. La Marqueterie la plus exquise se fait de lames de cuivre gravées & qui sont chantournées sur un fond d'étain & de bois. Les Marbriers appellent *Marqueterie de marbre*, les chiffres, pieces de Blason & autres ornemens qui sont de marbre de couleur, & incrustés dans les panneaux des compartimens, tant grands que petits, pour les lambris & pavés de marbre.

MARQUIS. s. m. Titre de celui qui possede une Terre considerable érigée en Marquisat par Lettres patentes. On appelloit autrefois *Marquis*, les Gouverneurs des Villes frontieres que l'on appelloit *Les Marches*, du mot Allemand *Mark*, qui veut dire Limite. *Marquis*, dit Nicod, *étoit anciennement nom de Commission & de Charge, qui n'étoit à la vie du Marquis, ains tant qu'il plaisoit au Prince, qui le commettoit à la garde & tuition de sa Frontiere; &*

ceux qui rendoient ce mot en Latin, l'appelloient auſſi-tôt Comes *que* Marchio. *Or a-t-il prins ſa ſource des Capitaines établis ſur les garniſons des Frontieres; car* Marken *en Allemand ſignifie Frontiere, &* Marckgrave, *celui qui eſt Surintendant ſur la Frontiere; mais depuis le Marquis a prins rang de dignité feodale, après les Princes & les Ducs, precedant les Comtes, & telle que le Marquiſat eſt dit fief Royal, ainſi que la Duché & la Comté, & le Marquis, Capitaine du Royaume du Roi tout ainſi que les deux autres. Antoine de la Sale au Livre qu'il a dédié au Duc de Calabre & Lorraine, écrit qu'un Comte ou puiſſant Baron, pour être fait Marquis, doibt avoir du moins cinq ou ſix Baronnies, en la moindre deſquelles il ait dix nobles hommes ſes Sujets. Lors ayant ſupplié l'Empereur ou ſon Roi, ledit Seigneur, ou ſon Député qui ſera Prince ou Duc, & de plus grande qualité que Marquis, étant en la maitreſſe Egliſe après la grande Meſſe celebrée par un Prélat de marque, au futur Marquis qui ſera à genoux devant lui. & lui offrira nouvel hommage de toutes ſes Baronnies, réduites au ſeul nom de Marquiſat du titre de la plus noble deſdites Baronnies, fera reciter à haute voix les Lettres d'érection dudit Marquiſat, & recevra l'hommage & foi d'iceluy, & lui fera l'inveſtiture par un très-riche rubis qui porte ſigne de Seigneurie, le lui mettant au moyen doigt, ce voyant & oyant toute l'Aſſemblée des Princes & grands Seigneurs, Dames & Damoiſelles, qui doit être faite grande, & tout ce jour-là honoré de feſtins & tournois les plus beaux que faire ſe pourra. Par cela on voit que la conſideration de la garde & tuition des Frontieres de l'Empire ou du Royaume n'a plus de lien en la creation d'un Marquis, ainſi que le nom de cette dignité le requiert; car je ne trouve nullement bon le reject qu'Alciat fait de cette deduction du nom de* Marquis *au premier Livre de ſes Parergues, ne l'opinion qu'il a celle part que* Marquis *vient de* Marca, *ſignifiant Cheval, toutes deux dictions Celtiques ou Germaniques, & partant que* Marquis *eſt proprement ce qu'on dit en Latin,* Magiſter ſtabuli ſeu equitum, *mais que finablement il a ſorti tiltre de propre & particuliere juriſdiction, tout ainſi que les noms de Duc & de Comte. Il allegue que le mot* Marcomann, *composé dudit* Marca *&* Marcoboduus, *ſignifient l'un, Peuple excellent en fait de Cavalerie, & l'autre, Un Roi qui avoit le corſage ſomme d'un cheval, & que les Celtes Gaulois qui étoient en l'armée de Brennon, appelloient en leur langue, comme recite Pauſanias,* Trimarciſiam, *les trois rangs de gens de cheval, mais rien de tout cela ne preſſe, ores que Rhenanus, Althamerus & Glareanus ſe ſoient mêlés de cet advis: car quant à ce que tous diſent que les François diſent encores de preſent* Marcare, *pour, Aller à cheval, & que du regne des Lombards ou Langbards en Italie & des François iſſus des Germains après eux,* Magiſtri ſtabuli ſeu equitum *étoient appellés* Marquis, *ſ'en vouldrois avoir autorité en faveur de cela.* Les nouveaux Lexicographes euſſent pû ne pas copier Furetier, juſqu'a dire que le Brandebourg n'eſt qu'un Marquiſat.

MARKAIO. ſ. m. Poiſſon affreux qui devore un homme tout entier, tant il à la gueule grande. On rapporte que les Eſpagnols en prirent un qui venoit d'avaler un Indien qui pêchoit des perles. On le tira encore vivant de ſon ventre, mais il mourut peu de tems après.

MARRANE. ſ. m. Nom injurieux que l'on donne aux Eſpagnols qu'on ſoupçonne d'être deſcendus de Juifs ou de Mahometans. M. de Marca fait venir ce mot de Muſa Marane qui conquit l'Eſpagne pour les Arabes. Borel explique le mot de *Marran* par celui de Juif, & incline à croire qu'il vient de Marranus ſçavant Rabin. Quelques-uns pretendent qu'il eſt derivé des Maures, ce que du Cange rejette diſant qu'il vient du mot Syriaque *Maranaha*, qui eſt un anathéme fulminé avec execration.

MARRE. ſ. f. Eſpece de houe dont les Vignerons ſe ſervent pour le labour de leurs vignes. Elle ſert auſſi à eſſarter & à couper les racines des mauvaiſes herbes. Borel fait venir le mot de *Tintamarre* de ceux de *Tinte* & de *Marre*, qui eſt le ſentiment de Paſquier, à cauſe du grand bruit que font les Vignerons à l'heure de midi pour s'avertir qu'il faut quitter le travail, le premier qui l'entend ſonner frappant ſur ſa Marre, & les autres répondant de même après quoi ils s'en vont tous.

MARREMENT. ſ. m. Vieux mot. Douleur, déplaiſir. On a dit auſſi *Marriſſon*, pour Fâcherie, & *Se marrir*, pour s'Affliger.

MARREIN. ſ. m. Terme de Venerie. La groſſe branche de la tête du Cerf, qui ſort des meules. On dit auſſi *Merrein.*

MARRONNIER. ſ. m. Arbre qui porte les marrons. C'eſt un fruit un peu plus gros que la châtaigne, dont il eſt la plus excellente eſpece.

Marronier d'Inde. Arbre qui produit une ſorte de marrons qu'on ne peut manger, & dont on n'a jamais pû rien faire. Ses fleurs ſont blanches & en forme de bouquet. Les allées des jardins ſe font aujourd'hui de Maronniers, à cauſe que leurs feuilles étant larges font un bel ombrage.

On appelle *Marronniers*, ceux qui conduiſent les Voyageurs ſur des traineaux dans les Alpes, & qui les font deſcendre ſur les neiges avec une grande vîteſſe.

MARRUBE. ſ. m. Plante dont il y a de deux ſortes, le blanc & le noir. Le Marrube blanc croît de la hauteur d'un pié auprès des murailles & parmi les ruines des maiſons. Il pouſſe de la même racine pluſieurs rejettons qui commencent à fleur de terre, & qui ſont blanchâtres, velus & quarrés. Ses feuilles larges d'un pouce ſont rondelettes, ridées, ameres au goût & couvertes d'un cotton preſque blanc. Ses fleurs ſont petites & blanches, & font un rond autour de la tige d'eſpace en eſpace, & ſur tout près des ſommités. Galien dit qu'il deſopile le foye & la rate; qu'il purge le poumon & la poitrine, & qu'il abſterge & reſout. Le Marrube noir produit pareillement pluſieurs tiges qui proviennent de ſa racine, & ſont quarrées, noires & un peu veluës. Ses feuilles qui y ſont de même diſpoſées par intervalles, rondelettes & velues, ſont plus grandes que celles du Marrube blanc. Elles ont une odeur fâcheuſe, & reſſemblent à la meliſſe; ce qui eſt cauſe que quelques-uns lui en ont donné le nom. Ses fleurs ſont blanches & environnent ſes tiges. Il croît ordinairement le long des grands chemins & au bord des terres. Galien n'a point parlé du Marrube noir, mais Eginetta dit qu'il eſt âpre & abſterſif, & qu'enduit avec du ſel il eſt bon pour les morſures des chiens.

MARS. ſ. m. *Une des ſept Planetes qui prend ſon nom de Mars, réputé par les Romains pour le Dieu de la guerre.* Acad. Fr. C'eſt une des trois Planetes ſuperieures. Quelques-uns le font plus grand que la terre, quelques autres plus petit. Il fait le tour du Zodiaque en un an & 321. jours. Sa plus grande diſtance de la terre eſt de 50000. demi diametre de la terre, & la plus petite de 8000. *Mars*, en termes de Chymie, ſe prend pour le fer. Il contient beaucoup de ſel acide, peu de mercure, & medioerement de ſouffre acide, mais fixe en quelque façon; ce qui fait que Mars eſt le metal qui approche le plus de l'or, & on prétend même que son soufre peut être changé en or. Ces trois principes de Mars sont réunis par une terre fort alcaline & rougeâtre qui le rend non malleable avant qu'il ait été fondu. L'acide & le fer ne different qu'en dureté. Le premier se forme artificiellement avec l'autre. On stratifie des lames de fer dans un grand fourneau avec des alcalis, sçavoir, des charbons & des cornes ou des ongles d'animaux. Après qu'on a fait dessous un feu des plus violens, les ongles s'enflamment & calcinent & endurcissent le fer. Cet endurcissement consiste en ce que l'acide copieux de Mars absorbe les sels alcalis fixes des charbons, & les volatiles des cornes; ce qui resserre le principe terrestre & augmente la dureté du fer. Le Mars est toûjours astringent de sa nature, & la terre en est purement stiptique. Toutes les préparations que l'on en fait en convainquent, par le sentiment de saveur astringente qu'en reçoit le goût. Elles se font ou en forme liquide, & sont appellées *Teintures*, ou en forme seche, & elles prennent le nom de Safran. Le *Safran de Mars* tire son nom de sa couleur jaunâtre. Il y en a deux sortes, l'astringent & l'aperitif. La preparation du safran de Mars astringent se fait en mettant des verges ou de petites barres d'Acier au fourneau à feu de reverbere, afin que la flâme attenuant la superficie de l'acier, produise comme une espece de safran très-vermeil; ce qui se peut faire par l'espace de douze heures. On ôte les verges de fer, & quand elles sont refroidies, on se sert d'un pié de lievre pour secouer la poudre qui y est adherante. D'autres font cette préparation en prenant demi-livre de limaille d'acier lavée. Ils l'éteignent dans un vaisseau bien ample sur une tuile ou lame de fer, & la mettent au feu de reverbere pendant quarante-huit heures. Quand on l'a ôtée du feu, on y ajoûte dix ou douze pintes d'eau de fontaine, & on laisse le tout en digestion un jour entier, après quoi on l'agite & on la remue vivement, & ayant separé par Inclination l'eau trouble, on la laisse rasseoir six ou sept heures. Alors on passe l'eau claire & nette par le filtre, & on trouve au fond du vaisseau un safran de Mars fort subtil, & dépouillé de toute faculté aperitive. C'est un excellent corroboratif dans les maladies où la faculté retentrice est relâchée, comme celle de l'estomac en la lienterie des intestins, en la diarrhée & dysenterie, du foye au flux hepatique & autres évacuations immoderées des hemorroïdes ou des mois ou des fleurs blanches. La préparation du safran de Mars aperitif se fait en prenant de l'acier ardent & enflammé au feu de reverbere ou de fusion jusqu'à être blanc, auquel on frotte une bille de soufre au dessus d'un vaisseau plein d'eau. L'acier se fend aussi-tôt & tombe dans l'eau avec le soufre, en forme de petites boules qui sont si friables, qu'on peut les pulveriser entre les doigts. Cela étant fait, on réduit ces petites boules en une poudre très-déliée. On ajoute une égale portion de soufre pulverisé & passé par le tamis, & on mêle tout exactement, en l'étendant sur une lame de fer ou dans un pot de terre. On le met au feu de reverbere un jour entier; & à la fin l'acier se trouve réduit en poudre violette qu'il faut pulveriser de nouveau subtilement, & ensuite verser par dessus de l'eau de fontaine à la hauteur de cinq ou six travers de doigts. On remue le tout, & après l'avoir laissé rasseoir quelques heures, on separe par la languette l'eau nette & claire, & on la renverse sur les premieres feces, qu'il faut remuer comme auparavant. On réïtere cela jusqu'à ce que l'eau trouble versée à plusieurs fois & de nouveau séparée ait laissé une quantité suffisante de safran très-subtil & impalpable. Enfin on doit faire évaporer l'eau trouble pour la derniere fois, & il reste le safran de Mars aperitif bien préparé, avec son esprit vitriolé qu'il a conservé après la calcination reïterée & les frequentes ablutions & évaporations. Le safran de Mars devroit plûtôt prendre le nom d'alteratif que d'aperitif, puisque par son usage il redonne l'état naturel à la tissure viciée de la masse du sang, & qu'en absorbant les sels viciez, il corrige les vices de toutes les digestions. Il est bon aux grandes & rebelles obstructions du mesantere, du foye & de la rate, qui causent les pâles couleurs & des veines de la matrice, dont arrive la suppression des mois. Quelques-uns pour preparer le safran de Mars aperitif, animent l'eau simple avec quelques alcalis, sur-tout avec le sel d'absinthe; puis ils versent le tout sur de la limaille d'acier dans un lieu tiede, où elle se rouille facilement; mais Ettmuller dit que le safran de Mars ainsi préparé ne vaut rien, à cause que les sels contenus dans la lessive s'attachant au Mars, font une espece de chaux ou de calcination qui est inutile & nullement aperitive. Il ajoûte que ceux qui preparent le safran de Mars aperitif avec du vin, n'ont pas un méchant remede. Les teintures de Mars preparées avec des acides trop forts font peu d'effet, mais elles en font beaucoup quand on les prepare avec des alcalis ou avec des acides moderés. L'*Essence de Mars tartarisée* est un excellent remede dans les affections des reins, de la vessie & de l'urine. Pour la faire, on dissout parties égales de cristaux de tartre & de vitriol de Mars. On fait évaporer la dissolution jusqu'à la consistance de miel, après quoi on verse de l'esprit de vin dessus pour en tirer cette essence. La principale des preparations en forme seche sont les fleurs. C'est une operation qui se fait par le moyen du sel armoniac, avec lequel le Mars se sublime en fleurs rouges, parce que l'acide du sel corrode le Mars & enleve les particules qu'il a corrodées. Les plus curieux Chymistes sont venus à bout de rendre le Mars fulminant. Quelques-uns le croyent impossible, mais on prétend qu'ils n'ont pas raison, à cause que la vertu fulminante du Mars consiste dans la convenance du soufre martial avec le solaire, qui ne differe entre eux qu'en ce que celui-ci est plus fixe que l'autre pour faire le Mars fulminant. On le dissout dans de l'eau regale, & ensuite on le précipite avec de l'huile de tartre par défaillance. On doit observer deux choses dans cette préparation. L'une est le point exact de saturation, sans quoi il n'y aura aucune fulmination à esperer; & l'autre, que la précipitation ne soit point trop subite, rien ne pouvant fulminer si l'effervescence est trop grande. Le besoard martial se forme du regale d'antimoine martial distillé en beurre, & précipité par l'esprit de nitre. Il est specifique dans l'hydropisie.

MARSILIANE. s. f. Terme de Marine. Bâtiment à pouppe quarrée dont se servent les Venitiens pour naviger dans le golfe de Venise & le long des côtes de Dalmatie. Il a le devant fort gros, & porte jusqu'à quatre mâts. Les petites Marsilianes n'ont point d'artimon, & les plus grandes sont environ du port de sept cens tonneaux.

MARSOUIN. s. m. Gros poisson de mer qui approche du dauphin & qui a le museau plat & pointu, la queue fort large, la peau grisâtre, & un trou sur la tête par où il respire & jette l'eau. Les Marsouins vont en troupe & se jouent sur la mer, en faisant des bonds, & tenant tous une même route. Ils s'approchent quelquefois assés près des Navires pour donner moyen de les harponner. Leur chair est assés noirâtre. Ils n'ont qu'un pouce ou deux de lard, & grondent presque comme les pourceaux de terre ; ce qui les fait appeller *Pourceaux de mer*, en Latin, *Sus marinus*, d'où l'on a fait le mot de *Marsouin*. Ils ont le sang chaud, les intestins semblables à ceux du pourceau, & presque le même goût, mais leur chair est de difficile digestion. Outre ces Marsouins qui se trouvent dans les Antilles comme ailleurs, on y en voit une autre espece. Ceux-là ont le grouin rond comme une boule ; & parce que leur tête ressemble en quelque façon au froc des Moines, quelques-uns les appellent *Têtes de moine* & *Moines de mer*.

MARTAGON. s. m. Plante que Matthiole croit devoir être mise au rang des lis, son oignon, quoique jaune, étant semblable à un oignon de lis, & produisant sa tige de même. Les feuilles qui l'environnent par intervalles en façon de rose ou d'étoile, ressemblent à la saponaria. Elle porte à sa cime des fleurs faites comme un lis, moindres pourtant, ayant une queue fort mince, & leurs feuilles recourbées de la même sorte & mouchetées de pointes rouges, belles & odorantes. Il y a des Martagons blancs, pourprés, orangers ou rouges vermeils, & un Martagon de montagne, qui est à fleurs doubles & à trois rangs. Ces fleurs sont pointillées & d'un pourpre blafard, en Latin *Lilium montanum*.

MARTEAU. s. m. Longue masse de fer au milieu de laquelle il y a un trou qu'on appelle *Oeil*, & qui sert à mettre le manche. Il y a des marteaux bretés ou bretelés pour tailler la pierre. Les Serruriers en ont de diverses sortes, sçavoir des *Marteaux à panne droite*, pour battre le fer & l'élargir ; des *Marteaux à rabattre* & *à panne de travers*, pour forger le fer & le tirer ; des *Marteaux à tête plate*, pour dresser & planir le fer ; des *Marteaux à tête ronde*, pour emboutir les pieces rondes & les demi-rondes ; & de petits *Marteaux d'établie*, pour poser & ferrer la besogne. Les Paveurs appellent *Marteau d'assiette*, le Marteau dont ils se servent pour fouiller la terre. Les Couvreurs ont un marteau rond par un bout & pointu par l'autre. Le manche en est de fer & plat avec biseau des deux côtés pour tailler l'ardoise.

On appelle *Marteau d'épinette*, un petit Marteau d'acier dont on se sert pour accorder une épinette ou un clavecin. C'est avec quoi celui qui l'accorde tourne & enfonce les chevilles.

On appelle *Marteau d'horloge* ou *de montre*, le Marteau qui fait sonner l'horloge ou la montre en frappant sur le timbre.

Marteau de porte. Sorte de Marteau de fer qui le plus souvent est un gros anneau qu'on attache à une porte & qu'on fait frapper sur un gros clou, pour avertir les gens de dedans qu'ils ayent à venir ouvrir.

Marteau, se dit encore en termes d'eaux & forêts, d'un fer avec lequel les Officiers marquent les arbres qu'il faut couper, lorsqu'ils font des ventes de bois ; ce qui fait qu'il y a un Officier dans chaque Maîtrise appellé *Garde-marteau*.

Marteau d'armes. Sorte d'arme qui est en usage chés les Polonois. Elle est platte & ronde d'un côté comme un marteau, & de l'autre elle est tranchante & faite comme une hache.

Marteau. Terme de Marine. Il se dit du traversier de l'arbalête, ou du bâton de Jacob. Quelquefois le bâton de Jacob a deux marteaux. Ce sont des pieces de bois plattes & qui ont de longueur trois, six, neuf & douze pouces. Elles sont percées d'un trou quarré par le milieu, afin d'y passer la fleche de l'arbalête. A l'un des bouts de ces marteaux est placée une pinnule qui fait trouver l'horison sensible. L'autre sert à faire ombre quand on veut prendre la hauteur du Soleil. On appelle *Marteau de pompe*, Un marteau tout de fer, & de moyenne grosseur. Au bout du manche est un tire-cloud, comme a un des côtés de la tête. Le marteau que l'on appelle *Marteau à dent*, est fourchu. On s'en sert à arracher des cloux quand on construit ou que l'on radoube un Bâtiment.

Marteau. Terme d'Anatomie. Petit os fait en forme de marteau qui sert au sentiment de l'ouie. Il est dans l'oreille interieure & frappe sur un autre qui a la figure d'un enclume.

MARTELAGE. s. m. Marque que les Officiers des eaux & forêts font sur les arbres avec un marteau dans les ventes & adjudications des bois.

MARTELET. s. m. Petit Marteau, dont se servent les Graveurs, Orfévres, & autres, qui travaillent sur des choses délicates.

Martelet, se dit aussi d'un petit Marteau dont se servent les Couvreurs pour later, & rompre le nez de la tuile, quand ils en ont besoin.

MARTELINE. s. f. Petit Marteau, dont se servent les Sculpteurs pour gruger le marbre, & sur-tout dans les endroits, où ils ne peuvent s'aider des deux mains pour travailler avec le ciseau & la masse. La Marteline a un bout en pointe. L'autre bout a des dents faites de bon acier de carme, & forgées quarrément afin d'avoir plus de force.

MARTELLER. v. n. Terme de Fauconnerie. Il se dit des oiseaux quand ils font leurs nids.

MARTELEUR. s. m. Dans une forge c'est Celui, qui est chargé de faire travailler le marteau, de faire étirer les barres.

MARTICLE. s. f. Terme de Marine. Les Marticles sont de petites cordes disposées par branches en façon de fourches, qui viennent aboutir à des poulies que l'on appelle *Araignées*. Quand la vergue d'artimon est sans balancines, il y a des Marticles qui la portent, en prenant le bout d'enhaut de la vergue, & allant se terminer à des araignées, pour répondre par d'autres cordes au chouquet du perroquet d'artimon. L'étai du tourmentin va aussi finir par Marticles sur celui de Misaine.

MARTIN-SEC. s. m. Sorte de poire rousse & longuette, & qui est fort pleines de pierres.

MARTINET. s. m. Espece d'hirondelle qui a la gorge & le ventre blanc, & le dos noirâtre. Cet oiseau vole sans aucun repos, & ne se perche jamais que dans son nid.

Martinet-Pêcheur. Quelques-uns disent aussi, *Martin-Pêcheur*. Petit oiseau qui hante les eaux, & qui vit quatre ou cinq ans. Il a le bec long, fort & aigu, la tête couverte de plumes bleues claires, les ailes bleues & semées de blanc, le corps blanc & un peu vert, & l'estomac couleur de rouille. Il y en a qui croyent que cet oiseau étant sec, empêche qu'il ne s'engendre des vers dans les habits, si on l'attache dans un garde-meuble. On tient qu'il a pris son nom de ce qu'il arrive au mois de Mars & s'en retourne à la saint Martin. Quand il est mort, on le pend par le bec avec un fil au plancher, & il a toûjours le ventre tourné comme le vent.

Martinet. Marteau qui est mû par la force d'un moulin. Il se dit des marteaux des moulins à papier, à tan, & à foulon.

Martinet. Terme de Marine. Il se dit de plusieurs petites lignes qui partent d'un cap de mouton sur l'étai, & qui vont en s'élargissant en patte d'oie sur le bord de la hune, afin d'empêcher les huniers de se couper. On appelle aussi *Martinet*, la manœuvre qui sert de balancine à la vergue d'artimon.

Martinet, c'est aussi Un petit chandelier de bois avec un crochet de fer, commun dans les cabarets.

MARTINGALE. s. f. Terme de Manege. Large courroie, dont un bout s'attache aux sangles sous le ventre du Cheval, & qui passant entre les jambes de devant, s'attache de l'autre bout au dessous de la muserole. Son usage est d'empêcher un Cheval qui porte au vent, de battre à la main.

MARTRE. s. f. Animal fait en forme de Fouine, & qui est plus grand. Il a la gorge roussâtre & le poil plus clair & plus mol. On tient qu'il y en a de deux especes, l'une qui se nourrit dans les forêts de faux, de chêne & d'yeuse, & l'autre qui est beaucoup plus belle, & qui vit dans les forêts de hauts sapins & de pesses. Les Martres sont fort nombreuses en Laponie, & on ne trouve point ailleurs de plus belles fourures que celles qu'on fait de leur peau. Les meilleures sont celles dont le poil de la gorge est plus jaune que blanc. Cet animal ne se trouve en ce Pays-là que dans les forêts où il se nourrit particulierement d'oiseaux & d'écureuils. Il a les ongles extrémement aigus, & monte la nuit sur les arbres. L'écureuil qui est moins fort, mais aussi agile, se sauve le long de l'arbre, courant & grimpant autour du tronc, ce que la Martre ne sçauroit faire, mais elle le pousse jusqu'au haut, d'où il s'élance des plus hautes branches sur un autre arbre. Elle ne poursuit pas seulement les petits oiseaux qu'elle arrête avec ses ongles, lorsqu'ils passent la nuit sur les arbres, mais encore les plus grands qui s'envolent si-tôt qu'ils sentent qu'elle les saisit. Elle ne quitte point prise, & se tient toûjours attachée à leur dos, en les mordant jusqu'à ce qu'ils tombent morts sur la terre. Quelques-uns disent & écrivent *Marte*.

MARTROI. s. m. Vieux mot. Lieu où l'on execute les criminels. Il vient de *Martyrium*. Les Paysans du Languedoc appellent *Martrou*, le jour de la Toussaint, comme qui diroit *Jour des Martyrs*.

MARVOYER. v. n. Vieux mot. Extravaguer.

Qui tel duel a qu'elle marvoye
De son sens, & esrage vive.

MARUM. s. m. Petite plante qui produit force rejettons, & qui aux sommités pousse des épis approchans de ceux de la Lavende, d'où sortent de petites fleurs purpurines qui sentent fort bon. Les feuilles sont vertes, fort petites, un peu blanchâtres, & faites en pointes comme le fer d'une pique. Le Marum est extrémement acre & piquant, & laisse beaucoup d'amertume dans la bouche, d'où il pourroit avoir pris son nom, comme qui diroit, *Amarum*. Matthiole dit qu'il seroit volontiers de l'opinion de ceux qui prennent pour Marum cette espece de Marjolaine, appellée *Marjolaine Gentile*, ou *Petite Marjolaine*, qui est plus amere & plus odorante, & dont les feuilles sont plus blanches, plus menues & plus petites. Le Marum vient beaucoup aux Isles d'Hyeres, proche Toulon en Provence, & il s'en trouve quantité à Lyon dans les jardins. Il a les vertus de la Marjolaine ordinaire, mais il les a plus puissantes & plus efficaces, à cause qu'il est beaucoup plus amer.

MARZEAU. s. m. Petite croissance de chair, grosse & longue comme le doigt, fort ordinaire à la gorge des cochons.

MAS

MAS. s. m. Vieux mot, qui se trouve dans quelques coûtumes. Tenement & heritage main-mortable des personnes de servile condition & de main-morte. Il y a des lieux où on l'appelle *Mex* ou *Meix*. On le fait venir de *Mussa*, qui dans la basse Latinité a signifié Fonds, heritage.

Mas, c'est aussi Une petite masse de fer, qui a d'un côté une grosse tête, & l'autre côté un tranchant. Il sert de mailler & de coin en même-tems à ceux qui fendent le bois.

MASAGE. s. m. Vieux mot. Village. On a dit aussi *Masil*.

MASBOTHEENS. s. m. Secte d'Heretiques, attachés aux erreurs de Simon le Magicien ou de ses Disciples.

MASCARET. s. m. Reflux violent de la mer dans la riviere de Dordogne, où elle remonte avec une grande impetuosité. C'est la même chose que ce qu'on appelle *la Barre*, sur la riviere de Seine, & en general, le nom que l'on donne à la premiere pointe du flot qui fait remonter le courant des rivieres vers leurs sources, proche de leurs embouchures.

MASCARON. s. m. Tête ridicule, qui est faite à fantaisie, & qu'on met aux portes, aux grottes & aux fontaines. M. d'Aviler fait venir ce mot de l'Italien *Mascarone*, fait de l'Arabe *Mascara*, qui signifie, Boufonnerie.

MASCHEFER. s. m. Ecume qu'on tire du fer dans les forges où il se fond, en Latin, *Stercus ferri, scoria, sive recrementum ferri*. Dioscoride donne au Mâchefer les mêmes proprietés qu'à la rouille du fer. Il le fait pourtant plus foible dans ses operations. Matthiole dit qu'il ne faut pas prendre le Mâchefer, ou de bronze ou d'argent, pour l'écaille qu'ils jettent quand on les forge, & qu'il y a grande difference, puisque si on remet l'écaille, soit de fer, de bronze ou d'argent, elle se fond, & se ramasse en une masse, au lieu que le Mâchefer, qui est comme l'écume du fer, ne peut jamais retourner en fer. Selon Galien, tous Mâchefers sont fort astringens, & sur-tout celui du fer qui étant bien pulverisé, & reduit en forme de liniment avec de fort vinaigre, est très-bon, quand il est cuit, pour les oreilles fangeuses depuis long-tems.

MASCHOIRE. s. f. Partie de la tête de l'animal qui lui sert à broyer les viandes, ou la pâture qui lui est propre. Il y a la Mâchoire superieure qui est immobile en l'homme & en tous les autres animaux, à l'exception des perroquets & du Crocodille, & qui a onze os. L'inferieure n'en a que deux qui s'unissent au milieu du menton par l'interposition d'un cartilage qui se durcissant lorsqu'on a atteint sept ans, se tourne en un os qu'on ne peut plus separer. La mastication est blessée par le vice des Mâchoires lorsqu'elles sont, ou trop peu mobiles, ou entierement immobiles. Cela arrive par relaxation quand quelque violence externe fait que la bouche reste trop ouverte & quelquefois même en baaillant extraordinairement, & en ouvrant trop la bouche, ce qui se guerit aisément par un souflet & un coup sous le menton. Le vice des Mâchoires peut venir aussi d'une tumeur, soit de la gorge, comme dans l'inflammation, ou quelqu'autre maladie des amygdales, qui fait que la bouche a peine à s'ouvrir, soit des parotides qui empêchent le jeu des prolongemens des Mâchoires dans leur cavité, soit qu'une tumeur grossiere & tartareuse ait rempli la jointure de la Mâchoire avec les os des temples &

leur ait ôté la liberté de se mouvoir, à cause d'un dépôt fait sur la partie par le vice de la nutrition particuliere de toute la masse du sang.

On appelle *Mâchoires*, Les têtes ou extrémités de deux pieces de fer, qui sont les principales d'un étau de Serrurier, & qui en s'éloignant & s'élargissant par le moyen d'un ressort qui est entre deux, se rapprochent & se serrent avec une vis.

MASLE. adj. Qui est du sexe le plus noble & le plus fort. On appelle en termes de Marine, *Mâles & Femelles*, Les pentures & les charnieres qui entrent reciproquement l'une dans l'autre, & qui servent de ferrure pour tenir le gouvernail d'un Navire suspendu à l'estambort.

MASNIE. s. f. Vieux mot. Maison.

MASQUASPENNE. s. f. Petite racine qui excede rarement la grosseur d'un doigt, & qui se trouve dans la Virginie. Elle est rouge comme sang, & les habitans s'en servent à peindre leurs boucliers, & autres ustenciles.

MASQUE. s. m. *Faux visage qu'on porte pour se déguiser.* Acad. Fr. On appelle *Masque*, en termes de Sculpture & de Peinture, Un visage separé du reste du corps que les Sculpteurs & les Peintres emploient dans les ornemens de leurs ouvrages.

MASQUE. s. f. Borel dit que ce mot a signifié Sorciere en Languedoc, de *Masca*, Faux visage, d'où vient, poursuit-il, que les chiffres occultes étoient appellés, *Litteræ talamascæ*, ce qui fait qu'on appelle encore en quelques lieux *Talmache de bateau*, La pointe ou l'éperon du bateau, où des têtes ou mufles d'animaux sont representés en façon de Masques.

MASQUE', E'E. adj. Terme de Blason. Il se dit d'un Lion qui a un masque.

MASSACRE. s. m. Tuerie, carnage. On appelle en termes de Venerie, *Massacre de Cerf*, La tête du Cerf separée du corps.

Massacre, en termes de Blason, se dit aussi d'une tête de Cerf, de Bœuf, ou de quelqu'autre animal, quand elle est décharnée.

MASSALIENS. s. m. Heretiques du quatriéme siecle, qui à cause qu'il est dit dans l'Ecriture qu'il faut toûjours prier, prétendoient que la priere suffisoit pour toutes les bonnes œuvres, & qu'en chassant le demon, elle donnoit la force de resister à toutes sortes de tentations. C'étoient des Moines de Mesopotamie qui rejettant le jeûne, & abandonnant les Sacremens, quittoient le travail des mains, en quoi consistoit en ce tems-là une partie de la Discipline Monastique, pour ne s'appliquer qu'à l'Oraison. Ils avoient des Prêtres & des Evêques, & persuadoient aux Enfans qu'ils devoient quitter leurs Peres pour venir prier avec eux. Ils rompoient les mariages, & portoient de grands cheveux avec des robes magnifiques. Ils retomberent plusieurs fois dans leurs erreurs, dont ils avoient témoigné se repentir, ce qui fut cause que les Evêques ayant assemblé un Concile en 427. ordonnerent qu'après toutes leurs rechûtes ils ne seroient plus reçus à la Communion de l'Eglise.

MASSE. s. f. Gros marteau dont se servent les Sculpteurs pour dégrossir leurs ouvrages en frappant sur le ciseau. Les Tailleurs de pierre ont pareillement une Masse de fer, pour abattre & fendre la pierre. Il y a aussi une Masse dont se servent ceux qui gravent en creux, & en relief.

Masse. Piece de bois longue de quarante-deux piés, qui sert à tourner le gouvernail d'un bateau foncet.

Masse. Terme de Peinture. Il se dit des parties considerables d'un tableau, qui contiennent de grandes lumieres ou de grandes ombres.

Masse ou *Mache*. Herbe dont la feuille est semblable au Cyperis, & qui a sa tige blanche, lissée & unie, & à la cime une fleur épaisse qui l'embrasse, & qui enfin se resout en bourre & en papillotes. Elle croît ordinairement aux marais, lacs & étangs, & il n'y a guere d'eaux mortes où il ne s'en trouve. Matthiole dit que la Masse qu'elle porte est appellée en Italien *Mazza sorda*, parce que la bourre de cette masse rend une personne sourde, si elle tombe aux oreilles. Les pauvres gens s'en servent pour garnir leurs matelats. Les feuilles servent à faire de petites chaises ou tabourets, & même des convertures tissues en forme de nattes. Theophraste met cette plante au rang de celles qui sont sans nœud, & qui croissent aux marais.

MASSICOT. s. m. Couleur jaune pour peindre, qui se fait avec de la Ceruse poussée au feu jusqu'à un certain degré. M. Felibien dit qu'il y a du *Massicot jaune*, & du *Massicot blanc*, qu'on fait avec du plomb calciné.

MASSIF. s. m. Terme de Maçonnerie. Le plein, le solide d'un mur fort épais. On appelle *Massif de pierre*, Celui qui est entierement de quartiers de pierre, sans avoir ni blocage ni moilon, & *Massif de moilon*, Celui qui dans les fondations fait un corps de Maçonnerie sur lequel on fonde. On dit, *Massif de brique*, en parlant de celui qui est fait d'un corps de maçonnerie à bain de mortier, pour être ensuite incrusté de marbre ou de pierre de taille par dedans ou par dehors. Ce qu'on appelle dans un parterre à l'Angloise *Massif de gazon*, est une platebande de gazon en enroulement, mêlée avec la broderie.

MAST. s. m. Grand arbre qu'on pose dans un Navire, & où l'on attache les vergues & les voiles qui sont necessaires pour la navigation. Tous les grands Vaisseaux ont quatre Mâts, sçavoir le *Grand Mât* qui est placé au milieu du premier pont, ou franc tillac; & descend au fond de cale sur la contrequille; le *Mât de misaine*, qui passe à travers le Château d'avant au dessus de l'estrave, à l'extrémité de l'escarlingue; le *Mât d'artimon*, qui est entre le grand Mât & la pouppe, & le *Mât de beaupré*, qui est couché sur l'éperon à la proue, & enchassé par le bout d'embas sur le premier pont dans le Mât de misaine. On ajoûte quelquefois un cinquiéme Mât à ces quatre, & c'est un double artimon. Tous ces Mâts sont composés de plusieurs parties ou brisûres, ausquelles on donne pareillemment le nom de Mât. Le grand Mât ou Mât de Maitre, ne garde son nom de grand Mât que depuis la carlingue jusqu'à la premiere hune. La partie comprise entre cette premiere hune, & la seconde, qui est un arbre tout d'une piece assemblé avec l'autre s'appellent le *Grand Mât de hune*, ou le *Grand hunier*, & la partie qui s'éleve au dessus du grand hunier, est appellée le *Mât du grand perroquet*. Le Mât de misaine se divise de même en trois parties ou brisûres dont chacune a aussi le nom de Mât. Ceux d'artimon & de Beaupré n'ont qu'une brisûre, qu'on appelle de perroquet & non pas de hune. Les Mâts ne sont jamais perpendiculaires sur le tillac, mais ils panchent un peu vers la pouppe, afin de mieux resister à la poussée de la voile, qui prend le vent de ce côté-là.

Mât gemellé, jumelé, ou *affûté*. Mât qui n'ayant pas assés de grosseur pour sa hauteur, est fortifié par d'autres pieces de bois qui l'environnent pour empêcher qu'il n'éclate, & quelquefois encore par des cables que l'on roule autour d'espace en espace. On appelle *Mâts de rechange*, des Mâts de hune qu'on porte dans un voyage afin de pouvoir suppléer dans le besoin à ceux qui pourroient manquer, & *Mât de cinquante, de soixante palmes*, des Mâts qui ont cinquante ou soixante palmes de circonference. Les bateaux qui navigent sur les rivieres ont aussi un Mât; c'est l'arbre par où passe la corde qui sert à les tirer avec des chevaux. On dit qu'*On va à Mâts & à cordes*, quand l'impetuosité du vent a contraint d'abaisser toutes les voiles & les vergues, & quand des Mâts ont rompu, ou que le canon les a coupés, on dit, que *Les Mâts sont venus à bas*.

Mât. Piece de bois qui sert à soûtenir les tentes & les pavillons quand on est campé. Ainsi on appelle *Tente à deux, à trois Mâts*, Celle qui est soûtenue par deux ou trois de ces fortes perches.

On dit en termes de Blason, *Mât desarmé*, en parlant d'un Mât qui est peint sans voiles.

MASTE', E'E. adj. On dit d'un Navire, qu'*Il est Mâté en carvelle*, pour dire qu'Il n'a point de Mât de hune, mais seulement quatre Mâts, & qu'il est *Mâté en chandelier*, pour dire, qu'Il a ses Mâts fort droits. On dit *Vaisseau mâté en Fregate*, quand il a ses Mâts arqués en avant; *Mâté en Galere*, quand il n'en a que deux sans Mâts de hune, *Mâté en heu*, quand au milieu il n'a qu'un Mât qui lui sert aussi de Mât de hune, avec une vergue qui ne s'appareille que d'un bord; & *Mâté en fourches*, quand à demi hauteur de son mât, il porte une corne posée en saillie sur l'arriere, & qu'il y a une voile appareillée sur cette corne.

MASTER. v. a. On dit, *Mâter un Vaisseau*, pour dire, Planter les Mâts dans un Vaisseau, le garnir de tous ses Mâts. On donne à ce mot une signification plus generale, qui est, Mettre quelque chose sur le bout, comme un muid, une barrique qu'on met debout sur ses fonds.

MASTEREAU. s. m. Petit mat, bout de mât rompu. On appelle quelquefois *Mastereau*, le Mât de misaine, & les autres moindres mâts. On dit aussi *Masterel*.

MASTEUR. s. m. Ouvrier qui fait les mâts des Vaisseaux & qui les proportionne.

MASTIC. s. m. Espece de gomme qui sort du Lentisque en incisant son écorce. Le meilleur se recueille dans l'Isle de Chio, il doit être blanc & net, en larmes fort transparentes, & avoir l'odeur & le goût agréables. Dioscoride dit que cette gomme, appellée *Lentiscine*, par quelques-uns, si on la prend en breuvage, est bonne à ceux qui crachent le sang, aux toux inveterées & à l'estomac, & qu'on la mêle parmi les poudres qui servent à nettoyer les dents. Selon Galien, le Mastic blanc, surnommé *Mastic de Chio*, est composé de qualités en quelque façon contraires, étant astringent & remollitif, ce qui le rend propre aux inflammations de l'estomac, du ventre, des parties interieures, & du foye. Il ajoûte, que le Mastic noir, appellé *Mastic d'Egypte*, est plus dessiccatif & moins astringent, & qu'il ne laisse pas d'être bon aux choses qui demandent à être fort digerées & resolues par transpiration. Ce mot vient du Grec μαστίχη, qui veut dire la même chose, & qui peut être a été fait de μάσσειν, Exprimer le Jus de quelque plante, a cause qu'on tire le Mastic du Lentisque qu'on incise.

Mastic, se dit aussi d'une composition dont on se sert pour attacher un corps avec un autre. Les Menuisiers font du Mastic avec de la cire, de la resine, & de la brique pilée. Ce Mastic est propre à faire des moules pour les ornemens de stuc, & les Lapidaires s'en servent pour faire tenir leurs pierres quand ils les taillent. On l'appelle *Lithocolla*, mot purement Grec, de λίθος, Pierre, & de κόλλα, Gomme, colle.

MASTICATION. s. f. Terme de Medecine. Agitation des alimens solides plus ou moins durs entre les dents, par le moyen du mouvement de la mâchoire inferieure, de la langue & des levres, pour les briser, les imbiber de salive, & les préparer à recevoir plus facilement la digestion de l'estomac à quoi ils sont disposés par leurs brisemens, & par l'impression de la salive. Le mêlange des alimens & de la salive est necessaire, à cause que la salive en les penetrant dissout les sels qui sont cachés dans les alimens, & en les fondant, elle leur imprime un caractere qui les prépare à la fermentation à venir, en donnant entrée dans les alimens au ferment de l'estomac, qui est à peu près de la même nature, ensorte qu'ils reçoivent de la salive un commencement de digestion, & la perfection au levain du ventricule..

MASTICATOIRE. s. m. Terme de Medecine. Medicament qu'on mâche long-tems, & qui attire la pituite du cerveau. Les Masticatoires sont composés de simples chauds & acres, comme l'Origan, la marjolaine, le pyrethre, le gingembre, la moutarde, les cubebes, qui en partie fondent la pituite & l'attirent, & en partie provoquent la faculté expultrice à mettre cette humeur dehors. Leur usage qui est contraire dans les fluxions qui tombent sur la gorge, & sur les poumons, est très-bon dans la pesanteur de tête, dans la douleur des dents, dans les maladies froides des oreilles & des yeux, & dans les affections soporeuses. Quand le malade est hors d'état de mâcher, comme il arrive dans les maladies soporeuses, on lui oint le palais d'hyere, de moutarde, ou de quelque onguent composé de Masticatoires simples avec l'oxymel, afin que la faculté expultrice qui est assoupie, puisse s'exciter par leur chaleur & par leur acrimonie.

MASTIGADOUR. s. m. Terme de Manege. Espece de mors uni, monté d'une têtiere & de deux resnes. Il est garni de patenôtres, & composé de trois moitiés de grands anneaux faites en demi ovales. Ces moitiés d'anneaux sont d'inégale grandeur. La plus grande doit être haute environ d'un demi pié, & renferme les plus petites. On donne le Mastigadour à un cheval pour le rafraîchir par l'écume qu'il attire du cerveau, & dont il s'humecte la bouche. On dit d'un cheval, qu'*Il est au Mastigadour*, quand il a la tête entre les deux pilliers de l'écurie, & la croupe tournée vers la mangeoire.

MASTOIDE. adj. Terme de Medecine. On appelle *Muscle Mastoïde*, Celui qui sert à baisser la tête. On le dit aussi d'une production de l'os qui est au crane, derriere & au dessous de l'oreille. Ce mot est Grec, μαστοειδής, & composé de μαστός, Mammelle, & de εἶδος, Forme, figure.

MASTURE. s. f. Qualité des Mâts. *Vaisseau de bonne mâture*. On dit, qu'*Un Vaisseau a trop de mâture*, pour dire, Que ses mâts ont trop de longueur.

MASULIT. s. m. Chaloupe des Indes. Son calfatage est de mousse, & il a ses bordages cousus avec du fil d'herbe.

MAT

MAT, MATTE. adj. Qui est inégal, & mal poli, qui n'est point clair ni bruni. On appelle *Or mat*, celui qui est doré inégalement avant qu'on y mette la sanguine & qu'on y passe le brunissoir, & *Argent mat*, celui qui ayant été blanchi, n'est encore ni bruni, ni poli. On appelle aussi *Couleurs mattes*,

Toutes couleurs sombres, du vieux mot, *Mat*, qui signifioit, Froid, confondu, triste. *Honteux & mat, si me repens*. On le trouve aussi dans la signification de Vaincu, abbattu, ce qui a fait dire au Jeu des Eschecs que *Le Roi est mat*, pour dire, qu'il est en prise, & comme vaincu. Borel dit que ce mot vient de l'Hebreu *Mat*, qui veut dire Mort, d'où les Espagnols ont fait *Matar*, Tuer, & *Matador*, Tueur, qui est le nom qu'on donne dans le Jeu de l'Hombre à toutes les cartes qui vont de suite de la couleur dont on joue, à commencer par spadille qui est l'as de pique, & toûjours la plus haute des triomphes de quelque couleur qu'on joue. C'est apparemment delà que nous est venu le mot de *Matter*, pour dire, Affoiblir, mortifier, dompter, *Matter son corps par des jeûnes*.

MATAFIONS. s. m. On appelle ainsi en termes de Marine, de petites cordes, qui sont comme des aiguillettes. On s'en sert pour attacher les moindres pieces.

MATASSE. s. f. Terme de Negoce. On appelle *Soyes greges & en matasses*. Des soyes qui sont par pelotes, & que l'on n'a point encore filées. Ce mot vient du Grec μέταξα, qui se trouve dans la signification d'une soye, qui n'est encore ni filée ni teinte.

MATASSINS. s. m. Sorte de danse folâtre. C'étoit autrefois une danse, dont les Danseurs qu'on appelloit aussi *Matassins*, étoient vêtus de petits Corcelets, avec des Morions dorés, des sonnettes aux jambes, & l'épée & le bouclier aux mains. Elle étoit faite à l'imitation d'une Danse que Numa institua pour les Saliens, Prêtres de Mars, qui dansoient avec des armes.

MATECLU. s. m. Herbe du Perou qui n'a qu'un tuyau avec une seule feuille ronde. Elle croît dans les ruisseaux. On mâche cette herbe, & le suc que l'on en tire, mis dans les yeux le soir, avec la feuille broyée appliquée dessus, guerit toutes sortes de maux d'yeux. Celui qui en parle ainsi, assûre qu'il en connoît la vertu par l'épreuve qu'il en a faite lui-même.

MATELOT. s. m. *Celui qui sert sous le Pilote à conduire un Vaisseau.* ACAD. FR. On dit *Vaisseau matelot*, & il y en a de deux sortes. En de certaines Armées Navales, on associe deux à deux les Vaisseaux de guerre pour se prêter du secours mutuellement en cas de besoin, & ces Vaisseaux sont *Matelots l'un de l'autre*. L'autre sorte de Vaisseaux Matelots est dans toutes les flottes des Vaisseaux de guerre, mais elle a seulement lieu pour les Officiers Generaux qui portent pavillon. Ainsi l'Amiral, le Vice-Amiral, & enfin chaque Commandant d'une Division, ont deux Vaisseaux Matelots pour les secourir, l'un à leur avant, appellé *Matelot de l'avant*, & l'autre à leur arriere, appellé *Matelot de l'arriere*.

MATELOTAGE. s. m. Il se dit en termes de mer pour le salaire des Matelots.

MATHURINS. s. m. Ordre de Religieux qui furent institués pour racheter les Captifs par le Pape Innocent III. en 1198. On leur donne aussi le nom de *Religieux de la sainte Trinité*, & *de la Redemption des Captifs*. Ils furent autrefois appellés *Asnes*, à cause qu'en voyageant il leur étoit défendu de se servir d'une autre monture, ce qui fut changé en 1267. sous le Pape Clement qui leur permit d'aller sur des chevaux. Ils portent un habit blanc avec une croix rouge & bleue sur l'estomac. La figure de cette croix est faite de huit arcs de cercle.

MATIERE. s. f. Terme de Philosophie. Substance étendue en longueur en largeur, & en profondeur, solide & impénétrable. Ainsi selon Gassendi ce n'est point l'extension Mathematique, qui ne peut-être conçûe que dans un sujet déja étendu qui fait l'essence formelle de la Matiere, d'où dérivent tous les autres attributs, mais un Etre qui subsiste par lui-même, qui est étendu & impénétrable, quoiqu'extrêmement divisible. C'est en quoi different le corps Physique & le Mathematique. La Matiere dans ce sens general a été produite au tems de la Creation, & tous les corps qui composent ce monde sensible & connoissable en sont formés. Elle est encore le sujet commun de toutes les generations, des corruptions & des alterations des corps, & on la peut appeller la Matiere premiere d'Aristote. Comme en considerant les choses selon les loix ordinaires de la nature, l'étendue du corps semble n'être qu'un mode ou une maniere d'être de la Matiere, ou plûtôt n'être autre chose que la Matiere même, en tant que les parties se resistent l'une à l'autre & s'opposent mutuellement à ce que l'une ne s'introduise pas dans la place de l'autre, & que chacune occupe son lieu particulier & proportionné à sa grandeur, d'où il resulte un certain arrangement de ses parties & cette diffusion que l'on appelle l'étendue de la Matiere, Gassendi conclut delà qu'on devroit bien plûtôt faire consister l'essence de la Matiere dans la solidité ou dureté, que dans l'étendue, puisque l'on conçoit que deux parties ne demeurent étendues sans se pénétrer, & sans se confondre en un seul & même lieu, que parce qu'elles se resistent l'une à l'autre, & qu'elles ne se resistent que parce qu'elles sont solides, dures & massives, & qu'ainsi la solidité doit être considerée comme ce qui est de premier dans la Matiere, & comme la cause primitive de l'étendue, de même que le raisonnable est consideré comme ce qu'il y a de premier dans l'homme, & comme la cause du risible & des autres proprietés de l'homme. Il fait voir ensuite qu'il n'y a aucun corps, quelque mol qu'il paroisse, qui n'ait toûjours quelque peu de dureté, & que si nous jugeons qu'il y en a quelques-uns de mols, cette mollesse ne vient pas de ce que leurs parties ou principes materiels soient mols, mais de ce qu'entre leurs parties qui sont très-solides & très-dures de leur nature, il y a de petits vuides interceptés qui font que le corps cede au toucher, & paroît mol. Suivant le sentiment de Rohaut dans sa Physique, pour sçavoir parfaitement ce que c'est que la Matiere, il ne faut que bien connoître en quoi consiste son essence, quelles en sont les proprietés, & de quels accidens elle peut être capable. Suivant cette methode, dit-il, si nous considerons qu'encore que nous ne connoissions pas parfaitement ce que c'est que dureté, liquidité, chaleur, pesanteur, legereté, saveur, odeur, son, lumiere, couleur, transparence, opacité & autres choses semblables, nous les connoissons neanmoins assés pour sçavoir qu'il n'y a pas une de ces choses qui soit inséparable de la Matiere, c'est-à-dire, sans laquelle la Matiere ne puisse être, puisque nous voyons des choses materielles qui sont sans dureté, d'autres sans liquidité, d'autres sans chaleur, d'autres sans froideur & ainsi du reste, nous dirons que l'essence de la Matiere ne consiste en pas une de ces choses, mais bien seulement que ç'en sont des accidens. Il ne paroît pas que nous puissions faire le même jugement, ou dire que nous appercevons de simples accidens de la Matiere, lorsque nous considerons qu'elle est étendue en longueur, largeur, & profondeur, qu'elle a des parties, que ces parties ont quelque figure, & qu'elles sont impénétrables; car quant à l'étendue, il est certain que

que nous ne ſçaurions en ſéparer l'idée de quelque maniere que ce ſoit, puiſque là où nous ne concevons point d'étendue, là auſſi nous ne trouvons pas qu'il nous reſte aucune idée de la Matiere, de même qu'il ne reſte plus aucune idée du triangle, ſitôt qu'on ceſſe d'imaginer une figure bornée de trois lignes. Après avoir enſuite fait voir qu'il n'eſt point accidentel à la Matiere d'avoir des parties ni qu'elles ayent quelques figures & ſoient impénétrables, il dit que l'idée de l'étendue eſt tellement indépendante de tout être créé, qu'il nous eſt preſque impoſſible de la bannir de notre eſprit, lors même que nous tâchons de concevoir le neant que nous croyons avoir devancé la Creation du monde, ce qui montre qu'elle n'en dépend point, qu'elle n'en eſt point une ſuite, ni une proprieté, encore moins un accident ou une ſimple façon d'être, & partant qu'elle eſt une veritable ſubſtance. Il rapporte la penſée d'Ariſtote, qui a écrit dans ſa Metaphyſique, que la Matiere n'eſt rien de tout ce qu'on peut répondre aux queſtions qui regardent l'eſſence, la quantité, la qualité, & enfin que ce n'eſt point un être déterminé, & il dit qu'il y a apparence qu'Ariſtote a parlé en ce lieu-là de la Matiere conſiderée d'une premiere vûe & fort generale, & que d'ailleurs il met de la difference entre l'étendue & la quantité, comme en effet il y en faut mettre, puiſque l'on peut connoître l'une ſans l'autre, & qu'un Arpenteur conçoit d'abord de l'étendue dans un champ, & que la quantité ne lui en eſt connue qu'après qu'il l'a meſuré. Il répond à ceux qui pouvant trouver à redire en ce qu'il aſſûre que l'étendue en longueur, largeur, & profondeur eſt une ſubſtance, veulent, par exemple, quand on parle de l'étendue d'une table, que l'étendue ſoit un mode, & que la table en ſoit la ſubſtance. Pour éclaircir la difficulté, il fait remarquer que la nature de la ſubſtance eſt de pouvoir exiſter indépendamment de ſon mode, & qu'au contraire la nature du mode eſt de ne pouvoir exiſter ſans la ſubſtance dont il eſt le mode. Or il eſt certain, continue-t'il, que toute l'étendue qui eſt dans une table, pourroit ſubſiſter ſans être table, & qu'au contraire il ne ſçauroit y avoir de table ſans étendue. C'eſt pourquoi bien loin de dire que l'étendue eſt un mode, dont la table eſt la ſubſtance, il faut dire au contraire que l'étendue eſt la ſubſtance, dont l'être de table n'eſt que le mode ou la façon d'être.

MATIR. v. a. C'eſt la même choſe que *Amatir*, qui veut dire, Rendre mat, ôter le poli à l'or ou à l'argent.

MATIRE. ſ. f. Vieux mot. Matiere.

Or vuel commencer ma matire.

MATOIR. ſ. m. Petit outil, dont ſe ſervent ceux qui travaillent de damaſquinerie & d'ouvrages de rapport pour amatir l'or. On appelle auſſi *Matoirs*, de petits ciſelets que l'on accommode par le bout avec des limes à matir, & qui ſervent à ceux qui gravent des quarrés de médailles.

MATRAS. ſ. m. Vaiſſeau de verre fait en forme d'une bouteille qui a un col fort long & étroit, & dont les Chymiſtes ſe ſervent dans leurs operations. Il y en a de deux ſortes, un grand & un petit. Le grand contient les matieres qui ſervent pour la rectification des eſprits, & la ſublimation des ſels volatiles. L'autre eſt propre à divers uſages.

Matras. Sorte de dard ancien qui avoit une groſſe tête & ne perçoit pas. Il meurtriſſoit ſeulement ceux qui en étoient frappés, & on l'appelloit ainſi à cauſe qu'il avoit quelque rapport dans ſa forme au matras des Chymiſtes. On a dit auſſi *Matraſſer*, pour dire, Aſſommer de coups. *Matara* ſe trouve chés les Latins dans la ſignification d'une arme antique des Gaulois. Borel, qui le dit ſur le rapport de Bochart, ajoûte, qu'il y a grande apparence que ce ſoit le Matras ou le dard à bout rond.

MATICAIRE. ſ. f. Plante qui a ſes feuilles menues & ſemblables au Coriandre, & ſes fleurs blanches en dehors & jaunes en dedans. Elle eſt d'une odeur puante, & amere au goût, ce qui fait que quelques-uns l'appellent *Amaracus*. On lui a donné le nom de *Matricaire*, à cauſe qu'elle remedie à toutes les incommodités qui proviennent de la matrice. Matthiole fait voir que Braſavolus, Fuchſius, & quelques autres ſe trompent quand ils prennent la Matricaire, nommée autrement *Maronne*, pour la ſeconde eſpece d'Armoiſe décrite par Dioſcoride, & que l'on appelle *Parthenium*. Il y a de deux ſortes de Matricaire, l'une qui a la fleur ſimple, & l'autre double. Cette derniere ſe cultive dans les jardins, & dégenere à la fin, à moins qu'on n'en ait grand ſoin, & qu'elle ne ſoit plantée en terre graſſe. L'herbe ſeche & bue en vinaigre miellé ou avec du ſel, purge & évacue les humeurs coleriques & phlegmatiques, comme font les fleurs de thin. Elle eſt bonne auſſi à ceux qui ont courte haleine, ou qui abondent en humeur mélancolique. Si on la prend en breuvage avant qu'elle jette ſa fleur, c'eſt un excellent remede pour ceux qui ont la gravelle ou difficulté de reſpirer. Elle eſt aperitive & inciſive, chaude au troiſiéme degré, & ſeche au ſecond.

MATRICE. ſ. f. Terme de Medecine. La partie des femelles des animaux où ſe fait la conception & la nourriture des fœtus ou des petits juſqu'à leur naiſſance. La Matrice des femmes eſt ſituée dans le bas ventre en cette ample capacité des hanches qui eſt entre la veſſie & l'inteſtin droit, & elle va juſqu'aux flancs quand elles ſont enceintes. Sa figure eſt ronde & longue en façon de groſſe poire. Elle eſt entretiſſue de trois ſortes de fibres, & a pluſieurs tuniques, arteres, veines & nerfs, avec quatre ligamens, deux en haut, & deux en bas. Elle a été appellée *Mitra*, par les anciens, c'eſt-à-dire, *Mere*, d'où vient qu'on dit encore *Maux de Mere*, pour, Maux de Matrice. Quelques-uns tiennent qu'on peut ôter toute la Matrice à une femme ſans qu'elle en meure. En 1669. on fit voir à l'Académie des Sciences, un enfant, qui quoiqu'engendré hors la Matrice, n'avoit pas laiſſé de croître juſqu'à ſix pouces.

Matrices. Terme d'Imprimerie. Moules dans leſquels on fond les caracteres qui ſervent à imprimer.

On appelle auſſi *Matrices*, les quarrés des Medailles & des Monnoyes gravés avec le poinçon. Il y a dans les Monnoyes un poinçon d'effigie, qui eſt une compoſition de fer & d'acier, ayant à peu près quatre pouces de longueur, & dont la groſſeur eſt proportionnée à l'eſpece pour laquelle on s'en doit ſervir. Il y a encore des poinçons de croix ou d'écuſſon qui ſont fort petits, & des poinçons de legendes, tant pour ſervir du côté de l'effigie, que de celui de la croix. Quand tous ces poinçons ont été gravés, on les trempe pour les durcir, & on en frappe un quarré d'acier haut de deux ou trois pouces, & large à proportion de la croix. L'empreinte de tous ces petits poinçons y ayant été faite en creux, ces quarrés ſont trempés pour être durcis, & on les appelle *Matrices d'effigie*, *Matrices de croix* ou *d'écuſſon*, & *Matrices de legende*. C'eſt de ces Matrices que les Tailleurs particuliers des Monnoyes tirent tous les poinçons dont ils ont besoin pour frapper les quarrés à monnoyer les especes & y faire l'empreinte en creux de toutes les pieces de la croix, ou écusson, ou legende.

Matrice, se dit encore de l'Original des étalons, des poids & mesures que des Officiers publics gardent dans les Greffes ou Bureaux pour étalonner les autres.

Il y a des couleurs que les Teinturiers appellent *Couleurs Matrices*. Ce sont les simples dont sont composées toutes les autres couleurs.

MATRISYLVA. s. f. Nom que les Apothicaires donnent à la plante que Dioscoride appelle περικλύμενον de περὶ Autour, & de κυλίειν Enveloper, à cause qu'elle s'entortille à tout ce qu'elle rencontre. Elle ne jette qu'une simple tige, qui produit ses feuilles deux à deux & par intervalles. Ces feuilles dont elle est environnée, sont blanchâtres, & ressemblent à celles du lierre. Sa fleur est blanche & assés semblable aux fleurs de féve, & lorsqu'elle est bien épanouie, elle tombe sur la feuille. Sa graine est fort dure & difficile à arracher. Elle est attachée à certains petits rejettons qui sortent parmi les feuilles. Sa racine est ronde & grosse. La Matrisylva croît parmi les buissons, & dans les champs. Les Italiens l'appellent *Vincibosco*, à cause que s'agraffant aux arbres & aux buissons, elle les serre de si près qu'elle entre en quelque façon dans le bois où elle s'attache. Dioscoride dit que sa graine mûre & sechée à l'ombre, étant bue en vin quarante jours au poids d'une drachme, consume la rate, & guerit des lassitudes, mais qu'elle rend l'urine saigneuse depuis le sixiéme jour qu'on a commencé à s'en servir. Elle facilite l'enfantement, & empêche le hocquet. Ses feuilles ont la même proprieté. Matthiole prétend que Ruellius & Fuchsius se sont trompés en prenant le Caprifolium & la Matrisylva pour la même plante, & il en dit les raisons.

MATTONS. s. m. Mot dont quelques-uns se servent pour signifier de gros carreaux de brique qui servent à paver. Il vient de l'Italien *Mattoni*, qui veut dire des Briques.

MATTOWME. s. m. Plante qui croît dans les pâturages de la Virginie, & qui est semblable à l'herbe panique. Sa semence ressemble au segle, mais elle est plus petite. Les habitans estiment le pain qui en est fait, fort délicat, & ils le mêlent avec de la graisse de bêtes sauvages.

MATURATION. s. f. Terme de Pharmacie. Coction qui se fait des remedes pour les mettre en état d'être pris par ceux qui en ont besoin. Il se dit aussi de la coction des fruits que l'on a cueillis avant leur maturité, & qu'on met par-là en état d'être mangés.

MAV

MAVALI. s. m. Poisson extraordinaire, qui a vingt piés de longueur, & dix de grosseur. Son cuir est fort dur, & il ressemble en quelque façon au bœuf, il se trouve dans les Indes Occidentales. Herrera qui parle de ce Poisson dit, que le Cacique Carametex en avoit nourri un dans un lac pendant vingt-six ans. Il étoit apprivoisé, & sortoit de l'eau pour aller manger à la maison. Il prenoit tout ce qu'on lui donnoit avec la main, & jouoit avec les enfans. Il portoit jusques à dix hommes sur son dos sans en être incommodé. On a observé qu'il étoit touché du chant & de la musique.

MAUBOUGE. s. m. Droit d'entrée qui se leve sur les boissons en quelques Provinces. Il a pris son nom de celui qui l'a inventé, & qui s'appelloit *Maubouge*.

MANDOULE. adj. Vieux mot qu'on trouve employé dans la Coûtume du Boulenois. Maladroit. M. Ménage le fait venir de *Maledolatus*.

MAUFAIS. s. m. Vieux mot. Lutins ou démons, comme qui diroit, Mal faisans. Il se trouve aussi dans la signification de Méchant.

Quand vit qu'échaper ne pouvoit.
Tant étoit puissant le Maufais.

MAUGERE. s. f. Terme de Marine. Bourse de cuir, ou de grosse toile goudronnée qui est clouée à chaque dalllon ou dalot par dehors, & qui sert à l'écoulement des eaux qui sont sur les tillacs. Les Maugeres sont longues d'un pié, & faites comme des manches ouvertes par les deux bouts. L'eau qui est en dehors ne sçauroit entrer par la Maugere, à cause que les vagues l'applatissent contre le bordage. On dit aussi *Mauge*.

MAUR. *Saint Maur*. Congregation de l'Ordre de saint Benoît que le Pape Gregoire XV. érigea en France en 1621. à la priere du Roi Louis XIII. pour favoriser des Religieux de quelques Monasteres, qui s'imposerent une reforme pour suivre l'esprit primitif de la Regle de ce Saint. Ils eurent permission d'aggreger à leur Institut les autres Maisons Religieuses de saint Benoît, qui voudroient se reformer de la même sorte. Cette Congregation qui fut confirmée six ans après par le Pape Urbain VIII. a été divisée en six Provinces, dans chacune desquelles ces Religieux ont environ vingt Maisons. Ils ont un Superieur General, des Assistans & des Visiteurs, avec des statuts particuliers, outre la Regle de saint Benoît. Ils tiennent leur chapitre general tous les trois ans & comme ils font profession des belles lettres, ils ont parmi eux des hommes qui ne se rendent pas moins celebres par leurs ouvrages, que par leur vertu & leur pieté.

MAURICE. *Saint Maurice*. Ordre Militaire de Savoie, institué en 1434. par Amedée VIII. qui en fut le premier Duc, & qui étant dégoûté du monde après la mort de Marie de Bourgogne sa femme, se retira à Ripaille, où il fit dessein de fonder cet Ordre & de s'en rendre le Chef. Il choisit six Gentilshommes du même âge que lui du nombre de ceux qui avoient eu part aux plus importantes affaires de son Etat, & il les fit Chevaliers. Le lieu de leur retraite devoit être un hermitage qu'il resolut de faire bâtir à Ripaille auprès des Hermites de saint Augustin qui seroient leurs Directeurs, & comme saint Maurice étoit le Patron de Savoie, il voulut que l'Ordre en portât le nom. Leur habit étoit une longue robbe de drap gris avec un chapperon de même, à la maniere des Hermites anciens. Ils avoient une ceinture d'or, le bonnet & les manches d'un camelot rouge, sur leur manteau une croix pommetée de tafetas blanc, & une croix d'or pendue au col pour marquer leur ordre. Nul n'y pouvoit entrer qui ne fût Gentilhomme & sans reproche. Les Chevaliers qui ne devoient être que six & un Doyen, avoient leurs logemens séparés, avec une tour à chaque appartement, celle du Doyen un peu plus élevée que les autres. Il fut aussi arrêté qu'ils auroient la barbe & les cheveux longs, & qu'ils porteroient en public un bâton noueux & retortillé en façon de bourdon. Certains jours de la semaine étoient destinés à la solitude, les autres aux affaires de l'Etat, & les Chevaliers étoient obligés de garder la continence. Les maisons étant bâties, & les revenus fondés, qui n'étoient que de deux cens florins d'or pour chacun, & de six cens pour le Doyen, le Duc Amedée remit au Prince Louis son fils la Lieutenance generale de ses Etats, & s'étant retiré en son pavillon avec ses six Chevaliers, le lendemain il prit avec eux en l'Eglise de son Couvent de Ripaille, l'habit d'hermite de la main du Prieur. Ce fut lui que l'on fit Pape sous le nom de Felix V. peu d'années après, quand les Peres du Concile de Bâle eurent déposé Eugene IV. En 1572. le Duc Philibert Emanuel obtint du Pape Gregoire XIII. la réunion de l'Ordre de Saint Lazare avec celui de Saint Maurice. Les Chevaliers de ce premier Ordre portoient autrefois une croix verte, & cette réunion a fait qu'ils la portent blanche pommetée. Leurs manteaux de cérémonie sont de taffetas incarnat doublé de blanc, avec une houpe de soie blanche & verte. Ils ont la casaque & la cotte d'armes de damas incarnat avec les croix des deux Ordres en broderie devant & derriere.

MAUSOLE'E. s. m. Tombeau magnifique qu'on éleve pour faire honneur à un Prince, ou à quelque autre personne illustre, il se dit aussi des representations de tombeau qu'on fait dans les Pompes funebres. Le mot de *Mausolée*, est venu du nom de Mausole Roi de Carie, à qui sa femme Artemise fit élever un tombeau si somptueux qu'il a passé pour une des sept merveilles du monde. Il avoit soixante & trois piés d'étenduë du Midi au Septentrion, ses faces un peu plus larges, & quatre cens onze piés de tour. Sa hauteur étoit de vingt-cinq coudées, & il y avoit trente-six colomnes dans son enceinte. Artemise qui se laissa mourir de douleur, ne vit point la fin de cet ouvrage, que Scepas, Leocharés, Timothée & Briaxis fameux Architectes, ausquels se joignit Pythis, ne laisserent pas de continuer. Ce dernier éleva une Pyramide au-dessus de ce tombeau, & il y posa un char de marbre attelé de quatre chevaux. Il fut bâti dans la ville d'Halicarnasse, Capitale du Royaume, entre le Palais du Roi, & le Temple de Venus.

MAUTALENT. s. m. Vieux mot. Colere, desir de punir, de se venger.

Cuides tu, va, par vain prier
Mon Mautalent amolier?

MAUTE'. s. f. Vieux mot, diminutif de Mauvaistié, qui a été dit, pour Méchanceté.

Bien li semble de cruauté,
De felonnie & de Mauté.

MAUVE. s. f. *Espece d'herbe qui a la vertu de rafraichir & de ramollir.* ACAD. FR. C'est la principale des herbes émollientes, & elle entre dans tous les lavemens communs que l'on prépare. Celle des jardins est meilleure à manger que la sauvage. Elle nuit à l'estomac, mais fait bon ventre, & sur tout les tiges, qui sont bonnes aux boyaux & à la vessie. Dioscoride qui en parle ainsi, ajoûte que les feuilles crues, mâchées avec un peu de sel & de miel, guerissent les fistules des yeux qui viennent auprès du nés, & que quand ces fistules commencent à se cicatriser, il faut cesser de mettre du sel à ce masticatoire. Matthiole parle de Mauves qui deviennent grandes comme des arbres par le soin des Jardiniers. Il dit qu'il y en a une espece qu'on trouve aux jardins & aux vergers, de la hauteur des arbrisseaux, n'ayant qu'une tige, qui est grande, ronde & en forme de bâton. Les feuilles qui en sortent en fort petit nombre, sont larges, dentelées tout autour, & divisées comme celles de la Mauve commune. Sa fleur est grande, & semblable à la rose feuilluë & de diverse couleur, quelques-unes l'ayant purpurine, flamboyante, d'autres blanche, & d'autres de couleur de chair. Elle ne passe pas si-tôt que la rose, mais elle n'a nulle odeur. Sa racine est longue, souple & tendre comme celle des Guimauves. Quelques-uns nomment cette Mauve, *Mauve Arborée*. En Latin *Malva*.

MAUVIS. s. m. Grand oiseau qui a les ailes grisâtres & le reste du corps blanc. Il se trouve vers le Cap de Bonne-Esperance, & les Pilotes le nomment *Gayvoron*. On appelle aussi *Mauvis*, certain Oiseau de la grosseur d'un pigeon, qui aime à voler sur les eaux, & que quelques Auteurs nomment en Latin *Malvicius*.

Mauvis. Espece de grive de la troisiéme grandeur, moindre que la grive commune, en Latin *Turdus ruber*. On dit aussi *Mauviete*. C'est une espece de petite grive.

MAX

MAXIME. s. f. Terme de Musique. La plus grande des notes de Musique. Elle vaut douze mesures, & on la figure par un quarré long avec une queue. Ce mot est Latin, *Maxima*, Très-grande.

MAXIMIANISTES. s. m. Secte de Donatistes en Afrique, que l'on appella ainsi, à cause qu'ils prirent le parti de Maximien, Diacre de Carthage, qui sur la fin du quatriéme siecle se fit élire Evêque d'une partie de ceux de cette Secte, contre Primien, leur premier Evêque, qui avoit succedé à Donat; de sorte que le siege que les Donatistes occupoient à Carthage, eut deux Evêques, dont chacun trouva des partisans qui l'appuyerent; les uns appellés *Maximianistes*, & les autres *Primianistes*.

MAY

MAY. s. m. Terme de Marine. Grand espace de bois grillé par le fond. Quand le cordage est nouvellement sorti du goudron, on le met égoutter en cet endroit.

MAYS. s. m. Sorte de blé qu'on appelle *Blé d'Inde & de Turquie*. Il y en a de plusieurs sortes, dont la couleur des épis fait la difference. Les uns sont blancs & les autres rouges, d'autres presque noirs, & d'autres pourprés, bleus & bigarrés de differentes couleurs; ce qui s'entend de l'écorce de dessus, la farine en étant fort blanche. Pour le semer, on laboure bien la terre, & l'on y fait des fosses à un pas l'une de l'autre, dans lesquelles on met quatre ou cinq grains de Mays. Il mûrit en quatre mois en de certains lieux; il n'en faut que trois, & quelquefois que cinquante jours en d'autres. Cela dépend du terroir & de la diverse temperature de l'air. Il n'y a aucun blé qui soit de plus grande nourriture, ni de qualité plus temperée, tenant le milieu entre le chaud & le froid, le sec & l'humide. Aussi les Sauvages, qui en usent ordinairement, ne sont jamais travaillés d'obstructions, ni n'ont mauvaise couleur. Les Mexiquains l'appellent *Tlaolli*. On en fait du pain & fort aisément & fort promptement, & pour cela on n'a besoin ni de sel ni de levain, mais il faut seulement de l'eau. Après qu'on a fait tremper le Mays jusqu'à ce qu'il soit devenu mol, on le broye en le frottant entre les paume des mains, & on en forme des tourtes rondes, déliées & de moyenne grandeur, qu'on met sur le feu ou sur des charbons ardens. On se sert de patines de terre, sur quoi on les pose pour les faire cuire. D'autres en font du pain beaucoup plus grand, qu'ils forment en rond comme une boule, & le font bouillir dans un pot, en y mêlant de petites feves, afin que ce pain, qu'ils nomment *Tamala*, soit plus délicat. Quand les Sauvages Chichimeques veulent cuire de la venaison, ils font ordinairement une fosse en terre, & l'ayant pavée de pierres, ils la remplissent de bois qu'ils allument. Ensuite la flame étant éteinte, ils mettent leur chair sur des charbons vifs ou sur les pierres rouges, la couvrant de pâte de Mays, après quoi ils mettent dessus d'autres pierres chaudes, & ayant fermé la fosse, ils l'y laissent jusqu'à ce qu'ils jugent que le tout soit cuit, ce qu'ils mangent avec une grande volupté. On se sert aussi du Mays pour faire diverses boissons, & il surpasse les autres fruits qui ne sont bons que dans leur maturité, en ce qu'il est utile lorsqu'il est encore sans forme & avant qu'on le puisse appeller Mays, son épi servant d'une viande délicate, étant bouilli ou rôti, lorsqu'on le cueille dans le tems qu'il commence à se former dans l'étui des feuilles, & que le grain commence à se façonner & à être comme en lait. Les cannes de Mays ont aussi leur usage, & on en fait de fort bon miel noir, quand elles sont vertes. Si on les brûle & qu'on les reduise en poudre, c'est un excellent remede pour les maux de tête, en les mêlant avec de la terebentine. Les feuilles mêmes sont une bonne pâture pour les chevaux.

MEC

MECHE. s. f. *Cordon de fil, de coton, de chanvre, &c. qu'on met dans les lampes, & dont on fait des chandelles, des bougies, des flambeaux, en les couvrant de suif ou de cire.* ACAD. FR.

Meche. Bout de corde allumée que le mousquetaire fantassin porte entre ses doigts pour tirer son mousquet. On s'en sert aussi pour mettre le feu à une mine. Cette meche se fait de vieux cordages battus que l'on fait bouillir avec du soufre & du salpêtre, & qu'on remet en corde grossiere après l'avoir fait secher.

Meche. Méchant linge brûlé, propre à prendre feu lorsque l'on bat le fusil.

Meche. La bobeche d'un chandelier, qui est la partie où la chandelle se met. On appelle aussi *Meche*, Un petit morceau de fer blanc arrondi avec un grand rebord en haut, qu'on met dans un flambeau pour y tenir la chandelle ferme, quand faute d'être assés grosse elle n'en peut remplir l'embouchure.

Meche, est aussi un terme de Menuisier, & on dit, *La meche d'un villebrequin*, pour dire, Le fer qui sert à percer, c'est-à-dire, la partie du villebrequin qui est attachée au fût. On dit aussi, *La meche d'un tariere, d'un trepan*.

Meche. Terme de Marine. On appelle *Meche d'une corde*, Le touron de fil de caret qu'on mêle au milieu des autres tourons pour rendre la corde ronde. *Meche de mât*, se dit du tronc de chaque piece de bois depuis son pié jusqu'à sa hune, & on dit *Meche du gouvernail*, pour signifier la premiere piece de bois qui en fait le corps.

MECHOACAN. s. m. Racine qui purge, & dont le goût est farineux & insipide. Elle a pris son nom de la Province de Mechoacan où elle croît. Les Habitans l'appellent *Tachuache*, les Mexiquains *Talanthlatuitlapille*, & les autres *Pusquam*. Il y a le mâle & la femelle semblables en forme & en qualités, qui ont la racine longue & grosse, d'où il sort une liqueur de lait. Cette racine produit des tuyaux pliables & deliés avec de petites feuilles de la forme d'un cœur. De ces fleurs qui sont longues & rougeâtres, naît une sorte de fruit couvert d'une peau blanche; pleine d'une semence blanche, menue & platte, avec des filamens comme de coton, qu'on a peine à rompre. Il y a une autre espece de Mechoacan qui croît en une terre noire & dans les endroits pierreux. La racine en est plus grêle, & on en fait un électuaire purgatif & doux pour la colere & le phlegme. Le Mechoacan n'est bon que quand il est blanc, & qu'il se casse aisément, sans jetter de la poussiere. Il faut prendre garde qu'il ne soit mêlé de racine de brioine; ce qui arrive souvent, à cause que ces deux racines se ressemblent; mais le goût en fait voir la difference, puisque celle de brioine pique la langue & le gosier si on la tient long-tems dans la bouche, & que l'autre est insipide. Le Mechoacan purge doucement les humeurs sereuses & la pituite, & fortifie les parties, au lieu que les autres purgatifs les affoiblissent.

MECONIUM. s. m. Suc tiré par expression de toute la plante du pavot, en quoi il differe de l'opium, qui est une larme que l'incision fait distiller des têtes de la même plante. Ce mot vient du Grec μήκων, qui veut dire Pavot.

On appelle aussi *Meconium*, l'Excrement noir & épais qui s'est amassé dans les intestins d'un enfant pendant la grossesse de la mere. Ces excremens ressemblans à de la poix, & qui sont d'un vert tirant sur le noir, tiennent de la nourriture que le fœtus a reçue par la bouche dans la matrice. Il faut avoir soin de les chasser du corps de l'enfant le plûtôt qu'on peut, parce que s'ils y restoient trop long-tems ils pourroient causer une constipation de ventre opiniâtre, ou empêcher la distribution du lait, outre qu'ils pourroient le corrompre quand il se distribue dans les replis des intestins, lui donnant une teinture de verdet qui le dispose à la corruption, après quoi il s'attache aux intestins, qu'il corrode par son acrimonie acide, & excite de cruelles tranchées. Le plus dangereux des excremens de l'enfant est le Meconium, parce que c'est un acide contre nature, & la partie caseeuse la plus crue, separée & comme précipitée de la partie utile de la liqueur lactée qui nourrit le fœtus dans la matrice. Cet acide vient de l'estomac, & rencontrant la bile dans les intestins, il se lie avec elle pour produire ce vert brun. Il s'amasse & se coagule ensuite à la longue dans les cellules des gros intestins. Rien ne purge mieux le Meconium que de faire tirer à l'enfant le colostrum ou premier lait, qui est un aliment medicamenteux, engendré par la nature pour nourrir mediocrement & purger legerement pendant quelques jours, eu égard à la foiblesse de l'enfant. Si on ne peut se servir de ce remede naturel, il faut faire avaler aux enfans nouveaux nés de l'huile d'amandes douces nouvellement exprimées avec du sucre très-fin, afin de nettoyer le ventricule & les intestins, & de chasser toutes les ordures amassées pendant la grossesse, ou par des selles, ou par le vomissement. Quelques-uns ont coûtume de faire prendre un peu de miel rosat solutif. On a donné le nom de *Meconium* à cet excrement, à cause de la ressemblance qu'il a avec le suc de pavot.

MED

MEDECINE. s. f. Art qui considere le corps humain vivant & comme capable de santé, ou la santé du corps humain pour la conserver lorsqu'elle est presente, & la rétablir quand elle est absente. La Medecine fut d'abord divisée en deux parties, sçavoir la diete pour les maladies internes, & la Chirurgie pour les externes. Leur nombre ayant augmenté, il fallut aussi augmenter celui des essais, & multiplier les remedes. Le moyen le plus sûr où l'on eut recours dans la suite, ce fut d'exposer les malades dans les lieux publics, afin qu'ils apprissent des passans ce qui pourroit servir à leur guerison, & enfin on crut qu'en les mettant dans les Temples des Dieux, ils seroient instruits des remedes qui conviendroient à leurs maux, soit qu'ils leur fussent enseignés en songe, soit que les Prêtres qui en avoient des recueils leur en fissent part. Quand quelques remedes avoient réüssi, on les écrivoit dans des tableaux que l'on attachoit aux murailles des Temples, afin que l'on en rendît graces aux Dieux. Les opinions sont differentes touchant le premier inventeur de la Medecine, qui ayant fleuri premierement en Egypte, passa de là dans la Grece. Les plus anciens en attribuent l'invention à Promethée qui est le même que Noë; les Egyptiens, à Hermes qui est Cham ou son fils Nisraïm, & les Grecs à Apollon, dont le fils nommé Esculape, est le plus fameux de tous. On ne se contenta pas de lui dédier des temples, on lui dressa des statues qui le representoient avec une longue barbe, un bonnet, un bâton rempli de nœuds, un serpent, une chouette, un chien & un coq, pour désigner les qualités d'un bon Medecin. Machaon son fils aîné fut pere du Medecin Nicomaque, d'où est descendu Aristote. Podalirius, fils puîné de Machaon, ayant tenu une école de Medecine à Scyron, ville de Carie, il en sortit trois Sectes fameuses, dont la plus illustre fut celle de Cos. Ces trois écoles commencerent à joindre le raisonnement à l'experience qui avoit fait jusques-là le fondement de la Medecine. Hippocrate, dix-huitiéme descendant d'Esculape en ligne directe, s'adonna à cette étude avec une entiere application; & pour le faire d'une maniere qui pût être utile à ceux qui auroient besoin de son secours, il voyagea pendant douze années en plusieurs Provinces, pour s'informer de toutes parts de la vertu & proprieté des simples & des experiences qu'on en avoit faites. Ensuite il se retira à Ephese auprès du Temple de Diane, & traduisit & mit en ordre les tables de Medecine qu'il y trouva, en y ajoûtant du sien ce qu'il jugea à propos. Cet Ouvrage, qui attira l'admiration par sa nouveauté, lui fit meriter le titre de Prince des Medecins. Il mourut à Larisse en Thessalie, âgé de 109. ans, & la Medecine demeura hereditaire dans sa famille pendant deux siecles. Vers le tems d'Auguste parut Corneille Celse, Medecin & Jurisconsulte, que quelques-uns appellent l'Hippocrate Latin ou le Ciceron des Medecins. Le vieux Andromaque étoit le premier Medecin de Neron. C'est à lui que la premiere composition de la Theriaque est dûe. Andromaque le jeune vivoit sous Vespasien. Les Livres d'Hippocrate ayant été plusieurs fois en danger d'être perdus par les incendies des Bibliotheques. Artemidore Capiton & Dioscoride son parent prirent le soin de les recueillir, & ils les mirent en ordre sous l'Empereur Adrien. Galien nâquit l'an de Jesus-Christ 136. à Pergame, ville d'Asie, sous le regne d'Antonin, & n'oublia rien pour rétablir la doctrine d'Hippocrate. Après le regne de Justinien, la Medecine étant tombée en Orient & en Occident, passa aux Arabes & aux Sarrasins par les frequens ravages des Barbares, & ne fut cultivée que par les Arabes depuis le neuviéme siecle jusqu'au treiziéme, que les Italiens commencerent à rappeller la pureté des Arts liberaux. Ce fut en ce siecle-là que commença l'école de Salerne. Depuis ce tems-là jusqu'à celui-ci il s'est érigé un grand nombre d'Universités, sur-tout dans le quatorziéme siecle. On a professé dans toutes la doctrine d'Hippocrate suivant l'interpretation de Galien & d'Avicenne. Ce dernier qui nâquit vers l'an 1045. étoit Sarasin & vécut en Perse. Les François se sont attachés à Galien, les Espagnols à Avicenne & aux Arabes, & les Italiens à l'un & à l'autre.

MEDIANE. s. f. Terme de Medecine. Petit vaisseau qui n'est proprement qu'un rameau de la veine basilique, qui étant portée en la partie interieure du coude, s'unit à la cephalique, & forme celle qu'on appelle *Mediane.*

MEDIASTIN. s. m. Terme d'Anatomie. Continuation de la membrane qu'on appelle *Plevre*, qui enferme le thorax, & est tendue sous toutes les côtes. Elle se double de part & d'autre au milieu de la poitrine, & allant de l'épine du dos au brechet, elle separe le côté droit d'avec le gauche. *Mediastin* a été dit, *Tanquam medium.* Il y a une inflammation du Mediastin, & dans cette inflammation la douleur est dans la partie anterieure de la poitrine, avec un peu de pesanteur, sans pointe & sans aucun symptome cruel.

MEDICA. s. f. Sorte d'herbe, qui en commençant à sortir, jette sa feuille & sa tige comme le treffle des Prés, mais venant à croître elle produit ses feuilles plus étroites. Ses gousses sont recourbées comme cornes, & la semence de dedans est de la grosseur d'une lentille. Pline dit que cette herbe fut appellée *Medica*, à cause qu'on l'apporta de Medie, & qu'étant une fois semée elle dure plus de trente ans. Quoiqu'elle ait été autrefois fort commune en Italie, où on la semoit pour nourrir & engraisser les bêtes, Matthiole avoue que de toutes les plantes qu'on lui a montrées pour la Medica, il n'en a vû aucune qui en eût les marques. On tient, poursuit-il, qu'elle croît en quantité en Espagne, où on l'appelle *Alfalfa*, qui est le nom que lui donnent les Arabes, & où elle sert à engraisser les Chevaux. C'est, selon Ruellius, ce qu'on appelle *Sainfoin* ou *Grand treffle*, en France. Quelques-uns l'appellent *Medoise*, comme venant de Medie.

MEDIONNER. v. n. Les experts dans l'art de bâtir usent de ce mot dans la signification de Compenser. C'est lorsque s'agissant de la reparation d'un vieux mur, ils comptent plusieurs toises pour une dans les toises de crepis ou d'enduits.

MEDIUM. s. m. Plante qui croît parmi les rochers aux lieux ombragés, & dont les feuilles sont semblables à la flambe. Sa tige est haute de trois coudées, & il en sort une fleur grande, ronde & rouge. Sa graine, qui est petite, ressemble à celle de cartamum, & sa racine rude, verte & âpre au goût, est de la longueur d'un palme, & grosse comme un bâton. Quelques-uns disent que le Medium ne vient qu'en Medie, d'où la plante a pris son nom. Galien dit que sa racine est de proprieté contraire à sa graine, qui émut le flux menstrual, au lieu que la racine le resserre & restreint toutes fluxions.

MEG

MEGALESIENS. adj. On appelle *Jeux Megalesiens*, certains Jeux que l'on celebroit à Rome à l'honneur de Cibelle le douziéme jour du mois d'Avril. Ils furent institués vers l'an 550. de la fondation de la Ville, lorsque la statue de cette Déesse y fut apportée de la Ville de Pessinunta en Phrygie. Les Dames Romaines y dansoient, & l'on y faisoit des festins, mais avec frugalité & modestie. Les Esclaves n'osoient se montrer pendant ces ceremonies qui étoient celebrées par les Magistrats revêtus de robes de pourpre. Ce mot est venu de μεγάλη, Grande, à cause que Cibelle étoit appellée *La grande Déesse.*

MEGEDUX. f. m. Mot que Villehardouin a employé dans la signification de Maréchal.

MEH

MEHAIGNE'. adj. Vieux mot. Meurtri, maltraité de coups, incommodé.

Foibles & vieux & mehaignez,
Par qui pains ne sont plus gaignez.

On a dit aussi *Mahaignié*, *mahangné* & *mahaux*, dans le même sens.

MEHAIN. f. m. Vieux mot. Tourment.

Encuer malade d'un meham
De convetise, de gilzain.

MEI

MEILLER. v. a. Vieux mot. Mouiller.

MEL

MELANAGOGUES. f. m. Medicamens par le moyen desquels on purge la bile noire. Ce sont les Myrobolans noirs, la Fumeterre, le Lupulus, le Cuscute, le polypode de Chêne, l'Epithym, le Sené & l'Hellebore. Il n'y a que ces deux derniers que l'on prenne seuls. On fait des composés de tous les autres, ou au moins d'une partie. Le mot de Melanagogue est Grec, formé de μέλας, Noir, & de ἄγειν, Amener.

MELANCOLIE. f. f. Terme de Medecine. On appelle ainsi l'humeur d'un homme qui se trouve un peu chagrin, qui se fâche sans sujet, à qui rien ne plaît, qui est triste & pensif, qui s'épouvante & s'inquiete pour des choses très-legeres, & qui ne se trouve pas maître de ce qu'il pense. Quand les personnes de cette humeur sont aussi attaquées du delire, c'est ce qui s'appelle proprement *Delire melancolique*, qui est une maladie compliquée de la malancolie & du delire. On appelle *Trouble d'esprit*, la Melancolie sans delire. Ce trouble arrive souvent sans que la raison en soit dereglée. Cela se connoît par ce qu'on a vû d'une femme, qui étant tentée par intervalles de tuer son enfant, connoissoit qu'elle avoit tort, & resistoit à cette tentation. Les Melancoliques, quoique differens entre eux, conviennent tous en un point, qui est que chacun a sa pensée attachée & comme fixée à un seul sujet; non que plusieurs objets ne se succedent les uns aux autres, mais parce qu'il y en a un à quoi ils pensent avec une plus forte application. Un certain Melancolique, en mangeant du beurre, se persuada qu'il étoit de beurre, & il n'osoit approcher du feu de peur de se fondre. Henri de Heer parle d'un Melancolique qui demeuroit seul les dix premiers jours de chaque mois. Il s'adonnoit à la chasse les dix jours suivans, & employoit le reste du mois à la musique avec un plaisir extraordinaire. Si on en croit Bartolin, un noble Venitien, se persuadant être tortue, demeuroit tous les ans caché sous son lit pendant les Jours Caniculaires, & il en sortoit si-tôt qu'ils étoient passés, demeurant sain tout le reste de l'année. Dans la cure de ce mal on doit moins avoir égard à la tête qu'à la masse du sang, & sur-tout aux visceres de l'abdomen situés sous les hypochondres. Ainsi les vomitifs sont fort bons au commencement & dans les progrès de la cure. Comme l'impression de la premiere fantaisie demeure comme effacée par une seconde, les remedes ridicules conviennent souvent aux Melancoliques ridicules. Cela se voit par l'exemple d'un Melancolique qui croyoit avoir des moineaux dans la tête, & qu'un Medecin guerit en lui faisant mordre le nez par un moineau qu'il tenoit, & qu'il lui montra comme s'il l'eût tiré de son nez. Un autre pensoit avoir le nez comme un pié de bœuf, & on le guerit en coupant certaines tripes qu'on trouva moyen de lui pendre au nez. On appliqua un bois de cerf à un autre qui croyoit avoir des cornes, & on vint à bout de le guerir en lui coupant ce bois avec une scie. Un autre Melancolique persuadé d'avoir un serpent dans le corps, fut délivré de sa fantaisie par un serpent qu'on jetta dans son bassin, & qu'il crut avoir rendu avec un remede. La raison de tout cela est que l'ame raisonnable étant occupée à un seul objet, quand le malade voit cet objet éloigné, ou que les esprits sont ébranlés d'une autre façon par un objet contraire & plus fort, cela est cause que l'ame raisonnable change de speculation, & que les premieres conceptions ridicules sont effacées par les dernieres; ce qui se fait presque en un moment. Le mot de *Melancolie* est Grec, μελαγχολία, comme si on disoit μέλαινα χολὴ, Noire bile.

MELANCOLIEUX. adj. Vieux mot. Melancolique.

Lors devient melancolieux,
Car à la fin sont les beaux jeux.

MELANTERIE. f. f. Suc noir, dont il y a deux especes, l'une qui croît comme le sel mineral aux bouches des mines de bronze, & l'autre en la superficie des entrées des mêmes mines. Cette derniere est entierement terrestre. Dioscoride dit que la Melanterie est aussi brûlante que le Misi; qu'on en trouve des mines particulieres en Cilicie, & en plusieurs autres lieux, & que la meilleure est celle qui est lissée, nette & unie, ayant la couleur de soufre, & noircissant aussi-tôt qu'elle sent l'eau. Ce mot est Grec μελαντηρία, & fait de μέλας, Noir.

MELCHISEDECIENS. f. m. Heretiques appellés ainsi, de ce qu'ils croyoient que Melchisedec n'étoit point homme, mais une puissance au dessus de JESUS-CHRIST, qu'ils tenoient pour un pur homme. Cette Secte eut pour Auteur un certain Theodotus, Disciple de Theodotus le Courroyeur qui a fait celle des Theodociens. Il vivoit sous l'Empereur Severe, cent soixante & quatorze ans après la venue du Sauveur du Monde.

MELCHITES. f. m. Chrétiens du Levant, qui ont tiré leur nom de *Melech*, qui veut dire Roi ou Prince, à cause qu'ils ont toûjours suivi la créance des Empereurs de Constantinople, ainsi qu'il étoit déterminé par les Conciles d'Ephese & de Chalcedoine contre Eutichez & Dioscorus. Ils sont tous de la Religion & Communion Grecque, non pas de la Jurisdiction du Patriarche de Constantinople, mais de l'Archevêque de Damas, sous le titre de Patriarche d'Antioche, qui est la Ville où l'on a premierement établi le Christianisme, & où Saint Pierre a été sept ans Evêque. Cette Ville ayant été abandonnée, la Chaire de Patriarche fut transportée à Damas, où il fait sa residence. Les Melchites croyent la presence réelle au Saint Sacrement, & la transsubstantiation du pain & du vin, au Corps & au Sang de JESUS-CHRIST. De cette secte sont tous ceux qui suivent en Asie la Religion des Grecs sous les Patriarches de Constantinople, d'Alexandrie, d'Antioche & de Jerusalem. Ce sont les Evêques qui les élisent, & ces Patriarches ne recherchent plus la confirmation du

Pape comme ils faisoient autrefois. Ils demandent seulement celle du Grand Seigneur, & c'est sous cette autorité qui leur est donnée, qu'ils exercent leur Jurisdiction, élisant & consacrant les Archevêques & les Evêques qui leur sont assujettis. Ils sont tous moines de saint Basile, de l'Ordre duquel il y a un grand nombre de Monasteres dans tout le Levant. Les Melchites ont retenu les erreurs que les Grecs ont autrefois condamnées au Concile de Florence.

MELEAGRIS. s. m. Sorte de poule d'Afrique, que quelques-uns prennent pour notre Coq d'Inde. On l'a appellé ainsi à cause qu'on dit que les Sœurs de Meleagre ont été changées en cet oiseau.

MELECIENS. s. m. Heretiques appellés ainsi de Melecius Thebain, Evêque de Lycopolis, qui ayant été déposé, parce qu'il avoit sacrifié aux Idoles, forma un schisme dans l'Eglise d'Egypte au commencement du quatriéme siecle, enseignant l'Heresie des Novatiens, dans le refus de remettre les pechés à ceux qui les avoient commis, encore qu'ils se convertissent. Ils se servoient des lavemens des Pharisiens & de plusieurs ceremonies des Juifs, & employoient les chansons, les danses, & un bruit de petites clochettes dans les humiliations par lesquelles ils prétendoient appaiser la colere de Dieu. Les Meleciens conspirerent avec les Ariens, pour persecuter saint Athanase qu'ils accuserent devant Constantin, & causerent de grands troubles dans les Eglises d'Egypte.

MELESE. s. f. Arbre fort haut dont l'écorce, qui n'est pas plus lissée que celle de la pesse, est fort grossiere, toute crevassée & rouge au dedans. Il produit ses branches au tour de son tronc avec plusieurs petits surgeons jaunes, odorans, & souples comme l'osier ou le saule. Ses feuilles sont fort épaisses, longues, tendres, capilleuses, plus étroites que celles de pin, & non piquantes. Elles deviennent pâles quand l'hiver approche, & se pourrissent au pié de l'arbre où elles tombent, de sorte que de tous les arbres qui portent resine, la seule Melese se dépouille de ses feuilles. Quoique Pline l'estime sterile, Matthiole assure qu'elle porte un fruit semblable à celui du Cyprés, & qui est d'assés bonne odeur. Ses fleurs sont encore plus odorantes & sortent du bout de ses branches quand le printems est venu. Elles sont de couleur d'écarlate ardente, & d'une beauté qui les fait paroître comme des flocs de soye fine attachés au vert de l'arbre. La matiere de son bois est fort dure & rouge, & on n'en peut employer de meilleur dans le bâtiment. Ce que dit Pline qu'il ne brûle point, & qu'au lieu de se convertir en charbon, il se calcine comme fait la chaux en la fournaise, est contre l'experience, puisque dans les mines & les fourneaux qui sont aux montagnes de Trente & aux environs de Bresse, on ne se sert point d'un autre charbon que de celui de Melese, qui fait fondre la mine de fer plus promptement qu'aucun autre. Le bois de Melese étant sec & gras naturellement, rend toûjours un feu fort chaud. Le meilleur Agaric qu'on trouve, croît aux Meleses, & cet arbre rend encore une liqueur excellente, appellée *Bijon*, que les Apothicaires substituent en la place de la vraie Terebentine. La Melese, est appellée par les Grecs λάριξ, de λαρὸς, Agreable, doux, à cause que sa couleur est fort agréable.

MELICA. s. f. Espece de blé que Matthiole dit venir en Italie. C'est une plante semblable aux cannes & aux roseaux, tant en forme qu'en grandeur, en sorte que les champs qui en sont pleins semblent être des marais remplis de cannes. Toutefois le tuyau n'en est pas vuide, mais plein d'une moëlle blanche, comme sont les cannes qui portent le sucre. Le grain est contenu dans les pellicules ou bourses qui sont au sommet de la Medica. Quand elles sont mûres, les unes sont roussâtres tirant sur le noir, & les autres sont entierement noires, & chargées de plusieurs grains. Les Paysans nettoyent le grain, & l'ayant fait moudre ils en font du pain qui est fort âpre & fort rude. On seme pourtant cette graine plûtôt pour nourrir les pigeons, que pour la nourriture des hommes.

MELICERIS. s. m. Terme de Medecine. Sorte de tumeur ou d'abscez, qui s'appelle ainsi quand l'humeur qui s'y trouve contenue ressemble à du miel. Cette tumeur vient de l'aliment de quelque partie nerveuse membraneuse, ou de quelque tendon, mais souvent d'une membrane, lequel aliment étant retenu en trop grande quantité, & peu alteré se change en une autre substance qu'en celle qui doit nourrir précisement la partie. Ce qui fait que cet aliment s'amasse & s'altere, c'est que les membranes & les parties membraneuses sont distendues, dilatées & déchirées, par quelque cause interne qui les ronge, ce qui est rare, ou par quelque chose externe, violente, ce qui fait que les Religieuses & les Moines sont sujets à de semblables tumeurs, & particulierement au Meliceris aux genoux, par les frequentes genuflexions, qui dilatent les membranes de cette partie. Les fibres des membranes corrodées ou déchirées, ou détachées les unes des autres, ne pouvant reprendre leur situation & leur union naturelle, sont allongées successivement à mesure que l'aliment s'accumule, & jettent ça & là d'autres petites fibres qui enfin se réunissent pour former une membrane parfaite où est renfermée la matiere de la tumeur, qui d'un foible commencement s'est beaucoup accrue. Le mot de *Melliceris* est Grec μελίκηρις, de μέλι, Miel.

MELIENNE. s. f. Ce mot se joint presque toûjours avec terre, & Dioscoride qui en parle, dit qu'elle est âpre à manier, & que sa couleur est à peu près comme celle de l'Eretrienne cendrée. Etant froissée entre les doigts, elle petille comme la pierre ponce raclée. Elle a la vertu de l'alun, quoiqu'elle ne soit pas si efficace, ce qui se connoît aisément au goût. Elle desseche moyennement la langue, mondifie & nettoie le corps, & lui rend la couleur vive. Elle sert aux Peintres pour maintenir longtems leurs couleurs. Selon Galien, la Melienne, l'Eretrienne, la Cimolie, & autres terres, étoient autrefois d'un grand usage dans la Medecine; mais presentement on ne s'en sert plus, & les Apothicaires n'en ont point dans leurs boutiques.

MELILOT. s. m. Plante qui croît en plusieurs endroits du Royaume de Naples, en la terre de Labour, & au mont saint Ange dans la Pouille. On l'appelle en Latin *Sertula Campana*, ou *Corona regia*, à cause qu'on en faisoit autrefois des bouquets & des guirlandes. Le Melilot, selon Pline, est haut d'une coudée, & jette beaucoup de surgeons de sa racine. Ses branches sont minces, & ses feuilles semblables au trifolium, larges au bout, étroites à leur issue, & attachée à une grande queue. Il a ses fleurs jaunes & petites, d'où sortent force gousses courbées dehors & contremont, dans lesquelles est une petite graine roussâtre, & de bonne odeur. Celui qui est blanc est le meilleur, principalement quand il a les feuilles courtes & fort grasses. Ses fleurs sont assés semblables au saffran en odeur & en couleur. Sa racine est inutile, mais on se sert de ses gousses & de la graine qu'elles enferment. Matthiole dit qu'on ne doit pas s'étonner si l'emplâtre composée de Melilot trompe si souvent les Medecins, puisqu'on n'y met jamais de farine de la graine du vrai Melilot. Ce vrai Melilot est rare, & on ne se sert que du commun qui croit en France parmi les menus grains. La vertu du Melilot est mêlée, dit Gallien, & il tient quelque peu de l'astringent. Il est résolutif & maturatif, étant plus chaud que froid en sa substance. Ce mot est grec μελίλωτος, en Latin *Lotus Melligenus*, de μέλι, Miel, & de λωτὸς, *Lotus*, à cause que le Melilot est une herbe douce du genre des Lotus, d'où vient que Pline a dit qu'on le seme pour les abeilles.

MELISSE. s. f. Herbe dont les branches & les feuilles sont semblables au Marrube noir, excepté qu'elles sont plus grandes, plus déliées & moins velues. Elles ont l'odeur du citron, ce qui fait que les Italiens l'appellent *Cédronella*. On lui a donné le nom de *Melisse*, de μέλι, Miel, à cause que les mouches à miel s'y attachent. C'est aussi de là que les Latins l'ont appellée *Apiastrum*, & *Citrago*, de son odeur de citron. Les Arabes font grand cas de la Melisse pour les battemens de cœur, & pour toutes les imaginations fâcheuses du cerveau qui viennent d'une humeur mélancolique. Galien dit qu'elle a les mêmes proprietés que le Marrube, mais qu'étant moins efficace, on s'en sert fort peu en Medecine. Il y a une Melisse sauvage, appellée Melisse fort improprement, puisque c'est une herbe puante qui n'a aucune odeur du citron. La Melisse d'Espagne, dite *Hispanica*, est fort semblable à la nôtre tant pour sa vertu que pour son odeur, mais les feuilles en sont moins rudes & moins vertes, & plus petites. On trouve aussi de deux sortes de Melisses dans les Isles Moluques, qui portent des tuyaux, & ont quantité de feuilles. Elles ressemblent assés à la Melisse commune; l'une est lissée, & l'autre épineuse.

MELITITE. s. f. pierre qui a les mêmes proprietés que la Galactite, à laquelle elle est tout à fait semblable, excepté qu'elle rend une humeur plus douce, & qui tient du miel, ce qui l'a fait nommer *Melitite*. Rodolphus Agricola dit qu'elle se trouve en certaines montagnes de Saxe, & le long de quelques rivieres d'Allemagne.

MELLIER. s. m. Espece de raisin blanc, qui est extrêmement agréable au goût, & dont on fait le bon vin.

Mellier, parmi les Bouchers, se dit aussi du troisiéme ventricule du bœuf, & des autres animaux qui ruminent.

MELOCARDUUS. s. m. Plante qui est fort commune dans l'Isle de la grenade. Elle croît tout contre terre, & n'a ni branches ni feuilles. C'est seulement une masse dont l'écorce est verte. Cette masse est ronde comme une toupie & plus grosse que la tête. Elle a quinze ou seize quarrés ou angles, sur chacun desquels l'on voit sept grandes étoiles; composées de dix ou douze aiguillons, durs comme de la corne, & recourbés de telle façon qu'on ne sçait par où prendre cette plante. La chair de cette sorte de fruit est blanche, plus molle que celle du melon, & d'un goût assés fade, qui tient pourtant quelque peu de l'aigrelet.

MELOCHIA. s. m. Herbe qui croît en Egypte, & qui est haute d'une coudée ou d'un pié & demi. Ses feuilles ont beaucoup de rapport avec celles de la betterave, & sont un peu plus étroites, plus longues & plus aigues. Elle produit de petites fleurs, qui sont couleur de saffran. Sa graine est noire, & contenue dans une cellule terminée en pointe. Il n'y a point d'alimens qui soit plus commun en ce pays-là. Le Melochia se cuit dans l'eau ou avec de la chair ainsi que la Betterave. Il ne faut pas pourtant en manger beaucoup à cause des obstructions que cause son suc gluant dans les entrailles. C'est un remede pour toutes les maladies où la mauve est bonne. Le suc de ses feuilles appaise la toux & soulage les maux de poitrine. Sa graine est purgative, & une drachme chasse les humeurs par le bas.

MELON. s. m. *Sorte de fruit ou de legume d'un goût délicieux, & dont la tige rampe sur terre.* ACAD. FR. La plante qui produit ce fruit jette force sarmens longs, tout ainsi que le Comcombre. Sa feuille qui ressemble à celle de vigne est raboteuse, velue, & moins entaillée. Sa fleur est jaune, & le fruit qui est quelquefois plus gros que la tête d'un homme, a une écorce cartillagineuse. Il y a des Melons de couleur d'herbe, & d'autres pâles, jaunes, blancs, cendrez, d'autres couverts d'une peau en broderie. Ils sont presque tous dentelez & cannelez. La chair du dedans est douce & fort savoureuse, & de diverses couleurs. Aux uns elle est blanche, aux autres rouge, & à quelques autres blanche tirant sur le roux. Les meilleurs sont ceux qui outre une odeur agreable, sont savoureux & remplis d'une graine longuette, ayant une pelure blanche & fort douce. Ils sont extrémement froids & humides & de mauvais suc, mais souverains pour temperer la douleur des reins, pour provoquer les urines, & faire vuider la gravelle, à cause de leur faculté détersive, qui neanmoins est plus grande en la semence qu'en la chair. Les Melons viennent admirablement dans les Indes Occidentales, sans qu'on ait besoin de couche ni de fumier. On ne fait que jetter de la graine dans un trou, & la couvrir ensuite de terre, & en six semaines ou deux mois ils viennent en quantité plus grands & meilleurs que ceux qu'on a dans l'Europe. Sur-tout le Melon naturel du pays, qu'on appelle *Melon d'eau*, l'emporte sur tous les autres. Il y en a de deux sortes, de ronds & de longs, & tant des uns que des autres, il s'en trouve qui ont le dedans du fruit blanc, & d'autres de couleur de chair. Les ronds viennent presque deux fois aussi gros que la tête, & les longs sont à peu près comme nos moyennes citrouilles. L'écorce des uns & des autres demeure toûjours verte, sans odeur, & tellement dure que même quand ils sont mûrs l'ongle n'y sçauroit entrer, de sorte que c'est à la tige plûtôt qu'au fruit que l'on connoît leur maturité. Ils sont remplis comme un œuf, & toute leur chair semble n'être qu'une eau gelée, qui se fond & se liquefie entierement dans la bouche. Aussi peut-on dire qu'elle donne plus à boire qu'à manger. Cette eau est sucrée, & aussi agreable que le suc des Grenades. Il n'y a rien de plus sain ni de plus rafraîchissant. On les mange sans sel, & quoi que ce soit en quantité, ils ne nuisent point à l'estomac. Le mot de *Melon*, vient du Grec μῆλον, Pomme, à cause qu'il a en quelque façon la figure d'une pomme.

MELONGENE. s. m. Grande plante que les Habitans des Antilles cultivent dans leurs jardins. Elle croît de la hauteur de deux piés, ayant de grandes feuilles de la largeur de la main, & porte des fruits gros comme le poing en forme de poire. Ces fruits sont lissés, blancs & violets. Leur chair a la reserve de l'épaisseur d'un doigt, est toute pleine d'une petite graine plate comme celle du piment. Ce fruit est froid, venteux & indigeste. Les habitans le font bouillir quand ils l'ont pelé, après quoi ils le coupen pent par quartiers, & le mangent avec de l'huile & du poivre. C'est un manger assés insipide.

MEM

MEMBRANE. f. f. *Partie mince déliée & nerveuse du corps de l'animal, servant d'envelope aux autres parties.* ACAD. FR. Il n'y a que les membranes qui puissent s'étendre & se retirer sans danger, & toute membrane quoique simple, ne laisse pas d'être double, ce qui se connoît, en ce qu'il y a des veines & des arteres qui passent entre l'une & l'autre tunique. Elles servent à séparer les parties les unes des autres, & ont un sentiment très-exquis. Quelques-unes sont appellées *Vraies* ou *legitimes*, comme celles qui couvrent le cerveau & les côtes. D'autres sont nommées *Fausses & bâtardes*, telles que sont plusieurs ligamens & tendons, les deux vessies, le ventricule, les intestins, la matrice, que l'on pourroit appeller corps membraneux. On fait venir le mot de *Membrane*, du Grec μέλος, Membre d'où a été fait μέμβλος, qu'on employe pour signifier la même chose.

MEMBRE. f. m. *Partie exterieure du corps de l'animal, distingué de toutes les autres par quelque fonction particuliere.* ACAD. FR. On appelle *Membres*, en termes d'Architecture, Toutes les parties qui composent les principales pieces, comme les Doucines, les Cymaises, les Astragales; & on appelle *Membres de maison*, les divers appartemens que l'on y pratique. On dit *Membre couronné*, pour dire, Une moulure qui est accompagnée d'un filet au dessus ou au dessous.

On appelle *Membre*, dans un Vaisseau, toute piece de bois qui est necessaire pour le construire; comme Varangues, allonges, genoux.

MEMBRE', E'E. adj. Terme de Blason. Il se dit des cuisses & jambes des aigles, des cignes & autres oiseaux quand ils les ont d'un autre émail que tout le reste du corps. *D'azur au signe d'argent, bequé & membré de sable.*

MEMBRER. v. n. Vieux mot. Se ressouvenir.

MEMBRON. f. m. Petit membre rond, qui est sous une bande de plomb appellée *Bavette*, au dessous du bourseau. Ce bourseau est un gros membre rond fait de plomb, & qui regne dans les grands bâtimens au haut des toits couverts d'ardoise.

MEMBRURE. f. m. La partie la plus solide de la Menuiserie, dans laquelle s'enchassent les paneaux qui sont des pieces moins épaisses. On appelle aussi *Membrures*, de grosses pieces de bois reffendues, que les Latins nomment *Asseres*.

Membrure, se dit encore de certaines pieces de bois longues & hautes de quatre piés, qui sont aussi éloignées de quatre piés l'une de l'autre, & au milieu desquelles on met le bois à brûler pour en faire la mesure quand on le corde à Paris.

MEMORER. v. a. Vieux mot. Raconter.

Et froide au quart la vous memore.

MEMPHITIQUE. adj. Nom qui se donne à une sorte de pierre que Dioscoride dit croître en Egypte auprès du grand Caire, & être grasse, de la grosseur d'un Jallet, & de diverses couleurs. On tient, poursuit-il, qu'étant pulverisée, & enduite sur une partie qu'on veut couper, elle l'amortit de telle sorte que le patient ne souffre aucune douleur pendant l'operation. Dioscoride avoue qu'il ne sçait point que la pierre Memphitique s'apporte d'Egypte.

MEN

MENAC. f. m. Arbrisseau qu'on trouve en l'Isle de Madagascar, & qui croît de la grosseur de deux pouces. Ces feuilles sont comme celles de la vigne, ayant cinq pointes de vert gai. Sa tige est pourprée & jette une coque velue & piquante comme le châtaignier. Il y a six grains dans cette coque, faits à peu près comme nos faviolles. La couleur en est cendrée. Quand ils sont séchés & pressés, on en fait une huile de même nom.

MENDOLE. f. m. Sorte de poisson, que Matthiole dit être fort commun en Italie. Dioscoride témoigne que la cendre de la tête de ce poisson appliquée en liniment, nettoye & ôte toutes les fentes, crevasses, & durillons du fondement, & que sa saumure guerit les ulceres pourris de la bouche si on l'en lave. On l'appelle autrement *Gerre*, *Cagarel*, & *Juscle*, en Grec μαίνη ou μαινίς. Eustathius rapporte qu'on avoit accoûtumé de sacrifier ce poisson à Diane, qu'on croit être la cause de cette sorte de fureur que l'on appelle *Manie*.

MENEAU. f. m. Terme d'Architecture. On appelle *Meneaux*, dans les croisées, les séparations des tableaux & ouvertures. Elles sont pour l'ordinaire de pierre & de bois. On dit *Faux meneaux*, en parlant de ceux qui ne sont pas assemblez avec le dormant de la croisée, & qui s'ouvrent avec le guichet.

MENE'E. f. f. Terme de Venerie. On dit *Suivre la menée, être à la menée d'un cerf*, pour dire, Prendre la droite route du cerf qui fuit.

On trouve dans quelques Coûtumes, *Menée de Sergent, menée de Fiefs.* Cela s'est dit des exploits & des semonces qu'on faisoit faire au vassal par des Sergens que l'on nommoit *Ameneurs*, pour les contraindre de satisfaire à leurs devoirs.

MENER. v. a. Conduire, guider. On dit en termes de chasse, *Mener la quête*, pour dire, Battre & rebattre la quête pour faire lever les perdrix.

Les Coûturieres disent *Mener boire*, lorsqu'en cousant un passement sur une étoffe, elles le laissent lâche sans le tirer.

MENESTRE. f. m. Vieux mot. Joueur de violon. On a dit aussi *Menestrel. Amenez ça un Menestrel d'aucuns Instrumens.* Le mot de *Menestrier*, qu'on a dit aussi, a signifié, Un Joueur de violon ou autre Instrument. *Après étoient les Menestriers du Roi jouants des hauts Instrumens.* Il se trouve aussi dans la signification de l'Instrument. *Les cloches bedons, Menestriers.* Il ne se dit plus aujourd'hui que des Vielleux ou Joueurs de violon qui vont par les Villages. Borel fait venir ce mot de *Ministere*, ou de *Minus histrio*, Petit boufon, ou de ces deux mots Latins *Manus*, Main, & *Histrio*, Boufon. Du Cange le tire de *Ministellus*, à cause qu'autrefois les Menestriers étoient mis au rang des bas Officiers ou serviteurs.

MENEUR. adj. Vieux mot. Plus petit, moindre. On a dit aussi *Menour*, *Mendre*, & *Menor*.

Seignor, or escoutez li grand & li menor.

MENIANE. f. f. M. Felibien dit que les Italiens appellent *Menianes*, les petites terrasses & lieux découverts de leurs Maisons, où les femmes du commun vont s'exposer au Soleil pour secher leurs cheveux, après les avoir lavés afin de les rendre blonds. Il ajoûte, selon le témoignage des Auteurs Latin que les Menianes étoient autrefois ce que nous appellons *Galeries*, & *Balcons*, qui ont une sailli hors de l'édifice, & que ce mot vient de *Menius* Censeur, qui le premier fit poser des pieces de bois sur des Colonnes. Ces pieces de bois faisant saillie hors de sa maison, lui donnoient moyen de voir ce qui se passoit dans les lieux voisins. Il la vendit à Caton & à Flaccus, Consuls, pour y bâtir une Basilique, & en la vendant il en reserva une Colonne, avec droit d'y élever seulement un petit toit de planche, où lui & ses descendans pussent avoir la liberté de voir les combats des Gladiateurs. Cette Colonne fut appellée *Meniane*, & ensuite on donna ce même nom à toutes les saillies qui furent faites à l'imitation de celle-là. On trouve dans Vitruve *Colomna mediana*. Ces Colonnes medianes sont les deux Colonnes du milieu d'un porche, qui ont leur entre-colonne plus large que les autres.

MENIN. s. m. Mot qui a été mis en usage en France depuis peu de tems, & qui est le nom qu'on donne à ceux qu'on met auprès de Monseigneur le Dauphin pour être de ses divertissemens, & l'accompagner quand il lui plaît. Il nous est venu d'Espagne où l'on appelle *Meninos*, les enfans de qualité que l'on met auprès des Princes pour leur faire la cour avec assiduité.

MENINGE. s. f. Terme de Medecine. Tunique ou membrane dont le cerveau est envelopé. Les Arabes appellent ces tuniques *Meres*, ce qui nous les a fait appeller *La pie mere*, & *la dure mere*. Cette derniere est l'exterieure que l'on nomme *Dure*, à cause qu'elle est plus épaisse. Elle est étendue au dedans du crane par toutes ses cavités, & jointes à la pie-mere par l'extrémité des veines. Elle se redouble au sommet de la tête; & separe le côté droit du cerveau d'avec le gauche, mais seulement jusqu'à la moitié. Ce mot de Meninge est Grec μῆνιγξ. Quelques-uns croyent qu'il vient de μήνη, Lune, à cause que la membrane qui couvre le cerveau est ronde.

MENISQUE. Terme d'Optique. Il se dit de la figure d'un verre de Lunette qui est convexe d'un côté & concave de l'autre, mais dont la partie qui fait la concavité est d'une plus grande portion de sphere, que celle qui fait la convexité, ensorte pourtant que les centres de chaque surface du verre soient dans la même ligne.

MENNONITES. s. m. Secte d'Anabaptistes, appellés ainsi d'un certain Menno de Frise, qui en rejettant les enthousiasmes & les Revelations des premiers Anabaptistes, a établi dans le seiziéme siecle de nouveaux Dogmes que ses Sectateurs ont embrassés. Ils rejettent le vieux Testament, & pretendent que le nouveau est la seule regle de notre foi; qu'il ne faut pas se servir des termes de Trinité ni de personnes lorsqu'on parle du Pere, du Fils & du saint Esprit; que les premiers hommes n'ont pas été creés Saints & Justes, & qu'il n'y a point de peché originel; que JESUS-CHRIST a apporté du Ciel l'origine de sa chair sans être né de la substance de Marie, ou plûtôt que la parole descendue du Ciel est devenue chair dans Marie; que l'union de la nature divine & de la nature humaine s'est faite ensorte que la divine s'est rendue visible, & sujette aux souffrances & à la mort; qu'il ne peut être permis aux Chrétiens ni de jurer, ni d'exercer aucune charge de Magistrature civile, ni d'employer le glaive, non pas même pour la punition des méchans, ni de repousser la force par la force, ni enfin de faire la guerre, quelque sujet qu'on en puisse avoir; que les Ministres de la parole de Dieu ne peuvent recevoir aucun salaire de leur Eglise; que le Baptême n'est point necessaire aux petits enfans; que les hommes peuvent s'élever en cette vie à un si haut point de perfection, qu'ils soient sans souillure de peché, & qu'après leur mort leurs ames se reposent dans un lieu inconnu jusqu'au jour du Jugement. Entre plusieurs Sectes de Mennonites, il y en a deux qui se sont formées depuis long-tems. L'une est celle des *Mennonites anciens de Flandres*, qui par une rigueur extraordinaire qu'ils exercent dans la discipline Ecclesiastique, excommunient ceux qui ont commis quelques fautes, quoiqu'assés legeres, avec lesquelles après l'excommunication ils croyent qu'on ne peut manger ni boire, ni avoir aucune societé, de sorte que par ce moyen ils arrachent les enfans aux peres, & les femmes aux maris. L'autre est la Secte des *Mennonites de Frise*, qui dans un entier relâchement, recevant dans leur communion toutes sortes de personnes impures, & ceux que les autres Mennonites ont rejettés. Aussi les nomme-t'on *Borborita*, ou *Stercorarii*.

MENOISON. s. f. Vieux mot. Dessechement. Il se trouve dans Aldobrandin, & Borel croit qu'il faut lire *Meroison*, du Latin *Mœror*, Douleur, affliction, déplaisir.

MENSALE. adj. Terme de Chiromancie. On appelle *Ligne mensale*, Une ligne de la main qui commence sous le mont du doigt auriculaire, & qui finit sous le mont de Saturne, & passe quelquefois jusques à celui de Jupiter. On la juge favorable selon qu'elle est droite, entiere, continue, profonde, & apparente jusques au mont de Saturne, & un peu courbée vers l'Index qui est la même chose que le mont de Jupiter. Chacun raisonne à sa fantaisie sur l'origine du mot de Mensale. Les uns le font venir de *Mens*, Entendement, à cause que la ligne Mensale a quelque rapport avec le cerveau qui est le siege de la raison, & les autres de *Mensa*, Table, parce qu'ordinairement on ne s'appuie de la main sur une table que jusqu'à l'endroit où est cette ligne.

MENSOLE. s. f. Terme d'Architecture. Pierre qui étant au milieu d'une voute, la ferme & l'arrête, & qui quelquefois est en saillie. On l'appelle aussi *La clef*.

MENSTRUE. s. m. Terme de Chymie. Dissolvant humide, qui en penetrant dans les plus intimes parties d'un corps sec, sert à en tirer les extraits & les teintures, & ce qu'il y a de plus subtil & de plus essentiel.

Le Menstrue est, ou universel, resolvant tous les corps indifferemment, ou particulier, c'est-à-dire, qui ne resout que certains corps qui lui sont particuliers. Le feu seconde l'action de ces deux Menstrues, puisqu'en agitant leurs parties qu'il met en mouvement, il leur donne moyen de se mieux insinuer dans les corps pour les dissoudre. Il y a differens menstrues particuliers & qui sont de differentes forces. Le vinaigre distilé & bien rectifié est plus fort que l'eau simple & plus foible que l'esprit du vitriol, à cause que tout Menstrue n'ayant pas la vertu de dissoudre toutes sortes de corps, il faut pour faire réüssir l'operation que le Menstrue & le sujet à dissoudre conviennent radicalement, ce qui consiste dans une certaine proportion entre les particules du Menstrue & du corps qu'on veut dissoudre, par le moyen de quoi ils se joignent & se penetrent. Le sucre qui se dissout promptement dans l'eau, ne se dissout jamais dans l'esprit de vin. Cela vient de ce que le sucre est d'une nature saline qui se joint facilement à l'aqueux, mais l'esprit de vin, quoique plus penetrant de soi lorsqu'il est rectifié, ne dissout pourtant point le sucre, dont la conformation saline a de la repugnance avec la nature sulphureuse de l'esprit de vin. Les Menstrues particuliers sont de trois sortes, sçavoir les aqueux, les sulphureux ou huileux & les salins. Les Menstrues aqueux sont premierement l'eau simple qui sert à dissoudre & à extraire tant les sels que les sujets aqueux & mucilagineux, & tous les vegetaux non resineux; la rosée de Mai qui abonde en sel nitre volatil, & qui étant distillée, donne un phlegme salin & admirable pour tirer les essences ou faire les extraits des vegetaux, & l'eau de pluie ou du mois de Mars, qui étant empreignée des vertus seminales tant des plantes que des autres corps terrestres, & relevée par beaucoup de sel volatil qui exhale des corps terrestres & particulierement des vegetaux qui bourgeonnent, donne un Menstrue merveilleux pour tirer les vertus des vegetaux, quand cette eau est distillée. Tous ces Menstrues aqueux s'introduisent aisément dans les corps des sels, mais ils ne se mêlent en aucune sorte avec les corps sulphureux & ne les dissolvent point. Les *Menstrues sulphureux*, ou *huileux*, sont principalement l'esprit de vin, qui étant d'une nature sulphureuse & spiritueuse, sert pour tirer les teintures huileuses & sulphureuses. Ce sont aussi les esprits ardents des vegetaux, & les huiles distillées qui sont proprement des sels volatils concentrés dans un graisseux acide, ce qui leur fait dissoudre pareillement les corps sulphureux, comme les aromates qui renferment un sel volatil huileux, qui se joint d'abord aux Menstrues sulphureux. Les *Menstrues salins*, tant acides qu'urineux, sont de divers genres, selon qu'ils sont vegetaux ou mineraux. Les Menstrues des vegetaux entre lesquels le vinaigre tient le premier rang, sont les sucs de citron, de Berberis, de coins, la preparation de ces sucs par la fermentation, & les esprits acides des bois. Tous ces Menstrues sont temperés & moins corrosifs que ceux de mineraux. Ainsi on les emploie d'ordinaire pour les corps beaucoup poreux, comme les yeux d'écrevisses, les coreaux, les testacées, les perles, & le mars qui sont tout percés pour donner entrée à ces Menstrues vegetaux propres à dissoudre leurs sels. Les Menstrues acides mineraux, sont l'eau forte, l'eau regale, l'esprit de nitre & autres, qui sont tous fort corrosifs & dissolvent les corps les plus compactes, & sur-tout l'or & l'argent. Les Menstrues salins urineux, sont particulierement les lessives fortes, comme la lessive de chaux vive, & celle de sel de tartre qui dissolvent tous les soufres & tirent même ceux des métaux. Il y a plusieurs *Menstrues spiritueux*, propres à dissoudre divers sujets sulphureux & trop fixes, comme l'esprit d'urine, pour tirer la teinture de l'or, l'esprit de vin animé par un sel volatil urineux pour tirer les parties sulphureuses, tant des vegetaux que des mineraux, & enfin plusieurs esprits sulphureux des vegetaux, tels que l'esprit de genievre & de terebenthine qui extrait le soufre de l'antimoine même. Quoique plusieurs disent qu'il n'y a point de Menstrue universel capable de dissoudre tous les corps, Paracelse, Vanhelmont & plusieurs autres assûrent qu'il y en a un. Ils le nomment *Alchaest*, mot forgé dont on ne sçait point la racine. Ce Menstrue a la vertu, non seulement de dissoudre tous les corps à l'exception du mercure qu'il fixe de telle sorte au lieu de le dissoudre qu'il souffre la violence du marteau, mais encore d'agir sans reaction. Ainsi on en peut tirer cinq cens fois des dissolutions qu'il a faites sans qu'on le trouve affoibli. Il change tous les corps en les reduisant en l'eau elementaire.

MENTEUR. adj. *Qui ment actuellement, ou qui a coûtume de mentir.* Acad. Fr. On appelle en termes de chasse, *Chien menteur*, Un chien qui cele la voie pour gagner le devant.

MENTHE. s. f. Plante fort commune, dont il y a de deux sortes, celle des jardins, & la sauvage qu'on appelle *Menthastrum*. On distingue quatre especes de Menthe, dont l'une a des tiges quarrées d'un rouge obscur, quelque peu velues. Ses feuilles sont un peu rondes, & elle produit de petites fleurs rougeâtres qui sortent en rond autour des tiges. La seconde ne differe de celle-ci qu'en ce que sa couleur rouge tire davantage sur le noir, & que ses fleurs forment un épi au haut des petites branches. La troisiéme a aussi ses fleurs en forme d'épi, & ses feuilles plus longues, & les fleurs de la derniere qui a aussi ses feuilles longues & aigues, tirent sur le violet, & sortent en rond autour des nœuds des petites tiges comme en la premiere. Matthiole parle d'une autre herbe qui croît presque par tout, quoiqu'on la seme aussi dans les jardins, & qu'on appelle *Menthe Grecque* en Goritie, & *Sauge de Romagne* en Toscane, à cause qu'elle a ses feuilles plus semblables à la sauge qu'à la Menthe. Quelques-uns l'appellent aussi *Herbe de Notre-Dame*, & d'autres *Lassulata*. Ses feuilles ont du rapport à celles de la betoine, & sont d'une couleur verte tirant sur le blanchâtre, & plus longues & plus larges que les feuilles de sauge. Sa tige est d'une coudée de haut, & quelquefois plus, & produit à sa cime de petites têtes rouges, ou corymbes jaunes, semblables à ceux de la Tanaisie. Cette plante étant amere en toutes ses parties, a une odeur forte, & quelque peu astringente. Elle est chaude, dessiccative & aperitive; elle consolide & nettoie, & c'est un remede souverain aux douleurs de la mere & aux hydropiques, sur-tout lorsque l'eau est répandue par les veines. On l'enduit avec de l'huile de flambe pour les maladies de la rate, & avec du vin chaud pour les difficultés d'urine. Les proprietés de la Menthe sont d'augmenter la chaleur du ventricule, de fortifier, d'aider à la coction, de faciliter l'enfantement, & de tuer & chasser les vers. Quant au Menthastrum, il y en a de deux sortes. L'un vient par tout, le long des remparts & des fossés des villes. Il a ses feuilles grandes & ridées & ses fleurs sont en épi. L'autre qu'on appelle *Menthastrum pratense*, se plaît sur les bords des lieux aquatiques & fort humides. Ses feuilles sont un peu rondes, blanches & chargées d'un gros poil rude. Il a ses fleurs comme le premier. L'un & l'autre a une odeur forte qui n'est pas désagréable, & est plus dessiccatif que la Menthe domestique.

MENTON. s. m. *La partie du visage qui est au dessous de la bouche.* Acad. Fr. *Menton*, dans un cheval, est la partie de la levre de dessous. C'est aussi un terme de Fleuriste, & il se dit des extrémités des trois feuilles de l'Iris bulbeuse qui panchent vers la terre.

MENTONNIERE. s. f. Vieux mot. Partie d'un casque.

> *Vouges, sallades, mentonnieres.*

MENU, ue. adj. Délié, qui n'est pas gros. On a appellé autrefois les Freres Mineurs ou Cordeliers, *Freres menus*.

> *J'ay mes petits Enfans à qui je suis tenus*
> *Plus qu'aux povres estrangiers, ne qu'aux*
> *Freres menus.*

Menu vair, en termes de Blason, se dit de l'écu chargé de vair, lorsqu'il est composé de six rangées, le vair ordinaire n'en ayant que quatre.

On appelle *Menus-droits*, en termes de chasse, les oreilles d'un cerf, les bouts de sa tête, le musle, les dentieres, le franc boyau, & les nœuds.

MENUEL. s. m. Vieux mot. Cornet.

Un menuel qu'au col avoit,
Sonna trois sons grands & tretis.

MENUET. s. m. Air de musique à trois tems, ou sarabande viste, qui ne doit avoir tout au plus dans l'air que l'étendue d'une octave. C'est toutefois une regle que beaucoup de Musiciens negligent. On appelle aussi *Menuet*, Une sorte de danse dont les pas sont prompts & menus. Elle est composée d'un coupé, d'un pas relevé & d'un balancement.

MENUISIER. s. m. *Artisan qui travaille au bois avec le rabot & la varlope.* Acad. Fr. Ceux qui travaillent en grosse besogne, sont appellés *Menuisiers d'assemblage*, à la difference des Menuisiers de placage, qui travaillent à des cabinets & à des tables de pieces de rapport & de marqueterie. Ces derniers, outre qu'ils assemblent les gros bois de la même façon que les autres, travaillent encore d'une maniere particuliere, leurs bois qui sont de plusieurs natures & sciés par feuilles, n'étant que plaqués sur des fonds faits de moindres bois, & collés par compartimens avec de la colle d'Angleterre. Quelques-uns font venir le mot de *Menuisier* de *Minutarius*, à cause qu'il travaille en petit, en comparaison du charpentier.

MEO

MEON. s. m. Plante dont les feuilles sont semblables à l'aneth, & qui a sa même tige, mais plus grosse, & quelquefois haute de deux coudées. Ses racines sont longues, déliées, odorantes, acres & mordantes à la langue & au goût, & éparpillées tant à droit que de travers. Le haut en est entouré de longs filamens en forme de barbe, de laquelle les poils tendent en haut presque de la même sorte que l'Eryngium. Elles vont assés profondement dans la terre où elles se divisent quelquefois en plusieurs branches. Elles sont assés obscures en dehors, blanches au dedans, & d'une substance rare & legere. Cuites en eau, ou broyées crues & prises en breuvage, elles sont bonnes aux opilations des reins & de la vessie, & servent aux difficultés d'urine, & à resoudre les ventosités de l'estomac & les tranchées du ventre. C'est ainsi que Dioscoride en parle. Galien dit que les racines du Meon sont fort bonnes, étant chaudes au troisiéme degré & seches au second, & par consequent propres à provoquer l'urine & les mois, mais que si on en prend trop, elles font monter au cerveau des humeurs indigestes & ventueuses qui le blessent & qui causent des maux de tête. En Grec μῆον & μεῖον.

MEP

MEPLAT. adj. Terme de Charpenterie. Il se dit d'une piece de bois qui a plus d'épaisseur d'un côté que d'un autre, comme seroit une solive qui auroit six pouces sur trois.

MEQ

MEQUINE. s. f. Vieux mot. Fille qui sert, petite servante. Borel le fait venir du mot Hebreu *Mechinach*, qui signifie Preparant. On a dit aussi *Meschine*.

Sans les Varlets, sans les Meschines.

Il s'est pris en general pour *Fille*.

Fes-moy sçavoir qu'est devenuë
Une Meschine povre & nuë.

Nicod explique le mot de *Meschine*, pour Demoiselle, & il se trouve dans Perceval, pour une Dame, ou Fille de naissance relevée.

Et li Rois mit à la Meschine,
El chief une coronne fine.

MER

MER. s. f. *L'amas des eaux qui composent un globe avec la terre & qui la couvrent en plusieurs endroits.* Acad. Fr. On dit, *Mettre à la mer*, pour dire, Partir, faire sa route. On dit aussi, *Mettre un Vaisseau à la mer*, *mettre une Chaloupe à la Mer*, pour dire, Oter un Vaisseau de dessus le chantier, & le mettre à l'eau, ôter une Chaloupe de dessus le tillac, & la mettre sur l'eau. On dit encore, *Tenir la mer*, pour dire, Courir en haute mer, & *Tirer à la mer*, *porter le cap à la mer*, pour dire, Se mettre au large de la terre.

On dit que *La mer est courte*, que *la mer est longue*, pour dire, Que ses vagues sont près ou éloignées les unes des autres. On dit que *La mer brise*, quand elle bouillonne contre quelques roches ou contre la terre; que *La mer blanchit* ou *moutonne*, quand par la force du vent qui la fait lever, elle jette une écume blanche en bouillonnant; que *La mer étale*, quand elle ne fait aucun mouvement pour monter ou pour descendre; que *La mer rapporte*, pour dire, que La grande marée recommence, & que *La mer va chercher le vent*, pour dire, que le vent souffle du côté où va la lame. On dit encore, que *La mer se creuse*, pour dire, que les vagues deviennent plus grosses, & s'élevent davantage, & que *Deux mers se battent*, pour dire, que Deux lames de la Mer poussées par deux vents opposés se rencontrent. On dit aussi, que *La mer a perdu*, pour dire, qu'Elle a baissé; qu'*Il y a de la mer*, qu'*Il n'y a plus de mer*, pour dire, que la mer est agitée, ou qu'elle est calme. Quelques-uns disent, *La mer nous mangeoit*, pour dire, la mer étoit extrémement agitée, & entroit par les hauts dans le Navire. Ils disent aussi, que *La mer est lime*, pour dire, qu'Elle est unie, mais ce terme est des plus bas.

On appelle, *Grosse Mer*, L'agitation extraordinaire de la Mer par les lames, *Tems de Mer*, Un orage violent, & *Coups de Mer*, Les mouvemens violens des houles.

Il y a des embouchures de rivieres si vastes qu'on leur donne quelquefois le nom de *Mer*. Ainsi l'embouchure de la Garonne est appellée *Mer de Gironde*.

MERA. s. m. Sorte d'arbre qui se trouve dans l'Isle de Madagascar. Ses feuilles ressemblent à celles de l'Olivier, & son bois est jaune dans le milieu, sans odeur, & aussi dur que celui du bouis.

MERCI. *Ordre de la Merci.* C'est un Ordre Religieux qui nous est venu d'Espagne, où il est appellé *Nuestra Segnora de la Merced*. Ce mot de *Merced*, qui veut dire, Pitié, misericorde, pardon, a fait celui de *Merci*. Les Religieux de cet Ordre sont habillés de blanc & vont racheter les Captifs chés les Infidelles, ce qui a été le motif de leur Institution.

MERCURE. s. m. La plus petite des Planetes, & la plus proche du Soleil. On croit Mercure plus de vingt mille fois plus petit que la Terre : Sa plus grande distance de la terre est de 33000. demi-diametres de la terre, & la plus petite de 11000. Mercure fait son tour autour du Soleil, & ne s'en éloigne jamais vers l'Orient ni vers l'Occident de plus de 29. degrés. Delà vient qu'il est très-difficile à observer, car il est très-petit & presque toûjours plongé dans les rayons du Soleil. Il paroît faire sa révolution autour de cet Astre en quatre mois, mais il la fait réellement en 3. par la même raison que Venus qui paroît faire la sienne en dix-neuf mois, la fait réellement en sept ou environ. Voyez VENUS.

Mercure. Vif-argent. Matthiole dit que c'est un corps mineral & liquide, coulant comme eau, ayant la couleur d'argent & étant olivâtre & fort luisant & qu'il est composé d'une substance visqueuse & subtile, & qui est fort humide & froide, ce qui le fait tenir pour la semence de tous les métaux. Les Chymistes disent que la cause de ce qu'il ne peut se consolider vient de ce qu'il n'est pas assés sec & chaud. Matthiole ajoûte que le Mercure s'incorporant aisément avec tous métaux, il s'ensuit qu'il est fort propre à les engendrer, & principalement ceux ausquels il s'attache en les touchant seulement, puisque toutes les choses qui ont du rapport ensemble, se convertissent facilement l'une en l'autre ; qu'ainsi c'est une erreur de dire que le Mercure se pourroit cuire tellement dans les veines de la terre qu'il en sortiroit quelque solide métal, mais qu'il se convertiroit plûtôt en fer ou en plomb, qu'en or ou en argent. Cependant, continuë-t'il, le Mercure s'incorpore plus aisément à l'or & à l'argent qu'à aucun autre métal, & c'est ce qui fait rêver tous les Chymistes, qui par leurs artifices & leurs sublimations, pensent pouvoir suppléer aux défauts de la nature, comme si on la pouvoit corriger dans ses ouvrages. Tous métaux jettés dans le Mercure, nagent au-dessus comme fait le bois sur l'eau, à l'exception de l'or qui va aussi-tôt au fond, parce que le vif-argent en est plus amoureux que de tous les autres. Le Mercure se trouve dans plusieurs mines en Allemagne & ailleurs. Sa veine est une pierre rougeâtre, friable, & pesante comme plomb, qui reluit de tous côtés, étant toute couverte de petits brins d'argent-vif en forme de croûte. Pour le séparer de cette masse terrestre, on l'enferme dans un pot de terre posé sur un autre pot, en sorte que les embouchûres des deux pots se rencontrant, donnent le feu de suppression sous celui où la matiere est renfermée. Puis on environne les pots de feu de charbon, dont la chaleur fait tomber le Mercure goute à goute dans le pot d'embas. Les Chymistes tirent le Mercure artificiel ou du plomb ou du cinabre, ce n'est autre chose que la veine du Mercure. Ils l'ont appellé ainsi, parce qu'ils reconnoissent la planete Mercure pour son pere, ou parce qu'il est si subtil & si agile, qu'il s'envole imperceptiblement de leurs mains, lorsqu'ils le veulent tourmenter tant soit peu au feu, ce qui se rapporte à l'agilité du Dieu Mercure que les anciens ont dépeint avec des ailes aux talons. On l'appelle *Vif-argent*, à cause de sa fluidité qui le fait mouvoir sans cesse, & de sa couleur qui est blanche comme celle de l'argent. Les Grecs l'appellent ὑδράργυρος, comme qui diroit Argent aqueux, de ὕδωρ, Eau, & de ἄργυρος, Argent. Il y en a plusieurs qui l'appellent *Fugitif*, à cause qu'il s'envole comme en fumée à la chaleur, C'est ce qui est cause qu'Aristote a dit que le Mercure est de nature aërienne, & par cette raison incoagulable. Du Renou, & plusieurs autres, pour concilier les opinions différentes touchant ses qualités, les uns voulant qu'il soit chaud, & les autres froid, prétendent qu'elles sont mixtes, & qu'il en a de subtiles & échauffantes, & d'autres qui sont grossieres & refrigerantes. Il incise, attenue, pénétre, resout, lâche le ventre, nettoye les humeurs & les purge de tout poison, & particulierement du venerien, dont il est un très-bon remede, mais exterieurement ou interieurement, il faut bien prendre garde à ne le donner qu'à propos, & lorsqu'il a été bien & dûement préparé.

Il y a trois sortes de Mercure, le Vulgaire, qui est une liqueur saturnienne & solaire, & que Van Helmont dit être un corps simple ; le Mercure des corps qui est celui que l'on tire des métaux parfaits ou des demi métaux comme est l'antimoine, & le Mercure des Philosophes, qui est la matiere dont la pierre philosophale se forme, supposé qu'elle soit possible. Ce Mercure ne se tire d'aucun métal parfait, mais de la matiere premiere & prochaine des métaux ou de leur racine. Les Chymistes mettent de la distinction entre le *Mercure fixé*, & le *Mercure coagulé*. Ils entendent par le premier, le Mercure qui souffre constamment le feu, qui se fond & se manie comme les métaux ; & ils entendent par l'autre, le Mercure privé de sa fluidité endurcie & en quelque façon malleable. Ce dernier est facile à préparer. Après qu'on a fait fondre du plomb dans un creuset, on le laisse un peu refroidir. On enleve la croute de dessus, & on fait ensuite un trou au milieu du plomb dans lequel on jette du Mercure qui se coagule d'abord en une substance solide. Pour ce qui est de fixer le Mercure, on ne le peut faire parfaitement qu'avec le soufre métallique, mais qui est celui qui en peut venir à bout, puisque le feu le fait toûjours envoler? On appelle *Mercure vierge*, du Mercure coulant qu'on trouve dans quelques mines, sur-tout dans la Carinthie, & on lui donne ce nom à cause que le feu ne l'a point dépouillé de son soufre. On le tire d'ordinaire du cinabre, qu'on distille à un feu violent avec quelques alcalis ; car le cinabre étant un composé de soufre commun & de Mercure vif, les alcalis qu'on y ajoûte absorbent l'acide & le Mercure se revivifie. Une précaution necessaire pour prendre le Mercure sans danger, c'est qu'il soit bien préparé. La premiere de ses préparations est de le purifier. Pour cela on a de coûtume de se servir de vinaigre & de sel, ou bien on le passe simplement au travers d'une peau de chamois. Quelquefois on mêle le Mercure avec de l'esprit de vin dans une bouteille, & on remue le tout assés long-tems pour pouvoir faire que l'esprit de vin devienne noir. On recommence toûjours la même operation jusqu'à ce que le Mercure soit assés dépuré. La seconde préparation du Mercure est la précipitation qui se fait communément avec des esprits acides qu'on verse sur le Mercure pour le dissoudre. On distille la dissolution, & le Mercure précipité demeure. Si la précipitation se fait avec l'esprit ou huile de vitriol, le Mercure précipité sera jaune ; si c'est avec l'esprit de soufre, il sera blanc ; & si c'est avec l'esprit de nitre ou l'eau forte, il sera en forme de poudre rouge, ce qui dépend du propre soufre du Mercure alteré & séparé de son mixte, & non pas des esprits qui servent à la précipitation. Il est dangereux de donner interieurement le Mercure précipité. Son usage est externe, & dans la gale, la verole ou les ulceres qui tendent à la gangrene, il n'y a rien de plus salutaire que le précipité mêlé avec les onguents qui lui conviennent. La sublimation est aussi une préparation du Mercure. Elle se fait en prenant parties égales de Mercure dissous dans l'eau forte, de vitriol desseché & de sel décrepité. On mêle le tout exactement, puis on le sublime dans une cucurbite basse, & le Mercure sublimé s'éleve. En ajoûtant le Mercure vif au Mercure sublimé on prépare le *Mercure doux*, en ce que le premier écarte & desunit les sels corrosifs. Par ce moyen la vertu corrosive du Mercure sublimé se perd, & il se fait un remede très-doux que l'on appelle *Dragon mitigé*. La dose est d'un scrupule avec l'extrait-d'ellebore noir ou quelque autre purgatif. Il guerit parfaitement la verole, la lepre, l'hydropisie & les caterres. On appelle *Mercure de vie*, un vomitif celebre, mais violent. On le fait en mettant infuser le beurre d'antimoine rectifié dans de l'eau commune froide. La liqueur se blanchit comme du lait, & il tombe successivement une poudre blanche au fond, à laquelle on a donné le nom de Mercure de vie. Sa faculté est inépuisable, & on le peut infuser cinq cens fois sans qu'il perde rien de sa vertu. Il est d'un fort grand usage, & fait merveilles si on le donne à propos dans les fievres intermittentes, dans les affections melancoliques & sur-tout dans la manie. On emploie exterieurement le Mercure sublimé, & il entre dans l'eau phagedenique.

MERCURIALE. s. f. Plante dont les feuilles ressemblent au basilic, & à celles de la Parietaire, quoiqu'elles soient plus petites. Ses branches qui ont plusieurs ailes & concavités, sortent deux à deux par chaque nœud de sa tige. Sa hauteur est d'un palme & quelquefois davantage. Il y a une Mercuriale mâle & une Mercuriale femelle. Elles ont cette difference, que la graine du mâle sort d'entre ses feuilles, & qu'il a ses grains ronds & joints deux à deux, au lieu que celle de la femelle est disposée en façon de grappe, & qu'elle est fort abondante. Les feuilles du mâle sont plus noires que celles de la femelle au rapport de Pline, qui dit, que si une femme après avoir été purgée de ses fleurs boit du jus de la Mercuriale mâle, elle concevra un garçon, & que si elle boit le jus de la femelle, elle concevra une fille. Les Mercuriales croissent aux lieux champêtres & cultivés, & sont mises au nombre des herbes emollientes, de sorte qu'elles entrent dans presque toutes les decoctions qu'on fait pour les lavemens. Galien dit que tout le monde se sert de la Mercuriale seulement pour se lâcher le ventre, mais que si on l'applique en forme de cataplasme, on la trouvera fort résolutive. Le nom de *Mercuriale* lui a été donné, selon Pline, à cause que Mercure en a été l'inventeur, ce qui fait que les Grecs l'ont appellée ἑρμῦ πόα, Herbe de Mercure. Dioscoride parle d'une troisiéme espece de Mercuriale, qu'il appelle *Mercuriale sauvage*. Ses tiges sont molles, blanchâtres & hautes d'un pié & demi. Elle a ses feuilles semblables à la Mercuriale ou au Lierre, étant blanchâtres par intervalles. Sa graine est ronde & petite & tient aux feuilles. Ses feuilles & ses tiges prises en breuvage lâchent le ventre. On les mange aussi comme les autres herbes potageres. La décoction de cette plante évacue les flegmes, les aquosités & la colere. La plûpart tiennent que ce n'est autre chose que le Cynocrambé, mais Matthiole dit que comme la graine du Cynocrambé n'est pas attachée aux feuilles, il ne voudroit pas soûtenir que cette plante fût le vrai Cynocrambé.

MERDEFER. s. m. C'est la même chose que *Mâchefer*. Il a les mêmes proprietés que la rouille de fer. En Latin *Stercus ferri*.

Merde-d'oye. Sorte de couleur qui est entre le vert & le jaune. On lui a donné ce nom à cause du rapport de cette couleur à celle des excremens de cet oiseau.

MERE. s. f. *Femme qui a mis un Enfant au monde*. ACAD. FR. Ce mot de Mere se joint avec *Laine*, & on dit *Mere-laine*, pour dire, la Laine qu'on prend de dessus le dos des brebis, & qui est la meilleure de la toison pour faire des matelas. Nicod veut que l'on dise *Maire-laine*, & non *Mere-laine*, comme qui diroit, *Laine-majeur*. Les Vignerons nomment *Mere-goute*, Le vin qui coule des grappes qu'on a vendangées, sans qu'on les ait encore pressurées.

On dit aussi *Mere-perles*. Quelques-uns disent que les plus grosses perles dominent sur les autres, & qu'elles conduisent celles qui sont beaucoup plus petites, comme il arrive parmi les mouches à miel. Aussi ceux qui pêchent les perles, tâchent d'attraper les plus grosses coquilles, sçachant que s'ils les peuvent avoir, ils auront peu de peine à avoir les autres qui vont de côté & d'autre sans aucun ordre. La Coquille de perle voyant la main de celui qui la veut prendre, se resserre incontinent, & a tant de force qu'elle lui coupe les doigts s'ils se rencontrent sous l'ouverture qu'elle ferme en se resserrant. Juba dit qu'en Arabie il y a une sorte de Mere-perles, épineuses comme les Herissons, qui ont leurs pointes disposées presque de la même sorte que les dents d'un peigne, & qui enferment des perles qui ressemblent à la grêle. Selon Pline, on ne trouve au plus dans chaque Mere-perle que quatre ou cinq perles, mais Americus Vesputius, qui a parcouru toute la mer du Midi, & les Regions Meridionales, assûre qu'il y a vû telle Mere-perle qui en avoit plus de cent trente, ce qui a été confirmé par ceux qui ont navigé depuis aux Indes, & qui disent qu'il s'en rencontre quelquefois un plus grand nombre dans une seule Merle-perle.

MEREIN. s. m. Vieux mot. Dépit.

Par merein sa lance brisa.

MERELLE. s. m. Sorte de jeu de petits garçons fait en maniere d'échelle formée avec de la craye, où ceux qui jouent doivent, en marchant à cloche pié, pousser avec le pié une espece de palet dans chaque espace vuide que forment les lignes de cette maniere d'échelle, sans que le palet touche à la ligne. Quelques-uns disent *Marelle*.

MERIDIEN. s. m. Terme d'Astronomie & de Geographie. Nom qu'on donne à tous les cercles de la Sphere qui passent par le Zenith & le Nadir de quelque lieu que ce soit, & par les Poles du monde où tous ces cercles se rencontrent, & comme le Zenith & le Nadir sont les Poles de l'horison, Voyez *Zenith*, & *Horison*, & que les Poles du monde sont ceux de l'Equateur, les Meridiens passant par ces deux sortes de Poles, doivent toûjours couper l'Equateur & l'Horison à angles droits. Voyez *Pole*. Les deux Poles d'un Meridien sont les deux points du lever & du coucher équinoxial du Soleil, pris dans l'horison de tel lieu que l'on veut. On compte pour l'ordinaire trois cens soixante Meridiens, & on les appelle ainsi, parce que quand le Soleil parvient à ce point du ciel, il est midi dans tous les endroits de la terre qui sont sous le même Meridien. On appelle *Premier Meridien*, un grand cercle que l'on se figure être décrit sur le globe terrestre, pour commencer à compter delà les degrés de longitude des lieux. Voyez LONGITUDE. Les Anciens le mettoient aux Canaries dans la partie Occidentale de l'Isle de fer; ce que les François font encore presentement. Les

Hollandois le font passer par le Pic de Teneriffe, qui est la plus haute montagne du monde ; & dans les voyages de long cours, ils commencent à compter leur longitude par le port du partement. Cela leur est plus facile & plus commode pour pointer les cartes marines, & il y a par là plus de certitude dans leurs estimes. Le Meridien détermine le point où les Astres sont plus élevés sur notre Horison, & cela s'appelle *Hauteur meridienne.*

On appelle *Ligne meridienne*, Une ligne qu'on trace du Pole du Nord à celui du Midi, qui désigne sur un plan le cercle Meridien. Elle est toûjours perpendiculaire à l'horison, & sert à dresser les cadrans horisontaux, & à faire les observations des Astres dans les cadrans verticaux.

MERIN. s. m. Vieux mot que Ragueau a employé dans la signification de Sergent.

MERIR. v. a. Vieux mot. Récompenser, rendre la pareille. *Dieu le vous sçaura bien merir.*

MERIS. s. m. Vieux mot. Sorte de javelot ancien.

MERISIER. s. m. Arbre qui porte une espece de fruit à noyau, rouge & quelquefois noir, appellé Merise. Ce fruit est plus petit & plus menu que la cerise. Le Merisier a le bois fort dur. Son écorce est blanche & fort lissée, & ses feuilles deviennent rouges comme du feu avant qu'elles tombent.

MERITER. v. a. Etre digne, se rendre digne. On dit, en termes d'Arithmetique pratique, *Meriter à chef de terme.* C'est quand le principal gagne à chef de terme, & puis le gain & principal de terme en terme jusqu'à la fin du payement, à la raison que gagnoit le principal au premier terme; & s'il se paye quelque chose, le reste gagne toûjours à la même raison.

MERLAN. s. m. Poisson de mer qui a les yeux grands & clairs & les dents petites. Sa bouche est moyenne, & sa chair molle & legere.

MERLE. s. m. Oiseau qui a du rapport avec la grive. Quelques Oiseliers appellent le Merle femelle, *Merlesse.* Il est de couleur de suie & a l'estomac semé de petites taches de blanc sale. Le Merle mâle est noir, & a les jambes jaunes & le bec d'une autre sorte de jaune qui tire sur le rouge. Cet oiseau chante agreablement, & apprend diverses chansons qu'on lui enseigne avec un sifflet. Il joue de la trompette & bat le tambour.

Il y a aussi une sorte de poisson qu'on appelle *Merle.* Il ressemble à une perche de riviere, & a la bouche garnie de dents pointues & crochues. Sa couleur est entre bleu & noir.

MERLETTE. s. f. Terme de Blason. Oiseau sans bec & sans piés sur un écu. *D'or à l'orle de huit merlettes de sable.*

MERLIN. s. m. Terme de Marine. Petit cordage ou ligne à trois fils. On s'en sert à faire des rabans.

MERLINER. v. a. On dit en termes de mer, *Merliner une voile*, pour dire, La coudre à la ralingue par certains endroits avec du Merlin.

MERLON. s. m. Terme de guerre. Monceau de terre qui est entre deux embrasures d'un parapet. Le Merlon est long de huit à neuf piés du côté des canons, & de six de celui de la campagne. Il a six piés de hauteur, & son épaisseur est de dix-huit. On a dit *Merulum* & *Merla*, dans la basse Latinité, pour signifier un creneau de muraille, & c'est delà qu'est venu *Merlon.*

MERLUCHE. s. f. Espece de morue que l'on fait secher pour la garder. On dit aussi *Merlus*, & ce mot vient de *Maris Lucius*, Brochet de mer. C'est un poisson de haute mer qui croît jusqu'à une coudée, & qui est de la longueur d'un ou deux piés. Sa chair est molle & son foie très-délicat. Il a le dos gris cendré, le ventre blanc, la queue quarrée & la tête avancée & applatie. Ses yeux sont grands, de même que l'ouverture de sa bouche, qui est garnie de dents courbes & aigues.

MERVEILLE. s. f. Plante dont parle Matthiole, jettant plusieurs sarmens qui s'agraffent de côté & d'autre aux herbes & aux arbrisseaux voisins. Ses feuilles sont semblables à celles de la couleuvrée ou de la vigne, mais bien plus petites & plus déchiquetées tout à l'entour. Sa fleur est jaunâtre & ressemble à celle de concombre, & son fruit se termine en pointe des deux bouts, étant presque fait en maniere d'œuf. La peau en est charnue & toute couverte de petites bosses pointues. Ce fruit devient rouge quand il est mûr ; ce qui n'arrive que sur la fin de l'Eté, & il s'ouvre & se creve fort facilement. Il a la graine semblable aux anguries, mais plus petite, & une pelure grosse, grasse, glissante & fort rouge. Sa racine est très-menue. Ses feuilles soudent & guerissent les playes fraîches. Leur poudre prise à la mesure d'une cueillerée avec la décoction de plantain, guerit les playes interieures du corps, & quelques-uns en font grand cas contre la colique. On appelle cette plante *Balsamina, Viticella,* & *Momordica* ; & afin qu'on ne s'abuse pas à ce dernier nom, le même Matthiole fait remarquer que quelques-uns appellent *Momordica*, cette espece de geranium qui a ses feuilles plus grandes que les autres, & presque la même grandeur que celles de la mauve. Il parle ensuite d'une autre espece de *Merveille*, dont la tige est grosse, haute d'une coudée & demie, grasse, pleine de jus, & d'où sortent quantité de fortes branches. Ses feuilles sont de la longueur de celles du saule, dentelées tout à l'entour. Elle a ses fleurs grandes & purpurines, avec une queue tortue de derriere, d'où sort un fruit en façon de poire, & presque semblable à celui de l'autre plante de ce même nom. Ces sortes de poires qui sont velues, de vertes deviennent jaunâtres, & crevent d'elles-mêmes quand elles sont mûres. Elles jettent une graine qui est semblable aux lentilles. Les racines de cette plante sont fort grosses & bien munies, & quelques-uns lui attribuent la même vertu qu'à l'autre espece.

MES

MES. Pronom possessif qui a été employé dans le vieux langage pour le singulier Mon. *Mes cuer vueult dire les formes qui furent muées en nouveaux corps.* Il a signifié aussi, Plus ou Jamais.

A cest ne vous vaudra mes rien.

MESAIR. s. m. Terme de Manége. Certain air qu'on fait prendre à un cheval en le maniant entre le terre à terre & les courbettes, & qui tient moitié de l'un & moitié de l'autre.

MESANGE. s. f. Petit oiseau qui est une espece de pinson, gros comme la fauvette, mais dont le chant est extrêmement désagreable. Il a la tête noire & blanche, l'estomac tirant sur le vert, & l'échine d'un violet obscur. Il y a une Mesange commune, & une autre à longue queue. Cet oiseau, appellé en Latin *Parus major*, vit quatre ou cinq ans. M. Ménage fait venir le mot de *Mesange* de *Mesch*, mot Allemand, qui signifie la même chose.

MESAULE. s. f. Petite cour longue entre deux corps de logis. C'est l'explication que M. Perrault donne à ce mot.

MESCHANCE. s. f. Vieux mot. Méchanceté.

Tu es le vrai Dieu, qui meschance
N'aimes point, ne malignité.

On a dit aussi *Meſcheant*, pour Méchant, & *Meſcheante*, pour Méchante.

Depit en eut que la meſcheans,
Et pour troubles les Noceans
A une pomme entre eux gettée.

Cela s'eſt dit de la Diſcorde, qui n'étant point du feſtin des Dieux, y jetta la pomme d'or pour troubler la fête.

MESCHIEF. ſ. m. Vieux mot. Accident, malheur. On a dit auſſi *Meſchef*.

MESEIME. adj. Vieux mot. Même. Il vient de l'Italien *Medeſmo*.

MESENTERE. ſ. m. Terme de Medecine. Corps membraneux par lequel les inteſtins ſont liés enſemble. Il eſt composé de deux tuniques, d'une infinité de veines & d'arteres, de force graiſſe & glandules. On l'appelle ainſi de μέσος, Qui eſt au milieu, & de ἔντερον, Inteſtin.

MESENTERIQUE. adj. On appelle *Rameau meſenterique*, le Rameau de la veine-porte, qui entrant dans le meſentaire, ſe diſtribue en pluſieurs petites veines, & va ſe perdre dans les inteſtins.

MESESTANCE. ſ. f. Vieux mot. Déplaiſir.

MESGNIE. ſ. f. Vieux mot. Famille. On a dit auſſi *Meſnie*.

MESHOUAN. Adv. Vieux mot. Doreſnavant.

Chaines d'or couront meshouan.

On a écrit auſſi *Meshouen* & *Meſouen*.

MESIERE. ſ. f. Vieux mot. Miſere.

MESLE. ſ. f. Vieux mot qui a été dit pour Nefle. On s'en ſert encore en quelques Provinces. Quelques-uns croyent qu'il a été fait de *Meſpilum*, qui veut dire ce même fruit.

MESLURE. ſ. f. Vieux mot. Mélange.

Souvent entouillé de meſlure.

MESMARCHURE. ſ. f. Bleſſure ou antorſe qu'un cheval s'eſt faite par quelque faux pas.

MESNIL. ſ. m. Vieux mot. Habitation, village, hameau.

N'y a meſon, ne borde, ne meſnil.

M. Ménage fait venir ce mot de *Manſionile*, & d'autres de *Maſnile*, ou *Maſilinium*, qui ont été dits dans la baſſe Latinité.

MESOLABE. ſ. m. Inſtrument de Mathematique, composé de trois parallelogrammes, qu'on fait mouvoir dans une couliſſe juſqu'à certaines interſections. Les Anciens l'ont inventé pour trouver mechaniquement deux moyennes proportionnelles. Ce qui étoit neceſſaire pour leur fameux problême de la *duplication du Cube*. Voyez CUBE & DUPLICATION. Ce mot eſt Grec, & formé de μέσος, Qui tient le milieu, & de λαμβάνειν, Prendre. Il eſt parlé de cet inſtrument dans Vitruve.

MESPRENTURE. ſ. f. Erreur, mégarde, *Et ſi fut-il fait par meſprenture.*

MESPRISON. ſ. f. Vieux mot. Mépris.

Ne leur plaiſt pas que vengiſon
Soit priſe de là meſpriſon.

MESSAMINE. ſ. f. Eſpece de raiſin qui eſt auſſi gros qu'une ceriſe, ſe trouve dans la Virginie. Il a la chair graſſe, & rend un ſuc fort épais quand on le preſſe.

MESSIRE-JEAN. ſ. m. Sorte de poire qui eſt mûre en Octobre & en Novembre. Elle eſt rouſſe & fort ſucrée.

MESTIER. ſ. m. Sorte de machine composée de pluſieurs pieces de bois ſur quoi certains artiſans tendent & diſpoſent leur beſogne pour en faciliter le travail.

Les Vinaigriers appellent *Métier*, Un cuvier dans lequel ils preſſurent la lie du vin, & où ils la mettent dans des moules pour faire du vinaigre.

Métier. Eſpece d'oublie qu'on appelle plus communément *Petit métier*. C'eſt une pâte faite de farine, de ſucre, d'œufs, & d'eau détrempés enſemble, qu'on fait cuire ſur le feu entre deux fers. On la roule enſuite, ſi on veut, en petits cornets.

Métier. Vieux mot. Beſoin.

Et pluſieurs choſes que meſtier
Font à maintes gens à delivre.

MESTIVIER. ſ. m. Vieux mot. Moiſſonneur.

Si j'ai trouvé aucun eſpi
Après la main as meſtiviers,
Je l'ai glané molt volontiers.

MESTRE *de Camp*. ſ. m. Officier qui commande un Regiment de chevaux-legers, & qui marche à la tête de tous les Capitaines de ce Regiment le jour d'un combat. On a long-tems appellé *Meſtre de Camp*, celui qui avoit & qui commandoit un Regiment d'Infanterie, mais depuis que le Roi a ſupprimé la charge de Colonel general de l'Infanterie Françoiſe, les Commandans des Regimens d'Infanterie ont pris la qualité de Colonel.

On appelle *Meſtre de Camp general*, Un Officier fort conſiderable, qui en l'abſence du Colonel General de la Cavalerie legere, commande abſolument & avec la même autorité de ce Colonel general. Il a un Regiment qui eſt le ſecond de la Cavalerie, & qui lui étant affecté marche immediatement après le Regiment Colonel.

MESTROYER. v. a. Vieux mot. Maîtriſer, gouverner quelqu'un.

MESURABLE. adj. Mot que l'on trouve employé, dans le vieux langage, pour, Moderé, ſage.

Amours eſt & mâle & bonne,
Le plus meſurable enyvre,
Et le plus ſage embriconne.

MESURE. ſ. f. *Ce qui ſert de regle pour déterminer l'étendue d'une quantité.* ACAD. FR. La meſure nouvellement reglée de l'arpentage des eaux & forêts, eſt de douze lignes, par pouce, douze pouces pour le pié, vingt-deux piés pour perche, & cent perches pour arpent. On appelle *Meſures itineraires*, des meſures de la terre qui ont des noms differens & des longueurs differentes ſelon les pays, comme les milles en Italie, & les lieues en France. Les *Meſures rondes*, ſont celles qui ſervent à meſurer les grains & les fruits, comme le litron, le boiſſeau, le minot, ou bien les liqueurs, comme le tonneau, la pipe, la barrique, le pot, la pinte, la chopine, &c.

On appelle en termes d'Arithmetique, *Meſure d'un nombre*, Un nombre plus petit qui le diviſe exactement & ſans aucun reſte. Ainſi 4. eſt la meſure de 16. parce que quatre fois 4. font ce nombre de 16. ſans qu'il reſte rien. La *Commune meſure de deux ou de pluſieurs nombres*, eſt un nombre plus petit, autre que l'unité qui les diviſe, on les meſure plus exactement, de ſorte que 4. eſt la commune meſure de 12. de 20. & de 28. parce qu'il meſure exactement ces trois nombres, par ces trois autres 3. 5. & 7.

En termes de Geometrie, la *Meſure d'un angle rectiligne*, eſt l'arc du cercle compris entre les lignes de cet angle, & ayant ſon centre à la pointe du même angle, & la *Meſure d'un angle mixtiligne*, eſt un arc ayant ſon centre à la pointe de l'angle, & compris entre la ligne droite qui forme l'angle, & une ligne droite qui touche la courbe au point de l'angle. Quant à la *Meſure d'un angle curviligne*, & celle d'un *angle Spherique*, L'une eſt l'arc d'un cercle compris entre les deux lignes droites qui touchent à la pointe de l'angle, les deux lignes courbes qui le forment, & ayant ſon centre à la pointe du du même angle, & l'autre est l'arc d'un grand cercle compris entre les côtés de l'angle, & ayant la pointe de l'angle pour pole.

On dit chés les Maîtres en fait d'Armes, *Etre à mesure*. Lorsqu'on juge s'il y a une telle distance entre l'ennemi qu'on puisse lui porter un coup de pié ferme ou autrement. Cela arrive, quand du mifort de l'épée, on peut toucher le foible de celle de l'ennemi, & sans bouger le pié droit ni avancer le pié gauche. La *Mesure pour passer sur l'ennemi*, c'est quand les deux foibles des épées se touchent. En ce cas celui qui de son fort pourra toucher le foible de quelque épée que ce soit, sera toûjours dans la mesure.

Mesure en termes de Musique, se dit de ce qui regle le tems qu'on doit demeurer sur chaque note. Il y a deux sortes de mesures, la *Binaire* ou *double*, qui est celle qui se fait de deux tems égaux, c'est-à-dire, où le lever & le baisser de la main sont égaux, & la *Ternaire* ou *Triple*, qui se fait de trois tems égaux, c'est-à-dire, où le frapper est double ou deux fois plus long que le lever. Pendant cette mesure on chante deux notes blanches en frapant & une en levant. La mesure contient d'ordinaire une seconde d'heure, ce qui est environ le tems du battement du pouls & du cœur. On appelle *Pleine mesure*, celle pendant laquelle on chante quatre notes, comme aux Allemandes & aux Gigues. La mesure se regle suivant la differente valeur des notes de Musique, selon lesquelles on marque le tems qu'il faut donner à chacune. La semibreve, qui est la mesure entiere, dure un lever & un baisser. La minime appellée Blanche, dure ou un lever ou un baisser, & la noire dure la moitié d'un lever ou d'un baisser. Quand on observe bien ces mesures & ces tems, on dit, qu'*On joue*, ou qu'*On danse de mesure*.

MET

METACARPE. s. m. Terme d'Anatomie. Partie du squelete qui contient quatre os de la paume de la main, qui sont situés entre ceux du poignet & ceux des doigts. Ce mot est Grec μετακάρπιον, & est formé de μετὰ, Entre, après, & de καρπὸς, Jointure de la main avec le coude.

METAIL. s. m. Vieux mot. Meteil, blé qui est moitié segle, & moitié froment. *L'Hermite avoit semé du métail en la terre qu'il avoit sartée.*

METAL. s. m. Mineral qui se peut liquefier par le feu & étendre par le marteau. D'autres le definissent, Corps malleable, dur, fossile & liquable au feu, & qui reprend sa premiere solidité en refroidissant. On divise les métaux en liquables & en ductiles, ou en ceux qui sont l'un & l'autre ensemble. Le plomb & les autres métaux qui participent beaucoup d'humidité sont liquables & se fondent facilement, à l'exception du fer qui ne se fondant que par le moyen d'un feu très-fort, est plus ductile que liquable. L'étaim seul est liquable & non ductile. Les Chymistes, qui admettent sept métaux pour les rapporter aux sept Planetes, se trompent à l'égard du Mercure, qui n'étant ni dur, ni malleable, ni liquable au feu, ne peut être mis entre les métaux. Ainsi on n'en doit compter que six, l'or & l'argent appellés *Parfaits* à cause qu'ils sont formés d'une matiere plus pure, le cuivre ou airain, le fer, l'étaim & le plomb, qu'on nomme *Imparfaits*. Entre ces quatre derniers, l'airain & le fer sont appellés durs, & l'étaim & le plomb sont estimés mols. Quelques-uns veulent que le mot de métal en Grec, μέταλλον, ait été dit, comme μετὰ τὰ ἄλλα Proche les autres, à cause qu'aux lieux où l'on trouve une veine de metal, il y en a une autre qui n'en est pas éloignée. Aristote prétend que la cause materielle des métaux n'est qu'une vapeur ou exhalaison aqueuse, mêlée avec une terrestre, qui étant renfermée & resserrée entre les pierres s'épaissit & s'endurcit à cause de leur secheresse, ce qui ne paroît pas probable à Gassendi, à cause qu'on ne sçauroit concevoir que de ce mélange il s'en puisse jamais faire autre chose que de la boue. Ainsi s'il est vrai que quelque vapeur ou exhalaison se condense & se convertisse en métal, elle doit être quelque chose de plus qu'une vapeur, & composée de quelque principe qui tienne davantage de la nature des métaux. Les autres comme Agricola, trouvant cette matiere d'Aristote trop éloignée, s'en tiennent plûtôt à la terre & à l'eau, & d'autres qui veulent encore une matiere plus prochaine, disent que c'est de la cendre, ou une terre brûlée, renduë humide par l'eau qui survient. Leur opinion est fondée sur ce que le verre qui est fait de cendres, se fond par la chaleur, & se condense par la froideur comme les métaux, à quoi on oppose que le verre ne se fait pas de cendres ou de matiere terrestre brûlée, mais de cette espece de sel ou de corpuscules de verre qui sont mêlés avec les cendres, de sorte que s'il y a quelque chose dans les cendres qui soit la matiere des Métaux, ce doit aussi être quelque chose de particulier, & qui ait de l'affinité avec la nature métallique. Rohaut en parlant des premieres parties des Métaux, fait remarquer qu'encore que le sel soit fort fixe de sa nature, cela n'empêche pas qu'il ne se puisse mouvoir d'une fort grande vîtesse, non seulement pendant qu'il est encore dans les pores de la terre, où il s'est premierement formé & où il a dû avoir toute la rapidité du premier élement qui le compose, mais encore, lorsqu'il passe de ces pores dans quelques autres qui sont encore plus grands, pourvû qu'il n'admette point autour de soi d'autre matiere que celle du premier élement, car alors quand il auroit perdu beaucoup de son mouvement, il en acquerroit de nouveau par la raison qui en fait acquerir à l'eau quand elle penetre les pores de la chair. Ce qu'il dit des parties du sel quand elles sont seches, se peut entendre de celles du sel, de l'eau & des matieres huileuses jointes ensemble. Ainsi on conçoit que toutes ces choses peuvent être mûes de compagnie, & continuer leur route par des passages si étroits qu'elles nont pas la liberté de s'écarter à droit & à gauche, mais seulement d'avancer toutes ensemble d'un même sens. Il s'ensuit de là qu'étant en repos les unes à l'égard des autres, elles composent alors de petits corps durs, tels qu'on peut penser que sont les premieres parties des métaux. Il faut encore remarquer que ces sortes de petits corps durs se doivent former ordinairement assés bas dans la terre où elle est extrémement massive, & ou il se doit rencontrer par consequent des corps tels qu'il est necessaire pour les former, plûtôt que vers la superficie où toutes ses parties sont tellement desunies, & laissent entre elles de si grandes fentes, que l'air s'y peut introduire avec plusieurs autres corps diversement agités qui empêchent qu'il ne s'y engendre rien de fixe, comme doivent être les premieres parties des métaux. Or il est aisé de comprendre, poursuit-il, que les vapeurs & les exhalaisons qui s'élevent souvent de la terre interieure avec beaucoup de rapidité, peuvent quelquefois venir à passer par de certains endroits, lesquels quoique fort étroits, sont cependant assés larges en comparaison des petites parties des métaux qui s'y portent, & qui s'y déchargent au sortir des pores qui leur ont servi de moules; ce qui fait que ces petites parties sont élevées assés haut près de nous, & qu'elles s'arrêtent entre les sables, & les autres parties de la terre exterieure qui est soumise à notre recherche, & étant là elles composent les veines des Métaux, que le travail des hommes doit après cela épurer.

Les Chymistes veulent que la matiere des Métaux ne soit autre chose que le soulfre & le vif argent, à quoi quelques Modernes croyent qu'il faut ajoûter un sel vitriolique. La plûpart demeurent d'accord que l'or est fait de vif argent, ou de Mercure très-subtil, & très-pur, & d'un peu de soufre pur, clair, rouge, fixe, très-cuit, très-bien mêlé, & très-bien uni; l'argent de beaucoup de Mercure subtil & très-pur, & d'une moindre quantité de soufre, qui est pur, clair, blanc, parfaitement cuit & mêlé & presque fixe; le cuivre de peu d'argent vif, & qui est même plus grossier, & de beaucoup de soufre, mais qui est rouge & impur, & qui n'est pas entierement fixe ni parfaitement mûr ou cuit & mêlé; le fer, de peu d'argent vif & de beaucoup de soufre, qui est blanchâtre & plus fixe pour pouvoir être fondu plus lentement; l'étaim de quantité de vif argent impur & moins fixe, & de peu de soufre pareillement impur & moins cuit, & le plomb, de beaucoup de vif argent & de peu de soufre, l'un & l'autre, impurs, cruds, & les plus imparfaitement mêlés de tous. Les Métaux se divisent en fixes, mûrs & nobles, comme l'or & l'argent dont le soufre est parfaitement fixe, & en moins mûrs & moins nobles, qui n'ont ni la fixité ni la proportion requise dans leurs principes. Ces derniers sont durs ou mols. Les durs sont tels parce qu'ils contiennent beaucoup de soufre & peu de Mercure à proportion, ce qui fait qu'ils rougissent facilement dans le feu & s'y fondent avec peine par le défaut du Mercure. Les mols sont tels à cause qu'ils contiennent beaucoup de Mercure & peu de soufre à proportion, de sorte qu'ils se fondent plûtôt que de rougir dans le feu, comme l'étaim & le plomb. Les Métaux participent chacun d'un autre métal, sur-tout les moins nobles des plus nobles. Il y a dans le cuivre la matiere premiere de l'argent, & quelque chose de l'or. Le plomb tient toûjours quelque chose de l'argent; l'argent bien gouverné fournit des grains d'or, & le Mars contient un soufre solaire dont quelques-uns se servent pour fixer le soufre d'antimoine. On ne peut nier en general qu'il ne se fasse quelque transmutation des Métaux, puisque l'experience fait voir qu'en jettant du fer dans de l'eau vitriolique, & faisant ensuite fondre la poudre rouge qui naît sur la superficie de ce fer, cette poudre se trouve être du cuivre. Si d'ailleurs sur du plomb reduit en poudre on verse du flegme de vinaigre dans lequel on le laisse tremper pendant une nuit, & qu'on jette ensuite quelques gouttes de ce vinaigre sur de l'argent vif, dissous par de l'eau forte, cet argent vif sera incontinent précipité au fond du vase en forme de poudre, qui étant fondue au feu sera du plomb. Ainsi il n'y a point de repugnance à ce que les Métaux imparfaits & qui ne sont point encore mûrs, montent à un plus haut degré de perfection & de maturité. Il est constant que tous les Métaux n'ont aucune difference formelle, & qu'ils ne different que du plus ou moins de maturité, laquelle seule leur manque pour être de l'or. Cela fait que ceux qui cherchent la pierre philosophale, posent pour fondement que le Mercure est la matiere commune de tous les Métaux, & qu'il est plus ou moins parfaitement mêlé & fixé dans l'argent, dans le cuivre, dans le fer, dans l'étaim & dans le plomb, mais qu'il est parfaitement temperé & fixé dans l'or, en sorte qu'il n'y a point de feu, quelque long & violent qu'il soit, qui puisse en rien dissiper. Aussi tout leur but est-il de trouver quelque chose qui donne cette nature d'or au Mercure, soit qu'il soit seul, ou qu'il soit caché dans les autres Métaux, parce que n'y en ayant point qui soit plus parfait que l'or, ils croyent que la nature n'engendre les autres, que parce qu'elle ne trouve pas un Mercure disposé pour en former de l'or, si bien que c'est dans la découverte de cette chose-là que consiste toute la difficulté du grand œuvre. Ils la cherchent diversement dans divers genres de corps, mais ceux qui passent pour être les plus éclairés, jugeant que ce doit être une espece de semence, croyent qu'il ne faut point la chercher ailleurs que dans l'or même, & qu'apparemment les semences de l'or sont dans l'or, du corps duquel si l'on pouvoit tirer la semence comme l'on tire le grain de l'épi, l'on viendroit à bout du grand œuvre, puisqu'il ne seroit plus besoin que de jetter cette semence dans la terre feconde du Mercure, pour obtenir cette multiplication qu'on espere.

METALLIQUES. f. m. On entend par *Metalliques*, tout corps terrestre du métal. Ce sont les parties excrementeuses des métaux que l'action du feu en separe, ou qui se rencontrant dans les mines auprès des métaux, retiennent quelque chose de leur nature, comme quelques pierres, terres, ou sucs concrets mineraux. Le feu ayant la vertu de separer le pur de l'impur, forme l'excrément du mémétal de sa portion la mieux digerée & la plus terrestre. Cet excrement surnage au métal, & c'est ce qu'on appelle en Latin *Scoria*. Il n'y a point de métal qui n'ait le sien, à l'exception de l'or, dont la substance est si pure, qu'elle est presque incapable de souffrir aucun mélange de ces parties excrementeuses.

METAMORPHISTES. f. m. Nom qui fut donné dans le seiziéme siecle, aux Sacramentaires qui disoient que le Corps de Jesus-Christ en montant au Ciel avoit été fait Dieu entierement. Ce mot est la même chose que *Transformateur.* Il vient du Grec μεταμορφόω, Je transforme.

METANGISMONITES. f. m. Heretiques qui tenoient que le Fils étoit dans le Pere, comme un petit vaisseau dans un plus grand, & à qui on attribue aussi d'avoir crû que Dieu étoit corporel. Ils furent ainsi nommés du Grec μεταγγίζειν, qui veut dire, Renverser d'un vase dans un autre.

METAPHORISTES. f. m. Nom qui fut donné à des Heretiques qui soûtenoient les Opinions de Daniel Chamier. C'étoit un Ministre de Montauban.

METAPHRASTE. f. m. Traducteur. Ce mot est Grec μεταφραστής, & veut dire, Qui interprete un Ouvrage d'une Langue dans une autre Langue.

METATARSE. f. m Terme d'Anatomie. Partie du squelette de l'homme dont la partie mitoyenne du petit pié est composée. Elle contient cinq os qui sont entre le talon & les orteils, du Grec ταρσὸς qui est la partie du pié où commence la premiere articulation des os qui font ce qu'on appelle *la plante.*

METE. f. f. Vieux mot. Borne, Frontiere, du Latin *Meta*, qui veut dire la même chose.

METELLES. adj. Matthiole avoue qu'il a confondu quelque tems les noix vomiques & les noix Metelles dont les Arabes font mention, & qu'il a forti d'erreur en considerant que la noix qu'Avicenne appelle *Metelle*, avoit de grosses & courtes épines, & une graine semblable à celle de la Mandragore, ce qui le fait être de l'opinion de ceux qui disent que la noix Metelle est le fruit de Strammonia qu'il croit avoir une grande proprieté pour endormir, aussi-bien que l'arbre dont il sort. Ces noix de Strammonia seches & mises en poudre, sont singulieres à la colique si on les prend en vin au poids d'une drachme, à ce qu'il rapporte sur le témoignage de ceux qui l'ont éprouvé. Elles ne sont pas toutes d'une même forme. Il y en a de rondes, de plattes & de longuettes, & elles sont revêtues toutes d'une petite capillature pointue par le bout. En parlant ailleurs de ces noix Metelles, il dit qu'elles servent de poison, non seulement aux chiens qui en mangent, mais aussi aux hommes en qui elles causent des vertiginosités, rougeurs de visage, trouble de vue & de sens avec un sommeil profond, ce qui est suivi d'une sueur froide, vrai signe de mort, & que l'on y remedie en excitant plusieurs fois le vomissement, après quoi il faut donner à celui qui souffre, du beurre frais, & force vin pur, en y mêlant du poivre de pyrethre, des grains de laurier, du castorium, & de la canelle fine.

METEORE. s. m. *Corps qui se forme, & qui apparoît dans l'air.* ACAD. FR. Ce sont mixtes imparfaits qui s'engendrent des exhalaisons & des vapeurs de la terre élevées dans l'air, tels que sont la grêle, les éclairs, le tonnerre, les vents, les pluies, les feux ardents & volans, & même l'Arc-en-ciel, qu'on met aussi de ce nombre. On a vû des Meteores en forme de javelots brûlans & de lances flamboyantes, d'étoiles volantes, de chevrons de feu, & de traits de feu volans. Il y a aussi quelques Cometes qui n'ont point de corps fixes & permanens, & qui ne sont que de simples Meteores. Ce mot est Grec μετέωρος, & vient de μετεωρίζειν, Lever en haut.

METL. s. m. Nom que les Mexiquains donnent à un arbre qui croît parmi eux, & qu'ils cultivent fort soigneusement. Il a ses feuilles larges & épaisses, presque de la grandeur d'une tuile, avec de longues & fortes épines munies d'une pointe. Ces épines servent d'aiguilles, d'épingles, & de poinçons. Son tronc qui est assés gros, & pointu en haut en forme de pyramide, étant incisé il en sort une liqueur comme de l'eau en fort grande quantité. Elle est très-claire & fort bonne à boire. Si on la fait bouillir legerement, elle se convertit en miel, & étant depurée en sucre, & mêlée avec de l'eau, elle se change en vinaigre. François Ximenes écrit qu'on fait du vin de son sucre, en y mêlant de l'eau, des semences d'oranges, des melons & autres, & que les Sauvages le boivent avec grande volupté, mais qu'outre qu'il est fort mal sain, & qu'il offense puissamment la tête, il fait sentir très-mauvais ceux qui s'en remplissent.

METOPE. s. m. Terme d'Architecture. Intervalle, espace qui est entre chaque Triglyphe dans la frise de l'Ordre Dorique. Ce mot est Grec μετόπη, & composé de μετὰ, Entre, & de ὀπὴ, Trou, de sorte qu'il ne veut dire autre chose que la distance qu'il y a d'un trou à un autre, c'est-à-dire, d'un Triglyphe à un autre Triglyphe, à cause que les Triglyphes sont supposés être des bouts de solives ou de poutrelles qui remplissent des trous. Ceci est de M. Felibien, qui ajoûte que les anciens ornoient cet endroit de têtes de bœuf, de bassins, de vases & d'instrumens qui servoient aux sacrifices.

On appelle *Metope barlong*, tant celui qui est plus large que haut dans la distribution d'une frise Dorique, que celui qui est entre les consoles avec quelques ornemens de peinture ou de sculpture dans l'entablement composé d'une corniche de dedans.

METOPION. s. m. C'est selon Dioscoride, un onguent qui se fait en Egypte; & que l'on appelle ainsi à cause du Galbanum qui y entre; les Habitans appellant *Metopion*, le bois qui produit le Galbanum. Cet onguent est composé d'amandes ameres, d'huile d'olives vertes, de cardamome, de squinanthum, de calamus odoratus, de miel, de vin, de fruit du baume, de galbanum & de resine. Le meilleur est celui qui est gras, qui sent fort, & qui tient plus de l'odeur du cardamome & de la myrrhe, que de celle du galbanum. Le Metopion échauffe fort; il brûle, il ouvre & desopile les veines. Il est attractif, & mondifie les ulceres. Quand on le met dans les onguens corrosifs, il est fort bon aux nerfs & aux muscles coupés, & pour les hergnes aqueuses. Ce mot est Grec μετώπιον.

METOYERIE. s. f. Limite qui separe deux heritages contigus, & qui appartiennent à deux differens Proprietaires. On dit en parlant de deux voisins, qu'*Ils sont en Métoyerie*, pour dire, Que le mur qui separe leurs maisons est mitoyen.

METRIFIER. v. n. Vieux mot. Faire des vers.

Et pas ne le feroit és lais
Qui font rondeaux & virelais,
Et qui sçavent metrifier.

Ce mot vient du Grec μέτρον, qui signifie proprement Mesure, & qui est pris quelquefois pour vers, à cause qu'il faut observer de la mesure en faisant des vers.

METTRE. v. a. *Poser, placer une chose dans un certain lieu.* ACAD. FR. On dit en termes de Manege, *Mettre un cheval au pas, au trot, au galop*, pour dire, Le faire aller au pas, au trot, au galop. On dit aussi *Mettre à courbettes, à caprioles*, pour dire, Lui apprendre à manier à courbettes, à caprioles, & on dit absolument *Ce Cheval a été bien mis*, pour dire, qu'Il a été bien dressé. On dit encore, *Mettre un cheval dedans*, pour dire, Le dresser, le mettre dans la main & dans les talons. *Mettre un cheval sous le bouton*, se dit d'un cheval arrêté sans qu'il y ait personne dessus, & auquel en lui laissant les rênes sur le cou, on abaisse le bouton, qu'on fait descendre, jusqu'à ce que la bride ramene sa tête en sa posture.

On dit en termes de Marine, *Mettre un Navire dehors*, pour dire, Le tirer de dessus le chantier & le mettre à l'eau. On dit aussi, *Mettre à la voile, Mettre en mer*, pour dire, Partir d'un Port.

Mettre tout au vent. C'est lorsqu'on est contraint par un gros tems de mettre vent en pouppe ou autrement, & *Mettre vent en pouppe*, c'est tourner le derriere du Vaisseau contre le vent. *Mettre en ralingue*, se dit, pour dire, Mettre le Vaisseau de telle sorte que le vent ne donne point dans les voiles, & *Mettre en panne*, pour dire, Faire pancher le Navire, afin de fermer quelque voie d'eau. On dit encore *Mettre les voiles dedans, Mettre à sec*, ou *Mettre à mât & à cordes*, pour dire, Ferler les voiles & les serrer sans en garder aucune; *Mettre le vent sur les voiles*, pour dire, Les mettre paralleles au vent, afin d'empêcher qu'elles n'en prennent; *Mettre les basses voiles sur les cargues*, pour dire, Se servir des cargues pour les trousser par en bas. *Mettre côté en travers*, pour dire, Mettre le vent sur les voiles de l'avant, & laisser porter le grand hunier en sorte que le Vaisseau prête le côté au vent; *Mettre le perroquet en banniere*, pour dire, Larguer ou lâcher les écoutes de la voile du perroquet pour la laisser voltiger au gré du vent, ce que l'on fait quand on veut donner de jour quelque signal; *Mettre son Vaisseau à la bande*, pour dire, Le faire ranger sur un côté pour le radouber ou étancher quelque voie d'eau; *Mettre un Vaisseau en cran*, pour dire, le mettre sur le côté pour le carener ou le suiver. *Mettre à la cape*, pour dire, N'avancer ni ne reculer; *Mettre le cap*, pour dire, Tourner la proue d'un Navire du côté du vent qu'on s'est proposé de suivre; *Mettre un Navire en hunin*, pour dire l'agréer de tous les cordages, & *Mettre une Galere en estime*, pour dire, Balancer une Galere de telle sorte qu'elle aille aussi vîte qu'il se peut.

Les Charpentiers disent *Mettre des solives de champ*, pour dire, Les poser sur la partie la moins large, ainsi ces solives ayant, par exemple, six pouces d'un sens & quatre de l'autre, elles sont posées de champ, si on les met sur la partie qui est seulement de quatre pouces. On dit aussi, *Mettre les poteaux du fond au pan de bois*, pour dire, Les mettre du haut en bas, ou mettre les pieces de bout. On dit *Mettre les pieces de bois en leur raison*, pour dire, Disposer de telle sorte les pieces de bois qui doivent servir à un bâtiment, qu'étant mises en chantier, chaque morceau se trouve en sa place. On dit d'une piece de bois, qu'*Elle est mise sur son fort*, quand elle bombe un peu, & que le bombement est mis en haut.

METTRIEUX. s. m. Vieux mot. Fagots.

MEU

MEULE. s. f. *Machine ronde & plate qui est ordinairement de pierre, & qui sert principalement à broyer les grains.* ACAD. FR. On appelle quelquefois *Meule*, en termes de Medecine, l'os qui sert à plier le genouil, & que l'on nomme autrement *Rotule.*

Meules. Terme de chasse. Le bas de la tête d'un cerf, d'un daim, d'un chevreuil, & qui est le plus proche du massacre.

MEULIERE. s. f. Carriere d'où l'on tire les meules à moulin. On dit autrement *Molliere*. On appelle aussi *Meuliere*, tout moilon de roche mal fait & plein de trous. La pierre de Meuliere étant rude & spongieuse, on s'en sert dans les grottes, & même on en met des morceaux au feu pour leur faire prendre une couleur plus rouge. On en rend d'autres verdâtres avec du vert de gris, des eaux fortes & du vinaigre fort.

MEURER. v. n. Vieux mot. Mûrir.

Que mon nez est li arbre dont le fruit
Ne meure.

MEURIER. s. m. Arbre qui produit le fruit qu'on appelle *Mûres*. Il y en a de noires & de blanches. Celui qui porte les noires est courbe, entortillé, fort rempli de nœuds, & ne laisse pas de devenir assés grand. Il jette de grosses branches qui s'étendent plus en large qu'en long. Son bois est massif & de couleur jaune jusqu'au cœur. Sa racine n'est guere profonde, quoique grosse & bien fournie. Elle s'étend fort au rez de terre, & particulierement en ceux qui portent les mûres blanches, qui sont plus spatieux & plus hauts que les autres, & dont les feuilles sont propres à nourrir les vers à soye. Elles vont en aiguisant, & sont dentelées dans l'un & l'autre arbre. On en voit pourtant souvent dans chaque espece qui ont la forme de feuille de vigne. Les mûres noires sont semblables au fruit de la ronce, excepté qu'elles sont un peu plus grandes & plus longues, rendant un jus couleur de sang qui tache les mains & la bouche. Elles sont d'abord d'un vert blanchâtre, rouges ensuite, & noires quand elles sont mûres. Pendant que ce fruit est rouge, il est aigre & astringent au goût, mais dans sa maturité il devient doux, retenant pourtant quelque peu d'astriction. Les mûres blanches sont plus petites & un peu vertes avant leur maturité, du reste âpres & rudes en les mâchant; mais étant mûres elles ont un goût de miel. Le Mûrier est le dernier de tous les arbres domestiques qui bourgeonne; ce qui est cause que les Anciens l'ont appellé le plus sage de tous les arbres. On estime le bois du Mûrier de grande durée. Il est bon aux choses où il faut plier & courber; ce qui le rend propre à faire des cercles & à bâtir des navires. Les mûres ayant atteint leur maturité humectent & rafraîchissent, appaisent la soif, reveillent l'appetit, & ne sont pas contraires à l'estomac, mais elles nourrissent peu, à cause qu'elles descendent promptement en bas, étant de substance humide & glissante. On les mange ordinairement à jeun ou à l'entrée du repas, & si elles rencontrent quelque mauvais suc d'estomac, ou si on les prend après d'autres viandes, elles se corrompent aussitôt. Dioscoride dit que si dans le tems de la moisson on donne une taillade à la racine du Mûrier après l'avoir déchaussée, elle jettera une liqueur qui se trouvera congelée le lendemain. Cette liqueur poursuit-il, est fort bonne au mal de dents, resout les petites apostumes rouges, & purge le ventre.

Il y a des *Mûres sauvages*, qui viennent sur une sorte d'épine que les Grecs nomment βάτος, ce qui fait qu'on les appelle *Mora batina*, ou *Mora bati*. Elles ont une faculté astringente qui approche fort de celle des Domestiques. Etant mâchées, elles adoucissent les inflammations de la bouche & des amygdales, & arrêtent le flux de ventre.

MEURISON. s. f. Vieux mot. Maturité. *L'hermite avoit semé du métail dans la terre qu'il avoit sartée, & quand la meurison vint.*

MEURTRIR. v. a. Tuer. *Il n'est plus guere en usage en ce sens & on ne s'en sert ordinairement que pour signifier, Faire une contusion.* ACAD. FR. On dit *Meurtrir le Marbre*, pour dire, Le frapper à plomb avec quelque outil, comme font ceux qui travaillent avec la boucharde. On a dit autrefois *Meurdrir.*

MEUSNIER. s. m. Sorte de poisson dont la tête est grosse & grande, & qui a la bouche sans dents avec quatre ouies de chaque côté. Sa chair est blanche & molle, & par-là peu estimée. On lui a donné le nom de *Meusnier*, à cause qu'il s'en trouve quantité autour des moulins, où il se nourrit de bourbe & d'eau.

MEZ

MEZ. s. m. Vieux mot. Milieu.

MEZAIL. s. m. Terme de Blason. Le devant ou le milieu du heaume. Borel qui rapporte ce mot comme un terme d'Armoiries pris de Geliot, le fait venir du Grec μέσον, Milieu.

MEZARAIQUE. adj. Terme de Medecine. On appelle *Veines mezaraïques*, les Veines du mesentere qui succent le chyle des intestins pour le porter au foye. Ce mot vient du Grec μεσάραιον, qui veut dire, Mesentere, composé de μέσον, Milieu, & de ἔντερον, Mince, tenve, à cause que les menus intestins sont contenus dans le mesentere.

MEZEL, ou MESEAU, s. m. Ladre. Vieux mot. Quelques-uns le font venir de *Misellus*, Miserable. M. Menage le derive de l'Italien *Mezzo*, qui veut dire, Gâté, pourri, corrompu, comme si on disoit, Un demi homme. On a dit en parlant du plomb,

Et aucuns de sçavoir isnel
Le veulent nommer or mezel.

On s'est aussi servi du mot de *Mezelerie*, pour dire, Lepre. Selon du Cange, on a appellé *Mezeleria*, ou *Misellaria*, La maison des lepreux.

MEZELINE. s. f. Sorte d'étoffe mêlée de soye & de laine. C'est ce qu'on appelle ici communement *Etoffe de la porte de Paris*, qui est une maniere de petite brocatelle qu'on fabrique en Flandre.

MEZEREON. s. m. Plante qui jette plusieurs surgeons, & qui a ses branches hautes d'un palme. Ses feuilles sont semblables à celles de l'olivier, mais plus menues & plus ameres, & ont un goût mordant qui pique la langue & le gosier. On l'appelle *Oleastellum & Chamœlea*, de χαμαὶ, A terre, & de ἐλαία, Olivier, comme qui diroit, Petit olivier, à cause de sa ressemblance avec cet arbre. Son fruit est fait en façon d'olive, vert d'abord, ensuite rouge, & enfin noir. Matthiole dit que les Arabes qui ont écrit fort confusement de la Chamœlea & Thymœlea, ont appellé l'un & l'autre Mezereon, dont ils établissent deux especes, l'un blanc, l'autre noir, en y mêlant la laureole; en sorte qu'on ne sçauroit bien connoître ce qu'ils veulent dire. Il ajoûte que ces deux plantes sont si furieuses & si violentes dans leurs operations, qu'il est fort dangereux d'en user, à moins qu'on ne soit d'une très-robuste complexion, plusieurs qui avoient l'estomac debile en étant morts. Dioscoride dit pourtant que les feuilles du Mesereon prises en pillules évacuent la pituite & la bile.

MEZZANIN. s. m. Terme de Marine. On appelle *Arbre de mezzanin*, un troisiéme Mât qu'on met quelquefois dans une Galere entre l'arbre de mestre & la pouppe. Ce mât est garni de sa voile, que l'on appelle de même, *Voile de mezzanin*.

MEZZANCE. s. f. Chambre du Comite dans une Galere. On l'appelle autrement *Miege*.

MEZZANINE. s. m. Quelques-uns emploient ce mot pour signifier une Entresolle dans un bâtiment, c'est-à-dire, un lieu où l'on pratique de petites garde-robes pour loger les valets proche la chambre du maître. Mezzanine est pris des Italiens. On appelle *Fenêtre mezzanine*, Une petite fenêtre qui étant moins haute que large, sert à éclairer un attique ou une entresolle.

MIC

MICHEL. *Saint Michel.* Ordre Militaire de France, qui fut établi en 1469. par Louis XI. en memoire de l'Archange saint Michel, que l'on prétend avoir été vû combattant à Orleans contre les Anglois, qu'il contraignit de lever le siege. Le Roi ordonna qu'il y auroit trente-six Chevaliers de saint Michel, dont il seroit le premier, & qu'ils porteroient un collier d'or fait de coquilles, lassées l'une à l'autre, & posées sur une chainette d'or, d'où pendroit l'Image de cet Archange, combattant ou foulant un dragon aux piés. Le Roi Charles VII son pere portoit cette Image dans ses Enseignes lorsqu'il alloit à la guerre. Ces paroles, *Immensi tremor Oceani*, étoient la devise de cet Ordre, qui ayant été en grand honneur sous quatre Rois, fut tellement avili du tems de Henri II. que les grands Seigneurs ne voulurent plus en être.

MICROSCOPE. s. m. Terme d'Optique. Sorte de lunette, qui grossissant extraordinairement les objets, fait découvrir les moindres parties des plus petits corps de la nature. Les Microscopes dépendent des mêmes principes que les autres Lunettes. Voyez LUNETTE. On en fait à deux & à trois verres convexes, même à quatre qui ont un tuyau long d'un pié. Il y en a d'autres, & ce sont ceux que l'on préfere présentement, qui n'ont qu'une petite lentille grosse comme la tête d'une épingle. Leur effet vient de ce qu'un objet proche qui à cause de la grande divergence de ses rayons, (voyez DIVERGENCE,) ne pourroit être vû qu'à un pié de distance, parce qu'autrement le crystallin ne pourroit réünir assés-tôt ses rayons sur la retine, (Voyez CRYSTALLIN,) peut être vû à une distance de l'œil douze fois moindre, par exemple, à cause que la petite lentille étant extrémement convexe, diminue extrémement la divergence des rayons, & les met en état que le crystallin en peut faire la réunion sans peine. D'où il arrive que cet objet étant douze fois plus proche qu'il n'eût été, le diametre de son image dans l'œil est à peu près douze fois plus grand, & par conséquent l'image entiere que l'on conçoit comme une espece de surface circulaire 144. fois plus grande, car les aires des cercles sont entre elles comme les quarrés des diametres. Le mot de Microscope vient de μικρὸς, *petit*, & de σκοπέω, *je regarde.*

MID

MI-DENIER. s. m. Vieux mot qui se trouve dans les Coûtumes. La moitié d'une somme. *Mari ou femme ayant melioré leur propre, ou réuni quelque chose à leur fief & domaine, ou fait quelque ménage qui regarde le seul profit de l'un d'eux, sont tenus d'en rendre le mi-denier.*

MIE

MIEGE. s. f. On appelle ainsi dans une Galere la Chambre où se met le Comite. On dit autrement *Mezzance.*

MIEL. s. m. *Suc doux que les abeilles font de ce qu'elles recueillent sur les fleurs ou sur les feuilles des plantes & des arbres.* ACAD. FR. Pline dit que le miel est toûjours bon quand il est cueilli sur de bonnes & odorantes fleurs, tel que celui d'Athenes & de Sicile, des montagnes Hymettus & Hybla, & de l'Isle de Calydna. Le bon Miel, selon Dioscoride, doit être doux, aigu, odorant, roussâtre, materiel, pesant, gluant quand on le manie, & il ne doit point couler hors des mains. Il est abstersif, aperitif & attractif; ce qui fait que l'on s'en sert aux ulceres sales & caverneux, & aux fistules. Il ajoûte que le Miel de Sardaigne est amer, parce que les mouches à miel s'y paissent d'aluyne, & qu'il est bon neanmoins à faire partir toutes sortes de taches du visage; mais qu'en Heraclée de Pont, en certains tems de l'année, les abeilles recueillent de quelques fleurs particulieres une sorte de Miel qui resout tout le corps en sueur, & fait perdre le sens aux personnes qui en mangent. Il est fort aigu, & fait éternuer seulement à le sentir. On appelle *Miel vierge*, Celui qu'on recueille des jeunes abeilles. Il est de couleur jaune tirant sur le blanc, & on l'estime le meilleur de tous. Le *Miel rosat*, que les

Grecs appellent ῥόδομελι, & les Arabes *Celebiabin*, déterge & restreint en quelque façon, à cause que l'astriction des roses tempere la chaleur & l'acrimonie du Miel. Le *Miel violat* sert à adoucir & à rafraîchir, & humecte davantage que le rosat. Le *Miel anthosat*, que l'on nomme ainsi à cause qu'il est fait de la fleur de rosmarin, appellée ἄνθος, par excellence, c'est-à-dire, Fleur, corrige par sa chaleur toutes les intemperies froides des parties, déterge & incise la pituite, & dissipe les ventosités; mais il faut que la fleur de rosmarin qu'on y emploie soit toute récente, parce qu'étant seche elle est sans odeur, & ne peut par conséquent avoir aucune vertu. Il y a encore le *Miel mercurial*, qui se fait du suc de mercuriale pris avec du miel en égale portion. Il déterge & purge la pituite crasse, & on s'en sert seulement dans les lavemens, sur-tout lorsqu'il s'agit d'irriter la faculté expultrice. Quant au Miel commun, on l'emploie en le cuisant seul comme dans les suppositoires, où l'on s'en sert à confire certains medicamens, à cause qu'il est fort propre à conserver les électuaires & les antidotes où il entre.

Gassendi parle d'une espece de Miel qui se trouve quelquefois à la pointe du jour sur les feuilles de plusieurs sortes d'arbres, & qui semble n'être autre chose que de la rosée mêlée avec une certaine humeur visqueuse semblable à du miel qui transpire des feuilles des arbres comme une sueur, en sorte que la rosée soit comme la matiere, & que ce qui transpire des feuilles tienne lieu de présure. Il semble même, dit M. Bernier dans l'Abregé qu'il a fait de la doctrine de ce Philosophe, que ce n'est point ce que les abeilles transportent dans leurs ruches, parce que nous ne les voyons point le matin, qui est le tems de cette rosée, avoir de l'empressement pour ces feuilles; si bien que je croirois plûtôt que ce miel, dont les abeilles sont amoureuses, s'engendreroit dans la surface des fleurs, sinon qu'on ne les voit point fort s'arrêter aux feuilles des fleurs, mais qu'elles pénétrent plûtôt avec leur petite trompe dans le cœur & dans le centre des fleurs, où d'ordinaire il se trouve quelque chose qui tient de la douceur du Miel. Mais quel que soit ce suc qu'elles rapportent, il est croyable qu'elles le succent & le transmettent dans leur estomac, qu'une partie est changée en aliment, qu'une autre partie se convertit & se perfectionne en miel dans quelque endroit du corps propre & destiné pour cela, de la même façon que ce qui reste de l'aliment dans les animaux qui font du lait est converti en lait, & qu'enfin elles s'en déchargent chaque jour dans leurs petites maisons.

Selon Pline le Miel vient de l'air, & sur-tout au lever de certains Astres, même aux Jours Caniculaires, comme aussi un peu avant que les Pleïades paroissent, & toûjours avant l'aube du jour; de sorte qu'en ce tems-là on trouve les feuilles des arbres toutes arrosées & chargées de miel. Même si quelqu'un se trouve à la campagne dans ce même tems, il sentira ses habits & ses cheveux comme engraissés de Miel, soit que cette sorte de Miel soit quelque excrement des astres ou une sueur du ciel, ou le jus de l'air qui se purifie.

MIELAT. s. m. Sorte d'exhalaison qui semble être la même chose que le miel que Pline & Gassendi ont dit tomber à la pointe du jour sur les feuilles des arbres. Rohaut qui explique dans sa Physique la maniere dont se forme le Mielat, fait remarquer, que si dans une saison un peu chaude & dans laquelle l'air n'est agité d'aucun vent, il s'éleve tout à la fois une quantité notable de vapeurs & d'exhalaisons, dont l'agitation soit telle, qu'elles puissent monter assés haut, pour lors les vapeurs qui se dégagent facilement, se sépareront des exhalaisons en prenant le devant, & les exhalaisons dont les parties sont plus embarrassées, & qui ne peuvent pas s'élever si haut, voltigeront toutes seules dans l'air qui est le plus proche de la terre. S'il arrive que cet air se refroidisse mediocrement pendant la nuit, les vapeurs pourront bien conserver encore assés de mouvement pour demeurer sous leur même forme; mais les exhalaisons ayant des parties, dont la figure est cause qu'elles se déterminent plûtôt au repos, elles s'affaisseront les unes sur les autres, & composeront un brouillard qui couvrira une étendue de pays d'autant plus grande, qu'elles seront en plus grande quantité; après quoi si elles s'épaississent en liqueur huileuse à la rencontre des corps les plus secs, elles y feront voir le Mielat qui attriste quelquefois les Paysans, parce que les blés & autres plantes semblables se trouvant ordinairement assés secs dans la saison du Mielat, qui est composé d'exhalaisons qui tiennent de la nature des huiles, c'est sur ces sortes de corps qu'il se trouve en plus grande quantité; & il ne sçauroit manquer de leur être fort nuisible, s'il arrive ensuite que l'air soit serein, & que le Soleil darde ses rayons sur ces plantes, à cause que la liqueur huileuse dont elles sont comme enduites, étant susceptible de beaucoup de chaleur, fait qu'elles se cuisent & se corrompent entierement. Le Mielat est ce qu'on appelle en certains lieux *Melie*.

MIELDRE. adj. Vieux mot. Meilleur. On a dit aussi *Miendre*, dans le même sens.

> *C'est la belle Heleine au cler vis.*
> *Est-il nul miendre par avis.*

MIEX. Vieux mot. Mieux. On a dit encore *Mielx* & *mielx*, du Latin *Melius*.

MIG

MIGNOTIE. s. f. Vieux mot. Gentillesse, ajustement.

> *Quand leur chief seront chauve & nu,*
> *Ne leur chaudra de mignotie,*
> *De deduit, ne de cointerie.*

Ce mot est venu de *Mignot*, qui a été dit pour, Joli, mignon, agreable.

MIGRAINE. s. f. Mal aigu que l'on ressent dans la moitié de la tête. On appelle proprement la douleur de tête *Migraine*, quand on ne la sent que d'un côté, soit à droit, soit à gauche. Ce sont des vapeurs mordicantes qui la causent. Elles s'élevent de hypochondres à la tête, & pressent & piquent le pericrane ou les meninges du cerveau. Ce mot vient du Grec ἡμικρανία, formé de ἡμι, Moitié, & de κράνιον, Crane.

MIL

MILAN. s. m. Oiseau fort leger qui vit de proie & qui vole haut. Il est de couleur fauve ou noire, & ennemi du duc & du sacre, qui sont deux oiseaux de proie.

Il y a aussi un poisson de mer que l'on appelle *Milan*. Il vole un peu au-dessus de l'eau, & a la chair dure & seche.

MILIAIRE. adj. Terme de Medecine. On appelle *Fiévre miliaire*, Une fiévre dans laquelle le corps est tout parsemé de petites pustules en forme de grains de mil; ce qui la fait aussi appeller *Pourpre rouge* ou *blanc*, selon la couleur des grains. Le pourpre blanc est mortel ordinairement aux accouchées.

MILITAIRE. adj. Qui concerne les choses de la guerre. On appelloit autrefois *Colomne militaire*, une Colomne sur laquelle on gravoit le dénombrement des Troupes d'une armée Romaine par legions selon leur rang. Cela se faisoit dans le dessein de conserver la memoire du nombre des Soldats & de l'ordre dont on s'étoit servi dans quelque fameuse expedition.

On appelle, en termes de Medecine, *Fiévre militaire*, une Fiévre maligne dans laquelle il y a une extrême douleur de tête accompagnée de maux d'estomac, sur-tout avec la cardialgie. Elle est familiere aux Soldats à cause des grandes fatigues & des miseres du corps.

MILITER. v. n. Vieux mot. Combattre,

Qui sous un même Imperateur militent.

C'est delà qu'on dit l'*Eglise militante*. Ce mot est venu du Latin *Militari*.

MILLE. s. m. Sorte d'arbre fort grand qui se trouve au Royaume de Quoja, Pays des Noirs, & dont les racines croissent extrêmement haut, c'est-à-dire, cinq ou six piés au-dessus de terre.

MILLE-DIABLES. s. m. Troupe de voleurs qui prirent ce nom en 1523. Dupleix en parle dans son Histoire de France.

MILLEFEUILLE. s. f. Petite herbe qui jette plusieurs surgeons de la hauteur d'un palme & quelquefois davantage. Ses feuilles sont faites en façon de plumes folles de petits oiseaux, fort courtes, déchiquetées & âpres comme celles du cumin sauvage, quoiqu'elles ne soient pas si grandes. Elle en a un si grand nombre, que comme on auroit de la peine à les compter à cause de leur petitesse, on lui a donné le nom de *Millefeuille*. Elle jette à la cime d'autres petits surgeons qui portent des bouquets semblables à ceux d'Aneth, garnis de petites fleurs blanches, qui quelquefois se rencontrent incarnates. Cette herbe croît aux lieux maigres, & principalement le long des hayes. Toutes ces marques font dire à Matthiole qu'il ne doute point que la Millefeuille ne soit le vrai στρατιώτης χιλιόφυλλος de Dioscoride, mais il accuse d'erreur ceux qui le confondent avec l'herbe que le même Dioscoride décrit sous le nom de μυριόφυλλον, en Latin *Millefolium*, & qui croît dans les lieux marécageux. Elle jette une seule & simple tige qui est tendre & molle, jaunâtre, & comme rayée de differentes couleurs. Ce *Millefolium* n'a qu'une racine, & produit plusieurs feuilles polies, lissées & semblables à celles du fenouil. Etant enduit vert ou sec avec du vinaigre, il garantit du feu les plaies fraîches. Quant à la Millefeuille, son jus est singulier à ceux qui crachent le sang & aux ruptures des veines. Galien parlant de la Millefeuille dit qu'elle est quelque peu astringente, & par consequent bonne aux ulceres & à souder des plaies. Il y en a qui s'en servent aux fistules, & pour étancher le flux de sang.

MILLEGRAINE. s. f. Plante qui croît aux lieux sablonneux & secs, & même sur le gravier des rivieres. Ses feuilles ressemblent à la chicorée. Elles sont déchiquetées, & replissées en façon de feuilles de chêne. Les branches qu'elle produit sont minces, déliées, & toutes chargées de graine disposée en maniere de grappe. Toute la plante a un jus gommeux qui fait qu'elle tient aux doigts quand on la manie. Son odeur est forte & pénétrante, & ne laisse pas d'être agreable. Cette herbe mise parmi les habits, les fait sentir bon. Matthiole dit que l'herbe prise en décoction de reglisse, ou la décoction de l'herbe même prise quelques jours avec miel violat ou sucre, est singuliere à toutes affections de poitrine causées par des humeurs froides, même aux apostumes, & à ceux qui ne peuvent avoir leur haleine s'ils ne tiennent le col droit, & qu'il a éprouvé que prise de cette sorte, elle a une vertu admirable pour les Thisiques qui crachent pourri.

MILLENAIRES. s. m. Heretiques qui étoient persuadés qu'après le Jugement universel les prédestinés demeureroient avec Jesus-Christ sur la terre, où ils jouiroient pendant mille ans de toutes les délices du corps & de l'esprit, après quoi ils monteroient au Ciel. Ils fondoient leur opinion sur ce passage de l'Apocalypse. *Et vidi animas decollatorum propter testimonium Jesu & propter Verbum Dei, & vixerunt, & regnaverunt cum Christo mille annis.* Cette erreur ayant entrainé plusieurs grands personnages, & entre autres saint Justin & saint Irenée, eut des Défenseurs jusques au Pape Damase qui la condamna. Il y a d'anciens Auteurs qui font mention d'autres Millenaires dont l'erreur étoit de croire que de mille ans en mille ans il y avoit cessation de peine en Enfer.

MILLEPERTUIS. s. m. Herbe rougeâtre, qui est fort blanche & qui croît de la hauteur d'un bon palme. Ses feuilles sont semblables à celles de la rue, & sa fleur qui est jaune & ressemble à celle du violier, rend un jus aussi rouge que du sang, quand on la froisse entre les doigts, ce qui la fait appeller par quelques-uns Androsæmon, quoique l'Androsæmon soit une herbe differente du Millepertuis, que les Grecs appellent ὑπέρικον, & les Italiens *Perforata*, ses feuilles étant toutes pleines de petits trous qu'on a de la peine à voir si on ne les regarde au Soleil. Le Millepertuis produit des gousses un peu velues, qui sont rondes, tirant en longueur, & grosses comme un grain d'orge. Elles enferment une graine noire qui a l'odeur de resine, ce qui le fait aussi appeller χαμαίπιτυς, comme qui diroit, Petit pin. Il croît aux lieux cultivés & aux lieux âpres. Matthiole dit que sa graine prise en vin fait sortir la pierre, & sert de préservatif contre les venins; que son herbe ou la graine même, bûe, ou appliquée, est un souverain remede contre les morsures des bêtes venimeuses, & que quelques-uns font grande estime de l'eau qu'on distille de cette même herbe lorsqu'elle est en fleur, contre la paralysie & le haut mal.

MILLEPIE'S. s. m. Sorte d'insecte des Isles de l'Amerique, qu'on appelle ainsi, à cause de la multitude de presque innombrable de ses piés, qui herissent tout le dessous de son corps. Il s'en sert pour ramper sur la terre, ce qu'il fait avec une vîtesse incroyable lorsqu'il se sent poursuivi. Il a environ six pouces de longueur. Le dessus de son corps est tout couvert d'écailles tannées, extrêmement dures, & emboîtées les unes dans les autres, comme les tuiles d'un toit. Cet insecte est dangereux en ce qu'il a des mordans en sa tête & en sa queue, dont il pince si vivement & fait glisser un si mauvais venin en la partie qu'il a serrée, qu'on y ressent une douleur fort aigue pendant plus de vingt-quatre heures.

MILLESIME. s. m. Chifre qui est dans la legende des Monnoyes, & qui marque le tems de la fabrication de l'espece. Autrefois on ne l'exprimoit que par le nom du Prince regnant ou par celui des Magistrats Monetaires, mais Henri II. ordonna en 1549. que l'année de la fabrication des monnoyes seroit marquée à l'avenir sur chaque espece, ce qui a été toûjours observé depuis.

MILLET. f. m. Plante dont les feuilles sont semblables à celles des roseaux & du Panis, & qui a son chaume de la hauteur d'une coudée, gros, noué & cotonneux. Sa racine est dure, & en diverses manieres, jettant ses épis deçà & delà qui panchent dès la cime, & d'où sort en abondance un grain rond, ferme, jaune & revêtu d'une gousse extrêmement mince. Le pain qu'on en fait, étant mangé au sortir du four, est fort friand, mais quand il est dur, il n'a aucun goût. Galien dit que le Millet donne moins de nourriture que les autres blés, qu'il est sec & frêle comme sable, n'ayant en soi ni graisse ni viscosité, ce qui le rend propre à dessecher les humidités du ventre, & qu'appliqué dehors en petits sachets, c'est une fort bonne étuve pour ceux qui ont besoin d'être desséchés sans aucune mordication.

MILLIAIRE. adj. On a appellé *Pierres Milliaires*, chés les Romains, certaines bornes de pierres que l'on plantoit sur les grands chemins, & qui étoient espacées à un mille l'une de l'autre, pour marquer la distance des Villes de l'Empire. Ces pierres se comptoient du *Milliaire doré*, qui étoit une colomne que fit élever Auguste dans la grande place de Rome, proché du temple de Saturne. Elle étoit enrichie d'or, & tous les grands chemins d'Italie aboutissoient à cette colomne. Il y avoit toutefois plusieurs grandes Villes qui interrompoient la suite de ces pierres Milliaires, & qui avoient le nombre de leurs colomnes, en comptant depuis une Ville celebre jusqu'à l'autre, ce qui se faisoit par tout dans les Provinces. L'usage de ces pierres Milliaires est aujourd'hui pratiqué dans toute la Chine. La Colomne que fit élever Auguste, appellée *Milliarium aureum*, fut restaurée par Vespasien, Trajan & Adrien, comme ses inscriptions le font connoître. Elle étoit de marbre blanc, & c'est la même qu'on voit aujourd'hui sur la balustrade du perron du Capitole à Rome. Elle est de proportion massive en maniere de court cylindre avec la base & le chapiteau Toscans, & une boule de bronze lui sert d'amortissement.

MILORD. f. m. Mot dont les Anglois se servent pour dire, *Monseigneur*, & qui a été mis en usage en France, en parlant d'un bourgeois riche, & qui fait le glorieux. *C'est un gros Milord.* On a dit autrefois *Millour* dans le même sens.

Et mesmement les grands Millours
D'elles furent la embourrez.

Le mot de Milord, vient de *Mi* & *Lord*, Seigneur. M. Ménage dit que *Lord* a été fait par abbreviation de *Laford*, mot ancien qui vouloit dire, Liberal, qui donne du pain.

MILORT. Sorte de Serpent que Matthiole dit avoir été appellé ainsi par les Milanois & les Lombards. Il le fait fort different de la vipere, n'étant aucunement venimeux & entrant souvent dans les maisons, en quoi il blâme Cardan, qui veut qu'il y ait une vipere rouge, grosse & courte que les Italiens appellent *Milort*.

MIM

MIMBOUHE. f. m. Arbre qui croît dans l'Isle de Madagascar, & dont les feuilles sont odoriferantes, & propres pour réjouir, & fortifier le cœur.

MIME. f. m. Nom qu'on a donné à certains Farceurs, qui en imitant les actions des hommes sur les theatres, faisoient rire les spectateurs par leurs gestes & par leurs postures. On a aussi nommé *Mimes*, des fables plus licentieuses & plus sales que la Comedie ordinaire, telles qu'étoient celles de Laberius, dans lesquelles on representoit en paroles libres des choses indécentes & deshonnêtes. Ce mot vient du Grec μῖμος, qui veut dire, Imitateur; d'où vient que les Grecs ont appellé un Singe μιμὼ, à cause qu'il contrefait tout ce qu'il voit faire aux hommes.

MIN

MINAGE. f. m. Droit qui se paie aux Seigneurs sur chaque mine de blé, d'avoine, & autres grains pour le mesurage qui s'en fait.

MINARET. f. m. Espece de Tourelle ronde, ou à pans, fort haute, & qui est menue comme une colomne. Elle s'éleve par étages avec balcons en saillie & retraites, & c'est chés les Mahometans comme un clocher mis près des Mosquées, pour les appeller delà dans le tems qu'il faut prier. *Minaret* vient de *Minar*, mot Persan qui veut dire, une Colomne.

MINE. f. f. *Lieu dans la terre où se forment les métaux & les mineraux, comme l'or, l'argent, le fer, le cuivre, l'étaim, le vitriol, l'antimoine, la litharge, l'orpiment, le cinabre, &c.* ACAD. FR. Il y a des Mines d'or en plusieurs Royaumes de l'Asie, de l'Afrique & de l'Amerique, & l'or s'y trouve, ou en espece de terre & de pierre, ou en pepins & en larmes. Celui qu'on trouve de cette derniere sorte est très-pur, mais on est obligé de purifier & d'affiner l'or que l'on a tiré en espece de terre ou de pierre. Le vif-argent a souvent ses propres Mines, où on le trouve tout purifié decoulant. On l'appelle alors *Mercure vierge*. On en trouve aussi avec les autres métaux dans leurs Mines, ce qui a fait croire qu'il en est comme la semence, & qu'il entre dans leur composition. L'argent se trouve aussi dans les Mines en espece de terre, & ces Mines sont en Asie aux Royaumes de Pegu & de Siam, & dans les Isles du Japon, & en Amerique, dans plusieurs Royaumes du Mexique, sur-tout dans celle du Potossi au Perou. C'est où est située la fameuse montagne qui porte ce même nom de Potossi. Elle est faite en forme de pain de sucre, ayant une lieue d'Espagne de circuit par bas, & seulement un quart de lieue par haut. Les Mines de cette montagne furent découvertes en 1545. & depuis ce tems-là les Rois d'Espagne en ont fait tirer un très-grand nombre de millions. Ce qu'il y a de remarquable, c'est que toutes les veines de ces Mines ont été trouvées du côté du Soleil levant, & aucune ne l'a été du côté du couchant. Nous avons en France des Mines de fer, qui étant bien conduites & travaillées fournissent de bon acier. C'est à ceux qui y travaillent à bien choisir la matiere. Il faut la nettoyer & la laisser quelque tems à l'air, & après qu'elle a été fouillée & bechée, on doit la chauffer & la fondre avec du charbon fait de jeune bois, tenu en lieu sec un an ou deux avant qu'on l'emploie, parce que le charbon fait de frais & de vieux bois, rend le fer cassant, outre qu'il ne dure guere au feu. C'est dans les Mines de fer qu'on trouve l'aiman, & on l'y trouve si étroitement lié avec le fer, qu'un même morceau est moitié fer & moitié aiman, ou fer d'un côté & aiman de l'autre. Ils ont à peu près la même couleur & les pores assés semblables, mais l'aiman est beaucoup plus dur & plus pesant. L'experience a fait voir que l'aiman se reduit en fer par le feu, que la rouille lui ôte toute sa vertu, & que quand il l'a une fois perdue, on ne peut plus la lui redonner. Les Mines de plomb & celles d'argent produisent d'ordinaire de l'étaim. Matthiole fait remarquer que les Mines de métaux

métaux croissent, & dit qu'on en a vû d'anciennes dont on ne faisoit plus aucun cas, à cause qu'on les avoit si bien nettoyées de tout ce qu'on avoit pû en tirer, que les chariots y pouvoient passer fort aisément ; que cependant par succession de tems la matiere minerale s'y étoit tellement accrue, que loin qu'il y eût passage pour un chariot, les Travailleurs même n'y pouvoient entrer, tant les cavernes s'étoient comblées. Il le confirme par les Mines de fer de l'Isle d'Elba, assés voisines du territoire de Senes, qui ayant été abandonnées longtems comme vuides & inutiles, s'étoient ensuite trouvées deux fois plus abondantes en matiere minerale, qu'avant qu'on eût commencé à en tirer.

Mine. Couleur pour peindre, faite de ceruse brûlée dans une fournaise. Pline la nomme *Usta*; Vitruve, *Sandaracha*; Serapion, *Minium*, & les Droguistes, *Mines de plomb*. C'est un rouge orangé fort vif, mais on ne s'en sert guere dans les tableaux, à cause qu'elle est mauvaise, & ennemie des autres couleurs.

Mine. Terme de Fortification. Ouverture, ou chambre soûterraine qu'un Soldat ou quelqu'autre personne fait sous le rempart, ou sous la face d'un bastion, à laquelle on va par des détours & par un chemin oblique. On y pose des barils de poudre avec une méche ou une saucisse, & on proportionne la poudre à la hauteur & pesanteur des corps qu'on a dessein de faire sauter.

Mine, se dit aussi d'une sorte de mesure qui contient deux minots, & on appelle quelquefois *Mine*, Une mesure de terre dont l'étendue ne sçauroit être semée que par deux minots de grain. C'est environ un demi-arpent de Paris. *Mine*, est encore une mesure pour des grains, & pour du charbon.

Mine. Piece de monnoie des anciens qui pesoit cent drachmes ou une livre chés les Grecs. Il y en avoit une petite qui n'étoit que de soixante & quinze drachmes. La Mine parmi les Hebreux, étoit de soixante & dix sicles, ou six-vingts drachmes, chaque drachme de six oboles. Ils en avoient une autre qu'on appelloit *Mine antique*. Celle-là pesoit cinquante sicles sacrés.

MINERAL. f. m. Corps mixte & inanimé que certaines exhalaisons mêlées avec une matiere terrestre plus ou moins élabourée engendrent dans les entrailles de la terre. Galien divise les Mineraux, en métaux, terres & pierres, à quoi d'autres ajoûtent les sels & les sucs tant concrets que liquides.

Ce mot est aussi adjectif, & on appelle *Sel mineral*, Un sel qui se forme naturellement dans la terre, & qui étant plus terrestre, est aussi beaucoup plus compacte & plus solide que les sels chymiques, & tient moins de la nature de l'eau. Il se divise en sel ammoniaque & en sel de gomme. Il y a aussi un sel mineral artificiel, qui se fait de l'eau qui passe par les mines de sel, & qu'on fait consumer ensuite par le feu. On appelle *Crystal mineral*, Un Medicament Chymique fait avec du nitre & du soufre. Glaser dit que pour le faire il y en a qui se servent du nitre dépuré sans le préparer avec le soufre, ce qu'il ne condamne pas, à cause que le soufre emportant avec soi une partie du sel volatile sulphuré du nitre, le prive par là de ce qu'il contient de plus pur en soi. Le cristal mineral est rafraîchissant, ce qui fait que l'on s'en sert aux fiévres putrides & malignes, aux inflammations & maladies chaudes internes, & sur-tout aux fluxions sur la gorge. Il y a aussi des eaux minerales. Ce sont des eaux naturelles, chaudes ou froides, impregnées de quelques essences minerales au fond de la terre. Il y en a de diverses sortes, les unes qui tiennent des métaux, d'autres des sels, d'autres du bitume, &c. Les Chymistes appellent *Teinture minerale*, Celle qui leur serviroit à faire le grand Oeuvrere, s'ils étoient venus à bout de la trouver, pour teindre le Mercure qu'ils se persuadent qu'ils auroient facilité de fixer.

MINEUR. f. m. *Celui qui travaille à une mine pour faire sauter quelque fortification*. Il y a une Compagnie de Mineurs que commande un Capitaine dans le Regiment des Fusiliers. Le Roi entretient ce Regiment pour le service de l'artillerie. Dans le tems que travaillent les Mineurs ils ont un capot en forme de capuchon pour empêcher que l'éboulement des terres ne leur offense les yeux.

MINEURS. Nom que prennent les Cordeliers, qui par humilité se disent *Freres Mineurs*. S. François d'Assise fut leur Patriarche. C'étoit un Marchand Italien, qui avoit le nom de Jean avant sa conversion, & qui fut retiré de ses débauches par la vision d'un château plein d'armes & de croix, avec une voix qui lui disoit qu'il devoit devenir un Soldat spirituel. La Regle qu'il donna à ses Disciples ayant été confirmée par le Pape Innocent III. & depuis par les Papes Honoré III. & Nicolas IV. il ne voulut point qu'on les appellât *Franciscains* de son nom, mais *Minores*, & il les divisa en trois classes. La premiere étoit de Freres Mineurs, qui étoit la vie la plus austere, la seconde de pauvres Filles qu'on nomma *Clarisses*, de sainte Claire, & la troisiéme de Penitens, Ordre établi pour des personnes mariées qui vouloient faire penitence, & qui gardoient la proprieté de leurs biens. Les Franciscains se multiplierent de telle sorte depuis 1211. jusqu'à l'année 1380. qu'il s'érigea dans la Chrétienté plus de quinze cens Couvens de cet Ordre, en sorte que Sabellicus rapporte que de son tems il y avoit quatre-vingt-dix mille Freres Mineurs.

On appelle aussi *Mineurs*, ou *Clercs Mineurs*, Un Ordre de Clercs Reguliers, dont les constitutions furent approuvées en 1605. par le Pape Paul V. Jean Augustin Adorne, Gentilhomme de Genes, travailla à leur établissement à Naples en 1588. avec Augustin & François Caraccioli. Leur General fait sa residence à Rome dans la Maison de S. Laurent, & ils y ont aussi un College à Sainte Agnès de la Place de Navonne.

On appelle *Les quatre Mineurs*, ou *les quatre Ordres Mineurs*, Les Ordres de Portier, de Lecteur, d'Exorciste & d'Acolythe, qu'on reçoit entre la Tonsure & le Soûdiaconat, & qui ne sont point des Ordres sacrés.

MINEURE. f. f. Terme de Logique. Seconde proposition d'un Argument en forme. On appelle aussi en Theologie *Mineure ordinaire*, Le plus court acte de la licence, dans lequel on soûtient ordinairement de la Theologie positive. Il commence à [illegible] heure après midi & finit à six.

On appelle en termes de Musique, *Tierce Mineure*, Celle qui est en proportion en nombre de cinq à six, & *Sexte Mineure*, Une consonance qui provient du mélange de deux sons, qui sont en proportion de cinq à huit.

MINIA. f. m. Sorte de Serpent venimeux, qui se trouve au Pays des Noirs. Il est si grand & si gros qu'il avale des moutons, des pourceaux, & même des cerfs entiers. Il se tient à l'affût dans des broussailles ; & quand il découvre quelque proie, il se lance dessus, & s'entortillant autour de son corps, il l'étouffe en la pressant. On rapporte une chose sort particuliere de ce Serpent, c'est qu'avant que d'engloutir ce qu'il a pris, il regarde tout autour, s'il n'y a point quelque fourmi, qui se pourroit glisser dans son corps avec sa proie, & lui ronger les entrailles. La peur qu'il en a vient de ce qu'après avoir avalé un animal de cette grosseur, il se sent incapable de se défendre, jusqu'à ce qu'il ait digeré ce grand fardeau.

MINIATURE. s. f. Maniere de peindre sur le velin avec des couleurs très-fines détrempées dans de l'eau de gomme Arabique ou de gomme adragant. Ce travail est le plus long de tous dans la Peinture, & il se fait seulement avec la pointe du pinceau. On y emploie les couleurs qui ont le moins de corps, comme étant les meilleures & les plus commodes, de sorte que l'on se sert avantageusement de carmin, de belles laques, & de verts qu'on fait de jus d'herbes & de plusieurs sortes de fleurs. Quelques Peintres n'employent point de blanc, & pour rehausser, ils font servir le fond du velin. Les clairs paroissent à mesure que l'on donne de la couleur & de la force aux figures. Il y en a d'autres qui avant que de travailler étendent fort legerement sur le velin une couche de blanc de plomb bien lavé, & bien purgé, qu'ils épargnent ensuite en pointillant.

MINIMES. s. m. Ordre de Religieux, qui portent un habit de couleur tannée avec un petit capuce, un Scapulaire rond, & un manteau de même couleur. Il fut fondé par saint François surnommé de Paule, parce qu'il étoit natif de Paule, Ville de Calabre, & fils de Jacques Maltotile, qui mourut Religieux de cet Institut. Le Pape Sixte IV. l'approuva en 1473. & il fut confirmé en 1506. par Jules II. Les Minimes de Nigeon près Chailliot, sont appellés *Bons-hommes*, à cause que Louis XI. ayant fait venir François de Paule en France sur la réputation de sa sainteté, dans l'esperance d'obtenir sa guerison par ses prieres, l'appelloit ordinairement *Bonhomme*. Ce saint Fondateur voulut que ses Religieux fussent appellés *Minimes*, du Latin *Minimus*, qui veut dire, Très-petit, comme se tenant le moindre de tous. On les appelle en Espagne, *Peres de la Victoire*, à cause d'une Victoire remportée sur les Mores par Ferdinand V. se'on ce qu'avoit prédit S. François de Paule. Ces Religieux, outre les trois vœux ordinaires de Religion, en font un quatriéme, qui est d'observer un Carême perpetuel.

MINIUM. s. m. Vermillon, qui selon ce que dit Dioscoride, se fait en Espagne d'une certaine pierre mêlée avec un sable blanc comme argent. En le faisant cuire aux fourneaux, il prend une couleur fort vive & ardente. Quand on le tire des mines, il jette une vapeur qui étouffe, ce qui est cause que ceux qu'on emploie à ce travail, s'envelopent le visage de vessies pour avoir la liberté de regarder par dedans, & de retirer leur souffle sans attirer les mauvaises vapeurs du vermillon. Les Peintres s'en servent dans leurs plus riches couleurs.

MINOT. s. m. Sorte de mesure qui contient la moitié d'une mine. On dit, *Minot de blé, minot de charbon, minot de chaux*. Le *Minot de sel* doit peser cent livres. L'Ordonnance veut que le Minot à blé ait onze pouces & neuf lignes de hauteur sur un pié deux pouces & huit lignes de diametre entre les deux fusts. Ce Minot est fait de bois composé du fust, & de la potence de fer avec une fleche, la plaque qui la soûtient, & quatre goussets qui tiennent le fond en état.

On appelle aussi *Minot*, Une mesure de terre, qui revient à peu près à un quartier d'arpent de Paris, & on lui donne ce nom, à cause qu'il faut un Minot de grain pour le semer.

Minot. Terme de Marine. Grosse & longue piece de bois, au bout de laquelle est un crampon. Elle sert quand on leve l'ancre dans les grands Navires, à la tenir éloignée du bordage en la guindant.

MINUSCULE. s. f. Terme d'Imprimerie. Les Imprimeurs appellent *Minuscules*, Les petites lettres par opposition à celles qu'ils nomment majuscules & capitales.

MINUTE. s. f. C'est ou la soixantiéme partie d'une heure, ou la soixantiéme partie d'un degré de cercle. Une minute dans quelque tems qu'on la prenne, se divise encore en soixante parties qu'on nomme *secondes*, & si l'on veut une plus grande précision, chaque seconde se divise encore en soixante *tierces*, chaque tierce en soixante *quartes*, &c. Il seroit inutile & presque impossible dans la pratique d'aller plus loin, & même on ne va presque pas jusqu'aux quartes. Ces minutes se marquent par un petit trait, les secondes par deux, les tierces par trois. Ainsi on mettra, 1', 15'', 22''', &c.

Minute, est aussi un terme d'Architecture, & se prend pour une partie du module. Le module est une grandeur que l'on établit pour regler toutes les mesures de la distribution des édifices. Les Architectes prennent cette mesure sur le diametre du bas de la colomne dont ils se servent pour mesurer toutes les autres parties d'un bâtiment, en divisant ce diametre en soixante parties égales, ou bien en douze, & ces parties s'appellent *Minutes*.

Minute. Terme de Notaire. Le premier acte qui se fait entre les parties où leurs signatures sont avec celles des Notaires. Il se dit aussi des Jugemens qui s'expedient dans les Greffes, & qui sont signés des parties ou des Juges. C'est sur ces minutes qu'on délivre des grosses, & des expeditions authentiques & executoires. *Minute*, se dit aussi de la petite lettre dont les gens de pratique se servent pour écrire les actes originaires & publics. *Ecrire en minute*. Ce mot vient de *Minuta*, & de *Minutus*.

MINUTER. v. a. Terme de Notaire. Dresser la minute, & l'original de quelque acte.

MIP

MI-PARTI. adj. Terme de Blason. Il se dit de deux écus coupés par la moitié, & joints ensemble par un seul écu, en sorte que l'on ne voit que la moitié de chacun. Ceux qui veulent joindre les armoiries de leurs femmes à celles de leurs Maisons en usent de cette sorte. L'écu coupé & parti seulement en une de ses parties, s'appelle aussi *Ecu miparti*.

MIR

MIRAILLÉ, ÉE. adj. Terme de Blason. Il se dit des ailes de papillon, ou des marques que les Paons ont sur leurs queues, à cause de la ressemblance que ces marques ont avec un miroir. *De gueules à un papillon d'argent, miraillé de sable*.

MIRE. s. m. Vieux mot qu'on trouve employé pour Medecin dans tous les anciens Livres. Alain Chartier a dit dans la vie de Charles VII. *Et sa iambe fut si bien gouvernée par les Mires que le péril en fut hors*. On lit dans le Jardin de plaisance.

Soyez mon Mire,
Pour m'ôter l'ire
Et le tourment
Qu'incessamment
J'y à vous dire,
Mon cœur soupire.

Borel le dérive du Grec μύρον, Onguent, & cela étant, il faudroit écrire *Myre*. M. Ménage le fait venir de l'Arabe *Emir*, qui veut dire, Seigneur, Prêtre.

Mire. Terme de Chasse. Nom qu'on donne à un Sanglier lorsqu'il a atteint cinq ans.

MIRE. s. f. Point où l'on vise pour tirer une arme. Les Canonniers ont des coins de Mire qu'ils mettent sous la culasse d'un canon, pour le hausser ou baisser vers le point où ils veulent tirer. Ces coins de Mire sont faits de bois, & longs environ d'un pié. Leur largeur est de six à huit pouces & leur épaisseur de deux à trois d'un côté, & d'un demi-pouce ou d'un pouce tout au plus de l'autre. Ils ont un manche du côté le plus épais. Le fronteau de Mire est aussi de bois ou bien de cuivre, & a sa figure ronde. Son diametre est égal à celui de toute la piece vers la plate-bande. On le divise en deux également, lui laissant au milieu une ouverture ronde proportionnée au collet du canon sur lequel on le pose. Pour s'en servir, on suppose un point aussi élevé sur l'ame du canon que le peut être celui que la plate-bande forme. On dit, *Mettre une piece en mire*, pour dire, La pointer, afin de donner où l'on a dessein que la piece porte. On dit aussi, *Prendre sa mire, chercher sa mire*, pour dire, Regarder en pointant une piece de canon en quel endroit on pourra donner.

MIRER. v. a. On dit en termes de mer, que *La terre se mire*, pour dire, que Les vapeurs font paroître les terres de telle maniere, qu'il semble qu'elles soient élevées sur de bas nuages.

MIRLIROT. s. m. Sorte d'herbe champêtre qui fleurit jaune, & qui vient dans les avoines & les terres fortes. La tige qu'elle pousse est haute, & d'une odeur assés forte.

MIRMICOLEON. s. m. Petit Animal qui ne voit jamais la lumiere, & qui se cachant dans le sable se nourrit des mouches qui passent dessus. Il est gros comme une abeille, tacheté de blanc & de roux, & a deux cornes. On tient qu'il dort tout l'hiver.

MIROIR. s. f. *Glace de verre ou de cristal, qui étant enduite par derriere avec du vif-argent, exprime la ressemblance des objets qu'on lui presente.* AD. FR. Tout objet envoie des rayons de lumiere sur toute surface qui lui est exposée, & chaque point de l'objet en envoie sur tous les points de cette surface, delà ils se reflechissent vers l'œil que l'on suppose arrêté en un certain endroit. La reflexion se fait par un angle égal à celui d'incidence, & quand la surface reflechissante est polie, un point de cette surface ne renvoie à l'œil que les rayons partis d'un certain point de l'objet, car ceux qui sont partis de tous les autres points, quoique ce point de la surface les ait reçûs & les renvoie sous d'autres angles, & il faudroit que l'œil changeât de place pour les recevoir de ce même point. Si la surface reflechissante est raboteuse, chacun de ses points sensibles est composé de plusieurs petits plans diversement inclinés les uns à l'égard des autres, & quoique sur chacun de ces petits plans l'angle de reflexion soit égal à celui d'incidence, neanmoins chaque point sensible reflechit à l'œil arrêté en un certain lieu des rayons partis de differens points de l'objet, parce qu'il en reflechit sous autant de differens angles qu'il a de plans differens, & delà vient qu'une surface raboteuse & inégale ne represente rien, car chacun de ses points fait sentir également tous les points de l'objet, & par consequent n'en fait sentir aucun séparément de l'autre, ce qui seroit necessaire pour une image. Les surfaces polies font tout le contraire, ainsi il n'y a qu'elles qui puissent representer, & servir de *Miroirs*. Le principe général de la *Catoptrique* est que chaque point de l'objet est vû au delà du Miroir dans l'endroit où concourt le rayon reflechi du Miroir à l'œil, & prolongé au-delà du Miroir, avec la perpendiculaire tirée de ce point de l'objet sur le Miroir & prolongée au-delà. C'est cette ligne qu'on appelle *Cathete d'incidence*. Voyez CATHETE. Delà on conclut, 1°. que dans un Miroir plan l'objet est vû aussi grand qu'il est, dans sa situation naturelle, & aussi enfoncé dans le Miroir qu'il en est éloigné en-deçà. 2°. que dans un Miroir convexe l'objet est vû plus petit qu'il n'est, plus proche, & dans sa situation naturelle. 3°. que dans un Miroir concave l'objet est vû plus grand, plus éloigné, & quelquefois renversé. Quelquefois même l'objet paroît en-deçà du Miroir, ce qui est la plus remarquable proprieté du Miroir concave, de sorte qu'une épée nue que l'on presente à ce Miroir, paroît en sortir, & s'avancer vers le spectateur.

Il y a des Miroirs *Cylindriques & Coniques*, qui par leur figure mêlée de la ligne droite & de la circulaire participent des Miroirs plans & des convexes. Ils défigurent les images des objets qu'on leur presente, & quand on leur presente ces objets déja tout défigurés, ils en remettent les images dans leur naturel.

Les *Miroirs ardens* sont des Miroirs concaves faits ordinairement d'acier extrêmement poli, qui rassemblent les rayons du Soleil environ au quart de diametre de la sphere, dont ils sont une portion. Voyez FOYER. Il y a un Miroir ardent à la Bibliotheque Royale qui fait prendre feu en un instant au bois vert. Il a trente pouces de diametre. Le point brûlant est distant de trois piés ou environ, & son focus est de la largeur d'un demi-louis d'or.

Miroir. Terme de Marine. Cartouche de menuiserie placé sur la voute à l'arriere du Vaisseau. Il y en a qui l'appellent *Le Fronton* ou *Le Dieu conduit*. On le charge des Armes du Prince, & on y met quelquefois la figure dont le Vaisseau a tiré son nom.

Miroir. Terme d'Oiselier. Morceau de bois taillé en arc avec plusieurs entailles où sont de petits miroirs colés. Ce morceau de bois est soûtenu d'une cheville, au milieu de laquelle il y a un trou pour mettre une ficelle, afin de faire tourner ce miroir qu'on fiche en terre au milieu de deux rets qu'on leve & qu'on fait tomber l'un sur l'autre quand les alouettes qui viennent se mirer volent assés bas pour y être envelopées.

Miroir. Termes d'eaux & forêts. Places entaillées & marquées avec le marteau sur les arbres piécorniers, & qui sont tournées de telle sorte, que d'un piécornier à l'autre on puisse mirer à droite ligne.

On appelle, en termes de Cuisine, *Oeufs au miroirs*, des œufs qu'on fait cuire sur le plat sans que les rouges en soient brouillés.

Miroir. Terme de Tailleur de pierre. On appelle *Miroir*, dans le parement d'une pierre, une cavité que cause un gros éclat lorsqu'on la taille.

Miroir est aussi un terme d'Architecture, & il se dit d'un ornement en ovale taillé dans une moulure creuse. Ces sortes d'ornemens sont quelquefois remplis de fleurons.

Miroir. Il y a un Ordre appellé l'*Ordre du Miroir de la Vierge Marie*. Il fut établi en 1410. par Ferdinand de Castille après une memorable victoire qu'il remporta sur les Mores. La chaîne de cet

Ordre étoit faite de fleurs de lis, avec des griffons entre deux.

MIROITE', ou *Mirouetté*. adj. On appelle *Cheval mirouetté*, un Cheval noir pommelé, qui a sur son noir des marques encore plus noires & plus luisantes que le reste de son poil. On dit aussi, *Cheval à miroir*. On appelle de même *Bai à miroir*, un Cheval bai qui a des marques d'un bay plus obscur que n'est son poil.

MIS

MIS. s. m. Terme de Palais. La date du jour qu'un procès a été mis au Greffe. On l'y peut trouver sans peine quand on sçait le jour du Mis. Il se dit aussi de ce qu'on marque sur l'étiquette du premier sac.

MISAILLE. s. f. Vieux mot. *C'est*, dit Nicod, *la gagûre faite entre deux contendans de parole sur ce que l'un affirme, l'autre nie, & vient de* Mettre, *qui signifie ici Déposer ou en main tierce, ou sur le champ, au milieu d'entre ceux qui font gagûre. Aussi dit-on en cela*, Je mettrai, *c'est-à-dire*, je gagerai.

MISAINE. s. f. Terme de Marine. Mât qui est mis debout sur l'avant du Vaisseau entre le beaupré & le grand mât. On l'appelle autrement *Mât de bourcet*, *mât d'avant*, *materel*, *matereau*, ou *Trinquet*. Quand on dit simplement *la Misaine*, on entend la voile de ce mât.

MISCHIO. s. m. Espece de marbre qui est une pierre dure qu'on trouve dans les montagnes de Verone & de Cararre, & en plusieurs endroits des Etats du Grand Duc. Les Italiens lui ont donné le nom de *Mischio*, à cause du mêlange des diverses pierres, qui sont comme congelées ensemble, & dont le tems & les eaux extrêmement crues & froides n'ont fait qu'une seule pierre. Elle prend un fort beau lustre, & on en voit d'assés grandes pieces. Sa couleur tire un peu sur le pourpre, avec des veines bleues & jaunâtres, & il s'en rencontre même d'une infinité de couleurs.

MISERABLETE'. s. f. Vieux mot. Misere.

MISERERE. s. m. Terme de Medecine. *Sorte de colique très-violente & très-dangereuse, dont l'effet est de nouer un boyau, en sorte que les excremens ne puissent passer par la voie ordinaire.* ACAD. FR. On l'appelle en Latin *Ileus morbus*, du Grec εἰλεὸς, *Volvulus* ou *Convolvulus*, qui est un des moindres intestins qui se plie par divers tours. On lui a donné le nom de εἰλεὸς, du verbe εἰλέω, qui veut dire Tourner, enveloper. Il y en a que l'on a gueris du *Miserere*, en leur faisant avaler une balle de mousquet. Elle a la force de remettre le boyau en état par sa pesanteur.

Ettmuller dit que la cause du Miserere, qui est une expulsion des matieres fecales par la bouche, est le mouvement peristaltique des intestins renversé; que le Miserere est à l'égard des intestins ce qu'est le vomissement à l'égard de l'estomac, & que quand le renversement du mouvement peristaltique commence sur la fin de l'Ileon, & vers le commencement du colon où est le siege ordinaire de cette maladie, c'est le Miserere, qui ne procede que d'une forte obstruction des intestins; de sorte que les hernies, tant umbilicales que du scrotum, ne sont si souvent suivies du Miserere, que parce que les excremens ne pouvant passer par les intestins engagés dans le nombril où dans le scrotum, ne sçauroient sortir que par en haut. Il rejette l'entortillement des intestins comme faux, étant impossible qu'ils puissent s'entortiller, puisqu'ils sont attachés au mesentere. L'entrée des intestins l'un dans l'autre, ou de la partie superieure dans l'inferieure, ou de l'inferieure dans la superieure est assés frequente. Cette insertion, selon Sylvius, a deux causes. La premiere sont les vents qui dilatent les intestins grêles plus en un endroit qu'en un autre, & la seconde est l'agitation des malades qui se tournent durant les tranchées tantôt d'un côté & tantôt d'un autre, pendant quoi l'intestin distendu reçoit la partie qui ne l'est point, laquelle étant entrée y demeuroit à cause du resserrement du lieu; ce qui est la cause la plus ordinaire du Miserere. Celui qui vient des excremens endurcis & de l'entrée mutuelle des intestins, peut être gueri; quand il vient d'une hernie, il est très-souvent mortel. Ce qu'il y a de fort extraordinaire, c'est que SKERKIUS fasse mention d'un Miserere contagieux. Amatus Lusitanus observe de même un Miserere épidemique, dans lequel on jettoit non seulement les excremens par la bouche, mais encore des vers. On tient que dans l'Isle de la Jamaïque le Miserere est un mal épidemique, commun à tous les Habitans par l'introduction des intestins l'un dans l'autre. La cure consiste à arrêter l'irritation des intestins & à procurer la force des excremens.

MISERICORDE. s. f. Sorte de petit poignard que portoient les anciens Chevaliers. Quelques-uns l'expliquent pour une dague ayant deux platines pour couvrir les mains, au lieu des coquilles qu'on y a mises depuis. On les appelloit ainsi, à cause que les Chevaliers qui avoient atterré leurs ennemis se servoient de ces poignards pour les tuer, s'ils ne leur crioient misericorde. D'autres disent que c'étoient de petits couteaux dont la garde formoit une croix.

Pitiez qui à tout bien s'accorde,
Tenoit une misericorde
En lieu d'épée.

MISIR. v. a. Vieux mot. Envoyer, mettre. *Comme le Roi misist bonne ordonnance en une famine qui fust.* On trouve aussi *Mist* & *mistrent*, pour, Envoya & envoyerent.

MISTS. adj. Vieux mot. Vain, de peu de poids.

Comme sont aucuns Alquemistes,
Qui en sçavoir ne sont trop mistes.

MISY. s. m. Mineral qui se rencontre dans les mêmes mines que le vitriol, & qui a grande affinité avec la chalcite, sur laquelle il se forme bien souvant lorsqu'il vieillit. Pour être bon il faut qu'il soit dur, de couleur dor, & luisant comme s'il étoit parsemé d'étoiles. Dioscoride dit que celui d'Egypte est le plus estimé de tous, & Galien, qu'il est plus mal-aisé à fondre que la chalcite, à cause qu'il est plus sec.

MIT

MITE. s. f. *Petit insecte qui est presque imperceptible, & qui s'engendre ordinairement dans le fromage.* ACAD. FR. Il ronge aussi les feves & les habits, où il naît souvent. On tient que les Mites sortent de leurs œufs toutes parfaites, & qu'elles croissent peu à peu. Elles ont huit grands piés pareils à ceux des faucheurs; ce qui est aisé d'observer en mettant une de ces petites bêtes dans un microscope. Quelques-uns font venir le mot de *Mite* du Grec μίδας, qui veut dire la même chose.

MITHRIDAT. s. m. Antidote, dans lequel on fait entrer l'opium & quarante-six autres ingrediens, & qui a pris son nom de Mithridate, Roi de Pont & de Bithinie. La recette en fut trouvée dans ses coffres après sa mort, & elle fut portée par

Pompée à Rome. Ce Roi avoit tellement fortifié son corps contre les poisons, qu'ils n'eurent aucun effet quand il se voulut empoisonner. La froideur de l'opium qui entre dans le Mithridat étant surmontée par la chaleur des autres médicamens, il sert d'excellent remede aux maladies froides du cerveau, & de tous les visceres, même des jointures. Il est bon aussi pour la peste & les poisons, mais il cede à la theriaque à l'égard des morsures qui ont été faites par les bêtes venimeuses.

MITOYEN. adj. Qui est entre deux. Il se dit proprement d'un mur, qui appartenant à deux voisins, separe leurs heritages. On dit aussi *Puits mitoyen*. C'est un puits qui est dans le mur mitoyen, & qui sert à deux maisons. On disoit autrefois *Moitoyen*, comme qui auroit dit, *Mien & tien.*

On appelle en un cheval *Dents mitoyennes*, quatre dents qui lui poussent lorsqu'il a atteint trois ans & demi, en la place de quatre autres dents de lait qui sont situées entre les coins & les pinces. Il y en a deux de chaque côté des mâchoires, l'une dessus & l'autre dessous.

MITRAILLE. s. f. Laiton dont on se sert à souder. Il est fait de cuivre, de fer & d'argent, On prend la Mitraille la plus jaune & la plus mince, que l'on coupe par petits morceaux. On les met dedans & autour des pieces qu'on veut braser, & on les couvre ensuite avec du papier ou du linge attaché avec du fil. *Mitraille* se dit aussi de toute sorte de menue ferraille, & on appelle *Canon chargé à mitraille*, un Canon chargé de balles de mousquet, de têtes de cloux & de petits bouts de fer.

MITULE. s. f. Espece de moule, dont Dioscoride dit que les meilleures se trouvent dans la mer Pontique, & dont la cendre est de même qualité que celle des buccines. Etant lavées, comme on fait le plomb, elles sont bonnes aux medicamens qu'on fait pour les yeux avec du miel; & non seulement elles consument la grosseur des paupieres, mais elles ôtent la taye de l'œil, & tout ce qui apporte empêchement à la vûe.

MIV

MIVE. s. f. On appelle *Mive de coing*, une sorte de gelée qui se fait avec des coings. Elle excite l'appetit, fortifie le ventricule & le foye, & aide la coction. Si on la prend avant le repas, elle arrête le vomissement, & prise après que l'on a mangé, elle appaise le flux de ventre. On l'appelle en Latin *Gelatina cydoniorum*. Quelques-uns prennent la mive de coing pour le syrop de coins seulement.

MIZ

MIZQUITIL. s. m. Arbre assés commun qui naît de soi-même dans la Nouvelle Espagne. Il croît par tout, mais sur-tout aux montagnes & lieux élevés. Il est sauvage & épineux, & a ses feuilles aussi déliées que celles de l'ail, avec des écosses pendantes comme le tamarin, & presque de même forme. Ces écosses sont bonnes à manger, longues, douces d'un bon goût, & pleines de grains. Les Sauvages, nommés Chichimeques, en font de certaines pillules, dont ils vivent au lieu de pain. François Ximenes, dans la description qu'il fait de cet arbre, dit qu'il croit que c'est la vraie casse des Anciens, qui produit la veritable gomme Arabique. La liqueur tirée de ses surgeans ou l'eau dans laquelle ils auront trempé, appliquée aux yeux en maniere de collyre, est un merveilleux remede pour en guerir toutes les affections.

MOB

MOBILE. s. m. En Physique on appelle *Mobile* tout corps qui est mû. Ainsi on dit le *Mobile a tant de vitesse, parcourt tant de degrés*. En Astronomie on appelle *Premier Mobile*, le Ciel que l'on suppose qui imprime à tous les autres Cieux & à tous les Astres le mouvement general & commun d'Orient en Occident en vingt-quatre heures. D'abord on plaçoit ce Ciel immediatement au dessus des Cieux des sept Planetes qui ont chacun leur mouvement propre outre le mouvement commun de vingt-quatre heures, & par consequent le Firmament que l'on croyoit alors n'avoir aucun mouvement propre se trouvoit être le premier Mobile. Mais quand on eut découvert que le Firmament avoit un mouvement propre comme les Cieux des Planetes d'Occident en Orient, (Voyez ETOILES FIXES;) alors on ne jugea plus que le Firmament fût propre à être premier Mobile, on lui laissa son mouvement d'Occident en Orient, & on imagina au dessus de lui un Ciel qui ne se mouvoit que d'Orient en Occident, & qui étoit le premier Mobile. Depuis on recula encore le premier Mobile, parce qu'on crût être obligé de placer entre le Firmament & lui deux autres Cieux qu'on nomma *Crystallins*. Voyez CRYSTALLIN.

MOD

MODE. s. m. Terme de Logique. Il se dit des propositions qui contiennent quelques conditions, manieres ou restrictions. C'est aussi une maniere d'argumenter; & comme il y a deux figures de la forme du Syllogisme absolu, l'une liée ou conjointe, & l'autre déliée ou disjointe, la premiere affirmative, la seconde negative, si toutes les propositions au énonciations sont generales, le Mode peut être dit general; si elles sont toutes particulieres, il peut être dit particulier; & si l'une est generale, sçavoir la reprise, & que les deux autres soient particulieres, le Mode peut être dit mixte. Il ne peut y avoir un Mode mixte d'une particuliere & de deux generales, à cause que si les deux premisses sont generales, il suit encore naturellement une conclusion generale; & si l'une des premisses est particuliere, il faut necessairement qu'il suive une conclusion particuliere, puisque la conclusion suit toûjours la partie la plus foible, ensorte que si l'une des deux premisses est particuliere, la conclusion est particuliere; & si elle est negative, la conclusion est negative.

On appelle *Mode*, en termes de Philosophie, Un être que l'on conçoit necessairement dépendant de quelque substance. Ainsi comme l'on ne conçoit point que la rondeur d'un morceau de cire puisse subsister indépendamment de cette cire, on dit que ç'en est un Mode, c'est à-dire, une façon d'être ou un accident. Il s'ensuit de là qu'un Mode ne sçauroit passer de la substance qui en est le sujet en une autre substance, parce que si cela étoit, il s'ensuivroit que lorsqu'il étoit dans cette premiere substance, il n'en étoit pas absolument dépendant; en quoi il y auroit une contradiction manifeste. C'est ainsi que parle Rohaut en expliquant ce que c'est que Mode.

Mode. Terme de Grammaire. Maniere differente d'exprimer l'action ou affection du verbe que l'on conjugue, & qui contient un certain nombre de tems. Il y a cinq Modes, l'Indicatif, l'Imperatif, l'Optatif, le Subjonctif & l'Infinitif.

Mode, en termes de Musique, est un certain ordre dans l'invention d'un chant, qui engage à employer plus souvent certaines cordes que d'autres, parce qu'elles sont essentielles au Mode ; ce qui oblige à éviter d'autres cordes qui n'en sont pas, & enfin à finir par une certaine corde, qui est celle dont le Mode prend son nom. Tous les Modes ont un ton naturel au dessus de la finale & au dessous de la dominante, & un demi ton essentiel au dessous de la finale. Il y a six Modes qui peuvent avoir la quinte dessous, & six autres qui peuvent l'avoir dessus, ce qui fait douze variations. Ceux qui sont en nombre impair, comme le premier, le troisiéme, le cinquiéme, sont appellés *Modes authentiques*. Ils ont la quinte dessous & la quarte dessus. Ceux qui sont en nombre pair, comme le second, le quatriéme, le sixiéme, s'appellent *Modes plagaux*, & ont la quarte dessous & la quinte dessus. On dit *Mode transposé*, lorsque pour s'accommoder à une voix ou à quelque instrument, on est obligé d'y transporter une piece qui aura été composée dans un Mode naturel.

MODELER. v. a. Terme de Sculpteur. Travailler de cire ou de terre pour faire quelque ouvrage de sculpture. Pour modeler des figures de terre, on met la terre sur un chevalet, & on commence à travailler avec les mains, les doigts servant plus qu'aucun outil à avancer la besogne. On a seulement trois ou quatre ébauchoirs, dont il y en a qui sont unis par le bout qui est en onglet ; & ce sont ceux-là qui servent à unir cette besogne. Les autres ont des dents, & servent à ôter la terre d'une maniere qu'elle ne reste pas liée, mais comme égratignée. Les Ouvriers font cela d'abord, laissant même assés souvent quelques endroits de leurs ouvrages travaillés de cette sorte, afin que l'art y paroisse davantage. Quand on veut modeler de cire, on met sur une livre de cire demi-livre de colophane. Il y en a qui y mêlent de la terebenthine. On fait fondre le tout ensemble avec de l'huile d'olive, & on en met plus ou moins, selon qu'on veut rendre la matiere plus dure ou plus molle. On mêle un peu de brun rouge dans cette composition, afin qu'elle prenne une couleur plus douce ; & quand on s'en veut servir, on la manie avec les doigts & avec des ébauchoirs, comme on fait la terre.

MODENATURE. s. f. Mot dont quelques-uns se servent pour signifier les membres ou moulûres de l'Architecture. Il vient de l'Italien *Modenatura*.

MODILLON. s. m. On appelle *Modillons*, en termes d'Architecture, de petites consoles posées sous le platfond des corniches, & qui servent à en soutenir la saillie. On voit de ces Modillons dans la corniche Corinthienne & dans la Corniche Composite, qui soûtiennent le larmier. Ils sont toûjours taillés de sculpture dans l'ordre Corinthien, avec des enroulemens. Il n'y en a point dans les Ioniques & les composites, si ce n'est quelquefois une feuille d'eau par dessous. Il y a des Modillons en console, d'autres à plomb, d'autres rampans, & d'autres à contre-sens. Les premiers ont moins de saillie que de hauteur. Leur enroulement d'en bas est en forme de console, & passant sur les moulures de la corniche, il termine à la frise. Les *Modillons à plomb* sont de biais, & non pas d'équerre avec la corniche rampante d'un fronton, comme on a coutume de les faire. On appelle *Modillons rampans*, ceux qui sont d'équerre avec la corniche de niveau d'un entablement, & avec les deux rampantes d'un fronton. Quant aux *Modillons à contre-sens*, ce sont ceux par lesquels le grand enroulement est representé de front. Ce mot vient de l'Italien *Modiglioni*.

MODULE. s. m. Terme d'Architecture. Grandeur arbitraire que l'on établit pour regler toutes les mesures de la distribution des bâtimens. Le Module n'est ordinairement que la moitié du diametre de la colomne dans l'ordre Dorique. Dans les autres ordres, c'est le diametre entier. Ce mot vient du Latin *Modulus*, qui veut dire, Petite mesure.

MOE

MOETTE. s. f. Vieux mot, Passade.

M'ont engendré mainte affistolure,
Et fait faire maintes moëttes.

MOF

MOFUMA. s. m. Grand arbre qui se trouve sur le bord des rivieres dans la basse Ethiopie. Son bois est comme le liege. Il n'enfonce point dans l'eau ; ce qui est cause que l'on en fait des canots. Il y a autour de ces arbres une certaine laine attachée, dont les Matelots font des traversiers, des coussins & autres choses de même nature.

MOI

MOIEL. s. m. On a dit anciennement *Moiel d'uef*, pour dire, Un jaune d'œuf, & *Moies de blé*, pour dire, Un tas de blé.

MOILON. s. m. Blocage, Pierre à bâtir. Le Moilon s'emploie aux fondemens, aux murs mediocres & pour le garni des gros murs. Quelques-uns font venir ce mot du Latin *Mollis*, qui veut dire, Tendre ; aussi est-ce la moindre pierre qui se tire des carrieres. Le plus propre à bâtir est celui qui est ferme, âpre, plat & de bonne assiette. On appelle *Moilon gisant*, celui qui a le plus de lit, & où l'on a le moins à tailler quand on le veut façonner. On dit aussi *Moilon de plat*, & *Moilon en coupe*. L'un est posé sur son lit dans les murs qu'on érige à plomb, & l'autre est posé de champ dans la construction des voutes. Le *Moilon piqué*, sert aussi aux voutes. On l'emploie aux puits pareillement. C'est celui que l'on pique jusqu'au vif avec la pointe du marteau après qu'on l'a ébousiné. Quant au *Moilon d'appareil*, il est proprement piqué & équarri comme un petit quarreau de pierre. On l'emploie à parement apparent & bien en liaison dans un mur de face.

MOINE. s. m. Ce nom a été donné anciennement à celui qui se retiroit dans une solitude, pour s'adonner aux jeûnes, aux prieres & aux meditations sur l'Ecriture. Ce mot vient du Grec μοναχὸς, dérivé de μόνος, seul. La persecution que l'on faisoit aux Chrétiens, engagea beaucoup de saintes personnes à se retirer dans les lieux deserts, ce qui les fit aussi appeller *Hermites*, du mot ἐρημία Solitude, & Anachoretes, de ἀναχώρησις, Retraite. Tel fut saint Paul le Thebain, qui craignant d'être trahi par le mari de sa sœur sous le Regne de Decius, se retira dans une caverne au pié d'un rocher vers l'an 260. & y demeura toute sa vie depuis sa quinziéme année, sans y voir personne que saint Antoine, qui étant âgé de quatre-vingt-dix ans, vint auprès de lui par une inspiration divine le jour qu'il mourut. Saint Hilarion fut aussi du nombre de ces Moines solitaires ; il demeuroit dans un petit creux large & haut de quatre piés, qu'il avoit fait lui-même de coquilles, d'osier & de jonc, passant son tems à jeûner & à prier. La persecution ayant pris fin, &

les Moines ou Hermites s'étant lassés des deserts, se retirerent dans des Villes & dans des Villages, où vivant ensemble ils avoient toutes choses communes dans une demeure qu'ils appelloient *Monasterium*, ou *Cœnobia* de κοινος Commun, & de βίος Vie, à cause qu'ils tenoient tout en commun parmi eux. Après saint Antoine, l'Hermite Pachome assembla beaucoup de Moines vers le tems de Constantin fils de Constantin, ausquels il prescrivit pour regles qu'ils demeureroient tous dans une Maison en plusieurs cellules separées, dans chacune desquelles, ils seroient au nombre de trois; qu'ils mangeroient tous dans une salle, couverts de peaux de chevre, qu'ils n'ôteroient que pour la communion, à laquelle ils viendroient seulement avec leur chapeau, dont ils se serviroient pour se cacher en mangeant afin qu'on ne pût les voir manger, & qu'ils dormiroient assis sur leurs chaises, & non couchés sur un lit. On ne recevoit point d'étrangers sans une épreuve ou un noviciat de trois ans. Ils devoient prier douze fois le jour, & chanter un Pseaume avant chaque priere. Saint Basile, Ancien de Césarée en Cappadoce, tourmenté d'Eusebe, qui étoit-là Evêque, alla dans le Pont, & s'y jetta dans un Cloître pour éviter les dissentions qui troubloient l'Eglise. Il prêcha les Moines de ces lieux-là, & parcourant tout le Pont, il persuada aux Hermites qui vivoient separés dans des cavernes, de s'assembler dans des Cloîtres. Il leur donna quatre-vingt-quinze regles, qui furent reçues de la plûpart des Moines de l'Orient. Saint Jerôme qui vivoit en même-tems scandalisé de la vie payenne des Chrétiens de Rome, se retira en Syrie avec plusieurs autres, & y vêcut quelque tems dans le Desert, s'adonnant à l'étude, à la meditation, & aux prieres, après quoi étant revenu à Rome, il reprit les défauts du Clergé avec tant d'aigreur, qu'il s'en attira la haine, ce qui l'obligea de retourner à sa vie solitaire dans la Syrie, où une noble Matrone Romaine, appellée Paula, fit bâtir quatre Cloîtres en Bethleem, proche la Crêche où nâquit le Sauveur du monde, un pour les hommes, & trois pour les femmes. Saint Jerôme vêcut plusieurs années dans ce Cloître, & les Moines de cet Ordre sont appellés *Jeronimites*. Le travail des mains étoit le plus commun exercice des premiers Moines. Ils mangeoient & bûvoient avec temperance, & leurs premieres institutions étoient d'aller avec des habits modestes, de jeûner, de posseder toutes choses en commun, de lire, de mediter, de prêcher, & d'entendre la parole de Dieu. On les divisoit en dix & en cent, de sorte que dix Moines avoient leur Decurion ou dixiéme homme qui veilloit sur eux, & chaque centaine avoit son Centurion, auquel les dix Decurions étoient obligés de rendre compte de leurs actions. Ils avoient leurs lits differents, & s'assembloient à dix heures pour chanter, & pour entendre une prédication qu'on leur faisoit. Ils ne parloient point à table, & vivoient d'herbes, de pain & de sel. Les vieux avoient seuls la liberté de boire du vin. Il y avoit la nuit des heures de prieres établies pour eux, & en été ils ne faisoient qu'un repas. Les vieux Moines avoient accoûtumé de porter des cappes & des ceintures. Ils alloient aussi avec des bâtons & des bougettes de peaux de chevre, & ne portoient point de souliers en Egypte, à cause de la chaleur du pays. Quelqu'un des Freres avoit soin des affaires du Couvent tant qu'il en vouloit bien supporter la charge. En Mesopotamie, dans la Palestine & en Cappadoce, les Freres servoient par semaine chacun à son tour, & il y avoit plusieurs Maisons où ils prioient à trois heures, à six & à neuf. Personne n'étoit reçu dans le Cloître qu'il n'eût été éprouvé en attendant dix jours de suite à la porte, où il essuyoit tout ce qu'on vouloit lui dire d'injurieux. Après cela il étoit reçu par l'Abbé, qui lui faisoit un long avertissement sur l'humiliation jusqu'à la mort, le silence, l'obéïssance, la patience, la sobrieté, la sujettion, & autres devoirs semblables. Cette épreuve faite, on lui ôtoit ses habits pour le revêtir de celui de Moine, dans lequel on l'éprouvoit pendant un an sous une très-austere discipline. De petites fautes étoient reprises & punies parmi ces Moines, par une humiliation publique, le coupable qu'on obligeoit de les avouer demeurant couché sur la terre, jusqu'à ce que l'Abbé le fît relever. Les grandes fautes étoient punies beaucoup plus severement, si l'on ne chassoit pas ceux qui les avoient faites. Ces Cloîtres dépendoient de l'Evêque, dans l'Evêché duquel ils étoient, & ils n'en pouvoient sortir que de son consentement. Les anciens Moines étoient tenus pour Laïques, n'étant distingués des autres que par leurs habits, & par une devotion particuliere. Il n'y en avoit aucun qui fût Prêtre, & même un Prêtre n'avoit pas la permission de se faire Moine. Ce fut le Pape Syrice qui les appella à la Clericature, voyant que l'Eglise manquoit de Prêtres. Aujourd'hui ceux que l'on appelle Moines sont les Cenobites qui vivent en commun en faisant des vœux qui les assujettissent aux regles que leur Fondateur a établies, & à porter un habit qui fait connoître de quel Ordre ils sont. On appelle *Moines Cloitriers*, ceux qui font leur residence actuelle dans le Couvent, & cela se dit par opposition à ceux que l'on appelle *Hostes*, à cause qu'ils possedent des benefices dépendans de la Maison.

Moine. Terme d'Imprimerie. Feuille mal imprimée qui n'a pas bien pris l'ancre, ce qui fait qu'elle est en partie blanche & en partie noire, comme est l'habit d'un Moine. Ce défaut arrive quand l'Imprimeur ne touche pas bien les formes.

Moine bourru. Nom qu'on donne à un fantôme que l'on fait craindre aux enfans, & que le peuple s'imagine être une ame en peine qui court par les rues & maltraite les passans.

MOINEAU. s. m. Petit Oiseau gris, ou de couleur de terre, qui est fort chaud en amour. Il vit neuf ou dix ans, & il y en a qu'on appelle *Francs Moineaux*, & d'autres *Moineaux à gros bec*. Belon veut que ce mot vienne de *Moine*, à cause que sa couleur grise le fait ressembler à de certains Moines qui ont leur habit de même couleur. M. Ménage le dérive du Grec μόνος Solitaire, l'Ecriture nous ayant marqué qu'il y a une espece de Moineau solitaire, *Passer solitarius*. On disoit anciennement *Moinel*.

Moineau. Terme de Fortification. Petit bastion plat, élevé devant une courtine excessivement longue que terminent deux autres bastions, qui pour être hors de portée ont besoin que ce bastion plat les défende. Il est quelquefois attaché à la courtine, & il y a un fossé qui l'en separe.

MOINER. v. a. Vieux mot. Mener par la main.

MOIS. s. m. Tems que le Soleil employe à parcourir un signe du Zodiaque qui fait la douziéme partie d'une année. C'est ce qu'on appelle *Mois Astronomique*. Les *Mois usuels*, sont les douze mois ordinaires & inégaux entre eux, qui sont en usage parmi nous. On appelle *Mois periodique*, dans l'année Lunaire commune, l'espace de tems que la Lune est à faire un tour entier sous le Zodiaque par son propre mouvement. Cette periode est d'environ vingt-sept jours, sept heures & quarante-trois minutes. Celle du *Mois synodique*, qui est l'espace de tems que la Lune emploie depuis l'instant de sa conjonction avec le Soleil jusqu'à l'autre conjonction, est d'environ vingt-neuf jours, douze heures & quarante-quatre minutes, parce que quand la Lune est revenue au point du Zodiaque d'où elle étoit partie, elle n'y trouve plus le Soleil, qui pendant le mois periodique a avancé d'environ 27. dégrés, de sorte qu'il faut environ deux jours à la Lune pour le rejoindre. C'est-là proprement le *Mois Lunaire*. Les Astronomes appellent *Mois d'illumination*, l'espace de tems qui s'écoule depuis le moment que la Lune commence à paroître nouvelle au soir jusqu'à ce qu'elle se couche au matin, & cesse de paroître. Ce tems est d'environ vingt-six jours. Il y a *Mois lunaire cave*, & *Mois plein*. Voyez CAVE.

Les mois dont l'année des Arabes & des Turcs est composée s'appellent *Mois vagues*. Elle contient seulement douze Mois Lunaires, & c'est toûjours à la treiziéme nouvelle Lune qu'elle recommence, & comme elle finit onze jours plûtôt que l'année Solaire, elle n'a point un commencement fixé à un certain tems. Ces onze jours faisant environ un mois en trois ans, font que le premier mois de leur année parcourt successivement toutes les saisons, ensorte que trois ans après qu'elle a commencé par notre mois de Janvier, elle commence par notre mois de Decembre; trois ans après par notre mois de Novembre, & ainsi toûjours en retrogradant, d'onze jours chaque année, & d'un mois en trois ans.

On appelle *Mois pascal*, le Mois Lunaire, auquel l'équinoxe du Printems que l'Eglise a fixé au 21. jour de Mars, arrive au quatorziéme jour de la Lune ou à quelqu'un des jours suivans. Le Dimanche qui suit le quatorziéme jour de cette Lune, dont le Pere Petau dit que le premier jour est entre le 8. de Mars & le 5. d'Avril inclusivement, est toûjours celui où l'on celebre la Fête de Pâque.

Mois Romains, en Allemagne, se dit d'une certaine taxe que l'Empereur leve sur les sujets de l'Empire, quand il survient des necessités pressantes. Cela vient de ce qu'ayant accoûtumé autrefois de s'aller faire couronner à Rome, il faisoit payer de quoi fournir à la dépense de son voyage, & au sejour qu'il faisoit pendant quelques mois, ce qui consistoit à entretenir vingt mille hommes de pié, & quatre mille chevaux qui l'accompagnoient. Les taxes que payent tous les Cercles de l'Empire pour un mois Romain font ensemble le nombre de 2681. Cavaliers, & de 12795. Fantassins, ou en argent la somme de quatre vingt trois mille neuf cens soixante & quatre florins, chaque florin valant quarante sols de notre monnoie.

MOISE. s. f. Terme de Charpenterie. Lien de bois qui affermit & lie les pieces qui sont à plomb, ou inclinées dans un engin, une grue, une machine, un pont, ou une charpente. On appelle *Moises coudées*, Celles qui n'étant point entaillées, sont délardées de leur demi épaisseur pour se pouvoir loger dans l'assemblage, ce qui fait qu'elles se croisent, & accolent le poinçon au dessous de son bossage. Les *Moises circulaires*, sont celles qu'on employe à élever les eaux, & à quelques autres usages en construisant les moulins.

MOISELAS. s. m. On appelle ainsi en termes de Marine, deux pieces de bois qu'on attache sur le dragan de la couverture qui soûtient la pouppe d'une Galere.

MOISER. v. a. Retenir avec des Moises.

MOISON. s. f. Sorte de traité qu'on fait avec un Metayer, par lequel il s'oblige de labourer, fumer, & ensemencer une terre, pour en partager les fruits avec le proprietaire, ou lui en donner une certaine portion. Comme ces fruits se partagent le plus souvent à moitié, quelques-uns prétendent que *Moison*, vient de *Moitié*, parce qu'on a dit quelquefois *Moiser*, pour dire, Partager par moitié. Nicod est d'une autre opinion. *Moison*, dit-il, *est la part du grain que le Fermier est tenu payer à son Maitre, pour la tenue des terres d'icelui. Selon ce, on dit*, Tenir la Ferme d'aucun à Moison de grain, *quand on le paye en grain, dont l'apposite est*, Moison d'argent, *quand on le paye en argent. On dit aussi*, Tenir à Moison, *sans y ajoûter ces mots* de grain, *ou* d'argent, *pour le même comme en est usé au* 1. *chap. art.* 40. *des Coûtumes de Paris. Aucuns interpretent* Moison, *comme si on disoit*, Muysson, *parce que les baulx des Fermes baillées à grain se font à certaine quantité de muys de grain.*

Moison. Vieux mot. Mesure.

Le coul fu de bonne moison
Grout assez, & lont par reson.

On dit, *Moison de drap*, pour signifier la longueur de la chaîne de drap, qui doit être d'un certain nombre d'aunes. Les Ordonnances de la Ville reglent la Moison des échalas à quatre piés & demi de long.

MOL

MOLDRIR. v. a. Vieux mot. Meurtrir.

MOLE. s. f. Terme de Medecine. Masse amassée par la conception dans la matrice en la place du fœtus ordinaire, & si mal formée qu'elle ne ressemble à aucun animal vivant. Les Moles different en ce que quelques-unes sont animées & vivantes quand elles sortent comme on le connoît par leur mouvement, & que quelques autres ne le sont point. Il n'est pas toutefois vrai qu'une Mole soit sans vie, quoiqu'elle meure souvent & perde sa vitalité avant ou durant sa sortie de la matrice. Quand on voit des Moles informes qui y sont retenues long-tems, sortir ensuite sans aucun signe de vie, on doit dire que si cette substance eût été morte, elle n'y seroit pas demeurée si long-tems sans se corrompre, puisque le fœtus qui y demeure sans se putrefier tant qu'il vit, commence à s'y corrompre si-tôt qu'il est mort. Ainsi l'arriere-faix qui est sain & entier tant qu'il jouit de la vie que lui communique le fœtus, se putrefie, si après la sortie du même fœtus il demeure dans la matrice. D'ailleurs les Moles prennent leur accroissement d'un petit principe par la nutrition, & par l'augmentation, operation vitale qui ne se peut faire sans la possession de la vie. Il y a des moles qui se trouvent jointes avec le fœtus legitime & vivant avec lequel elles sortent quelquefois, & quelquefois avant le fœtus, qui reste quelques mois après l'exclusion de la Mole pour sortir à terme. Cela arrive sur-tout quand la Mole meurt par quelque accident. Elle est rejettée alors hors de la matrice, comme un excrement inutile & privé de vie. On a vû des Moles demeurer jusqu'à dix ans dans la matrice sans se corrompre, & durer autant que la vie de la mere. La même conception qui produit le fœtus parfait, étant dépravée produit la Mole, & il arrive pareillement qu'une conception naturelle & veritable, dégenere enfin en Mole dans le tems de sa formation dans la matrice. L'ouvrage de cette formation est troublé, lorsque la membrane de l'amnios est

est offensée, & qu'elle permet à l'humeur albugineuse nourriciere de se mêler & de se confondre avec la gelée. Alors au lieu d'un fœtus parfait il s'engendre une masse de chaire informe, qui dans sa difformité garde quelquefois certains caracteres qu'elle reçoit de la forte imagination de la mere. On rapporte l'exemple d'une femme, qui fit une Mole de chair ayant une tête d'aigle & une espece de bec, parce qu'elle avoit regardé des tableaux où il y avoit de pareilles têtes. Il est malaisé qu'une femme s'apperçoive dans les premiers mois de sa grossesse, si c'est une Mole qu'elle porte, mais dans le quatriéme, elle peut le découvrir, puisqu'en se tournant d'un côté sur l'autre, elle sent une masse pesante qui suit le même mouvement, au lieu que dans la veritable grossesse, le fœtus ne pese point dans la matrice, & garde la même situation de quelque côté que la mere se tourne. La Mole est une maladie toûjours perilleuse. Si elle est jointe avec le fœtus, ou elle le fait mourir, ou en sortant avec lui, elle rend l'accouchement fort laborieux, & difficile. Si elle est seule, & qu'il arrive qu'elle se corrompe avant qu'elle sorte, elle infecte la matrice, & lui communique sa putrefaction, & quand elle sort d'elle-même, ou par la vertu des medicamens, elle fait sentir de grandes douleurs, & cause sur-tout de grandes hemorrhagies de matrice.

On appelle *Mole venteuse*, des vents renfermés dans la cavité de la matrice, qui la gonflent d'une maniere surprenante. Non seulement le ventre s'éleve peu à peu, mais les mois s'arrêtent, & quelquefois il y a du lait dans les mammelles, ce qui trompe aisément les femmes qui se tiennent sûres d'être grosses, sans que la longueur de la grossesse qui dure un an & quelquefois deux, les puisse desabuser. Enfin les douleurs surviennent ou non, & elles accouchent de quelques vents qui sortent avec bruit, après quoi leur ventre s'abaisse..

MOLE. s. m. Ce mot a signifié chés les Romains une espece de Mausolée que l'on bâtissoit en forme de tour ronde sur une base quarrée. Ce Mausolée étoit isolé avec des colonnes en son pourtour, & couvert d'un dôme avec amortissement. Le Mole de l'Empereur Adrien a passé pour le plus grand & le plus magnifique de ces Mausolées. Une pomme de pin de bronze qui le terminoit, & qu'on voit encore aux jardins de Belveder, renfermoit ses cendres dans une urne d'or. C'est aujourd'hui le Château Saint-Ange à Rome.

On appelle *Mole de port*, Une jettée de grosses pierres dans la mer en forme de digue, qu'on fait dans les Ports contre l'impetuosité des vagues & pour empêcher que les Vaisseaux Etrangers n'y entrent.

MOLER. v. n. On dit en termes de Marine *Moler en pouppe*, pour dire, Faire vent arriere, c'est-à-dire, prendre le vent en pouppe. Les Levantins se servent particulierement de ce mot.

MOLET. s. m. Terme d'Orfévre. Petite pincette dont un Orfevre se sert à tenir sa besogne.

MOLETTE. s. m. Terme de Peintre. Pierre de marbre, de porphyre, d'écaille de mer, ou autre, dont on se sert à broyer les couleurs.

Les Cordiers & Rubaniers appellent *Molette*, une petite poulie de bouis avec un fer recourbé, qui passe au milieu, & sert à retordre.

Molette est aussi un terme de Mirouetier. C'est un petit morceau de bois en forme de bondon, sur quoi on met le verre de la lunette pour le travailler.

On appelle *Molette d'éperon*, Une petite piece de fer à huit ou dix pointes en forme d'étoile, qui est à l'extrémité de l'éperon, & qui sert à piquer les chevaux que l'on veut faire avancer.

Molette. Maladie de cheval qui consiste en une tumeur molle qui lui vient à côté du boulet à force de travailler. Elle est grosse comme la moitié d'un œuf de pigeon, & pleine d'eau au commencement. Les Molettes que l'on appelle nerveuses, viennent presque toûjours aux jambes de derriere du cheval. Elles ne peuvent être gueries que par le feu, qui pourtant ne les guerit pas toûjours.

On appelle aussi *Molette*, en un cheval, ce que l'on nomme autrement *Epi*. C'est une espece de frisure naturelle d'un poil, qui en de certains endroits se releve sur un poil couché.

MOLIERE. s. f. Carriere de pierre dure d'où l'on tire les pierres qui servent à faire des meules de moulin. *Pierre de moliere*. On dit aussi *Pierre de meuliere*.

Moliere. adj. On appelle *Dents molieres*, Les grosses dents qui sont plattes, & dont les hommes se servent à froisser les alimens. Ce mot vient de *Moudre*.

MOLINISTES. s. m. Ceux qui suivent les opinions de Louis Molina, Jesuite Espagnol, en ce qui regarde le secours de la grace, & le concours de la volonté de l'homme aux bonnes actions. Molina mourut à Madrid en 1600. & deux ans après, son Livre *De Concordia Gratiæ & liberi arbitrii*, donna lieu à la celebre dispute qui fut faite là-dessus entre les Dominicains & les Jesuites, en la presence du Pape Clement VIII. & de quelques Cardinaux, & que l'on nomma *De auxiliis*.

MOLLE. s. m. Arbre particulier au Perou. Il est grand, beau & fort branchu, & a ses feuilles d'un vert tirant sur le pourpre, & semblables à celles de l'olivier, mais plus étroites & plus délicates, dentelées, & disposées comme par rang de chaque côté. Ses fleurs sont d'un fort beau blanc, & pendues par grappes longues & étroites, qui se changent aussi-tôt en fruits. Ce sont de petits grains ronds comme le Coriandre, qui étant mûrs sont d'un rouge clair. Ils ont en leur superficie, un peu de chair douce assés agréable au goût. Le reste est fort amer. Leur noyau est dur & pierreux. On fait un breuvage de ce fruit, en le frottant doucement entre les mains dans de l'eau chaude jusqu'à ce qu'on en ait tiré toute la douceur sans y rien mettre d'amer. On passe cette eau, & on la garde quelques jours, pendant lesquels l'épais qui demeure au fond la fait devenir clair. Ce breuvage est fort sain, principalement pour ceux qui sont travaillés de maux de reins ou de vessie; d'ordinaire on y mêle du Mays. La même eau étant bouillie fait de fort bon miel, & en l'exposant au Soleil avec de certains ingrediens, il s'en fait d'excellent vinaigre. Les feuilles & le fruit de cet Arbre, qui est un Arbre sauvage, qui se multiplie aisément de semence ou de rejettons en toutes sortes de terre, sentent le Lentisque & sa gomme, & ont un goût qui approche du fenouil, ce qui le fait croire à quelques-uns une espece de Lentisque, quoique ce soit un arbre d'un genre particulier, dont les feuilles & les fruits se succedent les uns aux autres, & durent toute l'année. Il jette une larme qui sent le Lentisque; ainsi que ses feuilles & son tronc. Elle est d'un goût aigre & doux, avec une certaine amertume & vfaculté astringente. Le noyau fortifie le cerveau & l'estomac, & resserre le ventre. Il y en a qui lui donnent l'usage de la Therebentine, & aux fruits, celui de la graine de Paradis, pour provoquer l'urine, dissiper les vents, & dessecher toutes les humeurs superflues. Les feuilles mâchées affermissent les gencives & les dents, & leur décoction sert à guerir les plaies inveterées. Ces arbres sont en telle estime chés les Indiens, qu'il y a des lieux où ils les consacrent à leurs Idoles. L'écorce en est fort prisée. On se sert de sa décoction avec beaucoup de succès pour en fomenter les jambes douloureuses & enflammées. Garcilasse appelle cet Arbre *Mulli*.

MOLLIR. v. n. *Devenir mou, manquer de force*. ACAD. FR. On dit en termes de Manege, qu'*Un cheval mollit*, que *la jambe lui mollit*, pour dire, qu'Il bronche.

Mollir, est aussi actif, & on dit sur mer, *Mollir une corde*, pour dire, Lâcher une corde afin qu'elle ne soit pas si roide.

MOLY. Plante dont les feuilles sont semblables au gramen appellé Chiendent. Elles sont pourtant plus larges & plus éparpillées par terre. Sa fleur est blanche, grande comme la violette rouge, & faite à peu près comme celle du violier blanc. Le Moly produit une tige de quatre coudées de haut, à la cime de laquelle est une maniere d'ail. Sa racine qui est petite & bulbeuse, est singuliere aux ouvertures de la matrice, broyée & appliquée en façon de Pessaire avec de l'onguent d'Ireos. Voila ce qu'en dit Dioscoride. La meilleure & la plus excellente herbe qui soit selon Homere, à ce que rapporte Pline, est celle que les Dieux appellent *Moly*, & dont Mercure a été inventeur. Elle est singuliere contre les plus forts enchantemens, & a sa racine noire, ronde & grosse comme un oignon, & ses feuilles semblables à celles de la squille. Les Auteurs Grecs, font ces feuilles jaunes, quoi qu'Homere dise qu'elles sont blanches. Matthiole croit que le Moly de Dioscoride est la Plante que Galien appelle *Mylé*, & dont il dit. La racine de Mylé est semblable au petit bulbe, & a une vertu astringente, de sorte qu'appliquée avec farine d'ivroye, elle resserre la Matrice ouverte & relâchée, selon ce que dit Dioscoride, par où Galien fait voir qu'il a pris de Dioscoride tout ce qu'il dit du Mylé. Le mot de *Moly* est Grec μῶλυ. Quelques-uns le font venir de μωλύειν, Rendre plus remis, dissiper le trouble de l'esprit, à cause que cette Plante a la vertu de faire cesser les enchantemens.

MOM

MOMIE. s. f. Composition faite de poix & d'Asphalte que l'on mêle ensemble, & qui a la vertu de rendre les chairs incorruptibles. On appelle aussi *Momies*, quoiqu'improprement, les Cadavres embaumés de poix & de bitume que l'on apporte d'Egypte. Leur vrai nom est *Mumie*, mot Persan qui signifie Cadavre sec. Les Egyptiens ont eu diverses manieres de conserver les corps. Ils les faisoient bouillir dans l'huile pour en consumer l'humidité & pour en rendre les chairs plus fermes, ils y employoient le sel, le nitre, la cire, le bitume, l'asphalte, le cedre, la myrrhe, le nard, les baumes, les gommes, le plâtre, & la chaux. Leurs manieres d'embaumer les corps étoient differentes selon le rang des personnes. On se contentoit pour les moins considerables de leur laver le ventre avec des herbes fortes & des eaux qui empêchoient la mauvaise odeur des intestins. Ensuite on les mettoit dans le sel durant soixante & dix jours, après quoi on les rendoit aux parens pour les inhumer. Il y avoit pour les personnes de qualité une espece de Dessinateur, qui alloit tracer autour du corps étendu, les endroits qu'il falloit ouvrir pour vuider les intestins. Lorsqu'il les avoit marqués, un Dissequeur avec un couteau fait d'une pierre d'Ethiopie, coupoit les chairs autant que la loi le permettoit, & qu'il étoit necessaire, & fuyoit en même-tems de toutes ses forces, parce que c'étoit la coûtume des parens & des domestiques de le poursuivre à coups de pierre, & de le charger d'injures & d'outrages comme un impie. Cette operation achevée, les embaumeurs qui étoient considerés comme des personnes sacrées, entroient pour faire leur office, & commençoient, les uns à ôter les intestins superieurs à la reserve du cœur & des reins, & les autres à purger tout le bas ventre qu'ils lavoient de vin de palme & d'autres liqueurs aromatiques; puis durant plus de trente jours, ils lavoient le corps, de baume, de cedre, & d'autres aromates, mais sans y mêler l'encens. Pour la tête, ils se servoient de ferremens qu'ils faisoient entrer par les narines pour tirer dehors toute la substance du cerveau, & ils y seringuoient des liqueurs précieuses & odoriferantes. Ils n'ouvroient point le corps des personnes mediocres, & se contentoient de le seringuer par le derriere, & d'y faire des injections d'eaux fortes & d'huile de cedre, après quoi on le mettoit dans le sel soixante & dix jours, & le dernier jour en lui débouchant le derriere, on en faisoit sortir tous les intestins fondus. Après ces préparations on envelopoit tout le corps de bandelettes de lin trempées dans la myrrhe. Le Dessinateur couvroit ces envelopes d'une toile peinte des figures de leurs Dieux, & de divers caracteres, & les parens ayant reçû le corps en cet état, lui faisoient faire un étui de bois, representant la figure d'un homme ou d'une femme, selon l'âge, le sexe, & la taille des personnes, & conservoient ces corps dans ces étuis de bois incorruptible, ou les inhumoient dans des tombeaux de porphyre ou de pierre Ethiopique, dans les pyramides ou dans des caveaux souterrains faits exprès, & ornés de gravûres & de peintures mysterieuses. Thevenot rapporte dans ses voyages, qu'étant en Egypte il voulut voir les Momies, & donna huit piastres pour s'en faire ouvrir un puits. Ces puits sont quarrés, d'assés bonne pierre, & remplis de sable que l'on fait tirer. Les Mores que le Maître des Momies lui donna pour tirer le sable, le descendirent dans le puits lié d'une corde autour du corps. Sa profondeur étoit de deux à trois piques. Lorsqu'il fut en bas, ils le firent passer par un trou le ventre à terre, parce qu'ils n'avoient pas ôté assés de sable, & il entra dans une petite chambre dont les murs & la voute étoient de pierre. Il y avoit trois ou quatre corps, mais un seul entier, les autres ayant été déja mis par pieces. Ce corps étoit fort grand & large, dans une caisse de bois bien épais, & fort bien fermée de tous côtés. Le bois étoit du bois de vrai Sycomore, nullement pourri, & sur ce bois on voyoit taillé en bosse le visage de la personne qui étoit dedans. Après que cette caisse eut été rompue à coups de cognée, il y trouva un corps tout entier disposé de cette sorte. Le visage étoit couvert d'une maniere de casque de toile accommodée avec du plâtre, sur lequel étoit representé en or le visage naturel de la personne, mais ôtant ce casque on n'en trouva aucun reste. Les autres parties du corps étoient emmaillotées avec de petites bandes de toile fort proprement faites, avec tant de tours qu'il y en avoit plus de mille aunes. Une bande de toile large de trois doigts, & longue d'un pié & demi, étoit en long sur l'estomac, attachée aux autres bandes, & sur cette bande en long étoient plusieurs lettres hieroglyphiques écrites en or. Proche cette chambre il y en avoit plusieurs autres pleines de corps, mais les entrées en étant bouchées par le sable, il se fit retirer en haut. Le fameux Pietro de la Vallé, qui a traité aussi des Momies, en fait la description qui suit. On voyoit, dit-il, dans un grand linceul étendu sur la Momie, la figure d'un jeune homme vêtu d'une longue robe de lin, doré & parsemé d'emblêmes hieroglyphiques depuis les piés jusques à la tête. Il l'avoit couverte d'or & de pierres prétieuses avec ses cheveux noirs & frisés, & une barbe de même dont le poil étoit fort court. Une chaine d'or lui pendoit au col avec une médaille où étoit gravée l'Image de l'oiseau Ibis, & plusieurs autres caracteres qui faisoient juger que ce jeune homme avoit eu quelque dignité considerable. Il avoit un bassin d'or dans la main droite plein d'une liqueur rouge, & dans la gauche un fruit en forme de pomme, une bague d'or au pouce, & une autre au petit doigt, des sandales qui ne couvroient que la plante de ses piés, & elles étoient liées par dessus avec des courroyes. On lisoit sur une bande attachée à sa ceinture ce mot *Eutichi*, qui vouloit dire, Bonheur. A côté de lui étoit la Momie d'une femme, parée encore plus richement. Outre quantité d'emblêmes & de caracteres hieroglyphiques, on y voyoit deux oiseaux & deux lions dressés sur des lames d'or, & un peu plus bas un bœuf qui étoit l'Image d'Agis ou d'Isis. Le Soleil étoit gravé sur une autre lame attachée à la derniere chaine, & qui lui pendoit sur la poitrine. Cette femme avoit des pendans d'oreille de pierres prétieuses, des bracelets aux bras, & aux jambes, avec des bagues dans tous ses doigts. De la main droite elle tenoit une coupe d'or, & de la gauche un anneau & un paquet d'autres riches ornemens. Ses yeux étoient noirs & à fleur de tête, ses paupieres brunes, & ses cheveux noirs & frisés. Ils étoient peints l'un & l'autre comme les Saints de l'antiquité. Dans la même cave on voyoit d'autres Momies dans le sable, mais sans aucun ordre. On en rencontra une autre où il y avoit la figure d'une femme parée comme l'autre. On ouvrit ce corps, & on n'y trouva que des bandes avec du bitume. Les os & la chair ressembloient à la scieure du bois. La matiere de ces Momies étoit devenue si dure, qu'à peine en pouvoit-on emporter une petite partie à coups de marteaux. Il y en avoit plusieurs autres simplement emmaillotées & embaumées avec de l'asphalte ou du bitume, sans qu'il y eût aucun ornement.

MOMINS. s. m. Sorte de fruit des Antilles, qui est du même genre que le Corosol, & presque semblable, excepté qu'il est un peu plus rond, & qu'il a l'écorce & le dedans jaune comme sa graine qui est plus large & plus plate. Il s'en faut pourtant beaucoup que ces fruits ne soient aussi bons que le Corosol, & même les habitans les estiment si peu, qu'il n'y a que la seule necessité qui leur en fait manger quelquefois. Il y en a qui sont aussi gros que la tête d'un enfant, & d'autres comme un gros œuf d'oye. Ils croissent en abondance dans les lieux humides, & parmi les roseaux. Les porcs, les Acoutis, les crabes, & les oiseaux s'en engraissent, c'est une nourriture qui rend excellente la chair de tous les animaux qui en vivent.

Il y aussi des *Prunes de Momins*, dans les mêmes Isles. L'Arbre qui les porte croît aussi gros & aussi haut que les plus puissans chênes de l'Europe. Son écorce est fort raboteuse, grise par dehors, rouge par dedans, gommeuse, & de bonne odeur. Ses feuilles ont beaucoup de rapport à celles du Frêne. Elles sont pourtant un peu plus larges & tombent tous les ans. Après que l'arbre s'en est revêtu, il se charge de grands rameaux de fleurs blanches & jaunes, d'une odeur fort agreable, à la chûte desquelles paroissent les fruits en grappes comme les cormes. Ces fruits sont jaunes, picotés de rouge, pleins d'un suc qui avec son acidité, conserve quelque chose de fade & de sauvageon, ce qui est commun à la plûpart des fruits des Isles avant qu'on y soit accoûtumé. Quand ceux-ci sont mûrs, ils tombent tous à terre, la couvrent, & exhalent une odeur assés douce qui les fait sentir à plus de cent pas. Ils enferment un noyau tout percé à jour, & si asseux que l'on croit être poison. Sa cendre est caustique & sert à faire manger la chair morte. Le bois de cet arbre est blanc, fort tendre, & sujet à pourriture. Les bourgeons qu'il pousse sont bons en salade. En les broyant, on en fait sortir une écume, qui ôte l'inflammation des yeux, clarifie la vûe, & dissipe les tayes qui sont encore tendres. On se sert de ces prunes de Momins comme d'un remede souverain dans le flux de sang. Quelques-uns en font du Ouicou, qui étant conservé huit ou dix jours, enyvre comme du vin.

MON

MONACO. s. m. Monnoie d'Italie, qui ne vaut que cinquante quatre sols, & qui est battue aux Armes du Prince de Monaco, d'où elle a pris son nom. On appelle aussi *Monaco*, Une sorte de petite tasse fort legere, & qui est faite en ovale. Ordinairement elle ne pese guere plus d'un écu, & on lui a donné ce nom, à cause qu'on se sert de Monacos pour la faire.

MONARCHIQUES. s. m. Heretiques qui s'éleverent vers l'an 196. sous le Pontificat de Victor, & qui furent appellés ainsi du Grec μόνος, Seul, à cause qu'ils ne connoissent qu'une seule personne dans la sainte Trinité, ce qui leur faisoit dire, que le Pere avoit été crucifié. Ce furent des rejettons de l'Heresiarque Praxeas, contre lequel Tertullien a écrit, & qui ayant abandonné Montan dont il découvrit les erreurs au Pape Pie, tomba lui-même dans l'Heresie, & y mourut après qu'on l'eut reçû deux ou trois fois dans l'Eglise sur les témoignages d'un faux repentir.

MONASTERIENS. s. m. Heretiques qui dans le seiziéme siecle, prirent le parti de Jean Bockeldi surnommé Jean de Leiden, parce qu'il étoit de Leiden, Ville de Hollande. Il étoit Tailleur de profession, & s'étant joint à Jean Matthieu qui étoit Boulanger, il fut comme lui Chef des Anabaptistes. Ses Sectateurs furent appellés *Monasteriens*, du mot Latin *Monasterium*, qui veut dire Munster, à cause que s'étant rendus maîtres de cette Ville-là, ils y commirent des profanations abominables. Jean de Leiden, qui après la mort de Jean Matthieu, fut mis en sa place, prenoit le nom de Roi de Justice & d'Israël, mais enfin il tomba entre les mains de l'Evêque de Munster, qui le fit mourir en 1535. avec ses principaux Ministres qui le secondoient dans sa fureur.

MONBAIN. s. m. Arbre des Antilles qui croît fort haut, & qui produit des prunes longues & jaunes, dont l'odeur est assés bonne. On en fait fort peu de cas, à cause que leur noyau est beaucoup plus gros que tout ce qu'elles ont de chair. Il y a pourtant quelques-uns qui les mêlent dans de certains breuvages pour leur donner meilleur goût. Il en tombe une grande quantité quand elles commencent à devenir mûres, & elles servent à engraisser les pourceaux qui les recueillent avidement. Cet arbre jette une gomme jaune, dont l'odeur est encore plus penetrante que celle du fruit. Si l'on en met quelques branches dans la terre, elles prennent promptement racine, ce qui est cause que l'on s'en sert ordinairement à fermer les parcs où l'on nourrit le bestial.

MONCAYAR. s. m. Serge, ou étoffe de laine croisée & fort déliée.

MONDIFICATIF. adj. On appelle en Medecine *Onguents Mondificatifs*, Certains onguents détersifs, qui par une tenuité de substance nettoyent & purgent les playes & les ulceres, tant de la boue, que de cette sorte de pus que l'on appelle *Sanie*. On dit aussi *Mondifier*, en parlant des ulceres, dont il faut ôter l'ordure en les pensant.

MONETAIRE. s. m. Nom qui a été donné aux Fabricateurs des anciennes monnoies. Pharamond ayant été mis sur le Trône en 420. & les François s'étant rendus maîtres de la Ville de Treves où il y avoit une fabrique de monnoye pour les Romains, ils commencerent à suivre leur police sur la fabrication de celle qu'ils firent. Pour cela, il y eut dans chaque Monnoie un Officier que l'on nomma *Monetaire*, dont il semble que la fonction avoit du rapport avec celle des Juges gardes & des Maîtres des Monnoies, & en même tems avec celles des Officiers que les Romains du bas Empire appelloient *Procuratores & Magistros Monetarum*. Ces sortes d'Officiers étoient sous la direction des Villes, & l'un & l'autre faisoit mettre son nom sur la Monnoie. Il y avoit cette difference que le Monetaire y mettoit toûjours sa qualité, & que le Comte y mettoit seulement son nom. Vers la fin de la premiere race de nos Rois, les Villes capitales des Provinces & les plus considerables, eurent des Monnoies arrêtées & ordinaires sous la direction des Ducs ou des Comtes des Villes. Il y eut aussi une Monnoie dans le Palais où le Roi faisoit sa principale residence, & le Monetaire de cette Monnoie l'étoit aussi de la Ville capitale où le Palais étoit situé. Cela se voit sur les pieces de Dagobert, où quelques-uns ont pour legende *Moneta Palatina*, & d'autres *Parisina civitate*, & toutes *Eligius* pour le nom du Monetaire. On croit que ce Monetaire étoit saint Eloi, Orfevre qui demeuroit dans le Palais de Dagobert, & qui avoit été apprenti chés Afferon Orfevre, & Garde ou Intendant de la Monnoie royale de Limoges. Il y eut aussi des Monetaires sous la seconde race de nos Rois, mais on observa une nouvelle police pour la fabrication, puisque les Monetaires cesserent de mettre leurs noms sur les especes, & qu'au lieu de la tête du Roi regnant, on y mit presque toûjours le monogramme de son nom.

MONNOYE. s. f. Portion d'une certaine matiere, à laquelle l'autorité publique a donné un poids & une valeur fixe pour servir de prix à toutes choses dans le commerce. Quoiqu'il y ait apparence qu'une invention si utile soit aussi ancienne que le monde, on n'en trouve rien dans l'Histoire Sainte avant le déluge. Quelques-uns pretendent qu'après le déluge, Noé assembla tous ses Descendans pour le partage de toute la terre, & que leur ayant proposé l'usage des mesures, des poids & de la Monnoie, il leur enseigna non seulement la maniere de la fabriquer, mais les métaux dont ils se devoient servir; qu'après cette séparation, les chefs de famille qui avoient pris des originaux des poids & mesures & des Monnoies pour leur servir de modele, porterent cette même invention dans les pays qui leur étoient échûs en partage; qu'elle fut mise d'abord en usage parmi les peuples d'Armenie, d'où elle passa dans tout le reste de l'Asie; & qu'enfin elle fut reçûe dans toutes les parties de la terre. L'Ecriture Sainte ne fait mention de Monnoie, que vers l'an du monde 2110. losqu'elle parle des mille pieces d'argent qu'Abimeleck donna à Abraham, pour avoir un voile à Sara qui lui couvrît le visage. Il y est aussi parlé dans le même tems de quatre cens sicles d'argent qu'Abraham paya au poids à Ephron en Monnoie courante parmi les Marchands, selon ce que dit l'Hebreu, & de cent Agneaux payés par Jacob pour le champ qu'il avoit acheté des Enfans d'Hemos. Ces Agneaux étoient des pieces de Monnoie réelle, sur lesquelles un mouton étoit gravé, comme ont été autrefois en France les deniers d'or à l'agnel, & les Moutons d'or à la grande ou à la petite fabrique, dont la fabrication ordonnée par saint Louis dura en France jusqu'au regne de Charles VII. Ce nom d'Agneau fait connoître que la Monnoie étoit marquée dès ce tems-là, & la commune opinion est que ce fut Tharé, Pere d'Abraham qui étoit Sculpteur, qui en fit les premiers coins, au moins de celle de son pays. Comme au tems que l'on ne faisoit que des échanges, les plus grandes richesses consistoient en bestiaux, on en fit imprimer la figure, ou celle de leurs têtes sur les premieres Monnoies que l'on fabriqua, & ce fut du mot de *Pecus*, qui veut dire, Toute sorte de bestial, que les Latins appellerent la monnoie *Pecunia*. Le commerce entre les hommes ayant commencé par l'échange, chacun donnoit ce qu'il avoit le plus abondamment pour acquerir ce qui lui étoit necessaire, mais il arrivoit souvent des difficultés dans l'estimation, & cette estimation dépendant de l'adresse des uns & du besoin des autres, ou des commodités, ou incommodités du transport, on ne put lever ces difficultés, qu'en convenant de quelque moyen, qui en donnant le prix à toutes choses, pût rendre les ouvrages de l'art & de la nature susceptibles d'une communication mutuelle. On n'en trouva point de plus facile que de donner une estimation certaine & definie à quelque matiere selon sa quantité & sa qualité. L'or & l'argent furent choisis pour cela comme étant les métaux les plus precieux, & l'on y joignit le cuivre comme se pouvant recouvrer plus aisément. On en tailla d'abord des morceaux d'une maniere grossiere, & l'on donnoit ces morceaux au poids. Ensuite pour éviter la peine de les peser, on imprima une marque sur chaque portion qui en exprimoit & le poids & la valeur. C'est ce qu'on a appellé *Monnoie*. Elle se divise en France ainsi que par tout ailleurs, en *Monnoie réelle* ou *effective*, qui comprend toutes nos pieces d'or, d'argent, de billon & de cuivre, qui ont cours dans le Royaume, & en *Monnoie imaginaire* ou *de comte*, inventée pour la facilité du commerce, & composée d'un certain nombre d'especes qui peuvent changer dans leur substance, mais qui sont toûjours les mêmes dans leur quantité. On se sert pour cela des noms de *Francs* ou de *Livres*. Ainsi la somme de cinquante livres est composée de cinquante pieces, qui n'étant pas réelles peuvent être payées en louis d'or ou d'argent, ou en autres especes ayant cours, sans qu'on change rien dans la quantité de cinquante livres. La livre de compte numeraire composée de vingt sols, & chaque sol de douze deniers, dont presque toute l'Europe se sert aujourd'hui aussi bien que nous, commença sous Charlemagne. La figure entiere ou la seule tête des animaux, soit moutons, soit bœufs ayant été gravée sur les premieres especes des Monnoies, parce que les bestiaux dont l'échange servit d'abord au commerce, faisoient la principale richesse des premiers tems, les Peuples firent ensuite graver sur leurs Monnoies les marques de leur origine, & les actions les plus notables arrivées dans les Etats des Princes à qui ils étoient soumis, après quoi les Princes y firent mettre des monumens de leur religion, de leur pieté & de leurs conquêres, leurs noms, leurs armes, & enfin leurs effigies. On trouve l'effigie du Prince gravée sur les Monnoies de France dès le commencement de la Monarchie, & pendant toute la premiere race de nos Rois. Cet usage ne fut pas continué pendant la seconde, & on y trouve peu de Monnoies ainsi gravées après le regne de Louis le Debonnaire, mais Henri II. par son Edit donné en 1548. ordonna, que *Sa pourtraiture d'après le naturel seroit gravée & empreinte à l'avenir sur les Monnoies d'or & d'argent, au lieu de la croix qu'il vouloit être ôtée comme étant trop aisée à falsifier*, ce qu'on a toûjours observé depuis. Le mot de *Monnoie*, vient du Latin *Moneta*, qu'Antonius Thesaurus, Senateur de Savoye, dérive de *Monere*, Avertir à cause que les especes font connoitre par leur empreinte & leur nom, celui qui les a fabriquées, & conservent la memoire des Souverains, & de leurs actions les plus remarquables. Borel dit sur ce mot qu'il a vû de grands procès sur l'interpretation de certaines Monnoies qui étoient specifiées dans des rentes anciennes. Il ajoûte suivant ce que ses diverses lectures lui en ont appris, que le denier Tolsan valoit quatre pogés, c'est-à-dire, deux deniers; le pogés deux pites; le denier tournois deux oboles; le sol Tolsan deux sols d'apresent; le sol Tolsa à forte Monnoie, deux sols six deniers; le gros forte Monnoie, un sol cinq deniers, & le mouton d'or quinze sols cinq deniers tournois.

On n'a jamais fait en France d'autres Monnoies que d'or, d'argent, de billon & de cuivre, quoiqu'il y ait des Auteurs qui ont avancé que du tems de saint Louis, on fit des especes de cuir faute d'argent, le Royaume en ayant été épuisé par les guerres de la Terre-Sainte. Ce qui a pû donner lieu à cette opinion, c'est que saint Louis voulant avoir dans ses armées quelque Monnoie portative, qui fût d'argent pur & non pas de bas billon, fit fabriquer de petites pieces d'argent du poids de dix-huit grains & d'autres du poids de neuf grains, qui devoient avoir cours les unes pour deux deniers parisis & les autres pour un denier parisis. Comme la legereté du poids de ces pieces les empêchoit d'être maniables, il ordonna qu'on les feroit en forme de clouds d'argent transperçant un morceau de cuir par le milieu, & que ces clouds d'argent seroient rivés de part & d'autre, & marqués d'une petite fleur de lis, ce qui rendit ces mêmes Monnoies maniables & plus portatives. Il y a un ancien Manuscrit qui porte que jamais l'or & l'argent n'avoient manqué en France, & que du tems de Saint Louis, le marc d'or fin n'avoit valu que trente-trois livres dix-sols, & quarante livres tournois, & le marc d'argent fin cinquante sols & soixante & six sols huit deniers tournois au plus.

Il n'est fait aucune mention des Monetaires sous la troisiéme race de nos Rois; il y est seulement parlé des Generaux Maîtres des Monnoies, qu'on voit n'avoir été qu'au nombre de trois, dans un Reglement fait en 1315. L'Ordonnance de Charles Dauphin, Regent de France, du commencement de l'année 1359. porte qu'à l'avenir il y aura huit Generaux Maîtres des Monnoies, & un Clerc pour tout l'Office des Monnoies. Il y en avoit le même nombre en 1392. six à Paris, & deux alternativement dans les Provinces en qualité de Commissaires. Dans le tems que ces Officiers n'étoient qu'au nombre de trois, il n'y avoit aussi que trois Maîtres des Comptes, & ces Maîtres des Comptes, ces Generaux Maîtres des Monnoyes & des Tresoriers des Finances étoient unis & incorporés, en sorte pourtant que les Tresoriers des Finances & les Generaux Maîtres des Monnoies avoient leurs Chambres separées des Maîtres des Comptes, avec lesquels ils s'assembloient quand le besoin des affaires le requeroit. Ils furent enfin érigés en Chambre, pour connoître privativement à tous autres Juges du fait des Monnoies. Cette Chambre établie dans un lieu au dessus de la Chambre des Comptes, où elle a rendu la justice jusqu'en 1686. qu'elle a commencé de la rendre au grand Pavillon neuf du Palais, fut transferée à Bourges en 1418. par un Mandement de Charles VI à cause des divisions & guerres suscitées par les Anglois. Le Roi Charles VII. son Fils crea en 1436. un Procureur du Roi & un Greffier pour la même Chambre qu'il retablit à Paris. Charles VIII. crea en 1491. un Receveur General des Monnoies de France & des amendes & confiscations, avec un Huissier Portier de l'Hôtel de la Monnoie de Paris; & en 1522. François I. augmenta le nombre des Officiers de la même Chambre, d'un President & de deux Conseillers de robe longue. Henri II. l'érigea en Cour Superieure en 1551. & crea un Président & trois Generaux de robe longue, pour y faire en tout treize Juges, qui jouiroient des droits & privileges accordés aux autres Cours superieures, & auroient rang & seance immediatement après la Cour des Aides. L'Edit de 1645. ayant porté creation de Conseillers sans parler de Generaux, dont il étoit encore fait mention dans celui de 1635. les Conseillers de cette Cour cesserent en ce tems-là de prendre la qualité de Generaux des Monnoies, de même que les Conseillers de la Cour des Aides cesserent de prendre celle de Generaux des Aides. Le nombre des Officiers de la Cour des Monnoies ayant été augmenté en divers tems, elle est aujourd'hui composée d'un Premier President, de huit Presidens, de trente-cinq Conseillers, d'un Procureur General, de deux Avocats Generaux, d'un Greffier en chef, de deux Substituts, & de dix-sept Huissiers, en y comprenant le premier Huissier. Il y a des Commissaires en titre pour faire les visites dans les Provinces, & ce sont les Presidens & les Conseillers de la même Cour qui remplissent ces Commissions. Ces Officiers doivent servir par semestre, à la reserve du Premier President, du Procureur General & du Greffier en chef, qui sont toûjours de service. Cette Cour est unique dans le Royaume, parce que si plusieurs Juges connoissoient du fait des Monnoies, l'uniformité qui y doit être seroit détruite par la diversité de leurs Jugemens; ce qui renverseroit l'ordre qu'on doit observer dans le commerce. Il y a aussi un Prevôt General des Monnoies, qui a seance en la Cour après le dernier Conseiller. Il fut créé en 1635. avec un Lieutenant, trois Exempts, un Greffier, quarante Archers, & un Archer Trompette, pour faciliter l'execution des Edits & des Reglemens sur le fait des Monnoies, & pour prêter main-forte aux Deputés de la Cour; mais encore que ce Prevôt y ait seance, il n'a pourtant pas voix déliberative, & il n'est present au jugement des procès dont il a fait l'instruction, que pour rendre compte de ses procedures.

MONNOYERIE. s. f. Lieu particulier dans un Hôtel de Monnoie, où l'on donne à la monnoie l'empreinte qu'elle doit avoir.

MONOCEROS. s. m. Poisson du genre des cetacées, ainsi appellé de μόνος, Seul, & de κέρας, Corne, à cause d'une longue corne qui lui sort de la mâchoire.

MONOCHORDE. s. m. Instrument fait d'une seule corde, dont les differentes divisions determinent la differente proportion des sons entre eux. Si l'on touche cette corde, & qu'ensuite on en touche la moitié, ces deux sons font *l'octave*. C'est ainsi que Pythagore ayant remarqué que les marteaux de deux Maréchaux qui battoient sur l'enclume, étoient à l'octave, & s'étant avisé de les peser, trouva que l'un pesoit deux fois plus que l'autre. Comme l'octave se fait par le Monochorde par la raison de 2. à 1. la *quinte* se fait par la raison de 3. à 2. la *quarte* par celle de 5. à 3. la *tierce majeure* par celle de 5. à 4. la *tierce mineure* par celle de 6. à 5. Nous ne parlons point de l'*unisson* qui est celle de 1. à 1. On appelle encore *Monochorde*, un instrument fait de plusieurs cordes, mais toutes à l'unisson, qui est très-propre à regler les sons. Ce mot vient de μόνος, Seul, & de χορδὴ, Corde. La trompette marine qui n'a qu'une corde, est un vrai Monochorde.

MONOCLE. s. m. Terme d'Optique. Lunette dont on ne peut voir les objets qu'avec un œil. On l'oppose à *Binocle*. Voyez BINOCLE. Toutes les lunettes sont ordinairement Monocles.

MONOGRAMME. s. m. Chiffre ou caractere composé d'une ou de plusieurs lettres entrelassées. C'étoit autrefois une abbreviation de nom qui servoit de signe, de sceau & d'armoiries. Le Monogramme a été une marque dont nos Rois ont signé leurs Lettres patentes & autres Actes. On en a aussi marqué les monnoies, & Theodebert fit fabriquer sous son nom des sous d'or, qui d'un côté avoient le Monogramme de *Christus*, & pour legende de *Theodebert* Ce mot vient de μόνος, Seul, & de γράμμα, Lettre.

MONOMACHIE. s. f. Duel, combat singulier d'homme à homme. Ce mot est Grec, μονομαχία, formé de μόνος, Seul, & de μάχη, Combat.

MONOME. s. m. Terme d'Algebre. Grandeur qui n'a qu'un seul terme, c'est-à-dire, qui n'est liée avec aucune autre par un signe de plus ou de moins. Voyez TERME & SIGNE. Un Monome peut être *rationel* ou *irrationel*. Voyez RATIONEL & IRRATIONEL.

MONOPHYSITES. s. m. Heretiques qui suivoient les opinions des Eutychiens, dont ils ne differoient que de nom, ne reconnoissant en JESUS-CHRIST qu'une seule nature, non plus qu'une seule personne, & supposant un mélange & une confusion de nature divine avec l'humaine. On les appelloit ainsi de μόνος Seul, & de φύσις Nature.

MONOPTERE. s. m. Qui n'a qu'une aîle, de μόνος, Seul, & de πτερόν. Aîle. C'étoit une espece de temple rond & sans muraille, dont la couverture étoit faite en coupe, & il n'y avoit que des colomnes qui la soutenoient.

MONOTHELITES. s. m. Heretiques qui dans le septiéme siecle se joignirent à la Secte des Eutychiens, n'admettant dans JESUS-CHRIST qu'une seule volonté & une seule operation, de μόνος, Seul; & de θέλησις, Volonté. Cette Secte commença d'avoir cours dans le septiéme siecle, & Theodore Evêque de Phorane en fut Auteur.

MONOTRIGLYPHE. s. m. Terme d'Architecture. Espace d'un triglyphe entre deux pilastres ou deux colomnes.

MOSON. s. f. Terme de Marine. Vent reglé qui pendant six mois souffle toûjours de même côté sur la mer des Indes. Il porte le nom d'un très-ancien Pilote, qui fut le premier qui en traversant cette mer, se hazarda à faire canal durant ce tems-là.

MONSTIER. s. m. Vieux mot. Monastere, Eglise.

Il est en lui trop mieux seant
Qu'un Crucifix en un monstier.

MONSTRE'E. adj. Terme de Palais. Sorte de procedure qui fut abrogée par une Ordonnance de 1667. On ordonnoit qu'on feroit une descente sur les lieux contentieux pour faire vûe & monstrée; ce qui consistoit à indiquer un doigt & à l'œil les heritages dont on prétendoit disputer la possession avec les tenans & aboutissans. Cela se faisoit afin que l'on pût donner jugement avec moins d'incertitude.

MONSTRUEUX, EUSE. adj. *Qui est d'une conformation contraire à l'ordre de la nature,* ACAD FR. Il se dit en termes de Blason, des animaux qui ont face humaine. *D'argent au Dragon monstrueux de sinople.*

MONT. s. m. *Grande masse de terre ou de rocher fort élevée au dessus de la campagne.* ACAD. FR. Il y a de ces élevations de terre qui sont très-hautes & toûjours couvertes de neiges; d'autre d'une moyenne hauteur, & d'autres basses, appellées *Collines,* ou *Côteaux.*

Mont. Terme de Chiromance. Petite éminence au bas de la racine de chaque doigt. On appelle *Mont de Mars*, Celle qui est au dessous du pouce; *Mont de Jupiter*, Celle qui est au dessous du doigt indice; *Mont de Saturne*, Celle qui est au dessous du doigt du milieu; *Mont du Soleil*, Celle qui est au dessous du doigt annulaire; *Mont de Venus*, Celle qui est au dessous du petit doigt; *Mont de Mercure*, L'éminence marquée dans l'espace appellée *Thenar*, qui est entre le pouce & l'indice; & *Mont de la Lune*, L'éminence qui lui est opposée dans le lieu appellé *Hypothenar.*

On appelle à Rome, *Mont de pieté*, Une bourse ou un magasin public pour prêter de l'argent sans usure à ceux qui en ont besoin. On y prete jusques à vingt-cinq écus aux pauvres, pourvû qu'ils donnent des gages d'une plus grande valeur que la somme qu'on leur prête. On ne leur fait rien payer pour l'interêt, & on se contente de prendre environ cinq sols pour servir aux frais qu'on est obligé de faire. On garde un an & demi les hardes que l'on apporte; & si ceux à qui elles appartiennent ne les retirent pas dans ce tems-là, on les vend publiquement, & on se rembourse de l'argent qu'on a prêté; le surplus se donne aux Engagistes s'ils sont presens, sinon on écrit le prix des choses vendues & le nom de l'Acheteur, & on leur remet ce surplus entre les mains lorsqu'ils se presentent. Outre le fond de ce Mont de pieté, le Pape, les Cardinaux, & plusieurs autres personnes y mettent leur argent en dépôt, pour le prêter à ceux qui apportent des gages; & quand ceux qui l'ont prêté le demandent, on leur en rend d'autre. D'ailleurs on est obligé d'y mettre en dépôt les consignations qui excedent cinq écus, & l'argent de ceux qui ne veulent pas le recevoir dans le tems qu'il leur est dû ou qui sont allés aux champs. Les débiteurs l'ayant donné aux Receveurs qui sont établis dans ce Mont de pieté, sont exempts des risques du vol & autres pertes, & n'en payent point d'interêt. Il y a des Monts particuliers pour les Seigneurs; mais quand le Pape leur permet d'en établir, ce n'est jamais qu'en les obligeant, pour l'asſûrance des deniers de ſes ſujets, de lui engager des terres, dont le revenu aille au-de-là de l'interêt de la ſomme qu'ils empruntent. Sa Sainteté établit des perſonnes pour recevoir tous les ans le revenu de ces terres & payer les Créanciers, après quoi les Seigneurs font afficher aux Places publiques, que le Pape leur a permis d'emprunter certaine ſomme. On donne un contrat à ceux qui apportent leur argent, & l'on s'oblige de payer pour l'interêt, ou quatre & demi ou cinq pour cent ſelon les tems. Quand les Seigneurs veulent rembourſer l'argent qu'ils ont emprunté, ils avertiſſent les créanciers par d'autres affiches, qu'ils ayent à venir recevoir leurs fonds & leurs arrerages, faute de quoi ils mettent le tout en dépôt au Mont de pieté à leurs riſques, ſans plus payer d'interêt. Il y a pluſieurs Monts de pieté dans les Pays-Bas, comme à Anvers, à Gand, à Bruxelles. Il y en a auſſi à l'Iſle, à Bruges, & ceux qui empruntent donnent ſeulement des gages, les Fondateurs ayant laiſſé de certaines ſommes pour fournir aux frais.

Mont-Carmel. Nom d'un Ordre de Chevalerie, auquel on a joint pour les François l'ancien Ordre de ſaint Lazare de Jeruſalem. Il y a une Croix de velours ou de ſatin tanné à l'orle d'argent ſur le côté gauche du manteau des Chevaliers avec le milieu de la croix en rond chargé d'une image de la Vierge environnée de rayons d'or, le tout en broderie. Devant l'eſtomac, ils portent une croix d'or, attachée à un ruban de ſoye. L'Image de la Vierge eſt au milieu en émail.

Mont, dans le vieux langage, a été employé pour Monde, & on lit dans le Roman de la Roſe.

De l'autorité de nature
Qui de tout le Mont a la cure.

MONTANCE. ſ. f. Vieux mot. Prix, Valeur de quelque choſe.

Car ne priſent le monde la montance d'une oiſtre.

MONTANISTES. ſ. m. Heretiques attachés aux erreurs de Montanus, qui parut dans le deuxiéme ſiecle, & s'acquit beaucoup de credit par ſes artifices, ſe faiſant paſſer pour un exemple de ſainteté, quoiqu'il traînât avec lui deux femmes débauchées qui ſe faiſoient les interpretes de la loi, & dont l'une appellée Maximille, s'étrangla de déſeſpoir, ainſi que lui, parce qu'il rejettoit entre autres le Sacrement de Penitence, diſant qu'il n'y avoit point de pardon pour ceux qui avoient commis un crime conſiderable. Ses diſciples diſoient que Dieu le Pere n'ayant pû venir à bout du deſſein qu'il avoit fait de ſauver le monde par la Loi & les Prophetes, s'étoit incarné dans le ſein de la Vierge; qu'il avoit prêché en Jesus-Christ, & ſouffert la mort ſous ſa figure, & qu'il habitoit depuis dans Montanus & dans ſes diſciples. Auſſi Montanus ſe diſoit-il le Paraclet, promis par le Fils de Dieu à ſes Apôtres. Il permettoit la diſſolution du mariage, & condamnoit les ſecondes nôces, les traitant de fornication.

MONTANT. ſ. m. Piece de bois dreſſée debout. Les Menuiſiers appellent *Montant*, La piece de bois qui eſt au milieu d'une croiſée, & ſur laquelle portent les battans des chaſſis. Les *Montans d'embraſure* ſont des eſpeces de revêtemens de bois ou de marbre, avec des compartimens araſés ou en ſaillie. On en lambriſſe les embraſures des portes & des croiſées. Les *Montans de lambris* ſont des manieres de pilaſtres longs & étroits. Ils ſervent à ſeparer les compartimens d'un lambris, & ſont le plus ſouvent ravalés avec des chûtes de feſtons. Il y a auſſi des *Montans de Serrurerie*, qui ſont des manieres de pilaſtres compoſés de divers ornemens. Ils ſont contenus entre deux barreaux paralleles, & ſervent à entretenir les travées des grilles de fer. On appelle *Montans de charpenterie*, Les pieces de bois perpendiculaires qui ſont retenues par des arcs-boutans dans les machines.

Montans, ſe dit auſſi non ſeulement de certaines pieces de bois à plomb de mediocre groſſeur, qui ſoûtiennent le haut de l'arriere d'un Vaiſſeau, mais de toutes les pieces de bois droites qu'on employe aux cuiſines, aux ſoutes & autres ouvrages du dedans des Vaiſſeaux.

On appelle *Montant du bâton de pavillon*, Une piece de bois droite, à laquelle eſt une tête de More où paſſe le bâton d'Enſeigne de pouppe.

Montant, dans une raquette, ſe dit des cordes qui vont le long de la raquette.

Montant. adj. Terme de Blaſon. Il ſe dit non ſeulement du Croiſſant repreſenté les pointes en haut vers le chef, mais encore des écreviſſes, des épis & autres choſes dreſſées vers le chef de l'écu. *D'azur à deux Croiſſans acculés d'argent, l'un montant, l'autre verſé.*

MONTE'E. ſ. f. Petit eſcalier. On appelle *Montée* dans une voute, l'exhauſſement de la voute depuis ſa naiſſance juſqu'au deſſous de ſa fermeture. *Montée de colomne*, eſt la hauteur d'une colomne; & on dit, *Montée d'un édifice*, quand on en veut marquer l'élevation. On appelle auſſi *Montée de pont*, La hauteur d'un pont, en la conſiderant depuis le rez de chauſſée de culée juſque ſur le couronnement de la voute de ſa maîtreſſe arche.

Montée. Terme de Fauconnerie. Il ſe dit du vol de l'oiſeau qui s'éleve à angles droits par carrieres & par degrés, lorſqu'il pourſuit quelque proye. On appelle *Montée d'eſſor*, lorſqu'allant chercher le frais dans la moyenne region de l'air, l'oiſeau s'éleve tellement qu'on le perd de vue; & *Montée par fuite*, quand craignant un oiſeau plus fort que lui, il s'échape à grandes gambades.

MONTER. v. n. *Se tranſporter en un lieu plus haut que celui où on étoit.* Acad. Fr. *Monter*, en termes de Manege, ſignifie Apprendre à monter à cheval. En ce ſens on dit abſolument, *Monter ſous un tel ou tel Ecuyer.* On dit auſſi, *Monter à dos ou à poil*, pour dire, Monter un cheval ſans ſelle. On dit encore, *Monter un cheval, pluſieurs chevaux*, pour dire, Leur faire faire le manege.

Monter eſt auſſi un terme de mer. On dit, *Monter un Vaiſſeau*, pour dire, Etre embarqué dans un Vaiſſeau. *On perdit dans ce combat la moitié de l'équipage qui montoit un tel Vaiſſeau.* On dit encore, *Monter un Vaiſſeau*, pour dire, Etre ſur un Vaiſſeau & en avoir le commandement, *Un tel Capitaine montoit ce Navire.* On dit, qu'*Un Vaiſſeau eſt monté de tant de canons*, pour dire, qu'Il y a dedans tant de pieces de canon. On dit, *Monter au vent*, pour dire, Prendre l'avantage du vent.

MONTESIA. Il y a un Ordre Militaire appellé de Notre-Dame de Monteſia, parce qu'il fut établi à Monteſia, ville d'Eſpagne au Royaume de Valence par Jacques II. Roi d'Aragon; ce qui fut fait en 1317. ſur l'aneantiſſement ou deſtruction des Templiers. Les Statuts de cet Ordre qui furent confirmés par Gregoire IX. étoient preſque ſemblables à ceux de l'Ordre de Calatrava, ſous la Regle des Ciſterciens, dont on permit aux Chevaliers de porter l'habit. Ils avoient un Grand-Maître, & on les diſpenſa de porter l'habit religieux, à condition qu'ils auroient une croix de gueule ſur l'eſtomac.

MONT-JOIE. s. f. *On appelloit ainsi autrefois un monceau de pierres jettées confusément les unes sur les autres par une Armée Françoise pour marque de quelque victoire ou de quelqu'autre évenement considerable.* ACAD. FR. Borel dit que *Mont-Joie*, est un tas de pierres en forme de pyramide que les Hebreux avoient accoûtumé d'élever en memoire de quelque accident memorable, comme on le lit dans la Genese. Il ajoûte que *Saint Denys Mont-Joie*, étoit un cri de guerre qui fut fait en une bataille, & que chaque Seigneur avoit son cri particulier. Il dit encore que ce mot peut venir de *Mouls* & de *Joie*, Beaucoup de joie, ou comme qui crieroit *Victoire*, & *Trophée*, pour dire, Nous aurons une Mont-Joie en memoire perpetuelle de la bataille que nous gagnerons si nous combattons avec valeur. *Mont-Joie*, étoit aussi le nom du Roi d'Armes qui alloit de la part du Roi déclarer la guerre, & sommer les Villes. Encore aujourd'hui *Mont-Joie*, est le titre que porte le premier Roi d'armes de France. *Mont-Joie*, dit Nicod, *est un cri de guerre, ou pour mieux dire, de bataille, usité par les François, lequel du regne de Clovis ils prindrent en la bataille, en laquelle icelui Clovis desconfit le Roi Andat Sarrasin, qui avoit assiegé Conflans saint Honorine près Pontoise, lequel conflict commença en la Vallée, & fut achevé en la Montagne, en laquelle est la tour de Mont-Joie, qui fut la cause de l'institution dudit cri de bataille, auquel depuis furent adjoûtés ces deux mots* Saint Denys, *étant l'entier cri d'armée*, Mont-Joie Saint Denys. *Nicole Giles en ses Annales, & Robert Gaguin en son traité des Heraults.* Le Roy Louys faisant Louys de Roussy son Roi d'Armes, ordonna qu'il fût nommé *Mont-Joie*, qui est le cri de tous les Rois & Princes François; & depuis cestuy *Mont-Joie*, tous les autres principaux & premiers Rois d'Armes des François ont été ainsi nommés.

MOQ

MOQUE. s. f. Terme de Marine. Espece de mousle percée en rond par le milieu, & qui n'a point de poulie. La *Moque de civadiere* est celle où passe l'écoute de civadiere; & on appelle *Moques du grand étay*, Deux gros caps de mouton qui sont fort longs & presque quarrés en grosseur, dont l'un est mis au bout de l'étai, & l'autre au bout de son collier. Il y a une ride qui leur servant de lieure, fait qu'ils peuvent se joindre, ensorte qu'ils ne font qu'un même corps.

MOQUISIE. s. f. Les Habitans de Lovango, de Cacongo & de Goy, Peuples de la basse Ethiopie, qui sont sujets à de grandes superstitions, & qui n'ayant qu'une idée obscure de Dieu, invoquent des Demons domestiques & champêtres, ausquels ils attribuent diverses vertus, croyant que l'un gouverne les pluies, l'autre les vents, les orages & l'agriculture, & qu'il y en a qui conservent la santé, garantissent de maladies, & préservent d'accidens fâcheux, appellent *Moquisie* ou *Mokisses*, tout ce en quoi ils se persuadent que reside une vertu secrete & incomprehensible, pour leur faire du bien ou du mal, & pour découvrir les choses passées & les futures. Ceux qui se consacrent au service des Moquisies sont des personnes avancées en âge, & on observe des ceremonies très-ridicules dans leur consecration. Lorsqu'un homme est en parfaite santé & que tout lui réussit, il en croit être redevable à sa Moquisie, & à la fidelité avec laquelle il s'est abstenu de certaines choses selon les promesses qu'il lui en a faites. S'il lui arrive quelque malheur, il ne doute point qu'il n'ait offensé sa Moquisie, & tâche de l'appaiser par tous les moyens imaginables. Tous les Prêtres portent le nom de *Ganga Moquisie*, & on les distingue par un surnom pris du lieu, de l'Autel, du Temple, & de l'Idole qu'ils servent. La Moquisie de Thirico est placée dans une grande maison, qui fait partie d'un Village considerable à quatre lieues de Boarye tirant vers le Nord. Les piliers sur lesquels est bâtie cette maison ont autant de statues d'hommes. Le Ganga qui est Seigneur du Village, vient rendre hommage à la Moquisie, ce qu'il fait en frappant d'un bâton sur une toison de laine, & faisant des prieres pour obtenir la santé du Roi, la fertilité des arbres, & une pêche abondante, où leurs filets soient bien remplis de poisson. On a un grand attirail pour le culte de la Moquisie de Boëssi-bata. Quand il y a quelque occasion extraordinaire, on se sert de tambours, de sonnettes, de danseurs, & sur-tout d'une tasse faite d'une peau dont le poil est comme celui d'un lion. Elle est bordée d'une frange de filamens de cannes avec une bande de cuir que l'on passe au cou pour la porter. On remplit cette tasse de plusieurs sortes de coquilles, de cailloux, de sonnettes, de plantes sechées, d'herbes, de plumes, de crystal de Montagne, de gommes, d'écorce d'arbre, de graines, de morceaux d'étoffe, d'arêtes de poisson, de griffes & de cornes, des dents, des cheveux, & des ongles de Nains blancs. On la coud par dessus, & on la cotonne de plumes de perroquet ou d'un autre oiseau, avec des cordons & des morceaux de drap & de toile de differentes couleurs qui pendent tout à l'entour. Aux deux côtés il y a deux calebasses, toutes parsemées de grosses coquilles, & sur le dessus est attaché un bouquet de plumes, teintes dans le suc de certaines herbes & du bois rouge, avec un trou pour y verser du vin & pour boire. Quand il s'agit de la guerison de quelque malade, le Ganga qui fait le service de cette Moquisie s'assied à terre, & adressant son discours à son propre nez comme s'il étoit en colere, il donne de cette tasse contre ses genoux avec tant de force, que les raretés dont elle est remplie en sortent. Il ramasse ce qui tombe le frotte contre sa poitrine, & l'approche de son nez, en prononçant chaque fois certaines paroles. Il se peint les paupieres, le visage & tout le corps de figures rouges & blanches qui representent des angles & des croix. Il fait des contorsions très-violentes, éleve & abaisse sa voix d'une extrémité à l'autre, & de tems en tems le peuple mêle ses hurlemens à ses cris. Ces grimaces ayant duré quelque tems, il tourne les yeux & commence à entrer en furie. Pour l'en faire revenir, on lui soufle au visage un sucre aigre renfermé dans une canne, & alors il déclare ce que le Boëssi-bata lui a revelé pendant son extase, les remedes dont il se faut servir dans la maladie, les Gangas qu'il faut consulter, & les Moquisies qui sont la cause du prétendu enchantement du malade. On employe les mêmes cérémonies pour quantité d'autres choses. La Moquisie de Kikokoo préside à la mer, prévient les tempêtes, & fait arriver les navires à bon port. C'est une statue de bois par laquelle un homme assis est representé. On la tient à Kinga, Village où est le cimetiere commun du pays, & on prétend qu'elle garde là les morts & empêche que les Magiciens les tirant de leurs tombeaux, ne les battent pour les contraindre d'aller pêcher la nuit avec eux. La Moquisie de Malemba est de grande reputation, à cause qu'ils croyent qu'elle contribue à la santé. Ce n'est pourtant qu'une nate d'un d'un pié & demi en quarré, où l'on attache par en haut une courroie pour y pendre des bouteilles, des plumes, des écailles, des tuyaux de casse seche, de petites cloches, des cresselles, des os, le tout teint en rouge. Le culte de cette Moquisie se fait par un petit garçon qui ne cesse point de battre la caisse & de remuer des sonnettes & des tuyaux de casse qui font grand bruit. On met dans un pot du cola mâché, de la limure de bois rouge & de l'eau préparée. Après qu'on a mêlé tout ensemble, on en jette avec un aspersoir sur la Moquisie, sur le Roi & sur le Ganga, & pendant ce tems on chante des vers faits pour cette solemnité. La Moquisie Mymie est une cabane de verdure, qui est sur le chemin, ombragée de cananes, de bacove & d'autres arbres. Il y a dans un siege relevé une maniere de trône, qui soûtient une corbeille pleine de petits cailloux qui resonnent de fort loin, & de bagatelles de cette nature. La Moquisie Cossi, qui est un petit sac rempli de coquilles & d'autres fadaises pour deviner, a pour la celebration de son culte un bruit de cresselles, & des chants aussi affreux que bizarres. Dans cette fête ils s'entrepassent les jambes l'une dans l'autre, s'entrelevent & se couvrent de crachats, & se mettent des ceintures sur le corps avec des boucles aux bras. Ce sont des pieces de pots cassés, des formes de chapeaux pourris & de vieux bonnets, pour la Moquisie de Kymaye. Le Ganga, vrai joueur de gobelets, dont la fonction est de barbouiller les gens avec de la craie blanche, se tient assis sur une peau, & prétend de-là pouvoir attirer la pluie du ciel, faire germer les plantes & chasser les maladies. La Moquisie Injami, qui est à six lieues de Lovango, est une grande Image dressée sur un pavillon, auquel aboutit le chemin qui mene du Levant au Couchant au Village d'Injami. On seroit impur si on se servoit de quelque voiture pour y arriver; ce qu'on ne fait qu'en traversant à pié un côteau de figure ronde. La Moquisie de Moanzi est un pot que l'on met en terre dans un creux entre des arbres sacrés. On plante une fleche dans ce pot, & on étend une corde à laquelle on suspend des feuilles. Ses ministres portent un bracelet de cuivre rouge, & ne mangent de cola que quand ils sont seuls. Il y a encore plusieurs autres Moquisies, comme celle de Kytouba, qui est une grande cresselle de bois, sur laquelle on fait une imprecation pour faire tomber ceux que l'on haït, dans quelque malheur, & celle de Pansa, un morceau de bois de la longueur d'une pertuisane, la cime façonnée comme une tête, & colorée de rouge.

MOR

MORABITES. s. m. Nom que l'on donne en Afrique à ceux qui font profession de science & de sainteté. Ils vivent à la maniere des Philosophes des Payens, & s'attirent par leur solitude une si grande veneration du Peuple, qu'il les y va chercher quelquefois pour les couronner. On appelle aussi *Morabites*, Ceux qui sont d'une Secte venue d'un descendant du second fils d'Ali, gendre de Mahomet. Ils vivent dans les deserts comme les Moines, & pourtant avec une grande liberté, parce qu'ils prétendent que leur ame ayant été purifiée par les oraisons & par les jeûnes, il leur est permis de jouir des biens de la terre. Ils assistent aux fêtes des Grands, où ils chantent d'abord des vers à l'honneur d'Ali & de ses fils, & quand ils ont bien bû & bien mangé, quoiqu'ils fassent profession de Philosophie morale, ils dansent en chantant des chansons d'amour, jusqu'à ce qu'ils se laissent tomber de lassitude, en poussant des soupirs & versant beaucoup de larmes. Alors quelques-uns de leurs disciples les relevent, & les remenent à leur solitude.

MORAILLE. s. f. Instrument de maréchal qui est composé ordinairement de deux branches de fer, avec quoi on serre le nez d'un cheval, afin d'empêcher qu'il ne se débatte quand on lui met le feu, ou qu'on lui fait quelque incision. Quelques-uns disent *Mouraille*. On en fait de très-bonnes de bois, qui sont tournées en viz.

MORAILLON. s. m. Terme de Serrurerie. Morceau de fer attaché au couvercle d'un coffre, que l'on fait entrer dans la serrure quand on veut le fermer. Dans une serrure à bosse, c'est le morceau de fer qui coule avec le verrouil, & qui fait le même effet. On fait venir ce mot de *Morail*, qui en bas Breton veut dire *Loquet*.

MORBIDE. adj. Terme de Peinture, dont on se sert particulierement en parlant de la chair grasse & vivement exprimée.

MORBIFIQUE. adj. Terme de Medecine. Qui regarde la maladie. *Cause morbifique*. Il vient du Latin *Morbus*, Maladie.

MORCE. s. f. On appelle *Morce*, Les pavés qui commençant un revers, font des manieres de harpes, afin de faire liaison avec les autres pavés.

MORDACHE. s. f. Terme dont on se sert dans quelques Couvents. Morceau de bois fait en forme de baillon qu'on oblige un Novice d'avoir dans la bouche pendant quelque tems au refectoire, pour le punir d'avoir rompu le silence sans necessité. Il vient du Latin *Mordere*, Mordre.

MORDANT, ANTE. adj. Qui mord. On appelle en termes de Venerie, *Bêtes mordantes*, le sanglier, le blereau, le renard, l'ours, le loup, le loutre & autres.

MORDANT. s. m. Terme de Sellier. Sorte de grand clou de cuivre doré à deux pointes, que l'on met pour ornement sur les gouttieres des carosses & sur les harnois des chevaux.

Mordant. Vieux mot que Borel croit signifier une Agraffe.

D'autres pierres fut li mordans.

Mordant. Terme d'Imprimerie. Petit morceau de bois fendu qui tient la page sur le visorium, & qui montre la ligne de la copie qu'on compose.

MORDS. s. m. Assortiment entier des pieces de fer qui servent à une bride, comme l'embouchure, les branches, la gourmette, les crochets, &c. Il se dit plus particulierement de l'embouchure. On appelle *Mords qui tient de l'entier*, Un Mords qui ne plie point dans le milieu de la liberté de la langue. Autrefois on se servoit de ce même mot, pour dire, Les dents de devant du cheval qu'on appelle *Pinses*.

On appelle *Mords d'estau*, La partie qui serre le fer qu'on met entre les deux principales pieces dont l'étau est composé.

MORE. Terme de Manege. On appelle *Cheval more* ou *Cheval moreau*, Un Cheval qui a le poil d'un noir enfoncé, vif & luisant.

MOREAU. s. m. Terme de Bâtier. Espece de cabas de corde dans quoi on donne à manger du foin aux Mulets, pendant qu'ils marchent.

MORELLE. s. m. Sorte d'herbes des jardins, fort branchue, dont les Anciens usoient ainsi que des autres herbes potageres. Ses feuilles sont un peu plus grandes que celles du basilic, & ressemblent aux feuilles de Vesicaria, excepté qu'elles sont plus étroites, plus noires, plus molles & longuettes. Elle produit plusieurs tiges & rameaux d'où sortent des fleurs blanches, qui ont leur milieu jaune, & qui sont rayées en façon d'étoiles. Son fruit qui est rond & amassé en forme de grappe, rend un jus vineux un peu moindre que celui de Genevre, & enferme une graine petite & blanche. Ce fruit n'est pas d'une même couleur dans toutes les plantes. Il y en a qui en produisent de noir, d'autres de jaune & d'autres de vert. Sa racine est blanche & bien munie de capillatures. La Morelle croît aux jardins & aux vergers, le long des grands chemins & particulierement auprès des hayes & des murailles des maisons. Le jus de ses feuilles & de son fruit, avec de l'huile rosat & un peu de vinaigre, est singulier aux douleurs de tête, causées de chaleur, & même aux phrenetiques & aux inflammations des pannicules du cerveau, étant appliqué sur le front & sur les temples en façon de liniment. Il est bon aussi aux inflammations des yeux, enduit sur le front de la même sorte. Gargarisé avec du vinaigre, il sert à celles du gosier & de la luette. On le mêle dans les onguents qu'on prépare pour les ulceres malins & qui ne sont pas aisés à guerir. Enfin la Morelle est profitable en tout ce qu'il faut refroidir, dessecher, & estreindre. C'est ce qu'en dit Matthiole. Cette Plante est appellée par les Latins *Solanum hortense & sativum*, & par les Grecs στρύχνος & τρύχνον.

On trouve en divers endroits de l'Egypte plusieurs especes de Morelle, & sur-tout celle qu'on y appelle *Dature*, & qui est prise par quelques-uns pour la noix methel d'Avicenne. Sa racine est longue, épaisse, rougeâtre, d'une odeur très-forte, & sa tige haute de trois ou quatre coudées. Il en sort plusieurs rameaux de chaque côté. Cette Morelle a ses feuilles d'un brun enfoncé, sa fleur assez belle & odorante, & son fruit rond, couvert d'une maniere de coquille épineuse & quelquefois sans épines, laquelle renferme quantité de graines jaunes, qui deviennent pâles quand elles sont mûres. Les bandis d'Egypte se servent de cette graine pour enyvrer les Marchands dont ils s'accostent en feignant de voyager comme eux. Ils mêlent de cette graine pilée dans quelque viande ou quelque boisson, lorsqu'ils sont prêts de se mettre à table, & la vertu en est telle que ceux qui en prennent demeurent assoupis quelquefois deux ou trois jours, ce qui donne à ces bandits l'entiere facilité de les voler, & d'être loin avant que les Marchands soient sortis de leur assoupissement.

MORESQUE. s. f. Sorte de peinture faite à la maniere des Maures, qui consiste en certains rameaux, d'où sortent des feuillages qui sont faits de caprice, & d'une maniere, qui n'a rien de naturel. M. Felibien dit que l'on s'en sert d'ordinaire dans les ouvrages de damasquinerie, & dans quelques ornemens de peinture & de broderie.

MORFIL. s. m. *Certaines petites parties d'acier presque imperceptibles qui restent au taillant d'un couteau, d'un rasoir, &c. lorsqu'on les a passés sur la meule.* ACAD. FR. Les outils que l'on affûte d'abord sur la pierre de grès, s'affilent ensuite sur la pierre à affiler pour en ôter le morfil.

MORFONDURE. s. f. Maladie de Cheval qui lui vient d'humeurs impures qu'il jette par les naseaux. Ces humeurs le font touffer plus ou moins, & lui causent des dégoûts & des battemens de flancs. Quelques-uns disent aussi, *Morfondement*.

MORGELINE. s. f. Herbe produisant plusieurs tiges qui viennent toutes d'une racine, & sont un peu rouges par le bas, & aucunement creuses. Ses feuilles sont étroites, longuettes & ont le dos aigu & élevé, & qui tire sur le noir. Elles vont toûjours en aiguisant, étant comparties deux à deux par intervalles. D'entre ces feuilles sortent de petites tiges qui portent une fleur bleue comme celle du Mouron. Sa racine est de la grosseur d'un doigt, ayant avec soi plusieurs petites racines attachées. Cette racine enduite guerit les fistules des yeux qui viennent auprès du nez. Les Latins appellent cette herbe *Auricula muris*; & les Grecs ἀλσίνη, du mot ἄλσος, Forêt, à cause qu'elle se plaît aux lieux remplis d'ombre.

MORGUE. s. f. Maniere de petit bouge, qui est ordinairement le second guichet, où l'on met d'abord ceux que l'on amene en prison, afin que les Guichetiers ayant le tems d'examiner tous les traits de leurs visages, ne puissent plus manquer à les reconnoître. *Mettre un prisonnier à la morgue. On le laissa long-tems à la morgue.*

MORGUEUR. s. m. Celui qui tient le guichet de la morgue. Il y a toûjours deux ou trois Morgueurs dans les grandes Prisons.

MORIE. s. f. Vieux mot. Perte qui arrive par mort.

> *Et ne fut mie grand Morie,*
> *Selle morut ne grant pechié.*

MORILLE. s. f. Sorte de Champignon qui vient au Printems, & qui est troüé par-dessus comme une éponge ou comme un rayon de miel. Après qu'on a bien lavé les Morilles, on les fait bouillir pour les mettre dans des ragoûts. Ce mot, selon M. Menage vient de *Morum*; à cause de la ressemblance qu'a la Morille avec une mûre, ou de *Morucla*, mot Gaulois que quelques Auteurs employent dans la même signification.

MORILLON. s. m. Raisin doux & fort noir qui fait de bon vin. C'est le meilleur plant des vignes.

MORNE. s. f. Terme de Blason. Cercle ou extremité ronde d'un bâton, huchet, ou autre chose semblable. C'est ce qu'en dit le Pere Menestrier, qui fait venir *Morne*, de *Murena*; ou *Murenula*, Collier & bracelet, à cause qu'ils se faisoient autrement en forme de poisson plié en rond, se mordant la queue comme les serpens.

MORNÉ. adj. Terme de Blason. Il se dit des Lyons, & autres Animaux, sans dents, bec, langue, griffes & queue. *D'azur au Lyon morné d'or.*

MORPION. s. m. Petit insecte qui a une infinité de piés, & qui se multiplie beaucoup en fort peu de tems. Il s'engendre dans la peau, & aux sourcils, aux aines, aux aisselles, & à tous les lieux du corps où il y a du poil.

MOROCHTUS. s. m. Pierre que quelques-uns appellent *Galaxia* ou *Leucographis*, & que Dioscoride dit qui croît en Egypte. Les Tisserans & les Foulons s'en servent pour blanchir & pour nettoyer les linges. Elle est molle & aisée à resoudre en humeur, & semble être propre à resserrer les pores du corps. Prise en breuvage avec de l'eau, elle est bonne à ceux qui crachent le sang, ainsi qu'aux fluxions d'estomac, & aux douleurs de la vessie. Comme elle est incarnatine, on la met aux collyres liquides qu'on prépare pour les yeux, dont elle arrête les fluxions. En Grec μόροχθος.

MORS DU DIABLE. s. m. Herbe qui croît aux lieux non cultivés par les bois & les buissons, & quelquefois par les prés. Sa feuille ressemble au long Plantain appellé *Lanceolata*; elle est pourtant plus lissée. Celles qui viennent autour de la tige, qui a deux coudées de hauteur, sont plus petites, plus étroites, & un peu dentelées tout à l'entour.

Cette herbe fleurit en été, & jette une fleur semblable à la scabieuse. Elle a plusieurs racines miparties noires, découpées, & comme rouges tout autour, ce qui lui a fait donner le nom de *Morsus Diaboli*, quelques superstitieux ayant écrit, que le Diable envieux des vertus de cette racine, la coupe & la ronge avec ses dents si-tôt qu'elle a commencé à croître. On l'appelle encore, *Succisa.* Matthiole qui en a fait cette description, dit que l'herbe verte & crue, est un prompt remede pour les charbons pestilentiels, si on la broye & qu'on l'applique dessus. La racine seule mangée est bonne aux suffocations de matrice, & à préserver de l'air pestilentiel & corrompu. Le vin de sa décoction fait la même chose. La poudre de cette racine est bonne à faire mourir les vers du ventre, & à ôter les taches noires & meurtries, si elle est enduite dessus.

MORTADELLE. s. f. Gros saucisson qui vient de Boulogne, & qui est de fort haut goût. Quelques-uns le nomment *Moustardelle.*

MORTAILLABLE. adj. Terme de Coûtume. Il se dit non-seulement des personnes de condition servile, dont le Seigneur a droit d'heriter, & qu'on appelle autrement, *Gens de main-morte*, mais aussi de ceux qui sont taillables à la discretion du Seigneur. Quand il y a de ces sortes de successions à recevoir, les Seigneurs établissent quelquefois des Juges ou Procureurs qu'on appelle *Mortailliers.* Ce mot vient de *Mortalia*, comme si on disoit, *Mortua tallia.* On trouve *Mortaille*, dans la Coûtume de la Marche.

MORTAILLE. s. f. Vieux mot. Mortalité.

MORTAISE. s. f. *Entaillûre faite dans une piece de bois de menuiserie ou de charpenterie, pour y assembler une autre piece avec des tenons.* ACAD. FR. Cette entaillûre se fait en longueur, & est creuse quarrément de certaine profondeur. On dit des Mortaises simples, *Piquées justes en about*, & de celles où il y a des embrevemens ou des faussemens, on dit, *Piquées autant justes en gorge qu'en about.* On dit aussi *Mortoise.*

On appelle dans un Navire, *Mortaise de Gouvernail*, Le trou quarré qu'on fait dans la tête du Gouvernail afin d'y passer la barre, & *Mortaise du mât*, Le trou qui se fait dans le pié du mât de hune, pour passer la clef. On dit aussi *Mortaise de poulie.* C'est le vuide de la moufle où l'on met le rouet.

Mortaise. Nom que les faiseurs d'Instrumens donnent à une regle de bois où il y a quarante-neuf trous par où passent les sautereaux des épinettes & des clavecins.

MORTEX. adj. Vieux mot. Mortel. On a dit aussi *Mortiex* & *Mortieux.*

MORTIER. s. m. Vase de métal, de marbre ou de bois qui sert à broyer. Ce mot vient du Latin *Mortarium.*

Mortier, parmi les Maçons, signifie souvent la fosse où ils détrempent la chaux, mais proprement il veut dire un composé de chaux & de sable, ou de chaux & de ciment, dont ils se servent pour liaisonner les pierres. Le Mortier de chaux & de sable qui seche trop tôt, dure peu de tems. On appelle *Mortier gras*, Celui où il y a beaucoup de chaux.

Mortier. Piece de fer ou de fonte, faite à peu près comme un Mortier à piler, dont on se sert à jetter des bombes, des carcasses, des pierres & des cailloux. Les Mortiers sur terre sont montés sur des affuts, ausquels on ajoûte des avants-trains, par le moyen desquels on les traine. Les Mortiers dont on se sert sur la mer, sont placés au milieu d'une Galiotte, sur une plaque posée sur une grosse piece de bois quarrée. Cette plaque jointe au Mortier & au madrier sur lequel il est placé, assure si bien la piece qu'elle est inébranlable & toûjours élevée de quarante-cinq dégrés, de sorte que si on assiege une Place maritime, les Galiottes qui ont ordinairement un ou deux Mortiers chacune, s'en éloignent environ de la portée de la piece à quarante cinq dégrés. Sa charge de poudre est à peu près de vingt-quatre livres. Il y en a dont la charge n'est que de huit livres, de quatre & de trois. Avant que de se mettre sur mer, il faut examiner la portée de chaque Mortier pour être certain de ses entreprises.

Mortier. Sorte de bonnet que le Chancelier de France & les Grands Présidens des Parlemens, portent pour marque de leur dignité. Celui du Chancelier est de toile d'or, bordé & rebrassé d'hermines. Celui du premier Président est de velours noir, bordé de deux galons d'or, & celui des autres Presidens n'a qu'un seul galon. Ils le portoient autrefois sur la tête, ce qu'ils font encore aux grandes ceremonies, mais dans l'ordinaire ils le portent à la main.

MORTIFIER. v a. Terme de Chymie. Détruire la forme exterieure d'un mixte. Cela se fait au Mercure quand on lui ôte sa fluidité & son mouvement. C'est aussi mortifier en quelque façon les sels & les esprits que de les mêler, l'acrimonie de l'un étant corrigée par l'autre.

MORTUMNON. s. m. Sorte de fruit qui croît en abondance au Perou. Sa couleur est noire, & il est un peu plus petit qu'une prune de Damas. Plusieurs autres fruits plus petits & de même forme, y naissent par grappes, & quand l'on en mange trop, il enyvre & endort au grand peril de la vie.

MORUE. s. f. Poisson de l'Océan, large d'un pié, & qui croît jusqu'à une coudée. La Morue a ses dents au fond du gosier, & quoiqu'elle ait de grands yeux, on tient qu'elle ne voit guere clair. La Morue fraîche est un excellent manger, mais les mâles valent beaucoup mieux que les femelles. Il y a vers le Canada un banc de cent lieues de long, qu'on appelle *Le grand banc des Morues*, à cause que la meilleure Morue, appellée *Morue nouvelle de Terre-neuve*, vient de là.

MORVE. s. f. Maladie dangereuse de cheval, qui consiste en un écoulement d'humeurs phlegmatiques, visqueuses, blanches, rousses, ou jaunâtres, par les naseaux. Ces humeurs qui sont glaireuses, épaisses, & sanguinolentes, viennent d'un poumon gâté. La Morve est un des défauts dont le vendeur est garand envers l'acheteur, dans les neufs jours qui suivent celui de la livraison.

MOS

MOSAIQUE. s. f. Ouvrage fait de petites pieces & morceaux de differentes couleurs, soit de pierre, soit de bois. M. Felibien qui rapporte l'origine de la Mosaïque, dit qu'après qu'on eut vû le bel effet que faisoient les differens marbres dont on pavoit les logis, lorsqu'on leur faisoit former quelque figure par la maniere diverse dont on prenoit soin de les disposer, les Ouvriers en choisirent de toutes sortes de couleurs, desquels ils prirent les plus petits morceaux, avec quoi ils firent d'abord des compartimens d'une varieté agréable. Ces petites pieces appliquées sur un fond de stuc, fait avec la chaux & la poudre de marbre, & assés épais &

assés fort pour les bien tenir ensemble, s'unissoient & se polissoient lorsque le tout étoit sec, & il s'en faisoit un corps luisant très-solide, en sorte que quoiqu'on marchât continuellement dessus, & qu'il y tombât de l'eau, il n'en recevoit aucun dommage. On donne le nom de Mosaïque ou de Musaïque à ces ouvrages, & les Latins les appellent *Opera Musiva*, comme qui diroit, Industrieux, & où les Muses ont part, à cause de leur beauté & de leur délicatesse. Les Peintres voulant encherir sur une si belle invention, formerent de toutes ces petites pierres, des rameaux, des feuilles, des masques, & d'autres figures bisares de differentes couleurs, qu'ils faisoient paroître sur un fond de marbre blanc & noir. C'est ce qui a fait croire à Nebricensis, que le mot de Mosaïque, ou Musaïque, vient de *Musæum*, qui veut dire, Cabinet, à cause que la plûpart des cabinets étoient ornés de ces sortes de peintures. Enfin la Mosaïque resistant à l'eau, & l'effet en étant très-agréable sur le pavé, on crut que des choses representées de cette même maniere paroîtroient encore davantage, si on les faisoit voir de loin & de face. Cela fut cause que l'on entreprit d'en revêtir les murailles, & d'en faire diverses figures, pour orner les Temples, & autres grands édifices. Les Ouvriers qui ne se servoient au commencement que de pierres naturelles dans ce travail, s'aviserent de contrefaire des pierres de differentes couleurs, afin qu'ayant plus de teintes, ils pussent imiter mieux la peinture. Ils se servirent pour cela du verre & des émaux, dont ils firent un nombre infini de petits morceaux, de toutes grosseurs, & coloriés de differentes manieres, qui ayant un luisant & un poli merveilleux, font de loin un effet très-agréable, & resistent à toutes les injures de l'air, ainsi que le marbre même.

MOSCH. s. m. Plante qui croît en Egypte, & qui ne pousse qu'une tige droite, ronde & velue. Deux feuilles en sortent du même endroit le long de la tige, dont l'une est grande, & l'autre petite. Ces feuilles qui sont blanchâtres & rudes, pendent à de longues queues. Quant aux fleurs, elles sortent d'entre le tronc & la tige des feuilles, ausquelles succedent des cellules rondes, où est renfermée une semence noire, petite, amere & musquée. On l'appelle *Abelmosch*, c'est-à-dire, qui a de l'odeur d'un musc oriental. Elle a en effet, l'odeur, la couleur, & le goût du musc le plus excellent, ce qui fait que les Arabes falsifient le musc par le mélange de cette semence. La racine & les feuilles du Mosch cuites dans l'eau, resolvent les tumeurs sur lesquelles on les applique. On se sert de la semence pour en faire des pillules qui soulagent les femmes sujettes aux vapeurs de mere, & on leur fait revenir les mois, en faisant entrer par la matrice la fumée de cette graine.

MOSQUE'E. s. f. Temple des Mahometans, destiné pour l'exercice de leur Religion. Les Mosquées qui sont bâties ordinairement, comme de grandes salles avec ailes, galeries & domes, sont par dedans ornées de compartimens mêlés d'Arabesques & de quelques passages de l'Alcoran qui sont peints contre les murs, avec un lavoir à côté qui a plusieurs robinets. Il y en a de Royales, fondées par des Empereurs, & d'autres par des Muphtis & des grands Visirs. La Mosquée de la Meque est extrémement riche, & l'on y voit grande quantité d'argenterie & de pierreries. Le tombeau de Mahomet qui est de marbre, en est tout couvert, & parsemé de très-beaux diamans. La chapelle qui l'environne en est aussi toute revêtue. Ce tombeau est au milieu de cette Mosquée, entouré de grands balustres d'argent, & orné de trois cens lampes qui ne s'éteignent jamais. On veut que *Mosquée* vienne de l'Italien *Moschea*, que l'on prétend être fait du mot Arabe *Mesgia*, qui veut dire, Un lieu d'adoration. Borel le fait venir de μόσχος, Veau, à cause que dans l'Alcoran des Turcs, il est fort parlé des misteres religieux pour une vache. Il dit que ce nom est plus ancien, & que cela vient d'Apis, ancien Dieu des Egyptiens adoré sous la figure d'un bœuf, à cause de quoi les Israëlites firent un Veau d'or au Desert, parce que c'étoit le Dieu du Pays d'où ils étoient sortis.

MOSSE. s. f. Sorte de bête qui se trouve frequemment dans la nouvelle Angleterre. Elle est de la grandeur d'un Taureau, ayant la tête d'un Dain avec les cornes larges qui muent tous les ans. Elle a le col comme un cerf, le crin fort court, qui descend du col le long du dos, les jambes longues, de grands piés à la maniere des vaches, & la queue un peu plus longues que celle des Dains. La chair de cet animal est d'un assés bon goût. Les Sauvages la gardent long-tems sechée au vent. Sa chair est aussi épaisse que celle d'un bœuf, & n'est pas moins utile à bien des choses. Ces bêtes se trouvent en quantité dans une Isle près de la terre ferme, où les Sauvages les prennent en allumant plusieurs feux, après quoi ils environnent le bois, & les chassent vers la mer où elles se jettent. Ils les y poursuivent avec leurs canots, & les tuent.

MOT

MOTTE. s. f. Petit morceau de terre, détaché du reste avec la charrue ou avec la bêche. On dit en termes de Fauconnerie, qu'*Un Oiseau prend motte*, Quand au lieu de se percher sur un arbre il se pose à terre.

Motte, se dit aussi d'une élevation artificielle auprès des vieux Châteaux, qui est une marque de Châtellenie. On y tenoit autrefois les plaids & les assises sous un chêne au pié duquel étoit une grosse pierre, qui étoit le siege du Juge. La raison étoit afin que tous y pûssent venir en sûreté.

MOTTER. v. a. On dit en termes de chasse, que *Les perdrix se mottent*, pour dire, qu'Elles se cachent derriere les mottes.

MOU

MOUCHE. s. f. Petit insecte volant qui a des cornes entrelassées ensemble, & une petite trompe, dont il se sert pour attirer l'humidité des herbes. Ses yeux sont de couleur de pourpre, & entre-deux il y a deux petites lignes qui les séparent, & c'est de ces lignes que sortent ces cornes Les aîles des mouches sont membraneuses, & leurs jambes velues. Elles en ont six distinguées chacune en quatre parties, dont l'extrémité se divise encore en plusieurs autres, & est armée de deux ongles ou pinces, entre lesquelles on découvre de petits poils, leurs piés sont couverts d'une infinité de petites pointes faites comme les peignes des Cardeurs. Ces pointes leur servent à s'attacher aux moindres inégalités des corps les plus polis. Elles ont sur le ventre de petites incisions faites en forme d'anneaux, avec des poils vers la queue. Tout le reste de leur corps est velu d'un gris qui tire un peu sur le noir. Elles se servent de leur aiguillon pour succer le sang des animaux. On tient qu'elles viennent d'un œuf blanc revêtu de deux peaux ainsi que les œufs des poules, & qu'il en sort d'abord un ver, ayant les jambes courtes & resserrées, ce qui est cause que cet insecte se sert de son bec, pour marcher plus aisément.

Il y a dans l'Amerique de certaines mouches que l'on appelle *Mouches luisantes*, à cause que dans les nuits les plus obscures, elles brillent dans l'air & le remplissent d'une infinité de lumieres. Elles se retirent le jour dans des bois pourris jusqu'à ce que le Soleil soit couché, & alors elles prennent leur vol de tous côtés le long des forêts & des habitations. On les fait approcher en posant une chandelle, un tison de feu ou une méche allumée, & sitôt qu'elles apperçoivent ces lumieres étrangeres, elles font tant de tours tout à l'entour, qu'elles s'y brûlent comme font les papillons. Ces mouches sont de couleur brune & de la grosseur des hanetons. Elles ont deux aîles fortes & dures sous lesquelles sont deux ailerons fort deliés qui ne paroissent que dans le tems qu'elles volent. C'est sous ces ailerons, qu'est cachée cette clarté qui illumine toute la circonference, ainsi que feroit une chandelle. Leurs yeux sont aussi fort lumineux. Elles n'ont aucun aiguillon ni aucun mordant pour leur défense, & elles ne font nul bruit en volant. Lorsque l'on en prend quelqu'une, elle resserre la lumiere qu'elle a sous ses ailerons & n'éclaire que de ses yeux, ce qui est une bien foible clarté au prix de celle qu'elle rend quand elle est libre. Elles entrent la nuit dans les chambres qui ne sont pas bien closes, & servent de lampes ou de chandelles à ceux qui veulent lire. Cette lumiere est tellement attachée à la disposition de cet insecte, qu'étant en pleine santé, elles font feu de toutes parts, & au contraire, la même lumiere s'affoiblit si elles deviennent malades, & s'éteint entierement quand elles meurent. On en a voulu conserver en vie, & elles ne vivent que quinze jours ou trois semaines au plus étant retenues sans liberté.

On voit dans la Martinique une autre espece de Mouches toutes differentes, qui n'ont que la grosseur des Mouches communes. Elles font briller en un moment dans l'air dix ou douze petits éclairs d'un feu doré & fort agréable, après quoi elles s'arrêtent, & cachent leur feu qu'elles renouvellent à un moment de-là, voltigeant ainsi toute la nuit. Cette clarté est attachée à une certaine matiere blanche dont elles sont pleines, & elles la font paroître quand elles veulent par les incisions de leur peau.

On trouve dans la même Isle & dans quelques autres, la Mouche appellée *Mouche cornue*, qui pour la forme du corps est toute semblable au cerf volant ou à certains gros hannetons gris, qui sur la fin de l'Eté se trouve dans les cheminées. Elles ont la tête noire, fort petite, & couverte d'un poil orangé doux comme de la soye. Cette petite tête se termine en forme de corne, retroussée & armée de quatre dents; telle qu'est la pince d'une écrevisse. Cette maniere de corne est noire, polie, dure comme du Jayet, & longue d'environ deux pouces. Deux yeux ronds, gros comme de petits poix, tannés, clairs, diaphanes, & d'une matiere si dure qu'on ne les sçauroit crever qu'en les mettant par morceaux, sont comme enchassés dans la tête de ces Mouches, & arrêtés dans leurs petits chatons par deux petites pointes qui les couvrent à demi. Ce qu'il y a de fort remarquable dans ces Mouches, c'est qu'elles ont une jointure & un mouvement au dessus des yeux, leur petite tête étant couverte d'un certain casque depuis les aîles jusque sur les yeux, où ce casque se termine en une autre corne longue de trois ou quatre pouces & qui se courbant en bas, atteint la jointure de l'autre, & fait encore comme la pince d'une écrevisse. Cette seconde corne est faite comme la premiere, à la reserve du dessous qui est bordé d'un poil ras & doux comme du velours. Elles haussent & baissent ce casque quand elles veulent, & il n'y a que les mâles qui portent ces cornes. Ces sortes de mouches ont six piés.

Il y en a encore de deux autres sortes dans les mêmes Isles qui ne se rencontrent point dans l'Europe. Les premieres sont larges d'un bon pouce & longues d'un pouce & demi. Elles sont plates & assés semblables aux escargots, & elles ont les dents si dures qu'elles rongent & percent jusqu'au cœur les bois les plus durs, afin d'y faire leur nid. Les autres sont des Moucherons qui ne font que bourdonner le long de la terre lorsqu'après la pluye le Soleil l'échauffe un peu ardemment. Quand elles veulent faire leur nid, elles vont couper de petites feuilles d'arbres qu'elles arrondissent avec leurs dents, en sorte que de deux feuilles elles en forment un petit panier, dans lequel elles en ajoûtent un autre de même grandeur, mais d'une maniere qui l'empêche d'aller jusqu'au fond du premier. Dans l'espace qui est entre l'un & l'autre, il s'engendre successivement jusqu'à dix ou douze Mouches, & ces petits nids se trouvent ordinairement dans des armoires où quelque petite ouverture leur donne moyen de passer. On tient en general qu'il y a jusqu'à quarante-huit sortes de Mouches.

MOUCHERON. s. m. Petite Mouche, dont le mâle a les yeux de couleur verdâtre; il a des cornes qui sortent tout proche de-là, de deux petites boules de couleur incarnate. Ces cornes sont divisées en douze petits boutons noirs environnés de poils fort déliés qui se croisent. Au bout est un anneau environné de six poils, & du milieu sort une espece d'aiguillon, revêtu de petites plumes de couleur brune, qui ont quelque ressemblance avec des écailles de poisson. Le Moucheron a ses jambes & ses aîles qui sortent du milieu de sa poitrine. Ses jambes sont brunes, & à l'extrêmité de chacune sont comme de petits ongles. Il a ses piés revêtus de plumes qui ressemblent à des écailles, d'entre lesquelles sortent quantité de petits poils noirs, fermes & roides comme de la soye du pourceau. Les aîles des Moucherons sont environnées de petites plumes tissues de petites veines ou nerfs. Le fonds en est d'une substance membraneuse & transparente. Ils ont la poitrine luisante, & qui tire sur le châtain brun. Leur ventre est divisé en huit anneaux comme le ver, & il est aussi revêtu par tout de petites plumes, & environné de poils extrêmement déliés qui se croisent. La femelle a ses cornes construites differemment. On a remarqué que cet animal s'engendre dans l'eau, d'un œuf fort petit que la mere y cache lorsqu'elle jette ses œufs.

Moucheron. Se dit aussi du bout de lumignon d'une chandelle qu'on mouche.

MOUCHET. s. m. Oiseau de proie qui est le mâle de l'Epervier, & qui ne vaut rien en fauconnerie.

Mouchet, est aussi un bout de queue de bœuf, ou de vache, ou de veau que les Tanneurs vendent avec leur grand poil pour être filé avec du crin.

MOUCHETE', E'E. adj. Terme de Blason. Il se dit du milieu du papelonné quand il est plein de moucheture, & des hermines. *De gueules au chevron d'argent Moucheté d'hermines.*

MOUCHETTE. s. f. Terme de Menuiserie. Espece

de rabot dont le fer & le fust sont cavez pour faire & pousser un quart de rond. Il y a aussi des *Mouchettes à grain d'orges*, qui servent pour dégager une baguette & autres moulûres. Les Sculpteurs ainsi que les Menuisiers appellent *Mouchettes saillantes*, le plinthe ou listel qui est d'ordinaire au-dessus d'un quart de rond dans les ornemens.

Mouchette. Couronne ou larmier d'une Corniche. C'est particulierement le petit rebord qui pend au larmier des corniches. Il est fait pour empêcher que l'eau ne coule en dessous.

MOUCHETURE. s. m. Terme de Blason. Maniere de queue d'hermine mouchetée. *D'argent semé de Mouchetures.*

MOUDRE. v. Broyer. On moud le tan & on le réduit en poudre avec des pilons ferrés à couteaux.

MOUE. s. f. Vieux mot. Museau, groin.

Vous l'en avez pris par la Moue.

MOUET. s. m. Mesure d'usage dans les Salines, qui tient dix cartaux.

MOVETTE. s. f. Poule d'eau. Il y en a de blanches, de noires & de cendrées. M. Ménage le fait venir du Flamand *Movv*, ou de l'Anglois *Mevv*.

Ces Poules sont communes sur la Loire en Automne. On dit qu'elles présagent la crûe de la riviere. Les grises cendrées sont les jeunes, les blanches sont les vieilles : je n'en ai jamais vû de noires.

MOUFLE. s. m. Assemblage de plusieurs poulies enchassées dans des mortaises, & qui sont retenues avec un boulon dans une main de bois de fer ou de bronze. On attache le poids à cette moufle, autour de laquelle une corde fait plusieurs tours, depuis la moufle jusqu'à un point fixe plus élevé jusqu'où l'on veut faire monter le poids. Il est clair que pour faire monter le poids de cette hauteur déterminée, il faut que la *Puissance* descende en même tems de toute la longueur de la corde, & cette longueur de la corde seroit égale à cette hauteur si la corde ne faisoit qu'un tour, mais quand elle en fait plusieurs, cette longueur est plus grande, & elle est d'autant plus grande que la corde fait plus de tours. Ainsi le chemin que doit faire la puissance, & par conséquent sa vîtesse, augmente autant que la longueur de cette corde qui fait plusieurs tours, est plus grande que la hauteur où l'on veut élever le poids, ce qui fait qu'une petite puissance peut soutenir ou élever un aussi grand poids que l'on voudra. Voyez MACHINE & MOUVEMENT. On appelle encore *Moufles*, tout ce qui est fait comme pour faire des poulies, quoiqu'il n'y en ait pas, & que ce soit des pieces de fer ou autres choses qui se lient ensemble avec des chevilles. M. Ménage fait venir ce mot de l'Allemand *Messil*, ou de *Maffula*, qui se trouve en Latin dans la même signification.

Moufle. Petit arc de terre que les Orfevres & les Emailleurs mettent au feu, & sous lequel ils font parfondre leurs émaux.

Moufle, est aussi un morceau de bois percé & fendu en deux, qui sert aux Vitriers à prendre leur fer à souder.

Moufle, Terme de Chymie. Tuile ou couverture ronde qu'on met sur une coupelle, afin d'empêcher que les charbons qui sont allumés sur la Moufle, ne tombent dans la coupelle, dans le tems qu'on y entretient le métal en fonte.

MOUFLETTES. s. f. Especes de manches de bois dont se servent les Vitriers pour tenir un fer à souder. Ce sont deux morceaux de bois, qui ont chacun un demi canal.

MOUILLAGE. s. m. Terme de Marine. Endroit de mer propre à jetter l'ancre, d'où vient, que l'on dit, *Il y a mouillage en ce lieu-là*, pour dire, Que l'endroit est propre à donner fond. On dit, qu'*Il y a mauvais Mouillage*, quand on parle d'un endroit où le fond de la mer est rempli de roches, ou autres choses qui coupent les cables.

MOUILLER. v. a. *Tremper, humecter, rendre moite & humide, rendre degoutant d'eau.* Acad. Fr. On dit en termes de Marine, *Mouiller l'ancre*, ou absolument *Mouiller*, pour dire, donner fond, jetter l'ancre pour tenir le Vaisseau. On dit *Mouiller en patte d'oye*, lorsque de gros tems on jette trois ancres, l'une au vent & les deux autres à bas bord, & à stribord de cette premiere, ce qui fait que ces trois ancres étant disposées en triangle, semblent figurer une patte d'oye. On dit aussi *Mouiller en croupiere*, pour dire, Mouiller à pouppe afin de maintenir les ancres de l'avant, & empêcher que le Vaisseau ne se tourmente. Pour cela on fait passer le cable le long des ceintes, & il va de-là à des anneaux de fer qui sont vers la sainte barbe, par les sabords de laquelle on le fait quelquefois passer. *Mouiller à la voile*, veut dire, Jetter l'ancre dans le tems qu'on a encore des voiles au vent. On dit par plaisanterie qu'*Un Vaisseau a Mouillé par la quille*, quand il a échoué, ce qui lui a fait donner de la quille à la terre. *Mouiller les voiles*, signifie simplement, Jetter de l'eau dessus afin que devenant plus épaisses, elles tiennent mieux au vent.

MOUILLE-BOUCHE. s. f. Sorte de poire ronde qui a beaucoup d'eau, & dont le goût est fort agreable. Elle meurit dans les mois de Juillet & d'Aout. On la nomme quelquefois *Beurée d'Eté.*

MOUISSON. s. f. Vieux mot. On a dit autrefois *Mouisson de vaches*, pour dire, La traite des vaches.

MOULE. s. f. sorte de petit poisson enfermé entre deux coquilles qui sont noires par dehors, & qui par dedans paroissent entre blanches & bleues. Ces poissons se trouvent parmi les pierres & les rochers, & ne sont produits, selon Matthiole, que d'une chaleur qui est enclose dedans, & d'une matiere visqueuse & gluante, & comme la terre est plus materielle que la mer, les moules qui sont engendrées en la terre sont moins parfaites que celles de mer. Il assure que dans un lieu où la mer bat, il a vû rompre le roc à coups de marteau pour avoir une sorte de moules appellées *Dattes*, à cause qu'elles étoient faites en façon de dattes. Il y a aussi des *Moules d'eau douce.* Ce sont de petits poissons de test dur, couverts de deux coquilles noires & unies.

Moule, se dit encore des petites coquilles des Moules de mer & des Moules de riviere, dont on se sert pour faire des grottes, & qui font un très-bel effet, selon l'industrie de celui qui les employe.

MOULE. s. m. *Patron creux de plâtre ou d'autre chose dans lequel on forme une figure.* Acad. Fr.

Moule pour jetter les tables de plomb, est une table, longue quelquefois de dix-huit piés plus ou moins, & de trois à quatre piés de large aussi à discretion. Ce Moule est fait de grosses pieces de bois bien jointes, & liées de barres de fer par les bouts, & garni tout autour d'un chassis, épais de deux à trois pouces, qui excede d'un pouce ou deux, & renferme le sable qui est sur la table. Il y a aussi un Moule à faire des tuyaux de plomb sans soudure. Il est creusé en rond & fait de cuivre de deux pieces avec des charnieres & des crochets pour l'ouvrir & le fermer. Son calibre est de la grosseur qu'on veut les tuyaux, & il a ordinairement deux piés & demi de long.

Les Vitriers ont un Moule pour fondre le plomb en petits lingots, ce qui fait qu'ils l'appellent Lingotiere. Ils ont aussi un *Moule à liens*. Ce sont de petits morceaux de plomb appellés autrement *Attaches*, pour lier les verges des panneaux. Ce Moule a deux branches comme un Gauffrier, & l'on y fait plusieurs liens à la fois.

Moule, parmi les Appareilleurs & Tailleurs de pierre, est une forme de bois, de cuivre, de fer blanc ou de carte, suivant laquelle on trace sur les pierres, les profils des Corniches, des Architraves, des bases, & autres pieces d'Architecture pour les tailler.

Moule, chés les Plombiers est une table faite de grosses pieces de bois bien jointes, & qui a quelquefois dix-huit piés de longueur, & trois ou quatre de large. Chés les Chandeliers, c'est un bois de noyer creusé, & raboté proprement, où ils font couler du suif tout chaud par un tuyau de fer blanc lorsqu'ils font de la chandelle; & chés les Potiers, c'est un bois de chêne de neuf pouces en quarré sur un pouce d'épais.

MOULE', E'E. adj. On appelle en termes d'Architecture *Marches moulées*, celles qui ont une moulure avec un filet au bord de leur giron.

MOULE'E. s. f. Poudre qui se trouve sous la meule des Taillandiers. Elle est mêlée des petites parties du fer & de la pierre qui se détachent quand ils aiguisent leurs ferremens.

MOULER. v. a. Faire couler la matiere dans des creux, soit en plâtre, en bronze, ou en cuivre.

On dit, *Mouler une pierre*, pour dire, Tracer sur une pierre la figure des panneaux sur quoi on la doit tailler.

On dit en termes de Monnoye, *Mouler des louis d'or, des écus blancs*, pour dire, Jetter des pieces fausses dans du sable bien préparé & proprement mis avec ses jets & des planches entre deux chassis.

On dit encore, *Mouler du bois*, pour dire, L'arranger dans une membrure pour le mesurer.

MOULET. s. m. Calibre de bois dont se servent les Menuisiers pour regler l'épaisseur des Languettes des panneaux, qui entrent dans les rainures sur l'échantillon du bouvet.

MOULETTES. s. f. Petites coquilles blanches dont on se sert à former & à revêtir des figures de relief.

MOULIN. s. m. Forte machine qui fait tourner des meules. Il y a des Moulins à vent, des Moulins à eau, & des Moulins à bras. Ces derniers sont portatifs pour l'armée, & se tournent à force de bras, ou par le moyen d'un cheval. On appelle *Moulin à vent*, Une machine composée d'une cage, d'une meule, d'un frein, & de volans habillés de toile, qui font aller toute la machine quand le vent les fait tourner. On emploie tout au moins cent aunes de toile pour vêtir un Moulin à vent. Le *Moulin à eau*, est une autre machine composée d'une meule, d'une farce, d'une lanterne, d'une tremie, d'une huche, d'un frion, & d'une roue, qui tournant par le moyen de l'eau, fait aller le reste de la machine. On ne faisoit que commencer à s'en servir en Europe du tems du Pape Celestin III. qui les soumit à la dixme, *in cap. 23. ext. de decimis in parte decisa*. *Le Moulin à bac*, est celui dont la roue est entre deux bacs ou bateaux dans les grands cours de rivieres. On appelle *Moulin à volets*, celui que l'eau pousse par dessus, & *Moulin à augets*, celui que l'eau pousse par dessous. Il y a aussi des *Moulins à papier*, leur usage est de battre le vieux linge pour en faire du papier. Ce mot vient du Latin *Mola*, Meule. Voyez le Traité de Heringius *de molendinis*.

On appelle *Moulin bannal*, Le Moulin d'un Seigneur, où tous ceux qui dépendent de sa Seigneurie sont obligés de venir moudre leur blé.

Les Lapidaires ont aussi leur Moulin particulier, dont ils se servent pour tailler & polir les diamans. Ce moulin fait tourner une roue de fer doux, sur quoi on pose une tenaille de fer doux, à laquelle se rapporte une coquille de cuivre. Le diamant est soudé dans la coquille avec de la soudure d'étaim, & afin que la tenaille appuie plus fortement sur la roue, on charge cette tenaille d'une grosse plaque de plomb. On arrose la roue sur laquelle le diamant est posé, & on se sert pour cela de la poudre sortie du diamant, laquelle on délaye avec de l'huile d'olive. C'est en ces termes que M. Felibien en parle.

Il y a dans les Monnoyes une sorte de Moulin que l'on appelle *Moulin aux Lavûres*. Ce n'est autre chose qu'un cuvier, au fond duquel il y a un Moulin de fer de fonte, dont le fond est convexe. Au-dessus est une maniere de meule en forme de croix de pareil métal, dont le dessous est concave, que l'on tourne avec une manivelle renversée. On appelle aussi *Moulin*, Une machine qui sert à la fabrication des Monnoyes, pour préparer les lames ou bandes de métal, & leur donner l'épaisseur & la dureté qu'elles doivent avoir avant qu'on les marque.

MOULINAGE. s. m. On appelle dans le Négoce, *Moulinage de soye*, La façon qu'on donne aux soyes en les faisant passer par le Moulin.

MOULINE', E'E. adj. On appelle *Bois mouliné*, du bois corrompu, ou gâté par les vers qui s'y font mis. On dit aussi *Pierre moulinée*. C'est celle qui est graveleuse, & qui s'égraine à la lime ou à l'humidité. La pierre Lambourde est de ce genre. On la trouve près d'Arcueil, & elle porte depuis vingt pouces jusques à cinq piés, mais on la délite.

MOULINET. s. m. Il n'est en usage dans la signification de petit moulin, que pour les Moulinets que font les enfans avec des cartes. Les Meuniers des Moulins à vent appellent aussi *Moulinet*, Une petite roue autour de laquelle il y a des morceaux de late qu'ils mettent à la cage de leur moulin, afin de sçavoir quand le vent tourne.

Moulinet. Tour que traversent deux leviers, & qui s'applique aux Engins, Gruaux, Cabestans, & autres machines, pour tirer les cordages & élever des fardeaux.

Moulinet. Croix de bois qui tourne sur un pieu de bois, & qui se met aux portes & aux passages, où l'on veut assujettir les allans & les venans à passer un à un. On met aussi de ces sortes de Moulinets dans les dehors des Places fortifiées, à côté des barrieres par où passent les gens de pié.

Moulinet. Sorte de rouleau, traversé de deux bâtons en croix, qui servent à tirer des muids de vin sur un haquet, & à y bien serrer les balots & autres marchandises. On appelle encore *Moulinet*, Une sorte de bâton, par le moyen duquel on serre une corde afin de tenir une charrette ou un chariot chargé de foin, ou de blé en gerbe.

Les Plombiers se servent aussi d'un Moulinet. Il est au bout de l'établie sur laquelle leur moule est attaché, & a une sangle autour. Au bout de cette sangle est un crochet que l'on passe dans le bout du boulon, afin de le faire sortir du moule, en tournant le moulinet à force de bras.

Moulinet. Noix de bois en maniere d'olive, qu'on met dans le hulot d'un gouvernail de Navire, & au travers de laquelle la manivelle passe. On l'appelle autrement *Virolet.*

Les Vitriers ont des pieces de vitres qu'ils appellent, les uns *Moulinets en tranchoirs*, les autres *Moulinets doubles*, & les autres *Moulinets en tranchoirs évidés.*

Moulinet, se dit aussi d'une sorte de tour d'escrime qui se fait en maniant en rond autour de soi une hallebarde, un bâton à deux bouts, ou quelque autre arme semblable, avec tant de vitesse, qu'on ne puisse être offensé de son ennemi.

MOULINIER. s. m. Ouvrier à qui on donne la soye pour la filer, après qu'on l'a devidée sur les bobines.

MOULT. adv. Vieux mot. Beaucoup. Il vient du Latin *Multùm.*

Je voy merveille, dont moult je m'ébahis.

MOULURE. s. f. On appelle ainsi en Architecture toutes les parties éminentes, quarrées & rondes, droites ou courbes, qui d'ordinaire ne servent que pour les ornemens, soit en pierre, soit en bois. La *Moulure lisse* a pour unique ornement la grace de son contour; & celle qu'on appelle *Moulure ornée*, est taillée de sculpture de relief ou en creux. *Moulure inclinée*, se dit de toute face qui n'est pas à plomb, & qui panche en arriere par le haut, afin de gagner de la saillie.

MOURAILE. s. f. Outil de Maréchal, que l'on appelle autrement *Moraille.*

MOURGON. s. m. Terme de Marine. Nom que l'on donne à celui qui plonge dans la mer, afin d'y chercher ce qui tombe des Galeres.

MOURON. s. m. Dioscoride dit qu'il y a deux sortes de Mourons qui sont seulement differens en fleurs. Celui qui les a rouges est le mâle, le Mouron femelle les a bleues. Ce sont de petites herbes fort branchues qui rampent par terre, & jettent leurs tiges quarrées & leurs feuilles petites & rondelettes. Ces feuilles ressemblent à celles de la parietaire. Galien dit que les deux Mourons ont une vertu absterſive, & une certaine chaleur attractive, par laquelle ils attirent les tronçons & autres choses qui sont demeurées dans le corps; que par cette même qualité leur jus tiré par le nés purge le cerveau, & que dessechant sans aucune mordication, cela est cause qu'ils soudent les playes, & donnent remede à celles qui sont pourries. Les Grecs les appellent ἀνγαλλὶς, & les Latins *Morsus gallinæ*, à cause que les poules dévorent leurs feuilles. Outre ceux qui portent des fleurs rouges & des fleurs blanches, il y en a un autre dont la fleur est jaune; mais cette espece n'est pas en usage.

Mouron. Sorte de lezard tacheté qui pique avec sa queue. Son venin est froid. On l'appelle *Sourd* en quelques lieux.

MOURRE. s. m. Jeu qui nous est venu d'Italie, où il est fort commun. Deux personnes y jouent ensemble en se montrant les doigts en partie élevés & en partie fermés, & celui qui devine en même-tems le nombre de ceux qui sont élevés, gagne ce qu'on joue.

MOUSSE. s. f. Vieux mot. Gueule.

MOUSQUET. s. f. Arme à feu composée d'un fust, d'un canon, d'un serpentin & d'une détente. Sa longueur est reglée à trois piés huit pouces depuis l'extrêmité jusqu'au bassinet. Sa bale doit peser une once. Cette arme est la plus commode de toutes celles dont on se sert à l'armée, tant pour attaquer que pour se défendre. Il y a encore le *Mousquet à croc*, qui pese moins que ne fait l'arquebuse à croc. Sa pesanteur empêche pourtant qu'on ne le puisse tirer comme on tire un de nos mousquets. On a besoin d'un bâton fourchu sur lequel on fait reposer la piece vers le milieu quand on veut la décharger. Sa bale pese entre une once & demie & deux onces. Du Cange dérive ce mot de *Muschetta*, ancienne machine à pousser de gros traits. M. Ménage le fait venir de *Mosqueto*, oiseau de proie que l'on appelle *Esmouchet*, & Covarruvias de *Moscovette*, prétendant qu'il a été inventé par les Moscovites.

MOUSQUETAIRE. s. m. Soldat à pié qui porte le mousquet. Il doit y avoir les deux tiers de Mousquetaires dans les Compagnies d'Infanterie, & un tiers de Piquiers.

On appelle par excellence *Mousquetaires*, deux Compagnies très-celebres portant le Mousquet, & qui combattent tantôt à pié, tantôt à cheval. Le Roi est Capitaine de l'une & de l'autre, & le Commandant particulier de chacune prend le titre de Capitaine-Lieutenant. Ces deux Compagnies sont distinguées par la couleur de leurs chevaux. Les uns sont gris, ce qui fait les *Mousquetaires gris* ou *Grands Mousquetaires.* Les autres sont noirs, ce qui fait appeller cette Compagnie, *les Mousquetaires noirs*, ou *petits Mousquetaires.* Ils tiennent rang de Gendarmes, & marchent après les Mousquetaires Ecossois.

MOUSQUETON. s. m. *Espece de fusil, dont le canon est plus court que les fusils ordinaires, & le calibre gros comme un mousquet.* ACAD. FR. Le Mousqueton est à peu près de la longueur de la carabine, mais bien moins pesant. La balle est presque semblable à la balle de fusil. Les Archers des Maréchaussées, les Gardes des Gouverneurs, les Valets à la suite de leurs Maîtres en campagne portent des Mousquetons.

MOUSSE. s. f. Petite herbe grisâtre qui croît sur le tronc & sur les branches de quelques arbres, & quelquefois sur la terre & sur les pierres. Dioscoride dit qu'elle se trouve aux cedres, aux trembles & aux chênes; que la meilleure est celle du cedre, & ensuite la mousse du tremble; que la blanche & celle qni est odorante, est bonne; que celle qui tire sur le noir est de nulle estime. La Mousse est astringente. On l'emploie aux huiles, & sur-tout en l'onguent de Ben, & on la mêle parmi les parfums & les medecines contre les lassitudes. Matthiole ajoûte que la plus excellente & la plus odorante Mousse d'Italie est celle qui croît aux Melezens, & qu'ayant eté un jour contraint de coucher en une montagne où il y avoit quantité de ces arbres tout barbus & blancs de mousse, les Bergers lui voulant donner le plaisir d'une chose qui devoit lui être nouvelle, allumerent cette mousse, qui commença soudain à brûler de telle furie & à faire un si grand bruit, que la poudre à canon n'en eût pas fait davantage. Elle rendoit une bonne odeur. Les Apothicaires, suivant les Arabes appellent la Mousse *Usnea.* Avicenne dit qu'elle est fort bonne dans les medecines qu'on ordonne pour les défaillances de cœur. En Grec βρύον.

Les Modernes appellent *Mousse terrestre*, une Plante qui jette de longs sarmens en façon de cordes, qui sont tout garnis de petites feuilles longuettes. Ces sarments ont la plûpart sept ou huit aunes de long, & il en sort d'autres petits rameaux, avec des feuilles faites comme les cimes du pignet. Toute la plante est seche & âpre au maniement, & de couleur verte tirant sur la paille. Elle se traîne par terre & parmi les pierres chargées de mousse, s'appuyant sur de petites racines capilleuses qui sortent des sarments mêmes comme les racines du lierre. Vers le mois de Juin elle produit à la cime de ces sarments farments des chattons presque semblables à ceux des coudriers. Ils sont de couleur jaunâtre. Toute cette plante est singuliere pour la gravelle, & on a connu par experience qu'en faisant boire le vin de sa décoction, on tirera la pierre des reins. Elle croît aux montagnes sablonneuses, & particulierement entre les pierres moussues. Quelques-uns la prenent pour le nardus Celtique, & Matthiole qui a pris soin d'en faire la description, dit qu'ils suivent en cela l'opinion erronée du commun. M. Ménage dérive le mot de *Mousse* de *Muscus* ou de *Mussula*, mot Latin barbare dont s'est servi Gregoire de Tours.

MOUSSELINE. s. f. Toile de coton. La belle vient du Levant.

MOUSSERON. s. m. Espece de champignon tout blanc qui vient au mois de Mai. On le trouve caché sous la mousse, & c'est delà qu'il a pris son nom.

MOUSTACHE. s. f. Manivelle qui se fiche dans les rochets & bobines des Tireurs d'or, & dont ils se servent pour tirer & devider leur fil d'or & de soye.

MOUSTARDE. s. f. Composition faite de graine de senevé, broyée avec du moût ou du vinaigre. On s'en sert fort communément dans les repas pour réveiller l'appetit. Ce mot vient de *Mustum ardens*, à cause que la bonne Moustarde se fait de moût. Celle d'Anjou est la meilleure : il n'y entre que le moût & le senevé ; celle de Paris ou de Dijon est la plus forte, mais la moins bonne. Elle se fait avec une petite graine blanche mêlée de senevé que l'on broye entre deux pierres avec du vinaigre : elle a le goût de levain & prend au nés.

MOUSTIQUE. s. f. Espece de mouche qui se trouve dans les Antilles, & qui n'est pas plus grosse qu'une petite pointe d'épingle, mais elle pique bien plus vivement que ne font les maringoins, & laisse une marque sur la peau comme une tache de pourpre. Ces sortes de mouches ne se rencontrent que le long des rives de la mer qui sont à l'abri des vents. Il n'est pas possible de s'y arrêter ni le soir ni le matin, sans en être tourmenté.

MOUTON. s. m. Agneau mâle que l'on a châtré pour le faire engraisser plus facilement, & en rendre la chair plus tendre. Les Moutons de Beauvais sont beaucoup plus gras que nos moutons ordinaires. La chair de Mouton est chaude & fait un bon sang. Les Furetieristes disent que la bonne chandelle se fait de suif de Mouton. Erreur. Seule, elle est trop fondante, il ne faut que le tiers au plus & le reste de suif des grandes bêtes ou de bouc & de chévre, qui est le meilleur. Il y en a dans l'Isle de Madagascar dont la seule queue pese quinze ou seize livres ; & selon certaines Relations, celles des Moutons de Tartarie pesent quelquefois jusqu'à quatre-vingts livres. Vers le Cap de Bonne-Esperance on voit des Moutons sans laine, qui ont du poil ainsi que les chévres. Ceux de l'Indostan ont la laine fort courte & fort fine. D'autres dans la Perse l'ont aussi fort fine, & cette laine tombe d'elle-même dans de certains tems. Il y a encore une sorte de bête à laine en Afrique, qu'on appelle *Mouton de cinq quartiers*. Cet animal ne differe de nos moutons que par les cornes & par la queue, qui est large & ronde, & qui s'allonge à mesure qu'il s'engraisse. Toute sa graisse est dans cette queue. On trouve au Perou des Moutons plus hauts que des ânes. Ils sont assés forts pour porter des fardeaux de deux cens livres, & on s'en sert à voiturer la mine aux lieux où on la purifie. Quelques-uns dérivent ce nom de l'Italien *Moutone*, qu'ils prétendent avoir été fait de *Mont*, à cause que les bons Moutons ont accoûtumé de paître aux lieux hauts & secs.

On appelle *Mouton*, dans le Bresil, un certain oiseau exquis, dont le plumage est noir & jaune, & qui est grand comme un paon. Il y en a de deux sortes.

Mouton marin. Sorte de poisson qu'on appelle ainsi à cause qu'il est d'une couleur blanche, & qu'il a des cornes recourbées comme le mouton de terre.

On appelle aussi *Mouton*, La peau de mouton préparée, qui imite le marroquin, & dont les Relieurs se servent pour couvrir des livres.

On appelle *Mouton*, dans une sonnette, un lourd billot de bois garni de fer, que des clefs retiennent au-devant de deux montans, & qu'on leve par des cordes à force de bras, pour le laisser retomber avec force sur la tête des pieux & des pilotis qu'on veut faire enfoncer. Il y en a qui couvrent aussi le bout d'en-bas du billot, d'une platine de fer de tole. Au bout d'enhaut il y a deux petits crampons où sont attachés les deux cordages qui passent par les poulies.

Moutons, Terme de Charron. Petits piliers de bois où il y a des mains de fer, au travers desquelles passent les soûpentes d'un carrosse, & qui servent à soûtenir le corps d'un carrosse. Il y en a quatre, deux devant & deux derriere.

Mouton. Gros morceau de bois, dans lequel on fait entrer les anses d'une cloche pour la pendre.

Mouton. Machine de guerre, appellée *Marmouton*, & *Carcamousse*, qui étoit le belier des Anciens. C'étoient des poutres qui avoient le bout figuré comme la tête d'un belier. En les suspendant & les balançant avec des cables, on en frappoit les murs d'une ville, jusqu'à ce qu'ils tombassent.

Mouton. Ancienne monnoie d'or qui valoit dixhuit sols six deniers, & que dans les actes Latins on appelloit *Mutones*. Cette monnoie avoit d'un côté l'image de S. Jean-Baptiste, & de l'autre un mouton avec sa toison en sa gueule, d'où sortoit une banderolle avec ces mots *Ecce agnus Dei*. On trouve dans Froissard, *L'an* 1354. *on battit des florins dits à l'Agnel, parce qu'en la pile il y avoit un Agnel, & étoient de cinquante-deux au marc*. Et ailleurs : *L'an* 1357. *on battit des moutons d'or fin.*

MOUTONNAGE. s. m. Droit Seigneurial, qui se leve en certains lieux sur ceux qui vendent ou achetent du bétail ou autres marchandises sur le fief d'un Seigneur.

MOUTONNE. s. f. Coifure de femme qui a été long-tems en usage. C'étoit une tresse de cheveux touffue & frisée qu'elles mettoient sur leur front. C'est à present au derriere de la tête.

MOUTONNER. v. n. Terme de Marine. On dit que *La mer Moutonne*, pour dire, que L'écume des lames blanchit, en sorte que les houles paroissent comme des moutons.

MOUTURE. s. f. Droit que prennent les Meuniers pour moudre le blé, il est fixé au seiziéme.

MOUVANT, ANTE. adj. Terme de Blason. Il se dit des pieces qui semblent sortir du chef, des angles, des flancs ou de la pointe de l'écu, où elles sont attenantes. *D'azur à quatre chaines d'or, mouvantes des quatre angles de l'écu, & liées en cœur à un anneau de même.*

MOUVEMENT. s. m. Terme de Physique. Action par laquelle un corps est transporté d'un lieu à un autre. Il y a quatre choses à considérer dans le mouvement, la masse du corps qui est mû, l'espace qu'il parcourt, le tems qu'il emploie à le parcourir, le côté vers lequel il se meut.

Plus la masse du corps mû, est grande, plus il faut de force pour le mouvoir. Le rapport de l'espace que le corps parcourt au tems qu'il y emploie, s'appelle la *vitesse*. Voyez VITESSE. Pour mouvoir un corps plus vîte, il faut plus de force que pour le mouvoir plus lentement.

Il est évident qu'il faut la même force pour mouvoir un corps avec deux degrés de vitesse, ou pour mouvoir le double de ce corps avec un degré d'où il suit que la force est égale dans deux corps inégaux, si le plus petit va plus vîte à proportion de ce qu'il est plus petit, & que dans deux corps qui vont inégalement vîte, si le plus lent est plus grand à proportion de ce qu'il est plus lent, la force est encore égale.

Le principe general est donc que quelles que soient les masses & les vîtesses de deux corps, si le produit de la masse de l'un par sa vîtesse est égal au produit de l'autre, leurs forces sont égales, & ces forces s'appellent aussi leurs *Quantités de mouvement*.

Si ces corps sont tellement situés que leurs mouvemens soient opposés, alors comme leurs forces ou quantités de mouvemens sont égales, ils ne pourront agir l'un contre l'autre, & demeureront en *équilibre*. L'équilibre se fait donc entre deux corps quelque inégaux qu'ils soient, toutes les fois qu'il arrive que le grand ne pourroit se mouvoir, sans obliger le petit à se mouvoir d'une vîtesse qui récompenseroit la petitesse de sa masse.

Le rapport qu'a le mouvement d'un corps au côté vers lequel il se fait, est la *Détermination de ce mouvement*. Ce qui fait qu'un corps va ou de haut en bas, ou de bas en haut, ou de droit à gauche, &c. est sa détermination. Quand il rencontre un autre corps qui s'oppose à son passage, & qu'il ne peut ébranler, il faut necessairement que sa détermination change, & qu'il en prenne une contraire. C'est ce qui arrive en toute *réfléxion*. Voyez REFLEXION.

Quand un corps reçoit du mouvement de deux forces qui tendent à lui donner des déterminations differentes, comme il ne peut suivre absolument ni l'une ni l'autre, il prend une ligne moyenne entre les deux déterminations, comme si une des forces tend à lui faire décrire un côté d'un parallelogramme, & l'autre force l'autre côté, le corps décrira la *diagonale*. Ce mouvement s'appelle *Composé*, auquel on oppose le *simple* que l'on conçoit comme fait selon une seule détermination.

Le mouvement composé varie en une infinité de manieres, & se fait tantôt par des lignes droites, tantôt par des courbes, & par une infinité de courbes differentes, selon que les mouvemens simples dont il est composé, se font par des lignes droites, ou courbes, & sont ou *uniformes*, ou *accelerés* ou *retardés*.

Sur la division du mouvement en *uniforme acceleré*, & *retardé*, voyez ACCELERATION.

Les corps qui se rencontrent se communiquent du mouvement suivant de certaines proportions, que les Philosophes tâchent de découvrir. Ce sont ces proportions que l'on appelle *Regles du mouvement* ou *Loix de la communication des mouvemens*.

En Astronomie on appelle *Mouvement commun*, celui par lequel tous les corps celestes se meuvent également en vingt-quatre heures sur les poles de l'Equateur (Voyez EQUATEUR;) & *Mouvement propre*, celui par lequel les corps celestes se meuvent sur les poles du Zodiaque & font le tour de ce cercle en des tems differens. Voyez ZODIAQUE.

On dit aussi en Astronomie *Mouvement moyen & mouvement veritable*. Voyez MOYEN.

MOY

MOYAC. s. m. Oiseau gros comme des Oyes, qui a le col court & le pié long, frequent en Canada.

MOYE. Pronom possessif feminin. Vieux mot. Mienne.

> *Quand sa bouche toucha la moye,*
> *Ce fut ce dont j'eus au cœur joye.*

MOYE. s. f. On appelle ainsi dans une pierre dure, un tendre qui suit son lit de carriere & qui la fait déliter. On connoît ce tendre lorsque la pierre après avoir été quelque tems hors de la carriere n'a pû resister aux injures de l'air.

MOYE', E'E. adj. On appelle, *Pierre moyée*, Celle dont le tendre est abattu avec perte, parce que son lit n'est pas également dur. Cela arrive à la pierre de la Chaussée près Bougival, à côté de saint Germain en Laye. Cette pierre porte quinze à seize pouces.

MOYEN, ENNE. adj. Qui tient le milieu. On appelle en Mathematique, *Moyen proportionnel* un terme tellement disposé entre deux autres, que le rapport du premier terme à ce moyen, qui est le second, est égal au rapport qu'a le second au troisiéme. Six est moyen proportionnel entre trois & douze, parce que comme trois est à six, ainsi six est à douze. Il y a autant de sortes de moyens proportionnels, que d'especes de proportions. Ainsi il y a des moyens proportionnels *arithmetiques*, *geometriques*, & *harmoniques*. Voyez PROPORTION. On dit *Moyenne proportionnelle* en parlant d'une ligne ou en sousentendant *ligne*.

On dit en Astronomie *Mouvement moyen*. Les Planetes étant tantôt plus proches de la terre, tantôt plus éloignées, nous voyons que nous ne sommes pas au centre de leurs mouvemens. Ainsi le mouvement de chaque Planete quoiqu'égal, & uniforme en lui-même, ne peut nous le paroître, parce que des angles égaux tirés d'un autre point que le centre d'un cercle coupent dans sa circonference des arcs inégaux. Nous voyons donc les Planetes en des tems égaux parcourir des arcs inégaux, tantôt plus grands, tantôt plus petits, ou ce qui est le même, aller tantôt plus vîte, tantôt plus lentement. Pour réduire ces mouvemens inégaux à l'égalité, on a imaginé les *mouvemens moyens*, qui tenant le milieu entre la plus grande vîtesse & la plus grande lenteur des Planetes, sont toûjours égaux & uniformes. Le Soleil étant dans son apogée ou dans son plus grand éloignement de la terre, où il paroît le plus lent, semble parcourir en un jour cinquante-sept minutes du Zodiaque, & dans son perigée où il est le plus proche & le plus vîte, il paroît parcourir soixante-une minutes. En prenant le milieu entre ces deux extrêmités, son mouvement moyen est de cinquante-neuf minutes, huit secondes.

En se reglant sur ce mouvement moyen, & supposant que le Soleil parcourt tous les jours 59'. 8''. il est évident que l'on ne trouve pas le Soleil dans l'endroit du Zodiaque où il nous paroît veritablement être, puisqu'il nous paroît quelquefois avoir fait plus que ces 59'. 8''. quelquefois moins, c'est pourquoi on oppose au *mouvement moyen* le *mouvement veritable*, qui est celui par lequel il parcourt en un jour tantôt 57'. tantôt 61. & tous les nombres d'entre-deux, & par lequel on le trouve dans l'endroit du Zodiaque où il nous paroît réellement. Il faut bien remarquer que *veritable* en ce sens là ne signifie que le mouvement de la Planete tel qu'il nous paroît réellement à nous qui sommes hors du centre de ce mouvement, car le veritable mouvement de la Planete mesuré de son centre seroit égal & uniforme, & seroit le même que notre moyen mouvement, mais du lieu où nous sommes un mouvement égal nous doit *veritablement* paroître inégal, & c'est en ce sens que les *vrais* mouvemens des Planetes sont inégaux, & les *moyens* égaux.

La ligne du *vrai mouvement* d'une Planete, le mot de *vrai* étant déterminé dans le sens que nous avons dit, est une ligne tirée du centre de la terre à la Planete jusqu'au Zodiaque, & la ligne du *moyen mouvement*, est tirée à la Planete du centre du cercle que décrit la Planete, lequel n'est pas concentrique à la terre, où elle est tirée du centre de la terre parallelement à celle qui part du centre de l'Excentrique de la Planete, & est prolongée jusqu'au Zodiaque.

Ces deux lignes du vrai & du moyen mouvement aboutissent à deux endroits differens du Zodiaque, dont l'un est appellé le *lieu veritable* de la Planete, & l'autre son *Lieu moyen*. Voyez LIEU.

L'Arc du Zodiaque compris entre le lieu veritable & le moyen, s'appelle *Prostapherese* ou *Equation*. Voyez PROSTAPHERESE. Quand une Planete est dans son apogée ou dans son perigée, les lignes du vrai & du moyen mouvement, n'en font qu'une, parce que la ligne qui va de l'apogée au perigée passe en même-tems par le centre de la terre, & par le centre de l'Excentrique de la Planete. Voyez EXCENTRIQUE, & APSIDES.

MOYEN. s. m. Terme des Coûtumes d'Anjou & du Maine. Ceux, qui succedent par *Moyen*, (par la mediation d'une personne interposée, qui est morte) comme un Petit-fils à un Ayeul, un petit neveu à son grand oncle, sont obligés de payer le rachat au Seigneur. Un Vassal releve nûment du Seigneur direct & par *Moyen* du Seigneur suzerain.

MOYENNE. s. f. Piece d'artillerie facile à servir & à manier, & propre à battre en campagne. On la pose sur les avenues, & son usage est de nettoyer un fossé dans le tems des approches, & de battre un poste ou un logement que les Assiegeans veulent faire sur le glacis ou la contrescarpe. Son boulet pese deux livres ou deux livres & demie.

MOYER. v. a. Terme de Maçonnerie. Fendre en deux une pierre avec la scie selon la moye de son lit.

MOYEU. s. m. Espece de prune jaune, qui est trèsbonne à confire.

MOYRIEUX. s. m. Vieux mot. Fausse braye, espace qu'on laisse au pié d'un rempart, ou d'une muraille.

MUA

MUABLETE'. s. f. Vieux mot. Inconstance.

MUANCE. s. f. Changement du son de la voix à 14. ou 15. ans. *Cet enfant de Chœur a fait sa Muance, sa voix ne changera plus*. A la *Muance* quand la voix se conserve, le dessus devient souvent hautetaille.

MUARDIE. s. f. Paresse. Vieux mot.

La douceur & la melodie,
Me mit au cœur tel muardie.

MUC

MUCILAGE. s. m. Medicament liquide qu'on appelle ainsi, à cause qu'il est semblable aax muscosités du nés. Il se tire d'ordinaire dans une decoction convenable ou dans les eaux distillées, & il se fait avec des racines comme celles de Mauve, d'Althæa, de Symphitum, ou avec l'écorce moyenne de l'orme. On le fait aussi avec de certaines gommes, semences, fruits ou larmes, qu'on fait tremper dans le double ou le triple de quelque liqueur sur des cendres chaudes. Les gommes dont on se sert pour cela, sont, la gomme Arabique, celle de Tragaganthe, & la colle de poisson; les semences sont celles de Mauve, de Psyllium, d'Althæa, de lin, de coings, & d'orge mondé; les larmes, celles du Bdelium, du Galbanum, du Sagapenum & de l'Ammoniaque; & pour les fruits, ce sont les figues & les raisins de Damas. On ne doit mettre au plus qu'une drachme de racine, de semence ou autre chose, pour chaque once de liqueur, & il faut augmenter ou diminuer la quantité de semences ou de racines, selon qu'on veut que le Mucilage soit plus ou moins épais. Celui qui se fait de semences & de racines est bon particulierement pour amollir, pour humecter, & pour appaiser la douleur, & celui qu'on tire de plusieurs gommes, est propre pour digerer & pour attirer. Ce mot vient du Latin *Mucus*, Morve. Les Latins l'appellent *Moccago*, ainsi que *Mucilago*.

On appelle aussi *Mucilage*, Une matiere crasse & pituiteuse qui sort dans la dysurie, & qui n'est rien autre chose que l'aliment prochain de la vessie ou des parties urinaires, qui distille de leurs blessures & de leur excoriation en forme de mucilage, qui augmente encore l'ardeur d'urine en bouchant le conduit urinaire. Il se fait aussi un Mucilage blanchâtre dans la dysenterie aussi-tôt que les tranchées attaquent les intestins, & il sort en si grande quantité que l'on s'étonne d'où il peut venir. Les uns disent que c'est la pituite qui enduit naturellement les parois des intestins, ce qu'Ettmuller trouve être impossible, à cause de la quantité prodigieuse qui en sort, sur-tout dans la dysenterie qu'on appelle *Blanche*, & dans laquelle on fait peu de sang & beaucoup de Mucilage. Ainsi il préfere l'opinion de Vanhelmont, qui croit que ce Mucilage distille des ulceres des intestins, & que ce n'est autre chose que leur aliment corrompu, ou apporté inutilement aux intestins, lequel ne pouvant s'assimiler aux parties blessées, en tombe necessairement tantôt en forme de Mucilage, tantôt en forme de sanie ou de serosités saigneuses, selon les divers degrés de corruption de l'aliment prochain.

MUCOSITE'. s. f. Terme de Medecine. Excrement dont le cerveau se décharge par le nés. Il y a aussi une Mucosité des intestins, qui n'est rien autre chose que la partie la plus épaisse du chyle, qui restant lorsque les parties les plus subtiles sont coulées par les petites ouvertures des intestins, s'y attache & s'y enduit, pour les défendre contre l'acrimonie des sucs, pour les lubrefier, & rendre le cours du chyle & des selles plus facile. Entre autres usages de la bile & du suc pancreatique, ils servent encore lorsqu'ils passent par les intestins, à fondre, à attenuer & à inciser cette pituite ou mucosité attachée aux parois des intestins avec quoi ils sont portés en partie dans le sang par des conduits ordinaires, & en partie jettés dehors avec les selles. Ce mot vient du Latin *Mucus*, Morve, fait du Grec μύξα, qui veut dire aussi L'humeur qui coule du nés.

MUCRE. s. m. Vieux mot. Relent, mauvaise odeur que rend quelque corps, pour avoir été dans un lieu humide & fermé.

MUE

MUE. adj. f. Vieux mot. Muette.

Et s'aucun est qui te salue,
Si n'ayes pas la langue mue.

MUEAU. adj. Vieux mot. Muet.

Il guerit un Demoniacle
Duquel l'esprit étoit mueau.

On disoit au feminin, *Muelle.*

A moi ne soyez pas muelle.

MUEIL. adv. Comparatif. Vieux mot. Mieux.

MUET, ETTE. adj. Qui ne peut, ou qui ne veut point parler. Les Chasseurs appellent *Chien muet*, Un limier qui quête, ou qui suit la bête sans aboyer.

MUETTE. s. f. Maison bâtie dans une Capitainerie de chasse, avec chenils, cours & écuries pour loger un Capitaine des Chasses, & quelques Officiers de la Venerie. On appelle aussi *Muette*, la Jurisdiction des Chasses. Ce nom est venu de ce que les Gardes & Sergens apportent dans ces sortes de Maisons, les mues ou les têtes que les Cerfs ont posées, & qu'ils trouvent dans les bois.

Muette, se dit aussi du gîte où le Liévre fait ses Levreteaux. Quelques-uns donnent ce même nom au gîte du Cerf.

MUF

MUFFLE. s. m. *Il se dit proprement du bas de la tête de certains animaux, comme le bœuf, le taureau, & de certaines bêtes feroces, comme le lion, le tigre.* ACAD. FR. On appelle *Muffle*, en termes d'Architecture, Un ornement de Sculpture qui imite le Muffle de quelque animal, & particulierement d'un lion. On met ces sortes de representations de Muffle à des gargouilles, dans les panneaux des portes, & dans des cartouches.

Muffle de lion. Plante qui fleurit bleu, blanc, rouge, ou de quelque autre couleur, & qui pousse une tige haute & déliée. On l'appelle ainsi, à cause que quand on l'ouvre, elle represente en quelque sorte la gueule de cet animal.

MUG

MUGUET. s. m. Plante qui a ses feuilles presque semblables au plantain, mais plus déliées, & sans avoir tant de veines. Ses tiges sont d'une venue, menues & tendres comme joncs, & à la cime il y a plusieurs fleurs blanches de bonne odeur, & faites en façon de fleurs de Grenadier sauvage ou d'Arbousier. Ses racines sont laches, longues & couvertes de plusieurs filamens & chevelures, & n'ont ni bulbe ni côte. Matthiole dit que les Allemans employent le Muguet en diverses maladies, & qu'ils prétendent qu'il fortifie le cœur, le cerveau, & toutes les parties nobles du corps, ce qui le rend propre aux Paralitiques, à ceux qui ont le haut mal, aux convulsions, aux vertiges, & aux battemens de cœur. Il ajoûte qu'ils le tiennent singulier aux inflammations des yeux, & aux femmes qui ne se peuvent délivrer d'enfant, comme aussi pour les piquûres & morsures des bêtes venimeuses. Ils font du *Vin de Muguet*, au tems de vendanges, en mêlant les fleurs seches parmi le moût, & se servent de ce vin toute l'année pour les accidents qu'on vient de marquer. D'autres prennent les fleurs de Muguet fraîches, & les mêlant dans du vin vieux, ils y ajoûtent des fleurs de lavande & de rosmarin avec quelques autres parfums, & ayant laissé le tout bien bouillir au Soleil, ils le passent dans des alambics de verre au bain marie, & en tirent de l'eau qu'ils gardent avec grand soin dans des flacons d'or & d'argent, ce qui fait qu'ils l'appellent de l'*Eau d'or*. Ils lui attribuent tant de vertu, qu'ils sont persuadés qu'en donnant de cette eau à une personne prête à mourir, on lui prolonge la vie. Matthiole dit qu'ayant voulu éprouver cette recette, il n'a rien trouvé de tout ce qu'ils assûrent. M. Ménage, comme plusieurs autres, dérive le mot de *Muguet* de *Muscatum*, qu'il dit avoir signifié chés les Anciens, Aromate, & tout ce qui sent bon. C'est par cette raison qu'il l'appelle *Lilium Muscatum.* Les Latins l'appellent ordinairement *Lilium convallium.*

Il y a un *Petit Muguet* qui est appellé γάλιον par Dioscoride, du Grec γάλα, Lait, à cause qu'il sert de presure à cailler le lait. Il a les feuilles moindres que celles du gratteron, & ses tiges droites. Sa fleur est menue & faite en façon d'épi, en partie jaune, & en partie blanche. Elle est bonne aux brûlures du feu, & à restreindre le flux de sang quand elle est enduite. Le Galion croît aux lieux marécageux, & étant mis en huile rosat, selon ce que dit Dioscoride, & demeurant au Soleil jusqu'à ce qu'il blanchisse, il est propre aux lassitudes.

MUI

MUID. s. m. *Certaine mesure dont on se sert pour les grains, pour les choses liquides, & pour certaines autres choses comme sel, charbon, plâtre, chaux, &c. & qui est de differente grandeur selon les differens pays.* ACAD. FR. *Muy*, dit Nicod, *est une espece de mesure d'aucunes choses liquides de boisson, comme vin, eaue, & d'aucunes non liquides, comme grains, sel, chaux, legumes, lequel ne se partit par mêmes noms de soubs mesures en toutes lesdites choses qui sont mesurées en gros par sous-noms; car en cas de vin, & choses semblables, il se partit en deux demi-Muids, chacun d'iceux au fust & jaulge de Paris, contenant dix-huit sextiers, chascun sextier quatre quartes; chasque quarte deux pintes; chasque pinte, deux chopines; chasque chopine, deux demi-sextiers; chasque demi-sextier, deux possons, lequel posson est la derniere & la moindre mesure du vin; mais aux choses arides, mesmes en cas de grains, il se partit en douze sextiers, chasque sextier contenant deux mines; chasque mine deux minots; chasque minot, trois boisseaux; chaque boisseau quatre quarts, lequel quart est la derniere mesure des grains, pour rectifier lesquelles mesures à la rigueur du poids, est dit & tenu pour regle, que le sextier de blé froment net, rabatu le poids du sac, doit peser deux cens vingt livres, & les mesures d'au dessus & d'au-dessous à l'equipollent. Or la mesure des febves, pois, navets, vesse, & autres legumes, est semblable à celle dessusdite du blé, sans qu'il y ait rien de different, si n'est qu'on les vend & debite par soubspartition dudit quart ou demi-quart, litterons, ou demi-litterons, chasque demi-quart contenant deux litterons, chascun litteron deux demi-litterons, qui est chascun le huitiéme du quart, & le seisiesme du boisseau, ce qui est observé pour l'usage & commodité du peuple bas. Mais quant à l'avoine, il y a de la difference, pour autant qu'à la mesure d'icelle, le minot contient quatre boisseaux, & que entre le boisseau & le quart, il y entre la mesure du picotin, lequel doit contenir un quart & un litteron à ladite mesure du blé, combien qu'on le fasse de moindre capacité que le quart. Aussi le boisseau d'avoine est plus grand que celui du blé; car pour faire les seize boisseaux du sextier de l'avoine, il y en faut vingt-un à la mesure du blé; en Latin* Modius; *duquel mot le François est forgé. On usurpe aussi en au-*

cens pays, *comme à Orleans & lieux adjacents*, *ce mot* Muy, *pour une certaine portion de champ*, *tout ainsi qu'on fait ailleurs le mot* d'Arpent ; *& dit-on*, Il a tant de Muyds de terre, *&* Ma terre est de tant de Muyds, comme si vous disiez de tant d'Arpens.

MUL

MULAT, MULATE. s. m. Nom qu'on donne aux Indes à ceux qui sont nés d'une Indienne & d'un Negre, ou d'une Negre & d'un Indien. Les Espagnols donnent ce même nom aux enfans nés d'un pere & d'une mere qui sont de differente Religion, comme d'un Maure & d'une Espagnole. Quelques-uns écrivent *Mulatre*. Ce mot vient de *Mulet*, Animal engendré de deux diverses especes, ce qui le fait prendre en Espagne pour une fort grande injure.

MULE. s. f. Bête de somme engendrée d'une Cavalle & d'un Ane, ou d'une Anesse & d'un Cheval. Cet Animal est sterile & d'un grand usage en Espagne, où la plûpart des carrosses n'ont qu'un attelage de Mules. On tient que la Mule a l'odorat très-fin, & beaucoup de sympathie avec les oiseaux aquatiques.

MULET. s. m. Animal de la même espece que la Mule étant engendré d'un Ane & d'une Cavalle, ou d'un Cheval & d'une Anesse. Les Mulets n'engendrent point à cause qu'ils viennent de differente espece. On assure qu'ils ne ruent point quand on leur a fait boire du vin. On disoit autrefois *Mule*, au lieu de Mulet.

Mulet. Poisson de mer qui dans l'été monte dans la Loire : il est excellent, & a quelque rapport à la truite.

Mulet. Nom qu'on a donné à un Vaisseau de Portugal qui est de moyenne grandeur. Ce Vaisseau porte trois mâts avec des voiles latines.

MULETTE. s. f. Terme de Fauconnerie. On appelle ainsi dans les oiseaux de proie, le gesier où tombe la mangeaille du jabot pour se digerer. Quand le gesier d'un oiseau est embarrassé de curées qui sont retenues par une humeur visqueuse, & gluante, il se forme quelquefois une peau que l'on appelle *Double mulette*. On le purge de cette peau par le moyen des pillules qu'on lui fait avaler.

On appelle aussi *Mulette*, La partie du veau qui lui sert de sac, & où la presure est contenue. C'est ce qu'on appelle *Caillette* aux moutons, & dans le bœuf *Franche-mule*.

MULOT. s m. Petit Animal qui fouit la terre comme font les taupes, & qui est une espece de souris champêtre. Il ronge les oignons des plantes, & la racine des blés. Quelques-uns font venir ce mot du Latin *Muroffus*, diminutif de *Mus*, Rat, à cause que les Latins appellent un Mulot *Mus agrestis*. D'autres veulent qu'il vienne de *Muloden*, mot Celtique, qui veut dire la même chose.

On appelle *Endormulot*, Un Milan qui plane dans l'air pour prendre le gibier sur lequel il fond avec précipitation.

MULTINOME. s. m. Terme d'Algebre. Grandeur composée de plusieurs grandeurs incommensurables. Voyez BINOME & INCOMMENSURABLE. C'est la même chose que *Polynome*.

MULTIPLE. s. m. Terme d'Arithmetique. Nombre qui en contient un autre plusieurs fois sans aucun reste. Ainsi 15. est le Multiple de 3. qu'il contient cinq fois, & 20. est le Multiple de 4. & de 5. parce qu'il contient quatre fois le nombre de 5. & cinq fois celui de 4. sans aucun reste.

MULTIPLICATION. s. f. Terme d'Arithmetique. Operation par laquelle on prend ou l'on repete un nombre autant de fois qu'il y a d'unités dans un nombre donné. Multiplier 4. par 3, c'est prendre 4 trois fois, ce qui fait 12. Le nouveau nombre qui se trouve par cette operation, comme 12 dans cet exemple, s'appelle *le produit* des deux premiers, ou simplement *produit*. Quand on multiplie un nombre par l'unité, il ne donne que lui-même pour produit, 4 par 1, n'est que 4, si on le multiplie par un nombre plus grand que l'unité, il donne un produit plus grand que lui, 4, par 3, c'est 12 si on le multiplie par un nombre moindre que l'unité, il donne un produit moindre que lui, 4 par $\frac{1}{2}$, ce n'est que 2. La multiplication est opposée à la *division*. Voyez DIVISION.

On appelle *Multiplication composée*, celle où il entre des grandeurs de differentes especes, comme si on multiplie 3 livres par 4 livres, 5 sous, 10 deniers, ou 6 dégrés par 50 dégrés 25. minutes, 55 secondes, &c. *La Multiplication simple* est celle où il n'entre point de ces grandeurs differentes.

On multiplie aussi les lignes les unes par les autres. La surface d'un parallelogramme n'est que la ligne de sa longueur repetée autant de fois qu'il y a de points imaginables dans sa largeur. Delà vient qu'on multiplie ces deux côtés l'un par l'autre pour avoir la surface d'un parallelogramme. De même la solidité d'un parallelepipede n'est que sa base repetée autant de fois qu'il y a de points dans la ligne de sa hauteur.

MUM

MUMIE. s. m. *Corps embaumé à la maniere des anciens Egyptiens*. ACAD. FR. On dit autrement *Momie* & *Mommie*. Voyez MOMIE.

Mumie, se dit aussi en termes de Medecine, & c'est selon Vanhelmont l'esprit implanté, sur-tout dans les cadavres, d'où les esprits influants se sont dissipés & envolés. L'esprit influant est nommé pareillement quelquefois *Mumie*, dans les sujets vivans, & il peut servir pour la transplantation, pourvû qu'un tiers l'attire & le détermine ; une plante, par exemple, qui d'un sujet le porte à un autre, où étant, il se joint étroitement avec la Mumie ou esprit tant implanté qu'influant du nouveau sujet où il est porté. Il naît de cette union une inclination naturelle entre ces deux sujets, la distance n'empêchant pas la Mumie magnetique d'agir mutuellement. C'est en cette source que l'on doit tirer & expliquer les cures magnetiques, & d'autres pareils miracles de la nature.

MUP

MUPHTI. s. m. Celui qui est le chef honoraire de la Loi dans tout l'Empire Ottoman, & qui en interprete toutes les questions. Le Grand Seigneur ne donne cette place qu'à un homme de probité & fort sçavant. Il lui laisse une autorité entiere, & ne s'oppose jamais à ce qu'il juge ou decide. Il l'envoie même consulter, lorsqu'il veut entreprendre quelque chose qui soit de quelque importance pour l'Etat soit pour la paix, soit pour la guerre, afin de sçavoir si ce qu'il veut faire lui est permis par la Loi. Le Muphti n'a pas pouvoir de contraindre, mais seulement de resoudre les difficultés, & de persuader dans les matieres civiles, criminelles & d'état. Il donne des résolutions par écrit, mettant son jugement par un oui ou par un non, ou d'une autre maniere courte que l'on appelle *Fetfa*, au bas d'un papier où la question est écrite en peu de mots. Cette sorte de Sentence après laquelle il ajoûte ces paroles, *Dieu le sçait mieux*, ce qui fait voir que son jugement n'est pas infaillible, est toûjours suivie par le Cadis ou Juge à qui on la porte, ensorte qu'on voit des procès d'une très-grande importance, terminés en une heure sans qu'on en puisse appeller, ni s'opposer à l'éxecution de l'Arrêt, tant on a de déference pour le Muphti, devant qui seul le Grand Seigneur se leve lorsqu'il entre dans sa chambre, le salüant de la tête, ce qu'il ne fait à aucun de ses Ministres. Comme c'est ce Prince qui l'éleve à cette dignité par son choix, tout ce qu'il fait pour l'établir dans sa charge, c'est de le revêtir d'une riche veste de Martes zibelines, qui vaut du moins mille écus. Il lui donne ensuite une somme de mille écus en or enveloppés dans un mouchoir qu'il lui met luimême dans le repli de son habit de dessous, qui est à l'endroit de sa poitrine, & lui fait un fond de deux mille âpres par jour pour sa subsistance. Ces deux mille âpres sont environ soixante & cinq livres de notre monnoie. Il n'a point d'autre revenu certain; mais il peut disposer de quelques benefices qui dépendent de certaines Mosquées Royales dont il tire le plus d'argent qu'il lui est possible. Lorsqu'il entre dans sa charge, tous les Ambassadeurs & Residens des Princes Etrangers le viennent feliciter aussi-bien que les Agens de plusieurs Bachas qui sont à la Porte, & les presens qu'ils lui font montent au moins à cinquante mille écus. Le Muphti peut être déposé par le Grand Seigneur, & s'il n'a point d'autre raison que son autorité absolue pour le priver de sa Charge, il le gratifie d'un Arpalix, c'est-à-dire, qu'il lui permet de disposer de quelques emplois de Judicature en certaines Provinces, dont il a la surintendance, ce qui lui produit un revenu assés grand pour pouvoir subsister avec honneur. On fait rarement mourir un Muphti. Quand cela arrive, on le dégrade avant que de l'executer. S'il s'agit d'un crime énorme ou de trahison, on le met dans un mortier que l'on garde toûjours pour cela dans la prison des sept Tours, & dans lequel il est pilé & battu jusqu'à ce que ses os & sa chair soient reduits en bouillie. Le Muphti se marie comme tous les autres Turcs, & fait sa residence ordinaire à Constantinople, & comme il ne pourroit terminer lui seul toutes les affaires de conscience à cause de la grande étendue de cet Empire, outre qu'il y en a plusieurs qui demandent une prompte resolution, le Cadilesquers font son Office, chacun dans sa Jurisdiction, s'appliquant à éviter les matieres de Droit Canon aussibien que celles de Droit Civil.

MUR

MUR. s. m. Corps de Maçonnerie qui a une certaine épaisseur & hauteur proportionnée, & qui sert à refermer & à separer divers lieux dans les bâtimens. On appelle *Murs de face*, tous les Murs exterieurs d'une maison, soit qu'ils soient sur les rues, ou sur les cours & sur les jardins. *Les Murs de refend*, sont ceux qui partagent les appartemens, ou qui separent plusieurs maisons à un même proprietaire, ou des Chapelles dans une Eglise. On appelle *Gros Murs*, ceux de face & de refend. Il y a un *Mur de pignon*, & un *Mur en ailes*. Le premier est celui où on termine le comble, & qui finit en pointe, & l'autre celui qui s'élevant depuis le dessus d'un Mur de clôture, va en diminuant jusque sous l'entablement & même plus bas, en sorte qu'il arcboute le Mur de face & le pignon d'un corps de logis qui n'est pas appuyé d'un autre. Celui qu'on appelle *Mur de clôture*, enferme les cours, les jardins, les parcs, & le *Mur d'appui*, est un petit Mur qui n'est qu'à hauteur d'appui, de trois piés ou environ, & qui sert de gardefou, à un pont, à balcon, à une terrasse. Le *Mur mitoyen* ou *Mur commun*, est celui qui étant construit aux frais de deux proprietaires, separe les limites de deux heritages, & le *Mur sans moyen*, est dans la Coûtume de Paris, un Mur de maison Seigneuriale ou de Monastere, dont le privilege special est de ne pouvoir jamais devenir commun. Ainsi ceux qui sont en possession d'heritages contigus, doivent laisser une certaine distance, s'ils veulent bâtir.

MURAL, ALE. adj. Ce mot n'a d'usage que dans cette façon de parler, *Couronne Murale*, pour dire, Une Couronne dont les Romains avoient de coûtume d'honorer ceux qui avoient sauté les premiers sur les murs des Ennemis. C'étoit un cercle d'or crenelé.

MURENE. s. f. Espece de Serpent Marin qui a la forme d'une anguille, mais moins ronde. Les plus grandes n'ont gueres que deux piés de long & quatre doigts de large. Leur tête est ronde, fendue d'une grande gueule armée de deux rangs de dents, fortes & aigues comme des aiguilles. La peau des femelles est brune, & toute semée de fleurs dorées. Les mâles n'ont qu'un rang de petites taches aussi dorées, qui va depuis la tête jusques à la queue. On ne pêche ce poisson que dans une côte qui soit de cailloux, ou de petites roches, & tout proche de la mer. On tire plusieurs de ces cailloux pour faire une fosse jusqu'à l'eau. Ensuite on écrase un crabe ou deux qu'on lave dans l'eau de cette fosse, ou bien on y jette un peu de sang, & incontinent on voit venir la Murene qui avance sa tête entre deux roches. Si-tôt qu'on lui presente l'hameçon, pendu à un petit bout de corde, & couvert d'un peu de crabe ou de quelque autre poisson, elle se jette goulument dessus, & l'entraîne dans son trou. Il faut alors avoir de l'adresse à la tirer tout d'un coup, car si on lui donne le tems de s'attacher par sa queue, on lui arracheroit plûtôt la mâchoire que de la prendre. Cela fait voir que sa force est toute au bout de sa queue, ce qui vient de ce que la grande arête de ce poisson est renversée de haut en bas, ensorte que les arêtes qui dans tous les autres sont panchées vers la queue, sont rebroussées en celuici. Quand la Murene est hors de son trou, on ne la fait pas mourir sans beaucoup de peine, si on n'en sçait le secret, qui consiste à lui couper le bout de la queue, ou à l'écraser, & elle meurt aussitôt sans se débattre. Sa chair est blanche & d'assés bon goût, mais si la Murene n'est un peu grande, ce n'est que de la colle, & même les grandes sont si remplies de petites arêtes que plusieurs n'en mangent point par cette raison.

MURIAX. s. m. p. Vieux mot. Murailles.

> *Hector est mort & definez,*
> *Que laidement fut traisnez*
> *Entour les grans Muriax de Troye.*

MURTILLA. Nom que donnent les Espagnols à une sorte d'arbres sauvages qui se trouvent par tout au Perou depuis le trente-sixiéme dégré de la ligne vers le Sud jusques au Détroit de Magellan. Cet Arbre que les naturels appellent *Unni*, porte des fruits assemblés par grappes, & pendans comme les raisins, ils sont gros comme des pois, & de la forme & couleur de grains de Grenade. Ces fruits sont d'un goût moyen entre le doux & l'aigre, & la liqueur qui s'en tire & qui approche du vin, n'est pas seulement agreable au palais, mais elle est aussi convenable à l'estomac, digerant les humeurs superflues du corps, & particulierement celles du cerveau. Elle aide l'appetit du ventricule, & est fort claire, se déchargeant naturellement de sa lie sans qu'on y emploie le feu. On fait encore de fort bon verjus avec ces fruits. Il surpasse de beaucoup en odeur & en saveur celui qui est fait d'aigret.

MURUCUCA. s. f. Herbe du Bresil fort belle à voir, sur-tout quand elle est en fleur. Elle rampe comme fait le lierre contre les murs & les arbres, & porte un fruit rond, quelquefois ovale, noir, brun, & de diverses couleurs. Au dedans il contient quelques noyaux, environnés d'une certaine substance mucilagineuse, d'un goût agréable, mais aigret. C'est un fruit assés bon. Les feuilles de cette herbe pilées avec un peu de chalcanthe guerissent les ulceres malins.

MURUCUGE. s. m. Fruit du Bresil qui a un bouton, & qu'on cueille vert. Etant un peu attendri, il se digere aisement & est de bonne saveur. L'arbre qui le porte est fort semblable au Poirier sauvage. Il s'en trouve peu à cause que les Sauvages ont coûtume de l'abattre, afin d'en cueillir le fruit plus facilement. Quand on en incise le tronc, il en sort une liqueur semblable à du lait, qui étant épaissie peut être employée au lieu de cire à cacheter des lettres.

MUS

MUSA. s. m. Plante qui croît en Egypte & en Cypre, & que plusieurs mettent au rang des Palmiers. Elle est haute de cinq ou six coudées, & produit ses feuilles comme le roseau, mais plus longues, en sorte qu'elles ont plus de trois coudées de long & une & demie de large. Elles ont une côte au milieu large & épaisse, & seche en été, ou de leur nature, ou par la vehemence du Soleil. Ainsi comme elles sont extrêmement minces elles tombent au mois de Septembre, & la côte demeure dénuée. Son écorce est toute écaillée comme celle du Palmier & du Roseau. Cette plante est toute en tronc & n'a point de branches. A sa cime est un germe tendre, long d'une coudée, duquel sortent d'autres petits germes qui se contiennent jusqu'à la derniere cime, par petits intervalles, distans à peu près de trois doigts les uns les autres. Il en sort des fruits de la grandeur d'un petit concombre, qui étant trop mûr commence à jaunir. L'écorce en est comme l'écorce des figues, & on les pele lorsque l'on en veut manger. Sa chair est semblable à celle des melons sans aucun noyau ni graine. Ce fruit d'abord semble fade à ceux qui le goûtent, mais plus on continue d'en manger, plus on en aime le goût. Matthiole qui parle ainsi de cette plante sur ce qu'il en a appris de ceux qui l'ont vûe souvent en Egypte, dit qu'il ne sçait point qu'aucun Auteur ancien en ait parlé, mais qu'il croit que c'est cette plante que Theophraste met au rang des Palmiers, & qui suivant ce qu'il en rapporte, produit ses feuilles plus grandes que les autres & son fruit plus gros, long en figure & de la grosseur d'une Grenade. Serapion entre les Arabes en a parlé, & a dit que la plante Musa est chaude au milieu du premier dégré & humide à la fin, qu'elle nourrit peu, & que selon ses qualités particulieres, elle est bonne aux ardeurs & chaleurs de la poitrine, du poumon & de la vessie, & lâche d'ailleurs le ventre, & que si on en mange trop elle nuit à l'estomac & opile le foye.

MUSAGE. s. m. Retardement. Vieux mot.

Trop y a rendu le Musage.
Viens-t'en, laisse ce rest lasage.

MUSARABE. s. m. Nom que les Espagnols donnent aux Chrétiens qui ont vécu sous la domination des Arabes. *Musa*, veut dire, Chrétien en Arabe. Quelques-uns les appellent *Muçarabes*, prétendant qu'ils ont eu ce nom de Muça, Capitaine Arabe qui conquit l'Espagne, après qu'il eût défait & vaincu Rodrigue, dernier Roi des Gots. L'Office Divin se fait encore dans sept Eglises Paroissiales de Tolede, avec les anciennes ceremonies des Musarabes, comme il se faisoit dans toutes les autres de la même Ville, avant que l'Office Romain y eût été établi par saint Gregoire sous le regne d'Alphonse VI.

MUSARAGNE. s. m. Animal gros comme une souris, & de la couleur de la belette. Il a la queue fort menue, & le museau long & pointu. Ses dents sont petites, & doubles en chaque mâchoire, ensorte qu'on lui en voit quatre rangs. Dioscoride dit que le Musaragne ouvert & appliqué sur sa morsure que l'on tient fort venimeuse, y sert de remede. Pline dit qu'il n'y a de Musaragnes que dans le Mont Apennin, ce que Matthiole assûre être faux, disant que l'on en trouve ordinairement en la terre de Trente & aux Montagnes d'Ananie, & que les gens du pays ne les tiennent point venimeux, ce qu'il croit venir de la bonté de l'air, qui fait que les Scorpions n'y sont point non plus venimeux. Les Latins appellent le Musaragne, ou Musaraigne *Mus araneus*, *sorex*.

MUSARDIE. s. f. Vieux mot. Faineantise.

Quiconques croye, ne que die
Que ce soit une Musardie.

On a dit aussi *Musard*, pour dire, Un Faineant, ou un homme qui s'amuse, & qui s'arrête par tout.

MUSC. s. m. Parfum dont il y a de plusieurs sortes & especes. Matthiole dit après Aëtius & Ruellius, que le meilleur de tous est celui qui vient en une terre qui tire un peu plus sur le Levant que ne fait la cité de Chorosa; qu'il tire sur le blond, & que les Barbares l'appellent *Pat*, que celui qu'on estime le plus après le premier, tire sur le noir & qu'on l'apporte des Indes; que le moindre vient de la terre de Sini, & que toutes ces sortes de Musc s'engendrent au nombril d'un animal, semblable à un Chevreuil, ayant une seule corne, & le corps fort grand. Quand cet animal est dans sa chaleur, son nombril s'enfle, & se remplit d'un gros sang en maniere d'apostume. Pendant ce tems il ne mange ni ne boit & ne fait que se veautrer par terre, & se frotter contre les arbres jusqu'à ce qu'il ait fait crever cette apostume, d'où il sort du sang à demi-corrompu qui devient fort odorant quelque tems après. Les Chevreuils qui portent le meilleur musc ne different en rien des autres, si ce n'est aux dents qu'ils ont longues & hors de la bouche plus d'une paume ainsi que les Sangliers. Ceux qui cherchent le musc secouent les pellicules de celui qui n'est pas mûr jusqu'à ce qu'il ait perdu sa mauvaise odeur, ce qu'il ne fait que lorsqu'ayant été pendu en l'air, il y acquiert sa pleine maturité. Il est cependant moins bon que celui qui l'a prise dans les pellicules de Chevreuil. Les gens du pays le cueillent parmi les pierres & les troncs des arbres, quand l'animal qui le porte y a fait crever son apostume. Le Musc étant bû ou appliqué, fortifie le cœur froid & palpitant, le réjouit & soulage toutes ses incommodités. Il conforte le cerveau & guerit les douleurs inveterées que cause l'abondance de l'humeur phlegmatique. Quelques-uns disent que si le Musc est bon, il pese moins lorsqu'il est mouillé. D'autres prennent sa bonté en ce que le flairant à jeun un peu de tems, il provoque à saigner, ce qu'il fait en ouvrant les porosités des veines par sa chaleur & par sa subtilité. On fait venir le mot de *Musc*, de l'Arabe *Mesch* ou *Musch*. Le Grec vulgaire l'appelle μόσχος.

Il y a dans les Antilles une Plante appellée *L'herbe au Musc*, qui a ses feuilles assés semblables à la Mauve, mais un peu plus rudes. Sa tige est haute de deux coudées, & à la pointe de cette tige, & même sur plusieurs branches qui en sortent, sont quantité de fleurs jaunes, quatre fois plus grandes que les fleurs des Mauves, ausquelles elles ressemblent beaucoup. A la chûte de ces fleurs croît un bouton de la grosseur d'un œuf de pigeon. Il est long en triangle comme le petit doigt, & il se termine en pointe par le haut. Avant qu'il soit mûr, il est vert & rempli de petites graines blanches, mais enfin lorsqu'il a atteint sa maturité, il se desseche, devient gris, & a sa graine noire. Alors si on frote cette Plante dans ses mains, il s'en exhale une odeur aussi agréable que celle du Musc. On apporte de ces graines en France, où elles conservent leur bonne odeur. Les Confituriers s'en servent dans leurs dragées, ausquelles elles communiquent cette odeur de Musc.

MUSCADE. s. f. Fruit d'un arbre que quelques-uns croyent ne venir que dans l'Isle de Banda aux Indes. Cette Isle, ou plûtôt les six Isles qui la composent, sçavoir Gunapi, Nera, Lontor, Pulovyai, Pulorim & Bassingi, sont si fort chargées de Muscadiers, qu'à la reserve d'une montagne qui jette du feu dans l'Isle de Gunapi, il n'y a pas un arpent de terre qui n'en soit couvert, de sorte qu'en tout tems on voit les arbres chargés de fleurs ou de fruit, vert ou mûr. On cueille les Muscades principalement trois fois l'année, en Avril, en Août & en Decembre; mais celles qui mûrissent en Avril, sont meilleures. L'arbre qui les porte ressemble assés au Pêcher, si ce n'est qu'il a les feuilles un peu plus courtes & plus rondes. Le fruit est couvert d'un brou aussi épais que celui qui couvre nos noix. Ce fruit en s'ouvrant fait paroître une feuille fort mince sur une coque très-dure; mais elle ne l'envelope pas si-bien, qu'en plusieurs endroits elle ne laisse paroître la coque. C'est ce qu'on appelle *Fleur de muscade* ou *macis*. Il faut casser cette coque pour trouver le fruit. La fleur est d'un nacarat vif tant que la noix est encore verte, mais après cela elle change de couleur, & tire sur l'oranger, principalement quand elle quitte la coque. Les Habitans appellent les Muscades *Palla*, & le Macis *Brunapella*. Ils les confisent avec leur brou au sucre ou au sel, & en font une très-excellente confiture. Cette drogue échauffe le cerveau, fortifie la memoire, chasse les vents, dégage les reins, & arrête le flux de ventre. L'huile qu'on en tire conforte les nerfs, provoque le sommeil, fait cesser les fluxions, & guerit les maux d'estomac. Rien n'est plus souverain contre les douleurs que l'indigestion cause, qu'un onguent fait avec de la poudre de Muscade ou de Macis, mêlée avec de l'huile de rose. La Muscade, pour être bonne, doit être pleine, pesante, agréable à l'estomac; & si on la pique avec une aiguille, il faut qu'elle rende tout aussi-tôt un suc oleagineux. On l'appelle en Latin *Nux moschata*, ou *Nux myrepsica*.

MUSCADELLE. s. f. Sorte de poire appellée ainsi, à cause qu'elle tient un peu de l'odeur du musc.

MUSCADET. s. m. Sorte de gros raisin blanc, & qui est assés bon.

MUSCLE. s. m. Terme d'Anatomie. Partie charnue & fibreuse, & l'organe des mouvemens de l'animal. Le muscle a trois parties, sçavoir la tête, le ventre & la queue. La tête, qui est le plus souvent nerveuse, est faite de ligamens qui naissent des os & couverte d'une membrane particuliere. Le ventre, qui est le milieu du Muscle, est presque tout charnu, & la queue est appellée ordinairement *Aponevrose*, du Grec ἀπὸ & νεῦρον, Nerf, comme qui diroit, Extension du Nerf. On compte jusqu'à quatre cens cinq muscles dans le corps de l'homme. Quelques-uns font venir ce mot de *Muscle* du Latin *Mus*, Souris, à cause qu'il ressemble à une souris écorchée. D'autres le dérivent de la ressemblance qu'ils lui donnent avec un poisson qu'on appelle *Mouscle* ou *Mousle*.

MUSEAU. s. m. Nom que donnent les Menuisiers aux accoudoirs des hautes & basses chaises d'une Eglise, à cause qu'anciennement il y avoit à ces accoudoirs des mufles d'animaux sculptés.

MUSELIERE. s. f. Espece de filet de corde en pannier pour mettre aux mulets de bagage & les empêcher de mordre, il y en a de cuir qui font obstacle à la respiration.

MUSEROLE. s. f. La partie de la têtiere d'un cheval qui se place au-dessus du nez.

MUSETTE. s. f. Instrument de musique à anches & à vent. Il est composé d'une peau, d'un bourdon, de deux chalumeaux & d'un porte vent. Le bourdon de la Musette a cinq tons differens, avec lesquels il fait toutes les parties. Cet instrument sert à faire une Musique champêtre. Les uns en attribuent l'invention aux Lydiens, les autres à Pan, & d'autres à Faune, à Marsias & à Daphnis, jeune berger Sicilien qui fit le premier des Bucoliques. Ce mot est un diminutif du Latin *Musa*, à cause que la Musette n'est pas un instrument assés serieux pour les grands airs.

MUSIQUE. s. f. Science qui enseigne à faire des accords agréables à l'oreille, & qui recherche & explique les proprietés des sons. Elle se divise en *Musique Theorique*, qui considere la nature des consonances & des dissonances, & qui explique par nombres les raisons qu'elles ont entre elles, & en *Musique pratique*, qui enseigne non seulement la composition, c'est-à-dire, la maniere de composer plusieurs chants, qui étant chantés ensemble, forment une agréable harmonie, mais encore ce qui s'appelle chanter ou jouer à livre ouvert. C'est par le moyen de cette musique pratique que l'on execute avec justesse toutes sortes de pieces de Musique. On appelle *Musique vocale*, toute Musique qui n'est composée que pour les voix, qu'il faut toutefois accompagner toûjours de quelque Instrument, afin d'empêcher qu'elles ne baissent. La *Musique instrumentale* est celle qui s'execute par le moyen des Instrumens, dont le nombre est presque infini, à compter tous ceux qui sont en usage en divers pays. On distingue encore la Musique en *Musique d'Eglise*, qui est grave & serieuse, & accommodée à la devotion comme les Motets, & en *Musique seculiere*, qui a plus de varieté, & est gaie ou triste plus ou moins, selon les paroles. Il y a trois sortes de Musique, la *Diatonique*, qui ne contient que les deux tons, majeur & mineur; & le demi-ton majeur; la *Chromatique* qui abonde en demi-tons, & l'*Enharmonique*, fort abondante en dieses, qui sont les moindres divisions sensibles du ton.

MUSAF. s. m. Sorte de priere que font les Juifs dans la Synagogue le jour du Sabath, & par laquelle ils finissent

finissent les cérémonies de ce jour-là. Elle renferme les paroles du sacrifice qui se faisoit autrefois au Temple ce même jour du Sabbath. *Mussaf* veut dire, *Ajoûtée*.

MUSSASOUS. s. m. Animal qu'on trouve dans la Virginie & qui sent le musc. Sa forme est semblable à celle de notre rat aquatique, & il en a le naturel.

MUSSE. s. f. Petit passage dans un fort, dans une haie pour les lapins, lievres, &c. *Il a été pris à la Musse.*

MUSULMAN. s. m. Nom qu'on tient avoir été donné premierement aux Sarasins, & que les Turcs se font un grand honneur de porter. Il veut dire en leur langue *Vrai croyant.*

MUT

MUTU. s. m. Espece de poule fort privée du Bresil qui a une crête comme un coq, tachetée de petits points noirs & blancs. Ses œufs sont gros, blancs & si durs, que si on les choque l'un contre l'autre, ils résonnent comme du fer. On tient que quoique leurs os soient mortels aux chiens, ils ne nuisent point aux hommes.

MUTULE. s. m. Terme d'Architecture. Espece de modillon quarré dans la corniche de l'Ordre Dorique. On a mis des Mutules sous la corniche de cet ordre, pour figurer le bout des jambes de force qui sortent en dehors, courbées par l'extrémité; & on a eu pour cela la même raison qui a fait representer des triglyphes dans la frise de l'ordre Dorique, afin de marquer le bout des poutres ou solives qui portent sur l'architrave. M. Felibien observe après Philander, que les Architectes posterieurs à Vitruve, non seulement se sont servis de Mutules sous la corniche de l'ordre Dorique, mais qu'ils en ont mis aussi dans le Composite, qui tiennent quelque chose du Mutule Dorique & du Modillon Corinthien, comme s'ils étoient composés de l'un & de l'autre. Il dit que ce mot vient du Latin *Mutilare*, Couper, retrancher, à cause que les Mutules representent le bout des chevrons mutilés & coupés.

MYA

MYAGRUM. s. m. Herbe qui jette force surgeons, & que Dioscoride dit avoir été appellée par quelques-uns *Melanpyron*. Elle est haute de trois piés, & a ses feuilles pâles & semblables à la garance. Sa graine est huileuse & semblable au senegré. On la rôtit quand elle est pilée, & on en enduit des verges dont on se sert pour éclairer dans les lampes. Cette graisse adoucit la peau & en ôte toutes les âpretés. Galien dit que la graine de Myagrum est grasse; & qu'étant pilée elle rend une matiere huileuse qui a une vertu mollificative & emplastique. Ce mot est Grec, μύαγρον, & on lui a donné ce nom de μυῖα, Mouche, & de ἄγρα, Chasse, capture, à cause qu'elle embarrasse les mouches par une espece de glu. Matthiole parle d'une sorte de plante qu'il appelle *Myagrum bâtard*, quoique ses feuilles se rapportent plûtôt à celles du guede, & sa graine à celle du Nasitort, que du senegré. Il dit que cette graine est douce & plaisante au goût, que les oiseaux en sont fort friands, & que la plante provient parmi le blé & le lin.

MYO

MYOPE. s. m. On appelle ainsi en Optique celui qui ne peut voir que de fort près à cause qu'il a le crystallin fort convexe, & disposé à faire de grandes refractions, telles qu'il les faut pour réunir les rayons des objets proches qui sont très-divergens. Mais les rayons des objets éloignés étant peu divergens, ils sont trop tôt réunis par ce crystallin trop convexe, & par consequent ces objets sont vûs confusément. Voyez VISION & CRYSTALLIN. Comme ceux qui ne voyent que de fort près recevroient trop de lumiere des objets, il arrive d'ordinaire que pour n'en pas tant recevoir, ils ferment à demi, & clignent les yeux, & de-là leur est venu le nom de *myopes*, de μύω, *je ferme*, & de ὤψ, *œil*, μύωψ.

MYR

MYROBALAN. s. m. Plusieurs disent *Myrabolan*, Espece de noix qui vient d'Orient, & dont on fait du parfum quand on l'a pilée. Ce mot est Grec. μυροβάλανος, composé de μύρον, Onguent, & de βάλανος, Glan.

On appelle *Myrabolans*, des Fruits de certains arbres qu'on dit croître sans culture dans le Royaume de Cambaïa. Ces fruits sont une espece de prunes, dont la figure est semblable aux dattes d'Egypte. Matthiole dit qu'il y en a de cinq sortes, sçavoir les jaunes citrins, les chepules ou Kebuli, noirs ou Indiques, les Empeliques ou Embliques & les Belleriques ou Belliriques. Tous ces Myrobalans different en formes & en proprietés; ce qui lui fait croire qu'ils croissent en divers arbres, quoiqu'il y en ait qui tiennent que les citrins & les chepules viennent d'une même plante, les citrins étant les Myrobalans verts & non mûrs, & les chepules ceux qui ont leur parfaite maturité. Ils purgent doucement sans affoiblir. Au contraire, par le moyen de leur astriction, ils confortent le cœur, le foye & l'estomac, & fortifient toutes les parties du corps. Ils ont seulement cela de mauvais, que les parties interieures en deviennent plus opilées qu'elles n'étoient, de sorte qu'ils ne valent rien à ceux qui sont sujets aux opilations. Ils ont tous des facultés particulieres. Les citrins purgent la bile, & les meilleurs sont les verts tirant entierement sur le jaune, qui sont pesans, pleins & gommeux, & qui ont l'écorce grosse & le noyau fort petit. Les chepules dont les meilleurs sont les plus massifs, ayant une couleur noire rougeâtre, & l'écorce grosse & épaisse; & allant au fond si-tôt qu'on les met dans l'eau, purgent la pituite, ce que font aussi les Embliques, parmi lesquels on préfere ceux dont on peut faire de plus grosses pieces, plus épaisses & plus pesantes, qui ont aussi plus de chair & de poulpe qu'ils n'ont de noyaux. Les Belliriques & les Indiens purgent la mélancolie. On estime plus dans les premiers les plus massifs, & qui ont generalement une écorce plus épaisse; & dans les autres, ceux qui sont noirs & pesans, & qui n'ayant point de noyau au dedans, se rencontrent tout massifs quand on les rompt.

MYRMILLONS. s. m. Les Gladiateurs étoient distingués en Myrmillons & en Retiaires, & ils combattoient ordinairement les uns contre les autres. Le Myrmillon étoit armé d'une épée, d'un bouclier & d'un casque, au haut duquel on voyoit la figure d'un poisson tacheté de plusieurs couleurs, tel que celui que les Grecs nomment μορμύρος, qui est un poisson marin. C'est de ce mot Grec que quelques-uns croyent que le mot de *Myrmillon* a été fait. L'Empereur Caligula, selon Suetone, supprima ces sortes de Gladiateurs.

MYRRHE. s. f. Liqueur d'un arbre qui croît en Arabie, assés semblable à celui qu'on appelle *Spina Ægyptiaca*. Elle distille des incisions qu'on fait à cet arbre, sur des claies de Jonc qu'on met au dessous. Dioscoride qui en parle ainsi, dit que celle qu'on appelle *Troglodytique*, à cause du pays où elle croît, est la plus singuliere; qu'elle est claire & transparente, verdoyante, & mordante au goût, & que la pire de toutes est nommée *Ergasima*, qu'elle est seche, aigue au goût, & approche de la gomme pour sa force & sa vertu. On fait des masses de toutes. On en fait de grasses & d'odorantes, des Myrrhes grasses, & on fait des masses qui n'ont point d'odeur des Myrrhes seches. Matthiole dit que du tems de Galien on vendoit de la Myrrhe en opocalpasum, qui étoit une liqueur venimeuse venant d'un arbre venimeux, nommé *Calpasum*. Pline dit que la Myrrhe croît aux mêmes forêts que l'encens, selon quelques-uns, & selon d'autres qu'elle croît separément en plusieurs endroits de l'Arabie; que la meilleure s'apporte des Forêts; que ceux de Saba la vont querir par mer vers les Troglodytes, & qu'il y a aussi des arbres de Myrrhe domestiques & cultivés, qui sont préferés aux sauvages, & qui se nourrissent à être houés & déchaussés, afin de tenir leurs racines fraîches. Cet arbre continue-t-il, a cinq coudées de hauteur; & est épineux. Son tronc est dur & tors, & plus massif que celui qui porte l'encens, tant vers la racine que dans toutes ses parties. Il a l'écorce lissée & polie comme celle de l'Arbousier, que les Tanneurs appellent *Cerises d'outre mer*. Selon quelques-uns pourtant, son écorce est âpre & épineuse. Ses feuilles sont semblables à celle de l'olivier, quoique plus grêles & plus épineuses. Juba dit qu'elles approchent de celles de l'Ache, d'autres que cet arbre est semblable au Genevre, mais qu'il est plus âpre & plus épineux, ayant sa feuille plus ronde, toutefois de même odeur & saveur. Quelques-uns veulent que la Myrrhe & l'encens viennent d'un même arbre. On incise les arbres qui portent la Myrrhe deux fois l'année comme on fait l'encens & dans la même saison, & à ceux qui sont plus verts & plus vigoureux, on fend l'écorce depuis la racine jusqu'à la croisée des branches. Avant que d'être incisées, elles jettent d'elles-mêmes une liqueur qu'on nomme *Stacté*, & qui est la plus excellente de toutes. Après celle-là, on estime celle qui distille l'été, soit qu'elle vienne des arbres sauvages ou des domestiques. Le même Pline dit que la Myrrhe se sophistique avec le mastic de lentisque & la gomme, & avec du jus de concombres sauvages pour la rendre amere, & que sur-tout on la peut sophistiquer d'une certaine Myrrhe que les Indiens tirent d'une plante épineuse, & qui est la seule chose mauvaise qui vienne de ce Pays-là, ce qui fait croire à Matthiole que notre Myrrhe vient des Indes, d'où on l'apporte en Egypte, & puis à Alexandrie par la mer Rouge. Les marques qui la font connoître pour bonne, sont d'être recente, un peu verdâtre, tirant sur le rouge, grasse, odorante, acre, mordante, & amere. Etant rompue, il faut qu'elle ait au dedans, des taches blanchâtres comme des coups d'ongles; qu'elle soit fort égale en sa couleur, legere, nette, & transparente en quelque maniere. Celle qui est pesante, tout à-fait noire, ou de la couleur de la poix, est à rejetter. La Myrrhe ouvre, désopile, ramollit, consolide & resserre. Non seulement elle provoque les mois, mais elle ouvre la matrice de telle sorte, qu'elle fait sortir promptement l'enfant hors du ventre de la mere. Elle rend l'haleine fort agréable si on la mâche, & on en fait une huile excellente pour conserver le teint, & effacer les taches & les rides du visage, & pour conglutiner les plaies. Cette huile se fait avec des œufs que l'on fait cuire jusqu'à ce qu'ils soient durs. On les coupe ensuite en deux parties égales; on en ôte tout le jaune, & on remplit les blancs de Myrrhe pulverisée. On rejoint les deux parties de l'œuf & on les pend avec un filet dans un lieu humide. On met un vaisseau dessous où l'on reçoit la liqueur qui en distille, & cette liqueur est ce qu'on appelle *Huile de Myrrhe*. Ce mot vient du Grec μύρειν, Couler, fluer.

MYRRHIS. s. f. Plante que Dioscoride dit avoir les feuilles & la tige tout-à-fait semblables à la cigue. Sa racine est longue, tendre, ronde, odorante, & de bon goût. Bûe en vin elle est fort bonne pour les piqûres des araignées appellées *Phalanges*. Elle émut le sang menstrual, fait sortir l'arriere-faix, & purge fort les nouvelles accouchées. Elle est singuliere en tems de peste, si on la prend en breuvage avec du vin deux ou trois fois le jour. Matthiole dit qu'en plusieurs endroits de l'Italie, on trouve une plante qui ressemble entierement à la cigue, si ce n'est qu'elle est moindre, & a une bonne odeur, ce qui la fait appeller *Cicutaire* par quelques-uns qui la prennent pour la vraie & legitime Myrrhis, que Manardus estime être le cerfeuil, quoiqu'il n'ait aucun rapport avec la cigue. Galien dit que la Myrrhis, appellée *Myrrha* par quelques-uns, a une racine douce & odorante, qui est bonne à émouvoir le sang menstrual, & à purger & nettoyer la poitrine & le poumon. On a donné le nom de Myrrhis à cette herbe, à cause qu'elle a quelque odeur de Myrrhe.

MYRTE. s. m. On disoit autrefois *Meurte*. Arbrisseau fort commun en Italie, dont il y a de deux sortes, le sauvage qui n'est autre chose que le Ruscus, qui vient de soi-même, & sans être cultivé en plusieurs pays chauds, & le domestique, qui est grand comme un arbre, & dont les branches sont pliantes & souples. Il a son écorce rouge & ses feuilles toûjours vertes & longuettes, semblables en quelque façon à celle de grenadier. Il y en a de blanc & de noir. La fleur en est blanche & odorante, & les parfumeurs en font une eau qu'on estime fort. Le Myrte noir est semblable au bouis, à l'exception de ses feuilles qui sont plus aigues, & comme celles du petit houx qui est le Myrte sauvage. Ses baies sont noires, pleines d'un suc vineux, & semblables à celles du lierre. Le Myrte blanc a ses feuilles plus longues & plus larges comme le Pêcher, moins obscures de couleurs, & d'un vert un peu blanchâtre. Les anciens ont établi plusieurs autres especes de Myrte, que l'on reconnoît encore aujourd'hui. Le Tarentin, appellé ainsi de Tarente, Ville de la Pouille, a ses feuilles plus menues que notre Myrte commun, mais plus fermes & robustes. Son fruit qui est plus petit, d'une couleur noire, tirant sur le pourpre, & garni au dedans de petits osselets drus & blanchâtres, est plus copieux; & cotonné en sa sommité. Il y a aussi un Myrte étranger qui se trouve en Italie dans les vergers & dans les jardins. Sa feuille est assés semblable à celle de nos Myrtes, quoiqu'elle soit plus claire & plus pointue. On fait des feuillées avec ces deux sortes de Myrte. On se sert fort utilement des feuilles & des fruits du Myrte, interieurement ou exterieurement. Les fruits ont une qualité astringente, qui adoucit toutes sortes de fluxions & arrête le sang qui coule en grande abondance. Les feuilles seches sont plus dessicatives que les vertes, qui ont je ne sçai quelle humidité conjointe; le

Myrte, s'appelle en Grec μύρτος ou μυρσίνη de μύῤῥα.

MYRTILLE. s. m. Arbre qui croît dans les forêts & dans les Montagnes de Bohême, que les Apothicaires de ce Pays-là ont nommé ainsi à cause qu'ils s'en servent à la place du vrai Myrte qui leur manque. Il est d'une moyenne hauteur, & a son tronc & ses branches vertes, & ses feuilles semblables au bouis, plus minces pourtant, & un peu dentelées tout à l'entour. Ses fleurs sont en maniere de cloche attachées entre les feuilles à une queue; leur couleur est un peu vermeille, & elles ont au dedans un filament roux. Elles produisent des façons de perles, qui dans leur maturité ressemblent presque en grandeur & en couleur à celles du Genevre. Elles sont vineuses, âpres & creuses vers leur sommité. Les Allemans qui usent de tout ceci au lieu du vrai Myrte, s'en servent particulierement à teindre leurs toiles & leurs filets. Ils s'en servent aussi pour rendre leur papier de couleur du Ciel, & parce que ces sortes de fruits que jettent ces fleurs ont bonne saveur, les Paysans, & même d'autres personnes en mangent. Quelques-uns appellent aussi *Myrtilles* les fruits ou baies de Myrte.

N

NAC

NACELLE. f. f. Petit bateau dont on se sert pour passer une riviere, & qui n'a ni mât ni voile.

C'est aussi un terme d'Architecture, & on appelle *Nacelle* dans les profils, tout membre creux en demi-ovale. Il se dit plus particulierement de la concavité qui est entre les deux tores de la base d'une colomne. C'est ce qu'on appelle ordinairement *Scotie*. En ce sens quelques-uns disent *Nancelle*.

NACHES. f. f. Vieux mot qui se trouve dans la signification de Fesses, du Latin *Nates*. *Il arracha les cheveux aux Messages Daniel & leur rest, & trencha leurs cottes dès leurs Naches jusques aux pieds.*

NACRE. f. m. Coquille grande, épaisse, ronde par le bas, qui contient les perles, & qui est produite, ainsi que toutes les autres coquilles, de la partie la plus grossiere dont est formé l'animal qu'on y trouve renfermé. D'ordinaire elle est raboteuse & roussâtre au dehors, & très-blanche au dedans. La plus polie, qui reluit le plus, & qui est de couleur argentine, est celle que l'on préfere.

On appelle *Nacre de perles*, Toutes les perles qui tiennent à la coquille, quand elles ont quelque endroit relevé à demi-rond, que les Lapidaires ont l'adresse de scier & de joindre ensemble. On tient que la perle ne croît pas seulement dans la chair, mais dans la Nacre même, hors du poisson. Quelques-uns font venir le mot de *Nacre*, de l'Hebreu *Nikra*, qui veut dire, Cavité, caverne, & d'autres de l'Espagnol *Nacar*, qui signifie Nacre. *Nacar de perlas.*

NAD

NADIR. f. m. Terme d'Astronomie. L'un des Poles de l'Horison. Le point du Ciel qui est directement opposé au zenith ou point vertical. Ce mot est pris des Arabes. Voyez ZENITH.

On appelle *Nadir du Soleil*, Un point de l'écliptique diametralement opposé au Soleil. Il se prend aussi pour tout l'axe de l'ombre de la terre.

NAF

NAFRE. f. f. Vieux mot. Balafre. On a dit aussi *Nafré*, pour Navré, Balafré.

NAG

NAGE. f. f. Terme de Batelier. Morceau de bois du bachot où pose la platine de l'aviron quand l'anneau de l'aviron est au tourer.

NAGEOIRE. f. f. Maniere de petite aîle que les poissons ont sur le haut du dos & à chaque côté du corps, & dont ils se servent pour agiter l'eau & nager.

NAI

Nageoire, se dit aussi d'une calebasse ou vessie pleine de vent, que ceux qui veulent apprendre à nager se mettent sous les bras pour se soulever & se soûtenir sur l'eau.

Les Porteurs d'eau appellent aussi *Nageoire*, Une maniere d'assiette de bois, qu'ils mettent sur leurs seaux lorsqu'ils sont pleins, afin d'empêcher qu'il n'y tombe des ordures.

NAGER. v. n. *Se soûtenir sur l'eau par le mouvement du corps.* ACAD. FR. En termes de Marine, *Nager*, veut dire, Voguer, & dans ce sens on dit, *Faire nager un brûlot*, pour dire, le contraindre de se mettre au large, & de tirer à la mer. On dit que *Les rameurs nagent debout*, pour dire, qu'ils voguent à tel nombre d'avirons. On dit, *Nager en arriere*, Quand on fait reculer ou arrêter un petit Vaisseau avec un des avirons, ce qui se pratique sur tous les bâtimens à rames, afin d'éviter le revirement, & de presenter toûjours la proue. Les Levantins disent, *Nager sur le fer*, Quand par le moyen de moyennes ancres ils rappellent à la mer un Navire que la tempête jette à la côte.

On dit *Nager à sec*, en parlant d'un aviron dont la pale porte sur la terre, lorsqu'avec une chaloupe on passe dans un chemin étroit; & quand on dit simplement *Nage sec*, Cela s'entend d'un commandement que l'on fait à l'équipage d'une chaloupe, afin qu'en nageant il trempe son aviron de telle sorte qu'il n'y ait personne de mouillé.

On dit aux gens d'un canot ou d'une chaloupe, quand il n'est pas necessaire qu'ils nagent tous à la fois, *Nage qui est paré*, pour dire, Nage qui est prêt, & *Nage à faire abattre*, pour dire, qu'Il faut nager du côté qu'on veut que la Chaloupe s'abatte.

Lorsqu'on dit, *Nage tribord & scie babord*, ou tout au contraire, ce sont des commandemens à l'équipage d'une Chaloupe, pour la faire gouverner plus promptement & en moins d'espace. On dit encore *Nager au vent*, pour dire, Faire aller le Vaisseau du côté du vent.

NAGUERES. adv. Vieux mot. Depuis peu, il n'y a pas long-tems.

NAI

NAIRES. f. m. Nom qu'on donne aux Nobles parmi les Indiens idolâtres. On appelle particulierement *Naires* parmi eux, les Gentilshommes qui embrassent la profession des armes. Vincent le Blanc dit qu'ils portent un chapeau rouge, & qu'ils sont fort déterminés & fort vaillans, n'épargnant jamais leur vie, quand il s'agit de servir leur Prince.

NAIS. Vieux mot qu'on trouve pour dire, Né, de même qu'on trouve *Naissement*, pour dire, Naissance.

NAISSANCE. f. f. *Action de naître, sortie de l'animal hors du ventre de la mere.* ACAD. FR. On appelle *Naissance*, en termes d'Architecture, l'Endroit où un corbeau, une voute, une poutre, ou quelque chose commence à paroître. On appelle, *Naissance de voute*, Le commencement de la curvité d'une voute que forment les retombées ou premieres assises qui n'ont point besoin de cintre pour subsister. On dit *Naissance de colomne*, pour dire, La partie de la colomne qui joint le petit membre quarré en forme de listel qui pose sur la base de la colomne, & qui fait le commencement du fust. C'est ce qu'on nomme autrement *Escape*, ou *Congé*. On dit aussi dans les enduits, *Naissances d'enduit*, pour dire, Certaines platebandes au pourtour des croisées ou ailleurs, qui dans l'ordinaire sont seulement distinguées par du badigeon, des panneaux de crépi qu'elles entourent.

NAISSANT, ANTE. adj. *Qui naît, qui commence à venir, à paroître.* ACAD. FR. Ce mot en termes de Blason, se dit des Animaux qui ne montrent que la tête; cette tête sortant de l'extrémité du chef ou du dessus de la face, ou du second du coupé. *D'or à trois chevrons de sable au chef d'azur, chargé d'un Lion naissant d'argent.*

On appelle au Palais, *Propre naissant*, Un heritage que le Pere acquiert, & qu'il laisse à son fils, en sorte que cet heritage commence à faire souche dans la famille. On dit aussi *Propre naissant conventionnel*, C'est celui qui vient quand par un contrat de mariage on stipule que l'on employera en achat d'heritages, une partie des deniers dotaux, ou qu'ils tiendront lieu de propres.

NAM

NAMPS. s. m. p. Vieux mot. Gage, nantissement. Le bétail pris par execution s'appelle *Vifs namps*, & *Morts namps* se dit des autres meubles. Du Cange fait ce mot Saxon, & dit qu'on trouve dans la basse Latinité *Namium*, *Nantum*, & *Nantare*, dans la signification de Gage, saisie & nantir.

NAN

NANTISSEMENT. s. m. *Ce que l'on donne à un créancier pour sûreté de son dû.* ACAD. FR. On appelle *Pays de nantissement*, Les lieux où la coûtume demande qu'on aille s'inscrire sur le registre public quand on a constitué une rente, afin d'avoir un privilege & une sûreté sur les biens du débiteur en préference de tous ceux qui ne seront point écrits sur le même registre, ou qui ne le seront qu'après.

NAP

NAPELLUS. s. m. Plante qui produit au bout de chaque queue cinq feuilles, en façon de Quinte-feuille, entaillées assés profondement par devant, & blanchâtres à l'envers. Sa tige est haute de deux coudées, cannelée, frêle & roussâtre. A la cime sortent des fleurs purpurines en maniere d'épi, lesquelles avant que de s'épanouir ressemblent à une tête de mort; & quand elles sont épanouies, elles sont semblables aux feuilles de l'ortie morte. Il vient ensuite de petites gousses cornues, dans lesquelles est enfermée une petite graine noire. Sa racine est noirâtre, munie d'un si grand nombre de capillature, & si bien entrelassées, qu'on les prendroit pour un rets. Toute la plante est fort dangereuse, surtout la racine, de sorte qu'elle cause la mort à celui qui ose la tenir dans sa main jusqu'à ce qu'elle s'échauffe. Matthiole assûre qu'on a vû mourir des paysans qui s'étoient seulement servis de la tige de Napellus, au lieu de broche, en faisant rôtir de petits oiseaux. Ce poison est très-vehement, & si on n'y remedie au plûtôt, il n'y a point de contrepoison qui en sauve, ce qui n'arrive pas à ceux qui ont pris de l'Aconit. Les symptomes qu'on découvre en ceux qui en prennent, sont, que les levres s'enflamment, la langue enfle, les yeux sortent de la tête, les vertiges & les défaillances surviennent, les cuisses vacillent, tout le corps devient livide & tumefie, & tout cela est suivi d'une prompte mort si on n'emploie le vomissement & les remedes specifiques, comme la racine de capres, la terre de Lemnos bûe dans du vin, l'épine vinette, la poudre d'émeraude, de diambra & du bezoard, le lait & le beurre de vache. Fuchsius s'emporte contre Avicenne, qui a dit que le Napellus enduit & pris en breuvage, efface les peaux blanches empreintes dans le cuir, qu'on appelle le mal saint Main. Matthiole répond à cela pour l'excuser, que ce doit être une composition dans laquelle il entre fort peu de Napellus, ou que le Napellus est corrigé par tant de préservatifs qu'il ne puisse nuire à la personne. Il ajoûte qu'il peut être que le Napellus qui entre dans cette composition, soit celui que le même Avicenne appelle *Napellus de Moyse* qui est une plante singuliere contre le poison du Napellus, ou bien une sorte de souris nommée *Napellus*, parce qu'elle vit des racines de cette plante, laquelle souris a contre le poison du Napellus, la même proprieté que l'herbe appellée *Napellus de Moyse*. Matthiole assûre qu'il a vû plusieurs de ces souris aux montagnes d'Ananie. Quelques-uns font venir ce mot de *Napus*, Navet, à cause de la ressemblance qu'a le Napellus avec la racine de Navet.

NAPHTE. s. m. Dioscoride dit que les Babyloniens appellent *Naphte*, La colature de bitume; qu'elle est de couleur blanche; qu'il s'en trouve aussi de noire, & qu'elle attire tellement le feu à soi, que même il y saute quoiqu'elle en soit éloignée. Matthiole ajoûte que le vrai bitume Judaïque ne se trouvant point en Italie, celui dont les Apothicaires se servent est une composition contrefaite de poix, d'huile de Petrolium ou huile de pierres, & autres mixtions. Il dit ailleurs qu'il croit que le Petrolium est le Naphte que Dioscoride & Pline disent être colature de bitume.

NAPPE. s. f. *Linge dont on couvre la table pour y prendre ses repas.* ACAD. FR. La peau des bêtes fauves est appellée *Nappe*, en termes de Venerie, à cause que quand on veut donner la curée aux Chiens on étend la peau du Cerf.

Les Oiseliers appellent *Nappe*, Une sorte de filet de mailles à l'osange, faites de bon fil délié & retors en deux brins, qui sert à prendre des alouettes, des ortolans, & quelquefois même des canards.

Nappe d'eau. C'est en termes d'Hydraulique, Une cascade dont l'eau tombe en forme de Nappe mince, de dessus une pierre unie & large. Les Nappes d'eau les plus garnies sont les plus belles, mais il ne faut pas qu'elles tombent de bien haut, de peur qu'elles ne se déchirent.

NAQ

NAQUERE. s. m. Sorte d'instrument ancien que Borel croit avoir ressemblé aux Tymbales dont les Allemans se servent dans les armées.

NAQUET. s. m. On appelloit autrefois ainsi les personnes de vile condition, qui suivoient quelqu'un à pié. Selon Fauchet, on a aussi appellé *Naquets*, Certains Valets qui marquoient le jeu, sur-tout à la paume.

NAR

NARCAPHTUM. s. m. Dioscoride dit que le Narcaphtum vient des Indes, & qu'il a l'écorce grosse & semblable à celle du sycomore, ou figuier sauvage. On le brûle en parfums pour faire sentir bon, & on le mêle aussi parmi les parfums. Celui-ci est bon contre les opilations de la matrice. Matthiole ajoûte que Theophraste ni Pline n'ayant point parlé du Narcaphtum, il seroit bien mal-aisé de déterminer quelle chose on peut aujourd'hui apporter des Indes qui soit semblable au vrai Narcaphtum, si ce n'est ce que les Epiciers nomment *Tignamé*, mot corrompu de *Thymiama*, qui veut dire Parfum. Il y a peu de compositions odorantes où le Tignamé ne soit mêlé, outre qu'il peut servir lui seul de parfum, ce qui se rapporte entierement à ce que Dioscoride rapporte du Narcaphtum, de sorte qu'il ne faut pas s'étonner, si laissant le nom propre de l'arbre où il croît, il a pris celui de *Tignamé*, venu du mot Grec θυμίαμα, Parfum.

NARCISSE. s. m. Plante que Dioscoride dit avoir les feuilles semblables au Porreau, mais beaucoup moindres, menues & étroites. Ses tiges n'ont point de feuilles, & passent un bon palme de hauteur. Sa fleur est blanche & jaune au dedans, & quelquefois rouge. Sa racine est aussi blanche au dedans, ronde & bulbeuse. Sa graine est noire & longue, & enfermée dans une espece de cartilage. Le meilleur croît aux montagnes & a bonne odeur. Les autres Narcisses qui ressemblent au porreau ne sentent rien. Theophraste dit que le Narcisse jette ses feuilles tout contre terre sans en avoir en sa tige, qu'elles sont semblables à celles d'Asphodelle, étant toutefois plus larges & presque comme des feuilles de lis; d'où vient qu'il est appellé λείριον, par quelques-uns, c'est-à-dire, Lis. Pline témoigne que les Medecins se servent de deux sortes de Narcisse, dont l'un a la fleur rouge, & l'autre verte. Celui qui a la fleur verte, dit-il, est contraire à l'estomac; aussi provoque-t'il à vomir & lâche le ventre, étant ennemi des nerfs, & appesantissant la tête. Il a pris son nom de νάρκη, *Torpor*, Pesanteur, assoupissement, & non du beau Garçon appellé *Narcisse*, que la fable dit avoir été changé en cette fleur, Galien en parlant du Narcisse, dit que sa racine est tellement dessiccative qu'elle soude les plaies, quelque grandes qu'elles soient, & même les blessures des tendons & maîtres nerfs. Elle est aussi un peu abstersive & attractive.

NARCOTIQUES. s. m. Medicamens froids jusqu'au quatriéme degré, qui par leur froideur extrême non seulement assoupissent, mais stupefient le sentiment de telle sorte, qu'ils empêchent de ressentir la douleur dont une partie, & même dont tout le corps est atteint. L'opium, la nymphe, la laitue, le pavot, la morelle, la mandragore & la jusquiane sont de ce nombre. Ce mot est Grec, ναρκωτικὰ, & vient de νάρκη, Assoupissement. Lorsqu'une tumeur corrosive cause la douleur qu'on sent, il est bien moins dangereux, que dans d'autres cas, d'employer les Narcotiques, à cause que cette humeur est tenue & chaude. Ils ont lieu alors, non seulement en ce qu'ils ôtent le sentiment en engourdissant, mais en ce que par leur moyen les humeurs tenues sont fixes. Si l'humeur est grossiere & visqueuse, ils sont très-contraires; & encore que quelquefois ils appaisent la douleur, ils ne laissent pas de gâter la disposition des parties. On croit que la malignité des Narcotiques, qui agit principalement sur les esprits, consiste dans des particules huileuses extrêmement diffusives, qui arrêtent le mouvement & le ressort des esprits, & les condensent en quelque maniere, mais qu'elle est attachée materiellement à un sujet resineux, visqueux, & d'une amertume insigne, à quoi on mesure leur dégré Narcotique. Les Narcotiques détruisent l'appetit, parce qu'ils stupefient l'orifice gauche du ventricule, & qu'ils lui dérobent la perception du picotement. On les donne dans la faim canine, mais il y faut beaucoup de précaution. Lyndanus veut que dans une dysenterie qui commence, on donne des Narcotiques pour arrêter, dit-il, la matiere par ce remede simple, mais bon. L'experience a fait voir que dans les fievres malignes ils appaisent les symptomes, procurent la sueur, préviennent les insomnies & les délires, calment l'effervescence & arrêtent particulierement l'hemorragie dangereuse du nez. On a des exemples d'une fievre maligne ardente avec cette hemorragie, guerie par le laudanum, après que tous les autres remedes avoient été inutiles. Les Narcotiques sont d'ordinaire funestes aux hydropiques, dont ils abbattent les forces & ruinent le ressort des ulceres, quoique l'opium puisse être salutaire par accident, en moderant l'impetuosité des esprits, en temperant la convulsion des fibres irritées, & en procurant par ce moyen les sueurs & les urines.

NARD. s. m. Plante qui croît dans les Indes, & dont la racine est fort petite & menue. Elle pousse une tige longue & mince, & a plusieurs épis à fleur de terre, ce qui la fait appeller *Spic nard*. Dioscoride dit qu'entre les Especes de Nard des Indes, il y en a un appellé *Gangetique*, prenant son nom du fleuve Ganges qui court aux piés de la montagne où il croît. Il n'a pas tant de vertu que l'autre, à cause de l'humidité du lieu, quoiqu'il soit plus grand & qu'il jette une grosse touffe d'épis qui viennent d'une seule racine, & qui sont épais, entrelassés & de mauvaise senteur. Celui de montagne est beaucoup plus odorant. Il croît en Syrie & en Cilicie, ayant la tige & les feuilles semblables à l'éryngium. Elles sont toutefois moindres, & ne sont ni âpres ni piquantes. Il a deux racines & quelquefois davantage. Ces racines sont noires, odorantes & semblables aux aphrodilles, moindres pourtant & plus grêles. Il y en a d'une autre sorte, appellé *Sampharitique*, du lieu où il croît. Il est fort petit, & ne laisse pas de jetter de grands épis. Du milieu sort une tige blanche, sentant extrêmement le bouquin. Toutes les especes de Nard sont chaudes & dessiccatives. Ils provoquent l'urine, & resserrent le ventre quand on les prend en breuvage. Quand au Nard Indique, qu'on appelle communément *Spica nardi*, à cause de la ressemblance qu'il a avec l'épi, pour être veritable, il doit être de couleur jaune tirant sur le purpurin, & avoir ses épis longuets, en sorte que les poils de l'épi soient larges & odorans, ayant à peu près l'odeur du cyperne. Non seulement leur goût doit être un peu âcre & un peu amer, mais il doit aussi dessecher la langue, & laisser ensuite la bouche remplie d'une odeur assés agréable. Le Nard Gaulois ou Celtique croît dans la Ligurie, dans la Carinthie, dans l'Istrie, dans les Alpes & les montagnes de Genes. La Plante qu'on prend avec ses racines, & dont on fait de petites javelles, n'est pas fort grande. Elle jette ses feuilles longuettes de couleur jaune paillé, & sa fleur est jaune. On se sert seulement de sa racine qui est fort aromatique; le reste de cette plante a peu de vertu en Medecine. Pour être bonne, il faut qu'elle soit toute recente & non surannée, bien nourrie & non trop seche,

& d'une odeur agreable. Le *Spica nardi* est bon pour fortifier le foye & l'estomac. Il guerit les douleurs du ventricule, & desseche les humidités du mesentere. Il est preferable à tous les autres Nards pour la guerison des maladies, & au Nard Celtique même, qui étant bon aussi pour le foye & l'estomac, est particulierement lithontriptique & nevritique.

NARVVAL. s. m. Gros poisson qui se trouve dans la mer glaciale, & que les Islandois appellent *Narvval*; on le nomme *Rohard* en d'autres lieux. Il porte en sa partie exterieure une longue corne qui a été prise par les Anciens pour une vraie corne de licorne. Ce n'est pourtant qu'une dent de ce gros poisson. Elle sort du milieu du devant de sa mâchoire superieure, où elle a environ un pié de long de racine aussi grosse que la corne même. Cette corne lui sert d'arme pour attaquer les baleines, & la violence avec laquelle il la pousse est telle, qu'il en peut percer un fort gros Vaisseau. Il y a une espece de baleine vivant de cadavres, qu'on pêche sur les Côtes d'Islande & de Groënlande, qui n'est autre chose que ce poisson. Sa corne; qui est la seule dent qu'elle ait en la mâchoire superieure, est tournée, cannelée, & terminée en pointe.

NAS

NASEL. s. m. Vieux mot. Le nez du casque.

Hector l'a par le nasel pris,
Et le traist & le hiaume du chef.

On a dit aussi *Nazel*, pour le nez ou la narine.

NASITORT. s. m. Herbe des jardins fort commune, qui a ses feuilles petites & déchiquetées, sa tige déliée & haute d'un pié & demi. Sa fleur est blanche, & sa graine noire rougeâtre. Cette graine est enfermée dans de petites bourses rondes & plates comme celle de thlapsi ou senevé sauvage. Dioscoride dit que le meilleur Nasitort est le Babylonien, & que la semence de tous Nasitorts est fort aigue, chaude & nuisible à l'estomac; qu'elle trouble le ventre & en fait sortir les vents, diminue la rate & fait avorter. Selon Matthiole, l'herbe seche a la même propriété que la graine, mais elle n'est pas si efficace lorsqu'elle est encore verte & humide, à cause de son aquosité. Galien donne une qualité brûlante à la graine du Nasitort, & dit qu'elle échauffe & les sciatiques & les douleurs de tête, & generalement toutes autres maladies qui ont besoin d'être rubrifiée, comme on feroit de la graine de senevé. C'est ce qu'on appelle *Cresson alenois*, en Latin *Nasturtium*, comme si on disoit *Nasitorium*, à cause que les narines sont offensées & arrachées en quelque façon par l'acrimonie de cette herbe.

NASSE. s. f. Sorte d'instrument d'osier servant à prendre du poisson. C'est une maniere de manequin qu'on pose dans l'eau, & d'où le poisson ne peut plus sortir quand il y est une fois entré. Sa figure, qui est ronde par l'ouverture, aboutit en pointe. La Nasse est soutenue par plusieurs cerceaux qui vont toûjours en diminuant. Il faut que les Nasses se touchent pour prendre des anguilles.

NAT

NATION. s. f. Certaines Provinces ou Royaumes, qui composent les Universités. Il y a dans celle de Paris l'Honorable Nation de France divisée en cinq tribus; la fidele Nation de Picardie aussi divisée en cinq tribus; la venerable Nation de Normandie, qui n'est point partagée par tribus; la constante Nation de Germanie, divisée en la tribu des Continens, & en celle des Insulaires, c'est-à-dire, de la Grande-Bretagne. Du Boulai, *de patronis Nationum.* Les Procureurs de ces Nations avec les Doyens des trois Facultés superieures forment le Tribunal du Recteur. Dans l'Université d'Angers il y a six Nations, Anjou, Bretagne, Maine, Normandie, Aquitaine & France.

NATIVITAIRES. s. m. Nom qu'on a donné à ceux qui enseignoient que la naissance divine de Jesus-Christ avoit un commencement, à cause de ces paroles du Pseaume second, *Tu es mon Fils, aujourd'hui je t'ai engendré.* Ils reconnoissoient aussi l'éternité de son être, mais non pas de sa filiation.

NATRON s. m. Espece de sel noir & grisâtre qui vient d'un lac d'eau morte minerale dans le territoire de Terrana en Egypte. On tient que tous les os qu'on jette dans cette eau se convertissent en espece de nitre appellée *Natron.* On s'en sert pour blanchir les toiles, mais il les brûle, à moins qu'on ne les corrige par d'autres cendres. Il faut une grande effervescence quand il est mêlé avec les acides.

NATUREL, elle. adj. Terme de Blason. Il se dit des animaux, des fruits & des fleurs & qu'on represente naturellement. *D'azur à un tigre au naturel.*

NATURIEN. s. m. Vieux mot. Naturaliste.

Supposant tout Physicien
Le très-sçavant Naturien.

NAV

NAU ou NOC. s. m. Grande piece de bois creuse, dont on se sert pour faire l'égout des étangs, & où on place la bonde avec un chapeau. On en met aussi pour les décharger vers le bout des chaussées des étangs, afin que l'eau s'écoule, sans les surmonter ou les rompre, & dans les grands chemins pour conduire les eaux du côté des pantes, pour lors on les pose renversées.

NAVAGE. s. m. Vieux mot. Flotte.

Si regarde vers le rivage,
Et regarda vers le navage.

On a dit aussi *Naves*, pour dire, Navire.

Puis fait ses naves apprester.
En mer entre sans s'arrester.

On trouve aussi le mot de *Nave* dans la même signification.

Et s'enfuit par mer en navie.

NAVE'E s. f. Charge d'un bateau. Il se dit particulierement de celle d'un bateau de pierre de S. Leu, qui contient plus ou moins de tonneaux, selon la crue ou decrue de la riviere.

NAVET. s. m. Matthiole dit qu'on met le navet au rang des raves, que Theophraste & Pline en marquent de plusieurs especes, mais qu'il n'en a vû que de deux, des blancs & des jaunes. Ces derniers n'ont pas si bon goût que les premiers, quoique plus gros & plus beaux. En general ils sont meilleurs cuits en jus de chair. Ils causent pourtant des ventosités & rassasient plûtôt que les raves. Leur graine entre dans la composition de la Theriaque. Dioscoride dit que prise en breuvage elle affoiblit la malignité des poisons & des venins.

Il y a un *Naveau* ou *Navet sauvage*, qui jette une tige quarrée de la hauteur & grosseur d'un doigt, d'où sortent de petits rameaux pleins de feuilles & de fleurs. Les feuilles qui sont plus près de la racine ressemblent à celles de persil, quoique plus menues. Ses fleurs sont semblables à celles d'aneth, & sa graine est odorante & moindre que celle de jusquiane. Ce Navet sauvage est appellé par les Grecs *βουνιὰς* & *νάπυ*. Dioscoride parle aussi d'un *Bunium bâtard* qui croît en Candie à la hauteur d'un palme. Ses feuilles & ses branches, qui sont commes celles du Navet, ont un goût piquant. Quatre ou cinq de ces branches bûes en eau, guerissent les tranchées du ventre, & sont bonnes aux douleurs de côté & à ceux qui ne peuvent uriner que goute à goute. De toutes les especes de Navet sauvage, on doit preferer celui qui a sa graine un peu grossette, ronde, de couleur purpurine & d'un goût âcre & piquant.

NAVETTE. s. f. Sorte de graine ronde & noire, dont la plante a les feuilles déchiquetées comme la roquette sauvage. On en fait une huile, nommée *Huile de navette.*

Navette est aussi un terme d'Eglise. C'est un petit vase de métal fait en ovale, où se met l'encens, & d'où on le prend avec un petit cuiller pour le mettre dans l'encensoir.

Les Tisserans appellent *Navette*, Un petit instrument de bouis en forme de navette, où ils mettent leur treme, qu'ils passent au travers de la chaîne en faisant de la toile. Chés les Plombiers *Navette* se dit d'un morceau de plomb en forme de Navette, qui pese cent cinquante ou soixante livres. Ce mot vient de *Navetta*, diminutif de *Nave*, Navire, à cause de sa figure.

NAVIGATION. s. f. Maniere de conduire un Vaisseau sur les eaux, & principalement sur la mer. La science de la Navigation appartient à la Mathematique. Elle a deux parties principales, la *Navigation* proprement dite, qui consiste à conduire le Vaisseau en tel endroit que l'on veut, & à sçavoir toûjours où l'on est par le moyen d'operations Astronomiques & Geometriques, & l'autre est la *Manœuvre*, qui consiste à donner à propos au Vaisseau tous les divers mouvemens dont il est capable par sa disposition mechanique.

Pour connoître sur mer à chaque moment le lieu où l'on est, il en faut avoir la latitude & la longitude. La latitude est aisée à avoir, parce qu'elle dépend des poles qui sont des points fixes du Ciel & sur lesquels le monde tourne réellement, mais la longitude qui ne dépend d'aucun point fixe, est très-difficile. Ainsi le principal objet de la *Navigation* est de trouver la longitude à chaque moment, & pour chaque point du Globe où l'on est. Des tables des Eclipses de la Lune ou des Satellites de Jupiter calculées pour un Meridien déterminé, par exemple, celui de Paris, donnent très-surement la longitude par la difference de tems qui est entre l'heure où une certaine Eclipse arrive à Paris dont on sçait la longitude, & l'heure où cette même Eclipse est vûe au lieu de l'observation, que l'on suppose presentement être le Vaisseau; mais les Eclipses de Lune sont rares; & celles des Satellites quoique très-frequentes, ne sont pas toûjours vûes, ou à cause des nuages, ou parce que Jupiter est sous l'horison. Le moyen le plus usité pour avoir les longitudes, est donc d'imaginer un triangle rectangle dont un des côtés qui comprennent l'angle droit est la latitude, l'autre la longitude, & l'hypotenuse le chemin du Vaisseau. Ce triangle s'appelle *Loxodromique*. Voyez LOXODROMIE. D'ordinaire on sçait l'*Air de vent* dont on fait route, & comme chaque air de vent vaut 11. degrés $\frac{1}{4}$. (Voyez AIR DE VENT,) on a l'angle de ce triangle opposé à la longitude, & par conséquent le troisiéme angle, & alors il suffit d'avoir un des côtés, ou la latitude ou le chemin du Vaisseau que l'on a communément par *Estime*, (Voyez ESTIME,) & la résolution du triangle donne la longitude. Cela s'appelle *naviguer par le Sinus* ou *par la Loxodromie*. Pour épargner les operations des sinus, qu'il faudroit renouveller à chaque moment, on fait des tables qui pour chaque difference en latitude & chaque rumb ou air de vent, donnent tout d'un coup la difference en longitude & le chemin du Vaisseau, & c'est ce qui s'appelle *Naviguer par les tables loxodromiques. On navigue par le Quartier*, quand on se sert pour cette même résolution de triangle d'un instrument appellé *Quartier de reduction.* Voyez QUARTIER. *Naviguer par les Cartes*, c'est se servir pour le même effet de Cartes marines qui donnent le point où l'on est, quand quelques autres connoissances sont supposées ou de la difference en latitude, ou du rumb, &c. *Naviguer sur le plat* ou *sur le rond & le réduit*, se dit par rapport à differentes sortes de Cartes *Hydrographiques* dont on se sert. Voyez HYDROGRAPHIE.

NAVIRE. s. m. Bâtiment de charpenterie, composé de plusieurs pieces, cloué & chevillé de bois & de fer, & qui est d'une construction propre à flotter, & à être conduit à la faveur du vent, & à l'aide de ses mâts & de ses voiles par tout où l'on veut aller sur la mer. On appelle *Navire Marchand.* Un Navire qui fait seulement la marchandise; *Navire en course*, Celui qui étant armé en guerre, a commission de l'Amiral; & *Navire en guerre & en marchandise*, Celui qui étant Marchand, ne laisse pas d'avoir commission pour faire la guerre. *Navire à fret*, se dit d'un Navire de louage, *Navire profontié*, de celui qui tire beaucoup d'eau, ou qui ne sçauroit flotter s'il n'en a beaucoup, & *Navire Matelot*, d'un Navire qui étant bon de voiles peut aller de compagnie avec une flote. On dit *Navire armé*, ou *Navire bien armé*, quand on parle d'un Navire qui est en état de faire la guerre, ou qui est fort d'équipage, & *Navire désarmé*, pour dire, Un Navire qui est dans le port, & qui n'a ni agrés, ni canons, ni hommes. Quand un Navire a de bons canons, qui lui sont bien proportionnés, on dit qu'*Il est bien artillé*, & on dit *Navire bien lié*, quand ses empatures sont longues, & qu'il y a de bonnes courbes, le tout bien cloué & bien chevillé. On dit aussi *Navire ensellé*, pour dire, qu'Il a son milieu bas, & les deux extrêmités élevées; *Navire fregatté* pour dire, qu'Il est long & ras, & *Navire encastillé*, lorsqu'il est fort élevé par les hauts. *Navire dur*, se dit de celui ou qui tangue rudemnte, ouqui a de la peine à arriver, & *Navire doux*, est un Navire qui ne se tourmente point à la mer.

On joint encore d'autres épithetes ou d'autres mots à *Navire*, comme *Navire arqué*, c'est-à-dire, celui dont la quille & les côtés sont pliés, ce qui fait que les deux bouts sont plus tombés que le milieu; *Navire sale*, celui dont la partie qui est dans l'eau est pleine de mousse ou de coquillage, *Navire à pic*, celui qui est à plomb sur son ancre, étant tout prêt de partir; *Navire condamné*, celui qui n'est plus estimé propre à faire voyage, *Navire affalé*, celui que le vent force de se tenir près de terre; *Navire forban*, celui qui est armé en guerre sans commission d'aucun Prince, ou qui a commission de plusieurs; *Navire de haut bord*, un gros Navire fort élevé. *Navire de ligne*, celui qui est assés fort pour servir en corps d'armée; *Navire à plate varangue*, celui qui ayant beaucoup de varangues, qui tiennent de la ligne droite dans le milieu, a un plus grand fond de cale; *Navire bâti au quart*, ou *bâti entre le tiers & le quart*, Celui qui a de largeur la quatriéme partie de la quille, ou auquel

on

on a donné de largeur entre le tiers & le quart de la longueur de la quille. On dit qu'*Un Navire est pris*, pour dire, qu'il a le vent sur les voiles, & qu'il vient au vent quand on veut lui faire prendre vent de vent; qu'*Un Navire fait tête au vent*, lorsqu'il fait roidir son cable, & qu'il presente son cap au vent ou au courant; qu'*Il va de l'avant*, lorsqu'il marche & fait chemin; qu'*Il se manie bien*, quand il gouverne; qu'*Il se porte bien à la mer*, lorsqu'il est bien conditionné, ce qui fait qu'il ne se tourmente point dans l'agitation de la grosse mer; qu'*Il plie le côté*, quand ayant le côté foible, il ne demeure pas bien droit pendant le vent frais; qu'*Il ne sent point son gouvernail*, quand il ne gouverne qu'avec peine; qu'*Il est trop sur le nez*, lorsqu'il a son avant trop plongé dans l'eau; qu'*Un Navire se hale au vent*, pour dire, qu'Il a son inclination à courre du côté du vent; qu'*Un Navire tombe*, *pour* dire, qu'il ne vient pas autant au vent que feroit un autre, ou qu'il derive beaucoup; qu'*Un Navire a sanci*, pour dire, qu'Il a coulé bas; & qu'*Il a sanci sous ses amarres*, pour dire, qu'il s'est perdu pendant qu'il étoit à l'ancre. Les Pilotes appellent *Petit Navire*, un Instrument de bois qu'ils jettent à la mer afin de connoître le sillage du Vaisseau.

Il y a eu un *Ordre du Navire*, établi par saint Louis, pour encourager la Noblesse Françoise à s'exposer avec lui sur les mers contre les Sarasins. Ceux qui étoient de cet Ordre portoient une chaîne entrelassée de doubles anneaux, qui representoient les bancs de sable, & de doubles croissans en demi-lunes, qui pendant là avec le Navire, faisoient connoître que son dessein étoit de combattre les Infideles, & d'établir la Religion Chrétienne. Ces Chevaliers étoient obligés, suivant leurs regles, d'entendre tous les jours le service de la Passion, de défendre l'Eglise, & la Religion Catholique, & de proteger toutes personnes oppressées, orphelins & Veuves.

NAUMACHIE. s. f. Combat, course, exercice qu'on fait sur l'eau. Les Anciens ont souvent donné des Naumachies au Peuple. Ce spectacle se donnoit dans un cirque environné de portiques & de sieges, dont l'enfoncement tenoit lieu d'arene. Cet enfoncement se remplissoit d'eau par le moyen de plusieurs tuyaux que l'on ouvroit. Ce mot est Grec, ναυμαχία, composé de ναῦς, Navire, & de μάχη, Combat.

NAVRER. v. act. *Blesser, faire une grande playe.* Acad. Fr. *Navrer*, en termes de Jardinage, signifie, Faire une hoche à un échalas de treillage, pour le redresser quand il est tortu.

NAUSE'E. s. f. Terme de Medecine. Envie de vomir qui vient de dégoût. Elle est excitée ordinairement par quelque humeur vicieuse qui irrite l'estomac en le picotant, ce qui fait qu'il cherche à se décharger de ce qui lui est nuisible. Ce mot est Grec ναυσία ou ναυτία, qui veut dire proprement l'envie de vomir qu'ont ceux qui font voyage sur mer. Le Vulgaire croît que la Nausée soit la trop grande relaxation de l'orifice superieur. Ettmuller dit au contraire que c'est la contraction opiniâtre de l'orifice superieur, qui fait essentiellement la Nausée. Quand quelque chose de fâcheux irrite le ventricule, le pylore & l'orifice superieur se retirent, & c'est là proprement la Nausée. Si l'irritation continue, la constriction du pylore étant plus forte, prévaut enfin sur l'autre, & le vomissement suit la Nausée. Il est évident, que ce resserrement de l'orifice superieur se trouve dans la Nausée, puisqu'elle est une espece de dégoût, & que l'orifice superieur a de coutume de se resserrer dans tous les dégoûts, De là vient que la déglutition est si difficile dans la Nausée, les morceaux s'arrêtant dans l'œsophage, sans pouvoir descendre, à cause de la constriction du ventricule. Quand on nous parle de certaines choses qui nous font mal au cœur, ou que nous approchons le nez de celles qui nous dégoûtent, alors tout l'estomac & tous ces orifices font une espece de constriction, & si on se force à prendre quelque chose à contre-cœur, on la rejette souvent avant qu'elle entre dans le ventricule; ce qui vient du resserrement opiniâtre de l'orifice superieur.

NAZ

NAZAL. s. m. Terme de Blason. Il s'est dit de la partie superieure d'ouverture d'un casque ou d'un heaume qui tomboit sur le nez du Chevalier quand il le baissoit, du Latin, *Nasus*, Nez.

NAZARD. s. m. L'un des Jeux de l'orgue dont les tuyaux sont de plomb, & environ de cinq ou six piés. Ce Jeu est bouché, & ses tuyaux sont à cheminée accoudés à la douziéme de la montre. Il y a un second Nazard qui est à l'octave de ce premier, & une quarte du Nazard.

NAZARIENS ou Nazare'ens. s. m. Nom que l'on a donné à ceux qui avoient fait quelque vœu, du mot *Nazar*, qui veut dire, Separé ou privé, à cause qu'ils se privoient eux-mêmes de vin, & de toute autre boisson forte. Ils s'abstenoient aussi d'approcher des Morts & des rasoirs. Quelques-uns étoient Nazaréens aussi long-tems qu'ils vivoient comme Samson & saint Jean-Baptiste. Les autres ne l'étoient que pour un tems, comme Absalon qui se coupa les cheveux le trentiéme jour de son vœu. Jesus-Christ fut appellé *Nazaréen*, aussi bien que ses Disciples, à cause de Nazareth, petite Ville en Galilée où il fut conçû. Il étoit le vrai Nazaréen, étant pur, sain, & séparé des Pecheurs, mais il n'étoit pas legitime Nazaréen, puisqu'il bûvoit du vin, & venoit auprès des morts. On a aussi appellé *Nazariens*, Certains Heretiques qui enseignoient qu'il falloit joindre la loi de Moyse à l'Evangile.

NAZILLER. v. n. Parler du nez. On dit du Sanglier en termes de chasse, qu'*Il se souille, ventrouille, & nazille dans la boue.* Il y a des Religieux, qui faisant l'Office en nazillant, prétendent non pas que cela soit plus dévôt, comme le disent les Furetieristes, mais qu'il y a moins de peine qu'à chantér à pleine voix; il y a aussi beaucoup moins de solemnité. La Congregation de S. Maur, qui se défait de tout air monachal, cesse aussi de naziller.

NEB

NEBULE', e'e. Terme de Blason. Il se dit des pieces faites en forme de nuées, qui se mélent les unes dans les autres. *Nebulé d'argent & de gueules.*

On dit aussi *Cristal nebuleux*, quand il a des nuages blancs & qu'il n'est pas parfaitement clair on le dit aussi des autres pierres.

NEE

NEELE', e'e adj. Vieux mot, Emaillé.

D'une bande d'or Neelée,
Aux manches & au col oullées.

NEF

NEF. s. f. Navire. Il n'est plus en usage qu'en Poësie.

ou dans les enseignes. *A la nef d'Argent.* Il signifie en parlant d'Eglise, la partie qui est depuis le portail jusques au chœur. Il vient du Grec νὰς ou ναός, Temple.

On appelle aussi *Nef*, Une petite machine en forme de Navire, où l'on renferme le couvert du Roi, & que l'on sert sur un bout de la table.

NEFASTE. adj. Les Romains appelloient *Jours Nefastes*, les Jours dans lesquels il n'étoit point permis de plaider, comme au contraire, ils appelloient *Fastes*, Les jours où ils avoient liberté d'agir en droit.

NEFFLE. s. f. Fruit du Nefflier, arbre piquant, qui a sa feuille comme celle de l'Aubespin. Ce fruit est fort tardif à mûrir, & ressemble assés à une petite pomme. Il a trois noyaux au dedans, ce qui le fait appeller par quelques-uns *Tricoccos.* Il resserre quand on le mange, & ne laisse pas d'être bon à l'estomac. Il y en a sans noyau. Dioscoride, après avoir parlé de ce Nefflier, dit qu'il y en a une autre sorte en Italie nommé *Seranium*, par les uns, & *Epimellis*, par les autres. Cet arbre a ses feuilles semblables à celles du pommier. mais moindres. Son fruit qui resserre, est rond & bon à manger, & a le nombril large. Matthiole dit que les Neffliers qu'il connoît ont une feuille longue, & presque semblable au Laurier, n'étant point déchiquetée à l'entour comme celle d'Aubespin; que leur fruit est fâcheux & âpre, & qu'il a cinq osselets & non trois, comme celui de la premiere espece de Nefflier décrite par Dioscoride. Ainsi, dit-il, s'il y en a de cette premiere espece en Italie, ce doit être l'arbre, qu'on appelle communément *Azarolo*, qu'on trouve en plusieurs jardins dans le Royaume de Naples. Il est de moyenne humeur, & approche du premier quant à l'écorce & à la matiere du bois. Il est tout armé d'épines, qui ne sont pourtant ni trop aigues ni piquantes. Ses feuilles sont dechiquetées comme celles d'Ache. Il a tant de rapport entre le Nefflier & l'Aubespin, que si l'on ente le premier de ces deux arbres sur l'autre il croîtra & fructifiera merveilleusement. En general on divise les Nefles en domestiques & en sauvages. Les unes croissent sur des arbres entés que l'on cultive avec soin, & les autres viennent sur les arbres des forêts, parmi les hayes vives & les buissons sans qu'on les cultive. Ce fruit étant mûr est fort agreable, & bon pour la santé, sur-tout étant mangé après la viande; mais avant qu'il ait atteint sa maturité, il est si âpre qu'on n'en sçauroit avaler. Quelques Auteurs disent que les Nefles desséchées & mises en poudre, cassent & évacuent la gravelle qui est dans les reins, principalement si on employe leurs noyaux reduits en poudre. Les Nefles sont propres à arrêter tous les flux de ventre, & à fortifier les parties. Le Nefflier s'appelle en Grec μεσπίλη, & son fruit μέσπιλον.

NEG

NEGLIGE'. s. m. On dit, *Une belle femme dans son négligé, plait plus qu'une autre avec tous ses atours.*

NEGRE. s. m. Sorte de poisson de l'Amerique, appellé ainsi à cause de sa couleur qui est toute noire. Il se nourrit dans les rochers, & a la figure d'une tanche. Il est d'un très-bon goût & fort nourrissant. Selon l'Auteur de l'histoire des Avanturiers, il paroît que ce poisson vit long-tems, parce qu'il en a vû un prodigieux. Il rapporte que pêchant un jour avec une petite ligne, & un hameçon, il sentit mordre à sa ligne, qui n'étoit qu'un simple fil d'archal. Il retira, & qu'ayant senti d'abord nulle resistance, un peu après il ne put retirer sa ligne hors de l'eau. Il la croyoit accrochée à quelque rocher, lorsqu'il vit à fleur d'eau un monstrueux Negre qui étoit sans mouvement : car le moindre effort qu'il auroit fait eût cassé sa ligne. Il demeura si long-tems sans remuer, qu'on eut celui de lui attacher une corde & de le guinder. Il avoit quatre piés de long, deux de large, & pesoit cent vingt-deux livres.

NEI

NEIGE. s. f. *Vapeur qui ayant été épaissie, & congelée en l'air, tombe après par floccons blancs sur la terre.* ACAD. FR. La Neige se fait lorsqu'une nuée se formant & s'épaississant en petites gouttes, il intervient un vent qui agitant cette nuée, change chaque goutte en autant de petites bouteilles qui se gelent legerement en tombant, qui sont herissées en forme de poils ou de duvet, & qui selon qu'elles tombent les unes sur les autres, & qu'elles se joignent diversement, se forment en grands ou petits floccons. La Neige, selon Aristote, Pline & autres, n'est qu'une écume gelée, & sa rareté & son peu de durée, sont des marques que le froid qui la gele doit être peu violent. Si la Neige se dissout fort facilement dans l'eau & même dans de l'eau très-froide; ce n'est pas seulement à cause que les pellicules d'eau qui couvrent les petites bouteilles sont très-minces & très-subtiles, mais principalement, parce que le sel nitreux qui est cause de la froideur & de la coagulation des petites bouteilles se dissout dans l'eau. Cela vient de ce que le froid ou le vent froid qui endurcit, & rend ces petites bouteilles herissées, est composé de particules ou corpuscules de cette sorte de sel, ce qui est cause que l'eau dans laquelle se dissout la Neige, tirant à soi ces corpuscules nitreux, la continuité, la tension & l'union de ces petites membranes perissent; & ces petites bouteilles tombent & s'affaissent incontinent. L'eau de Neige, quoiqu'on la fasse chaufer, est toûjours dangereuse à boire, parce qu'elle retient quantité de corpuscules de nitre qui s'insinuant dans les petits canaux du corps empêchent le mouvement des esprits, & par le froid qu'ils y causent s'opposent à la chaleur naturelle. Keppler a observé que la Neige tombe quelquefois en forme d'étoiles à six pointes fort égales, ou en roses à six feuilles, ou quelquefois même comme six fleurs de lis qui se tiendroient par leurs pointes.

Rohaut, quand il traite de la Neige, fait remarquer que les parties d'une nuée peuvent bien n'être pas fondues entierement, & ne pas laisser de commencer à descendre, & même qu'elles n'achevent ordinairement de se dissoudre & de se convertir en gouttes de pluye, qu'en approchant de la terre, où la chaleur est d'ordinaire plus grande qu'elle n'est au haut de l'air, à quoi il ajoûte, que si les parcelles de la nue qui ne sont pas condensées, sans être aucunement fondées, ne rencontrent que de l'air froid à parcourir, elles peuvent bien parvenir alors jusqu'à nous en cet état, ce qui fait qu'au lieu de plusieurs gouttes de pluye, nous avons plusieurs floccons de Neige. Il dit encore que cette Neige ne peut manquer d'être blanche, à cause que la matiere aqueuse qui la compose, est plusieurs fois interrompue par une grande quantité d'air, dont les pores s'ajustent si mal avec ceux de la glace, que la lumiere qui se presente pour passer au travers, trouve plus de facilité à se reflechir

On appelle *Neige*, Une composition de sucre, & de jus de certains fruits, comme de framboises, de groseilles ou de cerises qu'on fait glacer avec de l'eau, extrêmement froide. Cela se sert l'été sur la table dans de petits pots de fayence.

On appelle aussi *Neige*, Une espece de dentelle ancienne de Venise fort serrée, peu figurée & de vil prix. Il y en a de grossiere sans aucune figure.

NEN

NENUPHAR. s. m. Plante qui croît aux marais & dans les eaux mortes. Ses feuilles sont semblables à celles de la féve d'Egypte, quoique moindres & plus longues. La même racine en produit plusieurs, dont les unes se nourrissent au fond de l'eau, & les autres nagent dessus. Sa fleur est blanche, & semblable au lis, & a au milieu un certain jaune. Lorsque cette plante est hors de l'eau, elle jette quelque chose de rond comme une pomme ou comme la tête d'un pavot. Elle a sa tige & sa graine noires, aussi-bien que sa racine qui est raboteuse & faite comme une masse, laquelle on coupe en Automne. Pour sa graine, elle est massive, large, & visqueuse au goût, & sa tige lissée & subtile, assés approchante de celle de la feve d'Egypte. On lui donne le nom de *Nymphæa*, à cause qu'elle se plaît dans l'eau. Dioscoride qui en parle ainsi, dit dans un chapitre séparé, qu'il y a une autre espece de Nenuphar, dont la fleur est appellée *Blephara*. Elle a ses feuilles comme la premiere. Sa racine est blanche & raboteuse, & sa fleur jaune, luisante & semblable à la rose. Dioscoride & Galien ne se servent que de la racine & de la graine de Nenuphar, mais ses fleurs dont ils ne font nulle mention, sont aujourd'hui d'un fort grand usage, & même bien plus que les autres parties de cette plante. Elles sont fort bonnes quand il s'agit d'humecter, d'incrasser, d'adoucir, & de concilier le sommeil.

NEO

NEOMENIE. s. f. Nouvelle Lune, ou commencement du mois Lunaire. Lorsque la Lune est conjointe avec le Soleil, elle n'a aucune phase à cause que la partie qui est illuminée étant toûjours tournée vers cet Astre, ne sçauroit alors nous apparoître, ce qui empêche que la Lune ne nous soit visible. En ce cas on la nomme *Silens*, *Sitiens*, & *Neomenie*. Ce dernier mot vient du Grec νέος, Nouveau, & de μήνη, Lune. La nouvelle Lune est un jour de fête pour les Juifs, comme il est marqué au livre des Nombres, on faisoit toûjours ce jour-là un sacrifice nouveau. Cette fête répond quelquefois à deux jours, sçavoir à la fin de l'un & au commencement de l'autre. Il n'est point défendu de travailler, ni de faire ses affaires pendant ce tems-là, & il n'y a que les femmes qui d'ordinaire s'abstiennent de leur travail, en memoire de ce qu'elles ne voulurent point donner leurs pendans d'oreilles & leurs joyaux pour faire le veau d'or, mais pour construire le Temple. Dans les Prieres on fait mention du premier du mois, & ce jour-là on dit depuis le Pseaume 113. jusqu'au pseaume 118. & on lit à quatre personnes dans le Pentateuque, à quoi on ajoûte la Priere appellée *Mussaf*. On lit aussi le Sacrifice que l'on faisoit autrefois ce même jour. Le soir du Sabat qui suit le renouvellement de la Lune, ou un autre soir suivant, lorsque le Croissant est apperçu, tous les Juifs s'assemblent, & font une Priere à Dieu, en l'appellant le Créateur des Planettes, & le Restaurateur de la nouvelle Lune, après quoi élevant les yeux au ciel, ils demandent à être garantis de tous malheurs. Cela fait ils font quelque commemoration de David, se saluent & se separent.

NEOPHYTE. s. m. Nom qui a été donné dans la primitive Eglise aux nouveaux Chrétiens, c'est-à-dire, aux Payens, qui avoient embrassé nouvellement la foi Chrétienne. Ce mot est Grec νεόφυτος, & veut dire proprement, Planté depuis peu de tems, de νέος, Nouveau, & de φυτὸν Plante. On a aussi nommé *Neophytes*, ceux qui étoient reçus nouvellement dans l'Etat Ecclesiastique, ou dans un Ordre Religieux.

NEP

NEPETA. s. m. Sorte de Calament, qui a l'odeur du Pouliot. Les Apothicaires l'appellent, *Calamentum communis usus*.

NEPHRETIQUE. s. f. Sorte de colique qui se fait sentir dans les reins & sur les boyaux, & qui cause de bien plus grandes douleurs qu'aucune autre colique. Elle est ordinairement causée par quelque pierre ou gravier qui se forme dans les reins. Ce mot vient du Grec νεφρὸς Rein. Les signes de la Nephretique sont le pissement brûlant quand l'urine sort si chaude qu'il semble qu'elle brûle les parties. Ce pissement est piquant & douloureux. La douleur augmente quand on est couché sur le dos, & quelquefois elle est avec pulsation lorsque la partie des reins où il y a le plus d'arteres est enflammé; tantôt elle suit l'uretere, & s'étend jusqu'à la vessie & au dos. La stupeur occupe la cuisse du côté déja affligé. Ce mal est dangereux & souvent mortel aux personnes maigres & qui ont peu de forces, sur-tout si la fievre s'y trouve avec le délire. Quand le flux des hemorroïdes survient, il est salutaire.

On appelle *Nephritiques* du Grec νεφριτικοὶ, Certains medicamens propres à remedier aux incommodités des reins. Il y en a de chauds, qui sont la Betoine, l'asperge, la camomille, les capillaires, les pois chiches rouges, la saxifrage, la pimpernelle, l'eryngium, la therebentine, le fenouil, les amandes, la levêche, les baies de genevrier, l'armoise, les noyaux de pêches & de cerises, & la reglisse. Les froids sont, la laitue, le nenuphar, les quatre semences froides majeures & mineures, celles de coins & de pavot, l'orge, le santal, la manne, le vinaigre, le suc de limon, le suc de groseilles rouges, & l'endive.

Nephretique, se dit encore d'une pierre précieuse, dont la couleur est mêlée de blanc, de jaune, de bleu & de noir. On y découvre toutes ces couleurs en la polissant, ce qui la fait differer de l'heliotrope, dans laquelle on ne trouve pas ces mêmes couleurs quand on la polit.

On apporte un bois de la nouvelle Espagne que l'on appelle aussi *Nephretique*. Ce bois étant rapé ou fendu en petits morceaux, si on l'infuse dans l'eau, la fait paroître d'or à travers le jour, & bleu foncé à contre jour. La moindre liqueur acide qu'on y mette, fait disparoître ces deux couleurs, & si l'on y met de l'huile de tartre, la couleur bleue revient.

NEQ

NEQUEDANT. adv. Vieux mot. A l'avenir, dorénavant.

Et nequedant ne l'appella mie Adam ny Eve.

NER

NERET. f. m. Espece de vieille Monnoie ou denier dont le nom se trouve dans les Coûtumes. Le sou Neret valoit environ un quart moins que le Tournois. Les Latins ont appellé ces sortes de deniers *Nigelli.*

NERF. f. m. Terme d'Anatomie. *Partie qui entre en la composition de l'animal, & qui sert à porter les esprits animaux dans tout le corps, & à lui donner le mouvement & la sensation.* Acad. Fr. Les Nerfs ne sont rien autre chose qu'un amas de fibres arrangées diversement l'une auprès de l'autre, & revêtues d'une double tunique qu'elles reçoivent des meninges, ce qui fait le corps du Nerf.

On appelle *Nerf de Cerf & de Taureau*, la partie qui sert à la generation de l'espece. Dioscoride dit que le Nerf de Cerf réduit en poudre, & bû en vin, est bon contre les morsures de viperes. D'autres ajoûtent qu'il est bon aux difficultés d'urine & aux coliques, si on boit l'eau dans laquelle il a été bien lavé. Quelques-uns assûrent après l'avoir éprouvé, que c'est un remede aux dysenteries & aux dévoiemens de ventre. Le mot de *Nerf*, vient du Grec νεῦρον, qui veut dire la même chose.

Les Botaniques appellent *Nerfs*, les fibres qui paroissent élevés sur les feuilles des arbres & des plantes, par où leur nourriture se communique. Les Pêcheurs disent aussi *Les Nerfs des Eperviers*, pour dire, Les cordes qui sont attachées au bout de cette sorte de filet, & qui servent à le serrer quand le poisson y est enfermé.

Nerf. Terme de Relieur. Ficelle qui est cousue aux feuillets du dos d'un livre, & qui se passe dans les cartons.

On appelle en Architecture *Nerfs d'Ogives*, des corps saillans, ornés de diverses moulures, qui portent & soûtiennent les Pendentifs. Ces Nerfs ont divers noms selon la figure qu'ils composent, & selon les lieux où ils sont placés.

NERF-FERRURE. f. f. Atteinte violente qu'un cheval se donne aux Nerfs des jambes de devant par la pince des piés de derriere. Ce mot est composé de *Nerf*, & de *Ferir*, qui se disoit autrefois au lieu de Frapper.

NERPRUN. f. m. Arbrisseau que Dioscoride appelle ῥάμνος, & qui croît parmi les haies, jettant ses branches droites & piquantes, comme l'épine vinette. Ses feuilles sont petites, longuettes, grassettes, & molles. Il dit qu'il y a deux autres especes de Rhamnus, l'un plus blanc, & l'autre noir, produisant ses feuilles longues & un peu rouges. Ses branches sont grandes environ de cinq coudées & plus entassées d'épines que celles des autres, mais les épines ne sont ni si fermes, ni si piquantes. Son fruit est large, blanc, mince, fait en bourse, ou comme le peson d'un fuseau. Les feuilles de tous les Rhamnus appliquées & mises en emplâtre, sont bonnes au feu saint Antoine, & aux ulceres chancreux & corrosifs. Matthiole dit que le troisiéme Rhamnus a son fruit mince, fait en bourse, ayant au dedans un noyau rond & dur, & environ de la grosseur des chiches. Dans ce noyau est cachée sa graine, qui est plate comme une lentille, & qui a son écorce rouge, & sa moëlle blanche. Matthiole croit que Ruellius s'est abusé, lorsqu'il a pris le Spinomerlo des Italiens pour une espece de Rhamnus. Il produit ses feuilles larges comme le poirier, & son fruit en grains comme le Troësne. Les Peintres se servent du jus de ce fruit pour faire une sorte de vert, ce qui fait qu'ils l'appellent *Spina infectoria*, Epine des Teinturiers. On tire du jus des grains de cette plante une certaine liqueur qui se peut longtems garder; & qui est propre à lâcher le ventre.

NERTE'. f. f. Vieux mot. Noirceur. C'est un abregé du mot *Noireté.*

NERVAISON. f. f. Terme de Medecine. Il se dit des mêlanges & de l'assemblage des Nerfs, fibres & ligamens qui forment une espece de tendon qui se trouve à la queue des muscles. C'est ce que les Grecs appellent ἀπονεύρωσις, comme qui diroit, Une extension de nerf ou de tendon en maniere de membrane.

NERVE', ée. adj. Terme de Blason. Il se dit de la fougere, & autres feuilles, dont les fibres & les nerfs paroissent d'un autre émail. *D'azur à une tige de chanvre d'or, nervée de sable.*

NERVEURE. f. f. Passepoil qu'on met sur les coûtures des habits, comme une maniere d'ornement.

On appelle *Nervûres* en Architecture, des moulures rondes sur le contour des consoles. Ce sont aussi dans les feuillages des rameaux d'ornement, les côtes élevées de chaque feuille qui representent les tiges des plantes naturelles.

NES

NESTORIENS. f. m. Heretiques ainsi nommés de Nestorius, Evêque de Constantinople en 428. qui ne vouloit pas qu'on appellât la sainte Vierge Mere de Dieu, mais seulement de Jesus-Christ. Il enseignoit que Jesus-Christ après sa naissance, avoit merité par ses bonnes œuvres d'être uni au Verbe divin, non pas d'une union hypostatique, mais d'une union d'habitation particuliere du Verbe dans l'humanité, comme dans son temple, par un amour & une correspondance speciale, supposant ainsi deux personnes en Jesus-Christ, l'une divine, l'autre humaine, & ne reconnoissant que Fils de Dieu par adoption. Il y a encore des Nestoriens dans la Tartarie. Ils y furent introduits par la malice de Chosroës Roi de Perse, qui pour chagriner l'Empereur Heraclius qui l'avoit défait, saccagea toutes les Eglises des Chrétiens dans ses Etats, & en ayant chassé les Catholiques mit en leur place ces Heretiques, qui se mêlerent parmi les Assyriens, les Mesopotamiens, les Parthes & les Medois. La plûpart dépendent presentement du Pape, ayant renoncé à leur ancienne erreur touchant les deux personnes en Jesus-Christ. Ils ne laissent pas de consacrer & d'administrer l'Eucharistie avec du pain levé. Ils la donnent sous les deux especes, & croyent fermement la présence réelle de Jesus-Christ en ce Sacrement, & la transsubstantiation du pain & du vin au Corps & au Sang. Ils ont seulement des croix & n'ont point de Crucifix. Le nombre de ces Nestoriens est si grand que l'on en compte jusqu'à trois cens mille familles. Ils demeurent particulierement dans la Syrie, l'Assyrie, la Mesopotamie, la Chaldée, la Perse, & en divers endroits de la Tartarie & des Indes. Ils parlent Chaldéen, Arabe, Turc, & la Langue de Curdestan, suivant les lieux où ils se rencontrent, & font l'Office Divin en Chaldéen.

NESUN. adj. Aucun, nul. Vieux mot.

Son Livre qui peu vaut & monte
A nesune autre fin ne tend.

On a dit aussi *Nesun & Nessun*, pour, Personne, de l'Italien *Nissuno.*

NEV

NEVRE. f. f. Espece de Flûte, dont les Hollandois se servent pour la pêche du harang. Elle est d'environ soixante tonneaux.

NEVRITIQUES. f. m. Medicamens propres à remedier aux incommodités qui arrivent aux jointures & aux nerfs. Il n'y en a que de chauds, sçavoir la betoine, la lavende, le castor, les feuilles de laurier, la marjolaine, le rosmarin, la primula veris, la sauge, les stoechas, & plusieurs d'entre les Cephaliques.

NEZ

NEZ. f. m *Cette partie éminente du visage qui est entre le front & la bouche, & qui sert à l'odorat.* Acad Fr. Le Nez est en partie osseux, & en partie cartilagineux. La partie cartilagineuse se resserre & se dilate par le moyen de differens muscles. Il y en a deux qui la dilatent, un de chaque côté, prenant du tour exterieur du cartilage, & s'attachant aux extrémités du même tour. Deux autres muscles levent les narines en haut, un de chaque côté, & ont leurs attaches, l'un à la partie superieure du Nez, & l'autre à la partie exterieure & laterale du cartilage. Deux autres qui sont dans la partie interieure, ferment les narines, & forment une maniere de phincter. Il y a une cloison en partie osseuse & en partie cartilagineuse, qui separe la cavité du nez en deux. Aux enfans la partie osseuse est faite de deux pieces, & elle est d'une seule aux adultes. Une membrane très-fine & très-délicate tapisse ces cavités, qui sont parsemées d'un grand nombre de glandes par lesquelles est separée la matiere visqueuse & gluante qui se trouve dans la cavité des narines. L'obstruction de ces glandes cause l'enchifrenement. Au de-là de cette membrane sont quantité de feuillets osseux, roulés en maniere de cornets. Tous ces cornets sont tapissés fort exactement de la membrane dont la cavité des narines est revêtue. On tient que les animaux qui ont grand nombre de ces cornets, ont la sensation de l'odorat plus forte & plus exquise.

On dit en termes de Chasse, qu'*Un chien a le nez fin*, pour dire, qu'Il chasse bien dans les chaleurs & dans la poussiere; qu'*Il a le nez dur*, pour dire, qu'Il va requerir sur le haut du jour.

La premiere partie du bateau qui finit en pointe, est appellée par les bateliers, *Le nez du bateau.* Il se dit aussi d'un Navire sur la mer.

NIA

NIAIS, aise. adj. On appelle au propre, *Oiseau niais*, Un oiseau de Fauconnerie qu'on prend dans le nid, & qui n'en est point encore sorti, Borel dérive ce mot de l'Hebreu *Niés*, Etourdi. M. Menage le fait venir de *Nidensis*, Pris au nid.

NIAUCOMI. f.m. Arbre qui croît au Pays des Noirs. Son écorce qui est aussi chaude que le poivre, y sert de remede pour diverses maladies.

NIC

NICE. adj. Vieux mot. Simple, ignorant.

Ainsi puet hons, se trop n'est nice,
Garder soy de tuit autre vice.

On trouve dans les anciennes coûtumes, *Promesse nice*, pour dire, Une promesse qui est faite sans stipulation, sans gage & sans sureté, & on disoit autrefois *Ecrire nicement*, pour dire, Simplement, & sans articuler aucuns faits contraires à la partie adverse.

NICETTE, s'est dit aussi, pour Naïfve, & simple, comme étant un diminutif de Nicé.

Nicette fut, & ne pensoit
A nul mal engin, quel qu'il soit.

NICHE. f. f. Cavité, ou enfoncement que l'on pratique dans l'épaisseur des murailles, pour y placer une figure ou quelque statue. Ce mot vient de l'Italien *Nicchio*, Coquille de mer, à cause que ce qu'on y renferme est comme dans une coquille. Il y en a de rondes & de quarrées. Les Niches rondes sont cintrées par leur plan & leur fermeture, & les quarrées sont celles dont le plan & la fermeture du renfoncement dans le mur sont quarrés. Quand une Niche est prise dans le dehors d'un mur circulaire, & que sa fermeture porte en saillie, on l'appelle *Niche en tour ronde*, & quand elle fait un effet contraire, *Niche en tour creuse.* On dit, qu'*Une niche est à cru*, quand elle prend sa naissance du rez de chaussée sans porter sur un massif, ou bien lorsque dans une façade, elle porte immediatement sur l'appui continu des croisées sans plinthe. On dit, *Niche rustique*, quand elle est avec refends ou bossage; *Niche de rocaille*, lorsqu'elle est revêtue de coquilles pour les grottes, & *Niche de treillage*, quand elle est construite de barreaux de fer & d'échalas, pour servir d'ornement à quelque portique ou cabinet de treillage. On dit pour les Eglises, *Niche en Tabernacle* & *Niche d'Autel.* Cette derniere est celle qui sert au lieu d'un tableau dans un Rétable d'Autel, & pour la Niche en Tabernacle, c'est un nom qu'on donne aux plus grandes Niches, qui sont décorées de chambranles, montans & consoles avec frontons. On appelle *Niche angulaire*, celle qui est prise dans une encoignure, & qu'une trompe ferme sur le coin. La *Niche de buste*, n'est autre chose qu'un petit renfoncement pour placer un buste, & la *Niche feinte*, est un renfoncement qui n'a guere de profondeur, & où une ou plusieurs figures sont peintes, ou bien en bas relief.

NICOLAITES. f. m. Heretiques qui s'éleverent dans l'Eglise, du tems même des Apôtres. Ils prirent leur nom de Nicolaüs, l'un des sept Diacres, qui étoit d'Antioche, & dont la doctrine se répandit vers le commencement du regne de Domitien, cinquante-deux ans après Jesus-Christ, avant l'exil de saint Jean en Pathmos. Ils ne faisoient point difficulté de manger les choses qui avoient été presentées aux Idoles, & enseignoient que les hommes devoient avoir leurs femmes communes, en sorte que s'adonnant à toutes sortes d'impuretés, ils éteignoient les lumieres dans leurs assemblées, afin de commettre adultere avec les femmes de l'un de l'autre. Ils disoient que le monde avoit été fait par l'assemblage de la lumiere & des tenebres, d'où les Anges, les Diables & les hommes avoient été produits. Ceux qui faisoient profession de cette secte, après avoir été long-tems appellés *Nicolaïtes*, prirent le nom de *Gnostiques.*

NICOTIANE. f. f. Herbe qui vient originairement de l'Amerique, & que d'ordinaire on nomme *Tabac.* Elle a pris le nom de Nicotiane du Président Jean Nicot, qui l'envoya en France dans le tems qu'il étoit Ambassadeur en Portugal. On l'appelle en plusieurs lieux, *Herbe à la Reine*, à cause de Catherine de Medicis, qui voulut lui faire porter son nom.

NID

NID. s. m. *Espece de petit logement que les oiseaux se font pour y pondre, & pour y faire éclorre leurs petits, & les y élever. On appelle* Aire, *le nid d'une aigle & des autres oiseaux de proie.* ACAD. FR. Il y a des *Nids d'oiseaux* dans les Indes qui sont extrémement estimés. Ils sont faits d'une certaine écume visqueuse, & étant sechés ils deviennent transparens. En les détrempant dans l'eau, ce sont d'excellens assaisonnemens pour les viandes. Les Indiens nomment cette drogue *Saroi Boura.* Ce sont des nids d'hirondelles que les Paysans amassent dans les rochers sur le bord de la mer. On en fait un si grand cas dans la Chine, que ceux du Pays qui les vont querir chés leurs voisins, les vendent trois ou quatre écus la livre. Il y en a de deux sortes. Les blancs sont fort recherchés, mais les gris sont bien moins chers.

NIDOREUX, EUSE. adj. Terme de Medecine. On distingue les crudités en crudités acides & en crudités nidoreuses. Ces dernieres sont lorsque les alimens se corrompent, qu'ils acquierent une saveur horrible de pourri, & qu'ils font une liqueur impropre à la nutrition. On reconnoît les *Crudités nidoreuses*, à la mauvaise odeur qui accompagne les rots, ou du moins qui sont dégoutans, comme quand on a mangé des œufs frits au beurre qui n'ont pas été bien cuits. On a des nausées frequentes, & on sent le matin un certain goût qu'on ne peut bien expliquer. La matiere du vomissement naturel ou artificiel est liquide, jaunâtre, insipide ou tirant sur l'amer, & on a le ventre plus libre que de coûtume. Le mot de *Nidoreux*, est fait du Latin *Nidor*, Odeur d'une chose brûlée.

NIE

NIELLE. s. f. Plante qui produit plusieurs rejettons minces & grêles, & le plus souvent d'un pié & demi de haut & quelquefois davantage. Ses feuilles sont menues comme celles du Senesson, mais beaucoup plus minces. Elle produit de petites têtes faites en longueur, & qui ressemblent assés à celles du pavot, dans lesquelles sont certaines pellicules comparties qui renferment une graine noire, odorante, piquante & forte, qui est bonne mêlée parmi le pain. Les Latins appellent la Nielle *Nigella*, les Arabes *Gith*, & les Grecs μελάνθιον. Matthiole dit qu'il y en a de deux sortes, le Gith des jardins & le Gith sauvage. Celui des jardins, dit-il, produit des tiges d'une coudée de hauteur, avec des feuilles semblables au Senesson, excepté qu'elles sont dentelées plus profondément. Il a des fleurs bleues à sa cime faites en forme d'étoiles, d'où sortent de petites têtes longuettes, qui ont une couronne garnie de quantité de petites pointes. Au dedans de ces têtes sont des pellicules comparties comme à celles du pavot, avec une petite graine noire, quelquefois roussâtre, de bonne odeur, & d'un goût piquant & amer. Il y a de deux especes de Gith sauvage, qui ont l'un & l'autre leurs feuilles plus minces que celui des jardins, capilleuses & fort découpées, & leurs têtes aussi plus grandes. L'un les a divisées à la cime en cinq ou six petites cornes. Le même Matthiole dit qu'on a repris justement, ceux qui ont pris pour Gith, cette herbe qui croît ordinairement parmi les blés, ayant ses feuilles semblables au porreau, & une tige longue & velue qui produit une fleur incarnate faite comme une rose à simples feuilles. Quoique sa graine soit noire, elle n'a aucun goût qui revienne à l'autre, & est seulement âpre & amere. Galien dit que le Melanthium est chaud & sec au troisiéme dégré, & semble être penetrant & subtil, ce qui le rend propre à guerir les fluxions & caterres étant mis chaud dans un linge, & flairé souvent. Pris par dedans, il amortit & resout efficacement toutes sortes de ventosités. Il fait mourir les vers non-seulement pris interieurement, mais appliqués sur le ventre.

NIENS. Vieux mot qui a servi de negation. Rien, de l'Italien *Niente*

NIG

NIGER. v. n. Vieux mot. Nigauder. M. Ménage le fait venir du Latin *Nugari*, Badiner, & celui-ci de *Nux*, à cause que les Enfans se font un jeu avec des noix.

NIGOTEAUX. s. m. p. Morceaux d'une tuile fendue en quatre, pour servir aux solins & aux ruilées.

NIGUAS. s. m. Sorte de vermisseaux, qui se trouvent aux Indes, & qui sont extrémement nuisibles aux hommes. Ils se cachent dans la poussiere, & sautant à la maniere des puces, ils se fourrent entre cuir & chair dans les orteils de ceux qui marchent nuds piés. Ils y jettent leur semence si abondamment, qu'à peine les peut-on arracher du lieu où ils se sont une fois placés. Souvent même ils ne peuvent être détruits si on n'y applique le cautere, ou si on ne coupe le membre.

NIL

NILLE. s. f. Terme de Vigneron. Sorte de petit filet rond qui sort du bois de la vigne lorsqu'elle est en fleur.

Les Vitriers appellent *Nilles*, de petits pitons quarrés de fer, qui étant rivés aux traverses ou croisillons aussi de fer des vitraux d'une Eglise, retiennent les panneaux de leurs formes, par le moyen de quelques clavettes ou petits coins.

Nille est aussi un terme de Blason. Il se dit d'une espece de croix ancrée beaucoup plus étroite & menue qu'à l'ordinaire. Quelques-uns disent *Nigle* ou *Nelle.*

NILLE', E'E. adj. On dit en termes de Blason, *Croix nillée*, pour dire, une croix faite de deux bandes, separées & crochues par le bout. Cette croix est ancrée & fort déliée, comme est la Nille ou le fer d'un moulin; ce qui la fait aussi appeller *Croix de moulin.*

NILS. s. m. Nom que les anciens Romains donnoient aux gerbes, cascades & autres grands jets d'eau, où l'eau se trouvoit en abondance. Ils en faisoient des canaux de diverses sortes, qui servoient d'enceinte à leurs jardins, & y formoient quelquefois des Isles pour des jeux & des spectacles. Ce nom étoit emprunté du Nil, fleuve d'Egypte, à cause des grandes chûtes qu'il fait. Ils appelloient *Euripes*, les jets d'eau qui étoient moindres.

NIM

NIMERULAHIS. s. m. Ordre de Religieux Turcs, qui commença en l'année sept cens soixante & dix-sept de Mahomet. On les nomme ainsi d'un Religieux du même nom, qui étoit en grande réputation pour sa doctrine, & pour l'austerité de sa vie. Il étoit excellent Medecin, & vivoit du tems de Sultan Mahomet, fils de Bajaset, surnommé par les

Turcs Ilderim ou fils du tonnerre. Ceux qui font profession de cet Ordre, s'assemblent tous les Lundis la nuit, pour louer par des Cantiques l'unité de la nature de Dieu & glorifier son nom. On n'y peut être reçu, qu'auparavant on ne fasse une quarantaine, c'est-à-dire, qu'on ne demeure seul enfermé dans une chambre quarante jours, sans prendre par jour que trois onces de toute nourriture. Ceux qui font cette retraite, disent qu'ils voyent Dieu face à face & toute la gloire du Paradis pendant ce tems-là, & louent & adorent incessamment le Créateur de l'Univers. Leur tems de solitude étant expiré, les autres Freres viennent les tirer de cette chambre, & ils dansent dans un pré en se prenant chacun par la main. Si ces Novices ont quelque vision dans le tems qu'ils dansent, ils jettent leurs manteaux en arriere, & se laissent tomber sur le visage, comme s'ils étoient frappés du tonnerre. Ils demeurent en cet état jusqu'à l'arrivée du Superieur qui fait quelque priere pour eux, après quoi le sentiment leur étant revenu, ils se relevent les yeux rouges & égarés, & demeurent assés longtems comme privés de raison. Ensuite le Superieur leur demande en secret quelles revelations ils ont eues, ce qu'ils ne refusent jamais de lui dire, ou à quelque autre personne sage & instruite dans les mysteres de leur Religion.

NIT

NITRE. s. m. *Espece de sel que quelques-uns confondent mal-à-propos avec le salpêtre.* Acad. Fr. Dioscoride dit que le meilleur Nitre est celui qui est leger, incarnat, ou blanc, & qui est tout troué comme une éponge, & qu'il attire les humeurs qui sont congelées profondement dans le corps. La meilleur écume de Nitre, poursuit-il, est celle qui est fort legere, & est mise par pieces, étant frêle & de couleur presque purpurine, écumeuse & mordante, comme celle qu'on apporte de Philadelphe de Lydie. La plus estimée ensuite est celle d'Egypte, après laquelle on fait cas de celle qui croît en Magnesia de Carie. Le Nitre est caustique & brûlant, aussi-bien que son écume, & ils ont tous deux les mêmes proprietés que le sel. Matthiole dit que ni l'un ni l'autre ne se trouvent plus, quoique les Anciens s'en servissent beaucoup en Medecine, & que c'est une grande erreur de prendre le sel nitre ou salpêtre, dont on fait la poudre d'arquebuse, & dont les Orfevres font l'eau forte, qui leur sert à separer l'or d'avec l'argent, pour le vrai & legitime Nitre. Quelques uns font venir ce mot d'une region de l'Egypte appellée *Nitria*, où il se trouvoit en abondance, ou du Grec νίζειν, Laver, à cause de la vertu qu'a le Nitre de laver & de purger.

Le Nitre que l'on appelle *Salpêtre*, est un sel salé, composé de l'acide de soufre, & d'un sel alcali joints ensemble. Il prend son origine dans une terre grasse qui lui sert de matrice, étant humectée par les urines & par les gros excremens des animaux, dont le sel volatil urineux empreigné de beaucoup de soufre, combat successivement avec le sel acide de la terre, ce qui les change tellement l'un & l'autre, que les deux en font un troisiéme que l'on nomme *Nitre*, & qu'on tire de cette terre ou matiere grasse en forme de lessive. Toute sorte de terre est propre à faire du Nitre, si on la ramasse en un monceau qui ne soit ni à l'air ni à la pluie & qu'on prenne soin de l'imbiber de l'urine d'homme ou de quelque animal. En faisant une lessive de cette terre, l'humidité s'en étant évaporée, on forme un vrai Nitre. Il s'en forme aussi contre les vieilles murailles & les pierres, de ce que le sel de la chaux vive, dont les murailles sont enduites, se dissout, & s'altere successivement par le sel acide ou centrale qui exhale de la terre, & le sel de la chaux vive tenant de l'alcali, le sel acide de la terre se joint aisément à lui, & les deux unis ensemble, font le *Sel nitre.* Jamais on ne se sert du Nitre en Medecine ni en Chymie, qu'il n'ait été depuré auparavant, c'est-à-dire, purifié du sel commun qui se trouve mêlé avec les urines & les fientes des animaux, & qui est entré dans la composition du Nitre durant sa generation. On dépure d'ordinaire le Nitre avec le soufre, & quand il est ainsi dépuré, on l'appelle *Nitre fixe* ou *Sel de prunelle* : mais Ettmuller dit que cette préparation ne vaut rien, & que la meilleure de toutes les dépurations du Nitre, est celle qui se fait sur les alcalis fixes. On prépare pour cela une lessive très-forte de sel de tartre, de chaux vive, ou de cendres gravelées, & l'on y jette du Nitre. L'alcali fixe prend tout l'acide vitié, & tout ce qu'il y a de corrosif & d'excrementeux, & après avoir un peu consumé ou évaporé de l'humidité, le Nitre se prend en cristaux très-dépurés. C'est un remede éprouvé contre toutes sortes d'hemorragies, & il convient aux fievres ardentes, benignes ou malignes. Dans les fievres continues, dans les effervescences de la masse du sang, & contre la soif de quelque cause qu'elle vienne, même des hydropiques, on peut fort bien mettre dans la boisson ordinaire, une demi-once ou six drachmes de Nitre dépuré, parce que le Nitre est un excellent diuretique. L'esprit de Nitre se distille par une retorte, en y ajoûtant du bol commun ou de l'argille calcinée pour l'empêcher de fondre. L'usage de cet esprit de Nitre est dans les fievres malignes avec des juleps, & il y est meilleur que tous les autres esprits acides des mineraux. Il est bon aussi à la colique venteuse, aux tympanités, à la colique nephretique & au calcul, mais comme l'esprit de Nitre crud est trop corrosif, on le mêle avec de l'esprit de vin, ou avec quelque autre semblable. On tire par le moyen du Nitre le sel volatil d'esprit de vin, & le Nitre & son esprit font la base de toutes les eaux fortes & regales.

NIV

NIVEAU. s. m. Instrument de Mathematique, qui sert à tirer ou à déterminer des lignes parfaitement horisontales, & à trouver de combien un point quelconque de la surface de la terre est plus haut, ou plus bas qu'un autre, ce qui s'appelle *Niveller.* Il s'est fait plusieurs instrumens d'une construction & d'une matiere differente, pour parvenir à la perfection du nivellement. Le *Niveau d'eau* est celui qui par le moyen de la superficie de l'eau marque la ligne horisontale. Le plus simple se fait avec un long canal de bois. Ses côtés sont paralleles à sa base, ce qui est cause que la superficie marque la ligne de Niveau, lorsqu'il est rempli d'eau également. On se sert aussi, pour faire ce même Niveau, de deux godets soudés aux deux bouts d'un tuyau qui a de longueur trois à quatre piés sur un pouce de diametre, par où l'eau se communique de l'un à l'autre. Il y a un genou qui rend ce tuyau mobile sur son pié ; & quand chaque godet reste entierement plein d'eau, les deux superficies marquent la ligne de Niveau. Quelques-uns au lieu de godets se servent de petits cylindres à plomb, au travers desquels on voit la superficie de l'eau qui est de niveau.

Il y a un *Niveau d'air*, dont on attribue l'invention à M. Thevenot, de l'Académie Royale des Sciences. Il marque la ligne du Niveau par le moyen d'une petite bule d'air, qui est renfermée avec quelque liqueur dans un cylindre de verre, que bouche le verre même par ses extrêmités, ce qui fait que quand cette bule s'arrête à une marque qui designe le milieu du cylindre, le plan sur lequel il est posé est de niveau.

Il y a encore un *Niveau à pendule*, inventé par M. Picart, & un *Niveau à lunettes*, dont l'invention est attribuée à M. Huguens. Le premier marque la ligne horisontale, par le moyen d'une autre ligne perpendiculaire à celle que donne son plomb naturellement. Ce Niveau est construit d'une boëte de fer ou de bois en forme de croix bien d'équerre, qui a dans sa traverse une lunette dont le foyer du verre oculaire est traversé d'un cheveu, ou d'un brin de soye, qui détermine le point de Niveau, lorsque le plomb qui pend à un autre cheveu de la longueur de la tige de cette boëte, est arrêté sur le point fiduciel qui y est marqué. Deux anses en portion de cercle qui sont au-dessous de sa traverse, servent à le mouvoir & à le dresser sur son pié, qui est semblable à un chevalet de Peintre. C'est la description qu'en a faite M. d'Aviler. Le Niveau à lunettes, a une lunette ou deux perpendiculaires à son aplomb, & chacune a un cheveu ou un brin de soye, mis horisontalement au foyer du verre oculaire. Ce cheveu sert à prendre & à déterminer exactement un point de Niveau fort éloigné. Le *Niveau à pinules*, est celui qui a deux pinules égales au lieu de lunettes. C'est par le moyen de ces pinules qui sont posées sur & parallellement aux deux extrêmités de sa base, qu'on bornoye le point qui est de Niveau avec l'instrument.

M. Mariotte a inventé le *Niveau de reflexion*. Il se fait par le moyen d'une superficie d'eau un peu longue, representant renversé le même objet qu'on voit droit avec les yeux. Ainsi le point où il paroît que ces deux objets s'unissent, est de Niveau avec le lieu où est la superficie de l'eau. On se sert aussi d'un miroir d'acier ou de fonte bien poli, posé un peu au-devant du verre objectif d'une lunette suspendue comme un plomb, pour faire un Niveau de reflexion. Ce miroir, dont l'invention est dûe à M. Cassini, doit faire un angle de quarante-cinq degrés avec la lunette, afin de changer la ligne à plomb de cette lunette, en une ligne horisontale.

Le *Niveau de Poseur*, est un instrument composé de trois regles assemblées qui forment un triangle isocele & rectangle. Une corde où pend un plomb est attachée à l'angle du sommet de ce Niveau, & ce plomb passant sur une ligne fiducielle, qui est tracée au milieu, & d'équerre à la base, marque la ligne du Niveau. Les Paveurs ont aussi leur Niveau. C'est une longue regle avec une autre plus large, assemblée à angles droits au milieu & sur l'épaisseur de cette premiere. Il y a un cordeau attaché au haut de cette seconde, avec un plomb qui pend sur une ligne fiducielle, tracée d'équerre à la grande regle, & qui en couvrant exactement cette ligne, fait connoître que la base est de Niveau.

On dit, *Mettre à Niveau*, non seulement pour signifier Mettre une ou plusieurs choses de niveau, suivant la ligne horisontale, mais encore pour dire, les mettre à niveau suivant leur pente, sur une même ligne inclinée. On disoit autrefois *Liveau*, , & les Italiens disent encore *Livello*, de *Libella* diminutif de *Libra*, parce qu'un niveau se pose horisontalement comme une *balance*, ou qu'anciennement il en avoit la figure. De *Liveau*, on a dit de *Niveau* par un changement assés ordinaire de l, en n. Au lieu de *Lentille* plusieurs disent *Nantille*.

NO

NO. Vieux mot. Pronom possessif. Notre.

La figure est fin de no livre.

On disoit autrefois, *à no*, pour dire, à nage.

Se voit à no suivant la trace.

NOB

NOBILIAIRE. s. m. Recueil ou histoire des Maisons ou Personnes nobles d'une Province ou d'une Nation.

NOBLE. adj. *Qui est élevé par dessus les roturiers ou par sa naissance, ou par des Lettres du Prince.* Acad. Fr. On appelle *Noble*, ou *Noble à la rose*, Une sorte de monnoie d'Angleterre, nommée ainsi à cause de l'excellence de son or, & des roses rouges & blanches qui sont aux Maisons d'Yorck & de Lancastre. Elle a d'un côté la figure d'un navire, & de l'autre celle d'une rose. Ce fut Edouard III, qui la fit battre en 1344. On tient que Raimond Lulle, après avoir fait la Chrysopée, fournit à ce Roi tout l'or dont on fit les Nobles à la rose, pour aller faire la guerre au Turc, au lieu dequoi Edouard la fit à la France. Cette monnoie fut appellée à cause de cela *Nobile Raimundi*, d'autant plus que cet or étant fait par art, surpassoit le naturel en bonté.

Il y a eu aussi une sorte de monnoie d'or en France, appellée *Noble à la rose*, du tems de François I. Elle étoit grande & large comme un fort grand écu d'or, & valoit cent deux sols. Ce Noble à la rose pesoit six deniers, & avoit au milieu une rose enjolivée de petites couronnes de fleurs de lis & autres agrémens.

Le *Noble Henri* avoit cours sous le même Roi. Il pesoit cinq deniers dix grains, & valoit quatre livres quatorze sols. D'un côté de cette monnoie étoit la figure d'un Prince sur son Trône avec une épée à la main, & de l'autre une croix, au milieu de laquelle il y avoit une *H*, & tout autour de la croix de petits lions couronnés.

NOBLOIS. s. m. On disoit anciennement *Le Noblois*, pour dire, la Noblesse.

Si quiert les mondaines delices,
L'envoiserie & le noblois.

NOC

NOCAILLE. s. f. Vieux mot. Noces. On a dit aussi *Nochoiers*, pour dire, Ceux qui étoient de noces.

NOCTURLABE. s. m. Instrument dont on se sert pour trouver dans toutes les heures de la nuit combien l'étoile du Nord est plus haute ou plus basse que le Pole.

NOD

NODUS. s. m. Terme de Medecine. Tumeur qui naît au milieu des os & dessus, & qui cause une douleur insupportable pendant la nuit. Cette tumeur provient d'un acide verolique malin qui attaque les os & corrompt leur aliment. Cet aliment étant corrompu & empreint de cet accide, s'amasse au milieu de l'os à la longue, & y produit ce Nodus, après quoi l'acide corrodant les parties voisines, y fait de très-méchans ulceres. Lorsque ces Nodus commencent,

commencent, on les resout avec une lame de plomb enduite de mercure & mise dessus, ou bien avec le mercure vif coagulé avec la fumée de Saturne, & formé en lame. Il y a encore d'autres manieres de les resoudre. L'acide malin qui surabonde dans la verole corrompt tellement l'aliment prochain du crane, qu'il degenere successivement en une matiere visqueuse & acide, qui se ramassant dessus & dessous le crane, y produit, comme dans les autres os, des Nodus veroliques, qui rongent ensuite les os mêmes & le crane, d'où s'ensuit la carie avec une douleur extraordinaire.

NOE

NOEF. Nom de Nombre indeclinable. Vieux mot. Neuf. *Ce fut fet & donné en l'an nôtre Seigneur mil deux cens sessante & noef ou mois de Moy.*

NOEL, ou NOUEL. Mot que Borel dit être fait par abbreviation de *Nouvel*, pour signifier Nouveau. A cause de cela on avoit accoûtumé autrefois de crier *Noël*, quand il arrivoit quelque changement de Roi, & en d'autres rencontres remarquables. Ainsi on le cria à l'entrée de Charles VII. à Paris. André du Chêne dit qu'on le cria aussi au baptême de Charles VI. au retour de Jean, Duc de Bourgogne, à Paris, & quand Philippe son Fils ramena sa sœur. En parlant de l'entrée de Charles VII.

Il y fut reçû à grand' joye,
En criant Noël par la voye.

NOER. v. n. Vieux mot. Nager. On a dit aussi *Nouer*; & *Noës* se trouve pour signifier les nageoires des poissons.

NOETIENS. s. m. Heretiques ainsi appellés de Noëtus, qui vivoit vers l'an 140. après JESUS-CHRIST, sous Marcus Antonius & Lucius Verus, Empereurs. Ils enseignoient qu'il n'y avoit qu'une Personne de la Trinité qui étoit mortelle & immortelle; Dieu & impassible dans le Ciel, & homme & passible sur la terre. Ils établissoient ainsi une Trinité, nom de Personnes, mais d'offices. Ce Noëtus prétendoit être Moïse.

NOEUD. s. m. ***Enlacement fait de quelque chose de pliant, comme ruban, fil, corde, dont on passe les bouts l'un dans l'autre en les serrant.*** ACAD. FR. On appelle aussi *Nœud*, non seulement la partie de l'arbre par laquelle il pousse ses branches ou ses racines, mais encore certaine bosse ou tumeur qui est une espece de maladie qui vient aux bois rabougris, & que l'on appelle autrement *Louppes.*

Nœud se dit encore de la liaison ou jointure qui se voit aux tuyaux des blés, aux cannes d'Inde, & à d'autres plantes qui croissent par l'entortillement de leurs feuilles.

On appelle *Nœud*, dans les animaux, les jointures de quelques-uns de leurs os, & sur-tout de la queue des chevaux, des chiens & des chats. On dit aussi *Nœuds*, en parlant de la jointure des doigts.

Nœuds, en termes de chasse, sont des morceaux de chair qui se levent aux quatre flancs du cerf.

On dit en Sculpture, que *Du marbre est plein de nœuds*, pour dire, qu'il s'y trouve des parties plus dures en un endroit qu'en un autre. Ces nœuds s'appellent autrement *Cloux.*

Les Ouvriers en fer & en métal disent *Nœuds*, en parlant des diverses divisions qui se font dans les charnieres de compas, fiches ou couplets des portes ou fenêtres, par où le clou passe ou la rivûre. Il y a des fiches à deux, à trois & à quatre nœuds.

On appelle *Nœud*, dans les Verreries, un gros bouton qui demeure au milieu des plats de verre. Il se fond avec la verge de fer.

Nœud est aussi un terme d'Astronomie. Il n'y a que le Soleil qui ne sort jamais de l'Ecliptique, toutes les autres Planetes décrivent des cercles qui coupant l'Ecliptique en deux points opposés, s'en écartent de côté & d'autre, chacun d'une certaine distance, qu'on appelle *Latitude.* Voyez LATITUDE. Les deux points de l'Ecliptique diametralement opposés, où les cercles des Planetes la coupent, s'appellent leurs *Nœuds.* Le Nœud par où la Planete passe de la partie Meridionale de l'Ecliptique à la Septentrionale, s'appelle *Nœud Ascendant* ou *Boreal*, l'autre par la raison contraire s'appelle *Nœud Descendant* ou *Austral.* Quand une Planete est à 90 degrés de ses nœuds, elle est dans son plus grand éloignement de l'Ecliptique ou dans sa plus grande latitude. Les Planetes ne coupent pas toûjours l'Ecliptique dans les mêmes points, leurs nœuds changent, & c'est ce qui s'appelle le *Mouvement des Nœuds.* Le Mouvement des Nœuds de toutes les Planetes est d'Occident en Orient selon la suite des signes, il n'y a que les Nœuds de la Lune qui vont contre l'ordre des signes d'Orient en Occident. La Lune dans une de ses revolutions autour du Zodiaque fait mouvoir ses nœuds de 1. degré & demi, Mercure dans une revolution avance les siens de deux tierces, Venus de six tierces, Mars d'un peu plus d'une minute, Jupiter de près de huit minutes, Saturne de plus de trente minutes.

NOI

NOIER. v. a. vieux mot. Nier. On a dit aussi *Noient*, pour Neant.

NOILLEUX, EUSE. adj. Vieux mot. Noueux, plein de nœuds.

NOIRTE'. s. f. Vieux mot. Noirceur. On trouve aussi *Noiriere*, pour Noire.

NOIR, NOIRE adj. ***Qui est de la couleur la plus obscure de toutes, & la plus opposée au blanc.*** ACAD. FR. Ce mot est aussi substantif, & on se sert de plusieurs sortes de Noir pour peindre à fraisque. Le Noir de terre vient d'Allemagne. Il y a encore un autre Noir d'Allemagne. C'est une terre naturelle qui fait un noir bleuâtre comme le noir de charbon. Les Imprimeurs usent de ce Noir. La terre de Cologne est un noir roussâtre, sujet à se décharger & à rougir. On se sert encore d'un autre Noir fait de lie de vin brûlée. Les Italiens l'appellent *Fescia di borta.* Le Noir de fumée est une mauvaise couleur, mais facile à peindre les draperies noires. Quant au Noir d'os & d'yvoire brûlé, c'est un Noir dont Pline attribue l'invention à Appelles.

NOIS. s. f. Vieux mot. Neige. On a dit aussi *Noif*,

Le brachet est blanc comme nois.

NOISETTE. s. f. Fruit du coudrier, appellé ainsi à cause qu'il a l'écorce dure comme celle des noix. Les domestiques sont beaucoup meilleures que les sauvages, non seulement pour l'usage de la table, mais encore en Medecine. Les Noisettes sont chaudes & seches, & adoucissent les douleurs de la poitrine & des reins, mais on a peine à les digerer, à cause de leur substance solide & terrestre, & elles causent le mal de tête par leur chaleur & leur secheresse. On appelle aussi l'arbre qui les porte *Noisettier* & *Noisillier*, en latin *Corylus.* Le Coudrier ou Noisettier n'est jamais gueres haut. Dès sa racine il jette ses petits troncs, au bout desquels sortent ses rameaux, ayant leurs verges assés longuettes & fort feuillues. Son bois est sans nœuds & pour ses feuilles elles ressemblent beaucoup à celles de l'aune, étant plus larges pourtant, plus madrées, minces & découpées à l'entour. Il est revêtu d'une écorce mince & marquetées de taches blanches. Sa racine est profonde en terre, forte & ferme sans être grosse. Il ne jette point de fleur, mais seulement quelques flocs, qui se rapportent en quelque façon au poivre long. Cela s'ôte vers le Printems, quand il commence à pousser ses feuilles, & alors selon le nombre des flocs, il sort d'une même queue autant de petites pellicules, dont chacune contient une noisette. La pellicule de dessus est verte & fort molle vers ses extrêmités, & a une maniere de barbe qui les fait nommer *Noisettes barbues*. Il s'en trouve pourtant qui n'en ont point, & dont même la couverture est si courte que la partie de devant demeure toute découverte. Au commencement le noyau est fort mince, mais il se renfonce peu à peu, & nourrit au dedans une moëlle blanche. Matthiole est assés du sentiment de ceux qui croyent qu'on étourdit, & même qu'on fait mourir un serpent, si on le frappe d'une vergè de Noisette. Ce qui lui donne cette opinion, c'est que les noix prises avec des figues & de la rue, sont bonnes contre les poisons & les morsures des bêtes venimeuses. L'huile que l'on tire des noyaux est propre aux sciatiques. Gallien dit que les Avelines ou Noisettes ayant plus de froideur & de terrestreité que les noix, sont aussi plus nourrissantes, plus massives & moins huileuses. Les Furetieristes disent que le noisetier est la même chose que le coudrier, ils se trompent. Le Noisetier est un Coudrier cultivé, & produit un fruit meilleur & plus long, rouge ou blanc. L'Avelinier le produit rond, & est meilleur; il le faut cueillir de bonne heure, crainte que les vers ne s'y forment.

NOIX. s. f. Fruit qui croît au noyer, & qui est revêtu d'une double écorce. La premiere est verte, & la seconde dure comme bois. Le noyau qui est dedans est madré & divisé en quatre, ayant en ses compartimens une pellicule ligneuse qui le sépare par la moitié. Il y a plusieurs sortes de Noix, qui se connoissent toutes à leur forme, ou à la dureté ou fragileté de leur écorce. Les meilleures sont celles qui sont longues, & où le noyau de dedans est blanc & doux, & ne se tient point attaché à son écorce. Cette écorce doit être blanchâtre & aisée à rompre. On les en dépouille, quand on les a cueillies en Automne, & on les fait secher dans des lieux couverts. Galien dit que le noyer a une vertu astringente, tant dans ses feuilles que dans ses germes; mais l'écorce de la noix, fraîche ou seche, est encore plus astringente; ce qui est cause que les Foulons & les teinturiers s'en servent. Ce qu'on mange de la noix est huileux & subtil, aussi en fait-on de l'huile, qui devient plus subtile, plus elle est gardée. Ainsi il est bon de la tirer des vieilles noix, & même de les passer par l'alembic. Cette huile est propre aux cures des chancres, gangrenes, charbons & fistules qui sortent proche du nez. Il y en a qui s'en servent pour les nerfs blessez. La noix est de meilleure digestion, & plus profitable à l'estomac que la noisette. Quand on l'a cueillie verte on la mange en cerneaux, & celles qu'on cueille sur la fin de Mai, ou aux premiers jours de Juin, avant que leur écorce soit dure, sont de bon goût & propre à l'estomac. En Latin *Nux* & *Juglans*. On a appellé les Noix *Juglandes*, comme qui diroit *Glands de Jupiter*, à cause que les hommes qui avoient long-tems vécu de gland, ayant enfin trouvé les noyers qui portoient un fruit beaucoup plus savoureux que le gland, nommerent ce fruit *Gland de Jupiter*, pour son excellence. On appelle *Noix anguleuse*, Celle qui tient si fort à la coque, qu'on ne l'en sçauroit tirer qu'en la rompant par morceaux.

Il y a une *Noix d'Inde*, que les Arabes appellent *Neregil* ou *Dabig*. Ce fruit, qui se trouve dans toutes les boutiques des Apothicaires & des Epiciers, est couvert de plusieurs écorces, grand & de la grosseur d'un gros melon, & pend à un arbre assés semblable au palmier. Sa premiere écorce, qui est celle que l'on voit, est rougeâtre tirant sur le noir, un peu dure, ferme & gluante avec plusieurs durillons. Au dedans est une certaine mousse, qui étant éparpillée, s'envole comme de petits cheveux. Au dessous de cette bourre est une autre écorce faite en triangle & dure comme une corne. Elle est chargée de bourre & de barbe, & presque de même couleur que l'autre, & enferme un noyau creux de la grosseur d'un œuf d'oye. Cette seconde écorce est grasse & épaisse d'un demi-doigt, un peu dure, ferme & gluante, & ayant plusieurs durillons comme la premiere. Sa substance est blanche & douce au goût comme beurre. Les noix d'Inde fraîches sont les meilleures, & sur-tout celles qui dans leur concavité ont une certaine liqueur douce, qui est la marque de leur fraîcheur. L'huile qu'on en fait appaise les douleurs des genoux & des reins, chasse les vers du ventre, & si on la mêle avec de l'huile de noyaux de pêches, elle est fort bonne aux Hemorroïdes. Matthiole parle encore d'une autre noix d'Inde, dont l'écorce de dessus est semblable à celle du grand Cardamomum, un peu plus dure pourtant, épaisse d'une couleur plus obscure, & grosse comme une noix qui est encore verte. La noisette qu'elle enferme est longuette & pointue des deux bouts, courbe & élevée sur le dos, & platte de l'autre côté. Elle est couverte d'une coquille dure, lissée de couleur de châtaigne, dans laquelle est le noyau, qui est revêtu d'une pellicule bien blanche & bien mince. Cette noisette a la chair blanche, & un goût doux. Il dit que dans le tems qu'il en écrivoit il n'en connoissoit point encore les proprietés.

On appelle *Noix metelle*, Le fruit de Strammonia. Ce fruit est muni de grosses & courtes épines, & a sa graine semblable à celle de la Mandragore. Matthiole avoue qu'il a crû long-tems que les Noix que les Epiciers appellent *Vomiques*, fussent les veritables Metelles, mais qu'il s'est trompé reconnoissant qu'encore que la Noix vomique doive être semblable à la noix Metelle, elle doit pourtant avoir force nœuds au lieu d'épines. Voyez METELLE.

La *Noix de galle*, est le fruit d'un certain chêne qu'on appelle Rouvre, en Latin *Robur*. C'est un arbre different des grands chênes appellés *Quercus*. Voyez GALLE.

Noix muscate. Voyez MUSCADE.

Noix, se dit d'une espece de Gesier fort amer qui est dans le corps des Allouettes. On l'appelle ainsi à cause qu'il a la figure d'une noix.

Noix. Partie du ressort d'un pistolet à fusil, qui est courbée en demi cercle, & qui fait le ressort quand on le débande. On dit aussi une *Noix d'arbaleste*.

NOL

NOLI ME TANGERE. Terme de Medecine, Sorte de cancer, qui vient aux parties externes du visage, à la bouche, au nez, aux lévres. On établit d'ordinaire pour la cause du cancer une humeur mélancolique brûlée ou l'attabile, c'est-à-dire, un acide volatil, extrêmement corrosif & presque de la nature de l'arsenic. Cet acide se tient caché dans le cancer, dans son commencement, dans son augmentation & avant qu'il soit ulceré, mais si-tôt qu'il l'est, il se manifeste. Hippocrate conseille de ne point toucher aux Cancers occultes, & c'est le meilleur, car on ne sçauroit les toucher sans les aigrir & on avance la mort du malade. C'est apparemment ce qui a donné lieu à nommer le Cancer qui vient au visage, *Noli me tangere*, ce qui signifie, Ne me touchez point.

NOLIS. s. f. Terme de Marine, dont on se sert dans la Mediterranée, pour dire, Fret, le louage d'un Vaisseau. On écrit aussi *Naulis*, & quand on parle d'affretement & de fret, sur l'Ocean, on dit *Naulage*, & quelquefois *Noliger* & *Naulisér*, pour dire, Fretter, louer un Vaisseau. Tous ces mots viennent du Latin *Naulum*, Salaire, que l'on donne aux bateliers.

NOLISSEMENT. s. m. Terme de Marine. Convention qui se fait pour le louage d'un Vaisseau. C'est la même chose qu'*Affrettement*.

NOM

NOMANCIE. s. f. Art par lequel on devine ce qui peut arriver d'heureux ou de malheureux à une personne, en examinant les lettres de son nom de baptême. Quelques-uns disent *Nomance*.

NOMBLES. s. f. Mot très-ancien dans la langue, que du Cange assure se trouver dans des titres de l'an 1239. Il se dit en termes de Venerie de la partie du cerf qui s'éleve entre ses cuisses, & on s'en sert encore en parlant du ventre des bœufs & des vaches. Il vient du Latin *Umbilicus*, Nombril.

NOMBRE. s. m. *Plusieurs unitez considerées ensemble*. Acad. Fr. On fait plusieurs divisions des nombres, dont voici les principales.

Nombres entiers & rompus. Les nombres entiers sont ceux qui contiennent une certaine quantité précise d'unités, tels que sont 1. 2. 3. 4. & toute la suite infinie des nombres. Les nombres rompus, sont ceux qui d'une unité divisée en un certain nombre de parties ne contiennent qu'une certaine quantité de parties, tels que sont $\frac{1}{2}$, $\frac{3}{4}$, $\frac{1}{9}$, Voyez FRACTION.

Nombres pairs & impairs. Les premiers sont ceux qui peuvent être divisés juste, par 2. les seconds, ceux qui ne peuvent être ainsi divisés.

Nombre rationels & irrationels; ou sourds, ou incommensurables. Voyez ces mots.

Nombres Polygones. Voyez POLYGONE.

Nombres Fossiques. Voyez FOSSIQUES.

Nombres Premiers. Ce sont ceux qui ne peuvent être divisés sans reste par aucun autre nombre que par l'unité qui à proprement parler n'est pas un diviseur. 2. 3. 5. 7. 11. 13. 17. &c. sont des nombres premiers. On les appelle *Premiers*, parce qu'il n'y a point d'autres nombres de la multiplication desquels ils soient formés, & par opposition à eux les autres nombres peuvent être appellés *Composés*, comme 4. 6. 8. &c. qui sont faits de deux fois 2. deux fois 3. deux fois 4. &c. *Les nombres premiers entre eux*, sont ceux qui quoiqu'ils ayent d'autres diviseurs que l'unité, n'en ont pourtant aucun qui leur soit commun. Ainsi 9. & 15. sont *premiers entre eux*.

Nombres parfaits, sont ceux dont tous les diviseurs ou aliquotes additionnées ensemble refont ce même nombre 1. 2. & 3. sont toutes les aliquotes de 6. & ces trois nombres ajoûtés l'un à l'autre font 6. Six est donc un nombre parfait, 28. en est aussi un, parce qu'il est égal à la somme de toutes ses aliquotes, 1. 2. 4. 7. 14. La consideration de cette propriété est de peu d'usage dans les nombres.

Nombre d'or. Terme de compte Ecclesiastique. Revolution de dix-neuf ans, trouvée par Meton Athenien pour tâcher d'accorder l'année Solaire avec celle du Soleil. Ce n'étoit rien autre chose dans les anciens Calendriers, comme il se voit encore dans celui de quelques Heretique obstinés à suivre les vieilles erreurs, qu'une certaine marque par laquelle on designoit dans le cercle de dix-neuf ans les premiers jours de chaque mois Lunaire. Au premier de ce Cycle on mettoit la marque de l'unité aux jours des mois Solaires ausquels on voyoit que tomboient les premiers jours de la Lune. Au second an de ce même cycle, on mettoit deux, trois à la troisiéme année, & ainsi des autres jusqu'à la dix-neuxiéme, laquelle étant écoulée, on faisoit la même chose revenant à l'unité & aux autres nombres consecutifs, & par ce moyen, ils croyoient que les nouvelles Lunes qu'ils appelloient νεομηνίαι, retournoient aux mêmes points & jours des mois Solaires. Ce nom de *Nombre d'or* a été donné à ces chifres, on par la facilité qu'ils donnoient à trouver les nouvelles Lunes, ou parce qu'on les écrivoit quelquefois en caracteres d'or. C'est ainsi qu'en a écrit le Pere Labbe, qui dit que ce Cycle de dix-neuf ans ne faisoit pas une équation juste & precise des mouvemens du Soleil & de la Lune; parce que dix-neuf ans Solaires, selon le Calendrier Julien, faisant six mille neuf cens trente-neuf jours & dix-huit heures, il est évident que le Cycle de dix-neuf ans du cours de la Lune est moindre d'une heure toute entiere, de vingt-sept minutes, & de trente-deux secondes, ce qui fait que la Lune après dix-neuf ans achevés ne revient pas précisement au même point du Soleil, mais le devance d'une heure, de vingt-sept minutes, & de trente-deux secondes. Le mal étoit si considerable qu'en l'espace de douze cens cinquante sept années, écoulées depuis le Concile de Nicée jusqu'en 1582. on avoit fait une anticipation de quatre jours sur le point cardinal de l'Equinoxe vernal fixé par les saints Peres au 21. de Mars, de sorte que les regles établies pour la solemnité de Pâques n'étoient pas bien observées, les nouvelles Lunes étant avancées & designées faussement quatre jours avant qu'elles arrivassent. On ne laisse pas d'imprimer encore ces Nombres d'or dans les Calendriers, & on en rapporte deux causes, l'une à cause que quelques Nations s'en servent encore pour trouver leur Pâque, plaçant leur premiere Lune au jour qui nous marque veritablement la cinquiéme, & l'autre, parce que c'est un moyen sûr pour expliquer plusieurs passages des Historiens qui ont écrit depuis quelques siecles, lorsqu'ils disent que l'Eclipse de la Lune arriva telle année, le douze ou le treiziéme de la Lune, & que le Soleil cacha sa lumiere par l'interposition de la Lune qui étoit en son vingt-sixiéme ou vingt-septiéme jour. Pour suppléer le Nombre d'or, & designer les nouvelles Lunes, on a mis trente nombres épactaux, commençant à trente au premier jour de Janvier, & allant en diminuant toûjours jusques à un.

NOMBRIL. s. m. Partie du corps de l'animal, composé d'une veine, de deux arteres, & de l'auraque, qui s'unissent ensemble, & qui sont renfermés comme dans un canal long, nerveux & tortillé que l'on appelle, *Petits intestins*. Le fœtus prend par-là sa nourriture dans le ventre de la mere, & après la naissance de l'enfant, ces quatre vaisseaux ayant fait leur fonction, dégenerent en un ligament, qui fait comme un nœud au milieu du ventre, & c'est ce nœud que l'on appelle *Nombril*. La longueur en est déterminée à un pié & demi selon quelques-uns. D'autres lui donnent deux coudées, & d'autres deux piés & un quart. Ce mot vient du Latin *Umbilicus*, fait de *Umbo*, Bouton ou bosse qui est au milieu d'un bouclier.

On dit en termes de Blason *Le Nombril de l'écu*, pour dire, Un point qui étant au milieu du dessous de la fasce, la sépare de la pointe. *D'or à un écusson de gueules mis au Nombril.*

NOMENCLATEUR. s. m. On a appellé ainsi chés les Romains, celui qui accompagnoit les gens qui briguoient les Magistratures, & qui leur faisoit connoître tous les Citoyens qu'ils rencontroient, afin qu'ils les appellassent par leur nom en les saluant, & que cette honnêteté leur en acquît la faveur.

NOMENCLATURE. s. f. Liste, ou catalogue de plusieurs mots les plus ordinaires d'une langue pour en faciliter l'usage à ceux qui l'apprennent.

NOMINATAIRE. s. m. Celui que le Roi a nommé, à quelque Archevêché, Evêché, ou Abbaye.

NOMINAUX. s. m. Philosophes, Sectateurs d'Ocham. Ils étoient prodigues de noms, & n'expliquoient point les choses, ce qui les faisoit appeller Vendeurs de noms. Cet Ocham, étoit un Cordelier Anglois de nation & Disciple de Scot. Il vivoit dans le quatorziéme siecle & fut accusé d'avoir enseigné avec Cesene, General de son Ordre, que Jesus-Christ ni ses Apôtres n'avoient rien possédé ni en commun ni en particulier. Il écrivit contre le Pape Jean XXII. en faveur de l'Empereur Louis de Baviere, declaré ennemi de l'Eglise, & les Heretiques se servent quelquefois de quelques-uns de ses Traités.

NOMPAREILLE. s. f. Terme d'Imprimerie. Sorte de petit caractere, qui est entre le petit Texte, & la Sedanoise ou Parisienne.

On appelle aussi *Nompareille*, certaines dragées de sucre qui se font en grains les plus menus que l'on peut.

Nompareille, se dit encore parmi les Marchands, du ruban le moins large de tous.

NON

NONCHALOIR. v. n. Vieux mot. Avoir peu de soin d'une chose, comme ne la croyant d'aucune importance. Il vient de la negative *Non*, & de *Chaloir*, qui a été dit pour se soucier.

> *Vien & approche toi donques,*
> *Vien, si onques*
> *De tes enfans te chalut.*

NONCIATION. On appelle *Nonciation de nouvel œuvre*, Un acte par lequel on dénonce à celui qui fait élever un bâtiment, ou aux Ouvriers, qu'ils ayent à cesser jusqu'à ce que par Justice en ait été ordonné. C'étoit une maniere de proceder des Romains, chés qui toutes les fois qu'on s'appercevoit qu'un voisin faisoit une entreprise, soit en élevant ou en démolissant sa maison, en sorte que la nouvelle face qu'il lui donnoit, causoit de l'incommodité, on pouvoit lui dénoncer à lui ou aux Ouvriers que l'on y formoit empêchement. Il ne falloit point avoir pour cela permission du Préteur; & l'exploit qui contenoit la Nonciation du nouvel œuvre étoit valable, pourvû qu'il fût donné dans le lieu même où les Ouvriers travailloient, & à des personnes qui pussent en avertir le Proprietaire. S'il vouloit continuer l'ouvrage malgré la défense, il étoit obligé après cet acte de donner suffisante caution de remettre les choses en état si la Justice l'ordonnoit ainsi, ce qui devoit se terminer dans trois mois. Si l'entreprise interessoit le public, tous les Citoyens indistinctement pouvoient user de la Nonciation du nouvel œuvre. Dans un pareil cas, il seroit necessaire en France, d'en donner avis au grand Voyer.

NONCIER. v. a. Vieux mot. Annoncer.

NONES. s. f. p. Terme dont les Anciens se servoient pour compter les jours des mois dont le premier s'appelloit toûjours *Calendes*. Les Nones étoient le cinquiéme jour à l'exception des mois de Mars, de Mai, de Juillet & d'Octobre, où les Nones étoient le septiéme jour. Ainsi quand on trouve *Quarto Nonas Januarii*, ce qui veut dire, Le quatriéme jour avant les Nones de Janvier, cela veut dire le second jour de Janvier, parce que le lendemain qui est le troisiéme de Janvier, se marque par *Tertio Nonas Januarii*, le quatriéme par *Pridie Nonas*, le jour avant les Nones, & le cinquiéme par *Nonis*. Ce jour de Nones étant toûjours le septiéme dans les quatre mois exceptés, on date *Sexto Nonas Martii*, le second de Mars, comme étant le sixiéme avant les Nones en y comprenant ce même jour des Nones. Pour trouver tout d'un coup ces dates Latines, il ne faut qu'ajoûter un au nombre que marque le jour où les Nones tombent, & en ôter celui de la date. Ainsi *Quinto Nonas Julii*, veut dire, Le troisiéme de Juillet, parce que les Nones, sont le septiéme jour en ce mois-là. Si on y joint un, on trouvera huit, & en ôtant huit, il restera trois.

NONNAT. s. m. Poisson qui se pêche sur la Mediterranée, & qui est le plus petit de tous les Poissons. On l'appelle ainsi, comme qui diroit *Nondum natus*, Non encore né.

NONNE. s. f. Vieux mot. Religieuse. On a dit aussi *Nonnain* & *Nonnette*. Borel fait venir ce mot de *Nonna*, qui veut dire, Ayeule en Italien, à cause qu'on donne le nom de Mere par honneur aux Religieuses. D'autres le dérivent de *Monialis*, comme qui diroit *Monain* & *Mone*, du Grec μονὰς, qui signifie, Unité, & est nombre de solitude, comme tous les autres sont nombres de societé, dont vient μόνος, Seul, Solitaire & μονάζειν, Vivre solitairement.

NONOBSTANCES. s. f. p. Terme de Jurisprudence Canonique. Il se dit de la troisiéme partie des Provisions de la Cour de Rome, où nonobstant les incapacités ou autres obstacles qu'on peut opposer, les absolutions des censures sont comprises, aussi bien que les rehabilitations & dispenses necessaires pour jouir du benefice impetré.

NON-VEUE. s. f. Terme de Marine dont on se sert quand la bruine est si épaisse, qu'on ne peut avoir connoissance du parage où l'on est, ce qui fait craindre de perir par Non-vûe, en approchant trop près de la côte. Quelques-uns disent *Il y a non-veuste*, pour dire, qu'On ne peut voir clair, à cause de l'épaisseur du brouillard.

NOQ

NOQUET. s. m. Petite bande de plomb qu'on met ordinairement dans les angles enfoncés des couvertures d'ardoise, le long des jouées des lucarnes & pignons.

NOR

NORD. s. m. Terme de Marine dont on se sert sur

l'Ocean pour signifier le Pole Septentrional qui est élevé sur notre horison.

On appelle *Etoile du Nord*, La derniere Etoile de la queue de la petite Ourse, qui est à deux degrez du Pole.

On dit, *Etre Nord de la ligne*, pour dire, Etre Nord, ou en-deçà de l'Equateur.

Nord. La Partie du monde qui est Septentrionale à l'égard d'un autre Pays. On dit dans ce sens que l'*Angleterre est au Nord de la France*; & on appelle *Provinces du Nord*, la Suede, le Danemarck, la Lapponie, & autres.

Nord. Nom qu'on donne à un vent froid & sec, qui vient du côté du Septentrion, & qui est un des quatre vents cardinaux. *Le Nord-Est*, est un quart de vent, entre l'Orient & le Septentrion, & le *Nord-Oüest*, est un autre quart de vent, entre le Septentrion & l'Occident. *Le Nord-Nord*, & le *Nord-Nord-Oüest*, sont deux vents entre moyens.

NORDESTER. v. n. Decliner, se tourner du Nord vers le Nord-Est. Ce mot est fort en usage dans les voyages de long cours, en parlant de la variation de l'aiguille du compas, qui quelquefois se tourne vers le Nord-Est, au lieu de regarder le Nord directement. Voyez DECLINAISON.

NORDOUESTER. v. n. Decliner, se tourner vers le Nord-Oüest, ce qui arrive en de certains parages où l'aiguille s'écarte du Nord vers l'Oüest.

NOT

NOTABLE. s. m. Vieux mot. Proverbe, Apophtegme,

Aux fols déplaist oüir un bon Notable.

NOTAIRE. s. m. *Officier public, qui reçoit, qui passe les Contrats, Obligations, Transactions, & autres Actes volontaires.* ACAD. FR. L'Ordonnance de Philippe le Bel de l'année 1302. qui est la plus ancienne que nous ayons, fait connoître que le droit de créer des Notaires publics est royal. Baquet soûtient neanmoins que selon la même Ordonnance, les Seigneurs ont droit de créer des Notaires sur leurs terres, mais qu'il faut qu'ils soient du moins Châtelains, & que les autres n'en ont le pouvoir que par un privilege special qu'on a bien voulu leur accorder, auquel cas, on les oblige de rapporter le titre de leur concession, ou de prouver une possession immemoriale. C'est ce qui est cause qu'il y a en France un nombre infini de Notaires, tant Royaux, que Seigneuriaux, qui sont aussi devenus Tabellions. Ragueau dans son Indice des Droits Royaux, dit qu'il y a plusieurs Villes du Royaume où les Notaires reçoivent & passent seulement les Minutes, Schedes & Notes des Contrats, & les peuvent délivrer aux parties en brief, & qu'ils sont tenus de porter aux Tabellions lesdites Minutes, pour les garder & délivrer en forme autentique & en grosse aux parties si elles le requierent pour porter scel & execution parée, en quoi il paroît que ces deux Offices étoient distincts; aussi les Tabellions ont-ils été supprimés par diverses Ordonnances, & sur-tout par celle de Henri IV. de l'année 1597. Le pouvoir des Notaires qui ont aujourd'hui la qualité de Conseillers du Roi & Gardenotes, est limité dans l'étendue de la Jurisdiction où ils ont été reçûs, si par le titre de leur concession il ne s'étend au-delà. Tel est celui des Notaires de Paris, en faveur desquels l'Ordonnance de Louis XII. du mois d'Avril 1510. porte qu'ils se pourront transporter aux Villes & lieux du Royaume, pour faire, recevoir & passer pour toutes & chacunes personnes dont ils seront requis, toutes lettres, contrats, testamens, inventaires, instrumens, & autres concernant & dépendant de leurs Offices, à la charge qu'ils ne s'habitueront ou feront leur residence qu'à Paris pour l'exercice de leurs Offices. Le même privilege a été donné à ceux d'Orleans & de Montpellier, qui ne peuvent toutefois instrumenter à Paris. On appelle maintenant *Notaires*, tous les Officiers Royaux qui reçoivent & délivrent des grosses de toutes sortes de contrats, & on donne le nom de Tabellions à ceux qui font la même chose dans les Seigneuries & Justices subalternes. Le mot de *Notaire*, vient du Latin *Notæ*, Marques. A Rome on enseignoit aux Esclaves qui avoient de l'esprit, l'art décrire par notes, & quand ils y étoient devenus habiles, le public les gageoit pour rediger par écrit les conventions des parties qui contractoient, sans que cette fonction changeât rien dans leur état. Les personnes libres ne furent admises à cet emploi que du tems des Empereurs Arcadius & Honorius.

On appelle *Notaire Apostolique*, un Officier établi pour recevoir & expedier des Actes en matiere spirituelle & beneficiale, comme les resignations de benefices, & autres actes de cette nature. Les Furetieristes disent qu'il a une Commission du Pape, que les Parlemens ne souffrent pas qu'ils reçoivent des Testamens. Deux fautes. 1°. Ce sont des Officiers établis en titre par Edit de 1692. Quelques Dioceses ont racheté ces Offices; l'Evêque seul les donne; on ne souffriroit pas exercer ceux qui n'auroient commission que du Pape. 2°. L'Edit leur donne pouvoir de recevoir les Testamens des Ecclesiastiques & l'on peut déposer chés les Notaires Apostoliques les Testamens olographes des gens d'Eglise. La Communauté des Notaires du Châtelet a acquis ces Offices.

NOTICE. s. f. Terme du Palais. On dit de certaines choses qu'*Elles sont venues à la Notice des Juges*, pour dire, à leur connoissance.

NOV

NOU. s. m. Vieux mot. Nœud.

NOVALE. s. f. Terre nouvellement labourée & qui ne l'a été de memoire d'homme. Les Furetieristes disent que les Vicaires perpetuels jouissent de la dixme des terres defrichées depuis dix ans non pas au préjudice du Curé primitif. Deux erreurs. Ils jouissent des Novales dès le moment qu'elles ont été défrichées, & après avoir opté la portion congrue, & ce ne peut être qu'au préjudice du gros Decimateur, puisqu'ils n'en peuvent jouir concurremment.

NOVALITE'. s. f. Vieux mot. Nouveauté.

NOVATIENS. s. m. Heretiques, Sectateurs de Novatien, qui après s'être fait ordonner Evêque de Rome du tems du Pape Corneille, d'Antipape devint Heresiarque, enseignant qu'il ne falloit pas recevoir à penitence ceux qui s'étoient souillés de quelque peché, après avoir été baptisés. Ses Disciples ajoûterent de nouvelles faussetés à ses erreurs, en condamnant les secondes noces, & en rebaptisant les pecheurs. Ils demeurerent obstinés dans le quatriéme siecle, après que le Concile de Nicée eut fait des reglemens pour la forme de leur reception à l'Eglise. Ils se diviserent entre eux depuis ce tems-là, & un de leurs Prêtres, nommé Sabatius, qui avoit été Juif, introduisit le Judaïsme dans leur Secte.

NOVATION. s. f. Terme de Pratique. Changement d'une ancienne dette en une nouvelle obligation. Selon le Droit Romain, si on stipuloit d'un particulier ce qui étoit dû par un autre, il y avoit une nouvelle obligation engendrée par l'intervention de cette nouvelle personne. Ainsi la premiere obligation étoit détruite par cette seconde ; ce qui s'observoit avec une telle regularité, qu'au cas même que la stipulation fût inutile, cette premiere obligation demeuroit éteinte, quoique la personne qui s'étoit obligée ne fût pas engagée de droit par la seconde ; de sorte que si un particulier, à qui un autre devoit, s'étoit contenté de l'obligation d'un pupille que son Tuteur n'avoit pas autorisé, ce particulier perdoit sa dette, à cause que cet autre devenoit quitte par la Novation. On n'observoit pas la même chose quand on stipuloit d'un Esclave ce qu'une personne libre devoit. La premiere obligation demeuroit toûjours valable, comme s'il n'en étoit point intervenu d'autre, à cause que la promesse d'un Esclave ne le pouvoit engager naturellement, le Droit Civil ne mettant pas les Esclaves au rang des personnes libres. Selon les regles de notre Jurisprudence, il n'y a point de Novation si elle n'est distertement exprimée dans le Contrat, & une stipulation inutile ne fait pas une Novation, pour en éteindre une autre qui est utile ; mais quand la Novation est exprimée, alors elle a la force d'éteindre le privilege de l'ancienne dette avec toutes ses dépendances.

NOUE. s. f. Terme qui se trouve dans plusieurs Coûtumes, & qui veut dire, Une terre un peu humide & grasse, une maniere de pré ou pâturé.

Noue. Piece principale d'une Geze. On dit *Noue droite* ; *Noue renversée* ; *Noue de plomb*. C'est aussi une espece de tuile faite en demi-canal pour égouter l'eau. Quelquefois les Couvreurs au lieu de Noues employent des tuiles hachées qu'ils taillent exprès à coups de martelets.

On appelle aussi *Noues*, des Pieces de bois qui servent au lieu d'arestiers à recevoir les empanons dans les angles enfoncés des couvertures. On dit *Noue corniere*, pour dire, la Noue où les couvertures de deux corps de logis se joignent.

On appelle *Noue de plomb*, Une table de plomb au droit du tranchis, qui est de toute la longueur de la Noue d'un comble d'ardoise.

NOUE', E'E. adj. Terme de Blason. Il se dit de la queue du lyon lorsqu'elle a des nœuds en forme de houpes. *D'argent au lyon de gueules couronné & armé d'or, lampassé d'azur à la queue nouée, fourchue & passée en santoir.* Il se dit aussi de ce qui est lié & entouré. *D'or à deux fasces nouées au milieu de sable.*

NOUER. v. a. *Lier en faisant un nœud.* ACAD. FR. On dit en Peinture que *Des couleurs sont bien nouées les unes avec les autres*, pour dire, qu'Elles ont ensemble une belle liaison. On dit, dans le même sens, *Un groupe de figures bien nouées ensemble.*

On dit, en termes de Fauconnerie, *Nouer la longe*, quand on met l'oiseau en mue & qu'on lui fait quitter la volerie pendant quelque tems.

On dit d'un cheval sauteur qu'*Il noue l'aiguillette*, lorsqu'il s'épare, & qu'en allongeant également les deux jambes & de toute leur étendue, il rue entierement du train de derriere.

Nouer s'est dit autrefois, au lieu de Nager.

NOUET. s. m. Aromate enfermé dans un morceau de linge qu'on fait tremper dans certaines liqueurs ou confitures pour leur communiquer la vertu ; Les Cuisiniers en emploient dans leurs ragoûts & disent *Paquet* ou *Bouquet*.

NOUEUX, EUSE. adj. Terme de Blason. Il se dit des troncs & des branches d'arbres, representés avec beaucoup d'inégalités & de nœuds. *D'azur à deux estocs ou bâtons noueux d'or en croix.*

NOULETS. s. m. p. Terme de Charpenterie. Enfoncemens de deux combles qui se rencontrent. On appelle aussi *Noulets*, Les deux noues d'une lucarne.

NOURRAIN. s. m. Petit poisson qu'on jette dans les étangs pour les repeupler. C'est ce qu'on nomme autrement *Alevin*. Quelques-uns disent *Norrain*.

NOURRI, IE. adj. Il se dit en termes de Blason, non seulement des Fleurs de lis dont la pointe d'en bas ne paroît point, mais encore du pié des plantes qui ne montrent point de racine. *D'azur à trois fleurs de lis au pié nourri de gueules.*

On dit encore en Peinture, qu'*Un tableau est bien nourri de couleurs*, pour dire, qu'Il n'est pas legerement chargé de couleur.

En termes de Cuisine, On dit qu'*Un ragoût est nourri de bon jus ; Un pâté bien nourri, bien assaisonné.*

NOUVELIER, ERE. adj. Vieux mot. Changeant.

Ahi, dame Fortune, tant êtes nouveliere.

NOUVELLETE'. s. f. Terme de Palais. On forme complainte en cas de saisine & de Nouvelleté dans les actions possessoires, pour se maintenir dans sa possession.

NOY

NOYALE. Terme de Marine. On appelle *Toile de Noyale*, La toile dont on se sert à faire les grandes voiles d'un Navire.

NOYANT. s. m. Vieux mot. Un quidam.

Et tu desprises moy fayant,
Pour aimer un chetif noyant.

NOYAU. s. m. *La partie dure & boiseuse qui est enfermée en certains fruits, comme la prune, l'abricot, la pêche.* ACAD. FR. M. Ménage dérive ce mot de *Nucus*, qui vient de *Nux*, Noix. D'autres le font venir de *Nucillus*.

Noyau. Maçonnerie qui sert de grossiere ébauche pour former une figure de plâtre ou de stuc. Les Anciens faisoient tous les noyaux de leurs figures avec de la terre à potier, composée de bourre & de fiente de cheval bien battues ensemble, & ils en formoient une figure pareille à celle du modele. Lorsqu'ils avoient bien garni ce noyau de pieces de fer en long & en travers selon son attitude, ils diminuoient & ôtoient autant de son épaisseur, qu'ils en vouloient donner à leur bronze. Il y a encore quelques Fondeurs qui pratiquent cette maniere de construire des Noyaux, principalement pour les grandes figures de bronze, parce que la terre resiste mieux à la force & à la violence de ce métal ; mais pour les moyennes figures, & pour celles qu'ils ont à jetter ou en or ou en argent, ils se servent de plâtre bien battu, avec lequel ils mêlent de la brique bien battue & bien sassée, prenant les premieres assises du moule remplies des épaisseurs de cire qu'ils assemblent de bas en haut sur une grille de fer qui doit être plus large de trois ou quatre pouces que la base de la figure ; & cet assemblage se fait autour de la barre qui doit soûtenir le noyau. On serre fortement ensemble ces épaisseurs de cire avec des cordes, de crainte que les pieces ne se détachent, & ne s'éloignent les unes des autres lorsqu'on vient à faire le Noyau, qui se forme en versant du plâtre détrempé bien clair & mêlé avec de la brique battue & sassée si-tôt qu'on a disposé la premiere assise des creux, & qu'on les a élevés les uns sur les autres. La premiere assise du creux étant remplie, on éleve la seconde que l'on remplit de la même sorte, & ainsi en continuant d'assise en assise à élever toutes les pieces du moule & à former le Noyau en même-tems, on va jusqu'au haut de la figure. Quand tout le creux est rempli, on défait les chapes & toutes les parties du moule, en commençant par le haut jusques au bas, & alors on voit la figure de cire toute entiere qui couvre le Noyau qui est dedans. C'est ainsi que M. Felibien en parle. Ce Noyau s'appelle aussi *Ame*.

Noyau se dit encore de toute saillie brute d'Architecture, sur-tout de celles de brique, dont il faut que les moulures lisses soient traînées au calibre, & dont les ornemens postiches doivent être scellés.

On appelle *Noyau d'escalier*, un Cylindre de pierre qui porte de fond & qui est fermé par les bouts des marches gironnées d'un escalier à viz; & on appelle *Noyau creux*, non seulement celui qui étant d'un diametre suffisant, a un puisard dans le milieu, & retient par encastrement les colets des marches, mais encore celui qui étant en maniere de mur circulaire, est percé d'arcades ou de croisées, pour donner du jour. *Noyau de bois*, se dit d'une piece de bois où toutes les marches d'un escalier de bois sont emmortoisées. Cette piece est posée à plomb, & les limons & appuis des escaliers à deux ou à quatre noyaux y sont assemblés. On dit *Noyau de fond*, pour dire, Celui qui porte dès le rez de chaussée jusqu'au plus haut étage; & *Noyau suspendu*, quand on parle de celui qui est coupé au-dessous des paliers & rampes de chaque étage. Le *Noyau à corde* est celui qui est taillé d'une grosse moulure en façon de corde pour conduire la main.

Noyau se dit aussi, en termes d'Artillerie, de ce qui fait le calibre d'une piece de canon, lorsqu'elle est en moule. On comprend sous le Noyau le diametre de la bouche, de six pouces deux lignes, & qui est par tout le même en grandeur; la volée du canon longue de cinq piés & demi, la culasse de quatre piés & demi & trois lignes, & la lumiere de deux lignes de diametre.

Noyau. Terme d'Organiste. Partie du tuyau d'orgue que l'on perce de la même grosseur que son anche avec sa languette ou échalote, pour les faire entrer dedans. Il se dit aussi de la partie du même tuyau où il change de grosseur.

NOYER. s. m. Grand arbre qui porte les noix. Son tronc est long & massif, & jette force branches spatieuses. Il est couvert d'une peau grisâtre & crevassée quand il est vieux. Sa racine est longue & forte. Ses feuilles sont longuettes & d'une odeur forte, & il en sort plusieurs d'une même queue, comme on voit au frêne. Au Printems cet arbre commençant à surjetter produit de petits chatons qui se fletrissent un peu après, & qui tombent. C'est delà que sort sa fleur qui est herbeuse. Chaque fleur a sa couverture verte, & il y a une noix en chacune. Le Noyer hait les eaux, & aime pourtant à être en lieu froid & dans les montagnes. On tient que son ombre est nuisible. Galien lui donne une vertu astringente, tant en ses feuilles, qu'en ses tendrons & ses gerbes. Son bois est beau & plein de veines agreables. On l'estime fort pour faire des meubles. Il sert aussi à monter des armes & à faire des panneaux de carrosse. Quand ses racines ou loupes sont de bon bois, on les coupe par tronçons, qui servent aux Ebenistes & aux Menuisiers en placage. Presque toutes les parties de cet arbre sont propres aux Teinturiers.

NOYER. v. a. Inonder, submerger. On dit en termes de Peinture, *Sçavoir bien noyer les couleurs*, pour dire, Sçavoir bien mêler & confondre les extrêmités des couleurs avec d'autres qui leur sont voisines, en sorte qu'elles forment une belle nuance, en passant insensiblement de l'une à l'autre.

On dit d'un Pilote, qu'*Il est noyé*, pour dire, qu'En prenant hauteur il ne découvre point assés d'horison avec l'instrument dont il se sert.

On dit, en termes de jeu de boule, que *Quelqu'un s'est noyé*, pour dire, que Sa boule a passé au-delà du but, jusqu'à un lieu enfoncé où elle s'arrête.

NOYON. s. m. Espace qui est au-delà de la barre d'un jeu de boule & environ trois piés au-delà du but. Quand la boule y entre, celui qui l'a poussée a perdu son coup.

NOYEUX, EUSE. adj. Vieux mot. Envieux, qui querelle.

NUA

NUAGE. s. m. Nuée épaisse. Vapeur humide qui obscurcit l'air. Il se dit, en termes de Blason, des pieces qui sont representées avec plusieurs ondés, sinuosités ou lignes courbes, soit fasces, soit bandes.

Nuage, dit Nicod, *est une nuée brouillée & espesse qui s'esclost en pluye ou vents. Il se prend aussi pour l'ombrage de brun sur clair d'une mesme couleur que les Tapissiers donnent en leurs ouvrages, commençant du plus brun & finissant au plus clair, comme quand ils couchent de quatre ou cinq façons de couleur verde queue à queue l'une de l'autre; car l'obscure fait nuée à la gaye, & la moins gaye à la plus gaye: car si c'est de diverses couleurs que le Tapissier fasse assemblance, quoiqu'il y ait ombrage entre elles, si n'est-il plus appellé Nuage, ains Mutation ou changement. On l'appelle aussi* Nuance. *Le même s'entend en fait de Peinture, car la tapisserie n'est que peinture à traits de filets de plusieurs couleurs, & imitatrice des traits du pinceau.*

NUAISON. s. f. Terme de Marine. Le tems que dure un vent fait & uni.

NUB

NUBECULE. s. f. C'est ce qu'on appelle autrement *Toye*. Ce vice arrive dans la vûe, lorsque la nutrition de la partie transparente de la cornée étant dépravée, reçoit un aliment un peu trop grossier & trop visqueux, en sorte que la cornée est obscurcie & que les objets paroissent comme au travers d'un nuage. La cure demande que la matiere grossiere soit attenuée & dissipée.

NUBLECE. s. f. Vieux mot. Nuages.

NUD

NUD. s. m. Terme de Sculpture & de Peinture. On dit, *Le nud d'une figure*, pour dire, La partie de la figure qui n'est pas couverte de draperie. Un Peintre doit dessiner les figures sur le nud avant de les draper.

On se sert aussi de ce même mot en Architecture, pour signifier Une surface, à laquelle on doit avoir égard pour déterminer des saillies. Ainsi on dit qu'*Un pilastre doit exceder de tant de pouces le nud d'un mur*, & que *Les feuillages d'un chapiteau doivent répondre au nud de la colomne*.

NUDS-PIE'S. s. m. Heretiques Anabaptistes qui s'éleverent en Moravie dans le seiziéme siecle. Ils vivoient à la campagne toûjours les piés nuds, prétendant imiter la vie des Apôtres, & ayant une extrême aversion pour les lettres & les armes. Il y a eu d'autres Heretiques qu'on appelloit *Nudipedales*, à cause qu'ils faisoient consister toute la Religion à aller nuds piés. Ils faisoient cela, sur ce qu'il fut commandé à Moïse & à Josué de déchausser leurs souliers, & à Esaïe d'aller nuds piés.

NUE

NUE. f. f. *Amas de vapeurs élevées en l'air, & qui se resolvent ordinairement en pluye.* ACAD. FR. Gassendi dit que les Nuées se forment des exhalaisons qui s'élevent de la terre & de l'eau, & non pas simplement de l'eau, à cause des foudres & des meteores dont la matiere n'est pas aqueuse, & qui est toutefois mêlée dans la nue à la matiere qui a été tirée de l'eau, & qui se resout en eau. Si les exhalaisons sont d'ordinaire invisibles dans le tems qu'elles sortent de la terre, & si elles deviennent visibles étant élevées au milieu de l'air, cela vient de ce qu'au sortir de la terre elles sont très-subtiles & très-rares, & de ce qu'elles s'assemblent & s'épaississent lorsqu'elles sont élevées en haut. Cet assemblage se fait à cause que la chaleur & l'impetuosité qui les poussoit manquant, elles s'abbaissent par leur propre pesanteur, & en rencontrent d'autres qui montent continuellement, avec lesquelles elles se mêlent, outre que le froid de la region qui les environne contribue encore à les resserrer. Elles paroissent comme une espece de blancheur, parce qu'elles sont principalement tissües de petites gouttes d'eau, qui étant polies tiennent de la nature du miroir, & qui par consequent étant très-proches les unes des autres, & sans intervalles sensibles, renvoyent les rayons serrés & pressés vers l'œil, & forment cette espece de blancheur. Elles ne paroissent jamais très-blanches que quand la lumiere primitive du Soleil, tombant à l'opposite à notre égard, se reflechit vers nous. Autrement, si elles sont vûes par une lumiere seconde, troisiéme ou autre, plus il manque de rayons, & par consequent plus il y a de petites ombres entremêlées, plus elles paroissent obscures, & entre les degrés d'obscurité le rouge est alors plus ordinaire, quand les rayons qui passent au travers de quelques vapeurs épaisses, ou d'une certaine suite de nuées plus rares, se rompent diversement. Quant à la force qui soûtient les nuées en l'air, quoiqu'elles ayent plus de poids que l'air, l'opinion de Gassendi est que cela vient moins de ce qu'elles contiennent encore quelque chaleur, que de ce qu'il y a toûjours quelque vent qui les pousse. Ainsi on observe qu'elles ne demeurent jamais immobiles; ce qui fait connoître que quelque petit vent les porte toûjours çà ou là, soit vîte, soit lentement. Elles ont une telle legereté, que pourvû qu'elles soient tant soit peu poussées, elles sont facilement soûtenues, comme des plumes qui sont soûtenues dans l'air, quoique plus pesantes, & qu'on voit tomber lorsque le vent manque. On voit quelquefois de la même sorte dans une grande tranquillité d'air les nuées tomber, & s'affaisser au travers des rochers, parce qu'il n'y a aucun vent qui les souleve & les pousse.

Les Lapidaires appellent *Nuées*, Les parties sombres qui se trouvant dans les pierres précieuses, empêchent qu'elles ne soient claires & parfaitement nettes; ce qui en diminue la valeur. Le cristal est fort sujet à avoir de ces nuées.

NUESSE. f. f. On dit, *Tenir un fief en nuesse*, pour dire, qu'il releve nuement & immediatement d'un Seigneur. Ce mot vient de *Nuditas*. Selon Ragueau, *Nuesse* est l'étendue de la Seigneurie feodale ou censuelle. On disoit anciennement *Nuesse* pour, Simplicité.

NUI

NUISANÇONS. adj. Vieux mot. Ennuyeux, nuisible.

NUL

NULLY. Vieux mot. Personne, aucun. On a dit aussi *Nulluy* & *Nus*, pour Nul.

NUM

NUMERATEUR. f. m. Terme d'Arithmetique. Chiffre qui se met au-dessus de la ligne avec laquelle on marque les fractions, comme $\frac{3}{4}$. Trois est le Numerateur, & quatre le Denominateur, pour signifier trois quatriémes, en sorte que le Numerateur fait connoître combien on prend de parties d'un tout, & le Denominateur en combien de parties le tout est divisé. Voyez FRACTION.

NUMERATION. f. f. Terme d'Arithmetique. Expression d'un nombre proposé par les figures ou les caracteres qui lui sont propres.

NUMMULARIA. f. f. Plante qui croît au bord des fossés & le long des grands chemins où il y a de l'eau. Elle rampe & se traîne par terre, & produit ses branches menues comme jonc, & longues d'une coudée, ainsi que fait la pervenche. Le long de ces branches depuis sa racine jusqu'à la cime, elle jette des deux côtés par certains petits intervalles, des feuilles grassettes & rondes, comme est la monnoie; ce qui lui a fait donner le nom de *Nummularia*. Il n'y a que ses feuilles qui soient en usage en Medecine. On s'en sert particulierement dans l'exulceration du poumon, ou de quelques veines rompues ou rongées dans une toux seche & dans le flux de ventre. Elles sont bonnes aussi contre le scorbus & la hergne.

NUQ

NUQUE. f. m. Le creux qui est entre la premiere & la seconde vertebre, au plus haut du derriere du cou. Il y a plusieurs Medecins qui prétendent que la Nuque soit une longue queue qui descend du cerveau pour former la moëlle de l'épine. Tout ce qui la fait differer de la cervelle, c'est qu'elle est beaucoup plus dure & ne se meut point. Ce mot, selon M. Menage, vient de *Nucula*, Petite noix, & selon du Cange, de l'Arabe *Nacha*, qu'Avicenne emploie souvent en cette signification.

NUT

NUTRITION. f. f. Terme de Pharmacie. Il se dit de la préparation d'un medicament dont on augmente la force, en lui fournissant une espece de nourriture, soit lorsqu'on le mêle avec d'autres, soit lorsqu'on y ajoûte un suc ou une décoction pour le nourrir, ou lui donner quelque vertu.

Les Medecins appellent *Nutrition*, le changement de l'aliment en la substance de la partie nourrie. Le corps humain, qui est très-petit au commencement, est nourri & augmenté successivement par les alimens, ce qui est une même action qui ne differe que du plus au moins, sur-tout dans les parties solides, dont la nutrition n'est qu'une augmentation commencée, & l'augmentation une nutrition achevée. La Nutrition à l'égard de sa fin, est la réparation des parties consumées. Pour réparer les déchets que le corps souffre, & lui donner la grandeur requise pour ses fonctions, il est necessaire faire de prendre des alimens, qui sont l'objet éloigné de la nutrition & de l'accroissement. Ce sont le chyle & le sang qui en sont l'objet prochain. Ils sont formés des alimens par le moyen des digestions, le chyle fait le sang, le sang repare & conserve l'esprit vital, & l'un & l'autre nourrissent les parties solides. La forme de la Nutrition consiste dans l'union ou assimilation de l'aliment avec chaque partie du corps pour en reparer le déchet, & cela se fait de trois façons, car ou l'assimilation est plus grande que le dechet, & le corps se nourrit & croît en même tems, ou bien elle est égale au dechet, & le corps demeure toûjours en même état, ou enfin elle est moins grande que le dechet, & le corps décroît plus ou moins. Ettmuller dit que cette diversité à l'égard de la nutrition vient de ce que les parties parfaitement spiritueuses & humoreuses jouissent plus ou moins de l'assimilation de l'aliment durant toute la vie, & les parties solides durant les seules années de l'accroissement; qu'il ne se consume rien effectivement des parties solides comme telles, & qu'elles demeurent toûjours les mêmes quant à leur substance solide; que la masse du sang leur distribue de l'aliment en forme de rosée balsamique & mucilagineuse qui s'assimile & s'agglutine par une espece de coagulation pour les augmenter, l'humeur ne pouvant être assimilée ni agglutinée aux parties sans en augmenter l'étendue en tous sens; qu'ainsi la nutrition est un accroissement commencé. & l'accroissement une parfaite nutrition; que l'assimilation & l'agglutination forte de l'aliment ne se fait que dans l'accroissement de la jeunesse, & ne passe point l'adolescence, car pourquoi, continue-t-il, l'aliment s'assimileroit-il à un os qui est dans sa dureté, dans sa succité & dans sa force, si l'os ne reçoit plus d'accroissement? On doit juger de même des autres parties, & dire que lorsqu'on cesse de croître, l'assimilation ou l'agglutination parfaite cesse aussi, la masse du sang cessant pareillement de fournir à tous les membres de la rosée mucilagineuse, si ce n'est autant qu'il en faut pour les humecter & les rendre plus propres au mouvement & aux autres fonctions. Enfin cette rosée nourriciere s'envole insensiblement par les pores de la peau sans qu'il en demeure rien, ce qui fait la necessité d'une continuelle nutrition. Le défaut de ce suc nourricier qui ne remplit plus les petites cavités de dessous la peau, fait les rides des vieillards. La nutrition dure autant que la vie, & l'accroissement est déterminé à un certain nombre d'années, à cause que la dureté des os, la force des ligamens, la fermeté des fibres, & la petitesse des pores étant devenues trop fortes, resistent à l'extension & à la dilatation des parties, & par consequent à la reception & à la retention de l'aliment; d'autant plus que le corps est moins succulent, ce qui termine enfin l'accroissement du corps dans le cours ordinaire de la nature.

NUY

NUYE. s. f. Vieux mot. Nuée.

NYC

NYCTALOPIE. s. f. Sorte de maladie des yeux, dans laquelle on voit bien le jour & un peu le soir, sans voir du tout la nuit. On a remarqué que cette sorte de maladie se guerit fort rarement. Celui qui en est atteint est appellé par les Grecs, νυκτάλωψ, de νύξ, Nuit.

NYM

NYMPHES. s. f. p. Terme de Medecine. Petits ailerons ou parties molles & spongieuses, qui sortent & avancent hors les levres de la matrice. Les Naturalistes appellent aussi *Nymphe*, la petite peau qui enveloppe les insectes, soit dans le tems qu'ils sont enfermés dans l'œuf, soit quand il s'en fait une transformation apparente, de sorte que la Nymphe est le changement d'un ver, ou d'une chenille en un animal volant, après que cette chenille s'est dépouillée de sa peau; ce qui arrive, non par aucune transformation, mais par un simple accroissement des parties qui forcent & rompent la peau. Plusieurs Auteurs par le mot de *Nymphe* entendent les insectes même qui n'ont encore que la forme de vers ou de chenilles. Il faut remarquer que ces sortes d'animaux se trouvent deux fois sous la forme de Nymphe; la premiere dans leurs œufs, qui est leur premiere Nymphe, & la seconde dans ce changement, d'une chenille, par exemple, en un animal volant, qui est leur seconde Nymphe.

NYMPHE'E. s. f. On appelloit ainsi chés les Anciens une Salle publique qui étoit décorée superbement & qu'on louoit pour y faire des noces, du Grec νύμφη, qui veut dire une Epousée. Il y en a qui croyent que c'étoit une grotte ornée de statues de Nymphes avec des jets d'eau, & d'autres que c'étoit un bain public, & qu'on avoit dit *Nymphée* par corruption au lieu de Lymphée, du Latin *Lympha*, Eau, qui vient de νύμφη, en changeant le ν en λ. Comme les Nymphes representent les fontaines ausquelles elles president, ainsi on appelle *Lympha*, une Eau qui coule.

On donne aussi le nom de *Nymphée* au Nenufar, à cause que c'est une herbe qui naît dans les marais.

OBE

Adv. Vieux mot. Maintenant, desormais.

Plus n'en ferai o mention.

Il se trouve aussi fort souvent dans la signification d'avec.

De vous mettre en prison o ly
Qui avez le cœur si joli.

OBE

OBEDIENCIER. s. m. Religeux, qui par l'ordre de son Superieur dessert un Benefice dont il n'est point titulaire.

OBEDIENCIEL, ELLE. adj. Terme dogmatique. Il se dit de ce qui obéït aux causes superieures Ainsi on appelle *Puissance obedientielle*, La disposition qui se trouve dans les sujets, & qui les fait obéïr aux causes qui les produisent.

OBEIE. s. f. Vieux mot. Obéïssance.

OBEIR. v. n. *Se soumettre à la volonté, aux ordres de quelqu'un & les executer.* ACAD. FR. On dit en termes de Manége, qu'*Un cheval obéït bien à la main, aux talons, aux aides*, pour dire, qu'Il les connoît & qu'il y répond,& on dit, qu'*Il obéit aux éperons*, pour dire, qu'il les fuit.

OBELISQUE. s. m. *Espece de Pyramide étroite, & longue, qui est d'ordinaire d'une seule pierre, & qu'on met en place pour servir d'ornement public.* ACAD. FR. Les Obelisques sont des colomnes quarrées finissant en pointe, qui de tous côtés sont remplies de caracteres hieroglyphiques. Les Prêtres Egyptiens les appelloient *Les doigts du Soleil*, à cause qu'ils servoient de style pour marquer les heures sur la terre. L'invention en est dûe aux premiers Rois d'Egypte, qui ont tous porté le nom de Pharaon, & c'est ce qui a fait que les Arabes les ont appellés *Messelets Pharaon*, ce qui veut dire, Les Aiguilles de Pharaon. Ce fut le Roi Manustar ou Seigneur de Memphis, qui fit dresser le premier Obelisque l'an 2604. de la creation du monde. Sothis son Fils, & un autre Prince qui lui succeda, en firent dresser douze dans la Ville d'Heliopolis. On en voit encore an près des ruines de cette Ville, qui est au milieu d'un grand reservoir & tout enrichi d'emblêmes hieroglyphiques. La gravûre en est grossiere, ce qui a fait douter qu'il soit de ceux de l'érection du Roi Sothis, qu'on sçait avoir été travaillés avec plus d'art. On le tient pourtant un des huit que Pline dit avoir été érigés dans la Ville du Soleil, chacun de quarante-huit coudées de haut, quatre par Sothis, & quatre par Ramasses, sous le regne duquel on prit la Ville de Troye. Le Roi Marres ou Vafres en fit dresser un tout nu l'an 2031. qui fut transporté à Rome & placé dans le Mausolée par l'ordre de l'Empereur Claude. Ptolomée Philadelphe fit aussi transporter à Alexandrie dans le temple d'Arsinoé, un grand Obelisque que le Roi Nectabanus avoit fait ériger à Memphis, vers l'an 3300. On en verroit davantage à Rome où les Empereurs Romains les faisoient porter d'Egypte, si Cambyses, lorsqu'il s'empara de ce Royaume, n'eût détruit tous ceux qu'il put rencontrer, & banni ou tué les Prêtres qui pouvoient seuls expliquer les caracteres hyeroglyphiques que l'on y voyoit. La coûtume d'élever des obelisques étoit si generale en Egypte, par le grand zele qu'avoient les Egyptiens pour le culte du Soleil auquel ils les consacroient, qu'il y avoit aussi des Prêtres & d'autres personnes considerables qui en faisoient ériger, les uns de trente, les autres de soixante & dix piés de haut, & d'autres de cent & de cent quarante, de sorte qu'à peine rencontroit-on une place qui ne fût embellie d'un Obelisque. Aux quatre côtés de ceux qu'érigeoient les Prêtres, il y avoit des emblêmes & des caracteres hieroglyphiques qui marquoient de grands secrets, & où beaucoup de misteres divins étoient contenus. Leur matiere étoit d'un marbre plus dur que le Porphyre, & presque aussi difficile à rompre que le diamant nommé par les Grecs πυρόϐαλος, par les Latins *Lapis Thebanus*, & par les Italiens *Granito rosso*. Ce Marbre, marqueté d'un rouge fort éclatant, de violet, de bleu, de cendré, de noir, & de petites taches de cristal, figuroit l'action du Soleil sur les quatre élemens, selon les Egyptiens, qui admiroient ce mélange. Le feu étoit marqué par le rouge, l'air par la couleur de cristal, l'eau par le bleu, & la terre par le noir. La carriere en étoit près de la Ville de Thebes & des montagnes qui s'étendent vers le Midi & l'Ethiopie jusqu'aux cataractes du Nil, & quand on trouve des Obelisques d'un autre marbre, il y a sujet de croire qu'ils ne sont pas de la façon des Egyptiens, ou du moins qu'ils ne les ont élevés qu'après que Cambyses eut banni les Prêtres. Tel étoit celui qu'Heliogabale fit transporter de Syrie à Rome & un autre que les Pheniciens avoient consacré au Soleil, & dont le sommet spherique, la matiere & la couleur, étoient fort differentes des Obelisques des Egyptiens. Pour tirer des mines ces grands Obelisques, on creusoit un fossé depuis l'Obelisque déja taillé jusqu'au Nil, qui étoient deux Vaisseaux prêts, chargés d'autant de pierres qu'il en falloit pour faire deux fois la pesanteur de cet Obelisque. Après cela, on les condensoit attachés ensemble au dessous de l'Obelisque que l'on vouloit tirer de la mine. Cet Obelisque étoit suspendu des deux côtés du fossé, & en déchargeant insensiblement les pierres, jusqu'à ce qu'elles fussent en équilibre avec l'Obelisque, on le transportoit de cette sorte du fossé dans le Nil, & du Nil au lieu où l'on devoit l'élever. Il y avoit autrefois près de l'ancien Palais d'Alexandrie deux Obelisques longs de cent piés, & larges de huit, tout d'une piece, taillés d'un marbre Thebain, jaspé de plusieurs couleurs. L'un est gâté, & l'autre qui est demeuré entier, est enfoncé bien avant en terre. Ce mot vient du Grec ὀβελὸς, Broche, à cause du rapport qu'a l'Obelisque avec cette sorte de broche dont se servoient les Prêtres Payens dans leurs sacrifices.

On appelle *Obelisque d'eau*, Une maniere de pyramide à jour & à trois ou quatre faces, dont par le moyen de napes d'eau qui sont à divers étages, le nud des faces paroît d'un cristal liquide.

OBESITE'. s. f. Terme de Medecine. Etat d'une personne, quand la graisse lui farcit & encrouste les membranes des parties, & sur tout celles de dessous la peau. L'Obesité vient d'un sang louable & graisseux qui s'engendrant en plus grande quantité qu'il ne se consume, se distribue aux parties, & s'y attache en quelque maniere. Le défaut d'agitation ou d'exercice, le dormir trop long & les alimens de bon suc ou en trop grande quantité disposent à l'Obesité ou corpulence. La constitution louable du sang qui rend le corps gras & replet, consiste en ce que la masse est fort temperée & peu saline. Ainsi elle souffre peu de dechet, à cause que le chyle n'est pas assés tôt changé en sang. Au contraire, le sang a moitié lait, gonflé de beaucoup de chyle, étant porté aux parties, les enduit de ce suc chyleux temperé, qui étant alteré suivant la diversité des parties les distend jusqu'à une grosseur prodigieuse. On a plusieurs exemples de personnes étouffées par le trop de corpulence, ce qui vient de ce que le mouvement d'inspiration de la poitrine & le mouvement progressif de tout le corps sont viciés. Ces mouvemens se faisant par le racoucissement des fibres des muscles, si tous les espaces d'entre les muscles sont si farcis de suc nourricier que le muscle ne puisse retomber sur lui même, il faut necessairement que le mouvement de contraction des fibres soit arrêté, & par consequent celui du nombre qui leur est attaché. Panarollus parle d'une femme, à laquelle il descendoit plus de trente livres de graisse du ventre sur les genoux. *Obesité*, vient du Latin *Obesus*, Gras.

OBI

OBICE', E'E adj. Vieux mot. Opposé.

OBJECTIF. adj. On appelle *Verre objectif*, en termes d'Optique, Le verre qu'on met au bout des grandes lunettes, & qui reçoit immediatement les rayons de l'objet.

OBIER. s. m. Arbre dur qui ressemble au Cornouiller, & qui porte son fruit en grappe Il y a des maisons de plaisance où l'on en fait des boccages.

OBITUAIRE. adj. On appelle *Registre Obituaire*, Un Registre où l'on écrit les noms des morts, & le jour qu'ils ont été inhumés. Il se dit aussi du livre où l'on écrit la fondation des obits. Ce mot vient du Latin *Obire*, Mourir.

OBITUAIRE. s. m. Celui qui est pourvû d'un Benefice vacant par mort.

OBL

OBLAT. s. m. On appelloit ainsi autrefois un Enfant qu'on offroit à Dieu pour être Religieux dans une Abbaye, du Latin *Oblatus*, Offert. Ces Enfans, quoique fort souvent plus engagés par la dévotion de leurs peres que par leur profession, ne laissoient pas d'être censés apostats, s'ils quittoient leurs Monasteres. On a encore appellé *Oblats*, ceux que l'on nommoit aussi *Devoués*. C'étoient des gens, qui se donnoient entierement à un Monastere, eux, leur famille & leurs biens, en sorte qu'ils y entroient dans une maniere de servitude. La forme qu'on observoit pour les recevoir, étoit de prendre la corde d'une des cloches de l'Eglise & de la leur mettre autour du col. On a dit depuis *Oblat*, pour signifier un Moine lai que le Roi mettoit en chaque Abbaye ou Prieuré de sa nomination, auquel les Religieux donnoient une portion Monachale, à la charge de quelques services qu'il devoit rendre au Couvent. Ces places étoient destinées à des Soldats estropiés, ou trop vieux pour pouvoir encore servir. Cette portion, qui se convertissoit en argent, fut d'abord taxée à soixante livres, puis à cent, & enfin à cent cinquante. Tous ces Oblats, depuis l'établissement de l'Hôtel des Invalides, y ont été transferés avec leurs pensions.

OBLIAL. s. m. Vieux mot. Rente annuelle selon la Coûtume de Bazadois, à ce que rapporte Borel. *Un homme prend en oblial un hostal.*

OBLIQUE. adj. de tout genre. Terme de Geometrie. Qui n'est pas à plomb, qui ne fait pas des angles droits. *Ligne oblique* s'oppose à *ligne perpendiculaire*. Toute ligne droite qui est oblique sur une autre fait un angle obtus d'un côté & de l'autre un aigu. La perpendiculaire en fait deux droits égaux. On dit *Sphere oblique*, *Ascension oblique*. Voyez ces mots.

OBO

OBOLE. s. f. Monnoie de cuivre, que quelques-uns font valoir la moitié d'un denier, & les autres un quart de denier. Selon Nicod, l'Obole commune valoit sept deniers tournois. Selon Galand, au Traité du franc-Alleu, on étoit obligé de donner tous les ans une Obole d'or à l'Abbé de Moissac, le jour de la fête de saint Pierre, ce qui fait voir qu'il y a eu des Oboles d'or. Il y en avoit aussi d'argent qui étoient du poids d'un denier quinze grains. Borel dérive ce mot du Grec ὀβελὸς, Broche, à cause que cette monnoie étoit longue & étroite comme une aiguille.

Obole, en termes de Medecine, signifie un poids de dix grains ou demi scrupule. C'est la sixiéme partie d'une drachme ou d'un gros.

OBS

OBSCURER. v. a. Vieux mot. Obscurcir.

OBSERVANTIN. s. m. Religieux Cordelier de l'Observance. Les Furetieristes disent qu'un Religieux, qui manque à l'observation de sa Regle peche mortellement. Cela n'est pas vrai, il seroit bien malheureux de s'exposer par la profession à de nouveaux pechés. La seule Regle de S. François oblige sous peché mortel : ainsi il faut être bien hardi pour se faire Cordelier.

OBSIDION. s. f. Vieux mot. Siege de Ville.

OBSIDIONAL, 'ALE. adj. Mot qui n'est en usage qu'en cette phrase, *Couronne Obsidionale*, pour signifier une sorte de couronne dont les Romains honoroient les Generaux qui avoient contraint leurs ennemis à lever le siege formé devant une de leurs Villes. Cette Couronne se faisoit des herbes qui se trouvoient sur le terrein, ce qui la faisoit aussi appeller *Graminée*, du Latin *Gramen*, Herbe. *Obsidionale*, vient du verbe Latin *Obsidere*, Assieger.

OBSTRUCTION. s. f. Terme de Medecine. Empêchement qui se rencontre au passage des humeurs dans le corps des animaux. La plûpart des Medecins modernes doutent s'il y a des obstructions dans les visceres. Horstius dit qu'on attribue beaucoup de symptomes aux obstructions du mesentere, qui viennent souvent d'une autre cause. Ce qui rend les obstructions probables, c'est que dans les maladies chroniques on sent plusieurs symptomes fâcheux dans l'abdomen, dont les douleurs precedent toûjours, ou du moins accompagnent ces symptomes, quoiqu'il y ait d'autres parties affligées. Cela donne lieu de croire qu'il y a quelque Obstruction dans le mesentere. Ce qui excuse d'ailleurs l'opinion de ceux qui admettent les Obstructions, c'est qu'on ne sçauroit les découvrir par l'anatomie. Comme on les suppose dans les vaisseaux capillaires qu'on trouve toûjours bouchés après la mort, il n'est pas possible d'y rien connoître. Il est très-certain qu'il ne se peut faire d'Obstructions dans les vaisseaux & dans les visceres par où les liqueurs circulent continuellement, comme dans les veines, dans les arteres, dans les vaisseaux lymphatiques, dans le foye & la rate, sans qu'il se fasse un reflux & un amas de la liqueur qui circule. Il s'en ensuit la tumeur de la partie, où si les vaisseaux se rompent, l'extravasion ou l'épanchement de la liqueur, & ces symptomes doivent necessairement & toûjours accompagner les Obstructions. Lindanus est persuadé que les maladies & les vices qu'on attribue d'ordinaire aux Obstructions du mesentere, & des autres visceres, sont les veritables effets du ventricule indisposé & affligé par des crudités, & sur tout par une corruption acide. Il dit que l'Obstruction n'étant à craindre que dans le passage d'un grand vaisseau dans un plus petit, il ne peut comprendre qu'il se fasse des Obstructions dans les vaisseaux mesaraiques, puisque les petits rameaux vont toûjours en s'aggrandissant, à quoi il ajoûte qu'il guerit ces Obstructions, & les affections mélancoliques & hypochondriaques, en guerissant le ventricule.

OBT

OBTURATEUR. adj. Terme de Medecine. On appelle *Muscles Obturateurs*, Deux muscles de la cuisse qui bouchent le trou qui est entre l'os pubis, & celui de la hanche, du Latin *Obturare*, Boucher.

OBTUS. adj. Terme de Geometrie. On appelle *Angle obtus*, Un angle qui a plus d'un quart de cercle pour mesure, (Voyez ANGLE,) & qui par consequent est plus grand qu'un droit. Le plus grand angle obtus doit être un peu au dessous de 180. degrés qui est la valeur de deux droits. Un *triangle obtus* ou *amblygone* est celui qui a un angle obtus.

OCA

OCA. s.f. Sorte de racine dont les Indiens Occidentaux se servent au lieu de Mays en de certaines Provinces où il ne croît point. Cette racine est longue & grosse comme le pouce. Ils la mangent crue, à cause qu'elle est fort douce. Ils la mangent cuite aussi, & ils l'appellent *Cuvi*, quand ils l'ont fait secher au Soleil.

OCC

OCCIANT. s. m. Vieux mot. Meurtrier.

Et fit les Occians occire.

OCCIDENT. s. m. Terme d'Astronomie & de Geographie. *Celle des quatre parties du monde qui est du côté où le Soleil se couche.* ACAD. FR. Il y a un Occident d'été, un Occident d'hiver, & un Occident des équinoxes. Ce sont les trois points de l'horison où le Soleil se couche, soit aux Solstices, soit aux Equinoxes. L'Occident des Equinoxes s'appelle aussi le *vrai Coucher*.

OCCISE. s. f. Vieux mot. Meurtre.

La mort Achiles & l'occise.

OCE

OCEAN. s. m. Amas d'eaux qui environnent la terre, & qui est le plus grand de toutes les eaux salées & navigables qui soient sur le globe terrestre. L'Ocean est joint à la Mediterranée par le détroit de Gibraltar, & détaché de la mer Caspienne, par la partie du vieux Continent qui regne au Sud dans le Royaume de Perse. On ne navige point sur cette mer avec des Galeres, mais seulement avec des Vaisseaux de haut bord.

OCH

OCHOISON. s. f. Vieux mot. Occasion.

Et querras ochoison d'aller.

OCHRE. s. f. Terre jaune & de couleur d'or qu'on trouve aux mines de plomb. Dioscoride dit que la meilleure Ochre est legere, jaune, haute en couleur, friable, & non pierreuse, & que l'Athenienne est celle que l'on estime le plus. Elle se brûle & se lave de même que la calamine. Ses qualités sont d'être corrosive & astringente. Elle a aussi la vertu de resoudre toutes apostumes, & de reprimer toutes excrescences. On fait de l'Ochre artificiel avec le plomb. Elle est beaucoup plus luisante que la naturelle. L'Ochre rouge est souvent une même matiere que l'Ochre jaune. D'ordinaire la rouge est plus proche de la surface de la terre, & semble avoir pris cette couleur plus forte de la chaleur du Soleil, qu'elle reçoit plus facilement que la jaune qui est dessous. Aussi donne-t'on une couleur rouge à l'Ochre jaune en la calcinant. On appelle *Ochre de ruth*, Une terre naturelle & limoneuse qui se prend aux ruisseaux des mines de fer. Elle est d'un jaune obscur, & reçoit une belle couleur étant calcinée. *Ochre* vient du Grec ὤχρος, Pâle.

OCO

OCOSCOL. s. m. Arbre fort gros & fort grand qui croît dans la nouvelle Espagne, & dont les feuilles ressemblent à celles du lierre. Les Habitans qui l'appellent aussi Oçoçol, en incisent l'écorce qui est grosse & fort épaisse, & il en coule une resine liquide, claire & rougeâtre, à laquelle on donne le nom de *Liquidambar*, ou de *liquidambra*, comme qui diroit Ambre liquide, à cause que son odeur est très-agreable. Elle est excellente pour la guerison des playes, & sur-tout des fistules à l'anus. Ce qui sort le premier du tronc de l'arbre est toûjours le plus clair & le meilleur. Il n'y a que cette partie recueillie séparément, qui soit en usage en Medecine. Celle que l'on tire par expression ne sert que pour parfumer des gands.

OCOZOALT. s. m. Sorte de Serpent qui se trouve en Mexique dans la Province de Tlascala, & dont la morsure est mortelle. Il est long de quatre palmes, & quelquefois de plus, & moyennement gros. Il a la tête de vipere & le ventre blanc tirant sur le jaune. Ses côtés sont couverts de certaines écailles blanches avec des lignes noires par intervalles. Cet animal a le dos brun & presque noir, & quelques rayes brunes qui finissent au dos. Il se remue fort vîte par les rochers & les precipices, & plus lentement en un lieu uni. Il a autant de sonnettes au bout de la queue qu'il a d'années, & ses sonnettes qu'il fait mouvoir violemment & sonner fort haut quand il est fâché, se suivent l'une l'autre à la façon des os de l'épine du dos. Ses yeux sont petits & noirs, & il a deux dents courbées en la mâchoire haute, qui communiquent son venin. Il en a encore cinq autres à chaque mâchoire qu'il laisse voir en ouvrant sa gueule. Ceux qui sont blessés de ce Serpent meurent en vingt-quatre heures avec de grandes douleurs. Tout leur corps se fend en petites crevasses. Les Sauvages mangent sa chair, & leurs Medecins se servent de ses dents & de sa graisse.

OCR

OCRISSE. s. f. Vieux mot. Femme de mauvaise tête. On a dit aussi *Ogrisse*.

OCT

OCTAEDRE. s. m. Terme de Geometrie. L'un des cinq corps reguliers, appellé ainsi du Grec ὀκτάεδρον, à cause qu'il a huit faces égales, sçavoir huit triangles équilateraux.

OCTAVE. s. f. Intervalle de huit jours, dont il y en a sept qui suivent certaines Fêtes solemnelles que celebre l'Eglise, & pendant lesquels elle en fait l'Office. On dit *Prêcher une Octave*, pour dire, Prêcher pendant les huit jours que l'Eglise employe à faire la commemoration d'un Saint, ou de quelque Fête solemnelle.

On dit, qu'*Un Poëme est composé par octaves*, pour dire, que toutes les Stances en sont de huit vers.

Les Marchands se servent aussi de ce terme, & ils appellent *Taffetas de cinq octaves, de trois octaves*, Un taffetas qui est plus ou moins large que le taffetas ordinaire qui n'a qu'une demi-aune de largeur.

Octave. Terme de Musique. Intervalle de huit sons. L'Octave est composée de la quarte & de la quinte, & c'est le plus parfait accord après l'unisson. La voix humaine n'a que trois octaves d'étendue, & les tons de l'orgue vont jusques à huit. Il y a une Octave diminuée & une Octave superflue. L'*Octave diminuée* contient quatre tons & trois demi-tons majeurs, & l'*Octave superflue*, contient cinq tons & trois demi-tons, deux majeurs & un mineur, ou une octave & un demi-ton mineur.

OCTOGONE. s. m. Terme de Geometrie. Figure qui a huit angles & huit côtés. On dit *Octogone*, en termes de Fortifications, pour dire, Une Place qui a huit bastions. *Octogone regulier*, est un Fort qui a ses huit angles & ses huit côtés égaux, & *Octogone irregulier*, Celui dont les côtés & les angles ne sont pas égaux. Ce mot est Grec, composé de ὀκτώ, Huit, & de γωνία, Angle.

OCTOSTYLE. s. m. Ordonnance de huit colomnes, disposées sur une ligne droite, ou sur une ligne circulaire. Ce mot est Grec, composé de ὀκτώ, Huit, & de στύλος, Colomne.

OCU

OCULAIRE. s. m. Terme d'Optique. Ce mot signifie quelquefois une lunette entiere ou telescope. Ainsi on dit *Oculaire dioptrique*, pour dire, lunette d'approche, *Oculaire simple ou monocle*, *Oculaire binocle*, pour dire, Une lunette dont on ne voit qu'avec un œil, & une lunette dont on voit avec les deux yeux, mais plus ordinairement quand on dit *Oculaire*, on sousentend *verre*, & c'est le verre d'une lunette qui est tourné du côté de l'œil, à la difference de l'*objectif*, qui est à l'autre bout de la lunette, & tourné du côté de l'objet.

OCULUS CHRISTI. s. m. Sorte de fleur d'un bleu celeste, qui sert à embellir les parterres. Elle fleurit au mois de Septembre.

ODE

ODE'E. s. m. Lieu qui étoit destiné chés les Anciens pour la Musique, & le plus propre à chanter dans les Theatres. Ce mot est Grec ᾠδεῖον, de ᾠδὴ, Chant.

ODEUR. s. f. Senteur. L'Odeur n'est rien autre chose que les particules très-subtiles & très-volatiles qui exhalent d'un corps, configurées de telle maniere qu'elles picotent singulierement & doucement la membrane du nés, qui est une membrane fort délicate, dont le fond de la cavité est tapissé, & qui est l'organe principal de l'odorat. Ces particules qui sont répandues & agitées dans l'air, & qui entrent avec lui dans le nés, ne sont pas des parties entieres des corps qui font l'odorat, mais seulement certains écoulemens très-subtils qui en sortent. Ainsi le camfre, que sa grande volatilité qui exhale toûjours quelque chose rend très-odoriferant, perd toute son odeur si on le dissout dans l'esprit de Nitre ou de vitriol, parce que ses particules volatiles sont fixées par ces acides, & si on verse de l'eau simple sur cette dissolution, le camfre perdu se revifie, & reprend sa premiere consistance, couleur & odeur. Dans les animaux & les vegetaux, c'est le sel volatil qui fait les odeurs, en agissant sur les soufres, & en leur causant un certain mouvement & une alteration de tissure, à raison de l'acide que ceux-ci renferment. L'odeur est differente selon que la conformation de ces particules est differente en figure & en tissure, & selon qu'elles ébranlent la membrane du nés & ses fibres. Quand le picotement qui s'y fait est doux & moderé, & qu'un mouvement agreable ébranle les fibres, l'odeur est agreable de même; & elle est desagreable quand le mouvement des fibres est inégal & sans proportion, ou que la violence de l'objet offense l'organe. Comme les particules odoriferantes font autant de differentes impressions qu'elles varient dans leur conformation, & que d'ailleurs les structures differentes de la membrane diversifient encore la reception de ces impressions, il ne se peut qu'il n'y ait une infinité de diverses odeurs & d'odorat. Il y a des animaux, sur-tout les chiens, & même de certains hommes, qui ont l'odorat si fin, que sans voir les autres ils les connoissent de loin. Rohaut observe que plus la chaleur est grande & capable de faire échaper plus de parties des corps odorans, plus ils répandent d'odeur, & qu'au contraire le froid qui retient leurs parties en repos, & qui les empêche de s'exhaler, est cause que les parfums se font moins sentir. Il observe encore que plusieurs corps ne sont odorans que tandis qu'ils sont humides, c'est-à-dire, tandis qu'ils ont des parties qui se meuvent, & qu'ils cessent d'avoir de l'odeur lorsqu'ils sont entierement desséchés, ou qu'ils ont toutes leurs parties en repos. Enfin, dit-il, une marque des plus évidentes que les odeurs consistent dans l'évaporation de certaines parties, c'est que la plûpart des corps durs qui n'excitent, pour ainsi dire, d'eux-mêmes aucun sentiment d'odeur, quand ils viennent à être brûlés, ou même à être simplement frottés les uns contre les autres, ne manquent point de paroître odorans, à cause quecela leur fait évaporer quel ques-unes de leurs parties. C'est ainsi que de la cire d'Espagne, quand elle est allumée, fait sentir une odeur qu'elle ne faisoit point sentir auparavant. Ainsi du fer frotté contre du fer, du verre contre du verre, & un caillou contre un autre caillou, font aussi sentir quelque odeur qu'on ne sentoit point auparavant. La diversité de mouvement dans la membrane affecte diversement les esprits, ce qui fait que les odeurs font des alterations differentes en divers sujets, & qu'une odeur, qui est agreable pour l'un en jette un autre en syncope, & cause la passion hysterique aux femmes.

ODONTALGIE. s. f. Mal de dents, qui est la plus cruelle & la plus frequente de toutes les douleurs. Sa cause prochaine est un acide vitié qui provient de la mauvaise nutrition des dents, ou de la corruption de leur aliment prochain, qui dégenere quelquefois en un acide si corrosif, qu'il s'engendre de petits vers dans les alveoles des dents; ce qui les fait tomber par morceaux, ou se creuser. Les dents ne sont point capables de douleur, mais seulement la membrane qui les revêt immediatement dépendante de l'expansion du nerf, dont les fibres s'insinuent par de petits conduits & de petits pores par tout dans la substance de la dent, où elles causent cette sensible douleur, qui se communique aux parties voisines, & aux fibres des nerfs, qui font des crispations & des contractions legeres, à cause de la continuité. La douleur s'étend jusqu'où la crispation douloureuse des fibres se continue, & la contraction des petites fibres retrecissant les pores par où le sang & les autres humeurs circulent, il arrive que le sang ou la lymphe s'arrête, & qu'enfin l'inflammation de la mâchoire ou une tumeur sereuse & œdemateuse survient à cette douleur des dents. Elle a pour cause éloignée les sucreries & les douceurs, les choses trop chaudes ou trop froides, & sur-tout les acides qui offensent l'esprit implanté des dents, & corrompent sa tissure materielle. Quand une dent commence à faire du mal, l'acide contre nature survient, & communique la douleur au voisinage. *Odontalgie* est un mot Grec, formé de ὀδὼς, Dent, & de ἄλγος, Douleur.

O E

O E. s. f. Vieux mot. Oye.
Une Oe orent tant seulement.

O E D

OEDEME. s. m. Terme de Medecine. Tumeur contre nature, qui est froide, lâche, molle, sans douleur & blanchâtre, & qui enfonce quand on la presse du doigt, en sorte que la marque y reste imprimée. Cette tumeur est causée par une humeur phlegmatique. Il y en a une aqueuse & l'autre venteuse. Les Oedemes surviennent quelquefois aux maladies, sur-tout aux chroniques, & c'est un commencement d'hydropisie. S'ils arrivent aux maladies aigues, c'est sur le declin, & quand les malades mangent plus que leur estomac ne le peut souffrir. C'est un mauvais signe, s'ils viennent d'eux-mêmes, puisqu'il est à craindre qu'ils ne soient suivis d'une maladie chronique. En general, ils sont bien moins dangereux dans les jeunes personnes que dans les vieillards; ils leur présagent bien souvent la mort, & en sont les avant-coureurs lorsqu'ils arrivent aux piés dans une phtisie opiniâtre & confirmée. La Leucophlegmatie est une espece d'Oedeme universel. Ce mot est Grec οἴδημα, du verbe οἰδεῖν, Enfler.

O E I

OEIL. s. m. Partie de la tête de l'animal, qui sert à recevoir les impressions de la lumiere, & à produire le sentiment de la vûe. Les yeux sont situés dans deux cavités osseuses & recouverts de deux paupieres, la superieure & l'inferieure. La superieure s'abaisse pour couvrir tout le globe pendant le sommeil, & pour le défendre dans la veille des reflexions trop fortes, & des couleurs trop vives & trop éclatantes. Les yeux font plusieurs sortes de mouvemens, chacun par le moyen de six muscles. Les premiers levent les yeux en haut, les seconds les abaissent, les troisiémes font regarder le nés, & les quatriémes font regarder par dessus l'épaule. Ces quatre muscles sont appellés *Droits*, & les deux autres *Obliques*, tant à cause de leur situation que de leur mouvement. Les orbites sont garnies interieurement d'une grande quantité de graisse qui sert comme de matelas, afin d'empêcher qu'ils ne se blessent par leur mouvement frequent & rapide contre les corps durs. Le globe de l'œil est composé de six membranes, dont la premiere est la Conjonctive, qui est lice & polie, d'un sentiment très-exquis; la seconde, est la Cornée, qui paroît dans l'espace que laisse la Conjonctive, sous laquelle elle est immediatement, comme l'Uvée, qui est la troisiéme, est immediatement sous la Cornée. Celle-ci a un trou en devant qui fait la prunelle, dont le tour paroissant au dehors s'appelle Iris, à cause de ses diverses couleurs. La quatriéme, est la Cristalline, qui renferme immediatement le Cristallin; la cinquiéme, la Retine qui est formée par l'expansion du nerf optique; & la sixiéme, la Vitrée. Celle-ci envelope l'humeur de ce nom, & empêche qu'elle ne s'extravase. Cette humeur vitrée est située dans la partie posterieure de l'œil, & semble être composée d'une quantité de fibres molles. Il y a encore deux autres humeurs, l'aqueuse & la cristalline. L'humeur aqueuse, qui est fort fluide, occupe le devant de l'œil, & l'humeur cristalline, qui est située entre les deux autres, vis-à-vis la prunelle, ressemble à une lentille de cristal. L'œil reçoit des nerfs de cinq differentes paires. Les premiers sont les optiques, qui entrant par un trou qui est à la partie posterieure de l'orbite, s'épanouissent, & forment la membrane appellée *Retine*. La deuxiéme paire sont les moteurs, qui prenant de la base de la moëlle allongée au-dessus de l'entonnoir, sortent par la fente irreguliere de l'os sphenoide. La troisiéme, sont les pathetiques. Ceux-ci naissent de la partie superieure de la moëlle allongée, & passant par la fente irreguliere, vont se perdre par une quantité de fibres au muscle trocleateur. La quatriéme paire est la premiere branche de la cinquiéme qui sort par la même fente, & la cinquiéme qui va aux yeux est toute la sixiéme du cerveau, qui naît auprès de la cinquiéme rampe à la base du crane, entre la duplicature de la dure mere, & va sortir par la fente irreguliere de l'os sphenoïde pour se jetter au muscle abducteur des yeux. On fait venir *Oeil*, du Latin *Ocellus*.

On appelle *Oeil d'un étau*, Le trou par lequel passe la viz de l'étau, au milieu d'une de ses tiges, entre les mâchoires & la jumelle.

Oeil de bœuf, en Architecture, se dit d'une lucarne ronde que l'on fait dans la couverture des maisons, pour donner du jour aux galetas & aux greniers.

Les Vitriers nomment aussi *Oeil de bœuf*, Le nœud qui est au milieu des plats de verre dont ils font les vitres.

Il y a aussi un *Oeil de bœuf*, chés les Peintres. C'est un vaisseau de fayence fort petit & rond, dont ils se servent pour y détremper leurs couleurs au lieu de coquilles.

On appelle encore, *Oeil de bœuf*, Le Buphthalmum que Dioscoride dit être appellé *Cachla* par quelques-uns. Cette plante produit des rejettons grêles & tendres, & ses feuilles semblables à celles du fenouil. Sa fleur est jaune, plus grande que la Camomille & faite en forme d'œil, d'où elle a tiré son nom, *Buphthalmum*, voulant dire en Grec Oeil de bœuf, de βοῦς, Bœuf, & de ὀφθαλμὸς, Oeil.

On donne aussi le nom d'*Oeil de bœuf*, dans la Marine, aux poulies qui sont vers le racage contre le milieu d'une vergue, & qui servent à manœuvrer l'Itaque. Il ne laisse pas d'y avoir un œil de bœuf au milieu de la civadiere, quoiqu'il n'y ait point là de racage.

On dit *Oeil de pie*, en termes de Marine, en parlant des trous ou œillets qu'on fait le long du bas de la voile au-dessus de la ralingue, pour y passer des garcettes de rie.

Oeil de chaîne de harnois, c'est une boucle au bout des chaînes qui servent à atteler.

On appelle *Oeil de roue*, Le trou rond par où passe l'aissieu dans la roue d'un affust de canon.

On dit sur mer, *Oeil de bouc*, en parlant d'un phenomene qui paroît comme le bout de l'arc-en-ciel.

Oeil, se dit aussi des Ouvertures ou trous par où plusieurs outils d'artisans sont emmanchés. Ainsi on dit, *L'œil de la louve, l'œil du têtu, du descintroir, de la marteline.*

Les Tireurs d'or appellent *Oeil*, la plus petite ouverture d'un pertuis de leurs filieres, par où sort le lingot ou le fil qu'ils dégrossissent.

En Agriculture *Oeil*, se dit d'un petit bouton qu'on insere dans un arbre pour faire une ente. Il se dit aussi du bourgeon qui vient au sarment de la vigne.

On appelle *Oeil*, dans une bride de cheval, la partie du plus haut de la branche, qui est platte & percée pour joindre la branche à la têtiere, & tenir la gourmette attachée.

On appelle en Architecture, *Oeil de la volute*, le centre de la volute qui se taille en forme d'une petite rose.

On se sert encore de ce même mot *Oeil*, pour signifier toute fenêtre ronde qui se prend dans un frontron, un attique, ou dans les reins d'une voute, & l'on appelle *Oeil de dome*, L'ouverture qui est au haut de la coupe d'un dome, & qu'on a coûtume de couvrir d'une lanterne.

On appelle *Oeil de pont*, Toute ouverture ronde au-dessus des piles & dans les reins des arches d'un pont. On ne fait pas seulement ces ouvertures pour rendre l'ouvrage leger, mais afin que les grosses eaux trouvent plus facilement passage.

OEILLET. s. m. Plante ou fleur odoriferante, qui fleurit en Mai & en Juin. Il y en a de differentes couleurs ou figures, ces fleurs qui sont chaudes & seches moderement, fortifient le cœur & le cerveau, font mourir les vers, & facilitent l'accouchement. Matthiole dit qu'il ne trouve point que les anciens ayent eu connoissance des Oeillets, & que quelques Medecins modernes appellent leur plante *Vetonicum couronné*, dont il ne sçait point la raison. Cette plante, poursuit-il, a ses feuilles longues comme celles de barbe de bouc, mais plus courtes, plus charnues, & plus grasses, courbes & qui finissent en pointe. Elle a force petites tiges, rondes, nouées, lissées, de la hauteur d'une coudée, & elle en jette trois ou quatre à la cime, au bout desquelles sort le bouton, qui est longuet & dentelé par le dessus en façon de scie, d'où sort la fleur qui a la même odeur des Girofles, d'où les Oeillets ont pris le nom de *Caryophilli hortenses.* On en trouve de differentes couleurs, qu'on rend tels par artifice, en y mêlant des grains de toutes les especes. Ils ont force feuilles, ainsi que les roses. Il y en a d'autres sortes qui viennent d'eux-mêmes, les uns ayant leurs feuilles jaunes comme or, & les autres blanches. Ils sont toutefois plus grêles, & ont leur fleur plus petite & non feuillue, sans nulle odeur des Oeillets. Ils viennent dans les lieux secs & non cultivés. Les racines des Oeillets sauvages prises en vin pur au poids de trois drachmes, guerissent les morsures des viperes. On fait du vinaigre d'œillets comme de roses. Ce vinaigre mis dans les narines fait revenir les évanouis. Il est bon aussi contre l'air de peste si on s'en arrose les narines & les mains.

Oeillet d'Inde. Sorte de fleur qui tire sur l'orangé. Son odeur est forte, & elle ne commence à fleurir que vers l'Automne.

On appelle en termes de Marine. *Oeillet d'étai*, Une grande boucle qu'on fait au bout du haut de l'étai. C'est par dedans cette boucle qui passe le même étai après qu'il a fait le tour du ton du mât. On dit aussi *Oeillets de la Tournevire.* Ce sont des boucles qu'on fait à chacun de ces bouts pour les joindre l'un à l'autre avec un quarantenier.

Les Emailleurs appellent *Oeillets*, Les bouillons qui s'élevent quelquefois sur les plaques émaillées lorsqu'on les met au feu.

Oeillets de Salines, Petite fosse où l'on fait le Sel à la chaleur du Soleil.

OEN

OENANTHE'. s. f. Plante qui croît aux lieux pierreux, & dont les feuilles sont semblables au panais. Elle a ses fleurs blanches, & sa tige grosse, & de la hauteur d'un palme. Sa racine est grande, & a plusieurs petites têtes rondes. Cette racine prise dans du vin, est bonne pour ceux qui ne peuvent uriner que goute à goute. Sa graine, sa tige, & ses feuilles bues en vin miellé font sortir l'arriere-faix. Cette plante a été nommée *Oenanthé*, à cause que sa racine a l'odeur du vin. On appelle aussi οἰνάνθη, la fleur de la vigne, du Grec οἶνος, Vin, & de ἄνθος, Fleur. Matthiole fait voir que Theophraste & Pline, Fuchsius & plusieurs autres Modernes qui ont pris l'Oenanthé, pour la plante appellée *Filipendula*, se sont trompés.

OEQ

OEQUES. s. f. p. Grandes salles ou salons destinés chés les Anciens pour les festins, & autres divertissemens. On appelloit aussi *Oeque*, le lieu où les femmes s'assembloient ordinairement pour travailler. Ce mot vient du Grec οἶκος, Maison.

OES

OES. s. m. Vieux mot. Gré. *Je ne voel rien faire qu'à ton oes ne soit.*

OESOPHAGE. s. m. Terme de Medecine. Conduit par lequel le boire & le manger entrent dans l'estomac. Il est composé de deux membranes propres, l'une charnue, & l'autre nerveuse, & reçoit force rameaux de la veine cave, la coronale & autres. Ce conduit s'étend depuis la gorge jusqu'au ventricule, & descend droit en bas derriere l'artere trachée. Sa figure est ronde, longuette & assés capable, en forme de boyau fort rouge. Ce mot est Grec οἰσοφαγὸς, & est composé de l'ancien οἴειν, Porter, & de φάγειν, Manger.

OESYPE. s. m. Graisse tirée de la laine crue qu'on prend lorsqu'elle vient de la bête. Il faut la bien tremper dans de l'eau chaude, après quoi on en fait sortir toute l'ordure & toute la graisse, en la pressant fortement. On met cette graisse dans un vaisseau qui a l'ouverture grande avec l'eau de la lavûre, & on la bat & remue avec une espatule. jusqu'à ce qu'on en puisse ramasser l'écume. Cela étant fait on l'arrose d'eau salée, afin de pouvoir recueillir toute la graisse qui est au-dessus de l'eau, & qu'il faut mettre dans un autre vaisseau, puis on recommence à battre l'eau de la lavûre comme auparavant, en y remettant de l'eau salée, jusqu'à ce qu'elle ait consumé toute la graisse, & qu'il ne reste plus d'écume sur l'eau. Quand cette graisse a été ainsi ramassée, on la mollifie avec les mains, & on en ôte les ordures qui s'y trouvent, en exprimant l'eau qui y pourroit être. On la lave ensuite en plusieurs eaux, en la paîtrissant toûjours, & la maniant avec les doigts, jusqu'à ce qu'elle soit un peu astringente à la langue sans aucune mordication & qu'elle soit réduite en graisse blanche, après quoi on la serre dans un pot de terre. Le meilleur Oesipe est celui qui est poli & qui n'a pas été lavé avec l'herbe Struthion. Il doit sentir la laine crue, & devenir blanc étant délayé avec de l'eau fraîche, n'ayant ni grumeaux ni durillons. Cette graisse remplit les ulceres & les mollifie avec du beurre & du mellilot. Si on applique l'Oesipe en forme d'emplâtre avec de la laine, il provoque les mois, & pousse l'enfant dehors. Il rarefie, & aide à la suppuration. Ce mot est Grec οἴσυπος, & est fait d'ὄϊς, Brebis, & de σήπεσθαι, Pourrir.

OEU

OEUF. s. m. *Certaine matiere enfermée dans une coque ou dans une membrane, que mettent dehors les oiseaux, la plûpart des poissons, des serpents, & des insectes, & de laquelle leurs petits s'engendrent, se forment, & se nourrissent avant que d'éclorre.* ACAD. FR. Les œufs de poule, dit Matthiole, sont de meilleur goût, plus savoureux à la bouche, & nourrissent plus que tous autres œufs, sur-tout étant frais. Les meilleurs après ceux de poule, sont les œufs de perdrix & de Faisan, & les moindres, ceux des canards, des oisons, des grues, & autres oiseaux de riviere. Ils appesantissent l'estomac, & engendrent de mauvaises humeurs, quoique nourrissans, en ceux qui ont l'estomac assés robuste pour les pouvoir digerer. Les œufs de pigeons sont fort chauds, & ceux de paons & d'autruches très-mauvais, d'un vilain goût, de très-difficile digestion, étant directement ennemis de la nature de l'homme. Le jaune de l'œuf est temperé de bon goût & facile à digerer, mais le blanc est froid, se digere difficilement, & engendre des phlegmes. Tous les oiseaux viennent & naissent de l'œuf, ainsi que tous les poissons, à l'exception du dauphin, du veau marin & de quelques autres. Les œufs de barbeaux sont très-dangereux, & on ne pourroit en manger beaucoup sans être en peril de mort. Il y a aussi des animaux terrestres qui naissent des œufs, comme les crocodiles, les lezards, les tortues, & generalement toutes les bêtes qui rampent hormis la vipere. Matthiole dit qu'en faisant l'anatomie d'une tortue, il lui trouva sept œufs dans le ventre qui tous étoient avec leurs coquilles, ce qui lui fit connoître que les Tortues ne font pas leurs œufs si-tôt qu'ils ont la coquille, ainsi que font les oiseaux, mais qu'elles attendent que tous ceux qu'elles ont dans le ventre ayent pris coquille. Les œufs sont d'un grand usage dans la Medecine, & on en dissout souvent les jaunes, appellés *Vitelli ovorum*, dans les lavemens. L'usage des blancs d'œuf, qu'on nomme *Alumina ovorum*, n'est guere moindre. On tire des jaunes d'œufs durcis une huile excellente pour adoucir les douleurs, & pour les brûlures. Elle n'est pas moins bonne aux ulceres des oreilles. On fait aussi un Electuaire merveilleux contre la peste, appellé *Electuarium ab ovo*. Ce mot vient du Latin *Ovum*, qui veut dire la même chose.

OEUVRE. s. f. *Ce qui est fait, ce qui est produit par quelque agent & qui subsiste après l'action.* ACAD. FR.

On appelle en termes de mer, *Oeuvres de marée*, Le radoub & le carenage qu'on donne aux Vaisseaux dans le tems que la mer est retirée.

On dit aussi en termes de mer, Oeuvres vives & Oeuvres mortes. Les *Oeuvres vives*, sont toutes les parties d'un vaisseau qui entrent dans l'eau depuis la quille jusques au vibord, ou pont d'enhaut. On y emploie le chêne le plus dur. Les *Oeuvres mortes*, sont toutes celles qui sont hors de l'eau. Celles-là se font d'un bois plus leger.

Oeuvre, est encore un terme d'Architecture, & on dit *Dans œuvre* & *Hors d'œuvre*, en parlant des mesures du dedans & du dehors d'un bâtiment. On appelle *Cabinet hors d'œuvre*, *Galerie hors d'œuvre*, Un cabinet, une galerie, attachée à un corps de logis seulement par un de ses côtés. On dit, *Reprendre un vieux mur sous œuvre*, pour dire, Le rebâtir par le pié.

OFF

OFFICIER. s. m. Qui a un office, une charge. Les Officiers de guerre sont ceux qui ont commandement dans les Troupes, & parmi eux on appelle *Officiers Generaux*, les Lieutenans Generaux, les Marêchaux de Camp, les Brigadiers & autres qui commandent à un corps composé de plusieurs Compagnies d'un Regiment. Les Mestres de Camp, Colonels & Capitaines sont des Officiers au-dessus des subalternes, c'est-à-dire, des Lieutenans, Sous-Lieutenans, Cornettes & Enseignes. On appelle *Bas-Officiers*, les Sergents & Caporaux.

Il y a de deux sortes d'Officiers sur mer. Les uns sont *Officiers de la Marine*, comme l'Amiral, les Vice-Amiraux, les Lieutenans Generaux, les Chefs d'Escadre, les Capitaines, Lieutenans & Enseignes de Vaisseau, & les autres sont appellés *Officiers Mariniers*. Ceux-ci forment la sixiéme partie des gens de l'équipage, que l'on choisit tant pour la conduite que pour la manœuvre & le radoub des Vaisseaux, sçavoir, le Maître, le Pilote, le Bosseman, le Maître de hache, le Maître Voilier & autres.

OGI

OGIVE. s. f. Terme d'Architecture. Les Ogives sont les arcs ou branches, qui dans les voutes Gothiques traversent diagonalement d'un angle à un autre, & qui forment une croix entre les autres arcs qui font les côtés du quarré, dont les arcs font les diagonales, ce qui se voit dans la plûpart des Eglises. On appelle cela *Croisée d'Ogives*. Il y a des

Ogives

Ogives rondes, il y en a de quarrées comme dans la Cathedrale d'Angers.

OGO

OGOESSES. Terme de Blason. Il se dit des tourteaux de sable, pour les distinguer des autres, qui ont d'autres noms quand ils sont de pourpre, de gueules ou de sinople.

OHI

OHIE', ée. adj. Vieux mot. Malade, Languissant.

OIG

OIGNON. s. m. Sorte de plante qui a une racine bulbeuse & chevelue, au haut de laquelle il y a une maniere de pomme ronde couverte de peaux; c'est ce qu'on appelle proprement *Oignon*. L'Oignon fait venir les larmes aux yeux quand on le pelle & le coupe, & par sa pointe il donne un goût relevé aux viandes avec lesquelles on le fait cuire. Ce qu'il y a de fâcheux dans cette racine, c'est qu'elle est indigeste, & fait faire beaucoup d'excrements. Si elle est contraire aux bilieux par l'acrimonie qu'elle a, elle est utile aux pituiteux, parce qu'elle échauffe le corps, subtilise les humeurs crasses, & incise celles qui sont lentes & visqueuses. L'usage trop fréquent des Oignons enfle la rate, blesse l'estomac & la tête, & obscurcit la vue. Ils sont attractifs quand on les applique. Ils maturent, amollissent, & tirent dehors les hemorrhoïdes qui ont peine à sortir. On se sert de leur décoction, de leur suc & de leur incision, pour remedier aux maux d'oreilles. Quand ils sont broyés cruds avec du sel, & appliqués, ils sont merveilleux pour la brûlure. Les Furetieristes disent que l'Oignon sec est plus fort que le verd. Ils se trompent, l'Oignon & l'échalotte sont plus doux secs qu'en verd.

On appelle *Oignon de fleur*, la tête d'où naît la fleur.

On appelle *Flûte d'Oignon*, Une sorte de flûte qui a un gros bouton au bout fait en oignon, & dans laquelle on souffle en chantant.

OIL

OIL. s. m. Vieux mot. Oeil. On le trouve aussi dans la signification de *Oui*.

OILLE. s. f. Vieux mot. Huile.

OIN

OINTURE. s. f. Vieux mot. Liniment, onguent.

Mais moult m'assouvagea l'ointure.

OIR

OIRE. adv. Vieux mot. Aujourd'hui.

Mais aye bien en ta memoire,
Ce que je t'ay dit jusqu'à oire.

OIRRE. s. f. Vieux mot. Route. *Retournerent leur Oirre vers Constantinople.* Ce mot vient de *Erre.*

OIS

OISEAU. s. m. *Animal ayant des plumes & des aîles pour voler.* ACAD. FR. Vincent le Blanc dit qu'aux environs du détroit de Magellan, sur la côte vers le Nord, il se trouve quantité d'oiseaux qui n'ont point d'ailes. Ils font des trous en terre où ils se retirent, & sont gras & bons à manger. On dérive le nom d'Oiseau, du Latin *Avicellus* ou *Aucellus*, dont les Italiens ont fait *Augello.*

On appelle *Oiseaux domestiques*, les poules, canes & oyes; *Oiseaux passagers*, les beccasses, cailles, & guignards; *Oiseaux de bois*, les gelinotes & les faisans, & *Oiseaux de riviere*, les canards, sarcelles, & autres qui aiment les eaux. Les *Oiseaux de nuit*, sont les hibous, chat-huans & autres de mauvais augure.

Parmi les Oiseaux de la Virginie, il y en a un qu'on appelle *Oiseau moqueur*, à cause qu'il contrefait si bien la voix naturelle de l'homme & celle de tous les oiseaux, qu'il trompe les chasseurs en se déguisant par cette voix. On y en trouve un autre qu'on nomme *Oiseau rouge*, parce qu'il a tout son corps & tout son plumage de couleur de sang, & un troisiéme appellé *Oiseau murmure*, parce qu'il fait un fort grand bruit en volant, quoiqu'il ne soit que de la grosseur d'un hanneton.

On appelle *Oiseaux de proye*, en termes de Fauconnerie, les gros oiseaux qui vivent de grip, de rapt & de rapine, qu'on dresse & qu'on apprivoise, & *Oiseau de bonne ou de mauvaise affaire*, Celui qui est docile ou farouche. On dit *Oiseau de montée*, pour dire, Celui qui s'éleve fort haut. Le Milan & le Heron sont de ce nombre. *Oiseau de poing*, se dit de celui qui fond sur le poing sans entremise de leurre, sans qu'on le reclame, & *Oiseau de leurre*, Celui qui fond sur le leurre quand on le lui jette, & du leurre sur le poing.

Dans les Indes Occidentales, où il se trouve divers Oiseaux de Proye, il y en a un monstrueux, de la grandeur, & presque de la même forme d'une poule. Ses plumes sont blanches avec quelques marques brunes. Il a le bec d'Oiseau de Proye, mais plus aigu, le pié gauche semblable à celui d'une oye avec lequel il nage dans l'eau, & le pié droit comme celui d'un faucon. C'est aussi avec ce pié qu'il serre ce qu'il a pris, soit en l'air ou dans les eaux. Le Pere Kirker parle d'un autre Oiseau qu'on trouve à la Chine, & qui étant oiseau tout l'Eté, se transforme en poisson durant l'Hiver. Les Habitans l'appellent *Hoang-cio-yu*, qui veut dire, Poisson jaune.

Oiseau de Paradis. Sorte d'Oiseau qui se trouve dans l'Isle de Tidor, l'une des Moluques. Les Espagnols l'appellent *Paxaro del cielo*, sur ce qu'on prétend que cet oiseau est toûjours en l'air, & que n'ayant point de piés, il s'entortille à une branche d'arbre avec ses plumes quand il veut dormir, mais cela n'est fondé que sur ce que ceux qui les apportent leur coupent les piés d'une maniere qui empêche que l'on ne s'en apperçoive, afin de les faire paroître plus rares. Vincent le Blanc dit qu'il en a vû un vivant à Goa qu'un Portugais nourrissoit de fleurs les plus délicates, & sur-tout de la fleur du Calanfour ou Girofle, qu'il aimoit fort.

Chés les Poëtes, par l'*Oiseau de Jupiter*, on entend l'Aigle; par l'*Oiseau de Junon*, le Paon; par l'*Oiseau de Pallas*, le Hibou; & par l'*Oiseau de Venus*, le Pigeon.

Oiseau. Terme de Maçon. Petit ais que les goujats mettent sur leurs épaules pour porter du mortier aux Maçons. Il est posé sur des morceaux de bois qui débordent, & qui font comme deux bras.

On appelle aussi *Oiseau*, Une espece de palette sur laquelle on met le mortier pour travailler en stuc.

OISELER. v. a. Terme de Fauconnerie. Dresser un Oiseau. On dit *Oiseler un Faucon*, pour dire, L'affaiter, le leurrer, l'assûrer, commencer à le mettre dedans, & l'employer à voler.

OISON. s. m. Jeune Oye. On appelle *Oison bridé*, celui à qui on a passé une plume à travers les ouvertures qui sont à la partie superieure de son bec, afin d'empêcher qu'il n'entre dans les jardins, ce qu'il feroit sans cela en passant les haies. On a dit de-là en proverbe, *Passer la plume par le bec*. M. Menage fait venir ce mot du Latin *Avicio*.

OISTRE. s. f. Vieux mot. Huitre, du Latin *Ostrea*.

Bottez, housez, com Peschеurs d'Oistres.

OLE

OLEAGINEUX, EUSE. adj. Huileux. Fruits Oleagineux. Les bois oleagineux & reseneux brûlent, quoique verds. L'urine oleagineuse est une marque d'une mort prochaine.

OLEANDRE. s. m. Arbrisseau que Dioscoride dit être fort commun, & appellé par les Grecs νήριον, ῥοδόδενδρον, ou ῥοδοδάφνη, à cause que ses fleurs sont faites en façon de roses, & que ses feuilles sont semblables à celles du laurier. Il dit pourtant de ses feuilles qu'elles ressemblent à celles de l'amandier, quoique plus longues & plus épaisses, & que son fruit ressemble aussi à l'amande. Il est fait en maniere de cornet, & étant ouvert il fait paroître une certaine bourre comme les papillottes des chardons. Sa racine est longue, aigue, dure comme bois & amere au goût. Cette plante croît parmi les jardins, aux lieux maritimes, & le long des rivieres. M. Meuve Medecin, qui en parle dans son Dictionaire Pharmaceutique, dit qu'elle est mise au rang des poisons chauds; qu'elle enflamme, & enfle le corps outre mesure, & qu'elle est si mordicante qu'elle en ulcere toutes les parties qu'elle touche, en sorte que par les fâcheux accidens qu'elle cause, il faut qu'enfin le patient meurt s'il n'y est pourvû bien tôt par les choses grasses, & par une décoction faite d'agnus castus, de senegré, figues avec miel, dates, bayes de genevres & autres. Cela se rapporte à ce que dit Galien que l'Oleandre n'est pas seulement pernicieux & venimeux aux bêtes, mais encore aux hommes. Cependant Dioscoride qui dit que ses feuilles & ses fleurs servent de poison aux chiens, aux ânes, & à plusieurs autres bêtes à quatre piés, ajoûte qu'elles servent de préservatif aux hommes contre les morsures de serpents. Matthiole, que ces deux opinions embarrassent, ne les peut concilier qu'en disant que l'Oleandre, selon Galien, est venimeux à ceux qui ne sont point mordus d'un serpent, & que selon Dioscoride, il sert de préservatif à ceux qui en sont mordus. L'Oleandre s'appelle autrement *Rosage* ou *Rosagine*.

OLER. v. n. Sentir, du Latin *Olere*.

Et ces gens, se dit-il, querolent,
Sur les florettes qui bien olent.

OLI

OLIBAN. s. m. Nom que les Apothicaires donnent à l'encens mâle, à cause qu'on le recueille sur des arbres qui croissent sur une montagne nommée Oliban. L'Oliban ou encens mâle est rond de soi-même & entier sans aucune piece, blanc & gras au dedans quand on le rompt, & il fait flamme si-tôt qu'il est sur le feu.

OLIPHANT. s. m. Vieux mot. Elephant.

OLIVE. s. f. Fruit à noyau dont on fait des salades. Les Olives de Luques sont vertes, douces & menues, & celles d'Espagne sont charnues, grosses & ameres. On confit en peu de tems les Olives qui ne sont point encore mûres, & alors elles conservent si bien leur verdeur, qu'on croiroit qu'elles viennent de sortir de dessus l'arbre. On prend pour cela six livres de chaux vive passée en un crible, & suffisamment de l'eau pour la détremper. On la reduit en forme de bouillie claire, après quoi on y ajoûte dix livres de cendre de chêne passée, & ce qu'il faut d'eau pour la démêler. Cela fait on met dedans vingt-cinq livres d'Olives vertes, qu'on y laisse détremper huit ou dix jours. Pendant ce tems on les remue doucement pour empêcher qu'elles ne se froissent, après quoi on les lave dans de l'eau fraîche, & on les y laisse tremper cinq ou six jours, changeant souvent d'eau, puis on les met en un pot propre pour cela, avec de la saumure, où l'on a fait cuire auparavant quelques tiges de fenouil mises en pieces, & quand elles sont apprêtées de cette sorte, elles gardent leur verdeur, & deviennent bonnes pour la bouche. Les Olives qui sont vertes d'abord & ensuite pâles, ne sont mûres qu'en Novembre & en Decembre. On les cueille en ce tems-là, & alors elles sont pleinement noires. On les étend sur terre jusqu'à ce qu'elles se rident, après quoi on les met sous le pressoir, en les arrosant d'eau chaude, & c'est ainsi qu'on en tire l'huile. Comme elle ne seche point elle ne vaut rien à peindre.

On appelle *Olives* en Architecture, Un ornement de Sculpture qui se taille sur les baguettes & les astragales, comme des grains oblongs enfilés en maniere de chapelet.

OLIVETTE. s. f. Sorte de danse de campagne qu'on fait en courant les uns après les autres. On serpente pour cela autour de trois arbres, ou de trois autres points fixes que l'on marque exprès.

OLIVETTE. s. f. Plante faite à peu près comme le Fenu grec. Les Minimes en ont au Plessis-lès-Tours, & font de l'huile de sa graine. Cette plante graine en tête comme le pavot.

OLIVIER. s. m. Grand arbre qui porte des Olives. Ses feuilles sont longues, grosses, grasses, vertes par dessus, & blanchâtres par dessous, d'un goût amer & brusque, & se terminent en pointe. Il porte en Juin des fleurs blanches qui sortent en façon de grappe de raisin. La matiere de son bois est belle, massive, veineuse & madrée, & brûle aussi-bien verte que seche. La Toscane, la Sclavonie & plusieurs Isles de la mer Adriatique sont assés peuplées d'Oliviers sauvages, qui sont épineux, plus petits que les domestiques, & ont aussi leurs feuilles moindres. Ils produisent des Olives en abondance, qui quoique moins grosses que les autres, sont plus savoureuses. Les Grives, les Etourneaux, & les Merles en sont fort friands. Matthiole dit que les Anciens ont fait cas de dix sortes d'Oliviers, sçavoir le Paucien, l'Algien, le Lycinien, le Sargien, le Nevien, le Culminien, l'Orchite, le Royal, le Circite & le Murtien. Il ajoûte que l'Olivier & le Chêne ont entre eux une telle inimitié, que si on les plante l'un auprès de l'autre, l'un meurt en fort peu de tems. Il dit encore que si une Chevre broute les germes d'un Olivier, cet arbre devient sterile sans que l'on puisse y donner remede, & que s'il ne porte guere ou devient sterile par un autre moyen, il ne faut pour le rendre fecond, que lui gratter le pié, & découvrir ses racines dans l'hiver. Les Oliviers, tant le domestique que le sauvage appellé par les Latins *Oleaster*, ne croissent que dans les pays chauds.

OLY

OLYMPIADE. s. f. Terme de Chronologie. C'étoit chés les Grecs un espace de quatre ans qui leur servoit à compter leurs années, & cette supputation venoit des Jeux Olympiques, qu'ils celebroient tous les quatre ans durant cinq jours, vers le solstice d'Eté, sur les bords du fleuve Alphée, auprès d'Olympie, Ville d'Elide, où étoit le fameux Temple de Jupiter Olympien. La premiere Olympiade commença l'an 3938. de la Periode Julienne, l'an 3208. de la Création du Monde, & 777. avant la Naissance du Sauveur.

OLYMPIQUE. adj. On appelle *Jeux Olympiques*, des Jeux fameux qu'Hercule institua en l'honneur de Jupiter vers l'an 2836. du monde, & qu'Iphitus, Roi d'Elide, rétablit 442. ans après. On les celebroit tous les quatre ans, pour exercer la jeunesse en cinq sortes de combats. Selon Athenée, ce fut Coræbus qu'on y couronna le premier, pour avoir surmonté ses concurrents à la course. Il y avoit d'autres prix pour differens exercices. On rendoit tant d'honneur à ceux qui les remportoient, que quand ils retournoient en leur patrie, on avoit accoûtumé d'abattre un pan de muraille pour les faire entrer sur un chariot comme en triomphe.

On appelle *Feu Olympique*, le feu qui naît des rayons du Soleil ramassés avec un miroir ardent.

OLYRA. s. f. Sorte d'Espeautre dont on fait du pain, & que Galien dit tenir le milieu entre le froment & l'orge. Matthiole dit que l'Olyra n'est autre chose que ce que les Latins nomment *Secale*, & qu'on appelle communément *Segle*. Il suit en cela l'opinion de Pline qui a écrit que cette sorte d'espeautre que les anciens nommoient *Arinca*, fait de fort bon pain. Ce blé poursuit-il, est plus nourri & plus épais que le blé rouge & barbu qu'on appelle *Far*, & a son épi plus grand & plus pesant, & cependant le boisseau ne sçauroit peser seize livres entieres. Ce blé est fort malaisé à émonder en Grece. Aussi le donnoit-on aux chevaux, selon le rapport d'Homere, & c'est ce blé qu'il nomme Olyra. Il vient en abondance en Egypte, où on le reduit fort aisément en farine.

OMB

OMBELLE. s. f. Terme de Blason. Il se dit d'une espece de parasol que le Doge de Venise met sur ses armes. Elle est aussi quelquefois sur les armes de la République. Ce privilege lui vient d'une concession du Pape Alexandre III. qui étant persecuté par l'Empereur Frederic I. alla se refugier à Venise.

On appelle aussi *Ombelle*, une espece de chapeau ou parasol, fait de peaux qui s'ouvrent & qui se ferment. Cette sorte de parasol étoit autrefois d'un grand usage à Constantinople.

Ombelle. Terme de Botanique. Partie de la plante dont le bout de la tige se divise en plusieurs autres moindres tiges, qui portent des graines & des bouquets. Le fenouil & l'anet sont des plantes à Ombelle.

OMBRE', E'E. adj. Terme de Blason. Il se dit des figures, qui sont tracées de noir, pour les mieux distinguer. *D'azur à une Chapelle d'argent sur une terrasse d'or ombrée de sinople.*

OMBROYER. v. a. Vieux mot. Mettre à l'ombre.

En l'herbe vert sous l'olivier
S'ombroient de lez un vivier.

OMBU. s. m. Arbre spacieux, mais bas, qui croît au Bresil. Il porte un fruit semblable à une prune blanche, mais un peu plus ronde & jaunâtre, & qui est si dangereux aux dents, qu'il les fait perdre aux Sauvages qui en mangent d'ordinaire. Ils mangent aussi fort souvent des racines de cet arbre. Elles sont douces comme sucre, froides & fort saines, ce qui fait que les Medecins les ordonnent parmi les choses refrigerantes à ceux qui ont la fievre, ou quelque maladie chaude.

OMO

OMOPLATE. s. f. Ce mot qui se prend en general pour l'épaule, se dit particulierement de la partie plate & large de l'os, qui couvre le derriere des côtes. Il est Grec ὠμοπλάτη de ὦμος, Epaule, & de πλατὺς, large.

OMP

OMPHACIN, INE. adj. Les Medecins appellent *Huile Omphacine*, celle qui est faite d'Olives vertes. Ce mot est Grec ὀμφάκινος, & formé de ὄμφαξ, Raisin qui n'est point mûr.

OMPHALOCELE. s. m. Terme de Medecine. Sorte de maladie des enfans, qui est une hernie du nombril. Elle vient de la negligence qu'on a eue à lier le cordon umbilical, ou de ce qu'on l'a laissé trop long, ce qui lui donne lieu de se relâcher ou de s'avancer. Les hernies umbilicales sont évidentes puisque la tumeur est vûe en dehors, sans couleur & sans douleur au toucher. Les Omphaloceles se guerissent aisément dans les enfans, à cause que leurs membranes sont traitables, & que leur corps rempli de suc, reçoit facilement la consolidation & l'agglutination. La cure est, de la gomme ammoniac pilée dans un mortier chaud & étendue sur un linge pour le mettre sur le nombril qu'on doit enduire à l'enfant, avec de l'huile d'œufs chaque fois qu'on le remue. Ensuite il lui faut appliquer sur le nombril un globe plat de mastic & de cire jaune, qui doit être assujetti par une bande pour le tenir ferme jusqu'à ce que le nombril soit repris. Le mot d'*Omphalocele*, vient du Grec ὀμφαλὸς, Nombril & de κήλη Tumeur.

OMPHALOPTRE. adj. Terme d'Optique. On appelle *Verre omphaloptre*, un Verre qui grossit fort les objets dans les lunettes. Il est convexe des deux côtés. Ce mot vient du Grec ὀμφαλὸς, Nombril, la partie qui s'éleve au milieu d'un bouclier, & de ὀπτεσθαι, Regarder.

ONA

ONAGRA. s. f. Plante branchue, fort grande & de la hauteur d'un arbre. Elle a ses feuilles comme l'amandier, mais plus larges & assés semblables à celles du lis. Sa fleur est grande & faite en façon de rose, & sa racine, qui est blanche & longue, sent le vin quand elle est seche. L'Onagra, que quelques-uns appellent *Onuris* ou *Onothera*, croît aux montagnes. Dioscoride dit que l'eau où l'on a fait tremper sa racine, si on la fait boire à une bête sauvage, l'apprivoise & la rend douce. Galien dit aussi que sa racine a une odeur de vin étant seche, & même beaucoup de proprietés de vin; ce qui fait croire que les Grecs l'ont appellée ὀνάγρα pour οἰνάγρα, de οἶνος, Vin. Cette plante est inconnue à Matthiole, à qui personne ne l'a pu montrer.

ONC

ONCE. s. f. Bête fort douce & privée, qui a sa peau

tachetée comme le tigre, & dont on se sert en Perse pour aller à la chasse des gazelles. Un des chasseurs la porte en croupe à cheval, & quand il découvre une gazelle, il la descend, & en trois sauts, elle atteint cet animal, tant elle est legere, & s'attachant à son cou, elle l'étrangle avec ses dents qui sont fort aigues. Ceux qui en ont écrit font remarquer que si la gazelle a assez de force & d'adresse pour échaper à l'Once, en sorte qu'elle lui fasse manquer son coup, cette bête en demeure si confuse, que dans ce moment un enfant la pourroit tuer sans qu'elle se défendît. Dans les anciens Dictionaires on trouve que le mot d'*Once* signifie un Loup cervier, ou un Lynx. Cependant un loup cervier est farouche, & l'Once de Perse est un animal privé.

Once. Petit poids qui est la seiziéme partie de la livre, & la huitiéme du marc. L'Once en Medecine, est la douziéme partie d'une livre entiere, & contient huit drachmes, dont chacune est de trois scrupules ou deniers, & chaque scrupule de vingt-quatre grains; de sorte que toute l'once doit peser cinq cens soixante & seize grains. Les Orfévres & les Monnoyeurs divisent l'once d'une autre maniere, sçavoir en vingt estelins, chaque estelin en deux mailles, chaque maille en deux felins, & chaque felin en sept grains & un cinquiéme. On appelle *Perles à l'once*, des Semences de perles ou de menues Perles opposées aux perles de compte.

ONCIALE'. adj. Terme de Medaillistes. Les Antiquaires appelloient *Lettres onciales*, de grands Caracteres qu'on employoit autrefois à faire des inscriptions & des Epitaphes, du Latin *Uncia*, qui étoit la douziéme partie d'un tout, & qui valoit un pouce ou la douziéme partie d'un pié, à cause que ces lettres étoient de cette grosseur.

ONCTUEUX, EUSE. adj. Qui est d'une consistance grasse & huileuse. On appelle, en termes de Pharmacie, *Saveur onctueuse*, l'une des Saveurs temperées & moyennes, qui, selon Mesué, est engendrée d'une substance aqueuse & aërienne, participant de chaleur & humidité temperée en substance subtile; ce qui fait qu'elle perce subitement. Sa temperature la rend assés agreable au goût, parce que sans acrimonie & sans chaleur, elle oint la langue d'une lenteur qui ne lui est pas désagreable, comme l'huile, le beurre & la graisse. Selon le même Mesué, les choses onctueuses sont lenitives, remollitives, relaxatives & lubrificatives; & quant à ce qui regarde l'usage du corps, elles engendrent des ventosités, & provoquent le vomissement, à cause qu'elles nagent dans l'estomac.

OND

ONDE', E'E. Façonné en ondes. Foullous, dit lorsqu'il parle des chiens gris. *Il en sort aucunes fois quelques-uns qui ont le poil au-dessus de l'échine, d'un gris tirant sur le noir, & les jambes [illegible]velées & ondées de rouge & de noir, lesquels se trouvent bons par excellence.*

Ondé, en termes de Blason, se dit des fasces, chevrons & autres pieces un peu tortillées en ondes. *D'azur à la bande ondée de gueules.*

ONDULATION. s. f. Terme de Physique. Il se dit des cercles qu'une pierre jettée dans l'eau forme dans sa surface par le mouvement qu'elle lui donne. Il se dit aussi du mouvement qui se fait dans l'air, & dont il est agité de la même maniere par ondes quand quelque chose le frappe, comme quand on touche sur une corde bandée sur quelque Instrument, encore plus par les cloches & le bruit du canon. Quoique ce *Mouvement d'ondulation* ne soit pas sensible dans l'air, il ne laisse pas de s'y faire des cercles de la même sorte.

ONG

ONGLE. s. m. *Partie dure & ferme qui couvre le dessus du bout des doigts.* ACAD. FR. C'est une espece de corne insensible qui s'engendre des plus gros excremens de la troisiéme concoction; ce qui fait qu'ils croissent seulement en long par apposition de parties, & non par attraction d'alimens. Les oiseaux qui ne sont pas de proie & quelques autres animaux ont aussi des ongles. Les lions, les ours, les tigres & les chats les ont longs, pointus & crochus, & ils les serrent si proprement dans leurs pattes, qu'ils marchent sans en toucher la terre, & par consequent sans les émousser. Dioscoride dit que la cendre des ongles d'âne bûe environ dans la quantité de deux cueillerées pendant plusieurs jours, est un remede pour ceux qui ont le haut mal, & que celle des ongles de chevre ointe avec du vinaigre fait renaître le poil tombé par la pelade; à quoi Matthiole ajoûte que si une nourrice boit de la cendre des ongles des piés de devant des vaches, ce breuvage lui fera venir du lait en abondance. Il dit encore que la cendre des ongles de mule rend les femmes steriles si elles en boivent, & qu'elle chasse les rats & les souris, si on met les ongles brûler sur du charbon.

Ongle, se dit aussi d'une maladie qui vient à l'œil des hommes par une espece de toile ou de tunique contre nature, qui d'ordinaire a son origine dans le grand angle de l'œil, où elle s'augmente toûjours en avançant, jusqu'à ce qu'elle couvre la cornée & bouche enfin le trou de la prunelle. Cette membrane est appellée par les Grecs πτέρυγιον, qui veut dire Aile, à cause qu'elle ressemble à une aile dont la prunelle est cachée. Les Latins l'appellent *Unguis*; ce qui lui a fait donner le nom d'*Ongle*. Cette tunique n'est pas toûjours uniforme. Elle est tantôt mince & blanchâtre, tantôt épaisse, charnue & parsemée de petites veines rouges, & alors elle s'appelle *Pannus* ou *Toile*. Cette excrescence membraneuse, dont la cause est la même que celle des excrescences des autres parties, est toûjours précedée de quelque déchirement de la chair du grand angle de l'œil, & du déchirement de la conjonctive en cette partie, soit qu'elles ayent été corrodées l'une & l'autre dans une ophthalmie par la salure & par l'acrimonie des larmes; ou après la petite verole par une semblable cause.

Ongle. Terme de Fauconnerie. Maladie d'oiseau qui consiste à une taye qui lui vient dans l'œil. Cela lui arrive par quelque rhume, ou de ce que le chaperon serre trop.

Ongle odorant. Coquille d'un poisson qui ressemble à celle dont la pourpre est couverte, & qui se pêche aux marais des Indes, où croît le spica nardi dont il se nourrit. C'est ce qui rend cette coquille si odorante. On l'appelle en Grec ὄνυξ, & en Latin *Unguis odoratus*. On va cueillir ces poissons quand la chaleur a desseché ces marais. Les meilleurs s'apportent de la mer Rouge, & sont blancs & gros. Le Babylonien est noir & moindre. On en use en parfums qui sont bons aux femmes travaillées du mal de mere, & à ceux qui ont le haut mal. Ils sentent un peu le castoreum. Sa cendre a les mêmes vertus que celle des pourpres. Voilà ce qu'en dit Dioscoride, qui est défendu par Matthiole sur ce qu'il dit que l'Ongle odorant se trouve aux marais des Indes où croît le spica nardi, quoiqu'il n'y ait Auteur ni ancien ni moderne qui témoigne que le nardus croisse aux marais, mais plûtôt aux montagnes en lieu sec.

ONGLE', E'E. adj. Terme de Blason. Il se dit des ongles ou cornes des bœufs, vaches, cerfs & autres bêtes au pié fourchu. *D'argent à trois piés de biche de gueules onglés d'or.*

ONGLET. s. m. Poinçon d'Orfévre ou de Graveur, qui n'a qu'une pointe tranchante en angle. Ils s'en servent à tailler & à graver. Toute la difference qu'il y a entre l'onglet & le burin, c'est qu'à son extrêmité le burin est en losange.

Les Menuisiers ont un assemblage qu'ils appellent *Assemblage à onglet.* C'est quand les pieces ne sont pas coupées quarrément, mais diagonalement ou en triangle.

Onglet, dans la rose & dans quelques autres fleurs, se dit de la partie blanche de la feuille qui tient au calice. On la retranche en Medecine quand on en prépare les médicamens.

On dit aussi *Onglet* chés les Relieurs. C'est une bande de papier qu'ils relient avec d'autres feuilles, pour y coller une carte ou quelque figure, afin qu'en ouvrant le livre on la puisse voir dans toute son étendue.

Les Bouchers appellent *Onglet*, La partie de la fressure qui tient au mou & au foye.

Onglet, en termes d'Imprimerie, sont deux pages reimprimées après l'ouvrage fini, dans lesquelles l'Auteur a jugé necessaire de reformer quelque chose.

ONGLETTE. s. f. Espece de burin dont les Serruriers se servent.

ONGUENT. s. m. Terme de Pharmacie. *Certain médicament de consistance plus molle que dure, que l'on applique exterieurement pour guerir les playes, les tumeurs.* ACAD. FR. Les huiles sont les bases ordinaires des onguents. On y ajoûte la cire & l'axunge, & plusieurs parties de plantes, d'animaux & de mineraux, soit pour les vertus qu'elles leur fournissent, soit pour donner de la consistance aux huiles & les laisser plus long-tems sur la partie, afin qu'elles ayent le loisir d'agir. Il y a un grand nombre de divers onguents, & entre autres celui qu'on nomme *Apostolorum*, à cause qu'il est composé de douze drogues. Cet onguent déterge les playes & les ulceres opiniâtres & fistuleux. Il ronge les chairs mortes & baveuses, & il en fait naître de nouvelles.

Dioscoride parle de plusieurs sortes d'Onguents, & apprend comment se fait celui de la racine de flambe, appellé en Latin *Unguentum Iricum.* C'est un Onguent chaud & mollitif, qui nettoye les ulceres ords & pourris, fait sortir le fruit des femmes, & ouvre les veines hemorroïdales. L'*Onguent Gleucinum* est composé d'huile d'olives vertes, de squinanthum, de calamus odoratus, de nardus celtica, de gousses de dattes en fleur, d'aspalathus, de melilot, de costus. On environne de marc de raisins le vaisseau où l'on met toutes ces drogues avec le vin & l'huile, & on le remue pendant trente jours, chaque jour deux fois, après quoi on passe le tout, & on en tire l'huile pour s'en servir. Cet onguent, qui est chaud & resolutif, est bon pour les frissons & les tremblemens qui précedent les fiévres & sert beaucoup aux défauts des nerfs. L'Onguent de marjolaine surnommé *Amaracinum*, est composé d'huile d'olives vertes & de ben, épaissies avec le xylobalsamum, le squinanthum & le calamus odoratus, qu'on aromatise avec marjolaine, costus, amomum, spica nardi, cannelle, carpobalsamum & myrrhe. Cet Onguent est chaud, concilie le sommeil, ouvre & désopile les veines, mature, mollifie, & provoque les urines. L'Onguent de galbanum, appellé par les Latins *Unguentum metopium*, à cause qu'en Egypte, où il se fait, on nomme *Metopium*, le bois où le galbanum croît, est composé d'amandes ameres, d'huile d'olives vertes, de cardamomum, de squinanthum, de calamus odoratus, de miel, de vin, du fruit du baume, de galbanum & de resine. Cet onguent a la vertu d'échauffer beaucoup. Il brûle, ouvre & désopile les veines, est attractif, & mondifie les ulceres. L'*Onguent de Mendesium* est composé d'huile de ben, de myrrhe, de cannelle & de resine, à quoi quelques-uns ajoûtent un peu de cinnamome. Sa vertu est un peu moindre que celle du métopium, quoique cet onguent serve aux mêmes choses. L'*Onguent de Cinnamome* se fait de l'huile de ben, en l'épaississant avec le xylobalsamum, le calamus odoratus & le squinanthum. On se sert pour l'aromatiser de cinnamome & de fruit de baume, & l'on y ajoûte quatre fois plus de myrrhe que de cinnamome, & du miel pour lui donner corps. Il est fort bon aux fistules & aux ulceres pourris, & mêlé avec du cardamome, il est propre aux hernies aqueuses, chancres & charbons. Dioscoride parle encore de l'Onguent de nard, de l'Onguent de malabathrum, & de celui de violier blanc, dit en Latin *Jasminum unguentum.* Sur quoi Matthiole dit que parmi les Grecs ἴασμη veut dire, Fait de violette; ce qui a trompé Marcellus qui prétend que les Anciens ont compris notre Jasmin sous le nom de *Violier.* Anciennement l'*Onguent Megalium* étoit en usage. Sa composition étoit semblable à celle de l'Onguent Amaricinum, avec cette seule difference, que la resine en étoit la principale drogue; ce qui rendoit cet onguent moyennement resolutif.

ONI

ONI, IE. adj. Vieux mot. Uni.

Une partie d'Armenie,
Pleine, onie & pleinteive.

ONIROMANCE. s. f. Divination par les Songes. Ce mot est composé de ὄνειρος, Songe, & de μαντεία, Divination.

ONN

ONNIEMENT. adv. Vieux mot. Honteusement.

ONO

ONOBRYCHIS. Plante qui a ses feuilles comme la lentille, mais un peu plus longues. Sa tige est haute d'un palme, sa fleur rouge & sa racine petite. Elle croît aux lieux humides & non cultivés. Cette herbe enduite a la vertu de resoudre toutes sortes de tumeurs, & bûe dans du vin elle est bonne à ceux qui ne peuvent uriner que goute à goute. Galien est là-dessus du même sentiment que Dioscoride. Matthiole dit que quelques-uns prennent pour Onobrychis l'herbe appellée *Rue chevriere* ou *Galega*; mais comme elle n'a aucun rapport à la description qu'en fait Dioscoride, & qu'elle a ses feuilles quatre fois plus grandes que celles de la lentille, ses tiges longues de deux coudées, & sa racine assés grosse, il ne peut être de ce sentiment. Ce mot vient de ὄνος, Ane, & de βρύχω, Jeune branche d'arbre avec ses feuilles.

ONOCROTALE. s. m. Oiseau de marais grand comme un cygne, qui a le pié d'oye, & une bourse tenant à la partie inferieure du bec qui descend en maniere de petite poche. C'est où il serre tout ce qu'il chasse, & il l'en retire ensuite pour le manger à loisir. Son nom est Grec, ὀνοκρόταλος de ὄνος Ane, & de κρόταλον, Instrument à faire bruit, à cause de son cri qui imite le braire d'un âne. Il rend ce bruit en fichant son bec en terre.

ONOMATOPE'E. s. f. Terme de Grammaire. Il se dit en parlant des mots qui sont formés de telle sorte, qu'ils expriment ou representent le son de la chose qu'ils signifient, comme le verbe *Miauler*, qui semble exprimer le cri des chats. Ce mot est Grec ὀνοματοποιΐα, de ὄνομα, Nom, & de ποιεῖν, Faire.

ONONIS. s. m. Plante qui croît dans les prés, ainsi que dit Matthiole, & aux lieux secs cultivés ou non cultivés. Ses feuilles sont petites & menues comme celles des lentilles, & fort semblables à celles de rue ou de melilot. Son nom *Ononis* & *Anonis* vient du Grec ὄνος, Ane, à cause que ses branches sont âpres, épineuses, & dignes d'être la nourriture des ânes. On l'appelle en Latin *Remora aratri*, *acutella*, ou *Aresta bovis*, & en François *Arrête-bœuf* ou *Bugrane*.

ONOSMA. s. m. Plante dont les feuilles ont quatre doigts de long & un de large, & qui sont molles, éparpillées par terre, & semblables à l'orchanette. Elle croît aux lieux âpres, ne jette ni tige ni fleur, ni graines, & a une racine longue, menue, foible & rougeâtre. Ses feuilles bûes dans du vin font sortir l'enfant hors du ventre de la mere, & on tient que si une femme grosse marche dessus, elle avortera. Ce mot est Grec ὄνοσμα.

ONQ

ONQUES. Adverbe de tems. Vieux mot que Nicod fait venir du Latin *Nunquam*, Jamais. *Il prend quelquefois*, dit-il, *cette particule* Mais *à la fin*, *& dit-on* Onques-mais, *qui est plus signifiant que* Onques, *& est une seule diction composée de ces deux entieres* Onques *&* Mais. Onques-mais un si beau don ne fut donné de Prince. *Il prend aussi à la fin cette diction* Puis, *& n'en fait qu'un composé de deux entiers* Onques *&* Puis, *& signifie Jamais depuis*, *comme*, Le Roi ne le vit onques-puis.

ONY

ONYX. s. m. Pierre précieuse qui est une espece d'Agathe opaque, de couleur blanchâtre & noire. Les couleurs en sont tellement distinctes, qu'on les croiroit appliquées par art. On l'appelle ainsi du Grec ὄνυξ, Ongle, à cause que le blanc qu'on y remarque tient de la couleur de l'ongle.

OPA

OPALE. s. f. Pierre précieuse de differentes couleurs, & dans laquelle on voit la plûpart de celles de l'Iris. Elle a le feu du Rubis, le pourpre de l'Ametiste & le vert de l'Emeraude. On diroit qu'il y a dans la vraie Opale un ciel verdoyant, un pur cristal accompagné d'une couleur de pourpre & d'un lustre doré tirant à la couleur de vin, qui est sa couleur qui se montre la derniere. L'Opale qui n'est pas fine rend une flâme violette & changeante comme le souphre allumé, ou d'un feu d'huile. Les Opales d'Egypte, appellées *Senites*, & celles d'Arabie & de Natolie sont âpres & ont un lustre mort, mol & flasque. La plus estimée & la plus belle de toutes est l'Opale Orientale. Cette pierre recrée la tête & la vûe, & elle tire son nom, selon Isidore, d'un Pays des Indes du même nom où elle croît.

Les Fleuristes appellent aussi *Opale*, Une sorte de tulipe de quatre couleurs, sçavoir de colombin chargé, de jaune doré, de rouge & de blanc.

OPASSUM. s. m. Animal de la grandeur d'un moyen chat qui se trouve dans la Virginie. Sa tête est faite comme celle d'un cochon. Il a la queue semblable à celle d'un loir, & un sac sous le ventre, dans lequel il porte & nourrit ses petits.

OPE

OPES. s. m. p. Terme d'Architecture. Trous des boulins qui sont laissés dans les murs. Il se dit aussi de l'endroit où les bouts des solives & des chevrons sont posés.

OPH

OPHIOGLOSSUM. s. m. Herbe qui croît dans les prairies, mais qui dure peu. Sa racine pousse une petite tige, qui porte au bout une petite langue pâle comme celle d'un Serpent. Ce mot est Grec ὀφιόγλωσσον, de ὄφις, Serpent, & de γλῶσσα, Langue. Elle est vulneraire, & on la met au nombre des serpentines. Elle a la proprieté de consolider les plaies, & quelques-uns disent qu'elle est propre aux descentes de boyaux. On en fait une huile par infusion qu'on emploie avec succès dans ces sortes d'operations. Cette herbe s'appelle en François *Langue de Serpent*.

OPHITHE. adj. On appelle *Marbre ophite*, Une sorte de marbre qui n'est guere moins dur que le porphyre, mais qui se casse plus facilement, & est plus aisé à mettre en œuvre. Sa couleur est d'un vers un peu obscur, avec certains filets de couleur jaune qui se croisent, & vont tout le long de la pierre. Ce marbre vient d'Egypte & de Grece. Il est fort rare, & on l'emploie seulement par incrustation. Les plus grandes pieces qu'on en ait vûes n'ont pas plus de trois brasses de longueur. On le travaille de même que le porphyre. Il a pris son nom du Grec ὄφις, Serpent, à cause que ses couleurs sont comme celles de la peau d'un serpent; ce qui le fait aussi appeller *Serpentin*. Dioscoride parle de plusieurs sortes de pierres ophites, & Boot appelle *Zeblicius Ophites*, Une espece de serpentin en Allemagne, dont il dit de grandes merveilles. On en fait des vases. Cette pierre n'est pas plus dure que l'albâtre commun, & ne peut pas être employée dans la structure des bâtimens.

OPHITES. s. m. Heretiques sortis des Nicolaïtes & des Gnostiques, dont on fait auteur un certain Eucrate. Ils rendoient honneur à un Serpent, les uns voulant que celui qui avoit tenté Eve, fût JESUS-CHRIST, & les autres qu'il se fût changé en un Serpent. Ils faisoient en sorte qu'un de ces Animaux sortît d'un trou dans le tems qu'on celebroit leurs mysteres, & prétendoient que JESUS-CHRIST avoit sanctifié toutes les choses sur lesquelles ce Serpent s'étoit roulé, après quoi le Peuple les adoroit. Ces Heretiques parurent dans le deuxiéme siecle, & prirent leur nom du mot Grec ὄφις, Serpent.

OPHRIS. Plante que Matthiole dit avoir été appellée ainsi par les Modernes, & être semblable à l'ellebore blanc. Elle ne jette que deux feuilles, du milieu desquelles sort une tige toute garnie de petites têtes, qui jettent de petites fleurs blanches semblables à de petites langues. Sa racine est fort menue, & plusieurs petits filamens très-odorans y sont attachés. Toute la plante est bonne à faire noircir les cheveux, à souder les plaies, & à guerir les fractures.

OPHTHALMIE. s. f. Terme de Medecine. Maladie des yeux. Il y a deux especes d'Ophthalmie, l'une sanguine, qui est l'inflammation de la tunique exterieure de l'œil avec rougeur, ardeur, tumeur & écoulement de larmes, & l'autre sereuse, qui est une distillation continuelle & abondante de larmes, appellée proprement *Epiphora*. L'Ophthalmie est vraie ou fausse. La vraie est l'inflammation de la conjointe. Si l'œil commence à devenir plus humide avec rougeur, chaleur, & un peu de douleur, les Grecs nomment cela ταραξις, du verbe ταράσσειν, Troubler. Si l'inflammation vient d'une cause externe & qu'elle soit plus considerable, c'est ce qu'on appelle proprement *Ophthalmie*, & si l'inflammation est consommée en sorte que les paupieres étant attaquées & comme retournées sans se pouvoir fermer, le blanc des yeux se déborde par dessus le noir, qui demeurant enfoncé fait une espece de fosse, ce degré est appellé χήμωσις, c'est-à-dire, Inflammation de paupieres. L'œil est attaqué par ses membranes, & sur-tout sa membrane externe, nommée *La conjointe*, qui n'est autre chose qu'un tissu d'une infinité de petits vaisseaux tant veines qu'arteres, où le cours du sang venant à être empêché, il faut necessairement que l'inflammation en soit produite. Le sang arrêté distendant tous ses vaisseaux, le globle de l'œil paroît rouge, & comme les membranes de l'œil ont connexion avec celles du cerveau, cela est cause que dans les grandes Ophthalmies, on est travaillé de douleurs de tête, sans pulsation quelquefois, mais toûjours avec contraction. Il y a des Ophthalmies contagieuses, où en regardant les Malades on gagne le même mal. L'inflammation est plus dangereuse & plus douloureuse, quand les larmes qu'elle fait répandre sont acres, tenues, & comme corrosives. Quand elles tirent sur le doux, les paupieres se colent alors ensemble, parce que la lymphe lacrimale est épaisse & visqueuse. Ces larmes sont meilleures que les tenues & salines. On appelle *Ophtalmie fausse* ou *seche*, celle où il ne sort point de larmes. Les paupieres ne laissent pas de se coller plus ou moins, les yeux sont rouges & enflés, ce qui est accompagné de démangeaison. Cette affection a trois degrés, la Psorophthalmie; la Xerophthalmie & la Sclerophthalmie. Quand l'Ophthalmie ne se resout ou ne suppure point, l'œil a coûtume de se perdre, & le mal venant jusqu'à l'extrêmité, la mort est certaine, à cause que la gangrene se communique au cerveau, à moins qu'on n'extirpe l'œil.

OPI

OPIATE. s. f. Espece d'Antidote ou Electuaire mol, appellé ainsi à cause qu'il y entre de l'opium, ou à son défaut quelque médicament narcotique. Les Anciens ont inventé l'Opiate pour provoquer le sommeil, appaiser les violentes douleurs, arrêter le flux de ventre, & toutes sortes d'hæmorragies, mais les Modernes donnent aujourd'hui le nom d'Opiate à tout électuaire mol, & autres mêlanges, qui, quoiqu'ils soient purgatifs, ont une semblable consistance. Il y a plusieurs sortes d'Opiates, de cordiales, d'hysteriques, de stomachiques, de cephaliques, selon les parties qui en ont besoin. Les unes sont alexiteres, les autres astringentes, & d'autres purgatives, aperitives, &c. selon la vertu qu'on leur veut donner.

OPINIONISTES. s. m. Nom qui fut donné à certains Errans, qui soûtenoient opiniâtrement plusieurs opinions ridicules. Ils se vantoient d'une pauvreté affectée, & cela leur faisoit dire que celui qui mettoit cette vertu en usage étoit le veritable Vicaire de JESUS-CHRIST en terre. Ils s'éleverent sous le Pontificat du Pape Paul II.

OPISTHOTONOS. s. m. Contraction des muscles de l'occiput qui le tirent en embas vers le dos. C'est une des especes de la convulsion tonique, laquelle convulsion signifie la retraction d'un membre roide qui garde toûjours la même figure. Ce mot est entierement Grec ὀπισθότονος, de ὄπισθε, En arriere, & de τείνειν, Tendre.

OPIUM. s. m. Larme qui distille des têtes de pavot incisées avant leur maturité, & qu'on recueille dans des vaisseaux ou vessies. Il y en a de trois sortes. Le blanc qui vient du grand Caire; le noir & dur, qui vient d'Aden, & le jaunâtre & mol qu'on nous apporte de Cambaia & de Deran. C'est ce dernier qui est le plus en usage. Pour être bon, il doit être pur, solide, pesant, inflammable, non grumeleux, ni feculent, luisant au-dedans, lorsqu'il est fraîchement rompu. Il faut aussi qu'il ait la couleur de l'aloës, le goût amer, & une odeur forte & soporifere. Pour découvrir s'il n'est point sophistiqué par le mêlange du Glauchium, on n'a qu'à le dissoudre dans quelque liqueur, & si elle devient jaune comme si elle avoit été teinte de safran, c'est une marque que ce n'est pas du pur Opium. Dioscoride dit que pour faire l'Opium, il faut, après que la rosée est essuyée au pavot, inciser avec un coûteau le dessus de la peau de ses têtes, & cela, de droit, de travers, & en croix de Bourgogne, prenant garde que le coûteau ne passe pas trop avant. Après cela, il faut essuyer avec le doigt l'humeur qui en vient, & la faire cheoir dans une cueiller. On y retourne peu de tems après pour voir si on y en trouvera encore, & la même chose se doit faire le jour suivant. L'humeur qu'on a recueillie pendant ces deux jours, se doit piler dans un vieux mortier, & on en fait des trochisques. C'est en cela que l'Opium differe du Meconium qui est bien plus foible, étant un suc tiré de toute la plante par expression. Selon du Renou, notre Opium est tiré par expression des têtes du pavot blanc apporté de Cambaia, où l'on trouve des têtes de ce pavot presque aussi grosses qu'un œuf d'Autruche. La proprieté de l'Opium est de faire dormir en stupefiant le sentiment, parce qu'il est froid au quatriéme degré. Sa dose est depuis un demi-grain jusques à deux grains. En Grec ὄπιον, de ὀπὸς, Suc.

OPO

OPOBALSAMUM. s. m. Suc ou resine liquide, jaunâtre, transparente, & d'une odeur qui approche de la terebenthine, mais beaucoup plus agreable, & dont le goût est un peu amer & piquant. Ce suc distille en forme d'huile ou de suc oleagineux, d'un arbrisseau ressemblant au violier blanc, & pour cela, on en incise l'écorce avec un instrument tranchant de verre, de pierre ou d'os, ce qui se fait vers les Jours caniculaires, dans les plus grandes chaleurs de l'été. L'Opobalsamum sort goute à goute, & en si petite quantité, que Dioscoride dit que chaque année on n'en peut cueillir plus de six ou sept conges, chaque conge pesant neuf livres. Les marques du vrai Opobalsamum, sont d'avoir une odeur forte & penetrante, d'être facile à dissoudre, uni, astringent, de couleur jaune ou rousse & nullement vert ou noirâtre. Il faut qu'il caille le lait si on en jette dedans; qu'il se fonde inconti-nent dans l'eau, & la fasse devenir blanche, & que si on en verse sur du drap, il n'y reste aucun tache après qu'on l'aura lavé. On en trouve si mal-aisé-ment de vrai, qu'on lui substitue l'huile de mus-cade ou de girofle ou le baume du Perou. Ce mot est Grec ὀποβάλσαμον, de ὀπὸς, Suc, & de βάλσαμον, Baume.

OPOPANAX. s. m. Gomme qui découle par l'in-cision qu'on fait à la racine d'une plante ferulacée qu'on appelle *Panaces heracleum*, & qui croît abon-damment dans la Beotie, & dans la Phocide d'A-chaie, & en Macedoine. On tire cette gomme quand la racine du Panaces commence à jetter sa tige. La liqueur qui en sort en l'incisant est blanche, & étant sechée, elle prend une couleur jaune en sa croûte. Pour la recevoir, on tapisse de force feuilles la fos-se qu'on a faite autour de cette racine, & on em-porte ces feuilles quand elles sont seches. On inci-se aussi sa tige pour en faire sortir sa gomme dans le tems de la moisson. Les meilleures racines sont celles qui sont blanches, bien étendues ou lissées, seches sans être vermoulues, & qui ont un goût brûlant & aromatique. Dioscoride dit que le meil-leur Opopanax est celui qui est fort amer, étant blanc ou roussâtre au-dedans & jaune au-dehors, lissé, gras, frêle, tendre, d'odeur forte, & se fondant aussi-tôt en l'eau, où il devient blanc comme lait, si on l'y manie avec les doigts. Outre que l'Opopanax est bon aux sciatiques & aux gou-teux, à cause qu'il a la proprieté de dissoudre les gravois des jointures, & de discuter les nœuds & les duretés des nerfs, il purge la pituite grosse & visqueuse des parties les plus éloignées, comme du cerveau, des nerfs, des jointures, & de la poitrine, ce qui le rend propre aux maladies froides de ces parties-là. Ce mot est Grec ὀποπάναξ, de ὀπὸς, Suc, & de πάναξ, Panacée.

OPP

OPPOSE', E'E. adj. Qui est contraire. Il se dit en termes de Blason, de deux pieces peintes sur l'écu, lorsque la pointe de l'une regarde le chef, & l'au-tre le bas.

OPPOSITION. s. f. Empêchement, obstacle, con-trarieté. On appelle *Opposition*, en termes de prati-que, Un moyen dont on se sert par une requête que l'on fait répondre & signifier, afin d'empêcher que l'on execute un jugement. Ces moyens sont lorsqu'il se trouve un arrêt rendu contre une personne qui n'a point été partie dans le procès; lorsque cet arrêt a été rendu sur une simple requête qu'on n'a ni signifiée ni communiquée, & enfin lorsqu'il a été obtenu par défaut, sans que les delais ayent été expirés, ou qu'on ait appellé la partie. L'oppo-sition se fait aussi lorsque l'arrêt a été bien & dûe-ment obtenu par défaut à l'audience ou aux présen-tations, pourvû qu'on forme cette Opposition dans la huitaine du jour que l'on a signifié l'arrêt, & qu'-il n'ait point été rendu à tour de rolle. On dit, *Faire Opposition au sceau*, Lorsqu'ayant des droits à prétendre sur une charge, on signifie au Garde-rolle qu'on s'oppose au sceau. Il purge les hypothe-ques comme un Decret, & quelque privilege qu'-un créancier ait sur la charge, il ne peut rien pré-tendre contre le resignataire, s'il ne s'est pas oppo-sé au sceau, quand même il auroit saisi entre les mains de l'acquereur. Quand l'Opposition se fait pour le titre, il faut la renouveller tous les six mois, & lorsqu'elle se fait pour les deniers prove-nans du prix de la charge, on doit renouveller l'Opposition d'année en année à peine de nul-lité. On fait aussi *Opposition à des criées*, à fin de charge, de conserver, de distraire, d'annul-ler.

Opposition, est aussi un terme d'Astronomie, & il se dit lorsque deux planettes sont éloignées entre elles de cent quatre-vingts dégrés, & placées aux deux extrémités d'un diametre du Zodiaque, en sorte que si l'une se leve l'autre se couche, & au-tant que l'une est élevée sur l'horison, l'autre est au-dessous.

OPT

OPTAT. s. m. Vieux mot. Desir. Il vient du Latin *Optare*, Souhaiter.

De la laisser commune à tous estats,
Pour parvenir toujours à ses optats.

OPTIQUE. adj. Qui sert à la vue. On appelle *Nerf optique*, Un nerf de la premiere conjugaison, qui va du fond de l'œil jusques au cerveau, & qui con-tribue à la vision. Sa substance est revêtue de deux tuniques, l'une dure & l'autre déliée. Quelques-uns prétendent que ce sont les deux tuniques de l'œil, que l'on appelle l'*Uvée* & *la Cornée*.

Optique, est aussi un substantif feminin, & signi-fie, La partie des Mathematiques qui enseigne de quelle maniere la vision se fait dans l'œil. Ce mot vient du Grec ὀπτεύειν, Voir, regarder. Comme il y a trois sortes de vision, (voyez VISION,) l'Op-tique est un genre qui a sous soi trois especes, *l'Op-tique* proprement dite, *la Catoptrique* & la *Dioptri-que*. L'Optique proprement dite considere la vi-sion qui se fait par des rayons qui viennent directe-ment de l'objet à l'œil, les deux autres ont pour objet la vision qui se fait par des rayons *reflechis* ou *rompus*. Voyez CATOPTRIQUE & DIOP-TRIQUE.

OPU

OPUNTIA. s. f. Herbe que Pline dit être douce à l'homme, & avoir cela de merveilleux que sa ra-cine & sa graine naissent de sa feuille. Elle est ap-pellée ainsi, à cause qu'elle croît auprès de la ville que l'on nomme *Opuns*. Matthiole, parlant d'une plante que les Indiens appellent *Tune*, ajoûte qu'il croit que c'est celle que Pline nomme *Opuntia*, dont Theophraste écrit ce qui suit. S'il y a quelque chose semblable au Figuier Indien, sous lequel un escadron d'hommes d'armes pourroit se tenir à l'ombre, ou pour mieux dire, s'il y a rien de plus merveilleux, c'est la plante qui croît au territoire de la ville Opuns, laquelle plante est fort savoureuse. On sçait avec certitude, poursuit-il, que si on prend une feuille, & qu'on la plante en terre jus-qu'à la moitié, elle jettera premierement quelques racines; puis il en sortira d'autres feuilles, sans qu'auparavant il y ait aucun tronc, ni rejettons, ni branches, mais seulement des feuilles, dont sor-tent d'autres feuilles par certain ordre, & plus grosses le plus souvent que le pouce. Elles sont gar-nies de petites épines blanches, minces, longues & pointues, il s'en trouve pourtant qui n'en ont point. Cette plante, au Pays où elle croît, porte à la cime de ses feuilles, un fruit semblable à nos figues communes, plus gros toutefois, & qui dans la partie de devant a la figure d'une couronne, de couleur verte tirant sur le pourpre. La chair de ce fruit est si pleine de jus rouge, que non seulement elle tache les mains quand on la touche, comme fait la mûre, mais aussi elle rend l'urine de couleur de sang, ce qui a mis en frayeur plusieurs personnes qui avoient mangé de ces manieres de figues.

OR

OR, s. m. *Metal jaune, le plus précieux & le plus pesant de tous.* ACAD. FR. Plusieurs Philosophes qui ont recherché les secrets de la nature, l'ont estimé propre à maintenir la personne saine & à prolonger ses jours, en jouissant seulement de sa couleur. Ils tiennent que l'Or est composé de substances elementaires, proportionnées également, dont la mixtion se parfait en la fermentation, & les rend tellement liées & unies l'une avec l'autre, qu'il est presque impossible de les dissoudre & de les separer. Cette liaison le rend très-solide. Ainsi non seulement il acquiert une permanence commune, mais il prend une temperature presque incorruptible, en sorte que quoiqu'il demeure long-tems en terre ou dans l'eau, il ne se rouille jamais. Bien loin de se consumer, étant mis au feu, il y devient & plus pur & plus luisant. Il ne contient ni phlegmes ni viscosités, ce qui le rend toûjours extrémement clair. D'ailleurs, il ne teint les mains de ceux qui le touchent, ni de jaune, ni de noir, ainsi que font les autres métaux, & il n'infecte d'aucune odeur ni saveur quand on le goûte ou le flaire. L'Or pris par la bouche réjouit le cœur, & fortifie les esprits vitaux. Il y a des mines d'or par tout où il peut y avoir concurrence des influences elementaires qui le forment. On en trouve plusieurs en Allemagne, en Bohême, & dans la Transsylvanie. On en rencontre particulierement aux Indes Occidentales. Les Régions Orientales sont trop chaudes pour le produire, à cause que le Soleil en étant plus voisin consume l'exhalaison subtile qui seroit propre à le former. On trouve aussi de l'or au sable de plusieurs rivieres, comme au Tage en Espagne, au Gange & au Pactole dans les Indes, au Rhin en Allemagne & au Po en Italie. Cet Or est fort bon, mais il ne se trouve qu'en de certains lieux de ces rivieres, où l'on croit qu'il est charrié des montagnes voisines, par les eaux qui en découlent. A l'égard des mines d'or, la veine en est cachée, entassée & enveloppée de plusieurs pierres dans les plus âpres rochers. On tient celle-là meilleure où il y a beaucoup de lapis lazuli. Plus elle est pesante & de couleur vive, plus elle est à estimer, on la prefere à celle qui a plusieurs pailles d'or. Ce métal est fort cardiaque. Aussi s'en sert-on avec succès dans les maladies, où les forces ayant été abatues, il est necessaire de les rétablir. Il mondifie le sang, en dissipant toutes mauvaises humeurs comme par insensible transpiration. Les vrais Medecins n'ont accoûtumé de s'en servir qu'en feuilles & en limaille. Avicenne dit que l'Or tenu en la bouche rend l'haleine bonne. Ce métal passe pour le plus puissant des acides, en sorte qu'étant fondu, il détruit le fer qu'on y plonge, & le réduit en scories. Les Ordonnances appellent *Mineurs*, ceux qui tirent l'Or des mines, & *Cueilleurs d'Or de pailloles*, Ceux qui en retirent des fleuves & des Torrents. On le trouve dans les mines ou en espece de terre ou de pierre, ou en pepins & en larmes. Ce dernier est très-pur, mais on est obligé de purifier & d'affiner l'autre, ce que l'on fait en pilant les pierres & les terres à sec, & en y versant une quantité suffisante d'eau claire pour en faire une pâte extrêmement molle. On y mêle du sel & du vif argent, on pile le tout assés long-tems, puis on en fait les lavûres, & on retire ainsi l'or pur. On appelle *Or en pâte*, L'or prêt à fondre, & *Or en bain*, L'or entierement fondu. L'or est si ductile & si malleable à cause de la longueur de ses parties, que le Tireur d'or l'étend jusqu'à 651590. fois plus que son volume, & le Batteur d'or jusqu'à 159092. fois aussi plus que son volume. Ainsi celui qui bat l'or, fait d'une once d'or seize cens feuilles de trente-six lignes quarrées chacune, avec lesquelles on peut dorer quatre cens piés quarrés. On partage les dégrés de l'or en vingt-quatre karats aux Indes, en Espagne & en France, & chaque karat y est divisé en vingt-quatre grains. On apporte en France de la poudre d'or de Guinée, qui est ordinairement à vingt & un karats trois quatriémes, & même au dessus de vingt-deux karats, quand elle est pure & sans nul mêlange de la poudre de laiton ou de celle d'émeril que les Negres y mêlent quelquefois, à cause que ces poudres sont de la même couleur que l'or.

On appelle *Or de coupelle*, ou *Or affiné*, Celui que le feu a purgé de toute sorte de mêlange. On l'appelle alors de vingt-quatre karats, quoiqu'on ne le puisse affiner jusque-là, & qu'il s'en manque toûjours quelque quart de karat. L'or de vingt-deux karats a une part d'argent & une de cuivre, & l'Or de vingt-trois karats a une demi-part de l'un & de l'autre. L'*Or vierge*, est de l'or qui n'a point souffert le feu, & tel qu'on l'a tiré de la mine. Comme il est si mol qu'on y peut empreindre avec la main la figure d'un cachet, on y mêle de l'émeril pour lui donner plus de poids, plus de dureté & plus de couleur. On appelle *Or calciné*, de l'Or réduit en chaux & en poudre blanche dans le feu de reverbere avec du Mercure & du sel armoniac; *Or battu*, celui qui est mis en feuilles très-déliées; *Or mat*, celui qui n'est pas poli & dont la surface est inégale; *Or bruni*, celui qui est poli avec la dent de loup, pour détacher les chairs des drapperies & les ornemens de leur fond; *Or moulu*, celui dont on dore au feu le bronze & le cuivre; *Or sculpé*, celui dont le blanc a été gravé de rainceaux, & d'ornemens de sculpture; *Or de coquille*, celui avec lequel on écrit en lettres d'or, & dont les Enlumineurs se servent. Il se fait de feuilles d'or broyées sur un marbre avec du miel sortant de la ruche, après quoi on le laisse tremper quelque tems dans de l'eau forte; & quand on veut l'appliquer on le détrempe avec un peu d'eau gommée, ou avec de l'eau de savon. L'*Or repassé*, est celui q[illegible] on est obligé de repasser avec du vermeil au pinceau dans les creux de Sculpture, soit qu'on veu[illegible]le lui donner un plus bel œil, soit qu'il soit besoin de cacher des défauts d'or. On dit aussi *Or bretelé*. C'est celui dont on a haché le blanc de petites bretures. *Or de rapport*, est de l'Or solide qu'on enchasse dans du fer, & qui est taillé en diverses figures. Comme on l'enferme dans du fer haché ou creusé à queue d'aronde, on l'appelle aussi *Or haché*. Celui qui est partagé dans un panneau par petits carreaux, ou losanges ombrées de brun pour paroître de relief, s'appelle *Or de mosaïque*. Il y a un *Or* appellé *rougeâtre* ou *verdâtre*. Il est glacé de rouge ou de vert pour distinguer les bas reliefs & les ornemens de leur fond. L'*Or à huile*, est de l'Or en feuilles qu'on applique sur de l'or-couleur aux Ouvrages de dehors, afin qu'il resiste davantage au tems.

On appelle *Or d'Orfevrerie*, de l'or solide & massif qu'un Artisan met en œuvre, & *Or d'Alchymie*, Un Or qui en a seulement l'apparence & la teinture, & qui ne peut souffrir la coupelle.

Les Chymistes trouvent que les principes metalliques qui composent l'Or, sont très-dépurés &

très-unis, que la terre fixe saline y est en petite quantité, qu'il y a beaucoup de soufre & de mercure très-purs, & que tous ces principes sont liés ensemble par un nœud très-étroit, qui rend l'or indestructible. Cela étant, il ne peut être d'aucun usage dans la Medecine, & si quelques-uns ajoûtent des feuilles d'or à leurs remedes, ils ne les rendent pas meilleurs, & font seulement qu'ils coûtent plus cher. Quant à l'Alchymie, il n'y peut être non plus d'une grande utilité, puisque la pierre philosophale n'est pas composée du corps metallique de l'or, & qu'on ne la doit chercher que dans la racine de ce metal. Les teintures d'or ne sont que des érosions superficielles du corps du même métal en des particules très petites qui peuvent être reduites aisément en Or. Paracelse demande deux conditions dans ces teintures, l'une que l'Or soit si bien volatilisé que jamais on n'en puisse faire la reduction, & l'autre qu'après l'avoir ainsi volatilisé on le change en Or potable avec l'esprit de vin. Les menstrues corrosifs ne suffisent pas pour dissoudre l'Or veritablement & radicalement, il en faut d'insipides; & quoique plusieurs disent qu'il n'en est pas, l'opinion contraire paroît la plus vrai-semblable. Meyer assûre que les Ameriquains ont un menstrue insipide, qui ramollit l'Or de telle sorte qu'on le manie comme de la cire, ce qui fait qu'on y enchasse des pierreries comme on veut. Si l'on en croit Laurenbergius, il a vû l'Or se fondre dans une eau insipide, comme la glace se fond dans de l'eau chaude. Ettmuller dit de même, qu'il a vû dissoudre de l'Or à un Chymiste en six heures de tems, en une liqueur très-rouge, par le moyen d'une eau blanchâtre & insipide. Les dissolutions vulgaires de l'Or dans un menstrue corrosif n'ont point de succès si on n'y ajoûte du sel commun. L'or & l'argent qu'on fait fondre ensemble, s'unissent si intimement qu'il n'y a point d'union plus forte; ils ne laissent pas de se separer facilement lorsqu'on dissout cette masse dans l'eau forte ou dans l'eau regale. La premiere dissout l'argent & laisse l'or, & l'autre fait le contraire, c'est-à-dire, qu'elle dissout l'or, & laisse l'argent.

On appelle *Or fulminant*, de l'or calciné. On fait cette calcination en dissolvant l'or dans de l'eau regale, après quoi on précipite la dissolution avec de l'huile de tartre par défaillance, & on édulcore ensuite la poudre précipitée. Il faut observer deux choses dans cette operation, l'une de dissoudre l'or dans de l'eau regale préparée avec le sel armoniac, & l'autre, de ne verser que ce qu'il faut d'huile de tartre pour précipiter l'or, puisqu'on n'en peut verser trop sans détruire la vertu fulminante, qui consiste dans le combat du soufre de l'or avec les sels alcalis. La poudre de l'Or fulminant est laxative, si on la prend avant qu'elle ait été édulcorée, & c'est l'édulcoration qui la fait devenir sudorifique. L'Or fulminant est un bon carminatif contre les vents des enfants & des adultes, & on lui ôte sa vertu fulminante avec les acides, sur-tout avec l'esprit de sel & de soufre. L'Or ne se sublime point de lui-même, & pour en faire la sublimation, on y ajoûte du beurre d'antimoine pour l'élever au dessus de l'alembic. L'esprit besoardique de nitre enleve aussi l'or & le sel armoniac le sublime en forme de fleurs qu'on remêle avec de l'or pour en avoir en plus grande quantité. La maniere de sublimer l'or avec l'esprit de suie, est une operation connue de peu de personnes.

Or. Terme de Blason. Couleur jaune qui represente le premier métal ou le premier des émaux. *Il porte d'or à la colomne d'azur, semée de larmes d'argent*. Les Graveurs marquent l'Or par un nombre infini de petits points.

ORA

ORAILLE. s. f. Vieux mot. Orée, le bord d'un bois.

ORAL, ALE. adj. Qu'on expose de bouche. Ce mot se dit de la loi des sçavans Rabbins Juifs, *Loi orale*, parce qu'elle s'enseignoit seulement de bouche & par tradition; du Latin *Os*, *oris*, Bouche.

ORANGE. s. f. Fruit de l'Oranger, arbre toûjours vert, qui a ses feuilles larges & approchantes de celles du laurier. Elles sont grosses, lissées, odorantes & pointues au bout. Les Orangers jettent des branches souples & minces, dont l'écorce est de couleur verte blanchâtre. Leur fleur est blanche & d'une odeur extrémement agréable; aussi s'en sert-on dans les parfums. On en tire une eau fort cordiale, & qui s'emploie très-utilement contre les fievres pestilentielles. Cette eau donnée en breuvage au poids de six onces, provoque une si forte sueur, qu'elle fait sortir sur la peau toutes les méchantes humeurs. Les Oranges se rapportent presque aux proprietés & qualités des citrons. Elles sont pourtant plus petites & plus rondes, & de couleur d'or quand elles sont mûres. Elles sont aussi plus remplies de jus, mais ce jus ne se trouve pas le même dans toutes, les unes étant aigres, les autres douces, & d'autres vineuses. Leur écorce est plus amere & plus épaisse que celle des Limons. Cette écorce est bonne à ouvrir & préparer la pituite. Elle est bonne aussi pour l'estomac, tue les vers aussi-bien que leur semence, & discute les ventosités. Les Latins appellent les Oranges *Aurantia*, comme qui diroit *Mala aurea*, Pommes d'or.

ORATOIRE. s. m. *Petit lieu dans une maison destiné pour prier Dieu.* ACAD. FR. On a commencé à appeller *Oratoires*, Les petites Chapelles jointes aux Monasteres, où les Moines faisoient leurs prieres avant qu'ils eussent des Eglises. Ce mot a passé depuis aux autels ou chapelles qui étoient dans les maisons particulieres.

Oratoire. Congregation de Prêtres du Clergé, que saint Philippe de Neri établit à Rome, & dont le Pape Gregoire XIII. approuva l'établissement en 1575. Les Constitutions en furent confirmées en 1612. par Paul II. Cette Congregation a produit de grands Personnages, du nombre desquelles est le Cardinal Baronius. Il y a une autre Congregation de Prêtres en France, differente de celle-là, qu'on appelle *Oratoire de* JESUS. Le Cardinal de Berulle en fut le Fondateur, & le Pape Paul V. l'approuva en 1613. Elle s'est extrémement étendue, en sorte que les Prêtres de l'Oratoire ont plus de soixante Maisons en France. La fin qu'ils se sont principalement proposée, a été d'honorer autant qu'il leur est possible tous les mysteres de la vie & de la mort de JESUS-CHRIST & de la Vierge. Ils instruisent aussi la jeunesse dans leurs Colleges, & s'appliquent à élever les Clercs pour l'Eglise dans les Seminaires.

ORB

ORBATEUR. s. m. Mot qui a été dit autrefois pour Batteur d'or. Artisan qui à force de coups de marteau applatit l'or entre des feuilles de papier rouge, en sorte qu'il le reduit en petites feuilles très-déliées, dont les Doreurs, Peintres & autres se servent pour dorer.

ORBE. s. m. Corps spherique qui est contenu sous

deux superficies, l'une convexe & l'autre concave. On appelle *Orbes concentriques*, Plusieurs Orbes les uns dans les autres, qui ont un même centre; quand leur centre est different, on les appelle *Orbes excentriques*. Il y a des *Orbes concentriques & excentriques en partie*. Ce sont ceux qui ne sont pas épais également, & dont la surface interieure & la surface exterieure n'ont pas le même centre. *Orbe*, se dit aussi de l'espace que parcourt une planete dans toute l'étendue de son cours; & les nouveaux Astronomes disent, *Le grand Orbe de la terre*, pour dire, Le chemin qu'ils prétendent être fait chaque année par la terre autour du Soleil. Ce mot est Latin, *Orbis*, Cercle, rondeur.

ORBICULAIRE. adj. De figure ronde & spherique. On appelle *Muscles orbiculaires*, Le second & le troisiéme muscle des trois qui servent à élever & à abaisser les deux paupieres de l'œil. Ils prennent du grand angle descendant en bas, couvrent la paupiere inferieure, puis remontent au petit angle pour s'attacher à la paupiere superieure.

ORBITE. s. f. Le tour de la fosse ou du creux des yeux, qui est environné de l'os du crane. Les Orbites sont garnies interieurement d'une grande quantité de graisse, qui sert comme de matelas aux yeux, & empêche qu'ils ne se blessent par leur mouvement frequent & rapide contre les corps durs.

ORC

ORCHANETTE. s. f. Plante dont les feuilles sont semblables à la laitue, pointues à la cime, velues, âpres & noires. Elles sortent en grand nombre de sa racine, étant piquantes & éparpillées de tous côtés sur la terre. Sa racine est de la grosseur d'un doigt, & en été elle teint d'une couleur rouge comme sang, les mains de ceux qui la touchent. Elle est astringente & bonne aux brûlures & aux vieux ulceres, incorporée en huile & en cire. Dioscoride parle de deux autres sortes d'Orchanette, l'une appellée *Alcibiadium* ou *Onocheiles*, comme qui diroit ὀνόχειλος, Levre d'âne. Elle ne differe de la premiere qu'en ce qu'elle a ses feuilles plus petites. Ses racines sont rouges & fort longues, & rendent un jus rouge comme sang dans le tems de la moisson. Cette herbe & ses feuilles ont tant de vertu, que soit qu'on la mange, ou qu'on la boive, ou qu'on la porte liée sur soi, elle resiste au venin de toutes sortes de serpents, & principalement de la vipere. La troisiéme espece est assés semblable à celle-ci. La graine en est rouge, & moindre que l'autre. Cette graine étant mâchée fait mourir un serpent sur l'heure, si on la crache dans sa gueule. Galien ajoûte une quatriéme sorte d'Orchanette, qu'il appelle *Lycopsis*, & Pline parle d'une autre qu'il nomme *Pseudo-anchusa*, Orchanette bâtarde.

ORCHESOGRAPHIE. s. f. Art & description de la danse dont les pas sont notés par des notes de musique. Ce mot vient du Grec ὀρχέομαι, Je saute, je danse, & de γράφω, J'écris.

ORCHESTRE. s. f. Lieu où l'on place la symphonie dans les Salles destinées aux representations des poëmes dramatiques & des spectacles, & qui separe le theatre du parterre. C'étoit chés les Anciens la partie circulaire la plus basse depuis le theatre jusqu'à l'amphiteatre. Ce mot est Grec, ὀρχήστρα, du verbe ὀρχεῖσθαι, Danser.

ORCHIS. s. m. Plante qui a ses feuilles semblables à l'olivier lorsqu'il est encore tendre, tant celles qui environnent sa tige, qui est de la hauteur d'un palme, que celles qui sont éparpillées sur terre. Elles sont pourtant plus longues, plus étroites & plus lissées. Ses fleurs sont rouges & ses racines bulbeuses, longuettes, étroites comme une olive, & doubles. Celle qui est la plus haute est pleine & charneuse, & la plus basse est plus molle & plus ridée. Ses racines sont bonnes à manger cuites comme on fait les bulbes. On tient que la plus grosse mangée par les hommes fait engendrer les mâles, & que l'autre mangée par les femmes fait engendrer une fille. Il y a une autre espece d'*Orchis* ou *Cynosorchis* : car Galien dit qu'Orchis & Cynosorchis est une même herbe, dont les feuilles sont semblables à celles du porreau, mais plus larges, longues & grasses, & sortant toutes avec des replis des concavités de sa tige, qui est égale en hauteur à celle de l'autre. Ses fleurs sont presque rouges, & ses racines pareilles à celles du premier Orchis. La racine de celui-ci enduite, resout toutes sortes de tumeurs, mondifie les ulceres, guerit les fistules, & adoucit les inflammations. Cette seconde espece s'appelle *Serapias*. Le mot *Orchis* est Grec, & veut dire Testicule, & on lui a donné le nom de κυνόσορχις, parce que sa racine a quelque rapport aux testicules d'un chien, de κυνός, Chien, & de ὄρχις.

ORD

ORDE. s. m. Vieux mot. Le Tocsin.

ORDIERE. s. f. Vieux mot. Orniere.

ORDIR. v. a. Vieux mot. Salir, souiller. On a dit aussi *Ordoyer*, dans le même sens.

> *Glorieux fleon, glorieuse eve,*
> *Qui lavas ce qu'Adam & Eve*
> *Ont par leur peché ordoyé.*

ORDONNANCE. s. f. Disposition, arrangement. *Ordonnance*, en termes de Peinture, se dit de la disposition des figures que l'on peint dans un tableau, & de toutes les autres choses qui le composent.

Dans l'Architecture l'Ordonnance est ce qui détermine la grandeur des pieces dont les appartemens sont composés. On appelle aussi *Ordonnance*, l'arrangement & la disposition des parties qui composent les cinq ordres d'Architecture.

On appelle *Ordonnance de derniere volonté*, Un Testament ou un Codicile.

On appelle en termes de guerre, *Compagnies d'Ordonnance*, Celles qui n'entrent jamais en corps de Regiment. Elles consistent en Gendarmes & Chevaux-legers, soit du Roi, soit de la Reine, de Monseigneur le Dauphin, & de Monsieur.

ORDONNE'E, ee. adj. Rangé, disposé, mis en ordre. En Geometrie, on dit, *les Ordonnées* en sous-entendant *Lignes*. Ce sont des lignes droites tirées au diametre de quelque courbe, & toutes coupées également en deux par le diametre auquel elles sont ordonnées; car chaque diametre a les siennes. Les Ordonnées à un diametre sont paralleles entre elles, & à la tangente qui passe par le point ou ce diametre coupe la ligne courbe. Le parallelisme des Ordonnées avec la Tangente de leur diametre cesse dans le cas où un diametre n'a point de Tangente, parce qu'il ne coupe la ligne courbe en aucun point, ce qui arrive dans l'Hyperbole. Voyez HYPERBOLE. Mais la proprieté qu'ont les Ordonnées d'être coupées en deux par leur diametre, est sans exception. Toutes les courbes ont des Ordonnées, & autant d'Ordonnées que de diametres differents. Charque Ordonnée a son *Abscisse* ou *interceptée*. Voyez ABSCISSE. C'est principalement par le rapport des Ordonnées aux Abscisses que l'on considere les courbes. Mais il faut remarquer qu'ordinairement en Geometrie, quand il s'agit du rapport des Ordonnées aux Abscisses, on ne parle que de la moitié des Ordonnées, c'est-à-dire, de la partie terminée par le diametre & la courbe.

ORDONNER. v. a. Ranger, mettre en ordre. Dans les anciens Romans, *Estre ordonné*, se prend pour, Etre armé, équipé, prêt à combattre, comme, *Quand le Chevalier fut ordonné, il frappa des esperons, & courut encontre*; & selon cette signification, on lit dans Guy de Warvich, *Il commanda ordonner ses faucons, pour soy aller deporter & esbatre à la riviere*, c'est à-dire, Equipper pour le vol. *Ordonner* a aussi signifié, Equipper quelqu'un d'habits ou autre équipage, comme en ces exemples, *Il ordonna le nouveau Chevalier*; & *L'époux a promis vêtir & ordonner l'épouse selon sa qualité & estat.*

ORDOYER. v. a. Vieux mot. Salir, *Trop grande privauté & accointance d'hommes engendre diffame, & ordoye la renommée des femmes très-honnêtes.*

ORDRE. s. m. Terme d'Architecture. Regle pour la proportion des colomnes & pour la figure de certaines parties qui leur conviennent, selon les proportions differentes qu'elles ont.

Il y a cinq Ordres d'Architecture, dont le Toscan, qui est le plus simple & le plus dépourvû d'ornemens, est le premier. Il a pris son origine dans la Toscane; ce qui lui a donné le nom de *Toscan.* Cet ordre est si grossier, qu'on le met rarement en usage, si ce n'est pour quelque bâtiment rustique, où il n'est besoin que d'un seul Ordre, ou pour un grand édifice, tel qu'est un amphitheâtre. Sa colomne avec sa base & son chapiteau, a d'ordinaire de hauteur sept diametres de leur grosseur prise par en bas. Le haut doit être diminué d'un quart de son diametre. Le piedestal est fort simple & n'a qu'un module de hauteur.

L'*Ordre Dorique* est le second, & a été inventé par les Doriens, peuple de Grece. Sa colomne est haute de huit diametres, & ne doit avoir aucun ornement dans son chapiteau ni dans sa base. L'Astragale & la ceinture qui sont au dessous du chapiteau, qui a de hauteur un demi diametre, font partie du fust de cette même colomne.

Le troisiéme ordre est l'*Ionique*, qui tire son nom de l'Ionie, Province d'Asie. Lorsqu'on l'inventa, sa colomne n'avoit que huit modules de haut, mais les Anciens le voulant rendre plus agreable que l'Ordre Dorique, augmenterent la hauteur des colomnes, & y ajoûterent une base qui n'étoit point en usage dans le Dorique; de sorte qu'avec le chapiteau & la base elles ont neuf diametres de la colomne prise en bas. Leur piedestal a de haut deux diametres & deux tiers ou environ. Le chapiteau est principalement composé de volutes qui le rendent different de tous les autres Ordres. Les colomnes Ioniques sont cannelées d'ordinaire de vingt-quatre cannelures.

L'*Ordre Corinthien* est le quatriéme. C'est le plus délicat & le plus riche. Il fut inventé à Corinthe par Callimachus, qui étoit un Sculpteur Athenien. Ses colomnes avec leurs bases & le chapiteau ont ordinairement dix diametres. Ce chapiteau est orné de deux rangs de feuilles & de huit volutes qui en soûtiennent le tailloir.

Les Romains ont ajoûté à ces quatre Ordres l'*Ordre Composite*, appellé ainsi, parce que son chapiteau est composé de deux rangs de feuilles du Corinthien & des volutes de l'Ionique. On tient qu'ils ne l'inventerent qu'après qu'Auguste eut donné la paix à toute la terre. Les Colomnes Composites ont d'ordinaire dix diametres de haut, comme le Corinthien, auquel on le fait semblable dans toutes les mesures & dans tous les membres, à l'exception du chapiteau qui n'a que quatre volutes. Ces volutes occupent tout l'espace que remplissent dans le Corinthien les volutes & les caulicoles.

On appelle *Ordre Composé*, Toute composition arbitraire, qui est differente de celles qu'ont reglées les cinq Ordres qui viennent d'être expliqués. L'*Ordre Rustique* est celui qui est avec des refends & des bossages, & l'*Ordre Attique*, Un petit Ordre de pilastres de la plus courte proportion, ayant une corniche architravée pour entablement. On dit *Ordre Caryatique*, pour signifier celui qui a des figures de femmes a la place des colomnes; & *Ordre Persique*, quand on parle de celui qui a des figures d'Esclaves Persans, au lieu de colomnes, pour porter l'entablement. Il y a encore un *Ordre Gothique* & un *Ordre François.* Le premier est celui qui s'éloigne tellement des proportions & des ornemens antiques, qu'il a ses colomnes ou trop massives en manieres de piliers, ou aussi menues que des perches, avec des chapiteaux sans mesures, taillés de feuilles d'achante épineuses, de choux, de chardons & autres. L'*Ordre François* composé d'attributs qui conviennent à la Nation Françoise, comme fleurs de lis & têtes de coq. Il y a des proportions Corinthiennes.

ORE

ORE. s. f. Vieux mot. Heure.

Ains s'en part en molt petit d'ore.

OREBISTES. s. m. Heretiques qui s'attacherent aux erreurs des Hussites, & qui parurent dans la Bohéme vers l'an 1410. Ils faisoient mourir dans les tourmens les Prêtres Orthodoxes qui tomboient entre leurs mains, & prirent le nom d'Orebistes du nom du lieu où ils faisoient leurs retraites, & qu'ils appelloient le Mont d'Oreb.

OREILLE. s. f. Partie cartilagineuse, située sur l'os des temples, & qui n'est pas toûjours d'égale grandeur dans tous les sujets humains, ni dans les animaux brutes. Toute la partie posterieure de ce cartilage est arrondie, & forme en quelques sujets un ply qui se continue jusqu'à la partie superieure & anterieure, & il est tout uni aux autres. Il est recouvert de la peau qui couvre exterieurement le corps, & d'une membrane très-mince qui lui est fort adherente. M. Drouin, Maître Chirurgien de l'Hôpital general, qui a fait une docte description de l'oreille, dit qu'il avoit crû jusques à present, ainsi que bien d'autres, que cette partie avoit des muscles, mais qu'ayant bien examiné la chose sur divers sujets humains, il a reconnu, qu'il étoit tombé dans cette erreur, en prenant une portion du muscle occipital pour muscle de l'oreille. La cavité de l'oreille est couverte de la même peau qui couvre tout le corps, & il y a un petit duvet, & quelques poils, avec quantité de glandes situées presque dans le fond, qui filtre la matiere jaune qui se trouve dans cette cavité. La cavité exterieure de l'oreille qu'on appelle *Conque*, est en partie osseuse, & en partie cartilagineuse. La cartilagineuse est bien plus considerable dans les enfans que l'osseuse, celle-ci n'ayant que deux lignes de largeur, & celle-là quatre ou cinq. Elles s'engrenent ensemble de telle maniere qu'on ne sçauroit presque les separer. Cette cavité n'est pas droite, & se contourne de bas en haut, & de derriere en devant, & ensuite de haut en bas. Cela est cause que l'on a peine à tirer les corps étrangers qui y sont entrés, & de là vient aussi que la force des corps resonnants est augmentée par la multiplicité des angles que l'air est contraint de faire à la rencontre de ces inégalités. Une membrane très-forte & transparente la termine. Cette membrane, que l'on appelle *Tambour*, est attachée dans une feuillûre qui est à la partie interieure du cercle osseux, lequel cercle osseux est échancré à sa partie superieure. Elle ne forme pas un plan droit dans le fond de cette cavité, à cause que les fortes impulsions de l'air auroient pû l'enfoncer, mais ce plan est incliné, ce qui est cause que l'air roule doucement sur sa superficie. Au de-là de cette même membrane, il y a une cavité considerable que l'on nomme *Quaisse*. Elle appartient à l'os petreux & plusieurs parties y sont contenues, sçavoir quatre osselets, trois muscles, deux conduits, deux fenêtres, & une branche de nerfs. Les Anatomistes nomment *Marteau*, le premier des osselets. Il a son manche fortement collé à la membrane du tambour. Le second osselet se nomme *Enclume*. Il a trois parties, son corps qui est situé au haut de la quaisse, & ses deux branches qui sont inégales. La plus considerable tombe perpendiculairement en se recourbant un peu en dedans & à son extremité. Le troisiéme osselet qui a la figure d'une lentille, est concave du côté qu'il touche l'enclume, & convexe de celui qui touche le quatriéme osselet qu'on nomme *Estrier*. Ses deux branches ont à leur partie interieure une feuillure où s'enchasse une membrane très-délicate & très-fine. Sa base est ovale posée sur la fenêtre ovalaire. Des trois muscles il y en a deux qui appartiennent au marteau, & dont le premier à ses attaches, l'une à la partie superieure de l'aqueduc, & l'autre à la petite apophyse de cet os. Le second a les siennes, l'une dans une cavité qui est à l'os pierreux, & l'autre au manche du marteau. Le troisiéme muscle appartient à l'estrier, & à l'une de ses attaches dans le fond de la quaisse, & l'autre a la tête de cet os. Il y a deux conduits dans la quaisse, l'un appellé *Aqueduc*, en partie osseux & en partie cartilagineux, & l'autre dans l'apophyse mastoïde. Pour les deux fenêtres, l'une est ronde, située sur la partie inferieure de ce qu'on nomme *Coquille*, & bouchée exactement par une membrane. L'autre fenêtre est ovale. C'est sur cette cavité qu'est appuyée la base de l'estrier, qui ne la bouche pas de telle sorte, qu'il ne laisse quelque espace vuide pour l'introduction de l'air dans le labyrinthe. La petite branche de nerf, qui traverse la quaisse, est un rameau de la troisiéme branche, de la cinquiéme partie, qui se détache de celui qui va à la langue, passe par dessus l'aqueduc, &, s'enfonce dans la quaisse, donne quelques fibres aux muscles du marteau, puis ressort hors de la caisse avec la partie dure du nerf auditif. Il y a encore le labyrinthe. C'est une cavité qui a quatre à cinq lignes de diametre, creusée dans la moyenne partie de l'apophyse pierreuse entre les trois canaux & la coquille du limaçon. Cette coquille est un peu au dessous de la partie inferieure & anterieure de l'apophise pierreuse, & fait plusieurs tours, qui ont assés de rapport à une volute. Les trois canaux qui sont appellés l'un superieur, l'autre moyen, & le troisiéme inferieur, ne forment que cinq ouvertures dans le labyrinthe, à cause que le canal inferieur confond la sienne avec celle du superieur, ce qui est cause que de deux ils n'en font qu'une. C'est ainsi qu'en a parlé le même M. Drouin en traitant de la structure de l'oreille. La figure anfractueuse de l'oreille externe, & sur tout la voute de l'oreille interne, rend bien plus exacte la perception du son ou du mouvement de l'air, parce que les sons s'entendent bien mieux dans les lieux voutés. L'artifice peut faire même construire des chambres, où lorsqu'on est en un coin, on peut entendre tout ce qu'on y dit, même à l'oreille & tout bas, sans que ceux qui sont au milieu de la même chambre entendent rien. La membrane du tambour sert en partie pour moderer ce que le mouvement de l'air a de trop impetueux, & pour en imprimer un semblable à l'air interne de la quaisse, afin de le porter par le labyrinthe jusqu'au limaçon & à l'expansion du nerf acoustique. Quand cette expansion est frappée par plusieurs mouvemens successifs de l'air, & qu'ils causent aux esprits qui y sont presens une telle émotion, que le second mouvement réponde au premier par quelques tiers, le troisiéme au second, & le quatriéme au troisiéme, il se fait un son harmonieux très-agreable, & ce son resulte de la proportion que les mouvemens de l'air ont entre eux. Si cette proportion & cet accord manque, le son sera sans harmonie & desagreable, & il incommodera même la langue & les dents, à cause de la communication des nerfs.

On appelle *Oreille du cœur*, deux petites ouvertures du cœur faites en forme d'oreilles, qui servent à recevoir le sang, & à faire la circulation de ce même sang. La droite aboutit à la veine cave, & la gauche qui se dilate quand le cœur se resserre pour en faire sortir le sang, se termine à l'entrée de l'artere veineuse.

On appelle en termes de Marine, *Oreille de l'ancre*, la largeur des pattes de l'ancre, & quand on dit *Oreille de liévre*, on entend une voile apareillée en oreille de lievre, c'est-à-dire, en voile latine ou à tiers point, ce qui la rend differente des voiles à trait quarré.

Oreille de liévre, est aussi une petite plante qu'on a appellée ainsi à cause qu'elle est faite entierement comme l'oreille d'un liévre.

Oreille d'ours, Fleur odoriferente qui fleurit en Avril, & qui est rouge, blanche ou gris de lin.

Oreille de rat. Herbe produisant plusieurs tiges qui viennent toutes d'une racine. Elles sont un peu rouges par le bas, & aucunement creuses. Elle a ses feuilles étroites, longuettes, ayant le dos aigu & élevé, & tirant sur le noir. Ces feuilles qui sont comparties deux à deux par intervalles, vont toûjours en aiguisant, & il sort d'entre elles de petites tiges qui portent une fleur bleue comme celle du Mouron. Sa racine est de la grosseur du doigt, ayant avec soi plusieurs petites racines attachées. Dioscoride dit que cette racine enduite guerit les fistules des yeux qui viennent auprès du nez. Quelques-uns nomment *Alsiné*, l'Oreille de rat. En Grec μυοσωτὶς, comme qui diroit μυὸς ὦτα, à cause que les feuilles de cette herbe ont du rapport avec l'oreille d'un rat.

Oreille d'Asne. Plante dont les feuilles sont assés grandes, longues, larges, épaisses, rudes & velues, ce qui les fait ressembler à l'oreille d'un Asne dont cette plante a le nom. Elle est haute de deux coudées. On l'appelle en Latin *Symphicum majus*, ou *Consolida major*.

Oreille d'abricots. Abricots confits dont les noyaux ont été ôtés & les deux moitiés rejointes, en sorte que l'extrêmité de l'une n'allant qu'au milieu de l'autre, cela represente une maniere d'oreille.

On appelle *Oreilles*, en termes de Blason, deux petites pointes qui sont au haut des grandes coquilles, telles que sont celles de saint Jacques.

Les Organistes appellent aussi *Oreilles*, deux petites plaques de plomb qu'on soude sur des tuyaux à côté de leur bouche ou lumiere, qu'on abaisse ou qu'on releve pour faire des sons plus graves ou plus aigres. Ils leurs ont donné ce nom à cause qu'elles semblent écouter si les tuyaux sont d'accord.

Oreilles, dans un cadenats, se dit de la partie du cadenats, où s'ajuste l'anse.

Oreille, se dit aussi dans les bâtimens des retours qu'on fait faire par en haut aux chambranles ou bandeaux des portes ou des fenêtres. On les appelle autrement *Grossetes*.

OREILLE', E'E. adj. Terme de blason. Il se dit des Dauphins & des coquilles, dont les oreilles sont d'un émail different de celui de leurs corps *D'azur au chevron d'or, accompagné de trois coquilles oreillées d'or*

OREILLER. v. a. Vieux mot. Rouler.

OREILLER. s. m. Terme d'Architecture. La face de côté des volutes dans le chapiteau Ionique, autrement *Coussinet de chapiteau*. Vitruve l'appelle *Pulvinus*.

ORENDROIT. Vieux mot, composé de *Ore*, ou *Ores* & de *Endroit*.

Menez joye orendroit
Chacun de vous qui avez le cœur droit.

ORENIS. Vieux mot. Nagueres.

ORER. v. a. Vieux mot. Prier, du Latin *Orare*, d'où est venu Oraison.

Pour Dieu prier & pour orer
Et pour la bataille esgarder.

ORES. adv. Vieux mot. Maintenant.

Las, pourquoi t'ébahis ores,
Mon ame, & fremis d'es moy.

ORF

ORFAVERISER. v. n. Vieux mot. Travailler en Orfevrerie. *Selon ce*, dit Nicod, *on dit les Hoquetons des Archers des Gardes, soit du corps du Roi ou autres, être orfaverisés d'or & d'argent, pour les papillotes d'argent, & dorées dont le corps dudit Hocqueton est diversifié & accommodé à la representation de la Devise du Roi, & dont les bordures des colets, manches & tassetes, sont faites. Selon ce aussi, Nicoles Giles en la vie du Roi Jean qui étoit prisonnier en Angleterre, parlant du Duc de Normandie, Fils aîné de France, écrit que le chaperon de lui étoit de brunette noire orfaverisé d'or, c'est-à-dire, par préexcellence sus les chapperons du commun, papilloté d'or, & surtissu d'or battu & martelé.*

ORFRAIS. s. m. Vieux mot. Borel croit que c'est la broderie d'or broché, ou le bord ou parement des Autels, écharpes & robes, & qu'il vient non pas d'*Orfévrerie*, comme quelques-uns ont crû, mais de *Aurumphrygium*, comme a remarqué M. Ménage, parce que cette invention étoit venue de ce Pays-là. *Orfrais*, dit Nicod, *sont ces larges bandes tissues de fil d'or & d'argent, en representation de personnages ou d'autres choses, dont les chappes, chasubles & tuniques ecclesiastiques sont chapperonnées, croisées & surbandées, ce qui est ouvrage de brodeurs, & non d'orfévres, quoique le mot enditte le contraire.* On lit dans le Roman de la Rose.

Si eut le corps bel & deugié
D'orfrais eut un chapel mignot.

On a dit aussi *Orfrois*, & le même Roman de la Rose dit en parlant de l'habit de Dame richesse.

Portraites y furent d'orfrois
Histoires d'Empereurs & Rois.

Cette sorte de broderie étoit appellée *Orfroie*, & on disoit *Orfraré*, pour dire, Couvert d'orfrois.

La pourpre fu toute orfrarée
Si ert pourtraites à orfrais.

ORFRAYE. s. f. Sorte d'oiseau de nuit qu'on tient de mauvais augure. Il est de couleur brune, & a les jambes courtes, & couvertes d'écailles, & les ongles ronds. Il vit de rapine, mangeant les poissons d'etang & de mer. Le cri qu'il pousse est extrêmement lugubre. En Latin *Ossifraga*.

ORG

ORGANEAU. s. m. Terme de Marine. Gros anneau de fer, qui est passé au bout de la verge de l'ancre, & qui sert à amarer le cable. On dit aussi *Arganeau*.

ORGANSIN. s. m. Terme qui se dit des soyes torses apprêtées & bien conditionnées, qu'on a fait passer deux fois par le moulin.

ORGE. s. m. Plante qui jette une simple tige, au bout de laquelle elle porte son grain dans un épy. Elle a sa feuille plus large que la plante dont vient le froment. Son tuyau est moindre & plus frêle, & a huit nœuds. Son grain qui est assés gros n'a qu'une gousse bien simple, qui ne s'ôte pourtant pas fort facilement. Il jette au bout une barbe, forte, longue, & piquante. Sa racine est chevelue. Le meilleur est celui qui est blanc, fourni, pesant, aisé à cuire, & qui ne chancit point. Celui qui est roux, quoiqu'il soit exempt du froid & de l'injure du ciel, est pourtant de peu d'usage dans la Medecine. Theophraste dit que l'Orge d'Inde est different de tous les autres, en ce qu'il jette ses tuyaux longs comme le bras. Il ajoûte, que les épis d'orge sont plus grands & plus épais aux uns qu'aux autres; que les uns sont plus élevés de terre, & les autres plus près de leurs feuilles, tel qu'est celui qu'on appelle *Achilleis*; qu'il y a des orges ronds & petits, & d'autres qui sont longuets & gros, & plus épais aux épis; qu'il y en a aussi de blanc & de rouge; que ce dernier rend beaucoup de farine, & qu'il se maintient mieux que l'autre contre le froid & le chaud. Le pain d'orge nuit à l'estomac, & y engendre des ventosités, & des humeurs froides & gluantes. Il donne d'ailleurs peu de nourriture. On ne laisse pas de l'ordonner aux gouteux. L'orge desseche selon Galien, & tient quelque peu de l'absterſif, n'échaufant jamais de quelque maniere qu'on l'apprête.

On appelle *Orge mondé*, de l'orge dont on a ôté l'écosse, & qui est propre à rafraîchir, & à faire de la tisanne. Il humecte, désaltere, engendre un suc subtil, coulant doucement en bas, parce qu'il n'a point d'astriction. Il n'enfle point l'estomac, & se digere, sans donner de tranchées au ventre, & sans causer aucune incommodité à ceux qui en usent.

ORGIES. s. f. p. Fêtes qui se celebroient chés les Payens en l'honneur de Bacchus, par des femmes furieuses que l'on appelloit *Bacchantes*. Ces sortes de fêtes se faisoient, particulierement sur les Montagnes, d'où ce mot peut avoir été fait, d'ὄρος, Montagne. Lucien se sert du mot ὄργια, pour signifier les sacrés Mysteres.

ORGUE. s. f. Instrument de Musique à vent, le plus grand & le plus harmonieux de tous. On s'en sert particulierement dans les Eglises, pour celebrer l'Office divin avec plus de solemnité. Il ne laisse pas d'y avoir quelques orgues portatives, appellées *Cabinets d'orgues*, & on appelle dans les Eglises *Buffet d'orgue*, la construction de menuiserie, qui enferme toute la machine. Le grand buffet sert pour le grand jeu, & le petit buffet pour le petit. Cet Instrument est composé de plusieurs tuyaux où de gros soufflets font entrer le vent. Ce vent est distribué par un sommier, & par le moyen de plusieurs registres qui ouvrent & ferment l'ouverture de ces tuyaux, & il y entre, selon qu'on appuie les doigts sur les differentes touches du clavier. Il y a deux ou trois claviers, & quelquefois quatre ou cinq dans les grands buffets. Ils sont divisés en plusieurs touches, comme ceux de l'épinette & du clavessin. Une orgue a du moins deux mille tuyaux, soit dans le grand buffet, ou dans le petit qu'on appelle *Positif.* Ils sont de bois, d'estaim ou de plomb. Il y en a à anche, d'autres ouverts, & d'autres bouchés. On remarque que le tuyau bouché descend deux fois plus bas que celui qui est deux fois plus long, & qui est ouvert, parce que l'air qui y entre & qui en sort, a deux fois autant de chemin à faire. Ceux qui ont un petit tuyau soudé au bout d'en haut d'un plus grand, s'appellent *Tuyaux à cheminée.*

Il y a aussi un Instrument qu'on appelle *Orgue hydraulique*, Il est fait de métal peint & doré, en maniere de buffet d'orgue, & joue par le moyen de l'eau dans une grotte.

Orgues, se dit en termes de guerre, d'une Machine composée de plusieurs arquebuses à croc, ou de plusieurs gros canons ou mousquets attachés ensemble qui se tirent tout à la fois ou séparément. On s'en sert pour défendre les bréches & autres lieux qu'on attaque.

On appelle aussi *Orgues*, plusieurs longues & grosses pieces de bois ferrées par le bout, & détachées les unes des autres. On les tient suspendues avec des cordes au-dessus des portes d'une Ville, & si l'ennemi entreprend de tenter l'entrée, on les laisse tomber à plomb, ce qui lui ferme le passage, parce qu'il ne peut rien mettre au-dessous capable d'arrêter toutes ces pieces de bois, ce qui fait préferer les Orgues aux Herses, dont il ne faut arrêter qu'un seul endroit pour arrêter tout le reste, parce qu'une herse est composée de pieces assemblées l'une avec l'autre.

Orgues, signifie encore en termes de Marine, Certaines ouvertures ou goutieres qui sont conduites en pente, le long des tillacs & des sabords tout au travers du bordage d'un Vaisseau, afin de faire tomber à fond de cale les eaux de pluie, & des vagues.

ORGUEIL. s. m. *Vanité, présomption, opinion trop avantageuse de soi-même, par laquelle on se préfere aux autres.* ACAD. FR. Quelques Ouvriers appellent *Orgueil*, Une petite pierre ou un éclat de bois en forme de coin qu'ils mettent sous leurs pinces & leviers, & qui sert de point d'appui ou de centre de mouvement lorsqu'ils veulent lever ou mouvoir quelque grosse pierre ou piece de bois. Ils l'appellent autrement *Cale.* Nicod dit, que comme cet éclat de bois ou billot fait déplacer une masse cent fois plus pesante qu'il n'est, on lui a donné le nom d'*Orgueil.* Les Grecs l'appellent ὑπομόχλιον.

ORI

ORIENT. s. m. Le point de l'horison où se leve le Soleil. Il y a l'*Orient équinoctial*, *l'Orient d'Eté*, & *l'Orient d'Hiver.* L'Orient des Equinoxes s'appelle aussi *vrai Orient.*

ORIENTER. v. a. *Disposer, situer, à l'égard de l'Orient & des autres points Cardinaux.* ACAD. FR. La boussole est d'un grand usage pour *Orienter un plan*, ce qui veut dire, Marquer la situation d'un plan sur la terre à l'égard des quatre parties Cardinales du monde. On dit en termes de Marine, *Orienter une chose*, pour dire, La tourner de telle sorte qu'elle soit dans la situation que l'on souhaite à l'égard de quelque partie du monde. On dit aussi *Orienter les voiles*, pour dire, Les brasser de maniere qu'elles reçoivent le vent.

ORIFLAMME. s. f. La plus ancienne, & principale banniere de France, semée de lis, qu'on portoit autour de nos Rois dans les grandes occasions. On l'appelloit *Flammula*, & *Auriflamma* en Latin. Sa matiere étoit de cendal de couleur de flâme d'or. Il en est parlé ainsi dans la chronique ancienne de Flandre. *Messire Miles des Noyers, étoit monsté sus ung grand destrier couvert de haubergerie, & tenoit une lance, en laquelle l'Oriflamme étoit attachée d'un vermeil satiné à guise de gonfanon, à trois queues, & avoit entour houpes de verte-soye.* Cette banniere étoit gardée en l'Abbaye de saint Denys, & on la recevoit delà avec de grandes ceremonies, des mains de l'Abbé quand il y avoit quelque occasion de s'en servir. Le Comte de Vexin comme premier Vassal de saint Denys, avoit droit de la porter, & il la prenoit du Roi qui la recevoit sans chaperon & ceinture, après avoir fait ses devotions à Paris dans l'Eglise de Notre-Dame, & ensuite à S. Denys. Le Comté de Vexin étant enfin joint à la Couronne, le Roi faisoit porter l'Oriflamme par qui il vouloit, & la portoit au col quelquefois lui-même sans la déployer. On la déployoit à la guerre au bout d'une lance, & la guerre étant finie, on la rapportoit à saint Denys. Les uns disent qu'elle fut faite sous Clovis, & les autres sous Dagobert, ce que témoignent ces anciens vers.

Li Rois Dagobert la si faire,
Qui saint Denis ça en arriere
Fonda de ses rentes premieres,
Si comme encore appert leans
Es Chapelets des Mescreans.
Devant lui porter la faisoit
Toutesfois qu'aller li plaisoit,
Bien attachée en une lance,
Pensant qu'il eust remembrance
Au raviser le cendal rouge
De celuy glorieux guar rouge.

La charge de porter l'Oriflamme étoit si considérable, que sous le Roi Charles V. le sieur d'Andrehen quitta celle de Maréchal de France pour faire cette fonction. La confiance que l'on avoit en cet étendard obligeoit à s'en servir aux batailles dont l'issue étoit douteuse, & on la mettoit toûjours au front de l'armée, parce qu'on étoit persuadé, qu'elle rendoit invincibles les armes de ceux en faveur de qui on la portoit. On trouve écrit dans une Histoire de Flandre, que l'Oriflamme fut prise & rompue en la bataille de Monts en Puelle, en Latin *Mons populeti*, & qu'Anseau de Chevreuse qui la portoit, fut tué dans ce combat, mais Guillaume Guiart qui vivoit alors, dit que ce fut une Oriflamme feinte que l'on y avoit portée, afin de donner courage aux soldats. Ces vers en sont une marque.

Anssiau, le Sire de Chevreuse,
Fut si comme nous apprismes
Esteint en ses armes mêmes,
Et l'Oriflamme contrefaite
Chai à terre, & la saisirent
Flamens qui après s'enfuirent.

L'Oriflamme fut vûe en 1534. ce qui se justifie par l'Inventaire que l'on en fit en ces termes. L'Oriflamme est un étendard de cendal fort épais, fendu par le milieu en façon d'un Gonfanon fort caduque, envelopé autour d'un bâton, couvert d'un cuivre doré, & un fer longuet, aigu au bout. On l'appelloit aussi *Oriflor.*

Se soigne, te donray qui fu ton ancessor,
Par tel que en bataille porteras l'Oriflor.

On l'a aussi appellé *Oriflamble.*

Si a fait bailler erramment
L'Oriflamble de saint Denis,
A un Chevalier par Devise.

ORIFLANT. adj. Vieux mot. Pompeux, vain.

Pur, clarifique, clair, Oriflant, franc & frisque.

ORIGAN. s. m. Plante que Dioscoride dit être de deux especes, l'Origan *Heracleotique*, & l'Origan *Oniti*. Le premier, appellé par quelques-uns *Culina*, a les feuilles assés semblables à celles d'hyssope, & son bouquet est mi-parti en divers endroits. Il produit une graine peu épaisse à la cime de ses branches. Il est chaud, & sa décoction faite en vin & prise en breuvage est bonne contre la morsure des Serpens; il le faut cuire en vin cuit, pour ceux qui ont été empoisonnés de meconium ou de cigue. On compose un vomitif d'Origan, d'oignons & de graine de sumach, en laissant secher le tout au Soleil dans un vaisseau de cuivre quarante jours pendant les grandes chaleurs de l'été. L'Origan Onitis a les feuilles plus blanches, & qui ressemblent plus à l'hyssope. Il porte sa graine en façon de plusieurs têtes ou corymbes entassés ensemble Il a les mêmes proprietés que l'Heracleotique, quoique moindre en ses operations. L'Origan sauvage, que les uns appellent *Panaces heracleum*, & les autres *Cunila*, produit ses feuilles semblables à celles d'Origan, & ses branches grêles & menues, ausquelles on voit de certains bouquets comme ceux d'Aneth, & plusieurs fleurs blanches. Sa racine est menue & inutile, mais ses feuilles & ses fleurs bûes en vin, servent particulierement à ceux qui sont mordus de serpents. Theophraste parle seulement de deux sortes d'Origan, l'un blanc qui porte du fruit, l'autre noire qui est sterile. Matthiole dit que l'Origan heracleotique & l'Origan Onitis, ne sont point connus en Italie, ou que du moins ils n'y croissent pas, à quoi il ajoûte qu'encore que Dioscoride ne mette qu'une seule espece d'Origan sauvage, dont les fleurs sont blanches, cela n'empêche point qu'il n'en puisse croître une autre sorte, differente, quant aux fleurs de l'Origan sauvage qui vient en Grece. L'Origan sec qu'on apporte de Candie à Venise, a une fleur blanche, fort aigue au goût, & de bonne odeur, ce qui l'oblige à le prendre pour l'Origan sauvage décrit par Dioscoride. En Grec ὀρίγανον, que quelques-uns font venir de ὄρει γάνυσθαι, Se plaire dans les montagnes, à cause que cette plante vient particulierement dans les endroits montueux.

ORIGENISTES. s. m. Heretiques qui soûtenoient des erreurs tirées du livre d'Origene, intitulé, des Principes, soit que ces erreurs y fussent, soit qu'on les y eût inserées par malice. Ils prétendoient que la punition des Diables & des reprouvés ne dureroit que mille ans, & qu'après ce tems ils deviendroient bienheureux. Selon leur doctrine, Jesus-Christ n'étoit Fils de Dieu que par adoption & par grace, & les ames ayant été créées long-tems avant le monde, avoient été envoyées dans les corps comme dans des prisons, parce qu'elles avoient peché dans le Ciel. Ces Heretiques furent condamnés premierement au Concile d'Alexandrie, deux cens ans après la mort d'Origene, & ensuite au cinquiéme Concile universel de Constantinople sous Justinien premier.

ORIGINATION. s. f. Vieux mot. Origine.

ORIGINIENS. s. m. Autres Heretiques, appellés ainsi d'Origenes Moine, qui vivoit en Egypte, & étoit Disciple d'Anthonius. Ils rejettoient tous les Livres du vieil & du Nouveau Testament qui semblent permettre le mariage, dont ils étoient ennemis, ce qui leur faisoit estimer le concubinage.

ORILLON. s. m. Masse de terre revêtue de muraille que l'on avance sur l'épaule des bastions à casemate, afin qu'en couvrant le canon qui est dans le flanc retiré, elle empêche que les Assiegeans ne le démontent. Il y a des Orillons de figure ronde. Il y en a d'autres, appellés *Epaulemens*, dont la figure est presque quarrée.

ORIN. s. m. Terme de Marine. Grosse corde qui est attachée par l'un de ses bouts à la croisée de l'ancre, lorsqu'on l'a jettée en mer, & qui tient par l'autre bout à une bouée qui marque l'endroit precis où est l'ancre.

ORINE. s. f. Vieux mot. Origine.

Et toy, qui es une meschine
Poure, & humble, & de basse orine.

On s'en sert encore aujourd'hui dans quelques Provinces, pour dire, Enseus ou des animaux de bonne ou mauvaise race. *Voilà un méchant enfent, quoique de bonne orine. Ce chien est de bonne orine.*

ORIX. s. m. Animal qu'Appian dans la description qu'il en fait, dit être assés fort pour battre les Tigres & les Lions. Il est presentement inconnu, si on ne veut suivre l'opinion de ceux qui le veulent faire passer pour la Gazelle, quoiqu'elle n'ait point les marques qui doivent se rencontrer dans l'Orix, auquel Aristote donne une seule corne au milieu du front. Pline dit qu'il a tout le poil tourné vers la tête, & Albert le Grand lui fait avoir de la barbe au menton.

ORL

ORLE. s. m. Terme d'Architecture. Filet sous l'ove d'un Chapiteau. Il vient de l'Italien *Orlo*, Ourler.

Orle, en termes de Blason, est une maniere de ceinture autour du dedans de l'écu, à une petite distance des bords. *De gueules à l'orle d'argent.*

ORM

ORME. s. m. Arbre de haute fûtaie, dont il y a de deux sortes, l'un montagnard & l'autre champêtre. Le champêtre porte plus de fruit, mais l'autre est plus ample & plus grand. Sa feuille est un peu crenelée, longuette, crêpue, madrée, rude & âpre. Il jette force grandes vessies, rondelettes, crêpues, dans lesquelles il y a une petite humeur claire, & de petits animaux. Son bois est nerveux, & fort sans être beau. Le montagnard jette de petits floquets, puis de la graine, qu'on appelle *Samara.* Son écorce de dessus est rude, inégale, & a force croutes. Celle qui est auprès du bois est toute autre, se pliant ainsi qu'un lien ou une courroie. Theophraste dit qu'on estime l'Orme, à cause qu'il croît fort en hauteur & en largeur; que son bois se coupe aisément quand il est verd, & qu'étant sec on a peine à le couper. Il ajoûte qu'il ne porte point de fruit, mais qu'il produit certaines vessies pleines de gomme & d'animaux semblables à des moucherons, & en automne quantité de chattons petits & noirs, & qu'il n'a pas pris garde à ce qu'il porte aux autres saisons. Pline ayant établi quatre sortes d'Ormes, dit

dit qu'en Italie on appelle les grands Ormes *Attinéens*, qui sont les seuls qui ne s'engendrent point de leur graine, & qu'il faut planter, ce qui est contraire à Theophraste, qui veut que l'Orme ne porte aucun fruit. Columella prétend même qu'on se trompe à dire que l'Orme Attinéen soit sterile. Ce qui a fait tomber Pline, & plusieurs autres dans cette erreur, c'est qu'il porte bien peu de Samara, qui est la semence de cet arbre, & que même il en porte rarement. Sa graine est cachée dans les premiers boutons que l'Orme produit au Printems, de sorte qu'on ne le plante jamais en graine; on prend seulement des rejettons qui ont racine. Galien dit qu'il a quelquefois soudé des plaies fraiches avec des feuilles d'Orme, étant assûré qu'elles sont astringentes & absterfives. Il ajoûte que son écorce est plus amere & plus astringente, ce qui la rend propre, appliquée avec du vinaigre, à guerir la gratelle & le mal saint Main. L'écorce verte & fraîche, a aussi la vertu de souder & de guerir une plaie, si on s'en bande comme l'on feroit d'un linge, & sa racine a même proprieté. On appelle *Ormeau*, Un petit Orme, & *Ormoye*, Un lieu planté d'Ormes.

ORMIN. s. m. Plante qui sent fort, & qui produit des fleurs bleues. Ses feuilles sont grandes & larges.

ORN

ORNE. s. m. Arbre, dont l'écorce est lisse, épaisse & roussâtre. Il a sa racine avant dans la terre. Quelques-uns font venir ce mot de ὄρος, Montagne, à cause qu'il se plaît dans les montagnes & dans les forêts.

ORNEMENT. s. m. *Parure, embellissement, ce qui orne, ce qui sert à orner.* ACAD. FR. Vitruve appelle *Ornemens*, dans l'Architecture, l'Architrave, la Frise & la Corniche de chaque Ordre, & M. Felibien dit que les Ornemens qu'on taille ordinairement sur les moulures & sur tous les autres membres de l'Architecture, sont des feuilles refendues, feuille d'eau, canaux, rais de cœur, rubans tortillés avec baguettes dedans & sans baguettes, oves, chapelets de plusieurs sortes, godrons, guilochis, postes, entrelas, tresses, écailles, festons, rainseaux, roses, fleurons, & plusieurs autres choses qu'on y mêle, suivant les lieux & les places que l'on veut orner. Il y en a qu'on appelle *Ornemens de relief*. Ce sont ceux qu'on taille sur le contour des moulures, comme les joncs, les coquilles, & les feuilles d'eau & de refend. Il y en a d'autres qu'on nomme *Ornemens en creux*, comme les rais de cœur canaux & oves. Ceux-là sont fouillés dans les moulures. Pour ceux qui servent à décorer les fontaines & les grottes, on les appelle *Ornemens maritimes*. Ce sont les glaçons, masques, poissons, coquillages & autres.

ORNITHOGALE. s. f. Petite tige blanche, tendre & haute d'un pié & demi, qui pousse à sa cime trois ou quatre rejettons d'où sortent ses fleurs. Elles sont vertes au dehors, & deviennent blanches quand elles s'épanouissent. Du milieu de ces fleurs sort un petit chapiteau comme un charton, tout déchiqueté. Ses racines sont comme un oignon, tannées en leur écorce, & ont une chair blanche & odorante. Elles sont rondes & de garde, & on les tire au printems ou en été, quand elles sont en herbe, ou bien en automne ou en hiver lorsqu'on laboure la terre. On les mange crues & cuites, & les pourceaux en sont fort friands, de sorte qu'ils sont faits à les trouver avec le grouin. Cette plante s'appelle aussi *Churle*, & les Grecs lui ont donné le nom ὀρνιθόγαλον, de ὄρνις, Oiseau, & de γάλα, Lait, à cause que quand ses fleurs s'épanouissent, elles semblent être de couleur de lait, comme sont les œufs des poules & des oiseaux.

ORO

OROBANCHE. s. f. Plante qui ne jette qu'une tige sans feuilles de même que les asperges. Cette tige est haute d'un pié & demi, & quelquefois plus, rougeâtre, velue, tendre & grasse. Sa fleur est blanchâtre, & sort de petites boules qui sont entassées à la cime de la tige. Sa racine est de la grosseur d'un doigt, & devient spongieuse quand la tige commence à flétrir. Elle croît non seulement entre les legumes, mais aussi entre les blés, chanvres, lins, & même le long des grands chemins à l'ombre des haies. Quelques-uns l'appellent *Queue de Lion*, & d'autres *Herbe de Taureau*, à cause que les Vaches entrent en chaleur après en avoir mangé. Elle a pris le nom d'Orobanche, à cause que ὄροβον ἄγχει, elle étouffe & étrangle l'ers, appellé en Grec ὄροβος.

ORP

ORPHIE. s. m. Sorte de poisson qui se trouve aux Antilles, & qui est assés semblable à celui que l'on appelle *Aiguille de mer*. Il se jette quelquefois en l'air, & fait des sauts de plus de trente pas. Si dans ce tems il rencontroit quelqu'un en son chemin, il le perceroit de part en part. Sa chair est de très-bon goût, pourvû qu'il n'ait pas mangé de Mancenille, ce que l'on connoît, en lui voyant les dents blanches. Si elles sont autrement, il est fort dangereux d'en manger.

ORPIMENT. s. m. Mineral jaune tirant sur le brun, appellé par les Latins *Auri pigmentum*. Dioscoride dit que l'Orpiment & la Sandaraque croissent en une même mine, & que l'Orpiment est crouteux & de couleur d'or, qu'il n'a aucun mélange d'autre matiere, & qu'il se fond comme par écailles. Il ajoûte qu'il y en a une autre espece, moins pure, de couleur plus rouge, & qui est en petits morceaux en forme de gland. L'Orpiment est astringent & corrosif, & appliqué il fait venir des escarres avec un brûlement & une mordication violente. Il resout les excrescences de la chair, & fait tomber le poil. Selon Matthiole l'Orpiment & la Sandaraque sont un même genre de médicament, & ne different qu'en ce que la Sandaraque étant parfaitement cuite dans les veines de la terre, est plus subtile & plus rouge. Il allegue pour prouver qu'elle n'est autre chose qu'un Orpiment plus cuit, que si on brûle l'Orpiment au feu de charbon dans un pot de terre ou de verre, il prend en fort peu de tems une couleur rouge & enflammée ni plus ni moins que la Sandaraque. Quelques-uns lui donnent alors le nom d'*Orpin rouge*. L'on s'en sert en Peinture, mais rarement, à cause qu'il tient de l'arsenic, & que c'est la même matiere, à ce que disent plusieurs. Quand on se sert de l'Orpin dans la Peinture, on l'emploie calciné & sans être calciné. Pour le calciner, on le met au feu dans une boëte de fer, ou dans un pot bien bouché, mais peu de gens en calcinent ou en employent, la fumée en étant mortelle, de sorte qu'il est fort dangereux de s'en servir. L'Edit de 1682. prescrit la vente & l'usage qu'on peut faire de l'Orpiment arsenic & reagal.

ORS

ORSEILLE. f. f. Petite mousse ou croute qui vient sur les pierres & les rochers des montagnes, dont les Teinturiers se servent après qu'ils l'ont apprêtée avec la chaux & l'urine. Elle fait une fort belle nuance de couleurs, depuis la fleur de pêcher silvie, aubifoin & gris de lin, jusqu'à l'amarante & passevelours.

ORSER. v. n. Terme de Marine. Aller contre le vent, ou à vent contraire. Cela arrive souvent aux petits bâtiments qui ont le secours des rames. Parmi les Levantins *Orse*, est un terme de commandement, pour dire, Au lof, quand on a besoin de serrer & de maintenir le vent.

ORT

ORTEIL. f. m. Doigt du pié. Nicod dit qu'il semble que ce mot vienne de *Articulus*, & qu'il faille dire *Arteil*.

On appelle *Orteil*, en termes de Fortification, Une largeur de terrain depuis trois jusqu'à cinq piés, selon la hauteur qu'on laisse en dehors, entre le pié du rempart & l'escarpe du fossé, pour retenir la terre du parapet en cas qu'il soit ruiné, ou que la terre s'éboule d'elle même, afin d'empêcher que le fossé ne se comble par ces démolitions. C'est ce qu'on appelle autrement *Berme* & *Retraite*.

ORTHODROMIE. f. f. Terme de Marine. Route en droite ligne que fait un vaisseau en suivant un des 32. vents. Il faut que cette route pour être en ligne droite soit de peu d'étendue, car dès que l'on suit long-tems un même vent, la ligne devient necessairement courbe & *Loxodromique*, (Voyez LOXODROMIE) qui s'oppose à Orthodromie ce mot vient de ὀρθὸς, *droit*, & de δρόμος *course*.

ORTHOGONALE, ou ELLE. adj. Terme de Geometrie. On appelle *Ligne orthogonelle*. Une ligne qui tombe à angles droits sur une autre, & on dit *Orthogonellement*, pour dire, A plomb, à angles droits. Ce mot vient du Grec ὀρθὸς, Droit, & de γωνία, Angle.

ORTHOGRAPHIE. f. f. Elevation geometrale d'un bâtiment, où toutes les proportions sont observées Geometriquement sans avoir égard aux diminutions de la perspective. Voyez PERSPECTIVE. L'*Ichnographie* avec l'Orthographie fait toute la representation geometrique du bâtiment. Ce mot est Grec ὀρθογραφία, de ὀρθὸς, Droit, & de γράφειν, Ecrire.

ORTHOPNE'E. f. f. Terme de Medecine. Sorte de maladie, dans laquelle ceux qui en sont attaqués ne sçauroient respirer que debout, les bras élevés & la poitrine étendue. La cause en general est le vice du mouvement d'expansion & de constriction des poumons, lequel étant empêché, ôte la respiration, & cause des inquietudes, des ressentimens & la suffocation. Ce mot est Grec ὀρθόπνοια, de ὀρθὸς, Droit, & de πνέω, Respirer.

ORTIE. f. f. Plante dont les feuilles & la tige sont piquantes. Dioscoride en met de deux especes, l'une plus âpre & plus sauvage, & ayant ses feuilles plus larges & plus noires. La graine de celle-ci est semblable à celle du lin, plus petite toutefois. L'autre Ortie n'est pas si âpre, & a sa graine plus petite. Matthiole en ajoûte une troisiéme plus âpre, plus mordante de beaucoup que les deux premieres, & ayant aussi ses tiges plus âpres & ses feuilles plus petites. C'est l'Ortie, appellée communément *Ortie griesche*. Selon Galien la graine, & principalement les feuilles d'Ortie ont une vertu resolutive qui leur donne la faculté de guerir les pustules & les apostumes qui viennent autour des oreilles. Il dit encore que la vertu qu'elles ont de causer de la démangeaison à toutes les parties qu'elles touchent, & de faire sortir hors de la poitrine toutes humeurs grosses & visqueuses, fait connoître qu'elles ne sont pas trop chaudes, & qu'elles sont composées de partie fort subtiles. Il dit encore qu'elles sont bonnes aux gangrenes & aux ulceres qui ont besoin d'être dessechés sans aucune mordication; & qu'encore qu'elles soient composées de parties subtiles & de temperature seche, elles ne sont pas neanmoins si chaudes, qu'elles puissent être mordantes. Le mot d'*Ortie* vient du Latin *Urtica*, fait de *Urere*, Brûler, à cause qu'elle brûle en piquant.

Il y a encore l'*Ortie puante*, ou *Ortie morte*, appellée *Galiopsis*. Elle a sa tige & ses feuilles entierement semblables à l'Ortie commune, mais moins âpres, & qui rendent une odeur puante quand on les pile ou qu'on les frotte entre ses mains. Sa fleur est rouge & menue. Cette herbe croît par tout, tant le long des haies & des chemins, que dans les cours & les places des maisons. On l'appelle *Ortie morte*, à cause qu'elle ne brûle point. Ses feuilles, ses tiges, son jus & sa graine resolvent toutes durerés, chancres, apostumes plaies & rouges, & toutes sortes d'oreillons. Matthiole dit qu'il y a une autre plante assés semblable à l'Ortie puante, appellée en Italie *Herba del latte*, Ortie laitée, à cause qu'elle a ses feuilles marquées tout du long de taches blanches comme lait. Pline appelle *Lamium*, cette espece d'Ortie tachée de blanc, & fait grand cas de ces taches blanches qu'elle a au milieu de ses feuilles pour le feu que l'on nomme saint Antoine. Ceux qui ont observé l'Ortie avec le microscope, ont remarqué qu'elle est couverte de piquants très aigus, dont la base est une petite vessie dans laquelle est enfermée une liqueur acre & veneneuse. La pointe de cette espece de sac est d'une substance très-dure, qui a un trou au milieu, par lequel cette liqueur s'écoule dans la partie piquée, & y excite de la douleur.

ORTIVE. adj. feminin, qui en termes d'Astronomie se joint au substantif *Amplitude*. Ainsi on dit, *Amplitude ortive*, pour signifier l'arc de l'horison qui se trouve entre le point où se leve un astre, & celui du vrai Orient, où se fait l'intersection de l'horison & de l'Equateur. Il y en a une Boreale & une Australe. On l'appelle aussi *Latitude ortive*.

ORTOLAN. f. m. Petit oiseau qui chante agréablement, & qui est d'un goût exquis. Il est de la grosseur à peu près d'une alouette, & a les plumes de sa tête, de son cou & de sa gorge tirant sur le jaune. Les grosses plumes de ses aîles & de sa queue sont mêlées de jaune & de noir, & son ventre est orangé. Il a le bec rouge, ainsi que les jambes & les piés. Il vit jusques à quatre ans, & meurt bien souvent de trop de graisse.

ORV

ORVALE. f. f. Plante que les Grecs nomment ὅρμινον, & dont il y a de deux sortes, le domestique & le sauvage. L'Horminum des jardins a ses feuilles semblables au marrube. Sa tige est quarrée & de la hauteur d'une demi-coudée. Elle a tout autour des manieres de gousses qui pendent en bas, & où il y a des graines de diverses sortes. La graine que produit l'Horminum sauvage est ronde & enfumée, mais celle des jardins est longue & noire. Appliquée avec du miel, elle nettoie les taies des yeux, & enduite avec de l'eau, elle resout toutes sortes de tumeurs, & sert à tirer du corps les épines & les tronçons qui y seroient demeurés. Matthiole appelle *Grand Horminum*, ou *Horminum odorant*, Une herbe odorante nommée par quelques-uns *Sclarea*, & par d'autres *Matrisalvia*. Elle a ses feuilles quatre fois plus grandes & plus larges que l'*Horminum*, âpres, crêpues, & qui se courbent à terre. Sa tige est haute d'une coudée & demie & quelquefois davantage, velue, ferme, quadrangulaire. Du milieu de cette tige sortent plusieurs branches qui portent grand nombre de fleurs en façons d'épi, purpurines, blanchâtres & de bonne odeur, d'où se produisent des gousses qui renferment une graine noire, claire, luisante & ronde. Les femmes Italiennes mettent un grain de cette herbe sur les yeux caligineux, & ne l'ôtent point que la nuée qui les couvre ne soit dissipée. C'est cette proprieté qui lui a fait donner le nom de *Sclarea*.

OS

OS. s. m. *Partie dure & solide de l'animal, laquelle sert à soûtenir les chairs.* Acad. Fr. On appelle *Os anonyme*, Un os qui paroît unique & qui joint de tous côtés l'*Os sacrum*. Comme il paroît divisé en trois lignes aux jeunes gens, cela est cause que l'on en a fait trois parties, dont la première s'appelle *Ileon*, ou l'*Os des flancs*; la seconde l'*Os pubis*, en parlant des hommes, & l'*Os barré*, en parlant des femmes, & la troisiéme *Ischion*, ou l'*Os de la hanche*, dans lequel il y a une profonde cavité, pour recevoir la tête de l'os de la cuisse. Quant à l'*Os sacrum*, c'est la dernière partie de l'épine, & on lui donne ce nom, à cause que c'est le plus grand de tous les os de la même épine. Sa partie anterieure est cave comme un demi cercle, & par celle de derriere il est gibbeux & vouté. Cet Os est composé de cinq autres, & même quelquefois de six, & ces os qu'on n'a pas de peine à separer aux petits enfans, s'unissent de telle sorte lorsqu'ils sont devenus grands, qu'il semble que ce ne soit qu'un seul os. On les met au nombre des vertebres, à cause qu'ils en ont la ressemblance. Ils n'en ont pas neanmoins l'usage, étant immobiles. L'Os du front est nommé *Os coronal*.

OS. adj. Vieux mot. Hardi.

Alast se il estoit si os.

On a dit aussi *Ose* au feminin.

Abatre ne le laisseroit
Par creature, tant fust ose,
En témoin de laquelle chose, &c.

OSE

OSEILLE. s. f. Sorte de plante dont il y a plusieurs especes. Il y en a de sauvage & de cultivée. L'Oseille sauvage vient dans les prés, & a ses feuilles comme la parelle, mais plus menues & plus tendres, & ressentant mieux l'herbe de jardin. Elles sont pointues par le haut en façon de fleches, & larges par bas. Il y en a une autre moindre, dont les feuilles sont menues & vuidées, & que les Latins appellent *Acetosa vervecina*, & les François *Herbe de belier*. Il y a aussi de deux sortes d'Oseille domestique, la longue qu'on plante dans les jardins, nommée en Latin *Rumex*, ayant ses feuilles longues & noirâtres; & la ronde, appellée ainsi à cause que les feuilles en sont rondes. Ses tiges sont tendres, & sa graine est semblable à celle des autres. Cette graine fait mourir les vers. Les feuilles d'Oseille sont cardiaques, cephaliques, stomachiques & nephretiques. Si on les applique cuites, elles ont une vertu suppurative. Sa racine attenue la bile crasse, & provoque les urines. L'Oseille est nommée en Grec, ὀξαλὶς, de ὀξὺς, Acide.

OSI

OSIANDRISTES. s. m. Heretiques ainsi nommés d'André Osiander Lutherien, qui enseignoit que le corps de Jesus-Christ souffroit, étoit corruptible, & mouroit derechef dans le Sacrement. Il disoit aussi que nous ne sommes point justifiés par la foi, mais par l'essentielle justice de Jesus-Christ qui habite en nous.

OSIER. s. m. Sorte d'arbrisseau qui ressemble assés au saule, mais qui ne s'éleve pas de terre, & dont les rameaux sont rougeâtres, menus & en quantité. Ses branches sont pliantes & menues, & on s'en sert à lier les cercles pour les tonneaux, & à faire divers ouvrages de vanerie. M. Ménage fait venir ce mot du Grec οἰσύα, Saule.

OSS

OSSEC. s. m. Receptacle de la sentine, le bas de la pompe où se reçoivent toutes les eaux du Vaisseau. On appelle aussi *Ossec*, sur les rivieres, l'Endroit où les eaux du bateau qu'on vuide avec l'escope s'amassent. Quelques-uns croyent que comme on entend par ce mot ce qui sert à mettre le navire au sec, il a été fait par corruption de *Au sec*.

OSSELET. s. m. Les Furetieristes disent que c'est un petit os qui est au derriere du Gigot de Mouton, c'est la petite noix qui est dans le joint du jarret du Mouton.

OSSERET. s. m. Couteau de boucher à deux trenchans pour couper sur le billot les gros ossemens.

OSSIFRAGUE. s. f. Sorte d'oiseau dont plusieurs Auteurs ont parlé diversement. Il est plus grand qu'un Aigle, selon Aristote, & son panache est cendré tirant sur le blanc. Son naturel est si bon, qu'il ne nourrit pas seulement ses petits, mais aussi ceux de l'Aigle que la mer a jettés hors du nid avant que d'être grands, à cause de leur avidité à vouloir ravir la pâture aux autres. Il ne voit pas bien, & a certaines nuées devant les yeux. Pline dit que l'Ossifrague est de l'espece des Aigles, & sorti de l'Aigle de mer, laquelle on tient qu'il retient & conçoit de toutes sortes d'oiseaux de proie. Albert le Grand veut que cet oiseau soit une cinquiéme espece d'Aigle fort petite, auquel on a donné le nom d'*Ossifrague*, à cause que s'étant repû de la chair qui étoit autour des os, il enleve l'os au haut de l'air, & le laisse tomber sur le roc ou sur une pierre, afin de le rompre & de pouvoir succer la moëlle qui est dedans; en Grec ὀστεοκλάστης, de ὀστέον Os, & de κλάειν, Rompre.

OST

OSTADE. s. f. On lit dans Villon,

Robe fourrée, pourpoint d'Ostade.

Borel dit que Henri Etienne appelle *Manches de deux Paroisses*, des Manches moitié d'ostade & moitié de velours; ou *Un pourpoint de trois paroisses*, si le corps étoit de demi ostade, le haut des manches de cuir & le bas de velours; & parce qu'au dos il n'y avoit pas de velours, on appelloit ces pourpoints des *Nichil au dos*, d'où *Nichilodo* a été dit de toutes sortes de choses qui avoient des apparences feintes.

OSTAGE. s. m. *Sûreté que l'on donne à des ennemis ou à des alliés, pour l'execution d'un traité, d'une Convention, en mettant plusieurs personnes en leur pouvoir.* ACAD. FR. Quelques-uns croyent que ceux qui reçoivent des Ostages, avoient sur eux pouvoir de vie & de mort, quand on manquoit à executer les choses dont on étoit convenu. Nicod n'est pas de ce sentiment. Voici ce qu'il dit, *Ostage est la personne qui est baillée à l'ennemi de guerre, pour sûreté & entretenement de la foi, pour parole & promesse de celui qui le baille, comme gage militaire, comme si l'on disoit* Ostgage, *& fut composé de ces deux mots*, Ost *&* Gage, *aussi est-ce un mot militaire. Aucuns l'écrivent par* h, Hostage: *ce qui seroit tolerable, parce qu'il vient de ce mot Latin* Hostis, *& que l'Espagnol dit aussi* Hueste, *pour ce que le François dit* Ost, *c'est-à-dire*, Armée, *mais le François suit son orthographe, écrivant* Ostage, *qu'il dérive de* Ost, *lequel est baillé à tel droit, que si celui pour qui il tient Ostage, défault de sa foy, parole & promesse, il est permis à celui qui l'a prins à Ostage d'user de toute puissance sur sa vie & sur sa mort. Toutefois il semble que ce droict de faculté rigoureuse sur l'Ostage n'ait été tenu pour regulier en France: car du regne de Charles IV. Charles, Comte de Valois son oncle, & Lieutenant General en l'Armée qu'il avoit envoyée contre les Anglois, Aymé, Frere d'Edouard II. Roi d'Angleterre, & son Lieutenant General en la contre armée, ayant traité appointement audit Charles de Valois, & baillé quatre Chevaliers Anglois en ostage, fut nommément convenu entre eux que si ledit Aymé, au cas que son Roy ne voulust rectifier ledit appointement, ne retournoit en France, on coupperoit les têtes à sesdits Ostages. Ainsi l'écrit Nicole Giles, en la vie dudit Charles quatriéme, car cette convention n'eust esté specialement faite, si ce eust esté regulier en fait d'Ostages. Le mot Latin semble monstrer que l'usage des Ostages a esté mis en avant, par le moyen des Sieges mis devant des Villes & Forteresses, pour estre gages de l'entretenement des capitulations reciproques des Assiegés, & Assiegeans. Mais Feste, celebre Grammairien entre les Latins, l'interprete plus en general, disant que ce mot Latin* Obses, *qui vent dire Ostage, est composé de* Ob, *&* Fides, *par transmutation de la lettre* f, *en* s, *pour estre l'Ostage baillé pour l'observation de la foy en occurrence militaire, comme dit est; mais le mot François* Ostage, *ne peut subir par sa contexture la consideration d'iceluy Feste, combien que l'effet ès deux se rencontre, qui est le gage de la foy donnée en fait de guerre. Qui vouldroit dire que* Ostage *vient de* Ost, *qui vient du Latin* Hostis, *&* Gage, *comme estant gage donné en cas d'hostilité, par adventure diroit-il chose qui viendroit à propos, & ainsi pour marque de son extraction, le conviendroit écrire par* h, Hostage. *Car l'Hostage est l'équipolant de la foy ou rançon de celui qui le baille.* Tenir Ostage pour aucun Prince, *C'est estre en gage pour la sûreté de la foy, parole & promesse d'aucun Prince donnée à son ennemi de guerre. Nicole Giles, en la vie du Roi Louis III.* Karloman mourut és mains des Normans, tenant Ostage pour son dit Pere. *Cecy est par la même raison qu'on dit*, Tenir prison pour aucune somme dûe.

OSTAGIER. s. m. Vieux mot. Ostage.

OSTELLER. v. n. Loger. On a dit *Ostex* & *Ostel*, & au pluriel *Osteux*, pour dire, Logis.

Les Mareschaux ostex, livrer,
Solliers & cambres delivrer.

OSTEOCOLLE. s. f. Pierre qui est mise au rang des Catagmatiques, & qui est propre à souder les os rompus & dans lesquels il y a quelque fracture. Ce mot vient du Grec ὀστέον, Os, & de κόλλα, Colle.

OSTEOCOPE. s. m. Douleur aigue, dont les verolés & les scorbutiques sont particulierement tourmentés la nuit. La membrane dont les os sont revêtus est seulement affectée & picotée par un acide visqueux, qui cause des douleurs profondes, en sorte qu'il semble qu'on rompe ou frappe les os avec un marteau. Ce mot est Grec, ὀστεοκόπος, de ὀστέον, & de κόπτειν, Frapper, rompre.

OSTEOLOGIE. s. f. Partie de l'Anatomie, qui fait connoître la nature & la disposition des os du corps humain, avec leur figure & leur ligamens. Ce mot vient du Grec ὀστέον, Os, & de λόγος, Discours.

OSTEVENT. s. m. Vieux mot. Assemblage de cinq ou six planches qu'on met au-dessus des boutiques, pour les garantir du vent, de la pluye & du Soleil. On a fait de là *Auvent*, qui est le mot dont on se sert aujourd'hui.

OSTIER. s. m. Vieux mot. Autour, Oiseau.

Puis vient l'Ostier après qui mange l'oisillon.

OSTIERE. Vieux mieux, dont on ne se sert que dans cette phrase, *Gueux de l'ostiere*, pour dire, Qui mandie de porte en porte, du Latin, *Ostium*, Porte.

OSTIZES. Mot employé dans la Coûtume de Blois, pour signifier, Droit annuel de Gelines. On a écrit *Hostizes*, & Borel dit qu'il vient de *Hostizia*, Maison.

OSTOIER. v. n. Vieux mot. Camper.

OSTRACISME. s. m. Sorte de Jugement qui se rendoit à Athenes presque tous les ans contre ceux dont le trop d'autorité, ou les richesses, faisoient craindre qu'ils ne se rendissent les Tyrans de la Patrie. On les bannissoit pour dix ans par la pluralité des suffrages, & le Peuple s'assembloit au jour assigné, & les donnoit en secret. Cette peine n'avoit rien d'infamant pour eux, & ils ne laissoient pas de jouir de leurs biens pendant leur exil. Ce mot est Grec, ὀστρακισμὸς, & vient de ὄστρακον, Coquille, à cause que le Peuple écrivoit sur des coquilles le nom de celui qu'il vouloit bannir.

OSTRACITE. s. f. Sorte de pierre croûteuse, faite en maniere d'écaille d'huistre, & mi-partie par écailles & par lames. Agricola, qui en parle de la même sorte, ajoûte qu'elle est rougeâtre, & qu'on en trouve à Hildesheim autour de la caverne des Nains. Galien dit qu'elle est fort dessiccative, acre & astringente, ainsi que la pierre Geodes, & qu'enduite avec de l'eau elle mondifie les prunelles des yeux, & guerit les inflammations des mammelles. Ce mot vient du Grec ὄστρακον, Coquille.

OSTRELIN. s. m. Terme de Marine. Il vient de l'Anglois, & on appelle *Ostrelins*, Ceux qui sont Orientaux à l'Angleterre. Il se dit particulierement des Villes confederées, dont Lubec est la Capitale.

OSTRUCE. s. m. Vieux mot. Autruche.

OTA

OTALGIE. s. f. Terme de Medecine. Douleur d'oreille. C'est une maladie qui dépend de la membrane interne, dont le conduit de l'oreille est tapissé. Outre l'inflammation d'oreille, qui est un mal dangereux, suivi souvent du delire, des maladies du cerveau, & de la mort même, les causes de l'Otalgie sont l'humeur acre & salée qui picote & corrode quelquefois la membrane interne ; la lymphe empreignée de trop d'acide, comme dans les affections caterreuses, & l'humeur même d'où se forme la mucosité naturelle qui enduit l'oreille & qui est trop acre ou arrêtée dans son mouvement. Lorsque l'Otalgie vient de ces causes, elle est sans pulsation & sans ardeur, mais aigue & comme perçante ou piquante. Ce mot est Grec, ὠταλγία, de ὦτα, Greilles, & de ἄλγος, Douleur.

OTE

OTELLES. s. f. p. Terme de Blason. Bouts de fer de piques, assés larges par derriere, qu'on a appellés *Amandes pelées*, à cause qu'ils en ont la figure. On change quelquefois l'écu de ces bouts de fer. Quelques-uns font venir Otelles de *Hastule* ou *hastile*, Pique ou lance. D'autres veulent que les amandes pelées s'appelloient *Otelles* en vieux François.

OTENCHYTES. s. f. m. Terme de Chirurgie. Sorte d'instrument par le moyen duquel on jette ou infuse quelque chose dans les oreilles. Ce mot est Grec, ὠτεγχύτης, de οὖς, Oreille, & de ἐγχύω, Verser, répandre.

OTH

OTHONNA. s. f. Sorte de plante dont Dioscoride ne parle que sur ce qu'en ont dit les autres. Les uns veulent que ce soit le jus de l'esclere, d'autres celui du pavot cornu ; quelques-uns prétendent que ce soit le glaucium, & quelques-uns le jus du mouron bleu, du jusquiane & du pavot mêlés ensemble. Selon d'autres, c'est le jus d'une herbe apellée *Othonna*, qui croît dans la region des Troglodytes, & dont les feuilles sont semblables à celle de roquette, percées comme un crible, en sorte qu'il semble qu'elles ayent été rongées des vers. Elle en jette peu, & produit une fleur semblable au safran, qui a la feuille large ; ce qui a fait que quelques-uns l'ont crûe une espece d'anemone. Matthiole n'est point de l'opinion de ceux qui croyent que l'Othonna soit ce que le commun appelle Girofles ou œillets d'Inde, & la mettroit volontiers au nombre des camomilles. Voici la description qu'il fait de l'Othonna. Cette plante produit force rejettons & surgeons, & a beaucoup de tiges presque de la hauteur de deux coudées, ridées, droites, tirant sur le roux. Ses feuilles sont dentelées & en grand nombre, semblables à celles du tanacet, excepté qu'elles sont un peu plus grandes & plus divisées. Sa racine est courte, fort grande, & peu profonde en terre. On en trouve trois especes differentes seulement en couleur & façon de fleurs. La plus grande a ses fleurs grandes, bien garnies de feuilles & dorées. L'autre les a plus petites, disposées en deux rangs, & jettant de petits capillamens au milieu, comme la rose. Leur couleur est dorée purpurine, & leurs feuilles sont grossetes & si reluisantes, qu'elles semblent être de velours. La troisiéme espece ne differe de celle-ci qu'en ce qu'elle ne devient pas si haute, & que ses fleurs, qui sont moindres que les autres, ne sont environnées que d'une simple couronne. Toutes leurs fleurs ne viennent que d'un long bouton, pottelé, poulpeux & attaché à une longue queue. C'est de là que sort la graine, qui est longuette, mince & noire. Cette graine est d'une vertu chaude & seche ; ce qui fait qu'on s'en sert en Medecine, quand il s'agit de purger, de nettoyer & d'ouvrir. Il y en a qui font venir le mot d'*Othonna* du Grec ὀθόνη, Linge, à cause qu'elle a ses feuilles toutes remplies de petits trous comme la toile.

OVA

OVAGE. s. f. Terme de mer. Sillage, trace navale du Vaisseau. On l'appelle aussi *Ovaiche*, & on dit, *Tirer un Vaisseau en ovaiche* ou à *ovaiche*, pour dire, Tirer un Vaisseau pesant à la voile ou incommodé, soit en le touant, ou en le remorquant par l'arriere d'un autre Vaisseau.

OVAIRE. s. m. Partie des oiseaux où les œufs se forment. Il y a des anatomistes parmi les Modernes, qui attribuent des Ovaires aux femmes. Ce mot vient du Latin *Ovum*, Oeuf.

OVALE. s. m. Terme de Geometrie. Figure curviligne, plus longue d'un sens que de l'autre, par l'inégalité de ses deux principaux diametres, ou de ses deux Axes. C'est la même chose qu'*Ellipse*. Voyez ELLIPSE. Si on plantoit un piquet en terre & que l'on tournât alentour les deux extrêmités d'une corde qui l'embrasseroit, il est visible qu'on décriroit un *cercle*. Mais si au lieu d'un piquet on en plantoit deux éloignés à discretion l'un de l'autre & que l'on fît tourner la même corde alentour de la même façon, on décriroit un *Ovale*, que l'on appelle *Ovale du Jardinier*, à cause de la maniere de le décrire avec des piquets. Par-là il paroît que pour faire d'un cercle un Ovale, il faut, pour ainsi dire, couper le centre du cercle en deux & faire une ligne courbe sur ces deux nouveaux centres, que l'on n'appelle plus centres, mais *Foyers*, Voyez FOYER. Moins ces deux foyers sont éloignés l'un de l'autre, tout le reste étant le même, moins l'Ovale differe du cercle, plus les foyers s'éloignent l'un de l'autre & plus l'Ovale est long & different du cercle. Voyez SECTION, ELLIPSE & FOYER.

OVATION. s. f. Petit triomphe que les Romains, accordoient à un General d'armée après une victoire peu considerable, ou quand la guerre n'avoit pas été déclarée suivant les loix. Le Triomphant n'avoit point de robe blanche, qui étoit l'habit de ceux qui avoient les honneurs du grand triomphe, & il ne faisoit point son entrée en chariot, mais à pié ou à cheval, au son des flûtes & non des trompettes. Il ne laissoit pas d'avoir tout le Sénat à sa suite, & il marchoit couronné d'une couronne de Myrthe. Ainsi ce fut par grace qu'on accorda une Couronne de laurier à Marcus Crassus qui avoit obtenu l'Ovation. On nomma ainsi ce petit triomphe, à cause qu'on immoloit une brebis, en Latin *Ovis*, quand celui qui triomphoit de cette maniere étoit arrivé au Capitole. C'étoit un Taureau que l'on immoloit dans le grand triomphe. P. Posthumius Tubertus, Consul, fut le premier qui obtint l'Ovation, après qu'il eut défait les Sabins. Ce fut l'an 250. de la Fondation de la Ville.

OUB

OUBLIETTE. s. f. Lieu dans de certaines prisons, où l'on mettoit autrefois ceux qui étoient condamnés à une prison perpetuelle, & on l'appelloit ainsi à cause que ceux qu'on y enfermoit ne paroissant plus, étoient entierement oubliés. Hugues Aubert Prévôt de Paris, y fut condamné, & Bonfons parlant de cette condamnation dans ses Antiquités de Paris, dit, *Il fut prêché & mitré publiquement au Parvis Notre-Dame, & après ce, condamné à être en l'oubliette au pain & à l'eau.*

OUC

OUCHE. s. f. Vieux mot François que plusieurs Provinces ont retenu, pour signifier une terre labourable, close de fossés ou de hayes. En Latin *Olca*, *olchia*, d'où l'on a fait *Occare*, *Labourer*.

OUE

OUE. s. f. Vieux mot. Oye.

Vous l'en avez pris par la monë;
Il doit venir manger de l'ouë.

On appelle aujourd'hui à Paris la Rue aux Ours par corruption au lieu de dire, *La rue-aux Oues*. Cette rue étoit fameuse autrefois par plusieurs rôtisseries, où l'on vendoit des oyes.

OVE. s. m. Terme d'Architecture. Ornement taillé en forme d'œuf sur un membre appellé *Quart de rond*. On ne laisse pas de nommer le quart de rond *Ove*, quoiqu'il soit simple & sans aucun ornement. On appelle *Oves fleuronnés*, Ceux qui paroissent envelopés par quelque feuille de sculpture. Il y en a qui se font en forme de cœur; & c'est ce qui a obligé les Anciens à introduire des dards parmi les Oves, pour simboliser avec l'amour.

OVEC, OVOEC. Préposition. Vieux mot. Avec. On a dit aussi *Oveques*.

Seignor, sçavez pourquoi j'ai mon habit changié.
J'ai été ovoec fame; or revois au Clergié.

OUER. Vieux mot. Oüir. On trouve *Oüant* pour Oyant, & dans le Roman de la Rose.

Beaux Diex, dist il, qui tout poüez,
S'il vous plaist, ma requeste oüez.

OUEST. s. m. *La partie du monde qui est au Soleil couchant*. ACAD. FR. Il signifie aussi le vent qu'il souffle du côté du Couchant, & qui est l'un des quatre vents primitifs, éloignés entr'eux chacun de quatre-vingt-dix degrés. On appelle *Ouest-Nord-Ouest*, Le vent qui est entre le Nord & le Nord-Ouest; *Ouest-Sud-Ouest*, Celui qui est entre l'Ouest & le Sud-Ouest; *Ouest Sud-Est*, celui qui est entre l'Ouest, & le Sud-Est; & *Ouest-quart de Nord-Ouest*, Celui qui est entre l'Ouest, & l'Ouest-Nord-Ouest, parce qu'il est le quart de l'espace entre l'Ouest & le Nord-Ouest, & qu'il est le plus proche de l'Ouest.

OVI

OVICULE. s. m. Petit ove. Selon Balde, c'est l'astragale Lesbien de Vitruve. Il y en a qui appellent aussi *Ovicule*, La moulure du chapiteau Ionique & du Composite. Elle est fort souvent taillée de sculpture.

OUILLE. s. f. Sorte de potage qui est fait sans beurre avec differentes herbes. On le sert quelquefois sur les bonnes tables dans les jours maigres, afin de faire quelque diversité. On appelle aussi *Oüille*, & autrement *Pot pourri*, Un assaisonnement de plusieurs viandes ensemble. Ce mot vient de l'Espagnol *Olla*, qui signifie, non seulement un pot de terre ou une marmite à faire cuire de la chair & autre chose, mais aussi le potage.

OUL

OULE. s. m. C'est un petit charnier à tenir un demi-cochon dans le sel.

OULICE. Terme de Charpenterie. On appelle *Tenons à oulices*, Ceux qui sont coupés tout quarrément & en about auprès les paremens du bois, pour revêtir après coup quand l'ouvrage est fait. Ces tenons sont appellés autrement *Tenons à tournices*.

OUR

OURAGAN. s. m. Tempête horrible & très-violente. Elle se forme par la contrarieté de plusieurs vents, qui soufflant tantôt d'un côté & tantôt d'un autre, élevent des flots prodigieux qui se brisent les uns contre les autres. Ces Ouragans n'arrivoient autrefois que de sept ans en sept ans, mais ils sont beaucoup plus frequens presentement, & ils viennent au changement des saisons, principalement aux Isles Antilles dans l'Amerique. Quand l'Ouragan doit venir, la mer d'ordinaire devient tout à coup aussi unie qu'une glace, sans faire paroître le moindre soûlevement de ses eaux sur sa surface, après quoi l'air s'obscurcit, & s'étant rempli de toutes parts d'épais nuages, il s'enflamme & s'entr'ouvre de tous côtés par d'effroyables éclairs qui durent assés long-tems. Ensuite on entend de si effroyables coups de tonnerre, que la terre tremble en plusieurs endroits. L'impetuosité avec laquelle le vent souffle, déracine les plus grands arbres des forêts, abbat presque toutes les maisons, ruine tout ce qui paroît sur la terre; & si les hommes qui se trouvent dans les campagnes ne se tiennent fortement attachés à des souches d'arbres, ils sont en péril d'être emportés par les vents. Ce qu'il y a de plus dangereux, c'est qu'en vingt-quatre heures, & souvent en moins de tems, l'Ouragan qui commence à l'Ouest, parcourt tous les rumbs de vent, ne laissant ni rade ni havre à l'abri de sa fureur; de sorte que tous les Navires qui sont pour lors à la côte périssent malheureusement, sans qu'aucun de ceux qui sont dedans se puisse sauver.

OURANOGRAPHIE. s. f. La description du ciel. Ce mot est Grec, de οὐρανὸς, Ciel, & de γράφειν, Ecrire.

OURAQUE. s. m. Les Medecins appellent ainsi un des quatre vaisseaux umbilicaux. C'est un canal long & sans sang qui va du fond de la vessie jusqu'au nombril. Le fœtus rend son urine par là tant qu'il est dans le ventre de la mere. Ce mot est Grec, οὐραχὸς, & vient de οὖρον, Urine.

OURDIR. v. a. *Disposer les fils pour faire la toile*. ACAD. FR. On arrange ces fils en long, pour y passer ensuite la treme. *Ourdir*, en termes de Vanier, signifie Tortiller l'osier, le tourner autour du moule du panier.

OURDISSOIR. s. m. Outil sur lequel les Ferandiniers, Rubaniers & Tisserans mettent la soie ou le fil quand ils ourdissent.

OURLER. v. a. Faire des ourlets à du linge, à quelque étoffe.

OURLET. s. m. *Le repli, le rebord que l'on fait à du linge, à des étoffes de laine ou de soie, soit pour ornement, soit pour empêcher qu'elles ne s'effilent*. ACAD. FR. Les Plombiers appellent *Ourlet*, la Jonction de deux tables de plomb sur leur longueur. Elle se fait en recouvrement par le bord de l'une repliée sur l'autre en maniere de crochet. *Ourlet* se dit aussi de la lévre d'un chêneau à bord, d'une cuvette de plomb qui est repliée en rond. On appelle encore *Ourlet*, Un filet sous l'ove du chapiteau, autrement *Orle*, de l'Italien *Orlo*.

Les Vitriers appellent *Ourlet*, Le petit rebord qui est sur l'aile du plomb des panneaux de vitre.

OURQUE. s. f. Gros poisson de mer qui passe entre les monstres marins, du Latin *Orca*.

OURS. s. m. Animal sauvage couvert d'une peau

épaisse & velue, dont le poil est gris. Il a le museau long & approchant de celui d'un gros cochon, les yeux petits, les oreilles courtes, la gueule longue, des ongles crochus, & des piés qui ressemblent presque à des mains. Cet animal monte au haut des arbres; & si l'on en croit Aristote & Pline, il n'est guere plus gros qu'une souris en naissant, mais il croît toûjours, en sorte qu'il s'en est trouvé qui avoient cinq coudées de long & qui étoient gros comme des bœufs. Cela peut n'être pas vrai, non plus que ce qu'ils rapportent que l'Ourse fait ses petits comme une masse sans aucune forme, & que ce n'est qu'à force de les lecher qu'elle les perfectionne. Matthiole dit qu'il a vû prendre une Ourse fort grande qui étoit pleine, & que ses petits avoient tous leurs membres distingués dans le ventre de leur mere. L'Ours vit de plantes, d'arbustes, d'herbes, de fruits, de legumes, de miel & de chair, & au rapport d'Elian, il vit jusqu'à quarante jours en léchant seulement son pié droit. On tient qu'il hait les cadavres, le sanglier & le bœuf marin. Il attaque le Taureau pardevant, & tâche de lui déchirer les naseaux & de l'accabler par sa pesanteur. On apprivoise les Ours, & on leur apprend à danser, à sauter & à faire plusieurs petits tours. Il y a des Ours noirs, & il s'en voit d'autres blancs dans les Pays Septentrionaux. Les Furetieristes font dire à Pline & à Plutarque que sa chair est un manger excellent : ceux qui en ont goûté ne sont pas de cet avis.

Il se trouve dans les Indes Occidentales en la Province nommée Uzalcos, une espece de petits Ours, qui au lieu de gueule ont un petit trou rond au bout du museau, hors duquel ils tirent une petite langue ronde, longue & creuse par dedans, avec laquelle ils succent le miel, ou quand ils n'en trouvent point, ils tirent cette même langue auprès des fourmillieres, comme si c'étoit un roseau, & avalent toutes les fourmis qu'ils peuvent surprendre.

OURSE. s. f. Terme d'Astronomie. Il y a la petite & la grande Ourse. La petite Ourse est la plus proche du Pole, & comprend sept étoiles, qui sont appellées *Le Chariot*. C'est elle qui a donné le nom au Pole Arctique, du Grec ἄρκτος, qui signifie Ourse. La grande, qui selon Kepler est composée de cinquante-six étoiles, & selon Ptolomée de trente-cinq, est une constellation voisine, qui a une situation contraire. Elle a sept étoiles plus visibles & brillantes, disposées aussi en chariot, dont l'une est de la troisiéme grandeur, & les six autres de la seconde.

Ourse. Terme de Marine. Cordage particulier de l'artimon, garni d'un croc par un bout, pour saisir l'Etroppe amaré à l'extrêmité de la Vergue. On l'appelle aussi *Ours*.

OUT

OUTARDE. s. f. Le plus grand oiseau qui vive sur la terre après l'Autruche. Il a le bec fort, & le cou long, de couleur cendrée, ainsi que la tête jusques au-dessus de l'estomac. L'outarde est de couleur tannée, & noire sur le dos, blanche sous le ventre & sous les ailes, à l'exception des extrêmités qui sont noires. Elle a le dessus des ailes blanc, les jambes grosses comme le pouce, longues d'un demi pié, & toutes couvertes d'écailles. Chacun de ses piés a trois doigts, & les ongles en sont cours. On l'appelle en Latin *Avi tarda*, à cause qu'elle vole lentement, d'où quelques-uns veulent qu'elle ait pris le nom d'*Outarde*. D'autres font venir ce mot du Grec ὦτις, ou ὠτίς, qui veut dire la même chose, de οὖς, Oreille, à cause que l'Outarde a les oreilles avancées, & toutes couvertes de plumes.

OUTIL. s. m. Tout Instrument dont les Artisans, les Laboureurs & les Jardiniers se servent pour l'execution manuelle de leurs ouvrages. Les Charpentiers & les Menuisiers en ont un grand nombre de diverses sortes, selon la diversité de leur travail. M. Felibien fait venir *Outil* du Latin *Utilis*, à cause de l'utilité que les Ouvriers en reçoivent. Les Menuisiers de placage appellent *Outil en ondes*, Une machine composée d'une roue avec une échelle au-dessous. Au-dessus de cette échelle sont deux ressorts & sur les ressorts il y a une viz qui fait appuyer sur le bois un fer taillant, qui le coupe & qui le façonne en ondes aussi avant que l'on veut. Ils se servent de cet outil pour pousser des moulures en ondes sur l'ébene, sur l'olivier & autres bois durs.

OUTRAGE. s. m. injure atroce. Du Cange fait venir ce mot d'*Ultragium*, qui a été dit dans la basse Latinité, pour dire, Excès, outre-mesure, d'où vient qu'il s'est pris autrefois en bonne ainsi qu'en mauvaise part, *Oultrage*, dit Nicod, *C'est oultrepasse de la raison & du debvoir, excès, soit de fait ou de parole, & vient de* Oultre, *étant de semblable terminaison Françoise*, à Dommage, Passage, Gaignage, *& autres tels, car de le tirer de ces deux mots Latins* Ultra agere, *il n'y a propos aucun. Il se prent le plus communement en mauvaise part, & pour délit, forfait & vilain cas, injure & felonnie, comme*, Vous m'avez guerroyé à tort, & par moult grand oultrage. *Item*, Je ne vous demande rien d'oultrage, *c'est-à-dire, rien qui soit injuste & déraisonnable; & quelquefois en bonne part, comme*, Elle est belle voirement, mais il n'y a rien d'oultrage, *c'est-à-dire, En sa beauté n'y a rien qui oultrepasse la dûe & raisonnable beauté d'une femme.*

OUTRANCE. s. f. *Il n'est en usage qu'en ces manieres de parler adverbiales*, A outrance, à toute outrance, *pour dire, Jusqu'à l'excès.* ACAD. FR. Voici ce que Nicod dit sur ce mot. *Oultrance. C'est oultrepasse soit en bien, comme*, Il est riche à toute oultrance, *c'est-à-dire, Il excede en richesse ceux qui sont tenus pour bien riches; soit en mal, comme*, Il est méchant à toute oultrance, *c'est-à-dire, La méchanceté de lui surmonte les actes des bien méchans. On dit* Joûter *ou* Combattre à oultrance, *dont le contraire est à lance & armes courtoises, quand on joute & combat à fer esmoulu, & pour s'entre-blesser, & sans respecter la vie l'un de l'autre. Les anciens Champions de bataille à oultrance, qu'ils appelloient Jusques au rendre, disoient* Oultrer la journée, *pour, Accomplir & passer oultre la journée du combat, c'est en combattant employer tout le jour jusques à la brune. Louys Duc d'Orleans, au cartel de telle sorte de combat par lui envoyé à Henri Roi d'Angleterre, couché par Monstrelet au neufiesme chapitre de son premier volume.* Et là ès marches nous deux nous trouverons pour Oultrer notre journée, comme pourra être advisé, tant de vos gens comme des miens commis à ce.

OUTRE. s. m. Peau de bouc à porter de l'huile, du vin, &c. Les Outres étoient fort communs chés les Romains & le sont encore en Dauphiné & en Bearn.

OUTRECUIDANCE. s. f. Vieux mot. Témerité, insolence. On a dit aussi *Outrecuidé*, pour dire, insolent, téméraire, & on écrivoit, *Oultrecuidance*, & *Oultrecuidé*, de ces deux mots *Oultre* & *Cuider*, qui veut dire, Avoir opinion, présumer que quelque chose soit.

OUTREMER. s. m. Les Peintres appellent ainsi un bleu d'azur fait de Lapis lazuli, mis dans un creuset qu'on fait rougir. Quand cette pierre a été calcinée au feu, on la casse fort menu dans un mortier; puis étant bien pilée, on la mêle avec de la cire, de la poix-resine, dont on fait comme une pâte qu'on manie, & qu'on lave dans de l'eau bien nette. Ce qui en sort le premier est le plus beau, & il diminue de beauté ensuite jusques au gravier qui est comme le marc. Cette couleur se conserve plus qu'aucune autre. Elle se détrempe sur la pallette quand on l'emploie avec de l'huile, & elle ne se broie point. L'Outremer étoit très-rare & très-cher, avant qu'on eût sçû le moyen de bien mettre en poudre le lapis lazuli, mais la maniere de le bien faire est presentement assés commune. Les Peintres ont un secret pour connoître quand il est falsifié par un mêlange d'émail.

OUV

OUVERT, ERTE. adj. Qui n'est pas fermé. On dit en termes de guerre, que *La tranchée est ouverte*, pour dire, que Les assiegeans commencent à faire leurs approches. On dit aussi, qu'*Une Ville est ouverte*, pour dire, qu'On y a fait une bréche, ou qu'elle n'est pas bien fortifiée.

On appelle en termes de négoce, *Compte ouvert*, Le commerce reciproque qui se fait entre Marchands par l'envoi d'étoffes, d'argent ou de rescriptions, depuis que le dernier compte de societé en a été soudé entre eux.

Ouvert, en termes de Blason, se dit des Portes, des Tours, & des Châteaux. *D'azur à trois compas ouverts d'or.*

OUVERTURE. s. f. *Fente, trou, espace vuide dans ce qui est continu, dans ce qui est plein.* ACAD. FR. *Ouverture*, se dit d'une baye dans un mur, laquelle se fait pour donner du jour, ou pour servir de passage. On appelle *Ouverture d'une porte, d'une fenêtre*, Le vuide qui est entre les piés droits, ou ce qui forme le chassis ou tableau.

On appelle en termes de guerre, *Ouverture de tranchée*, Le commencement du travail d'une approche, ou le premier remuement des terres qui se fait par les assiegeans, afin d'aller à couvert jusques au corps de la place qu'ils assiegent.

On appelle en termes de Palais, *Ouverture de Requête civile*, Les moyens sur lesquels la Requête civile est fondée. On doit les tirer de la forme & & non pas du fond. *Ouverture de fief*, se dit, quand il y a mutation de Seigneur ou de Vassal. On dit aussi *Ouverture de rachat*. C'est lorsque le cas est arrivé où le rachat est dû au Seigneur.

OUVRAGE. s. m. *Oeuvre, ce qui est produit par l'ouvrier, & qui reste après son travail. Il signifie aussi, la façon, le travail que l'on emploie à faire ouvrage.* ACAD. FR. On appelle dans la Maçonnerie, *Gros ouvrages*, Les murs en fondation, ceux de face & de refend, ceux qui sont avec crépis, enduits & ravalemens, & toutes les especes de voutes de semblable matiere, à la difference des *Menus Ouvrages*, qui sont les plâtres de differentes especes, comme tuyaux, souches & manteaux de cheminées, panneaux de cloisons, & toutes saillies d'Architecture. Les *Ouvrages de sujetion*, sont les Ouvrages cintrés, rampans, ou cercés par leur plan ou leur élevation. Le prix de ceux-là augmente à proportion du déchet de la matiere, & de la peine qu'il y a à les bien executer.

On appelle en termes d'Architecture militaire, *Ouvrages couronnés*, ou *à couronne*, des pieces avancées vers la campagne pour gagner quelque éminence. Ils sont composés de deux grands côtés ou aîles qui tombent sur la contrescarpe à l'endroit des faces d'un bastion, en sorte qu'ils en sont défendus, & presentent du côté de la campagne un bastion entier entre deux demi-bastions dont les faces se regardent. Ces ouvrages ont aussi leurs demi-lunes. C'est ainsi qu'en parle M. Felibien, qui ajoûte que les *Ouvrages à corne*, ne different des Ouvrages à couronne, qu'en ce qu'ils ne presentent à la campagne que deux demi-bastions que de semblables ailes terminent. Les *Ouvrages à scie*, sont des faces qui forment des angles rentrans & sortans pour se flanquer les unes dans les autres. On les appelle autrement *Redans*, & on donne le nom d'*Ouvrage à tenaille*, à un dehors qui a moins de largeur que de longueur, & dont la tête est formée par un angle rentrant & par deux angles saillans, ou par deux rentrans & trois saillans. Les *Ouvrages exterieurs*, sont ceux qui couvrent le corps de la place du côté de la campagne. Les *Ravelins* & *les demi-lunes*, sont de ce nombre. Ces ouvrages se font, non seulement pour couvrir une place, mais encore pour empêcher l'ennemi de profiter des concavités & élevations qui se trouvent d'ordinaire aux environs de la contrescarpe

On appelle *Ouvrages de pierre de rapport*, Certains ouvrages qui se font avec des pierres naturelles pour representer des animaux, des fruits, des fleurs, & autres figures comme si elles étoient peintes. On assemble pour cela differens marbres, selon le dessein qu'on a, & quand ils sont bien joints & bien cimentés, le Peintre qui a disposé le sujet, prend du noir, & marquant les contours des figures avec un pinceau, il observe par des traits & par des hachûres les jours & les ombres de la même sorte que s'il dessinoit sur du papier. Ensuite le Sculpteur grave avec un ciseau tous les traits qui ont été tracés par le Peintre, après quoi on remplit d'un autre marbre ou d'un mastic composé de poix noire, & d'autre poix que l'on fait bouillir avec du noir de terre, tout ce que le ciseau a gravé. Quand ce mastic a pris corps en refroidissant, on passe un morceau de grais ou une brique par dessus, & le frottant avec de l'eau & du grais ou du ciment pilé, on ôte ce qu'il y a de superflu, & on le rend égal au marbre. M. Felibien dit que c'est ainsi qu'avec deux ou trois sortes de marbre, on a trouvé l'art d'embellir de differentes figures, les pavés des Eglises & des Palais.

OUVRIGNÉ. s. m. Vieux mot. Travail, Labeur. On a dit aussi *Ouvrer*, pour, Travailler, *Ouvroüer*, pour, Boutique, & *Ouvreeur*, pour, Ouvrage.

J'ay Cergans & Laboureurs
Ouvrans en divers ouvreeurs.

OUVRIER, IERE. adj. On appelle *Jours ouvriers* ou *Jours ouvrables*, Ceux où il est permis d'ouvrir les boutiques & de travailler.

Ce qu'on appelle *Cheville ouvriere*, dans un carrosse, une grosse chevisse de fer qui joint le train de devant à la fléche.

OUVROIR. s. m. On appelloit ainsi autrefois ce que nous appellons aujourd'hui *Boutiques*. Lieu séparé où des Ouvriers sont employés à une même espece de travail dans un Arcenal, ou dans une Manufacture. *Ouvroir*, se dit aussi d'une longue salle en forme de Galerie, ou des filles qui vivent dans une communauté s'appliquent ensemble à des ouvrages qui leur conviennent.

OUY

OUYE. s. f. *Celui des cinq sens par lequel on reçoit les sons.* ACAD. FR. L'air étant frapé de la maniere requise pour produire le son, (Voyez SON,) ce mouvement

mouvement de l'air est reçû dans l'anfractuosité de l'oreille externe, d'où il passe dans l'oreille interne, par un canal tortu qui est creusé dans l'os petreux jusqu'à la membrane du tambour qu'il fait mouvoir & par ce moyen il se communique à l'air renfermé dans la quaisse du tambour, d'où le même mouvement est porté au labyrinthe, & au limaçon dont la rampe est revêtue de l'expansion du plus grand rameau du nerf acoustique en forme de membrane, laquelle étant frappée par le mouvement de l'air interne, fait ce qui est appellé le son. La vibration de cette membrane se continuant dans les esprits jusques au cerveau, donne lieu à la perception qu'on appelle *Ouye*. Selon que les esprits animaux sont ébranlés par ce mouvement, les diverses passions & les effets surprenans que l'on attribue à la musique, s'en ensuivent. Un son lent & relâché excite la tristesse, la langueur, & les autres passions semblables, & les passions vives, telles que la joie, la hardiesse & l'amour, sont causées par le son tendu & aigu. L'oüye est blessée de trois manieres, par diminution dans la dureté d'oreille, par abolition dans la surdité, & par dépravation dans le tintement d'oreille, lorsqu'on s'imagine entendre des sons qui ne sont pas effectifs.

Ouye. Partie de la tête des poissons, qui s'ouvre, par où ils entendent & respirent. Ce sont comme des poils disposés par ordre, & attachés à un demi cercle d'os, à chaque côté de la tête du poisson. C'est par le moyen de ces oüyes qu'il rejette l'eau. Il y a des poissons qui les ont couvertes, & d'autres découvertes.

Ouye, est aussi un terme de Lutier, & se dit des ouvertures qui sont sur la table de plusieurs Instrumens de Musique, comme des violons, des violes, & de la harpe. Leur figure est differente. C'est par ces endroits que sort le son de ces Instrumens.

OXY

OXYACANTHA. s. f. Arbre semblable au Poirier sauvage, moindre toutefois, épineux & piquant. Ses grains ressemblent à ceux de myrte, étant pleins, rouges, & frêles, avec un noyau au-dedans. Il pousse quantité de racines qui sont profondes en terre. Si l'on prend ses grains en breuvage, ou si on les mange, ils arrêtent, & resserrent le cours du ventre. Ils arrêtent aussi l'abondance du cours menstrual des femmes. Sa racine appliquée tire hors du corps toutes épines & autres tronçons qui seroient demeurés dans la chair. La plûpart des Modernes, tant Medecins que Simplistes, sont persuadés que l'Oxyacantha, appellé *Berberis* par les Arabes, est l'arbrisseau épineux qu'on nomme *Epinevinette*; mais par la description qu'en fait Dioscoride, cet arbre doit être semblable au poirier sauvage qui ne jette qu'un tronc qui croît à la hauteur commune des arbres, & dont l'écorce est âpre, écailleuse, inégale, materielle, & de couleur noire, tirant sur le roux, & qui d'ailleurs a des épines comme le prunier, ne jettant qu'une seule épine à la fois, qui est noire & ferme. C'est ce qui fait que Matthiole combat cette opinion, en faisant voir que l'Epinevinette n'a point un simple tronc, mais qu'elle produit plusieurs rejettons en sortant de terre, qui croissant comme verges, n'atteignent jamais la hauteur des arbres; que son écorce est blanche, lissée & si déliée, que la frottant tant soit peu avec un couteau ou une pierre, elle se rompt, & laisse paroître le bois jaune comme du safran, & qu'enfin elle produit chaque fois trois aiguillons plats, blancs & frêles, provenant d'un même pié, en sorte qu'ils ressemblent à une fourche à trois fourchons. D'ailleurs, l'Oxyacantha porte son fruit gros comme celui du Myrte, & l'Epinevinette a le sien en grappe en maniere de raisins. Ces raisons & plusieurs autres l'obligent à dire que l'Oxyacantha de Dioscoride, ne sçauroit être l'Epinevinette, mais plûtôt l'Aubespin, qui est un arbre d'une parfaite hauteur, dont les branches sont armées de tous côtés de fortes & fermes épines, & qui non seulement a son écorce âpre & écailleuse, mais encore son fruit de la grosseur des Myrtilles, rouge, plein, frêle, avec un noyau, & quelquefois plusieurs au-dedans, ce qui convient aux marques que Dioscoride donne de l'Oxyacantha. Ce mot est Grec ὀξυάκανθα, de ὀξὺς, Aigu, & de ἄκανθα, Epine.

OXYCEDRE. s. m. Espece de cedre moyen qui a les feuilles semblables entierement au genevre. Elles sont dures, piquantes & aigues, d'où il a été appellé ὀξύκεδρος, de ὀξὺς, Aigu, & de κέδρος, Cedre.

OXYCRAT. s. m. Remede facile & prompt, composé d'une cueillerée de vinaigre sur cinq ou six fois autant d'eau. Il sert à adoucir les ardeurs des inflammations, & à guerir les douleurs que cause le trop de chaleur. Ce mot est Grec ὀξύκρατον, de ὀξὺς, & de κεκεράννυμι, Je mêle.

OXYGONE. s. m. Terme de Geometrie. Il se dit des triangles dont les trois angles sont aigus. Triangle Oxygone s'oppose à triangle *Rectangle* ou *Amblygone*. Voyez ces mots. Ce mot vient du Grec ὀξὺς, Aigu, & de γωνία, Angle.

OXYMEL. s. m. Potion faite avec du vinaigre, de l'eau & du miel. Il y en a de deux sortes, l'Oxymel simple, & l'Oxymel composé. Le simple est distingué, en foible, moyen & fort. Le foible se fait avec une partie de vinaigre, deux de miel, & quatre d'eau. On ne change rien pour le moyen, si ce n'est que l'on y met une partie & demie de vinaigre, & pour le fort il se fait avec une égale portion de miel & de vinaigre, & deux fois autant d'eau. Sa base est le vinaigre, qui selon ce qu'en a écrit Galien, est incisif, attenuatif, & resolutif des matieres crasses & visqueuses, en quelque part qu'elles soient, fût-ce aux jointures. Ainsi l'Oxymel simple, incise & déterge les humeurs crasses, lentes & pituiteuses, leve les obstructions, & donne la facilité de cracher & de respirer. Il entre sept ingrediens dans l'Oxymel composé, sans y comprendre ni le miel ni le vinaigre, sçavoir les cinq racines aperitives majeures, la graine de fenouil & celle d'ache. Outre qu'il incise & déterge les humeurs crasses & lentes comme fait le simple, il ouvre les obstructions de la rate, du foye & des reins, pousse dehors les ordures de la vessie, provoque l'urine, & les semences. Ce mot est Grec ὀξύμελι, de ὄξος, Vinaigre, & de μέλι, Miel.

OXYRRHODINUM. s. m. Sorte de Medicament, où l'on fait entrer trois parties d'huile rosat, & une quatriéme de vinaigre. On y ajoûte quelquefois des sucs, ou quelques eaux distillées. Ce mot est Grec ὀξυρρόδινον, de ὄξος, Vinaigre, & de ῥόδον, Rose. On se sert de ce Medicament pour en faire une embrocation sur toute la tête, & quelquefois un liniment pour l'abdomen.

OXYSACCHARUM. s. m. Sorte de potion faite de vinaigre blanc, de suc de Grenade & de sucre. Selon Bauderon, il faut que le sucre se fonde au suc de grenades, purifié au Soleil, & passé à travers une chausse à hypocras & non en l'eau, parce que l'aigreur du suc de grenades est moins ennemie des parties spermatiques que le vinaigre. L'Oxysaccharum incise la pituite, leve les obstructions, provoque l'urine, & resiste à la pourriture & aux venins. Il a les mêmes vertus que le syrop aceteux, mais il est bien plus sûr de s'en servir en tout âge, en toute saison & pour tout sexe, aux maladies bilieuses & pituiteuses, à cause qu'il n'y a pas tant de vinaigre. Ce mot est Grec ὀξυσάκχαρον, de ὀξὺς, Acide, & de σάκχαρον, Sucre.

OYE

OYE. s. f. Gros oiseau qui nage sur l'eau & qui marche en troupe sur terre. Il y a une Oye sauvage & une Oye domestique. Cette premiere est meilleure à manger que l'autre, quoiqu'elle se nourrisse des mêmes choses, sçavoir d'herbes & de grains. L'Oye a le cou assés long, le bec gros, les jambes grosses, & la plume grise ou blanche; les blanches sont les meilleures pour le profit. La chair de l'Oye est visqueuse & fait beaucoup d'excremens. M. Ménage fait venir ce mot du Latin *Auca*, & celui-ci d'*Avica*.

On appelle *Jeu de l'Oye*, Un jeu où l'on joue avec deux dés sur une carte où il y a soixante & trois cellules marquées avec des figures d'Oye, disposées de neuf en neuf. Ce Jeu est renouvellé des Grecs.

On dit en termes de Mer, que *L'on a mouillé en patte d'Oye*, quand à cause du gros tems on mouille trois ancres, dont l'une est au vent & les deux autres à stribord & à bas bord de cette premiere. Ces trois ancres formant une espece de triangle, figurent en quelque façon une patte d'Oye.

On a dit aussi *Oye*, pour dire, Oreille.

OYEMENT. s. m. Vieux mot. L'oüie.

P

PAC

PACA. s. m. Sorte d'animal semblable à un petit Pourceau de deux mois. Il y en a une grande quantité dans le Bresil, & quelques-uns qui sont blancs comme la neige. Leur chair a peine à cuir. Les blancs se trouvent principalement auprès des rivages de la riviere de saint François, & fort rarement ailleurs.

PACFI. s. m. Terme de Marine. Il y a le grand Pacfi, & le petit. Le grand Pacfi, est la grande voile qui tient à la croisée du milieu du grand mât. Le petit Pacfi, qu'on appelle aussi *Pacfi de bourset*, est la voile de misaine. Quelques-uns disent *Pafi*. On dit *Etre aux deux Pacfis*, pour dire, Etre aux deux basses voiles.

PACIFIQUES. s. m. On appella ainsi dans le seiziéme siecle certains Anabaptistes, qui se vantant d'annoncer la paix, semoient des erreurs parmi les Peuples.

PACO. s. m. Brebis du Perou, qui est un peu plus grande que nos brebis, & plus petite qu'une genisse. Elle a le col long comme les chameaux, les jambes longues & le corps bien proportionné. Il y en a de blanches, de noires, de minimes, & d'autres bigarrées de differentes couleurs, appellées par les Indiens *Moromori*. Leur chair est bonne, quoique grossiere & beaucoup meilleure & plus délicate que celle d'agneau. Il est rare qu'on les tue, à cause que leur laine sert à faire des étofes, & qu'elles font plus de profit à porter des fardeaux. On les voit quelquefois en troupes de trois cens, & même de mille, chargées de toutes sortes de marchandises, dont elles portent cent livres pesant & jusqu'à cent cinquante, selon le chemin qu'elles ont à faire. Elles ne font que trois ou quatre lieues par jour, & leurs conducteurs sçavent les lieux où il y a abondance de pâture & de l'eau pour ces bêtes. Ils y dressent des tentes, & déchargent leurs fardeaux. Quand il n'y a qu'un jour de chemin, elles font huit ou dix lieues & portent deux cens livres pesant. Il y en a que la force du travail fait coucher par terre avec leurs charges, sans qu'on les puisse faire lever ni par menaces, ni avec les coups. Ces animaux se plaisent dans les lieux froids. Ils multiplient fort dans les montagnes, & meurent dans la plaine par trop de chaleur.

PACOBA. s. m. Plante du Bresil, appellée *Figue d'Adam*, qui croissant extrémement haut, donne sujet de douter si c'est une herbe ou un arbrisseau. Son tronc est fort tendre & poreux, & se separe en diverses branches où naissent par grappes & en grande quantité certains fruits semblables aux figues. Quand ces fruits sont mûrs, on les cueille en coupant la queue qui les attache à la branche, & ensuite il en croît d'autres presque en nombre infini. Ils sont jaunes, d'une bonne saveur, & fort sains pour ceux qui ont la fievre, & qui vomissent du sang. Les feuilles du Pacoba sont rayées, polies, d'un verd gai, & quelquefois longues d'une coudée.

PACOURI. s. m. Grand arbre & fort spacieux qui se trouve dans l'Isle de Maragnan. Il a ses feuilles semblables à celles du pommier, & sa fleur blanche. Son fruit est gros comme les deux poings avec une peau épaisse d'un demi pouce. Il contient deux ou trois noyaux fort bons, & est fort estimé quand il est cuit & confit.

PACQUIRES. s. m. Sorte d'Animaux qui se trouvent dans l'Isle de Tabago, & que les Sauvages de la Terre-Ferme ont nommés ainsi. C'est une espece de Porcs. Ils ont le lard fort ferme, peu de poil, & le nombril sur le dos.

PAD

PADELIN. s. m. Terme de Verrerie. Pot, ou grand creuset où l'on fait fondre la matiere dont on fait le verre.

PADOUE. s. m. Ruban fait avec de la bourre de soie, qui est l'envelope du cocon du ver à soie. On fait cette sorte de ruban aussi-bien en chaînes qu'en trames.

PADOUIR. v. n. Vieux mot. C'est, selon Ragueau, Mettre des bêtes dans des landes ou dans des pâturages communs.

PAG

PAG. s. m. Bête sauvage qui se trouve dans le Bresil, & qui est d'une moyenne hauteur, & de la grandeur d'un chien de quête. Sa tête est extrêmement difforme, & sa peau fort belle, mouchetée de taches blanches, grises & noires. Le goût de sa chair approche de celui qu'a la chair de veau.

Il se trouve un autre animal dans l'Isle de Maragnan, appellé *Pag* ou *Pac*, qui est un peu plus grand qu'un Renard. Il a la tête courte & grosse, de petites oreilles, la queue courte, & il est bigarré d'un poil noir & blanc qui n'est pas long.

PAGAYE. s. f. Nom que les Sauvages donnent à l'aviron dont ils se servent pour nager quand ils se mettent sur mer dans une maniere de canot, qu'ils appellent *Pirogue*.

PAGE. s. m. *Jeune Gentilhomme habillé de livrées, & servant auprès d'un Roi, d'un Prince, d'une Princesse, d'un Seigneur, ou d'une Dame.* ACAD. FR. Ce mot signifie proprement un petit Garçon, du Grec *παῖς*, Enfant, suivant cette ancienne Poësie.

Mieu vaut un Jaiant que un Page,
Et deux dismes que un terrage

Autrefois on ne s'en servoit que pour signifier des personnes de vile condition, qui suivoient quelqu'un à pié. Fauchet dit, que jusqu'au regne de Charles VI. & de Charles VII. ce nom fut donné à des Paysans & autres personnes de basse condition. C'est ce qui fait que quelques-uns le dérivent de *Pagus*, Bourg; Village. Borel ajoûte à cela qu'encore aujourd'hui on appelle *Pages*, les garçons des faiseurs de tuile, & ceux des Paysans de Languedoc, où *Pages*, & *Pageses*, signifient Paysans & Paysannes.

On appelle sur mer *Pages*, les jeunes gens de l'équipage, comme étant apprentifs Matelots & des éleves de la navigation. Ce sont ceux qu'on appelle autrement *Mousses*, de l'Espagnol *Moço*, jeune garçon.

PAGNONES. s. f. Pieces de bois, qui font la fusée ou le rouet d'un Moulin, dans lesquelles sont assemblés les fuseaux.

PAGODE. s. m. Nom qu'on a donné à tous les Temples des Indiens & des Idolâtres. Il y en a qui sont magnifiquement bâtis. M. de la Loubere, qui a été Envoyé Extraordinaire de Sa Majesté auprès du Roi de Siam, en parle ainsi dans la description qu'il nous a donnée de ce Royaume, & il fait ce mot feminin. Quant aux Pagodes, je n'ai remarqué en celles que j'ai vûes qu'un seul appentis par devant & un autre par derriere. Le toit le plus élevé est celui sous lequel est l'Idole. Les deux autres qui sont plus bas, sont estimés n'être que pour le peuple, quoique le peuple ne laisse pas d'entrer par tout aux jours que le Temple est ouvert ; mais le principal ornement des Pagodes, est d'être accompagnées, comme elles le sont d'ordinaire, de plusieurs pyramides de chaux & de briques, dont pourtant les ornemens sont fort grossierement executés. Les plus hautes le sont autant que nos clochers ordinaires, & les plus basses n'ont pas deux toises de haut. Elles sont toutes rondes, & elles diminuent peu en grosseur, à mesure qu'elles s'élevent, de sorte qu'elles se terminent comme en dome. Il est vrai que lorsqu'elles sont fort basses, il part de cette extrêmité faite en dome une aiguille de calin fort menue & fort pointue, & assés haute par rapport au reste de la pyramide. Il y en a qui diminuent & grossissent quatre ou cinq fois dans leur hauteur, de telle sorte que leur profil est ondé, mais ces diverses grosseurs sont moindres à mesure qu'elles sont en une partie plus haute de la pyramide. Elles sont ornées en trois ou quatre endroits de leur contour, de plusieurs canelures à angles droits, tant en ce qu'elles ont de creux, qu'en ce qu'elles ont d'élevé, lesquelles diminuant peu à peu à proportion de la diminution de la pyramide, vont se terminer en pointe au commencement de la grosseur immediatement superieure, d'où s'élevent derechef de nouvelles canelures.

Pagode, Se dit aussi d'un petit Buste d'homme ou de femme dont on voit remuer la tête pendant un assés long tems, par le moyen des ressorts qui y sont cachés, avec un contre-poids : on en orne les cheminées.

On appelle aussi *Pagode*, Une certaine Monnoie qui est en usage dans les Indes. Elle vaut à peu près un écu d'or de France.

PAI

PAILE. s. m. Vieux mot. Dais, Pavillon.

Riches chapes & paile avoient.

Il a aussi été employé dans la signification de Drap mortuaire.

Si ot dedans la bierre un corps,
Et sor le Paile par dehors
Avoit une espée couchée.

Borel veut que ce mot en general signifie Drap, tapis, ou manteau, & qu'il vienne du Latin *Pallium*, Manteau.

PAILLE. s. f. *Le Tuyau du blé, de l'orge, de l'avoine, quand il est sec.* ACAD. FR. On appelle *Menues pailles*, la pellicule dont le grain est immediatement environné, & qu'on en sépare par le van ou le crible, lorsqu'il a été battu.

On dit d'un Soldat fantassin qu'*Il va à la Paille*, Lorsqu'étant dans un bataillon, il pose ses armes pour aller aux necessités de la nature, ce qui lui est permis, à la charge qu'au premier coup de tambour il viendra les reprendre, & se remettre en son poste.

Paille. Inégalité, crevasse, diversité de couleurs qui se trouve dans les Marchassites ou pierres de mine. On dit aussi en parlant des défauts des pierreries qu'*Elles ont des Pailles*, pour dire, qu'On y remarque une espece d'obscurité ou de nuée, qui empêche la continuité de leur éclat, ce qui diminue beaucoup de leur prix.

On appelle sur Mer *Pailles de bittes*, de longues chevilles de fer qu'on met à la tête des bittes pour tenir le cable sujet.

Paille. s. f. Est aussi un vieux mot, qui signifie, Poilon.

Gardenapes, destin, salieres
Tenailles, Pailles, cremallieres.

PAILLÉ, ée, adj. Terme de Blason. Il se dit des fasces, paux, & autres pieces bigarrées de differentes couleurs. *D'argent à la fasce d'azur, paillé d'or*,

PAILLETTE. s. f. On dit chés les Orfévres, *Une Paillette* de soudure. C'est un petit morceau de soudure mince prêt à placer sur l'ouvrage à souder. Voyez PAILLON.

PAILLEUX, euse. Adj. On appelle *Fer pailleux*, Celui qui a des Pailles ou des filamens qui le rendent cassant, lorsqu'on le veut coucher ou plier.

PAILLO. s. m. Terme de Marine. On dit *Le Paillo d'une Galere*, pour dire, La chambre où l'on garde le biscuit, & où l'Ecrivain de la Galere est logé.

PAILLON. s. m. Petit morceau de métal mince & allié, dont les Orfévres se servent pour souder.

Paillon est aussi Une espece de Panier fait de paille, propre à faire lever la pâte, & à autres usages.

PAIN. s. m. Le meilleur & le plus commun de tous les alimens. Il se fait de farine détrempée avec suffisante quantité d'eau, bien pêtrie, convenablement levée, & cuite au four à feu moderé. On en fait de froment, de segle, d'orge, d'espeautre, d'avoine, de panis, de ris & de millet. Le plus ordinaire se fait de froment, soit de la plus fine fleur, & alors on l'appelle *Panis siligineus*, Pain blanc, soit de farine où il y a moitié de son. Cette derniere sorte de pain, s'appelle *Panis cibarius* ou *Secundarius*, Pain bis, pain de ménage. Le meilleur est celui qui ayant été bien pêtri, est levé comme il faut, parce que le levain qui est chaud & tenu, en ayant consumé l'humidité le rend plus leger, ce qui fait que la digestion en est bien meilleure. Le contraire arrive du Pain qu'on fait sans levain, appellé par les Grecs ἄζυμοι. Quoiqu'il soit fort nourrissant, il est malaisé à digerer, & cause de l'obstruction dans les veines. C'est ce qui est cause que tous les gâteaux, tartes & bignets chargent l'estomac par leur suc grossier, arrêtent le ventre, & y accumulent une infinité de crudités. On se sert du pain exterieurement dans les cataplasmes ; du Pain blanc dans les suppuratifs, & de celui de ménage dans les resolutifs, où Galien le fait entrer à l'exclusion du blanc, qu'il dit être plus maturatif que resolutif. La croûte de Pain brûlée est propre à blanchir les dents.

On appelle *Pain du Roi*, ou *Pain des Prisonniers*, le Pain que donne le Roi pour la nourriture des Prisonniers qui sont pauvres. C'est sur le fond des amendes qu'il se prend. Le *Pain de Munition*, est une ration de Pain qui est fournie à chaque Soldat par les Munitionnaires. Selon l'Ordonnance de 1651. chaque Pain doit être de vingt-quatre onces, cuit, rassis, entre bis & blanc. On entend par *Pain de Chapitre*, le Pain qu'on distribue chaque jour à chaque Chanoine d'une Cathedrale. On le fait d'une fine fleur de farine bien pêtrie, & d'une consistance assés ferme. Il étoit autrefois broyé, & avoit peu de levain. Le *Pain broyé*, est celui qu'un Boulanger fait pour son chef-d'œuvre quand on le reçoit Maître. Il est fait de la fleur de farine, qui non seulement est pêtrie en la maniere ordinaire, mais qui outre cela est broyée long-tems avec des bâtons ferrés.

Pain à chanter. Pain sans levain, qui est consacré à la Messe par le Prêtre. Il se fait en détrempant de la farine de pur froment avec de l'eau, que l'on met ensuite sur le feu entre deux fers figurés. Les Juifs mangeoient l'Agneau Pascal avec des *Pains azymes*, ce qui veut dire aussi un Pain sans levain. *Pain de proposition*, se dit des Pains qui étoient exposés dans le Temple, & que les Prêtres de l'ancienne loi offroient à Dieu. Il n'y avoit qu'eux & les Levites à qui il fût permis d'en manger.

Pain de mouton. Petit Pain saupoudré de quelques grains de blé, & fait de pâte cuite avec du beurre & du fromage. Il n'est guere plus grand qu'un écu d'argent, & les Patissiers de Paris le font un peu avant & après le premier jour de l'année. C'est un present que les valets font aux enfans pendant le tems des étrennes.

Pain d'épice. Pain pêtri avec de l'écume qu'on tire du sucre quand on l'affine dans les sucreries. On en fait aussi avec du miel & quelques assaisonnemens d'épiceries. Les plus estimés viennent de Rheims.

Pain de sucre. Sucre formé en maniere de pyramide qui en contient depuis trois ou quatre livres jusqu'à dix ou douze. On appelle *Pain de bougie*, Un demi quarteron, un quarteron, une once, ou un peu plus ou un peu moins de bougie pliée & arrangée proprement. On dit aussi *Pain de vieux oing*. C'est une masse de vieux oing en forme de Pain, dont on se sert pour graisser les roues des carrosses, des charrettes & des chariots. *Pain de lie*, en termes de Vinaigrier, se dit de la lie accommodée en forme de tuile faistiere, dont les Chapeliers se servent pour fabriquer leurs chapeaux.

On appelle en terme de Monnoie *Pain d'affinage*, l'argent qui n'ayant pas été retiré en coquillons, c'est-à-dire, avec une barre de fer en maniere de grosse canne, se fixe en forme de Pain plat dans la coupelle où il a été mis pour l'affiner.

PAIOMIRIOBA. s. f. Plante qui se rencontre abondamment dans toutes les terres sablonneuses des Isles de l'Amerique, & dont la tige pousse plusieurs branches de chaque côté. Elles ont chacune sept ou huit feuilles, assés longues & pointues. Ces feuilles ôtent l'inflammation & mondifient les plaies, & c'est surtout un vrai antidote contre un certain mal du fondement qui arrive à ceux qui ont mangé trop d'Oranges douces. La racine de cette plante est souveraine contre les venins.

PAIR. adj. m. Egal, semblable, pareil. On appelloit autrefois *Pairs*, les principaux Vassaux d'un Seigneur, qui avoient entr'eux également droit de juger avec lui. C'étoient des hommes lettrés que l'égalité de leur fonction faisoit appeller ainsi. Le Seigneur étoit obligé de garnir sa Cour de Pairs, dont le nombre devoit être au moins de quatre. S'il se trouvoit trop de Vassaux égaux en pouvoir dans quelque Seigneurie, le Seigneur en choisissoit d'ordinaire douze, ausquels il attribuoit la qualité de Pairs, & il y a eu des femmes qui ont assisté à ces Jugemens, non comme femmes de Pairs, mais à cause de leurs tenemens. Plusieurs font venir ce mot de *Pares*, Egaux, & non de *Patritius*, comme fait Pasquier. Borel dit que c'est une dignité qui tire son origine des Goths, qui établissoient des Pairs pour conduire leurs Armées, selon ces vers d'un ancien Poëte.

Elisez douze Pairs qui soient compagnon,
Qui menent vos batailles par grand devotion.

On a dit depuis *Pairs*, par excellence de douze grands Seigneurs de France, tant Ducs que Comtes, à qui cette qualité a été donnée. Il y en avoit six Ecclesiastiques & six Laïques. On tient que ce fut Louis le Jeune, Pere de Philippe Auguste, qui les créa pour assister au sacre & couronnement des Rois de France, & pour juger les causes de la Couronne, & qu'ils firent leurs premieres fonctions au sacre de son Fils. Il y a trois Pairs Ducs Ecclesiastiques, qui sont l'Archevêque de Rheims, & les Evêques de Laon & de Langres, & trois Pairs Comtes, aussi Ecclesiastiques, qui sont les Evêques de Beauvais, de Châlons, & de Noyon. Les Pairs Ducs Laïques étoient les Ducs de Bourgogne, de Normandie & de Guienne, & les Pairs Comtes Laïques, les Comtes de Flandre, de Champagne & de Toulouse. Aujourd'hui on appelle proprement *Pair*, le Seigneur d'une Terre érigée en Pairie.

Du Tillet en son Recueil des Rois de France, dit: *Le Comte de Champagne d'ancienneté a été créé Palatin & decoré de sept Comtes ses vassaux & principaux membres & Pairs de son Comté de Champagne leur Chef. Les susdits sept Comtes sont assis avec celui de Champagne en son Palais, pour le conseiller & honorer sa Cour*, & Nicod; *Pairs de France sont les douze grands Seigneurs de titre & domaine éminent, Ducs & Comtes, moitié Ecclesiastiques, les Ducs Archevêques de Rheims, Evêques de Laon & de Langres; les Comtes, Evêques de Beauvais, de Châlons & de Noyon; moitié Seculiers, les Ducs de Bourgoine, de Normandie, de Guienne, les Comtes de Flandres, Champagne & de Tholose, lesquels étoient & sont tenus à même devoir aux Plaids & Cour du Roi, qu'on dit à present* Lit de Justice, *que sont les Pairs des Seigneurs inferieurs, & de ce est procedé qu'on dit la Cour de Parlement de Paris être la Cour & séance des Pairs de France, pour être le lieu arresté & sedentaire, representant les Plaids & Audiences solemnels & generales, que nos Rois au premier tenoient ores-ci, ores-là, assistez desdits Pairs; comme de leurs Assesseurs & Conseillers nais, prenant l'advis desquels ils décidoient ce qui s'offroit en tels Plaids, jadis anniversaires & par trait de tems iterez par iceux Rois en moins de tems. Et cette-ci est la raison de ce qu'on leur donne le titre de France, & de cette maniere de parler*, Le Roi tenant son lit de Justice, *ou* Seant en son lit de Justice, en sa Cour de Parlement garnie de Pairs, *usitée quand on veut marquer cette grande & authentique seance de nos Rois, où les grandes affaires de la Couronne sont debatues par ordre judiciaire, comme fut la plaidoirie de la reversion du Comté de Flandres par la felonnie de Charles d'Autriche. Pasquier extrait ce mot de* Patritius *latin, & en allegue des raisons & autoritez, lesquelles je ne veux debattre ne accorder. L'institution des Fiefs dont les sources & les premiers sont ceux qui de Dieu sont tenus & de l'épée, a introduit les Pairies, c'est-à-dire, les Assessoriats des Conseillers, de Fief dominans, dont les Rois de France ne furent onques sans, quoique le nom fût divers,*

& par reigle d'Estat les Seigneurs plus signalez de tiltre & Seigneurie estoient de ce rang, reduits finalement à douze, le Roi faisant le chef & le parfait du nombre de treize. Lesdits Pairs étoient la justification de nos Rois en toutes leurs déliberations du Conseil ès affaires du Royaume & des Ambassades des Princes alliez & non confederez, car c'estoit toûjours par l'advis des Pairs, & non de celui seul des Rois, que le tout se disoit estre fait. On en retient encores aujourd'hui la façon de faire, quand le Roi à une longue audience donnée respond qu'il en communiquera à son Conseil.

On a aussi appellé *Pairs*, dans les Coûtumes, Un Aîné & ses freres cadets qui possedoient un fief paternel en commun.

Les Furetieristes disent que la Tourterelle ne va jamais sans son pair; l'experience fait voir le contraire. Ils disent une paire de Poulets, de Pigeons; on dit un couple.

On dit, *Change au Pair*, en termes de negoce, quand pour une somme qu'on donne en un lieu, on reçoit la même somme en un autre sans faire aucune remise.

PAIRIE. s. f. *Dignité de Pair qui est attachée à un grand fief relevant immediatement de la Couronne.* Acad. Fr.

On trouve dans les anciennes Coûtumes, *Tenir une Terre en Pairie*, pour dire, La tenir à la charge d'assister le Bailli d'un Seigneur dans ses jugemens, parce que les anciens Vassaux & hommes de fief, qu'on appelloit *Pairs*, étoient obligés de venir assister le Bailli quand il tenoit sa Jurisdiction & ses assises, & de juger à leurs perils & fortunes au hazard de l'amende envers le Roi s'il étoit mal jugé. On disoit aussi *Faire un hommage en Pairie*, pour dire, En dignité, & en une qualité plus noble que celle de la simple foi & hommage.

PAIRLE. s. m. Terme de Blason. Fourche ou pal qui mouvant du pié de l'écu se divise en deux autres parties égales, quand il est arrivé au milieu. Ces deux parties vont aboutir aux deux angles du chef, ce qui fait la figure d'un Y. le Pere Menestrier fait venir ce mot du Latin *Pergula*, qui veut dire, Une Fourche qu'on emploie à soûtenir une treille.

PAISSANT, ANTE. adj. Terme de Blason. Il se dit des vaches & des brebis qui ont la tête baissée pour paître. *D'azur à une brebis paissante sur une terrasse de sinople.*

PAISSEAU. s. m. Mot dont on se sert en quelques Provinces pour signifier un Echalas, ce qui a fait dire, *Paisseler des vignes*, pour dire, Les échalasser, y mettre des échalas. Borel fait venir ce mot de *Palicellum.*

PAISSON. s. f. Glandée & autres fruits sauvages, & en general tout ce que mangent les bestiaux dans les forêts & à la campagne.

Paisson. Terme de Gantier, ou d'ouvrier qui prépare les peaux. Morceau de fer ou d'acier délié qui ne coupe pas, & qui est fait en forme de cercle. Sa largeur est d'environ un demi-pié. Il est monté sur un pié de bois, & sert à déborder & à ouvrir le cuir, afin de le faire devenir plus doux.

PAISSONNER. v. a. Etendre, & tirer une peau sur le paisson.

PAISTRIN. s. m. Terme de Boulanger. Sorte de grande huche propre à paîtrir, à faire la pâte.

PAL

PAL. s. m. Piece de bois qui est longue & taillée en pointe. Ce mot n'est plus en usage que dans le Blason, & signifie un pieu posé debout, qui partit l'écu en long depuis le haut jusqu'au bas. *D'argent à deux pals de sable.*

PALADIN. s. m. Nom qu'on a donné dans les anciens Romans à certains Chevaliers fameux qui alloient chercher des Avantures. Il est venu par corruption de Palatin, & on a appellé *Paladins*, Roland, Renaud, Olivier, qui étoient des Princes de la Cour de Charlemagne, dont les Auteurs des vieux Romans ont décrit les grandes prouesses.

PALAIS. s. m. Bâtiment magnifique propre à loger un Roi ou un Prince; d'où vient que dans la premiere & seconde race de nos Rois, on a appellé *Maires du Palais*, leurs premiers Officiers ou Ministres. Il se dit aussi des maisons des grands Seigneurs lorsqu'elles sont bâties superbement; & sur-tout on appelle *Palais* en Italie, les maisons des Cardinaux. On appelle encore *Palais*, Le lieu principal où la Justice souveraine est rendue au nom du Roi, parce qu'on la rendoit effectivement dans le Palais du Roi, ce qui se voit à Paris, où elle s'exerce en la maison où demeuroit saint Louis. C'est ce qu'explique Nicod en ces termes. *Palais est proprement l'Hôtel Royal ou Imperial. L'origine du mot vient d'un des principaux monts de la Ville de Rome, dit* Palatium, *auquel estant posée la premiere situation de ladite Ville, Romulus, premier Roi d'icelle, establit son Auberge royal, où depuis habiterent grande partie de ses successeurs Roys. Finalement fut en ce mont establi le Siege de l'Empire & l'Hôtel Imperial, si que depuis Auguste, tous les Empereurs Romains y habiterent, & à cause de ce est venu l'usage que toute maison de Roi étoit anciennement appellée* Palais. *L'Italien & l'Espagnol retiennent cet usage encore, mais ils communiquent aussi ce mot à toutes grandes maisons d'édifice somptueux, ores qu'elles soient à Seigneurs particuliers inferieurs à Monarques, & autres Seigneurs souverains, ce que le François ne fait pas. Et si bien nos Rois ne se logent dès jadis en leurs maisons qui retiennent encore le nom de* Palais, *si y logeoient-ils anciennement; & pour marque de cette demeure Royale, voit-on au Palais à Paris être celebrez les nopces & festins royaux & des Enfans de France, & les Monarques étrangers y estre par grandeur logez & traitez. Nicoles Giles en la Chronique de Philippe le Bel*; ledit Roi Philippe & ses deux jeunes fils, Philippe & Charles, le Roi d'Angleterre & plusieurs Seigneurs, Barons, Chevaliers desdits Royaumes se croiserent, &c. *Et peu après*; Et fut la fête tenue au Palais de Paris, que ledit Roi Philippe avoit de nouvel fait édifier, de très-bel & somptueux œuvre, par Enguerrand de Marigni. Or estoit cestui Comte de Longueville, & General Sur-Intendant de ses Finances, & fut bâti ce grand Palais Royal de lez la Sainte Chapelle, que le Roi saint Louys avoit auparavant fait édifier, & joignant le petit Palais, qui est à present dit *la Sale saint Louys. Et poursuivant ce propos dit peu après*; Et estoient à ladite fête lesdits trois Rois de France, d'Angleterre & de Navarre. *Mais la demeure de nos Roys n'y est plus usitée. La Cour des Pairs, le lict royal de Justice, le Thresor, & Chartres de la Couronne, les Statues de nos Roys par ordre successif de leurs regnes, avec la marque du tems de la durée d'un chacun d'iceux, & des années de leur trépas, écrite aux piés respectivement de chaque effigie. Les Comtes & plusieurs Jurisdictions y sont. La plaidoirie y est exercée, les procès y sont demenez & vuidez, qui est la raison que les Hôtels, ausquels sont tenues autres Cours de Parlement en ce Royaume, ont aussi le nom de* Palais; *même ce mot* Hôtel, *que plusieurs Officiers de la maison du Roi retiennent encore, est allé en desusage pour la Maison Royale, & use-t'on de* Château, *ou de quelque nom propre. Ainsi dit-on* le Louvre *pour l'Hôtel Royal sis à Paris, ou bien*, Le Château du Louvre. On a dit autrefois *Doctrine du Palais*, sur quoi le même Nicod ajoûte, *Doctrine du Palais entre Princes, est la doctrine de courtoisie, civilité, mœurs, contenance, déportement en dits & en faits, & l'institution de ce qui appartient à Chevalerie, en laquelle tous jeunes Damoiseaux sont introduits en Maisons & Courts Royales. Nicole Giles en la Chronique du Roi Loys troisiéme*; Le Roi print l'enfant Richard entre ses bras, disant au Peuple de Normandie, qu'il étoit là venu pour garder le petit Duc Richard, & l'ensaisiner de sa terre, & promit aux Bourgeois de Rouen, qu'il le feroit bien introduire & apprendre en la doctrine du Palais, & qu'il vengeroit la mort du Duc Guillaume son Pere.

Palais. Terme de Medecine. La chair qui compose la partie superieure & interieure de la bouche ou de la gueule des animaux. Il y a deux trous au fond du Palais, & ces trous lui donnent communication avec les narrines. Il y en a beaucoup qui croyent que le sentiment du goût reside dans le Palais. Selon du Laurent, ce mot vient du Latin *Pali* qui signifie des Pieux, à cause que le Palais est enfermé par deux rangs de dents qui snot comme de petits pieux, d'où l'on a fait *Palatum*.

PALAMANTE. s. f. Terme de Marine. Tout le corps des rames d'un bâtiment de bas bord.

PALAN. s. m. Terme de Marine. Assemblage d'une corde d'un moufle à deux poulies, & d'une poulie simple qui lui est opposée. On s'en sert pour embarquer & pour débarquer des balots de marchandises, & autres fardeaux pesans. On appelle *Grands Palans*, Ceux qui tiennent au grand mât, & *Palans de misaine*, Ceux qui sont attachés au mât de misaine. Il y a aussi des *Palans d'état*, c'est-à-dire, qui sont amarrés à l'étai. Le *Palan d'amure*, est un petit Palan dont l'usage est d'amurer la grande voile par un gros vent. Le *Palan de bout*, sert à tenir la vergue de Civadiere où elle doit être, & à la hisser quand on veut la mettre en place. C'est un petit palan, frappé à la tête du mât de beaupré par dessous. Les *Palans de retraite*, sont d'autres petits Palans dont les Canoniers se servent pour remettre le canon dedans quand il a tiré, le vaisseau étant à la bande.

PALANDRIES. s. f. Ce sont des Vaisseaux ou barques plates, selon Villehardouin.

PALANQUE. s. f. Terme de Fortification. Petit fort que l'on fait de pieux pour tenir la campagne, & que l'on revêt de terre. Ce mot vient de *Palus*, Pieu.

PALANQUER. v. a. Terme de Marine. Se servir de palans pour mettre de grands fardeaux dans un Vaisseau, ou pour les descendre à terre.

PALANQUIN. s. m. Petit palan, ou cordage qui sert à lever de mediocres fardeaux. Il y en a de doubles & de simples, & on appelle *Palanquin de ris*, Les cordages qu'on met au bout des vergues des huniers, & par le moyen desquels on y amene les bouts des ris quand on les veut prendre.

Palanquin, est aussi une maniere de chaise qui est en usage chés les Peuples Orientaux de la Chine & de l'Inde. Il y a des hommes qui la portent sur leurs épaules avec la personne qui est dedans.

PALANQUINES. s. f. p. Quelques Matelots & autres personnes de mer, employent ce mot, pour dire, *Balancines*. Ce sont des cordages qui descendantdes barres de hune & des chouquets, viennent former deux branches sur chaque bout d'une vergue ou où les amarre pour les tenir en assiette.

PALANDEAUX. s. m. p. Terme de Marine. Bouts de planche que l'on couvre de bourre & de goudron, pour boucher les escubiers & les trous du bordage.

PALASTRE. s. m. Terme de Serrurerie. Piece de fer qui couvre toutes les garnitures d'une serrure, & contre laquelle sont montés & attachés les pênes, les gardes, & tous les ressorts necessaires pour la fermeture.

C'est aussi une piece de bois plat comme une douve de tonneau dont on garnit avec de la mousse les fentes ou les nœuds d'un bateau, pour l'empêcher de prendre l'eau. Le clou fait exprès s'appelle aussi *Palastre*. Les Charpentiers de Vaisseau disent *Palardeau*.

PALATIN. s. m. Nom qui se trouve employé dans les vieux titres, & qui se donnoit à ceux qui avoient quelque charge dans la Maison d'un Prince. On appelloit *Comte Palatin*, Celui que le Prince deleguoit dans quelque Province pour y prendre connoissance des affaires & en decider, si ce n'est qu'il les trouvât d'une nature à être jugées en presence du Souverain. Il y avoit des Comtes Palatins en Allemagne & en Pologne, aussi bien qu'en France. Il y a eu aussi des Palatins de Champagne qui ne relevoient pas de nos Rois, qu'on croit n'avoir point fait de Comtes Palatins depuis Charles le Chauve. Ceux de Champagne n'ont cessé que lorsque cette Province a été reunie à la Couronne. *Palatin* se dit aujourd'hui seulement d'un Prince d'Allemagne, qui a un Palatinat.

PALE. s. f. Oiseau fort semblable au Heron blanc, à l'exception du bec qu'il a rond & large à l'extrêmité. Il en est de deux especes, l'une plus grande qu'on appelle *Poche*, & l'autre plus petite nommée *Pale* ou *Cuillier*, à cause de la forme de son bec. C'est ce que Nicod en dit.

Pale. Terme de Batelier. Le bout plat de l'aviron qui entre dans l'eau.

Pale, est aussi une piece de bois avec quoi on bouche, ou la chaussée d'un étang, ou l'ouverture d'un biez de moulin.

PALE', E'E. adj. Terme de Blason. On appelle *Ecu palé*, Celui qui est également chargé de pals de métal & de couleur. *Palé d'or & de gueules*. Du Cange fait venir ce mot de *Pallea*, Tapis ou étoffe de piece de soye. Il dit que *Paler* signifioit anciennement Tapisser, & qu'on appelloit *Pales*, les tapisseries dont les murailles étoient couvertes.

PALEAGE. s. m. Action de mettre hors d'un Vaisseau, les grains, les sels, & autres marchandises qui se remuent avec la pelle.

PALE'E. s. f. Rang de pieux qu'on employe de leur grosseur, & qui étant fichés profondement en terre, suivant le fil de l'eau, servent de piles pour porter les poutres d'un pont de bois, qui traversent d'un rang à l'autre. On dit, que *Les palées sont bien liernées & moisées*, pour dire, qu'Elles sont bien garnies de moises & de liernes.

PALEFROI. s. m. Vieux mot, qui s'est dit des chevaux de parade, sur lesquels les Princes & les Grands Seigneurs faisoient leur entrée dans une Ville. On appelloit aussi *Palefrois*, Ceux que les Dames montoient avant que les carrosses fussent en usage. M. Ménage fait venir ce mot de *Palefredus*, que l'on a dit pour *Parafredus*, venant de *Paraveredus*, Coureur, Cheval de Courier. Selon du Cange *Palefroi* vient *A passu equi & freno, quia le-*

ni passu per frænum ducitur Nicod lui donne une autre étymologie, & il en parle en ces termes. *Palefroi és anciens Romans se prend communément pour le Cheval sur lequel alloit une Dame, fût qu'il amblât ou non, car quand il ambloit, on y ajoûtoit ces mots* Allant les ambles. *C'étoit anciennement l'ordinaire des Ecuyers de mener par le frein les Chevaux sur lesquels les Dames étoient montées, & quand un Prince faisoit son entrée, son cheval étoit conduit par le frein par les plus apparens de la Ville, qui étoit service d'honneur & grandeur pour celui qui étoit à cheval. Nicole Giles en la vie de Charles VII. parlant de l'arrivée de la Fille du Roi d'Ecosse en la Ville de Tours, dont le mariage se traictoit avec Louys, Fils dudit Seigneur, & Daulphin de Viennois.* Au devant d'elle allerent plusieurs Princes, Seigneurs & Barons, Chevaliers & Ecuyers, & à l'entrée de la Ville les Seigneurs de Mailli & de Jalongnes descendirent à pié, & prindrent chacun d'un côté la bride de la haquenée sur laquelle ladite Dame étoit montée, & la menerent jusques au Château. Quand elle fut descendue le Comte de Vendôme & un autre Comte d'Ecosse la prindrent chacun de son côté & la menerent &c. *Les Rois usoient aussi de Palefrois. Le mot est composé, & ne sçai si de ces trois mots* Par le frein, *a point été fait ce seul* Palefroi, *qui se peut dire aussi* Palefrein, *suivant son dérivé*, Palefrenier.

On distinguoit autrefois les chevaux en *Destriers*, en *Palefrois* & en *Roussins* Les premiers étoient les grands Chevaux de bataille, les seconds des chevaux de pas, sur lesquels on voyageoit à son aise, & les autres des Chevaux de somme, ausquels on faisoit porter le bagage.

PALERON. s. m. Os de figure presque triangulaire, qui ouvre le dernier des côtés, & d'où naissent la plûpart des muscles qui meuvent le bras. Il se dit particulierement des animaux, & on entend alors toute la chair qui couvre cet os & forme l'épaule. Les Chaircutiers appellent *Paleron de porc*, La partie de cet animal qui est jointe au jambon de devant.

On appelle aussi de ce nom le Fut ou le manche d'une Palle à labourer dans les Jardins.

PALESTE. s. f. Vieux mot qui signifie le Jeu du Palet, qui consiste en un morceau de pierre, de bois, ou de fer, qu'on jette le plus près qu'on peut d'un petit but fiché en terre, & celui qui en approche le plus gagne le coup. M. Ménage fait venir le mot de Palet, de l'Arabe *Palat*, qui veut dire, Couvrir de pierres, abbatre avec des pierres. D'autres le dérivent de *Palastra*, d'où est venu le vieux mot *Paleste*.

PALESTEAUX. s. m. p. Vieux mot. Lambeaux.

Et n'avoit qu'un vieux sac estroit
Tout plein de menus palesteaux.

PALESTRE. s. f. On appelloit ainsi chés les Grecs un Edifice public, établi pour l'éducation de la jeunesse. Elle ne s'y occupoit pas seulement aux exercices de l'esprit, mais à ceux du corps, au disque, à la lute, & à la course. Il se disoit proprement du lieu où les Luiteurs s'exerçoient. La longueur de la Palestre se regloit par stades, & chaque stade valoit cent vingt-cinq pas Geometriques. Ce mot est Grec παλαίστρα, & vient de παλαίειν, Luiter, fait de πάλη, Lutte.

PALET. s. m. Jeu. On y joue avec des écus ou des morceaux de fer, ou des pierres, &c. Les Furetieristes l'appellent *Discus*, & disent qu'Apollon jouant à ce jeu avec Hyacinthe le tua. Ce n'est pas sçavoir l'Antiquité. Le *Discus* étoit une machine d'airain plate & ronde, qu'on lançoit en l'air avec autant de force que d'adresse. Elle étoit large d'un pié ou plus, puisque c'est sur cette machine qu'on apporta à Herodes la tête de saint Jean Baptiste. Misson *dans son Voyage d'Italie*, nous en donne deux ou trois estampes.

PALETOT. s. m. Sorte de Manteau ou habit de gens de guerre. Borel dit qu'il vient de *Peltum*, ou du Grec πάλτον, qui se trouve dans la signification de *Arcus*, de *Funda*

Je ne vettrai en paletot
Vers ma sixiéme irai soubit,
Pour l'habiller sans dire mot.

Il y en a qui disent que Paletot est un juste-au-corps d'étoffe grossiere & sans manches, qui ne vient que jusqu'aux genoux, & dont les Paysans sont vêtus, sur-tout en Espagne, d'où vient le mot *Paltoquet*, Paysan. Du Cange veut qu'il vienne de *Faldones*, d'où l'on a fait depuis *Paldones*, signifiant des vêtemens de laine, ou de *Palla*, sorte de vétement des Anciens.

PALETTE. s. f. Petit ais mince & uni, sur lequel les Peintres mettent leurs couleurs quand ils veulent travailler. Il est échancré pour y passer les quatre doigts, & troué pour y passer le pouce.

Les Serruriers ont aussi une *Palette*. Elle est de bois, & il y a dessus une petite piece d'acier trempé, & percée à demi, pour recevoir un des bouts du foret, quand on fore quelque ouvrage.

Palette. Petite pelle de fer longue & menue, dont se servent les Ouvriers à forge. Ils l'appellent autrement *Selette*, le *Tisonnier* est different.

Palette. Terme d'Imprimerie. Instrument de fer en forme d'une petite palette, dont les Imprimeurs se servent pour relever l'ancre.

Palette de Doreur sur bois. Elle est faite de la queue de gris qu'on met dans un morceau de bois large par le bout d'environ demi pouce, & qui est fendu pour mieux élargir la queue du gris. Le Doreur, afin de prendre l'or plus facilement, pose la palette contre ses levres, & pousse un peu son haleine dessus, sans toutefois la mouiller. Il peut aussi mouiller un peu le bout de ses doigts dans de l'huile d'olive, & les passer sur la queue du gris, qui en ayant été frotté legerement de cette sorte une fois ou deux le jour, donne plus de facilité à lever la feuille d'or.

Les Doreurs sur cuir ont deux *Palettes*. L'une est un outil de fer emmanché de bois, dont ils se servent pour faire de petits ornemens, au bout des derniers filets du dos, de la tête & de la queue des livres. Ils appellent l'autre, *Palette aux nerfs*. C'est un instrument de fer à manche de bois pour passer les nerfs. Quand ils disent, *Pousser la Palette*, on entend un petit ornement à un ou à plusieurs filets, ou de quelque autre maniere semblable, qu'ils poussent quelquefois sur le dos des livres, au haut & au bout de chaque bouquet.

Palette. Terme de Chirurgie. Sorte de petite sauciere d'étain ou d'argent, qui sert à recevoir le sang de ceux qui se font saigner.

Les Anatomistes appellent *Palette*, La rotule ou l'os du genou.

Palette. se dit encore d'une maniere de petit battoir, avec quoi les enfans jettent & repoussent un volant.

PALIER. s. m. On appelle *Palier* ou *Repos*, dans un escalier ou une montée, Les marches qui étant bien plus larges que les autres servent de repos. M. Felibien dit que les Paliers doivent avoir du moins la largeur de deux marches dans les grands perrons,

perrons où il y a quelquefois des Paliers de repos dans la même rampe, & qu'il faut qu'ils soient aussi longs que larges, quand ils sont dans les retours des rampes des escaliers. On appelle *Palier de communication*, Celui qui sépare deux appartemens de plein-pié.

PALINGENESE. s. f. Passage d'une ame dans un autre corps, ce qui fait comme une nouvelle naissance. La Palingenese est confondue avec la Metempsycose que Pytagore enseignoit, & que croyent encore plusieurs Peuples idolatres de l'Orient. Ce mot est Grec, παλιγγενεσία, de πάλιν, Derechef, & de γένεσις, Generation. Vallemont appelle de ce nom Celui qui est experimenté dans les plantes, Un Botaniste.

PALINODIE. s. *Retractation de ce qu'on a dit.* ACAD. FR. C'est proprement un poëme qui contient un desaveu en faveur de la personne qui s'est trouvée offensée par les vers du Poëte. C'est de là que l'on a dit, *Chanter la palinodie*, pour dire, Se retracter, dire le contraire de ce quon avoit avancé. On veut que le Poëte Stesicore ait été le premier Auteur de la Palinodie. Ce mot est Grec, παλινῳδία, & veut dire, Chant contraire au premier, de πάλιν, Derechef, & de ᾄδειν, Chanter. On appelle *Palinods*, à Rouen, certaine Fête qui se fait dans le Cloître des Carmes le Dimanche qui suit le jour de la Conception de la Vierge. On y lit à haute voix, & en presence du Peuple, diverses Pieces de poësie, Chants Royaux, Ballades, Odes & Sonnets, tout cela sur l'immaculée Conception de la Vierge, & il y a des Juges établis, qui donnent le prix à celle qui leur paroît la meilleure dans chaque genre. Cette sorte de fête est appellée *Palinods*, à cause que le vers qui finit la premiere Stance du Chant Royal ou de la Ballade doit aussi finir toutes les autres. Ce vers s'appelle *Vers palinodial*, comme étant chanté derechef. Il y a aussi des Palinods à Caën.

PALION. s. m. Vieux mot. Manteau de gens d'Eglise. Il vient du Latin *Pallium*.

Croces, mitres & palions,
Provendes & Prelations.

PALIS. s. m. Petit pal pointu, dont plusieurs arrangés ensemble font une clôture ou une séparation dans des cours & des jardins.

PALISSADE. s. f. Terme de Fortification. Rangée de pieux pointus & plantés à demi-pié l'un de l'autre avec une traverse qui les lie à quatre ou cinq piés hors de terre. Ils sont ordinairement épais de huit à neuf pouces, & longs environ de huit piés. On les met sur l'esplanade au dehors du glacis, près des bastions & des courtines, & enfin sur les avenues de tous les postes que les Ennemis pourroient emporter d'emblée. Il y a des Palissades que l'on met à plomb sur le terrain, & d'autres qui font un angle & panchent un peu du côté de l'Ennemi, afin que s'il vouloit les renverser en y jettant des cordages, ces cordages n'ayant point de prise coulent sur cette pente. On ne vient à bout des Palissades qu'en les abattant avec le canon, ou en les brûlant avec des fascines goudronnées. On emploie quelquefois les Grenadiers à les couper, ou bien on les arrache après qu'on les a ébranlées avec des cordes.

On appelle aussi *Palissade*, Une espece de barriere de pieux fichés en terre à claire voie aux bouts d'une avenue qui a été plantée de nouveau. Elle y tient lieu d'un petit fossé, & empêche les charrois de rompre ou de renverser les jeunes arbres.

Palissade de jardin. Rang d'arbres qu'on plante à la ligne, & dont on laisse croître les branches dès le pié. Il y a de grandes Palissades pour les allées. Celles-là se plantent de charmilles, d'Ifs & de bouis. Celles qu'on appelle *Palissades d'appui*, servent à revêtir le mur d'appui d'une terrasse, & se font de jasmin commun, de filaria, &c. On dit *Palissades crenelées*, en parlant de celles qui sont ouvertes d'espace en espace en maniere de creneaux au-dessus d'une hauteur d'appui.

PALISSADER. v. a. Mettre des palissades en quelque endroit, afin d'empêcher les Ennemis de l'emporter d'emblée.

PALISSÉ, ÉE. adj. Terme de Blason. Il se dit des pieces à paux aiguisés & qui sont enclavés les uns dans les autres. *D'azur à trois troncs écotés d'or, dans une enceinte ronde, palissée de même.*

PALISSER. v. a. Terme de Jardinier. Attacher les branches des arbres d'une palissade contre un mur de clôture ou de terrasse. Cela se fait avec des lisieres de drap ou des morceaux d'aiguillette de cuir de chien ou de chameau, attachés avec de petits cloux sur des chevilles prises entre les joints des pierres, ou sur des morceaux de bois de chêne, qu'on met dans une muraille lorsqu'on la fait.

PALISSEUR. s. f. Vieux mot. Pâleur, couleur pâle.

De palisseur ne de maigresse.

PALIURUS. s. m. Arbrisseau piquant & dur, que Dioscoride dit être fort connu. Il ajoûte qu'il porte une graine grasse & qui est presque de couleur de suie, & qu'étant prise en breuvage, elle sert à la toux, rompt les pierres de la vessie, & remedie aux morsures des serpents. Il donne à ses feuilles & à sa racine une vertu astringente. Matthiole dit que Dioscoride n'ayant fait aucune description des feuilles du Paliurus, comme étant inutile d'en parler, à cause que de son tems cet arbrisseau étoit fort commun, cela est cause qu'on ne le peut bien connoître. Theophraste a fait mention de plusieurs sortes de Paliurus, qui tous portent trois ou quatre grains dans leurs gousses, & ces grains sont huileux comme la graine de lin. Dans un autre endroit il en établit une espece differente qu'il dit croître abondamment en Afrique, ayant ses feuilles presque semblables au Paliurus qui croît en Grece. Cette ressemblance, poursuit-il, n'empêche pas que le Paliurus d'Afrique ne produise son fruit dissemblable à l'autre. Il est rond & rouge, & presque aussi gros que le fruit du cedre. Ce fruit est beau, & donne bonne odeur au vin quand on y en mêle. Au-dedans sont des noyaux entassés comme en des grains de grenade, & ils ne se mangent point.

PALLE. s. f. Carton quarré dont le Prêtre qui dit la Messe couvre le calice. Il est chargé d'une croix & couvert de la même étoffe que le reste des ornemens.

PALLER. v. n. Vieux mot. Parler.

Sous & sus par tot aller,
Et devant les Barons paller.

On a dit aussi *Pallier*, pour, Parleur.

PALLETER. v. n. Vieux mot qui se trouve dans Froissard, pour dire, Escarmoucher. On a dit aussi *Palletie*, pour, Escarmouche.

PALLIUM. s. m. Habillement semé de croix qu'on portoit dans l'ancienne Eglise, & que Tertullien témoigne avoir été l'habit des Chrétiens. Il couvroit tout le corps depuis le cou jusques aux talons, n'avoit point de manches, & étoit seulement ouvert par en haut & par en bas. Aujourd'hui c'est un ornement Pontifical propre aux souverains Pontifes, aux Patriarches, Primats & Metropolitains.

Ils le portent par dessus leurs habits Pontificaux, comme une marque de jurisdiction. Le Pallium est une bande blanche large de trois ou quatre doigts, chargée de croix noires, & attachée à un rond qui se met sur les épaules par dessus les habits Pontificaux, ayant deux pendans longs d'un pié, l'un devant, l'autre derriere, avec de petites lames de plomb arrondies aux extrêmités, couvertes de soie noire avec quatre croix rouges. La matiere de ce Pallium est une laine blanche, tondue sur deux agneaux que les Soûdiacres Apostoliques ont soin de paître & de tondre en leur saison. Ces deux agneaux sont offerts tous les ans par des Religieuses de sainte Agnès de Rome le jour de sa Fête, pendant qu'on chante l'*Agnus Di* à la Messe. Deux Chanoines de l'Eglise de S. Jean de Latran les ayant reçûs, les mettent entre les mains de ces Soûdiacres Apostoliques, ausquels seuls appartient de faire ces Palliums. Quand ils les ont faits, ils les portent au grand Autel de leur Eglise sur les corps de S. Pierre & de S. Paul, sur lesquels on fait des prieres toute la nuit. Le Pallium dans la Grece est commun à tous les Evêques, Archevêques & Patriarches. Un Metropolitain, avant que d'avoir le Pallium, ne peut conferer les Ordres sacrés. On étoit obligé autrefois de l'aller querir en personne à Rome. Depuis, on en a envoyé par les Legats du Pape, & enfin on en a envoyé demander par gens exprès, avec cette formule, *Instanter, instantiùs, instantissimè*. Le Pallium est l'élixir de la politique des Papes, qui a échapé à Clapinarius dans son docte Traité, *D: arcanis dominationis*: il a fallu beaucoup de tems & de fermeté pour s'affranchir de cette honteuse servitude de l'aller chercher à Rome. M. de Marca prouve que c'étoit un ornement des Empereurs.

PALMACHRISTI. s. f. Herbe qui croît de la hauteur d'un petit figuier, & que les Latins nomment *Ricinus*, qui veut dire Tiquet, à cause que sa graine, qui est en forme de petits raisins âpres & rudes, étant pelée, ressemble aux tiquets qui s'attachent aux chiens, bœufs, vaches, chevres & autres bêtes à quatre piés. Ses feuilles sont comme celles du plane, plus grandes pourtant, plus noires & plus lissées. Elle a son tronc & ses branches creux comme un roseau. L'huile qu'on fait de sa graine, & que les Latins & les Grecs nomment *Cicinum*, est bonne à éclairer, & non à manger. Les Apothicaires appellent cette graine *Kerva major*, & Melué, *Regium granum*. Elle tombe avec quelque sorte d'impetuosité quand elle est mûre. Elle évacue la colere & les aquosités qui sont entre cuir & chair, & purge generalement tous les excremens & superfluités qui tombent aux jointures. Elle est bonne aux coliques, aux gouttes, aux sciatiques & aux podagres, si on la fait cuire avec un vieux coq, & qu'on la prenne avec un bouillon. Pour les hydropiques, on la cuit en lait clair de chevre, ou bien on la met en infusion de lait frais tiré. Galien dit que la graine de *Ricinus* est absterssive, laxative & resolutive, ainsi que ses feuilles, qui le sont bien moins, & que l'huile de sa graine est plus chaude & plus subtile que l'huile commune, & par consequent resolutive.

Matthiole parle de deux autres sortes de *Palma Christi* qui se trouvent aux montagnes du Val Ananie. La plus grande a ses feuilles semblables au lis, lissées, éparpillées & mouchetées de taches noires. Sa tige est ronde & polie, & produit des fleurs de couleurs diverses. Elles sont rouges tirant sur le blanc, sentent assés bon, & sont disposées en façon d'épi. Elle produit deux racines qui seroient semblables à celles de la plante que les Grecs appellent κυνόρχις, & les Latins *Testiculus canis*, si elles n'avoient pas plusieurs fourchures qui ont la figure de doigts d'une main. La moindre a ses feuilles comme le saffran. Sa tige est aussi menue & aussi lissée qu'un jonc, & de la hauteur d'un palme. Elle produit à sa cime une fleur rouge qui approche du passevelours, & qui étant fraîchement cueillie exhale une bonne odeur. L'experience a fait voir que la poudre de ces fleurs seches, prise en breuvage dans de l'eau ferrée, est singuliere pour les flux de sang & pour la dysenterie. Les racines de cette derniere, semblables à celles de la premiere, nettoyent la peau du visage, & évacuent les gros excremens du corps. Elles sont singulieres aux accidens qui peuvent arriver aux nerfs, & leur graine pulverisée & prise avec du vin au poids d'une drachme est un bon remede pour ceux qui ont le haut mal, aussi bien que la décoction de leur racine mêlée dans le vin qu'on boit aux repas.

PALMAIRE. adj. On appelle *Muscle palmaire*, Un des muscles de la main qui font remuer les doigts. Il y en a trois. Les deux autres s'appellent *le Sublime* & *le Profond*.

PALME. s. m. Etendue de la main. Les Anciens avoient le grand palme & le petit palme, qui partageoient le pié en deux parties inegales. Le grand palme, qui étoit de la longueur de la main, étoit de douze doigts ou neufs pouces du pié de Roi, & le petit de quatre doigts ou trois pouces. On se sert encore aujourd'hui de cette mesure en Italie, & le palme y est different selon les lieux. Le Romain moderne est de huit pouces trois lignes & demie; celui de Naples de huit pouces sept lignes; celui de Palerme, de huit pouces cinq lignes, & celui de Genes de neuf pouces deux lignes. Ce mot vient du Latin *Palma*, Paume de la main, qui vient du Grec παλάμη, Main.

PALME. s. f. Branche ou rameau de Palmier. Les palmes entrent dans les ornemens de l'Architecture, & servent d'attribut à la Victoire. Les écus dans le Blason, tant ceux des hommes que des femmes, sont accôtés souvent par des palmes, comme étant des symboles de l'amour conjugal que les Anciens representoient par des palmes mâles & femelles.

M. Felibien dit qu'on prend quelquefois le mot de *Palme*, pour la partie d'en bas, & la plus platte d'un aviron, qui battant & coupant l'eau fait avancer les bateaux.

PALMETTE. s. f. Petit ornement qui se taille sur quelques moulures, & que l'on appelle ainsi à cause qu'il est fait en manieres de feuilles de Palmier.

PALMIER. s. m. Arbre fort haut qui croît en Egypte, en Judée, & par tout le Levant, ayant le tronc droit & rond, mais l'écorce toute raboteuse. Il ne jette ses branches qu'à la cime, & ces branches ont le bout tourné contre terre. Ses feuilles sont longues & étroites comme une épée. Ses fleurs qu'il produit en quantité, sont attachées à des queues fort minces en façon de grappe, & semblables à celles de saffran. Avant qu'elles sortent, elles demeurent enfermées dans une maniere de couverture & d'écorce que Dioscoride appelle, ἐλάτη, qui s'entr'ouvre pour les produire. Cette écorce sort du tronc même & des premieres branches. C'est delà que vient le fruit du Palmier appellé *Datte*. Pline dit que le Palmier femelle ne porte aucun fruit s'il n'est planté auprès du Palmier mâle, & que si le mâle seche ou qu'on le coupe, le Palmier femelle devient sterile. Matthiole dit qu'il ne faut pas croire pour cela que les Palmiers mâles ne rapportent point de fruit, puisque selon Theophraste, qui avoue pourtant qu'il y a beaucoup de Palmiers steriles, tant les mâles que les femelles sont fructiferes. Galien parlant du Palmier & de son fruit, dit que le Palmier est participant de faculté astringente en toutes ses parties; que le suc de ses branches est âpre, étant composé d'une substance aqueuse, tiede, terrestre, & froide, mais que son fruit, particulierement celui qui est doux, n'a pas peu de chaleur; qu'il est bon pour l'estomac & pour la poitrine, & qu'il donne une nourriture louable, servant d'aliment à beaucoup de gens.

Matthiole parle d'une espece de Palmier qui vient en Sicile, & que Theophraste appelle φοινιξ χαμαιρεφης, c'est-à-dire, Petit & bas. Il ne passe guere une coudée de hauteur, & a ses feuilles semblables aux autres Palmiers, si ce n'est qu'elles sont plus petites & plus courtes. Ses fleurs sortent de biais d'une touffe chevelue, d'où ensuite vient le fruit. La partie que touche la racine, & qui est comme élevée en bosse, a au-dedans un certain germe environné de plusieurs doubles. Ce germe est tendre, savoureux & de bon goût. On le mange avec du poivre & du sel en maniere d'artichaut. Si on lui ôte son germe, il ne laisse pas de vivre & de regermer, quoiqu'on l'ait incisé près de ses racines. On fait de ses rameaux des nattes & des corbeilles, à cause qu'ils se rompent difficilement.

En plusieurs endroits de l'Egypte, & sur-tout aux environs d'Alexandrie, on trouve de grandes forêts de Palmiers, qui ne portent des fruits en abondance que tous les deux ans. Le Palmier femelle n'en produiroit point si l'on n'attachoit ses rameaux à ceux du mâle. Quelques-uns pour rendre les femelles plus fecondes, jettent la poudre qui se trouve dans la bourse du fruit du mâle, sur les branches du Palmier femelle qui sans cela ne produiroit rien, ou dont au moins les fruits ne pourroient avoir leur maturité parfaite. Ceux qui ne sont pas d'accord de ce mariage des rameaux, & de cette effusion de la poudre du mâle, veulent que la seule nature du terroir, qui est salé & sablonneux, soit la cause de cette fecondité. Ils disent qu'ils ont vû souvent la terre couverte d'une maniere de salpêtre, & que les vents chauds du midi, élevant des nuées de cette sorte de poudre, en couvrent les sommets des arbres, ce qui sert à les rendre si feconds. Cet arbre n'a que de petites racines, & ne laisse pas de resister à la plus forte impetuosité des vents. Le bas du tronc est plus foible & plus menu que les autres parties, & cela est cause que la plûpart des Egyptiens ont crû que le Palmier tiroit moins sa nourriture de la terre que de l'air. Dans l'endroit d'où sortent ses branches, il y a une moëlle blanche & tendre qui a le goût de nos artichauts, & qu'on mange toute crue. On tire beaucoup d'utilité du Palmier; puisque de son tronc on fait des poutres; de ses branches, plusieurs ustenciles de bois; de ses feuilles, des corbeilles & des vans, & de l'écorce du tronc, des cordages de Navire.

Il croît aussi un grand nombre de Palmiers au Royaume de Quoja, Pays des Noirs, qu'on appelle *Quan* lorsqu'ils sont jeunes. Cet arbre dans cet état a plusieurs branches remplies d'épines longues & étroites avec des feuilles de deux piés de long, dont on tire du chanvre propre à faire des cordes & des filets à pêcher. Quand il a atteint la hauteur d'un homme, il porte des fruits à noyau, aussi gros que des olives, qui croissent par grappes comme les raisins. Les Negres se ceignent le corps & montent à la cime de l'arbre quand ils les veulent cueillir. Ils coupent les grappes entieres, les pilent, & les font bouillir deux fois, & l'huile monte dessus à la seconde coction. On la sépare pour la conserver, & ils s'en servent aux mêmes usages où l'on emploie en France l'huile d'olive & le beurre. Ils s'en frottent tout le corps pour le rendre reluisant, & ont toûjours à la bouche quelque fruit de ce noyau. Le tronc de cette sorte de Palmier croît d'ordinaire jusqu'à la hauteur de cinquante piés & tout au moins de quarante, mais à mesure qu'il croît, les feuilles & les rameaux d'en bas se sechent & tombent. Il est vrai qu'il en croît d'autres en haut, & alors il ressemble au mât d'un grand Navire, dont le sommet auroit été environné de verdure. On l'appelle *Tongoo*, quand il est parvenu à cette hauteur. Les Palmiers vivent long-tems, & outre le chanvre & l'huile, il donne du vin dans la même année. Les Negres expriment ce vin en faisant un trou dans le tronc, précisément à l'endroit où les feuilles commencent à pousser. Ils y plantent un petit bâton qui tient un pot suspendu. Le suc de l'arbre qui est de la couleur du petit lait, dégoutte insensiblement le long du bâton dans ce Vaisseau. Il est de fort bon goût étant frais, & enyvre même comme le vin & la biere. Chaque arbre en rend environ deux pots par jour sans en être incommodé, & cela n'empêche point ses fruits de mûrir. Ce vin change en peu de tems, & devient un fort excellent vinaigre.

PALMISTE. s. m. Nom que ceux des Antilles de l'Amerique donnent aux Palmiers qui croissent dans les Isles, où il y en a de quatre sortes. Le premier, *Palmiste franc*, se plaît dans les lieux humides, & dans les hautes montagnes. Ses racines s'élevent hors de terre tout autour de la tige, de la hauteur de deux ou trois piés, & de la grosseur d'un baril. Elles sont petites à proportion de l'arbre qu'elles soûtiennent, mais elles sont entre-mêlées si confusément, & si étroitement entrelacées, qu'elles lui servent d'un solide appui. Son tronc se leve de cette espece de motte que composent ses racines, de la grosseur d'un gros pommier, rond, droit comme une fleche, & haut de deux piques, sans aucunes branches. Lorsqu'il est encore jeune, il a l'écorce tendre, de couleur grisâtre, & marquée de pié en pié d'un cercle qui fait connoître le nombre de ses années, mais quand il a pris sa consistance, il est par tout si solide & si uni, qu'il est impossible d'y rien discerner. Il n'a qu'un pouce de bois en rond, mais fort traversé, noir & si dur qu'il n'y a point de hache qui ne rebrousse en le voulant entamer. Tout le dedans de l'arbre n'est qu'une moëlle filasseuse, spongieuse, & entierement inutile. Son sommet qui est toûjours un tiers plus gros que son pié, est orné de trente ou quarante branches vertes, lissées, dures, droites, & longues d'une pique ou environ. Aux deux côtés de ces branches sont deux rangs de feuilles vertes déliées, longues de deux piés & larges d'un pouce ou d'un pouce & demi. Il y en a deux cens tout au moins sur chaque branche. Parmi ces branches, il s'en trouve toûjours trois jeunes, qui se levent du milieu, droites comme des fléches, & dont les feuilles ne sont pas encore épanouies, mais comme collées autour de la branche. La plus haute a quinze ou seize piés, la seconde dix, & la troisiéme cinq. Du tronc de cet arbre sort encore une maniere d'étui, gros comme la cuisse, long de deux piés, & de forme presque ovale. Il est fort pointu par les deux bouts. La peau de cette façon d'étui est dure comme du cuir bouilli, cannelée, verte par dehors, & fort jaune par dedans. Elle a environ deux fois l'épaisseur d'un écu blanc, & est si polie que l'on s'y pourroit mirer. Une maniere d'épi en panache se trouve enfermé dedans, chargé d'un nombre infini de petites fleurs étoilées & jaunes. Cela venant à grossir, l'étui se fend, & s'ouvrant de bout en bout, donne lieu de sortir à ce panache. Le temps ayant fait tomber toutes ces petites fleurs, il n'en reste plus que les queues attachées à la tige du panache qui est gros comme le bras, & au-dessous de ces queues naissent des fruits de la grosseur d'une balle de jeu de paume. Ils sont environnés d'une petite écorce grisâtre, mince & tendre, qui se fanne & tombe, & tout le dedans est dur comme de la corne, blanc comme la nege, & fort agreablement diversifié par de petites veines rouges. Dans le milieu est un petit noyau rond, & un peu plus tendre que le fruit. Immediatement au-dessous de ces feuilles dans le gros de l'arbre, on trouve la moëlle, appellée par les habitans *Chou Palmiste*. Ce n'est autre chose que le germe des feuilles, ou plûtôt les feuilles nouvellement formées dans le tronc. Il n'y a rien de plus blanc, ni de plus tendre, & elle a le même goût que les avelines. On tresse les feuilles du Palmiste franc & on en couvre des cases. Si l'on fend en deux son tronc, & qu'on enleve une certaine matiere filasseuse & mollasse qui en est le cœur, le bois qui reste creusé, fournit de longues goutieres qui durent long-tems. Les Tourneurs & les Menuisiers font aussi avec ce bois, qui est presque noir & se polit aisément, plusieurs beaux Ouvrages qui sont marbrés naturellement. Le second Palmiste ne croît pas si haut que celui-ci, & a son fruit plus petit. Il porte une petite graine ronde, que les Negres sont soigneux de recueillir, parce qu'on en fait de beaux chapelets marbrés, qui sont fort polis. Les deux autres Palmistes sont épineux; le premier est gros & haut comme le Palmiste franc, & croît de la même sorte. Ses feuilles sont un peu plus étroites, & plus éloignées les unes des autres. Aussi ne s'en sert-on pas à couvrir les cases. Il est tout herissé de grandes épines très-dangereuses en sa tige, & en ses branches. Ces épines sont longues comme des fers d'aiguillettes, mais plates, aigues comme des aiguilles, noires & polies comme du jayet. Les Negres avant que de s'en approcher pour cueillir son fruit, mettent le feu tout autour de l'arbre pour en brûler les épines. Ce fruit consiste en un gros bouquet, composé de plusieurs noix grisâtres, dures & rondes, qui resserrent des noyaux bons à manger. La gousse qui enferme la fleur de cet arbre, est comme velue, épineuse & de couleur tannée. L'autre Palmiste épineux n'est jamais plus gros que la jambe. Ses épines sont comme des aiguilles à coudre, deux fois plus longues, & en si grand nombre sur le tronc qu'on ne sçauroit mettre le doigt entre deux. Le fruit en est rond & rouge comme une cerise, & n'est pas plus gros que le bout du doigt; le dedans est un beau coco de couleur d'olive fort brune.

PALONNEAU. s. m. Terme de Charon. Morceau de bois plané, long de deux piés & demi ou environ, qui est de chaque côté du timon d'un carrosse, & au bout duquel on attache les traits des chevaux.

PALPITATION. s. f. Mouvement convulsif du cœur, dereglé, forcé & vehement. La Palpitation arrive quand le cœur bat avec violence & en sautelant avec impetuosité. Comme elle a divers degrés, étant grande, ou mediocre, impetueuse ou douce, le pouls ne la fait pas toûjours connoître suffisamment, & quelquefois pour la découvrir, il faut mettre la main sur la région du cœur, & particulierement au côté gauche. Elle est aussi quelquefois si vehemente qu'on la voit & qu'on l'entend, & Horstius parle d'une Palpitation dont la violence rompit presque les côtes. On ne doute pas du moins que les côtes ne puissent être disloquées & rejettées en dehors, ce qui fait voir que le muscle du cœur souffre convulsion dans ce mal. Sa cause est tout ce qui peut irriter en quelque maniere les muscles du cœur, ou les esprits qui y sont portés, & exciter une constriction dereglée sans intermission. On ne doit pas confondre le Tremblement du cœur & la Palpitation. Le tremblement est lorsque les pulsations sont petites, frequentes & tremblottantes & semblables au pouls languissant & frequent, au lieu que la Palpitation est une secousse immoderée & violente avec une systole & diastole impetueuse & importune. Quoique le tremblement vienne de l'irritation du muscle, il y a cette difference que le cœur irrité palpite quand les forces sont vigoureuses, & que lorsqu'elles sont foibles & abbatues, il tremblote seulement. Galien assûre que l'eau abondante dans le pericarde est cause de la Palpitation du cœur. Cette eau n'est autre chose qu'une lymphe que les glandes du thorax y portent par des vaisseaux lymphatiques. Les excrescences ou tubercules du cœur peuvent aussi en être la cause. Les causes internes de la Palpitation sont principalement la fermentation dépravée du sang, ce qui arrive souvent aux hypochondriaques, non seulement parce que leur sang qui abonde en acide vitié fait une effervescence dépravée, mais encore à cause qu'ils sont sujets aux convulsions des nerfs, sur-tout de l'intercostal & de la paire vague. Cela fait qu'étant couchés sur la rate, ils sont exposés à des Palpitations de cœur. La circulation du sang empêchée peut être aussi cause de la Palpitation, comme on l'a vû arriver à un homme qui eut une Palpitation pour s'être endormi ayant ses jartieres trop serrées. Cette Palpitation cessa sitôt qu'il les eut lâchées, parce que le mouvement circulaire devint libre. Il y a plusieurs exemples de pierres trouvées dans le cœur, qui avoient causé des Palpitations violentes & durables. Outre la Palpitation du cœur, il y en a de particulieres des arteres qui battent avec vehemence en divers endroits. Quelquefois c'est la splenique, & quelquefois l'artere des tems. Bartholin parle d'un mouvement des arteres carotides si violent, qu'on pouvoit entendre la pulsation. La cause est la circulation du sang empêchée dans quelque artere particulier. Le mouvement circulaire n'est pas entierement aboli, mais il est gêné dans son passage par la compression ou le retrecissement de l'artere, & c'est ce qui fait la pulsation.

PALTA. s. m. Sorte de fruit qui croît au Perou, & que les Espagnols appellent *Poire*, pour sa forme & sa couleur. Les Sauvages ont nommé ces fruits *Palta*, du nom de la Province où ils viennent en abondance. Ils sont trois ou quatre fois plus gros que les Poires de l'Europe, & ont une peau déliée & fort polie, avec une chair qui environne d'un travers de doigt épais un noyau de la même forme que le fruit. Cette chair ou moëlle est saine, & d'un fort bon goût, ce qui fait qu'on la donne aux malades avec du sucre.

PALUDIER. s. m. Homme qui travaille aux Salines.

PAM

PAMPE. s. f. Quelques-uns appellent *Pampe de blé*, Une espece d'herbe plate en forme de petit ruban qui vient au tuyau de blé, lorsqu'il est pendant par les racines, & qu'il se forme en épi. Il se dit aussi d'autres graines, avoine, orge, &c.

PAMPRE. f. m. *Branche de vigne avec ses feuilles.* ACAD. FR. On appelle *Pampre* en Architecture, Un feston de feuilles de vigne & de grappes de raisin, qui sert d'ornement à la colomne torse.

PAMPRE', E'E. adj. Terme de Blason. Il se dit de la grappe de raisin attachée à la branche. *A trois grappes de raisin d'azur Pamprées de sinople.*

PAN

PAN. f. m. *Partie considerable de certaines choses étendues. Il se dit aussi des faces ou côtés d'une chose qui est taillée à plusieurs angles.* ACAD. FR. On appelle *Pan de mur*, Une partie d'une muraille séparée ou coupée d'une autre; & on dit *Pan coupé*, quand on veut dire, l'encoignure d'une maison rabatue, afin d'y placer des bornes & rendre le tournant des charrois facile. *Pan coupé*, se dit aussi de toutes les figures dont les angles sont coupés. Il y a des Escaliers qu'on appelle *A pans coupés*, à cause que les angles sont coupés & que la cherche a huit Pans. On dit *Pan de comble*, pour dire, L'un des côtés de la couverture d'un comble.

On appelle *Pan de bois*, Un assemblage de Charpente qui sert de mur à un bâtiment. Il se fait de plusieurs sortes. Il y en a un qu'on appelle *A brins de fougere*, & un autre de *Losange entrelacés*. Ils sont garnis ordinairement de sablieres, de poteaux à plomb, & d'autres inclinés & posés en décharge.

Les Chasseurs appellent *Pan de rets*, les filets avec quoi on prend les grandes bêtes.

Pan, se dit aussi d'une mesure dont on se sert en plusieurs endroits de Languedoc & de Provence. Cette mesure est pareille au Palme de Genes.

PANACE'E. f. m. Dioscoride établit trois sortes de Panacées ou Panacés, l'Heracleum, l'Asclepium, & le Chironium. Le *Panacée Heracleum*, qui a pris son nom d'Hercule, croît en abondance en Bœotie, & dans la Phocide d'Arcadie, & a ses feuilles âpres, couchées par terre, vertes, presque semblables à celles du Figuier, & séparées tout autour en cinq parties. Sa tige est haute comme celle de Ferula, un peu moussue, cottonnée & environnée de petites feuilles. A la cime est un bouquet comme celui d'Aneth, qui a ses fleurs jaunes, & une graine brûlante & odorante. Son tronc jette plusieurs racines blanches, d'une forte odeur, couvertes d'une écorce épaisse & un peu amere au goût. Les meilleures sont celles qui sont bien étendues ou lissées, seches sans être vermolues, & qui ont un goût brûlant & aromatique. En faisant des incisions sur cette racine, lorsque la plante commence à jetter sa tige, on en tire une gomme qu'on appelle *Opopanax*. La même racine mise en rouelles, & appliquée par le bas, attire le fruit de la femme, & est bonne aux vieux ulceres. Le fruit qui croît en la tige du milieu de la même plante, est bon à manger, mais celui que les autres rejettons produisent, ne vaut rien.

Le *Panacée Asclepium*, appellé ainsi d'Esculape, jette dès la terre une tige mince, haute d'une coudée & qui a des nœuds. Elle est environnée de feuilles semblables à celles de fenouil, mais plus grandes, plus velues & plus odorantes. A la cime est un bouquet dont les fleurs sont jaunes & odorantes, & ont un goût âcre & fort. Sa racine est petite & deliée. Ses fleurs & sa graine broyées, & appliquées avec du miel, sont bonnes contre tous ulceres & même contre ceux qui sont corrosifs. Elles sont aussi un remede pour toutes sortes de duretés.

Le *Panacée Chironium*, auquel on a donné le nom de *Chiron*, croît principalement au Mont Pelius. Sa feuille est semblable à la grosse marjolaine. Il a sa fleur jaune, & sa racine petite, qui est peu profonde en terre & a un goût fort & acre. Cette racine prise en breuvage est bonne contre le venin des serpents. Ses feuilles enduites font le même effet. Quelques-uns, au lieu du Panacée Chironium, montrent une plante qui a ses feuilles longues comme celle de l'hysope, appellée *Flos solis* par quelques modernes; mais Matthiole n'est point de leur sentiment, & dit que le Panacée Chironium ne croît point en Italie. Quelques-uns donnent le nom de Panacée au ligusticum, à cause qu'il a sa racine & sa tige semblables au Panacée Heracleum, & qu'il est de même proprieté. Panacée est un mot Grec, πανάκεια, de πᾶν, qui veut dire Tout, & de ἀκέομαι, Je gueris, à cause que cette herbe guerit tout.

Les Medecins appellent *Panacées*, des remedes relevés que l'on emploie pour guerir toutes sortes de maladies, c'est-à-dire, au sens d'Hippocrate, que la nature les guerit toutes, ou la plus grande partie: car, comme ces remedes universels n'agissent qu'en fortifiant les forces naturelles ou en corrigeant les causes occasionnelles qui troublent la nature, ils ne peuvent remedier qu'aux maladies par causes internes, & non pas aux luxations, aux plaies, aux fractures & aux autres vices qui demandent une operation de la main. Ces Panacées agissent en deux manieres, la premiere en appaisant l'impetuosité morbifique, des esprits & en les fortifiant pour remettre dans l'ordre naturel les fonctions naturelles troublées. Cela n'est pas plûtôt fait, que les causes occasionnelles se retirent d'elles-mêmes, & le corps reprend sa tranquillité. Ainsi l'opium, pris avec circonspection, calme d'abord tous les symptomes pressans, & donne un repos, au moins superficiel, pendant quoi la nature se fortifie & chasse la matiere morbifique par la sueur, par les urines ou par quelque autre voie. L'autre maniere dont les Panacées operent, c'est en corrigeant, temperant & arrêtant ces causes occasionnelles des maladies; de sorte que tout ce qui est capable en general de temperer l'acrimonie & d'arrêter par ce moyen les mouvemens intestins contre nature des humeurs, leurs effervescences, leur sublimation, leurs coagulations, soulage presque toutes les maladies internes, & le sel volatil huileux de Sylvius, qu'il ordonne presque par tout, est un exemple de ces Panacées. Il agit en temperant l'acre, & en arrêtant les mouvemens contre nature que cet acre cause. Les mercures catholiques, qui par le moyen de leur soufre temperent l'acre & le jettent dehors par l'insensible transpiration, sont aussi du nombre des Panacées, ainsi que les autres soufres metalliques qui operent en partie en temperant, & en partie par leur vertu anodine. Enfin les sels qu'on tire de l'air de la rosée & de la pluie sont mis dans le même rang, parce que l'on est persuadé qu'ils ont beaucoup de conformité avec les esprits, & de quoi temperer & resoudre toutes sortes d'humeurs.

PANACHE. f. m. Tour ou bouquet de plumes qui sert d'ornement. On orne les lits avec des panaches & des aigrettes de heron.

Panache. Terme d'Orfévre. Partie de la tige ou de la branche d'un chandelier, qui est élevée au dessus du pié, qui s'étend en forme d'aile autour de la même tige. Les Furetieristes disent qu'on l'appelle quelquefois *Suage*, Erreur. Le Suage est le dernier morceau d'ouvrage d'Orfévrie, qui est fait en talon renversé & orné de feuillages ou bien frappés ou cizelés ordinairement pour les calices.

Les Fleuriſtes appellent *Panache*, l'agréable mélange de couleurs qui ſe trouve en certaines fleurs, comme aux anemones, tulippes & œillets.

On appelle *Panache*, en termes d'Architecture, Une portion de voute entre les arcs d'un dome. On l'appelle auſſi *Fourche* & *Pendentif*. On dit auſſi *Panache de Sculpture*. C'eſt un ornement de plume d'autruche qu'on a introduit dans le chapiteau d'ordre François, qu'on peut quelquefois mettre au lieu des feuilles d'un chapiteau composé.

Panache de mer. Sorte d'inſecte ou de petit animal de mer. On appelle auſſi *Panaches de mer*, Certaines branches d'arbres qui s'élevent contre les rochers où elles ont leur racine. Elles ſont tiſſues très-délicatement en forme de point coupé, & ſont de differentes couleurs, ſelon la qualité des rochers.

PANAGE. ſ. m. Droit qui appartient au Seigneur ou Proprietaire d'une forêt, & qu'on lui paye afin qu'il permette que les porcs y viennent paître le glan & la faine. On écrivoit autrefois *Paſnage*. Ce mot vient du Latin *Paſcere*, Paître. Du Cange témoigne que dans la baſſe latinité on a dit *Paſtionacium*, *paſtimacium*, *paſnagium* & *pannagium*.

PANAIS. ſ. m. Sorte de plante domeſtique ou ſauvage, dont on ratiſſe la racine qu'on mange dans le potage à la viande, ou que l'on fait cuire pour la frire. Les racines de l'une & de l'autre ſont blanches; ce qui oblige Matthiole à s'étonner que Ruellius ait pris les carottes, qui ont leurs racines rouges, pour le Panais des jardins. Le *Panais ſauvage* a ſes feuilles ſemblables au gingiridium, plus larges pourtant & un peu ameres. Sa tige eſt droite & âpre, & produit un bouquet ſemblable à celui d'anet, dont les fleurs ſont blanches avec un peu de rouge au milieu tirant ſur le jaune. Sa racine eſt odorante, longue d'un bon palme, & de la groſſeur d'un doigt. Sa graine priſe en breuvage émeut le flux menſtrual, & eſt ſinguliere à ceux qui ont peine à uriner, ou qui ſont travaillés d'hydropiſie. Elle eſt encore bonne pour les douleurs de côté. Ses feuilles broyées avec du miel mondifient les ulceres corroſifs. Le *Panais domeſtique* a les mêmes proprietés. Galien dit qu'il eſt de vertu plus froide en toutes choſes que le ſauvage, mais que toute l'herbe, & principalement la graine & la racine, fait uriner. On l'appelle en Latin *Paſtinaca*, de *Paſtus*, Paiſſon, à cauſe que ſa racine eſt bonne à manger.

PANARIS. ſ. m. Tumeur qui arrive d'ordinaire à l'extrémité des doigts, à la racine des ongles & à la derniere articulation ſans l'excluſion des autres. Ce mal eſt très-douloureux, & fait ſouffrir tout le bras par ſympathie. Il vient d'une humeur acre & très-corroſive qui attaque immediatement le perioſte, & mediatement les tendons qui y ſont attachés. L'inflammation ſurvient & ſe change en apoſtume, & quelquefois le Panaris degenere en gangrene avant que l'apoſtume ſoit formée. La cauſe occaſionnelle de cet acide vient ſouvent de l'affection de l'os qui compoſe les articles. Alors la nourriture prochaine de l'os exude, & contractant de l'aigreur, elle bleſſe les parties. L'eſprit de vers de terre, la liqueur de ver tirée au four, & autres ſemblables; pour oindre les doigts, ſont fort propres à arrêter la douleur qui s'enſuit de là. Le baume de ſoufre la diſſipe entierement, auſſi-bien que la tumeur, & mene à ſuppuration ſi elle ſe peut faire. Il eſt bon auſſi de mettre ſon doigt dans un privé, ou bien de tremper un linge dans de l'excrement humain, & d'enveloper le doigt malade avec ce linge. C'eſt encore un excellent remede que le liniment avec les ordures des oreilles, le ſucre de Saturne & un peu d'huile d'aveline, le tout mêlé enſemble. Du Cange fait venir *Panaris* de *Panaricium*, qui ſe trouve dans Apulée, & qu'on fait venir du Grec παρωνυχία, de παρὰ, Proche, & de ὄνυξ, Ongle, qui veut dire un Abcès qui ſe forme à la racine des ongles.

Il y a un herbe de ce nom dont la racine guerit le Panaris. On l'appelle autrement *Tormentille*.

PANATHENE'E. Sorte de Fête ancienne qu'on avoit accoûtumé de celebrer à Athenes, & dont Plutarque fait Theſée le premier Auteur. On la renouvella vers l'an 187. de la fondation de Rome.

PANCALIERS. ſ. m. Eſpece de choux, appellés ainſi, à cauſe qu'ils ſont venus de Pancaliers, ville de Savoie.

PANCHRESTUM. ſ. m. Terme de Medecine. Sorte de medicament qui eſt bon pour toutes ſortes de maladies & de plaies. Ce mot eſt Grec, πάγχρηστος, & il eſt formé de πᾶν, Tout, & de χρηστός, Utile.

PANCHYMAGOGUE. ſ. m. Sorte de medicament qui ſe donne en pilules envelopées, & qui a la vertu de purger toutes les mauvaiſes humeurs du corps. C'eſt un extrait d'aloës, d'agaric, de rhubarbe, de jala, de ſené, de coloquinte, d'ellebore noir & de ſcamonée.

Il ſe fait un *Panchymagogue mineral* par le mercure doux, que l'on prépare en ajoûtant du mercure vif au mercure ſublimé. Le premier écarte & déſunit les ſels corroſifs, & par ce moyen la vertu corroſive du mercure ſublimé ſe perd. La doſe eſt d'un ſcrupule avec quelque autre purgatif, comme avec l'extrait d'ellebore noir dans la verole, la lepre & l'hydropiſie qu'il guerit parfaitement. Ce mot eſt Grec, formé de πᾶν, Tout, χυμὸς, Suc, & ἄγειν, Amener.

PANCRATIUM. ſ. m. Plante qui a ſa racine ſemblable au grand bulbe, c'eſt-à-dire, revêtu de pluſieurs tuniques ou pelures à la façon des oignons. Elle eſt rouſſe ou incarnate, amere au goût, & brûle la langue. Ses feuilles ſont ſemblables à celles du lis, mais un peu plus longues. C'eſt proprement la ſquille commune. Auſſi prépare-t-on ſa racine, comme celles de la ſquille. Elle a les mêmes proprietés. On fait des trochiſques du jus de cette racine avec de la farine d'ers. Pris en eau miellée, ils ſont bons aux hydropiques & à ceux qui ſont travaillés de la rate.

PANCREAS. ſ. m. Corps charnu, ſitué ſous le derriere du ventricule ſous l'inteſtin duodenum en la partie cave du foye. Il embraſſe & ſoûtient les rameaux de la veine-porte qui ſe vient diſtribuer au ventricule & à la rate. Ce mot eſt Grec πάγκρεας, compoſé de πᾶν, Tout, & de κρέας, Chair.

PANDECTES. ſ. m. Mot Grec, ſignifiant proprement, Qui contient toutes choſes, de πᾶν, Tout, & de δέχομαι, Je reçois, je contiens. Ce nom ſe donne particulierement à un volume de Droit appellé *Digeſte*, qui eſt diviſé en cinquante livres, & qui contient les réponſes des anciens Juriſconſultes. Il y a auſſi des Pandectes de Medecine, c'eſt-à-dire, un Dictionaire des choſes qui regardent la Medecine, où ſont expliqués tous les mots Latins, Grecs, Arabes & Etrangers. Matthæus Sylvaticus de Mantoue, qui l'a compilé, a été appellé de là *Pandectaire*.

PANDORE. ſ. f. Inſtrument de muſique à cordes de laiton, qui n'eſt plus guere en uſage en France, & qui eſt ſemblable au lut, ſi ce n'eſt qu'il a le dos plus plat. Il a le même nombre de cordes & le même accord. Ses touches ſont de cuivre, ainſi que celles du ciſtre, & les bords de la table & ſes côtes ſont taillés en pluſieurs figures de demi-cercles.

PANETERIE. s. f. Lieu où l'on distribué le pain pour les Officiers commensaux de la Maison du Roi. Le premier des Officiers qui le distribuent, est appellé *Chef de Paneterie*. Il y a *Paneterie bouche*, qui est pour la table du Roi, & *Paneterie du commun*.

PANETIER. s. m. Officier qui a soin du pain. Le *Grand Panetier de France*, étoit autrefois un des Officiers de la Maison du Roi qui recevoit les Maîtres Boulangers. Il avoit sur eux droit de visite & de confiscation. Aujourd'hui le Grand Panetier est un Officier de la Couronne qui commande à tous ceux de la Paneterie, & qui sert le Roi à table avec le grand Echanson dans les jours de ceremonie. Dans les autres jours les Gentilshommes servans font sa fonction. Il a sa jurisdiction au Palais, & elle est éxercée par un Lieutenant General, un Procureur du Roi, un Greffier & autres. Le Dimanche d'après la fête des Rois, tous les Boulangers de Paris sont obligés de venir faire hommage au grand Panetier entre les mains de son Lieutenant General. Il faut aussi que tous les Maîtres Boulangers nouveaux, lui rendent de la même sorte, ce que l'on appelle *Le Pot de Rosmarin*. Le plus ancien grand Panetier qui se trouve dans les vieux titres, est Eude Arnode, qui exerçoit cette charge sous Philippe Auguste en 1210. Elle est aujourd'hui possédée par M. le Comte de Cossé.

PANETIERE. s. f. Espece de grande poche, ou maniere de petit sac de cuir, qui sert aux Bergers à mettre leur pain. Ils la portent en écharpe & elle est faite comme une fronde.

PANICAUT. s. m. Plante dont les feuilles sont larges & âpres par les bords, & ont un goût aromatique. Elles sont bonnes à manger, confites en sel, lorsqu'elles sont tendres. Venant à croître, elles deviennent piquantes comme épines au plus haut des tiges. A la cime de ses tiges sont plusieurs têtes rondes comme boules, entourées d'épines fortes & dures, disposées en maniere d'étoiles. Les unes sont vertes, & les autres blanches; on en trouve même quelquefois de bleues. Sa racine est longue & large, noire au dehors & blanche au dedans, de la grosseur d'un pouce & odorante. Cette racine échauffe, & prise en breuvage, elle resout & chasse toutes ventosités & tranchées. Bûe avec du vin au poids d'une drachme, en y mêlant de la graine de pastenaille ou panais, elle est bonne aux accidents du foye, aux morsures des serpents, & à ceux qui auroient été empoisonnés. Le Panicaut croît dans les plaines & dans les lieux âpres. Galien dit qu'il n'est pas plus chaud que les Medicamens moderés, & qu'il a une grande siccité, qui consiste en une essence subtile & penetrante. On l'appelle en Latin *Panicaulis*, & en Grec ἠρύγγιον, qui veut dire, Barbe de chevre, à cause que le haut de sa racine, avant que les feuilles sortent, ressemble en quelque façon à une barbe de chevre. Il est commun sur les sables de la Loire.

PANICUM. s. m. Plante qui est mise au rang des blés, & qui est semblable au millet, en chaume, feuilles & racines, aussi en fait-on du pain de la même sorte. Pour sa chevelure, elle est toute autre. Le Panicum l'a de la longueur d'un pié, entassée & fournie de grappes fort épaisses, & non éparses de-çà & de-là, & ayant force grains velus. Il y en a aussi d'une autre sorte. Ce dernier est plus fertile que l'autre, & a son épi mammelu, & son fruit grappeux. Leurs chevelures & épi sont de diverses couleurs. Les uns les ont blancs, les autres roux, & les autres jaunes. Il se trouve aussi un *Panicum sauvage*, qui n'est bon que pour les oiseaux. Il est beaucoup moindre que le domestique, ayant un tuyau fort grêle, long d'une coudée, & quelquefois plus. Ses feuilles sont plus courtes & plus étroites que celle de l'autre, âpres & piquantes. Son épi est rouge, & si velu & si âpre, qu'il s'attache aux habillemens. Galien dit que le Panicum nourrit fort peu, qu'il resserre les flux de ventre de même que le millet, & qu'étant appliqué au dehors il est dessiccatif & refrigeratif.

PANIER. s. m. *Ustencile de menage fait d'osier, de jonc, &c. & propre à contenir quelque chose.* ACAD. FR. On appelle aussi *Panier*, Un morceau de sculpture, plus haut & plus étroit que n'est la corbeille. Quand il est rempli de fleurs ou de fruits, il sert d'amortissement sur les colomnes ou sur les piliers de la clôture d'un jardin. Il y a plusieurs figures qui portent de ces paniers, comme les Caryatides & les Termes. Ce mot vient de *Panis*, Pain, ou de *Panarium*, parce que le premier usage des paniers fut pour y mettre du pain.

Panier, se dit aussi du milieu de la corde d'une Arbalête à Jallet, qui est fait en creux, & où l'on met la balle ou le Jallet quand on veut tirer.

On appelle *Panier à feu*, Une espece de machine qui se jette avec un mortier.

PANIQUE. adj. On appelle *Terreur panique*, Une crainte dont on se trouve saisi tout d'un coup, & sans aucun fondement. On prétend que l'origine de cette façon de parler, vient de ce que Pan, l'un des Capitaines de Bacchus, mit les Ennemis en déroute, par le moyen d'un grand bruit qu'il fit faire à ses Soldats dans une vallée. C'étoit un lieu qu'il avoit observé être tout rempli d'échos, ce qui multipliant d'écho en écho, fit croire à ceux qui les entendirent qu'ils avoient affaire à un bien plus grand nombre de troupes qu'ils ne se l'étoient imaginé. Ainsi ils prirent la fuite sans vouloir combattre.

PANNE. s. f. On a dit autrefois *Pannes*, pour plumes, du Latin *Penna*, & parce que les plumes ont un duvet mol & chaud, & que le drap échauffe de même, on l'a appellé en Latin *Pannus*, & en françois *Panne*. Tous les anciens Romans font foi, qu'il a été employé dans la signification de drap. On trouve dans la Comedie de Pathelin, après plusieurs sortes d'étoffes nommées, qu'il répond au Pelletier, *Ces pannes sont trop legeres*, & dans un autre endroit.

J'auray une bonne poignée
D'argent maintenant pour mes pannes,
Et si ne sont que des moyennes.

Le mot de *Panne* a été pris ensuite pour une sorte d'étoffe de soye de même largeur & de même qualité que le velours façonné.

Panne. Terme de Blason. Fourrure de vair ou d'hermine. L'hermine a le sable pour couleur, le vair a l'azur, & l'un & l'autre ont l'argent pour métal.

Panne. Terme de Charpenterie. Piece de bois qui a six ou sept pouces en quarré entre deux jambes de force, & qui étant posée sur les tasseaux & chantignoles des forces d'un comble, sert à en soûtenir les chevrons. Il y a une *Panne de brisis*. C'est celle qui est au droit du brisis d'un comble à la mansarde.

Panne. Les Artisans appellent ainsi la partie du marteau la plus mince, c'est-à-dire, celle qui est opposée à la tête.

Panne, est aussi un terme de Marine, & s'emploie en cette phrase, *Mettre en panne*, qui signifie, Virer le Vaisseau vent devant, & mettre le vent sur le petit hunier; ou sur les voiles de l'avant.

Cela se fait quand on veut retarder le cours du Vaisseau pour attendre quelque chose. On dit *Etre en panne*, pour dire, Ne pas tenir ni prendre le vent. On dit encore, *Mettre un Vaisseau en panne*, pour dire, Le faire pancher sur un bord avec ses voiles, afin d'étancher une voie d'eau qui se trouve de l'autre bord, du côté que le vent vient.

PANNEAU. f. m. Quarré de bois mince & quelquefois ouvragé qu'on enchasse dans les rainures d'une plus grande piece entre deux montans & deux traversiers. On dit *Panneau recouvert*, pour dire, un panneau qui excede le bâti. Il est d'ordinaire moulé d'un quart de rond. On appelle *Panneau de Sculpture*, Un morceau d'ornement taillé en bas relief. On y represente quelquefois des trophées ou des attributs pour embellir les lambris de menuiserie. *Panneau d'ornemens*, se dit d'une maniere de tableau, qu'on peint d'ordinaire à fond d'or pour enrichir un platfond ou quelque lambris. Ce tableau est de fruits, de fleurs, de grotesques, & autres choses de cette nature. Il y a aussi des *Panneaux de glaces*. C'est un compartiment de miroirs dans un placard, pour reflechir les objets & la lumiere, ce qui fait paroître un appartement plus long. On dit encore *Panneau de fer*, pour faire entendre, Un morceau d'ornement de fer forgé ou fondu, qui est renfermé dans un chassis pour une porte, un balcon, ou une rampe.

Panneau. Terme de Vitrier. On donne le nom de *Panneaux* à plusieurs morceaux de verre, dont les uns s'appellent Bornes, les autres *Pieces quarrées* ou *losanges en plomb*.

Panneau. Terme de Tailleur de pierre. L'une des faces d'une pierre taillée. *Panneau de douelle*, se dit du panneau qui fait la curvité d'un Voussoir en dehors ou en dedans. Celui qui est caché dans les joints s'appelle *Panneau de lit*, & celui qui est au devant *Panneau de tête*.

On dit aussi *Panneau de Maçonnerie*. C'est celle qui est enduite d'après les poteaux entre les pieces d'une cloison ou d'un pan de bois.

Panneaux, en termes de mer, se dit des Trapes ou mantelets qui ferment les écoutilles d'un Vaisseau. Le Mantelet qui ferme la plus grande écoutille, s'appelle le *Grand Panneau*. Il est toûjours à l'avant du grand mât.

Panneau, est aussi une espece de selle qui n'a point d'arçons, ou une garniture rembourrée, sur laquelle sont posés les fûts du bât d'une bête à somme. On appelle encore *Panneaux*, Deux coussinets remplis de crin ou de bourre qu'on met sous la selle afin d'empêcher que le cheval n'en soit écorché.

Panneau. Sorte de filet qui paroît comme un pan de muraille lorsqu'il est tendu. Ce filet s'appelle aussi *Pan*, & on s'en sert pour prendre des lapins, des lievres, des renards, des blereaux, & même des loups.

PANNELLES. f. f. Terme de Blason. Il se dit des feuilles de Peuplier peintes sur un écu.

PANNETON. f. m. La partie de la clef où sont les dents. Quelques-uns écrivent *Paneton* par une simple N.

PANNICULE. f. m. Terme de Medecine. Sorte de membrane qui est sous la graisse, & dont les muscles du corps des animaux sont enveloppés. Cette partie est seulement charneuse dans les bêtes, & tient contre la peau, mais aux hommes elle est nerveuse, membraneuse & adipeuse.

PANNONCEAU. f. m. *Ecusson d'armoirie mis sur une affiche pour y donner plus d'autorité, ou sur un poteau pour marque de Jurisdiction*. ACAD. FR. *Pannonceau*, s'est dit autrefois pour une espece d'enseigne ou banniere, ainsi qu'il se trouve dans Froissard en plusieurs endroits. *Sous le pennon saint Georges, & à la banniere de Messire Jean Chandos, étoient les Compagnies, où bien étoient douze cens pannonceaux*. Ce mot vient de *Pannus*, Drap, parce qu'on les faisoit de riches étoffes. On a dit aussi *Panonciaux*.

> *En autres plusieurs manieres*
> *Bruient panonciaux & banieres*.

PANON. f. m. On appelle sur mer *Panon de Pilote*, Plusieurs plumes que l'on met dans de petits morceaux de Liege, & qui voltigent au gré du vent pour faire connoître d'où il vient.

On trouve dans le Roman de la Rose, *Panons d'un arc*, ce que les uns expliquent des cornes ou bout de l'arc, & les autres des pennes de fleches, d'où l'on a dit, *Empener une fleche*, & *Matras desempené*.

PANTHEON. f. m. Temple de l'ancienne Rome, appellé ainsi à cause qu'il étoit dedié à tous les Dieux, de πᾶν, Tout, & de θεὸς, Dieu.

PANTHERE. f. f. Sorte d'animal farouche & furieux, qui a la peau marquetée de differentes couleurs. Quelques-uns veulent que ce soit la femelle du Leopard, dont elle n'est distinguée que par la blancheur. Ce mot vient du Grec πάνθηρ, qui veut dire la même chose, comme qui diroit, Tout-à-fait farouche, de πᾶν, Tout, & de θὴρ, Bête sauvage.

PANTIERE. f. f. Sorte de filet qui est fait en mailles à losanges, ou en mailles quarrées, & dont on se sert pour prendre des bécasses.

PANTOCHERES. f. f. Terme de Marine. Cordes de moyenne grosseur, qui servent à bander les haubans qui tiennent le mât, quand le Vaisseau panche plus d'un côté que d'autre. Quelques-uns disent *Pantoquieres*.

PANTOIMENT. f. f. Terme de Fauconnerie. Maladie d'un oiseau qui est asthmé, qui a le poumon enflé. Nicod veut que *Pantoiment*, ne soit pas un nom substantif, à cause qu'on dit *Pantois* & *Mal du Pantois*, mais un adverbe dont les Poëtes se sont servis en disant, *Pantoiment tourmenter aucun*, pour dire, Le tourmenter d'une telle sorte, qu'il soit reduit à ne pouvoir plus respirer.

PANTOIS, OISE. adj. Vieux mot. On appelloit autrefois un homme *Pantois*, pour dire, qu'il n'avoit pas la respiration libre, & qu'elle étoit empêchée par quelque asthme. *Pantois*, dit Nicod, *tantôt signifie qui halete, & est à la grosse haleine, comme*, Ainsi haletant & pantois, j'échapai des voleurs, & *tantôt signifie la maladie de difficulté d'haleine & de malaisée respiration, qu'on dit aussi* Le mal du Pantois. *Ce mot est frequent & usité aux Faulconniers, qui de cette maladie, quant aux oiseaux de proye, font trois especes, l'une du Pantois qui vient à la gorge, l'autre de celui qui procede de froidure, la tierce qui se congrege aux reins* ou *roignons*.

PANTOISER. v. n. Vieux mot. Avoir la courte haleine. Nicod remarque que les Fauconniers disent *Pantiser*, mais que *Pantoiser* est le meilleur.

PANTOMETRE. f. m. Instrument de Geometrie propre à prendre de toutes sortes d'angles, à arpenter, & à mesurer toutes sortes de figures. Il est composé de trois branches divisées par degrés, & mobiles sur deux demi cercles aussi divisés, qui sont attachés sur la base, & dont l'un qui est aussi mobile sur sa base, s'éloigne ou s'approche de l'autre pour former toutes sortes de triangles. Les Modernes en ont fait d'une autre maniere. Ce mot vient du Grec πᾶν, Tout, & de μέτρον, Mesure.

PANTOMIMES. f. m. Sortes d'anciens Boufons, qu

qui par des gestes seulement, & par le mouvement du corps, des doigts, & des yeux, exprimoient les principales actions qui pouvoient faire le sujet d'une Comedie. On les appelloit aussi *Mimes*, & ce même nom de Mimes étoit donné à de petites pieces de poësie, qu'ils chantoient en dansant sur le theatre, ce qui étoit accompagné de gestes, qui donnoient le sens de leurs paroles. Ce mot est Grec & formé de πᾶν, Tout, & de μίμος, Qui imite.

PANTONIER. s. m. Vieux mot. Qui se trouve dans le Roman de la Rose, en la signification d'un Gardepont, qui est commis pour lever un peage.

Ains le devez vous esparnier,
Plus qu'un orgueilleux Pantanier.

On a dit aussi *Pautonier*, & *Pontanier*.

PANTOUFLE. s. f. *Mule. Sorte de chaussure dont on se sert ordinairement dans la chambre, & qui ne couvre point le talon.* ACAD. FR. Nicod fait venir *Pantoufle*, du Grec παντόφελλον, composé de πᾶν, Tout, & de φελλός, Liege, comme qui diroit, *Tout liege*, & dit que Bud. Courvarius le dérive de ἀπὸ τοῦ πατεῖν τὸν φελλὸν, de ce que le Liege est foulé.

On appelle *Fer à pantoufle*, Un fer à cheval, dont on se sert pour rétablir les talons serrés & encastillés. Il a le dedans des éponges beaucoup plus épais que le dehors. Ainsi la partie qui s'applique contre la corne va en talus, afin que l'épaisseur du fer en chassant le talon, le pousse en dehors.

PANUFLE. s. m. Vieux mot. Sorte de bas grossiers & épais.

Aurez vous souliers à liens
Larges à mettre grans panufles.

PAO

PAON. s. m. Sorte d'oiseau qu'on nourrit dans les Bassecours, & dont la plus grande beauté consiste en sa queue; il en fait la roue en étalant les plumes qui la composent, & qui sont de differentes couleurs. Les Paons sont jaloux & glorieux, & leur chair est excellente. On tient qu'ils vivent jusqu'à vingt-cinq ans, & qu'ils n'aiment leurs petits que quand les plumes leur sont venues à la tête. Cet oiseau est consacré à Junon, selon les Poëtes, qui disent que les yeux d'Argus furent attachés sur la queue du Paon. Il a en effet toute la queue remplie de marques en forme d'yeux. On appelle sa femelle *Paonesse*, ou *Panesse*, & ses petits, *Paonneaux*. Tavernier dans son voyage des Indes, rapporte qu'aux environs de Baroche, Ville du Royaume de Cambaye, il y a quantité de Paons qu'on voit tout le jour dans les champs par troupes. Il est fort malaisé de les approcher, parce qu'aussi-tôt qu'ils découvrent le chasseur, ils fuyent plus vîte que la perdrix, & enfilent des broussailles où l'on ne sçauroit les suivre. La nuit ils se perchent sur les arbres, dont on s'approche avec une espece de banniere, où des Paons sont peints au naturel de chaque côté. On met des chandelles allumées au haut du bâton, & la lumiere surprenant le Paon, fait qu'il allonge le cou jusques sur le bout de ce bâton, où est une corde à nœud coulant que tire celui qui tient la banniere, lorsque le Paon y a mis le cou.

PAONACE. s. m. Vieux mot. Couleur violette, ou de pavot, ou de queue de Paon.

Aussi bien sous bureau comme sous paonace.

On a dit aussi *Pavonace*, pour dire, Une sorte d'Anemone violette ou purpurine.

PAP

PAPA. s. m. Nom que la plûpart des peuples Orientaux donnent à leurs souverains Prêtres. On appelle *Papas* au Perou certains Prêtres qui vont s'agenouiller devant le Soleil & la Lune, en se tournant le matin vers le Levant, & le soir vers le Couchant, pour leur demander les choses dont ils ont besoin. Les Ethiopiens appellent aussi leurs Prêtres *Papas*. Plusieurs dérivent ce mot du Grec πάππος, Ayeul, ou de πάππας, Pere nourricier.

PAPAIA. s. m. Arbre qui se trouve dans l'Isle de Tabago, & qui croît & porte son fruit en un an. Il a d'ordinaire quinze piés de hauteur; & souvent vingt. Son tronc est fort tendre & spongieux, sans aucunes branches, & de la grosseur d'un homme. C'est le même arbre qu'on appelle *Papaier*, dans les Isles de l'Amerique. Toutes ses feuilles, qui sont semblables à celles de nos figuiers, mais deux fois plus grandes, sont attachées depuis le haut de l'arbre auquel ils font une espece de couronne, jusqu'à un pié au-dessous, par des queues aussi longues que le bras, de la grosseur du pouce, & creuses comme des flûtes. Elles sont recourbées, & couvrent environ une trentaine de fruits, qui croissent autour du tronc auquel ils demeurent attachez. Ces fruits sont ronds, gros comme une poire de coing, & orangés dans leur couleur, & ils n'ont qu'environ un bon doigt d'épais. Ceux qui sont les plus bas sont les plus gros & les plus mûrs. Leur chair est semblable à celle du Melon, mais d'un goût fort fade. Tout le dedans de ce fruit est creux & rempli d'une graine qui ressemble au poivre, & qui a le même goût. Il y a un Papaier mâle, & un Papaier femelle. Le premier porte rarement du fruit, mais parmi ses feuilles il pousse de petites branches menües, longues comme le bras, qui se divisent en rameaux tout chargés de fleurs jaunes sans odeur. Le Papaier femelle qui porte le fruit, n'a que de grosses fleurs jaunes attachées immediatement à l'arbre, & dont l'odeur n'est pas moins douce que le jasmin. Les fruits mûrissent successivement, & cela est cause qu'il y en a de mûrs presque toute l'année. On trouve dans la Guadeloupe une autre sorte de Papaier, dont le fruit est gros comme le plus gros Melon que l'on voye en France; il est beaucoup meilleur que les autres, mais toûjours fort douceureux. Ce fruit ressemble en quelque sorte aux mammelles, & c'est ce qui a obligé les Portugais à l'appeller *Mamoeira*. Si on l'incise avant qu'il soit mûr, il en sort quelque goutte de lait qui se fige, & se tourne en gomme.

PAPAS. s. m. Sorte de racine qui croît sous terre au Perou, & dont la bulbe ressemble aux châtaignes. Lorsqu'elle est cuite, elle approche du goût d'une châtaigne bouillie.

PAPEGAUT. s. m. Vieux mot. Perroquet. On a dit aussi *Papegai*, & ce dernier mot se dit encore, mais c'est seulement dans la signification d'un oiseau de bois ou de carte qu'on met au bout d'une perche, pour servir de but à ceux qui tirent de l'arc ou de l'arquebuse. Celui qui l'abbat remporte le prix.

PAPELARD. s. m. Vieux mot. Hypocrite, faux devot. On l'emploie encore quelquefois, pour signifier un flateur, un homme qui cherche à tromper en donnant de belles paroles. Du Cange fait venir ce mot d'un Flateur, qui en feignant d'admirer, fait souvent des exclamations avec ce mot Latin, *Papa*. On a dit aussi *Papelardie*, & *Papelardise*, pour, Hypocrisie.

PAPELARDER. v. n. Vieux mot. Faire l'hypocrite. Marmoter en disant des Oraisons.

Que je fasse le chatemite
Papelardant comme un hermite.

PAPELINE. s. f. Sorte d'étoffe dont la chaine est

de soie, & la treme de fleuret. Il y en a d'étroite & de large, & d'ordinaire sa largeur est de demi-aune. On l'appelle *Papeline*, à cause qu'elle se fabrique à Avignon qui est une terre du Pape.

PAPELONNÉ, ÉE. adj. Terme de Blason. Il se dit d'une representation en forme d'écailles ou de demi-cercle que l'on fait sur un Ecu. *D'hermine papelonné de gueules.*

PAPIER. s. m. *Certaine composition qui est de vieux linge pilé, broyé, & que l'on étend par feuilles pour servir à écrire, à imprimer*, &c. ACAD. FR. Le linge dont on fait le papier est blanchi & haché si menu par le moyen des moulins, qu'il ne paroît que comme de l'eau troublée. Après qu'on en a levé la superficie avec un moule fait de fil de fer très-délié, on l'égoute, on le laisse secher, & ensuite on le colle, afin qu'il ne boive point. Les Anciens se servoient pour écrire de l'écorce d'un arbre qui croît en Egypte, & qu'on nomme *Papyrus*, & c'est delà qu'est venu le mot de *Papier*.

On appelle *Papier gris*, ou *Papier brouillard*, un Papier qui n'est point collé, qui boit, & sert à filtrer plusieurs liqueurs. Le *Papier bleu* est une autre sorte de Papier dont se servent les Marchands pour envelopper de certaines marchandises. On fait le *Papier marbré*, qui est un Papier peint de differentes couleurs, en appliquant une feuille de papier sur de l'eau où l'on a jetté plusieurs couleurs détrempées avec de l'huile ou du fiel de bœuf. Elle empêche qu'elles ne se mêlent, & on fait les panaches & les ondes selon la disposition qu'on leur donne avec un peigne.

PAPILLON. s. m. Sorte d'insecte qui vole, & qui a les ailes marquetées de differentes couleurs. Il a six piés, & vient des chenilles ou des vers. Il s'attache sur-tout à tirer le suc de la mauve. On tient que depuis que le Papillon s'est accouplé avec sa femelle, il vit toûjours en langueur. Ce mot vient du Latin *Papilio*, qui a été fait du verbe *Papo*, Je succe, à cause que le Papillon succe les fleurs & les herbes.

PAPYER. v. n. Vieux mot. Begayer comme les enfans qui ne peuvent encore prononcer que *Papa*.

A peine je puis papyer.

PAPYRUS. s. m. Plante qui croît en Egypte auprès du Nil en quelques fossés qui se rencontrent pleins d'eau après l'inondation de ce fleuve. Sa racine est fibreuse, & elle en pousse plusieurs tiges droites & triangulaires, hautes de six coudées & davantage. Le tronc est composé de quantité de fibres droites & longues, au bout desquelles sont plusieurs especes de fleurs pointues. Ses feuilles sont douces au maniement, & ont la figure d'une épée. Elles servent aux Chirurgiens pour tenir les playes ouvertes & les élargir. La cendre du sommet des tiges est un remede pour les blessures nouvelles. La racine de cet arbre servoit de bois aux Egyptiens, & de la moëlle de sa tige, que l'on reduisoit en colle blanche, on faisoit des feuilles fort minces, sur lesquelles les Anciens écrivoient. Avant que le blé & les autres fruits fussent en usage, ils se nourrissoient de cette plante. Elle leur fournissoit aussi dequoi faire des habits, des barques, des ustenciles de ménage, des couronnes à leurs Dieux & des souliers à leurs Prêtres. Presentement cette plante est negligée. Pline dit que le Papyrus croît aussi en Syrie aux environs du lac où vient le *Calamus odoratus*, & qu'on en a trouvé aux environs de Babylone près de l'Euphrate. Quelques-uns dérivent le mot de *Papyrus* de πῦρ, Feu, à cause que cette herbe s'enflamme aisément.

PAR

PARABOLAINS. s. m. On a appellé ainsi, dans les premiers siecles de l'Eglise, certains Clercs d'Alexandrie qui ont été jusqu'au nombre de cinq ou six cens, & dont la charité étoit si grande, qu'ils alloient secourir les malades dans les Hôpitaux, quelque dangereuse que pût être la maladie dont ces malheureux étoient attaqués, & fût-ce même la peste. Cela leur fit donner le nom de *Parabolains*, qui veut dire Courageux, du Grec παράβολος, Hardi, téméraire.

PARABOLE. s. f. Espece de similitude sous laquelle quelque verité importante est envelopée. Ainsi on peut dire que la Parabole est comme la Devise, ayant deux parties, le corps & l'ame. Le corps est le recit d'une courte histoire que l'on imagine pour marquer une verité de Religion ou de Morale; & l'ame est le sens mystique ou moral que cachent les paroles qui expliquent cette histoire. Ce mot est Grec, παραβολή, & veut dire Comparaison.

Parabole. Terme de Geometrie. Figure courbe & infinie, & l'une des sections coniques. Elle se fait quand un plan coupe un cone hors de son sommet, & qu'il est parallele à l'un des côtés du cone. Voyez SECTION. *Le sommet de la Parabole* est son point le plus élevé sur la surface du cone. Il est évident qu'elle n'est proprement fermée que de ce côté-là, parce que du côté de la base on peut prolonger le cone à l'infini, & par consequent la Parabole. *L'Axe de la Parabole* ou son *Diametre Transversal* est la ligne qui va du sommet vers la base & qui est toûjours de côté & d'autre également distante de la Parabole. *Les Diametres* sont les lignes paralleles à l'Axe menées dans la Parabole. On considere dans la Parabole les *Ordonnées*, les *Abscisses*, le *Parametre*, & le *Foyer*. Voyez tous ces mots à leur ordre.

On appelle *Parabole solide* une Courbe dans laquelle les Cubes *des Ordonnées* sont égaux aux solides faits du parametre par les quarrés des abscisses correspondantes, de même que dans la parabole ordinaire & proprement dite les quarrés des ordonnées sont égaux aux rectangles des abscisses correspondantes par le parametre. Voyez SECTION & PARAMETRE.

PARABOLOIDE. adj. On appelle, en termes de Geometrie, *Conoïde paraboloïde*, un Solide produit par la circonvolution entiere d'une parabole autour de son axe. On dit aussi *Conoïde parabolique*.

PARACENTESE. s. f. Terme de Chirurgie. Ouverture artificielle de l'abdomen des hydropiques, dans laquelle on introduit une cannule. Cette ouverture se fait par le moyen d'une lancette, selon la pratique des Anciens, ou par le moyen d'une aiguille d'argent faite exprès. C'est la methode des Modernes, qui est la meilleure. L'avancement du nombril, à quelque travers de doigts à côté, est le lieu qu'on estime le plus propre pour cette operation, & on doit tirer les eaux successivement, c'est-à-dire, six, sept ou dix drachmes à la fois, suivant les forces, à cause que les évacuations précipitées & qui se font tout à la fois causent la mort. Cette operation fait merveilles lorsqu'on l'execute à tems & que l'on y joint les alteratifs appropriés; mais si on la fait trop tard, elle est inutile, parce que le mal étant enraciné, & les visceres plus ou moins corrompus, il ne cede plus à ce remede, qui d'ailleurs a plûtôt lieu dans l'espace d'hydropisie que l'on appelle *Ascites*, que dans celle qu'on appelle *Anasarca*. La Paracentese ne sert pas davantage quand l'hydropisie est compliquée avec un squirre, ou quelque autre vice particulier & incurable d'un viscere noble. Quelques eaux qu'on puisse vuider, la source reste toûjours, & le secours que l'on y apporte est seulement un secours palliatif. Ce mot est Grec, παρακέντησις, de παρὰ, Proche, & de κεντεῖν, Percer, poindre.

PARADE. s. f. *Montre d'une chose qui n'est que pour l'ornement.* Acad. Fr. On dit en termes de guerre, *Faire la parade*, quand les Officiers d'un Bataillon, d'un Regiment, d'une Compagnie qui a eu ordre de se mettre sous les armes, s'y rendent au meilleur état qu'ils peuvent, pour y faire selon leur rang les fonctions de leurs Charges.

Parade. Terme d'Escrime. Action par laquelle on pare un coup. On fait diverses Parades, en dehors, en dedans, en haut, en bas, en appel, en feinte & en general il y en a autant de sortes, qu'il y a d'attaques & de coups qu'on peut porter.

Les Danseurs de corde & autres gens de cette nature font aussi parade, quand les boufons de la Troupe montant sur une maniere de balcon élevé de six ou sept piés devant la maison dans laquelle ils doivent faire leurs tours de souplesse, font sur ce balcon toutes sortes de postures, & disent des plaisanteries, pour obliger ceux qui passent à entrer, moyennant une somme fort modique qu'ils exigent.

Parade, est aussi un terme de Manége, & on dit qu'*Un cheval est sûr à la parade*, pour dire qu'on l'arrête facilement dans sa course. *Parade*, en ce sens, vient de l'Espagnol *Parar*, qui signifie Arrêter.

PARADIS. s. m. Séjour des Bienheureux qui jouissent de la vision de Dieu. Ce mot a été tiré du Grec παράδεισος, qui signifie un Jardin, & c'est dans ce sens qu'on a appellé *Paradis terrestre*, le Jardin où Dieu mit Adam aussi-tôt qu'il l'eut créé. Les Peres de l'Eglise ont recherché avec soin dans quel endroit de la terre ce Jardin délicieux étoit situé. La plûpart le placent dans la Mesopotamie, entendant par Eden, qui signifie Volupté, le pays qui s'étend entre l'Euphrate & le Tigre, jusques aux montagnes d'Armenie. D'autres veulent qu'il soit situé vers la mer Caspienne, d'autres dans la Taprobane des anciens, d'autres dans les Isles fortunées, & d'autres enfin dans quelque pays sous la ligne équinoctiale, M. Huet, Evêque d'Avranches, si estimé de tous les Sçavans par sa profonde érudition, a fait un Traité fort curieux de la situation du Paradis terrestre, dans lequel il prouve qu'il étoit situé sur le fleuve que produit la jonction du Tigre & de l'Euphrate, & qu'on appelle aujourd'hui, le Fleuve des Arabes, entre cette jonction & la division que ce même fleuve fait avant que d'entrer dans la mer Persique. Il rapporte ces paroles de Moïse, *Et le Seigneur Dieu planta un Jardin en Eden du côté d'Orient, & il mit là l'homme qu'il forma*, & dit qu'on trouve une Province qui a merité de porter le nom d'Eden, à cause qu'elle est très-fertile & très-agreable. Il ajoûte qu'elle est située sur les bords du Fleuve & vers le lieu qu'il a marqué; & que bien que cette Province soit presentement inculte, elle semble neanmoins garder encore des marques de la main liberale de Dieu, dans la bonté de son terroir. Ce Jardin étoit situé du côté d'Orient, c'est-à-dire dans la partie orientale du pays d'Eden, qui occupoit les deux bords du Fleuve. *Ce Fleuve sortoit d'Eden*, poursuit Moïse, *pour arroser le Jardin, & delà il se divisoit & étoit en quatre têtes*; c'est-à-dire, qu'après avoir traversé cette Province, il entroit dans le Jardin, qui étant à l'Orient d'Eden, il falloit que le Fleuve, là où il entroit dans le Jardin, eût son cours d'Occident à l'Orient, & par consequent qu'il fût situé sur un des détours du Fleuve qui tient cette route. Ce Fleuve étant consideré par rapport au Jardin selon la disposition de son lit, & non selon le cours de son eau, se divisoit & étoit partagé en quatre têtes, c'est-à-dire, en quatre entrées ou ouvertures de quatre branches differentes, qui faisoient quatre Fleuves, deux au dessus, par rapport au cours de l'eau, sçavoir l'Euphrate & le Tigre, & deux au dessous, sçavoir le Phison & le Gehon. M. l'Evêque d'Avranches examine ensuite ces paroles de Moyse touchant le Phison, *C'est celui qui tournoye dans toute la terre de Chavilah où il y a de l'or, & l'or de cette terre est bon. Là est le Bdellium & la pierre d'Onyx.* Il dit que Moyse, qui écrivoit ces choses dans l'Arabie Petreuse, voulant faire le dénombrement de ces Fleuves, pour faire connoître où le Paradis terrestre étoit situé, l'a commencé par le Phison, & il prétend que ce soit le canal occidental des deux qui font le partage du Fleuve avant qu'il entre dans la mer, parce qu'étant le plus proche du lieu où il écrivoit, il s'étoit présenté le premier à son esprit, comme il se seroit presenté le premier à ses yeux & à ses piés, s'il se fût acheminé de ce côté-là. Entre plusieurs marques particulieres que Moyse à données à ce Fleuve, il dit que c'est celui qui tournoye dans toute la terre de Chavilah, & M. d'Avranches prétend qu'on ne peut douter que ce ne soit celle qui est à l'extremité septentrionale de la côte orientale d'Arabie, c'est-à-dire, sur la rive occidentale de l'embouchure de l'Euphrate & du Tigre, puisque l'Ecriture en designe exactement la situation, en marquant Chavilah & Sur, comme les deux extrêmités de l'Arabie, voisine de la Terre-Sainte. Comme Sur est à l'entrée d'Egypte vers l'extrêmité du Golphe Arabique, il s'ensuit que Chavilah étoit à l'autre côté de l'Arabie à l'extrêmité du Golphe Persique. Les autres marques données par Moyse pour reconnoître Chavilah, conviennent parfaitement au même pays. David & Ezechiel attestent qu'il y a de l'or, & que l'or de cette terre est bon, ce que l'on infere encore des presens apportés par les Mages à Notre Seigneur. Quant à ces paroles, *Là est le Bdellium*, soit qu'on entende des perles par là, soit qu'on entende une gomme aromatique, on ne connoît point au monde de pêche plus grande de perles que celle qui se fait proche de l'Isle de Baharen qui est dans le Golphe Persique, près de la côte de Chavilah, & à laquelle conduit le Phison. L'Arabie n'étoit pas moins abondante en Bdellium, gomme precieuse, nommée aujourd'hui *Anime*, ni en pierres d'Onyx, qui au rapport de Pline ne se trouvoient que dans les montagnes d'Arabie. Sur ces autres paroles de Moyse. *Et le nom du second Fleuve est Gehon, C'est celui qui tournoye dans toute la terre de Chus. Et le nom du troisiéme Fleuve est Chiddekel; c'est celui qui va vers l'Assyrie; & le quatriéme Fleuve est l'Euphrate.* M. d'Avranches dit qu'après avoir traversé le canal occidental par où le Tigre & l'Euphrate joints ensemble tombent dans la mer, on rencontre le canal oriental qui doit être par consequent le Gehon, étant celui qui tournoye dans toute la terre de Chus, c'est-à-dire, dans la Susiane, qui retient encore cet ancien nom, & qu'on appelle aujourd'hui Chuzestan. De ce nom de Chus se sont formés les noms des Cosséens & des Cissiens, peuples de la Susiane, dont les auteurs prophanes ont fait mention. Il ajoûte que le troisiéme Fleuve Chiddekel qui va vers l'Assyrie, est le Tigre, & que le nom le fait voir, puisqu'en ôtant la premiere lettre de Chiddekel, qui n'est qu'une aspiration, il reste *Dekel*, d'où se sont formés les noms de *Diklat*, *Diglath*, *Degil*, *Degela Diglito* & *Tigris*. Si du lieu, dit-il, où je place le Paradis terrestre, on pouvoit voir la disposition du lit qu'occupe ce Fleuve, on remarqueroit qu'il va en effet vers l'ancienne Assyrie, dont la capitale étoit Ninive. Et le quatriéme Fleuve enfin est l'Euphrate, qui a conservé son nom jusques à present. Il conclut de là que si on examine sans prevention tous ces caracteres, par lesquels Moyse a voulu faire reconnoître la situation du Paradis terrestre, on trouvera, non seulement qu'ils conviennent parfaitement à celle qu'il propose, mais même qu'ils ne peuvent convenir à aucune autre ni de celles qu'on a imaginées jusqu'ici en très-grand nombre, ni de celles que l'on peut imaginer, puisqu'il n'y a point d'autres Provinces de Chavilah & de Chus que celles qu'il a marquées, où un Phison & un Geon se puissent trouver, ni d'autre Tigre qui aille vers l'Assyrie, ni d'autre Euphrate, dont on puisse dire qu'il fait une des quatre têtes qui partageoient le Fleuve dont le Paradis terrestre étoit arrosé; ni enfin d'autre lieu que celui où il a placé ce Paradis, qui soit arrosé d'un Fleuve divisé en ces quatre autres.

On appelle *Paradis de Mahomet*, Un lieu qu'il a imaginé à sa fantaisie, où il a fait attendre à ceux qui suivront sa loi, tous les plaisirs qui peuvent flater les sens.

Quelques-uns appellent *Paradis*, en termes de Marine, La partie d'un port où les Vaisseaux sont le plus en sûreté.

Paradis, se dit aussi dans les lieux où l'on represente l'Opera ou la Comedie, d'une espece de Galerie qui est au dessus des secondes loges.

PARAGE. s. m. Vieux mot. Noblesse. C'est ce qu'il a signifié originairement, à cause que tous les Nobles se pretendent égaux en noblesse.

Si vous êtes de grand parage,
Je ne suis mie de menour.

On a dit aussi *Paraige* & *Parroye*. Autrefois il y avoit des fiefs tenus d'un Seigneur de plein fief, qu'on disoit être *Tenus en parage* ou en *pairie*. Les Vassaux étoient également obligés de le servir en paix & en guerre. Les puînés tenoient leurs fiefs en parage en pareil degré que l'aîné, & on les appelloit *Parageau* ou *Parageurs*. On disoit aussi *Haut parage*, en parlant d'un fief en pairie la plus élevée, comme celles des Pairs & Seigneurs mouvans du Roi immediatement, qui avoient été données en appanage à des Personnes du sang Royal; ce qui faisoit appeller *Gens de haut parage*, Ceux qui étoient d'une extraction très-noble.

Parage. Terme de Marine. Espace, étendue de mer sous quelque latitude que ce puisse être. On dit que *Des Vaisseaux de guerre sont en parage*, pour dire qu'Ils sont en certains endroits de la mer, où ils peuvent trouver ce qu'ils cherchent. On dit aussi d'un Vaisseau mouillé, qu'*Il est en parage*, pour dire qu'Il est en lieu où il peut appareiller quand il veut.

PARAGONNER. v. a. Vieux mot. Comparer, mettre en parallele. On a dit aussi *Paragon*, pour dire Patron, modele, sur quoi Nicod dit que *Paragon est une chose si excellemment parfaite, qu'elle est comme une idée, un sep & estelon à toutes les autres de son espece, & lesquelles on rapporte & compare à lui, pour sçavoir à quel degré de perfection elles atteignent. Ainsi dit-on*, Paragon de Chevalerie, de preud'homie de sçavoir. *Et en ce*, poursuit-il, *qui le voudroit extraire de* παράγειν *des Grecs, qui signifie Admener, acconduire, ce ne seroit pas hors de propos*. On le trouve quelquefois écrit *Parangon*, & alors on le derive de παραγκωνίζομαι, J'écarte avec le coude ceux qui s'approchent de trop près; à cause que le Parangon ne peut avoir son pareil en son espece.

PARAINSI. adv. Vieux mot. Ainsi, par consequent.

PARAKYNANCIE. s. f. Terme de Medecine. L'une des especes en quoi quelques-uns distinguent l'Esquinancie. C'est quand les muscles externes des parties internes du Larynx sont attaqués. Ce mot est Grec, παρακυνάγχη, fait de ἄγχειν, Suffoquer.

PARALLAXE. s. f. Terme d'Astronomie. *L'Arc du Firmament, compris entre le lieu veritable & le lieu apparent de l'Astre que l'on observe.* ACAD. FR. Ce vrai lieu d'un Astre est celui où le rayon visuel passant par le corps de l'Astre aboutiroit dans le Firmament, s'il étoit tiré du centre de la terre, & que notre œil y fût placé; mais comme nous ne le voyons que de dessus la surface de la terre, qui est éloignée du centre, nous le voyons par une ligne, qui passant par son corps, & allant jusqu'au Firmament, marque un autre point qui est son lieu apparent; & c'est cette difference qu'on appelle *Parallaxe*, du Grec παράλλαξις, qui est la même chose que παραλλαγὴ, & qui signifie difference. Quelques-uns font Parallaxe masculin. La Parallaxe se divise en Parallaxes de hauteur, de latitude & de longitude, qui ne sont rien autre chose que la difference qu'il y a entre la hauteur, la latitude & la longitude veritable, & la hauteur, la latitude & la longitude apparente. La Parallaxe rend le lieu apparent d'une planete plus bas que le lieu veritable. La plus grande parallaxe est celle qui se fait à l'horison, & de là elle va toûjours en diminuant. Une planete qui est au Zenit n'a aucune parallaxe, parce qu'alors les lignes tirées du centre de la terre, & de notre œil ne sont qu'une même ligne. Ces trois planetes superieures, Saturne, Jupiter & Mars, ne font point de parallaxe, parce que leur distance de la terre est si grande que la difference du demi-diametre de la terre devient insensible. Mais la Lune, Mercure & Venus font parallaxe.

PARALLELE. adj. Terme de Geometrie. Il se dit des lignes également éloignées entre elles, & qui ne se toucheroient jamais, quand on les prolongeroit à l'infini. On le dit aussi des superficies & des cercles. Les côtés opposés d'un quarré sont paralleles entre eux. Ce mot est Grec παράλληλος, Egalement distans. On appelle simplement *Parallele du Soleil* les cercles paralleles qu'il décrit d'Orient à l'Occident d'un Tropique jusqu'à l'autre par le moyen du premier Mobile. Ils sont plûtôt des lignes spirales que de vrais cercles, à cause du mouvement propre & annuel du Soleil par lequel il fait tout le jour environ un degré d'Occident en Orient. Cependant comme la difference n'est pas fort considerable, les tours que cet Astre fait chaque jour d'Orient en Occident sont regardés comme de vrais cercles paralleles entre eux & l'Equateur. Leur nombre est de cent quatre-vingt-deux & demi, qui est la moitié du nombre des jours de l'année solaire, à cause que le Soleil allant de l'Equateur à l'Un des Tropiques, retourne à l'Equateur par les mêmes paralleles qu'il avoit tracés auparavant.

Ces cercles ayant été faits paralleles à l'Equateur, parce qu'ils sont décrits par le mouvement diurne de 24. heures qui se fait sur le pole de l'Equateur, (Voyez POLE.) & par consequent quand l'Horison passe par les Poles de l'Equateur, ce qui arrive dans la Sphere droite, (Voyez HORISON & SPHERE.) Il coupe tous les paralleles précisément par la moitié. De là vient que les jours sont toûjours égaux dans la Sphere droite. Dans la Sphere oblique, l'Horison ne passant plus par les poles de l'Equateur; il ne coupe plus les paralleles par la moitié, de là vient l'inégalité des jours. Enfin dans la Sphere parallele, où l'Horison & l'Equateur ne sont plus qu'un même cercle, l'horison ne peut plus couper aucun parallele, mais il y a une moitié de tous les paralleles au dessus de lui, & l'autre moitié au dessous. De là viennent les six mois de jour & six mois de nuit sous les Poles.

PARALLELEPIPEDE. s. m. Terme de Geometrie. Corps solide terminé par six parallelogrammes, dont les opposés sont paralleles égaux, & semblables. Le parallelepipede est produit par la multiplication des trois lignes qui font sa longueur, sa largeur & sa profondeur ou hauteur, & elles sont prises toutes trois sur les trois côtés differens du parallelepipede, s'ils sont à angles droits. Si ces trois lignes sont égales le parallelepipede est un cube. Les parallepipedes semblables, c'est-à-dire, tels que la longueur de l'un est à la longueur de l'autre, comme la largeur à la largeur, & la hauteur à la hauteur, & qui de plus sont équiangles, sont en raison triplées de leurs côtés homologues.

PARALLELOGRAMME. s. m. Terme de Geometrie. Figure quadrangulaire dont les côtés opposés sont paralleles. Quand les angles du parallelogramme sont droits, on l'appelle *Rectangle*. Voyez RECTANGLE. Le parallelogramme est produit par la multiplication des deux lignes qui font sa longueur & sa largeur, & ce sont les deux côtés du parallelogramme s'ils sont à angles droits; mais s'ils sont obliques l'un à l'autre, on mesure le parallelogramme par une perpendiculaire tirée sur l'un de ses côtés, & par ce côté si les deux côtés d'un parallelogramme rectangle sont égaux, c'est un quarré. Les parallelogrammes équiangles & semblables sont en raison doubles de leurs côtés homologues. Ce mot est Grec, παραλληλόγραμμον, composé de παρὰ, Proche, de ἀλλήλων, l'un l'autre, & de γράφειν, Ecrire.

PARALYSIE. s. f. Terme de Medecine. Maladie causée par une resolution de nerfs, qui rend le corps ou quelqu'une de ses parties, sans mouvement. On appelle *Paralysie parfaite*, Celle qui ôte le mouvement & le sentiment tout à la fois; & *Paralysie imparfaite*, Celle qui laisse ou le sentiment ou le mouvement. La Paralysie suit le vice des nerfs, quand ils sont coupés dans les playes ou torts, & comprimés dans les luxations & dans les chûtes, à cause qu'étant ainsi vitiés, ils ne portent plus le sentiment & le mouvement aux parties. La trop grande humectation & le trop grand refroidissement, d'où s'ensuit la relaxation des fibres & des tendons, produisent aussi la paralysie; & Galien a observé, dès son tems, qu'une personne étoit demeurée paralytique pour avoir tardé trop long-tems dans un bain d'eau froide. Les vieillards & les enfans sont comme à demi paralytiques, les premiers à cause qu'ils sont épuisés de suc nourricier, & remplis en sa place d'aquosités sereuses qui relâchent les fibres & les tendons; & les autres, parce que leurs fibres & leurs tendons étant arrosés au contraire de quantité de suc nourricier, sont lâches & flasques, & par consequent trop foibles pour faire agir les membres. Horstius observe, que quand on a été long tems à la pluye, & qu'on laisse ensuite secher ses habits sur son corps, on contracte des paralysies à quelques membres. La cause de la paralysie est le plus souvent interne. Elle vient de l'acide ou de quelque matiere d'un acide vitié ou semblable à la lymphe, qui étant chariée à quelque membre, en arrose les parties nerveuses, à quoi l'acide est extrémement contraire. Elle corrompt successivement leur ressort tonique & rend les parties nerveuses incapables de mouvoir les os & les membres. La paralysie des vieillards est présque incurrable. Celle qui vient par une forte & subite luxation des membres du dos, & sur tout du col, est d'ordinaire mortelle. Plus la chaleur du membre est éteinte, moins il y a d'esperance. Quand il survient quelque tremblement à la partie, c'est un fort bon signe. Le mot de *Paralysie* est Grec, παράλυσις, du verbe παραλύειν, Délier, dissoudre.

PARAMETRE. s. m. Terme de Geometrie, qui se dit d'une parabole, d'une ellipse & d'une hyperbole. On a cherché dans ces trois lignes courbes une égalité entre les Abscisses & les Ordonnées. Voyez ABSCISSES & ORDONNE'ES, & l'on a trouvé cette égalité entre les quarrés des Ordonnées & les Rectangles des Abscisses correspondantes par une ligne qui est toûjours la même, & que l'on a nommée Parametre, de παραμετρεῖν, *Mesurer à côté* parce que c'est une mesure prise pour ainsi dire, à côté & hors de la parabole, de l'Ellipse ou de l'Hyperbole. Cette égalité des quarrés des Ordonnées & des rectangles des Abscisses correspondantes par le Parametre, n'est parfaite que dans la parabole. Voyez SECTION. Pour définir le Parametre d'une maniere qui convienne aux trois Sections Coniques, c'est le quatriéme terme d'une proportion dont les trois premiers sont le rectangle de l'Abscisse qui se termine à une extrémité du Diametre transversal, par la ligne qui est depuis cette même Abscisse jusqu'à l'autre extrémité du même Diametre, le quarré de l'Ordonnée correspondante, & le Diametre transversal.

Comme les Sections Coniques ont differens Diametres, & que ces Diametres ont leurs Ordonnées qui sont par consequent des Abscisses, il faut pour en faire la comparaison que ces Diametres ayent chacun leur Parametre fixe & invariable. On appelle *Figure d'un Diametre* le Rectangle de ce Diametre par son Parametre.

PARANGON. s. m. Vieux mot. Modele, Patron, camparaison. Il ne se dit plus aujourd'hui qu'en parlant des pierres precieuses excellentes, & c'est une maniere d'adjectif qui ne change point de genre. *Un Diamant parangon, une perle parangon.*

Parangon. Sorte de marbre ou pierre fort noire que l'on apporte de la Grece & de l'Egypte, que les Anciens appelloient *Bassalles*, selon Pline, & encore *Basanus*, du Grec βασανίζειν, Examiner avec soin, à cause qu'on éprouve l'or & l'argent en les frottant sur cette pierre. Il y en a d'autres especes dont le grain est different & le noir moins enfoncé. M. Felibien panche à croire que ce sont celles qu'on appelloit *Lapis lydius*, & *Lapis obsidianus*. Les Anciens en ont fait des statues, des sphinx, & d'autres animaux. Ces sortes de pierres sont très-dures à tailler, mais quand elles ont été mises en œuvre, elles prennent un très-beau lustre.

Parangon. Les Imprimeurs appellent ainsi les caracteres de la seconde grosseur. Il y a le gros Parangon, qui est un caractere entre le gros Canon, & le petit Parangon. Ce dernier est entre le gros Parangon, & le gros Romain.

PARANYMPHE. f. m. Terme de Theologien. Ceremonie qui se fait à la fin de chaque licence. On y prononce un discours fort solemnel qui contient l'éloge de chaque licentié. On appelloit autrefois *Paranymphe*, Celui qui conduisoit par honneur l'épousée, & à qui l'on commettoit particulierement le soin des noces. Sur la fin du second siecle, le Pape Soter ordonna qu'on reputeroit une femme legitime, quand les parens l'auroient mariée selon la coûtume des Chrétiens, & que le Prêtre auroit donné la benediction, & que les Paranymphes l'auroient conduite. Ce mot est Grec παράνυμφος, & composé de παρὰ, Proche, & de νύμφη, Epousée.

PARAPET. f. m. Elevation de terre ou de pierre par dessus le rempart, laquelle a six piés de hauteur du côté de la place, & quatre à cinq piés du côté de la campagne. On la destine ordinairement à couvrir le canon, & les hommes qui combattent, & elle doit avoir dix-huit à vingt piés d'épaisseur si elle est de terre, & six à huit piés si elle est de pierre. Tout parapet a ses embrasures & merlons qui ne se trouvent qu'aux endroits où il y a du canon; & comme le haut du parapet n'est pas de niveau, & qu'il a de la pente du côté de la campagne, cette difference de hauteurs forme au dessus un glacis qui donne facilité aux Mousquetaires qui montent sur la banquette du parapet, de tirer de haut en bas dans le fossé, ou tout au moins sur la contrescarpe. Il y a des parapets faits de sacs à terre, & d'autres faits de bariques & de gabions remplis de terre, de sorte qu'en general on appelle *Parapet*, tout ce qui borde une ligne pour se couvrir contre le feu des ennemis. Fauchet en parlant des Parapets, dit que ce sont les creneaux ou crêtaux des Anciens, dits de l'Italien *Parapetto*, comme couvrant la poitrine en sorte qu'on pouvoit se cacher derriere & tirer les fleches par les ouvertures. Borel rapporte un passage curieux touchant les divers noms qu'on a donnés à ces Parapets ou Bailles, qui est un abregé de bastille. Il est pris de la Diatribe de Joseph Maria Subresius Evêque, au Livre, *De foraminibus lapidum in priscis ædificiis*, & conçû en ces termes, Les Latins ont appellé cela *Subarræ*, *bastiæ*, d'où sont venus nos bastions; & *Pagineumata*, selon une ancienne inscription qui se voit à Rome à saint Jacques *ad longaram*, en ces mots. *Hanc turrim & pagineumia facta à milia Capracorum tempore dom. Leonis IV. P. P. Ego Agatho.* Les François l'ont appellé Bailles, les Espagnols Barbacanes. Isidore les appelle *Antemurana valla*, Ammian, *Loricæ*, *Parapetti*, comme qui diroit, *Pectoralia*, στηθάρια, & d'autres, *Antemuralia*, ou προτειχίσματα.

Parapet, se dit aussi d'un petit mur à hauteur d'appui, qu'on fait sur le bord des ponts des quais ou d'une terrasse, pour servir de gardefou, & empêcher qu'on ne tombe.

PARAPHERNAUX. adj. masc. plur. Il n'a d'usage qu'en cette phrase, *Biens paraphernaux*. Ce sont les biens échûs à la Femme par quelque voie que ce soit, depuis qu'elle est mariée, & que le mari a reçû sa dot. Ce mot est Grec τὰ παράφερνα, & vient de παρὰ, Outre, au-delà, & de φερνὴ, Dot.

PARAPHIMOSIS. f. m. Terme de Medecine. Maladie du prepuce qui arrive, lorsqu'il est retiré de telle sorte qu'on ne peut le rabattre sur le gland. Ce mot est Grec παραφίμωσις, & composé de παρὰ, Beaucoup, & de φιμὸς, d'où a été fait φίμωσις, qui veut dire, Ligament par une ficelle.

PARAPHRENESIE. f. f. Sorte de leger delire avec fievre. On l'appelle ainsi à la difference du delire violent que l'on nomme *Phrenesie*. La cause de l'un & de l'autre est le mouvement divers & confus des esprits animaux dans le cerveau, ce qui fait former à l'ame differentes phantaisies, que découvrent des discours sans ordre, des ris, des pleurs, des veilles, des gestes ridicules, & des agitations du corps, jusqu'à ce que l'impetuosité & la rapidité des esprits s'augmentant toûjours, il survienne enfin des convulsions mortelles, ou que les esprits étant presque consumés ou fixés par l'usage excessif des narcotiques, le mal se termine en létargie. Ce mot vient du Grec παραφροσύνη, fait de παρὰ, Par de là, & de φρὴν, Entendement.

PARAPLEGIE. f. m. Terme de Medecine. Espece d'apoplexie qui arrive à un ou deux membres grands ou petits, où le sentiment & le mouvement sont entierement perdus. Elle commence quelquefois par elle-même, mais le plus souvent elle succede aux autres maladies, & comme l'apoplexie la paraplegie & l'épilepsie ont beaucoup d'affinité & qu'elles ne different qu'en la maniere dont elles affligent les malades, il ne faut pas s'étonner, si elles succedent l'une à l'autre, & si les mêmes remedes les peuvent guerir. La Paraplegie qui suit, ou l'apoplexie, ou une autre maladie de même nature, a trois degrés. Le mouvement seul manque dans le premier & le sentiment subsiste. Le sentiment & le mouvement se perdent dans le second, & la chaleur de la partie est abolie aussi bien que le mouvement & le sentiment, dans le troisiéme, avec une certaine flestrissure ou atrophie. Plusieurs confondent la Paraplegie avec la paralysie, mais elles different en ce que la Paraplegie succede particulierement aux maladies du cerveau & de l'épine, & très-souvent aux convulsions, & à l'apoplexie épileptique, que ce sont les nerfs qui sont attaqués, & que le sentiment du toucher & le mouvement volontaire se perdent ordinairement en même tems, au lieu que la paralysie suit les maladies du corps, ou dépend de quelques causes externes; que les muscles ou plûtôt les tendons & les articles y sont attaqués, & que le sentiment du toucher demeure, le mouvement seul étant quelquefois perdu ou diminué avec un sentiment très-douloureux. Ettmuler dit que si la Paraplegie survient à l'apoplexie du sang privative, il est vrai-semblable que la serosité aqueuse se sera séparée d'avec le sang plus ou moins croupissant & groumelé, & qu'elle aura penetré en dedans au travers du cerveau jusqu'au tronc de la substance medulaire, ou qu'elle sera descendue exterieurement le long de la moëlle de l'épine. Elle offense ou comprime un nerf ou deux par ce moyen, & c'est ce qui cause la paraplegie. Le premier degré est le plus leger, & se guerit le plus aisément, mais le dernier est très-difficile & opiniâtre. Ce mot est Grec παραπληγία, & est formé de παρὰ, & de πλήττειν, Frapper.

PARAPRES. adv. Vieux mot. Ensuite.

PARARDIR. v. n. Vieux mot. Brûler, de *per* & *ardere*.

PARASANGE. f. f. Ancienne mesure de Perse. La Parasange se trouve de trente, de quarante, ou de soixante stades, selon les tems ou les lieux.

PARASCEVE. f. f. Nom que les Juifs ont donné au Vendredi qui étoit chés eux le sixiéme jour du Sabat, puisqu'ils appelloient le Dimanche le premier jour du Sabat. *Parasceve*, veut dire, Jour de la preparation au Sabat, du Grec παρασκευή, Preparation, parce que le Samedi étoit le Jour du repos, auquel la Loi enjoignoit expressement aux Hebreux de s'abstenir de tout travail servile en memoire du grand mystere de la creation du monde, Dieu après avoir travaillé pendant six jours, s'étant reposé le septiéme, que nous representons par le Dimanche.

PARASELENE. s. f. Terme de Physique. Maniere de meteore qu'on voit autour de la Lune. C'est un cercle lumineux qui l'environne, & plus souvent la traverse, où l'on découvre une ou deux Images apparentes de la Lune, qui se font de même que le parelie autour du Soleil. Voyez PARELIE. Ce mot vient du Grec παρὰ, Auprès, autour, & de σελήνη, Lune.

PARASOL. s. m. Toile cirée coupée en rond, qui est soutenue sur de petits morceaux d'osier, & sur une baguette tournée. Cela forme une espece de petit pavillon que l'on plie, & qu'on étend sur sa tête quand on veut se défendre du Soleil. Lorsqu'on s'en sert pour se garantir de la pluye, on le nomme *Parapluye*.

PARASTRE. s. m. Mot qui se trouve dans quelques Coûtumes, pour signifier un Beaupere, fâcheux & cruel pour les enfans que sa femme a eus d'un premier lit. Ce mot est de peu d'usage, & a été fait à l'imitation de celui de Marâtre.

PARASYNANCHIE. s. f. Terme de Medécine. Espece d'Esquinancie, dans laquelle les muscles do Pharynx, sont enflammés. Ce mot est Grec, παρασυνάγχη, de παρὰ, σὺν, & ἄγχω, Je suffoque.

PARATITLES. s. m. p. Terme de Jurisprudence. Explication succincte des titres du Digeste & du Code, pour faire voir quelle en est la liaison, & la matiere qui est traitée sous chaque titre. On appelle *Paratitlaire*, tant le Docteur qui enseigne les Paratitles, que celui qui les apprend sous un Docteur.

PARBOUILLIR. v. n. On se sert de ce mot en Medecine, en parlant des herbes qu'on fait bouillir quelque peu de tems, afin d'en tirer le premier suc. Il se dit aussi des liqueurs qu'on veut rendre épaisses.

PARC. s. m. *Grande étendue de terre entourée de murailles, où les Princes, les grands Seigneurs font conserver des bêtes fauves pour le divertissement de la chasse.* ACAD. FR. *Parc* se dit aussi des grands pâturages fermés de fossés, où les bœufs sont mis à l'engrais.

On appelle *Parc de l'artillerie*, en termes de guerre, Un lieu qu'on fortifie dans un camp hors de la portée du canon d'une place qu'on assiege. Ce lieu où l'on met les poudres & les feux d'artifice, n'est jamais gardé que par des piquiers, pour être à couvert des malheurs du feu. Il y a une autre place marquée dans un camp, appellée le *Parc des vivres*. Elle est à la queue de chaque Regiment, & ce sont les Vivandiers & les Marchands qui l'occupent, pour y étaler les choses dont les soldats ont besoin.

Parc, se dit aussi dans un Arsenal de Marine, du lieu où les Magasins generaux & particuliers sont renfermés, & où l'on construit les Vaisseaux du Roi.

On appelle *Parc* dans un Vaisseau, Un lieu qui est fait de planches entre deux ponts. C'est où l'on enferme les bestiaux que les Officiers font embarquer pour leurs provisions.

On donne encore le nom de *Parc*, à des Pêcheries construites sur les greves de la mer, & il y a des filets appellés *hauts & bas parcs*, dont les mailles sont reglées par l'Ordonnance de la Marine.

Parc, est aussi un ample filet qu'on tend sur le bord de la mer. Ce filet n'a qu'une ouverture du côté de terre, qui demeure à sec après que la mer est retirée, ce qui fait que le poisson qui est entré dedans ne se peut sauver.

Parc. Terme de chasse. Enceinte de toiles où l'on court les bêtes noires qu'on y a enfermées.

PARCHASSER. v. n. Terme de chasse. Finir la chasse par la prise de la bête que l'on a chassée.

PARCLOSES. s. f. Terme de Marine. Planches qu'on met à fond de cale sur de certaines pieces de bois qu'on appelle *Vitonnieres*. Ces planches sont mobiles, & elles se baissent & se haussent quand on veut voir si rien n'empêche le cours des eaux qui doivent aller vers les archipompes.

On a dit *A la parclose*, dans le vieux langage pour dire, A la fin.

PARÇONIER. s. m. Vieux mot. On disoit autrefois *Parçonier d'un meurtre*, pour dire, Complice d'un meurtre, celui qui y avoit part.

PAREATIS. s. m. Terme de Palais. Lettres qu'on obtient en la grande Chancellerie, par lesquelles le Roi ordonne au premier Sergent ou Huissier d'executer un Jugement en un lieu qui n'est point dans le ressort de la Jurisdiction où il a été rendu, sans quoi on est obligé de donner une Requête au Juge des lieux, pour avoir une Ordonnance de Pareatis, ou une permission de faire executer dans son ressort une Sentence qui aura été rendue par un autre Juge. Ce mot de *Pareatis* est Latin, & veut dire, *Obéissez*.

PAREAUX. s. m. p. Sorte de grandes barques des Indes, qui ont le devant & le derriere faits de la même façon. On met indifferemment le gouvernail dans l'un & dans l'autre, quand on veut changer de bord.

PARELIE. s. m. Quelques-uns écrivent *Parhélie*. Terme de Physique. Apparence d'un ou de plusieurs Soleils autour du veritable. Quelquefois les Parélies sont dans la circonference des *grandes Couronnes*, Voyez COURONNE. Quelquefois ils sont comme enchassés dans des cercles qui passent par le centre du Soleil, & qui semblent paralleles à l'horison. L'observation la plus remarquable que l'on ait faite sur ce sujet est celle des cinq Soleils qui parurent à Rome l'an 1629. le 20. Mars après midi. Un cercle blanc traversoit le vrai Soleil, & portoit dans sa circonference quatre autres Soleils, dont les deux plus proches du vrai, & placés à distances égales de lui étoient colorés dans leurs bords, & les deux autres plus éloignés, mais éloignés encore également du vrai Soleil, étoient tout blancs, & moins éclatans. Il n'est pas difficile de juger par l'égalité des distances des faux Soleils au vrai, pris deux à deux, qu'ils étoient formés par des reflexions ou des refractions dont les angles étoient égaux, on doit juger encore par les couleurs des deux plus proches du vrai, qu'ils étoient formés par des refractions, & les deux autres par des reflexions. Aussi les deux dont les bords n'étoient point colorés, étoient-ils moins vifs, parce que la reflexion affoiblit plus la lumiere que ne fait la refraction. Apparemment le cercle blanc auquel tous les cinq Soleils paroissoient attachés, s'étoit formé autour de quelque nue ronde & transparente, dont un vent chaud avoit fondu la circonference qu'un vent froid avoit subitement regelée, & convertie en glace. Les reflexions & les refractions qui auront causé les quatre faux Soleils sur les bords de ce cercle de glace ne sont pas difficiles à trouver, & on peut encore imaginer dans les nues, d'autres figures de glace, propres au même effet. Les couleurs des Parélies s'expliquent comme celles de l'Iris ou des Couronnes. Voyez ces mots. Le mot de Parélie est Grec παρὰ, proche, & ἥλιος, Soleil.

PARELLE. s. f. Plante qui croît de soi-même dans les jardins, & dans les champs cultivés, ayant ses feuilles un peu moindres que les bettes noires, & presque semblables au plantain, & qui se panchent vers la terre. Sa tige est haute d'une coudée, ridée, & jette une fleur rouge & une petite graine noirâtre & reluisante. Sa racine est amere, de couleur safranée, & entierement semblable à l'oseille. La Parelle que Dioscoride appelle ὀξυλάπαθον, & qui croît aux marais, n'a pas pris ce nom pour avoir le goût aigu, mais à cause de ses feuilles qui sont pointues par le bout, ὀξὺ en Grec ne signifiant pas seulement un goût piquant, mais aussi tout ce qui est pointu. Avicenne & Serapion ne prenant pas garde à la double signification de ce mot, ont appellé *Oseille* toutes les sortes de lapathum. Galien dit qu'on peut bien appeller la Parelle, *Bette sauvage*, à cause qu'elle est semblable à la bette des Jardins, & qu'on préfere pourtant la bette comme ayant un goût plus agreable.

PAREMENT. s.m. Ornement dont on embellit quelque chose. On appelle *Parement d'Autel*, Un ornement d'étoffe de soie qui est enrichi de broderie & de frange de soie, d'or ou d'argent, qu'on met pour parer le devant de quelque Autel.

On appelle *Parement d'une pierre*, Le côté qui en doit paroître en dehors du mur, & *Parement de muraille*, Les pierres qui s'élevent également droites les unes sur les autres, & qu'on appelle dressées à la regle.

Parlement, se dit aussi de ce qui paroît exterieurement de quelque ouvrage de Menuiserie avec cadres & panneaux, comme d'un lambris & d'une embrasure. Il y a beaucoup de portes qui sont à deux paremens, & des assemblages qui sont arasés en leur parement.

On appelle *Parement de pavés*, L'arrangement uniforme des pavés, & *Paremens de couverture*, Les plâtres qui se mettent contre les goutieres, & qui servent à soûtenir le battelement des tuiles d'une couverture.

Parement. Terme de Fauconnerie. Diversité de couleurs qui parent les ailes d'un oiseau de proie.

Les Bucherons appellent aussi *Parement*, Les gros bâtons qu'ils mettent pour parer les fagots au-dessus de l'ame & de la bourrée.

PAREMENTIER. s.m. Vieux mot. Tailleur. Du Cange dit qu'on lui donnoit ce nom à cause qu'il tailloit, & qu'il paroit les habits. Il ajoûte qu'on l'appelloit en Latin *Parator*.

PARENCHYME. s.m. Terme de Medecine. Il se dit des parties formées de sang, & qui en sont comme un amas & une affusion. Ce mot est Grec παρέγχυμα, du verbe παρεγχέειν, *Præter infundere*.

PARENSANE. s. f. Terme de Marine. Les Levantins disent, *Faire la parensane*, pour dire, Mettre les ancres, les voiles & les manœuvres en état de faire route.

PARER. v. a. Orner, embellir. Il se dit aussi des choses que l'on prépare en les ratissant, & en les raclant comme les cuirs & les parchemins. Les Relieurs disent, *Parer une couverture*, pour dire, Oster avec le couteau à parer, les extrêmités & quelquefois le dos d'un morceau de peau, dont ils veulent couvrir un livre.

Parer. Terme d'Escrime. Se défendre d'un coup porté par un autre. On dit, *Parer du corps*, pour dire, Estre assés agile pour ôter son corps hors de la ligne par où doit passer le coup. Il y a deux autres manieres de parer du corps. L'une est de lâcher le pié gauche en arriere, & d'attirer le droit en sa place; l'autre, de lâcher ce même pié droit, en tenant le bras & l'épée fort avancée, pour parer en prenant le dessous, en baissant le corps à gauche, ou en faisant un saut en arriere d'un seul tems.

Parer. Terme de Maréchal. On dit, *Parer les piés d'un cheval*, pour dire, Lui couper la corne avec un boutoir afin que la sole étant unie, le cheval soit propre à être ferré. On disoit autrefois en termes de Manége, *Parer un cheval sur les hanches*, *parer un cheval à demi*, *depuis le partir du cheval jusqu'à son parer*, ce qui vouloit dire jusqu'à ce qu'il s'arrête ou qu'on l'arrête, & dans ces phrases, *Parer*, se prenoit pour arrêter, de l'Espagnol *Parar*, qui veut dire la même chose, mais ce mot n'est presque plus en usage, & les Ecuyers disent *Hola*, pour dire, Arrêtez.

Parer. Terme de Marine. On dit, *Parer un cap*, pour dire, Doubler un cap, passer au-delà, & le laisser à côté. On dit aussi *Parer un cable*, *parer une ancre*, pour dire, Mettre un cable, une ancre en état de servir, & on dit en ce sens, que *La chose dont on parle est parée*, pour dire, qu'On l'a débarrassée, & qu'elle est prête pour l'usage auquel on la destine. *Pare à virer*, est un commandement que le Capitaine fait à l'équipage, & qu'il repete tout haut deux fois, quand on est prêt de changer de bord, afin que chacun se prépare à faire tout d'un coup la manœuvre de revirement.

On dit en termes de Palais, qu'*Une piece porte une execution parée*, pour dire, qu'En vertu de cette piece on peut contraindre une personne à payer sur l'heure, nonobstant toutes oppositions ou appellations, ce qui ne se peut lorsqu'on n'a qu'une promesse simple, puisqu'elle a besoin de reconnoissance ou de l'autorité des Juges pour porter execution. En ce sens, *Parée*, vient du Latin, *Parata*, Prête.

Les Bouchers appellent *Piece de bœuf parée*, Celle qui se leve à la tête de la surlonge.

PARERMENEUTES. s. m. Heretiques du septiéme siecle, qui n'ayant aucun égard à l'explication que l'Eglise & les Docteurs Orthodoxes donnent aux passages de l'Ecriture, l'interpretoient à leur fantaisie. Ce mot vient du Grec παρερμηνεύειν, Mal interpreter.

PARESIS. s. f. Espece de Paralysie, qui est la plus legere de toutes. C'est quand la perte du mouvement n'est point suivie de celle du sentiment. Ce mot est Grec πάρεσις, Relaxation.

PARETUVIER. s. m. Arbre des Antilles qui croît toûjours dans l'eau douce ou salée, & pour l'ordinaire dans les lieux que la mer a inondés. Il vient à une grande hauteur. Ses feuilles sont vertes, épaisses, assés longues & beaucoup plus grandes que celles du laurier, mais sans odeur. Ses fruits sont plats & de la largeur d'une piece de trente sols. Il n'y a que les perroquets qui en mangent, tant le goût en est insipide. Ses branches qui se recourbent contre terre, prennent racine aussi-tôt qu'elles l'ont touchée, & poussent d'autres arbres, du pié desquels sortent des rejettons à deux ou trois piés de haut hors de l'eau, dont les uns sont plus, les autres moins gros que le pouce, plus forts & plus durs que les branches de chêne. Ils sont tous courbés en arcades, & d'un seul il en naît plusieurs qui se courbent de la même sorte dans l'eau & y prennent racine. Il y en a un nombre infini qui entrelassent ordinairement leur tige & leurs branches si près à près, & à tant de replis, avec tout ce qu'ils peuvent joindre, qu'en peu de tems ces arbres occupent autant de marais qu'ils en rencontrent, car ils ne peuvent croître ailleurs. C'est sous ces arbres que les Sangliers & autres bêtes sauvages tiennent leur fort. Ils sont encore très-utiles, en ce que leur écorce est propre à tanner les cuirs.

PARFAIRE. v. a. Achever, mettre en sa perfection, On dit en termes de Palais, que *Pour faire un retrait lignager, il faut offrir bourse & deniers à découvert & à parfaire*, ce qui signifie, qu'il faut offrir de fournir au-delà des deniers qui sont dans la bourse, jusqu'à la concurrence de la somme que l'on doit payer pour retirer l'heritage.

PARFONDRE. v. act. Terme d'Emailleur. Ceux qui travaillent en émail & sur le verre, disent *Parfondre*, pour dire, Mettre la besogne au feu, & faire fondre l'émail egalement par tout.

PARFONT. Vieux mot. Profond, profondement.

Celle qui parfond me fouirra.

C'est-à-dire, qui me fouira profondement.

PARFUM. s. m. *Agreable senteur qui s'exhale de quelque chose d'odoriferant, soit par le feu, soit par quelque autre moyen.* ACAD. FR.

Parfum, en termes de Medecine, se dit d'une composition de medicaments secs, qu'on jette sur des charbons ardents. On se sert de parfums pour remedier à l'air corrompu, & ceux-là se font de bois odorants embrasés, comme sont ceux de genevre, de laurier, de cyprés, de romarin, de lavande, d'aloës, & même de bayes de genevre, d'encens, de myrrhe, de labdanum, de cloux de girofles, & de benjoin. Les Parfums servent aussi à la guerison de diverses maladies, & quand on veut arrêter un caterre, on fait un Parfum de gomme de lierre, de mastic, d'encens, de sandarax, de roses, de nielle, de coriandre, de succin, & d'écorce de citron. On en parfume la coiffure du malade le matin, ce qu'on fait encore le soir à l'heure qu'il veut dormir. Quand on veut réjouir & fortifier le cœur, on fait un Parfum de bois d'aloës, de marc de cloux de girofles, d'écorce de citron, de fleurs de romarin, de styrax calamite, de roses, d'oranges, de suc cerenaïque, de musc, d'ambre-gris, & de gallia moschata. Tout cela étant reduit en poudre, on en fait des Trochisques avec le labdanum ou l'eau rose. Il faut seulement prendre garde que ce parfum n'excite la toux. On fait un autre Parfum pour la suffocation de matrice, partie de choses odorantes dont on se sert par bas, & partie de choses puantes dont on tire la fumée par les narines, comme l'*Assa fœtida*, le sagapeum, le castoreum que l'on mêlange avec le pain humide, de la corne, des plumes, & de la rue broyée dans le vinaigre. Il ne faut, pour attirer les mois se servir que d'aromatiques en y ajoûtant des hysteriques. On jette tout cela dans un petit feu, & on en reçoit la fumée avec un entonnoir. Il y a encore une sorte de parfum très-propre à arrêter un flux de ventre excessif, un flux de sang, tant hemorroïdal que menstrual, & à guerir la matrice & l'anus qui tombent. Il se fait de racines de bistorte, des santaux, d'écorce d'encens & de pin, de noix de galle, de roses, de balaustre, de bayes, de myrthe, de mastic, de sumach, d'hypocistis, d'écorce de grenade, &c. On jette tout cela dans un petit feu, & par le moyen d'un entonnoir, la vapeur en est reçûe par bas. Pour provoquer la sueur dans la verole, on fait un parfum de styrax, de cinabre, de myrthe avec de la terebenthine. L'urine d'un petit garçon, versée sur un fer rouge, ou sur une tuile, est un remede éprouvé contre toute sorte de goute, si on en fait recevoir la vapeur à la partie malade. Lorsque le nés est bouché dans l'enchifrenement, il n'y a rien de meilleur que le Parfum de la gomme Animé, réiteré fort souvent, & l'effet en est encore plus grand si on y ajoûte du succin.

PARIADE. s. f. Saison où les perdrix s'apparient. On défénd severement la chasse dans le tems de la Pariade.

PARIAGE. s. m. Terme de Coûtume. Droit de compagnie & de societé, établi par un accord entre le Roi ou un Seigneur, & un Abbé ou l'Eglise, pour exercer la Justice, ou pour lever des droits & amendes sur les justiciables. On dit dans ce sens, qu'*Une Justice*, qu'*Un fief est tenu en pariage.*

PARIETAIRE. s. f. Herbe qui croît naturellement sur les murailles, & parmi les masures & ruines des maisons. C'est delà qu'elle a pris son nom, *Paries*, en Latin voulant dire, Mur, paroi. Elle a ses feuilles semblables à la Mercuriale, mais velues. Ses tiges sont rougeâtres, & environnées d'une graine âpre, & qui s'attache aux habillemens, ce qui fait que les Grecs l'appellent ἑλξίνη, du verbe ἕλκειν, Tirer à soi. Les Apothicaires l'appellent aussi l'*Helxine de Dioscoride*, mais cette helxine est bien differente de celle dont parle Pline, qui est une herbe fort rare, qui croît seulement en certains pays, ayant sa racine feuillue, d'où sort comme une pomme envelopée de sa feuille, & jettant tout au-dessus de sa cime, certaine gomme qui a fort bon goût, & que l'on appelle *Mastic Acanthique*. La Parietaire a une vertu merveilleuse pour guerir les plaies fraîches, puisqu'il ne faut que l'appliquer à demi pilée sur une blessure, sans autre medicament. Son jus pris en breuvage au poids de trois onces est si efficace contre la difficulté d'urine, qu'il fait uriner presque aussitôt. Il appaise aussi la douleur des dents si on s'en lave la bouche. Galien dit que la Parietaire a une vertu absterfive, avec une astriction legere, jointe à une humidité un peu froide, & que quelques-uns la nomment, *Perdicium*, d'autres *Parthenium*, & d'autres *Syderitis*, & *Heraclea*. Il y en a qui l'appellent *Vitriole*, à cause qu'elle est fort bonne à nettoyer & à dégraisser des verres. On l'appelloit *Paritoire* dans le vieux langage.

PARISIENNE. s. f. Terme d'Imprimerie. Le plus petit caractere dont les Imprimeurs se servent. On l'appelle autrement *Sedanoise*.

PARISIS. s. m. Mot dont on se sert par opposition à *Tournois*, en parlant du prix de la Monnoie, à cause que celle qui se faisoit à Paris valoit un quart davantage que celle de Tours, de sorte que le sou Tournois ne vaut que douze deniers, au lieu que le sou Parisis en vaut quinze. Cent francs parisis font cent vingt-cinq livres. Quand des meubles ne sont plus en nature on les estime sur la prisée, & on y ajoûte le Parisis, qui est le quart de la somme à laquelle monte la prisée.

PARLEMENT. s. m. Vieux mot qui se disoit autrefois pour Conference, pourparler. *Prendre parlement, avoir parlement*, c'étoit s'aboucher, conferer avec quelqu'un. Aujourd'hui il signifie *Une Compagnie superieure de Juges qui connoissent en dernier ressort des affaires litigieuses d'entre les Parties, & par appel des Presidiaux & autres Juges subalternes, & dans laquelle se verifient & s'enregistrent les Edits, Declarations & Ordonnances du Roi.* ACAD. FR. Il y a plusieurs Parlemens en France, & ce nom leur a été donné à cause qu'on y parle pour soûtenir le droit des Parties. Celui de Paris est le premier. Ce fut d'abord une Compagnie composée de Pairs, qui étoient tous Officiers de la Couronne. L'institution de ces Officiers est reçûe communement au tems de Louis le Jeune, ou selon Favin, sous Robert le Sage, qui se voulut attirer les Grands de son Etat par ce titre magnifique de Pairs, comme s'il les eût reconnus pour ses égaux. Le Parlement de Paris connoît privativement à tout autre des titres de Pairies, des droits & alienations du domaine du Roi, des Regales & de la verification des Edits. Il fut ambulant jusqu'au regne de Philippe le Bel, qui voulant remedier à l'incommodité qu'il y avoit de suivre la Cour, ce qui engageoit les plaideurs à une grande dépense, le rendit sedentaire à Paris en 1302. ordonnant que pour une plus prompte expedition des procès, il tiendroit deux fois l'année, aux Octaves de Pâques & de la Toussaint, & que chaque seance seroit de deux mois. Ce Prince choisit pour y presider deux Prelats & deux Barons, qui furent pendant quelque tems des Archevêques & des Evêques, avec des Princes ou des plus considerables Seigneurs de la Cour, de la même sorte que quand le Parlement étoit ambulant ; mais les affaires des particuliers venant dans la suite à y être traitées, ainsi que les causes d'appel des Juges du Roi & des autres Seigneurs, les Prelats & les Ducs & Pairs cesserent d'être assidus à y prendre séance. Il n'y avoit alors qu'une Chambre appellée *Chambre des Prelats*, à cause que la Compagnie étoit composée de plusieurs Ecclesiastiques. La multiplication des procès ayant obligé nos Rois d'augmenter le nombre des Chambres, on en fit une des Enquêtes, que l'on appella *La Grand' Chambre* ou *la grand' Voute*. C'étoit ordinairement le Chancelier qui y presidoit, & en son absence quelqu'un des Prelats. Quand ils ne s'y trouvoient pas, trois des plus anciens & des principaux y presidoient, & ils furent appellés *Maîtres du Parlement*, jusqu'à ce que le Roi Philippe de Valois leur donna le nom de Presidens. Simon de Buci fut le premier. La seance qui n'étoit fixée que pour deux Parlemens pendant deux mois, fut rendue continuelle par la quantité d'affaires qui survenoient, & par la maladie de Charles VI. On choisissoit alors les plus capables pour remplir ces Charges ; & comme c'étoit la coûtume d'élire trois Conseillers dans le Parlement, pour en pourvoir l'un de la Charge qui étoit demeurée vacante, Charles VII. ordonna qu'on lui rapporteroit les noms des trois qui auroient été choisis, afin d'en faire lui-même le choix. Ce même Prince permit en 1454. aux Conseillers du Parlement de Paris d'avoir seance en toutes les Cours, sans que les Conseillers des autres Parlemens la pussent avoir en celui de Paris, à l'exception du Parlement de Toulouse, qui sur ce que celui de Paris refusoit de verifier l'Ordonnance qui lui accordoit le même privilege, rendit un Arrêt en 1466. par lequel il protesta qu'on ne recevroit à Toulouse les Conseillers du Parlement de Paris qu'après que cette Ordonnance y auroit été verifiée. Cependant la Grand'Chambre & la Chambre des Enquêtes ayant été établies, on en faisoit une troisiéme, qui fut appellée *Chambre de la Tournelle*, à cause que les Conseillers que l'on prenoit de l'une & de l'autre y servoient tour à tour pour juger les procès criminels. La venalité des Charges fut introduite sous François I. par les conseils d'Antoine du Prat Chancelier, qui pour s'affermir dans les bonnes graces de ce jeune Prince qui avoit besoin d'argent pour faire la guerre, lui suggera de créer une nouvelle Chambre de vingt Conseillers, dont on fit la Tournelle au Parlement de Paris en 1515. Ce même Prince érigea *la Chambre des Vacations*, & divisa celle des Enquêtes en deux en 1519. Deux ans après il crea encore une nouvelle Chambre composée de vingt Conseillers, qui fut *la Troisiéme des Enquêtes*, & une autre de dix-huit Conseillers & de deux Presidens en 1543. qu'on appella pendant quelque tems *La Chambre du Domaine*, à cause qu'on y traitoit des appellations touchant le domaine & les eaux & forêts du Royaume. Cette Chambre ayant dans la suite connu des mêmes matieres que le Parlement, fut appellée *La quatriéme des Enquêtes*. Ce même Roi érigea *la Chambre du Conseil*, en créant deux Presidens & douze Conseillers, quatre clercs & huit laïques. Ils jugeoient & decidoient toutes les appellations verbales appointées au Conseil par la Grand'Chambre du plaidoyé. Par un Edit de Henri II. le Parlement fut declaré Semestre. Il devoit y avoir dix-huit personnes, tant Presidens que Conseillers à chaque seance, dont la premiere commença le septiéme de Juillet 1554. & l'autre le septiéme Janvier 1555. Ces deux Parlemens qui ne faisoient qu'un seul corps, mais divisé pour le service, avoient été reduits à trois Chambres, dont la premiere, sçavoir la Grand' Chambre, étoit composée de quatre Presidens au mortier & de trente Conseillers, tant clercs que laïques. On appelloit les deux autres Chambres, *Chambres des Enquêtes*, & à chacune il y avoit deux Presidens & vingt Conseillers. On prenoit seize personnes de ces trois Chambres, pour faire celle de la Tournelle, deux Presidens & quatorze Conseillers laïques, les Conseillers-Clercs en étant exclus suivant la disposition des Canons, qui ne leur permet pas de connoître des affaires criminelles. Henri II. ayant supprimé le semestre, & remis le Parlement de Paris en son premier état, ordonna en 1557. par le même Edit, qu'il seroit divisé en sept Chambres, sçavoir la Grand' Chambre, celle du Conseil, une de la Tournelle & quatre des Enquêtes, & le nombre des Conseillers s'étant trouvé bien plus ample à cause du Semestre revoqué, Charles IX. par un Edit de l'année 1568. érigea une cinquiéme Chambre des Enquêtes, composée de deux Presidens & des Conseillers surnumeraires des quatre autres Chambres. Henri IV. en créa encore un autre en 1597. que l'on appella *Chambre de l'Edit*, pour vuider les procès des Religionnaires. Elle fut d'abord composée d'un President & de huit Conseillers que l'on prenoit indifferemment des autres Chambres. Louis XIV. la supprima en 1669. Les Provinces du ressort du Parlement de Paris sont l'Isle de France, la Beauce, la Sologne, le Berri, l'Auvergne, le Lyonnois, le Forez, le Beaujollois, le Poitou, l'Angoumois, l'Anjou, le Maine, le Perche, la Picardie, la Brie, la Champagne, la Touraine, le Nivernois, le Bourbonnois & le Mâconnois.

Le Parlement de Toulouse est le second Parlement de France. Le Languedoc, le Vivarais, le Velai, le Gevaudan, l'Albigeois, le Querci, Rouergue, Lauregeois, le pays de Foix & une partie de la Gascogne sont de son ressort. Ce fut Philippe le Bel qui l'institua en 1302. & Charles VII. le fit sedentaire en 1443.

Le Parlement de Grenoble, qui comprend tout le Dauphiné, fut établi par le même Roi Charles VII. en 1451. Il fut appellé premierement *Conseil Delphinal*.

Bordeaux est le quatriéme Parlement. Louis XI. l'institua en 1462. & il a sous sa Jurisdiction le Perigord, le Limosin, le Bourdelois, les Landes, la Saintonge, le Basadois, la haute Gascogne, une partie de la Biscaye & le Medoc.

Le Parlement de Dijon fut institué pour la Bourgogne par Louis XI. en 1476. Son Fils Charles VIII. le rendit sedentaire en 1494.

Il y eut une Cour souveraine de Normandie à Rouen, que Philippe le Bel regla en 1302. sous le nom d'*Eschiquier*. Louis XII. la rendit perpetuelle en 1499. & François I. lui donna le nom de Parlement en 1515.

Louis XII. établit à Aix le Parlement de Provence ; ce qu'il fit en 1501.

Henri II. institua le Parlement de Bretagne à Rennes en 1555. Ce Parlement est semestre.

Le Parlement de Pau fut établi en 1519. par Henri II. Roi de Navarre, Prince de Bearn. Il comprend les Evêchés de l'Escar & d'Oleron. Louis XIII. le rétablit en 1621.

Ce fut aussi le Roi Louis XIII. qui en 1633. institua le Parlement de Mets. Il comprend le pays Messin, Mets, Toul & Verdun.

Louis le Grand rétablit en 1674. le Parlement de la Franche-Comté à Dole. Il est presentement à Besançon.

On appelle *Parlement* en Angleterre, Une Assemblée generale des Etats, qui comprend la Chambre haute & la Chambre des Communes. Ces deux Chambres sont composées du Clergé, de la Noblesse & de la Communauté ou Communes, qui font les trois ordres du Royaume. La Noblesse, qui est appellée la Pairie d'Angleterre, fait la Chambre haute, & il y en a de cinq degrés, de Ducs, de Marquis, de Comtes, de Vicomtes & de Barons. Les Evêques, en qualité de Barons & de Pairs du Royaume, peuvent se trouver au Parlement, & ils y ont seance dans la Chambre haute, qui a le Roi pour Chef, ou ceux qui y president de sa part. La Chambre des Communes, autrement la Chambre Basse, est composée de Baronnets, de Chevaliers, d'Ecuyers, de Gentilshommes, d'Yemans ou Communs, Bourgeois & gens de métier. Les propositions qui ont été faites dans la Chambre basse, doivent être portées dans l'autre, & l'on n'y peut rien conclure que le Roi ne le permette. Il y a une autre Chambre de six Conseillers & d'un President, & on les tire des deux autres Chambres. Ils connoissent des affaires qui sont longues & difficiles, & on en juge dans l'Assemblée, après qu'ils en ont fait leur rapport. Ce sont eux aussi qui terminent les differends qu'on voit arriver quelquefois entre les deux Chambres.

PARLIER. s. m. On appelloit ainsi autrefois un Procureur.

PARMESAN. s. m. Sorte de fromage qui vient de Parme en Italie, & qu'on apporte en gros pains comme ceux de cire. Il est sec & pique la langue.

PARNAGE. s. m. Droit seigneurial qu'on doit au proprietaire d'une forêt pour la glandée ou paisson des porcs & autre bétail.

PARODIE. s. f. Sorte de Poëme où pour se moquer de quelque personne, on tourne avec esprit & en un sens railleur les vers serieux d'un Poëte celebre. Ce mot est Grec παρωδία, de παρὰ, & de ᾠδὴ, Chant. Quelques-uns disent *Parodier*, pour, Faire des parodies.

PAROEMIE. s. f. Mot dont on se sert quelquefois, pour dire, Un proverbe qui est dans la bouche de tout le monde. Dans S. Jean l'Evangeliste, Parœmie est pris, pour ce que Parabole signifie chés les autres. La Parœmie differe pourtant de la Parabole, en ce qu'elle est une allegorie serrée, au lieu que la parabole est plus étendue. Ce mot est Grec παροιμία. Il y en a qui le font venir de οἶμη, Parole.

PAROIR. s. m. Instrument que l'on appelle autrement *Boutoir*. C'est avec quoi les Maréchaux parent le pié d'un cheval.

PAROLE. s. f. Articulation que le son qui est produit par l'air en passant par la trachée artere, reçoit de la langue & de la gorge. La perte de la parole arrive, lorsque le son & la voix ayant été formés par le larynx, la langue perd son mouvement, & ne peut suffisamment former la voix. Cela est ordinaire aux apoplectiques & aux paralytiques.

PAROLER. v. n. Vieux mot. Parler.

Pallas se taist, Venus parole.
Je suis celle qui tieng escole.

PARONS. s. m. p. On appelle ainsi en Fauconnerie les peres & les meres de tous les oiseaux de proie.

PARONYCHIA. s. f. Petite herbe qui produit quantité de branches, & qui croît parmi les pierres. Elle est semblable au peplus, mais non pas si longue, encore qu'elle ait ses feuilles plus grandes. Ces feuilles ressemblent si fort à celles de la Rue, que plusieurs appellent *la Paronychia*, Rue parietaire. Elle est propre à faire uriner & à faire sortir la gravelle hors des reins, ce qui la fait mettre par quelques-uns entre les especes de Saxifraga. Elle a pris son nom de ses operations, à ce que dit Galien, puisque, selon Dioscoride, elle guerit les apostumes des ongles, & même celles qui viennent en plusieurs endroits, & jettent du pus semblable à du miel ; d'où vient qu'on a aussi donné le nom de παρωνυχία à cette sorte d'abscés, de παρὰ, Auprès, & de ὄνυξ, Ongle.

Matthiole parle d'une autre Paronychia, que quelques-uns prennent pour la veritable Paronychia de Dioscoride, ce qu'ils n'osent assurer. Elle a ses feuilles plus longues que le Peplus, beaucoup de petites fleurs qui se tiennent l'une à l'autre en maniere de raisins, & qui sont de couleur blanche. Il dit qu'il n'a lû dans aucun Auteur que la Paronychia portât des fleurs, & qu'il ne sçait si celle-ci provient dans les pierres.

PAROTIDE. s. f. Terme de Medecine. Glande qui vient aux côtés de l'oreille pour la décharge du cerveau. En Grec παρωτὶς, de παρὰ, Auprès, & οὖς, Oreille.

PAROXYSME. s. m. Terme de Medecine, dont on se sert en parlant d'une maladie, qui reprend ou qui se rengrege. Il signifie aussi un accès de fiévre qui redouble avec violence. Ce mot est Grec παροξυσμὸς de πολὺ, Beaucoup, & de ὀξὺς, Aigu.

PAROY. s. m. Vieux mot. Muraille. Il se dit en termes de Medecine, des clôtures & membranes qui ferment les parties creuses du corps, & sur-tout du storax, de la matrice. *Paroi*, est aussi un terme des Eaux & Forêts, & se dit de plusieurs arbres, marqués seulement du marteau de l'Arpenteur entre des piés-corniers, & qui séparent les bois de divers Proprietaires, ou les differentes coupes de bois.

PARPAILLOTS. s. m. Nom injurieux, qui a été donné à ceux de la Religion prétendue reformée. On croit qu'on les appella ainsi, à cause qu'au siege de Clerac ils firent une sortie couverts de chemises blanches en un tems où il y avoit en l'air quantité de Papillons, que les Gascons nomment *Parpaillolts*. D'autres veulent qu'ils ayent eu ce nom, de ce qu'au commencement des troubles que la Religion excita, ils se jettoient dans le péril, de même que les Papillons vont autour de la chandelle, & s'y brûlent.

PARPAING. adj. Terme de Maçonnerie. On appelle *Pierre parpaigne*, Une pierre de taille qui tient toute l'épaisseur d'un mur, en sorte qu'elle ait un parement en dedans & un autre en dehors ; & l'on dit *Faire parpaing*, pour dire, Faire face des deux côtés. Ce que l'on appelle *Parpains d'appui*, sont les pierres à deux paremens qui sont entre les aleges, & qui forment l'appui d'une croisée, sur-tout quand elle est vuide dans l'embrasure.

PARQUET. s. m. Assemblage de Menuiserie de trois

piés & un pouce en quarré, qui est composé d'un chassis & de plusieurs traverses croisées quarrément ou diagonalement, & qu'on pose dans les chambres, cabinets & salles pour y servir de pavé ou de carreau. Il est entretenu par des frises, & arrêté sur des lambourdes avec des cloux a tête perdue.

Parquet, en termes de Palais, signifie l'espace qui dans une Salle où l'on rend la Justice, est renfermé par la barre d'audience. Il se dit aussi du lieu où les gens du Roi d'une Compagnie, ou superieure ou subalterne, tiennent leur seance.

Parquet. Terme de Mer. On appelle ainsi dans un Navire, Un retranchement sur le pont, que l'on fait d'un bout de cable ou d'une autre grosse corde. C'est où l'on met des boulets de canon, pour s'en servir quand il y a occasion de le faire.

PARQUOI. Conjonction, qui autrefois signifioit, Donc,

PARROISSE. s. f. On disoit autrefois *Manches de deux Parroisses*, pour dire, Moitié de Velours & moitié d'ostade, & on appelloit *Pourpoint de trois parroisses*, Celui dont le corps étoit de demi-ostade, le haut des manches de cuir, & le bas de velours.

PARS. adj. Vieux mot. Pers, de couleur perse.

> *Puis venoit une haquenée*
> *Couverte de beau cramoisy,*
> *Toute de fleurs de lis semée*
> *Sur un beau velours pars choisy.*

PARTAGE. s. m. *Division de quelque chose entre plusieurs personnes*. ACAD. FR. *Partage*, en termes d'Hydraulique, se dit du plus haut point qui se trouve d'où l'on puisse faire écouler les eaux d'un côté ou d'autre, & on appelle *Bassin de partage*, dans un canal qui est fait par artifice, l'endroit où est le sommet du niveau de pente, & où les eaux se joignent pour la continuité du canal. *Point de partage*, se dit du repere où cette jonction se fait.

PARTAGER. v. a. *Diviser en plusieurs parts*. ACAD. FR. On dit en termes de Marine, *Partager le vent*, pour dire, Prendre le vent en faisant plusieurs bordées, tantôt d'un côté & tantôt de l'autre.

PARTANCE. s. f. Terme de Marine. Depart du Vaisseau. On dit, *Etre de partance*, pour dire, Etre en état de partir, & on appelle, *Coup de partance*, Un coup de canon sans bale qu'on tire, quand on est prêt de mettre à la voile. On appelle aussi *Banniere de partance*, Le pavillon qu'on met à la pouppe, pour avertir l'équipage qui est à terre, qu'il ait à venir à bord. On dit encore *Partement*.

PARTANT. adv. Vieux mot. Par consequent pour cette cause, comme au premier livre d'Amadis, *Et elle laissa tomber ses gants, qui estoit le signal d'eux deux, par lequel il cogneut son consentement, & partant répondit à la Royne*. On a dit aussi *Partant que*, pour dire, Pourvû que, *J'y ferai mon devoir, partant que ne me demanderez chose où mon honneur puisse amoindrir*.

PARTERRE. s. m. Terme de Jardinier. La partie decouverte d'un Jardin au devant d'une maison, où sont les planches & les carreaux. Plusieurs font venir ce mot de *Partiri*, Diviser.

On appelle *Parterre de pieces coupées*, Celui qui est par compartimens de figures regulieres que separent des sentiers, & où l'on met des fleurs; *Parterre de broderie*, Celui qui est composé de rainceaux de fleurons, & autres figures formées par des traits de bouis nain, avec des platebandes qui l'entourent; *Parterre de gazon*, Celui qui est fait de pieces de gazon en compartimens quarrés, & avec enroulemens, & *Parterre à l'Angloise*, Un parterre qui est d'une broderie mêlée de platebandes & d'enroulemens de gazon.

Parterre d'eau, se dit d'un compartiment formé par un ou deux grands bassins, ou par plusieurs bassins de differentes figures avec des jets & des bouillons d'eau.

On dit aussi *Parterre*, en parlant du lieu où l'on represente l'Opera ou la Comedie. C'est l'espace qui est entre le Theatre & l'Amphitheatre, & où les spectateurs sont debout.

PARTI, IE. adj. Terme de Blason. Il se dit de l'écu & des animaux, & autres pieces qui sont divisées perpendiculairement en deux parties égales, & du chef des aigles à deux têtes. *D'or à l'aigle de sable au chef parti.*

PARTIE. s. f. *Portion d'un tout, portion d'un corps physique, moral, ou politique*. ACAD. FR. Les Medecins divisent le corps humain en parties contenantes ou solides, qui à l'égard de la matiere prochaine qui les compose sont ou similaires & d'une même nature, ou dissimilaires composées de parties de diverse nature, & en parties contenues, qui sont principalement le chyle ou lait & le sang, liqueurs premieres, dont ainsi que du suc nourricier des vegetaux, toutes les parties solides ou contenantes sont composées.

Parties, en Musique, se dit des accords que font diverses personnes qui chantent ensemble. Il y a quatre Parties principales, qui sont le Dessus, la Basse, la Taille & la Hautecontre. Les Orgues qui s'étendent jusqu'à huit Octaves, peuvent avoir jusques à vingt-cinq parties. On dit *Chanter en partie, tenir sa partie*, pour dire, Chanter dans un concert sur des tons qui sont assignés à une certaine partie.

Partie. Terme de Finance. Somme d'argent. On dit en ce sens, que *L'on a rayé une partie*, pour dire, Un article de compte. *Tenir une partie en souffrance*. C'est donner un tems de six mois, pendant lequel la quitance en doit être rapportée.

PARTIR. v. n. *Se mettre en chemin, commencer un voyage*. ACAD. FR. On dit en termes de Manege, *Faire partir un Cheval*, pour dire, Le pousser de vîtesse, & pour le faire de bonne grace, celui qui le monte doit baisser la bride de trois doigts, & appuyer délicatement les talons, ou seulement le gras des jambes.

PARTIR. s. m. On appelle *Le partir d'un cheval*, Son mouvement & son action, quand on le chasse en avant de vîtesse, & on dit, qu'*Un Cheval a un beau partir de main*, pour dire, qu'Il part sur une ligne droite sans qu'il s'en écarte ou se traverse depuis son partir de main jusqu'à son arrêt.

PARTITION. s. f. Terme d'Arithmerique. Operation par laquelle on divise un nombre par un autre plus petit, comme si on divise 12. par 3. & alors le quotien sera 4.

On dit aussi *Partition*, en termes de Musique. C'est quand toutes les parties d'une composition sont écrites les unes sur les autres mesure contre mesure. On dit aussi dans le Blason, *Partition de l'écu*, en parlant de la division de l'écu. Ce mot vient de *Partiri*, Diviser.

PARULIS. s. m. Terme de Medecine. Il se dit d'une inflammation de gencives que les Medecins mettent au rang des phlegmons, & qui quelquefois vient à suppuration. Ce mot est Grec παρελὶς, de παρὰ, Proche, & de οὖλον, Gencive.

PARURE. s. f. Ce qu'on retranche en parant ou en preparant des cuirs & autres choses de même nature. Les Relieurs appellent aussi *Parures*, tout ce qu'ils coupent d'une peau avec le couteau à parer, après que les couvertures sont taillées.

PAS

PAS. s. m. Sorte de mesure qui se prend de l'espace qui est entre les deux piés d'un animal quand il marche. Le pas commun est de deux piés de Roi, & le pas geometrique, de cinq. Le mille d'Italie est de mille pas geometriques, la lieue de France, de trois mille pas, & la lieue d'Allemagne, de quatre mille.

On appelle *Pas de balet*, Un pas figuré qui se fait dans les balets. Il y a aussi des pas appellés *Pas de courante, de bourrée, de menuet, de gavotte, de branle, de canarie, de bocanne*, &c. On dit dans la danse *Pas droit*, pour dire, Un pas simple qui se fait en ligne droite, & *Pa grave*, ou *Pas ouvert*, quand en marchant, un pié s'écarte de l'autre, & décrit un demi-cercle.

Pas, se dit de l'allure la moins élevée & la moins vîte d'un Cheval. C'est un mouvement qu'il fait en levant toûjours à la fois les deux jambes, qui sont situées en croix de saint André, l'une devant & l'autre derriere, en sorte que ces deux jambes sont en l'air, dans le tems que les deux autres, qui sont aussi opposés diametralement, demeurent à terre. On appelle *Un Pas & un saut*, Le manege par haut d'un cheval. Cette sorte de manege se fait lorsqu'entre deux sauts ou caprioles le cheval marque une courbette qu'on appelle *Un pas* dans cette rencontre, en sorte qu'il leve le devant à chaque saut, & les hanches suivent, ruant à la fin de chaque saut. *Deux pas & un saut*, est un autre manege, composé de deux courbettes que termine un saut.

Pas. Terme de Tisserand. Passage du fil dans la lame. On dit dans ce sens, *Etre hors de pas*, pour dire, Prendre un fil pour l'autre.

Pas. se dit d'une marche, d'un degré; & on appelle *Pas de porte*, La pierre qu'on met au bas d'une porte. Elle differe du seuil, en ce qu'elle avance au delà du nud du mur en forme de marche.

Pas, se dit par extention d'un passage étroit & fortifié, comme, *Le Pas d Suse, le Pas des Thermophyles*; & sur la mer il signifie un Détroit entre des terres, comme celui qui est entre Calais & Douvre, & qu'on appelle *Le Pas de Calais*.

On a dit autrefois *Pas*, ou *Pas d'armes*, pour dire, Les combats particuliers qu'un Chevalier ou plusieurs ensemble entreprenoient dans une Fête publique. Ils choisissoient un lieu qu'ils gardoient contre tous venans & ce lieu étoit comme un pas ou passage qu'on ne pouvoit traverser sans les combattre. On lit dans Jean le Maire, *Antenor, pour entamer le pas, se presenta sur les rangs, & après qu'il se fut acquitté vers les Dames, & que le Herault eut épilogué ses tiltres & ses blasons, fist son debvoir & accomplit ses venues contre Hector*. Les Lettres de défi qui furent distribuées pour le Tournoi où le Roi Henri II. fut blessé à mort d'un coup de lance, portoient que le Pas étoit ouvert par Sa Majesté Très-Chrétienne & par les Princes de Ferrare, Alfonse d'Est, François de Lorraine, Duc de Guise, & Jacques de Savoye, Duc de Nemours, tous Chevaliers de l'Ordre, pour être tenu contre tous venans dûement qualifiés. Le combat que François, Duc de Valois, entreprit en 1514. dans la rue saint Antoine avec neuf autres Chevaliers pour la fête qui se fit quand le Roi Louis XII. épousa Marie d'Angleterre, Sœur de Henri VIII. fut appellé *Le Pas de l'Arc Triomphal*. Nicod dit qu'il est écrit au Tableau qui est au Château d'Ecouan, du Tournoi fait à Paris par le Roi Henri II. *La bande du Roi venue sur les rangs pour ouvrir le Pas ce Dimanche 24. de Juin, pour les six courses de la premiere emprinse*.

On appelle, en termes de Fortification, *Pas de souris*, Un chemin ayant trois piés de largeur au pié du rempart, entre le rempart & le fossé. On l'appelle autrement *Retraite, Lisiere & Berme*.

On appelle en termes de Marine, *Pas de haubans*, Certaines cordes qui traversent les haubans en maniere d'échelons.

Pas. Terme de Charpenterie. Especes d'embrenemens taillés dans la sabliere ou plateforme, espacés d'un pié l'un de l'autre, pour avoir quatre chevrons à la latte.

On appelle *Pas de vis*, la distance qu'il y a entre les filets ou arrêtes d'une vis. Il se dit aussi d'une partie de la ligne spirale d'une vis, qui fait la circonference de son cylindre: Ainsi on appelle *Pas* chaque tour entier que fait cette vis.

Les Artisans disent qu'*Ils ont des outils de toutes sortes de pas*, pour dire, De toutes sortes de grandeurs.

Pas d'âne. s. m. Petite plante qui croît dans les lieux aquatiques, & dont les feuilles sont un peu plus grandes que celles de lierre. Elle en jette six ou sept dès sa racine, qui sont blanches par dessous & vertes par dessus, & comparties en plusieurs angles. Sa tige est de la hauteur d'un palme, & sa fleur est jaune. Cette fleur sort au Printems, & se perd soudain avec sa tige; ce qui a fait dire à plusieurs, & entre autres à Pline, que cette plante ne produit ni tige ni fleur. Elle jette l'une & l'autre avant ses feuilles, & cela est cause que quelques-uns l'appellent *Filius ante patrem*. Les anciens Romains lui donnoient le nom de *Farfaria*. Les Latins l'appellent *Ungula cabalina* ou *Tussilago*. Les Modernes ont inventé le syrop de Tussilage, qui est bon pour ceux qui ont la poitrine foible, à cause qu'on ne peut pas recouvrer par tout ni toujours les feuilles de cette herbe, outre que la seche n'a pas autant de vertu que celle qui est recente. Elle a une acrimonie moyenne, de sorte que, selon Galien, elle peut rompre sans danger toutes apostumes qui seroient dans la poitrine. Ses feuilles broyées avec du miel, étant appliquées, sont bonnes pour les eresipelles & autres inflammations. Elles ont aussi la faculté d'incifer & de nettoyer les gros phlegme de la poitrine, & par ce moyen elles guerissent la toux; ce qui l'a fait appeller par les Grecs βήχιον, βὴξ, Toux.

Pas d'âne. Garde d'épée qui couvre la main. Il se dit aussi d'une espece de mors que l'on fait exprès pour les chevaux qui ont la bouche forte, & d'une sorte d'anneau avec une queue, dont on se sert sur les Navires.

PASME', E'E. adj. Qui est en défaillance. *Pâmé*, en termes de Blason, se dit du dauphin sans langue, la hure ouverte, & de l'aigle sans yeux, qui a le bec si crochu, qu'elle ne peut plus rien prendre pour se nourrir. *D'or au dauphin pâmé d'azur*.

PASQUE. s. f. Fête solemnelle que les Juifs celebroient tous les ans le quatorziéme de la Lune de Mars, en memoire de leur délivrance de la captivité d'Egypte, & dans laquelle ils mangeoient l'Agneau, que l'on appelloit l'*Agneau Paschal*. Ils la celebrent encore aujourd'hui pendant une semaine. Au lieu de l'ancienne ceremonie de manger l'Agneau avec du pain sans levain & des racines ameres, ils ont dans un plat quelque morceau d'agneau ou de cabri tout préparé avec des azymes & des herbes ameres, telles que le celeri, la chicorée ou les laitues, & un petit vaisseau où il y a de la sausse.

Pâque, parmi les Chrétiens, est la Fête qu'ils celebrent le premier Dimanche qui suit le quatorziéme de la Lune, aprés l'Equinoxe du Printems, en memoire de la resurrection du Sauveur du monde. Autrefois on appelloit *Pâque*, dans l'Eglise, toutes les Fêtes solemnelles. Celle de la resurrection étoit appellée *La grande Pâque*, & on disoit *La Pâque de la Nativité*, pour dire, Le Jour de Noël. On disoit aussi, *La Pâque de l'Epiphanie, de l'Ascension, de la Pentecôte*. Quelques anciens Peres font venir le mot de *Pâque*, du Grec πάχειν, Souffrir, mais il vient de l'Hebreu *Pesach*, Passage; ce qui s'entend du passage de la Mer Rouge & du passage de l'Ange exterminateur, qui voyant du sang sur les portes des Israëlites, passa sans leur rien faire; & tua tous les premiers nés des Egyptiens.

PASQUERETTE. s. f. Petite fleur blanche qui ressemble à une marguerite, & que l'on appelle ainsi, à cause qu'elle vient au Printems vers le tems de Pâques.

PASQUIN. s. m. Satire courte ou representation satirique, ainsi nommée à cause d'une vieille statue mutilée qui est dans une des Places de Rome, & que les Italiens appellent *Pasquino*. Ceux qui sont mal satisfaits du Gouvernement & des personnes d'autorité, vont attacher des vers ou quelque raillerie à cette statue, qu'on a appellé *Pasquin*, d'un homme de ce nom fameux Cordonnier de Rome, qui se plaisoit à donner des brocards à tous ceux qui passoient devant sa boutique. Aprés sa mort, en fouillant sous le pavé devant sa maison, on trouva dans la terre la statue d'un ancien Gladiateur. Comme elle étoit assés bien faite, quoique mutilée, on la dressa à l'endroit où elle avoit été trouvée, à l'encoignûre du logis de Maître Pasquin, dont on lui donna le nom.

PASSACAILLE. s. f. Espece de chaconne qui doit toûjours avoir une cadence ou un repos à la quatriéme mesure, & commence sur un second tems de la premiere mesure. On doit aussi toûjours la composer sur un mode qui ait la tierce mineure, & on la bat un peu plus lentement que la Chaconne. C'est ce qui en fait presque toute la difference. Ce mot vient de l'Espagnol *Passar*, Passer, & de *Calle*, Rue, à cause que les Espagnols ont accoûtumé de jouer de ces sortes d'airs sur des guittares en se promenant la nuit dans les rues.

PASSADE. s. f. Terme de Manege. Chemin que fait le cheval plus d'une fois sur une même longueur de terrain, passant & repassant depuis un des bouts de cette étendue jusqu'à l'autre, & faisant un demi-tour à chacune des extrémités de ce terrain. On appelle *Passade de cinq tems*, Un demi-tour qui se fait au bout d'une ligne droite, une hanche en dedans, en cinq tems de galop sur les hanches. Il faut au cinquiéme tems que le cheval ait fermé la demi-volte & qu'il soit sur la ligne de la passade droit & prêt à repartir. *La Passade d'un tems*, ou *Passade en pirouette* ou *demi-pirouette d'un tems*, est un tour que fait le cheval d'un seul tems tant de ses hanches que de ses épaules. Il y a aussi des *Passades furieuses* ou *A la Françoise*, & d'autres qu'on appelle *Relevées*. Il y a peu de chevaux qui soient capables des premieres, dont on se sert dans un combat singulier. Ce sont celles qui se font par une demi-volte en trois tems, en marquant un dem-arrêt. Les *Passades relevées*, sont celles dont les demi-voltes se font à courbettes.

PASSAGE. s. m. Action de passer. On appelle *Passage*, en termes d'Architecture, Un petit lieu qui sert à dégager une chambre d'avec une autre.

Passage, est aussi un droit de passer sur l'heritage d'autrui, & on l'appelle *Passage de servitude*. Il s'acquiert par convention ou par prescription. Il y a un *Passage de souffrance*. C'est celui qu'on est obligé de souffrir par sa maison en vertu d'un titre.

Passage. Terme de Musique. Il se dit des intervalles ou consonantes qui forment une bonne harmonie quand elles sont disposées agreablement.

On appelle dans l'Ordre de Malte *Passage*, Le droit de reception d'un Chevalier. Le passage de celui qui est reçû Chevalier d'âge ou Page du Grand Maître, est de deux cens cinquante écus d'or pour le tresor de l'Ordre & de douze écus blancs pour le droit de la langue; & celui d'un Chevalier reçû de minorité, est de mille écus d'or pour le tresor, & de cinquante écus d'or pour la langue. Le Passage des Chapelains est de cent écus d'or avec douze écus d'or pour la langue; & celui des Servants d'armes est de deux cens écus d'or pour le tresor & de douze écus blancs, pour la langue.

PASSANT, ANTE. adj. Terme de Blason. Il se dit des animaux qui semblent marcher. *De gueules à deux lyons passans, l'un sur l'autre.*

PASSAVANT. s. m. Billet que les Commis des recettes aux Bureaux des douannes ou des entrées donnent aux Marchands & aux Voituriers portant permission de passer outre, soit qu'ils ayent payé les droits, ou qu'ils les doivent payer dans un autre Bureau, soit qu'ils soient exempts de rien payer, parce que ce n'est qu'un simple passage sans aucun commerce.

PASSE. s. f. Terme d'Escrime. Action qui consiste à sauter au corps de son ennemi pour en tirer avantage. Il y a des *Passes volontaires* & des *Passes necessaires*. Les premieres se commencent au pié gauche hors de la mesure du pié ferme, quand on ne sçauroit atteindre son ennemi. Les autres se font aprés avoir poussé du pié ferme, quand on tâche de se saisir de la garde de son épée, faute d'avoir le tems de se retirer, tant on s'en trouve pressé. Il y a des Passes de plusieurs sortes, en prenant le tems en dedans, en dessus ou en dessous, en quartant à droit, ou en passant à gauche, ou en partant du corps. *La mesure de la passe*, c'est quand les deux foibles de l'épée se peuvent entretoucher.

Passe. Terme de Marine. Canal, largeur de mer entre deux terres ou entre deux bancs, par où l'on passe les Vaisseaux pour entrer dans un port ou dans une riviere.

PASSE'E. s. f. Passage par un lieu. Il se dit particulierement de celui des gens de guerre.

Passée, en terme de Chasse, se dit de la trace du pié d'une bête, comme, *La passée d'un cerf*. On dit *Prendre des beccasses à la passée*, pour dire, Les prendre avec une sorte de filet qu'on tend, & dans lequel elles viennent donner entre chien & loup.

PASSEFLEUR. s. f. Plante dont Dioscoride dit qu'il y a de deux especes, l'une sauvage, & l'autre qu'on seme dans les Jardins. De cette derniere, il y en a qui portent leurs fleurs rouges obscures, les autres blanches comme lait, & d'autres incarnates ou purpurines. Elles ont leurs feuilles semblables à celles du coriandre, mais plus déchiquetées, plus menues, & qui panchent contre terre. Leurs tiges sont velues & deliées, & produisent des fleurs qui sont comme celles du pavot. Au milieu de ces fleurs il y a de petites têtes noires ou perses. Leur racine est de la grosseur d'une olive, & quelquefois plus, & environnée de certaines callosités en forme de nœuds. La Passefleur sauvage est plus grande, & a ses feuilles & plus larges & plus dures. Ses têtes sont plus longues, & ses fleurs rouges garencées. Ses racines sont chevelues & ont plusieurs filamens. Toutes les deux especes ont une fort grande acrimonie, & celles qui ont les feuilles plus noires, sont les plus mordantes. Leur jus tiré par le nez purge le cerveau, & leur racine mâchée attire les phlegmes. Cuite en vin cuit & enduite, elle sert aux inflammations des yeux, & aide à la foiblesse de la vûe. Matthiole en met de cinq especes, & n'est point du sentiment de ceux qui disent que la Passefleur & le pavot sauvage soient la même plante. On l'appelle aussi *Anemone* ou *Herbe du vent*, du Grec *ἄνεμος*, Vent, à cause que sa fleur s'ouvre seulement dans le tems que le vent soufle.

PASSEGE. s. m. Sorte de Manege qu'on fait faire à un cheval *Le Passege par le droit*, est fort usité en Italie, & en Allemagne, & fort peu en France. Les chevaux qui ont de l'ardeur n'y sont pas propres, mais seulement ceux qui ont beaucoup de mouvement, & cette maniere de passege demande tant d'art, qu'il y en a peu qui reussissent. Il se fait en conduisant un cheval par le droit au pas & au trot, & on lui apprend à lever deux jambes ensemble en croix de saint André, l'une de devant, & l'autre de derriere. Ensuite mettant à terre ces deux jambes qu'il avoit levées, il releve alternativement les deux autres ensemble, & les tient long-tems en l'air, mais de telle sorte qu'à chaque tems il ne gagne pas un pié de terrain en avant.

PASSEGER. v. a. Terme de Manege. On dit *Passeger un cheval*, pour dire; Le mettre au pas, au trot, sur deux pistes, entre deux talons. On le fait marcher de côté, il faut que ses hanches tracent un chemin parallele à celui que tracent ses épaules. On le passege sur deux lignes droites le long d'une haye ou d'une muraille, ou bien de sa longueur sur les voltes. Dans cette derniere maniere on le fait marcher de côté dans un rond autour d'un centre, & il faut qu'il regarde dans la volte, & que la moitié de ses épaules marche avant la croupe. Ce mot vient de l'Italien *Passeggiare*, Promener. On dit aussi *Passager*.

PASSEMEZE. s. m. Sorte de danse sur un chant à l'Italienne, qui servoit autrefois d'entrée aux basses danses. Elle consistoit à faire quelques tours par la salle, & à la traverser. Ce mot est Italien *Passamezzo*, comme qui diroit, *Passe par le milieu*.

PASSEMUR. s. m. Nom qu'on a donné a une coulevrine extraordinaire; qui a quarante calibres de long, & qui tire seize livres de balle.

PASSEPAROLE. s. m. Terme dont on se sert pour signifier un commandement qu'on donne à la tête d'une armée, & qu'on fait passer de bouche en bouche, afin qu'il soit connu à la queue.

PASSE-PARTOUT. s. m. Sorte de Serrure où ordinairement il y a deux clefs & deux entrées. Il faut pour cela que la clef soit grande & besnarde, pour y pouvoir mettre plusieurs gardes, quand on veut qu'elle ouvre plusieurs portes par dehors & par dedans.

Passe-partout, est aussi une petite clef, presque toûjours en forme de loquet, qui sert à ouvrir plusieurs serrures d'un même logis. Il se dit encore des clefs de la premiere porte d'une maison que les proprietaires donnent à leurs locataires ou aux domestiques, afin qu'ils puissent entrer sans qu'on vienne leur ouvrir la porte.

Passe-partout. Scie dont on se sert à scier de gros arbres dans les forêts. Ces sortes de scies n'ont qu'un manche à chaque bout de la feuille, comme celles qu'on employe à scier la pierre tendre. La difference est que les dents des scies de pierre ne sont pas détournées, & que les dents du passe-partout sont détournées de part & d'autre avec un Tourne à gauche.

PASSE-PIEDS. s. m. Sorte de danse qui est mise au rang des branles. Elle est en usage en Bretagne, & est d'un mouvement fort vîte.

PASSE-POIL. s. m. Petite bande de satin, ou taffetas de couleur, qu'on met sur les coûtures d'un habit, & qu'on laisse avancer un peu en dehors pour le relever.

PASSE-POMME. s. f. Espece de pomme assés grosse qui a la chair tendre, & le goût aigret & agreable. Il y a des passe-pommes rouges, & des Passe-pommes blanches. C'est un fruit precoce.

PASSE', E'E. adj. On dit en termes de Blason, *Passé en sautoir*, en parlant de ce qui est mis en forme de croix de saint André. *D'azur à deux épées passées en sautoir d'argent, les pointes en bas, ou en haut, les gardes & les poignées d'or.*

PASSER. v. a. *Aller d'un lieu, d'un endroit à un autre en traversant un milieu.* Acad. Fr. On dit en termes de Marine, *Passer au vent d'un Vaisseau*, lorsqu'un Vaisseau est porté sur un autre par le vent.

Les dessinateurs disent, *Passer un dessein à l'encre*, pour dire, en tracer les lignes sur le trait ou crayon.

On dit en termes de guerre, *Passer un homme à un Officier*, pour dire. Lui donner la solde pour un de ses valets, comme si c'étoit un homme effectif. Il se dit aussi des places qu'on lui paye, quoiqu'elles ne soient pas remplies.

PASSERAGE. s. f. Plante dont les feuilles sont semblables au Nasitort, mais plus vertes au Printems. Sa tige est haute environ d'une coudée. Elle croît aux lieux non cultivés, & jette une fleur blanche en été. C'est dans ce tems-là qu'elle est dans sa plus grande vertu. Sa racine est double, chaude & brûlante, & ressemble aussi à celle de Nasitort. Dioscoride dit qu'on met ces racines en forme d'emplâtre sur les sciatiques avec de l'oingt sallé pendant quatre heures, & qu'ensuite on fait entrer le malade au bain, après quoi on frotte la partie où est le mal, avec de la laine abbreuvée d'huile. Cette plante s'appelle aussi *Lepidium*.

PASSEREAU. s. m. Petit oiseau que l'on appelle autrement *Moineau*, & dont la femelle s'appelle *Passe*. Il est extrêmement chaud, ce qui a fait écrire à un Auteur Italien. *Il maschio del passero monta le femine ottanta sei volte senza arrestarsi*. Ce mot vient du Latin *Passer*.

PASSE-ROSE. s.f. Plante dont la tige est haute d'une coudée, & qui a ses fleurs de couleur de pourpre, mais vives & éclatantes. Il y en a de sauvages & de cultivées.

PASSE-VELOURS. s. m. Plante qui a ses feuilles plus grandes que celles du Basilic. Sa tige est grosse, grasse & rougeâtre, & jette une fleur fort rouge, faite en maniere d'épi, qui même étant seche garde toûjours sa couleur. Matthiole croit que le Passevelours est l'Amaranthus dont Pline parle en ces termes. L'Amaranthus est plûtôt une maniere d'épi rouge, qu'une fleur, & n'a aucune odeur. Il a cela d'admirable que plus on le tond, plus il devient beau.

Il croît au mois d'Août, & dure toute l'Automne. Celui d'Alexandrie est le meilleur à garder. Etant sec, après qu'on ne trouve plus de fleurs, on le met dans l'eau, & il reverdit. Toute sa vertu est comprise dans son nom, & on l'a appellé *Amaranthus*, à cause qu'il ne flétrit point. Ce mot est en effet un composé de la particule α, qui est privative & du verbe μαραίνειν, Flétrir. Matthiole ajoûte que ses fleurs bûes, sont bonnes à ceux qui crachent le sang, sur-tout quand il y a un vaisseau rompu au poumon ou en la poitrine. Elles servent aussi à reprimer le flux menstrual.

PASSE-VOGUE. s. f. Terme de Marine. Vogue de galere redoublée, avec un effort de rameurs plus fort que de coûtume.

PASSE-VOLANTS. s. m. p. Soldats que supposent les Officiers dont les Compagnies ne sont pas complettes, en les faisant passer en revûe sans qu'ils ayent été enrôlés. Il y a une Ordonnance du Roi de l'année 1668. qui porte que les Passe-volants seront marqués à la joue par l'Executeur, avec un fer chaud fait en fleur-de-lis, & que leurs armes & leur équipage seront confisqués. A l'imitation de ces faux soldats, on a appellé sur mer *Passe-volants*, Certains canons qui ne sont mis que pour faire peur. Ils sont seulement de bois bronzé.

PASSULES. s. f. p. Galien appelle *Passules*, tous raisins sechés au Soleil sans avoir égard à leur petitesse ni à leur grosseur, ce qui fait connoître qu'il ne met aucune difference entre les raisins de Damas, appellés *Zibibum*, par les Apothicaires, ni ceux qu'on apporte de Smyrne, ou de Candie. Il dit encore, que quelques-uns avant que de manger les Passules, en ôtent les pepins, & qu'ils font bien, principalement quand elles sont grasses & douces, comme sont les scybelitides, qui étant gardées ont la peau fort dure & épaisse, de sorte qu'il faut les mettre tremper dans l'eau pour en tirer les pepins plus aisément. On trouve aussi en Pamphilie, des scybelitides qui sont noires. Ce sont les plus grosses de toutes. Matthiole dit que tous raisins secs n'ont pas la même proprieté, ceux qui sont doux ayant d'autres qualités que ceux qui sont âpres, & ceux qui ont des pepins, en ayant aussi d'autres que ceux qui sont sans pepins. Ceux qui n'en ont point, étant doux, non seulement ne sont point astringents, mais ils sont laxatifs & lenitifs, & par consequent fort propres à la toux, à l'âpreté de la gorge, aux accidents des reins & de la vessie, & à ceux qui sont pris de l'estomac. Galien le fait connoître en ordonnant les Passules sans pepins à ceux qui sont sujets au mal de foie, & pour adoucir la poitrine. Au contraire les raisins secs que l'on mange avec leurs pepins ont une proprieté astringente, ce qui a obligé Dioscoride à les ordonner pour la dysenterie, de sorte que les Medecins qui ordonnent les petites Passules avec leurs pepins pour lâcher le ventre, sont dans l'erreur, puisque loin de l'amollir elles le resserrent, principalement étant gardées, parce qu'elles ont perdu une partie de leur jus. On dit aussi *Passerilles*.

PAST. s. m. Mot dont on se sert en de certains lieux, pour dire, Repas. On dit en ces lieux-là, *Vivre à past*, *traiter à past*, pour dire, Payer tant pour chaque repas, donner à manger, en faisant payer une certaine somme par tête pour chaque repas.

PASTE. s. f. Farine détrempée avec un peu de levain ou de levûre, & de l'eau. On la détrempe quelquefois avec du lait, & autre chose qu'on pêtrit ensemble pour en faire du pain ou de la patisserie. *Pâte levée*, se dit de celle où l'on a mis de la levûre de biere, ou qu'on a laissé aigrir. Selon du Cange, ce mot vient de *Pasta*, qui a été dit dans la basse Latinité.

Les Cordonniers appellent *Pâte*, de l'eau & de la farine mêlées ensemble pour faire tenir les morceaux de cuir dont les talons des souliers sont faits.

On appelle *Pâte de fourneaux*, la terre dont les fourneaux chymiques sont faits.

On dit *Pâte d'amandes*, *pâte d'abricots*, pour dire, Des amandes ou des abricots formés en maniere de pâte.

PASTE'. s. m. *Sorte de mets faits de chair, ou de poisson mis en pâte.* Acad. Fr. C'est une piece de patisserie composée d'une abaisse & d'un couvercle, qui renferme de la chair ou du poisson, ou autre chose. On appelle *Pâté en pot*, De la viande qu'on fait cuire dans un pot, après l'avoir hachée & assaisonnée, comme si on avoit voulu la mettre en pâte, & *Pâté de requête*, Un pâté froid fait de menu de volaille. Un *Pâté de godiveau*, est fait de chair de veau, avec des culs d'artichauts & des champignons. Il est découvert & en ovale.

Pâté. Terme de Perruquier. Cheveux mis en un pâté de gruau qu'on fait cuire au four, pour leur faire prendre une bonne frisure.

Les Imprimeurs appellent *Pâté*, Une forme rompue ou desarrangée.

Pâté. Terme de Fortification. Platte-forme ou terre-plein, dont la figure est irreguliere, & le plus souvent arrondie en ovale. C'est une espece de fer à cheval bordé d'un parapet, & qui d'ordinaire n'a que la simple défense, sans être flanqué d'aucunes parties. On construit le plus souvent les pâtés dans des lieux marécageux, & ils servent à couvrir la porte d'une place.

PASTEL. s. m. Herbe dont il y a de deux sortes, le cultivé & le sauvage. Le *Pastel cultivé*, a ses feuilles semblables au Plantain, mais plus noires & plus grasses, & produit sa tige haute de deux coudées. Le *Pastel sauvage*, a ses feuilles plus grandes, & semblables à celles de laitue. Ses tiges sont aussi plus branchues & plus déliées, & tirent quelque peu sur le rouge. Au haut il y a plusieurs petites vessies faites en forme de langues où sa graine est enfermée. Ses fleurs sont petites & jaunes. Galien parlant des deux sortes de Pastel, dit que le cultivé, dont usent les Teinturiers, desseche fort, quoique sans aucune mordication, étant amer & astringent, & que le Pastel sauvage a une acrimonie apparente & au goût & dans ses operations; qu'ainsi il est plus dessiccatif que le cultivé, & resiste avec plus d'efficace aux pourritures humides. On l'appelle autrement *Guesde*, en Latin, *Glastum*, en Grec ἰσάτις.

Les Peintres appellent *Pastels*, des crayons composés de differentes couleurs que l'on broie, & dont on fait une pâte détrempée avec de l'eau de gomme & un peu de plâtre pour donner plus de corps. Il faut mêler ces couleurs ensemble selon les diverses teintes qu'on veut faire. On se sert de ces crayons pour travailler sur du papier, & pour faire des portraits, ou autres choses qui paroissent être peintes. Si on les veut conserver, il faut les couvrir d'un verre.

PASTENADE. s. f. C'est la même chose que *Panais*.

PASTENAQUE. s. f. Poisson de mer, qui a la figure d'une raye, & deux pointes sur la queue. Ces pointes sont dures, fort aigues, & dentelées de chaque côté. Pline dit qu'il n'y a venin plus dangereux que celui de l'épine de ce poisson, qui est longue environ de cinq doigts, & si venimeuse qu'elle fait mourir les arbres qui en sont piqués par la racine.

Cette

Cette piquûre cause une douleur continuelle aux Pêcheurs qui en sont quelquefois offensés, ses pointes étant si fermes & si aigues qu'elles percent & penetrent jusqu'aux nerfs, ce qui en fait mourir quelques-uns de mort soudaine. L'épine de la Pastenaque est fort bonne au mal des dents, au rapport du même Auteur, si l'on s'en frotte les gencives, après l'avoir mise en poudre. Elle est bonne aussi pour guerir les chevaux des vermines qu'ils ont entre cuir & chair, si l'on en sacrifie la peau. Ce poisson étant bien cuit est bon à manger, après qu'on en a ôté la tête & la queue, ainsi que le jaune qu'on lui trouve en l'arête & au dos. On l'appel e en Latin *Pastinaca* de *Pastrinum*, à cause que l'épine qu'il a sous la queue a quelque rapport à une houe de vigneron.

PASTILLE. s. f. Sorte de composition odoriferante qu'on fait en maniere de pâte, & qu'on forme d'ordinaire en petites pieces plates. On les brûle dans un cabinet, dans une chambre afin d'y répandre une bonne odeur. Il y a aussi des *Pastilles de bouche*, que mangent ceux qui veulent se rendre l'haleine douce.

Les Anciens faisoient des Pastilles appellées par eux *Crocomagma*, & par nous *Pastilles*, ou *Trochisques de safran*. Le safran, la myrrhe, les roses, la gomme Arabique & l'amidon étoient les drogues dont ils se servoient. Après les avoir pulverisées, ils les reduisoient en Pastilles par le moyen du vin, & on nous les apportoit autrefois de Syrie pour faire uriner, & pour guerir le mal d'yeux. C'est un remede que l'on ne connoît presque point presentement & qui est peu en usage.

PASTON. s. m. Ce qui sert à engraisser les chapons. C'est un morceau de pâte taillé en long, que l'on prépare avec du beurre & autres drogues.

PAT

PAT. s. m. Terme du Jeu des Eschecs. On dit *Etre pat*, lorsqu'un des Joueurs n'étant point en échec, ne sçauroit jouer qu'il ne s'y mette. Ainsi l'un ni l'autre n'ayant pû gagner, ils sont obligés de remettre la partie.

PATACHE. s. f. Petit Vaisseau de guerre, qui est destiné pour le service des grands Navires, & qui mouille à l'entrée d'un port pour aller reconnoître ceux qui viennent ranger la côte. On appelle *Patache d'avis*, Un petit Vaisseau qui porte quelques paquets à l'armée.

PATAGON. s. m. Monnoie de Flandre faite d'argent qui a valu d'abord quarante-huit sols, & ensuite cinquante-huit. Elle étoit cornue & mal fabriquée, & avoit pour legende, *Albertus & Elisabetha*, *Dei gratia*, avec une maniere de croix de S. André, au milieu de laquelle il y avoit une couronne. Ces mots faisoient la legende de l'autre côté, *Archiduces Austria*, *Duces Burgundia & Brabantia*, avec un écusson couronné, au-dedans duquel étoient de petits lions. M. Ménage croit que ce mot vient de *Patac*, petite Monnoie d'Avignon, valant un double. Borel le dérive de Patard.

PATARASSE. s. f. Terme de Marine usité par quelques-uns, qui nomment ainsi une espece de ciseau à froid, dont on se sert pour ouvrir les joints d'entre deux bordages, quand ils sont trop serrés, afin de mieux faire la couture.

PATARD. s. m. Sorte de petite monnoie. On lit dans Villon,

Qu'il n'avoit vaillant un patard.

Borel fait venir ce mot de *Patar*, qui veut dire un Sol en Allemand.

PATARINS. s. m. Heretiques attachés à diverses erreurs qui furent condamnées en 1179. dans le Concile General de Latran sous le Pape Alexandre III. Les principales étoient, que toutes les choses visibles avoient été créées par Lucifer, que le mariage étoit un adultere, & que ce fut une illusion que Moïse vit au buisson ardent. Comme ils faisoient gloire de souffrir tout avec patience, quelques-uns croyent que le nom qui leur fut donné; de *Patarins*, *Paterins* ou *Patrins*, vient de *Pati*, Souffrir. On les appella aussi *Les Consolés* ou *Consolateurs* en Lombardie, à cause qu'ils prétendoient être envoyés dans le monde pour la consolation des malheureux.

PATATE. s. f. Racine qui croît dans les Isles Antilles de l'Amerique, & qui est presque de la figure des toupinambous ou artichauts d'Inde, mais d'une qualité beaucoup meilleure & d'un goût plus relevé. Elle croît en perfection dans une terre legere, un peu labourée & moyennement humide. On y fait des trous le plus près qu'il est possible, & dans un tems de pluie on met en chaque trou deux ou trois brins de ces tiges rampantes que les Habitans appellent *Bois de patates*, puis on les couvre de terre, & ces tiges ayant repris, poussent des racines & quantité de feuilles mollasses d'un vert fort brun & d'une figure qui approche de celle des épinars. Elles sortent de plusieurs pampres qui rampent sur terre, & la couvrent entierement. Dans chaque trou il vient cinq ou six racines de toutes formes & de toutes grosseurs, longues, rondes & en poires. Il y en a quelquefois de grosses comme la tête, & plusieurs qui pesent plus de vingt livres; ce qui est assés ordinaire quand elles sont plantées dans une terre legere & sablonneuse, où elles se plaisent mieux que dans une terre grasse. Toutes ces racines deviennent parfaites en trois ou quatre mois. Il y en a de huit ou dix sortes differentes pour la couleur, & quelquefois dans un même champ on en tirera de blanches, qui sont les plus communes, de violettes, de rouges comme les betteraves, de jaunes & de marbrées. Elles sont toutes d'un goût excellent & d'une meilleure nourriture que la cassave qui desseche le corps, car elles ne sont pas si arides. Il y a fort peu de difference dans leurs feuilles, qui ont presque toutes la forme d'un cœur. Leurs tiges qui rampent & couvrent toute la terre, comme si c'étoit un pré, servent de pâture aux bêtes; non pas qu'on les laisse aller dedans, mais on en coupe de grandes brassées, qu'on donne pour nourriture ordinaire aux chevaux, aux bœufs & aux porcs. On coupe aussi les extrêmités des tiges, qu'on lie en petits paquets pour les faire cuire & les manger en façon d'asperges. La Patate porte une fleur à peu près de la couleur qu'est la racine, & en forme de clochette, au défaut de laquelle se forme la graine. On a coûtume dans toutes les Isles de faire cuire tous les matins plein une chaudiere de Patates pour le déjeûner. On l'emplit de telle sorte, qu'on ne met de l'eau dedans que pour empêcher que la marmite ne brûle. On bouche cette marmite avec du linge ou des feuilles de Bananier, & les Patates étant cuites, deviennent molles comme des châtaignes qu'on a fait bouillir. Elles en ont presque le goût, & ne chargent l'estomac en aucune sorte. On les mange en sortant du pot avec une sausse composée de jus de citron & d'huile d'olive, & de cinq ou six grains de piment écaché. On fait une boisson excellente avec deux chaudieres de Patates chaudes détrempées avec un baril d'eau. Deux ou trois de ces racines rouges qui lui donnent une couleur de rubis, la font passer pour du vin clairet.

PATENOSTRE. s. f. Terme de Blason. Dizain du chapelet, ou un chapelet entier, dont les Chevaliers de Malte & quelques personnes Religieuses environnent leur Ecu.

Patenostres. Terme d'Architecture. Maniere de grains de chapelet que l'on met pour ornement aux astragales des corniches des architraves, des chambranles, des bandeaux & autres moulures. Il y en a de ronds, d'autres en forme d'olive, & quelques autres faits comme des côtes de melon. Quand ces grains sont longs, on les nomme *Fusarolles.*

PATENOSTRE', E'E. adj. Terme de Blason. Fait en forme de chapelet. *D'azur à la croix patenostrée.*

PATERE. s. f. Vieux mot. Vase d'or ou d'argent, de marbre, de bronze ou de verre, qui servoit aux libations du vin & des autres liqueurs qu'on faisoit aux funerailles des anciens. On s'en sert pour ornement dans la frise Dorique & dans les tympans des arcades. Ce mot est Latin, *Patera*, Coupe.

PATERNIENS. s. m. Heretiques qui prêcherent leurs erreurs dans le quatriéme siecle. Ils tenoient que toutes les parties inferieures du corps humain depuis le nombril avoient été créées par le diable, & ils se plongeoient dans toutes sortes de lascivetés & d'infamies. Ils prirent leur nom d'un Paternus, homme abject, & furent aussi appellés *Venustiani*, de Venus, qu'ils honoroient par leurs impudiques actions.

PATHOLOGIE. s. f. Partie de la Medecine qui consiste à considerer la nature, les causes & les symptomes des maladies. Ce mot est Grec, παθολογία, de πάθος, Affection, & de λόγος, Discours.

PATIENCE. s. f. Morceau d'étoffe, qui est une maniere de Scapulaire que portent les Novices dans quelques Couvents, & qui leur pend un bon pié par devant & par derriere. Parmi les Benedictins c'est une sorte de scapulaire sans capuchon, qu'on donne aux Religieux malades; & chés les Feuillans c'est une chemise sans poignets, qu'ils donnent aussi aux Religieux malades.

Patience. Sorte d'herbe à feuilles larges que l'on met dans le potage & dans quelques farces. Sa racine est amere, de couleur safranée & entierement semblable à l'oseille. On l'appelle autrement *Parelle*, & en Latin *Lapathum*. Il y en a une sauvage qu'on nomme *Rumex.*

PATIN. s. m. *Sorte de soulier fort haut, aussi élevé par devant que par derriere, que les femmes portoient autrefois.* ACAD. FR. Borel dérive ce mot du Grec πατεῖν, Fouler aux piés.

Patin, se dit aussi d'une chaussure particuliere dont se servent les Hollandois, pour couler plus sûrement sur la glace, qu'ils ont l'adresse de fendre avec un morceau de fer appliqué sous ce patin qui est fait de bois.

Patin. Sorte de fer de cheval, dont on se sert pour un cheval éhanché ou qui a fait quelque effort. Il y a une maniere de demi-boule de fer concave, soudée sous ce fer, & on l'attache sous le pié qui est sans mal, afin que le cheval ayant de la peine à se soûtenir dessus, se trouve forcé d'appuyer sur le pié boiteux; ce qui empêche les nerfs de se retirer, & fait que sa hanche ne se desseche point.

Patins. Terme d'Architecture. Pieces de bois qu'on met dans les fondations sur les pieux ou sur un terrain qui n'est pas solide. On appelle aussi *Patins*, Des pieces de bois qu'on pose sous les échiffres & dans lesquelles sont assemblés à plomb les noyaux & les potelets. Les Patins tiennent encore lieu de piés dans la construction de plusieurs machine

PATON. s. m. Terme de Cordonnier. Petit morceau de cuir qu'on met en-dedans au bout de l'empeigne d'un soulier, pour en conserver la forme.

PATRICIENS. s. m. Heretiques qui disoient que Satan avoit fait la chair humaine, & non pas Dieu, & que par cette raison les hommes avoient la liberté de se tuer eux-mêmes, pour être délivrés de la chair. Ils furent ainsi nommés d'un certain Patricius qui a vécu, selon quelques-uns, sous l'Empereur Arcadius, trois cens quatre-vingt-sept ans après JESUS-CHRIST.

PATRIPASSIENS. s. m. Heretiques qui suivant la doctrine de Sabellius, qui confondoit la nature & les Personnes de la Trinité, & enseignoit qu'il n'y avoit point de distinction entr'elles, disoient que le Pere & le S. Esprit avoient souffert à la croix, ainsi que le Fils. Leur nom, qui leur fut donné de *Pater*, Pere, & de *Pati*, Souffrir, fait connoître leur opinion.

PATROCINER. v. n. Vieux mot dont on se sert encore dans le burlesque, pour dire, Parler à quelqu'un pour l'engager à un sentiment qu'on voudroit qu'il prît, contraire à celui qu'il a. Il vient du Latin *Patrocinari*, Plaider.

PATRONNE. s. f. On appelle *Patronne*, ou *Galere Patronne*, La seconde des Galeres de France. C'est le Lieutenant general des Galeres qui la monte, & elle est considerée dans nos Escadres de Galeres de la même sorte que le Vaisseau Vice-Amiral est consideré entre nos Vaisseaux de haut bord. Elle porte un étendard quarré long à l'arbre de mestre, & deux fanaux sur la pertiguette. Si le Vice-Amiral & la Galere Patronne de France se rencontrent, la Patronne est obligée de saluer la premiere; & si c'est le Contre-Amiral, il faut qu'il salue le premier; mais le salut se doit rendre coup pour coup.

PATRONNER. v. a. On dit *Patronner*, en termes de Peinture, quand par le moyen d'un papier ou d'une carte découpée & à pieces emportées qu'on applique sur une toile ou sur autre chose, on imprime avec de la couleur les figures qui sont enlevées sur la carte, de la même maniere que font les faiseurs de cartes à jouer, qui ont differens patrons pour patronner les figures, & y mettre les couleurs.

PATROUILLE. s. p. Terme de guerre. Guet de nuit, qui est d'ordinaire composé de cinq ou six soldats commandés par un Sergent. Ils partent du corps de garde de la Place, & vont observer ce qui se passe dans les rues, afin d'empêcher que la tranquillité des Habitans ne soit troublée.

PATTALORINCHYTES. s. m. Heretiques qui s'éleverent dans le second siecle, & qui faisoient consister tout le Service divin dans le silence, sans pratiquer aucune autre chose; ce qui leur avoit fait prendre l'habitude de fourrer leurs doigts dans leur nés & de les mettre dans leur bouche, afin de s'empêcher de parler. Ils prirent leur nom delà, πάτταλος, ou πάσσαλος, signifiant en Grec Un pieu, un bâton, ῥὶν, Le nés, & ἐγχέειν, Infuser, comme s'ils se fussent bouché le nés avec une cheville. On les appella en Latin *Silentiarii.*

PATTE. s. f. *Il ne se dit proprement que du pié des animaux qui ont des doigts, des ongles ou des griffes.* ACAD. FR. Borel fait venir ce mot du Grec πατεῖν, Fouler aux piés. Selon cette étymologie, il faudroit écrire *Pate*, & non *Patte*. M. Ménage le fait venir de *Plata*, comme qui diroit Plate.

Patte. Morceau de fer pointu que l'on fiche dans un mur pour y attacher quelque lambris qu'on y cloue par l'autre bout qui est plat & troué. *Patte*, se dit aussi d'un morceau de fer qu'on scelle pour faire tenir la plaque du feu au contrecœur de la cheminée.

Patte. Petit instrument à plusieurs pointes, qui sert à regler les livres de musique, & avec lequel on fait tout d'un coup plusieurs rayes sur du papier.

Les Charons appellent *Patte*, Le bout de rais de roue qui entre dans le moyeu.

Patte, se dit aussi non seulement de la partie la plus basse d'un flambeau & d'un gueridon, mais encore du bas bout du hautbois & de la flûte.

On dit *Patte d'un verre*, pour dire, La partie sur laquelle il se soûtient.

On appelle sur mer, *Pattes de bouline*, Certains cordages qui sont plusieurs branches séparées au bout de la bouline; ce qui fait que l'on peut saisir la voile par plusieurs endroits. Il y a des poulies par le moyen desquelles ces cordages répondent l'un à l'autre. *Pattes d'ancre*, se dit de deux plaques de fer triangulaires qui sont soudées sur chaque bout de la croisée de l'ancre, & recourbées pour pouvoir mordre dans la terre; & on dit, *Laisser tomber la patte de l'ancre*, pour dire, Mettre l'ancre perpendiculaire à la mer, afin de la tenir toute prête à être mouillée. Il y a aussi des *Pattes d'anspects*. Ce sont des pattes de fer qu'on met au bout d'un levier quand on a quelque gros travail à faire.

Patte d'oye. Terme de Jardinage. Division de trois allées qui viennent aboutir à un même endroit. Les Charpentiers nomment aussi *Patte d'oye*, Certains traits dont ils marquent une partie des pieces de bois qui doivent être employées à construire une maison. Il y a des enrayûres pour les combles qu'ils appellent *En patte d'oye*. On appelle *Patte d'oye de pavé*, L'extrêmité d'une chaussée de pavé, qui s'étend en glacis rond pour se raccorder aux ruisseaux d'en bas. *Mouiller en patte d'oye*, Se dit sur la mer, lorsque dans de gros tems on mouille trois ancres à l'avant du Vaisseau; en sorte qu'étant à une égale distance l'une de l'autre, elles fassent une espece de triangle.

PATTÉ, ÉE. Terme de Blason. Il se dit des croix dont les extrêmités s'élargissent en forme de patte étendue. *D'argent à la croix pattée d'azur*.

PAV

PAVAME. s. m. Arbre fort beau à voir qui croît en quantité dans la Floride, où il y en a des forêts entieres. Il a son tronc extrêmement droit, qui dans le haut produit plusieurs branches chargées de feuilles vertes, dont la figure approche de celles du figuier. On l'appelle autrement *Saxafras* ou *Bois de canelle*.

PAVANE. s. f. Danse grave qui est venue d'Espagne, & où les danseurs font la roue l'un devant l'autre à la maniere des paons lorsqu'ils étendent le plumage de leur queue. Elle a pris son nom delà. C'étoit autrefois une danse fort serieuse. Les Princes y avoient leurs grands manteaux, les Gentilshommes la cape & l'épée, les gens de Justice leurs longues robes, & les Dames les queues de leurs robes abbaissées & traînantes; ce qui s'appelloit *Le grand Bal*, à cause de la majesté de cette danse.

PAVÉ. s. m. On appelle *Pavé*, en general, Toutes sortes de carreaux de marbre, de pierre, ou de terre cuite, dont on se sert pour paver. L'usage du pavé de grais, qui est la meilleure pierre qu'on puisse employer à paver les grands chemins, les rues & les cours, fut introduit à Paris en 1184. par Philippe Auguste. Il est fait de quartier de grais de huit à neuf pouces, presque de figure cubique. On appelle *Pavé fendu*, celui dont on pave les petites cours, les cuisines & les écuries, & qui n'est que de la demi-épaisseur de l'autre; & *Pavés d'échantillon*, ceux qui sont des ordinaires grandeurs selon la coûtume. Le *Pavé de pierre* est fait de dales de pierre dure à joints quarrés, ou de quartiers tracés à la sauterelle, & posés à joints incertains; & le *Pavé de marbre* est celui qui est fait de grands quarreaux de marbre en compartimens. Le *Pavé de brique* est fait de brique posée de champ & en épi semblable au point de Hongrie ou de quarreau barlong à six pans figuré, comme les bornes de verre adossées; & le *Pavé de moilon* est fait de moilons de meulieres posés de champ pour rendre ferme le fond d'une piece d'eau. On dit aussi *Pavé de terrasse*. C'est celui qui sert de couverture en platte-forme, ou sur un plancher de bois, ou sur une voute.

PAVER. v. a. *Couvrir le terrain, le sol d'un chemin, d'une rue, d'une cour, avec de la pierre dure, du grais ou de la brique pour la commodité des hommes*. ACAD. FR. On dit *Paver à sec*, pour dire, Asseoir le pavé sur une forme de sable de riviere; & *Paver à bain de mortier*, pour dire, l'Asseoir en se servant d'un mortier de chaux & de sable, ou de chaux & de ciment.

PAVESCHER. v. a. Vieux mot. Couvrir.

PAVIE. s. m. Sorte de pêche qui ne quitte point le noyau, & dont la chair est fort ferme. On prononce *Pavi*, & il y en a beaucoup qui l'écrivent.

PAVIER. v. a. Terme de Marine. Entourer le bord d'un Vaisseau d'un tour de drap rouge, ou d'une toile large d'une aune; ce qui se fait aux jours de réjouissance & de combat, pour ne laisser pas voir les soldats. On dit aussi *Pavoiser*. Quelques-uns veulent que cela vienne d'une coûtume des Anciens, qui lorsqu'ils avoient envie de combattre, rangeoient leurs pavois sur les bords de leurs Vaisseaux, afin de pouvoir se cacher derriere. On appelle *Paviers* & *Pavesades*, Ces tours de drap ou de toile ainsi étendus.

PAVILLON. s. m. Terme de Marine. Banniere que l'on arbore ordinairement à la pointe de quelque mât. Elle est chargée d'armes & de couleurs particulieres, non seulement pour faire discerner les Nations, mais pour faire distinguer les Officiers generaux d'une armée navale. Le Pavillon d'Amiral est quarré blanc, porté au grand mât. Celui de Vice-Amiral est porté au mât de misaine, & celui de Lieutenant general, au mât d'artimon. On appelle *Pavillon quarré*, celui qui a la figure d'un quarré long. Il n'y a que les Officiers generaux qui puissent le porter au haut des mâts. *Pavillon de poupe*, est celui qui est porté sur l'arriere du Vaisseau, & *Pavillon de beaupré* est un petit Pavillon qui se porte sur le mât d'avant ou de beaupré. Il y a aussi un *Pavillon de conseil*. C'est un petit Pavillon qu'on arbore à bord du Commandant quand il veut tenir conseil. On appelle *Vaisseau-pavillon*, ou simplement *Pavillon*, le Vaisseau que commande un des Officiers generaux qui ont droit de porter pavillon dans une Armée navale; & on dit *Etre sous un tel Pavillon*, pour dire, Etre sous un tel Commandant.

On dit, *Mettre le Pavillon en berne*, pour dire, le faire courir le long de son bâton par le moyen de son issas & le tenir ferlé. C'est un signal pour appeller la chaloupe du Vaisseau si elle est à terre, ou pour avertir les Vaisseaux inferieurs de venir à bord de leur pavillon. On dit, *Amener le pavillon*, pour dire, Le baisser, le mettre bas par respect à la rencontre de quelque Vaisseau à qui cet honneur est dû ; &, *Faire pavillon blanc*, pour dire, Arborer un pavillon blanc en signe de paix. *Faire pavillon de France, pavillon d'Angleterre*, c'est Arborer le pavillon de France, le pavillon d'Angleterre. On dit encore, *Embrasser le pavillon*, pour dire, Rassembler le pavillon entre les bras d'un Matelot, qui étant monté vers l'épars, fait du Pavillon une espece de fagot, en le ramassant par une seule embrassade. On a introduit cet usage de notre tems parmi quelques Nations du Nord, pour remedier aux contestations qui arrivoient touchant les saluts de mer. C'est une sorte de temperament entre Amener le pavillon, & le laisser arboré.

On appelle *Pavillon*, Le gros du cor, de la trompe & de la trompette, où est l'ouverture qui est au bas de cet instrument.

Pavillon, en termes de Blason, se dit de ce qui enveloppe les Armoiries des Empereurs, des Rois, & des Souverains qui ne reconnoissent que Dieu au dessus d'eux. Ils ont seuls droit de porter le pavillon, qui est composé de deux parties, sçavoir des courtines & du comble. Le comble est son chapeau, & les courtines en font le manteau ou mantelet. L'usage des pavillons & des marteaux dans les Armoiries est venu des lambrequins, qui quelquefois se sont trouvés étendus en maniere de couvertures, & retroussés de part & d'autre. Il peut aussi être venu des tournois, à cause qu'on y exposoit les armes des Chevaliers sur de riches tapis, & que les chefs de quadrille faisoient élever des tentes, pour s'y tenir à couvert, jusqu'à ce qu'ils entrassent en lice. Les Rois Electifs & les Ducs, quoique Souverains qui relevent d'un Empereur, ne couvrent leurs timbres que des courtines du pavillon, dont ils ôtent le dessus, qui est le comble.

Pavillon. Terme d'architecture. Corps de logis dont la maison principale est accompagnée, ou qui est au bout d'une galerie. Il se dit aussi d'un corps de logis seul comme d'un petit bâtiment séparé, qu'on fait faire dans un jardin, pour y jouir de la belle vûe. On l'appelle ainsi à cause de la forme de sa couverture qui ressemble à celle des Pavillons ou tentes d'armée. En general *Pavillon* se dit de toute couverture qui a quatre arrestieres. Ce mot vient de *Papilio*, dont les Italiens ont fait *Padiglione*, pour dire, Une Tente.

PAULIANISTES. s. m. Heretiques Sectateurs de Paul de Samosate, Evêque d'Antioche, vers l'an 261. qui niant la distinction des Personnes divines, enseignoit qu'il y en avoit deux distinctes en Notre Seigneur, le Fils de Dieu & le CHRIST, qui, selon la detestable doctrine de cet Heresiarque, n'avoit point été avant Marie, & avoit été recompensé de ses saintes œuvres par le nom de Fils de Dieu qu'il avoit reçû. Fondé sur des principes si remplis d'impieté, il prétendoit que le sang de JESUS-CHRIST fût corruptible dans le Sacrement de l'Eucharistie.

PAUME. s. f. *Le dedans de la main entre le poignet & les doigts.* ACAD. FR. C'est de là que l'on a dit *le Jeu de la Paume*, qui est un Jeu où l'on pousse & repousse une balle plusieurs fois avec certaines regles à observer, à cause que l'on poussoit autrefois cette balle avec la main. Il y a la longue & la courte Paume, ou la Paume absolument. On dit, *Longue Paume*, Lorsque l'on joue à ce jeu dans une grande place qui n'est point fermée, & *la Paume* simplement, quand on y joue dans un lieu fermé de murailles.

Paume. Sorte de mesure qui étoit autrefois en usage. Elle étoit de quatre doigts quand on mesuroit avec la main fermée, & de douze quand on la tenoit étendue. C'est encore aujourd'hui une mesure dont on se sert pour specifier la taille des chevaux. C'est la hauteur du poing fermé qui la détermine. Les Chevaux de guerre doivent avoir seize à dix-huit paumes. Ce mot vient du Latin *Palma*.

PAUMELLE. s. f. Espece d'orgue qui n'a que deux rangs.

Paumelle, Se dit aussi d'une espece de penture de porte pour les salles & les chambres. On l'attache sur le bois avec plusieurs clouds, & elle tourne sur un gond.

PAUMER. v. n. Terme de marine, dont se servent les Levantins, pour dire, Se touer en halant à force de bras.

Se paumer, a été dit anciennement pour, se pâmer.

C'estoit grand esbàhissement,
De voir les gens qui lacrimoient
Par soupirs & gemissement
Et tant presque se paumoient.

PAUMET. s. m. Terme de Marine. Il se dit d'un dé concave qui tient à un cuir à la paume de la main du voilier, & il s'en sert pour pousser son aiguille lorsqu'il coud les voiles.

PAUMOYER. v. a. Vieux mot. Manier hardiment quelque chose. Ainsi on a dit, *Paumoyer sa lance*. Ce mot vient de la Paume de la main.

PAUMURE. s. f. Terme de Chasse. Il se dit du sommet des têtes de cerf, où son bois se divise en plusieurs parties qui semblent representer la Paume de la main.

PAVOIS. s. m. Grand Bouclier que les Anciens portoient à la guerre comme une arme defensive. Lorsque les Seigneurs avoient fait l'élection de leurs Rois, ils les faisoient porter au camp élevés sur un grand Pavois, & le Peuple assemblé en armes confirmoit leur choix. Ce mot vient, selon Borel, de *Pave*, vieux mot qui signifioit Couverture.

On appelle sur mer *Pavois*, Une tenture de frise ou de toile dont on environne le platbord des Vaisseaux de guerre, pour empêcher qu'on ne voye ce qui se fait sur le pont pendant un combat. On s'en sert de même dans un jour de rejouissance, & il y a de ces Pavois, faits de pieces de drap bleu, bordées de drap blanc, & toutes semées de fleurs de lis d'or.

PAVOT. s. m. Dioscoride dit qu'il y a de deux sortes de Pavot, celui des jardins & le sauvage. Ce dernier croît au Printems parmi les orges, & sa fleur ne dure guere. Ses feuilles sont semblables à celles de la roquette, ou d'origan, ou de chicorée, ou de thim, mais plus longues, rudes & déchiquetées. Il a sa tige aussi rude, faite en maniere de jonc & de la hauteur d'une coudée. Ses fleurs ressemblent à celles de la Passefleur, étant rouges & quelquefois blanches. Il produit ses têtes longues avec une graine rousse. Sa racine est de la grosseur du petit doigt, longue, blanchâtre & amere au goût. Celui des jardins produit une tête longue. Sa graine est blanche. Il y en a une troisiéme espece qui est plus sauvage & plus propre en Medecine. Il est beaucoup plus long que les autres, & a aussi ses têtes plus longues. Tous pavots sont refrigeratifs, & la décoction de leurs feuilles & de leurs têtes prise en breuvage, est bonne à ceux qui sont travaillés d'insomnie. Matthiole dit que toute sorte de pavots se sement, mais qu'il appelle particulierement *Pavot des Jardins*, Celui qui porte une graine blanche, à cause qu'on le seme plus ordinairement aux jardins

& près des maisons, & que pour les autres il les appelle *Sauvages*, non pas qu'il entende qu'ils viennent d'eux-mêmes, mais parce qu'ils ont les feuilles, les tiges & les têtes plus rudes & plus velues que le Pavot blanc, outre que leur graine est plus âpre & plus noire. Il ajoûte que les habitans de la haute Autriche font de l'huile de la graine de Pavot noir, & qu'ils en mangent d'ordinaire, comme si c'étoit de l'huile d'olive, sans que pourtant ils en soient plus assoupis, ce qui l'avoit enhardi de faire souvent piler cette graine, & après l'avoir passée avec decoction d'orge, de donner à boire ce qui en avoit coulé, à ceux-mêmes qui étoient attaqués de fievres fort chaudes & aigues, pour les desalterer & faire dormir.

Il y a deux autres especes de Pavot, le cornu, & l'écumant. Le *Pavot cornu* a les feuilles blanches, velues, & semblables à celles du Bouillon, incisées & déchiquetées tout autour, ainsi que celles du Pavot sauvage, auquel il ressemble encore par sa tige. Sa fleur est pâle, & porte certaines gousses, telles que les gousses de fenegré. Elles sont recourbées en maniere de cornet, ce qui lui a fait donner le nom de *Pavot cornu*. Sa graine est noire & petite, & sa racine noire & grosse. Elle va à fleur de terre. Cette sorte de Pavot croît aux lieux âpres & maritimes. La decoction de sa racine cuite en eau, jusqu'à ce qu'elle soit reduite à moitié, guerit les sciatiques & les maladies du foye, si elle est prise en breuvage. La tige du *Pavot écumant*, que les Grecs appellent ἀφρώδης, & quelques-uns *Heracleum* est de la hauteur d'un palme. Ses feuilles sont fort petites & semblables à celles de l'herbe aux foulons. Il produit un fruit blanc entre ses feuilles. Toute l'herbe est blanche & chargée d'écume. Sa racine est aussi à fleur de terre. Sa graine qu'on cueille en été lorsqu'elle est pleinement mûre, prise en eau mielée au poids d'un acetabule, purge par vomissemens, & ces vomissemens sont singuliers pour ceux qui ont le haut mal. C'est ce qu'en a écrit Dioscoride. Matthiole avoue qu'il n'a ni vû ni trouvé personne qui ait rencontré ce dernier Pavot, & qu'il aime mieux le mettre au rang des herbes inconnues, que d'en rien dire au hazard. Galien dit que le Pavot cornu, que quelques-uns appellent παράλιον, à cause qu'il croît près de la mer, est incisif & absterfif, & que le Pavot écumant est petit & menu, & a une graine propre à purger le phlegme.

PAUPIERE. s. f. La peau qui couvre les yeux, & qui les défend par devant contre l'air, le vent, la poussiere, les moucherons, & autres incommodités. Il y a deux paupieres en chaque œil, l'une en haut & l'autre en bas. Chaque paupiere est faite d'un cartilage mince & delié, afin qu'elle soit plus mobile, flexible & legere. Elle est vêtue par dedans d'une petite membrane, & par dehors d'une peau délicate. Les poils qui la bordent sont rangés dans un très-bel ordre pour ne pas nuire à la vûe, & pour défendre les yeux des choses les plus legeres.

PAUVRE. adj. Qui n'a pas dequoi subsister, mendiant. On appelle au substantif, *Pauvres de Lyon*, Certains Heretiques qui parurent vers l'an 1160. & dont Pierre de Vaud, riche Marchand de Lyon fut l'Auteur. Il se contenta d'abord de faire des liberalités de son bien aux Pauvres, & répandit ensuite quelques points de sa doctrine. L'un des principaux étoit que tous les hommes étant Freres par Adam, il devoit y avoir entr'eux communauté de biens. Comme c'étoit un homme ignorant, ce qu'il enseignoit ne fut approuvé que de ceux qui le suivoient par interêt. Ce fut de là qu'ils furent nommés *Pauvres de Lyon*. La défense qu'on fit à Pierre de Vaud de se mêler d'un ministere dont sa profession devoit l'éloigner, l'ayant obligé d'en sortir, il chercha un azyle dans les montagnes de Dauphiné & de Savoye, qu'il infecta de sa mauvaise doctrine, prêchant l'indépendance à ses disciples, & voulant qu'ils ne portassent que des sandales, à la maniere des Apôtres. Il leur donnoit autant de pouvoir qu'aux Prêtres, & prétendoit qu'ils pouvoient consacrer & administrer les Sacremens. On les nomma *Vandois*, de son nom, qu'il avoit pris du Village de Vaux dans le Dauphiné, qui étoit le lieu de sa naissance.

PAUX s. m. p. Vieux mot. Cheveux, poils.

Et n'avoir barbe ne grevon,
Se petits paux folages non.

On a dit aussi *Peux*

PAX

PAX. Vieux mot. Lots & ventes.

PAY

PAYELE. s. f. Vieux mot. Pelle.

PAYCO. s. m. Nom que donnent les Indiens à une herbe fort commune du Perou. Ses feuilles, pour la forme & la couleur sont semblables à celles du Plantin, & étant seches, elles sont fort deliées, acres & chaudes. Bûes en poudre avec du vin, elles guerissent les douleurs nefretiques qui ont une cause froide, & l'experience a fait voir que la plante même a le même effet, si lorsqu'elle est cuite on l'applique en forme d'emplâtre sur la partie affectée.

PEA

PEAGE. s. m. Droit seigneurial qui se prend sur le bétail ou sur la marchandise qui passe, pour l'entretien des ponts, des ports & passages. Ce mot s'est dit autrefois en general de toutes sortes d'impôts que l'on payoit pour les marchandises qui se transportoient d'un lieu à un autre, à la charge de tenir les chemins sûrs, en sorte que si un homme étoit volé entre deux soleils, & dans un chemin public, le haut Justicier qui levoit le Peage étoit obligé de le rembourser. M. Ménage fait venir ce mot de *Payage* ou de *Pedagium*, & d'autres de *Paysage*, ou de *Passage*. Borel dit qu'il vient de *Pagus*, ou de *Pays*.

PEAU s. f. *La partie exterieure de l'animal, qui enveloppe & couvre toutes les autres parties.* ACAD. FR. La peau ressemble à un rets tendineux, composé artificiellement de trois sortes de petits vaisseaux capillaires ou de fibres, de veines, d'arteres & de nerfs. Ceux-ci sont en si grand nombre, que que cela est cause que la peau est mise par quelques-uns au rang des corps tendineux. Le corps entier est enveloppé de ce rets, qui renferme une infinité de petites glandes, dont chacune a ses vaisseaux excretoires, qui se déchargent en dehors vers la surpeau. Les orifices de ces petits vaisseaux sont les pores les plus considerables de la peau, & ces petites glandes excretoires sont l'organe des transpirations copieuses, ou plûtôt de la transudation. On a dit autrefois, *Pel*, pour dire, Peau.

On appelle, *Peaux d'Espagne : peaux de senteur*, Des peaux bien passées & bien parfumées. Les peaux se preparent diversement selon la diversité des Artisans. On dit parmi les Peaussiers, *Mettre une peau en couleur*; parmi les Corroyeurs, *Passer une peau, fouler une peau*; parmi les Pelletiers, *Lustrer une peau, pommeler une peau*, & parmi les Gantiers, *Paissonner une peau.*

On dit en termes de Palais, que *Les Arrêts s'expedient en peau*, pour dire, qu'Ils s'expedient en parchemin, & qu'on taxe par peau, pour dire, par parchemin, à cause que les parchemins se font de peaux de mouton & de chevre.

Les animaux ont la peau velue couverte de poil, de bourre, ou de laine. Les oiseaux l'ont couverte de plumes, & les poissons d'écailles. Etmuller dit que la peau de Vautour est un remede très-bon pour le manque d'appetit, quand elle est taillée en forme triangulaire & appliquée à l'estomac, & qu'il en en a vû plusieurs belles experiences.

On appelle *Peau*, ce qui enveloppe les prunes, les cerises, les raisins, & autres fruits semblables, tant dedans que dehors.

On dit encore *Peau*, en parlant de ce qui se forme sur les liqueurs onctueuses, comme sur l'ancre, les laitages, les syrops, quand ces liqueurs s'épaississent.

PEAUSSIER. s. m. Artisan qui prend du Tanneur ou du Megissier des peaux de mouton & de veau, & qui leur ayant donné les façons necessaires, les met en couleur, pour les vendre ensuite aux Relieurs, aux Gantiers, & autres Ouvriers qui en ont besoin.

Ce mot est quelquefois adjectif, & on appelle *Muscles peaussiers*, en Anatomie, les muscles qui font mouvoir la peau où ils sont attachés. Il n'y a guere que le visage qui ait de ces sortes de muscles.

PEAUTRE. s. m. Vieux mot. Le gouvernail d'un batteau. Quelques-uns l'ont conservé dans cette phrase proverbiale, *Envoyer aux peautres*, pour dire, Chasser loin de soi. On a dit aussi autrefois *Peautrailles*, pour dire, Canaille.

PEAUTRÉ, ÉE. adj. Terme de Blason. Il se dit de la queue des Poissons lorsqu'elle est d'autre couleur que le corps. Celà vient de ce que cette queue est le gouvernail des poissons. *D'argent au Dauphin versé de sable : barbé & peautré d'or.*

PEC

PEC. adj. m. Epithete qu'on donne au hareng fraîchement salé qu'on a mis en caque. *Harang pec.* On a dit *Pec* autrefois, pour dire Un méchant cheval. On l'a dit aussi pour signifier un sot, d'où vient qu'on dit encore quelquefois par injure à une femme que *C'est une pecque.*

PECOIÉ. adj. Vieux mot. Coupé.

PECOL. s. m. Vieux mot. Quenouille de lit.

PECT. s. m. Mot qui ne se dit qu'en parlant du serment des Ecclesiastiques à qui on fait mettre la main au Pect, c'est-à-dire sur la poitrine, du Latin *Pectus*, Poitrine.

PECTORAL. s. m. Piece de broderie que le grand Prêtre des Juifs mettoit sur son habit devant son estomac. Il est aussi adjectif, & veut dire, Qui appartient à l'estomac, à la poitrine. On appelle, *Croix pectorale*, Celle que les Evêques & les Abbés reguliers portent à leur cou, & *Syrop pectoral*, Celui qui fortifie la poitrine. On appelle aussi, *Muscle pectoral*, Celui qui est sur la poitrine & qui sert à remuer le bras en devant.

PECULAT. s. m. Crime de ceux qui volent ou qui divertissent les deniers du Prince. Il y a une Ordonnance de François I. donnée en 1545. par laquelle la confiscation de corps & de biens est établie pour punir le Peculat selon la loi *Julia*, qui étoit reçûe parmi les Romains, le Peculat étoit le crime de ceux qui par des voies injustes avoient pris de l'argent ou d'autres effets appartenans au public, ou qui avoient vólé des choses sacrées & religieuses. Il y avoit peine de mort contre les Juges & les Magistrats, & la déportation étoit ordonnée contre les autres personnes. On a dit *Peculat*; *quasi pecuniæ ablatio.*

PECULE. s. m. Fonds que peut acquerir par son industrie, & sans aucuns secours ni de pere ni de Maître, celui qui est en puissance d'autrui, comme un fils de famille ou un Esclave. Les Romains avoient un Pecule civil & un Pecule militaire. Ce mot vient du Latin *Peculium*, fait de *Pecus*, Bestail, parce que tout le bien consistoit autrefois en bestiaux.

PECUNE. s. f. Vieux mot, dont on s'est servi pour signifier de l'argent. Ce mot vient d'une certaine monnoye d'airain, qui fut fabriquée à Rome du tems de Servius Tullius. Elle avoit pour marque une brebis, que les Latins appelloient *Pecus.*

PED

PEDAGNE. s. m. Marchepié où le Forçat qui rame pose celui de ses piés qui est enchaîné.

PEDALE. s. f. Il se dit des plus gros tuyaux des orgues, appellés ainsi du Latin *Pes*, Pié, parce qu'on les touche avec les piés. Ordinairement il y en a treize, & ce mot se dit aussi bien des touches que des tuyaux. Il y a des Pedales de flûte, & des Pedales de trompette.

PEDANÉ. adj. On appelle *Juges pedanés.* Certains Juges de Village qui jugent debout, *Stantes in pedibus*, n'ayant point de siege pour tenir la Justice.

PEDICULAIRE. adj. Les Medecins appellent *Maladie Pediculaire*, Une maladie causée par une grande corruption, & qui fait sortir de la peau une infinité de poux, du latin *Pediculus*, Pou.

PEDICULE. s. m. C'est parmi les Botanistes, la queue qui attache les fleurs ou les feuilles à leurs branches, du Latin *Pediculus*, qui veut dire la même chose.

PEH

PEHUAME. s. m. Nom que les Mechoaquains donnent à une plante que Ximenes dit être celle que Dioscoride appelle *Aristoloche Clematis.* C'est une herbe volubile dont les feuilles ont la figure d'un cœur. Elles sont petites, & les fleurs en sont pourprines. Sa racine est longue, grosse & courte, d'une écorce rougeâtre. Elle est acre, odorante, chaude & seche au troisiéme degré, & de subtiles parties. Les Sauvages mettent cette plante entre les plus excellentes. Ses effets sont de guerir la toux inveterée, de dissiper les vents, de diminuer les petites pierres dans les reins & dans la vessie, de hâter l'enfantement, & de provoquer les mois.

PEI

PEIGNE. s. m. *Instrument de bois, de corne, &c. qui est taillé en forme de dents, & qui sert à démêler les cheveux, & à décrasser la tête.* ACAD. FR. On appelle *Peigne*, dans un métier de Tisserand, Une espece de chassis ou de treillis, où sont quantité de petites divisions ou ouvertures, dans chacune desquelles le Tisserand passe les fils de la chaine qui doit former la longueur de la toile ou de l'étoffe pour les soûtenir, & laisser passer la navette, par laquelle sont portés les fils qui doivent être en travers.

Peigne. Terme de Tonnelier. Morceau de douve qui est amenuisé par un bout, & qu'on fait entrer à force dans les cerceaux, pour réparer un jable rompu.

Peignes. Maladie qui vient aux chevaux, & que leur cause une crasse adulte & maligne, qui sort par la racine du pié, & s'attache sur le cuir. Son acrimonie est telle, qu'elle fait dresser le poil à la couronne & au-dessus, & le fait enfin tomber tout à fait.

Peigne de Venus. Plante que Pline décrit, & dont la racine est blanche, & la tige haute d'un demi-pié. Elle a ses feuilles semblables aux pastenages sauvages ou à la camomille, & ses fleurs sont blanches & menues. A la cime de ses branches, elle produit des bouquets, d'où sortent plusieurs petits becs ou aiguilles, qui sont séparés les uns des autres & disposés en forme d'un peigne à peigner du lin, ce qui la fait appeller *Pecten Veneris*. Matthiole dit que toutes ces marques se trouvent dans la scandix de Hermolaüs Barbarus, qu'il trouve d'une espece differente de la scandix de Dioscoride. La racine de la plante appellée *Peigne de Venus*, broyée avec de la mauve, tire les tronçons qui sont demeurés au corps.

PEIGNIER. s. m. Celui qui fait & qui vend de toutes sortes de peignes. Il n'y a guere que les gens du métier qui se servent de ce mot.

PEINTURE. s. f. L'un des Arts liberaux, qui se sert de couleurs pour representer toutes sortes d'objets. La Peinture a trois parties, qui sont l'invention, le coloris, & le dessein.

On appelle *Peinture à fraisque*, Celle qui se fait contre les murailles & les voutes, fraîchement enduites de mortier fait de chaux & de sable. Avant que de commencer à peindre, on fait des desseins sur du papier de la grandeur de tout l'ouvrage, & on calque ces desseins contre le mur partie par partie, à mesure qu'on travaille, & une demi-heure après que l'enduit est fait, bien pressé & bien poli avec la truelle. On rejette dans cette sorte de travail toutes les couleurs composées & artificielles, & la plûpart des mineraux, & l'on ne se sert presque que des terres qui peuvent conserver leur couleur & la défendre de la brûlure de la chaux. Ainsi les couleurs qu'on y emploie sont le blanc, l'ocre ou brun rouge, l'ocre jaune, le jaune obscur, le jaune de Naples, le rouge violet, la terre verte de Veronne, l'outremer, l'émail, la terre d'ombre, la terre de Cologne, le noir de terre, & quelques autres.

La *Peinture à détrempe*, est celle où toutes les couleurs sont propres, à l'exception du blanc de chaux. Il y faut toûjours employer l'azur & l'outremer avec de la colle faite de peaux de gands ou de parchemin, à cause que les jaunes d'œufs font verdir les couleurs bleues, ce que ne fait pas la colle, soit que l'on travaille contre des murs, soit sur des planches de bois ou autrement. M. Felibien dit qu'il faut leur donner deux couches de colle toute chaude avant que d'y appliquer les couleurs, qu'on détrempe si l'on veut seulement avec de la colle, la composition qui se fait avec des œufs & du lait de figuier, n'étant que pour retoucher plus commodement, & n'être pas obligé d'avoir du feu, qui est necessaire pour tenir la colle chaude. Quand on veut peindre sur de la toile, on en choisit une qui soit vieille, demi usée & bien unie, & on l'imprime de blanc de craye ou de plâtre broyé avec de la colle de gants. On broye toutes les couleurs chacune à part avec de l'eau, & on les détrempe avec de l'eau de colle à mesure qu'on en a besoin pour travailler. Si l'on ne veut se servir que de jaunes d'œufs, on prend de l'eau parmi laquelle on aura mis, sçavoir sur un verre d'eau, un verre de vinaigre, le jaune, le blanc, & la coquille d'un œuf, avec quelques bouts de branches de figuier coupées par petits morceaux, & bien battues ensemble dans un pot de terre.

La *Peinture à huile*, fut mise en usage par un Peintre Flamand au commencement du quatorziéme siecle. Par ce moyen les couleurs d'un tableau se conservent fort long-tems, & reçoivent un lustre & une union que les Anciens ne pouvoient donner à leurs ouvrages, de quelque vernis qu'ils se servissent pour les couvrir. Ce secret ne consiste neanmoins qu'à broyer les couleurs avec de l'huile de noix ou de l'huile de lin; ce qui fait que le travail est bien different de celui de la fraisque ou de la détrempe, à cause que l'huile ne sechant pas si-tôt, le Peintre est obligé de retoucher son ouvrage plusieurs fois. C'est aussi un avantage pour lui d'avoir plus de tems à le finir, & de pouvoir retoucher autant qu'il veut à toutes les parties de ses figures, ce qu'il ne peut faire à fraisque ni à détrempe. Il leur donne aussi plus de force, le noir devenant beaucoup plus noir employé avec de l'huile que quand il est employé avec de l'eau. Comme toutes les couleurs se mêlent ensemble, elles font aussi un coloris plus doux, plus délicat, & plus agreable, & donnent une union & une tendresse à tout l'ouvrage qui ne se peut faire dans les autres manieres de peindre. On peint à l'huile contre les murailles, sur le bois, sur la toile, sur les pierres, & sur toutes sortes de métaux. On y peint sur le verre comme l'on fait sur les jaspes & sur les autres pierres fines, mais la plus belle maniere d'y travailler, c'est de peindre sous le verre, en sorte que les couleurs se voyent au travers. Pour cela on couche d'abord les rehauts & les couleurs, qu'ordinairement on met les dernieres quand on peint sur du bois ou sur une toile, & celles qui servent de fond & d'ébauches se couchent sur toutes les autres.

La *Peinture sur le verre*, ne se fait pas seulement à huile, mais encore de cette même maniere avec des couleurs à gomme & à colle qui paroissent avec plus d'éclat qu'à huile. L'ouvrage fini, soit à huile ou à détrempe, on couvre toutes les couleurs avec des feuilles d'argent, ce qui redouble l'éclat de celles qui sont transparentes comme sont les laques & les verts. Il y a une autre sorte de Peinture sur le verre pour faire des vitres. Le travail s'en fait avec la pointe du pinceau, principalement pour les carnations, & quant aux couleurs, on les couche détrempées avec de l'eau & de la gomme, comme l'on fait en miniature. Quand on peint sur le verre blanc, & que l'on veut donner des rehauts, comme pour marquer les poils de la barbe, les cheveux, & quelques autres éclats de jours, soit sur les draperies, soit ailleurs, on se sert d'une petite pointe de bois ou du bout du manche du pinceau, ou bien d'une plume, pour enlever de dessus le verre la couleur que l'on a mise dans les endroits où l'on ne veut pas qu'il en paroisse. M. Felibien qui parle ainsi de toutes ces sortes de Peintures, dit que les matieres necessaires pour mettre les vitres en couleur, sont les pailles ou écailles de fer qui tombent sous les enclumes des Maréchaux lorsqu'ils forgent, le sablon blanc, ou les petits cailloux de riviere les plus transparens, la mine de plomb, le salpêtre, la rocaille, qui n'est autre chose que ces petits grains ronds, verts & jaunes que les Merciers vendent, l'argent, le harderic, le perigueux, le saphre, l'ocre rouge, le gip ou plâtre transparent comme le talc & la litarge d'argent. L'on broie toutes ces couleurs chacune à part, sur une platine de cuivre un peu creuse, ou dans le fond d'un bassin avec de l'eau où l'on aura mis dissoudre de la gomme arabique.

Il y a une autre sorte de Peinture, que l'on appelle *Peinture en émail*, qui se fait sur les métaux & sur la terre avec des émaux recuits & fondus. Autrefois tous les ouvrages d'émail tant sur l'or que sur l'argent & le cuivre, n'étoient pour l'ordinaire que d'émaux transparents & clairs, & quand on employoit des émaux épais, on couchoit seulement chaque couleur à plat & séparément, comme l'on fait encore quelquefois pour émailler certaines pieces de relief. Aussi n'avoit-on pas trouvé la maniere de peindre comme l'on fait aujourd'hui avec des émaux épais & opaques, ni le secret d'en composer toutes les couleurs dont l'on se sert à present. Pour employer les émaux clairs, on les broie seulement avec de l'eau, à cause qu'ils ne peuvent souffrir l'huile comme les épais. On les couche à plat, bordés du métal sur lequel on les met. Toutes sortes d'émaux ne s'employent pas indifferemment sur toutes sortes de métaux. Le cuivre qui reçoit tous les émaux épais ne sçauroit souffrir les clairs & les transparents, mais l'or reçoit parfaitement aussi bien les clairs que les opaques.

PEL

PELADE. s. f. Maladie du cuir qui fait tomber le poil. Elle est causée par une humeur sereuse, qui ronge la racine des cheveux.

PELAGE. s. m. Qualité du poil d'une bête. On dit dans ce sens qu'il y a des vaches rousses, noires, & de toute sorte de pelage. On s'est servi aussi autrefois du mot de *Pelage*, pour signifier, Un ancien droit qui se levoit sur les peaux.

PELAGIENS. s. m. Heretiques qui enseignoient que le peché d'Adam, n'avoit été dommageable qu'à lui seul, & non à ses Descendants, & qu'il seroit mort quand même il n'eût pas peché. Selon leur doctrine, les hommes ne contractoient point le peché originel en naissant, & pouvoient faire leur salut par les seules forces de la nature, & sans aucun secours de la Grace, de sorte que les petits Enfans n'avoient point besoin du baptême pour être sauvés, & jouissoient de la vie éternelle, mais hors le Royaume de Dieu. Ils furent condamnés par divers Synodes, & ensuite par le Concile d'Ephese. Le nom de *Pelagiens*, leur fut donné de Pelagius natif d'Ecosse, Moine à Rome & Ancien sous Theodose le Jeune, trois cens quatre-vingts-deux ans après JESUS-CHRIST.

PELARD. adj. On appelle *Bois pelard*, Celui dont l'écorce a été ôtée pour faire du tan.

PELARDEAUX. s. m. p. Terme de Marine. Morceaux de planches qui sont couverts de poix, de bourre, & de brai, & dont on se sert à boucher les escubiers ou les trous qui ont été faits dans un combat par le canon ennemi.

PELASTRE. s. m. La partie la plus large de la pelle, & qui ordinairement a des rebords.

PELERIN. adj. Il y a une sorte de Faucon, appellé *Faucon pelerin*, à cause qu'il est oiseau de passage.

PELECTE. s. f. Vieux mot. Petite peau, épiderme.

PELISSON. s. m. Vieux mot. Sorte d'habit ancien qu'on faisoit de peaux.

Vestoit un pelisson ermin,
Sa sambue d'un drap sanguin.

M. Ménage fait venir ce mot de *Pellicium*, ou *Pellicio*, employé par les Auteurs Latins, ou de l'Italien, *Pelliccia*.

PELLE. s. f. Instrument de fer, dont on se sert pour prendre du feu, des balieures & autres choses semblables. Il est composé d'un pelastre avec des rebords, & d'un manche, au bout duquel il y a ordinairement un bouton de fer.

On nomme aussi *Pelle*, Un Instrument de bois qui est composé d'un manche, & d'une partie appellée le plat de la pelle. On s'en sert pour prendre du fumier, de la terre, & pour remuer du blé, de l'avoine, & autres choses. On enfourne aussi du pain avec une pelle.

PELLICAN. s. m. Oiseau aquatique qui a une espece de hupe. Il approche de la forme du Heron, & a un sac ou poche de cuir sous la gorge, pour mettre le poisson qu'il prend. Cet oiseau fait son nid autour des lacs, & le serpent lui tue ses petits.

On appelle aussi *Pellican*, Une sorte d'oiseau fort rare qui naît dans les deserts, & que l'on dit aimer ses petits jusqu'à se faire mourir pour leur conserver la vie. Quelques-uns font venir ce mot du Grec πέλεκυς, Hache, à cause que le Pellican a un bec large en forme de hache.

Pellican. Vaisseau de Chymie qui est fait ordinairement de verre avec des anses creuses & percées. On s'en sert pour corporiser les esprits ou volatiliser les corps par circulation, & les réduire dans leurs plus petites parties.

Les Chirurgiens appellent aussi *Pellican*, Une sorte d'instrument dont ils se servent pour arracher les dents. Il y a une ancienne piece d'artillerie à laquelle on donne ce même nom. C'est un quart de coulevrine qui porte six livres de boulet.

PELOIR. s. m. Sorte de rouleau de bois long d'environ un pié & demi, dont les Megissiers se servent pour faire tomber le poil de dessus la peau des brebis & des moutons qu'ils passent en megie.

PELOTE. s. f. Masse que l'on fait de plusieurs choses en forme de boule. Les Pêcheurs font des Pelotes de terre & de vers, qu'ils jettent aux poissons pour les amorcer; & ils disent *Pelotter*, pour dire, Jetter aux poissons ces petites Pelotes de mangeaille.

Pelote. Petit coffret dans lequel les Dames serrent leurs boucles, leurs bagues & autres choses dont elles ont besoin à leur toilette, & qui est rembourré sur le dessus pour y fourrer leurs épingles.

Pelote, se dit aussi d'une marque blanche qui est au front d'un Cheval. On l'appelle autrement *Etoile*.

PELOTE MARINE. s. f. Matthiole dit que c'est s'abuser, que de prendre pour Adarca, ainsi que font quelques-uns, la Pelote-marine, qui croît seulement dans la mer, & non aux marais d'eau douce, & qui ne se trouve point attachée aux herbes ni aux roseaux, mais sur la greve, parmi la mousse marine jettée à bord par les flots. Elle est semblable aux pelotes de poil qu'on trouve attachées à l'estomac des chevreaux qui ont amassé ce poil en tirant le lait pour leur nourriture, & n'est ni mordante ni brûlante au goût. Galien parlant des médicamens ordonnés pour nourrir & épaissir les cheveux, & empêcher qu'ils ne tombent, la nomme σφαῖρα θαλασσία; & Nicolaus Myrepsicus la met en certain onguent qu'il ordonne pour les vers, disant qu'il faut prendre la Pelote-marine qui se trouve en la mer, & qui est ronde & amassée en forme de laine.

PELOTON.

PELOTON. f. m. *Efpece de boule que l'on forme en devidant du fil, de la laine, de la foie, &c.* ACAD. FR. *Peloton*, fe dit auffi d'une maniere de petit couffinet, rempli ordinairement de fon, & couvert de ferge, ou d'étoffe de broderie ou de foie. Les petites filles portent ordinairement un Peloton pendu à leur ceinture pour y ficher des épingles.

On appelle *Peloton*, en termes de guerre, Un petit corps d'Infanterie de quarante ou cinquante hommes qu'on pofte dans les intervalles des efcadrons pour foûtenir la Cavalerie. On les pofte auffi dans des embufcades, dans des défilés & autres lieux où il ne faut pas des Efcadrons ou des Regimens entiers.

PELUCHE. f. f. *Sorte de panne dont le poil eft plus long que celui de la panne ordinaire.* ACAD. FR. C'eft une étoffe toute de foie, dont les filets traverfans font coupés comme ceux de la panne & du velours, mais dont le poil eft laiffé plus long. Les Fleuriftes appellent *Peluche*, Le velouté de la fleur de l'anemone, & ils difent *Anemone peluchée*, pour dire, Embellie d'une Peluche.

PEN

PEN. f. m. Vieux mot, qui felon Bochart, a fignifié la tête. Borel dit qu'il vient de *Pennin*, qui étoit un Dieu que les Gaulois adoroient fur les fommets des montagnes; ce qui a fait appeller les Alpes *Mont Pennin*, ou *Mont Apennin*.

PENAILLONS. f. m. p. Vieux mot. Haillons.

PENALITE'. f. f. Vieux mot. Peine.

> *Charnalité, c'eft vileté, penalité,*
> *Et beaucoup plus que d'un homme yvre.*

PENANCE. f. f. Vieux mot. Penitence, d'où l'on a fait *Penancier*, pour dire, Penitencier.

> *Et pafferent par Notre-Dame,*
> *Là où il vit le Penancier*
> *Qui confeffoit homme ou femme.*

PENDANT. f. m. Les Horlogers appellent *Pendant*, La partie de la montre où eft attachée un anneau dans lequel on paffe un ruban.

On appelle *Pendants de baudrier*, Les parties du baudrier qui pendent au bas, & au travers defquelles on paffe l'épée.

Les Dames appellent *Pendants d'oreille*, Les parures de pierreries qu'elles attachent aux boucles qu'elles portent à leurs oreilles. Les curieux donnent ce même nom de *Pendants d'oreille*, à deux tableaux ou autres pieces curieufes appariées, & qu'on ne peut féparer, en forte qu'on ne vend jamais l'un fans l'autre.

Pendant. Terme de mer. Longue banderole qui eft ordinairement d'étamine, & que l'on arbore aux vergues & aux hunes pour faire quelque fignal, ou pour fervir d'embelliffement. On l'appelle autrement *Flame*.

Pendant. Terme de Blafon. Il fe dit des parties qui pendent au lambel au nombre de deux, trois, quatre, cinq, &c. que l'on fpecifie en blafonnant. *De gueules au lambel d'argent de deux pendants.* Sa fituation naturelle eft d'être proche du chef.

PENDELOQUE. f. f. Petit morceau de criftal taillé en poire qu'on fait pendre à un luftre, à un chandelier, à une corbeille pour leur fervir d'ornement.

On appelle *Pendeloques de diamans*, Des pierreries qui pendent aux boucles ou pendans d'oreilles.

On appelle auffi *Pendeloques* par dérifion, Les pieces d'étoffe qui pendent lorfque quelque habit eft déchiré.

PENDENTIF. f. m. Terme d'Architecture. Le corps d'une voute compris entre les arcs doubleaux, ogives & formerets. On appelle *Pendentif de Valence*, Une efpece de voute en maniere de cu de four racheté par quatre fourches, & l'on a donné ce nom à cette voute, à caufe que la premiere a été faite à Valence en Dauphiné. *Pendentif de moderne*, fe dit de la portion d'une voute Gothique entre les formerets, arcs doubleaux, ogives, liernes & tiercerons.

PENDEUR. f. m. Bout de corde moyennement longue à laquelle tient une poulie pour paffer la manœuvre. On appelle *Pendeurs de balancines*, Ceux qui font paffés à la tête des grands mâts & des mâts de mifaine, qui pendent fous les hunes & où font paffées les balancines. Les *Pendeurs de bras*, font frappés aux bouts des vergues; c'eft où les bras font paffés. Les *Pendeurs de caliornes*, fervent à tenir les poulies de caliorne des deux mâts. Ils font frappés & paffés comme ceux des balancines. Il y a auffi des *Pendeurs de palan*. C'eft où tiennent les poulies où les palans des deux mâts fe paffent. Le grand palan qui eft à l'étai n'a point de Pendeur. Les Provençaux les nomment *Pendours*.

PENDRE. f. m. Arbre de l'Ifle de Madagafcar, dont les feuilles font fort aigues au bout, & pouffent plus haut que celles de l'aloë. Il produit dix ou douze fleurs blanches d'une merveilleufe odeur que les Femmes font infufer au Soleil dans leur huile de Sefame.

PENDULE. f. m. Poids attaché à une corde ou à une verge de fer, qui étant une fois tiré du point de repos, fait plufieurs vibrations jufqu'à ce qu'il fe foit remis en repos. Voyez VIBRATION.

PENDULE. f. f. Horloge de nouvelle invention qu'on fait avec une Pendule qui en rend le mouvement égal par le moyen d'une ligne cycloide. La Pendule eft meilleure que les horloges ordinaires. Il y a des Pendules de poche, qui font de petites Montres dont M. Huguens a donné l'invention.

PENEAUX. f. m. p. Vieux mot. Haillons ou hardes menues, comme qui auroit dit *Paneaux*, Morceaux de drap, de *Pannus*. On s'eft fervi auffi de ce mot pour fignifier les Pans d'une robe.

> *Faites-moi trouffer mes peneaux,*
> *Et dépouiller de mes drapeaux.*

PENER. v. a. Vieux mot. Punir, tourmenter.

> *Sans lui qui fe laiffa pener,*
> *Pour nous ôter hors de la peine.*

PENES. Terme de Marine. M. Guillet dit que ce font des bouchons d'étoupes à l'ufage du calfateur; qu'ils font attachés à un manche appellé *Le bâton à Vadel*, & qu'ils fervent à goudronner le Vaiffeau.

PENEUR, EUSE. adj. Vieux mot. Moqué. Borel dit que le mot de *Penaut* vient de-là, & qu'il fignifioit autrefois Gueux, de *Pes* & de *Nudus*, Nuds piés, comme n'ayant point dequoi avoir des fouliers.

PENGUIN. f. m. Oifeau marin du genre des oyes qui fe trouve vers le détroit de Magellan. Il eft de la groffeur d'une grande oye, en forte qu'il y en a qui pefent jufqu'à feize livres. Les plumes qu'il a fur le dos font noires, & il en a de blanches fous le ventre. Il a le col court & gros, & ceint comme d'un collier de plumes blanches. Sa peau eft auffi épaiffe que celle d'un pourceau. Il n'a point d'ailes, mais deux petits ailerons comme de cuir qui lui pendent des deux côtés en façon de petits bras. Ils sont couverts en haut de plumes blanches, courtes, étroites, & entremêlées de noires. Ces ailerons lui servent à nager, & non à voler. Les Penguins sautent la plûpart du tems dans l'eau, & ne viennent à terre que quand ils y veulent éclorre leurs petits. Ils ont le bec plus grand qu'un corbeau, mais non pas si élevé, la queue courte, les piés noirs & plats, de la forme de ceux d'oye, quoiqu'un peu moins larges. Ils marchent la tête élevée & droite, laissant pendre leurs ailerons le long de leurs côtés, comme si c'étoient des bras, en sorte qu'à les voir de loin, on les prendroit pour de petits hommes. On tient qu'ils ne vivent que de poisson; ils ne le sentent pourtant pas, & ont le goût assés bon. Ils creusent des trous très-profonds sur le rivage, & le plus souvent ils s'y cachent trois ou quatre.

PENIDES. s. m. Terme de Pharmacie. Medicament très-blanc fait de sucre cuit dans une décoction d'orge, jusqu'à ce qu'il ait acquis une consistance ductile, ensorte qu'il puisse être manié, tiré & mis en bâtons entortillés en forme de corde. Les Arabes appellent les Penides *Alphenic*, à cause de leur blancheur. Ce medicament est très-convenable à la toux, à l'enrouement, à l'âpreté & secheresse de la trachée-artere. Il est bon aussi pour faciliter les crachats & pour remedier à toutes les incommodités des poumons & de la poitrine.

PENIL. s. m. Partie anterieure de l'os barré qui est autour des parties naturelles, où croît du poil qui est la marque de la puberté dans l'un & dans l'autre sexe.

PENITENCIER. s. m. Grand Vicaire de l'Evêque pour tout ce qui regarde le tribunal de la conscience; ce qui lui donne le pouvoir d'absoudre de tous les cas dont il n'y a que l'Evêque ou l'Archevêque qui puisse donner l'absolution. La Dignité de Penitencier est établie dans toutes les Eglises Cathedrales. Le Pape a aujourd'hui son Grand Penitencier qui est Cardinal & Chef de plusieurs autres Prêtres Penitenciers, qui étant établis dans les Eglises Patriarchales de Rome, viennent le consulter dans les cas où ils ne sont pas assés éclairés. Il y a sous lui un Regent de la Penitence, & vingt-quatre Procureurs ou Défenseurs de la sacrée Penitencerie.

PENITENS. s. m. Religieux du tiers Ordre de S. François, qu'on tient que le Pape Nicolas IV. a fondés. Ils sont habillés d'une grosse étoffe grise, ainsi que les Capucins, dont ils different, parce qu'ils n'ont point de capuce en pain de sucre, & qu'ils marchent avec de hautes sandales. On appelle à Paris ces Religieux *Piquepuces*, à cause d'un petit Village du même nom qui est au bout du Fauxbourg saint Antoine, & où ils ont un Couvent. Il y a aussi des Religieuses à Paris, que l'on appelle *Filles Penitentes*.

Penitens, se dit encore de certaines Confrairies de gens seculiers, qui s'assemblent pour faire des prieres. Quand ils font des processions, ils y vont nuds piés & le visage couvert d'un linge, se donnant la discipline jusqu'à faire ruisseler le sang. Il y a des Penitens blancs en Italie, à Avignon & à Lyon. Il y a aussi des Penitens bleus & des Penitens noirs. Ces derniers assistent les criminels, & ont soin de leur donner la sepulture.

Les *Penitens* de la primitive Eglise étoient ceux à qui des crimes publics faisoient imposer des peines publiques. Il leur étoit défendu de demeurer dans l'Eglise pendant le Sacrifice de la Messe, & ils n'étoient point admis aux Sacremens ni aux Ordres, ni aux mariages. Ils ne pouvoient même entrer en aucune dignité. S'il y avoit quelques gens de guerre du nombre de ces penitens, on les obligeoit de poser les armes. Il falloit qu'ils coupassent leurs cheveux & changeassent leurs habits, & qu'ils allassent toûjours à pié, sans se servir d'aucune voiture.

PENNACHE. s. m. On prononce *Panache*. *Tour ou bouquet de plumes d'Autruche*. ACAD. FR. Nicod dit sur ce mot. *Pennache est un plumar ou plumas; c'est-à-dire, un bouquet de plumes à chapeau ou bonnet, combien qu'on use de ce mot* Pennache *pour une grande plume recourbant sur le chapeau. Cette forme de vocable est imitée de l'Italien qui dit* Pennachio, *comme* Pistache *de* Pistachio. Voyez PANACHE.

On appelle *Pennaches de mer*, Certains petits arbrisseaux marins qui se trouvent dans les Isles Antilles de l'Amerique, & qui sont de differentes couleurs selon la qualité des rochers où ils ont leur racine. Ils sont de figure plate, & il semble que ce soient de grandes feuilles toutes percées à jour par une infinité de petits trous. Leur bois est pliant & souple comme de la baleine, & tous leurs petits branchages confus sont enduits d'un limon endurci, coloré en divers endroits de jaune, de blanc & de violet, ce qui les fait paroître au fond de la mer comme de fort beaux pennaches.

Pennache. Terme de Blason. Il se dit des plumes d'oiseau mises sur le chapeau pour orner la tête quand on les peint sur des écus. *D'azur à l'épée d'argent, la garde en haut d'or, accostée de deux Pennaches adossés d'or*.

PENNAGE. s. m. Terme de Fauconnerie. Tout ce qui couvre le corps de l'Oiseau de proie, dans lequel on compte quatre sortes de pennage; le duvet, qui est la petite plume la plus proche de sa chair; la plume menue, dont tout son corps est couvert; les grandes plumes de la jointure des ailes, & celles qui s'étendent jusqu'à la penne du bout de l'aile.

PENNE. s. f. Grosse plume d'oiseau de Fauconnerie. Il vient du Latin *Penna*, Grosse plume.

Pennes, signifie aussi les petites plumes qu'on met au bout d'une fleche ou d'un matras, afin de les faire aller droit. C'est de-là qu'est venu *Trait bien empenné*, & *Matras desempenné*. On faisoit ces pennes avec des plumes d'oye ou de grue.

Penne. Terme de Marine. Le point ou le coin d'en haut des voiles latines ou à tiers point. On dit *Faire la penne dans une Galere*, pour dire, Joindre la longueur de son antenne à la longueur de son arbre; ce qui fait que la penne de la voile répond au bâton de l'étendart. Cela fait une élevation où l'on ordonne à un mousse de monter, quand on veut faire quelque découverte.

Nicod qui explique *Penne* par Plume. *Les François de jadis*, continue-t-il, *par ce mot* Plume, *n'entendoient sinon celle qu'on porte aux chapeaux, bonnets, chanfrains des chevaux, & sur les pommes des licts de parement; mais ceux de present qui ont naturalisé tous les mots & prononciations d'estranges pays les préferans aux leurs propres, usent de* Pennache *pour ce même, l'empruntans de l'Italien* Pennachio. *Les Faulconiers usent dudit mot*, Penne, *pour toutes plumes grosses ou menues d'oiseaux de Faulconnerie. Les Charpentiers par metaphore en usent pour les chevrons d'un feste, d'autant que lesdits chevrons procedans par flanc dudit feste, ressemblent aux aisles espanies d'un oiseau volant*. Penne, *aussi se prend pour l'aileron d'un traict ou fleche*, autrement appellé Pennon. *Selon ce, on dit* Un traict empenné, *& pour l'aile de la voile enfilée en bouline. Selon ce, on dit*, Bouter vent en penne.

On a dit *Pennes* dans le vieux langage, pour dire, des Draps, du Latin *Pannus*.

Où sont ces lits parez, converts
De tant de couverteurs divers,
De plices, de pennes si fines.

PENNON. s. m. Sorte de banniere, appellée autrement *Pannonceau* & *Pennunceau*, venant aussi de *Pannus*. C'étoit une piece de drap fendue en deux & taillée à la maniere des banderoles qu'on voit aux girouettes des tours. On lit dans Alain Chartier : *Havart, l'Escuyer trenchant, monté sur un grand destrier, portoit un pennon de veloux azuré à quatre fleurs.* Le Pennon étoit proprement l'Enseigne ou Cornette d'un Capitaine de Cavalerie, où ses Armes étoient peintes, outre laquelle il y avoit le Pennon Royal. On appelle encore à Lyon *Pennonages*, Certaines Compagnies des quartiers, & leurs Chefs s'appellent *Capitaines pennons*. Pennon, dit Nicod, *est l'enseigne & estendar d'un Gentilhomme Bachelier, & a la queue longue, en quoi gît la difference d'entre Pennon & Banniere, d'autant qu'en la création d'un Banneret ou Baron on lui coupe la queue de son pennon pour lui donner Banniere. Il se prend aussi en pluriel pour les ailerons qu'on cole & met aux deux côtés d'un traict, dard ou fleche, pour les faire en descochant aller droit, sans balancer çà ne là ; mais en cette signification ci, la raison du mot n'est celle de la premiere signification, ains différente, estant ces ailerons ci appellez* Pennons, *parce qu'ils sont faites de penne de grue ou d'oye.*

On appelle, en termes de Blason, *Pennon Genealogique*, un Ecu rempli de diverses alliances des Maisons dont un Gentilhomme est descendu. Il doit comprendre les armes du pere & de la mere, de l'ayeul & de l'ayeule, du bisayeul & de la bisayeule, & sert à faire ses preuves de noblesse.

PENOMBRE. s. f. Les Astronomes appellent ainsi cette partie qui est entre la vraie ombre & la lumiere éclatante, dans laquelle il est presque impossible de déterminer où l'ombre commence, & où finit la lumiere. La Penombre rend douteux le commencement & la fin d'une éclipse. Ce mot vient du Latin *Penè*, Presque, & de *Umbra*, Ombre.

PENONCEL. s. m. On appelloit ainsi autrefois le floquet qu'on mettoit auprès du fer des lances.

Et Gauvain par le penoncel
Print la lance au vert lioncel.

PENRE. v. a. Vieux mot. Prendre. On trouve ce mot dans la Coûtume du Beauvoisis citée par M. Galland au Franc alleu. *Et se liquens s'apperçoit que il ait en ce Comté nul rez à luez, il les puez penre, ne s'en est tenu à nul rendre, pource que il est sires de son droit, de ce qui est tenu en aluez en ce Comté.*

PENS. s. m. Vieux mot. Pensée. C'est de-là qu'on dit encore *Guet à pens*.

PENSÉE. s. f. *Production de l'esprit qui pense ; ce que l'on pense.* ACAD. FR. *Pensée*, est aussi un mot de peinture, & veut dire, Esquisse. On dit d'un Dessein qui n'est pas fini, que *C'est une premiere pensée.*

Pensée. Sorte de fleur qui est composée de cinq petites feuilles, chacune desquelles est embellie de couleur de pourpre, de jaune, & de blanc. Lorsque Matthiole en parle, il dit qu'aux mois de Mai & de Juin on trouve des fleurs rouges au dessus, blanches au milieu, jaune au dessous, qui sont fort belles à voir, & faites en façon de violettes de Mars, quoiqu'elles ne sentent rien. La plante qui les porte, ajoûte-t-il, jette d'abord ses feuilles rondes & dentelées tout autour ; & elles s'étendent en longueur lorsqu'elles viennent à croître. Ses tiges sont en triangle, creuses & crenelées, comparties également par certains nœuds, & des cavités de ces tiges sortent de petits rameaux qui portent la fleur. Quelques-uns l'appellent *Jacea*, & d'autres *Herba Trinitatis*, à cause des trois couleurs de ses fleurs. Le même Matthiole dit qu'il ne sçait si c'est la *Jacea*, que quelques modernes estiment si fort pour remedier aux descentes des boyaux. Il y en a qui la tiennent bonne à ceux qui ont peine à respirer, & aux inflammations du poumon. Elle est bonne aussi à la gratelle, & sert à faire partir les taches du visage. Il s'en trouve de deux especes, l'une grande & l'autre petite. Les fleurs de cette derniere ne sont que de deux couleurs, bleues & blanches, ou jaunes & blanchâtres. On les tient singulieres toutes deux aux tranchées des petits enfans, & sur-tout leur eau prise en breuvage.

PENTAGONE. s. m. Polygone qui a cinq angles & cinq côtés. C'est cette figure que l'on choisit d'ordinaire pour le dessein d'une Citadelle, & l'on fait un bastion à chaque angle. Ce mot vient du Grec πέντε, Cinq, & de γωνία, Angle.

Les Medecins ont donné le nom de *Pentagone* au muscle pectoral, à cause de sa figure.

PENTAPASTE. s. m. Machine à cinq poulies, dont il y en a deux en la partie inferieure & trois en la superieure. On s'en sert pour élever des fardeaux. Ce mot est formé du Grec πέντε, Cinq, & de σπάω, Je tire.

PENTE. s. f. Inclinaison peu sensible d'un lieu haut vers un lieu plus bas. Elle se fait d'ordinaire, afin que les eaux puissent s'écouler facilement. On la regle à tant de lignes par toise, tant pour le pavé & les terres, que pour les canaux des aqueducs & conduits, & pour les chesneaux & les goutieres des combles. On appelle *Pente de comble*, l'Inclinaison d'un de ses côtés qui le rend plus ou moins roide sur sa hauteur par rapport à sa base.

PENTIERE. s. f. Sorte de grand filet propre à prendre des beccasses & autre gibier. Ce filet se fait de mailles quarrées & à losanges.

PENTURE. s. f. Bande de fer qui sert à soûtenir une porte ou une fenêtre sur ses gonds On met deux ou trois pentures aux portes cocheres. Ce sont des bandes ou barres de fer, plates & percées tout du long pour les attacher contre la porte avec des cloux rivés en dedans, où bien avec un crampon qui passe par dessus le collet de la bande, & qui traversant la porte, est rivé par l'autre côté sur le bois. Le bout de la bande est retourné en rond de la grosseur du mamelon du gond, & resoudé sur la même bande. Il y a d'autres pentures qu'on nomme *Flamandes*. Elles sont faites de deux barres de fer soudées l'une contre l'autre, & repliées en rond, pour faire passer le gond. Après qu'elles sont soudées, on les ouvre & on les separe l'une de l'autre, autant que la porte a d'épaisseur, après quoi on les courbe quarrément pour les faire joindre des deux côtés contre la porte. On met quelquefois des feuillages sur ces sortes de penture.

PEO

PEOTE. s. f. Espece de chaloupe très-legere qui est en usage parmi les Venitiens. Comme cette sorte de petit Vaisseau va d'une très-grande vitesse, ils s'en servent quand ils veulent envoyer des avis en diligence.

PEP

PEPASTIQUES. f. m. Medicamens qui auffi-bien que les fuppuratifs, ont un grand rapport en humidité & en chaleur à notre nature. Toute la difference qu'il y a, c'eft que *les Pepaftiques* ou *Pepitiques*, qui font les maturatifs, remettent les humeurs vitieufes & corrompues en un meilleur état, & les cuifent, & les fuppuratifs les convertiffent en pus. Ils font de confiftance emplaftique, pour empêcher que la chaleur naturelle ne s'exhale. Les graiffes des animaux domeftiques font de ce nombre, auffi-bien que le beurre, les figues graffes, la poix, l'encens, les racines de guimauve, de lis & les oignons, avec les feuilles d'ofeille, le bafilicum, & le diachylon. Ce mot vient du Grec *πεπαίνω*, Cuire, Faire venir à maturité.

PEPERIN. f. m. Sorte de pierre grife & ruftique, qu'on emploie à Rome dans les bâtimens.

PEPLIS. f. f. Herbe fort branchue & pleine de lait, que quelques-uns appellent *Pourpier fauvage*, & Hippocrate, *Peplion*. Elle croît aux lieux maritimes, & à fes feuilles femblables à celles des jardins, rondes & rougeâtres du côté qu'elles panchent vers la terre. Sa graine eft ronde & cachée fous fes feuilles. Le goût en eft cauftique & brûlant. Elle n'a qu'une racine menue qui n'a point d'ufage en Medecine.

PEPLUS. f. m. Herbe à peu près femblable à celle que l'on appelle *Peplis*, étant fort branchue comme elle, & pleine de lait. Ses feuilles font petites, & reffemblent à celles de rue. Elles font pourtant plus larges. Au-deffous elle jette une petite graine ronde, & moindre que cello du pavot blanc. Le Peplus a fa chevelure ronde; ce qui le fait appeller *Efule ronde* par les Herboriftes. Il ne croît pas feulement aux jardins & parmi les vignes, mais auffi dans les terres incultes & abandonnées. Le lait qu'il jette eft femblable en toutes chofes à celui des Tithymales, & eft bon auffi à purger les humeurs.

PEPUSIENS. f. m. Heretiques qui débitoient leurs impiétés dans le fecond fiecle, & qui furent ainfi appellés, de Pepufe, ville fituée entre la Galatie & la Cappadoce, où demeuroit Montan*s; dont ils fuivoient les erreurs. Ils tenoient Pepufe pour la nouvelle Jerufalem prédite par les Prophetes, difant que c'étoit-là que nous jouirions de la vie eternelle. Ils tenoient les femmes meilleures que les hommes, & prétendoient que c'étoit d'une femme, & non pas d'un homme, que JESUS-CHRIST avoit pris fa forme; ce qui étoit caufe qu'ils leur permettroient d'entrer au fervice des Eglifes, & en faifoient des Evêques & des Prêtres pour prêcher & adminiftrer les Sacremens.

PEQ

PEQUEA. f. m. Arbre du Brefil, où il y en a de deux efpeces. L'une porte un fruit femblable à l'orange, avec une écorce épaiffe, dans laquelle eft contenue une certaine liqueur mielleufe, qui ne cede en rien au fucre en douceur. Il y a quelques noyaux mêlés. Le bois de l'autre eft eftimé le plus dur & le plus pefant de tous ceux qui croiffent dans ce Pays. Il n'eft point fujet à pourriture. Les Portugais l'appellent *Setim*.

PER

PERCE', E'E. adj. Terme de Blafon. Il fe dit des pieces ouvertes à jour. *D'argent à une patte d'ours en pal, percée en rond de fix pieces, trois, deux & un.*

PERCEINTE. f. f. On appelle ainfi en termes de mer, des rebords, cordons, ou pieces de bois qui regnent en dehors le long du bordage d'un Navire, & qui fervent à la liaifon des tillacs. Quelques Charpentiers donnent le nom de Perceintes aux trois cordons les plus proches de la quille, & ceux qui font au deffus, ils les nomment *Liffes*, ou *Quarreaux*.

PERCE-NEIGE. f. f. Petite fleur blanche qui vient en Hiver, & qui pouffe à travers la neige.

PERCE-OREILLE. f. m. Petit infecte fait en forme de ver, qui fe change en Nymphe, & qu'on voit enfuite avec les ailes étendues. Les Latins l'appellent *Auricularia*.

PERCE-PIERRE. f. f. Herbe que l'on fait confire dans le vinaigre pour la manger en falade. Elle croît dans les rochers.

PERCER. v. a. *Faire une ouverture de part en part.* ACAD. FR. *Percer*, en termes de Chaffe, fe dit d'une bête qui tire de long, & qui va fans s'arrêter lorfqu'elle eft chaffée.

PERCEUR. f. m. On appelle *Perceur*, en termes de mer, ceux dont le métier eft de percer les Navires pour les cheviller. Selon une Ordonnance du Roi de l'année 1681. la même perfonne peut exercer les métiers de Charpentiers, de Calfateur & de Perceur de Vaiffeaux.

PERCHANT. f. m. Oifeau que les Oifeliers attachent par le pié, & qui voltigeant autour du lieu où il eft attaché de cette forte, y fait venir les autres oifeaux, ce qui donne lieu aux Oifeliers de les attraper.

PERCHE. f. f. Poiffon d'eau douce, qui a la bouche petite, fans aucunes dents, le corps large & applati, couvert de petites écailles, avec deux nageoires au dos, deux autres auprès des ouyes, & une cinquiéme vers le trou par où il jette les excremens. Il mange les autres poiffons & ne peut être mangé du brochet, à caufe d'un aileron piquant qu'il heriffe à fon approche. Il y a des Perches de mer auffi-bien que de riviere. On l'appelle en Grec *πίρκη*, & quelques-uns le font venir de *πίρκη*, Noir, à caufe que ce poiffon a des taches noires.

PERCHE. f. f. *Mefure ordinairement de dix-huit ou de vingt piés de Roi.* ACAD. FR. Les chaffeurs appellent *Perches*, les deux groffes tiges du bois ou de la tête du cerf, de daim, de chevreuil, où les Andouillers font attachés. Voici ce qu'a dit Nicod fur ce mot Perche. *C'eft un long bâton de moyenne groffeur qu'on couche par travers pour y mettre deffus quelque chofe. Sur de tels eftalbe on les Faulcons, defquels on dit qu'Ils font en la perche, quand les Faulconniers les y ont mis. Mais les Veneurs par ce mot Perche, entendent le marrein de la rameure du cerf, parce qu'en icelle perche, font eftallez les antoillers, furantoillers, & autres cors & les efpois du cerf. De tout auffi Les perches du bouc fauvage, pour les cornes du bouc fauvage. Perche, en outre eft la mefure à laquelle font mefurex & arpentez les bois, prez, paftis, terres, vignes, & autres chofes femblables, laquelle eft de vingt piés de long mefure de Roy, le pié étant de douze poulces, le poulce de douze lignes. Selon ce, on dit qu'Il y a cent perches à l'arpent.*

On appelle *Perches*, dans l'Architecture Gothique, Certains piliers ronds, menus & fort hauts qui font imités des perches qu'on employoit à la conftruction des premieres tentes & cabanes. Il y a trois ou cinq de ces piliers joints enfemble. Ils portent de fond, & en fe courbant par le haut, ils forment les arcs & les nerfs d'ogives qui retiennent les pendentifs.

PERCHE', E'E. adj. Terme de Blason. Il se dit des oiseaux sur la perche & sur les branches. *D'azur à une fleur de lis d'or, & deux oiseaux de même, affrontez & perchez sur les deux retours.*

PERCOIRE. s. f. Espece de virole de fer dont les Serruriers se servent. M. Felibien dit qu'il y en a de rondes, de quarrées, de plates ou barlongues pour percer les pieces de fer ou d'acier à chaud & à froid, & de petites à travailler sur l'étau. On dit aussi *Perçoir*, pour dire, Une espece de Villebrequin dont on se sert pour percer les muids de vin & les pieces de vinaigre.

PERCUNTATION. s. f. Vieux mot. Demande, enquête. Du Latin, *Percontari*, Demander, Interroger.

PERCUSSION. s. f. Terme de Physique. Impression d'un corps qui frappe, qui tombe sur un autre. On appelle *Instrument de percussion*, Un corps qui étant frappé rend un son sensible. Ce mot vient du Latin *Percutere*, Frapper.

PERDRIGON. s. m. Sorte de prune noire, violette ou blanche, dont le goût est estimé.

PERDRIX. Oiseau très-bon à manger, qui ne se perche jamais sur les arbres. Il fait du bruit en volant, & son vol est bas & de fort peu d'étendue. Il y a des Perdrix grises qui sont les plus communes, & d'autres rouges qui sont les plus grosses. Celles-là ont les piés rouges aussi-bien que quelques plumes autour du col. Il y en a de blanches dans les Alpes qui sont velues par les piés. On dit que la femelle Perdrix pond ses œufs en deux endroits, qu'elle en couve une partie & le mâle l'autre.

Il se trouve dans la Guadeloupe de trois sortes de Perdrix, de rousses, de grises, & de noires, mais à proprement parler, ce ne sont que des Tourterelles. Ce qui donne sujet de le croire, c'est qu'elles n'ont pas la chair courte comme les Perdrix de France, & qu'elles se perchent sur les arbres. Elles ont d'ailleurs le bec droit, & ne pondent que deux œufs, ne couvant ni ne menant point leurs petits quand ils sont éclos, mais les appastelant dans le nid comme font les Tourterelles. Ce mot vient du Grec πέρδιξ, en Latin aussi *Perdix*.

PEREGRIN. s. m. Vieux mot. Il signifioit autrefois Etranger, Pelerin. Aujourd'hui il n'a plus d'usage que joint avec Faucon. Ainsi on dit un *Faucon peregrin*, ou *Pelerin*, pour dire, Qui est de passage. On a dit aussi *Peregrination*, pour dire, Un voyage fait dans un pays éloigné.

PERFOLIATA. s. f. Plante qui produit des feuilles grasses faites en rond, & pourtant pointues au bout, presque comme les feuilles des pois, & que divisent en long plusieurs grosses veines. Ces feuilles se tiennent étendues par terre avant que la tige soit jettée. Cette tige est fort déliée, lissée, ronde & branchue. Matthiole dit que les feuilles qui y viennent semblent en avoir été percées, de sorte qu'à son avis on la devroit plûtôt appeller *Perforata* que *Perfoliata*. Ses fleurs sont jaunes & sortent d'une maniere de petites têtes. Elles sont feuillues, en façon d'étoiles, & sont d'une bonne odeur. Elles contiennent une graine noire, luisante, & plus grande que celle de l'herbe à puces. Cette plante vient parmi les blés, dans les prés & au bout des champs. Elle fleurit en été, & n'a qu'une racine qui est capilleuse. Elle a un goût astringent & un peu amer. L'herbe cuite en vin ou reduite en poudre est singuliere aux descentes de boyaux, & resout les écrouelles. Enduite elle est bonne à toutes sortes d'inflammations.

PERGOUTE. s. f. Sorte de fleur blanche qui a quelque chose de la Marguerite.

PERI, IE. adj. Terme de Blason. On dit *Peri en bande, en barre, en sautoir*, de ce qui est mis dans le sens de ces differentes pieces. *D'azur semé de fleurs de lis d'or, au bâton de gueules peri en bande.*

PERICARDE. s. m. Terme de Medecine. Membrane qui enveloppe le cœur. Elle ne le touche pas immediatement, & lui laisse assés d'espace pour se mouvoir. Cette espace est plein d'une humeur sereuse qui ressemble à de l'urine dans laquelle il nage & se meut. Ce mot est Grec περικάρδιον, de περὶ, Autour, & de καρδία, Cœur.

PERICARPE. s. m. Pellicule qui enveloppe le fruit ou la fleur d'une plante. En Grec περικάρπιον, de περὶ, Autour, & de καρπὸς, Fruit.

PERICRANE. s. m. Membrane épaisse & solide, qui environne le crane. On dit que le pericrane naît de la dure mere, qui sortant par les sutures du crane par le moyen de plusieurs filamens, fait cette membrane épaisse qui le couvre par dehors, à l'exception de l'endroit où les muscles des temples ont leur origine. Ce mot est Grec περικράνιον, de περὶ, Autour, & de κράνιον, Tête.

PERIDOT. s. m. Sorte de pierre pretieuse peu considerable. Elle tire sur une couleur qui tient du vert, & est grande & nette. L'usage en est rare, à cause qu'elle est fort difficile à tailler.

PERIER. s. m. Oiseau grand comme une alouette commune & de la même couleur.

Perier, se dit aussi d'un morceau de fer emmanché au bout d'une perche qui sert à faire l'ouverture des fourneaux, afin de faire couler le métal quand les Fondeurs veulent jetter quelque ouvrage en bronze.

PERIGE'E. s. m. Terme d'Astronomie. Point de l'excentrique ou des autres planetes, qui est le plus proche de la terre, du Grec περὶ, Vers, & de γαῖα, Terre. Voyez EXCENTRIQUE, APSIDES & APOGE'E. Dans la theorie des plantes qui ont un Epicycle, on considere le Perigée de l'Epicycle, aussi-bien que celui de l'Excentrique. Voyez EPICYCLE.

PERIGUEUX. s. m. Mineral ou pierre noire, semblable à du charbon pesant. Cette pierre est dure, ce qui la rend difficile à mettre en poudre. Les Emailleurs & les Potiers de terre se servent du Perigueux. Il faut prendre garde qu'il soit pur & net. Les Verriers s'en servent aussi pour donner une couleur de pourpre à leurs matieres. Cette pierre s'appelle autrement *Manganeze*. Les Ouvriers l'ont appellée *Perigueux*, à cause de celle qu'on apporte de Perigord.

PERIHELIE. s. m. Terme d'Astronomie. Point du cercle des planetes autour du Soleil, où elles sont les plus proches de cet Astre, de περὶ, *autour, vers*, & de ἥλιος, *Soleil*. A Perihelie s'oppose *Aphelie*. Voyez APHELIE.

PERIMETRE. s. m. Terme de Géometrie, circuit, contour d'une figure, somme de toutes les lignes qui la terminent. Ce mot est Grec, περίμετρος, de περὶ, Autour, & μετρέω, je mesure. Voyez CIRCUIT, & ISOPERIMETRE.

PERINE'E. s. m. Terme d'Anatomie. La partie qui est entre les parties naturelles de l'homme, & le siege. En Grec περίναιον ou περίνεος, de περὶ, Autour, & de ναίειν, Habiter.

PERIODE. s. f. *Revolution. Il se dit proprement du cours que fait un Astre pour revenir au même point dont il étoit parti.* ACAD. FR. On appelle *Periode de Methon*, la revolution de dix-neuf années, après laquelle le Soleil & la Lune repassent les mêmes dispositions où ils se sont rencontrés, en sorte qu'étant partis d'un même point ils retournent au même endroit, ce qui fait que les nouvelles lunes reviennent aux mêmes jours des années solaires. Cette Revolution dite autrement *Cycle lunaire*, ou nombre d'or, à été nommée *Periode de Methon*, à cause que ce fut l'Astronome Methon, fils de Pausanias, qui la publia l'an 4. de la 86. Olympiade, qui étoit l'an 341. de Rome, un peu avant le combat de la guerre Peloponnesiaque. Les Grecs l'appellent ἐννεαδεκαετηρίς. La Periode, appellée *Periode Victorienne*, se forme par la multiplication du cycle solaire 28. & du cycle lunaire 19. Vingt-huit fois dix-neuf, ou dix-neuf fois vingt-huit, font 532. qui est le nombre de cette Periode, par laquelle on connoît que tous les changemens & toutes les differences qui se peuvent rencontrer entre les nouvelles lunes & les lettres Dominicales sont enfermés dans le cours de cette revolution de 532. ans, après laquelle les combinaisons des uns & des autres retournent dans le même ordre & continuent dans la même suite. La *Periode Julienne*, est un cercle de 7980. années consecutives, composé des trois cycles, de celui du Soleil, de vingt-huit ans, de celui de la Lune, de dix-neuf ans, & de l'Indiction de quinze ans, multipliés les uns par les autres. Vingt-huit fois dix-neuf, ou dix-neuf fois vingt-huit font 532. nombre de la Periode Victorienne, & cinq cens trente-deux multipliés par quinze, ou quinze multipliés par cinq cens trente-deux, font en tout 7980. Joseph de l'Escale s'avisa le premier au siecle passé de joindre ces trois cycles ensemble, & de multiplier par 15. la Periode de Victorius, natif d'Aquitaine, très-habile dans la science des tems, qui vivoit sous le Pontificat du grand saint Leon. On appelle cette grande revolution de 7980. années *Periode Julienne*, à cause qu'elle est composée d'années purement Juliennes, c'est-à-dire, Romaines, commençant en Janvier, suivant la correction de Jules César, & que l'on réduit par ce moyen à cette sorte d'année qui est plus parfaite que toutes les années des autres Nations, Judaïques, Grecques, Egyptiennes, Arabiques, &c. Ce nombre de 7980. ans contient toutes les differentes combinaisons de ces trois cycles, lesquels pendant tout ce tems ne peuvent jamais se rencontrer plus d'une fois d'une même maniere. L'année où l'on auroit compté un de chacun des trois cycles, & qui par consequent auroit été la premiere de la Periode Julienne, n'auroit pû être que longtems avant la creation du monde, ainsi l'on dit que la Periode Julienne a commencé avant le monde, pour déterminer combien il faut établir pour sçavoir combien le monde a duré jusqu'à present. *Periode* est un mot Grec, περίοδος, de περὶ, Autour, & de ὁδὸς, Chemin.

PERIOECIENS. s. m. On appelle ainsi ceux qui habitent sous le même Meridien & sous le même parallele, mais non pas sous le même demi-cercle du meridien, ensorte que le pole est entre deux. Les Periœciens ont les mêmes saisons en même tems, mais les uns ont le jour quand les autres ont la nuit. Ce mot vient de οἶκος, maison, περὶ, alentour, *ceux qui habitent alentour*, parce qu'en effet les Periœciens sont autour d'un même pole.

PERIOSTE. s. m. Membrane ou petite peau qui enveloppe les os. Ce mot est Grec περιόστεον, de περὶ, Autour, & de ὀστέον, Os.

PERIPATETICIENS. s. m. Nom qui fut donné aux sectateurs d'Aristote, qui disputoient dans le Lycée en se promenant. Ce mot est Grec περιπατητικοὶ, de περιπατεῖν, Se promener.

PERIPHERIE. s. f. Terme de Geometrie. Quelques-uns s'en servent pour expliquer la circonference ou le tour d'un cercle, d'une ellipse, d'une parabole, & d'autres figures semblables. C'est ce que les Artisans appellent *Pourtour*. Ce mot est Grec περιφέρεια, de περιφερὴς, Rond.

PERIPNEUMONIE. s. f. Terme de Medecine. Maladie qui consiste en une inflammation de poumon accompagnée d'une fievre aigue, & de beaucoup de difficulté de respirer. Ce mot est Grec περιπνευμονία, de περὶ, Autour, & de πνεύμων, Poumon.

PERIPTERE. s. m. On appelle ainsi dans l'Architecture antique un bâtiment environné de colonnes isolées, & ayant une aile tout autour. Les Periptères étoient des Temples qui avoient des colomnes de tous côtés. Ils differoient en cela du Prostyle qui n'en avoit que devant, & l'Amphiprostyle qui en avoit devant & derriere, mais qui n'en avoit aucune aux côtés. Ce mot vient du Grec περὶ, Autour, & de πτερὸν, Aile.

PERISCIENS. s. m. Nom qu'on donne à ceux qui habitent les deux zones froides ou glaciales depuis le cercle polaire vers les deux poles du monde. Ce mot est Grec περίσκιοι, de περὶ, Autour, & de σκιὰ, Ombre, & ces habitans ont été nommés ainsi à cause que pendant six mois de l'année que le Soleil paroît continuellement sur leur horison sans se coucher, l'ombre tourne toûjours autour d'eux. Voyez AMPHISCIENS.

PERISTALTIQUE. adj. Les Medecins appellent *Mouvement peristaltique*, Certain mouvement propre aux intestins. Il se forme par le moyen des fibres ou filamens transversaux & circulaires de ses tuniques, lorsque les boyaux se retirent & se resserrent d'en haut contre bas, afin de pousser dehors par leur compression les humeurs nuisibles & les excrémens. Ce mot est Grec περισταλτικὸς, Qui a la force de comprimer & de resserrer, de περὶ, Autour & de στέλλειν, Envoyer, resserrer.

PERISTYLE. s. m. Terme d'Architecture. Lieu environné de colomnes, comme sont les cloîtres. Le Peristyle differe du Periptere en ce que ses colomnes sont en dedans, & que celles du periptere sont en dehors. *Peristyle* se dit encore quelquefois d'un rang de colomnes tant en dedans qu'au dehors de l'édifice, Ce mot est Grec περίστυλον, de περὶ, Autour, & de στύλος Colomne.

PERISYSTOLE. s. f. Terme de Medecine. Repos qui est entre les deux mouvemens du pouls, le mouvement de contraction ou de systole, & celui de dilatation ou de diastole. Ce repos n'est pas sensible. *Perisystole*, est un mot Grec composé de περὶ, σὺν, & στέλλειν, Arrêter, resserrer.

PERITOINE. s. m. Terme de Medecine. Membrane fort déliée, qui est la derniere des parties interieures du bas ventre. Elle ressemble à une grande toile d'araignée, & renferme les entrailles & toutes les parties de la region inferieure. Cette membrane est double par tout, plus épaisse par derriere & plus déliée par devant. La vessie est cachée dans l'intervalle de ces deux membranes, qui se doublent & se separent en cet endroit-là Ce mot est Grec περιτόναιον, ou περιτόναιον, de περὶ, Autour, & de τείνειν, Tendre.

PERLE. s. f. Dioscoride & Galien n'ayant fait nulle mention des Perles, Matthiole se contente de rapporter ce qu'en a dit Pline qui en parle de cette sorte. Il y a dans la mer des Indes des animaux qui produisent les Perles, & on en trouve en fort grande quantité vers l'Isle de Taprobane, & vers le cap de Petinula qui est aux Indes. Les plus estimées sont celles qui viennent aux environs de l'Arabie dans la mer Rouge qui est du côté de la Perse. Les coquilles où croissent les Perles sont presque semblables aux coquilles d'huître, & quand la saison les porte à la generation, elles s'entr'ouvrent & baillent de nuit, se remplissant d'une rosée dont elles conçoivent les Perles qu'elles rendent selon la qualité de cette rosée. Si la rosée qu'elles ont reçûe est pure, les Perles qui en sont produites ont une blancheur admirable, & si elle est trouble, elles sont troubles de même. Si elles reçoivent beaucoup de rosée, les Perles qui en viennent sont fort grosses, & si elles en reçoivent peu elles sont petites. Elles ont peur du tonnerre, & se resserrent aussi-tôt qu'elles l'entendent. C'est de là que viennent celles qui n'ont aucune substance, & qui sont pleines de vent. Les Perles sont molles & tendres tant qu'elles sont dans la mer, & elles s'endurcissent dès qu'on les en a tirées. Quelques-uns disent que les grosses Perles commandent aux autres, & les conduisent comme le Roi des mouches à miel conduit les abeilles, ce qui fait que les Plongeons ne cherchent qu'à prendre les Mere-perles, sçachant qu'après cela les autres coquilles ne leur échappent pas. Quand on les a prises, on les couvre de sel dans quelque vaisseau de terre pour leur ronger & manger toute la chair, ce qui étant fait, les perles tombent au fond du vaisseau, nettes & purifiées. Juba dit qu'en Arabie, il y a une sorte de Mere-perles, qui sont épineuses ainsi que les herissons, ayant leurs pointes presque disposées comme sont les dents d'un peigne. Les Perles qui sont dedans se trouvent semblables à la grêle. Il y a des Voyageurs qui assûrent que dans les regions meridionales, ils ont vû cent trente Perles & quelquefois davantage dans une seule Mere-perle. On divise les Perles en orientales & occidentales. Les orientales sont celles que l'on estime le plus, & particulierement celles qui sont blanches, polies, pesantes, rondes, pures, transparentes & sans nulle tache. Les occidentales sont de moindre prix. Elles se trouvent en Bohéme & en Cilicie, & ont plus de nacre que les autres. Ceux qui ne sont point de l'opinion de Pline, sur ce que les conques s'ouvrent, & conçoivent en avalant de la rosée, disent que les Perles sont formées de l'humeur excrementeuse d'une espece d'huîtres qui se trouvent dans la mer du Levant, & particulierement du côté des Indes en Perse, & qu'elles sont adherentes à leur substance, presque de la même sorte que les grains de ladrerie à la chair du pourceau, étant engendrées de la superfluité de l'aliment de ces conques. Les Perles sont astringentes; aussi s'en sert-on pour arrêter le flux de sang & tout autre flux. On s'en sert aussi dans les syncopes, & où il s'agit de fortifier le cœur. Elles purifient le sang, & sont fort bonnes aux melancoliques. Elles ont aussi la proprieté d'éclaircir la vûe, & de nettoyer les dents. M. Ménage fait venir le mot de *Perle*, de *Perula*, qui est de la basse Latinité. Hotman le dérive de *Berlen*, mot Alleman qui signifie la même chose. Selon du Cange, il vient de *Perla*, ou *Pernula*, & il le croit à cause que Pline appelle *Perna*, les nacres de Perle. Saumaise prétend que c'est un mot corrompu du latin *Pilula*, comme si on avoit voulu dire *Parva pila*. Nicod dit que les Portugais appellent les Perles *Perolas*, d'où Perle peut être venu par syncope. Il parle ainsi sur ce mot. *Perle est cette eau coagulée & endurcie comme en pierre dans l'huistre, après qu'elle s'est abbreuvée de la rosée du poinct du jour, ores claire & luisant, qu'on dit de belle eau, & ores lousche & de mauvais lustre, quand elle a humé le brouillard parmi. Ces huistres, après estre tirées du fond de la mer, estant mises aux rayons du Soleil sur un linceul vuident leurs Perles. Les plus belles viennent des Isles du Gouffre de Perse, mesmes de la plus grande d'icelles, appellée* Barem, *où la pêche de telles huistres est ordinaire ès mois de Juin, Juillet, Aoust.* Perle de compte, *est appellée celle qui est exquise en grandeur & beauté, pour la cause de celle qu'on dit,* Semence de Perle; *qui se vendent à l'once pesées ensemble, combien que les grosses se vendent aussi au poids du carat, Jean le Maire ès illustrations de Gaule,* Le dernier prix estoit pour le behourd des enfans d'honneur, dont le mieux faisant avoit un riche chapeau de Perle de compte.

On appelle *Perles baroques*, Celles dont la figure est irreguliere, & qui ne sont ni rondes ni faites en poire, & *Perles Parangon*, Celles qui sont d'une grosseur extraordinaire. En 1579. on en apporta une à Philippe II. Roi d'Espagne, qui étoit taillée en ovale & grosse à peu près comme un œuf de pigeon. On l'estimoit quatorze mille quatre cens Ducats. L'Empereur Rodolphe avoit une Perle Parangon qui pesoit trente carats. Elle étoit grosse comme une poire muscade.

Perle d'Arbaleste, se dit d'un grain que l'on passe au travers d'un fil qui est attaché à la fourchette de l'Arbaleste. Cette perle sert à guider l'œil de celui qui tire.

On employe aussi le mot de *Perle*, pour dire, Un grain de quelque matiere que ce soit, que l'on passe dans un fil, au bout duquel il y a un plomb qui sert à faire plusieurs observations avec des instrumens de Mathematique.

PERLURE. s. f. Grumeaux qui sont le long des perches & des andouillers de la tête du cerf, du daim, du chevreuil, & qui font une croûte raboteuse.

PERME. s. m. Petit vaisseau Turc fait en forme de Gondole, dont on se sert à Constantinople pour le trajet de Pera, de Galata, & autres lieux,

PERMENABLEMENT. adv. Vieux mot. A jamais.

PERNICIAL. adj. Vieux mot. Pernicieux.

PEROT. s. m. Terme des Eaux & Forêts. Chêne ou autre arbre qui a les deux âges de la coupe du bois.

PERPENDICULAIRE. adj. On appelle *Ligne perpendiculaire*, Une ligne droite qui tombant sur une autre ligne droite, fait les angles droits de part & d'autre. Une ligne droite est perpendiculaire à une courbe quand elle l'est à la *tangente* menée par le point où la droite tombe sur la courbe. Voyez TANGENTE. Des courbes de même sont perpendiculaires l'une à l'autre quand les tangentes qu'elles ont au point où elles se rencontrent, sont perpendiculaires. Quelquefois on appelle simplement *Perpendiculaire* ce qui est *perpendiculaire à l'horison, Ligne perpendiculaire, Plan perpendiculaire.*

PERPENDICULE. s. m. Ce qui tombe à plomb. On appelle le *Perpendicule d'une horloge, d'un niveau, d'un instrument de Mathematique*, Le filet qui tend en bas par le moyen d'un plomb que l'on y attache.

PERRIERE. s. f. Carriere. On appelle ainsi particulierement les carrieres d'Angers, d'où l'on tire l'ardoise.

PERRIQUE. s. f. Petit Perroquet, qui n'est pas plus gros qu'un Merle, & qui n'a pas même quelquefois plus de corps qu'un Passereau. Les Perriques sont couvertes d'un plumage entierement vert, si ce n'est que sous le ventre & aux bords des aîles & de la queue ce vert tire sur le jaune. Elles volent par bande, & se branchent toûjours sur les arbres les plus verts & les plus feuillus, où on les entend bien plûtôt qu'on ne les voit. Elles ont là ensemble un jargon si éclatant qu'il n'y a rien de si importun, & si elles entendent qu'on parle bien haut, elles haussent le ton de la voix afin d'avoir toûjours le dessus. Elles apprennent fort aisément à chanter, à parler, à siffler, & à contrefaire toutes sortes d'animaux, & ne laissent pas de retenir toûjours un peu du sauvage, ce qui fait que quand elles peuvent avoir la liberté, elles gagnent les bois, où elles meurent de faim, faute de sçavoir choisir les arbres sur lesquels il y ait des graines qui leur soient propres, pour avoit été nourris de jeunesse dans la cage où elles trouvoient leur nourriture toute preparée.

PERRON. s. m. Lieu élevé devant un logis, où il faut monter plusieurs marches de pierre. On appelle *Perron quarré*, Tout Perron qui est d'équerre, & *Perron cintré*, Celui dont les marches sont ou ovales ou rondes. *Le Perron à pans*, Est celui dont les encoignures sont coupées, & le *Perron double*, Celui qui a deux rampes égales qui tendent à un même palier.

Perron, est aussi un mot qu'on trouve souvent dans les anciens Romans, & qui s'est dit d'une sorte de barriere que mettoient les Chevaliers, qui dans un Tournoi entreprenoient de défendre un passage contre tous venans. Nicod en parle en ces termes: *Perron est comme une base quarrée élevée sur terre de cinq ou six piés de haut, où les Chevaliers errans pendoient ou affichoient leurs emprinses, pour s'essayer aux étranges & faées adventures. Il étoit fait pour la plûpart de marbre ou d'autre pierre, ou bien de fer ou d'autre métail. L'usage en est écrit au second livre d'Amadis de Gaule en ces mots.* Et à demi trait d'arc près, tirant au jardin, planta un Perron de fer de la hauteur de cinq coudées, *Et peu après.* Lors fit apporter deux autres Perrons, l'un de marbre qu'il mit à cinq pas près de la chambre, & l'autre de cuivre à cinq autres pas plus avant; puis écrivit sur celui de cuivre tels mots: *Selon la bonté du Chevalier qui essayera l'adventure, il passera le Perron, les uns plus oultre, les autres moins.* Sur celui de marbre; *Nul ne s'adventure passer cette pierre pour entrer en la chambre, s'il ne passe en Chevalerie Apolidon*; & sur l'entrée de la Chambre, *Celui qui entrera ceans excedera en armes Apolidon, & sera après lui Seigneur de ce pays.* Et étoit force, avant que d'approcher de cette chambre, toucher aux deux Perrons, & là eux éprouver, &c. Et ordonna que à ceux qui éprouveroient l'adventure des Perrons pour entrer en la chambre défendue, s'ils ne passoient celui de cuivre, qu'il les désarmât, chassât & hors de l'Isle, & si d'adventure ils le franchissoient, que, à la difference des autres, l'épée seule leur fût ôtée; mais si quelque meilleur Chevalier pouvoit venir jusques à celui de marbre, qu'il ne lui fût ôté que l'écu. Toutefois s'il passoit outre sans entrer en la chambre, que les éperons seuls lui fussent déchaussés. *Et au chapitre second*, selon la bonté & chevalerie de ceux qui ont voulu entrer en la chambre défendue, leurs écus sont honorés, & ceux que vous voyez près de terre, furent aux Chevaliers qui n'ont approché le Perron de cuivre, mais les dix plus hauts y sont parvenus, & plus encores ont fait ceux à qui furent ces deux autres que vous voyez séparés & au-dessus des autres, car ils ont passé le Perron, sans toutefois approcher celui de marbre, comme a fait l'autre, duquel l'écu est élevé encores plus haut que ces deux tant estimés. *Par lequel discours & autre qui s'ensuit audit chapitre, se peut voir que les Chevaliers anciennement en un festin royal ou court planiere, ou autre grande assemblée de haute court, usoient de cette assiette de Perrons en un pas de combat, qui étoit ouvert par les tenans, ausquels Perrons il convenoit aux assaillans combattre pour les franchir & avoir honneur en forçant le pas, & aux tenans de les rebouter par force d'armes & apertise au combat, & que c'étoit une mêlée courtoise des deux parts, à la semblance de celle qui est à oultrance, & fer esmolu entre les assaillans & défendans une frontiere. On appelle* Perron *aussi cet accoudoir de pierre de taille à une ou deux montées de quatre ou cinq marches de degrez chacune, qui est élevé en la court d'une maison vis-à-vis de la porte du corps d'hostel par laquelle on y entre. Quelques-uns l'appellent* Pierron.

PERROQUET. s. m. Oiseau qui vient des Indes & de quelques contrées de l'Afrique, & qui imite le langage humain & le cri des animaux. Il vit jusqu'à cinquante ans, & est sujet à la goute. Il y a des relations qui portent que dans les montagnes d'Ethiopie, il se trouve des Perroquets qui ont la queue longue d'un pié & demi, & que ceux-là n'apprennent point à parler. On en voit presque par toutes les Antilles, & en si grande abondance, qu'ils vont par troupes comme les étourneaux. Les Chasseurs les mettent au rang du gibier. Ils vivent de fruits sauvages qui croissent dans les forêts, & le goût de leur chair est bon selon la qualité de la nourriture qu'ils y prennent. S'ils mangent de la graine d'Acajou, leur chair a un goût d'ail assés agreable. S'ils se nourrissent de la graine de bois d'Inde, elle sent le cloud de girofle & la canelle, & a un goût amer comme fiel lorsqu'ils mangent des graines ameres. La nourriture de prunes de momins, de cachimas & de gouyaves, les fait devenir si gras, qu'ils semblent n'être qu'un morceau de graisse. La graine de coton les enyvre, & fait en eux tout ce que l'excès du vin fait en l'homme. On les prend alors avec beaucoup de facilité. Le Perroquet de la Guadeloupe est d'une beauté particuliere. Il est presque de la grosseur d'une poule, & a le bec & les yeux bordés d'incarnat, toutes les plumes de la tête, du col & du ventre, de couleur violette, un peu mêlées de verd & de noir, & changeantes comme la gorge d'un pigeon, tout le dessus du dos d'un verd fort brun, trois ou quatre des maîtresses plumes de ses ailes noires, & toutes les autres jaunes, vertes & rouges. Sur les deux gros de ses ailes sont deux belles roses des mêmes couleurs. Quand il herisse les plumes de son col, il s'en fait comme une fraise autour de sa tête, où il se mire ainsi que le paon fait dans sa queue. Il a la voix forte, parle très-distinctement, & apprend en peu de tems si on le prend jeune. Il y en a d'une autre sorte en l'une des Isles appellées *Vierges*. Ils ne sont pas plus gros, & ont presque la même figure que l'oiseau que les Latins nomment *Hupupa*. Ils sont d'un plumage diversifié de tant de couleurs qu'ils réjouissent merveilleusement la vûe. Ils apprennent parfaitement bien à parler, & contrefont tout ce qu'ils entendent. Les Perroquets font leurs nids dans de certains trous d'arbres où l'oiseau nommé Charpentier a fait son nid l'année précedente. Leurs petits ne sont jamais mouillés dans ces trous. Ils les font en nombre impair, trois, cinq ou sept. Ce dernier nombre est fort rare, & le premier le plus ordinaire. Quand on les veut élever, il faut les dénicher pendant qu'ils sont jeunes. On ne sçauroit les avoir qu'en coupant l'arbre par le pié, cet arbre étant si droit & si haut qu'on n'y peut monter. Ainsi quelquefois l'arbre les tue en tombant, & de deux ou trois nichées on en sauve peu. M. Ménage dit que le mot de Perroquet, vient de *Perret*, ou *petit Pierre*, & qu'on a nommé

nommé cet oiseau ainsi, de même qu'on a appellé une Pie *Margot*.

On appelle aussi *Perroquet* dans les Antilles, Un certain poisson fait à peu près comme nos moyennes carpes, & dont toutes les écailles du dos sont d'un verd brun, & celles qui sont en bas jusques sous le ventre d'un vert plus gai. Il a les yeux fort étincelans, & les prunelles claires comme du cristal. Elles sont entourées d'un cercle argenté, enfermé dans un autre qui est d'un vert d'émeraude, comme les écailles de son dos. Il n'a point de dents, mais il a en la place deux petites pierres ou os fort durs, de même couleur que ses écailles, & divisés par petits compartimens. Il vit de poissons à coquille, & c'est avec ces dures machoires qu'il brise comme entre deux meules, les huitres, les moules & autres coquillages dont il se nourrit. Les ailerons qu'il a sur le dos sont si agreablement diversifiés de bleu, de jaune & de rouge, ainsi que sa queue, que quand il les étend, on ne voit point de Perroquets si beaux sur les arbres que ce poisson l'est dans l'eau. Il est très-bon à manger, & il y en a de si gros qu'ils pesent plus de vingt livres. Le Pere du Tertre dit qu'il en a vû des troupes dans les rochers des fontaines bouillantes, où il ne demeure qu'un pié ou deux d'eau, quand la mer est basse.

Perroquet. Terme de Marine. Mât le plus élevé du Vaisseau, arboré sur les hunes du grand mât & de la misaine, & sur celles du beaupré & de l'artimon. Celui qu'on met au-dessus du grand mât de hune s'appelle *Grand Perroquet*, & celui qu'on met sur le hunier de misaine, *Petit Perroquet*. On appelle *Perroquet de fougue*, Celui qui se met sur le mât de l'artimon, & *Perroquets volants*, Deux Perroquets qu'on met aussi facilement qu'on les ôte. On les hisse & on les amene de dessus le pont du Vaisseau. On appelle *Tems à perroquet*, Un beau tems de vent mediocre qui porte à route, car on ne met jamais la voile de Perroquet de gros tems, à cause que si le vent étoit forcé, celui qu'elle prendroit mettroit le Vaisseau en péril d'être renversé. On dit *Mettre le perroquet en banniere*, pour dire, Lâcher les écoutes de la voile de Perroquet, en sorte qu'on la laisse voltiger au gré du vent. Cela se pratique lorsqu'on veut donner de jour quelques signes.

PERSEA. s. m. Arbre qui vient en Egypte, & qui porte un fruit profitable à l'estomac, & bon à manger. Dioscoride dit que l'on trouve dans ce fruit des araignées, appellées φαλάγγια κρανοκόλαπτα, & que les feuilles de cet arbre, appliquées seches, arrêtent le flux de sang. Columelle a cru que Persea étoit notre Pêcher, & Matthiole fait voir son erreur. Theophraste dit, ainsi que Dioscoride, que c'est un arbre d'Egypte beau & grand, semblable au Poirier en feuilles, en fleurs & en branches, si ce n'est qu'il demeure toûjours vert. Il produit du fruit en quantité, & l'on en trouve sur l'arbre en toute saison. Ce fruit demeure un an à mûrir, & toûjours le nouveau vient sous le vieux. Il est gros comme une poire, longuet comme une amande, & de couleur verte. Il a un noyau comme la prune, mais moindre & plus tendre. Cet arbre produit de longues & grosses racines & en grande quantité, & son bois est dur & ferme. Galien qui a vû cet arbre à Alexandrie, dit que son fruit est si venimeux en Perse, qu'il fait mourir ceux qui en mangent, mais qu'ayant été transplanté en Egypte, il s'est si fort adouci, que l'on en mange comme des poires ou des pommes, ausquelles il est assés semblable en grosseur.

PERSICAIRE. s. f. Plante, qui, selon Dioscoride, croît auprès des eaux dormantes, ou auprès de celles qui coulent fort lentement. Sa tige est nouée & ferme, ayant quelques concavités, d'où sortent ses feuilles, qui sont semblables à celles de mente, quoique plus molles, plus blanches & plus grandes. Elles ont le goût fort comme poivre sans être odorantes. Sa semence est forte, & croît au bout de certains petits tendons qui sont près des feuilles, d'où elle pend en façon de grappe. Ses feuilles & sa graine enduite resolvent toutes tumeurs, duretés inveterées & meurtrissûres. Sa racine est petite & de nul usage en Medecine. La Persicaire s'appelle autrement *Curage*, en Grec ὑδροπέπερι, à cause de son goût qui est semblable à celui du Poivre.

PERSIL. s. m. Tous les Medecins & ceux qui traitent des simples tiennent que notre Persil des jardins, qui est une herbe potagere, est le vrai Apium des Anciens, appellé par eux *Apium sativum*. Galien dit qu'entre autres herbes, le Persil est la plus commune, & qu'elle est fort bonne à la bouche & à l'estomac. Chrysippus & Dionysius, au rapport de Pline, prétendoient qu'on n'en devoit point manger, à cause qu'on s'en servoit aux banquets des funerailles des morts, & que d'ailleurs on ne peut le regarder sans qu'il nuise à la vûe. Pline ajoûte que la tige du Persil femelle engendre les vers, que ceux qui continuent d'en manger deviennent steriles, que si une femme accouchée en mange, l'enfant qu'elle nourrira sera sujet au haut mal, & que le Persil mâle est moins dangereux que la femelle. Le Persil ou Ache commun des Apothicaires, est, l'Eleoselinum de Dioscoride, appellé *Persil de marais*. Il croît auprès des ruisseaux, & a ses feuilles plus grandes & plus clair semées que le Persil. Le Persil de montagne que Dioscoride appelle *Oreoselinum*, a sa tige haute d'un bon palme, venant d'une racine mince & déliée. De cette tige sortent plusieurs branches qui portent des bouquets aussi menus que ceux de cigue. Sa graine est semblable à celle de cumin, longuette, acre, déliée & odorante. Il croît aux montagnes & aux lieux pierreux. Dioscoride avertit qu'on s'abuseroit en prenant pour le Persil de montagne celui qui croît parmi les rochers, principalement en Macedoine aux rochers inaccessibles, ce qui le fait appeller *Petroselinum Macedonicum*. Les feuilles en sont semblables au Persil commun, ou à celui des marais, moindres toutefois. Il a sa tige grosse, branchue & avec beaucoup de concavités, ses fleurs blanches, & sa graine petite, longuette, de couleur obscure, de bonne odeur & amere. On se sert rarement de sa racine, mais sa semence entre dans les compositions du Mithridate & de la Theriaque. Il y a un *Persil sauvage*, que les Grecs nomment καυκαλίς. Il a sa tige haute d'un palme & un peu velue. Ses feuilles sont aussi velues, semblables à celles de l'ache, & déchiquetées par le bout comme celles de fenouil. A la cime de sa tige est un bouquet de fleurs blanches, odorantes, & presque semblables à celles de Daucus. Ce Persil sauvage est fort cordial. Son jus rompt la pierre, fait sortir la gravelle, & purge le foye, la rate & les reins de tout phlegme. Sa graine prise en breuvage aiguise la vûe.

PERSIQUE. s. f. Sorte de pêche qui est très-grosse, moins longue & plus ronde que n'est la pêche de Pau. Elle est rouge & pointue, & a ordinairement des bosses.

PERSIQUE. adj. Terme d'Architecture. On appelle *Ordre Persique*, Une espece d'ordre de colomnes que les Grecs ont pratiqué, lorsqu'au lieu du fust de la Colomne Dorique, ils y ont representé des figures de captifs, pour en soûtenir l'entablement. Le commencement de l'ordre Persique vint de ce qu'après que Pausanias eut défait les Perses, les Lacedemoniens, pour marque de leur victoire, éleverent des trophées des armes de leurs ennemis, & les representerent ensuite sous la figure d'Esclaves, portant les entablemens de leurs maisons. L'Ordre Ionique ayant été choisi pour les Cariatides comme celui qui convenoit davantage aux figures des femmes, les Architectes se servirent aussi de l'Ordre Dorique pour y representer les Perses.

PERSONATA. s. f. Herbe qui a ses feuilles comme la courge, mais plus grandes, plus velues, plus noires & plus épaisses. Sa tige est blanchâtre, quoique quelquefois elle n'en produise point. Sa racine est blanche au-dedans, & noire au-dehors. Matthiole dit qu'il a vû en Bohéme deux especes de Personata, qui ne different qu'en leurs têtes herissonnées. L'une les a plus grandes, plus dures, & munies d'aiguillons plus fermes & âpres. L'autre en a de moindres, qui sont plus molles, & avec des aiguillons plus doux. Matthiole croit que cette derniere soit celle que Pline appelle *Persolata*, disant que ses feuilles sont plus grandes que celles des courges, plus pleines de bourre, plus noires & plus grosses, & que sa racine est grande & branchue. Les feuilles de Personata enduites sur de vieux ulceres, y sont bonnes au sentiment de Dioscoride. Les Apothicaires l'appellent *Lappa major*, ou *Bardana*. M. Callard de la Duquerie, dit que le nom de *Personata* a été donné à cette herbe, *Quod folia pragrandia vultui aut faciei larvæ in modum obtendi soleant*, & que celle dont parle Pline a été appellée *Persolata, quod galeri vice solis æstum à capite arceat.*

PERSONNAT. s. m. *Benefice dans une Eglise Cathedrale ou Collegiale, qui donne préseance sur les simples Chanoines.* ACAD. FR. Les Docteurs sont divisés là-dessus. Il y en a qui donnent le nom de *Personnat* à tous ceux qui ont quelque prérogative dans le Chœur ou dans le Chapitre au-dessus des autres, soit dans les Processions, soit dans les suffrages; & ils confondent Personnat avec Dignité. D'autres nomment *Personnats*, de simples Curés, & d'autres renferment ce mot à des Curés primitifs.

PERSPECTIVE. s. f. Science qui donne des regles pour representer sur une superficie plane les objets de la maniere qu'ils paroissent à la vûe selon leurs differentes distances, ou situations, & selon les differens points, où l'œil peut être placé. On suppose entre l'œil & les objets un plan élevé perpendiculairement à l'horison, & on imagine que l'œil étant à une certaine hauteur, & à une certaine distance de ce plan, les objets qui sont de l'autre côté, par exemple les quarreaux d'une grande salle quarrée, envoyent leurs rayons à l'œil au travers de ce plan, & que ces rayons y laissent des especes de traces, & y marquent des points. L'assemblage de tous ces points forme sur ce plan la representation de la salle telle que l'œil la doit voir du point où il est. Ce plan ou la representation qui s'y fait, s'appelle le *Tableau.* Il est visible que les quarreaux plus éloignés du plan du tableau viennent à l'œil par des lignes plus élevées, & en même-tems sous de plus petits angles, ce qui fait que leur image est plus élevée dans le tableau, & plus petite. Comme les images vont toûjours en s'élevant & en appetissant, la diminution devient telle qu'enfin les deux côtés de la salle qui sont réellement paralleles, concourent en un point du tableau, qu'on appelle le *point de vûe.* Il est dans le tableau à la même hauteur où l'œil est supposé être sur l'horison; & toutes les lignes paralleles dont la perspective détruit le parallelisme, concourent à ce point de vûe. D'un autre côté les diminutions causées par la perspective sont d'autant plus grandes que l'œil est plus éloigné, & pour cela, on prend des deux côtés du point de vûe deux points qui en sont aussi éloignés que l'œil l'est du tableau, & on les appelle *points de distance*, & c'est à ces points que l'on tire les lignes qui déterminent les raccourcissemens, car plus ces points sont éloignés du point de vûe, plus les raccourcissemens sont grands. Le tableau où les objets sont representés avec toutes ces diminutions & ces raccourcissemens que la vûe y cause, s'appelle *Plan perspectif*, & l'on appelle *Plan Geometral*, celui où les objets sont dans toute leur étendue & leurs proportions geometriques, par exemple, la salle quarrée composée de tous ses quarreaux, & quand on la réduiroit de grand en petit pourvû que l'on conservât toûjours les proportions geometriques sans nul égard aux apparences de la vûe, ce seroit toûjours un plan geometral. Le tableau est censé s'appuyer perpendiculairement sur le plan geometral, & la ligne commune à ces deux plans, est *la ligne de terre* où la perspective ne cause encore aucune diminution, & que l'on prend par cette raison pour la regle & l'échelle de toutes les mesures du tableau.

Outre la *perspective lineale* ou *lineaire* qui enseigne, comme nous venons de le dire, la diminution des lignes, les Peintres observent la *perspective aërienne*, qui consiste dans la diminution des teintes & des couleurs, selon le plus ou le moins d'éloignement des objets.

PERTEGUES. s. m. Terme de Marine. Bâtons par lesquels, aussi-bien que par la fléche, est portée une piece d'étoffe qu'on appelle *Tendelet*, & qui sert à couvrir la pouppe d'une galere contre le Soleil ou contre la pluie. On les appelle aussi *Pertiguettes.*

PERTUIS. s. m. Petit trou par où l'eau s'écoule ou par où le vent se glisse. Ce mot n'est guere usité dans le commerce ordinaire, mais les Tireurs d'or s'en servent pour signifier les ouvertures ou trous d'une filiere, par où ils passent le lingot pour faire du fil d'or ou d'argent. Ce n'est pourtant que l'ouverture de l'entrée de ce trou qui est plus large que la sortie, qu'ils nomment *Pertuis.* Ils appellent *Oeil*, la plus petite ouverture. Il y a plus de sept vingt pertuis par où le lingot se passe, pour le porter jusqu'au superfin.

Les Serruriers appellent *Pertuis*, l'Ouverture qui est au panneton d'une clef. Elle se fait en rond, en cœur, ou d'une autre sorte.

Pertuis, se dit aussi du passage étroit pratiqué dans une riviere aux endroits où elle est basse, pour en hausser l'eau qu'on resserre & qu'on rerrecit par une espece d'écluse qu'on fait à la maîtresse arche d'un pont, par le moyen de batardeaux & de palissades ou aiguilles mobiles; ce qui facilite la navigation des bateaux qui montent ou qui descendent. Ce pertuis ne se ferme pas seulement avec des aiguilles, comme sur la riviere d'Yonne, mais avec des planches en travers, comme sur la riviere de Loin, ou avec des portes à vannes, ainsi qu'au Pertuis de Nogent sur Seine. On fait aussi des Pertuis avec des moulins. Ce sont des écluses ou passages pour les bateaux. Les proprietaires de ces moulins sont obligés d'entretenir les Pertuis, & de fournir les cables & les hommes necessaires pour faire monter ou descendre les bateaux.

Les Fontainiers appellent *Pertuis de bassin*, Le trou par où se perd l'eau d'un reservoir ou d'un bassin de fontaine, quand le plomb ou le ciment est fendu en quelque endroit. On disoit autrefois *Pertuiser* & *Pertuer*, pour dire, Percer.

PERTUISANNE. s. f. Arme d'hast, qui est composée d'une hampe & d'un fer large, aigu & tranchant au bout de la hampe. C'est une maniere de hallebarde, qu'on donnoit à de certains soldats de chaque Compagnie d'Infanterie avant que le Roi en eût défendu l'usage; ce qu'il fit par une Ordonnance de l'année 1670. après qu'on eut reconnu que les Pertuisannes n'étoient pas si propres que les piques à arrêter les efforts impetueux de la Cavalerie.

PERTURBER. v. a. Vieux mot. Troubler.

PERVENCHE. s. f. Plante medecinale qui croît dans les bonnes terres. Elle produit de petits sarmens de la grosseur d'un jonc, mais plus déliés. Ils sont lissés, & rampent à terre, & il en sort d'un côté & d'autre des feuilles assés semblables à celles du laurier, beaucoup plus petites neanmoins, fermes, & d'une couleur entierement verte. Ses fleurs, qui paroissent au Printems, sont bleues & divisées en cinq feuilles qui sortent d'un petit bouton longuet & vert, attaché à une longue queue. Cette plante qui verdoye toûjours & qui n'est jamais sans feuilles, a force racines déliées, blanchâtres, longues & qui se traînent par terre. Attachée autour des cuisses, elle arrête le flux menstrual & empêche que les femmes grosses n'avortent. Mise fraîche sur la tête & envelopée autour du col, elle étanche le sang qui sort des narines. Elle est bonne mêlée dans les breuvages & emplâtres qui se font pour les blessures. Matthiole dit que les Dames d'Italie font des couronnes de Pervenche aux petits enfans & aux filles que l'on porte en terre. En Latin *Pervinca*. Elle est appellée ainsi, selon M. Callard de la Duquerie, *Quòd pervincat virore suo frigoris & sepulturæ obstacula*. En Grec, κληματὶς δαφνοειδής. Il y a une autre Clematis qui a ses feuilles dentelées, d'une qualité acre & ulcerative, & dont les fleurs sont en façon de grappes, blanches, odorantes, & si semblables aux mûres, qu'on auroit peine à les discerner; mais celle-là n'est point la Pervenche. C'est le Liseron que les Toscans nomment *Vitalba*.

PERVERDIR. v. n. Vieux mot. Verdoyer.

PES

PESADE. s. f. Terme de Manége. Action ou mouvement d'un cheval, qui en levant le devant, tient à terre les piés de derriere sans les remuer; ce qui est cause qu'il ne fait point de tems avec les hanches, avant que de mettre les jambes de devant à terre. Ces sortes de leçons lui affermissent la tête & lui assûrent les hanches, & en lui faisant plier les bras, elles l'empêchent de trepigner. On dit aussi *Posade*.

PESANCE. s. f. Vieux mot. Fâcherie, ennui; d'où vient que l'on a dit autrefois, *Il me pese*, pour dire, Il m'est fâcheux.

PESANTEUR. s. f. Qualité par laquelle une chose pesante est portée en bas. La *Pesanteur absolue* d'un corps pesant dans un milieu liquide, est la force que ce corps a de descendre lorsqu'il est libre & qu'il ne touche à quoique ce soit qu'aux parties de ce milieu. Telle est la pierre, qui étant libre dans l'air, ne touche qu'aux parties de l'air lorsqu'elle descend. On appelle *Pesanteur relative d'un corps*, La force qu'il a de se mouvoir étant appliqué à quelque autre chose qu'aux parties du milieu. Ainsi dans un corps qui est sur un plan incliné, sa pesanteur relative est la force qu'il a de rouler sur ce plan. Il y a encore une *Pesanteur* ou *Gravité specifique*. C'est celle qui procede de la densité des matieres, ou de quelque autre cause, par laquelle un corps pese plus qu'un autre de pareil volume. Tel est un pouce cube de plomb, qui pese plus qu'un pouce cube de fer.

PESANTUME. s. f. Vieux mot. Pesanteur.

PESCHE. s. f. *Sorte de gros fruit à noyau qui a beaucoup d'eau & qui est d'un excellent goût*. ACAD. FR. Il y en a de plusieurs sortes, de blanches, de jaunes & de rouges. Celle qu'on appelle *Pêche Madelaine*, est la plus estimée des Pêches; elle est grosse & ronde, & prend un peu de rouge. Il y en a une musquée qui a plus de goût que les autres. La rouge appellée autrement *Pêche paysanne*, vient moins grosse que la blanche, & a une chair délicieuse. Il y a aussi une espece de Pêche hâtive, plus plate que ronde, qu'on appelle *Pêche mignone*, ou *la Veloutée*. Elle est fort colorée en dedans & en dehors.

Pêche-cerise. Sorte de petite pêche qui est lice & ronde. La chair en est dure, seche & de peu de goût.

Pêche violette. Pêche plus longue que ronde qui est vineuse & très-fondante. Il y en a de la grosse & de la petite espece, & une tardive ou panachée qui vient en Automne. *La Pêche lissée blanche* est plus rare & a le goût moins relevé que la violette. Il y en a une autre lissée jaune assés grosse. Celle-là est plate & tardive. La Pêche commune, qu'on appelle *Pêche de Corbeil*, est ronde, blonde & velue. Elle est assés bonne, mais elle est amere dans les terres fortes. Il y a une autre Pêche qu'on appelle l'*Admirable*, à cause de sa grosseur & de sa bonté. Elle est rouge, presque ronde & très-fondante, comme une Pêche Madelaine tardive. *La Pêche pourprée*, qui est aussi presque ronde, est grosse, fort charnue, d'un rouge brun velouté, & de très-bon goût.

Pêche d'Abricot. Sorte de pêche qu'on appelle ainsi à cause qu'elle a le goût d'abricot. Il y en a de deux sortes, l'une velue & un peu rouge, l'autre jaune & plus lissée. L'une & l'autre est ronde. La pêche appellée *Pêche Dreusel*, est fort velue & colorée, plus longue que ronde. La chair en est toute rouge; ce qui fait qu'on la nomme *Sanguinole*. Celle qu'on appelle *Pêche bourdin*, est d'une mediocre grosseur, mais toute ronde, très-charnue & assés rouge. Son goût est fort relevé, & elle passe pour une des meilleures Pêches. Il y en a une assés tardive qu'on appelle *Pêche Bellegarde*. Elle est belle & d'un fort bon goût, grosse, ronde, & fort peu rouge dedans & dehors. La *Pêche d'Andilli* est comme une Persique blanche. Elle est très-grosse, ronde, charnue, & blanche dedans & dehors. On mange de deux sortes de *Pêches de Pau*, la ronde & la longue. La premiere est la meilleure. L'autre est platte & sujette à pourrir au dedans. Son noyau se fend pour l'ordinaire. La *Pêche Rossane* de Languedoc est jaune dedans & dehors, longue, grosse & tardive, & la *Pêche de Narbonne* est estimée particulierement à cause qu'on la mange dans la tardive saison. Elle est grosse & verdâtre, & a la chair seche & cotonneuse. Dioscoride dit que les Pêches qui sont mûres sont bonnes à l'estomac, & selon Galien elles sont de mauvaise nourriture, & se corrompent très-facilement. Il veut qu'on les mange à l'entrée de table, & non pas après les viandes.

PESCHER. s. m. Arbre qui porte les pêches. Il a ses feuilles tout-à-fait semblables à celles de l'amandier, & son bois spongieux & foible. Sa fleur est aussi comme celle de l'amandier, un peu plus rougeâtre. Cet arbre a une petite racine, peu profonde en terre ; ce qui le fait vieillir & tomber bientôt. Les fleurs de Pêcher lâchent le ventre, provoquent le vomissement, & aident les hydropiques. La liqueur qui sort de l'arbre donnée en breuvage en eau de plantain & de pourpier, est singuliere pour ceux qui crachent le sang. Il la faut donner en eau miellée & en décoction de pas d'âne à ceux qui ne peuvent respirer & qui ont la toux. Ses feuilles broyées au poids de deux drachmes en vin & emplâtres sur le ventre, font sortir les vers. Les noyaux mangés guerissent la dysenterie, & le jus qui en sort après qu'on les a pilés avec de l'eau de verveine, appliqué au front & aux temples appaise les douleurs de tête. L'huile qu'on en tire a la même vertu, & outre qu'elle soulage les migraines, elle fait dormir. Cette même huile est souveraine pour les graveleux, étant bûe au poids de quatre onces. Il faut prendre pour cela cinquante noyaux de pêches, cent de cerises, une poignée de fleurs d'hieble, deux livres de malvoisie, mettre le tout dans un pot de terre neuf, l'enterrer dix jours dans du fumier, & le distiller dans un alembic de verre. L'eau qui en sortira, prise avant le repas au poids de quatre onces, fera aussi jetter la pierre dehors. Matthiole dit que c'est un remede singulier.

PESCHEUR. s. m. Sorte d'oiseau des Antilles, tout-à-fait semblable au Mansfeni, qui est un puissant oiseau de proie semblable à l'aigle, tant en son plumage qu'en sa forme, & qui en differe seulement par sa petitesse. Le Pêcheur differe aussi du Mansfeni en ce qu'il a les plumes du ventre blanches, & celles de dessus la tête noires. Ses griffes sont un peu plus petites. Il n'en veut ni aux oiseaux qui volent en l'air, ni aux animaux qui sont sur la terre, mais seulement aux poissons, qu'il épie de dessus une branche ou de dessus la pointe d'un roc. Lorsqu'il les voit à fleur d'eau, il fond promptement dessus, les enleve avec ses griffes, & les va manger sur un rocher. Quoique le Pêcheur ne fasse point la guerre aux oiseaux, ils ne laissent pas de le poursuivre & de s'attrouper autour de lui en le becquetant, jusqu'à ce qu'ils l'ayent contraint de fuir & de changer de quartier. Les enfans des Sauvages prennent plaisir à élever cet oiseau quand il est petit, pour s'en servir à la pêche, mais il ne rapporte rien, & va manger dans un lieu inaccessible le poisson qu'il a surpris.

Il y a un autre oiseau qu'on appelle d'ordinaire *Martin pêcheur*, & autrement *Martinet*.

PESELIQUEUR. s. m. Sorte d'instrument par le moyen duquel on découvre combien un corps liquide pese plus qu'un autre. Ce n'est autre chose qu'une phiole de verre à demi pleine de vif argent. Il y a sur le col de cette phiole plusieurs divisions qui font connoître, selon qu'elle enfonce plus ou moins dans les corps liquides où on la plonge, leurs differens degrés de pesanteur.

PESER. v. n. Avoir du poids, être lourd. On dit, en termes de Manege, qu'*Un cheval pese à la main*, pour dire, qu'il s'abandonne sur la bride, sans forcer pourtant la main du Cavalier.

Peser, en termes de Chasse, se dit des bêtes qui en passant sur la terre molle enfoncent beaucoup leurs piés dedans ; ce qui sert à faire connoître leur grandeur.

Peser, en termes de Marine, signifie attirer du haut en bas ; & on dit, *Peser sur une manœuvre*, ou sur autre chose, pour dire, Tirer dessus pour la faire baisser. On dit dans le même sens en Mechanique, *Peser sur un levier*, *sur une bascule*, *sur un contrepoids*.

PESNE. s. m. Morceau de fer qui est dans la serrure qui ferme une porte ou le couvercle d'un coffre, & que la clef fait aller & venir en tournant. M. Felibien fait venir ce mot de *Pessulus*, d'où vient que l'on dit aussi, *Le pesle d'une serrure*.

Il y a une sorte de serrure qu'on appelle *Pêne en bord*, parce que le pêne doit être pliée en équerre par le bout, & recourbé en demi-rond pour faire place au ressort.

Il y en a d'autres qu'on nomme *A pêne dormant*, où est un ressort par le côté qui entre dans un cran, ou contre un arrêt qui est au côté du pêne. Ce pêne empêche qu'on ne le puisse aisément ouvrir avec le crochet, pourvû que dans la serrure il y ait des rouets qui passent l'un par dessus l'autre, ou quelque planche qui passe entre le pêne & le ressort.

Les Pênes qu'on appelle *Pênes à pignon*, s'emploient aux serrures qui ont plusieurs fermetures, & quelquefois jusqu'à neuf & dix. Comme pour cela il faut multiplier les ressorts, il y a des cremailleres à plusieurs crans, soûtenues de consoles, & retenues avec des coulisses, qui servent à conduire les pênes.

Le *Pêne à ressort*, ou *à demi-tour*, est celui qui se ferme en tirant la porte.

On appelle aussi *Pênes*, en beaucoup de lieux, les Cordes qui pendent au bout de quelques reseaux, & qui par leur agitation continuelle garantissent les chevaux, des mouches qui les tourmentent en été.

PESON. s. m. Sorte d'instrument avec quoi on pese ce qui est difficile à peser avec des balances. Il est composé d'un fleau ou d'une verge, d'une masse qu'on appelle aussi *Peson*, & d'où cette sorte de balance a été nommée *Peson*, d'un crochet pour la suspendre, & d'autres petites choses que les Balanciers appellent Broches, joues, gardes & tourrets.

Peson, se dit aussi d'un morceau de plomb que les femmes mettent au bout du fuseau pour le tourner plus facilement.

Quelques Architectes appelle *Pesons*, les Pieces qui composent la fusarole, à cause de la ressemblance qu'ils y trouvent aux pesons des fuseaux à filer.

PESSAIRE. s. m. Medicament externe propre pour le cou & le corps de la matrice, où on l'introduit, afin d'en guerir les maladies, ou pour arrêter ou provoquer le flux menstrual. Il est composé de racines, d'herbes, de semences, de fleurs & de sucs tirés de ces choses & incorporés avec gommes, oignons, confections, poudres, miel & coton. Le mot de Pessaire vient du Grec πεσσὸς, qui veut dire la même chose, & qui est formé du verbe πέσσειν, pour, πέπτειν, Cuir, amollir, mollifier.

PESSE. s. f. Dioscoride dit que le Pin & la Pesse sont un même genre d'arbre, quoique d'une espece differente ; que l'écorce de l'un & de l'autre est astringente, & qu'étant broyée, appliquée ou ointe, elle est bonne aux écorchûres qui arrivent pour s'être échauffé, & aux ulceres qui viennent sur la peau, & à la superficie du corps. Il ajoûte que si on se lave la bouche de la décoction de leurs feuilles broyées & cuites en vinaigre, elle appaise le mal de dents, & que ces feuilles prises en breuvage au poids d'une drachme avec de l'eau simple ou avec de l'eau miellée, sont bonnes à ceux qui sont travaillés du foye. La Pesse, dit Matthiole, est si semblable au sapin, que plusieurs prennent l'un pour l'autre, à cause que ces deux arbres sont d'une même grandeur, que leurs feuilles sont également longues, dures & épaisses, & que leurs rameaux viennent en croix, sortant seulement, ainsi que leurs feuilles des deux côtés des branches. Les feuilles de la

Pesse sont pourtant plus noires, quelque peu plus larges, plus tendres & lissées & moins piquantes. L'écorce de cet arbre, qui est gluante & pliable comme une courroie, tire sur le noir, & la plûpart de ses branches pendent contre terre. Son bois est plus beau & meilleur, & à moins de nœuds & les veines plus droites que le sapin. Son fruit est de la hauteur d'un palme, fort serré par ses écailles entrelassées, où est sa semence tirant sur le blanc, & n'ayant aucune moëlle. Il ne vaut rien à manger. Sa resine est entre l'écorce & le bois, congelée en maniere de gomme, quoique quelquefois elle produise une liqueur claire & liquide comme le bijon. La Pesse s'appelle autrement *Pignet* ou *Garipot*.

PESSONS. s. m. Vieux mot que Perceval a employé pour dire, *des Peaux*.

Corde de soye & d'or pessons
Y ot pour tenir les guerons.

PESTE. s. f. Maladie très-contagieuse & épidemique, qui vient d'un levain venimeux reçu de l'air & multiplié ensuite par contagion, qui attaque les hommes comme par embuches & met leur vie en danger. Ce corpuscule contagieux est extrémement subtil; ce qui lui donne la facilité de se répandre & de se multiplier. La nature n'en a été jusqu'ici connue de personne. Kirkerus qui discute fortement l'essence de la Peste, l'attribue à une pourriture animée. Ce ferment venimeux a divers causes éloignées, dont la principale est le tremblement de terre. Il y a plusieurs exemples qui font voir que la Peste suit ces sortes de tremblemens. On en rejette la cause prochaine sur les émanations arsenicales crues & non mûres, qui infectant l'air produisent la peste. C'est par-là que certaines maladies qui regnent de tems en tems, degenerent en peste, & que la petite verole, les fievres malignes & les dysenteries épidemiques en sont les avantcoureurs. Ce mal infecte non seulement par le contact corporel, mais il se transporte d'un pays à un autre par des étoffes, des habits, des lettres, des marchandises. Quoique le levain pestilentiel se multiplie par l'infection de l'air, ceux d'un même sang, & qui ont quelque convenance naturelle, le reçoive l'un de l'autre plus facilement; de sorte qu'on a vû des familles entieres que la peste a ravagées, sans que les étrangers, avec qui elles communiquoient, en ayent été attaqués; ce qui est fondé dans l'Archée ou esprit animal, qui ayant reçu une forte impulsion du levain pestilentiel, en infecte facilement l'archée, avec qui il simbolise. La Peste en general est ou compliquée avec la fievre, ou elle est sans fievre. Cette derniere est plus rare, & même plusieurs sont persuadés que la peste ne sçauroit être sans fievre. Les signes de la peste presente sont, outre les fievres ardentes ou continues, les bubons, les charbons, les taches & les ulceres malins. Quelques-uns ont des tumeurs aux aisselles, aux aines, proche les oreilles & aux lieux glanduleux, & d'autres ont des pustules rouges ou blanches. Pour les signes de la peste à venir, on a observé que des crapaux en grand nombre & des insectes non accoûtumés ou trop abondans, prédisent si bien cette dangereuse maladie, qu'elle suit presque toûjours. Comme la peste attaque principalement ceux qui sont à jeun, ce que font aussi les fievres malignes, on ne doit point sortir que l'on n'ait mangé un morceau de pain & bû un verre de vin d'absynthe. Le vin camphré est aussi une excellente précaution. On prend un verre de vin & la grosseur d'un pois de camphre. Après qu'on a allumé le camphre, on le jette dans le vin, où il brûle en nageant dessus. Il faut le rallumer s'il s'éteint, & continuer jusqu'à ce que le camphre soit consumé. Ce vin bû est un préservatif singulier.

PESTEL. s. m. Vieux mot. Pilon.

Et vit gelousie venant
Un pestel en la main tenant.

On a dit aussi *Pesteil* & *Pestiller* ou *Paisteler*, pour dire, Piler, de *Pistillum*, Pilon à piler dans un mortier.

PET

PETARASSE. s. f. Terme de Marine. Espece de hache à marteau, qui a le côté du taillant fait comme un calfat double, & dont on se sert à pousser l'étoupe dans les grandes coutures.

PETARD. s. m. Machine de guerre, qui est une piece de métal creusé & à peu près de la forme d'un chapeau. Elle est profonde de sept à huit pouces & large de cinq par la bouche. Le diametre du fond ou de la culasse est d'un pouce & demi. La pesanteur du métal est de cinquante-cinq à soixante livres, & il en faut cinq de poudre ou environ pour la charge du petard. On en fait qui sont encore plus fort dont on se sert à petarder les endroits les plus renforcés; & d'autres plus foibles, pour ceux qui sont moins capables de resister. Après qu'on a rempli le Petard de poudre, on ajoûte à sa bouche une grosse piece de madrier, qui du côté en dehors est couverte d'une plaque de fer. Il faut qu'elle joigne parfaitement son ouverture par l'entaillûre qui doit lui avoir été faite. On ferme ensuite les fentes avec de la cire, de la poix & autres drogues, & cela fait on porte la machine par les anses à l'endroit qu'on a dessein d'enfoncer. On fait joindre exactement le madrier à la porte, & par derriere on arrête le Petard, qui prend feu par une fusée qu'on laisse posée à la lumiere, afin que le Petardier ait le tems de se mettre en sûreté.

Petard, se dit aussi d'*Une sorte d'artifice de feu, fait avec de la poudre à canon & de la carte mise en plusieurs doubles, & extrémement battue & serrée.* Acad. Fr.

PETARDIER. s. m. Celui qui applique le petard contre les portes pour les enfoncer.

PETASITE. s. m. Plante medicinale qui pousse au Printems une tige tendre, creuse & charnue, haute d'une paume & demie, ayant plusieurs petites fleurs à sa cime. Ces fleurs sont moussues & en forme de grappes de raisin, semblables à celles des olives & entassées en pyramides. Ses feuilles sortent après que cette tige est tombée, & elles sont attachées par le milieu à une queue que Dioscoride dit être longue de plus d'une coudée, & grosse comme le pouce. Ces feuilles sont grandes & larges, & pendent comme un chapeau renversé. C'est de-là que cette herbe a pris son nom, πέτασος en Grec signifiant un Chapeau, de πετάζειν, Etendre, ouvrir en large & en long. Sa racine est fort grasse, obscure au dehors, blanche au dedans, d'un goût amer & d'une odeur forte & fâcheuse. Elle entre dans la composition du vinaigre febrifuge. Dioscoride dit que le Petasite enduit est fort bon aux ulceres malins & corrosifs qui mangent & rongent les parties voisines. Galien est de la même opinion, & le fait dessiccatif au troisiéme degré. Il croît dans les lieux humides des montagnes. Matthiole dit qu'il n'en a point vû, & condamne Fuchsius qui, suivant Ruellius a dépeint la grande Tussilage pour le Petasite.

PETAUX. s. m. p. Sorte d'anciens Soldats, selon Froissard. Ce sont des gens de pié & des Paysans, selon Monstrelet.

PETECHIE. s. f. Tache qui s'éleve sur la peau dans de certaines fievres malignes ; ce qui les fait appeller *Fievres petechiales*.

PETELE', E'E. adj. Vieux mot. Maltraité, foulé aux piés.

Rongez, pensifs, tondus, patibulez,
Pris & surpris, pillez & petelez.

PETITOIRE. s. m. Terme de Pratique, dont on se sert par opposition à *Possessoire*. C'est une action par laquelle on demande le fond ou la proprieté d'une chose. Les Juges seculiers ne jugent du Petitoire que la complainte possessoire dans les causes de spoliation ne soit jugée ; c'est aux Juges d'Eglise qu'appartient le Petitoire.

PETONCLE. s. m. Espece de petit poisson à coquille. On appelle aussi *Petoncle*, la coquille de ce poisson. Elle est grisâtre & plate, & sert d'ornement aux grotes.

PETRELEUM. s. m. Sorte de bitume noir, qui est plus grossier que celui que l'on appelle *Naphta*, & qui ne s'allume pas si facilement. Ce mot est Grec, πετρέλαιον, de πέτρα, Pierre, & de ἔλαιον, Huile, & on lui a donné ce nom à cause qu'il distille des pierres en quelques lieux d'Italie. On en trouve aussi en Sicile. Le Petreleum surnage aux eaux de quelques fontaines. Ceux qui font ce mot François disent *Petreol*.

PETRICHERIE. s. f. Quelques-uns emploient ce mot pour signifier les chaloupes, les hameçons, les coûteaux, les lignes & enfin toutes les autres ustenciles dont ont besoin ceux qui vont à la pêche des morues. Ils le font venir de *Petrechos*, mot Espagnol, qu'ils disent signifier les équipages de guerre & de chasse.

PETRIFICATION. s. f. Corps qui est converti en pierre. Il se fait dans les cavernes plusieurs sortes de Petrifications de bois & de toutes sortes d'autres corps, par le moyen des sucs lapidifiques qui tombent dessus. Toutes ces choses congelées & devenues pierres sont appellées *Petrifications*, & on s'en sert pour orner les grotes.

PETROBRUSIENS. s. m. Heretiques du douziéme siecle, ainsi appellés de Pierre de Bruys, auteur de leur Secte, qui fut brûlé vif en la ville de S. Gille pour ses abominations. Ils maintenoient qu'il n'étoit pas necessaire de baptiser les enfans avant l'âge de puberté, que les prieres ne servoient de rien aux morts, que JESUS-CHRIST n'étoit pas réellement au Saint Sacrement de l'Autel, & qu'il falloit rompre toutes les croix, à cause de l'ignominie que Notre Seigneur avoit soufferte à la croix. Pierre de Bruys en brûla un fort grand nombre un jour de Vendredi Saint, & se servit de ce feu pour faire bouillir des marmites pleines de chair, dont il mangea devant tout le monde, exhortant le peuple à l'imiter.

PETROJOHANNITES. s. m. Heretiques qui prirent leur nom d'un Pierre-Jean ou Johannis, dont ils suivoient les erreurs. Ils soûtenoient que les Apôtres n'avoient prêché l'Evangile que selon le sens qu'ils lui donnoient, & que le Baptême ne nous conferoit aucune grace. Ils disoient que JESUS-CHRIST n'étoit pas encore mort quand on lui donna le coup de lance, & publioient plusieurs autres impostures, qu'on ne connut bien qu'après la mort de Pierre Johannis, dont on déterra le cadavre pour brûler ses os. Cet Heresiarque parut dans le douziéme siécle.

PETUN. s. m. Herbe nommée autrement *Tabac*. Les habitans des Isles de l'Amerique cultivent ordinairement quatre sortes de Petun, sçavoir le grand Petun vert, le Petun à la langue, le Petun de verine, & le Petun d'amazone. Le *Petun vert*, est le plus beau, & de plus belle apparence. Ses feuilles ont un bon pié de large & deux de long, mais il n'est jamais de grand rapport. Le *Petun à la langue*, a été nommé ainsi, à cause que sa feuille qui est longue de deux piés, & large d'une paume, semble avoir la forme d'une langue. Il est de três-grand rapport. Le *Petun de Verine* est plus petit que les deux autres, & a ses feuilles un peu plus ridées, plus rudes, & plus pointues par le bout. Quoiqu'il rapporte le moins de tous, il est le plus estimé & le plus cher, à cause que sa feuille sent le musc, & que la fumée qu'il rend quand on le brûle, est fort agreable. Une seule plante de ce Petun communique sa qualité à quatre autres, & les fait passer pour Petuns de Verine. C'est ce qu'on a coûtume de pratiquer dans les Isles, sans quoi on ne pourroit y trouver son compte. Le *Petun des Amasones*, est plus large que les autres, & a sa feuille arrondie par le bout, & non en pointe. Les petites côtes ou nervûres que cette feuille a des deux côtés, la traversent de droit fil, & non en droit fil. Toutes ces sortes de plantes de Petun croissent de la hauteur d'un homme ou davantage, si on ne l'empêche point en coupant le sommet de leurs tiges. Elles portent quantité de feuilles vertes, longues velues par dessous & qu'on croiroit être huilées quand on les manie. Celles qui croissent au bas de la plante sont plus larges & plus longues, comme tirant plus de nourriture de l'humeur de la racine. Elles poussent au sommet de petits rameaux, qui portent une fleur en forme de petite clochette. Cette fleur est d'un violet clair, & quand elle est seche, il se forme en la place un petit bouton dans lequel est contenue la semence, qui est de couleur brune, & fort déliée. Voici la maniere de planter & de cultiver le Petun. On seme d'abord la graine qu'on mêle avec cinq ou six fois autant de cendre, pour la semer plus claire, & si-tôt qu'elle commence à lever on la couvre tous les matins de branchages, afin de la garantir de la trop grande ardeur du Soleil qui la brûleroit entierement. Pendant le tems qu'elle atteint la perfection qu'elle doit avoir pour la replanter, on défriche, coupe & brûle les bois qui sont sur la terre où l'on doit faire sa recolte, & si c'est dans une terre déja découverte, on la nettoie entierement de toutes sortes d'herbes. Cela fait, on leve la plante en un tems de pluie, afin qu'elle reprenne facilement. L'ordre que l'on observe en cela est de laisser trois piés de distance entre deux plantes & autant entre deux rangs. Ainsi un jardin qui est de cent pas en quarré doit tenir dix mille plantes de Petun. Il faut empêcher qu'il n'y croisse de mauvaises herbes, & quand la plante est prête à fleurir, on doit l'arrêter tout court, en la coupant à la hauteur du genouil. On ôte ensuite les feuilles d'en-bas qui traînent à terre, & on ne laisse que dix ou douze feuilles de Petun sur la tige, qu'on émonde avec soin tous les huit jours, de tous les rejettons qu'elle pousse autour des feuilles, de sorte que ces dix ou douze feuilles se nourrissent merveilleusement, & viennent épaisses comme un cuir. Pour connoître si le Petun est dans sa maturité, on plie la feuille, & si elle se casse, c'est une marque qu'il est tems de la couper. Lorsqu'on l'a coupée, on la laisse faner sur la terre, puis on l'attache avec des liasses de mahot qu'on enfile dans de petites verges, en sorte que les plantes ne se puissent toucher. On les laisse ainsi secher à l'air pendant quinze jours ou trois semaines, après quoi ayant arraché toutes les feuilles de la tige, on tire la côte qui est au milieu. On l'arrose d'un peu d'eau de mer, on la tord en corde, & on la met en rouleau.

Il y a dans la Guadeloupe un fort grand nombre de petits oiseaux noirs que les habitans appellent *Bout de Petun*, à cause qu'ils s'imaginent que cet oiseau dit ces mêmes paroles en son ramage. Il a la voix extrémement éclatante, & quand il chante il étend ses ailes, tient sa queue éparpillée, & semble danser à la cadence de son chant. Il vit de petits lezards, ausquels il donne la chasse, & de cassave qu'il vient dérober jusques dans les cases. On ne voit aucun de ces oiseaux dans la Martinique.

PEU

PEUCEDANUM. s. m. Plante qui croît aux Montagnes bien ombragées, & qui dès terre produit une chevelure grosse & épaisse, ce qui fait conclurre à Matthiole que le Peucedanum doit avoir plusieurs feuilles capillaires, longues & menues comme celles du fenouil ou de l'Aneth. Aussi Dioscoride dit qu'il jette une tige maigre, grêle & semblable à celle du fenouil. Sa fleur est jaune, & sa racine noire, grosse, pleine de jus & de mauvaise odeur. On fait une incision à cette racine lorsqu'elle est tendre, & on met à l'ombre le suc qui en sort, & qui s'en iroit tout en fumée si on le mettoit au Soleil. Voici ce qu'ajoûte Dioscoride. Cette herbe excite des vertiginosités ou douleurs de tête, si en la cueillant on ne se frotte la tête & les narines d'huile rosat. On tire du lait & du jus de ses branches & de sa racine comme on fait de la Mandragore, mais le jus est beaucoup plus efficace, plus penetrant, & plus soudain que le lait. Cette racine perd sa force étant rôtie sous la cendre. On y trouve quelquefois, aussi-bien qu'aux tiges, une gomme attachée assés semblable à l'encens. Le meilleur jus de Peucedanum s'apporte de Sardaigne, & de Samothrace. Il est doux, de forte odeur, & d'un goût brûlant. Galien dit qu'on se sert particulierement de la racine de cette herbe, & qu'on use aussi de son suc & de sa gomme; que toutes ces choses ont la même qualité, mais que le suc a plus de vertu étant chaud & resolutif, & qu'ainsi on le tient fort bon aux accidents qui arrivent aux environs des nerfs, au poumon, & même à la poitrine, quand ils sont causés par des humeurs grosses & visqueuses. Ce jus, poursuit-il, est aussi fort bon pris interieurement, & singulier quand on ne feroit que le sentir. Comme il est penetrant, attenuatif & incisif, si on le met dans le creux des dents, il en ôte la douleur. Il est bon encore aux duretés de la rate, à cause qu'il a la vertu de subtiliser, de resoudre & d'inciser les humeurs grosses & visqueuses. Ce mot est Grec πευκέδανον, de πεύκη, Pin, parce que ses feuilles sont semblables à celles du Pin. On l'appelle en Latin *Fœniculum porcinum*, ou *Pinastellum*, & en François, *Queue de cochon*.

PEUILLE. s. f. Terme de Monnoie. Petit morceau de l'espece monnoyée ou du métal sur lequel on fait l'essai du reste, & qu'on met à la coupelle afin d'en connoître la bonté. Dans le second essai des Monnoies on les coupe en quatre parties, qu'on appelle *Peuilles*, & de ces quatre parties, l'Essayeur qui les a coupées en laisse une aux Gardes, & une autre au Maître, se chargeant des deux autres dont il garde l'une, & l'autre lui sert à faire l'essai requis. L'Ordonnance veut que chacune des trois Peuilles soit enfermée dans un papier ou parchemin, que celle des Gardes soit cachetée par l'Essayeur & le Maître, celle de l'Essayeur par les Gardes & le Maître, & celle du Maître par les Gardes & l'Essayeur; que sur chacune des Peuilles ainsi enfermées, il soit écrit ce que la délivrance contiendra en quantité, poids & loi, & le jour de la délivrance; que ces trois Peuilles soient conservées en cet état pour les representer s'il en est besoin, & que par la Cour des Monnoies il soit ainsi ordonné en procedant au jugement des boëtes, & que ces Peuilles soient gardées jusqu'à ce que par le mandement exprès de la Cour après le jugement des boëtes, il leur soit permis de les ouvrir. Ces formalités ont été ordonnées pour avoir recours à ces Peuilles, s'il arrivoit que les deniers des boëtes & les registres des délivrances fussent volés ou perdus.

PEUPLER. v. act. *Etablir une multitude d'habitans en quelque pays, en quelque endroit.* ACAD. FR. On dit en termes de Charpenterie, *Peupler de poteaux une cloison, peupler de chevrons un comble*, pour dire, Garnir de pieces de bois espacées à distance égale, le vuide d'une cloison ou d'un comble.

PEUPLIER. s. m. Arbre fort haut qui vient sur les bords des fossés & des rivieres, & dans les lieux aquatiques & marécageux. Il y a trois sortes de Peuplier, le blanc nommé simplement *Peuplier*, le noir qu'on appelle *Tremble*, & le *Peuplier Alpin* ou *Lybique*, que les Grecs appellent κερκίς. Le peuplier blanc est haut, ayant un tronc gros, & son écorce blanchâtre, unie & polie. Cette écorce prise en breuvage au poids d'une drachme, soulage les sciatiques, ainsi que ceux qui ne peuvent uriner que goute à goute. Ses feuilles sont semblables à celles de vigne, blanchâtres d'un côté, & moussues en maniere de pas d'âne. Matthiole dit qu'il y a grande abondance de Peupliers en Lybie, en Bohême, & en Allemagne; que ce Peuplier a ses feuilles plus rondes & plus minces que les autres, taillées à plusieurs angles & coins, & fort dentelées tout à l'entour, avec de petites branches, & qu'elles sont pendues à une queue longue & mince, presque toûjours mobile, & même quand il ne fait point de vent. Son tronc, dont l'écorce est noire, est plus court que celui des autres peupliers; le bois n'en est ni si ferme ni si fort, il est toutefois blanc & bien tenant. On appelle aussi le Peuplier *Peuple*, en Latin *Populus*.

PHA

PHALANGE. s. f. Nom qui a été donné à l'Infanterie des Grecs pesamment armés. D'autres disent que c'étoit un gros bataillon quarré des anciens, tellement pressé, que les Soldats avoient les piés les uns contre les autres avec leurs boucliers joints, & leurs piques croisées, de sorte qu'il étoit presque impossible de le rompre. Ce bataillon étoit composé de huit mille hommes.

Phalange. Sorte d'Araignée, dont Aëtius établit de six especes. La premiere qu'il appelle ῥάγιον, qui veut dire, Un pepin de raisin, à cause qu'elle en a la figure, étant noire & ronde, a sa bouche au milieu du ventre, & de petits piés autour. La seconde appellée *Loup*, parce qu'elle chasse aux mouches & s'en nourrit, a le corps large & facile à se remuer avec certaines incisions vers le col, & la bouche relevée en trois endroits. La troisiéme dite, *Fourmiliere*, parce qu'elle ressemble beaucoup à une grande fourmi, est de couleur fuligineuse, & a le corps marqueté de petites étoiles, sur-tout vers le dos. La quatriéme appellée *Cronocolapte*, a son aiguillon auprès du col. Elle est verte & longuette, & ne cherche qu'à piquer vers la tête quand elle attaque quelque animal. La cinquieme est nommée *Sclerocephale*, à cause qu'elle a sa tête dure comme pierre. Celle-là est rayée de même que les papillons qui volent la nuit autour de la lumiere. La sixieme espece qu'on nomme *Vermiculaire*, est longuette & un peu tachée vers la tête.

Il y a dans les Antilles une sorte de grosses Araignées que quelques-uns mettent au rang des Phalanges à cause de leur figure monstrueuse. Leurs pattes étant étendues, elles ont plus de tour que la paume de la main n'a de largeur. Elles ont toutes un trou sur le dos, qui est comme leur nombril & tout leur corps est composé de deux parties, l'une plate, & l'autre ronde qui aboutit en pointe comme un œuf de pigeon. Leur gueule est presque toute cachée sous un poil d'un gris blanc, entremêlé quelquefois de rouge, ce qui fait qu'on a de la peine à la discerner. Elle est armée de part & d'autre de deux crochets fort pointus, qui sont d'une matiere solide, & d'un noir extrémement poly & luisant. Ils ont la vertu de préserver de douleur & de corruption les parties qui en sont frottées, & & c'est pour cela que les curieux les font enchasser en or, & s'en servent au lieu de curedens. Quand ces Phalanges sont devenues vieilles, elles sont couvertes par tout d'un duvet noirâtre, aussi doux & aussi pressé que du velours. Leur corps est supporté par dix piés, velus par les côtés & herissés en dessous de petites pointes, dont elles se servent pour s'accrocher plus facilement par tout où elles veulent grimper. Tous ces piés sortent de la partie de devant, ayant quatre jointures chacun. Ils sont munis par le bout d'une corne noire & dure, qui est divisé en deux comme une petite fourche. Leurs yeux sont si petits & si enfoncés, qu'ils ne paroissent que comme deux petits points. Elles se nourrissent de mouches, & il y en a qui filent des toiles si fortes, que les petits Oiseaux qui s'y embarrassent, ne s'en peuvent développer qu'avec peine.

On appelle aussi *Phalanges*, dans les mêmes Isles, Une espece de grosses Mouches, dont quelques-unes ont deux trompes pareilles à celles de l'Elephant, l'une recourbée en haut, & l'autre en bas. Quelques autres ont trois cornes dont l'une naît du dos, & les autres de la tête. Le reste du corps ainsi que ces cornes, est noir & luisant comme du jayet. Il y en a qui ont une corne longue de quatre pouces, de la façon d'un bec de beccace, lissée par dessus & couverte d'un poil follet par dessous. Cette corne leur sort du dos, & s'avance sur la tête, au haut de laquelle est encore une autre corne semblable à celle du cerf volant, qui est noire comme ébene, & claire comme du verre. Tout le corps est de couleur de feuille morte, poli & damassé. Ces grosses Mouches Phalanges, ont la tête & le museau comme un singe, deux gros yeux jaunes & solides, une gueule fendue, & des dents semblables à une petite scie.

Les Medecins appellent *Phalanges*, les rangs & les dispositions des doigts de l'homme, comme s'ils étoient rangés en bataille.

PHALANGIUM. s. m. Plante, que quelques-uns appellent *Phalangites*, & d'autres *Lucacantha*. Elle produit deux au trois rejettons & quelquefois plus éparpillés de côté & d'autre. Sa fleur est blanche & semblable au lis, & déchiquetées en plusieurs endroits. Sa graine est noire, large, & faite en façon d'une lentille mi-partie, mais pourtant plus déliée. Sa racine est petite, grêle & verte quand elle est fraîchement tirée de terre. Le Phalangium croît aux côteaux & aux petites montagnes. Ses feuilles, sa graine & ses fleurs prises en breuvage sont bonnes aux piqûres des Scorpions, & des Araignées Phalanges, d'où cette plante a tiré son nom. D'autres veulent qu'elle l'ait pris de ce que ses racines representent les doigts de la main dans l'ordre où ils sont, que les Medecins appellent *Phalanges*, quand ils sont rangés dans la disposition où ils doivent être.

PHALARIS. s. m. Herbe qui produit beaucoup de petites tiges semblables aux tuyaux d'épeautre hautes d'un pié & demi, grêles, douces & compartiés de plusieurs nœuds. Sa graine est blanche, longuette, & de la couleur du millet. Ses racines sont minces & inutiles. Le jus de cette herbe pilée, bû avec de l'eau ou du vin, est bon aux douleurs de la vessie. Sa graine a cette même vertu, si on la prend en breuvage à la quantité d'une cueillerée On fait venir ce mot du Grec φαλαρὸς ou φαληρὸς, Blanc, à cause que sa graine est blanche.

PHARE. s. m. Feu allumé du haut d'une Tour élevée sur une côte, à l'entrée des Ports & des Rivieres, pour indiquer la route aux vaisseaux pendant la nuit, & les empêcher de donner contre la côte par non vûe. Cette Tour ou lieu élevé où l'on place la lumiere, est proprement ce que l'on appelle *Phare*. Ce mot vient d'une grande Tour que Ptolomée Philadelphe, Roi d'Egypte, fit élever sur le sommet d'une montagne de l'Isle appellée Pharos, l'on 470 de la fondation de Rome, & qu'il appella *La Tour de Pharos*, du nom de cette Isle. Elle a passé pour une des sept merveilles du monde. Il y avoit un fort beau degré par lequel on y montoit pour allumer quantité de flambeaux & de lanternes qui servoient de guide aux Pilotes. Sostrate qui en fut l'Architecte, fit graver ces paroles sur le marbre. *Sostrate Gnidien, fils de Dexiphare, consacre cet Ouvrage aux Dieux immortels pour le salut des Mariniers*, & après avoir gravé cette inscription, il l'enduisit de plâtre, & écrivit le nom & les titres du Roi par dessus. Ce fut une adresse pour conserver son nom, qui a paru lorsque le tems a fait tomber le plâtre sur lequel étoit écrit celui du Prince. L'Isle de Pharos que les habitans nomment aujourd'hui *Magrat* ou *Magrab*, & les Arabes *Magar Alexandri*, ou *Phare d'Alexandre*, est vis-à-vis d'Alexandrie, & tient presque toute à la Terre ferme sans canal, ni pont. Du tems d'Homere, il y avoit une plaine de mer de vingt-quatre lieues qui la séparoit de la Ville.

PHARICUM. s. m. Sorte de poison qui a presque le goût du Nardus sauvage. Dioscoride dit, que pris en breuvage, il cause une resolution de nerfs jointe à une alienation d'entendement. Matthiole avoue qu'il n'a jamais sçû comprendre en aucun Auteur ce que les Anciens entendoient par Pharicum, & si c'est un médicament simple ou composé. Il ajoûte, selon ce que rapporte le Scholiaste de Nicander, que Praxagoras dit qu'il a pris le nom de Pharicum d'un grand empoisonneur Candien nommé Pharicus qui l'avoit inventé, & que d'autres attribuent son nom à ceux de Pharis d'Arcadie, qui les premiers l'ont mis en usage.

PHARMACIE. s. f. *L'art de préparer & de composer les remedes pour la guerison des malades*. Acad. Fr. Il y a deux sortes de Pharmacie, la *Pharmacie Galenique*, qui est la partie de la Medecine, qui enseigne le choix, la préparation, & la mixtion des médicamens, & la *Pharmacie Chymique*. Cette derniere est eft un art qui enfeigne à refoudre les corps mixtes, à connoître & à divifer les parties dont ils font compofés, pour en féparer celles qui font mauvaifes, en forte qu'on tire le fuc & la fubftance de tous les mixtes dans la pureté, pour les employer à la confervation, ou au rétabliffement de la fanté. Ce mot vient de φάρμακον, Médicament, que quelques-uns font venir de φέρειν ἄκος, Donner du fecours.

PHARMACOPE'E. f. f. Traité qui donne la connoiffance de la Pharmacie, & qui enfeigne de quelle maniere les remedes doivent être préparés du Grec φάρμακον, Remede & de ποιεῖν, Faire.

PHARISIEN. f. m. Secte qui fe forma en Judée longtems avant la naiffance de JESUS-CHRIST, & qui, felon faint Jerôme, eut Hillel & Saumai pour Auteurs. Ils prirent le nom de Pharifiens, qui veut dire *Séparés*, à caufe qu'ils fe féparoient eux-mêmes pour mener une vie auftere & s'adonner à l'étude de la loi, n'ayant point de communication avec les autres, dont ils fe diftinguoient par leur maniere de vivre & par leurs habillemens. Ils avoient les reins ceints de groffes cordes, & couchoient fur des ais couverts de cailloux. Ils mettoient des épines aigues au bas de leurs robes, afin que leurs jambes en étant piquées les fiffent fouvenir des commandemens. Cette aufterité de mortification n'étoit gardée, ni par tous, ni pour toûjours. Ils payoient les decimes felon que la loi l'ordonnoit, & la trentiéme & la cinquantiéme partie de leurs fruits. Ils tenoient une neceffité inévitable comme les Stoïciens, & la tranfmigration des ames d'un corps dans un autre avec les Pytagoriftes, ce qui leur faifoit penfer que l'ame de faint Jean-Baptifte, d'Elie ou de Jeremie, étoit paffée dans le Corps de JESUS-CHRIST. Ils eftimoient plus les traditions écrites, faifant confifter leur plus grande fainteté dans les lavemens, de forte qu'ils croyoient la paillardife un moindre peché que de manger fans s'être lavé les mains. Leurs lavemens journaliers les firent nommer *Hemerobaptiftes*; auffi ne revenoient-ils jamais du marché qu'ils ne fe lavaffent, dans la penfée que l'attouchement des autres perfonnes les avoit fouillés. Ils jeûnoient le fecond & cinquiéme jour de la femaine, & portoient leurs tablettes qui étoient de petits morceaux de parchemin où la loi étoit écrite, & qu'ils appelloient *Phylacteriens*, fur leur front & fur leur bras gauche, mais il n'y avoit que de l'orgueil dans leurs actions, & cet orgueil leur eft fouvent reproché dans l'Evangile.

PHARYNX. f. m. Gofier. Ce mot eft Grec φάρυγξ, & les Medecins s'en fervent pour fignifier la partie de la bouche qui fait le haut & le commencement du conduit qui va à l'eftomac. Cette partie eft fort dilatée.

PHASE. f. f. Terme d'Aftronomie. Il fe dit des diverfes apparences ou illuminations de la Lune. Ce mot eft Grec φάσις, & entre autres fignifications, il veut dire, Apparence.

PHASEOLE. f. m. Efpece de legume, que Matthiole dit être fort commun en Italie, où il y en a de blancs, de rouges, de jaunes, & d'autres tachés de differentes couleurs. Les rouges & les jaunes fervent à couvrir les treilles, & à donner de l'ombre aux jardins. Ils s'agraffent avec leurs tendrons & crochets, ainfi que la vigne, ce qui lui fait croire que cette forte de Phafeole, eft le *Smilax hortenfis*, de Diofcoride. Les blancs qu'on feme par tout s'étendent fur terre, & ont leurs feuilles à peu près comme le lierre les a, un peu plus grandes pourtant, plus molles, & pleines de veines, il y en a trois en chaque queue. Leurs fleurs font blanches, & plus petites que celles des pois, & il en fort de petites cornes, rondes en long, & pointues au bout, vertes au commencement & blanches dans leur maturité. Les Phafeoles y font enfermées, ayant prefque la forme des roignons des bêtes à quatre piés, & étant blanches excepté vers le milieu qui eft un peu noir. Cette forte de legume enfle, engendre des ventofités, & eft d'une difficile digeftion. En Grec φασίολος.

PHATZISIRANDA. f. f. Herbe de la Floride, dont les feuilles font femblables à celles des porreaux, mais plus déliées & plus longues. Elle a le tuyau à la maniere du jonc, plein de poulpe, noüeux, & haut d'une coudée & demie. Sa fleur eft petite & étroite, & fa racine déliée, fort longue & pleine par intervalles de boffettes rondes & velues. Cette racine dont la faveur eft aromatique vient aux lieux humides. Les Sauvages broyent l'herbe entre deux pierres, & fe frottent tout le corps de fon fuc quand ils veulent fe laver, ce qu'ils font prefque tous les jours croyant que ce fuc fortifie la chair, & lui communique fa douce odeur. Les Efpagnols employent la poudre faite de cette herbe pour remede contre la pierre des reins. Elle excite puiffamment l'urine, & fait vuider tous les excremens, qui d'ordinaire bouchent les conduits.

PHI

PHIBIONITES. f. m. Heretiques dont les abominations font décrites par faint Epiphanes. C'étoit une Secte des Anoftiques.

PHILLYREA. f. f. Arbre de la grandeur du Troëfne, qui produit fes feuilles femblables à celles de l'Olivier, mais plus noires & plus larges. Son fruit qui approche de celui du Lentifque, eft noir, douçâtre & grappu comme le raifin. Cet Arbre croît dans les lieux rudes & âpres. Ses feuilles font aftringentes, & ont la même vertu que celles de l'Olivier fauvage, quand il eft befoin de refferrer. Etant mâchées, ou bien fi on fe lave la bouche de leur décoction, elles fervent aux ulceres de cette partie. Prifes en breuvage elles provoquent l'urine, & les fleurs aux femmes. Matthiole fait voir l'erreur de ceux qui ont pris la Phillyrea, dont Diofcoride a fait cette defcription, pour le Til ou Tillet. Elle eft fondée fur la reffemblance du mot φιλύρα qui veut dire, Til, & de φιλλυρέα, qui leur a fait croire que Diofcoride n'avoit jamais vû de Til, ou qu'il y en avoit une efpece entierement differente du Til commun, qui n'a nul rapport avec la Phillyrea, mais par ces paroles κιβωτίοις φιλυρίνοις, qu'il emploie, en difant fur la fin de la Préface de fon premier Livre, que les fleurs & tout ce qui eft aromatique & odorant doit être gardé dans des boëtes ou petits coffres faits de Tillet, Matthiole fait connoître que Diofcoride a mis une grande difference entre φιλλυρέα & φιλύρα.

PHILOLOGIE. f. f. Efpece de Science univerfelle, qui s'étend fur toutes fortes de connoiffances. Ce mot eft Grec φιλολογία, de φίλος, Ami, & de λόγος, Difcours.

PHILOMELE. f. f. Nom que les Poëtes donnent au Roffignol, & qui vient de ces mots Grecs φιλεῖν μέλος, Aimer le chant.

PHILONIUM. f. m. Opiat, dont il y a de deux fortes, le *Philonium Romanum*, & le *Philonium Perficum*. Le premier fe donne à ceux qui font malades de pleurefie, de colique & de toute douleur interne, & on s'en fert ordinairement dans les lavemens pour adoucir les douleurs aigues de la colique. Il eft compofé de quinze ingrediens outre le miel. Ce font le poivre blanc, l'opium, la femence d'ache, le jusquiame, l'euphorbe, la cannelle, le costus, la cassia lignea, le pyrethre, la graine de persil, de fenouil, & du daucus creticus, la zedoara, le spic nard & le saffran. Cet Opiat concilie le sommeil, arrête le sang qui flue des parties internes, & est très-bon aux nausées. Il fait passer le hocquet, & appaise les douleurs du ventre, du foye, de la ratte, & des reins, causées d'une intemperie froide, de vents & d'humeurs crues. Le *Philonium Persicum*, est un autre Opiat, qui a la vertu d'arrêter le sang, de quelque part qu'il puisse fluer, comme celui des purgations immoderées & des hemorrhoides. Il retient aussi le fœtus, & empêche une femme d'avorter. Les ingrediens qui le composent sans compter le miel, sont le poivre blanc, l'opium, le jusquiame, la pierre hematite, le castoreum, la terre sigillée, le safran, les perles, le spic nard, le pyrethre, l'enula campana, la zedoaire, le karabé, l'euphorbe, les trochisques de ramich & le camphre. Cet Opiat a été appellé *Philonium*, de Philon, Medecin qui l'a inventé.

PHILTRE. s. m. *Breuvage ou autre drogue pour donner de l'amour.* Acad. Fr. On distingue les Philtres en faux & en veritables, & l'on tient pour faux ceux que donnent quelquefois les vieilles femmes ou les femmes débauchées. Ceux-là sont ridicules, magiques & contre nature, plus capables d'inspirer la folie que l'amour à ceux qui s'en servent. Les symptomes en sont même dangereux. On entend par veritables Philtres, ceux qui peuvent concilier une inclination mutuelle entre une personne & une autre par l'interposition de quelque moyen naturel & magnetique, qui transplante l'affection; mais on demande, s'il est des Philtres de cette nature, & d'ordinaire on répond que non, ce qui est pourtant contre l'experience, puisqu'on sçait que si un homme met un morceau de pain sous son aisselle pour l'empreigner de sa sueur & de la matiere de l'insensible transpiration, le chien qui en aura mangé ne le quittera jamais. On tient que Hartmannus ayant donné un Philtre tiré des vegetaux à un moineau, cet oiseau ne le quitta plus depuis, demeurant avec lui dans son cabinet, & volant pour le suivre quand il visitoit ses malades. Vanhelmont a écrit qu'ayant tenu certaine herbe dans sa main durant quelque tems, & pris ensuite le pié d'un petit chien de la même main, cet animal le suivit par tout, & quitta son premier maître. Le même Vanhelmont dit que les Philtres demandent une confermentation de mumie pour attirer l'amour à un certain objet, & rend par là la raison pourquoi l'attouchement d'une herbe échauffée transplante l'amour à un homme ou à une brute. C'est, dit-il, parce que la chaleur qui échauffe l'herbe, n'étant pas seule, mais animée par les émanations des esprits naturels, détermine l'herbe vers soi, & se l'identifie, & ayant reçû ce ferment, elle attire magnetiquement l'esprit de l'autre objet, & le force d'aimer ou de prendre un mouvement amoureux. Il y a donc des philtres déterminés. Les malades, après avoir mangé ou bû quelque chose, soupçonnent quelquefois certaine personne de leur avoir donné quelque charme, & ils se plaignent principalement du desordre de l'estomac & de l'esprit. Il est étonnant que la passion amoureuse causée par un Philtre revienne periodiquement. Le Docteur Langius témoigne qu'il a gueri un jeune homme, qui ayant mangé à quatre heures après midi la moitié d'un citron qu'il avoit reçû d'une femme, sentoit tous les jours à la même heure un amour empressé qui le faisoit courir de côté & d'autre pour la chercher & la voir. Cela lui duroit une heure, & comme il ne pouvoit satisfaire son envie à cause de l'absence de cette femme, son mal augmenta de jour en jour, & le jetta dans un état pitoyable. Les Philtres causent de frequentes manies & assés souvent la perte de la memoire. Ce mot est Grec φίλτρον, & vient de φιλεῖν, aimer.

PHIMOSIS. s. f. Terme de Medecine. Sorte de mal qui arrive quand le siege & l'anus sont comme liés & resserrés par un cal qui s'est formé. On le dit aussi d'une maladie du prépuce quand il est si fort serré que l'on ne peut découvrir le gland sans faire une incision. Ce mot est Grec φίμωσις, qui signifie proprement, Ligature qu'on fait avec une ficelle de φίμος, Ficelle, Licol.

PHL

PHLEBOTOMIE. s. f. Terme de Chirurgie. Art de de saigner. Ce mot est Grec φλεβοτομία, & vient de φλέψ, Veine, & de τέμνειν, Couper. Les Medecins disent aussi, *Faire Phlebomotiser*, pour dire, Faire tirer du sang.

PHLEGMAGOGUES. s. m. Médicamens qui servent à purger la pituite par bas. La semence du carthame, les myrobolans, chepules, embliques & bellyriques sont de ce nombre, aussi bien que le turbith, l'elaterium, l'agaric, l'euphorbe, les hermodactes, & la coloquinte. On y peut ajoûter toutes sortes de gommes, qui quoiqu'elles ne purgent pas selon les Grecs, ne laissent pas d'entrer fort souvent dans les pilules qu'on fait pour purger la pituite crasse & visqueuse. Ce mot est Grec φλεγματαγωγα, de φλέγμα, Pituite, & de ἄγειν, Tirer, amener.

PHLEGME. s. m. Terme de Chymie. Principe passif fort volatif qui se presente le premier, & sort par la moindre chaleur du feu en forme d'eau claire & insipide. Le Phlegme sort le dernier dans la distillation du vin, & le premier au vinaigre.

Phlegme, est aussi un terme de Medecine, & il se dit de la pituite, la plus douce des quatre humeurs qui sont dans le corps. Ce mot est Grec φλέγμα, & vient de φλέγειν, Brûler. Ainsi il s'entend par un sens contraire, comme voulant dire une pituite qui n'est point du tout brûlée.

PHLEGMON. s. m. Nom general que donnent les Medecins à toutes les apostumes & inflammations faites de sang. Quand ce sang est bon & louable, & qu'il n'y a que la quantité par où il peche, c'est le *Vrai phlegmon.* S'il est corrompu & mêlé de bile, de pituite & de mélancolie, il est appellé *Phlegmon bâtard.* Ce mot vient du Grec φλέγειν, Brûler.

PHO

PHOENIGME. s. m. Remede externe qui s'applique en forme de cataplasme pour réchauffer quelque partie, ou attirer les humeurs du profond à la superficie. On s'en sert d'ordinaire dans les maux de tête inveterés, dans les longues fluxions, & dans les maladies du cerveau. Il faut pour cela raser les cheveux, afin de le pouvoir appliquer sur toute la tête. On l'applique sur le cou, pour les maladies des yeux; derriere les oreilles pour le mal de dents; sur la poitrine pour l'asthme; sur l'hypogastre pour l'hydropisie, & sur la cuisse dans la sciatique, afin d'attirer l'humeur en dehors. On se sert, pour composer ce remede, de semence de moustarde que l'on broye avec des figues, de bryoine, de poivre, de semence d'ortie, de staphysagre, de squille, de tithymale, de sel, de semence de cresson alenois, & de tlaspi, de ranuncule, d'hydropiper, de pyrethre, d'ellebore, de lait de figuier, de fiente de chevre & de celle de pigeon. On fait encore des Phœnigmes plus forts que ceux-ci. Ils sont composés d'euphorbe, de tartre brûlé, d'anacardes & de cantarides; mais comme ils excitent des vessies sur le cuir, on les confond avec les vessicatoires. Ces remedes sont nommés *Phœnigmes*, en Grec φοινιγμοὶ, de φοῖνιξ, Rouge, à cause qu'ils demeurent sur la partie où on les applique, jusqu'à ce qu'en l'échauffant ils y excitent de la rougeur, ce que l'on fait pour y attirer l'humeur, & la détourner de la partie affectée.

PHOENIX. s. m. Oiseau que Belon fait grand comme un aigle, & qu'il dit avoir les plumes d'autour de son cou dorées, les autres de couleur de pourpre, & la tête embellie de plumes élevées en forme de crête. Il a la queue blanche mêlée de pennes incarnates, & les yeux étincelans comme des étoiles. Il vit jusqu'à cinq cens ans, & ensuite il se fait lui-même un bucher de rameaux d'encens, de cannelle & de casse odoriferante. Il s'y couche après qu'il l'a allumé en battant des ailes, & s'y consume, en sorte que de sa cendre il naît un ver d'où il se fait un autre Phœnix. Les Anciens en ont encore publié d'autres merveilles qu'on tient toutes fabuleuses.

Phœnix, est aussi une herbe qui a ses feuilles semblables à l'orge, mais plus courtes & plus étroites, & son épi fait comme celui de l'yvraye, ce qui la fait appeller *Yvraye sauvage*. Ses tuyaux sont de la longueur de six doigts. Sa racine en est entortillée, & produit sept ou huit épis. Cette herbe croît parmi les champs, & sur les toits recemment enduits, & faits de nouveau. Elle a pris son nom de la couleur de son épi, qui est semblable en quelque façon à celle du fruit du palmier, appellé en Grec φοῖνιξ. Etant bue en vin, elle resserre le ventre, & si on la porte au cou liée avec de la laine rouge, on tient qu'elle a la vertu d'arrêter le sang. En Latin *Lolium* ou *Hordeum murinum*. Pline lui donne ce nom, à cause peut-être que les souris rongent les épis de cette sorte d'yvraye qui croît sur les couvertures des maisons.

PHOSPHORE. s. m. Matiere luisante, de φῶς, *lumiere*, & de φέρειν, *porter*. On peut donner ce nom à *la pierre de Boulogne*, Voyez PIERRE; mais ce qu'on appelle principalement *Phosphore*, est une composition chymique qui fut trouvée en 1669. par un Allemand de Hambourg nommé Brand, qui cherchoit la pierre Philosophale. Il fit voir à quelques personnes sa nouvelle découverte qui consistoit en une matiere qui luisoit dans l'obscurité. Les lettres qui en étoient écrites, ceux qui s'en étoient froté le visage, brilloient dans les tenebres, mais Brand ne fit part de son secret à personne, & il mourut. Kunkel, Chymiste de l'Electeur de Saxe, qui sçavoit que Brand avoit beaucoup travaillé sur l'urine, crut que c'étoit là la matiere du Phosphore, & en effet, il le trouva par cette voie. C'est de l'urine préparée avec beaucoup d'art, & dont on tire les souffres les plus volatils par des operations assés longues & assés difficiles. On dit que Kunkel a tiré aussi le Phosphore des gros excremens, de la chair, des os, du sang, des cheveux, du poil, des ongles, des cornes, & qu'il croyoit qu'on le pouvoit tirer encore de tout ce qui donnoit par la distillation une huile puante. Le Phosphore est une matiere assés dure, qui ressemble à la cire jaune. On le conserve dans un vaisseau plein d'eau, & bien bouché. Si on en écrase un grain, il s'enflâme, & se consume fort vîte, & ne met pas le feu à du papier sur quoi il brûle, tant cette flâme est subtile. Si ce papier a été trempé dans de l'esprit de vin, le Phosphore ne s'enflâme point que l'esprit de vin ne soit dissipé, & il s'enflâme assés facilement sur du papier mouillé d'eau. Mais s'il y a un bout du papier mouillé d'esprit de vin, & qu'on écrase le Phosphore sur l'autre bout, le Phosphore met le feu à l'esprit de vin, ce qu'il ne pouvoit faire lorsqu'il en étoit tout proche. Si l'on pompe l'air de la bouteille où est le Phosphore, il perd la plus grande partie de sa lumiere; & la recouvre si on laisse rentrer l'air. Mais si avant que de pomper l'air, le Phosphore avoit jetté son éclat pendant quelque tems, on peut sans le lui faire perdre, pomper l'air, & on le lui ôte entierement & tout d'un coup, quand on laisse rentrer l'air dans la bouteille. Il y a beaucoup d'autres Phenomenes singuliers du Phosphore.

Phosphore, est aussi la Planete de Venus en termes d'Astronomie, en Latin *Lucifer*. C'est ce que nous appellons l'*Etoile du Berger*.

PHOTINIENS. s. m. Heretiques ainsi appellés de Photinus, Evêque de Sirmich, dont ils suivoient les erreurs, ajoûtant à celles de Sabellicus, de Paul de Samosate, de Cerinthe & d'Ebion, qu'il avoit renouvellées, que JESUS-CHRIST étoit un pur homme, & qu'il n'avoit commencé à être le CHRIST, que quand le Saint-Esprit étoit descendu sur lui dans le Jourdain. Ils disoient aussi que la Trinité étoit une étendue de la Divinité qui se divisoit & étendoit en trois, & se rassembloit ensuite en un, comme de la cire qui s'étend par la chaleur. Cette heresie se répandit fort sous le regne de Valens, Empereur Arien, trois cens quarante-cinq ans après JESUS-CHRIST.

PHR

PHRENESIE. s. f. Inflammation des membranes du cerveau. C'est une maladie ordinairement mortelle, dont les signes sont la chaleur, la rougeur, la douleur & la pulsation qui se rencontrent dans toutes les inflammations. La douleur ne sçauroit être que très-violente, puisqu'il n'y a point de partie dans la tête qui soit plus sensible que la dure-mere; le sang arrêté distend la membrane, & cette distension produit une douleur déchirante. Ainsi les vrais Phrenetiques, car on ne doit pas nommer *Phrenesie*, tout délire considerable qui survient aux fiévres ardentes & malignes, s'arrachent les cheveux comme s'ils étoient remplis de fureur. Ils frappent le lit & les murailles avec leur tête, & la jettent, sans s'épargner, de côté & d'autre. Cette douleur furieuse fait devenir le mal si aigu que l'on en meurt en trois jours, parce que les esprits étant dissipés par l'excès de la douleur, la gangrene de la partie enflammée survient, ce qui est suivi de la mortification. Dans la veritable Phrenesie, le craquement des dents menace d'un grand délire, & c'est le signe d'une convulsion mortelle, si le délire est déja venu. Les délires obscurs & tremblans sont plus à craindre que le tumultueux dans les inflammations du cerveau. Ainsi les Phrenetiques demeurent quelquefois comme endormis, quoiqu'ils ne dorment pas, & sont troublés de differens songes, sur lesquels ils répondent des choses sans suite, lorsqu'ils sont interrogés. Cet état est beaucoup plus perilleux, que de faire de grands cris & des contorsions de membres. *Phrenesie* vient du mot Grec φρὴν, Entendement.

PHRENITIS. s. m. C'est proprement l'inflammation du diaphragme, qui est suivie ordinairement du délire. Hippocrate & les Auteurs Grecs ont nommé φρένες, le diaphragme, à cause qu'ils le croyoient le siége de l'ame, ou parce qu'il ne peut être enflammé que l'ame ne soit troublée. Ce mot est Grec φρενῖτις.

PHT

PHTHIRIASIS. f. m. Maladie pediculaire dont les enfans sont fort souvent tourmentés, & quelquefois même les adultes. Sa cause est une semence singuliere d'où les poux s'engendrent, qui est particulierement exaltée dans le corps des enfans, & y fait éclorre ces petits insectes. L'huile de spicia est un des meilleurs remedes que l'on y puisse apporter. On en oint la tête le soir; on la couvre d'un bandage, & le lendemain on trouve tous les poux morts. Ensuite pour la nettoyer & pour les abattre, on la lave avec une lessive de décoction de spica. On recommande aussi dans la cure du Phthiriasis, les lotions de la tête avec le staphisagria, le scordium, l'absinthe, la coloquinthe, la petite centaurée, la racine d'ellebore noir, cuite dans des eaux appropriées. Outre ces remedes, les linges dont se servent les Orfévres pour essuyer les vaisseaux qu'ils viennent de dorer, sont très-bons, à cause du mercure, pour chasser & pour tuer les poux, si on en frotte la tête d'un enfant. Ce mot est Grec φθειρίασις, de φθεῖρες, Poux.

PHTHISIE. f. m. Terme de Medecine. On entend par ce mot pris en general toute sorte de consomption du corps en quelque partie, & par quelque cause qu'elle arrive. C'est dans une signification plus particuliere & plus étroite la seule atrophie, qui suit la corruption de quelque viscere considerable, & on appelle proprement *Phthisie*, lorsqu'on a le foye, le poumon ou les reins ulcerés. Quand les reins suppurent, c'est une Phthisie renale. Si la suppuration se fait dans le foye, la Phthisie est jecorale, & si les poumons sont exulcerés, on dit Phthisie pulmonaire. Celle-là est la plus commune, & on appelle principalement *Phthisiques*, ceux qui ont un ulcere aux poumons, à cause que les poumons étant plus exposés aux injures externes, que les parties internes, ont accoûtumé d'en être offensés. Les plaies qui percent le thorax, les contusions ou les chûtes d'enhaut, produisent des crachemens de sang & autres semblables affections que suit la Phthisie. Ceux qui travaillent à préparer l'antimoine, les mineraux, l'esprit de vitriol, deviennent Phthisiques, aussi-bien que les faiseurs de plâtre & de chaux, & selon Vanhelmont l'odeur de l'eau forte est extrêmement pernicieuse & fait contracter ce mal à beaucoup de ceux qui la reçoivent. L'usage du vin trop acide & trop tartareux y dispose aussi, & enfin c'est un mal hereditaire qui passe du pere & de la mere au fœtus par la semence. Il est si contagieux, que le levain de l'ulcere se communiquant par l'haleine & les crachats, infecte les poumons des personnes saines, ce qui fait que plusieurs maris & femmes se donnent la Phthisie l'un à l'autre. On appelle *Phthisie dorsale*, Une maladie de nouveaux mariés, lorsque leur empressement leur fait consumer trop de suc nourricier. Ils deviennent successivement attenués par le dos; l'épine avance, & ils sentent une espece de fourmillement avec chatouillement le long du dos. Ce qu'il y a de singulier dans ce mal, c'est qu'il est periodique, & qu'étant gueri, il revient de sept ans en sept ans. Ce mot est Grec φθίσις, Corruption, attenuation, & vient de φθίω, Je corromps.

PHU

PHU. f. m. Plante qui vient de soi-même dans le Royaume de Pont où elle est nommée ainsi. Matthiole qui ne doute point que le vrai Phu ne soit ce que l'on appelle ordinairement la grande Valeriene, met trois especes de Phu, le grand, le moyen & le petit. Le *grand Phu*, a ses feuilles semblables à la scabieuse, mais plus grandes, & moins découpées. Sa tige est de la hauteur d'une coudée, & quelquefois plus lissée, creuse, molle, & d'une couleur tirant sur le purpurin. Elle a des nœuds & porte à sa cime un bouquet de fleurs purpurines blanchâtres. Sa racine est de la grosseur du petit doigt, & il en sort plusieurs filamens, entrelassés les uns dans les autres, qui sont d'une odeur un peu forte ainsi que ceux de Nardus. Il vient aux montagnes dans les lieux humides. Le *Phu moyen*, a ses feuilles semblables à celles du frêne ou du cormier lissées, noirâtres & couchées contre terre. Sa tige & ses fleurs sont semblables au grand Phu, excepté qu'elles sont moindres. Il a beaucoup de racines. Elles sont blanchâtres & mêlées les unes dans les autres, ainsi que celles de l'Ellebore blanc, & ont aussi une odeur forte comme celles de Nardus. Il vient dans les lieux marécageux. Les feuilles du *petit Phu*, sont à peu près comme les feuilles du grand, quoique fort petites. Sa tige est anguleuse & haute d'un palme, & à sa cime sont des fleurs de même couleur que celles des autres. Sa racine est petite & blanchâtre, & a aussi force filamens d'une bonne odeur. Il croît aux montagnes, dans les prés marécageux & dans les endroits humides. Le grand est celui que l'on préfere aux deux autres. On se sert communément de la racine & de l'herbe. Matthiole dit qu'il y a une telle sympathie entre le Phu moyen & les chats, qu'ils y accourent quand ils le sentent de loin, & le mangent avec un plaisir qu'ils font paroître en faisant entendre un je ne sçai quel murmure entre les dents. La racine de ce Phu moyen est singuliere, mise aux breuvages qu'on fait pour les blessûres interieures.

PHUCUS MARINUS. f. m. Dioscoride dit qu'il y a un Phucus marin, qui est large, un autre longuet & rouge, & un troisiéme qui est blanc. Il croît en Candie, ajoûte-t'il, produisant force fleurs, & demeure toûjours en son entier sans se corrompre. Tous les Phucus sont refrigeratifs, ce qui les rend singuliers aux podagres & aux inflammations, si on les y applique en maniere de cataplasme, il ne s'en faut neanmoins servir que quand ils sont encore verts. Nicander ordonne le Phucus rouge contre les serpents. Quelques-uns croyent que le fard dont se servent les femmes, vient de cette plante, quoiqu'il soit pris d'une certaine racine qui est aussi appellé *Fucus*. Pline en parlant du Phucus marin, dit qu'il croît aussi des arbres & des arbrisseaux dans la mer; que la mer Rouge & l'Ocean oriental sont pleins de grandes forêts, & que ce que les Grecs appellent φῦκος, *Phucus*, n'a point changé de nom en quelque langue que ce soit. Quant à notre *Alga*, poursuit-il, elle est mise au rang des herbes, mais le Phucus est un arbrisseau. Matthiole avoue qu'il n'a jamais vû de Phucus, & qu'il ne sçait ce que c'est. Il croit pourtant que si ce n'est notre *Alga*, c'en est une espece.

PHY

PHYLACTERE. f. m. Sorte de tablette qui consistoit à un petit morceau de parchemin, dans lequel étoit écrit quelque texte de l'Ecriture, ou le Decalogue, & que les plus zelés d'entre les Juifs portoient sur leur front ou sur leur poitrine pour marque de l'exactitude qu'ils avoient à observer leur religion.

Les Pharisiens portoient leurs Phylacteres fort larges, ce qui a obligé saint Matthieu à les appeller *Phylacteriens*. Ce mot est Grec φυλακτὴρ, Gardien, & vient de φυλάττειν, Garder. Ce nom a été donné en general par les Anciens à toutes sortes de charmes ou de caracteres qu'ils portoient sur eux, croyant se garder par là de quelque danger ou se préserver de maladies. Les premiers Chrétiens ont appellé aussi *Phylacteres*, Les châsses où les reliques des Saints étoient enfermées.

PHYLLITIS. s. f. Herbe dont les feuilles sont semblables à l'oseille, mais plus longues & plus vertes. Elle en jette environ six ou sept, qui sont droites, polies, & lissées du côté de devant, ayant sur le dos certaines marques, comme de petits vers qui y seroient attachés. Elle ne produit ni tige, ni fleur, ni graine, & croît aux lieux ombragés des jardins. Matthiole dit que la Phyllitis est notre *Langue de cerf*, & que quelques-uns l'appellent faussement *Scolopendria*. Il ajoûte que quoique l'on trouve quelquefois des plantes de langue de cerf qui ont plus de cinquante feuilles, ce que dit Dioscoride de la Phyllitis ne laisse pas d'être vrai, puisque ces cinquante feuilles viennent de plusieurs racines amassées ensemble, qui se peuvent séparer, de sorte qu'en prenant à part chaque racine, on ne trouvera que six ou sept feuilles au plus en chaque plante. Il condamne aussi l'erreur de Ruellius, Fuchsius & autres, qui ont prétendu que notre langue de cerf ne se rapporte point à la Phyllitis, mais à l'hemionitis, qui ne produit ni tige, ni fleur ni graine. Il fait voir qu'ils se trompent en ce que l'hemionitis n'a point ses feuilles semblables à l'oseille, mais à celles de Dragontea, étant recourbées en maniere de croissant, & que ce qui les a fait tomber dans l'erreur, c'est que la Langue de cerf est fort bonne aux maux de rate, ce qui est commun à l'hemionitis. Galien parlant de la Phyllitis dit qu'étant verte & brusque en sa temperature, il ne faut pas s'étonner, si quand on la prend en breuvage elle arrête le flux de ventre & le flux de sang. Les Grecs ont appellé cette herbe φυλλῖτις, de φύλλον, Feuille, à cause qu'elle n'a que des feuilles sans aucune tige.

PHYLLON. s. m. Plante que quelques-uns nomment ἐλαιόφυλλα, à cause que ses feuilles sont semblables à celles de l'olivier. Elle croît parmi les rochers & aux lieux pierreux. Il y a de deux especes de Phyllon. Celui qu'on appelle *Thelygonum*, a son fruit semblable aux fleurs moussues des olives, excepté qu'il est plus pâle & qu'il a ses feuilles plus vertes. Sa tige est petite & menue, & sa racine mince & déliée. Sa fleur est blanche, & sa graine assés grosse & semblable à celle du pavot. Le Phyllon, que l'on appelle *Arthenogonum*, ne differe du premier que par sa graine. Ruellius prend la grande Persicaria pour le vrai Phyllon, & Matthiole prétend qu'il se trompe, parce qu'elle vient aux lieux moites & humides, & le Phyllon aux endroits pierreux, outre que leurs fleurs ne sont pas semblables.

PHYSETERE. s. m. Espece de baleine ou de poisson testacée, qui en soufflant fait rejaillir sa fumée de la hauteur d'une lance. On l'appelle autrement *Souffleur*. Ce mot est Grec, φυσητὴρ, & veut dire proprement Un soufflet à souffler le feu, du verbe φυσᾶν, Souffler.

PHYSICIEN. s. m. Celui qui connoît la nature, & qui rend raison de ses effets. On appelloit autrefois les Medecins *Physiciens*.

Ces Physiciens m'ont tué
De ces brouillis qu'ils m'ont fait boire,
Et toutefois il les faut croire.

On a dit aussi *Physique*, pour dire, Medecine.

PHYSIOLOGIE. s. f. Partie de la Medecine qui observe & considere la nature de l'homme par rapport à la guerison de toutes ses maladies. Ce mot est Grec, φυσιολογία, de φύσις, Nature, & de λόγος, Discours.

PHYTEUMA. s. m. Plante qui a les feuilles semblables à l'herbe aux foulons, & toutefois moindres. Elle produit de la graine en quantité, & a sa racine à fleur de terre. Cette racine est petite & déliée. Dioscoride, qui en parle ainsi, n'en rapporte aucuns effets, sinon qu'il y en a qui prétendent qu'on s'en peut servir pour se faire aimer. Ce mot est Grec, φύτευμα, & signifie proprement, Semence propre à semer, de φυτεύειν, Planter.

PIA

PIAFFER. v. n. Terme de Manége. Il se dit des chevaux qui s'ébrouent, & qui par leur action pleine de feu marquent leur inquietude, voulant avancer quand on les retient, & faisant paroître une continuelle agitation. On appelle *Chevaux piaffeurs*, Les chevaux qui ont cette sorte de mouvement, & qui font une maniere de danse en s'agitant.

Piaffer, se prend quelquefois en mauvaise part. On dit : *Cette femme & son mari se ruinent en piaffant.*

PIASTRE. s. f. Nom qu'on a donné à une monnoie d'argent qui vaut un écu, comme les reaux & les richedales.

PIC

PIC. s. m. Outil de fer qui n'a qu'une pointe, & dont se servent les Pionniers & autres gens qui travaillent à fouir la terre. Selon Nicod, le mot de Pic vient de la dureté du bec du pic.

On dit, en termes de mer, *A pic*, pour, A plomb. Ainsi on dit qu'*On est à pic sur un ancre*, pour dire, qu'on est perpendiculairement sur cette ancre, & qu'on la dégage.

Pic. Sorte d'oiseau dont le bec est long, dur, fort & propre à percer l'écorce des arbres. Il y prend sa nourriture par le moyen de sa langue, qu'il allonge de trois ou quatre pouces dans les trous & les fentes qu'il y trouve. Cette langue a un petit aiguillon pointu avec lequel il prend les vermisseaux & autres insectes. Il y a des Pics de plusieurs especes, Il s'en trouve de verts, de gris, de couleur de cendre, d'autres qui sont marquetés de noir & de blanc, & d'autres qui sont tout noirs comme de petites corneilles.

PICA. s. m. Appetit dépravé qui fait desirer en quelque tems que ce soit des choses absurdes, comme quand une femme grosse demande de la craye, de la chaux ou des charbons. Si elle souhaite des choses qu'on ne puisse avoir, pour empêcher le fœtus d'être marqué, ou d'en recevoir quelque incommodité, il faut faire prendre à la mere de la noix muscade avec un peu de miel. C'est un remede éprouvé. Il y en a encore d'autres recommandés en ce cas, comme l'écorce d'orange, le sirop d'écorce d'orange & de citron, le sirop d'absynthe, le suc par expression des jeunes feuilles de vigne bû avec le sirop ou le suc de coing, l'eau de vigne qui tombe par la taille du pampre au mois de Mai, l'eau aigrelette distillée des bourgeons de vigne, l'essence d'écorce d'orange, le pain trempé dans du ſuc de coing ou de grenade, & autres. Quand une femme groſſe deſire des choſes abſurdes & apparemment de difficile digeſtion, comme des charbons, on doit lui donner des alcalis fixes pour abſorber l'acide, tels que ſont la nacre de perles, les yeux d'écreviſſes, le corail préparé, la corne de cerf ſans feu, l'ivoire ſans feu. Elle peut les prendre ſeuls ou arroſés d'un peu de vin ou de vinaigre. Le Pica ſurvient au ſecond mois de la groſſeſſe, après que le ſangmenſtrual a été arrêté. Les enfans ſont auſſi ſujets au Pica, & Faber parle d'un petit garçon de trois ans qui mangeoit des cendres & de la terre, & refuſoit le lait & les autres nourritures. D'autres ont avalé avec beaucoup d'appetit les crepiſſures & la chaux des murailles.

PICEA. ſ. m. Arbre du genre des pins & des ſapins, dont il ne differe que par la diſpoſition de ſes branches. C'eſt celui qu'on appelle *Peſſe*. Les anciens Grecs l'appelloient πίτυς, comme le témoigne Matthiole.

PICOLET. ſ. m. Terme de Serrurier. Petit crampon qui ſert à tenir le pêne dans une ſerrure.

PICOT. ſ. m. Petite pointe qui demeure ſur le bois dont on a arraché quelque branche, ou qui n'a pas été coupé nettement. C'eſt delà que peut être venu le nom de *Picot* qu'on donne à une petite engrêlûre qui ſe fait à l'extrêmité des dentelles.

Picot, ſe dit auſſi d'une eſpece de rets ou de filets dont on ſe ſert ſur les Côtes de Normandie.

PIC-VERT. ſ. m. On prononce Pivert. Il y a un Pic-vert jaune & un Pic-vert rouge. Le premier a le bec fort & dur, deux marques rouges ſur les yeux, le deſſus de la tête rouge, le reſte du corps vert & jaune, les jambes courtes & les ongles crochus & aigus. Il monte ſur le tronc des arbres, & ſe nourrit de leurs excremens. Quand il croit avoir percé l'arbre, il va voir à l'oppoſite ſi le trou paroît. Les Furetieriſtes diſent que quelques-uns l'appellent *Loriot*. Il eſt vrai que le Loriot eſt de même groſſeur; mais il eſt bien different de chant & de plumage. Le Pic-vert rouge a le deſſus de la tête rouge, ainſi que les côtés des temples. Le deſſus de ſon dos eſt brun, & il y a un peu de blanc dans ſes ailes.

PIE

PIE. ſ. f. Oiſeau blanc & noir, dont la chair eſt dure & ne vaut rien à manger. Cet oiſeau ſe laiſſe apprivoiſer, & parle quand on prend ſoin de l'inſtruire. La Pie pond neuf ou dix œufs, & fait ſon nid d'une maniere fort ingenieuſe. En Latin *Pica*, en Grec κίττα ou κίσσα, d'où quelques-uns croyent que *Pica* Latin a été fait.

Il y a une Pie fort belle à voir dans les Antilles, qui ſe trouve aſſés ſouvent le long des rivieres de la Guadeloupe. Elle a le bec & les jambes rouges, le col tout bleu environné d'un collier blanc, avec une ſorte de chaperon blanc, moucheté & rayé de lignes noires, qui lui prend depuis le bec juſques ſur le dos. Les plumes dont il eſt couvert ſont tannées juſqu'au croupion qui eſt tout jaune. Il en ſort une grande queue compoſée de huit plumes rayées de blanc. Deux de ces plumes ſont plus longues que les autres de huit ou dix pouces. Elle a les petites plumes de ſes ailes tannées & rayées de lignes noires. Ses grandes plumes ſont mêlées de vert & de bleu, & tout le deſſus du ventre eſt blanc. Cette Pie eſt encore plus défiante que les Pies de l'Europe, & ne donne preſque jamais le tems de l'examiner ſur les branches des arbres. Elle pouſſe en volant un cri qui reſſemble aſſés à celui que font nos Pies. On la tire à coups de fuſil, & c'eſt plutôt pour la voir que pour la manger. La chair en eſt dure, & n'eſt pas blanche.

Pie-grieſche. Eſpece de Pie ſauvage qui eſt de couleur cendrée. Quelques-uns croyent que c'eſt celle que les Latins appellent *Pica-Græca*. La Pie-grieſche n'eſt guere plus groſſe qu'un merle, & a la tête un peu groſſe & un peu large, le bec dur & gros, un peu courbé par le bout, la queue longue, les ailes noirâtres, & les jambes, & les piés noirs. Elle eſt griſe par la tête & par le dos, & blanche par le deſſous de la gorge, du ventre & de la queue. Le cri qu'elle pouſſe eſt un cri fâcheux. Il y a une petite Pie-grieſche, qui mange les mulots & les ſouris qu'elle trouve dans les champs.

On appelle *Cheval pie*, un Cheval qui a des marques de poil blanc ſur un autre poil. Quoique le blanc devroit être ſur le noir pour faire appeller un Cheval-Pie, à cauſe de ces deux couleurs que porte l'oiſeau de ce nom, il y a des pies baies & des pies alezanes. Les pies noires ſont les plus ordinaires.

PIECA. adv. Vieux mot. Autrefois, comme qui diroit, Il y a une bonne piece de tems, *Buona pezza*, en Italien. Ce mot s'eſt fait par ſyncope de ces deux, *Piece a*.

PIECE. ſ. f. *Partie, portion, morceau d'un tout.* ACAD. FR. On dit qu'*Un appartement eſt compoſé de tant de pieces*, pour dire, qu'Il y a un certain nombre de lieux differens pour être logé commodément, ſalles, chambres, cabinets, &c.

Piece de charpente. Tout morceau de bois taillé pour un bâtiment, & qu'on fait entrer dans un aſſemblage de charpenterie. On appelle les poutres, tirans, entraits, jambes de force & autres, *Les maîtreſſes Pieces*. Dans un chaſſis de menuiſerie, *Piece d'appui* eſt une groſſe moulure en ſaillie qui poſe en recouvrement ſur la tablette de pierre d'une croiſée, afin que l'eau n'ait point de paſſage pour entrer dans la feuillure.

On appelle *Pieces de verre*, Tous les petits morceaux de verre, de quelque grandeur & figure qu'ils puiſſent être, qu'on fait entrer dans les compartimens des panneaux de vitre.

On dit d'un parterre de fleurs & de gazon, qu'*Il eſt de pieces coupées*, pour dire, que Le compartiment en eſt de pluſieurs petites pieces figurées ou formées de lignes paralleles & d'enroulemens, avec des ſentiers qui ſeparent ces diverſes pieces l'une de l'autre.

On appelle, en termes de Fortification, *Pieces détachées*, Les ouvrages dont eſt couvert le corps de la Place du côté de la campagne, tels que ſont les couronnemens, les cornes, les enveloppes, les tenailles, les ravelins & les demi-lunes.

Piece, en termes d'Artillerie, veut dire un Canon. Ainſi on dit, *Une piece de campagne, une batterie de ſix pieces*. On dit ſur mer, *Pieces de douze, de dix-huit, de vingt-quatre, de trente-ſix*, pour dire, des Canons de douze, de dix-huit, de vingt-quatre, de trente-ſix livres de bales. Celles qu'on appelle *Pieces de Chaſſe*, ſont des Canons logés à l'avant d'un Vaiſſeau, dont on ſe ſert pour tirer par deſſus l'éperon ſur les Vaiſſeaux qui ſont à l'avant, ou ſur ceux qui prennent chaſſe.

On appelle *Table, cabinet de pieces de rapport*, une Table, un cabinet où l'on voit des fleurs, des fruits, des oiſeaux & autres choſes bien repreſentées. On s'eſt ſervi pour cela de marbres de differentes couleurs, & ſur-tout d'un marbre que le Duc Côme de Medicis découvrit en 1563. dans un endroit des montagnes de *Pietra santa*, dont le dessus étoit de marbre très-blanc, tel que celui qu'on employe à des statues. On rencontra au dessous un autre marbre mêlé de rouge & de jaune & plus on alloit avant, plus le marbre étoit de differentes couleurs. Depuis ce tems-là les Ducs de Florence ont fait employer ces sortes de marbres pour embellir leurs Chapelles, & outre les tables & les cabinets de pieces de rapport qui en ont été faits, on s'est servi de ces mêmes pierres pour faire des tableaux qui paroissent être de peinture. Même afin d'en augmenter encore la beauté, on y mêle du lapis, de l'agathe & de toutes sortes de pierres les plus précieuses. Pour faire ces sortes d'ouvrages on scie par feuilles le morceau d'agathe de lapis & d'autre pierre précieuse qu'on veut employer. On l'attache sur l'établi, après quoi on se sert d'une scie de fer sans dents pour couper la pierre, sur laquelle on met de l'émeril détrempé avec de l'eau à mesure qu'on travaille. Aux côtés de la pierre sont deux chevilles de fer, contre lesquelles on appuie la scie, & qui servent à la conduire. Ces feuilles étant coupées, si on veut leur donner quelques figures pour être rapportées dans un ouvrage, on les serre dans un étau de bois, & avec une petite scie appellée *Archet*, faite seulement d'un fil de laiton, avec de l'eau & de l'émeril que l'on y jette, on les coupe peu à peu, suivant les contours du dessein que l'on applique dessus. M. Felibien qui en parle ainsi, fait connoître que les Anciens travailloient aussi de pieces de rapport. Il dit qu'il y avoit autrefois à Rome, au Portique de S. Pierre, une table de porphire fort ancienne, où étoient entaillées d'autres pierres fines qui representoient une cage, & que Pline parle d'un oiseau fait de differens marbres, & si industrieusement travaillé dans le pavé du lieu qu'il décrit, qu'il paroissoit être un veritable oiseau bûvant dans le vase qu'on avoit representé auprès de lui.

Piece, se dit aussi d'un morceau d'étoffe brodé, long d'un tiers ou environ, que les Dames attachent devant elles sur leurs corps de juppe lorsqu'elles sont en manteau.

Piece, en termes de Relieur, est un morceau de marroquin qu'ils colent sur le dos d'un livre, afin d'y mettre le titre que l'auteur a donné à son ouvrage, & parmi les Cordonniers *Piece* est un morceau de cuir large qui couvre le cou du pié, & qu'ils cousent au bout de l'empeigne du soulier.

Piece, en termes de jeu d'échecs, se dit du Roi, de la Dame, des Foux, des Chevaliers & des Rocs que l'on fait marcher par l'échiquier.

On appelle *Piece*, en termes de Palais & de Pratique, tout Papier écrit qu'on produit dans un Procès.

On appelle, en termes de Blason, *Pieces honorables*, le Chef, la fasce, la bande, le pal, la barre, le chevron, la croix, le sautoir, la bordure & l'orle, à quoi le Pere Menestrier ajoûte le chespal, la champagne, le pairle, le quartier, le giron & l'écusson. Toutes ces pieces tiennent dans leur juste largeur la troisiéme partie de l'écu, à l'exception du quartier & du giron, qui n'en occupent que la quatriéme.

On dit en termes de Chasse, qu'*Un oiseau*, qu'*un chien sont toute d'une piece*, pour dire, qu'Ils sont tout de la même robe, ou de la même couleur.

Les Patissiers appellent *Piece de four*, Une tourte, tarte, ou quelqu'autre sorte de patisserie un peu considerable.

Piece, se dit aussi des ouvrages d'esprit, comme de Poësie, & des Compositions de Musique pour le luth, le thuorbe, le clavessin, la guitarre.

En parlant d'especes d'argent en Espagne & aux Indes, on dit *Piece de huit reaux de plate*. Cette piece y vaut un piastre, c'est-à-dire, soixante sols monnoie de France. L'Ecriture sainte vers l'an 2110. du monde, fait mention de mille pieces d'argent données à Abraham par Abimelech, pour avoir un voile à Sara qui lui couvrît le visage.

PIED. s. m. *Partie du corps de l'animal qui est jointe à l'extrémité de la jambe, & qui lui sert à se soûtenir & à marcher.* Acad. Fr. Dans le cheval les piés sont les extrémités de ses jambes depuis la couronne jusqu'au bas de la corne. Quelques uns ont appellé *Mains*, les piés de devant. Le droit se nomme *Le pié hors du montoir de devant*. Le gauche s'appelle indifferemment *Le pié de devant du montoir*, *le pié de l'étrier*, & *le pié de la main de la bride*. Le droit des deux piés de derriere est appellé *Le pié hors du montoir de derriere*, & le gauche, *Le pié du montoir de derriere*. Dans le tems qu'il y a eu des Compagnies de Lanciers, on appelloit le pié droit de derriere, *Le pié de la Lance*, à cause que quand la lance étoit à l'arrêt, son tronçon répondoit à ce pié-là. On dit d'un cheval qu'*Il a le pié comble*, pour dire, qu'Il a la sole arrondie par dessous, ensorte qu'elle est plus haute que la corne; & qu'*Il a le pié gras*, pour dire, qu'Il a la corne si foible & si mince, qu'à moins qu'il ne soit broché très-bas, il est en danger d'être piqué quand on le ferre. Pour pouvoir ferrer un cheval qui a le pié comble, on est obligé de vouter le fer. On dit qu'*Un cheval a fait pié neuf*, pour dire, que Le sabot s'étant détaché par des javars encornés, ou par quelqu'autre infirmité, une nouvelle corne lui est revenue. Un cheval qui a fait pié neuf n'est plus propre qu'au labour. On dit *Cheval pié usé*, pour dire, Celui dont la corne est usée.

On dit qu'*Un cheval a peu de pié*, qu'*Il a mauvais pié*, pour dire, qu'Il a peu de corne, que sa corne n'est pas bonne pour être ferré. On dit encore, qu'*Un cheval a le pié dérobé*, pour dire, que Faute de corne il ne peut être ferré que fort difficilement; ce qui arrive quand pour avoir marché déferré; il a le pié fort rompu. On appelle *Petit pié*, dans un cheval, Un os spongieux qui est renfermé dans le milieu du sabot, & qui a toute la forme du pié. On dit *Galoper sur le bon pié*, *remettre un cheval sur le bon pié*, pour dire, Le faire aller uniment, & sur les mêmes piés qu'il a commencé de partir.

Pied Marin, Terme de mer. On appelle ainsi un homme qui a le pié si sûr & si ferme, qu'il peut se tenir debout pendant le roulis d'un Vaisseau. Il se dit aussi d'un homme, ou qui aime la Marine, ou qui entend bien la navigation. On appelle sur mer *Pié de vent*, le Vent qui semble venir d'une eclaircie qui paroît sous un nuage.

On appelle, en termes de Blason, *Pié de l'Ecu*, La pointe ou partie inferieure de l'Ecu; & on dit qu'*Un animal est en pié*, pour dire, qu'Il est posé sur ses quatre piés. Quand il ne paroît que les trois fleurons de lis, & que le pié qui est au-dessous en est retranché, on dit *Pié coupé* & *Pié nourri*. On appelle *Pié fiché*, Celui qui est pointu & propre à ficher en terre.

On dit, en termes de Jurisprudence, *Le pié saisit le chef*, pour dire, que L'édifice suit la nature du sol, sur lequel on peut l'élever autant qu'on veut. *Depié de fief*, se dit d'un fief qui a été démembré.

Les Feretieristes disent *Pié de fief* pour *Depié*, *démembrement*. On peut rétablir un fief dépiecé en reconsolidant les portions alienées, c'est-à-dire, en les réunissant à la partie restante.

On dit en termes de Peinture, *Un tableau reduit au petit pié*, lorsque pour en copier un plus grand, on en proportionne toutes les parties par quarrés suivant ceux que l'on a marqués sur l'original.

Pié. Mesure imitée de la longueur du pié de l'homme, & qui est differente selon la diversité des lieux. On s'en sert à mesurer les superficies & les solides. On donne ce même nom de *Pié*, à un certain Instrument en forme de petite regle, qui a la longueur de cette mesure, & sur lequel ses parties sont gravées. Le pié des anciens Romains étoit divisé en palmes, onces, minutes & doigts, & il avoit quatre palmes, douze pouces & seize doigts. On appelle *Pié de Roi*, Une mesure de douze pouces, chaque pouce divisé en douze lignes, & chaque ligne en dix parties. On dit *Pié courant*, pour dire, Celui qui est mesuré de sa longueur; *Pié quarré* ou *superficiel*, pour dire, Celui qui ayant douze pouces par chacun de ses côtés, en contient cent quarante-quatre superficiels, & *Pié cube* ou *cubique*, celui qui contient mil sept cens vingt-huit pouces cubes ou solides.

Pié. Terme de Poësie Greque & Latine. Mesure de quelques syllabes, selon lesquelles les vers semblent marcher de cadence. Le vers hexametre est composé de six piés. Il y en a de deux syllabes comme le spondée, & l'iambe, & de trois syllabes, comme le Dactyle & l'Anapeste.

On appelle *Pié de mur*, La partie inferieure d'un mur, qui est comprise depuis l'empattement du fondement jusqu'à hauteur de retraite. *Pié de fontaine*, se dit d'une espece de gros balustre, qui porte une coupe ou un bassin de fontaine. C'est quelquefois un piedestal rond ou à pans, avec des consoles ou des figures.

Pié d'alouette. Sorte de fleur dont la tige est déliée & haute d'environ deux piés, & qui fleurit en Juin, Juillet & Août. Il y en a de plusieurs couleurs, de violettes, de gris-de-lin, de rouges, de blanches, de bleues, & d'autres qui sont panachées. On s'en sert pour embellir les platebandes des jardins.

Pié de biche. Barre de fer avec laquelle on ferme & on appuie les portes. Un des bouts de cette barre doit être attaché par un crampon dans le mur. L'autre bout est en forme de crochet, & on l'avance ou recule dans les dents d'une cremiliere, sur un guichet de porte cochere, ce qui empêche qu'il ne soit forcé.

Pié de chevre. Barre de fer courbée & refendue par le bout, qui est une sorte de levier servant à remuer des pierres & autres fardeaux. On appelle aussi *Pié de chevre*, Une troisiéme piece de bois qu'on ajoûte à une chevre, pour lui servir de jambe, lorsqu'on ne peut l'appuyer contre un mur pour enlever un fardeau à plomb de peu de hauteur. *Pié de chevre*, est encore une maniere d'assembler dont les Charpentiers se servent pour allonger des pieces de bois. Ils appellent cela, *Enter en pié de chevre.* On dit aussi *Pié de chevre*, en parlant d'une piece qui sert à faire la détente des horloges. C'est le composé de deux petits fers mobiles en charnieres, dont l'un se peut mouvoir d'un côté, & non pas de l'autre. *Pié de chevre*, chés les Imprimeurs, est l'outil dont ils se servent quand il faut démonter les balles.

Pié de Grifon. Instrument de Chirurgie. Il est de fer avec deux crochets, & les Chirurgiens s'en servent dans les accouchemens difficiles, à tirer la tête de l'enfant demeuré dans le ventre de la mere.

Pié de lievre, se dit d'un vrai pié de lievre dont les Ecrivains se servent à frotter, & à lisser leur papier. Il y a un oiseau qu'on appelle *Pié de lievre*, à cause de ses piés qu'il a velus comme un lievre. C'est aussi une herbe que Dioscoride dit qui croît parmi les blés. Il ajoûte que bûe en eau si on est en fievre, elle resserre le ventre, & que bûe en vin si on est hors de la fievre, elle fait le même effet. Matthiole dit qne Dioscoride a passé sur cette herbe si legerement, qu'il est presque impossible de deviner ce que c'est que le Pié de lievre, entre tant d'herbes qui croissent parmi les blés. On l'appelle en Latin *Pes leporinus* ou *Lagopus* du Grec λαγώπους, fait de λαγὼς, Lievre, & de ποῦς, Pié. On appelle encore *Pié de lievre*, Une certaine espece de treffle dont les têtes ont la figure d'un Pié de lievre.

Pié de lion. Petite herbe qui a ses feuilles étroites, velues & longues de trois ou quatre doigts. Elle n'en a que deux de hauteur. A la cime de ses tiges sont de petites têtes qui semblent trouées. Sa graine est si couverte de bourre, qu'on a souvent de la peine à la trouver parmi son coton. Ses fleurs sont noirâtres, & sa racine est mince & petite. Celles de ses feuilles qui sont le plus près de sa racine sont plus cotonnés que les autres. On l'appelle en Latin *Pes leonis*, & en Grec λεοντοπόδιον, de λέων, Lion, & de ποῦς, Pié. Il y a un autre *Pié de lion*, qui a ses feuilles comme la mauve, mais plus dures & plus retirées. Elle est compartie en angles qui sont dentelés tout à l'entour, en sorte que sa feuille étant étendue, a la forme d'une étoile, ce qui la fait appeller *Stella* & *Stellaria*. Sa tige est menue, & haute de demi coudée. Plusieurs petits rameaux qui en sortent, ont à la cime de petites fleurs pâles, & faites en forme d'étoiles ainsi que ses feuilles. Sa racine est de la longueur d'un palme, & de la grosseur d'un doigt. Cette plante restreint & consolide, déterge, & incrasse le sang, & est bonne pour arrêter tout flux de sang immoderé. Elle est aussi vulneraire, soit que l'on s'en serve interieurement, ou exterieurement.

Pié de pigeon. Matthiole ne doute point que ce qu'on appelle *Pié de pigeon*, ne soit la seconde espece de Geranium, décrite par Dioscoride. Cette plante a ses branches menues & velues, & de la hauteur d'un pié & demi, & au-dessus de ses branches elle produit de petits rejettons, d'où sortent de petites têtes, en forme de têtes de grue avec le bec. Ses feuilles sont fort semblables à celles de Mauve. Ce pié de pigeon, ou seconde espece de Geranium, n'est d'aucun usage en Medecine.

PIEDESTAL. s. m. Corps quarré qui soûtient une colomne, & qui lui sert de soubassement. Il a sa base & sa corniche, & est different selon les cinq ordres. Le Piedestal Toscan n'a qu'une Plinthe pour sa base, & un talon couronné pour corniche, c'est le plus simple de tous. Le Dorique, selon Palladio, a deux diametres de hauteur, & un tiers de la colomne prise en bas, & se sert de la base attique. M. Felibien dit que ce qui nous reste des anciens bâtimens donne lieu de croire qu'il n'y avoit point de base dans cet Ordre. Le Piedestal Ionique a deux diametres de haut & deux tiers ou environ. Le Corinthien a la quatriéme partie de la colomne, & est divisé en huit parties, dont l'une doit être pour la cymaise, deux autres pour la base, & les autres pour le dé. Dans l'Ordre Composite le Piedestal doit avoir de hauteur la troisiéme partie de la colomne.

lomne. Il y a un *Piedestal double*, & un *Piedestal continu*. Le premier est celui qui porte deux colomnes, & qui est moins haut que large. L'autre est celui qui porte un rang de colomnes sans ressauts. Celui dont le Dé est en gorge, s'appelle *Piedestal en adoucissement*, & on dit *Piedestal en balustre*, en parlant de celui dont le profil est contourné en maniere de balustre. Quand il a ses faces inclinées, on l'appelle *Piedestal en talut*, & lorsque les encoignures en sont cantonnées de quelques corps, c'est un *Piedestal flanqué*. Il y a aussi un *Piedestal triangulaire*. C'est celui qui étant en triangle, sert à porter une colomne avec des figures sur ses encoignures. On appelle *Piedestaux par saillies & retraites*, Ceux qui sous un rang de colomnes, forment un avant corps au droit de chacune, & un arriere corps dans chaque intervalle.

PIEDOUCHE. s. m. Petite base, longue, ou quarrée en adoucissement avec moulures, qui sert à porter un buste ou quelque petite figure de ronde bosse. Quelques-uns font venir ce mot de l'Italien *Peduccio*, qui signifie le pié d'un animal.

PIEDROIT. s. m. Terme d'Architecture. La partie du jambage d'une porte ou d'une fenêtre, qui comprend le chambranle, le tableau, la feuillure, l'embrasure & l'écoinçon. Les Piedroits des fenêtres, doivent être fort embrasés; & refeuillés de deux à trois pouces ou environ, afin que la menuiserie puisse joindre contre les murs. On appelle aussi *Piedroit*, chaque pierre dont le Piedroit est composé.

PIED-FORT. s. m. Terme de Monnoie. *Piece d'or, d'argent, &c. qui est beaucoup plus épaisse que les pieces de monnoie communes, & que l'on frappe ordinairement pour servir d'essai.* ACAD. FR. Les Officiers de la Cour des Monnoies jouissent d'un droit appellé *Pieds-forts*, à chaque changement & nouveau pié de Monnoie, à cause qu'ils sont obligés de conseiller au Roi ce qu'il est à propos de faire au fait des Monnoies. Ce droit consiste à avoir chacun une piece tant d'or que d'argent, marquée de la même empreinte que la Monnoie qu'on doit fabriquer. Ils jouissent aussi de ce même droit à chaque avenement de nos Rois à la Couronne. Cette piece qui doit être le quatruple de chaque espece de la Monnoie ayant cours, s'appelle *Pied-fort*. On a établi les Pieds-forts pour servir de Patron & de modelle de la Monnoie qui doit avoir cours, & pour en tenir toûjours le Pied-fort, c'est-à-dire, pour en empêcher l'affoiblissement. Ainsi toute la perfection du poids & de la loi y doit être, sans qu'ils participent rien du remede de poids ni du remede de loi permis par les Ordonnances. On a toûjours observé de marquer ces mots sur la tranche des Pieds-forts, *Exemplar probatæ Monetæ*, ou ceux-ci, *Exemplum probati numismatis*. M. Boisard, qui a si sçavamment écrit des Monnoies, & de leurs dépendances, dit qu'il a vû des Pieds-forts du tems d'Henri IV. marqués de ces mots sur la tranche. *Perennitati Principis Galliarum restitutoris*, & d'autres de Louis XIII. où ceux-ci étoient marqués. *Perennitati Justissimi Principis*.

PIE-MERE. s. f. Terme d'Anatomie. Membrane ou peau délicate qui soûtient les vaisseaux du cerveau, & qui l'environne.

PIERRE. s. f. *Corps dur & solide qui se forme dans la terre, & dont on se sert pour la construction des bâtimens.* ACAD. FR. On appelle *Pierre de taille*, toute Pierre dure ou tendre, qu'on a dressée avec soin & à force de petits coups, & *Pierre en œuvre*, ou *Pierre tournée à la besogne*, celle qui n'est pas encore prête à employer, n'étant pas tout à fait taillée; *Pierre verte*, ou *Pierre velue*, celle qui est encore telle qu'on la tire de la carriere; *Pierre de couleur*, celle qui étant rougeâtre, grisâtre, ou noirâtre, fait un effet agreable dans les bâtimens, par la varieté de ses couleurs. La *Pierre à chaux*, est une sorte de pierre grasse, que l'on calcine pour faire de la chaux. Elle se trouve ordinairement aux côtes des Montagnes. La *Pierre à plâtre*, est une autre sorte de Pierre que l'on pulvérise pour faire le plâtre après l'avoir cuite dans des fours. *Pierre de bas appareil*, est celle qui porte peu de hauteur de banc; *Pierre en debord*, celle qui sans être commandée est voiturée près des atteliers par les Carriers, quoique l'attelier soit cessé; *Pierre d'encoignure*, celle qui ayant deux paremens couronne l'angle de quelque avant corps ou d'un bâtiment, & *Pierres à bossage*, ou *de refend*, celles qui étant en œuvre sont separées par des canaux, & d'une même hauteur, à cause qu'elles representent les assises de pierre. Les joints de lit en doivent être cachés dans le haut des refends, & quand elles sont en liaison, les joints montans sont dans l'un des angles du refend. *Pierre d'attente*, est celle qui est en bossage pour recevoir quelque inscription ou ornement; *Pierre en delit*, celle qui est posée sur son parement dans un cours d'assise, & non sur son lit de carriere, & *Pierre à chassis*, est une dale de pierre ronde ou quarrée sans trou, qui sert de fermeture à un regard ou à une fosse d'aisance. *Pierre coquilliere*, ou *coquilleuse*, est une Pierre poreuse, & qui est pleine de petites coquilles. On appelle *Premiere pierre* Un gros quartier de pierre dure ou de marbre qu'on met dans les fondemens d'un édifice, avec quelques Médailles qu'on enferme dans une entaille de certaine profondeur, & une table de bronze sur laquelle est gravée quelque Inscription. Cette coûtume qui est très-ancienne, ne s'observe guere que dans les bâtimens Royaux & publics. On dit aussi dans la construction des bâtimens, *Derniere pierre*, C'est une table où est gravée une Inscription qui fait connoître le tems qu'un bâtiment a été achevé. Ordinairement on vend la Pierre de taille à la voie. Il y a cinq carreaux à chaque voie. Ce sont quinze piés de pierre ou environ. On dit, *Pierre de libage*, lorsqu'il y en a six ou sept à la voie.

On dit, qu'*Une pierre engraisse*, ou qu'*Elle est grasse*, Lorsque d'un côté elle fait un angle bien ouvert, & on dit, qu'*Une pierre est maigre*, lorsque d'un côté elle fait un angle bien aigu.

Pierres de rapport. On appelle ainsi de petites pierres de differentes couleurs, qui servent aux ouvrages de Mosaïque, & aux compartimens de pavé.

Pierre de Boulogne. qu'on trouve près de Boulogne la grasse dans des torrens. On a connu que si on la faisoit calciner dans le feu pendant six heures, qu'ensuite on la laissât refroidir, & qu'on la portât d'un lieu éclairé dans un lieu obscur, elle rendoit une lueur un peu plus foible que celle d'un charbon. Cette lueur s'évanouit & on ne la peut rendre à la Pierre qu'en la mettant dans un lieu éclairé, où elle s'imbibe de lumiere tout de nouveau. A la fin la vertu de luire cesse tout à fait, si l'on ne donne à la Pierre une nouvelle calcination. On peut la mettre au nombre des *Phosphores*. Voyez PHOSPHORE.

Pierre de touche: Pierre fort noire qu'on apporte de l'Egypte & de la Grece. Les Orfévres s'en servent pour éprouver la bonté de l'or.

Pierre ponce Pierre fort legere, spongieuse, aisée à couper & à piler. Pour la brûler, il faut la couvrir de charbons fort vifs, & l'éteindre en vin odorant & fort, après qu'elle est embrasée, ce qu'on doit continuer jusqu'à trois fois, & la garder quand elle est refroidie pour s'en servir au besoin. Dioscoride qui en parle ainsi, dit qu'elle a une vertu astringente & propre à nettoyer les gencives, qu'elle nettoie avec un peu de chaleur tout ce qui offusque la prunelle de l'œil, & incarne & cicatrise tous ulceres, reprimant & consumant les excrescences de chair. Sa poudre est fort bonne à faire tomber le poil & à nettoyer les dents. Matthiole dit que ce qu'on appelle *Pierre ponce*, n'est autre chose que des pierres brûlées aux concavités des Montagnes, d'où vient qu'on en trouve en fort grande quantité au Mont Gibel & au Mont Vesuve.

Pierres d'Eponge. Pierres qu'on trouve dans les éponges, & qui étant bûes en vin, rompent les pierres de la vessie. C'est le sentiment de Dioscoride, mais Matthiole prétend que cela ne sçauroit être parce que ces pierres ne sont pas assés grandes pour cela. Il avoue qu'elles peuvent rompre les pierres des reins. Ces Pierres d'éponge se resolvent en une humeur blanche comme du lait.

Pierre d'Aigle. Sorte de pierre qu'on trouve quelquefois dans les nids des Aigles, d'où elle a pris son nom. Quand on la secoue, il semble qu'elle enferme quelque chose qui resonne & fait du bruit. Etant liée au bras gauche, elle fait que les femmes qui sont en peril d'avorter par la relaxation de la matrice, portent leurs enfans à termes. Si elles sont en travail, il la faut ôter du bras, & la lier à la cuisse, & elles accouchent sans douleur. Pilée & incorporée dans quelque huile chaude, elle est un remede singulier pour ceux qui ont le haut mal. Dioscoride dit que pour connoître un larron, il faut mettre cette pierre parmi la viande qu'on fera cuire pour lui, & qu'il n'en pourra jamais avaler. Les Grecs l'appellent *Aetite*, d'ἀετός, Aigle.

Pierre à aiguiser. Il y en a une carriere à une lieue d'Angers à une Maison, nommée *Echarbot*, qui en est bâtie. *Les Pierres à rasoir*, se tirent d'une carriere de Lorraine.

Pierre Naxienne. Matthiole croit que cette Pierre est celle dont on se sert pour aiguiser les faux à faucher. Selon Dioscoride, ce qui en tombe, quand on fourbit les harnois, ou qu'on aiguise des armes dessus, est fort bon, étant enduit, à faire renaître le poil tombé par la pelade. Bû en vinaigre, il consume la rate, & sert à ceux qui ont le haut mal.

Pierre Armenienne. Sorte de Pierre que Pline dit avoir été appellée ainsi à cause qu'elle croît en Armenie. La meilleure est celle qui est polie & lissée, bleue, tendre, fort unie, & qui n'est chargée ni de sable ni de pierres. Dioscoride qui en parle ainsi, ajoûte, que quoiqu'elle ait les mêmes vertus que le borax, elle est moindre dans ses operations, & qu'elle est bonne aussi à entretenir les poils des paupieres. Avicenne dit que la Pierre Armenienne tient quelque peu de l'azur; que toutefois elle n'est pas entierement azurée ni si dure que la Pierre appellée *Azul*, mais quelque peu sablonneuse, & qu'ainsi les Peintres s'en servent quelquefois au lieu d'azur, à cause qu'elle est aisée à rompre. Matthiole témoigne qu'on trouve beaucoup de ces pierres en Allemagne, en plusieurs mines d'argent, & que les Peintres s'en servent à faire leur vert azuré, ou le vert qui tient du blanc & du pers, ou un vert tirant sur le bleu comme est le vert obscur. Ces Pierres ont la couleur du Borax, & sont beaucoup plus dures, ce qui fait qu'il les estime une espece de Pierre Armenienne, le surnom d'Armenienne n'empêchant point que cette sorte de Pierre ne puisse se trouver ailleurs qu'en Armenie. Galien dit que la Pierre Armenienne a une vertu abstersive, jointe à une acrimonie & une astriction fort petite & fort legere, & qu'ainsi elle est fort bonne aux medicamens qu'on ordonne pour les yeux.

Pierre Assienne. Pierre qu'on a appellée ainsi d'Asso, lieu de la Troade où elle croît. Elle est de la couleur de la Pierre ponce, legere, trouée, & frêle, & a certaines veines profondes & jaunes qui la mipartissent. Sa fleur est comme une écume salée & jaunâtre qui demeure attachée sur cette pierre. Elle est blanche en certains endroits & jaunâtre & de couleur de Pierre ponce en d'autres. Cette fleur est un peu piquante à la langue, & a, ainsi que la Pierre, une vertu astringente, & quelque peu corrosive. Etant sechée, elle guerit les vieux ulceres qui sont difficiles à cicatriser. On fait des cercueils de cette pierre, qui en rongeant la chair des corps morts, en empêche la putrefaction. On s'en sert aussi dans les bains au lieu de nitre, pour faire consumer la grosseur & épaisseur, & même les excrescences des chairs. Galien parlant de la même Pierre qu'il dit ressembler au tuf en matiere & en couleur, marque qu'il s'y trouve une certaine farine semblable à celle qui s'attache aux murailles des Moulins, & qui étant fort déliée, resout sans aucune mordication, la chair qui est trop molle; que cette fleur est un peu salée, & qu'il y a beaucoup d'apparence qu'elle est faite des vapeurs de la mer, attachées sur cette pierre, & qui se sechent ensuite au Soleil.

Pierre de cerf. Pierre que quelques-uns disent s'engendrer aux coins des yeux du cerf, & qui a presque les mêmes proprietés que le Bezoar. Ils prétendent qu'en Levant les cerfs pressés de vieillesse, mangent des serpents afin de se rajeunir, & qu'ensuite, pour surmonter le venin de ces serpents, ils vont se jetter en l'eau, tenant seulement la tête dehors. Lorsqu'ils sont en cet état, il leur dégoutte des yeux une certaine humeur visqueuse, qui s'endurcit après au Soleil en forme de gland. Cette pierre tombe à terre quand ils sont sortis de l'eau, & est ramassée par ceux qui épient le tems qu'ils en sortiront. Matthiole qui ne veut pas assûrer que cela soit vrai, en laisse le jugement aux gens qui s'appliquent à examiner les secrets de la nature.

Pierre d'Ecrevisse. Matthiole dit que les Ecrevisses ont deux pierres blanches & rondes dans la tête, & qu'on les trouve seulement au tems qu'elles posent leurs écailles. Ces pierres pulverisées, & prises en breuvage avec du vin, sont bonnes à ceux qui sont tourmentés de la gravelle.

Pierre de limasses. Pierre que quelques limasses ont en la tête, & que le commun du peuple tient bonne pour les fiévres tierces quand elle est liée au bras. Pline dit qu'étant liée au bras des petits enfans ou à leur col, elle leur fait venir les dents plus aisément & plûtôt.

Pierre Phrygienne. Dioscoride dit que la Pierre Phrygienne dont les Teinturiers de Phrygie se servent, ce qui lui a fait donner le nom de Phrygienne, croît en Cappadoce. La meilleure est pâle, moyennement pesante, n'étant ni solide ni massive, & a de petits cercles blancs, comme on en voit en la Calamine. Pour la brûler, on l'arrose de bon vin, après quoi on la couvre de charbons vifs, en soufflant le feu incessamment jusqu'à ce qu'étant devenue rouge, on la tire du feu, en l'éteignant dans le même vin dont elle a été arrosée, ce qu'il faut faire deux ou trois fois. Matthiole ne connoît point cette pierre, mais Galien dit qu'elle a les mêmes proprietés que la Marcassite, qu'elle est fort dessiccative, ayant de l'astriction jointe à une certaine mordication, & qu'il s'en est servi fort souvent pour les ulceres pourris, l'appliquant seule, ou avec du vin miellé, ou du vinaigre.

Pierre infernale. Sorte de cautere qui brûle les chairs sur lesquelles on l'applique. Pour faire la Pierre infernale, on prend deux onces de limaille d'argent, le double & le triple d'eau forte, & après en avoir tiré la dissolution dans un alembic, on calcine la tête morte qui reste en forme de sel dans un grand creuset à un feu doux, jusqu'à ce que l'ébullition cesse. On augmente alors le feu, & quand on voit la matiere comme de l'huile au fond du creuset, on la verse dans la lingotiere bien nette & un peu chauffée. Le tout étant refroidi, on trouve une pierre dure, mais friable, qu'il faut garder dans un lieu chaud & sec. Ce cautere est excellent pour consumer les chairs baveuses. On en prend la grosseur d'un gros pois, plus ou moins suivant l'épaisseur de la peau, pour appliquer au lieu destiné.

Pierre des reins & de la vessie. Gravier qui s'engendre dans la vessie ou dans les reins du corps de l'homme, & qui en l'empêchant d'uriner, lui cause de grandes douleurs. Cette pierre se forme d'humeurs grosses & visqueuses, qui avec le tems se cuisent & s'endurcissent par la chaleur naturelle du corps.

Pierre scissile. Pierre qui croît dans l'Espagne Occidentale. La plus jaune est la meilleure, ainsi que celle qui est naturellement aisée à fendre, d'où elle a pris le nom de *Scissile*, du Latin *Scissilis*, aisé à rompre. Elle doit ressembler au sel ammoniac dans le compartiment des veines qu'elle a, & qui sont disposées en façon de peigne. Elle a les mêmes vertus que l'hematite, quoiqu'elle soit moindre en ses operations. On l'appelle en Grec χιστὸς, du verbe σχίζειν, Fendre.

Pierre à champignons. Maniere de pierre qui se trouve en Italie, & principalement à Naples. Après qu'on l'a tirée hors de terre, on la met dans une cave en jettant un peu de terre dessus. On l'arrose souvent avec de l'eau tiede, & en moins de quatre jours cette pierre produit des champignons qui sont assés bons à manger. Matthiole assûre qu'il a vû de ces pierres à Rome & à Naples gardées fort soigneusement, à cause que par ce moyen on peut avoir des champignons en tout tems.

Il croît plusieurs pierres dans le corps des animaux, qui ont des vertus medicinales, comme celle qui croît au fiel du taureau, & dont on se sert pour la jaunisse. Kirker a fait mention d'une Pierre merveilleuse qui se trouve dans la tête d'un serpent qui a sur la tête une petite éminence en maniere de chapeau ; ce qui fait que les Portugais l'appellent *Cobra de Cabellos.* Cette pierre est singuliere contre les piquûres des bêtes qui ont du venin. Elle l'attire, en s'attachant fortement sur la plaie où elle est mise ; & quand elle en est remplie, elle tombe d'elle-même. On la jette ensuite dans du lait, où elle se décharge de tout le venin qu'elle a attiré, après quoi elle recouvre la même proprieté.

Pierre Philosophale. Les Chymistes l'appellent *La Benoite.* C'est le secret de faire de l'or par art. Le mercure des Philosophes dont on forme la Pierre Philosophale, supposé qu'elle soit possible, ne se tire d'aucun métal parfait, mais de la matiere premiere & prochaine des métaux. Quand ils disent que la matiere de la Pierre Philosophale se trouve par tout, qu'elle est jusques dans les étables, & que chacun la porte avec soi, ils parlent de la matiere éloignée, c'est-à-dire, de l'Esprit du monde, qui dispose les semences métalliques à la perfection des métaux. Il y en a qui cherchent la Pierre Philosophale dans le vitriol, trompés par ce verset Latin, dont toutes les lettres qui commencent les mots, forment celui de *Vitriolum. Visita interiora terræ, rectificando invenies optatum lapidem, veram medicinam.* Quelques-uns tiennent que Nicolas ou Colin Flamel a possedé le secret de la Pierre Philosophale. Il étoit né à Pontoise, & vivoit en 1393. & en 1413. comme on le voit par les livres qu'il composoit en ces années-là. Il fut Maître Ecrivain à Paris, Peintre, Philosophe, Mathematicien, Architecte, & sur-tout grand Alchymiste. Il faisoit aussi des vers ; ce qui se prouve par quantité d'inscriptions qui restent de lui en plusieurs endroits. Il étoit versé en la connoissance des Hieroglyphiques des Anciens, & il en a fait un livre, dans lequel il raconte son histoire. Il dit que s'occupant à faire des Inventaires pour gagner sa vie, il lui tomba entre les mains un livre ancien qui avoit été aux Juifs que l'on avoit chassés de Paris. Ce livre étoit écrit sur des écorces d'arbres, & couvert de lames de cuivre figurées avec des caracteres mystiques. Le dedans étoit rempli de figures hieroglyphiques de la Pierre Philosophale, avec quelques discours qui contenoient une claire explication de la façon de la faire, à l'exception de certaines choses qui regardent les agents. L'envie de les entendre le fit aller en Espagne, où il consulta un docte Rabin, qui lui ayant interpreté la copie de ce livre, qu'il lui montra, se mit en chemin avec lui pour en voir l'original ; mais il mourut à Orleans, sans être venu jusqu'à Paris. Le livre par lequel Flamel dit qu'il est parvenu au grand œuvre, étoit d'Abraham le Juif. Après sa mort plusieurs ont travaillé à le recouvrer, mais on a fouillé inutilement en sa maison & derriere les plaques qu'il avoit mises aux quatre faces de S. Innocent, où l'on voit encore les marques d'où elles ont été arrachées, & à l'endroit où il avoit representé un homme montrant quelque chose du doigt, avec cet écriteau, *Je voi merveilles, dont moult je m'esbays.* Ses grands biens ont persuadé qu'il avoit trouvé la Pierre Philosophale. Il a fondé & renté quatorze Eglises & autant d'Hôpitaux, outre ce qu'il dit avoir fait à Bologne près Paris, qui n'est guere moins considerable, & une infinité de biens qu'il assûre avoir faits à plusieurs orphelins, veuves & captifs. Le Roi ayant oui parler de toutes ces choses, & voulant en sçavoir la verité, envoya chés lui un Maître des Requêtes, appellé M. Cramoisi, auquel on sçait par tradition qu'il se declara, lui donnant un matras plein de sa poudre, pour l'obliger à le garantir des recherches que l'on vouloit faire. Borel qui raconte son histoire, dit que l'on voit son portrait à l'huile fait de son tems chés un M. des Ardes Medecin, en la même maniere qu'il étoit lorsqu'il alla à S. Jacques en Galice en habit de Pelerin, & qu'on y remarque même des hieroglyphiques, & son bâton, ses habits & son bonnet distingué des trois couleurs que les Chymistes assûrent paroître en leur ouvrage, qui sont le noir, le blanc & le rouge. On le voit representé de même, ajoûte Borel, à S. Martin des Champs & à la porte de sainte Geneviéve des Ardens, ayant fait des dons à cette Eglise & mis des hieroglyphiques de son art à côté de l'Autel, comme il le témoigne. Au derriere de ce Portrait est celui de Perennelle sa femme, qui est aussi representée à S. Innocent & à S. Jacques de la Boucherie, avec ces deux lettres à l'antique *N. F.* qui veulent dire *Nicolas Flamel.* Il y a un Manuscrit de Chymie d'Almasatus au Roi de Carmasant, au pié duquel est écrit qu'il a été à Flamel, & que ce Flamel avoit la Seigneurie de sept Paroisses autour de Paris & quatre mille écus d'or, qui valoient beaucoup en ce tems-là, puisqu'on trouve que pour bâtir la Tour de Bourges, on ne donnoit aux Ouvriers que huit deniers par jour, & trois blancs à l'Entrepreneur. D'autres assûrent qu'il étoit riche de plus de quinze cens mille écus, qu'il employa en œuvres de pieté. Il ordonna par son testament que l'on dît des Messes pour lui sept ans & quarante jours. On y voit des legs faits à la plûpart des Eglises de Paris & des environs.

Les Peintres appellent *Pierre à broyer*, une Pierre de marbre sur laquelle ils broyent les couleurs. Les meilleures & les plus dures sont de porphyre ou d'écailles de mer, pierre très-dure & propre à cela.

PIERRERIES. s. f. p. Amas de pierres précieuses. Les Pierreries sont composées d'une eau très-simple & très-dépurée, coagulée par un sel specifique. Elles sont colorées ou non colorées. C'est une eau très-simple coagulée par un sel simple qui forme les colorées, & cela se prouve par la generation de la glace, qui est d'autant plus claire, qu'elle est composée d'une eau pure. Il y a grande apparence que toutes les Pierreries se forment de la même sorte, puisqu'étant pulverisées, chaque grain de la poudre paroît comme du cristal quand on se sert d'un microscope pour le regarder. La fusion du verre avec les métaux qui lui donnent diverses couleurs, est une preuve que les Pierreries colorées tirent leur couleur du principe métallique, & l'on croit que l'eau saline qui fait la base des Pierreries venant à passer dans des lieux souterrains où la matiere premiere des métaux est renfermée en forme liquide, elles combattent ensemble, & que la premiere absorbe & coagule avec soi des particules métalliques colorées, qui font la couleur de la pierre. Le Rubis, l'Escarboucle, le Grenat & autres qui sont de couleur de feu, tiennent cette couleur du souphre de l'or. Le Saphir doit la sienne à l'argent qui renferme en soi une couleur celeste. L'Emeraude & les autres pierres vertes tirent leur couleur du cuivre; & les jaunes ou brunes, comme le Topase & la Chrysolite, la doivent au fer. Les Chymistes se donnent de grandes peines pour volatiliser les Pierreries, afin d'en tirer des teintures & de rendre leur usage medical; mais ces teintures sont très-difficiles. Il est certain que les Pierreries crues n'operent rien interieurement, & qu'on a coûtume de les rendre comme on les a prises, soit par les selles, soit par le vomissement. Il faut pourtant en excepter le cristal, qui à cause de sa mollesse absorbe l'acide qui cause des effervescences dans le corps, & l'entraîne dehors avec soi. Il y a très-peu de teinture dans les Pierreries, & le peu qu'elles en ont est uni si étroitement avec le principe salin, qu'il est malaisé de la tirer, pour ne pas dire impossible. Les Pierreries ne laissent pas d'être utiles exterieurement en forme d'amulette. Le Jaspe pendu au col est d'un grand secours dans l'hemorragie du nés & de la matrice. Un charbon pestilentiel deviendra noir en fort peu de tems & tombera, si on tire un cerne autour avec un Saphir. Cette même Pierre est bonne pour les maladies des yeux, en sorte que dans la petite verole & dans la rougeolle on s'en sert pour tirer un cerne autour de l'œil, ce qui préserve la vûe. On porte exterieurement la Pierre nephretique contre le calcul & les affections des reins; & comme tout cela se fait avec succès, on ne peut douter que les Pierreries n'ayent une vertu amuletique. Ettmuller dit que quelques-uns, pour avoir la teinture des Pierreries, les subliment en fleurs rougeâtres avec le sel armoniac, afin de les extraire ensuite avec l'esprit de vin; mais il tient que le sel armoniac ne peut radicalement extraire le souphre des Pierreries, & que comme il ne les corrode que superficiellement, ces teintures n'ont pas les vertus qu'on croit.

PIERRIER. s. m. Sorte de canon, plûtôt de fer que de fonte. On s'en sert dans les petites Places où la grosse artillerie ne sçauroit être d'usage. Il est composé d'une volée, d'une culasse, de tourillons, d'un renfort, & des mêmes choses qu'un autre canon. Il est plus long qu'un mortier, & a le diametre du calibre tantôt plus grand, tantôt plus étroit. On s'en sert à jetter des pierres & des cailloux plûtôt sur les assiegeans que sur les assiegés, à cause que sa portée est moindre que celle du mortier; ce qui fait que l'usage en est plus facile de haut en bas. Le Pierrier est propre particulierement dans les Vaisseaux, pour tirer des cailloux, des balles & des ferremens empaquetés & bien serrés dans des cartouches. Il se charge par la culasse avec une boëte, & n'est point monté sur un affust, mais sur un chandelier, qui donne la liberté de le pointer haut & bas & horisontalement. On dit aussi *Perrier.*

PIERRURE. s. f. Terme de Chasse. Il se dit des petites pierres qui se trouvent sur la meule de la tête d'un cerf.

PIES. s. m. On a appellé ainsi certains Chevaliers, qui, selon Favin, furent institués en 1560. par le Pape Pie IV. Il les choisit indifferemment parmi les gens d'épée & de robe, & il en fit pendant son Pontificat jusqu'à cinq cens trente-cinq. On les appelloit, comme tous les autres, *Chevaliers dorez*, à cause de l'épée & des éperons dorés qu'ils portoient. Ils avoient le titre de Comtes Palatins, & pension de ce Pape, lequel ils portoient lorsqu'il sortoit en public, & ausquels il voulut que les Chevaliers de l'Empire & de Malte cedassent le pas à Rome & ailleurs. Ils avoient entre autres privileges celui de faire des Docteurs en toutes Facultés & des Notaires publics, & de legitimer les bâtards.

PIETABLE. adj. Vieux mot. Pitoyable.

PIETAILLE. s. f. Vieux mot. Infanterie.

Paix & Amour sont de sa pietaille,
Qu'il met devant en sa bataille.

On a dit aussi *Pions* & *Pietons*, à cause que l'Infanterie est de gens qui vont à pié.

PIEU. s. m. Grosse piece de bois qu'on aiguise par un bout ou par les deux bouts pour faire des fraises ou des palissades. On se sert aussi de Pieux pour faire des bâtardeaux, & ils different des pilotis en ce qu'on ne les enfonce jamais entierement dans la terre, & que souvent, ce qui en paroît au-dehors est équarri.

On appelle *Pieux*, en termes de Chasse, les Bâtons avec lesquels on tue les bêtes noires quand elles sont dans le parc. Ceux dont on se sert pour tendre & pour attacher les toiles, sont appellés *Pieux fourchus.*

PIG

PIGAYA. s. f. Herbe du Bresil, dont le tuyau est haut d'une demi-coudée, & la racine de même longueur. Elle produit tout au plus quatre ou cinq feuilles d'une fort mauvaise odeur. Sa racine étant pilée & laissée une nuit dans l'eau au serein, purge admirablement un malade après qu'on l'a passée par le tamis. Elle est fort bonne contre la dysenterie & arrête le flux de ventre. Quelques-uns appellent cette herbe *Igpegaya*.

PIGEON. s. m. Oiseau domestique, extrêmement chaud & fécond, qui n'a point de fiel, & qui se nourrit de toutes sortes de grains. On tient qu'il connoît tous les oiseaux de proie, & que lorsqu'il en est attaqué, la Cresserelle le défend, si elle s'y trouve. Les Pigeons mâles se battent pour les femelles, & les pigeonnes se cochent les unes les autres au défaut des mâles. Elles pondent toûjours deux œufs à la fois. On appelle *Pigeon Canchois*, une sorte de Pigeon plus gros & plus gras que les Pigeons ordinaires, & *Pigeon patu*, Celui qui a des plumes aux jambes. Le Pigeon est d'un grand usage dans la Medecine, & quelquefois on le coupe vif par la moitié pour l'appliquer sur la tête ou sur quelque autre partie, afin de fortifier la chaleur naturelle, & de resoudre les restes de l'humeur qui a été la cause du mal. On se sert aussi du sang de Pigeon pour le mal d'yeux, sur-tout pour en appaiser la douleur, & empêcher la chassie. Ce sang doit être distillé tout chaud dans l'œil, & non autrement. Quant à la fiente de Pigeon, elle est très-chaude & brûlante, à cause de la qualité nitreuse dont elle abonde. On l'emploie souvent dans les cataplasmes rubrifiants. Elle est admirable dans les maladies inveterées, si après qu'on l'a broyée & criblée, on l'applique avec de la graine de cresson alenois. Mêlée avec de la farine d'orge & du vinaigre, & appliquée sur des écrouelles & autres tumeurs, elle les discute. Quelques Medecins la font employer dans des lavemens pour remedier à des coliques; & quand elle est bien broyée & bien criblée, il y en a qui en donnent depuis un scrupule ou deux pour faire uriner, & même pour rompre la pierre. Le Pigeon étant fort chaud, échauffe le sang, & n'est pas bon à ceux qui ont le corps disposé à la fiévre. On fait venir *Pigeon* de *Pipio*. Borel observe qu'on écrivoit autrefois *Pip-jon*.

Il y a un Pigeon que l'on appelle *Ramier*, à cause qu'il se perche sur les branches des arbres; ce que les Pigeons domestiques ne font pas. En Latin *Palumbus* ou *Palumbes*. Dioscoride dit que son sang appliqué tout chaud dans les plaies des yeux & dans les yeux rouges, est un bon remede. Il est bon aussi pour les yeux de ceux qui perdent la vûe quand la nuit vient. Ses plumes brûlées sont lithontriptiques.

Pigeon. Ordre que Jean I. Roi de Castille établit à Segovie en 1379. Les Chevaliers portoient une chaîne avec des rayons du Soleil qui y étoient attachés. Un Pigeon d'or émaillé de blanc pendoit de la chaine, comme s'il fût venu de voler du Ciel en bas. Cet Ordre finit dans la même année de son établissement, par la mort du Prince qui l'avoit institué.

On dit en termes de Maçonnerie, *Lever le plâtre par pigeons*, pour dire, par poignées, comme quand on fait les tuyaux & languettes de cheminée qui sont de plâtre pur. Alors on emploie le plâtre un peu serré, sans le plaquer & sans le jetter, mais en le levant doucement par pigeons avec la main & la truelle, & cela s'appelle *Epigeonner*.

PIGEONNIER. s. m. Lieu secret où un Chirurgien retire & pense des gens attaqués de maux veneriens.

PIGNE. s. m. On appelle *Pignes*, en termes de monnoie, Des restes de l'argent, qui a été amalgamé quand on a fait les lavûres. Comme l'on met cet argent dans des vaisseaux pour en séparer le vif argent, il retient la figure de ces vaisseaux, ou en plaques, ou en culots, ou en pignes. On les achete au hazard sur les lieux à cause que le titre n'y est point marqué, mais quand on les a apportés en France, on en fait l'essai, & on ne les y achete que sur ce pié-là.

PIGNET. s. m. Arbre qu'on appelle autrement *Pesse*, & qui tient du pin & du sapin.

PIGNOLAT. s. m. Ce qu'on met des noyaux de pin dans des ragoûts. On appelle aussi *Pignolat*, ce qu'on en met en dragée.

PIGNON. s. m. Noyau de la pomme de Pin, que l'on en tire de ses diverses cellules ou concavités. Il est doux, agreable, & d'une substance grasse & huileuse.

Il y a dans les Antilles une sorte de *Pignon purgatif*, qu'on appelle *Pignon d'Inde*. C'est le fruit d'un arbrisseau dont on fait la plûpart des hayes le long des chemins, & que les Habitans appellent communément l'*Arbre aux noix de Medecine*. Si on le laisse croître sans le couper & sans le plier, il vient gros comme la cuisse & de la hauteur d'un moyen abricotier. Il est fort branchu, & fait beaucoup d'ombre à cause de ses feuilles qu'il a en très-grande quantité, & toutes semblables à celles des mauves, mais plus grasses, lissées & de couleur du vert naissant. Son tronc & ses branches sont tendres comme un tronc de chou & revêtues d'une écorce verte, épaisse & remplie d'un suc visqueux qui tache le linge, comme fait celui des bananiers & figuiers. Il porte de petits bouquets de fleurs jaunes, & quand elles sont tombées, il vient en leur place de petites pommes de même couleur & de la grosseur d'un œuf de pigeon. Chaque pomme enferme quatre pignons. Ce sont de petites noix grosses seulement comme le petit bout du doigt & longues comme nos Pignons communs. L'écorce en est noire, mince, seche & fort aisée à casser. Le dedans est très-blanc & d'un goût de noisettes. Ce Pignon purge violemment par haut & par bas, & fait vomir quantité de bile & vuider les eaux aux hydropiques. La dose ordinaire dans le pays est de trois jusqu'à six, selon la force de ceux qui en usent. Il faut prendre garde à ne pas manger une petite feuille blanche qui sépare le Pignon par la moitié, & en est comme le germe; il en pourroit arriver de grands accidents. Il y a un autre arbrisseau, apporté de la terre ferme, qui porte des Pignons assés semblables à ces premiers, & qui ont les mêmes qualités. Cet arbrisseau est tout different de l'autre, ayant ses feuilles semblables au Napellus, mais plus épaisses, plus polies, plus découpées & d'une couleur plus brune. On prendroit ses fleurs pour un bouquet de plusieurs branches de corail, dont les extrêmités s'épanouissent en petites fleurs aussi rouges que les branches. Ordinairement il n'y a qu'une ou deux de ces fleurs qui réussissent. La petite pomme qui en est produite est aussi grosse que celles de l'autre arbrisseau, mais en triangle. Elle ne renferme que trois Pignons qui purgent plus doucement que les autres. On se sert aussi de ses fleurs sechées & mises en poudre, qu'on fait prendre aux hydropiques au poids d'un écu dans un bouillon; ce qui les purge & leur fait vuider leurs eaux. Quelques-uns appellent cet arbrisseau *Coraline*, à cause de ses fleurs rouges.

Pignon est aussi un terme de Mathematique & signifie une roue dentelée, qui par le moyen de ses dents s'engraine dans la circonference d'une autre roue qui est aussi dentelée, & qu'elle fait tourner avec elle. Il faut que les dents du Pignon, qu'on nomme aussi *Ailes*, soient égales entr'elles & à leurs intervalles, & de plus égales aux dents de la roue où elles s'engrainent. Quand le Pignon avance d'une dent, il ne fait avancer la roue que d'une dent, & par consequent comme il est plus petit qu'elle, il fait plus de tours, & il en fait d'autant plus que le nombre de ses dents est plus surpassé par le nombre des dents de la roue. Par exemple, si le Pignon a huit dents, & que la roue en ait soixante & douze, comme huit est neuf fois dans soixante & douze, le Pignon fera neuf tours centre la roue un. Si ce Pignon est attaché au centre d'une plus grande roue, laquelle par consequent fera autant de tours que lui, si une *puissance* est appliquée à la circonference de cette roue, si enfin une seconde roue qui s'engraine dans le Pignon a un aissieu à la circonference duquel un *poids* soit appliqué, il est visible que la puissance fera plusieurs tours, pendant que la seconde roue & son aissieu qui porte le poids, n'en feront qu'un, & que d'ailleurs un tour de la puissance qui est mesuré par la circonference de la premiere roue, sera plus grand qu'un tour du poids qui est mesuré par la circonference de l'aissieu de la seconde roue, car on mettra telle inégalité qu'on voudra entre ces deux circonferences. Ainsi de ces deux principes la vîtesse de la puissance sera extrêmement augmentée, & elle le sera tant qu'on voudra, parce que cela dépend de deux differentes proportions qu'on peut toûjours augmenter. Par consequent une très-petite force pourra soûtenir ou élever un très-grand poids, Voyez MACHINE & MOUVEMENT. On peut même multiplier tant que l'on veut les roues & les Pignons, ce qui multiplie toûjours la force. On appelle aussi *Pignon* un rouleau cannelé, qui reçoit les dents d'une roue qui s'engraine dans les canelures.

Pignon. Terme d'Architecture. La partie qui va en triangle & sur laquelle on pose l'extrêmité de la couverture. Quelques-uns font venir ce mot du Latin *Pinnione* augmentatif de *Pinna*; d'autres de *Tignum*, & d'autres de *Pinnaculum* ou de *Pinnium*. Du Cange dit que *Pinnium* a signifié la partie la plus élevée d'une muraille, & que ce que nous appellons aujourd'hui *Pignon*, a été autrefois appellé *Pinnum acutum*. Il y en a qui prétendent que l'on a dit *Pignon de maison*, à cause que l'on mettoit autrefois une pomme de pin au haut des maisons. On appelle *Pignon à redents*, Un Pignon qui est à la tête d'un comble à deux égouts, & dont les côtés sont par retraites en maniere de degrés; ce qu'on faisoit autrefois, afin de pouvoir monter sur le faîte d'un comble, lorsqu'il y avoit des réparations à faire à la couverture.

Les Cordiers appellent *Pignon*, tout ce qui sort du cœur du chanvre quand on l'habille.

PIGNONNE', E'E. adj. Terme de Blason. Il se dit de ce qui s'éleve pyramidalement en forme d'escaliers de part & d'autre. *De sable au chevron pignonné d'argent.*

PIGNORATIF, IVE. adj. On appelle, en termes de Jurisprudence, *Contrat pignoratif*, un Contrat par lequel on vend ou engage un heritage à faculté de rachat. Ce mot vient du Latin *Pignus*, Gage.

PIGOU. s. m. Sorte de chandelier de fer à deux pointes, dont on se sert dans les Navires, & qui est fort propre à tenir une chandelle. L'une de ces pointes est pour piquer de côté, & l'autre pour piquer debout.

PIK

PIKARDS. s. m. Heretiques qui s'éleverent en Bohéme dans le quinziéme siecle. Ce n'étoit pour la plûpart qu'une vile & ignorante populace qui se laissa éblouir par un nommé Pikard, natif du Pays-Bas, qui renouvella les erreurs des Adamites. Celui-ci leur faisant croire que pour vivre dans l'innocence il falloit faire profession de celle d'Adam, leur donnoit l'exemple de marcher tout nuds, & dans cette nudité ils s'abandonnoient à des saletés qui font horreur. Ces malheureux se flattant d'être les seuls libres, choisirent une Isle pour leur retraite. On les en chassa en 1420. & il y en eut beaucoup de brûlés ou d'égorgés.

PIL

PILASTRE. s. m. Colomne quarrée, à laquelle on donne la même mesure, le même chapiteau & la même base qu'aux autres colomnes, suivant l'ordre qu'on veut suivre. Quand les Pilastres ne sont pas isolés, on les fait sortir ordinairement du tiers ou du quart de leur largeur, selon les differens ouvrages. Il y en a qui ne sortent quelquefois que de la sixiéme ou huitiéme partie. L'usage est de leur donner autant de largeur en haut qu'en bas. Quand ils sont cannelés, la regle ordinaire veut qu'ils ayent sept cannelures dans chaque face de leur fust. On appelle *Pilastre dans l'angle*, Celui qui ne presente qu'une encoignure, n'ayant de saillie de chaque côté que le sixiéme ou septiéme de son diametre; *Pilastre en gaine de terme*, Celui qui est plus étroit par le bas que par le haut; & *Pilastres de rampes*, tous les petits Pilastres à hauteur d'appui qui servent à retenir les travées de balustres des rampes d'escalier & des balcons.

Les Serruriers appellent *Pilastres de fer*, Certains montans à jour, qui étant mis d'espace en espace entretiennent les travées de grilles.

Pilastre de treillage. Corps d'Architecture long & étroit, qu'on fait d'échalas en compartiment, & qui sert dans les jardins à décorer les portiques & les cabinets de treillage.

Pilastre de vitre. Sorte de montant de verre, qui termine les côtés de la forme d'un vitrail d'Eglise. Il a sa base & son chapiteau avec des ornemens peints.

PILE. s. f. Massif de Maçonnerie, tel que ceux dont sont formées les arches des ponts de pierre. M. Felibien dit que lorsqu'on fait les fondemens des Piles, il faut les élever en talus par recoupemens & retraites en forme de degrés jusqu'au niveau de la terre du fond de l'eau. On appelle *Piles*, Les deux massifs de pierre qui soûtiennent les premieres arches d'un pont, & plus proprement, les massifs qui sont entre deux arches.

On appelle, *Pile à faire de la monnoie*, Un morceau de fer bien aceré de même que sont les poinçons, au bout duquel est gravée l'effigie ou la devise. Le coin ou l'effigie qui est pareillement gravée, se met dessous, dans une boëte de fer, & lorsqu'on a mis le flan sur le coin, on met la Pile dessus. Cette Pile entre dans la boëte, & à grands coups de marteau donnés sur la Pile, on fait l'empreinte de la monnoie. Les Anciens avoient de semblables Piles pour travailler leurs medailles. Les effigies des Empereurs pour qui elles étoient faites, étoient gravées dans le coin, & la devise l'étoit dans la Pile. C'est ce qui peut-être a donné lieu de nommer *Pile*, dans nos monnoyes, le revers opposé à la croix.

Les Marchands qui détaillent appellent *Piles*, Une Masse de cuivre où sont enfermées l'une dans l'autre toutes les parties qui la composent depuis la livre jusqu'au gros : il y en a de toutes grandeurs.

Pile. Terme de Blason. Pointe renversée, ou pal aiguisé qui s'étrecissant depuis le chef, va se terminer en pointe vers le bas de l'écu. Les Piles ne se trouvent guere qu'en certaines armoiries d'Angleterre.

Pile, est aussi un vieux mot qui signifioit Navire. Quelques-uns font venir le mot de *Pile*, qui se dit dans les monnoyes, de *Pileus*, Bonnet, à cause qu'étant une marque de liberté, on l'avoit mis en de certaines monnoyes. D'autres le font venir de *Pile*, qui vouloit dire Navire, à cause que dans la premiere monnoie qui fut celle de Janus ou Noé, on avoit représenté un Navire.

Pile. Vaisseau de bois tout d'une piece, creusé pour piller du Millet, en ôter la coquille & le préparer à cuire avec du lait.

Pile de Foulon. Gros arbre creusé dans lequel on foule les étofes. On refoure ou regarnit le dedans d'une Pile à mesure qu'elle s'use.

Pile de Filassier. Outil à battre les chanvres.

PILIER. s. m. Sorte de colomne, de massif, qui aide à soûtenir la voute de quelque édifice. Le massif qui sert pour porter les arcades, les plate-bandes ; & les retombées des voutes, s'appelle *Pilier quarré*, & on dit *Pilier butant*, pour dire, Un corps de maçonnerie élevé, qui contretient la poussée d'un arc ou d'une voute.

Pilier de moulin à vent. Massif de Maçonnerie qui termine en cone, & porte la cage d'un moulin à vent.

Piliers de carriere. Masses de pierre, qui étant laissées de distance en distance, soûtiennent le ciel d'une carriere.

Pilier, est aussi un terme de Manége. Il n'y en a point, où l'on ne voie des Piliers, disposés deux à deux d'espace en espace. On les appelle *Les deux Piliers*, à la difference du *Pilier du centre*, qui dans la plûpart des grands manéges, est un Pilier planté au milieu de leur terrain, autour duquel on fait tourner le cheval, ce qui s'appelle *Travailler autour du Pilier.* Quand on fait sauter, cabrer, ruer un cheval entre deux autres, on dit *Le travailler entre deux Piliers.*

Pilier, se dit aussi des petites pieces de métal qui soûtiennent la platine d'une montre.

PILLAGE. s. m. Vol qu'on fait quand le desordre regne en quelque lieu, & que tout y est en confusion, soit par la guerre ou par la revolte. On appelle *Pillage*, en termes de mer, La dépouille des coffres & des hardes de l'ennemi pris, & l'argent qu'il a sur lui jusqu'à trente livres. Le reste, qui est le gros de la prise, s'appelle *Butin.*

PILON. s. m. Instrument de bois ou de métal, dont on se sert pour piler. Les moulins à tan ont trois gros Pilons pointus qui brisent l'écorce du chêne avec quoi on fait le tan. Dans les moulins à papier, il y a aussi des Pilons qui servent à hacher le drapeau. Ces sortes de Pilons sont de gros maillets ou marteaux, ferrés à couteaux.

Pilon, en termes de mer, est une côte escarpée ou taillée en précipice, mais qui a peu de hauteur.

PILORI. s. m. Poteau où l'on attache un homme avec un carcan au cou, pour le punir de quelque crime qu'on n'a pas jugé digne de mort. Le Pilori à Paris, est une tour de pierre dans une place des halles qui a de larges ouvertures par le haut. Au milieu de cette tour est une piece de bois toute droite, où pose une machine que l'on fait tourner, & qui à l'endroit des ouvertures de la tour, a une maniere de cerceau, composé de deux grands ais qui se levent, dans lequel il y a des trous pour passer la tête & les bras du criminel, que l'Executeur fait tourner ensuite plusieurs fois tout autour, pour le faire voir, & l'exposer à la moquerie du peuple.

PILORIER. v. a. Attacher un homme au carcan, au pilori. Il a signifié autrefois Se moquer de quelqu'un, crier contre lui. Dans Pathelin,

Mon Dieu qu'on vous piloria !

M. Ménage fait venir le mot de *Pilori* de *Piluricium*, maniere de petit poteau, & du Cange le dérive de *Pilorium*, ou *Spilorium*, qui est employé dans la basse Latinité pour une marque de haute Justice. Borel panche à croire qu'il vient de *Pilier*, à cause que les échafauts publics de plusieurs Villes sont ronds, & en forme de Piliers.

PILORIS. s. m. Sorte de rat, qui est naturel dans l'Isle de la Martinique. Il a le ventre blanc & le dos noir, & il sent si fort le musc qu'il embaume tout l'air voisin du lieu où il se retire, ce qui fait qu'on l'appelle aussi *Rat musqué.* Les Piloris sont presque de la grosseur des lapins. Ils font leur retraite dans des trous de la terre, & quelquefois ils nichent jusques dans les cases. Ils peuplent moins que les autres rats. Les habitans de la Martinique les mangent, mais après les avoir écorchés, ils sont contraints de les exposer à l'air une nuit entiere, & même d'en jetter le premier bouillon pour leur faire perdre la senteur trop forte du musc.

PILOSELLE. s. f. Plante qui a ses feuilles longuettes disposées sur terre en façon d'étoile, & couvertes de poils blancs. Ses tiges qui rampent, ressemblent à de petites cordes, étant souples, rondes en long & velues par tout. Comme elles se trainent par terre, elles jettent d'autres racines d'où sortent des branches nouvelles. Ses fleurs sont jaunes, & toutes environnées de petites feuilles qui dans leur maturité s'envolent en bourre. Cette plante qui vient aux lieux maigres & arides, surtout aux côteaux, a force racines minces, & qui ne sont pas pourtant faciles à arracher. Cette plante est astringente, & quand on la coupe, elle rend du lait. On l'estime vulneraire, & on s'en sert contre les ruptures, les anastomoses des vaisseaux & les maladies des poumons, causées par leur trop grande mollesse, & par l'impuissance de contenir le sang. On lui a donné le nom de *Piloselle*, du Latin *Pilus*, à cause qu'elle a les feuilles couvertes de poils.

PILOTAGE. s. m. Ouvrage de fondation sur lequel on bâtit dans l'eau. Cette fondation se prépare par plusieurs fils de pieux fichés en terre par force, & à refus de mouton.

Pilotage, se dit aussi de l'art de bien conduire un vaisseau, & de tout ce qui regarde la science de la navigation.

PILOTE. s. m. Officier d'un équipage, qui prend garde à la route du Vaisseau, & qui le gouverne. On appelle *Pilote Côtier*, Celui qui reconnoissant le gisement de quelque côte, sçait gouverner à la vûe de tous ses ports & de toutes ses rades, & *Pilote hauturier*, Celui qui dans un voyage de long cours sçait prendre la hauteur ou l'élevation du pole, par le moyen de l'arbalête & de l'astrolabe.

On dit par maniere de proverbe, qu'*Il n'est point de Pilote Côtier en tems de brume*, pour dire, que N'y ayant point de vûe, les Pilotes ne peuvent mettre ce qu'ils sçavent en pratique, parce qu'ils ne connoissent point la terre.

On appelle *Premier & second Pilote*, deux Vaisseaux destinés pour être toûjours près de l'Amiral ou dans la route ou dans le combat.

Pilote. Petit poisson qui approche fort du Maquereau, tant pour sa grandeur que pour sa forme. On lui a donné ce nom à cause qu'ayant rencontré quelque Navire, il n'en quitte jamais la proue que ce Navire ne soit arrivé au port. Il nage devant à un pié d'eau s'en éloignant seulement d'une toise où deux, sans s'écarter à droit ni à gauche. Ce poisson a la tête unie & longue avec deux nageoires qui en sont tout proche, un bec qui avance quatre doigts au-dessus de sa gueule, une empennure sur le dos depuis la tête jusqu'à la queue & autant sous le ventre. Le reste du corps est couvert d'une peau rayée en losange, & sa queue est fort petite. Il semble être fait pour inquieter le Requiem qui voudroit le dévorer, sans qu'il en puisse venir à bout. Le Pilote marche presque toûjours devant lui comme ayant dessein de le braver. S'il se trouve sur sa tête, à peine le Requiem s'est-il tourné à demi pour l'engloutir, que le Pilote est déja sur sa queue, passant & repassant sur son corps sans craindre d'en être pris, ce qui donne beaucoup de plaisir à ceux qui le voyent.

PILOTER. v. n. Mettre des pieux en terre pour soûtenir & pour affermir les fondemens d'un édifice, quand on le bâtit sur un terrein qui n'est pas assés solide. On brûle ordinairement le bout des pieux pour rendre le bois plus dur, & empêcher qu'il ne pourrisse, ou bien on le ferre pour l'enfoncer avec la sonnette ou l'engin, jusqu'au refus du mouton ou de la hie.

PILOTIS. s. m. Pieu fiché en terre pour faire des fondemens. Il y a un Pilotis de bordage, & un autre de remplage. Le *Pilotis de bordage*, se dit des pieux qui bordent & environnent le pilotage. Ceux-là portent les patins & les racinaux. Ceux qui garnissent l'espace qui est piloté, s'appellent *Pilotis de remplage*.

PILULE. s. f. Sorte de médicament rond & mediocrement solide qu'on forme de la grosseur d'une noisette pour être avalé plus facilement. On envelope les pilules ordinaires d'une feuille d'or, de pain à chanter, ou de sucre, afin qu'en les avalant on n'en sente point le mauvais goût. Leur base est le plus souvent l'aloës, auquel on mêle la scamonée, le sené, le turbith, l'agaric, la rhubarbe, les hermodactes, le mercure, &c. Il n'y a aucun remede qu'on ne puisse réduire en pilules quand les malades n'en peuvent user autrement, & on les a inventées, non seulement pour cette raison, mais encore pour attirer les humeurs des parties éloignées. Il y en a de trois sortes, de purgatives, de corroboratives, & d'alteratives, & selon les parties où elles sont propres, on en fait de cephaliques, de pectorales, de stomachiques, d'hepatiques & autres. Celles qu'on appelle *Aggregatives*, servent à diverses incommodités du cerveau, du foye, & de l'estomac, pourvû qu'il n'y ait point d'obstructions, & on les appelle ainsi, à cause qu'elles amassent de toutes parts les humeurs corrompues, afin que la nature les jette dehors plus facilement. On fait venir le mot de *Pilule*, de *Pilula*, diminutif de *Pila*, Balle à jouer à la paume, à cause de sa figure.

PIM

PIMENT. s. m. Poivre d'Inde que ceux du Pays appellent *Axi*. La plante qui le porte croît touffue comme un petit buisson sans épines. Sa tige que couvre une peau cendrée, a plusieurs petits rameaux d'une grande quantité de feuilles longuettes, dentelées, & dont la couleur est de vert naissant. Il y en a de trois sortes principales qui ne different que dans la figure de leur écorce ou de leur fruit. L'une produit seulement un petit bouton rouge, longuet comme un clou de girofle, ayant au-dedans une semence déliée, beaucoup plus chaude que les épices qui nous viennent du Levant, & presque caustique. L'autre espece a une écorce beaucoup plus grosse & plus longue, qui dans sa maturité devient tout à fait vermeille. Les sausses où on l'emploie sont aussi jaunes, que si on y avoit mis du saffran. La troisiéme espece de Piment a une écorce encore plus grosse, assés épaisse, rouge comme le plus vif corail, & qui n'est pas également unie. La graine qui n'est ni si acre ni si épicée que celle des autres, est suspendue au milieu. C'est un très-beau fruit à voir lorsqu'il est mûr. On se sert de cette écorce & de la graine qui est dedans au lieu de poivre, parce que ce fruit donne un goût relevé qui approche de celui de cette épice, mais les effets en sont dangereux quand on s'en sert ordinairement dans son manger. Après qu'il a un peu piqué la langue & enflammé le palais par son acrimonie, au lieu de fortifier & d'échauffer la poitrine, il l'affoiblit & y cause des froideurs, de sorte que l'excès cause des maux d'estomac, & fait contracter une couleur jaune. Sa graine sechée & mise sur des charbons ardens, jette une fumée qui ayant une fois gagné les narines, trouble tout le corps, blesse la poitrine, & cause une toux si fâcheuse, qu'il faut promptement s'enfuir, à moins qu'on ne s'applique aux narines un linge mouillé dans de fort vinaigre, ce qui empêche le mauvais effet de cette fumée.

Piment. Ce mot, outre la signification d'épicerie ou de poivre, a eu aussi autrefois celle d'une certaine sorte de vin.

Que je ne beuvray de Piment.
Devant un an se je cy ment.

PIMPRENELLE. s. f. Petite plante qu'on mange en salade, & qui donne bon goût au vin. Elle a ses feuilles un peu longuettes, & porte des fleurs d'une couleur tirant sur le rouge brun. La Pimprenelle est fort amie des parties nobles, du cœur, du foye & des autres visceres. Elle purifie le sang, nettoye les reins, en fait sortir la gravelle, & remedie aux fiévres malignes. Matthiole en établit de deux sortes, la grande & la petite, & dit que la grande croît en Bohéme dans les prés, ayant ses feuilles, branches, tiges, têtes & racines beaucoup plus grandes que l'autre, & qu'elles ont toutes deux les mêmes proprietés. Il fait aussi mention d'une grosse Pimprenelle, appellée autrement *Saxifragia hircina*, & il en établit pareillement deux especes. La plus grande a une longue racine, & ses feuilles couchées sur terre en rond, déchiquetées & dentelées à l'entour. Sa tige est quarrée & produit ses fleurs menues & blanchâtres en maniere de bouquet. L'autre a une tige rouge & ses feuilles plus petites, moins déchiquetées & moins dentelées. Leur racine, en laquelle est toute leur vertu, remedie aux douleurs des reins ou de la vessie, causées par la gravelle ou la pierre. Le jus de cette racine bû en vin est singulier contre tous poisons, & contre toutes morsures de bêtes venimeuses. Quelques-uns font aussi grand cas de cette racine contre la peste. En Latin *Pimpinella*, *Bipinella*, ou *Bipennula, à foliorum binis ordinibus pennatim digestis.* On l'appelle aussi *Sanguisorba*, & *sanguinaria*, à cause qu'elle a la vertu d'arrêter le sang qui coule, & de remedier à toutes dysenteries.

PIN

PIN. s. m. Grand arbre qui jette plusieurs branches au

au haut de son tronc, revêtues de feuilles épaisses, menues, longues & aigues, d'une couleur qui tient du vert & du blanc. Ces feuilles ne tombent point. Le Pin a son bois pesant & rougeâtre & se plaît aux lieux chauds & exposés au Soleil. Theophraste dit qu'il y a des Pins domestiques & des Pins sauvages, & dans les sauvages les uns montagnars & les autres maritimes. Les montagnars sont plus hauts & plus droits, & d'une matiere plus massive. Les maritimes ont leurs feuilles plus foibles & plus menues, & l'écorce plus lissée & meilleure à tanner les cuirs. La Pomme du Pin maritime s'ouvre incontinent & sa figure est plus ronde. Celle du Pin des montagnes est plus longue, plus verte, & moins ouverte. Matthiole établit de même deux sortes de Pins, l'un domestique & l'autre sauvage. Le domestique, dit-il, a quantité de branches qui tournoyent autour de son tronc. Ses feuilles sont pelues, fermes, fort longues & pointues au bout. Il a ses pignolats grands, serrés, solides, qui ont au dedans des noyaux enclos d'écailles longuettes, dures, & noircies comme de suie. Le noyau de dedans est environné d'une pellicule fort mince de couleur jaune, & que l'on ôte aisément la froissant avec les doigts. Ces noyaux ont un goût fort doux & fort agreable, & leur substance est grasse & huileuse. Il ajoûte qu'il y a beaucoup d'especes de Pins sauvages, qui sont tous compris sous les montagnars & les maritimes qu'il explique.

PINART. s. m. Petite monnoie ancienne.

PINASSE. s. f. Petit bâtiment à pouppe quarrée. Il est long, étroit & leger, ce qui le rend propre à la course, à faire des découvertes, & à descendre du monde en une côte. Il porte trois mâts, & va à voiles & à rames. On croit qu'on l'a appellé ainsi de *Pinus*, Pin, à cause que les premieres Pinasses ont été faites de Pin.

PINASTRE, s. m. Arbre qui selon Pline, n'est autre chose qu'un Pin sauvage, fort grand & fort haut, & qui croît non seulement aux montagnes, mais encore dans les plaines. Theophraste en parle aussi, & dit qu'entre les arbres sauvages, le sapin, le garipot & le pinastre gardent toûjours leur verdure.

PINCE. s. f. L'arrête que fait la corne du pié du cheval par le devant du même pié, & qui est comprise entre les quartiers. Les Maréchaux disent ordinairement *Pince devant, talon derriere*, à cause que les chevaux ayant la Pince des piés de devant plus forte que celle des piés de derriere, & les talons de derriere plus forts que ceux de devant, on a facilité de brocher plus haut à la Pince des piés de devant, & aussi plus haut aux talons de derriere. On appelle aussi *Pinces*, Les quatre dents de devant de la bouche d'un cheval, avec lesquelles il paît l'herbe. Ces Pinces lui viennent entre deux & trois ans, deux à la machoire superieure, & les deux autres à l'inferieure.

On appelle encore *Pinces*, en termes de chasse, les deux bouts des piés des bêtes fauves. C'est l'extrémité de l'ongle aux cerfs, aux daims, & aux chevreuils.

Pince. Terme de Maçon, Levier de fer qui sert à remuer les pierres & autres fardeaux. On appelle sur mer *Pinces de canon*, Des barres de fer de differente façon dont on se sert avec un pié de chevre à manier, & à remuer une piece de canon dans la batterie. Les Paveurs ont aussi leur *Pince*. C'est une barre de fer, ronde & grosse comme le bras, & qui a environ trois piés de longueur. Elle est pointue par le bout, & on s'en sert pour arracher le pavé.

Pince. Terme de Fonderie. Le bord ou l'extrémité inferieure de la cloche où le battant frappe. Du Cange fait venir le mot de *Pince*, sorte de levier, de *Pinca*, qui a été dit au même sens dans la basse Latinité.

PINCEAU. s. m. Instrument composé ordinairement de poil de gris, & d'une hampe, dont les Peintres se servent pour appliquer les couleurs délicatement. Ceux des Anciens étoient faits de petits morceaux d'éponge, & quelques-uns croyent que c'est ce qui a fait dire d'un certain Peintre qui ne pouvoit bien representer l'écume d'un chien, qu'il y réussit en jettant l'éponge contre son tableau.

Pinceau, est aussi un terme de Relieur, & signifie Une sorte de brosse avec quoi il dore ou colle. Elle est composée de poil de cochon ou de sanglier, au bout d'un manche de bois. On se sert aussi sur mer d'un Pinceau de soye de cochon. Il est emmanché de côté, & sert à goudronner le Vaisseau ou autre chose. Ce mot vient du Latin *Penicillum*.

Pinceau de mer. Sorte d'insecte en forme de tuyau. Il est attaché aux rochers, & a au dedans une substance charnue, qui est jaune quelquefois, & quelquefois d'une autre couleur.

En termes d'Optique, on dit *Pinceau Optique*. Chaque point d'un objet envoye un nombre indefini de rayons qui couvrent toute la prunelle de l'œil, & là commencent à se rompre en se rapprochant les uns des autres pour s'aller réunir sur un seul point de la Retine. Ainsi tous ces rayons partis d'abord d'un seul point, s'étant toûjours écartés jusqu'à la prunelle, & depuis la prunelle s'étant toûjours rapprochés, & enfin se réunissant sur un seul point de la retine, font la figure de deux cones opposés, qui ont pour base commune la prunelle, & dont l'un a pour sommet un point de l'objet, & l'autre un point de la retine. Ces deux cones pris ensemble sont ce qu'on appelle un *Pinceau Optique*. Le rayon du milieu de ces deux cones est l'*Axe* du Pinceau. Voyez AXE. Il est visible que chaque point d'un objet a son Pinceau Optique, & que la base de tous ces differens Pinceaux est toûjours la prunelle. Ce qu'il y a d'admirable, c'est qu'ils ne s'y embarrassent point les uns les autres, & que les refractions les démêlent parfaitement bien. Les Pinceaux des deux extrémités de l'objet, ou si on veut leurs axes se croisent à l'entrée de la prunelle, & plus leur angle est grand, plus l'image de l'objet sur la retine est grande, plus il est vû grand. C'est cet angle qu'on appelle l'*Angle visuel*.

PINCELIER. s. m. Godet, ou autre petit vase, où l'on nettoie les Pinceaux.

PINCER. v. a. *Presser, serrer la superficie de la peau avec les doigts ou autrement*. ACAD. FR. On dit *Pincer*, en termes de Manege, pour dire, Approcher délicatement l'éperon du flanc du cheval, & le lui faire sentir sans donner coup.

Pincer, se dit aussi en termes de Monnoie. Il y a sous le quarré une écaille d'acier qui sert à le hausser plus ou moins selon qu'il est necessaire pour faire pincer, c'est-à-dire, Marquer davantage la medaille ou les Monnoies dans les endroits, où elles n'auroient pas été assés marquées.

On dit en termes de Mer, *Pincer le vent*, pour dire, Aller au plus près du vent, cingler à six quarts de vent près du rumb d'où il vient.

PINCETTE. s. f. Petit instrument qui a deux branches, & dont on se sert pour s'arracher le poil & la barbe. *Pincettes*, au pluriel se dit de la partie d'une garniture de feu, qui sert à remuer & à accommoder les tisons. Les Ouvriers & sur-tout ceux qui travaillent en petit, appellent aussi *Pincettes*,

Certain outil qui leur sert, ou pour tenir leur besogne, ou pour en prendre & en assembler les petites pieces, comme les Horlogers, Orfévres, Quincailliers. Il y a aussi de grandes Pinces ou Pincettes pour les Serruriers, Maréchaux, &c.

PINÇON. s. m. Petit Oiseau, qui a le bec fort & un peu gros, & qu'on dit être si fin, qu'il ne donne jamais dans le piege qu'il a découvert. Il a la tête & le cou tirant sur le bleu. Son échine est couleur de châtaigne, son croupion vert, son estomac entre rouge & gris, & ses ailes sont marquées de blanc avec du noir & du blanc aux extrémités & au milieu. Il vit sept ou huit ans, imite le chant du Rossignol, & est sujet à devenir aveugle. Il y a aussi un *Pinçon de montagne*. C'est celui que les Italiens appellent *Fringuillo montanino*. La femelle du Pinçon appellée *Pinçonne*, a la tête plus jolie que le mâle, mais ses couleurs ne sont pas si vives, principalement sur l'estomac. M. Menage fait venir le mot de *Pinçon*, du latin *Spincio*, qui veut dire la même chose.

PINEALE. adj. f. Terme de Medecine. On appelle *Glande Pineale*, Une glande qui est vers le troisiéme ventricule du cerveau. Elle est appellée autrement *Glande conoide*, & *Conarium*. C'est où Descartes a établi le siege de l'ame raisonnable. On lui a donné ce nom à cause qu'elle ressemble à une pomme de Pin.

PINGUIN. s. m. Sorte d'oiseau qui se trouve en Orient dans une Isle du même nom, à un des coins de laquelle il se cantonne sans se mêler avec les autres oiseaux. Il tient de l'homme, de l'oiseau & du poisson, étant droit sur ses piés, ayant des ailerons sans plumes, qui lui pendent comme des manches barrées, & rayées de blanc, & ne volant point.

PINNAS. s. m. Fruit des Isles de l'Amerique, qui croît sur un chardon rude & épineux, ayant de longues feuilles, du milieu desquelles sort un tronc rond qui produit ce fruit. Il est unique, & mûrit après y avoir été dix ou douze mois. On le nomme *Pinnas*, à cause de la ressemblance qu'il a avec la pomme de Pin. Quoiqu'il n'ait ni écorce dure, ni écailles, sa peau par dehors paroît distinguée de la même sorte. Il est gros comme un melon ordinaire, & a une odeur fort agreable. Non seulement il surpasse tous les autres fruits en douceur & en bonté, mais il a aussi une plus belle couleur. Elle est d'un jaune verdissant, le vert se perdant peu à peu à mesure qu'il mûrit. Quand on l'a ôté de sa plante, on la jette comme inutile, à cause qu'elle n'apporte plus de fruit. Quelquefois au bout du Pinnas, & à la fin du tronc au dessous du fruit, quelques rejettons croissent qui lui tiennent lieu de semence. On les plante trois doigts sous terre, en sorte que la moitié sort dehors. Chaque rejetton pousse ses racines, & porte son fruit en son tems. Il se trouve trois espéces de cette plante, que les Indiens appellent, l'une *Jajama*, l'autre *Bonjama*, & la derniere *Jajaqua*. Le Jajama est plus long que les autres, d'une chair roussâtre, & d'une saveur bien plus agreable. Le Bonjama est d'une douceur insipide, & le Jajaqua, d'une chair blanche, & d'un goût vineux, mais un peu acide. Ils ont tous de certains petits filets mêlés dans la chair, qui, quoiqu'ils n'offensent pas le palais en les mangeant, blessent les gencives quand on en mange beaucoup. Ce fruit ne dure mûr que quinze ou vingt jours au plus.

PINNULE. s. f. Terme de Mathematique. Petite plaque de cuivre élevée perpendiculairement sur les bords d'un instrument propre à observer. Elle a un petit trou par où entre la lumiere des astres, ou les rayons des autres objets que l'on veut voir ordinairement. Il y a deux Pinnules dont les ouvertures sont vis-à-vis l'une de l'autre, afin que les rayons soient parfaitement en ligne droite de l'objet à l'œil.

PINQUE. s. f. Bâtiment de charge, fort plat de varangue, & qui a le derriere rond. C'est la même chose que *Flute*.

PINTADE. s. f. Oiseau des Indes, qui est une espece de poule, appellée ainsi de l'Espagnol *Pintado*, Peint, à cause de la justesse des taches, ou figures qui semblent avoir été peintes sur son plumage. Il y en a qui prétendent qu'elle ressemble mieux à la perdrix qu'à la poule, à cause qu'elle n'a point sa queue retroussée en haut, mais l'appendice qui lui pend aux deux côtés des joues, ce qui ne se trouve en nul autre oiseau, lui donne plus de ressemblance avec la poule. Tout son plumage est de blanc & de noir. Son col a un duvet noir qui approche plus du poil que des plumes. Il est d'environ deux lignes, & tourné en haut contre l'ordinaire. La tête de cet oiseau est couverte d'une peau spongieuse, qui fait une crête en forme de casque. Il a des membranes à ses piés comme les oiseaux aquatiques, & son bec qui a quelquefois un bouquet à sa racine, est garni de deux appendices d'une substance, moitié cartilagineuse, & moitié charnue, qui lui pendent des deux côtés des joues. Ces appendices sont attachés à la mâchoire superieure, & non à l'inferieure comme aux poules. Les femelles les ont rouges & les mâles bleus. Les œufs de la Pintade sont peints & marquetés de blanc & de noir ainsi que ses plumes.

PIO

PIOCHE. s. f. Outil dont se servent les Mineurs, Sappeurs, Carriers, Pionniers, Massons, pour remuer la terre. Il y a des Pioches quarrées & d'autres pointues. On appelle ces dernieres, *Feuille de sauge*. Il en est dont un côté est tranchant, l'autre fourchu.

PIOCHON. s. m. Sorte de petite besaigue, qui sert aux Charpentiers pour frapper dans de grandes mortoises. Sa longueur n'est que de quinze pouces ou environ. Cet outil a un manche de bois dans le milieu. Un de ses bouts est fait en bec d'âne, & l'autre en planche ou plane.

PIOIS. s. m. Vieux mot. Gazouillis d'oiseaux.

PIP

PIPE. s. f. Mesure de choses liquides, qui contient à peu près un muid & demi. Elle est particulierement en usage en Poitou & en Anjou. La Pipe en Bretagne est une mesure de corps arides, & contient dix charges, dont chacune est de quatre boisseaux. Elle doit peser six cens livres quand elle est pleine de blé.

Pipe. Instrument de terre cuite, fait en forme de petit tuyau, qui sert à prendre du tabac en fumée. Il est composé d'un corps qui est le tuyau, & d'une embouchure, qui est la partie où l'on met le tabac & le feu quand on fume.

PIPEAU. s. m. Chalumeau, flûte champêtre. C'est aussi un terme d'Oiselier, & signifie une sorte de chalumeau, qui est un bâton moins gros que le petit doigt, & long de trois pouces. Il est fendu par le bout pour y mettre une feuille de laurier, afin de contrefaire le cri du vaneau. On se sert de Pipeau pour contrefaire le pipis de divers oiseaux, ce qui sert à les attirer & à les prendre. Le porreau contrefait le cri du Rossignol.

PIPE'E. s. f. Chasse aux oiseaux, qui se fait avec des pipeaux, par le moyen desquels on en contrefait le cri. Cette sorte de chasse se fait durant la vendange dans des bois taillis de cinq ou six ans de coupe, ou dès la pointe du jour, ou demi-heure avant que le Soleil se couche. On coupe le jeune bois des branches d'un arbre, sur lesquelles on fait des entailles pour y mettre des gluaux, après quoi on coupe encore le bois taillis trente ou quarante pas autour de cet arbre, sous lequel on fait une loge propre à s'y cacher. On y contrefait le cri de la femelle du Hibou avec une certaine herbe qu'on tient entre les deux pouces, & qu'on applique entre les deux levres en poussant son vent, & en les pressant l'une contre l'autre. Les oiseaux qui croyent entendre le cri de la femelle du hibou, s'amassent autour de l'arbre où sont tendus les gluaux, & la plûpart se venant percher sur ses branches, y engluent leurs ailes, & tombent à terre.

PIPI. s. m. Oiseau de l'Abissinie, que ceux de Tegré appellent ainsi à cause qu'il repete incessamment ces deux syllabes. Il a un instinct qui lui fait conduire les Chasseurs au lieu où il a vû quelque bête. Il ne les abandonne point, & chante continuellement autour d'eux jusqu'à ce qu'ils le suivent.

PIPOLE', E'E adj. Vieux mot. Enjolivé. On trouve dans nos anciens Poëtes, *Terre pipolée de fleurs*, pour dire, Emaillée de fleurs.

PIQ

PIQUE. s. f. Sorte d'arme, composée d'un bois arrondi, plané & de la grosseur à peu près du bras. La pique est longue de treize à quatorze piés, & il y a au bout un fer forgé, limé, applati & pointu. Par une Ordonnance du Roi, on doit armer de piques le tiers d'une Compagnie d'Infanterie, afin d'arrêter la furie des Cavaliers. Quand on veut former un Bataillon pour combattre contre la Cavalerie en rase campagne, on commence par faire un corps de tous les Piquiers, & on les dispose de telle maniere, qu'ayant vuidé le centre & formé un octogone, ils soient en état de presenter les piques par tout. Ainsi ils couvrent les drapeaux & les bagages en même-tems qu'ils couvrent les Mousquetaires. On dit, en termes d'évolution, *Faire défiler les Piques*, pour dire, les Piquiers. Il y en a qui dérivent le mot de *Pique* de l'oiseau appellé *Pic*, à cause que cet oiseau a le bec si pointu, qu'il perce les arbres. Selon du Cange, il vient de *Pica* ou *Picca*, qui a été dit dans la basse Latinité, pour *Spica*, Epi, comme si la Pique avoit quelque forme d'un épi. D'autres veulent qu'il vienne de *Spiculum*, Javelot.

PIQUER. v. a. *Poindre, percer, entamer legerement avec quelque chose de pointu.* ACAD. FR. Plusieurs Artisans se servent du mot *Piquer*. En termes de Découpeur, *Piquer du taffetas*, C'est le percer & le figurer avec un petit fer. On dit *Piquer un bonnet*, pour dire, Y faire avec l'aiguille plusieurs petits point quarrés en œil de perdrix ou autrement, & *Piquer un matelas*, pour dire, Le coudre avec de la ficelle & une aiguille à piquer. On dit encore *Piquer une sangle*, *un baudrier*, pour dire, Mettre un brin de ficelle dans du cuir, & faire de part & d'autre une rangée de points bien faits à côté de cette ficelle. Les Cordonniers disent *Piquer un soulier*. C'est faire des rangs de points tout autour de la gravûre de la premiere semelle.

Piquer. Terme de Charpenterie. On dit *Piquer le bois*, pour dire, Marquer une piece de bois avec un outil de fer, pour le tailler & le façonner. On se sert du plomb percé en triangle, pour piquer les bois suivant le devers qui s'y rencontre. On dit des mortoises simples, qu'*Elles sont piquées justes en about*, & de celles où il y a des embrevemens, qu'*Elles sont piquées autant justes en gorge qu'en about*.

Piquer une pierre, en termes de Maçonnerie, veut dire, En rustiquer les paremens ou les lits avec la pointe du marteau. On le dit aussi d'un quartier de grais & d'un moilon.

On dit, en termes de Fauconnerie, *Piquer après la sonnette*, lorsque le Fauconnier suit l'oiseau.

PIQUET. s. m. Bâton pointu, long quelquefois d'un ou de deux piés, & quelquefois de quatre ou de cinq, qu'on fiche sur le terrain, ou pour aligner, ou pour tendre des cordeaux, quand on veut marquer les angles & les mesures d'un travail qu'on entreprend de conduire. Il se dit aussi des petits bâtons pointus qui ont une coche vers le haut, & qui servent à arrêter les cordages d'une tente; ce qui fait que l'on dit *Planter le piquet*, *lever le Piquet*, pour dire, Camper, décamper. *Piquet*, se dit aussi d'une grosse épingle dont se servent ceux qui montrent à un écolier à tracer un plan.

Piquet. Cahier où l'on marque les absens dans un Chapitre, que l'on prive des distributions manuelles.

Piquet. Jeu des Cartes inventé du tems de Louis XI. comme l'a prouvé le P. Daniel dans une sçavante Dissertation dans le Journal de Trevoux de 172....

Piquet, est aussi un détachement d'une armée qui monte la garde dans un poste avancé.

PIQUEUR. s. m. Chanoine qui tient le piquet. On dit aussi *Ponctueur*. Dans les grands atteliers c'est celui qui veille sur les ouvriers, qui observe ceux qui manquent une journée.

PIR

PIRAEMBU. s. m. Sorte de poisson du Bresil, appellé ainsi en la langue du pays, comme qui diroit Ronfleur, à cause de son ronflement. Il est long de huit ou neuf paumes, d'un bon goût, & fort estimé. Au dedans de sa gueule sont deux pierres larges d'un palme qui lui servent à briser le coquillage dont il fait sa nourriture. Les Sauvages prisent fort ces pierres, & les portent autour du col.

PIRASSOUPI. s. m. Animal qui est de la grandeur d'un mulet, & qui lui ressemble presque entierement par la tête. Son corps est aussi velu que celui d'un ours, un peu plus coloré, tirant sur le fauve, & il a les piés fendus comme le cerf. On trouve cet animal en Arabie près de la mer Rouge. Les Arabes se servent de sa corne, lorsqu'ils sont blessés ou mordus par quelque bête veneneuse, & ils font pour cela tremper cette corne six ou sept jours dans de l'eau qu'ils boivent ensuite.

PIROGUE. s. f. Sorte de bateau fait d'un seul Arbre, dont les Sauvages de l'Amerique Meridionale ont accoûtumé de se servir.

PIROLE. s. f. Plante qui pousse plusieurs petites tiges, dont chacune a au bout une petite feuille rondelette. Du milieu sort une tige, à la sommité de laquelle poussent plusieurs petites fleurs blanches d'une odeur fort agreable. Toute cette plante n'a guere plus d'un pié ou un pié & demi de haut, & est aussi commune dans les pays froids, qu'elle est rare dans les chauds. On tient sa décoction un grand astringent & propre pour la guerison des ulceres ou autres maladies de même nature. On lui a donné le nom de *Pirole*, de *Pyrus*, Poirier, à cause que ses feuilles sont à peu près comme celles du poirier. On l'appelle aussi *Verdure d'hiver*, à cause qu'elle est verte pendant l'hiver.

PIRON. s. m. Espece de gond debout qui porte sur une couelle, & est cloué sur le bourdin ou montant de derriere d'une grande porte.

PIROUETTE. s. f. *Sorte de jouet, composé d'un petit morceau de bois plat & rond, traversé dans le milieu par un petit pivot sur lequel on le fait tourner avec les doigts.* ACAD. FR. Pirouette, en termes de danse se dit d'un ou de plusieurs tours du corps que le danseur fait sur la pointe des piés sans changer de place. M. Menage fait venir *Pirouette* d'un vieux mot Latin *Ampiruare*, qui, selon Turnebe, s'est dit d'un saut que le principal danseur faisoit, & qui étoit imité par tous les autres. Du Cange le dérive de *Pironadus* ou *Pironatus*, qui dans la basse Latinité a signifié un clou ou une cheville de bois.

Pirouette. Partie d'un rouet à filer.

Pirouette. Terme de Manege. Tour que l'on fait faire à un cheval. Il y en a de deux sortes, l'une d'une piste, & l'autre de deux. La *Pirouette d'une piste* est un tour entier fort étroit que fait le cheval presque en un seul tems, & avec tant de prestesse, que sans que les hanches s'échappent en dehors, la tête se trouve où étoit la queue. Les *Pirouettes de deux pistes* sont des tours de deux pistes qu'il fait en tournant fort étroit sur un petit terrain qui n'est à peu près que de sa longueur. On dit aussi *Pirouette d'un tems*, *demi pirouette d'un tems*, pour dire, Une passade ou une demi-volte que fait un cheval en faisant prestement un tour de ses épaules & de ses jambes.

PIRRHONIENS. s. m. Philosophes ; qui s'attachant à une recherche continuelle de la verité, faisoient profession de douter de tout. Ils disoient que la seule suspension d'esprit pouvoit mettre l'homme dans l'heureuse assiette, où il peut être affranchi de toute sorte de passion, & qu'il n'y a qu'un examen bien exact des apparences du vrai & du faux qu'on rencontre en toutes choses, qui lui puisse faire acquerir cette suspension d'esprit, par le moyen de laquelle il peut jouir d'un parfait repos, non seulement à l'égard de la volonté, mais encore de l'entendement. On les a nommés ainsi de Pyrrhon, Chef de leur Secte, qui vivoit du tems d'Epicure & de Theophraste vers l'année 450. de la fondation de Rome. Ceux de son pays firent tant de cas de son merite, qu'il fut créé Souverain Pontife de leur Religion.

PIS

PISCINE. s. f. Les Anciens appelloient ainsi un grand bassin rempli d'eau où les jeunes gens apprenoient à nager. Il étoit dans une Place publique, & fermé d'un mur, afin qu'on n'y pût jetter aucunes ordures. On appelloit encore *Piscine*, le Bassin quarré du milieu d'un bain. On fait venir ce mot de *Piscis*, Poisson, non seulement parce que les hommes imitent les poissons en nageant, mais aussi parce qu'on en conservoit dans quelques-unes de ces Piscines. La *Piscine probatique* étoit un Reservoir d'eau près le parvis du Temple de Salomon. On y lavoit tous les animaux qu'on devoit sacrifier, & c'est ce qui lui a donné le nom de *Probatique*, du Grec πρόβατον, Bêtail. Parmi les Chrétiens c'est la partie des Fonts Baptismaux, où tombent les lotions sacrées, & où l'on met les cendres de ce qui a été brûlée des linges benits, & des ornemens qui ne peuvent servir à des usages prophanes.

Piscine, se dit aujourd'hui parmi les Turcs d'un grand bassin qui est au milieu de la cour d'une Mosquée, ou sous les Portiques qui l'environnent. On le fait de pierre ou de marbre, & le plus souvent quarré long. Il y a quantité de robinets par où l'on fait couler l'eau, & les Turcs ont soin de s'y laver avant que de faire leurs prieres, étant persuadés que les pechés qu'ils ont faits, sont effacés par l'ablution.

PISSASPHALTUM. s. m. Dioscoride dit que c'est une Mumie qui croît au territoire d'Apollonie aux environs d'Epidaure, & qui étant apportée des Montagnes Ceraunées par des chûtes d'eau, se trouve au bord de la mer, congelée en morceaux par la vehemence du Soleil. Il ajoûte qu'elle sent comme le bitume mêlé avec la poix. Ce n'est en effet rien autre chose, au rapport de Pline, qui dit que le Pissasphaltum se fait naturellement en Apollonie, de poix mêlée avec du bitume, & qu'il y en a qui le mêlent eux-mêmes pour composer le Pissasphaltum. Matthiole témoigne que de son tems on en apportoit à Venise en fort grande quantité de Valoue, ville d'Apollonie, pour empoisser les Navires, à quoi il est fort propre mêlé avec de la poix. Les Anciens s'en servoient pour embaumer les corps des gens du commun. Ce mot est Grec, πισσάσφαλτος, de πίσσα, Poix, & de ἄσφαλτος, Bitume.

PISSENLIT. s. m. Herbe qui sort de terre au commencement du Printems, & qui a ses feuilles semblables à la chicorée, déchiquetées en façon de fleche, & rampante à terre. Sa tige, longue d'un palme, est ronde, raboteuse, tirant sur le rouge, creuse & remplie de lait. Sa fleur est jaune & feuillue, & après qu'elle est tombée, il sort du lieu même une petite tête bourrue, qui poussée du vent se perd en l'air. Sa racine est presque comme celle de la chicorée, pleine de lait, mais bien plus amere. Les Latins l'appellent *Urinaria*, à cause de sa vertu diuretique, *Dens leonis*, parce qu'elle ressemble à une dent de lion, & *Cicorium luteum*, à cause que c'est une espece de chicorée qui porte une fleur jaune. On l'appelle aussi *Taraxacum*.

PISTACHE. s. f. Fruit du Pistachier, qui est un arbre dont les feuilles sont comme celles du lentisque, arrangées par ordre de même, & de couleur verte tirant sur le jaune. Les Pistaches pendent en forme de grappe au bout de ses branches, & chaque grappe a sa queue. La pellicule de dessus est rousse & de bonne odeur. Leur pelure est blanche & a la forme de la noix de ben. Le noyau de dedans a une peau rousse. La moëlle en est verte, & a presque le même goût que les Pignolats, excepté que celle-ci est meilleure. Matthiole croit que l'arbre des Pistaches est le Therebinthe Indien de Theophraste, qui n'en differe en aucune chose. Galien, dit que les Pistaches nourrissent peu, qu'elles desopilent le foye, & qu'il ne sçait si elles sont bonnes ou non à l'estomac, laxatives ou restrictives. Avicenne assûre qu'elles guerissent du dévoiement d'estomac, & fortifie l'orifice du ventricule, ce qui doit être aisé à connoître, en la petite amertume & âpreté qui est en leur goût. On met des Pistaches dans des ragoûts, & on en fait des dragées & des confitures, en Latin *Pistacium*. Pline dit que le premier qui en ait apporté en Italie, fut Lucius Vitellius Censeur, lorsqu'il étoit Gouverneur de Syrie sur les derniers jours du regne de l'Empereur Tibere.

Pistache, est aussi le fruit d'une petite plante qui

rampe sur la terre dans les Isles de l'Amerique, & qui, de ses petites tiges qui sont extrémement déliées, rousses & velues, pousse de petites queues fort drues, dont chacune porte quatre petites feuilles assés semblables à celles du melilot. De la jointure de ces rameaux sortent de petites fleurs jaunes & un peu rouges par le haut comme celles de Cytisus. Cette plante produit sous la terre de petites gousses grises, qui font du bruit quand on les casse. Chacune contient deux ou trois fruits de la grosseur d'une aveline. L'écorce en est rouge, & le dedans blanc, oleagineux & de même goût que nos Pistaches. On les presente au dessert, mais cette sorte de fruit cause le mal de tête à ceux qui en mangent trop. On en fait des cataplasmes qui guerissent les morsures des serpents. L'huile qu'on en tire n'est pas moins estimée que celle d'amandes douces.

PISTE. s. f. Terme de Manege. Trace que le cheval marque sur le terrain où il passe. On dit qu'*Il travaille*, qu'*Il manie de deux pistes*, quand il en marque une par le train de devant & une autre par le train de derriere, en sorte qu'il suive regulierement son terrain, sans se traverser ni s'entabler.

Les Gabeleurs suivent les Fauxsauniers à la piste, ils ont des chiens de piste dressés à l'odeur du sel, comme ceux de chasse à celle du Gibier.

PISTER. En Pharmacie se dit de plusieurs drogues que l'on bat dans le mortier.

PISTIL. s. m. La partie d'une fleur qui est au milieu de son culier, où sa graine est enfermée.

PISTOLE. s. f. Vieux mot qui a signifié une courte & legere arquebuse que l'on tiroit d'une main. Borel dit que cette sorte d'arme a été ainsi nommée de la ville de Pistoie près de Florence, où l'on faisoit des dagues qu'on appella *Pistoyers*, & qu'ensuite par abus on donna ce nom aux armes à feu, aux petits écus & petites arquebuses, & qu'enfin cela passa aux petits hommes. Les Espagnols nomment *Pistola*, un Pistolet.

PISTOLET. s. m. Arme à feu dont se servent ordinairement les Cavaliers, & qu'ils tirent d'une main. Il est composé d'un fût, d'une poignée, d'une batterie & d'un canon. Sa longueur avec son fût est d'un pié & demi, & d'un pié sans son fût. Le diametre de la balle est de cinq lignes. Les Italiens & les Espagnols les portent extrémement longs ; & ce qui est incommode, ils les ont le plus souvent avec des platines à roues. Quelques-uns font venir *Pistolet* de *Fistula*, à cause de son conduit creux qui ressemble à une flûte.

PISTON. s. m. La partie de la pompe qui entre dans le tuyau ou le corps de pompe, & qui étant levée ou baissée aspire ou pousse l'eau en l'air. C'est un gros bouton cylindrique qui entre dans le corps de la pompe, & qui est attaché à une barre de fer qui s'éleve & qui s'abaisse par le moyen d'une manivelle qui fait agir la force mouvante.

PIT

PITANCE. s. f. Ce qu'on donne à chaque Religieux pour son repas. Ce mot a fait *Pitancier* & *Pitancerie*. On appelle *Pitancier*, un Officier Claustral qui autrefois distribuoit la Pitance aux Moines, & qui subsiste encore aujourd'hui dans quelques Abbayes. *Pitancerie*, est un Office Claustral qu'on nomme *Celererie* en divers lieux. Du Cange fait venir *Pitance* de *Pictantia*, employé dans la basse Latinité pour une portion monacale qu'on donnoit à deux Moines dans une écuelle, & qui étoit composée de poisson ou autres mets meilleurs que ceux des legumes. Saumaise le dérive de *Pittacio* ; Portion telle qu'on la donnoit aux soldats.

PITAUX. s. m. Paysans qu'on faisoit anciennement aller à la guerre. On les a aussi appellés *Petaux*.

PITE. s. f. Petite monnoie qui est hors d'usage, & qui vaut le quart d'un denier ou la moitié d'une obole. On l'a appellée ainsi de *Pictavina*, à cause qu'elle étoit battue à Poitiers, & selon d'autres de *Picta*, parce qu'elle n'étoit que peinte.

Pite. Plante qui se trouve dans les Isles de l'Amerique. Il y en a de quatre sortes, deux domestiques & deux sauvages, qui viennent dans les forêts. La premiere espece des Pites sauvages, qui est la plus petite, croît sur les branches des arbres, & s'y attache par de petits filamens dont elle les entortille. Elle a ses feuilles toutes rondes & cannelées, de la grosseur tout au plus du petit doigt, & longues d'un pié & demi. Sa tige, qui est haute de deux piés & fort menue, se separe en deux rameaux qui portent de petites fleurs jaunes toutes picorées de noir. Ces fleurs ont presque la forme d'un casque timbré. Toute la substance dont cette plante se nourrit, consiste en celle qu'elle peut tirer de la superficie de l'écorce de l'arbre où elle s'attache. On en tire du fil, & ce fil n'est pas dans le milieu de la feuille, comme dans les autres, mais dans sa superficie. Il est beaucoup plus délié que celui des autres Pites. Pour le lever, on n'a qu'à rompre le petit bout d'en haut, & le tirer en bas. La seconde espece de Pite sauvage a la feuille large de quatre doigts, longue de deux piés, & sa tige haute d'un pié & demi, environnée de petites fleurs blanches. Le fil de ces deux Pites n'est pas en usage à cause qu'il est trop court, & beaucoup moins fort que celui des Pites domestiques qui portent du fruit, & qui sont toutes deux semblables à l'Ananas, excepté qu'elles ont leurs feuilles plus étroites & deux fois plus longues, & que leur fruit n'est pas plus gros que le poing. L'une de ces deux sortes n'a point de piquants aux feuilles comme l'Ananas. Elles croissent dans les jardins, & tiennent lieu de lin, & de chanvre dans toute l'Amerique. On cueille d'abord les feuilles, & après qu'on les a laissé faner quelque tems, on fait un laqs coulant d'une petite corde qu'on attache à la branche d'un arbre. On serre fortement la feuille par le milieu dans le laqs coulant, puis on la tire avec force tout d'un coup, en sorte qu'elle se dépouille de tout ce qu'elle a de vert. Ensuite on en fait autant de l'autre côté, & alors il ne reste plus qu'un écheveau de fil blanc, fin & fort comme de la soye, de la longueur de la feuille. Les Sauvages en font les cordes de leurs arcs, & leurs lignes à pêcher. Les Espagnols en font des bas & d'autres ouvrages qui sont fort beaux.

PITEANT. adj. Vieux mot. Pitoyable.

PITO. s. m. Oiseau des Indes Occidentales que Laët dit être de la grosseur d'un étourneau. Il a ses plumes semblables à celles d'une alouette, mais vertes sous le ventre, le bec & la queue longue. Cet oiseau a coûtume de creuser les rochers avec son bec pour nicher dedans. Quelques-uns disent que par une industrie naturelle il se sert pour cela d'une certaine herbe à laquelle les Espagnols attribuent de merveilleuses vertus pour percer le fer & tout ce qui est dur, & qu'ils nomment communément à cause de cet oiseau ; *Yerva de Pitos*.

PITON. s. m. Clou dont la tête est percée en anneau. Il sert à retenir des crochets & à soûtenir des tringles ou verges de fer. Les *Pitons à boucles* sont des chevilles de fer où il y a des boucles ; & ce qui s'appelle sur les Vaisseaux, *Pitons d'affût*, sont des chevilles de fer dont on se sert pour tenir les platebandes d'un affût de canon.

PITUITE. s. f. L'une des quatre humeurs qui sont encloses dans le corps des animaux, & qui constituent leur temperament. La Pituite est blanche & froide. Ce mot vient du Latin *Pituita*, que quelques-uns dérivent du Grec πίτυα, Poix.

PIV

PIVOINE. s. f. Oiseau de la grosseur d'un pinçon, qui a le bec court, large, un peu crochu, noir & luisant, la tête & la queue noires, ainsi que les extrémités des grosses plumes de ses aîles, au milieu desquelles est un filet blanc. La Pivoine a la gorge & l'estomac d'une couleur qui tire sur le vermillon, & vit environ six ans.

Pivoine. Plante haute d'environ deux piés, qui produit plusieurs rejettons dès sa racine, & qui porte à sa cime de très-belles fleurs rouges, ou blanches tirant sur le rouge. Elles sont doubles & amples, & approchent de la rose; ce qui fait que quelques-uns les appellent *Roses de Notre-Dame*. Dioscoride parle de deux sortes de Pivoine, sçavoir le mâle, dont les feuilles sont semblables à celles du noyer, & la Pivoine femelle, qui les a déchiquetées, & qui porte à la cime de ses tiges des gousses qui ressemblent aux amandes. Quand ces gousses s'ouvrent, on voit au dedans plusieurs petits grains rouges, & tels que ceux des grenades, dont cinq ou six de ceux de dedans sont noirs tirant sur le rouge. La racine du mâle a un goût styptique & astringent. Elle est de la grosseur d'un doigt, & de la longueur d'un palme. Celle de la femelle a sept ou huit bulbes attachées ensemble. La racine de l'une & de l'autre Pivoine a de grandes proprietés pour fortifier les nerfs & le cerveau. Elle est bonne à la jaunisse & aux douleurs de la vessie & des reins. Liée au bras & au col des petits enfans, elle les guerit du haut mal; ce que Galien assûre sçavoir, pour en avoir fait l'experience. En Latin, *Pœonia*.

PIVOT. s. m. Morceau de fer ou d'autre metal, dont le bout est arrondi en pointe, pour tourner facilement dans une virole ou dans une crapaudine.

Pivot, est aussi un terme d'eaux & forêts, & il se dit de la principale racine que pousse un arbre dans terre en ligne perpendiculaire, en sorte que l'on peut connoître par le pivot si l'arbre a été planté de main d'homme, les vieilles souches ayant les racines éparées. Il faut couper le *Pivot* d'un arbre qu'on transplante.

PLA

PLACAGE. s. m. Sorte de menuiserie, qui consiste à plaquer du bois scié par feuilles sur des fonds faits de moindres bois, & à le coller par compartimens avec de bonne colle d'Angleterre. C'est du mot *Plaquer*, que cette sorte de travail a pris le nom de *Placage*.

PLACARD. s. m. Décoration d'une porte d'appartement, composée d'un chambranle couronné de sa frise & de sa corniche. On appelle *Porte à placard*, Celle qui est pleine & emboîtée haut & bas, avec rainures, languettes, clefs, chevilles & colées. Il y a d'autres portes que l'on appelle *Placards d'assemblage*. Celles-là sont à quadres & à panneaux. Le *Placard double*, est celui qui dans une baye de porte est reperé devant & derriere, avec des embrasures entre deux sur l'épaisseur d'une cloison ou d'un mur. Celui dont le plan est curviligne s'appelle *Placard cintré*, & on dit, *Placard feint*, en parlant de celui qui fait symmetrie avec une porte opposée, & ne sert que de lambris.

PLACE. s. f. Terme d'Architecture. Espace de figure reguliere ou irreguliere que l'on choisit pour y élever un bâtiment. On l'appelloit autrefois *Parterre*. Le mot de *Place*, en termes de guerre, comprend toutes sortes de forteresses où l'on peut se défendre, & on appelle *Place fortifiée*, Un lieu bien flanqué & bien couvert. Les places qui sont fortifiées à la moderne, ne se composent guere que de bastions & de courtines, & quelquefois de demi-bastions selon le terrain; de cavaliers, fausse-brayes, fossés, contrescarpes, chemin couvert, demi-lunes, ravelins, ouvrages à corne, ouvrages à couronne, esplanades, redents, conserve, ou contre-gardes & tenailles. *Place reguliere*, se dit de celle qui a les côtés & les angles égaux, & *Place irreguliere*, de celle qui les a inégaux ou en tout, ou en partie.

On appelle *Places hautes, moyennes & basses*, Des flancs retirés & pratiqués en forme de degrés, & l'un derriere l'autre. La *Place haute*, est la plus élevée de trois plate-formes d'une casemate qui sont par degrés l'une au-dessus de l'autre. Elle regne avec le terre-plein du bastion, & c'est où on loge le canon qui doit battre la campagne. Les deux autres plate-formes qui sont au dessous de celle-ci, s'appellent la *Place moyenne*, & la *Place basse*.

Place d'armes. On appelle ainsi dans une Ville de guerre, un terrein spacieux & libre, ou au milieu de la Ville à l'endroit où les principales rues aboutissent, ou entre les maisons & le rempart. Elle sert de lieu d'assemblée à la garnison, quand il survient quelque alarme, ou qu'il y a quelque ordre de Gouverneur à executer. Dans un camp, la *Place d'armes* est un grand terrein que l'on choisit à la tête ou sur les côtés d'un campement. C'est où l'on range les troupes en bataille. Chaque Compagnie de Cavalerie ou d'Infanterie qui sert dans un camp, a sa Place d'armes, qui n'est autre chose que le lieu où elle s'assemble. On dit encore, *Place d'armes d'une attaque* ou *d'une tranchée*. C'est un fossé bordé d'un épaulement ou d'un parapet, où on loge de la Cavalerie & de l'Infanterie, pour soûtenir le travail de la tranchée contre les sorties de la garnison.

PLACEL. s. m. Vieux mot. Siege. On a changé l'L en T, & on dit aujourd'hui *Placet*, pour un siege sans dos.

PLACIER. s. m. Celui qui prend à ferme le droit de louer les Places d'un marché aux Harengeres, Fruitieres, & autres gens qui y viennent étaler leurs marchandises pour les vendre.

PLAGE. s. f. Terme de Marine. Mer basse vers un rivage étendu en ligne droite, sans qu'il y ait ni rades, ni ports, ni aucun cap apparent où les Vaisseaux se puissent mettre à l'abri.

PLAGIAIRE. s. m. On appelloit *Plagiaire*, parmi les Romains, celui qui achetoit, vendoit, ou retenoit un homme libre pour un Esclave. Ceux qui demeuroient convaincus de ce crime, étoient condamnés au fouet par la loi *Flavia*, ce qu'on appelloit *Ad plagas*, d'où le mot *Plagiaire* a été fait. Aujourd'hui on appelle ainsi ceux qui s'attribuent la gloire des ouvrages d'autrui, en s'en disant les Auteurs. Furetiere est le Plagiaire du Dictionaire de l'Académie. Les Auteurs du Dictionaire Universel sont les Plagiaires de tous les Dictionaires.

PLAICT. Terme qui se trouve dans quelques Coûtumes, & qui a signifié, un cheval de service, dû par le Vassal au Seigneur du Fief. Quand ce cheval étoit dû à la mort du Vassal, on l'appelloit *Plaict de morte-main.* Il étoit differend des autres chevaux appellés *Destriers*, *Roussins*, & *Traversans.* On a aussi écrit *Plect.*

PLAID. s. m. Vieux mot. Avis, conseil, audience. *Requerent plaid pour parlementer.* On dit encore bassement & proverbialement, *Je ne lui ai pas tenu grand plaid*, pour dire, Je ne lui ai pas dit grand chose, je ne me suis pas arrêté à contester avec lui.

PLAINT. s. m. Vieux mot. Complainte.

PLAN. s. m. Terme de Geometrie. Surface qui n'a ni profondeur ni courbure. Ainsi une superficie spherique est une surface, mais non pas un Plan, un parallelogramme dont on conçoit l'aire remplie par une surface, est un Plan.

Il est évident que les Plans aussi-bien que les lignes, peuvent être les uns à l'égard des autres, *paralleles*, *perpendiculaires* & *inclinés*, qu'ils peuvent se couper sous toutes sortes d'angles, &c. La ligne qui est commune à deux Plans qui se coupent, s'appelle *ligne de commune section.*

On peut toûjours concevoir une ligne ou même deux lignes, comme faisant partie d'un Plan, & alors on donne assés souvent au Plan le nom de ces Lignes. Ainsi on appelle Plan *de reflexion*, *Plan de refraction*, des Plans où l'on conçoit que sont comprises la *ligne d'incidence & de reflexion*, ou la *ligne d'incidence* & *de refraction.* Voyez REFLEXION & REFRACTION. De même il n'y a point de ligne courbe que l'on ne puisse concevoir comme remplie pour un Plan. Ainsi on dit, *Le Plan d'un cercle*, pour dire, Son *aire.* La difference qu'il y a cependant entre *Aire* & Plan, c'est que l'aire est précisement renfermée dans ses bornes, par exemple, l'aire d'un cercle dans la ligne de sa circonference; mais quand on dit, *le Plan*, on entend bien souvent cette aire prolongée autant qu'il en est besoin au-delà du cercle. On dit donc *le Plan d'une parabole*, *d'une hyperbole*, &c. Le *Plan de l'horison*, *de l'Equateur*, *&c.*

Comme un Plan est une surface, & par consequent une grandeur de deux dimensions, on appelle en Arithmetique & en Algebre, *nombre plan*; celui qui n'est formé que de la multiplication de deux nombres. 12 est un nombre plan si on le conçoit comme formé par la multiplication de 2 & de 6, ou de 3 & de 4. Après le nombre plan, est le *solide* formé par la multiplication de trois nombres. Voyez SOLIDE, DEGRE' & PUISSANCE.

On dit aussi en Algebre *Probléme plan.* Voyez PROBLE'ME.

En Mechanique, le *Plan incliné* passe pour une des Machines simples. Il est composé d'une ligne horisontale, d'une verticale, & d'une troisiéme tirée de l'extrémité de la verticale à l'extrémité de l'horisontale. C'est cette troisiéme qui fait le Plan incliné, plus elle est longue & plus elle fait un petit angle sur l'horisontale, plus le plan est incliné. Si à l'extrémité où cette ligne recontre l'horisontale, il y a un poids posé dessus & attaché à une corde, & qu'à l'autre extrémité il y ait une *Puissance* qui tire ce poids le long de la ligne verticale, il est évident, que quand ce poids sera parvenu à l'extrémité superieure de la ligne inclinée, il n'aura monté que de la hauteur de la ligne verticale, & la puissance qui le tire sera descendue de toute la longueur de la corde, qui étoit depuis le bas de la ligne inclinée, jusqu'au haut, c'est-à-dire, de toute la longueur de cette ligne. Or cette ligne est necessairement plus grande que la verticale, dont la puissance fait plus de chemin en même-tems, c'est-à-dire, a plus de vîtesse que le poids, donc par le principe general des *Machines* (Voyez MACHINE & MOUVEMENT) elle n'a pas besoin d'être si grande que le poids, & plus le Plan incliné sera incliné, plus une petite puissance pourra soûtenir ou élever un grand poids.

PLANCHE. s. f. *Morceau de bois scié en long, & qui a ordinairement un pouce d'épaisseur, & un pié de largeur.* ACAD. FR. On appelle *Planches d'entre-vous*, des Planches qui couvrent les espaces d'entre les solives. Elles ont neuf pouces de large & neuf lignes d'épaisseur. *Planches de bateau*, se dit des Planches de chêne ou de sapin qu'on tire des bateaux qu'on rompt, & dont on se sert à faire des cloisons legeres, lambrissées de plâtre de chaque côté afin d'empêcher le bruit & le vent. Quelques-uns font venir le mot de Planche, du Grec πλάξ, Ais, & d'autres du Latin *Planca*, dont Pline & Festus se sont servis dans la même signification. Les Vinaigriers appellent *Planche*, Une sorte de solive qui presse la lie.

Planche, parmi les Graveurs, est une feuille de cuivre polie & fort déliée sur laquelle on grave au burin, ou en eau forte. Il s'en fait aussi de bois, & les estampes qu'on tire sur celles-là s'appellent *Tailles de bois.*

Planche, est aussi un terme de Jardinier, & il se dit d'un espace de terre cultivé, long de quinze à vingt piés, & large environ de quatre, où s'élevent diverses fleurs ou legumes. Dans les beaux jardins potagers ces sortes de Planches sont souvent bordées de fines herbes. On appelle *Planche costiere*, celle qui est au pié d'une palissade.

PLANCHER. s. m. Epaisseur faite de solives qui separe les étages d'une maison. Il signifie aussi l'aire sur laquelle on marche. On appelle *Plancher de plate-formes*, Un espace peuplé de pilotis, pour recevoir les premieres assises de pierre de la pile d'un pont, d'un mole, d'une digue.

PLANCHETTE. s. f. Petite Planche. Les Tourneurs & les Vanniers appellent *Planchette*, Une petite Planche qu'ils mettent devant leur estomac quand ils ont à percer quelque chose qui resiste trop. Le Vannier appelle encore *Planchette*, Trois brins d'osier debout, & travaillés à plein au dos de certaines hottes.

On appelle *Planchette*, Un petit ais suspendu de côté à une selle pour femme, pour porter ses piés: c'est un des effets de la dépravation que les femmes montent à cheval sur des selles d'hommes.

Planchette, est aussi une languette de bois qui sert à tendre plusieurs engins, lacs, filets, pour prendre des oiseaux, rats, &c. elle fait détendre le ressort quand la bête touche l'appât qui y est attaché.

PLANÇON. s. m. Branche de saule, de Peuplier, de Frêne, & de quelques autres arbres, que l'on coupe lorsqu'elle a deux ou trois ans, & qu'on plante ensuite en terre, afin qu'elle prenne racine.

PLANE. s. m. Arbre grand & haut, qui a de longues racines. Ses branches sont grandes & fort étendues. Il a l'écorce grosse & épaisse, ses feuilles fort larges, & attachées à une longue queue. Cet arbre porte des bayes rondes & grosses comme une noisette, & est seulement propre à faire de l'ombre. Dioscoride dit que les plus tendres feuilles du Plane cuites en vin, & appliquées en emplâtres, arrêtent toutes fluxions des yeux, & ôtent toutes inflammations, humeurs & enflûres. Les anciens Romains faisoient apporter des Planes avec grand soin par la mer Ionique, & on les estimoit tellement à Rome qu'on les a long-tems arrosés de vin, parce que le Plane, quoiqu'il vienne aux lieux où il y a des ruisseaux & des rivieres, aime fort le vin. Licinius Mutianus, à ce que dit Pline, étant Gouverneur de la Lycie, y vit un grand Plane auprès d'une fontaine, qui étoit creux par le bas & d'une grandeur si extraordinaire, qu'au pié il y avoit une taniere de quatre-vingts piés de long. Ses branches étoient comme de grands arbres, & dans le creux il y avoit une croupe faite en rond, comme de tuf, ou de pierre ponce couverte de mousse, sur laquelle il assûroit avoir banqueté fort à son aise, lui dix-huitiéme. Matthiole dit que les Planes d'Italie, étant des arbres étrangers, n'y deviennent pas fort grands, qu'ils ont l'écorce massive & les feuilles larges, semblables à celles de vigne, & tenant à une queue longue & rouge, & qu'ils produisent une petite fleur blanche tirant sur le jaune, & des grains ronds, rudes & moussus. Quelques-uns disent *Platane*, du Latin *Platanus*, qui vient du Grec πλατὺς, Etendu, à cause que ses branches sont fort étendues, & font beaucoup d'ombre.

Il y a dans le Perou une sorte d'Arbre que les Espagnols ont nommé *Plane* ou *Platune*, quoiqu'il n'ait rien de commun avec les Planes de l'Europe. Au contraire, il ressemble à la palme, soit pour la forme, soit pour la grandeur de ses feuilles, qui sont d'un verd gai, legeres, & si grandes qu'elles couvrent un homme depuis la tête jusques aux piés. Du milieu de ces feuilles sort une grappe qui contient plus ou moins de fruit, quelquefois au nombre de trois cens, longs de deux palmes, & gros de deux doigts ou environ. L'écorce s'en ôte facilement, & alors il en reste la chair, qui est tendre, bonne à manger, saine & d'une fort bonne nourriture. Ordinairement on cueille ce fruit vert, & on le met dans quelques Vaisseaux sous certaines feuilles. Ceux qui mûrissent sur l'arbre sont de meilleur goût, & rendent une odeur plus agreable. Il y a des fruits de cet arbre tous les mois, car de son tronc qui est en terre, & d'où sortent plusieurs surgeons, qui croissent en grandeur & en grosseur d'arbre, il naît continuellement de nouveaux rejettons qui viennent après ceux qui ont porté du fruit, chacun n'en portant qu'une seule fois. Cet arbre demande une terre humide & un air chaud.

PLANE. s. f. Outil d'acier, large à peu près de deux doigts, & long d'un pié & demi, dont les Charrons, Tonneliers & quelques autres Artisans se servent pour polir, & applanir uniment le bois. Il a une poignée à chaque bout, & coupe ordinairement des deux côtés. Il y en a une grande de Corroïeur à deux branches dont un a le fil retourné.

Les Plombiers ont aussi leur *Plane*. C'est un morceau de cuivre quarré qui a une poignée d'une côté, & qu'ils font chauffer pour planer le sable.

PLANER. v. a. Les Charrons & autres disent, *Planer un morceau de bois*, pour dire, En ôter quelque chose avec la Plane, le polir avec la Plane. Les Orfévres & Potiers d'étaim disent, *Planer un plat*, pour dire, L'unir à force de petits coups de marteau, & les Plombiers, *Planer le sable*, pour dire, Passer la Plane sur le sable du moule, afin de le rendre uni & égal par tout avant que le plomb y soit jetté. La plus belle vaisselle d'étaim est d'étaim plané sonnant comme de l'argent.

PLANETE. s. f. *Astre qui a un mouvement propre & periodique contraire à celui du premier mobile.* ACAD. FR. Outre le mouvement commun à tous les corps celestes, & égal en tous, d'Orient en Occident en vingt-quatre heures sur les poles de l'Equateur, il y a le mouvement propre d'Occident en Orient sur les poles du Zodiaque, inégal dans tous les corps qui l'ont, selon qu'ils sont plus ou moins éloignés de la terre, les plus proches ont plûtôt achevé leur tour qui est plus petit. Les Astres qui par ce mouvement inégal se trouvent en differentes situations les uns à l'égard des autres, ont été appellés *Errans* ou *Planetes*, de πλανάω, *j'erre*. A la difference des Etoiles fixes qui ne changent jamais de situation entre elles. Voyez FIXE. On compte ordinairement sept Planetes, la Lune, Venus, Mercure, le Soleil, Mars, Jupiter, & Saturne. Dans le sistême de Copernic, la terre devient Planete en la place du Soleil qui est immobile au centre du Monde. De plus les Modernes avec leurs lunettes de longue vûe ont découvert neuf Planetes nouvelles, qui sont les quatre *Satellites de Jupiter & les cinq de Saturne*. Voyez JUPITER, SATURNE, & SATELLITES. Ces nouvelles Planetes ont fait faire une division des *Planetes en Principales & Subalternes*. Les *Principales* sont celles qui tournent autour du Soleil, car on ne peut plus du tout supposer qu'elles tournent autour de la terre, & les *subalternes* sont celles qui tournent immediatement & premierement autour d'une autre Planete, & ne tournent autour du Soleil que comme par accident, & parce qu'elles y sont emportées par la Planete principale. Ainsi les quatre Satellites de Jupiter tournent autour de lui, & les cinq de Saturne autour de Saturne. Selon cette idée la Lune est aussi une Planete subalterne, parce qu'elle tourne immediatement autour de la terre, & ne tourne autour du Soleil que pour suivre la terre. Ainsi il y a six Planetes principales, Mercure, Venus, le Soleil ou la terre, Mars, Jupiter, Saturne, & dix subalternes, la Lune, les quatre Satellites de Jupiter, & les cinq de Saturne. On divise les Planetes Principales en *inferieures*, & *superieures*. Les inferieures sont Venus & Mercure qui sont plus basses & plus proches du Soleil que nous. Les superieures sont Mars, Jupiter & Saturne, qui sont plus élevées que la terre, & toûjours plus éloignées du Soleil. On ne considere point dans cette division les Planetes subalternes, parce qu'elles suivent la destinée des principales. Il est clair que nous ne pouvons jamais voir les deux Planetes inferieures opposées au Soleil, puisque nous ne pouvons jamais être entr'elles & le Soleil. Nous les devons voir dans leur cours deux fois conjointes au Soleil, une fois en-deçà, une fois au-delà du Soleil. Pour les Planetes superieures nous les voyons conjointes au Soleil, & opposées, conjointes quand le Soleil est entre elles & nous, ce qui est leur plus grand éloignement, opposées quand nous sommes entre elles & le Soleil, ce qui est leur plus grande proximité de la Terre. Tant les deux Planetes inferieures que les superieures peuvent être *Directes stationnaires & Retrogrades*. Voyez DIRECT, STATION, & RETROGRADER. En Astrologie on fait beaucoup d'autres divisions des Planetes. Les Planetes les plus chaudes, comme le Soleil, Jupiter, Mars & Saturne, sont appellées *Planetes masculines*, & les plus humides, comme la Lune & Venus, *Planetes feminines*. On dit aussi *Planetes hermaphrodites* ou *Androgynes*. Ce sont celles qui sont tantôt chaudes & tantôt humides. Mercure est du nombre. Quand il est près du Soleil, il est chaud & sec, & lorsqu'il est proche de la Lune, il est humide. Il y a des Planetes qu'on appelle *Planetes bienfaisantes*, à cause qu'elles sont fecondes & vivifiantes par leur chaleur & par leur humidité, comme Venus, Jupiter, & en quelque façon la Lune. D'autres sont appellées *Planetes malfaisantes*, comme Mars qui desse-

che

che & brûle, & Saturne qui refroidit & desseche ; & d'autres, *Planetes communes*, comme le Soleil & Mercure, qui selon qu'ils sont conjoints avec des Astres bienfaisans ou mal-faisans de leur nature, font tantôt du bien & tantôt du mal. On dit, qu'*Une Planete a des joies*, pour dire, qu'Elle a des dignités dans les signes du Zodiaque & dans les maisons celestes. On la nomme *Planete étrangere*, quand elle n'a aucune dignité au lieu où elle se trouve. *Planete en son détriment*, lorsqu'elle est dans un signe opposé à sa maison, & *Planete en sa chûte*, quand elle est dans un signe opposé à son exaltation. Si une Planete domine dans une maison du Ciel, on l'appelle *Seigneur de cette maison*. Les Astrologues disent, qu'*Une Planete est au cœur du Soleil*, quand elle n'en est éloignée que d'environ seize minutes ; si elle l'est davantage, ils l'appellent *Planete brûlée* ; & quand elle est au-dessous de dix-sept degrés devant ou après le Soleil, elle est dite, *Etre sous les rayons du Soleil*. Elle est dite aussi, *Augmentée* ou *diminuée de lumiere*, selon qu'elle s'approche ou s'éloigne du Soleil ou le Soleil d'elle.

PLANETAIRE. adj. On appelle *Region Planetaire*, L'espace où se meuvent toutes les Planetes, & *Heures planetaires*, Les heures où les Astronomes s'imaginent que chaque Planete domine le plus.

PLANEUR. s. m. Nom que les Orfévres donnent à un Artisan qui gagne sa vie à planer de la Vaisselle. Les Potiers d'étaim l'appellent *Forgeur*.

PLANGE. adj. Terme bas, dont se servent quelques Matelots en cette phrase, *La mer est plange*, pour dire, qu'Elle est unie.

PLANIER, IERE. adj. Vieux mot, dont on s'est servi particulierement en cette phrase *Court planiere*, surquoi Nicod dit : Planier *&* planiere *ne viennent pas de ce mot* Plain, *qui est fait du Latin* Planus *ains de ce mot* Plein, *qui est fait du Latin* Plenus, *& signifie*, *Rempli & remplie. Ainsi dit-on* Tenir court planiere par un Prince, *quand il y appelle tous ses Vassaux, Dames & Damoiselles, & y fait planté de magnificence. Aussi pour expliquer ce mot* Planiere, *disoient les Anciens*, Le Roi teint Court planiere en tel lieu, & là manda tout son bernage & tous les Barons & Chevaliers de son Pays & eut une Court moult riche en foison de Chevalerie, habillement exquis, festins, dances, devis, tournois & livrées.

On a dit aussi, *Tenir état Royal*, pour dire, Tenir Court planiere, comme on le voit par cet endroit d'Enguerrand de Monstrellet livre 1. chapitre 38. *Et la veille dudit jour de Noël, le Roi alla tenir son Estat au Palais*, à quoi il ajouste, *Et à cette Court planiere le Roi seoit au milieu de la table moult notablement aorné & vestu d'habillemens royaux, & il y avoit huit Princes, dix-neuf Comtes, & dix-huit cens Chevaliers sans les Escuyers ; & plusieurs autres Princes & grands Seigneurs y estoient mandez, mais ne y furent pas.*

PLANIMETRIE. s. f. Partie de la Geometrie pratique, qui enseigne l'art de mesurer les surfaces & les Plans ; de *Planus*, Plain, plat, uni par dessus, & de μέτρον, Mesure.

PLANISPHERE. s. m. Instrument d'Astronomie, ou sur le plan d'un cercle de la sphere on represente tous les autres en plat par le moyen de leur *projection*. Voyez PROJECTION. Le planisphere est ainsi nommé de *Planus*, Plat, & σφαῖρα, Globe. *Sphere plate*. Il s'appelle aussi *Astrolabe*. Voyez ASTROLABE.

PLANTAIN. s. m. Sorte d'herbe ou de plante, qui croît dans les Marais & les lieux humides, & parmi les hayes. Dioscoride en met de deux sortes. Le plus petit a ses feuilles étroites, moindres, plus molles, plus lissées & plus minces que celles de l'autre. Sa tige est anguleuse & recourbée vers la terre, & à sa cime est sa graine. Ses fleurs sont pâles. Le grand Plantain qui est plus vert, & mieux nourri, a sa tige haute d'une coudée, anguleuse, rougeâtre & environnée de petites graines depuis son milieu jusques à sa cime. Sa racine est tendre, velue, blanche, & de la grosseur d'un doigt. Ses feuilles qui sont larges & bonnes à manger, sont dessiccatives & astringentes, ce qui rend le Plantain propre aux eresipelles, aux inflammations, & à toutes sortes de flux de ventre & de sang. Il empêche la pourriture & fortifie toutes les parties. En Latin *Plantago*, de *Planta*, à cause qu'elle est souvent foulée par la plante des piés, & en Grec ἀρνόγλωσσον, d'ἀρς, Agneau, & de γλῶσσα, Langue, à cause que les feuilles du grand Plantain ressemblent en quelque sorte à une langue d'Agneau.

Matthiole parle d'une troisiéme espece de Plantain, & dit, qu'il a la feuille plus grosse que toutes les autres sortes, plus charneuse, plus forte, plus lissée, sa largeur allant en aiguisant, comme le fer d'une pique, ce qui lui a fait donner le nom de *Lanceolata*. Sa tige est haute d'une coudée, quelque peu branchue, & jette de petites fleurs blanches. Cette espece de Plantain qui vient aux lieux humides & marécageux, a quantité de racines, qui sont blanches comme l'hellebore.

PLANTAIRE. adj. Les Medecins appellent *Muscle plantaire*, Certain muscle qui sert au mouvement de la plante du pié.

PLANTE. s. f. *Corps vegetable, qui tire sa nourriture, & ses accroissemens de la terre, par le moyen des racines qu'il pousse.* ACAD. FR. Ce mot est general, & comprend l'arbre, l'arbrisseau, le sous arbrisseau, & l'herbe. Il y a dans l'Amerique des plantes sans nom qui ont une vertu merveilleuse & une entre autres dont les femmes sauvages se servent pour avoir des enfans, quand elles se trouvent steriles. C'est une maniere de petit champignon renversé fait comme une petite coupe, capable de contenir seulement un grain de lentille. Au milieu de cette coupe sont trois petits grains, semblables à ceux qui croissent au fonds de la rose. Ils sont extrêmement durs. Toute la plante est grise, cendrée & croît dans les bois & dans les lieux humides sur des bâtons de bois pourri. Les femmes après avoir mis secher cette plante, la réduisent en poudre & en prennent chaque fois une pincée qui fait environ le poids d'un écu. Elles assurent que le succès en est infaillible. Elles se servent de la racine pulverisée d'une autre plante, pour faciliter leur acouchement, quelque rude que le travail en puisse être. Cette Plante est une espece de jonc semblable à ceux des rivieres. Sa racine est composée de certains bulbes en forme de boutons, qui sont grosses comme le bout des doigts. Etant dessechées & mises en poudre, elles exhalent une odeur fort aromatique. Il n'y a point de femme, qui après en avoir pris dans du vin blanc au poids d'un écu, n'acouche sur l'heure avec beaucoup de facilité.

Il y a une autre Plante qui guerit les blessures faites par les fleches empoisonnées de Mancenille. Ses feuilles sont longues d'une paume, larges de trois pouces, d'un vert gai, lissées, polies, & douces comme du satin. Elle porte de petites fleurs longuettes, & a ses feuilles séparées, violettes par dehors, blanches par dedans, ouvertes de jour, & la nuit fermées. Sa racine pilée & appliquée sur les playes des fleches, en amortit entierement le venin & arrête même la gangrene qui commence. Elle ôte aussi toute sorte d'inflammation & les enflures que cause l'aiguillon des Guêpes de ce pays-là, qui est assés dangereux.

On trouve dans toutes les habitations des Antilles une autre Plante, qui est un remede souverain contre les morsures des serpens. Ses feuilles sont petites, dentelées, veluës, d'un vert naissant & deux à deux le long de ses petites branches. Entre deux feuilles il croît un petit umbel de petites fleurs vertes & rouges, & toutes veluës. Cette Plante se seme de soi-même, & gâte entierement les jardins, si on n'a le soin de la sacler. Elle est toute remplie d'un lait qui coule à la rupture de ses branches, & fait mourir les serpens. Etant broyée & appliquée sur une morsure de serpent avec son suc, elle attire le venin, & guerit la playe. Si le cœur en étoit déja atteint, un peu de poudre de cette Plante seche le fortifie, & lui rend les forces que le venin lui avoit fait perdre.

Il croît encore le long des lisieres des mêmes habitations, une Plante fort commune, que les habitans appellent *Cousin*, à cause que sa graine qui n'est pas plus grosse qu'un grain de Coriandre est toute herissée, ce qui fait qu'elle s'attache aux habits & aux cheveux des Passans. Ses feuilles sont comme de petits écussons. Sa tige est ligneuse, & s'éleve quelquefois jusqu'à trois ou quatre piés de haut. On prend dans sa boisson ordinaire le poids d'un écu de ses feuilles seches. C'est un remede qui a beaucoup de succès contre toute sorte de dysenterie. S'il ne reussit point la premiere fois, il faut redoubler la dose.

Le Pere du Tertre parle de deux autres Plantes qui lui furent un jour apportées toutes entieres par un Sauvage pour le mal des dents. L'une & l'autre avoit ses feuilles & sa racine. La premiere étoit une espece de Solanum fort petit, dont les feuilles ressembloient à celles de la Morille, quoique plus petites & velues, Au haut de la tige, il y avoit de petites fleurs blanches, & quelques petits grains rouges assés semblables à des groseilles. L'autre étoit une plante plus forte, & avoit sa tige ligneuse. Ses feuilles étoient semblables à la Mercuriale, mais un peu plus rondes & plus fortes, avec une queue au dessus de la tige comme l'Agrimoine, environnée de petites fleurs blanches. Il éprouva l'une de ces racines qu'il pressa & tint long-tems sur la dent qui lui faisoit mal. La douleur cessa dans le même instant, mais la gencive en demeura engourdie, ainsi que la moitié de la tête du côté où ce remede étoit appliqué. Il fit l'épreuve de l'autre racine dans une autre occasion, & croit que c'est un poison qui pourroit causer la paralysie, ou quelque autre accident à ceux qui en useroient souvent.

Les Chymistes divisent les Plantes en cinq classes dont la premiere comprend les Plantes aqueuses & presque insipides. Telles sont le pourpier, la joubarbe, la laitue, & les endives, qui contiennent un sel volatil, tempéré & caché. Elles sont appellées *Rafraichissantes* à cause de ce sel qui corrige l'acide qui cause les chaleurs & les inflammations. Les Plantes aqueuses, mais acides comme toutes les especes d'oseille, d'alleluya, & toutes celles qui ont une saveur acide, sont contenues dans la seconde classe. Elles ont un acide retenu dans un alcali caché, & leur eaux ne sont pas bonnes comme leurs sucs, principalement à l'égard du suc rouge de l'oseille qui est d'une très-agreable saveur. Toutes ces Plantes sont propres pour l'estomac, & on s'en sert avec beaucoup de succès dans les fievres ardentes pour temperer la chaleur de la bile. Quand leur suc est évaporé suivant l'art, il donne un veritable tartre ou sel essentiel cristalin, de la même saveur & figure que le tartre de vin. Les Plantes qui ont une saveur amere sans odeur, & un sel subtil de la nature des alcalis & nitreux sont de la troisiéme classe, comme la chicorée, le chardon benit, le chardon de notre Dame, le houblon, la petite centaurée, la dent de lion, la fumeterre, & autres. Le nitre qui est dans ces plantes, les rend détersives, diuretiques & sudorifiques. Ainsi elles conviennent dans les maladies chroniques où il s'agit de nettoyer les ordures & de rétablir la constitution de la masse du sang. On s'en sert dans les décoctions avec succès, & elles leur communiquent leurs vertus fort promptement. On s'en sert aussi dans des nouets diuteriques Les Plantes acres & penetrantes, comme le cresson, la moutarde, la cochlearia, le raifort, le poivre, la roquette, l'armoracia, & autres qui possedent un sel volatil très-acre, forment la quatriéme classe, & sont nommées *Antiscorbutiques*. On les donne pour corriger l'acide qui peche dans le mal hypocondriaque, dans la Cakexie &c. Leurs eaux distillées entraînent avec elles quelque portion de sel volatil acre, & c'est ce qui les rend efficaces. Ces mêmes Plantes fournissent par la fermentation, un esprit qu'elle n'avoient pas auparavant, & qui s'est formé des particules salines, qui se sont volatilisées & jointes avec les huileuses, & enfin se sont changées en esprit à force de fermenter. La sauge, le thim, le romarin, le serpolet, le pouliot, l'angelique, le levisticum, la semence de fenouil, d'anis, de cumin, & autres Plantes odoriferantes & aromatiques composent la cinquiéme classe. Ces Plantes ont un sel volatile huileux, & donnent dans la distillation une eau surnagée par une huile, en laquelle la vertu de la Plante est concentrée. Le sel fixe reste dans la tête morte. On en tire aussi de l'esprit par la fermentation, mais il vaut mieux en tirer l'huile, parce que la vertu de la plante y est moins altérée. Ces Plantes font la base de toutes les eaux apoplectiques & epilectiques, à cause de leur sel volatil aromatique très-salutaire aux nerfs que l'esprit de vin exalte. Leur partie huileuse les rend bonnes contre les vents; en empêchant la fermentation contre nature qui les engendre.

PLANTE', s. f. Vieux mot. Abondance. On a aussi écrit Plenté, du Latin *Plenitas*.

Ou grand planté de bien abonde.

PLANTEIVEMENT. adv. Vieux mot. Abondamment.

Et de nouvel faonement
Emply Dieu planteivement.

C'est de là qu'est venu le mot de *Plantureux*.

PLANTER. v. a. *Mettre une Plante en terre pour faire qu'elle prenne racine, & qu'elle croisse.* ACAD. FR. On dit en termes d'Architecture, *Planter un bâtiment*, pour dire, En disposer les premieres assises de pierre dure sur la maçonnerie des fondemens, après que cette maçonnerie a été dressée de niveau, suivant les mesures prises. On dit aussi, *Planter les pieux*, pour dire, Les enfoncer avec un instrument convenable jusqu'au refus du mouton ou de la hie.

PLANTOIR. s. m. Terme de Jardinier. Outil en forme de petit bâton fort aiguisé, au bout duquel il y a du fer pour faire un trou en terre, lorsqu'on veut planter des herbages, comme des laitues, de la chicorée.

Les Furetieristes le confondent avec la houlette qui est le Déplantoir.

PLANURE. s. f. Bois que la plane coupe, & qui tombe au pié de l'artisan qui plane.

PLAQUE. s. f. Lame de métal peu épaisse & applatie, dont on revêt quelques portes; & qui sert quelquefois à renforcer par dedans les coffres forts. M. Ménage dérive ce mot du Grec πλάξ, qui veut dire, Planche.

On appelle aussi *Plaque*, Une piece d'Argenterie ouvragée, au bas de laquelle il y a un chandelier. On met quelquefois ces sortes de plaques dans des chambres pour les éclairer.

Plaque de cheminée. Morceau de fer ou de fonte figuré, qu'on attache avec des pattes au contrecœur de la cheminée afin que le feu ne le gâte pas. Il est épais d'un bon pouce, haut pour l'ordinaire d'un pié & demi, & large d'autant.

Plaque en termes d'Arquebusier, est un morceau de fer délié, qui est au bout de la poignée d'un pistolet, de la couche d'un mousquet ou d'un fusil. Les Fourbisseurs appellent aussi *Plaque*, La partie de la garde de l'épée qui couvre la main. Elle est ordinairement ouvragée & treillisée.

On appelle en termes de Monnoie *Plaque d'affinage*, L'argent qui se fixe dans la coupelle en maniere de pain plat, quand on ne le retire pas en coquillons.

Les Perruquiers appellent *Plaque*, le dessus de la Perruque, C'est la partie de la Perruque qui est tressée d'une maniere particuliere, & qui est faite quelquefois à l'aiguille. Elle sert à mettre sur le devant de la tête ou pour imiter une tonsure Ecclesiastique.

Plaque, en termes d'Eaux & Forêts, se dit de la marque du marteau qu'un met sur les arbres piés corniers, afin de tirer des alignemens de l'un à l'autre.

PLAQUER. v. a. Terme d'Ebeniste & de Maçon. On dit *Plaquer le bois*, pour dire, l'appliquer par feuilles déliées sur un assemblage d'autre bois, & *Plaquer le plâtre*, pour dire, Le jetter fortement avec la main comme pour hourdir.

PLAQUESEIN. s. m. Morceau de plomb grand comme la main, un peu creux & en ovale, où les Vitriers détrempent le blanc pour signer le verre.

PLAQUIS. s. m. Espece d'incrustation d'un morceau mince de pierre & de marbre, qui est mal faite sans liaison..

PLASTRE. Pierre fossile dont on se sert pour bâtir. Matthiole dit que l'on fait du Plâtre d'une certaine Pierre blanche, tendre & aisée à couper & à brûler. On la met dans un four chaud, seulement quatre ou cinq heures, après quoi il faut la piller & la passer par le crible. Le Plâtre est bon étant frais. S'il est gardé, il prend difficilement démêlé avec de l'eau. Dioscoride dit que le Plâtre est propre à restraindre la sueur & tout flux de sang & qu'il étouffe & étrangle si on en boit. Selon Galien, outre la vertu dessicative que le Plâtre a commune avec toutes les terres & les pierres minerales, il a cela de particulier qu'il est emplastique. Etant trempé, il se raffermit & devient dur comme pierre, ce qui le fait employer dans les medicamens secs qui sont propres au flux de sang. On fait venir ce mot de πλάσσειν ou πλάττειν, Former, à cause qu'il n'y a rien de si propre à prendre une forme ou une figure que le Plâtre.

On appelle *Plâtre noyé*, du Plâtre menu sur lequel on a versé de l'eau par excès. On y trempe des toiles dont on fait des draperies aux figures qu'on ne fait que pour durer seulement en quelques ceremonies. *Plâtre mouillé*, est celui que la pluye a rendu de nulle valeur.

On appelle *Plâtre cru*, la pierre de Plâtre qui est propre à cuire. On le laisse quelque tems à l'air avant qu'on s'en serve, & on l'employe quelquefois dans les fondations au lieu de moilon. Le *Plâtre blanc*; est celui dont le charbon a été ôté dans la Plâtriere; *Plâtre gris*, celui dont on n'a pas ôté le charbon, & *Plâtre vert*, celui qui se prend trop tôt en le gachant, & qui se dissout pour n'avoir pas été assés cuit. *Gros Plâtre*, se dit de celui que l'on employe tel qu'il vient du four de la Plâttiere, ou qui est fait de gravois de Plâtre qu'on rebat après qu'on les a criblés, & *Plâtre gras*, celui qui est le plus doux à manier, & qui se durcissant promptement fait bonne liaison pour avoir été cuit à propos. On dit aussi *Plâtre au panier* & *Plâtre au sas*. Le premier est celui qui est passé au mannequin & qui sert pour les crépis, & l'autre, celui qui étant passé au sas, sert pour les enduits, pour l'Architecture & la Sculpture. Il est appellé aussi *Plâtre fin*, Celui où il y a peu d'eau, & que l'on emploie aux soudures des enduits, s'appelle *Plâtre serré*, & celui où il y a davantage d'eau est le *Plâtre clair*. On s'en sert pour ragréer les moulures trainées.

PLASTRES au pluriel, se dit generalement de tous les menus ouvrages de Plâtre d'un édifice, qu'on marchande séparément à des compagnons Massons, sans les confondre avec les autres ouvrages.

PLASTROIR. s. m. Instrument dont se servent les Serruriers pour pousser la brique, le tuileau ou la pierre avec le Plâtre dans les trous, lorsqu'ils séellent quelque ouvrage.

PLAT. s. m. *Sorte de Vaisselle creuse servant à l'usage de la table.* ACAD. FR. On appelle en termes de Marine *Plat de l'équipage*, Un nombre de sept rations ou portions, soit de chair, soit de poisson ou de legumes, pour nourrir sept hommes qui mangent ensemble, chaque Plat de l'équipage étant pour sept hommes.

Plat. Bassin de la balance. Il se dit particulierement de celles dans lesquelles on pese les marchandises pesantes ou en balle.

On appelle aussi *Plats*, les rosettes de cuivre telles qu'on les apporte des mines.

Plat. Terme de Vitrier. Grand morceau de verre rond en forme de grand bassin à laver, dont on fait des paneaux de vitre. Ces sortes de pieces de verre se vendent à la somme ou au panier, & il y a vingt-quatre Plats au panier. Chaque Plat doit avoir deux piés, & six à sept pouces de diametre.

PLATAIN. s. m. Nom qu'on donne dans le pays d'Aunix à une côte plate de la mer.

PLAT-BORD. s. m. Terme de Marine. Extrêmité du bordage qui regne par enhaut sur la lisse du vibord autour du pont, & qui termine les allonges de revers. L'élevation en doit être de telle maniere que les Mousquetaires puissent aisément tirer par dessus.

Plat-bord. Signifie aussi un retranchement de planches fait sur le haut du côté du Vaisseau quand on le veut carener, afin d'empêcher l'eau d'entrer sur le pont & dans le Vaisseau.

PLATE. s. f. Terme de Monnoie. Il se dit quelquefois d'un besant d'argent, qui est une monnoie ronde sans marque. *Il portoit de gueules à trois plates d'argent*, de l'Espagnol *Plata*, qui veut dire, Argent.

Plate. Espece de grand bateau qui est plat.

PLATEAU. s. m. On appelle ainsi le fond de bois des grosses balances dans lesquelles on pese de lourds fardeaux.

PLATEAUX. s. m. p. Terme de Chasse. Les fumées des bêtes fauves, appellées ainsi, à cause qu'elles sont plates & rondes.

PLATEBANDE. s. f. Terme d'Architecture. Moule quarré qui termine l'architrave de l'Ordre Dorique. C'est la fasce qui passe immediatement sous les triglyphes, & qui est à cet Ordre ce que la cymaise est aux autres. C'est aussi la fasce des chambranles. On donne ce même nom de Platebande à plusieurs autres membres d'Architecture, qui n'ont qu'une largeur sans ornemens & sans beaucoup de saillie. On appelle *Platebande de baye*, la fermeture quarrée qui sert de linteau à une fenêtre ou à une porte, soit qu'elle soit faite de plusieurs claveaux ou d'une piece. *Platebande de compartiment*, est une fasce entre deux moulures, qui bordent de plusieurs figures, des panneaux en façon de quadres dans les compartimens des platfonds & des lambris. *Platebande de parquet*, est un assemblage qui sert de bordure au parquet d'une piece d'un appartement. Il est long & étroit avec compartiment en losange. Ce que l'on appelle *Platebande de fer*, est une barre de fer encastrée sous les claveaux d'une Platebande de pierre, dont elle soulage la portée, & *Platebande de pavé*, se dit de toute dale de pierre ou tranche de marbre, qui renferme quelque figure dans les compartimens du pavé. On appelle de la même sorte, les compartimens en longueur, qui répondent sous les arcs doubleaux des voutes.

Platebande. Terme de Jardinier. Morceau de terre assés étroit qui regne le long d'un parterre, & où l'on met d'ordinaire des arbustes & des fleurs. On appelle aussi *Platebande*, Une planche de terre continue, menagée le long des murs & des palissades d'un jardin.

On appelle *Platebande* en termes d'Artillerie, la partie de la culasse d'un canon, qui regne toute unie autour de la piece, & sur laquelle on passe l'archet de fer pour fermer la lumiere qui est ordinairement au milieu. *Platebandes d'affust*, sont des bandes de fer, dont l'usage est de retenir les tourillons des canons dans les entailles des flasques.

PLATE'E. s. f. Massif de fondement, qui comprend toute l'étendue d'un édifice.

PLATEFORME. s. f. On appelle ainsi dans un bâtiment une maniere de terrasse d'où l'on decouvre une belle vûe dans un jardin; un plancher uni à découvert où l'on peut se promener, & on dit qu'*Un bâtiment est couvert en Plateforme*, quand on n'apperçoit point de toits. C'est ainsi que sont couverts les bâtimens des Orientaux. *Plateforme*, en Architecture, se dit des pieces de bois qui soûtiennent la charpente d'une couverture, & qui se posent sur le haut de la muraille où l'entablement doit être.

Il y a des *Plateformes*, qui servent pour les fondemens sur pilotis. Après qu'on a enfoncé le plus avant qu'on a pû des pieux de bon bois de chêne rond, ou d'aulne, ou d'orme, on remplit tout le vuide avec du charbon, & par dessus les pieux, on met d'espace en espace des poutres de huit à neuf pouces que l'on cloue sur la tête des pieux coupés d'égale hauteur. C'est sur ces poutres que l'on fait la Plateforme, qui est comme un plancher, en y attachant de grosses planches de cinq pouces d'épaisseur.

Plateforme. Terme de guerre. Lieu préparé pour dresser une batterie de canons, ce qui se fait, ou par des élevations de terre sur des remparts, ou en arrangeant des Madriers, qui s'élevent insensiblement, & sur lesquels roule le canon, soit dans une casematte, soit dans une attaque par dehors. M. Felibien fait remarquer que dans les flancs bas & dans les fausses-brayes, l'espace plein qui est entre l'escarpe de la Place, & le parapet du flanc bas, est appellé *Plateforme*, dans laquelle on ne laisse pas de faire d'autres Plateformes de bois pour mettre le canon.

Plateforme dans un Navire, se dit d'un arrangement de planches pour les batteries de canon. C'est une élevation irréguliere qui se fait sous chaque canon, lorsque le pont du Vaisseau a trop de rondeur ou de tonture. Cela se pratique sur-tout dans les flûtes à cause que leur arriere va fort en montant de proue à pouppe. On appelle *Plateforme de l'éperon*, la partie du Vaisseau contenue depuis l'étrave jusques au coltie. On appelle aussi de ce nom un petit lit de repos dans une salle.

PLATELONGE. s. f. Longe de fil, qui est épaisse d'un doigt & large de trois. Elle a de longueur quatre toises ou environ. On s'en sert dans un travail pour lever les jambes d'un cheval, & quelquefois pour l'abattre, selon l'operation que le Maréchal veut faire.

Platelonge. Terme de Chasse. Longuebande de cuir qu'on met au col des chiens trop vîtes, pour les arrêter.

PLAT-FOND. s. m. Le dessous d'un plancher, droit ou cintré, qui est lambrissé de lattes & de plâtre, en Latin *Lacunar*. Quand il est fait de dales de pierre dure, ou de pierre de leur hauteur d'appareil, on l'appelle *Plat-fond de pierre*. Le dessous du larmier d'une corniche s'appelle *Plat-fond de corniche*.

Plat fond. Terme de Peinture. Ouvrage fait pour être vû de bas en haut, & dont les figures doivent être racourcies & vûes en-dessous.

PLATIAUX. s. m. p. Vieux mot. Plats.

PLATINE. s. f. Grand rond de cuivre qui est soûtenu de trois piés de fer, & dont on se sert, pour secher & accommoder le linge dessus.

Les Patissiers appellent *Platines*, de grands ronds d'étaim soûtenus d'un pié, qu'ils mettent sur leur boutique, & où ils étalent leurs clayons chargés de patisserie.

Platine. Terme d'Imprimerie. Morceau de fer ou de fonte qui est quarré & attaché à la boîte de la presse, & qui pose sur le timpan lorsqu'on imprime.

Platine, est aussi un terme de cannonier sur mer, & veut dire, L'archet de fer qui couvre la lumiere du canon.

Platine de montre, se dit parmi les Horlogers, d'une petite plaque déliée qui soûtient les roues d'une montre. Il y a la *Platine des piliers* & la *Platine du balancier*.

Platine de loquet, est parmi les Serruriers, une maniere de plaque de fer, plate & déliée, qu'ils attachent à la porte au-dessus de la serrure. On dit aussi *Entrée*.

PLAYE. s. f. Terme de Chirurgie. Division de l'union naturelle, faite dans une partie molle par quelque cause externe, violente, qui coupe, qui pique, qui mord ou qui meurtrit. Elle arrive indifferemment aux parties nerveuses & aux sanguines. *Playe mortelle*, se dit de celles qui causent necessairement la mort. Cela arrive ou parce qu'un des visceres necessaires à la vie est blessé considerablement, ou parce qu'on ne sçauroit arrêter un écoulement excessif de sang qui se fait. Ainsi un coup d'épée qui coupe le rameau iliaque à la jambe est mortel, à cause que l'hemorragie qui s'ensuit ne sçauroit être arrêtée. Par cette même raison il n'y a point de Playe profonde du foye qui ne soit mortelle, les vaisseaux considerables qu'il renferme faisant une hemorragie que l'on ne peut étancher. Si les Plaies du cœur ne sont pas grandes, & si elles ne penetrent pas dans ses cavités, elles ne sont pas toûjours mortelles, mais celles du ventricule qui blessent premierement l'orifice gauche, pui le droit, le sont ordinairement aussi-bien que les Playes du diaphragme, Celles du cerveau sont differentes. Les Plaies qui ne blessent que la substance corticale sans une grande contusion, sont moins dangereuses quand elles sont bien pansées, mais d'ordinaire celles qui penetrent profondement la substance moëlleuse sont mortelles. Outre la Plaie simple il arrive assés souvent que l'instrument qui l'a faite soit empreint de quelque malignité venimeuse. On doit toûjours soupçonner qu'il y ait du poison dans la morsure des animaux, mais on a beaucoup de peine à connoître, si les bales ou les armes qui ont fait une Plaie étoient empoisonnées. On a pourtant lieu d'en être persuadé, quand la douleur est beaucoup plus grande qu'elle ne doit être naturellement, si peu de tems après le coup reçu, la couleur naturelle du blessé se change & devient livide & noire, ce qui est une marque de gangrene, & enfin s'il survient de fâcheux symptômes, non seulement à la Plaie, mais dans tout le corps, sur-tout le resserrement du cœur, les sueurs froides, des chaleurs, & des douleurs de tête cruelles. Les Plaies des veines & des arteres demandent une grande application du Chirurgien, à cause des grandes hemorragies qui surviennent & qui souvent sont mortelles, mais moins dangereuses aux veines qu'aux arteres, parce qu'elles s'arrêtent plus facilement aux veines. Ce qui est cause que le vomissement survient aux Plaies de la tête, ce sont les membranes du cerveau, sur-tout les internes, qui sont communes à l'estomac & à toutes les autres parties.

Quand on referme une Plaie trop tôt, on dit qu'on renferme le Loup dans la Bergerie.

PLAYE', E'E. adj. Vieux mot. Blessé.

Qui n'êtes pas à mort playez.

PLE

PLEBEIEN. adj. Mot dont on ne se sert guere, pour dire, Qui est du Peuple, qui n'est pas noble, que lorsqu'on parle des anciens Romains, qui étoient divisés en Senateurs, en Chevaliers & en Plebeiens.

PLEIADES. s. f. p. *On appelle ainsi une Constellation de sept étoiles qui sont au derriere du Signe du Taureau.* ACAD. FR. Les Poëtes ont feint que les Pleiades étoient sept Filles d'Atlas & de Pleione, qui étoit fille de l'Ocean & de Thetis, & qu'ayant été poursuivies cinq ans par Orion qui en étoit amoureux, elles eurent recours à Jupiter, qui pour les garantir de ses persecutions, les fit monter au Ciel, où il les plaça parmi les Etoiles. Leurs noms sont Electre, Merope, Maia, Taigete, Sterope, Alcione & Celeno. Elles se levent vers le commencement de l'Eté, comme pour marquer le tems propre à la navigation; ce qui fait que quelques-uns tirent leur nom de πλεῖν, Naviger, ou de πλείονες, Plusieurs, à cause qu'elles sont au nombre de sept, & d'autres le font venir de leur mere, que l'on appelloit *Pleione*. Du tems de Ptolomée Philadelphe elles donnerent le nom à sept Poëtes des plus fameux de la Grece, & à l'imitation des Grecs on a appellé *Pleiade Poëtique*, dans le seiziéme siecle, sept Poëtes François qui s'étoient distingués parmi les autres sous Henri II. Charles IX. & Henri III. Ces sept Poëtes sont Ronsard, du Belai, Jodelle, Pontus de Tiard, Dorat, Belleau & Baif.

PLEIGE. s. m. Celui qui s'oblige devant le Juge de presenter quelqu'un dont il se rend caution, ou de payer ce qui sera jugé contre lui. Ce mot n'est pas d'un usage universel. Il est particulier à quelques Provinces. Du Cange le fait venir de *Plegius*, qui a signifié la même chose dans la basse Latinité. M. Ménage le dérive de *Pragius*, fait de *Pras*, *pradis*, qui signifie aussi Caution.

PLEIN. s. m. Les Philosophes demandent si les corps se peuvent mouvoir dans le plein. Dans cette phrase, *Plein* se prend pour ce qui est opposé au vuide.

Parmi les Maîtres à écrire, *Plein* se dit d'une certaine longueur ou grosseur du trait de la plume, selon qu'elle est maniée differemment. Il y a le Plein parfait & le Plein imparfait, le demi-plein & le délié.

Plein. Terme de Tanneur. Espece de cuvier dans terre, où il y a de l'eau & de la chaux pour mettre les cuirs.

PLEION. s. m. Paille mise en bottes que vendent les Chandeliers pour mettre dans les paillasses, & dont les Natiers se servent pour faire des nattes & des chaises de pailles. Ce mot peut être particulier aux Natiers de Paris. On appelle aussi *Pleion*, Le menu osier avec quoi on attache les vignes ou les branches d'arbres, & dont on se sert pour relier les muids.

PLENITUDE, s. f. Terme de Medecine, Abondance du sang & des humeurs. Les Medecins connoissent deux sortes de Plenitudes; l'une appellée *Ad vires*, quand le sang opprime les forces debiles d'un malade, & l'autre *Ad vasa*; quand les veines sont remplies d'une si grande abondance de sang, qu'elles en souffrent violence & sont quelquefois en danger de se rompre.

PLENTEIVE. adj. Vieux mot. Fertile, abondant. On a dit aussi *Champs plentieux*, pour dire, Abondans. Villehardouin a dit *Pleinteuros*, dans le même sens. Tout cela vient de *Plenitas*, Abondance.

PLESSER. v. a. Vieux mot. Plisser. On a dit aussi *Plessier*, pour dire, Plier, à cause des plis qu'on fait en pliant quelque chose.

PLETHORE. s. f. Terme de Medecine. Vice qui regarde particulierement la masse du sang, lorsqu'il est en trop grande quantité pour circuler dans les vaisseaux. Les alimens de trop de suc & pris trop abondamment, joints à une vie sedentaire qui empêche l'insensible transpiration, causent necessairement la Plethore du sang, qui ne peut que s'arrêter dans les vaisseaux, ou produire quelque hemorragie. Il y a une Plethore apparente, quand le sang gonflé par l'effervescence de la fiévre, ou de quelque autre chose, & semblable à du vin qui bout extraordinairement, distend les vaisseaux & circule d'un mouvement très-rapide avec une pulsation frequente, vîte & grande. Il y a aussi en quelque façon une Plethore apparente à l'égard des forces. Elle vient à ceux qui ont coûtume de se faire saigner en certains tems, ou de s'appliquer des ventouses scarifiées. Ils ne manquent point de ressentir en ces tems-là de grandes distensions à tous les vaisseaux, de grandes lassitudes aux membres, & un changement de pouls qui est quelquefois accompagné de tumeurs, d'hemorragies & d'autres symptomes. Ce n'est pas là proprement ce qu'on appelle *Plethore* ; mais la nature ayant été accoutumée par la saignée à une certaine quantité de sang, est incommodée de ce qu'il y a par dessus. Au lieu de ces saignées periodiques, on peut employer la sobrieté, les sueurs ou les exercices. Ce mot est Grec, πληθώρα, & vient de πλέον, Beaucoup.

PLEVIR. v. a. Vieux mot. Cautionner.

Je le vos plevis & affie.

On a dit aussi *Fille plevie*, pour dire, Fille promise en mariage.

PLEVRE. s. f. *La membrane qui entoure le dedans de la poitrine; la membrane qui environne les côtes en-dedans.* ACAD. FR. Elle est déliée & mince, & pourtant très-forte, de même substance que le peritoine, & de la même figure & grandeur que le thorax. Les Latins appellent cette membrane *Succingens*. Elle est double manifestement, mais plus épaisse auprès du dos, à l'endroit où elle est attachée aux ligamens des vertebres. Elle se double au milieu de la poitrine pour former le mediastin, qui va de l'épine du dos au brechet, & qui sépare le thorax en deux parties. Ce mot vient de πλευρὰ ou πλευρὸν, Côté.

PLEURESIE. s. f. Maladie causée par l'inflammation de la plevre ou de la membrane qui environne les côtes. La plevre étant enflammée, le poumon du même côté se trouve toûjours enflammé en même-tems. Ainsi quand il n'y a que la moitié du poumon qui soit enflammée, c'est ce qu'on appelle proprement *Pleuresie*. Le froid externe, inspiré après une grande chaleur du corps, cause assés souvent la Pleuresie en coagulant le sang, & lui donnant lieu par consequent de s'arrêter & de s'enflammer dans les poumons. Plusieurs personnes sont tombées dans les Pleuresies pour avoir bû de l'eau froide après un exercice violent. La dysenterie supprimée ou mal guerie cause aussi de frequentes pleuresies, ce qui a fait dire à Vanhelmont, qu'il faut remarquer dans la pratique, que la dysenterie & la Pleuresie ne different point par leur nature, mais seulement par la partie affectée; de sorte qu'il n'est pas extraordinaire que les Pleuresies soient malignes & contagieuses. On divise la Pleuresie en *Pleuresie ascendante*, qui consiste dans les deux entre-deux des trois côtes superieures, sçavoir entre la seconde & la troisiéme vertebre, en commençant de compter par la gorge; & en *Pleuresie descendante*, qui consiste dans les quatre intervalles des cinq côtes inferieures. Elle se distingue encore en Vraie & en Fausse. La *Vraie pleuresie* est l'Inflammation de la moitié du poumon, & de la plevre du même côté, jointe à une fiévre aigue. Celle qu'on nomme communément *Fausse pleuresie*, est une douleur insigne avec ponction à l'un des deux côtés sans fiévre & sans soif; le pouls est bon, & quelquefois la douleur le rend un peu plus frequent. Il n'y a point de toux, ou s'il y en a, c'est une toux caterreuse qui vient du défaut de la lymphe, & à quoi il arrive fort souvent qu'une fievre caterreuse se joigne. Enfin on peut dire que c'est plûtôt une douleur pleuretique qu'une Pleuresie. Le défaut de fiévre aigue la fait distinguer facilement d'avec la vraie. D'ailleurs il est bien plus malaisé de se coucher sur le côté malade dans la Pleuresie fausse, que dans la vraie. La saignée se doit faire le plus souvent au commencement de la Pleuresie, mais elle n'est pas absolument necessaire, puisque sans un tel secours les remedes appropriés pour resoudre les grumeaux du sang & procurer la sueur, sont capables seuls d'emporter le mal. Rien ne le sçauroit mieux soulager que la sueur, & on doit s'attacher uniquement à la procurer à tout le corps, & principalement au thorax. *Pleuresie* vient du Grec πλευρὰ ou πλευρὸν, Côté.

PLEUROPNEUMONIE. s. f. Terme de Medecine. Inflammation qui afflige les parties internes de la poitrine. Sa cause prochaine est un acide qui peche dans le sang & qui le dispose à se coaguler & à se grumeler, & qui produit ces affections, en s'arrêtant dans le poumon ou dans les parties voisines, en picotant en même-tems les membranes, & en leur faisant faire plusieurs contractions. Le sang qu'on tire par la saignée est tantôt à demi grumelé, & tantôt il se prend d'abord, & se grumele presque en sortant. Enfin ce sang tiré se couvre d'une pellicule visqueuse & adherente. Les restes de cet acide morbifique dans la partie affligée causent de frequentes recidives après la cure du premier abscès. Si le sang n'est pas beaucoup coagulé, ni fortement attaché, il cause moins de douleur, & peut être repris par les veines, & transferer la Pleuropneumonie à diverses parties. Ce terme est general, & comprend toutes les inflammations des parties internes de la poitrine. Quand les poumons, c'est-à-dire, les deux lobes sont enflammés, ce mal s'appelle *Peripneumonie*; & on l'appelle *Pleuresie*, quand l'inflammation n'est que de la moitié du poumon.

PLEURS. s. m. p. Larmes, eau qui tombe des yeux par quelque violente émotion de l'ame, & sur-tout quand elle est causée par la tristesse.

On appelle *Pleurs de terre*, Les eaux qu'on ramasse à la campagne de diverses hauteurs. On se sert pour cela de puisards qu'on fait pour les découvrir, & de pierrées glaisées dans le fond, avec des goulettes de pierre qui conduisent ces eaux à un receptacle, où elles se purifient avant qu'elles entrent dans un aqueduc.

PLI

PLI. s. m. *Redoublement d'une étoffe ou autre chose pliée.* ACAD. FR. Il se dit aussi, en Anatomie, de diverses rides qui se font sur les peaux & les membranes. On tient qu'il y a aussi des plis dans les veines.

Pli, dans la continuité d'un mur, se dit de l'effet contraire d'un coude.

On appelle, en termes de Marine, *Pli de cable*, La longueur de la roue du cable de la maniere qu'il est roué dans la fosse; & on dit, *Mouiller un pli de cable*, pour dire, Ne filer que très-peu de cable en mouillant l'ancre; ce qui se fait quand on la mouille en un lieu où l'on n'a envie de demeurer que fort peu de tems.

PLIE. s. f. Poisson de mer plat & large qui a l'ouverture de la bouche petite, & qui est sans dents. Dans la Logre les Plies se forment dans le sable, il est difficile de connoître la vraie forme où la Plie est cachée d'avec celle qu'elle a frappé. Il y en a dans la Loire de plus délicates que celles de mer.

PLIE', E'E. adj. Terme de Blason. Il se dit de ce qui est simplement courbé. *D'or au chevron plié de gueules.* Il se dit aussi des oiseaux qui n'étendent pas les ailes, & sur-tout de l'aigle, que l'on dit alors, *Au vol plié.*

PLIER. v. a. *Mettre en un ou plusieurs doubles, & avec quelque arrangement.* ACAD. FR. On dit, en termes de mer, qu'*Un Vaisseau plie le côté*, pour dire, qu'Il a le côté foible, & qu'il ne demeure pas bien droit quand le vent est frais; ce qui lui fait mal porter la voile.

PLINGER. v. a. Terme de Chandelier. Donner la premiere trempe à la meche, lorsqu'on fait de la chandelle.

PLINTHE. s. f. Terme d'Architecture. Membre quarré & plat, tel que celui qui est aux bases des colomnes. Vitruve dans son quatriéme Livre appelle aussi *Plinthe*, La partie superieure du chapiteau Toscan, qui est son Tailloir, parce qu'elle est de la forme d'un quarreau de brique, appellé en Grec πλίνθος, n'ayant point la cymaise qui est au chapiteau Dorique & à l'Ionique. On donne le même nom de *Plinthe* à une épaisseur de muraille où l'on voit deux ou trois rangs de briques avancées en forme de plattebande. On appelle *Plinthe ravalée*, Celle qui a une petite table refouillée, quelquefois avec des ornemens, & *Plinthe arrondie*, Celle dont le plan est rond.

PLIOIR. s. m. Petit instrument de bouis ou d'ivoire, plat & arrondi par les bouts, & dont on se sert pour plier les feuilles des livres qu'on veut relier.

PLION. s. m. Petit lien d'osier, &c. qui sert à lier les espaliers, les chicorées & pour les faire blanchir.

PLO

PLOC. s. m. Certaine composition qui est faite de verre pilé & de poil de vache, & que l'on met entre le doublage & le bordage des vaisseaux qu'on double pour la navigation d'entre les Tropiques. Elle empêche que dans la Zone Torride il ne s'engendre des vers dont le bordage & le doublage seroient percés sans cette précaution. *Ploc*, se dit aussi du poil de vache.

PLOI. s. m. Vieux mot. Pli.

PLOMB. s. m. Métal qui tient du blanc & du noir, & qui est le plus mou, le plus fragile & le moins considerable de tous. Il est composé d'un sel & d'un souffre, qui sont terrestres, impurs & mal digerés. Ses parties sont petites, mais assés égales; & comme leurs branches sont fort pliantes, elles se joignent de plus près, & rendent ce métal plus pesant. Ses pores sont assés semblables à ceux de l'argent, & l'usage qu'on fait du plomb pour purifier l'or & l'argent, marque qu'il a des parties qui ont beaucoup de rapport au souffre. Le mercure copieux du plomb lui fait absorber tous les métaux, & cela vient de ce que ce mercure est affamé de leur terre saline. Il ne laisse pas d'épargner l'or & l'argent, à cause de leur souffre acide, qui est trop fixe pour être absorbé par le plomb. On trouve ce métal en diverses sortes de terre où il y a de l'argent mêlé, & même de l'or; ce qui oblige les Essayeurs d'en faire l'essai avant que de l'employer. On le trouve aussi dans les mines particulieres, dont la veine est quelquefois en forme de terre cendrée, où brillent de petites paillettes, & quelquefois comme une terre blanche ou rousse, reluisant de couleur de plomb. Galien dit que le plomb est refrigeratif, étant composé d'une substance fort humide, congelée par la froideur qui est en lui, & qu'il participe à une vertu aërienne & quelque peu terrestre; ce qui se connoît en ce que si on l'approche du feu, il est aussi-tôt fondu. C'est le seul métal qui croisse en poids & en grosseur, si on le tient en un lieu bas, & qui ait un air si trouble, que tout ce que l'on y met se chancisse incontinent. On a vû même souvent le plomb dont on avoit plombé les piés de quelques statues qu'on vouloit garder, croître & s'enfler tellement, qu'il y en avoit des morceaux qui pendoient aux pierres de ces statues de la même sorte que l'on y voit pendre le cristal. Il est rafraîchissant & très-bon, selon le même Galien, pour remedier aux ulceres malins, & de difficile guerison, soit qu'on l'emploie seul, soit qu'on le mêle avec d'autres medicamens. Quand on le veut mettre en état de servir pour l'usage de la Medecine, on le lave & on le met en poudre. La maniere de le laver est de mettre du plomb avec de l'eau de pluye dans un mortier de même métal. On l'agite avec un pilon aussi de plomb, jusqu'à ce que l'eau s'épaississe & paroisse comme si c'étoit de la fange noire. Cela fait, on coule cette liqueur, on la seche & on la met en trochisques pour le besoin qu'on en peut avoir. On pulverise le plomb en mettant du plomb purifié dans un pot de terre, non verni, entre les charbons ardens dans un fourneau à vent, sans pourtant que le feu soit violent. C'est assés que le pot soit rougi, & que le plomb se tienne en fusion. On se sert d'une verge de fer pour le remuer jusqu'à ce qu'il soit changé en poudre grisâtre qui tire sur le vert. On laisse refroidir cette poudre, après quoi on la crible pour en ôter les impuretés metalliques. Cette maniere de calciner le plomb est enseignée par Glaser, qui dit que pour le purifier, on le fait fondre dans une grande cueiller de fer, & qu'on y ajoûte peu à peu de petits morceaux de cire ou de suif, qui s'enflamment aussi-tôt & laissent une petite crasse sur le plomb. Il faut ôter cette crasse avec une spatule de fer, jetter de nouveau de petits morceaux de cire ou de suif, & continuer, en ôtant toûjours la crasse jusqu'à ce que le plomb demeure en fusion claire comme un miroir. On le verse alors dans un vase propre pour cela, & on l'y laisse refroidir. Le Plomb lavé, selon ce que dit Dioscoride, est refrigeratif, astringent, incarnatif, mollicatif & fort bon pour reprimer les caterres & les fluxions des yeux, & les excrescences de chair qui viennent aux ulceres. Appliqué avec l'huile rosat, il est singulier à ceux qui sont difficiles à cicatriser, aussi-bien qu'aux ulceres de fondement & aux hemorroïdes. Le plomb brûlé a de semblables effets, mais il est plus vehement.

Le Plomb est d'un grand usage pour les couvertures. Les Plombiers qui y travaillent en soudent les tables avec de la soudure d'étain & de plomb mêlés ensemble. Quelquefois ils couvrent sans soudure, mais seulement avec des coutures, en sorte que le plomb soit retourné l'un sur l'autre, & attaché avec de bons clouds, ce qui empêche le plomb de se casser par le grand chaud, ou par le grand froid.

Le Plomb que les Vitriers employent aux vitres, est du Plomb qu'ils ont versé fondu dans une lingotiere, & retiré ensuite par petits lingots. Ils font passer ces petits lingots dans le Tireplomb, où le Plomb s'allonge & forme les verges fendues de chaque côté, qui servent à enfermer les pieces de verre.

Plomb. Petit poids de quelque metal, dont les Charpentiers & les Maçons se servent pour niveler, & pour prendre les aplombs. Il y a de la difference entre ces deux Plombs. Celui des Charpentiers est fort plat, & percé à jour, afin de donner passage à la vûe, pour pouvoir mieux adresser à l'endroit où ils veulent marquer le bois. Le Plomb des Maçons, est plein, quarré ou rond, & au dessus il y a une plaque de cuivre, aussi grande que le Plomb. Cette plaque monte & descend le long du cordeau qui tient le Plomb, & sert pour appuyer contre la muraille. Ces sortes de Plombs sont appellés *Plombs à chas*. On disoit autrefois *Plomb à chaas*, & Nicod en parle ainsi. *Plomb à chaas est une piece de cuivre ronde, grosse d'environ trois poulces, longue d'environ trois doigts, pendant d'une ligne, laquelle passe par le milieu d'une piece aussi de cuyvre, tenve, quarrée, equidiam trale audit rond de cuyvre appellé* Chaas, *avec lequel Plomb à chaas le Maçon plomme ses ouvrages de plastre, cueillures de fenestres, & jambages de manteaux de cheminées, pour juger s'ils sont à plomb, c'est-à-dire, en leur droiture, & s'il y a point de frit, & les juge estre en leur Plomb si ladite piece ronde touchant à l'ouvrage par bas, le chaas le touche aussi par haut, & si le chaas ne touche, c'est alors qu'il dit qu'il y a frit; c'est-à-dire, qu'il panche en dedans par le haut. Et la difference qui est entre le Plomb à ruyle & le Plomb à chaas, est que le premier est de pur Plomb, & pend d'une ligne couchée sur un ruyle, & ne sert qu'à plommer ouvrages de Maçonnerie; & l'autre est de pur cuyvre, pendant de la ligne qui coule par le milieu dudit chaas, & ne sert qu'à plommer ouvrages de plastre ou de brique en meillages de fenestres, huisseries & jambages de cheminées.*

Les Ingenieurs se servent aussi d'un Plomb, qu'on nomme *Plomb à talus.* C'est d'ordinaire un triangle de bois dont on met la base en haut.

Plomb à la main. Terme de Graveurs de Medailles. Lorsqu'ils veulent voir leur travail, ils versent du plomb fondu sur un morceau de papier. Ensuite ils renversent le quarré dessus, & appliquant la figure sur le plomb, ils frappent avec la main sur le quarré, qui imprime la figure dans le plomb, ce qui leur fait voir une empreinte entiere de tout le creux, dont ils ne découvrent qu'une partie, quand ils se servent d'une empreinte de cire.

Plomb, en termes de Marine, est pris souvent pour signifier la sonde. C'est un Plomb fait en cone que l'on jette dans la mer attaché à une corde pour sçavoir combien il y a de brasses d'eau.

On appelle aussi *Plomb*, Une sorte de maladie dont sont attaqués les Ouvriers qui ne sont point encore bien accoûtumés au travail de vuider les fosses des privés. C'est une sorte suffocation dont les accidents sont presque pareils à ceux de l'apoplexie.

PLOMBAGINE. s. f. Dioscoride dit que la bonne Plombagine est blonde, semblable à la litharge d'argent, & quelque peu luisante & rousse quand on la pile, & qu'elle prend sa couleur du foye, étant cuite en huile. Elle a les mêmes proprietés que la litharge d'argent ou celle de plomb, & elle se calcine & se lave de la même sorte. On la met aux medicamens mollitifs, & aux emplâtres qui n'ont aucune mordacité. Elle est incarnative & cicatrisante, sans être bonne aux medicamens abstersives, ni en ceux qu'ont fait pour souder des plaies. Selon Matthiole, la Plombagine minerale n'est autre chose que la pierre de la mine d'argent & de plomb qui se rencontre de differentes couleurs. Il assûre, qu'en frequentant les mines, il a vû de ces pierres minerales dont les unes étoient jaunes, les autres cendrées, les autres bleues, & d'autres étincelantes, selon les diverses vapeurs de la terre dont ces pierres avoient été engendrées. Il y a une *Plombagine artificielle*, qui se fait aux fourneaux où l'on fond la mine d'or ou d'argent. Quand ces mines n'ont point de plomb assés mêlé pour les pouvoir faire fondre, on prend de la mine de plomb ou du plomb même qu'on jette au-dessus, & par ce moyen une partie du plomb se mêle parmi l'or ou l'argent, & l'autre partie demeure attachée au pavé du fourneau en maniere de litharge. C'est cette derniere partie qu'on nomme *Plombagine artificielle*; En latin *Plumbago*, en Grec μολύβδαινα, de μόλυβδος, Plomb.

PLOMBATEUR. s. m. Officier de la Chancellerie Romaine, dont la fonction est de plomber les Bulles.

PLOMBE'. s. m. Composition de mine de plomb, de colle, & d'eau bien détrempée, dont les Relieurs se servent pour plomber de certains Livres. Il y en a qui disent *Plombée*, en parlant d'une composition faite avec du minium, ou de la mine de plomb, qu'employent plusieurs Artisans, quand ils veulent colorer en rouge.

PLOMBER. v. a. Terme de Potier. Vernisser de la vaisselle de terre avec de la mine de plomb.

On dit, *Plomber une couverture de bâtiment*, pour dire, Mettre du plomb sur le faîte, sur les arrestiers; *Plomber des filets*, pour dire, Y attacher du plomb pour les charger par embas; *Plomber des ballots*, pour dire, Mettre un plomb sur quelque ballot de marchandises avec la marque du Roi, afin que les Commis des douanes par où passeront ces balots, ne les ouvrent point. On dit aussi *Plomber des Bulles*, pour dire, Y attacher le plomb ou le sceau de Rome.

Plomber, en termes de Relieur, signifie, Mettre le plombé sur la tranche d'un livre, & le brunir quand le livre est sec. Cela ne se fait qu'à quelques livres de priere pour des Religieux ou Religieuses, ou à des heures de deuil.

Plomber, s'emploie aussi en termes de Maçonnerie, pour dire, Juger par un plomb si un mur ou quelqu'autre ouvrage de maçonnerie est droit, ou s'il a du fruit.

Les Emailleurs disent que *Les émaux clairs mis sur un bas or plombent & deviennent louches*, pour dire, qu'Il y a un certain noir comme une fumée qui obscurcit la couleur de l'émail, ôte de sa vivacité & la bordoye, se rangeant tout autour comme si c'étoit du plomb noir.

On dit, *Plomber un arbre*, pour dire, Peser du pié sur la terre qui environne cet arbre, après qu'il est planté d'alignement dans la terre meuble, & comblée jusqu'au niveau de l'allée, afin de l'affermir & de l'assurer à demeure.

On dit aussi, *Plomber un Navire*, pour dire, Voir avec un instrument ou de l'eau, s'il est droit, s'il est sur l'avant ou sur l'arriere. On dit encore *Plomber les escubiers*, pour dire, Y coudre du plomb en table tout autour, pour les conserver, ou conserver les canons.

PLOMBIERE. adj. Qui n'a d'usage que joint avec *Pierre.* Dioscoride dit que la Pierre plombierre est nommée ainsi de ce qu'elle est fort semblable au plomb, & qu'elle a les mêmes proprietés que l'écume de plomb. Matthiole ajoûte à cela que quelques-uns veulent que ce soit cette espece de calamine minerale, qui est de couleur de plomb comme le marcassis d'étaim, & qu'il n'ose pourtant prendre le marcassis d'étaim pour la molybdoide ou pierre plombiere, à cause qu'aucun Auteur n'en écrit plus amplement que Dioscoride, & qu'il croit qu'il n'y auroit pas d'inconvenient à dire que la vraie Pierre Plombierre est la mine de plomb, qui n'a point encore passé par le feu, cette mine étant fort semblable au plomb, & en pesanteur & en couleur.

PLOMME'E. s. f. Vieux mot qui a signifié une sorte d'arme ancienne. Elle étoit en forme de massue, & garnie de plomb afin qu'elle fût plus lourde.

PLOMMET. s. m. Vieux mot. Niveau de plomb, regle.

Aussi ces fols en mainte guise
Qui d'amour porte la devise,
Vivent sans regle & sans plommet.

PLONGEON. s. m. Espece d'oiseau aquatique, qui se trouve sur les rivieres aussi-bien que sur la mer. Le *Plongeon de mer*, est de la grosseur d'une Sercelle. Il a le bec noir aussi-bien que les jambes & tout le dessus du corps. Il a aussi la queue noire; elle est assés courte, & son ventre est blanc. Il est couvert d'un duvet très-fin. Le *Plongeon de riviere*, est noir sur le dos, & blanc sous le ventre, & a le bec long & rouge, les plumes fort déliées, trois doigts en chaque pié, & les ongles extrémement plats. Cet oiseau est plus petit que le canard.

On appelle aussi *Plongeons*, Certains Nageurs qui descendent au fond de l'eau & trouvent moyen d'y demeurer quelque tems pour y chercher des perles ou quelqu'autre chose que l'on voudroit retirer.

PLONGER. v. a. Mettre, enfoncer dans l'eau. On dit en termes de guerre, que *Le canon plonge*, quand les décharges s'en font de haut en bas. M. Menage fait venir *Plonger*, de *Plombiare*, à cause du plomb qui fait enfoncer les filets dans l'eau.

PLOREIS. s. m. Vieux mot. Pleurs.

Alors vissiez un ploreis
Si fort & un sospiradis.

PLOUMEON. s. m. Vieux mot. Tas de gerbes renversées.

PLU

PLUMART. s. m. Aile entiere d'un oison qui sert à nettoyer. Quelques-uns disent, *Plumail* ou plus mal encore *Plumas*.

PLUMASSEAU. s. m. Petit bout de plume que l'on taille exprès, & dont on se sert à plusieurs usages, comme pour mettre à des fleches, à des clavessins, & à quelques autres instrumens. Les Chirurgiens nomment *Plumasseaux*, Les tentes de Charpie qu'ils mettent dans les plaies, pour empêcher qu'elles ne se referment trop tôt, ou que les bandages n'incommodent la partie. Ils les appellent ainsi, à cause qu'on se servoit autrefois de plumes pour le même usage.

On met des Plumasseaux dans les narines des chevaux malades de la gourme pour la leur faire jetter.

PLUME. s. f. *Ce qui couvre les oiseaux & sert à les soûtenir en l'air.* Acad. Fr. On fait difference en Fauconnerie entre les plumes des oiseaux & leurs pennes. *Plume*, dit Nicod, *c'est toute plume de volatille, combien que aucuns veulent appeller* Penne, *celle qui est de gros tuyau*; *&* Plume, *celle qui l'est de court & gresle, &* Duvet, *celle qui est la plus menue, molle & flouette. Les anciens François par ce mot* Plume, *entendoient celle qu'on porte aux bonnets, chappeaux, chanfrains des chevaux, & sur les pommes de lict de parement, ce que à present par un mot & prononciation foraine on dit* Pennache. Plume *aussi s'appelle celle dont on escrit, &* Plume, *entre Faulconniers est la cure qu'on donne à l'oiseau, faite de pied de lievre ou de connin ou bien de coton, ou de la plume qui est sur le joinct de l'aile d'une vieille geline.* Plumes traversaires, *grosses & bien coulourées de vermeil & de noir, grosses sont celles qui ensuyvent celles de la poictrine du Faulcon.*

On appelle aussi *Plume*, en termes de Botanique, La partie de la graine, cachée dans les cavités qui se trouvent dans ses lobes. C'est elle qui paroît la premiere hors de la terre, & qui dans la vegetation forme le corps ou la tige de la plante. Elle est presque de même couleur que la radicale sur la base de laquelle elle est appuyée.

On dit en termes de Fauconnerie, *Donner la plume à l'oiseau*, pour dire, Lui donner une cure de plume.

PLUME'E. s. f. On dit, *Prendre une plumée d'ancre*, pour dire, Plein la plume d'ancre.

Plumée, est aussi un terme de Maçon, & on dit, qu'*On fait une plumée*, quand avec le marteau on dresse à la regle les paremens d'une pierre pour la dégauchir.

PLUMET. s. m. Simple plume qu'on met autour du chapeau. On appelle en termes de mer, *Plumet de Pilote*, Plusieurs plumes que l'on met dans de petits morceaux de liege, & qui voltigeant au gré du vent, font connoître d'où il vient.

PLUMETE', E'E. adj. Terme de Blason. C'est la même chose que le moucheté du papelonné. *Plumeté d'argent & d'azur.*

PLUSOR, ou Plushors. Vieux mot. Plusieurs.

De vous parler en plushors lieux.

PLUSOUR. Vieux mot. La plûpart.

Et si say bien que li plusour.
Tendront mes sermons à folour.

PLUVIAL. s. m. C'étoit autrefois une sorte de chappe ou de manteau que les Ecclesiastiques, & particulierement les Religieux, portoient à la campagne pour se garantir de la pluye, du Latin *Pluvia*, Pluye. C'est aujourd'hui une grande chappe ou habillement de ceremonie, que les Evêques, les Prêtres, & autres Ecclesiastiques portent en certaines fonctions. Telle est la chappe de l'Officiant quand il encense. Le Pluvial entoure toute la personne, & s'attache avec deux agraffes par le devant.

PLUVIER. s. m. Sorte d'oiseau brun, marqueté de jaune. Il est de la grandeur d'un pigeon. Il a le bec noir, rond & court, & n'a que trois doigts aux piés. Quelques-uns tiennent qu'il a pris son nom du latin *Pluvialis*, à cause que l'on prend mieux les Pluviers en tems de pluyes.

PLUYE. s. f. Eau qui tombe du Ciel & qui provient de la compression des nues. M. Rohaut dit que la cause la plus commune & la plus efficace qu'il y ait pour convertir les nuës en pluye, n'est autre que la chaleur de l'air qui a été quelque tems contre la terre, & que quelque vent qui est survenu a enlevé assés loin de nous. Cet air échauffé s'appliquant aux nues, dispose la neige très-subtile dont elles sont composées, à se fondre & à s'épaissir en plusieurs petits tas ou flocons, qui ont la force de surmonter la resistance de l'air qui s'opposoit à leur descente, après quoi achevant de se fondre par l'action de la chaleur qui se rencontre dans les lieux par où ils passent en tombant, ils se convertissent en gouttes de pluyes, qui sont fort grosses quand la nue est fort épaisse, & que l'air échauffé qui se porte vers cette nue la prend par le dessus. Alors tout conspire à faire que les petites gouttes d'eau ou parcelles de glace qui la composent, se joignent plusieurs ensemble, & forment d'abord des gouttes assés sensibles que leur pesanteur fait descendre & qui grossissent encore beaucoup par l'union de celles qu'elles rencontrent en penetrant toute l'épaisseur de la nue. Ainsi les goutes de pluyes se font plûtôt par assemblage que par division, quoiqu'il soit vrai que de grosses gouttes en tombant avec vitesse, peuvent être divisées en d'autres moindres, mais il n'y a pas lieu d'entrer dans le sentiment de ceux qui s'imaginent que la pluye s'engendre à la maniere d'un seau d'eau, qui étant jetté en bas d'une fenêtre se divise & se répand en diverses petites goutes, comme si dans la region des nues il se formoit quelque espece de grand lac, qui en tombant, se divisât premierement en de grosses goutes, celles-ci en d'autres plus petites, & ces dernieres encore en de plus petites. Il n'y a nulle apparence qu'une si grande masse d'eau puisse ainsi se former en haut en un moment. Si elle s'y étoit formée, elle couleroit & se précipiteroit comme un torrent à l'heure même. Tant que les petites gouttes sont invisibles, elles peuvent être soutenues fort aisément, poussées par l'effort de celles qui montent, ou par les moindres petits vents, comme il y en a presque toûjours; mais si-tôt qu'elles acquierent quelque grandeur sensible, elles pesent alors sensiblement, & ne peuvent être soûtenues de telle sorte que le vent ou autre chose les empêche de tomber.

PNE

PNEUMATIQUE. adj. Terme de Mechanique. On appelle, *Machine Pneumatique*, Une machine qui se remue & agit par la modification ou compression du vent. Il vient du Grec πνῦμα, Souffle, vent. On a vû dans ce siecle des experiences très-curieuses par le moyen de cette Machine de Messieurs Boile, Rohaut, Guezrik de Magdebourg.

On appelle plus particulierement *Machine Pneumatique*, une machine de nouvelle invention par le moyen de laquelle on tire tout l'air qui est dans un *Recipient*, de sorte que s'il est encore rempli de quelque matiere, comme la plûpart des Philosophes le croyent, il est sûr du moins que ce n'est pas d'air. L'espace vuide d'air qui demeure au haut du tuyau de Mercure dans l'experience de *Torricelli*, (voyez BAROMETRE,) a donné l'idée de la *Machine Pneumatique*. On la peut executer en plusieurs manieres, mais le principe general de la Machine, est que dans un *recipient* plein d'air on pousse un *piston* qui le remplit exactement, & par consequent en chasse tout l'air, ensuite on tourne un *robinet* qui ferme le recipient très-juste, & empêche que l'air chassé n'y puisse rentrer quand on vient à en retirer le piston. Le piston retiré, le recipient est vuide d'air, du moins pour la plus grande partie, & pour le vuider encore plus exactement, on y fait rentrer le piston, & l'on r'ouvre le robinet que l'on referme ensuite pour retirer le piston, cela se recommence plusieurs fois, & s'appelle *pomper l'air*, ou simplement *pomper*. On donne aussi à cette machine le nom de *Machine du vuide*, parce qu'elle est vuide d'air. Elle sert à faire une infinité d'experiences qui vont toutes à connoître la nature de l'air, & ses effets sur les corps, car il est aisé d'en juger, par ce qui leur arrive lorsqu'ils ne sont plus environnés d'air. Par exemple on voit dans le vuide la plûpart des animaux tomber dans des convulsions & mourir en peu de tems; s'il y a des corps qui enflent parce qu'ils ne sont plus comprimés par l'air exterieur, l'eau par la même raison y bouillonne comme si elle étoit sur le feu, & l'air qu'elle contient s'éleve en petites bulles au haut de sa superficie, & monte dans le recipient, presque tous les corps pareillement jettent de l'air, & cet air que l'on appelle *artificiel* ou *factice*, a des proprietés assés differentes de l'air *commun*. On voit par le moyen du vuide ce que l'air contribue à la corruption des corps, à la fermentation, à la vegetation des plantes, &c. On peut par cette machine ne pas chasser entierement l'air, mais seulement le rarefier jusqu'à tel dégré que l'on veut. Par une machine dont le principe est le même, & l'effet contraire, on comprime & on condense l'air, & on compare en toutes les manieres que l'on souhaite les effets, ou de la privation d'air, ou de sa rarefraction, ou de sa compression.

PNEUMATIQUES. s. m. Heretiques qui combattoient le Saint Esprit, enseignant qu'il n'étoit semblable ni au Pere ni au Fils, mais creature, & un des Ministres de Dieu, qui differoit des autres Anges, en excellence seulement. C'est la même chose que les Macedoniens. On les appelloit aussi πνευματομάχοι. Cette Heresie fut opiniâtrement soûtenue sous Constantin, fils de Constantin, 312. ans après JESUS-CHRIST, & condamnée sous Theodose le Grand au second Concile universel de Constantinople.

PNEUMONIQUES. s. m. Medicamens faits pour remedier aux incommodités du poumon & de la poitrine. Il y en a qui sont froids & humides, & d'autres qui sont chauds & secs. Ce mot vient du Grec πνεύμων, Poumon.

PNI

PNIGITE. adj. Qui n'a d'usage que joint avec *Terre*. Dioscoride dit que la *Terre Pnigite*, tire sur la couleur de l'Eretrienne, ce qui fait que quelques-uns la vendent pour cette terre. Ses morceaux sont pourtant un peu plus longs. Elle rafraîchit la main de celui qui la tient, & est tellement gluante à la langue qu'elle y demeure pendue. Elle a les mêmes proprietés que la Cimolie, quoiqu'elle soit moins efficace en ses operations. En Grec πνιγῖτις γῆ. Cette terre, l'Eretrienne, la Cimolie, & autres, étoient fort connues anciennement & d'un grand usage en Medecine, mais dans la suite des tems on les a si peu estimées, que peu de personnes les connoissent aujourd'hui.

PO

PO. Vieux mot. Peu.

S'ils fussent un po mensongier.

On a dit aussi *Poi*, & *Pol. Si nos reposerons un pol.*

POA

POALLIER. s. m. Terme de Fondeur. Grosse piece de cuivre, dans laquelle porte le tourillon du sommier de la cloche, qui la tient suspendue en l'air. On dit aussi *Conette*. Le Clocher d'une Eglise a été aussi nommé *Poaillier* par extension, ce qui a fait appeller autrefois *Poaillier*, l'Inventaire de tous les Clochers de France, d'où plusieurs prétendent qu'est venu par corruption le mot de *Pouillié*.

POC

POCHE. s. f. Sorte de filet en forme de sac & de bourse qu'on tend pour y prendre des lapins & des oiseaux.

Poche. Petit violon, composé d'un collet, d'un manche, de touches, d'une table, de deux oüies, d'un chevalet, d'une queue, de cordes, & d'un corps. On l'appelle ainsi à cause que les Maîtres à danser qui vont en ville donner leçon à leurs écoliers, le portent dans leur poche. Il y a des Poches rondes, & d'autres quarrées. La poche rend un son qui fait peu de bruit.

POCHE', E'E. adj. Vieux mot. Semblable.

Onq Fils ne sembla mieux à Pere,

Regardez quel menton fourché ;
Vraiment, c'estes vous tout poché.

On a dit aussi *Tout poché*, pour dire, Entierement. En Anjou tout *Pacré*.

Il vous ressemble tout poché.

Les nouveaux Lexicographes disent que Borel se trompe en mettant *semblable* pour synonime à *poché*, & pour preuve rapporte ces mêmes exemples, on ne voit pas où est l'erreur, si ce n'est dans leur censure.

POCILLATEUR. s. m. Yvrogne, du latin *Poculum*, Vase à boire.

POCOAIRE. s. m. Arbrisseau haut de dix ou douze piés, qui a quelquefois son tronc de la grosseur de la cuisse, & pourtant si tendre qu'on le peut couper d'un coup avec une épée. Il croît au Bresil, & porte des fruits de la longueur d'un palme, fort semblables aux concombres pour la forme, & de la même couleur quand ils sont mûrs. Les Sauvages les appellent *Pacoba*, & les Portugais *Bachores*. Ces fruits croissent par grappes en des branches particulieres, & le plus souvent jusques à vingt-cinq ensemble. Quand ils ont atteint leur maturité & qu'ils sont hors de leur peau, ils sont grumilleux ainsi que les figues fraîches, dont ils ont le goût en les mangeant. La forme des feuilles de cet arbrisseau, est assés semblable à celles de l'oseille aquatique. Elles sont fort grandes, étant longues de six piés, & large de deux, mais en même-tems elles sont si déliées, que quand il vente un peu fort, elles se découpent par lambeaux, ensorte qu'il n'y demeure d'entier que la côte du milieu, ce qui fait qu'à les regarder de loin, il semble que ces arbrisseaux ayent pour ornement des plumes d'Autruche.

POCONE. s. f. Sorte de plante de la Virginie qui croît aux montagnes, & dont les racines sont longues & déliées. Les Pocones sechées & pilées rendent un suc rouge qui amollit les humeurs. Les Sauvages le mêlent avec de l'huile, & s'en frottent la tête & les épaules, prétendant que ce suc les défend l'hiver contre le froid, & l'été contre le chaud. Ils s'en frottent aussi le visage pour être plus beaux.

POD

PODAGRE. s. m. Ce mot se dit non seulement de celui qui a la goutte aux piés, mais aussi de cette même goute des piés, sur-tout quand l'humeur a attaqué les orteils ; d'où vient que les Latins l'appellent *Articularis morbus*, & les Grecs ἀρθρῖτις. *Podagre* est un mot Grec, fait de πούς, Pié, & de ἄγρα, Capture, comme si on disoit, *Capture de pié*.

Podagre de lin. Ce n'est autre chose que la plante que l'on appelle autrement *Cuscute*, qui se jette & s'entortille autour du lin, du houblon & des orties, produisant seulement certains capillamens fort longs qui sortent des concavités des ailes de ces plantes, & n'ayant point de racines. Elle ne jette jamais de feuilles, mais seulement des fleurs blanches, & ensuite une graine fort menues. Ses capillamens sont roussâtres, & de la grosseur des tendons des vignes, ausquels ils ressemblent. Plusieurs croyent que les qualités de la Cuscute ou Podagre de lin, sont les mêmes que celles des plantes qui la supportent. Matthiole trouve cette opinion recevable, & dit que cette plante est absterfive & a une certaine astriction qui conforte & fortifie les Parties interieures ; qu'elle desoppile le foye & la rate, & évacue les humeurs phlegmatiques & bilieuses qui sont aux veines, & qu'outre qu'elle provoque à uriner, elle est bonne à la jaunisse, & singuliere aux fievres des petits enfans. Elle pourroit nuire à l'estomac si elle étoit trop continuée, mais on la peut corriger en y ajoûtant quelque peu d'anis.

PODESTA. s. m. Mot Italien, qui est en usage pour signifier un Officier de Justice & de Police dans une Ville libre. A Venise & à Gennes, c'est un Magistrat, par qui la Justice est administrée dans tous les lieux dont il a le département. Du tems que la Ville d'Arles étoit République, le Podesta en étoit le premier Consul. Il étoit élû par le corps des habitans pour juger souverainement pendant un an, & après ce tems, on le pouvoit déposer ou continuer.

PODOMETRE. s. m. Instrument de Mechanique fait en forme de montre, qui sert à mesurer fort exactement telle distance de chemin qu'on veut. Il est composé de plusieurs roues dentelées qui sont dans un même plan, & qui entrent l'une dans l'autre. Ces roues par le moyen d'une chaine ou d'une courroye qu'on attache au pié d'un homme, ou à une roue de carrosse, avancent d'un cran à chaque pas ou tour de roue que fait l'homme ou le carrosse ; & comme le nombre en est marqué sur le bord de chacune de ces mêmes roues dentelées, il est aisé de sçavoir combien on a fait de pas. Ce mot est Grec, & vient de πούς, Pié, & de μετρεῖν, Mesurer.

POE

POEIR. v. n. Vieux mot. Pouvoir, qui a fait *Poëz*, pour, Vous pouvez. On a dit aussi *Pouain*.

POELE. s. f. Ustencile de Cuisine, qui est une sorte d'instrument de fer, composé d'un corps rond & creux avec des rebords, & une assés longue queue. On s'en sert à cuire & à frire.

Les Plombiers ont aussi une grande Poële de fer, dont ils se servent quand la matiere est fondue. Elle est de figure triangulaire, plate dans le fond, & bordée par les côtés & par le derriere, si bien que les bords vont en diminuant du derriere de cette poële au devant. On la chauffe sur la fosse qui est bâtie avec de la terre franche & du grais en forme de chaudiere bien maçonnée de plâtre tout autour ; puis on en appuie le devant sur le bout du moule, & le derriere sur un treteau, moins haut que le moule, après quoi on prend le plomb fondu & le charbon tout ensemble avec une grande cueiller à puiser, & on le verse dans la poële, qui doit contenir tout ce qu'on veut jetter dans le moule. Cela va quelquefois à quinze & seize livres pesant & plus.

La Poële dont se servent les Vitriers pour recuire leur besogne, est de terre. Quand ils veulent cuire les couleurs, & mettre le verre au feu après qu'il est peint, ils font un petit fourneau quarré de brique, qui n'a en tout sens que dix-huit pouces. Leur poële est de la forme de ce fourneau, c'est-à-dire, quarrée, & faite de bonne terre bien cuite, ayant son fond épais d'environ deux doigts. Elle doit avoir à peu près un demi pié de hauteur par ses bords, & être de telle grandeur, qu'étant posée sur deux ou trois barres de fer quarrées, qui traversent le fourneau & le separent en deux, il s'en faille trois bons doigts ou plus qu'elle ne touche aux parois du même fourneau. Cette Poële doit aussi avoir un trou qui réponde à celui du fourneau qui est au dessus de la porte par où l'on met le feu, afin que les pieces de verre dont on fait les essais, passant droit de l'un à l'autre, entrent dans la poële, & y cuisent de même que tout le reste.

POELE, ou POILE. s. m. Grand fourneau de terre ou de métal, qui est posé sur des piés, & embelli fort souvent de petites figures. Il sert à échauffer une chambre sans qu'on voye le feu, & cela par le moyen d'une ouverture qu'il a dans cette chambre, qui est voisine de celle où il est placé. Il a un conduit par où s'exhale la fumée du bois qu'on y brûle. Ces Poëles sont fort communs en Allemagne, en Suede, & autres pays septentrionaux. On appelle aussi *Poële*, La chambre que le Poële échauffe. C'est ce que les Anciens appelloient [illegible].

POESLE, ou POILE. s. m. *Dais sous lequel on porte le Saint Sacrement aux Malades & dans les Processions.* ACAD. FR. On donne ce même nom de *Poile*, au Dais qu'on presente par honneur aux Rois & aux Princes quand ils font leur entrée en quelque Ville. *Poile*, se dit aussi d'un drap mortuaire que l'on met sur un cercueil pendant la ceremonie d'un enterrement. Les Poiles sont de velours noir, & il y en a en broderie dans les Confrairies. M. Menage croit que *Poësle* vient de *Apatendo*, à cause qu'on l'étend sur le cercueil. Borel le fait venir du vieux mot *Paile*, qui signifioit la même chose, comme il paroît par ces vers.

Si ot dedans la bierre un corps,
Et sur le paile par defors
Avoit une espée couchie.

Nicod est persuadé que *Poisle*, vient de *Pallium*, Manteau de drap qu'on étend sur ceux qui se marient, ce qui a fait dire, *Mettre des enfans sous le poisle*, en parlant de la ceremonie qui se fait pour legitimer des enfans que l'on a eus avant que d'en épouser la mere. *Poile*, dit-il, *est un dais ou ciel quarré à pentes és quatre côtés, frangées ou non, porté à chacun des coings sur un bâton, dont on use és processions, & entrées de Rois & Princes, en leurs Villes, car & le Sacrement est soubs icelui Poile, & le Roi en est surcouvert, estant chascun desdits quatre bastons porté au poing par quelque personne d'honneur. Il semble venir de ce mot latin* Pallium, *& partant auscuns l'escrivent mal par* s Poisle. *Budes l'interprete en latin* Umbella, *non trop hors de propos. Il est different du dais, parce que le dais est suspendu & devale en dossier bien bas, & n'est porté ni soustenu de bastons, ains pendant du plancher sur la table ou siege royal, où le Roi prend ses repas, ou se sied en authorité.*

POELETTE. s. f. Vieux mot. Palette de Chirurgien.

En sang qu'on met en poëlettes secher,
Chez les Barbiers, quand pleine Lune arrive.

Poëlette, est aussi une poële de cuivre à deux ances à faire des onguents, des confitures, &c.

POELIER. s. m. Artisan qui fait des poëles. Il y a à Angers une rue de ce nom où ces Artisans sont obligés de loger, & ont la faculté d'en faire déloger tous les autres.

POESTE. s. f. Vieux mot. Puissance. On a dit aussi *Poëstez*, pour dire, Puissans.

POETERIE. s. f. Vieux mot. Poësie. On a dit aussi *Poitoie*.

POG

POGE. Terme de commandement dont les Levantins se servent sur mer, & qui signifie *Arrive tout*. L'Officier prononce ce mot, quand il veu, que le Timonier pousse la barre sous le vent comme si on vouloit faire vent arriere. On dit aussi *Pouge*.

POI

POI. s. m. Oiseau de proye qui se trouve au Pays des Noirs. Il a les griffes crochues, & se tient au bord de la mer pour prendre des Ecrevices.

POIDS. s. m. *Qualité de ce qui est lourd. Il se dit aussi de certains morceaux de cuivre, & de certaines masses de fer ou de plomb dont on se sert pour connoître combien une chose est lourde.* ACAD. FR. Les Poids sont differens selon les tems & les lieux, & il y en a depuis une livre jusqu'à cent.

En Méchanique on appelle *Poids* tout ce que l'on regarde comme devant être mû ou soutenu, & on l'oppose à *Puissance* ou *force*, qui est ce qui doit agir pour mouvoir ou soutenir le poids dans toutes les machines. On suppose le poids plus grand que la puissance, & l'on rend la puissance égale ou superieure par l'augmentation de sa vîtesse, Voyez MACHINE & MOUVEMENT.

On appelle *Poids de marc*, Celui qui sert à peser les choses precieuses, ou celles qui sont en petit volume, & il se dit generalement de tous les Poids dont on se sert à peser avec les balances ordinaires qui ont deux bras. On n'a commencé à s'en servir en France que sous Philippe I. & jusques-là, la livre de Poids composée de douze onces, y avoit été en usage. On s'est servi depuis de differens Poids de marc, & aujourd'hui il est divisé en huit onces, qui font soixante & quatre gros. Il y a d'autres poids qu'on appelle *Poids de fin*, dont les Essayeurs se servent pour peser la matiere de leurs essais. M. Boisard fait remarquer que leur pesanteur n'est qu'imaginaire, & qu'ils ne pesent que ce que l'on veut, ces sortes de Poids n'étant qu'un diminutif & un abregé du Poids de marc. On les appelle autrement *Semelles*. On les a mis en usage pour faciliter l'épreuve de l'or & de l'argent par le feu, afin de n'être pas obligé d'avoir recours aux affinages, tant parce qu'on n'en a pas toûjours une assés grande quantité pour affiner, que parce qu'il coûteroit trop à le faire. Les Orfevres & les Jouaillers ont aussi leurs Poids de fin qu'ils nomment *Karats*, dont ils se servent pour peser les perles & les pierres precieuses, ausquelles ils donnent le prix, sur le pié de chaque karat, qui ne pese que quatre grains. Le Poids de marc original est gardé sous trois clefs, dont le premier President de la Cour des Monnoies a l'une le Conseiller commis à l'instruction & au Jugement des Monnoies a l'autre, & le Greffier en chef garde la troisiéme.

En Medecine, le Poids se divise en livre, once, drachme, scrupule, obole & grain. Le grain est le plus petit de tous, & s'entend d'un grain d'orge bien nourri, mediocrement gros, & qui n'est pas trop sec. Il faut dix grains pour faire une obole, deux oboles pour un scrupule, trois scrupules pour une drachme, huit drachmes pour une once, & douze onces pour une livre.

On a appellé chés les Juifs, *Le Poids du Sanctuaire*. Un Poids celebre qui étoit sous l'intendance des Prêtres qui en gardoient l'étalon ou l'original. C'étoit pour cela qu'on l'appelloit *Poids du Sanctuaire*. Il ne differoit en rien du Poids profane. L'étalon qu'on en gardoit étoit de pierre.

POIGNANT. s. m. Terme de Monnoies. Il est dit dans une Ordonnance de l'année 1586. en parlant des pesées & essais qui sont quelquefois trouvés plus forts que le papier des Gardes, *Esquelles pesées & essais, tant en poids qu'en loi, sera donné le poignant au Maître.* Voici ce que M. Boisart dit là-dessus. *Par ce terme de Poignant, on entend le Trebuchant en faveur du maistre pour le poids; & à l'égard de l'écharceté, le peu plus de fractions du calcul que l'on en fait.*

POIGNARD. s. m. Arme longue environ d'un bon pié, qui a un manche de bois, d'os ou de corne, & une lame qui coupe des deux côtés. Elle est fort aigue au bout & large au milieu.

POIGNE'E. s. f. *Autant que la main fermée peut contenir.* ACAD. FR. On appelle *Poignée de pistolet ou d'épée*, La partie par laquelle on tient le pistolet ou l'épée.

On appelle *Poignée de loquet*, Un fer plié qu'on empoigne pour ouvrir le loquet.

Les Emballeurs donnent aussi le nom de *Poignée* à un petit morceau de toile en forme d'oreille qu'ils laissent aux coins des balots, afin de pouvoir les manier.

POIGNIE. s. f. Vieux mot. Combat.

POIL. s. m. Ce qui sort par les pores des animaux à quatre piés, & qui couvre naturellement la partie exterieure de la peau. Ce mot, en parlant des chevaux, signifie Couleur, & on dit que *Deux chevaux sont du même poil*, pour dire, qu'ils ont le poil de la même couleur. Il veut dire aussi quelquefois la partie du flanc du cheval qui reçoit le coup d'éperon, & on dit en ce sens-là, *Avoir l'éperon au poil, ôter l'éperon du poil.* On dit aussi *Monter un cheval à poil*, pour dire; Le monter sans selle, & *Frotter un cheval à poil*, pour dire, Suivre le poil selon qu'il est naturellement couché. On dit encore d'un cheval, qu'*Il a le poil planté*, pour dire, Herissé & élevé tout droit; ce qui lui arrive ou par maladie, ou pour avoir été mal pansé, & on appelle *Poil lavé* ou *déteint*, Certains endroits du poil d'un cheval qui sont plus déchargés, & qui approchent plus du blanc que le reste. *Souffler au poil*, est une maniere de parler dont on se sert lorsqu'un cheval a une enclouûre qu'on a manqué d'ouvrir par le bas, & que la matiere ou l'apostume a coulé entre la corne & le petit pié. Quand elle gagne le poil, & qu'étant montée au dessus du sabot, elle paroît à la couronne, on dit que *La matiere a soufflé au poil.*

POILIER. s. m. Grosse piece de fer qui porte la fusée & la meule dans un moulin & sur laquelle on pose la poilette qui est un vaisseau de gros fer dans laquelle on met la graisse.

POINDRE. v. a. Vieux mot. Peindre.

POINE. s. f. Vieux mot. Peine.

POINÇON. s. m. Petit instrument rond fait de fer poli, dont on se sert pour percer. Les Poinçons des Serruriers sont de diverses figures. Ils en ont de ronds, de quarrés, de plats, d'autres en ovale, pour percer leurs ouvrages chacun selon sa figure. Les *Poinçons barlongs* leur servent pour percer les trous des piés de ressorts, coques & autres pieces de cette façon. Les *Poinçons à piquer* sont des Poinçons plats, propres à piquer les rouets des serrures & autres pieces limées en demi rond. Ils ont encore des *Poinçons à emboutir*, dont ils se servent à relever les rosettes en travaillant sur le plomb, & à faire d'autres ouvrages. En general, tous les ferremens avec lesquels les Serruriers percent sur l'établie & à froid, s'appellent *Poinçons*, à la difference de ceux qui servent à la forge pour percer à chaud, que l'on appelle *Mandrins*. Le Poinçon des Graveurs & des Sculpteurs est une maniere de ciseau.

Poinçon, se dit aussi des coins, qui servent à fraper & à marquer les Monnoies & les Médailles qu'on fait au marteau; & on appelle *Poinçon d'effigie*, Une composition de fer & d'acier, de longueur d'environ quatre pouces, & d'une grosseur proportionnée à l'espece pour laquelle on s'en doit servir. Le Tailleur general grave l'effigie du Roi en relief sur l'un des bouts de cette matiere, & alors c'est un poinçon d'effigie parfait, si ce n'est que n'étant pas assés dur pour servir, on le trempe, afin qu'en durcissant il soit capable de resister aux coups de marteau. Son usage est d'en faire l'empreinte à force de coups sur un quarré d'acier, haut de deux ou trois pouces, & d'une largeur proportionnée à l'effigie. Il y a aussi des *Poinçons de croix* ou *d'écusson* & des *Poinçons de legendes*. Ceux-là sont fort petits, parce que le Tailleur general ne grave en relief sur chaque poinçon qu'une des pieces qui composent les croix & les écussons, & qu'une des lettres qui composent la legende. Quand tous ces Poinçons ont été gravés, on les trempe pour les durcir, & on en frappe un quarré d'acier haut aussi de deux, ou trois pouces, & large à proportion de la croix ou de l'écusson; & lorsque l'empreinte de tous ces petits Poinçons y a été faite en creux, on trempe ces quarrés pour les durcir.

Poinçon, parmi les Orfevres, est un petit instrument d'acier gravé en creux, dont ils se servent pour marquer la vaisselle d'argent.

Poinçon. Terme de Manege. Pointe de fer dans un manche de bois, qui sert à piquer un cheval sauteur à la croupe au-delà du défaut de la selle, pour l'obliger à sauter & à ruer. On s'en sert quand on monte les sauteurs entre deux piliers, & en ce sens on dit qu'*Un cheval répond au poinçon, connoît le poinçon.*

Poinçon, en termes de Charpenterie, est une piece de bois qui est toute droite sous le faîte d'un bâtiment; & qui sert pour l'assemblage des fermes, faîtes ou sousfaîtes. Le poinçon s'assemble & se pose sur le milieu de l'entrait avec les jambettes sous les Arbalestriers, & les doubles entraits assemblés de niveau ou en contrefiche dans les arbalestriers; ce qui fait & forme la ferme entiere. On se sert aussi de Poinçons dans la fabrique des ponts de bois.

On appelle encore *Poinçon*, La principale piece de bois qui soutient les engins & autres machines à élever des fardeaux. Ce Poinçon est assemblé par le bout d'en bas à tenon & à mortoise dans ce qu'on appelle la Sole assemblée à la fourchette, & il est appuyé par l'échellier & par deux liens en contrefiche.

Les femmes appellent *Poinçon*, Une sorte d'aiguille de tête dont elles se servent pour arranger leurs cheveux en se coëffant, & qu'elles y mettent aussi pour ornement.

Poinçon, se dit encore d'une sorte de tonneau qui sert à mettre du vin & autres choses liquides. Le Poinçon est à Paris la même chose qu'un demiqueue.

POING. s. m. Ce qui est depuis l'os du poignet jusqu'à l'extremité des doigts de la main. *Poing*, se dit aussi de la main fermée, & on appelle *Oiseau de poing*, un Oiseau qui revient sans leurre sur le poing du Fauconnier lorsqu'on le reclame.

On dit en termes de Manege, qu'*Un cheval suit le poing de la bride*, qu'*Il ne refuse pas le poing de la bride*, pour dire, qu'il obéit à la main. *Poing de la bride*, est le poignet de la main gauche du Cavalier, qui doit être deux ou trois doigts au dessus du pommeau de la selle.

POINT. s. m. Terme de Mathematique. *Ce qui est*

consideré comme n'ayant aucune partie. ACAD. FR. Dans toutes les differentes parties de Mathematiques on considere une infinité de *Points* differens ausquels on donne des noms suivant leurs usages & leurs rapports. Tous ces noms sont expliqués à leur ordre, & l'on ne mettra ici que ceux que l'on n'a rapportés à rien de particulier.

On appelle *Points perdus*, trois Points, qui n'étant pas donnés sur la même ligne, peuvent toutefois être compris dans une portion de cercle, dont une operation geometrique fait trouver le centre. Cela sert pour les cherches rallongées. *Points perdus*, se dit encore des centres par lesquels on trace des portions circulaires, qui étant recroisées forment des losanges curvilignes, qu'on rend differentes par la couleur des marbres & par la varieté des ornemens. Les *Points courans*, sont de petites lignes en maniere de hachures, qui servent à marquer dans les plans les sillons des terres labourées & les couches de jardin; & dans l'operation du nivellement on appelle *Points de niveau*, Les deux extrêmités d'une ligne horisontale, lorsqu'elles sont éloignées également du centre de la terre.

Le *Point d'aspect*, est l'endroit où l'on s'arrête à une distance fixée, lorsqu'on cherche l'aspect qui peut être le plus avantageux à un bâtiment. Il se prend d'ordinaire à une distance pareille à la hauteur de ce bâtiment. Le *Point vague* differe de ce Point d'aspect, en ce que regardant un bâtiment d'une distance qui n'est point fixe, on ne peut se former d'idée de la grandeur de la masse, que par rapport aux édifices qui lui sont contigus.

On appelle *Point saillant*, en termes d'Anatomie, La premiere marque de conception qui est l'endroit où le cœur se forme. Il est aisé de l'appercevoir, par le moyen du Microscope, dans les œufs de poule que l'on met couver. Durant l'incubation la cicatrice, qui est une petite tache blanche en forme de cercle, & qui ressemble à une petite lentille se dilate & s'étend le premier jour en certains cercles, & on y observe le second jour, & même le premier, certaine liqueur claire & luisante, plus pure qu'aucun cristal, & que pour cela on nomme Gelée. Les deux jours suivans on apperçoit dans la gelée une ligne de sang vermeil, & le Point saillant au milieu de la gelée, qui est le commencement du cœur. On remarque ensuite autour de ce Point quelque chose de grossier & de blanchâtre en forme d'un petit nuage divisé en deux parties, dont la plus grande fait le commencement de la matiere de la tête; où l'on distingue quatre petites vessies, qui sont le cerveau, le cervelet & les deux yeux. L'autre partie est plus petite & au dessous elle represente la quille d'un Vaisseau, & donne l'épine du dos, d'où peu à peu on voit sortir les bras & les jambes. Enfin les visceres s'attachent successivement aux vaisseaux qui contiennent le sang & qui font le fœtus parfait.

Les Chirurgiens appellent *Point doré*, Une operation qu'ils employent pour guerir les hergnes, à cause qu'elle se fait quelquefois avec un fil d'or tortillé. Après avoir fait une incision au dessus de l'os pubis, ils y passent une sonde, qui sert à relever les parties qui ont causé la descente. On coud ensuite avec une aiguille & du fil l'endroit où elle s'est faite, puis on laisse mondifier & incarner la playe, qui vient en cicatrice.

En termes de Monnoie, on appelle *Point secret*, Un petit point qui se mettoit autrefois sous les lettres des legendes, pour faire connoître où les monnoies ont été fabriquées. Le Point secret, dans la monnoie de Paris, se marquoit sous le second E du mot *Benedictum*, qui est la dix-huitiéme lettre de cette legende, *Sit nomen Domini benedictum*, & dans la monnoie de Rouen sous le *B* du même mot qui en est la quinziéme lettre; mais cela ne se pratique plus, & par une Ordonnance de François I. de 1549. chaque Ville où la monnoie se fabrique est seulement designée par une lettre de l'Alphabet, sçavoir celle de Paris par A, celle de Rouen par B, celle de saint Lo par C, &c. Les Furetieristes ne doivent pas dire que ces points se mettent ordinairement, puisque cela est abrogé.

Les Brodeurs appellent *Point de poil*, ou *point refendu*, Celui qui est conduit d'une telle sorte, qu'on lui fait representer les cheveux la barbe, &c. & *Point velu*, Celui qui fait ressembler au naturel le même poil, comme celui de la mousse, des chenilles & autres corps qui sont cotonnés.

Point, se dit aussi des divisions marquées sur le compas avec lequel les Cordonniers prennent la mesure du pié de ceux qui leur commandent des souliers. Ils en font à six, à sept, à huit points.

Point, est aussi un terme de mer, & on appelle *Point de la voile*, Le coin ou l'angle du bas de la voile, où est passé le couet & l'écoute.

POINTAGE. s. m. Terme de Marine. Designation que fait le Pilote sur la carte marine, du lieu où il croit qu'est arrivé le Navire. Cette designation se fait par le moyen de deux compas communs ou d'une rose des vents faite de corne transparente & appliquée sur la carte, sur laquelle le Pilote établit & marque le point de la longitude & de la latitude, où ses estimes lui font presumer que le Vaisseau doit être arrivé.

POINTAL. s. m. Terme de Charpenterie. Grande piece de bois mise debout sur des verrins pour servir d'étaye aux poutres qui menacent ruine, ou pour redresser la charpente d'un plancher, de quelque grange.

POINTE. s. f. *Bout piquant & pointu de quelque chose que ce soit.* ACAD. FR. Il se dit aussi du sommet d'un obelisque, d'un clocher, d'un comble.

On appelle *Pointe de rasoir*, La partie qui en est la plus grosse & la plus large.

Pointe. Outil de fer bien aceré dont se servent les Sculpteurs de marbre pour ébaucher leurs ouvrages après que le bloc de marbre a été dégrossi. Cela s'appelle *Approcher à la pointe.* Après qu'ils ont travaillé avec cet outil, ils en prennent un autre qui a une double pointe pour ôter moins de matiere, & ils appellent cela *Approcher à la double pointe.*

Les Vitriers ont une *Pointe d'acier*, dont ils se servent pour percer des pieces de verre en rond, ou même pour en découper par figures, comme il se pratique quelquefois.

Pointe, se dit aussi d'une espece de petit clou sans tête, dont on se sert pour attacher des panneaux de vitre avec le bois des chassis.

Il y a des *Pointes à tracer*, pour portraire & dessiner sur le fer & sur l'acier. Les Serruriers s'en servent pour tracer les rouets & autres pieces. Ils appellent *Pointes en dos de dés*, Les Pointes courtes & presque rondes, comme l'on en fait pour tourner dans des crapaudines ou couettes, afin d'avoir plus de force.

Les Graveurs à l'eau forte travaillent aussi avec des *Pointes*. Ce sont des pointes d'aiguilles, étêtées & emmanchées, pour dessiner sur le vernis.

Les Tourneurs ont accoûtumé de façonner leurs

ouvrages sur deux *Pointes de fer*, qui sont enclavées solidement dans le bois au haut de chaque poupée. Elles se regardent l'une l'autre, & sont disposées horisontalement, & si justes, qu'elles se touchent dans un même point quand on les approche.

Pointe. Terme d'Imprimerie. Instrument de fer en forme de petite alesne, avec lequel les Imprimeurs enlevent les lettres, en corrigeant les épreuves. Ils appellent *Pointe de timpan*, Une sorte de machine composée d'une branche & d'un ranguillon, & qui est attachée au timpan avec deux viz, pour aider à faire les registres.

On appelle *Pointe de pavé*, La jonction en maniere de fourche qui se fait des deux ruisseaux d'une chaussée, en un ruisseau entre deux revers de pavé.

Pointe, en termes de Marine, se dit d'une longueur de terre qui avance dans la mer, & l'on dit, *A la pointe de l'Est, de l'Ouest, du Sud*, ou *du Nort*, pour dire, A la pointe d'une terre qui regarde quelqu'une de ces differentes parties du monde. On appelle dans un Navire, *Pointe de l'eperon*, La derniere piece de bois la plus avancée au devant du Vaisseau, sur laquelle quelque figure d'un monstre marin, ou d'un lion, est ordinairement appuyée.

Pointe, est aussi une des marques & des divisions de la boussole ou du compas de mer. Il y en a trente-deux qui marquent les vents. Un rumb de vent vaut quatre pointes; un demi rumb deux, & un quart de rumb en vaut une, quand on suppose huit rumbs de vent principaux.

La pointe d'une maison celeste, en terme d'Astrologie, est le commencement de cette maison, c'est-à-dire, le demi-cercle, qui borne la maison precedente.

Pointe. Terme de Manege. On dit d'un cheval, qu'*Il fait une pointe*, lorsqu'en maniant sur les voltes, au lieu de suivre le rond, il sort un peu de son terrain ordinaire, & fait une maniere d'angle ou de pointe à côté de sa piste circulaire. On appelle *Pointe de l'arçon*, La partie qui forme le bas de l'arçon de devant d'une selle.

On dit, en termes de Fauconnerie, qu'*Un oiseau fait pointe*, pour dire, qu'il va d'un vol rapide, soit en s'élevant, soit en s'abaissant.

On appelle aussi *Pointe*, le Confluent de deux rivieres. Lyon est bâti à la pointe de la Saone & du Rhône.

Pointe. Terme de Blason. La partie inferieure de l'Ecu, qui aboutit d'ordinaire à une petite pointe. C'est aussi une piece qui monte du bas de l'Ecu en haut, & qui étant plus etroite en sa largeur que le chappé, occupe seulement le tiers de la pointe de l'Ecu. On appelle *Pointe en bande*, *pointe en barre*, Celle qui est posée dans la situation de la bande ou de la barre. *Pointe en fasce*, est celle qui est mouvante d'un des flancs de l'Ecu; & *Pointe renversée*, Celle qui étant mouvante du chef contre bas, occupe les deux tiers du chef en diminuant jusqu'à la pointe de l'Ecu, sans neanmoins la toucher.

POINTE', E'E, adj. Terme de Blason. On appelle *Ecu pointé fascé*, Un Ecu chargé de plusieurs pointes en fasces, qui sont en nombre égal, d'émaux differens. *Pointé*, se dit aussi d'un Ecu marqué de pointures ou piquûres, comme sont les pointes qui servent de chasse à la rose, tandis qu'elle est en bouton. *Il porte trois roses de gueules boutonnée d'or & pointée de sinople.*

POINTER. v. a. On dit, en termes de guerre, *Pointer le canon*, pour dire, le dresser & le mettre en état de tirer. On dit en termes de Marine, *Pointer à démâter*, pour dire, Pointer haut, afin de couper les mâts ou les manœuvres du Vaisseau qu'on veut mettre hors de combat. *Pointer à couler bas*, se dit quand on pointe en sorte que le boulet perce la partie du navire qui est dans l'eau, & *Pointer à donner dans le bois*, quand on pointe d'une maniere que le boulet donne dans la partie du Vaisseau qui est hors de l'eau.

On dit aussi, en termes de mer, *Pointer la carte*, pour dire, Se servir de la pointe d'un compas pour trouver sur la carte en quel parage le Vaisseau peut être.

On dit, en termes d'Architecture, *Pointer une piece de trait*, pour dire, Rapporter avec le compas sur un dessein de coupe de pierre le plan ou le profil au dévelopement des panneaux. On le dit aussi, quand on fait la même operation en grand avec la fausse équerre sur des cartons separés, pour en tracer les pierres.

POINTURE. s. f. Terme de Marine. Raccourcissement de la voile, dont on ramasse & trousse le point pour l'attacher à la vergue, afin de ne prendre pas beaucoup de vent. On fait cela de gros tems.

POIRE. s. f Fruit à pepins qui est d'été & d'hiver, de figure oblongue, & plus menue vers la queue que vers la tête. Il y en a d'une infinité de sortes. Les Poires sont moins saines que les pommes. Elles ont toutes une qualité astringente, mais les unes plus & les autres moins, selon qu'elles sont âpres ou douces au goût. Etant crues elles pesent à l'estomac, & sont assés saines quand elles sont cuites.

Poire d'angoisse. Sorte de cadenas qui par de certains ressorts qui se lâchent quand on le met dans la bouche, force à la tenir ouverte sans que l'on puisse crier.

Poire à feu. Espece d'Eolipile fait de cuivre. Il a la figure d'une poire, & un petit trou par où l'on fait entrer l'eau quand on l'y trempe étant échauffée. Le vent en sort avec violence lorsqu'on la met sur du feu.

Poire. Fourniment où l'on met de la poudre à canon pour porter dans la poche & s'en servir à tirer. On l'appelle ainsi, parce qu'il est fait en forme de poire.

Il y a une sorte d'embouchure que les Eperonniers appellent *Poires secrettes*.

POIRE'. s. m. Sorte de Boisson faite avec des poires. Elle est plus saine & profite plus au corps que le cidre qui se fait avec des pommes. Outre la proprieté qu'a le poiré de fortifier l'estomac, à cause de sa substance terrestre & astringente, il a une vertu occulte qui combat toute sorte de poisons. Il est vrai qu'il cause plus souvent des tranchées, sur-tout s'il est aigret, parce que ne s'écoulant pas si tôt par le ventre & par les urines, il s'arrête plus long-tems dans les hypochondres & en l'estomac. Enfin il est plus à propos de le boire sur la fin qu'au commencement du repas, pourvû qu'il n'y ait ni vomissement ni flux de ventre.

POIREAU. s. m. Plante potagere qui vient en hiver, & qui a ses feuilles comme l'ail; mais plus larges, plus longues, cavées & faites en dos d'âne. Sa tête est longue, bulbeuse, blanchâtre & grosse dans son sommet. Le Poireau a force capillamens, & il se jette en deux tiges longues & creuses. Sa fleur est arrangée en rond à sa cime, & il a sa graine noire & presque semblable à la graine de l'oignon. Dioscoride parle de Poireaux têtus, non pas comme étant d'une autre espece que les Poireaux que l'on rond & que l'on appelle *Sectiles*, mais parce qu'ils sont d'un meilleur goût. Matthiole dit que quoique les Jardiniers s'appliquent à avoir des Poireaux, longs, gros, blancs & tendres, ils n'ont encore pû venir à bout de les faire têtus; ce qui étoit fort commun anciennement. On fait pour cela une incision au bout des feuilles au-devant du cœur ou de la moëlle du Poireau, en lui emondant la tête & les premieres peaux, après quoi on met un morceau de brique sur cette tête qu'on replante; & cela se fait afin d'empêcher le Poireau de croître en bas & de se jetter en feuilles, ou bien on l'émonde legerement avec le sarcloir, afin que l'humeur ne se consume pas après ses racines & ses barbes, & que la tête en soit mieux fournie par ce moyen. Les Anciens assûroient que pour avoir des Poireaux sectiles, il falloit les semer fort dru, & les laisser de la sorte, jusqu'à ce qu'ils fussent crûs de semence, puis les ébarber; mais l'experience a fait connoître qu'ils croissent mieux si on les plante loin à loin, comme les têtus, en laissant quatre doigts d'espace entre deux & les ébarbant ensuite. Toute sorte de Poireau échauffe fort, desseche, extenue, ouvre, resout & incise. C'est un bon remede à la brûlure & à la morsure des serpents. Sa graine broyée & bûe avec du vin doux ou du vin blanc, provoque l'urine, en dilatant les conduits qui servent à son passage. On dit & on écrit aussi *Porreau*, en Latin *Porrum*, que M. Callard de la Duquerie dit venir de l'ancien mot πράσος, d'où l'on a fait πράσος de πρήθω, J'allume, à cause que cette herbe est chaude.

Poireau. Excrescence ou petite tumeur qui vient sur la peau de l'homme, & qui est composée d'une pituite épaisse & endurcie.

Poireau, est aussi une excrescence de chair spongieuse qui vient aux boulets & aux paturons aux piés de derriere des chevaux. Elle est de la forme d'une verue, & grosse environ comme une noix. Le Poireau suppure des eaux rousses & puantes, & ne se guerit que pour un tems.

Poireau, a été dit dans le vieux langage pour signifier un Pendant d'oreille.

Quelque jour en lieu d'un poireau,
On portera une sonnette,
Qu'on cachera en sa cornette.

POIRÉE. s. f. Plante potagere, à larges feuilles, & qui a au milieu une grande côte que l'on mange. On l'appelle *Carde de poirée*, ou *Belle blanche*.

POIRIER. s. m. Arbre d'une moyenne hauteur, dont le tronc est gros, & qui a plusieurs branches garnies de feuilles rondes, qui sont lissées par dessus. On fait des buffets de bois de Poirier, que l'on rend noir comme de l'ébene, & qui reçoit un fort beau poli.

POIS. s. m. Sorte de legume rond, sortant d'une tige qui a force trous, rameaux, tendrons & agraffes, & beaucoup de feuilles longuettes, grassettes, & grosses. La gousse des Pois, qui est longue & ronde, enferme un grain blanc & rond, & de la grandeur des chiches blancs. Leur fleur a la forme d'un papillon, & est purpurine au milieu. Ils ont une racine fort foible. On les seme au Printems, & on les recueille en Eté. Il y en a de deux sortes, de grands & de petits. Les plus grands sont soûtenus par des branches d'arbres que l'on met auprès, & ausquelles ils s'accrochent; ce qui leur a fait donner le nom de *Pois ramez*. Les petits rampent sur terre, & étant plus grêles que les autres, ils ne sont pas aussi de si bon goût. Quelques-uns tiennent que la purée de Pois purge les accouchées & leur fait avoir beaucoup de lait. Matthiole assûre qu'ils se trompent, & qu'un médicament aussi refrigeratif & dessiccatif que celui-là ne sçauroit produire cet effet. Il ajoûte que c'est Tragus qui a causé cette erreur en prenant les Pois pour les Ciches de Belier, ausquels cette vertu est attribuée.

Quant aux *Pois chiches*, que quelques-uns nomment *Cices*, en Latin *Cicera*, il y en a de trois sortes, le blanc, le rouge & le noir. Les noirs sont les moindres, & c'est ce que l'on appelle *Cices de belier*, à cause qu'ils ressemblent presque à la tête d'un belier. La plante des pois chiches, qui n'est ordinairement que de la hauteur d'une coudée, jette de longues feuilles dentelées, velues & blanchâtres. Leur tige est fort dure, courbe, & munie de force branches qui produisent des fleurs presque purpurines, d'où sortent de petites gousses bien remplies, & faites en aiguisant, dans lesquelles il n'y a que deux chiches tout au plus. Leur racine est aussi extrêmement dure, chevelue & profonde en terre. Les Pois chiches, à ce que dit Galien, sont flatueux & engendrent des ventosités comme les féves, mais ils sont fort nourrissans, & abstersifs, & il y en a une sorte qui rompt la pierre & les gravelles des reins. Ils provoquent les urines & les mois, font sortir l'enfant hors du ventre de la mere, & ont d'ailleurs une vertu vulneraire. Il y a aussi des Pois chiches sauvages, qui ne different des domestiques qu'à l'égard de la semence.

On trouve dans les Antilles deux sortes de Pois qu'on appelle *Pois d'Angole*, parce qu'on prétend qu'ils ont été apportés par des Negres d'Angole en Afrique. Les premiers ont les feuilles trois à trois, & de la même grandeur que les autres Pois, mais plus fortes & plus dures. Leur tige se divise en divers sarments qui s'élevent jusques au sommet des plus grands arbres. Quand ils ne trouvent point d'arbres où s'accrocher, ils rampent, & un seul pié de ces Pois couvre plus de trente pas de terre en quarré. Leurs fleurs sont blanches, & ajustées quelquefois autour d'une petite verge, longue d'un demi-pié. Elles sont suivies d'environ un pareil nombre de petites gousses larges d'un pouce, & longues de trois, remplies de fruits assés semblables à nos lupins, mais d'un goût plus savoureux, même sans beurre, que les nôtres ne le sont avec l'assaisonnement de leur sausse. L'autre sorte de Pois d'Angole croît en arbrisseaux, dont les branches se serrent le long de la maîtresse tige, & s'élevent jusqu'à dix ou douze piés de haut. Leurs feuilles sont larges d'un pouce, longues de deux, & triplent sur chaque queue qui exhale une odeur fort douce. Ils portent de petites fleurs jaunes, ausquelles succedent de petites gousses, remplies de petits Pois de couleur de chair picotés de noir, & qui ne sont pas plus gros que les plus petits grains de coriandre. Le goût en est assés bon, mais ils sont si difficiles à écosser, qu'une personne seule n'en peut avoir fait un plat en deux heures.

Les *Pois Anglois*, que l'on trouve dans les mêmes Isles, & qu'on a nommés ainsi à cause qu'ils viennent des Anglois, sont blancs ou tannés. Tous deux ont leurs feuilles semblables à nos Pois communs, mais un peu plus fortes. Dès leur sortie de terre, leurs piés se divisent en dix ou douze petites tiges qui portent chacune une cosse, grosse comme le tuyau d'une plume d'oye. Cette cosse est longue d'un pié, & remplie de quinze ou vingt petits Pois longuets, qui sont plus délicats, & d'un goût beaucoup meilleur que les nôtres.

Il y a encore dans ces mêmes Isles deux autres sortes de Pois, qu'on appelle *Pois à faire gratter*, à cause qu'il y a dans leur cosse du poil argenté qui se réduit en poudre, & que cette poudre mise sur la chair cause les mêmes démangeaisons que l'alun de plume. Tous les deux rampent sur les haies, & les cosses de l'un sont toutes herissées d'un poil aussi fâcheux que celui qui est au-dedans. Elles son longues de de trois pouces, & larges d'un & demi, & contiennent trois ou quatre Pois de la grosseur d'un œuf de pigeon, mais un peu applatis. Ces Pois sont gris, & ont un demi cercle noir, dont sont environnés les deux tiers du fruit qui se polit aisément. On en fait de petites boëtes à mettre du tabac.

On appelle *Pois noirs*, Certaines petites coquilles de mer qu'on fait servir aux ouvrages de rocailles. On les nomme ainsi à cause qu'elles ne sont pas plus grosses que des Pois. Lorsqu'on les découvre, elles ont un éclat de nacre & semblent des perles. Il s'en trouve de jaunes de cette même nature que l'on appelle *Pois jaunes*.

POISER. v. n. Vieux mot. On a dit *Il me poît que...* pour dire, Il me fâche que, &c.

POISON. s. m. Venin, ce qui empoisonne, & donne la mort. Matthiole distingue les Poisons qui operent seulement par l'excès de leurs qualités, en Poisons chauds, froids, secs & humides. Les Poisons qui sont excessivement chauds font mourir de deux manieres, l'une quand on les prend par la bouche, puisqu'ils échauffent, brûlent & rongent la personne jusqu'au cœur; l'autre quand on les applique en dehors, & alors ils mangent & rongent la chair jusqu'aux os, comme on le voit au liévre marin. Il y en a qui sont chauds dans un tel excès, qu'ils brûlent dedans & dehors; comme font l'Euphorbe & l'Ellebore. Les Poisons froids font aussi mourir de deux manieres; l'une quand par leur excessive froideur, ils gelent le cœur, comme on le peut voir en ceux qui ont pris de l'opium, & l'autre quand ils resserrent les veines & les arteres, de sorte que le soufle étant empêché, ils étranglent la personne, ainsi qu'il arrive à ceux qui ont pris du plomb brûlé, ou qui ont mangé des champignons venimeux. Les Poisons secs consument l'humeur sanguine qui est au cœur, ainsi que fait la chaux vive, ou bien ils mettent en pieces & séparent les parties du corps, jusqu'à ce que tous les membres & le cœur même soient divisés en petites pieces, ce qui est l'effet du réagal. Pour les Poisons humides, quoiqu'il y en ait qui prétendent qu'il soit impossible de trouver une chose humide au quatriéme degré, Matthiole donne l'exemple d'un homme, qui ayant été mordu d'un serpent la nuit en dormant, fut trouvé mort le lendemain. Son valet qui le croyoit éveiller, le tira par le bras, & la chair qui étoit toute pourrie, tomba par cette secousse, en sorte que ses os demeurerent tout dénués & sans chair, ce qui arriva par l'excessive humidité du venin qui se rencontra aux dents du serpent. Galien dit que quand l'année est fort pluvieuse, humide & sujette au vent du Midi, l'Eté suivant cette humidité cause des charbons, & des maladies de telle nature, qu'il en a vû plusieurs de son tems qui eurent les bras pourris. A d'autres la chair des cuisses, des genoux & des piés tomba, & même les nerfs, les os, & leurs jointures & liaisons se trouverent toutes resolues, ce qui fait connoître qu'il y a des Poisons tellement humides, qu'ils font mourir par la putrefaction qu'ils engendrent dans les membres. Avicenne & Averroës, distinguent trois especes de Poisons. Les uns viennent des plantes venimeuses, comme l'Ellebore, l'Aconit, la Cigue, le Napellus, l'Ache de Sardaigne, la Rosage, & plusieurs autres, qui étant mangées, bien loin de se convertir en nourriture, sont si fort contraires à l'aliment qu'elles convertissent en leur substance les membres déja nourris. Les autres viennent des animaux venimeux qui sont tout à fait contraires à la nature de l'homme, comme le Vipere, l'Aspic, le Basilic, Liévres marins, Raines vertes, Scorpions, Araignées, Phalanges, bêtes à quatre piés enragées, & toutes chairs de bêtes mortes d'elles-mêmes, ou qui ont été tuées par la foudre ou par d'autres bêtes venimeuses ou enragées; & enfin il y a d'autres Poisons qui viennent de choses minerales, telles que le Vif-argent, l'Orpin, la Sandaraque, l'Aimant & autres. Le mot de *Poison*, vient du Latin, *Potio*.

POISSON. s. m. *Animal qui naît & qui vit dans l'eau.* ACAD. FR. Il se dit plus particulierement de celui qui a la chair couverte d'écailles qui a des oüies & des nageoires sur le dos, & à quelques autres parties du corps, pour fendre l'eau & nager. Matthiole dit que tous les Poissons naissent des œufs, à l'exception du Dauphin, du Veau marin & de quelques autres. La même chose se passe dans les Poissons ovipares, comme dans la carpe, que dans la poule, qui étant une fois couverte par le coq est rendue féconde pour plusieurs mois, elle & tous les œufs qu'elle fait successivement, tant que la vertu qu'elle a reçûe du coq peut durer. Ainsi dans la carpe, sa laite n'est rien autre chose qu'un amas de petits œufs qu'elle jette en frayant avec le mâle, c'est-à-dire, en se frottant l'un contre l'autre les parties de la generation. Les œufs qui ont été arrosés de la semence du mâle acquierent la fécondité necessaire pour produire de petits Poissons, & ceux qui n'en ont pas été arrosés, demeurent steriles. Le même Matthiole assûre qu'il a vû entre les mains d'un Gentilhomme Espagnol, certaines tables de pierre, apportées d'auprès Veronne, qui étant fendues en long, donnoient apparence de plusieurs Poissons gravés dans la pierre, en laquelle ils avoient été entierement convertis. Il parle encore de Poissons qu'on trouve en terre, & rapporte ce passage de Polybe. Il y a une plaine qui s'étend jusqu'à la Riviere de Narbonne, & par laquelle passent deux Rivieres, nommées Illiberis & Rhoscinus. La terre de cette plaine est fort menue, toute herbue, & couverte de gramen. Deux ou trois coudées avant dans cette terre, l'eau de ces Rivieres passe par dessous l'herbe, & s'il arrive qu'elle se déborde, la plaine se trouve toute remplie de Poissons, qui sortent avec l'eau, & qui se fourrant dans la terre, vivent des racines de gramen dont ils sont friands. Les gens du pays les tirent de cette terre & les mangent. On appelle sur la mer *Poisson vert*, le Poisson fraichement salé, & qui est encore tout moite, & *Poisson sec*, celui qui est salé & seché. Selon l'Ordonnance de la Marine, les Dauphins, Esturgeons, Saumons & Truites, quand on les trouve échoués sur le bord de la mer, appartiennent au Roi seul, & on les appelle *Poissons Royaux*, à la difference des Baleines, Marsouins, Veaux de mer, Thons, Souffleurs & autres Poissons à lard qui sont partagés comme simples espaves. M. Ménage fait venir Poisson de *Piscione*, formé de *Piscis*.

On trouve le long de toutes les côtes des Indes Occidentales plusieurs sortes de Poissons que les habitans appellent *Poissons armés*. Il y en a un qui est gros comme un balon, presque tout rond, & n'ayant qu'un petit moignon de queuë, qui empêche qu'il ne paroisse une boule. Il n'a point de tête, & a les yeux & la queuë attachés au ventre. Au lieu de dents, il a deux petites pierres blanches, fort dures & larges d'un pouce, qui sont comme deux petites meules, dont il se sert à briser & à casser les cancres de mer, & les petits coquillages dont il fait sa nourriture. Il est tout armé de petites pointes, grosses & longues comme des fers d'aiguillettes, aussi pointues qu'une aiguille. Il les dresse, baisse, & biaise comme il veut, & il les herisse de telle sorte lorsqu'il se sent pris à l'hameçon, & qu'on le tire au rivage, qu'on est contraint de le porter un peu loin avec le bout de la ligne, sans pouvoir le prendre par aucune partie de son corps, jusqu'à ce qu'il expire faute d'eau. Quoique ce Poisson soit quelquefois de la grosseur d'un boisseau. il n'y a pas plus à manger qu'à un maquereau mediocre. On lui trouve dans le ventre certaine bourse remplie de vent, dont on fait la colle la plus tenace & la plus forte qui se puisse faire. Il y a quelques autres Poissons armés, qui ne different de celui-ci qu'en la situation ou en la longueur de leurs pointes. Les uns les ont en forme de grandes étoiles, les autres plus courtes, & les autres plus menues.

Dès qu'on a passé les Canaries, jusqu'à ce qu'on approche des Isles de l'Amerique, on voit souvent sortir de la mer de grosses troupes de *Poissons volans*, dont on en remarque principalement de deux sortes, qui different, non seulement en la forme de leurs ailes, qui à proprement parler sont leurs nageoires, mais en leur vol & en leur grandeur. Les plus grands sont presque semblables au hareng, mais ils sont plus larges sur le dos, & ont la tête plus ronde. Leurs ailes qu'ils ont comme une chauve-souris, commencent un peu au-dessous de la tête, & s'étendent presque jusques à la queuë, de sorte qu'elles ont bien une paume de long, & deux ou trois pouces de large. Leur vol est aussi plus fort, plus élevé & plus roide. Ils volent de la hauteur d'une pique, & à cent pas loin, après quoi leurs ailes se sechent, ce qui les oblige à retomber. Les plus petits, qui n'ont que la grosseur des petits goujons, ont les ailes arrondies par le bout, plus courtes, & beaucoup plus larges que les autres. Ces Poissons donnent souvent en volant contre les voiles des Navires, & tombent même en plein jour sur le tillac. Ceux qui en ont mangé les trouvent très-délicats. Ce qui les oblige à quitter la mer, c'est qu'ils veulent éviter plusieurs grands Poissons, & entre autres la Dorade, dont ils sont cruellement poursuivis, mais ils ne sont pas plûtôt en l'air, qu'un grand nombre d'oiseaux fondent sur eux, & en tuent & dévorent autant qu'ils en peuvent attraper. S'ils retombent dans la mer, les grands Poissons en font leur curée.

On donne le nom de *Poissons*, à une Constellation qui fait le douziéme signe du Zodiaque où le Soleil entre au mois de Janvier. Elle a trente-quatre étoiles selon les uns, & trente-neuf selon les autres.

Poisson. Mesure qui tient la moitié d'un demi-septier, & dont on se sert pour mesurer quelque sorte de liqueur, comme le lait. Ce mot en ce sens, vient du Latin *Potio.*

POISSONNERIE. s. f. Halle où l'on vend le Poisson. On dit à Lyon, *La pêcherie*, & non *Poissonnerie*, comme disent les Furetieristes; à Nantes, *La cohue au poisson.*

POISSONNIERE. s. f. Ustencile de cuisine, qui est un vaisseau de cuivre fait en long, mediocrement creux, avec des rebords & une ance. On l'étame proprement, & on y fait cuire du poisson.

POITRAIL. s. m. La partie du devant du Cheval, qui est au dessous du gosier, & au devant des épaules. On appelle aussi *Poitrail*, la bande de cuir, qui passe par devant le Poitrail du Cheval, pour tenir la selle ferme, & l'empêcher d'aller en arriere quand le Cheval monte. Ce mot vient du Latin *Pectorale.*

Poitrail, se dit aussi d'une grosse piece de bois qu'on pose de travers sur des piés droits de pierre, sur des colomnes, des pilastres, ou de gros murs. Elle porte tout un pan de charpenterie, & quelquefois tout un mur de maçonnerie. C'est ce qu'on appelle *Architrave*, dans l'Architecture. C'est aussi une piece de bois de 4. à 5. pouces en quarré qu'on passe dans les jumelles de devant d'un pressoir pour soûtenir le fût quand il est dans son repos.

POITRON. s. m. Espece de Prune jaune, qui est la moindre de toutes les Prunes.

POIVRE. s. m. Sorte d'Aromate chaud au troisiéme degré, qui vient en grains, & dont on se sert pour l'assaisonnement des viandes. La plante qui le produit est sarmenteuse, pliable & pleine de nœuds. Les grains qui n'ont presque point de queue, viennent en grappes, & chaque branche en produit ordinairement six, longues de trois doigts, & pareilles à celles des raisins. Chaque grappe de Poivre a trois feuilles qui la couvrent. Il y a du Poivre mâle qui a ses feuilles plus grandes. Le Poivre femelle les a plus petites, plus pointues, & representant un cœur. Ces feuilles ont une longue queue, & sont vertes en dehors, & jaunâtres en dedans. Le Poivre nous vient des Indes, & les lieux qui en produisent le plus, sont Malabar, Conor, Calicut, Cranganor, Cochim, Camper, & Andragir dans l'Isle de Sumatra, Bantam, & plusieurs autres lieux dans celle de Java. Celui de Sumatra est estimé le meilleur de toutes les Indes après le Poivre de Cochim. On le plante ordinairement au pié d'un autre arbre, ou bien on l'appuie de cannes ou de perches, à cause que son bois étant aussi foible que celui de la vigne, ne pourroit se soûtenir s'il n'avoit pas un appui. Il vient à de petites branches comme la groselle rouge ou comme le genievre. Il est vert tant qu'il tient à l'arbre, & ne se noircit que quand on l'a cueilli & seché, ce qui se fait en Decembre & Janvier. Quelques-uns disent qu'il y a des Poivriers qui produisent du Poivre blanc, mais non en si grande quantité. C'est le fruit d'une plante rampante à terre, qui a ses feuilles tout-à-fait semblables à celles de nos groselles. Après ces feuilles naissent de petites grappes garnies de grains ronds, verts dans leur commencement, & qui deviennent grisâtres quand ils ont atteint leur maturité. Cependant les Auteurs modernes demeurent d'accord que le Poivre blanc vient de la même plante, & qu'il se fait de Poivre noir qu'on arrose & qu'on humecte de l'eau de la mer, en l'exposant ensuite au Soleil, & en rejettant l'écorce, qui alors abandonne le grain, ce qui est cause qu'il se trouve blanc.

Il y a aussi un *Poivre long*. Le Sieur de Mandeslo dans son Voyage des Indes, dit qu'il ne vient qu'en Bengala, & que c'est une autre sorte de fruit, de la forme d'un fer d'aiguillette, mais un peu plus gros, ridé & grisâtre, contenant une certaine petite graine blanche, qui a le même goût & le même usage que le Poivre commun. Selon ce que rapporte le Pere du Tertre, il y a une très-grande quantité de Poivre long dans toutes les Isles de l'Amerique, qui donne très-bon goût aux viandes avec lesquelles on en fait cuire la graine. Elle vient à un arbrisseau qui croît à la hauteur de sept à huit piés. Ses feuilles sont larges comme les grandes feuilles du Plantain, en forme de cœur, minces, seches, & d'une odeur forte & aromatique. Ses branches sont menues & nouées de demi-pié, ou quelque peu davantage. La decoction de ses rejettons & de ses racines, prise avec un peu de sucre, dissipe les humeurs grossieres du corps & guerit les hydropiques. Si on applique ses feuilles sur de vieux ulceres, c'est un remede assuré sans qu'il soit besoin d'aucune autre emplâtre. Ces mêmes feuilles mêlées dans des bains chauds, sont singuliers aux fluxions froides. Le bois de cet arbrisseau est fort tendre & fort moëlleux, & quand on le coupe de travers, il marque de petites rosettes ou rayons ainsi que le gui de chêne. Les Sauvages au défaut des cailloux employent ce bois pour en faire des fusils à allumer du feu quand ils veulent. Ils en prennent un morceau bien sec, long d'un pié ou environ, & font un petit trou au travers, un peu plus étroit en bas qu'en haut, & comme pour fourrer un petit pois. Ensuite ils font une petite verge d'un bois fort dur, un peu pointue par le bas, & de la grosseur du petit doigt, en sorte qu'elle s'ajuste à la forme du trou, sans passer que de fort peu par dessous. Cela fait ils serrent ce morceau de bois par les deux bouts entre les genoux, puis frottant la petite verge avec leurs mains, ils la font tourner si vîte que la violence de la friction fait tomber au dessous de ce trou, de petites bluettes de feu, qui étant reçues dans du coton, l'allument au même instant.

Il se trouve encore un *Poivre long noir*; il est peu connu & fort rare en France. C'est le fruit d'une tige rampante qui ne produit ni feuilles ni fleurs. Elle jette seulement cinq ou six têtes, grosses comme le bout du pouce & à demi-rondes, d'où sortent plusieurs gousses de la longueur du petit doigt, brunes au dessus & jaunâtres au dedans. Ces gousses sont divisées par nœuds, dont chacun contient une petite feve, rougeâtre dedans & noire dessus, sans avoir presque ni goût ni odeur. On appelle aussi ce Poivre *Grain de Zelim*, ou *Poivre d'Ethiopie*. La gousse où est contenue la petite féve, est d'un goût acre, chaud, piquant & assés aromatique, & c'est cette grande acrimonie qui oblige les Ethiopiens à s'en servir pour remedier au mal de dents.

On appelle *Poivre à queue* ou *Poivre musqué*, De petits fruits qu'on n'en sçauroit remarquer la difference que par leur petite queue, & parce qu'ils sont un peu plus gris que le Poivre. On les appelle autrement *Cubebes*.

Le *Poivre de Guinée*, dit autrement, *Corail de jardin*, est un Poivre rouge dont il y a de trois sortes. L'un vient en gousse, & il est de la grosseur & de la longueur du pouce; l'autre est plus menu, & vient presque en forme de faucille, & comme relevé en bosse, & le troisiéme est le plus petit, & presque tout rond. On n'apporte que de la premiere espece de ces trois sortes de Poivre, & on laisse les deux autres aux Sauvages, comme étant trop acres. La Plante qui porte le Poivre de Guinée est fort commune dans le Languedoc, où il s'en cultive beaucoup, en sorte qu'il s'en trouve presque dans tous les jardins. Les Vinaigriers s'en servent pour faire du vinaigre.

POIX. f. f. Resine brûlée & mêlée avec la suye du bois dont elle est tirée. Il y en a une liquide & une solide. Pour faire la Poix, on prend une grande quantité de torches que l'on appelle en latin *Tedæ*. Ce sont de vieux Pins que la quantité de resine a fait mourir, en bouchant les pores & les conduits par où ils doivent avoir leur nourriture, & suffoquant leur chaleur naturelle vegetative. On range toutes ces torches dans un grand creux fait exprès, & on les couvre par dessus, de telle sorte que la fumée ne puisse s'exhaler, de même qu'on fait en brûlant le bois pour en faire du charbon. Ces torches que l'on allume distillent leur liqueur resineuse, qui sort par un canal fait à ce dessein dans la partie inferieure du creux, & qui est reçue dans des vaisseaux préparés. Celle qui sort la premiere, est comme une serosité qu'on pourroit appeller *Phlegme*; la seconde est la Poix liquide, & la troisiéme, comme étant la plus tenace, lorsqu'elle se refroidit dégenere en seche. Si on la recuit on l'appelle *παλίμπισσα*, c'est-à-dire, Poix recuite. Il y a une autre Poix qu'on appelle *Poix navale*. Ce n'est pas celle dont on se sert pour enduire les Navires nouvellement fabriqués, mais la Poix qu'on racle des vieux Navires & qui a acquis une vertu astringente de l'eau de la mer. La Poix liquide ramollit, digere, cuit l'humeur qu'elle change en pus, & dissipe les duretés du siege & de la matrice. La seche produit les mêmes effets avec moins de force, mais elle desseche plus puissamment, & elle est beaucoup plus propre à rejoindre les ulceres. En Latin *Pix*, en Grec *πίσσα*.

On appelle, *Poix de Bourgogne*, Une Poix blanche qui tire sur le jaune, qui vient de certains arbres résineux qui se trouvent dans la Franche-Comté, vers le mont Jura.

Dioscoride parle de l'huile de Poix & de la suye de la Poix liquide. Il dit que l'*Huile de poix* se fait en separant l'aquosité qui nage sur la Poix, comme le lait clair nage sur le lait; qu'ensuite on couvre avec de la laine nette bien étenduë la marmite où cuit la Poix; qu'après que cette laine s'est abreuvée des vapeurs de la peau qui cuit, on l'espreint en un autre vaisseau, & que l'on poursuit cette maniere jusqu'à ce que la Poix soit tout à fait cuite. Elle a les mêmes proprietés que la Poix liquide, & en s'en oignant avec de la farine d'orge, elle fait revenir les cheveux qui tombent. Cette huile est bonne aussi aux ulceres & au farcin des bêtes à quatre piés. Quant à la *Suye de la poix liquide*, il faut pour la faire, mettre la Poix en une lampe neuve qui ait sa meche. Après qu'on l'a allumée, on met cette lampe en un vase de terre fait en forme de four, rond au dessus & vouté, & ouvert en bas comme sont les fours. Ce vaisseau étant couvert, on laisse brûler la Poix en sorte qu'elle soit entierement consumée, puis on y en remet d'autre, jusqu'à ce qu'on ait de la suye suffisamment. Cette suye a une vertue aigue & astrictive, & l'on s'en sert aux linimens que l'on fait pour embellir les sourcils & pour leur donner de la couleur. Elle est bonne aussi pour faire renaître le poil aux paupieres dénuées. C'est encore un bon remede pour les yeux qui pleurent, & pour les ulceres qui y viennent.

POL

POLACRE. f. f. Vaisseau Levantin dont on se sert dans la Mediterranée, & qui porte des voiles quarrées au grand mât & au beaupré & des voiles latines à la misaine & à l'artimon. Il va à voiles & à rames & porte couverte. On l'arme de pierriers & de cinq ou six canons quand on l'employe pour le service des grands Vaisseaux. On l'appelle aussi *Polaque*.

POLAINE. f. f. Vieux mot de Marine, qui a été dit au lieu de *Poulaine*. Nicod en parle en ces termes. *Polaine en fait de Navires, est l'équipage de la fleche telle que s'ensuit. Par dehors la proue du Navire, environ douze Piés, & parsus l'estrave, sort une piece de bois appellée* Fleche, *soutenuë hors ladite proue par une courbe clouée à l'estrave & à la même fleche, & par dedans aboutie sur le bau, qui est joignant les équibiens. Sur le bout de ladite fleche est dressée une piece de bois, de trois ou quatre piés de haut, faite en forme de S, & aux deux côtés d'icelle fleche sont deux soliveaux forts, se venans join-*

dre à la pointe de ladite fleche d'un bout, & de l'autre s'en vont en eslargissant contre le Navire un peu au dessus les equibiens. Au milieu dudit S, & de chasque côté d'icelui, est attaché un petit soliveau arrondi par le dehors, qui de l'autre bout s'attache contre le Navire, & la forme que cela rend s'appelle Lice, *en estant fait tout autant au bout dudit S. Or ladite fleche ainsi equippée & assortie se nomme* Polaine, *laquelle sert à serrer le beaupré.*

POLASTRE. f. m. Terme de Plombier. Poële quarrée de cuivre fort mince, dans laquelle on met de la braise & qu'on fait entrer dans de gros tuyaux quand il est necessaire de les chauffer par dedans pour les souder. Cette poële est de deux ou trois piés de long sur quatre ou cinq pouces de large, & autant de haut.

POLE. f. m. Terme de Mathematique. Quand un globe tourne sur son centre de quelque sens que ce soit, il y a necessairement sur sa surface un cercle où le mouvement est le plus fort & le plus viste des deux côtés de ce cercle le mouvement va toûjours en se rallentissant jusqu'à deux points qui en sont également éloignés de part & d'autre, & qui sont immobiles. Ce sont ces deux points qu'on appelle *Poles*, de πολέω, *je tourne*, parce que c'est sur ceux qui demeurent immobiles que tout le globe tourne. La ligne qui les joint en passant par le centre, & qui est toute composée de points immobiles aussi est l'*Axe*, (voyez AXE,) si le mouvement du globe se fait dans un autre sens que le premier qu'on aura déterminé, il y aura un autre cercle où se fera le plus grand mouvement d'autres Poles, & un autre axe. Les *Poles* sont également *Poles du globe*, ou *poles* de ce *cercle* où se fait le plus grand mouvement, ou *Poles de l'Axe*, ou *Poles de ce mouvement*. Ce cercle du plus grand mouvement a toûjours le même centre que la sphere en quelque sens que se fasse le mouvement, c'est ce qu'on appelle un *grand cercle*, (voyez CERCLE & SPHERE,) & par conséquent tous les grands cercles ont le même centre, c'est-à-dir, tous ceux sur lesquels on peut imaginer que se fasse un mouvement, mais ils ont tous differens Poles, qui sont toûjours à 90. degrés de leur circonference. Des deux côtés d'un grand cercle on en peut imaginer qui lui sont paralleles, qui ont tous differens centres pris dans l'axe du globe, & qui vont toûjours en diminuant jusqu'aux Poles du grand cercle, qui sont aussi ceux de tous ses *Paralleles*. Quand un globe se meut selon un grand cercle déterminé, tous les points de sa surface pris hors de ce grand cercle, se meuvent par de petits cercles qui lui sont paralleles. Deux grands cercles d'une sphere se coupent toûjours par la moitié, mais pour se couper à angles droits il faut qu'ils passent par les Poles l'un de l'autre, & quand deux grands cercles se coupent à angles droits, ils coupent par la moitié tous les petits cercles paralleles l'un à l'autre.

On ne laisse pas d'imaginer dans une sphere de grands cercles avec leurs paralleles & leurs poles, quoiqu'on ne prétende pas qu'il se fasse aucun mouvement sur eux, mais il s'y en pourroit faire.

Dans la Sphere du Monde, il n'y a que deux mouvemens réels & effectifs, celui qui est commun à tous les corps celestes d'Orient en Occident en 24. heures, & celui qui leur est propre & inégal en tous d'Occident en Orient. Le premier se fait sur les Poles de l'Equateur, le second sur ceux du Zodiaque.

Le premier mouvement étant universel, égal dans tous les corps celestes, & le plus sensible, les Poles sur lesquels il se fait sont appellés *Poles du Monde*, ou simplement *Poles*. L'un est appellé Pole *Arctique*, ou *Septentrional*, l'autre Pole *Antarctique*, ou *Meridional*. Voyez ARCTIQUE & ANTARCTIQUE.

Nous appellons simplement Pole le Pole Arctique, parce que c'est celui vers lequel nous habitons, & le seul qui nous soit visible. Ainsi nous disons Hauteur ou Elevation du Pole, pour dire, la hauteur ou l'élevation du Pole Arctique.

Pole, selon Nicod, se dit aussi d'une espece de poisson plat, fort approchant de la sole.

POLEMIENS. f. m. Sectateurs de l'Heresie de Polemius qu'on a confondus avec les Apollinaristes, à cause qu'il avoit tiré ses erreurs des Livres d'Apollinaire. Il les débita dans le quatriéme siecle vers l'an 373. & disoit entre autres choses qu'il s'étoit fait une mixtion du Verbe & de la chair.

POLEMIQUE. adj. On appelle *Livres polemiques*, les Livres des Auteurs qui font des critiques les uns contre les autres. Ce mot est Grec πολεμικὸς, de πόλεμος, Guerre.

POLEMONIA. f. f. Herbe dont les branches sont menues, & les feuilles disposées des deux côtés en maniere d'ailes. Ces feuilles sont un peu plus longues & plus larges que celles de rue, & semblables aux feuilles de calament ou de la corrigiole. A leur cime sont certains corymbes qui ont une graine noire. Sa racine est blanche, longue d'une coudée, & semblable à celle de l'herbe aux foulons. Cette racine prise en breuvage avec du vin, est bonne à la dysenterie, & contre les serpents, & prise avec de l'eau, elle est singuliere aux difficultés d'urine & aux sciatiques. La Polemonia que Dioscoride dit que quelques-uns appellent *Phileteria*, & ceux de Cappadoce *Chyliodynamis* croît aux montagnes & aux lieux âpres. Les uns tiennent qu'elle a pris le nom de πολεμώνιον, que les Grecs lui donnent, de πόλεμος, Guerre, à cause que deux Rois fort anciens ont entrepris un combat, chacun pour soûtenir qu'il en étoit l'inventeur. Les autres prétendent qu'elle a été appellée ainsi à cause qu'elle combat les poisons. Matthiole ne dit point qu'il ait connu la Polemonia. Il se contente de reprendre Brasardus qui la croit être l'herbe appellée en Italie *Lavanese*, ou *Galega*, ou *Ruta Capraria*, & Fuchsius, qui croit que Polemonia est l'herbe que les Apothicaires nomment *Ben album*.

POLICAN. f. m. Instrument fait en forme de tenailles, dont les Chirurgiens se servent, quand ils ont des dents à arracher. Il est crochu par un bout, & arrondi par l'autre.

POLICE. f. f. *Ordre, reglement qu'on observe dans un Etat, dans une Republique, dans une Ville.* ACAD. FR. Ce mot vient du Grec πόλις, Ville; mais quand on dit en termes de Marine, *Police d'assûrance*, il vient de l'Espagnol *Poliça*, billet cedule. La *Police d'assûrance*, est un contrat par lequel un particulier s'oblige de reparer les pertes & les dommages qui arriveront à un vaisseau ou à son chargement pendant un voyage, ce qui se fait moyennant certaine somme que l'assûré paye à l'assûreur, lorsque le Vaisseau est de retour. On dit sur la Mediterranée, *Police de chargement*, pour dire, Un écrit par lequel le Maître d'un Navire confesse avoir reçû dans son bord telles & telles marchandises, & s'oblige de les porter dans les lieux qui lui sont marqués par celui qui les envoye.

POLISSOIR. f. m. Instrument qui sert à polir. C'est ordinairement une dent de loup, de chien, de renard, de pierre sanguine. Les Orfevres, & les ouvriers qui travaillent sur les métaux, ont des polissoirs d'acier, d'émeril, ou de dent de loup, &

ceux qui travaillent en marqueterie ont un Polissoir de jonc. Ils disent aussi *Poliment*.

POLISSOIRE. s.f. Sorte de grosse brosse de jonc dont on se sert pour polir les quadres & les bordures des miroirs & des tableaux.

On appelle aussi *Polissoire*, Une meule de bois dont les Couteliers & les Emouleurs se servent pour polir les outils émoulus.

POLIUM. s. m. Petite plante qui ne vient pas plus haute que la main, & qui pousse grand nombre de petites tiges d'une même racine, ayant un goût & une odeur assés aromatiques. On en trouve quantité en Provence & en Languedoc, tant dans les plaines & lieux sablonneux que sur les montagnes. Cela répond à ce que dit Dioscoride, qu'il y a deux especes de Polium. Celui des montagnes qui est en usage, & que l'on appelle *Teuthrion*, est une petite herbe blanchâtre, qui a ses feuilles longuettes, dentelées tout autour, & qui environnent la tige par intervalles, depuis la racine jusques à la cime. D'entre ces feuilles il en sort d'autres beaucoup plus petites. Il a plusieurs tiges droites accouplées ensemble comme de petites têtes, & qui ressemblent à la chevelure d'un vieil homme, ce qui lui a fait prendre le nom de *Polium*, du Grec πολιὸς, qui veut dire, Qui a les cheveux blancs. Toute l'herbe est odorante, mais d'une odeur aigue & un peu fâcheuse. L'autre Polium jette plus de branches, & outre qu'il n'est pas si odorant, il n'a pas tant de vertu. Sa décoction prise en breuvage est bonne aux piquûres des serpents, aux hydropiques & à la jaunisse, & prise avec du vinaigre, elle sert à ceux qui sont incommodés de la rate. Galien dit que le Polium est amer au goût & un peu acre & mordant, & qu'ainsi il désoppile toutes les parties nobles & interieures, & émût le flux menstrual ainsi que l'urine. Etant vert il est bon à souder les plaies & celles sur-tout qui sont profondes. Celui qui jette le plus de branches y est le plus propre. Sec & enduit il est singulier pour les ulceres malins & malaisés à guerir.

Matthiole met entre les especes de Polium une plante que les Herboristes nomment *Iva muscata*, & dit qu'elle s'y rapporte entierement, tant par la figure de ses têtes, feuilles & tiges, que par son odeur & par sa proprieté. Elle croît sur les côtaux, & principalement aux lieux secs, rampant par terre, & jettant quantité de feuilles qui sont un peu moindres que celles du Rosmarin commun, plus dures, & blanches à l'envers. Ses tiges sont minces, rondes, blanchâtres & souples, & produisent à leur cime de petites têtes, aussi blanchâtres, & presque semblables à l'autre sorte de Polium. Sa racine est entierement la même, & toute la plante n'a pas une odeur moins aigue que l'autre, mais elle ne frappe pas si-tôt le nez.

POLTRON. s. m. Vieux mot. Lit. Il vient de l'Italien *Poltro*, qu'on trouve dans la même signification. C'est de-là que quelques-uns font venir le mot de *Poltron*, qui veut dire, Lâche, faineant, qui manque de courage, à cause que les faineans aiment à se tenir dans le lit. D'autres dérivent ce mot de *Poltron*, pour dire, Lâche, de l'Italien *Poletro*, ou *Poltro*, Poulain, à cause que les jeunes chevaux ou poulains, ont accoûtumé de fuir quand on s'en approche, & d'autres veulent qu'il vienne *à pollice truncato*, à cause que ceux qui vouloient se dispenser d'aller à la guerre, se coupoient le pouce. Il y a grande apparence que c'est dans ce dernier sens qu'on a appellé *Oiseau poltron*, Un oiseau de proie auquel on a coupé les ongles des pouces, qui sont les doigts de derriere où consiste sa force, pour lui faire perdre le courage, & l'empêcher de voler le gros gibier.

POLYCHRESTE. s. m. Terme de Pharmacie. Il se dit d'un Medicament qui est employé à plusieurs usages, du Grec πολύχρηστος, Utile à beaucoup de choses, formé de πολὺ, Beaucoup, & de χρήσιμος, Utilité. On appelle *Sel polychreste*, Un sel artificiel qui se fait sur le feu par projection avec du souffre & du nitre en cristaux.

POLYCNEMON. s. m. Herbe qui jette un grand nombre de branches, & dont les feuilles ressemblent à celles de l'Origan. Sa tige est semblable à celle du poulior, & compartie par differends nœuds. Elle ne produit point de bouquet, mais elle jette de petits boutons à sa cime, qui sont de bonne odeur & acres. Galien dit que le Polycnemon est chaud & sec au second degré, & qu'ainsi il est bon à souder des plaies. Matthiole avoue qu'il n'a jamais vû de Polycnemon. Ce mot est Grec πολύκνημον.

POLYEDRE. s. m. Terme de Geometrie. Corps terminé par plusieurs plans rectilignes, & qui peut être inscrit dans une sphere. Voyez INSCRIT. Le Polyedre est *regulier* ou *irregulier*. Le regulier est celui dont tous les plans sont égaux & semblables. L'irregulier est celui dont tous les plans ne sont pas égaux & semblables. Il n'y a que cinq Polyedres reguliers, le Tetraëdre, l'Exaëdre, l'Octaëdre, le Dodecaëdre, & l'Icosaëdre, ainsi nommés du nombre de leurs plans. Voyez ces mots. Le mot de Polyedre est Grec πολύεδρος, Qui a plusieurs sieges, de πολὺ, Beaucoup, & de ἕδρα, Siege.

On appelle *Lunettes polyedres*, des lunettes à plusieurs facettes qui multiplient les objets. Il y a aussi un *Polyedre gnomonique*. C'est une pierre à plusieurs faces sur laquelle sont plusieurs sortes de cadrans.

POLYGALA. s. f. Herbe de la hauteur d'un palme, qui a ses feuilles comme la lentille, & un goût astringent. En Grec πολύγαλον, de πολὺ, Beaucoup, & γάλα, Lait, à cause qu'elle fait venir le lait en abondance aux nourrices.

POLYGAMISTES. s. m. Heretiques du seiziéme siecle, qui approuvoient qu'un homme se mariât à plusieurs femmes. On tient que l'Auteur de cette Secte a été Bernardin Ochin, qui abandonnant l'Ordre des Capucins, dont il avoit été General, passa chés les Heretiques. Ce mot vient de πολὺ, Beaucoup, & de γαμεῖν, Se marier.

POLYGLOTTE. adj. Nom donné à la Bible qui a été imprimée avec les Langues Orientales. Il y a plusieurs Bibles Polyglottes, dont la premiere a été imprimée en Espagne en Langue Hebraïque, Chaldaïque, Grecque & Latine. C'est celle du Cardinal Ximenés. Elle est en six volumes, & on l'appelle la *Bible de Complute*. Il y a aussi une Polyglotte d'Anvers, qu'Arias Montanus y fit imprimer en 1572. on l'appelle autrement la *Bible Royale*, ou la *Bible de Philippe second*. La Polyglotte de Paris que M. le Jay President, & non pas Avocat comme dit Fuschere, a fait imprimer avec des dépenses extraordinaires la surpasse de beaucoup, aussi bien que celle de Complute. On n'a rien vû jusqu'à present qui égale la beauté de cet ouvrage, tant pour les caracteres que pour le papier. *Polyglotte* est un mot Grec, formé de πολὺ, Beaucoup, & de γλῶττα, Langue.

POLYGONATUM. s. m. Plante dont la tige est haute d'une coudée, & quelquefois plus, & qui a ses feuilles semblables à celles du laurier, mais plus lissées & plus larges. Ces feuilles sont comparties d'un plus grand nombre de veines fermes, inégales,

& d'un goût qui a quelque peu d'astriction. Ses fleurs sont blanches, & sortent du même lieu que les feuilles, trois à chaque queue, qui rendent des perles grosses comme un pois, de couleur noir tirant sur le vert, & quelquefois rousses. Sa racine est blanche, tendre, semblable à celle des roseaux, peu profonde, longue, épaisse, pleine de nœuds, & d'une odeur un peu forte. Cette racine enduite est fort bonne pour les plaies. Matthiole dit que les Dames en Italie en font une eau qui leur embellit la peau du visage & en fait partir toutes les taches. Il ajoûte que quelques-uns l'appellent *Sigillum Mariæ*, ou *Sigillum Salomonis*, sans qu'il en ait pû sçavoir la raison, & refute Manardus qui prend le Secacul des Arabes, pour le vrai Polygonatum. Ce mot est Grec πολυγόνατον, & il est fait de πολὺ, Beaucoup, & de γόνυ, Genouil, ce qui l'a fait appeller en François *Genouillet*, à cause des nœuds de sa racine.

POLYGONE. s. m. Terme de Geometrie. Figure rectiligne qui a plus de quatre côtés, car on ne commence qu'au Pentagone, qui a cinq côtés à donner le nom de Polygone. Ensuite viennent l'Exagone, l'Eptagone, l'Octogone, l'Enneagone, le Decagone, l'Ondecagone, le Dodecagone, ainsi nommés du nombre de leurs côtés, six, sept, &c. Le Polygone est *regulier* ou *irregulier*, le regulier est celui qui a tous ses angles & tous ses côtés égaux, l'irregulier, celui qui ne les a pas. Il est clair que dans un Polygone, soit regulier soit irregulier, si d'un des angles on tire des lignes aux autres pour faire autant de triangles qu'il se pourra, il se formera autant de triangles qu'il y aura de côtés moins deux, & comme chaque triangle vaut 180. dégrés, tous les angles du Polygone vaudront autant de fois 180. dégrés, qu'il y aura de côtés au Polygone moins deux. Ainsi tous les Angles d'un Pentagone vaudront trois fois 180. dégrés, ou 540. Si le Polygone est regulier, on l'imagine *inscrit* dans un cercle, (voyez INSCRIT,) dont le centre devient celui du Polygone. On trouve la somme de tous ses angles de la façon que nous venons de dire, & comme ils sont tous égaux on n'a qu'à diviser cette somme par le nombre des côtés du Polygone, & on a la valeur de chaque angle 540. divisé par 5. donne 108. pour chaque angle du Pentagone. C'est cet angle formé par deux côtés qu'on appelle *angle du Polygone*, par opposition à l'*angle du centre*, qui est formé par deux rayons tirés du centre du Polygone aux deux extrémités d'un même côté. Cet angle est toûjours le complement de celui du Polygone jusqu'à 180. l'angle du centre du Pentagone est donc de 72. dégrés. Plus le Polygone a de côtés, moins il differe du cercle dans lequel il est inscrit, & il peut avoir tant de côtés qu'il ne differera du cercle que d'une grandeur moindre que quelqu'autre grandeur que l'on puisse déterminer, & à la fin si l'on imagine un *Polygone infini*, c'est-à-dire, à une infinité de côtés, il ne differera nullement du cercle, & toutes ses proprietés conviendront au cercle, Voyez CERCLE.

On appelle en termes de Fortification, *Polygone exterieur*, celui qui aboutit aux pointes des bastions, & *Polygone interieur*, celui qui aboutit à leurs centres. Ce mot est Grec, πολύγωνος, de πολὺ, *beaucoup*, & de γωνία, *angle*.

En Arithmetique, il y a des *Nombres Polygones*. On prend une progression arithmetique dont le premier terme est l'unité, & quelque soit la difference qui regne dans la progression, en faisant la somme des deux premiers termes, ou des trois premiers, ou des quatre premiers, &c. on trouve des nombres qui peuvent être arrangés ou en forme de triangle, ou en forme de quarré, ou de Pentagone, ou d'Exagone, &c. ce qui a fait donner à ces nombres le nom de *Polygones*. Leur difference figure dépend de la difference qui regne dans la progression. Si cette difference est 1, alors la progression est la suite naturelle des nombres 1, 2, 3, 4, &c. & la somme des deux premiers termes qui est 3, ou celle des trois premiers, qui est 6, ou des quatre premiers qui est 10. &c. sont des *nombres triangulaires*, parce qu'ils peuvent être disposés en triangles équilateraux. Si la difference de la progression est 2, la progression sera la suite naturelle des nombres impairs, & en les ajoûtant toûjours ensemble, on trouvera toûjours des nombres qui peuvent être disposés en quarré, & qui effectivement sont quarrés. Si la difference est 3, la progression sera 1, 4, 7, &c. & les sommes des nombres qui la composent, seront 5, 12. &c. qui sont des *Nombres pentagones*. Et ainsi de suite, la difference de la progression augmentant d'une unité, le Polygone numeral augmente d'un côté. La somme des deux premiers termes a toûjours autant d'unité que le Polygone a de côtés, & l'on peut juger par là quelle sorte de Polygone une progression formera.

POLYGRAPHIE. s. f. l'Art d'écrire en diverses façons cachées. Il se dit aussi de l'art de déchiffrer, de πολὺ, *beaucoup*, & de γράφειν, *écrire*.

POLYNOME. s. m. Terme d'Algebre. C'est la même chose que *Multinome*, grandeur composée de plusieurs grandeurs incommensurables entre elles. S'il n'y en a que deux ou trois, ou quatre, on dit, *Binome*, *Trinome*, ou *Quadrinome*.

POLYPE. s. m. Sorte de poisson appellé ainsi de πολὺ, Beaucoup, & de πούς, Pié, à cause qu'il a plusieurs piés, ou façons de mains avec quoi il prend ce qu'il veut manger. Il y en a qui disent que quand il n'a pas de quoi se nourrir, il mange quelquefois ses piés, qu'il a au nombre de huit, & que ce qu'il en a mangé renaît. Ce poisson jette une humeur, qui est de couleur de pourpre.

Polype, Terme de Medecine. Chair superflue dans les narines qui nuit à la respiration & à la parole. Elle pend quelquefois jusque sur la levre, & croît aussi en derriere, bouchant le trou du palais, par où l'air & les excremens descendent du nés au détroit de la gorge, avec danger que le malade n'en soit étranglé. Cette excrescence a été nommée *Polype*, à cause de la ressemblance quelle a avec le pié du poulpe marin. Il s'en trouve dans d'autres parties & même dans le cœur, ce qui est mortel.

POLYPODE. s. m. Plante, haute d'un palme qui croît sur des pierres moussues & sur de vieux troncs d'arbres, & particulierement sur ceux des chênes. Elle est semblable à la fougere, quoiqu'un peu velue, & n'étant pas déchiquetée si menu. Sa racine qui est verte au dedans a certaines nodosités de la grosseur du petit doigt, comme on en voit aux poulpes de mer, & un goût quelque peu âpre & douceâtre. Le Polypode est laxatif, & pour le rendre tel, il le faut cuire avec une poule ou du poisson, ou avec des betes ou des mauves; c'est ainsi qu'en parle Dioscoride. Matthiole fait mention d'une seconde espece de Polypode qui a la feuille comme le cetrac, mais plus longue, plus verte, & plus déchiquetée & repliée. Il dit que peu de personnes la connoissent. Sa racine est semblable à celle de l'autre Polypode, quoique plus menue & plus grêle. Il ajoûte que Mesué fait grand cas du Polypode qui croît sur les troncs des arbres, & sur-tout des chênes, le préferant à celui qui croît en terre ou sur les pierres chargées de mousse, qui est fort contraire à l'estomac qu'il renverse & qu'il remplit de ventosité à cause de l'abondance de l'humeur qu'il a, qui est crue & indigeste. Galien dit que le Polypode abonde en qualité douce & âpre, de sorte qu'on le peut juger fort dessicatif sans aucune mordication. Il faut choisir celui qui est de substance compacte; d'un rouge noir par dehors, interieurement vert, noueux, garni de cheveux ou de filamens, & d'une saveur mêlangée de doux & d'austere. On l'a appellé πολυπόδιον, de πολὺ, Beaucoup, & de πὸς, Pié, ou à cause que cette plante s'attache aux pierres & aux arbres par plusieurs racines, ou parce que sa racine est fort chevelue.

POLYSPASTE. s. m. Sorte de machine qui par le moyen de trois mousles contenant plusieurs poulies, sert à élever des fardeaux en peu de tems. M. Perrault qui en a fait la description, dit qu'on a une longue piece de bois, levée & arrêtée des quatre côtés avec des cordes; qu'au haut de cette piece de bois un peu au dessous de l'endroit où ces cordes sont attachées, on cloue deux amarres, ausquelles on attache la mousle avec des cordes, qu'on appuye la mousle par une regle longue environ de deux pieds large de six doigts, & épaisse de quatre; que les mousles ont chacune selon leur largeur trois rangs de poulies, ensorte qu'il y a trois cables, qui étant attachés au haut de la machine viennent passer du dedans au dehors sous les trois poulies qui sont au haut de la mousle inferieure; que retournant à la mousle superieure ils passent dehors en dedans sur les poulies qu'elle a en bas; que de là descendant à la mousle inferieure, ces cables passent encore du dedans au dehors sur les poulies qui sont au second rang, & retournent à la mousle superieure, pour passer sur les poulies qui sont au second rang, & ensuite retourner à la mousle inferieure, & enfin encore à la superieure, où ayant passé sur les poulies qui sont en haut, ils descendent au bas de la machine à une troisiéme mousle, nommée *Artemon*. Cette mousle qui est attachée au pié de la machine, a trois poulies, sur lesquelles passent les trois cables qui sont tirés par des hommes, de sorte que sans vindas trois rangs d'hommes peuvent tirer & élever fort promptement les fardeaux. Il faut avoir de l'adresse pour se bien servir de cette machine. *Polyspaste*, est un mot Grec, formé de πολὺ, Beaucoup, & de σπάω, Je tire.

POLYTRICHON. s. m. Plante qui ressemble à la fougere, mais plus menue, & dont les feuilles sont semblables à celles de lentilles, fort menues, & disposées par ordre l'une contre l'autre en certains petits rameaux, menues âpres & noirs. Elle a les mêmes proprietés que le *Capillus veneris*, & on l'a appellée πολύθριχον, de πολὺ, Beaucoup, & de θρὶξ, Cheveu, à cause que ses tiges ont du rapport avec les cheveux.

POM

POMATIES. s. f. Sorte d'Escargots que Dioscoride dit venir aux montagnes de Genes. Matthiole dit qu'ils sont fort bons, & qu'on les tire de terre en hiver avec une pioche auprès des haies, & au pié des arbres. Leur coquille est blanche comme plâtre & dure, ce qui les arme contre le froid. Ils sont meilleurs sans comparaison que ceux qu'on trouve au Printems & en été, & qui sont agités en ce tems-là, par les pluies & les orages, au lieu que ceux-ci se tiennent cachés en terre pendant tout l'hiver.

POMME. s. f. *Sorte de fruit à pepin, de forme ronde, bonne à manger, & dont on fait le cidre.* ACAD. FR. Il y a diverses sortes de Pommes. Selon Galien les unes sont âpres, les autres aigres, & les autres douces. Il y en a aussi qui ont un goût mêlé, étant ensemble douces & âpres, d'autres aigres & âpres. On en trouve même qui ont les trois goûts ensemble. Les Pommes lâchent presque toutes le ventre, mais particulierement celles qui sont douces, & elles temperent la bile & la melancolie. Les douces sont temperées, les acides & âpres plus froides, & les ameres plus chaudes. Il ne s'en faut pas servir, quelque bonnes qu'elles soient, à moins qu'elles n'ayent mûri sur l'arbre, à cause qu'elles sont froides & de difficile digestion. Celles qui sont bien mûres & qui ont été hivernées, sont fort bonnes aux malades, cuites à la braise. Il les faut donner si-tôt que l'on a mangé, & même quelquefois avec du pain pour fortifier le ventre & l'estomac de ceux qui ont perdu l'appetit, & qui digerent difficilement. Ceux qui ont écrit de l'Agriculture disent que les Pommes qui sont si rouges qu'on les croiroit teintes dans du sang, & qui ont d'ailleurs un goût aigre, ne viennent de cette sorte que parce qu'elles ont été entées sur un Mûrier noir. Les Pommes douces sont souveraines aux mélancoliques.

On appelle *Pomme d'Adam*, De certaines Pommes fort peu differentes des limons. Quoique l'arbre qui les porte ait les feuilles plus grandes & plus larges que celui où les limons viennent, ses branches ne laissent pas d'être fort semblables. La fleur qu'il produit ressemble à celle du citronnier, & son fruit est deux ou trois fois plus grand que l'Orange, ayant l'écorce assés mince, pâle, nerveuse, inégale, à cause des petites fentes qui y paroissent comme si c'étoient des morsures. C'est pour cela que le peuple lui a donné le nom de *Pomme d'Adam*. Ces Pommes rendent force jus, & ont leur chair aigre, qui approche assés de celle des limons, quoique le goût n'en soit pas si bon. Leur graine y est enfermée, pareille en tout à la graine des citrons & des limons. Leur jus a la même proprieté, mais avec moins d'efficace.

Pommes d'amours. Selon Hermolaüs, ces Pommes viennent en une Plante qui croît par tout, comme font les pompons & les melons; aussi les cultive-t'on de la même sorte. Leurs feuilles sont presque semblables à celles de Figuier & leurs fleurs longues, blanches & belles à voir. On les fait cuire ordinairement comme les potirons & les champignons, & on les mange avec de l'huile, du sel & du poivre. Matthiole dit qu'il y en a en abondance en Italie, où on les fait bouillir, puis on les coupe par pieces, après en avoir ôté l'écorce, & on les fricasse en huile ou en beurre, saupoudrées de farine. Cette plante ne se plaît point aux lieux froids, ce qui est cause que son fruit ne vient presque jamais en maturité ni en Allemagne ni en Boheme. Elle n'a qu'une seule tige, haute de demi coudée, branchue, ronde, ferme, purpurine, & velue comme ses feuilles, qui sont âpres, faites à ondes à l'entour, semblables à la Scrammonia, & tirant à celles du grand Solarum. Ses fleurs sont blanchâtres, tirant sur le purpurin, taillées en façon d'étoiles, d'où sort un fruit long & gros comme un concombre de couleur purpurine blanchâtre, & couvert d'une écorce bien lissée, ayant une chair blanchâtre avec quantité de petite graine, semblable à celle du poivre d'inde. Sa racine est peu profonde en terre, & fort divisée. Matthiole ajoûte qu'il n'y avoit pas long-tems que l'on avoit commencé à avoir une autre espece de Pommes d'amours, plates, rondes comme pommes, & divisées par côtes comme des melons. Elles sont vertes d'abord, & quand elles viennent à mûrir, elles sont dorées en quelques plantes, & rouges en d'autres; ce qui fait, dit-il, qu'on les appelle communement *Pommes d'or*. On les mange comme les autres.

Pommes de merveilles. Plante qui jette beaucoup de menus sarmens, qui s'attachent aux arbrisseaux & aux herbes qu'ils rencontrent. Elle a ses feuilles semblables à celles de la coulevrée ou de la vigne, mais plus petites & plus déchiquetées. Sa fleur est jaunâtre, & ressemble aux fleurs de concombre. Le fruit qui en vient va en diminuant d'un côté & d'autre, & a presque la figure d'un œuf. Il devient rouge à la fin, & lorsqu'il est extrémement mûr, il s'ouvre & se creve facilement. Sa peau & sa poulpe sont charnues, & toutes couvertes de petites bosses qui ont une pointe.

Pomme de Pin. On appelle ainsi un ornement de Sculpture qui a de la ressemblance avec une veritable Pomme de pin. Cet ornement se met dans les angles du platfond d'une corniche avec des denticules, ou sur les vases d'amortissement.

On appelle aussi *Pommes*, Certains ornemens qu'on met sur mer aux flames, aux girouettes & aux pavillons. *Pommes de flammes*, sont des manieres de Pommes de bois que l'on tourne en rond ou en cul de lampe, & qui se mettent à chaque bout de bâton de la flamme. Les *Pommes de girouettes* sont aussi en cul de lampe. On les met au haut des fers des girouettes, pour les empêcher de sortir de leur place. Les *Pommes de pavillon* se mettent sur le haut d'un bâton de Pavillon & d'enseigne, & sont tournées, rondes & plates.

POMMELLE. s. f. Instrument de bois sur lequel il y a une manique de cuir. Il est long d'un pié, large d'environ un demi pié, épais d'un bon pouce, & plein de plusieurs dents qui le traversent, & qui sont à quelques distances les uns des autres. Les Corroyeurs se servent de cet instrument pour faire venir le grain au cuir.

POMETE', E'E. adj. Terme de Blason. Il se dit des croix & des rais tournés en plusieurs boules ou pommes. *De gueules, au rai d'escarboucle, pommeté & fleureté d'or*.

POMMETTE. s. f. Petit ouvrage de bois tourné en forme de pommes. On met des Pommettes dorées pour ornement sur les imperiales des carrosses.

Les Couturieres en linge appellent *Pommettes*, De fort petits Pelotons de fil qu'elles placent également sur les poignets des chemises, & de quelque autre besogne, entre les arriere-points.

POMMIER. s. m. Arbre qui porte les pommes, & qui devient assés haut. Il n'a qu'un tronc, dont il jette force branches, qui s'étendent en long & en large. L'écorce tant des branches que du tronc, est assés épaisse, & tire sur la couleur du gris cendré. Il a des feuilles longuettes, verdoyantes, aigues, charnues & un peu dentelées. Elles tombent au commencement de l'hiver, & reviennent en Mai. Ses fleurs sont feuillues & blanches, ou de couleur blanche changeant en rouge. Il a fort peu de racines, & elles sont presque à fleur de terre. Matthiole dit que pour faire porter un Pommier qui a toûjours été sterile, il en faut ceindre le tronc un pié hors de terre avec un cercle de plomb qui soit bien joint, & cela avant que l'arbre fleurisse, & qu'on doit ôter ce cercle lorsque les pommes commencent à croître.

POMPE. s. f. Machine qui sert à élever l'eau. Elle est composée d'un tuyau dont une partie est appellée *Corps de pompe*. Le reste s'appelle *Tuyau de conduite*, ou *Tuyau montant*. Elle a un piston qui s'abaisse & qui s'éleve par le moyen d'une manivelle, & deux soupapes par où entre l'eau. Il y a de plusieurs sortes de Pompes. Celle qu'on appelle *Pompe aspirante*, attire l'eau au dessus de la soupape du corps de pompe jusqu'à la hauteur de trente & un pié & demi, ou à peu près; ce qui se fait par le mouvement d'un piston creux garni d'une soupape, ce piston élevant en même-tems l'eau qu'il avoit fait passer au dessus de sa soupape en s'abaissant. La Pompe appellée *Pompe soulevante*, a son corps de pompe renversé. Son piston, qui est aussi creux garni d'une soupape, agit dans l'eau, qu'il souleve & pousse au dessus de la soupape du corps de pompe dans le tuyau de conduite par le moyen d'un chassis de fer. On l'appelle encore *Pompe à estrier*, à cause que l'on appelle *Estrier* ce chassis de fer. Il y a une *Pompe mixte*, composée en partie de la Pompe aspirante, & en partie de celle qu'on appelle *Pompe de compression*, ou *refoulante*. Cette Pompe refoulante a son tuyau montant à côté du corps de pompe, qui aussi-bien que son piston ressemble en quelque maniere à une seringue commune. Ce piston n'étant pas creux, & n'ayant pas de soupape, comme en ont les autres, l'eau ne passe pas au travers; il l'attire seulement en s'élevant au dessus de la soupape du corps de pompe, & il la pousse en s'abaissant au dessus de l'autre soupape qui est au bas du tuyau montant. Le mot de Pompe vient du Grec πέμπειν, Envoyer, à cause que cette machine envoye l'eau en haut.

La Pompe dont on se sert dans les Navires est une machine propre à puiser & à faire monter les eaux qui entrent dans le fond de cale. Ces eaux ayant été élevées par le moyen de cette machine, qui est longue, creuse & faite en canal, vont tomber dans les dalots. D'ordinaire il y a deux Pompes pes dans un Vaisseau, l'une à stribord, & l'autre à babord. On les place entre le grand mât & le cabestan; & quand il y en a une troisiéme, on la met proche de l'artimon. Il y a une sorte de Pompe qu'on appelle *Pompe à la Venitienne*, à cause qu'elle est d'un fort grand usage parmi les Venitiens. Elle est percée par tout également, & a une verge de bois, qui agissant avec un contrepoids, jette plus d'eau que les autres Pompes. On dit *Charger la pompe*, pour dire, Mettre de l'eau dedans pour attirer celle qui est au fond du Vaisseau, & on dit que *La pompe est prise*, pour dire, qu'On a mis de l'eau dedans, & qu'elle en a assés retenu pour pouvoir servir. On dit aussi que *La pompe se décharge*, pour dire, que L'eau qui y étoit demeurée après avoir pompé, retombe dans le fond de calle, & que cette pompe n'est point en état de servir, à moins qu'on ne la recharge. On dit encore, que *La pompe est haute*, que *La pompe est franche*, pour dire, qu'Il n'y a plus d'eau dans le Vaisseau, & qu'il n'en vient plus à la pompe. On appelle *Pompe éventée*, une Pompe qui est pendue, & qu'il faut accommoder si on veut la faire servir, & *Pompe engorgée*, Celle où il vient du sable avec de l'eau, ou quelque autre chose qui l'empêche de bien attirer.

Pompe. Terme d'Oiselier. Espece d'auget, ordinairement de plomb, qui a une ouverture au milieu pour passer la tête d'un oiseau, & une autre en haut, où l'on fait entrer le goulot d'une phiole pleine d'eau ou de mangeaille, & qui est renversée perpendiculairement sur la pompe.

POMPHOLYX. s. m. Espece de Cadmie artificielle qui s'attache à la voute du fourneau où se fond l'airain, en forme de vessie ou de petite bouteille, le, & qui venant ensuite à croître devient comme un flocon de laine. Il y en a de deux sortes, l'une blanche & si legere, qu'on la feroit presque voler en l'air. Elle est faite de la vapeur de calamine pulverisée quand les forgerons en jettent beaucoup sur le cuivre pour l'affiner. L'autre est bleue & grassette, & se fait quand on ne jette point de calamine sur le cuivre. Le Pompholyx est la vraie Tuthie, differente de celle dont usent les Apothicaires; qui est une espece de calamine ayant une croûte dure comme pierre, au lieu que la vraie Tuthie est faite des étincelles de bronze ou de calamine, & tombe en poudre si-tôt qu'on la touche. Le Pompholyx desseche & nettoye, & est fort bon pour tous ulceres humides & remplis de pourriture, qu'il cicatrise à la fin, sur-tout quand il a été lavé. On l'appelle ainsi du Grec πομφόλυξ, Petite bouteille qui se forme & s'éleve sur l'eau, à cause que la vraie Tuthie est fort legere, & vole par l'air, comme les petites bouteilles que les enfans forment avec de l'eau de savon.

PON

PONCE. s. f. Morceau de toile ou de serge où il y a du charbon broyé, dont les Maîtres à écrire se servent pour tirer des lignes sur le papier de leurs Ecoliers, afin qu'ils puissent aller droit en écrivant. La Ponce est d'un grand usage chés les Brodeurs. On lui a donné ce nom, à cause qu'au commencement on se servoit de poudre de pierre de ponce pour tirer les lignes, & pour marquer des desseins de broderie.

PONCEAU. s. m. Sorte d'herbe qui vient parmi les blés & les segles, qui fleurit rouge & quelquefois blanc en forme de simple tulippe. On l'appelle autrement *Coquelicoc* ou *Pavot sauvage*. Cette herbe est refrigerative, & provoque le sommeil lorsqu'elle est cuite & prise en breuvage. *Ponceau*, se dit aussi d'un rouge fort foncé, à cause que cette couleur ressemble à celle du Ponceau ou Coquelicoc.

Ponceau, se dit aussi d'un petit pont fait d'une seule arche pour passer un canal d'eau. Il y a un très-grand nombre de ces Ponceaux à Venise, où l'on en compte jusqu'à trois cens soixante-trois. On l'appelle en Latin *Ponticulus*. On disoit autrefois *Poncel*, pour signifier un petit Pont. *Le Roi fit faire une barbacane devant le poncel, en maniere qu'on pouvoit entrer dedans par deux côtés tout à cheval, & il fit cela pour retraire ses gens aisément.*

PONCER. v. a. Regler le papier avec la ponce. On dit, en termes d'Orfévre, *Poncer la vaisselle*, pour dire, La rendre matte avec de la pierre de ponce. Quand les Dessinateurs & Graveurs piquent un dessein sur tous les contours avec des points près à près, & qu'ils le frottent ensuite avec du charbon en poudre, cela s'appelle *Poncer*.

PONCIRE. Gros citron qui rend peu de jus, & dont la côte est extrêmement épaisse. C'est de cette sorte de citron qu'est faite l'écorce de citron confite. M. Mége dérive ce mot de *Mala cerea*.

PONCIS. s. m. Terme de Dessinateur. Dessein piqué & frotté avec du charbon en poudre. On appelle aussi *Poncis*, en matiere d'écriture, Une demi-feuille de papié coupée avec le canif & la regle le plus droit qu'il est possible, & qu'on met sur le papier où l'on veut écrire, afin de ne point écrire de travers.

PONCTION. s. f. Terme de Medecine. Ouverture artificielle de l'abdomen des hydropiques pour vuider les eaux qu'on n'a pû vuider d'une autre maniere. Cette operation, qui est fort sûre quand on la fait à propos, trompe en deux rencontres, ou quand on la fait trop tard, parce que les visceres se corrompent & que le mal ne peut plus être gueri, ou quand l'hydropisie est compliquée avec le vice considerable de quelque viscere noble. On vuide l'eau, mais la cause reste, & la cure est seulement palliative. Cette sorte d'operation s'appelle autrement *Paracenthese*.

PONT. s. m. Ouvrage d'Architecture ou de Charpente qu'on fait sur une riviere ou sur un fossé pour les traverser. Tous les Ponts sont de bois ou de pierre. Les Ponts de bois se font avec des palées & des travées de grosses pieces de bois, & ceux de pierre avec des piles, des arcades & des culées de pierre de taille.

On appelle *Pont de bateaux*, un Pont fait de bateaux assemblés près à près avec des ancres, & couverts de planches, pour faire passer une riviere à des Troupes. Celui qu'on fait de plusieurs bottes de jonc liées ensemble, qu'on couvre de planches, pour les faire passer dans des lieux marécageux, est appellé *Pont de joncs*.

Pont, Espece d'estrade dans un chœur plus élevé du côté du banc du Chantre, & qui va en diminuant jusqu'à l'aigle.

PONT-LEVIS. Pont fait en maniere de plancher, qui s'éleve & qui s'abaisse devant la porte d'une Ville ou d'un Château. Il y en a qui sont à bacules, & d'autres à fléche. Les *Ponts à bacules* se levent d'un côté & baissent de l'autre en forme de trebuchet par le moyen d'un essieu qui est au milieu. Les *Ponts à fléches* se baissent & se levent tout entiers. Leurs mouvemens sont du côté de la porte. L'autre bout est suspendu par des chaînes de fer que soûtiennent des fléches dont le mouvement les fait hausser & baisser. Il y a aussi un *Pont dormant*, & celui-là ne differe du Pont-levis qu'en ce qu'il est fixe, & qu'au lieu d'avoir des chaînes pour gardefous; il a des bras ou des contrevents de bois. Les Furetieristes font deux sinonymes de Pont-levis & Pont dormant nonobstant la contradiction dans ces mots & dans les effets. Le *Pont à coulisse* est un petit Pont qui se glisse dans œuvre pour traverser un fossé; & le *Pont tournant*, Celui qui tourne sur un pivot, afin de laisser passer les bateaux.

Pont-volant. Pont composé d'un ou de deux bateaux que joint ensemble un plancher entouré d'un gardefou avec un ou plusieurs mâts, où un long cable est attaché par un bout. Ce cable est porté de distance en distance sur de petits bateaux jusqu'à une ancre où l'autre bout est arrêté au milieu de l'eau; ce qui fait mouvoir ce pont d'un côté de la riviere qu'on veut traverser jusqu'à l'autre. On n'a besoin pour cela que d'un gouvernail. Quand on veut passer beaucoup de monde en même-tems, soit Cavalerie ou Infanterie, on fait cette sorte de pont à deux étages. Tous les ponts qu'on jette sur des rivieres, faits de bateaux de cuir, de pontons de cuivre, de tonneaux ou de poutres creuses, sont appellés aussi *Pont-volans*. On les couvre de planches, afin qu'une armée passe promptement.

Pont-volant, est aussi un terme d'Artillerie, & il se dit d'une machine presque semblable à celle qu'on appelle *Fléche*. Il y a seulement cette difference, que le Pont-volant garde toûjours la même largeur; que l'extrémité qui s'attache au Pont-levis est composée de deux à trois pointes, & que de petites planches jointes ensemble forment le dessus.

Pont, en termes de Marine, signifie le tillac ou la plateforme sur laquelle on met la batterie. Les plus grands Vaisseaux de guerre n'ont que trois ponts à cinq piés de hauteur l'un sur l'autre. Les Fregates de guerre n'en ont que deux. Le premier pont est celui qui est le plus près de l'eau. C'est ce qui est general parmi les Charpentiers & les Calfas, quoique plusieurs Officiers entendent par le *Premier pont* celui qui est le plus élevé, & qu'ils appellent *Second* ou *troisiéme Pont*, selon qu'il y a deux ou trois Ponts dans un Vaisseau, celui qui regne sur le fond de cale. Il est certain cependant qu'on donne le nom de premiere Batterie à celle qui est sur le pont le plus bas. Chaque pont est soûtenu par des poutres qu'on nomme Baux ou Barrots. On appelle *Pont-volant*, un Pont de Vaisseau qui est si leger, qu'on ne sçauroit poser de canon dessus; & *Pont de corde*, Un entrelassement de cordages dont on couvre tout le haut d'un Vaisseau en forme de pont. Il n'y a guere que les Vaisseaux Marchands qui portent cette sorte de pont. Il sert à se défendre contre les Corsaires ou autres ennemis qui osent venir à l'abordage, parce que de dessous ce pont on perce aisément à coups d'épée ou de sponton, ceux qui ont sauté dessus.

On appelle *Pont coupé*, Celui qui a seulement l'accastillage de l'avant & de l'arriere, & qui ne regne point entierement de proue à pouppe, en quoi il differe du *Pont courant devant arriere*, qui est entier. On dit, *Faux pont*, en parlant d'une espece de pont fait à fond de cale pour la conservation & pour la commodité de la carguaison.

Pont-levis. Terme de Manege. Action du cheval qui se cabre & qui se dresse si fort sur ses jambes de derriere, qu'il est en péril de se renverser. On dit qu'*Un cheval double des reins & fait un pont-levis*, pour dire, qu'il se cabre & fait plusieurs sauts de suite, en resistant au Cavalier qu'il tâche de jetter à bas.

PONTAL. s. m. Terme de Marine. Hauteur ou creux d'un Navire.

PONTE', EE. adj. Terme de Marine. On appelle *Vaisseau ponté*, un Vaisseau qui a un pont.

Ponté. s. m. Terme de Fourbisseur. La partie de l'épée qui couvre le corps de la garde.

PONTENAGE. s. m. Droit que le Seigneur feodal tire des marchandises qui passent sur les rivieres, sur les bacs, & sur les ponts. On a appellé ce droit *Pontaticum, pontonagium & pontagium*; ce qui fait qu'on dit aussi *Pontonage*.

PONTIERE. s. f. Ouverture par où la poule fait sortir ses œufs.

PONTIFE. s. f. Nom qui étoit donné parmi les Payens à celui qui administroit les choses sacrées. Il y en eut quatre institués d'abord par Numa. Ils étoient de famille Patricienne, & l'an 454. de la fondation de Rome, on en créa quatre autres qui furent tirés des familles Plébeiennes. L. Sylla Dictateur en créa encore sept l'an 673. & ces sept furent appellés *Petits Pontifes*, à la difference des huit autres qu'on appelloit *Grands Pontifes*. Ces quinze ne faisoient qu'un même College. L'Empereur Auguste après avoir permis quelque tems au College des Pontifes, d'y admettre ceux qu'ils croiroient dignes d'y être reçûs, se reserva à lui seul le pouvoir de les créer, ainsi que les autres Prêtres. Celui qui leur présidoit étoit appellé *Souverain Pontife*, & c'étoit le Peuple qui l'élisoit dans l'Assemblée des Tribus. Il n'y eut d'abord que ceux qui étoient de famille Patricienne à qui cette dignité fût conferée, mais enfin on y éleva aussi des personnes qui n'étoient pas nobles, après que l'on eut admis le Peuple aux charges de la République, ce qui se fit jusques à Jules Cesar, qui eut Lepidus pour successeur, & ensuite l'Empereur Auguste, après quoi tous les Empereurs prirent ce titre, & même plusieurs Empereurs Chrétiens permirent qu'il leur fût donné, mais enfin l'Empereur Theodose abolit entierement le College des Pontifes & tous les Prêtres de l'ancienne superstition. On respectoit tellement la dignité des Pontifes, qu'ils ne rendoient compte de leurs actions ni au Sénat ni au Peuple. Quelques-uns tiennent que le nom de *Pontife* vient de ce qu'on avoit accoûtumé autrefois de sacrifier auprès des ponts, mais plusieurs autres le dérivent de *Potis* & de *Facere*, & veulent qu'on ait dit *Pontifex* pour *Potifex*, Qui peut sacrifier. Dans l'ancienne Loi il y avoit parmi les Juifs un *Grand Pontife*, qui étoit le souverain Sacrificateur. C'étoit lui seul qui pouvoit entrer dans le Sanctuaire où les autres Sacrificateurs n'entroient jamais. Il y avoit du mystere dans ses habits & ses ornemens. Outre la longue tunique de lin des autres Sacrificateurs, il portoit une autre tunique de couleur d'hyacinte qui lui descendoit jusqu'aux talons, & dont la ceinture étoit entrelacée d'or & ornée de diverses fleurs. Par dessus cette robe, dont le bas étoit orné de franges avec des grenades & des clochettes d'or également entremêlées, il avoit le vêtement appellé *Ephod*. Sa tiare étoit semblable en partie à la mitre des Sacrificateurs ordinaires, & il la portoit sur le derriere de la tête, à cause qu'il avoit sur le front une bande d'or sur laquelle étoit écrit le nom de Dieu. Aaron, frere de Moïse, fut le premier Grand Pontife. Ceux de sa famille & autres du peuple Juif possederent cette dignité depuis l'an du monde 2545. jusqu'en l'an 70. depuis la naissance de JESUS-CHRIST, que l'Empereur Titus prit Jerusalem. Selon la Loi nouvelle, le mot de *Pontife* est pris dans S. Paul pour celui qui offre des dons & des sacrifices à Dieu pour ses pechés & pour ceux du peuple. Il veut dire Prêtre, Sacrificateur, & c'est dans ce sens qu'on dit que JESUS-CHRIST est le grand & le saint Pontife. On appelle aujourd'hui le Pape *Souverain Pontife*, comme étant le Vicaire de JESUS-CHRIST en terre.

PONTILLES. s. f. Terme de Marine. Pieces de bois que l'on met debout sur le platbord d'un Vaisseau, & qui servent à soûtenir les pavois quand on est prêt de combattre. On dit aussi *Espontilles*.

PONTON. s. m. Terme de guerre. Machine dont on se sert quand on a quelque bras d'eau à passer. C'est un pont composé de deux bateaux qui sont à quelque distance l'un de l'autre, & tous deux couverts de planches, ainsi que l'intervalle qui est entre-deux. Ils ont des appuis & des gardefous, & la construction en est si solide, que cette sorte de pont peut transporter du canon & de la Cavalerie. Nicod dérive ce mot de *Ponto*, qui en Latin signifie un Bac.

Ponton. Terme de Marine. Grand bateau plat qui a trois ou quatre piés de bord, & qui sert à soûtenir les Vaisseaux que l'on met sur le côté pour leur donner la carene.

PONTONNIER. s. m. Batelier qui tient un bac ou un grand bateau pour traverser les rivieres aux lieux où il y a des Ports établis. On a dit autrefois *Pantonier*, & on appelloit *Fier pantonier*, par maniere de proverbe, Un homme revêche & sottement orgueilleux, à cause que ceux qui sont commis à recevoir les peages des ponts & passages, sont ordinairement des gens arrogans & peu traitables.

Ains le devez-vous espargnier
Plus qu'un orgueilleux Pantonier.

PONTURE. s. f. Point d'aiguille.

Et tout ainsi comme fait est
De pontures le Cambeson.

POP

POPLITAIRE. adj. On appelle *Muscle poplitaire*, un Muscle quarré qui est entre les adducteurs de la jambe; & *Veine poplitaire*, une Veine qui est auprès des jarrets, du Latin *Poples*, Jarret.

POPULEUM. s. m. Sorte d'onguent dont parle Matthiole, & sur quoi il dit que les Apothicaires doivent prendre garde à ne pas composer leur Populeum des grappes & raisins du Peuplier, comme l'enseigne Ruellius, trompé par Pline, qui veut que ces grappes soient bonnes aux onguents. Autre chose, poursuit-il, est notre Populeum, & autre chose l'onguent dont usoient les Anciens pour se parfumer, auquel on veut qu'ils ayent mis des grappes & raisins de Peuplier pour le faire sentir bon. Il ajoûte qu'il doute que l'Antiquité les ait mêlés aux onguents odorans, à cause que Pline a crû que la mousse du Peuplier ne differoit en rien de sa grappe, qui cependant n'a aucune odeur. C'est ce qui est cause que Nicolaüs Myrepsicus ne l'a point ordonnée dans la composition du Populeum, mais seulement les petits bourjeons du Peuplier, qui sortent au commencement du Printems, & qui sont fort odorans & un peu cireux. On appelle cet onguent *Populeum*, du Latin *Populus*, Peuplier.

POPULO. s. m. Breuvage qui est une espece de rossolis, mais moins fort. Il se fait avec de l'eau de veau, de l'eau de vie & du sucre.

POQUER. v. a. Jouer à la boule en l'élevant pour la faire tomber justement où l'on veut qu'elle demeure sans rouler, *Poquer mou*.

POR

PORACE', E'E. adj. Terme de Medecine, qui n'a guere d'usage qu'en cette phrase, *Bile poracée*, pour dire, Une bile qui est presque de la couleur du poireau appellé *Porrum* en Latin.

PORC. s. m. *Animal domestique qui s'engraisse beaucoup & qui est couvert d'un poil fort rude.* ACAD. FR. Sa chair est humide, & plus elle l'est, plus elle abonde en superfluités, & par consequent est moins nourrissante. Il n'y a que sa graisse qui soit en usage en Medecine. On l'appelle proprement *Axonge*. Elle est émolliente, suppurative, anodine & rarefiante. Le Porc est un animal immonde, & en abomination chés les Juifs & chés les Mahometans.

Les Espagnols ayant reconnu que la Guadeloupe leur étoit la plus commode de toutes les Isles Cannibales pour le rafraîchissement de leur armée, tant pour l'abondance de ses fruits, qu'à cause de ses belles eaux, de ses torrens & de ses rivieres, y jetterent en passant grand nombre de Porcs qui ont fort multiplié. Ceux qu'on y trouve à present sont tout differens des nôtres, ayant la hure plus grosse, & étant plus courts d'un tiers & armés de deux horribles dents, bouclées comme des cornes de belier. Ils sont aussi noirs que les Sangliers, & ont la peau épaisse d'un bon pouce, sur-tout les vieux mâles. Leur chair a meilleur goût que celle de nos Porcs communs. Il y en a dans l'Isle de Tabaco & autres Isles voisines, qui ont une chose fort remarquable. C'est un évent ou un certain trou sur les reins, qui pénétre jusqu'au creux, & où l'on pourroit fourrer aisement le petit doigt. Ces sortes de Porcs respirent par cet endroit; ce qui fait qu'ils ont l'haleine plus forte, & que resistant à la course plus long-tems, ils font plus de peine à ceux qui les chassent. La nourriture de ces animaux est un fort bon ménage dans les Isles, & il n'y a guere d'habitation bien reglée où l'on ne prenne ce soin. Il n'en coûte que la peine d'un Negre qui leur donne tous les jours une brassée ou deux de patates dans leurs Parcs, qui sont des clos quarrés faits d'arbres couchés les uns sur les autres.

Porc, est aussi une sorte de poisson de mer. Il est plat & tout couvert d'écailles fort rudes.

PORC-EPI. s. m. Sorte d'animal grand comme un lapin, & tout couvert de gros aiguillons, qui sont plus longs à proportion, que ceux dont le herisson est revêtu. Sa soye, qui est un gros poil luisant, st semblable, tant par sa figure que par sa grosseur, à celle du Sanglier. Elle a environ trois pouces de long par tout le corps, mais au-dessus du cou elle est trois fois aussi grosse qu'ailleurs, & longue d'un pié. Cette soye fait un panache sur sa tête d'environ huit pouces, & des moustaches de six. On en a vû quelques-uns en qui ce panache étoit blanc depuis la racine jusqu'au milieu, & le reste châtain brun. Le Porc-épi porte sur le dos des piquants de deux especes, les uns plus forts, plus gros, plus courts, plus pointus & tranchans comme des alênes, qui tiennent peu à sa peau, en sorte qu'en se secouant il les lance & les décoche de telle roideur, que les chiens & les Chasseurs en sont quelquefois blessés. La pointe des autres, qui sont longs d'un pié & plus flexibles, est applatie & moins forte. Cet animal a quatre doigts aux piés de devant & cinq aux piés de derriere, formés comme ceux de l'ours, le gros orteil étant en-dehors. Il n'a que la plante qui soit garnie de piquants. Sa lévre superieure est fendue comme celle du liévre, & ses dents, qui sont comme celles du castor, ne tranchent pas moins que des ciseaux. Sa langue est garnie par dessus de plusieurs petits corps osseux en forme de dents, & il a de petits yeux comme le pourceau. Ses oreilles sont couvertes d'un poil extrêmement délicat, & applaties contre la tête comme celles du Singe. Il vit de fruits & de raisins, & naît en Afrique. Il y en a une grande quantité dans l'Isle de Madagascar, où l'on en voit d'une certaine espece qu'on y appelle *Tendrac*. Leur chair, quoiqu'insipide, à long filet & mollasse, est estimée par les Insulaires une chose fort délicate. Ils dorment six mois sous terre sans manger, & pendant ce tems leurs piquants leur tombent. Il en revient d'autres en la place, qui sont aigus comme ceux des herissons.

Porc-épi. Ordre de Chevalerie, dont Louis de France, Duc d'Orleans, second Fils du Roi Charles V. fut l'Instituteur en 1393. Il fut appellé ainsi, à cause que l'ornement des Chevaliers de cet Ordre, qui furent au nombre de vingt-cinq, tous nobles de quatre races, & dont le Duc étoit le premier, fut un mantelet d'hermines sur lequel on mettoit une chaine d'or, au bout de laquelle, un Porc-épi d'or leur pendoit sur l'estomac avec ces paroles, *Cominus & minus*, qui leur servoient de devise. On tient que le Duc d'Orleans la prit pour faire connoître à Jean de Bourgogne son ennemi, qu'il ne manqueroit ni d'armes, ni de courage pour se venger dans l'occasion. Le Roi Louis XII. lorsqu'il vint à la Couronne abolit cet Ordre, qu'on a aussi appellé l'*Ordre d'Orleans*.

PORCELAINE. s. f. Terre fine, blanche & transparente, qui vient de la Chine & du Japon, & dont on fait des vases que l'on appelle aussi *Porcelaine*, du nom de la terre dont ils sont composés. On en fait encore des carreaux de diverses formes, grandeurs & couleurs, qu'employent les Orientaux dans les compartimens de leurs plus beaux édifices. La plus belle en France se fait à S. Clou & àOrleans.

Porcelaine, se dit aussi d'une petite coquille blanche qui se trouve dans les éponges. C'est encore une espece de coquille appellée *Coquille de Venus*, qui est belle & unie, un peu ovale, plate le long de la fente, blanche au-dedans, & du reste extrémement dure. Il y en a d'autres qu'on nomme aussi *Porcelaine*, qui sont marquetées ainsi que la peau d'un Tygre. On s'en sert aux ouvrages de Rocailles, On trouve dans les Antilles de deux sortes de Porcelaines sur le sable de la mer, & même on en détache des rochers où le poisson est encore vivant, mais elles sont peu considerables. L'une est de couleur d'ardoise, un peu jaspée de quelques couleurs brunes, & l'autre, plus longue & plus menue que les autres. Celle-là est à fond blanc jaunâtre & ondoyée de quelque couleur minime.

Il y a dans la Chine une Tour appellée *Tour de Porcelaine*, dont on pretend que la beauté & la richesse surpassent les ouvrages les plus vantés de l'Antiquité. Elle est dans une plaine que les Habitans nomment *Paolinxi*, ou *Paul ingyng* proche la celebre ville de Nanking. Cette Tour a neuf étages voutés & cent quatre-vingt-quatre degrés de hauteur au dedans. A chaque étage est une galerie ou cloison de barreaux, le tout taillé avec une juste proportion & une symmetrie admirable. Aux côtés des fenêtres on voit de petits trous quarré & treillissés de fer blanc. Cette machine est toute unie & plombée par dehors, & si délicatement émaillée & glacée de vert, de rouge & de jaune, qu'il semble qu'elle ne soit composée que d'or, d'émeraudes & de rubis. Toutes les pieces de porcelaine y sont emboitées avec une adresse merveilleuse, en sorte qu'il est presque impossible d'en distinguer les soudures & les liaisons. Toutes les galeries sont couvertes de toits verts, qui poussent au dehors des soliveaux embellis avec de l'or. Ces soliveaux soutiennent de petites cloches de cuivre, ausquelles les vents font rendre un son fort réjouissant & agreable. La pointe de cette tour qu'on ne sçauroit toucher qu'en dehors, est couronnée d'une pomme de Pin que ceux du Pays assurent être d'or massif. On peut découvrir de là, non seulement toute la ville & les fauxbourgs de Nanking, mais encore toutes les campagnes qui bordent la riviere de Kiang. On tient que les Tartares s'étant rendus maîtres de la Chine, il y a sept ou huit siecles, comme ils l'ont fait encore de nos jours, contraignirent les Chinois d'élever à leurs dépens ce superbe ouvrage.

PORCHAISON. Terme de Chasse On dit, qu'*Un Sanglier est en porchaison*, pour dire, qu'il est bon à chasser, parce qu'Il est gros & gras.

PORCHE. f. m. Espece de vestibule ou de lieu couvert, soûtenu de colomnes, qui étoit autrefois à l'entrée des Temples & des Palais. *Porche cintré*, est celui qui a son plan sur une ligne courbe, & *Porche circulaire*, Celui dont le plan est enrond. Je ne sçai pas où les Furetieristes ont pris que les Eglises de sainte Genevieve & de saint Victor ont encore conservé leurs porches.

On appelle *Porche de menuiserie*, Des constructions qui se font en retranchant une petite partie d'une Eglise ou d'une chambre, pour y ménager une double porte.

PORE. f. m. *Petit trou, ouverture presque imperceptible dans la peau de l'animal, par où se fait la transpiration, par où sortent les sueurs & par où les vapeurs s'exhalent.* ACAD. FR. Outre les Pores de la peau qui partent de chaque petite glande, il y a d'autres portes moins visibles, mais qui distillent beaucoup de lymphe, quand on presse la peau après en avoir ôté la surpeau. Ce sont les orifices des arteres capillaires, qui étant corrodés ou relâchés par quelque medicament acre, ramassent la liqueur en maniere de vessie. Il y a de troisiémes Pores, sçavoir, les points indivisibles du corps qui est tout transpirable, par où s'exhalent les plus petites vapeurs, & celles que la solidité ne peut retenir. On a remarqué que ceux qui ont les pores ouverts vont moins souvent à la selle que ceux qui ont le cuir épais. La raison est que les derniers transpirant peu, ce qui est retenu se precipite en embas, d'où vient que cette habitude du corps les rend sujets à la diarrhée. *Pore*, se dit aussi des petites ouvertures de toute sorte de corps. Les Pores sont serrés dans les métaux, ce qui les rend lourds, & les éponges sont legeres à cause de leurs Pores qui sont fort ouverts. Ce mot est Grec πόρος, Passage, de πείρειν, Passer.

PORISME. f. m. Terme de Mathematique, Theoréme ou Probléme que l'on découvre à l'occasion de quelque autre chose que l'on avoit principalement en vûe. C'est la même chose que *Corollaire*, si ce n'est que le Corollaire doit être plus court & plus simple. Ce mot vient de πόρισμα qui vient de πορίζω, dans le sens de *gagner*, *acquerir*. C'est comme un profit que l'on a fait en n'y pensant pas.

PORPHYRE. f. m. Marbre precieux, le plus dur de tous. Il est d'un rouge brun, & plein de petites taches blanches. On l'amenoit autrefois d'Egypte, à Rome; où l'on voit plusieurs morceaux de Porphyre qui ont été travaillés les uns avec le ciseau, les autres avec la scie, d'autres avec les roues, & d'autres qui ont été usés peu à peu avec l'émeril. Le plus grand morceau qu'on en ait en France, est la cuve du Roi Dagobert dans l'Abbaye de saint Denys, que ce Prince fit apporter de Poitiers, & qu'on dit avoir servi au Baptême de saint Martin. Parmi les Antiquités du Roi qui sont au Palais des Thuilleries, il y a une Pallas, & les bustes des douze Empereurs Romains, tous de Porphyre. Il y a déja long tems qu'on ne travaille plus le Porphyre avec la même perfection & facilité que faisoient les anciens, à cause que les Ouvriers n'ont pas le secret de tremper leurs outils, & ne sçavent point quels étoient ceux dont on se servoit autrefois dans un travail si difficile. Quand les Sculpteurs d'Italie veulent employer de vieux morceaux de colomnes que l'on y trouve encore aujourd hui, ils se servent d'une scie de cuivre qui n'a point de dents, & avec de l'émeril réduit en poudre & de l'eau qu'ils versent dessus, ils les usent & les coupent enfin en y employant un très-long-tems. D'autres ont essayé differens moyens de travailler; les uns avec des roues & l'émeril, & d'autres avec de gros marteaux en pointe de diamant, & forgés de bon acier trempé dans le sang de bouc, avec lequel frappant à petits coups sur le Porphyre, & le diminuant peu à peu, ils venoient enfin à bout de lui donner une forme ronde ou plate, mais avec beaucoup de tems & de patience, & sans en pouvoir faire aucune figure, M. Felibien qui a remarqué toutes ces choses, dit qu'en 1555. le Duc Côme de Medicis ayant trouvé quelques pierres de Porphyre parmi plusieurs morceaux de vieux marbres, choisit un nommé Francesco Tadda pour lui en faire un bassin de fontaine, & qu'afin de lui en faciliter le travail, il distilla certaines herbes, & en tira une eau qui avoit tant de vertu, qu'en y trempant les outils tout rouges, elle leur donnoit une dureté extraordinaire. Par ce moyen cet Ouvrier fit un bassin de deux brasses & demie de diametre, auquel il tailla aussi un pié. Ce succès lui fit entreprendre d'autres ouvrages, sçavoir trois ovalles, dans l'une desquelles il representa une tête de CHRIST en demi-relief, & dans les deux autres, le Duc Côme de Medicis & la Duchesse sa femme. Il y a grande apparence que son secret a été perdu, puisqu'aujourd'hui fort peu de personnes travaillent sur le Porphyre. On a pourtant trouvé depuis peu en France, celui de le couper avec une scie de fer sans dents & du grais mouillé, & même ceux à qui l'on doit cette invention, pretendent en arrondissant couper tout le tour d'une colomne de Porphyre. Il est vrai que comme ce qui reste de cette pierre dont les carrieres sont perdues, consiste en quelques morceaux antiques qu'on trouve dans les ruines; on n'en peut faire aujourd'hui que très peu d'essais. Le même M. Felibien observe que le Porphyre qui a souffert le feu, s'éclate & se casse facilement quand on le travaille. Quoiqu'il n'ait pas perdu toute sa couleur naturelle, elle est neanmoins fort diminuée, & n'a point cette vivacité ni un poli aussi beau & aussi luisant, qu'avant qu'on l'eût mis au feu. Ce n'est pas, continue-t'il, que le feu le rende plus tendre; car si l'on en met quelque morceau dans un fourneau, non seulement il ne se cuit pas, mais il a une telle proprieté qu'il s'endurcit davantage, & ne souffre pas que les autres pierres qui sont autour de lui reçoivent une parfaite cuisson. Le Porphyre est appellé en Grec πορφυρίτης, de πορφύρα, Pourpre.

Il y a aussi du Porphyre vert, mêlé de petites taches de vert avec de petits points gris. Il a la même dureté que le rouge, & il est beaucoup plus rare. Les anciens le nommoient *Lapis Numidicus*, Pierre de Numidie. Il ne s'en trouve aujourd'hui que quelques tables & vases.

PORPHYROGENETE. adj. Né dans la pourpre. On donnoit ce nom aux Enfans des Empereurs d'Orient, qui naissoient dans un appartement du Palais Imperial de Constantinople, qui étoit incrusté de Porphyre.

PORQUES. s. f. p. Terme de Marine. Pieces de Charpenterie qui ont la même rondeur que celles qui servent de membres au vaisseau, & dont l'usage est de faire la liaison des pieces qui forment le bâtiment. Elles se mettent sur la carlingue, & sont paralleles aux varangues. Il y en a qu'on appelle *Porques de fond*. Celles-là se mettent vers le milieu de la carlingue, & sont moins cintrées & plus plates que celles qu'on appelle *Porques acculées*. On met ces dernieres vers les extrémités de la carlingue, & chaque Porque a ses allonges qui servent à entretenir & à lier toute la masse du bâtiment.

PORT s. m. Ance ou avance d'une côte de mer qui entre dans les terres, où les Vaisseaux peuvent faire leur décharge ou prendre leur chargement, & qui est plus ou moins propre au mouillage, selon qu'elle a plus ou moins de fond & d'abri. Il y a des *Ports de Havres*, où les Vaisseaux peuvent entrer en tout tems, y ayant toûjours assés de fond, & des *Ports de Barre*, où ils ont besoin de flot & de la haute marée pour y entrer. On dit, *Avoir un Port sous le vent*, pour dire, Avoir un lieu de retraite pour le besoin, & *Fermer les Ports*, pour dire, Empêcher qu'aucun des bâtimens qui y sont n'en sorte.

Port, se dit aussi de certains lieux sur les rivieres où les bâtimens qui abordent se chargent & se déchargent, & on appelle *Maître des Ports*, Les Officiers établis pour la levée des traites & impositions foraines.

On dit, qu'*Un Vaisseau est du Port de deux cens tonneaux*, pour dire, que sa capacité est telle, que l'eau de la mer qui seroit contenue dans l'espace qu'il occupe en enfonçant, peseroit autant que deux cens tonneaux qui en seroient pleins, c'est-à-dire, qu'il pourroit porter une charge de quatre cens mille livres, chaque tonneau étant pris pour un poids de deux mille livres.

Port, se dit aussi, selon quelques-uns, d'un chemin étroit serré entre deux montagnes, par lequel on trouve à passer d'un Pays à un autre. C'est ce qu'on appelle autrement *Col* ou *Pas*.

On dit en Musique, *Port de voix*, & cela s'entend de la facilité de faire avec la voix, certains fredons, passages & diminutions qui font l'agrément du chant. C'est toûjours sur les finales, sur les mediantes & autres cadences principales, que se fait le Port de voix. Il consiste en trois choses, à soûtenir la note inferieure, au doublement du gosier qui se doit faire sur la note superieure, & au soûtien de la même note quand on l'a doublée. Cette derniere condition ne s'observe point dans les *Demi ports de voix*, qui se font en des lieux moins considerables, ce qui s'appelle *port de voix glissé* ou *coulé*, ou *Port de voix perdu*, quand on ôte quelque chose de la valeur d'une note pour la donner toute entiere à une autre.

PORTAGE. s. m. Terme de Mer. Privilege que chaque Officier d'un Vaisseau ou chaque Matelot a d'y mettre pour soi jusques au poids de tant de quintaux, ou jusqu'à un certain nombre de barils. On dit sur quelques grands Fleuves, tels que celui de saint Laurent, où il y a des chûtes d'eau qui empêchent de remonter en canot, *Faire portage*, pour dire, Porter le canot par terre avec ce qui est dedans, pour passer ces chûtes d'eau.

PORTANT. s. m. Fer courbé, & attaché aux côtés des chaises des porteurs. C'est où ils font passer les bâtons dont ils tiennent les deux bouts devant & derriere, lorsqu'ils portent dans les rues. Les Serruriers, & les Bahutiers appellent aussi *Portants*, Un fer en forme d'anse, qui est attaché aux bouts des coffres, des bahuts & des cassetes, & par où deux personnes les prennent pour les soulever & les porter où l'on veut.

Portant, en termes de Ceinturier, est la partie du baudrier qui pend depuis la fin d'un des côtés de la bande jusques aux pendans, & qui sert à raccourcir, ou à allonger le baudrier.

Portant, espece d'échelon large en haut qu'on met à une charrette devant & derriere, pour soutenir les pailles, chaume, &c.

PORTE. s. f. *Ouverture faite au mur d'un lieu fermé pour entrer & pour sortir*, ACAD. FR. Il y en a de deux sortes, de ronde & de quarrées, & les unes & les autres sont toûjours grandes, ou moyennes, ou petites. M. Felibien dit, selon ce que Scamozzi rapporte, que les Anciens n'ont donné une figure ronde qu'aux grandes portes, & qu'ils n'ont fait des portes rondes qu'aux arcs de triomphe & aux grands passages publics, sans en avoir fait à aucuns bâtimens particuliers, ni même aux Temples.

On appelle *Porte biaise*, Celle dont les tableaux ne sont pas d'équerre avec le mur. Il y a de ces sortes de Portes, dont la moitié de l'ouverture de chaque côté est biaise, & l'autre moitié quarrément ouverte, soit pour recevoir du jour, soit pour la commodité du passage. Il y en a d'autres que les

Ouvriers nomment *Biais par tête*. Celles-là ne sont biaisesque par en haut.

Les bonnes Portes de menuiserie doivent être épaisses d'un pouce & demi, emboîtées en haut & en bas, assemblées à clefs & à languettes & collées, Celle qui est pleine & emboîtée haut & bas avec rainures, languettes, clefs, chevilles & colées, s'appelle *Porte à placart*. Celles qui se font à quadres & à panneaux sont appellées *Placarts d'assemblage*, Les panneaux sont simples & de bois commun, & les quadres de relief & à moulures. On appelle *Porte arrasée*, Celle dont les panneaux & l'assemblage affleurent, & sont d'égale épaisseur.

Il y a plusieurs autres Portes de differentes especes, comme *Porte en niche*, qui est en maniere de niche; *Porte en tour ronde*, qui est percée dans un mur circulaire, & vûe par dehors; *Porte en tour creuse*, Celle qui fait un effet contraire; & *Porte à pans*, Celle qui a sa fermeture en trois parties, l'une de niveau & les deux autres rampantes. Celle qu'on appelle *Porte sur le coin*, a une trompe au dessus, & est en pan coupé sous l'encoignure d'un bâtiment, & celle que l'on appelle *Porte dans l'angle*, est à pan coupé dans l'angle rentrant d'un bâtiment. On donne le nom de *Porte bourgeoise*, à celle qui a environ quatre piés de large, & celle qui a cinq à six piés de largeur, & qui sert d'entrée à une maison, s'appelle *Porte bâtarde*. Il y a difference entre Porte croisée, & Porte de croisée. *La Porte croisée*, est une fenêtre sans appui, par laquelle on passe pour aller sur une terrasse ou sur un balcon, & *Porte de croisée*, se dit d'une porte à droit ou à gauche de la croisée d'une grande Eglise. On appelle *Porte d'enfilade*, Toutes celles qui sont d'alignement dans les appartemens des grandes maisons & *Porte Flamande*, Celle qui a deux jambages avec un couronnement, & une fermeture de grilles de fer. Lorsque l'on dit *Porte feinte*, on entend une décoration de porte de pierre ou de marbre, ou un placard de menuiserie avec des ventaux dormans. Cette décoration doit être parallele à une vraie porte, afin que la symmeterie soit observée.

Nicod sur le mot *Porte*, en rapporte l'étymologie en ces termes. *Porte est proprement l'endroit par où l'on entre & sort, & par où l'on porte quelque chose, en un lieu clos où on la transporte, & met hors d'icelui;* car ce mot vient de Porter, *tout ainsi que* Porta latin A portando. *Donat estime que ce lieu d'entrée & issue que dit est, soit appellée* Porte, *parce que anciennement, quand on faisoit le desseing & l'alignement des murs d'une Ville, ce qui se faisoit avec observation de ceremonies religieuses, celui qui tenoit le manchereau de la charruë tirée par un taureau & une vache, dont le soc alloit marquant d'une raye le lieu & contour de la muraille future, quand il arrivoit aux endroits où les Portes de la Ville devoient être faites, il portoit à force de bras le soc suspendu & en l'air, afin que la terre ne fust ouverte celle part, ne rayée, ne renversée par dessus. Ce mot* Porte *est proprement usurpé pour celles qui sont grandes, comme en Portes de Villes, Bourgs, Chasteaux, parcs, granges, & semblables, par lesquelles on entre dans quelque pourpris, car les moindres qui sont dans icelui, comme celles des chambres, garderobes & salles, on les appelle plus usitéement* Huys, *dont vient le nom de* Huissier, *qui est different de* Portier, *estant appellé* Portier, *Celui qui garde, ouvre & serre la premiere entrée qui regarde le dehors, &* Huissier, *Celui qui garde, ouvre & serre les entrées du dedans. Ainsi on dit*, Portiers du Roi, & Huissier de salle & de la chambre de sa Majesté, & Huissier du privé & grand Conseil & des Cours de Parlement, *lesquels sans doubte ont prins le nom de leur charge d'Hussiers, de ce que leur deu estoit d'estre à l'huys des chambres desdits Cours, pour estre prests & recevoir les commandemens des Seigneurs d'iceles Cours quoiqu'ils ayent depuis leur institution primitive esté eslargis & appellés à autres exercices servants à l'execution ordinaire de la Justice en maintes sortes.* Porte *aussi signifie ce petit annelet en ovale, dans lequel est addentée l'agraffe, & en cette signification cy, il semble qu'il soit prins de ce mot Grec* πόρπη, *qui est de mesme signification, car mesmes* πορπάω, *signifie Agraffer, &* πόρπη, *Boncle, qui est une espece de Porte.*

On appelle *Porte d'écluse*, Une grande clôture de bois qui arrête l'eau dans les écluses. Les deux battans de cette clôture se joignent en angle au milieu, & souvent par le moyen d'une grande queue qui a la force du levier.

Il y en a plusieurs sur la Maine & autres rivieres navigables par art.

PORTE. adj. f. Il n'est en usage qu'en cette phrase, *Veine-porte*. C'est une veine considerable qui sort de la partie cave du foye, qui ressemble au tronc d'un arbre, d'où il en sort plusieurs autres qui entrent dans la vessie du fiel, le ventricule, la rate, les intestins & l'épiploon. La veine-porte tient lieu d'artere à l'égard des veines que le foye reçoit de la veine-cave.

Porte à diner. Vaisseau de cuivre, d'étain, ou de terre dans lequel les femmes de campagne portent à leurs maris, & enfans, de quoi dîner dans le champ.

PORTECOLE. s. m. Vieux mot. *Portecole*, dit Nicod, *est celui qui porte le roolet des Joueurs de farce ou moralité, & leur va par derriere ramentevant ce qui est de leur roolet, si d'aventure ils l'oublient.*

PORTE'E. s. f. Ce qui reste en l'air d'une plate bande entre deux colomnes ou deux piedroits. On appelle aussi *Portée*, la longueur d'une poutre entre deux murs, ou d'une travée entre deux poutres. On dit, qu'*Une goutiere*, qu'*Un auvent*, qu'*Une cage de croisée*, ou *Une saillie ont trop de portée sur la rue*, pour dire, qu'Elles y avancent trop.

Portée. Terme de Marine. Capacité d'un Vaisseau. On dit, *Designer la portée d'un Navire*, pour dire, Marquer sa grandeur, ce qu'il est capable de porter. *Portée*, se prend aussi pour portage, c'est-à-dire, pour la quantité de marchandises qu'on permet aux Matelots de porter sans qu'ils en payent rien pour le fret.

On appelle encore *Portée*, Une espece de mesure qui est la longueur de la chaine d'un Arpenteur qu'on porte d'un piquet à l'autre. Il y a de certaines lieues qu'on mesure par portées, dont chacune est de trois cens soixante piés. Ce même mot est en usage chés les Ouvriers qui travaillent en rubans & en étoffes, & on dit que *Le peigne d'un bon velours doit avoir soixante portées de chaine*, c'est-à-dire, soixante fois quatre-vingts filets.

On dit en termes de Chasse, qu'*Un Cerf fait des portées de sa tête*, pour dire, qu'en passant dans un bois épais qui est jeune & tendre, il fait plier & tourner les branches avec sa tête, ce qui fait juger de la grandeur de sa perche.

PORTELOT. s. m. Terme de Charpenterie. Pieces de bois qui regnent au pourtour d'un bateau foncet ou autre Vaisseau, au dessous des plasbords.

PORTE-BAGUETTE. s. m. Terme d'Arquebusier. Le Porte-baguette consiste en deux petits morceaux de fer en rond, qui sont attachés au fust de l'arme à feu, sur lesquels pose la baguette du fusil, du pistolet & du mousquet.

PORTE-CRAYON. s. m. Petit Instrument de la grosseur d'un tuyau de plume, & qui est long de sept ou huit pouces.

PORTE-ETRIER. s. m. Petit bout de courroye qui est attaché au derriere d'une selle pour trousser les étriers quand le Cavalier a mis son cheval à l'écurie.

PORTE-HAUBANS. s. m. Terme de Marine. On appelle ainsi de longues pieces de bois mises en rebord & en saillie, & qui sont clouées & chevillées de côté à l'arriere de chaque mât sur les côtés du haut d'un Vaisseau, pour soûtenir les haubans & empêcher qu'ils ne portent contre le bordage.

PORTE-PIECE, s. m. Outil dont les Cordonniers se servent pour percer les souliers.

PORTE-TRAIT. s. m. Petit morceau de cuir plié en deux, qui sert à soutenir le trait des chevaux de carrosse.

PORTE-VENT s.m. Canal de bois bien fermé, par lequel le vent des soufflets d'une orgue est porté dans le sommier, *Porte-vent* se dit aussi d'un chalumeau qui est sur la cornemuse, & qui sert à l'enfler avec la bouche. On appelle encore *Porte-vent*, La partie d'une musette par où l'on fait entrer le vent avec un soufflet.

PORTE-VERGUES. s. m. Terme de Marine. Pieces de charpenterie qui sont presque en forme d'arc, & qui faisant la partie la plus élevée de l'éperon dans un Vaisseau, regnent sur l'aiguille depuis le chapiteau jusqu'au dessous des Bosseurs.

PORTE VOIX. s. m. Sorte d'instrument de métal dont l'usage est de porter la voix dans un lieu fort éloigné.

PORTENDU. adj. Vieux mot. Mis en vûe.

PORTER. v. a. *Avoir un fardeau sur soi, être chargé de quelque chose de lourd, de pesant.* Acad. Fr. On dit dans l'art de bâtir, qu'*Une piece de bois*, qu'*Une pierre porte tant de long & tant de gros*, pour dire, que Cette piece de bois, cette pierre a tant de longueur & tant de grosseur. Ce verbe s'emploie au neutre, & on dit, *Porter de fond*, pour dire, Porter à plomb & par empattement dès le rez de chaussée. On dit de même, qu'*Un corps porte à crû*, pour dire, qu'Il est sans empattement ou sans retraite, & qu'*Il porte à faux*, pour dire, qu'Il porte en saillie & par encorbellement. On dit aussi d'une colomne qui est hors de son aplomb, qu'*Elle porte à faux*. On le dit de même d'un pilastre.

Porter, en termes de Marine, signifie Gouverner, faire route. Ainsi l'on dit d'un vaisseau, qu'*Il porte au Sud*, qu'*Il porte le cap au Sud*, pour dire, qu'Il fait route au Sud; & qu'*Il est porté d'un vent de Sud, d'un vent frais*, pour dire, qu'Il est conduit de l'un ou de l'autre de ces vents. *Porter à route*, c'est Aller en droiture sans louvier. On dit qu'*Un Vaisseau porte le feu*, pour dire, que pendant la nuit il a une ou plusieurs chandelles allumées dans des fanaux sur la pouppe. C'est d'ordinaire le Commandant de la flote qui porte le feu, afin qu'il en puisse être suivi à vûe.

Porter, est aussi un terme de Manege, & on dit d'un cheval, qu'*Il porte beau*, pour dire, qu'Il porte la tête haute & de bonne grace; & qu'*Il porte bas*, pour dire, qu'Il la baisse trop.

PORTEREAU. s. m. Construction de bois qui se fait sur de certaines rivieres, pour les rendre plus hautes en retenant l'eau; ce qui en facilite la navigation. Le Portereau est fait en forme de Pompe d'étang. C'est une grande palle de bois qui barre la riviere, & qui se leve par le moyen d'un grand manche tourné en vis, qui est dans un écrou, étant au milieu d'un fort chevalet, quand quelque bateau arrive. C'est aussi un bâton court & de brin, dont les Charpentiers se servent pour porter des pieces au chantier, & de-là au bâtiment.

PORTEURS d'épée. s. m. Ordre Militaire de Livonie, qui fut établi en 1203. par Albert, Moine de Breme, de l'Ordre de Cîteaux, & Evêque de Riga, entre les mains de qui Engilbert, Thierri de Tyssench & d'autres riches Marchands, poussés du desir de combattre contre les Infidelles de Livonie, firent vœu d'obéissance & de chasteté. Albert, qui reçut leurs vœux, leur donna l'habit de ceux de Cîteaux, leur prescrivant cette même regle. Cet habit fut une longue casaque blanche avec une chappe noire sur laquelle étoit une épée rouge croisée de noir, tout proche l'épaule gauche. Ils portoient sur l'estomac deux épées semblables passées en sautoir, la pointe en bas. C'est ce qui les fit appeller *Porteurs d'épées*, ou *Freres Porte-glaives*. Cet Ordre fut approuvé par le Pape Innocent III. & incorporé vers l'an 1237. avec celui des Teutons. Ainsi ils ne firent plus qu'un même Ordre ensemble, jusqu'à ce qu'Albert de Brandebourg, Grand-Maître de l'Ordre de Prusse, s'étant fait Lutharien, les Porteurs d'épées se separerent des Teutoniques.

PORTIERE. adj. fem. Il se dit de quelques animaux qui portent. *Brebis portiere*, est celle qui est en âge de porter, & *Lice portiere*, est une chienne qu'on fait couvrir pour en avoir de la race.

PORTIQUE. s. m. Lieu long & couvert ou par une voute, ou par un plancher que soûtiennent des colomnes. Ce mot vient de *Porte*, d'où l'on a nommé *Portique*, Toute disposition de colomnes en galerie. Le *Portique circulaire*, est une galerie avec des arcades, qui entoure une cour ronde; & on appelle *Portique de treillage*, Une decoration d'Architecture de pilastres, de montans, &c. faits de barres de fer & d'échalas de chêne maillés. Cette sorte de décoration sert pour l'entrée d'un berceau dans un jardin. On dit *Portiques d'appui*, en parlant de certaines especes de petites arcades en tiers point, qui tenant lieu de balustres, garnissent les appuis évidés des bâtimens gothiques.

PORTOIRE. s. m. Vaisseau de bois ovale, fait de douves & de cerceaux pour porter la vendange sur des chevaux, de la vigne au Pressoire.

POS

POSADE. s. f. Terme de Manege. C'est la même chose que *Pesade*, c'est-à-dire le mouvement que fait un cheval, qui en levant le devant, tient en même-tems les piés de derriere à terre sans les remuer, en sorte qu'avant qu'il y mette les jambes de devant, il ne fait aucun tems avec les hanches.

POSE', E'E. adj. Terme de Blason. Il se dit du lion quand il est arrêté sur ses quatre piés. *D'or au lion de sinople posé.* Il se dit aussi d'une Tour. *A une Tour d'or, posée sur un terme de sinople.*

POSER. v. act. *Placer, mettre sur quelque chose.* Acad. Fr. On dit en ce sens dans l'Académie de Peinture, *Poser un modelle*. pour dire, Placer une personne, afin de pouvoir dessiner d'après.

On dit parmi les Maçons, *Poser une pierre*, pour dire, La mettre en place & à demeure. On appelle *Poser à sec*, quand on frotte les pierres avec du grais & de l'eau par leurs joints de lit bien dressés, jusqu'à ce qu'il n'y ait point de vuide; & *Poser à cru*, quand on dresse sans fondation un pilier ou une étaie pour soûtenir quelque chose. On *Pose de champ*, lorsque l'on met une brique sur son plus mince côté, ou une piece de bois sur sa plus étroite face; & quand on fait le contraire, cela s'appelle *Poser de plat*. Si on pose une piece de bois obliquement, soit pour empêcher la charge, soit pour arbouter & contreventer, On dit alors qu'*On pose en décharge*.

POSEUR. s. m. Celui qui dans les grands Atteliers pose & arrête les pierres sur le tas en la situation qu'elles doivent être; celui qui les reçoit de la grue, & qui les place à demeure de niveau & d'alignement.

POSITIF. s. m. Petit buffet d'une orgue d'Eglise. Il est ordinairement derriere ou au pié de l'Organiste, & joue avec les mêmes soufflets & le même vent. Il a un pareil nombre de jeux, mais ces jeux sont plus petits & proportionnés à ceux du grand corps.

POSITION. s. f. Terme dogmatique. These ou proposition qu'on soûtient dans les Ecoles. *Position*, en termes d'Astronomie, veut dire Situation, disposition. Les six grands cercles qui passant par l'intersection du Meridien & de l'Horison, divisent l'Equateur en douze parties égales, sont appellés *Cercles de position*.

Position, en termes d'Arithmetique, signifie Supposition, & on appelle *Regle de fausse position*, Une regle par laquelle en calculant sur des nombres faux, & que l'on suppose à sa fantaisie, on trouve, par les differences qui s'y rencontrent, le vrai nombre qu'on cherchoit.

Les Architectes appellent *Position*, La partie du devis d'un bâtiment qui contient en general le plan du logis, & en particulier le plan de chacune de ses pieces.

Les Maîtres de danse se servent aussi du mot de *Position*, en parlant de la maniere de poser ses piés l'un à l'égard de l'autre. Il y a parmi eux diverses sortes de Positions regulieres.

POSITIVE. s. m. Partie de la Theologie qui enseigne les dogmes de la Foi conformément à l'écriture, aux Conciles & aux Saints Peres.

POSSON. s. m. Sorte de petite mesure qui contient six pouceons. On dit autrement *Poisson*.

POSTCRIT. s. m. Ce que l'on ajoûte à une lettre ou à un memoire, après qu'on a dressé le memoire ou fini la lettre. Ce mot vient du Latin *Postscriptum*, Ecrit après.

POSTE. s. m. On appelle ainsi, en termes de guerre, Toute sorte de terrain où l'on peut loger quelques Soldats, soit que le lieu soit fortifié, ou non. *Poste avancé*, se dit d'un terrain dont on se rend maître pour s'ouvrir les postes qui sont derriere, & s'assûrer des devants.

POSTE. s. f. *Chevaux ou autres voitures établies de distance en distance, pour faire diligemment des courses & des voyages*. ACAD. FR. Cyrus, au rapport de Xenophon, a établi le premier les postes. Il fit bâtir pour cela des lieux commodes pour les grands chemins, où il se trouvoit des hommes & des chevaux tous prêts à courir, en sorte que celui qui arrivoit à une Poste; mettoit le paquet des nouvelles entre les mains d'un autre homme qui en partoit aussi-tôt; ce qui se continuoit de poste en poste. Il y en a qui attribuent à Auguste le premier établissement des Postes. Suetone dit qu'il fit bâtir sur les grands chemins des stations destinées à cet usage dans des distances peu éloignées, choisissant de jeunes hommes experts à la course, qui courant d'une poste à l'autre, donnoient les paquets de main en main. Après cela il établit des chevaux & des chariots, afin de faire plus de diligence. Dans le tems de Charlemagne il y eut quelque commencement de Postes en France, en Allemagne & en Italie; mais cet établissement n'ayant pas été continué, on croit que ce fut Louis XI. qui les rendit ordinaires & perpetuelles en France vers l'an 1477. Ce fut en ce tems que les logemens où l'on tenoit des chevaux prêts s'appellerent *Postes*, ainsi que les courses & les Couriers mêmes.

On appelle *Postes*, Les petites bales de plomb dont la plûpart des Chasseurs chargent leurs fusils.

On appelle *Postes*, en matiere de Sculpture, Certains ornemens plats en maniere d'enroulemens repetés. Il y en a qui sont fleuronnés avec des rosettes, & d'autres qui sont tout simples. On leur a donné ce nom, à cause qu'ils semblent courir l'un après l'autre. Il se fait aussi des *Postes de fer* pour les ouvrages de serrurerie.

On appelle dans les Académies de jeu, *Prêteurs en poste* ou *Prêteurs à poste*, Ceux qui prêtent aux joueurs l'argent qu'ils leur demandent, moyennant un certain interêt selon la somme, de laquelle ils se remboursent dans une autre occasion.

POSTILLE. s. f. Vieux mot. Ce qu'on écrivoit autrefois à la marge d'un livre. C'est de-là que nous est venu *Apostiller*.

POSTILLON. s. m. Celui qui conduit les gens qui courent la poste. Il se dit aussi du Courier qui porte les lettres; & c'est en ce sens qu'on dit, *Un cornet de Postillon*, qui donne avis de son arrivée. On appelle encore *Postillon*, Celui qui mene les chevaux de devant d'un carrosse, quand ce carrosse est tiré par six chevaux.

Postillon, en termes de mer, se dit d'une petite Patache qu'on entretient dans un Port, & dont on se sert lorsque l'on veut envoyer à la découverte, ou porter quelque nouvelle.

POSTURE. s. f. En terme de Gravûre & de Peinture, Attitude. On dit, *Les postures de Callot*, &c.

POT

POT. s. m. Vaisseau de métal ou de terre qui sert à divers usages.

Pot, en termes de guerre, se dit d'une espece de morion ou de salade que portent les gens de pié, & qui ne couvrent que la moitié de la tête.

Pot à feu. Espece de bombe longue & creuse en dedans. Il y en a qui pour faire des pots à feu prennent une des plus grosses grenades chargées. Ils la mettent dans un pot de terre rempli de poudre & couvert d'une peau. Au dessus de cette peau sont des bouts de meche allumés, attachés en croix. On jette ce pot par le moyen d'une corde que l'on attache à son anse, & en se brisant il ne manque point de prendre feu, de même que la grenade qui est enfermée dedans.

POTAGER. s. m. Jardin à legumes. Le Potager de Versailles n'a rien d'égal.

POTAMOGETUM. s. m. Plante qui a ses feuilles velues & semblables à la Bete. On les voit nager & sortir de l'eau en divers lieux. Elle croît dans les marais & autres lieux aquatiques, d'où elle a pris son nom, ποταμὸς en Grec signifiant Fleuve, & γείτων, Voisin. Dioscoride dit qu'elle est bonne aux démangeaisons & aux ulceres inveterés, & Galien, qu'elle est astrictive & refrigerative au même degré que la Renoncule, qui est pourtant composée d'une essence plus subtile.

POTASSE. s. f. Sorte de terre dont les Teinturiers se servent.

servent. Elle est assés semblable à la gravelée, & on nous l'apporte de Dantzic, & même de Moscovie. On l'appelle aussi *Vendasse*.

POTEAU. s. m. Les Charpentiers appellent *Poteau*, Toute piece de bois mise debout. Elle est de differente grosseur, selon sa longueur & ses usages. Les gros Poteaux font les encoignures, & sont ordinairement d'un seul brin. C'est ce qu'on appelle *Poteau cornier*. On dit *Poteau de membrure*, en parlant de la piece de bois qui sert à porter de fond les poutres dans les cloisons & pans de bois. Elle doit être de douze à quinze pouces de gros, reduite à sept à huit d'épaisseur jusqu'à la console qui la couronne & qui se prend dans la piece même. Tout Poteau qui porte à plomb sur un autre dans tous les étages d'un pan de bois, s'appelle *Poteau de fond*, & celui qui sert à garnir un pan de bois, *Poteau de remplage*. Ceux qui sont posés à plomb & retenus à tenons & à mortoises dans les sablieres d'une cloison sont des *Poteaux de cloison*, & ceux qui font le côté d'une porte ou d'une fenêtre, sont appellés *Poteau d'huisserie* ou *de croisée*. Il y a aussi des *Poteaux de décharge*. Ce sont ceux qui étant inclinés en façon de Guette, soulagent la charge dans une cloison ou un pan de bois. On appelle *Poteaux de lucarne*, Ceux qui étant à côté d'une lucarne, servent à en porter le chapeau. Les *Poteaux d'écurie* sont des morceaux de bois tournés, qui ont environ quatre piés de haut hors de terre & quatre pouces de gros. Ils servent dans les écuries à separer les places des chevaux. Lorsque l'on construit un pont, on y appelle *Poteau montant*, Une piece qui est retenue à plomb par deux contrefiches audessous du lit, & par deux décharges au dessus du pavé, pour en entretenir les gardefous. On fait venir le mot de *Poteau* de *Postellum*, qui a signifié un gros pieu de bois fiché en terre debout, où l'on attache un carcan dans un carrefour.

POTE'E. s. m. Terme de Chymie. Etaim calciné & reduit en poudre très-fine. Il sert à donner le dernier poli aux miroirs d'acier, & à d'autres choses qui demandent un fort grand éclat. *Potée d'émeril*, se dit de la poudre que l'on trouve sur les pierres qui ont servi à tailler des pierreries. Les Potiers appellent aussi *Potée*, De l'eau épaisse où il y a de l'ocre rouge pour faire prendre le plomb au pot.

POTELET. s. m. Petite piece de charpente qui est assemblée à tenons & à mortoises au dessous des fenêtres entre l'appui & la sabliere. On appelle *Petits potelets*, de petits Poteaux qui sont tant au dessus des portes & des fenêtres, qu'aux exhaussemens des entablemens.

POTENCE. s. f. Piece de bois que l'on met sous une poutre, pour soûtenir un plancher qui est trop chargé. Il y a des Potences à un lien ou à deux liens. Les premieres se mettent à une des extrémités proche la muraille, & celles qui sont à deux liens avec leur chapeau, se mettent au milieu de la même poutre pour la soulager, lorsqu'elle est d'une trop longue portée, ou pour la soûtenir, lorsqu'elle a commencé à s'éclater.

On dit en Architecture, qu'*Une maison est bâtie en potences*, lorsqu'elle a des aîles à côté du grand corps de logis.

Potence, en termes de Serrurier, signifie le fer à quoi est attachée l'Enseigne qui pend devant la boutique d'un Marchand ou d'un Artisan. C'est une maniere de grande console en saillies, ordinairement ornée d'enroulemens & de feuillages de tole.

On appelle aussi *Potences*, Les bouts des branches d'une Trompette qui sont formés en arc.

Potence, est aussi une verge de fer, qui passe diametralement sur le bord du minot. Elle sert à l'élever, & est attachée par deux oreilles à son cintre.

On dit en termes de course de bague, qu'*On a bridé la potence*, lorsqu'avec la lance on a touché le bois d'où pend la bague ou l'anneau.

POTENCE', E'E. adj. Terme de Blason. Il se dit des pieces qui se terminent en potence. *D'azur au chevron potencé d'argent*. On appelle *Croix potencée*, celle qui a ses extrémités faites en potence double ou selon la figure de la lettre T, comme la croix de Jerusalem.

POTENCIEL, ELLE. adj. On appelle en termes de Medecine, *Cautere potenciel*, La pierre de chaux ou autres drogues caustiques, à la difference du cautere actuel, qui est, le bouton de fer ardent.

POTENTILLE. s. f. Herbe, selon Matthiole, assés semblable à l'agrimoine, ayant neanmoins ses feuilles plus velues, vertes dessus, & blanches dessous. Elle jette de petites branches qui traînent à terre comme celle de la Piloselle, & produit des fleurs jaunes qui tiennent à une simple queue, & qui sont semblables aux ranuncules des jardins. Sa racine est rouge en dehors & blanche en dedans. Elle croît le long des sentiers & aux lieux humides. Toute cette plante est dessiccative & astringente, ce qui la rend propre aux dysenteries, & aux autres flux de ventre. Prise en breuvage elle est bonne à ceux qui crachent le sang. La décoction de l'herbe faite en vin & prise aussi en breuvage, guerit les tranchées du ventre & les douleurs des reins. La farine de cette même herbe seche, étant prise en eau distillée de l'herbe même, arrête les fluxions blanches des femmes, & plus efficacement si on y mêle du corail & de la brisure d'ivoire. Quelques-uns l'estiment merveilleuse, tant bûe que mangée, pour la descente des boyaux. Si on se lave souvent la bouche avec sa décoction, elle appaise la douleur des dents qu'elle raffermit quand elles branlent, & resserre les gencives. Si on y mêle un peu d'alun, elle remet la luette basse. On tient que cette plante mise aux creux de la main, & sous la plante des piés, fait cesser l'ardeur de quelque fievre que ce puisse être. On l'appelle aussi *Argentine*, & il y en a qui veulent qu'on lui ait donné le nom de *Potentille*, du Latin *Potentia*, Puissance, à cause des grandes vertus qu'elle a.

POTERIUM. s. m. Plante dont l'écorce est menue, & qui a quantité de branches, longues, molles, déliées, & pliables, semblables à celles de Tragacantha. Ses feuilles sont petites & rondes, & ses fleurs blanches. Sa graine est odorante & piquante au goût, mais inutile. Ses racines qui ont deux ou trois coudées de long, sont dures & nerveuses, & jettent une liqueur semblable à la gomme lorsqu'on les coupe près de terre. Etant pilées & appliquées en forme d'emplâtre, elles sont singulieres aux nerfs coupés & à souder les plaies. Leur décoction est bonne aussi pour tous accidens des nerfs. Cette herbe croît aux lieux aquatiques, ce qui lui fait donner le nom de ποτήριον, de πότης, Qui aime à boire.

POTERNE. s. f. Il se dit en termes de Fortification d'une fausse porte qui se fait pour l'ordinaire plus commodement dans l'angle du flanc & de la courtine, pour faire des sorties secrettes par le fossé. Du Cange fait venir ce mot de *Poterna*, qu'on trouve en ce même sens dans les auteurs de la basse Latinité. Il s'est dit autrefois de toute porte secrette & cachée.

Par une poterne descend
Que trois Sergents li vont ouvrir.

POTIEUX, EUSE. adj. Vieux mot. Qui a mal de cœur de toutes choses. On a dit aussi, *Etre potieux, faire le potieux*, pour dire, Faire le délicat, être difficile à contenter.

POTIN. s. m. Laiton jaune, dur, cassant & sonnant, où il entre du plomb ou de l'étaim. On ne peut dorer cette sorte de métal. Quelques-uns veulent qu'on l'appelle ainsi, à cause qu'on en fait souvent des pots. On en fait des chandeliers, des lampes de cuisine, des pommes de chenêts.

POTION. s. f. Terme de Chymiste ou d'Apothicaire. Toute sorte de remede liquide qu'on prend par la bouche, pour la conservation ou pour le rétablissement de la santé. Il y a des Potions de diverses sortes. Les unes sont purgatives, cordiales, astringentes, pectorales; les autres aperitives, somniferes, diuretiques, hepatiques, hysteriques, vulneraires, carminatives &c. Les remedes purgatifs se prennent plus souvent en potion que d'une autre sorte, à cause que la potion va plus promptement par tout le corps, & par toutes les veines les plus déliées, ce qui fait qu'elle leve les obstructions avec plus de facilité, & qu'elle purge mieux toutes les humeurs qu'elle rencontre. Ce mot vient du Latin *Potio*.

POTIRON. s. m. Gros fruit rond, & couvert d'une écorce qui tient du jaune & du rouge. C'est une espece de citrouille de difficile digestion, qui vient, à une plante rampante. Il y en a qui ne valent rien. Ceux qui sont bons à manger se cuisent, se fricassent, & se mettent quelquefois au potage. *Potiron*, se dit aussi d'une espece de Champignon noir au dedans, que les Latins appellent *Fungus*. Pline dit qu'il y a des Potirons, appellés πεζικαὶ par les Grecs, qui n'ont ni queue ni racine. Quelques-uns veulent que le mot de *Potiron* vienne du Grec ποτήριον, à cause que le Potiron, qui est l'espece de champignon appellée *Fungus* par les Latins, a de la ressemblance avec une coupe, ou un vase à boire renversé.

POU

POU. s. m. Vermine qui pique, & qui s'engendre de la chair, sur-tout dans la tête. La crasse & la sueur les engendrent quelquefois dans les chemises & dans les habits de laine, principalement pendant l'été. Le Pou a un grouin fait comme celui du pourceau. Ses yeux qui sont derriere ses cornes sont environnés de poil. Ses cornes le sont de même, & on voit à l'extrémité de son bec une petite éminence, qui peut bien servir d'étui à son aiguillon, à cause qu'il n'a point de bouche qui s'ouvre. Du dessous de sa poitrine sortent six jambes, divisées chacune en six parties fort distinctes, dont la peau est assés semblable à du cuir de chagrin. Celle du reste de son corps est luisante. La derniere partie de ses piés est armée de deux pinces d'une grandeur inégale. Sur son dos sont des incisions en forme d'anneaux, des poils & des marques, telles que les verges en font sur le corps de ceux que l'on a fouettés. On tient que les poux s'enfuient des corps morts, & que quand il en vient à la tête d'un malade c'est signe de guerison. Il s'engendre aussi des poux dans la plûpart des bêtes, mais jamais les Asnes n'en ont. On dit qu'ils mettent le lion en rage tant ils le tourmentent.

On trouve aussi des *Poux aquatiques*, dont la couleur tire sur le rouge. Il y en a quelquefois une si grande quantité dans de certains fossés remplis de fange & de bourbe, qu'on croiroit que l'eau auroit été changée en sang. On appelle aussi *Pou*, Une sorte d'insecte d'étang de mer, qui tourmente le poisson.

Poux de bois. Espece de fourmis ou de vermisseaux qui ont une petite tache noire sur la tête, & le reste du corps tout blanc. Ils sont plus mollasse que nos fourmis ordinaires. Leur dent est pourtant si acerée qu'ils rongent & cavent le bois où ils s'attachent. Les Habitans des Antilles, où ils se rencontrent en quantité, les ont appellés *Poux de bois*, à cause qu'ils s'engendrent de bois pourri. Ils bâtissent avec de la terre de petites galeries, ou conduits un peu plus amples que le tuyau d'une plume, & leur font faire tant de milliers de tours & de détours, qu'ils en composent enfin une motte plus grosse qu'un demi baril. Ils sont là dedans comme dans une petite forteresse, à couvert des embuches des petits oiseaux & des lesards, qui les avalent avec grande avidité comme un très-friand morceau. Si on y fait quelque breche, ils s'appliquent aussi-tôt à la reparer, & leur travail avance à vûe d'œil, sans que l'on puisse comprendre comment ils peuvent en venir à bout avec tant d'adresse. Lorsqu'ils se sont un peu trop multipliés, ils font comme une ligne de communication tout le long de la sole jusqu'au premier joint qu'ils trouvent. Ils y bâtissent tout de nouveau, & allant ainsi de coin en coin & de joint en joint, ils pourrissent tous les lieux où ils s'arrêtent, & en peu de tems ils font tomber un bâtiment en ruine. On ne leur coupe chemin qu'en frottant d'huile de vache de mer les lieux par où ils passent, & même si on en verse sur la motte, ils l'abandonnent incontinent. Lorsqu'ils ont quitté leur demeure, elle noircit, desseche & brûle aussi vîte que des allumettes. On a observé que quand ces petits insectes vieillissent, les aîles leur viennent ainsi qu'aux fourmis, & qu'ils s'élevent en l'air, mais ils n'y vivent tout au plus qu'un jour ou deux.

Poux de Pharaon. Animaux du Bresil qui entrent dans les piés entre la chair & la peau, & qui y font une playe qui les pourrit. Ils deviennent en un jour de la grosseur d'une feve.

POU. adv. Vieux mot. Peu.

A pou que je ne vous occi.

Pour dire, *Il s'en fallut peu*. On a dit aussi *Poy*.

Moult est Poy do trels Amans.

POUACRE. s. m. Vieux mot. Paralytique.

Elle guerit les Ttropiques,
Les Pouacres, les Frenatiques.

POUAIR. v. n. Vieux mot. Pouvoir. On a dit aussi *Pouer* & *Pouir*; *Post*, pour, Il peut, & *Pouist*, pour, qu'Il pût.

POUCE. s. m. *Le plus gros des doigts de la main.* ACAD. FR. C'est aussi une mesure qui comprend la douziéme partie d'un pié de Roi, contenant douze lignes, dont chacune est large de la grosseur d'un grain d'orge. Le Pouce superficiel quarré a cent quarante-quatre de ces lignes, & le Pouce cube en a mille sept cens vingt huit. Le mot de *Pouce* vient du latin *Pollex*, qui veut dire la même chose, & *Pollex* de *Pollere*, à cause que le Pouce a plus de force que les autres doigts.

Ce que l'on appelle *Pouce d'eau*, est une quantité d'eau courante qui passe sans cesse par une ouverture ronde d'un pouce de diametre. La superficie de l'eau doit toûjours demeurer plus haute d'une ligne que la partie superieure de cette ouverture, fournissant treize pintes d'eau dans une minute, & huit cens pintes pendant une heure.

POUCEON. s. m. Sorte de mesure qui contient un pouce cubique. Douze Pouceons pesent huit onces.

POUCIER. s. m. Maniere d'ongle de fer blanc, de cuir, d'yvoir, ou d'argent, dont quelques ouvriers se couvrent le pouce pour se conserver l'ongle. On appelle aussi *Poucier*, Une espece de pouce de métal, dont les Tireurs d'or se couvrent le pouce pour travailler. Ce Pouce est fait à peu près comme le dez de ceux qui manient l'aiguille.

Poucier, se dit aussi d'une figure de pouce faite de fer blanc que les Chirurgiens ont l'adresse d'attacher à une main pour tenir la place d'un pouce coupé. Il sert à faire encore manier la plume & les armes.

POUDRE. s. f. *Petits corpuscules de terre desséchée, qui s'élevent en l'air à la moindre agitation, au moindre vent.* Acad. Fr.

Poudre à canon. Elle se fait en prenant six parties de salpêtre avec du soufre, & du charbon de saule, une partie de chacun. On pulverise le tout ensemble dans un mortier de fonte pendant l'espace de trois ou quatre heures, & on humecte la Poudre de tems en tems avec du vinaigre, ou de l'esprit de vin, ou de l'eau de chaux. Ensuite on passe cette pâte presque seche, dans un crible de parchemin, dont les trous doivent être de la grandeur qu'on souhaite pour grossir ou diminuer les grains, & par ce moyen on a de très-bonne poudre lorsqu'elle est seche. Le salpêtre en cause le grand effet par son étrange rarefaction, qui le resout tout en vapeur & en air. Le soufre est ce qui l'enflame, & parce que la flame de soufre est fort legere, & que le salpêtre l'éteindroit bientôt, on y ajoûte du charbon qui est sec & plus solide pour la soûtenir. Il y a de la *Poudre muette*, appellée autrement *Poudre sourde*, qui se fait avec de la Poudre commune, en y ajoûtant du Borax, de la pierre calamine, ou du sel armoniac, ou des taupes vives calcinées, ou de la seconde écorce du sureau.

Poudre de plomb. Petit plomb menu de forme ronde, dont on charge les fusils pour tirer au menu gibier.

Poudre de sympathie. Vitriol qui est calciné & dont on se sert quand on veut arrêter le sang. La vertu de la Poudre de sympathie qui guerit les playes par une faculté magnetique, est renfermée dans la testemorte du vitriol de cuivre ou de Venus. On expose du vitriol de cuivre aux rayons du Soleil pendant les Jours Caniculaires, pour le calciner en jauneur. Les rayons ne doivent pas être trop chauds, à cause que le soufre de Venus, en quoi la vertu sympathique consiste, se dissiperoit. Il faut aussi empêcher que la pluye ne tombe sur la préparation, parce qu'elle en feroit un veritable vitriol.

Poudre de Cypre. Composé de racine d'Iris, de musc, de civette, qui sert à dessecher ou à poudrer les cheveux.

On appelle *Poudres*, parmi les Apothicaires & les Chymistes des medicamens préparés de plusieurs medicamens simples, ou composés de plusieurs purgatifs ou confortatifs pour purger ou fortifier. Toutes ces poudres se font par trituration, qui n'est autre chose qu'une reduction du medicament en menues parties. Il y a une Poudre febrifuge, dont il ne faut prendre que deux fois avant l'accès pour arrêter la fievre quarte, à moins qu'elle ne soit bien enracinée. On prend pour la faire quinze grains de sel ammoniac depuré, qu'on mêle avec huit à dix grains d'yeux d'écrevisses.

On appelle *Poudre Duc*, Une poudre faite de muscade battue avec du sucre. Quelques-uns y ajoûtent de la canelle. La dose ordinaire est, deux onces de muscade sur une livre de sucre. Cette poudre prise dans du vin chaud, est admirable pour guerir le rhume qui vient d'une cause froide.

Il y a une *Poudre cordiale*, qui est universelle & propre à guerir plusieurs maladies qui arrivent aux chevaux. Elle est composée des rapures des oranges, avec une égale partie d'écorce de citron seche.

Les Chymistes appellent *Poudre de projection*, Une poudre qu'ils pretendent avoir la vertu de convertir en or tout autre métal, lorsqu'on en jette dessus, & qu'on les fond ensemble.

POUDRIER. s. m. Nom que l'on donne sur mer à une horloge de sable dont on se sert, & qui dure demi-heure

POUF. Mot indeclinable, dont se servent ceux qui travaillent en marbre. Ils disent qu'*Une pierre* ou qu'*un marbre est pouf*, pour dire, qu'Il s'égraine sous l'outil. Il se dit aussi du grais, qui s'en va en poudre ou par morceaux.

POUGER. v. n. Terme de Marine. Faire vent arriere, porter à droiture. Ce terme est d'usage sur la Mediterranée.

POUILLEUX, euse. adj. Les Ouvriers nomment *Bois pouilleux*, Un bois qui étant échauffé, devient tout plein de petites taches blanches, noires & rousses, qui marquent de la pourriture.

POULAIN. s. m. Espece de traineau sans roue, sur lequel on voiture de gros fardeaux. On fait venir ce mot de *Pulvinus*, qui est employé dans le même sens pour un assemblage de charpenterie propre à trainer des fardeaux.

Poulain, est aussi un Instrument de Tonnelier, qui sert à trainer du vin, ou à le descendre dans la cave. Il est composé de deux barres & de quatre épars qui passent au haut & au bas de cette sorte de machine & aux travers des barres, & qui servent à les faire tenir ensemble.

Quelques uns appellent aussi *Poulains*, des étances qui tiennent l'étrave du Vaisseau dans le tems qu'il est sur le chantier. On ôte ces étances les dernieres quand on veut le mettre à l'eau.

Poulain. Terme de Chirurgie. Sorte de tumeur maligne qui vient à l'aine par le commerce qu'on a eu avec une femme qui avoit du mal.

POULAINE. s. f. Terme de Marine. Assemblage de plusieurs pieces de bois, qui font une portion de cercle, & qui se terminent en pointe. On en fait la partie de l'avant du Vaisseau qui s'avance la premiere en mer par une grande saillie qu'elle fait. M. Guillet dit que c'est au bas de la Poulaine contre l'estrave que l'on va laver & blanchir le linge, & & se décharger le ventre.

On a dit autrefois *Souliers à Poulaine*, pour dire, Souliers à la Polonoise, *Poulaine* s'étant dit au lieu de Pologne. C'étoient des souliers, dont la pointe étoit longue d'un demi pié pour les personnes du commun, d'un pié pour les riches, & de deux piés pour les Princes. Cette sorte de souliers aigus fut défendue sous Charles VI. & ensuite on en fit d'autres que l'on appella *Becs de canne*, à cause qu'ils avoient un bec au devant. Ce bec étoit long de quatre ou cinq doigts.

POULE. s. f. Oiseau domestique fort connu qui pond des œufs & les couve pour faire éclorre ses petits que l'on appelle *Poulets*. Il y en a dans l'Isle de Madagascar dont les œufs ne sont pas plus gros que ceux de pigeon. Les *Poules d'Inde*, sont de très-grosses Poules venues de l'Amerique. M. Menage veut que *Poule* vienne de *Pullus*, qui a été dit des Poules de tout âge.

Poule de Guinée. Oiseau de la grosseur de nos Poules ordinaires, mais enjambé bien plus haut. Son plumage est noir, & tout parsemé de plumes blanches.

Poule d'eau. Sorte d'oiseau de riviere qui a la tête presque semblable à celle de la Poule privée avec une crête blanche ou rouge. Il est noir, & beaucoup garni de plumes. Il y a dans les Isles de l'Amerique appellées *Vierges*, Une espece de petites Poules d'eau qui ont un très-beau plumage. Elles sont de la grosseur d'un pigeon, mais leur bec est beaucoup plus long, de couleur jaune, & elles ont les cuisses plus hautes, d'un rouge fort vif ainsi que les piés. Les plumes du dos, des ailes & de la queue sont d'un incarnat luisant, mêlé de vert & de noir, qui sert comme de fond pour relever ces autres couleurs. Le dessous du ventre & des ailes est d'un jaune doré. On admire dans leur col & leur poitrine une agréable mélange des vives couleurs qu'elles ont dans le reste de leur corps. Leur tête est menue avec deux petits yeux brillans, & elle est couronnée d'une petite hupe tissue de plusieurs petites plumes de differentes couleurs. Les Poules d'eau sont grasses l'hiver. Leur chair est d'assés bon goût, mais fort difficile à digerer.

POULETTE. s. f. Corde qui sert à bander une charge sur un cheval, & à y lier de gros ballots.

POULIE. s. f. Corps rond fait de bois ou de métal en forme de disque ou d'assiette avec un creux tout autour pour entortiller une corde. Elle a un trou dans le centre, pour y passer un essieu autour duquel elle tourne. On s'en sert aux grues, engins & autres machines pour empêcher que les cordages ne se frottent en élevant des fardeaux. La Poulie est emboitée dans ce qu'on appelle Echarpe ou Moufle. La Poulie ne sert qu'à faciliter le mouvement en épargnant le frottement, & elle n'augmente point la force quand son centre est fixe, car le poids est appliqué d'un côté de ce centre fixe, & la puissance de l'autre a des distances égales, puisque la poulie est un cercle, ainsi la puissance n'a point plus de vitesse que le poids, (voyez MACHINE & MOUVEMENT,) mais quand le centre de la Poulie est mobile, & l'une de ses extrémités fixe, alors si le poids est appliqué au centre, & la puissance à l'autre extrémité, & qu'elle tire par une ligne parallele à la ligne de suspension du poids, alors une puissance qui n'est que la moitié du poids est en équilibre avec lui, & si elle est un peu plus de la moitié elle l'emporte, parce qu'elle est une fois plus éloignée du point fixe, & que par consequent elle fait une fois plus de chemin. Cela fait une espece de *Levier*. Voyez LEVIER. Les Poulies mobiles où les cordes font plusieurs tours, s'appellent particulierement *Moufles*, & multiplient extrémement la force. Voyez MOUFLE. M. Menage dérive ce mot de l'Anglois *Pullie*, fait de *Pult*, qui signifie Tirer. *Poulie simple*, se dit d'une moufle où il y a seulement une Poulie, & *Poulie double*, de celle où il y en a deux sur un même essieu l'une à côté de l'autre.

Il y a dans les Vaisseaux differentes sortes de Poulies. Celles qu'on appelle *Poulies plates de bouline*, tiennent à un pendeur sous la hune. C'est où sont passées les balancines des grandes vergues. On appelle *Poulie de palan*, Une moufle double où sont deux Poulies l'une sur l'autre, & *Poulie d'une grande drisse*, Une moufle fort longue qui sert à hisser & à amener la grande vergue. C'est où la grande itaque est passée. Il y a dans cette moufle trois Poulies sur le même essieu, sur quoi passe la grande drisse. La *Poulie d'itaque du grand hunier*, qui est double ou simple, tient au bout de l'itaque de la hune. La fausse itaque y est passée, & elle sert à hisser & à amener la vergue du grand hunier. La *Poulie de Guinderesse*, est une grosse Poulie qui a sa moufle entourée d'un lien de fer, au bout duquel est un croc, dont l'usage est de hisser & d'amener les mâts de hune. Il y a aussi une Poulie de drisse de misaine, qui avec l'itaque sert à hisser & à amener la vergue de misaine. On appelle *Poulie de coupée*. Une Poulie qui a sa moufle échancrée d'un côté pour y passer la bouline quand il est besoin de la haler, & *Poulie de retour*, Une Poulie opposée à une autre qu'on employe au même usage. Les *Poulies de retour d'ecoutes de hunes*, sont de grosses Poulies qui tiennent par une herse sous les vergues près des hunes, par où sont passées les écoutes des hunes. *Poulie étropée*, se dit d'une poulie avec une étrope, & *Poulie d'écoute, de misaine, de sivadiere*, se dit de celles qui sont à l'avant des grands porte-haubans & ausquelles le côté du Vaisseau sert de moufle. On dit aussi *Poulies d'écoute de hune*, en parlant de celles qui sont au bout des grandes vergues, où sont passées les écoutes des hunes & les balancines. Les *Poulies de caliornes*, sont des Poulies à trois rouets sur un même essieu.

Les Medecins appellent *Poulies*, Certaines emboitures des os & des muscles qui passent par dessus comme si c'étoit une Poulie. Ils en trouvent en divers endroits, comme aux coudes, aux genoux, & aux machoires.

POULIOT. s. m. Herbe qui se traine à terre ainsi que le serpolet, & dont les tiges sont grêles & hautes d'un palme. Elle a ses feuilles un peu plus grandes que celles de marjolaine, & ses fleurs sortent de loin à loin par toute la tige, proche l'endroit d'où viennent les feuilles, & elles tirent sur le purpurin. Sa racine est grêle & chevelue. Toute la plante est de bonne odeur, & d'un goût piquant, accompagné de quelque peu d'amertume. Pline parle de deux especes de Pouliot, le mâle qui a sa fleur blanche, & la femelle qui a sa fleur rouge. Matthiole dit qu'on les trouve toutes deux en Italie, sur-tout en Toscane où il croît du Pouliot parfaitement bon. Galien dit qu'il est fort chaud & subtil, que l'on connoît combien sa chaleur est vehemente, en ce que si on s'en frotte il rubrifie la partie, & même l'écorche & l'ulcere, quand on l'endure trop longtems, & que sa subtilité pénetrante paroît, en ce qu'il fait cracher aisément les humeurs grosses & visqueuses qui chargent l'estomac & la poitrine, & qu'il provoque le flux menstrual. En latin *Pulegium*.

POULPE. s. f. Terme de Medecine, qui signifie le plus gras & le plus solide de la chair, & qui se dit principalement de la partie superieure du ventre, à cause qu'étant charnue, c'est par-là qu'on tâte les animaux pour connoître s'ils sont gras. Cette partie est appellée en latin *Pulpa*, que plusieurs font venir de *Palpare*, Târer.

On dit aussi *Poulpe* de la chair des fruits, comme des prunes, des pommes & autres. Il y a une sorte de poisson appellée *Poulpe*, c'est celui qu'on nomme autrement *Polype*.

POULS. s. m. Terme de Medecine. *Mouvement des arteres qui se fait sentir en plusieurs endroits du corps & particulierement vers le poignet.* ACAD. FR. Le Pouls a deux mouvemens, l'un d'expansion, l'autre de constriction, ou plûtôt il n'a que celui de constriction, lorsque le double muscle du cœur se raccourcit suivant ses fibres, & pousse dehors ce qu'il y a dans le cœur; car le sang ayant reçû sa perfection dans le ventricule gauche, ne doit pas s'y arrêter, puisque ce seroit nous mettre en peril de perdre la vie, mais il doit continuer son chemin, poussé par le mouvement de constriction du cœur dans les arteres. C'est ce qu'on appelle *Battement* ou *Pouls*. Comme ce battement n'est consideré que pour connoître l'état de la fermentation du sang dans le cœur, il y a trois choses à observer dans le Pouls: le sang qui est poussé, la cause qui le pousse & les canaux par où il est poussé, d'où resultent dans le Pouls cinq differences generales. Le Pouls est grand ou petit à raison du sang: grand lorsque l'artere est bien distendue par le sang gonflé, & petit, quand elle est peu distendue. Le Pouls est fort si la contraction du cœur étant vigoureuse, le sang est lancé vigoureusement, & il est foible, lorsque le contraire arrive. Le Pouls est vîte ou tardif; vîte, lorsque le cœur irrité poussant le sang avec impetuosité, communique son irritation aux arteres, & il est tardif quand l'irritation du cœur diminuant, fait diminuer aussi celle des arteres. Lorsque l'artere est aride, & qu'elle resiste au toucher. Le Pouls est dur, & il est mol quand l'artere ne resiste point au doigt. Le Pouls est encore frequent ou rare; frequent, lorsque les impulsions sont vîtes, & que le sang bouillonnant dans le cœur le dilate entierement, & rare, quand la fermentation du sang est diminuée. L'endroit le plus ordinaire où l'on tâte le Pouls est le poignet. L'intestin entre le pouce & l'index est aussi un endroit où on le tâte. On le tâte encore vers le talon du pié, & aux temples, quand il ne faut pas découvrir le corps, comme dans les femmes grosses. On distingue trois vices dans le Pouls, l'un quand il est mol ou tardif, debile & petit, ce qui arrive dans l'abattement des forces & dans la syncope; l'autre, quand il est impetueux & excessif, comme dans la palpitation du cœur, & le troisiéme, quand il est frequent contre nature dans les fievres. Il devient naturellement frequent par la rarefaction & par la fermentation du sang dans la poitrine & dans le cœur, lorsque le cœur ne se dilate point assés, qu'il est en quelque sorte irrité, & qu'il se retire frequemment. Comme la contraction frequente du cœur vient de la fermentation augmentée du sang, elle fait le Pouls frequent, & le Pouls frequent marque la fievre, qui consiste formellement dans la fermentation contre nature du sang, qui fermente dans le cœur avec trop de violence ou d'impetuosité, ou d'une maniere vitiée. L'abattement ou le mouvement du cœur & des arteres, que l'on appelle *Le Pouls*, étant assés connu par l'experience, on est en peine de sçavoir quelle est la cause primitive & generante, ou productrice de ce mouvement. Galien dit que les uns veulent que ce soit la chaleur naturelle, les autres une proprieté particuliere des esprits, & d'autres une certaine faculté corporelle qui se sert des instrumens particuliers du mouvement, tels que sont la chaleur naturelle, les esprits & les autres parties qui font la conformation du cœur. Selon le sentiment de M. Rohaut, ce mouvement n'étant qu'une espece de dilatation qui arrive au cœur & aux arteres, laquelle se fait à certaines reprises reglées, & avec telle mesure que les arteres ne battent ni plus ni moins de fois que le cœur, on peut penser qu'il dépend d'une même cause, & que cette cause n'est autre que l'alteration que le sang reçoit dans le cœur. Il y a donc apparence, poursuit-il, qu'à chaque fois qu'il tombe du sang dans les deux cavités du cœur, ce sang se mêle avec celui qui y étoit resté auparavant, lequel lui sert comme de levain, pour le faire dilater tout d'un coup, & par même moyen la distance même du cœur est contrainte de se dilater & de s'élargir; après quoi, comme la plus grande partie du sang qui étoit dans ces cavités, en sort, celui de la cavité droite entrant dans la veine arterieuse, & celui de la gauche dans l'aorte, le cœur se relâche & se rallonge, & c'est dans ce changement continuel de la figure du cœur que consiste son battement. Et quant aux arteres, leur mouvement consiste en ce qu'elles s'enflent par le nouveau sang qu'elles reçoivent du cœur, & se désenflent quand le sang ayant aussitôt perdu de sa force & de son agitation, elles se remettent d'elles-mêmes dans leur premier état. Le même M. Rohaut reconnoît dans la machine particuliere du cœur, des dispositions à se pouvoir dilater & resserrer par une autre voie, à cause qu'étant composé de deux muscles, on peut penser qu'ils exercent alternativement leurs actions, c'est-à-dire, que les esprits animaux passent alternativement d'un muscle dans l'autre, mais il croit toûjours que c'est la dilatation qui se fait du sang dans le cœur qui détermine ses actions; ce qui se prouve, parce que le cœur se dilate plus ou moins vîte, selon que les diverses qualités qui se rencontrent dans le sang, le rendent susceptible d'une plus prompte ou d'une plus lente dilatation, & cette seconde cause du mouvement du cœur étant supposée, il dit qu'il n'est pas plus étrange qu'il batte encore quelque tems, quand il est hors du corps d'un animal vivant, qu'il l'est, qu'une cloche continue de se mouvoir quand on cesse de tirer sa corde; mais il ne croit pas qu'on pût autrement rendre raison de ce phenomene. Le cœur suivant Gassendi, ne se meut jamais sans chaleur, tant parce qu'au commencement il y a la chaleur seminale, & dans la suite du tems celle qui est excitée par le mouvement, que parce que de même que dans un automate, il faut de necessité qu'il y ait de l'air ou de l'eau qui coule, ou une corde tendue, ou un poids, ou quelqu'autre chose de la sorte qui donne le premier branle à la machine, & qui fasse le commencement de la suite des mouvemens, ainsi il est necessaire que dans le cœur il y ait de la chaleur ou comme une espece de petit feu, dont les corpuscules agités donnent le branle aux petites machines interieures du cœur, & fassent le commencement de la suite de leurs mouvemens, surquoi il observe que la chaleur est veritablement necessaire, afin que le mouvement du cœur soit excité, mais que le mouvement même est necessaire afin que la chaleur soit ensuite conservée & augmentée, de sorte qu'on peut dire par consequent que la chaleur n'est point tant cause du mouvement du cœur, que le mouvement est cause de la chaleur continuée. Il ajoûte à l'égard des arteres, qu'elles ne battent pas d'elles-mêmes, ou qu'elles ne battent pas par une vertu pulsifique qui leur soit propre & particuliere, parce que si après avoir fendu une artere en long, & y avoir introduit un petit canal d'une grosseur convenable, par lequel le sang puisse couler, l'on fait une ligature tout à l'entour, l'artere battra veritablement depuis le cœur jusques à la ligature, mais elle ne battra point, de la ligature vers les extrémités, ce qui est une marque évidente que les arteres ne battent pas d'elles-mêmes comme le cœur. Elles ne battent pas aussi, continue-t'il, par l'introduction & l'impulsion du sang qui les fasse enfler comme des outres, puisque par la même experience elles ne battent pas au de-là de la ligature, quoique ce sang y passe & y coule à l'ordinaire. Il conclud de là qu'il faut que leur mouvement dépende originairement de la vertu pulsifique du cœur même, ce qui paroît d'autant plus probable que la teneur, l'acceleration ou le retardement du Pouls se fait dans les artères, selon la teneur, l'acceleration, ou le retardement qui est dans le cœur, outre que la diastole & la systole des arteres se fait en même-tems que la diastole & la systole du cœur, comme il est visible dans la dissection des animaux vivans. Le mot *Pouls*, a été fait du latin *Pulsus*, Battement, pulsation.

POULVERIN. s. m. Maniere d'étui couvert de cuir ou de velours, qui pend avec les charges à la bandouliere, & où l'on met de la poudre fine froissée, dont on se sert pour amorcer.

POUMON, s. m. *Partie interne de l'animal, & le principal organe de la respiration.* ACAD. FR. C'est une substance spongieuse, composée d'une chair changeante entre rouge & blanc, qui est legere & peu dense, afin qu'elle ait plus de facilité à obéir au mouvement de la poitrine, qui dilate & resserre le Poumon par le moyen de soixante & cinq muscles. Il est situé dans la poitrine entre le mediastin & les côtes, & ce sont l'artere trachée & le larynx qui lui font recevoir l'air exterieur, afin que le cœur en soit rafraîchi. Il a en general quelque ressemblance à un pié de bœuf ou de cerf, & n'adhere à aucune partie afin qu'il se puisse mouvoir plus facilement, prenant diverses figures, selon la capacité & la disposition de la poitrine, où il est quelquefois bossu & quelquefois creux. Il y a trois vaisseaux qui le suspendent & empêchent qu'il ne tombe. Ces trois vaisseaux sont l'artere trache, l'artere veineuse & la veine arterieuse. Le Poumon est divisé en plusieurs lobes qui paroissent plus sur le devant que sur le derriere. *Poumon* vient du latin *Pulmo*, *à pulsu seu spiratione*; en Grec πνεύμων, de πνέω, Je souffle.

Poumon de mer. Sorte d'insecte marin qui est couvert d'un cuir dur, & que l'on appelle ainsi à cause qu'il est semblable aux poumons des animaux. Dioscoride dit qu'étant frais, broyé & appliqué, il soulage les goutes & les mules aux talons. Pline lui donne la même proprieté qu'à l'éponge, à l'ortie marine & à l'étoile de mer. Quand on voit les Poumons marins nager à fleur d'eau, c'est un signe de tempête. Leur vertu est telle que si on en frotte un bâton il luira de nuit comme une torche allumée. Matthiole a éprouvé que si on met un Poumon marin sur quelque personne, il excite de la démangeaison, & même de la rougeur sur la partie.

POUPART. s. m. Vieux mot, qui a signifié Damoiseau.

Cil n'a pas grandeur de poupart.

Aujourd'hui il n'est en usage que pour signifier un petit enfant en maillot ou une poupée sans bras, & emmaillotée, qui sert de jouet à un enfant.

POUPE'E. s. f. Figure de carton, de plâtre, ou de cire, qui est habillée comme un enfant, & qui sert de jouet aux petites filles. *Poupée*, se dit aussi d'une envelope de linge autour d'un doigt où l'on s'est coupé ou blessé.

Poupée. Terme de Tourneur. On appelle *Poupées* dans un Tour, deux pieces de bois d'égale grosseur & longueur, proportionnées aux jumelles dont ce tour est composé. Une partie de ces Poupées qui est entaillée, se met entre les deux membranes. Le reste qui est la tête de la Poupée, & qui est coupé quarrément de la largeur entiere de ces deux membrures, pose solidement dessus, & afin qu'elles soient plus fermes, il y a des clefs de bois que l'on fait entrer à coups de maillet dans les mortaises qui sont au bout des Poupées, au dessous des membrures. Au haut de chaque poupée, il y a une pointe de fer solidement enclavée dans le bois. Les deux pointes se regardent l'une l'autre, disposées horisontalement, & si juste qu'elles se touchent dans un même point quand on les approche. C'est ainsi que M. Felibien en parle.

POUPELIN. s. m. Piece de four faite de fleur de pur froment avec du lait & des œufs frais qu'on fait tremper toute chaude dans du beurre lorsqu'elle est cuite, & où l'on mêle du sucre & de l'écorce de citron. Quelques-uns dérivent ce mot du Grec πόπανον, qui signifie, Une sorte de gâteau mince & rond, qui étoit d'usage autrefois dans les sacrifices.

POUPPE. s. f. L'arriere du Vaisseau, qui est appellé *Queue* par quelques-uns, à cause que le gouvernail qu'on y attache fait le même effet aux navires que la queue fait aux poissons. Son pourtour est orné de balcons, de galeries, de balustres, de pilastres & autres ornemens avec les armes du Prince le tout richement doré. On dit, *Voir une flotte, une isle par pouppe*, pour dire, La voir sur son sillage ou derriere soi; *Mouiller en pouppe*, pour dire, Jetter une ancre par l'arriere; & *Avoir vent en pouppe*, pour dire, Porter à droiture également entre deux écoutes en faisant vent arriere.

On appelle *Vaisseaux à pouppe quarrée*, Ceux dont l'arcasse est construite selon la largeur & la structure des grands Vaisseaux de guerre.

Pouppe. Nom qu'on donne aux tettes de l'ourse & de quelques autres femelles d'animaux qui mordent. Endroit par où tettent leurs petits. On fait venir ce mot du latin *Pupa*, d'où dérivent ceux de *Poupard*, *Poupon* & *Poupée*.

L'os du front, qu'on nomme autrement Os coronal, est appellé par les Medecins l'*Os de la pouppe*.

POURCEAU. s. m. Gros cochon qu'on nourrit pour le manger salé après qu'il a fait beaucoup de graisse. Dioscoride dit que le talon du Pourceau, c'est-à-dire, selon Matthiole, le dernier os du pié, qui est attaché à celui de la jambe, & que l'on appelle communément l'*Os de la cheville du pié*, étant brûlé jusqu'à ce qu'il devienne blanc, pilé ensuite & pris en breuvage, est fort bon à la colique & aux tranchées de ventre qui durent trop. Il y a de deux sortes de Pourceaux au Royaume de Quoja, Pays des Noirs. Les uns sont rouges, gros comme les nôtres, & ils les nomment *Couja*. Les autres appellés *Souja Quinta*, sont noirs, bien plus gros & fort dangereux. Ils ont des dents si aigues, qu'ils brisent tout ce qu'ils mordent, comme si c'étoit autant de haches.

POURCELET. s. m. Petit animal qui a plusieurs piés, & qui se met en rond cul & tête ensemble pour peu qu'on le touche avec la main. C'est ce qu'on appelle autrement *Cloporte*, en Latin *Millepeda*, *multipeda*, *Asellus*. Galien dit que les Asnons, qu'on appelle *Millepiés*, qui viennent & naissent sous les Vaisseaux où l'on tient de l'eau, ont une grande proprieté, étant cuits en huile, pour les douleurs inveterées de la tête. Selon Dioscoride pris avec du vin, ils servent à la jaunisse & à la difficulté d'urine. Pline dit que le Millepiés est un ver de terre velu, qui a plusieurs plis, & qui marche de biais.

POURCHAS. s. m. Vieux mot qui s'est dit pour signifier Une longue poursuite qui se fait, afin d'obtenir quelque avantage.

POURCHASSER. v. a. Terme de Chasseur. On dit, *Pourchasser un cerf*; pour dire, Le poursuivre avec ardeur, avec opiniâtreté, jusqu'à ce qu'on l'ait pû prendre.

POVRE. adj. Vieux mot. Pauvre. On a aussi écrit

Pauvre, & dit *Povreté* & *Povrement*, pour Pauvreté & Pauvrement.

POURPIER. f. m. Herbe qu'on mange en salade & dans le potage. Il y en a de deux sortes. Le Pourpier domestique & cultivé, a ses feuilles plus larges que le sauvage, grasses, luisantes & blafardes d'un côté, d'une aigreur fort âpre & de mauvais goût. Sa tige est grosse, ridée & droite, de couleur presque tirant sur le rouge, & du reste grasse. Sa graine est noire, petite & enfermée en de petites écailles herbeuses, & sa racine fendue en plusieurs racines. Celui qui vient de lui-même & sans culture dans les jardins & les vignes, a ses tiges rondes, souples, grasses, un peu rousses, & qui rampent à terre. Ses feuilles sont semblables à celles de l'autre, moindres pourtant & longuettes. Le Pourpier mangé cru est bon aux fentes & aux crevasses des levres, & pour affermir les dents qui branlent. Le Pourpier sauvage rampe par terre & a ses feuilles plus entassées, quoiqu'elles soient moindres & plus déliées que celles du Pourpier cultivé. Le Pourpier domestique rafraîchit, étant humide au second degré & froid au troisiéme. Il incrasse, repercute, restreint & condense. Il est cephalique & nephretique, & fait mourir les vers. Selon quelques-uns le Pourpier sauvage échauffe. On l'appelle en Grec ἀνδράχνη, en Latin *Portulaca*. Saumaise prétend que c'est par corruption de *Porculata*, comme qui diroit Pié de porc. M. Menage dit de même qu'on a dit *Pourpié*, par corruption de *Poulepied*, fait de *Pullipes*, à cause que cette herbe a quelque rapport au pié d'un poulet.

POURPOINTIER. f. m. Vieux mot qui a été en usage pour signifier un Ouvrier qui faisoit des pourpoints. Le Pourpointier étoit autrefois un Maître dans un corps de Marchands de Paris, qui vendoient seulement des pourpoints & des manteaux. Il y avoit un corps particulier de Drapiers Chaussetiers qui ne vendoient que des hauts & bas de chausses; de sorte que pour s'habiller on étoit obligé de se servir de ces deux sortes d'ouvriers, les chausses & le pourpoint étant alors de differente parure. Pour éviter les differends que cela causoit, on a uni le corps des Pourpointiers au corps des Tailleurs, qui n'étant point Marchands, n'avoient pas droit de faire des fournitures.

POURPRE. f. f. Poisson de mer du genre de ceux qui sont couverts de coquille. Les Pourpres, selon le témoignage de Pline, ont une liqueur de grand prix, dont on ne se servoit autrefois que pour teindre les robes des Rois & des Empereurs. Elle est de la couleur d'une rose parfaitement rouge, enfermée en leur gosier dans une veine assés blanche. Elles rendent cette liqueur en mourant. Ainsi on ne peut l'avoir qu'en les prenant vives. Leur langue est de la grandeur d'un doigt, & si dure & si piquante, qu'elles en percent les écailles des autres poissons de mer dont elles se nourrissent. Pour prendre les Pourpres il faut que les filets soient rares & clairs comme des nasses. On leur met pour amorce des moules & autres poissons couverts d'écailles, que l'on met dans ces filets quand ils sont à demi morts, après quoi on les rejette en la mer, où ils commencent à reprendre vie. Si-tôt qu'ils y sont, les Pourpres les viennent aiguillonner avec leurs langues piquantes; ce qui les oblige à se resserer dans leurs coquilles, & les Pourpres y demeurent pendues & attachées par la langue. On les fait mourir dans de l'eau douce, où on les noye; autrement leur seule salive suffiroit à les faire vivre encore cinquante jours. Elles prennent leur grandeur en un an, & ont sur le dos autant de cercles qu'elles ont d'années. On met au nombre des Pourpres celles qui sont nommées *Porcelaines* ou *Buccines*; mais la Pourpre est plus grosse & a son bec long & creux de côté comme un canal, qui lui sert de tuyau pour tirer sa langue. Ce tuyau est tout armé de cercles garnis de pointes; ce qui ne se trouve pas aux buccines ou porcelaines. Les Anciens faisoient grand état de la Pourpre Tyrienne qui étoit rouge. La Pourpre ordinaire étoit violette. Il y en a de claire & de foncée. On en fait presentement avec de la cochenille ou de la graine d'écarlate. On l'appelle en Latin *Purpura*, & en Grec πορφύρα. Pline dit que les Pourpres vivent sept ans, & qu'elles se tiennent cachées pendant trente jours vers le lever de la canicule. Elles s'assemblent au Printems, & en se frottant les unes contre les autres, elles rendent une certaine salive épaisse comme de la cire molle.

POURPRE. f. m. Terme de Blason. L'une des cinq couleurs des Armoiries, mêlées de gueules ou d'azur tirant sur le violet, selon quelques-uns, selon d'autres, de noir & de rouge, ou de la couleur de mauves. Le Pourpre n'est pas generalement admis, comme n'étant point une couleur simple, mais composée d'un mélange égal des quatre couleurs reçûes, qui sont azur, gueules, sinople & sable. Ceux qui l'admettent, s'en servent pour les raisins, pour les mûres & pour quelques autres fruits, & le representent par des traits diagonaux de gauche à droit.

Pourpre. Terme de Medecine. Espece de peste qui consiste à avoir le corps couvert de taches bleues ou noirâtres causées par une fievre maligne. Elles s'étendent fort au large quelquefois, comme les eresipelles, suivant la qualité du venin. Quand ces taches paroissent en fort grande quantité, on tient que c'est un bon signe.

POURPRENDRE. v. a. Vieux mot. Prendre depuis un bout jusqu'à l'autre. *Les racines de cette plante pourprennoient toute la planche. Ils ont pourprise la terre & assiegé la Ville tout autour.*

POURPRIS. f. m. *Enceinte, enclos, ce qui renferme un lieu ou espace* Le Pourpris d'une Ville. *Il viei lit*, ACAD. FR. *Pourpris* vient du vieux mot *Pourprendre*, & signifie, dit Nicod, *La totalité d'un lieu où il y a bastiment qui consiste en plusieurs membres joignant ensemble, que le François appelle aussi* La préclosture d'un lieu. *Ainsi les Notaires, après avoir particularisé les parties de quelque lieu dont ils passent le contrat de vente, eschange, louage ou autre, adjoustent souvent ces mots*, Et tout le pourpris dudit lieu, ainsi qu'il se poursuit & comporte *Et ès droits d'ainesse l'on dit en maints lieux* Le manoir principal & le pourpris d'icelui, *qui est la suite des autres édifices, cours, bassecours, jardins, clos à arbres fruitiers, parc & garenne seans tout autour & joignant icelui sous même closture. Ainsi le Pourpris est maintefois plus que le vol du chapon reduit à un arpent; car le Pourpris prend fondement de la perpetuelle & invariée destination du Pere de famille, decedé Seigneur du lieu, & n'eschet entierement à l'aisné. On dit aussi* Pourpris, *pour le regard d'un lieu champestre entouré de fossé, haye ou mur, accommodé de plusieurs pieces, comme jardins potagers & fruitiers, bois garenne en une totalité, ores qu'il n'y ait bastimens. Se fait-on pareillement au regard d'une maison soit de ville ou des champs, ores qu'il n'y ait jardins ni autres suites dessus dites; mais toujours l'energie de ce mot est collective de plusieures parties joignantes ensemble en une totalité integrée par lesdites parties.*

POURQUERRE. v. a. Vieux mot. Chercher de toutes parts, poursuivre. On trouve *Pourquist*, pour, Qu'il poursuivit.

POURSUIVANT. s. m. *Qui brigue pour obtenir quelque chose*, Acad. Fr. On appelle *Poursuivant*, en termes de Palais, Celui qui poursuit un decret, une licitation, un ordre & une distribution de deniers. Le poursuivant en criées represente tous les creanciers.

On appelloit autrefois *Poursuivans d'armes*, Des Gentilshommes qui s'attachoient aux Herauts, pour pouvoir avoir leur charge, qu'ils ne pouvoient obtenir, s'ils n'avoient fait pendant sept années leur apprentissage dans cet exercice. Ils étoient de la dépendance des Herauts, au chapitre desquels ils avoient droit d'assister.

POURSUIVIR. v. a. Vieux mot. Poursuivre. *Ce mot*, dit Nicod, *estoit en frequent usage envers les Anciens, lesquels le syncopant disoient aussi* Poursuyr, *mais il a une particuliere signification, qui est Errer & aller de pays en pays, dont sont appellez* Poursuivans; *ceux qui pour parvenir à la dignité de Herant, vont par l'espace de sept ans errant de contrée en contrée pour voir & apprendre & sçavoir rapporter ce qu'ils auront veu en fait d'armes, courts, honneurs, blasons & tournois de divers Princes.* Gaguin au Traité des Herauts. *Les Poursuivans estoient chargez de poursuivir en ce Royaume les guerres si elles y estoient, ou és autres marches, & ce par l'espace de sept ans, avant qu'estre créez Herauts.*

On a dit aussi *Poursuivir à cor & à cri*, sur quoi Nicod ajoûte, *Proprement c'est aller après une bête, cornant ou trompettant & huant, c'est-à-dire, Poursuivre sa chasse en toutes sortes de diligence, parce que les Veneurs poursuivent les bêtes qu'ils ont lancé pour les courre avec houppement de bouche & mots de trompe, au lieu de laquelle on usoit anciennement du cor, & par metaphore on dit*, Poursuivre quelque chose que ce soit à cor & à cri, *c'est-à-dire en toute extrémité.*

POURTOUR. s. m. Longueur, étendue de quelque chose autour d'un espace. On dit qu'*Une cheminée, un lambris, une corniche de chambre ont tant de pourtour*, pour dire, qu'Ils ont tant de longueur ou d'étendue dedans ou hors œuvre. *Pourtour*, se dit aussi de la circonference d'un corps rond. *Le pourtour d'un dome, Le pourtour d'une colomne.* C'est ce que les Geometres appellent *Peripherie*.

POUSSE. s. f. Maladie de cheval, qui consiste à une difficulté de respirer, causée par l'embarras des poumons, par l'obstruction de l'égoût du poumon qui se fait par le conduit des reins, le tout accompagné d'un battement de flancs, & d'une dilatation de narines, sur-tout lorsque le cheval qui en est atteint, court ou monte. Ce défaut est un des essentiels qui obligent le vendeur à reprendre dans les neuf jours, un cheval vendu. Ainsi tous chevaux poussifs sont sujets à garantie.

Pousse. Terme de Jardinier. Il se dit du même bois que les arbres poussent dans l'année.

POUSSE', ée. adj. On appelle *Vin poussé*, du Vin gâté pour avoir bouilli hors de la saison, soit par quelque chaleur, ou parce qu'il a été agité. Cela arrive souvent par les grands tonnerres.

POUSSE'E. s. f. On appelle *Poussée d'une voute*, l'Effort que le poids de cette voute lui fait faire contre les murs sur lesquels elle est bâtie. Il se dit d'un pareil effort que font les terres d'un quai ou d'une terrasse. On dit, *Faire le trait des poussées des voutes*, pour dire, Chercher & marquer les épaisseurs que doivent avoir les murs & les piliers boutans, qui sont des corps saillans qui portent & appuyent les voutes.

POUSSER. v. n. *Faire effort contre quelque chose pour l'ôter de sa place.* Acad. Fr. On dit d'un mur, qu'*Il pousse au vuide*, pour dire, qu'Il boucle ou fait ventre. On dit aussi, *Pousser à la main*, pour dire, couper les ouvrages en plâtre faits à la main, & qui ne sont pas traînez. *Pousser à la main*, en menuiserie, signifie Travailler des balustres, des moulures à la main.

Pousser, est aussi un terme de Doreur sur cuir, & on dit, *Pousser les bouquets, les filets, les nerfs d'un livre*, pour dire, Prendre de l'or avec le fer à dorer, & l'appliquer sur la couverture d'un livre.

POUSSIER. s. m. Poudre des recoupes de pierres passée à la claye, que l'on mêle avec le plâtre en carrelant, pour empêcher qu'il ne bouse. On appelle aussi *Poussier*, le menu charbon qui demeure au fond des bateaux qui en sont chargés. Les Doreurs sur cuivre se servent de ce poussier, & on en met entre les lambourdes d'un parquet, pour le tenir sec & le garantir de l'humidité. On le dit aussi de la poudre de quelques menus grains, quand on nettoye le blé ou qu'on le passe dans le Van.

POUSSOIR. s. m. Instrument de Chirurgie. C'est un fer qui a trois pointes. Il sert à pousser dehors la dent qu'on a déchaussée.

POUSSOLANE. s. f. Espece de sable ou terre rougeâtre qu'on tire de terre en Italie en faisant des puits. On la mêle avec la chaux & on en fait un mortier qui durcit à l'eau. On l'appelle aussi *Pozzolane*. Il a pris son nom du territoire de Pouzzol où il se trouve.

POUT *de soye*. s. m. Quelques-uns écrivent *Pou-de-soye*. Grosse étoffe toute de soye, qui est toute unie & qui n'a point de lustre. Son grain est pareil au gros de Naples, un peu moins serré que le gros de Tours, mais qui jette un gros grain. Il y en a qui croyent ce mot corrompu, & qu'on l'a dit au lieu de *Tout de soye*.

POUTRE. s. f. Grosse piece de bois, dont le principal usage est d'être mise de travers sur de gros murs, pour porter les solives d'un plancher. Il y en a de differentes longueurs & grosseurs. Celles qui sont en mur mitoyen doivent plûtôt porter dans toute l'épaisseur du mur, à deux ou trois pouces prés, que de ne porter qu'à moitié, si ce n'est quand elles sont directement opposées aux poutres du voisin. On en soulage alors la portée de chaque côté par des corbeaux de pierre; & de peur que ces deux poutres opposées ne s'échauffent & ne se corrompent, on met une table de plomb entre les deux bouts. On appelle *Poutre armée*, une Poutre sur laquelle sont assemblées deux décharges en abouts avec une clef que retiennent deux liens de fer. Cela se pratique, ou quand on veut faire porter à faux un mur de refend, ou quand l'étendue du plancher est telle, qu'on est obligé de faire un faux plancher par dessus l'ouverture pour soulager la portée de la poutre.

POUTRELLE. s. f. Petite poutre dont l'équarrissage est de dix à douze pouces. Elle sert à soûtenir un mediocre plancher.

PRA

PRAEL. s. m. Vieux mot. Pré. On a dit aussi *Pratelet*, pour, Petit pré.

J'allai à li el praelet,
Et tot la vielle & l'archet.

PRAGMATIQUE.

PRAGMATIQUE. Mot qui étant adjectif se joint toûjours avec *Sanction*, fait du Latin *Sancire*, Ordonner. On appelle *Pragmatique Sanction*, Une Ordonnance du Roi Charles VII. faite en 1438. dans une Assemblée de l'Eglise Gallicane tenue à Bourges. Elle contient un Reglement de la Discipline Ecclesiastique en conformité des Canons du Concile de Basle. Il y a eu une Pragmatique bien avant celle de Charles VII. C'est celle de S. Louis, qui fut faite au mois de Mars 1228. Cette Pragmatique regarde la collation des Benefices, & le choix des personnes Ecclesiastiques pour les posseder, & conformément aux anciens canons, elle donne aux Collateurs ordinaires, aux Evêques, aux Abbayes & aux Chapitres le droit des élections que la confusion des siecles passés leur avoit ôté. Le Concordat qui a été fait entre le Pape Leon X. & le Roi François I. a aboli la Pragmatique Sanction en France. Le mot de *Pragmatique* en Grec, πραγματικὸς, & veut dire, Prudent, qui sçait bien conduire les choses qu'il traite.

PRAIN. adj. Vieux mot qui a été fait du Latin *Pregnans*, pour signifier la même chose. Nicod remarque qu'il ne s'est guere dit des femmes, ni de toutes sortes de bêtes, & qu'on disoit ; Cette femme est grosse ou enceinte, une jument, une ânesse pleine, mais de certaines manieres de bêtes, comme *Une ourse prain.*

PRALINE s. f. On appelle *Pralines*, ou *Amandes à la praline*, certaines Amandes qu'on fait bouillir dans du sucre jusqu'à ce qu'elles soient un peu seches & rissolées, & qu'elles croquent sous la dent.

PRANGELER. v. n. Vieux mot. Ruminer comme font les vaches. Nicod fait venir ce mot de *Prendere*, Manger, dîner.

PRATIQUE. s. f. Terme de Palais. Usage des coûtumes & des differentes procedures, selon les Reglemens faits & les formes prescrites par les Ordonnances. On dit *Vendre, acheter la pratique d'un Procureur*, pour dire, Les sacs & les papiers qui sont dans l'Etude d'un Procureur. Il se dit aussi des minutes des Notaires, de leurs habitudes & de leurs clients.

Pratique. Terme de mer, Traité, commerce, communication. On dit, dans ce sens, *Mettre Pavillon blanc le long de la côte pour avoir pratique*, c'est-à-dire, Pour avoir communication avec les gens du Pays. On dit aussi d'un Pilote, qu'*Il est pratique d'un lieu*, pour dire que Plusieurs voyages qu'il y a faits lui en ont donné la connoissance. Il est adjectif dans cette derniere phrase.

Pratiques. Petites gratifications que l'on fait aux domestiques des maisons où l'on va. Dans les grandes hôtelleries les valets & les servantes, n'ont point de gages, ils n'ont que les *pratiques.*

PRÆ

PRÆADAMITE. s. m. Qui a été avant Adam. Quelques passages difficiles à expliquer dans la Bible sont cause qu'on a établi des Præadamites, & pour resoudre les objections que l'on pouvoit faire, quelques-uns ont pretendu qu'il y avoit eu deux hommes qui avoient porté le nom d'Adam, l'un qui est le Pere commun de tous les hommes, créé dans le Paradis terrestre, dont il est parlé dans le premier livre de la Genese, & l'autre qui est le premier des Hebreux, dont les generations sont décrites dans la suite. Il a paru depuis quelques années un livre touchant les Preadamites, que le Pape a condamné.

PRE

PREBENDE. s. f. Vieux mot qui a signifié en general le revenu & la portion de viande que l'on doit avoir. C'est dans ce sens que Flamel a dit dans son Roman, *Reçoivent si douce prebende.* Ce mot vient de *Prabere*, Fournir. De là est venu que l'on appelle aujourd'hui *Prebende*, Le droit qu'a un Ecclesiastique dans une Eglise Cathedrale ou Collegiale où il dessert, de jouir de certains revenus en argent ou en especes.

PRECELLER. v. a. Vieux mot. Valoir mieux qu'un autre.

Puisqu'en ce dont tous autres precellez.

PRECENTEUR. s. m. Il y a quelques Cathedrales en France ; comme celle de S. Jean de Lyon, où le Chantre, qui est le maître du Chœur, est appellé *Precenteur*, à cause qu'il chante avant les autres, du Latin *Pra*, Avant, & de *Canere*, Chanter.

PRECESSION. s. f. Terme d'Astronomie. Les Etoiles fixes ayant un mouvement fort lent par lequel elles vont d'Occident en Orient d'un degré à peu près en 72. ans sur les poles du Zodiaque, (Voyez FIXES,) il arrive que le point du Firmament où se fait cette année l'intersection de l'Equateur & de l'Ecliptyque, & par consequent l'Equinoxe sera dans 72. ans d'un degré vers l'Orient au-delà de cette intersection, & du point des Equinoxes, & ainsi de suite. C'est ce qu'on appelle la *Precession des Equinoxes*, parce que le point où l'Equinoxe s'est fait une fois, avance toujours vers l'Orient *precedent.* Si l'on veut déterminer le commencement au tems où l'Equinoxe se faisoit au premier degré d'Ariès, ce ne sera plus que le mouvement de ce premier degré qu'on appellera *Precession des Equinoxes.*

PRECINTE. s. f. Grosse & longue piece de bois qui regne par dehors sur le bordage d'un Vaisseau. Les Precintes sont paralleles les unes aux autres, & servent à affermir les membres & à lier les tillacs. On les appelle autrement *Carreaux & Lisses*, quoi qu'il y ait quelques Charpentiers qui y mettent de la difference, donnant le nom de Precintes aux trois cordons qui sont le plus près de la quille, & appellant Lisses ou Carreaux les autres qui sont au dessus. On dit que *La Precinte n'est point coupée*, lorsque la tonture d'un Vaisseau est de maniere, qu'aucun sabort n'a été coupé dans la Precinte. Ce mot vient du Latin *Pracincta*, qui veut dire Le tour ou enclos qui environne quelque lieu particulier.

PRECIPITANS. s. m. On appelle *Precipitans*, en termes de Medecine, Les remedes qui sont capables de calmer la fermentation fievreuse, de separer & de precipiter les superfluités qui font effervescence & corrompent le tissu de la masse du sang. Ils font tout ce qu'il y a à faire dans les fievres benignes, en corrigeant l'intemperie du sang & diminuant l'activité & la fermentation des parties étrangeres. C'est ce qu'on appelle autrement, Cuire, la matiere morbifique devant se cuire. La crudité consiste dans l'effervescence impetueuse, & la coction dans la separation des parties qui disposent à l'effervescence. Il arrive par ce moyen que les parties separées nagent en forme de tête morte dans la masse du sang sans effervescence, & sont faciles à pousser dehors. Comme la Precipitation des Chymistes separe ce qui est contenu dans quelque liqueur, les Medecins par analogie se servent du même terme de Precipitation. Dans les fievres ardentes, où c'est la bile qui cause l'effervescence de la masse du sang, on doit donner des acides, & il faut donner des alcalis, quand cette effervescence est causée par l'acide, comme dans les fievres intermittentes. Ce sont-là les *Precipitans propres*. Les choses qui ont la force de changer les acidités vitiées qui causent diverses inflammations & effervescences en differentes parties, sont appellées *Precipitans impropres*, quoique mal à propos, puisqueces sortes de remedes absorbent ou fixent plûtôt qu'ils ne precipitent. Tel est le mars, qui absorbe simplement l'acide qui peche dans la mélancolie hypochondriaque & dans le scorbut.

PRECIPITATION. s. f. Terme de Chymie. Lorsqu'un corps qui a été dissous, & dont toutes les petites particules nagent dans le dissolvant, & y sont tenues comme suspendues, vient à quitter son dissolvant, & à tomber au fond du Vaisseau, cela s'appelle *Precipitation*. On en peut imaginer trois causes, ou que les pores du dissolvant deviennent trop étroites pour recevoir les particules du corps dissous, ou que ces particules deviennent trop pesantes pour être portées par la liqueur, ou qu'il se presente un autre corps sur lequel le dissolvant agit plus aisément, ce qui lui fait quitter le premier. La dissolution ou l'extraction de quelque vegetal avec de l'esprit de vin lorsqu'on y verse de l'eau commune, qui en s'insinuant dans les pores de cet esprit de vin, les retressit & en chasse ou precipite les particules resineuses dissoutes, fait paroître la premiere sorte de Precipitation, & la dissolution de l'or par l'eau regale quand on y ajoûte du mercure, fait connoître la seconde. L'or prend aussi-tôt le fond; ce qui vient de ce que le mercure s'unissant aux particules de l'or, les rend trop pesantes, & les entraîne au fond avec soi. La Precipitation du lait avec le vinaigre distilé est de cette sorte. Enfin l'argent dissous par de l'esprit de nitre, que l'on précipite en mettant du cuivre dans la dissolution, est un exemple d'une precipitation de la troisiéme espece, les acides du nitre disposés par leur figure à entrer dans les pores du cuivre, & n'y pouvant entrer avec l'argent qu'ils tiennent dissous le quittent & s'en debarassent. Il y a une *Precipitation spontanée*, quand les particules dissoutent se séparent d'elles-mêmes de leur menstrue; & une *Precipitation violente*, lorsque l'on ajoûte quelque chose pour la procurer. Ainsi le magistere nephretique qui est une dissolution des esprits nephretiques faite avec l'esprit de sel, se precipite par le moyen de l'esprit de vitriol qu'on y ajoûte. La dissolution des perles ou du corail dans le suc de citron est claire d'abord, mais elle se trouble dans la suite & les particules dissoutes tombent d'elles-mêmes au fond, ce qui est une Precipitation spontanée. On dit aussi *Precipitation totale*, quand les particules dissoutes se détachent, & se precipitant totalement, tombent au fond de la liqueur avec impetuosité; & *Precipitation partiale*, quand les particules dissoutes n'allant pas jusqu'au fond, sortent tant soit peu hors des pores du menstrue. Ainsi l'urine où l'on jettera un peu de sel ne fera qu'une Precipitation partiale des parties salines, & si l'on verse un peu d'eau simple sur une dissolution de racine de jalap, avec l'esprit de vin qui fait une belle teinture rouge & claire, celle-ci devient tout d'un coup pâle ou blanchâtre, & la resine se precipite au fond.

PRECIPITE', e'e. adj. Terme de Chymie, qui ne se dit proprement que des substances que l'on a dissoutes dans quelque liqueur corrosive, & qu'on a contraintes de quitter leur dissolvant & de se precipiter au fond du vaisseau; ce que l'on fait en y versant de l'eau commune. Il y a deux sortes de *Mercure precipité* à l'égard de la couleur, le rouge & le blanc. Le rouge est le Turbith mineral des Chymistes, & il se fait en dissolvant une once de mercure cru dans deux onces d'eau forte. Quand la dissolution est faite, on vuide par inclination la liqueur dans un petit matras, & on l'évapore à siccité au sable, à feu du premier degré, jusqu'à ce qu'au fond du matras il paroisse une matiere fixe, vermeille comme cinabre, & à la sommité une matiere volatile de couleur jaune. Alors on retire le matras, & après qu'on l'a rompu, on sépare la matiere plus fixe qui est au fond du même matras, de l'autre moins fixe, & on garde celle qui est plus vermeille pour l'usage de la Medecine. Quant à l'autre qui étoit au dessous, on la mêle avec la poudre ou masse pour la sublimation du mercure. Pour rendre cette poudre propre à l'usage de la Medecine, on la met dans un mortier de marbre, & on verse par dessus de l'esprit de vin, en sorte qu'il surnage quelque peu. Après cela on l'enflamme & on la remue avec un bâton jusqu'à ce que l'humidité de l'esprit de vin soit toute consumée. Cela fait on la tire & on la garde dans un verre, pour s'en servir dans le besoin. Quand on veut connoître si cette preparation est bien faite, on n'a qu'à frotter une piece d'or de cette poudre, & si elle ne blanchit point, c'est une marque que la poudre a été bien preparée. La vertu du Precipité rouge est de purger par les selles & par les vomissemens, & quelquefois par les sueurs & par les urines. La dose en doit être de trois grains jusqu'à cinq, incorporée avec quelque extrait purgatif. Ce precipité n'est pas propre seulement pour la guerison de la gale & de la verole, mais encore pour celle des fievres tierces, bâtardes & quartes, & generalement pour guerir toutes les maladies où il y a beaucoup de corruption d'humeurs. On s'en sert exterieurement pour les ulceres chancreux & putrides.

Le *Precipité blanc* se prepare en dissolvant une once de mercure cru dans deux onces d'eau forte. On separe ensuite la liqueur par inclination, & on la precipite avec de l'eau salée dans un vaisseau propre pour cela. Aussi-tôt une poudre blanche se precipite au fond du vaisseau, & quand la precipitation est faite, on agite la matiere qu'on filtre, & qu'on edulcore pour la garder. Ce precipité opere avec moins de vehemence que le rouge, & il est propre particulierement à la verole, tant interieurement qu'exterieurement. Il y a un *Precipité composé*, qui est ce qu'Harteman appelle *Or de vie*. C'est un mercure precipité avec d'autres metaux, & particulierement avec le soleil qu'on dissout dans l'eau regale, & le mercure dans l'eau forte. Après qu'on a joint ensemble les deux dissolutions, on les distille & cohobe plusieurs fois, & ensuite on edulcore la poudre qui reste avec de l'esprit de vin, & il est très-bon, ou en qualité de vomitif dans la verole, ou en qualité de purgatif dans l'hydropisie. Le *Precipité vert*, qui est un mercure precipité avec le cuivre, est un remede certain dans la gonorrhée maligne, qu'il guerit parfaitement, quoique d'abord il semble augmenter le mal.

PRECIPITER. v. a Terme de Chymie. Separer le mixte dissout, & le faire tomber en poudre au fond de son dissolvant. On dit, que l'*Huile de tartre & l'esprit de vitriol se precipitent*, Lorsqu'étant mêlés après quelque effervescence ils se coagulent

& se lient ensemble pour ne faire plus qu'un même corps.

PRECOCE. s. f. Fleur ou fruit qui vient avant la saison ordinaire. Il se dit absolument d'une espece de cerise. *Des Precoces.*

PRECONISATION. s. f. Proposition de celui que le Roi a nommé pour être Archevêque ou Evêque, faite dans le Consistoire de Rome par un Cardinal, en vertu des Lettres dont il est porteur, afin de la faire agréer au Pape, qui donne ensuite sa collation. Voici de quelle maniere le Pape & le Roi font un Evêque. Quand celui qui est nommé a son Brevet, & trois lettres que le Roi écrit au Pape, au Cardinal Protecteur des affaires de France à Rome, & à l'Ambassadeur de Sa Majesté auprès du Pape, il fait une information de vie & de mœurs devant le Nonce du Pape, & en son absence devant l'Evêque du lieu où il est né, ou devant l'Evêque du lieu où il demeure. Il fait aussi sa Profession de Foi entre les mains de son Evêque, & fait faire de plus une information de l'état de l'Evêché auquel il a été nommé. Il envoye à Rome ces trois actes avec les trois Lettres du Roi. Le Banquier Expeditionnaire en Cour de Rome à qui il les adresse, porte d'abord les Lettres à l'Ambassadeur; l'Ambassadeur met l'*Expediatur* sur celle qui s'adresse au Pape, & le Banquier la porte au Dataire qui la donne au Pape. Le Banquier donne ensuite au Cardinal Protecteur la Lettre que le Roi lui écrit, en execution de laquelle ce Cardinal déclare dans le premier Consistoire qui se tient ensuite, qu'il proposera dans le Consistoire suivant une telle Eglise pour un tel, & cette declaration s'appelle *Preconisation*, & quand le jour du second Consistoire est venu, le Cardinal Protecteur propose l'état de l'Evêché à pourvoir & les qualités de la personne que le Roi a nommée, & le Pape après avoir pris l'avis des Cardinaux, ordonne qu'on expedie pour celui qui a été proposé, neuf Bulles. La premiere & la principale se nomme la Bulle de provision & s'adresse à l'Evêque même. Par cette Bulle le Pape dit au Sujet qui a été nommé par le Roi, qu'il le pourvoit d'un tel Evêché. La seconde qu'on appelle *Manus consecrationis*, est la Commission que le Pape donne à un ou à plusieurs Evêques pour faire la ceremonie du Sacre. Cette Bulle contient la forme du serment que doit faire l'Evêque lorsqu'on le sacre. La troisiéme s'addresse au Roi; la quatriéme au Metropolitain, & quand ce sont les Bulles pour un Archevêque, cette quatriéme Bulle s'adresse aux Evêques suffragans; la cinquiéme au Chapitre; la sixiéme au Clergé; la septiéme au peuple; la huitiéme aux Vassaux, & la neuviéme est la Bulle d'absolution.

PREDESTINATIENS. s. m. Heretiques qui s'éleverent sur la fin du cinquiéme siecle. Ils enseignoient que les bonnes œuvres étoient inutiles, & que l'on pouvoit pecher librement, puisque ceux qui étoient predestinés pour être sauvés ne devoient point craindre la damnation, quelques crimes qu'ils commissent, & que ceux qui étoient predestinés pour la reprobation, ne pouvoient esperer d'être sauvés, quelque sainte vie qu'ils pussent mener. Cette heresie n'étoit pas long-tems avant le Pelagianisme; c'est la même que celle des Libertins.

PREDICABLE. adj. Terme de Logique. Epithete ou qualité qui se donne à un sujet. On dit dans ce sens, que l'*Animal est predicable tant de l'homme que de la bête.*

PREDICAMENT. s. m. C'est l'une des Categories, ausquelles Aristote a voulu rapporter tous les objets de nos pensées. Les Philosophes ne sont pas d'accord sur le nombre des Predicamens, parmi lesquels ils reçoivent la substance, la quantité, la qualité, les habitudes, la forme, la relation, &c.

PREFET. s. m. On appelloit ainsi autrefois un des plus considerables Magistrats de Rome, qui en avoit le gouvernement en l'absence des Consuls & des Empereurs. Il avoit l'Intendance de la Police des vivres, des bâtimens, & de la navigation. Aujourd'hui le Prefet de Rome est une maniere de Gouverneur. Celui qu'on y appelle *Prefet de la signature de Justice*, est un Cardinal Jurisconsulte qui voit & approuve les Requêtes, & qui met son nom au bout, en maniere de Visa, quand elles sont ordinaires. Lorsqu'il les trouve douteuses, il en confere avec les Officiers de la Signature. Il donne aussi des Rescrits de droit pour les Provinces. Ces Rescrits ont la même autorité que s'ils étoient signés par le Pape. Le *Prefet de la signature de grace*, est un autre Cardinal Jurisconsulte qui fait la même fonction à l'égard des lettres de grace, qu'il expedie fort souvent en presence du Pape, ou au moins de douze Prelats. Il y a aussi un *Prefet des Brefs*. Celui-là signe la minute des Brefs ou des Rescrits que le Pape envoie. Il est Chef du Corps appellé des Secretaires, & les expeditions qu'il fait, sont en cire sous l'anneau du Pêcheur. Il y avoit anciennement un *Prefet du Prétoire*. C'étoit le Chef de la Legion Prétorienne, destinée à la garde de l'Empereur. Cette Legion étoit d'environ mille hommes. Ce fut Auguste qui créa le premier Prefet du Pretoire, & il le choisit d'entre les Chevaliers Romains. Macrin qui possedoit cette charge étant parvenu à l'Empire, les Senateurs & les Consuls mêmes se firent un honneur de l'exercer jusqu'à Constantin qui l'abolit, à cause que les Gardes Pretoriennes avoient appuyé les interêts de Maxence. Cet Empereur ayant ensuite divisé l'Empire en quatre Dioceses, qui furent l'Italie, les Gaules, l'Illyrie & l'Orient, créa quatre Prefets du Pretoire pour administrer la Justice dans chacun de ces quatre Dioceses.

PREGATON. s. m. Nom que donnent les Tireurs d'or aux dix ou douze plus petits pertuis de leurs filieres, après que leur fil a passé sur le banc à dégrossir.

PREJUDICIAUX. adj. m. p. Terme de Palais. On appelle *Frais préjudiciaux*, Les frais des défauts qu'on est obligé de rembourser avant que l'on soit reçu à se pourvoir contre un Jugement.

PRELART. s. m. Terme de Marine. Grosse toile goudronnée qu'on met sur les endroits ouverts d'un Vaisseau, tels que sont les caillebotis, les fronteaux, les panneaux & les Escaliers.

PRELATION. s. f. Terme de Palais. Droit par lequel les Enfans sont maintenus préferablement aux étrangers dans les charges qui ont été possedées par leurs Peres.

PRELEGS. s. m. Legs dont on ordonne la délivrance avant qu'on partage une succession, une heredité. On dit aussi *Preleguer*, pour dire, Faire des legs payables avant qu'une succession soit partagée.

PRELONGE. Cordage long & gros, qui sert à guinder & à traîner le canon sur les montagnes.

PREMERAIN. adj. Vieux mot. Premier. On a dit aussi *Primerain.*

PREMONSTREZ. s. m. Ordre de Religieux, fondé vers l'an 1120. par saint Norbert, qui avant que d'être Archevêque de Magdebourg, ne pouvant souffrir la maniere de vivre des Moines, qu'il ne trouvoit pas assés reguliere, choisit un Desert dans l'Evêché de Liege pour s'y retirer avec treize autres, fortant nuds piés pendant le plus grand froid de l'hiver, & prêchant la penitence. Ces Moines vivoient sous la Regle de saint Augustin, qu'ils prétendoient leur avoir été donnée dans un songe par lui-même en lettres d'or. On les nomma *Pramonstratenses*, d'un lieu de l'Evêché de Laon, appellé *Pramonstratum*, où ils s'établirent d'abord, ou parce que cette place leur fut montrée dans la vision qu'ils eurent. Leur habit est une robe blanche avec un surplis sous un manteau blanc. Le Pape Calixte II. confirma cet ordre, & leur donna le titre de libres Chanoines Reguliers. Leur Abbé, selon leur Regle, ne pouvoit porter ni mitre ni gands, quoique les autres Abbés portent tous les deux. Ces Religieux ne peuvent ou ne doivent élever ni cerfs, ni chiens, ni éperviers, ni sangliers, & autres animaux semblables qui apporteroient du scandale à leur Ordre. Tous les Abbés qui en sont ou leurs Députés, sont obligés de s'assembler une fois à Prémontré pour conferer des affaires de leur Ordre. Si quelqu'un deux s'obstine à n'y pas venir, les autres Abbés lui peuvent imposer une penitence, dont il n'y a que le Pape seul qui puisse l'absoudre.

PRENDRE. v. a. *Mettre en sa main, en son pouvoir quelque chose sans violence.* ACAD. FR. Il est en usage en termes de mer pour plusieurs choses. On dit *Prendre vent de vent*, pour dire, que Le vent s'est jetté sur les voiles d'un Vaisseau sans qu'on le voulût; *Prendre un ris*, pour dire, Raccourcir la voile à une hauteur déterminée; *Prendre une bosse*, pour dire, Attacher la bosse ou l'amarer, & *Prendre les armures de quelque bord*, pour dire, Amurer de ce bord-là. On dit aussi *Prendre volte*, pour dire, Tourner & virer diversement un Vaisseau, afin de le dresser au combat; *Prendre Chasse*, pour dire, Prendre la fuite, & *Prendre hauteur*, pour dire, Prendre la hauteur du Soleil ou d'un autre Astre sur l'horison, afin que par son moyen on ait la hauteur du pole ou la latitude du lieu où l'on est. Lorsqu'on la prend avec l'instrument tourné du côté de l'astre, cela s'appelle *Prendre hauteur par devant*, & quand on la prend avec l'instrument opposé à l'astre, on dit, *Prendre hauteur par derriere.*

PREPARATION. s. f. Terme de Medecine. Reduction artificielle d'un medicament en l'état où il doit être pour pouvoir s'en servir utilement. Il y a quatre sortes de préparation, qui sont la coction, la lotion, l'infusion & la trituration. Elles se font, ou avec addition, lorsque par exemple on fait tremper la scammonée dans l'huile d'amandes douces, quand on la fait cuire dans un coing, & quand on calcine avec des eaux fortes; ou sans addition ni mélange, comme quand on torrefie la rhubarbe, que l'on calcine l'alun, ou que l'on brûle le plomb dans une cueiller pour le reduire en chaux.

PRE'SANTIFIEZ. s. m. Les Grecs appellent *Liturgie des Présantifiés*, Une Liturgie ou Messe, qu'ils disent en de certains jours, où ils ne sacrifient point le pain & le vin, se servant du pain qui a été consacré ou sacrifié auparavant, de même que l'on celebre la Messe dans l'Eglise Latine, le jour du Vendredi Saint. Ils disent cette Messe des Présantifiés dans tout le Carême, à la reserve du Samedi, du Dimanche, & du jour de l'Annonciation, qui étant des jours de fête, ne sont point des jours de jeûne.

PRESBYTE. s. m. & f. Terme d'Optique. Il se dit d'une personne qui ayant la configuration du cristallin plate, voit de loin ainsi que font les vieillards. Ce mot vient du Grec πρέσβυς, Vieillard.

PRESBYTERIENS. s. m. Sorte d'Heretiques qui se trouvent en Angleterre, en Ecosse, dans les Pays bas, & en plusieurs parties d'Allemagne. On les a nommés ainsi du mot Grec πρεσβύτερος, Avancé en âge, à cause qu'ils tiennent que l'assemblée a été gouvernée au commencement par des Anciens, & qu'elle doit être continuée de la même sorte, l'office d'Evêque n'ayant point été distingué de celui d'Ancien pendant près de trois cens ans après JESUS-CHRIST, & les Prêtres étant Evêques pour lors, comme ils prétendent le faire croire par l'autorité de l'Epître à Tite, & par celle de S. Jerôme. Comme ils soûtiennent que leurs noms sont un, ils veulent aussi que leur office de prêcher & d'administrer les Sacremens ait été le même. Ils disent encore que la puissance de confirmer a été annexée au Presbyteriat, & qu'il n'y a point de difference dans le gouvernement. Leurs opinions sont conformes en beaucoup de points à celles des Catholiques, mais aussi elles sont extrémement differentes en beaucoup d'autres.

PRESCHIERES. s. m. Vieux mot. Predicateur.

PRESCRIPTIBLE. adj. Qui est sujet à prescription. Quand une rente a été constituée à prix d'argent, la faculté de la racheter n'est point prescriptible.

PRESCRIPTION. s. f. Terme de Palais. Exception qu'on allegue contre ceux dont on est inquieté lorsqu'il s'est écoulé un certain espace de tems, après quoi les Loix & les Ordonnances ne permettent plus que l'on soit troublé dans ce qu'on possede. Ainsi il y a prescription contre celui qui demande un benefice dont un Ecclesiastique a joui trois ans paisiblement.

PRESENTATION. s. f. Action de presenter. Il se dit au Palais de plusieurs choses qu'on lit, qu'on publie, & dont on donne la connoissance. On fait toûjours des harangues à la Presentation des Lettres du Chancelier de France & des Ducs & Pairs. Quand un porteur de remission fait la Presentation de ses Lettres, il doit la faire à genoux, & en entendre la lecture dans cette même situation. *Presentation* se dit aussi d'une comparution en Justice, & il n'y a personne qui soit reçu à plaider sans avoir fait sa Presentation à un Greffe que l'on appelle par cette raison *Le Greffe des Presentations.* On le dit encore du droit d'un Procureur qui offre d'occuper en une cause.

Presentation. Terme de Jurisprudence canonique. Acte de nomination, fait au Collateur par le Patron d'un benefice, afin d'obtenir sa provision. Un Laïque qui a droit de patronnage à un benefice, a quatre mois pour en faire la Presentation, & s'il l'a faite d'une personne qui est trouvée incapable, il peut faire une seconde Presentation dans quatre autres mois.

Il y avoit parmi les Juifs deux sortes de Presentation, dont l'une étoit commandée par la Loi. Quand une femme avoit mis un enfant au monde, elle étoit obligée, si c'étoit un garçon, de le presenter au Temple au bout de quarante jours, ce qu'elle ne faisoit que quatre-vingts jours après son accouchement lorsque c'étoit une fille. L'offrande étoit d'un agneau & d'un petit pigeon, ou d'une tourterelle, & si la femme étoit pauvre, elle n'offroit que deux tourterelles ou petits pigeons. Comme dès le commencement de la Loi de Moyse, les Hebreux avoient accoûtumé de vouer leurs enfans à Dieu, ou pour toûjours, ou en se reservant le pouvoir de les racheter avec des presens ou des saerifices, l'autre sorte de Presentation se faisoit par ceux qui avoient fait un vœu, & cet usage fut cause que saint Joachim & sainte Anne, ayant promis à Dieu de lui consacrer l'enfant qu'il leur donneroit, menerent leur fille Marie au Temple dans la troisiéme année de son âge pour s'acquiter de leur vœu. On tient que saint Zacharie fut le Prêtre qui reçut cette petite vierge. Cette ceremonie a donné lieu à la Fête que l'Eglise celebre le 21. de Novembre sous le nom de *la Presentation de la Vierge.* Cette Fête qui étoit fort celebre parmi les Grecs dès l'an 1150. n'est passée en Occident qu'en 1375. par le rapport que le Chancelier de Cypre qui y vint, fit de cette solemnité au Pape Gregoire XI. & au Roi Charles V. Le Pape commença alors à faire celebrer la Fête de la Presentation dans l'Eglise Romaine, ce que fit aussi le Roi Charles V. avec beaucoup de solemnité dans la sainte Chapelle, en presence du Nonce de sa Sainteté.

PRESENTER, v. a. *Offrir quelque chose à quelqu'un.* ACAD. FR. On dit en termes de Marine, qu'*Un Vaisseau presente plus au vent qu'un autre*, pour dire, qu'il a le cap plus au vent. On dit, *Presenter la grande bouline*, pour dire, La passer dans la poulie coupée pour être halée, & *Presenter un bordage, un membre*, pour dire, Le poser au lieu où il doit être, pour sçavoir s'il sera juste.

PRESIDIAL. s. m. Jurisdiction établie dans les Villes considerables, pour y juger les appellations des Juges subalternes & des villages, dans des matieres de mediocre importance. Les Juges des Presidiaux peuvent juger en matiere civile en dernier ressort & deffinitivement jusqu'à la somme de deux cens cinquante livres & jusqu'à dix livres de rente. Ils jugent le double par provision nonobstant l'appel. En matiere criminelle, ils jugent de toutes sortes de cas, à l'exception du crime de leze-majesté.

PRESIDIALEMENT. adv. Terme de Palais. On dit, qu'*Une Sentence a été rendue présidialement*, Lorsqu'un Prevôt des Marchands a instruit un procès pour un cas royal & prevôtal contre des vagabonds & autres gens de sa competence, & qu'il vient le juger avec sept Juges du Presidial.

PRESLE. s. f. Plante dont la tige est creuse & ronde. C'est une espece de jonc qui a le brin inégal & tellement rude, qu'il sert comme de lime à plusieurs Artisans pour polir leurs ouvrages. Les Tourneurs s'en servent pour adoucir le bois, & les Doreurs, pour adoucir le blanc qu'ils couchent sous l'or. En Latin *Equisetum.*

PRESME. s. m. Vieux mot, qui en termes de pratique a signifié Retrait lignager. On a dit aussi *Premesse*, Ragueau & M. Menage le dérivent de *Proximus* ou *Proximicius*, parce qu'anciennement on disoit *Presme*, pour dire, Le plus proche.

Presme d'Emeraude. Pierre demi transparente & demi-opaque. On en trouve de quatre sortes dans les Indes orientales & occidentales, & dans la Boheme. La premiere est de la couleur de la fougere, la seconde tient du jaune & du vert, la troisiéme est mêlée de differentes couleurs, & la quatriéme est d'une couleur blanche & bleue, avec quelques taches tirant sur le noir.

PRESOMPCIER. v. n. Vieux mot. Presumer, ou être présomptueux.

PRESSE. s. f. Sorte de pêche qui ne quitte point le noyau. En latin *Malum Persicum.*

PRESSE. s. f. Machine composée de deux pieces de bois unies, qui se serrent tant qu'on veut par le moyen de deux vis qui les assemblent, & dont l'usage est de tenir une chose serrée fort étroitement. Il se dit particulierement de la machine qui sert à imprimer les diverses feuilles d'un Livre, ou des Estampes. Elle est composée de jumelles, de sommiers, d'étançons, d'une tablette, d'un barreau, d'une vis, d'une boîte, d'une platine, de chevalets, & de ce qu'on appelle le train de la Presse.

La *Presse* qui sert à marquer la monnoie sans le secours du marteau, est un instrument de fer en forme d'étrier avec une vis pour serrer les moules. Elle differe du Balancier, qui a sa force aux deux bouts d'une barre de fer où il y a deux grosses boules de plomb, tirées par deux hommes avec des cordages qui font agir la vis du balancier qui presse les carrés & fait l'effet de l'ouvrage, en ce que c'est une même vis où il y a aussi une barre qui n'est tirée que par un bout, & qui n'a ni boule ni cordages.

PRESSEMENT. s. m. Action de ce qui presse. On dit en termes de Physique, *Pressement de l'air.* Il sert à expliquer differents effets de la nature.

PRESSOIR. s. m. Grande machine avec arbre & vis qui sert à presser de la vendange ou autres fruits, dont on veut espreindre le jus, en sorte que le marc demeure tout sec. *Pressoir*, dit Nicod, *est un instrument de bois, fait pour en pressant tirer à force & espraindre le jus de quelque chose, & est dit notamment pour espraindre le jus, car telle maniere d'instrument qui ne fait qu'imprimer quelque marque, ou placquer simplement, est plus communément appellé* Presse, *comme la Presse des Imprimeurs, & la Presse de ceux qui estampent les sarges, draps, fustaines, & autres étoffes, & la Presse dont les femmes & drappiers pressent leurs chaperons, linges & draps. Desquels Pressoirs il y a trois sortes, l'un est à deux tablettes, l'une basse en laquelle sont endentées des vis; l'autre haute, laquelle à tour de moulinet, étant abbaissée en gisant sur l'autre, espraind le jus de ce qui est entre deux, & a le nom de* Presse, *étant usitée aux Apothicaires, & faiseurs d'espraintes. Les autres deux sortes sont propres aux Pressuriers de vin, desquelles l'une est à roue, l'autre à arbre.*

Les Furetieristes disent comme d'une chose très-commune. *Ce Seigneur a un Pressoir bannal où tous les habitans doivent porter leur vendange*, il n'y en a presque plus en France, la Coûtume d'Anjou reformée en 1508. qui a conservé la bannalité du Four, & du Moulin a sagement retranchée celle du Pressoir. Ils ont tort de dire qu'on ne paye gueres la dixme qu'en vin de pressurage. On la paye en charge de raisins qu'on appelle *sommes*, quand il n'y a point d'abonnement, & quand il y en a à tant par quartier, le dixmier puise en liberté dans la cuve.

Les Chaircutiers appellent aussi *Pressoir*, Une maniere de saloir, où ils salent leur lard.

PRESTANT. s. m. Un des principaux Jeux de l'orgue, appellé ainsi à cause qu'il sert à en regler les tons, étant proportionné à la voix de l'homme. On l'accorde à la quinziéme de la montre, & il est de quatre piés quand il est ouvert, ou de deux quand il est bouché.

PRESTATION. s. f. Terme de Palais. On dit, *Prestation de serment*, en parlant du serment qu'un Officier est obligé de faire entre les mains du Roi, ou de ceux qui ont droit de le recevoir, avant que d'exercer une charge. On dit ainsi *Prestation annuelle* ou *quotidienne*, & on entend par-là certaines rentes ou livrées de fruits en espece, qu'on donne à des Religieux, Chanoines, ou autres personnes semblables, comme les Curés aux Archidiacres.

PRESTE. l'S ne se prononce pas. Osier fendu en trois pour tenir les cerceaux à relier les Tonneaux, *Un paquet, une torche de Preste.*

PRESTESSE. s. f. On dit, en termes de Manege, qu'*Un cheval manie avec beaucoup de prestesse*, pour dire, Avec grande diligence.

PRESTIMONIE. s. f. Espece de Benefice que dessert un Prêtre. Ce mot vient *A præstatione quotidiana*, d'une retribution journaliere. Quoique quelques-uns ayent donné le nom de *Prestimonie* à des Chapelles Presbyterales qu'il n'y a qu'un Prêtre qui soit en pouvoir de posseder, sa signification la plus veritable est la desserte d'une Chapelle sans titre ni collation. La plûpart de celles qui sont dans des Châteaux où l'on dit la Messe, sont de ce nombre, puisque ce sont de simples Oratoires non dotés. Aussi le dit-on de certains Offices perpetuels donnés à des Prêtres habitués dans des Chapitres ou autres Eglises, ou à des Religions; & ces Offices ne sont que des commissions de Messes à dire, afin que la retribution qu'on en tire soit une aide pour les faire subsister. Il y a diverses opinions touchant la Prestimonie. La plus certaine la détermine à un fond ou revenu qu'un Fondateur a affecté à l'entretien ou à la subsistance d'un Prêtre, sans que ce revenu soit érigé en titre de Benefice, de Chapelle, de Prebende ou Prieuré. Ainsi il n'est sujet ni au Pape ni aux Ordinaires, & le Patron & ceux qui ont droit de lui, en sont Collateurs, y nommant & conferant de plein droit.

PRESTAIGE. s. m. Vieux mot. Sacerdoce.

PRESTRE. s. m. Celui qui a le pouvoir d'offrir le sacrifice de la Messe, & de faire les autres fonctions du Sacerdoce. Ce mot vient du Grec πρεσβύτερος, Ancien, quoique l'on ait plus d'égard à la prudence qu'à l'âge pour conferer la Prêtrise. On avoit fixé cet âge à trente ans dans l'ancien Testament, & nous apprenons par l'Ecriture que ce n'a été qu'à ce tems-là que Notre Seigneur a commencé sa mission; mais dans le Nouveau, où le nom de Prêtre signifie souvent Evêque, il suffit d'avoir vingt-cinq ans pour la Prêtrise. Cette Dignité est d'un si grand prix, que l'honneur qui lui est rendu a été en tout tems le plus fort soûtien de toutes les Religions. Ce que les Juifs ordonnoient pou l'entretien des Prêtres & des Levites étoit excessif. Le Peuple les reveroit, & le Grand Prêtre n'étoit pas moins honoré que le Prince même, l'un ayant une mitre pour ornement, comme l'autre avoit une couronne, & tous deux étant oints d'une huile precieuse. La Prêtrise a été si estimée parmi les Payens, que le Prince ne recherchoit rien avec plus d'ardeur, que l'honneur de porter le nom de Prêtre. Numa l'étoit aussi-bien que Roi, & Auguste & ses Successeurs ne souhaitoient pas moins être appellés *Pontifices maximi*, Grands Prêtres, que d'avoir le titre d'Empereurs. Les Prêtres portoient diverses couronnes. Elles étoient de laurier pour les Prêtres d'Apollon, & de feuilles de peuplier pour ceux d'Hercule. Quelques-uns en avoient de myrthe, d'autres de lierre, & d'autres de feuilles de chêne. Le Grand Prêtre à Rome n'étoit obligé de rendre compte de ses actions ni au Senat ni au peuple, & il n'y avoit que lui qui eût droit de venir en litiere sur le Capitole. Les Prêtres de Mars, que les Romains nommoient *Salii*, étoient tellement considerés qu'il falloit être de famille Patricienne pour obtenir cette dignité. Les Prêtres à Tyr avoient la premiere place auprès du Roi, & étoient vêtus de pourpre; & les Prêtres du Soleil, parmi les Pheniciens, portoient une longue robe de pourpre & d'or, & sur leur tête une couronne d'or garnie de pierreries. Les Egyptiens élisoient leurs Rois entre les Prêtres, & tous leurs philosophes étoient honorés du même titre. Le Prêtre de Jupiter appellé à Rome *Flamen dialis*, avoit l'avantage que sa simple parole avoit l'autorité d'un serment. Sa presence tenoit lieu d'un sanctuaire, & un criminel qui se retiroit chez lui, ne pouvoit y être pris. La Prêtrise chés les Indiens est hereditaire, comme elle l'étoit anciennement parmi les Juifs. Le Fils d'un Bramine est Prêtre, & il épouse une fille de la même condition.

PRETERITION. s. f. Terme de Palais. Omission du nom d'un fils dans un testament. *Preterition* se dit aussi d'une figure de Rhetorique qui consiste à feindre qu'on ne veut point parler d'une chose dont on ne laisse pas de faire mention en peu de mots, comme en cet exemple, *Je ne dirai point qu'il a fait telles & telles actions qui lui ont donné beaucoup de gloire, qu'il s'est trouvé à un tel siege*, &c.

PRETEUR. s. m. Magistrat fameux du tems de l'ancienne Rome, qui rendoit la justice aux Citoyens, & qui faisoit & cassoit des Edits. On l'appelloit *Prætor Urbanus*. Il y avoit un autre Préteur, appellé *Prætor peregrinus*, à cause qu'il connoissoit des differends survenus entre les Etrangers qui demeuroient à Rome. Ensuite on créa des Préteurs pour chaque Province conquise. Ce fut après qu'on se fut rendu maître de la Sardaigne & de quelques autres contrées. Ces Préteurs étoient les Magistrats qui gouvernoient les Provinces & y rendoient la justice. Tite-Live & Varron font venir ce mot *A praeesendo* ou *praeundo*.

PRETOIRE. s. m. Lieu où le Préteur rendoit la justice. C'étoit aussi son Palais. *Prétoire*, s'est dit encore de la Tente du General d'Armée où s'assembloit le Conseil de guerre.

PRETORIEN, ENNE. adj. On appelloit à Rome *Familles Prétoriennes*, Celles où la Charge de Préteur étoit entrée; & *Garde Prétorienne*, ou *Cohorte Prétorienne*, la Compagnie des Soldats de la garde d'un Empereur.

PRETURE. s. f. Charge & Dignité de Préteur.

PREU. s. m. Vieux mot. Profit, avantage, de *Proficio.*

> *Quer certes c'est fous vasseloges,*
> *Faire son preu d'autrui dommages.*

Preu, s'est dit aussi pour signifier Un homme de bien, du Latin *Probus*, & *Preude*, pour, Sage, d'où l'on a dit *Preud'hommie*, pour dire, Probité. On a dit encore *Prode* & *Proude*, pour dire, Femme vertueuse.

PREVOST. s. m. Celui qui est revêtu d'une Charge, d'une Dignité, d'une Commission, en vertu de laquelle il est preposé pour avoir soin de quelque chose, pour avoir direction, autorité sur quelque chose. Ce mot vient du Latin *Præpositus*.

Prevôt, étoit autrefois le Seigneur qui administroit lui-même la Justice. Il faisoit la même chose dans les Prevôtés, que les Baillis & les Senechaux font aujourd'hui dans les Bailliages & les Senechaussées. Tel est le Prevôt de Paris, Juge d'épée. Il preside quelquefois au Châtelet, recueille les voix, & fait prononcer par ses Lieutenans. Il n'y a ni Sentence ni Contrat en forme, qui ne soit intitulé du nom du Prevôt de Paris. Il est à la tête de l'Arriereban, lorsque la Noblesse est convoquée.

On appelle *Grand Prevôt de l'Hôtel*, ou *Grand Prevôt de France*, un Juge d'épée qui a jurisdiction dans la Maison du Roi, & qui est le plus ancien Juge Royal ordinaire du Royaume, puisque son institution est aussi ancienne que la Monarchie, n'y ayant eu aucun Roi en France qui n'ait eu un Juge dans sa Maison & pour sa suite. Il juge de toutes sortes d'affaires en matieres civiles & criminelles entre les Officiers du Roi, & pour eux contre ceux qui ne le sont pas. Il a droit lui seul d'apposer des scellés & de faire des Inventaires & autres Actes de Justice dans le Louvre, dans les Galeries & leurs dépendances, même dans les Maisons Royales qui ne sont éloignées de Paris que de quatorze lieues. Il peut aussi informer dans Paris de tous crimes & delits particuliers pour & contre les gens de la Cour & suite du Roi & des Maisons Royales, contre les vagabonds, & entre autres cas, concurrement & par prevention avec les autres Prevôts. A la suite du Roi il arrête le taux des vivres, & fait d'autres choses necessaires pour la Police par ses Lieutenans de Robe longue, ou en leur absence par les Lieutenans & Exempts de Robe courte, qui appellent avec eux les Officiers & principaux Habitans des lieux. Quand le Roi fait voyage, il commande bon nombre de Marchands & Artisans privilegiés pour fournir la Cour de toutes sortes de vivres & des autres choses necessaires. Ces Marchands & Artisans ont pouvoir de tenir boutique ouverte à Paris & autres Villes, & jouissent des exemptions.

Prevôt des Maréchaux. Officier Royal, reputé du corps de la Gendarmerie. Toutes ces sortes d'Officiers sont Lieutenans des Maréchaux de France, & ont jurisdiction sur les vagabonds, sur ceux qui volent à la campagne, & sur les Faux-monnoyeurs. Ils prennent aussi connoissance des meurtres de guet-à-pens. Il y a en France cent quatre vingts sieges de Prevôt des Maréchaux. Celui de Paris y est connu sous le nom de *Prevôt de l'Isle*.

Il y a un *Prevôt General des Monnoies*, créé en 1635. avec un Lieutenant, trois Exempts, un Greffier, quarante Archers, & un Archer-Trompette, pour faciliter l'execution des Edits & des Reglemens touchant le fait des Monnoies; pour prêter main forte aux Députés de la Cour, tant dans la ville de Paris, que hors la Ville; pour executer les Arrêts & Commissions qui leur sont adressées de la Cour, & pour envoyer plus ou moins d'Archers selon le besoin. Ce Prevôt est obligé de faire juger à la Cour les procès de fausse monnoie qu'il a instruits; ce qui est cause qu'il y a rang & seance après le dernier Conseiller, mais il n'a pas voix déliberative. Il est seulement present au jugement des Procès dont il a fait l'instruction, pour rendre compte de ses procedures.

On appelle *Prevôt des Marchands*, à Paris, à Lyon & dans quelques autres Villes, Un Officier très-considerable qui fait garder & observer les Arrêts, les Edits & les Reglemens intervenus sur le fait de la Police. Il a soin de la taxe des marchandises qui arrivent par la riviere & de la navigation, & donne ordre aux Ceremonies publiques de la Ville.

Prevôt d'Armée. Officier qui a l'œil sur les Deserteurs & sur les Soldats coupables. Il met aussi la taxe sur les vivres de l'Armée, & a d'autres Officiers sous lui, sçavoir un Lieutenant & un Greffier, avec une Compagnie d'Archers à cheval & un Executeur de Justice. Le Prevôt d'un Regiment d'Infanterie a les mêmes Officiers que celui de l'armée, mais il n'a que six Archers.

Prevôt General de la Marine. Officier établi pour instruire les Procès des gens de mer qui ont commis quelque crime. Par l'Ordonnance de 1674. il a entrée au Conseil de guerre, ainsi que ses Lieutenans, qui y font le rapport de leurs procedures, mais ils le font debout & découverts, & n'y ont point voix déliberative. Il y a dans chaque Vaisseau un *Prevôt Marinier*. C'est un homme de l'Equipage, qui a les prisonniers en sa garde, & qui est chargé du soin de faire nettoyer le Vaisseau.

Prevôt, est aussi un grand Officier dans les Ordres Militaires. Il a le soin des Ceremonies, & porte le Cordon & la Croix de l'Ordre. Il y en a dans ceux de saint Michel, du Saint Esprit & de Saint Louis.

Prevôt, est encore une Dignité dans quelques Chapitres Ecclesiastiques. C'est la premiere à Albi, la seconde au Pui, & à Tulles la troisiéme. Ce sont dans d'autres Eglises des Dignités dont les Benefices passent pour simples Personats.

Prevôt de Sale. Celui qui en fait d'armes tient la salle sous un Maître, enseignant les Ecoliers, & faisant assaut contre tous venans.

PREUX. adj. Vieux mot. Vaillant.

Chevaleureux, vaillant & preux.

Les Anciens donnoient le nom de *Preux Chevalier* à tous leurs Avanturiers. M. Menage fait venir ce mot de *Probus*, & Prouesse de *Probitia*, qui a été dit pour *Probitas*. On dit aussi *Proz* dans le même sens.

PRI

PRIAPISME. s. m. Terme de Medecine. Maladie de la verge qui s'enfle par une plenitude de flatuosités trop épaisses, sans aucun desir de femme, ni aiguillon de volupté. Les melancoliques & les ladres sont tourmentés de ce mal; ce qui fait que quelques-uns le confondent avec celui qui est appellé *Satyriasis*, à cause qu'on donne quelquefois ce nom à la ladrerie. Ce mot vient de *Priape*, qui étoit le Dieu des Jardins dans le Paganisme, & dont le nom a été donné à la partie honteuse de l'homme, d'où vient qu'on a nommé *Priapée*, les Epigrames obscenes & autres Pieces de même nature.

PRIEUR. s. m. *Celui qui a la superiorité & la direction dans un Monastere de Religieux*. ACAD. FR. On appelle *Prieur Claustral*, Celui qui gouverne les Religieux dans les Abbayes ou Prieurés qui sont en Commande; & *Prieur Conventuel*, Celui qui ne reconnoît point de Superieur dans le Couvent où il est. *Prieur seculier*, se dit de celui qui n'est soumis à aucune Regle, qui possede un Benefice simple qui a titre de Prieuré.

Prieur, se dit aussi de certains Officiers qui s'élisent dans les Communautés pour y presider pendant un certain tems. Ainsi on appelle *Prieur de Sorbonne*, un Bachelier de Sorbonne, qui pendant un an est Superieur de la Maison de Sorbonne. Ses fonctions sont de presider aux Assemblées de cette Maison, & il est obligé de faire un discours Latin au commencement de chaque Sorbonique qui s'y fait.

Celui qui est le premier dans une Abbaye, lorsqu'elle a besoin de plusieurs Superieurs, est appellé *Grand Prieur*, comme dans celles de Clugni & de Fescamp. Il y avoit autrefois cinq Prieurs dans l'Abbaye de saint Denys, & le premier étoit nommé *Grand Prieur*. Il y a des Grands Prieurs dans l'Ordre de Malte.

PRIME. s. m. Vieux mot. Le prochain. *Edifier mon prime*. Ce mot a été dit aussi comme adjectif pour signifier Premier, & on a dit *Prime*, pour dire, Une heure, la premiere heure.

PRIME. f. f. Terme de Marine. Somme qu'un Marchand, qui veut assûrer sa marchandise, paye à l'Assûreur pour le prix de l'assûrance. On l'appelle ainsi à cause qu'elle se paye par avance. Il y a des lieux où on l'appelle *Primeur*.

Prime, se dit chés les Maîtres en fait d'armes, de celle des gardes qui est la premiere & la principale, où le corps se rencontre en achevant de tirer l'épée du côté. C'est celle qui est la plus propre à étonner l'ennemi, à cause que la pointe de l'épée est plus proche de ses yeux que dans aucune autre garde.

On dit, en termes de Chasse, qu'*Un loup ne s'arrête point où il a mangé, & qu'il s'en va de haute prime*, pour dire, Fort promptement, & selon les Italiens *Quanto prima*.

La fraction decimale, en termes d'Arithmetique, est une fraction qui exprime une ou plusieurs dixiémes parties de l'unité; & quand cette fraction est une simple fraction decimale, on l'appelle *Prime*, comme $\frac{3}{10}$.

Prime, se dit aussi d'une sorte de poids qui pese vingt-quatre minutes.

Prime. Sorte de jeu de cartes. Il y a la grande Prime & la petite Prime.

PRIMEVERE. f. f. Plante qui fleurit en Février, Mars & Avril, & que l'on a appellée ainsi, à cause qu'elle est l'une des premieres fleurs qui annoncent le Printems. Il y en a de violettes fort pâles, de gris de lin, de blanches & de jaunes. Elle est fort bonne aux goutes & à la paralysie, & on fait grand cas de sa racine pour rompre la pierre de la vessie & des reins. On tient que son suc pris en breuvage est bon aux rompures & aux dislocations. Les Primeveres sont chaudes & seches, & leur suc est bon à ôter les taches du visage. Il y en a de doubles, de simples, de sauvages & de cultivées. Cette plante a differens noms parmi les Latins, *Primiveria*, *Primula veris*, *Verbasculum*, *Herba paralyseos*, *Arthritica*, *Herba sancti Petri*, *Brachula cuculi*, *Viola tusculana*, & *Betonica alba*.

PRIN. adj. Vieux mot. Premier.

Ce fut au prin somme tout droit.

C'est delà qu'est venu *Printems*.

PRINCES. f. m. Les Furetieristes disent que lorsqu'un Pape est élû tous ses parens sont Princes; c'est beaucoup que les Neveux & Nieces le soient, les autres restent ce qu'ils étoient. Ils ajoûtent qu'on appelle les Cardinaux, *Princes* de l'Eglise, pourquoi ne le pas dire des Evêques qui sont les successeurs des Apôtres pendant que les Cardinaux ne le sont que des soixante & douze Disciples.

PRINCIPALITE'. f. f. Titre du Superieur d'un College qu'on appelle quelquefois mal à propos *Principauté*, terme qui n'appartient qu'aux Princes.

PRISCILLIANISTES. f. m. Heretiques ainsi appellés de Priscillianus, qui semerent d'abord leur heresie en Espagne sous l'Empereur Gratien trois cens quarante-huit ans après Jesus-Christ, & qui la répandirent ensuite dans tout l'Occident. Ils confondoient les Personnes de la Trinité avec les Sabelliens, & enseignoient avec les Origenistes que les ames des hommes étoient créées en quelque endroit du Ciel avant les corps; avec les Manichéens, qu'elles faisoient partie de l'essence divine, & que le Monde avoit été créé d'un méchant Dieu; avec les Astrologiens, que toutes nos actions dépendoient des étoiles; & avec les Stoïciens, que nous étions necessités à pecher. Ils rejettoient avec les Gnostiques les anciens Prophetes comme gens qui n'avoient pas penetré dans la volonté de Dieu, & condamnoient aussi avec eux le mariage, & avec les Encratites l'usage de la chair. Ils permettoient le mensonge avec les Audiens, & même le parjure dans les affaires de la Religion.

PRISE. f. f. Terme de Marine. Vaisseau pris sur l'Ennemi. En ce sens on dit qu'*On a fait deux prises, trois prises*, &c. pour dire qu'On a pris tel nombre de Vaisseaux.

Quand du pain & un pâté ne prennent pas assés de couleur, on fait un feu clair à l'entrée du Four pour leur donner de la prise à dorer & affermir la croute.

PRISME. f. m. Terme de Geometrie. Il y a assés d'apparence que ce nom de *Prisme* a été donné d'abord à une moitié d'un parallelepipede que l'on avoit coupé en deux par un plan diagonal, car πρίσμα vient de πρίειν, Scier, & c'est là la notion du Prisme qui convient le mieux au mot. Selon cette idée il n'y auroit de Prismes que les *Prismes triangulaires*, c'est-à-dire, qui seroient terminés aux deux bouts par deux triangles semblables, égaux & paralleles, & dans leur longueur, par trois parallelogrammes non paralleles entre eux. Mais on a étendu l'idée de ce mot, & l'on entend par Prisme un corps solide terminé aux deux bouts non seulement par deux triangles, mais par quelques polygones égaux semblables, & paralleles que ce puisse être, & dans sa longueur par un nombre de parallelogrammes égal à celui des côtés des polygones. Selon cette définition le parallelepipede même devient une espece de Prisme. Les deux plans égaux & paralleles qui sont aux deux bouts du Prisme, s'appellent ses *bases*. On oppose les *Prismes Polygones* aux *Triangulaires* qui sont les plus simples, & on resout les Polygones en triangulaires pour trouver leurs proportions & leurs mesures. Le Prisme triangulaire étant la moitié d'un parallelepipede se mesure de la même façon. Voyez PARALLELEPIPEDE.

On appelle *Prisme de verre*, Un triangle solide de verre, avec quoi on voit les couleurs de l'arc-en-ciel. On dit aussi *Verre prismatique*, pour dire, Qui a la figure d'un Prisme.

PRISON. f. m. Lieu fort & gardé, où l'on enferme les débiteurs & les criminels. Il y a des cachots dans les Prisons, où l'on met les plus coupables. Ce sont des caveaux, les uns noirs & sans lumiere, & les autres qui reçoivent le jour par des soupiraux. Les Anciens avoient de trois sortes de Prisons, l'une pour reprimer les insolents & les débauchés, l'autre pour les banqueroutiers & débiteurs insolvables, & une troisiéme pour ceux qui avoient commis des crimes dignes de mort. Borel fait venir *Prison* de l'Italien *Prigione*. Du Cange le dérive de *Prisio*, terme de la basse Latinité, qui signifie Prison.

On appelle *Prison des vents*, dans de certains édifices, Un lieu souterrain où l'on trouve moyen de conserver des vents frais, qui par des conduites souterraines se communiquent dans des salles pour les rendre fraîches pendant l'Eté.

PRIVE', E'E. adj. Particulier, secret. On appelle *Conseil privé*, un Conseil d'Etat où l'on traite d'affaires d'une nature particuliere, & qui regardent le Roi directement ou indirectement. C'est où se jugent les évocations & les renvois des Reglemens de Juges, les interpretations d'Edits & les cassations d'Arrêts.

PRO

PROBATIQUE. adj. Mot qui ne se trouve que dans l'Ecriture Sainte, où il est dit, *Probatique piscine*,

piscine, pour dire, la Piscine près de laquelle JESUS-CHRIST fit la guerison miraculeuse du Paralytique.

PROBLEME. s. m. En Algebre ce mot signifie seulement une Question ou proposition qui tend à découvrir quelque verité cachée, & qui demande qu'on en fasse la démonstration. Dans le reste des Mathematiques, c'est une Proposition qui tend à la pratique, comme de trouver une *Moyenne proportionnelle*, de *couper un angle en deux*, &c. & alors Problême s'oppose à *Theoréme* qui est une proposition purement speculative. Voyez THEOREME.

Ce qu'on appelle *Equation* en Algebre s'appelle aussi *Problême*, parce que toute Equation aboutit à trouver la valeur de l'Inconnue, Voyez INCONNUE & EQUATION. Plus l'Inconnüe a de dimension ou de degrés, (voyez DEGRE',) plus l'Equation ou Problême est difficile à resoudre; ainsi le Problême prend son nom du nombre de degrés qu'a l'Inconnue. Si elle en a deux, il est *Plan*, si elle en a trois, il est *solide*, si elle en a quatre, *sursolide*, &c.

On dit aussi en Géometrie Problême, *Lineaire*, *Plan*, *solide*, *sursolide*, &c. mais c'est par rapport aux lignes dont on a besoin pour la solution du Problême. Celui qui se peut resoudre par des lignes droites est un *Problême Lineaire* ou *simple*. Celui où il faut faire entrer le cercle est un *Problême Plan*, celui où il doit entrer quelqu'une des sections coniques autres que le cercle, est *solide*, celui qui ne se peut resoudre que par des courbes plus composées & d'un genre plus élevé que les sections coniques, est *sursolide*.

Les Problêmes se divisent encore en *Déterminés* & *Indéterminés*. Les Problêmes déterminés sont ceux qui ne peuvent recevoir qu'une solution, & les Indéterminés sont ceux qui en peuvent recevoir plusieurs differentes. Par exemple, si l'on demande que d'un point de la circonference d'un cercle on tire une perpendiculaire au diametre qui le coupe de telle sorte qu'elle soit moyenne proportionnelle entre les deux parties du diametre formées par la section, le Problême sera *indéterminé*, parce que de quelque point de la circonference que l'on tire une perpendiculaire sur le diametre, elle sera moyenne proportionnelle entre les deux parties du diametre. Mais si l'on a déterminé la raison que doivent avoir entre elles ces deux parties du diametre, alors le Problême devient *déterminé*, parce qu'il n'y a plus qu'une perpendiculaire qui puisse être moyenne proportionnelle. Quelquefois on appelle Problême déterminé un Problême qui peut recevoir plusieurs solutions differentes, mais qui se réduisent à un certain nombre que l'on détermine, au lieu qu'il y a des Problêmes indéterminés à l'infini.

Soit que le Problême soit d'Algebre ou de Géometrie, quand on l'a d'abord mis en lettres, & qu'on a fait des équations, qui étant réduites autant qu'il est possible, laissent deux ou plusieurs inconnues, il est certain que le Problême est indéterminé. Car la valeur de ces inconnues n'étant fixée par rien de connu, on pourra mettre à leur place telles grandeurs que l'on voudra, pourvû que l'on demeure dans les bornes du Problême. Ce Problême se résout en Géometrie par des lignes dont plusieurs ou une infinité de points satisfont également à la question. Ces lignes s'appellent *Lieux*. Voyez LIEU. & le Problême est appellé *Local*. *Problême* est un mot Grec, πρόβλημα, du verbe προβάλλειν, Proposer.

PROBOSCIDE. s. f. Terme de Blason. Il se dit de la trompe d'un Elephant, lorsqu'on en trouve de peintes sur des Armoiries. Ce mot est Grec, προβοσκὶς, & signifie Trompe de la mouche & de l'élephant.

PROCLIENS. s. m. Heretiques ainsi appellés d'un certain Proclus ou Proculus, homme inconnu, qui outre les opinions des Hermogeniens qu'il suivoit, prétendoit que JESUS-CHRIST n'étoit pas encore venu en chair. On les appelle aussi *Proclianites*.

PROCONSUL. s. m. Nom qui dans les commencemens de la République Romaine fut donné à celui qui par des raisons importantes étoit continué dans l'exercice de la Charge de Consul après l'année de son Consulat. Celui que l'on faisoit Gouverneur d'une Province Consulaire après qu'il étoit sorti du Consulat, eut ensuite le titre de Proconsul, & du tems des Empereurs on donna ce même nom à celui que le Sénat élisoit pour gouverner une des Provinces du peuple. Ce n'étoit pas le peuple assemblé qui élisoit les Proconsuls après leur année de Consulat, mais l'une des deux Provinces Consulaires leur venoit par sort, & ils commandoient l'Armée qui étoit dans leur Province, & y rendoient aussi la Justice.

PROCURATEUR. s. m. Magistrat Venitien qui est à vie, & qui a l'administration des biens des orphelins, & de ceux qui meurent sans laisser d'enfans & sans avoir fait de testament. Il y a aussi des Procurateurs à Genes.

PROCUREUR. s. m. *Celui qui a pouvoir d'agir pour les affaires d'autrui. Il signifie plus particulierement un Officier établi par Justice pour agir au nom de ceux qui plaident en quelque Jurisdiction.* ACAD. FR. Le Procureur qui agit en Justice, & qu'on a nommé Procureur *ad lites*, est constitué, ou pour toutes les causes pendantes en la Jurisdiction où il a droit d'occuper, & alors sa charge dure jusqu'à ce qu'il soit revoqué, ou pour un certain procès, une instance ou une cause, & en ce cas son pouvoir ne finit qu'après le Jugement définitif, à moins qu'il n'y ait révocation pendant l'instruction de l'affaire. Son ministere ne passe point la procedure. Ainsi quand il est question de faire des offres, de transiger, de donner main-levée, de s'inscrire en faux, & d'autres choses qui dépendent de la Partie, il faut qu'il ait une Procuration speciale, autre que celle qui le constitue Procureur *ad lites*. Les Procureurs sont obligez de nommer deux Substituts dans le tems de leur reception, de faire residence, de communiquer les affaires aux Avocats avant que de conclure, & de leur faire faire les écritures. Ils peuvent en substituer un autre à leur place, pour signer les expeditions lorsqu'ils sont absens, pourvû que ce soit l'un de leurs deux Substituts. On peut les rechercher dans cinq ans pour les procès jugés, & dans dix pour ceux qui ne le sont pas. De leur côté ils ont deux ans pour demander leurs frais, leurs salaires & vacations, en cas que les Parties meurent, ou qu'il y ait revocation ou discontinuation de procedures; & autrement, ils ont six ans du jour qu'ils ont occupé.

Procureur General du Parlement. Officier qui a soin des interêts du Roi & du Public dans l'étendue du ressort du Parlement. Il tient le premier rang entre les deux Avocats Generaux, & est la quatriéme personne de la Justice, dont les trois autres sont le Roi, le Chancelier & le premier Président. Son principal devoir est d'entreprendre la cause des foibles contre les plus puissans, de faire executer les Provisions, les Arrêts & Mandemens de la Cour, de prendre communication des accords, appointemens, acquisitions & transactions, afin d'y mettre opposition, ou de consentir qu'ils s'execurent. Il a droit aussi de poursuivre les criminels sur la plainte d'une Partie Civile, & même d'office, sans aucune dénonciation, quand les crimes sont d'une nature à meriter une peine afflictive, de conserver le domaine & de proteger l'Eglise, les Hôpitaux & les Mineurs. Non seulement il jouit de tous les droits des Conseillers du Parlement, mais il sert de regle à tous les Procureurs Generaux des autres Cours Superieures. Il porte la robe rouge & le chaperon fourré d'hermine, & exerce la Charge de Prévôt de Paris pendant le siege vacant. Dans les Provinces il marche à côté des Lieutenans Generaux, & est entierement attaché à l'instruction des procès par écrit. On ne fait point le procès au Procureur General tant qu'il est en charge, il a le privilege d'entrer chés le Roi sans être annoncé.

On appelle *Procureur du Roi*, un Officier qui a dans l'étendue d'un Présidial & d'un Bailliage la même Charge que le Procureur General du Parlement, pour intervenir dans les Causes où le Roi & le Public ont interêt, comme sont celles de l'Eglise & des Mineurs. Dans les Jurisdictions Royales le Procureur du Roi est un Substitut du Procureur General. Il est obligé de poursuivre les criminels qui sont dans les prisons, afin qu'elles ne soient pas trop chargées, & qu'on ne laisse pas les crimes sans punition. Il lui est enjoint d'envoyer tous les six mois au Procureur General dont il est Substitut, un état de tous les accusés qui sont détenus.

Procureur de Nation. Dans les Universités est en même tems le Chef, & le Syndic de sa Nation, il préside à ses assemblées, les convoque quand bon lui semble & est Assesseur du Tribunal du Recteur.

Procureur Fiscal. Celui qui est établi dans la Justice des Seigneurs, pour défendre & soûtenir leurs droits & ceux du Public.

PRODITION. s. f. Vieux mot qui vient du Latin *Prodere*, Trahir, qui a été dit pour Trahison. On dit encore, en termes de Palais, *Proditoirement*, pour dire, En trahison.

PRODOM, ou PRODON. Vieux mot. Preudhomme, de *Probus* & *Homo*.

PRODUCTION. s. f. *Ouvrage, effet. Il se dit également des ouvrages de la nature & de ceux de l'art & de l'esprit.* ACAD. FR. On appelle *Production*, en termes de Pratique, Les titres & papiers qu'on fait paroître en Justice, afin d'appuyer le bon droit qu'on prétend avoir. Quand il s'agit d'un procès, il y a des *Productions principales*, qui ont été faites en premiere instance, des *Productions nouvelles*, qu'on fait en cause d'appel, & des *Productions sommaires* sur des appointemens à mettre des Inventaires.

PRODUIT. s. m. Terme d'Arithmetique. Nombre formé de la multiplication de deux ou de plusieurs nombres l'un par l'autre. Six est le produit de 2. par 3. 25. le produit de 5. par 5. quand un nombre se multiplie lui-même le produit est un quarré. Voyez QUARRE'.

On dit aussi en Géometrie le *Produit de deux lignes l'une par l'autre*, & c'est ce qui forme le parallelogramme. Si le parallelogramme est multiplié par une troisiéme ligne le produit est un parallelepipede. Voyez PARALLELOGRAMME & PARALLELEPIPEDE.

Produit, en termes de Pratique, se dit de l'Acte qu'on fait signifier de ce qu'on enregistre, quand on met sa production au Greffe. On en fait mention sur l'étiquette du sac, & c'est ce qu'on appelle autrement *Le jour du mis*.

PROEME. s. m. Vieux mot. Préface, entrée de discours. Il vient du Grec προοίμιον, Exorde.

PROESME. s. m. Vieux mot. Parent. On trouve dans la Coûtume d'Anjou, *Choses immeubles acquises de son proësme*. On a dit aussi *Proisme* & *Prosme*, du Latin *Proximus*.

PROFESSEUR. s. m. Docteur qui enseigne publiquement la Theologie, le Droit, la Medecine, ou la Philosophie. Louis XIV. établit dans toutes les Universités des Professeurs de Droit François, il seroit à propos qu'il y en eût deux dans les grandes Universités, l'un qui donneroit des institutions, l'autre qui donneroit des traités par leur alternative.

PROFIL. s. m. Contour de quelque figure. On appelle *Profil d'une Forteresse*, La coupe ou section imaginaire d'un plan ou d'une Place à angles droits, pour marquer & representer exactement toutes les hauteurs & largeurs des remparts, parapets, murailles, talus, fossés, chemins couverts, & esplanades ; ce que ne fait pas l'Ichnographie, qui ne marque que les longueurs & les largeurs.

PROFILER. v. a. Dessiner seulement les contours de quelque chose que ce puisse être.

PROFIT. s. m. *Gain, émolument, avantage, utilité.* ACAD. FR. On appelle, en matiere feodale, *Profits de fief*, Les droits Seigneuriaux, comme quint & requint, lods & ventes qui se payent à chaque mutation des heritages ou fiefs servants, quand le fief est ouvert ou vacant.

On appelle, en termes de Marine, *Profit avantureux*, l'Interêt de l'argent que l'on a prêté sur un Vaisseau marchand, soit pour un voyage, soit pour chaque mois qu'il est en mer, moyennant quoi le prêteur court les risques de la guerre & de la mer. C'est ce qu'on appelle autrement *La grosse avanture*.

On dit en termes de Pratique, *Un défaut emportant profit*, pour dire, Emportant gain de cause. Il est souvent ordonné que *L'on en viendra au premier jour à peine de l'exploit, dont le profit sera jugé sur le champ*. Vendre & acheter quelque chose au profit, c'est sur le pié de la facture à deux pour livres ou trois suivant la qualité de la marchandise, il faut bien connoître son Marchand pour acheter au profit.

PROFITEROLES. s. m. Les Cuisiniers appellent *Potage de profiteroles*, Un potage fait avec de petits pains dégarnis de mie, sechés, mitonnés & remplis de beatilles. Ce mot s'est dit autrefois d'une pâte cuite sous les cendres.

PROFONTIE', E'E. adj. Terme de mer. On appelle *Navire profontié*, Celui qui tire beaucoup d'eau, ou à qui il en faut beaucoup pour le faire floter.

PROGENIE. s. f. Vieux mot. Race, du Latin *Progenies*.

PROGRE'S. s. m. *Il se dit de toute sorte d'avancement, d'accroissement, d'augmentation, en bien ou en mal.* ACAD. FR. C'est aussi un terme de Musique, & quand des notes procedent par des intervalles désagreables & défendus. Cela s'appelle *Mauvais progrès*.

PROGRESSION. s. f. Terme de Mathematique. Proportion continüe soit *Arithmetique*, soit *Geometrique*, soit *Harmonique* composée de plus de trois termes. (Voyez PROPORTION.) On appelle *Mouvement de Progression*, un Mouvement qui porte en avant.

PROJECTION. s. f. Operation Chymique qui doit être faite en petite quantité, & qui est dans la Pharmacie une préparation qui se fait de quelques substances en jettant dans un creuset posé sur un feu violent, quelques drogues convenables au dessein qu'on a ; ce qui se doit faire à differentes reprises.

On appelle en Chymie, *Poudre de Projection*, Certaine poudre que les Charlatans feignent avoir la vertu de changer un métal imparfait en un métal plus parfait, comme l'or & l'argent, pour peu que l'on y en mêle.

Projection est encore un terme de Méchanique & de statique. La *Projection* d'un poids est le mouvement d'un poids jetté par une puissance, ou la ligne que ce poids décrit par son mouvement. La projection est ou *verticale*, ou *horisontale*, ou *composée de la verticale ou de l'horisontale*. On peut concevoir la pesanteur comme une cause exterieure agissant perpendiculairement de haut en bas sur la surface de la terre, & par consequent agissant avec moins de force sur les corps qu'elle ne rencontre pas selon sa ligne perpendiculaire. Elle rencontre dans cette ligne les corps qui se meuvent en l'air, soit verticalement soit horisontalement, & par consequent ce sont ceux sur lesquels elle a le plus de prise & qu'elle rabat le plus vîte contre terre. D'où il suit que ceux qui se meuvent selon une ligne qui soit précisement moyenne entre la verticale & l'horisontale, c'est-à-dire inclinée à l'horison de 45. degrés, sont ceux que la pesanteur fait retomber le plus tard, tout le reste étant égal, en un mot que la projection faite sous l'angle de 45. degrés est celle qui a la plus *grande portée horisontale*. C'est sur ce principe qu'est fondé l'Art de tirer le Canon & les Bombes. La projection verticale est une ligne droite qui en tems égaux diminue toûjours selon la même proportion que la ligne de la chûte des corps descendans augmente. Voyez ACCELERATION. Pour la projection horisontale, c'est une ligne courbe composée de l'horisontale, & d'une verticale par laquelle la pesanteur rabat sans cesse le corps contre la terre, selon la proportion *de la chûte des graves*. Cette courbe est sensiblement parabolique, car si on prend sur la verticale les espaces que le corps doit parcourir en des tems égaux, ils feront les nombres quarrés, 1. 4. 9. &c. (Voyez ACCELERATION,) & si par ces points de la verticale on tire des horisontales qui croissent toûjours également, ou comme les nombres, 1. 2. 3. &c. car le mouvement horisontal est égal & uniforme, il est visible que les horisontales seront comme les racines quarrées des parties de la verticale qui leur répondront, ce qui est la raison des *Ordonnées* d'une Parabole aux *Abscisses*. Voyez PARABOLE. Donc la ligne composée de la verticale & des horisontales que nous avons déterminées sera une parabole. Il en va de même de toute projection qui n'est pas simplement verticale. Le point le plus élevé de la verticale s'appelle *la hauteur* ou *l'élevation de la projection*, & le point de l'horisontale le plus éloigné *est sa portée* ou *sa longueur*.

Projection en termes de Perspective est la representation ou l'apparence d'un, de deux ou de plusieurs objets sur un plan. La representation d'un cercle sur un plan auquel il est perpendiculaire est une ligne droite, parce que toutes les lignes qu'on fait tomber du cercle sur le plan, n'y laissent qu'une suite de points en ligne droite, & c'est cette espece de trace qu'on appelle la *Projection de ce cercle sur ce plan*. Ainsi un cube perpendiculaire à un plan, y laisse pour trace un quarré qui est sa projection. Si l'objet est incliné à l'égard du plan, & selon qu'il l'est differemment, la projection est differente. Le plan s'appelle *Plan de projection*. La projection est aussi differente selon que l'on suppose l'œil dans un point de vûe different. Pour réduire la sphere en plat, on prend le plan d'un grand cercle, & la projection ou representation de tous les autres cercles sur ce plan. Cette projection s'appelle *Astronomique*. Elle est differente, c'est-à-dire, les cercles de la sphere se representent par des lignes ou droites ou courbes, ou sous differens angles, selon le cercle qu'on a pris pour plan de projection, & le point où l'on a supposé l'œil. Ordinairement la projection astronomique se fait sur le plan de l'horison, ou d'un Meridien. C'est par là que l'on construit les Planispheres ou Astrolabes. Voyez ces mots. L'Analemme est une projection de la sphere qui fait une des especes d'Astrolabe. Voyez ANALEMME. La science des Quadrans est fondée sur la projection. Voyez QUADRAN.

Projection, est aussi un terme de Fondeur, & veut dire Un jet de métal en sable, en cire, &c.

PROJECTURE. s. f. Terme d'Architecture. Saillie, avance, du Latin *Projectura*.

PROLER. v. a. Vieux mot. Prier. On a dit aussi *Proiere*, pour Priere.

PROJETTER. v. a. Terme de Chymie. Faire la projection de quelque matiere.

PROISIE', E'E. adj. Vieux mot. Prisé.

PROLATION. s. f. Terme de Musique. La Prolation est, quand sur une des cinq voyelles de l'Alphabet la voix fait une fusée, c'est-à-dire, des roulemens qui consistent à une durée de chant par une suite de plusieurs notes.

PROLEGOMENE. s. m. Terme dogmatique. Discours préparatif & fort ample qu'on met au-devant d'un Traité, pour instruire le Lecteur des choses qu'il doit sçavoir pour tirer de l'utilité de ce qu'il va lire. Ce mot est Grec, προλεγόμενον, de πρὸ, Devant, & de λέγειν, Dire.

PROLONGER. v. a. *Faire durer plus long-tems, rendre de plus longue durée*. Acad. Fr. On dit, en termes de Marine, *Prolonger un navire*, pour dire, Le faire avancer contre un autre, pour se mettre flanc à flanc & venir vergue à vergue, en sorte que si leurs vergues étoient prolongées, elles ne feroient qu'une ligne.

PROMECONDE. s. m. Vieux mot qu'on trouve dans Rabelais en la signification de Dépensier.

PROMONTOIRE. s. m. Cap, pointe de terre ou de rocher qui s'avance dans la mer.

PROMOTEUR. s. m. Celui qui est la partie publique dans une Cour Ecclesiastique, dans une Officialité. Il y fait les mêmes fonctions que le Procureur du Roi dans la Jurisdiction laïque. Il fait informer d'office contre les Ecclesiastiques qui sont en faute, & maintient les droits, les libertés, & les Immunités de l'Eglise. Le Promoteur est aussi chargé du soin de faire maintenir la discipline Ecclesiastique, de faire punir & ranger les desobéissans à leur devoir.

PRONATEUR. adj. Terme de Medecine. On appelle *Muscle pronateur*, deux des quatre muscles qui servent au mouvement de l'avant bras, qui est depuis le coude jusques à la main. Ce mot vient du Latin *Pronus*, Qui panche sur le devant.

PRONONCER. v. a. *Proferer. Articuler les lettres, les syllabes, les mots, en exprimer le son*. Acad. Fr. En termes de Peinture, *Prononcer* se dit, pour, Marquer & specifier les parties de toutes sortes de corps avec autant de force & de netteté qu'il est besoin, pour les rendre plus ou moins distinctes. On dit d'un Tableau, que *Certaines parties en sont bien prononcées*, pour dire, Bien débrouillées, bien specifiées.

PROPINE. s. f. Terme de la Chancellerie de Rome.

Droit qui se paye au Cardinal Protecteur, pour tous les Benefices qui passent par le Consistoire, & pour les Abbayes taxées au-dessus de soixante & six ducats deux tiers. On paye ce droit à proportion de ce que valent les Benefices.

PROPOLIS. s. f. Cire naturellement rouge qu'on trouve dans les trous des ruches, & qui est plus chaude & plus subtile que l'autre. On l'appelle vulgairement *Cire Vierge*. Pline dit qu'elle est de matiere plus épaisse que la cire, étant composée de fleurs, & que toutefois ce n'est pas cire, mais comme un fondement des rayons des ruches pour les défendre du froid. Elle est d'odeur forte. Selon Galien, la Propolis est plus attractive qu'aucune resine. Ainsi elle est bonne étant mise aux médicamens que l'on ordonne pour les blessures des nerfs.

PROPORTION. s. f. Terme de Mathematique. Deux *raisons* étant égales, (Voyez RAISON,) elles font une Proportion. La raison de 2. à 3. étant égale à celle de 4. à 12. ces quatre termes, 2. 3. 8. & 12. sont en proportion, & l'on dit, comme 2. est à 3. ainsi 8. est à 12. Les *antecedens* & les *consequens* de chaque raison, sont aussi les antecedens & les consequens de la proportion. Le premier terme & le dernier s'appellent les deux *termes extrêmes* de la proportion, & le second & le troisiéme sont les *deux moyens*. L'égalité de deux *raisons arithmetiques*, (Voyez RAISON,) fait une *proportion arithmetique*, & l'égalité de *deux raisons géometriques* fait une *proportion géometrique*. La principale proprieté de la proportion arithmetique, est que la *somme* des extrêmes est égale à la *somme* des moyens, & dans la proportion géometrique le *produit* des extrêmes est égal au *produit* des moyens. Ainsi dans cette proportion arithmetique, 2. 4. 6. 8. 2. & 8. sont égaux à 4. & 6. & dans cette proportion géometrique 2. 3. 8. 12. 2. fois 12. est égal à 3. fois 8.

Une proportion au lieu d'avoir quatre termes, peut n'en avoir que trois, & alors le terme du milieu est le consequent de la premiere raison & l'antecedent de la seconde; & c'est la même chose que s'il étoit repeté deux fois. Ainsi l'on peut faire cette proportion, 2. 4. 8. qui s'exprime de cette sorte, 2. est à 4. comme 4. est à 8. Le terme du milieu s'appelle *Moyen proportionnel*, & il est arithmetique ou géometrique, selon la nature de la proportion. Il est visible par les proprietés fondamentales de ces deux proportions, que dans la proportion arithmetique, le double du moyen proportionnel est égal à la somme des extrêmes, & que dans la proportion géometrique, le quarré du moyen proportionnel est égal au produit des extrêmes. Deux étant arithmetiquement à 6. comme 6. est à 10. le double de 6. est égal à la somme de 2. & de 10. & 2. étant à 4. géometriquement, comme 4. est à 8. le quarré de 4. est égal au produit de 2. par 8.

Ces proportions de trois termes s'appellent *Continues*, & il est clair qu'on les peut pousser aussi loin que l'on voudra, en repetant toûjours chaque terme. Deux, 6. 10. 14. 18. &c. est une *proportion arithmetique continue*, 2. 4. 8. 32. 64. est une *proportion géometrique continue*. Ces proportions continues, soit arithmetiques, soit géometriques, poussées au-delà du troisiéme terme s'appellent *Progressions*.

Il y a une troisiéme espece de Proportion, nommée proportion *Harmonique* & composée de trois termes, qui consiste en ce que le premier est au troisiéme, comme la difference du premier au second est à la difference du second au troisiéme. Tels sont ces trois termes, 2. 3. 6. car 2. est à 6. géometriquement comme 1. difference de 2. à 3. est à 3. difference de 3. à 6. Une proprieté de cette proportion est que son second terme est égal à deux fois le produit du premier par le troisiéme divisé par la somme du premier & du troisiéme, 3. est égal au double de 2. fois 6. divisé par 2. & 6. c'est-à-dire par 8.

On appelle *Regle de proportion*, autrement *regle de trois* celle qui enseigne à trouver un quatriéme nombre géometriquement proportionnel à trois autres que l'on a donnés, comme si trois degrés de l'Equateur contiennent 72. lieues, combien 360. degrés qui font le tour de la terre, doivent-ils contenir? Dans cette regle on donne toûjours un extréme & deux moyens, & il ne reste qu'un extrême à trouver. Il ne faut pour cela que prendre le produit des deux moyens donnés, qui doit être égal au produit des extrêmes, & comme on en a un, en divisant par lui le produit des moyens. Le quotient de la division est necessairement le quatriéme terme que l'on cherche. Dans l'exemple proposé, le produit des deux moyens 72. & 360. étant 25920. & devant être égal au produit de 3. premier extrême, par l'autre extrême qu'on cherche, il est évident que 25920. divisé par 3. donnera cet autre extrême, c'est-à-dire 8640. lieues. Cette proportion s'appelle *Droite* ou *Directe* par opposition à celle qu'on appelle *Reciproque*, *Inverse* ou *Renversée*. Voyez RECIPROQUE.

On appelle *Compas de proportion*, Un Instrument de Mathematique composé de deux branches, qui sont plates & mobiles dans une charniere, & qui par le moyen de plusieurs divisions des lignes marquées sur ces branches, est en usage pour plusieurs operations géometriques, & observations astronomiques, & pour la fonte des canons, des cloches & des boulets.

PROPOSITION. s. f. Terme de Logique. Partie d'un Argument dans laquelle on attribue à un sujet quelque qualité positive ou reguliere. En termes de Geometrie, c'est l'allegation d'une verité prouvée par démonstration.

Proposition d'erreur, s'est dit au Palais d'un remede extraordinaire de droit pour revenir contre un Arrêt, où il y avoit eu erreur dans le fait ou une injustice manifeste. L'Ordonnance de 1667. a abrogé les Propositions d'erreur. Elles differoient de la Requête civile qui n'accuse que le fait ou la surprise de la partie, au lieu que dans la Proposition d'erreur, il s'agissoit de ce qui regardoit les Juges qui s'étoient trompés dans le fait, & non dans le droit.

On appelle *Pains de proposition*, en Theologie, les douze pains sans levain que les Juifs offroient à Dieu, & qui étoient rangés six à six sur la table du Tabernacle.

PROPRE. s. m. Terme de Jurisprudence. Heritage venu par succession du Pere, ou de l'Ayeul, & qu'on n'a point acquis par son industrie. Il se dit par opposition à Acquêt ou Conquêt. Il y a le Propre paternel, & le Propre maternel. *Propre ancien*, est celui qui a fait souche dans une famille, & qui vient de l'ayeul ou du bisayeul. Le *Propre naissant*, est celui qui n'a point fait encore souche, de sorte qu'un acquêt du Pere est un Propre naissant en la personne du Fils. Il y a aussi des Propres qui se font par stipulation d'une dot qui consiste en argent. On en fait entrer une partie en communauté, & le reste tient lieu de Propre à la femme.

PROPRETEUR. s. m. Nom, qu'avoit parmi les

Romains, celui qui après avoir exercé l'office de Préteur pendant une année, y étoit continué par des raisons que la République jugeoit importantes. Ce même nom fut donné à ceux qui ayant été Préteurs, étoient faits ensuite Gouverneurs d'une Province Prétorienne. Ils les tiroient au sort, & alloient y rendre la Justice, & y commander l'armée. Du tems des Empereurs, celui que nommoit le Prince pour gouverner une des Provinces qu'il avoit unies à son domaine, étoit aussi nommé *Propreteur*.

PRORATA. s. m. L'interêt qu'on doit payer d'un argent constitué pour le tems courant d'une année qui n'est point encore finie. Quand on rembourse le prix d'une rente, il en faut payer les arrerages & le Prorata, c'est-à-dire, toutes les années échûes des arrerages, & le courant de celle qui n'est point encore échûe. On dit aussi *payer au Prorata*, c'est-à-dire, à proportion. Ce mot est purement Latin, & vient de *Pro rata parte*, pour la part échûe, déterminée.

PROSELYTE. s. m. Nom qui étoit donné aux Payens qui embrassoient la Religion Judaïque. Ce mot est Grec προσήλυτος, & veut dire, Qui vient d'un autre Pays. Il y avoit deux sortes de Proselytes. Les *Proselytes de Justice*, étoient ceux qui se faisoient circoncire. Il falloit aussi qu'ils reçûssent le baptême des Juifs & qu'ils offrissent un Sacrifice. Le baptême & le Sacrifice suffisoient aux femmes. Après que le Proselyte étoit gueri de la plaie de la Circoncision, on le conduisoit au lieu que l'on avoit preparé pour la ceremonie du baptême, & on le plongeoit dans un grand reservoir d'eau, ou par une seule immersion il se l'avoit tout le corps. Cela ne se pouvoit faire en un jour de fête, à cause que c'étoit un Acte Judiciaire, où il falloit que trois Juges assistassent. Ce baptême qui ne se réïteroit point, étoit bien different des ablutions que les Juifs renouvelloient tous les jours. Ce qu'il y avoit de particulier, c'est qu'après cette nouvelle profession de Foi, le Proselyte étoit tellement censé renaître de nouveau, selon ce qu'enseignent les Docteurs Hebreux, que ceux qu'il avoit pour Parens dans le tems qu'il étoit Gentil, cessoient de l'être dès qu'il avoit embrassé la Religion des Juifs, & même les enfans qu'il avoit eus avant qu'il l'eût embrassée, n'heritoient pas de ses biens. Quant à ceux qu'on appelloit *Proselytes de domicile*, ils n'avoient besoin ni de circoncision, ni de baptême. On leur faisoit seulement promettre en presence de trois personnes qu'ils garderoient les commandemens des enfans de Noë, & alors ils pouvoient demeurer parmi les Juifs, qui étoient persuadés que ces Proselytes pouvoient être sauvés en les observant. La coûtume de recevoir des Proselytes cessa environ 757. ans avant la naissance du Sauveur du monde. Encore aujourd'hui les Juifs nomment *Proselytes*, les Gentils ou Chrétiens qui embrassent leur Religion. Quand quelqu'un demande à se faire Juif, après que trois Rabbins lui ont remontré que la Loi de Moyse est fort severe, & que les Juifs sont méprisés dans toute la terre, on le circoncit, & on le plonge tout entier dans l'eau en leur presence. Si c'est une femme, les trois Rabbins ordonnent qu'elle soit plongée dans l'eau jusqu'au col, & ce sont des femmes qui prennent ce soin.

On appelle aussi *Proselyte*, Celui qui a fait nouvellement profession des verités Catholiques.

PROSTAPHERESE. s. f. Terme d'Astronomie. Arc du Zodiaque compris entre la ligne du mouvement d'une Planete, & la ligne du *moyen*. Voyez MOYEN. Comme le mouvement moyen est quelquefois plus grand, quelquefois plus petit que le vrai, il est clair que pour reduire le mouvement moyen au vrai, il faut quelquefois l'augmenter, & quelquefois le diminuer. Cette augmentation ou diminution est la *Prostapherese* ou *Equation*, qui par consequent est tantôt *additive*, tantôt *soustractive*. Quand la Planete est dans l'apogée ou dans le perigée, les lignes du moyen mouvement & du vrai étant la même, (voyez MOYEN,) il n'y a point de Prostapherese, c'est-à-dire, que la planete est vue du centre de la terre au même endroit du Zodiaque où elle seroit vûe du centre de son excentrique. Plus elle s'éloigne de l'apogée ou du perigée, plus la Prostapherese augmente, jusqu'à la ligne des moyennes longitudes, (voyez LONGITUDE, & APSIDES,) ou la Prostapherese est la plus grande qu'elle puisse être, c'est-à-dire, la difference de son vrai lieu & de son lieu moyen. Mais il faut bien remarquer qu'il n'en va pas de la difference de vîtesse entre le vrai mouvement & le moyen, comme de la Prostapherese qui est la difference du vrai lieu & du lieu moyen. Car vers l'apogée & le Perigée où le vrai lieu & le moyen sont peu éloignés, la difference de vîtesse est grande entre le vrai mouvement & le moyen, & vers la ligne des moyennes longitudes où les deux lieux sont les plus éloignés qu'ils puissent être, les deux mouvemens ont une vîtesse égale. Le mot de Prostapherese exprime sa nature, ἀφαίρεσις, *soustraction*, *retranchement*, & πρόσθε *devant*, *soustraction qui est quelquefois une addition*.

PROSTATES. s. f. On appelle ainsi en termes d'Anatomie, deux corps blancs & glanduleux qui sont situés auprès du col de la vessie, tout contre le muscle sphincter. Ils sont revêtus d'une membrane fort déliée. C'est où se garde la semence cuite & preparée. Ils servent aussi à humecter le conduit de l'urine pour empêcher son acrimonie. Les Prostates sont spongieuses & glanduleuses, & ne sçauroient se gonfler sans presser l'uretre, & empêcher le passage de l'urine.

PROTASE. s. f. Premiere partie d'un Poëme Dramatique, dans laquelle on explique au peuple le sujet de la Tragedie qu'on represente. Ce mot est Grec πρότασις. Aristote l'emploie souvent dans la signification de ce qu'on propose pour sujet d'une dispute.

PROTE'E. s. m. Les Chymistes donnent ce nom au vif argent, à cause de ses differentes préparations.

PROTESTANT. s. m. *Nom qui a été donné d'abord aux Lutheriens, & qu'on a étendu depuis aux Calvinistes & à ceux de la Religion Anglicane.* ACAD. FR. Les Protestans s'accordent avec l'Eglise Grecque, avec les Nestoriens & avec les Jacobites, en ce qu'ils n'admettent point la confession auriculaire, ne confessant leurs pechés que devant Dieu, permettant aux Prêtres de se marier, communiant sous les deux especes & avec du pain sans levain, rejettant les prieres pour les morts & le Purgatoire, ainsi que l'Extrême-onction, & ne reconnoissant point la Souveraineté du Pape. Ils en different en ce qu'ils croyent que le saint Esprit procede du Fils. Les Protestans Anglois permettent la Confirmation, & tiennent que les ames bienheureuses jouissent de la presence de Dieu, & que les impies sont tourmentés dans l'enfer, si-tôt qu'ils sortent du monde. Quoiqu'il leur semble qu'ils ne suivent pas entierement les erreurs de Calvin & de Luther, mais la pure & veritable doctrine de l'Eglise Anglicane qu'ils appellent Reformée, ils ne sont pas neanmoins exempts de l'herefie, tant des Anabaptiftes que des Puritains, puifqu'ils communiquent avec eux, & qu'ils ne les chaffent point de leurs affemblées lorfqu'ils s'y rencontrent. Au contraire, ce font prefque tous Miniftres Puritains, infectés des erreurs de Calvin, qui traitent & adminiftrent les chofes facrées de cette fauffe Eglife d'Angleterre. Ceux d'Allemagne ont été nommés *Proteftans*, à caufe qu'ils protefterent d'appeller d'un decret de l'Empereur à un Concile general.

PROTHESE. f. f. On a donné ce nom dans l'Eglife Grecque à une forte de petit Autel fur lequel on met les fymboles du pain & du vin avant qu'on les porte fur le grand Autel où la confecration fe fait. La plûpart des autres Chrétiens d'Orient obfervent la même ceremonie, & rendent de très-grands honneurs à ces Symboles avant qu'ils foient confacrés. Ce mot eft Grec πρόθεσις, & fignifie proprement ce que chacun fe propofe en foi-même de faire. En cet endroit, il veut dire Preparation, à caufe que ce petit Autel fert à préparer le pain & le vin qui doivent être confacrés fur le grand Autel.

PROTOCOLE. f. m. *Formulaire pour dreffer des Actes publics.* Acad. Fr. Ce mot s'employoit autrefois pour livret, rolle, hiftoire.

Lifez en ceftui protocole.

M. Menage veut que ce fût la premiere feuille d'un livre, comme *Efcato colla*, étoit la derniere, ce qui eft purement Grec. D'autres difent que le Protocole étoit la marque du papier qu'on mettoit au bord, ce qui étoit caufe qu'on défendoit aux Notaires de rogner leurs regiftres, afin qu'on pût découvrir les fauffetés s'il s'en faifoit, ce qu'on n'auroit pû fi la marque avoit été emportée. Borel qui en parle ainfi, ajoûte qu'il y en a d'autres qui croyent que le Protocole étoit un premier brouillon où les Notaires mettoient en peu de mots l'affaire dont on vouloit leur faire dreffer un Acte, ce qu'ils étendoient enfuite à loifir.

PROTONOTAIRE. f. m. C'étoit autrefois le premier des Notaires de la Cour des Empereurs & des Papes, comme le marque le mot Grec πρῶτος, Premier, dont Protonotaire eft compofé. Aujourd'hui c'eft un Officier de la Cour de Rome, qui a un degré de prééminence fur les autres Notaires, & qui reçoit les Actes des confiftoires publics, & les expedie en forme quand on l'en requiert. Il y a un College de douze Protonotaires, appellés *Participans*, à caufe qu'ils participent aux droits des expeditions de la Chancellerie. Ils font mis au rang des Prelats, & precedent ceux qui ne font pas confacrés. Leur fonction eft d'expedier dans les grandes caufes les Actes que les fimples Notaires Apoftoliques expedient dans les petites, comme les procès verbaux de prife de poffeffion des Papes. Ils portent le violet, le rochet & le chapeau avec le cordon & bord violet, affiftent aux grandes ceremonies, ont rang & feance en la Chapelle des Papes, & fe trouvent à quelques Confiftoires & à la canonifation des Saints. Ils ont le pouvoir de créer des Docteurs & des Notaires Apoftoliques. *Protonotaire*, en France n'eft qu'une fimple qualité qui n'a point de fonction. On l'obtient à fort bon compte par un refcript du Pape.

Protonotaire, dans l'Eglife Grecque eft le nom d'un des Grands Officiers de l'Eglife de Conftantinople. Il a droit d'être dans le Sanctuaire où il eft debout auprès du Patriarche pour le fervir, & il lui donne à laver les mains lorfqu'il eft prêt d'élever l'Hoftie. Une de fes fonctions eft d'écrire toutes les Depêches du Patriarche au Grand Seigneur. Il a auffi droit de vifiter deux fois chaque année ceux qui font profeffion des Loix, & il a l'œil fur toutes fortes de contrats d'achats & de vente, fur les teftamens, fur la liberté qu'on donne aux efclaves. Il fait rapport de toutes ces chofes au Patriarche.

PROTOSYNCELLE. f. m. L'une des premieres dignités Ecclefiaftiques chés les Grecs. Le premier domeftique du Palais Patriarchal, eft appellé *Protofyncelle*, dans la grande Eglife de Conftantinople. Il eft en quelque façon le Vicaire du Patriarche. Il y a auffi un Protofyncelle dans les autres Eglifes Epifcopales. Ce mot eft Grec πρωτοσύγκελλος.

PROU. adv. Vieux mot, qu'on dit encore quelquefois en riant, & qui veut dire, Beaucoup.

PROUE. f. f. Terme de Marine. La partie d'un Vaiffeau que foûtient l'eftrave, & qui s'avance la premiere en mer. Les Anciens mettoient des becs d'oifeaux à la Proue de leurs Navires, ce qui les a fait appeller en Latin *Roftra* de *Roftrum*, Bec d'oifeau. On dit, *Voir par proue*, pour dire, Voir devant foi; & *Donner la proue*, quand on parle de Galeres, pour dire, Leur prefcrire la route qu'on veut qu'elles tiennent. On dit, *Donner la route*, quand on parle de Vaiffeaux.

PROVEDITEUR. f. m. Magiftrat confiderable de la Republique de Venife. Il y a deux fortes de Proveditteurs, celui du commun, qui eft à peu près la même chofe que l'Edile des Romains, & le Proveditteur de mer, qui eft un Officier ayant autorité fur la Flote en l'abfence du General.

PROVENDIER. f. m. Vieux mot. Boiffeau contenant la Provende, c'eft-à-dire, ce qu'on donne à la fois à un cheval, ou à quelqu'autre bête de travail pour fa nourriture ordinaire. Quelques-uns font venir ce mot de *Prabere*, Donner, fournir, & non pas de *Prabenda*, comme difent les Furetieriftes, il peut venir de *providere*.

PROUEUIL. f. m. Morceau de bois fourchu qui fert à attacher les bœufs à la charrette.

PROVIN. f. m. Branche de fep de vigne qu'on couche dans une foffe, & que l'on couvre de terre, afin qu'en prenant racine, elle produife de nouvelles fouches.

PROVINCE. f. f. *Etendue confiderable de Pays qui fait partie d'un grand Etat, & dans laquelle font comprifes plufieurs Villes, Bourgs, &c. fous un même gouvernement.* Acad. Fr. Les Romains donnoient le nom de *Provinces* aux Pays qu'ils avoient foumis par la force de leurs armes, & qu'ils faifoient gouverner par leurs Magiftrats. Il y avoit des *Provinces Confulaires*, deftinées pour les Proconfuls, c'eft-à-dire, pour les Confuls qui fortoient de Charge. Le Senat nommoit ces deux Provinces avant qu'on élût de nouveaux Confuls. Il nommoit de même les *Provinces Prétoriennes* qui étoient en auffi grand nombre qu'il y avoit de Préteurs qui avoient fini leur année. Ces Provinces étoient tirées au fort par les Proconfuls & les Propreteurs, qui alloient les gouverner après que les nouveaux Magiftrats avoient été élus.

PROVISEUR. f. m. Protecteur d'une Maifon, d'un College; celui qui en appuit les interêts, & qui prend foin d'en regler les plus importantes affaires.

PROVISION. f. f. Terme de Negoce. On dit d'un Marchand, qu'*Il n'a pas voulu accepter une lettre de change, jufqu'à ce qu'il eût provifion*, pour dire, Jufqu'à ce que fon correfpondant lui eût envoyé du fond pour l'acquiter.

PROVOIRES. f. f. p. Vieux mot. Prieres. On a dit auffi *Provoire*, pour dire, Oratoire.

PROVOIRRE. s. m. Vieux mot. Pourvoyeur.

PROXENETE. s. m. Courtier, Entremetteur d'un marché. On appelle ainsi certains honnêtes Entremetteurs, qui font vendre des Offices, & se mêlent de faire des mariages & d'autres affaires. Ce mot vient du Grec προξένητης, qui veut dire la même chose.

PRU

PRUD'HOMME. s. m. Vieux mot, qui a signifié Un vaillant homme, un homme d'honneur & de probité. Aujourd'hui il ne se dit que des Experts qu'on nomme en Justice pour visiter & estimer des choses sur lesquelles des contestations se sont formées. On dit dans ce sens que des Experts & Prud'hommes ont été nommés pour visiter telle & telle chose & en faire leur rapport. *Prud'homme*, se dit aussi de certains Artisans Jurés & nommés pour visiter des marchandises.

PRUNE. s. f. Fruit d'été qui est à noyau, & dont la chair est couverte d'une peau fleurie. Il y en a d'une infinité de sortes differentes entre elles, soit par la couleur, soit par le goût & la forme. Dioscoride dit en general que ce fruit est bon à manger, mais qu'il nuit à l'estomac & lâche le ventre. Mesué n'y met de la difference que par le goût & par la couleur, ces deux qualités étant necessaires à observer pour choisir celles qui purgent davantage. Il tient les jaunes, les blanches & les rouges moins medicamenteuses que les noires, parmi lesquelles les aigres sont plus alteratives, & les douces plus purgatives, à quoi celles de Damas & d'Armenie sont les plus propres, d'où vient qu'on se sert plûtôt des Prunes noires & douces que des autres, pour faire le Diaprunum.

Il y a de plusieurs sortes de Prunes qui ont le nom de Damas comme la Prune, dite de saint Cyr, qui est un Damas noir, hâtif & fort fleuri qui quitte le noyau, le gros Damas noir hâtif, dit de Tours, dont la chair est jaunâtre, & qui quitte le noyau fort sec; la Prune de Damas d'Italie, qui s'ouvre net, qui est grosse, hâuve, violette, & pleine d'une eau sucrée; le double Damas, belle & grosse Prune violette, fleurie & hâtive, mais d'un goût peu relevé; celles qu'on appelle communément Prunes de Damas, qui sont rouges, blanches, ou violettes, plus sucrées, & qui quittent le noyau; celle qu'on appelle *Prune de drap d'or*, qui est un Damas jaune, tavelé de rouge, quittant le noyau & d'une eau sucrée. Outre ces Damas hâtifs, il y en a de plusieurs especes plus tardives, le Damas musqué, autrement Prune de Cypre ou de Malte, qui est noir & fort fleuri; le Damas orangé tavelé de rouge; le Damas vert, qui l'est toûjours quoique mûr, & bon à confire; le Damas blanc tardif plus plat que long, qui est fort sucré & s'ouvre net, & le Damas jumelle, qui est fort fleuri assés gros & long, d'une eau très-sucrée, & que l'on appelle ainsi à cause que l'arbre qui porte ces Prunes n'en produit que de jumelles. Le Damas gris, appellé aussi gros Damas musqué tardif, est une Prune violette fort fleurie, assés grosse, qui a la chair jaune, un goût relevé, & qui quitte le noyau. Quelques-uns l'appellent encore *Prune de Monsieur*. Il y a une espece de gros Damas vert, rond, & un peu plat, qu'on appelle *la Reine Claude*. Cette Prune est des plus sucrées. Elle quitte le noyau & a la chair très-ferme & épaisse. Il y a aussi un petit Damas noir tardif qui ne quitte point le noyau, qu'on appelle *Prune Norbette*. On en fait les meilleurs pruneaux, qui sont d'un beau bleu azuré. On en voit encore une diaprée noire tardive, un gros Damas violet tardif de Tours, un autre rouge, & un autre noir, qui ne se fend pas bien, & qui est d'un goût moins relevé que les autres. Le Damas d'Espagne est très-bon. C'est une Prune noire & tardive.

La Prune de Catalogne est blanche, grosse & très-hâtive, & ne quitte point le noyau. La Prune de Jerusalem ou de Bourdeaux, est d'une grosseur extraordinaire, d'un violet brun, plus quarrée que ronde & fort fleurie. On l'appelle autrement *Oeil de bœuf*. La Prune de Pologne est assés semblable à l'imperiale blanche, mais beaucoup meilleure. La Prune de Rhodes est bonne, belle & grosse, noire, un peu longuette & tardive, La Prune de Suisse est aussi tardive, fort longue, menue & rouge; elle quitte son noyau, & a bon goût. La Prune de sainte Catherine est blanche, grosse, des plus sucrée & ne quitte point le noyau. Elle est bonne à faire des pruneaux. La Prune de saint Julien est d'un noir violet fort fleuri. Elle ne s'ouvre pas & se fane sur l'arbre où elle demeure jusques aux gelées. La Prune de Monmirel est blanche, longue & pointue, & ne s'ouvre pas. Elle n'est bonne que pour faire des Pruneaux. On l'appelle autrement *Culot*. La Prune d'Islevert demeure toûjours verte, Elle est très-longue & menue & fort estimée. La Prune de Maugeron est ronde & se fend des mieux. C'est une maniere de gros damas violet. La Prune de Brugnolle a la chair jaune, & est bonne crue, séche, & en marmelade, & la prune abricotée ou d'abricot, appellée ainsi parce qu'elle en a le goût, ressemble à l'imperiale.

La Prune datte est une espece d'imperiale tardive, bonne à faire des pruneaux. Il y en a de blanches & de rouges. Il y a de deux sortes de Prunes datyles, l'une blanche, longue & menue; l'autre plus petite & violette. Toutes les deux s'ouvrent bien. La Prune à fleur double est de deux sortes; l'une est longue, rouge, fort fleurie & s'ouvre net; l'autre est blanche, ronde, très-grosse, & ne s'ouvre pas. Celle qu'on appelle *Prune sans noyau*, à cause qu'elle n'a qu'une amande, s'ouvre fort bien, & est petite, noire & faite en cœur.

Il y a encore trois autres sortes de Prunes, appellées, l'une, *Prune transparente*, l'autre *Prune virginale*, & la troisiéme, *la mignonne*, à cause de sa bonté. Cette derniere est sucrée & délicate, assés longue & grosse, blanche, tavelée de rouge, & s'ouvre des mieux. La Prune transparente appellée ainsi, à cause qu'on voit son noyau fort clairement quand on l'expose au Soleil, est grosse, blanche, longue, & s'ouvre net. La Prune virginale est une espece de gros damas blanc.

Prune Imperiale. Il y en a de trois sortes, de rouges, de blanches & de noires. La rouge est une excellente Prune, grosse, longue & fort fleurie. La blanche n'est pas si bonne, & la noire est plus en pointe. Cette derniere est tardive & excellente, & s'ouvre très-net.

Prune Mirabelle. Espece de petit Damas blanc qui change beaucoup, & qui quitte des mieux son petit noyau. Elle est assés sucrée & fort bonne en confiture. Il y a une grosse & une petite Mirabelle. La Mirabelle a un goût musqué.

Prune de Perdrigon. Il y en a de blanches, de rouges, de noires, & une autre appellée *Petit Perdrigon*. Le Perdrigon blanc est gros & long, & a la chair sucrée; le rouge ou violet l'a ferme, & quitte rarement le noyau. Le Perdrigon noir ne le quitte pas, & est plus petit. Le petit Perdrigon violet tardif est presque rond. Il est de bon suc & s'ouvre net.

PRUNELLA. s. m. Terme de Medecine. Symptome de la langue & de la gorge, qui est l'esquinancie ordinaire qui arrive dans les fievres aigues, & surtout dans les fievres militaires.

PRUNELLE. s. f. Petite ouverture dans les tuniques de l'œil, qui donne passage aux rayons de la lumiere, pour s'aller briser dans le cristalin, pour s'épandre dans la retine & former ainsi la vision. La premiere chose qui empêche l'entrée des rayons par la Prunelle, est le manque de transparence par la cornée, ce qui arrive par une espece de tunique contre nature que les Grecs nomment πτερύγιον, Aile, à cause de la ressemblance qu'elle a avec une aile. Cette membrane a pour l'ordinaire son origine dans le grand angle de l'œil, où elle s'augmente toûjours, en avançant jusqu'à ce qu'elle couvre la cornée, & bouche enfin le trou de la prunelle.

On appelle aussi *Prunelle*, Une Prune sauvage qui vient parmi les ronces & les haies. L'arbre qui la porte est fort petit, ayant plusieurs rameaux très-piquans, & ses feuilles comme le prunier, si ce n'est qu'elles sont plus âpres, plus dures & plus étroites. Il fleurit au printems, & jette force fleurs blanches, d'où sortent les Prunelles qui sont de couleur presque violette. Leur chair est verte & âpre, d'un goût astringent, & a au dedans des noyaux semblables à ceux des cerises. Ce fruit est astringent ainsi que la plante, & souverain contre les fluxions d'estomac & les flux du sang. Leur decoction faite en eau avec leur racine, ou en vin gros & rude, guerit les ulceres de la bouche, de la langue, des gencives, & est bonne pour la luette offensée quand on l'en gargarise. Les pauvres gens en font une espece de boisson, en mêlant ce fruit avec de l'eau, d'où vient que quand on veut mépriser du vin, on dit que *C'est du vin de Prunelle.*

PRUNIER. s. m. Arbre qui porte des prunes. Il jette ses racines à fleur de terre, & pousse plusieurs branches de son tronc, qui est droit & âpre. Ses feuilles sont un peu longues & dentelées tout autour. Ses fleurs sont blanches. Dioscoride dit que la decoction des feuilles de Prunier cuites en vin, restreint les fluxions qui descendent sur la luette & sur les gencives, & est bonne aux glandes qui viennent derriere les oreilles, si on s'en lave la bouche, ou qu'on la gargarise, & que la gomme des Pruniers qui est conglutinative prise en breuvage avec du vin, fait rompre la pierre. Si on l'applique avec du vinaigre, elle guerit le feu volage & les dartres des petits enfans.

PRY

PRYTANÉE. s. m. Nom qui a été donné à un lieu public d'Athenes, où l'on nourrissoit ceux qui avoient rendu des services considerables à la Republique. Il y avoit dans le Prytanée un autel sur lequel étoit entretenu un feu sacré & perpetuel en l'honneur de la Deesse Vesta, & c'étoient des femmes veuves appellées *Prytanitides*, qui avoient soin de ce feu, & non pas des Vierges comme à Rome. En Grec πρυτανεῖον.

On appelloit aussi *Prytanée*, Le lieu où s'assembloient les Juges de la Police dans Athenes. On en choisissoit cinquante de chaque Tribu de l'Attique; & quand il n'y avoit que dix Tribus, cela faisoit le Conseil des cinq cens; quand il y en eut treize, ce Conseil fut de six cens cinquante. Ces Juges étoient appellés *Prytanes*.

PSA

PSALETTE. s. f. Maison où le Maître de Musique loge & enseigne les enfans de chœur. Un bon Maître de Psalette fait honneur à un chœur.

PSALLANS. s. m. Heretiques appellés ainsi du Grec ψάλλειν, Psalmodier, & qu'on a nommés aussi *Prieurs*, à cause qu'ils prétendoient que la priere seule suffisoit pour toutes les bonnes œuvres. Ils s'éleverent vers l'an 361. Il y a quelques Auteurs qui rapportent qu'en ce même-tems il se trouva dans l'Egypte certains Moines, qui ne voulant prier avec personne, osoient celebrer les saints Mysteres sans être Prêtres. Il y en eut d'autres qui s'établirent eux-mêmes Evêques, en firent les fonctions, & baptiserent de leur propre autorité ceux qui renonçoient à l'Arianisme. Il s'en trouva encore d'autres, qui étoient persuadés qu'il ne falloit ni cracher ni se moucher pendant l'oraison.

PSALTERION. s. m. Instrument de Musique, qui a été fort en usage chés les Hebreux, & dont on ne sait pas précisément la figure. Celui dont on se sert maintenant est triangulaire, ayant treize rangs de cordes, les unes d'acier & les autres de laiton. Elles sont montées sur deux chevalets qui sont sur les deux côtés, & accordées à l'unisson ou à l'octave. Cet instrument rend une grande harmonie. On le touche avec une petite verge de fer ou un bâton recourbé. Son coffre est comme celui de l'épinette. Ce mot est Grec ψαλτήριον, & vient de ψάλλειν, qui signifie, Toucher, frapper doucement, comme les Musiciens font leurs cordes. Quelques-uns appellent aussi *Psalterion*, Une espece d'orgue ou de flûte, dont on se sert à l'Eglise pour accompagner le chant, & que les Latins nomment *Sambucum*, du Grec σαμβύκη, sorte d'instrument de musique. C'est une maniere de serpent, ou de cornet à bouquin.

PSATIRIENS. s. m. Heretiques qui dans le Synode d'Antioche qu'ils tinrent vers l'an 360. disoient sur la Trinité, que le Fils n'étoit pas semblable de volonté à son Pere; qu'il avoit été fait de rien, comme Arius l'avoit enseigné au commencement, & qu'engendrer & créer étant la même chose dans Dieu, la generation du Verbe étoit sa création.

PSE

PSEAUME. s. m. *Sorte de Cantique sacré. Il ne se dit proprement que des Cantiques de David, ou attribués communément à David.* Acad. Fr. Saint Augustin témoigne que les Anciens ont mis de la difference entre un Pseaume & un Cantique. Le Cantique étoit simplement chanté, & on accompagnoit de quelque instrument le chant du Pseaume. Les Pseaumes qu'on appelle *Pseaumes Graduels*, ont eu ce nom, à cause qu'on les chantoit autrefois sur les degrés du Temple. Ils sont maintenant distribués dans l'Office de la Vierge. Le mot de *Pseaume*, vient du Grec ψάλλειν, Toucher un instrument de Musique, ce qui fait voir que le chant des Pseaumes étoit toûjours accompagné de quelque instrument.

PSEAUTIER. s. m. *Recueil de tous les Pseaumes de David, ou attribués communément à David.* Acad. Fr. Pseautier se dit aussi parmi les Religieuses, d'un grand chapelet qui a cent cinquante grains, qui est le nombre des Pseaumes. On tient que saint Dominique en a été l'inventeur.

PSEUDOBUNIUM. s. m. Bunium bâtard qui croît en Candie à la hauteur d'un palme, & qui a ses feuilles

feuilles & ses branches comme le naveau, mais d'un goût piquant. Dioscoride dit que quatre ou cinq de ses branches bues en eau, guerissent les tranchées du ventre, & sont bonnes aux douleurs des côtés & à ceux qui ne peuvent uriner que goutte à goutte. Etant un peu tiedes & enduites avec du vin & du sel, elles resolvent les écrouelles. Matthiole rapporte là-dessus ce que dit Pline de deux especes de naveaux utiles en Medecine, l'un appellé *Bunion*, qui a ses tiges anguleuses & garnies de fleurs & de feuilles, & l'autre que l'on nomme *Bunias*, qui est assés semblable à la rave, mais il avoue que le Bunion bâtard lui est inconnu, dont il n'est pas étonné, Dioscoride faisant entendre que le Pseudobunium, qui croît en Candie, ne croît pas ailleurs facilement. Ce mot est Grec ψευδοβύνιον, composé de ψευδὴς, Faux, & de βύνιον, Sorte de navet.

PSEUDODICTAMUM. s. m. Dictame bâtard, que Matthiole dit avoir la feuille semblable à celle du vrai Dictame, mais ses branches plus petites. Il est moindre aussi dans ses operations. Ce mot est Grec ψευδοδίκταμνον.

PSEUDODIPTERE. s. m. Espece de Temple des Anciens, qui avoit des portiques tout autour, dont chacun étoit aussi large que le double portique, qui étoit au diptere. Ce mot est formé du Grec ψευδὴς, Faux, & de δίπτερος, Qui a deux ailes.

PSEUDONYME. adj. Les Critiques ont appellé *Auteurs pseudonymes*, Ceux qui ont publié des Livres sous de faux noms du Grec ψευδὴς, Faux, & de ὄνυμα, Nom, que les Æoliens ont dit pour ὄνομα.

PSI

PSILOTHRES. s. m. Medicamens propres à faire tomber le poil. Il y en a qui brûlent actuellement, comme est l'or sur toutes choses, & d'autres qui ne brûlent que potentiellement, comme sont la lessive forte, la chaux vive, les œufs de fourmi, la sandaraque, & les huiles de souphre & de vitriol. Ce mot est Grec ψίλωθρον, du verbe ψιλόω, J'ôte, l'écorce, & de θρὶξ, Poil.

PSO

PSORA. s. f. Sorte d'herbe dont parle Aetius, & que quelques-uns croyent être la Scabieuse, mais on n'en sçait que juger, à cause qu'il n'en fait point la description. *Psôra*, en termes de Medecine, est une rogne puante où il se trouve de petits corps farineux. Le peuple l'appelle mal de saint Main. Le mot de ψώρα est Grec, & signifie, Gale.

PSOROPHTHALMIE. s. f. Terme de Medecine. Le premier degré de l'affection appellée *Ophthalmie seche*. C'est quand une fluxion salée & acre est jointe à la demangeaison. Ce mot est Grec ψωροφθαλμία de ψώρα, Galle, & de ὀφθαλμὸς, Oeil.

PSY

PSYLLIUM. s. m. Petite plante qui croît dans les terres labourables, & dans les fosses sablonneuses. Matthiole dit qu'il y en a de deux especes. L'une a ses feuilles velues, longues, blanches, & semblables au coronopus, mais non pas cornues. Elle jette force hautes tiges d'un palme, rondes, grêles & feuillues, qui s'étendent plûtôt vers la terre, qu'elles ne montent en haut. A leur cime sont des boutons écaillés, & attachés à de longues queues, d'où

sortent de petites fleurs lanugineuses, déliées & blanches. Ces boutons renferment une graine dure, noire & semblable à une puce; d'où les Grecs l'ont appellée ψύλλιον de ψύλλα, Puce, & les Latins, *Herba pulicaris*. Sa racine est blanchâtre, longue d'un palme & bien garnie de capillamens. L'autre espece est beaucoup plus sarmenteuse & plus feuillue, & a ses feuilles plus longues, plus velues, en plus grande quantité, blanches, & entortillées l'une parmi l'autre. Ses boutons sont plus petits, & aussi en plus grand nombre, contenant la même graine. Sa racine a force branches, & est toute pleine de capillatures. Mesué met le Psyllium au rang des medicamens, qui alterent en humectant & en rafraîchissant. Les Apothicaires s'en servent principalement pour les inflammations, & les secheresses de la langue, tirant le mucilage de sa graine, laquelle amollit & lâche doucement le ventre.

PTA

PTARMIQUE. s. f. Petite herbe, jettant plusieurs branches petites, rondes & assés semblables à celles d'auronne. Ses rejettons sont minces, longs d'un palme & demi, garnis de feuilles longuettes, & presque semblables à celles d'olivier. A leur cime sont de petites fleurs comme celles de camomille, à l'exception de leur milieu qui est plus clair, & moins coloré. L'odeur en est telle que portées au nés, elles font éternuer. C'est ce qui a fait appeller cette herbe πταρμικὴ, de πταρμὸς, Eternuement. Elle croît aux montagnes & lieux pierreux, & on l'appelle autrement *Pyrethrum sylvestre*. Sa racine mangée appaise la douleur des dents, & fait sortir l'humeur pituiteuse. Matthiole appelle *Ptarmique*, Une autre plante, à cause qu'elle a ses tiges minces, ses feuilles semblables à celles d'olive, & des fleurs & chapiteaux qui causent l'éternuement, mais ce n'est point celle dont Dioscoride a fait mention. On appelle aussi *Ptarmiques*, Tous les medicamens qui causent l'éternuement.

PTI

PTISANNE. s. f. Breuvage qui se fait avec de l'eau, de l'orge & de la reglisse bouillies ensemble. Dans les maladies de la poitrine, on y peut ajoûter les figues, les dattes, & les raisins damas mondés. Celle des Anciens étoit une espece de nourriture, qui se faisoit avec de l'orge choisi, & mondé de son écorce qu'on avoit ôtée en le broyant dans un mortier. On faisoit cuire cette orge à feu lent dans douze parties d'eau. La Ptisanne est rafraîchissante & bonne à ceux qui sont travaillés de fievre, d'intemperie chaude, du foye, des reins, du poumon, de l'estomac, & autres parties considerables. Non seulement elle déterge la crasse qui est sur le corps, mais aussi elle purge les humeurs pituiteuses qui sont dans les intestins & dans l'estomac. Ce mot vient du Grec πτίσσειν, qui veut dire, Oter l'écorce.

PTO

PTOLOME'ENS. s. m. Heretiques du second siecle qui suivoient les rêveries d'un certain Ptolomæus, Disciple de Valentin. Il appelloit Dieu Βυθὸς, c'est-à-dire, La Profondeur, & lui donnoit deux femmes, sçavoir ἔννοια, La pensée ou l'intelligence qui produisit le sens, & θέλησις, La volonté, par laquelle la verité fut engendrée. Ces

Heretiques méprisoient aussi l'ancienne loi.

PTY

PTYALISME. s. m. Terme de Medecine. Symptome qui suit la petite verole. Quoiqu'il soit rare, il ne laisse pas d'être souvent observé par Sydenham, qui enseigne la methode de le guerir, en expliquant de quelle maniere il faut remedier aux fievres. Ce mot est Grec πτυαλισμος, Crachement, ce qui fait connoître de quelle nature est ce symptome.

PUB

PUBERE. adj. On appelle *Puberes* en Droit, les Filles qui ont atteint l'âge de douze ans, & les Garçons qui en ont quatorze.

PUBIS. s. m. Terme de Medecine. Il ne se dit que de la seconde partie de l'os ischion, ou os barré.

PUBLICAIN. s. m. On appelloit ainsi parmi les Romains, tout fermier des impôts & des revenus publics. Ce nom étoit fort odieux chés les Juifs, qui tenoient les Publicains pour des pecheurs & des gens à detester; ce qui a fait dire à JESUS-CHRIST en parlant à ses Disciples, que *Celui qui refusera d'écouter les admonitions de l'Eglise, doit être fui comme un Payen ou un Publicain.*

PUC

PUCE. s. f. Petit insecte qui mord, & va en sautant, & qui s'attache principalement à de certains animaux, comme aux Chiens, aux chats & aux renards. Les Puces mordent aussi les personnes, & rendent tout rouge l'endroit de la chair qu'elles ont mordu, mais elles ne s'attachent jamais aux personnes mortes, non plus qu'à celles qui tombent du haut mal, non pas même aux moribonds, à cause que leur sang est corrompu. Elles ont six jambes, dont chacune a trois jointures diversement articulées. Quand la Puce veut sauter, elle étend ses six jambes en même tems, & ces differents articles venant à se débander ensemble, sont comme autant de ressorts, qui par leur vertu elastique, lui font faire un saut si prompt qu'on la perd de vûe. On dit qu'il n'y a point de Puces en Laponie, parce que c'est au fort de l'été qu'elles naissent, & qu'il n'y a presque point d'été en ce pays-là. C'est la poussiere & l'urine qui les engendrent. On les chasse avec de la décoction d'arsenic & de sublimé, ou avec de la chaux vive mêlée dans de l'ellebore blanc. Les fleurs du pouliot, de la coloquinte & de la rue leur sont aussi fort contraires aussi bien que la semence de rave & de cumin. En latin *Pulex*, ou de *Pulvis*, Poussiere, ou de *Pullus*, qui veut dire, Noir, cause de la couleur noire de cet insecte.

On appelle *Lunette à puce*, Un petit microscope qui augmente les especes des objets, étant appliqué à l'œil.

On appelle aussi *Herbe aux puces*, Une petite herbe dont les feuilles sont grasses, velues & semblables à l'olivier, & la fleur jaune & si frêle qu'elle s'en va en papillotes. Ce n'est autre chose que le psyllium.

PUCELAGE. s. m. Les Orfevres ont appellé ainsi autrefois, Un agrément qui pendoit au demiceint d'argent, & qui étoit fait en maniere de petit vase. On n'y en met plus presentement.

PUCELLE. s. f. Sorte de poisson qui est fait à peu près comme l'alose, mais qui est moins grand, & qui n'a pas la chair aussi bonne.

PUCERON. s. m. On appelle ainsi une sorte de vermine qui s'engendre dans les pois & dans d'autres grains.

PUCHIER. v. a. Vieux mot. Puiser.

PUCHOT, s. m. Terme de Marine. Tourbillon de vent qui se forme dans une nue opaque, trop ardemment échauffée par les rayons du Soleil. On voit sortir de cette nue comme une corne d'abondance, composée de la matiere de la même nue, dans laquelle ce tourbillon est enfermé. Cette corne descend en tournoyant sans pourtant quitter la nue, jusqu'à tremper son extrêmité dans la mer, & elle aspire & enleve plus gros qu'une maison d'eau, qu'elle porte si haut dans l'air, que si cette eau rencontroit un Navire en retombant, quelque grand qu'il fût, il seroit en grand danger de perir. Les Matelots craignent fort ce tourbillon, & si tôt qu'ils le découvrent, ils brouillent toutes les voiles, s'arrêtant tout court jusqu'à ce qu'il soit passé. Il est ordinairement suivi de grandes pluyes.

PUG

PUGILLE. s. m. Terme de Medecine. Mesure de drogues ou d'herbes, qui n'est autre chose que ce qu'on en peut prendre legitimement entre trois doigts. Il vient du latin *Pugillus*, Petit poing.

PUGNER. v. n. Vieux mot. Combattre, du latin *Pugnare.*

Veu qu'il ne sçait quand il bataille ou pugne.

PUI

PUIS. Preposition de tems, qui a été autrefois employée pour *Depuis*, comme en ces exemples, *puis que li mons fut estorez*, pour dire, Depuis que le monde fut créé, & *Puis les cieux*, pour, Depuis le ciel.

PUISARD. s. m. Puits bâti à pierre seche dans le milieu d'une cour, & que couvre une pierre trouée, où se rendent les eaux de pluyes qui se perdent dans la terre. On appelle aussi *Puisard*, dans le corps d'un mur, ou dans le noyau d'un escalier à viz, Une maniere de puits avec un tuyau de bronze ou de plomb, par où les eaux des combles s'écoulent. Il y a aussi des *Puisards de sources*, & des *Puisards d'aqueducs*. Les premiers sont certains puits faits d'espace en espace pour la recherche des sources. Ils ont leur communication par des pierrées qui portent toutes leurs eaux dans un receptacle, d'où elles entrent dans un aqueduc. Les autres sont certains trous dans les aqueducs, qui portent des conduits de fer & de plomb, pour vuider l'eau qui peut s'échapper des tuyaux dans le canal.

PUISSANCE. s. f. Terme de Philosophie scolastique. Il se dit de ce qui n'est pas actuellement une certaine chose, mais qui peut le devenir, ou en contient la force. Ainsi un gland est un chêne *en puissance*. Puissance s'oppose à Acte.

Puissance est aussi un terme d'Algebre, & signifie la multiplication d'une grandeur par elle même. La grandeur, non encore multipliée est la premiere puissance, cette grandeur multipliée par elle même est la seconde puissance, ou le *Quarré*, ce produit multiplié par la premiere grandeur, est la troisiéme puissance ou le *Cube*, & ainsi de suite à l'infini, multipliant toûjours les nouveaux produits, par la premiere *racine*. *Puissance* est la même chose que *Degré*. Voyez DEGRE'.

On appelle grandeurs *commensurables en puissance*, *commensurables en seconde*, *en troisiéme puissance*, *&c*, Celles qui étant incommensurables dans leur premiere puissance, font des quarrés ou des cubes, &c. commensurables. Voyez INCOMMENSURABLE.

Puissance est encore un terme de Mechanique & se dit de ce qui doit agir pour mouvoir ou pour soutenir un *poids*. Il s'oppose toûjours à *Poids*. Voyez POIDS. Un poids qui en enleve ou en soutient un autre devient une puissance à son égard. Ainsi les mots de poids & de puissance peuvent assés souvent convenir à la même chose. *Force* est la même chose que puissance.

Puissance d'un verre en terme d'Optique est la distance de la convexité de ce verre à son foyer.

En matiere feodale, *Puissance de Fief* est un droit Seigneurial qui donne pouvoir au Seigneur de retirer un heritage dépendant de lui pour le même prix qu'il est vendu, pourvû que celui qui l'a acheté ne soit point lignager de son vendeur.

PUITS. f. m. *Trou profond, creusé de main d'homme pour avoir de l'eau.* ACAD. FR. On fait ce trou dans la terre jusqu'à-ce qu'on ait trouvé l'eau & on l'accommode ensuite de telle sorte que l'on en puisse tirer quand on veut avec une corde ou autre chose. Le Puits est rond d'ordinaire, & on le fait ovale quand il doit servir à deux proprietaires sous un mur mitoyen. Une languette de pierre dure en fait alors la separation jusques à quelques piés au dessous de la hauteur de son appui. On appelle *Puits commun*, Celui qui est dans une rue ou dans une place pour la commodité du public. On lui donne plus de largeur qu'à un Puits particulier. Celui qu'on appelle *Puits perdu*, est un Puits qui ne retient pas son eau tant il a le fond d'un sable mouvant. Il n'a pas ordinairement deux piés d'eau pendant l'été. On rapporte qu'il y a une Province de la Chine où il se trouve des Puits de feu, comme nous en avons d'eau. On met des Vaisseaux sur leur ouverture, pour y faire cuire tout ce qu'on veut.

Puits de carriere, se dit d'une ouverture ronde, & creusée à plomb, par laquelle on tire les pierres d'une carriere avec une roue. Elle doit avoir douze à quinze piés de diametre, & l'on y descend par un eschelier.

Puits, en termes de Guerre, signifie la profondeur que le mineur fait dans les terres, & d'où il pousse des galeries, pour preparer des fourneaux, ou pour aller chercher ceux des Ennemis & les éventer.

Puits. Terme de Marine. Enceinte de planches qui forment un quarré au fond de cale, pour y puiser l'eau qui entreroit avec abondance. On appelle aussi *Puits*, Une grande profondeur, qui se trouve à la mer dans un fond uni.

PUL

PULEGIUM. f. m. Ce n'est autre chose que le Pouliot, quoique quelques-uns en doutent, à cause que Dioscoride en parlant du Pulegium n'a décrit ni l'herbe ni ses feuilles. Matthiole dit que les plus doctes Simplistes tiennent pour certain que c'est la même herbe, non seulement à cause que le Pouliot a les mêmes proprietés que le Pulegium de Dioscoride, mais parce qu'il est tout-à-fait conforme à la description qu'en fait Pline, qui met deux especes de pouliot, le mâle qui a la fleur blanche, & la femelle qui a la fleur rouge. Le mot de *Pulegium*, vient de *Pulex*, à cause que les fleurs du pouliot font mourir les puces.

PULENT, ENTE. adj. Vieux mot. Puant.

Les dents os pleines de ressoir,
Et de pulente pourrissoir.

PULMONAIRE. f. f. Herbe qui croît aux forêts, dans les troncs des chênes & d'autres arbres sauvages. Elle est assés semblable à l'hepatique, plus seche & plus large en rondeur, verte dessus, & pâle du côté de la terre, avec plusieurs taches. Sa figure approche de celle du poumon, ce qui lui a fait donner le nom de *Pulmonaire*, si ce n'est qu'elle l'ait pris de ce qu'on la fait servir aux ulceres du poumon. Quelques-uns en font grand cas, pour restreindre toutes fluxions des femmes, tant blanches que rouges, l'ordonnant aussi aux dysenteries. Matthiole dit qu'elle est bonne encore aux chevaux poussifs & à la toux du bestail. Il y a une autre herbe fort differente de celle-ci qu'on appelle *Pulmonaire*. Elle croît dans les lieux pleins d'ombre, & a ses feuilles semblables à celles de la buglose, âpres, velues, & toutes couvertes de taches blanches. Elle produit sa tige au printems, & à la cime de cette tige sont des fleurs rouges semblables à celles de *Lingua canis*. Plusieurs sçavans Modernes la tiennent singuliere aux ulceres du poumon.

PULPE. f. f. La partie des fruits bonne à manger, qui leur tient lieu de chair. Elle est entre la pelure & le noyau ou les pepins, comme dans les cerises & les pommes. La Pulpe est le parenchyme de l'arbre, qui s'étend & s'enfle par le moyen d'un suc, qui est grossier & desagreable d'abord, mais qui dans la suite devient tendre, délicat, & de bon goût. En latin *Pulpa*, que du Laurent fait venir de *Palpare*, Tâter. Beaucoup disent *Poulpe*.

PULPITRE. f. m. Petit meuble de bois fait d'un ais incliné sur un rebord qui l'arrête par le bas, & dont les gens de lettres se servent dans le cabinet pour soûtenir quelques livres. Il y en a d'assés grands pour porter trente ou quarante volumes; on les fait tourner sur des rouës. Les Lutrins d'Eglise sont de grands Pulpitres. On ne prononce point l'*L* dans ce mot. Il vient du latin *Pulpitum*.

Pulpitre, dans l'ancienne Architecture étoit chés les Grecs & les Romains, l'endroit du theatre, où l'on faisoit des déclamations, & où les Acteurs venoient reciter. C'étoit la même chose que le *Proscenium*.

PULSATILLA. f. f. Sorte d'herbe que Fuchsius a mise dans son Herbier pour l'Anemone incarnate, quoiqu'elle n'ait point de rapport avec l'Anemone. Elle pousse en sortant de terre une feuille fort velue & déchiquetée fort menu, qui a une grande acrimonie en son goût, en sorte qu'elle n'est pas moins ulcerative que la Flammula. Au commencement du Printems, avant que de produire ses feuilles, elle jette une fleur velue & rouge garancée, faite en maniere d'étoile, au milieu de laquelle sont de petits fleurons jaunes, comme ceux qui sont au milieu des roses, au cœur desquelles il y a un petit floc rouge. Dans le dehors, au pié de la fleur qui est à la cime de la tige, il y a un autre floc velu, semblable à de la soye fine, soit pour être delié, soit pour être lissé & poli. Sa graine est enfermée dans un chapiteau velu & blanc, qui est environ de la grosseur d'une noix. La racine a un bon pié de longueur. Elle est comme rongée ainsi que celle du chameleon, & douceâtre, & non acre comme sa tige & ses feuilles. Plusieurs en font grand état contre la peste, & contre toutes sortes de poisons, & de morsures de bêtes venimeuses, aussi l'employe-t'on aux contrepoisons & preservatifs.

PULSATION. s. f. Terme de Medecine. Il se dit du battement de l'artere ou de l'action du pouls, du latin *Pulsare.*

PULVERIN. s. m. Petite poudre dont on se sert pour amorcer les armes à feu. On dit aussi *Poulverin*, du latin *Pulvis*, Poudre.

On appelle *Pulverin de l'eau*, Ces goutes menues & presque imperceptibles qui s'écartent dans les chûtes des jets d'eau, aux cascades & aux sauts de riviere. On a remarqué qu'aux cataractes du Nil les vent poussent le pulverin fort loin.

PUN

PUNAISE. s. f. Sorte d'insecte plat, qui sent très-mauvais, qui mord, & qui s'engendre sur-tout aux bois de lit, qui sont faits de noyer & de sapin. Il y a des *Punaises de jardin*, qui sont vertes & aussi puantes que les autres; & des *Punaises de terre volantes*, qu'on trouve sur les arbres dans les champs, & des *Punaises d'eau*, qui volent de même, & qui ont un aiguillon qui pique très-fort. M. Ménage dérive ce mot du latin *Punicea*, Rouge, qui a été dit d'abord des Punaises rouges, & ensuite de toutes les autres. Il y en a qui le font venir de *Putere*, Sentir mauvais. Dioscoride dit que sept punaises de lit sont un grand remede pour les fievres quartes, si on les avale avant l'accès en gousses de feves. Plusieurs Modernes les mettent vives dans la verge ou dans les lieux naturels des femmes pour les faire uriner, ce qu'approuve Matthiole, disant que les Punaises en marchant par les membres naturels, provoquent les conduits de l'urine à s'ouvrir. Les Punaises des champs se nourrissant d'herbe, n'ont aucune proprieté en Medecine.

PUNAISIE. s. f. Espece de maladie que l'on met entre les causes qui annulent un mariage. Elle est causée par un ulcere profond qui est au dedans du nez, d'où sortent plusieurs croûtes d'une odeur forte & desagreable. Galien dit que la Punaisie provient d'une humeur acre & pourrie, qui tombe du cerveau vers les apophyses mammillaires.

PUO

PUOUR. s. m. Vieux mot. Puanteur.

PUP

PUPILLAIRE. adj. On appelle en termes de Droit, *Age pupillaire*, L'âge d'un mineur de douze ou quatorze ans.

PUR

PURAQUE. s. m. Sorte de poisson du Bresil, qu'on croit être la Torpille, à cause qu'en le touchant, il cause un engourdissement aux membres comme la Paralysie. Si quelqu'un le touche avec un bâton, son bras demeure endormi. Ce poisson est bon à manger & n'a nul venin.

PUREAU. s. m. Terme de Couvreur. Partie de la tuile ou de l'ardoise qui demeure à découvert, & qui n'est pas cachée par une autre ardoise ou une autre tuile, quand on les met en œuvre. Une ardoise qui a quinze ou seize pouces de longueur, n'en doit avoir que quatre à cinq de Pureau & la tuile trois à quatre. Le reste doit être couvert. Moins elles ont de Pureau, plus elles sont pressées, ce qui rend la couverture meilleure, la pluye & la neige n'y pouvant entrer.

PURGATIFS. s. f. Terme de Medecine. Medicamens qui purgent. Parmi les Purgatifs déjectoires, c'est-à-dire, qui purgent par bas il y en a qui purgent proprement, tirant du corps les humeurs vicieuses & qui leur sont familieres. On les divise en benins & en malins. Les premiers purgent sans nulle incommodité, comme la casse, les tamarins, l'aloës, les myrobolans, la manne, le petit lait, les roses & autres semblables. Les malins, tels que sont la scammonée, l'agaric, le turbit, la coloquinte, & autres, purgent avec fâcherie. Les Purgatifs qui purgent inproprement, comme l'antimoine & la catapuce, font jetter dehors pêle-mêle les humeurs telles qu'ils les rencontrent. Il seroit à souhaiter qu'on eût de vrais Purgatifs, qui ne fissent seulement que chasser hors du corps les matieres excrementeuses étrangeres & contre nature, & qui ne corrompissent pas en même tems les sucs utiles & nourriciers, mais les Purgatifs renferment toûjours quelque poison très-nuisible, ce qui se connoît en ce qu'ils ne tourmentent pas moins les sains que les malades, procurant jusqu'à trente ou quarante selles. Il n'est pas vraisemblable qu'il y eût tant d'ordures dans le corps sans que l'on perdît la vie. D'ailleurs, on voit tous les jours que la purgation abbat les malades; que les maladies sont aussi opiniâtres qu'elles l'étoient avant la Purgation, & qu'il y en a qui causent des tranchées, des convulsions & autres symptomes. Les Purgatifs emportent toûjours quelque chose de notre substance, par consequent diminuent nos forces. Ils fondent les bons & les méchants sucs, le sang même & la matiere alimenteuse des parties. C'est ce qui fait la puanteur horrible, les couleurs étranges, & les autres qualités fâcheuses des selles, & à l'exception de l'aloës & de la rhubarbe, il n'y a presque point de Purgatifs qui n'ayent assés de malignité pour causer toutes sortes de corruptions, à moins qu'un bon estomac ne corrige leur violence par son acide; de sorte qu'on peut dire qu'ils font des ordures, & qu'ils ne les trouvent pas. Quoiqu'il soit difficile d'expliquer ce qui fait la purgation, quand on considere que les Purgatifs font toûjours le même effet bien qu'ils soient appliqués differemment, on peut établir en general qu'ils operent, ou par la forte irritation des intestins, ou par la fusion ou colliquation de sang & des autres humeurs. Lorsque c'est de la premiere maniere, ils font en picotant que les fibres des intestins s'irritent, se recoquillent & se resserrent diversement, ce qui secoue, detache & pousse tout ce qui est contenu dans leur cavité ou attaché à leurs parois; & les embouchures des canaux pancreatique & coledoque recevant la même irritation que les intestins où ils aboutissent, ils déchargent aussi les sucs qu'ils contiennent. C'est ainsi que l'antimoine, sur-tout si on le prend en substance, a coûtume d'operer. Il purge puissamment en picotant les intestins par ses pointes. La seconde maniere d'operer, c'est-à-dire, par la fusion ou colliquation de sang & des autres humeurs, convient aux vegetaux acres, & particulierement aux narcotiques. Ceux-là resolvent, fondent & liquefient tellement les humeurs du corps & la masse du sang, que les matieres ainsi liquefiées, étant portées en differentes parties selon les loix de la circulation, elles s'y séparent & en sortent par les pores qui leur sont conformes en configuration. Il n'y a point à douter que ce ne soit de cette maniere que l'odeur des Purgatifs reçûe par le nez est capable de purger. C'est aussi de la même sorte qu'operent ordinairement les Purgatifs injectés dans les veines, ou appliqués exterieurement, & la plûpart de ceux qu'on avale. Les vegetaux purgatifs ont coûtume d'operer en irritant l'estomac & les intestins qui sont des parties très-sensibles, & en fondant en même tems les humeurs contenues de notre corps. Les mineraux comme l'antimoine, n'agissent qu'en irritant, mais le mercure non seulement irrite puissamment, mais il liquefie aussi les humeurs. Il y a quelques Auteurs qui font une remarque extrémement curieuse. Ils disent que certains Purgatifs purgent par le haut ou par le bas, selon qu'on les a cueillis ou arrachés de bas en haut ou de haut en bas, & ils assurent cela des bourgeons ou tendrillons de sureau, des feuilles d'asarum, & des racines d'iris & d'aunée. Ces effets sont attribués par Marcus Marci à l'idée expresse de l'imagination de celui qui cueille, laquelle passe à la plante par le moyen de quelques influences. On demande pourquoi le même Purgatif purge mieux les uns que les autres. Cela vient du levain de l'estomac qui est plus ou moins acide en divers sujets. Ainsi les Purgatifs n'operent pas beaucoup sur un homme qui à le levain de l'estomac trop acide, ou qui boit quelque acide après qu'il a pris le Purgatif. Cela se confirme par les melancoliques & les hypochondriaques, qui à cause de l'acide des premieres voies, sont émûs difficilement & peu par les Purgatifs. On voit par experience que le verre d'antimoine, qui est un des plus forts Purgatifs, avalé par un chien jusqu'à plusieurs grains, n'opere point du tout sur cet animal, ou du moins très-peu, & au contraire, si un Purgatif de même nature est injecté dans ses veines, l'operation en est assés prompte. Cela ne sçauroit venir que de ce que le levain de l'estomac du chien est trop acide.

PURGATION. s. f. Terme de Chymie. Sorte de preparation qu'on donne aux metaux & aux mineraux, lorsqu'on veut ôter leurs impuretés. Pour faire la purgation du mercure, on le passe par le chamois, & il en sort par ses pores. Celle de l'or se fait par le feu, par la coupelle, par l'inquart, par la cementation, & les autres purgations des métaux ou par des fusions réïterées. *Purgation* se dit aussi des medicamens, lorsqu'on les monde pour en retrancher les superfluités, comme les noyaux des dattes & autres fruits, & le bois & les pepins de la casse.

Purgation, en termes de Chymie, se dit proprement d'un medicament avalé qui pousse par les selles. Il y a une Purgation purgative & une Purgation laxative. La *Purgation laxative*, que les Anciens ont appellée *Lenitive*, est celle par laquelle on évacue peu à peu, en se contentant de nettoyer ou de mondifier les premieres voies. On employe pour cela quelque preparation du tartre & du nitre, animés par quelque aiguillon purgatif, de l'infusion de senné ou de quelque nouet, & cette maniere de purger est la meilleure de toutes. La *Purgation purgative* ne vuide pas seulement avec abondance les impuretés des premieres voies, mais encore celles qui se rencontrent dans la masse du sang & dans les parties solides ou leurs cavités, & elle ne doit être donnée qu'à ceux qui ont les visceres assés robustes pour la supporter. Le lieu de la purgation sont les intestins, quoique toutes les matieres qui sortent n'y soient pas effectivement. On connoît qu'elles n'y sont pas toutes, en ce qu'une seule purgation entraîne souvent beaucoup plus qu'il n'en sçauroit être contenu dans tous les intestins; mais la masse du sang s'y décharge successivement, & par les canaux pancreatique & coledoque, & par les vaisseaux mesenteriques qui se terminent aux glandes des intestins, dans lesquels ces glandes jettent beaucoup de suc par le moyen de leurs petits vaisseaux excretoires. La maniere dont se fait la chose est telle. Lorsqu'on a avalé le purgatif, il commence à irriter & à picotter les intestins qui se resserrent avec violence, & souffrent des mouvemens convulsifs fort frequens, d'où s'ensuit l'excretion des matieres contenues. Les orifices des canaux coledoque & pancreatique & des petits vaisseaux excretoires des glandes qui regardent le dedans des intestins, sont en même-tems irrités & picotés, & rejettent les humeurs qu'ils contiennent; ce qui est cause que toutes les matieres qui avoisinent les premieres voies, sont plus ou moins alterées & attenuées par le purgatif & entraînées dehors. Pendant cela, les parties les plus subtiles du purgatif ayant penetré la masse du sang, la dissolvent & alterent les sucs qu'elle contient, aussi-bien les louables & les nourriciers que les sucs excrementeux. Elles en rompent la tissure, & les fusent en forme de bouillie claire que la circulation porte en differentes parties du corps, où trouvant des pores & des trous proportionnés, elle y passe comme par un crible, & le reste de la masse du sang passe outre, étant d'une autre configuration. Ainsi l'operation des purgatifs ne doit pas être restreinte aux intestins seuls, puisque la vertu purgative est distribuée à tout le corps par la circulation du sang.

Purgation menstruale. C'est ce que les femmes appellent communément leurs *Ordinaires*. Cette Purgation leur est particuliere, quoiqu'on ait plusieurs exemples de quelques hommes qui perdoient tous les mois du sang par la verge, & d'autres qui avoient regulierement les hemorroïdes. Il y a même des Auteurs dont Skenkius est du nombre, qui rapportent que plusieurs femmes, qui n'ont jamais eu leurs mois, n'ont pas laissé d'être fort fécondes. La purgation menstruale leur survient vers leur quatorziéme année, si-tôt qu'elles sont capables d'engendrer, & lorsque cette vertu les quitte, leurs mois cessent en même-tems, c'est-à-dire, vers leur quarante-neuviéme année, qui est après sept fois sept ans. La matiere de la Purgation menstruale est le même sang que celui qui est enfermé dans les vaisseaux. Ce sang est porté à la matrice, & surtout au col de la matrice par les arteres hypogastriques, d'où les veines hypogastriques le rapportent. Ce qui se trouve d'impur dans la masse du sang se sépare & se précipite par le moyen de la fermentation qui se fait alors & sort avec le sang. Le sang sorti, étant hors des vaisseaux, & privé par consequent du commerce vital des esprits, tend à sa corruption; & prend enfin la nature de cadavre. On remarque dans chaque Purgation menstruale un certain gonflement dans le sang, qui étant porté rapidement vers la matrice par les vaisseaux hypogastriques, les distend, dilate leurs orifices, & se répand par anastomose. Cela est si vrai, que lorsque l'éruption du sang est empêchée par ces parties-là, elle a coûtume de se faire ou par les mammelles, ou par le nés, ou par les poumons, ou par les oreilles; & c'est par cette raison que la lassitude avec tension & pesanteur, & la douleur picotante jointe à une forte distension des lombes, précede ordinairement le flux menstrual. Il est malaisé de rendre raison pourquoi entre tous les animaux il n'y a que la femme, & peut-être la Guenon qui y soient sujettes. Quelques-uns tiennent que c'est parce que la femme a plus de sang que les autres animaux, mais cela ne suffit pas, puisque les femmes qui travaillent beaucoup, ne laissent pas d'avoir ce flux menstrual, & qu'il ne s'en consume pas assés au commencement de la grossesse pour l'arrêter tout-à-fait. Ceux qui disent que ce flux arrive aux femmes pour servir à la generation & à la nutrition du fœtus, se trompent, puisque tous les autres animaux font ces deux mêmes choses sans ce flux.

Il y a eu une *Purgation canonique*, appellée ainsi parce qu'elle se faisoit suivant le Droit Canonique. C'étoit un serment par lequel on se purgeoit de quelque crime dont on étoit accusé, & ce serment étoit fait devant un certain nombre de personnes dignes de foi qui assuroient qu'ils le croyoient veritable. Cette Purgation canonique étoit distinguée de la *Purgation vulgaire*, qui se faisoit, ou par le combat, ou par des épreuves de l'eau ou du feu. Les Ordonnances de l'Empereur Charles le Chauve furent très-severes contre ceux qui pour justifier leur innocence se servoient du combat qui étoit un duel en champ clos, qui se faisoit par l'ordre des Juges. Les manieres de juger par les épreuves de l'eau ou du feu se sont long-tems conservées parmi plusieurs Nations, & on les tenoit si legitimes, que comme si Dieu se fût obligé de faire un miracle pour faire connoître l'innocence, outre les exorcismes du feu & de l'eau, on faisoit des cérémonies Ecclesiastiques & des prieres publiques à la Messe avant qu'on les commençât. Quelquefois on obligeoit l'accusé à mettre le bras dans de l'eau bouillante, & quelquefois à se jetter dans l'eau froide, pour voir s'il iroit à fond. Cette épreuve de l'eau froide fut défendue en 840. par l'Empereur Louis le Débonnaire, & celle de l'eau bouillante & du fer chaud le fut par l'Empereur Frideric II. vers l'an 1240. L'épreuve du fer chaud consistoit à porter un fer rouge dans sa main le long d'un certain espace, ou à marcher sur des charbons allumés sans que le feu fit aucun effet.

PURIFICATION. s. f. *Nettoyement, rétablissement dans l'état de pureté.* ACAD. FR. La Purification étoit une cérémonie des Juifs. Selon ce qui est porté dans le Levitique, la femme qui avoit mis un garçon au monde, demeuroit quarante jours dans la maison, & si c'étoit une fille, elle y demeuroit quatre-vingts jours, après quoi elle alloit au Temple, où elle offroit pour son enfant un agneau avec un petit pigeon ou une tourterelle, & deux tourterelles ou deux pigeons si elle étoit pauvre. La Fête de la Purification qui se celebre parmi les Chrétiens, fut établie dès les premiers siecles de l'Eglise pour honorer le mystere du jour où la Vierge Marie étant allée au Temple, y presenta son Fils JESUS; pour lequel elle donna une paire de tourterelles. Cette Fête ayant été negligée en plusieurs endroits par le relâchement des Chrétiens, l'Empereur Justinien la fit renouveller l'an 541. sous le Pontificat du Pape Vigile, & le Pape Sergius I. pour representer plus sensiblement le mystere de ce jour, où Simeon appella JESUS-CHRIST la Lumiere des Gentils, ajoûta à cette solemnité la Procession avec les cierges; ce qui la fit appeller *Chandeleur*, à cause des chandelles de cire que l'on y porta.

Purification. Terme de Chymie. Il se dit des feces & impuretés que l'on sépare des corps naturels. La purification de l'or se fait en le faisant fondre avec du plomb dans une coupelle. Les autres métaux s'attachent au plomb, & l'or tombe au fond. Pour séparer l'argent d'avec le cuivre, on le met dissoudre dans de l'eau forte, ou fondre avec du plomb dans la coupelle. L'eau forte s'attache au cuivre & laisse tomber l'argent au fond, & le plomb cherche les métaux qui se trouvent mêlés avec l'argent, pendant quoi l'argent prend le fond. La Purification du mercure se fait avec du sel & du vinaigre, ou bien en le passant simplement au travers d'une peau de chamois. La meilleure de toutes les purifications du mercure est de revivifier le mercure sublimé en le sublimant avec des alcalis. On fait la purification du sel en le faisant fondre dans l'eau. On filtre la dissolution par un papier gris, après quoi on fait évaporer toute l'humidité dans une terrine, & il reste un sel très-blanc.

PURIM. s. m. Nom que les Juifs donnent à une de leurs Fêtes qu'ils appellent *La Fête de Purim*, & qu'ils celebrent le quatorziéme d'Adar ou de Mars, en memoire d'Ester, qui empêcha que le peuple d'Israël ne fût massacré ce jour-là par la conjuration d'Aman. Le mot de *Purim* veut dire Sorts. Aman avoit ordonné que ce même jour tous les Juifs seroient massacrés dans le Royaume de Perse, mais Aman & ses dix fils furent prévenus par les Juifs, & perirent avec cinq cens autres hommes. Le jour suivant on en tua encore trois cens, & le même jour les Juifs en défirent jusqu'à soixante & quinze mille dans les autres Seigneuries d'Assuerus. Ils celebrent cette Fête de Purim pendant deux jours, dont il n'y a que le premier qui soit solemnel. On jeûne la veille, & le premier soir ils vont à la Synagogue, où après les prieres ordinaires on fait la commemoration de cette délivrance du Peuple, & on lit tout le livre d'Ester. Chaque fois qu'ils entendent le nom d'Aman, ils frappent des piés & font un bruit effroyable. Ils lisent le passage de la mort des dix fils d'Aman tout d'une haleine, pour donner à entendre quelle en fut la promptitude. Ils passent ces deux jours-là à chanter, à boire, & à jouer. Les hommes portent des habits de femme, & les femmes des habits d'hommes, contre la Loi de Dieu, mais ils sont persuadés que cela leur est permis dans ce tems de réjouissance. Il se fait ce jour-là de grandes aumônes en public, & des presens comme au jour de l'an.

PURITAINS. s. m. Secte de rigides Calvinistes qui s'éleverent en Angleterre vers l'an 1565. Ils croyent avoir seuls la pure & veritable doctrine, & sont si ennemis de tous ceux qui ne suivent pas leurs opinions, & sur-tout des Catholiques, qu'ils ne veulent pas prier dans un lieu que des Orthodoxes auroient consacré. Ils nient le libre arbitre, & font Dieu auteur du peché. Ils disent qu'il en damne plusieurs parce qu'il le veut; que JESUS-CHRIST n'est pas mort pour tout le monde, mais seulement pour les prédestinés, qu'il a enduré les peines des damnés, & que les Enfans peuvent l'être, quoiqu'ils meurent après avoir reçû le Baptême. Ils ne veulent point porter de surplis, de bonnet ni de soutane, comme les autres Presbyteriens d'Angleterre, qu'ils nomment *Calvinopapistes & Parlementaires*. Ces Puritains furent cause des troubles arrivés sous Charles I. à cause qu'ils ne voulurent pas se soumettre à une Declaration de ce Prince, par laquelle il ordonnoit que les Eglises d'Angleterre & d'Ecosse suivroient la même créance & auroient les mêmes ceremonies ; ce qui s'appelloit *La Conformité.*

PURPURINE. s. f. Bronze moulu qui s'applique à l'huile & au vermis.

PURUTU. s. m. Sorte de legume du Perou, fait comme une feve, mais plus petit. Les Habitans en font leur nourriture ordinaire.

PUS

PUS. s. m. *Matiere corrompue qui se forme dans les parties où il y a inflammation, contusion, playes, abcès*, &c. ACAD. FR. Le sang extravasé & croupissant dans la partie fermente bientôt. Il s'échauffe, se gonfle, se corrompt en pus, & on appelle cela *Suppurer* ; ce qui arrive de cette maniere au sang épanché. Quand les parties spiritueuses, subtiles & tenues s'échappent & se dissipent, ce qui reste s'épaissit peu à peu, & se prend en grumeaux à mesure qu'il se corrompt. Il contracte une aigreur ou une acidité putride, qui excite ensuite une effervescence acre avec les sels volatils & huileux du sang même. Cette effervescence s'augmentant, non seulement cause un sentiment de chaleur plus grand que de coûtume dans la partie affligée, mais en la gonflant au milieu de sa circonference, elle la grossit & l'enflamme extraordinairement, & la tension des parties produit une douleur distensive accompagnée de pulsation à cause des arteres dont le mouvement est embarrassé. Enfin le sang se convertit en pus par l'acide qui prend presque toûjours le dessus aux autres principes ; & c'est ce qui lui donne la couleur blanche, car les acides mêlés avec les huileux & les sulphureo-salés ont accoûtumé de paroître blancs.

PUT

PUTCHAMIN. s. m. Nom que les Sauvages de la Virginie donnent à un fruit que produit une espece de prunier. Ce fruit qui ressemble aux nefles, est vert premierement, ensuite jaunâtre, & rouge quand il est mûr. Le goût en est fort bon en ce tems-là, mais avant qu'il ait atteint sa maturité, il est fort âpre, & astreint la bouche avec douleur.

PUTE. s. f. Vieux mot. Femme débauchée, suivant ces vers qui se trouvent dans le Roman de la Rose.

> *Toutes, estes, serez, ou fustes,*
> *De fait ou de volonté putes.*

Ce mot autrefois vouloit dire Fille, venant de *Puta*, Petite fille, de même que *Putus* se disoit pour Petit garçon. Il y en a qui prétendent que ce soit une sincope du mot de *Puante.* On a dit aussi *Putage*, pour dire, Débauche avec des femmes.

> *Et tout est leur intentions,*
> *Et le desir de leur corage,*
> *En lecherie & en putage.*

Puterie, a été dit dans le même sens.

> *D'yvrognerie, de puterie*
> *Scandale & bruit.*

On dit encore *Putasser*, pour, Frequenter les femmes débauchées ; *Aller en putefy*, pour dire, Aller en perdition ; & *Putefoy*, pour, Mauvaise foi.

> *Tant cruel & de putefoy.*

PUTOIS. s. m. Espece de Belette ou chat sauvage qui a le poil brun. On l'a appellé ainsi du Latin *Putidus*, Qui put, à cause de sa puanteur. On ne laisse pas de faire des fourrures de sa peau.

PUTREFIER. v. a. Terme de Chymie. Resoudre les corps par pourriture naturelle ; ce qui se fait par le moyen de l'humidité prédominante sur le sec. Par consequent putrefaction & puanteur ne sont pas synonymes, comme le font entendre les Furetieristes.

PYC

PYCNOCOMUM. s. m. Plante dont les feuilles sont semblables à la Roquette, mais plus épaisses, plus âpres & plus mordantes. Sa tige est quarrée, & porte sa fleur ainsi que le basilic. Sa graine est semblable à celle du marrube, & sa racine est noire ou pâle, & ronde comme une petite pomme, ayant une odeur de terre. Le Pycnocomum, dont le nom veut dire en Grec, Qui a des feuilles pressées & en quantité, croît dans les rochers. Dioscoride qui en fait cette description, dit que sa racine prise en breuvage au poids d'une drachme, cause des songes fâcheux, & qu'étant enduite avec de la griotte seche, elle resout toutes tumeurs & enflûres, & attire aussi toutes épines & tronçons qui sont demeurés dans le corps. Matthiole avoue que cette plante lui est entierement inconnue.

PYCNOSTYLE. s. m. Edifice où les colomnes sont si pressées, que les entrecolomnemens n'ont qu'un diametre & demi de la colomne. Ce mot vient du Grec πυκνὸς, Epais, où il y a beaucoup d'une chose, & de στῦλος, Colomne.

PYCNOTIQUES. s. m. Medicamens qui sont d'une nature aqueuse, & resserrent foiblement, c'est-à-dire, qu'ils peuvent bien condenser les petits pores, mais non pas toute une partie. L'eau froide, le psyllium, le pourpier, la lentille du marais, & le *semper vivum* sont de ce nombre. Ce mot est Grec, πυκνωτικὸς, & veut dire, Qui a la vertu de condenser.

PYL

PYLORE. s. m. Terme de Medecine. Orifice inferieur du ventricule, par où les excremens passent dans les intestins. En Grec πυλωρὸς, qui signifie proprement Portier, de πύλη, Porte, & de ὡρεῖν, Garder.

PYR

PYRACHANTA. s. f. Espece d'épine toûjours verte. Sa feuille ressemble à celle du Phillyrea. Il pousse quantité de bouquets de fleurs blanches & de graines d'un beau rouge, dont l'éclat l'a fait nommer *Buisson ardent.* Les Merles en sont fort friands.

PYRAMIDE. s. f. Terme de Geometrie. Corps solide qui finit en un seul point & qui est terminé par autant de surfaces triangulaires que sa base a de côtés.

On appelle Pyramide *triangulaire, quadrangulaire*, &c. celle dont la base, a trois, quatre côtés, &c. Le point où aboutit la Pyramide s'appelle sa *Pointe* ou son *sommet.* Toute Pyramide est la troisiéme partie d'un *Prisme* de même base, & de même hauteur, (voyez PRISME,) & par consequent, pour mesurer une Pyramide, il faut multiplier sa base par la troisiéme partie de sa hauteur. Les Pyramides *semblables* sont donc aussi comme les prismes & les parallelepipedes semblables en raison triplée de leurs côtés homologues. Ce mot est Grec, πυραμὶς, de πῦρ, *feu*, parce qu'une Pyramide s'éleve en pointe comme le feu. Les plus superbes monumens de l'Antiquité sont les Pyramides d'Egypte.

Ces Pyramides sont à neuf milles du Caire, & on commence à les voir dès qu'on est sorti de la petite Ville de Dezize qui en est à six milles. Ce qui les fait paroître de si loin, c'est qu'elles sont situées sur un terrain pierreux & infertile, qui est beaucoup plus relevé que la Plaine. L'on ne peut voir sans étonnement ces énormes Masses, que l'on n'admire pas tant pour la dépense incroyable qu'il a fallu faire pour achever un Bâtiment si prodigieux, que parce qu'on ne peut comprendre comment il a été possible de monter si haut des pierres aussi grandes que celles que l'on y voit, dans un tems où la plûpart des belles Inventions étoient inconnues. Il y a trois grosses Pyramides distantes l'une de l'autre d'environ deux cens pas, mais l'on ne sçauroit entrer que dans la plus grande, qui est du côté du Nord. Elle est d'une hauteur si prodigieuse, que sa pointe paroît seulement un peu émoussée, bien qu'il y ait une place considerable au sommet. Quelques-uns tiennent qu'elle fut bâtie il y a plus de 3000. ans par un Roi d'Egypte appellé Chemmis, qui employa pendant vingt années trois cens soixante mille ouvriers à ce travail. Pline qui en parle, ajoûte qu'il y fut dépensé dix-huit cens talens, seulement en raves & en oignons, les anciens Egyptiens étant grands mangeurs de raves & de legumes. Il y a des pierres si haut élevées & d'une grosseur si excessive, qu'il a fallu des Machines bien extraordinaires pour les placer. Plusieurs croyent que ces Pyramides étoient autrefois plus élevées sur la terre qu'elles ne le sont presentement, & que le sable a caché une partie de leur base. Cela pourroit être, puisque le côté de la Tramontane en est tout couvert jusqu'à la porte, & que les trois autres côtés n'en ont point de même; ce qui donne lieu de croire que la Tramontane soufflant de ce côté-là avec plus de violence qu'aucun autre vent, y a plus porté de sable que n'ont fait les autres vents aux autres côtés. L'ouverture de la grande Pyramide, où l'on peut entrer, est un trou presque quarré, d'un peu plus de trois piés de haut. Il est relevé du reste du terrain, & l'on y monte sur des sables que le vent jette contre, & qui le bouchent souvent, en sorte qu'on est obligé de le faire ouvrir. On dit qu'autrefois il y avoit près de l'entrée une grosse pierre qu'on avoit taillée exprès pour boucher cette ouverture, lorsque le corps qui devoit y être mis seroit dedans, & que cette pierre l'eût fermée si juste, qu'on n'auroit pû reconnoître qu'on l'eût ajoûtée, mais qu'un Bacha la fit enlever, quelque grande qu'elle fût, afin qu'on ne pût fermer cette Pyramide. Sa forme est quarrée, & en sortant de terre elle a onze cens soixante pas, ou cinq cens quatre-vingts toises de circuit. Toutes les pierres qui la composent ont trois piés de haut & cinq ou six de longueur, & les côtés qui paroissent en dehors sont tous droits, sans être taillés en talud. Chaque rang se retire en dedans de neuf ou dix pouces, afin de venir à se terminer en pointe à la cime, & c'est sur ces avances que l'on grimpe pour aller jusqu'au sommet. Vers le milieu il y a à l'un des coins des pierres qui manquent & qui font une breche ou petite chambre de quelques piés de profondeur. Elle ne perce pourtant point jusqu'au dedans. On ne sçait si les pierres en sont tombées, ou si elles n'y ont jamais été mises. Il y a grande apparence qu'on se servoit de cet endroit pour assurer les machines qui tiroient les materiaux en haut. C'est encore une raison qui a obligé de bâtir la Pyramide avec des degrés à chaque rang, puisque si les pierres eussent été taillées en talud, & posées l'une sur l'autre, sans qu'il y fût demeuré aucun rebord, il auroit été absolument impossible de conduire jusqu'à son sommet les lourdes masses qu'on y a portées. On se repose ordinairement dans cette breche, le travail étant grand à s'élancer ainsi trois piés chaque fois pour monter jusqu'au faîte. Il y a environ deux cens huit degrés formés par le rebord de ces grosses pierres, dont l'épaisseur fait la hauteur de l'un à l'autre. Ce qui semble être pointu d'en bas, a quinze à seize piés en quarré, & fait une plate-forme qui peut contenir quarante personnes. Ceux qui y montent découvrent de-là une partie de l'Egypte, le Desert sablonneux qui s'étend dans le pays de Berca, & ceux de la Thebaïde de l'autre côté. Le Caire ne paroît presque pas éloigné de ce lieu, quoiqu'il en soit à neuf milles. On entre aussi dans la même Pyramide, & il faut se pourvoir de lumieres pour cela. On passe la premiere entrée en se courbant & l'on trouve comme une allée qui va en descendant environ 80. pas. Elle est voutée en dos d'âne, & apparemment toute entiere dans l'épaisseur du mur, puisqu'on n'y voit rien qui ne soit solide de tous côtés. Cette allée a assés d'élevation & de largeur pour y pouvoir marcher, mais son pavé baisse encore bien plus droit qu'un glacis, sans avoir aucun degré, & la pierre n'a que de legeres piquûres de pas en pas pour retenir les talons; de sorte que pour s'empêcher de tomber on est obligé de se tenir avec les mains aux deux côtés du mur. Les pierres sont si bien unies ensemble, qu'à peine peut-on appercevoir les jointures. Au bout de cette allée on trouve un passage qui n'a d'ouverture que ce qu'il en faut pour laisser passer un homme. Il est ordinairement rempli de sable, qui n'est pas si-tôt poussé par le vent dans la premiere ouverture, qu'il suit le penchant de la pierre, & se vient tout rassembler en ce lieu-là. Lorsqu'on a ôté ce sable & qu'on a passé ce trou, en se traînant huit ou dix pas sur le ventre, on voit une voûte à la main droite, qui semble descendre à côté de la Pyramide. On trouve aussi un grand vuide avec un puits d'une grande profondeur. Ce puits va en bas par une ligne perpendiculaire à l'horison, qui ne laisse pas de biaiser un peu, & quand ceux qui y descendent sont environ à soixante & sept piés en comptant de haut en bas, ils trouvent une fenêtre quarrée qui entre dans une petite grotte creusée dans la montagne, qui en cet endroit n'est pas de pierre vive. Ce n'est qu'une espece de gravier attaché fortement l'un contre l'autre. Cette grotte s'étend en long de l'Orient à l'Occident, & de là à quinze piés en continuant de descendre en bas, est une coulisse fort panchante & entaillée dans le roc. Elle approche presque de la ligne perpendiculaire, & est large d'environ de deux piés & un tiers, & haute de deux piés & demi. Elle descend cent vingt-trois piés en bas, après quoi elle est remplie de sable & de fiente de chauve-souris. On croit que ce puits avoit été fait pour y descendre les corps que l'on déposoit dans des cavernes qui sont sous la Pyramide. Après qu'on est arrivé à ce grand vuide où le puits est à la gauche, on est obligé de grimper sur un rocher, dont la hauteur est de vingt-cinq ou trente piés. Au-dessus est un espace long de dix ou douze pas, & quand on l'a traversé on monte par une ouverture qui n'est pas plus large que le passage où l'on est obligé de se traîner, mais qui a pourtant assés d'élevation pour y marcher sans que l'on se baisse. Il n'y a point de degrés non plus qu'au reste. On y a fait seulement des trous de chaque côté, qui sont de distance en distance. On y met les piés en s'écartant un peu, & l'on s'appuie contre les murs, qui sont de pierres de taille fort polies & jointes ensemble avec autant d'adresse que toutes les autres. Les niches vuides que l'on y voit de trois en trois piés, & qui en ont un de large & deux de hauteur, donnent lieu de croire qu'elles étoient autrefois remplies d'Idoles. Ce passage est haut de quatre-vingts pas, & on n'y sçauroit monter sans beaucoup de peine. On trouve au-dessus un peu d'espace de plein pié, & ensuite une chambre qui a trente-deux piés de long & seize de large. Sa hauteur est de dix-neuf piés, & au lieu de voûte, elle a un plancher ou lambris tout plat. Il est composé de neuf pierres, dont les sept du milieu sont larges chacune de quatre piés & longues de seize. Les deux autres qui sont à l'un & à l'autre bout, ne paroissent larges que de deux piés seulement. Cela vient de ce que l'autre moitié de chacune est appuyée sur la muraille. Elles sont de la même longueur que les sept autres, & toutes les neuf traversent la largeur de cette chambre, ayant chacune un bout appuyé sur la muraille, & l'autre sur la muraille qui est de l'autre côté. Cette chambre, dont les murs sont fort unis, n'a aucun jour, & dans le bout qui est opposé à la porte, il y a un tombeau vuide, fait tout d'une piece. Il est long de sept piés & large de trois, & a trois piés quatre pouces de hauteur & cinq pouces d'épaisseur. La pierre en est d'un gris tirant sur le rouge, pâle, & à peu près semblable au porphire. Quand on la frappe, elle rend un son clair comme une cloche. Elle est fort belle lorsqu'elle est polie, mais tellement dure que le marteau a peine à la rompre. Il y a une autre chambre à côté de celle-ci, mais plus petite & sans aucun sepulcre. C'est-là le plus haut endroit où l'on puisse aller au dedans de la Pyramide, qui n'a pour toute ouverture que le passage d'en bas, au-dessus duquel est une pierre en travers qui a onze piés de long & huit de large. Vers cette entrée est un Echo qui repete les paroles jusqu'à dix fois. Ce manque de jour dans toute la Pyramide, est cause qu'on y respire un air extrémement étouffé. La flâme des flambeaux que l'on y porte paroît toute bleue, & l'on s'en fournit toûjours d'un fort bon nombre, puisque s'ils venoient à s'éteindre lorsqu'on est monté bien haut, il seroit absolument impossible d'en sortir. Les deux autres Pyramides ne sont ni si hautes ni si grosses que la premiere. Elles n'ont aucune ouverture, & bien qu'elles soient aussi bâties par degrés, on n'y peut monter, à cause que le ciment dont l'une & l'autre est enduite n'est pas assés tombé. Elles paroissent d'en bas tout-à-fait pointues dans leur sommet. On attribue ces superbes monumens à celui des Pharaons qui fut englouti dans la Mer Rouge. On prétend que les deux moindres étoient pour la Reine sa femme & pour la Princesse sa fille, & que leurs corps y ayant été mis, on les a fermées ensuite, en sorte que l'on ne peut reconnoître de quel côté en étoit l'entrée. La grande étoit destinée pour ce malheureux Monarque, & comme il n'a pas eu besoin de tombeau, elle est toûjours demeurée ouverte.

Il y a une autre Pyramide à seize ou dix-sept milles du Caire, qu'on appelle *la Pyramide des Momies*, à cause qu'elle est proche du lieu où elles se trouvent. Elle est aussi grande que les deux moindres des trois dont il vient d'être parlé, mais bien plus rompue. Elle a cent quarante-huit degrés de grosses pierres pareilles à celles des autres, & il manque un espace à son sommet qui semble n'avoir jamais été achevé. Son ouverture est du côté du Nord, & a trois piés & demi de largeur & quatre de hauteur. On descend au dedans encore plus bas qu'à la grande Pyramide, & il n'y a rien à observer qu'une Salle au fond, dont le plancher est d'une élevation extraordinaire. Quelques-uns font venir le mot de *Pyramide* du Grec πυρὸς, Froment, & de ἀμάω, J'assemble, j'accumule, prétendant que le Patriarche Joseph fit bâtir plusieurs greniers en pointe pour y amasser le blé d'Egypte; ce qui a fait inventer les Pyramides. Les autres le dérivent de πῦρ, Feu, à cause qu'elles s'élevent de même que le feu monte.

Pyramide, se dit aussi des buchers des Anciens sur lesquels ils brûloient les corps morts, à cause qu'ils étoient composés de plusieurs pieces de bois mises les unes sur les autres, qui diminuoient insensiblement en pointe.

Les Plombiers appellent *Pyramide*, Un morceau de plomb formé en pyramide qui se met pour ornement sur les pavillons des maisons. Ce morceau de plomb soûtient d'ordinaire une girouette.

Parmi les Gantiers, *Pyramide* est un morceau de bois tourné en pommettes, gros comme le bras, & haut d'un pié, dont ils se servent pour élargir les gands, à l'aide des bâtons à gands.

PYRER. v. n. Vieux mot. Suppurer. Quelques-uns le font venir de πύον, Pus.

PYRETHRE. s. m. Plante dont les feuilles & les branches ressemblent au Daucus sauvage & au fenouil, & qui porte un bouquet également rond, semblable à celui d'aneth. Sa racine est de la grosseur d'un pouce, & d'un goût fort brûlant & chaud. Elle est longue & de couleur rousse tirant sur le noir. Etant tenue à la bouche & mâchée, elle attire quantité d'humeurs pituiteuses, & fait distiller beaucoup de salive; ce qui la fait appeller *Herba salinaris*. Elle est aussi très-bonne au mal de dents qui vient de cause froide, à une douleur de tête inveterée, à l'apoplexie, à l'épilepsie, à la paralysie, & à toutes les maladies qui proviennent de pituite amassée dans le cerveau. Ce mot est Grec, πύρεθρον, & vient de πῦρ, Feu. Il y a un Pyrethre sauvage qui fait éternuer, & qui n'est autre chose que la Ptarmica. Matthiole dit que les Simplistes montrent une autre espece de Pyrethre qui croît presque par tout, même dans les prés & dans les lieux que l'on ne cultive point. Il a les feuilles semblables au panais des jardins, & quoique d'abord sa racine ne paroisse pas brûlante, elle ne laisse pas lorsqu'on l'a mâchée un peu de tems, de brûler & d'échauffer la langue & la gorge.

PYRITES. s. m. Pierre qui semble tenir beaucoup des métaux, tant par sa couleur, étant tantôt marquetée d'argent & tantôt de cuivre & de laiton, que parce qu'elle se fond dans la fournaise comme eux. Elle tient pourtant beaucoup de la pierre, en ce qu'elle n'est point malleable. Si elle est frappée de quelque corps dur, elle fait feu, & c'est de-là qu'elle a pris son nom, πῦρ, en Grec voulant dire Feu. Les Apothicaires, suivant les Arabes, appellent *Marchassite* la pierre Pyrite, & quoique toutes les Pierres qui font feu puissent être appellées Pyrites, toutefois comme la marchassite en rend plus que toute autre pierre, on l'appelle plus particulierement *Pierre à feu*. La Marchassite se trouve presque en toutes les mines, & n'est pas toûjours de même couleur. Elle est pour la plûpart dorée ou argentée dans ses pailles, & s'engendre des plus grosses vapeurs des mines; d'où vient que l'on en trouve toûjours aux cimes des montagnes où il y a des mines d'or ou d'argent. La Pyrite, ainsi que les autres pierres à feu, a la vertu d'échauffer, de dessecher, de dissiper & de digerer. Ainsi quand toutes ces pierres sont préparées comme il faut, on les mêle dans les emplâtres digestives.

PYROBOLISTE. f. m. Nom que prennent les Ingenieurs à feu, qui enseignent la composition de tous les feux d'artifice, tant pour la guerre que pour le divertissement. Ce mot est Grec, de πῦρ, Feu, & de βάλλειν, Jetter.

PYROLE. f. f. Herbe qui a ses feuilles semblables à celles du poirier, d'où elle a pris son nom, du Latin *Pyrus*. Elles sont pourtant quelque peu moindres, fortes & toûjours verdoyantes. La Pyrole a sa tige longue, mince & ronde, d'où sortent par intervalles des fleurs blanches qui ont des rayes en forme d'étoiles, & qui jettent de leur milieu plusieurs capillatures, comme on le voit dans la rose. Sa racine est blanchâtre & fort peu profonde en terre. Cette plante desseche, restraint & est fort bonne à consolider les plaies & à souder les os rompus. On en tire une eau qui est un remede souverain pour les ulceres des reins & pour toutes les plaies internes. On s'en sert aussi pour les inflammations externes.

PYROTECHNIE. f. f. Art qui enseigne l'usage du feu & le menagement qu'il en faut faire en differentes operations. La *Pyrotechnie militaire* est celle qui apprend à faire toutes sortes d'armes à feu, canons, bombes, carcasses, grenades, mines, &c. Elle comprend aussi toutes sortes de feux d'artifice, fusées, petards, pots & lances à feu. La *Pyrotechnie Chymique*, consiste à enseigner l'art de ménager le feu pour les cuissons, calcinations, distillations & autres operations chymiques. Il y a encore une autre sorte de Pyrotechnie. Celle-là regarde la fonte, l'affinement & la preparation des metaux. Ce mot vient du Grec πῦρ, Feu, & de τέχνη, Art. Ce qu'on appelle *Graine pyrotechnique* parmi les Ingenieurs à feu, n'est autre chose que les cailloux, bales de plomb ou carreaux de fer que l'on envoie sur les ennemis par le moyen de certaines pieces de canon fort courtes qui ont, comme nos mortiers, un fort grand calibre.

PYROTIQUES. f. m. Sorte de medicamens qui brûlent. Il y en a de trois sortes. Les uns sont très-doux, comme les Vesicatoires, qui par leur ardeur font seulement des vessies sur la partie où on les applique. Les autres rongent la chair superflue, comme l'alun, la cendre de chêne & de figuier, la chaux vive, le vitriol calciné & autres medicamens sarcophages; & les autres ne brûlent pas seulement la peau, mais ils brûlent aussi tellement la chair de dessous, qu'ils font une croûte, comme l'arsenic, le sublimé, l'orpiment & autres dont on compose les cauteres appellés *Potentiels*. Ce mot est Grec, πυρωτικός, Qui a la faculté de brûler.

PYT

PYTHONISSE. f. f. Femme Sorciere & Devineresse, qui par la connoissance que l'Esprit malin lui donne, prédit les choses futures. Ce mot vient de ce que les Grecs appelloient *Pythons* les Esprits qui aidoient à prédire l'avenir, peut-être à cause qu'on appelloit Apollon πυθίος, & la Prêtresse qui rendoit ses oracles πυθία. Ce Dieu avoit été surnommé ainsi, à cause du serpent Python qu'il avoit tué. La Pythonisse dont il est parlé dans l'Ecriture, fit paroître devant Saül l'ombre de Samuel qui lui predit le tems de sa mort.

PYX

PYXACANTHA. f. m. Arbre épineux qui a ses branches longues pour le moins de trois coudées. Il a quantité de feuilles, & les a semblables à celles du bouis, d'où il a pris le nom de πυξάκανθα, de πύξος, Bouis, & de ἄκανθα, Epine. Son fruit est semblable au poivre, mais il est noir, lissé, amer & massif. Cet arbrisseau est appellé autrement *Lycium*.

Q

UACHEOR. s. m. Vieux mot. Cheval à combattre.

QUADRAN. s. m. *Horloge Solaire. Superficie sur laquelle les heures sont marquées, & où il y a un style ou une aiguille, qui par son ombre fait connoître l'heure qu'il est.* ACAD. FR. On attribue l'invention du Quadran Solaire à Anaximene Milesien, Disciple de Thales, & on tient que le premier fut fait à Lacedemone. La construction des Quadrans est fondée sur la supposition que le bout du stile est le centre de la terre qui jette son ombre sur un plan, & en differens points de ce plan à mesure que le Soleil tourne alentour. Quoique cette supposition soit fausse en elle-même, elle ne produit point d'erreur, parce que la grande distance de la terre au soleil, rend insensible la distance d'un point de la surface de la terre à son centre. On fait donc passer par le bout du stile pris pour le centre de la terre des lignes tirées de tous les points du Ciel dont on a besoin, & les prolongeant jusqu'au plan qui porte le stile on voit quelles lignes elles y décrivent, & quels angles elles y forment, ce qui n'est autre chose qu'une espece de *Projection.* (Voyez PROJECTION.) Ces lignes tracées sur le plan du Quadran sont differentes, & font differens angles, selon que le plan est differemment situé à l'égard du centre de la terre, ou du bout du stile, ce qui est la même chose. Ce plan peut être ou *Horisontal* ou *Vertical*, ce qui donne déja deux especes de Quadran, les *Horisontaux* & les *Verticaux.* Les premiers sont sur un plan parallele à l'Horison, les autres sur un plan parallele à un Azimuth ou cercle vertical. Les Quadrans qui ne sont pas parfaitement horisontaux ou paralleles à l'horison, y sont *inclinés*, & il y en a de deux especes principales, ceux qui sont inclinés à l'horison du même nombre de degrés que l'Equateur dans la sphere oblique, on les nomme *Equinoxiaux*, & ceux qui sont inclinés à l'horison du même nombre de degrés que le pole, & on les appelle *Polaires.* Il peut y avoir autant de sortes de Quadrans verticaux qu'il y a d'Azimuths; mais comme il y a deux principaux Azimuths, dont l'un est le meridien & l'autre le premier vertical qui passe par les points du vrai lever & du vrai coucher, il y a par rapport à ces deux cercles deux sortes de Quadrans verticaux reguliers, ceux qui sont sur un plan parallele au Meridien qu'on appelle *Quadrans meridiens orientaux* ou *occidentaux*, selon qu'ils regardent l'Orient ou l'Occident, & ceux qui sont sur un plan parallele au 1. vertical qu'on appelle *Verticaux meridionaux*, ou *Septentrionaux.* Hormis ces deux especes tous les autres Quadrans verticaux sont appellés *Declinants*, parce qu'ils font un angle avec l'un ou l'autre de ces deux premiers plans verticaux. On connoît les Quadrans declinans à ce qu'ils ne marquent pas un nombre d'heures égal devant & après midi. Ceux qui déclinent vers l'Orient marquent un plus grand nombre d'heures pour le matin, & ceux qui declinent vers l'Occident en marquent davantage pour le soir.

On divise encore les Quadrans par rapport aux Heures, en *Astronomique*, *Babilonique*, *Italique*, & *Judaïque.* Voyez HEURE.

Il y a encore le Quadran particulier qui est fait pour la latitude particuliere d'un certain lieu, & le *Quadran universel* qui est construit de maniere qu'il peut faire connoître les Heures par toute la terre.

Ce mot vient de *Quadrans, quart*, soit à cause du grand usage dont est le *Quadran Astronomique* ou quart de cercle gradué pour la construction des Quadrans, soit à cause de quelque rapport de figure de ce Quadran Astronomique à un Quadran Solaire.

QUADRANGLE. s. f. Figure de quatre côté, ou qui a quatre angles. Il y a un *Quadrangle regulier*, & un *Quadrangle irregulier.* Un quarré est un Quadrangle regulier, & un Trapese est un Quadrangle irregulier.

QUADRANGULAIRE. adj. On appelle *Figure quadrangulaire*, Une figure qui a quatre côtés, & quatre angles. Ces sortes de figures sont les moins propres à la fortification, à cause que les flancs & les angles flanqués sont trop petits.

QUADRAT. s. m. Terme d'Imprimerie. Petit morceau de fonte plat, quarré, & sans lettres, qui sert à faire le blanc des commencemens des Chapitres & des articles. Il y a aussi de petits Quadrats quarrés qui servent au même usage, & que les Imprimeurs nomment *Quadratins.*

On appelle aussi *Quadrat*, en termes d'Astronomie, Un aspect des Astres quand ils sont dans un éloignement d'un quart de cercle, l'un de l'autre, c'est-à-dire, de quatre-vingt dix degrés.

QUADRATURE. s. f. Reduction Geometrique d'une figure curviligne d'un cercle, par exemple, à un quarré qui lui soit précisement égal. On n'a encore pû trouver la Quadrature geometrique du cercle. On dit aussi *Quadrature de la parabole de l'hyperbole, &c.*

On dit aussi *Quadrature*, en termes d'Astrologie, pour signifier, La rencontre de la Lune à quatre-vingt-dix degrés du Soleil. Le premier & le troisiéme quartier de la Lune sont appellés *Quadrature.*

QUADRILATERE. s. m. Figure rectiligne qui est terminée par quatre côtés. Ce mot vient de *Latus*, Côté, *A quatuor lateribus.*

QUADRIN. s. m. Ce mot, selon Nicod, a été en usage, pour signifier un liard.

QUADRINOME. s. m. Terme d'Algebre. Grandeur formée de l'addition de quatre grandeurs incommensurables entre elles. Voyez BINOME & INCOMMENSURABLE.

QUADRISACRAMENTAUX. s. m. Nom qu'on a donné à de certains Heretiques qui n'admettent pour Sacremens que le Baptême, l'Eucharistie, l'Absolution & l'Ordre de Prêtrise.

QUADUPEDE. s. m. Terme dogmatique. Bête à quatre piés. Les animaux sont divisés en oiseaux, en poissons, en quadrupedes, en reptiles & en insectes. Ce mot vient *A quatuor pedibus*.

QUADRUPLE. s. m. Piece d'or qui fut fabriquée en 1641. sous le regne du Roi Louis XIII. ayant d'un côté pour legende *Christus vincit, regnat, imperat*, avec une croix couronnée de quatre couronnes, & cantonnée de quatre fleurs de lis, & pour legende l'autre côté, *Ludovicus XIII. Dei gratiâ Francorum Rex*, avec la tête de ce Prince. Elle ne valoit alors que vingt livres. Le Quadruple d'Espagne qui étoit du même prix, a une croix d'un côté, & de l'autre des armes qu'on ne sçauroit déchifrer. Ce mot vient de *Quadruplum*.

QUAI. s. m. Muraille de pierres de taille élevée dans un port au rivage de la mer, ou le long d'une riviere pour retenir les terres trop hautes, & empêcher les débordemens. On appelle aussi *Quai*, Un espace reservé sur le rivage d'un port pour la charge & la décharge des marchandises. L'Officier ou Commis sur les ports, qu'on charge du soin de faire ranger les Vaisseaux, de marquer le lieu pour les radouber, & qui est obligé de prendre garde aux bouées, tonnes & balises, s'appelle *Maître de Quai*. Il est reçû à l'Amirauté, & quand des Vaisseaux du Roi sont dans le port, il doit coucher toutes les nuits au bord de l'Amiral.

QUAIAGE. s. m. Terme de Marine. Droit que les Marchands sont obligés de payer, pour pouvoir se servir du port, & y décharger leurs marchandises.

QUAICHE. s. f. Petit Vaisseau à un pont qui porte une corne. Il est mâté en fourche comme l'Yach ou le Heu.

QUAKERS. s. m. Fanatiques d'Angleterre appellés ainsi de l'Anglois *Quaken*, qui veut dire, Trembler, à cause qu'ils affectent de trembler quand ils prophetisent, ou qu'ils prient, d'où vient qu'on les nomme aussi *Trembleurs*. Ils rejettent toutes les loix Ecclesiastiques, ainsi que les connoissances qui s'acquierent par l'étude, & qui produisent une lumiere interieure de l'esprit, prétendant que celles que l'on acquiert par prêcher, entendre, lire, ou catechiser, ne sont que de raisonnement & de chair. Ils disent avec blasphême que JESUS-CHRIST avoit ses défauts comme un autre homme, & qu'il desesperoit de Dieu quand il cria en la Croix, *Mon Dieu, pourquoi m'avez-vous abandonné*? Ils ne veulent point avoir de maisons particulieres pour prêcher & pour prier, défendant l'explication de l'Ecriture, parce que selon eux, elle cesse d'être la parole de Dieu dès qu'on y ajoûte. On ne doit point faire de prieres publiques dans l'Eglise, puisque Dieu nous avertit de prier en secret, ni avoir de jours particulierement destinés pour le Service Divin, ni d'heures assignées pour la priere. Ils s'opposent au chant des Pseaumes, & à la retribution ou dîme, qu'ils appellent Recompense, qui est donnée aux Ministres. Ils condamnent le Baptême des enfans, faisant passer la foi & la conversion comme une consequence necessaire pour les en exclure, & disant que l'aspersion qu'on leur fait dans ce Sacrement est de l'Ante-christ. Ils se fondent pour cela, sur ce qu'il n'est parlé dans l'Ecriture que du baptême des peuples. Quelques-uns d'entre eux se disent Christ, d'autres Dieu même, & d'autres se font semblables à Dieu, parce qu'ils prétendent avoir en eux le même esprit qui est en Dieu. Ils soûtiennent que l'ame est une partie de Dieu, & long-tems avant le corps; qu'il n'y a point de Trinité; que JESUS-CHRIST n'a point d'autre corps que son assemblée; que sa venue en chair a été seulement une figure; que tous les hommes ont en eux une lumiere qui suffit pour le salut; que l'homme Christ n'est point monté au Ciel; qu'il n'y a point de satisfaction de la justice de JESUS-CHRIST; que la priere pour la remission des pechés est inutile; que nous sommes justifiés par notre propre justice; qu'il n'y a point d'autre vie ni de gloire à attendre qu'en ce monde; qu'il n'y a ni Ciel ni Enfer local, ni de resurrection des morts; que plusieurs d'entre eux ne peuvent pecher; que nous n'avons point de Sacremens; que Dieu n'est point honoré dans nos Eglises, qui sont disent-ils, les Maisons des bêtes; que JESUS-CHRIST est venu pour renverser toute proprieté, & que par cette raison toutes choses doivent être communes; que personne ne peut être appellé Maître, ou Seigneur, ni être salué en passant; & qu'un homme ne doit point avoir de puissance sur un autre.

QUALIFICATION. s. f. Declaration des qualités d'une proposition erronée. Il en est d'heretiques, de mal-sonnantes, d'offensives d'oreilles pieuses, &c. On ne qualifie plus gueres specialement chaque proposition, mais il suffit qu'elle soit susceptible d'une des qualifications generales pour être justement condamnée.

QUALITE'. s. f. Accident par lequel les choses sont qualifiées en Medecine, comme d'être chaudes, froides, blanches, noires, odorantes, puantes, aigres, douces, &c. Les Pharmaciens admettent trois sortes de qualités; les premieres qui ne dépendent d'aucunes, mais desquelles il y en a d'autres qui dépendent. Elles sont au nombre de quatre, & ont chacune quatre degrés, la chaleur, la froideur, l'humidité & la secheresse. Les qualités secondes sont celles qui dépendent des premieres, ou à la generation desquelles les premieres peuvent contribuer en quelque façon. Il y en a cinq, les visibles qui regardent les couleurs, les olfactiles, qui regardent les odeurs, les gustatiles qui regardent les saveurs, les auditives qui regardent les sons, & les tactiles qui regardent le toucher. Les Qualités troisiémes, sont celles qu'on appelle *Specifiques*, du nombre desquelles on met les alexiteres & les deleteres, & autres proprietés occultes. On divise encore les Qualités premieres en actives qui sont la chaleur & la froideur; en passives, sçavoir, la secheresse & l'humidité; en actuelles, qui agissent perpetuellement sans avoir aucun besoin d'être aidées, comme le feu qui brûle toûjours, & en potentielles ou virtuelles, qui sont celles que la chaleur naturelle reduit de puissance en acte, comme la vertu des Cantharides qui n'agiroit point si elle n'étoit excitée par cette chaleur naturelle.

QUANTITE'. s. f. Terme de Philosophie. Ce qui fait que les corps sont susceptibles de nombre ou de mesure. La *Quantité discrete*, est celle dont les parties ne sont pas liées, comme le nombre, & la *Quantité continue*, celle dont les parties sont liées. Cette Quantité continue est, ou successive, comme le tems & le mouvement; ou permanente, & c'est ce que l'on appelle étendue en longueur, en largeur, & en profondeur.

En Mathematique, le mot de *Quantité* signifie grandeur. *Quantités commensurables, incommensurables, connues, inconnues*, &c.

On considere *la Quantité*, en matiere de Medicament, selon sa grandeur ou petitesse. Parmi ceux qui n'ont que bonté, les petits, c'est-à-dire, les mediocres sont meilleurs que les grands, ce qu'il faut observer selon Mesué, dans les fruits de même espece, à cause que la grandeur excessive marque une humidité alimenteuse trop abondante, qui ne pouvant être cuite comme il faut, tient une bonne partie de la nature de l'humeur excrementeuse, plûtôt que du veritable suc qui est naturel à la plante ou aux fruits. Ainsi pour les choisir comme il faut par rapport à la petitesse ou à la grandeur, on doit toûjours prendre ceux qui sont de la grandeur que l'arbre les produit dans l'ordinaire, qui sont les mediocres, non seulement à l'égard de ceux qui n'ont que bonté, mais encore des autres qui ont quelque chose qui doit être corrigé. Ceux-là sont toûjours meilleurs que les plus petits & les plus grands, & sur-tout aux purgatifs.

QUAOQUE. s. m. Sorte d'arbre des Indes Occidentales, qui se trouve dans le nouveau Royaume de Grenade. Il porte un fruit fort bon à manger, de la grosseur d'un œuf d'oye.

QUAPATLI. s. m. Arbre de la nouvelle Espagne, qui a cela de particulier, que l'on y trouve une espece de vers velus & rudes, de couleur rouge, longs de deux pouce, & gros comme un tuyau d'orge. Les Sauvages les font cuire dans de l'eau jusqu'à ce qu'ils soient consumés, & que toute la graisse nage dessus. Ils la recueillent, & s'en servent à plusieurs usages. Elle appaise toutes les douleurs en quelque partie que ce soit du corps, relâche les nerfs retirés, resout les humeurs, & étant mêlée avec de la Terebentine & du suc de Tabac, elle est fort bonne contre les hergnes.

QUARANTENIER. s. m. Terme de Marine. Sorte de petite corde qui est de la grosseur du petit doigt. On s'en sert pour raccommoder les autres, & on l'appelle aussi *Quarantaine*.

QUARANTIE. s. f. Sorte de Cour où la Justice est rendue parmi les Venitiens. On l'appelle ainsi, à cause qu'elle est composée de quarante Juges.

QUARDERONNER. v. a. Rabattre les arêtes d'une poutre, d'une solive, d'une porte, en poussant dessus un quart de rond. Ainsi *Poutre quarderonnée*, se dit de celle sur les arêtes de laquelle on a poussé un quart de rond, une doucine ou quelque autre moulure entre deux filets. Cela se fait moins pour ornement, que pour ôter le flache.

QUARRE'. s. m. Terme de Geometrie. Figure qui a les quatre angles droits, & les quatre côtés égaux. Le *Quarré long* a aussi les quatre angles droits, mais il est plus long que large.

En termes d'Arithmetique, on appelle *Nombres quarrés*, ceux qui sont formés de la multiplication d'un nombre par lui-même. 4, est un nombre quarré, parce que c'est le produit de 2 par 2; 9, est quarré parce qu'il est formé de trois fois 3, &c. Le nombre qui a été multiplié par lui-même, s'appelle la *Racine du quarré*. 2, est la racine de 4: 3 est celle de 9, &c. Les nombres quarrés ont été ainsi nommés, parce qu'ils representent un quarré Geometrique qui est toûjours formé de la multiplication d'une ligne par elle-même, & en effet le côté d'un quarré Geometrique étant divisé en parties égales, le nombre de ces parties multiplié par lui-même donne l'espace que le quarré contient. Si le côté a 2, pouces, 3, pouces, &c. il contient 4, pouces, 9, pouces quarrés, &c.

Un est le premier nombre quarré, parce qu'une fois un, c'est un; 4 est le second quarré; 9, le troisiéme, &c.

Quand on multiplie un nombre quarré par sa racine, on fait un nombre cubique. Voyez CUBE. Ainsi 4 par 2, 9 par 3, font 8 & 27, qui sont des nombres cubiques. Si on multiplie encore le cube par sa racine, c'est un *Quarré-quarré*, 8 par 2, fait 16, & 9, par 3 fait 81, qui sont des quarrés-quarré, car 16 est 4 fois 4, & 81 est neuf fois 9.

Le quarré-quarré s'appelle plus communément quatriéme *Puissance*, ou quatriéme *degré*, car la grandeur simple où la racine est la premiere puissance, le quarré la seconde, &c. Voyez PUISSANCE & DEGRE'. Il est visible qu'une racine double d'une autre, fait un quarré quatre fois plus grand, car 1 & 2, étant ces racines, le quarré de 1, n'est que 1, & le quarré de 2 est 4. Une racine triple fait un quarré neuf fois plus grand, les quarrés de 1 & 3 sont 1 & 9, &c.

Le *Quarré Magique*, se fait de cette façon, on prend des nombres en progression Arithmetique, ensuite on les dispose dans un Quarré divisé en un nombre quarré de *cellules*, & on les y arrange de telle sorte, qu'un rang de ces cellules de quelque sens qu'on le prenne, soit de haut en bas, soit de droit à gauche, soit diagonalement, fasse une somme de nombres toûjours égale à la somme des nombres de quelque autre rang que ce soit.

On appelle en Perspective, *Quarré perspectif*, La representation d'un Quarré en perspective. Il comprend d'ordinaire toutes les assiettes des objets qu'on veut representer dans le tableau, & on a coûtume de le diviser en plusieurs petits Quarrés perspectifs, dont on se sert pour décrire avec abregé les apparences de tout ce qu'on a dessein de representer dans le tableau.

On appelle *Quarré Geometrique*, Un instrument qui est d'un fort grand usage pour faire des observations tant sur terre que sur mer. Il a un centre à l'un de ses angles, & les deux côtés qui sont éloignés de ce même centre, sont divisés en plusieurs parties égales. L'un de ceux qui est vers le centre est chargé de deux pinnules, & il y a une alhidade mobile partant du centre, qui sert aux Geometres & aux Astronomes pour observer.

Quarré de reduction, en termes de mer, est un instrument dont on se sert pour reduire les degrés d'Est & d'Ouest en degrés de longitude, & à resoudre promptement les triangles rectangles. Voyez QUARTIER.

Quarré de Mars ou *de Saturne*, chés les Astronomes, c'est la même chose que quadrat.

Quarré. Terme d'Architecture. Ce qui paroît dans l'Architecture comme une petite regle ou listel, & qui en termine souvent quelque partie. Les Ouvriers disent, *Faire le trait quarré*, Ce qui veut dire en termes de Geometrie, élever une ligne perpendiculaire sur une autre ligne.

Quarré de medaille ou *de monnoye*. Morceau d'acier fait en forme de dé, dans lequel est gravé en creux ce qui doit être en relief dans la medaille ou dans la monnoye. Les quarrés à monnoyer sont de figure quarrée par le bas & ronde par le haut, & d'une grandeur proportionnée à l'espece. Les Tailleurs frappent ces quarrés, des poinçons de l'effigie, de la croix ou écusson, des legendes & des differents de la Ville du Tailleur & du Maître, pour y marquer en creux les empreintes que l'on voit marquées en relief sur les especes. Quand ils ont été marqués de ces empreintes, on les polit du côté des empreintes avec certaines pierres dures, appellées *Pierres à huile*, & après cela ils sont en état de servir à monnoyer les especes.

On appelle *Bataillon quarré*, Un Bataillon qui a le nombre des hommes de la file égal au nombre des hommes du rang; & *Bataillon quarré de terrain*,

Celui qui a le terrain de chacune de ses ailes, égal en étendue au terrain de la tête, ou à celui de la queue.

On dit en termes de Manege, *Travailler en quarré*, pour dire, Conduire un cheval sur la longueur de chacune des quatre lignes que l'on a imaginées, comme étant droites, égales, disposées en quarré, & éloignés également du centre, tournant la main à chacun des coins que l'on suppose en être formés, & passer ainsi d'une ligne sur l'autre.

On appelle *Bonnet quarré*, Une espece de citrouille ronde & platte.

Les Furetieristes appellent *Bonnet quarré*, Un bonnet de Prêtre, d'Avocats, & d'autres hommes de Robbe. Il falloit dire, que c'est un ornement de Docteur ou Licentié, que les Ecclesiastiques gradués portoient seuls autrefois, que les autres ont usurpé peu à peu, comme ont fait au Palais les Elûs & les Procureurs.

QUARREAU. s. m. Pavé de terre cuite. Quarreau de Vitres. Voyez CARREAU.

Quarreaux d'or ou *d'argent*. On s'est servi de ce terme du tems qu'on fabriquoit les especes avec le marteau. On allioit les matieres d'or ou d'argent, & on les fondoit, les jettant en lames pour en faire des essais, après quoi on faisoit recuire les lames qu'on étendoit sur l'enclume. Quand elles étoient étendues environ de l'épaisseur des especes à fabriquer, le Prevôt ou le Lieutenant des Ouvriers s'en chargeoit & les distribuoit aux Ouvriers pour les couper en morceaux à peu près de la grandeur des especes, & cela s'appelloit *Couper quarreaux*. Ensuite on faisoit recuire les Quarreaux, & après qu'on les avoit étendus avec un Flatoir, on en coupoit les pointes avec des cisoirs, ce qui s'appelloit *Ajuster quarreaux*. On les pesoit avec les deneraux à mesure que l'on en coupoit, afin de les rendre du poids juste qu'ils devoient être. C'étoit *Approcher quarreaux*, après quoi on rabattoit les pointes des Quarreaux pour les arrondir, ce qui étoit *Rechausser quarreaux*.

QUARREL. s. m. Vieux mot. Pierre.

Et clause eront de haut mur
Dont li quarrel étoient dur.

QUARRER. v. a. Vieux mot. Reduire en quarré. On a dit *Quarrer une poutre*, pour dire, l'équarrir.

C'est aussi un terme d'Arithmerique & d'Algebre. *Quarrer* un nombre, c'est le multiplier par lui-même. *Quarrer les termes d'une Equation.*

QUART. s. m. La quatriéme partie d'un tout. On appelle *Quart de rond*, en termes d'Architecture, Un membre saillant fait de la quatriéme partie d'un cercle. *Quart de rond*, dans un navire, se dit d'une piece de bois en forme d'arc, qui est dans la sainte Barbe, & sur laquelle est posé un taquet lié à la barre du gouvernail pour la soûtenir.

Quart, en termes de Marine, est l'espace du temps qu'une partie des gens de l'équipage du Vaisseau veille pour faire le service, tandis que le reste dort. Le *Premier quart*, est à l'entrée de la nuit, & il est fait d'ordinaire par les Officiers subalternes en pié. Le *second quart* se fait à minuit, & presque toûjours par les Officiers subalternes qui sont en second, & on appelle *Quart de jour*, Celui qui est pris à la fin du second Quart, & qui amene le jour. On appelle aussi le premier quart *Quart de Tribord*, & il est fait par les anciens Officiers subalternes du Vaisseau, à la difference du *Quart de bas bord*, qui est celui que font les moins anciens des subalternes. On dit *Prendre le quart*, pour dire, entrer de garde avec la moitié de l'équipage, & *Faire bon quart sur la hune*, pour dire, Faire bonne sentinelle, afin de se parer des Corsaires & des bancs. C'est une fonction qui appartient au Gabier. Chaque fois que l'on commence le Quart ou qu'on le leve, la cloche sonne pour en avertir ceux de l'équipage qui doivent veiller. Le Quart est toûjours déterminé par horloges, qui sont toutes d'une demi-heure. Il est fort souvent de huit dans les Vaisseaux de Sa Majesté. Dans les autres, il est tantôt de six & de sept, & tantôt de huit. En Angleterre, il est de quatre heures, & en Turquie de cinq.

Quart de vent ou *quart de rumb*. Air de vent ou pointe de compas comprise entre un vent principal qui est un rumb entier, & un demi-vent qui suit ou precede un rumb. En general, c'est un air de vent séparé d'un autre air par un arc d'onze degrés & quinze minutes.

Quart de conversion, se dit en termes de guerre, d'un mouvement que l'on fait faire aux soldats pendant l'exercice, afin de changer la face d'un bataillon, auquel on fait faire un quart de cercle.

Quart de nonante. Instrument de Geometrie, appellé ainsi à cause qu'il consiste seulement en un quart de cercle divisé en quatre-vingt-dix degrés, & garni de son alhidade & de ses pinnules. On s'en sert à prendre les angles & les élevations, tant sur terre que sur mer.

Quart-d'écu. Espece d'argent qui a eu cours sous le regne de Henri II. & des Rois ses successeurs, & qui n'a cessé à être de mise que vers l'année 1641. lorsque le Roi Louis XIII. fit faire des écus blancs, & des pieces de trente sols, de quinze & de cinq. Elle a valu quinze sols, & puis seize sols, & enfin vingt, sous le regne du feu Roi. Dans le tems qu'elle valoit seize sols, on disoit qu'on étoit payé en écus quarts, lorsqu'un payement se faisoit en ces quatre pieces qui valoient soixante & quatre sols. On paye encore les épices en Ecus-quarts, c'est-à dire, de valeur de soixante & quatre sols, quoiqu'il n'y ait plus de cette espece d'argent. Le Quart-d'écu étoit du poids de sept deniers treize grains au titre d'onze deniers, & du tems de Henri II. il avoit d'un côté une croix fleurdelisée, avec cette legende, *Henricus secundus Dei gratia Rex Navarra*, & de l'autre côté des armes & cette legende. *Dei gratia sum id quod sum.* Sous le regne de Henri III. Il y avoit d'un côté une croix fleurdelisée avec cette legende, *Henricus tertius, Dei gratia Francorum & Polonia Rex*, & de l'autre trois fleurs de lis & cette legende, *Sit nomen Domini benedictum.*

On appelle *Quart denier*, dans une vente d'Office le quart du quart du prix de l'Office. On le paye aux parties casuelles comme étant un droit de mutation, dans lequel le Roi est le Seigneur, & celui qui succede à l'office, le vassal.

On dit en termes de Manége, *Travailler de quart en quart*; pour dire, Conduire un cheval trois fois de suite sur la premiere des quatre lignes qu'on s'imagine droites, égales, disposées en quarré, éloignées également du pilier qui represente le centre au milieu du terrain des maneges, puis changer le cheval & le conduire encore trois fois de suite sur la seconde de ces quatre lignes, & ainsi sur la troisieme & de la quatriéme en changeant toûjours de main.

QUARTADECIMANI. Heretiques ainsi appellés, de ce qu'ils celebroient la Fête de Pâque le quatorziéme jour de Mars, à la maniere des Juifs. Ils faisoient saint Jean Auteur de cette coûtume, qui fut suivie des Eglises d'Orient, jusqu'à ce que le Pape Victor les excommunia, comme des faiseurs de division. Le Concile de Nicée condamna cette Heresie arrivée sous Severus Empereur, & qui dura deux cens ans, & il ordonna que la Fête de Pâques seroit celebrée à la maniere des Eglises d'Occident. Les Quantadecimani nioient aussi la conversion de ceux qui venoient à pecher après le Bâptême ce qui étoit l'heresie des Novariens.

QUARTAN, s. m. Terme de Chasse. On dit, qu'*Un Sanglier est à son quartan*, qu'*il commence son quartan*, pour dire, qu'il est à sa quatriéme année.

QUARTE. s. f. Mesure de vin ou d'autre liqueur qui contient deux pintes. *Quarte*, en termes de Musique, est un intervalle de quatre tons, soit en montant, soit en descendant. La Quarte contient deux tons & un demi-ton majeur. La *Quarte superflue*, que l'on appelle aussi *Fausse Quarte* en contient trois, & la *Quarte diminuée*, contient un ton & deux demi-tons majeurs.

Quarte, terme de Comptable. *Le Receveur d'un Chapitre doit à chaque Chanoine tant par quarte*; *les Collecteurs n'ont payé que leur premiere quarte au Receveur des Tailles, il les va emprisonner.*

On appelle *Quarte*, en termes d'Escrime, Une maniere de se mettre en garde, d'allonger, ou de porter les bottes. La Quarte est une des quatre gardes generales de l'épée, qu'on ne peut bien concevoir, si l'on ne se represente un cercle décrit sur un mur à plomb, & divisé en ses quatre points cardinaux de haut en bas, & de droit à gauche. Elle se fait en portant la pointe de l'épée au quatriéme point du cercle, directement opposé à celui de la seconde garde, en descendant à droit à un quart de la tierce, le côté exterieur du bras, & le plat de l'épée étant tournés vers la terre, le corps étant hors la ligne à droite, & le fort de l'épée vers la ligne à gauche.

Quarte Falcidie, en termes de Droit, est une loi en forme de Plebiscite qu'on n'observe point en pays Coûtumier, où l'institution d'heritier n'a point de lieu. Le Tribun Falcidius l'ayant proposée du tems d'Auguste, lui donna son nom. Elle porte qu'aucun Testateur ne peut faire de legs audela des trois quarts de son bien, au préjudice de l'heritier institué. Par la *Quarte Trebelliane*, l'heritier chargé d'un Fideicommis qui l'obligeoit de remettre l'heredité à un autre, en retenoit la quatriéme partie.

QUARTEMENT. adv. Vieux mot. quatriémement, en quatriéme lieu.

QUARTER. v. n. Terme de Maître d'armes. Oter son corps hors de la ligne. Cela se fait en le tournant comme sur un pivot & pirouettant pour se défendre des passes.

Quarter, est aussi un terme de Cocher & de Chartier, & signifie, marcher entre deux ornieres, quand celles du chemin où ils se trouvent engagés sont si profondes, qu'ils auroient de la peine à s'en tirer. On dit aussi *Quartoyer* ou *Carteyer*.

QUARTIER. s. m. Terme de Manege. On appelle *Quartiers du pié d'un Cheval*, Les côtés du sabot qui sont compris de part & d'autre du pié entre le talon & la pince. Il y a des *Quartiers de dedans* & des *Quartiers de dehors*. Les derniers sont situés aux côtés exterieurs du sabot. Les Quartiers de dedans sont toûjours plus foibles que ceux de dehors. Ce sont ceux qui se regardent d'un pié opposé à l'autre. On dit d'un Cheval, qu'*Il fait quartier neuf*, pour dire, qu'il faut lui couper un des quartiers de la corne, à cause de quelque infirmité du sabot.

Quartier de Vignes, Maniere de mesurer les Vignes; le grand partage est de cinquante cordes, le petit de vingt-cinq. On paye la dixme abonnée à vingt pintes pour le grand Cartage, & dix pour le petit.

On appelle *Quartiers de selle*, Des pieces de cuir ou d'étoffe attachées par en bas aux côtés de la selle, & qui débordent des mêmes côtés.

Quartier tournant, se dit dans un Escalier, d'un nombre de marches d'angle, qui tiennent à un tuyau par un collet, & *Quartier de viz suspendu*, se dit, dans une cage ronde d'une portion d'escalier à viz suspendue pour raccorder deux appartemens qui ne sont pas de plein pié.

Quartier de voye. Grosse pierre, dont il ne faut qu'une ou deux pour faire la charge d'une charrette attelée de quatre chevaux.

Quartier-Mestre. Maréchal des Logis d'un Regiment d'Infanterie étrangere.

Quartier-Maitre. Officier Marinier, qui est comme l'aide du Maître & du Contremaître. Il a le soin de faire prendre & larguer les vis, de faire monter les gens du quart, & sa fonction est particulierement d'avoir l'œil sur le service des pompes.

On appelle *Quartier de reduction*, Un instrument qui consiste en un quarré divisé en un grand nombre d'autres petits quarrés égaux, & sur lequel est tracé un quart de cercle gradué, de sorte que du centre on peut tirer des lignes sous tels angles qu'on voudra, & representer tous les triangles rectangles imaginables. C'est pourquoi l'on se sert de cet instrument à résoudre les *triangles Loxodremiques* qui sont tous rectangles. (Voyez LOXODROMIE.) Ce même instrument avec une échelle des *Latitudes croissantes*. (Voyez HYDROGRAPHIE,) sert aussi à réduire en milles de l'Equateur les degrés de longitude pris sous tel parallele que l'on veut, & à reduire reciproquement les milles de l'Equateur en degrés de longitude d'un parallele déterminé, (voyez LONGITUDE.) De là vient qu'on appelle cet instrument *quartier* ou *quarré de reduction.*

Vent de Quartier, se dit de tous les airs de vent qui sont compris entre le vent de bouline & le demi-rumb qui approche le plus du vent arriere.

QUASERETE'. s. f. Vieux mot. Panier d'osier.

QUASSER. v. a. Vieux mot. Chasser.

Et cil dedans si ne quidassent
Que cil de fors ne les quassassent.

QUATRE-TEMS. s. m. Jeûnes que l'Eglise a institué les Mercredi, le Vendredi & le Samedi d'une semaine, dans les quatre saisons de l'année, tant pour consacrer à Dieu ces quatre saisons par la mortification, que pour demander la grace du Saint Esprit dans les Ordinations des Prêtres & des Diacres, qui se faisoient chaque Samedi de ces Quatre-Tems. Ce jeûne s'observoit au commencement de son institution dans la premiere semaine du mois de Mars, dans la seconde de Juin, dans la troisiéme de Septembre, & dans la quatriéme de Decembre, ce qui marquoit regulierement les differentes saisons; mais vers la fin du onziéme siecle, sous le Pontificat de Gregoire VII. il fut ordonné qu'on observeroit les Quatre-Tems comme il se pratique presentement; sçavoir, dans la premiere semaine du Carême, dans celle de la Pentecôte, le premier Mercredi qui suivroit la Fête de l'Exaltation de la Sainte Croix fixée au 14. de Septembre, & dans la troisiéme semaine de l'Avent.

QUAUHCONEX. s. m. Moyen arbre de l'Isle de Saint Jean Porto-rico. Il est d'une bonne odeur, & a le tronc gros, d'une matiere dure & solide, & qui dure long-tems sans se corrompre. Ses feuilles sont semblables au Grenadier. Sa fleur est blanchâtre, & son fruit ressemble aux graines de laurier. On coupe l'écorce de cet arbre en parties fort menues, & on la laisse tremper quatre jours dans l'eau, après quoi on l'expose au Soleil. On la presse quand elle est échauffée,, & on en tire une liqueur fort semblable au baume, & qui est utile à beaucoup de choses.

QUE

QUELONGNE. s. f. Vieux mot. Quenouille.

QUENNE. s. f. Vieux mot. Sorte de vase.

De S. Martin bon vin d'Espaigne
Je lui donrai plein une Quenne.

QUENOUILLE. s. f. Bâton tourné & delié qu'on entoure vers le haut, de lin, de chanvre, ou de laine, pour filer.

On appelle aussi *Quenouille*, Les pilliers des colomnes d'une couche qui en soûtiennent le ciel & les rideaux, & les bâtons qui servent à porter l'imperiale d'un carosse.

Quenouille sauvage. Plante qui n'est autre chose que le Cartamum, appellé *Atractylis.* Pline dit qu'entre les Cartamum sauvages les uns sont plus doux & plus menus, & ont la tige plus unie, quoiqu'elle soit un peu âpre. Les femmes se servoient autrefois de leurs tiges au lieu de Quenouille. Leur graine est blanche, grosse & amere.

QUENOUILLETTE. s. f. Verge de fer, dont un bout est de forme ronde, & de la grosseur necessaire pour boucher l'ouverture des godets par où les Fondeurs font couler le métal dans leurs moules, lorsqu'ils jettent quelque ouvrage en bronze.

QUENS. s. m. Vieux mot, Comte.

Sire, Quens, dites-moy, pour Dieu je vous en prie.

QUER. s. m. Vieux mot. Cuir. C'étoit aussi un verbe qui signifioit Choir, tomber.

QUERAT. s. m. Terme de Marine. La partie du bordage, qui est comprise depuis la quille jusqu'à la plus proche des Perceintes.

QUEREIVA. s. m. Sorte d'oiseau du Bresil, qui a toute la poitrine d'un fort beau rouge, des aîles noires, & le reste du corps bleu. Les Sauvages l'estiment fort, à cause de la beauté de son plumage.

QUERIR. v. a. Vieux mot Chercher, d'où est venu *Queisse*, Je cherchasse.

Qu'amour me dit que me queisse,
Un compagnon cui je deisse,
Mon conseil tout entierement.

QUEROLER. v. n. Vieux mot. Danser.

Et ces gens, ce dit-il querolent
Sur les floretes qui bien olent.

QUERRE. v. a. Vieux mot. Chercher.

Qui la voudront chercher & querre,
Et puis trouvée mettre en terre.

QUESLIER. v. a. Vieux mot. Faiseur de chaises. On a dit aussi *Cholier*, & *Cayelier.*

QUESTABLE. adj. Vieux mot, qui s'est dit de gens de condition servile, tant hommes que femmes, que les Seigneurs pouvoient quêter, c'est-à-dire, Chercher & revendiquer quand ils étoient sortis de leurs Seigneuries, pour aller faire leur établissement en quelque autre lieu.

QUESTE. s. f. *Action par laquelle on cherche.* Acad. Fr. On dit en termes de Chasse, qu'*Un chien est bon pour la quête*, pour dire, qu'Il est bon pour trouver le gibier.

Terres de quête, se dit dans plusieurs coûtumes de celles qui doivent une rente qui se leve par une collecte que les habitans font sur eux-mêmes; & on appelle *Droit de quête*, Celui que le Seigneur peut faire demander, mais qu'on n'est pas obligé d'apporter chés lui. *Le Cens à la quête* est de la même nature.

Quête. Terme de Marine. La longueur du vaisseau qui excede celle de la quille, c'est-à-dire, la saillie & l'élancement, que l'étrave & l'étambord font aux extrémités de la quille. L'Etrave a toûjours plus de Quête que l'étambord, auquel on ne donne de Quête que la vingtiéme partie de la quille, ou à peu près, au lieu qu'on en donne la cinquiéme partie à l'étrave. On appelle aussi *Quête*, L'avance que font les bateaux du côté du chef & de celui de la quille, lorsqu'elle s'éleve & ne touche plus sur le chantier. La Quête du chef d'un Foncet est de la septiéme partie de la longueur du fond, & la Queste de la quille est seulement de la sixiéme partie de celle du chef.

QUESTER. v. a. Terme de Chasse. Chercher une bête pour la lancer, & pour la chasser avec les chiens courants.

QUESTEUR. s. m. Officier de l'ancienne Rome, qu'on chargeoit du soin du tresor public. Il faut prononcer l'S dans ce mot, ce qui le rend different de *Questeur*, Celui qui fait une Queste.

QUESTION. s. f. *Torture, gêne que l'on donne aux Criminels pour leur faire confesser la verité.* Acad. Fr. Il y a la Question preparatoire, & la Question définitive. La *Question préparatoire* est ordonnée, *Manentibus indiciis*, ensorte que si la force de la douleur ne fait rien avouer à l'accusé, on ne peut le condamner à la mort, quoiqu'on lui puisse imposer toute autre peine. La *Question définitive*, est celle qui est ordonnée pour découvrir les complices quand le criminel est condamné à la mort. Elle se donne à Paris ou avec de l'eau, ou avec des coins, & quatre petits ais. Quand on la donne à l'eau à un criminel, on le deshabille, & on lui lie les mains à un gros anneau de fer qui est à la muraille de la chambre de la question. Ensuite on lui attache les piés à un autre anneau, qui est plus bas au plancher, à deux ou trois piés de la muraille. Une maniere de banc que l'on met sous lui, soûtient son corps, & alors le Questionnaire par ordre du Rapporteur, lui ouvre la bouche, & lui fait emboucher une corne où il verse peu à peu une pinte d'eau. Il lui en fait ainsi avaler quatre pintes pour la question ordinaire, & huit pour l'extraordinaire. La question qui se donne avec des ais & des coins, s'appelle *les Brodequins.* Le criminel ayant été amené en la chambre de la Question, & l'Arrêt ou la Sentence de mort lui ayant été lue, l'executeur lui lie les mains, & lui donne une chaise où étant assis, le Questionnaire le déchausse & lui chausse les brodequins qui sont quatre petits ais bien polis, épais de deux bons pouces, larges d'un pié, & longs d'un pié & demi, au travers du haut & du bas desquels passent des cordes. On lui met deux de ces ais entre les jambes, & les deux autres, l'un d'un côté

côté d'une jambe, & l'autre de l'autre, après quoi on les serre fortement avec des cordes. Si le Patient n'avoue rien au Rapporteur qui l'interroge, le Questionnaire, à grands coups de marteau, lui fait entrer un coin au milieu des deux ais qu'il a entre les jambes. Quand il lui en enfonce quatre, c'est la Question ordinaire; il lui en enfonce huit pour l'extraordinaire.

QUEUE. s. f. La partie qui termine le corps de l'animal par le derriere. Elle differe, selon leurs divers genres, tant pour l'usage que pour la figure. Aux animaux à quatre piés, elle est ordinairement couverte de poil & garnie d'os, & sert à les émoucher. Les oiseaux ont leur queue de plumes, & les poissons l'ont de cartilages & elle leur sert de gouvernail pour nager. Matthiole dit que dans le bout de la queue du cerf on trouve un ver qui est presque de la couleur du fiel. Il cause des douleurs insupportables à celui qui l'a avalé, avec des défaillances de cœur, & les mêmes accidents que cause le Napellus. On y remedie de la même sorte qu'aux autres poisons. La Queue de Cheval est l'enseigne ou le drapeau sous lequel les Chinois & les Tartares vont à la guerre, & parmi les Turcs, c'est un signal de bataille quand elle est sur la tente d'un General.

QUEUE DE CHEVAL. s. f. Plante qui croît aux lieux aquatiques & qui jette de petites tiges, creuses, nouées, & amassées ensemble. Elles sont rougeâtres & un peu âpres, & tout autour il y a force feuilles menues & minces comme jonc. Elle pousse fort en haut, s'agraffant aux troncs des arbres; & quand elle y est entortillée, elle fait pendre une grande chevelure noire faite en maniere de Queue de Cheval. Sa racine est dure comme bois. Cette herbe a une vertu astringente, ce qui fait que son jus bû en vin est bon aux dysenteries, & qu'il étanche le sang qui coule du nez. Ses feuilles broyées & appliquées servent à souder les plaies fraîches. Il y a une autre espece de Queue de Cheval, dont la tige est droite, creuse & haute de plus d'une coudée. Les feuilles qu'elle produit sont par intervalles, plus courtes, plus blanches, & plus molles. Dioscoride lui donne les mêmes proprietés qu'à la premiere. Matthiole dit que quand la Queue de Cheval, appellée par les Grecs ἵππουρις, de ἵππος, Cheval, & de οὐρὰ, Queue, commence à germer, elle jette un germe long & tendre, semblable aux chattons des Noyers; que les Paysans de Toscane appellent ce germe *Paltrusalo*, & qu'ils le mangent au lieu de poisson pendant le Carême, le faisant bouillir premierement, & le fricassant en huile ou en beurre après l'avoir saupoudré de farine, mais que cette sorte de manger les resserre tellement qu'ils en ont le plus souvent la colique. Quelques-uns gardent toute l'année ce germe de la premiere espece de Queue de Cheval, & le donnent à manger à ceux qui sont travaillés de flux de ventre. L'herbe est fort propre à nettoyer la vaisselle qu'on veut rendre claire, & sert aux Tourneurs pour lisser & polir ce qu'ils ont tourné.

On appelle en termes de Manege, *Cheval queue de rat*, Un Cheval qui a la Queue dégarnie de poil, comme les rats l'ont. Plusieurs soûtiennent que l'on peut connoître la sixiéme & la septiéme année d'un Cheval en examinant le tronc de sa queue. Ils prétendent que quand le germe de feve commence à s'effacer, & le creux à se remplir, le tronçon de la Queue s'allonge, la nature n'ayant plus assés de force pour nourrir & entretenir les nœuds dont il est formé. On dit aussi *Queue de rat*, autrement *Arrête*, pour signifier des calus ou des duretés qui viennent le long du nerf du Cheval plus bas que le jarret, à la jambe du train de derriere. Ce mal fait tomber le poil, & s'étend jusqu'au boulet.

On appelle *Queue de rat*, en termes de mer, Une manœuvre telle que l'écouet, qui va en amenuisant par le bout.

On appelle aussi de ce nom une livre ou rape ronde & menue.

Queue de cochon. Plante dont la tige est maigre, grêle & semblable à celle de fenouil, & qui dès sa racine produit une chevelure grosse & épaisse, de mauvaise odeur & pleine de suc. Elle croît dans les montagnes fort ombragées. Voyez PEUCEDANUM.

On appelle en Medecine, *Queue de muscle*, La partie qui aboutit en tendon, qui est un mélange de fibres, de nerfs & de ligamens en confusion.

On dit en termes de Chancellerie, qu'*Une Lettre est scellée à simple Queue*, quand le sceau est attaché à un coin du parchemin de la Lettre que l'on a fendu exprès, & on dit qu'*Elle est scellée à double Queue*, quand le sceau est pendant à une bande en double de parchemin passée au travers de la Lettre.

Les Marchands disent d'une étoffe, qu'*Elle a cap & queue*, pour dire, qu'Elle n'a point encore été entamée, & qu'elle a deux chefs par les deux bouts.

Queue de Dragon. Terme d'Astronomie. L'une des deux intersections de l'Ecliptique & du cercle de la Lune, lorsqu'elle passe dans l'Ecliptique du Septentrion au Midi. On appelle *Queue de Comete*, Les rayons de la Comete qui s'étendent vers la partie du Ciel, d'où son mouvement propre semble l'éloigner.

Queue d'Yronde. Terme de guerre. Ouvrage détaché dont les ailes ou côtés s'élargissent vers la tête de la Campagne, & vont en s'étrecissant vers la gorge. Il y a des tenailles simples, de doubles tenailles & des ouvrages à corne qui sont à Queue d'Yronde. On appelle *Queue de tranchée*, La partie de la tranchée qui est la plus éloignée des Ennemis. C'est le lieu où l'on a commencé à ouvrir la terre pour faire des approches, & qui demeure derriere à mesure qu'on pousse la tête de l'attaque vers la Place. On dit, *Queue d'un bataillon*, pour dire, le rang du serrefile; & *Queue d'armée*, pour dire, l'Arriere-garde.

Queue d'Aronde, Terme de Charpenterie. Il se dit du plus fort des assemblages, quand on fourre une piece de bois dans une autre par dessus, ou à côté, en sorte qu'y étant emboîtée, elle n'en puisse plus sortir, parce que l'entrée est plus étroite que le fond, ainsi qu'il se voit en la figure de la queue d'une hirondelle. Cela s'appelle *Assembler en queue d'aronde*; & outre les assemblages de cette nature, il y en a *A queue perdue* & *A queue percée*.

On appelle *Queue de moulin à vent*, Une piece de bois longue de cinq à six toises, qui est au dehors du moulin, & qui par le moyen de l'engin sert à tirer le moulin au vent.

Queue de pierre. Terme de Maçonnerie. Bout brut ou équarri d'une pierre en boutisse, qui sert à faire liaison en dedans d'un mur.

Queue de Paon. On appelle ainsi tous les compartimens qui dans les figures circulaires vont s'élargissant depuis le centre jusqu'à la circonference, à cause que c'est une maniere d'imitation des plumes de la queue d'un Paon. Il y en a de diverses formes & grandeurs.

QUEUE. s. f. Vaisseau qui contient cinquante-quatre septiers à huit pintes le septier mesure de Paris.

C'est un muid & demi, puisque le muid est de trente-six septiers. On dit *Queue de Champagne*, & *Queue d'Orleans*, parce qu'on s'y sert de cette mesure. Il y a aussi des *Demi-queues*.

QUEUX. s. m. Vieux mot qui a signifié Cuisinier. Aujourd'hui il n'a plus d'usage que dans la Maison du Roi, où il y a quatre *Maîtres Queux*, qui ne sont que de simples Officiers sous les Ecuyers de la bouche. Leur fonction particuliere est de faire les ragoûts, les entrées & les entremets. Ce mot vient du latin *Coquus*, Cuisinier. Il y en a qui le dérivent de *Quens*, qui autrefois signifioit Comte, à cause que c'étoit un Office à vie très-considerable qu'on tenoit à foi & hommage du Roi. On trouve dans Rabelais, *Les Maîtres Queux lardent souvent perdrix.* Il y avoit autrefois un *Grand Queux de France.* C'étoit un Officier de la Couronne, qui commandoit à tous les Officiers de cuisine de la bouche du Roi. On trouve par les vieux Titres que Louis de Prie, Sieur de Busançon, étoit Grand Queux de France sous Charles VII. On supprima cette Charge après sa mort.

Ce terme signifie aussi *Pierre à aiguiser* & vient de Cos. Les Paysans disent une Coue ou Quousse, d'où vient le mot *Coyer* ou *Quoyer*.

QUEX. On trouve dans le Vieux langage, *Quex a*, pour dire, Qui les a. *Et le franc Conestable quex a à Justicier.*

QUI

QUIBEI. s. m. Herbe fort nuisible qui se trouve dans l'Isle de saint Jean Porto-Rico. Elle a ses feuilles piquantes, & sa fleur imite les violettes, quoiqu'un peu plus longue. Cette herbe fait mourir incontinent les bêtes sauvages qui en mangent.

QUIERRE. s. f. Vieux mot. Quarré, anglet.

Sus toutes précieuses pierres,
Trestous reçus à quatre quierres.

QUIETISTES. s. m. Nom qui a été donné aux Sectateurs de Michel Molinos, Prêtre, natif d'Arragon, du mot Latin *Quies*, Repos, à cause que le principal de ses dogmes étoit, qu'il falloit s'aneantir pour s'unir à Dieu, & demeurer ensuite dans une entiere tranquillité, sans se mettre en peine de ce qui pouvoit arriver au corps. On pouvoit, sur cette détestable doctrine, commettre les crimes les plus infames & se souiller de toutes sortes d'ordures, puisque ceux qui la suivoient, avoient pour principe, que l'ame & ses puissances demeurant aneanties par cette union à Dieu, elle ne prenoit aucune part aux plaisirs du corps, & qu'ainsi aucun acte positif n'étoit ni meritoire ni criminel. Molinos ayant été pris en 1687. ses Propositions, après un examen fort exact qui en fut fait dans la Congregation generale de l'Inquisition, tenue en presence du Pape & des Cardinaux inquisiteurs, furent déclarés Heretiques, scandaleuses & blasphematoires. On condamna Molinos à une prison étroite & perpetuelle, où il mourut peu d'années après.

QUIEX. Pronom adjectif. Vieux mot. Quel. On a dit aussi *Liquiex*, pour, Lequel.

Demande li quiex est li Rois.

QUIGNET. s. m. Vieux mot. Coin.

Comme toute chose en quignet.

QUILBOQUET. s. m. Sorte d'instrument dont les Menuisiers se servent.

QUILLE. s. f. Morceau de bois tourné, plus gros par le bas que par le haut, dont on se sert pour jouer. Les Furetieristes eussent bien fait de ne pas dire, qu'un beau joueur de quilles est celui qui en abat 9. tout d'un coup, parce qu'ils reveillent une idée obscene d'un conte de la Fontaine. Les Gantiers appellent aussi *Quille*, Un morceau de bois en forme de quille à jouer, dont ils se servent pour redresser les doigts des gands, & pour mettre les gans en couleur.

Quille, se dit aussi d'une longue piece de charpenterie qui regne depuis la proue jusqu'à la poupe d'un Vaisseau, & qui sert de fondement & de base à tout le bâtiment, toutes les autres pieces de bois étant posées sur cette premiere, qui est un assemblage de plusieurs pieces mises bout à bout dans la partie la plus basse du même Vaisseau. C'est ce qui détermine la longueur du fond de cale. M. Menage derive ce mot de κοῖλος, Creux, à cause qu'on dit κοιλὴ ναῦς, pour signifier le Ventre, la partie concave d'un Navire.

On a dit autrefois *Se quiller*, pour dire, Se planter, se tenir debout comme une quille.

QUILLON. s. m. Terme de Fourbisseur. Sorte de branche qui tient au corps de la garde d'une épée.

QUIMBA. s. m. Plante qui croît aux Indes Occidentales. Elle est de la hauteur d'un homme, & a ses feuilles comme la blette de Barbarie, & sa semence menue. Cette semence est blanche ou rouge, & les Habitans en font un breuvage, ou la mangent bouillie comme on fait le ris. L'Ecluse dit que le Quimba ou Quinua n'est autre chose que cette sorte de grande blette qui croît quelquefois plus haut qu'un homme, ayant le tuyau gros, ferme, divisé en plusieurs branches inégales, & les feuilles comme la blette vulgaire, mais plus larges & plus longues, portant plusieurs épis au haut des branches, longs d'un palme ou plus, quelquefois plus larges au bout, & aucunement crêtés, à la maniere de la crête du passe-velours crêté, de couleur d'un rouge pâle, & qui étant mûrs, contiennent plusieurs petits grains blancs & ronds.

QUINCONCE. s. m. Plant d'arbres qui a été disposé dans son origine en quatre arbres qui avec un cinquiéme arbre au milieu faisoient un quarré en sorte que cette disposition repetée formoit un bois qu'on voyoit planté de symmetrie. Aujourd'hui *Quinconce* est la figure d'un plant d'arbres posés en plusieurs rangs paralleles, tant pour la longueur que pour la largeur. Le premier du second rang doit commencer au centre du quarré qui se forme par les deux premiers arbres du premier rang & les deux premiers du troisiéme rang; ce qui marque la figure d'un cinq au jeu de cartes. On dit aussi *Quinconge.* Ce mot vient du Latin *Quincunx*, qui veut dire, Qui a cinq onces ou cinq parties.

QUINDECIMVIRS. s. m. Magistrats Romains appellés ainsi de *Quindecim*, Quinze, & de *Vir*, Homme, à cause qu'ils étoient au nombre de quinze, Sylla qui les établit pendant le tems de sa Dictature, ayant ajoûté cinq Magistrats aux Decemvirs. Leur soin principal étoit de garder les livres des Sibylles & d'executer tout ce qui s'y trouvoit prescrit. Ils consultoient ces Oracles quand le Senat avoit jugé à propos de l'ordonner, & ils mêloient leurs avis au rapport qu'ils en faisoient. Ils avoient aussi le soin de faire celebrer les Jeux seculaires. Ces fonctions regardoient auparavant les Decemvirs & les Duumvirs.

QUINOLA. s. m. Mot qui vient de l'Espagnol, & dont on se sert dans le jeu de Reversis pour signifier le Valet de cœur. C'est la principale carte en ce jeu là, & celle qui prend la poule qui est l'argent du jeu.

QUINQUENNIUM. Certificat que les Universités accordent aux Gradués d'une étude de 5. ans après avoir examiné les attestations des Professeurs. L'exactitude de celle d'Angers sur ce point, est un modele à suivre. Voyez les Arrêts celebres d'Anjou, liv. 2. chap. 25.

QUINQUINA. s. m. Ecorce d'un arbre grand à peu près comme un cerisier, & qui a ses feuilles dentelées & rondes. Il croît au Perou dans la Province de Quitto près la Ville de Loxa, & porte une fleur longue & rougeâtre, d'où naît une maniere de gousse qui enferme une graine faite comme une amande plate & blanche, & revêtue d'une legere écorce. Le Quinquina qui croît au milieu de ces montagnes est le meilleur de tous, à cause qu'il n'a ni trop ni trop peu de nourriture. Celui qui vient dans le bas est le plus épais & a son écorce lissée d'un jaune blanchâtre par dehors & d'un jaune pâle par dedans. Le Quinquina qui croît sur le haut de la montagne a l'écorce bien plus déliée, mais plus raboteuse, plus haute en couleur par dedans & plus brune par dehors. Ce fut le Cardinal de Lugo, Jesuite, qui apporta le premier cette écorce en France en 1650. & par la vertu qu'elle a de guerir la fievre, elle y fut vendue d'abord au poids de l'or. C'est à cause de cette vertu merveilleuse que les Espagnols ont appellé l'arbre qui la produit, *Palo de calenturas*, Bois des fievres. Il y a une autre sorte de Quinquina qui vient des montagnes de Potosi. Celui-là est plus brun, plus aromatique & plus amer que les autres, mais il est aussi beaucoup plus rare. Pour le bien choisir, il faut prendre garde qu'il soit pesant, d'une substance compacte, seche & bien serrée; qu'il ne soit ni pourri ni penetré d'eau; qu'il ne se dissipe point en poussiere quand on le rompt, & qu'il n'y ait point d'ordures. On doit aussi préferer celui qui est en petites écorces fines, noirâtres, raboteuses en maniere de chagrin, parsemées de quelques mousses blanches ou de quelques petites feuilles de fougere, rougeâtre au dedans, d'un goût amer & désagreable, & rejetter celui qui est filandreux quand on le casse, d'une couleur rousse, aussi bien que celui qui est de couleur de cannelle au dessus. Il faut encore prendre garde qu'il ne soit point mêlangé de plusieurs éclats de l'arbre, qui tiennent le plus souvent à l'écorce. Cette écorce incise & attenue l'humeur terrestre; ce qui fait que l'on s'en sert pour la fievre quarte que cette humeur cause. On s'en sert aussi pour la fievre tierce & pour les autres fievres intermittentes qu'elle guerit, ou dont au moins elle suspend les accès pour quinze jours ou pour trois semaines après qu'on a purgé le malade, ce qu'on doit faire toûjours un jour avant qu'on lui fasse prendre cette écorce. Ce remede réïteré plusieurs fois lorsque la fievre revient, donne enfin une guerison parfaite. En brûlant le Quinquina, on en peut tirer un sel qui est fort aperitif & propre pour la guerison des fievres quartes. Il faut le prendre dans une liqueur convenable depuis dix grains jusqu'à vingt. On en tire aussi un extrait par le moyen de l'eau de noix distillée & du feu. C'est un très-bon febrifuge, si on le prend en pilules, ou délayé dans du vin depuis douze grains jusqu'à trente-six.

On appelle *Quinquina d'Europe*, La racine de la Gentiane, à cause qu'on s'en sert avec succès dans les fievres intermittentes. Elle est sudorifique, & a une vertu alexitere.

QUINQUINELLE. s. f. Vieux mot. Terme de cinq ans, pris ou donné pour payer. Quand il étoit expiré, si le débiteur ne satisfaisoit pas ses creanciers, on l'exposoit à cul nud sur une pierre. On a dit aussi *Quinquernelle*.

Qui ne leur faisoit nul respit,
Delay, grace, ne quinquernelle.

QUINT, INTE. adj. La cinquiéme partie d'un tout. On appelle *Quint & requint*, en termes de Jurisprudence feodale, La cinquiéme partie du prix & la cinquiéme du cinquiéme, qui est un droit acquis au Seigneur dominant toutes les fois que l'on vend un fief servant. Le quint & requint fait vingquatre francs sur cent.

QUINTADINER. v. n. Terme de Facteur d'Orgues. On dit que *Des tuyaux d'orgues quintadinent*, pour dire, qu'ils resonnent en maniere de quinte, & qu'ils ne parlent pas d'une façon harmonieuse.

QUINTAINE. s. f. Jacquemart, ou grosse piece de bois plantée en terre, à laquelle on attachoit autrefois un bouclier, & contre laquelle on jettoit en courant quelques traits, quelques dards, ou contre laquelle on rompoit des lances. Cette sorte d'exercice n'est plus en usage; la course au faquin & les têtes lui ont succedé. Le Pere Menestrier dans son livre des Tournois, fait venir ce mot d'un certain Quintus son Inventeur. Borel le dérive du Latin *Quintus*, Cinquiéme, à cause que ce jeu étoit une imitation de ceux des anciens, qui se faisoient de cinq ans en cinq ans.

QUINTAL. s. m. Poids de cent livres. Il est different selon les lieux. Sur la mer, chaque livre de quintal n'est que de quinze onces.

Les Potiers donnent le nom de *Quintal* à une grosse cruche de grès.

QUINTAU. s. m. Quantité de gerbes, fagots, &c. qu'on assemble dans un champ, dans un bois pour la commodité du compte ou de la charge.

QUINTE. s. f. Instrument de Musique à cordes & à archet. Il se dit aussi de la partie de la viole ou du violon, qui est entre la basse & la taille. On appelle encore *Quinte*, en Musique, un intervalle dont les sons extrémes sont éloignés de cinq degrés, & qui est composé de trois tons & demi. La *Quinte diminuée* ou *Fausse quinte* contient deux tons & deux demi-tons majeurs, ou deux tierces mineures, & la *Quinte superflue* contient quatre tons ou deux secondes majeures.

Quinte. Terme d'Escrime. Cinquiéme garde qui n'est que le retour de l'épée à droit après la revolution du corps au point inferieur de la prime, d'où elle étoit partie, & negative avec une autre disposition du corps, du bras & de l'épée. On dit, *Agir de prime en quinte*, pour dire, Achever en quinte après qu'on a commencé de prime.

On dit *La Quinte du Mans*, *les Quintes d'Angers*, pour dire, La banlieue, l'étendue de la Jurisdiction du Juge ordinaire ou du Prevôt, qui enferme la banlieue de ces deux Villes.

QUINTEFEUILLE. s. f. Herbe qui croît aux lieux aquatiques, près des conduits d'eau. Ses rameaux portent sa graine, & sont grêles comme festus & de la longueur d'un palme. Ses feuilles, qui sont dentelées tout autour, ressemblent à celles de menthe, & il en sort cinq à la fois, qui tiennent toutes à une queue, d'où elle a pris le nom de *Quintefeuille*, en Grec πεντάφυλλον. Ses fleurs tirent sur le jaune paillet, de couleur d'or, & sa racine est rougeâtre & longue & plus grosse que celle de l'Ellebore noir. En Medecine on se sert communément de l'herbe. On la doit cueillir avec les fleurs; mais dans les compositions considerables, destinées pour la bouche, telle qu'est la Theriaque où elle entre, on n'emploie que sa racine, qui est dessiccative, astringente, cordiale, sudorifique & arthritique. Elle est aussi repercussive & glutinative, & arrête le sang. Matthiole dit qu'outre la Quintefeuille dont Dioscoride a fait mention, il y en a trois autres, dont la premiere ne differe de celle qu'il a décrite, qu'en ce que ses feuilles sont blanchâtres & velues, & que la fleur en est blanche. L'autre a une petite feuille blanchâtre, & rampe par terre; & la derniere a ses feuilles mi-parties en cinq & semblables à celles de vigne. Le même Matthiole contredit Pline, qui a écrit dans son livre 25. chap. 9. que la Quintefeuille est connue de tout le monde par les fraises qu'elle porte, & declare qu'il n'a jamais vû de plante de Quintefeuille qui en portât.

QUINTELAGE. s. m. Terme de Marine. Amas de sable & de cailloux qu'on met au fond d'un Navire pour le tenir dans le contrepoids qu'il doit avoir, pour empêcher que les coups de mer ne le renversent. On l'appelle aussi *Lest* ou *Balast*, en Latin *Saburra*.

QUINTEUX. adj. Capricieux, fantasque. On appelle *Oiseau quinteux*, en termes de Fauconnerie, un Oiseau sujet à s'écarter, & qui a coûtume de monter à l'essor quand le chaud le presse.

QUINTILIENS. s. m. Heretiques, disciples de Montanus, appellés ainsi de Quintilla, compagne de Priscilla & de Maximilla, qu'ils suivoient comme une Prophetesse. Ils tenoient les femmes meilleures que les hommes, & non seulement ils leur permettoient de servir à l'Eglise, mais ils en faisoient des Evêques & des Prêtres, pour prêcher & administrer les Sacremens. Ces Heretiques parurent au deuxiéme siecle. Eusebe rapporte que Montanus & Maximilla, femme de qualité, qui s'étoit laissé tromper par cet heresiarque, finirent leurs jours en s'étranglant l'un & l'autre.

QUINTINISTES. s. m. Heretiques ainsi appellés d'un Jean Quintin, Tailleur d'habits, qui étoit de Picardie, & qui fut l'auteur des Libertins au commencement du seiziéme siecle. Ils permettoient toutes sortes de Religions, & quelques-uns d'entre eux se mocquoient de toutes. Quelques autres nioient l'immortalité de l'ame, & ne reconnoissoient point de Divinité, à l'exception du Ciel & de la Terre.

QUIRINALES. s. f. Fêtes des Anciens Romains. Elles étoient celebrées en l'honneur de Romulus le 17. Janvier, & on les nommoit ainsi du mot *Quirinus*, surnom de ce Fondateur de Rome, à qui on faisoit des sacrifices solemnels pendant cette Fête. La montagne sur laquelle il avoit son Temple, ainsi que la porte par où on passoit pour y aller, étoit aussi nommée *Quirinale*. C'est celle que l'on appelle aujourd'hui *Montecavallo*, à cause de deux chevaux de marbre de la façon de Phidias & de Praxitelle, qu'on y a placés. *Quiris*, veut dire une Lance dans la langue des Sabins, & quelques-uns croyent que Romulus fut surnommé de là *Quirinus*, parce qu'il étoit toûjours representé portant une lance. Selon Tite-Live, on lui donna ce surnom, à cause qu'ayant fondé les Romains, il les avoit appellés *Quirites*, lui-même, après avoir reçu dans sa nouvelle Ville les Sabins, qui avoient abandonné celle de Cures pour s'y venir établir.

QUIS. s. m. Espece de marcassite de cuivre dont se font les vitriols. On trouve quantité de ce Quis en France, & on en pourroit tirer beaucoup de dessous la terre glaise de Passi proche Paris. Il est pesant, d'un gris de souris, rempli de petites taches jaunes & brillantes.

QUIS. adj. Vieux mot. Cherché. C'est le participe du verbe *Querir*, qui a été dit pour, Chercher, comme *Enquis* est le participe d'Enquerir.

QUO

QUOGELO. s. m. Animal qui se trouve au Pays des Noirs, & qui est semblable au Crocodile. Il a la langue fort longue, & six ou sept piés de long. On en voit aussi de plus petits. C'est une bête qui se nourrit de fourmis, & qui ne sçait pas se défendre, quoiqu'elle soit naturellement assés forte. Elle a le leopard pour ennemi, & quand il l'attaque, elle s'enfonce dans ses écailles dont tout son corps est couvert, en sorte qu'il n'y peut trouver à mordre.

QUOQUART. s. m. Vieux mot. Jeune homme qui parle sans trop sçavoir ce qu'il dit, & qui fait le fier comme les enfans, qui se croyent parés avec des plumes de coq qu'ils mettent sur leur bonnet.

Et s'il le dit, c'est un quoquart.

On a dit aussi *Quoquetereau*, pour, Parleur, ce que Borel dit venir du jargon des coqs & des poules. Ainsi on auroit dû écrire *Coquart* & *Coquetreau*.

QUOTIDIEN. s. m. Se dit dans certains Chapitres des distributions manuelles & petits émolumens.

QUOTIENT. s. m. Terme d'Arithmetique. Nombre qui exprime combien de fois le *diviseur* est contenu dans le *dividende*, (voyez ces mots, & DIVISER.) En divisant 12, par 3, 4 est le quotient, car 3 est 4 fois dans 12. Si on avoit divisé 12 par 4, 3 eût été le quotient. Le *Dividende* étant le même, les deux mêmes nombres sont reciproquement l'un à l'autre Diviseur & Quotient. Le Diviseur & le Quotient multipliés l'un par l'autre sont égaux au dividende; car la multiplication refait ce qu'avoit défait la division.

QUOUE. s. f. Vieux mot. Queue.

QUS

QUSONFOO. s. m. Oiseau du Royaume de Quoja, Pays des Noirs, qui est noir & gros à peu près comme un corbeau. Il bâtit son nid de terre sur le haut des arbres, & quand les œufs sont prêts à éclorre la femelle s'arrache toutes les plumes, afin de coucher ses petits dessus. Le mâle prend soin de les nourrir, jusqu'à ce qu'ils soient assés grands pour n'avoir plus besoin de secours, & que les plumes soient revenues à la mere.

R

RAA

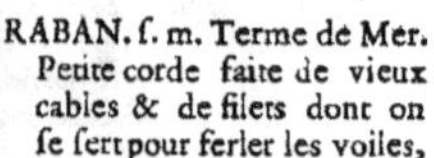

RAAISIER. v. n. Vieux mot. Se remettre à l'aise.

RAB

RABAN. f. m. Terme de Mer. Petite corde faite de vieux cables & de filets dont on se sert pour ferler les voiles, & pour renforcer les autres manœuvres. On appelle *Rabans de voiles*, Les cordes de cette nature, qui servent à amarrer les voiles aux vergues; *Rabans de pavillon*, ceux qui sont passés dans sa gaine pour les amarrer au bâton du pavillon, & *Rabans de sabords*, ceux qui servent à les fermer & à les ouvrir. On dit *Rabans d'avuste*, pour dire, Du cordage fait à la main de quatre ou six fils de carret.

RABANER. v. a. On dit en termes de mer, *Rabaner une voile*, pour dire, Y passer des rabans, afin de pouvoir l'amarrer à la vergue.

RABAT. f. m. Colet d'homme. Les Teinturiers appellent *Rabat*, Une legere façon de teinture, qu'ils donnent aux étoffes de peu de valeur, comme *Rabat de suie de cheminée*. C'est celle qui se donne aux couleurs brunes.

On appelle en termes de Vanier, *Rabat de cage*, Le dessus d'une cage.

On appelle en termes de Chasse, *Chasse au Rabat*, Celle où l'on va la nuit avec des filets. On rabat ces filets sur le gibier après que des chiens secrets, l'ont poussé dedans.

Rabelais s'est servi du mot *Rabats*, pour dire, Des esprits, des lutins. *La mommerie des rabats & lutins*. C'est de-là qu'est venu le vieux mot *Rabater*, pour dire, Faire du bruit.

RABATTRE. v. a. Diminuer, retrancher. On dit en termes de Palais, *Rabattre un congé*, *rabattre un défaut*, quand celui contre qui on les a obtenus, les fait revoquer par le Juge en se presentant devant lui, & offrant de plaider avant qu'il soit levé de son siege. On dit en termes de Maître d'Armes *Rabattre les coups*, pour dire, Empêcher qu'ils ne portent.

Rabattre, Chés les Tailleurs signifie, Prendre un petit morceau de l'étoffe, la remplier & la coudre. Les Tanneurs disent aussi *Rabattre*, pour dire, Jetter un cuir dans un plein.

Rabattre, est encore un terme de Chasse. Il se dit lorsqu'un limier ou un chien tombe sur les voies de la bête, & en donne connoissance à celui qui le mene.

On dit en termes de Tireur d'or, *Rabattre du trait*, pour dire, Faire passer sur la rochette le trait qui est autour de la bobine, ce qui se fait par le moyen du rouet.

Les Laboureurs disent *Rabattre les avoines*, pour dire. Rouler, adoucir, & aplanir la terre lorsqu'elle est mouillée & que les avoines ont levé.

RAB

On dit en termes de Manege, qu'*Un cheval rabat bien ses courbettes*, lorsque maniant à courbettes, il porte à terre les deux jambes de derriere à la fois, & qu'il suit tous les tems avec la même justesse.

RABBANITES. f. m. Nom qu'on a donné aux Juifs, qui suivent la doctrine de leurs Peres qu'on appelle *Rabbanim*, & qu'on distingue par-là de la secte des Caraïtes qui s'attachent principalement aux Livres de la Bible, sans recevoir les traditions que les Rabbins avoient inventées. Les Rabbanites, appellés aussi *Rabbanistes*, & *Rabbinistes*, sont proprement ceux qui ont succedé aux anciens Pharisiens.

RABBIN. f. m. Docteur de la loi Judaïque, que les Hebreux appellent *Rab*, *Rabbi* & *Raboni*, c'est-à-dire, *Maître*, quoique selon ce qui a été remarqué par quelques-uns, Rab fût un titre d'honneur pour ceux qui avoient été reçus Docteurs dans la Chaldée, *Rabbi*, un nom propre aux Israëlites de la Terre-Sainte, & *Rabboni*, un nom particulier aux Sages qui étoient de la Maison de David. Les Rabbins, loin de rechercher le Doctorat, tiennent qu'il y a une vanité honteuse à faire paroître qu'on voudroit être Docteur. Aussi ne les examine-t'on pas pour leur donner ce titre, mais quand on voit quelque sçavant, qui a étudié la loi de bouche plus que toute autre science, alors la voix commune l'appelle *Rabbin*. Ces Docteurs prononcent sur toutes sortes de differends, decident des choses permises ou défendues, & jugent de toute matiere de Religion, se mêlant même du civil. Ils celebrent les mariages, & déclarent les divorces. Ils prêchent & sont chefs des Académies. On leur donne les premieres places dans les assemblées, & ils punissent les desobéissans, ayant même le pouvoir de les excommunier. Lorsqu'ils excommunient quelqu'un, ils le maudissent publiquement, après quoi aucun Juif n'ose lui parler, ni approcher de lui plus près que d'une toise. L'entrée de la Synagogue lui est défendue, & l'excommunié est obligé de se seoir nuds piés à terre, jusqu'à ce qu'un ou plusieurs Rabbins l'ayent absous & beni tout de nouveau. Ce sont les Rabbins qui examinent ceux qui veulent se faire Juifs. Ils doivent être au nombre de trois, & representent au Postulant que la Loi de Moïse est très-severe, & qu'aujourd'hui ceux qui la suivent sont fort méprisés. S'il persiste, on le circoncit, & après sa guerison, on le baigne tout entier dans de l'eau, en presence de ses Examinateurs. Cela fait, il est censé Juif, comme les autres.

RABDOIDE. adj. Les Anatomistes appellent *Suture rabdoïde*, La seconde vraie suture du crane. Ce mot est Grec ῥαβδοειδὴς, & signifie proprement qui a la forme d'une verge.

RABDOLOGIE. f. f. Partie de l'Arithmetique qui enseigne à en faire facilement les deux plus difficiles regles, sçavoir la multiplication & la division, par les deux plus simples, qui sont la soustraction &

l'addition. On se sert pour cela de petites languettes separées, timbrées des nombres simples qu'on change suivant l'occasion. Ce mot est composé de ῥάβδος, Verge ou baguette, & de λόγος, Discours.

M. Paschal inventa une machine de plusieurs mouvans sur un cylindre suivant les principes de Neper pour faciliter cette operation.

RABDOMANCE. s. f. Divination par une verge, par une baguette. De ῥάβδος, Verge, & de μαντεία, Divination.

RABIH. s. m. Sorte de fruit qui se trouve dans le Royaume de Fez. Il ressemble aux cerises, & a le goût des Jujubes.

RABLE. s. m. La partie du Liévre & du Lapin, qui est depuis les côtes jusqu'aux cuisses. Les Medecins donnent le nom de *Rable* à la troisiéme division de l'épine qui est composée de cinq vertebres. Ces vertebres sont entre celles du dos & celles de l'os sacré.

Rable. Terme de Plombier. Outil de bois dont on se sert pour faire couler & étendre le plomb sur les moules. Cet outil est épais d'un pouce, large de quatre, & aussi long que le moule est large. Il porte par les deux bouts sur les bords du chassis, & il est entaillé dans ces deux extrémités, afin que tenant de champ sur les éponges qui sont les bords du chassis, le reste entre dans le moule, pour donner aux tables de plomb une épaisseur égale, & telle qu'on veut. Les Plombiers ont encore un autre Rable dont ils se servent dans une autre maniere de jetter le plomb, lorsqu'ils veulent qu'il soit par tables fort minces & fort égales. Ils ont un moule fait d'un assemblage de grosses pieces de bois, & qui n'est bordé d'un chassis que par un côté. Au lieu de sable, il est couvert d'une étoffe de laine bien tendue, & par dessus il y a un treillis fin. On ne le pose pas de niveau sur deux treteaux, mais on lui donne beaucoup de pente. Le Rable est composé de trois morceaux de bois assemblés quarrément & d'une égale hauteur. Ceux des deux côtés ont douze ou quatorze pouces de long, & venant à diminuer sur le devant en forme de deux angles aigus, ils ne gardent leur hauteur qu'à l'endroit où ils sont assemblés avec la piece du milieu, qui a sept ou huit pouces de haut sur une longueur égale à la largeur qu'on veut donner à la table de plomb que l'on doit jetter. Le plomb étant fondu dans un degré de chaleur convenable pour bien couler, on pose sur le haut du moule une carte pour servir comme de fond au Rable & empêcher que la toile ou le treillis ne brûle, pendant qu'on verse le plomb dedans pour faire la table, après quoi on met le Rable sur la carte, en sorte que la piece de traverse soit en bas, & les deux extrémités des côtés vers le haut du moule, & lorsqu'avec la cueiller, on a mis dans le Rable la quantité du plomb qu'on desire, il y a deux hommes des deux côtés du moule qui ne font que laisser aller le Rable en bas, ou qui le tirent avec vîtesse, le plomb demeurant plus ou moins épais, selon qu'ils le laissent couler avec plus ou moins de promptitude. Tout ceci est de M. Felibien.

Rable, se dit aussi des pieces de bois qui traversent le fond des bateaux, & y font le même effet que les varangues dans les bâtimens de mer. C'est sur ces pieces de bois qui sont rangées comme des solives, qu'on attache les femelles, planches ou bordages du fond.

Les Boulangers nomment aussi *Rable*, Un Instrument à manche de bois, au bout duquel il y a un fer courbé en maniere de crosse. Ils s'en servent à remuer les tisons, & à manier la braise dans le four.

RABLURE. s. f. Terme de Marine. Cannelure ou entaille que le Charpentier fait le long de la quille d'un Vaisseau, pour emboîter les premieres planches d'en bas qui en font le bordage exterieur, & qu'on appelle *Gabords*.

RABOT. s. m. Outil dont se sert le Menuisier pour polir le bois. Il est fait d'un morceau de bois fort poli en dessous qui lui sert de fust, au milieu duquel est une lumiere par où passe un fer ou un ciseau incliné, & fort tranchant, qui emporte les inégalités du bois sur lequel on le fait couler. *Rabot replané*, est celui qui sert pour ragréer sur la fin de l'ouvrage. Les Menuisiers de placage ou Ebenistes, ont des Rabots disposés d'un autre sorte que dans la Menuiserie ordinaire, à cause des bois durs & pleins de nœuds qu'ils employent. Ils en ont dont le fer est demi couché, d'autres où il est debout, & d'autres dont les fers ont des dents. Ils se servent des premiers lorsqu'ils ont à travailler sur du bois rude. Quand il est d'une dureté extraordinaire, ils se servent des Rabots dont le fer est debout, & quand cette dureté est telle qu'ils apprehendent de faire éclater le bois, ils employent ceux qui ont de petites dents comme des limes, afin de ne faire que comme limer le bois. Cela sert aussi à le redresser. Les Charpentiers ont de gros Rabots qu'ils nomment *Galeres*, & ils s'en servent pour dresser & planir les poutres, solives & autres grosses pieces. Ils en ont aussi de ronds. Les Rabots des Serruriers leur servent à planir le fer & à pousser des filets & des moulures. M. Menage fait venir le mot de *Rabot* de *Rabuttum*, qu'on a dit pour *Radutum*, venant de *Radere*, Racler, ratisser.

On appelle aussi *Rabot* Un morceau de bois emmanché au bout d'un long bâton qui sert aux Maçons quand ils veulent détremper la chaux. *Rabot*, se dit encore d'un bâton au bout duquel il y a une petite douve, dont se servent les Vinaigriers pour remuer leurs lies, & les Boueurs pour faire avaler les boues.

Rabot. Sorte de pavé fait de pierre dure qui est ordinairement une espece de liais rustique. On en pave les Eglises, les Jeux de Paumes, & autres lieux publics.

RABOTIER. s. m. Terme de Monnoye. Table cannelée de sillons, dans lesquels les Monnoyeurs arrangent les carreaux l'un contre l'autre, qu'ils pincent par le milieu de leur plat avec de grandes tenailles fort legeres, après quoi ils les couchent sur l'enclume, & en les tournant, ils frappent avec le rehaussoir sur les pointes & les carnes, qu'ils arrondissent en cinq ou six tours.

RABOTIR. v. a. Vieux mot. Polir.

RABOUGRI, IE. adj. On appelle *Bois rabougris*, Des bois qui ne profitent pas bien, qui ne sont pas de belle venue, qui sont étêtés, & qui ont le tronc court & noueux.

RABOUILLERE. s. f. Creux à l'écart où la lapine fait ses petits, afin d'empêcher qu'ils ne soient mangés par les gros lapins.

RAC

RACAGE. s. m. On appelle *Racages*, en termes de Marine, de petites Boules de bois enfilées l'une avec l'autre, de la même sorte que des grains de chapelet sont enfilés. On les met autour du mât vers le milieu de la vergue, afin que le mouvement de cette vergue soit plus facile, & qu'on puisse la faire amener plus promptement. Comme l'on n'amene point la vergue de sivadiere, elle n'a point de racages.

RACAMBEAU. f. m. Terme de Marine. Anneau de fer fort menu, par le moyen duquel la vergue d'une chaloupe à voile est assujettie au mât.

RACCOLT. adj. Vieux mot. On a dit autrefois *Pas raccolt*, en termes de Manege, pour dire, Un pas averti, un pas d'école.

RACCOURCI, IE. adj. Terme de Blason. Il se dit des pieces honorables, retraites de toutes leurs extrémités, comme d'une fasce d'un chef, d'une bande, qui ne touchent pas les deux bords ou les deux flancs de l'écu. *D'or au chevron raccourci de sable.*

RACCOURCIR. v. a. Terme de Peinture. Il se dit des figures qu'on diminue par les regles de la Perspective, selon que l'on veut qu'elles paroissent plus ou moins éloignées de ce qui est sur le devant du tableau.

RACHE. f. f. Les Matelots appellent *Rache de goudron*, la lie du méchant goudron.

RACHETER. v. a. Terme d'Architecture. Regagner, retrouver. On dit qu'*Une descente biaise de cave rachette un berceau*, pour dire, qu'Elle le regagne & qu'elle s'y joint. *Racheter*, signifie encore dans la coupe des pierres, Joindre par raccordement deux voutes de differentes especes. Ainsi on dit qu'*Un cu de four rachette un berceau*, lorsque le berceau y vient faire lunette.

RACINAL. f. m. Piece de bois dans laquelle la crapaudine du seuil d'une porte d'écluse est encastrée. On appelle aussi *Racinaux*, de grosses pieces de bois qui servent aux fondemens des ponts & à d'autres édifices. Lorsqu'on maçonne dans l'eau, on met d'abord des pilotis qui sont des pieux de bon bois de chêne rond, ou d'aune, ou d'orme, qu'on enfonce le plus avant que l'on peut. On remplit tout le vuide avec du charbon, & par dessus les pieux, d'espace en espace, on met des Racinaux, c'est-à-dire, des poutres de huit à neuf pouces, que l'on cloue sur la tête des pieux coupés d'égale hauteur, & sur les poutres on attache de grosses planches de cinq pouces d'épaisseur, dont l'on fait la plate-forme qui est comme un plancher.

Racinaux, se dit encore des petites Pieces de bois dans lesquelles sont assemblées les auges des écuries. Ces Racinaux sont debout & enfoncés deux piés avant dans la terre. *Racinaux de grue*, sont des Pieces de bois croisées qui font l'empattement d'une grue, & l'arbre & les arcboutans sont assemblés dans ces pieces. Il y a aussi des *Racinaux de comble*, Ce sont des especes de corbeaux de bois qui portent en encorbellement sur des consoles le pié d'une ferme ronde, dont le pignon d'un vieux bâtiment est couvert en saillie.

RACINE. f. f. Partie de la plante qui demeure en terre, & qui en attire l'humeur propre & familiere, tant pour la nourrir, que pour la communiquer au reste de la plante, ou pour en produire une nouvelle, comme aux herbes qui se perdent tous les ans. En general il y en a de trois sortes pour la Medecine, les bulbeuses faites en façon d'oignon, comme la squille & les aulx ; les tubereuses, faites en façon de truffes comme l'aristoloche ronde & le cyclamen ; & les fibreuses qui ont des filamens, comme le fenouil & l'éryngium. Les dernieres durent plus que les autres, à cause qu'elles ont moins d'humidité excrementeuse, dont elles se purgent par la quantité des filamens qu'elles ont. Les racines mucilagineuses sont à preferer, quand elles sont grosses, succulentes, pesantes & recentes. Les aperitives sont en fort grand nombre, mais il y en a dix qui surpassent toutes les autres en vertu ; cinq appellées *Aperitives majeures*, sçavoir celles d'ache, d'asperges, de fenouil, de persil & de bruscus, & cinq qu'on appelle *Aperitives mineures*, qui sont les racines de chiendent, de capres, de rubia tinctorum, d'éryngium & d'ononis. Quand on dit *Les deux racines*, on entend les racines de fenouil & de persil.

Racine Idenne. Plante qui a ses feuilles semblables au brusc, & d'où sortent de petits tendrons qui portent fleur. Dioscoride dit qu'elle a la proprieté d'épaissir & de restraindre, & quand Galien en parle, il dit, comme lui, qu'elle guerit tout flux de sang & de ventre, les fluxions immoderées des femmes, & generalement toutes fluxions, tant appliquées par dehors que prises en breuvage. Elle est fort âpre au goût. Matthiole n'en dit autre chose sinon qu'il n'a jamais lû en aucun Auteur de quelle forme est la plante qui produit cette racine, & que, selon le nom qu'elle porte, elle doit croître ou au mont Ida, près de Troye, ou en Candie, au mont qui s'appelle Ida ainsi que l'autre.

Racine qui sent les roses. Plante qui croît en Macedoine, & qui est semblable au costum, quoique plus legere & raboteuse. Matthiole dit qu'encore qu'elle ne soit pas connue de chacun, on en trouve assés au mont Apennin & au mont saint Ange dans la Pouille. Ses tiges sont rondes & de la hauteur d'une coudée, quelque peu creuses, & environnées de feuilles longuettes, qui ont une petite dentelûre tout autour, & qui sont grasses comme celle de pourpier. A leur cime elle porte de petits bouquets verts, à la maniere du Tithimalus cyparissius, appellé par quelques-uns *Esula minor*, & ces bouquets deviennent rouges quand ils fleurissent. Sa racine est toute raboteuse & pleine de nœuds, & grosse comme celle de costum. Etant fraîche elle a une écorce lissée, luisante en dehors, & blanchâtre par dedans. Si on la mâche, ou si on la pile en cet état, elle sent les roses, & c'est de là qu'elle a pris son nom. Etant seche, elle est legere, rouge en dedans & écaillée en dehors. Entre toutes les racines, celle-ci est la plus vive, puisqu'après qu'on l'a tirée, à moins qu'on ne la mette dans un lieu sec, elle garde sa verdeur pendant plusieurs mois, en sorte qu'elle regerme si on la replante. Elle croit aux cimes des hautes montagnes parmi les rochers & aux lieux inaccessibles où il y a peu de terre, & seulement autant qu'elle peut en prendre. Elle fortifie le cerveau par son odeur, & est bonne à toutes douleurs de tête, de quelque cause que proviennent ces douleurs. Il faut la piler fraîche & l'arroser d'eau rose si le mal est causé de chaleur, ou d'eau de marjolaine si c'est de froideur, après quoi on l'applique aux temples ou sur le front. Galien dit que la Racine qui sent les roses, & sur-tout celle qui croît en Macedoine, est composée de parties subtiles, & a une vertu resolutive.

Les Allemans appellent *Racine de peste*, la Racine de la grande Tussilago, à cause que prise en vin au poids de deux dragmes, elle a beaucoup de vertu contre la peste & contre les fievres pestilentielles. Il faut se faire suer après l'avoir prise.

On appelle en termes de Palais *Fruits pendans par les racines*, Ceux qui ne sont pas encore coupés ou cueillis. Ces fruits lorsqu'ils sont en cet état font partie du fond, & peuvent être saisis réellement avec la terre.

Racine. Terme de Teinturier. Couleur fauve. On se sert de trois ingrediens pour la faire, qui sont la coque de noix, l'écorce & la feuille de noyer. Tout cela se doit entendre quand les Teinturiers disent

Racine. Ils employent aussi le mot de *Raciner*, pour dire, Teindre avec des racines. On doit raciner de coques de noix ou d'écorce de Noyer, les laines que l'on destine à la manufacture des draps & des serges, & l'écorce d'aune n'y doit pas être employée. Il y a défense pour cela.

Racine. Terme d'Arithmetique ou d'Algebre. Quand on multiplie deux grandeurs l'une par l'autre, ces deux grandeurs s'appellent les *Racines* du produit qui en resulte. Ainsi 3. & 4. sont les racines de 12. Quand un nombre est multiplié par lui-même, il est la *Racine quarrée* du produit. (Voyez QUARRE'.) 2. est la Racine quarrée de 4; 3. de 9; 4. de 10. &c. Si l'on multiplie encore le quarré par sa racine, il vient un cube, (Voyez CUBE,) & la même racine qui étoit quarrée devient *cubique*, 2. est la racine cubique de 8; 3. de 27; 4. de 64. &c. Si l'on va jusqu'au quatriéme, cinquiéme, sixiéme *degré*, &c. car on peut aller jusqu'à l'infini, (voyez DEGRE' ou PUISSANCE,) le premier nombre qui a été multiplié par lui-même s'appelle racine quatriéme, cinquiéme, sixiéme, &c. 2. est la racine quatriéme de 16. la cinquiéme de 32. &c.

On appelle *Racines sourdes* ou *irrationelles*, les racines quarrées ou cubiques, &c. des nombres qui ne sont point quarrés, ni cubiques, &c. Ces racines ne se peuvent exprimer par nombre, & sont incommensurables à tous les nombres. (Voyez INCOMMENSURABLE.) Ainsi comme 5. ou 7. ou 10., &c. ne sont le produit d'aucun nombre par lui-même, leurs racines quarrées ne peuvent être des nombres, & on ne les exprime qu'en disant *Racines de 5. de 7. de 10. &c.* mais on peut toûjours approcher en nombres de ces sortes de racines, sans y pouvoir jamais arriver. Par exemple. Puisque 5. est entre 4. & 9. qui sont deux nombres quarrés, il faut que sa racine soit entre 2. & 3. leurs racines quarrées, & l'on trouvera une infinité de nombres rompus toûjours plus grands que 2. & toûjours plus proches de la racine de 5. C'est ce qu'on appelle l'*Approximation des Anciens*.

L'Extraction des racines, est une operation d'Arithmetique par laquelle on trouve dans un nombre donné, sa racine, soit quarrée, soit cubique, soit quatriéme, soit cinquiéme, &c.

En Algebre, on appelle *Racines de l'Equation*, les valeurs de l'*inconnue*, soit égales, soit inégales. (Voyez EQUATION.) Les Racines se divisent en *Vrayes*, *fausses* & *imaginaires* Les vraies sont des grandeurs *Positives* ou *vrayes*, les fausses sont des grandeurs *negatives* ou *fausses*, (Voyez GRANDEUR,) & les imaginaires sont des racines d'une grandeur fausse ou negative, parce qu'elles renferment necessairement une contradiction. Ces trois especes de Racines sont d'une très-grande importance dans l'Algebre.

Racine est aussi un terme d'Astronomie. Quand on calcule des Tables de quelque mouvement celeste, il faut commencer à un certain tems déterminé, que l'on choisit comme l'on veut, & où l'on suppose que l'Astre étoit à un certain point du Ciel. Ce tems d'où l'on commence le calcul, en est la racine. Il s'appelle autrement *Epoque* ou *Ere* Voyez EPOQUE & ERE.

RACINER. Faire raciner des plantes des arbustes. Les charmes racinent beaucoup & ce n'est que sur la surface de la terre.

RACLE. s. f. Terme de Marine. Petit ferrement coupant, qui est emmanché de bois, & qui sert à gratter les Vaisseaux pour les tenir propres. On dit *Racle double*, quand il y a deux racles dos à dos sur un même manche.

RACLOIR. s. m. Outil dont se servent ceux qui travaillent de marqueterie & de placage. Les Racloirs s'affutent sur une pierre à huile, & servent à emporter les rayes ou bretures que le rabot debout & celui à dents ont laissées, & à finir tout-à-fait l'ouvrage.

Les Doreurs sur tranche & les Imprimeurs en taille douce ont aussi leur *Racloir*. Celui des Doreurs est une maniere de marteau à deux pointes avec quoi ils ratissent la tranche & les bouts des livres avant que de les dorer. L'autre est un instrument d'acier dont les Imprimeurs en taille douce se servent pour gratter & effacer sur les planches de cuivre ce qui s'y trouve à gratter & à effacer.

RACLOIRE. s. f. Fer tortillé de la grosseur environ d'un pouce qui est attaché à de certaines portes qui donnent sur la rue. Il y a un anneau de fer de même grosseur passé dans cette Racloire. Cet anneau est mobile, & on le hausse & le baisse contre la Racloire pour faire du bruit, afin d'avertir ceux de la maison qu'ils ayent à venir ouvrir la porte. Quelques uns disent *Racloir*. Il n'est plus gueres en usage.

Racloire, se dit aussi d'un morceau de bois, large environ de trois doigts avec un rebord. Il sert à couper le bled quand on le mesure. En plusieurs endroits on dit en ce sens *Radoire* & *Rader le blé*.

RACLURE. s. f. Ce qu'on enleve, ce que l'on emporte de la superficie de quelque chose. Dioscoride a fait un chapitre de la Raclure d'huile, dont il explique les proprietés. Cette Raclure n'est plus en usage parmi nous. Les Anciens avoient accoûtumé de se froter le corps d'huile; ce qu'ils faisoient fort souvent, afin d'avoir plus d'agilité dans toutes sortes d'exercices. Cela leur faisoit frequenter les bains & les étuves, où l'office des Esclaves étoit non seulement de laver les corps de leurs Seigneurs, mais aussi de leur racler toutes les ordures que l'huile avoit pû y mettre. Ils se servoient pour le faire de petites étrilles fort propres, les unes d'or, les autres d'argent, & d'autres d'ébene, ou de quelque pierre precieuse, selon la richesse des personnes qui venoient aux bains. De cette raclure qui tomboit au bain, on faisoit des linimens aux crevasses, & aux apostumes qui viennent au fondement. Celle qui tomboit du corps des Luiteurs qui entroient dans la carriere où ils disputoient le prix tout nuds, en sorte que la poussiere s'attachoit facilement à leur corps, étoit bonne pour la goutte, en l'appliquant sur les nœuds des jointures, & comme plusieurs Luiteurs se frottoient aux murailles du lieu où ils combattoient, & quelquefois aux statues de pierre qui étoient au même lieu, & qu'ils engraissoient par ce moyen les statues & les murailles, la poudre qui s'y attachoit ensuite y causoit une croûte crasseuse, dont la raclure échauffoit & resolvoit les apostumes difficiles à guerir, & servoit aux vieux ulceres qui avoient perdu leur croûte & escarre.

RACORDEMENT s. m. Terme d'Architecture. Reunion de deux corps à un même niveau, ou d'un vieux ouvrage avec un neuf. On appelle aussi *Recordement*, La jonction de deux terrains inégaux, soit par pentes ou par perrons dans un jardin. On dit *Racorder*, pour dire, Faire un racordement.

RAD

RADE. s. f. Espace de mer à quelque petite distance de la côte, où les vaisseaux peuvent jetter l'ancre & y demeurer à l'abri de certains vents. Ainsi on dit, *Bonne rade d'Est, de Sud*, pour dire, Que dans cette rade on est à l'abri de ces vents-là. On dit simplement *Bonne rade*, pour dire, Un espace de mer où le fond est net de roches, & où la tenue est bonne. On appelle *Rade foraine*, Celle où il est permis à tous Vaisseaux de mouiller l'ancre, sans avoir à craindre le canon des Forteresses du Pays. Quelques-uns disent *Rader*, pour, Mettre à la rade.

RADEAU. s. m. Assemblage de plusieurs pieces de bois jointes près à près, liées & accommodées fortement ensemble, qui sert à voiturer des marchandises sur des rivieres où l'on ne peut naviger avec des bateaux. Les Radeaux des Indiens sont composés de cinq solives attachées les unes aux autres. Celle du milieu est la plus longue, & les quatre autres vont toûjours en diminuant, afin de mieux couper l'eau.

On appelle aussi *Radeau*, Un train de bois à brûler que l'on fait venir à flot sur une riviere.

RADEUR. s. m. Terme de Gabelles. Sorte d'Officier dont la fonction est de mesurer le sel & de le raser sur le minot.

RADICATION. s. f. Terme de Physique. Action des plantes, par laquelle elles poussent leurs racines.

RADICULE. s. f. Petite pointe qui est dans toutes les graines. C'est l'Embryon, ou le commencement de la racine.

RADIE', E'E. adj. On a appellé dans l'Académie des Sciences, *Fleurs radiées*, Certaines fleurs rondes & planes, composées d'un disque & d'un simple rang de feuilles longuettes & pointues, arrangées tout autour à la maniere des rayons. Ce mot est aussi d'usage dans les Médailles & dans le Blason, & l'on appelle *Couronnes radiées*, Certaines couronnes antiques.

RADIOMETRE. s. m. Instrument geometrique & astronomique, appellé autrement *Bâton de Jacob*. On s'en sert pour observer les hauteurs.

RADOIRE. s. f. Instrument dont les Mesureurs de sel, de blé & autres grains se servent pour raser les minots & rendre la mesure juste, en sorte que ce qu'on mesure ne puisse exceder le bord. Ce mot vient du Latin *Radere*, Raser. Plusieurs disent *Racloire*.

RADOUB. s. m. Terme de Marine. Travail qui se fait pour raccommoder ce qui a été brisé au corps d'un Vaisseau. Quelques-uns disent *Radoubement*. On se sert pour cela de planches, d'étoupes, de brai, de goudron & de tout ce qui est propre pour arrêter les voies d'eau.

RADOUBER. v. a. Terme de Marine. Il se dit pour Calfater, raccommoder un Vaisseau, & *Radoubeur* est l'ouvrier qui radoube. On lui donne plus ordinairement le nom de *Calfat* & de *Calfateur*.

RAF

RAFFALE. s. f. On appelle ainsi en termes de mer, Certaines bouffées de vent qui s'engendrent dans les lieux marécageux, & peut-être des froides vapeurs qui s'élevent du creux des vallées. Ces bouffées de vent étant repoussées par la chaleur de l'air, se roulent deçà & delà avec impetuosité, & se precipitent enfin du haut des montagnes sur la mer, appuyant si rudement sur les voiles des navires, que si l'on n'use d'une grande diligence à baisser les huniers & à larguer les écoutes, on est en danger de perdre des mâts, ou de sombrer sous les voiles. Ces Raffales sont frequentes aux avenues des terres qui sont montagneuses le long de la mer; mais les Pilotes experts les sçavent bien reconnoître.

RAFFINERIE. s. f. Maison où l'on raffine le sucre. Il y a de ces raffineries à Rouen, à Nante, à Saumur, à Angers, &c.

RAFLE. s. f. Le petit rameau de la vigne qui forme la grappe, & d'où les grains de raisin ont été ôtés. Du Cange fait venir ce mot de *Rifflare*, qui a été dit dans la basse Latinité pour, Piller, emporter de force. D'autres le dérivent du mot Allemand *Raffen* qui veut dire la même chose. Aussi quelques-uns prononcent *Rafle*.

Rafle, raffanum, herbe bonne contre la morsure des serpens, la feuille est grande comme le Lapathos ou pareille.

Rafle, se dit aussi d'une sorte de filet triple ou contremaillé pour prendre de petits oiseaux ou des poissons. Les Pêcheurs l'appellent *Rafle*, à cause que lorsqu'il est bien tendu on y prend un grand nombre de poissons.

On appelle *Rafle*, au jeu de dés, Trois dés qu'on amene ayant tous un même point. Ainsi on dit *Rafle de cinq, rafle de six*, quand en jettant les dés on amene trois cinq ou trois six.

RAFRAISCHIR. v. a. On dit en termes de guerre, *Rafraîchir des Troupes*, pour dire, Les mettre en lieu de repos, pour les remettre du travail & des fatigues qu'elles ont souffertes.

Rafraîchir, est aussi un terme de Canonnier. Quand le canon a tiré, on le rafraîchit en mettant du vinaigre & de l'eau dans la volée, ou en envelopant la Piece avec des toisons de mouton, en sorte que la laine la touche. On dit encore, qu'*On rafraîchit le Canon*, quand on en bouche la lumiere en mettant de l'eau dans la volée, la levant un peu & abaissant la culasse.

On dit en termes de Marine, *Rafraîchir la fourrure*, pour dire, Faire que la garniture que l'on met autour d'un cable pour l'empêcher de se gâter, change de place. On dit sur mer, que *Le vent se rafraîchit*, pour dire, qu'il redouble sa force. Hors de la mer, quand on dit *Le vent se rafraîchit*, cela veut dire, Le vent devient plus frais.

RAFRAISCHISSEMENT. s. m. On dit en termes de mer, *Prendre des rafraîchissement*, pour dire, Prendre toutes sortes de vivres agreables & necessaires, comme des pains frais, de la viande fraiche, des herbes, du fruit & autres choses. Les Rafraîchissemens ordinaires des Matelots sont du tabac, de l'ail & de l'eau de vie.

RAG

RAGAS. s. m. Vieux mot qui est encore en usage dans quelques Provinces, & qui veut dire Inondation, soit qu'elle ait été causée par une pluye abondante, soit par la chûte de quelque torrent.

RAGE. s. f. *Sorte de maladie qui rend furieux, & qui se communique par la morsure*. ACAD. FR. Selon Galien, la rage n'est propre qu'aux chiens ausquels elle vient particulierement, & sur-tout pendant les grandes chaleurs. Cette maladie leur ôte la connoissance, & les pousse à mordre indifferemment tous ceux qu'ils rencontrent. La marque de la rage, c'est quand un chien ne veut ni manger ni boire, qu'il écume par la gueule & par les nazeaux, qu'il a un regard morne & de travers, & qu'il se jette sans aboyer sur tout ce qu'il voit, soit homme, soit bête. Ce venin ne se communique aux hommes que neuf jours après qu'ils ont été mordus d'un chien enragé, & quelquefois même long-tems après. Cette maladie change l'homme en bête, en sorte qu'il n'a presque plus rien d'humain, representant les airs & la nature de l'animal dont il a été mordu; car les chats, les coqs, les chevaux, les loups & les mulets ne sont pas moins sujets à la rage que les chiens. Bartholin parle de quelques bœufs qui devinrent enragés par la morsure d'un chien enragé, & il fait même mention d'un homme qu'un coq enragé mordit. La morsure de tous les animaux en colere, même de l'homme, est maligne & venimeuse, & ce qu'il y a de surprenant dans la rage, c'est que la plus legere blessure, ou le moindre attouchement de la bave ou de la salive de l'animal enragé la donne en son tems. Hildanus rapporte qu'un homme ayant reçû une égratigneure de la patte d'un chat enragé, laquelle offençoit à peine l'épiderme du pouce droit, tomba dans la rage, & qu'une femme, dont un chien enragé avoit un peu déchiré la robe, voulant la recoudre trois mois après, & ayant rompu le fil de son aiguille avec ses dents, devint enragée. Zacutus Lusitanus écrit une chose encore plus extraordinaire. Certains hommes ayant été blessés avec une épée, dont huit ans auparavant on avoit tué un chien enragé, devinrent enragés eux-mêmes trois ans après leur blessure, tant le venin de la rage est malin & penetrant. Ce levain demeure quelquefois caché dans le corps plusieurs années sans se faire appercevoir, & on a l'exemple d'une hydrophobie mortelle, qui est une marque de la rage, dans un homme à qui elle arriva treize ans après qu'il eut été mordu d'un chien enragé. Il s'engendre, & on voit quelquefois de petits animaux dans la salive ou l'urine des enragés, semblables en espece à ceux qui ont donné la rage; & Salmuch écrit qu'une femme ayant été mordue à la frange de sa jupe par un chien enragé qui mouilla cette frange avec sa bave, la jupe qu'elle fit étendre à l'air, afin qu'elle sechât, se trouva remplie de petits animaux ayant des têtes de chien, & cela dans l'endroit où avoit été la bave. Un homme à qui la morsure d'un chien ou d'un chat donne la rage, imite les actions de ces animaux, ou en aboyant comme les chiens, ou en égratignant comme font les chats. Il y en a un exemple singulier dans Borellus. Un homme qu'avoit mordu un chien enragé, tomba subitement dans la rage, & acquit un odorat si délicat & si fin, qu'il sentoit de loin ceux de ses amis qui le venoient voir. Quand on veut connoître si le chien qui a mordu est enragé, quelques-uns ordonnent de mettre des noix broyées sur la playe qui a été faite sur la morsure & de les y laisser pendant quelques heures. Après cela il faut les jetter à un coq ou à une poule. La poule ou le coq meurt le lendemain si le chien est enragé. Il y en a d'autres qui prenant du sang de la playe, en forment une pâte avec de la farine, & la donnent à une poule. Si la poule meurt, c'est une marque infaillible que l'animal étoit enragé. Selon Avicenne, il faut frotter la playe avec de la mie de pain, & la jetter à un chien. S'il ne veut pas la sentir, c'est signe de rage. Tous les enragés en general ont horreur des choses liquides ou aqueuses, & la vûe seule de quelque liqueur leur donne de grandes inquietudes, & même des convulsions. Ils reçoivent rarement guerison parfaite. Le levain de la rage qui demeure long-tems dans le corps tue à la fin, & c'est d'ordinaire trois ou quatre jours après que l'hydrophobie a commencé. Il y a plusieurs remedes internes pour chasser le poison reçu, soit inveteré, soit qu'il soit encore recent. Le chien même enragé en fournit contre la blessure qu'il a faite. Son sang pulverisé & pris durant trois jours, délivre les hydrophobiques, mais rien n'est plus sûr que de les jetter dans l'eau froide. Il faut les y laisser quelque-tems, pour leur donner lieu de craindre d'être noyés. Quant à la playe causée parla morsure d'un animal enragé, il faut la laisser ouverte autant qu'on peut lorsqu'elle est nouvelle, en essuyant avec soin & diligence ce qui peut y être resté de salive. Si on neglige les secours chirurgiques dans les premiers jours, en sorte que le poison ait penetré en dedans, ils ne servent plus de rien. Le remede le plus singulier & le plus prompt, c'est de brûler la partie affectée avec un cautere actuel.

RAGOT, OTE. adj. Petit, court, ramassé. On appelle *Cheval ragot*, Un cheval qui a la taille renforcée, la croupe large & les jambes courtes.

RAGOT. s. m. Sanglier qui a deux ans, & qui sort de compagnie.

Ragot. Terme de Charretier. Sorte de crampon de fer qui est attaché au limon d'une charrette, & où l'on accroche la chaîne de l'avaloire.

RAGOUISTE. s. m. Cuisinier de bon goût qui fait de bon ragoûts.

RAGRE'E, E'E adj. On appelle *Pierre ragrée au fer*, Celle qui a eté repassée au riflard.

RAGREER. v. a. Repasser le marteau & le fer aux paremens des murs d'un bâtiment, après qu'il est fait, pour les rendre unis & en ôter les balevres. On dit aussi *Ragréer un ouvrage de menuiserie, de serrurerie*, pour dire, Y mettre la derniere main.

Ragrément se dit de l'action de ragréer.

RAGUE', E'E. adj. On dit sur mer, *Cable ragué, corge ragué*, pour dire, Un cable, un cordage gâté, écorché, ou coupé.

RAJ

RAJACE ou *Rapasse*. Pierre dure fort blanche & fort nette, propre à faire des figures. On n'en connoît plus les carrieres. L'Hôtel Barrault, & les Autels de la Chapelle des Chevaliers d'Angers en sont.

RAIFORT. s. m. Espece de grosse rave qui a le goût piquant. Sa feuille est semblable à la feuille de navet, plus étroite que celle de la rave, plus velue, plus raboteuse. Elle a sa tige ronde en long, la gousse enflée & plus grande quatre fois que la rave. Elle est pointue, & enferme une graine qui est ronde, rousse & piquante au goût, plus petite & plus dure que celle de la rave & du navet. Sa racine est de façons differentes. Il y en a qui l'ont longue, blanche, ronde en long, tendre, frêle, & non aigue pour le goût. Matthiole dit que cette espece de Raifort passe pour la meilleure en Toscane. D'autres ont la racine grosse & en forme de navet. Celle-là est beaucoup plus dure que l'autre, & a le goût plus piquant. Il y a aussi de la difference dans la couleur, puisqu'on en trouve de blanches & de noires par tout. Les noires sont pourtant plus rares. Dioscoride parle de deux sortes de Raifort, l'un de jardin, & l'autre sauvage. Il veut qu'on en mange sur la fin du repas, sur ce qu'étant pris au commencement, ils soulevent les viandes & les font vomir. Galien dit au contraire qu'il faut les manger à l'entrée de table, afin d'ouvrir l'appetit. Les Raiforts sont chauds au troisiéme degré & secs au second, selon le même Galien, qui ajoûte que les sauvages surpassent les domestiques en l'une & en l'autre qualité, que la graine est plus chaude & plus dessiccative que la plante, qu'elle est aussi resolutive, & qu'ainsi on s'en sert à ôter toutes meurtrissûres & ternissûres. En Grec ῥαφανίς. Quelques-uns font venir ce mot de *Radix fortis*. La racine du Raifort sauvage est recommandée comme un puissant remede dans le manque d'appetit. On la fait infuser avec de la racine d'aunee, partie égalle de chacune, dans du vin du Rhin. La dose est un verre tous les matins.

RAIN. s. m. Vieux mot. Orée de forêt. Il veut dire aussi Rameau.

Si cueillis un rain d'Eglantier.

M. Ménage le fait venir de *Ramus*, comme Main a été fait de *Manus*. On a dit aussi *Rainceau*, qui est encore en usage en Architecture, lorsqu'on parle des branches feuillues dont on charge les frises, & dont on fait d'autres ornemens. On dit aussi dans le Blason, *Aux rainceaux passés en sautoir*, en parlant des branches croisées & enlacées sur un Ecu.

Voici ce que dit Nicod sur le mot *Rein*, Raim, *qu'aucuns écrivent par* n Rain, *semble descendre du Latin* Ramus *& qu'il signifie Rameau. Toutefois il se trouve en des vieilles notes de Notaires de l'an mil quatre cens, qu'en ce tems-là, en matiere de desemparement ou devest & sasissement ou vest de choses immeubles, ils usoient ès lettres de vendition de ceste clause.* S'est dessaisy & devestu & desmis en nostre main comme en main de Justice, par Raim de baston pour & au profit dudit Acheteur; *ce qui monstre que* Raim *a autre signification que de Rameau, & usoit-on en cela dudit Raim de baston, tout ainsi comme en l'investiture d'un fief on usoit d'une courte lance ou javeline, que le Seigneur faisant ladite investiture mettoit au poing de son futur Vassal. Ainsi en la Coustume du Bailliage de Vermandois au chapitre de Saisine & dessaisine appellez* Vest & Devest, *article 126. est escrit*; Et se fait communément ladite vesture par tradition d'un petit baston ou buchette.

RAINURE, ou REINURE. s. f. Terme de menuiserie. Ouverture ronde qui se fait en longueur sur l'épaisseur d'une planche, pour servir de coulisse, ou pour recevoir une languette. M. Felibien avertit que les Charpentiers disent *Ruiné*.

RAIPONCE. s. f. Plante de la hauteur d'une coudée, & de la racine de laquelle, avant qu'elle pousse sa tige, sortent des feuilles longuettes qui se tiennent contre terre. Celles qui sont part oute la tige ont plus d'apparence & sont plus courtes. Les fleurs sortent de la cime de ses branches, au nombre de quatre, autant qu'il y a de feuilles. Elles sont rouges tirant sur le pers. Sa racine est blanche, longue de trois ou quatre doigts, grossette, & enflée vers le milieu, qui est blanc & tendre, & rempli d'un suc un peu doux au goût. On mange les Raiponces en salade. En Latin *Rapuntium* ou *Rapunculus*, Petite rave.

RAIS. s. m. *Rayon. Il ne se dit guere que de la lumiere de la lune.* ACAD. FR. On appelle *Rais de cœur*, en termes d'Architecture, Un petit ornement accompagné de feuilles d'eau, qui se taille sur les sortes de moulures que l'on appelle *Talons*.

Les Charons appellent *Rais*, Un morceau de bois rond & plané qui est attaché au moyeu, les Furetieristes disent noyau au lieu de moyeu) & aux jantes des roues des chariots, des charrettes & des carrosses. On donne aussi le nom de *Rais* aux pointes des molettes d'éperon.

Rais, en matiere de Blason, sont des bâtons pommetés & fleurdelisés ou bourdonnés ou mis en pal, fasce, bande & barre, comme les ais d'une roue. Quand ils ont en cœur une escarboucle, on les appelle *Rais d'escarboucle*.

RAISIN. s. m. Fruit qui pend en grappe au sep de la vigne, ou à quelque treille, & qui est bon à manger & à faire du vin. Il y en a de plusieurs especes. Le *Pinguant-paut* est un raisin blanc fort doux que l'on appelle autrement *Bec d'oiseau*, à cause qu'il aboutit en pointe des deux côtés. Le Raisin Suisse a les grains rayés de blanc. Le *Roignon de coq* est une espece de bourdelas blanc. Il y a aussi un bourdelas rouge & un autre noir. Le *Noiraut*, dit *Plant d'Espagne*, a le grain extrémement serré & teint fort noir; ce qui fait qu'on l'appelle *Teinturier*. Le suc en est plat, & il ne sert qu'à couvrir le vin. Il est fort bon pour les blessures. Celui que l'on appelle *Ploqué*, ressemble au Noiraut, mais il ne teint point. Le *Raisin de Corinthe*, qui est un Raisin délicieux & sucré, a le grain pressé & fort menu & la grape sans pepins. Celui qu'on nomme *le gros Corinthe*, est rouge ou violet. C'est une espece de Bar-sur-aube. On appelle *Beaunier*, un raisin fort commun à Beaune, qui tire sur le gouais blanc. Ce gouais blanc a une fort grosse grappe, & le plan en dure un siecle en terre. Il y a aussi un Gouais violet, dit à fleur. *Le Bourguignon*, est un raisin noir assés gros. Le *Raisin d'Afrique*, a ses grains de la grosseur d'une prune. Le mot de *Raisin*, vient du Latin *Racemus*, qui veut dire la même chose.

On dit, *Raisin de lierre*, pour dire, Le fruit du lierre, à cause qu'il vient en grappe de même que le raisin.

RAISINIER. s. m. Arbre des Antilles qui croît de moyenne hauteur, & rampe presque par terre au bord de la mer. La plûpart des rives de ces Isles sont bordées de ces arbres, qui sont crochus, noueux, confus, & mêlés ensemble, mais dans une bonne terre le Raisinier devient aussi haut qu'un des plus beaux arbres des forêts. Sous l'écorce de son tronc, qui est grise, tirant sur le jaune, seche, & d'un goût salé, après qu'on a enlevé un aubel blanc de l'épaisseur de deux pouces, on trouve un bois rouge, plein, massif, & fort propre à faire d'excellents ouvrages de Menuiserie. Ses feuilles sont entierement rondes, larges comme une assiette, épaisses & fortes comme de la carte, lissées & vertes au fort de l'été, & rouges sur le declin. Quoiqu'elles soient à demi-pié l'une de l'autre, elles ne laissent pas de faire grande ombre. De dessous la plûpart des feuilles il sort de petites queues, qui dans les premieres pluyes, se garnissent de bout en bout de petites fleurs comme celles de la vigne, & ensuite de raisins, qui sont de couleur de rose & de la grosseur d'une noisette. Au lieu de pepins, chaque grain a sous une tendre pellicule, & sous fort peu de substance, aigrette, rafraichissante, & d'assés bon goût, un noyau gros comme une balle de pistolet, & aussi dur que le noyau d'une prune. Le fruit a aussi un goût de prune, & l'arbre ne porte guere deux années de suite.

RAISON. s. f. *Puissance de l'ame par laquelle l'homme discourt, & est distingué des bêtes.* ACAD. FR. Ce mot a été employé autrefois dans la signification de harangue. *Et il commença orgueilleusement sa Raison, & dit.*

Raison d'Etat. L'art de gouverner avec prudence sans blesser la pieté ou la justice. Ammirat (*l.* 12. *ch.* 1.) dit que c'est une dérogation du Droit Civil pour un bien public ou pour une cause majeure & une fin plus universelle. Botero *raggione di stato* pr. la definit une connoissance des causes, & des moyens qui établissent, affermissent, & augmentent un état. Boccalin cent. 2. ragg. 86. *essere una legge utili a gli stati nia in tutto contraria alla legge diddio & de gli huomini*, il n'entend par là que la *cattira raggione*, qu'on appelle *flagitium dominationis.* Clapmarius, *l.* 4. *c.* 2. dit que c'est un droit souverain, ou privilege introduit pour le bien public contre le droit commun ou ordinaire, mais qui n'est pas éloigné de la Loi Divine, & qui est comme une legitime tyrannie. Ces derniers termes sont repris par Boxhornius, *l.* 1. *c.* 6. §. 10. *de arcanis rerum publ.* il ne peut souffrir deux motifs si disparates.

Raison. Terme de Mathematique. Rapport, relation d'un nombre à un autre, & en general d'une quantité à un autre quantité. Les deux grandeurs que l'on compare, s'appellent *Termes*, celle qu'on met la premiere est l'*Antecedent*, l'autre *le consequent.* On peut dans cette comparaison considerer de combien une grandeur surpasse l'autre, ou combien de fois l'une contient l'autre. Par exemple, en comparant 3 & 15 de la premiere façon, je trouve que 15 surpasse 3 de 12, & en les comparant de la seconde, je trouve que 15 contient 3 fois 5. La premiere sorte de rapport qui consiste dans l'*excès*, d'une grandeur sur l'autre, ou ce qui est la même chose, *dans leur difference* s'appelle *Raison Arithmetique*, la seconde s'appelle *Raison Geometrique*, ou absolument *Raison*, car c'est celle qui est du plus grand usage.

Les Raisons de quelque espece qu'elles soient peuvent être ou d'*égalité* ou d'*inegalité*, selon que l'on compare des grandeurs égales ou inégales. Mais les raisons comparées les unes aux autres peuvent être *égales* ou *inégales*. Ainsi la Raison Arithmetique de 4 à 6 est égale à celle de 18 à 20, & la Geometrique de 4 à 6 est égale à celle de 8 à 12. Deux raisons égales font une *Proportion.* Voyez PROPORTION. Ce que l'on va dire ne s'entend plus que de la raison Geometrique.

Une raison est *plus grande qu'une autre*, quand le plus grand de ses termes contient plus de fois le plus petit, ou ce qui revient au même, une aliquote du plus petit, que le plus grand terme de l'autre Raison ne contient le plus petit, ou une de ses aliquotes. Voyez ALIQUOTE. Ainsi la Raison de 12 à 3 est plus grande que celle de 9 à 3, celle de 7 à 2, est plus grande que celle de 15 à 6, car 7 contient 7 fois 1, moitié de 2, & 15 ne contient que 5 fois 3, moitié de 6. Il faut toûjours que les aliquotes que l'on compare dans deux Raisons, soient des aliquotes *pareilles*, c'est-à-dire que si l'une est une moitié, un tiers, un quart, &c. de son tout, l'autre soit aussi une moitié du sien, ou un tiers, ou un quart, &c.

Lorsque de deux Raisons on en multiplie les antecedens l'un par l'autre, & ensuite les consequens, on a deux nouveaux termes dont la Raison est *composée* des deux premieres Raisons. Si ces deux premieres Raisons étoient égales, la Raison qui en est composée s'appelle *Doublée*, si la Raison composée a été formée de la même façon de trois Raisons égales, elle s'appelle *triplée*, &c.

Il ne faut pas confondre la Raison *doublée*, ou *triplée*, &c. avec la Raison *double* ou *triple*, ou *quadruple.* La Raison double, ou triple, ou quadruple, &c. n'est que la Raison de deux termes dont l'un est double, triple, quadruple de l'autre. Mais la Raison doublée, triplée. &c. est composée de deux, de trois Raisons égales quelles qu'elles soient. Chacune de ces deux Raisons 6 à 2, & 9 à 3, est triple, mais si on en fait une Raison composée, elle sera doublée, & ce sera celle de 54 à 6, qui est fort differente de la Raison triple. Puisque les deux ou les trois Raisons qui composent une Raison doublée ou triplée sont égales, les termes en peuvent être les mêmes, ou considerés comme s'ils étoient les mêmes, & alors les antecedens n'étant que le même terme, & les consequens aussi, ce même terme est multiplié deux ou trois fois par lui-même, ce qui fait que la Raison composée a pour termes *deux quarrés*, ou *deux cubes.* Voyez QUARRE' & CUBE. Ainsi si on fait une Raison composée de la Raison de 2 à 3, & de la Raison de 2 à 3, on a celle de 4 à 9, qui sont des quarrés, & si on repete encore une fois la Raison de 2 à 3, on a celle de 8 à 27, qui sont des cubes. Et quoique les termes ne soient pas les mêmes dans les raisons composantes, les Raisons composées ne laissent pas de se reduire toûjours à des quarrés ou à des cubes, comme la Raison doublée que nous avons trouvée ci-dessus, de 6 à 54, composée de Raisons égales, dont les termes sont differens, ne vaut que celle de 1 à 9, qui sont des quarrés. De-là vient que quand on dit en Mathematique, que deux grandeurs sont en Raison *doublée* ou *triplée* de deux autres, c'est la même chose que si on disoit qu'*Elles sont entre elles comme les quarrés ou les cubes de ces deux autres.*

La Raison *soudoublée*, *soutriplée*, est celle des racines de deux quarrés ou de deux cubes. Voyez RACINE. Quand on dit que deux grandeurs sont en raison soudoublée, soutriplée de deux autres, on entend qu'elles sont comme les racines de ces deux dernieres grandeurs qui sont des quarrés ou des cubes, ou que l'on considere comme quarrés & comme cubes quand elles ne le seroient pas en effet. La Raison soudoublée, ou soutriplée est fort differente de la Raison *soudouble* ou *soutriple*, qui est celle d'un terme à un autre deux fois ou trois fois plus grand.

Quand on prend pour qarré ou pour cube, un nombre qui ne l'est effectivement pas, il est impossible que sa racine quarrée ou cubique, soit un nombre. Cependant on a très souvent besoin de ces sortes de racines, & on les exprime simplement en disant racine quarrée de 3, de 5, de 6, &c. racine cubique de 7, de 9, de 10, &c. Ces racines sont appellées *sourdes*, ou *irrationnelles*, ou *incommensurables*, ou *nombres sourds*, *irrationnels*, *incommensurables*, & comme ces nombres, qui proprement n'en sont pas ne peuvent être exprimés, aussi leur Raison à de vrais nombres ne peut être exprimée par nombres, & on l'appelle *Raison sourde*, par opposition à la *Raison exacte de nombre à nombre.* Voyez INCOMMENSURABLE. La Raison sourde se trouve aussi dans les lignes, par exemple, le côté d'un quarré, & sa diagonale étant incommensurables, leur Raison est sourde.

On dit en termes de Charpenterie, *Mettre les pieces de bois en leur raison*, pour dire, Disposer les pieces de bois qui doivent servir à un bâtiment, & mettre chaque morceau en sa place, après qu'elles ont été mises en chantier.

Raison. Portion de boisson, de viande, ou d'autre chose à manger, qu'on distribue dans le bord à chacun de ceux de l'équipage. C'est la même chose que *Ration.*

RAISONNER. v. n. *Discourir*, *se servir de la rai-*

son, pour connoître, pour juger. Acad. Fr. On dit en termes de Marine, *Raisonner à la Patache, Raisonner à la Chaloupe*, & cela se dit d'un Vaisseau, qui voulant venir mouiller dans un Port, est obligé de montrer à la Patache ou à la chaloupe, qui étant de garde vient le reconnoître, les permissions qu'il a d'y mouiller; il est aussi obligé de lui rendre compte, non seulement de la route qu'il a faite, mais encore de celle qui lui reste à faire. Cela se fait pour ôter les défiances qu'on pourroit avoir.

RAL

RALIAS. f. m. Vieux mot. Raillerie, medisance.

RALINGUES. f. f. On appelle ainsi sur mer des cordes qui sont cousues en orlet tout autour de chaque voile, & de chaque branle. On les y coud afin que les bords en soient renforcés. On dit, *Tenir en Ralingue, mettre en Ralingue*, pour dire, Tenir un Vaisseau, mettre un Vaisseau en sorte que le vent ne donne point dans les voiles. *Ralinguer, faire ralinguer*, c'est la même chose.

RALLER. v. n. Vieux mot. Retourner.

Raller, se dit du cri des Daims & des Cerfs, sur tout de celui du Cerf, quand il est en rut.

RALLIER. v. a. Rassembler des troupes qui ont été défaites & mises en fuite. On dit en termes de Mer, *Rallier un Navire au vent*, pour dire, Le mener vers le vent, & *Se Rallier à terre*, pour dire, S'en approcher.

RALLONGEMENT. f. m. On appelle dans l'art de bâtir, *Rallongement d'arrestier*, la ligne diagonale depuis le poinçon d'une croupe jusqu'au pié de l'arrestier qui porte sur l'encoignure de l'entablement. On l'appelle aussi *Reculement.*

RAM

RAMADAN. f. m. Carême d'un mois parmi les Mahometans. Ils jeûnent avec tant d'exactitude pendant ce tems-là, qu'ils ne boivent ni ne mangent depuis le Soleil levé jusqu'à ce qu'il se couche. Ils l'appellent *Ramadan*, du nom du mois où il tombe, & disent que ce fut pendant ce mois que l'Alcoran descendit du Ciel. Ils commencent ce Carême de cette maniere. Quand la Lune de Chaaban qui est leur huitiéme mois & qui precede immediatement celle du Ramadan, est passée, ils regardent le soir s'ils découvriront la Lune nouvelle. Il y a des gens qui se tiennent pour cela aux montagnes & autres lieux élevés, & aussi-tôt que que qu'un l'a apperçûe, il vient le dire à la ville. Si c'est un homme de foi, on le récompense, & le Ramadan est ordonné par tout à cri public, outre qu'un coup de canon qu'on tire le soir l'annonce. Alors on entoure tous les minarets de lampes, qui representent diverses figures & qui sont si industrieusement accommodées que le vent ne peut les éteindre. Le verre où l'on met l'huile est rond, de la grosseur du bras, long d'un pié, & plat par le dessous, avec un bord de demi pouce en haut. On met ce verre dans un morceau de planche percé, qui sert à le soûtenir. De son rebord en haut il y a comme un sac de toile long d'un pié, & au dessus une petite piece de bois ouverte au milieu, pour laisser évaporer la fumée, avec des cordes attachées pour soûtenir la piece de bois. Ce sac est fendu par le côté, pour pouvoir faire entrer la meche & l'allumer, mais il se rejoint sans que le vent y passe, & le verre n'a de l'huile que jusqu'au tiers, afin que la lumiere paroisse au travers, & demeure fort éloignée de la toile. On allume ces lampes toutes les nuits que dure le Ramadan, & ceux qui l'observent, peuvent boire & manger toutes les viandes qui leur sont permises dans les autres tems jusqu'à ce qu'ils puissent distinguer le filet blanc & le filet noir par la lumiere de l'Aurore. Les boutiques des Revendeurs sont ouvertes tout ce tems-là, & on se traite les uns les autres à peu près comme il se pratique ici au Carnaval, mais tout le jour, ils ne peuvent ni boire ni manger, ni fumer du tabac, ni rien mettre dans leur bouche, jusqu'à ce que la Lune paroisse le soir, ce que les Muezims leur font sçavoir en criant la Priere du haut des Minarets lorsqu'il est tems de rompre le jeûne. Cette sorte de Carême est fort rude, sur-tout quand la chaleur est bien grande, parce qu'ils n'osent pas même boire un peu d'eau pendant la journée, & leur mois de Ramadan n'est pas toûjours dans une même saison. Cela vient de ce que l'année des Arabes, dont tous les Mahometans se servent, est composée de douze Lunes, six de vingt-neuf jours, & six de trente, ce qui fait trois cens cinquante-quatre jours, & comme il reste tous les ans huit heures & quelques minutes sur ces douze Lunes, cela les oblige d'intercaler onze jours sur trente années, ce qu'ils observent afin que le premier jour de leurs mois soit toûjours le premier de chaque Lune. La difference de douze jours à l'année Solaire est cause que leurs mois circulent, & qu'ils se trouvent tantôt à une saison, & tantôt à l'autre, parce que leurs années ne s'accordant pas au cours du Soleil, sont plus courtes d'onze jours que ne sont les nôtres. Ainsi le Ramadan remonte de ce nombre de jours chaque année, & change toûjours de saison, en sorte que s'il arrive le premier de Janvier en une année, celle d'après il sera le dix-neuviéme de Decembre, & l'année suivante le septiéme, parce qu'il retourne toûjours en arriere. Ce Carême est commandé fort étroitement aux Mahometans, & ceux qui ne le font point pendant le mois ordonné, soit par voyage, maladie, ou quelqu'autre occasion qui ne leur permet pas de jeûner, sont obligés de le faire le plûtôt qu'ils peuvent. C'est la même chose que s'ils l'avoient fait dans le tems prescrit, pourvû qu'ils jeûnent pendant trente jours. Ils ont dans le Ramadan de plus étroites défenses de boire du vin que pendant le reste de l'année, & si l'on trouvoit pour lors un homme yvre, on le condamneroit à la bastonnade ou aux galeres. On leur verse quelquefois du plomb fondu dans le gosier pour les en punir, mais cela est rare.

RAMAGE. f. m. Terme de Chasse. Il se dit des branches d'arbres, & c'est de-là qu'on appelle *Epervier Ramage*, Un Epervier qui a volé par les forêts. *Ramage*, en termes de Coûtumes, est un droit qu'ont quelques Sujets de couper des branches d'arbres dans les bois de leurs Seigneurs.

On prend aussi ce mot pour ligne de parenté, Celui qui prétend une succession éloignée qu'on lui dispute, ou qui veut faire un retrait doit justifier son ramage.

RAMASSE. f. f. Sorte de Traineau sur lequel les Voyageurs se font ramasser en de certains lieux.

Ramasse, dit Nicod, *est une façon de Civiere à deux cornes, longues de deux piés sur le devant, que celui qui conduit la Ramasse tient, une à chascune main, & a un siege où celui qui est ramassé est assis, des acoudoirs & un dossier, soûtenue par derriere par un autre homme qui tient les piés en contraire démarche de ceux du premier avec laquelle en temps de grandes neiges, ès Monts du Piémont, Genevre & Seny, on descend les passagers du haut du Mont jusques au pié d'icelui : & est telle façon de Civiere appellée* Ramasse, *de ce qu'auparavant l'agencement d'icelle, on ramassoit les passagers sur des grosses branches d'arbres, tirées avec une corde par celui qui ramassoit. Et faut sçavoir que ledit conducteur de ceste Ramasse a à chasque corne un grand anneau fait de hard, qu'il laisse couler le long desdites cornes quand il veut allentir le cours de la Ramasse, & un bâton ferré pour l'arrêter tout court quand il en est besoin.*

RAMBADE. s. m. Terme de Marine. Poste dans une galere où il peut tenir quinze ou seize soldats pour combattre avec avantage, outre les Matelots qui y sont. Il y a deux Rambades dans une galere. Ce sont des exhaussemens auprès de l'éperon, qui sont plus élevés que le Tabourin, & separés l'un de l'autre par la Coursie.

RAMBERGE. s. f. Sorte de petit Vaisseau propre à aller faire des découvertes. Les Anglois ont appellé ainsi autrefois leurs plus grands Vaisseaux de guerre.

Ramberge, autrement *Mercuriale*, herbe très-commune, qui sert aux clisteres, elle gâte les vignes où elle abonde, & donne un mauvais goût au vin.

RAME. s. f. Aviron. Longue piece de bois, dont le bout qui porte dans l'eau est aplati & l'autre arrondi. On s'en sert pour naviger sur les mers & sur les rivieres. La partie qui est hors du Vaisseau s'appelle *Le plat de la Rame*, & celle qui est au dedans, & à la main des Forçats ou Rameurs, *Le manche de la Rame*.

On appelle aussi *Rame*, Une simple branche d'arbre, mais particulierement celles qui servent à soûtenir des plantes dont la tige n'est pas forte, comme des pois.

On dit encore *Rame*, en parlant d'une quantité de papier qui contient vingt mains ou cinq cens feuilles. Ce mot en ce sens, vient selon Borel, du chassis où se fait le papier. Ce chassis est composé de fil de cuivre que les Italiens appellent *Rame*. Il dit que les Imprimeurs de Lyon appellent aussi *La Rame*, ce qui enferme la lettre sur leur Presse.

Les Rubaniers donnent ce même nom de *Rame*, aux ficelles qui soûtiennent les Lices du métier sur quoi ils travaillent.

RAME', E'E. adj. On appelle *Pois ramés*, Les Pois dont la tige est soûtenue avec des rames, & *Balles Ramées*, Deux ou trois balles enfilées dans une aiguille de fer.

Ramé, est aussi un terme de Blason, & a la même signification que Chevillé. Il se dit des Ramures d'une corne de cerf. *D'argent au cerf de gueules, ramé d'or.*

RAMEAU. s. m. Petite branche d'arbre. On appelle *Rameaux*, en termes de Fortification, des lignes ou chemins sous terre qui vont d'un puits en un autre. On les appelle autrement *Contremines*.

Rameau, se dit aussi des veines d'or & d'argent & autres métaux, qui se trouvent dans les mines, & qui se separent comme les veines du corps.

RAMENDER. v. a. Terme de Doreur. Prendre quelque petit morceau de feuille d'or avec des pinceaux, & le mettre aux endroits où il s'est cassé.

RAMENER. v. a. Terme de Manege. Faire baisser le nés à un cheval qui le tend, & qui porte au vent. On se sert pour cela d'une branche qu'on appelle *Hardie*, c'est-à-dire, qui a le trou du touret au de-là de la ligne du banquet au respect de l'encolûre.

RAMENERET. On appelle en termes de Charpenterie *Trait Rameneret*, Le trait qui se fait avec le cordeau pour prendre la longueur des arrestiers. Ainsi quand on prend cette longueur, on dit *Tirer un trait Rameneret avec le cordeau.*

RAMEQUIN. s. m. Sorte de ragoût fait de fromage étendu sur une rôtie assaisonnée avec du sucre, du poivre, ou quelqu'autre épicerie. Il se fait parmi les goinfres pour se provoquer à boire.

RAMETTE. s. f. Terme d'Imprimerie. Chassis de fer qui n'a point de barre au milieu.

RAMIER. s. m. Pigeon sauvage, appellé ainsi de *Ramus*, Branche, à cause qu'il se perche sur les arbres. Il y en a un fort grand nombre dans les Isles de l'Amerique, où ils sont passagers, & ne s'arrêtent jamais long-tems en un même lieu. Ils branchent & nichent sur les plus hauts arbres deux ou trois fois l'année, & suivent les graines qui ne mûrissent pas en même-tems dans toutes ces Isles. Quand ils en rencontrent qui leur soient propres, ils s'amassent en si grande quantité que les arbres en sont tout couverts. Ils sont gras & d'aussi bon goût que les pigeons de l'Europe, lorsqu'ils ont mangé de bonnes graines. On tient que les Ramiers vivent trente ou quarante ans, & que le frequent usage de leur chair empêche que l'on ne soit porté à l'amour. On appelloit autrefois *Ramiers*, des Pelerins, à cause des rameaux de palme que portoient ceux qui venoient du Temple de Jerusalem. On les appelloit aussi *Roumiers* & *Romieux*, à cause de la Ville de Rome d'où ils venoient. Les Espagnols disent *Romero*, pour dire, Pelerin, & *Romeria*, pour dire, Pelerinage.

RAMIFICATION. s. f. Terme de Medecine. Il se dit de la division des nerfs & des veines qui sortent d'une tige commune.

RAMILLES. s. m. Terme d'Eaux & Forêts. Menu bois qui reste dans les forêts, après qu'on en a tiré celui de corde & les cotrets. Il n'est propre qu'à mettre en bourrées. On dit aussi *Ramassis*, à cause qu'on le ramasse lorsque l'autre est enlevé.

RAMINGUE. adj. Terme de Manege. On appelle *Cheval Ramingue*, Un Cheval retif qui ne veut point obéir à l'éperon, & qui en sautant plusieurs fois de suite en l'air, tâche à jetter en bas le Cavalier.

RAMOLLIR. v. a. Rendre une chose plus molle. On dit, en termes de Fauconnerie, *Ramollir un oiseau*, pour dire, Redresser son pennage avec une éponge trempée.

RAMOLLISSANTS. s. m. Terme de Medecine. Medicamens qui échauffent, dissolvent & liquefient ce qui est endurci contre nature, & qui le remettent dans un état naturel. Ils doivent avoir une faculté emplastique, sans être ni trop chauds ni trop secs. Ceux que l'on emploie pour ramollir une dureté qui vient de siccité, doivent être plus temperés en chaleur & plus humides. Ces Medicamens qu'on appelle aussi *Ramollitifs* & *Malactiques*, sont la mercuriale, le senegré, la mauve, la guimauve, les oignons de lis, les figues grasses, la graine de lin, l'huile simple, la graisse de poule, l'aronge de porc, la plûpart des moëlles, le beurre, la cire, la poix, le bdellium, le galbanum, l'ammoniaque, le labdanum, & autres.

RAMON. s. m. Vieux mot. Balai. Voici ce qu'en dit Nicod. Ramon *est en commun langage Picard ce que* Balay *en commun langage François. Il vient du latin* Ramus, *parce que tels Ramons ou Balais sont faits de rameaux d'arbres, ou de brins de genest, ou autre virgulte feuilleux. De-là, dit-on* Ramonneur de cheminée, *Celui qui les ayant ratissées avec une ratissoire de fer, puis après avec un Ramon, & Ra-*

monner les cheminées, *pour les nettoyer en cette sorte. Les Pressuriers en France ont neanmoins particularisé ce mot à leur mestier, n'usant sans danger d'amende d'autre mot que dudit* Ramon, *quand ils veulent nommer le balay dont la met du pressoir est nettoyée.* Ramonneur *devroit estre indifferemment appellé quiconque use du Ramon, mais le François l'a restreint à ceux qui ramonment les cheminées à cause de ladite generalité.*

RAMPANT, ANTE. adj. Qui marche en se traînant sur la terre. On appelle en termes d'Architecture *Marches rampantes*, Celles qui ont leur giron fort large & en pente, en sorte que les chevaux y montent facilement. On appelle aussi *Porte rampante*, Une porte dont le cintre ou la platebande est rampante, comme dans un mur d'échifre.

Rampant, est aussi un terme de Blason, & il se dit des lions, ours, chiens & autres animaux qui sont distingués, comme s'ils vouloient s'élever, & monter le long d'une rampe. *D'azur au lion d'or rampant.*

RAMPANT. s. m. Terme de Chirurgien. Sorte de bandage, qui est simple & inégal.

RAMPE. s. f. Terme d'Architecture. Suite des marches d'un escalier depuis un palier jusqu'à un autre. C'est aussi la balustrade à hauteur d'appui qui termine les marches. Cette balustrade se fait ou de balustres de pierre ronds ou quarrés, ou de balustres de bois tournés ou poussés à la main. On en voit aussi de fer en quantité d'escaliers. On appelle, *Rampe courbe*, Une portion d'escalier à vis suspendue ou à noyau. Elle se trace par une cherche rallongée, & les marches de cette Rampe sont posées sur une voute rampante, si ce n'est qu'elles portent leur délardement afin de former une coquille. Celle dont le contour est interrompu par des paliers ou quartiers tournans, est appellée *Voute par ressaut*. Il y a des Rampes de menuiserie dont l'ouvrage n'est pas aisé. Telles sont celles de plusieurs chaires de Predicateur, qui étant courbes suivent le contour d'un pilier rond. On en fait aussi qui sont droites pour de petits escaliers dégagés.

RAMPIN. adj. On appelle en termes de Manege, *Cheval Rampin*, Un cheval qui lorsqu'il marche leve le talon & marche sur la pince, sans poser également ses piés de derriere sur tout le fer.

RAMPONER. v. a. Vieux mot. On disoit autrefois *Ramponer un homme*, pour dire, Se moquer de lui, *Ramponnes*, pour Moquerie, & *Ramponieres*, pour Moqueur.

Parcen qui fu fel & crueux
Ramponieres & mal palliers
Dessus tous autres Chevaliers.

Ramponeuse, a été dit aussi pour, *Fâcheuse*, Qui cherche à quereller, & c'est de-là qu'est venu le mot de *Rampogne* en Languedoc, pour signifier une querelle faite mal à propos, sans sujet.

RAMURE. s. f. Le haut de la tête d'un Cerf.

RAN

RAN. s. m. Vieux mot. Mouton. Borel dit qu'il a été fait de *Aran*, Belier, le mâle des brebis.

RANATITES. s. m. Secte des Juifs, qui à cause que Dieu avoit fait naître des grenouilles pour tourmenter Pharaon, croyoient lui plaire par la veneration qu'ils faisoient paroître pour ces insectes. Du latin *Rana*, Grenouille.

RANCHE. s. f. Terme de Charon. Morceau de bois qui entre dans le lisoir qui est à côté des ridelles d'une charrette. Il sert à les appuyer & à les tenir en état. On appelle aussi *Ranches*, Les chevilles de bois dont l'eschelier d'un engin est garni. Elles passent au travers, & servent d'échelons pour monter au haut de l'engin & pour y mettre la sellette, le fauconneau, les poulies & le cable.

RANCHER. s. m. Longue piece de bois traversée de ranches que l'on pose en arc-boutant pour monter au haut des grues & des engins. Il y en a qui ne se servent de ce mot que pour les engins, & qui employent celui de Gruau ou d'Eschelier pour les grues.

RANCHIER. s. m. Vieux mot. Le fer d'une faux à faucher de l'herbe. Il est encore en usage dans le Blason, où l'on peint le Ranchier sur divers écus en differentes assiettes. Quand il a un manche, on doit blasonner une faux. On dit aussi *Rangier*.

RANCOEUR. s. m. Vieux mot. Haine cachée & inveterée.

RANCOLINER. v. a. Vieux mot. On a dit *Rancoliner les preaux*, pour dire, Relever les prés avec de la terre.

RANCON. s. m. Sorte d'arme ancienne. C'étoit un fust ou bâton armé d'un fer en pointe, avec deux ailerons tranchans, qui étoient recourbés en maniere de fleur de lis.

RANDON. s. m. Vieux mot. On disoit autrefois, *Le sang couloit à randon de sa playe*, pour dire, Couloit en abondance. On dit en Fauconnerie, qu'*Un oiseau de proye fond en randon*, pour dire, qu'Il fond sur le gibier d'une maniere fort impetueuse pour le jetter à terre.

RANDONNE'ES. s. f. Lieux où les Cerfs se font battre dans l'étendue de leur course.

RANDONNER. v. n. Vieux mot. On a dit *Laisser randonner un cheval*, pour dire, Le laisser galoper.

RANETE. s. f. Vieux mot. Grenouille.

Qu'elle endormit serpentiaux & ranetes.

RANG. s. m. Mot dont on se sert sur la mer pour distinguer les vaisseaux de guerre, selon la grandeur & la quantité des canons qu'ils portent. On étend cette distinction jusques à cinq differences. Les Vaisseaux du premier rang, ont environ cent trente piés de quille portant sur terre, & sont de quatorze à quinze cens tonneaux. Ils portent depuis soixante & dix pieces de canon jusques à six vingts, & ont trois ponts entiers & non coupés, & deux chambres l'une sur l'autre, celle du Conseil & celle des Capitaines, outre la dunette & la sainte Barbe. Ceux du second rang ont depuis cent cinq jusqu'à six vingt piés de quille, trois ponts entiers, ou quelquefois le troisiéme coupé avec deux chambres dans leur château de pouppe, outre la sainte Barbe & la dunette. Leur port est d'onze à douze cens tonneaux, & ils sont montés depuis cinquante-six jusqu'à soixante & dix pieces de canon. Les Vaisseaux du troisiéme rang n'ont qu'environ cent dix piés de quille. Ils ont seulement deux ponts & la sainte Barbe, la Chambre du Capitaine & la dunette dans leur Château de pouppe, mais aussi ils ont un château sur l'avant du second pont sous lequel sont les cuisines. Leur port est de huit à neuf cens tonneaux, & ils sont montés de quarante à cinquante pieces de canon. Ceux du quatriéme Rang ne le sont que de trente à quarante pieces. Ils ont à peu près cent piés de quille, deux ponts courants devant arriere, avec leurs châteaux de proue & de pouppe comme les derniers. Leur port est de cinq à six cens tonnaux. Les Vaisseaux du dernier Rang sont de trois cens tonneaux, & de dix-huit à vingt pieces de canon. Ils ont quatre-vingt-dix piés de quille & au dessous, & deux ponts courants devant arriere, mais sans château sur l'avant.

Rang, se dit sur la Mediterranée, & dans les Vaisseaux de bas bord, du travail des Forçats qui sont sur les bancs, & de l'effet des rames. Ainsi, *Aller à la voile, & aux Rangs*, C'est aller à la voile & aux rames, & *Lever les Rangs*, C'est cesser de ramer.

RANGE. s. f. On appelle *Range de pavé*, Un rang de pavé qui sont tous d'une égale grandeur, & que l'on met sans contre-jumelles ni caniveaux le long d'un ruisseau, ce qui est assés ordinaire dans les petites cours.

RANGE', E'E. adj. Terme de Blason. Il se dit de plusieurs choses mises sur une même ligne en chef, en fasce ou en bande. *De gueules à trois étoiles d'or, rangées en chef.*

RANGER. v. a. *Mettre en ordre, mettre en sa place, mettre en son rang.* ACAD. FR. On dit en termes de mer, *Ranger la côte*, pour dire, Naviger terre à terre, en côtoyant le rivage; & *Ranger le vent*, pour dire, Cingler à six quarts de vent près du rumb d'où il vient. On dit, *Le vent se rangea de l'avant*, pour dire, Il prit le Vaisseau par proue, & *Le vent se rangea au Nord, au Sud*, pour dire, Le vent se fit Nord, se fit Sud.

RANGIER. s. m. Sorte d'animal à quatre piés, dont Nicod parle en ces termes. Rangier, *est une espece de beste entre Daim & Cerf, de la hauteur du Daim, mais un peu plus gros, de teste plus grande & plus chevillée que le Cerf, car il porte bien quatre-vingts cors, ayant toute la paulmure derriere, horsmis les antoilliers, là où le Cerf l'a devant, ausquels sont paulmures, car ils ne les ont aigus comme le Cerf. Etant mal mené, il met sa tête bas, se estant acculé à quelque arbre, & en fait tout son rampart, s'en couvrant tout le corps comme d'un bouclier. Ainsi que le Cerf fiert des Antoilliers de dessoubs, le Rangier frappe des ergots de dessus, mais c'est bien moindre coup. Il est de plus grande venaison que le Cerf, & va au rut quand le Cerf l'abandonne, comme fait aussi le Daim, & porte comme une biche. Phebus dit que de Rangier il n'en a point veu en Romain pays, trop bien en Mauritanie, où il l'a veu prendre à force à des chiens qu'il nomme* Baulx.

RANGUILLON. s. m. Nicod dit que c'est ce qu'on appelle *Ardillon*, c'est-à-dire, poursuit-il, *cette languette de fer qui est annellée au diamettre de la boucle, & jette sa poincte outre les barreaux d'icelle, perçant & retenant la courroye, qui est mise à travers ladite boucle, soit en ceinture, esperons, harnois de guerre, ou ailleurs que bouclure soit.*

On appelle *Ranguillon*, en termes d'Imprimerie, Une petite pointe de fer, attachée à une petite lame de fer, longue quelquefois d'un demi-pié, & qui avance sur le tympan. Le Ranguillon est au bout de cette lame. Il y en a deux, un de chaque côté du tympan, & en perçant le papier & la feuille qu'on tire du premier côté, ces deux ranguillons font deux petits trous qui font tenir le registre égal, quand on tire la feuille de l'autre côté.

RANNES. s. m. Vieux mot. Rameau.

RANTERS. s. m. Heretiques qui ont beaucoup de rapport avec les Quakers, tant pour leur vie que pour leurs manieres. Ils tiennent que Dieu, les Diables, les Anges, le Ciel & l'Enfer ne sont que des fables; que Moyse & saint Jean-Baptiste sont des trompeurs; que tout ce que JESUS-CHRIST & ses Apôtres ont enseigné comme points de Religion, a peri avec eux, sans qu'il nous en soit rien demeuré; que la predication & la priere sont sans fruit; que le baptême est une pure administration de la loi, qui provient de saint Jean; que le peché ne consiste qu'en l'imagination de l'homme, & qu'on ne doit point s'arrêter à l'Ecriture. Enfin il n'y a rien qui approche de leurs horribles blasphemes touchant les points de la Religion Chrétienne.

RANULAIRE. adj. Les Medecins appellent *Veines ranulaires*, Deux veines qui sont au dessous de la langue, & qui viennent de la Jugulaire externe. Ces veines s'appellent *Ranules*, & on les ouvre dans l'esquinancie, à cause que c'est par elle que le sang qui est arrêté autour de la gorge, doit être repris & reporté au cœur.

RAP

RAPAREILLER. v. a. Vieux mot. Reparer. *Pour rapareiller le damage.*

RAPATELLE. s. f. Sorte de toile faite du poil de la queue d'un Cheval, & dont on se sert pour faire des sacs.

RAPE. s. f. Outil d'acier, qui est une espece de lime dont se servent les Sculpteurs en marbre, lorsqu'ils travaillent à finir l'ouvrage, & qu'ils n'ont plus besoin de ciseau. Il y a des Rapes droites. Il y en a aussi de coudées & d'autres piquées de differentes grosseurs. Les Sculpteurs en pierres & en bois en ont de grosses & de petites, de quarrées, de plattes, de rondes & de demi-rondes. Les Plombiers & les Menuisiers ont aussi leurs Rapes. Celles des Serruriers sont de diverses façons. Ils en ont de grosses, qui sont quarrées, plattes & demi-rondes pour dresser les pieces de bois, & d'autre petites qui sont rondes & demi-rondes pour faire les entrées des clefs, & autres ouvertures.

Rape, se dit aussi d'une ustencile de cuisine, qui est un morceau de fer blanc courbes en voute. Il est monté sur du bois, & percé de plusieurs trous, & sert à détacher plusieurs menues parties des corps que l'on frotte contre, comme du sucre & de la muscade.

RAPE'. s. m. Raisin nouveau dont on remplit le tiers d'un tonneau pour faire repasser dessus le vin gâté. Les Religieux Mendians en font de coquilles d'Hêtres pour y jetter le vin qu'ils ramassent à la quête. Dans les grandes Communautés comme les Seminaires, & dans les grandes hôtelleries il y a toûjours un rapé qui n'est pas le moindre vin.

RAPERIES. s. f. p. Nom qu'on donne à certaines gens d'Irlande amassés par troupes, qui vont en parti sans aucun aveu, & qui pillent dans leurs courses tout ce qu'ils peuvent trouver.

RAPHE. s. f. Vieux mot, sur lequel Nicod rapporte ce passage de Nicoles Giles en la vie de Dagobert *Nostre Seigneur Jesus-Christ afin qu'ils l'en voulsissent croire s'approcha du ladre, & lui passa la main par dessus le visage, & lui osta une Raphe de la maladie de lepre qu'il avoit au visage, si que la face luy demeura belle, claire & nette, & le restitua en santé, laquelle Raphe est encores gardée en un reliquaire en ladite Eglise de saint Denys. Par lequel mot*, continue Nicod, *il semble vouloir dire, Une poignée, un plein poing, car on dit* Rapher, *quand au jeu de dez qu'on appelle* la Raphe, *ayant gagné on prend hastivement, aubien plustost rapidement la mise qui est sur le jeu, ce qu'on dit aussi* Raphler *ou* Raffler, *& par methaphore* Raffler tout, *quand on prend rapidement tout ce qu'on trouve en un lieu.*

RAPHILEUX, EUSE. adj. Vieux mot. Raboteux. Borel le fait venir du Grec ῥαφὴ, Fente.

RAPIDES. s. m. On appelle ainsi dans quelques fleuves

fleuves comme dans celui de saint Laurent, Certains lieux où l'eau descend avec une telle rapidité, qu'on est obligé d'y faire portage quand on remonte.

RAPIERE. s. m. Epée longue & vieille & de peu de prix, telles que sont celles dont on a coûtume d'armer les Soldats. On disoit autrefois *Rapierer* & *Rapiereur*, pour dire, Un coupe-jaret. Borel fait venir ce mot du Grec ῥαπίζειν, qui veut dire, Frapper avec un bâton de ῥαπὶς, Brin de bois, verge.

RAPONNER. v. a. Vieux mot. Tancer, reprendre.

Mais pource raponnez en fui.
Qu'à clerevaux quatre mois fuy.

RAPPORT. s. m. Terme de Palais. Recit que fait un Juge ou un Commissaire en pleine Chambre de toutes les pieces d'un procès qu'on lui a données à examiner. Il se dit aussi, des sommes que l'on doit remettre dans la masse d'une succession avant que les coheritiers la partagent. Ceux qui ont eu quelque avancement d'hoirie, sont obligés à rapport.

Rapport, en termes de Chasse, signifie le recit que fait le Veneur de ce qu'il a observé en faisant la quête qui lui a été departie. Lorsque ce Rapport se fait au Roi, celui qui en est chargé lui doit être presenté par le grand Veneur.

Rapport. Terme de Mathematique. C'est la même chose que *Raison*. Voyez RAISON.

RAPPORTEUR. s. m. Juge ou Conseiller qui est chargé de rapporter un procès. *Rapporteur*, se dit aussi d'un Instrument de Geometrie fait en demi-cercle, & divisé en cent quatre-vingts degrés. Quoi qu'on le fasse ordinairement de cuivre, il y en a de corne transparente, & ceux-là sont les plus commodes. Cet Instrument sert à prendre les ouvertures des angles, & à les rapporter du Graphometre sur le papier.

On appelle aussi *Rapporteur*, Un instrument dont on se sert dans la Trigonometrie à supputer sans calcul les triangles rectilignes. Il est composé de plusieurs cercles ou demi-cercles concentriques tracés sur une même superficie, & divisés en degrés par des rayons qui vont du centre à la circonference.

RAPSODEURS. s. m. Nom qu'on donnoit anciennement à ceux qui chantoient les poësies d'Homere, dont l'Iliade étoit intitulée *Rapsodie*, de ῥάπτειν, Coudre, & de ᾠδὴ, Chant; parce qu'on prétend qu'elle est composée de diverses pieces séparées dont on a fait un seul corps. On tient que quand les Rapsodeurs la chantoient, ils prenoient un habit rouge, & qu'ils en prenoient un bleu quand ils chantoient l'Odyssée.

RAQ

RAQUE. s. f. Terme de Marine. Boule percée qui sert avec d'autres à faire un racage. Quand on y a fait une échancrure sur le côté telle qu'on y puisse faire entrer une corde moyennement grosse, on l'appelle *Raque gougée*, & si cette Raque gougée, a tout autour une coche, pour y poser le bitort avec quoi on l'amare, on l'appelle *Raque encochée*.

RAQUEDENASE. s. m. On appelle ainsi populairement, celui qui est si avare, qu'il voudroit rapiner jusqu'au moindre denier, & les enfans nomment *Raquedon*, celui d'entr'eux qui ayant donné quelque chose veut se le faire rendre un peu après.

RAQUETTE. s. f. Instrument dont on se sert pour jouer à la paume & au volant. Il est fait d'un bois courbe en ovale, dont les extremités attachées ensemble, & couvertes d'un cuir blanc, forment le manche. Ce bois ainsi plié en ovale, est garni de cordes de mouton tendues en long & en travers dans l'entre-deux, dont les unes s'appellent *Montant*, & les autres *Travers*, Un des côtés de la Raquette est nommé *les Droits*, & l'autre *les Nœuds*. M. Ménage fait venir le mot de *Raquette*, du Latin *Retiquetta*, diminutif de *Retis*, *Reticus*, & *Reticulum*.

On appelle aussi *Raquette*, Une certaine machine faite en forme de Raquette à jouer, que les Sauvages de Canada attachent à leurs piés, & par le moyen de laquelle ils marchent plus commodement sur la neige.

Il y a dans les Isles de l'Amerique une Plante admirable appellée *Raquette*, à cause de ses grandes feuilles en ovale, qui sont quelquefois larges comme une Raquette. Elles sont épaisses d'un pouce, & toutes couvertes de longues épines fort piquantes, d'une couleur jaune. Une de ces feuilles plantée dans la terre en produit deux autres semblables qui en poussent chacune deux ou trois, & s'étendent jusques à couvrir plus de dix piés de terre en quarré. A côté de l'extremité des feuilles, croissent de petites fleurs jaunes, & ensuite des fruits qui ont du rapport avec nos figues, mais elles sont rouges, mélées de vert & épineuses, & ces petites épines sont tellement disposées, qu'elles s'enfoncent toûjours dans le lieu où elles sont entrées. Ceux qui en ont mangé, ont trouvé les unes fades, & les autres aigrelettes, & d'un goût assés agreable. Une heure après qu'on en a mangé, l'urine qu'on rend est rouge comme l'écarlate.

RAR

RAREFACTIF. adj. Qui a le pouvoir de Rarefier. On appelle en Medecine, *Remedes rarefactifs*, Certains remedes qui ouvrent les porosités du cuir & les élargissent de telle maniere que les vapeurs qui s'y trouvent contenues ont moins de peine à se dissiper. Tels sont l'aneth, l'althæa, les fleurs de camomille, la semence du lin & du senegré & autres.

RAREFACTION. s. f. Terme dogmatique. Action par laquelle les parties d'un corps s'étendent, & occupent plus de place. Le plus souvent c'est la chaleur qui produit cet effet.

RAS

RAS, RASE. adj. Qui a le poil fort court. On appelle en termes de Marine, *Bâtiment ras*, un Vaisseau qui n'est point ponté, & qui ne porte point de couverte. Le Brigantin, la chaloupe, & la barque longue sont Vaisseaux ras. *Bâtiment ras à l'eau*, se dit de celui qui étant ponté, est bas de bordage, & qui a sa ligne de l'eau proche du platbort, ou du moins proche du feuillet des sabords de sa batterie basse.

RASANT, ANTE. adj. On appelle en termes de Fortification, *Flanc rasant*, Celui d'où les coups tirés ne font que raser la face du bastion.

RASE. s. f. Poix mêlée avec du brai qui sert à calfater un Vaisseau.

RASER. v. a. Terme de Manége. On dit d'un cheval, qu'*Il rase*, qu'*il a rasé*, pour dire, qu'il a la dent rase & unie, ce qui arrive lorsqu'il n'a plus les coins creux, & que le creux, où étoit la marque noire se trouve rempli. Cela fait connoître qu'il a environ huit ans. On dit à l'actif, qu'*Un cheval rase le tapis*, pour dire, qu'il ne leve pas assés le devant, & qu'il a les mouvemens trop près de terre lorsqu'il galope.

On dit en termes de Marine, *Raser un Vaisseau*, pour dire Oter à un Vaisseau ce qu'il a d'œuvres mortes sur ses hauts.

RASETTE. s. f. Terme d'Organiste, Fil de fer qui sert à accorder les Jeux d'anche, en faisant hausser ou baisser leurs tons, selon que leurs languettes en sont plus ou moins pressées.

Rasette, se dit aussi en termes de Chiromance, des lignes qui sont immediatement au delà de la paume de la main, & à la jointure du bras, & que ceux qui se mêlent d'horoscope, prétendent marquer la brieveté ou la longueur de la vie.

RASLE. s. m. Oiseau qui a le bec & le col long, la queue & les jambes courtes, & qui est un peu plus gros qu'un merle. Il est très-bon à manger. Il y en a de trois especes, sçavoir le *Rasle de genest*, appellé ainsi de la semence de genest qu'il mange, le *Rasle rouge*, qui tire sur le roux & vit dans les bois taillis, & le *Rasle noir*, dont le dos est tout marqueté de noir. Il y a aussi des *Rasles d'eau*.

RASPATOIR. s. m. Instrument de Chirurgie dont on se sert pour racler un os, quand il est fendu & fracturé, afin de voir jusqu'où penetre la fente. On s'en sert aussi pour applanir un os quand il est raboteux, noir & vermoulu.

RASSEMBLER. v. a. On donne ordinairement trois façons de labour aux terres avant que de les semer. La premiere est labourer, la seconde refendre, & la troisiéme rassembler.

RASTEAU. s. m. Les Serruriers appellent ainsi de petits morceaux de fer qui garnissent une serrure. Ce sont des pointes faites en forme de Râteau, qui entrent dans ses fentes & dans les dents du paneton de la clef, & qui empêchent qu'une autre clef ne puisse ouvrir la même serrure.

On appelle en termes de Mer, *Râteaux de vergue*, de menues pieces de bois dentelées, que l'on cloue au dessous du milieu des deux grandes vergues. On y passe les aiguillettes qui tiennent la tête de la voile en la place des rabans, à cause qu'on n'en peut mettre en cet endroit-là. On donne aussi le nom de *Râteau*, à cinq ou six poulies que l'on met de rang l'une sur l'autre le long de la lieure de beaupré. C'est où l'on passe la manœuvre de ce mât.

Les Cordiers appellent aussi *Râteau*, la partie du Râteau où sont les dents au travers desquelles passe le fil quand ils travaillent.

RASTELER. v. a. Terme de Jardinier. Nettoyer une allée, une planche de jardin, en ôtant avec le Râteau, les pierres, les mottes, & les herbes qui en ont été arrachées. On dit aussi *Râteler des foins*, pour dire, Les ramasser avec un râteau.

RASURE. s. f. p. Coquilles d'Etain qui tombent quand on travaille la vaisselle sur le tour. Voyez RATURE.

RAT

RAT. s. m. Petit animal noirâtre qui a quatre piés avec une longue queue. Il a l'ouie très-subtile, & ronge tout ce qu'il trouve. Son antipathie est grande pour le chat, pour la belette & pour l'éprevier. Il y a des Rats musqués, qui sont naturels dans l'Isle de la Martinique & dans quelques autres. Ils sont de la même forme que les Rats communs, mais tellement grands, que quatre des autres ne pesent pas un de ces Rats musqués. Ils embaument l'air voisin des lieux où ils se retirent, d'une odeur de musc, & ne peuplent gueres. On les appelle autrement *Piloris*. Le *Rat d'Egypte*, a quelque chose de l'Ecureuil. Il entre dans la gueule du Crocodile, & se glissant dans son ventre, il lui ronge les entrailles. Matthiole parle des Rats de Ponte, de Lasse, de Nuremberg, de Hongrie, & des Indes, & croit que ceux de Ponte sont la même chose que l'hermine. Ils sont blancs & gros comme des Ecureuils, & chassent aux oiseaux & aux souris. Leur queue est longue seulement d'un doigt, & le dessus en est noir. Les Rats Lassiques sont blancs & cendrés & plus grands que les hermines. Leur ventre est tout blanc. Ceux de Nuremberg ont le poil presque semblable à celui d'un liévre, la queue courte, & deux trous seulement en la place où devroient être les oreilles. Ils sont de la grosseur des fouines. Les Rats de Hongrie ne sont guere plus gros que les souris. Ils ressemblent aux belettes, & sont d'une couleur tirant sur le vert. Le poil des Rats d'Inde est presque semblable au poil des Marmotes, mêlé de plusieurs poils blancs qui le rendent argenté. Ils ont la tête & le museau longs, les oreilles fort petites, la queue grosse d'en haut, & qui va toûjours en amoindrissant, & les cuisses grandes à peu près d'une paume. Ils sont gros comme des chats, mais ils ont les piés plus petits, & le poil beaucoup plus rude, sur-tout si on le frotte à contrepoil.

Rat, se dit en termes de Marine, d'une espece de ponton composé de planches qui sont attachées sur quelques mâts. Les Calfateurs s'en servent dans les ports pour donner la carenne à un Vaisseau.

On dit aussi *Rat*, pour dire, Un endroit de mer où il y a quelque grand courant. Le Rat d'ordinaire est dans un canal. Il y a pourtant des Rats de marée, c'est-à-dire, des contre-marées dans le large de la mer.

Rat, se dit encore d'un passage d'eau entre des masures sur lesquelles on veut bâtir une pile neuve pour un pont. Il empêche de puiser les bâtardeaux.

On se sert encore du nom de *Rat*, en parlant de certaines manœuvres, comme l'écoute & le couet quand le cordage en est plus gros par en haut que par en bas. Ainsi on dit, *Couets*, *Ecoutes à queue de rat*, à cause que le bout que tiennent les Matelots est moins fourni de torons que le reste de ces sortes de manœuvres. On en manœuvre plus facilement, mais aussi le cordage se casse plûtôt.

Les Tireurs d'or nomment *Rats*, les trous mediocres des filieres qui servent à dégrosser l'or & l'argent & à reduire ces métaux en fils déliés.

RATE. s. f. corps membraneux composé de plusieurs replis & cellules distinctes, qui ont du rapport avec les alveoles des abeilles. Tous ces replis sont parsemés d'une infinité de petites glandes rondes qui dépendent des fibres & des extrêmités des arteres & des nerfs de ce parenchyme. Plusieurs animaux n'ont point de rate ainsi que la plûpart des oiseaux. Les chiens & les porcs à qui on l'a coupée, ne laissent pas de vivre, & continuent à faire toutes les fonctions vitales, animales & genitales, mais il n'est pas vrai que l'homme puisse être sans rate, & il est très-dangereux de la lui couper. Ceux qui ont la Rate tendre, mal affectée, gonflée, ou viciée de quelque maniere que ce soit, crachent beaucoup, & se guerissent par les remedes salins diuretiques. Les urines qui étoient auparavant blanchâtres & crues, deviennent, un peu après qu'on a rétabli la Rate, troubles, chargées de sediment, noires & obscures, & enfin naturelles. Quand on a la Rate bien constituée on a le corps vermeil, & on est maigre quand on l'a gonflée. La Rate n'a aucune cavité, & par consequent elle n'est pas destinée pour recevoir ou engendrer aucune humeur ou excrement particulier. Il n'y entre point de sang qui n'aille immediatement dans la veine porte. Il passe par le foye, & va de là à la veine cave, puis au cœur sans aller ailleurs. La grandeur, la couleur & les autres proprietés de la Rate, sont particulieres à chaque animal. Quant à l'homme, elle est rouge dans les fœtus, & obscure ou plus ou moins noire dans les adultes, & même à proportion des parties, elle est plus grande dans les premiers que dans les derniers. La plûpart des maladies qu'on attribue à la rate, viennent des nerfs spleniques, qui causent par consentement les douleurs des autres parties & plusieurs symptomes qui surviennent. La Rate n'est pourtant pas un viscere inutile. Sa structure seule avec sa connexion, fait connoître qu'elle ne sert pas peu, soit pour rétablir, soit pour conserve l'état naturel du sang. Les Anciens croyoient que la Rate recevoit la partie de sang la plus grossiere, la plus terrestre & la plus boueuse, & renvoyoit l'autre partie au ventricule court pour aider la digestion, ce qui ne peut être, puisqu'il n'y a aucune connexion entre la Rate & l'estomac. Ettmuler ne voulant rien déterminer sur les differentes opinions des Modernes qui lui ont paru douteuses, a dit seulement qu'on peut penser qu'il y a dans la Rate un certain ferment tirant sur l'acide, & très-volatile, à cause des esprits que les nerfs y apportent en grand nombre; lequel levain empreigne le sang qui est apporté, volatilise les parties grossieres du chyle qui ne sont pas encore assimilées, facilite la fermentation, qui se fait dans le cœur, la generation des esprits, & la precipitation des parties heterogenes du sang, & non assimilables, lesquelles sont chassées dehors par les couloires ordinaires, & particulierement par les reins. Tant que ces choses sont ainsi disposées & bien reglées, le corps est en bon état Lorsqu'elles sont viciées, le sang s'épaissit & fermente lentement, les esprits s'engourdissent & commencent à manquer, comme il arrive dans les maladies de la Rate. Les Rates du cerf & du bœuf en decoction, ou reduites en essences, sont specifiques contre les cakexies des filles, par la suppression de leurs ordinaires.

RATEPENNADE. s. f. Oiseau nocturne, qui est une sorte de Chauve-souris, en Latin *Mus pennatus*.

RATIERE. s. f. Sorte de petite trape de bois, où l'on prend les rats en vie.

Les Rubaniers appellent *Ratiere*, Le metier dont ils se servent pour faire de la gance.

RATIOCINER. v. n. Terme de Logique. User de la faculté de raisonner, faire des argumens.

RATION. s. f. Portion de pain de munition qu'on distribue chaque jour aux Fantassins & aux Cavaliers. On appelle *Ration de fourrage*, ce qu'il faut distribuer de foin, de paille & d'avoine à un Cavalier pour faire subsister son cheval. On dit aussi *Ration*, dans les Vaisseaux. C'est la mesure du biscuit, de la pitance & de la boisson, qu'on distribue à chacun dans le bord. Ce mot vient du Latin *Ratio*; ce qui fait qu'on dit *Raison*, en plusieurs lieux de la mer & *Double raison*, quand on l'augmente dans les occasions de réjouissance.

RATIONAL. s. m. Espece de vêtement sacerdotal que saint Jerôme dit avoir été une petite piece d'étoffe brodée, longue d'un palme en quarré. Selon du Cange, c'étoit un double quarré de quatre couleurs, & tissu d'or. Douze pierres precieuses d'un très-grand prix, attachées dessus, étoient disposées en quatre rangs, chacun de trois pierres. Il y avoit une topase, une sardoine, & une émeraude dans le premier; un saphir, un rubis, & une pierre de jaspe dans le second; une amethyste, un lyncure, & une agate dans le troisiéme; & une onix, une chrysolite & un beril dans le quatriéme, avec le nom d'un des douze fils de Jacob gravé sur chacune de ces pierres. Les Hebreux ont appellé ce Rational *Essen*, & les Grecs λόγιον, Une ceinture de differentes couleurs, & tissue d'or, y étoit cousue, & nouée au dessous. Les Evêques de la nouvelle loi ont aussi porté un Rational. Il y en a qui croyent qu'il ressembloit à celui des Juifs, & d'autres que c'étoit simplement un Pallium.

RATIONEL, ELLE. adj. Terme de Mathematique. Se dit des quantités qui ont entre elles une raison exacte de nombre à nombre, c'est-à-dire, qui peut être exprimée par des nombres. Toutes les grandeurs commensurables sont rationelles. Voyez COMMENSURABLE, INCOMMENSURABLE, RAISON, IRRATIONEL.

RATISSOIRE. s. f. Instrument de fer à manche de bois, dont on se sert pour ratisser les montées d'une maison, & les allées d'un jardin. Les Ramonneurs ont aussi un petit Instrument de fer qu'ils appellent *Ratissoire*; c'est avec quoi ils nettoyent les cheminées.

RATON. s. m. Sorte de petite tarte que les Apprentis Patissiers vendent ordinairement sur des clayons dans les rues. Elle est faite de pâte avec du fromage ou de la crême cuite.

RATURE. s. f. Terme de Potier d'Etaim. Petite bande d'étaim en forme de ruban étroit & délié, que le crochet enleve quand on tourne l'étaim sur la roue. Les Potiers d'étaim, après avoir refondu leurs Ratures, s'en servent à faire plusieurs sortes de besogne. Les Parcheminiers appellent *Ratures*, ce qu'ils ôtent du parchemin avec le fer à raturer. On fait de la colle avec les Ratures de parchemin. *Raturer*, se dit aussi, pour dire, Oter avec un fer propre pour cela, le superflu du parchemin en cosse.

RAV

RAVALEMENT. s. m. Petit renfoncement simple, ou bordé d'une baguette ou d'un talon qui se fait dans des pilastres & corps de Maçonnerie ou de Menuiserie.

RAVALER. v. a Les Maçons disent, *Ravaler un mur*, pour dire, Le finir avec le crêpi ou l'enduit. On dit aussi, *Ravaler un mur de pierre de taille*, quand on le nettoye avec la ripe ou avec un autre fer. On s'est servi du mot de *Ravaler*, pour cette sorte d'ouvrage à cause qu'on le commence par en haut, & qu'on le finit par en bas en ravalant.

Les Boureliers disent aussi *Ravaler*, pour dire, Rendre le cuir plus mince, & en ôter un peu avec le couteau à pié.

RAVAUX. f. m. p. Terme de chasse. Grandes perches garnies de branches, qui servent à rabattre le long des hayes, les oiseaux que d'autres Chasseurs qui sont de l'autre côté de ces mêmes hayes font partir la nuit avec du feu de paille.

RAVE. f. f. Racine blanche que l'on mange avec du sel après l'avoir ratissée. Elle est aperitive & de difficile digestion. Matthiole dit qu'il y en a de trois especes, de plattes, de rondes & de longues; qu'on en trouve en certaines regions, comme en Savoye, qui pesent jusqu'à cent livres; qu'il en a vû plusieurs fois au Val d'Ananie qui en pesoient plus de trente, & qui étoient longues & rouges, & qu'on ne peut assés admirer qu'une fort petite graine produise en trois mois une racine si grosse. On estime fort les raves aux hautes montagnes, où l'on n'a pas les commodités du plat Pays, & l'on s'en sert tant pour la nourriture des personnes, que pour celle du bestail. Si l'on s'en rapporte à l'histoire des Incas, il s'est trouvé au Perou une rave d'une grosseur si prodigieuse, que pour la transporter d'un lieu à un autre on fut contraint d'attacher cinq chevaux au bout de ses feuilles. Elle étoit dans la vallée de Cusapa. Sa tige avoit deux aunes & demie de long, & à peine un homme pouvoit l'embrasser. Il y eut plusieurs personnes qui en mangerent, & elle se trouva fort tendre.

RAVELIN. f. m. Terme de Fortification. Ouvrage composé de deux faces, qui font un angle saillant. Il se met d'ordinaire au devant des portes & de la contrescarpe d'une Place. C'est ce que tous les gens de guerre nomment *Demi-lune*, le mot de *Ravelin* n'étant demeuré en usage que parmi les Ingenieurs.

RAVENELLE. f. f. Fleur jaune qui vient au Printems. Il y en a de double dans les jardins, & d'autre qui croît d'elle-même sur les murailles. Il y a aussi une fleur qui vient dans les champs parmi les blés, & qui est comme blanche, qu'on appelle *Ravenelle*.

RAVET. f. m. Petit Animal semblable à un hanneton dépouillé de ses plus dures aîles; mais qui est un peu plus plat & plus tendre. Il y en a une grande quantité dans les Antilles, & sur tout dans l'Isle de la Guadeloupe. On en trouve de deux sortes. Les plus gros sont d'ordinaire de même grosseur & de la même couleur que les hannetons. Les autres sont plus petits de la moitié. Il y en a dans la Martinique & dans les autres Isles, qui sont larges d'un pouce & longs d'un pouce & demi, & qui volent comme des oiseaux. Ces animaux, tant les gros que les petits, font beaucoup de tort aux Habitans, en se glissant à milliers dans leurs coffres, où ils rongent tout ce qu'ils peuvent attraper, de même que font les rats; ce qui leur a fait donner le nom de *Ravets*. Ils épargnent seulement les étoffes de soye & de cotton. Sur-tout, le cotton qui n'a pas encore été mis en œuvre n'est pas de leur goût. On a remarqué qu'ils sont ennemis des bonnes odeurs, & qu'ils ne se fourent pas volontiers dans les coffres qui sont faits de cedre & de ces excellents bois de senteur qui sont communs dans toutes les Isles.

RAVIN. f. m. Fosse, chemin creux, qu'ont cavé les eaux qui coulent avec violence. On se sert quelquefois des ravins pour faire des tranchées, des lignes ou des approches contre les Ennemis.

RAVIRER v. a. *Ravirer* le feu, c'est le rendre plus vif, *Ravirer* le cuivre, c'est le raper, le limer pour le rendre propre à recevoir la soudure.

RAVISSANT, ANTE. adj. Qui enleve par force. Il se dit, en termes de Blason, d'un loup qui porte sa proye *D'or au loup ravissant d'azur*. Il se dit aussi du lion lorsqu'il est rampant.

RAVOIR. f. m. Terme de marine. Parc de rets ou de filets qui est tendu sur les greves que la mer couvre & découvre.

RAY

RAYAUX. f. m. p. Terme de Monnoye. Il se dit des moules ou canaux dans lesquels on jette l'or ou l'argent que l'on fond pour en faire les lingots dont on taille les carreaux.

RAYE. f. f. Sorte de poisson de mer plat & cartilagineux, & qui a la queue piquante. Il y en a d'une grandeur prodigieuse dans les Isles de l'Amerique & celle qui fut prise à saint Christophe en 1634. en est une preuve. Ayant été vûe en mer à une portée de mousquet de la rive, on y envoya deux chaloupes avec quinze ou vingt hommes dans chacune. Elle fut frappée de plusieurs harpons tout à la fois, & malgré les efforts que firent tous ceux qui étoient dans les deux chaloupes, elle les entraîna si loin dans la mer, qu'ils perdirent presque l'esperance de s'en rendre maîtres. Enfin après qu'elle eut perdu tout son sang, elle fut amenée à terre. Sa grandeur étant de douze piés depuis la tête jusqu'à la queue, & de dix depuis un aileron jusqu'à l'autre. Elle se trouva si dure, que personne n'en put manger, de sorte qu'on ne profita que de son foye, qui fut traîné par dix hommes avec grand'peine au lieu où l'on en devoit faire le partage. Thevenot a écrit que le long de la côte des Abyssins il y a des Rayes plus longues qu'un bateau, & larges à proportion, mais que leur peau est si dure, que le harpon n'y peut mordre.

On trouve dans les Antilles une autre sorte de Raye fort particuliere. Elle a le groin de porc & une queue longue de trois piés, quelquefois de quatre. Cette queue est toute noire, & va toûjours en s'amenuisant. Au haut de la même queue sont deux Petits dards en maniere d'hameçon. La piqûre en est mortelle, mais pour en guerir, il ne faut qu'appliquer dessus un morceau de la chair de cet animal. La cendre de la chair brûlée, & même celle du dardillon mêlée avec du vinaigre, fait le même effet.

RAYER. v. a. *Effacer, faire une raie sur l'écriture.* ACAD. FR. On dit en termes d'Arquebusier, *Rayer un fusil, une arquebuse*, pour dire, Faire une rayure à force de viz dans le canon de l'arme à feu; ce qui fait qu'elle porte bien plus loin qu'elle ne feroit si le canon n'étoit pas rayé.

RAYERE. f. f. Vieux mot. Fente ou flanc d'une tour pour donner un peu de lumiere.

RAYEURE. f. f. Changement de couleurs qui se fait par raies sur de certaines étoffes.

Rayeure, se dit aussi de la raie en forme de vis qui se fait dans le canon d'une arme à feu.

On appelle encore *Rayeure*, Un assemblage de pieces de bois qui se fait dans un comble de charpenterie, au droit des croupes ou des noues. On dit aussi *Enrayeure*.

RAYON. f. m. *Trait de lumiere. Il se dit particulierement du Soleil.* ACAD. FR. Il veut dire, en termes d'Optique, une Ligne qu'on s'imagine partir de l'œil vers l'objet, ou de l'objet vers l'œil. C'est ce qu'on appelle *Rayon visuel*. Il y a une pyramide de rayons qui vient frapper la retine, & ces rayons se rompent dans le cristallin. Voyez CRYSTAL-

LIN & PINCEAU. On dit, *Rayons convergens*, *divergens*, *directs*, *de reflexion*, *de refraction*, *&c.* Voyez ces mots.

On appelle, en termes de Geometrie, *Rayon d'un cercle*, une Ligne droite tirée du centre du cercle jusqu'à la circonference; & *Rayon d'une sphere*, une autre ligne droite tirée du même de la sphere à la superficie de la même sphere.

On appelle absolument *Rayon* dans la Trigonometrie le *Sinus total*. Voyez SINUS.

On appelle aussi *Rayon*, les Lignes qui vont du centre d'une figure à ses angles ou à sa circonference.

Rayon Astronomique. Instrument composé d'un long bâton & d'un autre plus court mis en croix, qui peut se mouvoir le long du grand. Ces deux bâtons ont des divisions propres à mesurer les hauteurs sur mer. Cet instrument s'appelle autrement *Bâton de Jacob* & *arbalestrille*.

Les Vignerons appellent *Rayon*, Une sorte de fosse où l'on couche du plant de vigne quand on plante la vigne. Il se dit aussi des sillons que fait la charrue quand on laboure en droite ligne, sur-tout de ceux qui se font pour donner de l'écoulement aux eaux.

Rayon, en termes de Medecine, se dit d'un des deux os qui s'étendent depuis le coude jusqu'au poignet. C'est le plus petit & celui qui est le superieur. Il ressemble en quelque façon à la navette d'un tisserand, & il a quatre muscles qui servent aux divers mouvemens de la main.

On appelle encore *Rayons*, Les creux & cannelures qui sont dans les lingotieres, & qui servent de moules aux lingots.

RAYONNANT, ANTE. adj. Terme de Blason. Il se dit du Soleil & des Etoiles. *D'or au chef d'azur chargé d'un Soleil rayonnant d'or.*

REA

READJOURNEMENT. s. m. Terme de Pratique. Nouvel exploit, nouvelle assignation que donne un Sergent à celui qui a fait défaut sur la premiere.

REAGAL. s. m. Espece d'arsenic, qui étant extrémement sec, retire les nerfs de ceux qui en ont pris. C'est un des poisons les plus dangereux, que les Latins appellent *Risagallum*. M. de Meuve dans son Dictionaire Pharmaceutique, dit que par le mot d'*Arsenic*, on entend vulgairement l'Orpiment sublimé plusieurs fois avec le sel, qui par ce moyen degenere en une masse très-pure & cristalline; mais que les Grecs & quelques modernes entendent trois choses par ce même mot d'arsenic, sçavoir l'Orpiment, qui est l'arsenic jaune, la Sandaraque, qui est l'arsenic rouge, & le Reagal, qui est l'arsenic blanc; de sorte qu'il semble que l'orpiment, l'arsenic, la sandaraque & le reagal ne different que de nom, puisqu'on les tire tous des mêmes mines, qu'ils sont tous septiques, & que l'extrême acrimonie de chaleur qu'ils ont, détruit les principes de la vie. Il ajoûte que Dioscoride fait deux especes d'orpiment en particulier, dont la premiere & la meilleure est écailleuse, ensorte que les écailles semblent entassées les unes sur les autres, & se separent facilement sans que l'on y mêle d'autre matiere; que la seconde, dont se servent les Orfevres, est en petits morceaux en forme de gland, moins pure, de couleur plus rouge, à peu près comme celle de la sandaraque, ne se levant pas facilement par écailles comme l'autre, & que celle-là est appellée proprement *Reagal*.

REAGGRAVE. s. f. La derniere des monitions qu'on fait dans les censures Ecclesiastiques, pendant laquelle on allume une chandelle; & si celui contre qui cette derniere monition se publie, ne vient se soumettre aux ordres de l'Eglise avant que l'on éteigne cette chandelle, on fulmine l'excommunication, & on déclare que toutes les peines en sont encourues.

REALE. s. f. Terme de mer. Il se dit de la principale Galere d'un Royaume indépendant, mais non pas d'un Royaume Feudataire & qui est annexé à un plus grand. La Reale est destinée en France pour le General des Galeres, & elle a l'étendard Royal qui la distingue des autres. Cet Etendard est de figure quarrée & de couleur rouge, semé de fleurs de lis d'or. La principale Galere du Pape est aussi appellée *Reale*, à cause du pas que toutes les Têtes Couronnées des Etats Catholiques donnent à ce Souverain Chef de l'Eglise. Les Royaumes de Cypre, de Candie, que la Republique de Venise a possedés, l'autorisent à donner la qualité de *Reale* à la premiere de ses Galeres. Les Genois prétendent la même chose à cause du Royaume de Corse, mais les contestations arrivées pour le salut entre cette Galere & les Capitanes de Toscane & de Malte, empêchent depuis long-tems cette Galere de paroître en mer. Les principales Galeres des Escadres de Naples, de Sicile & de Sardaigne s'appellent chacune *Capitane Reale*.

Reale. Espece de monnoye blanche qui se battoit en Espagne, ou sur les terres du Roi d'Espagne, & qui a eu cours en France du tems de François I. & des Rois ses successeurs. Cette Reale, que l'on appelloit *Simple Reale*, ou *Reale d'Espagne*, avoit d'un côté un écusson couronné, & pour legende, *Fernandus & Elisabetha Dei gratiâ*, & de l'autre plusieurs fleches liées ensemble avec ces mots pour legende, *Arragoniæ Rex & Regina Castellæ*. Elle valoit trois sols six deniers sous François I. trois sols seulement sous Henri III. & cinq sols sous Henri IV. La Demi-Reale étoit une espece de monnoye grande comme un demi écu d'or, & a valu deux carolus, quelquefois six blancs, & d'autres fois deux sols huit deniers, mais cela sous divers regnes. La double Reale ou Piece de deux Reales, étoit large comme un écu d'or. Elle a valu d'abord sept sols six deniers, & jusqu'à dix sols huit deniers sous Henri IV. La piece de quatre Reales valoit quinze sols tournois, & a aussi valu vingt sols. Elle étoit large comme un écu blanc. Celle de huit Reales étoit encore plus large. Elle valoit cinquante-huit sols, & elle a eu cours sous le regne de Louis XIII. jusques vers l'année 1642. Quoique l'on dise *Real* au singulier, le pluriel est *Reaux*, & on parle ainsi quand on parle d'especes d'argent en Espagne & aux Indes. La Reale y vaut une Piece de huit Reaux de Plate, c'est-à-dire, une Piastre qui vaut un écu de soixante sols, monnoye de France. Le marc des barres de toute loy est évalué à soixante & dix Reaux de Plate aux Indes, & sur ce pié là, si un Marchand y vend pour deux mille piastres de marchandises, on le paye en ces sortes d'especes, ou bien on lui donne deux cens vingt-huit marcs quatre onces quatre gros & demi, poids d'Espagne en barre de toute loi. Il y a eu aussi une espece d'or qu'on appelloit *Reale de Flandre*. Elle étoit du poids de quatre deniers quatre grains trebuchans, & avoit d'un côté la tête de Philippe I. Roi d'Espagne avec une couronne sur la tête, & pour legende du même côté, *Philippus*, *Dei gratiâ*, *Hispaniæ & Angliæ Rex*, *Dux Brabanti*, & de l'autre côté un écusson avec des armes semées de petits lions, & pour legende, *Dominus mihi protector*. Elle valoit sept livres dix sols, & a eu cours sous le regne de Louis XIII.

REALISER. v. a. Rendre réel, effectif. On dit, en termes de Coûtume, *Realiser un contrat, un partage*, & cela se fait lorsqu'on reconnoît le contrat pardevant le Seigneur dont l'heritage est tenu, ou pardevant les Officiers de sa Justice, afin d'acquerir un droit réel, hypotheque & nantissement. On dit dans le pays où le nantissement a lieu, qu'*Une rente a été realisée & nantie*, pour dire, qu'elle a une hypotheque privilegiée.

Realiser. C'est aussi acheter des effets réels pour des billets, ce qu'on pratiqua en 1720. jusqu'au menopole.

REB

REBAISER. v. a. Terme de Monnoye. Il se dit quand on ajuste les quarreaux pour les rendre de leurs juste poids. La premiere fois quel'on y touche, c'est *Approcher*, & les autres fois c'est *Rebaiser*; ce qui se fait d'ordinaire par les Tailleresses ou filles des Ouvriers.

REBANDER. v. n. Terme de Marine, dont il n'y a que le commun des Matelots qui se serve, pour dire, Remettre à l'autre bord, retourner à un autre côté. Il se dit encore, quand après avoir changé de bord, on court un autre air de vent.

REBARDER. v. a. Vieux mot. Chanter une reprise ou un refrein de chanson, comme les Bardes Gaulois, de *Barde*, qui vouloit dire Chantre. Il a signifié aussi le Refrain.

Et de geste chanté nos ont
Le rebarder à grand deduit.

REBATTEMENT. s. m. On appelle *Rebattemens*, en termes de Blason, diverses Figures qu'on fait selon le caprice. Elles sont d'un fort grand usage en Allemagne. *Rebattemens*, se dit aussi de plusieurs divisions extraordinaires de l'Ecu. On les nomme ainsi, à cause que les figures étant opposées, il semble qu'elles se rebattent l'une l'autre.

REBATTRE. v. a. Chez les Tonneliers, *Rebattre les tonneaux*, c'est les resserrer, y remettre des cerceaux. Les Marchands de vin donnent tant pour le rebat des tonneaux sur le port.

REBAUDI, IE. adj. Vieux mot. Joyeux.

REBAUDIR. v. n. Terme de Chasse. Ce mot se dit quand les chiens ont la queue droite, le balay haut; ce qui fait connoître qu'ils sentent quelque chose d'extraordinaire.

REBEC. s. m. Vieux mot. Sorte d'instrument de Musique qui n'avoit que trois cordes. C'étoit une maniere de violon, avec lequel on menoit les épousées à l'Eglise.

A tel Menetrié tel Rebec,
Tenant toûjours le verre au bec.

Borel fait venir ce mot de l'Hebreu *Rebiac*, Sistre. M. Menage dit qu'il vient de l'Espagnol *Rabel* pris de l'Arabe *Rebab* ou *Rebaba*, qui signifie la même chose.

REBLANDIR. v. n. Terme de Coûtume. Il se dit quand un Vassal va trouver son Seigneur ou ses Officiers pour retirer son aveu & dénombrement, & les prier de lui vouloir bien apprendre pourquoi les saisies ont été faites, & quelles difficultés lui peuvent être opposées.

REBONNER. v. a. Vieux mot. Renouveller.

REBORDER. v. n. Terme de Marine. Tomber une seconde fois sur un Vaisseau, & se détacher de ses amarres. On dit aussi *Deborder*.

REBOURSER. v. a. Terme d'Apprêteur de Draps. Relever le poil du Drap à rebours. On a dit autrefois Reboursié, pour retroussé.

Rechignée estoit & froncié.
Avoit le nez & reboursié.

Ces mêmes Artisans qui apprêtent des draps ont une sorte de peigne pour en relever le poil à rebours qu'ils appellent *Rebour soir*.

REBRAS. v. a. Vieux mot. Rebord, repli de quelque chose. On a dit *Le Rebras des manches*, pour dire, Ce qui se retourne des manches d'un habit sur le bras, & *Donner un soufflet à double Rebras*, pour dire, De toute sa force. On a dit aussi *Rebrasser les manches*, pour dire, En retrousser les bords.

REBRESCHE. s. m. Vieux mot. Conte, propos.

Et pour venir à mon Rebresche.

On a dit aussi autrefois *Rebrescher*, pour, Censurer.

REBIFFER. v. n. Vieux mot. Etre relevé en haut.

Son nez rebiffoit contre mont.

REC

RECAIGNERE. v. n. Vieux mot. Braire comme un Asne.

RECALCITER. v. n. vieux mot. Regimber, du Latin *Calcitrare*, Ruer des piés.

RECALER. v. a. Terme de Menuisier. Oster du bois avec une varlope, ou une autre outil à fust. Il y a des *Varlopes à recaler*, & elles different de celles qui sont à ébaucher, en ce que ces dernieres sont plus droites, & que le fer sort davantage du fust, & les varlopes à Recaler au contraire.

RECAMER. v. a. Terme de Brodeur. Enrichir un brocard d'or ou d'argent, d'un nouvel ouvrage en forme de broderie élevée de fleurs ou d'Arabesque, en y ajoûtant sur le métier de nouvelles chaînes & tremes d'or & d'argent qui le relevent. Ce mot est pris de l'Espagnol *Recamar*, ou de l'Italien *Ricamare*, qui veulent dire, Broder.

RECAPITULATION. s. f. Un Orateur dit, faire une Recapitulation de ce qu'il a prononcé quand un Prince, une Princesse, un Evêque dans son Diocese, un Rhetoricien dans ses Colleges, entre sur son discours.

RECELER. v. a. *Garder & cacher le vol de quelqu'un*. ACAD. FR. On dit en termes de chasse d'une bête fauve, qu'*Elle se Recele sur soi*, pour dire, qu'Elle est demeurée dans son fort sans en sortir. On a dit autrefois *A recelée*, pour dire, En cachette.

RECELLE'. s. m. Terme de Monnoie. On dit *Faire des Recellés*, Quand un Maître de Monnoye de concert avec les Officiers, ne fait mention sur le registre des délivrances que d'une petite quantité de marcs fabriqués, quoiqu'il en ait été fabriqué un plus grand nombre. Toutes les fois que l'on a pû découvrir cette fraude, on a condamné les Maîtres à restituer le quadruple sur le pié de ce qui avoit été fabriqué. On a interdit les Officiers, & les uns & les autres ont été condamnés à de fortes amendes envers le Roi, & quelquefois à des peines encore plus grandes selon les cas.

RECERCELE', E'E. ad. Vieux mot. Récoquillé comme un carreau. Il est encore en usage dans le Blason, & se dit de la croix ancrée tournée en cerceaux, & de la queue des cochons & levriers. *D'or à la croix ancrée, recercelée de sable.*

RECENSER, v. a. Vieux mot. Raconter.

RECET. s. m. Vieux mot. Retraite.

RECETIERE. adj. Vieux mot. Receleur.

Mes donc, qu'en je n'en suis fesiere,
J'en puis bien estre Recetiere.

RECHABITES. s. m. Secte de Juifs, ainsi appellés,

à cause qu'ils étoient fils de Jonakab, fils de Rechab Prophete. Ils ne bûvoient point de vin, ne plantoient point de vignes, & ne semoient point de semence. Ils passoient aussi toute leur vie dans des tentes comme des étrangers, sans construire de maisons.

RECHAMPIR. v. n. Terme de Peinture. Quand on dore quelque grand ouvrage dont les fonds sont blancs ordinairement, il arrive presque toûjours qu'en couchant de jaune & d'assiette, cette couleur se répand sur les fonds, & pour reparer cela, on prend du blanc de ceruse broyé avec de l'eau, & détrempé ensuite dans une autre eau où de la colle de poisson coupée par petits morceaux doit avoir trempé un jour, puis bouilli un bouillon ou deux, après quoi la colle doit avoir été passée au travers d'un linge. De ce blanc ainsi infusé & détrempé dans cette colle, on couvre ce que le jaune ou l'assiette peut avoir gâté. On y donne deux ou trois couches, & c'est ce que l'on appelle *Rechampir*.

RECHANGE. f. m. Terme de Marine. On appelle *Rechange de Vaisseau*, Toutes les manœuvres qu'on met en reserve, pour s'en servir au défaut de celles qui sont en place. Ainsi on dit *Voile*, *Vergue*, *Funin de Rechange*, pour dire, Voile, Vergue, Funin, que l'on tient tout prêts pour en changer au besoin. Les Levantins disent, *Voile*, *Vergue de respect*, *Voile*, *Vergue de repit*.

Rechange, se dit aussi en termes de Negoce, d'un second droit de change qu'on doit pour les lettres qui reviennent à protest, lorsque celui qui en est porteur, sur le refus qu'on a fait de les acquitter a été obligé de prendre de l'argent sur les lieux, ou des lettres de change sur d'autres Marchands & en d'autres places.

RECHARGER. v. a. Terme de Charron. Recharger un essieu de charette, c'est regrossir les bras quand ils sont foibles.

RECHASSER. v. a. Terme de Chasse. Faire rentrer dans les forêts des bêtes qui en sont sorties, & qui se sont écartées aux buissons. Il y a eu des Charges de Rechasseurs des bêtes fauves. Le Roi les donnoit à des Gentilshommes ou à de vieux Chasseurs, avec des appointemens pour nourrir des Chiens courans qui les rechassoient dans les forêts. Quand les bêtes y étoient rentrées, les Rechasseurs étoient obligés de rompre les chiens & de se retirer.

RECHAUSSER. v. a. Terme de Jardinier. On dit *Rechausser un arbre*, pour dire, Lui mettre du fumier, ou de la terre nouvelle au pié.

Rechausser, dans les Mechaniques, signifie, Remettre des dents aux roues & aux machines dentées, comme à celles des moulins.

Rechausser, veut dire aussi en termes de Monnoye & d'Orfevrerie, Rabattre une piece de métal, pour la rendre plus épaisse, & amoindrir son volume. *Rechausser*, signifie encore, Arrondir & rabattre les pointes des carreaux. C'est la cinquiéme façon qu'on donne aux monnoyes au marteau.

RECHAUSSOIR. f. m. Terme de Monnoie. Instrument qui sert à arrondir & à rabattre les pointes des quarreaux. Il est fait comme les marteaux des Tonneliers, long & recourbé d'un côté & court & petit de l'autre.

RECHERCHE. f. f. Soin que l'on prend de chercher, de recueillir quelque chose. On appelle *Recherche de couverture*, la reparation qui s'y fait lorsqu'on met des ardoises ou des tuiles sur une couverture de maison, en la place de celles qui y manquent; & *Recherche de pavé*, la même reparation qui se fait pour le pavé, lorsque l'on en met des neufs en la place de ceux qu'on trouve brisés, & qu'on en raccommode les flasches.

RECHERCHER. v. a. *Chercher une autre fois, chercher curieusement*. ACAD. FR. On dit en termes de Peinture, *Rechercher toutes les parties d'une figure*, pour dire, Apporter tout le soin, toute l'application possible à bien finir, à perfectionner un ouvrage. *Rechercher*, se dit particulierement en Ciselure & en Sculpture, lorsqu'avec divers outils, on finit un travail avec tant d'art, que chaque partie s'en trouve bien terminée.

RECHIN. adj. Vieux mot. Chagrin, melancolique, qui est d'une humeur sauvage & rude. Foulque, Comte d'Anjou, a été surnommé *Le Rechin*, à cause de son air melancolique & de son visage toûjour rechigné.

RECIPIANGLE. f. m. Instrument de Geometrie fait de deux regles mobiles en façon de fausse équerre. Autour du centre de l'un de ses bras, il a un demi cercle gravé & divisé en cent quatre-vingts degrés, dont le diametre est d'équerre avec les côtés de ce même bras. Ainsi le bout de l'autre bras étant coupé en angles droits jusqu'auprès du centre, marque à mesure qu'il se meut, la quantité de degrés qu'a l'ouverture de l'angle qu'on prend. C'est de-là qu'il a pris le nom de *Recipiangle*. On l'appelle autrement *Sauterelle graduée*.

RECIPIENT. f. m. Terme de Chymie. Vaisseau qu'on attache au bec d'un alembic pour recevoir les liqueurs qui se distillent. On appelle aussi *Recipient*, Un Vaisseau qui sert dans la machine vuide dont on tire l'air par le moyen d'une pompe.

RECIPROQUE. adj. Terme de Mathematique. Quand les termes de deux raisons Geometriques égales, se répondent par la nature de la chose dont il s'agit, de sorte que le plus grand terme de la premiere raison répond au plus petit de la seconde, & le plus petit de la premiere au plus grand de la seconde. On dit que les termes d'une de ces raisons sont en *Raison Reciproque* des termes de l'autre. Ainsi dans la Mechanique, (voyez MOUVEMENT & MACHINE) un poids plus petit qu'un autre étant en équilibre avec lui, s'il ne peut se mouvoir sans le surpasser en vîtesse autant qu'il en est surpassé en masse. On dit que deux poids sont en équilibres quand leurs vîtesses, ou ce qui est la même chose, leurs distances du point fixe, sont en *Raison Reciproque* de leurs masses. Alors il est visible que la grande vîtesse appartient à la petite masse, & la petite vîtesse à la grande masse, & cela en raison égale par la supposition. Les quatre termes de ces deux raisons étant arrangés comme ils le doivent être naturellement, *grand poids*, *petits poids*, *vîtesse du grand poids*, *vîtesse du petit poids*, font une proportion qu'on appelle *Reciproque* ou *Inverse*, ou Renversée, parce que pour faire une *Proportion Droite* ou *Directe*, il faudroit que comme le premier terme est au second, ainsi le troisiéme fût au quatriéme, & ici c'est un autre ordre, car comme le premier terme est au second, ainsi le quatriéme est au troisiéme. De même en Geometrie, quand la longueur d'un parallelogramme est à la longueur d'un autre, comme la largeur du premier à la largeur du second, les quatre côtés de ces parallelogrammes sont en raison ou proportion droite. Mais si la longueur du premier est à la longueur du second, comme la largeur du second à la largeur du premier, alors les côtés des parallelogrammes sont en raison ou proportion reciproque.

En ce cas les parallelogrammes eux-mêmes sont appellés *Reciproques*, à la difference des parallelogrammes *semblables*, dont les côtés sont en proportion droite.

Un rectangle n'étant que le produit de sa longueur par sa largeur, & d'ailleurs la nature de la proportion Geometrique étant telle que le produit des extrémes y est égal au produit des moyens. Voyez PROPORTION. Il est aisé de conclure que les rectangles reciproques doivent être égaux, parce que les deux côtés de l'un sont toûjours les deux extrémes, & les deux côtés de l'autre les deux moyens de la même proportion, au lieu que dans les rectangles *semblables*, les côtés de l'un étant le premier & le troisiéme terme de la proportion, & les côtés de l'autre étant le second & le quatriéme, leurs produits ne sont point égaux, ni par consequent les parallelogrammes.

Cette dénomination de *reciproques* convient également à toutes les figures, qui sont égales entre elles par la raison reciproque des côtés dont elles sont formées.

On appelle *Regle de trois reciproque* ou *renversée*, celle par laquelle on trouve un quatriéme terme qui soit en proportion reciproque, par exemple, on dit 18. ouvriers ont fait un ouvrage en 2 mois, si l'on prend 30. ouvriers, en combien de tems feront-ils un ouvrage égal? Il est visible que par la proportion directe, si 18 donne 2, 30 donneroit plus de 2, & par consequent un plus grand nombre d'ouvriers employeroit plus de tems à faire un même ouvrage, ce qui est contre la nature de la chose. Il faut donc prendre une autre route, & arranger les termes, de sorte que la proportion de reciproque qu'elle étoit devienne droite, & dans l'exemple proposé, faire qu'il vienne un quatriéme nombre plus petit que 2. Pour cela, il ne faut que disposer ainsi les termes, 30, 18, 2, & alors il viendra $1\frac{1}{5}$ pour le tems que les 30 ouvriers employeront.

Il faut reconnoître par la nature de la question si la proportion est droite ou renversée, & en cas qu'elle soit renversée, la rendre directe, en disposant les trois termes, de sorte qu'ils en produisent un plus grand ou plus petit, selon que la nature de la question le demande, car toute proportion renversée en renferme une directe.

RECLAMATION. s. m. Terme de Palais, Revendication d'un meuble, que celui qui le revendique prétend lui appartenir.

RECLAME. s. f. Terme de Chasse. Il se dit des Pipeaux, sifflets & autres choses dont on se sert pour faire amasser des Oiseaux qui viennent étant trompés par un son qu'ils croyent être celui d'un oiseau de leur espece. *Reclame*, se dit aussi des Oiseaux de proie, comme les Autours & les Eperviers, qu'on reprend au poing avec les Oiseaux & la voix.

Reclame. Terme d'Imprimerie. Mot, ou premieres lettres d'un mot qu'on imprime au bas de la derniere page de chaque feuille d'un Livre, & qui sont les mêmes qui commencent la feuille suivante, ce qui sert à faire connoître l'ordre des feuilles.

RECLAMER. v. a. Terme de Venerie. On dit *Reclamer un Oiseau*, pour dire, Le dresser en le faisan revenir à soi avec la filiere.

RECLAMPER. v. a. Terme de Marine. On dit *Reclamper un Mât, une Vergue*, pour dire, Raccommoder un mât, une vergue, quand elle est rompue.

RECLUSAGE. s. m. Vieux mot. Lieu où l'on est enfermé.

Que fais-tu en cette prison,
Trop y as rendu le musage.
Viens-t'en, laisse ce reclusage.

RECOIRDIE. s. f. Vieux mot. Sorte de poësie où quelque vers se repete, comme dans la Ballade, du vieux mot *Recorder*, qui a été dit, pour, Reciter, repeter.

Et maint sonnet, & mainte recoirdie.

RECOLEMENT. s. m. Terme de Palais. Lecture qu'on fait à un témoin des choses qu'il a déposées, après quoi on lui demande s'il veut persister dans sa déposition sans y rien ajoûter ni diminuer.

Recolement, se dit aussi lorsque l'on confere les meubles ou les papiers qui sont en nature avec l'inventaire qui en a été fait quelque tems auparavant, ce qui se fait pour connoître s'il n'y manque rien.

Recolement, se dit encore de la lecture du procès verbal de visite que font les Officiers des Eaux & Forêts, six semaines après la coupe des bois, pour voir si cette coupe a été faite conformement au procès verbal. *Recoler*, se dit de même dans tous ces sens.

RECOLER. v. a. vieux mot. Dire, reciter par cœur. On a dit aussi *Recorer* dans le même sens, & *Recore* pour, Memoratif.

RECOLLETS. s. m. Religieux de Saint François, qui vont déchaussés avec des manieres de grosses & hautes sandales, appellées *Socs*. Leur robe est d'une grosse étoffe grise. Ils ont un petit capuce & une ceinture, & par dessus la robe un manteau de même étoffe. Il y avoit eu plusieurs Congregations de Religieux dans l'Ordre de saint François, qui se vantoient chacune d'observer la Regle de leur Fondateur dans sa pureté, & Leon X. ayant ordonné qu'elles seroient reduites toutes à une sous le nom de *Reformés*, quelques-uns d'entre eux montrerent de l'empressement à la garder à la lettre, & cette rigidité dont ils firent gloire, fut cause qu'en 1531. Clement VII. leur assigna des maisons, où ceux qui avoient l'esprit de recollection furent reçus. Ce fut de-là qu'ils prirent le nom de *Recollets*. Ils ont près de cent cinquante Couvents en France, & sont divisés en sept Provinces.

RECOMMANDATION. s. f. Priere qu'on fait à quelqu'un pour quelque personne, ou pour quelque affaire. *Recommandation*, parmi les Orfevres, veut dire un billet qu'on leur envoie quand on a perdu de la vaisselle d'argent, afin que sur la description qu'on leur en fait, ils retiennent cette vaisselle, & arrêtent la personne qui la veut vendre.

On le dit aussi pour de nouvelles causes de retention d'un prisonnier en prison, ou pour des créanciers sur une saisie.

RECONDUCTION. s. f. Terme de Pratique. On dit, qu'*Un homme occupe une maison par reconduction tacite*, pour dire, qu'après le tems de son bail expiré, il continue à y demeurer au même prix, quoiqu'il n'ait point fait un nouveau bail. Ce mot vient du latin. *Conducere*, Prendre à louage.

RECONNOISTRE. v. a. *Se remettre dans l'esprit, l'idée, l'image d'une personne, d'une chose quand on vient à les revoir.* ACAD. FR. On dit en termes de guerre, *Reconnoître une Place*, pour dire, En faire le tour avant que de l'assieger, & observer exactement les avantages, & les défauts de son assiette & des fortifications qui la défendent, afin de choisir l'endroit le plus foible pour l'attaquer. On dit à peu près dans le même sens, *Reconnoître un passage, reconnoître le camp des ennemis.*

On dit en termes de Mer, *Reconnoître un Vaisseau*, pour dire, Examiner sa grosseur, les forces qu'ils qu'il peut avoir, & de quelle nation il est. On dit de même *Reconnoître une terre*, pour dire, En observer la situation afin de sçavoir quelle terre c'est.

Reconnoître, Est aussi un terme de Palais, & signifie, Declarer par écrit qu'on est obligé à payer ou à faire quelque chose.

En termes de Gabelles, on dit *Reconnoître* un Fauxsaunier en recidive. On appelle Gabeleurs ceux qui l'avoient pris la premiere fois.

RECORS. s. m. Celui qui accompagne un Sergent lorsqu'il va faire un exploit, qui en est témoin, & qui lui prête main forte s'il est necessaire. *Recors*, vient du vieux mot *Recorder*, *se recorder*, qui signifioit, Se souvenir, parce qu'originairement *Recors*, étoit un témoin qui se souvenoit de quelle maniere la chose s'étoit passée.

RECORVELE', E'E. adj. Vieux mot. Recourbé.

RECOUPE. s. f. Terme de Tailleur de Pierre. Ce qui s'abbat des pierres, lorsqu'on les taille pour les mettre en œuvre. On les mêle avec moitié de bon sable & de la chaux, pour en faire du mortier. On se sert aussi du plus gros des Recoupes à faire des aires dans les allées des jardins, & à affermir le sol des caves, sur-tout quand ces Recoupes sont de pierres fort dures.

RECOUPE', E'E. adj. Terme de Blason. On appelle *Ecu recoupé*, Un écu mi-coupé, & recoupé un peu plus bas.

RECOUPEMENT. s. m. Retraite fort large qui se fait à chaque assise de pierre dure, afin que certains ouvrages qui se construisent sur une pente roide, ou qui sont fondés dans l'eau, puissent avoir plus d'empatement.

On dit aussi *Retraite*, *Frit*, *Refuit*, c'est ordinairement d'un pouce par pié, à moins que le mur ne soit aplomb de plinthe en plinthe où se fait le recoupement. En Architecture Militaire, on dit *Escarpe* ou *Talus*.

RECOURIR. v. n. Courir une seconde fois. On dit en termes de mer, *Recourir sur une manœuvre*, pour dire, La suivre dans l'eau avec une Chaloupe, ou la tenant à la main, & *Faire recourir une manœuvre*, pour dire, Pousser une manœuvre jusqu'où elle doit aller. On dit aussi *Faire recourir l'écoute*, *la bouline*, *l'écouet de revers*, pour dire, Les pousser hors du Vaisseau & en avant, afin de leur donner du balan. On dit encore *Recourir les coûtures d'un Vaisseau*, pour dire, Y repasser legerement le calfat.

RECOURS. s. m. *Recherche d'assistance*, *de secours dans le besoin*. ACAD. FR. Les Ordonnances faites pour les Monnoyes, veulent que les Gardes pesent les especes piece à piece au trebuchet, avant que d'en faire la délivrance au Maître, pour examiner si elles sont de *Recours de la piece au marc & du marc à la piece*. Ce stermes sont en usage pour marquer que chaque espece d'or ou d'argent doit être taillée d'un poids si juste & si égal, qu'il n'y en ait aucune plus forte ni plus foible que l'autre, afin que les especes étant pesées par marc, il y en ait justement la quantité dont doit être composé le marc pour être droit de poids.

RECOUSSE. s. f. Dans une vente judiciaire le saisi a huitaine pour la recousse de ses effets. Il y a des cas où elle ne lui est pas permise. Les Furetieristes disent que dans la Coûtume d'Anjou on appelle le retrait lignager *Recousse*, il falloit dire le retrait de l'heritage vendu à grace a faculté de remeré.

RECOUVERT, ERTE. adj. Qui est couvert de nouveau après avoir été découvert. On appelle en termes de Menuiserie *Panneaux recouverts*, Ceux qui excedent & recouvrent l'assemblage.

On fait aussi dans la Maçonnerie *Des joints recouverts* avec des pierres de taille, sur-tout aux terrasses.

RECOUVREMENT. s. m. *Action de recouvrer ce qui est perdu*. ACAD. FR. *Recouvrement*, en termes de Menuiserie, est une maniere de rebord de quelque sorte d'ouvrage. On appelle aussi *Recouvrement*, en parlant d'un coffre fort, le rebord de son couvercle.

RECOUVRER. v. a. *Retrouver*, *acquerir de nouveau une chose qu'on avoit perdue*. ACAD. FR. On dit en termes de mer, *Recouvrer une manœuvre*, pour dire, La tirer dans le Vaisseau.

RECREANCE. s. f. Terme de Pratique. Provision de la chose litigieuse, que l'on adjuge à celui qui a le droit le plus apparent. On dit en ce sens, *Avoir*, *obtenir la recreance d'un benefice*. On appelloit autrefois *Recreance*, Toute sorte de jouissance que l'on adjugeoit par provision, soit en matiere de complainte & de réintegrande, à l'égard des heritages, soit en matiere de saisie pour les fruits des loyers, des pensions, du bétail, ou même des personnes arrêtées. Quand on resaisissoit l'executé des biens que l'on avoit pris sur lui par voye d'execution, cela s'appelloit *Recreancer* ou *recroire*. *Recreance*, vient du latin *Recredentia*, qui vouloit dire, Remise en possession.

RECREANDIE. s. f. Vieux mot. Recreation, divertissement.

RECREDENTIAIRE. s. m. Celui qui a la jouissance d'un benefice par recreance.

RECROISETE', E'E adj. Terme de Blason. Il se dit des croix, lorsqu'à l'extrémité de leurs branches, elles ont d'autres croix. *De sable à trois croix recroisetées*.

RECROYAUMENT. adv. Vieux mot. A regret, par force.

Car qui le sien donne recroyaument,
Son gré en pert, & si couste ensement.

RECTANGLE. s. m. Terme de Geometrie. Ce mot n'étoit naturellement qu'adjectif, & signifioit, Qui a des angles droits, & alors il se disoit également d'un triangle qui avoit un angle droit, & d'un Parallelogramme qui avoit ses quatre angles droits, *Triangle*, *Rectangle*, *Parallelogramme rectangle*, *&c.* Mais il est devenu substantif dans le dernier sens, & l'on dit simplement le *Rectangle de deux lignes*, pour dire, Le Parallelogramme a angles droits qui se fait de leur multiplication. On appelle encore *Rectangle* en Algebre, le produit de deux nombres l'un par l'autre, & même de deux lettres, *le Rectangle de 3 par 4 vaut 12*.

RECTEUR. s. m. On appelle ainsi dans la Republique de Venise, Celui qui gouverne les Villes de l'Etat. Ce titre est commun au Podestat & au Capitaine des armées de Venise.

Recteur, se dit aussi de celui qui est le chef d'une Université. Il s'élit tous les trois mois dans l'Université de Paris, & se prend toûjours entre les Maîtres ès Arts & les Bacheliers, à cause que son premier établissement fut fait du tems que la Faculté des Arts étoit separée de celle de Theologie, & qu'on n'avoit pas encore établi celles du Droit & de la Medecine. On le continue quelquefois deux ou trois ans, selon qu'il gagne les diverses Nations qui composent le Corps de l'Université. Il marche precedé de ses Bedeaux, & suivi des quatre Facultés. La Procession du Recteur se fait quatre fois l'année, & ce jour-là, non seulement on ne prêche dans aucune Eglise, mais les classes ne sont ouvertes dans aucun College, pas même dans celui des Jesuites qui ne sont pas de l'Université de Paris, non plus que de celle de Rheims.

Recteur, signifie aussi le Superieur d'un Couvent de Jesuites, & on donne ce même nom dans l'Hôpital General à un Ecclesiastique qui a soin du spirituel de cet Hôpital.

A Bourdeaux & dans toute la Bretagne on appelle les Curés *Recteurs*, & les Vicaires s'appellent *Curés*.

RECTIFICATION. s. f. Terme de Chymie. Distillation réïterée pour l'exaltation & plus grande purification des liqueurs. La rectification se fait quelquefois sans distillation par la seule digestion. Ainsi les eaux de qualité froide se rectifient étant mises quinze jours en digestion au Soleil, & les chaudes par l'espace d'un mois, le Vaisseau étant enseveli dans du sable froid en une cave.

RECUEILLOIR. s. m. Terme de Cordier. Morceau de bois dont se sert le Cordier pour tortiller & pour recueillir la ficelle.

RECUIRE. v. a. Il se dit des metaux que l'on met au feu pour leur faire perdre l'aigreur & la trop grande dureté qu'ils peuvent avoir acquise par la trempe, ou par l'écrouissement. On dit aussi *Recuire les flans & les quarreaux des monnoyes*, ce qui se fait dans une poële de fer avec du charbon qu'on remue en l'air, jusqu'à ce que les flancs soient blancs ou rouges, & on les nettoie avec un plumeau fait de cinq ou six aîles d'oiseau adossées & cousues ensemble. *Recuire*, se dit aussi des verres & des émaux lorsqu'on les remet au feu pour faire fondre & faire tenir les couleurs minerales qu'on y applique. On dit encore dans les Monnoies, *Recuire les creusets*, c'est-à-dire, que quand on se veut servir des creusets de terre ausquels le Potier a donné une premiere cuisson, on les met dans un fourneau que l'on emplit de charbon, & à mesure que le charbon s'allume, le creuset s'échauffe & se recuit. On examine alors s'il n'y a point de fente ou de rayure, & quand il est au plus haut degré de chaleur, ce que l'on connoît lorsqu'il est fort blanc, on y jette des matieres.

RECUIT. s. m. On dit d'un morceau de fer, qu'*Il s'endurcit au recuit*, Quand on le met au feu pour le travailler.

RECUITE. s. f. Action par laquelle on recuit. On dit des pieces de verre peintes mises par les Vitriers dans les fourneaux, que *La recuite s'avance*, pour dire, Que ces pieces de verre se parfondent.

RECUITEUR. s. m. Nom que l'on donne aux Ouvriers des Monnoies, pendant leur année d'apprentissage. Cela vient de ce que dans le tems qu'on fabriquoit les especes au marteau, les Ouvriers faisoient recuire les lames & les quarreaux, pendant l'année de leur accueillement, qu'ils font leur apprentissage.

RECUL. s. m. Mouvement d'une chose qui recule. Il n'est guere usité que dans cette phase *Recul du canon*. C'est un mouvement en arriere qu'imprime au canon la force du feu, qui dans le tems que la piece tire cherchant un passage de toutes parts, la chasse en arriere, & pousse la poudre & le boulet en avant. Le Recul du Canon est d'ordinaire de dix à douze piés, & pour le rendre moindre, on fait un peu pancher la platte-forme des batteries vers les embrasures.

RECULEMENT. s. m. Terme d'Architecture. On dit *Reculement d'Arestier*, qui est la même chose que *Ralongement d'Arestier*, c'est-à-dire, La ligne diagonale depuis le poinçon d'une croupe, jusqu'au pié de l'arestier qui porte sur l'encoignure de l'entablement.

RECURRENT. adj. On appelle en termes de Medecine *Nerf recurrent*, Un nerf qui jette plusieurs petits rameaux dans les muscles du larynx. On l'appelle ainsi à cause qu'il se replie, & qu'il remonte & recourt du thorax en haut.

RED

REDEMPTION. s. m. Rachat. On appelle *Ordre de la Redemption des Captifs*, Un Ordre Militaire, puis Religieux, qui fut fondé par saint Pierre Nolasque en 1228. & approuvé en 1230. ou 1235. par le Pape Gregoire IX. sous la Regle de saint Augustin. Saint Pierre de Nolasque étoit François, natif d'un lieu situé dans le Diocese de saint Papoul en Languedoc, près de Carcassone. La resolution qu'il prit d'abandonner son Pays, par l'aversion qu'il avoit pour les Heretiques Albigeois, lui ayant fait vendre tout son bien, il s'en alla en Espagne, où il l'employa à racheter les Esclaves Chrétiens que les Infideles détenoient. Il y connut saint Raimond de Rochefort, qui s'appliqua avec lui à établir l'Ordre de la Redemption des Captifs, dit autrement *de la Merci*. Outre les trois vœux ordinaires de chasteté, pauvreté, & obéïssance, les Religieux de cet Ordre en font un quatriéme, par lequel ils s'obligent de s'employer à la délivrance des Captifs Chrétiens detenus par les Barbares, & même d'entrer en servitude pour leur procurer la liberté.

Il y a un autre Institut Religieux de la Redemption des Captifs, qui se vante de n'avoir point été fabriqué par les hommes, & pour l'établissement duquel on dit que saint Jean de Matha, qui en est le premier Patriarche, eut une admirable vision en disant sa premiere Messe à Paris, en presence de l'Evêque Maurice de Sulli. Dieu lui ayant fait connoître dans cette vision le dessein qu'il avoit de se servir de lui pour l'institution de cet Ordre, il s'associa à un saint Hermite, nommé Felix de Valois, dans la solitude de Gerfroi près de Meaux, & ils allerent ensemble à Rome où le Pape Innocent III. approuva cet Ordre, qui est appellé *De la Trinité & Redemption des Captifs*. Il le confirma onze années après par des Lettres Apostoliques, qui furent données en 1209. Les Religieux qui l'embrassent font aussi un quatriéme vœu de racheter les Captifs. Saint Jean de Matha fonda vers l'an 1200. le premier Monastere de son Ordre en France à Arles. C'étoit un Gentilhomme Provençal, natif d'un Bourg, appellé Faucon, dans la Vallée de Barcelone, où depuis l'an 1661. les Religieux Déchaussés ont bâti un Monastere.

REDENT. s. m. Terme de Fortification. On appelle ainsi des angles saillans en forme de dents de scie, qu'on met d'ordinaire aux parapets d'un chemin couvert, ou d'un autre ouvrage enfilé par quelque eminence qui le voit obliquement. Cela se fait pour couvrir les Soldats. On fait aussi des Redents sur les côtés d'une place qui regardent le bord d'un marais ou d'une riviere. On les appelle autrement *Ouvrages à scie*.

On appelle aussi *Redents*, dans la construction d'un mur sur un terrain en pente, plusieurs ressauts qu'on fait d'espace en espace à la retraite, afin de la conserver de niveau par intervalles.

On donne ce même nom dans les fondations à diverses retraites que cause, ou une pente fort sensible, ou l'inégalité de la consistance du terrain.

REDORTE. s. f. Terme de Blason. Il se dit d'une branche de frêne ou d'un autre arbre, qui est retortillée en anneaux les uns sur les autres. Il y a des Redortes feuillues, & des Redortes qui n'ont point de feuilles.

REDOUTE. ſ. f. Terme de Fortification. Petit fort, destiné à ſervir de corps de garde, & à aſſurer la circonvalation, la contrevalation, & les lignes d'approche. Sa figure eſt quarrée, & il n'a que la ſimple défenſe de front. Les Redoutes ont dix à quinze toiſes de face, avec un foſſé de huit à neuf piés de largeur & de profondeur. Leur parapet n'en doit avoir qu'autant d'épaiſſeur. Il eſt ſoûtenu de deux ou trois banquettes, & n'eſt pas fait pour reſiſter au canon.

REDRESSEUR. ſ. m. Vieux mot. On appelle dans les anciens Romans, *Redreſſeurs de torts*, Les Chevaliers qui couroient le monde, pour reparer les injures faites aux femmes qui ſe plaignoient d'avoir été opprimées.

REDRESSOIR. ſ. m. Terme de Potier d'étaim. Inſtrument au bout duquel il y a une maniere de bale. On s'en ſert pour redreſſer la vaiſſelle boſſuée.

REDUCTIBLE. adj. Terme dogmatique. Qui peut être reduit. Les corps ſont reductibles en de très-menues parties, mais non juſqu'à leurs atomes.

REDUCTIF, IVE. adj. Les Chymiſtes appellent *Sel reductif*, Un ſel qui aide à reduire.

REDUCTION. ſ. f. Terme de Chymie. Rétabliſſement des mixtes ou de leurs parties en leur état naturel.

Reduction, eſt auſſi un terme de Chirurgie, & s'entend d'une operation par laquelle on remet & on reduit les os en leur place.

Reduction, en termes d'Arithmetique, ſignifie la converſion d'une eſpece en une autre. On fait la Reduction des entiers en fractions, & des fractions en entiers, & celle des livres en ſols, & des ſols en livres.

REDUIRE. v. a. Terme de Chymie. Redonner aux chaux des métaux la forme metallique qu'ils avoient auparavant, ce qui ſe fait par la violence du feu, & par l'aide de quelques ſels reductifs comme nitre, tartre, borax, & autres.

On dit en termes d'Algebre, *Reduire une equation*, pour dire, Lui donner une diſpoſition propre & commode pour en pouvoir reduire les racines plus facilement.

REDUIT. ſ. m. Sorte de petit retranchement fait dans un appartement pour s'y retirer. On appelle *Reduit*, en termes de guerre, tout lieu avantageux & retranché dans une Place contre le ſoulevement du Peuple, ou contre les ennemis de l'Etat. C'eſt auſſi un detour ou retour pour prendre l'ennemi par le flanc quand il avance.

REE

REER. v. a. Vieux mot. Ratiſſer, racler.

Comme un navet qu'on rée ou pele.

REER. v. n. Terme de Chaſſe. Il ſe dit du meuglement que font les cerfs, les daims & les chevreuils, dans le tems qu'ils ſont en rut, pour appeller leurs femelles.

REEMBRER. v. a. Vieux mot. Racheter.

Celui pour qui l'humain lignage,
Reembre de mort & delivre.

On a dit auſſi *Reimbrer.*

REF

REFAIRE. v. a. Faire une ſeconde fois. Parmi les Tanneurs *Refaire le cuir*, C'eſt remettre le cuir avec du tan.

On dit en termes de Cuiſine, *Refaire la viande*, pour dire, La mettre un peu de tems ſur le gril afin de la rendre plus propre à être lardée ou aſſaiſonnée.

REFAIT, AITE, adj. Raccommodé. En termes de Charpenterie, on dit du bois bien équarri, qu'*Il eſt refait & remis à l'équerre*, & quand des pieces de bois ſont bien équarries de tous les côtés, on dit, qu'*Elles ſont refaites & dreſſées ſur toutes les faces.*

REFEND. ſ. m. On appelle *Murs de refend*, Les murs qui ſeparent les pieces du dedans d'un bâtiment, à la difference des gros murs qui en font la face. Il ſe dit auſſi des murs qui ſeparent des chapelles dans des Egliſes.

Les Menuiſiers appellent *Refend*, Un morceau de bois, une tringle ôtée d'un ais trop large, un reſte d'un ais qu'on a refendu pour y prendre le bois du premier travail, ils ont des ſcie à refendre.

On appelle auſſi *Refends*, Les entre-deux des pierres de taille qui ſont aux encoignures des murs, & autres endroits d'un bâtiment.

REFENDRE. v. a. Fendre derechef. *Refendre*, en termes de Charpenterie, ſignifie, Debiter de groſſes pieces de bois avec la ſcie pour en faire des ſolives, des chevrons, ou des membrures. *Refendre*, parmi les Menuiſiers, c'eſt ſcier du bois ſur ſa longueur. Les Serruriers diſent *Refendre*, pour dire, Couper le fer à chaud ſur ſa longueur avec la tranche & la maſſe. Les Couvreurs & les Paveurs ſe ſervent auſſi du mot de *Refendre*, les uns pour ſignifier, Diviſer l'ardoiſe par feuillets avant que de l'équarrir, & les autres pour dire, Partager de gros pavés en deux, & en faire du pavé fendu pour paver les écuries & les cours.

Refendre, eſt auſſi un terme de Palais qui ne ſe trouve dans aucune Coûtume. Quand des cadets ne ſont pas contents des partages offerts par l'aîné, ils peuvent les refaire ou refendre.

REFERE'. ſ. m. Rapport que fait un Conſeiller ou Juge commis, des difficultés, des conteſtations qui ſe ſont formées devant lui, lorſqu'il a fait un procès verbal de ſcellé, de deſcente, de reception de caution, ou autre choſe, pour y être fait droit par ſa compagnie.

REFERENDAIRE. ſ. m. Officier créé dans les petites Chancelleries, qui fait le rapport des lettres à ſceller devant le Maître des Requêtes. On l'a dit même du Garde des Sceaux du Prince & du Chancelier. Pendant la premiere race de nos Rois, on appelloit *Grand Referendaire*, Celui qui avoit la garde du cachet royal, qui faiſoit rapport au Roi des placets & des requêtes qui lui étoient preſentées, & qui portoit les commiſſions aux Juges. Il y a dans la Chancellerie Romaine des *Referendaires de l'une & de l'autre ſignature*, qui furent inſtitués avec de beaux privileges par le Pape Alexandre VI. Ce ſont les douze plus anciens Prelats, qui ont droit de rapporter devant le Pape les ſuppliques des parties pour la ſignature de Grace ou pour celle de Juſtice. Ils connoiſſent des cauſes où il ne s'agit que de cinq cens écus d'or; ſi elles excedent, elles ſont de la Juriſdiction de la Rote.

REFEUILLER. v. a. Terme d'Architecture. Faire deux feuillures en recouvrement, ſoit pour recevoir les volets d'une croiſée ou les ventaux d'une porte, ſoit pour loger un dormant.

REFICHER. v. a. Terme de Maçonnerie. On dit *Reficher & rejointoyer les vieilles aſſiſes*, pour dire, Remaçonner les joints dans une muraille.

REFLAMBER. v. n. Vieux mot. Renvoyer par repercuſſion. On lit dans Jean le Maire. *Il avoit ſes yeux tous eſblouis de la radiation des harnois très-luiſants d'or & d'argent & de pierreries, qui reflamboient à la repercussion du Soleil.*

REFLET. s. m. Terme de Peinture. Ce qui est éclairé dans les ombres d'un tableau par la lumiere que reflechit quelque corps poli, qui est peint dans le même tableau.

REFLEXION. s. f. *Rejallissement, reverberation.* ACAD. FR. Quand un corps en mouvement en rencontre un qu'il ne peut ébranler, & qui l'empêche de continuer son mouvement sur la même ligne, il faut necessairement qu'il commence à se mouvoir sur une autre ligne. Si son mouvement, par exemple, étoit de haut en bas, il sera de bas en haut, s'il étoit de gauche à la droite, il sera de la droite à la gauche. Ce changement de détermination, ce détour s'appelle *Reflexion.* Voyez MOUVEMENT.

Le point où le corps rencontre la surface reflechissante est le *Point d'incidence*, l'angle qu'il fait avec cette surface par la ligne de sa chute est l'*Angle d'incidence*, & celui qu'il fait avec cette même surface par sa Reflexion, est l'*Angle de reflexion.*

On demontre que les Angles d'incidence & de Reflexion sont égaux, parce qu'il n'y a rien de changé dans le mouvement que sa *détermination.* Un corps dont l'incidence est perpendiculaire, doit se reflechir par la même ligne.

REFOILIR. v. n. Vieux mot. Jetter des feuilles. L'Auteur du Roman de la Rose en parlant de deux Forêts, dit,

L'un de refoilir ne fine,
L'autre est de feuilles orpheline.

REFONDER. v. a. Terme de Pratique. Il ne se dit que des dépens ou frais préjudiciaux que les parties qui ont fait quelque défaut ou contumace, sont obligées de rembourser avant qu'on les reçoive à poursuivre.

REFORME. s. f. Terme de Guerre. Licentiement d'un corps de gens de guerre, comme quand on supprime un Regiment entier, ou de quelqu'une de ses parties, ce qui se fait en retranchant quelques-unes de ses compagnies, dont on incorpore les hommes dans celles que l'on conserve, si ce n'est qu'on reduise le Regiment en Compagnie franche.

REFORMÉ, ÉE. adj. On appelle *Officier reformé*, Celui dont on a supprimé la place & la charge, ce qui n'empêche pas qu'il ne demeure quelquefois dans le même corps, comme étant Capitaine en pié reformé. Il y demeure aussi quelquefois en qualité de Capitaine ou de Lieutenant en second, en sorte qu'il soulage l'Officier en pié, en faisant une partie du service. Il peut encore y demeurer comme Capitaine ou Lieutenant Reformé, entretenu à la suite d'une compagnie maintenue sur pié, & toûjours avec l'avantage de conserver son rang d'ancienneté. On appelle *Capitaine reformé en pié*, Un Mestre de Camp, dont on a reduit le Regiment de Cavalerie en Compagnie franche.

REFOULER. v. a. On dit en termes de mer, *Refouler la marée*, ou *le courant*, pour dire, Aller contre la marée. Ce verbe se prend aussi dans une signification neutre, & on dit que *La mer refoule*, pour dire, qu'Elle descend.

On dit en Anjou, que la Loire refoule, quand elle fait refluer la Maine ou remonter vers sa source.

REFOULOIR. s. m. Instrument dont on se sert pour refouler les charges des pieces d'artillerie. C'est un long bâton garni d'un gros bouton plat. On appelle sur mer, *Refouloir de cordes*, Un bouton de Refouloir, qui est emmanché de corde. On ne s'en sert que quand on est obligé de charger une piece de canon par dedans le Vaisseau.

REFRACTION. *Brisure de rayons qui se fait quand un rayon passe par des milieux differens.* ACAD. FR. Quand un rayon de lumiere passe d'un milieu dans un autre, comme de l'air dans l'eau, ou de l'eau dans le verre, il quitte la ligne droite qu'il décrivoit, & commence à en décrire une autre, ce détour s'appelle *Refraction.* Elle se fait de deux façons. On imagine une perpendiculaire tirée au point d'incidence sur la surface où se fait la refraction, & alors ou le rayon s'en approche plus qu'il ne faisoit par sa ligne d'incidence, ou il s'en écarte davantage, car les rayons perpendiculaires ne souffrent aucune refraction. Le rayon s'approche de la perpendiculaire quand il passe d'un milieu où il se mouvoit plus difficilement dans un ou il se meut plus aisément, & au contraire il s'en écarte, quand il passe d'un milieu plus aisé dans un plus difficile. Comme les corps diaphanes les plus denses sont ceux où la lumiere passe avec le plus de facilité, & en perdant le moins de son mouvement superieur, elle s'approche de la perpendiculaire en passant de l'air dans l'eau, & plus encore en passant dans le verre, & elle s'en écarte en passant de l'eau ou du verre dans l'air.

La Refraction fait paroître les objets dans des lieux où il ne sont pas, car nous les rapportons toûjours au bout d'un rayon direct, & cependant ils n'y sont pas, puisque le veritable rayon est brisé.

Les rayons qui tombent perpendiculairement sur une surface n'y souffrent aucune Refraction. A l'égard des rayons obliques, on tire une perpendiculaire au point où ils tombent sur la surface qui les doit rompre, ce point s'appelle le *Point d'incidence*, & l'angle que fait le rayon avec cette perpendiculaire, est l'*Angle d'incidence.* Celui que fait le rayon rompu avec la même perpendiculaire continue, est l'*Angle de refraction*, & celui que fait le rayon rompu avec le rayon incident continu, est l'*Angle rompu.*

On mesure les Refractions par la proportion qu'ont entre eux les sinus des angles d'incidence & de Refraction.

La lumiere des Astres en passant de la matiere étherée dans l'air épais qui nous environne, se brise en s'approchant de la perpendiculaire, c'est-à-dire, d'une ligne tirée au centre de la terre, & par consequent elle fait paroître les astres plus élevés qu'ils ne sont. C'est ce qu'on appelle leur *lieu brisé.*

La plus grande Refraction des Astres est à l'horison, & quelquefois ils paroissent au-dessus lorsqu'ils sont encore au dessous. Elle va toûjours en diminuant depuis l'horison, & à 45. degrés de hauteur, on ne la compte plus. La Refraction hausse les Astres, au lieu que la Parallaxe les abaisse. Voyez PARALLAXE.

REFRANCHIR. v. n. On dit en termes de mer, *Se refranchir*, en parlant de l'eau de pluye ou des vagues qui entre dans un Vaisseau, quand l'eau diminue & s'épuise, comme l'on connoît à l'Archipompe.

REFREIN. s. m. Vers qui se repete à la fin de tous les couplets d'un Chant royal, d'une Balade, ou d'un autre Poëme de cette nature. *Refrein*, en termes de mer, se dit du retour, du rejallissemement des houles, des grosses vagues de la mer, qui vont se briser contre des rochers.

REFRESTELER. v. n. Vieux mot. Rejouer du Frestel, sorte d'ancien instrument.

Puis met en cymbales sa cure,
Puis prend fresteaux & refrestelle.

REFRIGERANT. s. m. Terme de Chymie. Vaisseau dans lequel on met la partie superieure de l'alembic, pour le rafraîchir, & pour faire retourner en liqueur les vapeurs que le feu a élevées, en sorte qu'elles s'écoulent par le bec. Ce vase est rempli d'eau froide qu'on change de tems en tems, & quelquefois on n'y emploie qu'un linge mouillé.

REFUI. s. m. Vieux mot. Refuge.

Son dernier refui ce sont larmes.

REFUIR. v. n. Terme de Chasse. On dit d'un Cerf, qu'*Il refuit sur soi*, pour dire, qu'Il ruse & retourne sur ses pas.

REFUITE. s. f. Ruse dont se sert un Cerf, lorsqu'étant poursuivi des chiens, il tâche de leur échaper. Quand le Cerf reprend les voies de son buisson, cela s'appelle aussi *Refuite.*

Refuite, se dit par les Charpentiers, du trop de profondeur d'une mortoise, & ils disent qu'*Un trou a de la refuite*, quand il est plus profond qu'il ne devroit être pour l'usage qu'ils en veulent faire.

REFUS. s. m. Denegation d'une chose qui est demandée. On dit en termes d'Architecture, *Pieux enfoncés jusqu'au refus du mouton, jusqu'à refus de mouton*, pour dire, Enfoncés aussi avant que le mouton a pû les enfoncer.

REFUSER. v. a. *Rejetter une offre ou une demande qu'on nous fait.* ACAD. FR.

On dit absolument en termes de Marine, qu'*Un Vaisseau a refusé*, pour dire, qu'il a manqué à prendre vent de vent.

REG

REGAIN. s. m. *La seconde herbe qui vient dans les prés bas quand ils ont été fauchés.* ACAD. FR. Les Tailleurs de pierre & les Charpentiers disent, qu'*Il y a du regain à une pierre, à une piece de bois*, pour dire, qu'Elle est plus longue qu'il ne faut, & qu'on ne la peut placer à l'endroit où on la destine, si on ne coupe ce qu'elle a de trop.

REGALE. s. f. Pouvoir qu'a le Roi de nommer les Evêques & les Archevêques, de jouir des revenus des Evêchés & des Archevêchés pendant leur vacance, & de conferer les Benefices que ces Prelats ont droit de conferer quand les sieges sont remplis. Les Rois de France ont joui de tems immemorial du droit de Regale de la temporalité des Eglises de leur Royaume, jusqu'à ce que le nouvel Evêque ou Archevêque leur ait rendu hommage ou prêté serment de fidelité. Le refus que Philippe premier, & Louis le Gros, firent de donner mainlevée de la Regale à un Clerc que le Pape avoit élû Evêque de Beauvais, en est une preuve, le droit de confirmer emportant celui de rejetter la personne élue. Si certaines Eglises Cathedrales ou Metropolitaines ont été exemptes du droit de Regale, ce n'a été qu'en vertu des remises qui leur en ont été faites, & qui ne pouvoient être en force que pendant la vie des Princes qui les accordoient, puisque ce droit de la Couronne n'est pas moins inaliénable & imprescriptible que tous les autres. L'interêt a eu si peu de part à porter nos Rois à le conserver, que loin qu'aucun d'eux en ait jamais profité, les revenus des Evêchés ou Archevêchés qui ont vaqué dans les premiers tems, étoient employés en œuvres pies. Dans la suite, le don en fut obtenu par le Chapitre de la Sainte Chapelle de Paris, & n'a été revoqué qu'en 1641. Presentement si-tôt qu'un Siege vient à vaquer, Sa Majesté nomme un Oeconome pour administrer le temporel, & en rendre compte au nouvel Evêque, qui en profite du jour qu'il a fait enregistrer son serment de fidelité en la Chambre des Comptes, & signifier la main-levée de la Regale au Procureur du Roi sur les lieux. Pendant la vacance, le Roi exerce tous les droits de l'Ordinaire; de sorte que si un Benefice de la collation de l'Evêque vaque de droit, Sa Majesté le confere, pourvu qu'il soit simple. Le litige fait aussi vaquer un Benefice en Regale. Ainsi l'Evêque meurt pendant que deux Clercs pourvus du même titre sont en procès, le Roi le peut conferer à l'un des deux, ou à un troisiéme qui n'y avoit aucun droit. Par une Ordonnance de Louis XII. le droit de conferer un Benefice en Regale, duroit trente ans, à compter du jour de l'ouverture, & le Roi qui avoit manqué pendant la vacance à disposer d'un Benefice que le nouvel Evêque conferoit lorsqu'il remplissoit le siege, pouvoit pendant trente années en priver celui qui avoit été pourvû par l'Ordinaire & le conferer à un autre, mais cette Jurisprudence n'est plus observée, & on s'en tient au Decret qui porte, Que tout Beneficier qui a joui sans trouble trois ans consecutifs, ne sçauroit plus être dépossedé. La Cour de Parlement de Paris prétend avoir seule la connoissance des Regales.

On appelle aussi *Regale*, Une sorte d'instrument qui est composé de dix-sept bâtons d'un bois resonnant, sur lesquels on joue plusieurs chansons en frapant dessus avec une boule qui est au bout d'un autre bâton. Ils sont enfilés ensemble près à près, & separés l'un de l'autre par des grains de chapelet, & vont en augmentant depuis le premier jusqu'au dernier qui est le plus grand de tous. L'invention de cet instrument est venue de Flandre.

Il y a dans l'orgue un jeu appellé *Jeu de regale.* Il est accordé à l'unisson de la Trompette, & il a la longueur d'un demi pié avec une boîte qui se soude au bout, longue de deux pouces. Comme ce jeu qui est l'un des plus considerables de l'orgue, imite en quelque façon la voix de l'homme, on l'appelle autrement *Voix humaine.*

REGALE. adj. On appelle *Eau Regale*, Une eau forte double qui suffit seule à dissoudre l'or. Elle se fait en distillant deux parties de nitre, avec une partie de sel ammoniac, d'où il sort un esprit de nitre affilé par le sel ammoniac.

REGALEMENT. s. m. Partition d'une somme imposée, d'une taxe entre plusieurs. On dit dans ce sens *Travailler au regalement des tailles*, pour dire, Travailler à départir entre plusieurs la somme à quoi elles montent pour un bourg, pour un village, selon ce que chacun en doit porter.

On se sert aussi du mot de *Regalement*, pour dire, La reduction d'une aire ou de quelque autre superficie, selon sa pente, ou à un même niveau.

REGALER. v. a. Applanir un terrain qu'on veut dresser, le mettre à niveau ou selon une pente reglée, après que les terres massives en ont été enlevées.

REGALEUR. s. m. Celui qui à mesure que l'on décharge la terre, a soin de l'étendre avec la pêle, ou de la fouler avec des barres.

REGALIEN. adj. On appelle *Droits regaliens*, Les droits de battre monnoie, de donner des graces, de faire des loix, & autres qui appartiennent aux Rois & aux Princes, comme Souverains.

REGARD. s. m. *Action de la vûe, action par laquelle on regarde.* ACAD. FR. *Regard*, en termes de

Peinture, se dit de deux portraits de même grandeur qui se regardent l'un l'autre, l'un étant tourné à droit & l'autre à gauche.

Regard. Terme d'Astronomie. Aspect ou situation de deux astres qui se regardent selon certain angle, ou qui sont en distance d'un certain nombre de degrés.

Regard. Terme d'hydraulique. Reservoir où des eaux de source ou de fontaine s'amassent pour en faire ensuite la distribution. On y place les clefs ou robinets pour les faire couler ou élever en haut. On a coûtume de faire aussi des *Regards* de distance en distance pour observer les défauts d'une Fontaine, & faciliter le rétablissement des tuyaux.

REGARDANT. adj. Terme de Blason. Il se dit d'un animal qui ne montre que la tête, & quelque petite partie du cou, mouvant de quelque division de l'écu. *D'azur à trois bandes d'or, au chef d'argent, chargé d'un lyon regardant de gueules.*

REGARDURE. s. f. Vieux mot. Regard.

Lors voy qu'Envie en la peinture
Avoit trop laide regardure.

REGATES. s. f. On appelle ainsi des courses de barques, qui se font en forme de carrousel sur le grand canal de Venise. Il y a un prix destiné pour le Vainqueur.

REGAYER. v. a. On dit, *Regayer le chanvre*, pour dire, Le préparer, en le passant par les dents d'une maniere de serran, afin de le purger de ses ordures.

REGAYOIR. s. m. Ustencile de campagne qui sert à regayer le chanvre.

REGAYURE. s. f. Ce qui demeure dans le regayoir, lorsqu'on accommode le chanvre.

REGETAIRE. s. f. Nom que l'on donne aux Courtisanes dont le Roi de Benin, pays des Noirs, tire une sorte de tribut. Quand l'une d'elles devient grosse & qu'elle accouche d'un Fils, elle est affranchie de ce tribut. Si c'est d'une fille, le Roi la prend en sa protection, & la loge en tems & lieu. Quand un homme est mort dans ce Royaume, toutes les femmes qui lui appartiennent, & qu'il a connues, sont à la disposition du Roi, qui en fait souvent ses plus jolies Regetaires. Ces Courtisanes forment une espece de Republique à part, & ont leurs Officieres Collecteuses qui ressortissent immediatement aux grands Fiadors ou Conseillers d'Etat.

REGIMENT. s. m. Terme de guerre. Certain nombre de Compagnies de Cavalerie ou d'Infanterie, qui ont chacune leur Capitaine, leurs Officiers subalternes, & leurs hautes payes. Les Regimens de Cavalerie sont d'ordinaire de six Compagnies, chaque Compagnie de quarante-cinq ou cinquante Maîtres, & commandées par un Mestre de camp. Les Regimens d'Infanterie sont d'un plus grand nombre de Compagnies, & commandées par un Colonel. Le Regiment de Picardie est quelquefois de six vingts, & souvent d'un plus grand nombre.

On appelle *Regiment des Gardes*, Un Regiment d'Infanterie qui garde le Roi. Il est fixé aujourd'hui à trente Compagnies, & chacune est de cent cinquante hommes. Les Compagnies d'Ordonnance & les Compagnies Franches, ne sont point en corps de Regiment.

REGION. s. f. Grande étendue de terre qu'habitent plusieurs peuples contigus sous une même Nation, qui a ses bornes & ses limites. Une Region se divise en Ulterieure & Citerieure, & en Interieure & Exterieure. On appelle *Region Ulterieure*, à l'égard d'une autre, la partie de la même Region qui a l'égard de cette autre est au-delà d'une riviere ou d'une Montagne, par laquelle la Region est separée en deux autres; *Region Citerieure*, La partie de la même Region qui est entre cette autre & la riviere ou la montagne qui separe la Region en deux autres; *Region Interieure*, La partie d'une Region la plus engagée dans les terres de la même Region, & *Region Exterieure*, La partie d'une Region la plus dégagée, & comme au dehors des terres de la même Region. On dit encore *Region haute*, & *Region basse*, par rapport au cours des rivieres, ou à l'égard de la mer, & aussi à l'égard des Montagnes.

On appelle en termes de Cosmographie, *Region elementaire*, Une sphere terminée par la concavité du Ciel & de la Lune. Cette sphere comprend les quatre élemens, & tous les corps inferieurs qui sont incorruptibles. *Region etherée*, se dit de la vaste étendue de l'Univers, dans laquelle sont compris tous les Cieux & tous les corps celestes qui sont incorruptibles.

L'Air se divise en trois Regions qui sont la superieure, la moyenne & la basse. On appelle *Region superieure de l'air*, Celle qui est entre la Region du feu elementaire & les plus hautes Montagnes de la terre; *Region moyenne de l'air*, Celle qui suit depuis la cime des plus hautes montagnes, jusqu'à la plus *Basse region de l'air*, qui est celle que nous habitons, & que l'on borne par la reflexion des rayons du Soleil. La superieure est chaude & humide de sa nature; plus pure, plus rare, & plus legere que les deux autres. La moyenne est plus pesante que la superieure, & moins à proportion que l'inferieure. Les vapeurs & les exhalaisons que le Soleil tire par l'attenuation des parties de la terre & de l'eau qu'il divise par sa chaleur, & que leur legereté y fait monter, la rendent humide & froide. Quant à la basse, elle est tantôt chaude & tantôt froide suivant la diversité des climats & des saisons.

Le corps de l'homme se divise aussi en trois Regions appellées *Ventres & capacités*. La premiere comprend les premieres voies, c'est-à-dire, l'œsophage, l'estomac & les intestins, le canal du fiel & du suc pancreatique, & les embouchures des vaisseaux mesereatiques. La seconde contient la masse du sang, & les vaisseaux qu'elle arrose, sçavoir le poumon, le cœur, le foie, la rate, les reins, & la lymphe en quelque maniere, & dans la troisiéme Region sont compris le cerveau & le systeme nerveux, avec les membres les plus éloignés, & toute l'habitude du corps.

REGISTRATA. s. m. Terme de Palais. Extrait de l'Arrêt d'enregistrement qu'on met sur le repli des Edits & autres Lettres de Chancellerie, après qu'on les a verifiées & enregistrées. Il y a une grande R, qui marque le Registrata de la Cour de Rome; & elle tient tout le revers de la signature.

REGISTRATEUR. s. m. Officier de la Cour de Rome. Il y a vingt-quatre Registrateurs des Bulles & des Suppliques de cette Cour là.

REGISTRE. s. m. *Livre où l'on écrit les Actes & les affaires de chaque jour pour y avoir recours.* ACAD. FR. Nicod fait venir *Registre*, du Latin *Regerere*, qui signifie, Reduire en un lieu certain, pour y avoir recours au besoin, & dit qu'aux anciennes Chartres de Normandie, *Registre* est usité tantôt pour la Coûtume de cette Province, & tantôt pour la Chartre aux Normands, & que selon cette signification, il est écrit dans les Ordonnances de l'Echiquier, que *Les Advocans plaidans ou consultans en l'Echiquier, ne proposeront, ne allegueront fait ne Coûtume, usage ne Registres, s'ils ne croyent que ce soit verité.*

On appelle en termes de Finances *Registre sexté*, Un Registre contenant les noms, qualités & emplois des habitans des Paroisses, les sommes ausquelles les Collecteurs des tailles les ont imposés, le nombre des personnes qui composent chaque famille, & ce qu'ils ont pris de sel au grenier.

On appelle dans les Monnoyes, *Registres des fourneaux d'essai*, De petites plaques de fer, qui sont disposées en coulisse au devant & aux côtés du fourneau, qu'on ouvre & qu'on ferme, selon qu'il est necessaire d'arrêter l'ardeur du feu ou de l'augmenter. On le dit de même des tampons qui bouchent l'ouverture par laquelle on gouverne le feu d'un fourneau chymique.

Registres, se dit en termes d'Organiste, des bâtons qu'on tire pour faire jouer les differens jeux d'une orgue. Ces bâtons tirés ouvrent le passage au vent, pour entrer du sommier dans le porte vent des tuyaux.

Registres, en termes d'Imprimerie, veut dire, La rencontre des lignes & des pages placées & rangées également les unes sur les autres.

REGLE. s. m. Instrument mince & étroit, dont on se sert pour tracer des lignes droites. Il est le plus souvent de bois dur. La Regle d'Apareilleur se divise en piés & en pouces, & est d'ordinaire de quatre piés. La Regle de Poseur sert sous le niveau pour égaler des piedroits & regler un cours d'assise. Elle a de longueur douze ou quinze piés. Celle des Charpentiers est divisée en six piés de long. Ils ont une grande & une petite Regle. Les Serruriers ont des Regles de fer pour dresser les pieces, lorsqu'elles sont chaudes ou froides.

REGLE', E'E. adj. On appelle *Papier reglé*, du Papier sur lequel on a tiré des lignes, des rayes. *Troupes reglées*, se dit en termes de guerre de celles qui sont enrollées, & on le dit par opposition à des Milices de Bourgeois & de paysans armés, qui ne s'assemblent & ne servent que dans quelque occasion pressante.

On dit en termes d'Architecture, qu'*Une piece de trait est reglée*, pour dire, qu'Elle est droite par son profil.

REGLET. s. m. Regle de Menuisier. Il y a des Reglets plats, & des Reglets à pié.

On appelle aussi en terme d'Imprimerie *Reglet*, Un petit morceau de cuivre, de fer blanc ou de fonte, de differentes longueurs, dont on se sert ordinairement pour mettre au dessus des chapitres d'un Livre, & ailleurs où on le juge necessaire.

Reglet, est aussi un terme d'Architecture, & signifie, une petite moulure plate & étroite, qui sert à separer les parties des compartimens & des panneaux.

REGLETTE. s. f. Terme d'Imprimerie. Petite regle de bois qui sert à prendre les lettres de dessus le composteur pour les mettre sur la galée.

REGLEUSE. s. f. Ouvriere qui lave & regle les livres. On appelle *Reglure*, les rayes rouges que la Regleuse a faites sur les marges d'un livre.

REGLISSE. s. f. Racine d'une plante qui porte le même nom, & qui jette force branches hautes de deux coudées. Ses feuilles qui ressemblent à celles du lentisque, sont massives, grasses, & gommeuses quand on les manie. Ses fleurs sont semblables à celles de la vacierte, & son fruit est un peu plus grand que les grains de plane, plus rude & plus velu, enfermé en de petites bourses, en maniere de lentilles, qui sont velues, & de couleur noire rousse. Ses racines sont longues comme celles de gentienne, de couleur de bouis, quelque peu âpres, & neanmoins douces. On en épaissit le jus, comme on fait le lycium. Ce jus est fort bon à l'âpreté de la gorge, en le laissant fondre sous la langue. Il est fort bon aux chaleurs de l'estomac, de la poitrine & du foye, & pris en breuvage avec du vin cuit, il guerit les douleurs des reins & la gratelle de la vessie. Il desaltere quand il est fondu, & est propre aux playes, enduit dessus. Etant mâché, il est bon à l'estomac, & la coction de la racine fraîche a les mêmes vertus que le jus. C'est ce qu'en a écrit Dioscoride, qui dit que la Reglisse croît en abondance dans la Cappadoce & dans le Pont. Matthiole dit que cette plante vient aussi abondamment dans la Pouille ; & après avoir condamné Pline qui met la reglisse au rang des Plantes piquantes & épineuses, & ayant ses feuilles herissonnées, il ajoûte qu'il faut qu'il n'ait jamais vû de Reglisse en plante, & que s'en rapportant à Dioscoride, il ait lû dans son exemplaire ἐοικότα ἰχίνῳ, c'est-à-dire, Semblables à l'herisson, & par consequent épineuses, au lieu de ἐοικότα σχίνῳ, Semblables au lentisque, parce qu'il n'y a aucune vrai-semblance dans l'opinion de ceux qui sur le temoignage de Pline, veulent croire que la Reglisse a été autrefois épineuse, & que depuis ayant été cultivée, elle a perdu ses pointes & ses épines. Les Latins l'appellent *Liquiritia* & *Dulcis radix*, & les Grecs γλυκύῤῥιζα, Douce racine.

REGNE. s. m. *Gouvernement, administration d'un Royaume par un Roi.* ACAD. FR. Le mot de *Regne* signifioit autrefois une Couronne d'or que les Rois portoient. Les Papes en eurent une ensuite sur leur mitre, & depuis ils y en ont mis jusqu'à trois. Ainsi la Tiare du Pape, qui est ceinte de trois Couronnes, est appellée aujourd'hui *Regne*. On rapporte que Clovis ayant envoyé presenter une Couronne d'or enrichie de pierreries sur l'Autel de saint Pierre de Rome, on la nomma *Regne*. Ce mot, pour dire *Couronne*, a été fort en usage à Rome du tems du Pape Innocent III. & de quelques-uns de ses successeurs. On a donné ce même nom de *Regne* aux Couronnes qui ont été suspendues sur le maître Autel des Eglises.

REGNE. s. f. Vieux mot. Resne.

Et li chevaux s'enfuit la regne abandonnée.

REGNON. s. m. Vieux mot. Renom, renommée.

REGOUSEMENT, ou REGOUS. s. m. Ce terme est en usage en quelques lieux pour signifier une chose qui est cachée. *Le Soleil est dans un beau regous à son coucher.* Peut-être veut-on dire *Reconsement* ou *Recous*.

REGRACIER. v. n. Vieux mot. Remercier de l'Italien *Ringratiare*.

REGRATER. v. a. Ratisser quelque chose de vieux. On dit *Regratter un vieux bâtiment de pierre*, pour dire, Le nettoyer avec des ripes, des fers à retondre, ou d'autres sortes d'outils, en emporter la superficie pour le blanchir.

Regrater, se dit aussi des Fripiers & des Revendeuses qui gagnent leur vie à revendre des meubles, des habits raccommodés. *Regrater* signifie plus particulierement en ce sens, Vendre du sel à petite mesure.

REGREDILLER. v. a. Vieux mot. Friser les cheveux avec un fer chaud.

REGRER. v. a. Vieux mot. Recréer.

Se regrer n'est pas peché,
Chacun en prise la façon.

REGRE'S. s. m. Terme de Droit canonique. Action

qu'on a pour rentrer dans un Benefice resigné ou permuté, quand il y a lesion ou fraude visible, & que le Resignataire ne tient pas les conditions stipulées par le concordat. *Regrés* vient du Latin *Regressus* Retour.

REGUINDER. v. n. Terme de Fauconnerie. Il se dit de l'oiseau, lorsqu'il fait une nouvelle pointe au dessus des nues.

On le dit aussi en Maçonnerie & en Charpenterie. Il faut souvent reguinder les matieres.

REGULE. s. m. Terme de Chymie. La partie pure du métal que l'on fait precipiter au fond du creuset, lorsqu'on fond la mine metallique. Le *Regule d'antimoine* n'est autre chose que la plus noble partie de l'antimoine & la plus metallique, ou bien le mercure de l'antimoine concentré & rassemblé, qui n'a retenu qu'autant qu'il faut de son souphre pour faire corps. La preparation du Regule consiste à séparer le souphre superflu de l'antimoine par le moyen des alcalis, & à donner lieu à la partie metallique mercurielle de se réunir en un corps. Il faut prendre pour cela partie égales d'antimoine, de nitre & de tartre. Après qu'on a fait détonner le tout dans un creuset, on trouve le regule au fond; ce qui arrive à cause que les alcalis, qui ont une convenance radicale avec les souphres, se rassasient & se remplissent du souphre de l'antimoine, lequel quittant le mercûre, lui donne moyen de tomber au fond, où il se réunit & forme le Regule. On appelle *Regules composés*, Ceux où il entre d'autre metaux, comme le Mars, le Jupiter, le Soleil. Dans la preparation du Regule avec le mars ou l'acier, comme l'antimoine qui se fond facilement & l'acier qui ne se fond qu'avec peine, & demeure long-tems rouge avant que de se fondre au feu, ont de la peine a se bien fondre ensemble, il faut mettre dans le creuset une livre ou du moins huit onces de limaille de fer ou de cloux, & les faire rougir jusqu'au dernier degré. Alors on y ajoûte seize ou dix-huit onces, ou suivant quelques-uns, seulement douze onces d'antimoine pulverisé, & par ce moyen tous les deux se fondent en même tems, & se réunissent en une masse à force de feu. Le feu doit être continué pour faire fondre cette masse, dans laquelle, quand elle est fondue, il faut jetter de la poudre de nitre échauffée, jusqu'à quatre ou cinq onces, à plusieurs reprises. Quand les detonations seront finies, le regule sera fondu. On doit avoir soin de le jetter promptement dans un culot, sans quoi la croûte que formeroient les scories, empêcheroit la matiere de couler. Ce regule n'étant pas bien dépuré, on le purifie & le polit en le refondant deux ou trois fois avec la même quantité de nitre. Pour faire le Regule avec le Jupiter ou l'étaim, on ajoûte une quantité suffisante de Jupiter, & on le fond en une masse presque argenté, & pour le faire avec le Soleil ou l'or, on met fondre une fois autant d'antimoine sur le simple d'or, & le regule se trouve au fond. La dissolution ou lessive des scories du regule d'antimoine est très salutaire dans l'obstruction des mois, & admirable pour les lotions des ulceres malins, dont elle mondifie & deterge toutes les ordures. Le *Regule d'arsénic* est de l'arsenic, de la poudre gravelée & du savon, que l'on met dans un creuset, & par le moyen du feu d'un culot ou d'un mortier graissé, on en tire un regule qui a beaucoup moins de force que l'arsenic des scories du regule d'arsenic bouillies dans l'eau & philtrées.

REH

REHABILITATION. s. f. *Rétablissement au premier état.* ACAD. FR. Il se dit tant d'un Prêtre qu'on remet dans l'état où il étoit avant qu'il eût encouru quelque censure ecclesiastique, que d'une personne noble, qui par des Lettres du Roi est remise dans tous les honneurs & dans tous les privileges dont elle jouissoit avant qu'elle eût dérogé. On appelle aussi parmi les Marchands *Lettre de rehabilitation*, la Lettre qu'un Marchand obtient du Roi pour être relevé de la rigueur des Ordonnances, à cause qu'il a manqué à ses creanciers.

REHAUSSER. v. a. Faire paroître davantage, comme lorsqu'on dit que *Les ombres d'un tableau rehaussent les couleurs vives.* On dit, *Rehausser un bas relief avec de l'or*, pour dire, Appliquer de l'or sur la couleur dans les endroits les plus clairs.

REHAUTS. s. m. p. Terme de Peinture. On dit, *Les rehauts d'un tableau*, pour dire, Les endroits les plus clairs d'un tableau, & où sont les couleurs les plus vives.

REI

REIN. s. m. *Rognon, viscere dans l'animal, dont le principal usage est de recevoir les serosités du sang, qui passent ensuite dans la vessie.* ACAD. FR. L'inflammation des reins est un mal dangereux & souvent mortel aux personnes maigres & peu robustes, sur-tout si la fievre s'y trouve avec le delire. Cette inflammation est la cause la plus frequente de l'ulcere des reins, ou bien les calculs âpres & raboteux qui les déchirent & les exulcerent successivement. Quand l'érosion vient du calcul, l'urine sort blanche comme du lait de beurre. Elle se precipite aussi-tôt & devient d'une autre consistance dont la couleur ressemble à des cendres. On sent outre cela une douleur mordicante & corrosive aux lombes, & cette douleur est causée par un serum acre & vicieux qui irrite & corrode en passant avec un sentiment de chaleur. Les reins viciés engendrent souvent l'Ascites, & cela vient de ce que lorsque les reins ne philtrent pas le serum, il distille dans l'abdomen & y fait l'hydropisie. On fait venir *Reins* du Grec ῥεῖν, Fluer, couler, à cause que l'humeur sereuse, qui est la matiere de l'urine, est passée par les reins comme par une étamine. Selon Malpighi, les reins sont composés, sur-tout vers leur partie convexe, d'une infinité de petites glandes, qui paroissent rondes comme les yeux des poissons, & d'une infinité de fibres, ou de petits canaux membraneux, qui sont proprement les vaisseaux excretoires des reins, & qui en composent la substance exterieure par leur jonction. Toutes ces petites glandes sont attachées à autant de rameaux d'arteres, d'où ayant reçû la matiere de l'urine, elles la tirent & la separent du sang, après quoi elles la déchargent dans le bassinet par les fibres membraneuses creuses, qui partant de la partie convexe du rein, se ramassent en une espece de faisceau, & se terminent aux caroncules papillaires qui sortent du bassinet & entrent dans les tuyaux avancés. Il paroît par là que les petites glandes sont l'organe de la separation de l'urine, & que les fibres creuses sont celui de la distribution de l'urine au bassinet, où s'étant dechargée du rein, elle distille successivement dans la vessie par le canal de l'uretere.

On appelle, en termes d'Architecture, *Reins de voute*, Les parties d'une voute qui posent sur les impostes; & *Reins vuides*, celles qui n'étant pas remplies ne soulagent point la charge.

Reins, signifie aussi les bords ou côtés d'une forêt. On croit qu'on a écrit *Reins*, au lieu de *Rains*, qui

qui est un mot que l'on a fait de *Rainceaux*, qui s'est dit pour *Rameaux*.

REINETTE. s. f. Sorte de pomme dont la chair est ferme & de bon goût. Il y a une Reinette grise, & une Reinette blanche.

REINTEGRANDE. s. f. Terme de Pratique. Jugement par lequel une personne est remise en la jouissance d'une chose dont elle avoit perdu la possession.

REINTEGRER. v. a. On dit en termes de Palais, *Reintegrer quelqu'un dans ses biens*, pour dire, Le rétablir dans la possession de ses biens dont il avoit été dépouillé. On dit dans le même sens, qu'*Un Officier a été reintegré dans la fonction de sa Charge*, pour dire, qu'Après l'avoir interdit, on lui a permis de l'exercer comme auparavant.

On dit particulierement d'un homme sorti de prison à caution, ou par un Arrêt surpris, qu'*On a ordonné qu'il seroit reintegré*, pour dire, qu'Il rentreroit en prison.

REJOINTOYER. v. a. Terme de Maçonnerie. Remplir & ragréer avec du Mortier de chaux & de ciment les joints des pierres d'un vieux bâtiment, quand l'eau ou le tems les a cavés.

REJOUVENIR. v. n. Vieux mot. Rajeunir.

REL

RELAIS. s. m. Terme de Fortification. Espace ou retraite de trois, quatre ou cinq piés, selon la hauteur qu'on laisse en dehors entre le pié du rempart & l'escarpe du fossé, pour recevoir la terre qui s'éboule.

On appelle *Relais*, en termes de Chasse, des Chiens qu'on tient en de certains lieux dans la refuite des bêtes qu'on court, afin de les donner quand la bête passe. On appelle aussi *Chevaux de relais*, des Chevaux qu'on fait tenir prêts en certains endroits, pour en changer en y arrivant.

On appelle encore *Relais*, Une ouverture qu'on laisse dans les tapisseries, quand il faut changer de couleurs & de figures. Cela vient de ce qu'en ces occasions on change souvent d'ouvriers, ou de ce qu'on les laisse à faire à la fin de l'ouvrage. Il faut reprendre les relais d'une tapisserie qui s'est décousue pour avoir été trop long-tems tendue.

RELAISSÉ, ÉE. adj. Terme de Chasse. On appelle *Liévre relaissé*, un Liévre qui est tellement couru, que la lassitude le fait s'arrêter sans qu'il aille au gîte.

RELANCER. v. a. Terme de Chasse. Lancer de nouveau une bête qui est sur ses fins. *Relancer*, veut dire aussi, Relever un défaut & faire repartir le lievre quand il est relassé.

RELASCHER. v. a. Débander, rendre lâche, faire qu'une chose ne soit pas si tendue.

Relâcher, est aussi un verbe neutre, & signifie en termes de Marine, Discontinuer le cours en droiture, y étant forcé par le vent contraire, & retourner dans le Port du partement, ou aller mouiller en quelque autre lieu de sûreté.

RELAXATION. s. f. Terme de Chirurgie. Etat de la partie qui n'est pas aussi tendue qu'elle devroit l'être naturellement. Ainsi on dit, *Relaxation de muscles, de nerfs, de tendons*, pour dire, Extension de muscles, de nerfs, de tendons, soit que cela arrive par la foiblesse de la partie, soit par violence.

RELAXÉ, ÉE adj. Terme de Chirurgie. On appelle *Nerf relaxé*, Un nerf qui n'a pas sa tension ordinaire.

RELENQUI. adj. Vieux mot. Abandonné, delaissé.

Pourquoi sont-ils de leurs meres nasquis,
S'ils doivent estre à jamais relenquis.

RELENQUIR. v. a. Vieux mot. Abandonner, delaisser.

Tous ceux qui auront par deloy
Relenqui la divine loy.

RELEVÉ, ÉE. adj. On appelle, en termes de Manege, *Airs relevés*, Les mouvemens d'un cheval qui s'éleve plus haut qu'au terre à terre, & qui manie à courbettes, à balotades, &c. Avant que de demander des Airs relevés à un cheval, il faut lui avoir rendu les épaules fort souples, à cause que ces sortes d'airs mettent en colere un cheval qu'on presse trop.

RELEVÉ. s. m. Même fer replacé sous le pié d'un cheval avec des cloux nœufs après lui avoir paré la corne. On dit aussi *Vassis*. On doit au Maréchal tant de fers & tant de relevés.

RELEVEMENT. s. m. Terme de Marine. On appelle ainsi la hauteur d'une partie d'un Vaisseau à l'égard d'une autre partie. On dit *Relevement du pont d'un Vaisseau en avant & en arriere*, en parlant de la difference qu'il y a en ligne droite du milieu du pont à son avant & à son arriere.

RELEVER. v. a. *Remettre ce qui étoit tombé ou panchant, en l'état où il étoit auparavant.* On dit en termes de Marine, *Relever un Vaisseau*, pour dire, Le remettre à flot quand il a donné fond dans quelque ancrage; *Relever l'ancre*, pour dire, La changer de place, la mettre dans une autre situation; & *Relever les branles*, pour dire, les attacher par le milieu près du pont, afin qu'ils n'empêchent point de passer entre les ponts.

Relever, est aussi un terme de guerre, & on dit *Relever la tranchée*, pour dire, Prendre à la tranchée le poste d'un autre corps de troupes qui descend la garde. On dit dans le même sens, *Relever une Sentinelle, relever une compagnie*.

Relever, en termes de Manege, signifie Faire porter un cheval en beau lieu, en plaçant sa tête lorsqu'il porte bas. On se sert ordinairement pour cela d'un mors fait en branches de genouil.

RELIEF. s. m. Tout cequi est relevé en bosse dans les ouvrages de Sculpture, de Poterie & de Fonte. Il y a trois sortes de relief. Le *Plain relief* ou *haut Relief*, est figure taillée d'après nature; le *Bas relief*, est sa representation un peu élevée en bosse; & on dit, *Demi-relief*, quand la figure sort à demi corps du plan sur lequel elle est posée.

On dit aussi en platte Peinture, qu'*Une figure a beaucoup de relief*, qu'*Elle est de grand relief*, quand la lumiere est bien choisie pour faire avancer les parties ou les figures les plus proches, & qu'elle est bien répandue sur les masses, en sorte qu'elle diminue peu à peu & avec douceur, & qu'elle finisse & se termine dans une ombre large, diffuse, legere, & qui enfin devienne comme insensible & de nulle couleur.

Relief, en termes de Brodeur, est un enrichissement d'or ou d'argent sur un ouvrage de soye ou d'étoffe.

Relief. Terme de Jurisprudence feodale. Droit que doit un Fief au Seigneur dominant presque en toutes mutations. Il consiste à une année de revenu, ou à l'estimation qui en est faite. Ce droit est fort different selon les Coûtumes.

On appelle *Relief d'appel*, en termes de Chancellerie, Les lettres qu'on y obtient, pour relever un appel interjetté, & faire intimer sa partie devant le Juge superieur, afin de voir infirmer par lui la sentence que cette partie a obtenue à son avantage.

REM

REMANOIR. v. a. Vieux mot. Demeurer. On trouve ce verbe en plusieurs tems dans les vieux Poëtes, *Je remains*, & *Il remaint*, pour, Je demeure, & Il demeure; *Je remansi*, pour, Je demeurai, & *Remansirent* & *remistrent*, pour, Ils demeurerent; qu'*Ils remanroient*, pour, qu'Ils demeureroient; qu'*Il remaigne*, pour, qu'Il demeure, *O que son fils erres remaigne, & qu'il remansist*, pour, Qu'il demeurast.

> *Miez voudroy que fussiez rez,*
> *Sans aigue la teste & coul,*
> *Que je mi remansist chtvoil.*

On a dit aussi *Remez*, pour, Demeuré, & *Le remenant*, pour dire, Le reste, le residu.

> *Que riens n'a plus que sa cornette,*
> *Gueres ne vaut le remenant.*

REMBLAI. f. m. Travail de terres rapportées & battues, soit pour applanir quelque terrain, ou pour faire une levée.

REMBRE. v. a. Vieux mot. Retirer par faculté de remeré une chose vendue. *Et pourra ledit vendeur Rembre & ravoir ledit heritage ou rente par lui vendue, en payant audit acheteur, &c.* Nicod fait venir ce mot de *Redimere*, Racheter.

REMBUCHER. v. n. Terme de Venerie. On dit que *Les chiens ont fait Rembucher un cerf dans la forêt*, qu'*Un cerf s'est Rembusché dans le bois*, pour dire, Que les chiens l'ont fait rentrer dans son fort, qu'il est rentré dans son fort.

REMEDE. f. m. *Ce qui sert à guerir un malade, une maladie*. ACAD. FR. Les remedes par rapport au corps sont internes ou externes. Ces derniers agissent tantôt sur la superficie seule du corps, où ils ne font qu'ôter les matieres morbifiques cutanées, ou alterer les fibres de la partie, comme les mixtes fixes, le saturne, le lait, les ramollissans, les astringens. Tantôt ils penetrent jusqu'au fond en s'insinuant sous la forme d'influences très-subtiles ou d'odeurs successivement dans les pores, & ils alterent immediatement la partie solide sur laquelle ils sont avec l'esprit implanté. Tels sont les onguents purgatifs qu'on applique sur le nombril, qui purgent en irritant les intestins de dessous, & en alterant le sang avec les autres humeurs contenues. On prend d'ordinaire les remedes internes par la bouche, d'où ils descendent immediatement dans l'estomac & dans les premieres voies, où l'on ne sçauroit douter qu'ils ne reçoivent quelque alteration, non seulement du levain digestif de l'estomac, mais encore du concours de la bile & du suc pancreatique qui se fait dans le duodenum, ce qui brise plus ou moins la vertu operative du Remede, on lui donne une nouvelle vertu avec une nouvelle tissure par le mélange de ces liqueurs, Le levain de l'estomac, selon qu'il est actif ou acide, s'attache à tout ce que l'on avale, pour lui donner la nature d'aliment. Il s'ensuit de là que plus il agit sur les Remedes, plus ils approchent de la nature alimenteuse, & que moins ils sont alterés, plus ils gardent de la vertu medicamenteuse. C'est ce qui est cause qu'un même Remede opere diversement, non seulement en divers sujets, mais sur le même en differens tems, parce qu'il opere suivant qu'il reçoit plus ou moins d'alteration de l'acide de l'estomac. Les Remedes ne perdent pourtant pas toute leur vertu medicamenteuse dans l'estomac, & ne laissent pas d'operer à cause qu'ils retiennent toûjours plus ou moins de leur constitution materielle. Ainsi il y a certains alimens qui sont medicamenteux, comme le raifort, le cresson & la moutarde. On doit preparer les Remedes, & ces preparations se font tant pour les rendre plus faciles à prendre, & plus appropriés à notre corps, qu'afin d'en mieux tirer la vertu specifique medicamenteuse, qui est ou cachée, ou embarrassée avec les autres principes, & de corriger ce qu'il y a de virulent & de nuisible. L'experience accompagnée du raisonnement, est le meilleur de tous les moyens qui font trouver les Remedes des maladies. Elle a confirmé l'efficacité des specifiques ou appropriés, qui agissent sans qu'on puisse expliquer demonstrativement leur action. Cependant les Remedes les plus éprouvés n'ont pas toûjours le même effet sur divers sujets. Cela vient du temperament particulier de chaque individu, qui fait qu'un Remede a plus de rapport avec l'un qu'avec l'autre. Ainsi un scrupule de poudre de jalap qui a coûtume de purger copieusement ne purgera point certaines personnes, par cette seule raison que l'agent reçoit toûjours sa determination du patient.

On appelle en termes de Monnoyeur *Remede de loi*, Une permission accordée par le Roi aux Maîtres de ses Monnoies de tenir la bonté interieure des especes d'or & d'argent plus écharsée ou moindre que le titre ordonné, comme vingt & un Karats trois quarts pour les louis d'or au lieu de vingt-deux Karats, qui est le quart de Karat de Remede que l'Ordonnance permet, & dix deniers vingt-deux grains pour les louis d'argent, au lieu de onze deniers; qui sont les deux grains de Remede aussi permis. Comme il est bien malaisé que les especes d'or & d'argent, qui doivent être chacune d'un poids égal, & d'une certaine partie du marc, soient taillées si justes dans leur poids qu'il ne se rencontre quelques grains plus ou moins en un marc d'espece d'or & d'argent, on a introduit un *Remede de poids*, à l'*Instar* du Remede de loi. C'est une permission accordée par Sa Majesté aux Maîtres de ses Monnoies, de pouvoir tenir le marc d'especes plus foible d'une certaine quantité de grains que le poids juste. Il y a des Remedes sur les poids de marc aussi bien que sur les especes, avec cette difference que les Remedes sur les especes sont sur le foible, & que ceux de poids de marc sont sur le fort. On ne trouve point de mention plus ancienne des Remedes de poids & de loi que du regne de saint Louis. Toutes les Monnoies qu'on a fabriquées depuis ce tems-là ont toûjours été ordonnées avec les Remedes de poids & de loi.

Remedes de droits, se dit en terme de Palais, de l'appel, & de l'opposition & de la Requête Civile. Ce sont des moyens qui servent à reparer les griefs que les premiers jugemens ont fait souffrir aux Parties.

REMEIL. f. m. Terme de Chasse. Courant d'eau qui ne glace pas en hiver où les Becasses se retirent. *Allons au Remeil.*

REMEMBRANCE. f. f. Vieux mot. Souvenir. On a dit aussi *Se remembrer*, pour dire, Se ressouvenir.

REMENE'E f. f. Espece de petite voute mise au derriere du tableau d'une porte, d'une fenêtre, pour couronner l'embrasure. C'est ce qu'on appelle autrement *Arriere voussure.*

REMERE' s. m. Terme de Palais. Faculté de retirer dans un certain tems un heritage qu'on vend, en remboursant à l'acheteur le prix qu'il en a payé. Ce mot vient du Latin *Redimere*, Racheter.

REMOLADE. s. f. Appareil ou charge que les Maréchaux appliquent sur les efforts d'épaule, sur les enflures, & foulures des chevaux. C'est un onguent qui a la consistance d'une bouillie épaisse. On en frotte la partie incommodée, que l'on peut couvrir ensuite avec du papier brouillard. Cet onguent se fait avec de la lie de vin, du miel, de la graisse, & de la terebenthine.

REMOLAR. s. m. Nom que l'on donne à l'Officier d'une Galere qui a soin des rames.

REMOLE. s. f. Terme de Marine. Contournement d'eau qui est quelquefois si dangereux que le Vaisseau en est englouti.

REMOLLIENT, ENTE. On appelle en termes de Medecine *Remedes Remollients*, certains remedes anodins, qui ramollissent, adoucissent, & resolvent les duretés.

REMONSTRANS. s. m. Heretiques qui ont pris ce nom à cause du Livre, mommé par eux *Remontrance*, qu'ils presenterent aux Etats Generaux en 1611. & qui contenoit les principaux articles de leur croyance. Ils se sont séparés des Reformés au sujet des cinq points qui leur furent enseignés par Jacques Arminius, Professeur en Theologie à Leyden, & sur lesquels le Synode de Dordrecht tenu en 1618. les condamna. Depuis la mort d'Arminius qui vouloit que Dieu eût élû les Fideles par la prevision de leur foi, ils ont adopté plusieurs erreurs des Sociniens, & la plûpart même ont quitté l'opinion de ce premier Ministre sur le point de la Predestination & de l'élection éternelle, en sorte que s'il revenoit au monde, il auroit peine à les reconnoître pour les Sectateurs de sa doctrine. Ils croyent que celle de la Trinité des personnes dans une seule naissance n'importe en rien au salut; qu'il n'y a dans l'Ecriture aucun precepte par lequel on nous commande d'adorer le saint Esprit, ni rien qui marque qu'il ait été adoré; que JESUS-CHRIST n'est pas égal au Pere, & que la loi en JESUS-CHRIST qui nous sauve n'a point été commandée, & n'a point eu lieu sous la vieille alliance. Ils pressent avec grand soin la tolerance de toutes les opinions de ceux qui professent la Religion Chrétienne, & disent que tous les Chrétiens s'accordans dans les points essentiels & fondamentaux de la Religion, il n'a point été décidé jusques ici par un jugement infaillible, qui sont ceux d'entr'eux, qui ont embrassé la Religion la plus pure & la plus conforme à la parole de Dieu; & que pour cela tous peuvent s'unir pour composer un seul corps d'Eglise sans que l'on doive contraindre personne à condamner & à quitter ses sentimens, ou à approuver & suivre les opinions d'autrui. Ils appuyent ce qu'ils soûtiennent par l'exemple des Juifs, parmi lesquels les Pharisiens, les Saducéens & les Esséens, qui étoient des Sectes trèsdifferentes, & dont quelques-unes avoient une doctrine fort dangereuse, ne laissoient pas d'être tolerés, en sorte qu'on les recevoit tous dans le Temple pour presenter leurs Sacrifices & leurs Prieres à Dieu, & faire toutes les autres fonctions du service de la Religion.

REMONTANT. s. m. Terme de Ceinturier. L'extrêmité de la bande du baudrier qui est fendue en deux & qui tombe sur les pendans.

REMORE. s. f. Petit Poisson que les Anciens ont crû avoir la force d'arrêter un Vaisseau navigeant à pleines voiles, ce qui est cause qu'on lui a donné le nom de *Remore*, du Latin *Remorari*, Arrêter. Ce qu'ils en ont dit est une fable. Les Remores sont en si grande quantité dans toutes les Indes Occidentales, qu'à peine y a-t'il un seul Navire où l'on n'en trouve plusieurs attachées. Cependant depuis plus d'un siecle que l'on frequente ces Isles on n'a point vû qu'elles ayent arrêté aucun Vaisseau. Elles ont un pié, & quelques-unes jusques à deux piés de long, & sont grosses à proportion. Leur peau est brune, tirant sur le violet, & un peu verdâtre par les deux côtés. Elle va toûjours en blanchissant jusques sous le ventre & est gluante & visqueuse, ce qui est cause que ce Poisson s'échape des mains, comme fait l'anguille. Les Remores ont une empennure sur le dos qui va jusques vers la queue, & une autre depuis le nombril, mais plus courte que celle de dessus. Leur queue est faite de ces mêmes empennures. Elles ont aussi deux ailerons ou nageoires assés proche de la tête avec un trou rond sous le menton. Ce qu'on leur voit de particulier, c'est une maniere de semelle platte comme celle d'un soulier, qu'elles portent moitié sur la tête, moitié sur le dos. Elle est toute découpée d'un double rang de rides qui en traversent la largeur. Une raye tirée d'un bout jusqu'à l'autre par le milieu de cette semelle, separe ces deux rangs de rides. C'est par là aussi bien que par le trou qu'elles ont sous le menton, qu'elles s'attachent non seulement aux Navires, mais aux rochers, & aux Poissons, & surtout aux Requiens, ce qu'elles font d'une maniere si ferme que souvent on ne les en peut arracher qu'en les tuant. Leurs yeux sont petits, ronds & jaunâtres, & leur tête est assés semblable à celle des chiens de mer. La seule difference qu'il y a, c'est que la machoire de dessus est un peu plus courte que celle de dessous. Au lieu de dents, elles ont de petites éminences qui leur servent à briser ce qu'elles avalent. Elles sont gourmandes, engloutissent l'ameçon aussi-tôt qu'il est dans l'eau, & ne se rebutent point, encore qu'on les ait manquées trois ou quatre fois. Cette sorte de Poisson est un peu molasse, mais d'assés bon goût.

REMORQUER. v. a. Terme de Marine. Faire voguer un Vaisseau à voile par le moyen d'un Vaisseau à rames. C'est ce qui rend ce mot different de *Touer*, parce qu'on toue par le cabestan ou par la hansiere, au lieu qu'on remorque en tirant un Vaisseau qu'on a attaché à l'arriere d'un autre. On dit *Prendre la remorque*, *quitter la remorque*, pour dire, Se faire tirer, cesser d'être tiré par une Galere ou un autre Vaisseau à rame. On fait venir ce mot du Latin *Remulcare*, ou du Grec ῥυμουλκέω, dont Polybe s'est servi & qui est composé de ῥῦμα, Cable & de ἑλκέω ou ἕλκω, Je tire.

REMOULIN. s. m. Vieux mot de Manege, dont on s'est servi pour signifier une Pelotte, c'est-à-dire, une marque blanche sur le front d'un cheval.

REMOUX. s. m. Terme de Marine. On appelle ainsi certains tournans d'eau qui se font lorsque le Vaisseau passe.

REMPART. s. m. Terme de Fortification. Levée de terre tirée du fossé, & qui couvre & environne la Place. Un rempart a d'ordinaire son parapet, terreplain, talus interieur & exterieur, une muraille de maçonnerie, lorsqu'il est revêtu, & une berme quand il ne l'est pas. Il ne doit avoir ni plus de trois toises de hauteur, ce qui suffit à mettre les maisons de la Place à couvert de l'insulte du canon, ni plus de dix ou douze d'épaisseur, à moins qu'on n'y soit contraint par la necessité d'employer toutes les terres qu'on a tirées du fossé en le creusant.

REMPLAGE. s. m. Terme de Maçonnerie. Moilon ou blocage dont on remplit le vuide d'une muraille après qu'on a fait les paremens de grosse pierre. On dit aussi *Rempliss'ge*. Les Charpentiers appellent *Chevrons, poteaux de remplage, fermes de remplage*, Les poteaux, les fermes qui se mettent pour remplir les intervalles qui sont entre les poteaux corniers ou les maîtresses fermes.

REMPLI, IE. adj. Terme de Blason. Il se dit d'un écusson vuidé & rempli d'un autre émail. *D'argent à trois rustres de sable remplis d'or.*

REMPLIER. v. a. Terme de Tailleur ou de Couturiere. *Remplier un étoffe*, c'est la rendoubler.

REMPRONANT. s. m. Vieux mot. Celui qui fait des rapports, qui reprend, qui tance quelqu'un.

Ne ja ne soyez nouveliers
Ne rempronans ne fox vanterres.

On a dit aussi *Remproner*, pour, Tancer, reprendre.

Felonessement la resone
Et par paroles la remprone.

REMUCIE', E'E. adj. Vieux mot. Caché.

REN

RENARD. s. m. Animal sauvage à quatre piés, qui est gros comme un moyen chien, & qui d'ordinaire tire sur le roux. Il a les oreilles courtes, & la queue fort chargée de poils. Il est ami des serpents & vit avec eux, mais il haït les oiseaux, les bêtes à quatre piés & certaines plantes, comme la rue. Il est malicieux & fort fin, & fait plusieurs trous à sa taniere, afin de pouvoir se sauver plus aisément. Il vit de poules, d'oyes, d'outardes, de lapins, de lievres, de chats, de petits chiens, de souris, de sauterelles, & a l'adresse de contrefaire le mort pour mieux attraper les oiseaux. On tient qu'il fait mourir le herisson en pissant dessus. Il y a une prodigieuse varieté de Renards dans la Laponie. Outre les communs on y en voit de noirs, de tannés, de blancs, de marqués à une croix, & de cendrés. Les noirs sont ceux que l'on estime le plus à cause qu'ils sont plus rares. Les personnes qui tiennent le plus haut rang en Moscovie, s'en font faire des chapeaux, ce qui est cause qu'une de leurs peaux se vend dix écus d'or, & quelquefois quinze. Les peaux de Renard de couleur de tanné sont les moyennes entre les communes rousses & les noires. Les marqués à une croix, ont une ligne noire, qui leur prend depuis le museau le long de la tête & du dos jusques à la queue, & une autre qui la coupe depuis les épaules jusques aux piés de devant, & ces deux lignes font une forme de croix. Ils sont d'ordinaire plus grands, & ont le poil plus épais que les communs roux, aussi en fait-on plus d'état. Les Renards cendrés ont leur couleur mêlée de cendre & de bleu. Olaüs Magnus les appelle de couleur celeste ou d'azur, & dit qu'on les estime moins que les autres, & que les blancs, qu'il nomme Luisans, à cause que leur blancheur n'est point mêlée d'une autre couleur, sont ceux dont on fait le moins de cas, parce que ce sont les plus communs, & que le poil de ces deux dernieres especes tombe en peu de tems. Ce qui fait qu'ils sont moins rares, c'est que la chasse en est plus facile, & cela vient de ce qu'ils ne vont point se cacher dans les forêts, & qu'ils ne s'arrêtent que sur les montagnes toutes nues, qui sont entre la Norvege & la Suede.

Renard. Terme de Maçon. Pierre attachée au bout d'une ficelle, qui sert aux Maçons & aux Limousins, à élever les murs droits. Un des bouts de cette ficelle qu'ils attachent aux deux extrémités du mur qu'ils construisent, est arrêté à une de ces extrémités, & l'autre bout passe seulement sur un morceau de bois qui est mis en travers sur l'autre extrémité de ce même mur. Il y a une hoche sur le bois pour empêcher que la ficelle ne change de place, & parce que si les Maçons attachoient le cordeau à ce morceau de bois, il pourroit se relâcher ou se bander par les changemens des tems, ils le laissent passer par dessus l'écoche ou hoche, en y attachant au bout une pierre assés pesante pour le tenir toûjours dans le même état, & c'est ce qu'ils nomment un *Renard.* Ce mot sert aussi de signal parmi ceux qui battent ensemble des pieux ou des pilotis à la sonnette. Il faut ordinairement seize hommes pour lever le mouton des sonnettes, lesquelles frappent jusques à cinquante coups de suite, plus ou moins avant que de se reposer; après quoi l'un d'entre eux qui a pris garde au nombre des coups, crie tout haut *au Renard.* Ce signal fait cesser tous les autres en même-tems.

Les Fontainiers appellent *Renard*, Un petit pertuis par où l'eau d'un bassin ou d'un reservoir se perd, & ils lui donnent ce nom à cause de la peine qu'ils ont à le découvrir pour le reparer.

Renard, Terme de Marine. Espece de croc de fer avec lequel on prend les pieces de bois qui servent à construire des Vaisseaux pour les transporter d'un lieu à un autre. Il se dit aussi d'une petite Palette de bois sur laquelle sont figurés les trente-deux airs de vent. Elle est attachée à l'artimon proche l'habitacle. A l'extrémité de chaque air de vent sont six petits trous en ligne droite. Les six trous de chaque rumb representent les six horloges, chacune de demi-heure, du quart du Timonnier, qui marque sur le Renard par une cheville qu'il met dans un des petits trous, combien le Vaisseau a couru d'horloges sur chaque air de vent.

Renard de mer. Gros Poisson du genre des testacées cartilagineux & non plats. On en a dissequé un à l'Académie Royale des Sciences, qui étoit long de huit piés & demi, & avoit quatorze pouces dans sa plus grande largeur. Sa peau étoit lissée & sans écailles, d'un gris fort brun, & ses nageoires, au nombre de trois de chaque côté, étoient dures, composées d'arêtes couvertes de peau, & semblables aux ailes d'un oiseau plumé. Il avoit une grande crête élevée sur le milieu de son dos, & une petite vers la queue, & cette queue n'étoit pas moins longue que le reste de son corps. On lui voyoit cinq ouies de chaque côté. Ses yeux étoient gros comme ceux d'un bœuf, & il n'avoit presque point de cervelle. L'ouverture de sa gueule étoit de cinq pouces avec deux sortes de dents. Il y en avoit un rang à sa mâchoire superieure jusques à l'endroit où sont les canines des autres animaux, & ces dents, toutes d'un seul os, étoient pointues en forme de scie. Le reste de cette mâchoire & toute l'inferieure, en avoient six autres rangs. Celles-là étoient mobiles, aigues, & de figure triangulaire. Sa langue âpre & rude, & revêtue de petites pointes luisantes, composées de plusieurs os fermement articulés ensemble par une chair fibreuse, étoit adherente à la mâchoire inferieure. Quelques-uns tiennent que ce Poisson, lorsque ses petits ont peur, les cache dans son ventricule, en les avalant pour les revomir ensuite.

RENCHIER. s. m. Terme de Blason. Il se dit d'une espece de grand Cerf, plus haut de taille, & d'un bois plus long que les ordinaires, plus plat & plus large que celui d'un Daim. On croit que cet animal est le même que le Renne qui est si commun en Laponie, & que quelques-uns appellent aussi *Rengier. D'azur à trois Renchiers d'or.* Voyez RANGIER.

RENCONTRE. s. f. *Hazard, avanture par laquelle on trouve fortuitement une personne ou une chose.* ACAD. FR. Rencontre, dit Nicod, *est proprement ce que, sans estre prévenu & inesperéement, s'offre à nous*; car Rencontre, *présuppose adventure. Ainsi on dit :* J'ai fait une bonne Rencontre; *mais par abusion de la naïfveté du mot, il se prend aussi pour ce qui s'offre avec pourchas, comme*, Il a fait rencontre d'une femme bien riche, *ce qui est dit ores qu'il l'ait pourchassée, mais c'est avec dénotation de fortune & adventure, car cela présupposé qu'il l'a rencontrée plus opulente qu'il ne lui appartient. Ainsi dit-on*, Il a fait rencontre d'une bonne femme; *ores qu'il en ait fait grande queste, parce que c'est cas d'adventure d'en trouver une bonne. Selon cette même énergie du mot, on dit* Rencontre, *en fait militaire, le combat de deux troupes, de deux armées ennemies, s'étant adventurierement & en endroit inopiné rencontrées, en quoy* Rencontre *differe de* Bataille, *car elle se fait d'une seule partie de l'armée querant adventure, & souvent par combat tumultuaire, & tantost de seules gens de cheval & tantost de seules gens de pied, là où* Bataille *est de toute l'armée & de gens de cheval & de pied ensemble par bataillons ordonnez & rangez, & avec artillerie, ce que* Recontre *n'a pas. Et voilà pourquoi le casuel conflict des François & des Anglois pendant le siege de Terouenne, surnommé des Esperons, quoique Nic. Gilles en la vie du Roy Louys XII. luy donne le tiltre de* Journée, *neanmoins est par lui appellé* Rencontre, *& non* Bataille, *non plus que les courses & ribleries de guerre ne le sont. Ce n'est pas pourtant à dire qu'une armée marchant dans le pays de l'Ennemi, & rencontrant quelque troupe d'iceluy ennemi, on ne puisse dire qu'*Elle ait eue Rencontre, *mais ce n'est pas en cette dicte signification d'espece de conflict. Ainsi peut-on dire qu'il y a deux especes de conflict campal, à sçavoir* Bataille *&* Rencontre, *car course, riblerie, pillerie & saccagement sont grevances, tout ainsi que feu & abbati: sont degast.*

Les Chymistes appellent *Rencontre*, Une sorte de petit vase qui entre dans l'alembic, & les Horlogers disent *Roue de rencontre*, en parlant de celle qui est située perpendiculairement dans une montre.

Rencontre, est aussi un terme en usage parmi les scieurs de long, & ils appellent ainsi l'endroit, où à deux ou trois pouces près, les deux traits de scie se rencontrent, & où la piece se separe.

On fait *Rencontre*, masculin en termes de Blason, & il se dit de la tête d'un bœuf, d'un cerf, d'un belier, & de tout autre animal qui la presente de front, en sorte que l'on en voye les deux yeux. *De sable au rencontre de belier d'or.*

RENDAGE. s. m. Terme de Monnoye. Droit qui comprend le brassage & le Seigneuriage. Il est de dix livres dix sols pour le marc d'or, sçavoir sept livres dix sols pour le Seigneuriage & trois livres pour le brassage, & quant au marc d'argent, le Rendage est de vingt-huit sols douze vingt-troisiémes, sçavoir dix sols douze vingt-troisiémes pour le seigneuriage, & dix-huit sols pour le brassage. M. Boisard croit que ce terme vient de ce que dans tous les états qui sont faits aux Maîtres des Monnoyes à fait fort & aux Commies des Regies, il est ordonné qu'ils rendront au Roi les sommes ausquelles se trouveront monter tous les droits de seigneuriage & de brassage qui y sont employés sous le nom de Rendage, parce que ces Maîtres & Commis aux Regies, sont obligés d'en compter de clerc à maître.

RENDRE. v. a. *Redonner, restituer, remettre une chose entre les mains de celui à qui elle appartient, soit qu'on l'ait prise, soit qu'on l'ait empruntée.* ACAD. FR.

On dit en termes de Manege, *Rendre la main, rendre la bride*, pour dire, Lâcher la bride, & en termes de Marine, *Rendre le bord*, pour dire, Venir mouiller, donner fond dans un port, dans une rade. On dit aussi qu'*Un Vaisseau a rendu le bord*, pour dire, qu'Il a desarmé.

RENDU. s. m. Terme de guerre. Soldat qui deserte, & qui vient prendre parti au camp ennemi.

RENETTE. s. f. Instrument d'acier fin, dont les Maréchaux se servent pour chercher une encloueure dans le pié d'un cheval.

RENFLEMENT. s. m. Terme d'Architecture. On appelle *Renflement de colomne*, Une petite augmentation au tiers de la hauteur du fust d'une colomne qui diminue insensiblement jusqu'aux deux extrémités. M. Felibien dit que ce renflement se fait toûjours au tiers vers le bout d'enbas du fust de la colomne, & que le milieu dont Vitruve parle, ne se doit pas entendre à la lettre, mais en general de ce qui est seulement entre les extrémités.

RENFONCEMENT. s. m. Il se dit d'un parement au dedans du nud d'un mur, comme d'une niche ou arcade feinte. On appelle *Renfoncement de sophite*, La profondeur qui reste entre les poutres d'un grand plancher. Ces poutres étant plus près que les travées, causent des compartimens quarrés, ornés de corniches architravées, ou avec de petites coupoles dans ses espaces. On dit aussi *Renfoncement de theatre.* C'est dans un theatre la profondeur qu'augmente l'éloignement qui paroît par la perspective de la decoration.

RENFORMIR. v. a. Terme de Maçonnerie. Rétablir une muraille bien endommagée, en mettant des pierres ou des moilons à tous les endroits où il en manque. On dit aussi *Renformir un mur*, Lorsque ce mur étant foible en un endroit, & trop épais en un autre, on le hache, après quoi on le charge & on l'enduit sur le tout.

RENFORMIS. s. m. Reparation qu'on fait à un mur rompu ou crevassé, lorsqu'il y a quelque chose de plus qu'un simple enduit à y faire.

RENFORT. s. m. Augmentation de forces. *Renfort*, parmi les Fondeurs, est la partie la plus forte d'une piece de canon, qui est une espece de gros anneau qui sert à la renforcer, & qui regne depuis la volée jusqu'aux tourillons.

RENGRENER. v. a. Terme de Monnoye. Remettre les especes entre les quarrés, & faire entrer le grenetis & autres empreintes des especes dans le grenetis & empreintes des quarrés. Quand les empreintes des especes rentrent juste dans celle des quarrés, en sorte qu'elles ne varient point, on est assuré que ce sont les mêmes sur lesquelles elles ont été monnoyées, ce qui n'est pas lorsqu'elles varient. C'est ainsi qu'on rengrenoit autrefois les especes sur le trousseau & la pile, & qu'on rengrene aujourd'hui sur les quarrés celles où il y a quelque défectuosité. On appelle aussi *Rengrener*, quand on frappe le poinçon d'effigie sur une matrice pour y marquer l'empreinte de l'effigie en creux, ou quand on frappe des poinçons sur cette matrice pour y marquer l'effigie en relief, ou enfin quand on frappe ces poinçons sur les quarrés à monnoyer pour y marquer l'effigie en creux. Si l'Ouvrier qui donne les coups de marteau ne fait pas chaque fois le rengrenement, il arrive que les effigies se trouvent doublées.

RENNE. f. m. Animal qui naît en Laponie, & ressemble au Cerf, excepté qu'il est plus grand & plus gros, & que son bois a plus d'andouliers. Il a deux cornes qui vont en arriere, & il en sort au milieu une branche plus petite, mais partagée ainsi que le bois d'un cerf en divers andouliers. Elle est tournée sur le devant, & à cause de cette situation, elle peut passer pour une troisiéme corne. Il arrive fort souvent que chacune des deux grandes cornes pousse une branche, & qu'ainsi il paroît jusqu'à quatre cornes, deux en arriere comme aux Cerfs, & deux en devant, ce qui est particulier aux Rennes. Les Rennes mâles les ont grandes, larges, & avec beaucoup de branches; les femelles les ont plus petites, & avec moins de rameaux. Ces cornes sont d'ordinaire couvertes d'une espece de duvet. Cela arrive particulierement lorsqu'elles renaissent après que les premieres sont tombées; car quand elles poussent au printems, elles sont tendres, velues & pleines de sang au dedans, & quand elles ont acquis leur naturelle grandeur, le poil leur tombe en automne. Cet animal a les piés semblables à ceux des buffles, plus courts que le Cerf, & beaucoup plus gros. Il a naturellement la corne du pié fendue en deux comme une vache, & de quelque maniere qu'il marche, soit qu'il aille lentement, ou qu'il coure, les jointures de ses jambes font autant de bruit que des cailloux qui tomberoient l'un sur l'autre, ou des noix qu'on casseroit, de sorte que ce bruit s'étend dès que l'on peut découvrir la bête. Sa couleur differe de celle des Cerfs, en ce qu'elle tire plus sur le gris cendré, & outre cela les Rennes ont non-seulement le poil de dessous le ventre blanc, mais encore celui des côtés & des épaules. Ils ont des poils assés longs & qui pendent sur le cou, tout-à-fait semblables à ceux des boucs & des chevres. Ces animaux ne ruminent point, quoiqu'ils ayent la corne du pié fendue, & qu'au lieu de la vessie du fiel, ils ayent seulement un petit conduit ou filet noir dans le foye, dont l'amertume n'approche point de celle du fiel. La Renne est farouche de sa nature, & il y en a une très-grande quantité de sauvages par toute la Laponie, mais les habitans ont trouvé moyen de l'apprivoiser. Celui qui provient d'un Renne privé, est privé de même, & on en voit plusieurs grands troupeaux. Il y en a une troisiéme espece qui provient de tous les deux, & qui tient le milieu entre le sauvage & le domestique. Quand les Lapons veulent prendre des Rennes sauvages, ils leur presentent dans les bois des femelles privées lorsqu'elles sont en chaleur, c'est-à-dire, vers la fin de Septembre, & quelquefois il arrive que ces femelles retiennent, & mettent bas cette troisiéme espece de Rennes, qui étant plus grands & plus forts que les autres, sont aussi plus propres à amener le traineau. Ceux-là retiennent toûjours quelque chose de leur ferocité, & sont quelquefois retifs & fantasques, en sorte qu'ils se ruent sur celui qui est dans le traîneau, lui donnant des coups de pié. L'unique moyen qu'on a de s'en garantir, est de renverser le traineau sur soi, & de se tenir à couvert dessous jusqu'à ce que la colere de cet animal soit passée, car il est si fort qu'on ne le sçauroit dompter à force de coups. Les Rennes femelles portent quarante semaines, & mettent bas dans le mois de Mai. Elles ne portent chacune qu'un Fan à la fois, & il y en a fort peu de steriles. Celles-ci ont la chair fort succulente dans l'automne, comme si on les avoit engraissées exprès; aussi on les tue d'ordinaire dans cette saison. Celles qui ont mis bas demeurent au milieu des champs où elles nourrissent leurs petits de leur propre lait sans se retirer sous aucun toit, & sans que le grand nombre qu'il y en a empêche chaque petit de suivre sa mere, qu'il reconnoît même au bout de deux ou trois ans comme il en est pareillement reconnu. Lorsqu'ils sont devenus un peu grands, ils se nourrissent d'herbes, de feuilles, & d'autres herbages qu'ils trouvent sur les montagnes. La couleur de leur poil est premierement d'un jaune & d'un roux mêlés, & rougeâtre en quelque sorte. Ce poil étant tombé il leur en vient un autre tirant sur le noir. Le Renne âgé de quatre ans est dans sa juste grandeur. Si-tôt qu'il est dans sa force, on le dompte & on le dresse au travail. On apprend aux uns à traîner les traîneaux à la course & en poste, & aux autres à tirer des charges. Les Lapons ont accoûtumé de couper tous ceux dont ils doivent se servir pour travailler, afin qu'ils soient plus traitables, ce qu'ils font avec les dents, dès qu'ils ont un an, affoiblissant & brisant par la morsure tous les nerfs qui sont autour des genitoires, afin qu'ils soient énervés, sans quoi ils seroient feroces & difficiles à manier. Ainsi pour une centaine de femelles, à peine garde-t'on vingt Rennes entiers. Les femelles fournissent aux Lapons du lait, du fromage, & des petits. Les hommes & les femmes les traient indifferemment, & seulement une fois par jour sur les deux ou trois heures après midi, ce qui leur peut venir de lait jusqu'au lendemain matin étant destiné pour la nourriture de leurs petits. Celles-ci en ont d'ordinaire beaucoup plus que celles dont le petit est mort ou a été tué. Ce lait est gros & épais comme si on l'avoit mêlé avec des œufs, & par consequent fort nourrissant. Les Lapons en vivent, & font du fromage de celui qu'ils ne font pas cuire. Les utilités qu'ils tirent de ces animaux les obligent d'en avoir grand soin, de les garder nuit & jour l'hiver & l'été, & de les mener paître en des lieux fort sûrs, de crainte qu'ils ne s'écartent, ou que les bêtes sauvages ne les insultent. On les distingue avec quelque marque particuliere, afin que s'ils s'égarent, & qu'on les retrouve bien loin mêlés avec les autres, on les puisse reconnoître. Ces marques se gravent sur les cornes, mais parce que les cornes leur tombent, elles se font aussi aux oreilles, de sorte qu'il est souvent arrivé à des Lapons de prendre des Rennes sauvages, qu'ils trouvoient avoir leur marque. Ils se servent de parc aux lieux qui sont voisins des forêts, où ils renferment un espace convenable par le moyen de bâtons fort longs & fort gros qu'ils mettent autour sur de petites fourches avec deux portes, l'une pour faire entrer les Rennes dans le parc, & l'autre pour les en faire sortir & les mener paître. Leur pâture dans l'été consiste en des herbes excellentes qu'ils trouvent dans les vallées. Ils mangent aussi des feuilles tendres qui sont épaisses & grasses, & de petits arbrisseaux qui naissent sur les côteaux des montagnes de Norvege. Ils ne broutent jamais de joncs, ni aucune herbe qui soit dure & rude. En tout autre tems, ils se nourrissent d'une espece très-particuliere de mousse blanche qui croît en fort grande quantité sur les montagnes & dans les bois de la Laponie. Lorsque la terre est couverte de neges fort hautes, cet animal par un instinct naturel fait un trou avec les ongles du pié, & ayant découvert un peu de terrain, il mange la mousse qu'il y trouve. C'est une chose assés singuliere, qu'encore qu'il ne mange en hiver que de cette mousse & fort abondamment, il est neanmoins plus gras, plus net, & couvert d'un plus beau poil, que quand il mange en été les meilleures herbes. Ce qui est cause que les Rennes sont plus gras & se portent mieux en automne & en hiver, c'est qu'ils ne peuvent nullement souffrir le chaud, de maniere qu'en été ils n'ont que les nerfs, la peau & les os. Ils sont tous les ans attaqués d'un mal qui leur vient après le mois de Mars. Ce sont des vers qui s'engendrent dans leur dos, & qui en sortent aussi-tôt qu'ils ont pris vie. Si on tue un Renne en ce temslà, sa peau se trouve toute pleine de petits trous, percée comme un crible, & n'étant plus presque propre à rien. Les Rennes vivent rarement plus de treize ans. On tient qu'ils meurent quand on les tire du pays où ils sont nés.

RENONCULE. s. f. Quelques-uns disent *Ranoncule*, & font ce mot masculin. Petite plante qui fleurit en Mai. Il y a des Renoncules d'un jaune orangé, d'un jaune doré & d'un jaune pâle. Il y en a de rouges à fleurs doubles, qui en poussent une autre petite qui sort du milieu de cette fleur. Il en est aussi de blanches à fleurs doubles.

RENOUE'E. s. m. Petite plante qu'on appelle ainsi à cause de la quantité de nœuds dont ses petits troncs sont garnis. Elle croît dans les cours des maisons & dans les lieux incultes & arides, qui sont près des grands chemins. La Renouée masle, qu'on appelle aussi *Corrigiola* ou *Centinodia*, jette plusieurs branches menues, tendues & nouées, qui rampent par terre comme le chiendent. Elle porte sa graine sous chaque feuille, & sa fleur est blanche ou rouge. La femelle n'a qu'une tige semblable au roseau lorsqu'il est jeune & tendre, & divisée par plusieurs nœuds entassés l'un sur l'autre. Autour de ces nœuds sont force petites pointes. Il n'y a que le tronc garni de ses feuilles qui soit bon en Medecine. La Renouée incrasse & repercute, & est astringente & vulneraire. On s'en sert particulierement pour arrêter toute sorte de flux de sang, & même pour remedier à toutes inflammations.

RENOYER. v. a. Vieux mot. Renier. On a dit aussi *Renoyé*, pour, Renieur.

RENTOU, ou RENTON. s. m. Jointure de deux pieces de bois de même espece sur une même ligne. Le Renton d'une sabliere, l'endroit où il se joint de demi à demi.

REP

REPAIRER. v. n. Vieux mot, Revenir. *Et lors rencontrerent deux nes qui repairoient de furie.* On a dit aussi *Reparer*, dans le même sens, & *Reparier l'ost*, pour dire, Regagner le camp. *Reperier*, se trouve encore dans la signification de Revenir, arriver de dehors.

REPARER. v. a *Refaire, rétablir quelque chose à un bâtiment.* ACAD. FR. On dit *Reparer une figure de bronze, de plâtre*, pour dire, En ôter les barbes & ce qui se trouve de trop dans les joints & les jets du moule. On dit aussi, *Statue bien nettoyée, & reparée*, pour dire, Une Statue à laquelle on a mis la derniere main. On se sert du même mot en plusieurs autres ouvrages.

REPARON. s. m. C'est la seconde qualité du lin serancé, la premiere & la meilleure s'appelle *le Brin*. Quand on fait des poupées du total ensemble, on l'appelle *tout ô tout*.

REPASSER. v. a. Mot usité dans les vieux Romans, où il signifie Guerir. *Et pource que Thierry étoit tout guery & repassé, vint en courage à Messire Guy partir d'illec Guy de Vvarvich.*

REPENTAILLES. s. f. p. Vieux mot. Repentir.

En repentailles, en latebres,
Trebuscha la jus en tenebres.

REPERE. s. m. Trait de pierre noire ou blanche qu'un Menuisier fait aux pieces de bois qu'il assemble, afin de pouvoir les reconnoître quand il faut les rassembler. Ce mot vient du Latin *Reperire*, Trouver. On appelle *Pieces reperées*, Celles qui ont ces sortes de marques, & en general *Repere*, se dit de toutes sortes de points marqués & fixés, à cause qu'ils font retrouver les veritables joints & la place de chaque chose.

Repere, se dit aussi des marques qu'on fait sur les tuyaux d'une lunette à longue vûe, qu'on peut allonger ou rétressir pour les mettre à leur point selon la portée de la vue de celui qui s'en veut servir.

REPLEIN. adj. Vieux mot. Rempli. On a dit aussi, *Replenie*, pour dire, Remplie.

REPOSTAILLE. s. f. Vieux mot. Apostille, note. On a dit aussi *Repostaille*, pour, Réponse.

Car je sçay trop de repostaille.

REPOSTEMENT. adverbe. Vieux mot. En cachette, en secret. On a dit *Repotement*, & *Repote*, pour, Cache.

REPOS. s. m. *Cessation de travail.* ACAD. FR. *Repos*, en termes de Peinture, se dit des masses & des grands endroits des clairs ou des ombres qui étant bien entendus, empêche que l'on ne confonde les objets, en sorte que n'attirant point la vue tous à la fois, ils font que l'on peut considerer les divers groupes l'un après l'autre.

REPOUS. s. m. Terme de Maçon. Sorte de mortier fait de petits platras d'une vieille Maçonnerie qu'on bat & rebat, & qu'on mêle avec de la brique concassée & de la chaux. On s'en sert au lieu de sable ou de ciment pour affermir les aires des chemins.

REPOUSSOIR. s. m. Long ciseau de fer dont se servent les Tailleurs de pierre, quand ils ont des moulures à pousser. Il a seize à dix-huit pouces de long. Les Charpentiers & les Menuisiers ont aussi leurs repoussoirs. Ce sont des especes de chevilles de fer, dont ils se servent pour faire sortir les chevilles d'assemblage.

Les Graveurs en cuivre appellent *Repoussoir*, de petits quarrés d'acier, qui sont aussi gros que les gros burins, & longs de deux pouces. Ils s'en servent à repousser les planches de cuivre dans les endroits qu'on a été quelquefois obligé d'effacer avec le brunissoir, ou de grater avec le gratoir. Il y en a de quarrés, de ronds & d'ovales. On pose le repoussoir sur le derriere de la planche, & ensuite on frappe dessus avec un marteau.

On se sert dans les Navires de deux Repoussoirs, l'un appellé *Repoussoir à clouds*, & l'autre, *Repoussoir à chevilles*. Le premier est une longue cheville de fer terminée un peu en pointe, dont on se sert pour chasser les clouds d'où ils sont cloués; & l'autre est une autre espece de cheville de fer, dont l'usage est de chasser les chevilles hors de leurs trous.

REPRENDRE. v. a. *Prendre de nouveau ce qu'on avoit renvoyé, abandonné ou perdu.* ACAD. FR. On dit en termes de Maçonnerie, *Reprendre un mur*, pour dire, Reparer ce qui en est rompu dans sa hauteur. On dit aussi, *Reprendre un mur par sous œuvre*, pour dire, Le refaire petit à petit avec peu d'étaies.

On dit en termes de mer, *Reprendre une manœuvre*, pour dire, Travailler sur une manœuvre où l'on est obligé de replier pour refaire une amarrage plus haut ou plus loin à cause qu'elle est trop longue.

REPRISE. s. f. Terme de Marine. Vaisseau que l'Ennemi avoit pris d'abord, & que les Vaisseaux du parti contraire ont repris ensuite.

On appelle en termes de Monnoie, *Reprise d'essai*, Un nouvel essai de l'espece que l'Essayeur general, & l'Essayeur particulier ont rapporté hors des remedes. Pour y parvenir le Conseiller qui est dépositaire du reste de cette espece, en fait couper un morceau qu'il met entre les mains de l'Essayeur general, qui en fait l'essai en presence de l'Essayeur particulier. Le Conseiller fait après cela un procès verbal de cette Reprise.

Reprise, est aussi un terme de Manege, & veut dire, Une leçon réïterée, un manege qu'on recommence. On dit d'un cheval, qu'*Il manie sur les quatre coins de la volte d'une seule reprise*, pour dire, Tout d'une haleine.

REPUDIATION. s. f. Action par laquelle un mari repudie sa femme, & fait divorce entier avec elle. La Repudiation a été jugée legitime pour cause d'adultere dans la loi de Moïse. Ainsi parmi les Juifs lorsqu'un homme a sujet de se plaindre de la conduite de sa femme, il peut la repudier pour toûjours, & elle peut se remarier avec telle personne qu'elle veut choisir, pourvû que ce ne soit pas avec celui qui a donné lieu à la repudiation. Les Rabbins, voulant empêcher que l'on n'abuse de ce privilege, ont prescrit de longues formalités qui rendent cette action fort difficile, & demandent beaucoup de tems. Ainsi il arrive très-souvent qu'avant que l'on puisse écrire le libelle du divorce, le repentir prend, & fait qu'on se reconcilie. La Repudiation étant faite, le Rabbin défend à la femme de se remarier qu'après que trois mois seront passés, afin de connoître si elle n'est point grosse. Il n'y a que parmi les Chrétiens où la Repudiation ne soit point permise.

REQ

REQUESTE. s. f. Acte Judiciaire par lequel on demande quelque chose aux Juges. On appelle *Maîtres des Requêtes*, les Magistrats qui rapportent les Requêtes des particuliers dans le Conseil du Roi. Ils ont un Tribunal au Palais, appellé *les Requêtes de l'Hôtel*. Ils y jugent souverainement des causes que le Conseil leur renvoie, & jugent aussi en premiere instance des affaires de ceux qui ont droit de Committimus du grand sceau. Ce qu'on appelle, *Requêtes du Palais*, est une Jurisdiction qui juge de même en premiere instance les causes de ceux qui ont un privilege de Committimus du petit sceau. Il y en a deux chambres à Paris, & une dans les autres Parlemens. Les Juges des Requêtes du Palais sont des Commissaires qui achetent des Commissions separées de leurs Charges de Conseiller au Parlement.

REQUESTER. v. a. Terme de Chasse. Quester avec le limier une bête qu'on a courue & brisée le soir précedent, pour la redonner aux chiens. *Requester*, se dit aussi, quand il y a un défaut.

REQUIEM. s. m. Poisson semblable en tout & par tout au chien ou au loup de mer, mais d'une si prodigieuse grandeur, qu'il s'en trouve assés communément aux côtes des Antilles qui ont dix-huit à vingt piés de long, & qui sont gros à proportion. C'est le plus goulu de tous les poissons, & le plus avide de chair humaine. Toutes choses lui sont bonnes, ne fussent que des morceaux de bois, pourvû qu'ils soient graissés d'un peu d'huile. Il avale tout sans mâcher, & suit souvent les Navires pour se repaître des immondices qu'on jette à la mer. Il est surtout fort à craindre quand on se baigne. S'il peut joindre un homme dans l'eau, il se jette dessus lorsqu'il en pense sortir, lui coupant un bras, une cuisse, & telle partie qu'il peut attraper, & s'il est bien grand, il l'emporte tout entier. Il est furieux, hardi, & s'avance quelquefois sur la rive jusqu'à demeurer à sec pour devorer les passans. C'est ce qui a obligé les François à l'appeller *Requiem*, parce qu'on n'a qu'à faire chanter *Requiem*, pour ceux qui en sont mordus. D'autres veulent qu'on lui ait donné ce nom, qui signifie *Repos*, à cause qu'il a accoûtumé de paroître lorsque le tems est tranquille. Quelques Nations l'appellent *Phiburon*, ou *Tuburon*. C'est une chose affreuse que de voir la gueule de cet animal. La machoire d'en bas est garnie de trois, de quatre, de cinq rangs de dents, selon qu'il est puissant & âgé. Ces dents ne sont pas égales en tous. On en a vû qui étoient larges d'un pouce & hautes de deux, toutes faucillées, tranchantes comme des rasoirs, & extrémement dures. Elles sont cachées dans les gencives, & attachées à de petits cartilages nerveux qui les levent & les baissent comme il veut. Il a la tête plate, & sa gueule directement dessous & à près d'un pié de la pointe du museau, de maniere qu'il ne peut prendre sa proye, qu'il ne soit tourné & renversé sur le dos. C'est ce qui est cause qu'il y a des habitans assés hardis pour se jetter à la nage après lui, & le combattre à coups de couteau s'il ne fuit pas. Il paroît de couleur jaune dans l'eau, & n'a qu'un seul os dans tout le corps. Cet os qui est composé de plusieurs vertebres rondes & larges comme un écu blanc, prend depuis la tête jusques à la queue, & diminue vers la fin jusqu'à la largeur d'un double. Sa peau est rude, & l'on en fait des limes douces propres à polir le bois. Il est souvent escorté de deux ou trois petits poissons, & quelquefois davantage, qui le précedent avec une telle vîtesse, & un mouvement si mesuré, qu'ils s'avancent ou s'arrêtent plus ou moins selon qu'ils s'apperçoivent que le Requiem s'arrête ou s'avance. La femelle porte ses petits dans son ventre, enveloppés dans une grande peau à laquelle ils sont attachés avec un boyau par le nombril. Il s'y en trouve quelquefois jusques à vingt. On les tire du ventre de la mere, & étant conservés en vie dans de grandes cuves d'eau de mer, ils sont assés bons en cet état. Quand le Requiem est vieux, sa chair sent fort le bouquin, & n'est presque que de la filasse; aussi peu de personnes en mangent, si ce n'est sur mer par necessité. On trouve dans sa tête deux ou trois cueillerées de cervelle blanche comme nege, qui étant sechée, mise en poudre & prise dans du vin blanc, est très-bonne à ceux qui sont travaillés de la pierre ou de la gravelle. Son foye étant bouilli rend une grande quantité d'huile, qui est très-propre pour entretenir les lampes.

REQUINT. s. m. La cinquiéme partie du quint qui se paye au Seigneur dominant avec le quint, quand on vend un fief. C'est quelque chose de moins que la quatriéme partie du total, ce que l'on peut voir par ce qu'en écrit Nicod. *Requint*, dit-il, *qu'on dit aussi* Requint denier, *est un profit de fief par sus le le quint deu au Seigneur par l'acheteur d'un fief mouvant de lui, vendu francs deniers au vendeur, qui est le quint denier du quint du prix pour lequel ledit fief a été vendu, comme par exemple, de cent livres, le quint c'est vingt livres, & le requint, quatre livres. On dit selon ce,* Les droits de quints & requints.

RES

RESARCELE', E'E. adj. Terme de Blason. Il se dit des croix qui en ont une autre conduite en filet d'un autre émail. *D'or à la croix de sable resarcelée d'or.*

RESBAUDIR. v. a. Vieux mot. Encourager.

RESCOLS. adj. Vieux mot. Recours, recouru. On a dit aussi *Rescosse*, pour Recousse, & *Rescorre*, pour Recourre.

RESE. s. f. Vieux mot. Course.

RESEPAGE. s. m. Terme des Eaux & Forêts. Nouvelle couppe d'un bois qui a été mal coupé, ou qui n'est pas de belle venue.

RESEPER. v. a. Couper de nouveau un bois, ou qui n'est pas de belle venue, ou qui n'a pas été bien taillé la premiere fois.

On dit aussi *Reseper un pieu, un pilotis*, pour dire, En couper la tête avec la scie ou la cognée, soit pour le mettre de niveau avec tout le reste du pilotage, soit parce qu'ayant trouvé de la roche, il refuse le mouton.

RESEUIL, ou *Reseul.* s. m. Vieux mot. Reseau, ouvrage de fil tissu & entrelassé, où il y a des mailles.

Et vos Reseuils & vos filets.

Reseul, dit Nicod, *vient de* Reticulum, *& signifie cette tisseure de fil faite à mailles, dont les filets, rets, poches, bourses, & tirasses à prendre poissons, connils, cailles & autres oiseaux, sont faits. Les femmes en font de fil delié, dont elles font des collets & autres leurs équipages, qu'elles nomment pour ce* Collets de Reseuil.

RESINE. s. f. Liqueur oleagineuse, condensée & epaissie sur les pins, sapins, meleses, cyprès, terebinthes & autres arbres de même nature, dont les bois sont gras. Cette liqueur en sort, ou par le trou qu'on fait dans le bois avec une tariere, comme dans le bois de la melese, ou par les incisions qui se font sur leurs écorces, d'où elle découle abondamment, comme elle fait du sapin. La Resine se divise en liquide & en solide, & l'une & l'autre provient du même arbre. Pline dit que la liquide découle du terebinthe, de la melese & du cyprès, comme la seche du pin, mais on ne doit pas croire pour cela qu'il ne vienne aucune resine liquide du pin, quoique par rapport à ces autres arbres, il en produise beaucoup plus de seche que de liquide. La Resine solide se peut diviser en naturelle & en artificielle. La Resine naturelle est celle qui se trouve sur les arbres, comme le mastic sur le lentisque, & l'artificielle celle qui se fait par l'évaporation de la partie spiritueuse & aqueuse de la terebenthine & autres resines liquides, comme la Resine ou Poix d'Espagne, la Resine des Grecs, & même celle qu'on appelle *Colophone.* Entre toutes les liquides la vraie terebenthine qui decoule du terebinthe, est la meilleure, & après celle-la la Resine de melese, appellée *Terebenthine commune.* Le mastic passe pour la plus noble entre les solides. On dit que trois onces de Resine pulverisée & mise dans un muid de vin, rendent le vin fort aperitif.

RESJOYER. v. a. Rejouir. Vieux mot.

C'est ce qui les bons cuers resjoye.

RESNABLE. adj. Vieux mot. Raisonnable.

RESNES. s. f. p. On appelle ainsi deux longes de cuir qui répondent de la bride à la main du Cavalier. Elles servent à faire agir l'embouchure & à tenir la tête du cheval sujette. *Fausse resne*, se dit d'une longe de cuir qui est quelquefois passée dans l'arc du banquet, & par le moyen de laquelle on fait donner un cheval dans la main, ou plier l'encoleure.

RESOLUTIFS. s. m. Terme de Medecine. Medicamens qui par leur chaleur & par la tenuité de leur substance, ouvrent les pores, attenuent & font exhaler par insensible transpiration les humeurs & autres matieres superflues des parties où elles sont arrêtées. Il y en a de deux sortes, les uns plus foibles, appellés *Areotiques*, & d'autres plus forts. Ces derniers sont dits proprement *Diaphoretiques.*

RESORDEMENT. s. m. Vieux mot. Resurrection.

Sa mort & son resordement
Revelerent apertement.

RESORT. s. m. Vieux mot. Ressource.

RESOYNDER. v. n. Vieux mot. Retentir.

RESPIRATION. s. f. Entrée & sortie réïterée de l'air dans les poumons. Il y a sujet de s'étonner de ce que l'homme, qui ne respire point dans la matrice, ne sçauroit plus vivre s'il ne respire si-tôt qu'il a commencé de respirer en voyant le jour; de sorte que la vie commence par l'inspiration, & finit par l'expiration. La respiration a été instituée pour l'inspiration. Les Anciens ont crû qu'elle servoit à rafraîchir le cœur & le sang qui y étoit allumé, sçavoir par le froid de l'air même, ou par les vapeurs froides & aqueuses qu'il contient. Les Modernes, qui sont presque dans la même opinion, disent que l'usage de la respiration est de temperer la trop grande effervescence du sang, en le condensant doucement par les particules salines nitreuses que l'air contient en soi, & par lesquelles il modere la chaleur excessive du sang. C'est ce qu'Ettmuller ne trouve pas vrai-semblable. Il dit que le sang allant au cœur pour s'y réchauffer & y prendre une fermentation nouvelle, il n'est pas besoin de le troubler au milieu du chemin par la respiration. Il ne peut croire non plus que le principal usage de la respiration soit d'avancer la circulation du sang par les poumons, puisque le même air ne suffit pas pour respirer, & qu'il faut le renouveller souvent, outre que la circulation du sang se peut faire sans les poumons, puisqu'elle se fait dans le fœtus sans la respiration. Après avoir bien consideré tout ce qui peut faire penetrer dans son veritable usage, il dit que c'est d'elle que dépend la derniere perfection vitale du sang, & que le principal usage de l'inspiration est de le disposer à renouveller sa fermentation vitale, & à acquerir la volatilité requise, tant pour la formation des esprits, que pour l'insensible transpiration. Il admet pour fins moins principales & secondes de la respiration, l'avancement de la circulation du sang par les poumons, à cause que tout ce qui augmente son effervescence, rend son mouvement plus rapide, & la respiration plus rapide & plus frequente; la modification de la voix par le moyen du larinx, qui est comme une anche qui forme la voix, & pour troisiéme usage, celui de faciliter l'excretion des gros excremens par les sels, la sortie du fœtus par la matrice en inspirant, & l'excretion des excremens des poumons par la toux en expirant.

RESPIT. s. m. *Relâche, delai, surseance.* ACAD. FR.

On appelle *Lettres de respit*, des Lettres délivrées en Chancellerie aux debiteurs de bonne foi, pour faire surseoir pendant un certain tems les poursuites trop rigoureuses de leurs creanciers. Quand ces Lettres sont signées en commandement, elles n'ont point besoin de verification. Ce fut le Pape Urbain II. qui introduisit les Respits en faveur de ceux qui se croisoient pour la guerre sainte. Quelques-uns font venir *Respit*, de *Respectus*. Nicod qui écrit *Respi*, & non *Respit*, dit qu'il semble qu'il vienne de *Respirare*.

Respit, en matiere feodale est la souffrance donnée au Vassal par le Seigneur, pour lui rendre la foi & hommage, ou pour s'acquitter de ses autres devoirs.

Les Agrès que l'on reserve dans les Navires pour rechanger au besoin, s'appellent *Respit*, en termes de Marine de Levant.

RESPITE', E'E. adj. Vieux mot. Recours, sauvé. On a dit aussi *Respitié*, pour dire, Garanti.

Et de maint grand peril sont par ce respiti.

RESPOITIE'. s. m. Vieux mot. Respit, delai.

Et luy a dit sans respoitié.

Respoitié, se trouve aussi dans Villehardouin, pour Differé.

RESPONSIF, IVE. adj. Terme de Palais. On appelle *Ecritures responsives*, Celles qui répondent aux écritures qui ont été produites auparavant.

RESPONSION. s. f. Ce terme est en usage dans les Ordres Militaires, & on dit qu'*Un Chevalier paye cent francs*, ou une autre somme, *de responsion à son Ordre*, pour dire, qu'Il possede une Commanderie qui est chargée de cette somme envers l'Ordre.

RESSAC. s. m. Terme de Marine. Choc des vagues de la mer qui se déployent avec impetuosité contre une terre, & s'en retournent de même.

RESSAUT. s. m. Terme d'Architecture. Avance d'une corniche ou d'un autre membre, qui au lieu de continuer uniment, se rejette en dehors, & fait saillie. On dit qu'*Un escalier fait ressaut*, pour dire, que L'appui n'est pas continué sur une même ligne suivant sa rampe.

RESSE. adj. fem. Terme dont on s'est servi autrefois en parlant d'une étoffe usée, pour dire qu'Elle étoit rase.

RESSENTI. s. m. Terme de Peinture & d'Architecture. Contour, renflement d'un corps plus bombé ou plus fort qu'il ne doit être, tel que celui d'une colomne fuselée.

RESSIF. s. m. Chaîne de rochers qui sont sous l'eau. Ce terme n'est en usage que dans l'Amerique.

RESSORT. s. m. Piece d'acier trempée qu'on met dans plusieurs machines pour faire aller & remuer d'autres pieces. On appelle *Ressort de serrure*, *de pistolet*, *de fusil*, Une piece d'acier qu'on bande avec violence, & qui repousse le pêne, ou qui fait abattre le chien, quand elle se remet en liberté. Il y en a qui pour qu'une porte ferme d'elle-même, font faire un *Ressort double*, qui bande contre la feuillure de la porte, lorsqu'elle s'ouvre. D'autres se servent d'un *Ressort à boudin* dans un petit tambour, où il y a une queue avec une petite poulie au bout, qui repousse la porte. Il y a d'autres ressorts, appellés *Ressorts de chien*. On les fait d'acier battu, mince & trempé, afin qu'ils soient moins sujets à se casser; mais ils ne sont pas si bons que les autres.

On appelle *Ressort de montre*, Une piece d'acier enfermée dans un barrillet, laquelle fait mouvoir les roues en s'étendant. *Ressort*, se dit dans l'orgue du fil de laiton qui supporte & presse les soupapes contre le sommier, & du fil de fer qui sert à accorder les tuyaux d'anche.

RESSUAGE. s. m. Terme de Monnoye. Maniere de fourneau de deux à trois piés de haut, & qui en a deux de long ou environ sur deux de large en dedans. L'un des côtés est en pente pour laisser couler les métaux dans la casse qui est au dessous. On s'en sert quand on veut *Faire ressuer les culots*, c'est-à-dire, Separer les métaux des culots. Lorsqu'on fait fondre l'argent qui est attaché au creuset, cela s'appelle *Faire ressuer le creuset*.

RESSUI. s. m. Terme de Chasse. Le lieu où se met le cerf ou une autre bête fauve pour s'essuyer de la rosée du matin.

RESTAUR. s. m. Terme de Marine. Ressource, dédommagement qu'ont les Assureurs les uns contre les autres, suivant la date de leurs assurances, ou contre le Maître, si l'avarie provient de son fait.

Restaur, est aussi un terme de Pratique en Normandie, & signifie, Le recours qu'on a contre son garant. *Il a été condamné à payer, sauf son restaur contre tels & tels.*

RESTIF, IVE. adj. *Qui s'arrête ou qui recule au lieu d'avancer. Il ne se dit que des chevaux ou autre monture.* ACAD. FR. Nicod donne aussi la qualité de *Restif* aux chiens. *Chiens restifs*, dit-il, *sont ces chien courans, lesquels voyant le cerf estre venu emmy le change, s'arrêtent & demeurent tout court & coy, attendant leurs maistres.*

RESTORRER. v. a. Vieux mot. Brûler.

RESUMPTE. s. f. Acte qui se doit soûtenir par les nouveaux Docteurs depuis une heure jusqu'à six, pour avoir suffrage aux Assemblées de la Faculté, & jouir des droits de Docteur. Ce mot vient de *Resumere*, Reprendre, à cause que dans cet Acte on soûtient de toute l'Ecriture sainte, de tout ce qui regarde l'histoire de l'ancien & du nouveau Testament, & des passages dont on se sert dans les Controverses contre les Heretiques. Les loix de la Faculté l'ont rétabli en 1676. & on le doit soûtenir dans l'une des six années immediatement après la Licence, avant l'accomplissement desquelles les nouveaux Docteurs ne sont point admis aux Assemblées de la Faculté. On ne sçauroit non plus les choisir pour presider aux Theses, avant qu'ils ayent fait leur Resumpte.

RESUMPTIFS. s. m. Terme de Medecine. Medicamens qui rétablissent l'habitude du corps que le manque de nourriture, ou la longueur d'une maladie a consumée & attenuée. Ils sont composés d'une matiere non seulement medicamenteuse, mais qui peut aussi servir d'aliment, en sorte qu'en partie ils servent de nourriture au corps, & remedient en partie aux maladies qui l'abattent. C'est en quoi ils different des Restauratifs, qui ne font que rétablir les forces réduites en une extréme langueur. Les Grecs les appellent ἀναληπτικά, *Reficientia*.

RESURE. s. f. Terme de Mer. Appât fait avec des œufs de morue pour attirer la sardine.

RET

RETABLE. s. m. Ornement d'Architecture. Il est de marbre, de pierre, ou de bois, & sert de bordure à un Autel.

RETENTIF, IVE. adj. Terme dogmatique. Qui retient. Il y a des muscles retentifs à l'anus & au cou de la vessie. C'est ce que les Medecins appellent en Grec σφιγκτῆρες.

RETENTION. s. f. On appelle *Retention d'urine*, Une sorte de maladie qui bouche les conduits de l'urine, & qui est souvent suivie d'une mort fort douloureuse.

RETENU, UE. adj. On appelle en termes de Manege, *Cheval retenu*, un Cheval qui ne part pas franchement de la main, & qui saute au lieu d'aller en avant. C'est la même chose qu'*Ecouteux*.

RETENUE. s. f. Terme de Charpenterie. On dit d'une piece de bois, qu'*elle a sa retenue sur une muraille* ou *ailleurs*, pour dire, qu'Elle est entaillée de telle sorte, qu'elle ne peut avancer ou reculer de part ni d'autre.

On appelle aussi *Retenue*, en termes de Marine, Une corde qui sert à relever un Vaisseau qui est en carenne.

RETIAIRE. s. m. Nom qui a été donné à une sorte de Gladiateurs qui combattoient contre les Myrmillons, du Latin *Rete*, Filet de Pêcheur, à cause qu'ils avoient un de ces filets, avec lequel ils tâchoient d'embarrasser leurs ennemis. Ils étoient outre cela armés d'une fourche à trois pointes. On attribue l'invention de cette sorte de combat à Pittacus, l'un des sept sages de la Grece, qu'on pretend avoir apporté un filet caché sous sa tunique, pour embarrasser Phrinon, contre lequel il eut à combattre pour finir le differend survenu entre les Atheniens & les Mitylenéens touchant les limites de leur pays.

RETINE. s. f. L'une des tuniques de l'œil, qui est une sorte de lacis fort delicat, que forment dans l'œil les filets du nerf optique. Cette tunique, appellée aussi *Retiforme* & *Reticulaire*, à cause qu'elle est faite en forme de rets, naît de la substance moëlleuse du nerf optique dilaté. Elle est très-mince & très-deliée, & reçoit les impressions des objets par le moyen des rayons de lumiere, qui partant de chaque point de l'objet, & se brisant dans le crystallin, se vont peindre au fond de l'œil sur la Retine. Voyez PINCEAU & CRYSTALLIN. Il y a des Philosophes qui croyent que la vision se fait sur la Choroïde, & non pas sur la Retine. Voyez CHOROIDE.

RETIRADE. s. f. Terme de guerre. Sorte de retranchement qui se fait dans le corps d'un bastion, ou d'un autre ouvrage, dont on veut disputer le terrein pié à pié, après que les premieres défenses ont été rompues. Il se forme d'ordinaire par deux faces qui font un angle renversé.

RETIRATION. s. f. Terme d'Imprimerie. Dernier côté de la feuille, qui est opposé à celui qu'on a tiré le premier.

RETOMBE'E. s. f. Pente, telle qu'est celle des reins d'une voute. Ainsi *Retombée* se dit de chaque assise de pierre qu'on érige sur le coussinet d'une arcade pour en former la naissance, & qui par leur pose peuvent subsister sans cintre. Quelques-uns disent que *Le profil des feuilles d'un chapiteau a peu de retombée, a beaucoup de retombée*, pour dire, Peu de pente, beaucoup de pente.

RETONDRE. v. a. Terme des Tailleurs de pierre. Abattre, recouper quelque chose qui excede, comme une partie de l'épaisseur d'un mur. On dit aussi *Retondre*, pour dire, Repasser dans les moulures avec un fer à retondre pour les mieux terminer, & en rende les arêtes plus vives.

RETORTE. s. f. Terme de Chymie. Vaisseau de verre ou de terre qui a un bec recourbé pour se joindre au recipient. On s'en sert pour distiller les choses qui ne s'élevent en haut qu'avec peine, comme les gommes, les resines, les larmes & les graisses.

RETOUCHER. v. a. Terme de Peinture. On dit, *Retoucher un tableau*, pour dire, Refaire ce qui s'y trouve gâté. On dit aussi qu'*Un tableau n'est que retouché*, pour dire qu'Un habile Peintre a mis la derniere main à un tableau qui avoit été fait par son éleve.

On dit encore *Retoucher une planche*, pour dire, Repasser le burin sur une planche un peu usée.

RETOUR. s. m. Terme d'Architecture. On dit qu'*Un membre de bâtiment fait retour*, pour dire, qu'Il a deux faces, comme une corniche qui est posée sur deux faces differentes. On donne aussi le nom de *Retour* à l'encoignure d'un bâtiment. *Retour d'équerre*, est une encoignure en angle droit.

On appelle *Retours de tranchée*, Les coudes, les obliquités que forment les lignes de la tranchée, pour empêcher qu'elles ne soient vues & enfilées par ceux de la Place. On dit aussi *Retours de mines*, pour dire, Les branches & les rameaux d'une mine.

RETOURNER. v. a. Les Ouvriers disent *Retourner une pierre*, pour dire, Lui faire un second parement, opposé de telle sorte au premier, qu'ils soient paralleles entre eux. On dit, *Se retourner d'équerre*, pour dire, Etablir une perpendiculaire sur la longueur ou extrémité d'une ligne effective ou supposée.

RETRACTION. s. f. Terme de Medecine. Convulsion tonique, appellée ainsi du Grec τόνος, qui, selon Celse, signifie l'imbecillité & la roideur d'un membre qui devient immobile. Ainsi la convulsion tonique est la retraction d'un membre roide, qui demeure toûjours dans une même figure. *Retraction* vient du Latin *Retrahere*, Retirer.

RETRAHIER. v. a. On trouve dans Alain Chartier, *Se retrahier*, pour dire, Se retirer, du Latin *Retrahere*.

RETRAIRE. v. a. Vieux mot. Raconter, representer.

Et celles ne te puis retraire,
Sinon que tu la voye faire.

RETRAIT, AITE. adj. Vieux mot. Accourci.

Qui estoit bien un pied retraite.

Retrait. Terme de Blason. Il se dit des bandes, des paux & des fasces, dont il y a un côté qui ne touche pas les bords de l'Ecu. *De gueules à trois bandes d'or, retraites en chef.*

RETRAITE. s. f. Terme d'Architecture. Diminution d'un mur en dehors qu'il se fait au dessus de son empatement & de ses assises de pierre dure, comme s'il y avoit retrecissement ou reculement des parties. *Faire une retraite d'une grosse muraille*, c'est la diminuer d'épaisseur.

On appelle, en termes de Marine, *Retraite de hune*, des Cordes qui servent à trousser le hunier.

Des Chartiers donnent aussi le nom de *Retraite* à une espece de longe de cuir qui est attachée à la bride du cheval de devant & liée à un cordeau. On s'en sert pour manier le cheval.

RETRANCHE', E'E. adj. Qui est separé d'un tout.

On appelle en termes de guerre, *Quartier retranché*, Un quartier fortifié & qui est couvert d'un fossé & d'un parapet.

RETRANCHEMENT. s. m. *Privation ou diminution de quelque chose.* ACAD. FR. On appelle *Retranchement*, en termes d'Architecture, ce qu'on retranche d'une grande piece pour la proportionner, ou pour rendre le logement plus commode. On le dit aussi des avances & saillies qu'on ôte des rues des voies publiques, afin de les rendre d'alignement.

Retranchement, en termes de guerre, est un fossé bordé de son parapet. Il se dit aussi des fascines chargées de terre, des gabions, & en general de tout ce qui fortifie un poste, & le peut mettre à couvert des attaques des ennemis. On le dit quelquefois d'une simple retirade ou coupure qui se fait sur un bastion ou sur un ouvrage à corne, pour disputer le terrain pié à pié.

RETROGRADER. v. n. Terme d'Astronomie. Les Planetes se meuvent ordinairement sous le Zodiaque d'Occident en Orient, selon la suite des signes, c'est-à-dire, qu'elles vont du Belier dans le Taureau, dans les Gemeaux, &c. & alors on les appelle *Directes*, (voyez DIRECTE.) mais elles vont aussi quelquefois d'Orient en Occident contre la suite des signes; c'est-à-dire, par exemple, des Gemeaux dans le Taureau, ou du Taureau dans le Belier, &c. Alors on dit qu'elles *Retrogradent*, ou qu'elles sont *Retrogradées*. Avant que de paroître Retrograder, elles semblent s'arrêter quelque tems sous un même endroit du Zodiaque, & alors on les appelle *Stationnaires*. Voyez STATION. Après une retrogradation, revient encore immediatement une *Station*. Ainsi cet ordre ne se change jamais, Mouvement direct, Station, Retrogradation, Station, Mouvement direct.

Le Soleil & la Lune sont les seules planetes qui ne sont jamais ni Retrogrades ni Stationnaires. Mercure & Venus sont retrogrades quand ils sont entre le Soleil & la Terre, Mars, Jupiter & Saturne le sont, quand la Terre est entre eux & le Soleil, & ce qui est le même lorsqu'ils sont opposés au Soleil, & alors leurs grandeurs apparentes augmentent, Mars paroît six fois plus grand que quand il est direct, Jupiter trois fois, Saturne près de deux. L'arc de la retrogradation de Mars est plus grand que de celle de Jupiter, & celui de la retrogradation de Jupiter plus grand que de celle de Saturne.

REV

REVEL. s. m. Vieux mot. Revelation.

Par paroles ou par revel.

REVENDICATION. s. f. Action par laquelle on saisit ou recouvre par autorité de Justice une chose qui nous a été volée & qui est entre les mains d'un autre. On dit aussi *La revendication d'une personne, d'une cause*, lorsqu'il y a distraction de ressort.

REVENDIQUER. v. a. Terme de Palais. Saisir & redemander en Justice une chose qui nous appartient, & qui a été égarée, ou qu'on nous a prise. Il se dit aussi des personnes, & un Procureur d'office peut aller revendiquer un Justiciable qui a distrait sa jurisdiction, comme un Official peut revendiquer un Ecclesiastique qui plaide en Cour laïque.

REVENU. s. m. *Ce qu'on retire annuellement du fond des biens que l'on a.* ACAD. FR. On appelle *Revenu*, en termes de Chasse, La masse de chair qui vient sur la tête des cerfs. Elle se forme de vers blancs qui leur font tomber le bois, parce qu'ils en rongent la racine en dedans. On tient que ce revenu distillé aide fort à faire accoucher les femmes.

REVENUE. s. f. Vieux mot. Retour de quelqu'un. On a employé ce même mot pour une sorte de fief.

REVERBERATION. s. f. Terme de Chymie. Ignition par laquelle les corps mixtes sont calcinés à feu de flame dans un fourneau de reverbere. Il y a double reverberation. L'une se fait à feu clos, c'est-à-dire, dans un fourneau où non seulement le feu frappe le vaisseau, mais où il se reflechit & le frappe par dessus & tout autour. Ce feu s'appelle *Feu de reverbere clos*, & sert pour les distillations, & on lui donne ce nom, à cause que la chaleur du feu rabat & agit de tous côtés sur la matiere ou sur le vaisseau qui la contient. L'autre Reverberation se fait à feu ouvert, c'est-à-dire, dans un fourneau qui n'a point de couverture; & le feu que l'on appelle *Feu de reverbere ouvert*, sert aux calcinations. On se sert aussi du feu de reverbere clos, à pousser les esprits & les huiles par la retorte.

REVERDIE. s. f. Vieux mot. Joie. Il y a de certains lieux en Bretagne où on se sert de ce même mot de *Reverdie*, pour dire, Les grandes marées qui arrivent au défaut, ainsi qu'au plein de la Lune.

REVERENCE. s. f. Honneur, respect. Nicod appelle *Reverence Papale*, la Prestation d'obéïssance faite par un Prince ou par une Republique au Pape nouvellement créé, & rapporte ce passage d'Enguerrand de Monstrelet. *Les Florentins vindrent devers le Pape Jean I. & lui firent* Reverence Papale, *& estoient trois cens chevaux, dont y avoit dix-huit Chevaliers vêtus de vermeil à beaux plumas poilletés d'or, & y avoit six trompettes, deux heraut & dix hommes jouant d'instrumens de musique.*

REVERS. s. m. Ce qui est au dos, ce que l'on ne voit qu'en le retournant.

Revers, en termes de Médaillistes, est la partie qui est opposée à la principale empreinte ou figure, & où il n'y a que quelque devise.

Revers, en termes de Marine, se dit de tous les membres qui jettent en dehors du Vaisseau. Ainsi on appelle *Allonge de revers*, La piece de bois qui acheve la hauteur du côté du Vaisseau, & *Revers d'arcasse*, Une portion de voute de bois, faite à la pouppe d'un Vaisseau, soit pour soûtenir un balcon posé dessus, soit pour un simple ornement. On appelle aussi *Manœuvres de revers*, Les écoutes, les boulines & les bras qui sont sous le vent, que l'on a largués, & qui n'étant point halés, ne sont d'aucun usage jusqu'à ce que l'on revire, auquel tems elles se mettent au vent, & deviennent manœuvres de service en la place des autres, qui en cessant d'être au vent, deviennent manœuvres de revers.

On appelle en termes de guerre, *Commandement de revers*, Une hauteur qui découvre & bat un poste par derriere, prenant les Troupes à dos.

Revers de pavé, se dit de l'un des côtés en pente du pavé d'une rue depuis le ruisseau jusqu'au pié du mur.

REVERSIS. s. m. Sorte de jeu de cartes. Il se joue avec toutes les cartes, dont le valet de cœur, appellé *Le quinola*, est la principale. On dit *Faire le Reversis*, pour dire, Lever seul toutes les cartes, sans que les autres joueurs fassent une main.

REVERTIR. v. n. Vieux mot. Revenir, retourner.

Le Roy de ce bien averty
Y a mis grand provision,
Car à Paris est reverty,
Pour y faire information.

REVESCHE. adj. Intraitable, de méchante humeur. On dit d'un morceau de fer qu'on met au feu pour le travailler, qu'*Il devient revesche*, pour dire, qu'Il s'endurcit au recuit.

REVESTEMENT. s. m. Terme de Fortification. On

appelle ainsi le mur que le fossé a du côté de la Place, soit qu'il soûtienne la fausse braie, ou simplement le rempart.

On appelle en Menuiserie, *Lambris de revestement*, Un mur couvert d'un lambris; & on dit en Maçonnerie, *Faire un revêtement à une terrasse*, pour dire, Y faire un mur pour en soûtenir les terres.

REVESTIR. v. a. *Donner des habits à une personne qui n'en a point, l'habiller.* ACAD. FR. Ce mot est en usage dans plusieurs Arts, pour dire, Couvrir, environner. Ainsi on dit; *Revêtir un modelle de cire avec de la terre*, ou *autre chose*. Les Peintres & les Sculpteurs disent *Revêtir des figures*, pour dire, Les habiller. Les Charpentiers disent aussi *Revêtir un pan de bois*, pour dire, Assembler les tenons dans les mortoises de toutes les pieces dont un ouvrage de charpenterie est composé. *Revêtir*, signifie encore en Maçonnerie, Fortifier l'escarpe & la contrescarpe d'un fossé avec un mur; & en Jardinage, Palisser de charmille, de filaria, un mur de clôture ou de terrasse pour le couvrir.

REVESTISSEMENT. s. m. Terme qui n'est en usage qu'en matiere feodale, quand le Vassal est revêtu de son fief, en prêtant foi & hommage au Seigneur.

REVIREMENT. s. m. Terme de Marine. Changement de route ou de bordée, quand le gouvernail est poussé à bas-bord ou à stribord, afin de courir sur un autre air de vent que celui sur lequel le Vaisseau a déja couru quelque tems.

REVIRER. v. a. Terme de Marine. Tourner le Vaisseau par le jeu du gouvernail & la manœuvre des voiles, pour lui faire changer de route. On dit d'une Escadre qui est en ligne sous les voiles, qu'*Elle revire par la tête* ou *par la queue*, selon qu'elle commence par l'une ou par l'autre quand elle change de route. On dit aussi *Revirer dans les eaux d'un Navire*, pour dire, Changer de bord derriere lui, en sorte qu'on courre le même rumb de vent en le suivant.

REVISEUR. s. m. Terme de Chancellerie Apostolique. Il y a trois Officiers à Rome qu'on appelle *Reviseurs*. L'un est pour les Dispenses matrimoniales, & les deux autres pour les beneficiales.

REVISION. s. f. Action de revoir & de retoucher quelque ouvrage. Il se dit aussi du second examen qu'on fait d'un procès criminel, lorsqu'on allegue qu'il y a eu de l'erreur au premier jugement. Il faut pour cela obtenir des lettres de revision, qui ne s'accordent que très-difficilement. On dit *Revisions d'un compte*, & ces revisions sont fort ordinaires. La *Revisi[illegible]le d'un compte*, est lorsqu'il y a eu des debats fo[illegible]és au tems que le premier examen a été fait, & qu'on en reforme les articles suivant les Jugemens qui sont intervenus, afin de proceder ensuite à son calcul & à sa clôture.

On appelle aussi *Revision*, Un droit que se font taxer les Procureurs pour revoir & relire les écritures des Avocats. Ce droit montoit à dix sols par rôle, & l'Ordonnance de 1667. l'a reduit à deux.

REVIVIFIER. v. a. Terme de Chymiste. Faire une operation par laquelle le mercure qui avoit été réduit en sublimé, cinabre, précipité & autres, est remis en mercure volant, ainsi qu'il étoit avant cette operation, qui est le contraire de mortification.

REVOIR. s. m. On appelle ainsi, en termes de Chasse, La piste qu'on voit de la bête.

REVOLIN. s. m. Terme de Marine. Vent qui n'étant pas poussé droit, ne se fait sentir qu'après avoir donné contre quelque chose qui l'a renvoyé; ce qui cause des tourbillons surprenans dont les Navires qui sont sous les voiles ou à l'ancre sont tourmentés.

REVULSION. s. f. Terme de Medecine. *Action par laquelle une humeur est détournée.* ACAD. FR. La Revulsion prise en ce sens, est une évacuation de sang faite en la region opposée au sang arrêté, pour le faire couler vers la premiere avec plus de promptitude, & pour empêcher l'augmentation de la douleur en diminuant la masse du sang. Cette évacuation faite à la region opposée, s'appelle *Revulsion universelle*; & quand on la fait dans la même region, elle est appellée *Revulsion particuliere* ou *Diversion*. Ainsi dans l'esquinancie la saignée du pié est une Revulsion generale, & celle du bras, une Revulsion particuliere. On tire deux avantages de ces Revulsions; l'un, qu'il monte moins de sang à la region superieure, au moins pendant que la veine demeure ouverte; car un peu après qu'elle est refermée, le sang circule également dans tous les vaisseaux; & l'autre, qu'en diminuant la quantité du sang, il s'en arrête moins à l'endroit où est l'obstacle, une partie de celui qui est arrêté étant repris par les vaisseaux voisins à mesure qu'ils se désemplissent, ce qui se fait d'autant mieux que la saignée est copieuse. *Revulsion* vient du latin *Revellere*, Arracher, ôter à force.

REZ

REZ. s. m. Niveau du terrain de la campagne qui n'est ni creuse ni élevée. Ce mot s'emploie seul fort rarement. On dit *Rez de chaussée*, pour dire, Le sol de la terre, la superficie de tout lieu considerée au niveau d'une chaussée, d'une rue. On dit *Rez terre*, pour dire, Tout contre le sol, tout contre la terre.

REZMUR. s. m. Le nud d'un mur dans œuvre. On dit en termes de Charpentier, *Depuis le rezmur jusqu'à une telle distance*, quand les Charpentiers mesurent les longueurs d'une poutre, d'une muraille à l'autre en dedans.

RHA

RHAA. s. m. Arbre de l'Isle de Madagascar qui devient de la grandeur d'un Noyer. Lorsqu'on y a fait des incisions, il en sort au travers de l'écorce de ses branches & du tronc, un suc ou maniere de gomme qui est aussi rouge que le sang d'un animal. C'est ce qui a obligé les naturels du Pays à lui donner le nom de *Rhaa*, qui signifie *Sang* en leur langue. Ils l'appellent aussi *L'arbre du Dragon*, prétendant que la figure de cet animal paroît fort distinctement tracée sur son fruit après qu'on en a ôté la peau, ce que quelques-uns qui l'ont ouvert, n'ont pas trouvé veritable. Ce fruit a la forme d'une petite poire, excepté qu'il est plus gros auprès de la queue, & qu'il fait comme cinq cornes. Au dedans est un noyau qu'une simple membrane enveloppe, & qui a la même forme, la même couleur, & presque la même odeur que la noix muscade. Le bois de cet arbre est blanc, & fort sujet à se carier. Ses feuilles sont un peu plus longues que les feuilles du poirier, & sa fleur est aussi rouge que du feu, de la longueur d'une aiguillette, & presque de la même figure. Les Apothicaires appellent communément la gomme que ces arbres jettent, *Sang de Dragon*. Il y en a trois especes qui portent chacun des fruits differens. La decoction de l'écorce a la vertu d'arrêter l'hemorragie, & on tire des noyaux que le fruit enferme, une huile grasse & épaisse, que l'on tient être un remede souverain contre les inflammations, les érésipelles & la galle.

RHABILLER. v. a. *S'habiller encore une fois, fournir de nouveaux habits.* ACAD. FR. On dit en termes de Chirurgie, *Rhabiller une partie rompue ou luxée*, pour dire, La renouer, la remettre en son lieu.

RHAGADES. s. f. p. Nom que les Medecins donnent aux crevasses qui se font sur les levres, du Grec ῥαγὰς, qui veut dire, Fente. Il se dit particulierement de celles qui arrivent au fondement.

RHAGOIDE. adj. On appelle la troisiéme tunique de l'œil, *Rhagoide*, du Grec ῥαγοειδὴς, Qui a la forme d'un grain de raisin, à cause qu'elle est semblable à un grain de raisin. C'est celle que l'on appelle autrement *Uvée*. Elle est immediatement sous la cornée, & a un trou en devant qui fait la prunelle, le tour de laquelle paroissant au dehors se nomme *Iris*. Elle paroît de differentes couleurs dans sa partie posterieure aux animaux brutes, & dans sa partie anterieure elle est plissée. On y remarque de petites fibres dont ses plis sont traversés, ce qui sert à les dilater ou à les resserrer les uns contre les autres, selon le degré de lumiere.

RHAMNUS. s. m. Dioscoride parle de trois sortes de Rhamnus dont le premier produit ses branches droites & piquantes comme l'épine vinette. Il croît dans les haies, & a ses feuilles longues, molles & grassettes, son écorce blanche & lissée, & son fruit rouge. Le second Rhamnus est plus blanc, & le troisiéme, qui est noir, est haut environ de cinq coudées. Ses épines ne sont pas si fermes que celles du premier. Il y en a de droites & de courbes. Ses feuilles sont plus larges & plus nerveuses, ses fleurs mousses & tirant sur le jaune. Son fruit est mince, fait en bourse, rond, & assés semblable au peson d'un fuseau. Au dedans est un noyau rond & dur, & presque de la grosseur d'une chiche. Sa graine, plate comme une lentille, y est enfermée. Cette espece de Rhamnus a son écorce rouge & sa moëlle blanche. Les feuilles de tous les trois étant appliquées, sont fort bonnes au feu saint Antoine & aux ulceres corrosifs & chancreux. Il n'y a guere que son fruit qui soit en usage en Medecine. On en fait un syrop purgatif, appellé communement *Syrop de Nerprun*, qui est bon pour évacuer les humeurs sereuses des hydropiques, & la pituite par les urines. Ce mot est Grec ῥάμνος.

RHAN. s. m. Vieux mot. On a dit, *Mettre un porc en rhan*, pour dire, Le mettre à l'engrais.

RHAPONTIQUE. s. m. Racine noire, semblable au grand Centaurium, selon ce qu'en dit Dioscoride. Elle est pourtant moindre, plus rousse, & trouée, un peu polie, lissée, & sans nulle odeur. Le meilleur est celui qui n'est point vermoulu, mais gluant & quelque peu astringent au goût, & qui étant mâché, se trouve pâle ou jaune, comme saffran. Pris en breuvage il est bon aux ventosités de l'estomac, aux tranchées, aux douleurs de la rate, & aux maux de reins, de la vessie, & de la poitrine. Matthiole dit qu'il a pris son nom du Fleuve Rha, qui passe par une contrée voisine de Pont, à cause que cette racine croît en abondance aux bords de ce Fleuve. Elle approche assés de la rheubarbe, si ce n'est qu'elle est longue & deliée, & que la Rheubarbe est courte & épaisse. Le Rhapontique est de la couleur de la Rheubarbe au dedans & au dehors, ce qui fait que quelques-uns l'ont pris pour la même plante. Il est neanmoins beaucoup plus leger, de substance plus rare, moins amer, & moins odorant, rendant lorsqu'il est mâché, un suc & une teinture jaune & haute en couleur, & laissant une astriction à la bouche presque comme la Rheubarbe. Ainsi il est astringent, & non purgatif.

RHE

RHEINGRAVE. s. m. Titre de dignité Allemande. C'étoient autrefois des Juges ou Gouverneurs que l'Empereur envoyoit dans les Provinces avec ce titre, & par succession de tems, non seulement ils se sont rendus proprietaires des Villes de leur gouvernement, mais ils sont même devenus Comtes de l'Empire. Il y en a qui trouvent leur origine dans Tacite, qui parle des Comtes du Rhin, qui commandoient les Legions Romaines, logées le long de cette riviere. Il n'est pas pourtant certain que ceux qui les commandoient fussent de même maison que les Rheingraves d'apresent. Le premier de cette famille que les Ecrivains connoissent est Adelhelmus qui gouvernoit le Rhingau l'an 670. en qualité de Rheingrave. Les Seigneurs qui en sont sortis portent la qualité de Wil de Sauvages, à cause que le Rheingrave Jean, premier de ce nom, épousa en 1310. Hedvige Comtesse sauvage de Daun, qui lui apporta ces terres en dot.

RHETORIENS. s. m. Heretiques du quatriéme siecle, qui soûtenoient que chacun seroit sauvé dans la Religion qu'il auroit suivie, & que l'on devoit abandonner au choix des hommes celle qu'ils voudroient choisir. Ils ont pris leur nom d'un certain Rhetorius qui avoit semé cette opinion.

RHEUBARBE. s. f. Plante dont la tige jette force feuilles, longues de deux paumes, étroites à leur sortie, larges au bout & recourbées contre bas. Elles ne sont point dentelées, mais environnées de bourres vertes au commencement, & rousses sur la fin. Du milieu de ses feuilles au bout de sa tige, sort un germe portant à sa cime des fleurs assés semblables à la violette. Leur couleur est blanchâtre celeste, & leur odeur forte, piquante & desagreable. Ses racines sont rousses, noirâtres en dehors, & les plus grosses, car elles ne sont pas d'égale grosseur en toutes, ne passent point la jambe d'un homme. Elles ont force capillemens, par le moyen desquels elles tirent l'humeur de la terre qui leur sert de nourriture. Leur poulpe de dedans est de couleur d'or, & toute pleine de veines rouges, rendant un jus jaune & purpurin, qui à cause de sa viscosité s'attache aux mains & les tache, quand on veut les nettoyer & tailler en pieces. Lorsqu'on les a arrachées, ce qui se fait au Printems quand les feuilles commencent à poindre, à cause que si on es arrachoit en été aprés que la plante a jetté ses feuilles, elles n'auroient point ce jus jaune & purpurin qui en fait le prix, on les étend bien nettoyées sur des ais par ordre, & on les tourne & retourne souvent pendant quatre jours. Ensuite on les enfile pour les pendre à l'ombre ou en un lieu aëré, en sorte pourtant que le Soleil ne les touche point. On les laisse ainsi secher au vent environ deux mois avant que de les vendre aux Marchands. Les Anciens n'ont point connu la Rheubarbe, qui est un medicament si benin qu'on le peut prendre en tout tems & en tout âge, de sorte qu'on le donne même aux petits enfans & aux femmes grosses. On l'appelle en Latin *Rhubarbarum*, ou *Rheum-barbaricum*, & les Modernes ne sont pas d'accord touchant l'origine de ce nom. Fuchsius & quelques autres veulent qu'il vienne de la contrée de Barbarica en Afrique, disant que les Soldats Imperiaux apporterent la vraie Rheubarbe au retour du voyage que l'Empereur

Charles-Quint fit à Tunis & à la Goulette. D'autres prétendent qu'elle a pris son nom de Barbari, Ville des Indes, située sur le fleuve Indus, & d'autres, qu'il lui vient d'une Isle nommée Barbaris, qui est dans la mer Erythrée, où les Indiens font grand trafic, passant de là par le Golfe d'Arabie, pour apporter leurs marchandises & leurs drogues en Egypte. Matthiole est d'une opinion toute differente, & croit que la Rheubarbe vient de l'Ethiopie Troglodytique où elle croît abondamment, & que les Anciens appelloient *Barbarica*. Il se fonde sur ce que dit Galien, que le Gingembre & le Ben s'apportent de Barbarie, quoique Dioscoride rapporte qu'ils viennent en Ethiopie où est la Region des Troglodytes, ce qui fait voir que les Anciens ont crû, que Barbarica, & la Region Troglodytique n'étoient qu'une même Region.

RHI

RHINOCEROT. s. m. Animal sauvage, qui a la tête & le museau comme un cochon. Sa peau est sans poil, cendrée, grosse, dure, pleine de rides, disposée en forme d'écailles de couleur de châtaignes, & très-difficile à percer. Il porte une corne fort pointue sur le nez, & dont la couleur est d'un gris obscur. Il est de la grosseur d'un mediocre Elephant, mais il n'a pas les jambes si hautes. Il vit de chardons, de ronces & autres herbes piquantes, & d'arbrisseaux chargés d'épines. Il n'attaque point s'il n'est attaqué, mais quand on l'a blessé ou mis en furie, il renverse de gros chênes, & s'il terrasse un homme ou un cheval, il le décharne jusqu'aux os avec sa langue qu'il a extrêmement rude, il naît en Asie & aux Deserts de l'Afrique. On ne chasse cet animal que pour en avoir la peau, qui étant toute couverte d'écailles très-fortes, sert de cottes-d'armes & de boucliers. C'est ce qui est cause qu'on ne tue cet animal que fort difficilement, tous les coups glissant, si on ne le prend au défaut des côtes ou de l'épaule. Il a la ruse de tourner toujours sa tête vers ceux qui l'attaquent, ce qu'il fait sans peine, étant beaucoup plus leger que l'Elephant. Les Chasseurs qui l'environnent avec de grands chiens, prennent quelquefois si bien leur tems, que comme en se débattant il donne quelque jour aux lieux où les écailles se levent & s'ouvrent, ils l'affoiblissent tellement en le frapant de leurs traits ou demi-piques, qu'ils le portent enfin par terre. Le mot de *Rhinocerot* est Grec ῥινοκέρως, & est composé de ῥὶν, Nez, & de κέρας, Corne.

On fait des vases de cornes de Rhinocerot, il y en a un en l'abbaye de la Roë qui a huit pouces de haut & la coupe de plus de six pouces de diametre. On juge qu'il est ancien par le travail de l'argent doré dont il est garni.

On trouve vers le Cap de Bonne-Esperance une espece de Rhinocerot qui a deux cornes sur le nez. Son poil est d'un gris cendré, à l'exception d'un floquet noir qu'il a sur la nuque. Quoiqu'il soit gros comme un Elephant, il est si leger qu'il n'y a point d'homme qui puisse courir avec tant de vîtesse. Il a la queue & les piés semblables à ceux de cet animal, & les oreilles droites & rondes.

RHO

RHOMBA. s. f. Herbe qui est une espece de baume qui croît à la hauteur de deux coudées dans l'Isle de Madagascar. Elle pousse de grandes feuilles, & sent le girofle & la canelle.

RHOMBE s. f. Terme de Geometrie. Figure de quatre côtés égaux, mais qui a deux angles opposés aigus, & les deux autres obtus, en quoi elle differe du quarré. Ce mot vient de ῥόμβος, qui a signifié une espece de *toupin* qu'il faut s'imaginer formé de la circonvallation d'un rhombe posé à terre sur un de ses angles aigus. Ce toupin nommé ῥόμβος de ῥέμβω, *je fais tourner en rond*, a donné son nom à la figure nommée rhombe par le rapport que cette figure avoit à lui, puisqu'il paroissoit en être formé, & de là vient que les Geometres appellent encore *rhombe solide* un corps composé de deux cones droits, dont les bases sont égales & jointes ensemble, ce qui n'est autre chose que ce toupin tel que nous l'avons décrit.

RHOMBOIDE. s. m. Figure quadrangulaire, dont les angles & les côtés opposés sont égaux, sans qu'elle soit équilaterale ou equiangle. Elle répond au rhombe, comme le quarré est oblong au quarré.

Les Medecins ont appellé *Rhomboide* Un muscle qui a la figure d'un turbot. C'est celui qui fait mouvoir l'épaule en arriere. Tous ces mots viennent du Grec ῥόμβος, qui signifie proprement, Une roue ou ce qui en a la forme. Les Romains ont appellé *Rhombus*, Une sorte de poisson, que les Grecs ont appellé autrement ψῆττα, selon ce que rapporte Athenée.

RHY

RHYAS. s. m. Terme de Medecine. Sorte de maladie qui arrive quand la glande située dans le grand coin de l'œil a été mangée ou emportée par quelque cause externe, ou relâchée, d'où s'ensuivent la chassie, le pus, & tout ce qui sort de l'œil, ou des glandes voisines irritées. Ce mot est Grec ῥυάς, & vient de ῥέω, Je coule.

RIB

RIBADOQUIN. s. m. Ancienne piece d'artillerie de trente-six calibres de long, qui tire une livre trois quarts de plomb avec une égale quantité de poudre, suivant Hanzelet. Il y en a un bâtard, de trente calibres qui tire une livre & demie, & un autre extraordinaire de quarante-quatre calibres avec pareille charge.

RIBAUD. s. m. Vieux mot dont on s'est servi, pour signifier un homme fort & robuste, d'où vient que les Crocheteurs étoient appellés Ribauds.

Maints ribauds ont le cuer si haut.
Portants sacs de charbon en Greve,
Que la peine riens ne leur greve.

Pasquier dit que le nom de *Ribaud* n'étoit point odieux du tems de Philippe Auguste, & qu'on le donna à des Soldats d'élite, rangés à la suite du Roi pour sa garde sous des Capitaines comme ceux de la Compagnie Pretorienne dans Rome. Il prétend que leur Capitaine étoit celui qu'on trouve appellé *Roi des Ribauds*, dans les vieux titres, comme étant le chef de ces Soldats. Selon du Cange, ceux qu'on appelloit autrefois *Ribaldi*, étoient des Soldats pietons, que presentement on appelle *Enfans perdus*. Ce mot fut donné depuis à des débauchés, des bandits, larrons & autres; ce qui fut cause, suivant ce que du Tillet rapporte que le grand Prevôt de l'Hôtel du Roi fut nommé Roi des Ribauds, parce qu'un des devoirs de sa charge étoit de faire justice des crimes qui se commettoient à la suite de la Cour, & sur-tout par ces Ribauds, d'où vient qu'en plusieurs arrêts il est aussi appellé *Prevôt des Ribauds*; n'ayant été nommé Prevôt de l'Hôtel que du tems de Charles VI. Borel rapporte ces termes d'un arrêt de l'an 1355. qui est aux titres de saint Martin des Champs. *Comme de nostre commandement le Roy des Ribaux dudit Hostel eut pris des Lettres & emporté comme ainsi qu'en plusieurs des biens Geoffroy Gastalier, executé pour ses demerites faites audit Hostel de Chastillon, qui estoient en la Jurisdiction de Saint Martin des Champs, lez Paris* Et plus bas. *Et combien que le Chambrier & Maire de ladite Eglise se fussent traits par devers nous & par devers ledit Roy des Ribaux, en requerant à eux être rendus lesdits biens, sçavoir faisons que Nous voulant garder l'Eglise & ses droits en conseil & deliberation aux choses dessus dites, & aussi oster le Roy des Ribaux desdits procez. Avons voulu & ordonné, &c.* Fauchet dit que le Roi des Ribauds étoit un Officier qui tiroit dehors de chés le Roi ceux qui n'y devoient ni manger ni coucher, ce qui l'obligeoit à visiter tous les soirs tous les recoins de l'Hôtel. Quelques-uns veulent que Ribaud vienne de *Rivalis*, mot ancien dans la langue, d'où vient que Pasquier appelle *Ribaux*, des corrivaux, des concurrens. D'autres le font venir de l'Anglois *Band*, qui signifie, Celui qui corrompt des femmes, qui les prostitue.

RIBAUDEQUIN. s. m. Machine ancienne pour la guerre semblable au scorpion. C'étoit un arc de douze ou de quinze piés de long, arrêté sur un arbre large d'un pié, dans lequel étoit creusé un canal, pour y mettre un javelot de cinq ou six piés de long, ferré, empenné, & fait quelquefois de corne. On le dressoit sur les murailles des Villes, & par le moyen d'un tour, les javelots étoient poussés avec tant de force, qu'il n'en falloit qu'un pour tuer quatre hommes tout à la fois. *Ribaudequin*, s'est dit aussi pour une sorte d'habillement de guerre, appellé autrement *Ribauderin*, suivant ce qui se trouve dans Enguerrand de Monstrelet, lorsqu'il parle de l'assemblée du Duc Jean de Bourgogne contre le Duc d'Orleans. *Et se mirent bien sus*, dit-il, *jusques au nombre de quarante à cinquante mille combattans très-bien armez & embastonnez selon la coustume & maniere du Pays, & si avoient pour porter & mener leurs harnois, vivres & habillemens de guerre, environ douze mille chars que charrettes & très-grand nombre de Ribauderins ou Ribaudequins, ausquels falloit pour les mener, à chacun un cheval. Et estoient iceux Ribauderins ou Ribaudequins, habillemens qui se portoient sur deux roues, & y avoit manteaux daissselez, & sur le derriere longues broches de fer pour clorre une bataille si besoin leur estoit; & à chacun d'iceux estoit assis un venglaire ou deux.*

RIBES, s. m. Nom qui est en usage parmi les Apothicaires pour signifier des Groseilles rouges, d'où vient qu'ils appellent *Robe de ribes*, le suc de ce fruit, lorsqu'il est confit. Ce fruit rafraîchit le corps, appaise la soif, fortifie l'estomac, & resserre tout flux de ventre, dont la cause est billieuse.

RIBLER. v. n. Vieux mot. *Ribler*, dit Nicod, *est avec port d'armes troller çà & là, & courre sus à chacun. Ainsi on dit*, Il ne fait que ribler toute la nuit. Nicole Gilles en la vie de Louis XII. *Il fut publié à son de trompe & cry public, que là où on trouveroit des Adventuriers & autres larrons riblants & mangeans les povres gens des villages, que sur l'heure & sans appel, fussent pendus & estranglez, tuez & desconfits.*

On a aussi appellé *Ribleurs*, Ces coureurs de nuit, & *Riblerie*, Cette sorte de pillage; surquoi Nicod a fait observer que Nicole Gilles dans la même vie de Louis XII. a appliqué le mot de *Riblerie*, au fait d'une guerre legitime. Il en cite ce passage. *Et ce dit an eut grande esmeute de guerre entre les Rois de France & d'Espagne en Picardie & en Champagne, où se trouva le Très-Chrétien Roy de France bien accompagné, & y eut plusieurs courses & ribleries les uns sur les autres, mais il n'y eut bataille universelle.*

RIBORD. s. m. Terme de Marine. Second rang de planches qu'on met au dessus de la quille, pour faire le bordage d'un Vaisseau.

RIBORDAGE. s. m. Ce que les Marchands ont établi qu'on payeroit pour le dommage qu'un Vaisseau fait quelquefois à un autre, en changeant de place, soit dans un quai, soit dans une flote. On a coûtume de payer le dommage par moitié, lorsque l'action est intentée.

RIBOT s. m. Pilon d'une Baratte pour battre la crême & faire du beurre.

RIC

RICHEDALE. s. f. Monnoie d'argent, qui se bat en Allemagne. C'est celle de toutes les Monnoies qui a le plus de cours dans le monde, puisqu'elle passe en Moscovie, chés le Mogol, & jusques au fond de l'Inde. Les Allemans écrivent *Reichdale*, & quelques-uns écrivent *Risdalt*. La Richedale vaut quarante-huit sols en Allemagne, & elle en vaut soixante dans les Pays hereditaires de l'Empereur. Elle vaut plus ou moins en Suede & en Danemarck, selon que ces Royaumes sont ou en guerre ou en paix. Son ordinaire valeur est quarante-huit sols. Il y a deux sortes de Richedales en Hollande, l'une appellée simplement *Richedale*, & l'autre *Richedale de banque*. Les Lettres de change se payent parmi les Hollandois & les Nations Septentrionales en Richedales de banque.

RICINUS. s. m. Herbe appellée autrement *Palma Christi*, & *Catapucia major*, qui devient grande comme un arbre de la hauteur d'un petit Figuier. Elle a ses feuilles comme le platane, mais plus noires, plus grandes & plus lissées. Son tronc est creux comme un roseau, ce que sont aussi ses branches. Sa graine a la forme & la couleur de ces gros vers que les Italiens appellent *Zecca*, & que nous appellons *Tiques* ou *Tiquets*, qui tourmentent les chiens, les chevres & les pourceaux, & parce que cet animal est appellé *Ricinus* par les Latins, on a donné ce même nom à cette herbe. Dioscoride dit que trente de ses grains bien émondés, pilés & pris en breuvage, purgent par le bas & par le haut les phlegmes & les aquosités, mais que cette purgation est fort fâcheuse, à cause qu'elle renverse entierement l'estomac.

RICOCHON. s. m. Terme de Monnoye. Nom qu'on donne aux Monnoyeurs pendant leur année d'apprentissage, comme on donne celui de *Recuiteurs* aux Ouvriers pendant cette même année. Les Juges gardes, les Contregardes, les Essayeurs, les Tailleurs, les Procureurs du Roi, les Greffiers, & les Huissiers des Monnoies, sont pourvûs par Lettres de Roi en cas de mort ou de resignation, mais il suffit aux Ouvriers, aux Tailleresses & aux Monnoyeurs d'être d'estoc & de ligne, c'est-à-dire, descendans d'Ouvriers, de Tailleresses, ou de de Monnoyeurs, qui ayent été reçûs & prêté serment, pour avoir droit d'être Monnoyeurs. Il n'y a pourtant que leurs aînés. Tous les autres Enfans, tant des Ouvriers & des Taillereſſes, que des Monnoyeurs, ont ſeulement droit d'être reçûs Ouvriers ou Taillereſſes, en quelque nombre qu'ils puiſſent être & en même tems. M. Boiſard avoue qu'il ne ſçait d'où a pû venir le mot de *Ricochon*, & qu'il a inutilement conſulté pour cela les plus anciens Monnoyeurs.

RID

RIDDE. ſ. f. Sorte de Monnoie d'or dont Nicod parle en ces termes. *Ridde eſt une eſpece de Monnoie d'or uſitée au pays de Flandres. Nicolle Gilles en la vie de Charles VII. parlant de la mutinerie de ceux de Bruges contre leur Seigneur le Duc de Bourgogne, qui s'en eſtoit ſauvé par une poterne*; pour lequel excez, *dit-il*, il y en eut pluſieurs executez & luy payerent pour l'amende deux cens mille Riddes d'or & pluſieurs dons qu'ils firent à la Ducheſſe, & autres qui étoient autour dudit Duc qui firent leur appointement. La Ridde eſt du poids de deux deniers dix-huit grains treſbuchant, évaluée par l'Ordonnance à cinquante ſols tournois, le coing de laquelle eſt d'un coſté une croix florencée iſſant d'un écu de Bourgogne ſurmonté au bord d'une croiſette mouſſe, ayant pour Lettrier au bord, *Sit nomen Domini benedictum*, & au coſté de la pile, un Chevalier armé de toutes pieces, l'épée au poing dextre brandie, monté ſur un courſier barde, & gallopant ſous lequel eſt écrit *Fland*, & autour pour Lettrier, *Philippus, Dei gratia, Dux Burgundiæ, Comes Flandriæ.* On fait venir *Ridde*, du Flamand *Ridder*, Cavalier, à cauſe que cette Monnoye repreſente un homme armé qui galope.

RIDE. ſ. f. *Pli qui ſe fait ſur le front, ſur le viſage, ſur les mains & qui vient ordinairement par l'âge.* Acad. Fr. *Ride* en termes de Marine, Signifie une corde qui ſert à en roidir une plus groſſe. Elle ſert auſſi à accourcir la voile, quand à cauſe du gros temps, il eſt dangereux de la porter toute entiere. On appelle *Rides de hautbans*, Les cordes qui ſervent à tenir les haubans aux cadenes, & *Rides d'étai*, Celle qu'on employe à joindre l'étai avec ſon collier.

RIDEAU. ſ. m. *Morceau d'étoffe, de toile qui eſt fait pour cacher, couvrir, entourer ou conſerver quelque choſe, & qui ſe tire ordinairement par le moyen des anneaux qui coulent ſur une tringle.* Acad. Fr. *Rideau*, en termes de Fortification, eſt un foſſé dont la terre eſt élevée ſur le bord; une petite éminence qui regne en longueur ſur une plaine & qui ſert à mettre un poſte à couvert.

RIDELLE. ſ. f. Terme de Charron. Morceau de bois rond & plané, qui regne ſur le haut & tout le long d'une charrette, qui ſoutient un petit treillis de bois ſervant à arrêter ce qu'on met dedans. *Ridelles*, dit Nicod, *Sont ces petites eſchelles ou raſteliers, qui ſont couchez és deux coſtez du long de la charrette, pour tenir la voiture. Au ſecond livre d'Amadis.* Apperceurent ſur le chemin qu'il eſtoit venu une charrette que douze chevaux traynoient, & deux Nains qui les conduiſoient, dans laquelle eſtoient enchaiſnez pluſieurs Chevaliers armez, leurs eſcus attachez le long des Ridelles. *Toutefois* Ridelle, *proprement prins, ſignifie la perche du brancar qui eſt en haut, qui eſt par des petits eſchelons, à la perche d'embas appellée* Le giſant, *faiſant des deux avec la faulſe Ridelle, qui eſt la perche du milieu, l'entier brancar, ce qui conforme plus au paſſage d'Amadis.*

RIDER. v. a. Cauſer, produire des Rides. On dit en termes de Marine, *Rider la voile*, pour dire, L'accourcir par en haut avec des Rides qui ſon, trois piés audeſſous de la vergue. Cela ſe fait lorſque le gros tems ne permet pas de porter la voile entiere. Quand on l'accourcit par en bas, ce qui eſt une manœuvre moins longue, cela s'appelle *Carguer*. On dit *Rider une corde*, pour dire, La roidir.

RIDER. v. n. Terme de Chaſſe. On dit qu'*Un Chien ride*, quand ayant ſenti la bête, il en ſuit la piſte ſans crier; c'eſt un défaut.

RIE

RIENS. ſ. f. Vieux mot. Choſe, du Latin, Res.

> *Sur toutes riens, gardez ces points,*
> *A donner ayez les clos poings.*

Et ailleurs. *L'avoit plus aimé que riens nées.*

RIERE. Prep. Vieux mot. Arriere, d'où vient qu'on a dit *Rierefié*, pour, Arrierefief.

RIEULÉ, ÉE. adj. Vieux mot. Regulier. *Chanoine rieulé.*

RIF

RIFFLART. ſ. f. Outil de Menuiſier dont le fer eſt en creux. Il ſert à dégroſſir la beſogne. Ceux qui travaillent en pierre ont un Rifflart breté ou bretelé. Il y en a de differentes largeurs. C'eſt ordinairement de huit ou neuf pouces.

RIFFLOIR. ſ. m. Eſpece de lime taillée douce par le bout, dont les Sculpteurs & Graveurs ſe ſervent ainſi que les Serruriers, pour dreſſer, pour atteindre & pour nettoyer les figures de relief ou en creux, & autres pieces.

RIG

RIGAUDON. ſ. m. Terme de Muſique. Le Rigaudon eſt compoſé de deux airs à deux tems. Il doit y avoir huit meſures dans la premiere partie du premier, & douze dans la ſeconde. Le ſecond air qui eſt un peu plus gai, a auſſi deux parties, & chacune de ces deux parties eſt de huit meſures. Au milieu de chaque partie des deux airs qui commencent par une crochée, il faut qu'il y ait un repos. Le Rigaudon eſt auſſi une danſe. C'eſt une maniere de bourrée redoublée qui n'eſt pas moins en vogue en Provence que le Menuet en Poitou. Cette danſe eſt d'ordinaire champêtre.

RIGOLAGE. ſ. m. Vieux mot. Raillerie. On a dit auſſi *Rigoler*, pour dire, Railler.

RIGOUREUSETÉ ſ. f. Vieux mot. Rigueur.

RIM

RIMAIRIE. ſ. f. Vieux mot. Rime. On a dit auſſi *Rimoyer*, pour dire, Mettre en vers.

> *Or vüeil ce ſonge rimoyer.*

Et *Rimare*, pour dire, Rimeur.

RIME. ſ. f. *Uniformité de ſon dans la terminaiſon de deux mots.* Acad. Fr. On dit en termes de Mer, *Donne longue rime.* Quand on veut commander à l'équipage d'une chaloupe, de prendre beaucoup d'eau avec les pelles des avirons, & de tirer longuement deſſus. *Donne bonne rime*, eſt une autre sorte de commandement qui se fait aux Matelots du dernier banc d'une chaloupe, quand on veut qu'ils donnent une bonne maniere de nager.

RIN

RINGARD. s. m. Barre de fer dont on se sert pour manier de grosses pieces à forger comme une enclume. On le dit aussi d'un gros bâton ferré.

RINGEAU, ou RINIOT. s. m. Piece de bois qui fait partie de la quille & de l'étrave d'un Vaisseau. Elle tient de la ligne droite & de la courbe. C'est proprement l'extrêmité de la quille du côté qu'elle s'assemble avec l'étrave.

RIP

RIPAILLE. s. f. *Grande chere, débauche de table.* ACAD. FR. On tient que ce Proverbe commun, *Faire ripaille*, pour dire, Faire grande chere, vient de ce qu'Amedée VIII. dernier Comte & premier Duc de Savoye, ayant résolu de quitter le grand monde & l'embarras des affaires, se retira à Ripaille, lieu solitaire sur le bord du lac de Geneve, il remit le Gouvernement de ses Etats entre les mains de Louis son fils aîné en l'année 1439. Comme on lui servoit des mets exquis & des vins délicieux dans sa solitude, le mot de *Ripaille*, a été donné à toute débauche de table. Amedée VIII. fut celui que le Concile de Basle, mal satisfait d'Eugene IV. qui l'avoit interdit & transferé à Ferrare, élût Pape le 25. Juin de la même année 1439. sous le nom de Felix V. & qui par le conseil du Roi Charles VII. consentit à se démettre du Pontificat en 1449. pour rendre la paix à l'Eglise troublée par l'élection de Nicolas V. qu'on avoit fait succeder en 1447. à Eugene IV.

RIPE. s. f. Outil de Tailleur de pierre de quinze ou seize pouces de long. Il est presque fait en forme de truelle, & on s'en sert à gratter & à nettoyer la pierre, quand elle est posée. Les Sculpteurs ont aussi leur Ripe, avec quoi ils grattent leurs figures. Il y en a qui sont faites comme un ciseau dentelé.

RIPER. v. a. Ratisser, gratter une pierre ou une figure avec la ripe.

RIPEUX, EUSE. adj. Vieux mot Roupieux.

Car elle devint tant ripeuse,
Corbe, bossuë & tripeuse.

RIPUAIRE. adj. On appelle *Loi ripuaire*, Une Loi composée de divers articles, qui contiennent un ancien droit des François, qui n'a presque plus de lieu. On a aussi appellé *Peuples ripuaires*, Les Peuples qui habitoient en deçà des rives du Rhin, de l'Escaut & de la Meuse, comme ceux de Hollande, de Juliers, de Gueldre.

RIS

RIS. s. m. Espece de blé qui croît dans les lieux marécageux & arrosés d'eau. Il a sa feuille comme les cannes & les roseaux charneuse, & assés semblable à la feuille du porreau. Son tuyau est de la hauteur d'une coudée, noué, & plus gros que n'est celui du froment. L'épi sort au bout, se jettant deçà & delà en petits rameaux, & portant son grain inégalement de côté & d'autre. Ce grain qui est blanc étant émondé, a la figure d'un œuf, & sa gousse est jaune, & cannelée par petites côtes. L'Asie, la Syrie & l'Egypte sont fort fertiles en Ris. Il nourrit mediocrement, mais il resserre le ventre, ce qui le rend bon à ceux qui ont la dysenterie, ou quelque dévoyement d'estomac. Les Grecs l'ont appellé ὄρυζα.

Ris, se dit parmi les Bouchers, d'une glande qui se trouve aux veaux dans le quartier de devant. Elle a deux parties, l'une appellée *la fagoue*, & l'autre *La gorge.* Ces petites parties de la gorge d'un veau sont très-délicates, & on s'en sert dans les ragoûts & dans de certains pâtés. Quelques uns veulent qu'on les ait nommées *Ris de veau*, à cause que la fagoue étant blanche & grenue, est semblable aux grains de ris.

Ris Terme de Marine. Rang d'œillets qui sont au travers d'une voile à une certaine hauteur. On y passe des garcettes, & quand le tems y oblige, ces garcettes servent à rappetisser la voile. Ainsi *Prendre un ris*, veut dire, Rappetisser, raccourcir la voile.

RISBAN. s. m. Terme de Fortification pour signifier un terreplain pour mettre des batteries à la défense d'un port. Le Risban de Dunkerque.

RISPOSTE. s. f. Terme d'Escrime. Action de celui qui pare & qui pousse. Il y a quatre sortes de rispostes & de parades pour se garantir des gardes & des attaques qui sont en même nombre.

RISSOLE. s. f. Sorte de petite Patisserie faite de viande hachée & épicée, & qu'on enveloppe dans de la pâte déliée. La *Rissole commune*, est garnie de chair de boucherie & de moële de bœuf. Il y a une *Rissole feuilletée*, faite de pâte feuilletée, garnie de blanc de chapon haché, de moële de bœuf, de pigeons & de raisins de Corinthe. On appelle *Rissole à frire*, Une sorte de pâtisserie que l'on fait frire au sein-doux, garnie de blanc de chapon haché, de moële de bœuf, & d'un peu d'épices.

RISSON. s. m. Terme de Marine. Ancre à quatre bras, que M. Guillet appelle autrement *Herisson* ou *Grapin.* Elle est à l'usage des galeres & des Vaisseaux de bas bord.

RISTE. s. m. Vieux mot. Colet. Borel dit que ce mot vient des Ristres qui s'en servoient.

RISTER. v. a. Vieux mot. Presser.

RIV

RIVERAIN. s. m. Qui a des terres près les rivages. Il est tenu de laisser dix-huit piés sur les bords de la riviere pour faciliter la navigation. Ceux qui sont chargés d'y veiller s'appellent *Balifeurs.*

RIVET. s. m. Terme de Maréchal. Extrémité du clou laquelle est retroussée sur la corne, & qui paroît quand le cheval vient d'être ferré. Les Serruriers, Couteliers & autres appellent *Rivets*, des clous que l'on a rivés pour tenir quelque piece. *Rivet*, chez les Cordonniers, est la même chose que *Tranchefile.*

RIVEURE. s. m. Terme de Serrurier. Morceau de fer rond & en forme de broche, qui traverse & entretient les charnieres des fiches & des couplets.

ROA

ROABLE. s. m. Vieux mot. Sorte d'outil pour tirer la braise. On lit dans la Bible historiaux. *Roables pour assembler les cendres, ou pour nettoyer le pavement.*

ROB

ROB. adj. Vieux mot. Rouge, Borel dit qu'il vient

de *Robens*, qui en vieux Gaulois, veut dire la même chose.

Les Apothicaires donnent le nom de *Rob*, aux sucs des fruits depurés, & cuits jusqu'à la consomption des deux tiers de leur humidité. Ils font des Robs de coins, de mûres, de baye de sureau, d'acacia, de berberis, de reglisse, & autres pour diverses maladies. Ils appellent *Rob de ribes*, le suc confit des groseilles rouges.

ROBBE. s. f. Ornement de ceux qui ont obtenu le degré de Maître-ès-Arts, des Bacheliers, des Licentiés ou Docteurs dans une Université. Deux choses l'ont avilie, la premiere qu'on retrancha la soutanne il y a soixante ans, la deuxiéme que les Elûs, les Grenetiers, Notaires & Procureurs l'ont usurpée depuis trente ans, les Ecclesiastiques ne s'en font plus honneur, & ne portent que le manteau aux ceremonies.

ROBER. v. a. Vieux mot. Voler, derober.

Comment pense-t'il faire l'or
S'il ne me robe mon tresor?

On a dit aussi Roberie, pour dire, Larcin.

De fraude, ne de tricherie,
De tolte, ne de roberie.

ROBES. s. f. Terme de la Marine du Levant, dont les Provençaux & autres se servent, pour signifier toute sorte de marchandises. Ce mot vient de l'Italien *Roba*, qui se dit de toutes sortes de biens.

ROBORATIF, IVE. adj. Les Medecins appellent *Medicament roboratif*, Un medicament qui a la vertu de fortifier & de conserver le corps.

ROC

ROC. s. m. *Masse de pierre très-dure, qui a sa racine en terre.* ACAD. FR. On appelle aussi *Roc*, le fer d'une lance de tournois qui est recourbé comme sont les croix ancrées.

On appelle en termes de mer *Roc d'issas*, Une grande piece de bois quarrée que l'on met debout derriere les grands mâts, & au bout de laquelle il y a trois ou quatre rouets de poulie surquoi passent les cordes, appellées *Issas*.

Nicod en parle en ces termes. *Roc en fait de Navires est une courbe de la grosseur d'un homme, de trois piés de haut, plantée hors le Château devant, vis-à-vis de la porte du mitant d'icelui qui est bouchée, dedans laquelle courbe y a deux roues ou poulies de cuivre, pour passer la guinderesse de la misaine, afin de ysser ou amener, ainsi que le besoin se offre, lequel Roc a quelquefois au bout d'enhaut entaillé un chef de More, pour laquelle cause il est aussi appellé* Tête de More.

Roc. Piece du jeu des échecs, qu'on pose aux extrémités du jeu; son mouvement est droit, & elle va par toute la ligne. C'est celle que l'on appelle autrement *La Tour.* On charge les écus dans le Blason d'un meuble qui la represente, à la reserve que l'on figure la partie d'en haut avec deux crocs en forme de crampons, dont les pointes tendent en bas. *D'azur à trois rocs d'argent.*

ROCAILLE. s. f. On appelle *Ouvrage de rocaille*, ce qui est fait de plusieurs sortes de pierres brutes & coquillages, comme les marcassites, les branches de corail rouge, blanc & noir, les amethystes, les cristaux, les émaux qui sortent des verreries, & une infinité de coquilles de mer & de riviere qui ont differens noms, ainsi qu'on en voit aux grottes & aux bassins de fontaine. C'est une composition d'Architecture rustique qui imite les rochers naturels. On y met même du laittier de forge.

On appelle aussi *Rocaille*, De petites patenôtres ou petits grains ronds verts & jaunes que vendent les merciers, & dont on se sert à faire les couleurs que l'on emploie pour peindre sur le verre. La *Rocaille jaune*, se fait avec trois onces de mine de plomb & une once de sable que l'on calcine, & la *Rocaille verte*, avec une once de mine de plomb & trois de sable.

ROCAMBOLE. s. f. Graine d'une espece d'oignon qui vient au haut de sa tige, & qui n'est pas si forte que l'ail.

ROCHE. s. f. Pierre la plus rustique, & la moins propre à être taillée. Il y a quelques-unes de ces pierres qui se délitent par écailles. *Roche*, est aussi une espece de mineral jaune, dont on se sert pour souder. Il est plus commun & à plus bas prix que le borax.

Roche à feu. Sorte de composition qui se fait de trois parties de soufre qu'on fait fondre, après quoi on y jette deux parties de poudre, une de salpêtre, & une autre de charbon pilé, que l'on mêle bien ensemble. La Roche de feu entre dans la charge des bombes, & sert à frotter les fagots ardents.

ROCHER. s. m. C'est souvent la même chose que *Roc* & *Roche*. Il se dit pourtant plus particulierement de ces masses ou pointes de pierre dure qui sont dans la mer, sur-tout vers les côtes & les isles, & qui causent les naufrages des Vaisseaux.

On appelle *Rocher d'eau*, Une espece de fontaine adossée ou isolée & cavée en forme d'antre, d'où par differens endroits, il sort des bouillons & des napes d'eau. C'est aussi une espece d'écueil massif, d'où il sort de l'eau par divers endroits.

ROCHET. s. m. Ornement d'Evêques ou d'Abbés. C'est un surplis à manches étroites comme celles d'une aube, ordinairement bien empesé, & garni de riches dentelles. Les Chanoines & Chanoinesses de saint Augustin portent aussi des rochettes. M. Menage fait venir *Rochet*, de *Rochettus*, diminutif de *Rocchus*, que les Ecrivains de la basse Latinité ont employé, pour dire, Tunique.

Rochet, se dit aussi d'un petit instrument de bois avec un rebord à chaque bout, surquoi les Rubaniers devident leurs soyes. C'est une maniere de bobine, mais plus courte que la bobine ordinaire. Les Tireurs d'or ont aussi de grands rochets qui leur sert à tirer & à devider leur or.

Rochet, dit Nicod, *est aussi appellé le fer de lance, qui sert à jouster par esbatement aux lices & tournois, qui est le contraire de fer de guerre.* On lit dans Enguerrand de Monstrelet. *Le Duc de Bourgogne fit peindre dessus l'huys de son logis par dehors deux lances, dont l'une si avoit fer de guerre, & l'autre si avoit fer de Rochet, en signifiance que qui voudroit avoir à lui paix ou guerre, si la prensist.*

ROCHOIR. s. m. Petite boîte de figure cylindrique, dans laquelle tous les Ouvriers en metal mettent la roche dont ils ont besoin pour faire couler & appliquer leur soudure. Elle s'écoule par un petit canal qui est au bas de la boîte, & qui a une petite crête dentelée par le moyen de laquelle le moindre mouvement de l'ongle qu'on passe dessus, fait que la roche tombe lentement, & ne se distribue qu'aux endroits où elle est necessaire. Les Orfévres ont aussi un Rochoir où ils mettent leur borax.

ROCOURT. s. m. Drogue étrangere, qui vient de l'Amerique, & presque toûjours falsifiée. Elle est défendue dans les teintures, & sert à faire une couleur plus chere & moins assurée que celle qui se fait avec la bourre. Les Sauvages se plaisent à s'en peindre tout le corps. Voyez ROUCOU.

ROD

RODE. s. f. Terme de Marine. On dit sur la Mediterranée *Rode de proue*, pour dire, La grosse piece de Charpenterie appellée *Etrave*, qu'on met sur l'extrémité de la quille à l'avant du Vaisseau, pour soûtenir & former la proue; & on dit *Rode de pouppe*, pour dire, La piece de charpente que l'on appelle *Etambor*, & qui est mise en saillie à l'arriere du Vaisseau pour soûtenir la pouppe.

RODOUL. s. m. Petit arbrisseau, dont les feuilles servent aux Teinturiers pour teindre en noir.

ROE

ROE. adj. Vieux mot. Rouge ou roux.

ROG

ROGATIONS. s. f. p. *Prieres publiques, & Processions que l'Eglise fait pendant les trois jours qui precedent la Fête de l'Ascension.* ACAD. FR. Saint Mammert, Evêque de Vienne en Dauphiné, établit ces prieres dans son Diocese l'an 474. On tient que ce fut pour implorer le secours de Dieu contre quantité de bêtes nuisibles qui desoloient la campagne, & contre les loups enragés qui venoient devorer les hommes jusques dans les villes. On observoit un jeûne aussi exact qu'en Carême pendant ces trois jours. Ce fleau de Dieu ayant cessé par le jeûne & par les prieres, on les continua par devotion, & dans le Concile d'Orleans tenu en 511. il fut ordonné que les Rogations se feroient par toute la France. On changea seulement le jeûne en abstinence des viandes à cause de la proximité du tems de Pâques. Le mot de *Rogations*, vient du latin *Rogare*, Prier. On a dit autrefois *Rouvaisons*, & *Roïsons*.

ROGNON. s. m. Partie double de l'animal où s'amassent les urines. Il y a des gens qui ont trois & quatre Rognons; d'autres n'en ont qu'un. Ils sont situés un peu au dessous du foye, & attachés aux lombes, au diaphragme, à l'intestin colon par l'extrémité du peritoine, & à la vessie par les ureteres. Leur substance est charneuse, rouge, épaisse & solide, peu differente de celle du cœur, mais sans filamens, & ils ont la figure d'un croissant, étant courbés du côté de la veine cave, & par dehors voutés, gibbeux & longuets.

ROI

ROIE. s. f. Vieux mot. Ligne, raie, & voie.

Et s'arresta à lé la plaine roie.

On a dit de-là *Deroyé*, pour, Devoyé.

ROILLER. v. n. Vieux mot. Regarder d'une maniere qui fait paroître qu'on a la vue égarée.

Fronce le nez, des yex roille
Et fu plein d'ire & de ruille.

On a dit aussi *Roillée*, pour, Haïssable.

ROINETTE. s. f. Petit outil dont les Charpentiers se servent pour marquer leur bois. Les Tonneliers & Courtiers de vin ont aussi des Roinettes avec quoi ils marquent les tonneaux.

ROINSSE. s. f. Vieux mot. Ronce.

ROISSOIR. s. f. Vieux mot. Rouille, rousseur.

Les dents et pleines de rossoir,
Et de pulente pourrissoir.

ROISTE. adj. fem. Perceval l'a employé dans la signification de Droite.

ROITELET. s. m. Oiseau fort petit, qui est vif & plein de feu, & qui niche dans les murs. Il vit trois ou quatre ans, & chante presque toute l'année, mais sur-tout au mois de Mai.

ROM

ROMAIN. s. m. Terme d'Imprimerie. On appelle *Gros Romain*, Un caractere qui est entre le parangon & le saint Augustin; & on appelle *Petit Romain*, Un autre caractere qui est entre le Cicero & le petit Texte.

On donne le nom de *Droit Romain* au Droit écrit, qui a été compilé par l'ordre de Justinien. On s'en sert dans le Lyonnois, en Gascogne & en Languedoc.

On appelle aujourd'hui *Roi des Romains*, un Prince qui est élû & designé pour succeder à l'Empire.

ROMAINE. s. f. Sorte de peson qui est tout de fer. On appelle aussi *Romaine*, Un grand instrument de fer avec quoi on pese de fort gros fardeaux, & même de moyennes pieces d'Artillerie. On lui a donné ce nom; à cause que c'est de Rome que l'invention en est venue.

Romaine. Terme de Papetier. Sorte de papier *in folio.* On appelle *Petite Romaine*, du petit Papier qui est après le Poulet.

ROMAN. s. m. Langage dont on se servit dans la Cour Gauloise, lorsque les Romains s'en furent rendus les maîtres. C'étoit un mélange de Gaulois & de Romain, qui a été en usage jusqu'à l'Ordonnance de 1539. Comme c'étoit le langage le plus poli qu'on parloit à la Cour des Princes, les histoires les plus serieuses que l'on écrivoit en ce tems-là, s'appelloient *Romans*, parce qu'elles étoient écrites dans le beau langage. Perceval parlant de son Histoire dit,

Qui ce riche Romans lira.

On trouve divers livres que les Traducteurs disent avoir traduits du Latin ou d'une autre langue en Roman.

M'entremis de ce livre faire,
Et de l'Anglois en Roman traire.

On a dit aussi *Enromancer*, pour dire, Faire une Histoire, & selon Merlin, *Romain* a signifié François; ce qui se connoît, par ce qu'il dit en parlant du duel du Roi Artus avec le Roi de France Frolles, fait à l'Isle qui est sous Paris, que *Li Bretons & li Romains les esguarderent.*

ROMANCE. s. f. Sorte de Poëme Espagnol contenant le recit de quelque évenement amoureux, de quelque action glorieuse.

ROMANCIER. s. m. Nom que l'on donne aux Auteurs de nos anciens Romans.

ROMANIN. s. m. Ancienne espece de monnoye qui valoit autant que le gros de Tours. Elle avoit cours tandis que les Papes tenoient leur siege à Avignon.

ROMBALIERE. s. f. Terme de Marine. Bordage fait d'un revêtement de planches, dont sont couverts les membres d'une galere par sa partie exterieure.

ROMPRE. v. a. *Briser, casser, mettre un corps solide*

& continu en deux ou plusieurs pieces, sans le couper. ACAD. FR. On dit en termes de Manege, *Rompre un cheval au galop, au trot*, pour dire, L'exercer peu à peu à galoper, à troter. On dit aussi, *Le rompre à la chasse*, pour dire, Lui faire prendre l'habitude de courir. Ainsi on dit qu'*Un cheval n'est pas rompu*, pour dire, qu'Il ne sçait pas encore courir, troter, galoper. On dit aussi *Rompre l'eau à un cheval*, pour dire, Le faire boire à differentes reprises, ce que l'on fait en lui levant la tête de tems en tems, afin qu'il ne boive pas tout d'une haleine.

On dit en termes d'Optique, que *La lumiere* ou *le rayon visuel se rompt*, lorsqu'il passe d'un milieu à un autre plus rare ou plus dense.

Rompre, est aussi un verbe neutre, & lorsqu'on a mis du vin exprès dans un verre & qu'on l'y a laissé quelque tems sans le couvrir, pour voir s'il est bon, les Gourmets disent, qu'*Il n'a point rompu*, pour dire, qu'il n'a point perdu sa couleur, ce qui est une marque de sa bonté. Ils disent de même, *C'est du vin qui garde son essai, & qui ne rompt point*; pour dire, qu'Il a gardé sa force & sa couleur, quoiqu'il ait été exposé à l'air.

ROMPU, UE. adj. Brisé, cassé, mis en pieces. C'est aussi un terme de Blason, & il se dit des chevrons qui n'ont point la pointe d'en haut coupée. *D'azur au chevron rompu d'or.*

On appelle en Arithmetique, *Nombre rompu*, Une unité divisé en plusieurs fractions.

On dit, *Bâtons rompus*, en Tapisserie, & il se dit d'un dessein ou ornement de quelques gravûres, qui se fait par l'assemblage & la disposition de plusieurs bâtons ensemble.

RON

RONCE. s. f. Sorte de plante qui vient dans les haies, dont la racine, qui est fort remplie de nœuds, pousse plusieurs branches longues, déliées, piquantes & garnies d'épines. Theophraste dit qu'il y a des Ronces de plusieurs especes; les unes grandes & grosses comme des arbres, d'autres qui s'entortillent parmi les buissons, & d'autres qui rampant par terre, y prennent racine, ainsi que fait le gramen. Il y en a même qui ne croissent que dans les montagnes & dans les forêts. La Ronce qui vient parmi les buissons, produit des verges ou branches quarrées, roussâtres, souples & pleines d'épines fort piquantes. De ses verges sortent des queues, aussi épineuses, qui ont chacune trois feuilles attachées, âpres & faites en pointe, faisant un dos d'un côté, garni de petites épines. Elle porte ses fleurs au bout de ses branches en maniere de raisin, & ces fleurs, qui sont blanchâtres produisent des mûres. Sa racine est longue, & va se traînant par terre comme le gramen. La decoction de ses branches, au rapport de Dioscoride, prise en breuvage, resserre le ventre & arrête le flux des femmes. Ses feuilles mâchées affermissent les gencives & sont bonnes aux maladies de la bouche. Elles repriment les ulceres corrosifs, & sont propres aux yeux qui sont trop lâchés & presque tombans. Etant enduites, elles guerissent les hemorroïdes, les crevasses & les durillons du fondement. Pilées & appliquées, elles sont un fort bon remede pour ceux qui sont sujets au mal de cœur & aux douleurs d'estomac. Le jus de ses mûres, lorsqu'elles sont dans leur parfaite maturité, est bon aux medicamens qu'on prépare pour la bouche. Si on les mange à demi-mûres, elles resserrent le ventre, ainsi que ses fleurs étant bûes en vin. M. Menage fait venir le mot de *Ronce*, de l'Italien *Ronca*, qu'il dit que quelques-uns dérivent du Syriaque *Romcha*. Du Cange le tire de *Runchi*, mot de la basse Latinité, pour dire, Ronce.

Le même Dioscoride fait mention d'une *Ronce Idéenne*, appellée ainsi à cause qu'elle vient en grand abondance au mont Ida. Elle est beaucoup plus tendre que l'autre, & ses épines ne sont pas si grandes. Il y en a même qui n'ont point d'épines. Les proprietés sont les mêmes. Matthiole dit que quoique le nom d'*Idéen* marque qu'elle vient du mont Ida, il y en a une telle quantité en Boheme, que les montagnes en semblent couvertes. Les feuilles de cette Ronce, qui est moins épineuse que l'autre, sont plus larges & plus molles, ses branches rondes & deliées, ayant peu d'épines ou point du tout. Elle porte des fleurs blanches comme la Ronce commune. Son fruit est plus tendre, douceâtre, un peu astringent & de couleur toûjours rouge, sans devenir noir. Quand ce fruit est mûr, les Ours, qui en sont friands, sont fort aisés à trouver.

ROND. s. m. Terme de Manege. Piste circulaire. On dit *Couper le rond*, quand le cheval qui travaille sur les voltes d'une piste, divise la volte en deux, & qu'en changeant de main, il part sur une ligne droite pour recommencer une autre volte.

Rond de Meules. Quantité de pierres à faire une meule de moulin, qu'on arrange en rond pour les mettre en vente.

RONDACHE. s. f. Sorte de Bouclier rond & fort, dont les Espagnols se servent encore aujourd'hui, en courant la nuit.

RONDEAU. s. m. Terme de Patissier. Ais large & façonné en rond où se mettent les patisseries lorsqu'elles sont faites.

Rondeau, est aussi une sorte de poësie originairement Françoise. Il est composé de treize vers, dont huit sont d'une rime & cinq de l'autre. On le divise en trois couplets, & à la fin du second & du troisiéme, on doit repeter le commencement du premier vers du Rondeau. On appelle *Rondeau redoublé*, Une autre sorte de poësie de vingt vers qui sont disposés par cinq quatrains. Il faut que les quatre vers du premier quatrain, fassent successivement le dernier vers des quatre autres, & que le cinquiéme soit suivi de la repetition du premier mot ou de l'hemistiche du premier vers de cette sorte de rondeau.

Rondeau, ou plûtôt *Rond d'eau*, se dit aussi d'un grand bassin d'eau de figure ronde. Il est paré de grais ou revêtu de plomb ou de ciment, & bordé d'une tablette de pierre, ou d'un cordon de gason.

RONDELIERS. s. m. On appelloit ainsi autrefois des soldats qui étoient armés de Rondelles. *Rondelle*, dit Nicod, *estoit une espece d'arme défensive, contenue sous ce genre subalterne* Bouclier, *dont les gens de pié usent pour parer aux coups rués par les ennemis, & est faite de bois ou racine d'arbre, comme figuier, & couverte de cuir bouilli, ou de nerfs dehachés & empâtés de forte colle pour les meilleures, ainsi appellée, parce qu'elle est ronde. Les pietons la portent au bras gauche.*

RONDELLE. s. f. Piece de fer forgée en rond, comme est un anneau. Il y a des Rondelles de cuivre qui servent pour les moules des Plombiers. On appelle aussi *Rondelles*, Un outil fait en forme de ciseau arrondi, dont se servent les Sculpteurs en marbre.

On appelle en quelques endroits *Rondelle*, la Cuve du pressoir.

RONDIN. f. m. Morceau de bois rond & propre à brûler, tels que sont ceux dont sont faites les falourdes.

Les Plombiers appellent *Rondins*, Des rouleaux de bois, gros & longs, selon que l'ouvrage le demande, sur lesquels ils arrondissent les tables de plomb.

Rondin. Sorte de poisson du Bresil, qu'on tient être le poisson volant.

Rondin, dit Nicod, *est une espece de mesure de grains, & contient un picotin & demi, & conte-on quatre pour le boisseau usité au Bailliage de Melun.*

RONGER. v. n. Vieux mot. Ruminer. *Le pourceau ne ronge mie, encore qu'il ait le pié fendu. Ronger*, ne signifie aujourd'hui que Rogner avec les dents. On dit en termes de chasse, que *Le cerf fait le ronge*, pour dire, qu'Il rumine.

RONTOILES. Terme qui se trouve dans ce vers de Villon.

Je fus battu com à rontoiles.

On explique *A rontoiles*, Tout nud.

ROQ

ROQUER. v. n. Terme du Jeu des échecs. C'est approcher le Roc auprès du Roi, & passer le Roi par derriere pour le placer à l'autre case joignante. On ne roque qu'une fois, & pour roquer, il faut n'avoir point remué le roc & ne point passer en échec.

ROQUET. f. m. *Petit chien à oreilles droites.* Acad. Fr.

On appelle aussi *Roquet*, Une espece de petit lezard, qu'on trouve dans quelques petites Isles qui sont dans les culs de sacs de la Guadeloupe. Ces Lezards, qui ont tout au plus un pié de long, sont portés sur quatre piés, dont ceux de devant sont assés hauts. Ils ont les yeux fort étincelans & vifs, & la peau de couleur de feuille morte, marquée de petits points jaunes ou noirâtres. Ils portent la queue retroussée en arcade sur le dos, au lieu que tous les autres la portent trainante à terre, & tiennent toûjours la tête élevée en l'air. Ils sont si agiles qu'on les voit toûjours sauteler autour des hommes qu'ils prennent plaisir à voir, ensorte qu'ils s'arrêtent au lieu où ils en rencontrent. Quand ils sont un peu poursuivis, ils ouvrent la gueule & tirent la langue comme de petits chiens de chasse, ce qui leur a fait donner le nom de *Roquets*. Ils se fourrent aussi dans la terre, non pour y pondre leurs œufs, mais pour manger les œufs des autres lezards, & ceux des tortues.

Nicod donne deux autres significations à ce même mot. *Roquet*, dit-il, *tantôt signifie, un surveſtement de toile grosse que les Villageois en maint lieu portent sur leurs habits és jours ouvriers, & peut venir de ce mot Grec* ῥάκος, *qui signifie une robe deschirée, & de nul prix. L'Allemand aussi appelle* Rock, *Une robe. La plûpart le prononcent par* ch Rochet. *Tantôt il signifie, une espece d'arme & baston de guerre à fer rebouché dont on combattoit en lice. Jean le Maire és Illustrations des Gaules.* Le dernier pris estoit pour le behourd des enfans d'honneur courans sur des chevaux legiers, armés à la legiere, combattans de dards non esmoulus de courtois Roquets & d'espées rabattues. *On dit aussi*, Roquet & Rochet, *pour cet habit de toile blanche ou sarge noire, que les personnes Ecclesiastiques, selon la diversité de leur ordre, portent sur leurs robbes, qui est pendant pardevant & par derriere bien bas & estroict, pour laquelle cause on appelle la serviette, celuy qui est de toile, & a un trou ou entêture à le vêtir.*

ROQUETTE. f. f. Plante dont la tige est haute d'un pié, ou d'un pié & demi. Il y en a une domestique & l'autre sauvage. Celle des jardins a ses feuilles profondement longues, déchiquetées de loin à loin, & ayant un goût aigu & amer. Ses fleurs sont blanchâtres, & sa graine est enclose en de petites cornes fort minces. Sa racine est blanche, mince, & aigue au goût. La sauvage aime les lieux arides & secs, & a ses feuilles plus étroites, & déchiquetées plus près à près, d'un goût mordant, quoique savoureux. Elle a aussi forces tiges, des fleurs jaunes, & une infinité de petites cornes dont les pointes s'élevent en haut. Sa graine est amere & piquante, & ressemble à la graine de moutarde. La Roquette se mange en salade, mais comme elle est manifestement chaude, on ne la mange guere qu'avec des feuilles de laitue, afin que leur froideur diminue la grande chaleur de cette herbe, que les Latins nomment *Eruca*. Mangée seule, selon Galien, elle cause le mal de tête. Quelques-uns des Anciens tiennent que sa graine est bonne aux morsures des Mus-araignes. Elle fait mourir les vers du corps, & diminue la rate. Ointe avec du miel, elle efface les lentilles & les taches du visage.

ROR

RORELLE. f. m. Petite herbe qui croît dans les lieux humides & dans les fossés. Sa racine est fibreuse, & jette quatre ou cinq petites tiges rouges, hautes environ de quatre travers de doigts. Ces tiges portent de petites fleurs blanches, qui produisent une graine extrémement déliée. Ses feuilles qui sont proportionnées à la petitesse de la plante sortent de la racine, avec de petits piés longuets & courbés qui les soûtiennent. Elles sont caves, rougeâtres, courbées tout à l'entour, & couvertes au dehors d'un poil assés rude. Leur figure est d'une petite cueiller, & ce qu'il y a de singulier, c'est qu'en quelque tems que ce puisse être, elles sont chargées de petites goutelettes d'eau, aussi claire que cristal. C'est delà que cette plante a pris le nom de *Rorelle*, de *Ros*, Rosée. On l'appelle autrement *Rorida*, ou *Ros solis*. Elle a la vertu d'arrêter les humeurs qui fluent, de quelque partie que ce soit, & d'empêcher que la pituite salée ne tombe sur les poumons. Ainsi non seulement elle est très-bonne à les défendre d'ulceres, mais c'est aussi un remede pour les guerir, quand ils en sont attaqués.

ROS

ROSAGE f. m. Arbrisseau semblable au Laurier, haut & beau à voir, sur-tout quand il est en fleurs. Il a ses feuilles semblables à celles de l'amandier, plus longues pourtant, & plus épaisses. Sa fleur est faite en façon de rose, & son fruit en maniere de cornet. Il est semblable à l'amande, & étant ouvert, il fait paroître une bourre pareille aux papillotes des chardons. Sa racine est longue, aigue, dure comme bois, & salée au goût. Ses fleurs & ses feuilles servent de poison aux chiens, aux ânes, & à plusieurs autres bêtes à quatre piés, & en bûvant de l'eau où elles auroient trempé, ils meurent incontinent. Dioscoride dit que tout le contraire arrive aux hommes, & que ces fleurs & ces feuilles bûes en vin, leur sont un préservatif contre les morsures des serpents, sur-tout en les bûvant avec de la Rue. On dit aussi *Rosagine*. Les Italiens appellent communement cette plante *Oleandro*, en Latin *Oleander*; en Grec ῥοδοδάφνη, & ῥοδόδενδρον, à cause de ses fleurs qui ressemblent à la rose, & de de ses feuilles qui approchent du Laurier. Les Grecs la nomment aussi νήριον, de νηρὸν, Ce qui est humide, à cause que cet arbrisseau vient le long des rivieres, & dans les endroits humides.

ROSASSE. s. f. Terme d'Architecture. Certain ornement en forme de rose. On en remplit les caisses des compartimens des voutes. On l'appelle aussi *Roson*.

ROSE. s. f. *Sorte de fleur odoriferante, qui est ordinairement d'un beau rouge un peu pâle, & qui croît sur un arbrisseau plein de petites épines.* ACAD. FR. Matthiole dit qu'on se sert en Medecine de plusieurs sortes de Roses, & que les ordinaires sont les blanches, les rouges, & les incarnates. Les blanches sont les moindres, à la reserve de celles de Damas qui surpassent toutes les autres en odeur & en vertu & qui sont plus laxatives. Les Roses fraîches sont plus ameres qu'astringentes, ce qui fait voir que si elles sont laxatives, & non pas les seches, cela procede de leur amertume. Le jus de Roses est aperitif, resolutif, absterfif, & laxatif. Il modifie le sang bilieux, purge la colere, est fort bon à la jaunisse, & aux opilations de l'estomac & du foye, fortifie le cœur, & chasse hors les humeurs qui en causent les battemens. Toutes les especes de roses sont differentes entre elles. Les unes produisent plus de feuilles, les autres sont plus âpres, d'autres plus lissées, quelques-unes plus hautes en couleur, & d'autres plus odorantes. La moins feuillue a cinq feuilles. Il y en a qui portent cent feuilles. Pline dit que la Rose vient de l'épine. Son germe sort premierement de leur écorce qui est grenée, & après qu'elle est venue suffisamment en pointe, elle jette je ne sçai quoi de rouge, & s'épanouit, produisant en son milieu plusieurs petites pointes jaunes, & aussi menue que les cheveux. Les Anciens ont remarqué que la Rose est composée de six parties, qui ont toutes leur utilité en Medecine. Il y en a deux dans les feuilles, l'une est le blanc que l'on appelle *Ongle*, & qui est la partie la plus proche de la queue de la Rose; l'autre est tout le reste de la feuille. Le jaune qui est au milieu de la Rose a aussi deux parties. Les petits boutons qui sont à la cime des filets jaunes, sont d'une qualité, & les filets sont d'une autre; pareillement le dessus du vase vert qui soûtient la Rose, est d'une autre qualité que le dessous. Ses feuilles sont bonnes à fortifier le cœur, l'estomac & le foye; elles appaisent toutes douleurs qui proviennent de chaleur, & ôtent toutes sortes d'inflammations. Matthiole se mocque de ceux qui disent, que si on met une Rose de Hierico dans de l'eau, lorsqu'une femme est en travail d'enfant, elle se délivrera si-tôt que la Rose commencera à s'épanouir.

On appelle *Rose pivoine*, Une sorte de fleur rouge ou de couleur de chair, qui fleurit en Mai, & *Rose gueldre*, Une sorte de fleur blanche qui fleurit dans le même-tems.

Rose, en termes d'Architecture, est une fleur qui est au milieu de l'Abaque du Chapiteau Corinthien. Il y a aussi des Roses qui ornent le dessous des Corniches & qui sont mises entre les modillons. On appelle *Rose de compartiment*, Certains bouquets ronds, dont sont remplis les renfoncemens de voute.

Rose de pavé, se dit d'un compartiment rond de plusieurs rangées de pavé, dont l'une est de grais, l'autre de pierre noire, & l'autre de pierre à fusil, lesquelles par leur mélange font un ornement à une cour ou à une grotte.

On appelle *Rose de luth, de guittare, de clavessin*, plusieurs petits trous qui forment la figure d'une Rose, & qui sont au milieu de la table de ces sortes d'instrumens.

Rose. Terme de Marine. On appelle *Rose des vents*, Un Instrument composé d'un carton mince coupé circulairement, où les trente-deux airs de vent sont representés par trente-deux pointes de compas qui sortent d'un centre, & qui se prolongent au de-là d'un petit cercle décrit pour distinguer chaque vent. Il y a aussi des Roses des vents qui sont faites de corne transparente pour le pointage des cartes. On marque des Roses des vents dans les Cartes Marines, & on en met dans tous les endroits où l'on a coûtume de trouver des vents differents.

Il se trouve un arbre que les Habitans de la Guadeloupe appellent *Bois de Rose*, qui est proprement celui qu'on appelle *Bois de Cypre* dans la Martinique. Il croît fort haut & fort droit, & a ses feuilles longues comme celles du Châtaignier, mais plus souples, velues & blanchâtres. Les plus gros n'ont guere plus d'un pié quarré. Cet arbre porte de gros bouquets de petites fleurs blanches qui sont suivies de petites graines noires & lissées. Son écorce est d'un gris blanc & ressemble assés à celle des jeunes chênes. Son bois est au dedans de couleur de feuille morte, & quand le rabot a passé par dessus, on y remarque plusieurs veines de differentes couleurs qui sont comme des ondes qui le font paroître marbré. Il l'est plus ou moins selon la difference des terroirs où il croît. Il a tant de rapport au Noyer, quand il est mis en œuvre, qu'il seroit difficile de le distinguer. En le travaillant il exhale une odeur fort agreable qui passe en douceur celle des Roses. Le tems la dissipe, mais elle se renouvelle quand on coupe le bois ou qu'on le frotte bien fort. Ce bois est bon à bâtir.

ROSE-CROIX. s. m. Nom qu'on a donné à ceux d'une certaine cabale, qui a paru en Allemagne au commencement du XVII. siecle. Lorsqu'ils sont reçus dans cette cabale, ils promettent le secret, s'écrivent par énigmes, & font serment d'observer les loix de cette societé, dont le but est de rétablir toutes les disciplines & les sciences, & sur-tout la Medecine, qu'ils prétendent être ignorée & mal pratiquée. Ils se disent illuminés, immortels & invisibles, & en 1622. ils firent afficher cet avis aux Curieux. *Nous députés de notre College principal des Freres de la Rose-Croix, faisons sejour visible & invisible en cette Ville, par la grace du Très-Haut, vers qui se tourne le cœur des justes. Nous enseignons sans livres ni marques, & parlons les langues du Pays où nous voulons être pour tirer les hommes nos semblables de l'erreur de mort.* Il y a un certain Allemand nommé Henricus Neuhusius, qui a fait un Livre contre les Freres de la Rose-croix, intitulé *Pia & utilissima admonitio de Fratribus Rosæ Crucis*. Un autre Allemand, appellé Eucharius Cygnæus, y a répondu par une Apologie qui a été imprimée sous le titre de *Conspicilium notitia inserviens oculis ægris*. Il pousse fortement Neuhusius avec son pieux & très-utile avertissement. Cet Auteur dit en quelque endroit de son Livre *Fratres Rosæ Crucis sunt Philosophi adepti, qui non solum rerum naturalium cognitione, sed opere quoque sunt occupati, & tale Collegium in schola practica, qua dicta factis, & facta dictis æquat, natura adita, ipsa non invita penetrat, ejusque gremium, quoad licet, aperit.* C'est ce qui lui fait appeller leur Philosophie *Pansophia*, & traiter toute autre Philosophie de *Logomachia & umbratilis Philosophia*. Il ne parle point de la raison qui les fait nommer *Freres de la Rosée cuite*. Quelques Auteurs très-éclairés disent qu'on n'en peut parler sans découvrir de très-grands mysteres cachés sous cette simple denomination. Il dit seulement qu'on les appelle *Freres de la Rose-Croix*, parce que *Rosa, Aurora est dicata, signum habetur silentii & latitiæ, & omnium florum est regina*. Aussi couvrent-ils par un profond silence la grande joie qu'ils ont de se voir les seuls possesseurs de tous les secrets de la nature, & il soûtient dans cette vue, que cette societé merite seule l'estime de tout le reste des hommes, & que tous les contes ridicules qu'on a faits sur leur prétendu invisibilité, n'ont été imaginés que sur le grand soin qu'ils ont de ne se découvrir que bien rarement. Cet Auteur ajoûte qu'ils sont les seuls depositaires de la science des anciens Patriarches, qu'il appelle *Ambulatorium munus*, qui est proprement ce qu'on appelle *la Cabale*, de l'Hebreu, *Kabal, Tradidit*, parce qu'elle passa d'une Nation à l'autre par tradition. Les Hebreux en decouvrirent beaucoup de choses aux Egyptiens chés lesquels le premier College en fut établi. Le second fut assemblé chés les Eumolpides Eleusiniens; le troisiéme, chés les Cabires de Samothrace; le quatriéme, chés les Mages de la Perse, ou des Chaldéens à Babylone; le cinquiéme, aux Indes parmi les Brachmanes; le sixiéme, des Gymnosophistes en Ethiopie; le septiéme, des Druides chés les Gaulois; le huitiéme, celui des Pythagoriciens dans la grande Grece ou l'Italie Ulterieure; le neuviéme dans l'Arabie Heureuse; & le dixiéme, chés les Maures de Fez. Cet Auteur assure que cette science est enfin venue toute pure jusqu'à eux depuis plusieurs siecles, & qu'ils s'assemblent en certain tems marqué, pour se communiquer ce qu'ils ont découvert par leur étude & leurs operations. Ils voyagent par toute la terre, & ne refusent pas leur lumiere à ceux qu'ils trouvent déja initiés dans leur cabale. Ils ont leurs partisans & leurs ennemis; mais on remarque que ceux qui se sont declarés contre eux, n'ont pas un grand nom parmi les Sçavans, & que les autres qui ont écrit en leur faveur sont distingués par une grande reputation, comme Roberd Flud Anglois, qui a fait leur défense, & a sollicité son entrée dans leur compagnie; un Maïerus, un Michel Poterius de Vestphalie, & quantité d'excellens hommes qui les ont défendus par leurs écrits. Après tout, il est bien difficile de penetrer la verité de cette societé dans des personnes qui se tiennent si cachées. Il faudroit avoir le *Conspicilium notitia* dont on a parlé; il faudroit voir le *Speculum soptricum* de Theophilus Schvveighartus qui en dit beaucoup de choses. Il y a encore un Livre intitulé *Rhodostauroticum*, qui traite de leurs ceremonies & de leurs statuts. L'Apologiste Neuhusius soûtient que cette Societé cachée sera un jour connue par toute la terre, & que ses mysteres seront revelés; que cependant on ne peut en rien découvrir, parce que Dieu ne le veut pas & que le tems n'est pas encore arrivé; que quelque rayon sort quelquefois de cette obscurité pour favoriser quelques personnes choisies, mais que cela est bien rare. Il dit encore que la raison pour laquelle on a cru beaucoup de mal de ces Philosophes, est que, *Multi errones, tenebriones, stelliones, flagriones & compitalitii nomen F. R. C. sibi arrogant, omine nescio quo cruce digni*. Ensuite il ajoûte, *Sileant Ranæ ad lampadem incensam*. Pour ce qui regarde leur Religion, la plus commune opinion est que chacun d'eux se conserve dans celle où il s'est trouvé engagé par sa naissance, en sorte qu'il y a des Catholiques, des Heretiques, des Juifs, des Mahometans & des Payens même, qui tout contraires qu'ils sont en ce point les uns aux autres, sont neanmoins très-unis par les loix de leur institution, qui les obligent encore à mener une vie très-reguliere. Quelques personnes de grande erudition doutent que cette societé soit fort ancienne, alleguant que Roger Bacher, Raymond Lulle, Basile, Valentin, & plusieurs autres n'en ont point parlé dans leurs écrits, ce qu'ils auroient vrai-semblablement fait, si elle eût été établie de leur tems, parce que ces grands hommes, étoient eux-mêmes infiniment éclairés dans les choses les plus cachées de la nature.

ROSEAU. s. m. Plante qui vient dans les lieux aquatiques & marécageux, & dont la feuille se roule comme celle des cannes. Il y a un Roseau dont la tige est d'un bon pié, & c'est celui qu'on appelle *le petit Roseau*. Il s'en trouve un autre dont les feuilles sont longues larges & aigues, & qui a une tige haute & à plusieurs nœuds. Celui-là sert à faire des fleches, des cannes & même des flûtes. Il y en a aux Indes d'une grosseur si extraordinaire, qu'un seul nœud suffit pour faire un esquif où trois hommes peuvent à la fois passer des rivieres. Les Habitans des Antilles tirent de grandes utilités des Roseaux qui sont en très-grande quantité dans toutes ces Isles le long de la mer. Ils ne leur servent pas seulement de lattes & de couverture, mais encore de materiaux pour faire les murailles des maisons. On lie les Roseaux de demi-pié en demi-pié sur les chevrons avec des aiguillettes de mahot, & on les couvre des feuilles des mêmes Roseaux. Quant aux murailles des cases, on ne fait que ficher en terre des Roseaux si près à près qu'ils s'entretouchent, après quoi on les lie de travers avec d'autres Roseaux fendus, ce qui fait comme une claye de Roseaux.

Roseaux, se dit en Architecture de certains ornemens en forme de cannes, dont on remplit jusqu'au tiers les cannelures des colomnes rudentées.

ROSE'E. s. f. *Petites gouttes d'eau qui tombent le matin sur les herbes, les fleurs & les feuilles des arbres, & qui sont formées d'une legere vapeur.* ACAD. FR. M. Rohaut dit qu'il sera aisé de concevoir comment la Rosée se forme, si on considere que dans le tems le plus calme & le plus serein, qui est celui auquel on observe qu'elle tombe, il y a toûjours dans l'air une grande quantité de parties d'eau très-subtiles, qui y volent en forme de vapeur, lesquelles perdant peu à peu leur agitation, s'amassent ensemble, & retombant en gouttes insensibles, qui s'attachent d'ordinaire aux feuilles des plantes, & qui s'unissent les unes aux autres, se convertissent en eau, & rendent la Rosée visible. Ceci arrive presque toûjours un peu avant le lever du Soleil, à cause qu'y ayant alors assés long-tems que l'air n'a été échauffé par ses rayons, il doit aussi avoir plus de fraîcheur, & être plus propre à faire assembler les vapeurs qui se rencontrent dans l'air. Toutefois il y a des lieux où l'air se refroidissant peu de tems après que le Soleil s'est couché, la Rosée doit aussi se faire plûtôt sentir. On tient que de la Rosée putrefiée au Soleil, il se forme plusieurs insectes qui se changent d'une espece en une autre. La Rosée se réduit en un sel blanc & menu, qui a des angles pareils en nombre & en figure à ceux du salpêtre, quand elle a été évaporée à siccité, broyée, calcinée & filtrée plusieurs fois.

Rosée. Terme de Chasse. On dit d'un Cerf qu'il fait Rosée, quand le sang coule après qu'il a été blessé.

ROSETTE. f. f. Sorte de petits clouds dont les Selliers & les Bahutiers se servent, pour l'embellissement des selles & des bahuts. Il est bordé de petits points en forme de Rose.

Les Couteliers appellent *Rosette*, Une plaque en forme de petite rose qui soûtient le rivet du rasoir ou de la lancette.

Rosette, en termes de Tourneurs, est un morceau de bois tourné, au bout duquel il y a un rebord en forme de Rose épanouie, qu'on attache à un ratelier avec plusieurs autres pour mettre des armes ou des habits.

Rosette, se dit aussi du cuivre rouge, lorsqu'il a été fondu la premiere fois, & on l'appelle ainsi ou à cause de sa couleur rouge, ou à cause qu'on le tire par grandes pieces rondes.

Les Regleuses appellent *Rosette*, L'encre rouge dont elles se servent pour regler des livres. On la fait avec du bois du Bresil, & de l'alun de Rome.

On appelle aussi *Rosette*, la partie de la botte où est attaché l'éperon.

ROSIER. f. m. Espece de ronce ou d'épine dont la racine jette de longues branches garnies d'aiguillons, entre lesquels viennent les Roses.

On appelle *Rosier de Gueldre*, Une sorte de plante dont les branches sont étendues, & qui produit des fleurs blanches qui s'amassent ensemble en forme de globe.

Rosier, signifie aussi un Artisan qui fait des peignes & des lames pour les Tisserans.

ROSMARIN. f. m. Dioscoride fait mention de deux sortes de Rosmarin, dont l'un porte un fruit que les Grecs nomment *κάχρυς*. Il a ses feuilles semblables au fenouil, mais plus larges & plus épaisses. Elles sont couchées à terre, en rondeur comme une roue, & sentent fort bon. Sa tige est haute d'une coudée & quelquefois plus, & de ses concavités sortent plusieurs branches. Elle produit à sa cime des bouquets garnis d'une graine blanche, qui est ronde, anguleuse, forte, & sent la resine. Cette graine brûle la langue quand on la mâche. Sa racine qui est grande & blanche, a l'odeur d'encens. Il y a un autre Rosmarin tout semblable à celui-ci, qui porte une graine noire, large, & odorante sans être brûlante. Elle est semblable à celle de sphondylium aussi-bien que l'autre. Il y a un Rosmarin sterile tout-à-fait semblable aux autres, qui ne produit ni tige, ni fleur, ni graine, & qui croît parmi les rochers & dans les lieux âpres. L'herbe de tous ces divers Rosmarins, lorsqu'elle est broyée, arrête le flux des hemorroïdes, appaise les inflammations du siege, & resout les apostumes qui sont difficiles à suppurer. Les racines seches appliquées avec du miel, mondifient les ulceres; prises en breuvage, elles guerissent les tranchées, servent aux morsures des serpents, font uriner, & étant enduites, elles resolvent toutes sortes de tumeurs inveterées. Le jus de la racine ou de l'herbe enduit avec du miel, éclaircit la vue, ce que fait aussi sa graine prise en breuvage. Le Rosmarin dont on fait les bouquets, & que les Latins appellent *Rosmarinum*, a de petites branches menues, qui sont toutes environnées de petites feuilles épaisses, longues, déliées, blanches au dessous, vertes au dessus, & qui sentent bon. Sa decoction faite en eau, est fort bonne à la jaunisse, si on la boit avant que de faire aucun exercice. Mathiole parle d'une plante qui croît en Bohême, & qu'on appelle *Rosmarin sauvage*. Elle croît de la hauteur d'une coudée, & produit force rejettons & branches bien minces, & toutefois aussi dures que du bois, frêles & rouges, comme si elles étoient teintes en vermillon. Les feuilles, vertes dessus, & rouges dessous, sont attachées à des queues rouges, & ressemblent à celles du Rosmarin. A la cime paroissent de petits corymbes rouges d'où sortent des fleurs jaunâtres. Sa racine est foible & inutile. La plante est odorante. Ses fleurs & ses feuilles sentent le citron, & laissent au goût quelque chose d'aromatique accompagné d'un peu d'astriction. Matthiole dit que ceux de Bohême en font grand cas, & qu'ils en mettent dans leurs coffres pour conserver leurs habits.

ROSSE. f. f. Poisson qui approche de la Vendaise, mais dont la chair est moins savoureuse. Gesner lui donne le nom de *Ratilus*.

ROSSIGNOL. f. m. Petit Oiseau tirant sur le rouge, dont le chant est fort agreable, mais qui ne chante jamais si bien que durant le mois d'Avril & jusqu'à la mi-Août. Cet Oiseau a une sympathie naturelle avec tous les sons harmonieux, & M. l'Abbé Goussaut rapporte dans son excellent Portrait de l'honnête Femme, qu'une Dame de ses amies jouant du lut dans un bois, plusieurs Rossignols la suivirent de branche en branche, & qu'il y en eut un qui se percha sur sa tête pour l'entendre de plus près. On tient que le Rossignol ne chante jamais autour de son nid, de peur de le faire découvrir, & d'être cause qu'on lui ôte ses petits. Il y a un petit oiseau aussi commun dans la Martinique qu'il est rare dans la Guadeloupe, que les habitans nomment *Rossignol*. Il est assés semblable au Roitelet, mais un peu plus gros, & son ramage, qu'on se plaît fort à entendre, lui a fait donner ce nom. Il vit de mouches & de petites araignées, & fait son nid fort privement dans les cases.

On appelle *Rossignol de l'Orgue*, Un jeu qui imite le chant du Rossignol.

Rossignol. Terme de Charpentier. Coin de bois que l'on fait entrer à force dans des mortoises qui sont trop longues, quand on veut serrer quelque piece de charpente.

Rossignol, est aussi un Crochet de fer, dont les Serruriers se servent pour crocheter des serrures.

ROSSOLIS. f. m. Sorte de liqueur douce & agreable, composée d'eau de vie brûlée, de sucre, de canelle, & autres choses qui flattent le goût, & rejouissent le cœur. Celui de Turin est le meilleur. Le Rossolis aide à la digestion.

ROSTER. v. a. Terme de Marine. Lier quelque chose bien uniment avec une petite corde.

ROSTRAL, ALE. adj. Il n'a d'usage qu'en cette phrase, *Couronne Rostrale*, pour dire, Une Couronne relevée de proues & de poupes de Navire, qui se donnoit autrefois à celui qui le premier avoit accroché un des Vaisseaux ennemis ou sauté dedans. Ce mot vient du Latin *Rostrum*, Bec d'oiseau, & figurement *Proue de Navire*.

ROSTURE. f. f. Terme de Marine. Endroit qui est lié de plusieurs tours de corde.

ROT

ROT. f. m. *Ventosité, vapeur qui sort avec bruit de l'estomac par la bouche.* ACAD. FR. Les vents qui restent dans l'estomac sont fâcheux, & causent quelquefois d'étranges symptomes. Ils s'engendrent par une fermentation viciée de l'acide avec une matiere visqueuse, grossiere & pituiteuse. Ainsi l'acide est la cause efficiente des vents. Il est certain que les vents ne sont point dans les alimens avant qu'on les prenne, puisque de deux hommes qui usent des mêmes alimens, l'un engendrera des vents, & l'autre n'en engendrera point. Cela vient de la diversité des levains de l'estomac. Les hypochondriaques & les femmes hysteriques engendrent des vents de presque toutes sortes d'alimens, ce que ne font pas les autres sujets. Quand ils font éruption par en haut avec bruit, cela s'appelle des Rots. Vanhelmont en a établi de quatre sortes; le *Rot acide*, comme dans les hypochondriaques & dans ceux qui sont à jeun ; le *Rot nidoreux*, dans la crudité nidoreuse ; *le Rot specifique*, qui a la saveur simple de ce que l'on a mangé, & le *Rot insipide*, qui n'a point de saveur déterminée. Il y en a un cinquiéme, qui est le *Rot fetide & puant*. Il est de mauvais augure, mais rare. Dans la lienterie, la dysenterie, & la diarrhée, où l'appetit est tout-à-fait aboli, ainsi que la digestion, les Rots acides sont de bon augure, à cause qu'ils font connoître que le levain de l'estomac se rétablit.

Les Furetieristes en admettent deux autres, sans parler de ceux-ci, Rot de *Repletion*, Rot d'*Inanition* ; le premier est le specifique, le second se nomme *Hocquet*, & est un signe de mort prochaine.

ROTATEUR. adj. Epithete que donnent les Medecins aux deux muscles de l'œil qu'on appelle *Obliques*, tant à cause de leur situation qu'à cause de leur mouvement.

ROTE. s. f. La principale Jurisdiction de la Cour de Rome, composée de douze Prelats, appellés *Auditeurs de Rote*, dont chacun a quatre Clercs ou Notaires sous lui. Ils jugent par appel de toutes les Causes beneficiales & profanes, tant de Rome, que des Provinces Ecclesiastiques, & de tous les Procès des Etats du Pape au dessus de cinq cens écus. Ils ont succedé aux anciens Juges du sacré Palais, qui jugeoient dans la Chapelle. Ce fut le Pape Jean XXII. qui les établit. Clement VIII. augmenta leurs privileges, & Alexandre VII. les fit Soûdiacres Apostoliques. Leurs appointemens sont de cent ducats par mois pour chacun. Ils ont une robbe violette, & le cordon qu'ils portent à leur chapeau est de la même couleur. Ils sont de nations differentes. Il y en a trois Romains, un Toscan, un Milanois, un Bolonois, un Ferrarois, un Venitien, un François, deux Espagnols & un Allemand. Le mot de *Rote* vient de *Rota*, Roue, ou parce qu'ils sont assis en rond, ou parce que le pavé du lieu où ils s'assemblent pour exercer leur Jurisdiction, étoit autrefois de porphyre & taillé en forme de roue. C'est la pensée de du Cange.

Rote. Vieux mot. Instrument de musique.

Salterions, guigues & rotes
Y rendoient diverses notes.

A rote, tote à rote. Vieilles façons de parler, qui ont signifié A la fois, Tout à la fois.

Li Rois a mis en un repaire,
Mais je ne sçai pas pourquoi faire,
Trois cens aveugles tote à rote.

Cela a été dit en parlant de saint Louis.

ROTIE. s. f. Exhaussement sur un mur de clôture mitoyen, qui avec la hauteur du mur ne doit pas passer dix piés sous le chaperon. Cet exhaussement doit être d'environ neuf pouces avec de petits contreforts d'espace en espace qui portent sur le reste du mur. Il se fait, ou pour palisser les branches d'un espalier qui est en belle exposition ou pour empêcher la vue du voisin.

ROTIS. s. m. Nouveau labourage d'une terre qui étoit en friche, en landes. On dit, Rotisser, pour *Labourer, renouveller*.

ROTONDE. s. f. Bâtiment rond par dedans & par dehors. Il se dit également d'une Eglise & d'un Salon. On appelle à Rome, *Notre-Dame de la Rotonde*, Un ancien Temple bâti de cette maniere, qu'Agrippa, gendre d'Auguste, dédia à Cibele & à tous les faux Dieux ; ce qui le fit nommer *Pantheon*.

On a appellé *Rotonde*, Une sorte de collet empesé, où il y avoit souvent du passement, & qui se soûtenoit ferme autour du cou.

ROTULE. s. f. Terme d'Anatomie. Petit os rond, cartilagineux & large, qui est situé sur le genouil. Il passe dans l'ouverture du grand & du petit focile de la jambe, & sert à les attacher avec les os de la cuisse.

ROU.

ROUAGE. s. m. La partie qui consiste en roues dans une machine, comme dans un moulin à vent & dans une montre. L'Orme & le Cormier sont propres à faire ses Rouages.

Rouage, est aussi un terme de Coûtume, & se dit d'un droit seigneurial qui se prend sur le vin vendu en gros, & qui se doit transporter par charroi. On l'appelle ainsi à cause qu'il doit être pris avant que la roue tourne & que l'on charie le vin.

ROUAN. adj. On appelle *Cheval Rouan*, Un cheval qui a du poil gris ou blanc semé fort épais, en sorte que ce poil domine presque sur un poil bay ou alezan. Le cheval qui a ce mélange, s'appelle *Rouan, cap de more*, ou *Cavesse de more*, lorsqu'il a la tête & les extrémités noires ; & on dit *Rouan vineux*, quand ce mélange domine sur un alezan chargé. Les Italiens disent *Roano*, d'où nous avons pris ce mot.

ROUANNE. s. f. Sorte d'instrument dont se servent les Commis aux Aides qui vont dans les Caves pour marquer les tonneaux de ceux qui vendent du vin en détail.

Rouanne, est aussi un instrument de fer aceré qui coupe dessus & dessous, & qui sert à aggrandir le trou d'une pompe. Il est droit & courbe comme une gaffe, & concave comme une tariere.

ROUANNER. v. a. Marquer le vin avec la Rouanne. On dit sur mer, *Rouanner une pompe*, pour dire, La raggrandir.

ROUANNETTE. s. f. Petit instrument que les Courtiers de vin portent dans un étui, & dont ils se servent pour marquer le vin qui est acheté par les Bourgeois. Les Charpentiers ont aussi un instrument qu'ils appellent *Rouannette*, avec lequel ils marquent leur bois.

ROUANT, ANTE. adj. Terme de Blason. Il se dit du paon qui fait la roue en étendant sa queue. *D'azur au paon rouant d'or.*

ROUCHE. s. f. Terme de Charpentiers. Corps d'un Vaisseau lorsqu'il est sur le chantier, & qu'il n'a encore ni mâts ni agrès. On dit aussi *Ruche*.

ROUCOU. s. m. Arbre des Antilles qui ne croît qu'à la hauteur d'un petit oranger, & qui dès sa racine pousse plusieurs branches qui deviennent arbrisseaux, & se divisent en plusieurs autres petites branches. Ses feuilles, qui sont pointues par l'un des bouts, ont la figure d'un cœur. Il porte deux fois l'année plusieurs bouquets de fleurs blanches mêlées d'incarnat, & semblables à celles de l'ellebore noir. Elles sont composées de cinq feuilles qui ont la forme d'une étoile & la largeur d'une rose. A la chûte de ces fleurs croissent des boutons tannés, tout herissés de petites pointes brunes, délicates & non piquantes. Ils sont de la grosseur d'un petit pois, & quand ils ont atteint leur maturité, il y a dans le milieu deux doubles rangs de petits grains ou pepins couverts d'un vermillon le plus éclatant & le plus vif que l'on puisse voir. Cette teinture qui est enfermée dans cette écorce, est si molle & si gluante, qu'elle s'attache aux doigts si-tôt qu'on la touche. Pour avoir cette couleur, dont les Sauvages se peignent lorsqu'ils font voyage, on secoue dans un vaisseau de terre les grains sur lesquels elle se trouve. On verse de l'eau tiede dessus, & on les lave dans cette eau jusqu'à ce qu'ils n'ayent plus de vermillon. Après qu'elle a reposé quelque tems, on fait secher à l'ombre la lie épaisse qui se forme au fond du vaisseau de terre, & l'on en forme des tablettes ou petites boules, dont les Peintres & les Teinturiers font beaucoup de cas lorsqu'elles sont pures & sans nul mélange. Le bois de cet arbre se brise aisément, & est très-propre pour entretenir le feu. Si l'on en frotte quelque tems deux pieces l'une contre l'autre, elles jettent des étincelles qui allument le coton ; ou toute autre matiere susceptible de feu, que l'on aura mise auprès. On fait des cordes de son écorce & sa racine donne un fort bon goût aux viandes. Si on en met dans les sausses, elle leur donne l'odeur & la couleur du saffran.

ROUE s. f. *Sorte de machine ronde & plate, qui en tournant sur son centre, sert au mouvement de quelque chose.* ACAD. FR. En Mathematique, la Roue avec son aissieu est une des machines simples. Le *Poids* est appliqué à l'aissieu, & la *Puissance* à la Roue ; & il est visible que la Roue & l'aissieu qui traverse tournant ensemble, un tour que fait la Roue est plus grand qu'un tour que fait l'aissieu, & cela dans la même raison que la circonference de la Roue est plus grande que celle de l'aissieu, ou ce qui est la même chose, le demi diametre de la Roue plus grand que celui de l'aissieu. La puissance fait donc plus de chemin que le poids & a plus de vitesse dans cette même proportion du demi diametre de la Roue à celui de l'aissieu ; & par consequent la force est augmentée, & une petite puissance peut soutenir ou élever un grand poids. (Voyez MACHINE & MOUVEMENT.) Les Roues à dents que l'on nomme aussi *Pignons*, servent encore à augmenter les forces. Voyez PIGNONS.

Les *Roues qui servent à fendre le plomb*, sont deux petites roues d'acier, au travers desquelles passent les arbres, & qui n'ont d'épaisseur que celle qu'on veut donner à la fente des lingots de plomb. Elles sont entre deux bajoues d'acier, & aussi près l'une de l'autre, qu'on veut que le cœur ou entredeux du plomb ait d'épaisseur.

Les Chymistes appellent *Feu de roue*, Le feu qu'on allume en rond autour du creuset ; & que l'on approche peu à peu autour du vaisseau également, & pour l'échauffer.

ROUER. v. a. Terme de mer. On dit *Rouer une manœuvre*, pour dire la plier en rond. Quand on dit *Rouer à tour*, on entend plier de gauche à droit, & on dit *Roüer à contre*, pour dire, plier de droit à gauche.

ROUET. s. m. *Machine à roue qui sert à plusieurs usages.* ACAD. FR. Les Meuniers appellent *Rouet*, Une petite roue qui est attachée au bout de l'arbre d'un moulin. Elle a huit à neuf piés de diametre, & environ quarante-huit chevilles longues de quinze pouces, qui entrant dans les fuseaux de la lanterne du moulin, font tourner les meules.

Ils appellent ces chevilles *Alluchons*.

Rouet. Instrument dont les Rubaniers, Ferandiniers & quelques autres Artisans se servent pour travailler, devider & faire d'autres choses qui regardent leur métier. Ce rouet est monté sur un pié & fait en maniere de petite roue.

Rouet, se dit aussi d'une petite roue de fer de certaines armes à feu, au travers de laquelle passe l'arbre. On la bande avec une clef, & en se relâchant avec violence, elle fait du feu par le moyen d'une pierre.

Les Serruriers appellent *Rouet*, un petit fer rond qui fait la principale garniture d'une serrure. C'est où passe la premiere ouverture de la clef.

Rouet. Terme de Maçonnerie. Piece de bois ronde sur laquelle la premiere assise de pierre ou de moilon à sec est posée en retraite, quand on veut fonder un puits ou un bassin de fontaine.

Rouet, se dit aussi de la grande ou petite enrayeure d'une fleche de clocher de bois, soit qu'elle soit ronde ou à pans.

ROUGE. s. m. Couleur rouge. Il y a un *Rouge brun*, qui est une terre naturelle. Le *Rouge violet* est aussi une terre naturelle qui vient d'Angleterre, & que l'on employe au lieu de lacque. Le rouge dont on se sert pour peindre sur le verre, se fait de litarge d'argent, d'écaille de fer, & de gomme Arrabique. On prend le poids d'un écu de chaque sorte, demi-écu de ferrette, trois écus de sanguine, & trois écus & demi de rocaille. Après que l'écaille de fer, la litarge, la rocaille & la ferrette ont été broyées ensemble une bonne demi-heure sur la platine de cuivre, on prend la sanguine & on la pile fort déliée dans un mortier de fer bien net. On la met à part, & après cela on broye dans le même mortier la gomme Arabique, afin qu'elle tire ce qui reste de sanguine. Elle doit être si seche, qu'elle se mette facilement en poudre. La gomme & la sanguine étant ainsi pilées, on les mêle & on les verse sur la platine de cuivre, où les autres drogues sont déja. Lorsque le tout a été broyé le plus promptement qu'il est possible, à cause que la sanguine se gâte en la broyant trop cette fois-là, on leve cette composition de dessus la platine, & on la met dans un verre pointu en bas, où l'on verse un peu d'eau claire. Il faut détremper cette matiere le plus qu'on peut avec le bout du doigt, en y ajoûtant encore un peu d'eau, jusqu'à ce qu'elle soit de la même consistance, ou un peu plus claire qu'un jaune d'œuf délayé. Cela étant ainsi détrempé, on le couvre d'un papier, & on le laisse reposer trois jours & trois nuits sans le remuer, puis on verse doucement dans un autre vaisseau de verre le plus pur de la couleur qui surnage dessus, en prenant garde à ne rien troubler ; & quand cette couleur est ôtée, on la laisse reposer encore deux jours, après quoi on en verse comme la premiere fois. Quand cela est fait, on met la derniere couleur sur une piece de verre un peu creuse, & posée sur un sable dans une terrine ordinaire mise sur le feu pour la faire secher lentement & la garder. Ceux qui s'en veulent servir, versent sur une piece de verre une goute d'eau claire avec laquelle ils détrempent autant de couleur qu'ils croyent en avoir besoin. Cette couleur sert pour les carnations. La plus épaisse, qui demeure au fond du verre, n'est bonne que pour faire quelques teintes de bois, ou des draperies. C'est M. Felibien qui en a parlé ainsi.

Les beaux *Rouges clairs* pour émailler se font avec du cuivre calciné, de la rouille d'ancre de fer, de l'orpiment, de l'or calciné que l'on prepare & que l'on met avec proportion dans le fondant qui se fait avec du cristal, ou du caillou, ou de l'agathe, ou de la calcedoine, du sable & de la soude ou sel de verre, le tout avec les proportions qui sont necessaires.

Rouge, se dit d'un fard dont les femmes se colorent les joues & les levres. Il y a un rouge en feuilles & un autre en liqueur. Le premier est nommé *Rouge d'Espagne*.

Il y a quantité de bois dans les Antilles, que l'on appelle *Bois rouge*. Ce sont des arbres qu'on trouve de deux lieues en deux lieues, dont la plûpart ne cedent point en beauté à celui du Bresil. Ils ont le bois rouge, solide, pesant, & qui resiste aux vers & à la pourriture. Il y en a un qui surpasse tous les autres en solidité & en pesanteur, & que les Habitans appellent *Arbre de fer*, à cause de sa dureté. Il est revêtu de beaucoup de branches, & croît jusqu'à une pique & demie de hauteur. Il est gros comme le corps d'un homme, & a son écorce presque semblable à celle de l'érable, mais plus dure & un peu plus grise. Il porte un grand nombre de petites feuilles qui aboutissent en pointe & sont divisées près de la queue. Il fleurit deux fois l'année, au mois de Mars & à celui de Septembre. Ses fleurs, qui sont de couleur violette, & semblables à celles du lilac, sont suivies d'un petit fruit, gros comme une cerise, qui devient noir étant mûr, & dont les oiseaux sont fort friands. Son bois, lorsqu'il est coupé nouvellement, est d'un rouge extrêmement vif, mais étant à l'air il perd beaucoup de son lustre. Le cœur de l'ambre est d'un rouge fort obscur, ou plûtôt d'un violet si brun, qu'il semble presque noir comme de l'ébene, il est extrêmement dur & les haches de la meilleure trempe rebroussent dessus quand on le frappe.

ROUGE-GORGE. s. f. Petit oiseau qu'on appelle ainsi à cause de la couleur de sa gorge, qui est d'un rouge qui tire sur l'orangé. Il a le ventre blanc & la tête & le cou d'un gris tirant sur le vert. Cet oiseau haït la chouette autant qu'il aime le merle, & il vit quatre ou cinq ans. On tient qu'il est d'un naturel fort jaloux, ne pouvant souffrir d'autres oiseaux aux lieux où il est ordinairement.

ROUGE-QUEUE. s. f. Petit oiseau qui chante, & à qui ce nom a été donné à cause de sa queue qui est d'un rouge fort vif. Il a l'estomac & le ventre de couleur de rouille, la tête & le cou noirâtres, avec quelques marques de couleur de terre. Il vit sept ou huit ans.

ROUGEOLE. s. f. Sorte de maladie qui vient ordinairement aux Enfans, & qu'on a nommée ainsi à cause que ceux qu'elle attaque sont tout couverts de petites pustules rouges.

ROUGET. s. m. Sorte de poisson de mer qui est rond & rouge. Sa chair est ferme, seche & de bon goût. Il a la tête grosse, & le dos armé de grands & forts aiguillons. Son museau s'étend en deux cornes larges.

ROUIR. v. Mettre du chanvre ou du lin dans l'eau où il roussit. Le chanvre corrompt l'eau & fait mourir le poisson qui y est. Quand on fait Rouir le lin à la rosée sur les prés le fil en est plus beau & la toile en blanchit mieux.

ROULE', e'e. adj. Les Ouvriers appellent *Bois roulé*, Le Bois d'un arbre qui a été battu des vents, tandis qu'il étoit jeune & en seve, & celui dont les fibres marquées par les seves se separe & dont le cœur reste comme un noyau ou rouleau. Il ne vaut rien au travail si ce n'est en grosses pieces, & même on le travaille peu. On le brûle.

Roulé de charbon, se dit quand on le tire du fourneau pour l'éteindre & le mesurer.

ROULEAU. s. m. Piece de bois de figure cylindrique, qui sert à faire mouvoir les plus gros fardeaux pour les faire aller d'un lieu à l'autre. Il y a de ces Rouleaux qu'on nomme *Rouleaux sans fin*. Ce sont des Rouleaux de bois assemblés avec des moises ou des entretoises, que l'on fait tourner par le moyen de leviers.

Les Laboureurs appellent *Rouleau*, Un morceau de bois rond qu'un Cheval traîne pour casser les mottes.

Rouleaux, en termes d'Architecture se dit des enroulemens des modillons & des consoles.

On appelloit autrefois *Rouleau*, ou *Volume*, ce qu'aujourd'hui l'on appelle *Livre*, à cause qu'au lieu de plier les feuilles pour les coudre ensemble, on se contentoit de faire un Rouleau de chaque feuille qu'on mettoit les unes sur les autres; en sorte qu'un volume entier n'étoit composé que d'une feuille, au bas de laquelle on en cousoit une autre, & au bas de celle-là encore une autre. Ainsi toutes ces feuilles ensemble ne faisoient qu'un seul Rouleau. Les Juifs ont encore leur Loi écrite fort exactement dans ces sortes de Rouleaux. Ces feuilles cousues bout à bout se roulent sur deux bâtons de bois qui sont aux deux bouts. L'Ecriture parle souvent de aes Rouleaux ou volumes.

ROULER. v. a. *Faire avancer une chose d'un lieu à un autre en la faisant tourner*, Acad. Fr.

On dit en termes de Laboureur, *Rouler les avoines*, pour dire, Faire aller le Rouleau sur le champ plusieurs fois, afin de casser les mottes.

Ce verbe est actif, & on dit en termes de Marine, qu'*Un Navire roule*, pour dire, qu'il se renverse sans cesse sur l'un ou sur l'autre de ses côtés, sans qu'on le puisse mettre en son assiete. On dit aussi que *La mer roule*, pour dire, que Les vagues s'élevent, & se deployent sur un rivage uni.

Rouler, Terme de Guerre. On dit que *Deux Officiers roulent ensemble*, pour dire, que Chacun d'eux a son jour pour commander.

ROULETTE. s. f. Sorte de petite roue qu'on met aux chaises des malades, au bas de chaque colomne de lit, & aux cabannes des Bergers, pour les faire rouler, & aller où l'on veut.

Les Doreurs sur cuir appellent *Roulette*, Un instrument de fer en maniere de petite roue à manche de bois, dont ils se servent pour faire le bord des Livres.

Roulette, est aussi un terme de Geometrie. *La Roulette*, c'est la même chose que la *Cycloïde*, Voyez CYCLOIDE.

ROULIS. s. m. On appelle en termes de Mer, *Roulis d'un Vaisseau*, L'agitation qu'il a en roulant d'un bord à l'autre.

ROULON. s. m. Bâton rond qui tient aux ridelles des charrettes. On appelle aussi *Roulons*, de petits morceaux de bois rond, qu'on met aux échelles & aux râteliers. On donne encore le nom de *Roulons*, aux petits balustres des bancs d'Eglise.

ROUPIE. s. f. *Goute d'eau froide & claire qui distille du cerveau & qui pend au bout du nez*. Acad. Fr.

Roupie, se dit aussi d'une monnoie d'argent fort commune dans les Indes. Elle vaut vingt-huit sols selon Tavernier. D'autres Voyageurs la font valoir soixante & cinq sols de notre monnoie. Le trafic chés le Mogol se fait principalement en Roupies. Il y en a qui ne valent que quinze sols, & d'autres quatre.

ROUPILLE. s. f. Sorte d'habillement ancien. C'étoit une espece de petit manteau, ou de hongreline serrée & courte.

ROUPT, Roupte. adj. Rompu. Vieux mot.

Qui autrement seroit roupt ou desbareté.

ROUQUET. s. m. Nom que l'on donne en termes de chasse au mâle du lievre.

ROUSSELET. s. m. Sorte de petite poire, qui est un peu rousse, & qui a le goût fort sucré. Il y a du gros & du petit Rousselet. Celui qu'on estime davantage est le Rousselet de Rheims.

ROUSSETTE. s. f. Petit oiseau brun, semé de plusieurs petites taches. Il a le bec pointu & noirâtre, & les jambes & les piés tirant sur le blanc.

On appelle aussi *Roussette*, Une sorte de poisson, dont quelques Ouvriers employent la peau, la faisant quelquefois passer pour être une peau de chien de mer auquel ce poisson ressemble. On apporte ces sortes de peaux de la Hougue en basse Normandie. Il y a pourtant une grande difference entre la peau des chiens de mer qui est extrêmement rude & toûjours brune, & celle des Roussettes qui sont de differentes couleurs & toûjours garnies de petites étoiles sur le dos, outre qu'elles sont beaucoup plus petites que les chiens de mer, & que leur peau n'est presque point rude.

ROUSSIN. s. m. Cheval épais & entier. Ces sortes de chevaux viennent ordinairement d'Allemagne & de Hollande. Il y a beaucoup de Coûtumes où les Vassaux sont obligés de donner à leur Seigneur un Roussin de service à chaque mutation. On fait venir ce mot de l'Allemand *Ross*, Cheval.

ROUTAILLER. v. a. Terme de Chasse. Suivre une bête avec le limier, pour la faire tirer aux Arquebusiers.

ROUTE. s. f. Vieux mot. Troupe de Soldats.

La veissiez les routes assembler.

Route Terme de Marine. Le cours d'un Vaisseau. On dit, *Faire route*, pour dire, Naviger; *Porter à route*, pour dire, Courir en droiture au parage où l'on a dessein d'aller, & *Donner la route*, pour dire, Prescrire la route que doivent tenir tous les Vaisseaux d'une flotte. On appelle *Fausse route*, La Dérive d'un Vaisseau qui s'écarte & qui ne fait point sa course ordinaire. *Fausse route*, se dit aussi quelquefois d'un changement de course qu'on fait volontairement pour couper son ennemi. On dit, qu'*On a fait plusieurs routes*, pour dire, qu'On a couru plusieurs bordées en louviant.

ROUTIER. s. m. On nommoit ainsi un Garde ou Sergent traversier, qui étoit établi pour la garde des Forêts, & dont on a supprimé la fonction par la derniere Ordonnance. On appelloit aussi autrefois *Routiers*, certains Paysans armés, à cause qu'ils brisoient tout ce qu'ils rencontroient. Ce mot vient du Latin *Ruptus*, Rompu. D'autres le dérivent de *Rota*, Roue, d'où ils prétendent qu'est venu *Roturier*, qui a été dit pour Laboureur.

ROUVERIN. adj. masc. On appelle *Fer rouverin*, Celui qui se casse à chaud, & qui se forge difficilement.

ROUVRE. s. m. Sorte de chêne qui est moins haut que les autres, & que les Latins appellent *Robur*, d'où il a pris le nom de *Rouvre*. Il a le tronc & le branchage tortu, creux & fort dur, l'écorce raboteuse, & la feuille un peu plus petite que le vrai chêne. Les glands qu'il porte sont gros, longs, & attachés à une assés longue queue.

ROUX. s. m. Couleur qu'on appelle ordinairement poil de Judas. Quand l'ivoire est rousse on la met à la rosée de Mai pour la faire blanchir.

ROY

ROY. s. m. *Monarque, Prince souverain couronné.* ACAD. FR. *Roy*, dit Nicod, *est celui qui est preferé, oinct & couronné sur tout un Pays, en estat, puissance, dignité & majesté monarchique, royale, & pour estre tel, il doit avoir du moins quatre Duchez, l'une tenant à l'autre, & pour chacune Duché quatre Comtez, lesquelles ne soient mouvans ne tenuës de nul autre que de luy ou de l'Empire. Et en ces quatre Duchez doit avoir dix Citez, dont l'une soit en dignité Archiepiscopale, qu'on dit Province, & raisonnablement doit recevoir sacre & couronne en la plus noble & plus puissante Cité de tous ses Pays, & de tout icelny Pays se renommer Roy. Mais par privilege d'aucunes Citez & lieux, aucuns sont sacrez en moindre cité, au regard de la puissance, opulence & grandeur, qu'en la capitale du Royaume, & couronnez autre part aussi, comme on voit estre observé au sacre du Roy Très-Chrestien, qui se celebre en la Ville de Rheims, & non à Paris, si on ne veut dire que Rheims, pour estre Archevêché precede Paris qui n'est que Evêché, & couronné à saint Denys en France, & non audit Paris.*

Roi d'Armes. Officier, autrefois fort considerable dans les armées & dans les grandes ceremonies, qui commandoit aux Herauts, presidoit à leur Chapitre & avoit Jurisdiction sur les armoiries. Quelques-uns font Clovis Instituteur de ces sortes d'Officiers, & disent qu'il les baptisa du nom de son cri, *Saint Denys Montjoye*. D'autres prétendent que ce fut le Roi Dagobert, & d'autres le Roi Robert. On observoit de grandes formalités dans leur établissement en cette charge. Celui que le Chapitre des Herauts avoit choisi, étoit presenté au Roi qui lui donnoit des habits Royaux d'écarlatte fourrés de menu vair qu'il lui faisoit vêtir par ses valets de chambre, après quoi le Connétable, plusieurs Chevaliers & tous les Herauts & poursuivans d'armes, deux à deux, le conduisoient jusqu'au lieu où le Roi devoit entendre la Messe. On le plaçoit devant l'Autel dans une chaise sur un tapis velu, & il avoit à ses côtés des Chevaliers qui portoient les honneurs, sçavoir la couronne, la cotte-d'armes & l'épée. Le Roi étant arrivé, lui faisoit prêter serment sur les Evangiles, & lui donnoit le cri de *Montjoye Saint Denys*, avec plusieurs articles concernant ses fonctions. Ensuite il le faisoit Chevalier, dont la ceremonie étoit de lui donner l'épée qu'il lui faisoit ceindre par le Connétable. Il lui mettoit aussi sa cotte d'armes & la couronne sur la tête, & lui accrochoit à la poitrine le blason émaillé des armes de France. Pendant le service, ce Roi d'armes étoit assis dans la chaise du Roi vis-à-vis de lui, & le Roi le faisoit dîner au bas bout de sa table & servit par ses mêmes Officiers. Il lui faisoit un grand present dans une coupe d'or, & deux Maréchaux de France & plusieurs Chevaliers le reconduisoient ensuite avec beaucoup de ceremonie en son hôtel, où il se rendoit ayant la couronne sur la tête, & la cotte-d'armes sur l'habit royal. Presentement les Rois d'armes sont bien déchus de leur ancienne élevation. Le grand Ecuyer prétend que c'est une qualité qui est comme annéxée à sa charge, & il en fait plusieurs fonctions. Celui qui a le titre de *Montjoye* tient le premier rang sur les autres Rois d'armes des Provinces, & il est distingué par sa cotte-d'armes de velours violet cramoisi, ornée devant & derriere de trois grandes fleurs de lis en broderie d'or, surmontées & couvertes d'une couronne royale frangée & galonnée d'or, avec trois fleurs de lis sur la manche droite, & le nom & titre de *Montjoye*, écrit en broderie d'or, & *Roi d'arme de France* sur la gauche, mais il ne porte qu'un cordon large d'où pend une médaille d'or avec l'effigie du Roi, au lieu qu'anciennement il portoit sur sa poitrine un camayeu ou émail de cristal rehaussé d'or, garni & bordé de pierreries fines où les armes du Roi étoient peintes. Son bonnet est une toque de velours noir avec un cordon d'or, semé de deux rangs de perles & des touffes ou aigrettes de heron. Il porte à la main droite un sceptre couvert de velours violet, semé de fleurs de lis d'or en broderie, & orné au bout d'une fleur de lis massive, chargée d'une couronne royale de même. Ce qui a fait donner le nom de *Roi* au Roi d'armes, qui est le premier des Herauts c'est qu'autrefois on donnoit ce même nom à plusieurs principaux Officiers, comme au *Roi des Merciers*, qu'on appella depuis *Visiteur*, au *Roi des Ribauds*, qui faisoit les fonctions de Prevôt sur ceux qui commettoient des crimes dans les lieux où étoit la Cour, & au *Roi des Archers & des Arbalestriers*, outre qu'on mettoit une couronne sur la tête du Roi d'armes le jour qu'il étoit reçû, & qu'il la portoit en plusieurs occasions où il avoit l'avantage de representer la personne du Roi.

RU

RU. s. m. Canal d'un petit ruisseau, tel que les ruisseaux des prés. Ce mot est vieux, & Nicod en parle ainsi. Ru, *signifie tantost un petit courant ou canal d'eau partant d'une fontaine, & vient du verbe Grec* ῥέω, *qui signifie Fluer, ou bien de* ῥόος, *nom attique, qui signifie* Ru, *selon laquelle derivaison on le pourroit escrire par diphtongue* Reu, *pour marquer la difference d'avec* Ru, *qui vient de* Ruer, *qui vient de* ῥίπτω, *car la mutation de* i *en* u *est aisée. Il se prend aussi pour le milieu d'une ruë par où l'eau s'escoule, & selon ce on dit,* Il n'y a que le Ru entre les deux maisons. *Et tantost signifie Ject. Selon ce on dit,* Le ru du baston; *& par metaphore* le Ru du baston, *en cas d'exercice d'Office pour la manigance que fait un Officier pour tirer la quintessence des proufits de son office, ce qui est prins en mauvaise part.*

On dit *Ruau* en quelques Provinces.

RUA

RUADE. s. f. Elancement des piés de derrier d'un cheval. Il se dit aussi des mulets, & de quelques autres bêtes qui ruent. On appelle *Ruade*, en termes de danse, le mouvement élevé d'un pié en arriere que fait le Danseur.

RUB

RUBAN. s. m. *Espece de tissu plat, fort mince dont la largeur ne passe point trois ou quatre doigts, & qui est fait de soye, de laine, ou de fil.* Acad. Fr.

Rubans, en termes d'Architecture, se dit d'un ornement tortillé sur les baguettes ou sans baguettes. Il se taille du bas relief ou est évidé.

RUBE. s. m. Sorte de monnoie de Moscovie, qui vaut environ cent huit sols de celle de France.

RUBEBE. s. m. Vieux mot. Sorte d'instrument Rebec.

Harpes, gigues & Rubebes,
Qu'oncques n'eust Amphion de Thebes.

RUBESTE. adj. Vieux mot. Robuste.

Que cil qui a femme rubeste,
Est garnis de méchante beste.

RUBICAN. adj. On appelle *Cheval rubican*, Un cheval qui a du poil gris ou du blanc semé fort clair sur les flancs, ayant d'ailleurs le poil bai, alezan ou noir.

RUBIS. s. m. Pierre rouge transparente, qui est fort considerable parmi les pierres precieuses. Le Rubis se nourrit dans la mine, où il est d'abord blanchâtre. Il n'acquiert sa rougeur qu'en mûrissant, d'où vient qu'on en voit qui sont moitié blancs & moitié rouges. Il y a de trois sortes de Rubis. L'*Oriental*, qui est le plus dur de tous, & d'un feu fort vif. C'est celui qui est estimé le vrai Rubis. Le *Rubis balais*, qui est plus grand que l'Oriental, a une couleur de rose vermeille. On tient qu'il naît d'une matiere pierreuse de couleur de rose, appellée matrice de Rubis. La troisiéme espece de Rubis se nomme *Rubis spinelle*. Il est plus rouge que le Rubis balais, mais il a bien moins d'éclat que le vrai Rubis, à cause qu'il se rencontre en de certains endroits des Indes, où le Soleil n'a pas tant de force. C'est aussi ce qui lui donne moins de dureté.

RUBORD. s. m. Terme de Charpenterie. Premier rang des planches, ou bordages d'un bateau foncet, ou autre qui se joint à la semelle, & qui est la premiere piece qui s'éleve du bâtiment.

RUBRIQUE. s. f. Dioscoride établit deux sortes de Rubrique. L'une qu'il appelle *Rubrica sinopica*, est une terre rouge, épaisse, pesante, retirant au foye, & qui n'est point pierreuse. Elle est toute d'une couleur, & fort aisée à se démêler quand on la mouille. On la trouve en Cappadoce, & après l'avoir bien nettoyée, on l'apporte en la ville de Sinope où l'on en fait grand commerce, ce qui la fait appeller *Sinopique*. Elle est dessiccative & astringente & on la met aux emplâtres qu'on prepare pour les playes. Matthiole dit, que personne n'a pû lui montrer cette sorte de Rubrique, mais que n'y ayant aucune chose minerale qui en approche plus que le bol d'Armenie commun qu'on voit ordinairement chés les Apothicaires digeré par masses quarrées, & dont les Chirurgiens se servent pour étancher le sang, & pour resouder les os rompus, il croit que ce pourroit être la *Rubrica Sinopica*, quoiqu'il ne veuille pas l'assurer. L'autre est la Rubrique que les anciens ont appellée *Rubrica fabrilis*, & que Matthiole dit n'être autre chose que la craye rouge dont les Charpentiers teignent leur corde pour marquer au juste ce qu'il faut ôter des pieces de bois qu'ils veulent équarrir. Elle est de moindre vertu que l'autre. La meilleure croit en Egypte, & autour de Carthage. Elle est fort aisée à rompre, & n'est point pierreuse.

RUBUS-CANIS. s. m. Arbrisseau qui est de la hauteur d'un arbre & beaucoup plus grand que la ronce. Ses feuilles sont plus larges que la myrthe, & il y a quantité d'épines fermes & dures qui environnent ses branches. Sa fleur est blanche & son fruit longuet, semblable au noyau d'une olive. Ce fruit devient roux lorsqu'il est mûr & a une certaine mousse ou cotton par dedans. Quand il est sec, il resserre le ventre. Il en faut ôter la mousse qui est dedans. En Grec κυνόσβατος, Ronce de chien. Matthiole fait voir que tous ceux qui prennent le *Rubus-canis* pour l'églantier, se trompent.

RUC

RUCHE. f. f. Ouvrage de Vanier enduit de terre, & fait en forme de cloche, propre à loger les abeilles. On en fait aussi de verre, afin d'avoir le plaisir de voir de qu'elle maniere elles travaillent. M. Ménage fait venir ce mot de *Rupes*, Roches, à cause que les abeilles se mettent quelquefois dans les rochers.

On appelle *Ruches*, en termes de Medecine. La cavité qui est auprès du conduit de l'oreille, & dans laquelle s'amassent les ordures que le cure-oreille en tire.

Ruche, se dit en termes de Marine, du corps d'un Vaisseau, lorsqu'il est sans mâts & sans cordages sur le chantier, & qu'il n'a aucuns agrés. On dit aussi *Rouche*. On appelle encore *Ruche*, Un Instrument à pêcher fait à peu près comme une Ruche à mouche.

RUD

RUDENTE', E'E. adj. Terme d'Architecture. On appelle *Colomne cannelée & rudentée*, Celles dont le bas des cannelures est plein & rempli en forme de bâtons ronds. Ce mot vient du Latin *Rudens*, Cable.

RUDENTURE. f. f. Bâton simple, ou taillé en maniere de corde, dont les cannelures d'une colomne sont remplies jusques au tiers. Il y a aussi des Rudentures de relief sans cannelures, elles se taillent sur des pilastres en gaine.

RUDERATION. f. f. La maçonnerie la plus grossiere, que les Maçons appellent *Hourdage*.

RUE

RUE. f. f Plante que Dioscoride dit être de deux sortes, la sauvage, qui ne vaut rien à manger, & celle des jardins. La Sauvage est entierement semblable à l'autre, à l'exception de ses feuilles, qui sont plus petites, & plus grêles, & qui ont un goût plus fort & plus amer. La Rue est toûjours verdoyante & jette plusieurs feuilles d'une même queue, grossetes, grassettes, étroites à leur issue, & larges au bout. Elle produit force branches, à la cime desquelles sortent des fleurs jaunes, assés semblables à celles d'hypericum. Ces fleurs poussent de petits boutons de forme quadrangulaire, dans lesquelles on trouve une petite graine noire. Sa racine est dure comme bois & bien munie. Elle est mordante & amere, mais la sauvage l'est encore plus. On tient que quand la Belette veut combattre le Serpent, elle prend auparavant de la Rue comme un préservatif qui la garantit de son poison. La Rue a la vertu de digerer & d'inciser les humeurs grosses & visqueuses, & provoque les urines. Elle est de subtiles parties, convient aux tranchées, & dissipe les ventosités. Il y a une autre Rue sauvage qui produit plusieurs branches d'une seule racine, & qui a ses feuilles plus longues & plus tendres que celles de l'autre. Rue. L'odeur en est forte & puante. Sa fleur est blanche, & produit des têtes comparties en trois, qui sont un peu plus grosses que celles de la Rue des Jardins. Ces têtes enferment une graine faite en triangle, roussâtres & ameres au goût. Cette graine est mûre en automne. Matthiole dit qu'étant pilée & appliquée avec miel, vin, saffran, fenouil & fiel de poulets; elle est singuliere à ceux qui ont la vûe foible & courte. Quelques-uns l'appellent *Harmala*, ceux de Syrie, *Besasan*, & ceux de Cappadoce *Moli*, à cause de la conformité qu'elle a avec le Moli, ayant la racine noire & la fleur blanche. Elle croît aux côteaux & aux lieux gras.

RUE'E. Amas de litieres seches, chaumes, bruyeres, &c. que l'on fait dans les bassecours, dans les chemins, pour les froisser sous les piés, & faire pourrir, afin de les mêler ensuite avec du fumier, & engraisser les terres.

RUG

RUGINE. f. f. Instrument dont les Chirurgiens se servent, tant pour applanir un os qui est raboteux, noir & vermoulu, que pour le racler quand il y a fracture, pour voir jusqu'où la fente penetre.

RUI

RUILLE. f. f. Vieux mot. Regle. *C'est une ruille generale que les poissons qui ont écailles & noës sont nets.*

RUILLE'E. f. f. Enduit de plâtre ou mortier que les Couvreurs mettent sur les tuiles, pour joindre la couverture & la tuile à la muraille.

RUILLER. v. n. Faire des repaires pour dresser toutes sortes de surfaces & de plans.

RUIMER. v. n. Vieux mot. Rugir. On a dit aussi *Rument*, pour Rugissement

RUINER. v. a. Terme de Maçonnerie. On dit *Ruiner & tamponner des solives*, pour dire, Entailler, hacher les côtés des solives & y ficher à force des tampons ou chevilles de bois, pour tenir les plâtras, & la maçonnerie, dont on en remplit l'entredeux ensuite.

RUINURE. f. f. Entaille qu'on fait aux côtés des solives ou des poteaux avec la coignée, pour retenir les panneaux de maçonnerie dans une cloison & les entrevoux dans un plancher.

RUISTE. adj Vieux mot. Rude.

Tant mar fu ta ruiste fierté.

RUIT. f. m. Vieux mot. Bord d'un Ruisseau.

Sur le ruit d'une fontenelle.

RUM

RUM Espace que l'on pratique dans le fond de cale d'un vaisseau, pour y arranger les marchandises, de sa cargaison. On l'appelle autrement *Reun*, & c'est de là qu'on a dit *Arrumer*, ou *arreuner*, pour dire, Ranger les marchandises dont le Vaisseau est chargé. Les mots d'*Arrimer* & d'*arrimage* qui veulent dire, Arranger & arrangement viennent aussi de là.

On a dit en termes de mer, *Etre en bon rum*, pour dire, en bon ordre; *Avoir du rum à fond de cale*, pour dire, Y avoir de l'espace, & *Donner rum à une pointe de terre, à une roche*, pour dire, S'en éloigner,

RUMB. f. m. Ligne, par laquelle un des trente-deux vents qui servent à conduire les Vaisseaux, est representé sur la boussole, ou sur les cartes marines. La division qui est le plus generalement reçûe établit huit Rumbs entiers, dont la distance de l'un à l'autre est de quarante-cinq degrés; huit demi-Rumbs, & seize Quarts de Rumb, ce qui accomplit le nombre des trente-deux vents.

Nicod a écrit *Rum*, & non pas *Rumb*, Rum dit-il, *est le trait en ligne droite d'un vent à autre, comme Nort, Sud, Est, Vuest, Nordest, Sudovest; ce qui est entendu non seulement d'un vent entier à autre, ains aussi d'un demi vent à autre, & d'une quarte de vent à autre, & de plus grande menuise de vents s'il s'en faisoit en la navigation. Selon ce on dit* Arrumer une carte, *c'est-à-dire, Tirer en icelle lesdits Rums de vents entiers, demi-vents, ou quart d'iceux, d'un poinct à son opposite en droite ligne ; ce qui est usité és cartes de navigation ou de mer, parce que les routes & chemins de la mer sont en haut & en l'air, & non en bas comme ceux de la terre, c'est-à-dire, aux vents. Lesquels Rums sont marqués de noir, de rouge & de vert, pour distinguer les Rums des vents entiers d'avec ceux des demi vents & des quartes, servans trestous pour tenir droicte route, & la reprendre quand la fureur d'un vent traversain a fait desrouter & fourvoyer le navire ; & s'il se trouve des cartes de terre arrumées, à la façon de celles de mer, comme en l'an mil cinq cens soixante & quatre, il m'en fut monstré une de ce Royaume, toute arrumée, faite par un Cosmographe Portugais, à la requeste de l'Ambassadeur du Roy de Castille, que j'envoyay avec ledit Cosmographe au Roy Charles IX. estant alors à Escoüen, à ce qu'il retinst ladite carte comme pernicieuse à son Estat, & le Pourtroyeur & Cosmographe à son service ; ce qu'il feit, sont cartes pour la guerre servant à un estranger ennemy, pour sans guide, connoissant le Païs & à la faveur d'un quadran ou bussole, mener une armée à travers tout le païs desseigné en ladite carte arrumée, & ne tomber point en danger, auquel Tite-Live escrit en son vingt-deuxiéme Livre estre tombé Annibal quand il se vit rendu au champ Stellates. Le mot peut estre prins de ῥυμὸς, diction grecque, qui signifie Le timon d'une charrette, qui la fait aller droit sans balancer, car le Rum monstre aussi le droit de la route qu'il faut tenir sans varier. Aucuns l'appellent* Ryn, *autres* Lys de vent.

RUP

RUPTUOIRE. s. m. Terme de Chirurgie. Cautere Potentiel, qui par sa vertu caustique brûle & fait escarre. On a coûtume de l'appliquer aux bubons veneriens & pestiferés, & aux piquûres des bêtes venimeuses, pour attirer & faire évacuer les humeurs.

RUS

RUSTARIN. adj. Vieux mot, dont Coquillard s'est servi pour dire, Rustre.

RUSTIQUE. adj. *Champêtre qui est des champs, qui appartient aux champs.* ACAD. FR.

On appelle *Colomne Rustique*, Une colomne qui est de proportion toscane, ou qui a des bossages unis, rustiqués, ou piqués, & *Porte rustique*, Celle dont les paremens des pierres sont en bossages rustiqués.

RUSTIQUER. Terme de Tailleur de pierres. Piquer une pierre avec la pointe du marteau entre les ciselures relevées. On dit qu'*Un Ouvrage est rustique*, quand les pierres sont taillées rustiquement, & que l'on n'a point d'exactitude à observer avec soin les parties des cinq ordres ordinaires de l'Architecture.

RUSTRE. s. f. Terme de Blason. Losange percée en rond. *De sable à trois rustres d'or.* Le Pere Menestrier fait venir Rustre du mot Allemand *Rutten*, qui signifie ces losanges percées à jour qui servent à arrêter les gros clouds à vis des serrures & des happes des portes.

Rustre, Espece de lance ancienne dont se servoient ceux qui combattoient dans les lices. Le bout de cette lance étoit fait comme une navette percée d'un bâton.

RUT

RUT. s. f. Tems où les bêtes fauves & autres sont en amour. Les Furetieristes disent qu'on le dit de la troupe des biches après laquelle le cerf court. Lisés *Harde des biches*. Les cerfs entrent en Rut en Septembre, & ils y sont trois semaines. Le Chevreuil n'y est qu'en Octobre, & environ pendant quinze jours. On tient que sa femelle ne souffre aucune approche d'un autre que de celui qui l'a couverte au commencement. Les Sangliers sont en rut dans tout le mois de Decembre, & on prétend que faute de layes, ils couvrent des truyes, lorsqu'ils en rencontrent. Le rut des Loups commence à la fin de Decembre, & dure tout le mois de Janvier. Celui des Renards est en Decembre & en Janvier. Quelques-uns font venir ce mot de *Rugitus*, Rugissement, à cause du bruit que font les Cerfs & les Lions pendant qu'ils sont en chaleur. Borel le dérive de *Ruere*, à cause de l'impetuosité des bêtes dans tout le tems qu'elles sont en amour. On disoit autrefois *Ruit*.

Ferme comme un Sanglier en ruit.

RYP

RYPTIQUES. s. m. Medicamens qui mondifient & détergent toutes sortes d'humeurs salées, corrompues & puantes, & qui ont la faculté d'entraîner celles qui sont lentes, glutineuses & adherentes au corps. Ils sont composés d'une maniere chaude, amere & salée au goût, & un peu dessiccatives, comme l'hyssope, l'absynthe, le nasitort, le centaurium minus, l'Iris, l'orge, le suc de limons, le nitre, le miel, & autres. Ce mot est Grec ῥυπτικὰ, & vient de ῥύπτω, Nettoyer, Oter les ordures.

S

SABBAT. s. m. Fête que les anciens Juifs observoient avec beaucoup de respect, au septiéme jour auquel Dieu se reposa, après avoir créé le monde de rien en six jours. Il ne leur est pas permis ce jour-là de parler d'affaires, du prix de quoi que ce soit, de vente, d'achat, de donner, de recevoir ni de manier rien qui soit pesant, ni aucuns outils d'Artisans. Dès le Vendredi on songe à tout ce qu'il faut pour le Sabbat, & on n'entreprend aucun ouvrage qui ne puisse être achevé avant le soir. Le soleil étant prêt de se coucher, toutes les défenses commencent à s'observer. Alors les femmes allument une lampe dans la chambre, & cette lampe qui dure la plus grande partie de la nuit, doit avoir six lumignons, ou tout au moins quatre. Elles dressent aussi une table couverte d'une nappe blanche, & mettent du pain dessus, qu'elles couvrent d'un autre linge long & étroit, ce que les Juifs font en memoire de la manne qui tomboit de cette sorte ayant de la rosée dessus & dessous. Il y en a qui prennent du linge blanc pour bien commencer cette Fête du Sabbat, & qui après s'être lavé les mains & le visage, vont dire dans la Synagogue le Pseaume 92. & les prieres accoûtumées, ausquelles ils ajoûtent la commemoration du Sabbat. Ils se saluent au sortir, & se disent *Bon Sabbat*, & non pas bon soir. Le lendemain ils se levent plus tard que de coûtume pour mieux garder le repos, & lorsqu'ils sont arrivés à la Synagogue, ils disent plusieurs Pseaumes & prieres propres à la louange de la Fête. On tire aussi le Pentateuque, & sept personnes lisent toute la section où l'on est, après quoi on lit un endroit des Prophetes qui a rapport avec ce qu'on a lû de la Loi, & cette derniere lecture est faite ordinairement par un enfant. Cela est suivi de la benediction qu'on donne avec ce livre à tous ceux qui sont presens, & d'une autre pour le Prince sous la domination duquel on est assemblé. On fait ensuite une autre priere qui renferme les paroles du sacrifice qu'on faisoit au Temple le jour du Sabbat, & c'est par-là qu'on finit. Le soir on retourne à la Synagogue, & après les prieres ordinaires, ausquelles la commemoration du Sabbat est ajoûtée, on lit à trois personnes dans le Pentateuque le commencement de la Section de la semaine où l'on entre. Les Juifs ont accoûtumé de manger trois fois pendant les vingt-quatre heures du Sabbat, la premiere le Vendredi après la priere du soir, & les deux autres le lendemain la nappe demeurant toûjours sur la table pendant ce temslà. Lorsque la nuit est venue, & que l'on peut découvrir quelques étoiles, il est permis de retourner au travail. Comme ils croyent que les ames des Damnés & de ceux qui sont en Purgatoire ne souffrent point pendant tout ce jour, ils en prolongent la durée par leurs chants & par la priere. Chacun étant de retour chés soi, on allume un flambeau ou une lampe, & le Maître de la Maison prenant du vin & des épiceries de bonne odeur, les benit & les sent pour commencer la semaine avec plaisir. Il benit ensuite la clarté du feu dont on ne s'est point encore servi, & songe à reprendre le travail. *Sabbat*, est un mot Hebreu qui signifie, Cessation ou Repos.

SABBATHARIENS. s. m. Heretiques ainsi appellés de ce qu'ils ne vouloient point admettre le Jour du Seigneur, comme n'étant pas commandé dans l'Ecriture. Ils tenoient seulement le Sabbat pour Saint, à cause que Dieu se reposa ce jour-là, & qu'il commanda de le garder. On les nomme aussi *Sabbatharises*.

SABBATINE. s. f. These qu'on a appellée ainsi, parce qu'on ne la soûtenoit autrefois que le Samedi. On donne à present ce nom à toutes les petites theses, qui se font d'une partie de la logique & de la morale. C'est aussi le nom d'une Bulle accordée à Simon Stoc, en consequence d'une prétendue vision qui a été vivement attaquée par le Docteur de Lannoi, l'Abbé Pirot en a soûtenu la verité dans un manuscrit qui n'a pas encore été publié. Voyez SCAPULAIRE.

SABBATIQUE. adj. Mot qui n'a d'usage qu'en parlant des années des anciens Juifs, qui les comptoient par semaines. La septiéme étoit appellée *Année Sabbatique*. Ces sept semaines d'années faisoient quarante-neuf ans, & ils étoient obligés de sanctifier la suivante qui étoit la cinquantiéme. Dans cette année les serviteurs se reposoient étant remis en liberté, & on restituoit les possessions que l'on avoit achetées. Ainsi les achats qui se faisoient chés les Juifs n'étoient que jusqu'à l'année du Jubilé, qui étoit une année Sabbatique. La terre se reposoit pendant cette même année, & il étoit défendu de la cultiver & de la semer.

SABE'ENS. s. m. Nom qui a été donné à ceux d'une Secte qui demeurent dans les confins de la Perse, & qu'on appelle autrement *Chrétiens de saint Jean*, à cause qu'ils l'honorent particulierement, quoiqu'ils soient plus Gentils que Chrétiens. Ils n'admettent que quatre Sacremens, qui sont le Baptême, l'Eucharistie, l'Ordre & le Mariage. Pour le Baptême, ils ne le conferent jamais que le Dimanche, quand même l'enfant seroit tout prêt à mourir. Ils n'habitent que des lieux voisins des rivieres, à cause qu'ils sont persuadés qu'on ne sçauroit baptiser qu'en eau courante. Ils ne donnent point ce Sacrement au nom de la Sainte Trinité, mais le Ministre étant au bord d'une riviere, jette un peu d'eau sur la tête de l'enfant, en disant en leur langue, *Au nom du Dieu Seigneur, ancien, avant la lumiere du monde, qui sçait tout ce que nous faisons.* Il repete ces mots trois fois en baignant chaque fois l'enfant. Dans l'Eucharistie, ils disent quelques prieres sur l'hostie qui est faite avec de la farine détrempée dans du vin & de l'huile, sans prononcer les paroles de la consecration, & pour le vin qui sert aussi à la consecration, il est tiré de raisins secs humectés dans l'eau qu'ils pressent ensuite. Leur Messe ne consiste qu'en quelques Oraisons, & en la communion du pain & du vin, & on ne dit point d'Evangile. Ils ont des Ministres superieurs & inferieurs, & toute la ceremonie du Sacrement de l'Ordre ne consiste parmi-eux qu'à quelques prieres que dit le Ministre sur celui qu'il ordonne. Les enfans succedent à leurs peres dans le Ministere, pourvû qu'ils ayent seize ou dix-sept ans, & à leur défaut leurs plus proches parens remplissent ces charges. Ces Sabéens ne travaillent point le Dimanche, & ont seulement trois fêtes par an, dont il y en a deux qui durent chacune trois jours, & une autre cinq. Cette derniere est en memoire du Baptême de Notre-Seigneur. Ils la celebrent au commencement du septiéme mois, & se font tous baptiser une fois tout de nouveau dans chacun de ces cinq jours. Les deux autres fêtes sont celebrées l'une au premier jour de l'année en memoire de la creation d'Adam, & l'autre au commencement de leur quatriéme mois, qui est la fête de saint Jean. C'est le seul qu'ils reconnoissent pour saint, avec saint Zacharie son pere, & sainte Elisabeth sa mere. JESUS-CHRIST ne passe chés eux que comme son serviteur. Quand quelques-uns d'entre eux se marie, le Ministre les baptise encore, & oblige l'Epouse en presence des femmes qui se rencontrent à cette ceremonie, de jurer qu'elle est vierge, ce qui est suivi du rapport qu'en fait la femme du Ministre qui est commise à la visiter, après quoi il fait mettre l'Epoux & l'Epouse dos à dos, & quelques prieres qu'il lit font le mariage. Il leur est permis d'avoir deux femmes. Ils ne connoissent point de Purgatoire, & disent que les méchants passeront après leur mort par un chemin fort étroit, où des tygres, des lyons, & des serpents les devoreront, sans faire aucun mal aux bons qui passeront par dessus ces bêtes, pour aller jouir des plaisirs du Paradis, qu'ils font materiel, ainsi que les Turcs. Ils ne se nourrissent que des animaux, tant chair que poisson, qui auront été tués par un Sabéen. Toute viande touchée par un autre leur paroît impure, & ils n'en veulent point manger. Leurs Ministres font parmieux la fonction de Bouchers, en prenant un habit de toile. Si c'est une poule qu'ils doivent tuer, ils lui lavent les piés & le bec, à cause qu'elle gratte & mange des saletés, & après l'avoir égorgée, ils disent en leur langue, *Au nom de Dieu misericordieux, que cela profite à ceux qui le mangeront.* Ils ne boivent jamais dans un vase où un autre qu'un Sabéen aura bû, & ont la même horreur du bleu que les Juifs l'ont du pourceau. Leur année est composée de trois cens soixante & six jours, sçavoir de douze mois chacun de trente jours, & de six jours surnumeraires.

SABELLIENS. s. m. Heretiques qui ont pris leur nom de Sabellius, Africain de naissance, qui suivoit les erreurs de Noëtus. Le Sabellianisme commença à être connu vers l'an 224. sous la persecution de Valerien. Ceux de cette Secte attaquoient la Trinité des Personnes Divines, soûtenant que ce n'étoit autre chose qu'une difference de noms en une seule Personne, d'où il s'ensuivoit que le Pere avoit souffert. Cette opinion les fit aussi appeller *Patrepassiani.*

SABINE. s. f. Sorte d'arbre petit & court qui se jette plus en largeur qu'en longueur, & dont les rameaux sont souples & difficiles à rompre. On l'appelle autrement *Savinier.* Il y en a de deux sortes, l'un qui porte du fruit, & l'autre qui est sterile. Ce dernier a ses feuilles semblables au cyprès, mais très-épineuses à la cime, fortes en odeur, aigues & brûlantes. Celui qui porte du fruit, quoique rare en Italie, est assés abondant en Allemagne, où il vient naturellement. Il a ses feuilles semblables au Tamarisc, plus grosses & non piquantes. L'odeur n'en est pas si forte que du premier. Leur grain ou perle est semblable en ce qui regarde l'odeur & le goût, mais l'un est rougeâtre, & l'autre de couleur celeste. Galien dit que la Sabine provoque les mois, qu'elle fait mourir l'enfant au ventre de sa mere, & qu'étant mort elle le pousse dehors. Elle est fort contraire aux vers, & ses feuilles étant broyées & incorporées avec du miel, mondifient les ulceres les plus sales, & resolvent les charbons.

SABLE. s. m. *Sorte de terre legere, menue, & sans aucune consistance, mêlée de petits grains de gravier.* ACAD. FR. Il y en a de differentes natures, & qui se lient mieux avec la chaux que les autres. Les uns sont si gras, qu'on en met cinq parties, & quelquefois jusqu'à sept contre une de chaux, & il en est d'autres si secs, qu'il faut presque autant de chaux que de sable. En beaucoup d'endroits le meilleur est celui qu'on appelle *Sable de cave.* C'est un sable qu'on fouit & qu'on prend en terre. Il a de gros grains comme de petits cailloux, & fait du bruit quand on le manie. Il y a des sables blancs, d'autres jaunes, d'autres rouges & d'autres noirs. Pour connoître leur bonté, il les faut mettre sur de l'étoffe. Il n'y a que les mauvais sables qui la salissent, & qui y demeurent attachés. On appelle *Sable mâle*, celui qui dans un même lit est plus fort qu'un autre. Cet autre qui n'est pas si fort se nomme *Sable femelle.*

On appelle aussi *Sable blanc*, Une sorte de sable fait de gyp calciné, dont les Faux Monnoyeurs se servent pour mouler. *Jetter en sable*, se dit, en termes de Fonderie, de ce qui est jetté dans de petits moules faits de sable ou de poudre d'ardoise, de piés de mouton, d'os de seche, de cendres & autres choses de cette nature; & on appelle *Pistole sablée*, Celle que l'on a moulée & jettée en sable, & qui n'a point été faite à la monnoye au moulin ou au marteau.

Sable. Sorte d'horloge qui mesure des heures ou demi-heures par l'écoulement du sable qui sort d'une phiole pour entrer dans une autre. Ces deux phioles, qui sont proprement abouchées l'une sur l'autre, se mettent dans une boîte à jour, & il y a autant de sable dans l'une qu'il en peut couler pendant une heure ou une demi-heure. Ce sable se fait de coquilles d'œuf sechées au feu, bien pulverisées & bien tamisées. On se sert de ces horloges dans les Navires, & l'on dit, qu'*Un matelot a mangé son sable*, pour dire, qu'il a tourné l'horloge avant que tout le sable en fût écoulé, afin de faire finir son quart plûtôt.

Sable, en termes de Blason, veut dire, Noir. On le represente sur des écus gravés, par des traits croisés, c'est-à-dire, par de doubles hachures de lignes qui se croisent à angles droits. Borel dit que *Sable*, dans ce sens, ne vient pas de sable, terre noirâtre, mais des martes zibelines, que quelques-uns nomment *Sabulines*, qui sont fort noires.

Voici ce que M. Rohaut trouve de plus vrai-semblable touchant la maniere dont le sable se forme. Au lieu, dit-il, que les endroits de la terre où se forment les metaux sont fort serrés par le poids de toute la matiere terrestre qu'il y a depuis ces endroits-là jusqu'à nous, les parties qui approchent le plus près de sa surface, le sont si peu, qu'elles se trouvent separées les unes des autres par une infinité de fentes qui sont entre ouvertes en tout sens, par où elles donnent un libre passage aux vapeurs & aux exhalaisons, & à quantité d'autres parties de matiere, que la chaleur qui se rencontre quelquefois dans les entrailles de la terre, a agitées; & comme les exhalaisons ont cette proprieté, que de se mêler facilement avec les parties terrestres fort delicates qu'elles détachent, il arrive qu'elles composent divers petits tas, dont les parties après s'être diversement agitées, s'accordent à la fin à se mouvoir en même sens, ce qui les met en repos les unes à l'égard des autres; puis le corps qui resulte de cet assemblage ayant la force d'ébranler la matiere voisine, il lui transfere peu à peu tout son mouvement, & s'arrête enfin revêtu d'une figure approchante de la ronde; & c'est, à mon avis, ce qui forme un grain de sable, qui peut être accompagné d'une infinité d'autres qui ont une semblable origine. Ces grains sont pesans, parce qu'ils sont faits d'une matiere terrestre; & ils sont durs, parce qu'elle est sans mouvement. Ils doivent être transparens, à cause que les petites boules du second élement qui les agitoit au commencement, s'y sont conservé des passages. Toutefois ces passages ne sont point en si grand nombre, qu'il n'y ait beaucoup de parties solides qui peuvent reflechir la lumiere; & parce que leur superficie est diversement âpre & raboteuse, cela cause quelques modifications aux rayons de la lumiere, & fait aussi que les grains de sable peuvent paroître sous toutes les diverses couleurs que l'on experimente. La production de l'argille n'est pas beaucoup differente de celle du sable. Il faut seulement ajoûter que ses grains sont incomparablement plus petits, pour laisser entre eux de plus petits intervalles, & ainsi composer un tout que l'eau puisse plus difficilement penetrer. Comme les parties qui s'enlevent de la terre ne sont pas par toutes égales, ni en même quantité, & que les vapeurs & les exhalaisons ne s'élevent pas aussi également par tout, il s'ensuit visiblement que les grains de sable & d'argile ne sont pas par tout de même grosseur ni de même qualité. Bien que chaque grain de sable soit transparent, neanmoins quand il y en a une grande quantité, ils font ensemble un corps opaque: car la lumiere qui se presente pour passer au travers, ayant à passer plusieurs fois alternativement de l'air dans du sable, & du sable dans l'air, chaque superficie reflechit toûjours quelque peu de rayons, en sorte qu'à la fin il n'en reste plus du tout qui rendent du côté où ils se portoient au commencement; mais si la matiere qui compose un seul grain de sable, s'étoit rencontrée en si grande quantité, qu'elle pût faire une masse d'une grosseur assés considerable, cette masse seroit toute transparente, & selon les divers degrés de dureté qu'elle auroit, & l'arrangement de ses parties, elle auroit la forme de certains cailloux, ou de cristal, ou même de diamant.

SABLIERE. s. f. Terme d'Architecture. Piece de bois qui se met dans les cloisons, & qui étant aussi longue qu'une poutre, n'a que la moitié de sa grosseur. On appelle aussi *Sabliere*, La piece qui à chaque étage d'un pan de bois en reçoit les poteaux, & porte les solives du plancher. Il y a encore des especes de membrures, ausquelles on donne le nom de *Sablieres*. On les attache aux côtés d'une poutre, afin de n'en pas alterer la force, & elles reçoivent par enclave les solives dans leurs entailles.

SABORD. s. m. Terme de Marine. Embrasure dans le bordage d'un Vaisseau pour pointer une piece de canon. Il y a d'ordinaire sept piés de distance entre deux Sabords, & toûjours autant de rangs de Sabords qu'il y a de ponts. Chaque rang est presque toûjours de quinze Sabords, sans comprendre ceux de la Sainte Barbe & les batteries qui sont sur les châteaux. *Fermer les sabords*, c'est laisser tomber les mantelets dessus.

On appelle *Faux sabord*, Un cadre de bois garni d'une toile goudronnée. On y fait une ouverture avec une petite manche par laquelle la volée du canon passe. On s'en sert à couvrir un Sabord que l'on ne veut pas couvrir d'un mantelet.

SABOT. s. m. Sorte de soulier fait d'un bois creusé, dont les pauvres gens se servent au lieu de souliers de cuir. Les Dames du Limosin portent des Sabots fort propres & fort mignons. M. Richelet dit que le dessus de ces Sabots, qui sont faits d'un bois leger, est délicatement travaillé à jour, & embelli de quelqu'autre ornement fait avec beaucoup d'art; que l'on dore ces Sabots, & que par dedans où le pié pose, on les double de velours rouge cramoisi, bleu ou de quelque autre couleur. Ces Sabots se lient avec deux courroies qui sont attachées d'un petit clou à chaque côté du Sabot. Borel fait venir *Sabot* de *Bot*, qu'il dit avoir signifié Un trou en terre ou une fossette à jouer aux noix, à cause que le Sabot lui ressemble par sa cavité dans laquelle on fourre le pié. M. Menage le derive de *Saputus*, diminutif de *Sapus*, que l'on a dit pour *Sapa*, dont il pretend qu'on a fait *Savate*.

On appelle aussi *Sabot*, Une sorte de toupie qui est sans fer au bout d'en bas, & qui sert de divertissement aux enfans, qui la font tourner avec un fouet de cuir.

Sabot, en parlant du pié du cheval, se dit de toute la corne qui est au dessous de la couronne. Le Sabot renferme la sole, la fourchette & le petit pié.

Sabot. Outil de bois dont se servent les Cordiers pour cabler le cordage en trois ou en quatre.

SABRE. s. m. Gros & pesant coutelas. C'est une sorte d'épée à lame large qui ne tranche que d'un côté, & qui est moins courbée que le cimeterre. Sa longueur la plus commune est de deux piés quatre pouces, à le prendre depuis sa garde. Quelques-uns font venir *Sabre* du mot Allemand *Sabal*, tiré de Hongrois ou Sclavon *Sabla*, qui signifie Coutelas.

SABURRE. s. m. Terme de Marine. Grosse arene qu'on met au fond des Navires pour les tenir en état de naviger. C'est ce qu'on appelle communément *Lest*. Ce mot vient du Latin *Saburra*.

SAC

SAC. Quantité de mare qui reste après un pressurage soit de vin, soit de cidre. On dit, couper, lever un Sac, c'est encore la portée du pressoir. On dit aussi, Un Sac de 5. de 6. pipes.

SACADE. s. f. Terme de Manege. Sorte de châtiment dont se sert le Cavalier pour obliger le cheval à porter en beau lieu. On en doit user rarement, de peur de lui gâter la bouche. Il consiste à une secousse plus ou moins violente que le Cavalier lui donne, en tirant les resnes de la bride tout à coup lorsque le cheval pese à la main.

SACHE. s. m. Vieux mot. Le fourreau d'une épée.

Et de l'épée li enseigne,
Que le sache & pendant la ceigne.

SACHER. v. a. Vieux mot. Tirer.

Des playes sacha hors la fente

On a dit *Sacher l'épée*, pour dire, La tirer hors

du fourreau, de l'Espagnol *Sacar*, Tirer. On a dit aussi *Sacher*, pour dire, Aller à la chasse.

Li un pechent, li autre sachent.

SACOME. s. m. Terme d'Architecture, dont quelques-uns se servent, pour dire, Moulure en saillie. Il vient de l'Italien *Sacoma*.

SACONDRE. s. m. Sorte de Papillon qui se trouve dans l'Isle de Madagascar. Ces Papillons proviennent des escarbots, & se tiennent sur l'écorce d'un petit arbrisseau appellé *Tentele sacondre*, où ils paroissent comme des fleurs blanches, & se changent ensuite en des escarbots de differente couleur. Ils sont bigarrés de verd, de rouge & de plusieurs autres couleurs, & font du miel aussi doux que du sucre sur les feuilles de cet arbrisseau.

SACOPER. v. a. Vieux mot. S'enfermer soi-même.

SACQUATIER. s. m. Charroyeur de charbon dans les Forges.

SACQUIER. s. m. Terme de Marine. Petit Officier qui est établi en de certains Ports de mer. Sa fonction est de charger & décharger les Vaisseaux de sel & de grains & de les transporter dans des sacs, dont on a fait le mot de *Sacquier*.

SACRAMENTAIRES. s. m. Secte établie par André Carlostad, Archidiacre de Wirtemberg, & l'un des premiers Disciples de Luther. Il a été le premier d'entre les Prêtres de Wirtemberg qui se soit marié, qui ait interdit la Messe, rejetté les vêtemens sacrés & renversé le sacrifice & l'état sacerdotal. Il n'a pas voulu que Jesus-Christ fût au Saint Sacrement, sinon au tems qu'on le recevoit, & a défendu de lui rendre honneur & reverence. Luther déclama aussi-tôt contre ces Sacramentaires, les excommuniant, sans que jamais ni lui ni ses sectateurs ayent voulu se reconcilier avec eux.

SACRE. s. m. Oiseau femelle qui est court empieté, & le troisiéme des oiseaux de proie. Il a ses plumes d'un rouge enfumé, le bec, les jambes & les doigts bleus. Il est hardi, courageux, & propre au vol du Milan, du Heron & autres. Belon dit que l'on sçait où il fait ses petits. Son mâle s'appelle *Sacret*. M. Ménage fait venir le mot de *Sacre* de l'Arabe *Sacron*, qu'il dit être une espece d'épervier. D'autres veulent qu'on lui ait donné ce nom, à cause que toutes sortes de gens ne doivent pas toucher cet oiseau. Nicod en nomme trois especes differentes. *Sacre*, dit-il, *tantost est une espece d'oiseau de proye, laid de pennage, court empieté, plus grand que le Pelerin, & hardi à toutes manieres de volerie de passage, si qu'on ne sçait où il aire, ne où il fait ses petits; & parce qu'il fait annuellement son passage vers le Sud & vers les Indes, & est pris és Isles de Levant, Candie, Cypre & Rhodes & autres de l'Archipelage, les maistres Faulconniers tiennent qu'il vient des marches de Roussie, Tartarie & de la mer Majour, & en font trois especes, la premiere appellée* Seph, *qui hante l'Egypte & la contrée de Babylone, & prend lievres & biches; l'autre nommée* Semi, *qui prend petites gazeles, & la tierce* Hynair, *tous bien enduisant le past. Et par metaphore on dit,* C'est un terrible sacre, *de celui qui se gouverne par sa folle tête à l'estourdie; & tantost se prend pour l'acte de la consecration & onction du Roy, qui se fait avec onction sacrée & autres grandes ceremonies.*

Celles du Sacre de Louïs XIV. qui se fit dans l'Eglise de Notre-Dame, Cathedrale de Reims, au mois de Juin de l'année 1654. attirerent un nombre infini de Peuples qui s'y rendirent de toutes parts. Voici en quoi elles consisterent. On avoit élevé une Tribune à main droite, vis-à-vis le fauteuil du Roi, pour la Reine & les Princesses. Le Nonce du Pape, les Ambassadeurs des Rois & des Princes Souverains, & les Cardinaux Mazarin & Grimaldi étoient de l'autre côté. Il y avoit des sieges pour les Pairs de France Ecclesiastiques & Seculiers, & d'autres pour des Seigneurs qui representoient les Ducs de Bourgogne, de Normandie & d'Aquitaine, & les Comtes de Toulouse, de Flandre & de Champagne. Six Herauts vêtus de velours blanc marchoient les premiers, & les Cent Suisses & les Gardes du Corps qui suivoient, precedoient le Roi qui étoit vêtu d'une camisole de satin rouge, ouverte au dos & par les manches. Ce Prince avoit par dessus une robe de toile d'argent, & portoit un chapeau de velours noir avec un cordon de diamans & une aigrette noire. Il étoit accompagné de Monsieur, qui avoit une veste d'or & d'argent, un manteau violet doublé d'hermines, & un chapeau de velours noir environné d'une couronne Ducale enrichie de diamans. Le Cardinal Mazarin & deux Pairs Ecclesiastiques suivoient, ainsi que le Chancelier avec ses habits de ceremonie. Le Roi se mit sur le fauteuil qu'on lui avoit préparé devant l'Autel, & quelque tems après la Sainte Ampoule fut apportée de l'Abbaye de saint Remi par le Prieur, qui étoit revêtu de ses habits Pontificaux, & monté sur un cheval blanc. Il marchoit sous un dais de toile d'argent, que portoient quatre de ses Religieux en chapes, & ayant des couronnes de fleurs. Les Habitans du Village du Quesne les precedoient, par un privilege particulier qu'ils ont, à cause que leurs Ancêtres ont autrefois retiré la sainte Ampoule des mains de quelques Sacrileges par qui elle avoit été enlevée. Les Marquis de Coislin & de Richelieu, & Messieurs Mancini & Biron, qui representoient les quatre anciens Barons, marchoient ensuite, chacun d'eux, portant un étendard blanc, où étoient les Armes de la Couronne, & celles de leurs Maisons. L'Evêque de Soissons, qui en l'absence de l'Archevêque de Reims, dont il est le premier Suffragant, fait la fonction de sacrer nos Rois, s'étant approché de Sa Majesté qui se leva pour lui faire honneur, la pria de vouloir octroyer aux Eglises de son Royaume & aux Evêques, la conservation de leurs privileges, & se tournant du côté des Princes & Seigneurs, de toute la Noblesse & du Peuple, il leur demanda s'ils l'acceptoient pour leur Roi. Chacun ayant fait ses acclamations, ce Prelat prit du Roi le serment accoûtumé, qu'il fit ayant les mains sur les saints Evangiles. Alors ce Monarque s'avança devant l'Autel, & se mit à genoux sur un carreau de velours rouge, semé de fleurs de lis d'or. Le Comte de Vivonne, depuis Maréchal de France, ayant une veste de toile d'or ou d'argent traînante avec un manteau d'écarlate violette, doublé d'hermines, le chapeau de velours noir & la Couronne Ducale enrichie de diamans & de pierreries, en qualité de premier Chambellan, s'étant approché du Roi, lui ôta sa robe longue. L'Evêque de Soissons, après avoir dit quelques prieres, benit l'épée Royale dans le fourreau, & en ceignit Sa Majesté; & l'ayant ensuite tirée du fourreau, il la mit entre les mains de Sa Majesté, qui la tint la pointe en haut, & l'alla porter à l'Autel pour l'offrir à Dieu. Alors l'Evêque la reprit, & la remit dans les mains du Roi qui la donna au Maréchal d'Etrées, qui representoit le Connétable. En même-tems le Prelat prit la patene du calice de Saint Remi, sur laquelle il mit du saint Chréme & de l'huile de la sainte Ampoulle avec une aiguille d'or.

Après les avoir mêlés ensemble, il commença à oindre Sa Majesté sur la tete, sur l'estomac & sur les deux épaules, au pli du bras droit & du bras gauche, & ensuite le Duc de Joyeuse, Grand Chambellan, ayant donné au Roi par dessus sa camisole la tunique & le manteau Royal, l'onction fut continuée aux paumes des mains, après quoi on lui donna des gants benis, & la benediction se fit aussi de l'anneau avec lequel Sa Majesté épousoit le Royaume. L'Evêque prit le Sceptre Royal sur l'Autel, le mit en la main droite du Roi, & la main de Justice en sa main gauche, & ayant mis sur sa tête la Couronne de Charlemagne, il le conduisit sur un trône au devant du Jubé, étant accompagné des Ducs & Pairs. Là, ayant ôté sa mitre, & lui ayant fait la reverence, il le baisa; ce que firent ensuite tous les Ducs & Pairs.

Sacre. C'est ainsi qu'on appelle à Angers la Procession de la Fête-Dieu, qui s'y fait avec beaucoup de pompe, en expiation de l'Heresie de Berenger, qui en étoit Archidiacre. Froissard, vol. 3. fol. 225. édition de 1513. s'en sert en parlant de l'assassinat fait par Pierre de Craon en la personne du Connétable de Clisson.

SACROLOMBAIRE. adj. Les Medecins appellent *Muscle sacrolombaire*, un Muscle qui sert au mouvement du Thorax. On lui a donné ce nom à cause qu'il naît de l'os sacré ou de l'épine des lombes.

SAD

SADE. adj. Vieux mot. Gentil.

Il estoit viste, gent & sade.

SADINET. adj. Vieux mot. Joli, propre, net, mignard.

Tant de propos, tant de minettes,
Et tant de façons sadinettes.

SADUCE'ENS. s. m. Sorte d'Heretiques qui étoient autrefois parmi les Juifs. Ils rejettoient toutes les Traditions & Ecritures, à l'exception des cinq livres de Moyse, & nioient la resurrection, les punitions & les recompenses après cette vie, les Anges & les esprits, la destinée & la providence, attribuant la liberté à tous les hommes. Ils tenoient aussi que l'ame mouroit avec le corps.

SAF

SAFRAN. s. m. Plante qui a ses feuilles étroites, longues, & s'inclinant vers la terre, pleines de capillamens épaisses & fort douces à manier. Elles sortent des fleurs qui viennent auparavant, & qui sont rouges, belles à voir, & semblables à l'ephemeron. Dans le milieu sont des filamens rouges qui ont une sommité assés grosse, & avec ces filamens sortent comme de petites languettes de couleur d'or, & toutes semblables à celles qui viennent à la barbe de bouc. Le Safran fleurit pendant un mois, & ses feuilles verdoyent tout l'hiver en dépit du froid. Le printems venu, elles sechent & se perdent sans plus paroître l'été. Sa racine est bulbeuse & revêtue de plusieurs cartilages jaunissans comme le glayeul. La quatriéme année on ôte les bulbes qu'on met en été dans des greniers, après quoi on les plante dans un champ non engraissé. Matthiole dit que les Toscans appellent cette plante *Zaffaran*, comme les Arabes, & qu'en d'autres lieux d'Italie on l'appelle *Gruogo*, du Latin *Crocus*. On l'appelle quelquefois *Crocus Orientalis*, à cause que le meilleur vient de Corycie, qui est une Province du Levant. Il en croît d'excellent en France, sur-tout dans le Gâtinois & dans tout le pays d'Orange. Ce qu'on appelle proprement *Safran*, & ce qu'on vend sous ce nom, ce sont trois ou quatre filets qui viennent dans chaque fleur, qui ont le bout de couleur de feu, & assés gros. On s'en sert dans la Medecine, dans les teintures & dans les viandes. Les Enlumineurs l'employent pour faire du jaune doré. Le bon Safran doit être pliant, difficile à broyer, & quelquefois entremêlé de filamens blanchâtres. On le prépare pour la composition de la Theriaque, où il entre, en le repassant entierement poil à poil, afin d'en ôter le petit pié jaune avec la pointe des ciseaux, pour n'y laisser que la partie purpurine, qui ne cede à aucune écarlate en vivacité de couleur. La nature du Safran, selon Dioscoride, est de resoudre, de mollifier & de restreindre legerement. Il provoque l'urine, & en le bûvant avec du vin cuit, il empêche qu'on ne s'enyvre. Enduit avec du lait de femme, il arrête & restreint toute fluxion des yeux. On le met aux breuvages qu'on ordonne pour les vers & vermines du corps. Quelques-uns tiennent que le Safran fait mourir ceux qui en boivent avec de l'eau au poids de trois drachmes. Il y a un Safran bâtard, qui n'est autre chose que le Carthamus.

Les Chymistes appellent *Safran des metaux*, l'Antimoine préparé. Ce n'est autre chose qu'une poudre d'un jaune obscur, qui se précipite au fond lorsqu'on dissout le foye d'antimoine dans de l'eau commune. Sa couleur lui fait donner le nom de *Safran*, & on y joint, *Des metaux*, à cause que l'antimoine est consideré comme le pere de tous les métaux. Quand il se fait seulement avec partie égale d'antimoine & de nitre, c'est le veritable Safran des métaux, de Rutland. Il a un peu de malignité, mais il opere plus doucement que le verre d'antimoine, & même avec plus d'effet & de promptitude. Neanmoins la meilleure composition est celle où l'on met parties égales d'antimoine, de nitre & de tartre, à cause que le tartre fixe la vertu purgative de l'antimoine. Le *Safran de Mars* est proprement la rouille du fer, & c'est sa couleur jaunâtre qui lui fait prendre le nom de *Safran*. Il n'est aperitif que par accident, & pour lui donner une vertu astrictive, on calcine le Mars à un feu violent, jusqu'à ce qu'il soit reduit en une poudre rougeâtre, & c'est ce que l'on appelle *Safran de Mars astringent*. Quelques-uns se contentent de ramasser avec une patte de lievre la poudre rouge qui se trouve attachée aux barreaux des fourneaux; elle est un fort bon Safran de mars. Son usage a lieu dans les affections où l'astriction est necessaire, comme dans tous les flux de sang & d'excremens, dans la dysenterie & la diarrhée. Cette poudre est excellente dans les ulceres pour absorber l'acide corrosif. Le *Safran de Mars aperitif* redonne par son usage l'état naturel à la tissure viciée de la masse du sang, & en absorbant les sels viciés, il corrige les vices de toutes les digestions; ce qui devroit le faire appeller *Alteratif*. Pour faire cette préparation, on prend de la limaille de fer, sur laquelle on verse un peu d'eau simple, & on laisse le tout au Soleil pendant la Canicule. Au bout de quelques jours la limaille est changée en Safran après une grande effervescence. L'acide qui abonde dans le mars étant dissout dans l'eau & agité ensuite par la chaleur du Soleil, s'attache à son propre corps. Il le corrode & le change en ce Safran, qui est d'autant plus aperitif, que pour le rassasier il n'a point eu d'acide externe. Quelques-uns, pour préparer le

Safran de Mars aperitif, animent l'eau simple avec quelques alcalis, sur-tout avec le sel d'absynthe, après quoi ils versent le tout sur de la limaille d'acier dans un lieu tiede, où elle se rouille facilement. On fait aussi un fort bon remede en préparant le Safran de Mars aperitif avec du vin.

Safran. Terme de Marine. Piece de bois plate & droite qu'on applique sur la longueur du gouvernail, afin qu'en lui donnant plus de largeur, elle en facilite le mouvement. On appelle aussi *Safran*. La planche qui est à l'extrémité du gouvernail d'un bateau foncet. Les barres qui soûtiennent les planches du remplage sont appuyées sur celle-là.

SAFRE. s. m. Terre minerale de couleur grise qui teint le verre, & qui lui donne une couleur bleue propre pour les émaux. On l'appelle ainsi du mot *Saphir*, à cause qu'elle donne la couleur de cette pierre. Les Potiers reduisent le *Safre*, ou *Zaphre* en poudre, & ils en enduisent leurs ouvrages, qui étant cruds paroissent noirs, & qui sont d'un très-beau bleu, quand ils ont passé par le fourneau.

SAFRE. adj. Vieux mot. Doux, agreable.

Après marchoit en safre courtoisie.

On a dit aussi *Safrée*, pour mignonne, jolie.

C'est un tresor qu'elles sont bien tiffées,
Et outre ce, font si bien des safrées.

SAG

SAGAPENUM. s. m. Suc d'une herbe ferulacée qui croît en Medie. Le meilleur est, au rapport de Dioscoride, celui qui est transparent, roux au dehors & blanc au dedans, ayant une odeur qui participe du laser & du galbanum. Il est acre au goût, & bon aux douleurs des côtés & de la poitrine, aux toux inveterées, & à faire évacuer les phlegmes gros & visqueux qui sont au poumon. On l'ordonne au haut mal & aux spasmes qui font retirer les nerfs & la tête en arriere. Pris en breuvage & principalement avec decoction de rue & d'Enula campana, il purge violemment la poitrine & guerit les douleurs des flancs. Galien dit que le Sagapenum est une liqueur chaude & subtile en ses parties, comme toutes autres resines, mais qu'il a cela de propre qu'il est absterſif, & a une vertu propre à mondifier, ce qui le rend bon aux cataractes des yeux & aux foiblesses de la vue, causées par des humeurs grosses & visqueuses. La plante qui le porte est semblable au ferula, mais inutile & inefficace en Medecine. On l'appelle Sagapenum, en Grec σαγάπηνον. Son jus, qu'on devroit nommer *Jus de Sagapenum*, est ce que les Apothicaires appellent *Serapinum*.

SAGETTE. s. f. Arme ancienne qui étoit une sorte de fleche, du Latin *Sagitta*, Fleche.

Ni dard ni sagette qui point
De jour en l'air volante.

On a dit aussi *Sagittom*, pour dire, Dard.

SAGITTA. s. f. Plante qui croît dans les eaux dormantes, aussi-bien que dans les fleuves, & que Pline appelle ainsi du Latin *Sagitta*, Fleche, à cause de la forme de ses feuilles. Il y a la grande & la petite. La feuille de cette derniere est semblable à une fleche à trois pointes, l'une devant & les deux autres derriere, au travers desquelles elle est attachée à une queue triangulaire, qui est creuse & longue d'une coudée & demie, & quelquefois plus, selon la profondeur de l'eau où vient cette plante. Sa tige est droite, lissée, ronde, creuse & branchue vers la cime, d'où sortent des fleurs blanches, qui ont chacune trois feuilles. Ces fleurs laissent enfin de petites têtes purpurines, de la grosseur d'une noix purpurine, où une petite graine est enfermée. Sa racine, qui se divise en plusieurs parties, est blanche & capilleuse comme celle du plantain aquatique, dont la Sagitta peut être une espece. La grande ne differe de la petite qu'en ce qu'elle est plus grande en toutes ses parties, & que ses feuilles ne sont pas si pointues au bout. On les trouve toutes deux en Bohême, tant au fleuve Multa qu'en plusieurs autres endroits.

SAGITTAIRE. s. m. Vieux mot. Archer.

Li autre archer & sagittaire.

Aujourd'hui il n'a plus d'usage que pour signifier le neuviéme Signe du Zodiaque, où le Soleil entre au mois de Novembre, & qu'on represente en archer qui tient une fleche prête à décocher. C'est une constellation composée de trente-deux étoiles, selon Ptolomée, & de trente-quatre, selon Quepler.

SAGITTALE. adj. Les Anatomistes appellent *Suture sagittale*, La seconde des sutures vraies du crane qui s'étend le long de la tête.

SAGOUIN. s. m. Sorte de petit singe qui a une longue queue.

SAI

SAIE. s. f. Sorte d'habit de gens de guerre, dont se servoient les anciens Perses & Romains. Il étoit fait de laine, & de forme quarrée, & il y en avoit d'hiver & d'été. Cet habit avoit quelque rapport au hoqueton ou au juste-au-corps de la maniere qu'on le fait presentement. Ce mot vient du Latin *Sagum*, qui selon Bochart étoit un vêtement des anciens Gaulois. C'étoit une espece de saye, sur quoi Borel dit qu'il faut remarquer que les saies de laine des Gaulois étoient faites à fuseaux de losanges de differentes couleurs.

SAIE. s. f. Terme d'Orfevre. Sorte de petite brosse faite d'une petite poignée de soies de porc liées ensemble, qui sert aux Orfevres à nettoyer & à épousseter leur besogne; ce qu'ils appellent *Sajetter*.

SAIGNÉE. s. f. Operation de Chirurgie, qui se fait en ouvrant la veine avec une lancette pour tirer du sang. Il y a quatre cas qui indiquent necessairement la saignée, comme quand la vie oisive & la suppression des évacuations ordinaires augmentent la masse du sang, ou à l'égard de quelque circonstance, telle que l'habitude à se faire ouvrir la veine en de certains tems, & l'effervescence de la fievre. Quoique la saignée ne satisfasse de soi qu'à l'intention qu'on a soin d'évacuer, elle ne laisse pas de soulager quelquefois par accident les maladies, lorsqu'elles dépendent de l'abondance du sang, de son mouvement empêché, de sa fermentation diminuée, ou d'une autre circonstance. C'est ce qui est cause que la saignée du bras provoque le flux menstrual, qu'elle pousse l'urine arrêtée, empêche l'avortement, & facilite les accouchemens fâcheux. Ceux qui prétendent que la saignée rafraîchit dans les fievres, se trompent, puisque la chaleur que cause l'effervescence est si excessive, que ce qu'on tire de sang n'est pas capable de la temperer, à moins qu'on en tire jusqu'à la défaillance, ainsi que faisoient les Anciens; ce qui tueroit fort promptement les malades. Les principaux usages de la saignée sont de diminuer la masse du sang, & d'en modifier le mouvement circulaire & celui des autres humeurs, ce qu'on nomme *Ventiler*. Il ne faut jamais ouvrir la veine, qu'il n'y ait une indication pressante qui demande l'évacuation, la revulsion ou la derivation du sang, & que les contre-indications & les autres circonstances touchant les forces ne le permettent. Il y a deux tems de saigner, celui de commodité & celui de necessité. Le premier regarde les personnes saines qui usent de la saignée par précaution. Hippocrate dit que ce doit être à l'Equinoxe du Printems & à celui de l'Automne, plûtôt en croissant qu'en decours, & le matin lorsque l'estomac n'est point chargé. Il n'y a aucune regle pour le tems de necessité. La saignée qui n'est jamais necessaire de soi dans les maladies chroniques, est très-salutaire dans le commencement des aigues avec fievre, après avoir vuidé les premieres voies. Dans les pleuresies ou esquinancies pressantes on doit saigner même le soir & la nuit, ainsi que dans l'apoplexie, dans le caterre suffocatif, & autres maladies aigues & sans fievre. L'intension revulsive ou évacuative montre la veine & l'endroit qu'il faut ouvrir, & ce sont les forces du malade & la violence du mal qui font connoître la quantité de sang que l'on doit tirer. Si en saignant on pique le tendon ou le nerf de dessous la veine, il faut prendre une once d'huile distillée de therebentine, avec une drachme d'esprit de vin & demi-drachme d'Euphorbe, & mêler le tout pour le verser dans la plaie. C'est rarement que l'on saigne les arteres. L'ouverture des grosses est très-dangereuse à cause des hemorragies & de la difficulté de consolider. Les petites arteres se peuvent ouvrir avec succès, sur-tout dans les maux de tête, & elles doivent s'ouvrir aux temples & derriere les oreilles. On tient que l'usage de la saignée a été enseigné aux hommes par l'Hippotame, qui se sentant trop chargé de sang, se frotte contre un roseau pointu pour s'ouvrir la veine. Après qu'il s'est déchargé de sa plenitude, il trouve moyen d'étancher son sang en se veautrant dans la boue.

On appelle en termes de guerre, *Saignée du fossé*, L'ouverture qu'on y fait pour en faire écouler l'eau. Après qu'elle est écoulée, on jette sur la bourbe qui y reste des claies couvertes de terres, ou des ponts de jonc, afin d'en affermir le passage.

Saignée, se dit aussi d'un petit fossé qu'on fait dans un pré pour y amener l'eau & y entretenir la fraîcheur.

SAILLANT, ANTE. adj. Qui avance, qui sort en dehors. On appelle, en termes de Fortification, *Angle saillant*, Celui qui presente la pointe vers la campagne.

Saillant, est aussi un terme de Blason, & il se dit d'une chevre, d'un mouton, ou belier en pié. *D'argent au bouc saillant d'azur*.

SAILLIE. s. f. Terme d'Architecture. Avance que les moulures & membres d'Architecture ont au-delà du nu du mur. Cette avance doit être proportionnée à leur hauteur.

Saillie, en termes de Maçon, se dit d'une maniere de petite ceinture qui sert d'ornement à une cheminée.

SAIN, SAINE. adj. *De bonne constitution, qui n'est point sujet à être malade*. ACAD. FR. On dit en termes de mer, qu'*Une côte est saine*, pour dire, qu'Il n'y a point de roches ni de bancs aux environs, que c'est une côte sûre. On dit aussi qu'*Une roche est saine*, pour dire, qu'Il n'y a rien de dangereux que ce qui en paroît.

SAINFOIN. s. m. Sorte d'herbe ou de plante qu'on seme dans les terres labourées, ainsi que les autres grains, & qui est deux ans à venir. Elle sert à engraisser le bétail, & elle a plusieurs petites tiges tendres & rondes qui ne peuvent se soûtenir. Les fleurs qu'elle porte sont de couleur de pourpre ou violette. Sa semence est grosse comme une lentille; quand elle est verte, elle a bon goût. Etant une fois semée, elle dure plus de trente ans. Pline dit qu'on l'appelle *Medica*, parce qu'on l'apporta premierement de Medie. Il y a un Sainfoin sauvage, dont les fleurs sont jaunâtres.

SAINTE-AUBINET. s. m. Terme de Marine. Pont de corde que supportent des bouts de mâts posés en travers sur le plat-bord à l'avant des Vaisseaux marchands. Il couvre les cuisines & les marchandises.

SAINTE-BARBE. s. f. Terme de Marine. Lieu où le Maître Canonnier tient une partie de ce qui concerne les ustenciles de son artillerie. C'est un retranchement de l'arriere du vaisseau, au dessus de la soute.

SAIQUE. s. f. Sorte de Vaisseau Grec, dont le corps est fort chargé de bois. Il porte un beaupré, un petit artimon, & un grand mât, qui s'éleve avec son hunier à une hauteur extraordinaire, & il est soûtenu par des coustieres & par un étai qui répond de la pointe du mât de hune sur le beaupré. Ce bâtiment n'a ni misaine, ni perroquet, ni haubans. Son pacfis porte une bonnette maillée.

SAISIE. s. f. Terme de Palais. *Acte de Justice par lequel on saisit les biens meubles ou immeubles d'un debiteur*. ACAD. FR. On appelle *Saisi & Arrêt*, Celle qui se fait entre les mains du debiteur d'un debiteur, en vertu d'une condamnation, d'un contrat en forme, ou d'une permission de Juge au bas d'une Requête qui lui est presentée à cette fin, quand on n'a qu'une simple promesse pour tout titre. La *Saisie & execution de meubles* se fait sur le debiteur à la requête d'un creancier par un Sergent que l'on rend porteur d'une condamnation ou d'un contrat signé & scellé en bonne forme.

Saisie réelle. Saisie qui se fait par criées lorsqu'on s'attaque aux immeubles & qu'on veut les faire vendre par decret au plus offrant & dernier encherisseur. Il faut pour cela être créancier d'une somme de cent livres tout au moins, & que la créance soit fondée sur un titre executoire.

Saisie feodale. Saisie que fait le Seigneur des terres de son Vassal, faute de foi & hommage, de droits & devoirs non faits & non payés. Le Seigneur s'approprie les fruits tant que dure la saisie.

SAISINE. s. f. Terme de Pratique. *Prise de possession d'un fond ou heritage, en vertu de l'Acte qui en est donné par le Seigneur dont l'heritage releve*. ACAD. FR. Nicod en parle en ces termes. Saisine, *c'est emparement fait à aucun d'un heritage, c'est-à-dire, quand on le redempare dudit heritage. Selon ce, on dit, le commun acquesteur prendre saisine du Seigneur censier ou foncier, c'est pour lui estre fait empare de l'heritage acquis en sa censive ou seigneurie fonsiere, qu'on dit estre par lui ensaisiné, usans tels Seigneurs en ce faisant de ces mots*, Saisi par moi, &c. *Selon cela, on dit*, Payer les droits de Saisine audit Seigneur, *c'est le denier qui lui est deu pour telle saisine baillée, & par consequent* Saisine *se prend pour Possession, comme* Je suis en possession & saisine de telle heritage.

SAISIR. v. a *Prendre tout d'un coup & avec effort*. ACAD. FR. On dit en termes de Mer, *Saisir une Manœuvre*, pour dire, La bien amarrer; & *Saisir l'ancre contre le bord*, pour dire, l'Amarrer à sa place.

SAISON. f. f. L'une des quatre parties de l'année Solaire, qui font le Printems, l'Eté, l'Automne & l'Hiver. Le Printems commence à l'équinoxe du Printems qui arrive vers le 20. de Mars; l'Eté au Solstice d'Eté, environ le 23. de Juin; l'Automne à l'équinoxe d'Automne, vers le 24. de Septembre; & l'hiver au Solstice d'Hiver, à peu près le 22. de Decembre, de sorte que les quatre Saisons ne sont pas égales entre elles quant à leur durée, le Soleil demeurant plus long-tems dans les Signes Septentrionaux, que dans les Meridionaux. Cela arrive à cause de son ciel qui n'est pas concentrique à la terre.

Saison, se dit en matiere de labourage, de certaine portion de terre qu'on laboure chaque année, tandis qu'on en laisse reposer une autre, & qu'on en seme une troisieme de menus grains. On a coûtume de partager les terres de France en trois saisons. On seme du blé dans l'une.

SAL

SALADE. f. f. Mets composé de certaines herbes, comme chicorée, laitue, pourpier & quelques autres que l'on assaisonne dans un saladier avec du sel, du vinaigre & de l'huile d'olive, & que l'on mange l'Eté pour se rafraîchir. M. Menage fait venir ce mot du Latin *Salata*, venu de *Sal*, Sel; & du Cange le dérive de *Salgama*, qu'il dit qu'on trouve en cette même signification dans quelques Auteurs.

Salade, Leger habillement de tête que portoient autrefois les gens de guerre. Quelques-uns ont dit *Celate*, du mot latin *Calatus*, Gravé, à cause des figures, des têtes & des dépouilles des animaux qu'on avoit vaincus, qui s'y gravoient ordinairement. On appella ces habillemens des *Bourguignotes*, à cause que c'étoit une invention des Bourguignons. D'autres veulent que ce soit une arme venue des Orientaux, & derivent *Salade* de *Saladinus*.

SALAMANDRE. f. f. Animal semblable au lezard en grosseur & en figure, mais qui a le ventre plus gros ainsi que la tête, & la queue plus courte. Quoique la Salamandre ait les jambes grandes, elle ne laisse pas de marcher fort pesamment, au contraire du lezard qui est prompt à fuir. Elle est noire & marquetée de taches jaunes, qui sont si vives, qu'il semble qu'elles ayent été brunies & lissées. Elles sont fort vilaines, & font vomir souvent ceux qui les voyent. Pline dit que les Salamandres n'engendrent point, qu'il n'y a ni mâle ni femelle en leur espece, & qu'elles viennent du limon de la terre corrompu. Elles ne commencent jamais à se montrer qu'au Printems & durant les grandes pluies, & disparoissent quand le beau tems est venu, ne sortant point de leurs trous pendant le froid & le chaud, qu'elles craignent également. Il ajoûte que la Salamandre est si froide, qu'elle éteint le feu à le toucher seulement, de même que fait la glace, pourvû que ce soit sur un feu de charbon qu'on la mette; mais que si le feu étoit trop grand, ou qu'on la jettât dans une fournaise, elle seroit incontinent consumée; ce que Matthiole assûre avoir vu lui-même. Galien dit aussi que le feu ne nuira point à la Salamandre pendant quelque tems; mais que si on l'y laisse trop, il la consume; ce qui est contraire à ce qu'en dit Aristote, que la Salamandre ne sçauroit être brûlée, & qu'elle se promene sur le feu, éteignant & feu & flamme. Cet animal n'est pas seulement venimeux reduit en poudre, & pris en breuvage, ou mêlé parmi les viandes, ses morsures sont aussi mortelles que celles des viperes & autres serpens. Il empoisonne même les herbes par où il passe, d'une bave qu'il rend par tout le corps. Quelques Modernes assurent qu'il y a eu des maisons entierement dépeuplées de ceux qui les habitoient, pour avoir bû de l'eau d'un puits où par hasard une Salamandre étoit tombée, ou pour avoir mangé du pain cuit dans un four échauffé du bois infecté de la Salamandre. En quelque partie que tombe sa bave, fût-ce à la plante du pié, cette bave fait tomber incontinent tout le poil du corps. Matthiole parle d'une espece de *Salamandre aquatique*, qui est fort commune dans le Frioul. Elle a la tête plus courte & plus ronde que la Salamandre de terre. Son dos est noir & son ventre roux & tout marqueté de taches jaunes. Elle est aussi fort hideuse à voir.

Les Amans appellent *Salamandres*, Les Dames insensibles à l'amour.

SALDITS. f. m. Plante agreable & boiseuse qui se trouve dans l'Isle de Madagascar, & qui produit des fleurs rouges. Ces fleurs sont disposées si près l'une de l'autre, qu'elles forment une maniere de panache. Sa semence a une vertu vomitive. On peut appaiser le vomissement qu'elle cause en faisant prendre de la racine de la même plante.

SALE. adj. *Qui est mal propre, qui n'est pas net; qui est plein d'ordure.* ACAD. FR. On dit en termes de mer, qu'*Une côte est sale*, pour dire, qu'Elle est dangereuse, qu'elle est pleine de bancs & semée de basses & de batures.

SALERON. f. m. Les Orfevres appellent ainsi la partie superieure d'une saliere. C'est celle où l'on met le sel.

SALICOQUE. f. m. Sorte de petit poisson de mer qui a la figure d'une écrevisse, mais qui est beaucoup plus petit.

SALIGNI. f. m. p. Nom que les Italiens donnent à de certains marbres qui ressemblent à des congellations, & dont on fait malaisément des figures, à cause qu'ils ont le grain fort rude & fort gros, & que dans les tems humides il en dégoute de l'eau en maniere de sueur. Ils sont un peu transparents, & ont un brillant semblable à celui qui paroît dans le sel, ce qui les a fait nommer *Saligni*.

SALIGNON. f. m. Pain de sel blanc, fait d'eau de fontaine salée, cuit & formé dans une éclisse comme un fromage. Les Salignons servent à attirer les pigeons dans les colombiers, & on y en met dans les lieux qui sont exempts de gabelles.

SALIQUE. adj. On appelle *Loi Salique*, Une Loi ancienne & fondamentale du Royaume de France, qui exclut les femmes de la Couronne. On prétend qu'elle a été faite par Pharamond, ou tout au moins par Clovis, & non seulement pour la succession Royale, mais aussi pour les particuliers, ce qui est probable, puisqu'on appelloit autrefois *Terres* ou *Heritages Saliques*, Toutes les terres, tant fiefs que rotures, de la succession desquelles les femmes étoient exclues, n'heritant que des meubles & acquêts lorsqu'il y avoit des mâles, suivant le sixiéme article du titre des Alleuds, qui est en ces termes dans le Recueil intitulé, *Le pact de la Loy Salique. Nulle portion de la Terre Salique ne doit passer aux femmes, mais le sexe viril l'acquiert, c'est-à-dire, que les Fils succedent dans l'heritage.* Quelques-uns veulent que le mot *Salique* vienne de ce que plusieurs articles de cette Loi commencent par *Si aliquis, si aliqua.* D'autres le derivent des anciens François, appellés *Sali*, *Salici*, *Salingi*, de la riviere *Sala*, Fleuve de l'ancienne Germanie. Bouteroue le tire du mot *Salich*, qui en vieux langage Teuton signifioit *Salutaire*, & il observe

observe que la Loi Salique fut faite par les François, pour imiter la police des Romains, qui avoient fait des Loix salutaires, que le Questeur devoit avoir devant lui, quand il rendoit la Justice.

SALIVAIRE. adj. On appelle en termes d'Anatomie, *Conduits salivaires*, De certains petits conduits par où la salive tombe dans la bouche. On tient que c'est depuis peu de tems qu'ils ont été découverts. Cependant Theodore Janson assure que Galien les a connus.

SALIVATION. s. f. Provocation du cours de la salive par le moyen du mercure. Les Chirurgiens se servent de ce mot pour ne pas dire *Flux de bouche*. C'est le remede le plus assuré pour la guerison des maux Veneriens. On purge tout le corps par cette voie, & l'usage qui se fait de la *Salivation universelle*, est dû au hasard, ainsi qu'on lui doit celui de la plûpart des autres medicamens. Jean Carpi, Medecin de Boulogne, ayant lû dans les Memoires des Medecins Arabes, que le mercure convenoit aux ulceres inveterés & rebelles, jugea qu'il pourroit s'en servir utilement pour la guerison de quelques ulceres veroliques. La Salivation survint par accident, & le malade se trouva gueri non seulement des ulceres, mais encore de la maladie qui les avoit causés. Cette methode pratiquée ensuite pour la verole, enrichit le Medecin. On a reconnu depuis par plusieurs experiences que la Salivation étoit efficace pour d'autres maladies compliquées avec la verole, & un Epileptique, qui en étoit infecté depuis plus de 40. ans, fut gueri de l'un & l'autre mal par le moyen de la Salivation. On la procura de même à un gouteux à l'occasion de la verole dont on vouloit le guerir, & sa goutte disparut, quoiqu'elle eût été toûjours fort opiniâtre. Ces cures fortuites ont donné l'envie de s'en servir dans les gales malignes, pour les ulceres cacoétiques des jambes, pour la ladrerie, pour l'asthme humide, & pour d'autres maladies de même nature, en quoi elle a réussi, de sorte qu'on peut dire en general qu'elle est propre aux affections opiniâtres, qui dépendent de certaine humeur visqueuse, gluante & acide, dont les parties solides sont principalement affligées. Le mercure seul procure la Salivation, & il se donne de deux manieres, exterieurement par des onguents, par des parfums & par des emplâtres, & interieurement en se servant du mercure doux qu'on réïtere plusieurs fois & qu'on donne d'ordinaire dans un jaune d'œuf, ou du mercure précipité avec l'esprit de nitre, ou du turbith mineral de Crollius preparé avec l'esprit de souphre. On n'est pas d'accord touchant la maniere dont la Salivation est causée par le mercure. Ce que dit Tachenius est assés probable, que le mercure est inseparablement uni à certain souphre étranger, volatil & presque arsenical, qui produit les effets qui sont connus, par son acrimonie très-forte, laquelle ouvre & fond la rosée chyleuse & nourriciere des parties & avec elle les sucs acides, viciés, veroliques, & autres qui sortent dehors par les conduits salivaires, à cause que ces sucs ainsi fondus, sont, à raison de leur tissure, disposés & propres à passer par les pores & les glandes maxillaires, comme par des cribles qui leur sont proportionnés. La Salivation agit plus sur les parties solides & nerveuses que sur les liquides & les sanguines, ce qui est cause qu'elle amaigrit & affoiblit extremement les malades; de sorte qu'on n'y doit avoir recours, que quand on a éprouvé l'inutilité des autres remedes. Si la Salivation devient excessive, on l'arrête par les narcotiques & par l'opium donnés interieurement. L'or l'arrête aussi en tirant le mercure hors du corps par une sympathie admirable. On frotte la peau avec une piece d'or, ou bien le malade la tient dans sa bouche. Quand cette piece est devenue blanche par le mercure qui s'y attache, on la jette dans le feu pour la depurer, après quoi on la remet dans la bouche. Le mercure quitte le corps pour s'attacher à l'or, ce qui fait que la salivation cesse. Il y a aussi une *Salivation particuliere*. Elle sert par le moyen d'un aiguillon externe à vuider la salive des glandes de la bouche & des lieux voisins, & à décharger par consequent la tête de la lymphe contre nature qui la charge. Tout ce qui se purge par cé moyen, vient des glandes presque innombrables de dessous les membranes pituitaires, qui se déchargent dans la bouche. Ces glandes reçoivent la lymphe de certains rameaux des arteres carotides, & à mesure qu'elles se vuident par cette sorte de salivation, la lymphe y vient de ces vaisseaux, & ainsi les parties internes de la tête en sont déchargées. La Salivation particuliere convient aux affections catereuses de la tête, & des parties voisines, aux douleurs des dents, des machoires, des gencives, & les remedes qui l'excitent, operent simplement en irritant les glandes dont on a parlé, par certains sels qui s'exaltent & se mettent en action par la mastication quand ils sont donnés en consistance seche, comme les racines de pyretre & de gingembre, le tabac, le mastic, ou en forme liquide & de decoction qu'on retient quelque tems dans la bouche pour les faire mieux penetrer. Telles sont les decoctions de marjolaine, de tabac, de semence de moutarde dans du vin, de l'eau ou du vinaigre.

SALIVE. s. f. Pituite, ou humeur blanche & acide que la nature fait tomber dans la bouche, pour détremper les alimens & les disposer à recevoir plus facilement la digestion de l'estomac par l'impression qu'elle leur donne. Ce qui rend le mélange des alimens & de la Salive necessaire, c'est que la Salive en les penetrant dissout les sels qui sont cachés dans les alimens, les fond, & leur imprime un caractere qui les prépare à la fermentation à venir. Elle est composée de beaucoup d'eau ou de serum, empreint d'un acide subtil, & temperé par un esprit salin, volatil, huileux qu'elle reçoit des nerfs. Lorsque la Salive est jointe aux alimens, elle en commence aisément la fermentation, en dissolvant les sels par sa partie aqueuse, en incisant & penetrant par son acide, & en volatilisant par son esprit volatil, de sorte qu'on peut la regarder comme le levain qu'on ajoûte à la farine pour la faire fermenter. La salive vient des glandes, qui sont en grand nombre dedans & dehors la bouche, sçavoir les maxillaires, sous lesquelles on comprend les parotides, les glandes du palais, & celles de dessous la langue, ausquelles les amygdales peuvent être jointes. Ces glandes reçoivent des rameaux très-déliés des arteres, d'où elles expriment en forme d'éponge une humeur limpide, sereuse, saline, & même empreignée d'un acide occulte, selon ce que pensent quelques-uns, auquel se joint l'esprit animal volatil, que des nerfs considerables y apportent, & cette humeur constituée de la sorte étant portée à la bouche par des vaisseaux excretoires, fait la Salive, dont l'usage en general est qu'étant avalée sans cesse, elle nettoye l'estomac de ses ordures & rend par-là le levain acide plus puissant & plus efficace, & concourt même à la production d'un nouveau levain. Elle a d'autres usages moins principaux, comme, d'humecter la langue afin qu'elle se remue plus promptement, de lubrefier la gorge & l'œsophage pour faciliter la deglutition, d'empêcher la soif en lavant la gorge, & de procurer la perception des saveurs par la dissolution qu'elle fait des sels. Rien ne prouve mieux que la Salive a une vertu penetrative, & fermentative, que la communication de certaines maladies comme le scorbut & autres, qui se fait par la salive, soit en buvant dans le même verre, ou d'une autre sorte. Joignez à cela que le biscuit de mer bien mâché & empreigné abondamment de la Salive, fait lever la farine comme le levain ordinaire. L'experience fait voir que la Salive des personnes saines est un bon remede pour les maux externes comme les dartres, & on ne sçauroit douter que les chiens ne guerissent les plaies en les lechant.

SALMI. s. m. Hachis de viande qu'on fait cuire dans une casserole avec des assaisonnements. On dit en Anjou *Salmigondis*, ailleurs *Hochepot*.

SALORGES. s. m. Amas de sel. Il y a une clause expresse dans les baux des Gabelles, qui défend à toutes sortes de personnes de tenir Salorges, à cinq lieues près des limites des Greniers, qui sont contenus dans les fermes.

SALPESTRE. s. m. Mineral qui est rapporté entre les sels, quoique de substance plus tenue & plus legere. Il se forme dans la terre d'une exhalaison fort chaude & acre que le froid a condensée. Cette exhalaison par sa chaleur lui communique un peu d'amertume. On le tire des démolitions des bâtiments, des voutes des caves, & particulierement des étables à cause de la grande quantité de sel volatil de l'urine, & des excremens des bestiaux. Ce sel se joint au sel de la terre par l'action continuelle de l'air. Le Salpêtre pour être bon, doit être blanc & cristallin, & d'un goût acide tirant sur l'acerbe. Si en s'exhalant en l'air, il y laisse quelque chose, c'est une marque évidente qu'il a trop d'impureté. Ainsi il doit être raffiné avant qu'on l'emploie aux operations. Il est detersif & absorbant, tue les vers, efface les cicatrices, & est très-bon à blanchir & à nettoyer les dents, lorsqu'il est fondu ou brûlé sur une tuile. Outre cela il resiste à la pourriture, appaise la soif, & adoucit la grande chaleur, ce qui fait que l'on s'en sert interieurement dans les aposemes jusqu'à une drachme, pour remedier aux fievres ardentes du foye & du mesentere, pourvû qu'on n'ait pas le ventre trop libre ni l'estomac foible. Le Salpêtre est le principal ingredient de la poudre à canon, & a une merveilleuse qualité pour se rarefier. Ses menues parties sont faites en aiguilles.

SALSEPAREILLE. s. f. Racine fort longue que l'on nous apporte du Perou, & qui a de longs & menus filets. La bonne est celle qui n'est point noueuse, qui est recente, pesante, grosse, rude, dure, fibreuse, ridée, sans vermoulure, & qui se rompt en plusieurs parties sans exciter aucune poussiere. Il faut encore qu'elle soit insipide, sans acrimonie & d'une couleur un peu noirâtre. Elle a d'abord la vertu d'échauffer moderément, d'ouvrir ensuite & d'exciter la sueur, & enfin d'éteindre le virus venerien, ce qui la rend un des medicamens simples dont on a coûtume de se servir pour la guerison de la verole. On l'appelle en latin *Sallaparilla*, ou *Sarzaparilla*.

SALSIFIX. s. m. Racine qu'on mange cuite avec du beurre, du sel & du vinaigre. On la confit aussi avec du sucre pour la conserver. Le Salsifix commun fleurit violet, & le Salsifix d'Espagne fleurit jaune. On l'appelle *Scorsonnere*.

SALVAGE. s. m. Terme de Coûtume. Droit qui est ordinairement de la dixiéme partie des marchandises que l'on sauve après qu'il est arrivé quelque naufrage, & qui appartient à ceux qui ont aidé à sauver ces marchandises. On dit aussi *Sauvelage*.

SALVATELLE. s. f. Terme de Medecine. Les Arabes appellent ainsi un rameau fameux de la veine cephalique qui s'étend au petit doigt, & à celui qui en est proche. On en saigne quelquefois aux fievres quartes, & aux maladies que causent la melancolie, ou qui viennent des obstructions de la rate.

SALVATIONS. s. f. p. Ecritures d'Avocats qui servent de réponse aux contredits & objections de la partie adverse, & par lesquelles ils défendent les pieces que l'on a produites & les inductions qu'on en a tirées. On dit *Salvations de témoins*, quand on détruit les reproches que l'on a donnés contre eux.

SALUER. v. a. *Donner à quelqu'un une marque de civilité en l'abordant ou en le rencontrant, ou en quelques autres occasions.* ACAD. FR. On dit en termes de Marine. *Saluer du canon*, pour dire, Tirer un nombre de coups de canon, cinq, sept, neuf, à balle ou sans balle, selon qu'on veut rendre plus ou moins d'honneur à ce qu'on salue. Les Navires saluent toûjours par un nombre impair, & les Galeres par un nombre pair. Le Vaisseau qui est sous le vent d'un autre, est obligé de saluer le premier. Par l'Ordonnance du Roi de 1670. toutes les Villes & Forteresses Maritimes du Royaume sont obligées de saluer le Pavillon Amiral de treize coups de canon, & il doit leur en rendre cinq. Le Vice-Amiral & le Contre-Amiral saluent les Places Maritimes chacun de cinq coups, & elles leur rendent coup sur coup. Les Cornettes & les Flames saluent de trois coups & n'en reçoivent que deux. Le Pavillon Amiral & l'étendard Réal des Galeres d'une Tête Couronnée, saluent les premiers les Places maritimes d'une autre Tête Couronnée, soit qu'ils y viennent mouiller, ou qu'ils ne fassent que passer devant, & ces Places ne font que leur rendre coup pour coup.

On dit *Saluer de la Mousqueterie*, quand on tire une ou trois salves de mousqueterie. C'est une maniere de saluer, qui a coûtume de préceder le salut du canon, & qui se fait seulement à l'occasion de quelque fête. On dit *Saluer de la voix*, quand tout l'équipage ayant la tête nue, crie une ou trois fois *Vive le Roi*. Ce Salut se fait après celui du Canon, ou quand on ne peut, ou qu'on ne veut pas tirer du canon. On *Salue du Pavillon* de deux manieres, ou en l'embrassant & le tenant contre son bâton, en sorte qu'il ne puisse voltiger, ou en l'amenant & le tenant de telle maniere qu'il soit impossible de le voir. C'est-là le plus grand Salut de tous. On dit encore, *Saluer des voiles*, ce qui se fait en amenant les huniers à mi-mât ou sur le ton. Il n'y a que les Vaisseaux qui sont sans canon qui saluent de cette sorte.

SALUT. s. m. *Conservation dans un état heureux & convenable.* ACAD. FR. On a donné le nom de *Salut*, à une sorte de monnoie d'or fort ancienne, à cause de ces mots de sa legende, *Salus populi suprema lex*. On en battit aux Armes de France en 1422. sous Charles VI. Ils valoient vingt-cinq sols tournois, & portoient d'un côté un écu avec trois fleurs de lis entre la Vierge & un Ange & le mot AVE dans la legende. Il y avoit au revers une croix pleine entre deux lis, & au dessous la lettre K.

SAM

SAMARITAINS. s. m. Secte separée de long-tems des Juifs, & dont le schisme subsiste encore aujourd'hui. Les anciens Samaritains tenoient avec les Saducéens, qu'il n'y avoit point de vie éternelle ni de resurrection, & qu'aucunes traditions ne devoient être permises. Ils en differoient en ce qu'ils reconnoissoient les Anges, & qu'ils prioient seulement sur la montagne Garizim, & non en Jerusalem, comme les Saducéens, qui entretenoient une grande correspondance avec les Juifs, au lieu que les Juifs & les Samaritains n'avoient nul commerce entre eux, se maudissant, & s'excommuniant les uns les autres. Les Samaritains d'apresent sont à Gaza, à Sichem, à Damas, au Caire, & en d'autres Villes du Levant où ils ont des Pontifes, qu'ils prétendent venus d Aaron. Ils ont leur temple sur la même montagne Ganzim, & y font leurs sacrifices. Ils observent le Sabbat dans toute la regularité que prescrit l'Exode, personne d'entre eux ne sortant ce jour-là du lieu où il se rencontre, que pour aller à la Synagogue. Cette nuit-là ils ne couchent point avec leurs femmes, & ils la passent sans faire allumer de feu. La Pâque est la premiere de toutes leurs fêtes. Ils la celebrent tous les ans le quatorziéme du premier mois sur cette montagne où ils ont un autel de pierre qui fut élevé par les Israëlites, après qu'ils eurent passé le Jourdain. Ils la commencent au Soleil couchant par le sacrifice que l'Exode ordonne, & ne sacrifient que sur la montagne de Garizim où ils lisent la Loi, & font des prieres à Dieu, après quoi le grand Prêtre donne la benediction à l'assemblée. Ils celebrent aussi pendant sept jours la Fête de la Moisson ou Pentecôte, & font celle de l'expiation le dixiéme jour du septiéme mois. Ils en passent les vingt-quatre heures à prier & à chanter, & ils ne prennent aucune nourriture ce jour-là, à l'exception des enfans à la mammelle. Le 15. du même mois ils celebrent la Fête des Tabernacles, & ne different jamais la circoncision au de-là de huit jours. Ils sont obligés de se laver lorsqu'ils ont couché avec leurs femmes, & croyent qu'avant qu'ils se soient lavés, leur attouchement rend souillé tout ce qui peut l'être. Ils ôtent la graisse des sacrifices, & donnent au Prêtre l'épaule, les mâchoires & le ventre. Ils n'épousent point leurs nieces comme les Juifs, & n'ont qu'une seule femme. Ils croyent au Seigneur, à Moyse & à la Montagne de Garizim, & disent qu'ils ne font que ce qui est expressément ordonné dans la Loi par le Seigneur qui s'est servi du ministere de Moyse, au lieu que les Juifs quittent ce que le Seigneur a commandé dans la Loi, pour faire ce qu'ont inventé leurs Peres & leurs Docteurs. Ils se disent sortis de la tribu de Joseph le Juste par Ephraïm, d'avoir le sepulcre de Joseph fils de Jacob & de plusieurs autres, & assurent que leurs caracteres Samaritains sont ceux dont Dieu se servit pour écrire la Loi, & qu'il les donna à Moyse. Ils ont des Prêtres de la race d'Aaron, qu'ils appellent *Aaronistes*. Ces Prêtres ne se marient jamais qu'avec des femmes de leur famille, pour ne point confondre la race Sacerdotale. Il n'y a que le Pentateuque de Moyse de tous les Livres de la Bible qu'ils tiennent pour autentique. Celui qu'ils ont ne differe du Juif qu'en caracteres, l'un & l'autre étant des copies tirées d'un même original que chacun a écrit dans les caracteres qui lui étoient propres. Ils en ont aussi deux versions, c'est-à-dire, de leur Pentateuque Hebreu écrit en caracteres Samaritains, l'une écrite en Arabe, l'autre en Syriaque ou Chaldéen, qui est ce que l'on appelle *La version Samaritaine*.

SAMBARAME. s. m. Espece de santal blanc, que l'on apporte rarement en France.

SAMBE. s. m. Oiseau de l'Isle de Madagascar, dont les plumes sont aussi rouges que la flame, ce qui le fait aussi appeller *Brûlant*.

SAMBUE. s. f. Vieux mot. Sorte de harnois de cheval.

> *Un Palefrois bien enselés*
> *D'une moult riche Sambue.*

SAMBUQUE. s. f. Ancien instrument de Musique en forme de flûte. Quelques-uns croient que ce mot vient du latin *Sambucus*, Sureau, à cause que cet instrument étoit fait de Sureau. C'étoit aussi une ancienne machine de guerre. Plutarque témoigne que Marcellus s'en servit pour assieger Syracuse. Elle étoit d'une grosseur si extraordinaire qu'il falloit deux Navires pour la porter.

SAMEQUIN. s. m. Sorte de Vaisseau Marchand Turc. On ne s'en sert que pour aller terre à terre.

SAMIENNE. adj. On appelle *Terre Samienne*, Une terre blanche, legere & gluante à la langue, qu'on apporte de l'Isle de Samos. Elle est molle, frêle, & pleine d'humeur, ainsi que la pierre appellée *Collyre*. Dioscoride dit qu'il y en a une autre qu'on appelle *Aster*. Celle-là est crouteuse & massive comme une pierre à toucher l'or. On la brûle & on la lave comme la terre Eretrienne, dont elle a les proprietés. Elle arrête les vomissemens de sang, & bûe avec de l'eau, elle est bonne contre les morsures des serpents. Matthiole fait connoître l'erreur de ceux qui prennent pour Aster Samien, la pierre que les Apothicaires appellent *Talchus*.

Il y a aussi, selon Dioscoride, Une *Pierre Samienne*, qui se trouve dans la terre qu'on apporte de Samos. Les Orfevres, dit-il, se servent de cette pierre pour brunir l'or, afin de le rendre plus luisant. Les meilleures sont les plus blanches & les plus dures. Cette pierre a une vertu astringente & refrigerative. Prise en breuvage, elle est bonne à ceux qui ont quelque douleur d'estomac, mais elle hebete les sens. Avec du lait, c'est un bon remede pour les ulceres & les fluxions des yeux. On tient qu'en la portant sur soi, elle fait promptement délivrer les femmes qui sont en travail d'enfant, & que même elle fait porter les enfans à terme.

SAMIT. s. m. Vieux mot. Sorte d'étoffe fort riche, qui étoit tramée de lames d'or & d'argent.

> *En celle chambre avoit deux lits*
> *Couverts de deux riches samits.*

On dit que l'Oriflame étoit d'un vermeil samit.

SAMOSATENIENS. s. m. Heretiques ainsi appellés de Paulus Samosatenus dont ils suivoient les erreurs. Ils croyoient que JESUS-CHRIST étoit un pur homme, qui n'avoit point eu d'être avant son incarnation. Cette Heresie, qui parut sous le nom de Samosatenus au commencement du troisiéme siecle, avoit été enseignée soixante ans auparavant par Photinus, & ensuite par Lucianus, Marcellus, Arrius & Mahomet, qui soûtenoient que la Divinité n'habitoit point corporellement en JESUS-CHRIST, mais comme dans les anciens Prophetes, par grace & par operation, & qu'il étoit seulement exterieurement, & non pas interieurement la Parole de Dieu. C'étoit ce qui les empêchoit de baptiser en son nom. Aussi le Concile de Nicée rejetta-t'il leur baptême, ordonnant qu'-

on rebaptiseroit tous ceux d'entre eux qui avoient été baptisés.

SAN

SANCIR. v. n. Terme de Marine. Couler à fond. On dit, qu'*Un Navire a sancy sous ses amarres*, pour dire, qu'il s'est perdu tandis qu'il étoit à l'ancre.

SANDAL. s. m. Bois des Indes, dont Borel dit qu'il y a de trois sortes, le rouge, le blanc & le citrin. On s'en sert à faire une teinture rougeâtre, appellée *Couleur de Sandal.* Il en croît une fort grande quantité le long de la basse terre de l'Isle de la Guadeloupe dans les lieux les plus arides. Ce Sandal paroît être le citrin. C'est un arbre qui pour l'ordinaire n'est pas plus gros que la jambe, & qui est de la hauteur d'un petit Abricotier. Son écorce est rude, grise, & comme tachée de blanc en plusieurs endroits. Il a quantité de menues branches, éparses en rond, & toutes chargées de petites feuilles larges deux fois comme l'ongle, lissées, & d'un vert gai fort agreable. Elles sont trois à trois sur une petite queue. Il porte de petites fleurs blanches, ausquelles succedent de petites graines noires, de la grosseur des graines de poivre. Par tout où cet arbre croît, on en voit beaucoup de secs & de renversés à terre, ce qui donne lieu de croire qu'il ne dure pas long-tems. Lorsqu'il est tombé tout l'aubier se pourrit, & il ne demeure plus que le cœur de l'arbre, qui est blanc, tirant un peu sur le jaune, à peu près comme le bouis. L'odeur en est bien meilleure alors, que quand il est vert. Il en exhale une odeur fort agreable en brûlant. Les habitans s'en servent pour faire cuire leur cassave, à cause qu'il brûle fort clair. On en fait aussi des flambeaux pour se conduire la nuit, & parce que c'est un bois fort droit, plusieurs en font des bâtons sur lesquels ils montent le petun en rouleau.

SANDALE. s. f. Espece de soulier plat & coupé par dessus avec des courroies, qui sert de chaussure à certains Religieux reformés. C'étoit anciennement une riche chaussure d'or & de soye, ou d'une étoffe prétieuse que l'on appelloit *Cendal*, dont on faisoit les bannieres. L'Oriflamme en étoit faite suivant ces vers.

L'Oriflamme est une banniere
De Cendal rousoyans & simple
Sans pourtraiture d'autre affaire.

La chaussure du Pape & des Evêques quand ils officient, est appellée *Sandales.*

Sandale, se dit aussi d'une sorte de bâtiment du Levant. Il est fait pour l'allege des gros Vaisseaux.

SANDARAQUE. s. f. Espece d'arsenic naturel qui se trouve dans les mêmes mines d'or & d'argent que l'orpiment. Ainsi ce n'est autre chose comme dit Matthiole, qu'un orpiment parfaitement cuit dans les veines de la terre, qui est devenu par-là plus subtil & plus rouge, ce qu'on peut voir par experience, puisque si on brûle l'orpiment à feu de charbon, en un pot de terre ou de verre, il prendra en peu de tems une couleur rouge, & enflammée, pareille à celle de la Sandaraque. Il faut prendre garde que cette Sandaraque n'est point celle des Apothicaires qu'ils appellent *Vernix*, & qui est la gomme du Genevrier. Cette erreur est venue de quelques Modernes, qui s'attachant à suivre les Arabes qui appellent *Sandarax* la gomme du Genevrier, ont appellé cette même gomme *Sandaraque.* Quelques-uns d'entre eux appellent aussi *Sandaraque*, le Sandix ou Vermillon qui est fait de ceruse brûlée, à cause qu'il est fort rouge, mais le Sandix est bien different en proprietés de la Sandaraque. Il y a aussi une autre Sandaraque, que Pline dit être une espece de miel cireux. En Grec σανδαράχη.

SANDERA. s. m. Racine rougeâtre du Perou, dont les Indiens se servent pour mettre dans le chocolat.

SANDYX. s. m. Dioscoride dit que la ceruse brûlée est nommée Sandyx par quelques-uns. C'est le sentiment de Galien qui dit de même que la ceruse brûlée se convertit en Sandyx & jamais en Sandaraque, qui est d'une qualité brûlante, au contraire du Sandyx qui est fort rafraîchissant, & qui n'a aucun vestige de chaleur en toutes ses parties.

SANER. v. a. Vieux mot. Guerir, du latin *Sanare.*

Amours va paraventure
Sane chacun & mehagne, &c.

SANG. s. m. *Liqueur rouge qui coule dans les veines & dans les arteres de l'animal.* ACAD. FR. La constitution du Sang consiste principalement en deux sels, dans l'urineux & l'acide volatil. Ces sels étant bien proportionnés, bien mêlangés avec les autres particules & temperés par les huiles, entretiennent une fermentation douce & égale, mais si l'un surpasse l'activité de l'autre, si l'un ou l'autre ou tous les deux ensemble sont dépravés la fermentation du Sang se déprave aussi. Quand l'urineux excede, la masse du Sang se dissout & se détruit, & faute d'esprits les forces s'abbattent. Lorsque l'acide domine, cette même masse se coagule, se grumelle & est lente à fermenter, faute de ces mêmes esprits. La presence de ces sels dans le Sang est confirmée tant par ses excremens, par la sueur & par l'insensible transpiration qui ont toutes une saveur composée de l'acide & de l'urineux, que par la distillation même du Sang qui donne un sel armoniac, en y ajoûtant un sel fixe. Après que le Sang a fermenté & qu'il a été rarefié dans les poumons, il entre dans le cœur proprement tel, c'est-à-dire, dans le ventricule gauche qu'il distend. Celui-ci revient & en se resserrant il pousse dehors la liqueur contenue; laquelle se jette dans les arteres, d'où elle est distribuée à tout le corps jusqu'aux plus petits vaisseaux capillaires, d'où elle passe dans les capillaires des veines, en partie immediatement par de petites anastomoses, & en partie mediatement par la substance ou par les petits pores des parties, par où elle regagne les gros troncs qui la reportent au cœur. Ce mouvement se faisant en cercle, Hervée Anglois, & Coringius, qui en sont les inventeurs, l'ont appellé circulaire. Le cœur en fait le centre, & les veines & les arteres en font la circonference, les veines rapportant au cœur ce que les arteres en ont emporté. Le Sang étant tombé dans les ventricules par leurs oreillettes, se rarefie & dilate le cœur. Dans cette action les fibres s'étendent, & sont fort affectées de certain sentiment de lesion ou de trop de distension, ce qui fait que les esprits animaux sont déterminés à y venir avec plus d'impetuosité par les nerfs, & cela ne peut arriver que les fibres musculeuses ne se retirent, & que leur contraction ne meuve la base du cœur d'un mouvement approchant de celui d'une pirouette, pendant quoi le parenchyme du cœur s'enfle & retressit les ventricules. L'expulsion du Sang étant faite, les esprits quittent ce mouvement. Le cœur se remet, s'allonge; & reçoit d'autre Sang qui se presente. Celui qui coule par les arteres & par les veines est le même Sang; & il n'a que quelques differences accidentelles. Le Sang des arteres est plus sereux que celui des veines, à cause que l'urine, la lymphe & l'insensible transpiration diminuent la serosité du Sang veneux qui est grossier & tiede, obscur & noir, au lieu que le Sang arteriel est vermeil & rouge, ce qui vient de l'air qui l'attenue dans les poumons, & le fait paroître plus vermeil que le veneux. La fin du passage tant de fois réïteré du sang par les poumons & par le cœur, c'est qu'il s'y empreigne d'une nouvelle vigueur virile, après le dechet qu'il a souffert en circulant par tout le corps, ce qui consiste dans le renouvellement de la fermentation du Sang, dans une nouvelle production de chaleur, & une nouvelle generation d'esprits animaux. Le Sang est distribué du cœur à toutes les parties pour les nourrir, pour les animer de l'esprit vital influant, & pour leur communiquer la chaleur requise. La dilatation des poumons ne se faisant point dans le fœtus, ce qui est cause qu'il ne respire point, toute la masse du Sang passe en partie de la veine cave par le trou en ovale dans la veine pulmonaire & le ventricule gauche, & en partie du ventricule droit & de la veine pulmonaire par un petit canal arteriel qui le porte dans l'artere. Ainsi le Sang qui circule dans le fœtus ne passe pas dans la même circulation par les deux ventricules du cœur, mais seulement par l'un des deux.

Sang de Bouc. Ce Sang est d'usage en Medecine, & afin qu'il ait les qualités qui lui ont été attribuées par les Anciens, il faut que l'on nourrisse le Bouc pendant quelque tems d'herbes aromatiques & propres à rompre la pierre, & qu'il n'ait au plus que quatre ou cinq ans. Après qu'on l'a égorgé, on doit jetter le premier Sang de cet animal; à cause qu'il est trop rempli d'humidité. On reserve seulement le second sang qu'on met dans un plat de fayence couvert d'un linge clair, afin d'empêcher qu'il n'y tombe des ordures, après quoi on l'expose au Soleil ou à l'ombre, & on le serre dans un vaisseau de verre ou de fayence pour le besoin quand il est bien sec. Cette preparation se fait d'ordinaire au mois de Juillet, quand le Bouc a eu le tems de se nourrir de plantes aromatiques. Le troisiéme Sang doit aussi être jetté comme trop grossier. On prépare & on fait secher de la même sorte le Sang du Bouc estain ou Bouc sauvage, dont les Suisses, qui vont à la chasse de ces animaux, se servent pour briser la pierre, à cause qu'il a bien plus de vertu que le Sang de Bouc ordinaire, sur-tout quand il a été nourri de saxifrage & autres herbes semblables. Les Boucs estains qui se trouvent dans les montagnes de Crete, sont à peu près de la grandeur des Chevres privées, & ont bien autant de chair qu'un grand Cerf. Ils sont couverts d'un poil fauve & court, & les mâles portent une grande barbe brune. Ils deviennent gris en vieillissant, & portent une ligne noire sur l'échine. Il y a de leurs cornes qui ont jusqu'à quatre coudées de longueur.

Sang de Dragon. Liqueur qui sort en larmes du fruit & du bois d'un arbre qui croît dans l'Amerique. Matthiole dit que pour l'avoir en abondance les gens du Pays font des incisions à l'écorce de cet arbre, & qu'après avoir reçu cette liqueur dans des chauderons de cuivre, ils la font cuire au feu comme la resine, jusqu'à ce qu'elle se soit épaissie; qu'elle est tout-à-fait semblable au sang en substance & en couleur, & qu'il ne sçait pourquoi on l'a appellée *Sang de Dragon*, si ce n'est que l'on appelle *Dragon*, dans la langue du Pays, l'arbre qui rend cette gomme. Il conjecture que ce pourroit être le cinnabre dont Dioscoride dit que les Peintres se servent en leurs plus rouges couleurs. Selon Pline, le Cinnabre n'est autre chose qu'une matiere de sang que vomissent les Dragons, lorsqu'après s'être remplis de celui des Elephans, ils sont écrasés par la pesanteur de ces animaux qui tombent sur eux. On emploie le Sang de dragon en certains ouvrages de vernis, & les Doreurs s'en servent de même pour donner du vif à l'or. Le Sang de dragon est aussi d'usage en Medecine. Il restreint, repercute & desseche les caterres, étant pris interieurement. Appliqué sur la tête, il est bon pour arrêter le flux de sang & pour consolider les plaies.

Quelques-uns écrivent *Sang-dragon* en un seul mot. Il y a celui des Indes & celui des Canaries. Le *Sang-dragon des Indes* est une gomme qui distille du tronc de plusieurs arbres qui ont leurs feuilles comme des lames d'épée, & de couleur verte. Au bas de ces feuilles naissent des fruits ronds qui ont la grosseur de nos cerises. Ils sont jaunes au commencement, rouges ensuite, & d'un très-beau bleu lorsqu'ils ont atteint leur maturité. Les Habitans ayant incisé les troncs de ces arbres, il en sort incontinent une liqueur fluide & rouge comme du sang, qui se durcissant dès que le Soleil se leve, se forme en petites larmes friables & d'un très-beau rouge. Ce premier Sang-dragon est fort rare en France. Lorsqu'il est tombé, il en distille un second, qu'on apportoit autrefois enveloppé dans des feuilles de l'arbre, de la figure d'un gros œuf de pigeon; presentement on l'apporte enveloppé dans ces mêmes feuilles, mais de la grosseur & longueur du petit doigt. Le *Sang-dragon des Canaries* est pareillement une gomme qui distille du tronc & des grosses branches de deux differens arbres après qu'ils ont été incisés. L'un a ses feuilles comme celles du poirier, mais un peu plus longues, & ses fleurs comme un ferret d'aiguillette, & d'un très-beau rouge. Les feuilles de l'autre approchent de celles du cerisier. Ses fruits sont jaunes par côtes, & gros comme un œuf de poule. Ils renferment un noyau qui a la figure de nos muscades, & dans lequel est une amande de la même forme & de la même couleur, dont les Habitans de l'Isle de Madagascar tirent une huile propre à guérir la brûlure, les érésipelles & autres maladies que la chaleur cause. Ces arbres y sont appellés *Rha* ou *Rhaa*. Il y a une maniere de Sang-dragon qui vient de Hollande, & qu'on peut nommer *Sang-dragon faux*. Ce n'est autre chose qu'un mélange du veritable Sang de dragon & de deux autres gommes. Il est en petits pains, d'un rouge foncé & luisant tant en dessus que dedans, assés friable, & d'un beau rouge étant écrasé. Il a l'odeur de la cire d'Espagne quand on le brûle.

SANGLE. s. m. Terme de Cordier. Sorte de tissu large d'environ trois doigts, qui est composé de plusieurs fils de chanvre. *Sangle*, se dit aussi de ce qu'on met par dessous le ventre d'un cheval ou d'une autre bête de somme, pour attacher une selle ou un bât, & les faire tenir ferme.

On appelle *Lit de sangles*, Un bois de lit pliant qui n'est suspendu que par des sangles. Ce mot vient du latin *Cingula*, qui veut dire la même chose.

Sangle. Ceinturon de cuir que l'on attache autour de son corps sur les hanches, pour porter une épée. Les Porteurs de chaise & les Porteurs d'eau ont aussi leurs *Sangles*. C'est une sorte de bande de cuir que les premiers se mettent sur le chignon du cou, &

qu'ils attachent aux bâtons de leur chaise pour porter une personne; & pour les Porteurs d'eau, la bande de cuir, qui est forte & large au moins de trois doigts, a trois crochets. Ils se la mettent sur le dos en forme de baudrier, pour porter une voie d'eau.

On appelle *Sangles*, en termes de Marine, Un entrelassement de bitord qu'on met en differens endroits d'un Vaisseau, comme sur les cercles des hunes, sur les premiers des grands haubans & ailleurs. Ces sortes de sangles empêchent que les manœuvres ne se coupent.

SANGLE', E'E. adj. Terme de Blason. Il se dit du cheval, des pourceaux & des sangliers qui ont par le milieu du corps une espece de ceinture d'un autre émail. *D'azur au poisson d'argent en fasce, sanglé de gueules.*

SANGLIER. s. m. Porc sauvage qui est ordinairement noir, ou d'une couleur tirant sur le noir, & qui se retire dans les forêts, sans se laisser jamais apprivoiser. Il a les yeux furieux, & quatre dents ou défenses, dont les deux d'en haut ne servent qu'à éguiser les deux de la barre de dessous qui tuent tous ceux qu'il peut atteindre. Celles de la machoire inferieure sortent de sa gueule, se tournent en demi-cercle, & sont à pans comme un prisme. Il éventre les chiens & les chevaux avec ses défenses. Il mange des herbes, des figues, des glands & des pommes. A six ans on l'appelle *Grand Sanglier*, & à sept ans *Grand vieux Sanglier.* La chasse du Sanglier se fait en beaucoup de manieres. La premiere est à force, c'est-à-dire, par des chiens de meute & par quantité de relais. On a peine à forcer les grands vieux *Sangliers*, à cause qu'ils courent long tems, & qu'à la fin ils se jettent dans les étangs, où ils demeurent relaissés dans les bourbes, sans qu'on puisse les y aller attaquer, n'y ayant point d'animal qui nage si bien. Quand on attaque les grands vieux Sangliers, on se sert de chariots chargés d'arquebusiers qu'on pose dans les passages pour les tirer. Il n'y a personne qui ose demeurer en pié, parce que ces animaux accourent au bruit & à la voix des personnes, à qui ils font de grandes blessures, s'ils ne les déchirent. Ils sont à craindre sur-tout dans leur quart an, car en vieillissant ils deviennent mirés, & leur défenses étant tournées, ils ne coupent plus. La chasse des accours se fait en mettant des levriers d'estrique derriere une toile faite exprès à bon vent sur les côtés, & les gros levriers au fond de l'accours. Dès que le Sanglier sort, on lui donne une lesse d'un côté. Il veut fuir de l'autre, où il en trouve encore une, ce qui l'engage à se vouloir sauver au milieu. C'est-là qu'il trouve les gros levriers en tête, qui l'arrêtent jusqu'à ce que les Chasseurs l'ayent tué à coups d'épée. On chasse encore le Sanglier avec des chiens que l'on appelle *Abboyeurs*. Ils quêtent dans les grands bois, & ayant trouvé la bête, ils abboyent sans approcher. Ils fuyent chaque fois que le Sanglier tourne sur eux. Cependant les Arquebusiers qui se coulent à l'entour, le tirent, & jamais les abboyeurs ne le laissent qu'il ne soit tué. Si on chasse une femelle, elle a la ruse de ramasser tous ses petits marcassins dans un buisson fort épais & fuir à l'autre bout de la forêt, sans plus approcher du lieu où elle a mis ses petits. S'ils sont assés grands pour la suivre, elle se met à leur tête, & s'en va à dix lieues de-là sans tourner, passant par plaines, côteaux, rivieres, marais & bois avec sa troupe. Les femelles sont appellées *Layes*. Elles vont au rut en Decembre & en Janvier, & portent quatre mois & une semaine, ainsi que les Truyes communes. En ce tems-là elles se recelent fort, & on a beaucoup de peine à les trouver. M. Menage prétend que le mot de Sanglier a été fait du Latin *Singularis*, à cause que le Sanglier marche seul, à l'exception de ses deux premieres années, où il est nommé *Bête de compagnie.*

On appelle aussi *Sanglier*, un poisson de mer qui est couvert d'écailles fort dures. Il a le corps velu & presque rond avec un museau qui approche fort de celui du cochon.

SANGLONS. s. m. p. Terme de Marine. Pieces de bois triangulaires, qui se posent en l'une de leurs extrémités sur la troisiéme partie de la quille vers l'arriere, au lieu de varangues. L'autre extrémité d'en haut se joint avec des genoux qu'on nomme *Revers*. On appelle aussi *Sanglons*, des Pieces de bois, comme de fausses côtes, qui se mettent à l'intrade de proue, & à l'aissade de pouppe de côté & d'autre. Elles sont de même force, & en égales distances.

SANGSUE. s. f. Petit insecte ordinairement noirâtre ou d'un rouge obscur, qui vit de fange & de limon, & qui par consequent ne se plaît que dans les marais & dans les étangs. Au bout de sa tête est un trou rond comme celui d'un lamprion, avec trois petites dents dont il se sert pour percer la peau de l'homme, du cheval, du bœuf, afin d'en sucer le sang. Il est long d'un doigt, & n'a ni os ni arête. Les bonnes Sangsues sont celles qui sont de couleur de foye, menues, rondes, qui ont la tête petite, le ventre rougeâtre, & le dos vert & rayé de couleur d'or par dessus. Celles-là se trouvent dans les eaux claires & coulantes. On les applique aux endroits du corps où les ventouses & les cornets ne peuvent tenir. Il les faut tirer quelques jours avant que de s'en servir, & les garder dans de l'eau pure, afin qu'étant épuisées & comme affamées, elles succent avec plus d'avidité. Il y a des Sangsues venimeuses qui ont une grosse tête de couleur verdoyante, & qui reluisent comme si c'étoit des vers ardens. Elles sont rayées de bleu sur le dos, ainsi que celles qui viennent dans les eaux bourbeuses. Ceux qui boivent de l'eau dormante, comme celles des marais, avalent quelquefois une Sangsue, qui s'attache d'ordinaire à l'orifice de l'estomac; ce que l'on connoît par un tirement que l'on y sent comme d'une personne qui succe. Dioscoride dit que pour la faire sortir, il faut boire de la saumure, ou prendre des feuilles de laserpitium ou de bettes avec du vinaigre, ou boire une pelote de neige avec du vinaigre & de l'eau. Que si la Sangsue se tient attachée à la gorge, il faut que celui qui l'a avalée entre dans un bain chaud, & qu'il tienne de l'eau fraîche dans sa bouche: car la Sangsue pour fuir l'eau chaude du bain, se jettera dans l'eau froide qu'il lui sera aisé de cracher. Si elle entre dans quelque cavité, comme dans le fondement, il faut faire une injection d'eau chaude salée, & la réiterer plusieurs fois jusqu'à ce qu'elle sorte avec l'injection. Si par hazard elle étoit entrée dans l'oreille, il faudroit frotter l'oreille en dehors de sang tout chaud, & la Sangsue sortant aussi-tôt accourroit au sang. On n'applique les Sangsues que pour faire revulsion, & quelquefois pour faire derivation. Elles ouvrent les vaisseaux capillaires des arteres & des veines, & on les attache exprès fort souvent sur les premiers. Les temples & la nuque sont les lieux ordinaires pour les affections de la tête. Quand elles sont trop attachées, & qu'on veut les faire tomber, il ne faut que jetter du sel commun dessus. Si leur piqûre a de la peine à se consolider, & degenere en ulcere, elle se consolidera, pourvû qu'on ait soin de la laver souvent avec de la theriaque & du vin. Le mot de *Sangsue* vient du Latin *Sanguisuga*, Qui succe le sang.

SANGUIFICATION. s. f. Terme de Medecine. La transformation de la nourriture en sang. Tandis que le chyle est confondu & circule avec le sang, il se brise peu à peu & s'altere successivement, & enfin par succession de tems il se change en sang. C'est ce changement qui est appellé *Sanguification*. Le cœur & les vaisseaux qui y sont attachés, sont purement passifs dans cette action, & ne contribuent aux liqueurs pour leur fermentation que le lieu & l'espace puisque la Sanguification n'est pas une action organique, mais similaire, qui consiste dans l'assimilation du chyle avec le sang; de sorte que la Sanguification se fait par le mouvement intestin ou fermentatif des particules, en quoi consiste l'action similaire, non pas par un mouvement local sensible qui demande des parties organisées, en quoi consiste l'action organique. Ainsi le cœur n'est que le lieu où ce changement arrive, ou comme un pot dans lequel se fait la coction.

SANGUINE. s. f. Sorte de pierre rouge dont l'on fait des crayons pour dessiner. C'est aussi une pierre dont les Orfevres se servent pour brunir l'or dans les lieux où ils jugent que cela est necessaire pour mieux dégager, faire sortir & faire paroître toutes les parties de l'ouvrage. Avant que de brunir, ils enfoncent avec la pointe de cette pierre tout l'or dans les creux où il n'avoit point été enfoncé avec le pinceau, après quoi ils se servent d'un gros pinceau pour l'épousseter.

SANGUINO, ou SANGUINELLO. s. m. Plante que Matthiole dit croître en Toscane, appellée ainsi à cause de ses verges de couleur sanguine, mais plus minces que celles du cormier, avec qui elle a quelque rapport. Elles sont fortes & pleines de nœuds, & ses feuilles ressemblent aussi au cormier, si ce n'est qu'elles sont plus larges, nerveuses & attachées à une queue rouge. Son écorce est de couleur de sang. Cette plante fleurit au Printems, & croît dans les haies & les buissons. Ses fleurs produisent des perles qui s'entretiennent comme des raisins, & qui sont attachées à de petites queues minces & rondes. Ces perles ou grains sont de la grosseur de l'orobe, verds premierement, & noirs étant mûrs. Ceux d'autour de Trente, après les avoir fait bouillir dans de l'eau, en tirent de l'huile en les pressurant, & cette huile leur sert dans leurs lampes. Le bois de cet arbre est fort dur, & autant que le cormier; ce qui fait que quelques-uns le croyent un cormier femelle.

SANHEDRIN. s. m. Tribunal Souverain chez les Juifs. Les Furetieristes affirment qu'il subsistoit du tems de JESUS-CHRIST. Ce n'est pas le sentiment le plus commun.

SANICLET. s. m. Herbe que les Allemans mettent au rang du Symphytum, & qui a ses feuilles plus grandes que celles de la Quintefeuille. Sa racine est blanche & pleine de petits nœuds & de petites dechiquetures si bien compassées, qu'on ne les peut assés admirer. Elle produit à la cime de ses tiges & de ses branches, de petits boutons blancs qui ont la forme de fraise. Quelques-uns l'appellent *Dentaria minor*, à cause de ses racines qui ont en quelque sorte la figure d'une dent. On l'ordonne en breuvage aux descentes de boyaux & aux plaies internes, principalement à celles qui ont penetré jusqu'aux creux de la poitrine. En Latin *Sanicula*. Les Allemans montrent plusieurs especes de Saniclet, entre lesquelles il y en a une appellée *Oreille d'ours* par les Herboristes. Elle a de grandes feuilles comme le plantain, mais plus grosses, d'une couleur blanche tirant sur le roux, & dont les bords fort bien travaillés font voir avec admiration l'adresse de la nature. Cette herbe croît abondamment autour de Goritie, & a les mêmes vertus que l'autre. Les Allemans s'en servent pour toutes sortes de plaies, la prenant en breuvage par la bouche, & l'appliquant en dehors.

SANIE. s. f. Terme de Medecine. Humidité subtile & aqueuse qui est contenue dans les veines parmi les humeurs, & qui sort des ulceres malins & exude des corps morts. La Sanie est une matiere crue & indigeste que jette un ulcere qui commence. Ce mot est Latin *Sanies*, Sang pourri qui vient à putrefaction.

SANSONNET. s. m. Petit oiseau noir qui siffle, & qui est gros comme un merle. Il a le bec jaune, le ventre marqueté & le cou d'une couleur luisante tirant sur une maniere de verd noirâtre. On lui apprend à parler.

SANT. s. m. Arbre qui croît en Egypte dans les lieux de ce Royaume les plus éloignés de la mer sur la montagne de Sinaï. Il passe pour le veritable Acacia des Anciens. Son tronc, dont l'écorce est noire, vuide & herissée d'épines, est de la hauteur d'un prunier. Ses feuilles sont petites & en ovale, & se ferment quand le Soleil se couche, & s'ouvrent lorsqu'il se leve. Son fruit est une gousse plate, large d'un pouce, & de la longueur d'un doigt. Cette gousse renferme quatre ou huit grains, & quelquefois davantage. On pile ces gousses, lorsqu'elles sont vertes, dans un mortier de pierre, & le jus que l'on en tire s'épaissit au four, où on le met à dessein dans un pot étamé, jusqu'à ce qu'une goutte jettée à terre se caille d'abord. Le jus qu'on extrait des fleurs & des feuilles n'est pas si bon. Les Courroyeurs du Caire employent ce jus pour teindre leurs peaux en noir. On s'en sert aussi dans la Medecine, à cause qu'il a une vertu astringente, & il est bon contre l'inflammation & la cire qui vient aux yeux, à quoi les Egyptiens sont fort sujets. Il est bon encore contre la goutte & autres maladies causées par des humeurs qui se débordent. Du tronc de cet arbre sort une gomme que les Apothicaires appellent *Gomme Arabique*. C'est le seul dans toute l'Egypte & l'Arabie qui porte la gomme.

SANTAL. s. m. Arbre qui croît dans les grandes forêts des Indes Orientales & Occidentales. Il y en a de trois sortes, le blanc, le citrin & le rouge. Le citrin est le meilleur & le plus aromatique de tous, mais il s'en trouve bien peu. Le rouge est mis au dernier rang, à cause qu'il n'a aucune odeur. Matthiole dit que tous les Santaux sont bons contre les fievres chaudes, & que pris en breuvage ils servent beaucoup à ceux qui ont l'estomac échauffé. On en fait une emplâtre avec de l'eau rose, & cette emplâtre appliquée sur le ventricule dans les fievres chaudes & aigues, en ôte la chaleur vehemente qui y est. Selon Avicenne, le Santal ne rejouit pas seulement le cœur, mais il le conforte; ce qui le fait employer aux medicamens dont on se sert pour les battemens du cœur. Ces arbres sont de la grandeur d'un noyer, & ont leurs feuilles extrémement vertes & semblables à celles des lentisques. Il porte un petit fruit à peu près comme nos cerises. Il est vert d'abord, & il noircit à mesure qu'il prend sa maturité, après quoi il tombe aisément de l'arbre. Son goût est entierement insipide. Le Santal rouge est employé d'ordinaire avec les deux autres, & on le fait entrer en poudre dans plusieurs onguents. On nous l'apporte en grosses & longues buches de l'Isle de Tanassarim, & des lieux maritimes de la Côte de Coromandel. Il faut le choisir noirâtre au dessus, brun au dedans, & difficile à fendre, à cause qu'il n'est pas de fil. Il doit aussi être presque sans odeur. Il y a un quatriéme Santal, appellé *Santal en taffetas*, qui est apporté de Constantinople. C'est du taffetas auquel on a fait prendre la teinture du Santal rouge en poudre, en les faisant bouillir dans de l'eau avec quelques acides. On s'en sert pour les maux des yeux au lieu de taffetas vert.

SANTON. s. m. Nom que les Mahometans & les Idolâtres donnent à de faux Saints & Prophetes, qui par leur hypocrisie s'attirent le respect & la veneration des Peuples.

SANVE. s. f. Sorte d'herbe. Dioscoride dit que les Sanves blanches, quoiqu'elles soient sauvages, se mangent comme les autres herbes. Matthiole croit que comme il n'en a point fait de description, cette herbe devoit être fort commune en son pays, & il tient que c'étoit une espece de chou sauvage, qui se trouve abondamment en Toscane, en la Pouille, & en plusieurs autres endroits d'Italie, sur-tout dans les terres qui se reposent. Cette sorte de chou sauvage est de la hauteur d'un pié, & a ses feuilles velues & semblables à celles des navets, dont il differe, en ce que ses fleurs sont blanches. Aujourd'hui, continue-t'il, on ne mange les Sanves blanches que dans un tems de famine. Selon Galien elles engendrent de mauvaises humeurs. Il dit pourtant qu'étant enduites & appliquées, elles sont quelque peu abstersives & resolutives.

SANZENELAHE. s. m. Bois d'une odeur à peu près comme la semence du cumin, mais qui est de beaucoup plus forte. Il vient dans l'Isle de Madagascar, & son écorce qui ressemble à celle du sureau, est encore plus odorante. Ceux du Pays se servent de ce bois contre la fievre, & pour guerir toutes sortes de plaies. Ils le broyent pour cela sur une pierre avec de l'eau. Celui de Sanzenevave, qui est un autre bois de même nature, est encore meilleur.

SAO

SAORRE. s. f. Terme de Marine. Amas de sable & de cailloux, dont on se sert pour faire enfoncer une galere, & empêcher qu'elle ne se rende jalouse. On dit autrement *Lest* & *Quintillage*.

SAP

SAPA. s. f. Terme de Pharmacie. Ce mot proprement pris, ne signifie autre chose que le suc des raisins mûrs nouvellement exprimé, coulé & cuit, à la consomption de deux tiers, en sorte qu'il demeure en consistance de miel. Improprement pris, c'est toute sorte de robs ou de sucs, de quelque plante que ce puisse être, cuits en la même consistance de miel, sans aucun mélange de miel ni de sucre. Le Sapa des Apothicaires se fait de vin doux tout recent, tiré d'excellens raisins blancs & bien mûrs, & cuit sur un feu bien clair dans un chauderon jusqu'à la consomption des deux tiers, en ôtant toûjours l'écume qui nage dessus, afin de le rendre plus clair & plus beau. On s'en sert particulierement dans les maladies de la bouche. Outre qu'il fortifie par son astriction, & qu'il empêche l'humeur de tomber sur les parties, il deterge & digere celle qui y est déja tombée. Si par le mot de *Sapa* on veut signifier autre chose, il faut ajoûter le nom de la plante dont on a tiré le suc, comme *Sapa Absynthi*, *Sapa Eupatorii*.

SAPAJOU. s. m. Sorte de Singe qui est fort petit. Il y en a qui tiennent que ceux qui ont le dos roux, la poitrine, le ventre & le dedans des cuisses & des bras gris ou blancs, sont les veritables Sapajous.

SAPHENE. s. f. Terme de Medecine. Veine considerable qui naît auprès des glandules de l'aine, & qui descendant le long de la cuisse jusqu'au malleole externe, se perd parmi la peau de dessus du pié.

SAPHIR. s. m. Pierre précieuse fort dure qui resiste à la lime & qui ne peut souffrir la gravûre. Elle est d'une couleur bleue fort éclatante, sans aucun mélange de rouge, par où elle est differente de l'Amethyste. Pline dit que le Saphir a certains petits points d'or, à quoi Matthiole est contraire, qui n'en a jamais vû de marquetés d'or, & qui assure que tous les Saphirs qu'on voit aujourd'hui sont bleus, & clairs comme un diamant. Selon Dioscoride, le Saphir pris est bon pour les piquûres des Scorpions, & étant bû il remedie aux ulceres qui sont aux parties interieures du corps. Il repercute les excrescences & carnosités des yeux & les taches & pustules qui y viennent. Il y a le mâle & la femelle. Le mâle, comme le plus parfait, a une très-belle couleur azurée. La femelle tire beaucoup sur le blanc, si elle n'est pas tout-à-fait blanche. On trouve des Saphirs de plusieurs sortes. L'*Oriental* vient de Calecut, de Zeilan, Pegu & autres lieux des Indes. Le *Saphir d'eau* & le *Saphir du puits* se tirent des confins de la Silesie, & leur couleur approche de celle de la Calcedoine. Le Saphir que l'on appelle *Oeille de chat*, est embelli de plusieurs couleurs differentes.

SAPIN. s. m. Arbre qui croît aux montagnes, & qui jette une excellente Resine. Il est fort haut, fort droit, & n'a pas beaucoup de nœuds. Il a l'écorce blanchâtre & ses branches droites, qui en jettent de petites en forme de croix, & il porte des pommes longues de la paume de la main. Son bois est leger & propre à faire des bâtimens de mer. M. Menage fait venir ce mot de *Sapinus*, qu'on trouve dans quelques Auteurs Latins, & du Cange le derive de *Sappus*.

SAPINE. s. f. On appelle *Sapines*, des Solives de bois de sapin, que l'on scelle de niveau sur des tasseaux, quand on veut tendre des cordeaux pour ouvrir les terres & dresser les murs. On se sert de Sapines dans l'échafaudage, & on en fait aussi des planchers.

SAPINETTE. s. f. Petit coquillage qui s'engendre sous un Vaisseau qui a été long-tems à la mer.

SAPPE. s. f. Terme de guerre. Travail que l'on fait en s'attachant avec le pic & la pelle au pié de quelque corps de terre, pour le renverser sans poudre à canon. Comme ce travail est un enfoncement qu'on fait sous les terres, en les taillant de haut en bas par échelles, on n'y est à couvert que de côté; & afin de se couvrir par en haut, on jette des madriers ou des claies couvertes de terre par le travers de la sappe. On donne aussi le nom de *Sappe* au travail qu'on fait en s'attachant à une esplanade pour la percer, & même lorsqu'on pousse une tranchée droite & enfilée, mais enfoncée en terre & couverte avant que d'arriver à faire un logement sur un chemin couvert.

Sappe, se dit aussi d'une ouverture qu'on fait au pié d'un mur pour le faire tomber tout d'un coup faute d'appui. On fait venir le mot de *Sappe* de l'Italien *Zappa*, Hoyau, beche.

SAQ

SAQUEBUTE. s. f. Sorte d'instrument qui imite le son

son de la trompette, à laquelle il ressemble, excepté qu'il est bien plus long, & qu'outre qu'il a quatre branches qui se démontent & se brisent à l'endroit des nœuds, il a souvent un tortil. C'est le même tuyau qui fait deux cercles au milieu de l'instrument. Il a deux branches interieures qu'on ne voit que lorsqu'on les tire par le moyen d'une barre qu'on pousse jusque vers la potence, & qui s'allongent comme on veut pour faire differens tons. La Saquebute sert de basse dans toutes sortes d'instruments à vent. Elle n'est pas en usage en France, mais on tient qu'elle l'est beaucoup en Allemagne.

SAQUER. v a. Vieux mot. Tirer. On disoit autrefois *Saquer l'épée*, & les Normands disent encore *Saquer la voile*, pour dire, Ferler, serrer, mettre la voile dedans.

SAR

SARABANDE. s. f. Air de musique à trois tems. Il a deux parties, dont la premiere est de quatre mesures. Si elle en a huit, on ne la recommence pas. La seconde partie a huit ou douze mesures, & se recommence. Après la seconde fois on fait une petite reprise des quatre dernieres mesures. De quatre en quatre il doit y avoir un repos ou une cadence.

SARCHE. s. m. Cercle haut & large, auquel on attache une étamine, une toile, ou une peau percée, pour faire un tamis, une grele. On s'en sert aussi pour hausser les vaisseaux à faire la lessive.

SARCLOIR. s. m. Instrument dont on se sert pour arracher les méchantes herbes d'un champ, d'un jardin. Il est composé d'un manche de bois & d'un petit fer qui est au bout de ce manche.

SARCOCELE. s. f. Terme de Medecine. Hernie charnue qui est commune aux deux testicules. C'est une chair superflue qui naît dessus & qui les éleve & les enfle. Cette excrescence n'arrive pas seulement aux testicules, mais encore à la membrane interne du scrotum sans aucune participation des testicules. Cette maladie a le plus souvent une cause externe, sçavoir les coups, la contusion, le déchirement. Le sang alimentaire s'arrêtant & s'amassant avec plus d'abondance dans les fibres déchirées & les pores relâchés des vaisseaux rompus, il se change en une espece de chair, qui s'augmentant successivement dans les testicules, ou dans la membrane du scrotum, y engendre la Sarcocele. Cette sorte de hergne se sent au toucher; elle croît peu à peu, & la tumeur est dure & indolente. S'il y a de la douleur, on doit apprehender que la chair ne soit chancreuse & ne degenere en un cancer. La Sarcocele est difficile à guerir, & s'il y a des remedes, il faut preferer la racine d'Ononis à tous les internes. Matthiole & plusieurs autres en recommandent l'usage continué jusqu'à une drachme. Ce mot est Grec σαρκοκήλη, de σάρξ, Chair, & de κήλη, Tumeur.

SARCOCOLLE. s. f. Gomme qui sort d'un arbre noueux & épineux qui croît en Perse. Les Grecs lui ont donné ce nom de σάρξ, Chair, & de κόλλα, Colle, parce que de même que la colle forte fait tenir & joindre le bois, la gomme qu'on recueille de cet arbre fait souder la chair. Elle est semblable à la manne d'encens. Il y en a de deux sortes, la blanche & la roussâtre. La derniere est plus amere & meilleure. Les Arabes disent que la Sarcocolle évacue les crudités phlegmatiques & les humeurs grossieres & visqueuses, & sur-tout celles qui sont au creux des jointures, & à l'entre-deux des hanches qui causent les sciatiques. Elle purge le cerveau, les nerfs, le poumon, & est fort bonne à la toux, & à ceux qui ont de la peine à respirer. Quelques-uns tiennent que la Sarcocolle est une gomme qui se recueille dans l'Arabie deserte, & que l'arbre en est petit & fort épineux.

SARCOMA. s. m. Terme de Medecine. Excrescence de chair qui vient dans le nez, autour du siege, & ailleurs. Si une partie charnue ou nerveuse est blessée par quelque chose d'exterieur, en sorte qu'elle souffre une trop grande distension, quelque déchirement, de la confusion & du déreglement dans ses conduits & ses pores, il arrive que l'aliment prochain de la partie est reçû & retenu trop abondamment, & que ne pouvant être entierement assimilé, il s'en forme des tumeurs de même nature que les parties ausquelles l'aliment s'attache, C'est ainsi que se fait le Sarcoma, qu'on doit extirper par le fer, si on le peut faire sans peril, comme quand il n'est point adherant à des nerfs ou à des vaisseaux & à des arteres considerables. Après qu'on a arrêté l'hemorragie, il faut enlever la racine & la membrane radicalement avec des suppuratifs & des corrosifs doux & benins, si on veut empêcher que la tumeur ne revienne. Ce mot est Grec σάρκωμα, & il est fait de σάρξ, Chair.

SARCOTIQUES. s. m. Medicamens qui ont la vertu de faire naître une nouvelle chair dans une playe ou dans un ulcere. Ils doivent être moderement chauds au dessous du second degré & secs au premier, & avoir une faculté détersive sans mordacité, comme l'encens, le symphytum, le mastic, l'aloës, l'aristoloche, le pompholix, la tuthie, la ceruse, la farine d'orge, & autres.

SARDIENNE. adj. On appelle *Pierre Sardienne*, Une pierre precieuse qui se rencontre dans le cœur d'un caillou, & qui a pris son nom de Sardes, Ville d'Ionie, dans l'Asie mineure où elle a été premierement trouvée. On en trouve aussi dans les Indes, & celles-là sont les plus belles & les plus éclatantes de toutes. La femelle est obscure & épaisse, & a bien moins d'éclat que le mâle. Il faut choisir celle qui est teinte d'une vraye couleur de chair, & qui n'est point transparente. La proprieté de cette pierre, selon ce qu'en dit Albert le Grand, c'est de rendre l'homme gai en lui aiguisant l'esprit; ce qui arrive à cause qu'elle purifie le sang & qu'elle engendre des esprits très-purs.

SARDINE. s. f. Poisson de mer, qui a la tête dorée, le ventre blanc, & le dos vert & bleu. Il est peu different du harenc & plus estimé, La Sardine n'a point de fiel.

SARDOINE. s. f. Pierre precieuse rouge, tirant sur le blanc, ainsi que l'ongle de l'homme. On l'appelle *Sardoine*, comme qui diroit une Sarde ou pierre Sardienne, jointe à l'Onyx qui est une autre pierre precieuse, qu'on nomme communément *Cornaline* Quelques-uns tiennent que la Sarde étant presente, la pierre Onyx n'a nulle vertu. On prendroit la Sardoine pour une Cornaline, ayant le fond blanc, comme si on mettoit de la chair sous l'ongle. Les grandes chûtes des eaux qui coulent comme des torrens découvrent ces pierres dans les Indes. Celles-là ont un mélange de couleurs comme l'arc en ciel, leur fond étant noir, blanc, d'azur, de pourpre & d'amethyste. Les Arabesques ont leur jour en la bosse & au cabochon, & non pas à fleur de peau ni au fond, Il n'y a pierre qui marque la cire plus nettement. On tient que ce fut une Sardoine que Polycrate jetta dans la mer, & qui fut retrouvée au ply du boyau d'un poisson qu'on lui servit.

SARDONIA. s. f. Espece de Grenouillette, qui selon Dioscoride, fait perdre le sens à ceux qui en mangent, & retire tellement la bouche & les nerfs, qu'il semble que ceux qui en meurent, rient en mourant. Pline dit que c'est la plus velue & la plus feuillue des Grenouillettes de Sardaigne. Sa tige est haute, & ses feuilles sont fort déchiquetées. Elle est extrémement mordante & acre en son goût. Plusieurs l'appellent *Apium risus*, c'est-à-dire, Ache qui fait rire. Saluste confirme le sentiment de Pausanias, sur ce que cette herbe est venimeuse & fait que ceux qui en mangent meurent en riant. Il croît, dit-il, une certaine herbe en Sardaigne, qu'on appelle *Sardoa*, & qui est fort semblable à l'Ache sauvage. Elle retire la bouche par la douleur qu'elle cause, en sorte qu'il semble que ceux qui en meurent, rient. C'est de là que l'on a dit *Ris Sardonien*, pour dire, Un ris qui presage quelque chose de funeste.

SARFOUER. n. a. Bêcher legerement la terre entre les plantes pour les rafraîchir & les faire mieux pousser après les avoir sarclées avec la main.

SARGAÇO. s. m. Plante dont Acosta a donné la description & qui croît sur des rochers qui sont au fond de la mer, d'où les flots arrachent la plus petite herbe. Cette petite herbe vient sur l'eau par gros pelotons, qui en couvrent toute la superficie, & la remplissent si fort que les Vaisseaux en sont quelquefois notablement retardés. Sa plante a les branches menues & entortillées les unes dans les autres. Ses feuilles sont minces, étroites, & toutes dentelées, de la longueur d'un demie pouce, & à l'extremité de chaque feuille, il y a un grain attaché qui est creux & gros comme un grain de poivre. La couleur de cette plante tire au feuille-morte, & est toute semblable à celle des herbes qu'on voit croître sur des rochers qui sont couverts d'eau de mer. Plusieurs assurent qu'elle fait jetter le gravier des reins, & qu'elle facilite les urines.

SARMANT. s. m. Bois d'une vigne qu'on taille, sa cendre sert à peindre en gris à colle.

SARONIDES. s. m. On a appellé ainsi certains Theologiens Gaulois que quelques-uns confondent avec les Druydes, qu'on nommoit ainsi de Δρῦς, Chêne, & selon Hesychius σαρωνίδες, veut dire des Chênes que leur vieillesse a creusés.

SARRASIN. s. m. Sorte de blé qu'on dit avoir été apporté d'Afrique. Il a la feuille rondelette d'abord, après quoi elle prend la forme de celle du lierre, à l'exception qu'elle est plus pointue & plus molle. Son tuyau est frêle, rond, vuide, rouge, & feuillu, & il en sort une petite fleur blanche, grappeuse, qui rend une graine de forme triangulaire. Cette graine a la moëlle blanche dedans, & l'écorce de dessus noire. Les Paysans en font du pain qui est noir. On seme ce blé en Avril, & on le moissonne en Juillet. Il y a des lieux où l'on en fait la moisson deux fois l'année.

SARRASINE. s. f. Terme de fortification. Porte à treillis ou à barreaux, qu'on appelle autrement *Herse*. On la met au dessus de la porte d'une Ville, où elle est suspendue à une corde, & on la laisse tomber quand on craint quelque surprise.

SARRETTE. s. f. Sorte de plante, dont la feuille est propre aux Teinturiers pour teindre en jaune.

SARRIETTE. s. f. Herbe semblable au Thim, mais plus molle & plus petite. Elle produit un épi plein de fleurs vertes, & vient aux lieux maigres & pierreux. Il y en a une autre, que Matthiole croit être celle dont parle Columella, lorsqu'il dit touchant les mouches à miel; il faut que le lieu où elles seront soit rempli de petits arbrisseaux, & particulierement de thim, d'origan, de thymbre, & de notre cunila que les Paysans nomment *Satureie*, & nous *Sarriette*. Celle-là est plus grande, & jette plus de surgeons, produisant tout à l'entour beaucoup de rameaux, ronds & durs comme bois. Ses feuilles sont plus grandes que celles du thym, un peu âpres & dures, & sortent distinctement autour des rameaux. De ces feuilles viennent de petites cimes garnies d'épis, & ayant des feuilles beaucoup plus petites que ne sont les autres, parmi lesquelles proviennent ses fleurs qui sont purpurines blanchâtres. Sa racine est dure comme bois. Il y a de la Sarriette cultivée, qui est plus petite & n'est pas si acre ni si forte que la sauvage. On s'en sert dans quelques sausses. La Sarriette attenue les humeurs pituiteuses, dissipe les vents, aide à la coction, aiguise la vue, & provoque les urines. On l'appelle *Satureia* en Latin; en Grec θύμβρα.

SART. s. m. Vieux mot. Champ. L'*Hermite avoit labouré un Sart & semé du métail en la terre qu'il avoit Sartée*. On appelle *Sart*, en termes de Marine, des herbes qui croissent au fond de la mer, & qu'elle en arrache en de certains tems. Elle les rejette à la côte, & ces herbes servent à fumer les vignes & les champs. On les nomme *Goësmon*, sur les côtes de Bretagne, & *Varech* sur celles de Normandie.

SARTIE. s. f. Terme qui est en usage sur la mer du Levant, pour signifier toutes sortes d'agreils & d'apparaux pour équipper un Vaisseau.

SAS

SAS. s. m. Sorte de tamis de figure cylindrique, qui a au milieu une toile ou un reseau de crin par les trous duquel on passe les poudres que l'on veut avoir fort déliées. Les Parfumeurs ont des Sas avec un couvercle pour passer leurs poudres. Il y a du *Plâtre au Sas*. Les Maçons s'en servent pour les cheminées & autres ouvrages de même nature. On dit *Faire tourner le Sas*, & cela se dit des Charlatans qui pour éblouir les bonnes gens qui les vont consulter sur une chose qu'on leur a volée, font tourner le Sas si adroitement, qu'il s'arrête lorsqu'on nomme la personne qui est soupçonnée d'avoir fait le vol. On fait venir le mot de *Sas* du latin *Seta*, Soye de pourceau.

SASSAPHRAS. s. m. Arbre qui croît dans la Floride, d'où l'on apporte son bois en Europe. Cet arbre est fort grand & a ses feuilles comme le Figuier. Son écorce est chaude & seche au commencement du troisiéme degré, & les autres parties le sont seulement au second. La decoction de son bois est excellente en toutes sortes de maladies, sur-tout pour ouvrir les obstructions, pour fortifier les parties internes, & pour guerir quantité de maux que l'on gagne avec les femmes. C'est l'un des six medicamens simples dont on se sert pour la guerison de la verole. Comme il est fort rare & cher, il faut prendre garde à ne se laisser point tromper par ceux qui font passer pour vrai Sassaphras de la scieure de bouis dans laquelle il y a de la graine de fenouil broyée. Ce bois, pour être bon, doit être solide & jaune, & avoir son écorce tenue, de couleur cendrée, & de saveur un peu acre & aromatique, & semblable à celle du fenouil, auquel son odeur se doit aussi rapporter.

SASSOIRE. s. f. Piece du train de devant d'un carrosse qui est au bout des armons. Elle soûtient la fleche, & sert à faire braquer le carrosse.

SAT

SATELLITE. f. m. Ce nom qui est aujourd'hui odieux, marquoit une dignité du tems des Empereurs d'Orient. C'étoit comme un Capitaine des Gardes du Corps, du moins les Gardes des Empereurs étoient nommés *Satellites*. Presentement on entend par *Satellite*, Un homme d'épée qui est aux gages & à la suite d'un autre, comme le ministre & l'executeur de ses violences.

Les Astronomes appellent *Satellites de Jupiter*, quatre petites étoiles qui tournent autour de cette Planete, & que Galilée a découvertes le premier avec le telescope, sans quoi on ne les peut voir. La premiere & la plus proche de Jupiter fait son tour en un jour & demi ou environ, la seconde en trois jours & demi, la troisiéme en un peu plus de sept jours, la quatriéme en seize jours & demi. On appelle aussi Satellites de Saturne, cinq Planetes qui tournent autour de lui, dont la plus proche fait son tour en près de deux jours, la seconde en près de trois, la troisiéme en quatre & demi, la quatriéme en près de seize, & la cinquiéme en quatre-vingts à peu près.

La Lune peut bien être appellée *Satellite de la Terre*, car elle est à la terre précisement ce que les Satellites sont à Jupiter & à Saturne.

Les Satellites de Jupiter étant au nombre de quatre, & tournant tous autour de Jupiter qui est fort gros, ils doivent très-souvent être éclipsés par Jupiter, ou les uns par les autres. Cette grande quantité d'éclipses, car il ne se passe pas de jours sans cela, les rend beaucoup plus utiles que la Lune, pour trouver les longitudes. Voyez ECLIPSE. De plus, leurs éclipses se font sans *Pénombre*, (voyez PENOMBRE,) & par conséquent le moment précis en est bien plus aisé à déterminer, ce qui est de grande importance.

Les Satellites de Saturne seront du même usage, quand leurs mouvemens auront été calculés aussi exactement que ceux de Jupiter, dont l'illustre M. Cassini a fait des Ephemerides excellentes.

SATRAPE. f. m Nom que les anciens Perses donnoient aux Gouverneurs de Province. Ce mot a été transporté chés les Grecs, qui ont dit σατράπης, dans la même signification.

SATURNALES. f. f. Fête que les Romains celebroient en l'honneur de Saturne avec de grandes réjouissances. Elles duroient cinq ou six jours dans le mois de Decembre, & les Esclaves pendant ces jours-là changeoient leurs habits en ceux de leurs Maîtres qui les servoient même à table. Il y en a qui disent que les Saturnales ont été instituées avant que Tarquin ait été chassé de Rome, & d'autres qu'on ne les a établies que plus de cent ans après que la Republique a commencé.

SATURNE. f. m. Planete la plus éloignée de la terre, & dont le mouvement paroît le plus lent. Saturne, selon quelques-uns, est soixante & dix-neuf fois plus gros que la terre; & selon d'autres, quatre-vingt-onze fois. Il fait sa revolution dans le Zodiaque en vingt-neuf ans cent cinquante-sept jours, & vingt-deux heures. Sa plus grande distance de la terre est de 244000. demi-diametres de la terre, & la plus petite de 176000. Il a cinq *Satellites* qui tournent autour de lui, (voyez SATELLITE,) & un *Anneau*. Voyez ANNEAU. Les Astrologues disent que c'est une Planete froide, seche, & malfaisante.

Parmi les Chymistes, *Saturne* signifie le Plomb, & ils appellent *Sucre de Saturne*, Une chaux en laquelle le plomb calciné se change lorsqu'il est dissous par un acide, & sur-tout par l'acide volatil du vinaigre. Pour cela, on verse par inclination la dissolution qui a été faite dans du vinaigre distillé. On la philtre, on la laisse évaporer, après quoi on la laisse quelque tems, & il se forme des cristaux que l'on purifie par plusieurs dissolutions réiterées. Si on prend interieurement ce sucre de Saturne, il absorbe tous les acides, & est specifique dans le mal & la melancolie hypochondriatique, dans la fievre quarte opiniâtre & dans les inflammations causées par l'effervescence des sels viciés, ainsi que dans les éresipelles. Il y a aussi un *Beurre de Saturne*. Il se distille en prenant de la mine de plomb, non pas de la vulgaire, mais de la volatile qui vient de Hongrie. Après qu'elle a été pulverisée, on la mêle avec une partie égale de mercure sublimé, & on distille le tout dans une retorte, ce qui fait avoir une liqueur grossiere composée de l'esprit acide de sel commun qui étoit renfermée dans le mercure sublimé, & des particules de plomb que l'esprit de sel a enlevées avec soi. Le beurre de Saturne doit être rectifié, à la maniere ordinaire, après quoi il faut le precipiter avec de l'eau simple en forme de poudre blanche. Il a le même usage que le sucre de Saturne, & il purge doucement. Ce beurre & ce sucre de Saturne distillés ensemble, donnent une huile rouge extrêmement douce & fort efficace dans les maladies chroniques, & particulierement dans les ulceres corrosifs, & qui sont difficiles à guerir. Il est bon de donner auparavant un peu de *Bezoard de Saturne*, qu'on fait en précipitation avec le Beurre de Saturne & l'esprit de nitre. Après trois abstractions, trois edulcorations & trois calcinations, on a un Bezoard Saturnin simple, qui ne tient aucunement de l'antimoine, comme les autres besoards metalliques & qui est un très-bon remede dans la peste, & dans les fievres malignes pestilentielles. Quoique le sucre de Saturne soit assés bon, on tache d'en extraire le *Baume de Saturne*, & pour en venir à bout, on met le sucre de Saturne en digestion, avec de l'huile distillée de therebentine ou de genevrier, jusqu'à ce que le tout devienne rouge, ce qui n'arrive qu'à force de bien remuer cette mixtion.

SATYRE. f. m. *Selon les fictions des Poëtes Payens, c'étoit un demi-Dieu des bois, moitié homme & moitié bouc.* ACAD. FR. On trouve dans le Royaume de Quoja une espece de Satyres que les Negres appellent *Quojas Morrou*. Ils ont la tête grosse, le corps gros & pesant, les bras nerveux, & n'ont point de queue. Ils marchent tantôt tout droit, & tantôt à quatre piés. Les Negres prétendent que ces animaux naissent des hommes, & qu'ils deviennent demi-bêtes à force de demeurer dans les bois. Ils se nourrissent de fruits & de miel sauvage, & se battent à tous momens les uns contre les autres. Ils ont même assés de courage pour attaquer des hommes armés. Il y a quarante ans ou environ, qu'on apporta en Hollande un de ces Satyres, dont on fit present au Prince Frideric Henri de Nassau. Il étoit d'une taille quarrée, de la grandeur d'un enfant de cinq ans, mais bien plus épais, fort, vigoureux & agile, en sorte qu'il levoit des choses très-pesantes, & les portoit d'un lieu en un autre. Il avoit le devant de son corps nud, & le dos couvert de poil noir. Sa face avoit quelque chose de l'homme, mais son nez étoit plat & retroussé. C'étoit un animal femelle, dont les oreilles, le sein, les mammelles, les coudes, les mains, le bas de son ventre, les parties naturelles, les jambes & les piés ressembloient parfaitement à ceux d'une femme. Il se tenoit debout & marchoit souvent tout droit. Il bûvoit fort proprement, portant d'une main le pot à sa bouche, & le soûtenant de l'autre. Il avoit la même adresse à se coucher, & après avoir mis sa tête sur le chevet, il ajustoit sa couverture sur son corps, ce qui l'auroit fait prendre pour un homme, lorsqu'il étoit étendu de cette sorte. Les Negres assurent que cet animal force les femmes & les filles lorsqu'il en rencontre.

SATYRION. s. m. Plante qui ne jette que trois feuilles, qui panchent contre terre, comme si elles étoient rompues, & qui sont semblables à la Parelle ou aux feuilles du lis, quoique moins grandes. Elles sont rouges, & sa tige qui n'a point de feuilles est de la hauteur d'une coudée. Ses fleurs sont blanches & faites en façon de lis. Sa racine est grosse & ronde comme une pomme, bulbeuse, rousse en dehors, & blanche en dedans comme un œuf. Elle a un goût doux & agreable à la bouche, & porte à l'amour ceux qui en mangent. Prise en breuvage avec de gros vin, elle est bonne aux spasmes, qui font retirer la tête & les nerfs en arriere. Il y a une autre espece de Satyrion, appellé *Erythronium*, parce qu'il est rouge. Sa graine est semblable au lin, mais plus grosse, dure, legere & luisante. L'écorce de sa racine est déliée & rousse. Au dedans il y a une moëlle blanche, douce & bonne à manger. Ce Satyrion croît dans les montagnes, & dans les lieux battus du Soleil. C'est une plante si feconde, que si sa tige est recouchée, & provignée comme la vigne, elle produit plus de cinquante bulbes d'un seul.

SAU

SAUCISSE. s. f. *Boyau de porc ou d'autre animal, rempli de viande crue, hachée & assaisonnée.* ACAD. FR. On appelle *Saucisse*, en termes de guerre, Une longue charge de poudre mise en rouleau dans de la toile goudronnée, arrondie & mise en longueur. On attache à ce rouleau une fusée lente qui sert d'amorce pour faire jouer une mine. On a de coûtume de mettre deux Saucisses à chaque fourneau, afin que s'il y en a une qui manque, l'autre fasse son effet.

On appelle aussi *Saucisses*, ou plûtôt *Saucissons*, Des fagots faits de grosses branches d'arbres. On les lie par le milieu & par les deux bouts, & on s'en sert pour se couvrir, & pour faire des épaulemens. La difference qu'il y a entre les Saucissons & les fascines, c'est que les fascines sont faites de menus branchages.

SAUCISSON. s. m. *Sorte de Saucisse qui est fort grosse, & de fort haut goût.* ACAD. FR. On appelle aussi *Saucisson*, Une fusée qui est sans étoiles & sans serpenteaux, & dont on garnit les feux d'artifice. On met plusieurs Saucissons ensemble, afin qu'ils fassent un plus grand bruit.

SAVEUR. s. f. *Qualité qui est l'objet du goût, qui se fait sentir par le goût.* ACAD. FR. Les Chymistes prétendent avec raison que le sel est dans les choses la principale cause des Saveurs, & que les corpuscules qui forment le sel, appliqués à l'organe du goût s'y insinuent & le meuvent selon la proportion ou le rapport qu'ils ont avec lui. On n'en peut douter, puisqu'il n'y a rien de savoureux dont on ne puisse tirer le sel, & qui ne devienne insipide après qu'on l'en a tiré, de même qu'il n'y a rien d'insipide qu'on ne rende savoureux, si l'on y mêle du sel. D'ailleurs on observe que rien ne devient capable d'être goûté, qui ne soit humide, & qu'ainsi il n'ait pû imbiber du sel dissous, ou qui ne soit penetré d'une humeur par laquelle le sel entremêlé puisse être dissous ou exprimé avec l'humeur, & se puisse insinuer dans l'organe du goût. C'est pour cela que la nature a donné une humidité particuliere à la langue & au palais, afin qu'il y ait de quoi humecter les choses qui sont trop seches, & qu'elle puisse en tirer le sel & le faire penetrer en elle-même. Le sel qui est adherant à la langue, a cela de commode, que l'eau qui de soi est moins savoureuse qu'elle n'est propre pour apprêter les Saveurs lorsqu'elle dissout le sel qui est dans les choses, est rendue par son moyen savoureuse, & desirable, si elle est necessaire à l'estomac, & ce qui le prouve, c'est que l'eau est d'autant plus agreable & savoureuse, que la langue est plus seche, ou qu'elle a moins d'humeur & plus de sel, qui étant dissous l'affecte plus doucement. Comme la diversité des sels est innombrable, & que leur figure & leur tissure s'alterent diversement par les combinaisons qu'ils font entre eux, & avec les particules huileuses & terrestres, il s'ensuit qu'il y a un nombre presque infini de Saveurs differentes dans tous les sujets, que ce qui n'avoit point de saveur en peut acquerir par le mélange de quelque corps, ou changer celle qu'il avoit en une autre differente, comme le vinaigre qui devient fort doux par le mélange du sel de Saturne, qui est très-insipide. Il semble qu'entre les Saveurs les deux plus opposées soient l'*Acide* & l'*Acre*, entre lesquelles le *doux* tient le milieu. L'acide consiste en des particules longues, aigues, roides & tranchantes des deux côtés qui penetrent en faisant une incision subtile.

L'Acre est composé de parties qui ont une surface âpre, & raboteuse, & qui rongent ou raclent rudement les corps ausquelles elles s'appliquent. L'*Acerbe* & l'*Austere* sont des especes d'Acide, car leurs sels acides sont mêlés avec des soufres grossiers, qui herissent la surface de ces sels de plusieurs petits poils diversement recourbés, & propres à s'attacher fortement à la langue. L'*Amer* est une espece d'Acre, mêlé aussi avec des soufres grossiers, ou des huiles fixes. Les fruits commencent par être acides, & même acerbes, parce qu'ils ont beaucoup de sels roides & pointus, & souvent mêlés avec des soufres qui les herissent; mais par la fermentation continuelle que cause le soleil, ces acides s'étant brisés, & se dégageant de leurs soufres grossiers, ils perdent & l'acerbité, & la trop grande acidité, & parviennent à composer cette Saveur moderée, qu'on appelle *Douceur*. Enfin les acides continuant à se briser plus qu'il ne faut, & par-là les plus volatils s'évaporant avec les soufres legers, & les plus fixes demeurant engagés avec des soufres grossiers, & ayant même perdu leur figure longue & pointue, pour en prendre une irreguliere & inégale, les fruits deviennent acres ou amers. Ce qui prouve assés bien que l'amer n'est pas opposé au doux, mais à l'acide, & que le doux est entre les deux.

SAUGE. s. f. Herbe qui produit plusieurs branches, longues, blanches & quarrées, & qui a ses feuilles semblables à celles du Coignier, mais plus longues, plus âpres, & plus épaisses. Elles sont rudes comme un drap à demi usé, velues, blanchâtres, d'odeur agreable & forte. Elle croît dans les lieux âpres, & produit sa graine à la cime de ses branches, ainsi que la Toute-bonne. La decoction de ses feuilles & de ses branches prise en breuvage provoque le flux menstrual, fait uriner, & a la vertu de faire sortir l'enfant hors du ventre de la mere. Elle étanche aussi le sang des plaies, & mondifie les ulceres malins, noires & sales. En Latin *Salvia*. Quand on examine cette herbe par le moyen du microscope, on la voit toute couverte d'araignées vivantes, & qui paroissent marcher.

Il croît dans la Guadeloupe des arbrisseaux de Sauge, qui sont quelquefois aussi gros que le bras, & hauts de sept à huit piés. Leurs fleurs sont comme de petites roses composées de plusieurs petites fleurs violettes de très-bonne odeur.

SAUGRENNE'E Assaisonnement des pois avec du beurre, des herbes fines, de l'eau & du sel. Les Furetieristes disent qu'on les cuit à l'eau & au sel seulement, ils n'en ont apparemment gueres mangé.

SAUGUE. s. m. Nom que l'on donne à un certain bateau pêcheur de Provence.

SAVINIER. s. m. Arbre qui se jette plus en largeur qu'en longueur, & dont les rameaux sont souples, difficiles a rompre, & revêtus tout autour de feuilles & d'écailles. Il y en a de deux sortes, l'un qui porte fruit, & l'autre qui est sterile. C'est la même chose que *Sabine*.

SAULE. s. m. Sorte d'arbre qui aime les lieux humides, & qui croît très-vîte. Matthiole dit que dans la riviere de Gennes il y en a qui croissent en telle grandeur, que l'on en fait des perches & des échalas pour les treilles & les vignes; que d'autres moindres qu'on appelle *Franc osier*, servent à lier les cercles des tonneaux, & qu'on fait des corbeilles & des paniers d'autres Saules qui sont encore plus petits. Ils ont tous leurs feuilles semblables à celles de l'olivier, longuettes, vertes par dessus, & blanchâtres par en bas. Le Saule gris n'est pas pliant, le rouge est le plus doux, le blanc s'appelle *Lisette* ou *Lusette* à ligando. Selon Pline, il y a trois sortes de *Larmes de Saule*. L'une sort de l'arbre naturellement & sans nulle incision. L'autre coule lorsque le Saule fleurit, & que l'on a incisé l'écorce de trois doigts de long. La troisiéme distille en Automne quand on ébranche les saules. Matthiole s'étonne de ce que personne n'a fait mention de l'écume blanche qui pend aux branches des Saules en maniere de raisin, si-tôt qu'ils sont défleuris, & qui y demeure jusqu'à ce que le vent l'emporte, volant par l'air comme une plume. Le Saule n'est pas de longue durée. Selon Galien on peut user des feuilles de Saule pour souder une plaie fraîche. La plûpart des Medecins employent ses fleurs lorsqu'ils préparent une emplâtre dessiccative, à cause qu'elles dessechent sans aucune mordication, quoiqu'elles tiennent quelque peu de l'astringent. Quelques-uns se servent de la liqueur qui sort de l'écorce du Saule qu'on incise lorsqu'il est en fleur, pour ôter tout ce qui empêche & trouble la prunelle de l'œil. L'écorce du Saule est si dessechante, qu'elle guerit & emporte les cloux, durillons & porreaux, sur-tout si étant reduite en cendres, elle est trempée dans de bon vinaigre & appliquée dessus. On dit aussi *Saulx*, en Latin *Salix*.

SAUMACHE. adj. Les gens de Marine appellent *Eau saumache*, de l'eau qui est un peu salée par l'eau de la mer.

SAUMON. s. m. Gros poisson dont la chair est rouge, & qui est couvert de petites écailles marquées de taches rondes. Il a le ventre luisant, le dos bleuâtre & la queue large. Ce poisson naît dans la mer Oceane, & l'eau douce l'attire dans les rivieres qui se déchargent dans cette mer.

Les Truites du Lac de Geneve sont saumonnées, & ont la chair rouge comme le Saumon.

Les Potiers d'étaim appellent *Saumon*, Un morceau d'étaim en maniere de navette, pesant quatre-vingt, & quelquefois jusqu'à cent cinquante livres. Ils le fondent pour en faire differens ouvrages.

Saumon, parmi les Plombiers, est une grosse piece de plomb en forme de navette de tisserand, qui pese environ trois cens livres. Elle vient d'Angleterre, & sert à divers ouvrages de Plombiers.

SAUMURE. s. f. La liqueur qui se fait du sel fondu & du suc de la chose salée. Elle a les mêmes proprietés que le sel, & est abstersive. On la clysterise aux dysenteries, encore qu'il y ait corrosion de boyaux, & on s'en sert en la même sorte pour les sciatiques inveterées. Elle a la même vertu que l'eau marine dans les fomentations. Ce mot vient du Latin *Sal*, Sel, & de *Muria*, qui veut dire, Une liqueur qui provient de sel fondu. Nicod fait venir ces deux mots *Sal* & *Muria*, d'un autre mot Grec. *Saulmure*, dit-il, *est l'eau ou jus qui est fait d'une chair ou poisson salés en caque, mot composé de ce vocable* Sal, *selon la prononciation du Languedoc & Provençal, qui le prononcent* Sau, *& de cet autre mot* Muria, *lesquels deux mots peuvent venir aisément de ce mot Grec* ἅλμη, *qui signifie cela même, selon laquelle prononciation sont escrits & prononcés en François ces mots aussi* Saulnier, saulpiquer, saulpoudrer *&* Saulse, *combien que ce dernier ait quelque raison à part : car le François dit* Salpetre, *plus approchant du Latin, & non* Saulpetre.

Les Anciens se sont servis d'une saumure aigre, que les Grecs appelloient ὀξάλμη, & qui étant fomentée étoit fort bonne aux ulceres pourris, aux morsures des chiens, & aux piquûres venimeuses. Elle étoit composée de sel & de vinaigre, ou de saumure & de vinaigre. Matthiole dit que l'Oxalme des Grecs a perdu son cours.

SAVON. s. m. Sorte de composition dont on se sert pour blanchir le linge, & à d'autres usages. Il y a le Savon blanc & le Savon noir. Le Savon blanc, qu'on appelle *Sapo Gallicus*, se fait de capitel & de suif de bouc bouillis ensemble. Le noir, appellé *Sapo Sarracenicus*, se fait aussi de capitel, mais au lieu de suif on prend de l'huile, & on fait bouillir le tout jusqu'à ce qu'il devienne épais. Tout Savon, & sur-tout le noir, est detersif & caustique. On s'en sert pour faire des cauteres, & pour cela on le mêle parmi la chaux, le Vitriol Romain, & autres medicamens semblables qui sont acres & caustiques.

SAVONNIER. s. m. Arbre dont les Habitans des Antilles se servent au lieu de savon. Il y en a de deux sortes, dont l'un a cette qualité dans son fruit, qui croît par grappes, rond, jaunâtre, & de la grosseur d'une petite prune. Ce fruit a aussi un noyau noir & dur, qui se peut polir, & est appellé communément *Pomme de savon*. L'autre a cette même qualité dans sa racine qui est blanche & mollasse. L'un & l'autre rend l'eau blanche & écumeuse comme si c'étoit du savon même, mais on se sert plus volontiers de la racine du dernier de ces arbres, que du fruit du premier, qui brûleroit le linge si on en usoit trop souvent. Cette proprieté de blanchir a fait donner le nom de *Savonnier* à ces arbres.

SAURE. adj. de tout genre. On appelle *Cheval saure*, un Cheval dont le poil est d'une couleur de jaune obscur. Voici ce qu'en dit Nicod. Saure, *& par apocope* Saur, *qui est prononcé* Sore, *est couleur de flamme de feu brun. Ainsi on dit un cheval estre de couleur ou de poil saure, duquel le manteau est de couleur vive tirant à celle du feu. L'Italien dit* Sauro, *& le rend en Espagnol par* Alezan, *comme* *aussi* Saure *est appellé le cheval qui est de ladite couleur. Le hareng est aussi appellé* Saur, *& selon la prononciation Françoise* Sor, *qui a prins couleur de feu au Roussable, qui est une forme de salle close appropriée à faire saurir & roussir le hareng. De la couleur saure, en cas de poil de chevaux, y a deux especes,* Saure obscur *ou* brûlé, *que l'Espagnol appelle* Alezan tostado, *& l'Italien* Sauro bruſciato & metallino; *&* Saure doré, *que l'Italien dit* Sauro dorato *&* indorato, *qui est le Saure clair.*

On appelle en termes de Fauconnerie, *Oiseau saur*, ou *Saure*, un Oiseau qui étant dans sa premiere année, porte encore son premier pennage qui est roux. Il ne se dit que des oiseaux de passage. On se sert du mot de *Saurage* en parlant de la premiere année d'un oiseau, quel qu'il soit, qui n'a point encore mué, & en ce sens on dit, qu'*Un oiseau croît toute l'année du saurage.*

SAURIR. v. a. Vieux mot. Saler, boucaner, mettre quelque viande à la fumée. *Saurir*, dit Nicod, *c'est faire devenir de couleur saure, qui est dorée obscure. Ainsi dit-on*, Saurir les harenes, *que par après on appelle* Saurs *&* Sors; *ce qui se fait les estendant sur des clayes en une salle close appellée* Roussable, *& leur donnant le feu & fumée des feuilles seiches d'arbres d'orme, ou de chesne, ou bien du tan; lesquels feu & fumée leur donnent telle couleur.*

SAUT. s. m. *Action de sauter, mouvement par lequel on saute.* Acad. Fr. On appelle *Saut*, en termes de danse, Un pas de balet, qui se fait en élevant en même-tems son corps & ses deux piés en l'air pour friser la cabriole; ce qui se fait d'ordinaire à la fin d'un couplet, & pour marquer les doubles cadences. On dit qu'*On fait un saut simple*, quand les jambes étant en l'air ne font aucun mouvement, soit qu'il se fasse en avant, en arriere, ou de côté. Le *Saut battu*, est celui où les jambes étant en l'air, les talons battent une ou plusieurs fois l'un contre l'autre. On appelle *Saut majeur*, Celui où l'on remue les piés en l'air.

On dit en termes de Manege, *Un pas & un saut*, en parlant d'un air relevé d'un cheval qui entre deux sauts marque une courbette, qu'on appelle *Pas* en cette rencontre, en sorte qu'à chaque saut il leve le devant, & les hanches suivent; ce qui le fait ruer des piés de derriere. Il y a un autre manege composé de deux courbettes que termine une cabriole. Celui-là s'appelle *Deux pas & un saut.*

On dit en termes de mer, *Donner un saut à la bouline*, pour dire, La larguer d'un ou de deux piés.

SAUTELLE. s. f. Terme d'Agriculture. Sarment qu'on transplante avec sa racine. Nicod en parle en ces termes. *Saultelle est un brin de sarment tenant à la souche, lequel en taillant la vigne, est laissé debout par le tailleur de la vigne; ce qui est pour tirer au vin, & est l'interest de la souche, qui en demeure d'autant plus chargée au porter, & parce que la Saultelle demeure sans estre taillée, elle est aussi appellée* Bois de bout, *qui est un indice d'un mauvais pere de famille és vignes où elles sont en grand nombre.*

SAUTER. v. n. *S'élever de terre avec effort, ou s'élancer d'un lieu à un autre.* Acad. Fr. On dit en termes de mer, que *Le vent saute*, pour dire, qu'Il change & passe d'un rumb à l'autre. On dit en termes de commandement, *Saute sur le beaupré, defresler le pavillon, saute sur la vergue alleger les cargues*, pour dire, Va defresler, va alleger, &c.

SAUTEREAU. s. m. Petit morceau de bois dans une mortoise, qui se remue & fait sonner la corde d'une épinette, d'un clavessin par le moyen d'une plume que l'on met dans la languette.

On appelle *Sautereau*, en termes de guerre, Une piece d'Artillerie qui n'est pas renforcée sur la culasse, & qui n'est pas si propre que les autres à tirer juste.

C'est aussi une branche de Sarment née au bas du sep dont on fait une espece de provin en la coupant, à moitié la premiere, & entierement la seconde.

SAUTERELLE. s. f. Sorte d'insecte qui ne volant qu'avec peine, va en sautant, & gâte les blés & les jardins. Les sauterelles ont six piés, & des ailes quelquefois rouges, d'autres de couleur de pourpre, & d'autres tirant sur le bleu & sur le verd. Il y a des regions où en peu de jours elles mangent tout le fruit de la terre. Les mâles, selon Aristote, sont moindres que les femelles, qui font leurs petits en fichant leur queue en terre. Il semble, à voir ces femelles que ce soient des ruches de mouches à miel, car elles font leurs petits toutes ensemble, en produisant de petits vers ronds comme des œufs, qui sont couverts d'une terre déliée comme d'une taye fort mince qu'ils rompent, & d'où ils sortent & s'envolent; ce qui arrive sur la fin du Printems, après quoi ces femelles meurent incontinent, à cause de certains autres petits vers qui leur viennent autour du col lorsqu'elles font leurs petits, & qui les étranglent. Les mâles n'ont point de queue, & ne survivent pas les femelles. Les Sauterelles ne viennent point aux lieux des montagnes, ni aux terres maigres; elles demandent la plaine, & font leurs œufs dans les fentes d'une terre grasse & crevassée. Pline dit qu'elles traversent de larges mers, venant comme de grosses nuées, & qu'elles font grand degât de blés, les brûlant en partie à les toucher, & rongeant tout ce qu'elles rencontrent. Il en vint des marais Meotides en grandes troupes l'an 1542. & elles gâterent toute la Hongrie & la plus grande partie de l'Allemagne & de l'Italie, rongeant toutes les herbes, & ne laissant aucun fruit entier. Quelques-uns les appellent *Locustes*, de leur nom Latin *Locusta.* Les Parthes en sont fort friands. Ainsi il n'y a point à s'étonner de ce que Moyse en fait mention entre les choses bonnes à manger, & que saint Jean-Baptiste en ait vêcu au desert avec du miel sauvage. En Cypre il y avoit une loi qui obligeoit de faire trois fois chaque année la guerre aux Locustes, premierement en cassant leurs œufs, secondement en tuant leurs petits, & enfin en faisant mourir les grandes. On dit qu'il y en a dans les Indes qui ont trois piés de longueur, & dont les cuisses servent de scie quand elles sont bien seches.

Sauterelle. Instrument de Geometrie fait ordinairement de bois, & qui est tout droit comme une équerre pliante qui s'ouvre & se ferme avec un compas, pour former & tracer des angles & pour prendre des mesures sur le trait & sur l'ouvrage. La Sauterelle sert aussi pour couper une pierre par le bout, ou autrement, avant que de la mettre en œuvre, qnand il y doit avoir du biais. Elle est differente du Buveau, en ce que ses deux branches doivent être également larges par tout. On appelle *Sauterelle graduée*, Celle qui a autour du centre d'un de ses bras un demi-cercle grand & divisé en cent quatre-vingts degrés, dont le diametre est d'équerre avec les côtés de ce bras, en sorte que l'autre bout de l'autre bras qui est coupé en angles droits jusqu'auprès du centre, marque à mesure qu'il se ment la quantité de degrés qu'a l'ouverture de l'angle qu'on prend.

SAUTEUR. s. m. Celui qui s'exerce à sauter, qui en fait profession.

Sauteur, en termes de Manege, se dit d'un cheval qui fait des sauts avec ordre & dans l'obéïssance entre deux piliers, & qui va à caprioles, à balotades ou à croupades. Chaque saut d'un sauteur ne doit jamais gagner plus d'un pié & demi de terrain en avant. On ne met ni le terre à terre, ni les courbettes au nombre des sauts, à cause que le cheval ne s'y éleve pas extraordinairement.

SAUTOIR. s. m. Terme de Blason. Piece honorable de l'écu, faite en forme de croix de saint André. Sa largeur ordinaire est le tiers de l'écu quand elle est seule. *D'argent au sautoir de sable.* Le Sautoir étoit autrefois une piece du harnois du Chevalier qu'on attachoit à la selle de son cheval, & qui lui servoit d'étrier pour sauter dessus. Elle étoit faite de cordon de soye, ou d'une corde couverte d'une étoffe précieuse.

SAUVAGE. s. m. On dit en termes de mer, *Faire le sauvage*, quand on s'emploie à recouvrer & à sauver les marchandises perdues par un naufrage, ou jettées dans la mer à cause du gros tems qui a obligé d'alleger le Vaisseau. Le tiers en appartient à ceux qui les sauvent.

SAUVAGEON. s. m. Petit arbre qui n'a point été enté & qui est venu naturellement & sans culture. On ente des fruits des autres arbres sur les Sauvageons, & le plus souvent sur un Sauvageon d'amandier ou de coignassier.

SAUVEGARDE. s. f. *Protection accordée par le Prince ou par ceux de ses principaux Officiers qui ont droit de l'accorder.* ACAD. FR. On appelle *Sauvegarde*, en termes de Marine, une Corde amarrée au bas du beaupré, & qui montant à l'étai de misaine en descend pour s'amarrer aux barres de la hune de beaupré. Elle sert aux Matelots qui font quelques manœuvres de la sivadiere & du tourmentin, pour marcher en sûreté sur le mât du beaupré. On appelle *Sauvegarde du gouvernail*, Un bout de corde qui en traverse la meche, & qui est saisie à l'arcasse du Vaisseau. On donne aussi le nom de *Sauvegarde* à deux cordes que l'on fait regner depuis les bouts de l'éperon jusques aux soûbarbes des bossoirs. Elles servent à empêcher que les Matelots qui sont dans l'éperon pendant la tempête, ne tombent dans la mer.

SAUVEMENT. s. m. On a dit dans le vieux langage, *Nostre sauvement*, pour dire, Nostre salut.

SAUVE-RABAN. s. m. Terme de Marine. Anneau de corde qu'on met près des bouts des grandes vergues, afin d'empêcher que les rabans ne soient coupés par les écoutes de hunes.

SAUVETERRE. s. m. Marbre de differentes couleurs, dont le fond est noir avec des taches & des veines blanches, mêlé aussi de veines jaunes, & qui ressemble à differens cailloux congelés & joints ensemble. Il prend un fort beau poli, & a une grande dureté. On l'appelle *Sauveterre*, à cause qu'il se tire d'une carriere qui est proche du village de Sauveterre à trois lieues de saint Beat. On en a tiré des pieces de plus de vingt piés de long, dont on a fait des colomnes.

SAUVEUR. s. m. Liberateur, celui qui sauve. Il se dit par excellence du Fils de Dieu, qui est appellé *Le Sauveur du monde.* On dit vulgairement *La saint Sauveur*, pour dire, La fête qui a été instituée, & que l'on celebre le 6. d'Août, en memoire du jour auquel JESUS-CHRIST parut glorieux avec Moyse & Elie sur la Montagne de Thabor, où il avoit conduit S. Pierre, S. Jacques & S. Jean, qui virent la gloire éclatante dont le fils de Dieu étoit revêtu. *S. Sauveur*, se dit d'un Hospice de Jerusalem, où tous les Chrétiens d'Occident qui vont visiter la Terre-Sainte, sont reçus pendant le sejour qu'ils font en cette Ville-là, sans qu'ils se puissent retirer ailleurs sur peine d'une grosse amende. C'est un Couvent de Religieux de saint François, qui est en la partie Occidentale de la Ville, entre la porte du Château & la porte de Damas. Ils y sont ordinairement au nombre de trente ou de trente-cinq, & font l'Office Divin à la Romaine. Le Gardien y a Jurisdiction Episcopale & autorité spirituelle sur tous les Chrétiens Latins & Romains qui vont en Jerusalem, ce qui lui donne le privilege de porter l'anneau; & d'officier avec la mitre & la crosse.

Il y a eu un Ordre Militaire, appellé *Saint Sauveur de Montreal*, & autrement l'*Ordre d'Arragon.* Il fut établi en 1120. par Alphonse, dix-huitiéme Roi de Navarre, & premier d'Arragon. Les Chevaliers portoient un habit blanc & une croix rouge sur la poitrine en façon d'ancre. Leur regle étoit semblable à celle des Templiers, & ils la suivoient à Montreal. Toute la difference qui se rencontroit entre eux, c'est que ceux-ci étoient en pouvoir de se marier. Ces Chevaliers de saint Sauveur avoient été mis dans la Ville de Montreal par le Roi Alphonse qui l'avoit bâtie, & ils la devoient défendre & faire la guerre aux Infidelles, de sorte que les Maures ayant été détruits en Espagne, cet Ordre le fut aussi.

Sauveurs, en termes de Marine, est un nom qu'on donne à ceux qui ont sauvé ou pêché les marchandises perdues en mer, ou par un naufrage, ou parce que la tempête a obligé d'en décharger le Vaisseau. Ils ont le tiers de tout ce qu'ils sauvent.

On appelle aussi *Sauveurs*, Des fourbes qui se vantent de pouvoir guerir les maladies avec leur salive & leur haleine, ou avec des Oraisons. Le Pere Delrio qui en parle comme des Magiciens, dit qu'ils observent certains nombres avec des ceremonies pleines de superstition. La plûpart d'eux ont la figure d'une roue entiere ou d'une roue rompue, qu'ils montrent empreinte sur quelque partie de leur corps. Quoiqu'ils se soient fait cette figure à eux-mêmes, ils assûrent qu'ils l'ont apportée en naissant, & l'appellent de *Sainte-Catherine*, dont ils osent se dire parents. Ils disent qu'ils peuvent manier le feu sans se brûler. Les Espagnols les appellent *Saludadores.* Il y en a d'autres en Italie qui prétendent être parents de saint George, & qui portent sur leur chair la figure d'un serpent qu'ils veulent faire passer pour naturelle, ce qui leur fait dire que les serpents ni les scorpions ne leur peuvent nuire. Ces imposteurs sont traités de Magiciens par Gaspard Pucer & par Delrio.

SAX

SAXATILE. adj. Qui est parmi les cailloux, de *Saxum*, Pierre, rocher. On appelle *Plantes Saxatiles*, Celles qui viennent entre des cailloux, comme le blé noir ou sarasin.

SAXIFRAGE. s. f. Petit arbrisseau qui vient dans les lieux pierreux & âpres, & qui produit force tiges. Il est si semblable au Thim, qu'on n'en sçauroit faire la difference que par le goût. Il y en a une autre sorte qui de sa tige jette des feuilles par intervalles, petites, longuettes & étroites, une de chaque côté. Elles sont accompagnées de quelques autres petites feuilles qui viennent ensemble comme amassées. Vers la cime ces feuilles se jettent en plus grand nombre, & c'est de-là que sortent ses fleurs qui sont purpurines & de bonne odeur. Leur couleur de pourpre fait appeller cette Saxifrage, *Saxifrage jaune*, ou *dorée*, à la difference de la *Saxifrage blanche*, appellée ainsi à cause que ses fleurs sont blanches. Matthiole dit qu'outre celles-ci il se trouve encore trois autres sortes de Saxifrages, qui sont estimées fort souveraines pour rompre la pierre des reins & pour la pousser dehors. La premiere croît sur de grandes & dures pierres, ou dans un lieu sec & maigre, & a ses feuilles menu comme des cheveux & assés semblables à celles du fenouil, si ce n'est qu'elles sont plus longues, plus minces & plus rares. Sa tige est aussi comme celle du fenouil, petite & mince, ayant un bouquet à sa cime, qui contient une graine semblable à celle du persil commun, plus longue pourtant & odorante. Sa racine est blanchâtre, & toute la plante quelque peu acre & douceâtre. La seconde espece a ses feuilles comme le lierre terrestre commun, moindres toutefois, se couchant à terre & dentelées tout autour. Sa tige est mince, ronde, droite, velue, moins haute qu'une coudée, & produit bien peu de branches, d'où sortent des fleurs blanches, semblables à celles du Basilic sauvage, lesquelles, quand elles tombent, ne laissent aucune graine. Sa racine est mince & munie de force capillamens, parmi lesquels sortent des grains ronds, gros à peu près comme la graine de coriandre, d'une couleur purpurine & d'un goût amer. Quelques-uns tiennent que ces grains sont la graine de la plante, à cause qu'elle n'en produit point, & disent qu'étant semés ils produisent la plante; ce qui est aussi merveilleux qu'extraordinaire, qu'une plante ait sa graine à sa racine. Elle est chaude, dessiccative, aperitive, abstersive & repulsive. La decoction de l'herbe & de sa racine faite en vin blanc, rompt & fait sortir la pierre, nettoie la vessie & fait uriner, sur-tout si on prend avec la decoction une drachme de sa farine avec sa graine. Cette herbe croît, ou entre les pierres, ou dans les lieux secs & sablonneux, sur la fin du Printems. La troisiéme espece, que Matthiole appelle *La grande Saxifrage*, croît au mont Baldo sur des pierres vives & fort dures. C'est une maniere de petit arbrisseau; dont la tige a la dureté du bois. Elle est tortue & de la grosseur d'un doigt, & produit force rejettons durs & pleins de fentes, ayant leur écorce de dessus blanchâtre. Ses feuilles sont petites, longuettes & pointues au bout. Cette plante porte des fleurs blanches en forme de petits vases, semblables entierement à ceux du Basilic sauvage, & dentelés tout autour de leur sommité. Ils contiennent une graine rouge moindre que celle du pavot. Sa racine est blanchâtre, & si étroitement cachée parmi les pierres, qu'il est malaisé de l'arracher. On a donné à toutes ces plantes le nom de *Saxifraga*, à cause de la vertu qu'elles ont de rompre les pierres, du Latin *Saxum*, Pierre, & de *Frangere*, Rompre.

SCA

SCABIEUSE. f. f. Plante fort commune & dont l'usage est frequent. Matthiole blâme Matthæus Sylvaticus, qui dans ses Pandectes a pris la Scabieuse pour le Stoebé, quoique les Grecs ni les Arabes n'ayent jamais fait mention de la Scabieuse. Il y a la petite & la grande. La petite Scabieuse produit des feuilles cannelées tout à l'entour, se couchant par terre, blanchâtres & velues. Sa tige est droite mince & ronde, & jette force branches, au bout desquelles viennent ses fleurs, qui sont feuillues, bleues & quelquefois pâles, & qui étant défleuries, laissent une petite tête verte, pleine d'un grand nombre de petits yeux, dont la couleur ressemble aux plumes de paon, & qui sont disposées avec un ordre & une industrie surprenante. Sa racine est haute d'un palme, fibreuse & blanchâtre. L'autre Scabieuse, qu'on appelle grande, a ses feuilles d'en bas fort grandes & non cannelées. Celles qui les suivent ont la même déchiqueture que les feuilles de la petite Valerienne, mais celles d'en haut sont moindres & plus dentelées. Elle jette ses tiges en été, hautes d'une coudée & demie; rondes, cannelées, & blanches, produisant leurs branches à leur cime. Au haut de ces branches viennent de petites têtes qui se terminent en pointe, toutes comparties par écailles à la maniere du Cyanus, auquel ressemblent aussi les fleurs qui en sortent, excepté qu'elles sont rousses. Elles portent une petite graine noirâtre semblable au Lychnis cotonné. Sa racine est grosse comme le pouce & quelquefois plus, divisée en beaucoup de parties, & d'un goût douceâtre comme la Pastenaille. Elle vient parmi les blés & aux lieux non cultivés, surtout s'ils sont argilleux. Les deux Scabieuses sont chaudes, abstersives & dessiccatives; ce qui les rend singulieres à décharger la poitrine & le poumon des gros excremens, tant leur herbe prise en breuvage, que leur jus pris en miel en façon d'Electuaire, ou même leur decoction bûe pendant plusieurs jours. On les a nommées *Scabieuses*, du Latin *Scabies*, Gale, à cause qu'elles sont bonnes à guerir la rogne & la gratelle. La Scabieuse évacue toutes les pourritures qui causent inflammation dans la poitrine, & purge toutes les superfluités qui la chargent. Elle est aussi singuliere étant appliquée sur les charbons pestilentieux, & son jus pris au poids de quatre onces avec une drachme de Theriaque, est excellent au commencement de la peste. Ce même jus enduit avec de la farine de Chrysocolla & un peu de camfre, ôte toutes dartres, lentilles, feux sauvages & autres taches du visage, & même les tayes des yeux. Sur-tout les racines de la grande Scabieuse sont souveraines à ces rognes dangereuses qui viennent en plusieurs parties du corps.

SCALENE. adj. Terme dont s'est servi Euclide, qui a appellé σκαληνὸν τρίγωνον, Scalene triangle, Un triangle dont les trois côtés & les trois angles sont inégaux, de-là on a dit *Cone Scalene*. Voyez CONE. Les Medecins ont nommé *Scalenes*, deux Muscles qui servent au mouvement du col, à cause que ces muscles ont la figure d'un triangle scalene.

SCALIN. f. m. Sorte de monnoie qui vaut vingt-sept sols, & qui est en usage parmi ceux qui trafiquent du côté du Senega. Il y a des demi Scalins, des quarts de Scalin & des huitiémes de Scalin. Ces derniers valent trois sols neuf deniers.

SCALME. f. f. Terme de Marine. Le bout de la piece de bois qui forme la côte d'un navire, & sur laquelle s'appuyent les rames pour se mouvoir. Ce mot vient du Grec σκαλμὸς, qui a fait le Latin *Scalmus*, pour signifier la cheville à laquelle on attache l'aviron.

SCAMMONE'E. f. f. Plante qui d'une seule racine jette plusieurs rameaux qui sont gras, hauts de trois coudées & un peu gros. Ses feuilles ressemblent à celles de la Parietaire ou du Lierre, quoique plus molles. Elles sont velues & triangulaires. Sa fleur est

est blanche, ronde & faite en maniere de hotte. L'odeur en est fort mauvaise, aussi-bien que celle de sa racine, qui est longue, grosse comme le bras, blanche & remplie de jus. On tire ce jus en cavant la racine avec un couteau après qu'on en a coupé la tête, en sorte que le jus puisse tomber en cette concavité, après quoi on le tire dehors avec des coquilles. D'autres creusent & font une fosse en façon de voute, & l'ayant couverte de feuilles de noyer, ils y mettent secher le jus de Scammonée, qu'ils retirent quand il est sec. Le meilleur est celui qui est leger, net, clair, ayant presque la couleur de la colle de taureau, spongieux, plein de fistules, comme celui qu'on apporte de Mysie. Celui de Surie & de Judée est le plus mauvais de tous, étant pesant, massif & sophistiqué de Tithymale & de farine d'Orobe. Matthiole ajoûte à ce qu'en a dit Dioscoride, que les Apothicaires doivent prendre garde à choisir le bon Scammonium, sans croire qu'il soit tel lorsqu'ils le voyent blanchir en le touchant de la langue, parce que ce medicament étant presque la base & le fondement de toutes sortes d'Electuaires & des pilules laxatives; il n'y a point à douter qu'en y mettant du Scammonium falsifié, ils ne donnent le plus souvent des medecines qui nuisent plûtôt qu'elles ne profitent. Le suc de Scammonée est propre à purger la bile & les serosités. Notre Scammonée est bien differente de celle des Anciens dont parle Dioscoride. Elle fournissoit un si doux remede, que Mesué assure qu'on en donnoit jusqu'à une drachme, au lieu que notre Scammonée est un suc laitée épaissi & coagulé de Tithymale, qui se tire par expression de toute la plante, & non pas de la racine par incision. Aussi est-ce un purgatif qui purge avec violence les humeurs saines ainsi que les morbifiques. La Scammonée passée au souphre quitte quelque chose de sa virulence, mais aussi elle perd beaucoup de sa vertu purgative, à cause que le souphre allumé laisse aller son esprit, qui s'insinuant dans la Scammonée tempere son sel volatil, le fixe & le détruit successivement. Quand on a préparé ainsi la Scammonée, elle est d'autant plus ou moins purgative, qu'elle a été plus ou moins souphrée; & il faut bien prendre garde qu'elle ne se fonde dans la preparation. Si cela étoit, comme la substance ne pourroit être penetrée par la fumée du souphre, elle garderoit toûjours sa premiere violence: de sorte qu'il la faut pulveriser, afin que la fumée du souphre la penetre mieux & corrige en quelque sorte sa malignité. On doit faire la même observation pour le magistere de Scammonée preparé. On dissout ordinairement la Scammonée pulverisée dans de l'esprit de vitriol bien rectifié, & la dissolution étant distillée, on précipite cette liqueur distillée avec l'huile de tartre par défaillance. La dose de ce magistere est d'un scrupule à un scrupule & demi. Quelques-uns la font aller depuis une drachme jusqu'à quatre scrupules, au lieu que la veritable Scammonée ne se donne que jusqu'à six ou neuf grains au plus.

SCANDIX. s. m. Herbe sauvage qui est amere, un peu forte & bonne à l'estomac. Dioscoride dit qu'on la mange cuite & crue, & que sa decoction prise en breuvage est bonne à la vessie, aux reins & au foye. Matthiole rapporte qu'Hermolaüs Barbarus, homme singulier sur la matiere des simples, atteste avoir vu le portrait de cette herbe dans un vieil exemplaire de Dioscoride, & que quant aux feuilles elle étoit semblable au fenouil, ayant ses fleurs blanches ou jaunes avec de petits cornichons à la cime de ses branches. Le même Matthiole témoigne avoir vu souvent cette plante qu'Hermolaüs a décrit, parmi les blés, & au bord des champs dans les mois de Mai & de Juin, & dit que ses feuilles lui paroissoient plûtôt ressembler à celles de Camomille ou Fumeterre qu'au fenouil. Cette Herbe, continue-t'il, jette ses fleurs blanchâtres & presque semblables à celles du cerfeuil. Venant à grainer, elle pousse de petites cornes minces, longues, droites, pointues & semblables à celles de l'herbe Robert, ou cerfeuil, quoique celles du cerfeuil soient plus frêles & plus déliées, de sorte que qui considerera bien les deux plantes, les croira d'un même genre, encore qu'elles soient differentes en espece; ce que fait connoître le rapport de leur saveur.

SCAPULAIRE. s. m. Partie de l'habit d'un Religieux, qui est composée de deux petits lés de drap qui couvrent le dos & la poitrine. Le Scapulaire qui prend jusqu'aux piés des Religieux profés, ne prend que jusqu'aux genoux des Freres Convers en beaucoup d'Ordres. Il y en a de certains où les Religieuses novices portent le Scapulaire blanc, & prennent le noir lorsqu'elles ont fait profession. Ce mot vient du Latin *Scapula*, Epaule, à cause qu'autrefois c'étoit un habit dont les moines se servoient lorsqu'ils s'appliquoient à quelque travail corporel. Comme il ne leur couvroit que les épaules, il étoit moins embarassant que le froc.

Scapulaire, se dit aussi de deux petits morceaux d'étoffe fort brune, attachés l'un haut & l'autre bas à quelque distance l'un de l'autre avec deux rubans que les personnes laïques de l'un & de l'autre sexe font benir aux Carmes, & qu'ils portent ensuite à l'honneur de la Vierge, en disant certaines prieres chaque jour. La Confrairie du Scapulaire a été établie aux Carmes sur une vision qu'eut Simon Stok, Anglois, qui étoit leur General dans le treiziéme siecle. On tient que dans cette vision la Vierge lui donna le Scapulaire, en l'assurant de la protection particuliere qu'elle donneroit à tous ceux qui porteroient ce petit habit. Il y a eu de sçavans Hommes de notre tems qui ont écrit contre cette Histoire, qui est rapportée dans plusieurs Bulles des Papes, entre lesquelles il y en a une de Jean XXII. où il déclare que la Vierge l'avoit assuré dans une apparition, qu'elle délivreroit du Purgatoire les Religieux du Mont Carmel, & les Confreres du Scapulaire, le Samedi d'après leur mort, s'ils y étoient detenus, pourvû qu'ils eussent rempli les devoirs ausquels cette Confrairie oblige. Par un Decret du Pape Pie V. il est permis de prêcher & de publier que la Vierge assiste d'une protection speciale ceux qui sont de la Confrairie du Scapulaire.

SCARABE'E. s. m. Sorte d'insecte qui est une espece d'escarbot. Il y en a de cornus, d'autres qui sont pleins de poil, & d'autres onctueux. Ce mot vient du Grec κάραβος, en y ajoûtant un σ, qui signifie un animal marin du genre des cancres, & qui differe seulement par la queue, selon Aristote, des autres de son espece.

SCARE. s. m. Poisson qui dort entre les rochers, & qu'Aristote dit être le seul qui ait des dents propres à broyer. Les Modernes n'en demeurent pas d'accord. M. Callard de la Duquerie fait venir le mot de *Scare* du Grec σκαίρειν, Palpiter, paître, & dit que c'est un Poisson ruminant qui devore l'herbe & la mousse de mer que les Latins appellent *Alga*.

SCARIFICATEUR. s. m. Instrument de Chirurgie. Il est fait en forme de petite boëte, au bas de laquelle il y a dix-huit roues qui tranchent comme un rasoir. On bande cet instrument avec un ressort, & il se débande avec un autre. On s'en sert pour faire évacuer le sang épandu sous le cuir, & il fait tout à la fois autant d'incisions qu'il y a de roues, avec bien moins de douleur que si on les faisoit l'une après l'autre.

SCAZON. f. m. Sorte de vers Latin, composé de six piés, dont le cinquiéme est un Iambe & le sixiéme un Spondée. Il ne differe en rien du vers iambique dans les autres piés. Ce mot vient du Grec σκάζειν, Boiter; ce qui l'a fait appeller *Vers Boiteux*.

SCE

SCEAU. f. m. *Lame de metal qui a une face plate, ordinairement de figure ronde ou ovale, dans laquelle sont gravées en creux la figure, les armoiries, la devise d'un Roi, d'un Prince, d'un Etat, d'un Prelat, d'un Seigneur particulier, & dont on fait des empreintes avec de la cire sur des lettres en papier ou en parchemin pour les rendre authentiques.* Acad. Fr. Le grand Sceau est le Sceau de nos Rois, dont on scelle les Edits, Privileges, Graces & Patentes, & il demeure entre les mains du Chancelier de France, ou du Garde des Sceaux. On gravoit ordinairement les Sceaux anciens sur le chaton des bagues, ou sur des agathes, emeraudes, saphirs & autres pierres. La figure du Prince y étoit representée, & quelquefois des symboles. Les actes importans ont été scellés d'un sceau d'or par les Empereurs, & c'est de-là que la Bulle d'or a pris son nom. Elle est de l'Empereur Charles IV. pour l'élection de l'Empereur. Le Pape a deux Sceaux, dont le premier s'appelle l'*Anneau du Pêcheur*; aussi est-ce un gros anneau où est la figure de saint Pierre, tirant ses filets remplis de poisson. Il s'en sert pour les Brefs Apostoliques, & pour les Lettres secretes. L'autre Sceau est pour les Bulles. On y voit la tête de saint Pierre à droit, & celle de saint Paul à gauche, & une croix entre deux. De l'autre côté est le nom du Pape, quelquefois avec ses armes. Le sceau des Brefs s'imprime sur la cire rouge, & celui des Bulles sur du plomb. Il y a des sceaux anciens où l'on voit les Rois representés assis avec majesté, la couronne en tête, le sceptre à la main, & une tunique ou un long manteau. On les voit armés en d'autres & à cheval avec une épée nue & un oiseau sur le poing. Les Comtes de Poitou scelloient avec de la cire blanche. C'est de cette cire que les Chevaliers du Saint Esprit scellent à present. Les Universités & Communautés se servent de cire rouge, aussi bien que la Provence & le Dauphiné. On scelle de cire verte les Lettres qu'on appellent *Chartres Edits* & *Remissions* & toutes celles qui sont intitulées, *A tous presens & à venir*, sans marquer le jour, mais seulement le mois & l'année pour faire connoître qu'on les a long-tems deliberées & que la chose doit demeurer toûjours en vigueur. On commence par ces mots les autres lettres qui sont scellées en cire jaune, *A tous ceux qui ces presentes Lettres verront*. Les Rois de France, selon du Tillet, se sont reservés particulierement le Sceau de cire jaune, & le Roi Louis XI. accorda comme un grand Privilege à René d'Anjou Roi de Sicile, le droit de sceller de cette maniere tant en Sicile qu'en France. Les Sceaux de Justice étoient autrefois tous differens; mais Philippe le Long ayant joint à son domaine les Sceaux des Justices Royales, les Sceaux sont devenus publics, royaux, & domaniaux. Les Evêques étoient autrefois representés dans leurs Sceaux en habits Pontificaux, la mitre en tête, la gauche tenant la crosse, & la droite en action de donner la benediction, mais presentement leur Sceau n'est que celui de leurs armes.

SCELLER. v. a. On dit *Sceller* hermetiquement, c'est-à-dire, selon la methode d'Hermés de même matiere comme une phiole ou tuyau de verre d'émail que l'on resout au feu de lampe, sans que l'air y puisse entrer.

SCENOGRAPHIE. f. f. Maniere de dessiner un édifice lorsqu'il est representé en perspective, c'est-à-dire, avec les diminutions & les raccourcissemens que la perspective cause. Voyez PERSPECTIVE. On le dit aussi d'un Pays tel qu'il se presente aux yeux, & d'une Ville telle qu'elle paroît quand on la regarde par une de ses faces, & qu'on decrit son enceinte, ses clochers, & tout ce qui est vû en perspective, & qui fait des ombres. A Scenographie on oppose *Ichnographie*, & *Orthographie*, qui sont des plans puremens geometriques où la perspective n'est point observée. Voyez ces mots. Ce mot est Grec σκηνογραφία, de σκηνὴ, Scene, tabernacle, tente, & de γράφειν, Décrire.

SCEPTIQUES. f. m. Sorte d'anciens Philosophes Grecs, qui faisant leur entiere occupation de la recherche de la verité, combattoient les opinions des autres, doutant de tout, & niant tous les principes. Le chef de leur secte, fut Pirrhon Elien, qui étant devenu Disciple d'Anaxarque, après avoir été Peintre, s'attacha si fort à lui qu'il le suivit dans les Indes pour voir les Gymnosophistes. Le mot de *Sceptique* est Grec σκεπτικὸς, & vient de σκέπτεσθαι, Speculer, examiner.

SCEPTRE. f. m. *Sorte de bâton orné, qu'il n'appartient qu'aux Rois de porter, & qui est une des marques de la Royauté.* Acad. Fr. C'étoit autrefois un bâton long de la taille du Prince, & cela se prouve par plusieurs Medailles. Voici ce qu'en dit Nicod. *Sceptre vient du Grec* σκῆπτρον, *comme fait aussi le latin* Sceptrun, *& signifie proprement une javeline ou pertuisane, dont les Rois usoient anciennement, & peu avant le regne de Romulus pour diademe & marque de leur royauté, comme recite Iustin au* 43. *livre de son abregé, & ce d'autant que dès la plus grande ancienneté, les premiers hommes payens adoroyent, & tenoyent à Dieux immortels telles armes, dont audit temps elles estoyent apposées tout joignant des Idoles qu'ils tenoyent à Dieux. Aussi eut pour ce ledit Romulus le nom de* Quirinus, *mot latin, qui signifie* Hastalis *ou* Hastatus, *despuis sa canonization entre les Dieux, comme dit Ciceron au premier Livre* De legibus, *& de-là vient le mot de* Subhastation *extrait du latin* Subhastatio, *pour l'exposition en vente des biens d'aucun, au plus offrant & dernier encherisseur faite par authorité & commission du Prince ou Officier d'icelui, d'autant qu'en tel inventaire la javeline ou pertuisane estoit eslevée pour marque de ladite authorité & commission, par laquelle ladite vente se faisoit; mais aujourd'hui les Sceptres des Rois ne sont ainsi faits, ains sont plus courts & semez de divers fleurons, celui de France d'une Fleur de lys, & autres d'autres choses. Quoyque soit, les Archers des Gardes des Rois, Princes, Viceroïs & Lieutenans de Roy, Seneschaux, Prevosts de l'Hostel, & autres qui ont le droit de les avoir, portans devant eux la hallebarde ou pertuisane, comme en Espagne, ne furent anciennement introduits que pour indice & marque de la majesté ou authorité publique de ceux devant lesquels ils les portoient, combien que après ils ayent esté appellez comme sont encore,* Gardes.

SCH

SCHELIN. f. m. Sorte de monnoie étrangere, qui a cours en Angleterre, en Flandre, en Hollande, en Prusse, en Danemarc & en plusieurs autres lieux, & qui a d'un côté les armes de l'Etat où elle a été battue, & de l'autre un lyon, un Aigle, ou quelqu'autre figure avec une legende. Le Schelin en Angleterre est à peu près de la grandeur de nos pieces de quinze sols, mais moins épais, & il y vaut treize sols ou environ. Il n'est pas si grand ailleurs, & ne vaut que sept sols & demi en Flandre. Il vaut seulement quinze deniers dans la basse Saxe, & moins en Norvege & en Danemarck. Il faudroit dire *Schilling*, selon ce que rapporte M. Richelet, à qui un Allemand de ses amis a fait lire ce qui suit, traduit en François dans une Chronique de Prusse. En Prusse, sous le seiziéme Maître de l'Ordre Teutonique, Bernard Schilling, Bourgeois de Thorn, tira d'une mine de la Ville de Niclas Dorff, la matiere de plusieurs saumons d'argent, & sur ce qu'il y avoit alors de grands abus dans la monnoie qui avoit cours en Bohême & en Pologne, on permit à Schilling de battre de petites pieces qu'il appella de son nom.

SCHOENANTHUM. f. m. Sorte de jonc odorant que Dioscoride dit croître en Afrique & en Arabie, & dont il témoigne que la fleur, la racine & le roseau, sont d'usage en Medecine. On ne peut douter surtout qu'on n'emploie sa fleur, suivant l'étymologie du mot Schoënanthum, qui veut dire, Fleur de jonc de χοῖνος, Jonc, & de ἄνθος, Fleur. Le meilleur est celui qui est frais, roux, plein de fleurs, dont les morceaux tirent sur le rouge, & qui a quelque odeur de roses quand il est frotté entre les mains. Son goût est mordant, aigu, & brûle la langue. Il faut éplucher exactement l'une après l'autre, les fleurs qu'on achete, & en separer la poussiere, les fêtus, & autres superfluités qui s'y trouvent toûjours mêlées. C'est la seule preparation qui soit necessaire au Schoënanthum. Selon Galien il échauffe & restraint moderement, & comme il est de parties tenues, il digere & repercute mediocrement. Ainsi pris en breuvage ou en fomentation, il est bon à provoquer l'urine & émouvoir les fleurs des femmes. Il est propre aussi aux inflammations, & aux chaleurs du foye, du ventre, de l'estomac. Sa racine a plus d'astriction que toutes ses autres parties. Sa fleur est le plus chaud de la plante. On fait entrer le Schoënanthum dans les Medecines qu'on ordonne à ceux qui crachent le sang.

SCHOENE. f. m. Mesure itineraire qui étoit particuliere aux Egyptiens, & qui contenoit communément quarante stades, qui font cinq mille pas geometriques. Ce mot est Grec χοῖνος, & est pris dans la même signification. Selon Herodote, le Schoëne est une mesure de Perse contenant soixante stades.

SCHOENOBATE. f. m. Danseur de corde. Ce mot est Grec χοινοβάτης, & vient du verbe χοινοβατεῖν, qui signifie, Marcher sur une corde tendue, de χοῖνος, Corde. Bulenger parle de quatre sortes de Danseurs de Corde des anciens. Les uns voltigeoient autour d'une corde, comme une roue autour de son essieu, & se suspendoient par les piés ou par le cou. Les autres tenoient leurs bras & leurs jambes étendues, & voloient de haut en bas appuyés sur l'estomac. Il y en avoit d'autres qui couroient sur une corde tendue en droite ligne ou de haut en bas, & d'autres qui faisoient des tours & des sauts sur la corde, après avoir quelque tems marché dessus. Les Latins ont appellé les Danseurs de corde *Funambuli*. Ceux qui recherchent l'origine de cet art, le croyent inventé peu de tems après les Jeux comiques, où les Grecs dansoient sur des outres de cuir.

SCHOLASTIQUE. f. f. Partie de la Theologie, qui en discute les questions par le secours de la raison & des argumens. Elle est en quelque façon opposée à la positive qui se fonde sur l'autorité des Saints Peres & des Conciles.

Scholastique, est aussi adjectif, & c'est un nom qui dans le siecle d'Auguste fut donné aux Rheteurs qui pour faire paroître quelques essais de leur éloquence, s'exerçoient dans leurs écoles à faire des declamations avec leurs disciples. Ensuite on appella *Scholastiques*, des Avocats qui plaidoient dans le barreau, comme Socrate, Eusebe & plusieurs autres. Constantin Harmenopule portoit encore le nom de *Scholastique* dans le douziéme siecle, comme une marque de sa profession, ce qui fait voir qu'il a long-tems subsisté parmi les Grecs. On l'a aussi donné dans de certains tems à toutes sortes de Jurisconsultes. Nos Rois de la premiere race ayant établi des Ecoles Ecclesiastiques, on appella *Scholastiques*, ceux que l'on commettoit pour gouverner ces Ecoles, & pour enseigner les Clercs de chaque Eglise. Celui qui en étoit appellé *Scholastique*, avoit en de certains lieux le nom d'*Ecolastre*, de *Theologat*, ou de *Primicier*. Fortunat & Sedulius ont eu le titre de *Scholastissimi*, pour marquer en eux un degré éminent d'érudition. Il n'est pas vrai comme le disent les Furetieristes, que dans les Villes où il y a Université il soit toûjours nommé *Chancelier*, à Angers, &c. on l'appelle *Maitre-Ecole*, mais il est Chancelier né de l'Université, excepté dans les Universités Modernes où l'Evêque s'est reservé cette qualité, comme celui de Bayeux à Caën, celui de Rheims, de Nantes, &c.

SCHOLIE. f. m. Terme de Geometrie. Remarque faite seulement comme en passant sur quelque discours. On se sert de ce mot lorsqu'après avoir démontré une proposition, on enseigne une maniere de le faire encore d'une autre façon quand on en tire quelque autre consequence, ou qu'on fait quelques observations, afin de prendre des précautions pour empêcher que l'on ne se trompe.

Scholie, se dit aussi d'une courte annotation qu'on fait sur quelque passage d'un Auteur. C'est ce que signifie proprement le mot Grec χόλιον, de χολὴ, soit qu'on le prenne dans le sens d'*Ecole*, ou dans le sens de *loisir*.

SCHVVENKFELDIENS. f. m. Heretiques appellés ainsi d'un certain Schvvenxfeldius, Chef de leur Secte. Il enseignoit que l'écriture n'étoit pas la parole de Dieu, & que loin que notre foi fût fondée dessus, l'Ecriture étoit fondée sur notre foi. Il prétendoit que JESUS-CHRIST avoit apporté son corps avec lui du Ciel; qu'après son Ascension son humanité étoit devenue Dieu; que chaque homme étoit doué de la même essentielle vertu de justice & de sagesse qui est en Dieu, & que la force de la parole de Dieu prêchée, étoit le Fils de Dieu même.

SCI

SCIE. f. m. *Lame de fer longue & étroite, taillée d'un des côtés par petites dents.* ACAD. FR. Il y en a de diverses sortes pour scier le marbre, la pierre & le bois. On a même trouvé moyen d'en faire qui tournent, & qui scient les marbres dans le roc. Il y a des moulins à scie qui par leur seul mouvement scient des poutres pour faire des ais. Il faut des Scies sans dents pour le marbre. Les Scies avec des dents détournées de part & d'autre sont pour le bois, & les Scies dentelées, pour la pierre tendre. Les Scies à scier de long ont un affutage à chaque bout, que les Ouvriers appellent *Main*. Les Scies appellées *Passe par tout*, servent à scier de gros arbres dans les forêts, Elles n'ont qu'un manche à chaque bout de la feuille, comme celles avec quoi on scie la pierre tendre, mais il y a cette difference que les dents des Scies de pierres ne sont pas détournées, & que celles à bois le sont de part & d'autre avec un Tourne à gauche. Les Menuisiers ont diverses Scies, soit pour refendre, soit pour débiter. Leur Scie à tenon est large, fort mince & a de petites dents aussi fort minces. Celle qu'ils appellent *Scie à tourner*, est étroite avec des viroles au bout des bras. Ils ont aussi une Scie à enraser, une Scie à main, & une Scie à cheville. Ces deux dernieres ont une poignée. *La Scie à guichet*, est une scie dont les Serruriers se servent pour faire les entrées des serrures.

Les Habitans des Antilles ont donné le nom de *Scie* à un poisson monstrueux aussi dangereux & aussi hardi que le Requiem, auquel il ressemble assés en sa peau & en sa forme. Il est plus ventru, & toute sa difformité est dans sa tête. Le P. du Terrre qui en a vû un, dit qu'il avoit bien huit piés de longueur, que l'os qui sortoit de son musle en avoit trois & demi, qu'il étoit plat & large de quatre doigts, & tout armé des deux côtés, de deux pouces en deux pouces, de dents plates & tranchantes & longues comme le doigt, & qu'il auroit mis en pieces le filet où il avoit été pris si on ne l'eût promptement assommé à coups de levier. La chair n'en vaut rien & sent le bouquin.

SCIENTIEUX, EUSE. adj. Vieux mot. Sçavant.

SCIER. v. a. Couper avec une scie. C'est aussi un verbe neutre, & il signifie en termes de Marine, Nager en arriere, ramer à rebours, pour se retirer en reculant, ce qui fait qu'on revient sur son sillage sans montrer ni la poupe ni le flanc. Tous les bâtimens à rames évitent par-là le revirement, & presentent toûjours la proue. On dit, *Mettre à scier*, pour dire, Mettre le vent sur les voiles, ce qui fait que le Vaisseau recule au lieu d'avancer. On dit aussi *Scier sur le fer*, pour dire, Ramer à rebours, ce qui se fait quand une Galere est chargée d'un vent traversier dans une rade où elle est à l'ancre. Les rames par ce mouvement la soûtiennent sur son fer contre les vagues qui en venant de la mer pourroient la jetter contre la côte. Il y a deux termes de commandement, dont l'un qui est *Scie escourre*, oblige tous les rameurs d'un bâtiment à rames, à pousser la rame en avant, au lieu de la tirer à soi, ce qui est le mouvement ordinaire. L'autre est *Scie vogue*. Ce dernier commandement oblige tous les rameurs qui sont sur un des côtés d'une Galere, à voguer en avant pour seconder le jeu du timon, tandis que tous ceux qui sont sur l'autre côté voguent en arriere.

SCINQUE. s. m. Petit animal aquatique à quatre piés qui se trouve en Egypte, dans les Indes & vers la mer Rouge, tout couvert d'écailles sur le dos, de couleur jaunâtre, semblable en quelque sorte au lezard, ayant la queue large & courte, mais plus recourbée contre terre, avec une ligne qui occupe le long de l'epine, depuis la tête jusqu'à cette queue. Pausanias dit qu'en Lybie on trouve des Scinques longs de deux coudées. Il s'en trouve dans la terre de Vicenze proche de Venise, dont les Apothicaires se servent au défaut de ceux qu'on apporte du Levant, mais ils n'ont pas la même vertu, & si l'on en croit Matthiole, il y a du danger à s'en servir. Le vrai Scinque qui est celui du Levant, a la tête longue & le dos un peu relevé, & tout couvert de petites écailles blanches tirant sur le jaune, le ventre, comme celui du lezard, & la queue ronde, & le Scinque d'Italie a le corps d'un grand lezard, le ventre gros & marqueté de quantité de taches de differentes couleurs, la tête un peu ronde, & le dos noir ainsi que la queue. Matthiole ajoûte que cette sorte de Scinque est aussi semblable à la Salamandre terrestre, que les Tortues d'eau le sont à celles qui se nourrissent sur la terre, ce qui est cause que ceux qui habitent auprès des marais de Friuli, & aux environs de la ville d'Udene, l'appellent Salamandre aquatique, & l'ont en horreur comme une bête extrémement venimeuse. Si tôt que le Scinque est pris & hors de l'eau, on le sale, après quoi on le fait secher, afin d'empêcher qu'il ne se pourrisse. On estime particulierement celui qui est gros, sec moderément, & sans aucune corruption. Il est chaud & sec au troisiéme degré & augmente la semence. On fait entrer ses roignons dans la composition de la Theriaque, & on rejette le reste du corps. En Grec σκίγκος.

SCIOGRAPHIE. s. f. Dessein d'un bâtiment coupé sur sa longueur ou sa largeur, afin d'en voir les dedans, & les épaisseurs des murs, voutes, planchers & combles. C'est ce qu'on appelle Profil de bâtiment. Ce mot est Grec σκιογραφία, de σκιὰ, Ombre, & de γράφειν, Décrire. *Representation avec les ombres* à la difference de la simple *Ichnographie*, qui n'a point d'ombres.

SCITIE. s. f. Petit Vaisseau à un pont que l'on navige avec des voiles latines. C'est une maniere de barque que l'on appelle autrement *Setie*.

SCL

SCLEROPHTALMIE. s. f. Terme de Medecine. Le troisiéme degré de l'affection appellée *Ophtalmie seche*. Elle est sans démangeaison & sans fluxion avec la dureté & l'âpreté des paupieres. Ce mot est Grec σκληροφθαλμία, de σκληρὸς, Dur, sec, & de ὀφθαλμὸς, Oeil.

SCLEROPTIQUES. s. m. Medicamens humides & froids qui endurcissent, comme la joubarbe, le psyllium, le pourpier, la lentille de marais, & la morelle. Ce mot vient du Grec σκληρὸς, Dur.

On appelle en Optique & en Medecine, *Membrane Sclerotique*, Certaine membrane dure qui couvre l'œil en dedans & en dehors.

SCO

SCOLOPENDRE. s. f. Sorte d'Insecte terrestre, long de trois ou quatre doigts, qui naît & vit dans des pieux fichés en terre ou dans des troncs d'arbres. Cette insecte mord, & a le corps marqueté avec plusieurs piés. On trouve dans les Antilles une sorte de Scolopendre, dont les morsures ne sont pas moins douloureuses que celles des Scorpions de ces Isles. Elles sont plus longues que le doigt, grosses comme un tuyau de plume à écrire, mais plus plates & de couleur de fer rouillé. Elles ont la tête ronde, deux petites dents fort aigues, & tout le corps divisé par dix ou douze jointures & autant de raies noires. Ces Scolopendres ont deux piés assés longs au bas de chacune de ces raies, deux petites cornes à la tête, & la queue fourchue. El-

vivent dans le bois pourri, & mordent avec ces deux petites dents quand on les presse. On guerit ces piquûres avec les mêmes remedes dont on se sert pour celles des scorpians..

Il y a aussi une *Scolopendre aquatique* ou de mer, qu'Aristote dit ressembler à la terrestre, quoique plus petites. Les Scolopendres marines viennent dans les lieux pierreux, & sont plus rouges que celles de terre, outre qu'elles ont un plus grand nombre de piés, mais aussi sont-ils plus minces. Elles ne se tiennent point dans les lieux profonds, non plus que les serpents.

Scolopendre. Herbe medicinale. C'est un des capillaires qui n'est autre chose que l'Asplenium ou le Cetrach des Apothicaires. Il y en a une autre appellée communément *Langue de Cerf*, qui croît d'ordinaire dans les forêts, & les lieux couverts, même dans les puits. Elle ne porte ni fleur ni semence, & est verdoyante toute l'année. Elle soulage le foye, & sur-tout la rate, dont elle n'emporte pas seulement les obstructions, mais elle en diminue encore la dureté & la tumeur, quelque facheuses qu'elles puissent être. Il y a dans les Antilles une Scolopendre, qui croît sur le bord des étangs & même dans l'eau. On voit s'élever de chaque grosse touffe quinze ou vingt tiges, haute d'une demi pique & quelquefois plus, & aux deux côtés de chacune de ces tiges, trente ou quarante belles feuilles de Scolopendre.

SCORBUT. s. m. Maladie qui prend sur mer, & principalement dans les voyages de long cours, pendant lesquels la corruption de l'air marin, les choses salées qu'on mange, & le vin pur que l'on est contraint de boire lorsque les eaux sont gâtées, alterent la masse du sang, enflent le corps, le remplissent de pustules & infectent l'haleine. On commence à s'appercevoir de cette maladie par une grande enflûre de gencives où il se forme ensuite de malins ulceres. La langueur qu'elle cause ne peut être soulagée qu'en prenant terre, ou en se frottant du sang des tortues de mer. On se peut aussi servir utilement du jus d'Orange ou de citron. On tient que les Peuples voisins de la mer Baltique sont fort sujets à ce mal, & en general le Scorbut n'est familier dans tous les lieux maritimes, qu'à cause que l'air y est empreigné de particules acres salines qui s'échappent de la mer. Quelques-uns disent *Scurbut*. M. Menage dit que ce mot est Hollandois & pris des Danois, qui appellent cette maladie *Crobut*, c'est-à-dire, Ventre rompu. Les Allemans l'appellent *Scormunt*, Os rompu ou bouche rompue, à cause qu'elle fait souffrir les hypochondres & les gencives. Les symptomes du Scorbut, outre ceux du mal hypochondriaque, sont la relaxation, l'érosion, l'éxulceration & les frequens saignemens des gencives. Il s'éleve diverses taches sur le corps, aux cuisses, aux bras, tantôt petites comme des morsures de puce, & tantôt de la grandeur d'une piece de quinze sols. Il y en a de differentes couleurs, de rouges, de jaunes, de couleur de pourpre, & de noires ou livides. Les urines de ceux qui ont le Scorbut, sont quelquefois extremement teintes & brillent comme l'esprit de nitre quand il sort. Elles ont un sediment semblable à la poudre de briques, & en regardrnt le fond de l'urinal en dehors, il represente une espece de sang. Le Scorbut est terrible par les douleurs des cuisses & des jambes vers le gras, & sur-tout du ventricule & de l'abdomen. Ces dernieres sont les plus cruelles de toutes, & commencent à la region des lombes. Elles courent de-là par diverses parties de l'abdomen, avec un sentiment de contorsion très-douloureux jusques aux parties interieures. Diverses tumeurs s'élevent en differentes parties du corps, & disparoissent ensuite. Pendant cela le bras, la jambe, ou quelque autre membre, sont affligés successivement d'une très-vive douleur, sans qu'il y paroisse aucune alteration. On regarde le Scorbut comme un Prothée qui se cache dans toutes les autres maladies, qu'il rend plus opiniâtres, & dans les Pays septentrionaux, de dix malades, à peine on trouve-t'on deux qui n'ayent rien de scorbutique. Le Scorbut est un mal épidemique dans les Pays-Bas, dans la basse Saxe & en Angleterre, & l'air & les alimens en sont les causes éloignées les plus ordinaires. Ceux qui navigent aux Indes Orientales en sont souvent tourmentés à cause de l'air marin, qui étant chargé de vapeurs acides & salées qui s'élevent de la mer & qu'ils respirent, infecte la masse du sang, la salive, le ferment de l'estomac, & produit enfin le Scorbut. Ses principaux signes sont l'ardeur & le chatouillement des gencives, & leur saignement pour peu qu'on les frotte. Le sang qui sort est aqueux, salé, & fetide dans la suite. D'ailleurs on voit sous la cavité des yeux une couleur de pourpre en forme de demi-lune, ce que Lindanus dit être un signe infaillible du Scorbut, à quoi on peut ajoûter le chancellement des genoux qui manquent de force pour soûtenir le corps. Le Scorbut est le plus haut degré du mal hypochondriaque, & dans la dispute qui s'est élevée, si les Anciens ont connu cette maladie, quelques-uns prétendent qu'Hippocrate l'ait décrite sous le nom de *Grosse rate*, & d'autres que ce soit le *Stomacacé*, & le *Scelotirbé* de Pline qui regnoit de son tems dans l'armée d'Allemagne.

SCORCONERE. s. f. Plante medicinale dont on se sert contre les morsures des serpents. Matthiole dit qu'elle a été premierement trouvée en Catalogne par un Esclave, qui l'avoit vue en Afrique, & en sçavoit la vertu. Plusieurs moissonneurs ayant été mordus de viperes dans les champs avec danger de leur vie, il leur fit boire le jus de la racine de cette herbe & les guerit tous, ce qui lui fit donner le nom de *Scorçonere*, de *Scorso*, ou *Scurzo*, mot Espagnol qui signifie Vipere. Cette plante a ses feuilles de la longueur d'un palme, & presque comme celles de *Morsus Diaboli*. Elles sont pourtant plus longues & plus près de terre, ayant force filaments, & sortent d'une longue queüe. Il y en a quelques-unes courbées en arc. Sa tige est haute d'un empan & demi, & quelquefois plus, ronde, nouée, de laquelle sortent encore d'autres feuilles petites & étroites. Sa fleur est jaune & si semblable à celle de Barbe-bouc qu'on ne les peut distinguer. Quand cette fleur vient à se flétrir, elle se change en un bouton cotonneux, qui renferme une graine blanche & longue. Sa racine a un peu plus d'un pié de longueur, & un pouce de largeur. Elle est sans chevelure, & a son écorce noirâtre, vive, tendre, frêle, succulente. La poulpe de dedans est blanche, pleine de lait, douce & savoureuse. La Scorçonere croît aux forêts dans les lieux humides. Celle de Bohême a sa racine plus longue & moins grosse que celle d'Espagne. Toute la plante est fort singuliere, non seulement pour les morsures des serpents & autres bêtes venimeuses, mais pour la peste, pour le mal caduc, & pour divers autres accidents.

SCORDIUM. s. m. Plante assés petite, assés molle, & assés tendre, qui croît dans les lieux marécageux, & qui a ses feuilles semblables à la Germandrée, mais plus grandes & non déchiquetées à l'entour. Elles sont d'une couleur verte, pâle, & sa fleur est fort petite, de couleur bleue pâle, tirant sur le rouge. Elle sort parmi les feuilles le long de la tige, & sur-tout vers les sommités. Son goût est assés amer & désagreable, & son odeur approche fort de celle de l'ail, mais elle est bien plus moderée, & sent quelque peu le marécage. Selon Galien le bon Scordium s'apporte de Candie. Il est fort propre à purger, & à échauffer les parties nobles & interieures, à faire uriner & à provoquer le flux des femmes. Appliqué verd il soude les plaies, quelque grandes & profondes qu'elles soient, & mondifie les ulceres sales. Appliqué sec, il fait cicatriser ceux qui sont malins, & malaisés à guerir. Scordium est un mot Grec, qui vient de σκόροδον, Ail.

SCORODOPRASUM. s. m. Plante qui a ses feuilles comme le porreau. Aussi le sentent-elles aussi-bien que l'ail, quand on les broye entre les doigts, ce qui fait qu'elle participe des deux plantes, mais avec moins d'efficacité. Marcellus Virgilius croit que l'ail porreau se fait artificiellement, en liant un ail & un porreau, & les enterrant ensemble, mais Matthiole assûre que le Scorodoprasum vient de soi-même en plusieurs lieux d'Italie. Ce mot est Grec σκοροδόπρασον, de σκόροδον, Ail, & de πράσον, Porreau.

SCORPIOIDES. s. f. Petite herbe qui jette fort peu de feuilles & qui a sa graine faite en maniere de Scorpion. Enduite sur les piquûres de cet animal, elle y donne un prompt remede. Elle a pris son nom du Grec σκορπιοειδής, Qui est semblable à un Scorpion.

SCORPION. s. m. Petit animal qui est si commun en Italie, qu'il n'y a ni maison, ni chambre, ni cave où l'on n'en trouve. Sa tête paroît jointe & continue avec sa poitrine, où il y a deux yeux au milieu, & deux autres vers l'extrémité de la tête, entre lesquels sortent comme deux bras qui se divisent en deux, ainsi que les serres d'une écrevisse. Huit jambes sortent de sa poitrine, & chacune se divise en six parties couvertes de poil, dont les extrémités ont de petits ongles. Le ventre se divise en sept anneaux, du dernier desquels sort la queue, qui se divise aussi en sept petits boutons, dont le dernier est armé d'un aiguillon. Cet aiguillon est creux & rempli d'un venin froid que le Scorpion jette dans la partie qu'il pique. On guerit cette piqûre en l'écrasant sur la plaie. On voit six yeux dans les Scorpions, & il y en a quelques-uns où l'on en découvre huit. Cet animal a le corps en ovale, la queue longue & faite en maniere de patenotres attachées bout à bout l'une contre l'autre. Il marche de biais, & s'attache si fort avec le bec & les piés contre une personne, qu'on ne peut l'en arracher qu'avec peine. On en établit de neuf especes distinguées par la diversité des couleurs. Il y en a de jaunes, de roux, de cendrés, de couleur de rouille, de verts, de jaunâtres qui ont la queue tirant sur le noir, de vineux, de blancs & d'obscurs comme la suie. Matthiole assûre en avoir un jour trouvé plus de quinze cens cachés sous des pierres, dans les jours caniculaires. Parmi ce grand nombre de Scorpions il y en avoit plusieurs femelles, qui ayant fait leurs petits depuis peu de tems, les portoient sous leur ventre, attachés un à un à leurs cuisses, & seulement gros comme des poux. Cela se rapporte à ce qu'Aristote dit, que les Scorpions font de petits vers ronds comme des œufs, au nombre d'onze assés ordinairement, qu'ils couvent ces vers, & que leurs petits tuent leurs meres lorsqu'ils sont en état de perfection. Selon quelques Auteurs, entre lesquels est Strabon, il y a des Scorpions qui ont des ailes & qui sont portés en l'air d'une region à l'autre. Pline dit qu'en Ethiopie au de-là des Cynamolues, il y a un grand Pays que les Scorpions ont rendu desert, n'y ayant laissé ni hommes ni bêtes, & que si on lie dix cancres ensemble avec une poignée de basilic, tous les Scorpions qui seront en ce lieu-là, se rangeront vers ces cancres. Il dit encore que les Scorpions morts reprennent vie, si on les frotte d'ellebore blanc. Quelques Medecins se servent de la cendre des Scorpions brûlés tout vifs, pour provoquer l'urine à ceux qui ont la pierre aux reins ou à la vessie. On fait une huile de Scorpion qui est merveilleuse, étant appliquée, pour rompre la pierre & la faire jetter dehors, & pour guerir ceux qui ont été mordus des viperes ou autres sortes de bêtes veneneuses. On s'en sert aussi en tems de peste, & on se préserve de ce mal, si on s'en met aux environs des aines, des aisselles. On choisit pour cela les plus vigoureux & les plus gros Scorpions qui ont six ou sept nœuds à la queue. On les prend au mois d'Avril, qui est le tems où ils peuvent être dépouillés de l'humidité superflue que leur donnent les lieux couverts qu'ils habitent. Il faut qu'ils soient de couleur cendrée ou blanchâtre, les autres étant trop malins. On a remarqué que les femelles voulant faire leurs petits, tissent une petite toile large comme l'ongle, d'un fil qu'elles tirent de leur corps, comme font les araignées, & qu'elles y pondent onze œufs, qui ne sont guere plus gros que des pointes d'épingles. Elles portent cela par tout avec elle jusqu'à ce que les petits soient éclos. Si-tôt qu'ils le sont, si on les effarouche, ils gagnent le dos de la mere, laquelle recourbant sa queue par dessus eux, les défend de son aiguillon. Les uns font venir le mot de *Scorpion* du Grec παρὰ τὸ σκολιὸν ἕρπειν, de ce qu'il rampe de biais; les autres de σκορπίζειν, Répandre, disperser, & de ἰὸς, Venin.

Il y a aussi un *Scorpion de mer*. C'est une sorte de poisson herissé de piquants sur le dos & à la tête, qui pique & empoisonne par les blessures qu'il fait. Il est rouge par tout le corps, & a deux cornes à la tête, qui sont neanmoins tendres & molles. Ses dents, quoique petites, sont fort aigues, & ses ailes pointues & épineuses, tant celles de dessus le dos, qui sont les seules avec quoi il pique, que celles qu'il a devant & derriere. Il est couvert d'écailles presque imperceptibles, & a le corps rond, la tête grande, & dure, & l'ouverture de la gueule grande. Le vin dans lequel on aura tué le Scorpion marin, est singulier pour les douleurs du foye, aussi-bien que la pierre qu'il a en la tête, si on la prend au poids d'une obole.

On appelle *Scorpion d'eau*, Une petite Araignée qui a son aiguillon dans sa bouche.

Scorpion. Grande Arbalête dont les Anciens se servoient pour attaquer & défendre les murailles.

Scorpion, s'est dit aussi d'une espece de fouet épineux & fort piquant, & quelquefois d'une maniere de discipline ayant plusieurs nœuds, & qui étoit plombée par les bouts.

Scorpion. Terme d'Astronomie. Signe du Zodiaque de nature très-malefique, qui est le huitiéme depuis Aries. Il occupe la moitié de la Balance, & a vingt & une étoiles selon Ptolomée, vingt-huit selon Quepler, & vingt-neuf selon Bayer.

SCOTIE. s. f. Terme d'Architecture. Concavité ou partie creuse en forme de demi-canal, qui est entre les tores ou les astragales dans la base des colomnes. On appelle *Scotie inferieure*, La plus grande des deux d'une base Corithienne, & *Scotie superieu-*

re; La plus petite qui est au dessus. Ce mot vient du Grec σκότος, Tenebres, obscurité.

SCOTTE. s. f. Terme des Capucins & Recollets, quand ils secouent leurs habits sur le feu, pour se défaire de la vermine. Ils disent, *Faire la Scotte*.

SCOVE. s. f. Terme de Marine. L'extrémité de la varangue, qui se courbe doucement pour être entée avec le genou.

SCOURGEON. s. m. Espece d'orge. On dit aussi *Secourgeon*, & plus ordinairement *Escourgeon*. Ce mot, si l'on s'en rapporte à Ruellius, vient de *Succursus gentium*, parce qu'on en mange dans la disette du blé.

SCR

SCRIBE. s. m. Celui qui gagne sa vie à écrire & à copier. On a donné le nom de *Scribe* aux Greffiers des Cours Ecclesiastiques; & parmi les Chartreux le Secretaire du General est nommé *Dom Scribe*. Les Greffiers & les Tabellions étoient aussi autrefois appellés *Scribes*; & dans la Loi des Juifs *Scribe* étoit un principal Officier qui écrivoit ou qui interpretoit l'Ecriture.

SCRIPTEUR. s. m. Terme de Banque & de Chancellerie Romaine. Officier du premier banc, qui écrit les Bulles que l'on expedie en original Gothique. Ces Officiers font partie de ceux du Registre, & sont au nombre de cent. C'est à eux qu'il appartient de taxer les graces.

SCROFULAIRE. s. f. Herbe qui croît ordinairement dans les fossés & les lieux moites & aquatiques, & non pas le long des haies & des grands chemins, comme fait l'ortie puante; ce qui fait voir que Matthiole a eu raison de condamner Fuchsius, qui prend la grande Scrofulaire pour la Galiopsis ou ortie puante. D'ailleurs, les feuilles de la grande Scrofulaire ne ressemblent point à celles de l'ortie, & ne sont point puantes. Sa racine est grande, blanche & toute garnie de petites glandules, d'où elle a pris son nom. Cette racine est fort singuliere aux ecrouelles & aux hemorroides. On la tire en Automne pour s'en servir, & après l'avoir bien nettoyée, on la broye avec du beurre frais. On la met ensuite dans un pot de terre qui n'a point servi, & que l'on met bien couvert dans un lieu humide pendant quinze jours, après quoi on fait fondre le beurre à petit feu, & l'ayant coulé, on le garde pour l'une & l'autre de ces maladies. C'est ce qu'en dit Matthiole. La petite Scrofulaire n'est autre chose que la petite Eclere. On appelle encore la grande *Millemorbia*, *Ficaria*, *Ferraria*, ou *Castrangula*.

SCROTUM. s. m. Terme d'Anatomie. Membrane commune des testicules, appellée vulgairement *Bourse*, à cause qu'elle a la figure d'une bourse de cuir, que les Anciens nommoient *Scortea*, Faite de cuir ou de peau. Il y a une hernie du Scrotum. C'est quand l'omentum descend avec les intestins, ou les intestins sans lui. On ouvre quelquefois dans l'hydropisie le Scrotum enflé; mais si cette ouverture est salutaire quand la nature la fait elle même, elle n'est pas sûre quand les Chirurgiens la font, à cause que la gangrene s'y met, & que le Scrotum tombe en pourriture; & on ne la doit faire que fort rarement par cette raison. On ne laisse pas d'ouvrir le Scrotum sans la perte du malade, puisqu'après que les eaux sont vuidées, il renaît autour des testicules une espece de chair qui les enveloppe.

SCRUPULE. s. m. Le plus petit des poids dont se servoient les Anciens. C'étoit chez les Romains la vingt-quatriéme partie de l'once, & dans l'Arpentage, cent piés de terre quarrés. Aujourd'hui parmi les Apothicaires le Scrupule est seulement de vingt grains, quoiqu'il soit de vingt-quatre, selon l'usage approuvé par tous les Royaumes du monde, & selon les Marchands Orfevres & Maîtres des Monnoies. On appelle aussi *Scrupule*, en termes d'Astronomie, Une fort petite partie de la minute.

SCRUTIN. s. m. Maniere de recueillir les suffrages, sans qu'on sçache le nom de celui qui donne sa voix. Les Papes se font ordinairement par le Scrutin, & c'est la meilleure voie de faire des élections. Le Scrutin se fait par des billets cachetés ou d'un caractere qu'on ne connoît pas, qu'on jette dans quelque vase. Il se fait aussi par des boules diversement colorées, dont on se sert pour marquer l'approbation ou l'exclusion. Parmi les Augustins, *Scrutin* signifie le Livre dans lequel le Provincial ou les Visiteurs interrogent les Religieux sur le fait de leur visite, & dans ce sens on dit, *Aller au Scrutin*, *être appellé au Scrutin*. Ce mot a été fait du Latin *Scrutinium*, Recherche, enquête, d'où vient qu'autrefois la quatriéme ferie de la semaine sainte étoit appellée *Le jour du Scrutin*, parce que ce jour-là on faisoit l'instruction des Cathecumenes & l'enquête de leur foi.

SCU

SCULPTEUR. s. m. Celui qui fait des figures de ronde bosse, ou en bas relief, de quelque matiere que ce soit. Les Sculpteurs en bois choisissent celui qui est le plus propre pour les ouvrages qu'ils entreprennent. Si c'est quelque chose qui demande de la force & de la durée, ils prennent le chêne & le châtaignier. S'ils veulent faire un ouvrage de mediocre grandeur, ils choisissent le poirier & le cormier; & quand ils ne veulent faire que de petits ouvrages d'ornemens, ils se servent d'un bois tendre, mais pourtant ferme & serré comme celui du Tilleul, qui est très bon pour cela, à cause que le ciseau le coupe plus nettement & plus aisément que tout autre bois. Les Anciens ont fait des statues presque de toute sorte de bois. Il y avoit à Sycione une image d'Apollon qui étoit de bouis, & à Ephese celle de Diane étoit de cedre. On a vû une image de Mercure, faite de citronnier, de huit piés de haut, dans le Temple bâti à l'honneur de ce Dieu sur le mont Cyllene. On faisoit aussi des statues de cyprès, à cause que cet arbre n'est pas sujet aux vers ni à se corrompre; & on en faisoit aussi d'ébene, de palmier & d'olivier. Il faut que le bois ait été coupé plus de dix ans avant qu'il soit propre à être employé dans la Sculpture, & il vaut mieux dans un grand ouvrage se servir de plusieurs pieces que d'une piece entiere de gros bois, qui peut n'être pas seche dans le cœur, quoiqu'elle paroisse l'être par dehors. Les Sculpteurs en bois se servent des mêmes outils que les Menuisiers; mais ceux des Sculpteurs en marbre & en autres sortes de pierres, sont de bon acier, trempés & forgés selon que la matiere qu'ils employent est dure. Quand ils entreprennent un ouvrage considerable, statue ou bas relief, ils font toûjours un modele de terre de la grandeur que doit être ce qu'ils veulent faire; & parce que la terre s'amaigrit en se sechant, & peut se rompre, elle sert seulement à faire un moule de plâtre, dans lequel ils font une figure aussi de plâtre, qu'ils reparent, & qui ensuite leur sert de modele. C'est sur ce modele qu'ils prennent toutes leurs mesures, & qu'ils se conduisent en taillant le marbre. Pour bien se regler dans leur travail, ils mettent sur sa tête un cercle immobile divisé par degrés, avec une regle mobile, arrêtée au centre du cercle, & divisée aussi en parties. Du bout de la regle pend un fil avec un plomb, qui sert à prendre tous les points qui doivent être rapportés de la figure sur le bloc, du haut duquel pend une même ligne que celle qui est au modele. M. Felibien dit qu'il y a d'excellens Sculpteurs qui n'approuvent pas cette maniere, & la raison qu'ils en donnent, c'est que pour peu de mouvement que reçoive le modele, leurs mesures peuvent se changer, ce qui est cause qu'ils aiment mieux se servir du compas pour mesurer toutes les parties.

SCULPTURE, s. f. Art par lequel en ôtant ou en ajoûtant de la matiere, l'on forme toutes sortes de figures, comme lorsqu'on travaille de pierre ou de cire, ou bien sur le bois, sur les pierres ou sur les métaux. Ce travail se fait aussi, ou en creusant, comme on fait sur des agathes & sur d'autres pierres, ou en travaillant de relief, comme à faire des statues, qui sont des figures que l'on voit de tous côtés, ou à des figures de bas reliefs qui ne paroissent jamais entieres. Les Idoles de Laban, qu'enleva Rachel, & le veau d'or que les Israëlites dresserent dans le Desert, font connoître dans l'Ecriture sainte combien la Sculpture est ancienne. Parmi les Auteurs profanes, M. Felibien nous apprend que les uns veulent qu'un Potier de Sycione, nommé Dibutade, ait été le premier Sculpteur, & que sa fille donna commencement à la Portraiture, en traçant l'image de son amant sur l'ombre que la lumiere d'une lampe marquoit contre une muraille. D'autres attribuent l'invention de la Sculpture à Ideocus & à Theodore, qu'ils prétendent avoir fait des ouvrages dans l'Isle de Samos long-tems avant qu'on parlât de Dibutade. Ils disent que Demaratus, pere du premier Tarquin, en se retirant en Italie, y porta cet art, ayant mené avec lui Eucirape & Eutigramme, excellens Sculpteurs, qui le communiquerent particulierement aux Toscans; à quoi ils ajoûtent que Tarquin fit venir Taurianus, l'un des plus celebres d'entre eux, pour faire de terre cuite la statue de Jupiter, & quatre chevaux de même matiere que l'on mit au frontispice de son temple. Les premieres Images des Divinités Payennes ne furent d'abord que de terre ou de bois, & ce n'a été que le luxe & la richesse des Peuples qui les a portés à en faire de marbre ou de bronze, ce que l'on n'a vû qu'environ trois cens ans après la fondation de Rome. Ce fut alors que parut Phidias d'Athenes, qui surpassa tous ceux qui avoient eu jusque-là quelque reputation dans cet Art, & il s'éleva aussi-tôt quantité d'excellens hommes qui le mirent au plus haut point de perfection où il eût encore été. Les Figures de Polyclete furent l'admiration de tout le monde. L'Image d'Alexandre fut jettée en bronze par Lysippe, & Praxitelle & Scopas firent les admirables figures & les chevaux que l'on voit encore à Rome à *Montecavallo* devant le Palais du Pape. Ce dernier travailla avec Briaxis, Timothée & Leocharés, au fameux tombeau qu'Artemise fit faire à Mausole, son mari, Roi de Carie. Agesandre, Polydore, & Athenodore ont fait le Laocoon, qui est un ouvrage qui les a comblés de gloire. L'excellence du travail a toûjours fait preferer les statues Grecques aux statues Romaines, entre lesquelles il y a cette difference, que la plûpart des Grecques sont presque nues, à la maniere de ceux qui s'adonnoient à la lutte ou aux autres exercices du corps, en quoi la jeunesse d'alors faisoit consister toute sa gloire, & que les autres sont couvertes d'habillemens ou d'armes, & particulierement de la robe appellée *Toga*, qui étoit la plus grande marque d'honneur parmi les Romains.

SCUTE. s. m. Petit esquif ou canot que l'on emploie au service d'un Vaisseau.

SCUTIFORME. adj. Les Medecins donnent ce nom au premier des cartilages du larynx, qui est le plus grand & le plus large, du Latin *Scutum*, Bouclier, à cause qu'il a la figure d'un Ecu ou d'un Bouclier quarré. Ce cartilage est gibbeux en dehors & cave en dedans, & quelquefois double, principalement aux femmes, ausquelles il avance moins en devant qu'aux hommes. C'est ce que le peuple appelle *La Pomme d'Adam.*

SCY

SCYTALE. s. f. Escourgée ou fouet de cuir, du Grec σκυτάλη, qui a cette même signification. On appelloit *Scytale Laconique*, Une maniere secrete d'écrire qu'avoient trouvée les Lacedemoniens pour instruire leurs Correspondans de ce qu'il falloit qu'ils fissent, afin que si leurs Lettres étoient surprises, ceux qui les intercepteroient ne pussent les lire. Ils se servoient pour cela de deux rouleaux de bois d'une épaisseur tout-à-fait égale, dont l'un se gardoit dans Lacedemone, & l'autre étoit entre les mains du Correspondant. Celui qui vouloit mander quelque chose de secret, tortilloit autour de l'un de ces rouleaux une laniere de parchemin fort déliée, sur laquelle il écrivoit tout ce qu'il vouloit que sçût son Correspondant, qui l'ayant reçue, appliquoit ce parchemin sur son rouleau, qui étant de même grosseur que l'autre, lui faisoit trouver les mots & les lignes dans le même ordre qu'on avoit écrit le tout. Les chiffres sont bien plus sûrs & aussi plus difficiles. On en fait un Art dans l'Académie de politique, qui malheureusement ne subsiste plus. Chacun peut en inventer un à sa fantaisie.

SEA

SEANCE. s. f. Vieux mot. Agrément.

De bonne amour vient seance & beauté.

SEB

SEBESTEN. s. m. Arbre qui fut premierement apporté en Italie du tems de Pline. Il est fort semblable au Prunier, quoique moins grand. L'écorce du tronc est blanche, & celle des branches verte. Ses feuilles sont fermes & rondes. Son fruit est comme une petite prune, & a un noyau au dedans fait en triangle & proportionné au fruit, qui étant mûr, est vert tirant sur le noir, & fort doux. Il a une chair tenante & gluante, dont les Egyptiens & les Syriens font la glu qu'on appelle *Glu d'Alexandrie* à Venise; elle est fort bonne pour chasser aux oiseaux. Ces fruits sont temperés en chaleur & en siccité. Ils humectent neanmoins & sont lenitifs & laxatifs amollissant le ventre, & incrassant la bile & toute humeur tenue qui tombe sur la poitrine, ensorte qu'ils la font jetter dehors par les crachats. Le mot de *Sebesten* est Arabe. Cet arbre est de deux sortes en Egypte. Le sauvage est semblable au prunier, & le franc a ses feuilles plus larges & mieux nourries que celles du sauvage. L'un & l'autre a une petite fleur blanche, & son fruit semblable à une prune ronde, dont le noyau est fait en triangle. Toute la difference qu'il y a, c'est que le fruit du Sebesten cultivé est plus gros & meilleur. L'extrait en est bon pour desenrumer, contre la toux,

toux, l'oppression de poitrine, les maux de côté, & contre toutes sortes de maladies d'estomac & de poumon. Ce fruit qui ne mûrit qu'en Automne, pend toute l'année à l'arbre. On en fait des cataplasmes pour les ulceres inveterés & les tumeurs dures.

SEBILLE. s. f. Jatte dont se servent les Sculpteurs & plusieurs Artisans en differentes occasions. On donne ce même nom à un vaisseau de bois fait en rond, qui sert en vendanges à tirer le vin de la cuve pour l'entonner.

SEC

SEC, Seche. adj. *Qui participe de celle des quatre premieres qualités qui est opposée à humide.* Acad. Fr. On dit en termes de peinture, qu'*Un ouvrage est sec*, quand les clairs sont trop près des bruns, & que les contours ne sont pas mêlés. C'est le contraire d'*Ouvrage moëlleux*.

On dit en termes de Mer, qu'*Un Vaisseau est à sec*, qu'*on le met à sec*, pour dire, qu'Il est échoué, qu'on le met hors de l'eau pour le radouber. On dit aussi qu'*Un Vaisseau met à sec*, pour dire, qu'Il navige avec ses voiles ferlées, c'est-à-dire, serrées à cause du gros vent.

Les Gourmets appellent *Vin sec*, Du vin qui n'est ni gras ni onctueux.

On dit en termes de Manege, qu'*Un Cheval a la jambe seche*, pour dire, qu'Il l'a sans eaux & sans fluxions. On dit *Remettre un Cheval au sec*, pour dire, Lui donner le foin & l'avoine, après l'avoir mis à l'herbe ou au vert.

Les Maçons appellent *Mur de pierres seches*, Un mur qui est fait sans mortier ni plâtre, mais seulement de pierres qu'on a arrangées les unes sur les autres. C'est ainsi qu'étoient faits les grands édifices des anciens.

SECACUL. s. m. Racine, qui, selon Avicenne & Serapion, est semblable au Gingembre, & differente de celle d'Eryngium, qu'on apportoit autrefois toute confite des Indes. On tient qu'elle produit une graine noire de la grosseur d'un pois chiche. Les racines de Secacul, qui, au rapport de Serapion, sont grosses comme le pouce, & longues comme le second doigt de la main, ont une écorce cendrée, & leur cœur dur & nerveux, ce qui le rend different du Polygonatum, où cela ne se trouve point, contre le sentiment de Manardus qui les prend pour une même chose, outre que le Polygonatum n'a point ses feuilles semblables au pois, ainsi que le Secacul. Ce mot est Arabe.

SECANTE. s. f. Terme de Geometrie. On sousentend *Ligne*. On entend generalement par ce mot toute ligne qui coupe un cercle, ou même qui étant prolongée pourroit le couper, à la difference des *tangentes* qui ne le coupent ni ne le peuvent couper. On peut dire aussi *Secante* dans le même sens à l'égard de toute autre ligne courbe, mais quand on dit *Secante d'un arc ou d'un angle*, ce mot a un sens plus particulier. Un arc de cercle étant déterminé, la ligne tirée du centre par une des extrêmités de cet arc, & prolongée hors du cercle jusqu'à ce qu'elle rencontre la *tangente* tirée par l'autre extrêmité de ce même arc, est la *Secante* de l'arc, & de l'angle dont il est la mesure, Chaque arc a sa secante & chaque secante à sa tangente qui lui répond, (Voyez TANGENTE,) & ces deux lignes servent au même usage que le *Sinus*. La Secante est l'hypotenuse d'un triangle rectangle dont le rayon du cercle est un des petits côtés, & la tangente l'autre. C'est-là le principe de tout le calcul des tangentes & des secantes. Voyez TANGENTE.

SECHE. s. f. Poisson de mer qui n'a point de sang & qui est long quelquefois de deux coudées. Il est charnu & ferme de corps, & couvert d'une peau mince. Ce poisson est fait à peu près comme le poulpe, excepté qu'il est plus gros, & que les poulpes ayant une infinité de piés, la Seche en a seulement huit au devant de la tête, & deux autres plus grands que ceux-là, qui lui servent de jambes. Elle a sur le dos un os dur & lissé au dessus & composé au dessous d'une moëlle & matiere spongieuse un peu âpre à manier. Cet os est rayé de veines ainsi que le bois, & sert aux Orfevres pour mouler nettement ce qu'ils veulent fondre. La bouche & le bec de la Seche sont semblables au bec & à la bouche d'un perroquet. Elle a un noir qui lui sert de sang, & quand elle se sent pressée, ou par le pêcheur ou par quelque poisson de proye, elle vomit ce noir, qui en troublant l'eau, lui donne moyen de s'échaper. Cette liqueur est tellement noire, qu'une goute seule noircit un seau d'eau & la rend opaque. Anaxilaüs rapporte que si l'on en met dans une lampe qui brûle sans qu'il y ait d'autre lumiere, ceux qui sont presens paroissent tout noirs. Pline dit que les Seches font des petits tous les mois, & souvent à terre entre les roseaux, & qu'elles ne vivent que deux ans, ce qu'Aristote attribue aux poulpes. Elles sont sans dents, & ont un bec tout-à fait semblable à celui d'un perroquet. L'os de la Seche brûlé & reduit en cendres, est fort bon, selon Galien, à nettoyer la gratelle, & à mondifier les lentilles & peaux mortes & blanches qui viennent sur le corps. Ce même os reduit en poudre sans le brûler, blanchit les dents, & desseche les ulceres étant appliqué dessus. La Seche s'appelle en latin *Sepia*.

SECOND, onde. adj. Qui est après la premiere. On appelle en Physique *Causes secondes*, Celles que la Providence fait agir. *Vaisseau second*, en termes de mer, est un Vaisseau de guerre destiné à escorter, & à secourir un Vaisseau Pavillon. Ainsi l'Amiral, le Vice-Amiral, le Lieutenant general, le Contre-Amiral, le Chef d'Escadre, & le Commandant d'une division ont chacun deux Vaisseaux destinés à les secourir, l'un à leur avant que l'on appelle *Second de l'avant*, & l'autre à leur arriere, appellé *Second de l'arriere*.

En Chymie on appelle *Eau seconde*, de l'eau forte qui a déja servi à graver, ou que l'on a employée pour dissoudre des métaux.

Le Regain est appellé *Seconde herbe*, en termes d'Agriculture.

SECOND. s. m. Celui qui aide à un autre, qui le défend en quelque combat, en quelque affaire. On appelle *Second*, en termes de Paume, le moindre de deux Joueurs, qui tient un des coins du Jeu, & qui ne reçoit pas le service. *Capitaine en second*, se dit en termes de guerre, d'un Capitaine reformé, qui sert de Lieutenant à un autre dans la Compagnie duquel on l'a incorporé.

On appelle *Second* dans un Tripot, La partie de la galerie qui est après celle que l'on appelle *Premier*. On dit dans ce sens que *La chasse est au second*, pour dire, Entre la premiere & la seconde division de la galerie.

SECONDE. s. f. Terme d'Astronomie & de Geometrie. C'est la soixantiéme partie d'une minute, soit en la division des cercles, soit en la mesure du tems. Voyez MINUTE.

SECONDINE. s. f. Les Medecins appellent *Secondines*, ou *Secondes*, Les rayes ou membranes dont le fœtus est enveloppé dans le ventre de la mere. Ils leur ont donné ce nom, à cause que ces membranes, que les Matrones ont accoûtumé d'appeller *Arrierefaix*, fortent les dernieres dans l'accouchement. On a appellé *Secondine*, dans un Traité de l'Anatomie des Plantes, la derniere enveloppe des grains, parce qu'elle fait à l'égard des plantes, ce que font à l'égard des animaux les membranes où le fœtus est enveloppé.

SECOURIR. v. a. *Aider, assister, donner aide, procurer assistance à qui en a besoin.* ACAD. FR. On dit en termes de Manege, *Secourir un cheval*, pour dire, Lui donner les aides à tems & à propos, lorsqu'il travaille & veut demeurer. Ce secours lui est donné des deux talons en le pinsant délicatement.

SECRET, ETTE. adj. *Caché, qui n'est connu que d'une, ou de peu de personnes.* ACAD. FR. On appelle en termes de Chasse, *Chien secret*, Un limier qui pousse la voie sans appeller.

SECRET. s. m. *Chose qui ne doit pas être revelée, qui doit être tenue secrette.* ACAD. FR. Il se dit en termes de guerre, de la lumiere d'un canon, & on appelle *Secret d'un brulot*, L'endroit du brulot par où le Capitaine qui le veut brûler, y met le feu.

SECRETAIRE. s. m. *Celui dont l'emploi est d'écrire pour son maître, de faire des lettres, des dépêches pour son maître, pour celui dont il dépend.* ACAD. FR. Le Roi a quatre Secretaires d'Etat ou de ses commandemens, qui ont souvent la qualité de Ministres. Ils signent les Lettres & les Ordonnances du Roi, & expedient les dépêches pour les affaires d'Etat. Chacun d'eux expedie celles que le Roi envoye aux Parlemens que le Secretaire d'Etat a dans son département, & c'est lui qui conduit à l'audience du Roi les Députés de ces Parlemens ou des Etats des Provinces. Nos premiers Rois ne prenant aucune connoissance des affaires, ne signoient ni ne faisoient expedier aucunes Lettres. Ce soin regardoit le Maire du Palais, par qui l'expedition en étoit commandée au Chancelier qui étoit un Notaire & Secretaire auquel le sceau étoit confié. Les Rois de la seconde race, en ayant voulu signer les plus importantes, les faisoient encore signer par les grands Officiers de la Couronne. Ces Lettres étoient dressées & signées par le Chancelier qui ajoûtoit le mot *Scripsit*, & en son absence elles étoient écrites & signées par des Notaires, que l'on commença à appeller Secretaires en ce tems-là, parce que les Rois en prirent quelques-uns auprès de leurs personnes pour les affaires secrettes. Ainsi Eginhart fut Secretaire de Charlemagne, dont il sçut si bien gagner l'esprit, qu'il parvint à l'honneur d'être son gendre. Guerin, Evêque de Senlis, Chancelier de France, & Premier Ministre de Philippe Auguste, & de Louis VIII. ôta le *Scripsit*, que les autres Chanceliers avoient employé dans l'expedition des Lettres, & les signa simplement après les grands Officiers de la Couronne. Ses successeurs, devenus Chefs des Conseils du Roi & de la Justice, abandonnerent le Secretariat aux Notaires & Secretaires, s'en reservant seulement la superiorité avec le sceau. Les Secretaires s'étant mis par là dans une plus grande consideration, les Rois en employerent quelques-uns aux affaires les plus importantes de l'état. Le Roi Jean fixa le nombre de ces Secretaires & Notaires à cinquante-neuf, sans qu'il soit specifié dans son Ordonnance combien il y avoit de Secretaires. Charles VI. par un Edit de l'an 1418. créa le College des cinquante-neuf Clercs Notaires de la Chancellerie, & reduisit les Secretaires des Finances au nombre de cinq. Charles VII. en établit de nouveaux, & Charles VIII. confirma les Secretaires des Finances. Florimond Robertet ayant commencé sous son regne à donner beaucoup d'éclat à la charge de Secretaire, fut toûjours maître des affaires importantes sous Louis XII. & François I. Enfin Henri II. reduisit à quatre le nombre des Secretaires d'Etat, sous le titre de *Conseillers & Secretaires des Commandemens & Finances*, & ces quatre furent Guillaume Bochetel, Côme Clausse, Claude de l'Aubépine, & Jean du Thier, qui prirent la qualité de *Secretaires d'Etat*, comme avoit fait Robertet. Leurs successeurs ont aussi le titre de *Secretaires des Finances*, au College des Secretaires du Roi, qui signent toutes les Lettres que l'on expedie dans les grandes & petites Chancelleries au nom de Sa Majesté, & avec son paraphe fait en forme de grille qu'ils mettent au devant du leur. Ils prennent la qualité de Conseillers, Notaires & Secretaires du Roi, Maison & Couronne de France & de ses Finances. Ils ont de grands privileges, dont le principal est d'être anoblis, eux & leurs Enfans nés & à naître. Il y a quatre *Secretaires du Cabinet*, qui servent le Roi dans ses dépêches particulieres.

On appelle *Secretaires du Conseil*, Les Greffiers du Conseil d'Etat & des Finances. Il y a aussi quatre *Secretaires du Parlement*, créés en titre d'Office. Ils ont pouvoir de porter la robe rouge & de signer les Arrêts.

On appelle *Secretaire d'Ambassade*, Celui qu'on met auprès d'un Ambassadeur, pour écrire les dépêches qui regardent la négociation qu'il est chargé de traiter. Le nom de *Secretaire*, est aussi donné à celui qui fait l'extrait des procès d'un Conseiller ou d'un autre homme de robe considerable.

SECTEUR. s. m. Terme de Geometrie. *Le Secteur d'un cercle*, est la partie de l'aire d'un angle comprise entre deux rayons qui ne font point une ligne droite, & un arc de la circonference terminé par ces deux rayons. *Le Secteur d'une Sphere*, est un solide compris sous plusieurs rayons de la Sphere, terminé en pointe à son centre, & ayant pour base la portion de la surface de la Sphere qui est déterminée par tous ces rayons. Le Secteur de Sphere est en solide ce que le Secteur de cercle est en plan.

SECTION. s. f. Terme de Geometrie. Le point où deux lignes se coupent s'appelle *point de Section*, ou simplement *Section*. De même la ligne commune a deux plans qui se coupent est leur *commune Section*. La commune Section de deux grands cercles d'une Sphere, en est toûjours un Diametre.

On appelle *Sections Coniques*, des lignes courbes, formées sur la surface d'un cone par des plans qui le coupent. Le cone étant formé comme il a été dit, (Voyez CONE,) son *axe*, son *côté*, & le rayon de sa *base* font un triangle qu'on appelle *Triangle de l'axe*. Ce triangle pouvant être formé par un plan qui couperoit le cone en passant par l'axe, pourroit passer pour une des Sections coniques, mais on ne l'y compte point, parce qu'il n'a que des lignes droites, & on ne met dans ce rang que des lignes courbes, formées par un plan qui coupe le cone, ou par rapport à son côté, ou par rapport à sa base ne prenant alors qu'un *Cone droit*. Le plan qui le coupe par rapport à sa base ou par rapport à son côté, le peut couper ou parallelement, ou non parallelement. Un plan qui coupe un cone droit parallelement à sa base, forme sur sa surface une ligne courbe qui est un *cercle* aussi bien que la base, si ce même plan coupe ce cone non parallelement à la base, la ligne courbe qu'il forme sur le cone est une *ellipse* ou *ovale*. Par rapport au côté, si un plan perpendiculaire au plan du triangle de l'axe coupe un cone parallelement à son côté, il décrit sur sa surface une courbe qu'on appelle *parabole*, si ce même plan coupe le cone non parallelement au côté, il fait une *hiperbole*.

Mais si le cone est *scalene*, un plan qui le coupera non parallelement à sa base ne laissera pas de faire un cercle, pourvû qu'il retranche vers le sommet du cone un triangle semblable au triangle de l'axe, & ayant ses deux angles sur la base égaux aux deux de l'autre dans une situation contraire à celle qu'ont des angles égaux sur des bases paralleles. C'est par cette raison que cette Section s'appelle *Soucontraire*.

On ne met pas communément le cercle au nombre des Sections Coniques, quoiqu'effectivement il en soit une, mais c'est qu'on peut l'avoir par des voies plus simples que la Section d'un cone. Il reste la Parabole, l'Hyperbole & l'Ellipse, ainsi nommées toutes trois par rapport à une espece de mesure qui leur est commune.

On tire au dedans de ces trois especes de lignes courbes des *Ordonnées*, (Voyez ORDONNE'ES,) dont on compare le quarré au rectangle de l'*Abscisse* ou *Interceptées* par le *Parametre*, Voyez ABSCISTE, INTERCEPTE'ES & PARAMETRE. Le quarré des ordonnées comparé ou appliqué au rectangle des abscistes par le Parametre lui est précisement égal dans le Parabole, qui a pris son nom de cette application ou comparaison juste *παραβάλλειν*, *appliquer*, *comparer*. Dans l'Hyperbole, ces rectangles formés de la même façon surpassent les quarrés des ordonnées, & dans l'Ellipse ils en sont surpassés. De là l'une est appellée Hyperbole de *ὑπερβάλλειν*, *surpasser*, & l'autre Ellipse, de *ἐλλείπειν*, *marquer*.

Toutes ces trois lignes ont des *Ordonnées*, *des Abscistes*, *un Parametre*, & *un Foyer*. Voyez ORDONNE'ES, ABSCISTES, PARAMETRE & FOYER.

La superficie qui paroît d'un corps coupé, s'appelle *Section*. *Section d'un bâtiment*, *d'une fortification*, se dit en Architecture du profil, de la delineation qui se fait des hauteurs & des profondeurs qui sont élevées sur le plan, comme si on avoit coupé le bâtiment pour voir le dedans.

SECULAIRE. adj. Qui se fait de cent ans en cent ans. Il y avoit dans l'ancienne Rome des *Jeux Seculaires*, qui se celebroient à la fin de chaque siecle. Valerius Publicola, le premier des Consuls, qui fut créé après qu'on eut chassé Tarquin le Superbe, fut le premier qui institua ces Jeux pour faire cesser la peste. On tira d'un livre des Sibylles l'ordre des ceremonies qu'on y devoit observer. Septimus Severus, selon ce que rapporte Sosime, fut le dernier qui les celebra.

SECURIDACA. s. f. Herbe fort branchue, dont les feuilles sont semblables aux chiches. Elle porte une graine rousse dans des gousses recourbées en maniere de cornet, lesquelles ressemblent à une hache qui tranche des deux côtés. C'est aussi du mot latin *Securis*, Hache, qu'elle a pris son nom. Elle est amere au goût, & est pourtant bonne à l'estomac, prise en breuvage. On la met dans les antidotes, & preservatifs. Dioscoride qui en parle ainsi, dit qu'elle croît parmi les blés & les orges, à quoi Matthiole ajoûte qu'elle vient encore plus souvent parmi les vesses sauvages. Il met deux sortes de *Securidaca*, l'une grande, qui a ses feuilles semblables aux chiches, & qui en jette onze tout à la fois d'une même queue. Ses tiges sont minces & souples, ses fleurs purpurines & claires, roussâtres comme celles des pois, mais moindres; il en sort de petites gousses cornues, plattes & pointues à la cime, qui contiennent une graine roussâtre ayant une figure de hache, & d'un goût amer. Elle n'a qu'une seule racine blanche & capilleuse. La petite Securidaca est presque semblable à la grande, excepté que ses feuilles paroissent moindres & en plus grand nombre. Ses fleurs sont petites, & il en sort de petites cornes rondes, pointues à la cime, qui deviennent rousses étant mûres, & portent une graine semblable à l'autre, mais moindre & plus mince. Sa racine est grêle, blanche, longue, & profonde en terre. Galien dit en parlant de cette herbe, appellée aussi *Pelecynum* du Crec *πέλεκυς* Coignée, à cause que sa graine est faite en maniere de coignée qui coupe des deux côtés, qu'elle est amere, un peu brusque au goût, qu'ainsi prise en breuvage elle est bonne à l'estomac, & desopile les parties nobles & interieures, ce que font aussi les branches de la plante.

SED

SEDANOISE. adj. On dit en termes d'Imprimerie, *Lettre Sedanoise* ou absolument *Sedanoise*, Le plus petit des caracteres dont on se serve pour imprimer, à cause que le premier usage en a été fait à Sedan.

SEDIMENT s. m. Terme de Medecine. Lie, partie crasse ou épaisse des humeurs, qui tombe au fond des vaisseaux après qu'elle est reposée. On dit dans ce sens, *Le sediment de l'urine*. Ce mot est Latin, *Sedementum*. Matthæus Sylvaricus le derive *à dinturna sede*.

SEE

SEER. v. a. Vieux mot. S'asseoir.

SEETE. s. f. Vieux mot. Espece de dard, du Latin *Sagitta*.

Qui dards & seetes portoient.

SEG

SEGLE. s. m. Sorte de blé qui porte un grain plus long que celui du froment, & qui croît plus haut. Ce grain est beaucoup plus maigre que n'est le froment. Il lâche le ventre, échauffe & resout, & l'on se sert du levain de segle pour faire mûrir & crever les abscés. En Latin *Secala*, d'où l'on a formé ce mot. Il y a du Segle blanc, appellé en Latin *Olyra*. C'est une espece d'épeautre. Ce blé est plus nourri & plus épais que le blé rouge & barbu, que Pline appelle *Far*.

SEGMENT. s. m. Terme de Geometrie. La partie du cercle qu'une ligne coupe. Aussi on appelle *Segment de cercle*, Une portion de cercle terminée par une corde & par un arc de la circonference, & *Semblables segmens de cercle*, Ceux qui comprennent les angles égaux. *Segment de Sphere*, se dit d'une partie de la Sphere terminée par une partie de la surface de la Sphere, & par un plan qui la coupe hors de son centre; & *Semblables segmens de Sphere*, se dit de ceux dont les angles sont égaux.

SEGNELLE. s. f. Vieux mot. Sorte de fruit.

Mais qui en prend par trop, il a goust de segnelle.

SEGRAIER. s. m. Terme des Eaux & Forêts. Celui qui possede par indivis la proprieté d'un bois avec d'autres proprietaires, celui qui le tient en segrairie.

SEGRAIRIE. s. f. Bois possedé, ou par indivis, ou en commun, soit avec le Roi, soit avec des particuliers. Ce mot, selon du Cange, vient de *Segrearius*, autrefois *Secretarius*, qui étoit un Officier des Forêts, appellé *Segraier* dans l'Ordonnance de Henri II. de l'année 1558.

SEGRAIS. s. m. Il ne se dit que des bois qui sont separés des grands bois qu'on coupe, & que l'on exploite à part.

SEGREAGE. s. m. Terme de Coûtumes. Ce droit est commun dans le Duché de Vendômois, & reconnu par divers Vassaux du Duché. Voyez *la Coûtume locale de l'Isle*; Savari *à la fin de la Coûtume de Touraine*, où ce droit est expliqué, mais approuvé par les Reformateurs qu'autant qu'il sera prouvé par titres ou longue possession.

SEGROIES. adj. Vieux mot. Sacrées.

SEI

SEIDA. s. m. Animal sauvage à quatre piés, qui naît en Afrique, & qui est haut environ d'une demicoudée. Il a le museau d'un Lievre, les moustaches d'un Tigre, & les oreilles d'un homme, & il est tout couvert de longs piquans ronds, blancs & noirs, qui lui servent de défence contre les animaux qui l'attaquent. Il ne boit point, & mange de toutes sortes de choses.

SEIGNE'. adj. Vieux mot. Marqué, du Latin *Signatus*. Joinville en parlant de saint Louis dit, *Et ouy dire au bon Roy qu'il eust voulu avoir esté seigné d'un fer tout chaud, & il eust pû tant faire qu'il eust ousté tous les juremens de son Royaume.*

SEIGNEUR. s. m. Terme de Droit. Celui qui est maître & proprietaire d'une chose. On appelle *Seigneur direct*, Celui de qui releve une terre, & *Seigneur domanial*, Celui qui en a le domaine utile. Les Ducs, les Comtes & autres grands Seigneurs qui relevent immediatement du Roi, sont appellés *Seigneurs suzerains* ou *mediats*, par rapport aux *Seigneurs immediats*. Les Furetieristes appellent *Seigneur lige*, Le Seigneur immediat ou prochain. On ne dit point *le Seigneur lige*, mais le vassal lige, qui est celui qui doit une foi & hommage lige, c'est-à-dire, envers & contre tous. On appelle en termes d'Astronomie, *Seigneur d'une maison celeste*, La planete qui domine dans une maison du Ciel.

SEIGNEURIAGE. s. m. Droit qui appartient au Seigneur. Il ne se dit guere qu'en fait de monnoies, dans la fonte desquelles il revient au Roi quelque profit. Sa Majesté a fixé ce droit à sept livres dix sols pour marc d'or, & à douze sols douze deniers pour marc d'argent. M. Boisard dit que le plus ancien monument qu'on ait de l'établissement du Seigneuriage, se trouve dans un accord passé entre Philippe Auguste, & le Maître de la Monnoie de Tournai qui appartenoit alors à l'Evêque. Par cet accord fait en 1202. il est pleinement justifié que la troisiéme partie du profit de la monnoie, appellé dans cet acte *Monetagium*, devoit appartenir au Roi, & les deux autres parties au Maître de la même Monnoie. Ce droit a été d'une somme tantôt plus petite & tantôt plus grande, suivant les tems & les conjonctures.

SEIGNOURIR. v. n. Vieux mot. Dominer. Il vient de *Senior*, à cause que les plus vieux ont de l'empire sur les plus jeunes.

SEILLE. s. f. Vieux mot. Seau. On se sert encore du mot de Seilleau sur mer pour dire la même chose.

SEILLURE. s. f. Terme de Marine. La trace qu'un Vaisseau fait sur la mer. C'est la même chose que *Sillage*.

SEIME. s. m. Vieux mot. Rets, filet de Pêcheur.

On appelle *Seime*, en termes de Manege, Une fente dans la corne des quartiers d'un cheval, qui s'étend depuis la couronne jusqu'au fer. Le sang qui sort de cette fente cause grande douleur au pié du cheval, & le fait boiter.

SEIN. s. m. *La partie du corps humain qui est depuis le bas du cou jusqu'au creux de l'estomac.* Acad. Fr. *Sein*, est au regard de la mer, ce qu'une peninsule, est au regard de la terre, Un golfe d'une petite étendue : c'est-à-dire, Une petite mer environnée de terre qui n'a de communication à une autre mer que par un passage.

SEINCOS. s. m. Bête à quatre piés qui est une espece de petit Crocodille, de la grosseur d'une Salamandre ou d'un lezard vert. Cet animal a la queue ronde & écaillée, & se nourrit de fleurs odoriferantes. Les petits sortent de la coquille où la mere a pondu les œufs. Sa chair avec d'autres ingrediens est un bon remede contre plusieurs maladies. Le Seincos naît près du Nil, d'où on le transporte à Venise par Alexandrie.

SEINE. s. f. Espece de filet qui se traîne sur les greves. On donne ce même nom à un rets à pêcher dont on se sert dans les petites rivieres. Il a deux grandes ailes & une longue nasse. Plusieurs l'appellent *Seime*. Le mot de *Seine* vient du latin *Sagena*, Filet à pêcher, formé du Grec σαγήνη, qui veut dire la même chose.

SEING. s. m. Vieux mot. Sorte de Cloche élevée dans un clocher qu'on appelloit *Signum* en latin. C'est de-là que nous est venu le mot de *Tocsin*.

SEL

SEL. s. m. *Eau de la mer, ou de certaines sources coagulée par le Soleil ou par le feu, qui sert pour assaisonner les viandes ou les préserver de corruption.* Acad. Fr. Outre le sel marin, il y a du sel de riviere, du sel de lacs, & du sel mineral. Matthiole dit que toute l'Italie se sert de sel marin, à l'exception des Calabrois, qui usent du sel mineral, qu'ils ont en quantité & fort beau. On en trouve beaucoup en Hongrie. Il y a des fontaines salées en Allemagne & au Comté de Bourgogne à Salins. On en fait cuire l'eau pour faire du Sel. Les Apothicaires suivant les Arabes, appellent le Sel mineral *Sel gemme*. Il y en a de fort belles mines en Calabre, auprès d'un lieu appellé communément *Alto monte*. On le taille comme on fait la pierre dans les carrieres, & il est clair & transparent comme cristal. Celui qu'on tire au Comté de Tyrol en un lieu nommé *Halis*, n'est ni clair ni transparent. Il est comme le marbre, & de couleur tirant sur le roux. Ce Sel jetté dans le feu ne petille point comme fait le Sel marin, mais il y devient rouge ainsi que le feu. Tout Sel, dit Pline, est naturel ou artificiel, l'un & l'autre se fait de plusieurs sortes, quoique le tout ne vienne que de deux moyens, d'une humeur salée qui se congele, ou de l'eau salée qui se seche. Le Sel se fait au lac de Tarente dans les plus grandes chaleurs de l'été. Tout le lac se sechant presque en ce tems-là, se trouve changé en Sel.

Le même Pline parle encore d'autres lacs qui se dessechent, & où l'on ne sçauroit tant cueillir de Sel le jour, qu'il n'en revienne la même quantité la nuit. Tout ce Sel est fort menu, & n'est point amassé en morceaux comme l'autre. Il y a aussi des rivieres où le Sel nage au dessus comme fait la glace. Celles qu'on appelle *Ochus* & *Oxus*, qui sont au Pays des Bactriens, charient & amenent plusieurs pieces de Sel des montagnes voisines par où passent ces rivieres. Dans la Cappadoce on tire du Sel mineral, qui à le voir n'est autre chose qu'une humeur congelée, & on y taille ce Sel comme on fait le *Lapis specularis*, dont on fait des pieces appellées *Miettes*, qui sont fort pesantes. En la Ville de Carthos, qui est en Arabie, on fait les murailles & on bâtit les maisons de Sel; au lieu de mortier on se sert d'eau simple. Theophraste Paracelse, & en établissant dans ces derniers siecles cinq principes des corps naturels, a mis le Sel parmi les actifs, & on entend par le mot de *Sel*, Certaines particules de la matiere, qui se fondent aisément dans l'eau, & qui en picotant la langue causent le sentiment du goût. Le pouvoir des Sels est d'une grande étendue. Il y a un *Sel universel*, qui fut répandu par tout l'Univers, quand le monde fut créé, & qu'on appelle ordinairement l'*Esprit du monde*; & *Sel central de la terre*, quand il est caché dans ses entrailles pour donner la vegetation à tant d'especes diverses de vegetaux. Ce Sel universel engendre dans differentes matrices le *Sel particulier*, qui est de deux sortes, l'Acide & l'Alcali. Ces deux Sels unis ensemble en composent un troisiéme que l'on nomme *Sel salé*, & qui n'est ni l'un ni l'autre, mais qui participe de tous les deux. Ainsi l'esprit de vitriol est un sel acide; le sel de tartre est un sel alkali, & tous les deux ensemble font un sel salé. Les sels acides se trouvent dans les mineraux, dans les vegetaux & dans les animaux, ce que l'on appelle *Les trois Familles*. Les sels alcalis sont nommés *Sels urineux*, à cause qu'ils ont la saveur de l'urine, & on les distingue en sels volatils & en sels fixes. Le *Sel volatil*, est celui qui monte avec les vapeurs dans la distillation, & le *Sel fixe*, est celui qui demeure avec la matiere terrestre sans s'évaporer. Pour les préparer, on a coûtume de reduire les parties des animaux & des vegetaux en cendre qu'on fait bouillir dans de l'eau commune, & après qu'elle a bouilli fort long-tems on filtre l'eau par le papier gris jusqu'à ce qu'elle soit bien claire. On la met ensuite sur le feu, & on la fait consumer peu à peu à petits bouillons, en sorte que le Sel demeure au fond tout à sec. Les Sels chymiques tirés des vegetaux sont fort utiles pour la guerison d'un grand nombre de maladies, & particulierement les sels qu'on tire des plantes odoriferantes, lesquels retiennent une qualité aperitive, fortifiante, diuretique & sudorifique. Leur dose est depuis dix jusqu'à trente grains dans quelque bouillon ou autre liqueur. Les Sels volatils abondent dans la famille animale. Il y en a peu dans la vegetale, & ils sont très-rares dans la minerale. Quand l'acide & l'alcali combattent ensemble, ils composent un sel salé qui n'est ni acide, ni urineux, mais fait de l'un & de l'autre. Les Sels salés, suivant la nature des alcalis combinés avec les acides, sont ou Sels salés volatils, qui se font quand les acides s'accrochent à des alcalis volatiles, & qui s'évaporent, ne pouvant soûtenir le feu, ou Sels salés fixes, quand un alcali fixe se joint à un acide. Le Sel ammoniac est un Sel salé volatil, composé du Sel commun dissous dans beaucoup d'urine humaine, à quoi on ajoûte un peu de suie que l'on cuit ensemble jusques à certaine consistance, après quoi on laisse le tout dans un lieu froid, & il se cristalise certain sel blanc qui est nôtre sel Ammoniac, different de celui des Anciens qui étoit naturel & se trouvoit dans les sables de la Lybie vers le lieu où se rendoit l'oracle de Jupiter Ammon, d'où il a pris son nom du Grec ἄμμος, Sable. Ce Sel est un stomachique singulier pour déterger les ordures adherantes de l'estomac, & il n'y a rien de meilleur pour les indigestions, si on le joint avec quelques aromates. C'est aussi un febrifuge excellent pour les fievres intermittentes. On s'en sert encore dans la Chymie pour volatiliser les souphres fixes des metaux & des mineraux.

On appelle *Grenier à Sel*, Un dépôt public où l'on met le Sel que le Roi vend à son peuple. *Sel gabellé*, est celui qui a demeuré deux ans dans ce grenier, & que les Officiers livrent. *Grenier à Sel* se dit aussi d'une Jurisdiction établie aux lieux où sont ces greniers. Elle est composée d'un President & de plusieurs Greneriers ou Conseillers, d'un Procureur du Roi & d'un Greffier, outre les Archers & Gardes.

SELENITE. s. f. Pierre qu'on appelle ainsi du Grec σελήνη, Lune, à cause de la proprieté qu'elle a de croître & de decroître selon que la Lune est vieille ou nouvelle. Dioscoride, qui l'appelle *Pierre speculaire* ou *de miroir*, dit qu'elle croît en Arabie, qu'elle est blanche, legere & transparente, que liée à un arbre elle le rend fructueux, & que ses racleures en breuvage sont bonnes à ceux qui ont le haut mal. Selon Matthiole, la Selenite est claire comme verre, & se fend facilement par petites lames.

SELENOGRAPHIE. s. f. Partie de la Cosmographie qui apprend à faire la description de la Lune & de toutes ses parties. On fait presentement des cartes selenographiques à l'Observatoire du Roi. Ce mot vient du Grec σελήνη, Lune, & de γράφειν, Décrire. Voyez LUNE.

SELLE. s. f. Siege de bois à trois piés, sur lequel les garçons Cordonniers & quelques autres Artisans sont assis quand ils travaillent. On appelle à Paris *Bateaux des selles*, certains Bateaux immobiles qui sont disposés pour y battre & laver la lessive, & où il y a des pieces de bois qui les divisent en plusieurs quarrés.

Selle, en termes de Manege, est un ouvrage de Sellier qu'on met sur le dos d'un cheval pour la commodité du Cavalier qui le monte. Il y a une Selle rase & une Selle à piquer. La *Selle rase* est composée de deux arçons, de deux bandes, des battes de devant, des contresanglons & des panneaux, & la *Selle à piquer*, outre ces mêmes parties, a la batte de derriere le trousséquin & les lieges, toutes ces deux Selles ont un pommeau. On dit *Feutrer une selle*, *monter*, *harnacher une selle*, pour dire, Lui mettre les sangles, les surfaix, les étriers & la croupiere. Autrefois avant qu'on éxecutât un homme condamné à mort, on lui faisoit porter une selle d'un Comté à un autre Comté voisin pour marque d'infamie. Quelques-uns font venir ce mot de l'Allemand *Sattel*, qui a la même signification.

Les Sculpteurs appellent *Selle*, Ce sur quoi ils mettent la terre quand ils commencent à travailler.

SELLÉ, ÉE. adj. Terme de Blason. Il se dit du cheval qui a une selle. *D'azur au cheval d'argent, sellé, bridé & caparaçonné de gueules.*

SELLETTE. s. f. Sorte de petit banc où l'on fait asseoir une personne accusée, pour l'interroger avant que de la juger entierement. Si cette personne est qualifiée, on couvre la Sellette d'un tapis.

Sellette, en termes de Laboureur, est la partie de la charrue sur quoi pose le bout de la haye, & les Crocheteurs appellent *Sellette*, Le morceau de bois plat qui fait le fond des crochets. *Sellette*, se dit encore d'un petit morceau de planche élevé & soûtenu de quatre especes de bâtons. C'est sur ce morceau de planche que le Gagne-petit pose son sceau.

On appelle *Sellette*, en termes de Maçonnerie, La partie d'un Engin qui consiste à une piece de bois en maniere de moise arrondie par les deux bouts. Cette piece de bois accole l'arbre de l'engin, & son usage est, avec deux liens, d'en porter le fauconneau.

SELVE. s. f. Vieux mot. Forêt, du latin *Silva*.

Li oisel chantent cler en la selve ramée.

SEM

SEMAINE. s. f. Espace de sept jours qui recommence successivement. Les Juifs qui celebroient le septiéme jour, appellé *Jour du Sabat*, en memoire de ce que Dieu s'étoit reposé après avoir créé le monde en six jours, ont trouvé cette maniere de compter le tems, sans avoir donné le nom aux six premiers jours de la Semaine. Quelques-uns croyent neanmoins que cette separation du tems en sept jours a été faite par la veneration que la plûpart des Nations ont eue pour le nombre de sept, si celebre parmi les anciens sectateurs de Pythagore. D'autres veulent que cette separation soit venue des sept Planetes dont les Payens ont donné le nom aux sept jours de la Semaine, celui du Soleil au Dimanche qui en est le premier, celui de la Lune au Lundi; de Mars au Mardi; de Mercure au Mercredi; de Jupiter au Jeudi; de Venus au Vendredi, & de Saturne au Samedi. Ce qui a causé cet ordre, c'est qu'ils faisoient toutes les heures de chaque jour Planetaires, donnant la premiere au Soleil, après quoi en descendant ils donnoient la seconde à Venus, la troisiéme à Mercure, la quatriéme à la Lune, & ensuite en prenant les plus hautes Planetes, la cinquiéme à Saturne, la sixiéme à Jupiter, & la septiéme à Mars. Ils continuoient toûjours dans ce même ordre: de sorte que le Soleil étant pour la premiere, la huitiéme, la quinziéme, & la vingt-deuxieme heure du premier jour, Venus étoit pour la vingt-troisiéme de ce même jour, Mercure pour la vingt-quatriéme, & par conséquent la Lune étoit pour la premiere heure du second jour; ce qui l'a fait appeller *Lundi*. La Lune étant encore pour la huitiéme, la quinziéme & la vingt-deuxiéme du second jour, Saturne étoit pour la vingt-troisiéme, & Jupiter pour la vingt-quatriéme; ce qui faisoit que Mars se trouvoit pour la premiere heure du troisiéme jour, qui a été appellé *Mardi* par cette raison, & ainsi des autres jours, en observant toûjours ce même ordre des Planetes pour chaque heure. Les Chrétiens n'ont rien changé aux noms que les jours ont pris de ceux des Planetes, à l'exception du Dimanche qu'ils ont appellé *Jour du Seigneur*, au lieu que les anciens l'appelloient *Jour du Soleil*. Pour le nom de *Samedi*, il vient de *Sabbatum*, & non de Saturne. Le mot *Semaine* vient du Latin *Septimana*, fait de *Septem*, Sept, à cause que le tems qu'elle comprend est divisé en sept jours.

SEMAQUE. s. m. Sorte de bâtiment à un mât, avec lequel on navige dans les rivieres de Hollande. On s'en sert quand il est besoin d'alleger les gros Vaisseaux.

SEMBLABLE. adj. Terme de Geometrie. Quand deux figures sont telles que les côtés de l'une répondant aux côtés de l'autre, sont toûjours en même raison, par exemple, si la longueur d'un rectangle est à la longueur d'un autre, comme la largeur du premier est à la largeur du second, ces deux figures sont appellées *Semblables*. Les côtés qui se répondent dans chaque rectangle, comme les deux lignes qui font la longueur de chacun, ou celles qui font la largeur, s'appellent *côtés homologues*. Les corps solides, comme les parallepipedes, sont semblables, quand leurs trois dimensions sont en même raison. Les triangles dont les angles sont égaux, ceux de l'un à ceux de l'autre, sont semblables, c'est-à-dire, que leurs trois côtés homologues, sont en même raison, & si deux triangles sont semblables, leurs angles sont égaux. Il y a grande difference entre *reciproque* & semblable. Les figures reciproques sont toûjours égales (voyez RECIPROQUE,) les figures semblables ne le sont que dans le seul cas où la raison des côtés homologues est une raison d'égalité; car quand deux figures, par exemple, deux parallelogrammes sont semblables, les côtés appartenans au même parallelogramme, sont le premier & le troisiéme terme d'une proportion, & les côtés appartenans à l'autre en sont le second & le quatriéme; or le produit du premier terme d'une proportion par le troisiéme, ce qui fait un des parallelogrammes, n'est pas au produit du second par le quatriéme, qui donne l'autre parallelogramme. Voyez PROPORTION. Il faut toujours observer que dans deux parallelogrammes semblables, non seulement les côtés doivent être proportionnés, mais encore les angles doivent être égaux, ceux de l'un à ceux de l'autre, parce que quand des parallelogrammes ne sont pas rectangles ce ne sont plus leurs côtés qui font leurs veritables dimensions, mais une perpendiculaire tirée sur un côté, & ce côté, (voyez PARALLELOGRAMME,) & ces perpendiculaires dans deux parallelogrammes differens ne sont en même raison que les côtés, que quand les angles obliques des parallelogrammes sont égaux. Il en va de même de toutes les autres figures *poligones*, & comme on ne mesure les figures curvilignes que par des polygones inscrits ou circonscrits. Voyez POLYGONE. On appelle *Figures curvilignes semblables*, celles où l'on peut inscrire ou circonscrire des Polygones semblables, deux cercles par cette raison sont toûjours semblables.

SEMBLABLETE'. s. f. Vieux mot. Ressemblance.

SEMBLANCE. s. f. Vieux mot. Similitude.

Hom qui rason as & engien,
Icheste semblance retien.

SEME', E'E. adj. Terme de Blason. Il se dit des pieces dont l'écu est chargé, tant plein que vuide, & dont on en voit sortir quelques parties de chaque extrémité du même écu. *D'argent semé de fleurs de lis de sable.*

SEMELLE. s. f. *Piece de cuir qui fait le dessous du soulier, de la botte, de la pantoufle, & qui a, à peu près, la figure de la plante du pié.* ACAD. FR.

Semelle, se prend aussi pour une sorte de mesure qui contient la grandeur du pié. On dit en ce sens qu'*Un homme a sauté tant de semelles*. On appelle *Semelle*, Une sorte de pain d'épice plat qui a la figure d'une semelle; & en termes de Monnoie, *Semelle* se dit quand les Essayeurs battent sur le sas le bouton d'or ou d'argent qu'on leur a donné à essayer, & qu'ils rendent plat & mince comme une semelle.

Semelle, en termes de Charpenterie, est une espece de tirant fait d'une platte-forme. On y assemble les piés de la ferme d'un comble, & cela empêche qu'ils ne s'écartent. On appelle aussi *Semelle*, des Tirants moins épais que de coûtume, lorsqu'il n'est pas besoin qu'ils supportent des planchers où des solives. *Semelle d'étaye*, est une piece de bois couchée à plat sous le pié d'une étaie.

Semelle. Terme de Marine. Assemblage de trois planches mises l'une sur l'autre & taillées en semelle de soulier. Les Belandes & les Heus s'en servent pour aller à la bouline, & d'ordinaire chacun de ces bâtimens a deux semelles pendues à chaque côté de son bordage. Lorsqu'on veut aller à la bouline, soit à stribord, ou à bas-bord, on empêche le Heu de dériver, en laissant tomber à l'eau la semelle qui est sous le vent, & l'autre demeure pendue au bordage jusqu'au premier revirement. On appelle aussi *Semelles*, Les pieces de bois qui font le pourtour du fond d'un batteau, & qui servent à en couturer le rebord.

SEMENCE. s. f. Petit corps produit par la plante après la fleur, & qui étant jetté en terre produit une autre plante de la même espece. Les Semences sont louables lorsqu'elles sont recentes, pleines & bien nourries, ayant leur couleur, odeur & saveur naturelles, & étant exemptes de toute putrefaction. On les cueille lorsqu'étant mûres & dans leur parfaite plenitude, elles commencent à se dessecher. Celles dont la substance est compacte, & qui ont une grosse écorce, particulierement si elles sont d'un temperament chaud, se gardent assés long-tems, comme les lupins, les semences de senegré & de lin, qui se conservent pour le moins trois ans dans des pots de verre & dans des boîtes au lieu le plus sec qu'on puisse avoir. Celles qui sont d'une substance plus tenue; comme le seseli, les semences d'ache, de persil, d'agnus castus, d'ortie & de Nasitort ne peuvent se garder qu'un an ou deux. On appelle *Les quatre Semences chaudes*, Celles d'anis, de fenouil, de cumin & de carvi; & *Les quatre Semences froides*, Celles de courge, de citrouille, de concombre & de melon.

SEMENCINE. s. f. Petite graine que les Latins appellent communément *Semen contra vermes*, ou absolument *Semen contra*, & qui a pris son nom de sa principale vertu, qui est de faire mourir les vers qui s'engendrent dans le corps de l'homme, & sur-tout dans celui des petits enfans. Elle vient de Perse, & la Plante qui la porte a ses feuilles si petites, qu'il est difficile de les separer d'avec cette graine. Tavernier dit que c'est une herbe qui croît dans les prés & qu'il faut laisser mûrir. Elle est chere à cause qu'il s'en perd une grande partie entre les herbes où la fait tomber le vent lorsqu'elle approche de sa maturité. Comme elle seroit plûtôt gâtée si on la touchoit avec la main, les Persans, lorsqu'ils veulent recueillir ce que l'épi en a conservé, se servent de deux paniers à ances, & en marchant dans ces prés, ils font aller un des paniers de la droite à la gauche, & l'autre de la gauche à la droite, comme s'ils fauchoient l'herbe, qu'ils ne prennent que par l'épi, & toute la graine tombe ainsi dans les paniers. Cet Auteur ajoûte, qu'il croît aussi de la Semencine dans la Province de Kerman, mais qu'elle est moins bonne que celle de Boutan, où l'on n'en recueille guere que ce qu'il en faut pour le Pays. Toute la proprieté qu'a cette graine, est de chasser les vers du corps des enfans. Les Persans & tous les Peuples qui sont vers le Nord, & même les Anglois & les Hollandois s'en servent comme d'anis pour la mettre dans les dragées. Il faut la choisir bien nourrie, verdâtre, d'une bonne odeur & la plus nette qu'il est possible, parce qu'elle est fort sujette à être augmentée de petits corps étrangers dont elle reçoit beaucoup de dechet.

SEMINAIRE. s. m. Maison de pieté & d'étude où l'on prépare les jeunes Ecclesiastiques aux ordres. Il n'est pas vrai, comme disent les Furetieristes, qu'il soit enjoint à chaque Eglise Cathedrale, d'avoir au moins un Seminaire sous la conduite de l'Evêque. Cette obligation ne regarde que les Evêques & non les Cathedrales.

SEMIVULPA. s. m. Animal de terre qui naît en Afrique, & qui a cela de particulier, qu'ayant un sac attaché au sternon, ses petits en sortent pour teter, après quoi ils y rentrent.

SEMOIR. s. m. Espece de sac qu'on remplit de grain, & que l'on s'attache au cou. C'est de-là que le Laboureur tire son grain & le seme en marchant toûjours d'un pas égal dans le champ où il le jette.

SEMONNER. v. a. Vieux mot. Prier.

Et li bons Rois le semonnoit.

SEMOULE. s. f. La plus belle farine du froment, appellée ainsi par les Italiens, de *Semol*, qui signifie parmi eux, Son de farine, ou Une sorte de grain qui vient en Lombardie, & que l'on mange comme on fait l'orge mondé. Ils prennent de cette farine & de l'eau, en font une pâte, & de cette pâte ils font des filets de telle longueur & grosseur qu'ils veulent par le moyen de certaines seringues qui ont plusieurs petits trous. Comme ces filets sont en forme de vermisseaux, cette figure les fait appeller *Vermicelli*. Ceux qui sont par petits grains comme la moutarde, prennent le nom de *Semoule*, de celui de la farine dont on les fait.

SEMPITERNEUSE. adj. Vieux mot. Vieille, decrepite. On dit à present *Sempiternelle*.

SEMPSEN. s. m. Plante que les Grecs & les Latins nomment *Sesamus*, & qui n'a qu'une tige haute d'un pié & demi. Ses feuilles sont assés semblables à celles de la Morelle. Ses fleurs qu'elle a petites & blanches, sont suivies de gousses quarrées, pentagones & hexagones, dans lesquelles est renfermée une graine jaune & douce comme celle du lin. On en tire une huile appellée *Zeid-taib*, Bonne huile. Cette huile est vendue beaucoup plus cher que celle d'olive. Les feuilles, la semence & l'huile ont la proprieté de dissiper les humeurs, & servent dans beaucoup de maladies. La graine a passé depuis long-tems en aliment chés les Egyptiens. Sa substance huileuse rend le corps gras, & on se sert de l'huile pour les taches de la peau. Pour cela on en mange beaucoup, ou bien on en bassine les parties qui sont marquées.

SEN

SENATEUR. s. m. Les Romains donnerent ce nom à des Magistrats, qui furent créés par Romulus au nombre de cent, pour juger les differends du Peuple. Il vient de *Senior*, parce qu'ils furent choisis âgés, ou à cause de leur prudence qui est la vertu propre aux Vieillards. Lorsque les Sabins eurent été reçus dans la Ville, Romulus & leur Roi Tatius créerent cent autres Senateurs qu'ils tirerent des plus considerables familles de Rome. Ce nombre fut augmenté par Tarquin l'ancien, qui choisit cent personnes distinguées par leur vertu dans les familles plébéiennes, & le Sénat où il les fit recevoir se trouva alors composé de trois cens Senateurs. Il y en eut jusques à neuf cens pendant la Dictature de Jules Cesar, & plus de mille après sa mort durant le Triumvirat. Quand il y avoit des places vacantes, on prenoit pour les remplir ceux qui avoient le plus de noblesse & de merite dans l'Ordre des Chevaliers. Le nouveau Senateur qu'on choisissoit devoit avoir huit cens mille sesterces de bien, & il perdoit sa charge & son rang si dans le tems qu'il en jouissoit, son revenu se trouvoit diminué par quelque perte considerable. Il y a encore aujourd'hui à Rome un Senateur qui demeure au Capitole. Il est le Juge ordinaire des Citadins.

Senateur, se dit aussi d'une personne qu'on suppose consommée dans les grandes affaires, & qui par ses conseils aide à gouverner un Etat, un Royaume, une Republique. Tels sont les Senateurs de Venise. Avant que Frederic III. Pere de Christian V. Roi de Danemarc, eût rendu le Royaume hereditaire, ce qui lui en fit reformer le gouvernement, les Senateurs étoient des personnes considerables dont le Roi prenoit les avis sur les Reglemens qu'il avoit à faire, mais aujourd'hui ce ne sont plus que des Senateurs de nom. Il y en avoit quelques-uns qu'on appelloit *Senateurs du Roi*, parce que le Prince les consultoit plus particulierement que les autres. Les Senateurs de Suede sont fort considerés de leur Prince, qui n'entreprend aucune affaire importante sans avoir leur agrément. Ils sont appellés *Senateurs du Roi & du Royaume*, & leur nombre qui avoit été autrefois fixé à douze, a été depuis jusqu'à quarante. Il y a aussi des Senateurs en Pologne.

SENAU. s. m. Barque longue dont se servent les Flamans pour la course. Elle ne porte que vingt ou vingt-cinq hommes au plus.

SENE'. s. m. Plante qui vient du Levant, & dont les feuilles ont un goût de feve, étant épaisses, grassettes & semblables à la reglisse. Sa tige est de la hauteur d'une coudée, & il en sort plusieurs petites branches douces & pliables comme l'osier. Ses fleurs sont jaunes & semblables à celles du chou, avec de petits traits rouges. Après ces fleurs sortent de petites gousses recourbées en maniere de faucille. Elles sont si plates naturellement, que la gousse de dessus touche la gousse d'en bas, & renferment une graine noire tirant sur le vert, qu'on a peine à discerner d'un pepin de raisin, tant elle lui est semblable. Ces gousses pendent de toute la plante, & tiennent à une queue si menue, que lorsque la graine est mûre, le premier vent fait tomber la gousse. Cette plante, dont aucun Auteur Grec n'a fait mention, craint le vent sur toutes les autres. Il faut la semer au mois de Mai, & elle ne passe point l'Automne sans mourir. Le Sené est chaud au second degré & sec au premier, & a la vertu de purger la melancolie & le phlegme. Il maintient le corps dans un état vigoureux, à cause qu'il fait évacuer les humeurs. C'est celui de tous les purgatifs que l'on emploie davantage.

On a en France un arbrisseau nommé *Seena colathea* qui fleurit jaune comme du genet, & est purgatif, il s'en faut beaucoup qu'il ne vaille le Sené du Levant.

SENEÇON. s. Plante dont la tige est rougeâtre & de la hauteur d'une coudée. Ses feuilles s'entretiennent & se suivent l'une l'autre, étant déchiquetées au bord comme celles de roquette, quoiqu'elles soient de beaucoup moindres. Ses fleurs sont jaunes & decoupées for menu, & tombent enfin en papillotes. Cette plante est refrigerative & quelque peu resolutive & fort en usage dans les lavemens émollients & dans les cataplasmes suppuratifs. Sa racine est inutile. Le Seneçon est vert toute l'année, & croît d'ordinaire parmi les démolitions des maisons & contre les vieilles murailles. En Latin *Senucio*. Les Grecs l'appellent ἠριγέρων, comme qui diroit ἦρι γέρων, Vieux dans le Printems, à cause qu'en ce tems-là ses fleurs deviennent blanches comme la perruque d'un vieillard. Matthiole dit qu'on peut mettre au nombre des Seneçons l'herbe que les Allemans appellent *Herbe de S. Jacques*. Elle a ses feuilles semblables à la roquette sauvage, cannelées en leur circonference, noirâtres, d'un goût amer, & se couchant par terre avant que la plante se jette en tige. Cette tige est haute d'une coudée & demie, comme celle d'Artemisia, & depuis son milieu en haut elle produit force branches & rejettons. Sa fleur est jaune, moindre que celle de Bupthalmum, & à la fin tombe en papillotes. Sa racine est courte & capilleuse. Elle fleurit en Juin & en Août, & croît dans les Landes.

SENEFIANCE. s. f. Vieux mot. Signification, témoignage.

SENEGRE'. s. m. Plante semblable au trefle, qui a ses feuilles toutes dentelées à l'entour, force tiges minces & sortant toutes d'une même racine. Sa fleur est blanche & petite, & jette de petites gousses faites en maniere de cornes courbées & pointues, où sa graine est renfermée. Cette graine est un peu fauve, grasse & forte en odeur. Sa racine est fort pleine & bien fournie, & pourtant fort mince. La farine que l'on tire de la graine seche du Senegré, avec du souphre & du nitre, efface les lentilles du visage. Elle sert aussi à la gratelle pleine d'ulceres, si on l'applique de jour à autre incorporée en vinaigre avec une quatriéme partie de cresson alenois. La décoction de sa graine guerit les fluxions des yeux, si on fomente souvent le front avec des linges que l'on y aura trempés. Galien dit que le Senegré étant chaud au second degré & sec au premier, accroît la malignité des apostumes rouges & enflammées, & qu'au contraire il resout & guerit celles qui sont dures, pourvû qu'il n'y ait point d'inflammation. En Latin *Fœnum græcum*.

SENELLE. s. f. Petites prunes violettes qui viennent sur l'Epine noire, les pauvres gens font de la boisson de ce fruit.

SENESCHAL. s. m. Dignité qui sous le regne de Philippe Premier a été reconnue en France pour la premiere de la Couronne. Celui qui en étoit revêtu avoit la Surintendance de la Maison du Roi, & la conduite des Troupes, & portoit même l'Etendard Royal. Les anciens Titres font connoître qu'en 980. Geofroi Comte d'Anjou, surnommé *Grisegonnelle*, fut honoré de la Charge de Sénéchal hereditaire de France, en consideration des grands services rendus par lui à l'Etat. Le dernier que l'on connoisse avoir possedé la même Charge, est Thibaud I. dit le Bon, Comte de Blois & de Chartres, pour avoir servi très-utilement les Rois Louis le Jeune & Philippe Auguste. Il y a plusieurs endroits dans le Livre manuscrit des Assises qui font connoître quelles étoient les fonctions du Sénéchal, L'un est en ces termes. *Le Sénéchal doit au jour du couronnement du Roi ordonner le manger, & doit tenir le sceptre & le porter devant le Roi au Moutier, & le tenir jusqu'à ce que le Roi le prenne de sa main.* On lit dans un autre endroit, *Quand le Roi voudra manger, le Sénéchal doit mander au Chambellan qu'il porte l'aigua aux mains, & quand le Roi aura mangé, puis doit le Sénéchal manger, & toutes les écuelles & les greaux en quoi il aura servi*

servi le corps du Roi du premier mets, doivent être servies de telle viande comme le Roi ce jour-là. Et dans un autre. *Le Sénéchal doit visiter les Châteaux & Forteresses, & faire leur avoir ce que métier leur est, & changer & remuer Sergents & Officiers qui y seront sous le corps de Châtelain sans commandement du Roi.* Les Anciens ont confondu la Charge de *Senescallus* avec celle de *Dapifer*; ce qui fait connoître qu'on appelloit aussi *Sénéchal*, le Maître d'Hôtel, suivant ces vers.

Et li Baron sont as tables assis,
Li Seneschal s'en sont bien entremis,
De bien servir chacun fut bien appris.

On a dit aussi *Sénéchal*, d'un vieux Chevalier, de *Senex* & de *Caballus*. Quelques-uns tirent ce mot de *Scalco* ou *Siniscalco*, qui en langage Theutfranc veut dire Intendant sur la viande.

Aujourd'hui par le mot de *Sénéchal* on entend celui qui est le Chef de la Justice d'une certaine Contrée, au nom duquel on prononce les Sentences, & qui, lorsqu'il est necessaire, convoque la Noblesse & conduit le B n & Arriereban des Gentilshommes de sa Contrée.

SENNE. s. f. Vieux mot. Assemblée faite à son de cloche, du Latin *Signum*, qu'on a rendu autrefois par *Sein*, c'est-à-dire, Cloche, d'où nous est venu *Tocsein*.

On dit que femmes tiennent senne
Avec Bietrix, Berthe & Johanne.
En leur senne n'a rien celé.

Nicod a écrit *Sene* par une seule *N*. *C'est*, dit-il, *l'Assemblée des Curez d'un Diocese par devant leur diocesain Evêque, faite à certain jour de l'année, pour être exhortez par lui du deu & accomplissement de leur charge, & corrigez des abus par eux commis le long de la précedente année*, Synodus, *duquel mot Grec il vient par apocope, & est inferieur au Concile Provincial, cestui au National, & le National à l'Oecumenique.*

SENER. v. a. Mot dont on se sert pour dire Châtrer, en parlant d'un porc ou d'une truye. On dit aussi *Sener une lice*, quand on lui ôte les racines.

SENESTRE', ÉE. adj. Terme de Blason. Il se dit d'une piece qui en a une autre à sa gauche. *D'argent à une grue de sable, senestrée en chef d'une croix de gueules.* On appelle aussi, en termes de Blason, *Senestrochere*, La figure d'un bras gauche representée sur l'Ecu par opposition à *Dextrochere*, qui se dit du bras droit. Le mot de *Senestrochere*, vient du vieux mot *Senestre*, fait du Latin *Sinister*, & veut dire Gauche, & de χεὶρ, Main.

SENEVE'. s. m. Herbe qui produit un menu grain avec lequel on fait la moûtarde. Il y a de trois sortes de Senevé selon Pline. Les feuilles de la premiere espece sont grêles. La seconde les a semblables aux feuilles de rave, & la troisiéme les a déchiquetées comme la Roquette. Matthiole dit qu'on a de ces trois especes de Senevé en Italie; que celui qui a les feuilles & la graine petite & mince, est la moûtarde sauvage; que celui dont les feuilles sont comme celles de la rave, est la moûtarde des jardins dont les Apothicaires se servent, & que la troisiéme espece de Senevé se seme aussi, ayant sa graine blanche, & non tout-à-fait si forte que l'autre. La farine de graine de Senevé pêtrie en vinaigre & enduite, est singuliere aux morsures des scorpions & serpents, & prise en breuvage elle guerit le venin des champignons & des potirons. La graine mangée ôte la douleur des dents, & est fort utile à ceux qui ne peuvent avoir leur haleine. Elle purge les sens, & fait sortir l'urine & les mois aux femmes. Enduite avec de l'urine de petit enfant, elle est merveilleuse pour les hydropiques.

SENEZ. adj. Vieux mot. Qui est sensé, qui a un bon sens.

Le daulphin, le preux, le senez.

SENSITIF, IVE. adj. Qui a la faculté de sentir. Le Pere du Tertre parle d'une *Plante sensitive* qu'il a vûe dans l'Isle de S. Christophe. Il dit que la racine de cette plante pousse une tige verte, haute de deux piés, ligneuse, mais fort mince, fragile & moëlleuse, laquelle se divise en divers rameaux, dont les branches poussent deux petites verges longues de huit à dix pouces, & toûjours opposées l'une à l'autre. Aux deux côtés de ces petites verges il y a grand nombre de petites feuilles de la longueur d'un grain d'orge, mais plus étroites, & qui sont si près l'une de l'autre, qu'elles se touchent. Leur couleur est d'un vert fort brun & picoté de rouge. Outre la séparation du rameau d'avec la tige, il y croît une maniere de rose de petites fleurs d'un bleu purpurin, ausquelles succedent une ou deux petites gousses, qui contiennent de petites graines plates, noires & luisantes. La nature de cette plante est telle, que si quelqu'un la touche, elle resserre toutes ses petites feuilles le long de ses branches, & demeure toute flétrie comme une plante qui se meurt. A un moment delà elle s'épanouit, & devient aussi belle qu'elle étoit auparavant.

On voit encore une autre espece de *Plante vive & sensitive* en plusieurs autres Isles. Elle croît quelquefois de la hauteur d'un arbrisseau, & est revêtue de beaucoup de petites branches, chargées en tout tems d'une infinité de feuilles longuettes & étroites qui sont émaillées en la saison des pluyes de certaines menues fleurs dorées qui ressemblent à de petites étoiles. Ce qui fait sur-tout estimer cette plante, c'est qu'aussi-tôt qu'on veut l'empoigner, elle retire ses feuilles & les recourbe sous ses petits rameaux, comme si elles étoient flétries; ensuite elle les épanouit de nouveau quand on retire la main & qu'on s'en éloigne.

SENTELET. s. m. Vieux mot. Petit sentier.

SENTIMENT. s. m. On dit en termes de Chasse, quand un chien est en défaut, & qu'il ne sçauroit plus suivre la piste du gibier, qu'*Il n'a point de sentiment.*

SENTINE. s. f. Terme de Marine. Le lieu le plus bas du Navire, où regnent de proue à pouppe les égoûts qui conduisent les eaux à la pompe. C'est ce qu'on appelle autrement *Vitonniere*. Sur les rivieres on dit *Sentineau*. On appelle aussi *Sentine*, L'eau puante & croupie qui se corrompt en ce lieu-là.

SENTIR. v. a. *Recevoir quelque impression dans les sens.* ACAD. FR. On dit en termes de Manége, *Sentir un cheval dans la main*, pour dire Remarquer qu'il goûte la bride & qu'il a un bon appui pour obéir aux mords, & *Sentir un cheval sur les hanches*, pour dire, Remarquer qu'un cheval plie les hanches.

SENTU, UE. adj. Participe du verbe *Sentir*, qui étoit autrefois en usage.

Les oiseaux tant se sont teus
Pour l'hiver qu'ils ont tous sentus.

SENVE. s. f. Sorte de fleur qui fleurit jaune en maniere de bouquet, & qui a quelque air de la giroflée. Elle croît parmi les blés.

SEP

SEP. s. m. Petite tige de bois de vigne avec plusieurs branches. Quelques-uns dérivent ce mot du Latin *Seps*, espece de Serpent, à cause que le bois de vigne est tortueux. D'autres le font venir de *Cippus*, & écrivent *Cep*.

On appelle *Sep de charrue*, La partie de la charrue où tient le soc, & on dit en termes de Marine, *Sep de drisse*, pour dire, Une grande piece de bois quarré, que l'on met debout sur la carlingue d'où elle s'éleve sur le pont. Au bout d'en haut de cette piece de bois sont trois ou quatre rouets de poulie sur un même essieu, sur quoi passent les grandes drisses. Il y a deux Seps de drisse, l'un appellé, *Sep de drisse du grand mât*, qui sert à la grande vergue, l'autre, *Sep de drisse de misaine*, qui sert à la vergue de misaine. Chacun est élevé au pié de son mât.

SEPEAU. s. m. Souche de bois sur laquelle ceux qui fabriquent les monnoyes posent leur tas ou leur pile pour les frapper & marquer.

SEPE'E. s. f. Touffe de plusieurs arbres qui ont poussé d'un même tronc ou d'une même racine. Les Aulnes viennent en Sepées, & si on ne les arrache d'un pré, en fort peu de tems elles en occupent la moitié.

SEPS. s. m. Le lezard ou serpent appellé *Seps*, que quelques-uns nomment *Lezard de Chalcide*, bû en vin sert de contrepoison à ses piquûres. Voilà ce qu'en dit Dioscoride. Matthiole rapporte qu'il ne se trouve point de ces sortes de lezards en Italie, mais qu'on tient qu'il y en a quantité dans l'Isle de Chypre & dans la Lybie, où ils se nourrissent dans les lieux secs entre les pierres. Ceux qui en ont écrit en parlent diversement, les uns les faisant semblables à nos lezards, & les autres une espece de serpent. Le serpent appellé *Seps*, dit Aëtius, est quelquefois long de deux coudées, & va toûjours en amoindrissant contre la queue. Il marche droit sans se tordre le corps, & fort lentement. Il a le museau pointu, la tête large, & le corps tout marqueté de petites taches blanches. Ceux qui sont piqués de cet animal ne vivent que trois ou quatre jours tout au plus. Pausanias parlant d'Egiptus Roi d'Arcadie qui fut tué par ce serpent à la chasse; cette bête, poursuit-il, est semblable à une bien petite vipere, & de couleur cendrée. Elle est marquetée par intervalles, ayant la tête plate, le chignon du col étroit, le ventre gros & la queue petite. Elle marche en se pliant presque comme le cancre, ce qui est aussi le propre du serpent Ceraste.

SEPTAINE. s. f. Terme de quelques Coûtumes, qui se dit non seulement des enclos d'une Ville, mais aussi de ses environs, de sa banlieue, & de sa Jurisdiction. Ce mot vient du Latin *Septum*, Enceinte.

SEPTANTE. adj. numeral. Nombre composé des sept dixaines. Quoique ce nombre ne fasse que soixante & dix, on ne laisse pas d'appeller la traduction que les soixante & douze Interpretes qu'employa Ptolomée Philadelphe, Fils de Lagus Roi d'Egypte, firent en Grec de l'ancien Testament Hebreu, trois cens ans avant la naissance de Jesus-Christ, *La version des Septante*. Ce fut Eleazar souverain Pontife, qui lui envoya ces soixante & douze Traducteurs, & il choisit pour cela dans chaque tribu du Peuple Juif, six des plus sçavans en Hebreu & en Grec. Saint Justin Martyr, saint Clement & saint Irenée assûrent qu'ils furent enfermés chacun dans une chambre particuliere, par ordre de Ptolomée, pour voir quel rapport il y auroit entre un si grand nombre de Traductions faites séparément, & qu'elles se trouverent toutes conformes, mais quoique saint Justin ajoûte qu'il avoit vû à Alexandrie l'endroit & les ruines de l'édifice où étoient toutes ces chambres, saint Augustin doute que cela soit vrai. Saint Jerôme croit que les Septante n'ont traduit que les cinq Livres de Moïse, & la plûpart des anciens Peres ont crû qu'ils avoient traduit aussi toute les Livres du vieux Testament. Il est certain que cette traduction est très-ancienne, & que les Juifs n'en ont point eu d'autres avant Jesus-Christ; aussi a-t'elle eu toûjours beaucoup d'autorité dans l'Eglise.

On appelle *Les septante semaines de Daniel*, Un nombre de soixante & dix fois sept ans, qui font quatre cens quatre-vingt-dix années. C'est un nombre mysterieux que l'Ange Gabriel revela au Prophete Daniel, pour marquer le tems de la naissance de Jesus-Christ & de sa mort. Les termes de la revelation qui sont, *Et in medio hebdomadis deficiet hostia & sacrificium*, marquent que le Messie devoit mourir au milieu de la soixante & dixiéme semaine, auquel tems cesseroient l'hostie & le sacrifice, c'est-à-dire, que les victimes ne seroient plus immolées suivant la Loi, & que les anciens sacrifices finiroient par l'oblation de celui dont ils étoient les figures.

SEPTERE'E. s. f. Morceau de terre de la consistance d'un arpent ou environ. Il ne se dit que dans certaines Provinces, & signifie aussi un septier de semence.

SEPULCRAL, ale. adj. Qui appartient aux sepulcres. On appelloit anciennement *Colomne sepulcrale*, Une colomne élevée sur un tombeau avec une épitaphe gravée sur son fust. Il y en avoit de grandes & de petites; les unes pour les sepulcres des personnes distinguées, & les autres pour ceux du commun.

On appelle *Sepulcraux*, Certains heretiques qui disent que Jesus-Christ n'est descendu aux Enfers que quant au corps, & non quant à l'ame. Leur opinion est fondée sur ce qu'ils interpretent le mot d'Enfer par Sepulcre.

SEQ

SEQUENCE. s. f. Terme de Jeu du Hoc, de l'Imperiale, & de quelques autres Jeux de carte. C'est une suite de plusieurs cartes de même couleur, qui doivent être du moins au nombre de trois. Ce mot vient du Latin *Sequi*, Suivre.

Sequence, se dit aussi en termes de vieux Breviaires, d'une certaine Prose rimée qui se dit après l'Epître dans les fêtes solemnelles. Selon Durandus, Notkerus, Abbé de saint Gal, a composé la premiere Sequence, & ce fut le Pape Nicolas qui ordonna qu'on la chantât à la Messe. Il y a eu une Sequence faite par le Roi Robert pour la Pentecôte, à ce qu'affirme du Cange.

SEREQUE. s. m. Sorte de plante dont les feuilles sont vertes, & qu'on fait venir de Provence pour les Teinturiers. On l'appelle aussi *Herbe à jaunir*, ou *Petit Genest*. Les habitans des Canaries d'où la premiere est venue la nomment *Orisel*. On dérive *Serreque*, de *Sereth*, mot Arabe.

SEQUIN. s. m. Sorte de monnoie qui a cours parmi les Turcs. Ablancourt veut que ce mot vienne de *Cizique* ou *Cizicenique*, parce que c'étoit une piece d'or de la Ville de Cizique. M. Ménage le dérive de l'Italien *Zecchino*, qui est un ducat d'or de Venise qu'on a appellé ainsi de *Zecca* qui veut dire en cette langue le lieu où l'on bat la monnoie.

SER

SERAN. s. m. Instrument de Filassier & de Cordier,

qui a un fond de bois où sont près à près plusieurs rangs de pointes de fer, au travers desquelles on passe plusieurs fois le chanvre, le lin ou le crin que l'on veut accommoder. On a dit delà *Serancer du chanvre*, pour dire, Le passer par le Seran afin de le rendre en état d'être filé.

SERANCOLIN. s. m. Sorte de marbre qui vient des Pyrenées, & qui est isabelle & rouge & couleur d'agathe. La carriere en est dans la vallée d'or près Serancolin, d'où il a pris son nom. On en tire des pieces longues de neuf à dix piés, d'une beauté & d'un lustre extraordinaire. La difficulté qu'il y a d'aborder à la montagne où est la carriere pour tailler le marbre dans son centre, empêche qu'on n'en puisse avoir de plus grands morceaux.

SERCOT. s. m. Vieux mot. Chemisette, sorte de cotte, ou fourreau pour conserver les cottes.

Chacun ot sercot & chemise,

SERDEAU. s. m. Office où l'on porte tous les plats qui sont desservis de devant le Roi. C'est dans ce lieu-là que mangent plusieurs Officiers qui servent près de sa personne.

SERE. s. m. Vieux mot. Puîné.

Le Sere & le Fils aisnez.

SEREIN. s. m. *Vapeur froide & maligne qui tombe au coucher du Soleil.* Acad. Fr. Quand la chaleur de l'air a été fort grande pendant tout le jour, il peut arriver, dit M. Rohaut, que la superficie de la terre en soit tellement émûe en certaines contrées, qu'elle envoyera & poussera des exhalaisons, qui monteront & s'éleveront dans l'air en la compagnie des vapeurs, mais parce que ces exhalaisons perdent beaucoup plus aisément leur agitation, que ne font les vapeurs, aussi doivent-elles être les premieres à retomber quand la disposition s'y rencontre, & c'est en cela que consiste le Serein, qui peut avoir des qualités nuisibles selon celles des lieux, & des choses dont il a été enlevé, car il est fort croyable que ce qui exhale de quelque lieu fort infect, ou de quelques herbes veneneuses, doit causer plus de mal que ne peuvent faire de simples vapeurs qui s'élevent du sein de la terre. Il ajoûte que c'est une erreur de croire qu'on se puisse entierement garantir du mal qu'on s'imagine que le Serein est capable de produire en se couvrant fort la tête. La raison est que comme on l'attire avec l'air de la respiration, il nous peut nuire beaucoup plus en pénétrant le poumon, & corrompre plus aisément nôtre sang, qu'il ne pourroit faire en touchant simplement quelque partie exterieure du corps qui n'est pas si délicate. Ce mot vient du Latin *Serum*, Le soir.

SEREUR. s. f. Vieux mot. Sœur. On a dit aussi *Seror*.

De ma seror qui m'a battue.

On a fait delà *Serorge*, *Serourge*, & *Soeurorge*, pour dire, La sœur de ma femme, ou le mari de ma sœur, du Latin *Sororius*.

SEREUX. s. m. Sang mêlé d'eau, on le dit aussi du lait dont les parties liquides séparées du caillé s'appellent *Serum*.

SERGE. s. f. Etoffe commune & legere, faite de laine seche & dégraissée avec du savon noir. Les grosses Serges sont pour habiller les pauvres gens. Il y a des Serges à deux envers, des Serges d'Aumale, des Serges de Beauvais & autres. On manufacture à Amiens la Serge appellée *Serge de Rome*, & l'on en fait des habits longs d'été. Les Serges qui ne sont pas de pure laine, doivent avoir la lisiere bleue. La *Serge de Seigneur* se fait à Reims. C'est une Serge fine & luisante qu'on a appellée ainsi à cause que les personnes de qualité s'en sont habillées pendant quelque tems. On en fait de soye qui sont travaillées & croisées comme la Serge, & c'est ce qui a donné lieu à M. Ménage de faire venir *Serge* de *Serica*, Qui est fait de soye.

SERGENT. s. m. Le plus bas Officier de Justice. Il est appellé ainsi du mot Latin *Serviens*, comme étant serviteur des Juges, dont il execute les ordres. Un Sergent à verge a le droit particulier d'être Juré Priseur & vendeur de biens. On appelle *Sergent à cheval*, Celui qui va exploiter à la campagne, & *Sergent Royal*, Celui d'une Jurisdiction Royale. Il y a aussi un *Sergent fieffé*, C'est celui qui a la charge de faire les exploits pour la recherche & conservation des droits du Seigneur.

Il est parlé dans la Charte aux Normands d'un *Sergent de l'épée*. Ses fonctions y sont amplement marquées. Ce Sergent étoit obligé d'aller à la guerre sous les Châtelains, & on le commettoit souvent à la garde des Châteaux & Forteresses. Il y a eu aussi un *Sergent de querelle*. C'étoit celui qui servoit autrefois au fait des duels, & on le disoit par opposition au *Sergent de paix*, qui rendoit service dans les Justices des Villes.

On appelle *Sergents d'armes*, des Massiers & des Huissiers qui portent des masses devant le Roi. On les employoit autrefois dans les cérémonies, & ils pouvoient faire office de Sergenterie dans tout le Royaume, & sur-tout contre les Princes & les grands Seigneurs. Ils devoient suivre le Roi lorsqu'il alloit à la guerre, & avoient plusieurs privileges, à cause qu'ils tenoient lieu des Archers de sa garde.

Sergent, en termes de guerre, se dit d'un bas Officier d'une Compagnie d'Infanterie, qui en l'absence des premiers Officiers a soin de la Compagnie, qui fait garder les distances & dresser les files & les rangs, & qui va tous les soirs prendre l'ordre au logis du Sergent-Major, ou de son aide, afin de le porter à son Capitaine. Il y a six Sergens dans les Compagnies aux Gardes, & deux seulement dans les autres Compagnies. On appelle *Sergent Major* dans un Regiment d'Infanterie, un Officier qui a soin de former le bataillon de son Regiment & de lui faire faire l'exercice. Il en a soin aussi pendant la marche & le campement, & dans un jour de combat il doit être à cheval tantôt à la tête, tantôt à la queue de son Regiment, pour le rallier, si les ennemis le faisoient plier, & pour remedier au désordre s'il y en arrivoit. Le *Sergent de bataille* est un Officier considerable, qui lorsqu'il doit y avoir combat, prend du General le plan de la forme qu'il veut donner à son Armée, la disposition des corps d'Infanterie & de Cavalerie, l'assiette de l'Artillerie & l'ordre qu'on doit tenir au combat, après quoi le Sergent de bataille & les Maréchaux de Camp disposent l'Armée selon ce qu'a arrêté le General. *Sergent*, ou *Serjant*, a signifié autrefois simplement Serviteur. L'Ange dit à Jean lorsqu'il le vouloit adorer, *Garde que tu ne le fasses, je suis serjant Dieu comme toi.* Il a signifié aussi Amoureux, amant.

Mais ce n'est pas loyautez ne franchise
De son serjant qui loyal la grever.

On trouve encore *Sergents* dans Villehardouin, pour dire Soldats. *Vingt mille serjants à pié.*

Sergent. Terme de Menuiserie. Barre de fer quarrée qui a un crochet en bas & un autre qui monte & descend le long de la barre. Il est d'usage pour les Menuisiers, lorsqu'ils ont besoin de joindre & de tenir les pieces de bois qu'ils veulent coler. Ils s'en servent aussi pour faire approcher & presser le bois l'un contre l'autre.

On appelle *Serjant*, en certaines Provinces, Un long bâton fiché en terre au bout ou au bord d'un champ nouvellement ensemencé le long des chemins, au haut duquel on met un vieux chapeau, pour marque de la défense faite aux passans de passer par dedans & d'y faire des sentiers.

SERGENTERIE. s. f. Qualité ou Charge de Sergent. Il y a certains lieux en Normandie où *Sergenterie* se dit de la partie d'une Justice, & même d'une espece de Fief noble sans Jurisdiction. On a appellé *Grande Sergenterie*, Celle dont le Vassal étoit obligé, à cause de son Fief, d'aller servir le Roi en personne dans ses Armées, ou de mettre plusieurs personnes en sa place. C'étoit du Roi seul qu'elles se tenoient, & elles étoient beaucoup au-dessus des tenemens des Ecuyers. On appelloit *Petites Sergenteries*, Celles qui ne regardoient point le Roi & qui étoient chargées de moindres devoirs, tels que ceux d'accompagner le Seigneur, de prendre soin de ses chiens & de ses oiseaux, & autres de même nature.

SERGETTE. s. f. Chés plusieurs Religieux signifie leur chemise qui est de Serge.

SERIN. s. m. Petit Oiseau fort estimé pour son chant, & dont quelques-uns veulent que le nom vienne de *Syrena*. Il y a le *Serin commun*, qui est un petit Oiseau vif, ayant le bec court & un peu rond, le dessous de la gorge & le ventre d'un jaune qui tire sur le vert. Il chante agreablement quand il chante avec d'autres oiseaux. Le *Serin de Canarie*, qu'on nous apporte des Isles Canaries, est aussi fort vif, & a un chant très-melodieux.

SERINGUE. s. f. Instrument composé d'un cylindre concave & d'un piston qui l'emplit exactement. Il sert à compresser l'air & les liqueurs, & son mouvement fait sortir avec violence, par un trou qui est à l'extrémité, l'air ou la liqueur qui y est enfermée. La Seringue des Apothicaires, qui sert à donner des lavemens, est composée d'un corps d'étaim, d'une boîte d'étaim, du bâton & d'une bobine d'étaim enfilacée qui est au bout du bâton, & au bout de laquelle on met un canon qui est une maniere de petit tuyau par où coule la liqueur du lavement. Les Ecoliers enflent leurs balons avec un instrument de fer blanc en maniere de seringue. On fait des injections dans les plaies avec de petites Seringues qui servent aussi à faire entrer des liqueurs colorées dans les vaisseaux desseches des parties des animaux, pour en faire voir sensiblement l'anatomie & la disposition. Nicod fait venir *Seringue* du Grec σύριγξ, Tuyau, flûte.

SERPE. s. f. Outil de fer aceré, & tranchant d'un côté, qui a une poignée de bois. Il y en a qui sont droites, & d'autres courbées par le bout. On a des tranchans sur mer, qu'on appelle *Serpes*, qui servent à couper les cordages de l'ennemi quand deux Vaisseaux s'étant accrochés par des grapins, disputent l'un l'autre à gagner le bord. M. Ménage fait venir le mot de *Serpe* du Latin *Serpa*, dont on a fait *Sirpicula*, de *Sarpere*, qui veut dire Couper, à cause qu'on tailloit le sarment des vignes avec des serpes.

SERPEGER. v. n. Terme de Manége qui vieillit. Conduire un cheval en serpentant, en sorte qu'il trace une piste tournée en ondes, comme les replis d'une couleuvre.

SERPENT. s. m. Animal venimeux & reptile, qui est rond, long & menu en forme d'anguille. Les Anciens ont nommé *Serpents*, tous les Monstres venimeux. Les Serpents se cachent pendant les quatre mois les plus froids de l'année, & changent de peau en quittant leur trou. Ils commencent par les yeux à la dépouiller, après quoi ils dépouillent la tête, & posent ainsi le reste jusques à la queue; ce qu'ils achevent en vingt-quatre heures, & cependant la nouvelle peau leur revient. La décoction de cette dépouille, appellée en Latin *Senecta anguium*, faite en vin, étant distillée dans les oreilles, sert aux douleurs qu'on y sent, & est bonne aux mal de dents, si on s'en lave la bouche. On la met aussi dans les médicamens qu'on ordonne pour les yeux, & sur-tout la dépouille de vipere. C'est ce qu'en dit Dioscoride. Il y a en plusieurs endroits de l'Amerique un serpent très-dangereux, nommé *Serpent à sonnettes*, à cause qu'avec le bout de sa queue il fait un bruit pareil à celui des sonnettes qu'on remue. Il est long d'environ cinq piés, assés gros & de couleur brune mêlée de jaune. Il a les dents longues & fourchues, la langue fendue, & il se remue avec une telle vitesse, qu'il semble voler. On dit que dans le Royaume de Congo il se trouve des serpents de vingt-cinq piés de longueur, qui avalent une brebis tout d'un coup.

Il y a de trois sortes de Serpents dans les Antilles, mais qui rarement sont dangereux. Les premiers & les plus communs n'ont pas plus de deux piés ou deux piés & demi de longueur, & leur grosseur est d'un pouce. Ils fuyent toûjours devant le monde, & ceux du Pays marchent nuds piés dessus sans qu'ils leur fassent aucun mal. Ils les prennent même à la main sans aucun danger. Les seconds ont la peau de dessus le dos toute marquetée de noir & de jaune, & le ventre grisâtre mêlé aussi de jaune. Ceux-ci ont quelquefois jusqu'à six piés de longueur, & quoique l'agreable varieté de leur peau fasse plaisir à la vûe, ils ont un regard affreux qui fait rebrousser les plus hardis. Ils repairent ordinairement aux lieux montagneux, secs, pierreux & arides. On se sert de leur peau à faire des baudriers qui sont parfaitement beaux. Les derniers sont tout noirs, beaucoup plus gros & plus longs que les deux autres especes. Ils poursuivent opiniâtrement ceux qui les attaquent, & vivent, ainsi que les autres, de petits lezards, de petits oiseaux, de ravets & de grenouilles. L'Isle de la Dominique en produit d'une quatriéme sorte. Ce serpent n'est pas plus gros que le bras & a dix ou douze piés de long. Il se jette d'ordinaire sur les poules, autour desquelles il s'entortille en un moment & les étouffe sans les piquer ni les mordre, en les serrant seulement, après quoi il les avale sans les mâcher.

On s'étonne avec raison que les Isles de la Martinique & de sainte Alousie, quoique situées au milieu de toutes les Antilles qui n'ont point de bêtes venimeuses, ne laissent pas de produire des serpents dont les piquûres sont mortelles. Les Sauvages rapportent que cela est venu des Arouagues, Peuples de la terre-ferme, qui se voyant tourmentés par les continuelles incursions des Habitans de ces Isles, s'aviserent pour se vanger d'eux, d'amasser un grand nombre de serpents, qu'ils renfermerent dans des paniers & des calebasses, & les ayant apportés dans l'Isle de la Martinique, ils leur donnerent la liberté, afin que sans sortir de leur terre, ils leur puissent nuire par le moyen de ces Animaux. Quoiqu'il en soit, il y en a de trois sortes, tous fort dangereux. Les uns sont gris veloutés & tachetés de noir en plusieurs endroits, les autres jaunes comme de l'or, & les troisiémes roux. Quelques-uns prennent les gris veloutés pour de veritables viperes, fur tout ceux qui n'ont guere plus de deux piés de long, & qui quelquefois sont plus gros que n'est le bras. Cette grosseur est égale jusqu'à deux ou trois pouces près de la queue, laquelle depuis cet endroit se termine tout à coup en pointe par un petit ongle. Ces Serpents ont la tête très-plate & large presque comme la main, armée de quatre dents & souvent de huit, longues ordinairement d'un pouce. Ces dents sont pointues comme des aiguilles & courbées en forme de croc. Il a à chacune un petit pertuis qui penetre depuis la racine jusqu'au bout, & c'est par là qu'ils font glisser le venin dans la playe où se rencontre la dent. Ce venin est enfermé dans de petites vessies qui environnent les dents, & qui sont grosses comme des pois. Les jaunes ont leur venin un peu jaunâtre, & plus épais que les autres, & c'est le moins dangereux. Les gris l'ont comme de l'eau un peu trouble, & les roux, clair comme de l'eau de roche. On croit celui-là le plus subtile. Ces Serpents ne mâchent jamais les alimens dont ils se nourrissent, mais ils les avalent tout entiers après les avoir pressés & aplatis s'ils sont trop gros. Quelques-uns disent que s'ils employoient leurs dents à les mâcher, ils s'empoisonneroient eux-mêmes, & que cela est cause qu'ils couvrent leurs dents de leurs gencives en prenant leur nourriture. Le meilleur remede que l'on puisse pratiquer quand on a été mordu de ces Serpents, c'est de boire avec de l'eau rose ou du vin la racine broyée d'une plante qui croît dans toutes ces Isles, & que l'on appelle *Bois de couleuvre*. Tous les Auteurs qui en ont écrit assurent qu'il y a une telle antipatie entre cette plante & les Serpents, qu'ils la fuyent, & ne mordent jamais ceux qui la portent. On tient même qu'ils crevent & meurent si-tôt qu'ils en sont touchés. Le Pere du Tertre assure qu'il a vû au pié d'un arbre tout couvert de cette plante sur le bord de la riviere du Fort saint Pierre dans l'Isle de la Martinique, sept ou huit Serpens de differentes grandeurs, morts sur ces tiges. Il y en avoit quelques-uns gros comme le bras.

Il y a un *Serpent marin*, qui a le museau si pointu, qu'en un moment il fait un trou dans le sable pour s'y cacher. Il est presque semblable au Congre en grosseur & en couleur, mais plus noir & plus dangereux.

Serpent. Instrument de musique à vent, qui est de métal ou de bois de noyer couvert de cuir. Il est composé de trois parties, de son bocal, de son col & de sa queue. Il a six trous & environ cinq ou six piés de long. On l'a appellé *Serpent*, à cause que ses replis lui en donnent la figure.

On appelle ainsi le Musicien qui s'en sert. *Un tel est serpent de la sainte Chapelle*.

SERPENTAIRE. s. f. Plante medicinale. Il y a la grande & la petite Serpentaire. La grande Serpentaire a sa tige droite, lissée de la grosseur d'un bâton & de deux coudées de haut. Elle est tachetée comme la peau d'un serpent, d'où elle a tiré son nom. Il y a pourtant plus de taches rouges que d'autres. Elle a ses feuilles semblables à celles de la parelle, & enveloppées les unes dans les autres, & jette un fruit grappu à la cime de sa tige. Il est cendré au commencement, & dans sa pleine maturité il devient jaune & rouge. Sa racine est grosse, ronde, blanche & couverte d'une pelure menue & deliée. La petite Serpentaire a ses feuilles grandes & semblables à celles du lierre, toutes mouchetées de petites taches blanches. Dans tout le reste elle ne differe en rien de la grande pour son fruit ni pour sa tige. Matthiole fait mention d'une autre Serpentaire, qu'il croit avec Fuschsius la troisiéme espece dont a parlé Pline. Elle a ses feuilles semblables au Cornouiller, & sa racine comme les roseaux noueuse, longue, piquante & chaude. De ses nœuds sortent quantité de filamens, par lesquels elle demeure attachée à la terre. Elle jette dès sa racine des feuilles longues, de la source desquelles sortent d'autres feuilles attachées à de longues queues un peu plus grandes que celles du Cornouiller & plus minces. Il y en a quelques-unes qui sont closes & portent un fruit grappu, rendant leur perles rousses à leur maturité, d'où provient une graine noire, petite, longuette & enveloppée d'un gros jus. Cette espece de Serpentaire croît aux montagnes dans les lieux toûjours moîtes & humides. Sa racine a un goût fade d'abord, mais peu après il devient mordant, & pique tellement la langue & le gosier, qu'on diroit qu'on l'a plein d'épines. Elle a une merveilleuse vertu d'échauffer & de secher, jointe à celle d'ulcerer & de brûler. Aussi est-elle incisive & propre à subtiliser les gros & tardifs excremens, de même que les autres Serpentaires.

SERPENTE. s. f. Sorte de papier qui est bon à faire des chassis. Il y a de la petite & de la grande Serpente.

SERPENTEAU. s. m. Petit serpent tout nouvellement éclos. On appelle aussi *Serpenteaux*, De petites fusées qui sortent d'une plus grosse lorsqu'elle a crevé en l'air, & qui s'y dissipent en serpentant.

SERPENTIN. s. m. Terme d'Arquebusier. La partie de la platine du mousquet qui a deux branches qui se serrent & qui s'ouvrent avec une viz, & où l'on pose la mêche lorsque l'on veut tirer le mousquet.

Serpentin, est aussi une sorte de marbre dont la couleur est d'un vert un peu obscur avec certains filets de couleur jaune qui se croisent & vont tout le long de la pierre; ce qui la fait appeller par les Italiens *Serpentino*, à l'imitation des Grecs qui donnent le nom de ὄφις, qui veut dire, Serpent, à tous les marbres, & à l'albâtre même, de quelque couleur qu'ils fussent lorsqu'ils avoient des taches & des lignes disposées & marquées comme la peau des serpens. Quoique ce marbre ne soit guere moins dur que le Porphyre, il se casse plus aisément & n'est pas si difficile à mettre en œuvre. Il vient d'Egypte & de Grece, mais il ne s'en trouve pas de grandes pieces. On en a vû seulement quelques colomnes de moyenne grandeur, comme nous l'apprend M. Felibien, des tables & des morceaux de pavé, quelques masques, mais nulle figure entiere. Il ajoûte qu'il y a une espece de Serpentin en Allemagne dont on fait des vases, mais que cette pierre n'est pas plus dure qu l'albâtre commun.

SERPENTIN., INE. adj. On appelle, en termes de Manege, *Langue serpentine*, La langue fretillante d'un cheval qui la fait mouvoir incessamment, & la passe quelquefois sur l'embouchûre.

On dit aussi *Pierre serpentine*, & Dioscoride en établit de plusieurs especes; de noires qui sont fort pesantes, d'autres cendrées & mouchetées de certains points, & d'autres qui sont comme environnées de certaines lignes blanches. Toutes ces pierres, poursuit-il, si on les porte pendues au col, sont bonnes aux douleurs de tête & pour les piqûres des Serpents. Pline dit qu'on trouve des colomnes faites de pierre serpentine, mais qu'elles sont fort petites, & qu'il y a deux especes de cette pierre, l'une blanche & tendre, & l'autre noirâtre

& duré, ayant toutes deux les qualités que Dioscoride attribue à la pierre serpentine, sur quoi Matthiole observe que le marbre serpentin qui a la dureté du Porphire, n'est ni noirâtre, ni blanc ni cendré, mais de couleur verte, obscure & marqueté de plusieurs taches de vert gai, ce qui fait voir que la pierre serpentine des Anciens que les Grecs ont appellée ὀφίτης, & celle-ci, sont des pierres differentes. Galien parlant de la pierre serpentine, dit qu'elle a une vertu abstersive, & que bûe avec du vin blanc qui soit petit, elle est singuliere pour rompre les pierres de la vessie.

SERPENTINE, s. f. Herbe qui croît dans les prés où elle sort au mois de Mai, mais qui ne demeure guere sans se flétrir & s'évanouir. Elle produit seulement une feuille grasse assés semblable à celle du plantin aquatique. De la partie inferieure de cette feuille sort une petite tige qui porte au bout une petite langue pâle comme celle d'un serpent ce qui l'a fait appeller par les Grecs ὀφιόγλωσσον, c'est-à-dire, Langue de serpent. Elle est fort bonne à souder des playes, & plusieurs en font grand cas pour les descentes. Les Chirurgiens en font de l'huile pour ces operations, & ils s'en servent avec beaucoup de succès. On la donne en breuvage en eau de l'herbe appellée Queue de cheval contre les blessures des intestins, de la poitrine & autres parties interieures. Elle est singuliere aussi à ceux qui crachent le sang.

Serpentine. Sorte d'alembic, ainsi appellé à cause de son bec tortueux qui est fait en forme de serpent. Cet alembic est fort propre à distiller l'eau de vie.

SERPER. v. m. Terme de Marine. Lever l'ancre. Il ne se dit que pour les Galeres & les Bâtimens de bas bord, qui ont une ancre à quatre bras.

SERPILLIERE. s. f. Grosse toile de vil prix, dans laquelle les Marchands emballent leurs marchandises. On appelle aussi *Serpilliere*, Ce morceau de toile qui par devant entoure tout le haut de la boutique des Merciers, & de plusieurs autres marchands.

SERPOLET. s. m. Petite herbe odoriferente, dont il y a de deux sortes, le *Serpolet des jardins*, qui a une odeur semblable à la marjolaine, & qu'on a nommé ainsi du latin *Serpere*, Ramper, à cause qu'il ne peut si peu demeurer sur terre qu'il n'y prenne racine. Ses feuilles & ses branches sont semblables à l'origan; elles sont pourtant plus blanches. Il se nourrit merveilleusement parmi les vieilles masures. Le *Serpolet sauvage* croît en hauteur sans ramper, & produit quantité de branches déliées & menues, toutes garnies de feuilles plus longues que celles de rue, qui sont pourtant dures & étroites. Ses fleurs sentent bon & ont un goût acre & mordant. On ne se sert point de sa racine. Il croît dans les lieux pierreux & est plus médicinal & plus chaud que celui qu'on seme. Il provoque les urines & les mois; appaise les douleurs de la colique, & non seulement il est bon contre les morsures des bêtes veneneuses, mais il fait fuir les serpents par sa fumée lorsqu'on le brûle. En latin *Serpyllum*, du Grec ἕρπυλλος, fait de ἕρπειν, Ramper.

SERRAGE. s. m. Terme de Marine. Assemblage des planches qui font le revêtement ou le lambris interieur d'un Vaisseau. On dit aussi *Serres*.

SERRAIL. s. m. Nom que l'on donne au Palais d'un Prince ou d'un grand Seigneur en Orient. Il se dit plus particulierement de celui où le Grand Seigneur tient sa Cour à Constantinople. C'est un vaste enclos qui vient aboutir à la pointe de terre où l'ancienne Bisance fut bâtie sur le Bosphore de Thrace, & à la jonction de la mer Egée & du Pont Euxin. Cet enclos fait un triangle, dont l'un des côtés est appuyé de la terre & touche à la ville. La mer & une riviere qui s'y jette, battent les deux autres. Ce triangle est inégal, de sorte qu'en le divisant en huit parties, le côté de la terre en emporte trois & les cinq autres sont pour les deux de la mer. Il a de circuit environ trois mille d'Italie. De hautes & fortes murailles ferment ce Palais. Des tours quarrées, qui sont dans une assés grande distance les unes des autres, les flanquent du côté de la mer; & du côté de la ville, il y a des tours rondes qui sont plus voisines, depuis la grande porte du Serrail qui regarde sainte Sophie, jusques à la mer où l'on passe pour aller à Galata. C'est dans ces tours que l'on tient la nuit des Azamoglans, afin d'empêcher qu'on n'approche du Serrail ni par terre ni par mer. Au besoin ils peuvent mettre le feu à quelques pieces d'artillerie, qui sont toûjours chargées sur un quai large de cinq toises, qui regne le long du Serrail. Du côté du port, vis-à-vis de Galata, on voit sur le quai un Kiosque ou Pavillon fort peu élevé de terre, & soûtenu de plusieurs belles colomnes de marbre. Le Grand Seigneur y vient souvent prendre l'air, & quand il veut se promener sur la mer, il s'embarque en cet endroit dans sa Galiotte. Il y a encore une espece de pavillon assés élevé où il vient se divertir. Il est bâti sur des arcades à l'autre côté du Serrail qui est sur la mer, & qui va vers les sept Tours. Proche de ce lieu est une grande fenêtre, d'où l'on jette dans la mer pendant la nuit ceux qu'on a étranglés dans le Serrail, & l'on tire autant de coups de canon qu'on y en jette. Les deux premieres Cours du Serrail, sont tout ce que les Etrangers en peuvent voir. Au bout de la seconde est la salle où se tient le Divan, & l'on n'y remarque pas de grandes beautés, non plus qu'en la salle d'audience. Il y a quantité de marbre & de porphyre dans tous les appartemens, mais ce sont des appartemens confus qui n'ont rien de regulier. La plûpart des chambres reçoivent fort peu de jour, & n'ont pour tout ornement que d'assés riches tapis qui en couvrent le plancher, & des carreaux de brocard d'or & d'argent, dont une broderie de perles en releve quelques-uns. Outre ce Serrail, il y en a un autre à Constantinople, appellé *le vieux Serrail*. Il ne sert que pour loger les femmes du Grand Seigneur dernier mort, & elles y sont toutes envoyées, à moins qu'il n'y en ait quelqu'une que son Successeur veuille retenir. Ce Palais est bien bâti, & environné de hautes murailles où il n'y a aucune ouverture par dehors que par la porte. On voit à Constantinople plusieurs Serrails de particuliers, mais les dehors en sont fort vilains, & cela se fait exprès pour ne point donner de jalousie au Grand Seigneur. Ces Palais sont grands, & clos tout autour de hautes murailles. Le dedans des appartemens est magnifique. Les platsfonds sont couverts d'or & d'azur, & il y a de très-beaux tapis étendus sur le plancher où l'on marche. Les murailles sont revêtues de quarreaux fins comme la porcelaine, & il y a dans toutes les salles & les chambres des façons d'estrade élevées de terre d'un demi-pié ou d'un pié, que couvrent des tapis encore plus riches que ceux dont le plancher est couvert, avec quantité de coussins en broderie qui sont appuyés contre les murailles. Les appartemens des femmes sont separés du reste de ces Palais, & ceux qui en sont les maîtres n'y laissent entrer que des Eunuques. Le mot de *Serrail*, tire son origine de *Serrai*, qui veut dire Hôtel en langue Persane.

SERRE. s. f. Endroit d'un Jardin où l'on met pendant l'hiver les orangers & autres arbres qui craignent le froid. Les ouvertures doivent être au Midi. *Serre*, en termes de Fauconnerie, se dit des mains & des doigts d'un oiseau de proie.

On dit en termes de mer, *Serres de mât*, pour dire, Des pieces de bois que l'on met au pié du mât dans le trou du tillac afin d'affermir le mât. C'est ce qu'on appelle autrement *Etambres* ou *Etambraies*.

SERREBAUQUIERES. s. f. p. Nom que l'on donne à de longues pieces de bois sur lesquelles le bout des baux est passé. Elles regnent autour du Navire.

SERREBOSSE. s. f. Grosse corde amarée aux bosseurs & aux environs, & qui saisit la bosse de l'ancre quand on la retire de l'eau. On le dit aussi du bout de corde qui tient & arrête les ancres sur les hanches du Vaisseau.

SERREFILE. s. m. Terme de Guerre. C'est le dernier rang d'un bataillon qui en termine la hauteur, & qui en forme la queue. On appelle *Serre demi-file*, Le rang du bataillon qui termine la moitié de la hauteur de ce même bataillon, & qui marche devant le Demi-file. On dit aussi *Serre-file*, & *Serre-demi-file*, pour dire, Le dernier Soldat de la file, de la demi-file.

SERREGOUTIERES. s. f. p. Termes de mer. Pieces de bois qui faisant le tour du Vaisseau en dedans lui servent de liaison.

SERRER. v. a. Estreindre, presser. On dit en termes de Manege, *Serrer la demi-volte*, pour dire, Faire revenir le cheval avec justesse, sur la ligne de la passade, ou sur le terrain où il a commencé la demi-volte. On dit aussi qu'*Un cheval se serre*, pour dire, qu'Il ne prend pas assés de terrain, qu'il ne s'étend pas assés à une main ou à l'autre.

Serrer, est aussi un terme de Marine, & on dit, *Serrer le vent*, pour dire, Prendre l'avantage d'un côté de vent. On dit encore, *Serrer de voiles*, pour dire, Porter de voiles, larguer, filer les manœuvres; *Serrer les voiles*, pour dire, Les plier & les trousser en fagot, & *Serrer la file*, pour dire, Faire approcher les Vaisseaux les uns des autres, quand ils sont en ligne.

SERRURE. s. f. *Ouvrage, machine de fer, de cuivre, de bois, &c. qui s'ouvre avec une clef, & qu'on applique à une porte, à un coffre, &c. pour les fermer.* ACAD. FR. Il y a differentes sortes de Serrures. Celles qu'on faisoit anciennement, tant des portes que des coffres & des cabinets, s'attachoient en dehors, & M. Felibien remarque qu'il y a encore des lieux où les Ouvriers en cet art sont obligés d'en faire de semblables pour leur chef-d'œuvre quand ils se font passer maîtres. On appelle *Serrures Besnardes*, Celles qui s'ouvrent des deux côtés. Elles sont garnies d'une, de deux ou de trois planches fendues qui passent par la clef; *Serrures Tressieres*, Celles qui n'ouvrent que d'un côté; *Serrures à boussette*, Celles qui sont ordinairement pour des coffres simples; elles se ferment à la chute du couvercle, & s'ouvrent avec un demi-tour à droit. Il y a certaines Serrures qu'on nomme *Un pene en bord*, parce que le pene doit être plié en équerre par le bout & recourbé en demi-rond pour faire place au ressort, & d'autres appellées *A deux fermetures*, à cause qu'elles se ferment par deux endroits dans le bord du Palastre. Les *Serrures à ressort* se ferment en tirant la porte, & on les ouvre par le dehors avec un demi-tour de clef, & par dedans avec un bouton qui se tire avec la main. Les *Serrures à pene dormant*, ne se ferment & ne s'ouvrent qu'avec la clef. Il y a encore des *Serrures à clenches*, qu'on met aux grandes portes des maisons, & qui sont ordinairement composées d'un grand pene dormant à deux tours avec un ressort double par derriere.

SERSE. s. f. Terme de Marine qui signifie la même chose que *Gabarit*. C'est le modele qu'on fait pour la construction d'un Navire.

SERTIR. v. a. Terme de Lapidaire. Enchasser une pierre précieuse dans un chaton. Ainsi on appelle, *Diamant serti*, Un diamant bien serré dans le chaton, ce qui se fait en rabattant les petites parties du metal qui l'y tiennent arrêté.

SERVANT. adj. On appelle chez le Roi, *Gentilhomme servant*, Celui qui porte les plats sur la table. Il y a des *Servans d'armes*, ou *Chevaliers servans* dans l'Ordre de Malte. Ils sont du troisiéme rang & portent l'épée, mais ils ne sont pas nobles de quatre races. Ainsi quoique Gentilshommes, ils ne peuvent avoir rang qu'après les Chevaliers & les Chapelains ou Prêtres.

SERVIR. v. a. *Etre à un maître comme un domestique.* ACAD. FR. On dit en termes de mer, *Faire servir*, pour dire, Mettre à la voile. On dit aussi *Faire servir la grand voile, la misaine, les basses voiles*, pour dire, Porter ces voiles.

Servir, se dit en matiere de fiefs, lorsqu'il y en a un qui doit quelques redevances à l'autre, comme en cette phrase, *Un arriere-fief sert au seigneur feodal.* On dit en ce sens, qu'*Il y a long-tems qu'un homme n'a été servi d'une rente*, pour dire, qu'Il lui en est dû beaucoup d'arrerages, & qu'*Il est bien servi d'une rente*, pour dire, qu'On a soin de l'en payer.

SERVIS. s. m. Rentes seigneuriales. On le joint presque toûjours avec *Cens*, & on dit *Payer les Cens & servis*, ce qui est commun dans le Lyonnois & dans tout le pays de droit écrit.

SERVISSABLE. adj. Vieux mot. Serviable, officieux.

SERVITES. s. m. Ordre de Religieux qui suivoient la Regle de saint Augustin, & qu'on a nommés ainsi, à cause qu'ils s'attachoient au service de la Vierge. Il fut institué premierement dans l'Evêché de Marseille en 1257. confirmé neuf ans après par une Bulle de Clement IV. & abrogé depuis sous Gregoire X. dans le Concile de Lyon. Leur habit étoit une robe, un scapulaire & un manteau noir. Il y a eu aussi un Ordre Religieux de *Servites*, ou *Serviteurs de la Vierge*, autrement de l'*Annonciade*, fondé à Florence vers l'an 1231. par saint Philippes Benizi ou Benizi. C'est la même Congregation que celle des Serviteurs de la Vierge établie à Venise. Cette derniere a eue de grands hommes, & entre autres Fra Paolo qui a écrit l'histoire du Concile de Trente.

SERUM. s. m. Terme de Medecine. Partie la plus aqueuse des alimens, qui se separe du chyle dans les premieres voies mêmes, & avant qu'il soit confondu avec le sang. Quoique l'on ne sçache pas précisement par où se fait cette excretion, il est probable que le chyle que les vaisseaux lactées portent en abondance dans les glandes du mesentere y souffre quelque separation de la partie inutile aqueuse d'avec l'utile, & que la premiere qui est le Serum du chyle est portée aux parties de l'urine par des vaisseaux propres. Le Serum, qui est la partie tenue & aqueuse du sang, sert non-seulement pour rendre toute la masse fluide, mais encore pour imbiber les sels usés, foibles, & excrementeux qui ont été engendrés dans toutes les digestions avec toutes les autres impuretés de la seconde digestion, dont la masse du sang se décharge par la couloire des reins. Vanhelmont appelle *Latex aquosus*, cette serosité du sang, qui est appellée *Urine*, quand elle sort par les reins & par la vessie, & à laquelle on donne le nom de *Sueur*, quand elle sort d'une maniere sensible par les pores de la peau. On ne doute point que le Serum ne se separe d'avec le sang dans les reins par une espece de transcolation, & comme cette transcolation ne suffit pas seule, on croit que le sang souffre quelque fusion dans les reins, que cette fusion l'attenue & le dispose à quitter plus facilement sa serosité, laquelle apparemment reçoit en se separant certaine alteration, qui donne à la matiere de l'urine une odeur & une saveur particuliere avec d'autres attributs & proprietés, bien differentes du Serum du sang, & qui ne se trouvent dans aucuns autres sucs du corps, que dans l'urine. Vilis attribue la fusion du sang & l'alteration du Serum à un certain ferment propre aux reins, qui est appellé par Vanhelmont le ferment putrefactif de l'urine. Le Serum trop abondant rend le sang fluide, ce qui est cause que les suppressions des évacuations accoûtumées produisent tant d'asthmes. Rhodius parle d'une grande orthopnée, qui procedoit du Serum du sang, & qui fut guerie en vingt-quatre heures par l'évacuation de trente-six livres d'urine. L'abondance du Serum qui relâche le ressort tonique des fibres & des parties, est cause aussi que le sang par sa trop grande tenuité penetre facilement & ouvre les orifices des vaisseaux, d'où l'hemorragie s'ensuit. Le vice du Serum qui en se débordant dans le cerveau l'inonde & remplit ses pores, cause quelquefois l'apoplexie, ce qui se connoît par l'exemple que Marcellus Donatus rapporte d'un homme qui en étoit mort. Après qu'on lui eut ouvert le crane, on trouva la substance du cerveau inondée d'une humeur aqueuse qui regorgeoit même dans les ventricules du cerveau. On coupa les carotides, & il en sortit quantité de sang grossier. *Serum* est un mot latin, qui signifie le lait clair qui dégoutte lorsque l'on fait un fromage.

SES

SESAME. s. m. Plante, dont la tige est semblable à celle du milet, mais plus haute & plus grosse. Ses feuilles sont rouges, & sa fleur verte & de couleur d'herbe. Sa graine qu'on appelle aussi *Sesame*, est enfermée dans de petits vases comme le pavot. C'est ce qu'en dit Theophraste. Pline témoigne que le Sesame fut premierement apporté des Indes, & que les Indiens en font grand cas à cause de l'huile qu'ils en tirent, & dont ils se servent non-seulement pour brûler, mais encore pour assaisonner leurs viandes. Selon Dioscoride, le Sesame est une nourriture très-dommageable à ceux qui en usent, & renverse l'estomac. Galien est de même sentiment, & dit que le Sesame est gras & visqueux, & par consequent remollitif, emplastique & moderément chaud. En Grec σήσαμον.

SESAMOIDE. s. m. Dioscoride parle d'une grande & d'une petite Sesamoïde. La grande est semblable au Seneçon ou à la rue, & a sa feuille longue, la fleur blanche, & la racine menue & de nul usage. Sa graine est semblable pour le goût, & ressemble à la jugioline. Ceux d'Anticyre la nomment *Ellebore*, à cause que quand ils veulent purger une personne ils la mêlent avec l'ellebore blanc. Elle lâche le ventre. La petite Sesamoïde a ses tiges de la hauteur d'un palme, & ses feuilles semblables à celles de Coronopus, mais moindres & plus velues. A la cime de ses tiges, elle produit de petits bouquets de fleurs rouges & blanches au milieu. Sa racine est menue, & sa graine comme celle du Sesame, noire, & amere, d'où elle a pris le nom de σησαμοειδὴς, semblable au Sesame. Cette graine prise en breuvage avec de l'eau miellée au poids d'un demi acetabule, évacue les humeurs coleriques & phlegmatiques, & étant enduite avec de l'eau, elle resout toutes enflûres & petites duretés. Matthiole n'a connu que la petite Sesamoïde, sans avoir sçu que la grande ait été apportée d'Anticyre en Italie.

On appelle en termes d'Anatomie, *Os sesamoïdes*, Plusieurs os fort petits, qui sont placés dans les jointures des doigts pour les fortifier, & pour empêcher qu'ils ne se disloquent. La ressemblance qu'ils ont à la graine de Sesame leur a fait donner ce nom.

SESBAN. s. m. Arbrisseau qui croît en Egypte de la hauteur du myrte, & dont quelquefois le tronc est armé d'épines. Il en vient beaucoup le long du Nil, depuis le Caire jusques à Rosette, & les Habitans le plantent autour de leurs champs pour leur servir de haies. Cet arbrisseau porte des fleurs jaunes avec des gousses longues semblables à celles du senegré. La graine a une vertu astringente.

SESELI. s. m. Dioscoride marque quatre sortes de Seseli, le *Seseli de Marseille*, qui a ses feuilles semblables au fenouil, mais plus épaisses. Sa tige est aussi plus nourrie & plus forte, & jette ses bouquets comme l'aneth. Ils portent une graine longue, faite par quarrés, forte & acre au premier goût. Sa graine & sa racine sont chaudes. C'est le meilleur de tous, & il croît abondamment tant aux plaines qu'aux montagnes des environs de Marseille. Toutes ses parties sont aromatiques, mais sa semence l'emporte, & c'est elle seule qui est employée dans la theriaque. Elle est plate, anguleuse & longuette, fort acre & aromatique, & approche assés en forme de celle du fenouil sauvage. Le *Seseli Ethiopique*, a ses feuilles semblables à celles du lierre, mais moindres & longuettes comme celles de matrisylva. Cette plante produit plusieurs branches, noires, hautes de deux coudées, d'où sortent plusieurs rejettons d'un pié & demi de long. Ses fleurs sont semblables à celles d'aneth, & sa graine est massive comme le froment, noire & amere. Ce Seseli est plus odorant que celui de Marseille. Le *Seseli Peloponesien* ou de la Morée, a ses feuilles semblables à celles de la cigue, mais plus larges & plus épaisses. Sa tige est comme celle de Ferula, & jette à sa cime un bouquet large. Sa graine est large, charnue & odorante. Le *Seseli de Candie*, appellé autrement *Tordylion*, est une petite herbe qui jette plusieurs branches. Sa graine est double, ronde, faite à écusson, odorante & un peu mordante & acre. Galien parlant generalement de toutes les sortes de Seseli, dit que leur racine & leur graine échauffent si fort, qu'elles font uriner en abondance, & que ce medicament étant composé de parties déliées & penetrantes, est propre au haut mal, & à ceux qui ne peuvent avoir leur haleine sans tenir la tête droite. Les Apothicaires appellent le Seseli *Siler montanum*. Selon Aristote, les biches ont trouvé le Seseli. Il dit que si-tôt qu'elles ont mis bas leur faon, elles vont chercher de cette plante pour en manger, & qu'aussi-tôt elles sont en rut & cherchent le mâle.

SESQUIALTERE. adj. Terme de Geometrie & d'Arithmetique. Il se dit de deux lignes ou de deux nombres

nombres, dont l'un contient l'autre une fois avec l'addition de sa moitié. Ainsi 4. & 6. sont en raison sesquialtere, puisque 6. contient une fois 4. & encore la motié de 4. qui est 2.

SESQUITIERCE. adj. Terme d'Arithmetique & de Geometrie. Il se dit de deux grandeurs, soit nombres, soit lignes, dont l'une contient l'autre une fois avec l'addition de son tiers. Ainsi 4 contient 3 une fois, plus 1 qui est le tiers de 3. Cette raison s'appelle *Sesquitierce.*

SESSE. s. m. Ustencile de bois long de 3 à 4 piés, quelquefois tout d'une piece, creux en parties pour ôter l'eau des petits bateaux où il n'y a pas de pompe.

SESTERCE. s. m. Sorte de monnoie ancienne de Rome. Il y avoit le petit & le grand Sesterce. Le petit Sesterce valoit deux sols un denier & un peu plus de notre monnoie. Originairement les Romains ont pris les deniers pour une piece valant quatre Sesterces, dont chacun valoit deux asses ou deux petites livres & demie; de sorte que le denier valoit dix asses, & fut appellé par cette raison *Denarius.* De même les Romains appellerent les deux sols ou deux livres & demie *Sestercius*, comme qui auroit dit *Semistercius*, & ils le marquoient par une double *L* & une *S*, avec une ligne traversante qui les joignoit. Ainsi la double *L*, avec sa ligne traversante, avoit la figure d'une *H*, & ils y ajoûtoient une S en cette sorte *HS.* La double *L* signifioit les deux petites livres ou les deux asses, & la lettre *S* signifioit la demie, du mot *Semis.* D'Ablancourt sur Tacite dans sa Table des termes anciens, dit que le petit Sesterce ne valoit que dix-huit deniers de notre monnoie, & que le grand Sesterce en valoit mille petits; ce qui revient à vingt-cinq écus & plus.

SET

SETIE. s. m. Nom que les Turcs ou Orientaux donnent à leurs barques.

SETON. s. m. Terme de Chirurgie. Remede qui sert comme un cautere à détourner les fluxions des yeux. On fait pour cela une piqûre au cou, & par le moyen de cette piqûre on passe au travers de la peau du chignon du cou un fil de coton, retors en quatre ou cinq doubles, & on entretient la plaie en suppuration autant qu'on le juge necessaire. On applique aussi des Setons à ceux qui tombent souvent en épilepsie.

SEV

SEVE. s. f. *Liqueur qui se répand par tout l'arbre, & lui fait pousser des fleurs, des feuilles, de nouveau bois.* Acad. Fr. Cette liqueur, qui sert de nourriture aux plantes & aux arbres, monte de la racine jusqu'à l'extrémité de leurs branches. Selon quelques-uns, c'est la pesanteur de l'air qui la fait monter, & selon d'autres elle est élevée par la chaleur du Soleil. Le bois coupé en Seve est sujet aux vers; cependant les Charpentiers coupent du bois en tout tems & l'employent verd, & les paysans ne coupent les bois émundables que dans le tems de la Seve, parce qu'il n'est pas si dur, quoiqu'ils perdent le produit d'une année. Borel dit sur ce mot *Seve*, que c'est une graisse de la terre qui monte entre les écorces des arbres en telle abondance, que quelquefois elle sort dehors; de sorte que leurs écorces se separant alors aisément, les Bergers en font des flûtes. Il ajoûte que *Seve* vient non de *Sapor*, mais de *Sepum*, Suif, sorte de graisse, comme qui l'appelleroit *Sepve*, M. Menage le fait venir de *Sapa*, Vin cuit.

Seve, se dit aussi d'une certaine verdeur qui est dans le vin, & qui se tourne en force quand il est tems de le boire.

SEVERONDE. s. f. Sortie d'un toit sur la rue. On dit plus souvent *Subgronde*, du Latin *Subgrundium*, qui signifie le bas de la couverture d'une maison. *Severonde*, dit Nicod, *est le rang des chevrons issants de la couverture d'un édifice & faisans sourcil au mur, couverts de tuiles, jettant les goutieres loing du mur, pour le sauver de l'eau celeste, & vient du Latin* Suggrunda.

SEUIL. s. m. *Piece de bois ou de pierre qui est au bas de la porte, & qui la traverse.* Acad. Fr. On appelle *Seuil d'écluse*, Une piece de bois qu'on met de travers au fond de l'eau entre deux poteaux, & qui sert à appuyer la porte ou les aiguilles d'une écluse. On dit aussi *Seuil de pont-levis*, C'est une grosse piece de bois avec feuillure, qui est arrêtée aux bords de la contrescarpe d'un fossé, afin de recevoir le battement d'un pont-levis, quand on l'abbaisse. M. Menage fait venir *Seuil* de *Solum.*

SEUILLET. s. m. Terme de Marine. Planche qui étant mise sur la partie inferieure du sabord, couvre l'épaisseur du bordage, & empêche l'eau de pourrir les membres du Vaisseau. On appelle *Hauteur des seuillets des sabords*, La partie du côté du Navire, qui est depuis le pont jusqu'aux sabords.

SEX

SEXTIL. adj. On dit, en termes d'Astronomie, *Aspect sextil*, quand deux Planetes sont éloignées entre elles de soixante degrés, ou de la sixiéme partie du Zodiaque.

SEXTULE. s. m. En termes de Medecins & d'Apothicaires, c'est une sorte de poids qui pese une drachme & un scrupule.

SEZ

SEZAIN. s. m. Vieux mot. *C'est*, dit Nicod, *la seiziéme partie qui partit & divise le quarteron de la livre à seze onces (qui est la commune dont on use en toutes marchandises débitées au poids, fors qu'en l'or & argent) si que ledit quarteron le mespart en quatre onces, l'once en quatre sezains & le sezain en deux trezeaux, le trezeau en deux gros, le gros en deux demi-gros, qui est la plus basse espece de poids au regard desdites marchandises.*

SGR

SGRAFFIT. s. m. Maniere de peindre de blanc & de noir, qui ne se fait qu'à fraisque, & qui se conserve à l'air, de l'Italien *Sgraffito*, qui veut dire Egratigné, à cause que ce n'est proprement qu'un Dessein égratigné, qui, selon ce que dit M. Felibien, se fait de cette maniere. On détrempe du mortier de chaux & de sable à l'ordinaire, dans lequel on mêle de la paille brûlée, afin que la couleur soit noirâtre. De ce mortier on fait un enduit bien uni que l'on couvre d'une couche de blanc de chaux, ou d'un enduit bien poli & bien blanc; après quoi on ponce les cartons dessus pour dessiner ce qu'on veut, & le graver ensuite avec un fer pointu, lequel découvrant l'enduit ou blanc de chaux qui cache le premier enduit composé de noir, fait que l'ouvrage paroît comme dessiné à la plume & avec du noir. Etant achevé on passe sur tout le blanc qui sert de fond, une teinte d'eau un peu obscure, afin que les figures soient plus détachées, & qu'elles paroissent comme celles qu'on lave sur du papier. Si on ne represente que quelques grotesques ou feuillages, on ombre seulement le fond avec cette eau auprès des contours qui doivent porter ombre.

SIB

SIBYLLE. s. f. *Prophetesse ancienne dont les Payens croyoient avoir des ouvrages qui prédisoient l'avenir.* ACAD. FR. Les anciens Ecrivains ne sont pas d'accord sur le nombre des Sibylles. Les uns croyent qu'il n'y en a eu qu'une, fille d'Apollon & de Lamie; les autres deux, quelques autres trois, quatre, dix & même douze. Martianus Capella rapporte qu'il n'y a eu que deux Sibylles, sçavoir Erophile Troyenne, fille de Marmesus, qu'il croit être la même que la Phrygienne & la Cumée, & Symmachia, fille d'Hippotensis, qui étant née à Erythrée, ville d'Ionie en l'Asie Mineure, a prophetisé aussi à Cumes. Pline parle de trois statues de Sibylles élevées à Rome, plus petites que les autres, l'une par les soins de Pacuvius Taurus, Edile du Peuple, & les deux autres par Marcus Valerius Messala, Augure. Varron nous apprend que les livres Sibyllins n'ont pas été d'une seule Sibylle, mais qu'on les a appellés ainsi à cause que l'on donnoit le nom de Sibylles à toutes les femmes qui prédisoient l'avenir. Son sentiment est qu'il y a eu dix Sibylles, & Onuphrius les met dans cet ordre. La premiere & la plus ancienne est la Delphique, qui a prophetisé long-tems avant la guerre de Troie, & dont on dit qu'Homere a employé plusieurs vers dans son ouvrage. Selon Diodore de Sicile, elle s'appelloit Daphné, & étoit fille de Teresias. La seconde est la Sibylle Erythrée, qu'Apollodore Erythréen assûre avoir été sa concitoyenne. Il dit qu'elle a predi la perte de Troye, & qu'Homere écriroit beaucoup de mensonges. Strabon parle de deux Sibylles Erythrées, l'une ancienne & l'autre appellée Athenaïs, qui a vêcu du tems d'Alexandre. La troisiéme est la Cumée, dite autrement l'Italienne. Elle étoit de Cimmere, petit Bourg près de Cumes dans la Campanie, & prophetisa en Italie un peu après la prise de Troie. La quatriéme est la Samienne qu'Eratosthenes, ancien Auteur, dit avoir été appellée Phyto. Eusebe a écrit dans ses Chroniques qu'elle vivoit du tems de Numa Pompilius, & qu'on appelloit Heriphile. La cinquiéme est la Cumane, nommée Ampathée, & par quelques-uns Demophile ou Herophile. Suidas l'appelle Hierophile. Solin dit qu'elle a prophetisé après la Delphique & l'Erythrée, & que de son tems on voyoit encore son sepulcre en Sicile. La sixiéme est l'Hellespontique, native du Bourg de Marnesse dans l'Hellespont. Elle vivoit du tems de Cyrus & de Solon, si l'on en croit Heraclides Ponticus. La septiéme est la Libyque. On est convaincu qu'elle prophetisoit avant la quatre-vingtiéme Olympiade, à cause qu'Euripide, qui vivoit dans ce tems-là, en fait mention. La huitiéme est la Persique. Saint Justin Martyr la fait fille de l'Historien Berose qui étoit Babylonien, & d'Erimantha, femme noble. D'autres la font Juive, & veulent que son vrai nom ait été Sambetha Noé. Elle a vêcu dans la cent vingtiéme Olympiade & a écrit vingt-quatre livres, où il y a plusieurs choses de la venue du Messie. La neuviéme est la Phrygienne. Elle a fait ses prédictions à Ancyre, mais on n'en sçait point le tems. La dixiéme est la Tiburtine, qu'on reveroit à Tibur comme une Déesse, & qu'on nommoit Albunée. On tient que son simulacre fut trouvé dans le fleuve Aniene, avec un livre à la main. Il y a encore eu d'autres Sibylles, comme la Colophonienne, appellée Lampusia, fille de Calchas & l'Epirotique qui a écrit des oracles. Quelques-uns font venir le mot de *Sibylle* du Grec σιὸς, qui signifie Dieu dans le Dialecte Æolique, & de βυλὴ, Conseil, decret. Ainsi on a dit *Sibylla* en Latin pour *Sibula*, parce que les Sibylles ont déclaré les decrets de Dieu aux hommes. Lactance dit que de son tems les vers des Sibylles étoient lûs & portés par tout, à l'exception de ceux de la Sibylle Cumane, dont les Romains tenoient les livres cachés, ne les laissant voir qu'à quinze hommes à qui ils avoient donné le soin de les garder, & qui étoient preposés aux choses sacrées. Lorsque quelque sedition arrivoit, & qu'il y avoit une guerre étrangere à entreprendre, ou que la Ville étoit affligée de peste, on alloit consulter ces livres, n'y ayant point de malheurs dont on ne crût qu'ils fournissoient le remede. Ils tomberent au pouvoir des Romains de cette maniere. Une Vieille que personne ne connoissoit, & qui depuis a été reconnue pour la Sibylle Cumane, nommée Amalthée, selon ce qu'en ont écrit Varron, Pline, Solin, Lactance, Suidas & plusieurs autres, alla trouver Tarquin le Superbe (quelques uns disent que ce fut Tarquinius Priscus) & lui porta neuf livres qu'elle assuroit être pleins des oracles des Sibylles, & qu'elle vouloit lui vendre. Tarquin n'en ayant point voulu donner trois cens Philippées, qui revenoient à peu près à trois cens écus de notre monnoie, elle en brûla trois, & revint un peu après lui offrir les six qui lui restoient, dont elle demanda encore trois cens écus. Tarquin la traita d'une personne à qui la vieillesse avoit ôté la raison, puisqu'elle demandoit le même prix pour six livres, qu'elle avoit d'abord demandé pour neuf. Ce nouveau refus n'empêcha point qu'en ayant encore brûlé trois autres, elle ne le vînt trouver une troisiéme fois, lui demandant de nouveau les mêmes trois cens écus pour les trois livres restans. Sa constance ayant étonné Tarquin, il consulta les Pontifes, qui presumerent sur de certains signes que les Dieux avoient envoyé cette femme pour le salut de la Ville, & qu'il falloit lui donner le prix qu'elle demandoit; ce qui fut executé. Cette femme, en lui mettant ses trois livres entre les mains, lui recommanda de les faire garder avec tout le soin possible, & elle ne fut plus vûe depuis ce tems-là. Tarquin choisit d'abord deux hommes des plus illustres familles Patriciennes, pour en être les depositaires, & ayant sçu que l'un d'eux, appellé Marcus Attilius, les avoit donnés à décrire à Petronius Sabinus, il fit jetter ce Marcus Attilius dans la mer, cousu dans un sac de cuir. Ces livres furent conservés jusqu'au tems de la guerre sociale, & le Capitole ayant été brûlé sous le Consulat de C. Norbanus & de P. Scipion, il fut impossible de les sauver de l'embrasement. Lucius Cornelius Sylla Dictateur rétablit le Capitole, & alors on députa Publius Gabinius, Marcus Otacilius Crassus & Lucius Valerius Flaccus dans toutes les Villes d'Italie, de Grece & de l'Asie, & surtout à Erythrée, pour en rapporter ce qu'ils pourroient recouvrer des vers des Sibylles. Ils en ramasserent environ mille; & comme on en trouva beaucoup d'inutiles, & dans les autres plusieurs choses mutilées, on nomma quinze personnes pour les revoir. Il s'en répandit un assés grand nombre qui couroient par tout sous le nom des Sibylles, ce qui obligea Tibere d'ordonner qu'ils seroient tous mis entre les mains de Lucius Pison, Prefet de la Ville, afin que les Particuliers ne les eussent pas. Il est constant que les livres des Sibylles ont été gardés à Rome jusqu'au tems d'Honorius & du jeune Theodose, que Stilicon les brûla pour exciter une sedition contre l'Empereur Honorius son gendre, en la place duquel il avoit dessein de mettre son fils Eucherius. Nous avons presentement un recueil de vers Grecs attribués aux Sibylles, qu'Obsopœus Bretannus a divisés en huit livres. Beaucoup de Sçavans sont persuadés qu'ils ont été supposés dans le second siecle.

SIC

SICAMOR. s. m. Terme de Blason. Cerceau ou cercle lié, comme celui d'un tonneau. Il y a des écus de sable à un Sicamor d'or.

SICILIQUE. s. m. Sorte de poids dont se servent les Medecins & les Apothicaires. Le Sicilique pese un sextule & deux scrupules.

SICLE. s. m. *Certain poids & certaine monnoie ancienne, en usage particulierement parmi les Juifs.* ACAD. FR. On tient que le Sicle est la premiere monnoie dont on se soit servi dans le monde. Elle étoit en usage du tems d'Abraham, qui selon ce qu'on lit dans la Genese, fit peser quatre cens sicles d'argent qu'il paya à Ephrem en bonne monnoie reçue de tout le monde; ce qui fait voir que les sicles se donnoient au poids. M. Boisard dit que ces quatre cens sicles valoient un peu plus de six cens livres de notre monnoie.

SID

SIDERITIS. s. f. Plante divisée en trois especes par Dioscoride. La premiere, que quelques-uns appellent *Heraclea*, a ses feuilles semblables au marrube, mais plus longues & qui approchent beaucoup de celles de chêne ou de sauge, étant pourtant moindres & âpres. Ses tiges sont quarrées, hautes d'un palme & quelquefois plus, & ont un assés bon goût, qui est neanmoins un peu astringent. Elle croît aux lieux pierreux. Ses feuilles enduites sont bonnes à souder des plaies sans leur causer aucune inflammation. Matthiole dit sur cette premiere espece, qu'il ne faut pas s'étonner si Dioscoride varie en la description de ses feuilles, puisqu'elles ressemblent à celles de sauge en longueur, à celles de marrube & de sauge en l'âpreté & couleur blanchâtre qu'elles ont, & enfin à celles de chêne en leur dechiqueture. La seconde espece de Sideritis jette des branches menues. Elle est haute de deux coudées, & produit plusieurs feuilles semblables à celles de fougere, qui sont déchiquetées deçà & delà par les bords, & tiennent à une longue queue. D'entre les feuilles de dessus sortent des rejettons longs & menus qui poussent des boutons âpres & longs, dans lesquels est une graine plus longue & plus dure que celle de bete. Cette graine n'est pas moins singuliere pour les plaies que les feuilles de la plante. La troisiéme espece croît aux masures & ruines des maisons & parmi les vignes. Elle produit plusieurs feuilles qui viennent directement de sa racine, & qui sont semblables à celles de coriandre. Elles proviennent autour de certaines petites tiges qui sont de la hauteur d'un palme, lissées, tendres, rougeâtres & blanchâtres, d'où sort une fleur rouge, petite, amere & visqueuse au goût. Cette herbe appliquée a la vertu d'étancher le sang de toutes plaies, quelque fraîches qu'elles soient. Les Grecs l'ont appellé σιδηρίτης, de σίδηρος, Fer, à cause qu'elle est propre à souder les plaies faites par le fer.

On appelle aussi *Siderite*, Une sorte de pierre précieuse qui est comme parsemée de petites taches de fer. L'aiman est aussi appellé *Siderite*, à cause de la vertu qu'il a d'attirer le fer.

SIDRE. s. m. Boisson faite de jus de pomme pilées & pressurées. Le meilleur Sidre est celui qui est de couleur d'ambre, & qui a je ne sçai quoi de doux & de piquant tout ensemble. On fait venir *Sidre* du mot latin *Sicera*, qui se dit de toute sorte de breuvage qui peut enivrer, à l'exception du vin. Quelques-uns prononcent *Sitre*.

SIE

SIEGE. s. m. *Meuble fait pour s'asseoir, comme un fauteuil, une chaise, un tabouret.* ACAD. FR. On appelle, *Siege de Cocher*, Le devant d'un carrosse où le cocher est assis. Nicod explique en ces termes toutes les differentes significations de ce mot. Siege, *tantôt signifie une chaire ou autre chose à se seoir, tantôt, mais par metaphore, le lieu de la seance, comme* le Siege d'un Baillif *ou* du Seneschal, *c'est-à dire, son auditoire où il sied pour administrer la Justice, la Cour du Baillif ou Seneschal, & les Gens tenans* le Siege Présidial, *c'est-à-dire, tenans la Cour Présidiale. Selon ce on dit*, Le Siege Episcopal d'un Diocese, *pour la Ville où l'Eglise Cathedrale est assise, & en laquelle l'Evesque doit faire sa residence. Tantôt* Siege *signifie le cul par abusion du mot pour ce qu'il semble qu'on se sée sur icelui. Tantôt* Siege *signifie l'obsidion d'une Ville ou Forteresse pour la prendre par assault ou par famine, ce que l'Espagnol par mesme mot dit* Sitio, *l'Italien*, Assedio, *le Latin* Obsidio, *en toutes lesquelles langues il vient de* Sedeo, *prins de ceux qui s'assient en un lieu, guettans & faisans estat de n'en bouger, tant que ce qu'ils attendent se presente, qui est ce qu'on disoit anciennement & au tems des guerres des Anglois*, Jurer le Siege, *& n'est gueres esloigné de ce que les Grecs appellent* ἐφέδρευειν, *dont Demostene use pour exprimer l'aguet continuel que Philippe faisoit pour surprendre les Atheniens, lorsqu'il les verroit plus incommodez & malaisez en leurs affaires publiques. Par-là connoist-on assez que le Siege n'est pas la Ville ou Forteresse qui est assiegée, comme aucuns estiment ains l'armée qui sied devant pour la prendre, estant le Siege de l'assaillant, & la Ville ou Forteresse de l'assailli. Aussi dit-on, Mettre le Siege devant une Ville, & tenir le Siege devant une Ville ou Forteresse, Assieger & estre au Siege d'une Ville, & desassieger & lever le siege, le tout du costé de l'assaillant, combien que lever le siege s'attribue aussi à celui qui par force d'armes, inundation d'eaue, ou autre engin, contraint l'assaillant de lever son siege, c'est-à-dire, son armée de devant la Ville assiegée: mais lever le siege en ce cas n'est pas proprement prins, ains* Ab effectu, *d'autant qu'il est cause que l'assaillant leve son Siege de devant la Place par lui assiegée. Quant au mot Grec* πολιόρκησις, *qui aussi signifie* Siege, *il a autre raison de signification, c'est à cause du fossé & palissade, dont ceux qui mettoient anciennement le Siege devant une Ville, environnoient, comme d'une closture, icelle Ville, afin d'empescher les saillies des Assiegés, & l'entrée du secours & des vivres.*

SIF

SIFFLET. s. m. Petit instrument à vent qui sert à siffler. Il est composé d'une embouchure, d'une lumiere & d'une patte.

On appelle *Sifflet de Chauderonnier*, Une sorte de flûte qui a un rang de sept petits tuyaux de bois ou de fer blanc. Le Chauderonnier accompagne toûjours son cri d'un coup de sifflet.

Sifflet, se dit aussi du conduit de la respiration, tant aux hommes qu'aux animaux. C'est proprement le nœud de la gorge nommé λάρυγξ par les Grecs.

SIG

SIGILLE'E, adj. fem. qui n'a d'usage qu'en cette phrase, *Terre sigillée*, du Latin *Sigillare*, Sceller. Cette terre n'a été autre chose chez les Anciens que la Terre Lemnienne qui se trouvoit dans l'Isle de Lemnos auprès d'une Ville appellée Ephestias au haut d'une colline rougeâtre qui ne produisoit ni arbre ni herbe, comme si elle avoit été brûlée. Galien, qui dit y avoir été, témoigne que le Sacrificateur de l'Isle étoit chargé d'aller querir cette terre avec de grandes ceremonies. Etant venu au lieu où on la tiroit, il offroit du froment & de l'orge en signe de satisfaction, sans faire aucun sacrifice de bête, & ensuite il portoit la terre en la Ville avec le plus d'honneurs qu'il pouvoit. Après cela il la mettoit détremper dans de l'eau, & la reduisoit en limon, la troublant & la demêlant toûjours pour la mieux purifier; ce qui étant fait, il la faisoit rasseoir, puis il ôtoit l'eau qui étoit au dessus, & par même moyen il écumoit le limon qui étoit sous la même eau, laissant le sable & les pierres qui étoient descendues au fond comme choses inutiles. Quant au limon gras qu'il avoit ceuilli, il le faisoit secher jusqu'à ce qu'il fût devenu comme de la cire molle, & le separant en petites masses, il les marquoit du sceau sacré de Diane, mettant secher ces trochisques à l'ombre, jusqu'à ce qu'ils fussent entierement secs.

Dioscoride parlant de la terre Lemnienne, dit qu'elle croît en l'Isle de Stalimene, dans une baume caverneuse qui est en certains marais. Les gens du Pays l'amassent, & l'incorporant en sang de chevre, ils en font des Trochisques qu'ils marquent de l'image d'une chevre. De-là est venu que les Grecs lui ont donné le nom de σφραγὶς αἰγὸς, Sceau de chevre. Cette terre, dit-il, est fort singuliere contre tous poisons qu'elle fait vomir, ainsi que pour les piqûres ou morsures des bêtes venimeuses. Elle est bonne aussi aux dysenteries & flux de ventre. Aujourd'hui la terre sigillée nous est apportée de Constantinople, & il y en a de deux sortes, l'une plus rouge, formée en petits pains, & l'autre en plus grandes pastilles, d'un blanc qui a quelque chose de cendré. L'une & l'autre est marquée de caracteres Arabes. On doit choisir celle qui est grasse sans aucun mêlange de sablon, fort astringente, & qui s'attache à la langue.

SIGLATON. s. m. Vieux mot. Sorte d'étoffe.

D'une grand' chambre portendue
De siglatons & de cendaux.

SIGMOIDE. adj. Terme d'Anatomie. On appelle *Cartilages Sigmoïdes*, Certains cartilages, comme ceux de la trachée artere, qui sont faits en forme d'anneaux, sans neanmoins achever tout le cercle, ce qui les fait ressembler à la lettre Grecque appellée *Sigma*, d'où ils ont pris leur nom. On appelle par cette même raison *Apophyse sigmoide*, Une Apophyse de l'omoplate, en Grec σιγμοειδὴς, Qui a la figure d'un Sigma.

SIGNAGE. s. m. Terme de Vitrier. Dessein d'un compartiment de vitres tracé au blanc sur le verre, ou à la pierre noire sur un ais blanchi, qui sert à faire les panneaux, ou les chef-d'œuvres de vitrerie.

SIGNAL. s. m. Tout ce qui se fait de concert entre gens de même parti pour se donner des avis les uns aux autres. Les Signaux sur mer sont des instructions données par le Commandant de l'Armée ou de l'Escadre, de ce qu'il fera, ou de ce qu'il veut qu'on fasse. Les Signaux de jour se font par le maniement des voiles, par des pavillons ou par des flammes de differentes couleurs & grandeurs; ceux de nuit par de faux feux, par le nombre & la situation des fanaux, ou par une certaine quantité de coups de canon. Il y a aussi des *Signaux pour la brume*, quand les brouillards empêchent que les Vaisseaux ne se voyent, & qu'il y a lieu de craindre que faute de se voir ils ne s'abordent les uns les autres. Ces Signaux se font en tirant des coups de mousquet de tems en tems, en battant la quaisse ou en sonnant de la trompette ou les cloches.

SIGNANDAIRE. adj. Terme de Palais. On dit qu'*Il faut des Témoins signandaires dans les Testamens, Donations, & autres actes importans*, pour dire, qu'il faut des témoins qui sçachent effectivement signer ces actes, & non pas de ceux qui disent qu'ils ne sçauroient faire qu'une marque.

SIGNATURE. s. f. *Le seing de quelqu'un apposé à une lettre, à un contract.* ACAD. FR. On appelle *Signature de Cour de Rome*, La minute originale écrite en abregé & en papier d'une grace, dispense, ou concession d'un benefice, sur laquelle le Pape a mis le *Fiat* de sa propre main, ou bien où le *Concessum* est écrit en sa presence. Ces Signatures sont de trois sortes; l'une en forme gracieuse lorsqu'elle s'expedie sur une attestation de l'Ordinaire; l'autre en forme commissoire, qui s'expedie pour les Cures ou Dignités, Canonicats des Eglises Cathedrales & pour les Devoluts, en sorte qu'on ne puisse prendre possession que l'Ordinaire dont le benefice dépend n'ait accordé son *Visa*. La troisiéme, est comme une seconde signature ou lettre executoriale, qui lorsque l'Ordinaire manque à executer dans les trente jours la commission portée par la signature, enjoint à l'Ordinaire le plus voisin de l'executer à son refus.

On appelle *Signature*, en termes d'Imprimerie, les lettres de l'Alphabet qu'on met par ordre au bas de chaque feuille imprimée, la lettre A, à la premiere, la lettre B, à la seconde, en recommençant par un double A a, quand l'Alphabet est fini, afin qu'en voyant ces lettres les Relieurs ne se trompent point à coudre les feuilles l'une après l'autre dans l'ordre qu'elles doivent avoir.

SIGNE. s. m. *Indice, ce qui est la marque d'une chose ou presente, ou passée, ou avenir.* ACAD. FR. Les Medecins appellent *Signes dianostics*, Certains milieux qui leur servent à découvrir les causes morbifiques, les maladies & les parties affectées qui sont bien souvent cachées aux sens. Ainsi le signe est quelque chose de connu qui les mene à la connoissance d'une autre chose inconnue, c'est-à-dire, qui conduit l'esprit où les sens ne sçauroient aller, & le détermine à découvrir en raisonnant la chose inconnue par celle qui est connue. De tous les Signes dianostics ou pronostics, les principaux sont ceux qui se tirent des urines & du pouls, à cause qu'ils désignent immediatement l'état de la puissance ou vertu vitale, qui a son fondement dans le sang.

Signe, en termes d'Astronomie, se dit d'un assemblage de plusieurs étoiles dans le Ciel qu'on suppose faire une certaine figure. Il se dit particulierement des douze Maisons du Ciel, qui sont le Belier, le Taureau, les Jumeaux, l'Ecrevisse, le Lion, la Vierge, la Balance, le Scorpion, le Sagittaire, le Capricorne, le Verseau, & les Poissons. Ces douze Constellations sont appellées *Signes du Zodiaque*, & on les divise en *Signes septentrionaux*, & en *Signes meridionaux*, selon qu'ils sont dans la partie septentrionale ou meridionale du Zodiaque. Le Soleil entre dans un Signe particulier vers le vingtiéme de chaque mois, & on dit qu'il est dans un certain Signe, lorsqu'il est entre notre œil & le Signe. Les étoiles fixes qui sont hors du Zodiaque, sont dites aussi être dans un tel Signe, quand elles se trouvent entre ce Signe, & le plus proche pole du Zodiaque.

Signe, est aussi un terme d'Algebre. On considere en Algebre toutes les grandeurs comme étant *Positives* ou *Negatives*, (Voyez GRANDEUR.) ou comme étant ajoûtées ou retranchées les unes des autres. Celles qui sont positives ou aiguisées à quelque autre sont précedées d'un caractere particulier, qui veut dire *plus*, & celles qui sont negatives ou retranchées de quelque autre, sont précedées d'un caractere qui veut dire *moins*. Ces caracteres s'appellent *Signes*. Ce sont les differens Signes qui reglent la maniere d'operer sur chaque grandeur.

SIGNER. v. a. *Mettre son seing à une lettre, à une promesse, à une obligation, à un contrat ou autre acte pour l'authoriser.* ACAD. FR. On dit par exaggeration, *Signer de son sang*, sur quoi Nicod rapporte plusieurs choses curieuses. *C'est*, dit-il, *une maniere de parler dont on use quand on veut assûrer de tout poinct, & mettre hors de doubte & de mescreance ce qu'on a dit & promis, comme si on disoit ne vouloir espargner l'effusion de son sang pour le maintien de ce qu'on a dit ou convenu. On ne peut bonnement extraire ceste maniere de parler de la façon des Romains & autres tels Peuples, lesquels assuroyent leurs traictez de paix & conventions publiques par effusion du sang des bêtes qui estoyent par eux sacrifiées à cet effect, comme au traicté d'entre le Roy Latinus & Enée, comme Virgile recite avoir esté faict. Moins la peut-on prendre par imitation de ce que les Latins appellent* Sanctiones, *dont l'infraction estoit punie d'effusion de sang, comme Ciceron dit dans l'Oraison* Pro Cornelio Balbo. *D'où que soit que cette maniere de parler soit née, Pomponius Mela au liv. 2. chap. 11. narre que les Axiaces Scythiens faisans traitez, pactions & convenances entre eux, se navrent & entament leur chair eux-mêmes, & ayans meslé leur sang ensemble s'en mettent dans la bouche, tenans ceste cerimonie pour gage certain de l'inviolabilité de leurs conventions, promesses & foy donnée, & Herodote livre 3. dit que les Arabes font leurs traictez d'alliance & confederation avec autres Princes & Nations par extraction de sang de la paulme de la main de chacun des futurs Confederez, en l'endroit de la racine des plus grands doigts, ce que un tiers estant au milieu d'eux deux fait avec une pierre aigue, baignant par après en ces deux sangs meslez un houpillon qu'il tire de la frange de leurs robbes, & avec iceluy teignent de ce sang double sept pierres, qui à cet effet sont placées entre les futurs alliez, quoy faisant il reclame* Dionysium & Uraniam, *que les Arabes tiennent à Dieux sans plus, laquelle invocation faite, celui qui baille la foy pour l'alliance, prend par promesse celle de l'estranger, laquelle cerimonie pouvoit signifier que Dionysius & Urania estoyent appellez conservateurs de telle confederation, pour justicier de peine de sang & capitale de celui desdits Confederez qui en seroit violateur, comme en cas pareil le Foecial des Romains, après les articles de la confederation recitez, frappoit rudement d'un caillou à fer un porc qui estoit à ses piés à ceste fin, reclamant Diespiter à conservateur du traicté & vengeur de l'infraction d'iceluy par peine de bris & de mort.* Ainsi, Signer de son sang, *se pourroit exposer, Promettre & asseurer une chose au peril & perte de sa vie en cas de non accomplissement. Aussi le François dit*, Je lui donnerois de mon sang s'il en avoit besoin; *&*, J'aymerois mieux avoir espandu une pinte de mon sang que mal lui fust advenu, *quand il veut monstrer l'extrême amitié qu'il porte à celui-là.*

Les Vitriers disent, *Signer le verre*, pour dire, Le marquer sur le carreau ou sur la table, ce qu'ils font avec une espece de pinceau qu'ils appellent *Drague*.

SIGNET. s. m. Vieux mot. Cachet.

Lettres closes & de ton signet cachetées.

SIGNIFICATEUR. s. m. Terme d'Astrologie. Il se dit de certains lieux dans le Ciel destinés à recevoir les actions des autres Astres qui font leur effet après un certain nombre de revolutions qu'on trouve en calculant les directions de l'Astre agissant à celui qui reçoit son action pour la réfléchir sur l'objet terrestre. Ces directions s'appellent *du Promisseur au Significateur.*

SIGUENOC. s. m. Espece d'Ecrevisse qui se trouve dans les mers des Indes Occidentales, & qui est couverte de deux écailles fort dures, dont celle de devant est bossée & un peu épaisse. Elle est double autour du front & taillée en demi-lune à l'endroit où elle se joint à l'autre. Le dehors est relevé par bossettes ou pointes obtuses disposées par rang. Celle de derriere est plus déliée que l'autre & en forme de losange, dentelée des deux côtés, & picotée de petits trous. Sa queue surpasse en longueur le reste du corps, & depuis le milieu jusques au bout, elle est dentelée de pointes fort rudes. En la partie convexe du premier test sont les yeux de ce poisson, assés apparents pendant qu'il vit, mais plus retirés & couverts d'une membrane comme de corne quand il est mort. Il a plusieurs jambes à la maniere des cancres. Les huit premieres sont plus courtes que les autres, les deux qui suivent plus longues, & les deux dernieres encore plus courtes. Il n'a point de nageoires, mais il est muni de chaque côté d'un petit os obtus qui lui sert comme de rame, avec quoi on croit qu'il nage. Auprés de la gueule il a deux petites pates dont il se sert pour mâcher, & sous le test de dessous on lui voit quelques petites vessies qui s'enflent à la façon de la gorge des grenouilles. Ce poisson, que quelques-uns appellent aussi *Signoc* se plaît aux rivages & aux lieux qui ne sont guére profonds. Il y en a de differentes grosseurs, les uns ayant la queue longue de plus d'un pié. Ils se prennent particulierement à l'embouchure des rivieres.

SIGUETTE. s. f. Terme de Manége. Cavesson de fer avec un demi cercle de fer creux, & vouté avec des dents comme celles d'une scie. Il est composé de deux ou trois pieces que des charnieres joignent l'une à l'autre, & monté d'une têtiere & de deux longes, & sert à dompter les chevaux fougueux. On appelle aussi *Siguette*, Un fer rond d'une seule piece, & qui est cousue par dessous la muserolle de la bride, afin qu'on ne la voye pas. Le Cavalier fait agir cette Siguette par une martingalle, lorsque le cheval bat à la main.

SIL

SIL. s. m. Terre minerale de couleur jaune qu'employoient les Anciens pour faire des couleurs. C'étoit une espece de limon qui se rencontroit dans les mines d'argent. M. Felibien dit qu'il y a apparence que le Sil & l'Ochre n'étoient qu'une même matiere, *Sil* étant le nom Latin, & ὤχρα, qui veut dire, Couleur pâle, étant le nom Grec. Quelques-uns font venir *Sil*, du Grec σέλας, Eclat, comme celui du Soleil & de la Lune.

SILIQUASTRE. s. m. Sorte d'herbe qui rend une saveur de poivre. On appelle aussi *Siliquastre*, le Poivre d'Inde ou de Calecut.

SILIQUE. s. f. Sorte de poids de Medecine, qui contient deux chalques ou quatre grains. *Silique* du Latin *Siliqua*, est proprement la gousse des féves ou poix, du Grec ξυλικὴ, Ligneuse, selon quelques-uns.

SILIR. v. n. Vieux mot. Cligner les yeux. On a dit aussi *Seillir*.

SILLAGE. s. m. Terme de Marine. Trace du cours d'un Vaisseau. Il se prend aussi pour le chemin que fait un Vaisseau, & en ce sens on dit qu'*Un Vaisseau double le sillage d'un autre Vaisseau*, pour dire, qu'il va une fois aussi vîte.

SILLER. v. n. Terme de Manége. On dit d'un chevál, qu'*Il sille*, qu'*Il est sillé*, pour dire, qu'Il commence à avoir les sourcils blancs, ce qui lui arrive dans sa quinziéme ou seiziéme année.

Siller, est aussi un terme de Marine, & on dit *Mettre un Vaisseau dans la situation dans laquelle il peut mieux siller*, pour dire, En laquelle il peut mieux cheminer.

SILLET. s. m. Terme de Lutier. Petit morceau d'yvoire, appliqué tout le long du haut du manche d'un lut ou autre instrument semblable, & sur lequel posent toutes les cordes.

SILLON. s. m. Longue raye ou ouverture que le soc de la charrue fait dans la terre quand on la laboure.

Quelques-uns appellent encore *Sillon*, en termes de guerre, Une élevation de terre faite au milieu d'un fossé pour le fortifier quand il a trop de largeur. On dit plus communément *Enveloppe*, que *Sillon*. M. Guillet qui en parle, dit que le trait de cette élevation forme de petits bastions, des demi-lunes, & des redans qui sont plus bas que le rempart de la Place, mais plus élevés que le chemin couvert.

SILYBUM. s. m. Herbe épineuse & large, qui a ses feuilles semblables à la carline. Fraîche cuite, elle est bonne à manger avec de l'huile & du sel. Le jus de sa racine provoque à vomir si on le prend au poids d'une drachme. C'est tout ce qu'en dit Dioscoride, surquoi Matthiole avoue, que cette description étant legere, il n'a pû distinguer le vrai Silybum entre la quantité d'herbes épineuses qu'il y a, quoiqu'il ne croye pas que l'Italie en soit dénuée.

SIM

SIMBLEAU. s. m. Cordeau, regle ou perche qui sert au Charpentier à tracer des cercles plus grands que la portée du compas. On devroit écrire cimbleau *à circulo*.

SIMILAIRE. adj. On appelle en termes de Medecine, *Parties similaires*, Les parties du corps des animaux qui sont semblables entre elles, & qui sont aussi semblables à leur tout à l'égard de la matiere. Il y en a de deux sortes, les unes sanguines, sçavoir la graisse & la chair, & les autres spermatiques qui sont au nombre de neuf, l'os, le cartilage, le ligament, les membranes, les fibres, le nerf, la veine, l'artere & le cuir. Selon les Observations de M. Grevv, les plantes ont aussi leurs parties Similaires & organiques. Elles sont enfermées dans une cuticule qui est transparente.

SIMILLE. s. m. Vieux mot. Froment.

Gasteaux faits d'huile, & de fleur de Simille.

SIN

SINA. s. m. Racine medicinale, qui pour être bonne doit être solide, pesante, noueuse, insipide, rouge au-dehors & blanche au-dedans. Elle croît dans une Province qui appartient aux Chinois, & on l'apporte delà en Europe. Voyez CHINA.

SINAPISME. s. m. Remede exterieur composé de simples acres & échauffans suivant la nature du corps auquel on l'applique en forme de cataplasme pour réchauffer quelque partie, ou pour attirer les humeurs du profond à la superficie. On l'appelle ainsi à cause qu'il y entre beaucoup de semence de moûtarde. On s'en sert d'ordinaire dans les maux de tête inveterés, dans les longues fluxions, & dans les maladies froides du cerveau, en l'appliquant sur toute la tête, après qu'on en a rasé les cheveux.

SINGE. s. m. Animal à quatre piés qui approche de la figure de l'homme, par les dents, les narines & les oreilles, & qui en contrefait les actions. Il a une grande queue & est couvert d'un gros poil. Il tue & mange les vers & les araignées, aussi bien que les poux qui viennent à la tête des personnes. Il y en a de differentes especes dans les Isles de l'Afrique, de gros qui sont blancs avec des taches noires sur l'endroit des côtes & sur la tête, & un long museau. Leur naturel est farouche, & ils ne sont pas moins cruels que les Tigres. Le fracas, & le tintamarre qu'ils font dans les bois est tel, qu'il suffit qu'il y en ait dix ensemble pour faire croire qu'ils sont plus de cent. Il y en a d'autres beaucoup plus petits que ces premiers. Ils ont le poil gris, & le nés plat, & sont aisés à apprivoiser. D'autres qui sont gris aussi, ont de longs museaux, & de grandes queues garnies de poil comme celle d'un Renard. On les apprivoise aussi facilement pourvû qu'on les prenne jeunes. Ils font plusieurs grimaces & postures qui divertissent. Il y a d'autres Singes blancs que les habitans appellent *Sifac*. Ils sont bien munis de dents, ont des queues blanches & deux taches en façon de dents sur les côtés. D'autres ont leurs queues bigarrées de blanc & de noir, & courent par troupes dans les bois quelquefois jusqu'au nombre de cinquante. Il en est d'autres qui ont le poil court, & les yeux aussi étincelans que le feu. Ils sont gris, & agreables à voir, mais on ne les sçauroit apprivoiser, & ils se laissent mourir de faim quand ils sont pris. Les Singes ont une poche de chaque côté de la machoire, & c'est là qu'ils serrent tout ce qu'ils veulent garder. M. Ménage fait venir le mot de *Singe* du Latin *Simia*.

Singe. Engin dont on se sert dans les bâtimens & avec lequel on décharge les marchandises qui sont dans les bateaux. Il n'est d'ordinaire composé que d'un treuil qui tourne dans deux pieces de bois mises en croix de saint André. Il y a des leviers ou manivelles à chacun des bouts du treuil, qui le font tourner au lieu de roues.

On appelle aussi *Singe*, Un instrument de perspective qui sert à copier des tableaux, & à les réduire du grand au petit pié, ou du petit pié en grand. Il est composé de quatre regles plates, percées de differens trous en des distances égales, afin de le pouvoir allonger & accourcir selon la proportion que l'on desire. Cet instrument est mobile sur quatre pointes qu'on fiche dans quatre de ces trous. L'une de ces pointes se promene sur les traits de l'original, & cependant elle fait tracer par celle qui lui est opposée, & qui est armée d'un crayon, une copie qui ressemble entierement à l'original.

SINGLER. v. n. Terme de Marine. Naviguer, faire route sur l'eau. Il signifie aussi Aller ou marcher à toutes voiles. C'est dans cette derniere signification que Nicod l'a expliqué en ces termes. Singler *est dit par Onomatopée pour*, *Naviguer à plein vent, parce que le voile poussé de la violence d'iceluy & les aubans qui le contretiennent chifflent, ou bien est rendu ce chifflet par le vent mêmes forçant lesdits voile & aubans ; selon laquelle onomatopée, on dit aussi* Singler de verges, *pour*, *Battre de verges*, *parce que les verges ou fouet, en battant quelqu'un, rendent un chifflet.* Selon du Cange, *Singler* vient de *Siglare*, que les Auteurs de la basse Latinité ont dit dans la même signification. Plusieurs écrivent *Cingler.*

SINGOFAU. s. m. Grande feuille de trois paumes de long & de quatre doigts de large. Elle sort d'une plante qui s'attache au tronc d'un arbre, & qui se trouve dans l'Isle de Madagascar. On tient que cette feuille pilée & mise sur l'œil, éclaircit la vûe.

SINOPLE. s. m. C'est proprement une sorte de craie ou de mineral qu'on trouve au Levant, & qui est bonne pour teindre en vert. *Sinople*, en termes de Blason veut dire Vert, & on le represente dans la gravûre par des hachures, ou des traits diagonaux de droit à gauche. Le Pere Menêtrier fait venir *Sinople* de ces deux mots Grecs πράσινα ὅπλα, Armoiries vertes en retranchant la premiere syllabe du premier.

SINUS. s. m. Terme de Chirurgie. Espece de petit sac qui se fait à côté d'une plaie ou d'un ulcere & où il s'amasse du pus.

On appelle *Sinus*, & autrement *Sein* ou *Anse*, Un bras de mer qui s'avance dans les terres.

Sinus, est aussi un terme de Geometrie. La principale connoissance des triangles, & celle qui est l'objet de toute la Trigonometrie, est de les sçavoir *resoudre*, c'est-à-dire, de trouver la valeur de leurs côtés, & par elle, l'espace que les triangles contiennent, cette connoissance seroit assés aisée, si les côtés avoient entre eux la même proportion que les angles, & que par exemple un angle double d'un autre, donnât un côté double d'un autre côté, mais cela n'est pas, & il a falu chercher dans le triangle d'autres grandeurs proportionnelles aux côtés. Ce sont ces *Sinus*. Un arc étant déterminé, on tire d'une de ses extrêmités au-dedans du cercle une perpendiculaire sur le diametre qui passe par l'autre extrêmité. Cette perpendiculaire est le *Sinus* de cet arc, & de l'angle que l'arc mesure. Et comme le Sinus est la moitié de la corde du double de cet arc, & qu'une corde appartient en même tems à deux arcs qui font le cercle entier, il est visible que le même Sinus appartient à deux arcs qui font le demi cercle, & que le Sinus d'un angle aigu est aussi le Sinus de l'angle obtus qui est le complément de cet aigu jusqu'à 180. degrés. Un angle aigu étant déterminé, le Sinus de l'arc qui lui manque pour aller jusqu'à 90. degrés s'appelle le *Sinus de son complément.* La partie du diametre comprise entre l'arc & son Sinus qui tombe toûjours sur le diametre, s'appelle *Sinus versé* par opposition au Sinus proprement dit qu'on appelle *Sinus droit.* Les Geometres ont trouvé que dans un triangle les côtés sont entre eux comme les Sinus droits des angles ausquels ces côtés sont opposés. Ainsi si l'on connoissoit les trois angles d'un triangle, & les Sinus de ces angles, on connoîtroit la proportion que doivent avoir entre eux les trois côtés, & si de ces côtés, on connoissoit la grandeur réelle d'un seul, la proportion donneroit la grandeur réelle des deux autres. Il faut donc d'abord connoître les Sinus de tous les angles, & pour cela on suppose que le rayon d'un cercle qu'on appelle aussi *Sinus total*, parce qu'étant le Sinus de l'angle de 90. degrés, il est le plus grand de tous, est d'un certain nombre de parties par exemple de 10000000. après quoi on trouve combien les Sinus de tous les autres angles depuis 90. degrés jusqu'à 1. contiennent de ces parties. On conduit même les Sinus par toutes les minutes de chaque degré, & on en fait des Tables qu'on appelle *Tables des Sinus*, par le moyen desquelles on trouve les Sinus de tous les angles que l'on connoît, & par les Sinus la proportion de tous les côtés d'un triangle, & même leur grandeur réelle, pourvû que l'on en connoisse quelqu'un.

On prend de grands nombres pour les Sinus, car on est souvent obligé dans le calcul de negliger des fractions, & de prendre pour *rationnelles* des racines qui effectivement ne le sont pas, & ces erreurs ne sont pas considerables dans de grands nombres.

SIP

SIPHON. s. m. Tuyau recourbé pour tirer l'eau d'un Vaisseau, ou telle autre liqueur que ce puisse être. On fait des Siphons de verre, de plomb & d'autre matiere. Ce mot est Grec, σίφων, & veut dire simplement un Tuyau.

Siphon, en termes de Marine, se dit d'un orage dans lequel l'eau de la mer s'éleve en maniere de colomne à la hauteur de cent brasses, & tournoie spiralement par la largeur de quinze à vingt piés de diametre, comme si c'étoit par un Siphon ou une viz d'Archimede. On ne voit d'abord paroître en l'air qu'une petite nuée de la grosseur à peu près du poing. Elle vient du côté du Sud au Cap de Bonne-Esperance, aux côtes de Barbarie & aux Plages orientales de l'Amerique. Les Mariniers l'appellent *Dragon*, ou *Grain de vent*, les Levantins *Typhon* ou *Siphon*, & les Ameriquains *Puchot.* Du tems de Pline les Matelots versoient du vinaigre pour appaiser ce tourbillon quand il s'approchoit ; presentement ils croyent le repousser en ferraillant & en escrimant sur le tillac avec grand bruit.

SIR

SIRAMANGHITS. s. m. Arbre mince dont le bois est propre à fortifier le cœur, & qui se trouve dans l'Isle de Madagascar. Son écorce sent le clou de girofle, & il produit une resine odoriferante. On l'appelle *Siramanghits*, qui en langage du Païs veut dire Odoriferant, à cause de l'agreable odeur de ses feuilles, qui est la même que rendent le santal blanc & le jaune.

SIRE. s. m. On s'est servi autrefois de ce mot pour dire Maître, Seigneur. *Et sciez sires de cest chastel.* Ainsi on disoit, *Sire de l'ost*, pour dire, General de l'armée. *Sire*, dit Nicod, *est un terme d'honneur préexcellent qu'on donne par antonomasie au Roi Très-Chrestien sans adjection, & à autres inferieurs de l'estat de robbe courte, soient Chevaliers*, Sire Chevalier, *soient du commun estat*, Sire Pierre, Sire Simon. *L'Italien dit* Sere. *Nous disons par composition* Messire, *pour*, *Monsire*, *comme si l'on disoit*, Mon *sire, à la façon des Picards, & Messere, pour* Miscere, *ce qu'aucunes Nations d'Italie prononcent en un mot* Misser. *Le tout vient originairement de* ἥρως, *vocable Grec qui signifie un homme signalé en vaillance, prouesse & excellence de vertu, car tels personnages estoient communément de tous appellez* Sires, Messires, *comme se voit en Amadis & ès anciens Romans pour estre recognus par leur grande vaillance à Seigneurs & Maistres par le peuple bas, & ainsi viendroit du mot Latin* Heres, *qui est provenu dudit mot Grec* ἥρως, *& signifioit au premier, Maistre & Seigneur, comme dit Festus, disant encore aujourd'hui l'Allemand* Her, *par apocope pour Seigneur. Le Latin* Herus *en dépend, combien qu'il n'ait signification si hautaine que ledit Grec, pour ne s'estendre si n'est du serviteur au maistre. Le Sire François & le* Sere *des Italiens qui plus tient & du Grec & Latin, en viennent aussi, estant presques ordinaire le changement de l'aspiration Grecque en la lettre S, quand le mot Grec passe en autre langage, comme de* ὕπνος, Somnus, *Sommeil,* ὑπό, Sub, *Sous. Aucuns veulent que ce mot* Sire *vienne de* κύριος *Grec, ce que ne veux advouer ne debattre. Quoyque soit, le François en commun usage donne ce titre* Sire *aux Marchands avec adjonction de leur nom ou surnom, & par antonomasie sans adjonction au Roy seulement. Vray est qu'il y a aucuns fiefs en France aux Seigneurs desquels est attribué le tiltre de Sire, comme le Sire de Pons en Guienne, qui est un tiltre signalé & octroyé à bien fort peu de fiefs en ce Royaume. On trouve aux anciens Romans François ce mot* Sire *avoir esté jadis plus commun pour quelconque Seigneur de place, comme,* le Sire du Pays, *c'est-à-dire, le Seigneur du Pays. Quant à ce mot* Messire, *les François luy ont donné une grande prérogative, pour ne pouvoir estre usurpé entre gens Laics, que par les seuls Chevaliers de Chevalerie Françoise : car le François n'usera de ce mot envers tous ceux que l'Espagnol & l'Italien appellent* Cavallero *&* Cavagliere, *ains envers ceux sans plus qui sont faits Chevaliers par l'Ordre ou accolée & autre ceremonie y appartenant, ou qui ont dignité de Chevalerie en consequence de leurs degrez & estats, comme le Chancelier & autres, & entre gens Ecclesiastiques aux Prestres : de sorte que le* Messere *ou* Misser *des Italiens est grandement inferieur en rang au* Messire *des François.*

SIRENES. s. f. Les Païens ont feint que c'étoient des Monstres marins qui etoient femmes de la ceinture en haut, & poissons de tout le reste du corps, & que ces Monstres par la douceur de leur chant attiroient dans les écueils ceux qui s'arrêtoient pour les écouter.

On trouve en divers Lacs du Royaume d'Angole dans la basse Ethiopie, ainsi que dans le fleuve de Quansa, un Monstre aquatique appellé *Ambisiangolo* par les Negres, *Pezze-mouler* par les Portugais, & *Sirene* par les Pilotes François. Il y en a de mâles & de femelles. Leur longueur est de huit piés, & leur largeur de quatre. Ils ont les bras courts & les doigts de la main longs; mais quoique leurs doigts soient divisés en trois jointures, ainsi que les nôtres, ils ne sçauroient fermer tout-à-fait la main. Ils n'ont ni oreilles ni menton. On remarque seulement que dans l'endroit où devroient être les oreilles, la peau est plus mince, ce qui fait juger que les nerfs de l'ouïe y aboutissent. Ces Sirenes ont la tête & les yeux ovales, le front élevé, le nés plat & la bouche grande. On distingue deux petits tetons aux femelles, mais dans l'eau il est impossible de s'appercevoir du sexe. Leur couleur est d'un gris brun. On leur tend des pieges pour les prendre, & alors on les tue à coups de dards, malgré les cris qu'elles poussent d'une maniere lugubre. Leurs entrailles & leur chair n'ont pas seulement la figure de celles d'un pourceau, mais encore l'odeur & le goût. Le lard en est fort épais, & il y a peu de maigre. Les Portugais disent que l'os qui aboutit à l'endroit où devroit être l'oreille, est bon contre le mauvais air. On tient aussi que la limure de certain os du crane des Sirenes mâles est un singulier remede contre la gravelle. Les côtes de ce poisson, & sur-tout la côte gauche qui est plus proche du cœur, servent à faire des grains qui ont la vertu d'étancher le sang. On en fait aussi des bracelets qu'on porte comme des préservatifs. On prend quantité de ces Sirenes sur la côte Orientale d'Afrique aux environs de Sofala. On les sale pour les transporter ailleurs; mais il est dangereux d'en manger sur mer, lorsqu'on a quelques impuretés dans le corps, à cause que cette chair étant forte, les fait sortir avec tant de violence, qu'il est malaisé d'en échaper.

Il y a dans les Moluques un poisson que l'on appelle *Sirene*, à cause qu'il a le sein & le visage comme celui d'une femme. Sa chair a le goût de celle de vache, & il est grand comme un veau. On tient que ses dents ont la vertu de guerir la dysenterie.

SIROC. s. m. Nom que donnent les Italiens au vent qui est entre l'Orient & le Midi. C'est celui qu'on nomme *Sud-Est* sur l'Ocean.

SIS

SISON. s. m. Petite graine que Dioscoride dit croître en Syrie, semblable à la graine d'ache. Elle est longue, noire & brûlante, & prise en breuvage, elle sert pour les défauts de la rate & pour la difficulté d'uriner. Matthiole avoue qu'elle lui est entierement inconnue, & la laisse aux Syriens qui la mettent parmi leurs sausses avec des courges & du vinaigre, selon le même Dioscoride.

SISYMBRIUM. s. m. Plante dont il y a de deux sortes, sçavoir le Sisymbrium des jardins & le Sisymbrium sauvage. Celui des jardins est une plante que quelques-uns appellent *Serpolet sauvage*, qui croît dans les lieux qui ne sont point cultivés. Elle est si semblable à la mente des jardins, qu'on lui a donné le nom de *Menta-crispa*. Elle est toutefois plus odorante, & a ses feuilles plus larges. Le vrai Sisymbrium, selon Galien, est composé de parties subtiles, chaud, resolutif & desiccatif au troisiéme degré. Le Sisymbrium sauvage est une plante qui croît dans les ruisseaux des fontaines. Elle a un goût aigu & mordant, & jette d'abord ses feuilles rondes, lesquelles venant à croître sont déchiquetées comme celles de la roquette, ayant l'odeur & la saveur du cresson alenois, qu'on appelle *Cardamum*, d'où vient qu'on donne le nom de *Cardamine* au Sisymbrium sauvage. Cette plante est lithontriptique & provoque à uriner. Quelques-uns font venir le mot de *Sisymbrium* de σίον, qui veut dire la Berle, & de ὄμβρος, Pluie, à cause que cette plante croît dans les lieux aquatiques.

SIV

SIVADIERE. s. f. Terme de Marine. La voile du beaupré. Comme elle est la plus basse du Bâtiment, elle prend le vent à fleur d'eau.

SIX

SIXAIN. s. m. Petite piece de Poësie composée de six

six vers. Il y a des stances dont chaque couplet est un Sixain. Il faut que les vers de toutes les strophes soient d'une mesure semblable à ceux du premier couplet.

On dit *Sixain de cartes*, pour dire, Un paquet composé de six jeux de cartes.

Sixain, se dit aussi d'un ancien ordre de bataille pour six bataillons qu'on range sur une ligne. On fait marcher le second & le cinquiéme à l'avant-garde, & le premier & le sixiéme à l'arriere-garde. Le troisiéme & le quatriéme demeurant sur leur terrain forment le corps de bataille. Tous les bataillons, dont le nombre est produit par celui de six, peuvent être mis en bataille par l'ordre du Sixain. Ainsi douze & dix-huit Bataillons y seront mis, en formant deux ou trois Sixains. On doit placer un Escadron à la droite de chaque Bataillon, & un à la gauche.

SIXTE. On a dit autrefois *L'heure de Sixte*, pour dire, Six heures.

Pour t'envoyer viron l'heure de sixte.

On a dit aussi, *Siste*, pour dire, Sixiéme.

Sixte est un terme de Musique, & on dit *Sixte diminuée*, pour dire. Un ton qui contient deux tons & trois demi-tons majeurs, ou une tierce diminuée & une quarte. La *Sixte mineure* contient trois tons & deux demi-tons majeurs, ou une tierce mineure & une quarte. La *Sixte majeure* contient quatre tons & un demi-ton majeur, ou une quarte & une tierce majeure; & la *Sixte superflue* contient quatre tons & deux demi-tons, un majeur & un mineur.

SMA

SMARAGDOPRASE. s. f. Sorte de pierre qui semble tenir le milieu entre l'émeraude & la preme d'émeraude. Elle est distinguée de cette derniere en ce qu'elle n'a aucune couleur jaune, & elle differe de l'émeraude en ce qu'elle n'a point de verdure. Cette pierre, qui se prend plûtôt pour un jaspe que pour une vraie émeraude, n'est ni tout-à-fait opaque, ni tout-à-fait diaphane, quoi qu'on puisse dire qu'elle a tout ensemble de la transparence & de l'opacité. *Smaragdoprase* est un mot Grec formé de σμάραγδος, Emeraude, & de πράσον. Porreau.

SME

SMECTIN. s. m. Terre glaise, grasse & luisante, pesante, tantôt jaunâtre & tantôt noirâtre. Les Cardeurs de laine, qui s'en servent fort en Angleterre, l'ont appellée *Soletard*; & à cause qu'elle fait presque la même chose que le savon, les Latins la nomment *Terra saponaria*.

SMI

SMILAX. s. m. Il y a trois sortes de Smilax, le rude, le doux & le Smilax des jardins. Ce dernier est un arbrisseau dont les feuilles sont semblables à celles du lierre, à la reserve qu'elles sont plus tendres. Sa tige est mince & grêle, & a des tendons pour s'agraffer aux plantes voisines. Ces tendons deviennent si grands, que l'on s'en sert pour donner de l'ombre aux allées, & pour couvrir les treilles & les berceaux des jardins. Ses gousses ressemblent à celles du senegré, quoiqu'elles soient plus longues & plus bossues. Sa graine est faite comme un roignon, & est de differentes couleurs. Selon Matthiole, ce n'est autre chose que ce qu'on appelle *Faseoles de Turquie*. On les mange avec leurs gousses, comme l'on fait les asperges. Elles provoquent l'urine, & causent des songes fâcheux & tumultueux.

Le *Smilax âpre* ou *rude*, a les feuilles semblables à la Matrisylva, & produit plusieurs menus sarmens, piquants comme ronces. Il s'agraffe aux arbres depuis le pié jusques à la cime, & s'y entortille de branche en branche. Il porte de petits raisins qui sont rouges étant mûrs & un peu mordants au goût. Sa racine est dure & grosse. Ses feuille & ses fruits, pris avant & après le poison, servent de preservatifs; & on tient que si on en fait avaler à un enfant sitôt qu'il est né, aucun poison ne pourra lui nuire.

Le *Smilax doux*, ou *lissé*, a ses feuilles comme le lierre, mais plus molles, plus menues & plus unies. Ses sarmens sont moins piquans que ceux du Smilax âpre, auquel il ressemble en s'agraffant aux arbres de la même sorte. Son fruit est petit & noir & semblable aux lupins. Ses fleurs sont rondes sans être entaillées, & viennent en grande abondance. Matthiole dit que cette plante croît par tout, & principalement en Toscane, où on la nomme *Vilucchio maggiore*. Les Latins l'appellent *Volubilis major*, en François *Liset* ou *Liseron*. Quelques-uns font venir ce mot du Grec σμάω, Je ratisse, je racle, d'où a été fait σμίλη, Burin, lancette, à cause que le Smilax âpre a ses branches armées de pointes.

SMILLE. s. f. Espece de marteau qui a deux pointes propres à piquer le grais ou le moilon.

SMILLER. v. a. Piquer du grais ou du moilon avec la smille. On dit aussi *Esmiller*. M. Felibien observe qu'il y a plusieurs Ouvriers qui disent *Eschemiller*.

SOC

SOC. s. m. Fer large & pointu qui sert à fendre la terre, & qui fait la principale partie de la charrue qu'on employe à labourer.

Soc, s'est dit d'une sorte de chaussure dont les anciens Comediens se servoient en representant quelque Comedie. Le Coturne étoit la chaussure pour les Tragedies.

Soc, est aussi la chaussure d'un Recollet, ou d'un Religieux du tiers Ordre de saint François. Elle est de bois & haute de trois ou quatre pouces. On dit plus communément *Socque*. Cette chaussure s'attache aux piés avec des courroyes.

Les Feuillans en portoient autrefois, & même alloient piés nus; mais toute reforme degenere.

SOCINIENS. s. m. Nom qu'on a donné aux Antitrinitaires d'aujourd'hui, à cause de Fauste Socin, l'un des principaux Chefs de ce parti, dont le premier établissement s'est fait en Pologne, ce qui les a fait nommer *Freres Polonois*. Ils y faisoient profession de n'approuver que le seul Symbole des Apôtres, rejettant le Symbole de Nicée & celui que l'on attribue à saint Athanase, comme n'étant point conformes à la parole de Dieu, qui selon eux n'établit qu'un seul Dieu qui est le Pere. Ainsi ils nient la divinité de JESUS-CHRIST, l'existence du Saint Esprit, le peché originel, la satisfaction de JESUS-CHRIST, la resurrection des méchans, & le rétablissement des mêmes corps que les Fidéles ont eu pendant leur vie dans le monde. Après qu'on les eut chassés de Pologne par un Arrêt public dans une Diete generale, ils se retirerent en Hollande, où ils sont en grand nombre, sur-tout à Amsterdam. Comme les Assemblées publiques leur sont défendues, ils se cachent sous le nom des Arminiens & des Anabaptistes. Ils ne laissent pas d'avoir quelques Assemblées secretes, dans lesquelles ils font des prieres à Dieu en gemissant & pleurant. Ils se plaignent de ce qu'ils sont odieux & en abomination à la plûpart des Chrétiens à cause de leur doctrine, qu'ils protestent n'avoir aucun interêt à soûtenir, que parce qu'ils sont persuadés que cette doctrine est vraie, & qu'ils ne peuvent renoncer au zele qui les porte à vouloir conserver au grand, seul, unique & souverain Pere de Notre-Seigneur Jesus-Christ, la gloire de sa divinité. Ils disent qu'ayant été confirmés dans leur foi par la lecture de la parole de Dieu & des livres qui ont été publiés contre eux, ils supplient ce grand Dieu, s'ils sont dans l'erreur, de la leur faire connoître, afin qu'y renonçant aussi-tôt, ils rendent gloire à la verité. Si l'on en peut juger par ce qu'on en voit, leur conduite est sainte, aussi-bien que leur conversation. Ils la forment toute entiere sur les preceptes de Jesus-Christ, & prennent si peu de soin des choses du monde, qu'ils semblent ne penser uniquement qu'aux œuvres de pieté & de charité, & au salut de leurs ames. Ils s'occupent entierement à la lecture de la parole de Dieu, que beaucoup d'entre eux sçavent par cœur. Quand ils font une Assemblée, comme elle se fait toûjours pour les exercices de pieté, tous ceux qui s'y trouvent ont la liberté de parler. L'un commence un chapitre de l'Ecriture, & après avoir lû quelques versets où le sens est achevé, il dit ce qu'il pense, ainsi que ceux qui l'écoutent, touchant ce que signifient les paroles qui ont été lûes. Quoique la plûpart soient hommes sans lettres, il semble qu'ils ayent un talent particulier pour l'intelligence & pour l'explication de l'Ecriture sainte. Fauste Socin dont les Sociniens ont pris leur nom, étoit Italien, d'une des plus illustres Familles de Siene. Il commença à étudier la Theologie à l'âge de trente-cinq ans, rempli des préjugés de son oncle Lelius, qui mourut à Zuric en 1532. & dont il eut les Ecrits. La connoissance de la Theologie qu'il y puisa, le fit s'ériger en réformateur du genre humain. Il a fait beaucoup d'ouvrages, & il paroît dans tous bien plus de subtilité & de raffinement, que de jugement & de solidité.

SOCLE. s. m. Terme d'Architecture. Membre quarré plus bas que sa largeur, sur lequel on pose quelque corps & qui lui sert comme de base ou de piedestal. On fait venir Socle du latin *Soccus*, Sandale, à cause que cette partie sert à élever le pié des bâtimens, comme sur des patins ou sandales. Les Italiens lui donnent le nom de *Zoccolo*, qui veut dire, Patin. On appelle *Socle continu*, Une espece de piédestal continu qui sert à porter un bâtiment, & qui n'a ni base ni corniche. On dit aussi *Zocle*.

SOD

SODA. s. m. Nom que donnent les Auteurs Allemans à une ébullition ou effervescence de matieres excrementeuses qui se fait dans l'estomac & qui est accompagnée d'une douleur & ardeur d'estomac, comme s'il s'élevoit des fumées enflammées par l'œsophage. Cette effervescence est excitée par un acide vitié avec un salin huileux : car le salin & l'acide fermentant ensemble, produisent une chaleur d'autant plus grande, qu'il y a plus d'huile & de souphre. Les personnes coleres, ou à qui la bile regorge du duodenum dans l'estomac, sont sujettes à ce mal par l'effervescence de la bile avec l'acide de l'estomac alors vitié. Il en est de même des hypochondriaques, à cause qu'un acide billieux domine dans leur estomac, sur-tout quand ils avalent des choses douces miellées & succrées, qui en fermentant avec l'acide excitent ces troubles.

SOE

SOEF, EVE. adj. Vieux mot. Doux, débonnaire, aisé à manier. On a dit aussi *Soüef*, & *soëfvement* ou *soüefvement*, pour, Doucement.

SOF

SOFA. s. m. On appelle ainsi parmi les Turcs une estrade de bois, élevée de terre d'environ la hauteur d'un pié & qui est placée au bout d'une salle ou d'une chambre. C'est le lieu d'honneur où l'on a coûtume de recevoir les personnes dont le caractere est distingué. Le Grand Visir a été obligé d'accorder le Sofa aux Ambassadeurs de France, qui n'ont point voulu aller à son audience, qu'il ne leur fût permis de s'asseoir dessus. Les Sofas sont couverts de beaux tapis avec de grands coussins d'une étoffe riche. On se peut asseoir ou coucher dessus, & comme on y fait des fenêtres tout autour, on a la commodité de voir dans cette posture tout ce qui se passe dans la rue.

SOFFITE. s. m. Terme d'Architecture. Le dessous de ce qui est suspendu. On dit, *Le soffite d'une architrave*, pour dire, La face de dessus. On dit aussi quelquefois *Le soffite de la couronne*, ou *du larmier*. C'est ce qu'on appelle *Platfond*, & que les Anciens nommoient d'ordinaire *Lacunar*. Il est orné par compartimens de roses, & dans l'ordre Dorique cet ornement est de dix-huit gouttes faites en forme de clochettes disposées en trois rangs de six à chacun, & mises au droit des gouttes qui sont au bas des triglyphes. Le dessous d'un plancher est aussi appellé *Soffite*. Ce mot vient de l'Italien *Soffito*, Soupente, galetas, plancher de grenier.

SOI

SOIF. s. f. *Alteration, desir, envie, besoin de boire.* Acad. Fr. La soif vient du picotement fâcheux de l'orifice gauche de l'estomac par une acrimonie salée proprement telle, ou plus ou moins urineuse. Ces sels acres picotent d'une maniere particuliere & irritent l'orifice superieur de l'estomac, & l'eau simple est necessaire pour les délayer & les laver. Plus ils sont acres ou temperés, plus ou moins huileux, billieux ou visqueux, plus la soif augmente ou diminue sa violence. Ainsi la soif ne dépend pas seulement du défaut de salive ni de la siccité de l'œsophage ou de la trachée artere, quoique le défaut de lymphe en ces parties & la chaleur des mêmes parties contribuent beaucoup à augmenter la soif, parce que la déglutination de la salive cessant, les sels ne sont point délayés, & l'humectation de la gorge manque, ce qui rend la soif beaucoup plus sensible, à cause de la continuité de la membrane interne de l'estomac avec ces parties. M. Rohaut voulant expliquer comment on est excité à la soif, dit que si l'humeur qui a coûtume de monter de l'estomac vers le gosier en forme d'une vapeur moitte & grossiere, pour y entretenir ses parties dans l'humidité qui leur convient pour le bien du corps

étant trop échauffée & trop agitée, soit parce que son action n'est point temperée par celle de quelque autre liqueur, soit parce que le feu qui est par tout le corps en augmente l'agitation, soit enfin par quelque autre cause, y monte en forme d'air ou d'une vapeur trop subtile, alors au lieu d'humecter & de rafraîchir le gosier, elle l'échauffe & le desseche, ce qui produit un mouvement dans ses nerfs propre à exciter en nous le sentiment de la soif. Il est excité par toutes les choses acres & salées ou urineuses, les aromates ou épiceries plus ou moins empreignées d'un sel acre, & les vegetaux acres & chargés de sel volatile acre & à demi caustique, comme la scammonée & l'ésula. La crudité nidoreuse que le défaut d'acide excite dans l'estomac cause aussi la soif. C'est ce qui fait que dans les fievres ardentes où manque le levain acide, & où tous les alimens sont corrompus & changés en des crudités de cette nature, la soif est ordinairement continuelle & si fâcheuse, que l'eau ne sçauroit l'éteindre, parce qu'elle ne corrige pas suffisamment la cause prochaine, & que la matiere de la fievre s'alcalise alors dans l'estomac. La soif en est plus ou moins grande selon que l'acide de l'estomac est actif ou énervé. Elle est soulagée sur-tout par les acides, & un verre de vin fait plus que ne feroit deux pintes de bierre. Le lait ou le petit lait, qui radoucit ou émousse la pointe du sel trop acre, éteint admirablement la soif des scorbutiques. On ôte la soif survenue pour avoir mangé des choses acres & salées, en rinsant & gargarisant simplement sa bouche, mais en d'autres cas on la trompe plûtôt qu'on ne l'éteint.

SOL

SOL. s. m. Petite piece de monnoie qui vaut douze deniers. On prononce *Sou*. Ce mot vient de *Solidus*, & ce qui en est une preuve, c'est que les écus d'or sol, qui étoient des écus d'or en espece, ont été appellés autrefois *Gallici solidi*. Nicod veut que l'on ait dit *Ecu sol*, à cause qu'il y avoit un Soleil par dessus l'écu de France. Le Sol étoit la plus grosse & la plus forte espece de monnoie, de sorte que les vingt faisoient la livre d'argent, & comme dans les Provinces on forgeoit les Sols plus abondans ou plus foibles d'argent, cela a causé la diversité des sols & des livres. Le Sol parisis tenoit un cinquiéme de fin plus que le sol Tournois, & la livre Bourdeloise ne valoit que demi-livre Parisis. *Les Sols* ou *deniers Nerets*, dit Borel selon Ragueau, valoient les soixante, trente-six sols Parisis. Le Neret vaut moins que le Tournois, & le Parisis un quart moins que le Tournois. Le sol du Mans valoit un sol Normand & un demi, d'où est venu le proverbe, *Un Mançais vaut un Normand & demi*. Le même Ragueau dit que *Le sol Mançais* valoit le double des Tournois, & que *les sols*, ou *souls Viennois*, étoient certaines monnoies dont on usa anciennement en Dauphiné & Forêt. Il y en a eu, ajoûte Borel, de beaucoup d'autres noms expliqués dans les livres des Monnoies, comme *Sol de franc, de livre* ou *deniers Parisis, Tournois*, dits de la Ville de Tours, *Lovisiens* ou *Donisiens*, *Tolosains*, dits *Tolsas* & *Tolsains*, c'est-à-dire, de Toulouse, *Morlais* en Bearn, *Blanc*, *forts*, *Nerets*, *Bourdelois*, *Barrois*, de Brabant, *Estevenans*, comme aussi des *Sols Melgorois*, dits ainsi du Comte de Mauguio, près de Montpellier, *Sols Ramondois*, dits du Comte Raimond de Tolose, & *Sol à forte monnoie* qui valoit trois sols Le *sol Parisis* valoit treize deniers, à cause dequoi fut dit *Trezain*, mais Pasquier dit qu'il valoit quinze deniers.

L'ancienne Monnoie de France étoit de quatre especes de Sols, de demi-sols, de tiers de sols qui étoient d'or, & de deniers qui étoient d'argent. La tête du Prince étoit d'un côté avec son nom, ou celui du Monetaire pour legende. Il y avoit quelque figure historique ou une croix de l'autre côté, & pour legende le lieu où ils avoient été fabriqués. Sous Clovis, les Sols d'or étoient à la taille de soixante-douze à la livre, ou de quatre-vingt-quatre grains de poids, qui avoient cours pour quarante deniers d'argent. La premiere espece dont Bouteroue donne la figure dans son Livre des Monnoies, est un tiers de sol d'or fabriqué sous Theudomer qui regnoit avant Pharamond, ce qui fait connoître que nos Rois faisoient fabriquer des monnoies d'or dans un tems où ceux de Perse n'osoient faire battre que de la monnoie d'argent ou de cuivre.

Sol. Aire, superficie de la terre sur laquelle on bâtit, rez de chaussée. Il vient du Latin, *Solum*, La terre. La Coûtume de Paris dit que qui a le Sol, c'est-à-dire, la proprieté du fond d'un heritage, a le dessous & le dessus, s'il n'y a titre contraire. *Sol* se dit aussi du partage qui se fait des terres labourables d'une metairie. Ce partage se fait en trois sols dans beaucoup de lieux. L'un se seme en blé, l'autre en menus grains, & le troisiéme demeure en jachere. On se sert aussi quelquefois du terme de *Sol* dans le Blason, en parlant du champ de l'écu qui porte les pieces honorables & les meubles.

Les Chymistes disent *Sol*, pour dire, L'or. *La teinture du Sol*.

On a dit *Sol* & *Sole* dans le vieux langage, pour dire, Seul & Seule. On a dit aussi *Soul*.

SOLACIER. v. a. Vieux mot. Donner de la recreation. On a dit aussi *Solicieux*, pour Recreatif.

SOLAIRE. adj. Qui tient du Soleil, qui concerne le Soleil. *Année solaire*, se dit lorsque le Soleil ayant fait son cours par les douze signes du Zodiaque, retourne au point d'où il étoit parti. On appelle *Quadran solaire*, Celui qui marque l'heure par l'ombre que fait le Soleil, & on dit *Eclipse solaire*, pour signifier, La privation de la lumiere du Soleil par l'interposition du corps de la Lune.

On appelle en termes de Medecine, *Muscle solaire*, Un muscle qui sert à mouvoir la sole ou la plante du pié.

On a appellé *Solaires*, Certains Peuples de la Mesopotamie & des environs, qui n'ont ni Eglise ni Temples, & qu'on croit adorer le Soleil. Ils sont au nombre de neuf ou dix mille de leur secte, & ne s'assemblent que dans des lieux soûterrains & qui sont fort écartés des Villes. On n'a jamais pû rien découvrir de ce qu'ils font dans ces assemblées, tant ils y traitent secretement toutes les choses qui regardent leur Religion, s'étant engagés tous par serment à assassiner ceux qui en reveleront les mysteres. C'est ce qui est cause que quand quelqu'un d'eux se convertit à la foi, il est impossible de l'obliger d'en parler. Comme ils ne font aucun acte de Religion public, il y a quelques années que les Bachas du Grand Seigneur leur ordonnerent de se déclarer, afin de sçavoir si on pouvoit tolerer leur Religion dans l'Empire Turc. Ils éluderent cet ordre en se joignant aux Jacobites, sans vouloir pourtant observer aucunes pratiques du Christianisme, & ils ont continué à s'assembler en secret ainsi qu'ils faisoient auparavant.

SOLANUM. s. m. Herbe fort branchue & bonne à manger, qui croît dans les jardins, & qui a sa feuille noire, plus grande & plus large que celle du basilic. C'est ce que nous appellons *Morelle*, dont Dioscoride dit qu'il y a une autre espece nommée par les Grecs ἁλικάκαβος, qui produit de petites bourses rondes & semblables à de petites vessies, au dedans desquelles il y a un bouton roux, rond, lissé & fait en maniere de grain de raisin. Les Arabes l'appellent *Alkekengi*. Voyez MORELLE & ALKEKINGI. Dioscoride, après avoir parlé de l'une & de l'autre, parle du *Solanum dormitif*. Il produit plusieurs branches épaisses, sarmenteuses & difficiles à rompre, beaucoup de feuilles grasses & semblables à celles du coignier, des fleurs tirant sur le rouge, & un fruit jaune enfermé en de certaines vessies velues. Il croît parmi les rochers aux côtes de la mer, & a sa racine longue & grosse quelquefois comme le bras, & couverte d'une écorce roussâtre. Cette écorce bûe dans du vin au poids d'une drachme, fait dormir, mais moins que l'opium. Sa graine est vehemente à faire uriner. Matthiole dit qu'on trouve une autre sorte de Solanum dormitif, dont les feuilles sont étroites & veneneuses, la tige anguleuse, les fleurs en façon de cloche tirant sur le purpurin, dentelées tout à l'entour, & attachées à de longues queues, d'où sortent des perles noires tirant aussi sur le purpurin, vineuses & pleines d'une petite graine, ainsi que le fruit des autres Solanum. Sa racine est grande, tendre, blanche & noueuse. Il fleurit à la mi-Mai & jette son fruit en Juin. Il ajoûte que le grand Solanum, appellé par les Venitiens *Herba bella dona*, vient dans les montagnes parmi les bois, qu'il a ses feuilles plus grandes que la Morelle, sa tige haute de deux ou trois coudées, roussâtre & produisant plusieurs branches d'où sortent de longues fleurs attachées à de longues queues, & faites en cloche, de couleur pâle purpurine. Ces fleurs produisent des perles enfermées dans de petits boutons taillés en forme d'étoiles. Ces perles, qui deviennent noires à leur maturité, prennent la grosseur d'un grain de raisin & ont la peau de dessus luisante. Elles sont remplies, comme les autres, d'un jus vineux & de quantité de petites graines. Sa racine est longue, grosse, blanchâtre & succulente. La semence du grand Solanum cause un delire, dans lequel on croit être tourmenté par les diables, par les serpents & par les Archers. Doringius en rapporte plusieurs exemples, & entre autres, d'une démence où les malades sont d'abord joyeux, ensuite en colere & à la fin tristes, ce qui fait voir que les vegetaux peuvent donner des delires déterminés en fixant les esprits. Il y a encore le *Solanum furieux*, qui, selon Dioscoride, a ses feuilles comme la roquette, mais un peu plus grandes & assés semblables à celles de Branea ursina. Il produit directement dès sa racine dix ou douze grandes tiges de la hauteur de quatre coudées, & à leur cime une tête faite en façon d'olive, mais plus velue. Sa fleur est noire, & il en sort une petite grappe noire & ronde qui a dix ou douze grains semblables aux grains de lierre, & qui sont plus mols que ceux de raisin. Sa racine est blanche, grosse, creuse & de la longueur d'une coudée. Etant bûe en vin au poids d'une drachme, elle fait venir de plaisantes visions; & si c'est une femme qui en boit, elle croit être la plus belle personne du monde. Si on lui en fait prendre deux drachmes trois jours durant, elle devient folle tout-à-fait, & meurt si elle en prend jusqu'à quatre drachmes. Ce Solanum croît dans les montagnes exposées au vent, & sur-tout en celles où viennent les Planes. Voici ce que dit Galien de chaque espece de Solanum. Le Solanum qui est bon à manger & qui croît dans les jardins, est connu de tout le monde; & comme il est froid & astringent au second degré, on s'en sert en toutes les choses qui ont besoin de refrigeration & d'astriction. Quant aux autres que l'on ne mange point, il y en a un appellé *Halicacabus*, qui porte son fruit roux & semblable à un grain de raisin en grosseur & en figure. On s'en sert pour embellir les chapeaux de fleurs. L'autre Solanum, qui est dormitif, est fort branchu. Il y en a encore un troisiéme, qu'on appelle *Manicum*, c'est-à-dire, Furieux. Le Solanum Halicacabum, que nous appellons *Alkekengi*, a ses feuilles de même proprieté que celles de Morelle, mais son fruit est propre à faire uriner. Aussi le mêle-t'on en plusieurs compositions qu'on fait pour le foye, pour la vessie & pour les reins. L'écorce de la racine du Solanum dormitif, bûe en vin au poids d'une drachme, provoque à dormir. Du reste, il est semblable au jus de pavot, à l'exception qu'il est plus foible, n'étant froid qu'au troisiéme degré, au lieu que l'opium l'est au quatriéme. La graine de ce Solanum a la vertu de faire uriner. Toutefois il feroit perdre le sens à ceux qui en prendroient plus de douze grains. Le dernier Solanum ne vaut rien à prendre interieurement. Il fait mourir si on en prend quatre drachmes, & il ôte la raison si on en prend moins. Appliqué en forme de cataplasme, il guerit les ulceres malins & corrosifs, à quoi l'écorce de sa racine est fort bonne, étant dessiccative au plus haut du second degré, ou au commencement du troisiéme, & refrigerative au commencement du second.

SOLAUX. s. m. Vieux mot. Le Soleil.

Li Solaux est levez
Qui abbat la rousée.

SOLBATU. adj. On appelle en termes de Manege, *Cheval solbatu*, Un Cheval dont la sole a été foulée.

SOLBATURE. s. f. Meurtrissure de la chair qui est sous la sole d'un cheval, & qui a été froissée par la sole. Cette meurtrissure arrive quand le cheval ayant marché quelque tems pié nud, la sole est trop desséchée & trop aride.

SOLDAN. s. m. Nom qu'on donnoit autrefois aux Lieutenans Generaux des Califes dans leurs Provinces & dans leurs armées. Ils se rendirent souverains ensuite. Saladin, General des troupes de Noradin, Roi de Damas, prit ce titre, qui veut dire en langue Moresque, Roi ou Prince, & fut le premier Soldan d'Egypte en 1146. après qu'il eut tué le Calif Caym. On a dit aussi *Soudan*.

Il y a un Magistrat à Rome que l'on appelle *Soldan* ou *Juge de la Tour de Nove*. Il a la garde des Prisons, & quelquefois celle du Conclave, & il juge de plusieurs affaires criminelles, & des Courtisanes.

SOLDANELLE. s. f. Plante que Matthiole dit être entierement semblable au chou marin, excepté que ses feuilles sont plus petites que la sarrasine ronde. Elles sont pleines de lait, salées, ameres au goût & un peu mordantes. La Soldanelle croît aux côtes de la mer, & a ses branches rouges, dont sort chaque feuille en façon de lierre. Matthæus Sylvaticus a cru que la Soldanelle étoit la Cachile des Arabes, & Serapion montre son erreur en disant que la Cachile est semblable à la mousse des arbres, & que ses feuilles ressemblent au cresson alenois, & non à la sarrasine.

SOLDAT. s. m. *Homme de guerre qui est à la solde d'un Prince, d'un Etat.* Acad. Fr. M. Guillet fait remarquer que quoique ce mot signifie en general un homme de guerre, il s'attribue particulierement à l'homme de pié. Il dit que la plûpart des ordonnances que le Roi a faites pour la guerre, sont pleines de cette distinction, & qu'après avoit nommé *le Soldat*, elles ajoûtent *le Cavalier*, afin d'établir leur difference.

Les François appellent *Soldats*, Une espece d'escargots ou de limaçons qui sont en abondance dans les Antilles, parce qu'ils n'ont point de coquilles qui leur soient propres & particulieres, & qu'ils ne les forment pas de leur propre bave comme le limaçon commun. C'est d'une matiere corrompue qu'ils sont produits, & aussi-tôt ils cherchent une maison étrangere, pour mettre leur petit corps à couvert des injures de l'air & des autres bêtes. Comme ils s'ajustent dans le coquillage qu'ils trouvent leur être propre, à la maniere des soldats, qui n'ayant point de demeure fixe, font presque toûjours leur maison de celle d'autrui, cela les a fait nommer *Soldats*. On les voit plus communément dans des coques de Burgau, qui sont de gros limaçons de mer qu'ils rencontrent à la côte après la mort du poisson qui y logeoit. Ils ont tout le corps fort tendre hormis la tête & les pattes, & se servent pour défense d'un gros mordant semblable au pié d'un gros cancre, avec lequel ils ferment l'entrée de leur coquille. Ce mordant est dentelé au dedans, & serre si fort ce qu'il attrape, qu'il ne demord point sans en emporter une partie. Le Soldat va plus vîte que le limaçon commun, & l'endroit par où il passe n'est point sali de sa bave. Quand on le prend, il s'en fâche & fait du bruit, & il ne faut qu'approcher du feu la maison qu'il a prise pour l'obliger d'en sortir. Si on lui presente la même coquille pour y rentrer, il s'y remet par le derriere. Quelques habitans en mangent comme on fait les escargots en d'autres endroits, mais leur usage le plus propre regarde la medecine. Après qu'on les a ôtés de leur coquille & mis au soleil, ils rendent une huile excellente pour guerir les gouttes froides, & que l'on emploie aussi avec succès, pour amollir les callus & les duretés du corps.

SOLDURIER. s. m. Vieux mot. On a nommé *Soldurriers*, Des gens qui suivoient les anciens Chevaliers afin de courir la même fortune. On a dit aussi *Soldurieur*, pour dire, Courageux, & *Aller en soldée*, pour dire, Se mettre à sa solde.

SOLE. s. f. Sorte de poisson de mer qui est plat, & d'un très-bon goût. Il a la partie de dessous blanche, & celle de dessus noirâtre, la bouche de travers & sans dents, & il est couvert de petites écailles. La chair en est blanche & ferme. M. Menage fait venir le mot de *Sole* du latin *Solea*, Semelle de soulier, à cause de la ressemblance que ce poisson a avec une semelle.

Sole, se dit d'une place publique ou d'une étape. Par l'ordonnance des Aides, les Marchands de Vin en gros sont obligés de mettre dans les Soles de l'Hôtel de Ville, & en la halle au vin, tous les vins qu'ils font venir. Cela se fait afin qu'ils en payent le gros.

Sole. Terme de Manege. Ongle ou espece de corne au dessous du pié d'un cheval, beaucoup plus tendre que l'autre corne qui l'environne, & qu'on appelle proprement *la Corne*, à cause de sa dureté. Les Maréchaux doivent prendre garde à mettre le fer sur la corne d'une telle sorte, que jamais il ne porte sur la Sole. Si la Sole étoit foulée, elle feroit boiter le cheval & pourroit meurtrir la chair qui la separe du pié.

On appelle *Soles*, en termes de Charpenterie, toutes les pieces de bois posées de plat qui servent à faire les empattemens des grues, engins, & autres machines. On donne ce même nom de *Soles*, aux pieces de bois qui portent la cage d'un moulin à vent. Elles posent sur quatre massifs de maçonnerie, & sur le milieu de ces pieces de bois est encastré un des bouts de l'attache qui porte le moulin. C'est sur ces Soles qu'il tourne.

Sole. Terme de Marine. C'est le fond plat & large des bâtimens de mer qui n'ont point de quille. On dit dans ce sens, qu'*Un bac est bâti à sole*.

SOLEIL. s. m. Planete ronde & lumineuse, qui étant la source de la chaleur & des feux, luit de sa propre lumiere, & de qui les autres planetes reçoivent la clarté dont elles brillent. Le Soleil est cent soixante & six fois plus grand que la terre, & son disque paroît rond dans son Midi, & elliptique en son levant & en son couchant. Sa plus grande distance de la terre est de 22374. demi-diametres de la terre, & sa plus petite de 21626. Quand on dit que le Soleil est dans un Signe, on entend qu'il est dessous, c'est-à-dire, que la ligne tirée de la terre par le Soleil rencontre ce point dans l'écliptique. Il est un an à faire le tour de l'écliptique, (voyez AN,) ou bien dans le systême de Copernic, c'est la terre qui fait ce tour en un an, & qui par consequent devient planete au lieu du Soleil qui cesse d'en être une.

On dit en termes de Marine, que *Le Soleil monte encore*, pour dire, qu'il n'est pas encore arrivé au Meridien lorsque le Pilote prend hauteur; & on dit que *Le Soleil a baissé*, pour dire, qu'il a passé le Meridien, ou qu'il a commencé à décliner. On dit que *Le Soleil ne fait rien*, quand il est au Meridien, & qu'on ne s'apperçoit pas en prenant hauteur qu'il ait commencé à decliner. *Le Soleil chasse le vent*, est une autre façon de parler dont on se sert lorsque le vent courre de l'Est à l'Oüest devant le Soleil. On dit encore que *Le Soleil a passé le vent*, lorsque par exemple le vent est au Sud, & que le Soleil a passé jusqu'au Su-Sud-Ouest; & au contraire on diroit que *Le vent auroit passé le Soleil*, s'il s'étoit levé vers l'Est, & qu'il fût plûtôt au Sud que le Soleil.

Soleil signifie de l'or en termes de Chymie, & ordinairement en Armoiries on donne douze rayons au Soleil, les uns en ondes, & les autres droits. Son émail est d'or. Quand il est de couleur, on l'appelle proprement *Ombre de soleil*.

Soleil, se dit aussi d'une grande fleur jaune qui a la figure d'un Soleil. Elle a une tige haute & des rayons jaunes. C'est celle que l'on appelle autrement *Tournesol* ou *Heliotrope*.

Soleil de feu. Terme de feux d'artifice. Il y a des roues à feu qui sont des roues mobiles autour d'un petit essieu, dont l'une allumant l'autre, fait tourner la roue qui est appellée *Soleil de feu*.

SOLEN. s. m. Coquille de deux pieces articulées ensemble par un bout. Ces pieces sont longues de quatre à cinq pouces sur sept à huit lignes de largeur, creuses en gouttieres, voutées par dessus, minces, coupées quarrément par les bouts. Lorsqu'elles sont jointes ensemble, elles ont la forme d'un étui où l'on met un couteau de table & une cueiller. Selon Rondelet, le *Solen mâle*, est celui qui a la coquille de couleur d'ardoise, ou bleuâtre. Il nomme *Solen femelle*, Celui dont les coquilles sont blanches ou roussâtres. Elles sont ordinairement plus petites que les autres & assés communes dans la Mediterranée. On trouve aussi une espece de Solen sur les Côtes de Normandie. Les coquilles en sont blanches tirant sur le purpurin, mais plus épaisses que celle de la Mediterranée, & longues d'environ sept pouces sur un de large.

SOLERETS. s. m. p. Vieux mot. Armes de fer pour les piés.

SOLFIER. v. Soit en musique, soit en pleinchant, c'est chanter les notes suivant leur juste valeur. Il faut solfier pour apprendre, ou prévoir un chant.

SOLIDE. s. m. Terme de Geometrie. Quantité qui a une longueur, une largeur & une hauteur ou profondeur. Ainsi le Solide a trois dimensions, au lieu qu'une ligne n'en a qu'une, & un plan deux. En Algebre on appelle *Nombres solides*, ceux qui à l'exemple des corps solides sont formés ou considerés comme formés par deux multiplications, 3 fois 4 n'est qu'un nombre *Plan*, parce qu'il n'y a qu'une multiplication, & il represente une surface qui auroit 3 piés de longueur, & 4 de largeur, & par consequent contiendroit un espace de 12 piés. Mais 12 fois 2 qui est 24, est un nombre solide, parce qu'il se forme par une seconde multiplication, & represente un parallelepipede ou corps solide qui ayant 3 piés de longueur, 4 de largeur, auroit 2 de hauteur, & contiendroit dans toute sa solidité 24 piés. Un même nombre que l'on regarde comme solide, peut n'être regardé que comme plan, ainsi 24 est plan si je le prens simplement pour le produit de 2 par 12, & que je n'aye formé 12, par aucune multiplication; même 24 peut n'être pris que pour une *grandeur lineaire*, si je ne le prens que pour une suite d'unités où il n'entre point de multiplication. Voyez LINEAIRE.

Solide, en termes d'Architecture, est un massif, un corps plein. Lorsqu'on fait les fondemens d'un édifice, on dit qu'*On a trouvé le solide*, pour dire, qu'On a trouvé le bon fonds. Une colomne, ou un obelisque fait d'une seule pierre est aussi nommé *Solide*.

Solide, s'emploie aussi à l'adjectif, & on appelle *Angle solide*, ce que le vulgaire appelle *Carne*, c'est-à-dire, un angle fait de plusieurs angles plans diversement inclinés sur un même point.

SOLIER. s. m. Vieux mot. Le second étage d'une maison, le haut d'une maison. On lit dans Rabelais, *Le solier de la maison embrunché de sapin*.

SOLINS. s. m. p. Terme d'Architecture. Espaces qui sont entre les solives au dessus des poutres. On appelle aussi *Solins*, dans les couvertures de tuiles, les enduits de plâtre ou de mortier qu'on fait tout le long de l'extrémité du pignon de haut en bas pour enclaver & retenir les premieres tuiles.

SOLIVE. s. f. Piece de bois de brin ou de sciage, qui servent à soûtenir. Les Solives, sur la longueur de six piés, doivent avoir tout au moins quatre pouces de large & six d'épaisseur, & être toûjours plus hautes à proportion de leur grosseur; ce qui se fait, dit M. Felibien, à l'imitation des triglyphes, qui representent la hauteur, la largeur & la disposition des solives ou poutrelles: car elles doivent être mises de champ, & non pas de plat, si on veut qu'elles ayent plus de force. On appelle *Solive de brin*, Celle qui est de toute la grosseur d'un arbre équarri; *Solive passante*, Celle de bois de brin qui fait la largeur d'un plancher sans poutre, & *Solive de sciage*, Celle qui est debitée dans un gros arbre suivant sa longueur. Les deux plus fortes solives d'un plancher, qui servent à porter le chevestre, sont appellées Solives d'enchevestrure, aussi bien que les plus courtes, qui sont assemblées dans le chevestre. M. Menage derive *Solive*, de *Soliva* ou *Suliva*, venant de *Solum*, Plancher, à cause que la solive le soûtient.

SOLIVEAU. s. m. Petite solive. C'est une moyenne piece de bois qui n'a que cinq à six pouces de gros & qui est plus courte qu'une solive ordinaire.

SOLLERS. s. m. Vieux mot. Souliers.

SOLSTICE. Terme d'Astronomie. Le tems où le Soleil est dans son plus grand éloignement de l'Equateur, sçavoir à vingt-trois degrés & demi. Il y a le *Solstice d'Hiver*, quand le soleil est au tropique du Capricorne, & alors c'est le plus court jour de l'hiver. On a le *Solstice d'Eté* quand le soleil est au tropique du Cancer; ce qui nous donne le plus long jour de l'Eté. Ce mot vient de *Sol*, Soleil, & de *stare*, Demeurer, s'arrêter. Soit parce que le Soleil s'arrête à ces deux points en ne les passant point, soit parce qu'il semble s'arrêter en effet & retarder son cours, l'augmentation ou la diminution des jours étant alors moins grande que vers les Equinoxes.

SOLSTICIAL, ALE. Qui est du solstice, qui appartient au solstice. On appelle *Points solsticiaux*, Les points où le soleil s'emble s'arrêter.

SOLUTION. s. f. *Denouement d'une difficulté*. ACAD. FR. On dit *Solution Geometrique*, & *Solution mecanique d'un problême*. La premiere est celle qui se fait par des lignes convenables à la nature du problême, comme d'un problême simple par l'intersection de deux lignes droites; d'un problême plan, par l'intersection d'une ligne droite & d'une circonference de cercle, ou par l'intersection de deux circonferences de cercle. La Solution mechanique d'un problême est celle qui se fait en tâtonnant, & encore celle qui se fait par le moyen d'une ligne qui n'est pas geometrique. Voyez LIGNE.

Solution, en termes de Chirurgie, signifie une division contre nature, & se dit des plaies ouvertes par des instrumens tranchans. Alors il y a *solution de continuité*, c'est-à-dire, division des parties qui sont naturellement continues, & même qui sont naturellement contigues.

On appelle aussi *Solution*, en termes de Chymie & de Medecine, l'Action par laquelle les corps mixtes sont reduits en leurs parties, soit par le feu, soit par les eaux fortes, ou seulement en les délayant dans une liqueur. C'est par le feu que se fait la solution des metaux & des mineraux. Celle des resines se fait par l'esprit de vin bien rectifié.

Solution se dit quelquefois pour payement en termes de Pratique, du Latin *Solvere*, Payer.

SOM

SOMACHE. adj. On appelle, en termes de mer, *Eau somache*, de l'Eau salée. *On ne trouva dans cette Isle que des eaux somaches*.

SOMBRER. v. n. Terme de Marine. On dit qu'*Un Vaisseau a sombré sous voiles*, pour dire, que lorsqu'il étoit sous voile, il est venu un grand coup de vent qui l'a renversé & fait couler bas.

SOMMAGE. s. m. Terme de Coûtume. Droit Seigneurial dont on s'acquitte par service de cheval & à somme.

SOMMAIL. s. m. Terme de Marine. Basse, lieu où la terre est haute sous l'eau.

SOMMAIRE. s. m. Abregé, extrait. Les Imprimeurs

appellent *Sommaire*, Un titre un peu long & disposé de telle maniere, que la premiere ligne est de sa longueur, & que celles qui suivent avancent d'un quadratin.

SOMME. s. f. *Charge, fardeau que peut porter un cheval, un mulet, un âne.* ACAD. FR. Chez les Indiens les bœufs sont bêtes de somme. Du Cange dérive ce mot de *Sagma*, *salma* ou *sauma*, qu'on a dit dans la basse Latinité pour signifier Une charge ou une selle de cheval. On appelle *Somme de verre*, Un panier de verre propre aux Vitriers, qui ont vingt-quatre plats ou pieces de verre, qui sont rondes, & à peu près de deux doigts de diametre. Ces vingt-quatre plats de verre font la charge d'un homme, & peuvent faire quatre-vingt-dix ou quatre-vingt-quinze piés quarrés de vitrage.

Somme, en termes d'Arithmetique, se dit d'un nombre formé de l'addition de deux ou de plusieurs nombres. 5, est la somme de 2 & de 3; 9, est celle de 2, de 3, & de 4. On appelle *Somme par soi*, quand on tire en ligne la dépense d'un chapitre qui n'a qu'un article.

Somme se dit aussi en Geometrie de plusieurs lignes que l'on ajoûte les unes aux autres, de plusieurs quarrés &c. Enfin de toutes grandeurs mises ensemble.

On appelle en termes de mer, *Pays somme*, Un fond où il se trouve peu d'eau; & on dit que *La mer a somme*, pour dire, que le fond baisse, ou qu'il y a plus d'eau en profondeur.

SOMMÉ, adj. Terme de Blason. Il se dit d'une piece qui en a une autre au dessus d'elle, comme d'une petite tour au sommet d'une grosse. *D'azur au cerf passant d'argent sommé d'or, chevillé de dix cors.*

SOMMEIL. s. m. Etat de l'homme durant lequel l'action ordinaire des objets exterieurs sur les organes des sens n'excite en lui aucun sentiment, en sorte qu'il paroît dans un plein repos. Comme les esprits animaux, lorsqu'ils se meuvent regulierement & suivant leur subtilité naturelle, reçoivent promptement les impressions des objets sensibles, & entretiennent la passion des sens, de même ils excitent & souffrent alors divers mouvemens, & on dit qu'en cet état l'animal est éveillé. La privation de cet état fait le sommeil, & ces deux choses se suivent mutuellement par une vicissitude necessaire, l'état du sommeil étant opposé à celui de la veille. M. Rohaut dit que pour établir en quoi il consiste, il ne faut que supposer une autre disposition dans le cerveau que celle qui cause l'état de la veille, & que comme celle-ci consiste dans une abondance d'esprits, l'autre par une raison contraire doit être causée par un manquement d'esprits, qui fait que les pores du cerveau par où les esprits ont accoûtumé de couler dans les nerfs, n'étant plus tenus entre-ouverts par le passage frequent des esprits, se bouchent d'eux-mêmes. Cette obstruction étant faite, les esprits animaux qui étoient déja dans les nerfs, venant à se dissiper, & n'y en affluant point d'autres, les filets de ces nerfs deviennent lâches & comme collés les uns contre les autres; & si alors un objet fait impression sur quelque endroit de notre corps, ils ne peuvent servir pour la transmettre jusqu'au cerveau. Il suit de-là, qu'aucun sentiment n'en doit resulter. D'ailleurs les muscles qui sont toûjours vuides d'esprits, venant à se relâcher, ne peuvent plus servir à mouvoir les membres où ils sont inserés, & même ils ne sçauroient non plus contribuer à retenir le corps dans une certaine posture, que s'ils étoient tout-à-fait détruits. Toute la difficulté est de sçavoir de quelle maniere les nerfs se bouchent. Pour cela il faut concevoir que pendant la veille, les commencemens, les portes ou les petites entrées interieures des nerfs sont comme dressées, ouvertes & tendues, & que souffrant l'impetuosité des esprits qui vont & qui viennent, elles se dessechent extrémement avec le tems & s'échauffent; ce qui fait dire ordinairement que les longues veilles dessechent & échauffent le cerveau. Il arrive de-là qu'il s'engendre en elle une espece de soif & comme une envie d'être humectées & refroidies, qui est l'envie même de dormir, & qu'ainsi elles s'affaissent d'elles-mêmes & s'abattent, soit que ces esprits ayent déja été fort épuisés, n'ayent pas la force d'empêcher l'affaissement, soit qu'il soit survenu quelque cause qui sollicite & procure cet affaissement, qui est necessaire pour pouvoir être humectées, rafraîchies & rétablies dans l'état qu'il faut. Sans s'arrêter à tout ce raisonnement, on peut dire que le sommeil est causé de deux manieres, l'une quand les esprits diversement exhalés & dissipés par les veilles & par le travail, sont tellement épuisés, qu'ils ne peuvent plus tenir les entrées des nerfs dressées & ouvertes; ce qui fait qu'ils sont retenus dans le cerveau, & qu'ils s'y ramassent & accumulent en quelque sorte avec ceux qui s'y engendrent continuellement jusqu'à ce qu'ils soient en telle abondance, qu'ils puissent de nouveau redresser & r'ouvrir les embouchures des nerfs & influer dedans. L'autre maniere de causer le sommeil, est lorsqu'un froid, une humeur, une vapeur humide ou gluante, ou quelques autres causes surviennent qui font affaisser ou retiennent affaissés les commencemens des nerfs, & qui sont telles que les esprits qui restent ne les peuvent dissiper; ce qui paroît en ce qu'incontinent après le repas, ou quand la coction se fait dans l'estomac, le sommeil vient aisément, parce que comme les extrémités des membres se refroidissent alors par le rappel des esprits à l'estomac, le cerveau se refroidit aussi par la même cause; de sorte que les esprits qui y restent ne suffisent pas pour empêcher l'affaissement des nerfs, & l'on continue de dormir ensuite lorsque les esprits retournent & que les extrémités se réchauffent, parce que lorsqu'une nouvelle abondance de sang venal & arterial monte au cerveau, il y monte en même-tems quelque humeur flegmatique & sereuse, qui pendant qu'elle s'épaissit dans le cerveau pour être chassée ensuite vers la glande pituitaire ou salivaire, occupe premierement l'endroit où se rencontre l'origine des nerfs, les humecte & les tient abbatus. L'obstruction des pores du cerveau, qui sont les origines des nerfs, étant une suite necessaire du grand épuisement des esprits, quand il y en a encore dans le cerveau une quantité suffisante pour pouvoir être employée avec un peu d'effort aux actions de la veille, on peut dire que lorsqu'on ne les y emploie pas, le commencement du sommeil est volontaire. Ainsi une personne qui se sent de la disposition à dormir, s'en peut encore abstenir pour quelque tems, s'appliquant attentivement à quelque travail, & employant les esprits animaux, qui sans cela auroient eu quelqu'autre usage, aux actions qui servent à entretenir la veille. On peut dire aussi que le repos cause le sommeil, parce qu'y ayant deux causes qui tiennent les orifices des nerfs tendus & ouverts, sçavoir le jaillissement ou l'impulsion des esprits sortans du cerveau, & le rebondissement des mêmes esprits contre le cerveau, dans le repos le rebondissement manque, & ainsi la premiere & unique cause qui reste, resiste moins à l'affaissement,

& est par consequent plus facilement vaincue. Delà vient que quand on est assis ou couché, & qu'on n'est ni piqué, ni pressé, on s'endort plus aisément, & mieux encore dans le silence quand rien ne frappe les oreilles, & pendant la nuit, lorsque les paupieres ne sont pas penetrées par la lumiere. On demande pourquoi on a coûtume de s'échauffer en dormant. Cela vient de ce que les esprits animaux ayant beaucoup d'agitation, s'ils ne sont point employés à entretenir l'état de la veille, & s'ils demeurent dans le sang même, ils doivent augmenter l'agitation de ses parties; & comme c'est en cela que consiste l'augmentation de la chaleur du sang, & par consequent celle de tous les membres, il s'ensuit que si l'on s'endort dans un lit au plus fort de l'hiver, on s'échauffe davantage, que si étant dans le même lit on se contraignoit à veiller. Le sommeil excessif est une vraie maladie quand l'impuissance de veiller le cause: c'est-à-dire, que les malades ont si peu de forces, & que les operations animales sont si foibles, qu'ils ne peuvent remuer aucun de leurs membres ni tenir les yeux ouverts. Ils veillent effectivement, quoiqu'ils semblent endormis, & ce qui le prouve, c'est que s'il entre quelque personne inconnue qui leur parle, ils ouvrent les paupieres qui retombent aussi-tôt; & si on les interroge, ils tâchent de répondre, sans le pouvoir faire, la foiblesse où ils se trouvent les en empêchant. Il faut distinguer cette sorte de sommeil d'avec le sommeil excessif qui est naturel, c'est-à-dire, causé par des lassitudes & par des travaux penibles, comme il arriva à un voyageur fatigué, dont Platerus parle, qui eut un sommeil de trois jours & de trois nuits. Salmut rapporte l'exemple d'une fille, qui ayant passé deux jours & deux nuits à danser sans dormir, fut ensuite quatre jours & quatre nuits entieres sans s'éveiller. Ces especes de sommeil sont naturelles, le sommeil naturel dépendant de l'influence diminuée des esprits animaux dans les organes externes & de leur engourdissement, lorsqu'ils ne sont pas assés volatils ni assés subtils, mais phlegmatiques & tardifs à faire les fonctions animales par les expansions & les mouvemens requis.

SOMMER. v. a. Ce mot signifioit autrefois, Mettre le sommet à quelque chose, à un bâtiment, à un frontispice. Presentement il ne se dit plus qu'en termes de guerre & de Palais, *Sommer une place de se rendre, sommer quelqu'un de répondre.* Il signifie aussi Joindre plusieurs sommes ensemble pour voir à combien elles montent. Nicod a expliqué toutes ces diverses significations en ces termes. Sommer, *proprement prins, est mettre comble & sommité à quelque chose. Delà on dit en Venerie,* La perche du cerf est sommée d'espois en paulmeure, trocheure, forcheure *ou* couronneure, *c'est-à-dire, a pour la sommité des espois rangez en trocheure, &c. Et en Faulconnerie,* Les pennes du Faulcon sont toutes sommées, *c'est-à-dire, parcreues & parvenues à la sommité & grandeur qu'elles doivent être.* Sommer, *est aussi reduire plusieurs petites sommes en une, parce que la somme totale est emmenée sur lesdites petites.* Sommer, *en outre, est interpeller aucun de faire quelque chose à laquelle il est tenu, comme,* Je l'ay sommé à garant; *& en cette signification on dit en termes de guerre,* Sommer, *ou* Faire sommer une place, *c'est-à-dire, interpeller les ennemis qui la tiennent, de la rendre volontairement sans se faire forcer par le canon, & par breches & assauts, ou par famine, à long siege. Nicoles Gilles en la Chronique du Roi Lois XI.* Le Roi trouva façon d'avoir la Ville de Hesdin, & après que ses gens y furent entrez, il y alla en personne, & fit sommer ceux qui étoient dedans le Château pour la Comtesse de Flandres, de lui rendre & mettre la Place entre ses mains; ce que de prime-face ils refuserent faire. Et à cette cause, le Roi fit mettre le siege devant & par divers côtés fit battre la muraille. *On dit aussi,* Sommer quelque poursuite à celui qui est tenu nous indemniser, *c'est-à-dire, la lui faire sçavoir & signifier.*

Sommer, en Mathematique, signifie aussi, Mettre plusieurs grandeurs en une *Somme*, les ajoûter les unes aux autres.

SOMMIER. s. m. Terme de Messagerie. Cheval ou autre bête de somme. M. Menage veut que ce mot ait été dit par corruption de *Saunier*, fait de *Salma*, qui signifie le bât ou la charge d'un cheval.

On appelle chez le Roi *Sommier de Chapelle*, Un Officier qui a soin de porter les draps de pié & les carreaux dans la Chapelle du Roi. Il se dit aussi des Officiers qui doivent fournir les bêtes de somme pour transporter les bagages de la Cour lorsqu'elle fait voyage.

Sommier, en termes de Tapissier, est un gros matelas rempli de crin & piqué, qui sert de paillasse & fait partie de la garniture d'un lit.

Sommier. Terme de Charpenterie. Piece de bois plus grosse qu'une solive & moins grosse qu'une poutre. Il y a des endroits où les poutres sont nommées *Sommiers*. Cette piece de bois est portée sur deux piedroits de maçonnerie, & sert de linteau à une croisée ou à une porte.

On appelle aussi *Sommier*, La premiere pierre qui pose sur les colomnes ou sur les pilastres, quand on forme un arc ou quelque ouverture quarrée.

Sommier, se dit encore d'une grosse piece de bois avec feuillure, qui est arrêtée aux bords de la contrescarpe d'un fossé pour recevoir le battement d'un pont-levis quand on l'abbaisse. Il se dit de même de la piece de bois qui portant une grosse cloche sert de base à la hune, & au haut de laquelle les tourillons de fer sont attachés.

On appelle *Sommier d'orgues*, Un vaisseau ou reservoir dans lequel le vent des soufflets est conduit par un porte-vent, d'où ensuite il se distribue dans les tuyaux qui sont posés sur les trous de la partie inferieure. Les soupapes par où entre le vent, s'ouvrent en pesant sur les touches du clavier après qu'on a tiré les registres qui empêchent l'air d'entrer en d'autres tuyaux que ceux où l'on a besoin de le faire aller. Les orgues de seize piés ont deux sommiers qui se communiquent le vent l'un à l'autre par un porte-vent de plomb. Le Sommier des cabinets d'orgue est de deux à trois piés de long.

Il y a aussi un *Sommier de presse*. Celui de la presse des Imprimeurs en taille-douce, est une piece de bois posée sous le milieu de la presse, & qui la tient en état par le bas. Le Sommier de la presse des Imprimeurs en lettres est une piece de bois où tient l'écrou.

Les Parcheminiers appellent *Sommier*, Une peau de veau qui est attachée sur la herse avec des clous, & sur laquelle on étend la peau de parchemin en cosse qu'on veut raturer.

Sommier, se dit aussi en termes de Finances. C'est un gros registre que tiennent les Commis des Bureaux des Aides, sur lequel ils comptent de leur recette. Il y a aussi des Sommiers pour les Gabelles, pour les Tailles, & pour d'autres droits des fermes du Roi.

Nicod dans les diverses significations de *Sommier*, comprend

comprend les cerceaux doubles qui se mettent sur le jable des tonneaux. Sommier, dit-il, *vient de ce mot* Somme, *& signifie ce qui porte somme. Ainsi il se prend aulcune fois pour la poultre sur laquelle sont posées les solives & le faix de tout le plancher. Quelquefois pour un cheval portant en somme, c'est-à-dire sur le dos, soit bahu ou autre charge. Selon ce, au Pays de Languedoc ou adjacens, on dit*, Une Sommade de blat, *pour la quantité de blé que communément un cheval peult porter en somme. Quelquefois pour le cerceau double qui suyt le talu en la relieure d'une fustaille, qui ainsi est appellée par les Tonneliers, parce qu'estant droitement sur le jable, il porte tout le fais de ladite relieure. Quelquefois pour le canon musical, sur lequel se font les conduits ou postes qui portent le vent d'un tuyau d'orgues à l'autre. En consequence de ce on appelle* Sommier, *assemblée, corps, ou communauté, qui porte sur luy tous les affaires de ladite communauté & s'en charge. Et d'un porte-fais qui est chargé à oultrance on dit*, Il est chargé en Sommier. Sommier *aussi est appellée la grosse piece de bois taillée en dos de chameau, à laquelle une cloche est attachée à liains & bandes de fer, & pendant d'icelui Sommier, les deux bouts duquel faicts de tourillons de fer portent sur le pouailler fait d'airain, & tournant en iceluy quand la cloche est sonnée à branle; & ce Sommier porte tout le fais & pesanteur de la cloche sur son dos accolé desdits liains de fer, tout ainsi qu'un cheval la Somme sur le dos, dont luy est donné ce nom.*

Sommier. Morceau de bois à monter une scie de long.

Sommier. Cheval qui dans les pays vignobles porte la somme de vendanges, il en faut 5. pour faire une pipe, & même 6. quand la vendange n'est pas bonne. On appelle aussi Sommier l'homme qui le conduit.

Sommiers. Grosses pieces de bois qui portent la pile dans un moulin à draps.

SOMMISTE. s. m. Terme de Chancellerie Romaine. Ce nom est donné au principal Ministre de la Chambre pour l'expedition des Bulles. C'est celui qui en fait faire les minutes, qui les fait recevoir & plomber.

SOMNANBULE. s. m. Celui qui se leve & marche la nuit tout endormi. Ce mot vient du latin *Somnus*, Sommeil, & de *Ambulare*, Marcher, se promener.

SOMPTUAIRE. adj. Qui concerne la dépense. On a appellé parmi les Romains, *Loix somptuaires*, Certaines loix faites pour moderer la dépense, & pour empêcher le luxe des citoyens. Il y a encore à Venise des Loix somptuaires qui reglent la dépense qu'on permet de faire.

SON

SON. s. m. Ce qui reste de la farine lorsqu'elle est blutée. On appelle *Son gras*. Celui où l'on a laissé encore beaucoup de farine, & *Son maigre* ou *sec*, Celui d'où toute la farine a été tirée.

Son étant pris pour ce qui est l'objet de l'ouie, est un mouvement particulier de l'air. Le *corps resonnant* étant remué ou frappé de sorte que ses petites parties soient d'abord enfoncées, & qu'ensuite par la force du ressort elles se redressent, & fassent ainsi plusieurs vibrations vives & brusques, elles impriment aux parties de l'air les plus proches d'elles un mouvement brusque comme le leur; celles-ci à d'autres, & ainsi de suite jusqu'à l'oreille de celui qui entend. Ce mouvement est tel que chaque partie d'air qui pousse celle qui est devant elle, avance très-peu; mais elles se poussent les unes les autres avec une très-grande vitesse, & cela ressemble à ce qu'on appelle au billard des *coups secs*, supposé qu'il y eût plusieurs boules rangées en ligne droite l'une contre l'autre. Comme chaque partie d'air ne se meut que dans un très-petit espace, & ne fait presque que pousser celle qui la touche, leur mouvement se communique toûjours également vîte, quoiqu'elles n'ayent pas été frappées également fort, ou s'il y a quelque difference dans la vîtesse, elle est absolument insensible. De-là vient qu'à une même distance, un son plus foible s'entend aussi vîte qu'un son plus fort. Selon cette idée, le son ne seroit porté que sur une seule ligne droite, ce qui est contre l'experience, mais ce qui fait qu'il est porté à la ronde, c'est que les particules du corps *resonnant* qui sont ébranlées par le choc en ébranlent d'autres de tous côtés dans ce même corps, qui produisent aussi du son, & d'ailleurs un son qui n'iroit d'abord que sur une ligne droite, se refléchit sur tous les corps qu'il rencontre, & comme tous ces mouvemens sont extrémement prompts, les reflexions arrivent aussi vîte à l'oreille que le mouvement direct, & elles y arrivent de toutes parts. Elles se joignent même au mouvement direct, & fortifient extrémement le son, qui seroit sans comparaison plus foible, s'il se faisoit dans un lieu où il n'y eût pas de corps reflechissans. Si ces corps sont assés éloignés pour n'envoyer à l'oreille le son reflechi que quelque tems après le son direct, & si d'ailleurs ils sont propres à faire des reflexions bien nettes, c'est ce qu'on appelle des *Echos*. Le son peut être *grave* ou *aigu*. Il est grave si les particules du corps resonnant, ou par leur grosseur, ou par leur figure, ou par leur peu de liaison, ont des vibrations lentes & tardives, & par conséquent n'impriment à l'air qu'un semblable mouvement, des dispositions contraires dans les particules du corps resonnant, rendent le son aigu. Si les cordes d'un instrument sont plus longues ou moins tendues, elles ont des vibrations plus lentes, & par consequent un son plus grave, & cela peut s'appliquer à proportion aux particules des autres corps resonnans. Entre deux cordes également tendues, si l'une est une fois plus courte que l'autre, elle rend un son qui est d'une *octave* au dessus, & c'est-là le fondement de la *division du Monochorde, des Consonances, & des Dissonances*. Voyez ces mots. La voix procede d'un certain mouvement imprimé à l'air dans le larynx par le moyen de l'épiglotte, laquelle en pressant l'air qui sort, fait une voix aigue & subtile comme celle des femmes & des enfans, & en le laissant sortir librement, elle fait une voix grave & sonore ou de quelque autre genre. L'état de la trachée artere y contribue beaucoup. Plus elle est seche, plus la voix est claire; plus elle est grande & large, plus le son est bas & gros, & tel que celui des gros tuyaux d'orgues. C'est ce qui fait que les Ours dont la trachée artere est très-large, ont une voix si forte & si rude, & qu'au contraire les Rossignols qui l'ont très-étroite, ont la voix tenue & douce. La mobilité de l'épiglotte en divers sens fait les differens fredons & les diverses harmonies du son.

Son, dans le vieux langage, à signifié Sommet.

Quand de branche en branche monta
Du grand arbre de sec en son.

SONAILLE. s. f. Clochette que les bêtes portent pendue au col en passant ou en voyageant. On appelle *Sonailler*, Le cheval, bœuf ou mulet qui marche à la tête des autres avec cette sonnette.

SONDE. s. f. Instrument long & rond dont les Chirurgiens se servent pour sonder les plaies. Il se dit aussi d'un fer emmanché de bois dont les Commis aux portes se servent pour voir, par exemple, en le fourrant dans un chariot de foin qui passe, s'il n'y a point quelque marchandise cachée.

Sonde. Terme de Marine. Petite masse de plomb en quille, attachée à un long cordeau, que l'on fait descendre dans la mer, tant pour sçavoir la profondeur du parage, que pour reconnoître la nature & la qualité du fond qui s'attache à la partie inferieure de la sonde. On frotte ce dessous de suif, & lorsqu'il vient à porter sur le sol de la mer, il en enleve du sable ou de la vase s'il y en a. S'il n'en rapporte rien, c'est une marque que le fond est de cailloux ou de roche. Cette petite masse de plomb pese d'ordinaire dix-huit livres. La terre que l'on rapporte au bout du plomb de sonde, est aussi appellée *Sonde*, & on dit *Etre à la sonde*, pour dire, Etre en lieu où l'on peut trouver le fond de la mer avec la sonde. Quand on dit ques *Les sondes sont marquées*, on entend par là que les brasses ou piés d'eau, qui sont en profondeur, sont marqués sur des cartes près des Côtes. On dit, *Venir jusqu'à la sonde*, pour dire, Quitter le large de la mer & venir jusqu'à un endroit où l'on trouve fond avec la sonde; & on dit, *Aller la sonde à la main*, quand on va dans un païs inconnu ou dangereux, qui oblige d'y aller en sondant. On appelle *Sonde de pompe*, Une mesure de bois marquée par pouces avec du plomb au bout, qui sert à faire connoître la quantité d'eau qui est à fond de cale.

SONDER. v. a. *Tâcher de reconnoître la qualité du fond en la profondeur d'un lieu couvert, où l'on ne peut penetrer par la vûe*. ACAD. FR. Les Chirurgiens disent *Sonder une plaie*, pour dire, Mettre la sonde dans une plaie, afin d'en connoître la profondeur. Les Changeurs sondent la monnoie avec les burins. Les Marchands de bois sondent aussi les arbres quand ils achetent une forêt, pour voir s'ils ne sont point faux en cœur.

Sonder. Terme de Marine. Jetter un plomb de sonde où il y a du suif, pour connoître le fond par le sable qu'il rapporte, ou pour sçavoir combien il y a de brasses ou de piés d'eau jusqu'au fond. On dit, *Sonder la pompe*, pour dire, Voir par la mesure de bois qui a un plomb au bout, combien il y a de piés ou de pouces d'eau au fond d'un Navire.

SONGE. s. m. Ce qu'on imagine, ce qu'on pense en dormant. M. Bernier dans son Abregé de la Philosophie de Gassendi, dit que les Songes semblent naître seulement de ce que les sens étant assoupis, les esprits qui cependant se meuvent sans cesse, & çà & là dans le cerveau, entrent dans les vestiges imprimés, qui sont comme des especes de plis qui s'y sont faits, & meuvent la phantaisie de la même sorte que pendant la veille. Cela semble d'autant plus vrai-semblable, qu'on ne peut entendre delà pourquoi il ne paroît point de difference entre les choses vûes en dormant & en veillant, & que pendant le sommeil, ainsi que pendant la veille, l'on observe cette succession continuelle d'imaginations, qui étant quelquefois sans liaison, ne laissent pas d'en avoir souvent une secrette & cachée. La phantaisie étant remuée de la même sorte par les esprits à cause des vestiges imprimés, il s'excite en dormant comme en veillant de pareilles imaginations, ausquelles nous donnons ou refusons de même notre consentement; & parce que les esprits survenant diversement sautent quelquefois & s'insinuent dans des suites de ces plis ou vestiges tout-à-fait séparées & éloignées, il peut arriver des songes tout-à-fait disjoints. S'il s'y trouve quelque liaison secrette, comme il y en a souvent, quand même l'on songe des choses qui n'en ont aucun, cela peut venir de ce que lorsque les esprits soufflent, pour ainsi dire, le long d'une suite de plis, ils remuent aisément le pli de la suite voisine, ou de celle qui est en travers, & que laissant alors la premiere suite, ils en enfilent une nouvelle, passant de même à une autre, de telle sorte que la derniere semble enfin n'avoir rien de commun avec la premiere. Comme la phantaisie n'est jamais en repos durant la veille, elle ne l'est jamais non plus pendant le sommeil, & elle imagine toûjours quelque chose. Quelques-uns disent, selon le rapport même d'Aristote, qu'il se trouve des personnes qui n'ont jamais songé, ce qui n'est pas vrai. Ils songent effectivement, mais ils ne se souviennent pas de leurs songes; ce qui est un effet de leur temperament particulier: car de même que quand nous dormons quelque peu de tems après le repas, nous songeons, & qu'étant reveillés nous ne nous souvenons pas des choses que nous pouvons avoir dites en begayant; ce qui arrive de la même sorte à plusieurs personnes qui en dormant se levent, crient & vont d'un côté & d'autre, songent effectivement & ne se souviennent de rien étant réveillés, ainsi il s'en peut trouver dont la constitution du cerveau soit telle, que tout ce qu'ils songent pendant tout le cours de leur vie, s'efface entierement. Pline & Galien n'ont pas été du sentiment d'Aristote, qui prétend que les enfans ne songent point avant leur quatriéme ou cinquiéme année. Les secousses, mouvemens, frayeurs & sucemens qu'on remarque en eux pendant qu'ils dorment, prouvent le contraire. Deux raisons nous empêchent de nous souvenir de quelques-uns de nos songes. L'une est, que les esprits coulent & s'insinuent d'une telle maniere par les plis & les suites des plis, qu'ils ne les troublent pas, & que ne les mêlant point, ils n'en font aucunes nouvelles, de sorte que ne se faisant aucune impression differente de celles qui y sont, nous ne remarquons rien qui soit different de ce que nous avons connu auparavant. Ainsi il ne nous semble pas avoir rien pensé de nouveau, comme il arrive quand une chose extraordinaire a ébranlé la phantaisie, à cause du mêlange des vestiges qui a été fait par les esprits. L'autre raison est, qu'encore que les esprits s'insinuent & coulent de sorte qu'ils mêlent & confondent quelque chose, & qu'ils fassent de nouveaux plis & de nouvelles suites, soit en assemblant, soit en séparant, toutefois l'impression qui se fait est offusquée & presque effacée par la vapeur qui s'y mêle, ou par les esprits qui y succedent, en sorte qu'il n'en reste aucun vestige. Delà vient apparemment que les songes du matin sont plus clairs, & demeurent plus facilement dans la memoire, que ceux qui arrivent quand on dort un peu après le repas, sur-tout quand la tête est appesantie par les vapeurs: car l'impression qui se fait peut être effacée par l'ébranlement, comme l'est celle qui se fait quand une chûte imprévûe, ou quelque coup violent nous fait perdre le jugement & le sentiment, étant certain que nous ne nous souvenons ni d'avoir été en danger de choir, ni de la chûte ni du coup, quoique nous ayons vû la chose de nos yeux & avec beaucoup de frayeur. Nous songeons sur-tout aux choses ausquelles nous nous sommes attachés pendant la veille, & cela vient de ce qu'ayant imaginé une chose fortement &

avec assiduité, les vestiges qui ont été formés sont tellement larges & ouverts, que les esprits y accourent particulierement, & en s'y insinuant plus aisément ils remuent plus fortement la phantaisie. Hippocrate prétend que si l'on songe que la terre soit inondée par le déluge des eaux des fleuves ou de la mer, c'est signe de maladie, à cause de l'abondance d'humidité qui est dans le corps, & que ce n'est pas même un bon augure de songer qu'on nage dans un étang ou dans une riviere. Il dit au contraire que si lorsque l'on s'endort le soir, les choses se presentent de la même façon qu'elles se sont passées pendant le jour, cela doit être pris pour un présage heureux de santé, parce que l'esprit n'étant surmonté ni par la plenitude, ni par l'inanition, ni par aucune autre chose de même nature, il persiste dans ce qu'il pense le jour. Si en songeant, nous doutons quelquefois, & prenons garde avec quelque attention si ce qui nous paroît est un songe ou non, ce que ne peuvent faire les brutes, tout cette attention n'est fondée que sur cette seule espece de memoire, que quelquefois en veillant les absurdités de nos songes nous sont venues en pensée, & que nous avons songé au moyen de les examiner & reconnoître; & comme cette attention est très-foible & très-legere, il n'intervient aucune fonction du sens, laquelle comme plus forte & plus puissante occupe la place & convainque l'imagination de fausseté. Il y a des personnes qui courent la nuit en dormant, & entre plusieurs exemples, Gassendi en rapporte un qui est tout-à-fait extraordinaire. Un homme de sa connoissance sortoit de son lit, ouvroit les portes, marchoit dans la rue, descendoit dans une cave qu'il avoit vis-à-vis de sa maison, & tiroit du vin de la piece qui étoit en perce. Il écrivoit même quelquefois, & quoiqu'il fît toutes ces choses & plusieurs autres dans la plus grande obscurité de la nuit, il ne voyoit pas moins clair que s'il eût été en plein jour. Il est vrai que s'il arrivoit qu'il se réveillât dans la rue, ou dans sa cave, ou ailleurs, il cessoit de voir. Il y avoit cela de particulier, qu'il se souvenoit toûjours de l'endroit où il étoit, & retournoit dans sa chambre & dans son lit en tâtant. Neanmoins il ne se réveilloit qu'avec un grand tremblement & une forte palpitation de cœur. Il s'habilloit quelquefois, & quelquefois il faisoit toutes ces choses à demi habillé ou n'ayant que sa chemise. Souvent s'étant levé & habillé, il sortoit & alloit jusqu'à un certain endroit, après quoi il retournoit à sa chambre & se déshabilloit sans se réveiller avant qu'il se fût remis dans son lit, & se souvenant toûjours d'où il venoit & de ce qu'il avoit fait. S'imaginant quelquefois qu'il ne voyoit pas assés clair, & qu'il s'étoit levé avant le jour, il allumoit du feu & de la chandelle. Aristote dans son livre de la generation des animaux, dit que toutes ces choses arrivent à ceux qui sont dans la fleur de leur âge, & que les vieillards, dont la chaleur naturelle est languissante ou éteinte, ne sont point capables de les executer.

SONNET. s. m. Petit Poëme de quatorze vers, divisé en deux quatrains de deux rimes semblables, & en deux tercets dont le dernier doit finir par quelque pensée ingenieuse. Ce mot, selon M. Ménage, vient du son que font les doubles rimes des deux quatrains. Voici ce qu'en dit Nicod. Sonnet *semble estre diminutif de Son, c'est-à-dire, un petit son, si mieux on n'aime dire qu'il est fait de ce mot Latin* Sonitus, *& qu'il ne soit point de la forme diminutive; mais le François ne l'a ni d'une sorte ni d'autre, en courant usage; & ce qu'il dit depuis ne sçay quel temps, Sonnet, pour une façon de rime comprinse en deux quatrains & deux tiercets, qui sont quatorze vers, dont le premier rime aux quatriéme, cinquiéme & huitiéme, & le second aux troisiéme, sixiéme & septiéme; le neufiéme au douziéme, le dixiéme au treiziéme, & l'onziéme au quatorziéme, c'est un mot par luy emprunté de l'Italien* Sonetto, *qui l'a prins des Provençaux ou Catalans premiers Poëtes, duquel Italien l'Espagnol a puis n'a gueres prins & le mot & la tissure de la rime. Aucuns estiment que ladite rime de quatorze vers soit appellée* Sonnet, *parce que les Italiens le chantent en le lisant; mais cela n'en est pas la cause, car le chant leur est commun & usité en toutes sortes de leurs rimes, dont le vers est de onze syllabes, soit de fait ou d'équipolence. Comme aussi tous vers quelconques en quelque langue qu'ils soient écrits, dûssent estre leus avecques ton de chant, ainsi que le mot* Carmen, *que le Latin leur a baillé, le donne assez à entendre. Autres disent que le Sonnet ayant esté la premiere façon de rime usitée par les Italiens, a eu ce nom, parce que lesdits Poëtes Provençaux, pour donner à entendre ce que c'est que Rime, la definissoient par ces deux vocables accouplez* Son *&* Mot, *& vont alleguant pour preuve de ce, ce vers d'Aymeric de Belenuci,*

Per ço no puesse mots ny sos accordar.

Et ceux-cy de Honaud Daniel,

Mas amors mi assaura
Qu'ils mots ab lo son accorda.

Et ceux-cy de Jaufre Rudel,

No sap chantar qu'il so non di,
Ni vers trobar qu'il mots non fa.

Et ceux-cy de Pierre d'Auvergne,

Cui bon vers agrad' ausir
De mi Conseilh he que l'escout
Aquest que ora comens a dir
Que pos li er' sos cors assis.
Deu ben entendre 'l son e' ls mots.

Disent outre que Petrarque l'a monstré à signe d'œil en ces vers de son premier Sonet.

Voi ch' ascoltate in rime sparse il suono
Di quei sospiri, ond' io nudriva il cuore.

Mais à eux est l'altercation & le jugement.

SONNETTE. s. f. Petite cloche de cuivre, d'argent ou de vermeil doré, qui sert à appeller ou à avertir. On appelle aussi *Sonnettes*, de petits grelots que l'on attache aux tambours de basque, aux jambes des Pantalons pour danser, au cou des petits chiens, afin d'empêcher qu'ils ne se perdent, & aux oiseaux de proie. On attache aussi des Sonnettes aux mulets, & aux bêtes de somme, & elles servent à avertir ceux qui se trouvent dans le grand chemin de se retirer à l'écart.

Sonnette, Machine dont on se sert pour enfoncer des pilotis. Elle est composée d'un gros belier ou mouton de bois ou de fonte, de fer ou de cuivre, & s'éleve entre deux coulisses ou moutons de bois avec un cordage que l'on tire & qu'on laisse aller.

SONNETTES. s. f. p. Cordages à main dont les Charpentiers se servent à lever de petits fardeaux à l'aide de la poulie sans chèvre ni autre engin.

SOP

SOPHI. s. m. Titre que l'on donne aux Rois de Perse. Il vient d'un jeune Berger qui portoit ce nom, & qui par son courage & par son esprit, trouva les moyens de parvenir à la Couronne de Perse vers l'an 1370. Il se disoit descendu de la race d'Ali, l'un des Interpretes de la Loi de Mahomet, & autorisant sa secte contre celle d'Homar, il prit un turban de laine rouge pour se distinguer de ceux qui suivoient Homar, & dont le turban étoit de lin blanc. C'est delà que quelques-uns tiennent qu'il fut appellé *Sophi*, Vossius disant que ce mot vient de *Suf*, qui en Arabe signifie Laine. Selon Bochart *Sophi*, veut dire celui qui est pur en sa religion.

SOPHISTE. s. m. Celui qui trompe par de fausses raisons ceux qu'il tâche de persuader. Ce nom qui est aujourd'hui odieux, étoit autrefois un titre honorable, & signifioit un homme sçavant & éloquent. Ainsi on le donnoit à tous ceux qui excelloient en quelque science que ce fût, comme aux Theologiens, Medecins & Jurisconsultes. On appelloit particulierement *Sophistes*, les Déclamateurs & les Philosophes. Ce titre étoit encore en honneur chés les Latins du tems de saint Bernard, & avoit commencé à s'avilir dans la Grece, dès celui de Platon & de Philippe de Macedoine, à cause de Protagoras, d'Hippias, de Prodicus & de Gorgias, qui firent un trafic sordide de l'éloquence, l'enseignant à prix d'argent à leurs écoliers. Ceux qui professoient la Philosophie par la seule vûe du gain, couroient de Ville en Ville pour débiter leur science avec une vaine ostentation de paroles, & c'est ce qui a porté Seneque à les appeller des Sophistes Charlatans. Ce mot est Grec σοφιστής.

SOR

SORBE. s. f. Fruit du Sorbier, arbre grand & droit, qui s'aime dans les lieux humides, & dont le bois est massif & coloré. Il y a des Sorbes rondes, ovales, & en forme de poire, mais les meilleures sont celles qui ont des feuilles molles & délicates autour de la queue. Elles sont astringentes, mais moins que les nesles. Pline en marque de quatre sortes. Les unes rondes en façon de poires que les Païsans appellent *Cornes*, & qui sont plus communes que les autres. Il en fait une espece differente de celles qui sont rondes en façon de pommes. Il y en a d'autres longuettes en forme d'olives, & d'autres qui donnent ordinairement des tranchées & douleurs de ventre. Dioscoride parle seulement de celles qui sont communes, & que l'on cueille en automne sur le Cormier. Celles-là sont d'un plus grand usage. On s'en sert pour arrêter les vomissemens, pour retenir les flux de sang immoderés, & pour fortifier les parties. Le menu peuple en divers Païs fait une maniere de vin paillet avec des Sorbes bien mûres.

SORBET. s. m. Breuvage fort agreable, composé de chair de citron avec du sucre, & qui nous vient du Levant. Il est fort ordinaire chés les Turcs, à qui on défend le vin.

SORBONIQUE. s. f. Acte solemnel de Theologie qu'on fait pour être reçû Docteur, & qu'on a nommé ainsi, à cause qu'il se fait toûjours dans la Salle de Sorbonne. Cet acte s'ouvre tous les ans le premier Vendredi d'après la fête de saint Pierre, & dure douze heures. L'on y soûtient de la Theologie scolastique, & on doit répondre à tous venans & sur-tout aux Bacheliers du premier & du second ordre, & au Prieur de Sorbonne qui commence par neuf argumens. La premiere Sorbonique se fait par un Cordelier, à cause que ce fut Maurice Cordelier qui établit cette sorte d'acte en 1315. C'est un Jacobin qui soûtient la derniere Sorbonique, & le Prieur de Sorbonne ouvre l'une & l'autre par une harangue.

Dans quelques Facultés de Theologie on l'appelle d'un autre nom. On dit à Angers *la Jovine*, parce le se tient le Jeudi.

SORCEUX. s. m. Sorte de Prêtres anciens. Borel dit que c'est delà qu'est venu le mot *Sorcier*. On a dit *Sorcerie*, pour Sorcellerie.

Mais garde que ne soit si sotte
Que ja riens d'enchantement croye
Ne sorcerie ne charroye.

SORCUIDANCE. s. f. Vieux mot. Témérité.

SORDOIER. v. n. Vieux mot. Sourdre, sortir d'une source d'eau.

SORDOIS. adj. Vieux mot. Sourd.

SORNE. s. f. Vieux mot. Commencement de la nuit, quand l'obscurité ôte la connoissance de ce que l'on a devant les yeux. Nicod dit que *Sorne* peut être tiré par double syncope de *Serotinum*, fait de *Serum*.

SORNER. v. n. Vieux mot. Se moquer.

Dites, je vous pri, sans sorner.

SOROISON. s. f. Vieux mot. Le tems du soir.

SORTIE. s. f. Action de sortir. On appelle *Sortie*, en termes de guerre, la marche de quelques troupes qui sortent d'une Place assiegée pour venir insulter le travail des Assiegeans, & quelquefois un quartier entier, quand les lignes de contrevallation ne sont pas en défense, ou bordées des Mousquetaires. On dit *Couper une sortie*, quand on prend à dos les troupes qui l'ont faite.

SORVANTOIS. s. m. Sorte de vers ou de chanson que chantoient les Trouverres, Poëtes Provençaux. On les appelloit aussi *Servantois*.

SORY. s. m. Espece de mineral que Dioscoride dit n'être pas trop dissemblable du Melanteria, quoiqu'il ait son genre à part. Il a une odeur fâcheuse & qui provoque à dormir, & se trouve en Egypte & en plusieurs autres regions, comme en Libie, en Espagne & en Chypre. Celui d'Egypte est estimé le meilleur. Il est troué, gras & astringent, & mis au creux d'une dent malade, il en ôte la douleur, & raffermit celles qui branlent. Galien & plusieurs autres tiennent que le Sory, le Chalcitis & le Misy se forment dans les mines de cuivre, & qu'il s'y trouve lit sur lit, le Sory qui est le plus terrestre au-dessous, le Chalcitis au milieu, & le Misy au-dessus de tous les deux. Ils different fort peu l'un de l'autre, si ce n'est en pureté, & même Galien a remarqué qu'avec le tems les trois dégenerent & se changent l'un en l'autre.

SOT

SOT. Prep. Vieux mot. Sous.

Et sot les reins & les espaules.

On a dit aussi *Sot*, pour dire, Il sceut.

Vestu comme François, & sot parler Romans.

SOTOFRINS. s. m. Terme de Marine. Pieces de bois qui croisant les courbatons, ne servent qu'à les lier & les affermir.

SOU

SOUBANDES. s. f. Terme de Chirurgien. Bandes qu'on met les premieres aux fractures sous les autres Le Soubandage sert à assembler en un les parties écartées & à écarter celles qui s'approchent contre le naturel.

SOUBARBE. f. f. Terme de Manége. Nom que donnent quelques-uns à la partie du cheval où porte la gourmette.

On appelle *Soubarbes*, en termes de Mer, Deux pieces de bois qui sont appuyées sur la coltie d'un Vaisseau, afin de soûtenir les bossoirs. *Soubarbe*, se dit aussi d'une piece de bois fort courte qui est debout, & par laquelle le bout de l'étrave du Vaisseau est soûtenu lorsqu'il est sur le chantier.

SOU-BARQUE. Terme de Charpenterie. Le dernier rang des planches ou bordages d'un bateau foncet, qui est immediatement au-dessus du platbord.

SOUBASSEMENT. f. m. Terme de Tapissier. Morceau d'étoffe de soye, de drap, ou de serge, que l'on met au bas d'un lit quand les rideaux ne vont pas jusques à terre. C'est aussi un morceau de tapisserie que l'on attache au-devant de l'appui ou de l'accoudoir d'une fenêtre.

Soubassement, en termes d'Architecture, est une large retraite ou une espece de piedestal continu, qui sert de base à un édifice.

SOUBERME. f. m. On appelle ainsi en termes de Marine, ce qu'on appelle autrement *Torrent*, c'est-à-dire, des eaux causées par les pluies & par les neiges fondues, qui ne coulent qu'en été & grossissent les rivieres.

SOUBRIGADIER. f. m. Officier de Cavalerie qui soulage le Brigadier dans les fonctions de sa charge. Il est Haute-paye dans les Regimens de Cavalerie.

SOUCHE. f. f. *La partie du tronc de l'arbre qui est en terre, & d'où sortent les racines.* ACAD. FR. On appelle en termes d'Architecture, *Souche de cheminée*, Un ou plusieurs tuyaux de cheminée, qui paroissent au-dessus d'un comble. Ils doivent n'avoir que trois piés de haut au-dessus du faîte. *Souche ronde*, se dit d'un tuyau de cheminée de figure cilindrique, en maniere de colomne creuse, qui sort hors du comble. Ces sortes de Souches ne se partagent point par des languettes pour plusieurs tuyaux, & sont accouplées en groupées.

SOUCHET. f. m. La moindre des pierres qui se tire dans les carrieres & qui est au-dessous du dernier banc. Elle n'est quelquefois que comme du gravois & de la terre.

Souchet. Plante dont les feuilles sont semblables au porreau, mais plus longues & plus grêles. Sa tige est de la hauteur d'une coudée, quelquefois plus grande, & ressemble à celle du jonc odorant. Elle a plusieurs angles, & porte à sa cime quelques feuilles menues & sa graine. Ses racines dont on se sert principalement, s'entretiennent & se touchent, étant faites en façon d'olives longues ou rondes, noires, odorantes & ameres. Elles sont chaudes & aperitives, & prises en breuvage, elles servent à ceux qui ont la pierre, ou qui sont mordus des scorpions, & aux hydropiques. Leur fomentation est singuliere aux froideurs & aux opilations de la matrice, & pour provoquer le flux menstrual. La même racine étant seche & réduite en poudre, est fort propre aux ulceres corrosifs de la bouche. Le Souchet croît aux lieux cultivés & marécageux. Dioscoride parle d'une autre sorte de Souchet qui croît aux Indes, & qui ressemble au Gingembre. Il est amer quand il est mâché & rend une couleur de safran. Matthiole dit qu'on en voit encore une autre sorte en plusieurs lieux d'Italie, qui a ses racines longues, nouées, éparpillées à fleur de terre, & noires tirant sur le rouge. Le meilleur croît vers les sources de Timavo, & dans quelques marais qui sont aux limites de Curse. Il est fort semblable au Galenga, tant en odeur qu'en figure.

SOUCHETAGE. f. m. On donne ce nom à une visite que font les Officiers des Eaux & Forêts, après que les bois ont été coupés. C'est pour compter le nombre & la qualité des souches qui ont été abbatues. Le compte & la marque des bois de fustaye qu'on permet d'abbattre, se nomme aussi *Souchetage*. L'Ordonnance veut que cela soit fait avant l'adjudication.

SOUCHETEUR. f. m. Expert que chaque partie nomme de son côté pour assister au souchetage & à la visite des souches.

SOUCHEVER. v. n. Terme de Carrier. Tirer le souchet pour faire tomber les autres bancs de pierre qui sont dessus.

SOUCHEVEUR. f. m. Carrier, qui travaille particulierement à ôter le Souchet pour séparer & faire tomber les pierres, ce qu'il fait avec la masse & les coins du fer.

SOU-CHEVRON. f. m. Terme d'Architecture. Piece de bois d'un dome ou d'un comble en dome, dans laquelle est assemblé un bout de bois qu'on appelle *Clef*. Il y a deux chevrons courbes qui sont retenus par ce bout de bois.

SOUCI. f. m. Petite plante qu'on cultive dans les jardins, & qui porte une fleur de même nom. Cette fleur est ronde, & a de petites feuilles d'un jaune foncé qui tire sur l'orangé. M. Ménage veut que ce mot vienne du Latin *Solsequium*; comme les Grecs ont dit *Heliotropium*. Il n'y a que la fleur qui soit en usage en Medecine, où l'on se sert rarement des feuilles. Elle est aperitive & resout avec un peu d'astriction, provoquant les mois & facilitant l'accouchement. Elle est d'ailleurs tellement cordiaque, qu'on s'en sert souvent avec succès dans des bouillons contre la peste, & autres maladies pestilentielles. On l'appelle en Latin *Caltha* & *Calendula*, & en Grec χρυσάνθεμον.

SOUCLAVIERE. adj. Terme de Medecine. On appelle *Veines souclavieres*, Deux veines ou branches qui font la division du tronc ascendant de la veine-cave. Elles ont été nommées ainsi, à cause qu'elles sont sous les clavicules du gosier, dont une partie va aux aisselles, & forme les rameaux axillaires. *Muscle souclavier*, est le premier muscle qui sert au mouvement du thorax.

SOUCOUPE. f. f. Ouvrage d'Orfévre ou de Potier d'étaim, composé d'un pié & d'un dessus, qui est une sorte d'assiette large avec de petits rebords. C'est là-dessus que l'on sert à boire proprement aux personnes qui sont d'un rang distingué. On y met les verres & des caraffes de plusieurs sortes de vin ou de liqueurs.

SOUDART. f. m. *Soldat. Ce mot vieillit.* ACAD. FR. *Soudard* étoit preferé à *Soldat* du tems de Nicod. Voici ce qu'il dit. Soudard *est un mot approprié aux gens de pié, non de cheval, combien que l'étymologie & l'origine du mot comprenne tous ceux qui prenans soude servent un Prince de leur corps à la guerre. Il est mieux écrit & prononcé* Soudard *que ni* Souldard *ni* Soldat, *car il vient de ce mot latinisé* Solidum, *espece de monnoie que le François prononce* Soud, *& comme le Baron de Tautenberg dit, selon Cassiodore, Vege & Frontin, anciennement entre les gens de guerre,* Solidatus, *s'appelloit l'homme de guerre, qui recevoit soude & gages militaires de l'Empereur, car comme il eut esté longuement usité entre les Romains que les gens de guerre guerroyassent à leurs propres cousts & despens, neanmoins depuis la prinse de la ville d'Anxur; furent ordonnez gages & soude, des deniers de la Ville aux gens de guerre avec certaine quantité de grain & quelque habillement, &*

à ceux qui combattoient à cheval, un cheval, qui tous estoient appellez Auctorati, *& par traict de temps après furent dits* Matriculati *&* Solidati. *Le François l'appelle aussi* Soudoyer. *L'Italien dit* Soldato, *& l'Espagnol* Soldado, *mais le François ne peut bonnement dire* Soldat, *sans italienniser, ou espagnoliser, dequoy il n'a aucune contrainte, veu qu'il a les deux dessusdits, & plus beaux & plus seants à luy que ledit* Soldad.

SOUDE. f. f. Herbe dont les sels alkalis opposés aux acides ont pris leur nom, *Kali*, signifiant *Soude* en Arabe. On en tire un sel lexivial qui est le plus poreux de tous les sels, ce qui est cause que par excellence on l'appelle *Sel alkali*. Cette herbe appellée *Soude* ou *Kali*, croît en Egypte aux bords du Nil, fleuve rempli de nitre. Elle est d'une saveur nitreuse, & on en trouve aussi quantité auprès des Salines de Triesti, & en Languedoc proche de la mer. Elle ressemble à la petite joubarbe, & les Verriers font des verres de ses cendres. La Soude qu'ils estiment davantage est la *Soude d'Alican*. Elle doit être seche & sonnante, d'un gris bleuâtre au-dessus & au-dedans, garnie de petits trous, & faite en forme d'œil de perdrix. Il faut prendre garde que quand on crache dessus, & qu'on l'approche du nés, elle ne sente point un goût de mer ou de marécage. On doit préferer celle qui est en petite pierre de la grosseur des cailloux, à celle qui est en grosse pierre ou en pierres fort menues. Les Savonniers se servent aussi beaucoup de la Soude d'Alican, pour en tirer le sel qu'ils font entrer dans la composition du savon blanc & marbré, mais la plus grande quantité de Soude qui vient d'Espagne, est vendue aux blanchisseuses qui s'en servent dans leurs lessives. Il y a une *Soude de Cartagene*, qui est moins bleue & a plus de croûte que celle d'Alican. Les trous en sont plus petits, & elle n'est pas si bonne. Celle qu'on appelle *Soude de Bourde*, est entierement à rejetter. Elle est ordinairement humide, noirâtre, verdâtre, & fort puante. La Soude de Cherbourg, appellée *Soude de Varecq*, n'est guere meilleure. Elle se fait d'une herbe qui se trouve le long des côtes de la mer de Normandie, & a l'odeur & la couleur de celle de Bourde.

SOUDER. v. a. *Lier des pieces de métal ensemble par le moyen de l'étaim ou du cuivre*. ACAD. FR. Les Serruriers soudent deux morceaux de fer en les mettant dans le feu jusqu'à ce qu'ils soient tous blancs & comme dégoûtans, après quoi ils les joignent l'un contre l'autre, n'en faisant qu'un des deux avec le marteau. On soude le plomb avec de la soudure faite de plomb ou d'étaim, & on soude aussi le cuivre avec de l'étaim, & quelquefois avec un mêlange de cuivre & d'argent selon que l'ouvrage est délicat.

SOUDIACRE. f. m. Ministre qui est promû au premier des Ordres sacrez, & qui sert le Diacre à l'Autel. Il prépare les ornemens & les Vaisseaux sacrés, le pain & le vin necessaires pour le Sacrifice, verse de l'eau au Prêtre lorsqu'il lave les mains après l'Offerte, & lave & nettoye les Corporaux. Il assiste à la Messe proche le Diacre, & chante l'Epître.

SOUDIVANT. adj. Vieux mot. Séduisant, séducteur.

Mout fut soutis & soudivans
Guillem chapuis & bon truans
Qui les blancs chaperons trouva.

SOUDURE. f. f. Mêlange fait de deux livres de plomb & d'une livre d'étaim, ce qui le fait appeller *Soudure au tiers*. On s'en sert à joindre les tables de plomb ou de cuivre. On appelle *Soudure en losange* ou *en épi*, Une grosse soudure avec bavures en maniere d'arête de poisson. Quand elle est plus étroite, n'ayant d'autre saillie que son arrête, elle est appellée *Soudure plate*. Par *Soudure en maçonnerie*, on entend le plâtre serré, dont on raccorde deux enduits qui n'ont pû être faits en même-tems sur quelque mur ou sur quelque lambris.

SOUFAISTE. f. m. Terme d'Architecture. Piece de bois au-dessous du faîte, liée par des entretoises, des liernes & des croix de saint André.

SOUFFLAGE. f. m. Terme de Marine. Renforcement de planches qu'on donne à quelque Vaisseau. On appelle *Soufflage vif*, quand on soufle sur les membres du Vaisseau, au lieu de souffler sur le bordage.

SOUFFLER. v. n. *Faire du vent en poussant l'air par sa bouche avec force*. ACAD. FR. Nicod remarque sur ce mot qu'on s'en sert quelquefois à l'imperatif, quand on veut faire entendre que ce que quelqu'un a dit est un mensonge, & que toutes ses promesses seront sans effet. *C'est*, dit-il, *comme quand quelqu'un a raconté quelque nouvelle étrange, ou promet & se vante de faire quelque chose outre ses moyens, on lui respond en voix eslevé & par dérision*, Soufflez, *comme si on lui disoit que ce qu'il a dit & promis ne sont que fables. La signification & usage procede, ce semble, des Batteleurs, lesquels ayant fait semblant de mettre en la main quelque noix de galle ou autre chose, le presentent à quelqu'un qui leur est à l'environ, lui disant*, Soufflez en mon poing, *& après qu'il y a soufflé, le r'ouvrant il ne s'y trouve rien dedans.*

On dit en termes de Manege, que *La matiere a soufflé un poil*, pour dire, qu'Un cheval ayant une encloueure qu'on n'a pas ouverte par en bas, la matiere a coulé entre la corne & le petit pié, & qu'Elle a gagné le poil étant montée au dessus du sabot, en sorte qu'elle paroît à la couronne. On dit aussi que *La chair souffle sur la fourchette*, quand une excrescence de chair vient sur la fourchette ou à côté, ce qui fait que la fourchette pousse comme une cerise de chair qui rend le cheval boiteux.

On emploie aussi ce mot à l'actif, & on dit en termes de Palais, *Souffler un Exploit*, pour dire, Faire paroître qu'un exploit a été donné, quoiqu'il n'ait point été donné effectivement aux parties ni à leurs personnes, ni à leur domicile, ni à celui de leurs Procureurs.

On dit en termes de Chasse, *Qu'Un chien souffle le poil à un lievre*, pour dire, qu'Il est tout prêt de l'attraper.

On dit en termes de Marine, *Souffler un Vaisseau*, pour dire, Renforcer le bordage d'un Vaisseau, en le revêtant de fortes & nouvelles planches, afin qu'il puisse mieux resister au canon & aux coups de mer. Cela se fait d'ordinaire aux Vaisseaux de guerre, quand ils ne portent pas bien leurs voiles, & qu'ils roulent & se tourmentent trop à la mer.

SOUFFLET. f. m. Sorte d'Instrument qui sert à souffler & à allumer le feu, en attirant le vent & le comprimant ensuite pour le faire sortir avec violence par un trou étroit. Les soufflets des forges de fer se meuvent par des moulins. Les *Soufflets d'orgue*, sont des instrumens qui donnent le vent à l'orgue & la font parler, quand on les fait aller & qu'on touche les claviers. Il faut quatre soufflets pour fournir le vent à une orgue de seize piés, & six quand il y a un positif. Ils doivent avoir six piés de long sur quatre de large, dont il faut que chacun ait des lunettes de quatre pouces, afin que la soupape s'ouvre aisément. Il doit y avoir aussi une soupape au mouffle des soufflets, pour les empêcher d'emprunter du vent l'un de l'autre. On fait les plis des soufflets de plusieurs petits ais de bois fort minces, sur lesquels on colle le cuir. Il y en a en triangle qui ne se levent que d'un côté, & d'autres appellés *Soufflets à lanterne*. Ceux-là se levent également des deux côtés, & demeurent paralleles à l'air inferieur, en sorte qu'ils representent une lanterne de papier.

Soufflet. Espece de chaise roulante sur leurs roues, fort legere, & qui n'est que pour une ou deux personnes. Le dessus & le dedans de cette sorte de voiture sont de cuir ou de toiles cirées, qui se levent & se plient comme un soufflet pendant le beau tems. On les étend quand on veut se garantir de la pluye.

Soufflet. Coup de la main étendue sur la joue. *Ce nom*, dit Nicod, *peut venir de ce que quand on souffle, les joues se haussent & enflent, & se baissent & desenflent, si que frappant aucun sur la joue, on peut dire qu'on le frappe sur le soufflet, étant les joues le soufflet de l'homme. Aussi voit-on quand aucun veut par vilipende donner de la main desployée sur la joüe d'aucun, il lui dit par braverie*, Souffle, *ou bien*, Enfle, *& le frappe sur la joüe ainsi pleine de vent.*

SOUFFLEUR. s. m. Celui qui souffle. On appelle *Souffleur*, dans les Antilles, Un grand poisson qui souffle & seringue l'eau dans l'air par les naseaux, de même que la baleine, à laquelle il est semblable, & dont il ne differe qu'en grandeur. C'est cependant une espece de poisson toute differente. Les Souffleurs vont en bandes comme les Marsouins, & semblent aimer les hommes, puisqu'ils suivent les barques & les canaux, comme s'ils prenoient plaisir à entendre le bruit qu'on y fait. On n'a qu'à siffler pour faire qu'ils tournent tout court & approchent des Navires, mais il est dangereux de les vouloir prendre, à cause de leur force extraordinaire. Un Capitaine de Vaisseau en ayant un jour fait harponner un, le Souffleur fit un effort si furieux sur la corde qui tenoit le harpon, qu'il fit éclater la grande vergue de son mât où cette corde étoit attachée. Ces poissons sont en grand nombre par toutes les Côtes de l'Amerique.

SOUFRE. s. m. *Mineral qui s'enflâme facilement & qui sent mauvais en brûlant.* ACAD. FR. Il contient deux substances, l'une grasse, bitumineuse & inflammable, l'autre acide & saline ; ce qui se démontre par le feu ; la partie graisseuse s'y enflâmant, & la partie acide sortant en forme de vapeur qui frappe le nés & resserre la poitrine, & qui se concentre en une veritable liqueur spiritueuse par le moyen de la cloche. Le soufre se divise en naturel & en artificiel. Le premier est rare, quoiqu'il s'en trouve en certaines mines. Il est gris, & comme il est le plus simple, c'est le meilleur pour la medecine. On l'appelle *Soufre vif.* L'artificiel se fait par la fusion de la mine, ou par l'évaporation des eaux sulfureuses. On ne se sert point du Soufre en Medecine qu'on ne l'ait purifié, ce qui se fait sur-tout avec la lessive de chaux vive, dans laquelle on fait bouillir le soufre pour lui faire perdre toutes ses ordures. On le dépure aussi en fort peu de tems, en le faisant cuire avec de l'urine humaine & un peu de vinaigre. La dépuration du souffre avec la chaux vive fait voir la generation des eaux minerales sulphureuses, qui s'engendrent des mines de soufre par le moyen de l'effervescence qui rend ces eaux là chaudes. On compose des eaux minerales chaudes avec de l'eau de chaux vive & du soufre, & on peut les substituer aux eaux chaudes naturelles, en y faisant bouillir quelques aromates ou plantes destinées pour les nerfs, qui rendront ces eaux encore meilleures. Le Soufre dans l'usage externe sert à mondifier & à guerir toutes sortes de playes & d'ulceres. Hippocrate le recommande contre la peste, & c'est l'unique remede contre la galle. On peut employer le baume de soufre sans craindre qu'elle ne rentre, pourvû qu'on l'anime avec quelque alcali, & particulierement avec l'huile de tartre, en forme d'onguent. Pour plus de sûreté on doit donner les viperes & l'antimoine interieurement, pendant qu'on applique le Soufre en dehors.

Le *Soufre de l'antimoine* est beaucoup plus noble que le commun, auquel il est tout semblable, excepté qu'il est moins jaune & qu'il tire un peu sur le vert. Le Soufre mineral de l'antimoine se tire ou par distillation en pulverisant l'antimoine & le mettant quelque tems en digestion avec de l'esprit de vitriol, après quoi on distile le tout à un feu violent, & sur la fin de la distillation le soufre s'éleve & s'attache au col de la retorte ; ou par dissolution, ce qui se fait en dissolvant l'antimoine dans l'eau regale composée de nitre, dans lequel on a dissous du sel commun. On verse sur la dissolution de l'antimoine de l'eau commune, qui precipite un veritable soufre tirant sur le vert. On appelle *Soufre doré d'antimoine*, un Soufre antimonial solaire de couleur rouge, que les scories qui se separent dans la circulation, lorsqu'on prepare le regule d'antimoine, donnent par le moyen de la precipitation avec quelque acide, & particulierement avec le vinaigre distillé.

Les Chymistes appellent *Soufre* leur second principe actif, & par *Soufre* ou *Corps sulfureux*, ils entendent une graisse très-inflammable, telle qu'il s'en trouve principalement dans le soufre crud dont elle tire son nom. Cette graisse sulfureuse qui ne se trouve jamais seule est toujours incorporée avec diverses autres particules, de sorte que ce n'est pas un premier principe, puisqu'elle a quelque composition. Elle s'unit & se coagule particulierement avec l'acide, qui ne manque point de se trouver dans tous les Soufres, où les pointes sont cachées & temperées par la partie sulphureuse. Les charbons contiennent un soufre, composé d'un acide & d'un graisseux, comme les mineraux, & ce soufre des charbons est tiré par des alcalis fixes qui separent le soufre en imbibant l'acide. Ettmuller ne decide point s'il y a du veritable soufre dans les métaux. Il ne veut pas l'assurer, parce qu'il faut tant de preparation pour avoir le soufre inflammable qu'on tire de quelques-uns, qu'il y a sujet de douter s'il étoit dans les métaux avant qu'ils eussent passé par le feu, ou s'il s'y est formé depuis, d'autant plus que les métaux sont trop serrez, & qu'ils ne donnent de souffre qu'après qu'on les a mêlés avec d'autres corps. Neanmoins comme nous voyons que les corps sont inflammables à raison de leur soufre, que l'étaim s'enflâme dans la preparation de l'*Antihecticum* de Potier, lorsqu'on remue un peu trop fort les parties, & que l'or fulminant a la vertu de s'enflâmer, de faire effervescence avec le nitre & d'exciter un grand bruit, il conclut qu'il y a grande apparence que les corps metalliques renferment un veritable Soufre, qui n'est autre chose que certaines particules qui s'enflâment facilement dans le feu ; ce qui fait que les métaux y rougissent.

Paracelse & Vanhelmont recommandent fort le *Soufre anodin de vitriol* pour sa vertu anodine à appaiser les douleurs & les furies de l'archée. Ce sont leurs termes. Ce soufre est le souffre fixe du cuivre, dont pourtant on ne le prepare pas immediatement, mais du vitriol de cuivre, c'est-à-dire, du cuivre ouvert par l'esprit acide du souffre, parce qu'on en tire le souffre plus aisément. Il y a un Soufre qui a rapport à ce soufre anodin dans le mars & dans le vitriol de mars, mais la vertu en est beaucoup moindre que celle du souffre du vitriol de cuivre ou de Venus.

SOUGARDE. s. f. Terme d'Arquebusier. Morceau de fer plié en forme de demi-cercle, qu'on met au dessus de la détente d'une arme à feu. Il empêche que le ressort ne se lâche, & que l'arme ne tire toute seule.

SOUGORGE. s. f. Morceau de cuir qui passe sous la gorge d'un cheval, & qui est attachée à la têtiere avec une bouche, afin de la tenir en état.

SOUIL. s. m. Terme de Venerie. Lieu bourbeux & rempli de fange où le sanglier se veautre.

SOUILLARD. s. m. Terme de Charpenterie. Piece de bois assemblée sur des pieux, & que l'on pose au devant des glacis qui sont entre les piles des ponts de pierre. On en met aussi aux ponts de bois.

Nicod nous apprend que *Souillard* est aussi le nom d'un chien. *Ce fut*, dit-il, *le premier de la race des chiens courans blancs, dits* Bauds, *surnommez* Greffiers, *qui sont en France, lequel fut donné par un Gentilhomme au Roy Loys douziéme, & par luy au Senechal de Normandie, & dès lors on commença à luy faire couvrir Lyce & en faire race, duquel & d'une Lyce, nommée* Baude, *appartenant à Madame Anne de Bourbon fille du Roy. yssirent quinze ou seize chiens bauds, & entre autres six d'excellence, Clerant, Joubart, Miraut, Maigret, Marteau & Heyse, la bonne Lyce. Depuis, la race s'est augmentée en France.*

SOUILLE s. f. Terme de Marine. On appelle *Souille d'un Vaisseau*, Le lieu où le Vaisseau a posé lorsque la mer étoit basse.

SOUILLER. v. a. *Gâter, salir, couvrir d'ordure, de boue, de sang.* ACAD. FR. On dit en termes de Venerie, *Souiller*, pour dire, Se veautrer dans le souil, & on lit dans Phœbus chap. 9. *Quand les sangliers sont chassés, ils se souillent volontiers ès boues, & s'ils sont blessez, c'est leur medecine que de se souiller, c'est-à-dire, Veautrer au souil.*

SOULACIER. v. a. Vieux mot. On a dit *Se soulacier*, pour dire, Se recréer. Il y a une Inscription au bois de Vincenne qui porte *Philippe Loys, fils de Charles Comte de Valois, qui de grand prouesse habonda, jusques sur terre la fonda pour s'en soulacier & esbatre, l'an* 1334.

SOULANDRES. s. f. Gales ou crevasses qui viennent à la jointure du jarret des chevaux. Celles qui leur viennent aux genoux s'appellent *Malandres.*

SOULDE'E. s. f. Vieux mot. Payement, recompense,

> *Et Amen a maille souldée,*
> *Car il fut au gibet pendu.*

SOULIER. s. m. Chaussure de cuir pour les piés. Le Soulier est composé d'une empeigne de deux quartiers, de semelles & d'un talon. Nicod fait venir *Soulier* de *Solea* ou de *Solum.* Selon M. Ménage il vient de *Sotularis*, ou de *Subtularis*, qui se trouvent l'un & l'autre dans la même signification.

Soulier, est aussi un terme de Marine, & il se dit d'une piece de bois concave dans laquelle on met le bout de la patte de l'ancre pour empêcher qu'elle ne s'accroche sur la precinte quand on la laisse tomber. On ne s'en sert guere que dans le Nord.

SOULIEUTENANT. s. m. Officier de quelque corps de Cavalerie ou d'Infanterie. Il partage les fonctions de Lieutenant dans l'un & dans l'autre. Il y a un Soulieutenant dans chaque Compagnie des Gendarmes, des Chevaulegers d'ordonnance & des Dragons. Chacune de celles du Regiment des Gardes Françoises a deux Soulieutenans, & chaque Compagnie des Gardes Suisses en a un. Le poste d'un Soulieutenant d'Infanterie est à la tête des Piquiers.

SOULOIR. v. a. Vieux mot. Avoir de coûtume.

SOULTRE. prep. Vieux mot. Dessous.

SOUMULTIPLE. s. m. Terme d'Arithmetique. On appelle *Soumultiple d'un nombre*, Un nombre plus petit qui se trouve compris exactement un certain nombre de fois dans le plus grand. Ainsi 5. est soumultiple de 20. parce qu'il se trouve quatre fois precisément dans 20.

SOUPAPE. s. f. Terme de Mecaniques. Tout ce qui sert pour arrêter l'eau dans une pompe. C'est une platine de cuivre aussi ronde qu'une assiette avec un trou au milieu en maniere d'entonnoir, qui reçoit quelquefois une boule, mais plus souvent une autre platine ajustée, en sorte qu'elle le bouche exactement, étant dirigée par sa tige, qui passe dans la guide au dessous de la premiere platine. Il y a de differentes sortes de Soupapes, dont l'une est nommée *Clapet.* Celle-là est toute plate comme un ais. Le Clapet est pourtant different d'une Soupape, puisqu'il n'a qu'un simple trou couvert d'une plaque qui s'éleve & s'abaisse par le moyen d'une charniere. Il y a d'autres Soupapes rondes & convexes, qui sont à present le plus en usage, & d'autres qui sont rondes & en pointes comme un cone ou un fausset. Les Soupapes servent dans le fond des reservoirs & des bassins pour les vuider ; ce qu'on fait en les ouvrant avec une bacule ou une vis. Elles servent dans les corps de pompes à laisser passer l'eau que le piston pousse par dessous, & à la retenir ensuite par dessus. On appelle *Soupape à queue*, une Soupape ronde & convexe, avec une queue qui sort perpendiculairement de sa convexité, afin que la pesanteur de cette queue tienne toujours la convexité en état de boucher un trou rond qui donne entrée à l'eau, lorsque le piston étant levé, elle pousse la Soupape.

Soupape. Terme d'Organiste. Petits tampons qui sont dans le sommier d'une orgue, & qui bouchent les rainures ou porte-vents jusqu'au pié de chaque tuyau. Il y a un petit ressort de laiton qui les soutient. Une orgue a quarante-huit Soupapes, & il n'en faut que toucher le clavier pour les faire mouvoir toutes. On appelle aussi *Soupapes*, De petites languettes qui s'ouvrent ou qui se ferment avec un ressort, pour donner ou fermer le passage au vent dans les balons & dans les soufflets.

SOUPE. s. f. *Potage, sorte de mets, sorte d'aliment fait de bouillon & de tranches de pain.* ACAD. FR. Quelques-uns font venir *Soupe* de l'Italien *Zuppa* ou *Suppa*, fait du Latin *Sapa*, qui signifie, Bouillon que la cuisson a reduit au tiers. D'autres le derivent

rivent de l'Allemand *Soupp*, qui veut dire la même chose.

Les Potiers disent *Tailler la terre par soupes*, pour dire, par petites tranches.

Soupe de lait. Terme de Manege. Il se dit d'un certain poil de cheval qui approche de la couleur du potage au lait bien sucré. Il est mêlé de roux & de blanc. On a appellé aussi *Pigeons couleur soupe de lait*, Certains pigeons qui ont leur plumage de cette même couleur.

SOUPENTE. s. f. Espece d'entresolle. Petite construction qui est entre deux planchers pour la commodité d'un appartement. On a coûtume de la pratiquer dans un lieu de beaucoup de hauteur, & elle se fait de planches jointes à rainure & à languette, & qui sont portées sur des soliveaux ou des chevrons.

Soupente, se dit aussi des barres de fer qui servent à soûtenir le faux manteau d'une cheminée.

On appelle encore *Soupente*, Une piece de bois qui est retenue à plomb par le haut, & suspendue, pour soutenir le treuil & la roue d'une grue ou autre machine.

SOUPIRAIL. s. m. Ouverture en glacis qui se fait entre deux jouées rampantes, par où une cave & un celier reçoivent un peu de jour. Cette ouverture se fait ordinairement en abatjour. Elle se fait de cette maniere dans un aqueduc couvert, ou bien à plomb dans un aqueduc souterrain. Il y a de ces soupiraux d'espace en espace, afin de donner échappée aux vents qui empêcheroient le cours de l'eau, s'ils demeuroient renfermés.

SOURAVIS. s. m. Vieux mot qui se trouve dans Joinville, & qu'il a employé pour dire, Des habits qu'on met par dessus les autres.

SOURCE. s. f. *Endroit où l'eau commence à sourdre, à sortir de terre, pour avoir un cours continuel.* ACAD. FR. L'origine des sources a été expliquée de plusieurs manieres par les Anciens. Aristote la rapporte à un changement continuel d'air en eau, & soûtient que l'air humide & vaporeux dans les concavités des montagnes s'épaissit en petites gouttes, que ces gouttes distillant & s'assemblant font comme de petits ruisseaux, & que plusieurs de ces ruisseaux joints ensemble font les sources. D'autres attribuent cette origine aux eaux de pluye, & quoiqu'ils avouent que lorsqu'il pleut pendant l'hiver, une partie des eaux s'écoule sur la terre, & que par les torrens, par les rivieres & par les fleuves elle va se rendre dans la mer, ils prétendent qu'il y en a une partie qui est bûe par la terre, & que penetrant par les fentes des rochers & des montagnes, elle est reçue & ramassée dans quelques-unes de leurs cavités, qui sont comme des bassins, d'où ensuite elle coule peu à peu par de petits trous & devient enfin en sortant hors de la terre ce que l'on appelle *Source*. Selon quelques autres, les fontaines tirent leur origine de la mer, d'où par des conduits souterrains l'eau est portée jusqu'aux montagnes & à tous les lieux où l'on voit des sources; & parmi ceux-ci il y en a qui veulent que la mer soit plus haute que la terre, & que l'eau pouvant autant monter que descendre, elle passe par des canaux souterrains, & s'en aille jaillir jusqu'au sommet des montagnes, qui se trouve être ou plus bas ou d'une égale hauteur avec la surface de la mer; mais ils ne prennent pas garde que chaque rivage est plus élevé que la mer voisine, & que toutes les terres & les montagnes d'où les eaux découlent aux rivages, sont aussi plus élevées. Ainsi ce rivage étant plus élevé que la mer voisine, & que celle qui suit, ou qui est un peu plus éloignée, il est par consequent plus élevé que la mer la plus éloignée, puisque, si dans le progrès, ou en avançant en pleine mer, il se trouvoit une plus grande hauteur de mer, l'eau en découleroit & se répandroit sur le rivage plus bas. D'ailleurs la mer ne sçauroit être plus élevée que les rivages des Isles qui se rencontrent en pleine mer, ni plus que les terres & les montagnes qui sont au delà des rivages. Et par quelle prerogative pour ces Isles seroit-elle plus basse que leur rivage & élevée plus haut que celui des Continens, qui ne sont autre chose que de grandes Isles. Il en est d'autres qui sont persuadés que la mer est plus basse que la terre, & entre ceux-ci les uns tiennent que l'eau qui est au fond de la mer, & qui entre dans les conduits souterrains, est pressée avec tant de force par le grand poids de toute la mer qui est au dessus, qu'elle monte & rejaillit avec beaucoup d'impetuosité tout le long du conduit jusqu'à ce qu'elle parvienne à quelque endroit de la terre où elle rencontre une ouverture pour sortir. Les autres s'imaginent que les terres qui sont au dessus des veines d'eau ont la vertu de succer & de les attirer jusqu'au sommet des montagnes, à la maniere d'une éponge que l'on met sur un peu d'eau; mais cette comparaison n'est pas recevable, puisque l'eau ne monte que très-peu à l'éponge, outre que suivant cette explication, les eaux devroient être salées, le sel passant toûjours aisément par tous les endroits où l'eau passe, quand la quantité est un peu considerable. M. Rohaut dit que ce que l'on peut raisonnablement penser touchant la maniere dont l'eau est élevée des lieux assés bas & éloignés de la mer, où sa pesanteur & sa liquidité l'ont premierement conduite, c'est qu'elle est reduite en vapeurs par la chaleur qui se rencontre dans les entrailles de la terre. Ces vapeurs ne pouvant s'étendre ni continuer commodement leur mouvement en se répandant vers les côtés, où il y en a d'autres qui tendent en même-tems à se dilater, c'est une necessité qu'elles se portent vers le haut des montagnes, en sorte qu'il y en a même qui s'élevent jusque dans l'air, où elles servent ensuite à former des pluyes, de la neige & de la grêle. On comprend de-là, que ces vapeurs rencontrant les parties froides de la terre, quand elles sont parvenues vers sa superficie, perdent la plus grande partie de leur mouvement, ce qui est cause que n'en ayant pas assés pour s'élever, il ne leur en reste que ce qu'il leur en faut pour glisser les unes auprès des autres & composer de petites gouttes d'eau que leur pesanteur fait couler vers le bas, où il arrive que plusieurs se rencontrent en assés grand nombre pour former un petit filet d'eau qui coule encore vers quelques endroits, où il se joint avec d'autres filets d'eau, qui tous ensemble composent une veine d'eau assés grosse, laquelle trouvant quelque fente qui la conduit hors de la montagne, fait ce que l'on appelle une source d'eau vive. Comme le sel ne s'éleve point en vapeurs avec les parties de l'eau douce, il est aisé de juger que les eaux des sources & des fontaines doivent être douces. S'il s'en trouve de salées, comme en Bourgogne & en Lorraine, c'est parce qu'elles détrempent du sel qui se trouve dans les terres par où elles coulent; & si au lieu de sel les veines d'eau douce rencontrent une matiere metallique, ou un mineral, tel qu'il puisse être, elles en détachent quelques parties des plus délicates. C'est de-là que viennent les diverses proprietés des eaux qui ont des usages particuliers dans la Medecine. Celles de Bourbon sont principalement considerables à cause de la chaleur de leurs eaux. Il est vraisemblable que cette chaleur provient de certains petits corps fort agités qui ressemblent en quelque façon à ces petites parties qui s'élevent les premieres du vin qu'on distile, & que les Chymistes nomment des Esprits. Cela se connoît en ce que si l'on transporte ces eaux, elles perdent presque aussi-tôt leur vertu, à moins que l'on n'ait grand soin de bien boucher les vaisseaux où on les renferme.

Les Fontainiers appellent *Sources*, plusieurs rigoles de plomb, de rocaille ou de marbre, qui sont bordées de mousse ou de gazon, & qui par leurs sinuosités & detours forment dans un bosquet planté sans symmetrie sur un terrain en pente, une espece de labyrinte d'eau, ayant quelques jets aux endroits où elles se croisent. Il y a de ces sortes de sources au jardin de Trianon.

SOURCIL. s. m. *Le poil qui est en maniere de demi-cercle au dessus de l'œil.* Acad. Fr. Les Medecins appellent aussi *Sourcils*, certaines Apophyses de cartilage qui sont aux emboîtures de quelques os. Telle est celle de l'os Ischion, qui comprend la tête de l'os de la cuisse.

On appelle *Sourcil*, en termes d'Architecture, Le haut de la porte qui pose sur les piédroits. Dans la base de la colomne Ionique, qui est composée de deux Astragales, il y en a une qui touche le sourcil ou la partie d'en haut du trochile inferieur.

SOURD. s. m. Espece d'Aspic, le plus dangereux de tous. Il est gris & semé de taches jaunes, il a 4. jambes & est de la forme & de la grosseur d'un lezard vert, il fait perir les arbres aux piés duquel il se trouve.

SOURD, sourde. adj. *Qui ne peut ouir, par le vice, par le défaut de l'organe de l'ouie.* Acad. Fr.

On dit en Mathematique, *Raison sourde*, qu'on oppose à la raison de nombre à nombre, & qui est celle qui se trouve entre deux grandeurs *incommensurables*, ou *irrationnelles*. Voyez INCOMMENSURABLES & IRRATIONNEL. On appelle aussi *Nombres sourds*, ou *Racines sourdes*, les *Racines* quarrées, ou cubiques, ou quarré quarrées, &c. des nombres qui ne sont ni quarrés, ni cubiques, ni quarré-quarrés, &c. Voyez RACINE & QUARRÉ.

On appelle *Pierres sourdes*, en termes de Jouaillier, des pierres qui n'ont pas tout le brillant que doivent avoir les pierres parfaites, c'est-à-dire, qui ont des pailles, des glaces ou quelque chose de sombre & de brouillé qui en diminue le prix.

On appelle *Lanterne sourde*, Une petite lanterne de fer blanc noirci, qui n'a qu'une ouverture qu'on ferme quand on ne veut pas laisser appercevoir la lumiere. Elle est faite de telle maniere, que celui qui la porte peut voir quand il veut sans être vû.

SOURDELINE. s. f. Sorte de musette fort agreable, qui n'est en usage qu'en Italie. Quatre chalumeaux qu'elle a avec plusieurs trous garnis de boîtes, qui servent à les ouvrir ou à les fermer, la rendent differente de nos musettes. Ces boîtes s'avancent ou se reculent par de petits ressorts.

SOURDETE. s. f. Vieux mot. Surdité. On a dit aussi *Sourdise*.

SOURDINE. s. f. Sorte de trompette qui fait un bruit sourd, & dont on se sert pour donner le signal aux gens de guerre quand on veut déloger secrettement. La Sourdine est faite d'un morceau de bois qu'on pousse dans le pavillon de la trompette, pour en affoiblir le son en le bouchant en partie.

Sourdine, parmi les Lutiers, est un instrument de musique à cordes, qui represente un lut ou un violon, quoiqu'il n'en ait ni la rose ni les ouies. Il sert seulement pour jouer du luth ou du violon, d'une maniere sourde, en sorte que le son en soit fort peu entendu. *Sourdine*, se dit aussi d'une petite plaque d'argent ou d'autre chose, que l'on plie en arc, & qu'on met sur le chevalet d'un instrument, afin d'empêcher qu'il ne resonne.

SOURDRE. v. n. Ce mot ne se dit proprement qu'en parlant d'eaux, & veut dire, Sortir de terre, de quelque rocher, ou d'un autre endroit semblable. On dit en termes de Mer, qu'*Un Navire sourd au vent*, pour dire, qu'il tient bien le vent, & qu'il avance à sa route, en singlant à six quarts de vent près du rumb d'où il vient.

SOURIS. s. m. Petit animal à quatre piés, qui est ordinairement de couleur de cendre, & dont l'antipathie est naturelle avec les chats, la belette & l'épervier. La Souris a l'ouie fort subtile, vit de froment, de legumes & de chair, & ronge tout ce qu'elle trouve quand elle manque d'eau. Aristote dit que la procreation des Souris est admirable sur tous autres animaux, tant pour leur grand nombre que pour la promptitude de leur production, ce qu'il fait voir en parlant d'une Souris pleine, qui ayant été enfermée dans un vaisseau plein de millet, d'où elle ne put sortir, y fit en fort peu de temps six-vingts petites Souris qui furent toutes trouvées quand on eut debouché le vaisseau. Les rates rousses, qui sont les Souris des champs, y peuplent en abondance, & font un si grand dégât de blés en divers lieux, qu'elles mangent quelquefois en une nuit tout le blé d'un champ qu'on est prêt de moissonner. Elles meurent toutes en peu de jours sans qu'on puisse rendre raison de la maniere dont elles meurent. Il n'y a rien qui en nettoie mieux tout un pays que les grandes pluyes. On tient pour certain, dit Matthiole, qu'une Souris conçoit sans mâle en lechant du sel, à quoi il ajoute que cet animal est si fertile, qu'en un certain lieu de Perse, on fendit une Souris pleine, qui avoit dans son ventre des Souriceaux pleins avant qu'ils fussent nés. Les Souris d'Egypte ont le poil dur, & aussi piquant que les Herissons.

Souris. Terme de Manege. Cartilage qui est dans les nazeaux du cheval, & qui le contraint de faire un certain reniflement, par le moyen duquel il tâche de se débarrasser de ce cartilage.

Les Medecins appellent *Souris*, L'espace qui est dans la main entre le pouce & l'indice.

On dit en termes de Fortification, *Le pas de la Souris*. C'est une petite retraite du parapet de la muraille au dessus du cordon.

On appelle *Dent de souris*, Certaines entaillures qu'on fait sur des roues, & on leur donne ce nom à cause qu'elles ressemblent aux dents des Souris.

SOURSOMMEAU. s. m. Espece de panier monté sur des piés, tenant une quantité reglée de fruit. *Un soursommeau de cerises*.

SOUS. *Preposition locale qui sert à marquer la situation d'une chose à l'égard d'une autre qui est au dessus.* Acad. Fr. On dit en termes de Manege, *Cheval qui est bien sous lui*, pour dire, Un cheval qui en cheminant approche ses piés de derriere de ceux de devant, & dont les épaules sont soutenues en quelque maniere par les hanches. Ainsi on dit, *Mettre un cheval sous lui*, pour dire, Le mettre sur les hanches.

SOUSAGE. s. m. Terme de Coûtume. Il se dit d'un Mineur en Normandie, & on le dit en d'autres lieux d'un vieillard qui étant revenu en enfance a besoin d'un Curateur.

SOUSPRIEUR. s. m. Les Furetieristes disent que son emploi particulier est d'avoir soin des Novices, &

de l'office. Le Maître des Novices est le plus souvent different du Souprieur, & ils ne sont pas toûjours unis.

SOUSTRACTION. s. f. Terme d'Arithmetique. Operation par laquelle on ôte un plus petit nombre d'un plus grand pour en reconnoître la difference. Il y a une Soustraction simple & une Soustraction composée. La simple est la maniere d'ôter un nombre d'un autre nombre plus grand ou égal de même espece, comme trois livres de sept livres, & alors la difference sera quatre livres. Par la Soustraction composée, on ôte une somme composée de plusieurs differentes especes d'une autre somme composée d'especes semblables aux premieres, comme d'ôter quatre livres neuf sols trois deniers, de neuf livres trois sols onze deniers, & alors la difference sera quatre livres quatorze sols huit deniers.

SOUSTYLAIRE. adj. f. *Ligne soustylaire.* Terme de Gnomonique, voyez STYLE.

SOUTANGENTE. Voyez TANGENTE.

SOUTANNE. s. f. Habit des Ecclesiastiques & autrefois des Gens de Robbe. Les Furetieristes disent que les Evêques portent une Soutanne noire. Oui lorsqu'ils sont en deuil & aux jours de jeûne, & hors leur Diocese ; mais dans leur Diocese ils la portent violette.

SOUTE. s. f. Terme de Marine. Le plus bas des étages de l'arriere d'un Vaisseau, qui consiste en un retranchement fait à fond de cale, où l'on enferme les poudres & le biscuit. Il est enduit de plâtre pour mieux servir de magasin à les renfermer.

Soute, se dit aussi d'un composé de certaine herbe marine, dont on fait une maniere de sel qui est propre à blanchir le linge. C'est ce qu'on appelle *Soude*.

SOUTENDANTE. s. f. Terme de Geometrie. On sousentend *Ligne*. Ligne qui sert de base à un angle, qui le soutient, lui est opposée. L'*Hypotenuse* est la Soutendante de l'angle droit, & le mot d'Hypotenuse ne veut dire en Grec que Soutendante.

SOUTENIR. v. a. *Porter, appuyer, supporter une chose.* ACAD. FR. On dit en termes de Marine, que *La marée soûtient un Vaisseau*, & cela se dit d'un Vaisseau qui va auprès du vent, & qui trouvant le courant de la mer qui lui est contraire, est soutenu par l'un contre la force de l'autre, en sorte qu'il va où il veut aller. On dit encore sur la mer, *Soutenir chasse*, pour dire, Se battre en retraite.

Soutenir est aussi un terme de Manege, & on dit *Soutenir la main*, ou *Soutenir un cheval*, pour dire, Tenir la bride ferme & haute. On dit aussi, *Soutenir un cheval de la jambe de dedans*; ou *du talon de dedans*, quand il s'entable. On dit encore, *Soutenir un cheval*, pour dire, L'empêcher de se traverser, ce qui se fait quand on le conduit également, ensorte que la croupe ne puisse échaper, & qu'il ne perde ni cadence ni son terrain.

On dit à la danse, *Soutenir un pas, soutenir un tems*, ce qui se fait pour bien observer la cadence.

En termes de Geometrie, *Soutenir* se dit des lignes qui sont opposées à un angle, qui le soutiennent, qui le mesurent.

Et en Musique, on dit que *Les basses soûtiennent le chant.*

SOUTENU, UE. Terme de Blason. Il se dit d'une piece qui en a une autre au-dessous. *D'or à trois bandes de gueules, au chef d'or, chargé d'un Lyon naissant de sable, soutenu d'une devise cousue d'or, chargée de trois trefles de sables.*

SOUTIEX. adj. Vieux mot. Subtil. On a dit aussi *Souris*, d'où sont venus ces autres vieux mots, *Soutillesse, soutillier, soutiment & soutivement*, pour dire, Subtilité, subtiliser, & subtilement.

SOU-VENTRIERE. s. f. Courroie de cuir qu'on met sous le ventre des chevaux de carrosse & de voiture, pour tenir leurs harnois en état.

SOY

SOYE. s. f. Maniere de fil extrémement doux & delié dont on fait les plus belles étoffes. Il y a des Soyes de plusieurs couleurs, de la blanche, de la jaune, & ces differentes Soyes se trouvent sur de petits coucons que font les vers à soye, de la grosseur & de la figure d'un œuf de pigeon. On la file par le moyen de l'eau chaude, & de certains devidoirs, après quoi on la teint avec differentes drogues, & on lui donne la couleur qu'on veut. On appelle *Soye crue*, Celle qu'on tire sans feu & qu'on devide sans faire bouillir le coucon. Cette Soye est fort pure, pourvû que l'on en separe la derniere enveloppe exterieure & la pellicule qui se trouve joignant le ver. C'est celle-là qu'on appelle *Soye grege* ou *en matasse*. Elle est usitée en Medecine après qu'on l'a reduite en poudre, ce qui n'est pas fort facile, & elle entre dans plusieurs compositions, comme dans la confection d'alkermes, dans celle d'hyacinte & autres. On se sert aussi de la Soye teinte en écarlate, & on la fait prendre aux femmes grosses qui sont tombées, au lieu de leur donner de la graine d'écarlate. Il y a des Auteurs qui veulent que la Soye ait la vertu de fortifier les esprits, de purger le sang & de rejouir le cœur. On peut la reduire en poudre en la coupant fort menu, en sorte qu'elle puisse passer par un tamis, & l'on doit préferer la Soye cramoisi à toute autre dans la confection d'alkermes & d'hyacinthe, quoique la plûpart de ceux qui en parlent, demandent de la soye crue, & qui n'ait souffert aucune teinture, c'est-à-dire, la blanche ou celle dont la couleur est dorée. On appelle *Bourres & Strasse de Soye*, de grosses Soyes que l'on fait souvent passer pour bonnes, & *Soyes apprêtées*, Celles qui sont filées & moulinées, & prêtes à mettre en teinture. On dit *Soye cuite*, en parlant de celle qu'on a fait bouillir pour la devider plus aisément. La Soye étoit quelque chose de si précieux du tems des Empereurs, qu'elle étoit vendue au poids de l'or, & même on ne permettoit pas d'avoir des habits qui fussent tout-à-fait de soye. Les Anciens ont été persuadés que la soye venoit d'une espece d'araignée ou d'escarbot, qui l'ayant tirée de ses entrailles, l'entortilloit avec les piés autour de petites verges ou branches d'arbres. Pausanias en parle en ces termes. Le fil que les Serces Peuples de Scythie, employent dans leurs toiles, ne sort d'aucune plante ni racine. Il vient en leur Pays un Ver appellé σὴρ par les Grecs, deux fois aussi grand que le grand Scarabée, & fait comme l'araignée dans tout le reste. Les gens du pays prennent beaucoup de peine à nourrir ces sortes de vers, & leur font de petites logettes tant pour l'hiver que pour l'été. Ce ver bâtit sa toile & file des piés, car il en a huit autant que l'araignée. On le nourrit de panis presque l'espace de quatre ans. La cinquiéme année, car il ne vit pas plus long-tems, on lui donne à manger d'un roseau vert qu'il aime extrémement, dont étant rempli il creve de graisse, & alors ils tirent leurs filaces & filets de ses boyaux & entrailles. En 1710. on fit des gans & autres ouvrages de fil d'araignée. Ils sont au Cabinet du Roi.

Il y a une *Soye d'Orient*, qui est une plante dont les feuilles sont peu larges & hautes d'un pié avec un aiguillon semblables à celui des artichauts. Elle a pour fruit une gousse qui ressemble parfaitement à un perroquet. Ce fruit est vert, ayant des piés, une tête, & une queue comme cet oiseau, & de petits cercles jaunes vers la tête, qui representent ses yeux. Il contient une matiere fort blanche & fort déliée qu'on file, & qui est de la soye.

Soye. Terme de Fourbisseur. Morceau de fer pointu, long d'un bon doigt & d'une grosseur mediocre, au haut bout de la lame d'une épée, d'un sabre ou d'un cimeterre, qui entre dans la poignée & dans le pommeau.

SPA

SPAGE, ou SEPAGE. s. m. Qualité bonne ou mauvaise du raisin, le pineau est le meilleur Spage blanc. Les bons vignerons arrachent les mauvais Spages, & les font marquer en vendangeant, en coupant les branches.

SPAGIRIQUE. adj. On appelle *Medecin spagirique*, Un Medecin Chymiste. Ce mot vient du Grec σπάω, J'attire, & de ἀγείρω, J'assemble, qui sont les deux principales fonctions des Chymistes, la Chymie étant un art qui cuit les métaux, & qui separe le pur de l'impur.

SPAHIS. s. m. Cavalier payé de l'épargne du Grand Seigneur, & qui sert dans son armée. Ricaut dans son Histoire de l'Etat present de l'Empire Ottoman, dit que les Spahis sont de deux sortes, & au nombre de douze mille, les uns appellés *Silhatari*, qui portent une cornette jaune quand ils marchent, & les autres *Spahaoglari*, ou *Serviteurs des Spahis*, qui en portent une rouge. Ces derniers sont aujourd'hui plus considerés que les autres qui sont fort anciens, ayant été institués par Hali l'un des quatre compagnons de Mahomet. Cela vient de ce que Mahomet III. voyant fuir en desordre les Silhatari en une bataille qui se donnoit en Hongrie, après avoir tâché inutilement de les rallier, exhorta l'escadron de leurs valets qui étoient demeurés en corps, de reparer la lâcheté de leurs Maîtres, en chargeant les ennemis, ce qu'ils firent si heureusement que Mahomet gagna la bataille. Le Sultan pour reconnoître un si grand service, préfera les Serviteurs à leurs maîtres, & ce nouvel ordre de Spahis a toûjours subsisté depuis ce tems-là. Leurs armes sont un cimeterre avec une lance qu'ils nomment *Misrak*. Il y en a quelques-uns qui portent à la main une espece de dard appellé *Gerit*, ferré par un bout, & de deux piés de longueur. Ils le dardent avec beaucoup de force & d'adresse, & quelquefois l'ayant jetté devant eux, & courant à toute bride, ils le ramassent sans sortir de la selle & sans s'arrêter. Ils ont aussi une épée qu'ils appellent *Gaddare*, & qu'ils attachent à côté de la selle de leurs chevaux. La lame en est large & droite, & ils s'en servent, ou bien de leur cimeterre, lorsqu'ils combattent, selon qu'ils le jugent à propos. Les Spahis d'Asie sont bien mieux montés que ceux d'Europe, & ils étoient autrefois si puissans, qu'ils ne venoient jamais à l'armée sans avoir chacun une suite de trente ou quarante hommes, sans leurs chevaux de main, leurs tentes & leur bagage. Le grand Vizir Cuproli, à qui cet équipage déplut, les voyant portés à la revolte & à la faction qui regnoit alors parmi la plûpart des grands de l'Empire, fit perir leurs chefs l'un après l'autre, & les affoiblit si bien, qu'ils sont aujourd'hui reduits à se mettre dix ou douze ensemble pour entretenir une tente, deux ou trois chevaux & une mule qui sert à porter leurs provisions & leur bagage. Quand on les punit pour quelque faute, on les bat sous la plante des piés, comme on fait à l'égard des Janissaires sur les fesses, ce qui se pratique de cette maniere, afin que les Fantassins ne soient point incommodés par la partie qui leur sert à marcher, & les Cavaliers par celle qui leur sert à se tenir à cheval. Quand les crimes sont capitaux, le grand Visir les fait étrangler sous les murailles du Serrail, & deux ou trois heures après que le Soleil est couché, on jette leurs corps dans la mer, après quoi on tire trois coups de canon qui servent d'avertissement à leurs camarades. La paye des Spahis est differente, & va en general depuis douze âpres jusqu'à cent par jour, selon qu'on les tire des chambres plus ou moins éminentes. Les fils des Spahis peuvent obtenir le privilege d'être enrôlés sur les registres du Grand Seigneur; ce que le Visir leur accorde assés souvent, mais leur paye, qui est au moins de douze âpres par jour, se prend sur celle de leur pere. Quand le Sultan va en personne à la guerre, il fait un present de cinq mille âpres à chaque Spahis. Ce present s'appelle *Sadak Akchiasi*, c'est-à-dire, Don pour acheter des arcs & des fleches. L'armée des Spahis pendant la guerre n'est autre chose qu'une multitude d'hommes sans conduite. Ils marchent par pelotons, n'étant distribués ni en Regimens ni en Compagnies, & cela fait qu'ils marchent sans nul ordre. Outre les Silhatari & les Spahaoglari, il y a encore quatre sortes de Spahis, qui se levent selon le besoin que l'on en a quand on veut faire la guerre. La premiere s'appelle *Sag Vlesigi*, & ceux-là marchent ordinairement à la droite des Spahaoglari, portant des cornettes blanches & rouges. La seconde s'appelle *Sol Vlesigi*, & ils marchent à la gauche des Silhatari avec des cornettes blanches & jaunes. La troisiéme s'appelle *Sagureba*, c'est-à-dire, Soldats de fortune. Ils portent des cornettes vertes & marchent à la droite des Vlesigi, à la gauche desquels marchent ceux de la quatriéme sorte appellée *Sol Gureba*, ayant des cornettes blanches. La paye de tous ces Spahis est de douze âpres jusqu'à vingt par jour; mais il y en a encore une autre sorte que l'on considere beaucoup plus, & que l'on appelle *Mutafaraca*. Ceux-là sortent du serrail avec plus de faveur que les autres, & sont quatre ou cinq cens en route. On leur donne par jour quarante âpres, & leur principale fonction est de suivre & de servir le Grand Seigneur dans les promenades qu'il fait de village en village pour son divertissement.

SPALT. s. m. Pierre écailleuse, luisante & assés semblable au Gip, si ce n'est qu'elle est plus blanche. On trouve quantité de ces pierres en Allemagne, & sur-tout auprès d'Ausbourg. Il y en a aussi en Angleterre, mais elles ne sont pas si bonnes. Le Spalt doit être en longues écailles, & assés tendres pour en pouvoir faire de la poudre avec l'ongle. Celui d'Angleterre est dur. Plusieurs particuliers se servent du Spalt comme d'un fondant qui a le pouvoir d'aider à fondre les métaux.

SPARADRAP. s. m. Sorte de toile qui étant enduite d'emplâtre de chaque côté, est nommée par les Modernes *Toile de Gauthier*, ce qui vient apparemment de ce que celui qui l'a inventée s'appelloit Gauthier. Elle se fait en prenant une quantité suffisante d'une emplâtre qu'on fait fondre, après quoi on y trempe de la toile mediocrement vieille jusqu'à ce qu'elle soit imbibée entierement. Cela étant fait on la retire, & on l'expose à l'air pour la faire refroidir, & pour s'en servir dans le besoin. Il y a autant de sortes de Sparadrap, qu'il y a d'emplâtres dans lesquelles on trempe cette toile, mais il n'y a point de maladie où l'usage en soit plus frequent que dans les vieux ulceres & dans les fistules qui proviennent d'une autre.

SPARGANIUM. s. f. Plante dont les feuilles sont semblables au glayeul, mais plus étroites, & panchent davantage contre terre. A la cime de sa tige sont certaines boules toutes entassées de graine. Dioscoride dit que sa racine prise en vin est bonne contre les venins des serpens. Selon Galien, le Sparganium est dessiccatif. On l'a appellé ainsi du mot Grec σπάργανον, qui signifie Une bande pareille à celles qui servent à envelopper un enfant dans le maillot, parce que ses feuilles en ont la figure.

SPARIES. s. f. Terme de mer. On appelle ainsi, tout ce que la mer jette & disperse vers ses bords, comme l'ambre, le corail. Ce mot vient du Grec σπείρειν, Semer.

SPARTON. s. m. Terme de Marine. Cordage fait de genêt d'Espagne. Les Grecs appellent σπάρτον, Un cable de Navire, & ils appellent σπάρτιον, le genêt qui est un arbrisseau jettant de grandes verges sans feuilles, qui sont fermes, mal-aisées à rompre & fort propres à lier la vigne. Voyez GENEST.

SPASME. s. m. Terme de Medecine. Convulsion qui arrive quand les muscles se meuvent sans attendre le commandement de la volonté, & avec une douleur considerable, & que les parties internes se retirent violemment. Cette maladie est appellée σπασμὸς par les Grecs, du verbe σπάω, Je tire, à cause qu'alors les parties sont plûtôt tirées par une violence extraordinaire & presque déchirées qu'elles ne se meuvent legitimement. La convulsion est de deux sortes, la retraction qui est une convulsion tonique, & la secousse qui est une convulsion clonique. Ettmuller parle de trois especes fameuses de la convulsion tonique, ausquelles il dit qu'on peut ajoûter le Satyriasis, la convulsion canine jointe au ris Sardonien, la roideur du bras par la piquûre du nerf dans une saignée mal faite, & enfin une maladie sans nom où les genoux sont retirés & demeurent roides à cause de la retraction du nerf & du tendon qui passent par la cavité du genouil. La convulsion clonique ou le mouvement convulsif, selon le même Ettmuller, c'est lorsqu'un ou plusieurs membres sont agités inégalement, comme dans l'épilepsie.

SPATA. s. f. Arme antique des Gaulois, selon Bochard. Elle étoit pesante, longue & sans pointe. C'est delà que quelques-uns font venir Epée.

SPATULE. s. f. Instrument de Chirurgien & d'Apothicaire, plat par un bout & rond par l'autre. Les Chirurgiens s'en servent pour étendre leurs onguents sur les emplâtres. Les Apothicaires ont de grandes Spatules de bois pour remuer les drogues qu'ils délayent ou qu'ils font cuire. Les Grecs appellent σπαθομήλη, Un instrument qui est Spatule par un bout, & qui par l'autre bout a une sonde. On fait venir Spatule du Grec σπάθη, fait de σπάω, Je tire, qui est une sorte d'instrument dont on se sert pour ôter l'écume du pot, & qu'on appelle *Ecumoire.*

SPE

SPECIOSITE'. s. f. Vieux mot. Beauté.

SPECULAIRE. adj. Qui concerne les miroirs, du Latin *Speculum*, Miroir. On appelle *Science speculaire*, Celle qui traite de l'art de faire des miroirs, & *Pierre speculaire*, Une pierre qui croît en Arabie, & qui est legere, transparente & blanche. Matthiole dit qu'elle se fend aisément en petites lames, & que ceux du Païs où elle se trouve en grande abondance, en mettent à leurs fenêtres au lieu de verre. Comme elle represente tous les objets qu'on lui met au-devant, cela est cause qu'on l'a appellée *Pierre à miroir.* Dioscoride dit qu'on ordonne les raclûres en breuvage à ceux qui ont le haut mal, & que si on la lie à un arbre, l'arbre devient fructueux.

SPERMATIQUE. adj. Qui appartient à la semence, du Grec σπέρμα, Semen. Les Medecins divisent les parties du corps des animaux en parties Spermatiques & en parties charneuses. Les Spermatiques sont celles qui sont faites du plus épais de la semence, comme les os & les cartilages. Elles se forment en même-tems, & paroissent au fœtus le septiéme jour. Elles s'achevent le trentiéme aux mâles & le quarantiéme aux femmes. On appelle plus particulierement *Vaisseaux spermatiques*, Ceux où la semence est enfermée, & qui servent à la generation. Il y a aussi une veine appellée *Veine spermatique.* Cette veine sort du tronc descendant de la veine-cave. Elle porte la matiere de la semence aux testicules, & vient du côté droit immediatement de ce tronc, & du côté gauche de l'émulgente.

SPERME. s. m. *La semence dont l'animal est engendré*, ACAD. FR. On appelle improprement en termes de Pharmacie, *Sperma ceti*, ou *Sperme de baleine*, ce que l'on doit appeller *Blanc de baleine.* Ce n'est autre chose que la cervelle du Cachalot, animal que quelques-uns appellent *Baleine mâle*, & que les Latins nomment *Orca.* Ceux qui travaillent à la préparation du Blanc de baleine, prennent la cervelle du Cachalot, & après l'avoir fondue sur un petit feu, ils la mettent dans des moules faits comme ceux où l'on jette le sucre. Quand cette cervelle est refroidie & égoutée de son huile, ils la retirent & la refondent, ce qu'ils continuent de faire jusqu'à ce qu'elle soit bien purifiée & très-blanche. Alors ils la coupent avec un couteau fait exprès, & la reduisent en écailles. Il faut la choisir en belles écailles blanches, claires & transparentes, & ayant une odeur sauvagine. Il n'y a point de plus beau blanc pour les Dames, soit qu'on en fasse du fard, soit qu'on en fasse des pâtes dont elles se lavent les mains, mais il faut le conserver avec soin dans des vaisseaux de verre, ou dans les barils dans quoi on l'apporte, qu'on doit tenir bien bouchés, afin d'empêcher que l'air n'y entre. Le Sperme de baleine a une vertu admirable pour resoudre, & il convient principalement dans l'asthme des vieillards. Il faut le donner avec l'eau de canelle jusqu'à deux onces, & une once d'oxymel squillitique.

SPH

SPHACELE. s. m. Terme de Medecine. Mortification totale de quelque partie. C'est ce que les Anciens nommoient νέκρωσις, quand la partie étoit entierement morte. Si la mortification se faisoit encore, ils la nommoient *Gangrene*, & ce nom qui a gardé sa signification jusqu'à present, est pris pour le chemin au Sphacele, du Grec σφάκελος, Gangrene. On dit ordinairement que la gangrene & le Sphacele sont une mortification de la partie, ayant pour cause l'extinction de la chaleur naturelle, qui consiste dans un acide volatile & spiritueux, qui fait la fonction de cause efficiente dans la structure & la coagulation, ou plûtôt dans la premiere formation de la partie. Cet acide vital se conforme & se repare continuellement par le sang & l'esprit vital, ausquels se joignent une salure & une acidité occulte qui abordent à la partie, de sorte que tout ce qui détruit cet acide, & tout ce qui est capable d'en empêcher l'entretien, produit la gangrene & le Sphacele. Ce mot avoit une autre signification chés les Anciens, qui appelloient l'inflammation des membranes du cerveau σφάκελος, ou σφακελισμὸς, ce qui a fait dire à Hippocrate que ceux qui ont le cerveau sphacelé meurent en trois jours, & que s'ils passent le troisiéme jour ils échappent.

SPHENOIDE. adj. Terme de Medecine. On appelle *Os sphenoide*, Un os de la tête, qui est situé entre le têt & la joue superieure. Il a divers trous par où passent plusieurs conjugaisons des nerfs, & touche presque tous les os de la tête des joues. Il est unique aux personnes avancées en âge; & aux enfans nouveaux nés, il est tantôt de trois & tantôt de quatre pieces. Ce mot est Grec σφηνοειδὴς, Qui est semblable à un coin, de σφὴν, Coin, dont on se sert à fendre du bois, à cause que l'insertion de cet os dans ceux de la tête est faite en forme de coin.

SPHERE. s. f. Terme de Geometrie. *Corps solide dont toutes les lignes tirées du centre à la circonference sont égales.* Acad. Fr. On peut imaginer la sphére comme composée d'une infinité de pyramides dont toutes les pointes sont au centre de la sphére, dont les bases étant infiniment petites, ne different point, prises ensemble de la surface de la sphére, & dont les côtés sont autant de rayons. Or toutes ces pyramides ensemble vaudroient le tiers du produit de leur hauteur commune par toutes leurs bases, (Voyez PYRAMIDE,) donc pour mesurer la sphére, il faudra aussi prendre le tiers du produit de son rayon par sa surface, & parce que toutes ces pyramides infinies qu'on imagine dans une sphére, seroient à une infinité de pyramides dans une autre sphére, comme une seule des pyramides la premiere sphére, à une seule des pyramides de la seconde, & que ces deux pyramides seroient entre elles en raison triplée de leurs hauteurs, il s'ensuit que les sphéres sont en raison *triplée de leurs rayons. Sphére*, se dit particulierement d'un instrument vulgaire qui est composé de divers cercles, & d'un axe qui le traverse avec un petit globe au milieu. Il sert à representer la machine du monde & les mouvemens celestes. On l'appelle autrement *Sphere artificielle*, & *Sphere armillaire.* La plûpart des Auteurs attribuent l'invention de la Sphere à Archimede, parce qu'on lit dans l'histoire de sa vie, qu'il en avoit composé une de cristal, dans laquelle des mouvemens artificiels faisoient voir tout ce qui se fait naturellement dans la machine du monde.

Sphere, se dit aussi de la disposition du Ciel, relative à la situation de divers peuples, & comme il y a trois sortes d'horison, l'horison droit, l'horison oblique & l'horison parallele, (Voyez HORISON,) la Sphere se divise aussi en Sphere droite, oblique & parallele. La *Sphere droite*, est celle où l'équateur coupe l'horison à angles droits. Ceux qui habitent la Sphere droite ont en tout tems les jours égaux aux nuits, parce que tous les jours le Soleil se leve & se couche à six heures. Ainsi ils l'ont deux fois l'année sur leurs têtes à midi dans le tems des équinoxes. La *Sphere oblique*, est celle où l'équateur tombe obliquement sur l'horison, ce qui cause l'inégalité des jours & des nuits pour ceux qui ont cette Sphere oblique, à l'exception du tems des équinoxes. La *Sphere parallele*, est celle où l'équateur est parallele à l'horison. Ceux qui ont cette Sphere n'ont qu'un jour & qu'une nuit dans toute l'année, la nuit & le jour chacun de six mois. Voyez PARALLELE.

Chaque Planete a aussi sa Sphere. C'est l'étendue du Ciel où chacune fait son cours. *Sphere* est un mot Grec σφαῖρα, Globe, figure ronde.

SPHEROIDE. s. m. Corps qui approche de la Sphere, mais qui n'est pas exactement rond, qui a un diametre plus long que l'autre. On appelle *Spheroide*, ou *Conoide elliptique*, Un solide produit par le mouvement achevé d'une ellipse autour de l'un de ses deux axes. Quand il est produit par la circonvolution entiere d'une ellipse autour de son grand axe, on l'appelle *Spheroide oblong*, & quand il est produit par la circonvolution entiere d'une ellipse autour de son petit axe, il est appellé *Spheroide plat.* Ce mot est Grec σφαιροειδὴς, Qui est arrondi en globe.

SPHINCTER. s. m. Terme de Medecine. Muscle qui serre en rond ou l'extrêmité de l'intestin appellé *Rectum*, ou le col de la vessie. La constriction du Sphincter manque par la paralysie ou resolution, lorsque les nerfs relâchés ne peuvent plus servir de chemin aux esprits animaux, où ils doivent être apportés. En cet état le Sphincter, étant relâché lui-même, ne peut fermer la vessie. Cette resolution du Sphincter vient souvent d'une chûte sur la region des lombes ou de l'os sacrum, d'où les nerfs qui sont portés à la vessie, dérivent. La constriction du Sphincter de la vessie manque aussi par la trop grande relaxation de ses fibres, & le plus souvent à cause du trop de distension, ce qui est ordinaire aux femmes dans l'accouchement que la grosseur du fœtus rend difficile. Le fœtus en s'efforçant de sortir distend le vagina, le col de la vessie en même-tems, le Sphincter placé sur le vagina, & cela est cause qu'elles ne peuvent plus garder leur urine. Sphincter est un mot Grec σφιγκτὴρ, & vient de σφίγγειν, Resserrer, étreindre.

SPHINX. s. m. Monstre imaginaire que les Poëtes ont feint avoir la tête & le sein d'une fille, le corps d'un lion & les ailes d'un aigle. Il sert d'ornement en Architecture, comme aux rampes, perrons & autres endroits.

Il y a auprès du Nil & de la grande pyramide d'Egypte, une figure monstrueuse & d'une forme extraordinaire, qu'on appelle *Sphinx*. Quelques-uns veulent que ce soit la figure de Rhodope. Elle a la tête d'un homme & le corps d'un lion. Comme la terre des environs n'est que de sable plein & uni, & qu'elle y est ensevelie jusques aux épaules, cela donne lieu de croire qu'elle a été apportée d'ailleurs en cet endroit. Ce Sphinx est tout d'une piece. Les proportions du visage, du front, des yeux, du nés, de la bouche, y sont si bien observées, qu'il est aisé de connoître que c'est l'ouvrage d'un fort habile Sculpteur. Si l'on en croit Pline, c'est la divinité champêtre des habitans, & le Roi Amasis y est enterré. Il dit que cette figure a été taillée d'une seule pierre polie, que la tête a six vingt piés de circuit, quarante-trois de longueur, & que depuis le ventre jusqu'au sommet de la tête, il s'y trouve cent soixante & deux piés de profondeur. On dépeignoit le Sphinx en deux manieres selon le sens allegorique qu'on lui donnoit, sçavoir sous la forme d'un lion étendu sur un lit de justice, & sous celle d'un monstre qui avoit le corps d'un lion & le visage d'une vierge. La premiere representoit Memphta, Divinité d'Egypte qui présidoit sur les eaux, comme étant la directrice des débordemens du Nil, & la seconde marquoit l'accroissement de ce fleuve, de sorte que ces figures, parmi les Egyptiens, étoient des emblêmes & des caracteres sensibles qui exprimoient leurs pensées. Le Sphinx ne signifie autre chose que les inondations du Nil dans les mois de Juin & de Juillet, lorsque le Soleil parcourt les signes du Lion & de la Vierge. Pline a écrit qu'il y avoit un grand nombre de ces Sphinx en Egypte, qui étoient des masses d'une grandeur prodigieuse, & que la plûpart étoient placés dans les endroits inondés du Nil, comme dans la Ville d'Heliopolis, dans celle de Saïs, & dans les deserts de Memphis ou du Caire où l'on voit encore le Sphinx dont on vient de faire la description. Les Anciens posoient des Sphinx devant les poteaux de leurs temples, pour apprendre aux hommes que la science des choses divines consiste dans une sagesse cachée sous des mysteres & sous des énigmes. Tout ceci est rapporté par M. de la Croix, dans la Relation universelle de l'Afrique ancienne & moderne.

SPHONDYLIUM. s. m. Plante qui a ses feuilles presque comme le plane ou le panacés, & sa tige comme celle du fenouil, haute d'une coudée & quelquefois davantage. A sa cime est une graine double semblable au siler montanum, mais plus large, plus blanche, plus pailleuse & ayant une odeur forte, qui approche de celle des punaises. Ses fleurs sont blanches aussi-bien que sa racine qui tire au raiffort. Matthiole dit qu'il y a peu de prés humides ou marécageux où l'on ne trouve du Sphondylium en abondance. Sa graine prise en breuvage, selon Dioscoride, purge le phlegme par le bas, & est bonne au défaut du foye, à la jaunisse, au haut mal, aux suffocations de matrice & à ceux qui ne peuvent respirer qu'ils n'ayent le cou droit. Son parfum éveille les esprits des lethargiques. Quelques-uns écrivent *Spondylium*. Cependant le mot Grec est σφονδύλιον. Galien en parle ainsi. La graine de Sphondylium a une vertu acre & dessiccative; ce qui la rend bonne à ceux qui ont l'haleine courte & qui sont travaillés du haut mal. Elle est bonne aussi à la jaunisse, & sa racine, outre qu'elle a les mêmes proprietés, mange les durillons des fistules, mais elle doit être raclée avant qu'on l'y mette. Le suc des fleurs se garde avec soin pour les ulceres inveterés des oreilles.

SPI

SPICNARD. s. m. Maniere d'épi, long & gros comme le doigt. Il est tout garni de petits poils bruns & assés rudes, qui sortent d'une petite racine de la grosseur d'une plume, & assés semblable à la pirette, si ce n'est qu'elle est moins longue. On l'appelle autrement *Nard Indique*, à cause qu'il vient des Indes, & il y en a de deux sortes, le grand qui est ordinairement plus brun ou plus rougeâtre que le petit, qui lui doit être preferé. Ce dernier est d'un goût amer, & d'une odeur forte & assés désagreable. Il y a aussi un *Spic celtique*, qui est une plante fort aromatique qui croît aux Pyrenées & sur les montagnes du Tirol, & qu'on apporte en petites javelles. Elle n'a aucune apparence d'épi qu'en sa racine, & on ne lui a donné le nom de *Spica* qu'à cause de son odeur, qui est aussi forte que celle du *Spica nardi*. Ce Spicnard Celtique est en petites racines écailleuses & remplies de fibres assés longues, d'où sortent de petites feuilles longues qui sont étroites par en bas, larges vers le milieu, & un peu pointues par le bout. Leur couleur est jaune tirant sur le rouge quand elles sont seches. Du milieu des feuilles sort une petite tige d'environ un demi-pié, au bout de laquelle il y a quantité de petites fleurs d'un jaune doré en forme de petites étoiles. On ne se sert guere du Nard Celtique que pour la Theriaque, & la préparation en est longue & difficile. Voyez NARD.

SPINELLE. adj. Qui n'a d'usage qu'étant joint avec *Rubis*. Les Jouailliers appellent ainsi un Rubis qui est de couleur de vinaigre ou de pelure d'oignon, ce qui diminue beaucoup de son prix.

SPIRAL, ALE. adj. Terme de Geometrie. On appelle *Ligne spirale*, Une ligne courbe dont la generation est telle. On imagine dans un cercle un rayon mobile qui fait le tour entier du cercle d'un mouvement égal & uniforme, & dans le même tems un point mobile de ce rayon qui partant du centre du cercle doit arriver à l'autre extrêmité du rayon lorsque le rayon achevera son tour, de sorte qu'à mesure que le rayon mobile avance dans son tour, le point mobile du rayon avance sur le rayon d'une quantité proportionnelle. Alors la ligne que décrit ce point mobile par son mouvement composé du mouvement circulaire du rayon, & du sien propre, qui est droit, est une ligne courbe nommée *Spirale* ou *Helice*, qui du point où elle commence, qui est le centre du cercle, va toûjours en embrassant un plus grand espace. On appelle *Montres spirales*, Celles qui ont un ressort qui tourne en maniere de limaçon, & qui s'attache au balancier pour rectifier les inégalités du grand ressort & du balancier. La plûpart font M. Huguens l'inventeur de cette montre.

SPIRATION. s. f. Les Theologiens voulant expliquer de quelle maniere le Saint-Esprit est produit, disent que c'est par la Spiration active du Pere & du Fils, & par l'action de leur volonté.

SPIRE. s. f. M. Felibien dit que *Spire*, *Astragale*, *Bosset*, & *Tore* sont indifferemment employés par plusieurs Ouvriers & Architectes, & que *Spire* signifie proprement la base entiere de la colomne, à laquelle ce nom a été donné à cause de la ressemblance qu'elle a avec les replis d'un serpent, appellés *Spira*, quand il est couché en rond, ou avec ceux d'un cable. Ce mot est Grec, σπεῖρα.

SPIRITUALISATION. s. f. Terme de Chymie. Réduction des corps compactes en esprits, de la maniere qu'il se pratique sur les sels que la distillation peut entierement réduire en esprit. Le même esprit ne peut être recorporisé sans addition de quelque corps. La Spiritualisation appartient particulierement aux sels, & ensuite aux sucs & aux liqueurs fermentées qui rendent leurs esprits volatiles & inflammables.

SPIRITUALISER. v. a. Terme de Chymie. Réduire les corps compactes en esprits, en extraire les parties les plus pures & les plus subtiles. On spiritualise si fort l'esprit de vin, que quand on le jette en l'air, tout cet esprit s'évapore sans qu'il en tombe une goutte à terre.

SPL

SPLENIQUE. adj. Terme de Medecine. On appelle *Vaisseau splenique*, la Veine qui fait le premier des deux gros rameaux de la veine-porte, qui entre presque toute dans la rate. Ce mot vient du Grec σπλὴν, Rate. Il y a des médicamens appellés *Spleniques*, c'est-à-dire, qui conviennent à la rate, soit qu'elle soit travaillée d'obstruction, ou humectée. Ces médicamens sont les racines aperitives, tous les capillaires, & particulierement la scolopendre, la buglose, la cuscute, le polypode, le lapathum acutum, la rubia tinctorum, les sommités du thim, le houblon, les semences de fenouil, d'anis, la racine de capres, & plusieurs autres.

SPO

SPODIUM. s. m. Terme de Pharmacie. Espece de

cendre qui se trouve sur le pavé des fournaises d'airain. Dioscoride dit que le Spodium & la Tutie different seulement en espece, & non en genre; que le Spodium est noir, & qu'il se rencontre souvent plus pesant que la tutie, étant plein de paille & de poil, & presque comme une sorte d'excrement qu'on trouve sur le pavé des forges & sur les fournaises. Ce mot est Grec, σποδιον de σποδος, Cendre. Ce Spodium est ce qu'on appelle *Le Spode des Grecs*, qui est extrêmement corrosif, & par consequent très-dangereux si on le prend interieurement. On appelle *Spode des Arabes*, le faux Spode, qui est fait de cannes brûlées ou d'ivoire calciné. Galien témoigne que la racine des cannes a de soi-même une grande vertu abstersive; & comme elle est encore plus chaude & plus acre quand elle est brûlée, Fuchsius a raison de dire qu'on ne la peut prendre par la bouche avec sûreté. Le Spode ou ivoire brûlé ou calciné, est de l'ivoire que l'on brûle exprès, pour s'en servir dans l'occasion en Medecine. Le meilleur est celui qui est blanc dessus & dedans, pesant, facile à casser, en belles écailles, & le moins rempli d'ordures. On broye le Spode sur une écaille de mer ou quelque autre pierre, & on le réduit en trochisque. Quand il est réduit ainsi, on lui attribue les mêmes proprietés qu'au Corail.

SPOLIER. v. a. On dit Spolier un prisonnier, voulant dire l'ôter des mains des Archers: c'est un crime digne du dernier supplice.

SPONDYLE. s. m. Terme de Medecine. Os qui fait partie de l'épine du dos, & qu'on appelle autrement *Vertebre*. Ce mot est Grec σπονδυλος.

On appelle aussi *Spondyle*, Un gros ver qui a la tête noire, & qui est blanc dans tout le reste du corps. Il n'y a point de plus gros insecte. Il a six piés auprès de la tête, & mange l'écorce des racines de toutes sortes de plantes.

SPONTON. s. m. Terme de Marine. Espece de demi-pique dont on se sert dans les abordages. Le Sponton est particulierement en usage parmi les Venitiens & les Chevaliers de Malthe.

SPORADIQUE. adj. Terme de Medecine. On appelle *Maladies sporadiques*, diverses maladies qui attaquant séparément plusieurs personnes, ont des causes particulieres qui semblent éparses çà & là. Ce mot est Grec σποραδικος, & vient de σπειρειν, Semer, épandre.

SPORTE. s. f. Ce mot est en usage parmi quelques Religieux, qui nomment ainsi un panier de jonc dont ils se servent pour faire la quête. Il vient du Latin *Sporta*, Panier, dont le diminutif a fait *Sportule*, qui a été employé parmi les Romains pour signifier cent quadrins, ou un repas que les riches donnoient à ceux qui venoient leur faire la Cour. Nicod en parle en ces termes. Sportule *n'est pas originaire François, ains imité du Latin* Sportula, *qui anciennement consistoit en la somme de cent quadrins, que ceux du grand estat de la ville de Rome donnoient par jour à ceux qui les accompagnoient par honneur, & qui au matin se trouvoient à leur lever pour leur dire le bon jour, & fut ceste façon inventée au lieu de donner la repenë franche pour ceux ausquels il grevoit de tenir maison ouverte: car les sportules estoient de moindre coust. Toutesfois Auguste ordonna qu'au lieu des sportules, c'est-à-dire, des livrées, on donneroit le souper entier, comme estant plus honorable & de plus grande liberalité. Au contraire Neron, au lieu de souper ou cene droite, car la table que tenoient les Senateurs & autres grands Seigneurs à telle maniere de gens est appellée en Latin* Cœna recta, *ordonna qu'on donneroit les sportules, qui estoient comme les livrées. Cette somme valoit dix carolus & demi; & pour ceste cause Martial blasmant ceux qui estoient si misérables que d'aller dès le matin courir les rues de Rome, & attendre à la porte en tout temps pour si peu de guerdon, appelle cette somme* Les cent miserables quadrins.

SPU

SPUTER. s. m. Espece de nouveau métal qui a été apporté en Europe par les Hollandois. On ne le peut employer qu'en fonte, à cause qu'étant trop aigre & cassant, il ne sçauroit souffrir le marteau. Il souffre seulement l'ignition, & est blanc & dur.

SQU

SQUAMMEUX, EUSE. adj. Ecaillé. Les Anatomistes appellent *Sutures squammeuses*, Les fausses sutures du crane, à cause qu'elles sont jointes en maniere d'écailles ou de tuiles qui montent l'une sur l'autre. Ce mot vient du Latin *Squamma*, Ecaille.

SQUELETE. s. m. *Carcasse. Tous les ossemens d'un corps mort & décharné, tels qu'ils sont dans leur situation naturelle.* Acad. Fr. Les Medecins écrivent *Scelet*, à cause que les Grecs disent σκελετος, pour dire, Aride, qui est devenu sec; & ceux qui ont écrit des os, ont employé ce nom de *Scelet*, ou d'Osteologie dans le titre de leurs livres. Ce mot vient du Grec σκελλειν, Dessecher.

Quelques gens de mer appellent *Squelete*, un Navire dont il n'y a que les principales pieces assemblées, comme la quille, l'estambord, les varangues & les genoux, & qui n'est pas couvert de ses planches.

SQUILLE. s. f. Racine d'une plante bulbeuse, revêtue de plusieurs tuniques & pelures, à la maniere des oignons, ayant ses feuilles en quelque façon semblables. Il y en a deux sortes, le mâle qui a ses feuilles blanches, & la femelle qui les a rouges tirant sur le noir. Plusieurs Auteurs préferent la rouge, comme étant moins acre & mordicante. La Squille croît dans la Pouille, dans la Sicile, dans le Portugal & dans l'Espagne. On la cueille au commencement de l'Automne, quand ses feuilles sont presque seches, & que leur humidité superflue est consumée par la chaleur de l'Eté. Les meilleures Squilles sont celles qui sont nouvellement tirées de terre & arrachées dans des lieux secs & sablonneux, d'une grosseur mediocre, bien nourries, bien fermes & bien pesantes. Dioscoride dit que le dedans de la Squille crue, cuit en huile, ou appliqué avec de la resine fondue, est un singulier remede pour les fentes & les crevasses des piés, & que cuit en vinaigre il sert d'un bon cataplasme à ceux qui sont mordus des viperes. Pour lâcher le ventre, on prend une partie de Squille rôtie, & huit parts de sel brûlé, & le tout étant broyé ensemble, on en donne à jeun une cueillerée ou deux. Il y a une *Squille commune*, qu'on appelle *Pancratium*. Matthiole avertit qu'il y a des Squilles venimeuses qui ne sont pas moins dangereuses pour les hommes que les champignons venimeux. Cette sorte de Squille vient toute seule, & croît ordinairement aux lieux sales & puants. Elle ulcere l'estomac & les intestins, & même les veines mezaraïques, & autres vaisseaux qui de l'estomac vont au foye. Il arrive delà qu'on sent de grandes épreintes & douleurs aux parties nobles, & qu'on tombe enfin dans une dysenterie.

Squille, se dit aussi d'une sorte d'écrevisse, qui n'a

n'a toutefois ni piés ni branches. On l'a appellée ainsi à cause qu'elle a plusieurs envelopes comme la squille. La chair de ces Squilles est de très-difficile digestion.

SQUILLITIQUE. adj. Il y a divers médicamens qu'on appelle *Squillitiques*, à cause qu'ils sont composés de squille. L'*Eglegme squillitique* se fait de deux manieres, suivant Mesué dans son Antidotaire. La premiere reçoit le suc de squille avec parties égales de miel despumé, le tout cuit ensemble en consistance de Looch. L'autre reçoit la squille rôtie avec le miel & autres ingrediens qui augmentent la vertu incisive de la squille, tels que le safran, l'hyssope, l'iris & la myrrhe. Comme ces Eglegmes sont très-chauds, sur-tout le dernier, il faut bien prendre garde à ne les pas donner aux personnes qui sont d'un temperament chaud & qui ont la fiévre. Le *Vinaigre squillitique* se fait d'une livre de squille sechée, qu'on coupe avec un couteau de bois, & qu'on met dans une bouteille de verre. On verse par dessus huit livres du meilleur vinaigre blanc ou fort clairet, & après qu'on a bien bouché la bouteille, on l'expose au Soleil chaud d'Eté l'espace de quarante jours. Si on est pressé, on la met quelques heures sur les cendres chaudes ou dans le sable. Cela étant fait, on exprime bien la squille, & on la jette. Le vinaigre étant rassis, on le met dans une autre bouteille de verre qu'on a soin de bien boucher. Ce vinaigre est d'une fort grande efficacité pour les maladies froides du cerveau, pour l'épilepsie & pour le vertige. Il guerit les gencives pourries, arrête les dents qui branlent, & rend l'haleine agreable en chassant entierement la puanteur de la bouche. Il excite l'appetit, aide la coction, purge le foye & la rate & soulage leurs douleurs. Sylvius dit que les Anciens s'en servoient souvent, mais qu'aujourd'hui l'usage en est rare, en le prenant seul, à cause de son amertume & de son acrimonie mordicante. On en fait l'*Oxymel squillitique* avec le miel. Cet Oxymel est de deux sortes, le simple qui se fait de même que l'oxymel de Galien, si ce n'est qu'au lieu du vinaigre commun on y met la squillitique; & le composé, dont la composition est la même que celle de l'oxymel composé des cinq racines aperitives; à l'exception du vinaigre squillitique qu'on y met. Le premier a les mêmes facultés que le vinaigre squillitique, mais le goût en est plus agreable, & il est plus estimé pour les maladies pituiteuses ou mélancoliques les plus opiniâtres du cerveau, du poumon & du ventricule. L'autre incise, attenue, déterge & ouvre les obstructions, tant dans les fievres quartes, que dans les quotidiennes inveterées. Le *Vin squillitique* se fait en prenant vers les Jours Caniculaires une squille blanche de montagne, que l'on fait secher. Après qu'on en a mis quelques pieces, dans un vaisseau de verre, on verse douze sextiers de vin blanc vieux dessus, & on laisse ce vaisseau quarante jours pendu, après quoi on ôte la squille. Ceux qui usent de ce vin, en prennent souvent deux onces avant le repas. Si c'est après le repas, il suffit d'en prendre une demi once. Galien dit que ce vin pris en breuvage attenue toutes les humeurs & sur-tout le phlegme, ne laissant croupir ni dans l'estomac, ni au ventre, ni au foye, ni à la rate, ni aux nerfs, & encore moins dans les os, nulle humeur gluante qui pourroit causer de l'obstruction. Le *Miel squillitique* se fait selon Baudron, d'une partie de squille sechée & de trois parties de miel écumé le plus vieux qu'on peut trouver. On met le tout dans un pot de terre vernissé que l'on expose au soleil, en le tournant tantôt d'un côté & tantôt de l'autre, pour faire que la chaleur donne également par tout. On laisse les squilles dans le miel jusqu'à ce qu'on veuille s'en servir, & alors on ajoûte un peu de vin, après quoi on les fait cuir avec leur miel, & on les exprime. Ce miel est fort bon pour inciser & attenuer les humeurs crasses, lentes & visqueuses. Les *Trochisques squillitiques* ont cette même proprieté, & conviennent d'ailleurs à l'épilepsie & aux maladies veneneuses. Ce trochisque se fait en prenant deux ou trois squilles qu'on enveloppe de pâte un peu solide faite avec de la farine de froment. On en met tout autour environ l'épaisseur d'un travers de doigt, & on les fait cuire ainsi enveloppées dans un four de Boulanger, où on les laisse autant de tems qu'il en faut pour cuire un gros pain. Après qu'on les a tirées du four, & qu'elles ont été refroidies, on ôte la pâte de froment & les premieres tuniques des squilles que l'on trouve rouges & comme seches. On rejette aussi le cœur & la partie dure qui est au bas de chaque squille, n'en prenant que les écailles ou lamines blanches & moëleuses, dont ayant pesé trois livres, on les pile dans un mortier de marbre avec un pilon de bois, ce qui étant fait on y incorpore peu à peu deux livres de menue farine d'orobe blanc, afin d'augmenter la vertu alexitere des squilles. On pétrit le tout ayant les mains teintes d'huile & on en forme des Trochisques que l'on fait secher le plûtôt que l'on peut sur le tamis renversé en un lieu fort aëré hors des rayons du soleil & loin du feu. On les garde ensuite pour le besoin dans de petits pots de verre bien bouchés. Andromaque l'aîné, premier Medecin de Neron est l'Auteur de ces Trochisques, & ce qui lui a fait preferer l'orobe blanc à l'orobe roux, c'est qu'il a moins d'amertume & qu'il resiste beaucoup davantage aux venins & aux pourritures des humeurs.

SQUINANCIE. s. f. Maladie aigue qui vient à la gorge & qui empêche la respiration. On dit plus ordinairement *Esquinancie*. Voyez ESQUINANCIE.

SQUIRRE. s. m. Tumeur dure qui resiste au toucher, & qui s'engendrant peu à peu sans douleur, occupe outre les glandes les parties charnues, soit internes, soit externes. Le Squirre succede souvent aux inflammations mal pansées, & provient de la coagulation du sang seule, ou du chyle crud & visqueux, qui étant distribué avec le sang, ou avec quelque vehicule étranger, engendre en se coagulant une tumeur dure. Le sang & le chyle visqueux joints ensemble s'amassent, s'accumulent & se coagulent encore en passant successivement par les pores des parties, & particulierement des visceres où ils s'arrêtent & engendrent des Squirres par le moien de l'acide contre nature, ou trop abondant ou trop fixe, ou qui peche de quelque autre maniere. Les signes sont la dureté & l'indolence dont le vrai Squirre est toûjours accompagné, au lieu que la lividité & la douleur sont les marques du faux Squirre, qui tient quelque chose du cancer. Lorsque le Squirre est externe, il suffit pour le guerir de mettre dessus une plaque de plomb enduite de mercure. S'il ne peut pas bien se resoudre, on doit le faire mûrir & le mener à supuration avec des remedes temperés & un peu plus forts que ceux qu'on employe dans l'inflammation, & si c'est un Squirre douloureux, fâcheux par ses picotemens sourds, & livide dans une personne déja âgée, ou qui a une suppression d'hemorroïdes ou de mois, ce Squirre ne pouvant se resoudre ni se consumer insensiblement, il ne faut point y toucher à moins qu'on n'y applique du nitre dissout dans du vinaigre distillé pour l'endurcir en forme de pierre. Ce mot est Grec, σκίῤῥος. Quelques-uns le font venir de σκληρὸς, Dur.

STA

STACHYS. s. m. Herbe semblable au Marrube, mais plus grande, qui produit quantité de feuilles velues, claires, blanches, dures & fort odorantes. Elle pousse plusieurs branches dès sa racine, & croît aux montagnes & dans les lieux âpres. Galien lui donne un goût âcre & amer, & dit qu'elle est chaude au troisiéme degré. La decoction de ses feuilles prises en breuvage fait sortir le flux menstrual & l'arrierefaix. Quelques-uns font venir son nom du Grec στάχυς, Epi, à cause qu'elle porte des épis.

STACTE. s. f. Graisse qu'on tire de la myrrhe fraîche pilée avec un peu d'eau, & espreinte au pressoir. Cette liqueur est fort odorante & precieuse, & fait d'elle-même l'onguent appellé *Stacté*. La meilleure est celle qui est de bonne odeur, sentant la myrrhe amere & pure, mais il est difficile d'en trouver qui n'ait point été sophistiquée, & qui n'ait reçû aucune mixtion d'huile en forme d'onguent liquide. Ce mot vient du Grec στάζειν, Distiller. Les Apothicaires appellent *Stacté*, le storax liquide, qui, suivant ce que dit Serapion, se fait de myrrhe abbreuvée premierement d'eau & ensuite pressurée.

STADE. s. f. Mesure de chemin particuliere aux Grecs, & qui à cent vingt-cinq pas geometriques de long ou de six cens vingt-cinq piés. Il faut huit stades pour faire un mille d'Italie. Ce mot vient du Grec στάδιον, Lieu où l'on s'exerçoit à la course. C'étoit chés les Grecs un espace découvert de la longueur de cent vingt-cinq pas, qui faisoient environ quatre-vingt-dix toises entre deux bornes. Il y avoit un amphitheatre tout le long de cet espace, & cet amphitheatre étoit occupé par ceux qui venoient voir avec quelle adresse les Athletes s'exerçoient à la course & à la lutte. Dans le mauvais tems on faisoit ces exercices dans des Stades couverts, qui étoient environnés de portiques & de colomnades.

STAGE. s. m. Les Ecclesiastiques appellent ainsi la residence actuelle & exacte que doit faire un Chanoine dans son Eglise pendant six mois, afin de pouvoir jouir des honneurs & des revenus attachés à la Prebende dont il a pris possession.

Cette residence se divise ordinairement en *Rigoureuse & gracieuse*; pendant la *rigoureuse* il faut assister à l'un des trois grands Offices du jour depuis le commencement jusqu'à la fin. On la recommence s'il y avoit un seul Pseaume chanté ou le *Kyrie* de la grand'Messe. *La gracieuse* se fait sans contrainte.

STAIMBOUC s. m. Animal qui est une espece de Chamois. On connoît son âge par le nombre des nœuds dont sa queue est entourée.

STAMENAIS. s. m. Terme de Marine. Pieces de bois courbes de part & d'autre en forme de genouil, ce qui les fait aussi appeller *Genoux*. Elles servent en divers endroits à la construction d'un Vaisseau.

STAPHISAGRE. s. f. Plante dont les feuilles sont mi-parties comme la Lambrusque, & qui produit ses tiges droites, tendres & noires. Ses feuilles sont vertes, grandes, fort découpées & assés épaisses. Elles sont suivies de fleurs d'un bleu celeste après lesquelles viennent des gousses qui enferment sa semence. Tant que cette graine est dans sa gousse, chaque grain est si étroitement joint avec un autre, qu'à peine peut-on voir par où ils sont joints. Lorsqu'on l'a séparée, elle est faite en triangle, de la grosseur d'un pois chiche, âpre & noire, tirant sur le basané, blanche au dedans, & acre & mordante au goût. Dioscoride dit que quinze de ses grains pilés & pris en eau miellée, purgent par vomissement les grosses humeurs, pourvû qu'après qu'on les aura pris on se promene toûjours. Il faut cependant en user avec prudence de peur qu'ils ne brûlent le gosier, ce que l'on évite en tenant de l'eau miellée prête pour en avaler souvent. Le Staphisagre, que les Apothicaires appellent *Stafusaria*, ou *Herbe aux poux*, à cause de la vertu qu'elle a de les faire mourir, fait descendre force phlegmes lorsqu'elle est mâchée. Elle est d'ailleurs abstersive, & fort bonne à la gratelle. *Staphisagre* vient des deux mots Grecs σταφὶς ἀγρία, à cause qu'elle a ses feuilles comme la vigne sauvage.

STAPHYLODENDRON. s. m. Plante basse & petite, dont Pline fait mention, & qui a sa feuille semblable au Sureau. Son bois est fort frêle, & ses fleurs sont blanches & grappues ainsi que son fruit, qui vient en de petites gousses rousses, faites à peu près comme celles des pois chiches. Il est plus gros, & enferme un noyau verdoyant doux à manger, mais qui provoque à vomir. Il y a des lieux où l'on appelle ce fruit *Pistache sauvage*, quoiqu'il soit fort different des vraies pistaches en forme & en goût. Ce mot est Grec σταφυλόδενδρον, formé de σταφυλὴ, Grappe de raisin, & de δένδρον, Arbre.

STATERE. s. f. Nom que quelques-uns donnent à la balance Romaine, appellée autrement *Peson*. Elle est composée d'une verge, d'une masse, d'un crochet, de broches, gardes, joues & tourets, & sert à peser ce qu'on ne sçauroit peser commodement avec les balances ordinaires. Dans l'ancienne balance que l'on appelloit *Statere*, il y avoit un bassin au lieu du crochet qu'on met au peson pour soutenir le fardeau. Ce mot est Latin *Statera*, & signifie Balance. Quelques-uns le font venir de *Statuere*, Regler, arrêter, à cause que la balance regle ce que pese chaque chose.

STATICE. s. m. Sorte de fleur gris de lin, qui vient en forme de bouquet, & qui fleurit en Août, en Septembre & en Octobre.

STATION. s. f. *Pause, demeure de peu de durée qu'on fait en un lieu pour se reposer*. ACAD. FR. En parlant de mesures de chemin, la Station ordinaire est de deux mille pas geometriques.

Station, en termes de Geometrie Pratique, se dit du changement des lieux qu'on choisit pour faire des observations, ce qui oblige ceux qui font des cartes topographiques à faire differentes Stations sur les éminences, d'où ils peuvent considerer les distances & les angles des villages, pour les placer où ils doivent être mis.

On appelle *Station* dans le nivellement l'endroit où l'on pose le niveau pour en faire l'operation de sorte qu'un coup de niveau est compris entre deux Stations.

Station, est aussi un terme d'Astronomie, & se dit du repos apparent d'une Planete, qui après avoir parcouru par son mouvement propre une certaine partie du Zodiaque selon la suite des signes, semble s'arrêter quelque tems sous un même endroit, après quoi elle *retrograde*, (Voyez RETROGRADER.) Cette Station s'appelle *Sta-*

tion premiere, parce qu'après la retrogradation il revient encore une Station qui s'appelle *seconde*, après quoi la Planete reprend le mouvement direct. Voyez DIRECT.

STATIONNAIRE. adj. On appelle *Planete Stationnaire*, Celle qui fait une Station, c'est-à-dire, qui semble cesser de se mouvoir sous le Zodiaque. Saturne paroît stationnaire pendant huit jours, Jupiter pendant quatre, Mars pendant deux, Venus pendant un jour & demi, & Mercure pendant la moitié d'un jour.

STATIQUE. s. f. Science par laquelle on acquiert la connoissance des poids, des centres de gravité, & de l'équilibre des corps naturels. Cette science consiste purement dans la theorie. Ce mot est Grec στατικὴ.

STATUE. s. f. Figure de métal, de bois, de pierre ou de marbre qui represente une personne d'un merite distingué, & qu'on met ordinairement dans un lieu public afin d'en conserver la memoire. Quand la figure est en pié on la nomme principalement *Statue*, du Latin *Stare*, Etre debout, ou de *Statura*. La taille du corps. On distingue les Statues Romaines d'avec les Grecques, qui étoient des Statues nues ainsi que les Grecs representoient leurs divinités, les Heros & les Athletes des Jeux olympiques. Les Statues Romaines étoient vêtues, & prenoient differens noms suivant leurs habillemens. Celles des Empereurs qui avoient un long manteau sur leurs armes, s'appelloient *Statua paludata*. Celles des Capitaines & des Chevaliers qui étoient avec leurs cotte-d'armes, *Statua Thoracata*, & celles des Soldats avec leur cuirasse, *Statua loricata*. On distinguoit aussi les Statues des Senateurs & des Augures que l'on appelloit *Statua trabeata*, & celles des Magistrats, appellées *Satua togata*, à cause de leur robbe longue. Le Peuple & les femmes avoient aussi leurs Statues. Les premieres qui étoient avec une simple tunique s'appelloient *Statua tunicata*, & on appelloit celles des femmes *Statua stolata*, à cause de leurs longs habillemens.

Il y a des Statues pedestres & d'autres equestres. Les unes sont en pié & debout, & les autres representent quelque homme illustre à cheval. On a appellé *Statues currules*. Celles qui étoient dans des chariots de course, tirés par deux ou quatre chevaux comme il y en avoit aux Cirques & aux Hippodromes. On en voit dans des chars à des arcs de triomphe sur des médailles antiques.

On appelle *Statue Allegorique*. Celle qui par une Image de figure humaine, represente les saisons, les âges, les elemens. *Statue hydraulique*, Une figure qui servant d'ornement à quelque grotte, jette de l'eau par l'une de ses parties, & *Statue colossale*, Celle qui excede le double ou le triple de nature, telle que celles que les Anciens élevoient à leurs Dieux. *Statue Persique*, se dit de toute figure d'homme entiere ou en terre qui sert de colomne dans les bâtimens, & *Statue Cariatique*, Celle d'une femme, qui y sert au même usage.

STATUTS Synodaux. s. m. p. Recueil des Synodes de chaque Diocese. Les Evêques vigilants les ont fait imprimer depuis 50. ans; ceux d'Angers sont fort estimés.

STE

STEATOME. s. m. Terme de Medecine. Sorte d'excrescence qui renferme une humeur semblable à du suif ou de la graisse. La cause en est fort souvent externe, & on rapporte qu'un Cavalier eut un grand Steatome qui lui vint peu à peu au Perinée à cause des courses violentes qu'il avoit faites sur un cheval rude. La cure de ces excrescences consiste à ôter entierement la matiere qui est contenue dans la tumeur, en la resolvant & dissipant insensiblement, comme il est facile de le faire avant qu'elle soit inveterée. Steatome est un mot Grec στέατωμα, de στέαρ, Suif.

STECHAS. Fleur violette fort utile en Medecine. On l'ecrit aussi sans h.

STEGANOGRAPHIE. s. f. Science qui apprend à faire des lettres en des chifres si obscurs qu'on ne les peut deviner, ou à déchifrer celles que l'on trouve écrites d'une maniere obscure. Polybe parle d'un Æneas Tacticus, qui avoit inventé vingt manieres differentes d'écrire de telle sorte, qu'à la reserve de ceux qui en sçavoient le secret, il étoit impossible d'y comprendre quelque chose. Ce mot est Grec στεγανογραφία, formé de στεγανὸς, Epais, étroit, dur, ferme, impenetrable, & de γράφειν, Ecrire.

STEGNOTIQUES. s. m. Terme de Medecine. Medicamens qui par leur substance crasse, bouchent & retressissent le conduit qui est trop ouvert. Ils sont froids & secs, & l'on s'en sert quand on a besoin d'arrêter les évacuations excessives. Les Myrobolans sont de ce nombre aussi-bien que l'écorce de grenade, la racine de tormentille, les balaustes, les nefles, les noix de galle, les roses, la rhubarbe rôtie, le plantain, les pepins de raisins secs, l'acacia, les coraux & autres. Ce mot est Grec στεγνώτικα, & vient de στεγνόω, Je bouche, je resserre.

STELE. s. m. Colomne quarrée, qu'on nomme autrement *Colomne Ante*, *pilastre*, ou *Colomne attique*, & à laquelle on donne la même mesure, & les mêmes chapiteaux & bases qu'aux autres colomnes, selon l'ordre qu'on veut suivre. *Stele* vient du Grec στήλη, Colomne.

STELLION. s. m. Sorte de lezard, que quelques-uns prennent pour certains gros lezards verts, que les Italiens nomment *Ramarri*, d'autres *Racani*, & d'autres *Liguri* ou *Lacerti*, ce qui n'est point la pensée de Matthiole, à cause que ces lezards vivent de cigales, d'escargots, de sauterelles & de papillons, au lieu que le Stellion au rapport de Pline, vit seulement de rosée & d'araignées. Ainsi sur ce qu'a dit Aristote, qu'en certains endroits d'Italie il y a des Stellions dont les morsures font mourir les hommes, il prend pour Stellions cette espece de lezards qui se trouvent aux maisons de la Toscane, & sur-tout en certains trous près de terre, & ausquels les Italiens ont donné le nom de Tarentole. Ils chassent ordinairement aux araignées, & ont sur le dos des taches étincelantes en façon d'étoiles, dont leur est venu le nom de *Stellion*. Celui dont Pline a parlé ressemble au Cameleon, & est ennemi déclaré de l'homme. Il niche l'hiver dans les maisons, aux coins des fenêtres & des portes, & ceux qui chassent aux Stellions ayant remarqué le trou où ils se retirent, lorsque le Printems commence à venir, mettent au devant certaines trapes faites de roseaux fendus, pour les attraper & jouir de leur dépouille, qui est singuliere au mal caduc, car les Stellions changent de peau chaque année, aussi-bien que les Serpens.

STENTE'. adj. Terme de Peinture. On appelle *Tableau stenté*, Un tableau qui paroît avoir été fait avec peine, & qui ne vient point d'une main libre. Ce mot a été fait de l'Italien *Stentare*, Travailler avec beaucoup de peine.

STENTORE'E. adj. Il n'a d'usage que joint avec *Voix*. On appelle *Voix Stentorée*, Une voix extrémement forte. Cela vient de Stentor, qui avoit la voix si haute, à ce que rapporte Homere, qu'il la faisoit entendre au dessus des cris de cinquante hommes.

STEREOBATE. s. m. Terme d'Architecture. La partie de la base ou fondement d'un édifice, laquelle n'est pas sous une colomne, du Grec στερεὸς, Solide, dur, ferme, & de βαίνω, Je marche.

STEREOMETRIE. s. f. Partie de la Geometrie pratique, qui apprend à mesurer les solides, afin de sçavoir ce qu'ils contiennent. Ce mot est Grec, formé de στερεὸς, Solide, & de μετρεῖν, Mesurer.

STEREOTOMIE. s. f. Science qui apprend la coupe des solides, comme dans les profils d'Architecture, les murs & les voutes, de στερεὸς, Solide, & de τέμνειν, Couper.

STERLING. s. m. C'étoit autrefois une monnoie blanche au titre de huit deniers de fin, où le Duc de Guienne étoit representé, tenant une épée de sa main droite, & une main de justice de la gauche. Comme *Sterling* signifie Bec d'étourneau, & que cette figure en avoit la ressemblance; quelques-uns veulent que ce soit de-là que cette monnoie ait tiré son nom. D'autres le font venir d'un Château d'Ecosse, appellé *Sterling* ou *Strivveling*, dans lequel Buchanan dit qu'elle commença à être battue. Il y en a qui le derivent d'*Esterlin*, ou *Estelin*, monnoye d'argent ancienne qui se trouve encore en Angleterre, & que l'on nomme ainsi, à cause de la figure d'une étoile que l'on y voit empreinte. Ce mot a passé depuis pour poids, & faisoit valoir une somme le decuple. Les Marchands Anglois font encore leurs comptes de cette sorte, c'est-à-dire, par livres sols & deniers Sterlins, de sorte que la livre vaut dix livres, & le sol dix sols. Quand on dit communément *Livres sterling*, on entend treize livres quatre sols pour chaque livre.

Sterlin, dit Nicod, *est une espece de poids en pierrerie, qui divise l'once en vingt-quatre parties appellées* Sterlins, *& contient chacun huit karats, & selon une autre division, vingt-huit grains quatre quints de grains, tellement que les deux Sterlins & demi font soixante-deux grains qui valent trois deniers, & selon autre division, il se divise en quatre felins qui valent huit karats.*

STERNON. s. m. Terme de Medecine. Le devant de la poitrine ou du thorax, où les côtes aboutissent. La diversité des âges y fait distinguer tantôt sept os, tantôt cinq, tantôt trois, & tantôt un. Il est tout de cartilage aux enfans. Ce sont seulement des cartilages qui le bornent dans les autres. Ce mot est Grec στέρνον.

STERNUTATOIRES. s. m. Medicamens qui servent à tirer par le nez la lymphe d'autour l'os cribleux & de la membrane pituitaire superieure. Ils ne different des errhines que du plus au moins. Les errhines irritent plus foiblement, & font couler la lymphe successivement par le nez, & les Sternutatoires la font couler avec plus de violence; ce qui fait suivre l'éternuement. Pour faire une poudre sternutatoire, il faut prendre de la poudre de feuilles d'anemone de tabac, de marjolaine & de fleurs de muguet, une drachme de chacune, un scrupule de racine d'ellebore blanc en poudre, & demi scrupule de poudre de castoreum. On mêle le tout; après quoi on l'arrose de quatre gouttes d'huile distillée de marjolaine. C'est une formule de sternutatoire qu'enseigne Ettmuller. En general, les medicamens sternutatoires sont tous ceux qui ont une faculté acre & mordante, comme l'euphorbe, le poivre, le pyrethre, le castoreum, le tabac & autres de même nature; mais il ne faut jamais s'en servir qu'après qu'on a été bien purgé, si ce n'est dans les affections soporeuses, où la nature doit être excitée par toutes sortes de moyens.

STI

STIGMATES. s. m. Les Anciens appelloient ainsi une marque qu'on mettoit sur l'épaule des soldats qui s'enrôloient. Il y avoit aussi de certaines abbreviations faites seulement de points disposés en triangle en croix, en quarré ou autrement, tels que sont ceux des figures de geomance, qui étoient appellées *Stigmates*. Aujourd'hui ce terme n'est plus en usage que pour signifier les marques des clous des mains & des piés de Notre Seigneur, qui ont été imprimées sur le corps de saint François & d'autres personnes saintes. Ce mot vient du Grec στίζειν, Poindre.

Stigmates, se dit aussi, en termes de Medecine, des points qu'on voit d'ordinaire aux côtés du ventre des insectes. Ce sont les extrémités de certains vaisseaux qui y sont attachés, & qui paroissent en dehors de chaque nœud.

STIGMATISER. v. a. Marquer une personne au front. Les Esclaves fugitifs étoient autrefois stigmatisés, & encore aujourdhui au Levant; ceux qui commettent des fautes sur mer, sont condamnés à avoir le visage Stigmatisé avec un fer chaud. Les Reglemens de la Hanse Teutonique condamnent les Deserteurs à être stigmatisés de la même sorte.

STIL DE GRUN. s. m. Couleur pour peindre. On dit aussi *Stil de grain* M. Felibien croit que ce mot peut venir du Flamand *Schytgel*, qui signifie Une couleur jaune, ou de l'Anglois *Grain*, qui veut dire, Vert, à cause que la graine dont on fait cette couleur, appellée vulgairement *Graine d'Avignon*, fait du vert & du jaune. Cette graine vient d'un arbrisseau épineux qui a ses branches longues de deux à trois pies avec des écorces grisâtres, ses racines jaunes & ligneuses, ses feuilles petites, épaisses, disposées comme celles du myrthe, & de la grandeur des feuilles de bouis. Il croît abondamment aux environs d'Avignon, & presque en tous les lieux âpres & pierreux du Comtat Venaissin, ainsi qu'en plusieurs endroits du Dauphiné, de la Provence & du Languedoc. Sa graine est de la grosseur d'un grain de froment, faite quelquefois en cœur, & quelquefois à trois & à quatre angles. Elle est d'un goût astringent, & fort amere, & d'une couleur verte tirant sur le jaune. Les Teinturiers s'en servent pour teindre en jaune. Les Hollandois, après l'avoir fait bouillir dans de l'eau avec de l'alun de Rome ou d'Angleterre, & avec le blanc dont ils falsifient la ceruse, en font une pâte qu'ils mettent en petits pains. Quand ces petits pains sont tortillés, ils les envoyent en France sous le nom de, *Stil de Grain*, & ce stil de grain sert à peindre en huile & en miniature.

STINC, s. m. Animal amphibie, long d'un demi-pié & ayant un pouce de diametre. Sa figure est assés semblable à celle d'un petit lezard. Il a le museau pointu, deux petits yeux penetrans, la gueule extrémement fendue, quantité de petites dents blanches & rouges, & quatre piés d'environ quatre pouces de hauteur, faits à peu près comme ceux d'un Singe. Son corps, qui va toûjours en diminuant jusqu'au bout de la queue comme la vipere, est couvert de petites écailles rondes, differentes de celles de la tête. Ces écailles sont larges & longues, d'un gris bordé de brun sur le dos, & argenté sous le ventre. C'est apparemment le Seincos des Grecs, que l'on trouve en quantité dans le

Nil en Egypte, où il a le nom de petit Crocodyle; ce qui a donné lieu au Pere du Tertre d'appeller *Scincs* & non pas *Stincs*, certains Lezards qu'il dit avoir vûs dans la Guadeloupe & dans les autres Isles, tout-à-fait semblables à ceux qu'on nous apporte d'Egypte. Ces Scincs, qui sont plus charnus que tous les autres lezards, ont aussi la queue plus grosse, mais leurs jambes ou pattes sont si courtes, qu'ils rampent contre terre. Toute leur peau est couverte d'une infinité de petites écailles semblables aux écailles des couleuvres, mais d'une couleur jaune, argentée & luisante, comme si ces animaux étoient frotés d'huile. Leur chair est bonne contre les venins & pour les blessures des fleches empoisonnées, pourvû qu'on en use avec moderation, à cause qu'elle desseche plus les humeurs que celle des autres lezards.

STIPULATION. s. f. Terme de Pratique. Convention par laquelle une personne promet à une autre de faire ou de donner une certaine chose, comme elles en sont demeurées d'accord ensemble. Autrefois les Stipulations se faisoient chés les Romains avec beaucoup de formules, dont la principale etoit, qu'il falloit qu'une partie interrogeât l'autre, & que cette autre répondît pour consentir & pour s'obliger. *Stipulation* vient du Latin *Stipula*, Fêtu, à cause qu'anciennement on donnoit un fêtu à l'acquereur, lorsqu'on faisoit une vente; ce qui marquoit que la tradition étoit réelle. C'est ce qu'on observe encore en quelques Coûtumes de France. Autrefois aussi aucune obligation n'étoit contractée, qu'on ne rompît une paille ou un bâton. Chaque contractant en emportoit un morceau, & ils reconnoissoient leur promesse en rejoignant ces morceaux.

STO

STOCKFICHE. s. m. Poisson salé & desseché dont on fait un grand trafic en Hollande. La Merluche ou Morue seche, est une espece de Stockfiche. Ce mot vient de *Stock*, qui en Allemand & en Suedois veut dire un bâton, & de *Fisch*, Poisson, à cause que le Stockfiche est une sorte de poisson que l'on fait secher, & qu'on a coûtume de battre fort, avant qu'on le fasse cuir.

STOEBE'. s. f. Plante que Dioscoride dit être fort commune, à quoi il ajoûte sans en faire aucune description, que sa graine & ses feuilles sont astringentes, ce qui rend leur decoction clisterisée fort bonne aux dysenteries. Pline met cette plante au rang des herbes qui ont les tiges épineuses & piquantes, & dit que la Stoëbé, que quelques-uns appellent *Phleos*, est singuliere pour les oreilles fangeuses. Selon Theophraste, la Stoëbé croît au lac Orchomene, avec une graine molle & de couleur rouge. En grec στοιβή. M. Callard de la Duquerie, le fait venir de στείβειν, Fouler, à cause que cette herbe est propre à servir de bourre pour les matelas.

STOECHAS. s. m. Herbe qui a pris son nom des Isles Stoëcades où elle croît, & qui sont vis-à-vis de Marseille. Elle produit des rejettons grêles & menus, & a sa chevelure semblable à celle du thim. Sa feuille est plus longue, & un peu amere & piquante au goût. C'est la description que Dioscoride en fait. Matthiole dit que les Apothicaires appellent cette plante *Sticados*, & qu'elle ne croît pas seulement en France, mais encore en Arabie, d'où on l'apporte à Venise. La Stoëchas, dit-il ensuite, approche fort de la lavande, ayant ses feuilles longuettes, grosses & blanches, & jettant d'une seule racine plusieurs tiges dures comme bois. Elle porte ses fleurs semblables à celles du thim, en petites têtes longuettes, faites en façon d'épi, & qui tirent sur le bleu. La graine qui en sort approche de celle de la melisse, & sa racine n'est pas moins dure que ses tiges. Le Stoëchas a une odeur forte & penetrante, & tient beaucoup de celle de l'aspic & du rosmarin. Il est cephalique, discute les humeurs froides, remet les esprits, & est salutaire pour toutes les maladies du cerveau qui viennent d'intemperie froide, fortifiant non seulement les visceres, mais encore tout le corps. La fleur du Stoëchas entre dans la theriaque & le mitridat, & pour cela il faut la cueillir dans le tems où elle est le plus dans sa force.

STOICIENS. s. m. Philosophes sectateurs de Zenon, qui prirent leur nom de στοά, Portique, à cause des Portiques où il discouroit publiquement dans Athenes. Un Oracle lui ayant recommandé la couleur des morts, on tient que ce fut ce qui l'obligea de s'addonner à l'étude, ayant cru que cette couleur des morts vouloit dire la couleur pâle que les Gens de lettres ont accoûtumé de contracter. Il y a eu de grands hommes de cette secte. Les Stoïciens mettoient le bonheur suprême à vivre conformément à la nature, selon la droite raison, & ont parlé de Dieu comme n'en reconnoissant qu'un, auquel tout le nom des autres appartenoient, comme des titres, dont les Grecs s'étoient servis pour marquer tous les differents effets de sa bonté & de sa puissance, mais ils prétendoient en même-tems que Dieu ne fût autre chose que l'ame du monde, qu'ils consideroient comme le corps de cette ame, & tous les deux comme un animal parfait. Ils avoient un grand mépris pour les richesses & pour les arts liberaux, s'attachant à ce qu'avoit dit Zenon, qu'une partie de la science consistoit à ignorer les choses qui ne devoient pas être sçues.

STOMACACE. s. m. Mal qui est une espece de Scorbut, & qui cause à ceux qui en sont atteints une extréme puanteur qui vient de la bouche & des gencives, ce qui l'a fait appeller *Stomacacé*, du Grec στόμα, Bouche, & de κακή, Défaut, vice. Pline qui en parle, dit que l'on gagnoit ce mal en bûvant de l'eau d'une fontaine qui étoit en Allemagne.

STOMACHIQUE. adj. On appelle *Veine stomachique*, Une veine qui sort du rameau splenique qui entre dans l'orifice superieur du ventricule, & qui descend au Pylore. Ce vaisseau est aussi appellé *Coronal Stomachique*, parce qu'il est fait en forme de couronne. Il y a des medicamens stomachiques, & on les divise en *Stomachiques échauffans & dessechans*, tels que, l'absinthe, le fenouil, l'anis, le calamus aromaticus, la sauge, le rosmarin, le galanga, le cardamum, la canelle, le poivre, la zedoaire, & plusieurs autres, & en *Stomachiques rafraichissans*, comme la laitue, l'endive, le plantain, la chicorée, les roses, les courges, les concombres, les melons, les groseilles rouges, l'épine-vinette, le suc de citron, les grenades, les mûres, les fraises, & autres de même nature.

STOMOMA. s. m. Quelques-uns prennent l'écaille stomomatique pour la plus menue écaille de bronze, & l'autre pour la plus menue écaille du fer. Matthiole fait voir qu'ils se trompent, & que c'est celle d'acier. Il rapporte ce que dit Galien, que l'écaille de bronze est la principale de toutes les écailles qui ont la vertu de dessecher, que l'écaille de fer est plus astringente que celle de bronze, & que la stomomatique l'est encore plus que celle de fer; ce qui fait voir qu'elle est differente des deux autres, & qu'elle vient d'un métal plus dur & plus terrestre. Il est évident par plusieurs passages d'Aëtius & de Galien, que le Stomoma n'est autre chose parmi les Grecs que notre acier; ce qui se prouve par un passage d'Aristote, qui dit en parlant de faire l'acier, qu'on prend du fer qui a été déja travaillé, qu'on le fait fondre pour l'endurcir encore une fois, & que c'est ainsi que se fait le Stomoma. Ce mot est Grec, στόμωμα, & peut venir de στόμα, Bouche, l'acier ayant été employé de tout tems à acerer les pointes & les tranchans des épées, glaives, couteaux, & autres outils de fer ausquels ces tranchans servent de bouche. D'autres veulent qu'il vienne du verbe στομόω, Je fais un tranchant, une pointe à une épée ou à une autre arme.

STOMPER. v. n. Terme de Marine. Dessiner avec des couleurs en poudre. On se sert de petits rouleaux de papier pour les appliquer, & le bout de ces rouleaux tient lieu de pinceau. Plusieurs disent *Estomper.*

STORAX. s. m. Plante qui en grandeur & en forme est semblable à l'arbre qui porte les coings, & qui rend une liqueur qui porte le même nom. Le Storax a pourtant les feuilles beaucoup plus petites que le coignier, fort blanchâtres d'un côté, fermes & longuettes. Sa fleur est blanche, & ses grumeaux sont pendus à de longs rejettons, couverts d'une peau legere, ronds & aigus au bout de la grandeur d'une noix pontique, & où il y a de petits os d'où la graine est prise. Il y a de trois sortes de Storax, celui qu'on surnomme *Calamite*, est le meilleur, & il a été appellé ainsi, parce qu'on l'apportoit autrefois de Pamphilie dans des cannes ou tuyaux, que les Latins nomment *Calamus.* Le Storax rouge est le Storax ordinaire, & dans cette espece il y en a un plus pur, plus net & plus gras que l'autre. Ils ont tous deux une bonne odeur, mais ils sont bien moindres que la Calamite. Le Storax liquide est crû artificiel & moins estimé que tous les autres, comme étant fait de plusieurs liqueurs resineuses que l'on a mêlées ensemble. Les uns assûrent que c'est un composé de Storax Calamite détrempé dans du vin & de l'huile & cuit ensemble après qu'on y a mêlé de la resine de Melese, & que cette décoction étant refroidie, ce qui va au fond est le Storax appellé Liquide. Serapion croit que c'est une huile tirée des noyaux de l'arbre, & d'autres que ce n'est autre chose que le Stacté. Il est très-certain que c'est une liqueur grasse, épaisse comme baume, & qui a une odeur fâcheuse. Si ce Storax est tout chaud, il a, ainsi que le sec, la faculté d'amollir, mais il charge le cerveau & fait mal à la tête, à cause qu'il est fort assoupissant. Le sec est cephalique, & bon pour la toux, pour les caterres & pour la matrice bouchée & endurcie. Les Apothicaires l'appellent στύραξ, du nom que les Grecs lui donnent.

STORE. s. f. Piece de natte couverte de toile, ou grosse toile que l'on met en double par dehors devant les fenêtres d'une chambre, pour empêcher que la grande ardeur du Soleil ne l'échauffe. On dit plus ordinairement *Paillasson.* Le mot de *Store* a été fait de l'Italien *Stora*, ou *Stoia*, Natte de jonc.

S T R

STRAMONUM. s. m. Plante qui est prise pour le Solanum, tant elle en approche. Ses feuilles sont pourtant plus grandes, & ont du rapport aux fleurs du grand volubilis. Son fruit est vert, épineux & fait comme un nombril de quelque côté qu'on le regarde. Du Renou met de deux sortes de Stramonium, l'un de la hauteur d'un homme, & l'autre haut seulement de deux coudées. Il a les proprietés du Solanum, ainsi qu'il en a la ressemblance. On l'appelle autrement *Strychmonium.*

STRANGURIE. s. f. Maladie qui vient d'ordinaire du refroidissement de l'abdomen, & sur-tout de la vessie, & dans laquelle l'urine ne sort que goutte à goutte avec une extréme douleur, soit en pissant, soit après avoir pissé, & une envie extraordinaire d'uriner. Les boissons mal fermentées, mais capables d'une plus grande fermentation & de s'aigrir, comme la bierre nouvelle & le moût, ont accoutumé de donner la Strangurie. Sa cause prochaine est l'acide vitié de l'urine qui excite la vessie par son aigreur, corrode le conduit urinaire, & donne l'envie continuelle qu'on a de pisser. La douleur se fait sentir particulierement dans l'urethre, après que l'on a pissé; & Ettmuller dit que ce qui la rend plus sensible que celle de la vessie & de son col, c'est qu'encore que l'urethre & la membrane interieure de la vessie soient d'une même substance, neanmoins la vessie est enduite interieurement d'une mucosité crasse & visqueuse qui la défend contre l'acrimonie acide corrosive de l'urine. Cela est cause que la douleur de la vessie est beaucoup moins vive, au lieu que l'urethre, qui n'a point cette sorte d'onguent naturel, est plus sensible à l'urine acide qui passe. La Strangurie se guerit par tout ce qui est propre à précipiter & à absorber l'acide, & à empêcher qu'il ne s'engendre dans les premieres voies. Les coques d'œufs y sont bonnes, aussi-bien que les coraux, la noix muscade, les écorces d'oranges, & les huiles de ces simples. Il est bon aussi d'oindre le nombril avec du suif de bouc & quelques gouttes d'huile de macis. La craie & le sel de tartre sont bons interieurement. Les Latins appellent ce mal *Stillicidium urinæ*, Degoutement d'urine, & les Grecs στραγγουρία, de στράγξ, Goutte, & de οὖρον, Urine.

STRAPONTIN. s. m. Lit que l'on suspend en l'air, & qui est attaché à deux arbres ou deux pieux. On s'en sert dans les Pays chauds, comme l'Amerique pour se garantir des insectes qui importunent, ou des bêtes venimeuses. On attache cette sorte de lit à deux cordes dans les Navires.

Strapontin, se dit aussi d'un petit siege qu'on met au devant d'un carrosse couppé, où il n'y a que le fond de derriere. Plusieurs disent *Estrapontin.*

STRASSE. s. f. Terme de Negoce. La bourre ou le rebut de la soye qui est imparfaite.

STRATIFICATION. s. f. Terme de Chymie. Corrosion qui se fait par des poudres corrosives mises dans un vase avec des lamines de metal. On met un lit de poudre sur la matiere qu'on veut calciner, & on continue ainsi alternativement autant de fois qu'on le veut, & selon la capacité du vase. On l'appelle aussi *Cementation* & *Commixtion.* La Stratification ordinaire, qui est celle des boutiques, se fait par des poudres alteratives ou corroboratives. Ainsi pour faire une coëffe, appellée par les Latins *Cucupha*, on met un lit de poudres cephaliques, puis un lit de cotton, & ensuite un autre lit de poudre sur un autre lit de coton; ce qui est continué de la même sorte jusqu'à ce qu'on ait achevé la coëffe.

STRATIOTES. s. m. Herbe qui nage sur l'eau, & qui n'a aucune racine. Elle est semblable à la Joubarbe. Ses feuilles sont pourtant plus grandes, refrigeratives & propres à arrêter le flux de sang qui vient des reins, si on les prend en breuvage. Pline dit que le Stratiote croît seulement en Egypte de l'inondation du Nil. Quelques uns veulent qu'on l'ait appellé ainsi de στρατιώτης, Soldat, à cause que cette herbe est bonne à souder les plaies, & que les soldats sont fort sujets à en recevoir. Il y a une autre herbe appellée par les Grecs στρατιώτης χιλιόφυλλος. C'est la mille-feuille.

STRIBORD. s. m. Terme de Marine. Le côté droit du Vaisseau, quand le Pilote étant à la pouppe regarde la proue. Ce mot a été fait par corruption de *Dextribord*, que quelques-uns disent aussi-bien que *Extribord*, *Tribord*, & *Trienbord*. Le plus usité de tous est *Stribord*, qu'on emploie comme un terme de commandement.

STRIEURE. s. f. Terme d'Architecture. Ce mot signifie; non seulement les concavités des colomnes cannelées, mais encore l'espace plat qui est entre chaque cannelure. On le fait venir de *Striare*, Creuser une raie le long d'une colomne de pierre. Quelques-uns le derivent de *Striges*, qui signifie les plis d'une robe, à cause que les strieurs imitent les plis droits des vêtemens.

STU

STUC. s. m. Sorte de mortier qu'on fait avec de la chaux & du marbre blanc bien broyé & bien sassé. Ce mot vient de l'Italien *Stucco*, qui veut dire un Composé de differentes matieres pour boucher des fentes.

STUCATEUR. s. m. Ouvrier qui travaille en stuc.

STY

STYLE. s. m. Sorte de poinçon ou de grosse aiguille dont les Anciens se servoient pour écrire sur des tablettes de cire ou de plomb. Il signifie aujourd'hui, en termes de Gnomonique, Une petite verge de métal qui est élevée à angles droits sur le plan d'un quadran, & qui par l'extrémité de son ombre fait connoître l'heure & le lieu où le Soleil est dans le ciel. On suppose que le bout du Style est le centre de la terre dont l'ombre se jette sur un plan, & tourne avec le Soleil. Voyez QUADRAN. Si le Style n'est pas élevé à angles droits sur le plan du Quadran, on imagine une perpendiculaire tirée du bout du Style sur le plan. Le point où elle tombe s'appelle *Pié du Style*, & c'est elle qui est la veritable longueur du Style. Si par l'extrémité du Style incliné qui pose sur le plan, & par le pié du Style on tire une ligne, on l'appelle *La soustylaire*. Dans les Quadrans *Horisontaux* & *Verticaux Meridionaux*, la soustylaire & la meridienne ne sont qu'une même ligne, mais elles sont differentes dans les *Verticaux declinants*. Voyez QUADRAN.

Le Style ne marque les heures que par l'extrémité de son ombre, mais souvent par le bout d'un Style élevé à angles droits, on fait passer une autre verge de métal qui part du *centre du Quadran*, & qu'on appelle l'*Axe du Quadran*, & alors ces deux verges avec la soustylaire qui leur sert de base, composent un triangle élevé à angles droits par le plan du Quadran, & qui marque les heures par l'ombre entiere de l'Axe. Dans les Quadrans Horisontaux cet Axe doit faire avec la *Soustylaire* un angle aigu égal à celui de l'élevation du pole, & dans les verticaux il fait cet angle égal à celui du complément de l'élevation du pole. L'Axe d'un Style triangulaire est toûjours parallele à l'Axe du monde, ou plûtôt il ne fait qu'une même ligne avec lui. Style vient du Grec στῦλος, qui signifie la même chose. στῦλος, vient de στάω ἵστημι, je suis debout.

STYLOBATE. s. m. Mot purement Grec, στυλοβάτης, qui veut dire le piedestal d'une colomne, la partie qui la soutient de στῦλος, Colomne.

STYPTIQUES. s. m. Terme de Medecine. Medicamens qui ont la vertu d'arrêter toutes évacuations excessives. Il y en a de simples & de composés. Les simples sont les racines du grand symphytum & du sigillum salomonis, la sanicle, le plantain, l'écorce moyenne du chêne, l'ortie non piquante, la centinode, la queue de cheval, l'osmonde royale, la bourse de pasteur, les semences de pourpier, de sumach, de plantain, de pavot, de coings, les fleurs de nenuphar, les roses, & autres. Les Styptiques composés sont les syrops de grenades, de roses seches, de coings, de myrtilles, le julep Alexandrin, les trochisques de spode & ceux de terre sigillée. Ce mot vient du Grec στύφειν, Resserrer.

SUA

SUAGE. s. m. Terme de Serrurerie. Outil dont les Serruriers se servent pour forger & enlever les barbes des penes, & pour forger aussi les pieces en demi-rond, triangulaires & autres.

Suage, en termes d'Orfévre, est la partie quarrée d'un flambeau. Quand le pié du flambeau est rond elle est appellée *Doucine*, à cause de la ressemblance qu'elle a avec la doucine d'architecture.

Les Potiers d'étain appellent *Suage*, Une maniere de petit ourlet sous le bord & tout autour de l'extrémité du bord du plat ou de l'assiette.

Parmi les Chaudronniers, *Suage* est une maniere de petite enclume pour faire des bordures.

Suage, se dit aussi en termes de Marine, & signifie le coût des graisses & des suifs, dont on est obligé de tems en tems d'enduire un Vaisseau, pour faire qu'il coule plus doucement sur les eaux.

SUB

SUBALTERNE. adj. *Subordonné, qui est sous un autre.* ACAD. FR. On appelle *Juge Subalterne*, Un Juge, qui exerce sa charge sous le commandement ou sous le ressort d'un autre. On dit dans ce sens *Jurisdiction subalterne*, & il se dit quelquefois des Jurisdictions Royales, mais plus particulierement des Juges & Jurisdictions des Justices des Seigneurs. Il vient de *Sub*, Sous, & de *Alter*, Autre.

On appelle en termes de guerre, *Officiers subalternes*, Les Lieutenans, les Soulieutenans, les Cornettes & les Enseignes de chaque Compagnie, qui sont au-dessous du Capitaine. Ils different des Caporaux & des Sergents qu'on appelle *Bas Officiers*.

SUBGRONDE. s. f. La partie de la couverture d'un bâtiment qui est en saillie en-dehors, afin d'empêcher que les eaux de pluie ne coulent le long des murs & ne les endommagent. Ce mot vient du Latin *Subgrunda*. Les Italiens disent *Gronda*. Les Ouvriers disent aussi *Severonde*.

SUBHASTATION. s. f. Terme de Pratique. Vente solemnelle qui se fait à cri public par autorité de Justice, au plus offrant & dernier encherisseur. Il ne se dit que des immeubles. Ce mot vient de *Sub*, Sous, & de *Hasta*, Espece de pique que le Crieur, appellé *Praco* chés les Romains, enfonçoit en terre au lieu où il faisoit une vente.

SUBHASTER. v. a. Vendre un heritage à cri public. On dit dans ce sens qu'*Une maison a été criée & subhastée*, pour dire, qu'elle est prête à être vendue par decret.

SUBLIMATION. s. f. Terme de Chymie. Extraction des parties les plus seches & les plus subtiles du mixte, élevées par le feu qui les fait adherer au haut du vase. Ainsi les parties élevées du soufre sont les fleurs de soufre. Cette sublimation est simple ou composée. La simple est la meilleure de toutes. Quelques-uns y ajoûtent du sel décrepité, de l'alun brûlé, de la tête morte de vitriol, pour empêcher que le soufre ne flue au feu, & ne donne moins de fleurs. Il faut prendre garde que la tête morte de vitriol soit bien calcinée, autrement les fleurs de soufre seroient corrosives & chargées de l'acide corrosif du vitriol, ce qui les rendroit le poison des poumons, au lieu d'en être le baume.

On appelle *Sublimation de mercure*, Une sorte de préparation du mercure qui se fait ou avec des sels corrosifs ou avec le soufre. On le sublime avec les sels en prenant parties égales de mercure dissous dans l'eau forte de vitriol desseché & de sel décrepité. Après qu'on a bien mêlé le tout, on le sublime dans une cucurbite basse, & le mercure sublimé s'éleve. Si on le sublime à un feu violent avec le double de nitre & de vitriol calciné, il s'éleve un mercure rouge qui n'est ni corrosif ni plus pesant qu'il étoit avant le mêlange des sels, dont il n'a reçû nulle pesanteur. Cela vient de ce que le soufre du nitre agit seul sur le soufre du mercure, & le calcine en forme de poudre rouge: mais si la sublimation du mercure se fait avec le sel commun, le mercure en montant devient corrosif & plus pesant, de ce qu'il reçoit le sel commun, de quoi il tient aussi sa corrosiveté. La sublimation du mercure avec le soufre se fait en prenant demi-livre de mercure crud & trois onces de soufre commun. Le tout étant mêlé pour le sublimer, on en tire le cinabre artificiel. Ce qu'il y a de fort surprenant, c'est que le mercure étant blanc & le soufre jaune, ils puissent produire un troisiéme corps qui soit rouge. Cela prouve la doctrine des Modernes touchant les couleurs, qu'ils font dépendre du changement de la tissure des corps, qui reçoit & brise les rayons solaires.

Quant à la sublimation de l'or, ce métal ne se sublimant point de soi-même, on y ajoûte du beurre d'antimoine pour l'élever au-dessus de l'alembic. L'esprit besoardique de nitre enleve aussi l'or, & le sel armoniac le sublime en forme de fleurs, qu'on remêle avec de l'or pour en avoir de plus efficaces & une plus grande quantité. Il y en a qui prétendent sublimer l'or avec l'esprit de suye, mais cette operation n'est pas entendue de tout le monde.

SUBLIMÉ. s. m. Terme de Chymie. Corps blanc & rempli de veines, luisantes & cristalines. Il se dit par excellence du mercure, & il y en a de deux sortes, le *Sublimé commun*, qui se fait avec le mercure purifié, le colcothar, & le nitre, & le *Sublimé dulcifié*, qui se fait en sublimant une seconde fois le sublimé commun, mêlé avec le mercure purifié & le sel préparé. Le sublimé qui se fait avec du sel ammoniac & du vitriol est un poison violent. On se sert du sublimé doux dans la cure de diverses maladies. On appelle *Sublimé essentifié*, Celui qui se fait avec l'or purifié par la pierre philosophale, le regule de Mars étoilé & le mercure sublimé.

SUBLIMER. v. a. Terme de Chymie. Faire exhaler & monter un corps sec, en sorte que les parties les plus seches s'arrêtent au haut du vaisseau par le moyen du feu reglé.

SUBREPTICE. adj. Terme de Pratique. On appelle *Lettres subreptices*, Celles qu'on obtient par fraude, en cachant quelque verité qui auroit empêché qu'on n'eût accordé la grace si cette verité avoit été exprimée. On appelle aussi *Bulles subreptices*, Des Bulles qu'on a obtenues par fraude, en n'expliquant pas au Pape le vrai état du benefice, & la maniere dont il est vacant.

SUBREPTICEMENT. adv. On dit en termes de Palais, qu'*Un Arrêt a été obtenu subrepticement*, pour dire, qu'Il a été obtenu sans ouir partie & sur un faux exposé.

SUBREPTION. s. f. Terme de Palais. Ce qu'on ajoûte ou ce qu'on déguise dans l'exposition d'un fait. Elle differe en cela de l'obreption qui est ce que l'on supprime.

SUBSIDE. s. m. *Impôt, levée de deniers qu'on fait sur le peuple pour les necessités de l'Etat.* ACAD. FR. Le Roi Philippe de Valois leva un subside en 1349. qu'il nomma *Subside gracieux*, à cause qu'il fut levé du consentement du Prévôt de Paris. Il consistoit en six deniers pour livre sur les denrées qui s'y pourroient vendre.

SUBSIDIAIRE. adj. Terme de Palais. On appelle *Moyens subsidiaires*, Des moyens surabondans qu'on allegue par maniere d'aide à ce qui est principal. On dit aussi *Conclusions subsidiaires*. Ce sont des conclusions incidentes que l'on prend, si l'on trouve quelque difficulté dans les premieres.

SUBTENDANTE. s. f. Terme de Geometrie. Ligne droite opposée à un angle, & que l'on présume être tirée des deux extrêmités de l'arc qui mesure ce même angle. Plusieurs disent *Soutendante*.

SUBVENTION. s. f. Terme de Finance. Droit du vingtiéme denier ou du sol pour livre qu'on établit sur les marchandises, pour subvenir aux affaires de l'Etat.

SUC

SUC. s. m. *Liqueur qui s'exprime de la viande, des plantes, des herbes, des legumes, des fleurs, & qui contient ce qu'elles ont de plus substanciel.* ACAD. FR. On appelle en termes de Medecine *Suc pancreatique*, Certain suc qui est apporté du Pancreas dans les intestins. Il tire ordinairement sur l'acide, & quelquefois sur le salé ou sur quelque autre saveur. Ce suc trouvant le chyle déja délayé, & rendu fluide par la bile, y entre facilement, & par son acidité ou salure en quelque façon styptique, il sépare les parties les plus grossieres du chyle, les coagule doucement & les précipite par le moyen de la fermentation. Il est en partie avec elles & en partie avec le bon chyle que la bile a perfectionné, & forme avec celui-ci un corps qui est ensuite porté dans la masse du sang. Le Suc pancreatique sert encore en passant dans les intestins, à fondre, à attenuer & à incifer la mucosité qui est aux parois des intestins. On appelle *Suc nerveux des Anglois*, Un certain suc blanchâtre & balsamique, imaginé par les Anglois qui prétendent que les nerfs portent ce Suc aux parties spermatiques pour les nourrir. Cette opinion a été refutée par Deusingius & par Bartholin.

Il y a un *Suc de reglisse*, qui étant mâché comme le tabac, ou pris dans une liqueur convenable, est fort en usage pour les pulmoniques & pour ceux qui sont attaqués de rhume. Il y en a de noir & de blanc. Le *Suc de reglisse noir* est une teinture jaune qu'on tire de la reglisse par le moyen de l'eau chaude, & qui devient noire après avoir été évaporée sur le feu & reduite en consistance solide. On l'apporte de Hollande, d'Espagne & de Marseille en pains de differentes grosseurs, qui sont souvent de quatre onces ou de demi livre. Il faut que ce suc, pour être de la bonne qualité, soit noir dessus, d'un d'un noir luisant en dedans, facile à casser & d'un goût agreable. Celui qui est mollasse, rougeâtre, qui a un goût de brûlé, & qui étant cassé paroît graveleux, est à rejetter. Le *Suc de reglisse blanc*, qui est beaucoup moins bon que le noir, est une composition de reglisse seche, d'amidon, de sucre, & d'iris en poudre.

SUCCEDANE'E. adj. Terme de Pharmacie. On appelle *Medicamens succedanées*, Ceux qui se mettent en la place d'autres, ce qu'on ne doit faire que dans une pressante necessité, parce qu'il est extrêmement difficile de bien suppléer au défaut d'un medicament qui manque. Il y a toûjours quelque disproportion entre le vrai & celui qu'on substitue. On s'en sert pourtant quand les choses ordonnées manquent, ou qu'elles sont si rares ou si cheres qu'on n'en sçauroit recouvrer, ou que la depense en seroit trop grande, mais il faut toûjours, autant qu'on le peut, mettre un simple pour un simple, un composé pour un composé, une plante, une racine, une écorce, & des feuilles, pour une plante, une racine, une écorce & des feuilles. Il faut encore que les Succedanées, que l'on appelle aussi *Substituts*, ayent les mêmes qualités que la plante ou la racine en la place de laquelle on les substitue, ou du moins que leur vertu n'en soit pas fort éloignée. Quand ces medicamens succedanées sont trop forts, on doit en diminuer la qualité par la diminution de la quantité; lorsqu'ils sont trop foibles, leur qualité doit être recompensée par l'augmentation de la quantité, ce qui demande de l'habileté & de la prudence.

SUCCENTEUR. s. m. On appelle ainsi dans quelques Eglises Cathedrales, comme à S. Jean de Lyon, celui qui est appellé ailleurs *Souchantre*.

SUCCENTURIER. adj. Terme de Medecine. On appelle *Muscles succenturiers*, deux petits Muscles triangulaires qui naissent de la partie anterieure de l'os pubis. On les appelle autrement *Substituts*, à cause qu'ils aident aux autres à faire leur fonction.

SUCCIN. s. m. Espece de bitume formé d'une exhalaison aërienne grasse & pure, qui est élevée au-dessus de la mer, ensuite coagulée & dessechée par le Soleil, & poussée aux rivages par les flots. Selon que l'exhalaison est plus ou moins pure, le Succin a sa couleur plus ou moins belle. Comme ce bitume sort liquide des entrailles de la terre, & qu'il surnage aux eaux de la mer & de quelques rivieres où il est charié par celles qui s'y rendent de divers lieux souterrains, lorsqu'il vient à se condenser par le froid, il entraîne & enferme avec lui tout ce qu'il rencontre, comme pailles, mouches, fourmis, & autres choses; d'où vient que les Arabes l'appellent *Karabé*, qui veut dire Tire-paille. Le mot de *Succin* vient du Latin *Succinum*, qui signifie Ambre.

SUCCUBE. s. m. Demon qu'on tient qui emprunte la figure d'une femme pour porter les hommes à pecher. On l'oppose à *Incube*, qu'on prétend être un autre demon qui fait pecher les femmes.

SUCCURSALE. adj. On appelle *Eglise succursale*, une Eglise bâtie pour le secours d'une Paroisse dont l'étendue est trop grande.

SUCER. v. a. On a depuis peu la methode de sucer les plaies recentes pour en tirer le sang caillé, & empêcher la corruption qui ne pourroit être reparée qu'avec beaucoup de tems par les remedes, les Soldats pour un écu sucent jusqu'au sang clair.

SUCRE. s. m. *Certain suc extrêmement doux qui se tire d'une sorte de cannes qui viennent dans les Païs chauds, & sur-tout aux Indes, & qui s'épaissit, se durcit & se blanchit par le moyen du feu.* ACAD. FR. Les cannes de sucre qui croissent dans le Bresil & dans toutes les Isles de l'Amerique, sont entierement semblables aux gros roseaux d'Espagne, si ce n'est qu'elles ont les nœuds plus courts & les feuilles en plus grand nombre, & qu'elles sont de moitié plus basses. Il y a encore cette difference, que la canne n'est pas creuse, mais qu'elle est remplie d'une moëlle spongieuse, toute imbibée d'une eau blanchâtre dont on fait le sucre. Ces cannes étant dans terre poussent de chaque nœud une autre canne haute de cinq à six piés & garnie de feuilles vertes, longues, étroites & tranchantes. A la moitié de la hauteur de chaque canne sort une espece de fléche terminée en pointe, au haut de laquelle il y a une maniere de fleur de couleur argentée & en forme de panache. Les Ameriquains, après avoir bien labouré leurs terres, y font des rigoles d'un demi-pié de profondeur, en y mettant une canne de trois piés ou environ. Ils la font couvrir d'un pié par chaque bout par deux autres cannes, & ils continuent ainsi jusqu'à ce qu'ils ayent rempli la terre qu'ils ont préparée. Ces cannes sont six ou sept mois à atteindre leur maturité parfaite, c'est-à-dire, avant que de fleurir & que de pousser la verge qui porte le panache où la graine & la fleur sont enfermées. Elles sont jaunes comme de l'or en ce tems-là, & alors on coupe les cannes qu'on émonde de leurs feuilles, après quoi on les applique au moulin. Ce moulin est composé de trois rouleaux égaux en grosseur & également revêtus de lames de fer au lieu où les cannes passent. Celui du milieu est beaucoup plus élevé, afin que les deux arbres qui le tiennent par le haut, & ausquels les bœufs sont attelés, puissent tourner sans que la machine les empêche. Ce rouleau est environné d'un herisson dont les dents s'emboîtent dans des hoches que l'on fait exprès dans les deux autres qui sont tout proche, & ces rouleaux qu'elles font tourner, serrent, écrasent & font passer les cannes de l'autre côté; en sorte qu'elles demeurent toutes seches & épuisées de leur suc, qui tombe dans un vaisseau que l'on met sur le moulin. Ce suc tiré de cette sorte coule par un petit canal dans la premiere chaudiere qui tient environ deux muids. Les deux autres vont en diminuant, & la derniere de ces deux ne tient tout au plus que le tiers de la premiere. C'est dans celle-ci que l'on échauffe le suc à feu lent. Il n'y fait que fremir, & pousse en haut sa plus grosse écume, qu'on ôte avec soin, & qui ne sert qu'à mettre dans la mangeaille des animaux. Le suc est transporté aussi-tôt après dans la seconde chaudiere, où on lui donne un feu plus violent qui le fait bouillir à gros bouillons, pendant qu'un Negre s'attache toûjours à l'écumer. Pour l'aider à se purifier, on y jette de tems en tems quelques cueillerées d'une lessive si forte, qu'elle cauterise la langue quand on la met dessus. Après l'avoir ainsi écumé, on le met dans la troisiéme chaudiere, où l'on fait la même chose. Dans les Sucreries où il n'y a que deux chaudieres, on le laisse plus longtems dans la seconde. Après cela on le passe par un linge & on le verse dans de petites chaudieres de bronze où l'on ne se sert plus de lessive; mais comme elles sont fort basses, & que le sucre qui est en consistance de syrop y bout extraordinairement, on y jette de tems en tems quelques gouttes d'huile d'olive avec un aspersoir, pour l'empêcher de les surmonter & de se répandre. Les Negres ne cessent point de le remuer, l'élevant en l'air avec de grandes écumoires, & le laissent retomber ensuite de fort haut. Quand il est parfaitement cuit, ce qui se reconnoît au bouillon, on le met dans le refrigeratoire, où on le remue continuellement avec une spatule de bois, jusqu'à ce que le grain paroisse dans le syrop ainsi que du sable blanc, & aussi-tôt on le verse dans les formes, qui sont quelquefois de terre, mais pour l'ordinaire on les fait de bois, quarrées & en pyramides. Elles sont posées sur de grands treteaux, & il y a des canots dessous pour recevoir ce qu'elles dégoutent. A l'extrêmité de ces formes ou moules est un petit trou dans lequel on fourre une petite verge de fer ou de bois aussi avant qu'on le peut, jusqu'à ce qu'elle n'y puisse plus entrer, & que le sucre soit tout-à-fait purgé, après quoi on le fait secher au Soleil dans des caissons. Les écumes des secondes & des troisiémes chaudieres, & tout ce qui se répand lorsqu'on remue le suc, tombent dans le glacis des fourneaux, & coulent dans un canot, où on les reserve pour en faire l'eau de vie. Les cannes brisées ne demeurent pas non plus inutiles, puisqu'elles servent à engraisser les porcs, dont elles rendent la viande excellente. Il faut avoir soin de laver souvent le vaisseau qui reçoit le suc des cannes & le canal par où il passe, de peur qu'il ne contracte quelque acrimonie qui empêcheroit que le sucre ne se fît. Il ne pourroit se faire si on jettoit un peu d'huile dans les grandes chaudieres, ou un peu de lessive dans les petites.

On appelle *Sucre royal*, du petit Sucre blanc ou de la Cassonade de Bresil fondue & mise en pain. Il doit être extrêmement blanc & égal par tout, d'un grain fin, serré, brillant, ferme & neanmoins facile à casser; ce qui est la marque des bons sucres. Le *Sucre demi-royal* est aussi du sucre en petit pain, extrêmement blanc, qui vient de Hollande, enveloppé de papier violet. Il en venoit autrefois des sucres du poids de dix-huit à vingt livres dans des feuilles de palmier; ce qui le faisoit appeller *Sucre de palme*. Ce sucre étoit blanc, gras, de très-bonne qualité & d'un goût de violette. Le *Sucre rouge* est la moëlle du sucre telle qu'on la tire des cannes sans être affinée.

Le Sucre candi est de deux sortes, le blanc & le roux. Le *Sucre candi blanc* est de la cassonade blanche du Bresil & du sucre blanc fondu ensemble. On le cuit à la grande perle, & on le met ensuite dans des poilons de cuivre avec de petits bâtons, afin d'y faire attacher le sucre, qui se candit pendant quinze jours qu'il demeure à l'étuve. Durant tout ce tems il faut que le feu de l'étuve soit toûjours égal, après quoi on l'en retire pour le faire égoutter & secher. Il faut le choisir blanc, sec, clair & transparent. Le *Sucre candi roux* se fait de la même sorte, avec cette difference, qu'il faut prendre des Cassonades brunes, le faire cuire à la feuille ou à la plume, & le mettre dans des pots de terre, parce que la terre attache plus que le cuivre. Ces Sucres sont bons pour guerir le rhume & pour humecter la poitrine.

Le Sucre appellé *Sucre d'orge blanc*, est du sucre cuit à casser, & jetté sur un marbre enduit d'un peu d'huile d'amandes douces, & ensuite manié comme de la pâte. On lui donne telle figure qu'on veut par le moyen d'un cloud ou crochet, & pour ne se pas brûler les mains on se les frotte d'amidon. Il y a un autre Sucre à casser que l'on appelle aussi *Sucre d'orge*, quoique ce ne soit que de la cassonade fondue dans de l'eau clarifiée & jettée ensuite sur une pierre graissée d'un peu d'huile d'amandes douces, après quoi on la forme en petits bâtons. On lui a donné ce nom à cause qu'il est d'une couleur jaune comme l'orge.

On appelle *Sucre rosat*, un Sucre blanc, clarifié & cuit en consistance de tablettes dans de l'eau rose. Lorsqu'il est cuit, on en forme des tablettes de telle grandeur qu'on veut, ou bien on le fait en petites grenailles, en le remuant jusqu'à ce qu'il soit sec & refroidi. On l'ordonne à ceux qui prennent du petit lait.

Sucre, se dit aussi en Chymie, & on appelle *Sucre d'alun*, l'alun tiré & imbibé tant de fois de son propre phlegme, qu'il est sans acrimonie & insipide. Ce sucre d'alun est singulier dans la fiévre hectique & dans la dysenterie. Le plomb calciné dissous par un acide, & particulierement par l'acide volatile du vinaigre, acquiert une saveur douce, & se change en une chaux qu'on appelle vulgairement *Sucre de Saturne*. On verse par inclination la dissolution qui a été faite dans du vinaigre distillé. On la philtre, & après qu'on l'a laissé évaporer, il se forme des cristaux qu'on purifie par plusieurs dissolutions réïterées. Ce Sucre de Saturne, si on le prend interieurement, absorbe tous les acides. Il est specifique dans le mal hypocondriaque, dans la fiévre quarte opiniâtre & dans les éresipeles, & salutaire dans la dysenterie à cause de sa vertu alumineuse astringente. Il est aussi d'un fort grand usage dans la Chirurgie, & comme il absorbe effectivement l'acide des plaies & des ulceres, il fait la base de plusieurs emplâtres. Il est aussi admirable contre la brûlure. On prépare le *Sucre de Jupiter* avec l'étaim granulé. Il se donne interieurement pour les affections hysteriques & les autres maladies ausquelles le Sucre de Saturne convient; mais il n'y a rien de plus inutile que de l'appliquer sur le nombril, comme on le fait ordinairement, avec quelque huile appropriée, pour détourner le paroxisme hysterique.

SUCRIER. s. m. Petit vaisseau ordinairement d'argent, que l'on sert sur table plein de sucre en poudre. Il est composé d'un corps, d'un fond & d'un couvercle qui est en forme de dome & percé de petits trous, au travers desquels passe le sucre qui est dedans.

SUCTION. s. f. Action de sucer. Terme de Medecine. Les Anciens avoient établi la Suction des vaisseaux du ventricule pour la cause de l'appetit, mais les Modernes ont entierement détruit cette hypothese, & ils tiennent que la digestion des alimens, ou la faim, dépend du suc fermentatif de l'estomac qui picote l'orifice gauche ou superieur du ventricule.

SUD

SUD. s. m. Terme de Marine. On s'en sert sur l'Ocean pour signifier le vent du Midi & les Regions Meridionales, & on dit absolument *Le Sud*, pour signifier celui des quatre Vents cardinaux qui vient du Midi. *Sud-Est* & *Sud-Ouest*, sont deux Vents collateraux qui tiennent également, le premier du Sud & de l'Est, & l'autre du Sud & de l'Ouest. Il y a des quarts de vent qu'on appelle *Sud quart de Sud-Est*, *Sud-Est quart de Sud*, *Sud-Est quart d'Est*, *Sud quart de Sud-Ouest* & *Sud-Ouest quart de Sud-Sud-Ouest*. On dit *Etre Sud de la Ligne*, pour dire, Etre au Sud, ou par delà l'Equateur.

SUDORIFIQUE. adj. Terme de Medecine. Qui provoque la sueur. Il est aussi substantif, & on appelle *Sudorifiques*, des Medicamens, qui en penetrant jusques aux plus profondes parties du corps, incisent & attenuent les humeurs, entraînant avec eux tout ce qu'ils rencontrent, & le poussant à la superficie. Ils sont maigres ou graisseux. On se sert des maigres quand on veut procurer la sueur sans échauffer, & des autres quand on a dessein de réchauffer. Les volatiles huileux qui sont salins au fond, sont aussi de puissans Sudorifiques, comme les esprits volatiles de sureau, de romarin, les huiles de tartre, de bouis, de guajac; & comme ce ne sont que des resines rarefiées par la force du feu, cela fait connoître que la faculté sudorifique est attachée aux mixtes resineux. Les essences theriacales composées d'aromatiques acres & de resines volatiles, & les essences des bois sont pareillement sudorifiques, avec les alcalis fixes, soit terrestres, soit sulphureux & mineraux, comme la terre sigillée, la licorne fossile, l'antimoine diaphoretique, la corne de cerf brûlée, le besoard mineral, le cinabre d'antimoine, l'or diaphoretique & autres. Il y a deux sortes de Sudorifiques, si on considere leur maniere d'operer. Ceux qui sont d'une substance soluble volatile & penetrante, & qui passant les premieres voies parviennent jusqu'aux dernieres regions du corps, operent positivement. Les sels & les esprits volatiles, les huiles distillées, les essences resineuses, les décoctions des vegetaux & les sels fixes sont de ce nombre; on ne peut douter que toutes ces choses étant des alcalis purs ou huileux ne fondent effectivement le sang & ne le disposent à la sueur. Ceux qui sont d'une consistance trop fixe pour passer au-delà des premieres voies où ils s'arrêtent, absorbant l'acide naturel ou contre nature, & empêchant ainsi son activité dans les autres regions du corps, agissent privativement. Tels sont la pierre de besoard, la corne de cerf brûlée, l'antimoine diaphoretique, la machoire de brochet & la pierre sigillée, puisqu'à mesure que ces alcalis imbibent l'acide, & que cet acide s'attache à eux, on dérobe au sang le suc acide qu'il reçoit des premieres voies, de sorte qu'en étant privé, il s'attenue, se dissout, & la sueur suit.

SUE

SUELTE. adj. Terme de Peinture. Les Peintres, dit M. Felibien, se servent de ce mot pour exprimer dans les figures ce qu'on appelle d'ordinaire dans les hommes & dans les femmes Une taille dénouée, dégagée, aisée, égayée. Il vient de l'Italien *Suelto*, qui veut dire Adroit, agile, déchargé de taille.

SUETTE. s. f. Terme de Medecine. Maladie pestilentielle qui a été commune en Angleterre & en la basse Allemagne, où quand elle se répand, elle fait mourir beaucoup de peuple. On l'a appellée ainsi, à cause que ceux qui s'en trouvent attaqués, ont une sueur universelle avec frisson, tremblement & palpitation de cœur. Il y a beaucoup d'apparence que c'est cette maladie ou espece de peste que l'on a appellée *Sueur Angloise*, & qui emporta en Angleterre la troisiéme partie du peuple en 1483. qu'elle commença. Elle s'est renouvellée plusieurs fois depuis ce tems-là.

SUEUR. s. f. *Humeur, eau, serosité qui sort par les pores quand on sue.* ACAD. FR. La sueur se fait lorsque quelque cause externe, quelque exercice du corps, la chaleur ambiante, ou quelque remede interne attenue le sang, ce qui le rend plus fluide. Le sang, à mesure qu'il se liquefie & se dissout, circule avec plus de rapidité, passe plus souvent par le cœur & les poumons, fermente & acquiert toujours quelque nouveau degré de chaleur. Pendant cela la partie aqueuse qui se trouve mêlée avec le sang s'attenue de même. Elle s'échauffe & imbibe les parties qui ne font point corps, & sur-tout les particules salines. C'est ce qui est cause que les sueurs sont tantôt salines, tantôt acides, & ont tantôt une autre saveur. Le serum circulant ainsi avec le sang dans les parties solides, s'y charge des ordures que le vice de la nutrition y a engendrées, après quoi il entre successivement dans les glandes de la peau, d'où il sort par leurs vaisseaux excretoires, qui sont les pores de la peau. Si ces pores ne se trouvent pas assés ouverts, souvent la sueur refoule, & l'évacuation se fait par les urines: car la matiere de la sueur & de l'urine est la même, & il n'y a que la diversité des couloires qui la distingue. On tire de grands avantages de la sueur, & l'un des principaux est que le sang s'attenuant & se liquefiant considérablement, ce qui le fait circuler avec plus de vitesse dans les vaisseaux, le croupissement des humeurs dans les parties, est levé ou empêché, outre que le sang étant en cet état, sa partie aqueuse, qui se rarefie aussi & s'attenue, se charge plus abondamment des parties heterogenes qui se séparent & se précipitent de la masse du sang, pour les emporter par les pores de la peau qui sont ouverts; de sorte que par ce moyen tous les ferments étrangers sont chassés dehors, ainsi que les particules contagieuses des fiévres malignes & des diarrhées. On tire encore un autre avantage de la sueur, qui est que la même partie aqueuse penetre en mêmetems les parties solides, & particulierement celles de dessous la peau, qu'elle lave & nettoye par sa saveur saline & savonneuse, entraînant les lavûres avec soi. Ainsi on peut dire que la sueur est le purgatif universel du sang & des parties solides, & le purgatif particulier de la surface du corps dans les maladies cutanées. La constitution du sang est très-importante pour rendre la sueur bonne & salutaire. Il faut qu'il ne soit ni trop rarefié ni trop condensé, mais d'une tissure & d'une consistance mediocre, afin qu'il puisse être plus facilement rarefié & attenué, que le serum s'en détache mieux, & que la masse circule avec plus de liberté. Lorsque le sang est trop condensé, quoique la masse puisse être rarefiée par les sudorifiques, ils ne peuvent produire la sueur qu'après diverses reprises. S'il est trop rarefié, les sudorifiques le dissolvent encore, & le serum & le sang se trouvent si intimement mêlés & unis, que rien ne les sçauroit détacher. Comme les sueurs abbattent les forces par l'épuisement des esprits, & qu'elles amaigrissent le corps par la dissolution & l'évacuation du suc nourricier avec la sueur, on ne doit les procurer que selon que le malade se trouve en état de les souffrir. Il faut surtout avoir soin dans chaque sueur que les premieres voies soient bien nettes & la masse du sang un peu purifiée par des évacuatifs & des diuretiques, principalement dans les maladies chroniques. Les aigues, soit avec fievre ou sans fievre, ne permettent pas qu'on prenne toutes ces precautions. Matthiole dit que la sueur des bêtes à quatre piés est fort dangereuse, sur-tout celle des chevaux, des ânes & des mulets, & que celle des autres bêtes n'est guere bonne. Si on boit de cette sueur, elle rend le visage enflé & vert, & cause une sueur fort puante par tout le corps, & sur-tout sous les aisselles. Elle renverse d'ailleurs l'estomac & le ventre, à cause des ventosités qu'elle y produit. Il ajoûte que si on la boit avec du vin elle trouble l'entendement & rend insensée la personne qui l'a bûe. L'eau tiéde prise en breuvage est bonne pour faire vuider toute cette sueur poudreuse, & après qu'on a vomi on doit prendre de l'huile rosat avec du vin, ou une demi-drachme de rheubarbe avec un peu de sel mineral. Quelques-uns tiennent que les chiens & les chats ne suent jamais, quelque chaleur qu'ils puissent avoir, à cause qu'ils n'ont point de pores dans la cuticule. La sueur des chiens dégoute par la langue.

SUF

SUFFOCATION. s. f. *Etouffement, perte de respiration qui arrive quand on est suffoqué.* ACAD. FR. Le caterre suffocatif est de ce genre, & n'est autre chose que l'empêchement de la circulation du sang dans les poumons, où en s'arrêtant il cause le sentiment de Suffocation. Elle vient en general ou de l'abondance du sang qui occupe trop d'espace dans les poumons par la rarefaction qu'il reçoit, ou de la viscosité du sang qui lui donne cette disposition à s'arrêter, ou de quelque acide vitié, ou enfin de l'air trop froid qui coagule le sang & qui l'épaissit. Ainsi l'on ne peut douter que le caterre suffocatif ne soit un effet du regorgement & de la coagulation du sang dans la poitrine & dans les poumons. De-là vient que tout ce qui peut le coaguler, cause cette espece de caterre. Ceux qui après quelque exercice violent boivent incontinent de l'eau froide, parce que le sang agité, attenué & rarefié pendant l'exercice, circule rapidement, & que l'eau froide le coagule & l'épaissit, ce qui le fait s'arrêter dans les poumons. La Suffocation dans les eaux arrive en partie, du passage de l'air qui est bouché, & en partie de l'irruption de l'eau, car ceux qui se noyent, meurent, non seulement parce qu'ils ne peuvent attirer d'air, mais parce que l'eau froide remplit les poumons & coagule le sang. Le polype ou l'excrescence charnue du cœur cause la suffocation, parce que la circulation du sang en est interrompue. On peut mettre dans ce même genre, les Suffocations que causent les exhalaisons des vins & des bieres qui bouillent, les fumées du vin nouveau & des murailles blanchies, celles des charbons, les fumées metalliques de l'antimoine, des minieres de souffre, de l'esprit de nitre, de l'eau forte, & de semblables vapeurs minerales. Il est surprenant que si on entre dans une cave lorsque la biere fermente & que l'on y porte une chandelle allumée, elle s'éteigne aussi tôt, sans que la moindre étincelle reste. Toutes ces fumées attaquent le sang qui circule dans le poumon, sans qu'on puisse dire suivant l'hypothese des Anciens, qu'elles montent au cerveau par le nez, & jettent les esprits animaux en letargie. Il est certain que nous sentons leur effet dans la poitrine avant que la tête en soit troublée; & si au sortir du paroxisme les malades tombent dans le délire, il ne s'ensuit pas que le cerveau soit le premier attaqué. Ce n'est qu'après que les esprits vitaux ont été empreignés de ces fumées, & qu'ils les ont portées au cerveau, que ces symptômes arrivent. On sçait que les fumées metalliques & minerales, antimoniales, vitriolées & sulfureuses, possedent toutes un puissant acide, dont l'odeur subtile est capable de coaguler promptement le sang. Ainsi à la fumée du soufre on sent une acidité subtile qui fait craindre la Suffocation. Une forte apoplexie la produit, à cause du mouvement des poumons interrompus. Dans la syncope, la fermentation & le gonflement du sang tombent quelquefois. Le sang s'arrête dans les poumons, & alors la Suffocation survient à cause que le mouvement des nerfs qui font jouer les poumons, est interrompu par leur relaxation. Elle arrive encore par la convulsion. Telles sont les Suffocations hypochondriaques des hommes qui sont les mêmes que les hysteriques, & qui viennent principalement de la convulsion des nerfs qui servent au larynx & au diaphragme. C'est par là que les hommes hypochondriaques & les femmes hysteriques, sentent des resserremens à la gorge, comme si on les étrangloit avec une corde, parce que la convulsion des muscles du larynx les fait retirer & resserrer par ce moyen le larynx, à quoi se joignent les muscles de la gorge, qui en souffrant les mêmes convulsions, augmentent beaucoup l'étranglement.

SUFFUMIGATION. s. f. Terme de Medecine. Medicament externe préparé & fait de racine, de feuilles, de fleurs & de semences propres, dont un malade reçoit les vapeurs, étant assis sur une chaise percée. Il y a des Suffumigations qui arrêtent, & d'autres qui provoquent les ordinaires des femmes. *Suffumigation*, étoit aussi autrefois une ceremonie qui se faisoit dans les sacrifices des Payens.

SUFFUSION. s. f. Terme de Medecine. Epanchement des humeurs qu'on remarque sur la peau. Il se dit principalement du sang & de la bile. On appelle *Suffusion de l'œil*, Un mal qui arrive quand quelque matiere plus épaisse que l'humeur aqueuse s'y ramasse d'abord en forme de poudre très-fine, qui se réduit successivement en filets fort déliés, & semblables à ceux des araignées, qui se font toile, & membrane ensuite, en s'épaississant toûjours. Ce mal est un coagulum membraneux engendré dans l'humeur aqueuse, entre l'humeur cristalline & la prunelle. Quand la membrane, qu'on appelle *Cataracte*, couvre toute la prunelle, la vûe est tout-à-fait abolie. Si elle n'en couvre que la moitié, on ne voit que la moitié des objets; si elle est petite ne faisant que commencer, & qu'elle occupe exactement le point du milieu de la prunelle, les objets paroissent percés. C'est-là la veritable Suffusion, dont les signes sont que dans le commencement les malades se plaignent de divers objets devant les yeux. La vûe s'obscurcit peu à peu, & la prunelle est d'une couleur verte ou de mer. Moins la Suffusion est vieille, soit qu'elle se fasse encore, ou qu'elle soit déja faite, plus il est aisé de la guerir. Plus elle est inveterée, plus la guerison en est difficile. La Suffusion spontanée qui vient à un œil dans la vieillesse, se communique successivement à l'autre, & rend tout à fait aveugle celui à qui elle arrive. Il a une autre Suffusion, appellée *Suffusion fausse* ou *bâtarde*. Elle arrive à certaines gens à jeun qui ont l'estomac malade. Elle arrive même dans l'état des fievres; on voit alors des floccons de laine, de la poussiere & des mouches devant les yeux. Ce mal passe promptement, mais il revient quelquefois.

SUI

SUIF. s. m. Graisse de mouton, de bœuf ou de vache que les Bouchers fondent, & qu'ils vendent aux Chandeliers pour faire de la chandelle, & aux Corroyeurs pour travailler leurs cuirs. Les Furetieristes ajoûtent de porc. On n'a jamais fait de chandelle de suif de porc. Les Paysans en font de la soupe & le nomment du *Sein*. M. Ménage fait venir le mot de *Suif*, du latin *Suebum*, fait de *Sus*, Pourceau, parce qu'il est le plus gras des animaux. On appelle *Suif*, en termes de Medecine, l'ordure qui s'amasse dans la cavité des oreilles appellée *Ruche*, & que l'on en tire en les curant.

On dit en termes de Mer, *Donner le Suif à un Vaisseau*, ou *Suiver un Vaisseau*, pour dire, Frotter de Suif la partie qui entre dans l'eau, & on appelle *Suif noir*, Une mixtion de Suif & de noir à noircir brouillés ensemble, dont on frotte le fond des Vaisseaux, afin qu'il ne paroisse pas qu'on l'ait suivé.

SUINT. s. m. Sueur ou crasse qui s'engendre sur la peau des animaux, & particulierement sur celle des bêtes à laine. *Suint*, se dit proprement de la laine grasse, telle qu'elle sort de dessus la peau des moutons avant qu'elle soit lavée. Quelques-uns font venir ce mot de *Lana succida*, qui veut dire la même chose. Nicod a écrit *Suin*, & non pas *Suint. C'est*, dit-il, *cette moiteur crasseuse qui part de l'exhalaison du corps. Aussi semble-t'il qu'il vienne de* Sueur, *qui vient du latin* Sudor, *ainsi que* Suinter, *de* Sudare. *Ainsi dit-on*, Suin de laine, *ou* Laine avec le suin.

C'est aussi le nom qu'on donne à la crasse qui s'amasse dans l'oreille qu'on ôte avec un curoreille d'or, d'argent, ou d'yvoir.

On appelle *Suint de verre*, Une seconde écume du verre qu'on ôte quand il est en fusion, après qu'on a déja ôté la plus grosse. Cette écume ne peut venir que de la soude ou des cendres dont se servent les Verriers pour faire le verre, puisque les cailloux qu'ils y employent ne sçauroient rendre d'écume. On fait differens ouvrages de ce suint de verre.

SUL

SULTAN. s. m. Titre qu'on donne aux Empereurs d'Orient, & qui vient des anciens Souldans d'Egypte, dont le dernier s'appelloit Tomumbay II. Il étoit de la race des Mammelus, & fut élû à cause de sa valeur, afin de remettre l'Empire des Sultans sur pié. Un Prince More qui le trahit, le livra à Selim Empereur des Turcs, qui le fit traîner à la queue d'un chameau en 1517. Ce même Selim avoit remporté une grande victoire l'année precedente, sur le Sultan Campson Gauri, & la perte d'un grand nombre de Mammelus qui demeurerent sur la place, affoiblit tellement l'Egypte, & les autres Provinces qui relevoient du Soudan, que le Grand Seigneur s'en rendit maître. *Souldan, Soltan ou Sultan en langage Egyptien & Moresque*, dit Nicod, *signifie Roy, Prince & souverain Seigneur d'un Pays. Dominicus Marius Niger au troisiéme livre de sa Geographie, parlant du Caire qui est au Pays d'Egypte, dit que au langage du Pays les Roys sont appellez* Soldans. *Les Turcs attribuent ce mot* Sultan *au Roy de Perse, disant* Sahi Sultan Zmail, *combien que aucunesfois ils luy donnent ce mot* Patissah, *qui signifie* Roy. *L'Autheur de l'Histoire generale des Turcs au premier Livre, escrit que au temps passé on attribuoit au Seigneur du Caire le nom de* Sultan, *& que disant* Sultan Suleman, *on entend le grand Suleiman, mais que postposant ce mot* Sultan, *& disant* Suleiman Sultan, *il signifie* Visultan *&* Lieutenant de Sultan; *comme quand nous disons* Viroy *ou* Viceroy, *mais il ne rend pas raison de ceste difference; & au second Livre de ladite Histoire, dit que Mahomet, fils de Dimbayazeth, a esté le premier de la maison & race des Ottomans, qui s'est fait appeller* Sultan. Sultan *aussi est une espece de monnoye d'or Turquesque qui rapporte au poix & au fin du Ducat Venitien, & vaut cinquante-quatre, ou comme il dit ailleurs, cinquante-cinq aspres turquesques. Et au Livre premier il dit que ces ducats y sont appellez* Sultane, *portant tels mots en l'une des faces.* Atajar Saffiar Sultan Ahamar morar cham, *c'est-à-dire, comme ledit Autheur l'interprete*, A l'honneur & reverence de l'ame de Sultan Mahomet Conquesteur de la Seigneurie de Constantinople, *& en l'autre face ceux-cy*, Sultan Mahomet cham, Sultan Pajaxit bin Sultan Selim Scia, Sultan hamot, sexchi jus sexenalti, *qui est à dire*, Sultan Mahomet Sieur & Pere de Sultan Pajaxit fils de lui, Sultan Scelim Seigneur de l'Estat, l'an huit cens soixante & tant d'années. *Mais ceste interpretation dudit Autheur n'exprime bien lesdits mots turquesques.*

SULTANIN. s. m. Espece de monnoie de Turquie. C'est apparemment la même chose que les Sultans ou Sultanes dont parle Nicod.

SUM

SUMACH. s. m. Graine d'un arbrisseau qui croît en des lieux pierreux de la hauteur à peu près de deux coudées, & dont la feuille est longue, rougeâtre & dentelée tout autour comme celle de l'Yeuse. Son fruit est comme de petits raisins épais, de la grosseur de celui de terebenthine, tirant un peu sur le large. Ses feuilles sont astringentes & ont la même vertu que l'Acacia; ainsi elles arrêtent toute sorte de flux de sang. Les mêmes proprietés sont attachées à la graine, & l'eau où elle a été mise en infusion, étant cuite ou épaissie, est encore plus efficace que la graine même. Ce même arbrisseau produit une gomme, qui mise au creux d'une dent, en fait cesser toute la douleur. Les Tanneurs preparent leurs peaux avec ces feuilles seches. Les Anciens se servoient de Sumach dans leurs sausses au lieu de sel. Ainsi le Sumach des Cuisiniers est la graine, comme la feuille est le Sumach des Tanneurs. Ce mot est Arabe, & les Apothicaires l'ont pris. Les Grecs l'ont appellé ῥοῦς, & les Latins *Rhus*. Il y a un *Sumach rouge*; ce n'est autre chose que son fruit quand il n'est pas encore mûr. Il est alors bien plus astringent que lorsqu'il est noir & dans sa maturité.

SUMPTUM. s. m. Terme de Banquier & de Chancellerie Romaine. Seconde expedition d'une signature de Cour de Rome, d'une dispense, ou de quelque autre acte, quand la perte de l'original ou d'autres raisons obligent à la tirer des Registres de la Chancellerie.

SUP

SUPER. v. n. Terme de Marine. On dit qu'*Une voie d'eau a supé*, pour dire, qu'Il y est entré de l'herbe, ou quelque autre chose qui a bouché l'ouverture.

SUPERABLE. adj. Vieux mot. Excellent, qui va au-dessus des autres.

SUPERATION. s. f. Terme d'Astronomie. On appelle *Superation de deux Planetes*, La difference qui est entre le mouvement d'une planete plus vîte, & celui d'une plus tardive.

SUPERFETATION. s. f. Nouvelle generation qui arrive quand une femme ayant conçu en divers tems, porte deux fœtus d'une grosseur inégale, & qui naissent l'un après l'autre. Aristote & plusieurs autres Auteurs rapportent des exemples de la

Superfetation des femmes. On tient que la Superfetation arrive souvent aux lievres & aux truies.

SUPERFICIE. s. f. Surface, étendue en long & en large, qui n'a point de profondeur, ou dont on ne considere point la profondeur. *La superficie plane*, est celle qui n'a dans toute son étendue aucune inegalité, telle qu'est celle d'un parallelogramme, d'un cercle, &c. *La superficie courbe* ou *curviligne*, est celle qui a des inegalités produites par des lignes courbes, qu'elle contient, des endroits plus ou moins élevés, &c. telle est la superficie d'un globe. Les superficies courbes se divisent generalement en *convexes* & *concaves*, du reste il y en a d'autant d'especes differentes que de corps compris en tout ou en partie sous des lignes courbes.

SUPERFIN. adj. Les Tireurs d'or appellent *Trait superfin*, Celui qui est extrémement fin.

SUPERPARTIENT, ENTE. adj. Terme de Geometrie & d'Arithmetique. On s'en sert pour expliquer la proportion de deux lignes ou de deux nombres, dont le second contient une ou plusieurs fois le premier avec quelques-unes de ses parties aliquotes. Ainsi 4. & 15. sont en proportion triple superpartiente trois quatriémes, puisque 15. contient trois fois quatre & trois de ses quatriémes parties.

SUPINATEUR. adj. Terme de Medecine. On appelle *Muscles supinateurs*, deux des quatre Muscles qui font mouvoir le rayon ou l'avantbras. L'un de ces muscles se nomme *Le Rond*, l'autre *le Quarré*.

SUPPLIQUE. s. f. Terme de la Chancellerie Romaine. On appelle ainsi la premiere partie d'une provision ou signature de Cour de Rome, contenant le memoire que l'on donne au Pape de la grace qu'on veut obtenir. Toutes les choses qui le peuvent rendre plus difficile à l'accorder, y doivent être expliquées, autrement elle est reputée nulle & obreptice. On appelle aussi *Supplique*, La priere qu'un Bachelier fait à chaque Docteur, pour être reçu dans quelque Maison de la Faculté. Ce mot est Italien, *Supplica*.

SUPPLOYER. v. a. Vieux mot. Supplier. Borel veut que *Souppleyer* ait été dit, comme de Sousplier les genoux pour obtenir ce que l'on demande.

SUPPORT. s. m. *Aide, appui, soûtien, protection*. ACAD. FR. *Supports*, dans un tour, sont des pieces de bois qu'on met à une barre qui est percée pour cela en quelques endroits. Cette barre, qui va tout du long, & qui est soûtenue par les bras des poupées qui s'approchent & s'éloignent comme on veut, est posée de champ, & étant un peu moins élevée que les pointes des poupées, elle sert d'appui pour les outils lorsqu'on travaille & que l'on coupe le bois. Les Supports que l'on y met aux endroits où elle est percée, servent à soutenir les pieces qu'on tourne, qui ont trop de portée.

Supports, en termes de Blason, se dit de certains animaux à quatre piés, oiseaux ou autres qu'on represente aux côtés de l'écu, en sorte qu'ils semblent le supporter. Les Rois d'Angleterre ont d'un côté un leopard & de l'autre une licorne. D'autres y ont mis des aigles, des lions ou des griffons. Les Ursins y ont mis des ours par allusion à leur nom. Les Supports des Armes de France sont des Anges, & on tient que Charlemagne est le premier qui s'en soit servi. D'autres disent que ce fut Philippe VI. ayant fait sa devise d'un Ange qui renversoit un dragon, à cause que les Anglois avoient pris cet animal pour devise. Il y en a qui veulent que quand l'Ecu est porté ou par des Anges ou par des figures humaines, on les doit appeller *Tenans*, à cause que c'est le propre de l'homme de tenir, & que *Supports* ne se doit dire que des animaux. D'autres prétendent que s'il n'y a qu'un seul animal qui porte l'écu, on le doit nommer *Tenant*, & que s'il y en a deux, ce sont des Supports. Ceux des Princes de Monaco sont des Moines Augustins.

SUPPORTANT, ANTE. adj. Terme de Blason. Il se dit de la fasce quand elle semble soûtenir quelque animal, qui est peint au chef de l'écu, quoiqu'il ne porte que sur le champ.

SUPPORTÉ, ÉE. adj. Terme de Blason. Lorsqu'un écu est divisé en plusieurs quartiers, il se dit des plus hauts que ceux d'en bas semblent soûtenir. Quand le chef est de deux émaux, & que l'émail de la partie superieure en occupe les deux tiers, on l'appelle *Chef supporté*.

SUPPOSITION. s. f. Allegation d'une chose pour une autre. *Supposition*, est aussi un terme de Musique, & il se dit quand après un bon accord, l'une des parties procedans par degrés conjoints, fait contre l'autre qui tient ferme des dissonances en passant. Cela s'appelle *Supposition*, à cause que les cordes qui font dissonance, supposent leurs compagnes, qui feroient consonance si elles étoient employées.

SUPPOSITOIRE. s. m. Terme de Pharmacie. Medicament solide, arrondi & fait en pyramide, & qui est destiné pour le fondement. Il est de la grosseur & de la longueur du petit doigt, & composé de choses qui servent à lâcher le ventre. On en donne pour plusieurs autres fins, soit quand le malade a trop peu de force, ou qu'on n'a pas le loisir d'apprêter un lavement, soit pour faire rendre ceux que l'on garde trop long-tems. On s'en sert aussi pour les affections soporeuses ou pour dissiper les vents, ou lorsque quelque descente de boyaux ou d'autres incommodités du siege ne permettent pas les lavemens. Il y a deux sortes de Suppositoires, l'un facile à préparer & fort familier à la campagne. Il se fait de la racine ou de la tige de mauve, de bete, d'arroche, de chou, ou de mercuriale, ointe de beurre salé, de savon blanc & de farine cuite dans de l'eau & du sel, ou d'une chandelle de cire ointe d'huile. Celui-là est propre pour les enfans. L'autre se fait de miel cuit en consistance solide, auquel on ajoûte quelquefois un peu de sel, & quelquefois des poudres purgatives suivant la force qu'on lui veut donner & la necessité qu'en a le malade. Si les matieres sont trop fermes, ou que la faculté expultrice soit trop assoupie, on doit recourir à la poudre de hiere, à la scammonée, à l'ellebore, & quelquefois à l'euphorbe. Comme l'usage excessif des medicamens acres & corrosifs peut exulcerer l'anus, il faut garder la mediocrité autant que l'on peut, en ne mettant au Suppositoire que de la poudre d'hiere picre, ou d'aloës, ou d'agaric, avec le sel commun, à moins qu'une puissante necessité n'oblige d'avoir recours à des medicamens plus forts. Les Latins appellent un Suppositoire *Balanus*, du Grec βάλανος, Gland, parce qu'il étoit fait autrefois en forme de gland. Le mot de *Suppositoire*, a été fait du Latin *Sub*, Sous, & de *Ponere*, Mettre.

SUPPOST. s. m. Terme dogmatique. Ce qui sert de base & de fondement à quelque chose. En ce sens on dit que *L'humanité est le suppost de l'homme*.

SUPPRESSION. s. f. Action de supprimer. Il se dit de l'extinction d'une charge, de droits, de rentes. Les Medecins appellent *Suppression d'urine*, Une maladie qui en general dépend du vice des reins qui ne philtrent point, ou du vice de la vessie qui ne jette point l'urine dehors. Voyez ISCHURIE. On dit aussi, qu'*Il y a eu suppression de part*, pour dire, qu'Une femme a caché ou détruit l'enfant qu'elle a mis au monde.

SUPPRESSURE. s. f. Vieux mot. Dissimulation, tromperie.

SUPPURATIF, IVE. adj. Terme de Chirurgie. Qui sert à faire suppurer. Les Suppuratifs, c'est-à-dire, ceux qui engendrent le pus, sont en general les remedes des tumeurs. On les appelle aussi *Concoctifs*, & *Maturatifs*, à cause de l'alteration du sang en pus, qui étoit attribuée à la chaleur par les Anciens. Quand la partie coagulée du sang, & les autres humeurs mêlées de sang, ou avec lesquelles le sang s'est enfin épanché, commencent à faire effervescence par l'acide contre nature, alors cet acide degagé du sang grumelé se joignant au sel volatile, & fermentant avec lui, il se fait un changement total du sang en pus. Les Suppuratifs sont d'une substance huileuse & mucilagineuse. Ces deux qualités temperant les sels relâchent la partie tumefiée, & ce n'est pas sans raison qu'on donne le premier rang au lait dans ce genre. La maniere de se servir des suppuratifs est d'en faire des cataplasmes, des emplâtres, des onguents, & quelquefois des linimens.

SUPPURATION. s. f. Terme de Chirurgie. *L'écoulement du pus qui s'est formé dans une plaie.* ACAD. FR. La Suppuration arrive au sang épanché, quand les parties spiritueuses, subtiles & tenues s'échappant & se dissipant, ce qui reste s'épaissit peu à peu & se prend en grumeaux. A mesure qu'il se corrompt, il contracte une aigreur ou une acidité putride qui excite ensuite une effervescence acre avec les sels volatiles & huileux du sang même. Cette effervescence s'augmentant, outre un sentiment de chaleur plus grand qu'à l'ordinaire qu'elle cause dans la partie malade, la gonfle au milieu de sa circonference, ce qui la grossit & l'enflamme extraordinairement. Cela produit une douleur distensive, à cause de la tension des parties, accompagnée d'une pulsation que produit le mouvement embarrassé des parties. Enfin le sang se convertit en pus par l'acide qui prend presque toûjours le dessus aux autres principes, & c'est ce qui fait paroître le pus blanc, tous les alcalis huileux ou sulphureux, prenant une couleur blanche quand on les mêle avec un acide. La Suppuration est facilitée par les choses qui temperent moderement l'acide, & font que sa fermentation avec l'urineux est bien proportionnée, & par celles qui resolvent en quelque façon le sang coagulé en le penetrant doucement. Cela avance la Suppuration, car tant que la concretion dure ou que l'acide domine, il ne sçauroit y avoir de suppuration bonne & parfaite. Les choses qui temperent l'acrimonie des sels, laquelle les fait agir l'un contre l'autre avec trop d'impetuosité, rendent la Suppuration moins douloureuse. Par ce moyen on ôte l'aigreur & les picotemens, parce que l'action des sels étant retenue, ils font une effervescence moins impetueuse. Pour avancer la suppuration dans la petite verole & défendre les parties internes, les yeux d'écrevisses usités souvent avec la myrrhe, sont très-convenables. On prend demi-drachme d'yeux d'écrevisses préparés, quinze grains de myrrhe, un scrupule de corne de cerf sans feu, cinq grains de sel de chardon benit, & on mêle le tout pour trois doses.

SUPREMATIE. s. f. Terme dont on se sert pour signifier la superiorité Ecclesiastique, dont s'est emparé le Roi d'Angleterre.

SUR

SUR. *Proposition locale, qui sert à marquer la situation d'une chose à l'égard de celle qui la soûtient, qui est au dessous.* ACAD. FR. En termes de Blason, *Sur le tout*, se dit d'un écusson qui est sur le milieu d'une écartelure & des pieces qui brochent sur les autres. *Parti d'or & de gueules au lyon de sable sur le tout.* On dit, *Sur le tout du tout*, en parlant de l'écusson qui est sur le milieu de l'écartelure d'un écusson qui est déja Sur le tout.

Sur sa foi, en termes de chasse, se dit d'un oiseau à qui on ne donne plus de filiere & que l'on reclame en liberté.

SURALE. adj. Terme de Medecine. On appelle *Veine surale*, Une veine considerable, qui se distribue dans le muscle du mollet de la jambe, & qui va jusques au gros doigt du pié. Ce mot vient du latin *Sura*, Le gras de la jambe, fait de *Surus*, Pieu.

SURALLER. v. n. Terme de Chasse. Il se dit quand un chien passe sur les voies sans crier, & sans faire connoître par aucune marque que la bête y ait passé. On dit aussi *Se suraller*, pour dire, Revenir sur ses erres, sur ses pas.

SURANDOUILLER. s. m. Terme de Chasse. Second cor qui est sur la tête du cerf, & qui pousse au-delà de l'andouiller.

SURANNATION. s. f. Terme de Chancellerie. On appelle *Lettres de Surannation*, Celles qu'on obtient du Prince pour rendre la valeur à d'autres lettres de vieille date, parce que la force du Sceau ne dure qu'un an pour ce qui n'est pas jugé ou executé.

SURBAISSE', E'E. adj. On appelle en termes d'Architecture, *Voute surbaissée*, Une voute qui n'étant point en plein cintre, s'abaisse par le milieu & forme une figure elliptique.

SURBAISSEMENT. s. m. Les Architectes appellent ainsi le trait de tout arc bandé en portion circulaire ou elliptique, & qui n'ayant pas tant de hauteur que la moitié de sa base, est par consequent au dessous du plein cintre.

SURBANDE. s. f. Terme de Chirurgien. Ce qui s'applique par dessus les compresses. C'est une seconde bande ou ligature que l'on ajoûte à une premiere pour la tenir plus ferme sur la plaie.

SURCENS. s. m. Terme de Jurisprudence feodale. Cens qui a été établi sur l'heritage depuis le premier cens. C'est une rente, noble, fonciere, dûe au Seigneur du Fief, outre le cens déja imposé. Il y a des lieux où on l'appelle *Sourcens* ou *Souscens*, *Surcenie*, & *Surcharge*. Quelques-uns l'appellent *Rente surfonciere*.

SURCHAUFFURE. s. f. Défaut qui se trouve dans l'acier. Pour connoître le petit acier commun qu'on vend par carreaux ou billes de quatre pouces de long ou environ, il faut prendre garde si ces carreaux ne sont point pailleux ou surchauffés: car quand l'acier a eu trop chaud, ce qui le fait paroître par petits grumeaux & comme grillé ou plein de veines noires ou de pailles que l'on voit en le cassant, on peut s'assurer qu'il n'est pas bon. Si les carreaux sont sans pailles & sans surchauffures, en sorte que dans la casse que l'on en fait par en haut, il paroisse net & d'un grand blanc & delié, c'est un témoignage qu'il est bon.

SURCOT. s. m. Vieux mot. Riche habillement que les Princesses mettoient autrefois par dessus leurs habits. Nicod en parle ainsi. Surcot *est composé de* Sur, *Preposition*, & Cotte, *par apocope de la derniere syllabe*, & *est l'habillement que les Roines comme aucuns veulent, (quoyque ce soit) les Grandes portent pour richesse de converture sur leurs cottes. L'apocope lui change le genre, avec la terminaison qui est masculine.*

SURDENT. s. f. Terme de Manege. Dent macheliere du cheval qui croît trop haut, & qui poussant des pointes à mesure qu'elle s'allonge, lui pique la langue & lui blesse les levres en mangeant. Les Surdents empêchent quelquefois qu'un cheval ne mange, par la douleur qu'elles lui causent en lui pinçant la chair ou la langue.

SURDIRE. v. n. Vieux terme de Pratique qui a signifié Encherir dans quelque publication de vente. On dit encore dans quelques Provinces *Surdisant*, pour dire, Encherisseur, & *Surditte*, pour Enchere.

SURDITE'. s. f. Vice de l'ouie, qui vient de l'oreille & qui est cause que l'on n'entend pas, ou que si on entend, on ne sçauroit distinguer les divers tons de la voix. L'ouie est diminuée ou abolie par le vice de l'oreille externe, lorsqu'elle est coupée ou blessée de quelque autre sorte. On n'entend alors qu'un son obscur, & en cet état on est obligé de fermer les mains en forme d'entonnoir & de les appliquer aux oreilles pour faire passer la voix. Le conduit auditif peut être bouché ou embarrassé par des poix, noyaux de cerises & autres choses externes qui tombent dans les oreilles, & même par l'ordure qui y reste trop long-tems & s'y endurcit. Le plus grand vice de l'oreille vient du nerf auditif ou acoustique, lorsqu'il est mal conformé, & que ce nerf, au lieu d'entrer dans l'oreille interne, est distribué ailleurs. En ce cas on est sourd dès la naissance, & d'ordinaire muet. La même chose arrive si ce nerf étant bouché empêche l'influence des esprits animaux par quelque cause que ce soit, ou par une lymphe subtile qui s'y influe, comme dans les affections caterreuses & dans les maladies aigues qui doivent se terminer par une hemorragie critique. Le vice de la membrane ou du même nerf qui s'élargit en membrane dans le limaçon ou le labyrinthe, peut aussi causer la surdité; ce qui arrive quand ses fibres sont ou rompues, ou separées, ou relâchées, ou vitiées de quelque autre sorte qui leur fassent perdre leur état tonique & naturel. Ce manque de ressort de la membrane la mettant hors d'état d'être ébranlée par l'impulsion de l'air, abolit l'ouie, & c'est par cette raison que les sons trop aigus la rendent dur. Ainsi ceux qui n'ont pas accoûtumé d'entendre le bruit du canon, perdent l'ouie pour quelque moment, parce que la force de ce bruit agite avec tant de violence la membrane auditive qui est étendue sur le limaçon, que ses fibres ou quelques-unes de ses plus petites parties se déchirent, se rompent, ou sont blessées de quelque autre sorte qui empêche que les sons ne soient perçus. Il est rare de pouvoir guerir les sourds de naissance; mais comme leurs yeux leur servent d'oreilles, ils peuvent s'accoutumer à entendre ceux qui leur parlent, en observant les mouvemens des levres & de la langue des autres. Il y a un Traité fait en Anglois qui a pour titre, *Philocophos*, où l'Auteur démontre la maniere d'enseigner aux sourds à entendre & à parler. C'est ce qu'a fait M. Vvallis, Mathematicien d'Oxfort, qui par le seul mouvement des levres, a appris à deux jeunes Gentilshommes Anglois, sourds de naissance, à entendre ceux qui parloient & à leur répondre pertinemment. Digby assure la même chose d'un Gentilhomme sourd dès sa naissance, qu'on avoit si bien instruit, qu'en regardant seulement ceux qui lui parloient, il les entendoit, quand même c'étoit en une langue inconnue. Le meilleur de tous les remedes pour la surdité, est de tenir dans le conduit de l'oreille un peu de coton, avec du musc ou de la civette. Le baume du Perou appliqué avec du coton fait le même effet. Quelques Medecins ordonnent, comme un secret singulier, demi drachme d'ellebore noir, deux scrupules de jonc aromatique, un scrupule de pulpe de coloquinte, une drachme de bayes de laurier sans l'écorce, deux scrupules & demi de semence de cumin, & quatre onces d'esprit de vin. Après les avoir mêlés ensemble, il faut les faire infuser deux jours dans un vaisseau de verre bien bouché. Ensuite on cueille le tout & on l'exprime. Cet esprit mis avec du coton dans le conduit de l'oreille, est un remede éprouvé qui a gueri même une surdité inveterée.

Surdité, en termes de Jouaillier, veut dire un défaut qui se rencontre dans la plûpart des pierreries. Ce défaut est d'être obscures ou mal nettes & d'avoir quelques pailles ou glaces qui diminuent de leur prix.

SURDOS. s. m. Terme de Bourelier. Sorte de bande de cuir large de deux doigts, qui pose sur le dos d'un cheval quand on l'a mis au carrosse, & qui sert à tenir les traits & le reculement. On appelle aussi *Surdos*, Un morceau de cuir qui tient les deux fourreaux qui passent au travers des traits des harnois.

SUREAU. s. m. Dioscoride dit qu'il y a deux sortes de Sureau. Le premier est grand comme un arbre, & produit quantité de rejettons faits en maniere de cannes, qui sont ronds, grands, creux & blanchâtres. Il en sort trois à trois ou quatre à quatre, & par certains intervalles, des feuilles semblables à celles du noyer. Elles rendent une odeur puante & sont déchiquetées & dentelées tout autour. A la cime de ses branches il produit des bouquets garnis de fleurs blanches, qui sont suivis de grains noirs tirant sur le rougeâtre. Ces grains sont remplis de vin, comme une grappe que produit la vigne. L'autre espece de Sureau est beaucoup moindre, & ressemble plûtôt à une herbe qu'à un arbre. Sa tige est quarrée & ronde, & ses feuilles sont semblables à celles de l'amandier, mais plus longues, puantes, dentelées tout à l'entour & disposées deçà & delà le long de la tige comme des aîles par certains intervalles. Ses fleurs & ses grains ressemblent à ceux de l'autre Sureau, & sa racine est de la grosseur & de la longueur du doigt. Les Grecs l'appellent χαμαιακτὴ, & les Latins *Ebulus*. Le grand Sureau est appellé *Sambucus*. Ils ont tous deux les mêmes proprietés, aussi s'en sert-on quand il s'agit de dessecher & d'évacuer les aquosités. Ils sont pourtant contraires à l'estomac. Leurs feuilles cuites & mangées comme des herbes potageres, purgent le phlegme & la bile. Matthiole parle d'un *Sureau de montagne*, qui a son fruit amassé en forme de grappe de raisin. Ce fruit est toûjours rouge, au lieu que celui de l'autre Sureau est noir. Il parle aussi d'un *Sureau de marais*. C'est un petit arbrisseau qui croît dans les lieux marécageux, qui produit ses verges nouées & semblables à celles du Sureau. Il a au dedans une moëlle blanche, mais la matiere de son bois est frêle. Ses feuilles approchent de celles de vigne, & l'odeur de ses fleurs est agreable. Ces fleurs sont suivies de boutons rouges, de la grosseur de ceux d'aubepin, qui sont pleins de vin. Ils provoquent à vomir si on les mange. L'eau des fleurs de Sureau appliquée sur le front, appaise les maux de tête qui proviennent d'humeurs chaudes. Matthiole enseigne la maniere de faire un onguent

guent de Sureau, qu'il dit être singulier pour les brûlures. Il faut prendre une livre d'écorce verte de Sureau, de celle qui joint le bois, & deux livres d'huile lavée plusieurs fois dans l'eau de ses fleurs, les faire bouillir quelque tems ensemble, les couler & les épreindre. On y ajoûte ensuite quatre onces de cire odorante & autant de jus de rejettons de Sureau, faisant bouillir de nouveau le tout jusqu'à ce que le jus soit consumé; ce qui étant fait on l'ôte du feu & on le remue assiduement avec une spatule, après quoi on y met deux onces de vernis liquide, & quinze onces d'encens blanc pulverisé fort menu, avec la glaire de deux œufs bien battue auparavant. Le tout mêlé, on l'incorpore avec soin, & on le garde pour s'en servir dans l'occasion. Le même Matthiole assûre que les champignons qui viennent au pié de la tige de sureau, étant détrempés dans de l'eau rose, sont un remede excellent pour les inflammations & douleurs de tête.

SUREPINEUX. adj. Terme de Medecine. On appelle *Muscle surépineux*, un Muscle qui vient du dessus de l'épine de l'omoplate.

SURFACE. s. f. Terme de Geometrie. Etendue qui n'a que de la longueur & de la largeur. Voyez SUPERFICIE.

Surface, en termes de Fortification, est la partie du côté exterieur, terminée par le flanc prolongé & par l'angle du Bastion le plus proche.

SURFAIS. s. m. Sorte de tissu qui sert à sangler un cheval de selle. C'est une sangle grosse & large qu'on met par dessus les autres pour faire tenir la selle plus ferme.

SURFAITS. s. f. Vieux mot. Forfaits, crimes.

SURFEUILLE. s. f. Petite membrane dont le bourgeon est couvert, & qui ne s'ouvrant que peu à peu, n'y laisse entrer le soleil, le vent & la pluie que par degrés, c'est-à-dire, seulement, autant qu'il est necessaire pour la plante.

SURGEON. s. m. Rejetton d'un arbre. Il se dit principalement de celui qu'il pousse par le pié On a dit autrefois *Sourgeon*, du Latin *Surgere*, & *Surgeon de fontaine*, pour dire, La source.

SURGIR. v. n. Terme de Marine qui commence à vieillir, & qui signifie Arriver ou prendre terre, Jetter l'ancre dans un Port.

SURHAUSSER. v. a. Terme d'Architecture. Elever une voute au delà de son plein cintre. La plûpart des voutes gothiques étoient surhaussées.

SURJAULE', EE. adj. On appelle en termes de Marine *Cable surjaulé*, un Cable qui a fait un tour autour du jas de l'ancre qui est mouillée.

SURJET. s. m. Terme de Tailleur. Couture ronde & élevée qui se fait à des bas de chausses, & à d'autre besogne de cette nature.

SURJETTER. v. a. Coudre une étoffe en la repliant en dedans. *Surjetter*, signifie aussi Passer du fil sur les bords d'un étoffe, de peur qu'elle ne s'effile.

SURJETTON. s. m. Espece de Serpent fait comme une couleuvre.

SURLONGE. s. f. Terme de Boucher. La partie du Bœuf qui reste après qu'on en a tranché l'épaule & la cuisse, où se levent les aloyaux & les flanchets.

SURMARCHER. v. n. Terme de Chasse. Il se dit quand la bête revient sur ses erres, & repasse par le même lieu; & on appelle *Voies surmarchées*, Celles que les chiens ou les chevaux foulent dans quelque retour. *Surmarcher*, s'est dit dans le vieux langage pour, Marcher par dessus un autre.

Cil qui vainqueur son ennemy surmarche.

SURMENER. v. a. Terme de Manege. On dit *Surmener un cheval*, pour dire, L'outrer en le faisant travailler avec excès. *Cheval surmené*, se dit de celui que l'on a fait travailler par de-là ses forces, soit en le poussant à la course, soit en lui faisant faire des journées trop grandes.

SURMONTE', EE. adj. Terme de Blason. Il se dit lorsque l'émail de la partie inferieure du chef excede le reste de ce même chef. C'est aussi la même chose que *Sommé*, & il se dit en ce sens d'une piece de l'écu qui en a une autre au dessus d'elle. *D'argent au chevron d'azur, surmonté d'un croissant de gueules.* On dit encore *Surmonté*, quand une fasce est accompagnée de quelques pieces qui sont au chef de l'Ecu. *D'argent à une fasce de gueules surmontée de trois roses de même.*

SURMULET. s. m. Poisson dont Dioscoride dit seulement que ceux qui continueront trop d'en manger, sentiront une notable diminution de vue, & qu'étant appliqué crud & mis en pieces sur les piquûres des dragons, araignées & scorpions de mer, c'est un remede pour les adoucir. Matthiole ajoûte que le Surmulet appellé *Mullus* autrefois par les Latins, a pris le nom de *Triglia* en Italie, du Grec τρίγλη ou τρίγλα, qui signifie cette sorte de poisson. Il y en a, dit-il, de deux especes, qui sont differentes en couleur, en grandeur & en grosseur. Le plus gros n'a guere qu'un pié de long. Il est rouge, & a de petites lignes jaunes qui descendent de la tête à la queue. Le moindre est purpurin, marqueté de petites taches jaunes & plombines, & ne devient guere plus grand que la paume de la main. Tous deux ont des barbillons, ce qui fait que les Venitiens les appellent *Barboni*. Les Anciens en faisoient grand cas, achetant le Surmulet un marc d'argent, à cause de son foye & de sa tête dont ils étoient fort friands. Galien témoigne que le Surmulet a la chair ferme & seche sur tous les autres poissons, en sorte qu'il semble n'avoir aucune humeur, graisse ou viscosité, ce qui le rend extrêmement nourrissant quand il est bien cuit. Selon Pline, le Surmulet fait des petits trois fois l'an, & est si goulu, qu'il se paît même des corps morts.

SUROS. s. m. Terme de Maréchal. Calus ou dureté qui vient au canon du cheval au-dessous du genouil en-dedans & quelquefois en-dehors. Cette dureté ne lui fait point de douleur. Il y en a qui l'appellent improprement *Sur-eau*. On dit *Sur-os chevillé*, pour dire Un double Sur-os. Il est double quand l'un est en-dedans du canon, & l'autre en-dehors, vis-à-vis l'un de l'autre. Dioscoride dit que les Sur-os des chevaux broyés & bûs avec du vinaigre sont un bon remede pour ceux qui ont le haut mal. Selon Pline, étant broyés & distilés dans l'oreille avec de l'huile d'olive, ils guerissent du mal de dents. Galien & Ægineta témoignent que quelques-uns s'en servent contre les morsures de toutes sortes d'animaux.

SURPEAU. s. f. Petite peau déliée qui est étendue sur toute la peau, & qui la couvre par tout le corps.

SURPELIS. s. m. Ornement Ecclesiastique que les Prêtres seculiers portent par dessus leurs soutanes en chantant l'Office. C'est une espece de vêtement de toile blanche, embelli souvent de dentelles, & qui ne va que jusqu'aux genoux. Il est à manches ouvertes & volantes. Nicot croit que l'on pourroit dire que *Surpelis* ou *Surplis* est composé de *Super*, & de *Pallium* ou *Palla*, comme si on disoit *Suppallicium*, parce qu'en quelques contrées de ce Royaume *Pelle* signifie Robe. Il ajoûte que quelques-uns le font venir de *Sub* & de *Pellis*, à cause que le camail & l'aumusse sont par dessus le surplis, & le rendent *Subpellicium*.

SURPENTE. s. f. Terme de Marine. Grosse corde, longue de trente à quarante brasses, qui est amarrée aux deux grands mâts & que l'on roule autour d'un canon ou de quelque autre pesant fardeau, afin de soûtenir la piece quand on la veut embarquer ou débarquer, ou l'enlever avec un palan.

SURPLOMBER. v. n. Terme de Maçonnerie. Etre en surplomb. On dit qu'*Un mur surplombe*, qu'*Il est en surplomb*, pour dire, qu'il deverse & n'est pas à plomb.

SURPOINT. s. m. Raclûre que les Corroyeurs tirent de leurs cuirs imbibés de suif, quand ils leur donnent la derniere préparation. Le Surpoint est bon pour rétablir la corne des piés des chevaux, lorsqu'elle est usée.

SURQUANIE. s. f. Vieux mot. Sorte d'habillement de femme.

Femme est plus cointe & plus mignette
En surquanie que en cotte.

SURSEMÉ, ÉE. adj. On appelle *Pourceau sursemé*, un Pourceau ladre qui a des grains semés deçà & delà sur la langue.

SURSOLIDE. s. m. Terme d'Arithmetique & d'Algebre. Les corps n'ont que trois dimensions, & tout corps est consideré en Geometrie comme formé par deux multiplications, la premiere de sa longueur par sa largeur, ce qui fait sa surface, & la seconde de sa surface par sa hauteur ou profondeur, ce qui fait *le corps solide* ou simplement *le solide*. Cette idée *de lignes, de plans & de solides*, se transporte aux nombres, (Voyez LINEAIRE, PLAN, & SOLIDE,) de sorte qu'un nombre que l'on considere comme formé par deux multiplications s'appelle *solide*, à l'exemple du corps. Mais comme il n'y a point de bornes dans les multiplications des nombres, si on passe la seconde multiplication, on fait un nombre *sur-solide*, & de 4. de 5. de 6. enfin de tant de dimensions que l'on veut; ce qui ne peut jamais être dans les corps. Si une même grandeur est toûjours multipliée par elle même, les sur-solides sont des *Quarré-quarrés*, *Quarré-cubes*, *Cube-cubes*, &c. ou pour parler plus simplement des grandeurs de la quatriéme, de la cinquiéme, de la sixiéme *puissance* ou *degré*, &c. Voyez PUISSANCE & DEGRÉ.

SURTAUX. s. m. Taxe injuste qui est au-dessus des forces de celui qu'on veut qui la paye, & qui passe la proportion dont il pourroit en être tenu.

SURTOUT. s. m. Grosse casaque ou juste-au-corps qu'on met en hiver par dessus ses autres habits. Ce mot n'est en usage que depuis fort peu d'années. C'est à peu près ce qu'on appelloit anciennement *Souravis*, comme qui auroit dit *Surhabits*.

SURVIE. s. f. Terme de Pratique. Vie plus longue que celle d'une autre personne avec qui on a relation. Par tout où l'on suit le Droit écrit, le droit de survie est stipulé dans les Contrats de mariage comme un préciput.

SURVIVANCE. s. f. Terme de Palais. Privilege que le Roi accorde à quelqu'un pour succeder à une Charge, que celui qui en jouit veut bien assûrer, en cas de mort, à son heritier ou à quelque autre. On appelle ce privilege *Survivance*, parce qu'il fait survivre la Charge après la mort de l'Officier qui la possede. Nos Rois accorderent quelques survivances à de certains Officiers dès l'an 1559. mais Charles IX. par son Edit donné dix années après, permit de resigner les Offices quand on le voudroit, pourvû qu'on lui en payât la valeur du tiers. C'est ce qu'on appelle *Survivance generale.* Il y en a d'autres, comme la *Simple survivance.* C'est quand on resigne l'Office à une certaine personne, pour en jouir seulement en cas que cette personne survive le resignant. Ce qu'on appelle *Survivance reçûe*, c'est quand le resignataire est reçû dans la Charge pendant la vie du resignant; & *Survivance jouissante*, lorsqu'il est permis par Lettres au resignant & au resignataire d'exercer l'Office tour à tour, ou en l'absence l'un de l'autre. On appelle *Survivance en blanc*, Une sorte de Survivance indéfinie, & qui est expediée en blanc ou en termes generaux, sans que le nom d'aucune personne y soit employé.

SURVIVANCIER. s. m. Celui qui a la survivance d'un Office, d'une Charge.

SUS

SUSBEC. s. m. Terme de Fauconnerie. Rhûme chaud & subtil qui distile du cerveau des oiseaux, & qui en fait mourir un grand nombre.

SUSCITEMENT. s. m. Vieux mot. Resurrection. On a dit aussi *Susciter*, pour Ressusciter.

SUSERAIN. s. m. Terme de Jurisprudence dont on se sert dans les Fiefs. Le Suserain est le superieur en quelque Charge ou en quelque Dignité, autre neanmoins que le Roi. Pasquier fait venir ce mot de *Cesarianus*.

SUSIN. s. m. Pont brisé, ou une partie du Tillac qui regne depuis la dunette jusqu'au grand mât, à l'opposite du saint-Aubinet.

SUSPENSE. s. f. Censure par laquelle un Ecclesiastique, qui a fait quelque faute considerable, est privé pour quelque tems du pouvoir de faire les fonctions de son Benefice en tout ou en partie.

SUSPENSOIRE. adj. Terme de Medecine. On appelle *Muscles suspensoires*, deux Muscles qui tiennent les testicules suspendus. C'est ce que les Grecs ont nommé κρεμαστῆρες, de κρεμάω, Je suspens; ce qui fait qu'on l'appelle aussi *Cremasteres*. Il y en a qui reconnoissent aussi de ces sortes de muscles à la matrice, pour l'attacher & la suspendre avec les membranes du peritoine.

SUT

SUTURE. s. f. Terme de Chirurgie. Réunion des parties molles de la tête quand elles sont divisées & séparées contre nature. C'est une couture qui se fait par le moyen d'une aiguille & d'un fil. Il se fait aussi des sutures dans les playes, quand le bandage ne suffit pas pour ramener les lévres de la playe, ni pour les retenir. Les unes se font avec des aiguilles & du fil, & elles ont lieu dans des sujets robustes & à des parties qui ne sont ni bien sensibles ni exposées à la vûe. Les autres qu'on appelle *Sutures seches*, se font dans les sujets foibles, avec de la colle. On applique un linge de chaque côté de la playe avec des fils ou des cordons attachés à la bordure, pour pouvoir joindre les linges & ramener en les joignant les lévres de la playe. Les deux morceaux de linge doivent être enduits auparavant d'un liniment fait de gomme tragacanthe & arabique, de mastic, d'encens, de sarcacolle, une drachme de chacun. On pulverise le tout, & on se sert d'une spatule pour le battre avec un blanc d'œuf, jusqu'à ce que ce tout se resolve en écume & ensuite en liqueur. Ce liniment doit servir de colle. Il faut observer dans l'une & l'autre suture de ne les faire que quand la necessité est fort pressante, & de ne point trop serrer les lévres de la playe, qui sont toûjours un peu enflées. Il faut prendre garde aussi à ne les point joindre par tout, afin que le pus & les ordures trouvent une sortie libre, & à ne pas percer le nerf avec la chair. Ainsi on ne doit se servir des sutures avec l'aiguille dans les parties nerveuses qu'avec de très-grandes précautions, à cause de la douleur, qui irritant ces parties, leur fait perdre leur suc.

Suture, se dit aussi de la jointure de quelques os du corps de l'animal. Elle est semblable à une suture, & se fait de deux façons; l'une en forme de scie ou de dents de peigne, quand le bord des os est fait en scie dont les dents entrent l'une dans l'autre. La seconde se fait en maniere d'ongle, dont l'un monte sur l'autre. Les dernieres s'appellent *Fausses sutures*, à la difference des autres qui sont les vraies. Le crane a ordinairement trois sutures vraies, la coronale, la sagittale & la lambdoïde. La premiere est arcuée & sur le devant au lieu où se mettent les couronnes. La seconde est droite, & la troisiéme a la figure de la lettre Grecque appellée Lambda. Celle-là est sur le derriere.

SUY

SUYE. s. f. *Matiere noire & épaisse que la fumée produit, & qui s'attache au tuyau de la cheminée.* ACAD. FR. Galien parlant de la suye de poix, dit que toutes suyes sont dessiccatives & de substance terrestre, & que toute la difference qui se trouve entre elles, vient de la difference des matieres. Une matiere chaude & aigue rendra une suye de la même qualité, & les matieres plus douces & plus moderées rendent aussi leur suye plus douce. La Suye qu'on tire des bois est l'esprit acide qui s'envole. Cet esprit est composé d'un acide volatile & d'un sel volatile urineux. On tire de la suye de bois un phlegme, un esprit, un sel volatile, une huile & la tête morte. L'emplâtre de terebenthine & de suye est merveilleux pour appliquer aux poulx dans les fiévres longues, & son sel volatile le rend d'une grande utilité dans les ulceres chancreux. L'esprit de suye pousse par les sueurs, & il est salutaire pour la pleuresie. La dose est d'une drachme. Dioscoride enseigne la maniere de faire la suye d'encens, & dit qu'elle appaise l'inflammation des yeux, les caterres & les fluxions qui y descendent, nettoye les ulceres & en remplit les concavités. La suye de poix liquide, qui est bonne aussi pour les yeux foibles & pour les ulceres qui y viennent, a une vertu aigue & astrictive, & l'on s'en sert dans les linimens qu'on fait pour donner de la couleur aux sourcils & pour faire renaître le poil aux paupieres. La suye qui est en usage parmi les Peintres, se cueille aux lieux où l'on fait le verre. C'est la meilleure de toutes. Elle est fort astringente & corrosive.

SYC

SYCOMORE. s. m. Grand arbre semblable au figuier, qui jette beaucoup de lait & force feuilles comme celles du Meurier. Il ne produit son fruit ni en graine ni à l'extrêmité de ses branches, mais de son tronc même. Ce fruit est de la grosseur d'une figue, & lui ressemble. Son goût se rapporte aux figues sauvages. Il est neanmoins plus doux & n'enferme point de grains. Matthiole dit qu'il ne peut mûrir lorsque l'arbre est trop chargé, si on ne l'égratigne avec des agraffes de fer; qu'il est mûr quatre jours après que l'égratigneure est faite, & qu'au lieu même où on le cueille, il en revient d'autres jusqu'à trois & quatre fois. Il ajoûte que son bois, qui est ferme, noir & dur, est bon à beaucoup de choses, & qu'il a cela de particulier, qu'il demeure toûjours vert quand on l'a coupé, à moins qu'on n'ait soin de le noyer d'eau. C'est ce qui est cause qu'on le met secher au fond des étangs, & lorsqu'il vient au-dessus de l'eau, cela fait connoître qu'il est sec. Galien rapporte avoir vû en Alexandrie une plante de Sycomore avec son fruit, qui ressembloit à une petite figure blanche. Ce fruit n'avoit rien d'aigu, & étoit un peu plus humide & plus froid que la Mûre. *Sycomore* est un mot Grec, συκομορέα, de συκῆ, Figue, & de μορέα, Mûre. Il croît quantité de Sycomores en plusieurs lieux de l'Egypte, sur-tout dans les environs du Caire, & il y en a qui ont le tronc de telle grosseur, qu'à peine trois hommes le peuvent-ils embrasser. On en transporte d'Egypte à Tripoli & dans l'Isle de Cyros, mais ils n'y portent point de fruit. Pour rendre fécond cet arbre, il faut faire des fentes dans l'écorce, & il découle continuellement du lait de ces fentes, ce qui fait qu'il s'y forme un petit rameau chargé quelquefois de six ou sept figues. Elles sont creuses, & on y trouve une petite matiere jaunâtre, qui est ordinairement une fourmilliere de vers. Ces figues ne sont pas bonnes pour l'estomac; elles affoiblissent & dégoûtent, mais elles humectent & rafraîchissent, & sont saines pour ceux qui se trouvent échauffés, ou qui ont marché long-tems au Soleil. Elles tiennent le ventre libre, & guerissent les humeurs chaudes & endurcies en les y appliquant en forme d'emplâtre. Le fruit du Sycomore n'a point de graine. On plante les rameaux qui acquierent bientôt la grandeur d'arbre, & durent long-tems. Dans le Village de Matarea en Egypte, qu'on croit être l'ancienne Hermopolis, & qui n'est pas fort éloigné du Caire, on voit un Sycomore estimé fort ancien par les Habitans. Ils sont persuadés que lorsque la Vierge fuyoit la persecution d'Herode avec son Fils JESUS, cet arbre s'entr'ouvrit miraculeusement pour les recevoir dans la cavité de son tronc, & se referma ensuite. C'est une tradition populaire qui n'a nulle autorité. Cet arbre est tout pelé & déchiqueté au bas de son tronc, à cause que quantité de gens qui viennent le baiser par devotion, en coupent des morceaux, qu'ils emportent comme des Reliques.

SYM

SYMMETRIE. s. f. Rapport de parité, soit de hauteur, de largeur ou de longueur de parties pour composer un beau tout. M. Felibien fait remarquer que M. Perrault dans ses Notes sur Vitruve a parfaitement bien observé que le mot de *Symmetrie*, de la maniere qu'on en use ordinairement en notre langue, ne signifie point, comme en Grec & en Latin, le rapport que la grandeur d'un tout a avec ses parties, quand ce rapport est pareil dans un autre tout, à l'égard de ses parties où la grandeur est differente; mais qu'il veut dire le rapport que les parties droites ont avec les gauches, les hautes avec les basses, & celles de devant avec celles de derriere. En termes d'Architecture on appelle *Symmetrie uniforme*, Celle dont l'ordonnance regne d'une même maniere dans un pourtour, & *Symmetrie respective*, Celle qui a ses côtés opposés pareils entre eux. *Symmetrie* est un mot Grec formé de σὺν, Avec, & de μετρεῖν, Mesurer.

SYMPATHIE. f. f. *Faculté, vertu naturelle par laquelle deux choses, deux personnes ont un rapport ensemble, s'accordent reciproquement, & agissent l'une sur l'autre.* ACAD. FR. On se sert du mot de *Sympathie* en termes de Medecine, en parlant d'une indisposition qui arrive à une partie du corps par le vice d'une autre partie. Ettmuller dit que la Sympathie est proprement un consentiment, & que consentir n'est rien autre chose que quand l'un sent en même tems que l'autre, soit de même, soit diversement; ce qu'il fait consister dans l'archée ou esprit vital, dont une portion étant détachée du corps & attachée à un autre sujet, reçoit diverses alterations, sur quoi elle forge diverses idées semblables aux diverses passions de l'ame. Voyez MAGNETISME. Il y a des guerisons merveilleuses qui se font par sympathie, comme quand le vitriol calciné au Soleil, qui est la poudre de sympathie, guerit une playe ou une hemorragie, si on jette du sang du malade dessus, ou si on en saupoudre un linge trempé de ce même sang; quand on guerit une playe en appliquant de l'onguent magnetique sur l'épée qui l'a faite, soit qu'elle soit teinte du sang sorti de la blessure, soit qu'il n'y ait point de sang; quand une nourrice perd son lait, si elle en fait tomber quelques gouttes sur des charbons ardens; quand du sang renfermé dans une coque d'œuf mis sous une poule qui couve, & mêlé ensuite avec un morceau de chair qu'on donne à un chien qui mange le tout, guerit les maladies chroniques de la personne, sur-tout la jaunisse. L'urine fait le même effet que le sang, & il est fort surprenant qu'on guerisse les verrues en les touchant avec un morceau de lard, ou avec une pomme coupée en deux. Cependant ces verrues disparoissent à mesure que la pomme se pourrit, ou que le lard se desseche à la cheminée. *Sympathie* est un mot Grec, συμπάθεια, formé de σὺν, Avec, & de πάθος, Affection.

SYMPHONIE. f. f. *Concert d'instrumens, soit qu'il n'y ait point de voix, soit qu'ils servent à accompagner les voix*, ACAD. FR. Les Anciens n'avoient point de musique à plusieurs parties, & leur Symphonie n'étoit qu'un chant de deux voix ou de deux instrumens accordés à l'unisson. *Symphonie* est un mot Grec, συμφωνία, formé de σὺν, Avec, & de φωνή, Voix.

SYMPHYSE. f. f. Terme de Medecine. Il se dit d'une naturelle union des os, par laquelle deux os séparés se font continus & deviennent un. *Symphyse* se dit aussi des os qui étant séparés dans les corps des enfans qui viennent au monde, se joignent & ne font qu'un os dans les personnes âgées. Ce mot est Grec, σύμφυσις, Assemblage de deux choses jointes ensemble.

SYMPHYTUM. f. m. Plante qui croît dans les lieux pierreux, ce qui l'a fait appeller *Symphytum petraum*. Toute cette plante, dit Dioscoride, est dure comme bois, odorante & douce au goût. Ses branches sont petites & menues & semblables à celles d'origan. Elle a ses feuilles & ses tiges faites comme le thim. Les Latins l'appellent *Consolida*, ou *Solidago*. Voyez CONSOLIDE. Du Renou établit trois sortes de grand Symphytum, dont le premier a ses feuilles assés grandes, longues, larges, épaisses, rudes, velues & semblables à l'oreille d'un âne, ce qui a fait appeller la plante *Auricula asini*. Ces feuilles ont quelque rapport avec celles de buglose, quoiqu'un peu plus larges, plus obscures & plus pointues. Le *Symphytum maculatum* est une autre espece du grand Symphytum. Il a sa tige semblable à celle de l'autre, mais ses feuilles sont plus petites & marquées de quantité de petites taches blanches. Il y a encore le *Symphytum tuberosum*. Le Symphytum restraint, incrasse, arrête tout flux de sang, & est bon pour les os rompus & fracassés. Ce mot est Grec, σύμφυτον, & vient de σὺν, Avec, & de φύω, Je nais auprès, d'où vient que συμφύειν, signifie Coller, faire tenir, joindre ensemble.

SYMPTOME. f. f. Terme de Medecine. *Accident qui arrive dans une maladie, & dont on tire quelque consequence.* ACAD. FR. Les Symptomes sont du nombre des choses contre nature, & on entend par ce mot certains accidents qui suivent la constitution de la partie blessée par la maladie. Il y en a de trois sortes, dont les premiers sont les Symptomes des actions blessées, qui sont ou abolies, ou diminuées, ou augmentées, ou dépravées, & ensuite les Symptomes des excremens, & les Symptomes des qualités changées; ce qui suit l'ordre naturel, les vices des excremens ou des qualités changées ne pouvant arriver que les actions, & particulierement les digestions & les distributions ne soient vitiées auparavant. Ce mot est Grec σύμπτωμα, & vient de συμπίπτειν, Tomber avec.

SYN

SYNAGOGUE. f. f. Lieu où s'assemblent les Juifs pour faire quelques prieres, quelques lectures. Ils appellent leurs Synagogues *Ecoles*, & les font petites ou grandes, en bas ou en haut, dans une maison ou dans un lieu séparé, comme ils peuvent, n'ayant pas le moyen de faire des bâtimens magnifiques. Les murailles en sont blanches par dedans, & couvertes par bas de lambris ou de tapisseries, & au-dessus, de passages & de sentences qui font souvenir qu'il faut être attentif à la priere. Il y a tout autour des bancs pour s'asseoir, & dans quelques-unes, de petites armoires, où l'on met les livres, les robes & autre chose. Au milieu sont des lampes & des chandeliers qui pendent, pour éclairer le lieu lorsqu'on s'y assemble. On trouve des troncs aux portes, & c'est-là qu'on met le secours qu'on donne aux pauvres. Les Juifs ont dans chaque Synagogue du côté d'Orient une arche ou armoire qu'ils appellent *Aron*, en memoire de l'Arche d'alliance qui étoit dans le Temple. On y enferme les cinq Livres de Moïse écrits à la main sur du velin avec grande exactitude, & tirés de l'original écrit de celle d'Esdras. Ce Pentateuque n'est point écrit dans la forme des Livres dont nous nous servons, mais en maniere de volume ou de rouleau, suivant la coutume des Anciens, c'est-à-dire, qu'il est écrit sur des peaux de velin qui ne sont point cousues avec du fil, mais avec les nerfs d'un animal monde. Toutes ces peaux sont roulées sur des bâtons de bois, & il y a quelquefois dans ces armoires plus de vingt de ces livres, appellés *Livres de la Loi*. Au milieu ou à l'entrée de la Synagogue on voit comme un long autel de bois un peu élevé. C'est sur cette maniere d'autel que l'on déroule le livre quand on lit. Les femmes sont séparées des hommes, & se mettent pour prier dans un lieu qui est à côté de la Synagogue, & fermé de jalousies de bois. Elles voyent delà tout ce qui se fait, & ne sçauroient être vûes. Il y a plus ou moins de ces Synagogues dans chaque Ville, selon la quantité & la diversité des Juifs qui s'y trouvent. Comme les Levantins, les Italiens & les Allemans ne different en rien tant les uns des autres, que dans leurs prieres, chacun est bien aise d'avoir un lieu particulier pour ceux de sa Nation. Ce mot est Grec, συναγωγή, Assemblée, & vient de συνάγειν, Assembler.

SYNANCHIE. ſ. f. Quelques Medecins diſtinguent l'Eſquinancie en quatre eſpeces, dont la Synanchie eſt la premiere. C'eſt quand les muſcles internes du pharynx ſont affligés. Ce mot vient du Grec συνάγχη, & eſt fait de σὺν, Avec, & de ἄγχειν, Preſſer, ſuffoquer.

SYNCHONDROSE. ſ. f. Terme de Medecine. L'union qui ſe fait des os & des cartilages, ſans qu'il y ait aucuns ligamens, en ſorte qu'ils paroiſſent comme collés enſemble, ainſi qu'on le voit au cartilage du nés. Ce mot eſt Grec, συγχόνδρωσις, formé de σὺν, Avec, & de χόνδρος, Cartilage.

SYNCOPE. ſ. f. Terme de Medecine. Défaillance violente dans laquelle on tombe ſubitement & ſans y penſer. On ne remarque aucun pouls ni aucune reſpiration dans ceux qui y tombent. Une ſueur froide & gluante s'échape par les pores de leur peau, toutes les parties de leurs corps deviennent froides & pâles, & comme l'urine & les excremens ſe perdent, on peut dire qu'ils ſont en quelque façon plus morts que vifs. Il n'en faut chercher la cauſe que dans l'effervescence du ſang, qui ſuivant qu'elle eſt plus ou moins grande, fait que la conſtriction du cœur eſt plus ou moins forte, & en general la Syncope a deux cauſes prochaines principales, dont la premiere eſt la fermentation vitale du ſang qui manque ſubitement, parce que le ſang eſt en trop petite quantité après des évacuations immoderées, ou dépravé par le pus, ou coagulé tout d'un coup par une boiſſon froide après la chaleur, ou épaiſſi & incraſſé de quelque autre maniere, en ſorte qu'il n'eſt plus capable de la fermentation & de l'expanſion requiſe. La Syncope arrive auſſi quand les eſprits animaux manquent, comme après les grandes évacuations, ou quand ils ſont ſi troublés dans leur mouvement, qu'ils ne vont point du tout au cœur, ou n'y vont pas avec aſſés d'abondance. Les paſſions de l'ame donnent la ſyncope, parce qu'alors les eſprits ſont attaqués & en deſordre. Ce qui fait tomber tout le corps dès que le ſang s'épaiſſit & ſe coagule dans le cœur, c'eſt que non ſeulement la circulation du ſang eſt neceſſaire pour le ſoûtenir, mais il faut auſſi que les rayons de l'eſprit vital ſoient envoyés du cœur dans tout le corps ſans nulle interruption. Ainſi ſi-tôt que le ſang s'arrête au cœur par la ſyncope, & qu'il ne fermente plus, le mouvement du cœur ceſſe ou eſt interrompu, & c'eſt une neceſſité que toutes les facultés ceſſent avec lui. C'eſt ce qui a fait dire à quelques-uns que la ſyncope eſt une eſpece d'apoplexie du cœur. Il y en a pluſieurs cauſes éloignées, & l'odeur ou la vûe même d'une roſe y fait tomber certaines perſonnes. La civette, le muſc, la canelle & autres de même nature mettent les femmes hyſteriques dans ces violentes défaillances. Outre les odeurs, la preſence d'une choſe qu'on a en horreur cauſe la ſyncope, comme les chats & les écreviſſes. La terreur ſubite & forte la cauſe de même, ainſi que l'imagination vivement frappée; ſur quoi Hildanus raconte, que ſon valet étant à cheval, le recit des cruautés de la guerre qu'il lui faiſoit en chemin le fit tomber en ſyncope. Ce mot eſt Grec συγκοπὴ, formé de σὺν, Avec, & de κόπτειν, Couper.

Syncope ſe dit, en termes de Muſique, & ſignifie la liaiſon de la derniere note d'une meſure avec la premiere de la meſure ſuivante, pour en faire comme une ſeule note. La Syncope ſe fait auſſi quelquefois au milieu d'une meſure. Elle a toûjours une diſſonance dans la derniere de ſes deux parties, & cauſe par tout des contre-tems.

SYNNEVROSE. ſ. f. Terme d'Anatomie. Liaiſon ou jointure des parties du corps qui ſe fait par le moyen des nerfs. Ce mot eſt Grec, συννεύρωσις, formé de σὺν, Avec, & de νεῦρον, Nerf.

SYNODAL. ſ. m. Témoin qui a ſigné dans une aſſemblée de Paroiſſe : s'il vient de ſigner il faudroit dire *Sygnodal.*

SYNODE. ſ. m. Ne s'entend dans nôtre langue que d'une aſſemblée des Abbés & Curés d'un Dioceſe. Les Furetieriſtes diſent que les Curés portent l'étole aux proceſſions Synodales, cela n'eſt pas vrai dans la plûpart des Dioceſes.

SYNOQUE. adj. Terme de Medecine. On appelle *Fiévre Synoque*, Une ſorte de fiévre continue, qui dure depuis le commencement juſqu'à la fin ſans aucun redoublement. Ce mot, qui eſt Grec, συνόχος, formé de σὺν, Avec, & de ἔχειν, Avoir, étoit inconnu à Hippocrate, & il ne ſe trouve point dans les anciens Auteurs.

SYNOVIE. ſ. f. Terme de Medecine. Ettmuller en parlant des playes des articles, dit que la Synovie n'eſt rien autre choſe que la liqueur chyleuſe nourriciere qui dégenere dans la partie bleſſée en une liqueur ſanieuſe & aqueuſe & contracte en dégenerant un acide occulte qui rend les playes des articles ou des parties nerveuſes dangereuſes & opiniâtres. Il dit ailleurs que la cauſe qui afflige particulierement les articles dans la goutte, c'eſt la Synovie ou l'eau glaireuſe, qui eſt une roſée douce & chyleuſe, ou remplie d'un alkali temperé, qui ſert d'aliment aux ligamens, aux membranes & peut-être aux os, ramaſſée abondamment dans les articles, & qui facilite leur mouvement en graiſſant les articulations des os. C'eſt-là, pourſuit-il, l'objet de l'acide ſpecifique de la goutte, le premier corrompu, & la ſource des principaux ſymptomes des articles, après que les parties membraneuſes voiſines commencent à être corrodées. La Synovie corrompue par l'acide morbifique s'épaiſſit ſucceſſivement en forme de blanc d'œuf, & enfin en forme de craye ou de plâtre, comme il paroît par les nodus & les tufs qui ſe ramaſſent dans les articles, qui reſſemblent à une matiere gypſeuſe, & ſont l'effet, & non pas la cauſe de la goutte.

SYNTHESE. ſ. f. Terme de Pharmacie. Compoſition des medicamens. Ce mot eſt Grec σύνθεσις, formé de σὺν, Avec, & de τίθημι, Je mets.

Syntheſe, ſe dit auſſi en termes de Mathematique, & ſignifie la même choſe que *Compoſition.* Ce mot ne peut abſolument s'expliquer ſans celui d'*Analyſe* auquel il eſt perpetuellement oppoſé. Voyez ANALYSE.

SYR

SYROP. ſ. m. Terme de Pharmacie. Medicament liquide fait de ſucs, infuſions, ou décoctions d'un ou de pluſieurs ſimples, cuit avec du ſucre, & quelquefois avec du miel juſqu'à la conſiſtance que l'on croit lui être propre. Il y a de trois ſortes de Syrops que l'on diviſe en trois claſſes, ſçavoir ſuivant les parties auſquelles on les deſtine, ſuivant leurs effets, & ſuivant leur compoſition. Parmi ceux qui ſont pour les parties differentes, il y en a de Cephaliques, comme ceux de betoine & de Stoëchas, l'oxymel ſquillitique & les miels roſat & anthoſat; de cardiaques comme les Syrops de pommes, de bugloſe & de regliſſe; de pectoraux, tels que ceux de capillaires, de juſſilage, de jujubes, d'yſſope & autres; de ſtomachiques, comme ceux d'abſynthe, de mente; de Nephritique, comme ceux de rave, d'althæa; d'Hepatiques, comme ceux d'endive, de chicorée; de Spleniques, comme ceux de chamædrys, de scolopendre; d'Hysteriques, comme le Syrop d'armoise; & d'Arthritiques, comme l'oxymel squillitique. A regarder les Syrops par leurs effets, il y en a d'alteratifs, & ce sont ceux qui échauffent ou rafraîchissent, ouvrent ou resserrent, endorment ou éveillent, & d'autres qu'on appelle *Purgatifs*. Ces derniers qui purgent par les dejections sont simples ou composés. Il n'y en a que deux simples, le *Syrop rosat*, qui en humectant purge la bile dans ceux qui sont d'une nature fort délicate & même dans les enfans, & le *Syrop violat*, qui en fortifiant & rafraîchissant, fait sortir la bile & les serosités avec bien plus d'efficace que le rosat. Parmi les Syrops purgatifs composés, il y a celui de chicorée, qui n'est autre chose que le *Syrop de chicorée simple*, auquel on a ajoûté une infusion de rhubarbe & de nard indique dans une partie de la décoction clarifiée. Il est alteratif, corroboratif & purgatif, convient à toutes maladies bilieuses à tout âge & à tout sexe & se donne en toute saison. Le *Syrop de pommes composé*, appellé autrement le *Syrop du Roi Sapor*, qui étoit un Roi des Perses, en faveur de qui Mesué l'a inventé, est un Syrop purgatif composé de suc de pommes odorantes & des sucs depurés de buglose & de bourrache, de follicules de sené, de semence d'anis & de safran. Il remet les esprits vitaux, tempere l'humeur mélancolique, attenue celles qui sont crasses & lentes, dissipe les vents, lâche doucement le ventre, & purifie le sang. Le *Syrop de fumeterre*, est composé des myrobolans citrins & cepules, des fleurs de buglose, de violes, d'absynthe & de cuscute, à quoi on ajoûte de la reglisse, des roses, de l'épithyme, du polypode de chêne, des prunes, des raisins damas mondés, de la tamarinde & de la poulpe de casse. Ce Syrop est propre à guerir toutes les maladies du cuir, & toutes les incommodités que peut causer une humeur salée ou brulée. Le Syrop d'épithyme est bon à preparer & à purger tout ensemble le phlegme salé & mélancholique qu'il évacue par le siege & par les voies de l'urine. Les ingrediens qui entrent dans ce Syrop sont l'épithyme, les myrobolans indiens, sepules, ambliques & belliriques, la semence de cuscute & de fumeterre, le thim, la buglose, la reglisse, le polypode, l'agaric, les semences d'anis & de fenouil, les prunes, les roses rouges & autres. Le *Syrop de Nerprun*; est un Syrop composé du suc de Rhamnus, dit vulgairement Nerprun, bien dépuré. On y met autant pesant de sucre, & lorsqu'il est cuit en consistance convenable, on l'aromatise de canelle & de mastic enfermés dans un nouet qu'il faut exprimer souvent pendant que ce Syrop cuit. Il évacue les eaux des hydropiques, la pituite, & les serosités qui tombent sur les piés & sur les jambes de ceux qui sont mal habitués. Il y en a qui en font un frequent usage, pour remedier à la goutte. Quelques-uns font venir *Syrop* du mot Arabe *Sirab*, qui veut dire, Potion. Les autres le tirent du Grec σύρειν, Tirer, & de ὀπὸς, Suc.

SYRTES. s. m. Sables mouvans qu'agite la mer. Ils sont quelquefois amoncelés & quelquefois dissipés, mais toûjours très-dangereux pour les Vaisseaux. Ce mot est Grec σύρτις, & se dit du lieu où ces sables sont dans la mer.

SYS

SYSSARCOSE. s. f. Terme d'Anatomie. Il se dit des liaisons ou jointures des parties du corps, qui se font par le moyen des chairs ou des muscles. Ce mot est Grec συσσάρκωσις, formé de σὺν, Avec, & de σάρξ, Chair.

SYSTEME. s. m. *Supposition d'un ou de plusieurs principes, dont on tire des consequences, & sur lesquels on établit une opinion, une doctrine, un dogme.* Acad. Fr. Il y a trois fameux Systemes du monde. Les Astronomes qui suivent le Systeme de Ptolomée, qui est celui d'Eudoxe, de Calippe, d'Aristote, d'Hipparque, & de la plûpart des anciens Philosophes, mettent la terre immobile au centre de l'univers & croyent que les Planetes tournent à l'entour; que la Lune est la plus proche de la terre, ensuite, Mercure, Venus, le Soleil, Mars, Jupiter & Saturne, qui est le plus élevé de toutes les Planetes. Ils placent le Ciel des Etoiles fixes au dessus de Saturne, puis le premier mobile, & enfin les deux cristallins, du premier desquels ils se servent pour expliquer le mouvement tardif des étoiles fixes, qui les fait avancer d'un degré en soixante & dix ans, selon l'ordre des signes. Le second cristallin leur sert à faire entendre le mouvement appellé, *Mouvement de trepidation*, dont ils croyent que la Sphere est portée vers l'un & l'autre des poles, & qui fait qu'en divers tems, il y a de la difference dans la plus grande déclinaison du Soleil. Le premier mobile produit la constante & perpetuelle vicissitude du jour & de la nuit par le mouvement rapide qu'il imprime à tous les cieux & à toutes les étoiles fixes & errantes, qu'il entraîne uniformement en vingt-quatre heures autour de la terre, comme étant le centre de l'univers, & l'obliquité du Zodiaque qui fait que le Soleil parcourant sa revolution annuelle, s'approche de notre zenith en un tems, & s'en éloigne en un autre, nous fait connoître la cause de la diversité des saisons.

Copernic a renouvellé depuis près de deux cens ans une hypothese toute contraire à celle de Ptolomée. Il suppose par son Systeme que le Soleil est au centre du monde, & que la terre tournant en vingt-quatre heures autour de son propre essieu, décrit en une année un cercle autour du Soleil, & par là il a expliqué les phenomenes avec beaucoup moins de suppositions que Ptolomée. Toutes les Planetes, & la terre même qui peut passer pour une Planete selon ce Systeme, tournent non seulement autour de leur centre, mais aussi autour du soleil par des mouvemens differens qui leur sont particuliers, à l'exception de la Lune, qui dans l'espace de vingt-sept jours & demi tourne autour de la terre par un mouvement particulier comme les satellites de Jupiter & de Saturne tournent autour de ces deux Planetes, Mercure fait en trois mois son cours autour du Soleil, dont il est la Planete la plus proche, Venus en sept & demi, la terre en un an, Mars en deux, Jupiter en douze, & Saturne en trente. Pythagore, Archimede, & plusieurs autres grands hommes de l'antiquité, ont cru avant Copernic que la terre étoit mobile, & le Soleil immobile au centre du monde, mais ils n'avoient pas expliqué ni défendu ce Systeme de la même sorte.

Tycho-brahé, celebre Astronome, ne croyant pas qu'on dût être de l'opinion de Ptolomée touchant la disposition des Planetes, & persuadé qu'il étoit absurde de suivre l'hypothese de Copernic dans le mouvement de la terre, introduisit sur la fin du siecle passé un Systeme qui tient des deux autres. Il suppose, comme Copernic, que Saturne, Jupiter, Mars, Venus & Mercure se meuvent autour du Soleil, & veut, comme Ptolomée, que la terre soit immobile au centre du monde, & que le firmament & les étoiles fixes fassent leur cours autour d'elles, n'y ayant qu'elles avec le Soleil & la Lune qui ayent la terre pour le centre de leur mouvement.

Systeme, en termes de Musique, est l'étendue d'un certain nombre de cordes qui a ses bornes vers le grave & vers l'aigu, & qui a été déterminée differemment par les differens progrés de la Musique, & selon les differentes divisions du Monocorde. Le Systeme des Anciens étoit composé de quatre tetracordes & d'une corde surnumeraire, le tout faisant quinze cordes, en prenant le mot de corde pour un ton, comme il se prend bien souvent dans la Musique. Systeme est un mot Grec σύστημα, & veut dire proprement Assemblage.

SYSTOLE s. f. Terme d'Anatomie. Mouvement de constriction qui se fait quand le double muscle du cœur se racourcit suivant ses fibres, & pousse dehors ce qu'il y a dans le cœur. Dans ce mouvement de constriction du cœur, le sang se jette avec impetuosité dans les arteres & les dilate, & dans le tems que le cœur est vuide, & qu'il s'étend par le nouveau sang qui s'y jette, l'impulsion du sang se rallentit dans les arteres qui reviennent par leur Systole propre. Ce mot est Grec συστολή, & vient de συστέλλειν, Resserrer.

SYSTYLE. s. m. Bâtiment où les colomnes sont moins près à près qu'elles ne le sont dans le picnostyle. Cette maniere d'espacer les colomnes, est selon Vitruve, de deux diametres, ou de quatre modules entre deux fusts. Ce mot est Grec σύστυλος, fait de σὺν, Avec, & de στῦλος, Colomne.

SYSYGIE. s. f. Terme d'Astronomie. Rencontre de deux Planetes dans une même ligne droite où est la terre. Ainsi quoiqu'il semblât que *Sysygie*, qui vient du Grec συζυγία, Conjonction, dût ne signifier que les conjonctions des Planetes il signifie aussi leurs oppositions, parce que dans les oppositions elles ne sont pas moins jointes par une même ligne où est la terre que dans les conjonctions mêmes. Toute la difference est que dans les oppositions la terre est entre les deux Planetes, & dans les conjonctions elle est à une extrémité de la ligne qui les joint.

T

TABAC. s. m. Sorte de plante qui a les feuilles longues & larges, & les côtes grosses, & qu'on accommode diversement pour s'en servir. Elle a pris le nom de *Tabac*, de *Tabaco*, Province de Jucatan, où les Espagnols commencerent à la connoître. Hernandés de Tolede, fut le premier qui l'envoya en Espagne & en Portugal. On vend de deux sortes de Tabac, en corde & en poudre. Le Tabac en corde est un Tabac noir, gros comme le doigt, que l'on appelle *Tabac de Bresil*. Il y a aussi le *Tabac à l'andouille*, qui est un Tabac en feuille seche & rougeâtre, de la grosseur à peu près d'une moyenne andouille, & le *Petit briquet* ou *Tabac de Dieppe* qui est en corde noire, de la grosseur à peu près du petit doigt d'un enfant, sans parler des Tabacs de Virginie, de Verine, de saint Domingue & autres. Le Tabac en poudre se prend par le nez; le plus estimé est celui de Pongibon, de Malte & d'Espagne. Le *Tabac de Jasmin*, est celui où l'on a mis du Jasmin, & on appelle *Tabac musqué*, Celui où l'on a mêlé un peu de musc. On prétend que le Tabac qu'on prend en fumée, gâte le cerveau, & noircit le crane. On tire du Tabac par le moyen de la distillation & du phlegme de vitriol, une liqueur vomitive, propre à guerir la galle & les dartes, si on s'en frotte legerement. En le mettant dans une cornue, on en tire une huile noire & puante, qui a à peu près les mêmes proprietés. On en tire aussi un sel fort sudorifique, qu'il faut prendre depuis quatre grains jusques à dix, dans une liqueur convenable. Comme ses feuilles rendent un suc gluant & resineux tirant sur le jaune, d'un goût acre & mordicant, on a eu lieu de conjecturer que le Tabac est chaud du moins au second degré & sec au premier. Voyez PETUN.

TABART. s. m. Vieux mot. Sorte d'habit dont parle Froissard.

TABAXIR. s. m. Nom que les Perses, les Maures & les Arabes donnent à une liqueur blanche gelée, qui se trouve dans une sorte de cannes que les Javans appellent *Manbu*. Ces cannes qui croissent sur la côte de Malabar, & particulierement sur celle de Coromandel, en Bisnagar, & auprès de Malacca, sont aussi grosses que le tronc d'un peuplier, & ont des branches droites & des feuilles un peu plus longues que celles de l'olivier. Elles sont distinguées par plusieurs nœuds, entre lesquels est une matiere blanche & collée ensemble comme l'amidon. Les Perses & les Arabes l'achettent fort cher à cause de l'usage qu'elle a dans la Medecine contre la dysenterie & les fievres chaudes, sur-tout au commencement des maladies. Les Indiens l'appellent *Sacar-Mambus*, c'est-à-dire, Sucre de Mambu. Ces cannes sont d'une telle grosseur qu'ils les creusent pour en faire des bateaux, laissant à chaque bout un nœud sur lequel ils s'asséent pour le conduire l'un devant & l'autre derriere. Ils sont d'autant plus portés à se servir de ces barques, qu'ils croyent que les Crocodilles ont du respect pour le mambu, & qu'ils n'attaquent jamais les batteaux que l'on fait de cette canne.

TABELLION. s. m. Il ne se dit plus presentement que d'un Notaire dans une Seigneurie ou Justice subalterne, pour recevoir les actes qui se passent sous scel authentique & non Royal. Les Greffiers des petites Justices sont Tabellions. On appelloit autrefois *Tabellions*, Ceux qui mettoient en grosse les Contrats dont les Notaires avoient passé les minutes, & on disoit alors *Tabellionner*, pour dire, Grossoyer. Ils apposoient les Sceaux aux Contrats qu'ils rendoient executoires, & les Clercs qui faisoient partie de leur famille, furent par succession de tems appellés *Notaires*, ayant emporté sur leurs maîtres l'avantage d'être érigés en titre d'Office. *Tabellion* a été fait de *Tabellio*, *& vient*, dit Nicod, de Tabella, *diminutif de* Tabula, *qui estoit envers les anciens Romains une tablette de bois quarrée plus longue, plastrée de cire; en laquelle avec un poinçon ou broche de fer, ils gravoient leurs actes d'entre privées personnes, mesmes leurs lettres missives, lequel poinçon ils appelloient* Style : *car quant aux actes & monumens publiques, ils estoient en plus commun usage gravés, ou en des grands & larges tableaux de fonte ou de cuivre avec le burin & l'eau forte, ou de marbre ou autre pierre dure, comme l'est la Tyburtine, avec le ciseau. Or n'y avoit-il anciennement entre les Romains des personnes establies par adveu & auctorité souveraine, pour rediger par style esdites tablettes cirées les convenances & contracts qui advenoient entre les privées personnes, fussent-ils d'entre vivants ou de derniere volonté, mais estoient redigez entre ceux qui contractoient, presques en la maniere des scellez jadis tant usitez entre les Gentilshommes François, & desquels les archifs des Eveschez du pays du Nort sont pleins, & depuis déclinant l'Empire ils furent establis, en trop plus de grandeur d'office qu'il n'est en France, où Tabellions sont dits ceux qui passent és Villes de moindre importance & és bourgs & villages les actes d'entre personne privée, nous servants en cela du diminutif* Tabella, *dont ce vocable est tiré, ne daignant appeller du nom de* Notaires *que ceux qui sont establis és Villes de respect.*

TABERNACLE. s. f. *Tente, pavillon. En ce sens il n'a d'usage qu'en parlant des tentes, des pavillons & des huttes des Israëlites.* ACAD. FR. L'Ecriture appelle *Tabernacle*, Le lieu où reposoit l'arche d'Alliance chés les Juifs, soit quand elle étoit sous des tentes, soit quand elle fut posée dans le Temple. C'étoit une Chapelle portative faite de quarante-huit planches de bois de cedre revêtues de lames d'or, qu'ils dressoient dans chaque endroit où ils campoient dans le desert. Sous chacun de ces quarante-huit ais étoit un soubassement d'argent, & au sommet un chapiteau d'or. Cette espece de Chapellepelle étoit environnée de dix pieces de tapisseriesde diverses couleurs precieuses, d'hiacinthe, de pourpre & d'écarlate. Chacune étoit longue de vingthuit coudées, & en avoit quatre de largeur. Le Tabernacle étoit long de trente & large de dix, & environné d'un parvis de cent coudées de longueur & de cinquante de large. Soixante peaux de cedre, revêtus d'argent, le fermoient. L'Arche dorée dedans & dehors étoit posée dans le secret Oratoire au milieu du Tabernacle, & le dessus, qui étoit comme un couvercle, étoit appellé *Propiciatoire*, à cause qu'il appaisoit l'ire de Dieu. Elle étoit environnée de plusieurs voiles tendus avec des crochets & des boucles d'or.

On appelle parmi les Juifs *Fête des Tabernacles*, une Fête solemnelle qu'ils celebroient le quinziéme du mois de Tisri, en memoire de ce qu'ils camperen tdans des tentes dans le desert à la sortie d'Egypte. Pour celebrer cette Fête, chacun fait chés soi dans un lieu découvert une cabanne couverte de feuillage, tapissée tout à l'entour & ornée le mieux qu'il est possible. Ils y boivent & mangent pendant les neuf jours que dure la Fête, & même quelques-uns y couchent. Les deux premiers & les deux derniers de cette Fête sont solemnels comme la Pâque, mais les autres le sont moins. Après les prieres ordonnées, on recite le sacrifice qui se faisoit le jour de la Fête des Tabernacles, & ensuite ils portent des branches de myrre, de saule, de palmier & de citronnier avec leur fruit, & en chantant quelques Cantiques ils font une fois le tour du petit autel qui est dans la Synagogue. Le septiéme jour ils chantent seulement le Pseaume vingtneuviéme avec des branches de saule. Le dernier jour est appellé *Joie pour la Loi*, à cause qu'on acheve de lire tout le Pentateuque, suivant la division qui en a été faite dans chaque semaine, & comme c'est la fin de l'année, on choisit deux hommes, que l'on appelle *Epoux de la Loi*, dont l'un la finit & l'autre la recommence aussi-tôt; ce qu'ils accompagnent de quelques témoignages d'allegresse. La même chose se fait dans toutes les Synagogues, & on passe tout le reste de ce jour en joie.

Tabernacle, parmi les Chrétiens, est un ouvrage de menuiserie ou d'orfevrerie, fait en forme de petit temple, que l'on met sur un autel pour y renfermer le ciboire où sont les saintes Hosties. On appelle *Tabernacle isolé*, un Tabernacle dont les quatre faces, respectivement opposées, sont pareilles.

On appelle *Tabernacle*, dans une Galere, un petit exhaussement vers la pouppe, qui est pratiqué entre les espaces, & qui sert de poste au Capitaine lorsqu'il faut qu'il fasse les commandemens.

TABIDE. adj. Terme de Medecine. Il se dit des malades de phtisie, ou de ceux qui y ont de la disposition. Ce mot vient du Latin *Tabes*, Maladie par laquelle on tombe en chartre.

TABIS. Sorte d'étoffe de soye faite par ondes, qui sert à faire des jupes & des doublures. On l'applique sur un cylindre où il y a plusieurs ondes gravées. C'est ce qui rend la superficie de l'étoffe plus enfoncée en un endroit qu'elle n'est en l'autre, en sorte que la lumiere reflechit differemment à nos yeux. On n'y ajoûte aucune eau ou teinture pour faire paroître les ondes.

TABLE. s. f. *Meuble ordinairement de bois, fait d'un ou de plusieurs ais & posé sur un ou plusieurs piés, & dont on se sert pour manger, pour écrire, pour jouer, &c.* Acad. Fr. Il y a diverses sortes de tables, des tables rondes, quarrées & pliantes. Quand elles ne sont pas de bois, on marque toûjours en parlant la matiere dont elles sont composées. La Table que fit faire Moyse dans le Tabernacle pour y mettre les Pains de proposition, étoit longue de deux coudées, large d'une, & haute d'une & demie.

Table, se prend aussi pour une maniere de petit ais de pierre ou d'airain, sur lequel les Loix étoient anciennement gravées, & nous apprenons par l'Ecriture, que Dieu donna à Moyse, deux Tables de pierre où il avoit gravé ses commandemens de sa propre main. Les Loix que les Romains envoyerent chercher chés les Grecs, furent gravées sur douze manieres de petites planches de cuivre, que l'on posa aux endroits les plus apparens de la place publique, afin que tout le monde les pût lire, ce qui les fit appeller *Loix des douze Tables*. On appelle *Tables neuves*, Un certain Edit qui fut fait dans la Republique Romaine, par lequel toutes sortes d'obligations furent rendues nulles. Ce qui lui fit donner ce nom de *Tables*, c'est qu'avant qu'on se servît de Papier ou de parchemin pour écrire les Actes publics, on les gravoit avec un petit style sur de petits ais de bois mince couverts de cire, qu'ils appelloient *Tabula*, & tous les Actes publics garderent ce mot Latin après même que l'on eut cessé de les graver sur du bois. Ainsi cet Edit porta le nom de *Tables neuves*, à cause qu'il obligeoit de faire de nouvelles Tables pour écrire les Actes, ce qui faisoit que les vieilles étoient inutiles, & que les creanciers ne pouvoient plus se servir de leurs contrats d'obligations.

Table, en termes de Palais, se dit de deux Jurisdictions appellées *Table de marbre*. L'une est la Connétablie & Maréchaussée de France, & l'autre le Siege de la generale reformation des Eaux & Forêts qui juge au souverain, quand il y a un President & quatre Conseillers de la Cour. Ces deux Jurisdictions ont gardé ce nom d'une grande table de marbre qui tenoit autrefois tout le travers du Palais, sur laquelle ils faisoient leurs Jugemens.

On dit en termes d'anatomie, que *Le crane est composé de deux tables*, pour dire, qu'Il est double, comme s'il y avoit deux os appliqués l'un sur l'autre.

On appelle *Table de verre*, le Verre qui se fait par pieces longues, un peu étroites en bas, & n'ayant point de nœuds au milieu. Le Verre qu'on appelle de Lorraine, quoiqu'il se fasse à Nevers, est ainsi par tables. Il se coule sur le sable, au lieu que les autres se soufflent avec une verge de fer creuse; ce qui fait qu'ils sont ronds. Les Vitriers se servent d'une table de bois tracée en compartiment, pour tailler leurs pieces de verre & les mettre en plomb, afin de composer leurs panneaux de vitres.

On appelle *Table d'attente*, Ce qui se pose ordinairement sur des portes ou dans des frises, pour mettre des inscriptions, des armes ou des devises.

Table, dans la décoration de l'Architecture, se dit d'une partie unie & simple de differente figure, mais plus souvent quarré longue, & on appelle *Table en saillie*, Celle qui excede le nu du parement d'un mur d'un piedestal, ou de toute autre partie dont elle fait l'ornement. *Table fouillée*, est celle qui est renfoncée dans le dé d'un piedestal & ailleurs, & *Table de Crepi* est un panneau de crepi, entouré de naissances badigeonnées dans les murs de face les plus simples. Ce sont des piédroits, des montans ou pilastres & bordures de pierre qui l'entourent dans les plus riches. *Table à crossettes*, se dit de celle qui est cantonnée par des crossettes ou oreillons ; *Table couronnée*, de celle qui est couverte d'une corniche, & dans laquelle on taille un bas relief. Celle qui est piquée, & dont le parement paroît brut, s'appelle *Table rustique*.

On appelle *Table d'autel*, Une grande dale de pierre qui sert pour dire la Messe. Elle est portée sur de petits pilliers ou jambages, ou sur un massif de maçonnerie.

Il y a aussi des *Tables de cuivre* & des *Tables de plomb*. Les premieres sont des planches ou lames de cuivre dont on couvre les combles en Suede. On y en voit même qui sont taillées en écailles sur quelques Palais. Les Tables de plomb sont des pieces de plomb fondues d'une certaine épaisseur, longueur & largeur. On les emploie à divers usages.

Table, dit Nicod, *vient par syncope du Latin* Tabula, *& signifie en general Un ais long & quarré, selon laquelle signification on dit* Entablature, *où plusieurs tels ais sont rengez pair à pair ensemble. L'Espagnol dit* Tablado, *& l'Italien* Intavolatura. *Tantost il signifie la table quarée sur laquelle on boit & mange d'ordinaire, que l'Italien dit aussi* Tavola, *& l'Espagnol* Mesa, *au plus près de* Mensa, *de laquelle signification dépendent ces manieres de parler*, Mettre la table, lever la table, *d'où vient ceste maniere de parler* ,De relevée, *pour dire, Après disner, car anciennement, les tables estoient levisses, ainsi qu'on le void encore usiter és hostels du Roy, de la Roine & des Enfans de France, & presque en toutes les Maisons & Seigneuries en Espagne. J'ay dit* Table de bois, *&* Table quarrée, *en cette dite signification, parce que pour ce signifier on n'use d'aucune adjection, ce qu'on fait quand la table n'est ni de bois ni quarrée, car en tel cas on dit ou* Table d'airain, *ou* Table de pierre, *ou* Table de marbre, *mot assez cognu & usité au Palais à Paris, &* Table ronde, *qui est un mot rehaussé & signalé és Romans & Histoires Françoises, à cause des Chevaliers de la Table ronde mise en avant par Artus, Roi d'Angleterre, au lieu de Vvestmonstier, laquelle est faite en demies losenges vertes & blanches entremêlées, dont le large faisoit le bord, & la poincte le centre d'icelle table; ce qui étoit ainsi divisé par ledit Roy pour monstrer la grande prouesse de tous lesdits Chevaliers estre pareille, si qu'on n'eust sceu à qui en donner l'advantage, & que l'innocence & integrité de cœur à maintenir & exercer Chevalerie, estoit sans tache & en vigueur, sans fener ni flaistrir en eux. On dit aussi* Tenir table ronde, *pour le mesme que* Tenir table ouverte. *Nicole Gilles parlant du retour du Roy Philippe Dieudonné, ayant obtenu la journée d'auprès le pont de Bouynes.* Tant chevaucha qu'il vint à Paris. Les Bourgeois, l'Université, les Colleges, les Eglises, Religions & Convents allerent au devant à grands triomphes, chantans louanges & trompettes, clairons, Menestriers, toutes les cloches de la cité sonnans, les rues tendues de tapisseries, & tous autres signes de triomphe & joie, & toute la nuit étoient allumées torches, falots, flambeaux & lanternes, tellement qu'on voyoit clair comme le jour, & tindrent table ronde à tous venans par l'espace de sept jours, à grands fraiz & & despens, c'est-à-dire, bouche à court, table ouverte à desfray à tous qui venir y vouloient. *Et en la Vie de Charles septiesme.* Tantôt après commencerent à sonner toutes les cloches de la Ville & chanter par toutes les Eglises *Te Deum laudamus*; & le soir fit-on feu de joie & grande solemnité, & par les carrefours tenoit-on table ronde à tous venans. *Matthieu de Vvestmoustier en son* Flores Historiarum, *prend aussi* Table ronde, *pour Tournoy de Chevaliers armez en lices, escrivant des cas advenus en Angleterre l'an* 1252. Factum est Hastiludium, quod Tabula rotunda vocatur, ubi periit strenuissimus miles Hervaldus de Monteinni.

TABLEAU. s. m. *Ouvrage de peinture sur une table de bois, de cuivre, &c. ou sur de la toile.* ACAD. FR. On appelle *Tableaux de chevalet*, De moyens Tableaux qui se mettent dans les manteaux de cheminée, les dessus de portes ou les panneaux des lambris, ou sur les tapisseries contre les murs. Les grands servent dans les Eglises, dans les salons & les galeries, & les petits se disposent avec symmetrie dans les chambres & les cabinets des curieux. *Tableau bien colorié*, se dit d'un tableau quand on y voit les vraies teintes du naturel parmi les lumieres & les ombres bien choisies, & qu'on y rencontre des masses de couleurs où l'amitié & la sympathie qui doit être entre elles, a été soigneusement observées, en sorte qu'il y ait une telle union, qu'il semble que tout le Tableau ait été peint d'une suite & d'une même palette de couleurs.

On appelle *Tableau*, dans la base d'une porte ou d'une fenêtre, La partie de l'épaisseur du mur qui paroît au dehors depuis la feuillure, & qui est ordinairement d'équerre avec le parement. On nomme aussi *Tableau du piédroit*, La partie qui n'est pas de face, mais qui est sous l'arc ou sous la voute.

TABLETTE. s. m. Sorte de petits ais sur quoi l'on met quelque chose. On appelle *Tablette*, en termes de Tourneur, deux petits ais de bois de noyer bien polis, rangez au dessus l'un de l'autre à quelque distance, & soûtenus de quatre petites colomnes torses, qu'on attache dans une chambre, & sur quoi l'on met de petits bijoux.

Les Imprimeurs appellent *Tablette*, Un petit ais qui sert à maintenir la boîte de la vis de la presse & à mettre quelques-uns de leurs ustensiles. Les Chandeliers ont aussi leur *Tablette*. C'est une maniere de petite table sur quoi pose le moule qui leur sert à faire de la chandelle.

Tablettes, au pluriel, se dit d'une espece de petit livre où sont cinq ou six feuillets de velin, & presque toûjours avec un almanach de l'année au bout. Ces Tablettes sont d'ordinaire couvertes de chagrin & composées de deux couvertures, de quatre rosettes, qui sont quatre petites plaques de metal, de quatre tenons qui sont au dedans de la couverture & qui tiennent aux rosettes, & d'une aiguille qui passe au travers des tenons pour fermer les tablettes.

Tablette, en termes de maçonnerie, est une pierre débitée de peu d'épaisseur, pour couvrir un mur de terrasse ou un bord de reservoir ou de bassin. *Tablette d'appui*, se dit de celle dont l'appui d'un balcon ou d'une croisée est couvert, & *Tablette de jambe étriere*, est la derniere pierre qui couronne une jambe étriere. On appelle *Tablette de cheminée*, Une planche de bois, ou une tranche de marbre profilée d'une moulure ronde sur le chambranle, au bas d'un attique de cheminée.

Tablette. Terme de Pharmacie. Electuaire solide ou extrait de quelque drogue reduite à sec, & que l'on appelle ainsi à cause qu'on la taille en forme de petite table. On fait des tablettes de jus de reglisse pour le rhume. On en fait aussi de cordiales, de stomachales, d'aperitives, d'hepatiques & autres.

TABLIER. s. m. Piece de cuir que la plûpart des artisans portent devant eux, & qui est attaché à la ceinture. Ceux des Maréchaux ont une trousse où ſont leurs matteaux, leurs cloux, &c.

TABLOUINS. ſ. m. Planches ou madriers dont eſt faite la platte-forme où l'on place les canons que l'on met en batterie. Elles ſoûtiennent les roues des affûts & empêchent que la peſanteur du canon ne les faſſe enfoncer dans les terres. On fait un peu pancher cette platte-forme vers le parapet, afin que le canon ait moins de recul & qu'il ſoit plus aiſé de le remettre en batterie.

TABORUCU. ſ. m. Arbre qui croit aux Indes Occidentales dans l'Iſle de ſaint Jean. Il diſtile un bitume blanc dont on poiſſe les Navires, & qui eſt utile aux Peintres & fort ſingulier pour guerir les plaies & les douleurs des membres cauſées par le froid.

TABOURER. v. a. Vieux mot dont Nicot a parlé ainſi. Tabourer *eſt batre dru & menu du pied, de la main, ou avec baſton, pierre ou autre choſe contre quelque huys, feneſtre ou autre choſe de bois. Ainſi on dit*, Qui taboure à la porte. *Le mot eſt imité de* Tabourin, *parce que celui qui taboure ainſi, fait rendre un ſon comme un tabourin de guerre.* On a dit auſſi *Tabourement*, pour dire, Le bruit que fait celui qui frappe de cette ſorte contre une porte ou une fenêtre.

TABOURDEUR. ſ. m. Vieux mot. Joueur de tambour.

TABOURET. ſ. m. *Placet, ſorte de ſiege qui n'a ni bras ni dos.* Acad. Fr. On appelle *Droit de Tabouret*, Un des premiers honneurs du Louvre, qui n'appartient qu'aux Ducheſſes, qui ont droit de s'aſſeoir ſur un Tabouret quand la Reine tient ſon cercle. Nicot donne trois ſignifications à ce mot. *Tabouret*, dit-il, *ſignifie ores ce petit ſiege bas embourré couvert de tapiſſerie de poinct ou autre eſtoffe où les femmes s'eſſeent tenans leur caquetoire, ou faiſans leurs ouvrages; & ores ce petit peloton quarré farcy de bourre que les femmes portent pendant de leur demy ceinct, où elles piquent leurs eſpingles & eſguilles, qu'on appelle pour ceſte cauſe* Eſpinglier *ou* Eſguillier; *& ores ſignifie une eſpece d'herbe que les Herboriſtes appellent* Burſa paſtoris.

TABOURIN. ſ. m. Sorte de petit tambour qui ſert à faire jouer les enfans, ou à faire danſer les gens de village ou le petit peuple. Il vient de *Tabour*, qui a été dit autrefois pour Tambour. Tabourin, dit Nicot, *ſemble eſtre diminutif de* Tabour, *& faire difference d'entre le gros Tabour de guerre & les moindres des Tabourineurs & petits enfans, tout ainſi que* Muſequin *&* Chevalin *le ſont de* Muſeau *&* Cheval. *Toutefois on dit* Tabourin de Suiſſe, *&* Tabourin de guerre, *&* Battre le Tabourin, *& appelle-t'on auſſi* Tabourin, *au recenſement des membres d'une compagnie de guerre, celui qui le bat, tout ainſi qu'on appelle* Enſeigne, *Celui qui la porte.* Tabouriner, *eſt Sonner du tabourin, verbe commun à tous tabourins, ſoit de guerre ou autres; mais on l'applique plus uſitément au tabourin de danſerie.* Tabourineur, *eſt celui qui ſonne du Tabourin, mais on l'approprie à celui qui joue du tabourin de danſerie, car celui qui bat le tabourin de guerre, ne l'appellera-t'on pas* Tabourineur; *ains* Tabourin.

On appelle *Tabourin*, dans une Galere, Un eſpace qui regne vers l'arbre du trinquet & vers les rambades. C'eſt où ſe charge l'artillerie & d'où l'on jette les riſſons en mer.

TABOURINET. ſ. m. Vieux mot. Petit tabourin. Nicot en parle en ces termes, Tabourinet *eſt le diminutif uſité de* Tabourin, *un petit tabourin dont les enfans paſſent le tems. Selon ce on dit par metaphore*, Mener quelqu'un au Tabourinet, *c'eſt-à-dire, l'enjauler & l'attirer comme un enfant où l'on veut.* Tabourinet *ſignifie auſſi ce petit reduict qu'on fait en l'encoignure d'une ſalle quarrée, ſoit avec de la tapiſſerie, ou avec des ais, d'où ceux qui ſont muſſez peuvent veoir ce qui ſe fait en ladite ſalle; de laquelle ſignification par autre raiſon peut avoir émané ladite maniere de parler*, Mener au tabourinet.

TABOURNER. v. n. Vieux mot. Sonner du tambour.

> *Cil ſleves court ſi jolïement,*
> *Qu'il reſone, tabourne & timbre,*
> *Plus ſouef que tabour ne timbre.*

TABUTER. v. a. Vieux mot. Inquieter, cauſer du chagrin.

TAC

TAC. ſ. m. Maladie contagieuſe des moutons. Au commencement du quinziéme ſiecle il y eut une maladie preſque univerſelle qu'on nomma *Le Tac*. Elle cauſoit beaucoup de dégoût, une grande laſſitude avec une toux violente & des crachemens de ſang, tout cela accompagné de fievres & d'inſomnies.

TACAHAMACA. ſ. m. Reſine fort odoriferante qui découle par les inciſions qu'on fait à un arbre de la Nouvelle Eſpagne, qui eſt de la grandeur d'un Peuplier. Il a ſon fruit rouge ſemblable à la grappe de Pivoine; & enferme quantité de petites pierres blanches.

TACHE. ſ. f. Entrepriſe d'un ouvrier ſubalterne. *Ce compagnon s'eſt chargé de cette tâche en deux jours; voilà la tâche de l'apprentif pour chaque jour. Nous ne ſommes pas à la journée, nous ſommes à la Tâche.*

TACLE. ſ. m. Vieux mot. Tout trait collé, ferré, pour tirer l'arc, c'eſt-à-dire, dont les pennons ſont collés, & non pas cirés.

TACT. ſ. m. *Le toucher, l'attouchement, celui des cinq ſens par lequel on connoît ce qui eſt chaud ou froid, dur ou mol, uni ou raboteux.* Acad. Fr. L'organe du tact eſt diffus & répandu par tout le corps, au lieu que les autres ſens ont leurs organes externes déterminés ou placés à de certaines parties du corps, comme l'ouïe à l'oreille & la vûe à l'œil. Cet organe conſiſte en certains petits corps ronds & nerveux, nommés *Mammelons*, qui ſortent de la peau & ſont recouverts de l'épiderme. Plus ils ſont grands & en grand nombre, plus le toucher eſt exquis, d'où vient qu'il l'eſt beaucoup plus dans la paume de la main & aux extrémités des doigts, que dans aucune autre partie; ce qui eſt cauſe qu'on porte ordinairement la main & les doigts quand on veut experimenter quelque choſe par le tact. L'épiderme n'eſt pas neceſſaire pour pouvoir ſentir quelque choſe en touchant, mais elle eſt neanmoins fort commode pour pouvoir ſentir ſans douleur, puiſque lorſque la peau en eſt dénuée, les choſes les plus temperées & les plus legeres ne la peuvent toucher ſans faire ſentir une douleur fort piquante. Il eſt vrai que les ſerpents & les autres animaux, qui en hiver ſe dépouillent de leur peau, qui tient lieu de cuticule, ne reſſentent point cette douleur; mais cela vient de ce que tandis que la vieille peau ſe ſeche, il en naît inſenſiblement une autre par deſſous; ce qui fait qu'ils ne ſe trouvent jamais abſolument denués de peau. Notre propre experience nous l'apprend, quand après quelque maladie cette peau ſe ſepare de deſſus nos membres, étant certain qu'elle ne s'en ſepare jamais avant qu'il s'en ſoit fait une autre très-ſubtile par deſſous. Voici de quelle maniere ſe fait le Tact. Les objets externes étant appliqués à la ſurpeau, frottent & preſſent à travers diversement, tant selon l'arrangement & la conformation de leurs petites surfaces, que suivant le mouvement & le repos des mêmes particules, les mammelons nerveux gonflés d'esprits animaux. Ceux-ci ne sont pas plûtôt émus, qu'ils communiquent leur mouvement & leur agitation au cerveau, & ce mouvement étant apperçu par l'ame est nommé le *Tact*. Ainsi quand la surface inégale de quelque corps, à raison de la diverse situation de ces particules, agit sur les mammelons qui sont rangés de telle maniere que les uns soient touchés & les autres non, il s'y fait un mouvement interrompu & inégal; ce qui fait dire que l'objet est âpre & raboteux. Lorsque tous les mammelons sont touchés également, on dit que le corps est uni & poli. S'ils pressent l'objet en sorte qu'ils cedent, on dit qu'il est mol, & s'il resiste, on dit qu'il est dur. Si quelques particules de l'objet s'attachent aux mammelons, on dit qu'il est gluant & humide; & si rien ne s'y attache, on dit qu'il est sec. Quand l'objet excite un mouvement rapide & violent dans les mammelons, on dit qu'il est chaud; & s'il n'en fait point, on dit qu'il est froid. Quand l'objet ne touche qu'un ou deux mammelons, on dit qu'il pique & qu'il est aigu, & on dit qu'il est obtus, lorsqu'il en touche plusieurs doucement. Ettmuller, qui raisonne sur le Tact de cette sorte, ajoûte que si les mammelons sont le principal organe du toucher, ils ne sont pas l'organe total, & que ce sont les fibres nerveuses qui forment ces mammelons. Ces fibres sont tantôt seules, comme dans les parties internes, & tantôt unies avec les muscles; & dans tous ces cas lorsqu'elles sont tendues & remplies d'esprits animaux, & que quelque objet externe vient à les toucher, elles sont secouées par certaines vibrations qui se communiquent au cerveau & font le sentiment du toucher. Cela se connoît quand on touche une plaie & par la douleur des parties internes, où les fibres nerveuses ne forment point de mammelons; mais il y a cette difference, que le sentiment du toucher qui se fait par les mammelons est doux & naturel, & que c'est proprement le sens du toucher, au lieu que le toucher qui se fait dans les fibres nerveuses est toûjours violent, douloureux & presque contre nature.

TACTION. s. f. Terme de Geometrie. Il se dit des lignes qui touchent un cercle ou une autre ligne courbe. Ce mot vient du Latin *Tangere*, Toucher.

On dit plus souvent dans le même sens, *Attouchement, le point d'attouchement*.

TACTIQUE. s. f. Science de construire les machines des Anciens, qui se servoient d'arcs bandés, de bacules & de contrepoids, pour lancer les fleches, les dards, les pierres & les globes à feu. On appelle plus ordinairement *Tactique*, La science de ranger les Soldats en bataille, & de faire des évolutions militaires. Ce mot est Grec, τακτικὸς, de τάττειν, Ranger, mettre en ordre.

TAF

TAFFETAS. s. m. Sorte d'étoffe de soye fort deliée & fort legere. On appelle *Taffetas armoisin*, Un taffetas qui vient d'Italie & de Lyon. Il y en a de toutes sortes de couleurs. Celui d'Avignon est le moindre, & on l'appelle *Demi armoisin*. Du Cange derive *Taffetas* du Latin *Taffata*, qui a été dit au même sens dans la basse Latinité. M. Menage le fait venir du Grec ταφετὰ, à cause du bruit que fait cette étoffe. Ce mot ταφετὰ ne m'est point connu.

TAFTOLOGIE. s. f. Vice du discours, quand on repete la même chose en des termes differens, ou qu'on se sert de deux mots qui ont la signification tout-à-fait semblable. Ce mot est Grec, ταυτολογία, de ταυτὸ, La même chose, & de λέγειν, Dire.

TAG

TAGAROT. s. m. Oiseau de proie fort long & flouet, que l'on apporte du côté d'Egypte, & qui est d'une espece particuliere.

TAI

TAILLE. s. f. Couppe, division d'un corps naturel. La Taille de bois se fait en long avec les coings, de travers avec la scie, & en d'autres sens avec la coignée, la serpe & le ciseau. On appelle *Pierre de taille*, De gros quartiers de pierre propre à bâtir & à être taillés.

On dit en termes de chasse, que *Le gibier gagne les tailles*, pour dire, qu'il gagne les taillis. On dit dans ce sens, que *Les tailles sont d'un an, de deux ans*.

Taille. Terme de Chirurgie. Operation qui se fait pour tirer la pierre de la vessie.

On appelle *Taille douce*, une Image ou estampe gravée sur une planche de cuivre; & *Taille de bois*, Celle qui est gravée sur une planche de bois. La gravûre de celle-ci differe de celle de cuivre, en ce que dans ces dernieres ce sont les parties enfoncées qui marquent les traits, & que ce sont les parties élevées qui les marquent dans les tailles de bois. *Tailles basses*, se dit des ouvrages des Sculpteurs ou des Fondeurs qui sont de bas relief, & dont les corps ne paroissent qu'à demi.

Taille, en termes de Monnoie, n'est autre chose que la quantité des especes que le Prince ordonne qu'on fasse d'un marc d'or, d'argent, ou de cuivre. Ainsi les demi-louis d'or sont à la taille de soixante & douze pieces & demie au marc, & les louis d'or sont à la taille de trente-six pieces & un quart au marc. La taille a toûjours été reglée sur le poids principal qu'a eu chaque nation, comme de la livre chés les Romains qui étoit de douze onces, & du poids de marc en France, qui est de huit onces.

Taille. Partie de la Musique qui soûtient le chant & qui est de la portée ordinaire de la voix, quand elle est moins élevée que le dessus, & moins creuse que la basse. Il y a quelquefois deux Tailles, l'une appellée *Haute taille*, & qui se dit d'une voix qui en chantant approche de la Haute-contre, & l'autre qu'on appelle *Basse taille*. Celle-là est une voix qui approche de la taille.

Taille, s'est dit autrefois d'un droit que la plûpart des Seigneurs avoient sur des heritages tenus roturierement. Ces heritages devoient tailles aux quatre cas, sçavoir quand le Seigneur étoit pris en juste guerre, quand il faisoit son fils aîné Chevalier, quand il marioit sa fille aînée à un Gentilhomme, & quand il alloit au voyage d'Outremer. Celles que devoit un homme franc, ou tenant heritages affranchis, ou à devoir d'argent, étoient appellées *Tailles franches*; & celles que devoient des hommes de condition servile ou de morte-taille, étoient nommées *Tailles serves*. On appelloit *Taille jurée*, Celle qui se payoit sans s'enquerir de la valeur des biens des Habitans, & que les Seigneurs imposoient sur leurs Sujets, ou à volonté, ou selon l'abonnement qu'ils en avoient fait; & *Taille mortaille*, Celle que levoit le Seigneur sur les hommes de corps & de condition servile, sçavoir la taille une fois par an, & la mortaille au deceds de l'homme de serve condition sur ce qu'il laissoit de biens.

Taille, se dit aujourd'hui des subsides que les personnes du tiers état payent au Roi à proportion de leurs biens. Saint Louis est le premier qui ait levé la taille en forme de subsides necessaires pendant la guerre, ce que fit ensuite le Roi Charles V. à cause des guerres des Princes. Elles se leverent d'abord par le consentement unanime des trois Etats, & Louis XI. ayant fait hautement payer la taille, on a continué de la même sorte depuis ce tems-là. Le Conseil du Roi ayant resolu la somme d'argent qui doit être levée pour la Taille, envoie des Commissions aux Tresoriers Generaux établis dans les Bureaux des Generalités du Royaume, pour lever dans leur Election la somme qui leur est ordonnée. Les Tresoriers ayant fait dans chaque Election le departement de la somme qu'ils peuvent lever, l'envoyent au Conseil du Roi, qui envoye aux Tresoriers generaux pour chaque Election des Commissions qui portent ordre aux Elûs des diverses Elections de lever dans l'étendue de chacune la somme que la Commission leur prescrit. Les Elûs dans les Rôles qu'ils font des tailles, cottisent chaque Bourg & chaque Village de leur Election à une certaine somme, & envoient le Rôle de cottisation à chaque Parroisse, qui élit un ou plusieurs Collecteurs pour lever la Taille qu'on a imposée. Les Ecclesiastiques, les Gentilshommes & tous les Officiers commensaux de la maison du Roi, des Fils & Filles de France & des Princes du Sang sont exempts de Taille. Il y a des lieux, comme en Languedoc & en Provence, où les Tailles sont réelles, c'est-à-dire, qu'elles se levent sur les heritages roturiers.

On appelle, en termes de mer, *Tailles de point*, Des cordes amarées au bas de la voile pour la trousser vers la vergue; & *Tailles de fond*, D'autres cordes qui sont amarées au milieu du bas de la voile, & qui servent à trousser ou à relever le fond de la voile, c'est-à-dire, le milieu.

Nicot est entré dans un grand détail de ce mot, & en a parlé ainsi. Taille *signifie tantôt une coupeure faite avec fer ou pierre tranchant, & selon ce est le verbe* Tailler. *Ainsi dit-on*, Un coup de taille, Frapper de Taille, La taille de la vigne; *& d'un Tailleur d'habits*, Il a bonne taille, *quand il taille un habit séamment au corps dont il a prins la mesure. Tantost une petite piece de bois, en laquelle par osches & inciseures on marque le compte & nombre de quelque chose, & lors vient de ce mot latin* Talea. *Selon ce, on dit*, Prendre du pain, du vin & autres telles choses à la taille. *Et de ceste signification vient* Taille, *pour, Tribut imposé sur le peuple pour estre payé au Prince, d'autant peut-estre que les impositeurs, ou asseeurs, ou distributeurs de tel subside bailloyent anciennement à chacun taillable sa quotité du tribut marquée & oschée en tels petits bastons. Selon ce, on dit*, Imposer *ou* asseoir la Taille; *mais si en ceste signification on le vouloit tirer de ce mot latin* Talea, *ains de cestuy Grec* τελωνία, *ou de cestuy* τελωνεῖον, *qui viennent de cet autre Grec* τελῶ, *qui est, Payer la taille, je n'y resiste pas.* Taille, *se prend aussi pour la coupeure du marc du vin, estant sur le pressoir quand on le veut serrer derechef. Ainsi on dit, un marc avoir eu un, deux ou trois tailles. Il se prend encore pour la facture du corps en grosseur & en haulteur, soit d'homme, soit de beste, disant le François*, Il est de belle taille, *quand l'homme ou femme est de haulteur & grosseur proportionnée, &* Un cheval de legere taille, *en Amadis au premier livre, Un cheval qui a le corps & les jambes allegres. Selon ce, on dit*, Pour sa taille, *ou* eu esgard à sa petitesse, il a une très-grande voix, *&* Il est de cette taille & façon ou grandeur, *mais en Musique*, Taille *est la partie des quatre qu'on dit* Tenor. *L'Italien dit*, Taglia, *esdites deux premieres significations, & dit aussi* Taglione.

TAILLÉ, ÉE. adj. On appelle, en termes de Blason, *Ecu taillé*, Celui qui est divisé en deux parties par une diagonale tirant de l'angle senestre du chef au dextre de la pointe. Quand il y a une tranche au milieu de la taille, on dit *Taillé tranché*, & quand il y a une entaille sur la trenche, on dit *Trenché taillé*. Ce mot vient du Latin *Talea*, qui signifie un Rejetton, une petite branche d'arbre que l'on plante en terre.

TAILLEORS. s. m. Vieux mot. Assiette.

TAILLER. v. a. *Couper, retrancher d'une matiere, en oster avec le marteau, le ciseau ou autre instrument ce qu'il y a de superflu, pour lui donner certaine forme, pour la mettre en certain état.* ACAD. FR. Les Tailleurs de pierre disent, *Tailler, traverser & polir au grais*, quand c'est une pierre dure qu'ils veulent rendre parfaitement taillée.

Tailler. Terme de Chirurgie. On dit *Tailler un homme*, pour dire, Lui faire une incision entre les bourses & le fondement, afin d'en tirer la pierre avec la tenette.

Tailler. Terme de Monnoie. On dit *Tailler les especes*, pour dire, Faire la juste quantité des especes qui doivent être au marc selon ce que porte l'Ordonnance.

Les Imprimeurs se servent aussi du mot de *Tailler*, dans les ouvrages rouges & noirs, pour dire, Couper la frisquette par fentes & trous, afin que par là les lettres qui doivent être rouges, puissent imprimer.

TAILLERESSE. s. f. Nom que l'on donne dans les Monnoies aux femmes & filles des Monnoyeurs. Ce sont elles qui nettoyent, ajustent & mettent les flans aux poids que l'Ordonnance prescrit. On les fait répondre de leurs ouvrages, & si les flans ne sont pas bien ajustés, ils sont rebutés & cisaillés aux dépens des Tailleresses. On leur a donné ce nom dans le tems de la fabrication avec le marteau, parce qu'elles tailloient alors les quarreaux & les ajustoient.

TAILLEVAS. s. m. Vieux mot. Espece de bouclier qui differoit de la targe, en ce qu'il étoit courbé des deux côtés comme un toît.

TAILLEUR. s. m. Ouvrier qui fait des habits. On appelle *Tailleur de pierres*, un Artisan qui taille la pierre & qui la met en état d'être employée dans les ouvrages d'Architecture.

Tailleur. Terme des Monnoies. Il y a un Tailleur general pour toutes les Monnoies de France, & un Tailleur particulier pour chaque Monnoie. Le Tailleur general est un Officier qui est obligé de demeurer à Paris & de fournir toutes les Monnoies du Royaume de poinçons d'effigie & de matrices de croix & d'écusson pour fabriquer toutes les especes d'or, d'argent & de billon. Le Tailleur particulier est obligé de recouvrer des matrices & poinçons de la taille du Tailleur general, & de frapper les quarrés à monnoyer avec les poinçons d'effigie & ceux qui ont été tirés des matrices de croix ou d'écusson du même Tailleur general. Ce Tailleur particulier a cinq sols pour chaque marc d'or & un sol pour chaque marc d'argent, & c'est le Maître de la Monnoie qui lui paye ce droit. Le Tailleur general fut créé en 1547.

TAILLEURE. s. f. Terme de Brodeur. Il se dit quand on se sert de diverses pieces couchées de satin, de velours, de drap d'or & d'argent, qu'on applique sur l'ouvrage, comme des pieces de rapport, & qui quelquefois s'élevent en relief.

TAILLIS. s. m. Bois que l'on met en couppes reglées de neuf ans en neuf ans, ou en plus long terme. Les bois taillis appartiennent à l'usufruitier.

TAILLOIR. s. m. Terme d'Architecture. Partie la plus haute du chapiteau des colomnes. C'est ce que les anciens Architectes nommoient *Abacus*, qui sert de couvercle au vase & tambour qui fait le corps & la principale partie du chapiteau. On lui a donné le nom de *Tailloir*, à cause qu'étant quarrée, elle ressemble aux assiettes de bois qui anciennement avoient cette forme.

TAILLON. s. m. Imposition qu'on met sur le peuple, & qu'on leve tous les ans. Elle monte environ au tiers de la Taille, & fut établie en 1549. par Henri II. pour augmenter la solde des gens de guerre.

TAINS. s. m. Terme de Marine. Pieces de bois qui sont grosses & courtes & couchées à terre, & sur lesquelles on pose la quille d'un Vaisseau quand on le met sur le chantier.

TAISIBLE. adj. Vieux mot. Qui parle peu.

TAL

TALAPOINS. s. m. Sorte de Prêtres ou Religieux des Indes. Il y en a de deux sortes. Les uns vivent dans les bois, & les autres dans les Villes, & tous sont obligés sous peine du feu de garder le celibat, tant qu'ils demeurent dans cette profession. Le Roi de Siam ne leur fait nulle grace là-dessus, à cause qu'ayant de grands privileges, & entre autres celui d'être exemts des six mois de corvée, il lui importe qu'il y ait de l'incommodité dans le genre de vie qu'ils menent, afin que le nombre de ceux de ses Sujets qui l'embrassent ne soit pas si grand. Ils vont nuds piés & nue tête comme le reste du peuple, & portent autour des reins & des cuisses une pagne de toile jaune, qui est la couleur de leurs Rois & celle des Rois de la Chine. Ils n'ont ni chemise de mousseline, ni aucune veste, & leur habit est de quatre pieces. La premiere est une maniere de bandouliere de toile jaune, large de cinq ou six pouces, qu'ils portent sur l'épaule gauche, la boutonnant avec un seul bouton sur la hanche droite. Elle ne descend guere plus bas que la hanche, & ils mettent par dessus une autre grande toile jaune, qui est rapiecetée en plusieurs endroits. C'est une espece de scapulaire qui descend presque jusqu'à terre par derriere & par devant, & qui ne couvrant que l'épaule gauche revient à la hanche droite, & laisse les deux bras & toute l'épaule droite libres. Par dessus cette grande toile jaune ils en mettent une autre de quatre ou cinq pouces, qui est aussi sur l'épaule gauche en forme de chaperon. Elle descend par devant jusques au nombril, & autant par derriere que par devant. Sa couleur est quelquefois rouge. Pour tenir ces deux toiles en état, ils se ceignent le milieu du corps d'une écharpe de toile jaune, qui est la derniere piece de leur habit. Les Talapoins des Villes vivent dans des Couvents & servent des Temples, & le Temple & le Couvent occupent un fort grand terrein quarré, entouré d'une clôture de bambou. Le Temple est au milieu du terrein, & aux extrémités & le long de la clôture des Talapoins, sont rangées leurs cellules comme des tentes d'armée, les rangs en étant quelquefois doubles & quelquefois simples. Ce sont de petites maisons isolées & élevées sur des piliers, & celle du Superieur est de même, quoiqu'un peu plus grande & plus haute que les autres. Les enfans Talapoins, qu'ils appellent *Nens*, sont dispersés un, deux ou trois dans chaque cellule de Talapoin, & ils servent celui auprès duquel ils ont été mis par leurs parents. Ces Nens ne sont pas tous jeunes. Il y en a qui vieillissent dans cette condition, qui n'est pas censée tout-à-fait Religieuse. C'est au plus vieux de tous à arracher les herbes qui croissent dans le terrein du Couvent, ce que les Talapoins sont persuadés qu'ils ne peuvent faire eux-mes sans peché. L'école des Nens est une salle de bambou isolée. Il y en a encore une autre, aussi isolée, où le Peuple porte ses aumônes aux jours que le Temple est fermé, & où les Talapoins s'assemblent pour leurs conferences ordinaires. L'esprit de leur Institut est de mener une vie penitente pour les pechés de ceux qui leur font les aumônes dont ils vivent. Ils ne mangent pas en communauté; & quoiqu'ils soient fort hospitaliers envers tous ceux qui ont besoin d'être secourus, il ne leur est point permis de se faire part les uns aux autres des aumônes qu'ils reçoivent, parce que chacun d'eux est censé mener une vie assés penitente, pour ne pas avoir besoin de racheter ses pechés en faisant l'aumône à son compagnon. Outre qu'ils élevent la jeunesse, ils expliquent leur doctrine au Peuple, qui est toûjours assés assidu aux Temples. Ils prêchent le lendemain de toutes les nouvelles & de toutes les pleines Lunes; & quand le lit de la riviere est plein de l'eau des pluies jusqu'à ce que l'inondation commence à diminuer, ils prêchent tous les jours depuis six heures du matin jusqu'au dîner, & depuis une heure après midi jusqu'à cinq du soir. Le Prédicateur est assis les jambes croisées dans un fauteuil, & est relevé par plusieurs Talapoins qui prêchent les uns après les autres. Ils ont un Carême, & leur jeûne est de ne rien manger depuis midi, à l'exception du betel qu'ils peuvent mâcher. Quand même ils ne jeûnent pas, ils ne mangent que du fruit depuis midi. Après qu'on a recueilli le ris, les Talapoins vont veiller les nuits au milieu des champs pendant trois semaines. Ils ont de petites huttes de feuillages rangées en quarré, sous lesquelles ils se mettent, celle du Superieur étant au milieu des autres & plus élevée, & le jour ils reviennent visiter le Temple & dormir dans leurs cellules. Ils ne font point de feu la nuit pour écarter les bêtes feroces; ce qui fait que le Peuple regarde comme un miracle qu'ils n'en soient point dévorés, & ne sçauroit assés admirer la sûreté dans laquelle vivent les Talapoins des forêts, qui n'ont ni Couvent ni Temple pour se retirer. Il croit que les Tygres & les Elephants les respectent, & qu'ils leur lechent les piés & les mains quand ils en trouvent quelqu'un endormi. Il est vrai que pour se garantir de ces animaux, ceux-là peuvent faire du feu de bambou, & coucher dans des forts bien épais. Les Talapoins ne se levent que quand il fait assés clair pour discerner aisément les veines de leurs mains. Ils craindroient de tuer quelque insecte en marchant, faute de l'appercevoir, s'ils se levoient plus matin; & cela est cause qu'ils se levent un peu plus tard dans les jours plus courts, quoique leur cloche, qui n'a qu'un battant de bois, les éveille avant le jour. Etant levés, ils vont avec leur Superieur au Temple, où pendant deux heures ils chantent ou recitent ce qui est écrit sur des feuilles d'arbre un peu longues & rattachées par l'un des bouts. Pendant ce tems ils sont assis les jambes croisées, & agitent toûjours une sorte d'éventail qu'ils ont en forme d'écran, comme s'ils vouloient se donner du vent. Cet éventail va ou vient à chaque syllabe qu'ils prononcent, & ils les prononcent toutes sur le même ton & à tems égaux. En entrant dans le Temple, & lorsqu'ils en sortent, ils se prosternent trois fois devant l'Idole, après quoi ils vont en Ville demander l'aumône pendant une heure, se presentant seulement aux portes. Ils s'y arrêtent un peu de tems sans rien dire, & si on ne leur donne rien, ils passent outre. Ils portent un Bandage de fer pour recevoir les aumônes, & ils le portent dans un sac de toile qui leur pend au côté gauche aux deux bouts d'un cordon passé en bandouliere sur l'épaule droite. Ils ont liberté de déjeûner au retour de cette quête, & s'occupent à l'étude ou à telle autre chose qu'ils veulent jusques à midi, qui est l'heure du dîner. Ils font ensuite la leçon aux petits Talapoins & dorment, & sur le déclin du jour ils balayent le Temple & y chantent comme le matin pendant deux heures avant que de se coucher. S'ils mangent le soir, ce n'est jamais que du fruit. Ils se rasent la barbe, la tête & les sourcils; & comme personne n'oseroit toucher à la tête du Superieur sans lui manquer de respect, il est obligé de se raser lui-même. La même raison fait qu'un jeune Talapoin n'en ose raser un vieux, mais il est permis aux vieux de raser les jeunes. A la pleine Lune du cinquiéme mois les Talapoins lavent l'Idole avec des eaux parfumées, mais ils s'abstiennent par respect de lui laver la tête. Si quelqu'un veut se faire Talapoin, il convient avec quelque Superieur pour être reçû dans son Couvent. Il faut que ce Superieur soit Sancrat, qui est une dignité au-dessus de celle de Superieur. Cette profession étant lucrative, & ne durant pas toute la vie necessairement, les parents sont toûjours fort aises de la voir embrasser à leurs enfans. Si quelqu'un s'opposoit à la reception d'un autre, il pecheroit. Celui qu'on doit recevoir est accompagné à cette cérémonie de tout ce qu'il a d'amis, avec des instrumens & des danseurs, & de tems en tems ils s'arrêtent en chemin pour voir danser. Pendant la cérémonie le Postulant & ceux qui sont de sa suite, à l'exception des femmes, des instrumens & des danseurs, entrent dans le Temple où est le Sancrat qui lui donne l'habit, mais seulement de la main à la main. Le Postulant s'en revêt, & laisse tomber l'habit seculier par dessous quand il a mis l'autre. Cependant le Sancrat prononce plusieurs paroles, & la cérémonie étant achevée, le nouveau Talapoin s'en va au Couvent où il doit demeurer, & il ne lui est plus permis d'entendre d'instrument, ni de regarder aucune danse. Quelques jours après les parents donnent un repas à ce Couvent, ce qui est accompagné de quantité de spectacles qu'il est défendu aux Talapoins de regarder. M. de la Loubere, qui s'est instruit avec soin de toutes ces choses sur les lieux, en rapporte plusieurs autres fort curieuses sur la doctrine des Talapoins dans son Histoire du Royaume de Siam.

TALASPIS. s. m. Sorte de fleur en forme de parasol, qui est blanche ou gris de lin.

TALC. s. m. Sorte de mineral qui vient des montagnes d'Allemagne, des Alpes & de l'Apennin. On estime fort le *Talc de Venise*. C'est une sorte de pierre verdâtre, écailleuse, qui quoique fort seche & pesante, semble être grasse quand on la manie. Elle a pris le nom de *Talc de Venise*, à cause qu'elle se trouve dans des carrieres qui en sont proche. Le plus beau Talc est celui qui est en grosses pierres, d'un blanc verdâtre & luisant, & qui étant cassé reluit en maniere de paillettes d'argent. Il se leve en feuilles très-déliées, claires & transparentes, & on se sert de ces feuilles pour en couvrir les tableaux qui sont en pastel & en migniature, qui se gâteroient sans cette précaution. L'usage du Talc est fort recherché pour faire du fard; mais comme c'est une pierre extrêmement difficile à mettre en poudre, & même à calciner, on se contente de la raper avec une peau de chien, & de passer cette rapure par un tamis de soye ou de taffetas. On apporte de Moscovie & de Perse une autre sorte de Talc, que l'on appelle *Talc rouge*, à cause de la couleur rougeâtre qu'il a. Il se leve en feuilles aussi minces qu'on souhaite. Quelques-uns croyent qu'on ne se sert que de cette sorte de Talc pour mettre sur les tableaux au lieu de verre, & qu'on n'y emploie point celui de Venise, qui est fort difficile à connoître, étant sujet à se trouver d'une méchante qualité, par beaucoup de veines jaunâtres ou rougeâtres qui sont dedans; ce qui est accompagné d'une espece de terre qui le rend défectueux.

Quelques Chymistes se vantent faussement de pouvoir tirer du Talc une huile qui est un fard admirable pour entretenir le teint des femmes, blanchir la peau & dérider le visage; mais cette huile de Talc, à laquelle on donne de si belles proprietés, & qui devroit être sans addition de sels ou d'acide, ne se trouve point. Ce qui a donné lieu à cette huile imaginaire, c'est que les Anciens, & particulierement les Arabes, ayant crû qu'on pouvoit tirer du Talc un remede propre à entretenir le corps dans son embonpoint, ont appellé cette pierre *Talc*, qui parmi eux ne signifioit rien autre chose qu'une égale disposition des humeurs, qui tenoit le corps dans un bon temperament, & qui empêchant toute sorte de maladies, faisoit en quelque façon rajeunir les vieilles gens.

TALED. s. m. Voile dont les Juifs se couvrent quand ils sont dans la Synagogue. Ce voile est quarré, fait de laine, & a des houpes aux coins.

TALENT. s. m. Poids & monnoie des Anciens qui étoit de differente valeur selon les païs. Budée dit qu'il n'est pas possible de faire la vraie estimation d'un Talent chés les Hebreux, à cause que selon les divers passages, c'est tantôt un poids, tantôt un nombre & tantôt une mesure. Le talent en poids pesoit chés-eux trois mille sicles sans aucune marque, ou cinquante mines antiques ou six vingt nouvelles, ou quinze cens onces, c'est-à-dire, cent vingt-cinq livres de douze onces chacune, ou douze mille drachmes. Le Talent d'argent Hebraïque, Persique & Babylonien valoit soixante & dix mines attiques, qui sont sept cens écus de France, & le talent d'or des mêmes lieux valoit sept mille huit cens soixante & quinze écus. Le Talent Thracien étoit de six-vingts livres, & l'Egyptien de quatre-vingt. Les Talents étoient de trois sortes chés les Romains. Le plus grand étoit de cent vingt-cinq livres, le second étoit de six-vingts livres, & le plus petit de quatre-vingt-quatre livres: Le Talent attique d'argent le plus commun, selon ce que rapportent les Historiens, valoit soixante livres ou mines, ou bien six mille deniers ou drachmes. C'est autant que six cens écus monnoie de France. Le talent d'or valoit six mille sept cens cinquante écus.

Talent, dans le vieux langage a signifié Desir, volonté.

Agamemnon tint Brisens
Longuement en fit ses talents.

TALER. s. m. Grosse monnoie d'argent valant un écu. Elle a été premierement fabriquée en la vallée de Joachim en Bohême vers l'an 1520. par les Comtes de la Maison de Selicon, dont elle porte les Armes d'un côté, & l'effigie de l'Abbé Joachim de l'autre. Il y a aussi des Talers des Rois de Pologne, & de quelques autres Souverains de l'Europe.

TALEVA. s. m. Sorte d'oiseau de riviere de l'Isle de Madagascar. Il est gros comme une poule, & a les plumes violettes & le bec & les piés rouges.

TALINGUER. v. a. Terme de Marine. On dit *Talinguer les cables*, pour dire, Les amarer à l'arganeau de l'ancre. C'est la même chose qu'*Etalinguer*.

TALISMAN. s. m. *Piece de métal fondue & gravée sous certains aspects de Planetes, sous certaine constellation, & à laquelle on attribue des vertus extraordinaires, comme de vaincre ses ennemis, de gagner les bonnes graces des personnes, de chasser les bêtes nuisibles d'un païs, &c.* Acad. Fr. Borel veut que *Talisman* soit un mot Persan qui signifie une gravûre constellée. Les effets des Talismans sont différens, selon la constellation sous laquelle la figure a été gravée. Ainsi on tient que si la figure d'un lion est gravée en or pendant que le Soleil est dans ce Signe, ceux qui portent ce Talisman sont garantis de la gravelle, & que la figure d'un scorpion gravée sous ce Signe, empêche qu'on ne soit piqué de cet animal. On grave la figure de Venus en la premiere face de la Balance, des Poissons ou du Taureau, pour faire acquerir ou de la beauté ou de la force du corps; & pour parvenir aux honneurs & aux dignités, on porte sur soi l'image d'un homme ayant une tête de belier. Cette figure doit être gravée sur de l'argent ou sur une pierre blanche. Si on veut être heureux en marchandise & au jeu, on represente Mercure sur de l'argent; & pour devenir courageux & vaincre ses ennemis, on grave la figure de Mars en la premiere face du Scorpion. Le Soleil representé sous la figure d'un Roi assis ayant un lion à ses côtés, est un Talisman qui fait obtenir la faveur des Rois, si cette figure est gravée sur de l'or très-pur en la premiere face du lion. On distingue de trois sortes de Talismans, les Astronomiques qui se reconnoissent aux constellations celestes qui y sont gravées avec d'autres figures & quelques caracteres intelligibles; les Magiques, qui ont des figures extraordinaires avec des mots superstitieux & des noms inconnus d'anges, & enfin les Mixtes, qui sans être superstitieux ni d'anges inconnus, sont composés de signes & de noms barbares. Si on ne les porte pas sur soi, on les ensevelit dans la terre, ou bien on les place dans des lieux publics. On croit les Egyptiens inventeurs des Talismans. Ils en avoient pour toutes les parties du corps; ce qui a fait croire que c'est par cette raison qu'on trouve tant de petites figures de Dieux, d'hommes & d'animaux dans les anciens tombeaux de ce païs-là. Il y en a qui font Apollonius Thianæus le premier auteur de cette science. Les Habitans de l'Isle de Samothrace se servoient d'anneaux d'or ayant du fer enchassé au lieu d'une pierre précieuse, pour faire des Talismans. On apporte plusieurs raisons pour combattre les Talismans, comme n'étant que des artifices du Démon pour surprendre les hommes en les engageant dans des superstitions, toûjours criminelles. D'autres au contraire osent soûtenir qu'il n'entre aucune magie dans les Talismans, & qu'on en peut faire par des principes tirés de la Philosophie, ou sur des experiences qu'on ne doit pas condamner, quoique la cause en soit inconnue. Du Cange fait venir le mot de *Talisman* de *Talamascæ littera*, qui veut dire; Lettres secrettes ou en chiffre, dont se servent les Sorciers, *Talamasca*, voulant dire Masque, faux visage.

TALLARD. s. m. Espace qui est depuis le coursier jusqu'à l'apostil dans une Galere. C'est où l'on met les escomes.

TALMACHE. s. m. Vieux mot. *Talmache de bateaux*. Borel dit que c'est ce qu'on appelle *Lerva* ou *Larva*, comme qui diroit Le mufle, le masque, venant de *Talamasca*, Faux visage, à cause dequoi on appelle *Masques*, Les Sorcieres, & *Littera talamascæ*, Les lettres en chiffre.

TALMELIER. s. m. Mot qui a signifié autrefois la même chose que *Boulanger*. Il se trouve encore dans les Statuts & Lettres de ce métier, où les Maîtres sont appellés *Boulengers Talmeliers*. On le fait venir de *Talemaris* ou *Talmarius*, qui ont été dits dans la basse Latinité.

TALMUD. s. m. Livre qui contient les regles & les constitutions des sages Rabins & des Docteurs Juifs pour le bien & la conduite des Juifs. Il y avoit parmi eux, outre la Loi écrite de Moïse, la Loi orale ou de bouche des Rabins, qui est l'exposition de la premiere. Tant que subsista le Temple, les Juifs ne purent rien mettre par écrit de cette seconde Loi, qui enseignoit seulement de vive voix par tradition; mais environ six vingts ans après que le Temple eut été détruit, le Rabin Juda, fort estimé pour sa sainteté, voyant que la dispersion des Juifs faisoit oublier la Loi de bouche, redigea par écrit toutes les constitutions & les traditions des Rabins jusques à son tems, & en fit un Livre qui fut appellé *Misna*, c'est-à-dire, Repetition de la Loi. Il le divisa en six parties, dont la premiere traite de l'agriculture & des semences; la seconde traite des jours de Fête; la troisiéme, des mariages & de ce qui concerne les femmes; la quatriéme, des procès & des differends qui naissent, des dommages & interêts, & de toutes sortes d'affaires civiles; la cinquiéme, des sacrifices, & la sixiéme, des puretés & impuretés. Il y eut beaucoup de disputes touchant ce Livre qui se trouva trop succinct, & ne parut pas assés intelligible, & ces disputes s'augmentant toûjours, deux Rabins de Babylone formerent enfin le dessein de recueillir toutes les expositions & additions qui avoient été faites sur le Misna pendant trois cens cinquante ans, à quoi ils ajoûterent quantité de choses qui étoient en forme d'explication du Misna, qu'ils employerent comme le texte. C'est ce qui a fait le Livre appellé *Talmud de Babylone*, qui est divisé en soixante Parties. On en a tiré divers extraits, & particulierement des Traités des Jours des Fêtes, des Mariages & des Procès, l'usage des autres ayant tout-à-fait cessé. Depuis ce tems-là il y a eu des Papes qui ont défendu le Talmud, & d'autres qui l'ont souffert. Il est interdit presentement, & sur-tout en Italie, où il n'est ni lû ni vû.

TALMOUSE. s. f. Sorte de petite tarte qui est de figure triangulaire, & qui se fait avec du fromage & des œufs. M. Ménage fait venir *Talmouse* de l'Arabe *Tarmouth*.

TALON. s. m. *Partie du derriere du pié.* Acad. Fr. Le talon de pourceau, c'est-à-dire, le dernier os du pié, qui est attaché à l'os de la jambe, brûlé jusqu'à ce qu'il devienne blanc, pilé & pris en breuvage, est, selon Dioscoride, un fort bon remede pour la colique & les tranchées du ventre qui durent trop.

On appelle *Talon*, dans les chevaux, La partie de derriere du bas du pié, qui est comprise entre les quartiers & opposée à la pinse. Ce mot entre dans plusieurs façons de parler de Manége, & alors il est pris pour l'éperon dont le talon du Cavalier est armé. On dit en ce sens, qu'*Un cheval entend bien les talons, connoît les talons, obéit aux talons, répond aux talons, est bien dans les talons*, pour dire, que Le cheval craint & fuit les éperons. On dit aussi *Porter un cheval d'un talon sur l'autre*, pour dire, Le faire aller de côté, tantôt d'un talon, & tantôt de l'autre; & *Promener un cheval dans la main & dans les talons*, pour dire, Lui faire prendre finement les aides de la main & des talons.

Talon, en termes de Talonnier, se dit d'un petit morceau de bois leger bien plané qu'on met sous des souliers & des mules de femmes, & qui, quand elles sont chaussées, répond à la partie du pié appellée *Talon*. Les Cordonniers appellent aussi *Talon*, Plusieurs petits morceaux de cuir collés & chevillés les uns sur les autres, qu'ils attachent au bout d'un soulier, ou d'une botte, pour répondre au talon de l'homme.

On appelle *Talon de pique*, Le bout du pas de la pique; & *Talon*, quand on parle de rasoir, est la derniere partie du taillant d'un rasoir.

Talon, en termes d'Architecture, est un petit membre composé d'un filet quarré & d'une cymaise droite. Il est different de l'astragale, qui est un membre rond, au lieu que le talon est formé de deux portions de cercle, l'une en dehors & l'autre en dedans. Quand la partie concave est en haut, on l'appelle *Talon renversé*.

Talon. Le plus large du tranchant d'une faux.

Les Serruriers appellent *Talon*, dans un pêne de serrure, son extrêmité qui est dans la serrure vers le ressort. Ce talon qui est au derriere du pêne, & qui fait arrêt contre le cramponnet, peut servir de barbe, si on veut, pour le demi-tour.

Talon, en termes de Marine, est l'extrêmité de la quille vers l'arriere du Vaisseau du côté qu'elle s'assemble avec l'étambord. On appelle *Talon de rode*, Le pié de l'étrave ou de l'étambord, qui s'enchasse à la carene. On lui a donné ce nom de *Rode*, à cause que *Rode de proue* & *Rode de pouppe*, dans les Vaisseaux, est ce qu'on appelle *Etrave* & *Etambord*.

TALONNIER. s. m. Ouvrier qui fait des talons de bois pour femmes.

TALONNIERES. s. f. Aîles que les Poëtes attribuent à Mercure, & qu'ils feignent qu'il met à ses talons quand il va faire des messages pour les Dieux. Ce mot est d'usage parmi les Religieux qui vont avec des sandales ou avec des socs. C'est un morceau de cuir qui leur couvre le talon, & qui se vient rendre sur le cou du pié où il s'attache.

TALUS. s. m. Pente, tout ce qui va en panchant. On appelle *Talus*, en Maçonnerie, quand une muraille diminue de son épaisseur à mesure qu'elle s'éleve.

On appelle, en termes de Fortification, *Talus de bastion* ou *de rampart*, La pente qu'on donne à la terre ou muraille, afin qu'elle ait plus de pié & plus de force pour soûtenir la pesanteur du rempart. Il y a le *Talus exterieur*, qui est la pente donnée à un ouvrage du côté de la campagne, & le *Talus interieur*, qui est celle qu'on lui donne en dedans. Comme on tâche de ne pas fournir à l'Ennemi le moyen de monter sur l'ouvrage par escalade, on fait toûjours le Talus exterieur le moindre qu'on peut; mais lorsque la terre n'est pas bonne, on est obligé de lui donner un grand Talus, afin qu'elle puisse se soûtenir, & en ce cas on appuye la terre d'une muraille qu'on doit faire assés haute pour découvrir la campagne, sans qu'elle empêche la vûe du rempart. On lui donne un talus considerable, qui est la cinquiéme ou la sixiéme partie de ce qu'elle a de hauteur; & afin de la renforcer, on fait des contreforts en dedans pour l'appuyer. Quelques-uns disent *Talut*. On fait venir ce mot du Latin *Talus*, Talon. Sur quoi Nicod dit. *Combien que* Talut *ou* Talus *vienne de* Talus, *mot Latin, toutefois il n'est usurpé par les François en la proprieté de son origine, disant le François* Talon, *pour ce que le Latin dit* Talus *&* Talus *ou* Talut *par translation, pour La pente ou escoulant d'un heurt, ainsi qu'on en voit entre le val du fossé & le pié de la muraille. Lucian appelle cela* πρόπους, Antepedamentum, *& l'usurpe le François ainsi, parce que le talon de l'homme est ainsi fait, selon laquelle signification on dit*, Faire en talut *ou* en talus, *c'est-à-dire, en adoucissant du haut en bas. Les Tonneliers ont attiré ce mot metaphorisé à leur mêtier, appellant* Talus *ce Cerceau qui est tout le premier en l'embouchure des douves, parce que ce cerceau-là, eu esgard au sommier, qui est ce cerceau double qui l'ensuit, gist en la relieure de la fustaille, comme en talut dudit sommier.*

TAM

TAMALAPATHRA. s. m. Feuille d'un grand arbre qui croît fort communément aux grandes Indes, & particulierement vers Cambaye, ce qui l'a fait appeller *Folium Indum*. On l'appelle autrement *Malabatrum*. Voyez MALABATRUM.

TAMANDUA. s. m. Animal du Bresil grand comme un chien, selon ce qu'en a écrit de Leri. Il a le corps rond plûtôt que long, & la queue trois fois plus longue que le corps. Elle est si velue, qu'il s'en couvre tout le corps contre les injures de l'air, en sorte qu'on ne peut le voir. Sa tête est petite, & son museau extrêmement délié. Il a la gueule petite, ronde, & vit de fourmis, qu'il attrape avec sa langue qui est fort longue. Il les va chercher dans leurs fourmillieres, qu'il creuse avec ses ongles qui sont fort aigus. Cet animal est très-furieux, & attaque plusieurs animaux, & même les hommes. On tient qu'il est craint des tygres. Il y en a qui l'appellent *Tamandoua*, & qui le font de la grandeur d'un cheval de ces Païs, ayant la tête d'un pourceau, les oreilles d'un chien, un museau aigu & long d'une paume, la langue longue & étroite, des piés de bœuf, & un crin presque semblable à celui d'un cheval. Sa chair est d'un mauvais goût, ce qui fait que les Sauvages en mangent fort rarement.

TAMARIN. s. m. Fruit d'un arbre des Indes, dont les feuilles sont fort petites, après lesquelles naissent des fleurs blanches qui ressemblent assés à celles des orangers. Il en sort des gousses qui sont vertes au commencement, & qui se brunissent en mûrissant. On doit choisir les Tamarins gras, nouveaux, d'un noir de jayet, d'un goût aigrelet & agreable, & qui n'ayent point été encavés. Ils sont d'un fort grand usage en Medecine à cause de leurs qualités purgatives & rafraîchissantes. Il croît dans le Senega quantité d'arbres de Tamarins, dont les Negres mettent les fruits en pain, après en avoir ôté les grappes & les noyaux. Ils s'en servent pour étancher la soif. Ces pains de Tamarins sont rougeâtres, & on en voit rarement en France. On monde les Tamarins comme on fait la casse, & avec du sucre on en fait une confiture assés agreable. Il est parlé plus en détail des Tamarins dans le Voyage des Indes de Mandeslo, où ils sont appellés *Tamarindes*. Il dit que ces fruits viennent sur de grands arbres fort branchus, dont les feuilles ne sont pas plus grandes ni autrement faites que celles de la pimprenelle, à l'exception qu'elles sont un peu plus longues. Sa fleur ressemble d'abord à celle du Pêcher, mais elle blanchit à la fin, & pousse son fruit au bout de quelques filets qui en sortent. Dès que le Soleil se couche, les feuilles enferment le fruit pour le conserver contre le serein, & aussi-tôt qu'il paroît sur l'horison, elles se rouvrent. Ce fruit est vert au commencement, & devient gris cendré tirant sur le rouge lorsqu'il a atteint sa maturité. Il est dans des gousses brunes & tannées, & a le goût à peu près de nos pruneaux. Chaque gousse contient trois ou quatre feveroles dans une certaine chair, qui est ce que les Portugais appellent *Tamarinho*. Ils lui ont donné ce nom, à cause que ce fruit ressemble à la datte, appellée *Tamar* par les Arabes, comme si les Portugais vouloient dire *Dattes d'Inde*. Il est glaireux & tient aux doigts; mais les Indiens le trouvent d'un si bon goût, qu'ils s'en servent à la plûpart de leurs sausses, comme l'on fait ici du verjus. Ces arbres produisent du fruit deux fois chaque année, & viennent par tout sans être plantés ni cultivés. Ils sont de la grandeur d'un noyer, fort chargés de feuilles, & portent leur fruit pendu à leurs branches ainsi qu'une graine de couteau. Il n'est pourtant pas si droit, mais courbé & presque en arcade. Les Medecins l'employent contre les fiévres chaudes, contre les chaleurs de foye & contre les maux de rate, & cette drogue infusée une nuit dans de l'eau froide, purge doucement. Quand les Indiens veulent transporter les Tamarindes, ils les ôtent de leurs gousses, & en font des boules aussi grosses que le poing. Ces boules sont fort désagreables à voir, & encore plus à manier.

TAMARISC. s. m. C'est, selon Dioscoride, un arbre vulgaire qui croît auprès des eaux mortes & non courantes, & qui porte son fruit comme une fleur cotonnée. Il dit qu'en Egypte & en Syrie il croît un Tamarisc domestique entierement semblable au sauvage, si ce n'est qu'il porte son fruit comme une noix de galle. Ce fruit est inégalement astringent au goût, & on s'en sert au lieu de galle & aux médicamens des yeux & de la bouche. Pris en breuvage il sert à ceux qui crachent le sang, aux fluxions de l'estomac & à la jaunisse. Matthiole dit que le Tamarisc domestique n'est autre chose que le Tamarisc sauvage qui a été replanté, & qu'il s'étonne que Dioscoride ait dit qu'il croît auprès des eaux mortes, puisque le Tamarisc sauvage croît en Italie ordinairement aux bords des rivieres, & qu'il en a vû un fort grand & branchu proche du Tybre, qu'on tenoit pour Tamarisc domestique, & qui neanmoins produisoit son fruit & sa fleur semblables au Tamarisc sauvage; ce qui donne sujet de croire ou que le passage de Dioscoride est corrompu, ou que le Tamarisc croît en Grece aux bords des étangs & des lieux marécageux autrement qu'en Italie. On se sert, selon Columelle, du tronc de cet arbre pour faire des auges propres à donner à boire aux pourceaux, afin de leur diminuer la rate, qui leur devient fort grosse, & qui les tourmente l'été, quand les fruits tombent des arbres, à cause que ces animaux les mangent fort goulument. Galien dit que le Tamarisc est abstersif & incisif, sans avoir grande apparence de dessecher, qu'il est neanmoins un peu astringent, & que par cette raison la racine, ou les feuilles, ou les cimes des branches, cuites dans le vinaigre ou le vin servent aux duretés de la rate, & guerissent le mal de dents. Son fruit & son écorce sont fort restrictifs, & approchent de l'astriction des galles vertes. Il croît dans le Languedoc quantité de Tamariscs, qui ont leurs feuilles fort petites & leurs fruits par grappe, d'une couleur tirant sur le noir. Les Teinturiers s'en servent au lieu de noix de galles. Pour choisir le bois de Tamarisc, il faut le prendre garni de son écorce, blanc au-dessus & au-dedans, sans aucune odeur, & d'un goût presque insipide. On s'en sert, ainsi que de son écorce, pour la guerison des maux de rate, ce qui en fait faire de petits barils, que ceux qui sont attaqués de ce mal remplissent de vin. Après qu'ils l'y ont laissé quelque tems, ils en usent pour leur boisson ordinaire, & le boivent même dans des tasses ou gobelets faits du même bois. On appelle *Sel de Tamarisc*, Un sel blanc & par cristaux que l'on tire de ce bois. Il a encore la vertu de guerir du mal de rate. On dit aussi *Tamaris*.

TAMBA. s. m. Espece de métal très-rare & fort cher qu'on trouve dans les Indes, sa couleur tient de l'or & de la Rosette.

TAMBOUR. s. m. Instrument militaire très-ancien dont on se sert dans toute l'Infanterie, dans les Mousquetaires du Roi & dans les Dragons. On a dit autrefois *Tabour*, & voici la description qu'en fait Nicot. Tabour *est nom general à cet instrument circulaire, lequel ès deux fonds est bouché & couvert de peau d'âne, en sorte de parchemin tendue par des cordelettes tout autour, laquelle battue d'un ou deux bâtons, par le moyen de l'air enclos entre lesdits deux fonds, & d'une cordelette tendue à travers le bas fond d'icelui instrument, rend un gros son & esclattant: car & celui duquel les tabourineurs accompagnent leur fleute en fait de danserie, & celui dont l'Infanterie est conduite en la guerre, & animée ès batailles & assauts, sont appellez* Tabours *ou* Tambours, *selon le mot Italien* Tamburo, *ou Espagnol* Atambor; *car* Atabal *est de gens de cheval & pur morisque, combien que du petit Atabal, qu'en Languedoc on appelle* Tymbale, *il soit aussi usé en danserie & en toutes lesdites quatre langues est mot par onomatopœe.* Quoique Nicot dise que les deux fonds de tambour sont couverts de peaux d'âne, on tient qu'on ne les couvre que de peaux de mouton, tendues sur des cercles de métal ou de bois, que l'on appelle *Vergettes*, & qui se bandent avec des cordons appellés *Tirans*. La corde qui est au-dessous & souvent en double, est appellée *Timbre*. C'est celle qui est cause du son. Le Tambour est aussi haut qu'il est large, & sa largeur n'est au plus que de deux piés & demi, à cause qu'il est difficile de trouver de plus grandes peaux pour le couvrir.

On appelle aussi *Tambour*, Celui qui est destiné à battre la quaisse, ou pour avertir les Troupes des differentes occasions de service, ou pour proposer quelque chose à l'ennemi. Il y a un Tambour Major dans chaque Regiment d'Infanterie, & chaque Compagnie a son Tambour particulier, & quelquefois deux. Quand un Bataillon est sous les armes, les Tambours sont sur les ailes; & quand il file, il y en a qui sont postés à la tête, & d'autres dans les divisions & à la queue.

Tambour de Basque. Sorte de petit tambour composé d'un bois large de trois bons doigts, délié & plié en maniere de cerceau. Il est ordinairement enjolivé de papier marbré & garni de sonnettes ou de petites plaques de cuivre, qui sont enchassées dans des fentes de son corps pour faire du bruit. Il n'est enfoncé que par un bout en forme de sas. Il y a une peau de mouton bandée fortement sur ce fond, & on en joue en le tenant d'une main & en le frappant de l'autre. Les Bohémiens ont accoûtumé de s'en servir en dansant leurs Sarabandes.

Tambour, en termes d'Architecture, se dit d'une avance de maçonnerie ou de menuiserie dans un bâtiment où l'on veut faire une double porte comme l'on en voit dans les Eglises, afin d'empêcher le vent. On appelle aussi *Tambour*, Une assise ronde de pierre selon son lit de carriere, ou une hauteur de marbre, dont plusieurs forment le fust d'une colomne, & sont plus bas que son diametre. On donne encore le nom de *Tambour* à chaque pierre pleine ou percée, dont est composé le noyau d'un escalier à viz.

Tous les Jeux de paume de dedans ont leur *Tambour*. C'est une avance de la muraille qui est vers le jeu; elle fait un angle fort oblique, & cause une certaine réflexion de la balle, très-difficile à juger.

Quelques-uns appellent *Tambour*, dans une montre, le Barillet qui enferme le ressort. C'est une roue sur laquelle se roule la chaîne qui sert à monter la montre.

Tambour, se dit encore d'une machine ronde comme un tambour, qui sert à faire jouer des orgues, des carillons ou des clavessins sans que personne y mette la main. Il y a des reglets sur ce tambour, comme il y en a sur un papier de musique. Des pointes de fer sont à la place des notes. Ces pointes accrochent & font baisser les touches suivant le son qu'on en veut tirer.

Tambour, en termes de Medecine, signifie une membrane très-forte & transparente, qui termine la cavité exterieure de l'oreille, qu'on appelle *Conque*. Cette membrane est attachée dans une feuillure qui est à la partie interieure du cercle osseux. Elle forme un plan incliné, & non pas droit, dans le fond de cette cavité, sans quoi elle auroit pû être enfoncée par les fortes impulsions de l'air, qui par ce moyen roule sur sa superficie fort doucement. Ceux qui en naissant ont cette membrane épaisse, sont des sourds incurables. Le cercle osseux où elle est enchassée, est échancré à sa partie superieure.

On appelle, en termes de Marine, *Tambours d'éperon*, Plusieurs planches que l'on cloue sur les jautereaux de l'éperon, & dont l'usage est de rompre les coups de mer qui donnent sur cette partie.

TAMBOURE-CISSA. s. m. Arbre de l'Isle de Madagascar, qui porte des pommes qui s'ouvrent en quatre parties lorsqu'elles mûrissent. La chair de ce fruit est pleine de pepins au-dedans, & couverte d'une peau tendre orangée qui donne une teinture pareille à celle du fruit de l'Amerique, appellé *Roucou*.

TAMBUSTEIS. s. m. Vieux mot. Bruit.

TAMIS. s. m. Vaisseau rond au milieu duquel il y a un tissu de toile, de crin ou de soye, par lequel on passe des drogues pulverisées, ou que l'on veut épurer pour en retirer le plus délié. Les Parfumeurs se servent de Tamis pour passer leurs poudres. Ce mot, selon M. Ménage, vient du bas Breton *Tamoues*.

Les Organistes appellent *Tamis*, Une piece de bois percée qui sert à tenir en état les tuyaux de l'orgue. Ces tuyaux passent au travers de cette piece de bois.

TAMISAILLE. s. f. Terme de Marine. Petit étage qui est à une flûte entre la grande chambre & celle du Capitaine. C'est où passe la barre du gouvernail.

TAMOUATA. s. m. Nom que les Sauvages du Bresil donnent à un poisson long d'un palme & plus petit que nos harencs. Sa tête est monstrueuse en grosseur pour la petitesse de son corps. Il a deux nageoires sous les oreilles, & les dents plus aigues que celles de nos brochets, & depuis la tête jusqu'au bout de sa queue il est armé d'écailles si dures, qu'à peine le peut-on percer avec une épée. Sa chair est d'un fort bon goût. On l'appelle aussi *Tamoutiata*.

TAMPON. s. m. *Bouchon, morceau de bois servant à boucher un tuyau, un muid, une cruche, ou quelque autre sorte de vase.* ACAD. FR. Les Graveurs en cuivre ont un Tampon de feutre ou de lisiere de drap noirci, & ils s'en servent pour frotter leur planche & remplir les traits à mesure qu'ils gravent.

Les Imprimeurs en taille douce appellent *Tampon*, Un morceau de linge tortillé dont ils se servent pour ancrer la planche.

Tampons, en termes de Charpentier & de Menuisier, sont des chevilles de bois qu'ils mettent dans les ruinures des poteaux d'une cloison, afin d'en tenir les panneaux de maçonnerie, ou dans celles des solives d'un plancher, pour en arrêter les entrevoux. *Tampons*, se dit aussi des petites pieces qui servent aux Menuisiers à remplir les trous des nœuds de bois & à cacher les clous à tête perdue des lambris & des parquets.

On appelle sur mer *Tampons de canon*, Des plaques de lieges avec lesquelles on bouche l'ame du canon, afin d'empêcher que l'eau n'y entre; & *Tampons d'écubiers*, Certaines pieces de bois longues à peu près de deux piés & demi, qui vont en amenuisant, & dont l'usage est de fermer les écubiers quand on est à la voile. Il y en a d'échancrés par un côté, qui bouchent les écubiers quand les cables y sont encore. Quelques-uns disent *Tapons d'écubiers*.

Tampon, est aussi la partie de la flûte ou du flageolet qui aide à faire l'embouchure de l'un & de l'autre, & sert à donner le vent.

TAMPONNER. v. a. Boucher avec un tampon. On dit en termes d'Architecture, *Ruiner & tamponner*, pour dire, Hacher des poteaux de cloison par les côtés, en y mettant des chevilles de bois pour tenir les plâtras, & la maçonnerie, dont on remplit ensuite l'entredeux des solives.

TAN

TAN. s. m. Poudre d'écorce de jeune chêne pilée fort menu, dont se servent les Tanneurs pour donner au cuir la couleur & la nourriture dont il a besoin. Nicot en parle en ces termes. Tan *est la poudre de chesne moulue & brayée, & reduicte à force de coups de pilons pesants soubslevez, & baissez avec une roue, tournée par courant ou cheute d'eau, ou à force de cheval ou de bras, de laquelle pouldre les Taneurs couldrent & tanent les cuirs, tant au couldroir qu'en la fosse; ce qui les affermist, endurcist, & tainct de la couleur blasphastre dont ils sont avant qu'ils passent par la main du bauldroyeur.* On fait venir *Tan* de *Tannum*, mot de la basse Latinité, aussi-bien que *Tannare*, pour dire Tanner.

TANCE. s. f. Vieux mot. Querelle, débat.

N'avoit talent de mouvoir tance,
Quand Hector & sa compagnie
Mistrent le feu en la navie.

TANCHE. s. f. Poisson de lac & d'étang qui a la chair assés ferme, mais qui sent souvent la bourbe, à cause qu'il se nourrit dans des eaux bourbeuses & dormantes. La Tanche tire sur le vert & sur le jaune, & a de petites écailles très-glissantes, deux ailes auprès des ouïes; deux autres au ventre, une auprès du trou des excremens & une autre sur le dos. Celle-là est courte & sans aiguillon.

TANGAGE. s. m. Balancement d'un Vaisseau de l'avant à l'arriere.

TANGARA. s. m. Oiseau du Bresil, gros comme un moineau, qui a la tête jaunâtre & tout le reste du corps de couleur noire. Il ne chante point, & il y en a de plusieurs especes. Les Sauvages ne veulent point en manger, parce qu'ils le croyent sujet au mal caduc. Ils disent que ces oiseaux se divertissent à faire une maniere de danse, & que l'un d'entre eux s'étant étendu comme mort sur terre, les autres font autour de lui un murmure sourd, jusqu'à ce qu'il se leve & fasse le même bruit, & alors ils prennent tous leur vol vers quelque autre endroit.

TANGENTE. s. f. Terme de Geometrie. On sous-entend *Ligne*. C'est une ligne droite tirée sur une courbe de sorte qu'elle la touche en un point, & ne la peut couper. On appelle *point d'attouchement* le point où la Tangente touche la courbe. La Tangente d'un cercle est toûjours perpendiculaire à un diametre qui passe par le point d'attouchement. Les Tangentes sont d'une extrême importance dans la connoissance des courbes, car il y a beaucoup *d'affections* des courbes que l'on n'a que par les Tangentes, par exemple, on dit qu'une ligne droite est perpendiculaire à une courbe, quand elle l'est à la Tangente tirée par le point où elle rencontre la courbe, on dit que deux courbes sont perpendiculaires entre elles, quand leurs Tangentes tirées par le point où elles se rencontrent, se coupent l'une l'autre perpendiculairement, on dit que deux courbes se touchent quand la ligne qui passe par le point où elles se rencontrent, est Tangente de l'une & de l'autre. Au lieu de *Tangente*, on dit assés souvent *Touchante*.

Dans la Trigonometrie, on appelle plus particulierement *Tangente d'un arc* ou de l'angle mesuré par cet arc, une ligne droite tirée perpendiculairement sur l'extrêmité du diametre, qui passe par une des extrêmités de cet arc, & terminée à la rencontre d'une ligne tirée par le centre & par l'autre extrêmité de l'arc, jusques hors le cercle. Cette derniere ligne s'appelle *Secante*, parce qu'elle coupe le cercle, & on l'oppose à la *Tangente*. Tous les arcs imaginables ont leur *Tangente* & leur *Secante*, qui ont une certaine *raison* fixe & déterminée au rayon du cercle. Ainsi en donnant une certaine valeur ou un certain nombre de parties au rayon, on trouve combien de ces parties & quelle valeur doivent avoir la Tangente & la Secante de chaque arc, ce qui est du même usage que les *Sinus*, Voyez SINUS. Aussi ce calcul se fait sur les mêmes principes, & l'on joint ordinairement des Tables des Tangentes & des Secantes à celles des Sinus. On appelle *Soutangente* une *Abscisse* quelconque prolongée jusqu'à ce qu'elle rencontre la Tangente tirée par l'extrêmité de l'*Ordonnée* correspondante à cette abscisse. Voyez ABSCISSE & ORDONNE'E.

TANGER. v. a. On dit en termes de mer *Tanger la côte*, pour dire, Courir terre à terre, c'est-à-dire, Courir le long de la côte.

TANIERE. s. f. Caverne où se retirent les Lions, les Ours, les Renards & les Blereaux.

TANNE. s. f. Petite tache noire qui paroît sur le visage & qui vient d'un petit bourbillon qui engendre quelque bube dans le cuir. Les Tannes se tirent avec des épingles, ou en pressant la peau du visage avec les doigts.

TANNES. s. f. p. Petites marques qui restent sur les peaux des bêtes fauves même apprêtées; ce sont les marques des insectes qui les ont piquées.

TANNE'E. s. f. Terme de Tanneur. Tan usé, & qui sort des fosses.

TANNER. v. a. Mettre les cuirs dans le tan, afin d'en faire tomber le poil ou la bourre, & de le mettre en état d'être courroyé. On disoit autrefois *Tanner quelqu'un*, pour dire, Lui donner de la peine, l'ennuyer, & en ce sens il y en a qui le font venir de *Tamar*, qu'ils disent être un mot Celtique ou bas Breton qui signifie Gehenne. Ce n'est pas l'opinion de Nicot, qui dit. Taner, *tantost & proprement est outrer les cuyrs de tan, qu'on appelle proprement* Couldrer; *tantost, teindre quelque chose en couleur tanée, c'est ressemblant à celle du tan; & tantost par translation, Fascher, ennuyer & molester autruy: car à ceux qui ainsi sont outrez de fascherie & ennuy, le visage leur devient jaunastre & blasphastre comme couleur de tan.* Le même Nicot fait venir le mot de *Tanné* de *Castaneus*, en ôtant les trois premieres lettres, à cause que c'est une couleur de châtaigne.

TANQUER. v. n. Terme de Marine. On dit qu'*Un Navire tanque*, pour dire, qu'Il enfonce & tombe par son avant, sur tout s'il fait vent arriere, en sorte que sa sivadiere & son beaupré sont couverts d'eau. Cela arrive ordinairement aux Vaisseaux que l'on a construits trop courts. D'autres disent *Tanguer*, & entendent par *Un Navire qui tangue*, Un Vaisseau qui se hausse de l'avant & ensuite de l'arriere, comme s'il se balançoit sur les lames de la mer.

TANQUEUR. s. m. Portefaix qui sert à charger & à décharger les Navires & les Galeres; ce qui le fait aussi appeller *Gabarier*.

TANTIN. s. m. Vieux mot. Petite quantité de quelque chose.

Vers eux s'adresse ce mutin,
Disant, Attendez un tantin.

On a dit aussi *Tatin*.

Un tour de bec édifie un tatin.

C'est delà qu'est venu le vieux mot *Tantinet*.

Si luy plaist un tantinet,
Qui luy retienne le hutinet.

TAO

TAON. s. m. Grosse mouche qui a un aiguillon dont en Eté elle pique les chevaux, les bœufs, les vaches & les serpens. Quelques-uns écrivent *Tabon*. Il faut prononcer *Ton*. Ce mot vient du Latin *Tabanus*, dont les Espagnols ont fait *Tavano*, & les Italiens *Tafano*. On tient que les nymphes des Taons s'engendrent de certains petits animaux qui vivent dans les rivieres. On n'a pas de peine à distinguer dans le ver du Taon sa tête, sa poitrine, son ventre, & comme douze petits cercles qui divisent son corps en douze parties. Son bec se sépare en trois parties, qui pendant la vie de cet insecte se meuvent continuellement, de même que la langue des serpents.

Rondelet parle d'un *Taon*, qu'il dit être un petit animal marin de la grandeur d'une araignée, qui tourmente les poissons appellés Dauphins & Empereurs.

TAP

TAP. s. m. Terme de Marine. On appelle *Taps de*

pierriers, six Pieces de bois qui ont deux piés de longueur & six pouces en quarré, & que l'on attache sur l'apostil, afin de soûtenir les pierriers.

TAPABOR. s. m. Sorte de bonnet à l'Angloise, qu'on porte à la campagne & sur mer, & dont on rabat les bords sur les épaules pour se garantir du mauvais tems. Quelques-uns disent *Tapebord*, de *Bord*, Navire, comme étant un bonnet de Vaisseau, de même qu'on appelle *Habit de bord*, Un habit qu'un homme de marine porte à la mer.

TAPECU. s. m. La partie chargée d'une bascule qui sert à baisser & à lever un pont-levis.

On appelle, en termes de Marine, *Tapecu*, Une voile qui se met à une vergue suspendue vers le couronnement d'un Vaisseau, & que l'on ne porte que de vent arriere. Elle n'est d'usage que pour les Vaisseaux Marchands, & on doit la suspendre de telle sorte, qu'elle couvre le dehors de la pouppe, & déborde à stribord & à basbord de deux brasses de chaque côté.

TAPIERE. s. f. Terme de Marine. Longue piece de bois de quatre pouces en quarré, qui est reçûe par les coudelates dans la construction d'un Vaisseau.

TAPIRETE. s. m. Nom que les Sauvages du Bresil donnent aux Elans. De Leri les appelle *Tapiroussou*, & Thevet *Tapihire*. Ils ressemblent assés aux mulets & ont un long museau qu'ils allongent & retirent, les oreilles déliées, longues & pendantes, le col court, une courte queue, & les ongles solides & durs. Ils sont sans corne, & leur chair approche de celle du bœuf. Cet animal nage & plonge fort bien, gagnant aussi-tôt le fond, & quand il a nagé fort loin sous l'eau, il en retire sa tête. Il y en a un fort grand nombre en ce païs-là; ce qui fait que les Sauvages couvrent leurs boucliers de leur peau. Ils en font aussi des rondaches, en l'étendant en rond & la sechant au Soleil.

TAPIS. s. m. *Piece d'étoffe ou de tissu de laine, de soye. &c. dont on couvre une table, une estrade, &c.* ACAD. FR. Il y a des Tapis de Perse extrêmement riches, & on les estime beaucoup plus que ceux de Turquie. *Tapis* vient du Latin *Tapes*, fait du Grec τάπης, qui veut dire Couverture, comme celle que l'on met sur un lit ou sur un cheval.

On appelle, en termes de Jardinage, *Tapis de gazon*, Toute piece de gazon pleine sans découpure, & qui est plûtôt quarré-longue, que d'une autre figure.

Tapis est aussi un terme d'Anatomie, & se dit d'une membrane déliée qui est posée sur le fond de l'œil des animaux terrestres. Cette membrane est couchée sur la choroïde, dont elle peut neanmoins être séparée, & a un lustre de nacre qui la fait paroître de plusieurs couleurs.

On dit, en termes de Manége, qu'*Un cheval rase le tapis*, pour dire, qu'il ne leve pas assés le devant, & qu'il galoppe contre terre à la maniere des chevaux Anglois.

TAPITI. s. m. Sorte d'animal du Bresil, qui approche fort de nos lapins. Il a son poil rougeâtre, & abboye à la maniere des chiens, & sur-tout de nuit, ce que les Sauvages tiennent de mauvais augure. Il y en a de differentes especes, dont les uns n'ont point de queue, & les autres en ont une de demipié de longueur. Ces animaux, que l'on appelle aussi *Tapati*, ont trois ou quatre petits à la fois. On en voit pourtant fort peu, à cause qu'ils servent de proye aux bêtes sauvages & aux oiseaux de rapine.

TAPIYRE-ETE. s. f. Sorte de vache sauvage qui se trouve aux Isles Occidentales dans l'Isle de Maragnan. Elle est sans cornes & a les oreilles longues, les dents fort aigues & les jambes courtes, ainsi que la queue. On prétend que la pierre de besoar, si estimée, est cachée dans les entrailles de ces animaux.

TAQ

TAQUET. s. m. Terme de Marine. Crochet de bois à deux branches, où l'on amarre diverses manœuvres. Il y en a de simples qui sont presque faits comme un coin, & d'autres appellés *Taquets à cornes*, qui ont les deux bouts pointus, & qui sont élevés par le milieu. Ceux qui sont échancrés par dedans & cloués par les deux bouts, s'appellent *Taquets à gueule* ou *à dent*. Quand on construit ou radoube des Vaisseaux, on a un *Taquet de fer*, qui est une espece de Taquet à gueule, dont on se sert pour faire approcher les membres, les précintes & les bordages les uns des autres. Les *Taquets de mât* sont de longs taquets que l'on y cloue, & où l'on passe des chevillots pour y lancer des manœuvres. On appelle *Taquets de haubans*, de longues Pieces de bois amarées aux haubans d'artimon, où il y a des chevillots qui servent à y lancer les cargues; *Taquets d'écoute*, de grands Taquets de deux pieces où les écoutes s'amarent, & *Taquets de cabestan*, de courtes Pieces de bois que l'on met au cabestan pour le renfler. Les *Taquets d'amure* sont de grosses & courtes pieces de bois trouées, qui étant appliquées sur chaque côté du Vaisseau, y servent de dogue d'amure; & les *Taquets de ponton* sont de gros taquets par où passent les attrapes quand on carene. On dit *Taquets de hune à l'Angloise*, pour signifier deux demi-ronds qui servent de hune, étant mis aux deux côtés du bout du mât du beaupré. Il y a encore des *Taquets d'échelle* & des *Taquets de potence*. Les premiers sont des pieces de bois qui servent de marches aux échelles des côtés d'un Vaisseau, & les autres, de petits taquets couverts par un bout, dans lesquels s'emboîte le bas de la potence de la bringuebale.

On dit aussi *Taquet* d'un petit morceau de cercle aiguisé par les deux bouts qu'on met en rabattant les tonneaux entre les Torches pour les maintenir.

TAR

TARABAT. s. m. Sorte d'instrument dont on se sert la nuit pour réveiller les Religieux qui sont obligés par leur Institution d'aller au Chœur à minuit, ou à d'autres heures. Il y a de deux sortes de Tarabat. L'un est une maniere de cresselle qui est en usage la Semaine sainte pour avertir d'aller à Tenebres. L'autre consiste en un petit ais qui a deux gros clous de chaque côté, l'un en haut, & l'autre en bas, avec une poignée à chaque bout & une verge de fer en forme d'anse qui tient à ses poignées. Cette verge est aussi grande que l'ais, & lorsqu'elle vient à frapper sur les clous, le bruit qu'elle fait réveille.

TARANCHE. s. f. Grosse cheville de fer qui sert à tourner la viz d'un pressoir par le moyen des ombiets & des leviers.

TARANTE. s. m. Animal sauvage, gros comme un bœuf, qui naît dans les Païs Septentrionaux. Sa tête est plus grande que celle d'un cerf, & il est couvert d'un poil long comme celui de l'ours.

TARAU. s. m. Rouleau d'acier en forme de cone, taillé spiralement en viz pour faire des écrous. M.

Felibien dit qu'il y a des Taraux pour faire des écrous de fer, & d'autres pour faire des écrous de bois, comme il y a differentes filieres pour faire des viz.

TARAUD. f. m. Grosse flûte qui a onze trous, & qui sert de basse dans les concerts de musettes & de hautbois. C'est ce qu'on appelle autrement *Basson*. Quelques-uns disent *Tarot*.

TARAUDER. v. a. Faire un trou en façon d'écrou, dans une piece de métal ou de bois, pour arrêter une viz.

TARCAIRE. f. m. Vieux mot. Carquois.

Le tarcaire où l'en seult répondre
Les dards qui bien y vent espondre.

TARE. f. f. Déchet, diminution qui se trouve en quelque chose. Il se dit principalement des monnoyes & des métaux.

Tare, est aussi un terme de la Manche, & signifie du goudron.

TARENTOLE. f. f. Sorte d'insecte venimeux, de couleur de cendre, marqueté de petites taches blanches & noires ou de taches rouges & vertes. Quelques-uns disent *Tarentule*. Matthiole dit que c'est une espece de phalange plus dangereuse que toutes les autres, & qu'on l'a appellée *Tarentule*, à cause de Tarente Ville de la Pouille. Ceux qui en sont piqués, poursuit-il, sont tourmentés de differentes manieres. Les uns chantent, les autres rient, d'autres pleurent, & d'autres ne cessent point de crier. Il y en a qui sont assoupis & d'autres à qui il est impossible de dormir. Enfin il arrive à chacun d'eux des symptômes differens, comme de sauter & de danser, de suer, de trembler, d'être dans de continuelles frayeurs, ou d'entrer en phrenesie. Ces diversités de passions ne viennent que de la diversité des venins de ces animaux, ou de la diverse constitution de ceux qui en sont mordus. Il y en a qui sont persuadés que le venin de la Tarentole change de qualité de jour en jour & d'heure en heure, & que c'est delà que viennent ces diversités de passions. Il y a quantité de Tarentoles aux environs de Senes & de la Romagne, & particulierement aux lieux maritimes, quoiqu'il y en ait moins que dans la Pouille. Elles se tiennent dans les trous parmi les blés, & quittent ces trous pour piquer les moissonneurs qui ont ordinairement les jambes nues. Ce qu'il y a de fort surprenant, c'est que la musique empêche qu'on ne sente la douleur de ces sortes de piquûres, & que ceux qui les ont reçûes commencent à sauter ou à danser si-tôt qu'ils entendent quelque instrument musical. Si l'instrument cesse, ils tombent par terre sans se pouvoir soûtenir à cause de la violence de la douleur, si ce n'est qu'ils ayent tant sauté, que le venin se soit évaporé en partie par la sueur & en partie par les pores.

TARER. v. n. Terme de Blason. On dit *Tarer de front, de côté, de profil*, selon le tour que l'on donne au timbre de l'écu. Quand il est taré de front, c'est une marque de grande noblesse.

TARERONDE. f. f. Poisson qui est mis, comme la raye, au rang des poissons plats & cartilagineux. Il y en a de deux sortes, l'une qui n'a qu'une pointe sur la queue, & l'autre qui en a deux. Les Pêcheurs disent que l'un est mâle & l'autre femelle. Ces pointes sont si fermes & si aigues, qu'elles percent & penetrent jusqu'aux nerfs, en sorte que quelques-uns en meurent sur l'heure. Dioscoride dit que l'épine qu'on voit à la queue de la Tareronde courbée contre les écailles, a la vertu d'appaiser la douleur des dents. Pline assûre qu'elle y est fort bonne, si après qu'on l'a mise en poudre, on y mêle de l'ellebore blanc pour s'en frotter les gencives. Les dents tombent par ce moyen sans faire aucun mal. Matthiole croit que les Charlatans s'en servent lorsqu'ils arrachent des dents sans ferrement. On appelle aussi ce poisson *Glorin* & *Pastenaque*. Voyez PASTENAQUE.

TARGE. f. f. Bouclier dont les Romains se servoient aussi-bien que les Espagnols & les Africains, & qui étoit fait en façon de croissant courbe & quarré-long. Les premieres targes étoient des boucliers ou écus de gens à pié, & ce mot, selon du Cange, a signifié quelquefois un grand bouclier qui servoit dans les assauts & dont tout le corps étoit couvert. Marot au Pseaume 31.

Sa défense te servira.
De targe & de modele.

Ce mot vieillissoit déja du tems de Nicot. *Targe*, dit-il, *est une espece de bouclier presque quarré & plissé par travers en forme de la lettre* S, *dont les Espagnols usent encore ès lieux frontiers de l'Afrique, à la façon des Afriquains, qui le nomment* Adarga, *& le Languedoc* Targue. *Si fait le François, disant aussi* Targue, *quoiqu'il en ait presque aboli l'usage.* M. Menage prétend que *Targe* a été fait de *Tergum*, Cuir, à cause que les boucliers étoient faits autrefois de bois couvert de cuir bouilli.

Targe se dit, en termes de Jardinage, d'un ornement en maniere de croissant, qui est fait de traits de bouis & arrondi par les extrémités. Il entre dans les compartimens des parterres, & est imité des anciens boucliers appellés *Targes*.

TARGER. v. n. Vieux mot. Tarder. On a dit aussi *Targier*.

Tost aprés gueres ne targierent,
Qu'an qu'il orent fait depecierent.

Quelques-uns veulent que ce mot soit venu de *Targe*, qui a signifié un grand bouclier qui couvroit presque tout le corps, à cause que sa pesanteur obligeoit ceux qui le portoient à marcher fort lentement, ce qui les faisoit tarder.

TARGETTE. f. f. Plaque de fer fort deliée, composée d'un verrouil & de deux cramponnets qui le tiennent. Cette Targette est de forme ovale, & on l'attache sur le chassis de la vitre. Il s'en fait de differentes façons, & il y a des croisées où l'on en met de vuidées & qui sont entaillées de leur épaisseur dans le bois, à quoi M. Felibien ajoûte qu'il en est quelques-uns dont les verrouils sont par dessous la platine, retenus avec une petite couverture ou deux cramponnets entaillés dans le bois. Cette façon est ancienne.

Targette est aussi une verge de fer qui soûtient par des anneaux les rideaux d'un lit, d'une fenêtre.

TARGON. f. m. Herbe qu'on mange en salade, & dont on se sert pour donner du goût aux sauces. Matthiole dit que ses feuilles sont longues & ses racines rampantes presque à fleur de terre, comme celles de l'herbe des prés. Il ajoûte que quelques-uns croyent que cette plante n'est point naturelle, & qu'elle se fait artificiellement de graine de lin mise en un oignon cavé & planté ensuite, mais que plusieurs qui l'ont essayé, ont été trompés. Les Italiens l'appellent *Dragonello*, & les Latins *Dragunculus hortensis*.

TARIERE. f. f. Outil de fer dont les Charpentiers se servent. Il est emmanché de bois en potence, & en tournant il fait que le fer perce le bois où il touche, & fait de grands trous propres à y mettre des chevilles. Il y en a de plusieurs sortes & grosseurs. M. Felibien fait venir ce mot du Grec τέρετρον, qui vient de τείρω, Je perce, je fais un trou; & il observe que les ouvriers disent *Un gros tariere*, au masculin, lorsque le Tariere est gros, & *Une petite tariere*, quand il est petit. Il se fait de petites Tarieres qu'on appelle *Lacerets.*

TARIN. s. m. Petit oiseau vert qui a une petite tache noire sur la tête. Il chante en cage, & ressemble assés au Serin. Plusieurs Oiseliers disent *Terin.*

TAROTS. s. m. p. Cartes à jouer dont les Espagnols se servent, & qui au lieu des figures de cœurs, carreaux, piques & trefles qui sont marquées sur les nôtres, en ont de deniers, d'épées, de coupes & de bâtons.

TAROUPE. s. m. Poil qui croît sur le haut du né, entre les deux sourcils, & que les mélancoliques ont fort épais, & qu'on arrache avec des pincettes.

TARSE. s. m. Terme d'Anatomie. La premiere partie du petit pié, ou du pié proprement dit. C'est ce qu'on appelle ordinairement *Le cou du pié.* Le Tarse est composé de sept os, dont le premier est appellé *Astragale.* Ce mot est Grec, ταρσός.

TARTANE. s. f. Barque dont on se sert sur la mer Mediterranée, & qui ne porte qu'un arbre de mestre & une misaine, ce qui la fait differer des autres barques. La voile d'une Tartane est à tiers point, & elle en appareille une à trait quarré, qu'on appelle *Voile de fortune*, quand il est gros tems.

TARTAREUX, EUSE. adj. Qui a la qualité du tartre.

TARTARISER. v. a. Terme de Chymie. Purifier par le sel de tartre. Ainsi l'on dit *Tartariser l'esprit de vin*, pour dire, Le purifier.

TARTAVELE. s. f. Vieux mot. Sorte d'instrument propre à faire du bruit.

Qui sont ces asnes sans cervelles,
Qui sonnent de leurs tartavelles
A nos huis?

TARTE. s. f. Piece de patisserie, de fruit, de confitures ou de creme, avec des œufs & du fromage. Elle est composée d'une abbaisse & d'un couvercle decoupé, ou par petites bandes arrangées proprement à quelque distance les unes des autres. Il y a aussi des *Tartes de massepains.* Elles sont faites d'amandes pilées & glacées avec du sucre. M. Menage fait venir ce mot du Latin *Torta*, aussi-bien que *Tourte.* Du Cange dit que *Tarta* se trouve dans la basse Latinité.

On appelle *Tartes bourbonnoises*, Certains bourbiers qui sont dans les prés ou autres endroits du Bourbonnois, où les hommes & les chevaux s'abîment si on ne leur donne un prompt secours.

TARTRE. s. m. Terme de Chymie qui signifie trois choses, dont la premiere est l'acide du vin inseparablement, qui est plus ou moins fixe en divers vins. Ainsi l'acide du vin d'Espagne monte dans l'alembic & ne laisse qu'une liqueur insipide. Celui des autres est plus fixe & embarrassé avec des parties terrestres, qui font que les parties volatiles montent dans la distillation, & que les fixes demeurent en forme de chaux. On demontre l'acide du vin, en ce que si on y laisse un œuf durant quelque tems, cet œuf paroîtra couvert de petits cristaux, parce que l'acide du vin corrode l'alcali de la coque de l'œuf, & forme avec lui un troisiéme sel salé en maniere de cristal. *Tartre*, se prend aussi pour la lie du vin, & voici comme il s'engendre. Pendant que l'acide du vin corrode la lie, il se coagule lui-même avec les parties salines qu'il dissout, retenant en même-tems les parties terrestres, & c'est l'union de ces trois choses qui fait le Tartre. Ce tartre s'attache aux côtés du tonneau, non seulement parce que le vin a plus d'acide en cet endroit, comme on le connoît, en ce que si on expose ce tonneau rempli de vin à un grand froid, le vin se gele vers les côtés du Vaisseau, & l'esprit de vin prend le milieu; mais aussi parce que les sels ne sçauroient se coaguler, sans avoir un sujet ferme à quoi ils s'attachent, tel que le bois de chêne, dont d'ordinaire on fait les tonneaux; & c'est cette pierre fort dure qui se trouve adherante aux parois des tonneaux de vin, que veut dire proprement le mot de *Tartre.* C'est sa troisiéme signification, & en ce sens le Tartre est blanc ou rouge selon la couleur du vin qui l'a produit. Les Chymistes en tirent un medicament qu'ils appellent *Creme* ou *Cristal de tartre.* Il se fait en mettant le Tartre en poudre grossiere, & versant de l'eau chaude sur cette poudre. Après qu'on l'a un peu agitée, l'eau se charge des impuretés. Il faut alors y en mettre d'autre, & réïterer la même operation, jusqu'à ce que l'eau chaude ne puisse plus enlever d'impuretés. Ensuite on seche le Tartre, qu'on garde pour le besoin. Il y a aussi une huile de Tartre qui se prépare de deux manieres, ou *Per descensum*, ou *per ascensum.* Pour faire cette huile de la premiere maniere, on prend du tartre blanc ou rouge, qu'on fait calciner dans un pot de terre au four ou en un fourneau, jusqu'à ce qu'il soit entierement blanc. On le pulverise ensuite, & on le met dans un sachet de drap blanc ou de toile, qu'on pend à la cave, ou dans quelque endroit semblable. On met un pot au-dessous pour y recevoir une liqueur aussi claire que de l'eau, qui en distille. L'huile de Tartre se prépare *per ascensum* en broyant le tartre que l'on met ensuite avec du sel ou des cailloux concassés à la retorte. On allume du feu dessous, & ce feu est augmenté peu à peu. Après l'eau il en sort une huile puante, que l'on rectifie en la distillant de nouveau par le sable. Cette huile prise interieurement avec du vin blanc rompt la pierre, provoque l'urine & mondifie les ulceres interieurs. Etant appliquée elle est excellente contre toutes sortes de douleurs de nerfs & de jointures. Quelques-uns, pour avoir un esprit de tartre très-volatile, le rectifient sur sa tête morte, d'autres avec la chaux vive, & d'autres avec un alcali approprié. Par ce moyen, ce qui reste d'acide dans l'esprit de tartre est absorbé par l'alcali fixe, & il ne monte que l'esprit le plus pur & l'alcali le plus volatile qui se peut tirer au feu de sable. L'esprit volatile de tartre a des proprietés admirables, & il n'y a point de meilleur remede pour le mal hypochondriaque, la goutte, la paralysie, la pleuresie, l'hydropisie & toutes les maladies chroniques, qu'il guerit en chassant leur cause materielle par les urines & par les sueurs. Les Alchymistes n'ont point de meilleure menstrue que le sel de tartre, pour dissoudre presque tous les mineraux & pour extraire leur soufre. Il y a une *Terre foliée de tartre*, qui se fait avec le sel de tartre & l'acide volatile du vinaigre. C'est proprement un tartre regeneré, dont on peut tirer, ainsi que du tartre, de l'esprit, de l'huile & du sel fixe. Cette terre foliée avec l'esprit de sel ammoniac est un bon remede contre le mal hypochondriaque & les maladies de l'urine.

On appelle *Tartre vitriolé*, Un sel salé, composé du sel de tartre & de l'esprit de vitriol. Il n'y a point un meilleur aiguillon pour les purgatifs, & quand on le joint à un purgatif, le quart de la dose de ce purgatif suffit pour bien purger. C'est aussi un puissant diuretique, qui non seulement pousse les urines, mais qui dissout & déterge même les coagulations & les ordures qui se trouvent dans & autour des conduits urinaires. Il y a encore un Tartre qu'on appelle *Tartre martial*. Il se fait en dissolvant du tartre dans de l'eau des forgerons, & en jettant de la limaille d'acier dans la dissolution. L'acide du Tartre corrode le mars, après quoi on filtre & on laisse évaporer la dissolution. Cette dissolution ayant été réïterée, on l'expose dans la cave ou en quelqu'autre lieu froid, où il se forme des cristaux admirables dans les maladies chroniques, & sur-tout pour la suppression des ordinaires des femmes.

TARUGA, ou *Taruca*. s. m. Animal sauvage du Perou, qui est une espece de cerf, mais plus petit que ceux de l'Europe. Il est de couleur brune, & a les oreilles pendantes & deliées. Ces animaux se tiennent rarement par troupes, & aiment à vivre seuls parmi les precipices des rochers.

TAS

TAS. s. m. *Monceau, amas de quelque chose*. ACAD. FR. On appelle *Tas*, en termes de Maçonnerie, La masse de pierres arrangées qu'on maçonne, & en ce sens on dit *Retailler une pierre sur le tas*, pour dire, La retailler avant que de l'assûrer à demeure. *Tas de charge*, se dit des premieres pierres qu'on voit sur les angles ou dans le plein d'un mur, & qui montrent le commencement & la naissance d'une voute ou des branches des ogives, tiercerons, formerets & arcs doubleaux. On dit *Vouter en tas de charge*, pour dire, Mettre les joints de lit partie en coupe du côté de la douelle, & partie de niveau du côté de l'extrados, afin de faire une voute spherique.

Les Paveurs appellent *Tas droit*, Une rangée de pavé sur le haut d'une chaussée, d'après laquelle s'étendent les aîles en pentes à droit & à gauche jusques aux ruisseaux d'une large rue, ou jusques aux bordures de pierre rustique d'un grand chemin pavé. Nicot dit que le mot de *Tas*, semble venir du Grec τάσσειν, Mettre en ordre, arranger, ou de τάξις, Arrangement, ordre. M. Ménage le fait venir de *Tassus*, que les Auteurs de la basse Latinité ont dit pour signifier un Monceau de foin ou d'épis.

Les Orfevres appellent *Tas*, Une sorte de petite enclume dont ils se servent pour faire des vis, des moulures. Elle est attachée à un gros rond de fer, & ils travaillent sur cette enclume aux ouvrages delicats. Les Monnoyeurs ont aussi une enclume qu'ils appellent *Tas*. Elle a neuf ou dix pouces de diamettre, & sa queue entre dans une souche de bois que les Ouvriers appellent *Seppeau*. C'est sur ce tas qu'ils flattissent, élaizent & bouent les quarreaux.

TASSART. s. m. Espece de Brochet que l'on trouve en Amerique, & qui se prend d'ordinaire aux entre deux des Isles en approchant des rochers où les marées sont plus fortes & où la mer est plus agitée qu'ailleurs. La chair en est blanche, & aussi bonne que celle du brochet, mais elle est plus dure à cuire & indigeste. Ceux qui mangent trop de ce poisson, ou qui le mangent à demi-cuit, sont sujets à des coliques bilieuses ou à des dégorgemens de bile. Il y en a de fort grands, & qui ont cinq à six piés de longueur. Le Tassart est fort goulu, & se jette brusquement sur l'hameçon attaché au bout de la corde qui traîne derriere la barque. Quand elle la passeroit plus vîte qu'un trait, il la poursuit & l'attrape. Tout lui est indifferent, lard, poisson ou crabe, & même un morceau de linge, si la ligne en est couverte; il l'engloutit aussi-tôt; mais si elle n'est bien armée & revêtue de fil de laiton ou d'une chaîne de fer, il la coupe avec les dents, & on a pris des Tassarts qui avoient trois hameçons dans le ventre, presque aussi gros que les doigts.

TASSE', E'E. adj. Qui est mis en un tas, qui est rangé l'un sur l'autre, On dit qu'*Un bâtiment est tassé*, pour dire, qu'Il a pris sa charge dans toute son étendue, ou dans une partie.

TASSE. s. f. Sorte de vase de bois, de terre, de fayence, de porcelaine ou de métal, dans lequel on boit. Il y a des tasses ovales & qui n'ont ni piés ni anses. Il y en a d'autres qui sont rondes & qui ont deux petites anses façonnées avec un pié embelli de feuillage & d'autres petits ornemens. M. Menage fait venir ce mot de l'Arabe *Tasson*, Grand verre, & du Cange le derive de *Tacea*, qui dans la basse Latinité veut dire la même chose.

Tasse, se dit aussi d'un petit vaisseau de bois en forme de tasse qui est au-dessus d'une tournette. C'est où l'on met la pelote de coton ou de fil quand on devide.

TASSER. v. Terme de Jardinage, S'élargir. *Cette giroflée a bien tassé*. Il y a bien dequoi la multiplier, il y a déja bien des drageons. *Une Tasse d'oseille*.

TASSEAU. s. m. Maniere de petite enclume que les Artisans posent ordinairement sur l'établie, & dont ils se servent pour percer, couper, river & dresser le fer. Il y en a de quarrés, & d'autres qui ont une petite bigorne. Les Charpentiers appellent *Tasseaux*, de petites Pieces de bois qui servent à porter les pannes; & parmi les Menuisiers *Tasseau* est un petit morceau de bois quarré qu'on attache avec des cloux, & qui sert à soûtenir quelque chose. On appelle aussi *Tasseaux*, de petits dés de moëllons maçonnés de plâtre, où l'on selle des solives de sapin appellées *Sapines*, afin de tendre sûrement des lignes pour planter un bâtiment.

On appelle encore *Tasseau*, Le moule ou la forme sur laquelle on applique & on colle les éclisses dont le corps d'un lut ou d'un instrument de même nature est composé.

TASSETTE. s. f. Terme d'Armurier. Partie de l'armure d'un homme de guerre, qui est au-dessous de la cuirasse, c'est-à-dire, tout le fer qui couvre les cuisses de l'homme armé; ce qui fait que les Tassettes sont aussi nommées *Cuissards*.

TASTER. v. a. *Toucher, manier doucement une chose, pour connoître si elle est dure ou molle, seche ou humide, froide ou chaude*. ACAD. FR. On dit en termes de Manege, qu'*Un cheval tâte le pavé, tâte le terrein*, pour dire, qu'ayant le pié douloureux ou la jambe fatiguée, il n'appuie pas sur le pavé, de crainte de se faire mal en marchant.

TAT

TATOU. s. m. Animal du Bresil, grand comme un cochon de lait, de couleur grise, & couvert par tout le corps d'écailles d'os comme de lames presque à la maniere du Rhinoceros, hormis sous le ventre & autour du cou. Ces écailles sont disposées dans un très-bel ordre, & tellement dures, qu'elles émoussent la pointe des fleches. Les Espagnols appellent cet animal *Armadillo*, & les Portugais *Encubertado*. Il vit sous terre comme font les taupes, & il la creuse avec une extrême promptitude, en sorte qu'il trompe souvent l'adresse de ceux qui la fouillent pour l'attraper. Il a le museau comme un herisson; mais un peu plus long & menu, les oreilles cartilagineuses & sans poil, quatre orteils dans les jambes de devant, & cinq dans les jambes de derriere. Il y a grand nombre de Tatous dans l'Isle de la Grenade, qui est la seule de toutes les Isles habitées par les François où ils puissent vivre; & comme ils terrissent, ainsi que font les lapins, on juge qu'ils dorment dans leur taniere du moins un tiers de l'année, ou qu'ils y vivent des fruits & des racines qu'ils y amassent, puisqu'il n'en paroît aucun pendant tout ce tems, quoiqu'ils soient aussi communs pendant sept ou huit mois dans cette Isle, que les lapins ont accoûtumé de l'être dans nos garennes. Laët dans sa Description des Isles Occidentales dit qu'il s'y trouve plusieurs especes de cet animal, qui ne different que de grandeur, sçavoir le *Taton-ouason*, grand à peu près comme nos brebis, le *Taton-ete*, qui n'est guere plus grand qu'un Renard, le *Taton-appar*, le *Taton ouainchun*, & le *Taton-miri*. Ce dernier est le plus petit de tous.

TAU

TAU. s. m. Terme de Blason. Figure d'un *T*. C'est une espece de croix potencée, dont on a retranché la partie qui est au dessus de la traverse. Cette croix se trouve dans tous les Blasons des Commandeurs de l'Ordre de saint Antoine, ce qui fait que l'on croit que c'est le dessus d'une crosse Grecque, & qu'on ne l'a mise sur son habit que pour faire voir qu'il étoit Abbé. Il y en a pourtant qui veulent que le Tau soit une potence d'estropié, ce qui convient à cet Ordre qui étoit hospitalier.

TAVAYOLE. s. f. Grand linge quarré fort fin, bordé de dentelle ou de point, qui sert dans quelques ceremonies de l'Eglise, comme quand on porte le pain benit, ou qu'on presente un enfant au baptême. Il y a des Tavayoles qui sont tout-à-fait de point. Ce mot vient de *Tonaille*, qui veut dire Nappe, de *Tobalea* ou *Tabula*.

TAUDIR. v. n. Vieux mot. Se couvrir. C'est de-là qu'on a appellé autrefois *Taudis*, Certains mantelets comme la Tortue, pour approcher des murs à couvert. Aujourd'hui *Taudis* se dit d'un petit grenier dans le faux comble d'une mansarde. Il se dit aussi d'un petit lieu pratiqué sous la rampe d'un escalier, comme étant commode à y mettre du bois ou autre chose. On appelle plus ordinairement *Taudis*, Un petit logement étroit, sale & malpropre où logent de petites gens. Du Cange fait venir *Taudis* du Latin *Tuldum*, qui s'est dit proprement du desordre & de la confusion que fait le bagage dans un camp. On l'a étendu de-là à tout ce qui est mal arrangé.

TAVELEURE. s. f. Terme de Fauconnerie. Il se dit des mailles ou taches de differentes couleurs, qu'on voit sur les aîles des oiseaux de proye.

TAVERNAGE. s. m. Vieux mot. Il se trouve dans quelques Coûtumes, & signifie l'amende où est condamné celui qui vend son vin à un prix plus haut qu'il n'a été reglé par le Juge.

TAUMIER. s. m. Vieux mot. Nom injurieux qu'on a donné autrefois à des personnes peu considerables

M'entend-tu bien, vilain Taumier.

TAVEVOULE. s. m. Arbre qui se trouve dans l'Isle de Madagascar, & dont les feuilles qui n'ont point de tige, & qui sont longues & étroites, croissent tout autour des branches, de sorte que quand on est au dessous, il semble qu'elles y soient collées.

TAUGOURS. s. m. p. Petits leviers dont on se sert pour tenir un essieu de charette, bandé sur les brancards.

Ce sont aussi des bâtons dont on se sert pour attacher les deux bouts d'un filet à traîner: on y attache les cordes de hallée.

Ce sont encore des bâtons qu'on attache au mouton d'une cloche avec des étriers pour mettre la corde à sonner.

TAUPE. s. f. Petit animal qui tient du rat & qui est couvert d'un petit poil noir, épais, luisant & soyeux. Il ne voit goutte & vit sous la terre des vers qu'il y peut trouver. Quand il n'y en trouve point, la terre qu'il ne fait que fouiller & remuer, est sa nourriture. Il fait par là grand préjudice aux prés & aux jardins. La Taupe a l'ouie extrêmement subtile, à cause qu'elle a la membrane du tambour très-grande.

On appelle *Taupe*, Un petit peloton de velours ou de tripe noire, avec quoi on nettoie les chapeaux & les habits, & on lui a donné ce nom à cause de la ressemblance qu'il a avec une taupe.

TAUPINAMBOUR. s. m. Racine ronde qui vient par nœuds. On la pelle après qu'elle est cuite, & les pauvres gens l'accommodent avec du beurre, du sel & du vinaigre pour la manger.

TAUREAU. s. m. Animal qui mugit & qui a deux cornes. C'est le mâle d'une vache. Il est d'ordinaire rouge ou noir, & a le cou gros, le regard affreux & la tête dure. On tient que le Taureau aime les abeilles & qu'il haït les taons, les bourdons, les frelons, les guêpes, les ours, les tiques, & quelques couleurs, mais particulierement le rouge. Dioscoride dit que le sang d'un Taureau frais tué, pris en breuvage, cause la difficulté de respirer & étouffe la personne, après quoi il enseigne de quelle maniere il faut remedier à ce poison, ce que Matthiole trouve inutile, puisque ce sang devant être pris tout chaud pour empoisonner, il faudroit avoir entierement perdu la raison pour en vouloir boire. Aussi lorsque Nicander en parle, il dit que si quelqu'un, ou par rage, ou par folie, a bû du sang de Taureau, il se plaint incessamment quand ce sang se fige auprès du cœur ou en l'estomac, à cause qu'il bouche les conduits des esprits, ce qui fait que le malade ne fait que sanglotter & s'étendre, & trépigne en terre, se veautrant & écumant. La chair de Taureau est de mauvais suc & fort difficile à digerer. Borel fait venir *Taureau* du mot Syriaque *Thaur*.

TAUTE. s. f. Poisson de Marseille qui a deux petits os comme un couteau & une plume, & dont le suc est noir comme l'encre. Borel dit, après Charles Etienne, que c'est le *Loligo* ou *Calamartium*, & selon Nicot, il a été nommé *Taute*, de τευθὶς, qui est le nom que les Grecs lui donnent.

Taute ou *orgueil*, dit le même Nicot, *est un billot que les Ouvriers mettent devant quelque grosse pierre, ou autre chose, la voulant mouvoir de lieu en autre, puis dessus assieent le dos de leurs pinses ou pieds de chevres ou leviers, & mettent les billots sous la grosse pierre, ou autre gros faix. Cela fait, ils foulent & pesent tant qu'ils peuvent sur les queues ou bouts d'iceux outils, & par ce moyen sousleven't cette grosse pierre ou piece de bois.*

TAUTER. v. a. Vieux mot. Mettre une taute sur quelque chose.

TAY

TAYE. s. f. Maladie de l'œil, qui arrive quand la nutrition de la partie transparente de la cornée est dépravée, & reçoit un aliment un peu trop grossier & trop visqueux. C'est ce qui obscurcit la cornée, & fait qu'on voit les objets comme au travers d'un nuage. La taye de la cornée paroît blanchâtre, & pour la guerir, il faut que la matiere grossiere soit attenuée & dissipée. Les Medecins nomment aussi *Tayes*, plusieurs Membranes qui sont dans le corps, comme l'amnios & le chorion qui sont les envelopes du fœtus.

Taye, se dit encore, non seulement de la toile dont un oreiller est enveloppé, mais aussi de celle qui couvre & envelope un lit de plumes.

TAYGANS. adj. Vieux mot. Qui est attaqué de la toux.

Vers lui s'en vint lasse & taygans.

TAYON. s. f. Terme des Eaux & forêts. Chêne qui a été reservé depuis trois coupes, & qui a trois fois l'âge de taillis.

Vieux chesnes, dits chesnes tayons.

Ce nom a été donné à un vieux chêne, du vieux mot *Tayon*, qui a signifié autrefois Grand pere. On le fait venir du Latin *Atavus.*

TEC

TECA. s. m. Sorte de blé qui croît aux Isles Occidentales, & dont les feuilles different fort peu de celles de l'orge. Le tuyau croît de la hauteur de l'avoine, & le grain est un peu plus menu que celui du segle. La coûtume des Sauvages est de le moissonner avant qu'il soit entierement mûr, & de le faire secher au soleil. Ils le tirent des épis dans leur besoin, & le grillent sous les cendres. Quand il est rôti, ils le reduisent en pâte sur une pierre quarrée avec une autre pierre ronde, & portent cette pâte avec eux dans leurs voyages. Elle est extrémement nourrissante, & une petite mesure suffit à un homme pour huit jours. Ce qu'il y a de particulier, c'est qu'elle leur sert de viande & de boisson. En y mêlant un peu d'eau, c'est leur manger, & étant fort détrempée, ils s'en servent pour breuvage.

TED

TEDIEUX, euse. adj. Vieux mot. Ennuyeux, qui fait de longs discours que l'on voudroit bien ne pas entendre. Il vient du Latin *Tædium*, Ennui, qui a fait aussi le vieux mot *Attedier*, pour dire, Ennuyer.

TEI

TEIGNASSE. s. f. Perruque ou cheveux mal arrangés, mal peignés. On dit en ce sens, qu'*Un homme n'a jamais qu'une vilaine teignasse*, pour dire, qu'Il est toûjours mal peigné. Quand on parle de la coiffure d'une femme du bas peuple, qui a les cheveux gras, mal peignés & en desordre, on dit, *Teignon* ou *Tignon.*

TEIGNE. s. f. Sorte de petit ver qui s'attache aux étoffes gardées trop long tems, & qui les ronge.

Teigne, se dit aussi d'une sorte de galle épaisse qui vient à la tête avec des écailles & des croûtes, de couleur cendrée & quelquefois jaune, qui sent très-mauvais. Il y a une *Teigne squammeuse*, appellée ainsi à cause de plusieurs écailles semblables à du son qui en sortent quand on la gratte. On en marque encore deux autres especes, dont l'une a de petits grains de chair rouge sous une croûte jaunâtre, pareils à ceux d'une figue. L'autre est corrosive, & a plusieurs ulceres & petits trous qui jettent une sanie sanglante & puante de couleur plombine. On fait venir *Teigne* de *Tinea*, Ver qui ronge les habits, à cause que la teigne mange la tête, comme les vers mangent les étoffes.

On appelle encore *Teigne*, Une maladie de chevaux très-difficile à guerir. C'est une pourriture qui vient à la fourchette du cheval, & qui a une senteur fort puante. Ce sont quelquefois des vers faits à peu près comme des cloportes, que les Maréchaux leur ôtent du fondement avec la main.

Il y a aussi une maladie d'arbres qu'on appelle *Teigne*. C'est une maniere de galle qui vient sur leur écorce. Plusieurs écrivent & prononcent *Tigne.*

TEILLE. s. f. Ecorce déliée d'un brin de chanvre ou de lin. On a dit de là *Teiller le chanvre*, pour dire, Rompre le tuyau où le chanvre est enfermé, & l'en tirer. Il y en a qui le teillent en longs filets avec la main, & d'autres qui brisent le tuyau de chanvre dans un instrument qui est fait exprès, qu'on appelle *Braye*. Il est de bois, long de 4. piés, les dents de dessus entrent dans le creux du dessous, & les dents du dessous dans le creux du dessus. Quelques-uns disent *Tiller*. On fait venir ce mot de *Tilea* ou *Tilleul*, arbre, dit Borel, qui a une peau comme le chanvre, tenace & longue. Il y a grande apparence que les premieres cordes en ont été faites avant l'usage du chanvre. D'autres derivent *Teiller*, du Grec τίλλειν, Arracher.

TEINT. s. m. Terme de Teinturier. Bain avec les drogues qui y sont infusées pour teindre. On dit en ce sens, qu'*Une étoffe est dans le teint.* Selon les reglemens du métier, il y a des choses qui doivent être teintes du grand Teint, & d'autres du petit Teint, & cela fait deux Maîtrises separées. Les Teinturiers du grand Teint & du bon teint donnent aux étoffes un pié necessaire de pastel, garence ou cochenille, après quoi ils les mettent dans les mains des Teinturiers du petit Teint pour les raciner, engaller, noircir, brunir ou griser. Le bleu, le rouge & le jaune leur appartiennent pour les teindre seuls sans la participation du petit Teint, & le fauve & le noir appartiennent aux uns & aux autres, le noir devant recevoir le pié de guesde ou garence du bon Teint, & être engallé & noirci par le petit Teint. Il faut que les plombs ou les marques soient connoissables & fassent voir clairement si les étoffes ont été teintes dans le grand ou le petit Teint.

Les Miroitiers disent *Mettre une glace au Teint*, pour dire, Mettre une lame ou feuille d'étaim derriere la glace, appliquant ensuite du vif argent sur cette feuille d'étaim; ce qui est cause qu'on voit les objets dans la glace du miroir en jettant les yeux dessus.

TEINTE. s. f. Terme de Peinture. Maniere d'appliquer les couleurs pour donner du relief aux figures, en sorte que les jours, les ombres & les éloignemens soient bien marqués. On appelle *Demy-teinte*, Un ménagement de lumiere par rapport au clair obscur, & en general, Une Teinte extrémement foible & diminuée.

TEINTURE. s. f. Ce mot signifie non seulement la liqueur qu'on a préparée pour teindre, mais encore la couleur que prend la soye ou la laine lorsqu'elles sont dans le teint. La matiere qui sert à teindre en bleu, c'est l'indigo; la cochenille sert à teindre en écarlate, & la noix de galle à teindre en noir.

Teinture. Terme de Chymie. La pierre philosophale est nommée *Teinture*, à cause qu'elle teint les métaux moins nobles de la couleur des métaux plus nobles. Les Teintures sont ou universelles, & c'est ce mystere des philosophes qu'on prétend qui teint toutes sortes de couleurs, ou bien elles sont particulieres, & celles-là ne teignent qu'un ou deux sujets. Elles servent dans la Chymie ou dans la Medecine. Les Teintures medicales sont des extraits liquides colorés, ou bien les extractions de la plus noble substance du mixte en forme de teinture. Ainsi la teinture ou essence des vegetaux est tirée avec l'esprit de vin qui imbibe toute la vertu du sujet, & laisse le corps du mixte sans la vertu la plus noble qu'il a perdue. Ce qu'on appelle *Teinture de soufre de vitriol*, n'est qu'une teinture de Mars, composée avec la tête de vitriol de Mars, ou la terre douce & balsamique de vitriol, sur quoi on verse de l'esprit de sel commun, ou de l'esprit de sel composé avec l'alun. Après qu'on a philtré la dissolution, il la faut distiller au feu de sable, & de la matiere qui reste, on tire avec l'esprit de vin une Teinture astringente extrémement rouge. C'est un remede assuré pour toutes les hemorragies, pour la dysenterie, la diarrhée & les crachemens de sang. La *Teinture veritable d'antimoine*, passe pour un chef-d'œuvre de la Chymie, & on croit que demi-once de cette teinture suffiroit pour donner la couleur de l'or à vingt onces d'argent. Elle consiste en l'extraction requise du soufre solaire, qui se fait par des menstrues acides, sur-tout par le vinaigre distillé, l'esprit de verdet, l'esprit de sel, &c. & en l'exaltation convenable de ce soufre extrait. Cette exaltation dépend de sa digestion avec l'esprit de vin, & de sa distillation suivant les regles de l'art. Les acides qui servent à l'extraction du soufre d'antimoine le fixent, & le rendent sudorifique en lui ôtant sa vertu émetique. Après qu'il est fixé, la digestion avec l'esprit de vin le détermine à purger par en bas. La *Teinture d'antimoine tartarisé*, se prépare avec parties égales d'antimoine & de tartre fondus ensemble dans un creuset, & que l'on calcine jusqu'à ce qu'on voye la mixtion parfaitement jaune. On la retire alors du creuset, & on la dissout dans de l'eau chaude. On extrait avec de l'esprit de vin la poudre qui reste, & on évapore la liqueur jusqu'à une consistance requise. Cette Teinture est fort bonne dans les maladies chroniques, comme dans les cutanées, dans les fievres intermittentes, dans la suppression des mois & dans les autres affections des femmes. Il y a d'autres Teintures d'antimoine; mais la meilleure de toutes est celle qui se tire avec le vinaigre & l'esprit de vin. On appelle vulgairement *Teinture seche d'antimoine*, Les fleurs rouges d'antimoine sublimées avec le sel ammoniac. On les tient admirables dans la cakexie, & dans les indispositions de même nature. Les preparations liquides du mars sont aussi appellées ordinairement *Teintures*. On les divise en aperitives & en astringentes. L'eau des Forgerons est l'une & l'autre. Elle est salutaire dans la diarrhée & dans la dysenterie comme astringente, & fait de fort bons effets dans la cakexie & dans la jaunisse, comme aperitive. On tire aussi une Teinture alterative d'une fort grande efficacité, en éteignant le mars rougi au feu dans un menstrue aigrelet, tiré des vegetaux, ou dans une liqueur alcaline. Ettmuller, de qui tout ceci est pris, dit que pour mieux faire, on n'a qu'à mettre infuser de la limaille d'acier dans du vin, parce que l'acide du vin corrode & imbibe le mars. Ce vin bû avec un peu de canelle, est merveilleux dans la cakexie, dans la melancolie hypochondriaque & dans les autres maladies des femmes. Il y en a qui tirent la Teinture du mars avec du suc d'oseille, d'autres avec le suc de tamarins, d'autres avec du moût, & d'autres avec le suc de berberis. Le meilleur de tous est celui de pommes de reinette. Après qu'on a épaissi la dissolution, on y verse l'esprit de ces sucs ou quelqu'autre convenable, & on en tire une essence de mars, qui fait de très-grands effets dans les maladies chroniques opiniâtres, & particulierement dans la fievre quarte. Il y a une excellente Teinture de mars que Panarole prépare avec une dissolution de limaille d'acier dans du suc de chicorée, & on peut tirer une Teinture rouge de mars avec l'esprit acide volatile du pain, qui dissout le mars fort promptement. On appelle *Teinture antipthisique*, Celle que l'on tire du sucre de Saturne avec le vitriol de mars ou de cuivre bien dépuré & l'esprit de vin. Elle est bonne pour consolider les ulceres des poumons, des reins & des autres parties. Les *Teintures d'or* ne sont que des érosions superficielles du corps de l'or en des particules très-petites qui peuvent être aisément reduites en or. Les *Teintures d'argent*, sont toutes d'un fort beau bleu. Les uns prennent de l'argent dissous dans de l'eau forte, & par le moyen de l'esprit de vin animé avec le sel ammoniac. Les autres subliment l'argent plusieurs fois avec ce même sel, après quoi ils en tirent l'extrait avec l'esprit de vin animé par le sel ammoniac, & laissent évaporer le tout jusqu'à la consistance requise d'une Teinture, mais toutes ces Teintures ne sont que des érosions superficielles du corps salin du métal, & on en peut faire la reduction avec des alcalis, de sorte qu'il y a beaucoup d'apparence, que les Teintures veritables, soit d'or, soit d'argent, sont chimeriques.

TEL

TELAMONES. s. f. Figures humaines qui ont été employées dans l'ancienne Architecture, pour porter des corniches & pour soûtenir des consoles & des mutules. Les Grecs les ont nommées ἄτλαντες, du nom d'Atlas, qui selon les Poëtes, soûtenoit le Ciel sur ses épaules, & les Romains *Telamones*; mais Vitruve ne dit pas pourquoi elles ont été appellées ainsi. Ainsi M. Felibien rapporte l'opinion de Baldus, qui dit qu'il est vrai-semblable que celui qui s'est servi le premier de ce mot pour exprimer des figures qui portent quelque fardeau, n'a point écrit τελαμῶνες, mais τλήμονες, ce mot signifiant des miserables accoûtumés aux plus durs travaux, ce qui convient à ces sortes de figures qui portent des corniches ou des consoles, & qu'on voit assés ordinairement aux piliers des anciennes Eglises sous les images de quelques Saints.

TELEPHIUM. s. m. Herbe que Dioscoride dit être semblable au pourpier en tige & en feuilles. Le Telephium porte deux feuilles en manieres d'ailes à chaque nœud, & pousse six ou sept branches couvertes de feuilles bleues, grosses, charnues & gluantes. Sa fleur est jaune ou blanche & il croît dans les terres cultivées, & sur-tout dans les vignes au Printemps. Plusieurs Simplistes disent que la *Crassula minor* est le vrai Telephium, ce que Matthiole n'ose assûrer, à cause que les feuilles de Crassula sont beaucoup plus grandes que les feuilles de Pourpier; & que d'ailleurs la crassula n'est ni dessiccative ni abstersive, comme l'est le Telephium selon Galien, qui dit qu'il est bon aux ulceres pourris, & qu'il guerit les ulceres blancs & qui tirent au feu volage. M. Callard de la Ducquerie, veut que cette plante ait été nommée *Telephium*, de Telephus, qui a le premier connu ses vertus pour les ulceres.

TELESCOPE. s. m. Lunette de longue vûe. Voyez LUNETTE. La grande Lunette de l'Observatoire à Paris a 76. piés de tuyau. Ce mot vient de τῆλε, *Loin*, & de σκοπέω, *J'observe, je contemple.*

TELLINE. s. f. Sorte de moule fort commune en Italie, & particulierement à Rome. Les Tellines sont moins grosses que les moules, & ont leur coquille rayée au dehors des rayes âpres à manier, & claire au dedans. Dioscoride dit que les Tellines fraîches font le ventre bon, & qu'étant salées, brûlées, reduites en poudre & mêlées avec de la resine de cedre; elles empêchent que le poil qu'on s'est arraché des paupieres ne revienne, après qu'on s'en est frotté. Quelques-uns font venir *Telline*, de τελεία, Parfaite, à cause que cette petite coquille croît & se perfectionne en peu de tems.

TEM

TEMOIN. s. m. *Qui a vû ou oui quelque chose & qui peut en faire rapport.* ACAD. FR. On appelle *Témoins* dans la fouille des terres massives, des hauteurs ou buttes que les Entrepreneurs laissent d'espace en espace, soit pour bâtir, ou pour quelqu'autre dessein, afin que ces buttes fassent connoître combien on a ôté de terre des endroits qui demeurent vuides. Il y a aussi des *Temoins de bornes.* Ce sont de petits tuileaux posés par les Arpenteurs d'une certaine maniere sous les bornes qu'ils plantent ou à une certaine distance, pour la separation des heritages. Si on transporte ces bornes par usurpation ou par fraude, on reconnoît par ces tuileaux comment elles ont été d'abord situées.

Les Cordeurs de bois appellent *Témoins*, Deux buches qu'ils mettent de côté & d'autre de la membrure quand ils cordent les bois aux chantiers.

TEMPERAMENT. s. m. *Complexion, mélange des quatre humeurs dans le corps de l'animal.* ACAD. FR. Marcus Marci dans la Philosophie ancienne rétablie, dit qu'on n'entend pas par Temperament les premieres qualités ou leur accord entre elles, mais la constitution radicale de chaque individu, dont ces qualités procedent comme des effets de leur cause, & dont la principale vertu consiste dans le sang qui est le sujet prochain de l'ame & le premier vivant, pour qui tout le corps a été bâti, & duquel il reçoit la vie, à quoi Ettmuller ajoûte que le Temperament vital est distingué du temperament élementaire, & qu'il consiste formellement dans une certaine temperature de chaud & de froid, ou dans une certaine proportion & harmonie de l'acide vital avec l'alcali son aliment ou son sujet; que le premier fait la chaleur, & le second l'humidité, en certaine proportion ou temperature qui dure toute la vie. Pendant que le sang est agité dans le corps par le mouvement fermentatif, qu'il se volatilise & spiritualise par le moyen de l'air il acquiert dans ces alterations diverses proprietés qu'il n'avoit point, selon que la chaleur est plus ou moins étendue, & qu'il est plus ou moins humecté par la nutrition. Le Temperament vital de tout le corps dépend de ces qualités, & on l'a nommé ainsi à cause qu'il se trouve toûjours quand la vie est dans sa perfection. Quoiqu'il y ait une diversité innombrable de temperamens, tant à cause des divers individus, que parce que les climats, le genre de vie, & l'âge font differens, on peut les reduire à quatre, en considerant leurs differences, à raison des deux principales parties contenues du corps, le chyle & le sang, & à raison des deux principaux instrumens de la nature qui sont l'acide & l'alcali. Les deux premiers produisent le Temperament sanguin & le Temperament phlegmatique, & les deux autres, les Temperamens coleriques & melancoliques.

TEMPLE. s. m. Lieu où anciennement le Peuple de Dieu prioit & faisoit ses sacrifices. Il n'y avoit dans la vieille Loi qu'un Temple dedié au vrai Dieu. On l'appelle *Temple de Jerusalem* ou *Temple de Salomon*, à cause que Salomon le bâtit par ordre de Dieu à Jerusalem. *Temple* se dit aussi dés édifices que les Payens élevoient en l'honneur de leurs Dieux, & où ils faisoient plusieurs choses qui regardoient la Religion Payenne. M. Felibien observe que les Temples des Anciens, avoient ordinairement quatre parties, sçavoir ce qu'ils appelloient *Pteromata*, qui étoit les ailes en forme de galerie ou de portique, le *Pronaos* ou porche, le *Posticum* ou *Opistodomos*, qui étoit opposé au Pronaos, & *Cella* ou *Secos*, qui étoit au milieu des trois autres parties. Ces Temples étoient de sept sortes, sçavoir les Temples à antes, les Prostyles, les Amphiprostyles, les Perypteres, les Dipteres, les Pseudodipteres & les Hypetres. Ces derniers appellés ainsi du Grec ὕπαιθρος, Qui est à l'air, avoient leur partie interieure à découvert, & dix colonnes de front, avec deux rangs de colomnes en leur pourtour exterieur & un rang dans l'interieur. Vitruve dit que le *Temple à antes*, étoit le plus simple de tous les Temples, n'ayant à ses encoignures que des pilastres angulaires appellés *Antes*, du mot latin *Ante*, devant, & deux colomnes d'Ordre Toscan aux côtés de sa porte. On appelloit *Temple Prostyle*, celui qui n'avoit des colomnes qu'à la face exterieure, de πρὸ, Devant, & de στῦλος, Colomne.

TEMPLE. s. f. Partie double de la tête qui est à l'extrémité du front entre les yeux & les oreilles. Ce sont deux os dont l'un est situé contre une oreille & l'autre contre l'autre oreille. Le haut de la Temple est formé d'un os appellé l'*Os écaillé*, à cause qu'il est amenuisé en forme d'écaille. Sa partie inferieure est appellée, l'*Os pierreux*, parce que l'os est raboteux en cette partie, & ressemble à un rocher. Il n'y a point de plaie en cet endroit-là qui ne soit mortelle; la raison est que l'os de la temple est le plus foible des os de la tête. Les Latins ont appellé les Temples *Tempora*, à cause qu'elles sont la marque de l'âge, le poil qui les couvre étant le premier qui blanchisse.

TEMPLET. s. m. Maniere de bâton quarré ou de petite tringle que les Relieurs de Livres levent du cousoir, & qui va presque tout le long de ce cousoir. Ils s'en servent pour tenir les chevillettes quand ils cousent quelques Livres.

TEMPLETTE. s. f. Vieux mot. Sorte de bandelette que les femmes mettent à leur tête.

TEMPLIERS. s. m. Ordre militaire, qui commença à Jerusalem vers l'an 1118. Neuf Gentilshommes zelés, du nombre desquels furent Hugues de Paganis & Geoffroi de S. Ademar, s'étant consacrés à Dieu, à la maniere des Chanoines Reguliers, firent les vœux de Religion entre les mains du Patriarche de Jerusalem. Baudouin II. touché de leur pieté, leur prêta une maison près du Temple de Salomon, ce qui les fit nommer *Templiers*, ou *Chevaliers de la milice du Temple.* Comme ils ne vivoient que d'aumônes, chacun à l'envi leur fit du bien, les uns pour un tems, & les autres à perpetuité. Leur nombre n'augmenta point jusqu'en l'année 1128. après qu'on eut celebré un Concile à Troye en Champagne. Hugues de Paganis s'y trouva avec cinq de ses Confreres, & demanda une Regle à laquelle saint Bernard eut ordre de travailler. Il fut ordonné par ce Concile qu'ils porteroient l'habit blanc, & le Pape Eugene III. y ajoûta une croix rouge sur leurs manteaux. La fin de cet Institut étoit de tenir les chemins libres pour ceux qui voyageroient dans la Terre-Sainte. Leur nombre s'étant augmenté jusqu'à trois cens, ils demeurerent quelque tems dans une fort grande reputation, mais les grands biens qu'ils acquirent les firent tomber dans une telle arrogance, que ne se contentant pas de ne plus vouloir obéir au Patriarche de Jerusalem, ils oserent s'élever sur les Têtes couronnées, leur faisant la guerre, & pillant indifferemment les terres des Chrétiens & des Infidéles. Les Maisons qu'ils eurent en France & dans les autres pays furent nommées *Temples*, par la même raison qui les avoit fait nommer *Templiers*. Voici ce que dit Mezerai en parlant des Templiers. *Les trop grandes richesses de ces Chevaliers, leur orgueil insupportable, leur conduite avare & choquante envers les Princes & Seigneurs qui passoient en la Terre-Sainte, le mépris qu'ils faisoient des Puissances temporelles & spirituelles, leurs dissolutions & libertinage, les avoient rendus fort odieux, & donnoient un specieux pretexte à la résolution qu'on avoit prise de les exterminer. Cette année donc* (c'est-à-dire en 1307.) *sur la dénonciation de quelques scelerats d'entre eux, que la grandeur de leurs crimes, ou le desir de l'impunité & de la récompense poussoit à cela, le Roy, du consentement du Pape, avec lequel il s'estoit nouvellement abouché à Poitiers, les fit tous arrêter en un même jour douziéme d'Octobre par tout le Royaume, saisit leurs biens, & s'empara du Temple à Paris, & de tous leurs tresors ou papiers. Le Grand Maître, il s'appelloit Jacques de Moley Bourguignon, ayant esté mandé par des lettres du Pape, de l'Isle de Chypre, où il faisoit vaillamment la guerre aux Turcs, se presenta à Paris avec soixante Chevaliers de son Ordre, desquels estoit Guy, Frere du Dauphin de Viennois, Hugues de Paralde & un autre des principaux Officiers. On les arrêta tous à la fois, & on leur fit aussi-tôt leur procès, horsmis aux trois que j'ay nommez, dont le Pape voulut se reserver le jugement. Il en fut brûlé cinquante-sept tout vifs & à petit feu, mais qui denierent à la mort tout ce qu'ils avoient confessé dans les tourmens. Sans doute qu'ils estoient coupables de plusieurs crimes énormes, mais non pas peut-être de tous les cas, je ne sçai s'il faut dire horribles ou ridicules qu'on leur imposoit. Cependant à l'instance du Roy Philippe, les Templiers furent aussi arrêtez par tous les autres Etats de la Chrestienté, & fort mal-traitez, non pourtant en plusieurs endroits jusqu'à la mort. Cette poursuite dura jusqu'à l'an* 1314. Le même dit que le Concile general fut ouvert à Vienne le premier d'Octobre 1311. le Pape déclarant que c'étoit pour le procès des Templiers, pour le recouvrement de la Terre Sainte, pour la reformation des mœurs & de la discipline, & pour l'extirpation des heresies; que le Roi Philippe le Bel s'y rendit l'année suivante, & que l'Ordre des Templiers y fut condamné & éteint, ses biens laissés en disposition du Pape qui en donna une partie aux Chevaliers de Saint Jean.

TEMPORAL, ALE, adj. Terme d'Anatomie. On appelle *Sutures temporales*, Les fausses Sutures du crane, à cause que les os des temples en sont bornés, & *Muscle temporal*, Un muscle qui surpasse tous les autres en excellence. Il naît aussi de toute la cavité des temples par un principe large, charneux & demi-rond qui s'amenuisant peu à peu est porté par l'os pugil, & s'insere dans l'apophise de la mâchoire inferieure. Ce muscle est la principale cause de son mouvement.

TEMPRE. adv. Vieux mot. Promptement, vîte. On a dit aussi *Temprement*.

TEMPS. s. m. *La mesure du mouvement, ce qui mesure la durée des choses. Il est opposé à éternité.* ACAD. FR.

On appelle en termes de Marine, *Gros tems*, ou *Tems de mer*, Un tems de tempête, lorsque les vagues s'élevent & que la mer est fort agitée. On disoit autrefois *Grand tems*. On dit *Tems embrumé*, pour dire, Celui qui est couvert de brouillards, & *Tems affiné*, pour dire, Un tems qui s'éclaircit, & qui devient beau. On dit dans le même sens, que *le tems affine*. *Tems de perroquet*, est un beau tems où le vent souffle mediocrement & porte à route. Cette façon de parler vient de ce qu'on ne porte jamais la voile de perroquet que de beau tems, à cause qu'étant extrémement élevée, elle donneroit trop de prise au vent, si elle étoit portée de gros tems.

Tems, en termes de Musique, signifie Une partie de mesure, qui consiste à lever ou à abaisser la main un certain nombre de fois tandis qu'on chante, & que l'on bat la mesure. *Tems* est aussi un terme de danse; & il se dit principalement en parlant de courante & de sarabande, dont la mesure se fait en trois tems.

Tems, en termes de Manege, signifie quelquefois le mouvement d'un cheval qui manie avec mesure & justesse, & quelquefois l'intervalle qui se passe entre deux de ses mouvemens. Il se prend aussi pour l'effet de quelques-unes des aides du Cavalier; & en ce sens on dit, qu'*Un Cavalier dispose un cheval aux effets du talon, en commençant par un tems des jambes, & que jamais il ne precipite ses tems.*

TEN

TENAILLES. s. f. p. Instrument de fer qui sert à tenir ou à arracher quelque chose. Il est composé de deux branches presque entierement rondes, qui sont attachées avec un clou à quelque distance du bas, & depuis ce clou jusques à l'extrémité, elles sont quelquefois arquées, & quelquefois un peu recourbées afin de mieux prendre & de mieux pinser. Les Serruriers ont des Tenailles de beaucoup de sortes. Les Tenailles droites leur servent à tenir les petites pieces dans le feu; les Tenailles croches, à tenir les grosses pieces, les Tenailles rondes à tenir les boutons; les Tenailles à viz à tenir les pieces à la main; celles qui sont à viz & de bois, à tenir les pieces polies; les Tenailles ordinaires, à arracher les cloux & à détacher l'ouvrage; les tenailles de bois, à mettre dans l'étau, pour polir les grosses pieces, & les Tenailles à chamfraindre, à mettre dans l'eau pour chamfrainer les pieces.

Les Monnoyeurs, quand ils veulent monnoyer les médailles, se servent aussi de Tenailles, dans lesquelles on emboîte un carré d'un côté, & un autre de l'autre pour faire les deux côtés de la médaille.

Tenaille. Terme de fortification. Ouvrage pareil à ceux à corne, mais qui en differe ordinairement en ce qu'au lieu de deux demi-bastions, il ne porte en tête qu'un angle rentrant entre les mêmes ailes sans flancs. Elles en ont quelquefois comme les autres. On appelle *Tenaille simple*, Un ouvrage qui a sa tête formée par deux faces qui font un angle rentrant, & dont les côtés viennent répondre de la tête à la gorge; & *Tenaille double*, Un ouvrage dont la tête est formée par quatre faces qui font deux angles rentrans & trois saillans. Les ailes ou côtés de cet ouvrage vienneñt aussi répondre de la tête à la gorge.

On appelle *Tenaille de Place*, Ce qui est compris entre les pointes de deux Bastions voisins, sçavoir la courtine, & les deux flancs des Bastions qui se regardent. C'est la même chose que *Face* ou *Front de Place*.

TENANCIER, ERE. adj. Qui tient & possede le domaine utile des heritages, dont la directe appartient au Seigneur. On appelle aussi quelquefois *Tenaucier*, Celui qui tient une petite metairie, lorsqu'elle dépend d'une plus grande.

TENANT. s. m. L'extrémité d'un heritage. On dit dans ce sens au plurier, que *Quand on donne une declaration au Seigneur, les tenans & aboutissans y doivent être specifiez.*

Tenant, en termes de Blason, se dit des Figures d'Anges, de faux Dieux, de Déesses ou d'hommes qui tiennent l'écu sans le lever, à la difference des supports que quelques-uns veulent être des figures d'animaux. On fait venir l'origine des Tenans de ce que dans les anciens Tournois les Chevaliers faisoient porter leurs écus par des Valets déguisés en Mores, en Sauvages, en Satyres, ou Dieux fabuleux de l'antiquité.

Tenant est aussi un Champion qui se presente dans un Tournoi, ou dans un autre exercice de Chevalerie pour combattre & soutenir contre tous venans les défis qu'il a fait publier par son cartel, ou qui entreprend de défendre quelque pas ou passage. Dans un Carrousel les Tenans sont ceux qui l'ouvrent, & qui composent la premiere quadrille.

Nicod parle ainsi des diverses significations de ce mot. Tenant, *tantost signifie un homme chiche, tantost le limite par flanc, soit d'un champ, soit d'une maison, dont l'opposite est* Abboutissant, *qui est le limite par front, Selon cette signification, on dit*, Bailler la déclaration d'un heritage par tenans & aboutissans. *Tantost signifie un qui a entreprins & soustient un Tournoy contre quiconque s'y veut presenter pour faire armes, dont l'opposite est* Assaillant. *Selon cette signification, on dit en fait de Chevalerie* Les Tenans & les Assaillans, Aydes, Juges & Maistres de Camp du Tournoy, *comme se lit au tableau du Tournoy de Henry II. estant à Ecouan. Tantost aussi signifie continuation de quelque chose. Selon ce on dit* Tout d'un Tenant, *c'est-à-dire, tout d'une suite & sans discontinuation.*

TENDELET. s. m. Terme de Marine. Piece d'étoffe qui est portée par la fleche & par les pertiguettes, pour couvrir la pouppe d'une Galere contre les incommodités de l'air.

TENDEUR. s. m. Celui qui prend les oiseaux de proye au passage. Il se sert pour cela d'un filet & d'un Duc dressé, qui appelle les oiseaux, & les fait donner dedans. Dès que le Tendeur a pris l'oiseau, il le cille, lui met des gets avec la vervelle & la longe, & l'ayant garni de sonnettes avec un chaperon à bec, il le desarme des pointes des serres, & de la pointe du bec. Ensuite il le veille, le paist, & le purge, & ne le met sur sa foi, & hors de filiere, que quand il est bien assuré & de bonne creance.

TENDON. s. m. Terme d'Anatomie. La partie du muscle par laquelle il est attaché à l'os. C'est une production des fibres du ligament & du nerf, qui étant éparses par tous les muscles, aboutissent ensemble, & s'unissent pour faire une corde par le moyen de laquelle se fait le mouvement volontaire. Le Tendon est fort délicat & fort sensible, & participe de la nature du nerf & du ligament, mais il est plus dur & seize fois plus gros que le nerf, & plus foible & plus mol que le ligament. Il arrive quelquefois qu'en saignant on pique le tendon ou le nerf de dessous la veine. Pour remedier à cet accident, il faut jetter sur le champ dans la playe un peu d'huile chaude distillée de terebenthine, ou de l'huile distillée de cire, c'est-à-dire, qu'on prend une once d'huile distilée de terebenthine avec une drachme d'esprit de vin & demi drachme d'euphorbe, & le tout étant mêlé on le verse dans la playe, ou bien, on prend un scrupule d'euphorbe avec demi-once de résine de terebenthine & un peu de cire. Le tout étant étendu sur un linge en forme d'emplâtre, on l'applique sur la blessure.

On appelle *Tendon*, dans les chevaux, Une espece de cartillage dont une partie du pié est entourée. La situation de ce cartilage est entre la corde & le petit pié près de la couronne. On ne guerit bien souvent un javart à un cheval qu'en lui coupant & extirpant le tendon, à cause que la matiere qui se forme entre la corne & le petit pié, gâte ce tendon & le noircit.

TENDIS. s. m. Vieux mot. Court espace de tems.

Si la feis toute fiée
Habiter à toy un tendis.

TENDRAC. s. m. Espece de porc épi qu'on trouve dans l'Isle de Madagascar. La chair en est insipide, à long filet & molasse. Les Insulaires ne laissent pas de l'estimer comme une chose fort délicate. Ces animaux dorment six mois sous terre, & pendant ce tems leurs piquans leur tombent. Il en revient de nouveaux, aussi aigus que sont ceux des herissons.

TENDRE. adj. Terme de Sculpture & de Peinture. C'est le contraire de dur & de sec. On se sert aussi dans le même sens des mots de *Tendresse* & de *Tendrement*, & on dit, *Il y a beaucoup de tendresse dans ces plis, tout est peint avec beaucoup de tendresse & de douceur, cela est peint*, ou *travaillé tendrement*, pour dire, délicatement, poliment, lorsque les clairs & les bruns sont bien mêlés, & que les couleurs sont bien noyées & bien adoucies.

Tendre des collets à prendre des perdrix, liévres ou lapins, des lirasses, des alliers, à prendre des cailles, des pentieres pour des becasses, des nasses & autres engins pour prendre du poisson.

TENEMENT. s. m. Terme de Pratique. Metairie dépendante d'une Seigneurie. *Tenement proprement prins*, dit Nicot, *est le païs, contrée & terre que quelqu'un tient & possede. Jean le Maire.* Noé ordonna Sabbatius Roy sur une bande de gens qu'il envoya habiter en Armenie, & confina leur tenement depuis Armenie jusques à la terre des Bactriens. *Et en mesme Livre*, Priam prospera en si merveilleuse affluence de richesses, qu'il aggrandit son tenement de neuf Provinces. *Mais il se prend aussi pour ce qu'un Vassal ou Roturier tient en fief ou en censive & rente fonciere d'un Seigneur qui lui en a fait octroy. L'Auteur du traicté des Admortissemens, francsfiefs & nouveaux acquets.* Car si simplement un Prelat ou Vassal du Roi pouvoient admortir au préjudice & sans le consentement du Roi, ils pourroient finalement admortir la totalité de leurs tenemens par parties, c'est-à-dire, ce qu'ils tiennent du Roy en fief ou en censive.

TENESME. s. m. Envie continuelle d'aller à la selle sans faire rien, ou du moins peu d'excremens. C'est un mal leger, qui étant négligé degenere en un ulcere sordide, & cet ulcere en fistule de l'anus qu'on ne peut guerir que par l'operation chirurgicale. Sa cause est l'irritation continuelle du rectum, qui fait des contractions, & excite ces envies de se décharger des moindres matieres. Cette irritation est, ou par essence, venant d'un mucilage acide, ou d'une pituite visqueuse acide qui corrode, excorie, & enfin exulcere le rectum; ou bien elle est par consentement, comme il arrive dans la nephretique, à cause des nerfs du plexus mesenterique, qui communiquent des rameaux aux reins & au rectum. Le Tenesme est frequent dans la dysenterie, à cause que les matieres sont acres & corrosives, & quand il arrive aux femmes grosses à cause de la matrice qui est couchée sur le rectum, il leur cause presque toûjours l'avortement. Ce mot est Grec τεινεσμὸς, & vient de τείνειν, Tendre, à cause que les efforts que fait faire l'envie d'aller à la selle, tendent le ventre.

TENETTE. s. f. Terme de Chirurgie. Instrument en forme de petites pincettes, dont on se sert pour tirer la pierre de la vessie lorsqu'on taille un homme

TENEUR de livres. s. m. Commis qui tient les memoires & charge les livres des faits de commerce de credit & debet. Ce sont des gens fort employés chés les Marchands des Villes comme Lyon, Rouen, &c.

TENIE. s. f. Terme d'Architecture. Partie de l'Epistyle Dorique qui ressemble à une regle, & qui tient lieu de cymaise. Elle est comme attachée à l'epistyle au dessous des triglyphes, ausquelles elle sert en quelque façon de base. Ce mot vient du Grec ταινία, qui veut dire une bande ou bandelette, en latin *Vitta* ou *Fascia*.

TENIR. v. a. *Avoir à la main, avoir entre les mains.* ACAD. FR. On dit en termes de Marine, *Tenir une manœuvre*, pour dire, l'Attacher; *Tenir le balant d'une manœuvre*, pour dire, l'Amarrer de telle sorte qu'elle ne soit point lâche, qu'elle ne balance point; & *Tenir un bras*, pour dire, Le haler & l'amarrer. On dit aussi *Tenir en garant*, pour dire, Tenir une corde, qui étant chargée d'un pesant fardeau, est tournée un ou deux tours autour d un bois ou de quelque autre chose. *Tenir en ralingue*, C'est faire tenir un Vaisseau de telle sorte que le vent ne donne point dans les voiles; *Tenir le vent* C'est être au plus près, & *Tenir le lit du vent*, C'est se servir d'un vent qui semble contraire à la route, ce qui se fait en prenant ce vent de biais. On met pour cela les voiles de côté par le moyen des boulines. Quand on prend l'avantage d'un vent de côté, cela s'appelle *Tenir le lof*, & on dit *Tenir au vent*, pour dire, Naviger de vent contraire. On dit encore, *Tenir la mer*, pour dire, Etre & demeurer à la mer; & *Tenir le large*, pour dire, Se servir de tous les vents qui sont depuis le vent de côté, jusqu'au vent d'arriere inclusivement.

TENON. s. m. Terme de Charpenterie. Bout d'une piece de bois qui entre dans une mortoise. On appelle *Tenon à tournices* ou *onlices*, Ceux qui sont coupés tout quarrément & en about auprès les paremens de bois quand l'ouvrage est fait. *Tenon à queue d'aronde*, est celui qui est le plus large à son bout qu'à son décolement, pour être encastré dans une entaille. On dit *Faire un décolement à un Tenon*, pour dire, En couper du côté de l'épaulement pour cacher la gorge de la mortoise.

On appelle dans un Vaisseau, *Tenon de mât*, La partie qui est comprise entre les barres & le chouquet. Il y a une cheville quarrée de fer qui assemble les tenons l'un avec l'autre, & qui les entretient par en bas. Le chouquet les assemble par en haut. Ce qu'on appelle *Tenon de l'étambord*, est une petite partie du bout de la piece de charpenterie de ce nom, qui s'emmortoise dans la quille du Vaisseau. Les Tenons de l'ancre sont deux petites parties jointes au bout de la verge, qui s'entaillant dans le jas, font qu'il est tenu plus ferme.

Les Sculpteurs appellent *Tenons*, Les pieces de marbre qu'ils laissent en certains endroits de leurs figures, pour en soutenir quelques parties qui sont en l'air, comme les bras & les mains, jusqu'à ce que ces figures soient en place. Comme ces parties détachées se pourroient rompre en les transportant, ils y laissent ses Tenons qu'ils n'ont accoûtumé de scier, qu'après qu'on les a portées au lieu où l'on doit les mettre. *Tenons*, se dit aussi dans les ouvrages de Sculpture, des bossages qui en entretiennent les parties qui paroissent détachées, comme ceux que les Sculpteurs laissent derriere les feuilles d'un chapiteau, afin de les conserver.

Tenon, en termes d'Arquebusier, est un petit morceau de fer mis au dessous du canon d'une arme à feu. Son usage est de faire que le canon tienne dans le fust.

Les Horlogers, appellent *Tenons*, Certaines pieces d'acier qui sont sur une montre de poche. Elles servent à tenir ferme le grand ressort, & parmi les Vitriers *Tenons*, se dit de deux petits morceaux de bois, qui sont collés ou attachés sur la regle à main, & que le Vitrier tient en coupant le verre.

TENSON. s. f. Vieux mot. Different, dispute.

> *Si dit qu'onque en nul ae,*
> *Beauté n'ot paix avec chaté,*
> *Toujours y a si grand tenson.*

C'est de là qu'on a appellé *Tensons*, Certains ouvrages des Trouverres ou Troubadours, qui contenoient des disputes d'amours. Ces disputes étoient jugées par des Seigneurs & des Dames qui s'assembloient à Romans & à Pierrefeu, & leurs jugemens s'appelloient *Arrêts d'amours.*

TENTATIVE. s. f. *Action par laquelle on tente, on essaye de faire reussir quelque chose.* ACAD. FR.

On appelle en termes de Theologie, *Tentative*, Un acte qu'on fait dans l'Ecole, pour éprouver la capacité d'un Répondant, qui aspire à être reçu Bachelier de la Faculté de Theologie. Cet Acte dure depuis sept heures du matin jusqu'à midi, ou depuis une heure après midi jusqu'à six heures, & il se fait de quelques matieres de Theologie scolastique. La Tentative est precedée d'un examen rigoureux de Philosophie & de Theologie de l'Ecole.

TENTE. s. f. Sorte de Pavillon portatif qu'on tend lorsqu'on est campé en quelque lieu, & qui sert à mettre à couvert un Officier ou des Cavaliers. Ce mot vient du latin *Tentorium.*

On appelle *Tente*, en termes de Chasse, Certains filets que l'on tend, pour prendre les becasses, & quelques autres oiseaux de passage.

Tente. Terme de Chirurgie. Lin entortillé en charpie roulée qu'on met dans une playe pour la faire suppurer. On la fait de figure pyramidale, plus ample & plus large vers sa base, & on la compose de telle sorte qu'elle ne cause pas de douleur, ce qu'elle feroit si elle entroit trop avant. Les tentes bien appliquées sont necessaires dans les playes faites de pointe dans les abscès & dans les ulceres fistuleux. On s'en sert sur-tout ansles playes, que l'on doit tenir ouvertes en la superficie, jusqu'à ce que le fond en ait été bien purifié, & que la chair qui renaît monte peu à peu jusques aux bords, autrement, comme elle viendroit trop tôt à la superficie, la peau se réuniroit, & le pus & les ordures n'en pourroient sortir, ce qui causeroit des douleurs, des inflammations, des fistules, des sacs profonds, & quantité d'autres maux. On doit examiner, lorsque l'on se sert de tentes, s'il n'y 'a point de parties nerveuses au fond, ou au côté de la playe. En ce cas, les tentes trop longues ou trop grosses causent une douleur qui aigrit beaucoup les parties nerveuses blessées, en corrompt le suc, & produit une grande secheresse dans la partie. Il faut prendre garde que les tentes qui ont coutume de s'enfler toûjours un peu, ne remplissent pas exactement les playes. Il faut aussi que leur pointe soit tendre & douce, afin de ne pas blesser & irriter les parties sensibles, & de n'empêcher pas la chair qui revient de croître. Une tente trop ferme qui resisteroit au pus qui se forme, augmenteroit son acrimonie en le resserrant. Il y a une autre incommodité dans celles qui sont trop grosses, c'est d'ouvrir les lévres réunies des vaisseaux, que le sang grumélé avoit en quelque façon bouchées, ce qui excite de nouvelles hemorragies.

TENTURE. s. f. Ce qui sert à tapisser. *Cette tapisserie a vingt aunes de courant.*

TENUE. s. f. Terme de Marine. Prise ou accrochement de l'ancre & du fond de la mer. On appelle *Fond de bonne tenue*, Celui où l'ancre a de la prise, ce qui le rend propre pour l'ancrage, & *Fond de mauvaise tenue*, Celui où l'ancre n'a aucune prise.

Tenue, se dit en termes de Musique, quand une ou deux parties soutiennent le même ton plus d'une mesure, pendant que les autres marchent.

TER

TEREBENTHINE. s. f. Resine qui coule du Terebinthe par l'incision qu'on fait à cet arbre. La meilleure vient de l'Isle de Chio, & c'est celle qu'on doit employer dans toutes les compositions considerables qu'on destine pour la bouche. Il faut la choisir fort transparente, d'un blanc tirant sur le vert, d'une consistance solide, & presque sans goût & sans odeur. Cette Terebenthine, qui est la vraie, est fort peu usitée en Medecine à cause de sa cherté. Il y a une autre Terebenthine debitée sous le nom de *Terebenthine de Venise*, quoiqu'elle n'en vienne point, & qu'elle ne soit que la Terebenthine de bois de Pilatre en Forêt. Elle découle premierement sans incision des meleses, pins & sapins; & quand ces arbres ne jettent plus rien, les pauvres gens qui demeurent dans les bois de Pilatre, & même dans les montagnes, incisent ces arbres; ce qu'ils font deux fois l'année, au Printems & en Automne. Il en sort une liqueur aussi claire, que de l'eau, d'un blanc doré & qui s'épaissit en vieillissant & prend enfin une couleur de citron. Elle a de grandes proprietés, & quantité d'ouvriers s'en servent, & sur-tout ceux qui font le verax. La *Terebenthine commune*, appellée *de Bayonne*, ou *de Bourdeaux*, est blanch & épaisse comme du miel, & ne découle pas du tronc des pins & sapins, comme la plûpart le croyent. Elle est faite d'une resine blanche & dure, que l'on nomme *Galipot*, & que les Montagnards appellent *Barras*. La veritable Terebenthine échauffe, ramollit & mondifie. La commune est plus acre que la vraie en goût, en odeur & en vertu. Elle est de substance plus tenue, & par consequent plus propre à dissiper. On lui substitue le mastic.

TEREBINTHE. s. m. Arbre dont le bois & l'écorce sont semblables au lentisque, & qui a ses feuilles comme le frêne, mais un peu plus grosses & plus grasses. Sa fleur est comme celle de l'olivier, & son fruit en sort en grappe. Ce fruit est dur, resineux, gros comme celui de genevre, & a de petites cornes rouges, de même que celles des chevres dans lesquelles s'engendrent certains moucherons. Elles ont aussi quelque liqueur comme le lentisque. Sa resine vient du tronc, comme aux autres arbres qui en jettent. C'est ce que Marthiole en a écrit. Theophraste, en parlant du Terebinthe, dit qu'il y a le mâle & la femelle. Le mâle est sterile. Le Terebinthe femelle est de deux especes, dont l'un porte un fruit qui est roux d'abord, gros comme une lentille, de difficile digestion. L'autre espece a son fruit vert au commencement, roux ensuite, & enfin noir lorsqu'il a atteint sa maturité. Il est de la grosseur d'une feve, chargé de resine d'odeur sulphureuse, & il mûrit au tems des raisins. Dans les environs de la Macedoine & du mont Ida, le Terebinthe croît petit, recourbé, & produit quantité de branches. Vers Damas les Terebinthes sont grands, hauts, amples & fort beaux à voir, & il y a une grande montagne où il ne croît autre chose. Les racines en sont profondes & saines, sans qu'il y ait de pourriture en tout l'arbre. Sa fleur est rousse & produit ses feuilles deux à deux & en grand nombre. Ces feuilles, qui sortent de ses petites branches à peu près comme le cormier les jette, ressemblent à celles du laurier, mais la derniere est seule & pointue. Son fruit, quoique gluant à la main, rend peu de liqueur. Il s'attache & tient l'un à l'autre, si on ne le lave pas en le cueillant. Quand on le lave, celui qui est blanc, & qui n'est pas encore entierement mûr, nage sur l'eau, ce que ne fait pas le noir, qui va au fond. Le même Theophraste dit qu'il y a des Terebinthes aux Indes, qui ne different des autres qu'en ce que leur fruit ressemble aux amandes. On tient que le goût en est meilleur. Dioscoride dit que les feuilles, le fruit & l'écorce du Terebinthe, si on les prépare de la même sorte que le lentisque, ont la même qualité. M. Callard de la Duquerie dérive ce mot du Grec ἐρέβινθος, Pois chiche, à cause que le fruit du Terebinthe a la forme d'un pois chiche.

TEREBRATION. s. f. Action par laquelle on tire la liqueur des arbres, en perçant le tronc, des gommes, le baume, la resine, &c.

TERENIABIN. s. m. Manne liquide blanche & gluante, qui ressemble à du miel blanc, & qui se trouve sur certaines plantes, dont les feuilles sont d'un vert blanchâtre, & garnies d'épines rougeâtres, ainsi que ses fleurs, d'où sortent des gousses qui sont à peu près comme celles du baguenaudier. Ces plantes croissent en grand nombre dans la Perse, & autour d'Alep & du grand Caire. Le Tereniabin est rare en France. Ce mot est Arabe. Serapion dit que c'est une certaine rosée qui tombe du ciel, semblable à du miel grené, & que le Tereniabin est appellé autrement *Miel de rosée*.

TERGIER. v. n. Vieux mot. Tarder, demeurer longtems à revenir.

Son char retourna sans tergier.

TERGIVERSATION. s. f. Terme de Palais. Il se dit

dit des chicanes, des détours, des difficultés que l'on fait naître pour empêcher qu'une affaire ne se termine, ne se juge. On dit aussi *Tergiverser*, pour dire, Apporter ces sortes d'obstacles à la conclusion d'une affaire. Ce mot est Latin, *Tergiversari*, Reculer, ne vouloir point venir au point.

TERMAILLET. s. m. Vieux mot. Sorte de bijou dont les femmes ornoient autrefois leur tête. *Quand la Déesse eut dessenblé, coife, guimple & autres accoustremens de teste, termaillets, chaines, anneaux, bulletes & tissus.*

TERME. s. m. En Mathematique on appelle *Termes* toutes les grandeurs que l'on compare ensemble. Deux grandeurs dont on considere le rapport, sont les deux termes de ce rapport ou *raison*, & la premiere est l'*Antecedent* & la seconde le *Consequent*.

En Algebre on appelle *Terme* chaque grandeur qui a un signe de plus ou de moins, quoiqu'elle puisse être composée de plusieurs autres grandeurs.

Quelquefois cependant plusieurs Termes qui ont chacun des Signes de plus ou de moins, ne passent dans les Equations que pour un seul Terme. Voyez EQUATION.

Terme est aussi une Statue d'homme ou de femme, dont la partie inferieure se termine engaine, & qu'on met ordinairement dans les jardins, au bout des allées & des palissades. Ce mot vient du Grec τέρμα, Borne, limite, à cause que c'étoient autrefois des bornes plantées au bout des heritages, afin d'en faire la séparation. On donnoit à ces bornes la figure du Dieu Terme, Divinité fabuleuse que les Payens peignoient sans bras & sans piés, afin qu'elle ne pût changer de place. Quand c'est une figure d'Ange en demi-corps, on l'appelle *Terme Angelique*; & quand c'est celle d'une Divinité champêtre, elle est appellée *Terme rustique*. Quand au lieu de gaine on donne à la figure une double queue de poisson tortillée, c'est un *Terme marin*. Il y a aussi un *Terme en console*, & un *Terme en buste*. Le dernier est celui qui est sans bras & n'a que la partie superieure de l'estomac. La gaine de l'autre finit en enroulement, & le corps qu'elle porte est avancé pour soûtenir quelque chose. Le *Terme double* est celui d'où deux demi-corps ou deux bustes adossés sortent d'une même gaine. On a appellé *Termes milliaires*, chés les Grecs, certaines têtes de Divinités, que l'on posoit sur des bornes quarrées de pierre ou sur des gaines de termes, & qui servoient à marquer les stades des chemins.

TERMINAISON. s. f. En pleinchant d'un verset ou antienne suivant les huit differens tons, il faut pour bien chanter en chœur sçavoir l'intonation, la mediation & la terminaison pour les Pseaumes & Cantiques.

TERMINE. s. m. Vieux mot. Tems.

Emporta par l'air la meschine,
Si l'assit en po de termine
En Syre, & là fut prestresse.

On disoit, *En ces termins*, pour dire, En ce tems-là.

TERMULONS. s. m. Froissard se sert de ce mot pour signifier une sorte de Soldats.

TERNE. s. m. Sorte d'oiseau, suivant ces vers anciens,

Abusé m'a & fait entendre
Toûjours d'un que c'estoit un autre,
De farine que c'estoit cendre,
De busars que ce fussent ternes.

TERNI, IE. adj. Qui a perdu son lustre. On dit d'un tableau, qu'*Il est terni*, pour dire, que les couleurs en sont passées.

TERRAGE. s. m. Droit seigneurial qui se leve en plusieurs lieux de dix ou douze gerbes l'une, comme la dîme. Le Seigneur qui jouissoit de ce droit étoit autrefois appellé *Terrageur* ou *Terrageau*, & on a dit *Terrager*, pour dire, Lever le terrage, & *Grange terrageresse*, pour dire, La grange où ce droit étoit porté. Les terres qui l'avoit payé s'appelloient *Terres terragées*.

TERRAIGNOL. adj. Terme de Manége. On appelle *Cheval terraignol*, un Cheval qu'on ne sçauroit mettre sur les hanches, & qui ayant peine à lever le devant, & étant chargé d'épaules, a les mouvemens trop retenus & trop près de terre.

TERRA-MERITA. s. f. Racine jaunâtre au-dessus & au-dedans, qui produit des feuilles vertes qui sont assés grandes, & des fleurs qui viennent en façon d'épis. Cette racine est presque semblable au gingembre, & on l'apporte de plusieurs endroits des grandes Indes. Ceux du Païs s'en servent pour donner une couleur jaune à leur ris & autres denrées. Aussi est-elle principalement en usage pour les Teinturiers. Les Fondeurs s'en servent aussi pour donner la couleur d'or au métal, & les Boutonniers en frottent le bois qu'ils veulent couvrir d'argent doré filé, afin d'empêcher que sa couleur ne paroisse.

TERRASSE. s. f. *Levée de terre dans un jardin, dans un parc, faite de main d'homme pour la commodité de la promenade & pour le plaisir de la vûe.* ACAD. FR. On appelle *Terrasse de bâtiment*, Les toits d'une maison qui sont plats, en sorte que l'on peut s'y promener. *Terrasse*, se dit aussi d'un balcon qui est en saillie. Le dessus du plinthe, qui est quelquefois en maniere de terre en pente sur le devant, où pose quelque statue ou un groupe, est appellé *Terrasse de sculpture*. Les Marbriers appellent *Terrasse de marbre*, Un tendre qui se trouve dans les marbres, comme le bousin dans les pierres. C'est un défaut qu'ils reparent avec de petits éclats & de la poudre du même marbre qu'ils mêlent avec du mastic d'une semblable couleur. Ce marbre est appellé *Terrasseux*. Celui de Hou, Païs de Liege, qui est grisâtre & blanc, mêlé de rouge comme du sang, & le marbre de Languedoc qui a le fond rouge vif avec de grandes veines blanches, sont de cette sorte.

On appelle *Terrasse*, en termes de Peinture, le devant des païsages.

Terrasse, en termes de Tireur d'or, est une espece de cuvette longue, faite de briques ou de pavés avec de hauts rebords, où l'on chauffe l'argent que l'on veut dorer.

On appelle en quelques Provinces *Terrasses* une clôture ou plancher fait avec de la terre & du foin filé sur du bardeau pour faire un plancher ou garnir un colombage.

TERRASSE, ÉE. adj. Terme de Blason. Il se dit de la pointe de l'écu faite en forme de champ plein d'herbes.

TERRE. s. f. *Le plus pesant des quatre Elemens, & celui que les Philosophes définissent ordinairement, Element sec & froid.* ACAD. FR. La terre est ronde, & placée au milieu de l'Air, qui l'environne jusqu'à une certaine distance, après quoi l'on suppose qu'est la matiere celeste ou ètherée beaucoup plus subtile que l'air. Pour trouver la mesure de la terre on prend deux lieux que l'on soit sûr qui soient éloignés l'un de l'autre d'un degré de *latitude*, ou de *longitude*. La distance de ces deux lieux que l'on mesure par differens moyens, est ce que vaut un degré d'un grand cercle du Ciel transporté sur la terre, & l'on trouve que ce degré répond à peu près à 25. lieues communes de France, lesquelles multipliées par 360. qui sont le nombre des degrés de la circonference d'un grand cercle, donnent 9000. lieues communes pour le tour de la terre pris sous un grand cercle. Le diametre étant à la circonference en la raison de 100. à 314. celui de la terre doit avoir 2866. lieues, & le demi diametre ou la distance de la surface au centre 1433. lieues. C'est ce demi diametre de 1433. lieues qui est le fondement & la base de la plûpart des mesures astronomiques. C'est par ce demi-diametre multiplié que l'on mesure toutes les distances des astres, &c.

Dans le sistême de Copernic la Terre est une Planete qui se meut en un an autour du Soleil dans le plan de l'Ecliptique, qui éclaire les autres Planetes & principalement la Lune comme elle en est éclairée. Voyez SYSTE'ME. On appelle *Terre-ferme*, Une grande étendue, dans laquelle sont comprises plusieurs regions, & que les mers ne séparent point, & *Terres Polaires*, deux Continens situés vers les Poles, l'un vers le Septentrion & l'autre vers le Midi, qu'on ne connoît pas encore assés pour assurer que ce soient veritablement des Continens. Le plus grand est appellé *Terre Australe*, ou *Terre Magellanique*, à cause de Magellan qui le premier en a découvert les Côtes. On l'appelle aussi *Terre de Quir*, de Ferdinand de Quir qui en a donné une connoissance plus certaine. Les Terres se divisent en Terre mediterranée & en Terre maritime, & on appelle *Terre mediterranée*, Une terre éloignée de la mer & située au milieu des terres. La *Terre maritime* est celle qui est voisine de la mer, & que l'on appelle autrement *Côte*.

On appelle, en termes de Navigation, *Terre embrumée*, Une terre que les brouillards couvrent; *Terre défigurée*, Celle qu'on ne peut bien reconnoître à cause de quelques nuages qui la couvrent; *Terre fine*, Celle qu'on voit clairement, sans aucun brouillard qui en dérobe la vûe; *Grosse terre*, Une terre haut élevée; *Terre qui fuit*, Celle qui faisant un coude s'éloigne du lieu où l'on est; *Terre qui se donne la main*, Celle que l'on voit sans qu'elle soit séparée par aucun golfe ni aucune baye, & *Terre qui asseche*, Une terre ou une roche que la mer fait voir après qu'elle est retirée. *Terre de beurre*, est un nuage à l'horison, qu'on prend pour la terre, & que le Soleil dissipe. On dit *Aller terre à terre*, pour dire, Naviger le long des Côtes. Quand les vapeurs font paroître la terre comme si elle étoit élevée sur de bas nuages, on dit que *La terre se mire*. On appelle *Terres basses*, Les rivages qui sont bas, plats, sans remarques, & où il y a peu de profondeur d'eau, & *Terres hautes*, Les montagnes ou rivages de bonne remarque. On dit *Prendre terre*, pour dire, Aborder.

On appelle *Terre naturelle*, par rapport à l'art de bâtir, Celle qu'on n'a point encore fouillée, & celle qu'on a transportée d'un lieu en un autre, pour rendre un terrein uni, ou pour combler quelque fossé, s'appelle *Terre rapportée*. On dit *Terre reposée*, en parlant de celle que l'on a laissé un an ou deux sans travailler; *Terre amendée*, de celle qui ayant été plusieurs fois labourée & amendée, est propre à recevoir tout ce qu'on y veut planter, ou dont on a pris soin de corriger les mauvaises qualités en y en mêlant quelque autre; & *Terre usée*, de celle qui a travaillé long-tems sans qu'on l'ait cultivée ni amendée. *Terre franche* est celle qui est grasse & sans gravier, qui tient aux doigts & se paîtrit aisément; *Terre forte*, Celle qui tenant de l'argile ou de la glaise, & étant trop serrée, n'est bonne à rien si on ne l'amende; *Terre hâtive*, Celle qui étant en belle exposition & de bonne qualité, fait produire de bonne heure ce qu'on y plante; *Terre grouette*, Celle qui est pierreuse, & qu'on ne peut ameliorer qu'en la passant à la claye; *Terre maigre*, Celle qui est sablonneuse & sterile; *Terre froide*, Celle qu'on amande avec du fumier, à cause qu'elle est humide, ce qui fait qu'elle a peine à s'échauffer au Printems; *Terre chaude*, Celle qui étant legere & seche, fait périr les plantes dans la chaleur si elle n'est amandée; *Terre neuve*, Celle qu'on a tirée à cinq ou six piés de la superficie, & qui n'a encore rien produit, & *Terre meuble*, Celle qui est legere & en poussiere. On se sert de cette derniere, quand on plante un arbre pour en garnir le dessous, & pour entretenir l'arbre à plomb. On appelle *Terre massive*, Toute terre considerée solide & sans vuide, & réduite à la toise cube, pour faire l'estimation de sa fouille.

Il y a des Terres qui ont de l'usage en Medecine, ou dont les Peintres se servent. La lemnienne, la samienne & la sigillée sont de ce nombre. On les trouvera dans leur ordre alphabetique. La Terre verte est de deux sortes; l'une fort dure & obscure qu'on apporte d'auprès de Verone en Lombardie, ce qui la fait appeller *Terre verte de Verone*. Elle doit être pierreuse, & on doit prendre garde qu'il n'y ait point de veines de terre dedans. L'autre est la terre verte ordinaire. Elle est plus claire que l'autre, & il faut la choisir la plus verte qu'il se peut & la plus approchante de la terre de Verone. La *Terre d'Ombre*, est en pierres de differentes grosseurs. Elle vient d'Egypte, & d'autres endroits du Levant. Il faut la choisir tendre, en gros morceaux, d'une couleur minime tirant sur le rouge. Celle-là est meilleure que la grise; on la rend plus belle & plus brune en la calcinant dans une boîte de fer, ce qui lui fait recevoir un plus bel œil. On doit avoir soin d'en éviter la fumée, qui est nuisible & fort puante. La *Terre de Cologne*, est un noir roussâtre qui est sujet à se décharger & à rougir. On la doit choisir tendre & friable, la plus nette & la moins remplie de menu qu'il se peut. La *Terre de Chio* est blanche tirant sur le cendré. Dioscoride lui donne les mêmes proprietés qu'à la Terre Samienne, & dit qu'elle est bonne à dérider le visage, & à le rendre luisant. La *Terre Selinusienne* a les mêmes qualités. Celle qui est blanche, fort luisante, fraile, & aisée à resoudre quand elle est trempée, est la meilleure. Il y a deux sortes de Terre Erethrienne, dont l'une est fort blanche & l'autre cendrée. La cendrée qui est fort tendre est la meilleure. Cette terre est refrigerative & astringente. La *Terre pnigite* ressemble en couleur à l'Egyptienne, mais ses morceaux sont un peu plus gros. Elle a les mêmes proprietés que la cimolie, & si gluante à la langue, qu'elle y demeure pendue.

TERRE A TERRE. s. m. Terme de Manége. Suite de sauts fort bas qu'un cheval fait en avant, étant porté de côté & maniant sur deux pistes. On dit en ce sens, qu'*Un cheval entend bien le terre à terre*, qu'*Il manie bien terre à terre*, quand il leve les deux jambes de devant tout à la fois, & que dans le tems qu'elles sont prêtes à descendre, celles de derriere les accompagnent par une cadence toûjours soûtenue, en sorte que les mouvemens du train de derriere sont courts & vîtes. Cette sorte de manége a été appellée *Terre à terre*, à cause que le cheval étant toûjours bien ensemble & bien assis, ses jambes de devant s'élevent mediocrement sur le terrein, & que celles de derriere sont fort basses près de terre & ne font que couler. Le cheval se leve moins haut au

Terre à terre, qu'il ne fait quand il manie à courbettes.

TERREAU. s. m. Terre noire mêlée de fumier pourri, dont on fait des couches pour faire venir des melons, des champignons dans les jardins potagers. On s'en sert aussi pour garnir les platebandes, & pour détacher de leur fond les feuilles des parterres de broderie.

TERREIN. s. m. Fond sur lequel on bâtit, & qui se rencontre quelquefois de tuf, de roche, de gravier, & quelquefois de sable, de glaise ou de vase. On appelle *Terrein de niveau*, Une étendue en superficie de terre dressée sans qu'elle ait aucune pente, & *Terrein par chûtes*, Celui dont la continuité est interrompue, & que des perrons ou des glacis racordent avec un autre terrein.

Terrein, en termes de Manége, signifie l'espace du manége par où le cheval marque sa piste. Ainsi on dit, qu'*Un cheval observe bien son terrein, garde bien son terrein, embrasse bien son terrein*, pour dire, qu'il ne s'élargit ni ne se serre pas plus à une main qu'à l'autre.

Terrein. Terme de Potier. Vase où il y a de l'eau pour tremper les mains quand on tourne des pots.

TERREPLAIN. s. m. Terme d'Architecture civile. Il se dit de toute terre rapportée entre deux murs de maçonnerie pour servir de terrasse ou de chemin, afin d'avoir communication d'un lieu à un autre.

Terreplain, en termes de Fortification, est la partie superieure du rempart horisontée & applanie avec un peu de pente du côté de dehors pour le recul du canon. Elle est terminée du côté de la campagne par un parapet, & c'est le talus interieur qui la termine du côté de la Place.

TERREUR. s. f. *Epouvante, grande crainte, agitation violente de l'ame, causée par l'image d'un mal present, ou d'un péril prochain.* ACAD. FR. La Terreur engendre souvent l'épilepsie, & des mouvemens convulsifs, violens, en donnant un mouvement impetueux & déreglé aux esprits. Les Enfans ont assés souvent des terreurs nocturnes, ce qui fait qu'ils ont des nuits inquietes & s'éveillent en sursaut. Les crudités de l'estomac en sont la cause, & sur-tout les crudités acides, en sorte que les enfans qui y sont sujets pleurent quelquefois & sont tourmentés de tranchées. Après les clysteres un peu acres que l'on donne contre les terreurs nocturnes, le mechoacan sert à purger le lait corrompu. Outre cela, il faut faire prendre à l'enfant dans sa bouillie, de la poudre des semences d'anis, d'ancolie, & de succin préparé, ou lui donner le *specificum*, le *cephalicum*, avec la semence d'anis. L'huile d'anis distillée est aussi un puissant remede pour le même mal. On en enduit sur les temples quelques gouttes temperées par l'huile de muscade tirée par expression. Ettmuller qui enseigne ces remedes, dit que la peur pendant le sommeil vient de l'explosion impetueuse des esprits animaux dans les nerfs, qui au lieu de couler lentement & avec douceur, se jettent en foule, & secouent inopinément tout le corps par le moyen des convulsions momentanées des fibres des nerfs, ce qui est regardé avec raison par les femmes comme les avantcoureurs des convulsions epileptiques très-familieres aux enfans, qui procedent d'un pareil mouvement des esprits animaux déreglé dans le cerveau, & de leur explosion violente dans les nerfs.

TERRINE. s. f. Ouvrage de terre, qui n'a ni anses ni piés, & qui est creux. C'est un vase qui a le bord rond, & qui va toûjours en étrecissant depuis le haut jusqu'au fond. On appelle *Terrine de départ*, Une sorte de vase dont on se sert dans les operations de Chymie & de Pharmacie.

TERRIR. v. n. Il ne se dit que des Tortues, qui en un certain tems sortent de la mer, & viennent terrir sur le rivage. Elles y pondent leurs œufs, & après les avoir couverts de sable, elle les laissent éclorre par la chaleur du Soleil.

Terrir, est aussi un terme de mer, & signifie non seulement, Prendre terre après une longue traversée, mais aussi, Avoir la vûe de la terre.

TERS. adj. Vieux mot. Frotté. Il vient du Latin *Tergere*. On trouve ce mot employé au passé indéfini dans cet exemple : *J'avoye un sidoine, si en ters la chiere de Jesus*, & au present dans ce vers.

Qui ly terst les yeux, la face.

TERSET. s. m. Terme de Poësie. On appelle *Tersets*, dans un Sonnet, les six derniers vers de cette sorte d'ouvrage, dont l'un des trois du premier Terset rime avec l'un des trois du second.

TERTRE. s. m. Petite éminence de terre, sorte de petite montagne qui s'éleve dans le milieu d'une plaine, & qui n'est attachée à aucune côte. Nicot croit qu'il vient de *Terrestre*, en retranchant la syllable du milieu. D'autres le dérivent de *Terratum*, à cause que c'est une espece de terrasse.

TERTULLIANISTES. s. m. Sectateurs de la doctrine de Tertullien, qui vivoit sous l'Empereur Severe environ cent soixante & dix ans après JESUS-CHRIST, & qui, quoiqu'il fût une des lumieres de son siecle, ne laissa pas de tomber dans des erreurs qui le firent excommunier. Les principales étoient que l'Eglise Romaine n'ordonnoit point assés de jeûnes & d'austerités corporelles; qu'on y pardonnoit à ceux qui faisoient penitence, & que Montanus avoit eu raison de dire, qu'elle ne servoit de rien après qu'on avoit commis quelque grand crime. Il ne croyoit pas d'ailleurs que Dieu fût purement spirituel, & il enseignoit que l'ame de l'homme étoit corporelle avec forme & figure, que celle du Fils étoit engendrée par celle du Pere, ce qui ne l'empêchoit pas d'être immortelle; qu'elle recevoit de l'accroissement ou de la diminution avec le corps, & que celles des méchants après la mort étoient converties en diables. Il prétendoit avoir reçû le S. Esprit aussi abondamment que les Apôtres, condamnoit toute sorte d'usage d'armes & de guerres parmi les Chrétiens, & traitoit les secondes noces d'adultere.

TES

TESIR. v. n. Vieux mot. Se taire.

TESSEAUX. s. m. Terme de Marine. Pieces de bois qu'on met de travers l'une sur l'autre, & qui font saillie autour de chaque mât au-dessous de la hune, pour la soûtenir. Elles servent même de hune aux mâts qui en manquent, & on les appelle autrement *Barres de hune*. C'est aussi une piece de bois fourchée dans laquelle la viz d'un pressoir est mouvante & engagée.

TESSON. s. m. Petit animal qui fait sa retraite sous terre dans des bois & dans des garennes, d'où il ne sort bien souvent qu'après le Soleil couché. Il s'engraisse à force de dormir, & est ennemi des chats & des renards. Il n'a point de sentiment, ne voit guere clair, & vit de fruits, de vermine & de charogne. On l'appelle ordinairement *Blereau*. Plusieurs écrivent *Taisson*.

TESTAMENT. s. m. Témoignage de derniere volonté. Acte par lequel une personne marque dans les formes que les Loix ou les Coûtumes locales prescrivent, ce qu'elle veut que l'on fasse de ses biens après sa mort. Dans les Païs où les Loix Romaines servent de Coûtumes, il y a deux sortes de Testamens, l'un appellé *Testament écrit* ou *solemnel*, & l'autre *Noncupatif*. Le premier est ou mystique ou public. Le public est presenté ouvert, & le mystique est un Testament presenté clos & fermé aux Témoins par le Testateur, après qu'il l'a écrit de sa main & signé, ou qu'il l'a seulement signé. Il y a aussi de deux sortes de Testamens noncupatifs. L'un se fait sans écriture, & l'autre se redige par écrit. Celui-là doit être écrit & signé d'un Notaire qui sert de témoin, & signé aussi du Testateur, & de six autres Témoins, afin de faire le nombre de sept personnes, dont les signatures sont d'une necessité si absolue, que si le Testateur ne sçavoit pas signer, il faudroit en choisir une huitiéme qui le representât, afin que le Testament fût valide. Il faut le même nombre de témoins dans un Testament noncupatif fait sans écriture, mais le Notaire peut recevoir la declaration de ces Témoins après que le Testateur est mort. Dans les Provinces qui ont des Coûtumes qui les reglent, on fait un *Testament olographe*, c'est-à-dire, un Testament écrit & signé de la main du Testateur, où ce Testament est seulement signé par celui qui teste, & reçû par deux Notaires, ou par le Curé ou son Vicaire. Il n'est pas necessaire que le Testament reçû par le Notaire ou par le Curé soit signé du Testateur: il n'est pas requis ailleurs qu'à Paris qu'il soit lû & relû au Testateur, comme le disent absolument les Furetieristes.

On a appellé chés les Anciens, *Droit de Testament*, Un droit que les Evêques prétendoient avoir de disposer tantôt du quart, & tantôt de la neuviéme partie des legs pieux d'un Testament. Cela vient de ce qu'il falloit autrefois employer l'autorité de l'Eglise pour faire cette disposition. Cela se pratiquoit encore de cette maniere sur la fin du douziéme siecle. Depuis, les Evêques se sont attribué ce quart, dont ils ont joui assés long-tems en pleine proprieté.

TESTAMENTER. v. n. Vieux mot. Faire Testament.

TESTARD. s. m. Insecte petit & noir qui nage & vit dans l'eau, & qu'on prétend avoir été ainsi appellé à cause de la grosseur de sa tête.

TESTE. s. f. *Partie de l'animal qui tient au reste du corps par le col, & qui est le siege des organes des sens.* ACAD. FR. Dans les hommes c'est la plus haute partie du corps sur laquelle, & autour du derriere de laquelle viennent les cheveux. Elle prend depuis le sommet jusqu'à la premiere vertebre du cou. Ses principales parties sont le visage, le crane dont le haut est appellé *Sommet de la tête*, les côtés, les temples, le devant & le derriere de la tête.

Les Medecins appellent *Tête* dans les os, Un bout rond qui avance en dehors, soit par apophyse, ou par épiphyse.

Tête, en termes de Chasse, est le bois du cerf; & on dit en ce sens, que *Les cerfs mettent tous les ans leur tête bas.* Les cerfs dans leur troisiéme année sont appellés *Cerfs à la premiere tête*, dans leur quatriéme année *Cerfs à la seconde tête*, & dans leur cinquiéme année, *Cerfs à la troisiéme tête.* On appelle *Tête bien née*, Une tête grosse de marrein, & *Tête faux marquée*, Celle qui n'a pas les cors & chevilles pareils dans les deux perches. La *Tête couronnée*, est la belle tête qui doit avoir aussi les andouilles dans les meules, les rayeures enfoncées & être bien ouvertes. Les *Têtes ramées*, sont ou couronnées, ou pommées, ou simples de trois par à mont ou de deux.

On se sert du mot de *Tête* dans le Manége pour marquer l'action de l'encolûre du cheval, & de l'effet de la bride & du poignet, comme en ces phrases. *Ce cheval place bien sa tête*, pour dire, qu'Il porte en beau lieu; *Ce cheval refuse de placer sa tête*, pour dire, qu'Il tend le nés, qu'il n'est jamais dans la main, & qu'il a trop ou trop peu d'appui. On dit encore *Passeger un cheval la tête & les hanches dedans*, pour dire, Le porter de biais ou de côté sur deux lignes paralleles au pas ou au trot, ensorte que faisant une volte, ses épaules marquent une piste dans le tems que les hanches en marquent une autre, & que pliant le col il tourne un peu la tête au-devant de la volte, & regarde le chemin qu'il va faire.

Tête, en parlant des exercices que font ceux qui apprennent à se servir adroitement de la lance, est une tête de bois qui a la figure de celle d'un homme. Le Cavalier va à toute bride pour frapper cette tête avec sa lance, & on appelle cela *Courir les têtes.*

Tête, en termes d'Architecture, est un ornement de Sculpture, qui sert à la clef d'un arc, d'une platebande & à d'autres endroits. Ces têtes representent des Divinités, des Vertus & des Saisons, & autres choses avec leurs attributs qui les font connoître. On employe aussi des têtes d'animaux par rapport aux lieux, comme une tête de bœuf ou de belier pour une boucherie. Les anciens Architectes mettoient des têtes de bœuf dans les metopes des Temples à cause des sacrifices. Les petits canaux qu'on fait pour l'écoulement des eaux sur les corniches des bâtimens sont ornés encore aujourd'hui de têtes de lion attachées à la cymaise, justement au-dessus du milieu des colomnes ou pilastres, ce qui se fait à l'imitation des Anciens. On dispose ainsi plusieurs têtes de lion le long de la corniche d'un grand bâtiment; mais quand il y a des colomnes au-dessous, il n'y a que celles qui sont au droit des colomnes qui soient percées pour jetter l'eau, & cela s'observe, afin que l'on ne soit pas en danger d'être mouillé lorsque l'on passe entre les colomnes. La face de front d'un arc ou arceau de voute est appellée *Tête*. Dans l'étendue des piedroits, on l'appelle *Tête des piedroits*, & dans l'étendue de l'arc, *Tête au front de l'arc.* Ce qui paroît de l'épaisseur d'un mur, & que l'on revêt souvent d'une chaine de pierre ou d'une jambe étriere, se nomme *Tête de mur*; & *Tête de chevalement* se dit d'une piece de bois qui porte sur deux étayes pour soûtenir quelque pan de mur ou quelque encoignure, tandis que l'on fait une reprise par sous-œuvre. Toutes les têtes des boulons, viz & clous, qui n'excedent point le parement de ce qu'ils retiennent ou attachent, se nomment *Têtes perdues.*

On appelle *Tête de canal*, La partie la plus proche d'un jardin embelli d'eaux, où ces eaux viennent se rendre après qu'on a fait jouer les fontaines. *Tête de canal*, se dit aussi d'un bâtiment rustique en forme de grote, avec des fontaines & des cascades au bout d'une longue piece d'eau.

Tête du camp, en termes de guerre, se dit de la partie anterieure du Terrein du campement qui fait face vers la campagne. *Tête* se prend aussi pour une avenue, & en ce sens on dit, qu'*On ne peut aller à quelque Place que par une Tête.* On dit *Tête de bataillon*, pour dire, La file du bataillon la plus proche de l'ennemi, & *Tête de la tranchée, de la sappe, du travail*, pour dire, La partie la plus avancée vers l'ennemi. Quand on dit qu'*Il y a deux têtes à la tranchée*, on veut dire, Deux attaques.

On dit en termes de Fauconnerie, *Faire la tête à un oiseau*, pour dire, Lui découvrir souvent la tête pour la faire au chaperon.

On appelle *Tête*, dans une Comete, La partie qui est assés éclatante & dense.

Tête de more. On appelle ainsi un cheval de poil rouan, qui outre son mêlange de poil gris & bai, a la tête & les extrêmités noires. *Tête de more*, en termes de guerre, est une espece de grenade que composent les Ingenieurs, & qui se tire avec le canon. On appelle en termes de mer, *Tête de more*, Une espece de billot taillé presque en quarré. Il est percé en mortoise pour embrasser le tenon des mâts, & on l'appelle autrement *Chouquet*. Il se met ordinairement sur le montant d'un bâton d'enseigne, & sur le bout du perroquet de beaupré. Les Chymistes appellent aussi *Tête de more*, La chappe ou le chapiteau d'un alembic, qui a un long col pour porter les vapeurs dans un Vaisseau qui sert de refrigerant. *Têtes de more*, dans le Blason, se dit des têtes qui sont ordinairement representées de profil, & bandées, liées & tortillées. Les têtes d'oiseaux & des autres animaux où le poil paroît encore, s'appellent dans le même Blason, *Têtes arrachées*, & on dit *Têtes coupées*, en parlant de celles dont la séparation est faite autrement.

On appelle dans un ancre de Vaisseau *Tête de l'ancre*, La partie où la verge est jointe avec la croisée, & *Tête de la potence*, La partie de la pompe qui supporte la bringuebale.

Le commencement d'un vent, c'est-à-dire le tems où ce vent commence à souffler, est appellé en termes de mer, *La tête du vent.*

On dit en termes de Musique, *Tête d'un lut*, *tête d'un tuorbe*, ou de quelque autre instrument semblable, pour dire, La partie attachée au manche où se mettent les chevilles qui servent à monter ou à baisser les cordes.

Tête morte. Terme de Chymie. Tout ce qui reste du mixte, après l'extraction des principes actifs & du phlegme. C'est communément le residu du vitriol, qu'on appelle *Colcothar*, nom que Paracelse a fait exprès, & par lequel on entend la tête morte du vitriol seul, restant après la distillation de l'esprit & de l'huile. La tête morte du vitriol de cuivre guerit la dysenterie, laquelle s'arrête sitôt que l'on a jetté dessus, des excremens du malade.

TESTICULE. s. m. Partie double de l'animal qui sert à perfectionner la matiere de la geniture. C'est un amas de plusieurs petits vaisseaux, dont quelques-uns sortent du corps des testicules, & font divers plis & replis pour former un autre petit corps qui est sur le dos de chaque testicule, & que l'on appelle *Epididyme*, qui se dilate & fait le vaisseau deferant, après quoi il se termine aux vesicules seminales, où la semence qui a été travaillée dans le testicule & perfectionnée dans l'épididyme est apportée & mise en dépôt par le canal déferant. Les testicules sont exterieurs aux hommes, & quelques-uns n'en ont qu'un. D'autres en ont trois, & il y a des Medecins qui assurent que quelques hommes en ont eu jusqu'à quatorze. Leur figure est oblongue ou ovale, & ils sont de nature glanduleuse & caverneuse comme les mammelles. Les testicules des femmes sont au dedans, posés sur les muscles des lombes, & d'une qualité, figure & substance differente. Les observations de Stenon, de Kerkingius & des Modernes font foi que les femmes engendrent des œufs, en quoi leur semence consiste; de sorte que les testicules des femelles vivipares sont proprement des ovaires. On voit par l'anatomie que leur substance, c'est-à-dire, la substance des testicules des femelles, tant de la femme, que des brutes, est toute membraneuse, & remplie de plusieurs vesicules, revêtues chacune de sa tunique propre, très-déliée, détachée des autres, & pleine d'une humeur limpide, qui se coagule comme le blanc d'œuf, lorsqu'on met ces vesicules dans de l'eau bouillante. C'est ce qui fait croire que toutes ces vesicules sont de veritables œufs destinés pour la generation, qui se grossissent & se perfectionnent successivement. Ils sont de la grosseur d'un pois dans les femmes.

TESTIERE. s. f. Sorte de voile de toile qu'on met à un enfant nouveau né pour tenir sa tête, & qu'il porte jusqu'à ce qu'il puisse un peu la soutenir. *Têtiere*, parmi les Chartreux, est la partie de la robe du Religieux, qui lui couvre la tête.

Têtiere. Terme de Sellier. La partie de la bride où se met la tête du cheval. Elle est composée de deux porte-mords, d'un frontal, d'une muserole & d'une sougorge.

TESTIMONIALES. s. f. Lettres par lesquelles on connoît qu'un Religieux ou quelqu'autre Ecclesiastique est envoyé par son Superieur, & qu'il est Profès ou Prêtre.

TESTON. s. m. Ancienne monnoie de France qui a valu quinze sols six deniers, & depuis dix-neuf sols six deniers. Du tems de François I. elle ne valoit que dix sols, & étoit du poids de sept deniers douze grains. Il y a eu des Testons de Lorraine, de Suisse, de Sion, de Milan & autres lieux; un saint Ambroise étoit au revers de ceux de Milan. Les autres avoient d'un côté la tête du Prince, ou du Pays, ou de la Ville qui l'avoit fait battre, avec ses armes de l'autre. Le Teston sous Henri II. avoit l'effigie de ce Prince d'un côté avec cette legende *Henricus II. Dei gratiâ Francorum Rex*, & de l'autre trois fleurs de lis dans un Ecusson couronné; & pour legende, *Christus vincit, regnat, imperat.* Sous Charles IX. le Teston valoit quatorze sols, & avoit d'un côté la tête du Roi & cette legende, *Carolus Dei gratiâ Francorum Rex*, & un écusson de l'autre avec trois fleurs de lis. La legende étoit, *Sit nomen Domini benedictum.* Le Teston étoit fait de même sous Henri III. avec cette seule difference, qu'il avoit deux *H* du côté des trois fleurs de lis, & que sous Charles IX. il avoit deux *C*. Les Testons continuerent d'avoir cours sous Henri IV. & ils n'ont cessé d'être dans le commerce qu'en 1641. Ils valoient alors dix-neuf sols six deniers.

TESTU. s. m. Terme de Maçon. Gros marteau qui sert à démolir. On appelle *Têtu à arrête*, Celui qui a un taillant de chaque côté, & dont on se sert particulierement à tailler & à façonner le pavé. Ces taillans s'avancent en forme de coins, & font au milieu un angle entrant.

TET

TETANOS. s. m. Mot purement Grec, dont se servent les Medecins pour signifier une des trois especes fameuses de la convulsion tonique. C'est celle des muscles anterieurs & posterieurs de la tête, qui la tiennent roide & immobile, sans qu'elle panche d'un côté ni d'autre. Ce mot vient du verbe τείνειν, Etendre.

TETRACHORDE. s. m. Terme de Musique. Il signifie la tierce, & est une consonance ou un intervalle de trois tons. Le Tetrachorde des Anciens étoit une suite de quatre cordes, en prenant le tetrachorde pour un ton, comme il se prend fort souvent dans la Musique. Ce mot est Grec, τετράχορδον; de τέσσαρες, Quatre, & de χορδὴ, Corde.

TETRAEDRE. s. m. Terme de Geometrie. Pyramide qui est terminée par quatre triangles équilateraux égaux entre eux. C'est l'un des cinq corps reguliers. Ce mot est Grec, formé de τέσσαρες, Quatre, & de ἕδρα, Siege.

TETRAGONE. s. m. Terme de Geometrie. Figure rectiligne de quatre côtés égaux, qui a les quatre angles droits. Ce mot est Grec, τετράγωνος, de τέσσαρες, Quatre, & de γωνία, Angle.

TETRASTYLE. s. m. Bâtiment qui a quatre colomnes à la face de devant. Ce mot est Grec, τετράστυλος, de τέσσαρες, Quatre, & de στύλος, Colomne.

TEU

TEUCHTLATCOZAUHQUIN. s. m. Bête fort cruelle qui se trouve dans la Province de Mexique appellée *Tlascala*. Les Espagnols lui donnent le nom de *Vipere*, à cause que sa morsure est mortelle. Cette bête est longue au moins de quatre palmes; moyennement grosse, & a la tête de vipere, le ventre blanc tirant sur le fauve, les côtés couverts d'écailles blanches & distinguées par intervalles de lignes noires, le dos brun & presque noir, avec quelques raies brunes qui finissent au dos. Il y en a de plusieurs especes, dont la seule difference est en la couleur. Cette sorte de serpent se remue fort vîte parmi les rochers & les précipices, & plus lentement dans un lieu uni. Le nombre de ses années est marqué par celui des sonnettes qu'on lui trouve au bout de la queue, qui se suivent l'une l'autre à la maniere des os de l'épine du dos, & qu'il remue violemment lorsqu'on l'a mis en colere. Ses yeux sont petits & noirs, & il a deux dents courbées dans la mâchoire haute, par lesquelles il communique son venin. Il en a encore cinq autres à chaque mâchoire, qu'il est fort aisé de voir dans le tems qu'il ouvre sa gueule. Ceux qui en sont mordus, meurent en vingt-quatre heures dans de grands tourmens, à cause que tout leur corps se fend en petites crevasses. Les Sauvages mangent sa chair, & leurs Medecins se servent de ses dents & de sa graisse.

TEUCRIUM. s. m. Herbe faite en maniere de ververge, & fort semblable à la Germandrée. Sa feuille est petite & ressemble assés à celle des chiches. Elle croît en grande abondance en Cilicie, & elle a été nommée *Teucrium*, du nom de Teucer qui l'a trouvée. Cette herbe prise en breuvage, quand elle est fraîche, avec de l'eau & du vinaigre, consume efficacement la rate. Pour soulager ceux qui en sont travaillés, il faut l'enduire avec des figues & du vinaigre. Sa proprieté commença à être connue, lorsqu'ayant jetté un jour le dedans d'une bête sur cette herbe, on trouva que s'étant attachée à la rate, elle l'avoit consumée, ce qui fait que plusieurs l'appellent *Splenion*. Pline dit que le Teucrium produit ses branches menues comme joncs, qu'il a ses feuilles petites, qu'il croît aux lieux âpres, & qu'il n'a ni fleur ni graine. Il ajoûte que la commune opinion est qu'on ne trouve point de rate aux pourceaux qui ont mangé la racine de cette herbe, & que quelques-uns appellent aussi *Teucrium*, une Plante qui a force rejettons, les branches comme l'hyssope, & les feuilles comme la feve; qu'il la faut cueillir lorsqu'elle est en fleur, & qu'on fait grand cas de celle que l'on apporte des montagnes de Cilicie.

TEVERTIN. s. m. Pierre dure, grisâtre ou roussâtre. C'est la meilleure de toutes les pierres qui s'employent à Rome; en Latin *Lapis Tiburtinus*.

TEULX. adj. Vieux mot qui a été dit pour tels. On a dit *Tex*, *tieul*, *tiex* & *til*.

> *Johannes hom non pas ancien*
> *Portoit tiex armes, ce disoient.*

On a dit aussi *Tieulement*, pour Tellement.

TEUTONIQUE. adj. Mot qu'on emploie pour *Germanique* en quelques façons de parler. Ainsi on appelle *Hanse Teutonique*, l'alliance des Villes Hanseatiques ou maritimes qui se sont alliées pour le commerce, & qui ont fait entre elles une ligue offensive & défensive. Ce mot vient de ce qu'on appella *Teutons* les anciens Allemans voisins des Cimbres. C'est de ces Teutons que les Allemans ont depuis eu le nom de *Teutach*.

Il y a un Ordre militaire fort considerable, appellé *Ordre Teutonique*, dont l'établissement est dû à la pieté d'un Allemand, qui s'étant retiré à Jerusalem avec sa famille après la conquête de la Terre-sainte, employa ses biens à recevoir & à nourrir les Pelerins de sa Nation qui venoient visiter les saints Lieux dans la Palestine, & qui n'entendoient pas la langue du Pays. Pour pouvoir plus facilement exercer sa charité, il obtint du Patriarche de Jerusalem la permission de bâtir un Hôpital avec une Chapelle à l'honneur de la Vierge. Plusieurs Gentilshommes Allemans que poussa le même zele, s'étant joints à lui pour cette bonne œuvre, firent leur unique attachement d'avoir soin de ceux que la devotion obligeoit à faire le voyage d'outre-mer. Quelques riches citoyens des Villes de Bremen & de Lubec qui étoient en Levant, s'associerent avec ces premiers, & vers l'an 1171. ils firent bâtir un magnifique Hôpital en la Ville d'Acre, prenant tous le titre de Chevaliers Teutons & la regle de saint Augustin. Leur habit fut une robe & un manteau blanc, & ils eurent pour armes une croix potencée de sable, chargée d'une autre croix d'argent. Il y en a qui assurent que le Roi saint Louis, lorsqu'il eut passé la mer, ajoûta le chef de France, portant cette croix sur l'estomac. Ils firent profession & vœu de pauvreté, de chasteté & d'obéïssance entre les mains du Patriarche de Jerusalem, & composerent leur regle sur le modelle de celle des Chevaliers Hospitaliers de saint Jean & des Templiers. En 1195. le Pape Celestin III. approuva l'établissement de cet Ordre, obligeant les Chevaliers à dire chaque jour certaines prieres, leur commandant de laisser croître leurs barbes à la maniere des Hermites de saint Augustin, & défendant que l'on y reçût personne qui ne fût Gentilhomme & Allemand. Henri de Valpot en fut le premier Grand-Maître. Le Duc de Massovie dans la Pologne donna à ces Chevaliers toutes les terres qu'ils pourroient conquerir dans la Prusse sur les Payens, pour les posseder, avec droit de souveraineté; ce que le Pape & l'Empereur confirmerent. Les Chevaliers les ayant tous chassés de la Prusse penetrerent jusqu'en Russie, & en 1255. ils s'emparerent de la Samogitie, faisant main basse sur tous ceux qui refusoient de recevoir le baptême. Pendant ces progrès le Soudan d'Egypte prit la Ville d'Acre, & les Chevaliers Teutons qui étoient dans la Syrie furent obligés de revenir en Allemagne. La principale Maison de l'Ordre établie d'abord à Marpurg, Ville de la Hesse dans le Cercle du Haut Rhin, fut ensuite transferée à Mariembourg dans la Prusse. Albert, Marquis de Brandebourg, fils de la sœur de Sigismond Roi de Pologne, ayant été élû Grand Maître de l'Ordre en 1510. goûta malheureusement les nouvelles opinions de Luther, & ayant embrassé son heresie il traita avec Sigismond son oncle pour se rendre Maître absolu de la Prusse, à la charge de la tenir relevante de la Couronne de Pologne. Les Chevaliers Teutoniques contraints de quitter la Prusse, élurent Albert de Vvolffgang pour leur Grand-Maître, & se retirerent en Allemagne, où ils avoient de grands biens & des Benefices dont ils jouissent encore. Cet Ordre consiste à present en douze Provinces, qui sont Alsace, Bourgogne, Austriche, Coblens, Etsch, que l'on nomme encore Provinces de la jurisdiction de Prusse, Franconie, Hesse, Viessen, Vvestphalie, Lorraine, Turinge, Saxe & Utrecht. Ces sept dernieres Provinces sont de la Jurisdiction d'Allemagne. Tout ce que possedoit l'Ordre dans la Province d'Utrecht, est presentement au pouvoir des Hollandois. Il y a des Commanderies particulieres pour chaque Province, & on y appelle *Commandeur Provincial*, Le plus ancien des Commandeurs. Les douze Commandeurs Provinciaux étant assemblés ont droit d'élire un Grand-Maître ou un Coadjuteur, & ils sont tous soumis au Grand-Maître d'Allemagne, qu'ils regardent comme leur Chef. Il fait sa residence ordinaire à Mariendal en Franconie depuis que les Chevaliers ont été chassés de la Prusse. Les puînés des Princes & des grands Seigneurs Allemans possedent la plûpart des Commanderies de cet Ordre, qui porte d'argent à une croix pattée de sable, chargée d'une croix potencée d'or.

TEX

TEXTE. s. m. Livre des Epîtres & Evangiles couvert d'orfevrerie dans lesquelles les Diacres & Sousdiacres chantent l'Epitre & l'Evangile, & que les Sousdiacres portent aux processions à côté de la croix. Les Furetieristes disent que le Sousdiacre le donne à baiser à l'Evêque qui officie avant qu'il baise l'Autel. Il falloit dire qu'en Anjou il le tient devant tout Prêtre celebrant aux grandes Fêtes pendant la Confession & le lui fait baiser quand il monte à l'Autel, le porte après l'Evangile à baiser à tout le chœur, en disant à chacun *Hæc sunt verba sancta*, & qu'on répond *Credo, confiteor, &c.*

THA

THALICTRUM. s. m. Plante que Dioscoride dit avoir ses feuilles semblables au Coriandre, mais un peu plus grasses. Elles tiennent à sa tige qui est semblable à celle de rue. Broyées & enduites, elles font cicatriser les vieux ulceres. Cette plante croît parmi les champs, & Galien qui en dit la même chose l'appelle *Thalistron*, Ruellius dit que les Herboristes l'appellent *Argentine*, à cause qu'elle est blanche, & que l'argentine est entierement conforme à la description du Thalictrum, sur quoi Matthiole ne prononce pas, avouant qu'il n'a jamais vû de Thalictrum.

THAPSIA. s. f. Plante qui est une espece de ferule, ayant neanmoins sa tige plus menue, & ses feuilles comme celles du fenouil. Ses bouquets qui sont à la cime ressemblent a ceux d'aneth, & il n'y en a qu'un sur chaque branche. Sa fleur est jaune, & sa graine large comme celle de ferule, mais un peu moindre. Sa racine est longue, acre, noire en dehors & blanche au dedans, & revêtue d'une écorce assés épaisse. Cette racine, & le jus que l'on en tire, ont une vertu si attractive, qu'ils poussent dehors les profondes humeurs. Si on les applique avec un peu de cire & d'encens, ils ôtent toutes sortes de meurtrissures, mais il ne faut pas laisser l'emplâtre plus de deux heures. Pline dit que c'est le remede qu'employoit Neron, lorsqu'allant courir la nuit sans être connu, il revenoit quelquefois le visage tout meurtri. Theophraste dit que la Thapsia croît en plusieurs lieux, & particulierement au territoire d'Athenes où les bêtes du Pays n'en mangent point, mais que celles qui viennent des lieux éloignés en mangent, & qu'il faut necessairement ou qu'elles meurent, ou que le ventre leur lâche. Cette plante a été nommée par les Grecs *Thapsia*, de l'Isle de Thapsos où elle a été premierement découverte.

THE

THE'. s. m. On appelle ainsi, non seulement une petite feuille dessechée qu'on nous apporte des Indes Orientales, mais aussi la teinture de cette feuille dont on fait une boisson assés agreable par l'addition du sucre. Cette feuille est celle d'un arbrisseau qui s'étend en diverses petites branches & qui croît en assés grande quantité autour de Pexin & de Nanxin dans la Chine. Il en croît aussi en plusieurs endroits du Japon où il est appellé *Cha* ou *Tcha*. Le Thé est une feuille verte, mince, pointue par un bout, arrondie par l'autre & découpée un peu tout autour. Au milieu de chaque feuille il y a une moyenne nervure, d'où sortent quantité de petites fibres. Après ces feuilles naissent plusieurs coques aussi grosses que le bout du doigt, & d'une figure fort particuliere. Chacune enferme deux ou trois fruits tels que l'Areca, d'un gris de souris au dessus, & garnis au dedans d'une amande blanche, fort aisée à se vermoudre. Cet arbrisseau pousse en Eté sa premiere fleur, qui ne sent pas beaucoup, & sa baie de verte devient noirâtre. Ses branches sont revêtues de fleurs blanches & jaunes, dentelées & pointues depuis le bas jusqu'au haut. Le Thé de la Chine a ses feuilles plus grandes, d'un vert plus brun, & d'une odeur bien moins douce que le Cha du Japon. Aussi sa teinture est-elle plus verte & beaucoup moins agreable, en sorte même que l'infusion du plus commun a un goût qui approche en quelque sorte de celui du sené. Le meilleur Thé a la plûpart de ses feuilles petites & delicates. Lorsque ces feuilles se sont un peu dilatées dans l'eau chaude, elles reprennent leur premiere verdeur, & après une infusion suffisante, elles donnent à l'eau une teinture d'un jaune clair & verdâtre, mais d'un goût & d'une odeur si plaisante, qu'il semble que la violette & l'ambre même y ayent quelque part. Cela se connoît quand même on approche ses feuilles du nez, ou qu'on les mâche avant qu'elles ayent été mises en infusion. Elles n'ont qu'une legere astriction & une mediocre amertume. Le mechant Thé au contraire a ses feuilles bien plus grandes & plus épaisses, & elles demeurent d'un brun enfoncé. Après même que l'eau chaude les a dilatées, elles n'ont presque point d'odeur, & l'on découvre par la langue qu'elles ont beaucoup d'amertume & d'astriction. Tavernier assure que la fleur du Cha, qui n'est autre chose que la feuille du plus fin Thé du Japon, se vend jusqu'à cinq cens francs la livre dans le Japon même, & qu'on en trouve de la Chine à cent sols ou à six francs. Les Japonnois & les Chinois l'échangent toûjours volontiers poids pour poids, & quelquefois encore plus avantageusement contre les feuilles de notre sauge, en laquelle ils trouvent de grandes vertus. La teinture & l'infusion du Thé est la même chose. C'est cette boisson si connue de tout le monde, & qui se prépare en faisant bouillir dans un vaisseau convenable autant d'eau qu'on veut avoir de teinture, & en la tirant du feu quand elle bout pour y jetter les feuilles de Thé en quantité proportionnée. On couvre le vaisseau ensuite, & on laisse le Thé en infusion pendant la troisiéme partie d'un quart d'heure. Durant ce tems les feuilles du Thé, s'affaissent au fond du vaisseau à mesure que la teinture en est extraite par l'eau, en sorte qu'elle se trouve entierement precipitée quand on verse la liqueur dans les tasses pour boire. Elle doit être bûe fort chaude, & même dans sa premiere chaleur, parce que lorsqu'elle a été refroidie & ensuite rechauffée, elle est très-desagreable, & aussi inutile que celle qu'on tire des feuilles dont on a déja tiré une premiere teinture, & qui ne peuvent servir dans cet état qu'à l'extraction de son sel fixe. Le Thé est d'un si grand usage parmi les Orientaux, qu'il y a fort peu de personnes qui ne s'en servent. Il a une vertu particuliere de fortifier le cerveau & de dissiper les vapeurs dont il se sent attaqué. Il empêche les assoupissemens, rend l'esprit propre à l'étude, & le délasse après une trop grande application. Il est bon aussi pour la migraine & pour les douleurs de tête que les vapeurs causent. Il y a quelques années que presque tout le monde en usoit en France, mais depuis que le Caffé & le Chocolat ont été connus, on ne s'en sert presque plus.

THEATINS. s. m. Ordre de Religieux qui sont les premiers Clercs Reguliers qui ayent paru dans l'Eglise. Jean Pierre de Caraffe, Evêque de Theate dans le Royaume de Naples, s'étant uni par inspiration divine avec saint Gaëtan, Comte de Thiene, Protonotaire Apostolique participant, natif de Vicence dans le Duché de Venise, & avec deux autres personnes considerables par leur vertu, fonda cette Congregation en 1524. par le consentement du Pape Clement VII. & sa dignité Episcopale l'en fit élire Superieur. Quoiqu'il se fût demis de son Evêché, on ne laissa pas de l'appeller toûjours l'*Evêque Theatin*, & c'est ce qui donna lieu de nommer aussi ces Religieux *Theatins*. Cet Ordre est dans une fort grande reputation en Italie, où il n'est composé que de personnes d'une naissance distinguée, dont une partie, à cause de leur pieté & de leur science, est élevée à l'Episcopat. On en compte actuellement plus de quarante qui sont aujourd'hui Archevêques ou Evêques; & il y en a eu depuis le commencement de leur Institut plus de trois ou quatre cens qui ont possedé cette dignité, sans parler de ceux qui l'ont refusée, du nombre desquels a été le Bienheureux André Avellin, qui fut destiné par le Pape à l'Archevêché de Naples, à cause du zele ardent qu'il avoit pour le salut des ames. Jean Pierre Caraffe leur Fondateur, fut fait Pape sous le nom de Paul IV. Il y a eu aussi deux Cardinaux de cet Ordre, sçavoir Bernardin Scot, Evêque de Plaisance, & Paul Areso, François d'origine, Archevêque de Naples. Ce dernier a mené une vie si sainte, que la Congregation des Rits travaille à sa Beatification. Les Theatins sont établis en Espagne, en Portugal, en Allemagne, en Pologne, dans la Georgie, à Goa Capitale des Indes, dans l'Isle de Borneo, où ils donnent tous leurs soins à la conversion des Infidelles. Le Cardinal Mazarin fonda une Maison de cet Ordre à Paris en 1644. C'est la seule qu'ils ayent en France. Ils en ont plus de quatre-vingts en d'autres Royaumes, & leurs Eglises sont des plus belles qu'on voie en Europe. La principale vûe de leurs Fondateurs a été de rétablir l'ancienne maniere de vivre des Apôtres, en s'abandonnant entierement à la Providence, en sorte qu'ils ne demandent rien, & ne possedent aucun revenu. Leur habit est noir, & n'est distingué de celui des Jesuites que par leur chaussure qui est blanche.

THEATRE. s. m. On a appellé ainsi chés les Anciens un édifice public, qui étoit composé d'un amphitheatre en demi-cercle, entouré de portiques, & garni de sieges de pierre, qui environnoient un espace appellée *Orchestre*. Au devant de cet espace étoit le *Proscenium*, c'est-à-dire, le plancher du Theatre avec la scene, qui étoit une grande façade décorée de trois ordres d'Architecture. Le *Postscenium*, lieu où se préparoient les Acteurs, étoit derriere cette façade. Il ne reste rien de l'antiquité de plus celebre en ce genre que le Theatre de Marcellus qui est à Rome. *Theatre* se dit aujourd'hui d'une grande salle où l'on represente des Tragedies, des Comedies, des Balets & des Opera. Il y a une partie occupée par la scene qui comprend le Theatre même, les decorations & les machines. Le reste est un espace que les Auditeurs remplissent, & qui est terminé par un amphitheatre quarré ou circulaire, avec plusieurs rangs de loges par étages tout autour pour les personnes distinguées.

On appelle *Theatre*, dans un jardin, Une espece de terrasse élévée, sur laquelle est une decoration perspective d'allées d'arbres. Comme cette terrasse est faite de telle sorte que l'on y pourroit representer des Comedies, il y a un espace plus bas qui tient lieu de parterre, avec un amphitheatre qui le termine, & sur lequel sont plusieurs degrés de gazon ou de pierre. *Theatre d'eau* se dit d'une disposition de plusieurs allées d'eau, ornées de rocailles & de figures, afin de former divers changemens dans une decoration perspective. Ce mot est Grec θέατρον, Spectacle.

Theatre, en termes de Marine, se dit de l'exhaussement qui est à la proue des grands vaisseaux au dessus du dernier pont vers la misaine. C'est ce qu'on appelle autrement *Château de proue* ou *Taillard d'avant*.

THEION. s. m. Vieux mot. Oncle. On a dit aussi *Theie*, pour dire, Tante, du Grec θεῖος, & θεία, qui veulent dire la même chose. Les Espagnols disent encore aujourd'hui *Tio* & *Tia*, pour, Oncle & Tante.

THEODOTIENS.. s. m. Heretiques appellés ainsi, parce qu'ils suivoient les erreurs d'un certain Theodotus ou Theodotion qui vivoit sous l'Empereur Severe sur la fin du second siecle, & enseignoit qu'il étoit permis de nier JESUS-CHRIST dans les tems de persecution, & qu'on ne renioit point Dieu en le faisant, puisque JESUS-CHRIST, selon sa doctrine, n'étoit qu'un pur homme, & qu'il étoit né de semence humaine. Il ajoûtoit aussi quelque chose aux écrits des Evangelistes, & en ôtoit ce qu'il lui plaisoit.

THEOPASCHITES. s. m. Heretiques qui prétendoient que la Divinité de JESUS-CHRIST eût souffert, comme s'il n'y avoit eu en lui qu'une nature, parce qu'il n'y a qu'une personne. Ce mot est formé du Grec θεὸς, Dieu, & de πάσχειν, Souffrir.

THERAPEUTIQUE. s. f. Partie de la Medecine qui enseigne à guerir les maladies, & qui consiste dans l'art de trouver les secours convenables aux malades, & de les appliquer après les avoir trouvés; ce qui

qui demande un bon jugement fondé sur la connoissance de l'œconomie animale en particulier, & sur celle de toute la nature en general. Ce mot est Grec θεραπευτικὸς, Qui a la faculté de guerir.

THERIAQUE. s. f. Composition de drogues choisies, préparées, pulverisées & reduites en opiat ou en électuaire liquide, pour la guerison des maladies froides, & où la chaleur naturelle se trouve affoiblie. Ce mot est Grec θηριακὴ, de θὴρ, Bête venimeuse, à cause de la chair de vipere qui lui sert de base. La plus fameuse Theriaque est celle qui a été composée par Andromaque le pere, natif de Candie, & premier Medecin de Neron. Les Venitiens sont en reputation depuis plusieurs siecles d'être les seuls qui ont la veritable maniere de la preparer. Cependant de très-habiles Apothicaires de Paris, tels que Messieurs Rouviere, Geoffroi, & quelques autres, en ont composée d'excellente depuis peu d'années, dont on se peut servir avec sûreté, & sans apprehension d'être trompé, comme on l'est souvent par ceux qui en vendent sous le nom de *Theriaque fine de Venise*. C'est en general un preservatif contre le mauvais air, la peste, les poisons, & sur-tout les poisons froids & les morsûres des bêtes venimeuses & enragées. Il faut la prendre dans l'eau de scorçonere, ou de chardon benit, ou dans quelque autre eau cordiale, ou l'appliquer en forme d'emplâtre sur le partie affligée, ou bien la frotter souvent en la détrempant dans l'eau de vie, dans du vin, ou dans une autre liqueur semblable. On l'applique aussi fort utilement sur les bubons, charbons, clous, anthrax, & on peut dire qu'elle est souveraine pour la rougeole, pour la petite verole, ou pour les fievres malignes, ainsi que pour l'apoplexie, la paralysie, la lethargie, l'épilepsie & autres maladies froides du cerveau. Prise dans l'eau de betoine, elle est specifique pour les maux de tête inveterés; & si on la prend dans l'eau de scabieuse, ou dans quelque decoction pectorale, elle appaise l'asthme, & toutes sortes de difficultés de respirer. Elle tue les vers des petits enfans prise le matin seule ou avec de bon vin blanc, & appliquée en forme d'emplâtre sur l'estomac & sur le nombril, & facilite l'accouchement des femmes en poussant au dehors ce qui les peut incommoder, si elles en prennent dans de l'eau de canelle, ou dans quelque autre vehicule convenable. On n'en sçauroit aisément prescrire la dose, ce qui dépend de la constitution plus ou moins forte du malade, de son âge, & de la necessité où il se trouve; mais on en donne aux petits enfans depuis douze grains jusques à vingt, à ceux d'un âge plus avancé depuis vingt jusques à trente, & aux grandes personnes, depuis une demi-drachme jusqu'à une drachme, & même jusques à deux, lorsque ces personnes sont robustes, ou que l'occasion est pressante. Ceux qui se portent le mieux s'en peuvent servir par precaution le matin à jeun, en la prenant seule à la pointe d'un couteau, ou dans de bon vin.

Il y a une Theriaque surnommée *Diatessaron*, à cause qu'on y fait seulement entrer quatre ingrediens; sçavoir la gentiane, l'aristoloche ronde, les baies de laurier & la myrrhe. Après que le tout a été reduit en poudre, on en compose un opiat ou électuaire liquide, par le moyen du miel blanc & de l'extrait de genevre. Cette Theriaque, quoique de peu de valeur & peu composée, a de bonnes qualités & est fort propre pour toutes sortes de bestiaux. Il y en a qui l'appellent *Theriaque des Allemans* ou *Theriaque des pauvres*.

THERMES. s. m. p. Nom que les Anciens donnoient à de grands édifices composés de divers appartemens où il y avoit des salles de bain, dont les unes étoient pour les hommes & les autres pour les femmes. Un grand bassin entouré de sieges & de portiques étoit au milieu de chaque salle, & à côté du bain il y avoit des cuves, d'où l'on tiroit de l'eau froide & de l'eau chaude, afin d'en composer une eau tiede. Ces bains, qui servoient plûtôt à la proprété qu'à la santé, recevoient de la clarté par en haut, & des étuves seches pour faire suer étoient à côté des salles. Thermes est un mot Grec θέρμαι, comme si on disoit Eaux chaudes, & vient du verbe θέρειν Echauffer. Les Levantins se servent aussi de bains artificiels, & ils en ont de publics, outre les particuliers. On voit à Paris à l'Hotel de Clugni & à la croix de fer rue de la Harpe les thermes de l'Empereur Julien l'Apostat. Il y a des Bulles des Papes aux Docteurs de Sorbonne, *Commorantibus ante palatium thermarum*.

THERMOMETRE. s. m. Instrument dont on se sert pour connoître les divers degrés de la chaleur ou de la fraîcheur de l'air. C'est un tuyau de verre bien bouché par les deux bouts, à l'extrémité duquel il y a une boule pleine d'esprit de vin ou de quelque autre liqueur colorée. Cette liqueur monte ou descend dans le tuyau, selon que l'air qui y demeure enfermé, ou se rarefie, ou se condense. Le tuyau est posé sur une platine où sont marquées des divisions qui font voir de combien de degrés cette chaleur ou fraîcheur est augmentée ou diminuée. Il y a des Thermomettres ouverts par un des bouts, où la liqueur monte quand il fait froid, & descend quand il fait chaud. Elle monte au contraire quand il fait chaud & descend quand il fait froid, dans ceux qui sont scellés hermetiquement par les deux bouts. Ce mot vient du Grec θερμὸς, Chaud, & de μετρεῖν, Mesurer.

THIE. s. m. Petit canon d'argent d'acier ou de cuivre, avec une pointe où il y a une petite mouche qu'on met au bout d'un fuseau pour filer.

THL

THLASPI. s. m. Petite herbe qui a ses feuilles étroites & longues d'un doigt, grassettes & pendantes contre terre. Sa tige est mince, branchue, & haute de deux palmes. Son fruit qui est tout autour va en s'élargissant depuis la queue. Sa graine est semblable à celle de nasitor, & est enfermée en de petites bourses fendues & incisées à la cime, en maniere de lentille. Elle est pressée & platte de l'autre côté, d'où elle a pris le nom de θλάσπι, de θλάω, Je presse, je comprime. Le Thlaspi croît dans les lieux incultes pierreux qui sont exposés au Soleil, & même sur les toits & les murailles. On se sert ordinairement de l'herbe & de sa semence dans la Medecine, mais ceux qui composent la Theriaque n'y employent que la graine qui est de couleur jaune tirant sur le rouge & d'un goût acre & piquant. Elle a une qualité fort attractive, & purge la bile par haut & par bas. Galien dit que l'on use du Thlaspi qu'on apporte de Candie, & de celui qui croît par tout, & qui est de couleur entre jaune & roux, rond, & si petit, qu'il l'est quelquefois plus que le millet, mais que le meilleur Thlaspi est celui de Cappadoce. Il ajoûte que ce Thlaspi tire sur le noir, n'étant pas tout-à-fait rond, & qu'il est beaucoup plus gros que l'autre & un peu plat d'un côté, d'où il a pris le nom de *Thlaspi*.

THO

THOLUS. s. m. Terme d'Architecture. M. Felibien dit que c'est la clef & la piece du milieu où s'assemblent toutes les courbes d'une voute quand elle est de charpente, & où anciennement les presents que l'on faisoit aux Dieux dans les Temples étoient suspendus. Quelquefois aussi, dit-il, ce mot est pris pour la coupe d'un temple, ou bien pour ce que nous appellons la lanterne qu'on met au dessus, selon Philander & Barbaro. Ce mot est Grec θόλος, Voute, Berceau. Platon appelle θόλος, Le lieu où l'on conservoit les Ecritures publiques à Athenes, & où ceux qui étoient nourris dans le Prytanée avoient accoûtumé de manger.

THON. s. m. Grand poisson de mer massif & ventru couvert de grandes écailles & d'une peau déliée. Il a le museau pointu & épais, les dents aigues & petites, les ouies doubles, deux nageoires auprès des ouies & le dos noirâtre. Il se trouve en abondance dans la Mediterranée, & principalement en Provence. Sa chair ressemble assés à celle du veau. L'endroit le plus delicat est la poitrine. En latin *Thunnus* ou *Thynnus*, que quelques-uns font venir du Grec θύειν, S'élancer avec impetuosité, à cause que le Thon se meut avec beaucoup de vîtesse. Ce poisson est fort craintif, & c'est ce qui est cause qu'on n'a qu'à faire beaucoup de bruit pour le prendre, parce que la crainte l'oblige pour se sauver à se jetter dans des fosses où les filets sont tendus.

Matthiole fait remarquer que les Thons ont diversité de noms, étant appellés *Cordilles*, en sortant de l'œuf; *Limaites*, quand ils sont un peu plus gros; *Pelamides*, lorsqu'ils laissent la boue, & *Thons* quand ils passent un pié de grandeur. Athenæus dit que le Thon vit long-tems & devient fort gros, & Aristote au contraire, qu'il vit seulement deux ans. C'est un poisson assés petit, selon Pline, & qui ressemble à un scorpion de mer. Dans les Jours Caniculaires, les Thons ont un certain aiguillon qui les agite comme celui des Taons tourmentent les bœufs; ce qui les oblige quelquefois à se lancer hors de l'eau, & à se jetter dans les Vaisseaux. Ils sont alors venimeux, & il seroit fort dangereux d'en manger.

THONNAIRE. s. m. Sorte de filet dont on se sert sur la mer Mediterranée, pour prendre les Thons, & autres poissons de même grosseur.

THONNINE. s. f. Chair de Thon salée, & que l'on a coupée par morceaux. La Thonnine la plus maigre est la meilleure. Après qu'on a retiré de la mer le filet où les Thons ont été pris, & que les Pêcheurs appellent *Thonnaire* ou *Madrague* ces poissons meurent d'eux-mêmes, ne pouvant vivre hors de l'eau, après quoi on les pend en l'air, on les vuide & on leur ôte la tête. Ensuite étant coupés par tronçons & ayant été rotis sur de grandes grilles de fer, on les fricasse dans de l'huile d'olive, & après qu'on les a assaisonnés de sel, de poivre, de girofle, & de quelques feuilles de laurier, on met dans de petits barils la Thonnine cuite de cette maniere, & toute prête à manger, avec d'autres huiles d'olives & un peu de vinaigre, pour la transporter en divers endroits.

THORA. s. f. Plante qui ne vient que dans les hautes montagnes, & qui a sa racine grumelée comme celle du Renoncule de Constantinople. Ses feuilles sont assés rondes, fermes, dentelées autour, & des queues fort déliées les soûtiennent. Elle a ses tiges branchues vers le sommet, hautes seulement de sept ou huit pouces, & garnies de quelques fleurs jaunes. Ces fleurs n'ont que quatre feuilles, parmi lesquelles un petit bouton se forme pareil à celui des renoncules. Des semences plates, & telles que celles des renoncules des prés, succedent aux fleurs de cette plante. Le suc qu'elle rend est propre à empoisonner les fleches dont on se sert pour tuer les loups, les renards, & autres bêtes semblables. M. Callard de la Duquerie fait venir *Thora* du Grec φθορὰ, Corruption, à cause que c'est une plante veneneuse.

THORACIQUE. adj. Terme de Medecine. On appelle *Veine Thoracique*, Une veine qui naît au rameau axillaire, qui est double, & qui étend ses petits rameaux aux muscles qui sont devant & derriere l'estomac. Ce mot vient du Grec θώραξ, la poitrine, l'estomac. On appelle aussi *Medicamens Thoraciques*, ou absolument *Thoraciques*, Certains medicamens qui sont propres pour remedier aux incommodités du poumon & de la poitrine.

THORAX. s. m. Terme de Medecine. Les Grecs appellent ainsi la seconde partie superieure du tronc du corps de l'homme, qui forme la capacité de la poitrine, où le cœur & le poumon sont renfermés. Sa partie anterieure est la poitrine. Les laterales sont les côtes, & par derriere il a le dos & ses vertebres, & le paleron ou l'omoplate. Il est en partie osseux & en partie charneux. On fait venir ce mot de θορεῖν, Sauter avec quelque impetuosité à cause que le cœur qui est enfermé dans le Thorax a un mouvement continuel.

THORIE. s. m. Vieux mot. Taureau.

Sont moëlles de jeunes Thories.

THR

THRACIENNE. adj. On appelle *Pierre Thracienne*, Une pierre que Dioscoride dit qui croît en une riviere de Scithie appellée *Pontus*, & à laquelle il donne les mêmes proprietés qu'à la Gagates. Matthiole avoue qu'il n'a jamais rencontré personne qui l'eût vûe; mais Galien, sur le rapport de Nicander, qui ne lui attribue nulle autre vertu sinon que son parfum chasse les serpents, dit que si on brûle cette pierre dans un feu ardent, & qu'on la jette ensuite dans l'eau, elle s'allume, & qu'en mettant de l'huile dessus on l'éteint incontinent.

THRINGLE. s. m. Vieux mot. Sommet, du Grec θριγκίον, ou θριγκὸς, Le faîte d'une maison.

THU

THURIFERAIRE. s. m. Terme d'Eglise. Acolythe ou Clerc qui dans les jours solemnels porte l'encensoir ou la navette. Ce mot vient du latin *Thus*, Encens, & de *Ferre*, Porter.

THY

THYITES. adj. Dioscoride parle d'une *Pierre Thyites*, qui croît en Ethiopie. Il dit qu'elle est verdâtre tirant sur le jaspe, & que quand on la détrempe, elle rend une humeur blanche comme le lait, étant d'ailleurs fort mordante, en sorte que l'on s'en sert à nettoyer la prunelle des yeux, & à en ôter tout ce qui la peut couvrir de tenebres. Matthiole, à qui cette Pierre est inconnue, ne laisse pas de refuter Fuchsius, qui croit que ce n'est autre chose que la Turquoise.

THYM. s. m. Petite herbe odoriferante & un peu forte, sur laquelle les abeilles vont cueillir leur miel. Elle produit force branches, environnées de plusieurs feuilles petites, étroites & menues, à la cime desquelles sont de petits chapiteaux garnis de fleurs incarnates. Le Thym croît aux lieux maigres & pierreux. Theophraste dit qu'il y en a de blanc

& de noir, & que sa graine est si bien mêlée parmi ses fleurs, qu'il est impossible de la trouver, de sorte que pour avoir du Thym, on est obligé de semer ses fleurs au lieu de la graine. Galien dit que le Thym est manifestement chaud & incisif, & qu'il est propre à faire uriner, à provoquer les mois, à faire avorter, & à nettoyer les parties nobles & interieures en le prenant en breuvage. Ce mot est Grec θύμον. On le fait venir de θύος, Odeur.

Thym, en termes de Medecine, se dit d'une espece de verrue qui naît aux ailes & au col de la matrice, & qui a quelque ressemblance avec la tête du thym.

THYMELÆA. s. f. Plante qui porte le granum gnidium, & qui pousse force rejettons beaux & menus, encore qu'ils soient hauts de deux coudées. Ses feuilles sont comme celles de Chamelæa, plus étroites & plus grasses, gluantes & gommeuses quand on les mâche. Sa fleur est blanche & sa graine ronde comme celle du Myrtille. L'écorce de son fruit est dure, noire en dessous & blanche en dedans. C'est ainsi que Dioscoride en parle, à quoi Matthiole ajoûte que les Arabes ont écrit assés confusément de la Chamelæa & de la Thymelæa, les appellant toutes deux *Mezereon*. Il dit que les Montagnards d'Ananie appellent le fruit de Thymelæa, *Poivre de montagne*, à cause qu'étant seché, il ressemble au poivre, & est piquant à la langue, & que ces deux plantes, tant la Chamelæa que la Thymelæa, purgent avec une telle violence, qu'il est dangereux de s'en servir, à moins qu'on ne soit d'une complexion très-robuste. La plûpart de ceux qui ont l'estomac foible en meurent, à cause que raclant les intestins, & ouvrant entierement les orifices des veines, elles leur font perdre toute leur vertu & toute leur force. Cette plante a été appellée *Thymelæa*, comme si on avoit dit θύμου ἐλαία, Olive de Thym, parce que ses feuilles sont aussi étroites que celles du Thym, & longuettes en forme d'olive.

THYMIQUE. adj. Les Medecins appellent *Rameau Thymique*, Un rameau de la veine souclaviere, qui sert à nourrir la glande qu'ils nomment θύμος. Cette glande est située sous le haut du sternon, où la veine cave montante se fourche, & lui sert d'appui & de coussinet. C'est ce que vulgairement on nomme *Fagoue*.

THYRSE. s. m. Sorte de sceptre entouré de feuilles de vignes, que les Poëtes donnent à Bacchus, & que portoient les Bacchantes dans les fêtes de ce Dieu qu'on appelloit *Bacchanales*. Ce mot est Grec θύρσος, & quelques-uns le font venir de θύειν, S'élever, se porter en haut avec quelque sorte d'impetuosité, à cause que le Thyrse est une maniere de verge ou de canne qui s'éleve au milieu des autres herbes.

TIA

TIARE. s. f. Sorte d'ornement de tête, en forme de mitre ou de couronne, dont se servoient les anciens Rois de Perse. Le Pape seul porte aujourd'hui la Tiare. C'est une maniere de grand bonnet, autour duquel sont trois couronnes d'or pur l'une sur l'autre en forme de cercle. Ces couronnes sont toutes brillantes de pierreries, & ornées d'un globe sur lequel est une croix avec un pendant de chaque côté de la Tiare. L'ancienne Tiare n'étoit qu'un bonnet rond, élevé & environné d'une couronne, à laquelle Boniface VIII. en ajoûta une seconde, lorsqu'il s'attribua un droit souverain sur les domaines temporels. Ce fut Benoît XII. qui ajoûta une troisiéme couronne à ces deux premieres, aprés qu'il eut decidé que l'autorité Pontificale s'étendoit sur l'Eglise militante, sur l'Eglise souffrante, & sur l'Eglise triomphante.

TIB

TIBIAL, ALE. adj. Les Medecins appellent *Muscle tibial*, Un des muscles étendeurs de la jambe. Ce mot vient du latin *Tibia*, qui signifie l'os de devant de la jambe.

TIBURIN. s. m. Poisson cruel & friand de chair humaine, qui se trouve en abondance dans l'Isle de Cuba, qui est une des principales des Indes. C'est une espece de Taon que les Espagnols appellent *Pesce espada*, Poisson épée. Vincent le Blanc qui en parle, dit qu'on l'appelle aussi *Taburint*, & qu'il est fort dangereux de se baigner aux lieux où il se rencontre à cause de ses dents qui coupent comme un rasoir. Il ajoûte qu'il a trois pointes sur le dos en forme de pertuisanes, & que l'envie d'attraper quelque corps d'homme l'oblige quelquefois à suivre un Vaisseau plus de cinq cens lieues, ce qu'il confirme par l'exemple d'un Capitaine, qui venant de la Floride, fut suivi d'un Tiburin jusques à Porto-rico, où enfin ce poisson tomba entre ses mains. On lui trouva dans le corps la tête d'un mouton, avec ses cornes, que ceux de son Vaisseau reconnurent avoir été jettée dans la mer il y avoit déja plusieurs jours.

TIC

TIC. s. m. Sorte de maladie qui vient aux chevaux, & leur donne de tems en tems une espece de mouvement de tête convulsif qui leur fait appuyer les dents contre la mangeoire, ou contre la longe du licol, comme s'ils avoient envie de la mordre, ce qui est toûjours suivi de quelque rot qu'ils ne manquent point de faire. Tic se dit aussi du mouvement convulsif où l'on voit plusieurs personnes sujettes.

TICTE', E'E. adj. Les Fleuristes appellent *Fleur tictée*, Celle qui est marquetée.

TIE

TIENBORD. s. m. Terme de Marine. On appelle ainsi sur l'Ocean le côté du Vaisseau qui est à la main droite de celui qui étant à la pouppe fait face vers la proue.

TIER-AN. s. m. Terme de Chasse. On dit qu'*Un sanglier est à son tier-an*, pour dire, qu'il est en sa troisiéme année. C'est comme si l'on disoit en son tiers an.

TIERCAIRE. s. m. Non qu'on donne à ceux qui sont du Tiers Ordre de saint François & du Mont-Carmel.

TIERCE. s. f. Terme de Musique. Consonance, mélange de deux sons, qui contient un intervalle de deux tons & demi. La Tierce appellée *Tierce majeure*, a ses termes comme cinq à quatre, & contient deux tons, & la Tierce appellée *Tierce mineure*, a ses termes comme six à cinq, & contient un ton, & un demi-ton majeur. On appelle *Tierce diminuée*, Celle qui contient deux demi-tons majeurs, & *Tierce superflue*, Celle qui contient deux tons, & un demi-ton majeur.

Il y a un jeu de l'orgue qu'on appelle *Tierce*. C'est un tuyau d'un pié sept pouces, qui est ouvert & accordé à la tierce du jeu de deux piés ouvert. La Tierce a coutume de servir à jouer le dessus en l'orgue.

Tierce, en termes d'Imprimerie, se dit de la seconde épreuve que voit ordinairement l'Auteur d'un Livre, après que les Correcteurs ont vû la premiere.

Tierce, en termes d'Astronomie, est la soixantiéme partie d'une seconde.

Tierce, terme de jeu de piquet & de quelques autres jeux de cartes. Suite de trois cartes de même couleur, comme le Valet, la Dame & le Roi, que l'on appelle *Tierce de Roi*, On appelle *Tierce major*, l'as, le Roi & la Dame d'une même couleur.

Tierce, Terme d'Escrime. Mouvement du poignet en dehors qu'on fait en se battant à l'épée, ou en faisant des armes. La Tierce qui est la troisiéme garde, se fait en posant la pointe de l'épée du point superieur d'un cercle qu'il faut se representer décrit sur un mur à plomb, & divisé en ses quatre points cardinaux de haut en bas, & de droit à gauche. Ce point est diametralement opposé à l'Inferieur de la prime, & alors le bras, le corps & l'épée sont dans leur disposition naturelle & dans le milieu des extrémités de leurs mouvemens.

On appelle *Tierce*, parmi certaines Religieuses, une Compagne que la Superieure envoye au Parloir avec la Religieuse que l'on y demande, afin d'entendre tout ce qui s'y dit. On l'appelle autrement *Ecoutte* ou *Sœur assistante*.

Tierces ou *Tierches*, se dit en termes de Blason des fasces en devises qui se mettent trois à trois, comme les jumelles deux à deux, ces trois fasces n'étant comptées que pour une, & n'occupant que la largeur de la fasce ordinaire ou de la bande, si elles y sont posées, pourvû qu'il n'y en ait qu'une dans un écu.

TIERCE', E'E adj. Terme de Blason. Il se dit de l'écu divisé en trois parties en long & en large diagonalement ou en mantel. *Tiercé & retiercé en fasce d'or, d'azur & d'argent*. On dit de même, *Tiercé en pal*, & *Tiercé en bande*.

TIERCE-FEUILLE. s. f. Terme de Blason. Figure dont on charge les écus des armoiries. Elle a une queue, ce qui la distingue des trefles qui n'en ont point.

TIERCELET. s. f. Terme de Fauconnerie. Oiseau de proye qui est le mâle de l'autour. *Il est ainsi nommé*, dit Nicod, *d'autant qu'il naist trois autours en une nyaie, deux femelles qui sont l'autour & le demi autour, & au mâle qui est le Tiercelet. Ainsi on dit*, C'est un Tiercelet d'autour. *Aucuns estiment qu'il soit ainsi appellé, parce qu'il est un tiers plus menu que sa femelle, parce que la femelle des oiseaux vivans de proye est plus grande que son masle, là où le masle des autres oiseaux ne vivans de rapine, est plus grand que sa femelle.*

TIERCEMENT. s. m. Terme de Finances. Enchere qui se fait sur une ferme adjugée en Justice, du tiers au-delà du prix que porte l'adjudication qui en a déja été faite. Il faut que le tiercement se fasse dans les vingt-quatre heures de cette adjudication.

TIERCER. v. a. Terme d'Agriculture. Donner aux terres une troisiéme façon, c'est-à dire, leur dernier labour. On le dit aussi pour dire, Donner la troisiéme façon aux vignes.

Tiercer, Terme de Finances. Faire un tiercement, mettre une enchere d'un tiers sur une Ferme adjugée.

TIERCERON. s. m. Terme d'Architecture. On appelle *Tiercerons*, dans les voûtes gothiques, certains Arcs qui naissent des angles & vont se joindre aux liernes. M. Felibien dit, que comme on appelle *Ogives* ou *Diagonales*, deux lignes ou arcs qui forment une croix de saint André, on nomme aussi *Tiercerons*, Les lignes qui prennent de l'extrémité des deux lignes diagonales, & qui viennent se joindre dans le pendentif entre la clef du milieu & le formeret ou arc doubleau.

TIERCEUR. s. m. Celui qui met une enchere du tiers au delà du prix où l'adjudication d'une Ferme a été faite.

TIERCINE. s. f. Terme de Couvreur. Morceau d'une tuile fendue en longueur, que l'on employe aux battellemens.

TIERS. s. m. La troisiéme partie d'un tout *Avoir le tiers, les deux tiers dans une somme.*

On appelle *Tiers*, en Jurisprudence, Un entremetteur, un expert, un surarbitre. Celui qui en matiere de taxe de depens est choisi pour regler ceux dont les Procureurs ne demeurent pas d'accord, est nommé *Le tiers*.

Tiers & danger, en termes d'Eaux & Forêts, se dit d'un droit qu'a le Roi, ainsi que quelques Seigneurs, sur un bois possedé par des Vassaux. Ce droit consiste au tiers de la vente qui s'en fait, outre le dixiéme, qui est ce qu'on paye pour le danger. Ainsi sur un bois vendu six mille livres, il en faut payer deuxmille six cens livres.

On appelloit autrefois *Tiers de sou*, Une sorte de monnoie d'or du tems des Rois de la premiere Race. D'un côté étoit la tête de Merouée, ornée du diademe perlé.

TIERS, ERCE. adj. Qui est après le second. On appelle dans ce sens, le *Tiers Etat*, Le corps que composent ceux qui ne sont pas nobles, à cause qu'il est après le corps de l'Eglise & celui de la Noblesse.

Tiers point, en termes de Perspective, se dit d'un point qu'on prend à discretion sur la ligne de vûe, où aboutissent toutes les diagonales que l'on tire pour raccourcir les figures. On dit en Architecture qu'*Une voute est en tiers point*, pour dire, qu'Elle est élevée au dessus du plein cintre. Ce qui donne un branle à plusieurs machines dans la mechanique, est aussi nommé *Tiers point*.

Tiers poteau, en termes d'Architecture, se dit d'une piece de bois de sciage de cinq & trois pouces & demi de grosseur, faite d'un poteau de cinq & sept pouces refendu. On s'en sert pour les legeres cloisons & pour celles qui portent à faux.

On appelle, en termes de Marine, *Voiles à tiers points*, des Voiles de figure triangulaire, comme celles d'artimon & des étais. On les appelle autrement *Voiles latines & Voiles à oreilles de lievre*. On s'en sert particulierement sur la Mediterranée, & dans les Vaisseaux de bas bord qui vont à voiles & à rames.

TIEULE. s. f. Vieux mot. Tuile.

TIEUXTE. s. m. Vieux mot Texte.

TIF

TIFFE', E'E. adj. Vieux mot. Ajusté, orné.

Si fu si cointe, si tiffée,
Qui sembloit estre une Fée.

Nicot dit que *Tiffé* a été fait du Grec τῦφος, Vanité, orgueil. D'autres le font venir de τύφειν, Orner, Couronner.

TIG

TIGE. f. f. *La partie de l'arbre ou de la plante qui sort de la terre & qui porte la branche & les feuilles.* ACAD. FR. En termes d'Architecture, *Tige* se dit du fust ou du vif d'une colomne. *Tige de rainceau*, est une espece de branche qui part d'un culot ou d'un fleuron, & qui porte les feuillages d'une branche d'ornement.

Les Serruriers appellent *Tige de clef*, Le morceau rond de la clef qui prend depuis l'anneau jusqu'au panneton, & les Orfevres disent *Tige de flambeau*, pour signifier le tuyau du flambeau qui prend depuis la patte jusqu'à l'embouchure inclusivement.

Tige de plume, est le tuyau d'une plume de chapeau; *Tige de botte*; Le corps de la botte depuis le pié jusqu'à la genouillere; & *Tige de gueridon*, La partie du gueridon qui prend depuis la patte jusques au dessus.

On appelle *Tige de fontaine*, Une espece de balustre creux, qui est d'ordinaire rond, & qui sert à porter une ou plusieurs coupes de fontaine jaillissante. Cette sorte de balustre a son profil different à chaque étage.

TIGE', E'E. adj. Terme de Blason. Il se dit des plantes & des fleurs quand elles sont representées sur leurs tiges.

TIGETTE f. f. Terme d'Architecture. Maniere de tige dans le chapiteau corinthien. On l'a appellé aussi *Caulicole*. C'est un cornet, ordinairement cannelé & orné de feuilles, d'où naissent les volutes & les helices.

TIGRE. f. m. Animal cruel & furieux qui naît dans les Indes & dans quelques autres pays étrangers. Ses yeux sont brillans; il a le col assés court, les dents aigues ainsi que les ongles, & la peau tachetée. Il y a des Tigres gros comme de petits ânes, & qui vont nuit & jour à grandes troupes. Ils ont la tête de chat, les pattes de lion, & sont de couleur blanche, rouge & noire & fort luisante. On fait grand cas de leurs peaux. Les Rois & les grands Seigneurs de ces pays-là se font une gloire d'aller à la chasse des Tigres, mais il est fort dangereux de les attaquer dans des avenues étroites, à cause qu'ils sautent avec fureur sur les hommes de cheval, & en un instant les étranglent & les déchirent, après quoi ils se sauvent à la course, sans qu'on les puisse attraper.

On appelle *Tigres*, ou *Chevaux tigres*, certains Chevaux qui ont le poil tacheté comme les tigres.

Les Jardiniers nomment *Tigres*, Une sorte de petit insecte gris qui vole en plein midi, & qui s'attache principalement derriere les feuilles des poiriers. Il en ronge le suc, & gâte peu à peu toutes les feuilles d'un arbre, en commençant depuis le bas jusqu'en haut.

On en trouve principalement près des murs recrepis de chaux. Si on asperge les poiriers avec de l'eau où l'on a fait tremper du tabac on fait mourir les tigres.

TIL

TILLAC. f. m. Terme de Marine. Plancher ou étage d'un Navire, sur lequel la batterie est posée comme sur une plate forme ou sur un plancher. On appelle *Franc-tillac*, Le premier pont, ou l'étage qui est le plus près de l'eau, & *Faux tillac*, Une maniere de pont que l'on fait à fond de cale des Vaisseaux qui n'ont qu'un pont. C'est sur ce Tillac que couche une partie de l'équipage.

TILLET. f. m. Les Libraires de Paris appellent *Tillet*, Un billet daté & signé qu'ils envoyent à un autre Libraire, afin d'avoir de la marchandise.

TILLEUL. f. m. Grand arbre qui a plusieurs branches étendues fort au large, qui font beaucoup d'ombre. Il y en a de deux sortes, selon Theophraste, & ils sont fort differens l'un de l'autre, soit pour le bois, soit pour la figure. Le mâle est sterile, ne portant ni fleur ni fruit. & ayant son bois dur, massif & épais, avec plusieurs nœuds. L'écorce en est aussi fort épaisse & dure, en sorte qu'on ne sçauroit la plier. Le bois du Tilleul femelle est plus blanc, aussi bien que son écorce, qui est plus simple & plus odorante que celle du mâle. Celui-là porte du fruit. Sa fleur resserrée en son bouton, outre la queue qui dépend de la feuille qui doit lui tenir lieu de lien, a une autre petite queue, à laquelle elle est attachée. Elle est verte pendant qu'elle est enfermée en ce bouton, & devient jaunâtre quand elle est épanouie. Son fruit est rond, long, de la grosseur d'une féve, ressemblant aux grains de lierre, & divisé en cinq angles, comme cinq nerfs élevés; qui accompagnent le grain jusques à la cime toujours en diminuant. Dans les plus gros grains on voit ces cinq angles fort bien distingués; ils sont plus confus dans les petits. Lorsqu'on rompt les grands, il en sort une petite graine semblable aux arroches. L'écorce & les feuilles sont savoureuses au goût, & toute la difference qui se rencontre entre les feuilles de lierre & celles-ci, c'est que ces dernieres en s'arrondissant deviennent plus pointues; & quoiqu'elles soient plus recourbées vers la pointe, elles ne laissent pas de s'allonger & de venir en pointe vers le milieu, étant un peu replissées avec une legere denteleure à l'entour. L'écorce & les feuilles avec l'eau qui en distille après en avoir coupé quelques branches, sont d'usage en Medecine. Matthiole dit que l'écorce mâchée & mise en emplâtre est fort utile à souder les playes; que ses feuilles broyées & arrosées d'eau resolvent toutes sortes de tumeurs & les enflûres des piés, & que l'eau qui en dégoutte fait renaître les cheveux & raffermit ceux que l'on en frotte quand ils sont prêts à tomber. On dit aussi *Tilleau*, & les Anciens se sont servis de l'écorce entiere de cet arbre, au lieu de papier.

TIM

TIMAR. f. m. L'étendue de terre que le grand Seigneur donne à cultiver & en usufruit à ses Sujets, à la charge d'entretenir un ou plusieurs hommes de guerre dans ses armées. Ceux qui possedent ces sortes de terres ou fiefs sont nommés *Timariots*. Ils sont répandus par toutes les Provinces de l'Empire Turc, & quand ils vont à la guerre, on les oblige de mener autant d'hommes & de chevaux que leurs Timars valent de fois six vingt livres de revenu. Comme ils ne furent pas estimés d'abord selon leur juste valeur, à cause de la diminution que la guerre y avoit apportée, & qu'on n'a point reformé cette ancienne appréciation, ceux qui jouissent de ces Timars tirent deux ou trois cens livres de ce qui leur a été donné pour six-vingt. Le nombre de ces Spahis de Timar est grand, y ayant des Timariots qui du revenu de leur Timar sont obligés quelquefois d'entretenir jusques à dix hommes. Ainsi avec les Milices d'Egypte, de Damas & des autres Païs, ils sont plus de sept cens mille qui servent actuellement dans les Provinces, & qui se trouvent toujours prêts à marcher au premier ordre. Leurs armes sont l'arc & le cimeterre. Quelques-uns portent une rondache de cuir bouilli, avec une demi-pique, dont ils se sçavent assés bien aider. Il y en a qui pour armes défensives ont un pot & une jaque de maille. Les Timariots sont de deux sortes, les uns appellés *Tezkerebir*. Ceux-là reçoivent les provisions de leurs terres de la Cour du grand Seigneur, & ils ont de revenu depuis cinq ou six mille âpres jusqu'à dix-neuf mille neuf cens quatre-vingt-dix-neuf. Si on y ajoûte encore un âpre, ils entrent au nombre des Zaims. Les autres Timariots, qu'on nomme *Teskeretis*, prennent leurs Lettres du Beiglerbei du Païs, & leur revenu est depuis trois mille âpres jusques à six mille. Les uns ni les autres ne peuvent être dispensés de servir par terre avec les Soldats qu'ils doivent fournir, nulle excuse n'étant recevable lorsque le grand Seigneur fait la guerre. S'ils sont malades, on les porte sur des lits dans des littieres, & si ce sont des enfans, on les met dans des paniers sur des chevaux, afin de les accoûtumer dès l'enfance à la fatigue, au danger, & à la discipline militaire.

TIMBALE. s. f. Sorte de Tambour qui a sa caisse d'airain, & dont quelques Regimens de Cavalerie se servent. Ainsi on dit, *Une paire de Timbales*, pour dire, Deux vaisseaux d'airain ronds par dessous, dont les ouvertures son couvertes de peau de bouc. On les frappe avec des baguettes pour les faire resonner.

On appelle aussi *Timbale*, Un instrument fait en maniere de bois de raquette, & couvert de parchemin de chaque côté. On s'en sert depuis peu d'années, lorsque l'on joue au volant, à cause que le tuyau du volant venant à être frappé de cette Timbale, produit un son qui plaît davantage que celui de la palette.

TIMBO. s. m. Herbe du Bresil, qui monte au sommet des plus hauts arbres, & qui s'y attachant comme une corde, les embrasse à la maniere du lierre. Elle est quelquefois de la grosseur de la cuisse d'un homme, pliable & si forte, que de quelque côté qu'on la puisse tordre, elle ne rompt point. Son écorce est un venin dont les Sauvages se servent pour prendre du poisson. Cette écorce jettée dans une riviere, y fait couler un poison dont les poissons qui s'y trouvent meurent tous en peu de tems.

TIMBRE. s. m. *Sorte de cloche ronde qui n'a point de battant au-dedans, & qui est frappée en dehors par un marteau.* Acad. Fr. Il y a un Timbre dans les Cloîtres qui sert à appeller les Religieux au Refectoire. Les montres sonnantes ont aussi un Timbre que frappe un marteau autant de fois qu'il faut qu'elles sonnent d'heures. M. Ménage fait venir ce mot de *Timpanum*, Tabourin.

Timbre, en parlant de Tambour, se dit de deux cordes de boyau qui sont sur la derniere peau de quelque caisse, & qui lorsqu'on bat la peau de dessus, font que la caisse resonne.

Timbre, se dit aussi d'une marque qui se met sur le parchemin & sur le papier qu'on doit employer à toutes les expeditions de Justice, afin qu'elles soient valables. C'est une fleur de lis, autour de laquelle il y a le nom de quelque Generalité, chaque Generalité ayant son Timbre particulier.

On appelle *Timbre*, en termes de Blason, le Casque qu'on met au-dessus de l'écu, & en general, *Timbre*, se dit de tout ce qui se met sur l'écu pour servir à distinguer les degrés de noblesse ou de dignité. Les Anciens ont donné particulierement le nom de *Timbres*, aux Casques, à cause qu'ils approchoient de la figure des Timbres d'horloge, ou parce qu'ils resonnoient comme les Timbres quand on les frappoit.

Timbre, se trouve employé dans le vieux langage, pour dire Bâton.

Qui ne finoient de ruer
Le timbre en haut.

TIMBRE', E'E. adj. On appelle dans le Blason, *Armes timbrées*, Celles qui n'appartiennent qu'aux Nobles; & *Ecu timbré*, Celui qui est couvert d'un casque ou d'un timbre.

On appelle *Papier timbré*, *Parchemin timbré*, Le papier, le parchemin que l'on a marqué d'un timbre, & que l'on employe dans tous les actes de Justice.

TIMEUR. s. f. Vieux mot. Crainte, du Latin *Timor*.

TIMON. s. m. Piece de bois de neuf ou dix piés, bien arrondie & bien planée, qui est arrêtée par le gros bout au milieu du train de devant d'un carrosse ou d'un chariot, & qui sert à les conduire & à les tirer, par le moyen des chevaux qu'on y attelle.

Timon, en termes de Marine, est une piece de bois longue & arrondie, dont l'une des extrémités répond du côté de l'habitacle à la manivelle du gouvernail que tient le Timonnier. Elle passe delà par la sainte Barbe, & portant sur le traversin elle se termine par la jaumiere à la tête du gouvernail qu'elle fait jouer à stribord & à basbord.

TIMONNIER. s. m. Matelot qui tient la barre du gouvernail pour conduire & gouverner un Vaisseau. Il a son poste au-devant de l'habitacle.

On appelle aussi *Timonnier*, le Cheval qu'on met au timon d'un carrosse. Il est opposé à celui que l'on met à la volée.

TIMOTHE'ENS. s. m. Heretiques, appellés ainsi de Timotheus Ælurus, qui s'éleva vers le milieu du cinquiéme siecle. Ils soûtenoient que les deux natures de Jesus-Christ furent tellement mêlées dans le ventre de la Vierge, qu'ayant cessé d'être ce qu'elles étoient auparavant, il s'en fit une troisiéme substance, comme un corps mêlé & composé d'élemens qui dans le mélange perdent leurs noms & leurs formes. Ces Heretiques, après avoir quitté le nom de *Timothéens*, furent appellés *Monothelites* & *Monophysites*.

TIN

TIN. s. m. On appelle *Tins*, en termes de Marine, de grosses Pieces de bois que l'on couche à terre, afin qu'elles soûtiennent la quille & les varangues d'un Vaisseau, lorsqu'on le met en chantier & qu'on le construit.

Acheter du vin sur le Tin, c'est sur le chantier, sur le lieu où l'on a cueilli & dès qu'il est dans le tonneau.

TINE. s. f. Petit vaisseau en forme de cuve. M. Ménage le fait venir du Latin *Tina*, qui a été dit d'un vaisseau à vin.

TINEL. s. m. Vieux mot. Salle basse où mangent les domestiques d'un Grand. On a dit autrefois que *Le Roi tenoit son tinel*, qu'*Il avoit assemblé ses Princes & son tinel*, pour dire, qu'Il tenoit Cour pleniere, & qu'ayant convoqué plusieurs grands Seigneurs, il leur donnoit à manger & à leur suite. Les Italiens disent *Tinello*, pour signifier ce qu'on appelle en France *Salle du Commun*.

TINET. ſ. m. Terme de Tonnelier. Maniere de joug, au milieu duquel eſt un crochet, d'où pendent deux chaînes, qu'on attache à un quartaud ou à un demi-muid de vin que l'on veut porter à clair. Deux hommes ayant mis ce joug ſur leurs épaules, portent le vaiſſeau au lieu qu'on leur a marqué, & le poſent doucement ſur des chantiers.

TINTAMARRE. ſ. m. *Grand bruit, plein de confuſion & de deſordre.* ACAD. FR. Ce mot, ſelon Paſquier, vient de *Tinter* & de *Marre*, à cauſe du bruit que font les Vignerons pour s'avertir les uns les autres qu'il eſt midi. Le premier qui l'entend ſonner, frappe ſur ſa marre ou ſon hoyau, & les autres répondant de même, il s'éleve un fort grand bruit qui leur fait quitter le travail à tous. Borel fait obſerver qu'à Montpellier les Vignerons travaillant fort âprement, & faiſant beaucoup de beſogne depuis le matin, quittent à midi, ou pour ne pouvoir ſuffire à travailler ainſi vivement le reſte du jour, ou parce que l'on raconte que le Roi dit *Gros-nez*, s'étant traveſti & loué pour Vigneron, ne put reſiſter au travail que juſqu'à midi, ce qui leur fit acquerir le privilege de quitter à la même heure.

TINTEMENT. ſ. m. *Le bruit, le ſon, de ce qui tinte.* ACAD. FR. On appelle *Tintement d'oreille*, Une maladie aſſés frequente de l'oreille. Ce tintement dépend de l'agitation & du mouvement de l'air qui eſt dans la caiſſe. Ettmuller dit que la cauſe de cette maladie conſiſte dans l'air implanté qui eſt renfermé dans le tympan, le limaçon & le labirynthe. Ce qui l'agite eſt, ſelon ce qu'on dit communément, un eſprit venteux, ou certains vents ou vapeurs ſubtiles de la maſſe du ſang qui ſe mêlent à cet air, & qui étant enfermés dans ces lieux anfractueux, y excitent par leur agitation des ſons contre nature. La pulſation trop forte des petites arteres qui rampent au-dedans de l'oreille, peut agiter auſſi l'air interne, repreſenter ce ſon étranger. Cela fait que l'accès des fiévres & les maux de tête produiſent un tintement fort frequent, à cauſe que le ſang étant en effervescence, les petites arteres battent plus fort qu'elles n'ont accoûtumé. Le tintement ſurvient de la même ſorte aux coups reçûs à l'oreille externe. En ce cas le vice eſt principalement dans l'expanſion du nerf membraneux, dont le limaçon eſt tapiſſé. Les petites fibres déchirées ou ſéparées, repreſentent par leur vibration continuelle, un grand bruit, & qui eſt déſagreable. On n'a point beſoin de médicamens pour le tintement qui arrive dans les fiévres, de quelque nature qu'elles ſoient; il ſe guerit de lui même. Quand il eſt inveteré & de plus de deux années, il eſt mal aiſé de le guerir parfaitement. Il n'y a preſque point de remede au tintement arrivé par les coups qu'on a reçûs à la tête & ſur les temples.

TINTOUIN. ſ. m. *Bourdonnement, bruit dans les oreilles.* ACAD. FR. Nicot en parle en ces termes. Tintouin *eſt un nom imité du chifflement qui ſe fait aux ventricules du cerveau & corne iſſant par les oreilles, & vient de* Tinter. *Auſſi les Latins appellent tel tintouin* Tinnitus aurium, *Tintement d'oreille; & parce que tel tintouin empêche le repos de la perſonne, on l'uſurpe auſſi par metaphore pour Soucy rongeant, travail d'eſprit & fatigation de l'entendement. Selon ce on dit*, Il a bien des tintouins dans la tête cela lui a mis un grief tintouin en la tête; *ou bien on le peut tirer de ce mot* Tintinnum, *qui ſe lit au vingt-cinquiéme livre de la Loi Salique, qui eſt un vieux mot François latiniſé, ſignifiant la clochette ou ſonnette qu'on pend au cou des chevaux & aumailles laſchez en paſture, pour aiſément les retrouver, laquelle en paiſſant ils font ſonner ſans ceſſe; & à ce donne couleur ce que l'Italien dit*, Avere martello in teſta, *&* Dar martello a alcuni; *& ce que nous diſons*, Il a un réveil-matin, *pour dire, Il a un cuiſant ſoucy qui lui oſte le long ſommeil & repos, comme ſi par dire*, Il a un tintouin en la tête; *on diſoit, Il a une ſonnette d'un angoiſſeux panſement, qui ſe ramentoit ſans ceſſe.*

TIP

TIPHAINE. ſ. f. Vieux mot. La Fête des Rois, de *Epiphania*, ou θεοφανία.

TIQ

TIQUE. ſ. f. Petit inſecte noirâtre qui ne jette aucun excrement, & qui pendant les grandes chaleurs de l'Eté s'engendre dans la chair, rongeant les oreilles d'un chien, d'un bœuf & autres animaux. Cet inſecte creve après qu'il s'eſt bien rempli de ſang. On dit qu'on en préſerve les chiens, en leur frottant les oreilles d'huile de noix d'amende & d'huile de noix d'aveline.

TIQUER. v. n. Ce mot ſe dit des chevaux qui ont la mauvaiſe habitude d'appuyer le haut des dents ſur la mangeoire, comme s'ils avoient envie de la mordre, ce qui s'appelle le *Tic*. Ainſi on dit qu'*Un cheval tique*, pour dire, qu'Il a le tic.

TIQUEUR. ſ. m. Terme dont on ſe ſert pour ſignifier Un cheval qui tique, qui a le tic.

TIR

TIR. ſ. m. Terme de guerre. Ligne ſuivant laquelle on tire un canon ou un mouſquet. Les Canonniers, diſent, qu'*Ils ont fait un bon tir, un tir excellent*, pour dire, qu'Ils ont fait un excellent coup.

TIRADE. ſ. f. Ce qui ſe fait d'une traite, tout d'une ſuite; longue file de paroles. Il ſe dit particulierement des beaux endroits de quelque compoſition, & on appelle dans un Poëme, *Belle tirade de vers*, Une ſuite de pluſieurs vers tendres, pathetiques, & remplis de paſſion.

Tirade. Parmi les Maîtres d'Inſtrumens à corde, ſignifie la liaiſon d'une lettre dans la tablature qu'ils donnent à leurs écoliers, avec une ou pluſieurs autres lettres qu'il ne faut que battre & pinſer une fois, & tirer les autres lettres de la main gauche, c'eſt-à-dire, les cordes que marquent ces lettres.

TIRANT. ſ. m. Cordon avec quoi on tire, comme ceux d'une bourſe, qui ſervent à l'ouvrir & à la fermer. Les Cordonniers appellent *Tirant*, Un cordon de fil de differente couleur qu'ils attachent au-dedans de la tige des bottes, & dont on ſe ſert pour ſe botter plus facilement.

On appelle auſſi *Tirant*, Une ſorte de nœud fait de cuir de bœuf, qu'on met des deux côtés de la quaiſſe d'un tambour, & qui ſert à en bander ou lâcher les peaux.

Tirant, ſe dit encore d'un petit morceau de parchemin long & étroit que les gens de Pratique mouillent & tortillent, pour s'en ſervir à attacher des papiers enſemble.

Tirant. Terme de Boucher. Nœud grand & large qui eſt ſur le cou des veaux & des bœufs.

Tirant eſt auſſi un bouton qui tient la queue d'un violon, d'une baſſe attachée au corps de l'inſtrument.

Tirant. Terme de Serrurier. Groſſe & longue barre de fer ayant un trou au bout, où l'on fait paſſer une ancre. Elle sert à empêcher qu'une voute ne s'écarte, & à retenir un mur ou une souche de cheminée.

Tirant. Terme d'Architecture. Longue piece de bois de toute la largeur d'un lieu, sur laquelle sont posées les forces qu'elles empêchent de s'écarter, Les entraits s'appellent quelquefois *Tirants*.

Tirant. Terme de Marine. La quantité de piés d'eau, dont un Navire a besoin, afin de pouvoir être mis à flot.

TIRASSE. s. f. Grand filet de Chasseur qu'on traîne par la campagne, & qui sert à prendre des perdrix, des cailles & autre menu gibier. Il est de mailles quarrées, & plus ordinairement de mailles en losange.

TIRE. s. f. Traite de chemin qu'on fait sans se reposer. On dit en ce sens, qu'*On a fait trois, quatre postes tout d'une tire*.

Tire. Il y a des lieux où les Tonneliers appellent *Tire*, Une sorte de crochet, qui tire & pousse en même-tems.

Donner de la *Tire* à une cheville, C'est percer un peu en biais afin que la cheville forcée presse mieux les pieces d'assemblage.

On dit en termes de mer, *La tire du vent*, pour marquer la force qu'a le vent, lorsqu'un Vaisseau est à l'ancre, de faire roidir ou travailler son cable.

On appelle *Tires*, en termes de Blason, Les traits ou rangées de vair dont on se sert pour distinguer le beffroi, le vair ou le menu vair. Le menu vair est composé de six tires, le vair de quatre, & le beffroi a trois tires. On en doit specifier le nombre quand une fasce ou un chef sont vairez.

TIREBALLE. s. m. Instrument de Chirurgie fait en maniere de villebrequin avec une pointe en viz, dont on se sert à percer une balle demeurée dans le corps d'un homme, quand elle est appuyée contre une partie solide, & à la tirer ensuite. Il y a de ces Tireballes faits en forme de petite cueiller, pour prendre la balle dans sa cavité.

TIREBORD. s. m. Terme de Marine. Sorte de grand tirefond, dont on se sert pour retirer le bordage d'un Vaisseau quand il est enfoncé.

TIREBOTTE. s. m. Petits bâtons ou osselets qui servent à chausser des bottes. On appelle aussi *Tirebotte*, Une petite planche qui est élevée d'un côté, & qui a une entaille proportionnée au talon d'une botte. On s'en sert pour se débotter tout seul.

TIREBOUCLERS. s. m. Les Charpentiers appellent ainsi en quelques lieux, certains outils qui leur servent pour dégauchir le dedans des mortoises.

TIREBOURRE. s. m. Sorte de fer en forme de viz, qu'on met au bout d'une baguette bien arrondie, & dont on se sert pour tirer la bourre du canon des fusils, pistolets & autres armes.

TIREBOUTON. s. m. Terme de Tailleur. Petit fer de la longueur à peu près du doigt, qui est percé par le haut & crochu par le bas, afin de tirer les boutons d'un habit neuf, & de les mettre dans la boutonniere.

TIRECLOU. s. m. Outil de fer plat & dentelé des deux côtés, & qui a un manche coudé quarrément en dessus. Lorsque les Couvreurs travaillent à des toits couverts d'ardoise, ils arrachent les clous avec cet outil, ce qu'ils font en le passant entre deux ardoises. Alors ses dents prennent & accrochent les clous, & en frappant du marteau sur le manche du Tireclou, ils attirent les clous à eux.

TIREFOND. s. m. Terme de Tonnelier. Outil de fer, fait en façon de cercle ou d'anneau, ayant une pointe tourné en viz. Il sert à élever la derniere douve du fond d'un muid, afin de la faire entrer dans le jable.

TIRELIGNE. s. m. Petit instrument d'argent, d'acier ou de cuivre, dont l'une des extrêmités est faite en maniere de porte-crayon & l'autre en forme de pincettes, qui se serrent plus ou moins par un anneau pour faire les lignes plus ou moins grosses. L'on s'en sert à tirer nettement des lignes droites, lorsqu'on trace un plan ou un dessein. Les compas à trois pointes en ont une de rapport qui sert à décrire les cercles.

TIRELIRE. s. f. Sorte de petit pot de terre, rond, creux & couvert, qui n'a qu'une petite fente par le haut. Quelques-uns font venir ce mot de *Tireliard*, parce que la Tirelire est propre à enfermer de la menue monnoie, qu'on amasse pour un enfant ou pour les pauvres.

TIREPIED. s. m. Terme de Cordonnier. Courroye qui prend depuis le pié jusques au genouil du Cordonnier, & qui lui sert à tenir ferme le soulier qu'il coud. Il se dit aussi de la peau qui sert à chausser un soulier, & qu'on appelle autrement *Chaussepié*.

TIREPLOMB. s. m. Rouet dont les Vitriers se servent pour filer le plomb qu'ils employent aux vitres. C'est une machine composée le plus souvent de deux jumelles ou plaques de fer jointes & assemblées avec deux estoquiaux qui se démontent avec des écrous & des viz, ou avec des clavettes. Il y a aussi dans cette même machine des essieux ou arbres, qui passent au travers de deux petites roues d'acier, & au bout desquels sont deux pignons. Ces roues n'ont que la même épaisseur qu'on a dessein de donner à la fente des lingots de plomb, & sont aussi près l'une de l'autre, qu'on veut que le cœur ou entre-deux du plomb ait d'épaisseur. Elles sont entre-deux bajoues d'acier, & il y a une manivelle qui en faisant tourner l'arbre de dessous fait aussi tourner celui de dessus par le moyen de son pignon. Le plomb qui passe entre les bajoues ou coussinets, étant pressé par les roues, s'applatit des deux côtés & forme les ailerons au même tems que les roues le fendent. Quelques-unes de ces machines ont quatre essieux & trois roues, & servent à tirer deux plombs tout à la fois. Il faut que les arbres soient tournés & arrondis au Tour ainsi que les roues. M. Felibien, après cette description du Tireplomb, fait observer que l'invention en est nouvelle, & qu'on n'avoit pas anciennement l'intelligence de ces sortes de rouets pour fendre le plomb. Il dit qu'on se servoit d'un rabot pour le creuser, & qu'on voit encore aux vieilles vitres du plomb fait de cette sorte, ce qui étoit un travail aussi pénible que long.

TIREPOIL. s. m. Maniere dont on s'est servi autrefois pour donner la couleur aux Flans d'or, & pour blanchir ceux d'argent. Lorsqu'on les avoit assés recuits, on les jettoit dans un grand vaisseau plein d'eau commune, où il y avoit huit onces d'eau forte pour chaque seau d'eau quand c'étoient des flans d'or qu'on y jettoit, & six onces de la même eau forte par seau d'eau quand on y jettoit des flans d'argent. Cette maniere étoit nommée *Tirepoil*, à cause qu'elle attiroit au-dedans ce que les flans avoient de plus vif; mais comme cela coûtoit beaucoup plus que la maniere qui est presentement en usage, & que même le poids des flans d'argent étoit diminué par l'eau forte, on a discontinué de s'en servir.

TIRER. v. a. *Mouvoir vers soi, amener à soi.* ACAD. FR. En parlant des armes à feu, *Tirer*, se dit pour, Décharger une arme en y mettant le feu, afin

afin de blesser, de tuer, ou de faire quelque brêche. On dit *Tirer de point en blanc*, pour dire, Tirer un canon par le moyen de la ligne visuelle. On dit aussi *Tirer en barbe*, pour dire, Tirer tout le long du glacis du parapet.

Tirer, en termes d'Imprimerie, signifie, Imprimer tout-à-fait les feuilles que l'on croit correctes après avoir vû les épreuves necessaires. On dit en ce sens *Tirer un livre à mille, à quinze cens, à deux mille*, pour dire, En faire imprimer mille, quinze cens, deux mille exemplaires.

On dit en termes de Fauconnerie, *Faire tirer un oiseau*, pour dire, Le faire bequeter en le paissant, & sur-tout en lui donnant un past nouveau, afin de lui faire avoir de l'appetit.

Tirer, est aussi un terme d'Arithmetique, & on dit, *Tirer la racine quarrée d'un nombre*, pour dire, En trouver un autre qui produit le nombre proposé, quand il est multiplié par lui-meme. Ainsi, Tirer la racine quarrée de 25. c'est trouver 5. dont le quarré est 25. On dit de même, *Tirer la racine cubique, la racine quarré-quarrée, la racine sursolide d'un nombre*, pour dire, En trouver un autre, dont le cube, le quarré-quarré, ou le sursolide soit égal au nombre proposé.

Tirer. Terme de Manége. On dit, qu'*Un cheval tire à la main*, pour dire, qu'Il bande la tête contre la main du Cavalier, refuse les aides de la main & resiste aux effets de la bride, soit par ardeur de vouloir aller trop avant, soit par roideur d'encoleure. Quelques-uns disent, mais bassement, qu'*Un cheval tire*, pour dire, qu'Il rue.

On dit en termes de Charpenterie, *Faire tirer les tenons*, pour dire, Percer le trou de biais vers l'épaulement du tenon, pour le faire serrer en about, & mieux faire joindre les bois.

On dit en termes de mer, qu'*Un Vaisseau tire dix, douze piés d'eau*, pour dire, qu'Il lui faut dix ou douze piés d'eau pour le mettre à flot. On dit aussi *Tirer à la mer*, pour dire, S'alarguer, prendre le large, s'éloigner d'une Côte ou d'un Vaisseau.

On dit en termes de guerre, *Tirer au billet*, Quand de plusieurs Soldats qui ont commis quelque faute considerable, on n'en veut pendre qu'un pour l'exemple. On met plusieurs billets blancs avec un noir dans quelque chapeau, & celui qui tire le noir est le seul puni.

Les Tireurs d'or disent, *Tirer de l'or, tirer de l'argent*, pour dire, Faire passer l'or, l'argent ou l'argent doré par les fers & par les filieres.

TIRET. s. m. Longue piece de bois avec des liens qui arcboute la porte d'un moulin.

TIRETAINE. s. f. Sorte de droguet dont les hommes se font faire quelquefois des habits. C'est aussi une sorte de grosse étoffe, moitié de fil & moitié de laine, dont les femmes de village se font des jupes. La Tiretaine doit avoir trois quartiers de large, & on en fait les pieces de trente-cinq à quarante aunes de long.

Selon Jean de Melun, *Tiretaine* s'est dit autrefois d'une étoffe précieuse, des draps de laine & d'écarlate, comme il paroît par ces vers qui se lisent au Codicile.

Puis lui remest par maintes guises
Robes faites par grand mestrises
De blanc drap de soüefve laine,
D'escarlate & Tiretaine.

TIREVIEILLE. s. f. Terme de Marine. On appelle *Tirevieilles*, Deux cordes qui ont des nœuds de distance en distance. Elles pendent le long du bordage une de chaque côté de l'échelle, & on s'en sert à se tenir pour monter dans un Vaisseau & pour en descendre. La Sauvegarde a aussi le nom de *Tirevieille*. C'est une corde dont on se sert pour marcher en sûreté sur le mât de beaupré, au bas duquel elle est amarée, & monte à l'étai de misaine, d'où elle descend pour s'amarer aux barres de la hune de beaupré.

TIROIR. s. m. Petite layette qui se coule & s'enferme dans les séparations d'un cabinet, où elle est emboîtée, & d'où elle se tire par le moyen d'un bouton ou d'un anneau. Il y a aussi des Tiroirs de table, de comptoir.

Tiroir, en termes de Fauconnerie, se dit de ce qui sert à rendre gracieux les oiseaux, & à les reprendre au poing, avec des ailes de chapon ou de coq d'inde.

TIS

TISANE. s. f. Portion préparée d'une décoction faite d'orge, de reglisse, & quelquefois de racines, de semences & de médicamens. Voyez PTISANE.

TISONNIER. s. m. Crochet, ou espece de palette de fer, dont se servent les Serruriers & autres Artisans qui travaillent à la forge, pour couvrir le feu & sablonner le fer. Il y a des Tisonniers coudés.

TISSER. v. a. Terme de Faiseuses de point, qui disent *Tisser*, quand elles couchent & rangent le tissu selon l'ordre du patron qui leur est donné. Ainsi pour faire du point, on cordonne, on tisse, on fait les brides, on brode, & ensuite on fait les piqûres.

TISSERAND. s. m. Artisan qui avec une navette garnie de sa treme, met en œuvre du fil de chanvre ou de lin, & qui avec l'un ou l'autre de ces fils montés sur un mêtier fait de toutes sortes de toiles. On disoit autrefois *Tissier* & *Texier*. On le dit encore en Anjou, Poitou & Maine. Il y a quelques Provinces, où l'on dit *Tellier*, du latin *Tela*, *Toile*.

TISSU. s. m. Sorte de petit ruban de fil que les Faiseuses de point & de dentelle rangent sur le patron selon l'ordre où il doit être placé. Les Rubaniers appellent *Tissu*, Un ruban fort large; & une sangle de chanvre parmi les Cordiers, est aussi nommée *Tissu*.

TISSUTIER. s. m. On appelle *Tissutiers Rubaniers*, les Ouvriers qui travaillent à toutes sortes de passemens, galons & rubans unis ou figurés. Ils font un corps separé d'avec les ouvriers en draps d'or & de soye, ne pouvant faire d'ouvrages qu'au dessous d'un tiers d'aune de largeur, ni avoir chés eux des métiers des étoffes de la grande navette.

TIT

TITELLE. s. m. Vieux mot. Inscription.

TITHYMALE. s. m. Plante qui rend un suc blanc comme du lait & fort caustique. Dioscoride dit qu'il y a sept especes de Tithymales, le Characias, le Myrtites, le Paralius, l'Helioscopius, le Cyparissus, le Dendroide & le Platyphyllos. Le Characias est le mâle. Ses tiges sont hautes de plus d'une coudée, rouges, & pleines d'un lait blanc & acre. Ses feuilles, qu'il produit autour de ses branches, ressemblent à celles de l'olivier, quoiqu'elles soient plus étroites & plus longues. A la cime de ses tiges il jette une chevelure semblable au jonc, & au dessus il y a des manieres de petits vases où sa graine est enfermée. Sa racine est grosse & dure comme du bois. Il croît aux montagnes & autres lieux âpres. Son suc pris au poids de deux oboles, purge le ventre & évacue les humeurs phlegmatiques & colériques. Pris en eau miellée, il provoque le vomissement. On le tire vers la saison des vendanges en découpant les branches du Tithymale, & en les mettant dans un Vaisseau, pour leur laisser jetter leur suc d'elles-mêmes. Quelques-uns font tomber trois ou quatre gouttes de ce lait dans des figues seches que l'on garde pour s'en servir au besoin. D'autres après avoir pilé le Tithymale tout seul, le laissent secher pour en faire des Trochisques. Il faut avoir soin en tirant ce lait de ne se pas mettre du côté où est le vent, & s'abstenir de frotter ses yeux. Il est bon même auparavant de s'oindre le corps de vin & d'huile ou de graisse, principalement le col & le visage. Il faut aussi que ceux qui en prennent, envelopent les pilulles de cire ou de miel cuit; afin d'empêcher que le gosier n'en soit écorché. Cependant on peut se purger suffisamment en prenant deux ou trois figues preparées comme il a été marqué. Le lait frais tiré du Tithymale fait tomber les cheveux, si on les en frotte au Soleil, & ceux qui renaissent, sont blonds & menus. Mis au creux des dents, il en ôte la douleur, mais il faut que la dent malade soit armée de cire, de peur que s'il sortoit de son creux, ce lait n'écorchât la langue & le gosier. On cueille sa graine en Automne. Après qu'elle a été un peu concassée on la fait bouillir, & on la met en un lieu bien propre pour la garder. On garde aussi ses feuilles seches, & cette graine & ces feuilles prises au poids d'un demi acetabule font les mêmes operations que le lait. Le Tithymale femelle, qui est le Myrtites, a ses feuilles semblables à celles du Myrthe, mais plus grandes & plus fermes & aigues au bout. Ses tiges sont hautes d'un palme, & viennent directement dès sa racine. Son fruit qu'il porte de deux ans, l'un est acre & mordant au goût & semblable à une noix. Son jus, sa racine, sa graine & ses feuilles, ont la même proprieté que le Tithymale mâle, mais il est moins vehement à faire vomir. Le Tithymale Paralios, que quelques-uns appellent *Tithymalis* ou *Mecon*, croît dans les lieux maritimes, & a ses branches rougeâtres & de la hauteur d'un palme. Il en jette cinq ou six dès sa racine, & a ses feuilles approchantes de celles du lin, étroites, petites, longuettes & arrangées par certaines lignes. A la cime est une tête ronde, qui renferme une graine semblable à celle de l'orobus, excepté qu'elle est de differentes couleurs. Sa fleur est blanche, & l'herbe & sa racine sont pleines de lait. Les feuilles du Tithymale Helioscopius sont comme celles du pourpier, mais plus menues & plus rondes. Il jette ses branches dès sa racine, rougeâtres, hautes d'un palme, grêles & pleines de lait. Il a sa chevelure comme l'aneth, & il la tourne toûjours vers le Soleil, ce qui l'a fait appeller ἡλιοσκόπιος. De petites têtes renferment sa graine. Il croît parmi les masures & ruines des maisons, & le long des murailles des Villes. Les tiges du Tithymale Cyparissus sont aussi rougeâtres & de la hauteur d'un palme, & ses feuilles approchent de celles du pin. Elles sont toutefois plus tendres & plus menues. Ainsi on diroit que c'est un pin qui ne fait que sortir de terre, ce qui lui a fait prendre le nom de *Cyparissus*. Il a du lait & les mêmes proprietés que les autres, aussi-bien que le Tithymale Dendroïde, dont les tiges sont rougeâtres, & les feuilles à peu près comme celles du petit myrthe. Il croît dans les lieux pierreux, & fait beaucoup d'ombre, jettant à sa cime une chevelure fort feuillue. Le Tithymale Platyphillos ressemble au Bouillon, & sa racine & son jus, ainsi que ses feuilles, évacuent les aquosités par le bas. Tous les Tithymales ont un suc caustique, à cause d'un sel volatile très-acre qu'ils contiennent. Ce sel fermente également avec le chyle & les sucs excrementeux, & purge les matieres saines comme les morbifiques, ce qui ne se peut faire qu'en causant de grandes irritations aux intestins, des tranchées & des superpurgations mortelles. Matthiole dit, que quoiqu'il y ait plusieurs especes de Tithymale, les Apothicaires les appellent tous indifferemment *Esula*. C'est par le moyen du Tithymale qu'on a observé qu'il se fait une circulation de suc dans les plantes, comme il s'en fait une de sang dans le corps des animaux. Ce mot est Grec τιθύμαλος. Il y a encore des Tithymales amygdaloides que les paysans appellent *Omblette*, ils s'en servent contre la fievre quarte appliquée à froid sous la plante des piés dans le frisson.

TITIRI. s. m. Petit poisson appellé ainsi par les Sauvages de l'Amerique. Il se trouve dans la plûpart des Isles des Antilles. Il n'est pas plus gros qu'un fer d'aiguillette, & a le corps tout marqueté de noir & de gris avec deux petites empennures, l'une sur le dos, l'autre sous le ventre, deux petites nageoires proche de la tête, & une queue de la même étoffe. Tout cela est mêlé de trois ou quatre couleurs de rouge, de vert & de bleu. Elles sont si vives, qu'il semble que ce soit de l'émail appliqué sur ces poissons. Cela ne paroît pourtant guere si ce n'est dans l'eau, quand ils se jouent & qu'ils font de petites caracoles les uns après les autres. On les voit en de certains tems remonter de la mer vers la montagne en si grande quantité, que les rivieres en sont toutes noires. Comme ces rivieres sont des torrens qui se précipitent avec impetuosité à travers les rochers, ces petits poissons gagnent tant qu'ils peuvent le long des rives où les eaux ont moins de rapidité, & quand ils rencontrent un saut d'eau qui les emporte, ils s'élancent hors de l'eau & s'attachent contre la roche, se glissant à force de remuer jusqu'au dessus du courant de l'eau. On en voit de plus de deux piés de large & de plus de quatre doigts d'épais, attachés sur une roche, où tous les uns sur les autres semblent disputer à qui aura plûtôt gagné le dessus. C'est-là qu'on les prend; on met un vaisseau dessous, & on les y pousse avec la main.

TITRE. s. m. Inscription, ce qu'on met au-dessus d'une chose pour la faire connoître. *Titre*, en matiere de Jurisprudence, se dit de tout ce qui contient plusieurs Loix dans le Code, dans le Digeste, ou bien dans les Instituts. Il signifie, en termes d'affaires, Toute piece & tout écrit qui sert de preuve, & peut faire foi de quelque chose.

Titre. Terme de Monnoie. On s'en sert pour faire connoître le fin, la loi & la bonté interieure de l'or & de l'argent; ce qui se mesure à raison de vingt-quatre carats pour l'or, & de douze deniers de fin pour l'argent, sur quoi il y a une certaine quantité d'alliage ou de remede, qui est differente selon les lieux & les tems. L'Ordonnance de l'année 1586. porte que les Orfevres employeront l'argent à onze deniers douze grains, au remede de deux grains, & l'or à vingt deux carats au remede d'un quart de carat, ce qui a été confirmé par l'Ordonnance du mois de Decembre 1679. La même Ordonnance de 1586. veut que les Tireurs & les Batteurs d'or & d'argent employent l'or à vingt-quatre carats au remede d'un quart de carat, & l'argent à douze deniers au remede de quatre grains; mais celle de l'année 1657. a accordé aux Tireurs d'or de la Ville de Lyon six grains de remede de l'argent qu'ils employent, de sorte qu'il est dans le remede permis lorsque les Essayeurs le rapportent à onze deniers dix-huit grains.

Titre. Terme de Chasse. Lieu ou relais où l'on a soin de poser les chiens, afin que quand la bête viendra à passer, ils la courent bien à propos. On dit en ce sens, *Mettre les chiens en bon titre*, pour dire, Les mettre dans un bon poste pour courre.

On écrivoit autrefois *Tiltre*, sur quoi Nicot dit, Tiltre *signifie tantost une ligne qu'on met sur des lettres, pour suppléer l'abbréviation des lettres totales d'un mot, que l'Espagnol appelle* Tilde, *le tirant du latin* Titulus, *ainsi que nous, comme qui escriroit ce mot*, Lettre, *par* L. R. E, *& une ligne traversale par dessus. Selon ce disoit le Roy Loys Unziéme*, Où il y a tant de tiltres, il n'y a gueres de lettres, *pour dire metaphoriquement*, *Que ceux qui ont grandes Seigneuries & honneurs, ne sont que bien peu lettrés. Tantost signifie le nom de chaque dignité, estat, seigneurie, qualités, vaillance & prouesse d'un personnage, qui est la signification plus approchant celle dudit mot Latin. Selon ce dit Jean le Maire en ses Illustrations parlant de Hector*, Et que le Herault eut épilogué ses tiltres & ses Blasons. *Tantost signifie Un instrument d'acquisition, ou autre maniere que ce soit. Selon ce on dit*, Il a fourni de ses tiltres & enseignemens. *Tantost les couples de chiens courans, levriers & autres, servans à la chasse establie en certain lieu, pour laisser courre quand mestier sera. Selon ce on dit aussi par metaphore*, Il m'a attiltré un homme pour me surprendre, &, Gens attiltrez.

TITRIER. s. m. Nom qu'on donne aux Procureurs des Moines qu'on accuse de tous tems de fabriquer des Titres. Le Traité de la Diplomatique est un beau rudiment pour les Doms Titriers. Voyez les Factums de Mr. l'Evêque de Soissons contre les Moines de S. Corneille de Compiegne.

TLA

TLALAMATL. s. m. Herbe qui croît aux Indes Occidentales dans la Province de Mechoacan. Les Espagnols l'appellent l'*Herbe de Jean Lenfant*, parce qu'il fut le premier qui la fit connoître. Les Mechoacains la nomment *Turintetaquarum*, & d'autres *Cureci*. François Ximenés, qui la décrit, lui donne des feuilles presque rondes & disposées trois à trois, & la fait semblable à la Numularia. Ses tuyaux sont purpurins & rampent à terre. Elle a ses fleurs rousses en forme d'épis, sa semence petite & ronde, sa racine deliée, ronde & fibreuse. Cette herbe, qui est froide, seche & astringente, guerit les plaies recentes & vieilles, & on tient qu'elle fait mûrir les tumeurs & les abscés. Elle arrête aussi le vomissement, & étant pilée & bûe en quantité de deux drachmes, elle fait vuider toutes les humeurs nuisibles. Etant appliquée aux yeux, elle en corrige les inflammations.

TLAQUATZIN. s. m. Sorte d'animal qui est de la forme d'un petit chien, & qu'on trouve dans la Nouvelle Espagne. Il a le museau delié, long & sans poil, la tête petite, les oreilles déliées, de petits yeux noirs, le poil long, blanc, & châtain & noir au bout. Sa queue est ronde, longue de deux palmes, comme une couleuvre, de couleur grise & au bout noire. Il s'en sert pour se pendre tout le corps quand il veut. Il fait quatre ou cinq petits, qu'il porte par tout où il va dans un sac fait d'une pellicule qu'il a sous le ventre auprès des tetines. Cet animal monte sur les arbres avec beaucoup de vîtesse, & imite le renard dans le degât des poules & autres oiseaux domestiques. Sa queue est un excellent remede contre le mal nephritique. La quantité d'une drachme prise avec de l'eau nettoye les ureterres, chasse la gravelle & pousse dehors les pierres & les autres excremens dont les conduits ont accoûtumé d'être bouchés. Elle fait venir le lait; guerit les douleurs de la colique, & facilite les accouchemens.

TOC

TOCANHOA. s. m. Fruit d'un arbre fort haut & semblable à un petit poirier, qui donne la mort aux chiens. Le bois de cet arbre est de couleur de musc, & plus dur & plus massif que celui d'aucun autre arbre de l'Isle de Madagascar, où celui-là croît. On peut le rendre fort poli. Ses feuilles ont la longueur de celles d'un amandier, & sont découpées de cinq ou six échancrures, à chacune desquelles il y a une fleur de la même forme & de la même couleur que celles du Romarin. Elle est sans odeur, & se change en fruit; ce qui fait qu'on est surpris de voir des feuilles toutes bordées de ces fruits.

TOCKOVVOUGE. s. m. Sorte de racine de la Virginie, qui vient en grande abondance dans les lieux humides & fangeux, & qui ressemble aux patates en grosseur & en saveur. Les Habitans les enfouissent en une fosse, & les couvrent de feuilles de chêne & de feugere. Ils mettent ensuite le feu tout autour, & les font griller pendant vingt-quatre heures, les estimant veneneuses quand elles sont crues, & même quand elles sont cuites, à moins qu'on ne les laisse refroidir long-tems, & qu'elles ne soient attenuées & fort seches. Elles piquent la bouche par leur aigreur. Ils ne laissent pas de s'en servir l'Eté au lieu de pain, en les mêlant avec de l'oseille.

TOCSIN. s. m. *Bruit d'une cloche qu'on sonne à coups pressés & redoublés pour donner l'alarme, pour avertir du feu*, &c. ACAD. FR. Ce mot est composé de *Tocquer*, Frapper, & de *Sing*, qui a été dit autrefois pour Cloche, d'où est venu le proverbe, *Il en fera bien les sings sonner*, pour dire, Il en fera beaucoup de bruit; ce que le peuple prononce comme si on devoit écrire, *Il en fera bien les Saints sonner.*

TOI

TOIEN. adj. Vieux mot. Tien. C'est de-là que vient *Mitoyen*, pour lequel on a dit autrefois *Moytoyen.*

TOIERE. s. f. Pointe d'une hache, hachereau, &c. qu'on engage dans le manche.

TOILE. s. f. *Tissu de fils de lin & de chanvre.* ACAD. FR. Il y a diverses sortes de toile, les unes qu'on appelle *Toiles à embourrer*; *toiles à emballer*, & d'autres appellées *Toiles de Laval*, *toiles de Frise*, *toiles de Hollande*, *toiles batistes*. Ces dernieres sont les plus fines de toutes. On appelle *Toile crue*, celle qui n'a point été mouillée. *Toile d'ortie* se dit d'une Toile jaune dont les Dames se font des cornettes, & *Toile de soye* est une Toile très-claire faite de soye, dont elles se faisoient autrefois des mouchoirs de cou. *Toiles de coton*, & *Toiles peintes*, sont certaines toiles que l'on nous apporte des Pays Orientaux. *Toiles d'or & d'argent*, se dit d'une étoffe dont les fils sont d'or ou d'argent, & l'on appelle *Toile cirée*, une Toile enduite de cire ou de quelque gomme qui l'empêche de percer à l'eau.

On appelle *Toile de Tableau*, une Toile imprimée où l'on met certaines colles & couleurs, & que

que l'on étend sur un chassis pour peindre. On dit aussi *Toile graticulée* ou *craticulée*. C'est une toile divisée en plusieurs carreaux, & qui sert à copier un original, à le reduire au petit pié & à le mettre en grand.

Toiles, en parlant de Chasse, sont de grandes pieces de toile, bordées de grosses cordes, qu'on tend autour d'une enceinte, & dont on se sert pour prendre les bêtes noires.

On appelle *Toile de Melie*, la Toile qui sert à faire les petites voiles, comme les voiles d'étaie & les perroquets ; & *Toile de Noyalle*, Celle qui sert à faire les grandes voiles.

Toile d'araignée, est un tissu que fait l'araignée, de certains filets qu'elle tire de sa substance, & dont elle se sert comme d'un rets pour prendre les mouches qui tombent dedans. Cette toile d'araignée resserre, rafraîchit, desseche, & sert à arrêter la dysenterie & autre flux.

Toile, dit Nicot, *est toute toile en general, car on dit*, Toile de lin, de chanvre, de couton, d'escorces d'arbres, *qui vient des Pays Barbares* ; *&* Toile de Cambray, de Hollande, *&* Toile batiste. *On dit aussi* Toile d'or *&* Toile d'argent, *mais c'est d'autant que le fil d'or ou d'argent est tissu en tissure de toile toute pleine & desliée.* Toile *aussi, entre Chasseurs, est prinse pour une toile peincte de la figure d'un bœuf, & de la couleur de la bête qu'ils veulent surprendre, laquelle toile ils portent devant eux pour amuser la bête, & l'ayant approchée, lui tirent de derriere, ou par dessus ladite toile. Selon ce on dit*, Chasser à la toile. Toiles, *en pluriel, ce sont de grandes pieces de toile grosse & espesse, tissue en coutil, bordée de grosse corde, qui servent pour le deduict des Princes, quand ils veulent enclorre un sanglier pour le courre, comme dedans un parc, car les Veneurs environnent desdites toiles comme d'un mur, le buisson où la beste est, & l'ayant enclose, la font lancer aux dogues, ayant ceux qui sont dedans lesdites toiles, un espieu en la main pour l'enferrer ainsi qu'elle tournoye, deduict familier & usité aux Rois de France. Selon ce on dit*, Le Roy est allé aux toiles, *c'est-à-dire, à la chasse de ceste maniere, & autres telles phrases.*

Toile, membrane qui joint les doigts des oiseaux de mer ou de riviere, qui leur sert à nager.

Toiles, les ailes d'une chauve-souris.

TOILE'. s. m. Les Faiseuses de dentelles appellent *Toilé*, Le fond des dentelles qu'elles font. Après qu'elles ont fait le Toilé, elles travaillent au reseau, à l'engrelure & aux piquots.

TOILETTE. s. f. *Toile qu'on étend sur une table, pour y mettre le deshabillé & les hardes de nuit, comme le peignoir, les peignes, le bonnet, &c.* Acad. Fr. Les Marchands Drapiers appellent *Toilette*, Un grand morceau de toile de couleur qui sert à couvrir les pieces d'étoffe, & sur lequel ils en marquent fort souvent le prix.

TOISE. s. f. Mesure de fortification & d'arpentage qui contient six piés, le pié douze pouces, & le pouce douze lignes. C'est la Toise de Paris qu'on appelle *Toise de Roi*, parce qu'on s'en sert dans tous les ouvrages que le Roi fait faire, sans avoir égard à la toise d'aucun lieu. La *Toise d'échantillon*, est celle de chaque lieu où l'on mesure, quand elle ne se rapporte pas à la Toise de Paris. Celle de Bourgogne est de sept piés & demi. On appelle *Toise courante*, Celle qu'on mesure seulement suivant sa longueur ; *Toise quarrée*, Un quarré dont chaque côté est d'une toise, en sorte qu'une toise courante ayant six piés courans, la toise quarrée a trente-six piés, & *Toise cube* ou *cubique*, Un cube dont chaque côté est d'une toise. Il s'ensuit de-là que la Toise cube, qu'on appelle autrement *Massive* ou *Solide*, étant mesurée en largeur, en longueur & en profondeur, produit deux cens seize piés cubes. M. Menage fait venir *Toise*, du latin *Tesa*, fait de *Tensus*, Etendu, & du Cange le dérive de *Teisia*, ou de *Toisia*, que les Auteurs de la basse latinité ont dit dans le même sens.

TOISE'. s. m. Denombrement par écrit des toises de chaque sorte d'ouvrage, qui entre dans la construction d'un bâtiment. Le Toisé se fait afin qu'en reglant les prix des Ouvrages qu'on doit faire on puisse sçavoir qu'elle en sera la dépense.

TOISER. v. a. Mesurer un Ouvrage avec la toise afin d'en prendre les dimensions. On dit *Toiser la taille de pierre*, pour dire, Reduire la taille de toutes les faces d'une pierre aux paremens seulement, mesurés à un pié de hauteur sur six piés courans pour toise, & *Toiser aux us & coûtumes*, pour dire, Mesurer tant plein que vuide & toutes les saillies. Ainsi la moindre moulure porte demi-pié, & toute moulure couronnée un pié, lorsque la pierre est piquée & qu'il y a enduit. On dit *Toiser à toise bout avant*, qui est une maniere de toiser bien plus avantageuse aux Bourgeois que celle de toiser aux us & Coûtumes. Cette maniere où l'on ne toise point les moulures & saillies, ni le vuide, fut établie en 1557. par une Ordonnance de Henri II. *Toiser le bois*, c'est évaluer des pieces de bois de differentes grosseurs à la quantité de trois piés cubes ou de douze piés de long sur six pouces de gros, reglée pour une piece ; & *Toiser les couvertures*, c'est en mesurer la superficie sans aucun égard aux croupes ni aux ouvertures.

TOISEUR. s. m. Celui qu'on emploie à mesurer quelque bâtiment. Ceux qui mesurent le plâtre sont nommés *Toiseurs de plâtre*, dans les Ordonnances de la Ville.

TOISON. s. f. *La laine que l'on a tondue sur une brebis, sur un mouton.* Acad. Fr. Il y a un Ordre de Chevalerie, appellé l'*Ordre de la Toison*, qui fut érigée en 1429. par Philippe le Bon, Duc de Bourgogne, le jour qu'il se maria avec Isabelle, Fille du Roi de Portugal, ce qu'il fit pour exciter les Chevaliers de cet Ordre à exposer leur vie pour la défense de l'Eglise Catholique, à l'imitation des Argonautes que les Poëtes feignent avoir exposé leur sang pour la conquête de la Toison d'or. Philippe le Bon créa trente Chevaliers dont il fut le Chef. Ils portoient une grande chaîne, à un collier fait d'anneaux avec des pierres à fusil entre-deux qui donnoient des flammes de feu d'elles-mêmes. Ces pierres à feu étoient les armes des autres Rois de Bourgogne, & les flammes faisoient entendre la promptitude avec laquelle ces Chevaliers devoient attaquer leurs ennemis, avec cette devise, *Antè ferit quàm flamma micet*, il frappe avant que la flamme paroisse. Il y a au bas du collier la representation d'un mouton pareil à celui dont Jason remporta la Toison à Colchos. Le Roi d'Espagne, par le droit du Duché, est aujourd'hui le Chef & Grand-Maître de la Toison.

TOIT. s. m. Le faîte, le haut d'une Maison, composé de lattes, de chevrons, & de tuiles ou d'ardoises. M. Felibien dit qu'il y a de deux sortes de Toits, l'un que les Latins appellent *Displuviatum*, lorsque le faîtage va d'un pignon à l'autre, jettant l'eau des deux côtés, & l'autre qu'ils nomment *Testudinatum*, qui est ce que nous appellons, En croupe ou en pavillon. L'eau tombe des quatre côtés par le moyen de ce Toit. On appelle *Toits coupés*, & autrement *Toits à la mansarde*, des Toits un peu plats par le dessus. Plus la matiere dont on le couvre a de pesanteur, plus le Toit doit être surbaissé. C'étoit par cette raison que l'on donnoit autrefois plus de hauteur aux maisons qui étoient couvertes d'ardoises, qu'à celles qu'on ne couvroit que de tuiles; mais depuis qu'on a inventé les Toits coupés, on donne bien moins de hauteur à toutes sortes de Toits que l'on ne faisoit auparavant. *Toit* vient du Latin *Tectum*.

TOL

TOLE. s. f. Fer qui est en feuilles & de plusieurs largeurs & hauteurs. On se sert de cette sorte de fer à faire les platines des verroux & des targettes, les cloisons des moyennes serrures, & les ornemens ciselés en coquille. On fait aussi des ornemens de Tole evidée ou découpée à jour. La Tole s'appelle en latin *Ferrum bractatum*.

TOLET. s. m. Terme de Marine. Cheville de bois ou de fer qui sert à tenir en même endroit la rame du matelot qui nage. C'est ce qu'on appelle autrement *Echome*. Les Tolets sont longs d'environ un pié, & vont en amenuisant par les deux bouts.

TOLLART. s. m. Vieux mot. Bourreau. Il vient du Latin *Tollere*, Oter. *On appelle ainsi par opprobre*, dit Nicot, *les Archers d'un Prevôt des Mareschaux, & les Sergents d'un Chevalier ou Capitaine du Guet, que les Tolosains appellent aussi par opprobre* Tourrons.

TOLLIEU. s. m. Vieux mot dont Nicot parle en ces termes: Tollieu, *qu'aucuns escrivent & prononcent* Toulieu, *est un mot frequent & usité aux Traitez de paix & de tresves marchandes entre les Princes en l'article des Marchands, traffic & commerce, qui dit ainsi*, Le commerce sera libre, & pourront les Marchants d'une part & d'autre porter & rapporter toutes sortes de marchandises licites & non défendues, en payant les Toulieux anciens & accoûtumés. *Ainsi*, Toulieu *est autant que Dace, tribut ou droit de peage, passage, rouage foraine & semblables. Le Flamand dit* Tol, *pour ce mesme, & a nommé* Tolen, *une petite Ville, assise en une Isle en Zelande, qui en a prins le nom, parce que le Tol, c'est-à-dire, le Tollieu du peage souloit estre acquitté en cette Villette. Le mot François & le Flamen viennent du Latin* Tollo, *dont vient aussi* Maletoste, *qu'on deust escrire par cette deduction* Maletolte, *qui Signifie Lever, exiger & recevoir. Aussi use-t'on de ce mot* Lever, *en cas de tailles & subsides, disant*, Lever la taille; *ou bien ce qui a plus de couleur, tous deux viennent de* τέλος, *en signification de tribut, subside, & de ce mot Grec* τελώνιον, *qui signifie le contoir ou le bureau des Exacteurs & Maletoltiers, où les tributs, tailles, impositions & autres subsides sont portez, acquittez & serrez, comme si on disoit par syncope de la lettre* ω, Tellion, *car la lettre* n, *se trocque ordinairement en* l, Bononia, *Boulogne, & par corruption du mot* Tollieu. *Ceux qui aiment mieux l'extraire dudit mot Latin* Tollo, *le font, parce qu'en tels affaires on use aussi de ce verbe* Lever, *& de son opposite*, Imposer; *car on dit*, Imposer tributs & subsides, *&* Lever la taille, les impôts & subsides, *&* Faire une grande levée de deniers sur le peuple.

Selon Borel on a dit *Toulieu*, pour dire, Imposition, tribut de même sorte que ceux de rouage, de poudrage & de passage de pont. M. Menage le dérive de *Telenium* ou *Telonium*.

TOLLIR. v. a. Vieux mot. *Oster*.

De m'embler & tollir mes pannes.

On trouve *Toldroit*, pour dire, Osteroit, & *Tols* & *Tollu*, pour, Oté.

Qui maintes fois par leurs flavelles,
Ont aux varlets & aux pucelles
Leurs droitez heritez tollus.

On trouve aussi, *Se tolt*, pour, Il s'ôte, il se retire, que quelques-uns expliquent par, Il se teut.

A tout se tolt, ne volt plus dire.

On a dit *Tolt* & *Tolture*, pour dire, Vol.

Vivans de tolte & de rapine.
Qui vivez de rapine, de tolte & de tolture.

TOM

TOMBE. s. f. *Table de pierre, de marbre, de cuivre, dont on couvre la fosse d'un homme.* Acad. Fr. Cette pierre sert de pavé dans une Eglise ou dans un Cloître. Ce mot vient du Grec τύμβος, Sepulcre. M. Menage le derive de *Tomba*, qu'il prétend être Latin.

Tombe. Planche de terrier élevée dans un jardin, *J'ai deux belles tombes de laitues d'hiver, elles pommeront bien en Printems.*

TOMBELIER. s. m. Chartier qui conduit un tombereau pour transporter des materiaux ou des decombres.

TOMBER. v. n. *Cheoir, être porté de haut en bas par son propre poids ou par impulsion.* Acad. Fr. On dit en termes de Marine, *Tomber sur un Vaisseau*, pour dire, Arriver & fondre dessus, & *Tomber sous le vent d'une terre, ou de quelque bâtiment*, pour dire, Perdre l'avantage du vent qu'on avoit gagné, ou que l'on vouloit gagner. On dit aussi, *Le vent tombe*, pour dire, qu'il cesse, & qu'il n'y a plus de mer ni de lames. *Tomber la galere*, c'est quand la Galere panche d'un côté à cause de sa vieillesse, & qu'elle ne va point droit. *Laisser tomber l'ancre*, se dit pour, Mouiller.

TOMBEREAU. s. m. Sorte de charrete dont le fond & les deux côtés sont de grosses planches enfermées par des gisans. On s'en sert particulierement dans les bâtimens pour mener du sable, de la terre & des decombres. Les criminels que l'on condamne à la mort pour quelque grand crime comme les criminels de leze-Majesté, les parricides, les empoisonneurs & autres semblables, sont menés au supplice dans des Tombereaux. Ce mot vient, selon M. Menage, de l'Anglois *Tumberell*, qui signifie la même chose. Du Cange le derive de *Tumbrellum*, sorte de charrete, sur laquelle Corvellus dit qu'on promenoit par la Ville les femmes coupables d'adultere, & que l'on faisoit plonger plusieurs fois dans l'eau en certains lieux. Cela s'appelloit *La peine du Tumburel*.

Tombereau, petite claie quarrée & profonde comme une tremie renversée pour prendre des oiseaux pendant l'hiver & sur la neige.

TOMBIR. v. n. Vieux mot. Faire bruit, resonner. On a dit aussi *Tombissement*, que Nicot explique par ce qu'on entend quand la terre tombit du bruit & petelis des chevaux.

TON

TON. s. m. *Certain degré d'élevation ou d'abaissement de la voix ou de quelqu'autre son.* Acad. Fr. Les Musiciens appellent *Ton*, Un mode, ou une maniere de chanter. Il y a huit modes ausquels on a donné le nom des huit tons de l'Eglise. *Ton*, en termes de Musique, est la sixiéme partie d'une octave, & en ce sens on dit que l'octave est composée de cinq tons & de deux demi-tons, &

que le ton est la difference de la quarte à la quinte.

On appelle *Ton*, en termes de Marine, La partie du mât qui se trouve entre les barres de hune & le chouquet. C'est l'endroit où chaque arbre est assemblé avec l'autre, & qui assemble les tenons par en haut. Une cheville quarrée de fer entretient & assemble ces tenons par en bas l'un avec l'autre.

On appelle en termes de Peinture, *Ton de couleur*, Un degré de couleur par rapport au clair obscur.

TONDEUR. s. m. Artisan, qui fait le métier de tondre. On appelle *Tondeur de moutons*, Celui qui gagne sa vie à les tondre. Il y a parmi les Jardiniers des Tondeurs de bouis & de palissades. *Tondeur de draps*, est celui qui avec de grosses forces tond les draps & les met en l'état où ils doivent être pour servir. Les Tondeurs de draps sont obligés de se servir de chardons de Bonnetiers pour coucher leurs draps & leurs serges, & il ne leur est point permis de se servir de cardes ni d'en avoir dans leurs maisons.

TONDIN. s. m. Terme d'Architecture. Petite baguette. M. Felibien dit que *Tondini*, parmi les Italiens, se dit des Astragales qui sont au bas des colomnes, & que, selon Baldus, c'est ce qu'on appelle *Spire*, dans la base de la Colomne Ionique, qui est composée de deux Astragales, dont l'une touche la partie d'enhaut du trochile inferieur, & l'autre soûtient le quarré du trochile superieur, ayant toutes deux la figure d'un anneau.

TONDOISON. s. f. Vieux mot. Action de tondre.

TONGA. s. m. Sorte d'insecte fort petit, qui naît au Bresil dans la poussiere, de la grosseur d'une puce. Quand il s'est insinué une fois sous les ongles des piés ou des mains, il y cause une démangeaison semblable à celle d'un ciron; & si on n'a soin de l'en tirer aussi-tôt, il y croît en peu de tems jusqu'à la grosseur d'un pois, & alors on ne l'en peut arracher qu'avec de grandes douleurs. Les Sauvages pour s'en garantir, se frottent les parties que ces insectes peuvent attaquer, d'une certaine huile épaisse & rouge qu'ils tirent des fruits qu'on nomme *Couroq*.

TONIQUE. adj. Terme de Medecine. Il se dit d'un certain mouvement des muscles qui se fait lorsque les fibres s'étendent, & demeurent étendues en telle sorte, que la partie paroisse immobile, quoiqu'elle se meuve effectivement, comme il arrive aux hommes qui sont debout & aux oiseaux qui planent. On appelle *Convulsion tonique*, La retraction d'un membre roide, qui demeure toûjours dans le même état. Ce mot est Grec τονικὸς, & vient de τείνειν, Etendre.

TONNE. s. f. Grand Vaisseau de bois qui est propre à garder du vin de plusieurs feuilles. Il y a des Tonnes en Allemagne, qui tiennent jusqu'à deux cens muids de vin. On les nomme *Foudres* dans le pays. *Tonne*, se dit aussi des autres Vaisseaux ronds faits comme des muids dans lesquels les Marchands Merciers, Epiciers & autres, envoyent leurs marchandises.

Tonne, en termes de Marine, se dit d'une grosse bouée faite en forme de baril, qu'on met dans la mer, & qui surnageant au dessus d'un rocher ou d'un banc de sable, avertit les Pilotes qu'ils doivent s'en éloigner. On appelle encore *Tonnes*, de pareils Vaisseaux non foncés par le gros bout, que l'on fait servir de couverture à la tête des mâts quand ces mâts sont dégarnis. Quelques-uns derivent ce mot de l'Allemand *Thonne*, qu'on dit dans le même sens, & d'autres d'*Automne*, à cause que c'est la saison des vendanges, & qu'on a besoin de Tonnes en ce tems-là. Du Cange le fait venir de *Tunna* ou *Tonna*, mots de la basse Latinité.

Tonne, est aussi une espece de coquille.

TONNEAU. s. m. Vaisseau de bois où l'on met particulierement des liqueurs. Il est composé de deux fonds, de deux barres, de douves & de cerceaux qui le lient, & qui tiennent les douves & les fonds en état. On se sert du terme de *Tonneau*, sur mer pour exprimer un poids de deux mille livres, ou de vingt quintaux, & en ce sens quand on veut désigner la capacité & le port d'un Navire, on dit, par exemple, qu'*Il est de quatre cens tonneaux*, par où l'on entend qu'il porte quatre cens fois la valeur de deux mille pesant, c'est-à-dire, huit cens mille livres. Il faut pour cela que l'eau de la mer qu'occupe le Vaisseau en s'enfonçant pese une pareille quantité.

On appelle *Tonneau de pierre*, La quantité de quatorze piés de pierre cube. Le Tonneau étoit autrefois de deux muids, & chaque muid contient sept piés cubes. La pierre de saint Leu & de Vergelé se vend au tonneau, comme la pierre de taille ordinaire se vend à la voie. Le Tonneau pese à peu près un millier ou dix quintaux, ce qui fait la moitié d'un tonneau de la cargaison d'un Navire. La navée d'un grand bateau peut porter depuis quatre cens jusqu'à quatre cens cinquante tonneaux de pierre, quand la riviere a sept ou huit piés d'eau.

TONNELLERIE. s. f. Lieu où l'on travaille du métier de Tonnelier. C'est aussi parmi quelques Religieux, Un lieu dans le Monastere, où sont les cuves & les futailles, & où l'on cuve le vin.

TONNELET. s. m. Partie d'un habit antique qui se disoit des manches & des lambrequins. On le disoit aussi dans les Carrousels, d'un pourpoint plissé, enflé, & tourné en rond avec un bas d'attache qui alloit jusque sous le Tonnelet. On lit ce qui suit dans les Illustrations de Jean le Maire. *Le septiesme pris estoit pour le mieux combattant à pied à la barriere, armez de tonnelets, d'escus & demi-lances à fer esmoulu avec certains coups d'espées, tranchans sans estoc.*

TONNELEUR. s. m. Chasseur qui prend du gibier avec la Tonnelle.

TONNELLE. s. f. Berceau de treillage, que l'on couvre de filaria, de chevre-feuille, de coulevrée & autre verdure. Il n'y a plus que le vulgaire qui se serve de ce mot en ce sens-là. Il signifie en termes de chasse, Une sorte de filet qui ne doit pas avoir plus de quinze piés de queue ou de longueur, ni guere plus de dix-huit piés de largeur ou d'ouverture par l'entrée. Nicot se sert de ces mots pour expliquer comment se fait cette chasse. *Tonnelle est un bœuf ou cheval de bois peint, que le chasseur pousse devant lui devers les perdrix, en les approchant, pour les faire entrer dedans les filets qui sont devant, laquelle façon de chasse est prohibée par les Roys de France.* On dit *Tonneler*, pour dire, Prendre des perdrix à la Tonnelle.

TONNERRE. s. m. *Bruit éclatant & redoublé causé par une exhalaison enflammée qui fait effort pour sortir de la nuë.* ACAD. FR. Rohaut entreprenant d'expliquer de quelle maniere se fait le Tonnerre, veut que l'on se represente qu'il se forme quelquefois plusieurs nues les unes au dessus des autres, qui sont alternativement composées de vapeurs & d'exhalaisons, & que la chaleur a enlevées à diverses reprises des entrailles de la terre. Il fait ensuite observer que l'été étant la saison la plus propre pour cela, à cause que l'air qui a demeuré dans le voisinage de la terre a pu s'échauffer, au moins si le tems a été calme, il peut arriver qu'une partie de cet air soit chassée par l'action de quelque vent qui se sera élevé depuis vers l'une des plus hautes nues, à laquelle il s'applique par le dessus, en sorte qu'il y condense presque en un moment la neige très-subtile dont elle est composée, en faisant approcher les parties les plus hautes contre celles qui sont au dessous; ce qui fait que cette nue descend toute entiere, & avec assés de vîtesse sur la plus basse, sans pourtant que celle-ci puisse descendre, par l'obstacle qui y mettent les causes ordinaires qui tiennent les nues suspenduës à certaine distance de la terre, & le vent qu'on a supposé s'être élevé depuis. Cela étant, l'air qui est entre ces deux nues est chassé d'un lieu où il est, en sorte que celui qui est vers les extrémités des deux nues échappe le premier, & donne moyen aux extrémités de la nue de dessus de s'abaisser un peu plus que ne fait le milieu, & d'enfermer ainsi une grande quantité d'air, qui achevant de sortir par un passage assés étroit & irregulier qui lui reste, nous fait concevoir facilement que par la façon dont il échappe, il doit produire un grand bruit, pour la même raison que l'air qui sort du sommier de nos orgues produit un grand son en passant par les pedales. Ainsi, sans qu'on voye aucun éclair, on peut bien entendre le bruit du Tonnerre, il est vrai, continue-t'il, que celui qui se fait de cette sorte ne sçauroit être fort éclatant; mais parce que les exhalaisons qui se rencontrent quelquefois entre deux nues, dont l'une tombe sur l'autre avec impetuosité, sont pour l'ordinaire tellement pressées en certains endroits, que les parties du second élement, qui étoient mêlées entre leurs branches avec la matiere du premier, sont contraintes d'en sortir, il arrive que ce qui se trouve d'exhalaisons en ces endroits, ne nageant plus que dans la seule matiere du premier élement, prend la forme du feu, laquelle se communiquant en moins de rien à tout ce qu'il y a de combustible à l'entour, dilate extrémement l'air, & augmente à proportion la vitesse avec laquelle il échappe d'entre les deux nues; ce qui fait qu'au lieu d'un simple grondement de tonnerre, on entend un bruit qui éclate effroyablement. Comme la chaleur qui appesantit assés une nue pour l'obliger à tomber fort vîte sur une autre, doit être aussi assés grande pour fondre une partie de la neige dont elle est composée; il s'ensuit qu'à chaque coup de Tonnerre il doit tomber une ondée de pluie assés abondante; ce que nous voyons toûjours arriver, si ce n'est que le Tonnerre se fasse un peu loin de l'endroit qui correspond sur nos têtes. On a coûtume de sonner les cloches pendant le Tonnerre, & on a raison de croire que ce son le fait cesser. Cela vient de ce que par ce moyen, l'air le plus proche des cloches ébranle celui qui est plus haut, & cet air ébranlé les parties de la nue inferieure qu'il dispose à tomber en pluie, avant que celle de dessus ait occasion de descendre; de sorte que quand après cela elle viendroit à tomber, elle ne pousseroit les exhalaisons que dans un air libre, où n'étant point serrées, elles n'auroient pas lieu de s'embraser. Quand même cette nue inferieure ne seroit encore tombée qu'en partie, l'ébranlement que la cloche imprime à l'air, pourroit disposer les exhalaisons qui sont audessus de l'ouverture, à prendre leur cours par-là. Ainsi la matiere de la foudre manquant au lieu où elle se pourroit former, on ne doit pas s'étonner s'il ne s'y en forme point en effet.

TONTINE. s. f. Espece de banque. On en fait valoir les fonds dont les revenus augmentent au profit des survivans à proportion que les autres meurent. Laurent Tontin, en fut l'inventeur en 1653.

TONTURE. s. f. *Poil que l'on tond sur les draps, laine tondue, branches, feuilles que l'on coupe, que l'on taille aux palissades, aux bordures de buis, &c.* Acad. Fr. On appelle *Tonture*, en termes de Marine, Un rang de planches dans le revêtement du bordage contre la ceinte du franc tillac. C'est la rondeur qu'on voit aux précintes qui lient les côtés d'un Vaisseau. *Tonture du pont*, se dit de la difference qu'il y a de l'élevation du milieu du pont à l'élevation de l'avant & de l'arriere. On dit qu'un *Vaisseau a sa tonture*, qu'*Il est dans sa tonture*, pour dire, qu'Il est dans sa bonne & juste assiette, en sorte qu'étant à flot, sa cargaison se trouve si bien arreunée, qu'il garde son contrepoids tant sur l'avant que sur l'arriere.

TOP

TOPASE. s. f. Pierre précieuse, qui tient le troisiéme lieu après le diamant, & qui est aussi dur que le saphir lorsqu'elle est Orientale. Celle-là est diaphane & de vraie couleur d'or quand elle a la perfection qu'elle peut avoir. La Topase du Perou est beaucoup moins dure, & la couleur en est orangée. La Topase d'Allemagne est celle que l'on estime le moins entre toutes les Topases. Elle est si peu chargée de couleur jaune, qu'on la prendroit pour quelque cristal sans sa couleur noirâtre qui la distingue. Cette pierre a pris le nom de *Topase*, d'une Isle de la mer rouge de ce même nom, où Pline prétend que Juba, Roi de Mauritanie, ait été le premier qui l'ait trouvée. La Topase se blanchit dans l'or fondu entre deux creusets, mais avec le tems elle reprend sa couleur. On tient que cette pierre a la vertu d'arrêter le sang, d'ôter ou du moins de diminuer la tristesse, & même de rendre les hommes chastes. Albert le Grand lui attribue la proprieté, non seulement d'empêcher que l'eau ne bouille davantage, mais aussi de la refroidir tout à coup de telle sorte qu'on puisse y mettre la main sans se brûler.

TOPICQUER. v. n. Vieux mot, dont Coquillard s'est servi dans la signification de Disputer.

TOPIQUE. adj. Terme de Medecine. On appelle *Remedes Topiques*, Certains remedes exterieurs qui s'appliquent sur une partie affligée & douloureuse. Ce mot est Grec τοπικὸς, & vient de τόπος, Lieu.

On appelle *Topiques*, en termes de Philosophie, certains Chefs generaux ausquels on peut rapporter toutes les preuves dont on se sert dans les matieres qu'on traite. *Topique*, en Rhetorique est un argument probable qu'on tire de plusieurs lieux & circonstances du fait.

TOPOGRAPHIE. s. f. Carte particuliere contenant la description d'un lieu de la terre, comme d'une Ville avec ses environs. Ce mot est Grec τοπογραφία, formé de τόπος, Lieu, & de γράφειν, Decrire.

TOQ

TOQUE. s. f. Sorte de Chapeau de feutre couvert de panne ou de velours, & qui n'a qu'un petit bord. Les Officiers de la Chambre des Comptes, les Consuls, les Maîtres & Gardes des Corps des Marchands portent de ces sortes de Chapeaux. Les Pensionnaires des Colleges de l'université de Paris en portent aussi lorsqu'ils sont en robe dans leur College.

On appelle aussi *Toque*, un linge de chanvre ou de gros lin qui couvre les épaules & l'estomac des Religieuses du saint Sacrement.

TOQUER. v. a. Vieux mot. Heurter, frapper, d'où est venu le Proverbe, *Qui toque l'un toque l'autre. Toquer* a été dit aussi, pour Coiffer.

TOQUET. s. f. Bonnet d'enfant, de serge ou de velours, embelli de passement ou de dentelle. *Toquet*, se dit plus souvent d'un bonnet ou d'une sorte de coiffure de petites filles, ou de femmes du menu peuple.

TOR

TOR. s. m. Vieux mot. Taureau.

> *Si feist le sacrifice*
> *D'un grand Tor ou d'une genisse,*

On a dit aussi *Tor*, pour dire, Une Tour.

TORASSE. s. f. *C'est*, dit Nicot, *Une espece de vache de basse taille & petit corsage, laquelle appete plus & suit plus le taureau que les autres vaches, & partant n'est pas guere lectiere, car outre ce qu'elle ne porte guere, & n'a plustost veellé qu'elle desire le sault du taureau, & à ce moyen n'est bonne à garder ne pour laict ne pour race. Le mot est de la façon de cestui-cy*, Hommasse, *pour la femme qui tient plus de l'homme que de la femme.*

TORCHE. s. f. Bâton d'aune ou de tilleul, qui est rond, gros comme le bras, & haut depuis sept jusqu'à dix piés. Il y a du lumignon au bout, c'est-à-dire, une sorte de chanvre à moitié filé qu'on couvre de cire jaune ou blanche. On se sert des torches allumées pour les porter aux Processions & en d'autres ceremonies de l'Eglise. On donne en même nom de *Torche* à la graisse ou à la resine qui sort du pin, de la melese, & des autres arbres dont on fait la poix.

Les Chirurgiens appellent *Torches* des Bâtons appropriés aux jambes & aux cuisses rompues. Ils sont gros comme le doigt, & ils les enveloppent de paille & ensuite d'un demi linceuil.

Torche est aussi en usage parmi les Vanniers, & ils disent que *la Torche du panier est mal faite*, pour dire que le bord en est mal fait.

Torches, terme de Tonnelier, rangde quatre ou cinq cerceaux sur un tonneau. Il y a sur une pipe six torches, on pose le tonneau en chantier sur les torches; il ne doit pas porter sur les douves.

Torches au pluriel, signifie en termes de Chasse, les fientes des bêtes fauves qui sont à demi formées.

TORCHE-NEZ. s. m. Terme de Manege. Bâton qui a de longueur environ dix pouces, & qui est percé par un bout. On y fait passer une courroye de cuir, dont on noue les deux bouts ensemble, pour serrer étroitement le nez du cheval, tandis que le bâton est arrêté au licol ou au filet; ce qui l'empêche de faire desordre & l'oblige à demeurer sans se débattre, quand on lui fait le poil ou qu'on le ferre.

TORCHE-PINSEAU. s. m. Petit linge dont se servent les Peintres pour essuyer leurs pinceaux & leur palette.

TORCHERE. s. f. Espece de grand gueridon, dont le pié triangulaire & la tige, qu'on enrichit de sculpture, soutiennent un plateau pour porter de la lumiere. On ne trouve des Torcheres que dans les salles des grandes maisons & des Palais.

Torcheres, grands gueridons hauts de quatre à cinq piés qu'on met au côté du trône Royal avec des girondoles dessus.

TORCHETTE. s. f. Terme de Vanier. Osiers tortillés au milieu d'une hotte.

TORCHIS. s. m. Composition de terre grasse mêlée & paîtrie avec du foin ou de la paille, dont on se sert en plusieurs endroits pour faire des cloisonnages & des planchers. On s'en sert aussi à faire des murailles de bauge & les entrevoux des granges de la campagne. On l'appelle *Torchis*, à cause qu'on tortille cette composition autour de certains bâtons en forme de torches.

TORCHON. s. m. *Espece de petite serviete de grosse toile, dont on se sert pour torcher, pour essuyer la vaisselle, la batterie de cuisine, des meubles, &c.* ACAD. FR. On appelle aussi *Torchon*, Une poignée de paille ou de foin que l'on tortille pour écurer de la vaisselle. Il se dit encore de la paille tortillée dont on se sert pour frotter des chevaux.

Les Maçons & les Tailleurs de pierre appellent *Torchon* ou *Torche de paille*, De la paille qu'ils tortillent & qu'ils mettent sous les pierres, de crainte qu'elles ne s'écornent lorsqu'on les taille, qu'on les porte en besogne, ou qu'on les pose sur le lit avec les grues, gruaux ou engins. Les Anciens tailloient grossierement les pierres en rond, afin d'empêcher que leur parement ne se gâtât; & quand elles étoient sur le tas, ils avaloient & abatoient cette rondeur.

TORDE. s. f. Terme de Marine. Anneau de corde que l'on met près des bouts des grandes vergues, pour empêcher les rabans d'être coupés par les écoutes de hune. C'est par cette même raison que la Torde est aussi appellée *Sauverabans*.

TORDEURS. s. m. Celui qui tord la laine pour les Lainiers.

TORDION. s. m. Ancienne danse qu'on dansoit avec une mesure ternaire après la basse danse & son retour, & elle en faisoit comme la troisiéme partie. Le Tordion n'étoit different de la gaillarde, qu'en ce qu'il se dansoit bas par terre d'une maniere legere & prompte, au lieu que la gaillarde se dansoit par haut d'une maniere lente & pesante.

TORE. s. m. Terme d'architecture. Gros anneau de la base d'une colomne. On l'appelle ainsi à cause de la ressemblance qu'il a avec le bord d'un lit que les Latins appellent *Torus*, à la difference des petits anneaux qui dans la base Ionique sont appellés *Astragales*. Les bases des Colomnes Toscanes & Doriques n'ont qu'un Tore, & les bases attiques ou atticurges en ont deux, l'un superieur, & l'autre inferieur. Ce dernier a plus de grosseur que l'autre. On appelle *Tore corrompu*, Celui qui a son contour semblable à un demi cœur.

TORMENTILLE. s. f. Herbe dont les feuilles sont moindres que celles de la quinte-feuille & ont sept dentelures à l'entour, ce qui la fait appeller *Septifolium* par les Latins, ἑπτάφυλλον par les Grecs. Sa racine est petite, noueuse, amassée, rouge & astringente au goût. Elle a ses tiges menues & rougeâtres, & ses fleurs jaunes, de sorte que l'on peut dire que c'est une espece de quinte-feuille. Les Herboristes assûrent, après l'avoir éprouvé, que la Tormentille a les mêmes proprietés que la Bistorta. Toutes deux prises en breuvage, ou enduites sur les reins & sur le ventre avec du vinaigre, font porter l'enfant à terme, & bûes avec du jus de plantain elles font garder l'urine à ceux qui ne la peuvent tenir. On ne se sert guere que de la racine de la Tormentille. Elle est sudorifique, astringente &

& vulneraire. Ainsi elle soude les plaies & les cicatrise. Elle fait aussi mourir les vers, & est un remede sûr pour les panaris.

TORMINAL. s. m. Sorte de Cormier, dont les feuilles sont semblables à celles de vigne, à la maniere du plane, fermes & lissées. Son fruit est longuet, âpre, rond, attaché à une longue queue, aigre & âpre au goût. L'arbre est d'une moyenne hauteur & l'écorce en est lissée.

TORON. s. m. Terme de Marine. Assemblage de plusieurs fils de caret tournés ensemble, dont un gros cordage est composé. Il y a d'ordinaire quatre Torons dans le grand étai des grands bâtimens, & chaque Toron est fait de quarante fils.

TORPILLE. s. f. Poisson que l'on met au rang des poissons plats & cartilagineux, comme sont la raie, le turbot, la sole, la tareronde & autres semblables. Il a le corps rond, après qu'on en a ôté la queuë, & sa tête est tellement enfoncée entre les épaules, qu'elle ne paroît en aucune sorte. On ne laisse pas de voir ses yeux au dessus ; ils sont fort petits, & outre ces yeux il a deux trous, en maniere de croissant & toûjours ouverts. La Torpille a aussi une petite bouche en la partie superieure, garnie de petites dents. Elle n'a point de langue, & un peu au dessus de sa bouche sont deux pertuis qui lui servent de naseaux. Aristote lui donne cinq ouies de chaque côté, mais petites & recourbées. Sa queue est petite & charnue, ayant au bout une aile fort large. Sur le dos de cette queue il y a deux autres ailes, dont la premiere est plus grande que la derniere, & même au commencement de la queue elle en a qui sont plus larges, & qui ont quelque forme de croissant. Ce poisson a la peau de tout le corps molle & lissée. La partie de dessus est blanchâtre, mais celle de dessous est jaunâtre, & presque de couleur de vin. Toutes les Torpilles n'ont pas le dos de la même sorte. Les unes y ont cinq taches noires rondes, & qui ressemblent aux yeux. Il y en a d'autres qui les ont moins noires ; & au milieu un petit rond qui ressemble en quelque sorte à la prunelle de l'œil. D'autres n'ont point ces cinq marques, & ont seulement tout le dos semé de petites taches. D'autres n'en ont point du tout, & n'ont que le dos noirâtre. Quoique la Torpille fasse ses œufs dans son ventre, ses petits ne laissent pas d'en sortir vifs. Elle est très-feconde, & si on en croit Aristote, on en a vû une qui en a fait jusqu'à quatre-vingts. Elle a une si grande proprieté d'engourdir, qu'elle amortit le bras des Pêcheurs sans qu'ils la touchent, & fait la même chose étant prise à l'hameçon, c'est-à-dire, qu'elle penetre depuis le poil du cheval qui tient l'hameçon, jusques à la ligne, & de la ligne à la main du Pêcheur qu'elle rend amortie en peu de tems. Cela se rapporte à ce que dit Pline, que si on touche la Torpille de loin avec une verge ou une perche, elle amortira le bras de celui qui tient la verge ou la perche, & lui appesantira les jambes, quelque legeres qu'elles puissent être. Aussi endort-elle les poissons qui s'en approchent, quand elle se tient cachée pour cela dans le limon ou le sable, & ensuite elle s'en nourrit. Appliquée vivante aux douleurs de tête, elle les soulage; & Galien dit l'avoir éprouvé. Sa chair est bonne à manger ; ce qui fait voir qu'étant morte elle perd cette vertu d'amortir. Les Latins l'appellent *Torpedo*, qui veut dire Engourdissement, & les Grecs. νάρκη.

TORQUE. s. f. Terme de Blason. Bourlet de figure ronde, tant en sa circonference qu'en son tortil. Il est composé d'étoffe tortillée comme le bandeau dont on charge la tête de more qui se pose sur les écus. C'est le moindre des enrichissemens qu'on met sur le heaume pour cimiers. Ce mot vient du latin *Torques*, Collier.

TORREFACTION. s. f. Terme de Pharmacie. C'est un diminutif de l'Assation. La Torrefaction se fait quand on met sur des platines de fer ou d'argent des remedes tels que la rheubarbe, les myrabolans & autres sur le feu moderé d'un rechaut jusqu'à ce que la poudre s'obscurcisse, ce qui fait connoître que la vertu purgative est dissipée. Ce mot vient du latin *Torrefacere*, ou *Torrere*, Brûler, rôtir.

TORRIDE. adj. Mot qui n'a d'usage que joint avec *Zone*. On appelle *Zone torride*, L'espace de la terre qui est sous la ligne, & qui s'étend en de-çà & au de-là jusqu'aux deux tropiques. Cette Zone est au milieu des deux temperées, & divisée par l'Equateur en deux parties égales, l'une septentrionale, & l'autre meridionale. Elle est appellée *Torride*, c'est-à-dire, chaude, brûlante, à cause qu'étant directement sous le lieu par où passe le Soleil en faisant son cours, ses rayons la battent à plomb. Ainsi sa presence continuelle y produit une chaleur si excessive, que les Anciens ont cru qu'elle étoit inhabitable. Cependant les dernieres Navigations nous ont appris que la fraîcheur des nuits y tempere la grande chaleur des jours.

TORS, TORSE. adj. On appelle, en termes d'Architecture, *Colomne torse*, Une colomne qui a son fût en ligne spirale. M. Felibien nous apprend que les Colomnes torses, telles qu'on les fait presentement, sont d'une invention nouvelle, & que les Anciens qui n'avoient en vûe que la solidité de leurs bâtimens, n'en auroient jamais employé de semblables, quand même elles n'eussent dû servir que d'ornement, & cela, parce qu'ils vouloient que la nature & la vrai-semblance parussent dans tous leurs ouvrages, ce qui ne se peut trouver dans ces sortes de colomnes qui n'ont ni la force ni une figure propre à porter un grand fardeau. Il ajoûte que les Colomnes torses n'ont commencé à être beaucoup en usage que depuis que l'on a fait les grandes Colomnes de bronze qu'on voit à Rome dans l'Eglise de saint Pierre ; mais que Michel Ange très-grand Architecte, n'est point à imiter dans ces sortes d'ornemens pesants, qui ne se trouveront point dans les anciens édifices, non plus que les Colomnes torses.

Au Val de Grace les colomnes sont torses & cannelées au tiers de feuillages de bronze doré. Voyez CHEVREFEUIL.

On appelle en certaines Provinces *Tors*, le vin de pressurage par opposition au vin de goutte.

TORSE. s. m. Terme de Sculpture. Corps sans tête, sans bras & sans jambes, de l'Italien *Torso*, Tronqué. Le beau Torse qui se voit au Vatican est de ce genre. C'est un des plus sçavans ouvrages des Anciens. Quelques-uns le croyent un reste d'une figure d'Hercule.

TORSE. s. f. Terme de Tourneur. Bois tourné d'une maniere qui va en serpentant. On dit en ce sens, *Faire de la Torse*.

Torse, bandage d'une charpente pour en finir l'assemblage qui est necessaire à un Dome quand on assemble le dernier quartier.

TORSER. v. a. Terme d'Architecture. Contourner le fût d'une colomne en spirale ou vis, afin de la rendre torse. Ce mot vient du latin *Torquere*, Tordre.

TORSIORS. adv. Vieux mot. Toûjours.

TORSFAITS. s. m. p. Vieux mot. Forfaits.

La Coûtume d'Anjou article 67. 68. 70. exempte le vassal ou tenancier de la jurisdiction de son Seigneur pour *tort fait.*

TORSONIERE. adj. Vieux mot. Injuste, retenant à tort.

TORTES-BANNES. s. f. p. Vieux mot. Sorte d'étoffes.

Se vous voulez de Tortes-bannes,
Par ma foy, j'en ay de bien fines.

TORTICOLIS. s. m. Sorte de maladie qui est une contorsion de col, où le muscle mastoïde demeure roide & en convulsion. Alors la tête est tournée, la trache-artere comprimée, & enfin les malades sont étouffés.

TORTIL. s. m. Terme de Blason. Diadême qui ceint les têtes de Mores sur les Ecus.

Tortil, se dit aussi d'un tuyau des instrumens à vent, qui est tortillé ou qui fait un ou plusieurs tours & replis, comme celui qui est au milieu de la saquebute ou des cors à chasse.

Tortil a été dit dans le vieux langage, pour Flambeaux, Torches.

Ou par nuit devers les courtils,
Seul, sans chandelle & sans tortils.

On a dit aussi *Teurtis* & *Torteis*, dans le même sens, à cause que les torches sont entortillées.

Et mout y ont ars de grands torteis.

Tortil. Terme de Broderie, cordon d'or, d'argent, de soye, de laine, &c.

TORTILLANT, ANTE. adj. Terme de Blason. Il se dit du serpent ou de la guivre qui entourent quelque chose. *De gueules au basilic tortillant d'argent en pal, couronné d'or.*

TORTILLE', E'E. adj. Terme de Blason. Il se dit de la tête qui porte le tortil. *De gueules à une fronde tortillée en double sautoir d'or.*

TORTILLER. v. a. Une mortoise; c'est l'ouvrier avec le laceret ou la tarriere.

TORTILLIS. s. m. Terme d'Architecture. Maniere de vermoulure faite à l'outil sur un bossage rustiqué.

TORTILLON. s. m. *Sorte de coiffure de paysanne qui est comme une espece de bourrelet.* ACAD. FR. Les Laitieres nomment *Tortillon*, Un linge tortillé en rond qu'elles mettent sur leur tête pour porter leur pot à lait par les rues.

On appelle aussi *Tortillon*, en termes de Bahutier, des clous blancs qu'on met autour de l'écusson d'un bahut, & qui font une maniere de figure tortillée.

TORTOIR ou *Garot.* s. m. Bâton gros & court pour assurer sur les charrettes les charges qu'on y met par le moyen d'une grosse corde.

TORTUE. s. f. *Espece d'amphibie qui marche fort lentement, & dont tout le corps est couvert d'une grande écaille dure, à la reserve de la tête, des piés & de la queue.* ACAD. FR. On peut dire en general que les Tortues sont des animaux stupides, pesans. Elles n'ont ni langue ni aucune organe pour ouir, & ont si peu de cervelle, que dans toute leur tête, qui est aussi grosse que celle d'un veau, il ne s'en trouve pas autant que peut avoir de grosseur une petite féve. Elles ont la vûe très-subtile, & leur foye est comme celui d'un veau, & de substance telle que le foye d'un homme. Leur grandeur est si prodigieuse, que la seule écaille de dessus porte quelquefois cinq piés de long & quatre de large. Leur chair, & sur-tout celle de la Tortue franche, est composée de grosses fibres qui contiennent beaucoup de suc, & une piece de Tortue ressemble si fort à une piece de bœuf, qu'on ne les peut distinguer l'une d'avec l'autre, que par la couleur de la graisse qui est d'un jaune verdâtre. Elles ont cette graisse sur le ventre, aux côtés & proche des ailes. Celle de leur boyau est jaune comme safran, & leur sert de nourriture; ce que l'on a remarqué dans une Tortue qu'on laissa trois semaines sans lui donner à manger. Lorsqu'elle fut morte après ce tems-là, on l'ouvrit, les lieux où cette graisse a accoûtumé d'être, furent trouvés vuides, en sorte qu'il n'y restoit que des membranes & des fibres gluantes où elle est attachée. Il y a des Tortues franches qui étant desossées, donnent plus d'un demi-baril de viande, sans y comprendre la tête, le col, les pattes, la queue, les trippes & les œufs. Trente hommes en auroient assés pour faire un fort bon repas, & outre cela on tire quelquefois, tant de pannes, que de la graisse superflue, de quoi faire quinze ou vingt pots d'huile jaune comme l'or, & excellente pour les fritures & pour toutes sortes de sauces, pourvû qu'elle soit nouvelle. Etant vieille, elle ne sert plus que pour les lampes. Le sang des Tortues est toûjours liquide, & comme il ne fige jamais, on n'y sçauroit remarquer ni froideur ni chaleur. Quand on le cuit, il ne laisse pas de se congeler, ainsi que celui de porc. Tous leurs vaisseaux sont semblables, & on ne peut dire si ce sont veines ou arteres. On sçait seulement que quand on a tiré ces sortes de veines, le cœur palpite long-tems, & quelquefois jusqu'à dix-huit heures. La chair fait la même chose, & étant coupée par morceaux le soir, on la voit encore remuer le lendemain, tant elle est remplie d'esprits vitaux. Les Tortues ont quatre pattes en forme d'ailerons avec des ongles, & les os y sont dans le même ordre que dans les animaux parfaits. Les pattes de devant sont composées de l'omoplate & de l'*humerus*, qui sont renfermés sous l'écaille qu'on appelle *Carapace*, & en-dehors il y a le *Radius*, le *Cubitus* & les osselets du carpe, du métacarpe & des doigts. A celles de derriere sont les iles, l'os *femur*, qui sont aussi sous la carapace, avec les deux fibres & les osselets du tarse & du métatarse. En-dehors sont les orteils, qui composent les pattes de derriere. La queue finit par vertebres, comme le col, mais ces vertebres ne vont pas tout du long. Elles sont attachées à la carapace à certaines demi-vertebres, qui vont le long de la même carapace depuis le cou jusques à la queue. *Carapace*, est le nom qu'on a donné dans les isles au dessus de leur écaille. Ce dessus est fait comme le dome d'une maison. Le dessous est plat, & on le nomme *Plastron.* C'est une substance osseuse & cartilagineuse qui compose l'un & l'autre. La chair des Tortues est de fort bon goût & assés nourrissante, & la graisse que l'on mange avec de la viande est si pénétrante, qu'on la sue comme on la mange. On peut dire aussi qu'elle purifie la masse du sang; ce qui se connoît en ce qu'une personne mal saine recouvre une parfaite santé, quand elle ne mange pendant deux ou trois mois que de cette seule viande. La Tortue se nourrit d'herbe, ainsi que les vaches, sur certains fonds qui sont le long des Isles de l'Amerique, & où il y a sept à huit brasses d'eau. Comme elle est fort claire quand la mer est calme, c'est une chose plaisante que de voir ce fond tout vert. L'herbe qui y croît est longue d'un pié, & sa feuille est unie & plate de chaque côté. Après que les Tortues ont bien mangé dans ces sortes de prairies, elles vont à l'embouchure des rivieres boire de l'eau douce. Il faut observer que ne pouvant demeurer dans ce fond plus d'un quart d'heure sans prendre l'air, elles viennent souffler, & y retournent ensuite. Lorsqu'elles ne mangent point, elles ont toûjours la tête hors de l'eau, &

dès la moindre chose qu'elles voyent, elles s'enfoncent aussi-tôt dedans. Leur terrissage se fait tous les ans depuis la Lune d'Avril jusqu'à celle d'Août. Se sentant alors incommodées par l'accroissement, la pesanteur & le grand nombre de leurs œufs, elles sortent de la mer pendant la nuit, afin de reconnoître le long de la rive un lieu propre pour se décharger de leur fardeau, ou au moins d'une partie. Lorsque la Tortue en a reconnu un qui lui a paru commode, & qui est toûjours une ance de sable, elle attend au lendemain à y venir pondre. Tout le long du jour elle se promene paissant l'herbe sur des rochers dans la mer, sans toutefois s'éloigner du lieu dont elle a fait choix la nuit précedente, & le Soleil venant à baisser, on la voit paroître proche de la lame, regardant de tous côtés, comme si elle craignoit les embuches. Quand elle ne voit personne, elle vient à terre, & commence à creuser dans le sable avec les pattes de devant, faisant un trou, large d'un pié & profond d'un pié & demi; ce qui étant fait, elle s'ajuste dedans, & pond jusqu'à deux ou trois cens œufs tout d'une suite. Ces œufs sont gros & ronds comme des balles de jeu de paume, & ont leur écaille aussi souple que du parchemin mouillé. Le blanc ne cuit jamais, quoique le jaune durcisse facilement. Ils sont très-bons à manger & fort nourrissans. La Tortue emploie plus d'une heure à pondre, & ne remueroit pas de sa place pendant tout ce tems, quand même un chariot lui passeroit sur le corps. Ayant achevé de pondre, elle bouche si proprement le trou qu'elle a fait, & remue tant de sable tout autour, qu'il est bien souvent fort difficile de trouver ses œufs. Ils sont abandonnés par la Tortue qui s'en retourne à la mer, & ils se couvent d'eux-mêmes dans le sable, où ils sont quarante jours, après quoi les petites Tortues sortent grosses comme de petites cailles, & fuyent vers la mer sans qu'on leur en ait montré le chemin. Elles n'y entrent pas aisément, à cause que la lame qui bat au rivage, les rejette toûjours à terre. D'ailleurs, comme elles sont neuf jours sans pouvoir couler à fond, les oiseaux qui vivent de poisson en mangent la plus grande partie. Ainsi de cent à peine y en a-t'il une qui réchappe. Aussi les Vaisseaux ne pourroient-ils voguer sans toucher aux Tortues, tant le nombre en seroit grand, si elles se sauvoient toutes. Celles qui échapent, se retirent dans des étangs d'eau salée sous des roches, & dans des racines de paretuviers, dont les arcades sont si embarrassées l'une dans l'autre, que les grands poissons qui pourroient les engloutir, n'y peuvent entrer, & elles y demeurent jusqu'à ce qu'elles soient en état de fuir ou de se défendre. On en prend beaucoup au sortir de leurs trous, avant qu'elles ayent gagné la mer. Etant fricassées toutes entieres, c'est un mets délicieux. Il y a differentes manieres de prendre les Tortues, dont l'une est au chevalage, c'est-à-dire, depuis le commencement de Mars jusqu'à la mi-Mai, lorsqu'elles s'accouplent. Cette action se faisant sur l'eau, il est aisé de les découvrir. Alors deux ou trois personnes se jettent dans un canot, & les abordent sans peine. On leur passe un laqs coulant dans le col ou dans une patte, & même on les prend avec la main par dessus le col au défaut de l'écaille. Ordinairement la femelle échappe. Les mâles sont fort durs & maigres en ce tems-là. On les prend aussi en tendant de certains rets, appellés *Folbes*, sur les fonds d'herbe où les Tortues ont accoûtumé de paître. Elles se mettent les pattes dedans & y demeurent accrochées. Quand elles commencent à terrir, on garde les lieux par où l'on sçait qu'il faut qu'elles passent; & quand on en a découvert quelqu'une, on la renverse sur le dos & on la laisse jusqu'au lendemain en cet état, sans craindre qu'elle puisse se retourner. Si après lui avoir fait faire cent tours, & l'avoir menée à dix lieux delà sur la terre, on lui redonnoit la liberté, elle reprendroit sa route tout droit vers la mer. On prend encore les Tortues avec les harpons, qui sont des clous de la grosseur de ceux des charrettes, sans tête, à quatre quarres égales, & fort pointus & trempés. Le clou est attaché au bout d'un ligne, longue de cinquante à soixante brasses, & de la grosseur du petit doigt. On en met le bout qui est tout rond dans un bâton, au bout duquel est une virolle de fer, dans quoi s'enchasse ce clou. La longueur de ce bâton est communément de deux brasses & demie, & on l'attache à la ligne avec une petite ficelle coulante, afin qu'on la puisse toujours reprendre. On va cinq ou six dans un canot à cette sorte de pêche. L'un est tout debout sur le devant, & tient en sa main un bâton appellé *Vara*, du nom Espagnol qui veut dire Gaule. Il a sur son bras gauche la ligne roulée, à quoi le clou est attaché. Sitôt qu'il découvre une Tortue au fond, il lui lance ce clou sur le dos dans la carapace, & ce clou y tient comme s'il étoit fiché dans un bois de chêne. La Tortue se sentant blessée, fuit si promptement, qu'elle entraîne le canot plus vîte que s'il alloit à la voile; mais comme elle ne peut demeurer longtems sous l'eau sans respirer, le harponneur se tient prêt à lui lancer l'autre clou qui est à l'autre bout de sa ligne, & quand elle a ces deux clous, on la tire dans le canot, où étant mise à la renverse, elle ne sçauroit plus se débattre. Le téms le plus propre à cette pêche est la nuit, & même la nuit la plus obscure est la plus commode, à cause que les Tortues en nageant remuent l'eau qui est fort claire; de sorte qu'on voit comme quatre feux allumés qui font un grand jour au mouvement des quatre nageoires ou pattes de la Tortue, qui paroît blanche comme de l'argent sur le fond de l'herbe qui semble noir; & on ne manque jamais à l'attraper, pourvû qu'on jette la vare au milieu de ces quatre lumieres. Outre les tortues franches, il y en a de trois autres sortes, l'une qu'on appelle *Kaouanne*, l'autre *Caret*, & la troisiéme, qui ne differe de la Kaouanne, qu'en ce qu'elle est encore plus grosse & plus grasse. Celle-là ne sert à rien qu'à faire de l'huile pour brûler. Toute sa carapace est cartilagineuse, & on la peut couper comme on veut. Ce qu'il y a de particulier dans ces quatre sortes de Tortues, c'est qu'elles ne se mêlent point les unes avec les autres, mais seulement avec leurs semblables, la franche avec la franche & le caret avec le caret. De quelque sorte qu'elles puissent être, il n'est pas aisé de les tuer, puisqu'on ne sçauroit les assommer avec un levier en les frappant sur la tête. Le secret est de prendre le manche d'un couteau, & de les en frapper sur le nés qui est au-dessus du bec, en forme de deux petits trous par où elles prennent l'air. Elles saignent en abondance, & meurent bientôt après. On voit aussi des Tortues de terre, qui ne vont jamais à l'eau. Elles sont longues de deux piés ou environ & larges d'un. Ce sont-là les plus grosses. Elles ont le dos en arcade, & tellement dur, qu'on ne le sçauroit casser avec les instrumens les plus forts, la Tortue étant en vie. Cette Tortue est entierement semblable à celle de mer, à l'exception des pattes, où elle a cinq griffes qui lui servent à creuser des trous dans la terre pour s'y retirer. Elle n'a point d'écaille sur sa carapace, mais elle est figurée de jaune & de noir. Les Espagnols mangent ces Tortues, & en ont beaucoup dans leurs magasins. Il se trouve encore une sorte de Tortue qui ne quitte point l'eau douce, & qui ne differe de celle de mer qu'en ce qu'elle est plus petite, & a des griffes, tout de même que les Tortues de l'Europe que l'on voit dans les étangs. Il en est aussi de fort petites, & qui ne sont pas plus grandes que la main. Elles se retirent dans les rivieres, & sentent mauvais; ce qui vient d'un limon salineux & sulphuré qui leur sert de nourriture.

Tortue, en termes de guerre, est une machine composée de deux écuelles de bronze, dont le diametre est d'un pié, la profondeur de cinq à six pouces, & l'épaisseur de deux. Après qu'on les a remplies de poudre, on les joint ensemble, & on pose une fusée à la lumiere. La Tortue sert à briser les ponts-levis qui sont trop pressés contre la muraille quand on les a élevés, & cela se fait en posant cette machine entre la muraille & le pont. *Tortue* étoit aussi autrefois une grande tour de bois qu'on faisoit rouler sur plusieurs roues. Elle étoit couverte de peaux de bœufs nouvellement écorchés, & servoit à mettre à couvert ceux qui approchoient des murailles pour les miner & pour les battre avec les beliers. On leur donnoit le nom de *Tortue*, à cause de la force de son toit, dont les Travailleurs étoient couverts, comme la Tortue l'est de son écaille. M. Ménage prétend que dans ce sens ce mot vient de *Tarda eruca*, comme qui diroit, Une chenille, un limas qui marche lentement, *Eruca* signifiant en Latin Chenille. On a dit dans l'ancienne Milice des Romains, *Faire la tortue*. C'étoit lorsqu'à l'approche des murailles d'une Place que l'on tenoit assiegée, plusieurs Soldats s'assembloient, se serroient de près, & se couvroient la tête & les côtés d'une quantité de boucliers, en sorte que les premiers rangs étant plus élevés que ceux qui suivoient, tout cet assemblage faisoit comme une espece de toit, afin que tout ce qui étoit jetté sur cette tortue, pût glisser. Elle se formoit ordinairement pour aller à l'escalade.

Tortue, en termes de mer, se dit d'un Vaisseau qui a le pont élevé en maniere de toit de maison, afin de tenir les Soldats & les passagers & leurs hardes à couvert.

TOS

TOSCAN. adj. Terme d'Architecture. On appelle *Ordre Toscan*. Le plus simple & le plus dépourvû d'ornemens de tous les ordres. Il est même si grossier, qu'on le met fort rarement en usage, si ce n'est pour quelque bâtiment rustique, où il n'est besoin que d'un seul ordre, ou pour quelque amphitheatre ou autre ouvrage de même nature. On tient qu'il a pris son origine dans la Toscane, & que c'est delà qu'on lui a donné le nom de *Toscan*. Cet Ordre a sa colomne de sept diametres de hauteur, & son chapiteau & sa base avec peu de moulures & sans ornemens, comme son entablement.

TOSTE. Terme de Marine. On appelle *Tostes de Chaloupe*, Des bancs posés à travers les Chaloupes, où s'asseient les Matelots qui doivent ramer.

TOT

TOTOCKE. s. m. Fruit qui croît dans les regions voisines de la grande riviere des Amazones. L'arbre qui le porte est grand & branchu avec de grandes feuilles à peu près comme celles de l'ormeau. Leur couleur est d'un vert brun, si ce n'est que la partie qui approche de la queue paroît un peu plus blanchâtre. Il ne porte point de fleurs, mais des bourgeons, dont la couleur est semblable à celle des feuilles. Ces bourgeons ayant grossi peu à peu, produisent un fruit gros quelquefois comme la tête d'un homme. Il est presque rond & un peu plat sur la partie de devant, d'une écaille ligneuse, dure & fort épaisse, rayée par dehors & pleine de bosses, d'une couleur brune & presque noire. Certains entre-deux le divisent par dedans comme en six parties, chacune desquelles enferme huit, dix & jusques à douze noix fort pressées ensemble. Chaque noix est couverte aussi d'une écaille épaisse & dure, & de differentes formes. La plûpart sont pourtant triangulaires & cavées d'un côté avec trois coutures fort raboteuses, longues de trois pouces, & larges d'un & demi, de couleur rousse, & quelquefois brune, ou cendrée. Un long noyau les remplit entierement, ainsi que fait celui de l'amande. Il est d'une chair blanche, ferme & un peu huileuse, & couvert d'une petite peau rougeâtre. Le goût approche plus des noisettes que de l'amande. Ce fruit étant fort pesant, & les arbres qui le portent extrêmement hauts, les Sauvages n'oseroient entrer dans les forêts, quand il est mûr, sans avoir la tête couverte de quelque rondache, ou de quelque chose d'une égale force, pour les garantir des coups dangereux que leur porteroit ce fruit en tombant.

TOTOQUESTAL. s. m. Sorte d'oiseau des Indes Occidentales, un peu plus petit qu'un Pigeon ramier. Il a ses plumes vertes comme le souci, & la queue longue. Les naturels du Païs qui s'ornoient des plumes de cet oiseau dans leurs principales fêtes, le regardoient autrefois avec une très-grande veneration, & c'étoit un crime capital que de le tuer.

TOU

TOUAGE. s. m. Terme de Marine. Changement de place qu'on fait faire à un Vaisseau, avec une hansiere attachée à une ancre mouillée ou amarée à terre, quand on le veut approcher ou reculer de quelque poste. *Touage*, se dit aussi du travail des Matelots, qui à force de rames, tirent un Vaisseau qu'on a attaché à une Chaloupe, afin de le faire entrer dans un Port, ou monter dans une riviere.

TOUAILLE. s. f. Linge qui est pendu d'ordinaire sur un rouleau auprès d'un lieu où l'on se lave les mains, comme dans les Sacristies. Il sert à les essuyer. Il vient de l'Italien *Touaglia*, Nappe. M. Ménage dit qu'on trouve dans le Pontifical *Tobalea*, d'où peuvent être venus *Touaille* & *Tavayole*. On a dit dans la basse Latinité, selon ce que du Cange rapporte, *Toacula*, *Toalia*, *Togilla*, & *Tuella* dans le même sens.

TOUAILLONS. s. m. Vieux mot. Serviettes. On lit dans le Roman de Merlin. *Atant vint une Damoiselle qui tint deux petits tailloers d'argent, & orent toüaillons en lor bras.*

TOUCAN. s. m. L'une des douze Constellations Australes qui ont été observées par les Modernes, depuis les grandes Navigations. Les onze autres sont, la dorade, le poisson volant, le cameleon, l'abeille, la mouche indienne, le triangle austral, le triangle indien, le paon, la grue, le phenix & l'hydre ou le serpent royal.

Toucan, est aussi le nom que de Leri & Thevet donnent à un oiseau du Bresil, gros comme un ramier. Il a un bec long & large, jaune par dehors, d'un fin rouge par dedans, la poitrine blanche, le dos d'un rouge parfait, & les ailes noires ainsi que la queue. Il est agreable à voir, & a la chair délicate.

TOUCHANTE. f. f. Terme de Geometrie. Ligne droite qui ne rencontre une courbe qu'en un point sans la couper, c'est-à-dire, sans que ces deux lignes étant prolongées, l'une entre au dedans de l'autre proche du point où elles se rencontrent. Ainsi la Touchante d'une parabole, d'une ellipse, d'une hyperbole, &c. est une ligne droite qui ne rencontre la parabole, l'ellipse ou l'hyperbole qu'en un point, sans entrer au-dedans. Voyez TANGENTE.

TOUCHAUX. f. m. On appelloit autrefois *Touchaux*, en termes de Monnoye, de petits morceaux d'or de differents titres éprouvés dont on se servoit pour faire les essais d'or. Ils étoient en maniere de ferets d'aiguillettes assés plats, & le titre étoit marqué sur chacun. On frottoit l'espece, ou autre matiere d'or sur la pierre de touche: on y frottoit aussi les Touchaux que l'on croyoit approcher le plus du titre de l'espece; & comme le titre de chaque Touchau y étoit marqué, on jugeoit ainsi à peu près du titre de l'or par celui du Touchau qui en approchoit le plus.

TOUCHE. f. f. Ce que le Maître d'Ecole tient à la main pour indiquer les lettres aux enfans à qui il apprend à lire. On appelle aussi *Touche*, La pointe dont on se sert pour écrire sur des tablettes.

Touche, dans un violon ou une poche, est une petite piece de bois déliée & polie, plus longue que large, qui est proprement collée le long du manche, & sur laquelle passent les cordes. Dans d'autres instrumens de musique à cordes, comme le lut, la guitarre, le tuorbe, la mandole, *Touche*, se dit de certains petits bouts de corde qui en entourent le manche, & qui servent à faire la séparation des tons. Le manche d'un lut est divisé en neuf touches qui font monter chaque corde depuis le son qu'elle fait à vuide jusqu'à la sixiéme majeure, c'est-à-dire, par neuf demi-tons. *Touche*, en parlant d'orgue, de claveffin, d'épinette, est un morceau d'ébene ou d'ivoire quarré, sur quoi on pose les doigts pour jouer tout ce qu'on veut sur ces instrumens.

On dit en termes de Peinture, qu'*Il faut encore une touche à un tableau*, pour dire, qu'Il n'est pas fini, & qu'il y faut travailler encore une fois. *Touche*, se dit particulierement des feuilles des arbres peints, & en ce sens on dit que *Les arbres d'un païsage sont de touche differente*.

On dit en termes de Monnoye, qu'*Une piece a senti la touche*, pour dire, qu'Elle a été éprouvée non seulement sur la pierre, mais aussi avec l'eau forte ou le burin. Ce qu'on appelle *Pierre de touche*, est une pierre noire & resplendissante qui sert à éprouver les métaux.

TOUCHER. v. a. *Mettre la main sur quelque chose, à quelque chose*. ACAD. FR. On dit en termes de Marine. *Toucher terre*, ou simplement *Toucher*, pour dire, Heurter contre un terrain faute de trouver assés de fond. On dit aussi, *Toucher à une Côte*, pour dire, Y aborder, y mouiller l'ancre.

On dit, en termes de Chasse, qu'*Un cerf a touché au bois*, pour dire, qu'Il a dépouillé la peau de sa tête, en se frottant contre des arbres.

TOUDIS. adv. Vieux mot. Toûjours.

TOUE. f. f. Action de Touer. On dit en ce sens, *Tenir des chaloupes prêtes pour la toue des grands Vaisseaux*, c'est-à-dire, Pour les tirer ou faire avancer en les touant. C'est la même chose que *Touage*. Quelques-uns appellent aussi *Toue*, Un bateau qui sert à passer une riviere. L'usage en est commun sur la Loire où ce mot est employé, non seulement pour dire, Un petit bateau qui sert à pêcher, mais aussi un grand bateau qui tient lieu de bac pour passer cette riviere.

TOUER. v. a. Terme de Marine. Tirer, faire avancer un Vaisseau avec la hansiere qui y est attachée par un bout. L'autre bout de cette hansiere est amaré quelquefois à une ancre mouillée, & quelquefois la hansiere va répondre à terre, où les Matelots la saisissent & halent dessus, afin que le Vaisseau avance. On dit aussi *Toner*, pour dire, Faire voguer un Vaisseau à voiles par le moyen d'un Vaisseau à rames. On appelle *Ancre à touer*, ou *Toueur*, Une petite ancre dont on se sert dans les rades pour changer le Navire d'un lieu à un autre.

TOUILLER. v. a. Vieux mot. Mêler confusément avec saleté & ordure. Nicot dit que c'est delà que vient *Patouiller*, & *Touillon* en Picard, pour dire, Un Torchon, à cause qu'en torchant & essuyant le ménage ou la vaisselle, il se touille & salit. On a dit aussi *Touillon*, que le même Nicot explique par Brouillis en choses sales.

TOULDRE. v. a. Vieux mot. Oter, du Latin *Tollere*. On trouve qu'*Il tossit*, pour dire, qu'Il ôtât.

TOULLONS. f. m. Coquillard employe ce mot pour dire, de Vieux habits.

TOUPET. f. m. Bouquet de cheveux ou de barbe. Les Turcs ont un toupet de cheveux sur le haut de la tête. Les Lazaristes & Eudistes ont la barbe en toupet sur le menton.

TOUPIE. f. f. Espece de sabot qu'on entoure d'une corde depuis le bas jusqu'au haut, & qui a un fer au bout sur lequel il tourne, après qu'on l'a jetté avec force sur la terre dégagé de cette corde.

Il y en a qui ne sont point ferrés qu'on nomme quelquefois *Trompe*. On la fait tourner à coup de fouet fait de lanieres de cuir.

TOUR. f. f. *Sorte de bâtiment élevé, rond ou quarré, dont on fortifie ordinairement les murailles des Villes, des Châteaux*. ACAD. FR. M. Felibien observe que les Anciens se servoient de Tours de bois pour élever jusqu'à la hauteur des murailles d'une Place ceux qui l'assiegeoient, afin de combattre les assiegés à coups de fléches & de pierres, & de pouvoir entrer dans les Villes sur des ponts qui s'abbattoient. Ces Tours qu'on faisoit mouvoir avec des roues, avoient quelquefois jusqu'à trente toises de hauteur, & plusieurs étages qui servoient de logemens à quantité de soldats. Il se fait encore aujourd'hui des Tours mobiles de charpente, nommées *Chariots* par les Jardiniers. Elles servent à tondre & dresser les palissades des jardins, & à réparer & peindre les voutes. Il se fait aussi des Tours fixes de charpente pour élever des eaux.

On appelle *Tour isolée*, Une Tour qui est détachée de tout bâtiment. Elle sert quelquefois de Clocher, & quelquefois de Fort, comme celle qu'on appelle *Tour marine*. C'est une Tour qu'on bâtit sur les Côtes de la mer, pour y mettre des soldats, qui donnent avis par un signal lorsqu'ils découvrent quelques Vaisseaux ennemis. Ces sortes de Tours sont d'ordinaire sans porte, & on y entre par des fenêtres qui sont au premier ou second étage, avec une échelle que l'on tire en haut quand on est dedans.

Tour de Dome, est le mur circulaire ou à pans qui porte la coupe d'un dome. Il est percé de vitraux avec des ornemens d'Architecture par dehors & par dedans.

Ce que l'on appelle *Tour de moulin à vent*, est un mur circulaire qui porte de fond, & dont le chapiteau de charpente couvert de bardeau tourne verticalement, afin d'exposer au vent les ailes du moulin.

Les Ouvriers appellent *Tour ronde*, Le dehors d'un mur circulaire, & ils en appellent le dedans *Tour creuse*.

On donnoit autrefois le nom de *Tour* à un petit Château de bois qu'on posoit sur le dos des Elephans que l'on menoit à la guerre. On remplissoit ces petites Tours de plusieurs soldats armés pour combattre.

Tour, est aussi une piece du jeu des échecs. On la pose aux extrêmités du tablier, & elle ne se remue qu'à angles droits. Les Furetieristes qui s'appliquent à de meilleures choses qu'au Tricquetrac disent *gagner un tourbredouille*, on dit bien *partie bredouille*, mais il ne paroît pas possible qu'on fasse un tour bredouille.

On appelle *Tours terrieres*, en termes de Mechaniques, de gros rouleaux de bois dont on se sert dans les atteliers quand on veut transporter de gros fardeaux. Ces rouleaux sont assemblés avec entretoises.

TOUR. s. m. Terme de Tourneur. Machine dont on se sert pour tourner le bois. Le Tour ordinaire est principalement composé de deux jumelles soûtenues par des jambages appellés *Les piés de Tour*, & de deux poupées. Les jumelles qu'on fait de deux membrures de bon bois, aussi grosses & aussi longues que l'ouvrier les demande, sont posées de niveau, distantes l'une de l'autre de trois à quatre pouces, & assemblées par les bouts sur les jambages qui ont environ quatre piés de haut, & qui sont assemblés en bas dans deux autres pieces de bois qui leur servent de semelles & arboutés par deux liens en contrefiches, emmortoisés dans les jambages & dans les extrêmités des semelles, afin que la machine soit ferme & solide. Une partie des poupées qui est entaillée, se met entre les deux membrures, & le reste qui est la tête de la poupée, & qui est coupé quarrément de la largeur entiere des deux membrures, pose solidement dessus. Pour les rendre encore plus fermes, on fait entrer à coups de maillet des clefs de bois dans des mortoises qui sont au bout des poupées au dessous des membrures. Au haut de chacune de ces poupées est une pointe de fer enclavée solidement dans le bois. Les deux pointes qui se regardent l'une l'autre sont disposées horisontalement, & tellement justes, qu'elles se touchent dans un même point quand on les approche. D'ordinaire à un bout des jumelles, il y a une des poupées qu'on ne change pas souvent de place, & cela oblige à faire que sa pointe soit une viz qui traverse tout le bois, & qui avec une petite manivelle s'avance & se retire comme on veut, afin de s'épargner la peine de déchasser si souvent les clefs de bois de l'autre poupée pour la reculer & l'approcher. Il y a au dessus des jumelles une barre de bois, épaisse de deux pouces ou environ, & large de quatre. Cette barre qui est posée de champ va tout du long, & est soutenue par les bras des poupées, qui s'approchent & s'éloignent selon le besoin. Elle est aussi percée en quelques endroits, pour y pouvoir mettre des supports & des clavettes, qui soûtiennent les pieces qu'on tourne lorsque ces pieces ont trop de portée. Il y a contre le plancher & au dessus du tour une longue perche disposée en archet ou autrement, & au bout de cette perche est une corde qui descend au-delà des membrures jusqu'à un pié de terre, & qui s'attache au bout d'une piece de bois appellée *la Marche*. Celui qui veut travailler tourne la corde autour de la piece qu'il veut tourner, & en appuyant le pié sur la marche, il fait tourner l'ouvrage par le moyen de l'arc ou de la perche qui fait ressort. Après cela il prend des gouges ou biseaux qu'il appuie sur la barre, & qu'il pose contre la besogne; il la dégrossit, & se sert ensuite d'outils plus délicats pour la finir. M. Felibien qui décrit ainsi le tour, fait d'autres observations utiles & curieuses, & dit que c'est une invention très-ancienne. Selon Diodore de Sicile, Talus, neveu de Dedale, est le premier qui l'ait mis en œuvre, & c'est un Theodore de Samos, selon Pline, qui parle aussi d'un Tericle, que ces sortes d'ouvrages rendirent celebre.

Tour, parmi les Religieuses, se dit d'une petite machine de forme ronde, qui tourne sur deux pivots, & dont on se sert dans leurs Couvents pour y faire passer ou pour en faire sortir des choses qui n'ont pas beaucoup de grosseur.

Les Patissiers appellent *Tour*, Une sorte de table grande & épaisse, sur quoi ils travaillent en patisserie.

TOURBILLON. s. m. Vent violent qui tournoye sur la terre en maniere de peloton, & qui est mêlé d'une poussiere épaisse. On appelle aussi *Tourbillon*, Une maniere de colomne tournante de vent qui se forme en l'air, & qui descend sur l'eau comme sur la terre. M. Bernier dans son Abregé de la Philosophie de Gassendi, voulant expliquer de quelle maniere se fait ce Tourbillon, si dangereux pour les Mariniers, dit que lorsqu'un vent presse exterieurement une grosse nuée, qui contient dans son milieu quantité de semences de vents, comme pourroient être ces esprits de sels, & principalement de salpêtre qui sont dans une agitation continuelle, il arrive que le vent qui s'engendre dans la nue, cherchant à sortir, choque, reflechit, tourne & roule diversement au dedans de la capacité de la nue, & que son impetuosité s'augmentant de plus en plus, il fait impression sur la partie la plus foible de la nue qui se trouve être l'inferieure, d'autant plus que la froideur de la region resserre & condense davantage la superieure; & parce que la nature & la condition de la nue est telle qu'elle ne se rompt pas facilement, cela est cause que le vent interieur l'enfonce & l'allonge, en sorte que l'on remarque une espece de colomne, qui tend & descend en bas. Comme ce vent s'est toûjours fortifié en tournant sans cesse & en descendant, si par hazard il tombe sur une forêt, il fait tourner & arrache même quelquefois les plus grands & plus gros arbres, & s'il tombe sur la mer & sur un Navire, il agite l'eau d'une maniere si impetueuse, qu'il la fait bouillonner comme à gros bouillons, cause un grand tournant très-violent, fait tourner le bâtiment, brise les antennes, & l'engloutit enfin dans ce tournant, comme dans un goufre qui s'est ouvert.

TOURD, ou TOURDE. s. m. Espece de Grive, dont les fruits du myrte sont la nourriture. En latin *Turdus*. Il y en a de quatre sortes, sçavoir le *Tourd calandré*; le *Tourd commun*, qui est de la grosseur d'un merle, le *Tourd mauvais* (celui-là est rougeâtre) & le *Tourd licorne*, ou *Thrale*. C'est le plus petit de tous.

TOURELLE. s. f. Petite tour ronde ou quarrée, qui est portée sur un cul de lampe, ou par encorbellement, comme on en voit à quelques encoignures de maisons. *Tourelle de dome*, est une espece de lanterne ronde ou à pans, qui porte sur le massif du plan d'un dome pour l'accompagner, & pour couvrir quelque escalier à viz. On appelle *Tourelle*, en termes de Faiseur d'orgue, plusieurs tuyaux qui sont ensemble au milieu & aux côtés de la montre d'une orgue; & on leur donne ce nom, à cause que par la maniere dont ils sont posés, ils forment une maniere de petite Tour.

TOURET. s. m. Sorte de machine dont les Lapidaires se servent pour graver des cachets ou des medailles. Ce n'est autre chose qu'une petite roue de fer dont les deux bouts des essieux tournent, & sont enfermés dans deux pieces de fer mises debout, comme les lunettes des Tourneurs ou les chevalets des Serruriers. Ces deux pieces s'ouvrent & se ferment comme on veut, & sont pour cela fendues par la moitié, se rejoignant par le haut avec une traverse qui les tient. A un bout d'un des essieux de la roue, on met les outils dont on se sert. Ils s'y enclavent & s'y affermissent par le moyen d'une viz qui en les serrant, les tient en état. On fait tourner cette roue avec le pié pendant que d'une main l'on presente & l'on conduit son ouvrage contre l'outil qui est de fer doux, si ce n'est quelques-uns des plus grands qu'on fait quelquefois de cuivre.

Touret, en termes de Balancier, se dit de trois manieres de petits anneaux, dont il y en a deux aux gardes du peson.

Touret, est aussi un terme d'Eperonnier, & signifie un clou tourné en rond comme un anneau, & qui a une grosse tête arrêtée dans la partie de la branche de la bride d'un cheval, appellée *Gargouille*.

On appelle encore *Touret*, en termes de Fauconnerie, ce qui est au bout des jets d'un Faucon pour passer la longe.

Les Bateliers appellent *Touret*, Une maniere de cheville qui est sur la nage d'un bachot, & où ils mettent l'anneau de l'aviron quand ils rament.

Touret, est aussi un vieux mot qui a signifié une espece de masque ou d'ornement que les Dames portoient autrefois, & qui ne leur cachoit que le nez, ce qui le faisoit appeller *Touret de nez*. Il s'est dit aussi d'une maniere de petit oreiller, & Borel fait venir ce mot de *Torus*, Pli de graisse, ou Lit, l'un venant de l'autre.

Et porte un long touret derriere
Pour musser une fausse épaule.

TOURILLON. s. m. Terme d'Architecture. Espece de pivot sur lequel tournent les fleches des bascules des pont-levis, & autres choses. C'est aussi un gros pivot de fer qu'on met au bas des portes cocheres, des portes d'écluses & des roues de moulin, & dont l'usage est de les faire mouvoir facilement.

On appelle *Tourillons*, en termes de Canonnier, Deux pieces rondes de métal qui joignent le canon à côté, pour le tourner & le contrebalancer. Ce sont deux manieres de bras qui sont à peu près vers la moitié de sa longueur. On appelle *Jour du tourillon*, Les deux entailles qui sont destinées à placer ces deux manieres de bras du canon.

Tourillon, se dit aussi de la partie du fût de la cloche qui entre dans le poaillier, & sur laquelle elle se meut.

Les Meûniers appellent *Tourillon*, Une espece de gros rouleau de fer qui est au bout de l'arbre du moulin, & qui sert à faire tourner cet arbre.

TOURLOUROU. s. m. Nom que les Habitans des Antilles donnent aux plus petites de toutes les crabes. Ce sont celles qui y sont les moins estimées, à cause qu'il faut une demi-journée pour en éplucher de quoi rassasier un homme, tant il y a peu à prendre. On tient d'ailleurs qu'elles donnent le flux de sang. On ne laisse pas d'en manger dans la Martinique au défaut des autres crabes qui s'y rencontrent assés rarement, & elles n'ont rien qui ne plaise au goût. Elles ont leur coque rouge, marquée d'une tache noire qui releve fort l'éclat de cette couleur.

TOURMENTER. v. a. *Faire souffrir quelque tourment de corps ou d'esprit*. ACAD. FR. On dit en termes de Peinture, *Tourmenter les couleurs*, pour dire, Les manier trop avec le pinceau ou la brosse en peignant, lorsqu'on les bat trop au couteau sur la palette, ce qui les altere. On appelle *Bois qui se tourmente*, Du bois qui se dejette, pour n'avoir pas été employé assés sec dans les ouvrages.

TOURMENTEUX, EUSE. adj. Les Geographes appellent *Promontoires tourmenteux*, certains Promontoires, comme le Cap de Bonne-Esperance, où les mers sont orageuses.

TOURMENTIN. s. m. Terme de Marine. Nom que donnent quelques-uns au perroquet de beaupré.

TOURNANT. s. m. *Le lieu, l'espace où l'on fait tourner un carrosse, une charrette*. ACAD. FR. On appelle aussi *Tournant*, Le coin d'une rue, d'un chemin. Il y a dans l'Ocean certains abîmes qu'on appelle *Tournans de mer*, où la plûpart des Vaisseaux qui s'y rencontrent perissent. Il se trouve un de ces goufres entre deux Isles à la Côte de Norvegue, où aucun Vaisseau n'oseroit passer de crainte de couler bas.

TOURNE. s. f. On dit en termes de jeu de berlan, de bête & de quelques autres, *De quelle couleur est la tourne*, pour dire, La carte qui est retournée sur le talon. On dit plus souvent *Retourne*.

Tourne est aussi un Terme de Pratique, & il se dit du retour des deniers qu'on paye lorsque l'on fait le partage ou un échange, afin que les choses partagées ou échangées ayent l'égalité requise.

TOURNE-A-GAUCHE. s. m. Outil de fer qui sert comme de clef pour tourner d'autres outils. Le Tourne-à-gauche des Menuisiers est un morceau de fer fendu par le milieu pour tourner les dents de côté & d'autre. Les Serruriers ont aussi leur Tourne-à-gauche, & il leur sert pour tourner les viz, taraux, pour demonter les serrures, & quelquefois pour redresser les rouets.

TOURNE-BOELE. s. f. Vieux mot. On a dit autrefois *A tourne-boële*, pour dire, A la renverse, de *Boële*, qui a signifié Boyaux, intestins, comme qui auroit dit, *A boyaux renversés*.

TOURNE-BOUT. s. m. Sorte d'instrument de Musique, dont l'extrémité inferieure est courbée en arc. C'est une espece de flûte qui est percée comme les autres chalumeaux. Cet instrument a une anche par le bout d'en haut, qu'on met dans la bouche, & dont la languette est enfermée dans une boîte. On en fait des concerts à quatre, à cinq & à six parties. Sa basse & sa taille ont quatre ou cinq piés de long, & une ou deux clefs pour boucher les trous où les doigts ne peuvent atteindre. On peut rapporter les sons des Tournebouts à ceux des musettes, mais ils ne sont pas si agréables. L'usage en est frequent en Angleterre.

TOURNE-BROCHE. s. m. Petite machine qui sert pour faire tourner devant le feu des broches garnies de viande. Elle est composée d'un balancier, de poulies, de roues, de vis, d'un chassis & d'un contrepoids.

TOURNELLE. s. f. Vieux mot. Petite tour.

Les portes furent entaillées,
A grands tournelles bataillées.

Tournelle, dit Nicot, *est un diminutif de* Tour, *& signifie une petite Tour, tout ainsi que ces deux autres diminutifs*, Tourelle *&* Tourette; *mais ce diminutif* Tournelle *vient de ce vocable* Tourn, *comme en aucuns endroicts de ce Royaume on prononce le mot* Tourn, *parce que, comme il a semblé à ceux-là que la tour n'est bâtie en ligne droite comme la muraille, ains en ligne tournant & circulaire; en laquelle signification* Tournelle *est nom general; mais en individue c'est la Chambre criminelle du Palais à Paris, qui est aussi appellée* La Salle saint Louis. Tournelle *aussi en individue est appellé le quai estant derriere le College du Cardinal le Moine, où la riviere de Seine embouche dans Paris, & ce à cause de la tourelle qui est bâtie sur la pointe dudit quai, qui autrement est appelé* Le port & rue saint Bernard, *à prendre depuis le pavé jusqu'à ladite Tournelle. Du nom de* Tournelle *sont appellez aucuns fiefs par cy par-là, à cause desquels les Vassaux proprietaires d'iceux sont appellez* Seigneurs de la Tournelle.

En parlant de Chambres du Parlement, il y a la Tournelle Civile & la Tournelle Criminelle. Ces Chambres sont composées de Presidens & de Conseillers, tirés de la Grand'Chambre & des Enquêtes. On juge à l'Audience de la Tournelle Civile les petites affaires où il ne s'agit que de mille écus, ou au dessous; cette Chambre est supprimée. Celles du grand Criminel sont jugées à la Tournelle Criminelle; & quand on dit simplement *La Tournelle*, on entend la Chambre où sont rendus les Arrêts de peine inflictive. La Chambre Criminelle du Parlement de Paris ne fut établie en Chambre particuliere qu'en 1436. Elle est composée de deux Presidens de la Cour, de huit Conseillers de la Grand'Chambre, & de deux Conseillers de chacune des cinq Chambres des Enquêtes. Elle a été appellée *Tournelle*, à cause que les Conseillers y servent par semestre, chacun à son tour.

TOURNE', E'E. adj. Terme de Blason. Il se dit du Croissant & d'autres pieces tournées. *D'azur au Croissant tourné d'argent.*

TOURNER. v. a. *Mouvoir en rond.* ACAD. FR. On dit en termes de Marine, *Tourner le bord*, pour dire, Revirer, tourner le Vaisseau par la manœuvre des voiles & par le jeu du gouvernail, en portant le cap sur un autre vent.

Tourner, est aussi un terme de Manege, & veut dire, Changer de main. *Tourner les talons, les jambes, les cuisses*, c'est être à cheval de telle sorte que le dedans du genouil touche la selle.

TOURNESOL. s. m. Plante qui éleve une grosse tige, haute de cinq ou six piés, au bout de laquelle est une grande fleur d'un fort beau jaune doré, qu'on dit se tourner toûjours vers le Soleil, ce qui lui a fait prendre le nom de *Tournesol*.

On appelle aussi *Tournesol*, Une poudre bleue qui vient dans une plante de ce même nom, appellée autrement *Verrucaria*, à cause qu'on la tient bonne pour les verrues. Cette poudre est enfermée dans une petite baye ou gousse ronde, qui est le fruit de la plante, & sert à donner de la couleur à l'empois.

On appelle *Tournesol fin en drapeau*, De la toile de Hollande ou de crespon délié que l'on a teint avec de la cochenille & quelques acides. On s'en sert pour colorer l'eau de vie, & autres liqueurs aqueuses. Il y a aussi du *Tournesol en coton*, qu'on envoie ici de Portugal. Il est de la figure, rondeur & épaisseur d'un écu, & on s'en sert pour teindre les gelées de fruits. Il a beaucoup moins d'usage que le *Tournesol en toile*, & il faut le prendre d'un beau rouge, le plus propre & le plus sec qu'il se peut.

TOURNETTE. s. f. Petit instrument de bois qui sert à devider du fil, de la laine, du coton qu'on met à l'entour, & qu'on a nommé ainsi à cause qu'il tourne sur des pivots.

TOURNEVIRE. s. m. Terme de Marine. Gros cordage à neuf tourons qu'on amare au cabestan & qui sert à retirer l'ancre du fond de l'eau. Comme le Tournevire est si gros qu'on ne sçauroit le rouler autour du cabestan, on le met en rond dans la fosse aux cables, à mesure qu'il est mis dans la fosse en levant l'ancre.

TOURNEUR. s. m. Artisan qui façonne du bois au tour. On appelle *Tourneur en bois de noyer*, Celui qui fait des tables, des gueridons, des chaises, des cabinets & des armoires de bois de noyer; & *Tourneur en bois blanc*, Celui qui fait des échelles, des chaises de bois sans être tournées, & autres choses de bois blanc.

Tourneur, en termes de Potier d'étaim, est celui qui tient le crochet pour tourner la vaisselle; & parmi les Couteliers, c'est celui qui tourne la roue quand on émoud.

TOURNIQUET. s. m. Petite barriere faite de deux pieces de bois ou de fer croisées & mobiles horisontalement sur un pivot perpendiculaire. On la met devant des portes ou autres passages étroits, afin qu'on n'y passe qu'un à un.

Les Menuisiers appellent *Tourniquet*, Un petit morceau de bois, de la grandeur à peu près d'un pouce, & un peu creusé par les deux bouts. Il sert à soûtenir un chassis quand on le leve.

Tourniquet, en termes de Serrurier, est un petit morceau de fer plat, dont l'un des bouts a un piton rivé où l'on met le crochet de la tringle ou verge de fer. Dans l'autre est un trou où entre le bout de la fiche de la colomne du lit.

On appelle aussi *Tourniquet* Certain ouvrage de Tabletier ordinairement de bois, & de forme ronde ou quarrée. Il y a divers nombres en chiffre marqués tout autour, & au milieu un piton de fer avec une aiguille de même métal, qu'on fait tourner. Cette aiguille, selon l'endroit du tourniquet où elle s'arrête, fait le bon ou le mauvais destin de ceux qui jouent à ce jeu, appellé *Jeu du tourniquet*, ou *Roue de fortune*.

TOURNOIR. s. m. Terme de Potier. Bois de houx dont on se sert pour faire tourner la roue.

TOURNOIS. s. m. Petite monnoie bordée de fleurs de lys, dont on se servoit autrefois, & qu'on appella ainsi de la Ville de Tours où on la battoit. Il y en avoit de deux sortes, de gros Tournois, & de Parisis. Les Tournois avoient à l'entour douze fleurs de lis, & les Parisis en avoient quinze. On en parle ainsi dans les Observations sur Joinville. Le Roi Philippe mit le petit florin à dix sols parisis, le gros Tournois d'argent à neuf deniers parisis, & le petit denier valant deux deniers, n'en valut qu'un l'an 1331.

Tournois, est aujourd'hui une designation d'une somme qui est opposée à *Parisis*, & quand on dit *Cent livres tournois*, on entend cent francs comptés en quelque monnoie que ce soit, sans qu'il y ait rien de plus; mais quand on dit *Cent livres parisis*, on entend l'augmentation du quart en sus, c'est-à-dire, cent vingt-cinq livres; ce qui vient de la difference qu'il y avoit autrefois entre les monnoies de Tours & de Paris.

TOURNOI. s. m. *Joûte. C'étoit autrefois une fête publique & militaire, où il y avoit d'ordinaire un grand*

concours

concours de Princes & Seigneurs, Chevaliers, & où l'on s'éxerçoit à plusieurs sortes de combats, soit à cheval, soit à pié. ACAD. FR. Les premiers Tournois ont été des courses de cheval en tournoyant avec des cannes en façon de lances, au lieu que les Joûtes sont des courses accompagnées d'attaques & de combats de lance, tant sur l'eau qu'à la barriere. On a combattu dans la suite avec des épées rebouchées & des lances sans fer, que l'on appelloit *Armes courtoises*, & il étoit défendu de combattre de la pointe. Henri surnommé l'*Oiseleur*, Duc de Saxe, & depuis Empereur, fut le premier qui introduisit l'usage des Tournois en Allemagne, l'an 994. On y en faisoit de solemnels tous les trois ans, & ils servoient de preuves de noblesse, en sorte qu'un Gentilhomme qui y avoit assisté deux fois, étoit suffisamment blasonné & reconnu pour noble; ce qui lui faisoit porter deux trompes en cimier sur son écu de Tournoi. Ceux qui ne s'étoient trouvés dans aucun Tournoi, demeuroient sans armoiries, quoiqu'ils fussent Gentilshommes. Les Dames couronnoient les Chevaliers qui avoient gagnés le prix en surpassant les autres par leur adresse, & ces couronnes étoient appellées *Chapelets d'honneur* dans les vieux Romans, c'est-à-dire, petits chapeaux ou guirlandes. M. Ménage fait venir *Tournoi* de *Tornensis*, ou de *Tourner*, à cause que les Combattans tournent de côté & d'autre.

Tournoy, dit Nicot, *est un combat courtois & de plaisir; que deux ou plusieurs bandes d'hommes en armes, soit à pied, soit à cheval, m'espartis en Tenans & Assaillans, font en camp clos de lices & barrieres soubs certaines specifications des venues, coups & armes qu'ils y doivent accomplir, donner & porter;* qu'on nomme aussi Tournoyement, *parce peut-estre que accomplissant par les Assaillans leurs venues, tant eux que les Tenans, pour prendre leur advantage, virent & tournent çà & là dedans lesdictes lisses. Jean le Maire au premier Livre de ses Illustrations va mettant pesle mesle ces mots*, Tournoy, Esbanoy, Tournoyement, Esbanoyement; Behours, Pas, Combat & Joustes; *mais si ont-ils diverses raisons de leur imposition, estant, les autres tous especes de ce genre*, Combat de plaisir & courtois. *Et dit que le fameux Tournoy fait devant Troye, aux nopces de Ilione, Fille [illegible] Roy Priam, dont le behourt fut des enfans d'honneur, a été l'introduction des Joustes & Tournois dont on use apresent és Cours des grands Princes Occidentaux, ce qui porte faveur à l'opinion de Bude, estimant que de ces deux mots latins* Trojana agmina, *a esté fait celui corrompu* Torneanima; *mais rien ne me persuade que le mot* Tournoy *soit venu de* Trojana agmina, *quoy que nos Tournois rapportent en beaucoup de choses à ce jeu ancien appellé* Troia *par les Romains & frequenté par eux, que Virgile descrit à plein au cinquiesme Livre.*

TOURNOYEMENT. s. m. Tournoi. *Plusieurs jeunes Princes venus aux jeux & tournoyemens faisoient une bande d'assaillans à part.* Et dans un ancien Poëte.

Sans moy remuer de ma place
Regarday le Tournoyement
Qui commençoit trop asprement.

TOURON. s. m. Terme de Marine. Assemblage de plusieurs fils de caret, dont un gros cordage est composé. On a coûtume d'employer quatre Tourons à faire le grand étai des grands bâtimens, & chaque Touron est composé de quarante fils. On dit aussi *Toron.*

TOURRION. s. m. Vieux mot. Petite Tour. *C'est*, dit Nicot, *le diminutif de* Tour, *& differe en signification du diminutif* Tournelle, *parce qu'il est plus petit que la Tournelle & communement est soubspendu en la muraille, là où la Tournelle sourd de fondement posé sur la terre.*

TOURTE. s. m. Patisserie faite de pigeonnaux, de beatilles, de moëlle ou de confitures. M. Menage fait venir ce mot du latin *Torta.*

TOURTEAU. Sorte de gâteau que l'on faisoit autrefois pour les sacrifices. Nicot dit qu'on a aussi appellé *Tourteau*, Un grand pain bis dont on use en Lyonnois & en Dauphiné. Ce mot n'a plus guere d'usage que dans le Blason, où il signifie ces representations de gâteaux qui sont de couleur, à la difference des besans qui sont de métal. Le Tourteau ainsi appellé à cause de sa rondeur, est plein comme le besant, & sans aucune ouverture. *D'or à trois tourteaux de gueules.* On appelle *Tourteau besant*, Une piece ronde d'armoirie, moitié de couleur, moitié de métal, soit qu'elle soit partie tranchée ou coupée de l'un en l'autre. Le Latin *Torta* qui a fait ce mot, ainsi que celui de *Tourte*, signifioit un espece de pains tortillés que des Tourteaux representent.

Tourteau, en termes de guerre, est un composé en forme de gâteau de douze livres de poix noire, de six livres de graisse, & d'autant d'huile de lin. On y trempe de la corde d'Arquebuse, & cette corde sert à éclairer.

TOURTERELLE. s. f. Oiseau qui est à peu près de la grosseur d'un pigeon, & ordinairement cendré sur le dos avec un peu de mêlange de couleur tirant sur la rouille ou sur le gris brun. La Tourterelle est blanche aux ailes & sous le ventre, mais elle a quelque peu de vert au cou, les piés jaunes & les ongles noirs. Il y en a qui sont toutes blanches. Cet oiseau est le symbole de la chasteté conjugale, puisque les Tourterelles vont deux à deux, & que quand il en meurt une des deux, celle qui demeure vit seule sans en vouloir souffrir aucune autre. On tient que leur sang reduit en poudre est bon contre la dysenterie & le cours de ventre. Il y a des lieux où la Tourterelle est appellée *Tourtre.*

TOURTIERE. s. f. Piece de batterie de cuisine de cuivre étamé, & quelquefois d'argent. Elle est ronde, creuse d'environ trois doigts, & a des rebords hauts d'autant & qui vont en talus. On s'en sert à faire cuire des Tourtes. Il y en a qui ont trois piés & d'autres qui n'en ont point, mais seulement un couvercle.

TOURTOIRE. s. f. Terme de Venerie. Houssine dont on se sert pour faire les battues dans des buissons. Nicod en parle en ces termes. *Tourtoire vient de ce verbe* Tourner, *prins pour* Destourner, *& signifie, selon Phebus, Une maniere de houssine forte & de la grosseur d'un eschalas de saulx, que les Veneurs & Picqueurs de la meutte portent en la main, pour brosser & tourner les branches, marchants & picquants par les forts, laquelle ils ne portent pelée, tant que le cerf ayt touché au bois & frayé. C'est aussi un instrument de fer affusté de bois, duquel les Tonneliers endentent les cerceaux appellez.* Talu & Sommier, *les tirans à forces pour y faire entrer le jable de la fustaille, selon laquelle signification il viendroit de ce verbe latin* Torquere, *Rameuer à force & contraindre en pressant, en tirant quelque chose.*

TOURTOUSE. s. f. Nom qui se donne à certaines cordes que le Bourreau met au cou de ceux qu'il pend.

TOUSE. s. f. Vieux mot. Amante. Femme qu'on aime.

Ainsi se complaint & doulouse

Li lais pour l'amour de la Touse.

On a dit aussi *Tousiaux*, pour dire, Amant, amoureux.

Et un tousiaux
Aperut qui devers rosiaux.

TOUTE-BONNE. s. f. Plante dont la tige est haute d'une coudée & demie, & qui a ses feuilles quatre fois plus grande & plus larges que l'horminum, ce qui l'a fait appeller *Grand Horminum* par Matthiole. Voyez ORVALLE.

TOUTES VOIES. Vieux mot. Toutefois. Il est pris de l'Italien *Tuttavia.*

TOUX. s. f. Maniere d'expiration, dans laquelle on pousse l'air par la bouche, & quelquefois avec lui les matieres contenues dans la trache-artere, & dans les parties voisines, & non pas en une fois, mais en plusieurs fois interrompues avec de violentes secousses de tout le corps. Quand par les efforts que la toux fait faire on rejette par la bouche des humeurs, du sang, du pus, de la lymphe ou quelque autre matiere semblable, on l'appelle *Toux humide;* & elle est appellée *Toux seche*, lorsqu'à force de tousser le corps se fatigue inutilement, & qu'on ne rejette rien, quelque grands efforts qu'on fasse. La Toux se fait quand les muscles qui resserrent le Thorax & poussent l'air, ne s'abbaissent pas naturellement & avec douceur, mais violemment & promptement, & par une contraction momentanée, réïterée fort souvent & très-courte chaque fois. Ainsi la Toux est plûtôt un mouvement convulsif de la poitrine, qu'une veritable convulsion. Sa cause est tout ce qui peut irriter ou picoter les muscles ou les nerfs qui servent à la respiration, soit mediatement quand une partie avec laquelle les muscles ou les nerfs intercostaux ont consentement, renferment cette cause; ou immediatement, quand ce qui excite la toux reside dans les nerfs mêmes ou dans les muscles. Le picotement ébranlant les fibres des muscles & des nerfs y excitent le mouvement & le cours rapide des esprits, ce qui fait retirer necessairement les muscles, & par consequent le Thorax, dont le mouvement est interrompu & entrecoupé, à proportion que l'irritation est interrompue. Le siege de l'irritation est non seulement dans la trache-artere, partie très-sensible, sur-tout dans la tunique interne qui la tapisse, mais dans l'œsophage & l'estomac, dont le premier est contigu & attaché à la trache-artere & le dernier au diaphragme, & dans les muscles & les nerfs mêmes, moteurs des muscles. Les causes de l'irritation de la trache-artere sont externes, ou internes. Les externes sont tout ce qui est inspiré avec l'air, qui lui est contraire, comme les fumées minerales acides. La moindre goutte de boisson ou une miette de pain qui entre dans la trache artere, y cause aussi une extrême irritation, & engendre une toux opiniâtre. Les internes sont, la lymphe acide ou trop salée, & la mucosité viciée & tirant sur l'acide qui y est attachée. Cette lymphe étant trop acide, la toux est excitée necessairement. De même si elle est trop salée, comme on le connoît souvent à la langue, elle picote la trache artere & produit la toux. La mucosité tirant sur l'acide qui enduit interieurement la trache artere, & qui est une des causes internes qui la picotent, vient principalement du vice de l'assimilation de la trache artere, qui arrive quand quelque chose de dehors offense cette trache artere. Ainsi en inspirant des fumées métalliques, on est sujet à ce vice de nutrition, & à la Toux qui s'en ensuit. La Toux qui vient d'une lymphe acide & salée prend d'ordinaire la nuit, & tourmente les malades depuis sept ou huit heures jusques à minuit. Hors cela ils toussent assés rarement. L'irritation de l'estomac produit la toux, sur-tout lorsqu'elle est vers l'orifice superieur qui est joint au diaphragme, d'où s'ensuivent des toux rebelles, qui ne cessent qu'après le vomissement. La Toux appellée *Ferine*, est toûjours de l'estomac. Alors la matiere qui est souvent tenue, demeure attachée à l'orifice, jusqu'à ce que l'estomac secoué par des efforts de tousser opiniâtres, rejette ce qu'il contient. Le troisiéme lieu de l'irritation étant dans les muscles & les nerfs qui resserrent l'estomac, les Anatomistes demandent pourquoi l'irritation de la membrane interieure de l'oreille avec un cure-oreille, donne une toux seche, & on leur répond que c'est par consentement à cause de l'irritation du nerf auditif qui a communication avec l'intercostal ou avec le plexus qui va à la trache artere. Ainsi de l'irritation du nerf auditif, suit celle du nerf de la trache artere, & par consequent la toux seche à cause du chatouillement du dedans de l'oreille. Il y a des Toux contre nature, comme toutes les Toux convulsives; & non seulement les nerfs, mais les muscles mêmes étant irrités peuvent produire la toux; ce qui est prouvé par l'exemple que Bartolin donne, d'une toux inveterée d'une vache, qui dura un an. On trouva ses poumons sains & entiers après sa mort, & une fléche fichée dans le diaphragme. Cette fléche irritant continuellement le diaphragme avoit causé necessairement cette toux inveterée & continuelle. Il y a aussi des Toux épidemiques par le vice particulier de l'air, & autant de differens sons dans la toux qu'il y a d'endroits où elle reside. Même la diversité de la matiere est distinguée par celle du son. Quand la lymphe salée & tenue est dans le ventricule, la Toux est ferine & farouche, & on rejette fort peu de matiere. Si le son vient de loin & comme du fond de la poitrine, la cause est dans l'estomac, & les malades ressentent de la douleur en devant avec un picotement avant qu'ils toussent, ce qui fait connoître que l'estomac est le siege de la Toux. Que si le son est superficiel & suivi de près par la matiere, alors le mal est dans les bronchies des poumons.

TRA

TRABE. s. f. Sorte de meteore enflammé que l'on voit paroître dans le ciel en forme de poutre ou de cylindre. C'est, en termes de Blason, la partie de l'ancre qui en traverse la tige droite par le haut, comme fait la partie superieure d'une potence. *Trabe*, se dit aussi du bâton qui supporte l'enseigne & la banniere. *Il porte une banniere semée de France à la trabe d'argent.* Ce mot vient du Latin *Trabes*, Poutre.

TRABEATION. s. f. Terme d'Architecture. C'est ce qu'on appelle d'ordinaire *Entablement*, c'est-à-dire, La saillie qui est au haut des murailles d'un édifice, & le lieu où pose la charpente de la couverture. La Trabeation est differente suivant les ordres, & comprend l'Architrave, la Frise & la Corniche.

TRAC. s. m. Vieux mot. Route, trace. On le fait venir du Latin *Tractus.* Marot l'a employé en plusieurs endroits.

Qui au conseil des malins n'a esté
Qui n'est au trac des pecheurs arresté.

Nicot croit qu'il vient d'un mot Hebreu, qui signifie Marquer la terre par fouleure de piés, *de sorte*, dit-il, *que* Trac *est proprement la fouleure &*

batteure de la terre ou plusieurs ont marché, la marche ou la forme du pied qu'on dit en fait de Venerie, Piste, *dont est fait ce verbe* Tracasser, *c'est-à-dire, Aller & errer par chemins, & delà dépendent ces façons de parler* Refuser tout à trac, *ce qu'on dit* Refuser tout desroutéement, *c'est-à-dire, Rompant toute route par où le Demandeur peut retourner à demander ce qui lui a esté refusé. Et* Destracquer, *composé de* Tracquer *inusité, c'est-à-dire, Faire perdre ses alleures à une beste d'amble. Mais quand on dit,* Destracquer un lievre, *C'est suivre un lievre par ses erres, & l'aller degister & lancer de son lict, ce que le Fouillou au chapitre 55. de sa Venerie dit,* Desfaire la nuit du lievre, *quand par ses erres on va chercher le lieu où il a fait son viandy, & comme il parle, qu'on va trouver sa nuit, ou bien,* Destracquer le lievre, *est Desfaire les ruses d'un lievre & les demesler pour trouver le droit du trac d'iceluy, ainsi qu'il dit là mesme, Desfaire la ruse d'un cerf, & desfaire le desfaut auquel les chiens sont tombez.*

TRACE', E'E. Terme de Blason. Il se dit des figures qui sont tracées de noir pour les mieux distinguer. *d'or à une croix ancrée : tracée à filets de sable.* C'est ce qu'on appelle autrement *Ombré.*

TRACER. v. a. *Tirer les premieres lignes d'un dessein, d'un plan, sur le papier, sur la toile, sur le terrein.* ACAD. FR. On dit, en termes de Maçonnerie, *Tracer en grand*, pour dire, Tracer sur un mur ou sur une aire, une épure pour quelque piece de trait. Les Charpentiers se servent aussi des mots de *Tracer en grand*, pour dire, Marquer sur un ételon une enrayeure, une ferme, le tout aussi grand que l'ouvrage. On dit *Tracer au simbleau*, pour dire, Se servir du simbleau pour tracer d'après plusieurs centres les ellipses, arcs surbaissés, rampans, corrompus, &c. *Tracer en cherche*, se dit, lorsqu'on veut tracer & décrire un arc qui ne se peut faire que par des points trouvés. Pour rapporter ensemble toute la cherche sur l'ouvrage, on se sert de la ligne ou du cordeau, qui est étendu d'un bout de la cherche à l'autre. On passe dans le cordeau de petits morceaux de bois dressés à plomb, & dont une des extrêmités aboutit à la courbe de la cherche. En transportant ensuite le cordeau sur la piece de bois ou sur une autre chose que l'on veut tailler, les extrêmités de ces petits morceaux de bois donnent les pointes de la cherche. *Tracer par dérobement*, ou *par équarrissement*, c'est dans la coupe de pierre ou dans la construction des pieces de trait, une maniere de tracer les pierres par des figures prises sur l'épure, & cottées pour trouver les recordemens des panneaux de douelle, de joint, &c.

TRACERET. s. m. Terme de Charpenterie. Petit outil de fer pointu, dont les Charpentiers se servent pour piquer le bois.

TRACHE'E. adj. Terme de Medecine. Il se joint toûjours au mot *Artere*, & on appelle ainsi le canal qui porte l'air aux poumons, & qui est l'instrument de la respiration & de la voix. La Trachée artere, appellée ainsi du Grec τραχὺς, Aspre, rude, à cause qu'elle est rude & raboteuse, est toute composée de cartilages, membranes, petites veines, arteres & nerfs. Ces cartilages sont faits en forme d'anneaux qui sont plats d'un côté, & qui n'achevent pas tout le cercle. Il y a deux tuniques qui revêtent cette artere. L'une est interieure & lui est commune avec l'œsophage, la langue, le palais & la bouche. L'exterieure est plus mince & plus molle. La Trachée artere est ce qu'on appelle ordinairement *le Sifflet*. On dit aussi *Trache artere*. Quand elle est trop seche, elle rend la voix déplaisante & rude ; & quand elle est humide, elle la fait enrouée.

TRACOIR. s. m. Espece de petit poinçon d'acier, dont les Graveurs en médailles se servent.

TRAGACANTH. s. m. Gomme blanche, tortillée, & faite en maniere de petits vers. On l'appelle ordinairement *Gomme Adragan*. Elle découle par incision du tronc & des grosses racines d'un arbrisseau, petit, épineux, qui croît en grand nombre dans la Syrie, & sur-tout autour d'Alep. Les Marseillois l'appellent *Barbe de renard*, ou *Rane de bouc*. Ce mot qui est Grec τραγάκανθα, veut dire *Epine de bouc*. Cet arbrisseau est garni de feuilles fort petites, d'un vert blanchâtre. L'humidité qui sort de son tronc s'épaissit par le moyen de la chaleur, & se change en substance de gomme. Il y en a de trois sortes. La blanche est la meilleure, si elle est claire & pure, & c'est celle que l'on doit choisir pour la mettre dans les remedes froids. Il y en a une jaunâtre qu'on met dans ceux qui sont chauds, & une autre rougeâtre ou de couleur de citron qui est la moindre de toutes. Cette gomme se peut garder soixante ans, & a la vertu de modifier & de rafraîchir, d'humecter & de conglutiner. Il y a beaucoup d'ouvriers qui employent la blanche, mais peu d'autres que les Peauciers se servent de la rougeâtre.

TRAGIUM. s. m. Plante que Dioscoride dit croître seulement en l'Isle de Candie. Elle a ses feuilles, sa graine & ses branches comme le lentisque, mais moindres. Son jus est semblable à la gomme & blanc comme lait. Sa graine, ses feuilles & sa gomme enduites, attirent toutes sortes d'épines & de tronçons demeurés dans le corps. Prises en breuvage, elles sont bonnes pour ceux qui ne peuvent uriner que goute à goute, rompent les pierres de la vessie, & attirent le flux menstrual. La vraie prise est d'une drachme. On tient que les daims qui ont des traits dans le corps, les jettent dehors quand ils mangent de cette herbe. Quelques-uns prennent le Dictame blanc pour le *Tragium*, ce que Matthiole condamne, quoiqu'il avoue qu'il n'a jamais vû de Tragium. Il y a une autre espece de Tragium, selon le même Dioscoride, appellé par quelques-uns *Corne de bouc*. Il a ses feuilles semblables au Cetrac. Sa racine est blanche, menue & faite comme celle du ressort sauvage. Elle est bonne au flux de sang étant mangée crue ou cuite. Ce Tragium croît aux montagnes & aux rochers les plus élevés. Ses feuilles sentent le bouquin en Automne, & c'est ce qui l'a fait nommer τράγιον, de τράγος, Bouc.

TRAGORIGANUM. s. m. Herbe semblable à l'origan ou au serpollet sauvage dans ses branches & ses feuilles, & qui produit quantité de petites branches. Il y a des lieux où il en croît de plus grands. Il est mieux nourri, plus vert, plus visqueux & gluant, & a ses feuilles plus larges. Il s'en trouve encore un autre qui produit de petits rejettons & a ses feuilles minces & petites. Quelques-uns l'appellent *Prasium*. Tous sont chauds & provoquent à uriner. Le meilleur croît en Cilicie, en Candie, Smirne, Chio, & en l'Isle de Coo.

TRAGOS. s. m. Herbe haute d'un palme ou un peu plus, qui croît aux lieux maritimes & produit diverses branches. Elle est longuette, toute épineuse, & sans feuilles. Autour de ses branches sont plusieurs petits grains roux, de la grosseur d'un grain de froment. Ils sont pointus à la cime & astringens au goût. Dix de ces grains, bûs dans du vin, sont fort bons pour les fluxions de l'estomac, & pour les femmes qui sont sujettes à des fluxions de matrice. On appelle aussi cette herbe *Scorpion* & *Traganon*.

TRAICTIS. adj. Vieux mot. Maniable, doux, bien taillé.

Les yeux rians, le nez traictis,
Qui n'est ne trop grans ne petits.

On a dit aussi *Traictisse* au feminin.

Les bras longs, & ses mains traictisses.

TRAICTOIRE. s. f. Instrument dont les Tonneliers se servent pour tirer & allonger leurs cerceaux quand ils relient des futailles. On dit aussi *Tretoire*. Nicot fait venir ce mot de *Tractoria*.

TRAILLER. v. n. Terme de Venerie, sur quoi Nicot dit. *On dit guerir le rangier en traillant des chiens, & non pas questter ne laisser courre du limier.*

TRAIN. s. m. Alleure, démarche d'un cheval. On dit dans ce sens, qu'*Un cheval a un bon train*, qu'*Il a un train rompu*, qu'*Il ne va point de train*, pour signifier son alleure bonne ou mauvaise. *Train de devant*, en termes de Manége, se dit des épaules & des jambes de devant d'un cheval, & *Train de derriere*, se dit des hanches & de ses jambes de derriere.

On appelle *Train de carrosse*, *Train de caleche*, Ce qui supporte un carrosse, une caleche, qui les fait rouler, c'est-à-dire, les quatre roues, la fleche, ou les brancards, le timon & les moutons.

Train de presse, en termes d'Imprimerie, se dit des parties qui servent à la faire mouvoir. Ces parties sont le cofre, le marbre, le tympan, le rouleau & le pié de la presse.

On dit en termes de Fauconnerie, *Train de l'oiseau*, pour dire, Son derriere ou son vol. Quand on lui donne un oiseau dressé qui lui montre à quoi on veut l'employer, & ce qu'il doit faire, cela s'appelle, *Faire le train à un oiseau*.

Train, signifie aussi Une espece de radeau, fait de cinquante cordes de bois qu'on met sur une riviere navigable, & dont on arrange & lie de telle sorte les buches & les rondins les uns auprès des autres, & les uns au bout des autres, que cela fait environ trente piés de large sur quatre-vingts de long. Il y a sur cette maniere de radeau trois ou quatre hommes qui tiennent des avirons & qui le conduisent.

On appelle *Train de bateaux*, plusieurs bateaux qu'on attache à la queue les uns des autres pour les remonter.

TRAINASSE. s. f. Herbe menue qui vient dans les vignes, & qu'on a nommée ainsi à cause qu'elle s'étend beaucoup.

TRAINE. s. f. Terme de Marine. Menue corde où les Matelots & les Soldats d'un Vaisseau attachent leur linge, pour le laisser trainer à la mer, afin qu'il blanchisse en y demeurant autant qu'on le juge necessaire. On dit dans ce sens *Mettre son linge à la traine*.

Traine, en termes de Cordier, se dit de deux petits chanteaux de muid, qui sont joints ensemble par de petits bâtons, & qui servent à tenir la corde quand on cable.

TRAINEAU. s. m. Assemblage de quelques pieces de bois sans roue, dont on se sert à traîner & à transporter des balots & des marchandises. Les Traineaux sont d'un fort grand usage en Pologne, & dans les Païs Septentrionaux, pour aller sur les neiges & les glaces. C'est une maniere de chariot, où deux ou trois personnes peuvent avoir place. Il est fait d'un assemblage de petites pieces de bois, qui n'a point de roues, mais qui a deux limons où l'on attelle un cheval.

Traineau, est aussi une sorte de filet bien délié qui sert à prendre des perdrix, des cailles, des vaneaux, & autre gibier de même nature. Ce filet a deux ailes fort longues que deux hommes traînent par la campagne, qui est cependant battue par les Chasseurs. On se sert aussi de Traineaux pour pêcher du poisson dans les rivieres; ce qui a fait dire dans le Roman de la Rose.

Et la povreté ils nous preschent,
Et les grandes richesses peschent
Aux grands sesmes & aux traineaux,
Par mon chief il en ystra maux.

TRAINE'E. s. f. Longue amorce de poudre, disposée de telle sorte qu'elle fait jouer des boîtes, ou d'autres feux d'artifice. On employe ce mot dans le Blason. *De gueules à une bande d'or, chargée d'une trainée de sable.*

On appelle aussi *Trainée*, Une espece de chasse du loup qu'on fait en l'attirant dans un piege, par le moyen de l'odeur d'une charogne qu'on traîne dans une campagne ou le long du chemin.

Il y a une petite herbe qui traîne par terre, à laquelle on donne ce même nom de *Trainée*. Elle croît dans les blés & le long des grands chemins.

TRAINER. v. a. *Tirer quelque chose après soi.* ACAD. FR. On dit en termes d'Architecture, *Trainer en plâtre*, pour dire, Faire une corniche avec le calibre qu'on traîne sur deux regles arrêtées, en la garnissant de plâtre clair. On doit la repasser plusieurs fois, jusqu'à ce que les moulures ayent le contour parfait. La même chose se dit d'un cadre.

TRAINEUR. s. m. Soldat fatigué, ou fripon, qui ne suit pas le gros, ou par foiblesse, ou pour piller.

TRAIRE. v. a. Vieux mot. Traduire d'une langue en une autre.

M'entremis de ce Livre faire,
Et de l'Anglois en roman traire.

Il a signifié aussi *Tirer des fleches*, & en ce sens on trouve *Traoit*, pour Tiroit, & *Traist*, pour Tirast. On le dit encore aujourd'hui dans cette phrase, *Traire les vaches*.

TRAIT. s. m. Ce qu'on pousse, ce qu'on chasse au loin par quelque machine. C'est dans ce sens que les Arbalêtriers & ceux qui portoient des javelots & des frondes étoient autrefois nommés *Gens de trait*. Les Balistes qui poussoient de gros matras passoient aussi pour *Armes de trait*.

Trait, en termes de Bourrelier, se dit de plusieurs morceaux de cuir larges d'environ trois doigts, qu'il plie & coud ensemble, & dont les Cochers enharnachent les chevaux qu'ils attellent à un chariot ou à un carrosse pour le tirer. Les Chartiers appellent aussi *Trait*, La corde au travers de laquelle on passe un fourreau, & qui tient de part & d'autre au collet du cheval pour le faire tirer. La longe avec laquelle on conduit les chiens à la chasse, est aussi appellée *Trait*.

On dit en termes de Tireur d'or, *Faire du Trait*, pour dire, Tirer & passer de l'or ou de l'argent par les filieres. On appelle cet or & cet argent. *Or trait, argent trait.*

Trait, en termes d'Architecture, signifie la coupe des pierres, & en ce sens on dit *Sçavoir le trait & la coupe*, pour dire, Sçavoir l'art de tracer les pierres pour être taillées & coupées hors leurs angles quarrés, quand il s'agit de faire des voutes, des arcs, des arceaux, des portes & des fenêtres, *Trait d'équerre*, est une ligne perpendiculaire tirée sur une ligne droite. On appelle *Trait quarré*, Une ligne qui en coupe une autre perpendiculairement & à angles droits, de sorte qu'elle rend les angles d'équerre; *Trait biais*, Une ligne inclinée sur une autre ou en diagonale dans une figure, & *Trait corrompu*, Celui qui est fait à la main & hors des figures regulieres de la Geometrie, sans qu'on y employe ni le compas ni la regle.

Les Scieurs disent, *Trait de scie*, pour dire, Le passage que fait la scie en coupant une piece de bois que l'on veut refendre où accourcir.

On appelle *Trait de bouis*, en termes de Jardinage, Un filet de bouis nain continué & étroit, qui renferme les carreaux & les platebandes, & dont la broderie d'un parterre est formée.

Les Peintres disent, *Le trait d'une figure, d'un portrait*, & en ce sens, N'avoir marqué sur une toile que les premiers traits d'un visage ou d'une main, c'est n'en avoir representé ou marqué que les contours.

Trait de compas, en termes de Marine, signifie un des trente-deux airs de vent qu'on trouve marqués dans la boussole, & qui divisent la circonference de l'horison en trente-deux parties égales. *Trait de vent*. C'est la route que fait un Vaisseau en suivant un de ces vents. On appelle *Voile à trait quarré*, Une voile qui est coupée à quatre côtés, comme le sont la plûpart de celles dont on se sert sur l'Ocean.

On appelle *Trait*, en termes de Mechanique, le poids ou la force mouvante qui emporte l'équilibre. Ainsi un poids en équilibre ne trebuche point, si on n'y ajoûte quelque chose pour le Trait.

Trait, en termes de Breviaire, sont certains versets chantés par les Choristes, entre le Graduel & l'Evangile en plusieurs tems de l'année, & particulierement le Carême depuis la Septuagesime qu'on ne dit plus l'*Alleluia*. Il differe des Répons, en ce qu'il se chante seul sans que personne y réponde. C'est un chant lent & lugubre, representant les soupirs que poussent les Saints en figure de pénitence. Du Cange dit qu'il a été nommé *Trait*, à cause que *Tractim canitur*.

Trait, se dit aussi des coups d'encensoir; on donne au Patron deux traits d'encensoir, deux à sa femme & un seul pour tous les enfans collectivement.

Trait, est aussi un terme de Blason, & signifie Une ligne qui partage l'Ecu. Cette ligne prend depuis le haut jusqu'au bas, & sert à faire differens quartiers. *Ecu parti d'un, & coupé de deux traits.*

Autrefois on écrivoit *Traict*, selon le Latin *Tractus*, d'où il vient. Nicot explique en ces termes les diverses significations de ce mot. Traict *signifie ores un dard, selon laquelle signification on appelle en une armée les Archers & les Arbalestriers*, Les gens de traict; *ores la volée & portée d'un arc ou arbalestre, comme*, Vostre maison est loing d'icy un traict d'arc; *ores une ligne ou tirée d'un Peinctre ou d'un Escrivain. Selon ce, on dit*: Voilà un beau traict & un traict hardy. *Et conformement à ce, on dit aussi*, Une femme avoir beaux les traicts du visage, *c'est-à-dire, les lineamens du visage bien-faits*; & le traict de la personne, & le traict & façon de quelque chose. *Ores le progrez, cours & suite d'une chose du commencement à la fin, comme*, Il faut que ce rheume ou melancholie prenne son traict. *On prend aussi* Traict *pour un acte ingenieux & subtil, comme*, Il a usé en cette affaire d'un traict admirable. Traict *en outre entre Veneurs est une corde déliée faite de queue de cheval avec laquelle ils menent les limiers en queste. On prent aussi ce mot* Traict *pour une avallée de quelque boisson que ce soit, vin, eaue ou autre, comme*, Il boit de grands traicts.

TRAITE. s. f. Etendue de chemin, distance d'un lieu à un autre. On appelle *Traite*, en termes de mer, Le commerce qui se fait entre des Vaisseaux & les Habitans de quelque Côte, comme la Traite des Noirs de Guinée.

Traite. Terme de Monnoie. Charge excessive sur les especes, qui fait la diminution de leur valeur. Ce terme est plus general que celui de *Lendage*, qui comprend seulement le seigneuriage & le brassage, au lieu que le mot de *Traite* comprend encore les remedes de poids & de loi.

Traite, se dit aussi d'un transport de marchandises, & on appelle *Traite foraine*, Un droit qui se leve sur toutes celles qui entrent dans le Royaume, ou qui en sortent. Ce droit, par un Edit de Henri II. de l'an 1556. fut fixé à douze deniers pour livre. Il y a encore une *Traite domaniale*. C'est une nouvelle imposition, augmentée sur quatre especes de marchandises, sçavoir blé, vin, toile & pastel, par Edit de Henri III. de l'an 1577. mais seulement lorsqu'on transporte ces sortes de marchandises hors du Royaume. La Traite domaniale a été jointe à la Traite foraine. Quelques-uns font venir *Traite* de *Tributum*. M. Ménage le dérive du Latin *Tracta*, formé de *Trahere*, Tirer.

TRAITOR. s. m. Vieux mot. Traître.

TRAMAIL. s. m. Sorte de filet qu'on tend au travers des petites rivieres, & où le poisson se prend de lui-même. Le Tramail est composé de trois rangs de mailles les unes devant les autres. Celles de devant & de derriere sont fort larges, & faites d'une petite ficelle, & la toile du milieu que l'on appelle *La nappe*, est faite d'un fil délié. Elle s'engage dans les grandes mailles, qui en bouchent l'issue au poisson qui y est entré. Ce mot vient de l'Italien *Tramaglio*, qui signifie une sorte de rets pour pêcher. Il y en a qui le dérivent du Latin *Tremaculum*, de *Macula*, Trou de rets, à cause que le Tramail est composé de trois rangs de mailles.

TRAME. s. f. *Fil passé, conduit par la navette entre les fils qui sont tendus sur le métier pour faire de la toile, de la serge, du drap & autres choses.* ACAD. FR. La chaîne est de soye dans les moëres, & la trame de laine. M. Ménage le fait venir du Latin *Trama*, qui veut dire la même chose. Il y en a qui disent *Treme*, sur quoi M. Richelet dit que les habiles gens qu'il a consultés sur ces deux mots, se servent de *Trame*, mais que les Couverturiers, les Ferrandiniers, les Tapissiers & les Tisserans qu'il a vûs, disent *Treme*, & qu'il pense que quand on parleroit comme les gens du métier, on ne parleroit point mal, outre qu'au propre le mot de *Treme* est plus doux que celui de *Trame*, qui est très-élegant & très-usité, soit en vers, soit en prose au figuré, où l'on ne dit jamais *Treme*, mais *Trame*.

TRAMONTAIN. adject. Qui est au-delà des Monts. M. Felibien observe que les Italiens appellent *Peintres Tramontains*, les Peintres étrangers, & particulierement ceux d'Allemagne & de Flandre, à cause qu'ils habitent au-delà de leurs montagnes.

TRAMONTANE. s. f. Vent du Nort ou du Septentrion, appellé ainsi sur la Mediterranée, de l'Italien *Tramontana*, qui veut dire la même chose. On lui a donné ce nom, à cause qu'il souffle du côté qui est au-delà des Monts à l'égard de Rome & de Florence. *Tramontane* signifie aussi l'Etoile du Nord qui sert à conduire les Navires su la mer.

TRANCHE', E'E. adj. Terme de Blason. Il se dit de l'Ecu divisé diagonalement en deux parties égales, de droite à gauche. *Tranché d'argent & de gueules.* Quand la division du tranché est faite par creneaux, on dit *Tranché crenelé*; & quand les deux parties de l'Ecu entrent l'une dans l'autre, cela s'appelle *Tranché endenté.* On dit *Tranché retranché*, de ce qui est tranché, puis taillé & retranché; & *Tranché taillé*, quand sur les tranches il y a une petite entaille au cœur de l'Ecu.

TRANCHE. s. f. *Morceau coupé en long & un peu mince. Il ne se dit gueres que des choses qu'on mange.* ACAD. FR. On appelle à la Boucherie *Tranche de bœuf*, La même partie qui est appellée *Rouelle* dans le veau. C'est une piece fort charnue, & qui fait le gras de la cuisse.

On appelle *Tranche de marbre*, Un morceau de marbre mince qu'on incruste dans un compartiment, ou qui sert de table à mettre une inscription.

On dit en termes de Monnoye, *Tranche des especes.* M. Boisard examinant la maniere de marquer les flans d'or & d'argent sur la tranche, dit qu'on se sert d'une machine dont les principales pieces sont deux lames d'acier épaisses d'une ligne ou environ; que la moitié de la legende, ou du cordonnet est gravée sur l'épaisseur de l'une des lames, & l'autre moitié sur celle de l'autre, & que ces deux lames sont droites, quoique les flans qui en sont marqués soient en ronds. Il ajoûte que quand on veut marquer un flan, on le met entre les lames, en telle sorte que chacune étant à plat sur une plaque de cuivre qui est attachée à une table d'un bois fort épais, & le flan étant mis aussi à plat sur la même plaque, la tranche du flan touche de chaque côté les deux lames par leur épaisseur; que plusieurs viz tiennent ferme l'une des lames; que l'autre coule par le moyen d'une roue dentée ou à pignon, qui engraine dans les dents qui sont sur la surface, & que cette lame coulante fait tourner le flan qui se marque en tournant, de sorte qu'après avoir fait le tour il se trouve marqué sur la tranche. Il faut observer qu'on ne peut marquer que les écus & les demi-écus de la legende, *Domine salvum fac Regem*, parce que leur volume peut porter des lettres sur la tranche; mais le volume des autres especes, tant d'or que d'argent, ne sçauroit porter qu'un cordonnet sur la tranche.

Tranche, en termes de Doreur sur cuir, est une petite bande d'or pour faire les bords des livres qu'on relie en veau & qu'on dore; & en termes de Relieur c'est la partie du livre par où il a été rogné sur la presse, après quoi on le rougit, on le dore & on le marbre sur tranche, c'est-à-dire, sur l'extrêmité de ses feuillets.

Tranche, se dit aussi d'un coin ou ciseau dont les Ouvriers en fer se servent pour fendre à chaud les barres de fer. Il y a de ces sortes de ciseaux qui ont un manche.

TRANCHE'E. s. f. Fosse creusée dans la terre pour faire écouler les eaux d'un marais, d'un pré, & pour détourner le cours d'une riviere. On appelle aussi *Tranchée*, La fouille des fondemens ou fondations d'un bâtiment, & toutes les ouvertures que l'on fait pour poser & réparer des conduits de plomb, de fer ou de terre, ou pour planter des arbres. *Tranchées* en termes de bâtiment, se dit encore des murs qui se croisent pour faire des murs de refend, ou pour faire liaison avec des murs de face ou autres.

Tranchée, en termes de guerre, signifie le travail qu'on fait pour pouvoir gagner à couvert le fossé & le corps d'une Place qu'on assiege. Ce travail est de differente nature, suivant la qualité du terrein. Si les environs de la Place sont de roche, la Tranchée est une élevation de fascines, de sacs à terre, de gabions, de balots de laine & d'épaulemens de terre portée de distance en distance. Si les terres peuvent être facilement remuées, la tranchée est un chemin qu'on y creuse, & que l'on borde d'un parapet du côté des assiegés. Elle doit avoir sept à huit piés de largeur, & à peu près six à sept de profondeur. On la conduit par des retours & des coudes qui forment des lignes paralleles en quelque façon à la face de la Place qu'on attaque, en sorte que les assiegés ne puissent en découvrir ni battre la longueur. On dit, *Monter, relever, descendre la tranchée*, pour dire, En monter, en relever, ou en descendre la garde. On dit qu'*On a nettoyé la tranchée*, pour dire, qu'On a fait une vigoureuse sortie sur la garde de la tranchée, qu'on l'a fait plier, qu'on a mis en fuite les Travailleurs, rasé le parapet, comblé le fossé, & enlevé le canon des assiegeans.

On appelle *Tranchées*, au pluriel, Les douleurs que souffrent les intestins & qui viennent de deux causes, sçavoir de la matiere qui s'y trouve contenue & de la convulsion spasmodique des mêmes intestins, qui endurent des contorsions & des contractions très-dangereuses. C'est ce qui fait que les Latins appellent les tranchées *Tormina* de *Torquere*, Tordre, presser, parce qu'il semble qu'on tord & qu'on met les intestins à la presse. Quant à la matiere contenue, qui est la premiere cause de ces douleurs violentes, il faut prendre garde sur tout à l'acide, n'y ayant point de collique veritable qui ne naisse d'un acide vitié ennemi des intestins, qui par sa presence excite des tranchées ou des vents qui distendent les intestins. Cet acide leur est envoyé par une mauvaise digestion, ou bien il est apporté par le pancreas; de sorte que c'est l'acide de l'estomac, ou du pancreas vitié, qui a coutûme de produire les tranchées. Il arrive de là qu'après les alimens difficiles à digerer, ou qui fournissent beaucoup de mucilage visqueux au lieu de chyle, les coliques sont frequentes à cause du mucilage visqueux mal digeré qui s'aigrit, & qui étant dans les intestins y cause de grands desordres. Cela est cause que l'on défend l'acide aux nourrices, pour empêcher les enfans d'avoir des tranchées; qui se font ordinairement lorsque l'acide coagulant le lait dans l'estomac, y engendre un mucilage visqueux qui descend dans les intestins qu'il corrode. La fermentation même viciée de l'acide & de la bile excite des vents qui distendent prodigieusement les hypochondres des enfans & tout l'abdomen, ce qui est quelquefois suivi d'une hernie du scrotum. Les enfans sujets à ces tranchées ont souvent les excremens verts ou porrachées, plus ou moins, selon que l'acide peche. Ces excremens ressentent manifestement l'acide, & sont d'une couleur verte qui naît de l'acide corrompu du lait fermentant avec la bile. On a raison d'accuser le froid qui blesse facilement l'estomac tendre de l'enfant, & l'empêche de bien digerer le lait qui descend mal digeré dans les intestins; & seulement empreint d'un acide corrompu. La seconde cause des tranchées est la convulsion spasmodique & la contorsion des intestins. Telle est la colique jointe aux douleurs nephretiques suivie de vomissement & d'autres symptomes de même nature. Elle part des plexus du mesentere, qui distribuent des rameaux de nerfs aux inteſtins, aux reins & à l'eſtomac. Ainſi la convulſion du nerf diſtribué au rein ſe communique par ce nerf au plexus d'où il dérive, & le plexus la communique à tous les autres nerfs de ſon reſſort; de ſorte que tous les inteſtins entrent en convulſions & entretiennent une colique opiniâtre qui cauſe aux malades de très-cruelles douleurs, & qu'aucuns remedes ni purgatifs ni évacuatifs n'adouciſſent. Telles ſont les tranchées des femmes hyſteriques, qui ne ſont rien autre choſe que les convulſions du meſentere, des plexus des nerfs, & des inteſtins qui y ſont attachés. Ces convulſions ſont ſuivies de celles de la gorge & d'une maniere d'étranglement: car on ne ſçauroit douter que la ſuffocation hyſterique ne ſoit une eſpece de colique convulſive, qui a ſon origine dans les plexus du meſentere irrités & mis en convulſion. Les douleurs de l'enfantement dans l'abdomen, & celles dont l'enfantement eſt ſuivi, ne ſont que de ſemblables convulſions du meſentere & des inteſtins, avec la contraction convulſive de la matrice dans l'accouchement; ce qui eſt cauſe que les femmes nouvellement accouchées ont fort ſouvent la colique.

On donne auſſi le nom de *Tranchées* à une maladie de chevaux. Ce ſont des douleurs dans les boyaux excitées par l'acrimonie des humeurs qui bouillonnent & ſe fermentent dans les entrailles, ou par des vents, ou par des matieres crues.

TRANCHEFILE. ſ. f. Terme de Relieur. Petit morceau de papier ou de parchemin roulé entre deux ais, autour duquel il y a de la ſoye de couleur, & qu'on met à la tête & à la queue des livres qu'on relie.

Tranchefile, en termes d'Eperonnier, eſt une petite chaîne fort deliée qui paſſe le long de l'embouchure d'une des branches du mords juſqu'à l'autre.

Les Cordonniers appellent *Tranchefile*, Une couture de fil qu'ils font au dedans du ſoulier, afin d'empêcher que le cuir ne ſe déchire.

Tranchefile ſe dit auſſi, en termes de Bourelier, d'un cuir tortillé pour ſoutenir le ſurnez & la ſoubarbe de la bride des chevaux de caroſſe.

TRANCHEFILER. v. a. Les Relieurs diſent *Tranchefiler un Livre*, pour dire, Mettre de la ſoye ſur la tranchefile.

TRANCHER. v. a. *Couper, ſeparer en coupant.* ACAD. FR. On dit en termes de Medecine, que *Le Sené tranche les boyaux s'il n'a quelque correctif*, pour dire, qu'il cauſe des tranchées, des douleurs de ventre, & des coliques.

Trancher, au neutre, ſignifie en termes de Peinture, Paſſer d'une couleur vive à une autre couleur vive ſans aucune nuance & ſans adouciſſement. On dit en ce ſens que *Toutes les couleurs qui tranchent bleſſent la vûe.*

TRANCHET. ſ. m. Sorte d'outil dont les Serruriers ſe ſervent pour couper à chaud de petites pieces de fer.

Tranchet eſt auſſi un inſtrument de fer arrondi & fort tranchant, dont les Cordonniers, les Bourreliers & autres Artiſans travaillant en cuir ſe ſervent pour le couper.

RANCHIS. ſ. m. Rang d'ardoiſes ou de tuiles échancrées, qu'on met en recouvrement ſur d'autres entieres dans l'angle rentrant d'une noue ou d'une fourchette.

TRANCHOIR. ſ. m. Sorte de billot de bois ſur quoi l'on tranche ou hache les viandes. On appelle auſſi *Tranchoir*, Une aſſiette de bois ſur quoi l'on coupe du lard, lorſqu'on a beſoin de lardons pour piquer la viande.

Tranchoir, ſe dit auſſi en Architecture, pour dire, Abaque, Tailloir. Ainſi *Tranchoir quarré*, eſt cette table quarrée qui fait le contournement du chapiteau des Colomnes, & qui dans celles de l'ordre Corinthien repreſente cette eſpece de tuile quarrée qui couvre la corbeille ou le panier qu'on feint entouré de feuilles.

Les Vitriers appellent *Tranchoir pointu*, Une ſorte de piece de verre qu'ils mettent dans les panneaux de vitre qui ſont en façon de croix de Lorraine. Outre le Tranchoir pointu, il y a un *Tranchoir en lozange*, & un *Tranchoir à tringlettes doubles.*

TRANGLES. ſ. f. Termes de Blaſon. Il ſe dit des faſces retreſſies qui n'ont que la moitié de leur largeur, & qui ſont en nombre impair.

TRANLER. v. a. Terme de Chaſſe. Il ſe dit quand n'ayant point détourné il faut quêter un cerf au hazard.

TRANSACTION. ſ. f. Terme de Pratique. Acte que les perſonnes qui ont entre elles quelque different en Juſtice, paſſent pardevant Notaires, s'accordant à l'amiable & dans les formes preſcrites.

TRANSFIGURATION. ſ. f. Changement en une autre figure. Il ne ſe dit que du Myſtere de la Transfiguration de Notre Seigneur, dont l'Egliſe a inſtitué une Fête le 6. d'Août en memoire du jour auquel JESUS-CHRIST parut avec Moyſe & Elie ſur une montagne, où il avoit conduit ſaint Pierre, S. Jacques & S. Jean, qui virent la gloire éclatante dont il étoit revêtu, & entendirent ces paroles du Pere Eternel, *C'eſt ici mon Fils bien aimé en qui je me plais uniquement, écoutez-le.* On tient par Tradition que cette montagne fut le mont Thabor, quoique l'Ecriture ne la nomme point. On ne peut douter, ſuivant le Texte ſacré, que Moyſe & Elie n'y ayent paru en perſonne, ſans avoir été repreſentés par des Anges; mais comme on ne ſçait ſi Moyſe avoit ſon propre corps ou un corps que les mains des Anges avoient formé, il eſt vraiſemblable qu'il n'avoit qu'un corps emprunté, à cauſe que cette reſurrection l'auroit obligé à mourir une ſeconde fois. Quant à Elie, il n'y peut avoir de difficulté, puiſqu'il vivoit & qu'il vit encore. L'inſtitution de la Fête de la Transfiguration eſt très-ancienne; ce que Baronius prouve, en rapportant le Martyrologe de Vandelbert qui vivoit vers l'an 850. Elle fut rendue plus ſolemnelle en 1456. par le Pape Calixte III. qui en voulut luimême compoſer l'Office, & qui accorda en ce jour-là les mêmes Indulgences qu'en la Fête du Saint Sacrement.

TRANSFRETER. v. n. Vieux mot. Aller outre mer, du latin *Trans*, Au-delà, & de *Fretum*, Mer.

TRANSFUSION. ſ. f. Action par laquelle on fait couler une liqueur d'un vaiſſeau dans un autre, comme il arrive dans pluſieurs preparations de Chymie & de Pharmacie. La plus ſurprenante des Transfuſions eſt celle qui s'eſt faite de nos jours, du ſang d'un animal dans le corps d'un autre. Robert Lovver Medecin Anglois s'en dit l'inventeur, & il en fit l'experience publique à Oxfort en 1665. Les Journaux d'Angleterre & de France enſeignent comment on peut faire cette ſorte de Transfuſion, & marquent les experiences qui en ont été faites avec les objections & les réponſes.

TRANSGLOUTIR. v. a. Vieux mot. Avaler.

TRANSLATER. v. a. Vieux mot. Traduire d'une langue en une autre.

TRANSPIRATION. ſ. f. Terme de Medecine. Sortie insensible ou presque insensible des mauvaises humeurs que la nature pousse par les pores. L'insensible Transpiration seule est plus grande que toutes les évacuations sensibles ensemble. L'expiration qu'on fait par la bouche en un jour va jusques à demi-livre, & si les alimens d'un jour pesent huit livres, la Transpiration insensible montera jusques à cinq. Il y a même des gens qui s'évacuent autant en un jour naturel par l'insensible Transpiration, qu'en quinze jours par les selles. Comme la masse du sang est dans un mouvement continuel de perte & de reparation, & qu'un homme dans l'âge de consistance fait à peu près chaque jour huit onces de sang, il faut qu'il en transpire autant mediatement ou immediatement, faute dequoi son corps prendroit en fort peu de tems une grosseur extraordinaire. Cette Transpiration se fait sans qu'il reste aucune lie ou aucune tête morte, & ce n'est pas l'ouvrage de la chaleur seule, puisque la chaleur, sur-tout si elle est sans flamme, reduit tous les mixtes humides en tuf & en charbon, & jamais sans residu. Elle se fait en partie par le mouvement continuel de la fermentation, & en partie par la continuelle inspiration de l'air. L'air qui volatilise plusieurs choses que le feu rendroit fixes, penetrant tout le corps de l'animal dans la respiration, l'expiration & la Transpiration, est la cause principale de la volatilisation & de la dissolution totale du sang & du suc nourricier, & par sa vertu élastique il avance puissamment le mouvement de la Transpiration. C'est à raison de l'air que l'on mange davantage, & que l'on sue moins dans le grand froid & dans un air trop pur, sans compter qu'on fait peu de selles, & fort dures. Un homme qui est sur mer mange deux fois plus qu'il ne fait sur terre, & rend beaucoup moins de gros excremens. Cela vient de ce que l'air pur, & celui de la mer disposent le corps à une plus grande Transpiration & le sang à se volatiliser, étant impossible qu'on mange plus & qu'on rende moins de gros excremens sans transpirer davantage. La Transpiration de l'aliment est plus ou moins grande selon le sexe, l'âge & la maniere de vivre. Ainsi les hommes transpirent plus que les femmes, les jeunes gens plus que les enfans, & les personnes laborieuses plus que les paresseux à l'égard du sang & du suc nourricier. Cette difference vient de la constitution du sang & de la fermentation plus ou moins grande. Le vehicule & la matiere de l'insensible Transpiration est une humeur aqueuse empreignée de particules salines, volatiles, huileuses, inutiles, c'est-à-dire, qui ont été comme usées, & tendues sans vertu à force de circuler & de fermenter, & qui sont pourtant encore assés attenuées & volatilisées pour transpirer par le moyen de la fermentation du sang & de dissolution de l'air inspiré. Son organe est la peau qui ressemble à un rets tenneux composé artificiellement de trois sortes de petits vaisseaux capillaires, ou de fibres, de veines, d'arteres & de nerfs. Ce rets enveloppe tout le corps & renferme une infinité de petites glandes que leur petitesse fait appeller *Miliaires*, & qui ont chacune leurs vaisseaux excretoires qui se déchargent en dehors vers la surpeau. Les orifices de ces petits vaisseaux sont les pores les plus considerables de la peau. Ces petites glandes excretoires sont l'organe des Transpirations copieuses ; à quoi Pechlinus ajoûte deux sortes de pores très-petits & très-nombreux, par lesquels la Transpiration se fait principalement. Ainsi outre les pores de la peau qui partent de chaque petite glande, il y a d'autres pores qui bien que moins visibles, distillent beaucoup de lymphe quand on presse la peau après en avoir ôté la surpeau. Ce sont les orifices des arteres capillaires, qui étant corrodés ou relâchés par quelque medicament acre, ramassent la liqueur en maniere de vessie. Il y a de troisiémes pores, sçavoir les pores indivisibles du corps qui est tout transpirable, par où s'exhalent les plus petites vapeurs, & celles que la solidité ne peut retenir. Quant à la maniere de l'insensible Transpiration, Ettmuller de qui toute cette doctrine est tirée, dit que les glandes miliaires de la peau tirent la partie aqueuse du sang que les vaisseaux capillaires y apportent ; que cette partie aqueuse du sang est chargée des particules usées, des sels superflus & d'autres particules inutiles, tant de la masse du sang que des parties contenues, & sort sous la forme de vapeurs invisibles par les vaisseaux excretoires, tandis qu'une même matiere sort de la même façon insensiblement par les autres petits pores de la peau, à quoi la chaleur, soit du corps qui transpire, soit des corps environnans, contribuent beaucoup. Il ajoûte à cela que comme l'air inspiré & mêlé aux corps fluides ne favorise pas peu leur mouvement fermentatif & leur attenuation sans beaucoup de tête morte, de même il facilite considerablement la Transpiration ; & se trouvant renfermé avec les humeurs du corps, il ne manque pas de se jetter dehors par les pores de la peau, & n'entraîne pas moins avec soi de matiere transpirable, qu'on voit qu'il entraine en hiver de particules sensibles hors des poumons dans l'expiration. La cause efficiente de la Transpiration est ou principale ou instrumentale. La premiere se divise en éloignée, sçavoir le mouvement circulaire de la masse du sang qui pousse la matiere transpirable vers la peau ; & en prochaine, sçavoir les fibres nerveuses qui font le rets de la peau, & chassent en se resserrant doucement, ce qui est contenu tant dans les pores que dans les glandules & les vaisseaux excretoires. La cause instrumentale de la transpiration est ou premiere, comme l'air inspiré, ou seconde, comme la chaleur. Lorsque la masse du sang reçoit un mouvement trop rapide, qu'elle bouillonne, s'échauffe & s'attenue trop, comme il arrive dans les exercices violents du corps, dans les grandes chaleurs des corps qui nous environnent, ou quand on est trop couvert, la sueur survient de ce que la fusion du sang augmente si fort la matiere de la Transpiration, qu'elle sort des glandes en forme de gouttes, & quelquefois en maniere de petits ruisseaux, & toute l'habitude du corps en paroît gonflée.

TRANSPLANTATION. f. f. Action de transplanter. Il y a en Medecine des cures qui se font par Transplantation. C'est quand les maladies passent d'un sujet à un autre, qui en devient malade ou non, la maladie se guerissant par l'accroissement ou par la corruption de ce dernier. Cette Transplantation se fait par un certain milieu ou moyen, nommé pour cela l'*Aiman*, ou sans ce milieu & par un contact seulement. La premiere espece, appellée proprement, *Transplantation*, parce qu'elle se fait par ce milieu, & que l'air en reçoit la mumie, c'est-à-dire, la portion de l'esprit vital qui fait l'effet qu'on souhaite, c'est lorsqu'en mettant de la fiente du malade avec de la terre, on transplante sa maladie dans la plante qui naîtra de la graine qu'on aura semée dans cette terre, ou quand les rognures des ongles des piés d'un gouteux sont renfermées dans un trou de tariere fait dans un chêne pour le délivrer de la goute. La fiente du malade est l'aiman, & l'esprit vital de la plante qui naît de de la graine semée dans la terre où l'on a mis cette fiente, est la mumie que l'aiman reçoit. Il en est de même des rognures des ongles du gouteux & de l'esprit vital du chêne, dans lequel ces rognures auront été renfermées. La seconde espece de Transplantation, qui est appellée *Approximation*, c'est quand un doigt malade d'un Panaris se guerit en le frottant dans l'oreille d'un chat qui prend la douleur. Alors le sujet non malade reçoit les esprits vitaux, s'unit avec eux, & corrige leur état morbifique; & comme certaines maladies se gagnent par approximation, quand les esprits infectés d'un corps malade s'insinuent dans un corps sain & en infectent pareillement les esprits, elles se guerissent aussi par approximation, lorsque les esprits d'un corps malade entrant dans un corps sain, ceux de ce corps sain corrigent & rétablissent les esprits morbifiques de l'autre. La Transplantation par le moyen de l'aiman est de cinq sortes; sçavoir l'insemination, l'implantation, l'imposition, l'irroration, & l'inescation, qui sont expliquées dans leur ordre alphabetique. Il y a aussi une *Transplantation d'idées*. Par exemple, le sang d'un animal qu'on avale, comme celui d'un chat, donne au buveur les façons de chat, & fait qu'il cherche les coins & donne la chasse aux rats. Non seulement les idées ou impressions externes, mais les internes mêmes on les especes fortement gravées dans l'imagination sont capables d'alterer le corps. Ainsi l'imagination de quelque chose qui dégoute produit le vomissement, & la vûe des pilules qu'un malade avalle excite en nous la purgation. Ceux qu'a mordus un chien enragé se croyent changés en chiens, & ils en font toutes les actions, ce qui vient des idées communiquées dans la morsure. La rage ne laisse pas de se guerir aisément, si on plonge subitement & inopinément le malade dans l'eau froide, parce que les nouvelles idées de la crainte de la mort s'imprimant fortement, ont le pouvoir d'effacer celles de la rage. Les idées de fureur & de folie des maniaques se guerissent de la même sorte par l'apprehension de la mort lorsqu'on les plonge dans l'eau.

TRANSPORT. s. m. Terme de Pratique. Acte qui se fait devant Notaires, par lequel une personne fait cession d'une rente, d'une obligation à un autre. On appelle aussi *Transport*, en termes de Palais, la descente des Juges sur un lieu contentieux pour le visiter.

Transport, est aussi un terme de Medecine, & signifie un symptome qui arrive au cerveau causé par une fievre continue & par une impureté d'entrailles, d'où naît un dereglement dans toutes ses fonctions qui est souvent suivi de la mort. Si les vuidanges d'une accouchée viennent à s'arrêter tout d'un coup & que la fievre continue avec douleur de tête & delire, ou la pleuresie survienne, cela s'appelle *Transport à la tête* ou *à la plevre*. De même si la petite verole disparoît après l'irruption, & qu'en rentrant elle cause des convulsions avec delire, on dit, qu'*Il s'est fait transport de la matiere au principe des nerfs*. Ettmuller raisonnant sur cela, dit que les humeurs ne se meuvent pas d'elles-mêmes, mais par une impulsion étrangere; & que si elles affligent & occupent une partie plûtôt qu'une autre, c'est à cause du vice de la partie, non pas du sang ni des humeurs qui circulent indifferemment par toutes les parties. Les humeurs, continue-t'il, sont proprement retenues dans les parties, non pas transportées, quoiqu'on ait coûtume d'employer ce terme pour exprimer la promptitude de leur action. ainsi dans la suppression des vuidanges, les excremens de la matrice sont également communiqués à tout le corps par le sang; & s'il arrive qu'il rencontre en quelque endroit un obstacle qui nuise à son mouvement, comme la masse est gonflée & remplie de beaucoup de particules heterogenes qui ne sont pas également corps, le sang pur qui est poussé avec impetuosité passe comme il peut par les vaisseaux ordinaires, tandis que les particules heterogenes desunies & mal conformées s'arrêtent successivement, & demeurent au passage, où elles s'accumulent par la circulation non interrompue & font un dépôt sur la partie; & comme cela demande fort peu de tems, on dit que *C'est un transport*. L'obstacle qui fait que ces humeurs sont retenues dans quelque partie, dépend de quelque vice, quoique leger, de conformation dans les vaisseaux capillaires & dans les pores de la partie qui fait que le sang passe, mais avec peine, ou bien il dépend de l'irritation de la partie causée par le sang ainsi mêlangé. Cette irritation fait non seulement retirer les fibres, mais aussi retrecir les pores; de sorte que le sang pur passe outre à cause de son mouvement, mais les parties heterogenes restent au passage; ce qui est cause que ces sortes de transports se font tantôt avec inflammation, & tantôt sans inflammation.

TRAPAN. s. m. Quelques-uns appellent ainsi le haut d'un escalier où la charpente finit. Ils derivent *Trapan* du latin *Trabs*, Poutre, à cause qu'un escalier se termine par quelque piece de bois qui l'entretient.

TRAPEZE. s. f. Terme de Geometrie. Figure irreguliere enfermée par quatre lignes droites, dont toutes les opposées ne sont pas paralleles & égales, comme dans le quarré ou le rhombe. Ce mot vient du Grec τράπεζα, Table. Apparemment qu'il y a eu chez les Anciens Grecs quelque sorte de table qui avoit cette figure.

Trapese, est aussi un terme de Medecine, & signifie un muscle qui sert au mouvement de l'épaule.

TRAPEZOIDE. s. m. Corps solide décrit par la circonvolution d'un trapese, comme le cylindre est décrit par la circonvolution d'un parallelogramme. Il est clair qu'il peut y avoir une infinité de Trapesoïdes de differentes especes, au lieu que tous les cylindres sont de la même espece.

TRAQUENARD. s. m. Terme de Manege. Train rompu d'un cheval, qui a quelque chose de l'amble, & qui ne tient ni du pas ni du trot. On l'appelle autrement *Entrepas*. C'est le train des chevaux qui n'ont pas de reins & qui vont sur les épaules, ou qui ont les jambes ruinées. Borel fait venir Traquenard de *Tricenarius* ou *quod intricet pedes*. D'autres le dérivent de *Trac*, Sorte d'alleure. On appelle aussi *Cheval Traquenard*, Un cheval qui va ce train.

Traquenard. Sorte de danse gaie, qui a des mouvemens particuliers du corps, & qu'on danse seul.

Traquenard, se dit aussi d'un piege que les Chasseurs tendent aux bêtes nuisibles, telle que les fouines & les belettes. Ce piege est composé d'ais en maniere de cercueil.

TRAQUET. s. m. Terme de Meûnier. Petit morceau de bois attaché à une corde & passant à travers la tremie, pour faire tomber ce qu'il faut de grain sous la meule d'un moulin afin de le moudre. Nicot donne ce même nom de *Traquet* à un oiseau qu'il dit être appellé autrement *Thyon* ou *Groulard*, à cause qu'il remue toûjours les ailes, & n'a pas plus de repos qu'un Traquet de moulin en peut avoir tandis que la meule tourne.

TRASI. f. m. Petite racine bulbeuse, ayant beaucoup de petites têtes, de la grosseur d'une feve, longuettes, & qui se retirent lorsqu'elles sont séches. La plante produit de longues feuilles pointues au bout, comme celles du souchet. Ses tiges sont de la hauteur d'une coudée, anguleuses, & ayant à leur cime de petites feuilles en façon d'étoiles, parmi lesquelles sortent les fleurs de couleur fauve, & garnies d'épis. Cette plante a quantité de racines minces d'où pendent force boules grosses comme une feve, roussâtres, ayant au dedans une moëlle blanche & douce, du goût des châtaignes. On les broye fort menu, & après avoir jetté du bouillon de chair dessus, on les passe, ce qui est un remede singulier aux maux de côté & de poitrine. Ceux de Veronne, qui est le lieu où le Trasi croît en Italie, les font servir à table avec leur écorce, quand on apporte le fruit. On en suce seulement le jus, & on en rejette l'écorce à cause de son âpreté. Ces racines sont chaudes & humides. Tout cela est tiré de Matthiole.

TRATTES. f. f. Terme de Charpenterie. Pieces de bois, longues de trois toises, & grosses de seize pouces qu'on pose au dessus de la chaise d'un moulin à vent, & qui en portent la cage.

TRAU. f. m. Chemin étroit, serré entre des montagnes, par lequel on peut passer d'un Pays en un autre. C'est ce qu'on nomme plus communément, *Pas* & *Col*.

On a dit *Traux* dans le vieux langage, pour dire, des Trous.

TRAVADE. f. f. Les Mariniers appellent *Travades*, Certains vents si inconstans, que quelquefois en une heure ils font les trente-deux pointes du compas. Ces vents sont accompagnés d'éclairs, de tonnerres, & d'une pluie abondante, qui est de telle nature, qu'elle pourrit les habits de ceux sur qui elle tombe. De la corruption qu'elle cause, il se forme plusieurs sortes d'insectes très-incommodes.

TRAVAIL. f. m. *Labeur, peine, fatigue, soit du corps, soit de l'esprit, qu'on prend pour faire quelque chose.* Acad. Fr. Il signifie aussi l'Ouvrage que fait l'Ouvrier, & on dit en termes de Peinture, *Voilà un beau travail*, pour exprimer la beauté de l'éxecution.

On dit d'une femme, qu'*Elle est en travail*, que *Son travail est fort long*, pour dire, qu'Elle ressent les douleurs dont l'accouchement est precedé, qu'elle les a souffertes long-tems avant que de mettre son enfant au monde.

Travail. Terme de Maréchal. Sorte de machine de bois, composée de quatre piliers joints par des traverses où l'on enferme un cheval, pour empêcher qu'il ne se débatte quand on le ferre, ou quand il y a quelque operation à lui faire. Ces piliers forment une petite enceinte en quarré long, que l'on menage devant la boutique d'un Maréchal.

Travail, en termes de guerre, se dit du remuement des terres, du transport & de l'arrangement des gabions, des sacs à terre, des bariques, des fascines, & en general de tout ce qu'on fait pour se loger & pour se couvrir. On dit en ce sens, qu'*On a poussé le travail à tant de pas du glacis.* On appelle *Travaux avancés*, Les ouvrages qui couvrent le corps d'une Place du côté de la campagne. Les ravelins, demi-lunes, cornes, queuës d'ironde, couronnes, tenailles & enveloppes, sont de ce nombre. On les appelle autrement *Dehors*.

TRAVAILLER. v. a. *Faire une besogne, un ouvrage penible, prendre quelque fatigue de corps ou d'esprit.* Acad. Fr. On dit en parlant de bâtimens, *Travailler à la tâche*, pour dire, Faire une partie d'ouvrage pour un certain prix dont on convient; *Travailler à la piece*, pour dire, Faire des pieces pareilles, comme bases, balustres & chapitaux pour un prix égal, quoique chacune ait son prix; & *Travailler à la toise*, pour dire, Marchander de l'Entrepreneur ou du Bourgeois, la toise cube, courante, ou superficielle de divers ouvrages; comme Taille de pierre, gros & menus ouvrages de Maçonnerie. On dit aussi, *Travailler par épaulées*, C'est faire pié à pié & par reprises un ouvrage qui ne se peut faire tout à la fois, comme lorsqu'il faut reprendre peu à peu un ouvrage qui est en peril ou soûtenir les terres mouvantes.

On dit que *Du bois travaille*, Lorsqu'ayant été employé sans être sec, ou mis en œuvre dans quelque lieu trop humide, il éclatte & se dejette. On dit aussi d'un bâtiment, qu'*Il travaille*, Lorsqu'il est si mal fondé ou si mal construit, que les murs bouclent & sortent de leur aplomb; ce qui fait que les voutes s'écartent, & que les planchers s'affaissent. Dans les Mechaniques on dit qu'*Une piece ne travaille pas*, Lorsqu'elle est en équilibre, & qu'on ne l'applique pas à lever ou à soûtenir un poids plus fort.

On dit aussi quelquefois que *Le vin travaille*, pour dire, qu'Il souffre un peu d'alteration, ce qui arrive, ou quand il bout, ou quand la vigne est en fleur.

Travailler est aussi actif, & on dit parmi les Tanneurs, *Travailler un cuir*, pour dire, Le bien façonner avec la quiosse.

On dit en termes de Manege, *Travailler un cheval*, pour dire, Le faire manier, l'exercer au pas, au trot, au galop. *Travailler*, mis absolument, signifie, Faire manege. On dit en ce sens, *Travailler en quarré, en long, travailler sur les voltes, travailler à l'air des courbettes.*

TRAVAILLEUR. f. m. Terme de guerre. Pionnier qui est commandé, ou pour remuer les terres, ou pour quelqu'autre travail. Ce sont bien souvent des Soldats qu'on y emploie.

TRAVAISON. f. f. Saillie qui est au haut des murailles d'un édifice. On dit aussi *Trabeation* & *Entablement*. C'est le lieu où pose la charpente de la couverture au dessus du chapiteau.

TRAVAT. adj. On appelle *Cheval travat*, ou *travé*, Un cheval qui a des marques blanches aux deux piés qui sont d'un même côté, l'un devant, l'autre derriere. Ce mot vieillit, & n'a plus guere d'usage, non plus que celui de *Trastavat*, qui signifie un cheval qui a deux marques aux deux piés qui se regardent en croix de saint André, comme le pié droit de devant & le gauche de derriere.

TRAVÉE. f. f. Espace d'une chambre ou d'un plancher qui est entre deux poutres. On appelle aussi *Travées*, Les espaces qui sont entre les palées des pieux qui soûtiennent les ponts de bois, & qui tiennent la place des arches des ponts de pierre. On dit encore *Travée de comble*. C'est sur deux ou plusieurs pannes la distance d'une ferme à une autre, peuplée de chevrons des quatre à la latte. *Travée d'impression*, est la quantité de six toises superficielles d'impression de couleur à huile ou à détrempe, à quoi on reduit les planchers plafonnés, les lambris, les placards & autres ouvrages de differentes grandeurs imprimés dans les bâtimens pour en faire le toisé. Ce mot vient du latin *Trabs*, Poutre.

Travées de balustres, se dit d'un rang de balustres de bois, de fer, ou deux pierres entre deux piédestaux, & *Travée de grilles de fer*, veut dire Un rang de barreaux de fer, qui est entretenu par les traverses entre deux pilastres ou montans à jour, ou deux piliers de pierre.

Nicot s'est expliqué au long sur *Travée. C'est*, dit-il, *l'espace & longueur d'un plancher entre le mur & la poultre ou entre deux poultres, ou entre deux murs, tant que la solive de convenable longueur s'estend. Selon ce, on dit*, Un corps d'hôtel ou granche de trois ou plusieurs travées; *&*, Il a vendu une travée de maison. *En aucunes contrées de France, on l'appelle* Espace, *& aux Villages* Chaas, *& contient douze pieds de large, c'est du long de ses solives dans œuvre & de dix-neuf à vingt pieds de long, qui est du traict de la poultre qui porte lesdites solives, & est la Travée la mesure par laquelle sont mesurez les édifices planchez en leur longueur & estendue. Ainsi dit-on*, Une maison de deux, trois, quatre Travées. *J'ay dit* Travée *estre mesure d'édifices en longueur, car pour la hauteur & profondeur d'iceux, qu'on dit de fonds en comble, on use du mot* Estage, *qui vient de* στέγη, *Grec, que les Latins disent aussi* Contignatio. *En cette sorte n'est la Travée de l'entiere longueur de la solive, car le demi-pié de portée de chacun bout de la solive en est hors, & ne faut compter les pieds de longueur d'icelle solive, si n'est de ce qui en est dans œuvre & hors les portées, lesquelles ostées, la solive de sa deuë longueur de treize pieds revient à douze, pour modelle de la mesure d'icelle Travée.*

TRAVERS. s. m. *Etendue d'un corps consideré selon sa largeur.* Acad. Fr. On appelle aussi *Travers*, Une piece de bois ou de fer qu'on met au milieu d'un assemblage de pieces de charpenterie, de Menuiserie, de Serrurerie. *Travers*, en termes de Cordeur de bois, est une buche qu'on jette sur la voie de bois quand elle est cordée.

Les Doreurs sur cuir appellent *Travers*, Un filet d'or qu'ils mettent le long du côté du dos d'un livre relié en veau. *Travers*, dans une raquette, est une corde qui passe au travers de sa largeur.

Travers, signifie encore certain droit domanial qui se leve au passage des ponts & bacs de riviere, tant sur les personnes que sur les denrées & les marchandises que l'on fait passer d'une Province en une autre. Ce droit a eu plusieurs autres noms, suivant les tems & les lieux.

On dit en termes de mer, *Se mettre par le travers, Mouiller par le travers*, pour dire, vis-à-vis, à l'opposite. On dit aussi, *Mettre un Vaisseau côté à travers, le mettre en travers*, pour dire, Virer le bord, & presenter le côté au vent.

TRAVERSE. s. f. Terme de Charpenterie, ou de Menuiserie. Piece de bois qui s'assemble avec les battans d'une porte, ou qui se croise quarrément sur le meneau montant d'une croisée. On donne ce même nom de *Traverse* à des barres de bois que l'on pose obliquement & que l'on cloue sur une porte de menuiserie.

On appelle *Traverse de chassis*, Le morceau de bois qui est audessus & au bas du chassis, & qui se joint avec son battant.

Traverse, en termes de Serrurerie, est une sorte de barre de fer, au travers de laquelle passent les barreaux des fenêtres, & qui est scellée dans la muraille de part & d'autre. Les grilles de fer ont aussi des traverses qui en fortifient les barreaux.

Traverse, en termes de guerre, se dit d'un fossé bordé d'un parapet, & quelquefois de deux, l'un à droit & l'autre à gauche. Ce fossé est tantôt découvert & tantôt couvert de planches chargées de terre. *Traverse*, est bien souvent pris pour Galerie, & signifie un retranchement ou une ligne fortifiée par des parapets, par des sacs à terre, par des gabions.

On appelle en termes de Mer, *Traverse de gouvernail*, Une piece de bois en maniere d'arc, qui est dans la sainte Barbe. Il y a un taquet posé dessus, & ce taquet est lié à la barre du gouvernail pour la soûtenir.

Traverse dans le Blason, est une espece de filet qui se pose dans les armes des bâtards, traversant l'Écu de l'angle senestre du chef à l'angle dextre de la pointe. Cette traverse ne contient en sa largeur que la moitié du bâton.

TRAVERSE'E. s. f. Terme de Marine. Le trajet qu'on fait d'un Port à un autre.

TRAVERSER. v. a. *Passer au travers d'un côté à l'autre.* Acad. Fr. On dit en termes de mer, qu'*Un Navire se traverse*, pour dire, qu'il presente le côté. *Traverser l'ancre*, c'est la mettre le long du côté du Vaisseau pour la remettre en sa place; & *Traverser la misaine*, c'est haler sur son écoute pour faire rentrer dans le Vaisseau le point de la voile, afin de le faire abattre lorsqu'il est trop près du vent.

Traverser la riviere. On dit en quelque lieux, *Tramater* de *transmeare.*

Traverser du bois, en Menuiserie, le raboter ou rifler sur sa largeur avant que de le dresser de fil.

Traverser une piece de bois, C'est la scier de travers, la couper de longueur à la difference de scier au long.

On dit en termes de Manege, qu'*Un cheval se traverse*, pour dire, qu'il coupe sa piste de travers & jette sa croupe d'un autre côté que sa tête.

TRAVERSIER. s. m. Petit bâtiment qui sert pour la pêche ou pour faire de petites traversées. Il n'a qu'un mât, & porte souvent trois voiles, l'une a son mât, l'autre a son étai, & une autre a un boute-hors qui regne sur son gouvernail. On dit aussi *Traversier*, pour dire, Un ponton, à cause que le ponton est propre aux petites traversées.

Traversier de chaloupe, se dit, non seulement d'une piece de bois qui lie les deux côtés d'une chaloupe par l'avant, mais aussi de deux autres pieces qui la traversent de l'avant & de l'arriere, & où sont passées les herses qui servent à l'embarquer.

On appelle *Traversier de Port*, Le vent qui vient en droiture dans un Port, & qui en empêche la sortie.

TRAVERSIN. s. m. Chevet d'un lit. C'est une maniere d'oreiller rond qui en occupe toute la largeur. Il est ordinairement fait de coutil & rempli de plumes.

On appelle, en termes de Marine, *Traversin du timon*, Une piece de bois qui regne par la largeur de la sainte Barbe, & qui soûtient le timon qui va & vient sur ce traversin. On dit aussi *Traversin des bittes*, C'est une piece de bois mise en travers pour entretenir une bitte avec l'autre. Il y a encore un *Traversin des linguets.* C'est une grosse piece de bois endentée sur le haut d'un Vaisseau au derriere du cabestan. La tête des linguets y est entaillée.

On appelle *Traversin de balance*, Une verge de fer polie avec une aiguille au milieu & deux trous à chaque extrémité. C'est à ces trous que les bassins de la balance sont attachés & suspendus.

TRAVON. s. m. On appelle *Travons*, dans un pont de bois, les maîtresses Pieces qui traversant toute sa largeur, servent non seulement de chapeau au fil de pierre, mais encore à porter les travées des poutrelles.

TRAVOUIL. s. m. Devidoire à mettre le fil en écheveaux, en pieces.

TRAVOUILLETTE. s. m. Petit bois pour soûtenir les fusées en travouillant ou devidant.

TRAVOUL. s. m. Terme de Marine. On appelle ainsi quatre petites pieces de bois endentées à angle droit l'une dans l'autre, sur quoi les Pêcheurs plient leurs lignes.

TRAYER. *Se trayer.* v. n. p. Vieux mot. Se traîner.

Le sardes & botereaux,
Qui se trayent de leurs pieds.

TRAYON. s. m. Petit morceau de chair rond, long d'un doigt ou environ, qui est pendant au pis d'une vache, & qu'on tire pour faire venir le lait. Il se dit aussi d'un des bouts du pis d'une jument, d'une ânesse, d'une chevre.

TRAYOT. s. m. Vieux mot. Vaisseau propre à traire dedans, le lait d'une vache.

TRE

TREBUCHANT, ANTE. adj. Qui trebuche. Il ne se dit guere que d'une piece de monnoie qu'on pese, & qui étant dans un des bassins du trebuchet, & le poids dans l'autre, fait baisser celui où on l'a mise. On appelle aussi *Le trebuchant*, Un certain nombre de grains qu'on retranche sur le marc, & qu'on regale sur le nombre des pieces qui le composent, en sorte que chaque piece soit un peu plus forte que le poids requis. Pour bien entendre ce que c'est que ce Trebuchant, il faut observer que le poids de marc étant composé de 4608. grains, & ce nombre de grains étant departi sur la quantité des especes qui sont au marc, chaque espece doit porter une partie de ces 4608. grains; mais parce que les especes d'or & d'argent, qui doivent servir dans le commerce, peuvent être trop tôt usées par le tems & à force d'être maniées, & devenir par-là trop legeres, on a toûjours ordonné de les tailler de telle maniere, qu'il fût laissé quelque grain, ou partie de grain, sur chaque espece, outre le poids reglé pour chacune, afin qu'elles puissent être trebuchantes plus long-tems & en état d'être exposées dans le commerce. Ainsi les demi-louis d'or étant à la taille de soixante & douze pieces & demie au marc chacune doit peser soixante & trois grains, sans y comprendre le Trebuchant. Si vous multipliez 72. par 63. vous trouverez 4536. grains, ausquels ajoûtant trente & un grains & demi pour la demi-piece, on aura en tout 4567. grains & demi. Il reste encore quarante grains & demi pour fournir les 4608. grains qui composent le poids de marc. Si vous les départissez également sur chaque demi-louis d'or par dessus les soixante & trois grains qu'il doit peser, ce sera un demi-grain un peu plus pour chacun, & ce demi-grain un peu plus outre les soixante & trois grains, est ce qu'on appelle *Le Trebuchant*, parce qu'il sert à faire trebucher le demi-louis d'or, & empêche qu'il ne devienne trop tôt leger par le maniement. Ce mot vient de *Trebucher*, qui signifie Broncher, faire une chûte, du Latin *Trabuccare*, selon M. Ménage, comme qui diroit, *In buccam cadere*, Tomber dans un trou. D'autres veulent qu'il soit composé de *Tre*, qui autrefois signifioit Outre, & de *Buche*, comme si on vouloit dire à celui qu'une buche, rencontrée en son chemin, a fait tomber, qu'Il passe outre la buche.

TREBUCHET. s. m. Sorte de petite balance fort juste & fort délicate qui a deux bassins de cuivre; & sert à peser l'or & l'argent avec de petits poids. On y pese aussi les perles & les pierreries. Les Affineurs ont des Trebuchets si justes, que la quatre mille quatre-vingt-seiziéme partie d'un grain les fait trebucher.

Trebuchet, en termes d'Oiselier, est une machine en forme de petite cage qui sert à attraper de petits oiseaux. Elle est composée d'une échelle & d'un abatant qui est sa partie superieure que l'on tient ouverte. Ce dessus de la machine est arrêté par l'échelle de telle sorte, que dès que l'oiseau se met sur cette échelle, le ressort se lâche & ferme le trebuchet, d'où il ne peut plus sortir.

Les Anciens nommoient *Trebuchet*, Une machine dont ils se servoient pour jetter des pierres. Borel dit qu'elle étoit appellée *Trebuchetum*, de *Trabs*, Poutre, parce que c'étoit une poutre qui se détachoit.

TRECEOUR. s. m. Vieux mot. Tresse pour les cheveux. On a dit aussi *Trecheur*, dans la même signification.

Et ces beaux dorez trecheurs,
Et ces très-riches formeurs.

TREF. s. m. Vieux mot. Poutre, du Latin *Trabs.* Il s'est dit aussi pour une sorte de tente.

Orent ja tendu en un pré
Le tref le Rois, & environ
Firent loges à grand' foison.

On a dit aussi *Tres*, dans le même sens.

Mont y a Contes & Barons,
Tentes & tres & pavillons.

Voici ce que dit Nicot en parlant de *Tref. C'est une poultre sur laquelle les soliveaux portent. Ainsi on dit*, Trefs faits de plusieurs pieces assemblées. *Il se prend aussi pour une espece de voile de navire.* A plein tref, *c'est-à-dire*, *A pleine voile. En Baudoüyn.* Ils nageoient en mer sans voile & sans tref. *Il se prend aussi pour une tente & pavillon de Camp*, *comme*, Il fit dresser les trefs, & mettre le siege devant Hierusalem, *& cela, parce que les tentes & pavillons sont dressez & soustenus d'une grosse perche en maniere de solive.*

TREFFEAU. s. m. Tison ou souche que les Païsans mettent la veille de Noël. Ils ont beaucoup de superstition là-dessus. Il vient de *Ter focus*, soit qu'il soit trois fois plus grand qu'à l'ordinaire, soit qu'il doive durer trois jours.

TREFFOYER. s. m. Vieux mot. Chevet.

TREFLE. s. m. Herbe qui vient dans les prés, & qui a trois feuilles, ce qui l'a fait appeller par les Latins, *Trifolium*, d'où est venu *Trefle.* Il y a un Trefle que Dioscoride appelle Asphaltite du Grec ἄσφαλτος, Bitume, à cause que ses feuilles qui ont l'odeur de la rue en commençant à sortir, sentent le bitume lorsqu'elles viennent à croître. Cette herbe est haute de plus d'une coudée, & produit certaines verges menues, noires & faites en forme de jonc, d'où sortent d'autres petites verges menues qui ont chacune trois feuilles semblables à celles de melilot. Sa fleur est rouge, & sa graine quelque peu large & velue, longue d'un côté, & portant une petite gousse traversée comme une antenne. Sa racine est menue, longue & roide. Sa graine & ses feuilles bûes en eau soulagent les pleuresies & les douleurs de côté, & sont bonnes au haut mal, aux difficultés d'urine, aux hydropisies qui commencent à venir, & aux femmes sujettes aux maux de mere. On employe sa racine dans les antidotes, contrepoisons & préservatifs. Matthiole dit qu'il y a trois sortes de Trefle en Italie. Le premier a ses feuilles rondes & larges, le second les a longuettes, & le troisiéme les a rondes comme le premier, mais plus petites. Ils sont differens aussi en leurs fleurs, les unes étant blanchâtres, les autres rouges, & les autres jaunes. Le Trefle des prez, si l'on en croit Pline, présage le mauvais tems. Il dit qu'il se herissonne & dresse ses feuilles, comme se voulant armer contre la tempête, quand il y en a quelque menace en l'air. On appelle *Trefle de Marais*, Une sorte de plante odoriferante dont la tige est haute d'un pié & demi, & qui porte de petites fleurs blanches semblables à des jacintes.

Trefle, Se dit aussi, en termes d'Architecture d'un ornement en forme de Trefle, qui se taille sur les moulures. Il y en a à palmettes & à fleurons. On appelle *Trefles de moderne*, dans les compartimens des vitraux, pignons & frontons Gothiques, de petites roses à jour faites de pierre dure avec nervures. Elles sont formées par trois portions de cercle, ou par trois petits arcs en tiers point.

TREFLE', E'E. adj. Terme de Blason. Il se dit de la figure du Trefle posé sur l'écu ou aux extrêmités d'une croix. *D'azur à la croix de gueules Treflée.*

TREFLER. v. n. Terme de Monnoyeur & de Medailliste. Il se dit d'une Medaille ou monnoye qui a été frappée au marteau à plusieurs reprises, lorsque les dernieres fois elle n'a pas été rengrenée juste, ce qui la rend défigurée, parce que les mêmes points ne se sont pas rencontrés ensemble. *Rengrener*, se dit lorsqu'on frappe le poinçon d'effigie sur une matrice, afin d'y marquer l'empreinte de l'effigie en creux, ou quand on frappe des poinçons sur cette matrice, pour y marquer l'effigie en relief, ou enfin quand on frappe ces poinçons sur les quarrés à monnoyer pour y marquer l'effigie en creux; & si l'ouvrier qui donne les coups de marteau, manque à faire chaque fois le rengrenement, les effigies se trouvent doublées. C'est-là ce qu'on appelle *Trefler*.

TREFONDS. s. m. Quelques-uns écrivent, *Tresfonds*. Voici ce qu'en dit Nicot. Trefonds *ou* Trefons, *est ce qu'on dit*, Chaussée, *quand on dit*, le rez de chaussée, *& signifie le fonds & le champ de quelque heritage que ce soit. Il est composé de* Terre *par Syncope, &* Fonds, *comme si on disoit*, Terre-fonds, Fonds de terre. *Ainsi on dit*, Il a vendu le taillis, trefonds & tout, *dont le contraire est quand la seule couppe du bois est vendue, & non le fonds.* Trefoncier, selon le même Nicot, *est le Seigneur du Trefonds auquel en appartient la Seigneurie directe.*

TREHUS. s. m. Vieux mot, qui selon Pasquier a signifié Tribut. On a dit aussi *Trus*, *Truc* & *Truage*, dans le même sens. Borel fait venir delà *Truanger*, autre vieux mot, qui a été dit pour Piller, gourmander, fouler.

TREILLAGE. s. m. Ouvrage fait d'échalas droits & planés, qui étant liés quarrément avec du fil de fer, forment des mailles de cinq à sept pouces, soit pour faire des berceaux, soit pour soûtenir des espaliers contre les murs des jardins. Il faut les peindre de blanc ou de vert à l'huile, tant pour l'ornement, que pour les mieux conserver. Scaliger fait venir *Treillage*, du Latin *Trichila*, qui veut dire, Treille ou ombrage.

TREILLIS. s. m. Sorte de toile assés fine qui est gommée, lissée & luisante, & dont on se sert à faire quelques doublures dans le petit deuil. On appelle aussi Treillis une sorte de grosse toile dont s'habillent les Chartiers, les Mariniers, & autres gens de même nature. On s'en sert encore à faire des sacs.

Treillis, signifie aussi la clôture d'une porte ou d'une fenêtre, faite de barreaux de fer ou de bois, qui en se croisant, laissent plusieurs quarrés vuides. Les parloirs, les ouvertures du chœur & les grilles des Religieuses sont fermés d'un Treillis de fer, & quelquefois d'un double treillis.

On appelle *Treillis de fil d'archal*, Un ouvrage fait de fil de fer ou de laiton, séparé en plusieurs mailles. Ce Treillis se met aux volets des armoires à livres, ou au-devant des vitres qui sont en danger d'être cassées.

Les Peintres appellent *Treillis*, Un chassis qui est divisé en plusieurs quarrés, & qui leur sert à copier des tableaux & à les réduire de grand en petit, ou bien de petit en grand.

Treillis se dit encore d'un morceau d'étaim rond, fin & délié, fait en forme de jalousie, que les Potiers d'étaim pendent devant leur boutique, & dont les Chaudronniers se servent pour étamer les casseroles, & autres vaisseaux de cuivre.

Treillis. Terme de Blason. Espece de frette. Les Treillis sont garnis de cloux dans le solide & aux endroits où les listes & bâtons se rencontrent, ce qui les fait differer des frettes qui ne sont point clouées. *Treillis* se dit aussi des grilles qui sont en la visiere des casques & heaumes qui servent de timbre aux armoiries.

TREILLISSE', E'E. adj. Terme de Blason. C'est le fretté plus serré, *D'argent Treillissé de gueules cloué d'or.*

TRELINGAGE. s. m. Terme de Marine. Corde qui finit par plusieurs branches, comme les Marticles & les pattes de bouline. Le Trelingage s'amarre aux barrots du pont.

TRELINGUER. v. n. Terme de Marine. Se servir d'un cordage à plusieurs branches. C'est ce que l'on fait pendant l'orage à l'égard des branles, afin d'en diminuer le balancement.

TREMA. adj. Les Imprimeurs appellent, *ë Trema*, *ï Trema*, & *ü Trema*, Un *e* un *i* ou un *u* sur lequel ils mettent deux points, comme dans ces mots. *Tuër*, *Païs*, *Loüer*.

TREMAIL. s. m. Vieux mot, dont Nicot parle en ces termes. Tremail, *est la meslange de ces trois especes de grains, Avoine, Orge, & Vesse, qu'on dit par corruption de prononciation*, Tremoy, ou Tremoye *&* Tramoy. *On l'appelle ainsi à cause de ladite meslange.*

TREMAILLE', E'E. adj. Vieux mot. Tremaillé, dit le même Nicot, *qu'aucuns escrivent & prononcent plus delicatement*, Tremeillé, *est composé de ce mot Latin*, Termaille, *& de cestuy François, ou plustost de ces deux François*, Trois *&* Maille, *comme si l'on disoit*, A trois rangs, ou à trois doubles de Maille. *Ainsi dit-on*, Alier tremaillé. *C'est une espece de filet à tendre aux perdrix, qui a deux panneaux de grosse & large maille, & entre iceux un panneau de menuë maille, auquel les perdrix se prennent, servans les deux de large maille pour les decevoir sans plus, soit qu'elles viennent par devant ou par derriere.*

TREMBLAISON. s. f. Vieux mot. Tremblement, crainte.

TREMBLANT. s. m. Terme d'Organiste. Sorte de jeu qui se mêle à plusieurs autres, & qui fait une espece de tremblement harmonieux. C'est un petit ais mobile avec un ressort qui est dans le portevent. Cette espece de soupape étant agitée par le vent à qui elle donne ou ferme l'entrée, produit cet effet. Les tuyaux tremblent quand on l'abaisse, & on les empêche de trembler en la levant. Il y a un *Tremblant à vent ouvert*, ou *perdu*, qui se voit encore dans les vieilles orgues, & un *Tremblant à vent clos*. C'est celui dont on se sert à present. Ce n'est autre chose que la soupape dont on a parlé; doublée de trois ou quatre cuisses. Elle est suspendue un peu en panchant dans le portevent, & portée sur un petit quarré creusé par le milieu, sur quoi elle s'ouvre & se ferme librement. On y attache un petit poids quand on en veut temperer le mouvement, & alors on l'appelle *Le tremblant doux*.

TREMBLE. s. m. Arbre de haute fustaye, qu'on appelle autrement *Peuplier noir*. Le Tremble est plus haut & plus droit que le Peuplier, & a ses feuilles comme le lierre, pleines, quoiqu'un peu pointues, & attachées à une longue & fort tendre queue. Son écorce est de couleur cendrée, & son bois blanc & propre à bâtir. Elles remuent presque toûjours, & même sans vent; ce qui a fait appeller cet arbre *Tremble*, du Latin *Tremulus*. Son fruit est grappu portant des perles qui ressemblent à l'orobe, & qui s'évanouissent dans l'air en petits flocs quand elles sont mûres. Le Tremble est propre à faire des ais.

TREMBLEMENT. s. m. *Agitation, mouvement de la chose qui tremble*. ACAD. FR. Les Medecins nomment *Tremblement*, Une affection mêlée de mouvement naturel & volontaire & de quelque chose de convulsif. Ainsi quand on veut lever quelque membre, il s'abaisse & tire du côté contraire, & resiste au mouvement volontaire qui à la fin devient pourtant le plus fort. Le Tremblement des parties est ou simple ou convulsif. Le simple est un petit tremblement qui succede à la crapule, aux fortes passions, & sur-tout à la colere. Le convulsif est un fort tremblement, tel que celui qu'on voit souvent arriver dans le déclin des paroxysmes épileptiques, & qui cesse avec le paroxysme. Ceux qui ont ce mal ne peuvent remuer librement leurs membres, ni les tenir allongés ou suspendus. Soit que tout le corps & tous les articles en soient affligés, soit quelque membre particulier, il sera toûjours agité & ira en sautillant. Ettmuller dit que la veritable cause du tremblement est l'action conjointe de deux muscles antagonistes, ou non, qui contribuent au mouvement de quelque membre, & que ce sont proprement deux actions, dont l'une est principale & volontaire, & l'autre moins principale & contre nature. Ainsi en même-tems qu'un muscle étend le bras, l'autre le retire & le fait mouvoir de quelque autre maniere, d'où le tremblement s'ensuit. C'est par le vice de la partie qu'il arrive quand le nerf qui doit porter les esprits ou le muscle où ils doivent être portés ont les pores mal conformés, ou les fibres mal disposées ou mal arrangées, ou même quelques tuyaux bouchés ou embarrassés, en sorte que le mouvement des esprits en étant dépravé, ces esprits se jettent en même-tems dans le muscle destiné au mouvement requis, & dans le muscle voisin. Les Orfévres qui manient souvent du mercure, ont de frequens tremblemens, ainsi que ceux qui portent la ceinture de mercure pour se délivrer de la galle. Le trop grand refroidissement de la partie cause aussi le tremblement. Celui des vieillards est presque incurable, & il est rare qu'on puisse guerir parfaitement le tremblement hereditaire, ou qui est venu successivement par les erreurs d'une diete vitieuse. Le tremblement qui succede à la paralysie, n'est point un mal, mais une marque que la paralysie décline, & que le mouvement naturel revient.

Il y a aussi un mal appellé *Tremblement de cœur*. C'est un battement diminué & tremblotant qui suit la constriction du cœur qui est diminuée, débile & dépravée. On a coûtume de confondre ce mal avec la palpitation, mais il lui est opposé, puisque la palpitation est une secousse immoderée & violente avec une systole & diastole impetueuse & importune, & que ce qu'on appelle *Tremblement du cœur*, c'est quand les pulsations sont petites, frequentes, tremblotantes, & semblables aux pouls languissant & frequent. On ne peut nier que ce tremblement ne vienne de l'irritation du muscle du cœur; mais il y a cette difference, que le cœur irrité palpite quand les forces sont vigoureuses, & que quand elles sont foibles & abbatues, il tremblote seulement, ce qui fait que le tremblement du cœur est un symptome des forces qui sont sans vigueur, & en quelque façon de la lipothymie.

On appelle *Tremblement de terre*, Un mouvement causé par une inflammation soudaine de quelque exhalaison sulphureuse & bitumineuse, qui est dans les cavernes souterraines qui ne sont pas beaucoup éloignées de la surface de la terre. Les Philosophes ont eu là-dessus diverses opinions. Democrite, Anaximenes, Epicure, Lucrece & quelques autres, supposant que de grands fleuves rouloient sous la terre, où il y avoit de grands lacs & de grandes cavernes, ont crû que l'eau, le feu, ou une longue suite des ans, ayant rongé les soûtiens de ces cavernes, elles tomboient & se précipitoient tout d'un coup, entraînant avec elles les masses de terre qu'elles soûtenoient, & quelquefois des montagnes toutes entieres; ce qui ébranloit & faisoit trembler non seulement toutes les terres circonvoisines, mais encore celles qui sont éloignées. Ils s'imaginoient encore que s'il tomboit de ces grosses masses de terre ou de rocher dans ces grands lacs souterrains, le mouvement alternatif de l'eau étoit capable de faire branler la terre, & de lui causer une espece de tremblement en la faisant pancher de divers côtés. Il y en a qui ont cru qu'il se pouvoit faire que les vents se jettassent tout d'un coup dans les concavités de la terre, soit qu'ils vinssent de dehors, soit qu'ils s'élevassent des entrailles mêmes de la terre, & que roulant & fremissant entre les cavernes, ils en ébranlassent les fondemens & causassent un tremblement. Cette derniere opinion a si peu de vrai-semblance, que plusieurs s'étonnent qu'elle ait trouvé de tout tems des défenseurs. C'est avec raison qu'on s'est toûjours mis en peine de rechercher la cause des tremblemens de terre, qui n'est autre que les feux souterrains qui s'allument dans ses entrailles, & qui ne paroissent pas toûjours au-dehors: car il se peut faire qu'ils soient suffoquez immediatement après leur naissance, faute de trouver des soupiraux par où leurs fumées puissent s'exhaler; ce qui est cause que ceux mêmes qui habitent les terres, au-dessous desquelles certains feux se sont allumez, ne peuvent pas toujours les appercevoir. Si pourtant il arrivoit que la caverne souterraine se trouvât remplie d'une exhalaison extrêmement épaisse, semblable à peu près à celle qui s'éleve d'une chandelle que l'on vient d'éteindre, elle prendroit feu tout à coup, & se dilatant elle soûleveroit la terre qui seroit au-dessus, de la même sorte à peu près que la poudre à canon qu'on met dans les mines, soûleve les terres au-dessous desquelles on les a faites, après quoi, l'exhalaison étant consumée, ce qui auroit été élevé retomberoit par son propre poids, & c'est en cela que les tremblemens de terre consistent. Il arrive même quelquefois qu'un de ces tremblemens est suivi de plusieurs autres, lorſqu'il y a pluſieurs cavernes voiſines les unes des autres, & que ces cavernes ont quelque ſorte de communication, pour faire que les exhalaiſons dont elles ſont pleines s'enflamment ſucceſſivement. Il peut auſſi arriver qu'une ſeule caverne ſoit ſi grande, & que la chute de la contrée de la terre qui lui tenoit lieu de voute, ſoit ſi rude, qu'elle ſe fende & s'entrouvre vers le milieu, & qu'ainſi les parties qui y répondent s'enfoncent, & deſcendent beaucoup plus bas qu'elles n'étoient auparavant. C'eſt ce qui explique comment un ſeul tremblement de terre a pû abîmer des Villes entieres. Pline en marque un fort extraordinaire qui arriva proche de Rome à la vûe de quantité de Chevaliers Romains. Il dit que deux Montagnes s'entrechoquerent pluſieurs fois avec un grand bruit & un grand fracas, & que dans le tems qu'elles s'approchoient & s'éloignoient l'une de l'autre, il ſortoit entre les deux d'épais tourbillons de flâme & de fumée. Il n'y eut peut-être jamais un tremblement de terre ſi épouvantable que celui qui cauſa tant de deſordre le ſiecle paſſé dans le Perou proche de Lima. Il s'étendit près de trois cens lieues le long du rivage de la mer, & du moins ſoixante & dix au dedans du continent. Les Villes & les Montagnes en furent bouleverſées. On vit diſparoître des fontaines, des lacs & des fleuves, & on commença d'en découvrir dans des lieux où aucune eau ne couloit auparavant. La mer même s'abaiſſa pendant un tems proche du rivage, comme pour aller s'abîmer dans les cavernes ſouterraines qui s'étoient entr'ouvertes. Ce que Puteanus rapporte eſt preſque incroyable, qu'en une nuit on ait vû naître des montagnes de pierre-ponces & de cendres au milieu d'un continent, & des Iſles dans la mer, comme Pline & Strabon l'aſſûrent; ce qui toutefois ne paroît pas impoſſible, puiſqu'il ſe peut faire qu'il y ait eu ſous la mer même des cavernes & des voutes que la force de la flâme ait ſoulevées & fracaſſées de telle maniere, que les terres & les rochers qui étoient par deſſus, n'ayent pas retombé droit dans le fond de ces cavernes qui ſe ſeront remplies d'eau, mais que ces maſſes ayent été jettées & renverſées de côté ſur un fond ſolide; ce qui fait qu'étant ainſi amoncelées & élevées au-deſſus de la ſurface de la mer, elles paſſent pour de veritables Iſles. Il eſt certain qu'en 1538. il ſe forma ainſi une Iſle nouvelle entre celles des Terceres. Elle a environ trois lieues de long, & une demi-lieue de large, dans un endroit où la mer a ſoixante braſſes de profondeur. Il ſe fit alors un bruit & un fracas effroyable des pierres que la mer jettoit, & qui retomboient les unes ſur les autres. Les lieux caverneux ſont les plus ſujets aux tremblemens, & principalement ceux qui abondent en ſoufre, & en bitume.

Tremblement, Terme de Muſique. Mouvement précipité des ſons qui ſe fait particulierement dans les doubles cadences. Les joueurs de guitarre font leurs tremblemens en tirant pluſieurs fois fort vîte la même corde avec la main droite. Il y a une ſorte de tremblement qu'ils appellent, *Tremblement étouffé*. Il ſe fait en tirant la corde une fois, comme ſi on vouloit trembler, & la preſſant auſſi-tôt du même doigt. Le tremblement des joueurs de violon & de viole, eſt un mouvement délicat qui ſe fait avec le doigt ſur quelque corde de la touche du manche de l'inſtrument; & les joueurs de flûte & de muſette appellent *Tremblement*, Un mouvement qu'ils font avec art ſur le trou de la flûte ou du chalumeau.

TREMBLO. ſ. m. Petit oiſeau qui ſe trouve dans la Guardeloupe & dans quelques autres Iſles des Antilles. Il eſt de la groſſeur d'une caille, & a ſon plumage d'un gris un peu plus obſcur que celui de l'alouette. On lui a donné le nom de *Tremblo*, à cauſe qu'il tremble ſans ceſſe, principalement des ailes qu'il entrouvre.

TREMEAU. ſ. m. Terme de fortification. La partie du parapet que les deux embraſures d'une batterie terminent. Sa largeur eſt d'ordinaire de neuf piés en-dedans & de ſix en-dehors, & ſon épaiſſeur & ſa hauteur ſont les mêmes que celles du parapet. On l'appelle autrement *Merlon*.

TREMEFACTION. ſ. f. Vieux mot. Crainte, tremblement.

TREMENTER. v. a. Vieux mot. Tourmenter.

TREMER. v. a. Terme de Ferrandinier & de Tiſſerand. Devider du fil, de la laine, de la ſoye, ſur un petit tuyau appellé *Treme*, ou *Trame*. Les gens du métier ont accoutumé de dire *Treme*. Voyez TRAME.

TREMIE. ſ. f. Terme de Meûnier. Sorte de vaiſſeau de bois, large par en haut, & étroit par en bas, où ceux qui veulent moudre jettent le grain. Le grain coule peu à peu par un auget ſur la meule de moulin qui l'écraſe & le réduit en farine. On ſe ſert auſſi de Tremies dans les greniers à ſel pour faire couler le ſel dans les meſures.

On appelle en termes de Maçonnerie, *Bandes de Tremie*, Des bandes de fer qui ſervent pour tenir les atres & ſoûtenir les languettes des cheminées. Ainſi le mot de *Tremie*, dans cette façon de parler, ſe prend pour la partie quarrée où s'allume le feu, qui eſt appellée *Atre*, ou *Foyer*, lorſqu'elle eſt carrelée, ou que l'on commence à y allumer le feu.

TREMION. ſ. m. Terme de Meûnier. Pieces de bois qui ſoûtiennent la tremie. Ce ſont deux pieces qui s'entretiennent par des chevalets. On appelle auſſi *Tremion*, La barre de bois qui ſert à ſoûtenir la hotte d'une cheminée.

TREMPE. ſ. f. Maniere de tremper le fer. Il y a des trempes pour chaque ſorte d'acier. Pour tremper le petit acier limoſin, clameſy & l'artificiel, après que l'on a forgé, aceré & dreſſé les pieces, on les fait rougir dans le feu un peu plus que la couleur de ceriſe, après quoi on les trempe dans de l'eau de puits ou de fontaine la plus froide qui ſe trouve. L'acier ayant été refroidi, on lui donne un peu de recuit, c'eſt-à-dire, qu'après que l'on a trempé l'outil, on le met auſſi-tôt ſur une piece de fer chaud, juſqu'à ce que la blancheur qu'il a contractée par la trempe, vienne à ſe perdre en devenant de couleur d'or, & alors on le rejette encore promptement dans l'eau, ſans attendre qu'il devienne bleu, à cauſe qu'il perdroit ſa force, à moins que ce ne fût de ces ſortes d'aciers à la roſe qui ſont forts & ſe ſoûtiennent aſſés. Quant à celui de Piémont, ſi c'eſt pour des outils tranchans, il faut le tremper en couleur de ceriſe, & enſuite lui donner le recuit, qui ſera bon, ſi en paſſant un morceau de bois ſec par deſſus, on voit que la raclure ou pouſſiere qui en ſortira ſe brûle incontinent ſur la piece. Tout acier devient caſſant ſi on le trempe trop chaud. Si on ne l'a pas trempé aſſés chaud, & que l'outil ne ſe trouve pas bon, on peut le faire meilleur en le trempant encore une fois. Quelques-uns tiennent que la roſée du mois de Mai, amaſſée le matin au lever du Soleil en quelque lieu élevé ſur le blé ou autres herbes, eſt la plus naturelle de toutes les eaux pour tremper les reſſorts d'acier d'Allemagne. On prend de cette eau ſix, ſept, & juſqu'à neuf fois autant peſant que d'acier; on la met dans un vaiſſeau où on le trempe après qu'on l'a chauffé doucement & mis en couleur de cerise, & on le trempe si avant, qu'il ne puisse prendre ni vent ni air, jusqu'à ce qu'il soit refroidi. On l'ôte ensuite & on le nettoye avec du sable jusqu'à ce qu'il devienne blanc & que toute l'écaille soit ôtée de dessus. Cela étant fait, on met le ressort sur le feu & en lui laissant prendre le recuit doucement, on attend qu'il vienne en couleur jaune, sanguine, violette, couleur d'eau & gris noir. Lorsque ces couleurs paroissent, on doit l'ôter de dessus le feu & passer un bois sec, comme à l'acier de Piémont. Ce bois, ou sa raclure, commençant à brûler dessus, on prend une corne de mouton, de chévre, de bœuf, ou de quelque autre animal, qui soit grasse, & on la passe par dessus le ressort, ou bien une plume, de l'huile, du suif de chandelle ou d'autre graisse, & on le met un peu sur le feu. Si on se sert d'huile, il faut la laisser flamber & brûler sur le ressort, & voir de nouveau si le bois dont on se servira pour le frotter, brûlera. Ce sera une marque que l'ouvrage sera achevé, & il n'y aura plus qu'à le laisser refroidir. L'acier de carme ou l'acier à la rose, doit être trempé dans de l'eau très-froide de puits ou de fontaine, après qu'on l'a fait chauffer en couleur de cerise seulement avec du charbon de bois. Si l'acier qu'on trempe est destiné à faire des burins, des ciselets, des ciseaux ou d'autres outils propres pour couper du fer, on leur doit donner le recuit en couleur jaune, tirant un peu sur le rouge, après quoi on les laisse refroidir. Si ces outils viennent à se rompre ou à s'éclater en travaillant, on doit les remettre un peu sur le feu ou sur quelque gros fer chaud, qui leur donnera plus de recuit, jusqu'à ce que tirant un peu sur le violet, ils deviennent tels qu'on les demande. L'acier d'Espagne, qui est par grosses barres, se doit tremper comme le foret ou le clamesi. La trempe la plus assûrée pour des limes & autres pieces que l'on fait de fer, est celle qui se fait ordinairement avec de la suye de cheminée, la plus grosse, la plus dure, & la plus seche qu'on puisse trouver. Il faut la bien mettre en poudre pour la passer avec un tamis, & la détremper ensuite avec de l'urine & du vinaigre, sans y en trop mettre, en y ajoûtant un peu de sel commun ou de saumure, c'est-à-dire, du sel fondu. Le tout étant détrempé, on doit rendre cette suye aussi liquide que de la moutarde. Après cela, on frotte les limes de vinaigre & de sel pour en ôter la graisse que l'on met dessus quand on les taille, ce qui étant fait, on les couvre de la suye détrempée & faisant un paquet de plusieurs limes, au milieu duquel il y a un canon de fer avec une verge de fer dedans, que l'on appelle *Esprouvette*, on couvre tout ce paquet de terre franche. On le met chauffer avec du charbon de bois dans un fourneau à vent fait de briques ou autrement, jusqu'à ce que les limes soient en couleur de cerise ou un peu plus rouges, ce que l'on connoît par l'esprouvette qu'on tire doucement hors du canon. Lorsqu'on voit que les limes sont assés chaudes, on les jette dans quelque vaisseau rempli d'eau de puits ou de fontaine, & si elles se courbent ou s'envoilent à la trempe, on les pourra redresser en les pliant doucement dans l'eau avant qu'elles soient tout à fait froides. Lorsqu'elles le sont, on les nettoye avec du charbon de bois ou avec du linge, pour en ôter la suye qui demeure dans la taille. On les met secher devant le feu, & enfin on les enferme dans quelque boîte avec du son de froment pour les garantir de la rouille. Si ce sont des limes douces, il les faut envelopper dans du papier huilé, de crainte que la fleur qui est dans le son n'entre dans les tailles. Ceux qui en voudront sçavoir davantage, le trouveront dans l'excellent Livre des Principes de l'Architecture & autres Arts de M. Felibien.

Trempe, en termes de Peinture, est une maniere de peindre, appellée autrement *Détrempe*, & *Tempera* par les Italiens, qui nomment particulierement *Peindre à trempe*, lorsqu'ils se servent seulement de jus de figuier & de blanc d'œuf au lieu de colle.

TREMPIS. s. m. Eau où l'on a laissé tremper de la morue ou de la saline. *Trempis de morue*. On appelle *Trempis de cuir*, dans les Tanneries, L'eau où l'on a laissé tremper le cuir.

TREMPLIN. s. m. Terme de Danseur de corde. Sorte d'ais fort large qui a un pié à un bout, & qui n'en a point à l'autre. On s'en sert à faire des sauts perilleux. Ce mot vient de l'Italien *Trempellino*, Treteau.

TREMPURE. s. f. Terme de Meûnier. Poids qui sert à faire moudre d'une certaine maniere.

TREMUE. s. f. Terme de Marine. Passage de planches qu'on fait dans quelques Vaisseaux, depuis les écubiers jusques au plus haut point. La Tremue sert à faire passer les cables qui sont frappés aux ancres.

TRENQUESON. s. f. Vieux mot. Tranchée de ventre.

TRENTANEL. s. m. Sorte de plante d'une odeur forte, qui croît dans le Languedoc & dans la Provence. On s'en sert à teindre, & elle fait une couleur entre jaune & fauve.

TRENTE. adj. pluriel. *Nombre contenant trois fois dix*. ACAD. FR. On dit en termes du Jeu de la paume, *Avoir trente*, pour dire, Avoir gagné deux coups sur un jeu; & *Donner Trente à quelqu'un*, pour dire, Lui donner de deux coups sur chaque jeu, comme s'il les avoit gagnés.

On appelle *Trente & un*, Une sorte de Jeu de carte, où l'on donne trois cartes couvertes à chaque Joueur. Si ces trois cartes approchent du nombre de trente & un, il peut n'en pas prendre davantage. S'il en prend encore quelques autres, & que toutes ensemble elles fassent plus de points que trente & un, il perd ce qu'on joue. Le Joueur qui a trente & un de point, ou qui en approche davantage, est celui qui gagne. *Trente & quarante* est un autre Jeu, où l'on prend d'abord quatre cartes. On en prend encore d'autres, quand ce qu'elles font de points est au dessous du nombre de trente Le Joueur qui passant ce nombre en approche davantage, est celui qui gagne.

Trente-six mois, Nom que l'on donne à celui qui voulant aller chercher quelque établissement dans les Indes, s'oblige de servir pendant trois ans celui qui paye son passage. On l'appelle autrement *Engagé*. Les Hollandois exigent sept années de service d'un Engagé, dont ils payent le passage aux Indes Orientales, & les Anglois en exigent cinq d'un Engagé qui passe aux Indes.

TREOU. s. m. Terme de Marine. Voile quarrée que les Galeres, les Tartanes, & quelques autres bâtimens de bas bord, portent de gros tems. Les voiles ordinaires dont ces bâtimens se servent, sont latines ou à tiers point.

TREPAN. s. m. Instrument de Chirurgie en forme de villebrequin, dont la méche est dentelée & faite en maniere de scie ronde. Il doit y avoir un clou aigu ou une pointe au milieu de son circuit, afin de le rendre stable pendant l'operation qui est aussi appellée *Trepan*. Cet instrument doit encore avoir un chaperon qui se hausse & se baisse selon le besoin qu'on en peut avoir, afin qu'il ne puisse passer ni couper l'os plus qu'il n'est necessaire. On s'en sert

sert pour guerir les playes du crane quand il n'est touts que jusqu'à la seconde table. Il y en a à deux jointes & en triangle, & d'autres dont les pointes sont quadrangulaires ou hexagones, pour guerir la carie des os. Il y a aussi des Trepans perforatifs, & des Trepans exfoliatifs. Quelques-uns font venir *Trepan*, du Grec τρύπᾶν, Trouer, percer, d'autres de τρυμάω, Je perce, d'où a été fait τρυπάνη & τρύπανον, Tariere.

Trepan se dit encore d'un outil dont les Tailleurs de pierre se servent pour percer de gros murs de pierre de taille ou de maçonnerie. Il est fait presque en forme de tariere. Les Sculpteurs ont aussi des Trepans, & ils s'en servent pour fouiller & percer dans les endroits de leurs figures, où ils ne peuvent s'aider du ciseau, sans se mettre au hazard de gâter ou d'éclater quelque chose. Il y a de ces Trepans à archet, & d'autres en maniere de villebrequin.

TREPAS de Loir. s. m. Droit que l'on paye sur cette riviere en passant d'une Province en l'autre.

TREPASSER. v. n. *Mourir, deceder, rendre l'ame, Il ne se dit guere que des personnes qui meurent de leur mort naturelle, & n'a guere d'usage dans le discours.* ACAD. FR. Nicot écrit *Trespasser*, *C'est*, dit-il, *passer & franchir oultre*, *de* Trans & passer. *En Baudouin*, Il trespassa Vennandois & le Pays prochain. *Et en Jourdain de Blaves*, Il trespassa le commandement du Roy. *De là est venu qu'on en use pour mourir, car qui meurt franchit la borne de sa vie & passe oultre, ce qu'on dit autrement, mais par mesme raison*, Il est oultre, *c'est-à-dire, il est mort. Aucuns veulent en ce verbe composé interpreter* Très, *pour Extremement; comme si on disoit, Passer extremement de la vie à la mort. Trespasser* dans la signification de Passer outre, se lit dans le Roman de la Rose.

Des Chevaliers en une lande
Voit trespasser, & si demande.

TREPER. v. n. Vieux mot. Petiller, sauter avec bruit des piés. C'est de là qu'a été fait *Trepigner*, On a dit aussi *Treper*, pour dire, fouler aux piés.

Qu'ils bastent, & trepent, & foulent.

On a dit encore, *Trepeter le corps*, pour dire, L'agiter, le secouer.

TREPIDATION. s. f. Terme de Medecine. Tremblement de membres & de nerfs. En Astronomie, *mouvement de trepidation* est le même que *Mouvement de Libration.* Voyez LIBRATION & CRYSTALLIN.

TREPIED. s. m. C'étoit autrefois une sorte de table à trois piés au Temple d'Apollon sur laquelle la Prêtresse de ce Dieu montoit pour prophetiser. On nommoit aussi *Trepied*, Une sorte de table à trois piés, dont parmi les Grecs on faisoit present aux vaillans hommes. Elle s'appelloit τρίπους, d'où a été fait *Trepied.* Aujourd'hui c'est un instrument de fer, rond ou triangulaire, qui a trois piés & qu'on met sur le feu ou sur les cendres chaudes, pour mettre quelque plat, quelque marmite dessus.

TREPIGNER. v. a. *Battre des piés contre terre en les remuant, d'un mouvement prompt & frequent.* ACAD. FR. M. Ménage dérive ce nom de *Trepidinare*, diminutif de *Trepidare* ou *Tripudiare*, qui signifie *Ter pede terram ferire*, comme faisoient les Sauteurs & les Baladins des Anciens.

On dit, en termes de Manége, qu'*Un cheval trepigne*, pour dire, qu'Il bat la poudre avec les piés de devant en maniant sans embrasser la volte, & qu'il fait ses mouvemens ou ses tems courts près le terre, sans être assis sur ses hanches. Les chevaux sujets à trepigner sont ceux qui n'ayant pas les épaules souples & libres, n'ont guere de mouvement.

TREPOINT. s. m. Terme de Cordonnier. Couture de semelles de soulier, qui paroît en dehors entre la semelle & l'empeigne, & qui regne tout autour en façon d'arriere-point.

TREPORT. s. m. Terme de Marine. Grosse & longue piece de Charpenterie, qui est assemblée avec le bout superieur de l'étambord pour former la hauteur du château de pouppe. On l'appelle autrement. *Allonge de Pouppe.*

TRES. s. m. Vieux mot. Tente, selon ces vers du Roman d'Artus.

Quant la Court li Roy fut ostée,
Mouft vissiez belle assemblée,
Les Mareschaux oster, livrer,
Soliers & chambres delivrer,
Et ceux qui n'avoient ostex,
Faire loges & tendre tres.

TRESACERTES. adv. Vieux mot. A bon escient. *Elle mit tresacertes son amour en lui.* Nicot dit que ce mot est composé de *Tres*, & de *Acertes*, qui veut dire Tout de bon, sans déguisement.

TRESANNE'. E'E. adj. Vieux mot. Suranné.

TRESCHE. s. f. Vieux mot. Danse.

Oiseaux privez, bestes domesches,
Paroles, & dances & tresches.

Tresches a été dit aussi, pour Tresse.

TRESCHEUR. s. m. Terme de Blason. Tresse ou orle fleuré conduit dans le sens de l'Ecu. Il y en a de simples & de doubles, quelquefois fleuronés, & contrefleuronés, & quelquefois fleurdelisés. Ce mot vient de ce qu'il represente une tresse qu'on appelloit autrefois *Trecheur* ou *trescheur, tresche, & treschie.*

TRESEAU. s. m. Assemblage de trois gerbes ensemble qu'on laisse sur le champ après qu'elles sont liées, jusqu'à ce qu'on les ait dîmées ou champartées.

Treseau, est aussi un terme de Mercier, & signifie Un gros, ou demi-quart d'once. Le fil, la soye & autres menues marchandises s'achettent ordinairement au Trezeau. Trezeau, dit Nicot, *en cas de poids de toutes marchandises qui se debitent, excepté l'or & l'argent, vaut demi-sezain, & est la huictiesme partie de l'once audit poids, & se divise en deux demis treseaux qui valent un gros, & le gros en deux demis gros qui est la plus basse espece de cette maniere de poids.*

TRESEILLE. s. f. Terme de Charon. La partie d'un chariot qui entre dans les deux ridelles pour les tenir en état.

TRESGETTE', E'E. adj. Vieux mot. Designé, marqué. Un ancien Poëte a dit en parlant de la Déesse Discorde qui ne fut pas invitée au festin des Dieux qui se fit pour les nôces de Thetis & de Pelée.

Despit en eut la mesch'ans
Et pour troubler les Noceans
A une pomme entr'eux gettée,
Si fu de fin or tresgettée.

TRESILLON ou *Etresillon.* s. m. Morceau de bois qu'on met entre des ais nouvellement sciés pour les tenir en état & les faire secher plus aisément & sans gauchir. On dit *Tresillonner une pile de bois*, crainte qu'il ne se tourmente.

TRESPENSE', E'E. adj. Vieux mot, qui selon Gouvain a signifié Pensif. Fauchet lui donne la signification de Temeraire ; & en apporte ces vers pour exemple.

Quiconq m'en tient a trespensé,
Pour dire mon nouvel pensé.

TRESQUE. Vieux mot. Dès que, jusqu'à ce que. On a dit aussi *Tresciquе*, pour Jusqu'à ce que, & *Tressiaux*, pour dire, Jusqu'aux.

De l'homme tressiaux bestes.

TRESSAUT. s. m. Terme de Monnoie. Quand l'Essayeur general & l'Essayeur particulier ne se rapportent pas en faisant les essais d'une même espece, & qu'il y a quelques trente-deuxiémes ou grains de fin de difference entre eux, cela s'appelle *Faire un tressau.*

TRESSE. s. m. Cordon plat fait de plusieurs brins de fil ou de soye, ou d'autres filets entrelassés en forme de natte. C'est aussi un tissu de cheveux qu'on attache ensemble par les racines sur quelque ruban pour en faire une perruque. *Tresse* parmi les Nattiers n'est autre chose que de la paille cordonnée.

TRESTANS. Vieux mot. Tout autant.

TRESTOR. s. m. Vieux mot. Détour, finesse pour échaper. On a dit aussi *Trestour* & *Trestorner*, ou *Trestourner*, pour dire, Se remuer de tous côtés, se renverser.

Quand sanses ce regarde vid cheoir Beranger,
La selle trestourner & fuir le destrier.

TRETOUS. adj. Vieux mot. Tous. On a dit aussi *Trèstuit.*

TRESTRANCHER. v. a. Vieux mot. Interrompre.

TRETEAU. s. m. Petit chevalet composé de quatre piés, dont on se sert pour soûtenir des ais, des dessus de table, & autres choses pareilles. Les Treteaux des Scieurs sont une sorte de piés assés hauts, sur quoi ils posent la piece de bois qu'ils ont à scier.

Les Plombiers ont aussi un *Treteau*, pour porter la poële où ils mettent le plomb fondu afin de le jetter dans le moule.

TRETRATRETRE. s. m. Animal de la grandeur d'une genisse de deux ans, qui se trouve dans l'Isle de Madagascar. Cet animal a la tête ronde, le visage d'une personne, & les piés de devant & de derriere semblables à ceux d'un singe.

TREU s. m. Vieux mot de Coûtume. Il se dit d'un peage & impôt que le Seigneur prend sur les marchandises qui passent d'un pays à l'autre. On le dit encore d'un droit qui appartient au Seigneur de la terre où une bête qu'on chasse aura été abattue quoi qu'elle ait été levée sur la terre du Veneur qui la poursuit. Ce droit s'appelle *Treu* & *Truage.*

TREVIER. s. m. Terme de Marine. Nom que l'on donne à celui qui travaille aux voiles, qui a soin de l'envergure, & qui les visite à chaque quart pour voir s'il n'y a rien qui y manque.

TREUIL. s. m. Terme de Mechanique. Rouleau ou cylindre de bois, autour duquel s'entortille la corde lorsqu'on tourne un moulinet.

TREVIRER. v. n. Terme de Marine. Mettre en dessus, quand une manœuvre toue, le double de cette manœuvre qui est dessous.

TREUQUE. s. f. Vieux mot. Treve. On a dit aussi *Trive.*

TREZEAU. s. m. Se dit de trois hommes qui battent du blé dans un aire.

TRI

TRIAIRE. s. m. Sorte de Soldat Fantassin de l'ancienne Rome. Il étoit armé d'une pique & d'une rondache, & portoit le casque & la cuirasse. Il y avoit des Triaires dans chaque Cohorte.

TRIANGLE. s. m. Terme de Geometrie. Figure comprise sur trois lignes, & qui par consequent a trois angles. Le triangle se divise ou par rapport à la nature des lignes qui le forment, ou par rapport à ses côtés, ou par rapport à ses angles. Selon le premier rapport il est *rectiligne*, s'il est formé de lignes droites, ou *spherique*, s'il est de trois arcs de grands cercles qui se coupent dans une Sphere selon le second rapport, le triangle est *equilateral*, s'il a ses trois côtés égaux, ou *isoscelle*, s'il n'en a que deux, ou *scalene* s'il les a tous trois inégaux. Selon le troisiéme rapport il est *rectangle* s'il a un angle droit, *ambligone* ou *obtus* s'il en a un obtus, *oxygone*, s'il les a tous trois *aigus.*

La base d'un triangle est celui des trois côtés que l'on veut choisir pour lui donner ce nom; ordinairement c'est celui qui est opposé à quelque angle que l'on considere principalement, ou c'est le côté horisontal.

La hauteur d'un triangle est une perpendiculaire tirée sur sa base de l'angle qui lui est opposé.

Résoudre un triangle, c'est trouver la valeur de ses côtés & de ses angles, & l'espace qu'il contient, cet espace est toûjours la moitié de l'espace d'un parallelogramme qui auroit même base & même hauteur que le triangle. *La resolution des triangles* se fait par les *Sinus*. Voyez SINUS.

On appelle *Triangle*, en termes de Marine, Un échafaut qu'on fait de trois planches, & qui sert à travailler sur les côtés d'un Vaisseau. *Triangle*, se dit aussi de trois barres de cabestan que l'on suspend autour des grands mâts, quand on veut racler ou gratter. Cela se fait avec un petit ferrement coupant emmanché de bois qu'on appelle *Tacle.*

Triangle quarré, est un Instrument de bois dont les Menuisiers se servent. Ils en ont un autre qu'ils appellent *Triangle anglé.*

Les arracheurs de dents appellent *Triangle* Un petit instrument dentelé & fait en triangle, autour duquel ils mettent du linge pour porter quelque essence ou quelque liqueur dans une dent.

TRIBALLE. s. f. Chair de porc frais cuite dans sa graisse qui se vend dans les foires.

TRIBALLER. v. a. Vieux mot. Remuer, branler.

TRIBARD. s. m. Bâton que l'on pend au col d'un chien pour l'empêcher de courir après les brebis ou d'entrer dans les vignes qui commencent à mûrir. Les Ordonnances de Police d'Angers disent, *Landon.*

TRIBORD. s. m. Terme de Marine. Côté de la main droite d'un Vaisseau, en se figurant un homme qui est à la pouppe & qui regarde la proue. C'est la même chose que *Stribord* & *Trienbord.*

TRIBOUL. s. m. Vieux mot. Tourbillon.

TRIBOULE', E'E adj. Vieux mot. Foulé, maltraité.

Tapez, trompez, tourmentez, troudelez,
Brisez, riflez, tempestez, triboulez.

TRIBOULET. s. m. Morceau de bois fait en pain de sucre exactement rond qui sert aux Orfevres, &c. à rendre bien rondes des pieces qu'ils veulent souder après les avoir forgées, cizelées, &c. comme des cercles, des suages, &c.

TRIBU. s. f. *Une des parties dont un Peuple est composé, & qui dans son origine comprenoit tous ceux qui étoient sortis d'une même tige.* ACAD. FR. Ce mot s'est pris autrefois pour une partie du Peuple d'Israël, ou pour un Pays de la Terre promise à ce même Peuple, qui s'étant fort multiplié, se divisa en treize Tribus du nom de leurs Chefs. Ces Chefs furent Ruben, Simon, Levi, Juda, Isachar, Zabulon, Dan, Nepthalim, Gad, Aser, Benjamin, Manassé & Ephraïm. Josué, qui étoit de la Tribu d'Ephraïm, ayant eu le commandement des Israëlites par la mort de Moïse, partagea la terre de Chanaan à douze de ces Tribus, celle de Levi, qui étoit la treiziéme, n'ayant eu aucune portion de cette terre pour son partage, mais seulement la sacrificature. Cet état des douze Tribus subsista jusqu'au tems de Roboam, sous lequel il arriva une grande sedition qui les divisa. Un certain Jeroboam mit de son parti dix de ces Tribus, qui se separerent des deux autres, de sorte que Roboam ne conserva que celles de Juda & de Benjamin, qui depuis ce tems prirent le nom de Juda, & on appella ces peuples *Juifs*. Le nom d'Israël & d'Ephraïm demeura aux dix Tribus qui s'attacherent à Jeroboam.

Tribu signifie aussi certaine partie du peuple Romain, que Romulus divisa d'abord en trois Tribus, partageant entre elles les trois quartiers de la Ville. Tarquin l'Ancien voyant le peuple augmenté en fit six Tribus, & enfin l'an 512. de la fondation de Rome, le nombre de ces Tribus alla jusques à trente-cinq, dont les unes étoient appellées *Urbaines*, & les autres *Rustiques*; de sorte que ceux qui demeuroient dans la Ville composoient les Tribus Urbaines, & ceux qui vivoient à la campagne, faisoient les Tribus Rustiques.

TRIBULE. s. m. Dioscoride parle de deux sortes de Tribule, l'un terrestre qui croît le long des rivieres & parmi les masures, & qui a ses feuilles comme le pourpier, mais plus menues. Ses sarments traînent par terre, & entre ses feuilles il y a certaines épines fortes & dures. L'autre espece est celle qui est appellée *Tribule aquatique*, à cause qu'il croît dans les rivieres. Ses feuilles, qui sont larges & qui tiennent à une longue queue, cachent ses épines & son tronc, où sa tige est plus grosse au dessus que par le bas. Il a certains filamens accommodés en forme d'épis. Sa graine est fort dure & assés semblable à l'autre. Matthiole dit que son fruit est noir & de la grosseur d'une châtaigne, ayant trois pointes d'où il a pris son nom, & qu'il est couvert d'une écorce cartilagineuse. Il ajoûte que le commun peuple de Venise appelle cette espece de Tribule, qui ne se trouve pas seulement dans les eaux douces, mais aussi dans les salées, *Châtaigne aquatique*; qu'on en mange & qu'on en use comme des autres châtaignes, & que même on en fait du pain en certains endroits, en reduisant en farine cette sorte de châtaigne après l'avoir fait secher. Les deux Tribules dont Dioscoride a fait mention, rafraîchissent & épaississent, & en les mettant en maniere de cataplasme, ils sont fort propres à toutes inflammations, & guerissent tous les ulceres qui viennent à la bouche, aux gencives, & aux amygdales.

TRIBUN. s. m. Magistrat qui fut établi parmi les Romains, pour soûtenir les droits du peuple contre les entreprises des Consuls & du Senat; ce qui le faisoit appeller *Tribun du Peuple*, à la difference du *Tribun militaire*, qui étoit un Officier commandant en chef à un corps de gens de guerre. Il étoit appellé parmi les Romains *Tribunus Celerum*. Ces Cavaliers nommés *Celeres*, étoient comme nos Dragons, & ils combattoient à pié ou à cheval, selon que l'occasion le demandoit. Il y en avoit seulement trois cens, que Romulus divisa en trois Centuries, les ayant tirés des plus nobles familles de Rome.

TRICOISES. s. f. Sorte de tenailles dont les Maréchaux se servent pour couper les clous qu'ils ont brochés avant que de les river. On s'en sert aussi pour déferer un cheval.

TRICOTET. s. m. Espece de danse gaie. *Danser un tricotet, les tricotets.*

TRICTRAC. s. m. *Sorte de jeu où l'on joue avec deux dés & trente tables, quinze d'une couleur, & quinze d'une autre.* ACAD. FR. Nicot en parle en ces termes. Trictrac *est la face du damier en laquelle à ject, sort & rencontre des dez, on joue aux tables, le nom étant fait par onomatopée, du son des dez & cliquetis desdites tables, en les remuant de lieu à autre. Il se prend aussi pour tout ledit damier entier, comme*; Il a prêté son trictrac, *& pour une particuliere sorte de jeu qui se joue à dez & table sur ledit damier, car il y en a plusieurs sortes, comme* Toutes tables, le Pair, la Reinette, le Lourche, *qui tous se jouent à sort & à adventure de dez & remuement de tables, selon l'eschente des poincts marquez és six faces d'iceux dez.*

TRICUSPIDE. ad. Les Medecins appellent *Valvules tricuspides*, Les valvules ou petites portes qui empêchent que ce qui est entré dans le cœur n'en sorte. Leur figure triangulaire les a fait nommer ainsi. Elles ont trois pointes ou trois angles, dont neanmoins il n'en paroît qu'un qui est dégagé.

TRIDE. adj. Terme de Manege. On appelle *Pas tride*, Un pas qui a les mouvemens courts & prompts, encore qu'ils soient unis & aisés, & on dit, qu'*Un cheval manie sur les voltes fort trides*, pour dire, que les tems qu'il fait des hanches sont courts & avec prestesse.

TRIEULE. s. f. Vieux mot. On a dit aussi *Triule*. *C'est*, dit Nicot, *ce tour à raiz aux deux bouts, à l'entour duquel la corde du puis s'entortille quand on le tire à mont du fonds du puis à tours de ladite Trieule.*

TRIGLYPHE. s. m. Terme d'Architecture. Espece de bossage qui par intervalles égaux a dans la frise Dorique deux gravûres entieres en anglet, appellées *Canaux*, & separées par trois côtes d'avec les deux demi-canaux des côtés. Ce mot est Grec, τρίγλυφος, & signifie, Qui a trois gravûres. M. Felibien dit qu'il doit toûjours y avoir un Triglyphe qui réponde sur le milieu des colomnes, & qui ait de largeur le demi-diametre de la colomne prise par le pié. Les Triglyphes sont composés dans le milieu de deux cannelures ou coches en triangle, & de deux demi cannelures sur les deux côtés. Chaque espace qui est entre les deux cannelures, s'appelle *Coste* ou *Listel*.

TRIGONE. s. m. Terme d'Astrologie. Il se dit de l'aspect des Planetes quand elles sont éloignées les unes des autres de six vingts degrés, parce que cela forme un triangle.

TRIGONOMETRIE. s. f. Art de mesurer les triangles, c'est-à-dire, de trouver la valeur de leurs angles & de leurs côtés, & l'espace ou air qu'ils contiennent. Toute la Trigonometrie roule sur *les sinus*. Voyez SINUS. Elle se divise en *Trigonometrie rectiligne*, qui enseigne à mesurer les triangles rectilignes, & en *Trigonometrie spherique*, qui apprend à mesurer les triangles spheriques. Ce mot est composé de τρίγωνον, Triangle, & de μετρεῖν, Mesurer.

TRINE. adj. Terme d'Astrologie Judiciaire, qui se joint toûjours avec *Aspect*. L'*Aspect trine* est quand deux Planetes sont éloignées entre elles de soixante degrés, ou de la troisiéme partie du Zodiaque. On le marque par cette lettre Grecque Δ.

TRINGLE. s. f. *Verge de fer menue, longue & ronde, dont on se sert ordinairement pour y passer les anneaux d'un rideau.* ACAD. FR. Nicot donne ses conjectures sur l'étymologie de ce mot. *Peut-être*, dit-il, *que* Tringle *vient de* Regula, *en adjoustant un* t, *comme de* Ranunculus, *Renouille. Aucuns adjoustent un* g, *& disent* Grenouille.

Tringle signifie aussi une Regle de bois longue & étroite, dont les Menuisiers se servent pour boucher quelques ouvertures de portes, de fenêtres, de chassis. Les Tapissiers appellent *Tringle*, Un morceau de bois qui est de la grandeur d'un lit, & qui pose sur les colomnes.

Tringle, en termes de Charpenterie, se dit d'une piece de marrein de deux piés de long & de cinq ou six pouces de large. Ils s'en servent à couvrir les joints des planches d'un batteau, tant du fond que des bords.

Tringle, en termes d'Architecture, est un membre quarré qui est au droit de chaque triglyphe sous la platebande de l'architrave, & d'où pendent les gouttes dans l'Ordre Dorique.

Les Bouchers appellent *Tringle*, Une barre de bois qui est au-dessus de leur étal, & où il y a des clous à crochets, pour pendre la viande.

TRINGLER. v. a. Terme de Charpenterie. Marquer sur une piece de bois une ligne droite avec un cordeau frotté de pierre blanche, noire ou rouge, que l'on fait bander aux deux extrémités de la ligne. En élevant ce cordeau par le milieu il fait ressort, & par sa percussion il marque la couleur dont il a été frotté.

TRINGLETTE. s. f. Outil en forme de couteau dont les Vitriers se servent pour ouvrir le plomb où ils enchassent le verre. C'est un morceau d'yvoire, d'os ou de bouis, long de quatre ou cinq pouces & un peu pointu. Ils appellent aussi *Tringlettes*, Certaines pieces de verre dont ils composent des panneaux de vitre. Il y a des Tringlettes doubles, & des Tringlettes en tranchoir.

TRINITAIRES. s. m. Heretiques, qui ont des sentimens contraires à ce que croit l'Eglise Romaine sur le mystere de la Trinité.

On appelle *Trinitaires*, Un Ordre de Religieux qui commença en 1211. par Jean Matha & Felix Anachoretes, qui ayant été avertis en songe de se rendre auprès d'Innocent III. qui avoit eu un pareil avertissement, reçurent de lui un manteau blanc avec une croix de couleur rouge & de bleu celeste bordée par devant. Le Pape les nomma *Freres de la Trinité* & *Moines de la Redemption des Captifs*, leur office étant d'amasser le plus d'argent qu'ils pourroient pour le rachat des Chrétiens retenus Captifs par les Infideles. Cet Ordre vint en Angleterre l'an 1357. Ils devoient garder les deux tiers de leur revenu pour leur entretien, & la troisiéme partie devoit s'employer à délivrer les Captifs. Suivant leur Regle, trois Ecclesiastiques, & trois Freres lais pouvoient demeurer ensemble avec un Procureur appellé Ministre. Leur habit devoit être de drap blanc, & il falloit qu'ils couchassent dans de la laine, & allassent sur des ânes quand ils voyageoient, & non pas sur des chevaux.

TRINITE'. s. f. Herbe qui croît parmi les arbres & aux lieux humidés, & qui a ses feuilles faites en triangle. Elles tiennent à de longues queues, & sont rouges d'en bas ainsi que le cyclamen. Au dessus elles sont mouchetées de certaines taches blanches. A la cime de ses tiges qui sont fort menues, elle produit une fleur perse ou bleue lorsque le printems commence. Matthiole dit que les Anciens, tant Grecs qu'Arabes, n'ont fait nulle mention de cette plante, mais que les Modernes en font cas pour souder des plaies, l'appliquant au dehors, & l'ordonnant par la bouche. Ils s'en servent aussi aux descentes des boyaux, donnant à boire une cueillerée de la poudre de cette Herbe tous les matins avec de gros vin.

TRINOME. s. m. Terme d'Algebre. Grandeur composée de trois grandeurs incommensurables. Voyez BINOME, & INCOMMENSURABLE.

TRIQUENIN. s. m. Nom que l'on donne sur la mer au bordage exterieur, qui est le plus élevé du corps d'une Galere.

TRINQUET. Terme de Marine. Les Levantins appellent ainsi le mât de misaine ou de l'avant. C'est celui qui est mis debout en la proue d'un navire entre le beaupré & le grand mât. *Trinquet* se dit aussi du second mât d'une Galere.

TRINQUETTE. s. f. Voile de figure triangulaire qu'on met à l'avant de certains Vaisseaux. Telle est celle de l'artimon, des étais & de la plûpart des bâtimens du Levant. On l'appelle aussi *Triquette*, & autrement, *Voile Latine*, ou *à tiers point*.

TRIO. s. m. Terme de Musique. Piece à trois parties. C'est la partie d'un concert où il n'y a que trois personnes qui chantent.

TRIOLET. s. m. Petite piece de cinq vers de huit syllabes en maniere de rondeau, dont le premier se repete après le troisiéme, & le premier & le second après le cinquiéme.

TRIOMPHE. s. m. *Ceremonie pompeuse & solennelle qu'on faisoit chez les Romains à l'entrée d'un General d'armée, lorsqu'il avoit remporté une victoire considerable.* ACAD. FR. Il y avoit deux sortes de Triomphe, le grand, qu'on appelloit simplement *Triomphe*, & le petit, qu'on nommoit *Ovation*. Le Triomphe étoit terrestre ou naval, selon que la bataille s'étoit donnée sur mer ou sur terre. On tient que Tarquin l'Ancien fut le premier qui entra dans Rome sur un char avec une pompe magnifique, & qu'après que l'on eut chassé les Rois de Rome, Valerius Publicola Consul fut le premier à qui la Republique accorda l'honneur du Triomphe. L'an 522. de Rome, Papirius Maso n'ayant pû obtenir du Senat celui du Triomphe ordinaire, sortit de la Ville, & alla triompher sur le mont Alban, en quoi il fut imité par plusieurs autres. Cajus Duellius ayant gagné la bataille contre les Carthaginois, obtint le premier Triomphe naval l'an 493. de la fondation de la Ville. Le Triomphe ne s'accordoit qu'à un Dictateur, à un Consul, ou à un Préteur. Ainsi ce fut par un privilege particulier que l'Ovation fut accordée l'an 553. à Lucius Cornelius Lentulus Proconsul, & que Pompée qui n'avoit que quatorze ans, & n'étoit encore que Chevalier, obtint l'honneur du Triomphe l'an 672. Le General d'armée qui le demandoit, étoit obligé de quitter le commandement des Troupes, & de demeurer hors de Rome jusqu'à ce qu'on eût resolu si cet honneur lui devoit être accordé. Il envoyoit au Senat une fidelle Relation de la victoire qu'il venoit de remporter. Le Senat qui s'assembloit pour cela au Temple de Mars, après s'en être fait faire la lecture, prenoit le serment des Centurions qui attestoient que tout ce que la Relation contenoit étoit veritable, & qu'il y avoit eu cinq mille hommes tués du côté des ennemis. Un moindre nombre étoit une exclusion pour le Triomphe. Lorsque le Senat avoit donné son decret, on assembloit le peuple qui étant d'avis du Triomphe, rendoit le commandement à ce General d'armée. Voici en quoi consistoient les ceremonies du Triomphe. Celui à qui il avoit été accordé, ayant sur la tête une couronne de laurier & tenant à sa main droite une branche de cet arbre, commençoit par faire une harangue au Peuple & aux Soldats qui s'assembloient en un même lieu, après quoi il distribuoit ses presens & une partie des dépouilles des ennemis. Pendant ce tems la pompe commençoit à paroître vers la porte triomphale. Les trompettes étoient à la tête, & precedoient les Taureaux que l'on avoit destinés pour le sacrifice. Ces animaux étoient ornés de rubans & couronnés de fleurs, & quelquefois avoient leurs cornes dorées. Les dépouilles des ennemis portées dans des chariots ou par de jeunes soldats, paroissoient ensuite avec les images des Villes & des Nations subjuguées. Ces images se representoient en or ou en argent, ou étoient faites de bois doré, d'ivoire ou de cire avec leurs noms & inscriptions en grosses lettres. On y portoit aussi les figures des fleuves & des montagnes les plus remarquables des lieux qui avoient été assujettis par celui qui triomphoit. Tout cela étoit suivi des Rois & des Capitaines captifs qu'on chargeoit de chaînes de fer, d'or ou d'argent, & qui avoient la tête rasée pour marquer leur servitude. Les joueurs de flutes & de guittare les accompagnoient avec plusieurs Officiers de l'armée. Un boufon marchoit le dernier dans cette pompe, raillant les vaincus, & élevant la gloire de Rome. Enfin on voyoit le Triomphant dans un char d'ivoire, à deux roues, que tiroient du tems de la Republique quatre chevaux blancs, attelés de front. Ce Char étoit rond en forme de tour, & enrichi d'or. Les Empereurs se servirent d'Elephans au lieu de chevaux; & si l'on en croit le témoignage de Pline, ce fut pour imiter le triomphe de Bacchus qui vainquit les Indiens sur un char tiré par quatre Elephans, que Pompée le Grand en introduisit l'usage. Le char d'Heliogabale fut attelée de lions, de chiens & de tygres, & celui d'Aurelien fut traîné par des cerfs, afin de faire connoître la timidité des Ennemis. Les Senateurs & la Milice Romaine suivoient le char du Triomphateur, qui porta d'abord une couronne de laurier, & ensuite d'or. Il faisoit aussi porter devant lui les couronnes d'or que les Provinces lui avoient données, pour servir d'ornement à son triomphe. Il avoit une robe de pourpre, chargée de figures de palmes en broderie d'or, & outre la branche de laurier qu'il tenoit à sa main droite, il tenoit à sa gauche un sceptre d'ivoire, surmonté d'une petite aigle d'or. Pendant la pompe de son triomphe un Officier qui étoit derriere lui, prononçoit à haute voix, *Souvenez-vous que vous êtes homme*, pour l'avertir de ne se point laisser surprendre à l'orgueil. Lorsqu'il étoit arrivé au Capitole, il faisoit un sacrifice à Jupiter, ce qui étoit suivi d'un magnifique festin, après quoi on le conduisoit dans son Palais. Les Triomphes étoient fort souvent suivis de chasses, de comedies, de combats de Gladiateurs, & d'autres jeux publics qui duroient plusieurs jours, ainsi que la suite de la pompe dans quelques Triomphes, comme en ceux de Quintus Flaminius, de Cesar & d'Auguste. Quelquefois aussi les enfans du Triomphant l'accompagnoient dans son chariot, & l'on y vit ceux de Paul Emile, dont le Triomphe qui fut le plus magnifique qu'on ait jamais vû ne s'acheva qu'en trois jours. Le mot de *Triomphe* vient du Grec θρίαμβος, qui veut dire la même chose.

TRIPARTITE. adj. Qui est divisé en trois. Ce mot n'a d'usage qu'en cette façon de parler, *Histoire tripartite*, du Latin *Tres*, Trois, & de *Partiri*, Separer.

TRIPE. s. f. On appelle *Tripes*, Les boyaux des animaux, & *Tripe de velours*, Certaine étoffe de laine qu'on manufacture & que l'on coupe comme le velours. Quelques-uns font venir *Tripe*, en ce sens, de l'Espagnol *Terciopelo*, Velours.

TRIPE-MADAME. s. f. Sorte de petite herbe qu'on mange en salade, & qui a plusieurs petits brins fort serrés que pousse sa tige. Les Latins l'appellent *Semper vivum*. On disoit autrefois *Triquemadame*.

TRIPER. v. n. Vieux mot. Danser. Borel fait venir ce mot de *Trepigner*, ou du Latin *Tripudiare*.

> *Cil en patience travaillent*
> *Et balent, & tripent, & saillent.*

TRIPLIQUER. v. n. Terme de Palais. Répondre à des dupliques.

TRIPOLI. Maniere de craie blanche un peu rougeâtre qu'on vend chés les Chandeliers, & dont on se sert pour éclaircir la vaisselle & plusieurs autres choses de métal qui sont déja nettes. Ce mot a fait *Tripolir*, dont les femmes qui écurent se servent pour dire, Nettoyer avec du Tripoli. En Bretagne on en tire beaucoup à Poligni, à quelques lieues de Rennes.

TRIPOLIUM. s. m. Plante qui selon Dioscoride croît où va le flot de la mer quand la marée vient, en sorte qu'il ne croît ni dans la mer ni sur la greve. Ses feuilles sont semblables à celles de pastel, mais plus épaisses. Sa tige qui est mi-partie à sa cime, est de la hauteur d'un palme. On dit que ses fleurs changent chaque jour trois fois de couleur, étant blanches au matin, purpurines à midi & rouges le soir. Sa racine est blanche, odorante & chaude au goût. Cette racine étant bûe en vin au poids de deux drachmes, évacue l'urine & toutes les aquosités. On la met aussi aux préservatifs & contrepoisons. Serapion appelle le Tripolium *Turbit*; ce qui le fait prendre par quelques-uns pour le Turbit des Apothicaires. Matthiole qui n'a point vû de Tripolium en Italie, le tient different du Turbit, qui n'est ni odorant ni piquant au goût, mais un peu salé & âpre.

TRIPUDIER. v. n. Vieux mot. Danser.

> *Il s'en alla tripudier*
> *Avec les Inferes là-bas.*

TRIQUE. s. f. Gros bâton ou parement de fagot.

TRIQUENIQUE. s. f. Affaire de neant. C'est, dit Borel, comme qui diroit Debat, dispute pour un cheveu, du Grec θρὶξ, Cheveu.

TRIQUER. v. a. Trier les triques & les morceaux de bois pour les mettre à part. *Triquer* se dit aussi en parlant de vin, & on dit *Triquer les cuvées de vin*, pour dire, Les choisir & les mettre à part.

TRIQUET. s. m. Espece de petit battoir étroit, avec lequel on joue à la courte paume. On appelle aussi *Triquet*, & autrement *Traquet* ou *Chevalet*, Un échafaut de Couvreur, fait de plusieurs pieces de bois assemblées en triangle, qui s'applique contre les murs. C'est aussi le nom de l'épée de bois fendu, large comme une latte, qui fait du bruit quand un Arlequin en frappe.

TRIREGNE. s. m. Terme de Blason dont se servent quelques-uns pour dire, La triple couronne du

Pape. On l'appelle absolument *Le regne* en Italie.

TRISACRAMENTAUX. f. m. Sorte d'heretiques appellés ainsi, à cause qu'ils n'admettoient que trois Sacremens, sçavoir le Baptême, l'Absolution & l'Eucharistie.

TRISECTION. f. f. Separation en trois. Les Geometres disent *La trisection de l'angle*, lorsqu'ils parlent de sa division en trois parties égales. C'est un de ces grands problêmes qu'ils cherchent depuis un si grand nombre d'années, aussi-bien que la quadrature du cercle.

TRISMEGISTE. f. m. Terme d'Imprimerie. Caractere qui est entre le gros Canon & le petit, du Grec τρὶς, Trois fois, & de μέγιστος, Très-grand.

TRIPASTE. f. m. Machine faite de trois poulies, dont on se sert aux Temples & aux ouvrages publics. Ce mot vient de τρὶς, Trois fois, & de σπάω, Je tire. M. Perrault, qui en fait la description, dit qu'on dresse trois pieces de bois proportionnées à la pesanteur des fardeaux qu'on veut élever. Ces pieces de bois sont jointes par en haut avec une cheville, & écartées par en bas. Le haut, qui est attaché & retenu de chaque côté par des écharpes, soûtient une moufle dans laquelle on met deux poulies qui tournent sur leurs pivots. On passe sur la poulie d'en haut le cable qui doit tirer, & après qu'on l'a fait encore passer sur une autre poulie qui est dans la moufle inferieure, on le fait revenir passer sur celle qui est au bas de la moufle superieure, en faisant encore descendre la corde pour en attacher le bout au trou qui est en la moufle inferieure. L'autre bout de la corde descend en bas, où les grandes pieces de bois équarries se retirent en arriere en s'écartant. Les amarres qui reçoivent les deux bouts du moulinet, sont attachées à ces grandes pieces, afin qu'ils y puissent tourner aisément. Le moulinet a deux trous vers chaque bout, & ces trous sont disposés de telle maniere, que l'on y puisse passer des leviers. On attache des tenailles de fer à la partie inferieure de la moufle, avec des crochets qui s'accommodent aux trous qu'on fait pour cela dans les pierres. L'effet de toute cette machine pour élever & poser des fardeaux en haut, est que l'on attache le bout de la corde du moulinet, qui étant tourné par les leviers, ébranle la corde qui est entortillée à l'entour.

TRISSE. f. f. Terme de Marine. Palan à canon qui sert à approcher & à reculer la piece de son sabord. On l'appelle autrement *Drosse*.

TRITHEISTES. f. m. Sorte de secte, dont un Georgius Pauli de Cracovie a été reputé l'Auteur. Ceux qui suivoient les erreurs de cette Secte, enseignoient qu'il y avoit trois divers Dieux qui differoient en degrés.

TRITHEITES. f. m. Heretiques qui divisoient l'essence de Dieu en trois parties. Ils nommoient l'une le Pere, l'autre le Fils, & la troisiéme le Saint Esprit, comme si chaque Personne n'avoit pas été parfaitement Dieu.

TRITON. f. m. *Espece de poisson, qui, selon quelques Naturalistes & quelques Relations, est presque de figure humaine.* ACAD. FR. On trouve de ces Tritons dans la mer du Bresil, & les Sauvages les appellent *Ypupiapia*. Ils en ont beaucoup d'horreur, leur voyant une face humaine, sans nulle autre difference que celle des yeux, qui sont bien plus profonds dans la tête. On dit que les femelles ont de longs cheveux & de beaux visages ; ce qui les fait approcher de ce qu'on dit des Syrenes. Ces Tritons se tiennent ordinairement dans l'embouchure des rivieres, au dessous de la Lagoaripe à sept ou huit lieues de la Baie de tous les Saints, & auprès de *Porto Seguro*, où l'on prétend, selon ce que dit Laët, qu'ils ont tué beaucoup de Sauvages. Ils les embrassent par le milieu, les serrant si fortement qu'ils les étouffent, après quoi on les entend soupirer ; ce qui donne lieu de croire qu'ils les ont embrassés par affection, sans avoir voulu leur ôter la vie. Lorsqu'ils les voyent morts, ils s'en retirent laissant leur corps tout entier, à l'exception des yeux, du nez & du bout des doigts, que l'on ne retrouve plus en quelques-uns, lorsque la mer les jette au rivage. On trouve aussi frequemment dans les rivieres du même Pays une espece de Triton de la forme d'un enfant & aussi grand. Cet animal, que les Habitans appellent *Baëpapina*, ne fait aucun mal.

Triton. Terme de Musique. Dissonance majeure ou faux accord, & qui est composé de six tons, de la tierce majeure & du ton majeure.

TRITURATION. f. f. Terme de Chymie. Action par laquelle on reduit des corps solides en poudre subtile. On se sert des mortiers de fonte pour faire la trituration des bois, écorces, mineraux, & autres corps durs & secs. *Trituration*, en termes de Pharmacie, se dit de la reduction d'un medicament en menues parties. Il y a la *Trituration propre*, qui se fait avec des mortiers & des pilons, & la *Trituration impropre*. Celle-là se fait autrement qu'en pilant ou en broyant. La confrication est de ce genre aussi-bien que le raclement & le rapement. La Trituration propre se doit faire doucement. Ainsi quoique le medicament la demande forte, il faut neanmoins garder la mediocrité, à cause que la vertu est dissipée par la trituration violente. On connoîtra si elle doit être forte ou legere, en examinant la substance du medicament. Une substance legere, subtile & friable, n'a besoin que d'une fort legere trituration ; & si elle est dure, lente ou crasse, une très-forte trituration sera necessaire. Il n'en faut qu'une mediocre à une substance qui est dans la mediocrité. Ainsi la scammonée, qui est d'une substance rare, legere & friable, veut être triturée legerement, & les Aromates mediocrement, parce qu'ils sont de substance mediocre ; mais les pierres & toutes les choses dures qui ne sont point sujettes à s'exhaler, demandent à être triturées fortement.

TRITURER. v. a. Terme de Chymie. Reduire en poudre les matieres seches dans un mortier pour les passer ensuite dans un tamis. Ce mot vient du latin *Tritura*, Batterie de blé en grange.

TRIVIAIRE. adj. On appelle *Lieu triviaire*, Un lieu, une place, où trois chemins aboutissent. Ce mot vient du Latin *Trivium*, Lieu où se rencontrent trois chemins, trois rues, où l'on aborde de trois côtés ou plus.

TRIUMVIR. f. m. L'un des trois Magistrats qui gouvernerent la Ville de Rome avec une autorité souveraine depuis l'an 710. de sa fondation, jusqu'à l'an 720. Ces trois Magistrats, nommés *Triumvirs*, furent Octavien, que l'on appella depuis Auguste, Antoine & Lepide, qui s'étant associés pour cinq ans, continuerent leur association pour cinq autres années ; mais dès l'an 716. Octavien rompit l'alliance avec Lepide, & lui ayant fait la guerre, il la fit ensuite à Antoine qu'il vainquit, ce qui le rendit seul maître de Rome & de la Republique.

Il y eut de moindres Officiers créés en l'an 465. de la fondation de la Ville, que l'on appella *Triumvirs capitaux*. Ils avoient la garde des prisons, & c'étoit à eux à faire executer les criminels. M. Boiſard dans ſon Traité des Monnoies, rapporte qu'en ce même-tems on créa des Magiſtrats pour veiller ſur leur fabrication, & qu'à cauſe de leur nombre & de leur emploi ils furent nommés III. VIRI MONETALEIS. ÆRE FLANDO, FERIUNDO, c'eſt-à-dire, Triumvirs Monetaires ; ce qu'ils exprimoient en cette ſorte, III. VIRI. A. F. F. Les Romains ayant commencé vers l'an 484. à faire fabriquer de la monnoie d'argent, ces Triumvirs Monetaires, qui étoient des Officiers fort conſiderables, tirés du corps des Chevaliers, & faiſant partie des Centum-virs, ajoûterent à leurs qualités le mot ARGENTO en cette ſorte, III. VIRI. A.A. F.F. Ils firent la même choſe lorſqu'on fabriqua de la monnoie d'or l'an 546. ajoûtant le mot AURO, qu'ils exprimoient par trois A de ſuite, III. VIRI. A.A.A. F.F. Ces Officiers, appellés *Triumviri*, ſubſiſtoient encore l'an du ſalut 212. ſous Caracalla. Il reſte des Inſcriptions qui font connoître que cet emploi étoit joint aſſés ſouvent avec les Charges les plus conſiderables de l'Etat.

TRIUMVIRAT. ſ. m. Gouvernement abſolu de trois perſonnes. Le Triumvirat d'Auguſte, de Marc-Antoine & Lepide a été fameux à Rome.

Sylvius a reçû de grands applaudiſſemens de toute la Medecine, pour avoir établi un Triumvirat dans les inteſtins, ſçavoir la bile, le ſuc pancreatique & la pituite. Ces trois ſucs dans l'état requis & naturel y font une efferveſcence douce & temperée ; mais lorſqu'ils ſont vitiez & hors de leur état naturel, l'efferveſcence eſt violente & impetueuſe ; d'où reſultent differentes maladies qui travaillent tantôt l'abdomen, tantôt tout le corps ſucceſſivement.

TRO

TROCHANTERE. ſ. m. Terme de Medecine. Il ſe dit de deux apophyſes de l'os de la cuiſſe qui ſervent à ſon mouvement. Il y a le grand Trochantere, & le petit Trochantere. Ce mot eſt Grec τροχαντήρ, & vient de τροχάω, Je cours, je tourne comme une roue.

TROCHES. ſ. f. Terme de Venerie. On appelle ainſi les fumées d'hiver, c'eſt-à-dire, les vuidanges & excremens des bêtes. Les fumées d'Eté ſont rondes & huileuſes quand les bêtes ſont en venaiſon.

TROCHET. ſ. m. Terme d'Agriculture. Il ſe dit de pluſieurs fruits joints enſemble ſur les branches d'un arbre en maniere de bouquet.

TROCHILE. ſ. m. Terme d'Architecture. Sorte d'ornement que l'on appelle autrement *Scotie* ou *Nacelle*. C'eſt une moulure concave & obſcure entre les tores d'une baſe de colomne. Ce mot vient du Grec τροχίλος, Poulie, à cauſe que cet ornement en a la forme.

TROCHISQUE. ſ. m. Terme de Pharmacie. Médicament compoſé d'un ou de pluſieurs ingredients. Il eſt dur & ſolide, formé en maniere de petits pains ou gâteaux ſemblables à des lupins. Ce mot vient du Grec τροχίσκος, Petite roue. Les Trochiſques ſont ordinairement du poids d'une drachme, & on les forme quand il n'y entre que des choſes ſeches & arides, comme il arrive preſque à tous les Trochiſques, ſi ce n'eſt à ceux de viperes & de ſquille, en malaxant les poudres en conſiſtance de pilules avec quelques liqueurs, vin, eau diſtillée, lait, ſuc, gomme ou mucilage. Au contraire, lorſque leur matiere eſt molle, on y ajoûte quelque poudre, comme celle de pain rôti aux Trochiſques de viperes, & la farine d'orobe à ceux de ſquille, pour les réduire en pâte dure dans le mortier ; après quoi on en forme les Trochiſques que l'on fait ſecher à l'ombre, ſi ce ſont des médicamens dont la vertu ſe puiſſe exhaler, ou au Soleil quand ils ſont d'une matiere pierreuſe & métallique. Il faut que le lieu ſoit aëré, chaud, ſec & ſans pouſſiere. On les conſerve dans des pots de verre ou de terre verniſſés & bien bouchés. Il y en a de trois ſortes ſelon leurs facultés, de purgatifs, comme ſont ceux d'agaric, d'alhanda & de viole ; d'alteratifs, tels que ſont les incraſſans, des opilatifs & aſtringens, & de corroboratifs, comme les Trochiſques d'*Alipta moſchata* de Nicolas Alexandrin. On a inventé cette ſorte de compoſition ſeche pour conſerver ſans miel & ſans ſucre la vertu des ſimples pulveriſés qui compoſent la plus grande partie des Trochiſques, de ſorte qu'on a des remedes toûjours prêts & propres à tout, ſoit pour entrer dans les opiates, ou dans les électuaires ſolides, ſoit pour être diſſous & appliqués en poudre, ſoit pour en recevoir la fumée, ou pour être pris dans un jaune d'œuf ou en pilules.

TROCHURE. ſ. f. Terme de Chaſſe. Il ſe dit des bois de cerf, lorſqu'ils ſe diviſent en trois ou quatre cors ou eſpois au ſommet de la tête.

TROESNE. ſ. m. Arbre qui produit autour de ſes branches des feuilles ſemblables à celles de l'olivier, excepté qu'elles ſont plus larges, plus tendres & plus vertes. Les Arabes & les Apothicaires l'appellent *Alcanna*. Matthiole dit qu'il croît dans la plûpart des grands chemins d'Italie, & qu'il fleurit au commencement de l'Eté. Sa fleur eſt mouſſue, blanche & de bonne odeur ; mais elle ſe flétrit auſſi-tôt qu'elle eſt cueillie. Le Troëſne produit à la cime de ſes branches comme un raiſin de grains noirs, fait en pyramide. Ces grains ſont plus petits que les grains du lierre, plus noirs, plus polis, d'un goût amer & déſagreable, & pleins d'un jus purpurin. Ils demeurent tout l'hiver ſur l'arbre, & ſervent de nourriture aux grives & aux merles. Les feuilles du Troëſne ſont aſtringentes, ce qui fait qu'étant mâchées, elles gueriſſent les ulceres de la bouche. Si on les met en emplâtre, elles ſervent aux charbons & aux inflammations chaudes & aigues. Leur décoction fomentée eſt bonne aux brûlures. On appaiſe les douleurs de tête en appliquant la fleur de cet arbre ſur le front. L'onguent odorant qui ſe fait du Troëſne, étant mêlé & incorporé à des choſes chaudes, a la vertu de mollifier les nerfs. Le Troëſne eſt appellé *Liguſtrum* par les Latins, quoique pluſieurs croyent que le *Liguſtrum* doive être entendu de ces fleurs blanches qui s'entortillent parmi les buiſſons, & quelquefois aux échalas des vignes.

Alba liguſtra cadunt, vaccinia nigra leguntur.

Ainſi *Liguſtrum*, c'eſt la fleur du Troëſne ; *vaccinium* en eſt le fruit.

TROIS. adj. pl. *Nombre impair, contenant deux & un.* ACAD. FR. On dit, en termes de Blaſon, *Trois deux, un*, pour déſigner ſix pieces diſpoſées, ſçavoir trois en chef ſur une ligne, deux au milieu, & une en pointe de l'Ecu. *D'or à ſix annelets de gueules, trois, deux, un.*

On appelle, en termes de Guerre, *Trois quarts de tour*, Les trois quarts de cercle qui ſe décrivent en continuant le demi-tour dans un mouvement militaire appellé *Converſion*, à cauſe qu'il fait tourner la tête d'un bataillon du côté où étoit le flanc. C'eſt ce qu'on nomme autrement *Troiſiéme converſion.*

TROIS-QUARTS. ſ. m. Inſtrument de Chirurgie, d'argent ou d'acier, compoſé en maniere d'aiguille longue à peu près de la largeur de trois doigts, & dont le bout est fait en triangle. On passe cette aiguille dans une canule qui a une tête, & après qu'on a percé le ventre d'un hydropique en faisant l'operation appellée *Paracenthese*, on retire le Troisquart, & on laisse la canule dans l'endroit du ventre que l'on a percé, afin que les eaux de l'hydropique puissent couler par cette canule aussi long-tems qu'on le juge necessaire. Quelques-uns appellent cet instrument *Troquart* par corruption.

TROLLER. Faire une espece de clisse avec des branches d'arbres sur des pieux frappés en terre & lacés comme un panier. Quand on en fait à fermer une étable on la terrasse. Cet ouvrage s'appelle *Trolle*; ainsi que les branches d'arbres propres à ce travail.

TROMPE. s. f. *Cor, tuyau d'airain recourbé, dont on se sert à la chasse pour sonner.* ACAD. FR. C'est un instrument à vent, fait en forme de demi-cerceau, & composé d'une embouchure d'argent, d'un corps, d'une branche, d'un pavillon & de deux anneaux, l'un à un bout, & l'autre à l'autre, pour mettre l'enguichure. *Trompe*, se prend quelquefois pour *Trompette*, & on dit *Publier à son de trompe*, en parlant des choses qu'on fait sçavoir au public par autorité des Magistrats.

On appelle aussi *Trompe*, Un petit instrument de fer, dont on met l'extrêmité dans la bouche pour en jouer. Il est composé de deux branches & d'une languette que l'on touche avec le doigt quand on joue de la trompe; ce qui se fait en appliquant les branches contre les dents & souflant un peu.

Trompe, se dit encore d'une sorte d'instrument de fer blanc, fait en maniere de pyramide, par la pointe duquel on parle pour se faire entendre de loin.

On appelle *Trompe d'Elefant*, Une espece de nés allongé qui lui sort du muzeau, & qui lui pend presque jusqu'à terre entre les deux grandes dents de devant. Cette Trompe lui tient lieu de main. On donne aussi une trompe au Cameleon. C'est sa langue, qu'il lance hors de sa gueule comme s'il la crachoit, après quoi il la raccourcit en un moment en la retirant. Les mouches & les cousins ont encore une maniere de petite trompe, par le moyen de laquelle ils sucent le sang des animaux & les liqueurs qui peuvent leur servir de nourriture.

Trompe. Terme d'Architecture. Espece de voute qui va en s'élargissant par le haut, & qui semble se soûtenir en l'air. On l'appelle ainsi à cause de la ressemblance qu'elle a avec une trompe ou conque marine. On appelle *Trompe sur le coin*, Celle qui porte l'encoignure d'un bâtiment pour faire un pan coupé au rez de chaussée; & *Trompe dans l'angle*, Celle qui est dans le coin d'un angle rentrant. *Trompe ondée*, est celle dont le plan est cintré en ondes par sa fermeture; *Trompe reglée*, Celle qui est droite par son profil; *Trompe en tour ronde*, Celle dont le plan sur une ligne droite rachete une tour ronde par le devant, & est faite en maniere d'éventail; & *Trompe en niche*, Celle qui n'est pas reglée par son profil, & qui est concave en maniere de coquille.

On appelle *Trompe*, en termes de mer, Certain tourbillon de vent qui se fait dans un même lieu, & qui attire l'eau de la mer jusques au plus haut de l'air. Quand ce nuage creve sur quelque Vaisseau, c'est avec une telle violence, que bien souvent il le fait couler bas.

TROMPER. v. a. *Decevoir, user d'artifice pour induire en erreur.* ACAD. FR. On dit, en termes de Manége, *Tromper un cheval à la demi-volte d'une piste, ou de deux pistes*, quand le cheval maniant à droit, & n'ayant encore fourni que la moitié de la demi-volte, on le porte un tems un avant avec la jambe de devant. Alors on reprend à main gauche dans la même cadence que l'on avoit commencé ce qui fait regagner l'endroit où la demi-volte avoit été commencée à droit, & on se trouve à gauche. M. Guillet ajoûte dans ses Arts de l'Homme d'épée, qu'on peut tromper un cheval à quelque main qu'il manie.

TROMPETTE. s. f. Terme de guerre. Instrument de Musique à vent, fort ancien, qui se fait d'ordinaire de laiton, quelquefois d'argent, & qui se peut faire de toute sorte de métal. Il est composé d'un bocal par où on l'embouche, large de dix lignes, quoique le fond ne soit que de trois. On appelle *Branches*, Les deux premiers canaux qui portent le vent, & les deux endroits par où cet instrument se recourbe & se replie s'appellent *Potences*. Le canal qui est depuis la seconde courbure jusqu'à son extrêmité, est appellé *Pavillon*, & les endroits où les branches se peuvent briser & séparer ou souder, s'appellent, *Les nœuds*. Ils sont au nombre de cinq, & en couvrent les jointures. On se sert de la Trompette aux réjoüissances publiques, & particulierement à la guerre, pour assembler la Cavalerie, la faire marcher & l'animer au combat. Quand on en sçait bien ménager le son, il est de grande étendue & passe les quatre Octaves qui font l'étendue des claviers des épinettes & des orgues, pouvant aller jusqu'à trente-deux intervalles. Celui qui embouche la Trompette, met les bouts des lévres dans le bocal, & le jeu dépend de son adresse. M. Ménage fait venir *Trompette*, du Grec στρόμβος, Espece de conque dont on se servoit autrefois au lieu de cet instrument. Du Cange le dérive de *Trumpa*, mot de la basse Latinité, ou de l'Italien; *Tromba*, ou *Trombetta*, que l'on a dit dans le même sens. Voici en quels termes Nicot parle de *Trompette*. *C'est*, dit-il, *Un nom ores feminin & originel, & signifie cet instrument musical fait d'airain, ayant emboucheure plate, le tuyau estroict en icelle, & eslargissant peu à peu jusques au bas qui est évasé en petite cloche, & sonne à puissance de vent à pleines joües; usité tant en la guerre ès Compagnies de gens de cheval à maints effects, que aux Chasteaux de garde en frontiere, pour signifier les retraictes & la diane, qu'aux galeres pour icelle diane, & autres mots publiez par le son, que aux Villes & esdits lieux pour les bans, cris & proclamations publiques, & aussi en autres endroicts. Et en ce genre feminin, le mot qui est general à ces especes*, Trompette, clairon & sacquebute, *estant* Trompette, *ce qui ja a esté dit: car quant à ce mot* Trompe, *qui ores est le mesme que* Trompette, *ores signifie ce cor d'airain entortillé usité par les Veneurs en la chasse pour corner les mots d'icelle, tant pour les chiens que pour leurs Compagnons, n'est le mot entier dont on puisse dire le diminutif estre ledit mot* Trompette, *&* clairon, *La Trompette claironnant pour estre plus gresle de tuyau; au moyen dequoi on dit* clairon *&* Trompettes *&* sacquebute, *un presque semblable instrument d'airain, qui est sonné non seulement par estre entonné à puissance de vent & joües renflées comme les dessusdits, ains par poulsement & attraict avec la main droite faits par celui qui en joue, d'un tuyau qui contient dans luy un autre sur lequel il coule pour rendre le son ores gros, ores gresle. Et ores est masculin, & signifie celuy qui sonne de la Trompette en une armée, ou compagnie de gens de cheval.*

Selon

Selon ce on dit, Il envoya un Trompette au camp de l'ennemi; *ou bien celui qui sert pour faire les cris & proclamations à son de Trompe en une Ville. Et selon ce on dit*: Le Trompette juré d'une Ville. *Et sont ces deux genres concurrens par diversité de significations en ce mot* Trompette. *Tout ainsi qu'en cet autre mot*, Enseigne, *lequel au genre feminin signifie le Drapeau, & au masculin celui qui le porte.* L'*Allemand dit*, Trommet Teltrommet, *pour la Trompette*, & Trommettet, *Pour le Trompeteur.*

Trompette, en termes d'Organiste, se dit d'un jeu d'orgue qui imite le son de la Trompette. Ce jeu a huit piés de long, & s'élargit par en haut, ainsi que le pavillon des trompettes militaires. Il a environ un demi-pié de diametre par en haut, & un pouce & demi par en bas. Il y a aussi une Trompette de Pedales, qui est de huit piés. Ce jeu est accordé à l'octave de la montre.

On appelle *Trompette marine*, Un instrument de musique qui a quatre ou cinq piés de hauteur, & qui est triangulaire en rond, d'une forme qui tient de la pyramidale. Il est composé d'un manche fort long & d'un corps de bois resonnant, & a une seule corde de boyau fort grosse, montée sur un chevalet qui est ferme d'un côté sur un de ses piés, & tremblottant de l'autre côté sur un pié qui n'est point attaché à la table. On touche la corde d'une main avec un archet, pendant que de l'autre on la presse sur le manche avec le pouce; & c'est ce tremblement du chevalet qui lui fait imiter le son de la trompette ordinaire.

Il y a aussi une *Trompette parlante*, (Tuba stenterophonica.) C'est une trompette qui a sept ou huit piés de longueur, & quelquefois quinze. Elle est toute droite, faite de fer blanc, & a un fort large pavillon. Son bocal est assés large pour y pouvoir introduire les deux lévres. En parlant dedans, on fait aller la voix fort distinctement jusqu'à mille pas. On attribue l'invention de cette trompette au Chevalier Morlan Anglois.

On appelle *Trompette de mer*, Un limaçon fait en forme de cornet, long de huit à dix pouces. Sa coque est blanche & polie, particulierement sur le haut, & toute ondoyée d'une couleur minime fort vive. Le limaçon qui est enfermé dans cette coque, est de meilleur goût & plus tendre que les autres.

TROMPILLON. s. m. Terme d'Architecture, Petite trompe de peu de plan & de portée. On appelle *Trompillon de voute*, La pierre ronde qui sert de coussinet aux voussoirs du cu de four d'une niche, & pour porter les premieres retombées d'une trompe.

TRONC. s. m. *Le gros d'un arbre, la tige considerée sans les branches.* ACAD. FR. On dit, en termes d'Architecture, *Le tronc d'une colomne*, pour dire, Le fust; & on appelle *Tronc de piedestal*, Le corps solide du milieu, qui est entre la base & la corniche.

TRONCHE. s. f. Grosse piece de bois de charpente que l'on n'a pas encore mise en œuvre.

TRONCHET. s. m. Terme de Tonnelier. Sorte de gros billot, qui est ordinairement élevé sur trois piés, & qui sert à doler & à hacer.

TRONCIR. v. n. Vieux mot. Rompre. On a dit aussi *Trancir*, dans le même sens.

TROPHE'E. s. m. *La dépouille d'un ennemi vaincu, que l'on mettoit ordinairement sur un arbre dont on avoit coupé les branches.* ACAD. FR. Les Grecs voulant faire honneur à leurs Capitaines lorsqu'ils avoient mis en fuite leurs Ennemis, furent les premiers qui mirent les Trophées en usage. Ils ôtoient toutes les branches du premier arbre qu'ils rencontroient dans le lieu où l'avantage avoit été remporté; & ne laissant que le tronc, ils y attachoient les boucliers, les casques, les cuirasses & les autres armes que les vaincus avoient abandonnées dans leur déroute. On avoit soin d'ôter ces trophées lorsque la paix se faisoit, afin d'épargner ce juste sujet de confusion à ceux qui cessoient d'être ennemis. On fit ensuite la représentation de ces trophées en pierre & en marbre, comme ceux de Marius & de Sylla au Capitole. La plûpart des ornemens en Architecture, Peinture & Gravûre sont des representations de trophées, d'enseignes, de piques, de corcelets, de canons & autres armes mêlées ensemble d'une maniere agreable. Ce mot *Trophée* vient du Grec τρόπαιον, fait du verbe τρέπομαι, Je mets en fuite.

TROPIQUE. s. m. Terme de Geographie & d'Astronomie. On appelle *Tropiques*, deux Cercles paralleles à l'Equateur, qui passant par les points de l'Eclyptique les plus éloignés de l'Equateur jusques où va le Soleil vers le Septentrion & vers le Midi, & dont il s'éloigne après qu'il y est arrivé. L'un est le *Tropique du Capricorne*, marqué d'une double ligne en la partie meridionale du globe & de la mappe du Monde, & l'autre le *Tropique du Cancer*, marqué aussi d'une double ligne en la partie septentrionale du même globe. Ce mot vient de τρέπω, *Je tourne, je retourne*, parce que le Soleil étant arrivé à un Tropique semble retourner sur ses pas.

Les Tropiques sont éloignés de l'Equateur de 23. degrés & demi, & l'un de l'autre de 47. Cet espace de 47. degrés est la Zone Torride. Voyez ZONE.

TROQUE. adv. Vieux mot qui se trouve dans Villehardouin pour dire, Jusques à.

TROS. s. m. Vieux mot. Morceau. C'étoit proprement un éclat de lame.

TROSNIERE. s. f. Terme d'Artillerie. Ouverture qui se fait dans les batteries & les attaques des Places pour tirer le canon. La largeur d'une Trosniere doit être de trois piés en dedans. Elles doivent être distantes de vingt piés l'une de l'autre. & on les ouvre dans la terre naturelle, lorsqu'on fait des batteries de pieces enterrées.

TROSSE. s. f. Terme de Marine. On appelle *Trosses*, autrement *Racages*, De petites boules de bois enfilées l'une avec l'autre, ainsi que des grains de chapelet. Ces boules sont mises avec le milieu de la vergue qui porte sur ces trosses ou racages, afin de courir plus librement sur le mât.

TROT. s. m. Alleure des bêtes de voiture, dont le mouvement se fait par les deux jambes qui sont en croix ou diametralement opposées, & que le cheval leve à la fois, tandis que les deux autres jambes sont en terre; ce qu'il continue dans le même ordre. On appelloit autrefois *Trottiers*, certains Chevaux qui n'alloient qu'au trot.

TROU. s. m. *Ouverture dans quelque chose.* ACAD. FR. Ce mot est d'usage en plusieurs jeux. On dit au trictrac, *Gagner un trou, avoir tant de trous*, pour dire, Gagner une partie, avoir tant de parties des douze qui font le tout. Quand on gagne douze points de suite, sans que celui contre qui on joue en gagne aucun, on marque deux trous. Le Trou, dans un jeu de paume, est une petite ouverture à fleur de terre, au coin du côté du jeu qui est opposé à la grille. Quand une chasse est au pié du mur, on dit, *Au trou*, ou *à l'ais*, c'est-à-dire qu'on ne sçauroit la gagner; à moins qu'on ne donne dans l'un ou dans l'autre.

On appelle en termes de Marine, *Trou d'écoute*, Un trou rond percé en biais dans un bout de bois en maniere de dalot, par où passe la grande écoute.

TROU-MADAME. s. m. Sorte de jeu de bois composé de treize portes & d'autant de galeries. On joue à ce jeu avec treize petites boules, qu'on laisse couler dans des trous ou des rigoles, marquées diversement pour la perte ou pour le gain.

TROUBLATION. s. f. Vieux mot. Trouble. On a dit aussi *Troublement*, que Nicot a expliqué par *Perturbation d'esprit. Ainsi dit-on en proverbe*, a-t'il ajoûté, *Après grand'joye & grand esbatement vient souvent grand'douleur & troublement. Et est ainsi dit par metaphore, car l'eau troublée oste le jugement du gué & du fonds, ce qui met en perplexité les voyageurs.*

TROUBLEAU. s. m. Filet avec lequel on pêche; on bat l'eau, & on la trouble, quand il est tendu dormant pour prendre le poisson.

TROUDELER. v. a. Maltraiter, frapper.

Tapez, trompez, tourmentez, troudelez.

TROUSSE. s. f. *Faisseau de plusieurs choses liées ensemble.* ACAD. FR. *Trousse de foin*, se dit en ce sens de cinq ou six bottes de foin qu'on lie ensemble avec une corde pour les monter au grenier.

Trousse, signifie aussi une espece de haut de chausse, qui ne pend point en bas, & qui serre les fesses & les cuisses. On s'en servoit autrefois, & les Trousses font encore aujourd'hui une partie de l'habit que les Chevaliers du Saint-Esprit portent dans les jours de ceremonie. Les Pages ont aussi leurs trousses quand on les presente au Roi, ce qui fait que lorsqu'on dit qu'*Un Page a quitté les Trousses*, on entend qu'il est sorti hors de Page.

Trousse, se dit encore d'un Carquois garni de fleches; & parmi les Barbiers, *Trousse*, est une espece d'étui de cuir ou d'étoffe à plusieurs chambres, dans l'une desquelles ils mettent les rasoirs, dans l'autre les peignes, & dans une autre les ciseaux & les fers pour la moustache.

Trousse, en termes de Charpentier & de quelques autres Ouvriers, signifie des cordages mediocres dont ils se servent pour lever de petites pieces de bois & autres moindres fardeaux, ou pour lier les pieces de bois sur le Chevalet pour les refendre.

TROUSSEAU. s. m. Petite Trousse, comme en cette phrase, *Un Trousseau de clefs.* On le dit aussi du linge & des autres hardes qu'une mere donne à sa fille en la mariant.

Trousseau, en termes de Monnoye, signifie le coin qui porte l'empreinte de l'effigie du Prince ou de la croix dont on se servoit à monnoyer quand on fabriquoit la monnoie au marteau, ce qui se faisoit ainsi. On enfonçoit la pile à plomb dans un billot que les vieilles Ordonnances appellent, *Cepeau*, & qui étoit vers le bout du banc du monnoyeur. On posoit le flan sur cette pile, qui étoit un coin long de sept à huit pouces, ayant un debord appellé *Talon*, vers le milieu, & une queue en forme d'un gros clou quarré, pour la ficher jusques au talon dans le ceppeau. On mettoit le Trousseau sur le flan, & on le pressoit ainsi d'une main entre la pile & le Trousseau à l'endroit des empreintes. On donnoit de l'autre main trois ou quatre coups de marteau en maniere de petit maillet de fer sur le trousseau, & de cette sorte, le flan se trouvoit monnoyé des deux côtés; après quoi on le retiroit, & s'il y avoit quelques endroits qui n'eussent pas été bien marqués, on le remettoit entre le trousseau & la pile, & on donnoit quelques coups du même marteau sur le Trousseau, jusqu'à ce que le flan fût monnoyé aussi parfaitement qu'il le pouvoit être. On croit que le mot de *Trousseau*, vient en cette signification, de ce qu'on tenoit & troussoit ce coin de la main.

TROUSSEQUEUE. s. m. Terme de Manege. Cuir aussi long que le tronçon de la queue d'un cheval, & qui sert à envelopper celle des chevaux sauteurs, pour la tenir en état, empêcher qu'ils n'en joue & les faire paroître plus larges de croupe. Ce cuir s'attache par des contresanglots au culleron de la croupiere, & à des courroyes qui passent entre les cuisses du cheval, & le long des flancs jusqu'aux contresanglots de la selle.

TROUSSEQUIN. s. m. Terme de Sellier. Morceau de bois taillé en ceintre, qui s'éleve sur l'arçon de derriere des selles à piquer & de celles qui sont à la Hollandoise. Le Troussequin sert à affermir les barres.

TROUSSER. v. a. *Replier, relever ce qui pend trop bas.* ACAD. FR. On dit aussi *Trousser*, en termes de Marine, & en parlant de Galere, il signifie se courber en dedans.

TROUSSOIRE. s. f. Vieux mot, dont Coquillard s'est servi pour dire, Une robe.

Aujourd'hui il faut le corset.
Ou la troussoire d'un grand prix.

TROUVEOR. s. m. Nom qu'on a donné aux premiers Poëtes Provençaux qui avoient inventé les fables que les anciens Menestriers alloient chanter chez les Grands pour les divertir. On lit dans Merlin. *Mes de ce ne palloient mie, ne ne cressoient li trouveor qui ont trouvé pour faire lor rimes plaesans.* On les a aussi appellés *Trouvadours*; *Trouverres*, & *Trouvaires.*

Li Trouverre qui sa bouche œuvre,
Par bonne œuvre conter & dire.

TROUVEUR. adj. Qui trouve. On appelle *Chiens trouveurs*, en termes de Chasse, Une espece de chiens d'un nez si fin, qu'ils vont requerir un renard vingt-quatre heures après qu'il est passé.

TRU

TRUAGE. s. m. Vieux mot. Imposition, subside, du Latin *Tributum*, comme si c'étoit un abregé de *Tributage. Et envoyoit chacun à truage de cent besans d'or.* On a dit aussi *Tru* & *Treu*, dans le même sens; & on trouve *Estre fait sous treu*, pour, Rendu tributaire. Dans la Bible historiaux, *Et celle qui estoit Dame des contrées, est faite sous treu.*

TRUAND. s. m. Vieux mot. Un gueux.

Quand je vois tous nuds ces truand
Trembler sur ces fumier puant.

On a dit aussi *Truander*, pour Gueuser, & *Truandise*, pour actions de truand; & quelquefois, selon Nicot, pour des malices, & méchancetés, & *Atruande*, pour Maniere de gueuser.

Et prie, & requiert, & demande
Comme mandiant à truande.

On a dit aussi *Trualté*, pour Gueuserie, & *Truandaille*, pour une troupe de Truands.

Vous n'estes rien que Truandaille,
Vous ne logerez point ceans.

Truandaille, dit Nicot, *est par metaphore une compagnie de vaulneans, de canailles & de belistres, raudant les cagnards.*

TRUAU. s. m. Mesure qui tient un boisseau & demi en usage en certains cantons.

TRUBLE. s. m. Petit filet qui sert à pêcher le poisson dans les boutiques & les reservoirs. Il est attaché au bout d'une perche, & on s'en sert aussi à prendre des écrevisses ou autres petits poissons & à pêcher les gros dans des canaux & des lieux étroits. Du Cange fait venir ce mot du Latin *Trubleo*. On dit aussi *Hatteneau*.

TRUCHEMAN. s. m. Interprete. Celui par le moyen duquel deux personnes se parlent, quoiqu'elles n'entendent point la langue l'une de l'autre. Voici ce qu'en dit Nicot. *C'est un qui interprete les langages incogneus respectivement de deux ou plusieurs personnes de diverse langue conferants ensemble. Selon ce on dit qu'*Un Prince, Un Ambassadeur ont parlé par trucheman, *c'est-à-dire, par interposition d'un qui exposoit tant le langage incogneu à celui à qui ils parloient, que aussi le parler à eux incogneu de celui qui leur faisoit response. Autrement c'est celui qui entre deux ou plusieurs de langues diverses, est expositeur de leur propos respectivement, par le moyen de l'interpretation duquel ils traitent & parlementent ensemble, quoiqu'ils ne s'entendent en leur langue naturelle l'un l'autre. L'Espagnol dit aussi* Trucheman, *ou* Trujaman *pour le mesme. Il vient du mot Chaldée* Targeman, *qui signifie, Expositeur, lequel vient de* Targum *aussi mot Chaldée qui signifie Exposition d'une langue en autre. Les Arabes l'usurpent de mesme; ce qui a fait dire à Antoine Nebrisse que c'est un mot Arabique. Les anciens Rimeurs Provençaux disoient* Drogeman, *& encore à present au païs de Surie & adjacens, ce mot* rogoman *est en usage, qui est fait dudit Chaldée par mutation de la lettre* t, *tenuë en sa moyenne* d *& par transposition de ces lettres* a, r. Nicot employe aussi le mot de *Truchemander*, & il l'explique par *Servir d'Expositeur de langages incogneus entre deux de differentes langues, qui ne s'entr'entendent.* Quelques-uns font venir *Trucheman* du Chaldée *Méturgeman*, Interprete, & M. Ménage le dérive du Turc *Terguimen*, qu'il dit signifier la mesme chose. D'autres croyent qu'il vient du vieux mot *Truncher*, qui veut dire Gueuser, mandier, à cause que pour cette fonction d'interprete on s'est servi d'abord de gueux & de vagabonds; qui ayant couru les pays voisins en sçavoient la langue. Il y en a qui veulent que Trucheman a été dit par corruption de *Truchoman*, comme qui diroit *de Turcomanie*, pour designer un pays si éloigné, que si l'on n'a le secours de quelqu'un de ce pays, on n'en sçauroit entendre la langue.

TRUCHET. s. m. Petit morceau d'argent ou de cuivre qu'on donne aux enfans pour indiquer les lettres quand ils apprennent leur A B C.

TRUELLE. s. f. Outil dont se servent les Maçons pour prendre le mortier & le plâtre, le jetter dans les abreuvoirs ou les godets, & enduire toutes sortes de murs de plafonds & autres ouvrages. Il est composé d'un manche de bois, d'un collet, & d'une feuille qui est un fer clair & large, avec quoi ils manient & tournent le plâtre dans l'auge. Il y a une *Truelle brettée*. C'est une sorte de Truelle particuliere qui a des dents, & dont les mêmes Maçons se servent pour nettoyer le plâtre lorsque le mur est enduit.

TRUELLE'E. s. f. La quantité de plâtre ou de mortier qui peut tenir sur une truelle chaque fois que le Maçon en prend dans une auge.

TRUFFE. s. f. Vieux mot. Moquerie. Borel dit qu'il vient de *Truffa*. On a dit aussi *Truffer*, pour dire, Moquer.

Certes, disent-ils, se fol vous truffe;
Bien vous va cy paissant de truffe.

TRUFFLE. s. f. Racine ronde sans tige ni feuilles. Matthiole dit qu'elles sont fort communes en Toscane, & qu'il y en a de deux especes dans la Romagne, où les unes ont leur chair blanche, & les autres l'ont noirâtre. Il s'en trouve une autre espece au Val Ananie, qui a son écorce lissée & polie, & qui est roussâtre. Elle a un goût fâcheux & fade, & est la moindre de toutes. On dit aussi *Truffe*, & quand Pline en parle, il ne sçauroit assés admirer qu'une plante naisse sans racine, comme sont les Truffes, qui sont environnées de la terre; sans y être aucunement attachées, non pas même d'un seul filament, n'y ayant aucune apparence ni de bosse, ni de fente ou crevasse au lieu où elles viennent. On en trouve fort souvent d'aussi grosses que des pommes de coing & qui pesent une livre. Elles sont de differentes couleurs; les unes rousses au-dedans, les autres noires & les autres pales. Pline ajoûte, que Licinius, qui avoit été Préteur à Rome, & qui pour lors étoit Gouverneur en Espagne, mordant une Truffe, à *Cartagena la nueva*, y rencontra un Denier Romain, qui lui rompit une des dents de devant, ce qui a fait connoître, dit-il, que les Truffes viennent de la terre qui s'amasse & s'épaissit de soi-même, comme sont toutes les choses qui naissent, & qui neanmoins ne se peuvent planter ni semer. Les Truffes ont cela de particulier, que lorsque l'Automne est pluvieux, & que l'air est souvent agité par les tonnerres & par les éclairs, la terre les produit en quantité, mais elles ne durent qu'un an, & sont plus tendres au Printems que dans les autres saisons. Il y a quelques païs où l'on n'en a que par le coulant des eaux qui les y apportent, après quoi on les replante. Elles sont pourtant moins aqueuses que terrestres, selon Avicenne, & engendrent des humeurs grossieres & mélancoliques, plus qu'aucune autre chose qu'on puisse manger. Les pourceaux en sont fort friands, & servent souvent à découvrir les lieux où il s'en trouve. On fait venir le mot de *Truffe*, du Latin *Tuber*, ou *Tuberculum*, Bosse, tumeur.

Truffles, a été employé dans le vieux langage pour signifier *Bombance*; & l'on trouve dans un endroit du Roman de la Rose, où l'on parle du trop de pareure d'une femme,

Toutes vous osteray vos truffles;
Qui vous donnent occasion,
De faire fornication.

TRUIR. v. a. Vieux mot. Trouver.

Que mort le truis devant la porte.

Et dans un autre endroit du Roman de la Rose.

Fors qu'il les truisse desliez.

TRUITE. s. f. *Sorte de poisson fort délicat qui se trouve ordinairement dans les eaux vives.* ACAD.

FR. Il y a des Truites de riviere, & des Truites saumonnées. La *Truite de riviere* ne passe pas en grandeur une coudée. Elle a le dos entre blanc & jaune, le corps couvert de petites écailles, & la peau semée de petites taches rouges avec une large queue. La *Truite saumonnée*, que quelques-uns disent être proprement un Saumon de riviere, est un Truite de lac, qui croît jusqu'à deux ou trois coudées. Sa chair est ferme & rouge. Les Truites ont des dents sur la langue, & mangent des vers, des poissons & du gravier. M. Ménage fait venir le mot de *Truite*, du Latin *Trutta*, ou *Trocta*. Nicot en parle en ces termes. *La* Truite *est une espece de poisson saxatile, aymant & hantant l'eaue froide & claire, telle qu'on voit ès cavernes des rochers aquatiques ou plustost fluviaux, qui est la cause qu'elle a l'interieur rougeâtre, & la peau & escaille grisastre & tavelée. Elle est de moyenne longueur & largeur de corps communément, & quand elle l'excede est appellée* Truitte saulmonnée, *selon Rondelet, non tant pour la couleur du dedans rougeastre, que pour la grandeur irreguliere du corps. Aucuns rendent ce mot en Latin par* Turtur, *autres par* Mustela, *autres par* Salar, *mais de commun est* Trutta.

TRUITE', E'E. adj. On appelle en termes de Manége, *Poil truité*, Un poil blanc, sur lequel il y a des marques de poil noir, de bai ou d'alezan, sur-tout à la tête & à l'encoleure.

TRULLE. s. m. Terme qui se trouve dans Nicot. Trulle, dit-il, *n'est mot François, ains Grec corrompu & Constantinopolitain, duquel estoit anciennement appellé le lieu d'un Palais des Empereurs Orientaux assis en la Ville de Constantinople où ils traictoient des affaires d'Estat, comme il se peut comprendre de la dix-septiesme Session du Sixiesme Concile tenu à Constantinople, & des Decrets du Pape Agathon, où il est dit,* In Basilica, quæ & Trullus appellatur, intra Palatium, sub regali cultu residente Imperatore, & cum eo Georgio Patriarcha Constantinopolitano, ac Machario Antiocheno, suscepti sunt Missi sedis Apostolicæ. *Et n'est ce dit mot mis en ce Dictionaire, si n'est pour autant qu'il se trouve en aucuns anciens Livres François.*

TRULLISATION. s. f. M. Daviler dit que ce mot s'entend dans Vitruve de toutes sortes de couches de mortier, travaillées avec la truelle au-dedans des voutes, ou bien des hachures qui se font sur la couche du mortier, afin de retenir l'enduit de stuc.

TRUMEAU. s. m. Jarrêt d'un bœuf, la partie qui est au-dessus de la jointure du genouil en montant. Il y a le Trumeau de devant & le Trumeau de derriere. Quelques-uns disent *Tremeau*.

On appelle *Trumeau*, en termes d'Architecture, le massif ou espace d'un mur qui se trouve entre deux fenêtres. Les moindres Trumeaux sont érigés d'une seule pierre à chaque assise.

TRUPIGNEYS. s. m. Vieux mot. Trepignement.

Se renforça le chapleis.
La fu si fort le trupigneys.

TRUSQUIN. s. m. Outil d'Artisan, dont se servent particulierement les Menuisiers, pour marquer les tenons & les mortoises aux lieux où il doit y en avoir. Il est composé d'un gros reglet avec une pointe au bout, qui entre dans un tailloir ou un ais de bois quarré qui est mobile. Les Trusquins servent à mettre les pieces d'épaisseur. Il y a un Trusquin à longue pointe.

TRUYE. s. f. La femelle d'un Verrat. Les Truyes portent deux fois l'an, & contre l'ordinaire des autres bêtes, elles se font couvrir, quoiqu'elles soient pleines. Il y en a qui ont eu jusques à trente-sept cochons en une portée. M. Ménage fait venir le mot de *Truye*, de *Porcus Troianus*. Borel dit que c'est aussi une machine de guerre, ou espece de belier.

TRY

TRYPHERE. s. f. Maniere d'opiate dont il y a de trois sortes. La premiere est appellée *Tryphera magna de Nicolas Alexandrin*. Elle est composée de vingt-six Ingredients, sans y comprendre le miel ou le sucre. Ces Ingredients sont l'opium, la canelle, la zedoaire, le galanga, le costus blanc, les gyrofles, le calamus aromaticus, le gingembre, le nard indique, le styrax calamite, les racines du peucedanum & du vrai à corne, le cyperus, l'écorce de la racine du mandragore, l'iris d'Illyrie, le nard celtique, le poivre noir, les roses rouges, les semences d'anis du persil de Macedoine, de l'ache de montagne, de l'ache de marais, de fenouil, de daucus creticus, de jusquiame & de basilique. Cette opiate est propre contre toutes les maladies de la matrice qui proviennent de froidure, étant appliquée en forme de pessaire avec la poudre d'armoise & l'huile de muscade. Elle est bonne aussi aux maladies de l'estomac, dont elle fortifie la debilité. On la donne avec du vin & à jeun. Elle arrête le flux immoderé du ventricule & des hemorrhoïdes, guerit la caxexie, cuit les humeurs crues, & fortifie la vessie, La saveur en est fort désagreable, & on l'a nommée *Tryphere*, du Grec τρυφερὸς, Mol, délicat, à cause qu'elle donne du repos & de la joie à ceux qui en usent. Elle a été surnommée *Magna*, Grande, à la difference de la Tryphere Persique de Mesvé, appellée *Persique*, à cause que les Medecins de Perse l'ont premierement mise en usage. Il entre trente Ingrediens en celle-là, sçavoir les violettes, l'agaric, le sené, la semence de cusente, les prunes de damas, les myrobalans citrins, cepules & indiens, les tamarindes, l'épithyme, le nard indique, la casse, la rhubarbe, la mauve, le vinaigre, la conserve de violette, les myrobolans belliriques & embliques, le maris, les cubebes, les trochisques diarrhodon, les semences d'anis & de fumeterre, le mastic, le santal citrin, le spode & les quatre semences froides. On se sert de cette opiate aux fiévres aigues, lorsqu'elles regnent en un Eté pestiferé & en Automne, & dans toutes les maladies engendrées d'humeurs brûlées. Bauderon ajoûte à cela qu'elle appaise la soif, guerit la jaunisse chaude qui vient de l'obstruction du foye, discute la suffusion qui incommode la vûe, à cause des humeurs bilieuses, & purge l'une & l'autre bile & la pituite. Il y a encore la Tryphere Sarracenique de Nicolas Alexandrin, appellée *Sarracenique*, à cause des Medecins Sarasins qui l'ont inventée. Les Ingredients qui la composent sont, la manne, la casse, les tamarindes, les myrobolans cepules, belliriques & embliques, les écorces des myrobolans citrins, la rhubarbe, les violettes recentes ou leur semence, celle d'anis & de fenouil, le maris & le nard indique. Cet Electuaire est efficace pour ceux qui ont la jaunisse, pour les mélancoliques & les hepatiques, & contre tous les maux de tête, de l'estomac & des hypochondres. Il fortifie la vûe & refait le teint.

TSI

TSIMANDAM. s. m. Arbre qui a fort peu de feuilles,

& dont on tire de grandes utilités contre les maux de cœur, la peste, & les maladies contagieuses. Il croît dans l'Isle de Madagascar.

TSITSIHI. s. m. Sorte d'Ecureuil de l'Isle de Madagascar, qui se tient ordinairement dans les trous des arbres, & qu'on ne sçauroit apprivoiser.

TUB

TUBE. s. m. Terme dogmatique. Tuyau, du Latin *Tubus*, Tuyau de fontaine. Il se dit particulierement des Tuyaux qui portent les verres des grandes lunettes. Celui de la grande lunette de l'Observatoire de Paris, est de soixante & dix-sept piés.

TUBEREUSE. s. f. Sorte de fleur blanche, qui a une odeur très-agreable. Elle vient d'un oignon & sur une tige de la hauteur de celle des lis. La Tubereuse fleurit toute l'année, pourvû qu'on la mette en un lieu propre pour cela, & qu'on en prenne grand soin.

TUBEREUX, EUSE. adj. Les Fleuristes & les Jardiniers appellent *Plantes tubereuses*, Celles qui ont des fibres & des racines rougeâtres, de couleur rousse ou brune, n'ayant ni peau ni écailles, jettant plusieurs tiges.

TUBEROSITE'. s. f. Terme de Medecine. On le dit d'une bosse ou tumeur qui vient naturellement à quelque partie, par opposition aux tumeurs causées, ou par maladie, ou par accident. Ce mot vient du Latin *Tuber*, Bosse.

TUC

TUCUARA. s. m. Sorte de canne du Bresil qui est de la grosseur de la cuisse. Parmi la quantité de cannes & de roseaux qui se trouvent en ce Païs-là, il y en a dans les forêts qui étant nourries de l'humidité de la terre, ne cessent point de croître, jusqu'à ce que leur sommet ait surpassé celui des plus hauts arbres. Ces roseaux occupent quelquefois beaucoup de terre, & même des Provinces entieres.

TUD

TUDESQUE. s. m. On appelle ainsi le langage des anciens Allemans.

TUF

TUF. s. m. *Sorte de pierre blanche & fort tendre, & la premiere qu'on trouve d'ordinaire en fouillant la terre.* ACAD. FR. Lorsque le Tuf est trop près de la superficie de la terre, il rend les jardins steriles. C'est ce qui oblige à l'ôter, pour y mettre de la bonne terre avant que l'on y plante des arbres. On dit aussi *Tufeau*, du Latin *Tophus*, Pierre rustique. Quand on fait un bâtiment, on peut faire les fondations sur un terrein de Tuf, à cause qu'il fait masse solide.

TUFFES. s. f. Vieux mot. Troupes, sorte de Soldats.

TUFFIER, ERE. adj. On appelle *Terre tuffiere*, Une terre qui approche du Tuf, & qu'on ôte d'un jardin, parce qu'étant trop ingrate & maigre, elle coûteroit plus à amander, qu'il n'en coûte à y apporter de bonne terre.

TUG

TUGUE. s. f. Terme de Marine. Espece de faux tillac ou de couverte qu'on fait de caillebotis ou de simples barreaux, & que l'on éleve sur quatre ou sur six piliers au-devant de la dunette, afin de se garantir du Soleil ou de la pluye. Comme les Tugues rendent un Vaisseau pesant à la voile, le Roi défendit celles de charpente en 1670. & permit à l'équipage de se couvrir avec des tentes soûtenues par des cordages. On dit aussi *Tuque*.

TUI

TUILE. s. f. Quarreau de terre grasse paîtrie, séchée & cuite de certaine épaisseur, qu'on employe à couvrir des bâtimens. Il y a de deux sortes de Tuile en general, les plates & les rondes ou courbées. Les rondes sont encore de deux sortes; sçavoir, celle qui est *à la maniere de Guienne*, c'est-à-dire, creuse, ayant son profil en demi-canal, & celle qu'on appelle *A la maniere de Flandre*, qui est aussi une Tuile creuse, ayant son profil en S. Les Tuiles rondes se posent sur des toits fort plats, parce qu'elles n'y sont point arrêtées par des clous ni par des crochets. On les nomme aussi *Tuiles faistieres* ou *gouttieres*. On fait les Tuiles plattes de trois differentes grandeurs. La premiere est appellée *du grand moule*, & on lui donne quatre pouces de pureau. La seconde est *du moule bâtard*, & celle-là n'est plus d'usage à Paris. La troisiéme est celle qu'on appelle *du petit moule*, à laquelle on donne trois pouces de pureau. On appelle *Tuiles gironnées*, Celles qui sont plus étroites en haut qu'en bas. On s'en sert à couvrir les chapiteaux des tours rondes & des colombiers. Il y en a d'autres qu'on nomme *Tuiles hachées*. Ce sont celles qu'on échancre avec la hachette pour les arêtiers, les fourchettes & les noues. La *Tuile vernissée*, est celle qui est plombée. On s'en sert à faire des compartimens sur les couvertures. On fait venir *Tuile* du Latin *Tegula*, fait de *Tegere*, Couvrir.

TUILEAU. s. m. Morceau de tuile cassée. On fait les voutes des fours, & les contrecœurs des atres de cheminée avec des tuileaux. On s'en sert aussi pour sceller en plâtre des corbeaux, gonds & autres pieces de fer. On fait du ciment avec des Tuileaux en les concassant.

TUIT. adj. Vieux mot. Tous & Toutes.

Ce orent bien tuit cist Barons.

Dans le Roman de Fauvel.

Tuit ces choses que j'ay nommées,
Qui de tout mal sont renouvées.

TUI

TULIPE. s. f. Sorte de fleur qui ne sent rien, & qui fleurissant en Avril, dure jusqu'à la mi-Mai. Il n'y a point de fleur qui se diversifie en tant de couleurs. Les Tulipes de graine sont celles qu'on seme pour avoir de belles couleurs & qui soient fantasques. Il y en a qui viennent d'un cayeu ou d'un morceau de l'ognon qui se sépare. Ce sont celles-là qui deviennent panachées. Le mot de *Tulipe*, ainsi que sa fleur, nous est venu de Turquie, où on l'appelle *Tulipant*, à cause de sa ressemblance avec la figure du Tulbent, que nous appellons ici *Turban*. C'est le sentiment de M. Ménage. Les Relations de Thevenot nous apprennent que la Tulipe est la fleur la plus commune qui se trouve dans les prés de Tartarie.

TUM

TUMEUR. s. f. Terme de Medecine. Grandeur d'une partie augmentée contre nature, en longueur, largeur & profondeur. Les causes en general de toutes les tumeurs sont les parties mêmes hors de leur situation naturelle & disloquées, qui tombent sur la partie voisine, ou quelque humeur qui grossit la partie, ou les vents qui la gonflent. L'humeur est la plus ordinaire de ces causes. Quoiqu'il se trouve quelquefois des pierres, des vers, des poux, quantité de petits œufs, des cheveux & autres choses semblables dans les tumeurs & dans les abscès qui en dépendent, Ettmuller dit que ce sont des jeux de la nature, qui arrivant rarement, ne peuvent déroger à ce qui est ordinaire. L'humeur qui engendre la tumeur en grossissant la partie, n'y étoit point auparavant, mais elle s'y est amassée de nouveau, ou parce que le mouvement circulaire de quelque humeur a été arrêté, ou qu'elle s'est épanchée, ou parce qu'une nouvelle humeur s'est engendrée dans la partie. Il y a des *Tumeurs sereuses* ou *aqueuses*, qui s'élevent lorsque la circulation de la lymphe est interrompue à cause de l'obstruction ou de la ruption de quelques vaisseaux lymphatiques, & qu'il se fait un amas contre nature & un épanchement de la lymphe en quelque partie. Ces tumeurs sont molles & lâches au toucher, & indolentes, en sorte que quand on les presse avec le doigt, il ne reste aucun vestige. Si on les regarde de côté ou à la chandelle, elles paroîtront transparentes. C'est cette lymphe ramassée dans quelque cavité, qui fait les hydropisies particulieres, & l'Anasarca, lorsqu'elle occupe toute la surface du corps. Le but de la cure de ces sortes de tumeurs est de resoudre & de dissiper la lymphe épanchée, & sur-tout les humeurs grossieres qui bouchent les vaisseaux lymphatiques.

TUN

TUNA. Sorte d'arbre de la Nouvelle Espagne, qui croît sans tuyau & sans branches, & qui n'a presque rien de bois. Les Mexiquains l'appellent *Nochtli*, & les Européens, *Figuier Indique*. Il y en a de deux sortes, l'un sauvage qui ne porte point de fruit, ou du moins qui en produit un si épineux qu'il n'est utile à aucune chose. L'autre qu'on appelle *Domestique* ou *franc*, porte un fruit long & rond, approchant assés des figues, & de la même couleur. Ce fruit est poli, & quand on en a ôté l'épaisse peau, on voit la poulpe du dedans pleine d'un fort grand nombre de grains. Cette poulpe est douce, & d'un goût fort agreable. La blanche est estimée la meilleure. Celle qui est rouge ou purpurine, teint les mains de couleur de sang comme les mûres. Elle teint aussi l'urine quand on l'a mangée. Il s'en trouve d'une autre espece, appellée par les Ameriquains *Nochezeli Nopalli*, ou *Nopal Nochezeli*, qui, quoiqu'elle ne produise pas de semblables fruits, est cultivée avec tout le soin possible, à cause qu'elle porte ce précieux grain qu'on appelle *Cochenille*. Ce grain, dit Herrera, vient en plusieurs Provinces de la Nouvelle Espagne sur l'arbre appellé *Tuna*, qui a des feuilles épaisses, & qui croît aux lieux qui sont exposés au Soleil & à couvert du vent de Nord-Est. C'est un petit animal vivant, ou plûtôt un insecte, presque semblable à une punaise. Il est un peu plus petit qu'une puce lorsqu'il commence à s'attacher à la plante, & vient d'une semence de la grosseur d'une mitte. Il remplit tout l'arbre, & on l'amasse une fois ou deux l'année. Les Habitans disposent ces arbres en certains rangs de la maniere qu'on plante les vignes, & ôtent les herbes qui leur pourroient nuire. Plus les plantes sont jeunes, plus elles portent abondamment, & donnent de bonne graine. Ils se servent de queues de renard pour les nettoyer, de peur que la semence nouvelle de ces insectes ne soit gâtée. Quand ils sont devenus assés gros, on les ôte de l'arbre avec un grand soin, & on les tue en les arrosant d'eau fraîche. On les tue aussi avec de la cendre qu'on jette dessus, après quoi on les seche à l'ombre, & on les met dans des vaisseaux de terre pour les conserver. M. Pomet dans son Histoire generale des Drogues, dit qu'il avoit toûjours crû, comme beaucoup d'autres, que la Cochenille étoit un petit animal, mais qu'il est sorti d'erreur par une lettre que lui a écrite le sieur Rousseau, habitant de Leoganne, Côte Saint Domingue, du 15. Mai 1692. Cette Lettre porte que la plante de la Cochenille vient environ de deux à trois piés de haut tout par balais garnis de feuilles de deux doigts d'épais, d'un assés beau vert, & garnis d'épines de tous côtés; que sa graine se ramasse dans de petites cosses faites en cœur, & tirant sur le jaune quand elles sont mûres; qu'on fait secher cette graine, & qu'ensuite on la met dans des canasses de cuir ou de toile, comme on la reçoit en France. M. Pomet ajoûte, que cette Lettre lui paroît d'autant plus digne de foi, qu'on ne sçauroit découvrir ni piés, ni ailes, ni tête, ni aucune autre partie d'animal dans la cochenille, & qu'elle a en soi toutes les marques d'une veritable graine.

TUNICELLE. s. f. Petite tunique blanche que quelques Religieux portent sous leur habit.

TUNIQUE. s. f. *Sorte de vêtement de dessous que portoient les Anciens, & qui n'est maintenant en usage que parmi les Religieux.* ACAD. FR. Les Bernardins appellent *Tunique*, Une maniere de chemise de serge; & parmi les Augustins, c'est une sorte de robe blanche qu'ils mettent sous leur robe, & qui leur va jusques à mi-jambe. La tunique des Religieuses est une espece de camisole blanche ou brune qui va jusqu'aux piés, & qu'elles mettent de nuit avec un Scapulaire.

Tunique, en termes d'Eglise, est un vêtement dont certains Ecclesiastiques se servent quand ils officient. Il a de petites manches qui ne sont pas fermées, & ne differe de la chasuble que parce qu'il est plus court, & n'a point de croix sur le derriere. Il n'est propre qu'à ceux qui font les fonctions de Diacre & de Soudiacre aux grandes Messes.

Tunique. Terme d'Anatomie. Partie similaire froide, seche & large, engendrée par la faculté formatrice de la semence la plus tenace, pour être l'organe de l'attouchement, pour couvrir quelques parties, en attacher quelques-unes, & en séparer quelques autres. La tunique, qui n'est autre chose qu'une membrane, a le sens fort vif. On ne l'a nommée ainsi qu'à cause que l'un de ses principaux usages est de couvrir les parties en forme d'habillement.

Voici ce que dit Nicot sur *Tunique*, qu'on a autrefois appellée *Tunicle*. Tunique *est un mot que le François a approprié à la cotte d'armes. Robert Gaguin en son Traicté des Rois d'armes, Herauts & poursuivants*. Après ces Officiers d'armes & Chevaliers pour la dignité & excellence des armes du Roi, viendra un autre Chevalier, qui dessus une lance croisée en façon d'un confanon, portera la Tunicle ou cotte d'armes du Roi, en laquelle sera fichée en la poitrine une couronne d'or, & chargée de pierres prétieuses, où sera seulement émaillé le blason du Roi. *Et en autre passage*. Le Roi Alexandre le Grand, pour exaucer le nom de vaillance de ses Chefs de guerre & autres vaillans Seigneurs victorieux Combatteurs, afin qu'ils l'eussent plus grand

& noble dessus leurs ennemis, ordonna donner aux Chefs & Seigneurs de sa compagnie, bannieres, pennons & tunicles, qui de present s'appellent *Cotte d'armes*, selon le hardement & vaillance d'un chacun. *Lequel mot est corrompu audit lieu, tout ainsi qu'en l'histoire de Bertrand du Guesclin, où elle est appellée* Theume, *& ailleurs* Tunicle. *Le mot droicturier François est* Tunique, *& vient de cestuy Latin* Tunica, *qui est* Vestimentum sine manicis, *comme dit Nonius Marcellus. Aussi la cotte d'armes n'a que les seules espaulieres, sans manches, non plus que le hoqueton.*

TUO

TUORBE. s. m. Espece de lut, qui en differe, non seulement par l'accord & par le nombre des cordes, en ayant quatorze, mais encore par la longueur de son manche, qui est bien plus grand. On se sert des tuorbes dans les concerts pour les basses continues, & pour soûtenir la voix de ceux qui chantent. On dit en Italien *Tiorba*, que quelques-uns prétendent être le nom de celui qui a inventé cet instrument, & d'où ils font venir *Tuorbe*. On dit aussi *Teorbe*.

TUQ

TUQUE. s. m. Terme de Marine. Espece de faux tillac fait de treillis de bois, & posé sur des piliers sur l'étage le plus élevé de l'arriere d'un Vaisseau. Voyez TUGUE.

TUR

TURBAN. s. m. Coifure des Mahometans & de la plûpart des Peuples Orientaux. Elle est faite d'une longue piece de toile ou de taffetas, qui fait plusieurs tours autour d'un bonnet. Le Turban du Grand Seigneur est presque de la grosseur d'un boisseau, & les Turcs le reverent tellement, qu'à peine en oseroient-ils toucher un. Les Emirs le portent vert, & ils ont ce privilége comme étant parents de Mahomet. M. Ménage fait venir *Turban* de *Tulbent* qui signifie Toile de coton, à cause que c'est ordinairement de cette toile qu'on fait les turbans.

TURBE. s. m. Terme de pratique. Troupe, nombre de personnes. *Enquêtes par turbes* ou *par tourbes*, est une enquête qui se faisoit ci-devant dans les procès, pour éclaircir la difficulté d'un point de coûtume ou d'un usage allegué par une Partie. Dans les Enquêtes de cette nature, dix témoins qui déposoient, n'étoient comptés que pour une seule personne. L'Ordonnance de 1667. les a abrogées. Ce mot vient du Latin *Turba*, Multitude de personnes.

TURBIER. s. m. Nom que l'on donnoit aux témoins qui déposoient quand les Enquêtes par turbes avoient lieu.

TURBINE. s. f. Sorte de petit échafaut ou de jubé, élevé dans les Eglises, où se mettent quelques Religieux ou penitens qui ne veulent point se laisser voir. Il y a des lieux où l'on appelle *Turbine*, l'Endroit séparé où l'on place les orgues d'une Eglise, ou des chœurs de Musiciens.

TURBIT. s. m. Racine d'une plante qui rampe le long des autres arbres, & qui n'a aucun goût lorsqu'elle est recente. On la trouve aux environs de la mer, tant à Cambaiette & à Surate qu'en d'autres contrées des grandes Indes. Sa racine est d'une moyenne grosseur & longueur. Lorsqu'elle est dans terre, elle pousse des sarments longs de cinq à six piés, & du milieu de ses tiges sortent des feuilles qui y sont attachées par une queue de grandeur moyenne. Ces feuilles ressemblent assés à celles de la guimauve, excepté qu'elles sont un peu plus blanches, veloutées & épineuses, ou plûtôt garnies de petites pointes, après lesquelles naissent des fleurs incarnates, faites à peu près comme celles du liseron. Lorsque les fleurs sont tombées, il reste des gousses, dans chacune desquelles sont quatre semences noirâtres à demi rondes & de la grosseur du poivre. Mesvé dit que le bon Turbit est blanc, c'est-à-dire, par dedans. Lorsqu'il est mondé par dehors avec un couteau, il est de couleur cendrée, à moins qu'on ne le raclât beaucoup, ce qui le feroit devenir blanc. Le Turbit est chaud au troisiéme degré & purge la pituite crasse & visqueuse, aussi-bien que l'agaric, mais il est un peu plus puissant & moins assuré. Ainsi on ne doit le donner ni aux enfans, ni aux gens qui sont d'un âge avancé, mais seulement aux personnes fortes & robustes. Il ne convient qu'aux maladies froides & pituiteuses du cerveau & des nerfs, & on le donne rarement seul. L'ordinaire est de le mêler avec d'autres medicamens purgatifs, jusqu'à une drachme pour chaque dose. Comme il a accoûtumé de renverser l'estomac, on le corrige par des medicamens stomachiques & aromatiques, & particulierement avec du gingembre & du poivre, qui augmentent en même-tems son action lente & tardive.

Les Chymistes appellent *Turbit mineral*, du mercure revivifié du cinabre, dissous dans de l'huile de vitriol. Ensuite avec de l'eau froide on en fait précipiter une poudre jaune, qui est un puissant purgatif & vomitif, après qu'on l'a bien lavée & sechée. On fait encore un précipité jaune, en dissolvant du sublimé en poudre dans de l'eau de chaux. Il faut aussi laver & secher la poudre jaune qui se trouvera au fond, & qui peut passer pour *Turbit mineral*. On l'a appelé ainsi du latin *Turbare*, Troubler, à cause qu'il trouble toute l'œconomie du corps.

TURBOT. s. m. Sorte de poisson de mer plat, & en forme de losange. Il n'a point de dents & a la bouche grande, & le dos brun, avec plusieurs aiguillons. Ce poisson est excellent à manger. Il a été appellé *Rhombus* par les Latins, à cause de sa figure.

TURC. s. m. Petit ver qui s'engendre entre l'écorce & le bois des arbres, & qui après les avoir percés en suce la seve. M. Menage dit qu'on lui a donné le nom de *Turc*, à cause qu'il s'attache plûtôt aux poiriers de bon chrétien qu'aux autres arbres, & qu'il en est comme l'ennemi particulier.

TURCIE. s. f. Levée de terre ou de pierre en forme de quai ou de digue, pour resister aux inondations d'une riviere. Il y a des Officiers qui sont créés Intendans des Turcies & levées. On disoit autrefois *Turgie*, au lieu de *Turcie*, ce qui venoit du latin *Turgere*, Enfler, à cause qu'on ne se sert de Turcies que pour empêcher que les eaux enflées ne se débordent.

TURCOIS. s. m. Vieux mot. Carquois.

Un grand feu fit emmy le bois
Son arc, ses fleches, son turcois.

TURGUET. s. m. Sorte de blé, qui selon Dioscoride, ressemble à l'épeautre, mais qui est moins nourrissant. Il est de difficile digestion, & ne laisse pas de faire bon ventre. Matthiole dit que le Turguet ou Tragon, que quelques-uns font semblable au blé dont on fait l'alica, ou à la dragée qu'on donne aux chevaux, ne croît point en Italie, & que du tems même de Pline on l'apportoit du Levant, où il a été laissé à ceux du Pays, comme une chose qui leur appartient.

TURLUPINS. s. m. Secte d'Heretiques qui s'éleverent dans le quatorziéme siecle, voulant être tenus pour un Ordre Religieux. Ils enseignoient qu'on ne devoit point prier Dieu avec la voix, mais seulement de cœur, & s'abandonnant librement & en public à toutes sortes d'impudicités, ils prétendoient qu'on ne devoit avoir nulle honte de laisser voir ce que la pudeur oblige à cacher. Ils appelloient leur secte *la Fraternité des pauvres*, & voulurent s'établir à Paris en 1372. mais on les fit tous perir par le feu avec leurs livres.

TURPOT. s. m. Terme de Marine. *C'est*, dit Nicot, *un soliveau de sept piés de haut, dont y en a quatre au chasteau devant d'un Navire, à sçavoir deux du costé de proue, deux du costé de pouppe, affustez & acclampez à la varengue de cet endroit-là.*

TURQUOISE. s. f. Pierre précieuse, opaque & bleüe, qui vient dans la Nouvelle Espagne, dans la Silesie & dans la Bohême, en des lieux presque inaccessibles. Elle a un poliment doux & sans aucune raie. Les grosses Turquoises sont celles que l'on estime le plus. Elles naissent toutes de figure ronde ou ovale. Il y en a de trois sortes; *la Turquoise Persienne, la Turquoise Turquine*, & celle qui est appellée *Turquoise de nouvelle roche.* Celle-là se trouve vers le Languedoc, & ne differe des autres ni en dureté ni en poids, mais elle est plus bleue, & a un poliment plus rempli de raies. Ces pierres changent leurs couleurs avec le tems, & verdissent. La plus grosse Turquoise qui ait été vue est grosse comme une noix. Il y en a une dans le cabinet du Duc de Florence, où est gravé le portrait de Jules Cesar.

TUS

TUSSILAGE. s. m. Plante qui produit six ou sept feuilles dès sa racine, blanches dessous, & vertes dessus, comparties à angles, & un peu plus grandes que celles de lierre. Sa tige est haute d'un palme, & sa fleur jaune, sortant au Printems & se perdant presque aussi-tôt avec sa tige, ce qui a fait dire à Pline qu'elle n'avoit ni tige ni fleur. Elle croit aux lieux découverts & abreuvés d'eau, & on l'appelle ordinairement *Pas d'âne.* Ses feuilles broyées avec du miel & appliquées, guerissent les érespelles & toutes autres inflammations. Elles ont aussi la faculté d'incisер & de nettoyer les gros phlegmes de la poitrine, & font par ce moyen un remede pour la toux, ce qui lui a fait donner par les Latins le nom de *Tussilage.* Matthiole dit qu'il croît aux racines du Tussilage une certaine mousse blanche qui étant bien nettoyée & purgée des raclures de ces racines & bien enveloppée en un linge, & cuite un peu en lessive avec du sel nitre, & sechée ensuite au Soleil, est la meilleure amorce qu'on puisse trouver pour prendre le feu que produisent les cailloux. Il dit aussi qu'il croit que la plante que presque tous ceux qui ont écrit des simples ont appellée *Petasite*, est la grande Tussilage. Elle vient aux lieux humides comme l'autre, & se jette en tige au Printems avant que de produire aucune feuille. Cette tige est creuse, haute d'un palme, grasse, tirant sur le purpurin, & environnée de petites feuilles longuettes. Au bout sortent des fleurs en façon d'épi de couleur purpurine blanchâtre, qui se flétrissent peu de tems après, & se perdent avec la tige. Presque en même-tems, ses feuilles sortent de terre, blanches d'un côté & semblables avant que de croître à celles du Tussilage, mais devenant ensuite si grandes, qu'elles passent celles de la Personata. Chacune de ces feuilles est attachée à une queue purpurine qui sort de la racine, étant couverte d'une bourre blanche & mince. Cette racine est longue & quelquefois aussi grosse que le bras, blanche dedans, d'une matiere semblable à celle des champignons, amere & odorante.

TUT

TUTIE. s. f. Vapeur qui s'éleve dans les fourneaux où l'on fait des fusions de cuivre. Il y a de deux sortes de Tutie, *la vraie Tutie & la Tutie imparfaite.* La vraie est une espece de cadmie artificielle qui s'attache au plus haut de la fournaise où se fond l'airain, en forme de vessie ou de petite bouteille, ce qui a fait que les Grecs l'ont appellé πομφόλυξ. Ensuite venant à croître, elle devient comme un flocon de laine, de couleur blanche, & fort legere, si elle est faite de la vapeur de la calamine pulverisée, quand les Forgerons en jettent en quantité sur le cuivre pour l'affiner, ou de couleur bleue, s'ils n'en jettent point. La Tutie imparfaite, ou fausse Tutie est proprement ce que les Grecs nomment σποδιον. On donne ce nom aux racines de cannes brûlées & à l'ivoire brûlé. Voyez POMPHOLYX & SPODE.

TUY

TUYAU. s. m. *Conduit, canal de plomb, de fer &c. par où l'air & les choses liquides passent, & ont une issue libre.* ACAD. FR. On appelle *Tuyau de cheminée*, L'endroit de la cheminée par où la fumée monte & sort. *Tuyau de conduite*, est un corps long, rond & creux, pour conduire l'eau où l'on veut, & empêcher qu'elle ne se perde. Il y en a de fer, de plomb, de terre cuite & de bois. On dit encore, *Tuyau de descente*, c'est celui qui dans ou hors œuvre d'un mur, conduit en bas les eaux pluviales d'un comble. On appelle *Tuyau apparent*, en termes d'architecture, celui qui est pris hors d'un mur, & dont la saillie paroît de son épaisseur dans une piece d'appartement, à la difference du Tuyau dans œuvre, qui est dans le corps d'un mur. *Tuyau adossé*, se dit de celui qui est doublé sur un autre, & *Tuyau devoyé*, de celui qui est détourné de son aplomb, & à côté d'un autre.

Tuyau, en parlant de forge, est le conduit par où passe le vent des soufflets.

Les Organistes appellent *Tuyaux*, Les canaux dans lesquels entre le vent qui fait l'harmonie de l'orgue. La plûpart se font d'étaim comme sont ceux de la montre, quelques-uns de plomb comme le nasard, d'autres de laiton, comme ceux à anches, & plusieurs de bois, comme ceux du bourdon & des pedales. Le Tuyau est composé de trois parties, dont la premiere est son porte-vent. Il est fait en maniere de cone renversé & tronqué, dont la base est le corps & l'ouverture du Tuyau & de la languette, & le sommet est ce qui entre dans le trou du sommier par où le vent du soufflet se communique jusqu'à la languette. Le corps du Tuyau est sa seconde partie, & la troisiéme est la languette. Cette partie est taillée en biseau ou en talus, qui s'incline du quart d'un angle droit vers le corps du tuyau. C'est elle qui coupe & fend le vent, & on l'a nommée *Languette*, à cause qu'elle sert de langue à la bouche des tuyaux pour les faire parler. On appelle *Bouche* ou *Lumiere*, l'ouverture du

Tuyau

tuyau qui donne libre entrée au vent. Elle doit avoir le quart de la largeur du tuyau, & la cinquiéme partie aux Tuyaux ouverts. Il y a des tuyaux de quatre sortes. Les uns sont ouverts, les autres bouchés. Ces derniers rendent les sons deux fois plus bas & plus graves. Ceux à anche sont de laiton avec une anche au milieu, & ceux à cheminée sont des Tuyaux bouchés, sur lesquels on applique un petit cylindre, dont la circonference est la quatriéme partie du Tuyau. Il doit avoir quatre fois plus de hauteur que de largeur. Lorsque les Tuyaux sont longs, sans qu'ils s'élargissent en haut, on les appelle *Cromorne*, & quand ils s'élargissent, on les nomme *Trompettes* & *Clairons*. Les grands Tuyaux parlent plus facilement & avec moins de vent que les petits, à cause que leurs bouches sont plus basses, & plus étroites, & les trous de leurs piés beaucoup moindres à proportion.

On appelle *Tuyau de blé*, La tige qui porte le grain, & quand l'herbe est crue, & qu'elle commence à se nouer, on dit que *le blé est en Tuyau.*

TUYERE. s. f. On appelle *Tuyere de forge*, Le conduit par où passe le vent des soufflets.

TYM

TYMPAN. s. m. Terme de Medecine. Petite peau tendue au fond de l'oreille, qui reçoit les impressions de l'air agité, & qui cause le sentiment de l'ouie. Ce mot est Grec τύμπανον, Tambour.

On appelle ordinairement *Tympan*, en termes d'Architecture, le fond & la partie d'un fronton qui est enfermée entre les corniches, & qui répond au nud de la frise. *Tympan d'arcade*, est une table triangulaire dans les encoignures d'une arcade. Les plus simples de ces Tympans n'ont qu'une table renfoncée, quelquefois avec des branches de laurier, d'olivier, de chêne, ou avec des trophées, & conviennent à l'ordre Dorique & à l'Ionique. Les plus riches reçoivent des figures volantes comme des Renommées ou des Figures assises telles que sont les Vertus, & ceux-là sont propres à l'ordre Corinthien & au Composite. On donne aussi le nom de *Tympan*, aux panneaux des portes de Menuiserie, & au Dé du piédestal des colomnes.

Tympan de machine, se dit de toute roue creuse, dans laquelle marchent des hommes pour la faire tourner, comme celle d'une grue.

Tympan, en termes d'Imprimerie, est une feuille de parchemin bandée sur un chassis de bois. L'endroit où l'on met la feuille pour imprimer est le *grand Tympan*, & ce qui s'enclave dans ce grand Tympan, est appellé le *petit Tympan*.

Tympan, chés les Horlogers & Machinistes, est un pignon garni de son arbre, qui se meut par le moyen d'une roue dentelée qui entre dans les dents du pignon.

Tympan. Sorte d'oiseau de la Virginie, dans la tête duquel on trouve une certaine matiere gluante & épaisse, qu'on tient un remede souverain pour les femmes grosses, en la sechant & la reduisant en poudre.

TYMPANITES. s. m. Maladie dans laquelle l'eau qui se trouve entre cuir & chair, distend la peau comme celle d'un tambour. Le Tympanites n'est pas proprement une hydropisie, & on ne le met du nombre des hydropisies particulieres qu'à cause de la tumeur qui ressemble à celle de l'Ascites, qui est une hydropisie particuliere dans laquelle les piés s'enflent successivement, après quoi la tumeur monte peu à peu, jusqu'à ce qu'elle occupe l'abdomen. Ce mot est Grec τυμπανίτης, fait de τύμπανον, Tambour.

TYMPANON. s. m. Sorte d'instrument de Musique fort harmonieux qui vient d'Allemagne, qui est sur du bois monté de cordes de laiton, qu'on touche avec une plume; qu'on appelle ici *Psaltérion*.

TYP

TYPHOMANIE. s. f. Terme de Medecine. Symptome ordinaire dans les fievres malignes, qui designe la phrenesie & les convulsions prêtes d'arriver. C'est un assoupissement contre nature, qui survient aussi quelquefois aux fievres tant continues qu'intermittentes, où les malades ont de grandes envies de dormir, & dorment même profondement, c'est-à-dire, qu'ils dorment effectivement à l'égard de l'habitude du corps & des organes externes des sens, & qu'ils veillent veritablement à l'égard des operations animales internes, étant agités de songes violens, criant à gorge ouverte, jettant leurs membres de côté & d'autre, & faisant des réponses qui n'ont aucun sens à ceux qui les éveillent. Ce mot est Grec τυφομανία, & est formé de τυφὸς, qui outre la signification de Fumée, a celle de ce que les Latins appellent *Stupor*, Etonnement qui semble ôter la raison, & de μανία, Folie.

TYR

TYROQUI. s. m. Herbe du Bresil, qui a ses feuilles comme la dragée ou vesse, sa racine divisée en plusieurs parties, ses branches tendres & des fleurs d'un rouge roussâtre, au bout de ces mêmes branches. Cette herbe est comme flétrie de nuit, & s'épanouit tout de nouveau lorsque le Soleil se leve. Elle se trouve par tout en grande abondance. Elle jaunit quand elle est nouvellement coupée, & ensuite blanchit peu à peu. On en fait grand cas contre la dysenterie. Les Sauvages qui l'appellent aussi *Tareroqui*, sont persuadés que la fumée de cette herbe est utile à la santé, & ils s'en font parfumer quand ils sont malades.

V

Article qui marquoit autrefois le datif, & signifioit *Au*, comme en ces exemples.

U champ viennent sans plus d'aloigne.

Et dans le Roman de la Rose.

Et u menton une fossette.

VAC

VACHE. s. f. Bête à cornes, qui porte les veaux, & qui donne beaucoup de lait. C'est la femelle du Taureau. Les Vaches sont en grande veneration au Royaume de Narsingue, & quand le Roi crée les Naires qui sont comme des Chevaliers, il leur recommande les Bramins & les Vaches. Ce qui les oblige à estimer tant cet animal, c'est qu'ils croyent que les ames des morts passent dans le corps des Vaches, plûtôt qu'en celui d'aucune autre bête. Il y a des *Vaches de Barbarie*, qui ressemblent à un cerf par l'encolure & les jambes. Elles ont la tête étroite, & les cornes grosses, longues, recourbées en arriere, noires, & torses comme une viz. Leur queue qui est terminée par un bouquet de crin noir, est moins large par son extrémité que par sa racine. Leurs yeux sont hauts & proche des cornes, & leurs oreilles semblables à celles de la gazelle. Elles ont deux bosses; l'une au commencement du dos, & l'autre opposée au bas du sternon, & elles n'ont que deux mammelons. Les Vaches de Quivira, Province des Indes Occidentales, sont de la grandeur & de la couleur de nos Taureaux, mais elles ont les cornes petites, presque droites, & fort aigues avec une bosse entre les épaules. Leur poil est comme de la laine, plus long au devant du corps qu'il n'est au derriere, & crêpé comme du crin sur le col & sur l'épine du dos. Elles muent tous les ans, & le poil qui leur revient est presque noir & bigarré de certaines taches blanches. Elles ont les jambes courtes, & couvertes d'un long poil depuis les genoux. Le front en est aussi couvert entre les cornes & sous la gorge, & il pend si bas qu'on le prendroit pour une barbe de bouc. Les mâles ont la queue longue & velue au bout, de sorte qu'ils ont quelque chose de commun avec le lion & le chameau. Ils frappent des cornes, & quand ils sont irrités, ils tuent même les chevaux qui ont peur de leur rencontre, tant cet animal est difforme & d'un regard affreux & cruel. Leur chair est de fort bon goût, & les Sauvages se couvrent le corps de leur cuir. Ils en couvrent aussi leurs cabanes.

On voit à la Chine un certain poisson appellé *Vache*, qui vient fort souvent à terre, & qui attaque les Vaches domestiques. Dans ce combat ce poisson se sert de sa corne pour les heurter; mais quand il a demeuré un peu de tems hors de l'eau, il est obligé de se retirer dans la mer pour faire reprendre sa premiere dureté à sa corne qui s'est amollie à l'air.

Vache louée. Les Paysans appellent ainsi celle qui ne se laisse point traire, ou qui retient son lait à moins qu'on ait un peu de fourage devant elle. Cela est assés commun.

La fiente de Vache est appellée *Bouze*. Selon Galien elle est dessiccative & attractive, ce que Marthiole dit être aisé à voir, en ce qu'elle guerit les piquûres des mouches à miel & des guêpes. Il ajoûte que cela peut arriver de la proprieté universelle de sa substance. La fiente claire que la Vache rend aux premieres herbes, resout les apostumes enflammées des Laboureurs & des gens de grand travail. Elle est bonne encore aux hydropiques.

Vache, se dit aussi de la peau entiere d'une Vache, & en termes de Tanneur, *Coudrer une Vache*, C'est apprêter le cuir d'une Vache dans le tan. On appelle *Vache de Roussi*, Du cuir de Vache que l'on façonne hors de France. On le passe en redon, c'est-à-dire, en herbe, après quoi on lui donne une charge de bresil bouilli & de noix de galles pour le rougir; ce qui étant fait, on le pare on le foule, on le travaille, & on lui donne toutes les façons dont il a besoin pour être employé & mis en œuvre.

Vache, dans les marais salans, signifie le Sel qu'on garde en meulons pendant plusieurs années. Ce sont de petites piles de sel fort longues, mais qui ont peu de hauteur & de largeur, & qui sont couvertes en dos d'âne.

On appelle en termes de danse, *Rut de Vache*, Un pas qui se fait en jettant le pié à côté.

En termes d'Imprimerie, on donne le nom de *Vache* aux cordes qui tiennent au berceau de la presse & au train de derriere.

On met de la difference dans le Blason entre la Vache & le Bœuf, en ce qu'on represente la Vache avec un museau long & délié, & sans aucun poil qui paroisse entre les deux cornes, au lieu qu'on y voit un gros floquet de poil dans le Taureau, & qu'on lui fait le museau plus court. D'ailleurs la Vache est toûjours representée passante, & ayant la queue tournée sur le flanc. Le Bœuf & le Taureau l'ont trainante par derriere.

VACIET. s. m. Plante qui croît par tout, tant dans les forêts que parmi les blés, & qui a les feuilles & la racine comme le bulbe. Sa tige est verte, menue, lissée, & de la hauteur d'un palme. Le Vaciet fleurit sur la fin de Mars, & au commencement d'Avril, & dès le milieu de sa tige, il jette une chevelure toute garnie de fleurs rouges. Ces fleurs venant à mûrir, se recourbent contre terre, & durent long-tems avant qu'elles se flétrissent. Leur vive couleur est cause que les enfans en font des bouquets. Galien dit que la racine du Vaciet est bulbeuse, dessiccative au premier degré & refrigerative au second entier, ce qui fait que l'enduisant avec du vin, elle empêche que la barbe ne vienne si-tôt aux jeunes gens. Sa graine est legerement abstersive

& astringente, & bonne, étant prise en vin, à ceux qui ont la jaunisse.

VACUE'. adj. Terme de Palais, du latin *Vacuus*, Vuide. On dit en ce sens, *Laisser la possession libre & vacue de quelque heritage*. Peu de personnes se servent presentement de ce mot. On a dit aussi *Vacuité*.

VAD

VADE. s. m. Terme de Jeu, & qui est particulierement en usage à la grande Prime. La somme que les Joueurs ont reglée entre eux, & dont celui qui va le premier au Jeu est obligé d'aller.

VADEMANQUE. s. m. Terme de Banque. On dit d'un Banquier, qu'*On n'a vû ni déroute ni vademanque à sa banque*, pour dire, qu'On ne s'est apperçu d'aucune diminution du fond de sa quaisse.

VADROUILLE. s. f. Terme de Marine. Sorte de balai dont on se sert pour nettoyer un Navire. Il est fait de vieux cordages défilés que l'on attache au bout d'un bâton, & qu'on trempe ensuite dans la mer. On dit autrement *Fauber* & *Esconppe*.

VAG

VAGANS. s. m. Mot que l'on trouve employé dans les Us & Coûtumes de la mer, pour dire, Des gueux ou valides mendians, qui dans le tems des grandes tempêtes courent sur les côtes, pour voir s'il n'y aura point quelque butin à faire pour eux. On les appelle aussi *Roussiniers*, *Truands*, *Pinçons de riviere*. Fauchet dit qu'on a appellé *Vagans*, Certains Paysans qui se revolterent autrefois contre leur Prince.

VAGISSEMENT. s. m. Vieux mot. Cri d'un enfant nouveau né, du latin *Vagitus*, qui veut dire la même chose.

VAGUE-MESTRE. s. m. Terme de Guerre. Officier, dont le soin est de faire charger & atteler les bagages d'une armée, & d'en faciliter la marche, afin qu'il n'y ait point de confusion. Il y a un Vague-mestre de chaque aile de Cavalerie, & un de chaque ligne d'Infanterie. Chaque Brigade, chaque Bataillon, chaque Regiment, a aussi son Vague-mestre. Ce mot vient de l'Allemand *Vvagenmeister*, qui signifie, General commis sur les chariots de guerre, & est formé de *Vvagen*, ou *Vvage*, Chariot.

VAH

VAHATS. s. m. Petit arbrisseau de l'Isle de Madagascar. On se sert de l'écorce de ses racines pour la teinture, & on l'en separe fort facilement avec de l'eau, quand elles sont encore toutes fraîches, mais on ne sçauroit le faire qu'avec un petit couteau de bois lorsqu'elles sont seches. Ceux qui veulent se servir de cette écorce, la font un peu bouillir sur un petit feu avec la soie ou la laine qu'ils ont à teindre, dans une lessive faite avec les cendres de la même écorce. L'étoffe se charge d'un rouge couleur de feu. Si on y ajoûte un peu de suc de limon, elle prend un fort beau jaune.

VAI

VAIGRE. s. m. On appelle *Vaigres*, en termes de Mer, Les planches qui font le revêtement ou le lambris du dedans d'un Vaisseau, & qui forment le serrage; ce qui les fait aussi nommer *Serres*.

VAIGRER. Terme de Marine. Attacher ou poser en place les planches dont on revêt ou lambrisse un Navire par dedans. On peut lever, quand on veut, celles qui sont posées tout joignant l'escarlingue de part & d'autre, & on voit par ce moyen s'il y a quelques ordures dans la lumiere des varangues, qui empêchent l'eau de couler aux pompes.

VAILLANTISE. s. f. Vieux mot. Action de bravoure. On trouve aussi *Vaillescant*, pour, Vaillant, dans Perceval.

VAIR, VAIRE. adj. Vieux mot. Verdâtre.

> *En ce lai du vair palefroy,*
> *Oirrez le sens huom le Roy.*

Et dans Perceval.

> *De pennes vaires ou grises.*

VAIR. s. m. Terme de Blason. Fourrure faite de plusieurs petites pieces d'argent & d'azur, à peu près comme une cloche de melon. Les Vairs ont la pointe d'asur opposée à celle d'argent, & la base d'argent opposée à celle d'asur. Quand il y a seulement deux ou trois pieces de Vair, on dit *Befroy de vair*. C'est ce que les anciens Blasonneurs ont appellé *Gros Vair* ou *Grand Vair*. Quand il y en a quatre, c'est ce qu'on appelle proprement *Vair*. On dit *Menu Vair*, quand il y en a davantage. *Vair*, dit Nicot, *est une espece de pane riche, chargée de poil blanc & bleu, dont nos Rois ont usé anciennement en fourrure. Gaguin au Traicté des Herauts, parlant des paremens de Montjoye, Premier Roy d'armes des François.* Et là seront les Varlets de chambre, qui le vêtiront de tous les habits Royaux, comme la propre personne du Roy, qui seront d'escarlate, & tous fourrez de menu vair, que le Roy lui donnera. *Cette pane & l'ermine sont les seules qui ont esté receues és armoiries des Seigneurs & Gentilshommes.* Ce que dit Nicot nous fait connoître qu'anciennement nos Rois se servoient de menu Vair au lieu de fourrure. On en a doublé les manteaux des Presidens à mortier & les Robes des Conseillers de la Cour, jusques au quinziéme siecle. Il étoit aussi permis aux femmes de qualité de s'en habiller. Cette fourrure étoit faite de la peau d'une espece d'Ecureuil, que l'on nommoit aussi *Vair*, & en latin *Sciurus*. Elle étoit colombine par dessus & blanche par dessous. C'est ce qui est appellé presentement *Petit gris*, par les Pelletiers. On la diversifioit en grands ou petits carreaux, qu'on nommoit *Grand Vair*, ou *petit Vair*. Aldroandus, qui décrit cet animal, dit qu'il a le dos d'un gris approchant assés du bleu, & le dessous du ventre blanc. Ces deux peaux jointes ensemble font la figure des Vairs d'armoiries, qui sont naturellement d'azur & d'argent. Quand les Vairs ont leurs pointes qui tendent au cœur de l'Ecu, cela s'appelle *Vair affronté*; & on dit *Vair appointé*, ou *Vair en pal*, quand la pointe d'un Vair est opposée à la base d'un autre Vair. On appelle *Vair contre Vair*, quand les Vairs ont le métal opposé au métal, & la couleur opposée à la couleur.

VAIRE', E'E. adj. Qui est de Vair. Quelques Anciens ont appellé *Peaux vairées*, Les fourrures de grand ou de petit Vair. On tient que les robes vairées étoient l'habit des Gaulois, comme les hermines étoient celui des Armeniens. *Vairé*, en termes de Blason, se dit de l'Ecu, & des pieces chargées de Vairs. *Il porte Vairé d'or & de sable.*

VAIRON. adj. Terme de Manege. On appelle *Cheval vairon*, Un cheval qui a un œil d'une façon, & l'autre d'une autre. On dit aussi *Oeil vairon*, pour dire, L'œil d'un cheval qui a la prunelle entourée d'un cercle blanchâtre. M. Menage fait venir *Vairon*, du latin *Varius*, Divers, diversifié. *Vairon*, se dit encore de ce qui est de plusieurs couleurs, & qui a les poils tellement mêlés, qu'on ne sçauroit presque distinguer les blancs d'avec les noirs, & les blancs d'avec les bais.

VAISSEAU. s. m. Mot general qui signifie toute sorte de vase capable de contenir quelque chose, & particulierement la liqueur, de quelque matiere qu'il puisse être. M. Menage derive ce mot du latin *Vascellum*, ou *Vascillum*, Petit vase, qu'on trouve dans les gloses d'Isidore. Il ajoûte qu'on a appellé *Basellus*, Un Navire qui s'appelloit d'abord *Phaselus*, d'où le changement de B. en V. a été fait.

Vaisseau, en termes de Marine, est un bâtiment de Charpenterie, construit d'une maniere propre à floter, & à être mené sur l'eau. Ces bâtimens sont distingués en *Vaisseaux de haut bord*, qui vont seulement à voiles, & dont on se sert pour courir sur toutes les mers, & en *Vaisseaux de basbord*, qui sont des Vaisseaux à voiles & à rames, comme les Galeres, qui ne vont ordinairement que sur la mer Mediterranée. On n'appelle proprement *Vaisseaux* à Marseille, que ceux qui ont toutes leurs voiles quarrées, à l'exception de la voile de poupe qui est latine.

On appelle *Vaisseau de conserve*, Un Vaisseau de guerre qui accompagne des Vaisseaux Marchands pour les défendre s'ils sont attaqués : *Vaisseau matelot* ou *Vaisseau second*, Celui qui suit un grand Officier pour le secourir s'il est necessaire : *Vaisseau Corsaire*, Un Vaisseau qui court les mers pour piller ce qu'il rencontre, & qui n'a aucune commission de Prince ni de Republique ; & *Vaisseau Gardecôte*, Un Vaisseau qui étant armé pour défendre les Côtes de quelque Pays, donne la chasse aux Corsaires.

Vaisseau, en termes d'Anatomie, se dit des veines, arteres, & autres petits conduits, comme le *Vaisseau Choledoque*, qui est dans le duodenum proche du pylore. C'est un Vaisseau par où la bile descend & se mêle exactement avec le chyle. Le mot de *Choledoque* est Grec, χοληδόχος, de χολὴ, Bile, & de δέχομαι, Je reçois.

VAISSELLEMENT. s. m. Vieux mot. Meubles, ustenciles, vaisselle.

VAISSELLE. s. f. Vaisseaux destinés au service de la table, comme, assiettes, plats, écuelles, aiguieres, salieres, brocs, soit d'argent, de vermeil doré, d'étaim, de fayence, ou de terre pour le ménage. On appelle *Vaisselle plate*, Celle qui est sans soudure, comme sont les plats & les assiettes, & *Vaisselle montée*, Celle où il y a de la soudure, comme, Flambeau, chandeliers, aiguieres, salieres, flacons, & autres.

On a dit autrefois *Vaisselle*, pour dire, Vassale, Paysane, comme dans la Bible historiaux. *De la Vaisselle qui n'est mie ancelle, mais concubine.*

VAL.

VALANCINE. s. f. Terme de Mer. Manœuvre qui est frappée par un bout à la tête du mât, & qui passe par une poulie au bout de la vergue. Elle sert à tenir la vergue en balance quand elle est dans sa situation naturelle, ou bien à la tenir haute ou basse, selon le besoin. On dit plus ordinairement *Balancine.*

VALERIANE. s. f. Plante que Matthiole divise en trois especes. La grande Valeriane a ses feuilles semblables à la scabieuse, mais plus grandes & un peu moins découpées. Sa tige est haute d'une coudée & quelquefois plus, lissée, creuse, molle, & d'une couleur tirant sur le purpurin. Elle porte à sa cime un bouquet garni de fleurs purpurines blanchâtres. Sa racine est de la grosseur du petit doigt. Il en sort quantité de petites racines à la maniere de celles de Flambe, entrelassées les unes dans les autres, & qui rendent une odeur un peu forte comme celles du nardus. Cette plante vient aux montagnes dans les lieux humides, & même dans les champêtres, d'où on la transporte dans les jardins. La Valeriane moyenne a ses feuilles à peu près comme le frêne ou le cormier, lissées noirâtres, & couchées contre terre. Sa tige & ses fleurs ressemblent à celles de la grande Valeriane, excepté qu'elles sont moindres. Ses racines sont blanchâtres & mêlées les unes dans les autres comme l'ellebore blanc, & ont une odeur très-forte. Cette espece de Valeriane croît aux lieux marécageux. Les feuilles de la petite Valeriane, quoique fort petites, ne laissent pas d'approcher de celles de la grande. Sa tige est anguleuse, haute d'un palme, & à sa cime sortent des fleurs de même couleur que celles des autres. Sa racine est petite, blanchâtre, & a quantité de capillamens d'une odeur fort agreable. La petite Valeriane croît dans les montagnes, & dans les lieux humides & marécageux. Matthiole ne blâme point ceux qui croyent que la grande Valeriane soit le vrai Phu, à cause que ses feuilles & sa tige s'y rapportent entierement ; il ne laisse pas d'y trouver quelque difference pour les fleurs. On se sert de la racine de la Valeriane dans la Theriaque. Elle est mediocrement chaude quand elle est seche. Elle provoque les mois & fait uriner.

VALET. s. m. *Serviteur, celui qui est domestiquement au service de quelqu'un dans les bas emplois.* Acad. Fr. Il y a plusieurs sortes de Valets. On appelle *Premier Valet de chambre du Roi*, Un Officier considerable de sa Maison, qui couche aux piés de son lit, qui est toûjours dans sa chambre, & qui garde sa cassette. Les *Valets de Chambre*, sont ceux qui aident à habiller le Roi, & qui servent aux Offices de Chambre. Il y en a qui sont tailleurs, d'autres Tapissiers, d'autres Horlogers. Les Valets de chambre des particuliers, sont gens qui servent, & qui ne portent point de livrées. Ceux que l'on appelle *Valets de garderobbe*, sont des Officiers qui ont soin des habits & du linge de la personne du Roi ou des Princes, & qui servent à leur garderobbe. *Valets de pié*, se dit des Valets qui suivent à pié le carrosse d'un Prince ou d'une Princesse & qui portent les couleurs. Il y a de grands & de petits Valets de pié chez le Roi.

On appelle *Valets d'artillerie*, Ceux qui par les ordres du Canonnier, chargent le canon, y mettent le feu, le nettoyent, & apportent toutes les choses dont il a besoin. Leur fonction est aussi de mettre le canon dans l'embrasure pour le pointer, quand il y a quelque occasion de le tirer. C'est aussi à eux de le retirer de l'embrasure pour le charger.

On appelloit autrefois *Valets*, selon Du Cange, en latin *Valeti*, ou *Velecti*, Les enfans des Grands qui n'étoient pas encore faits Chevaliers, & Pasquier dit, ainsi que Fauchet, que les Ecuyers tranchans étoient appellés *Valets*. Villehardouin a employé ce mot pour dire Prince, *Al Roy Phelippe & al Valet de Constantinople.* Rien ne prouve mieux que *Valet* a signifié Prince & Fils de Roi, que ces vers de Jean de Melingeris, en son Doctrinal royal.

Li Valet fiert de l'esperon,
Et s'embronchant de chaperon,
Son Destrier riste à grand randon,
Le giroyant de long en rond.
Li Rois qui void tel abandon,
L'Enfant Royal prend à tenson.
Li Valet cois sans faire bond
A Rois son pere quiert pardon,
Qui le grasele, & li fait don
D'un Giboyeur & d'un Faucon
Armé de pis à becheron.

Une marque de l'ancienneté de ce mot en cette signification de Prince, est que dans le Jeu des cartes, le Valet est après le Roi & la Dame, & que ces Valets portent les noms d'Hector, d'Ogier, & autres Princes. Borel fait venir *Valet* de *Varlet* & *Varlet* de *Bar*, qui veut dire Fils en Hebreu & en Chaldéen. Les Sarasins ayant habité l'Espagne, y ont laissé ce mot *Bar*, que les Espagnols ont changé en *Varon*, Homme robuste, d'où nous avons fait Baron, & on a dit *Varlet*, par syncope de *Varolet*. Il a aussi signifié simplement, *Garçon*, comme en cet exemple.

Faites-moi de Femme un Varlet.

Presentement, dit encore Borel, *Valet* ne signifie qu'un homme de service, & vient de l'Hebreu *Valed*, Serviteur, ou bien c'est un diminutif de *Vassal*, disant *Vassalet* & *Vaslet*.

Valet, en termes de Menuiserie, se dit d'un crochet de fer, dont les Menuisiers se servent pour tenir le bois sur l'établie. Ce crochet a deux branches rondes disposées en équerre, mais qui ne sont pas tout-à-fait à angles droits. On appelle aussi *Valet*, Une petite machine, qui consiste à un morceau de bois attaché à une corde fortement tortillée derriere une porte, & qui sert à la fermer aussitôt qu'on l'a ouverte. Il y a une autre façon de *Valet*, fait avec un poids qui descend le long d'une coulisse attachée au bout d'une corde qui tient au mur de l'autre côté.

Valet de chaise à cremiliere, est un morceau de fer quarré qu'on met dans les bras d'une chaise, & qui sert, quand on l'a tiré, à poser une petite table dessus.

Les Miroitiers appellent *Valet de miroir*, Le morceau de bois qui est attaché derrier le fond d'un miroir de toilette, & qui le soutient quand on le pose sur la table.

On appelle *Valet à debotter*, Une planche de bois avec une entaille où l'on met le talon, & par ce moyen un homme se peut debotter tout seul.

On appelle, en termes de Guerre, *Valet d'Ingenieur à feu*, Un cylindre de bois solide chargé de poudre, & qui est percé en plusieurs endroits. On y met des balles de plomb & des petards, & cette machine se tient toûjours debout.

Valet, en termes de Marine, est une espece de peloton de fil que l'on a tiré de quelque vieux cable, & dont on se sert pour bourrer la poudre quand on charge le canon.

On appelle aussi *Valet*, en termes de Manege, Un bâton, qui est armé par l'un de ses bouts d'une pointe de fer émoussée. On s'en sert pour pinser & aider le cheval sauteur. Le Valet étoit autrefois nommé *Aiguillon*. Il y en avoit qui étoient armés d'une molette d'éperon, dont les pointes avoient été rabattues. Quand on commençoit un cheval autour du pilier, sans qu'il y eût personne dessus, on lui pinsoit les flancs avec le Valet, pour lui apprendre à connoître l'éperon. On ne se sert plus aujourd'hui du Valet pour cela dans les Maneges.

VALETON. s. m. Vieux mot. Enfant. On dit dans la Chronique de Flandre de Denys Sauvage; *Il garda si bien la fille qu'il en eut deux Valetons, dont l'aisné a nom Jean, & l'autre Baudouin.* Il a signifié aussi *Jeune garçon*, comme en cet exemple du Roman de la Rose.

Toutes herbes, toutes fleurettes,
Que Valetons & pucelettes
Vont au Printemps au bois cueillir.

VALISSANT, ANTE. adj. Vieux mot. Qui Vaut.

Cil Jongleour vous en ont dit pertie,
Mais ils n'en sçavent valissant une alie.

Le fruit de l'Alisier étoit autrefois appellé *Alie*. Il semble par ces deux vers que l'on ait dit autrefois *Valir*, pour Valoir. On disoit *Valt*, pour Vaut, comme on le connoît par ces autres vers.

Car en terre que rien ne valt,
Buene semence séche & falt.

VALUE s. f. Vieux mot. Prix, valeur. Il n'a plus d'usage qu'au Palais, où l'on dit encore, *La plus value*, pour dire, La somme que vaut une chose par de-là ce qu'on l'a prisée ou achetée.

VALVULE. s. f Terme d'Anatomie. Peau qui sert comme de porte pour ouvrir & pour fermer les ouvertures du cœur. *Valvule* se dit aussi des petites ouvertures qui se trouvent dans la plûpart des vaisseaux du corps, dans les veines, dans les arteres, pour faire circuler le sang & couler les humeurs & les alimens d'une partie du corps dans une autre. Les endroits où ces Valvules sont placées & où se joignent les veines avec les arteres s'appellent *Anostomoses*. Il y a à l'embouchure des ureteres dans la vessie, & dans la vesicule du foye d'un bœuf, une valvule qui a rapport à la soupape en clavet. On appelle *Valvule sigmoïde*, Une membrane en forme de sac, qui se trouve presque dans tous les vaisseaux. Elle ressemble à la seconde sorte de soupape, à cause que lorsqu'elle est dilatée, elle est faite en cone ou en capuchon. Les Valvules du cœur sont appellées *Tricuspides*, & ressemblent aux soupapes des écluses. Quoique leur forme soit triangulaire, elles font neanmoins le même effet que les portes des écluses qui sont quarrées, puisqu'en s'approchant & se joignant par leurs côtés, elles empêchent que le sang ne sorte des ventricules du cœur, quand il y est entré, & qu'il n'y rentre après qu'il en est sorti.

VAN

VAN. s. m. Instrument que fait le Vanier, & qui sert à vaner toute sorte de grains & de graine, c'est-à-dire, à separer la paille & les ordures d'avec le bon grain, ce qui se fait en jettant le grain en l'air. Le Van est composé d'une cerce, d'un devant, d'un derriere & de deux anses. Le derriere est courbé en rond, & le creux diminue sensiblement jusques sur le devant.

Ce n'est souvent qu'un balai composé de branches de bouleau longues & menues pour ôter legerement les menues pailles de dessus le grain, ou le petit grain qu'on appelle *Vanailles*.

VANANT, ANTE. adj. Terme de Papetier. On appelle *Papier vanant*, Une sorte de papier, qui est moins fin & moins blanc, que le papier fin.

VANÇOHO. s. m. Sorte de Scorpion de l'Isle de Madagascar. Il a un gros ventre rond & noir. C'est une bête extrêmement dangereuse. Celui qui en est piqué, tombe en défaillance dans le même instant. Il y en a même qui demeurent en foiblesse deux jours entiers, & que l'on sent froids comme la glace. Le remede qu'on employe pour les guerir est le même dont on se sert contre la piqure des Scorpions. On met le malade devant un grand feu, & on lui rend la santé, en lui faisant prendre tout ce qui peut conforter contre le venin.

VANDOISE. s. f. Poisson de riviere, qui a le museau pointu, la chair molle & assés agreable au goût, & le corps tirant sur le brun vert & jaune. Il est de la grosseur d'un harenc.

VANEAU. s. m. Oiseau gros comme un pluvier, qui a une houppe noire sur la tête, la gorge marquée de blanc & de noir, le bec court, rond & noir, & les plumes de dessus les ailes changeantes & qui tirent sur le vert. Il y a des lieux où on l'appelle *Dix & huit*, à cause qu'il exprime ces mots en chantant. Le Vaneau est plus estimé pour sa beauté que pour autre chose. Il mange les mouches, les limaçons & les sauterelles. M. Ménage est du sentiment de Belon, qui croit que ce mot vient de *Paonneau*, ou de *Phaonneau*, à cause que le Vaneau a quelque rapport avec le Paon.

On appelle *Vaneau*, en termes de Fauconnerie. Les plus grandes plumes des ailes des oiseaux de proye.

VANELER. v. a. Vieux mot. Etre à l'aise & vêtu au large. Borel qui l'explique ainsi, en apporte pour exemple ces deux vers de Coquillard.

Pour mieux à l'aise vaneler,
On met étoupes par dedans la sainEture.

VANILLE. s. f. Gousse, longue d'environ un demi-pié, & grosse comme le petit doigt d'un enfant. Elle pend à une plante qui a douze à quinze piés de haut, & qui se rame, comme les feves qui sont ici nommées *Aricots*. Ainsi elle est fort souvent le long des murailles, ou au pié de quelques arbres ou échalats qui la soutiennent. Sa tige est ronde, disposée par nœuds comme une canne de sucre, & de chaque nœud il sort des feuilles larges épaisses & longues d'un doigt. Elles sont vertes ainsi que sa tige & assés semblable à celles du grand plantin. Elles sont suivies de gousses, qui étant vertes au commencement & jaunâtres dans la suite, brunissent en murissant. Quand ces gousses ont atteint leur maturité, les Mexicains & les habitans de Gotrimale & de Saint-Domingue les cueillent, & les ayant liées par les bouts, ils les font secher à l'ombre, après quoi ils les frottent d'huile pour les empêcher de se secher trop & de se briser. On nous les envoye en France par des paquets de cinquante, de cent, & de cent cinquante. Les grands Seigneurs de Mexique aiment fort ces plantes à cause de l'agreable odeur de leurs gousses, & parce qu'ils en mettent quantité dans leur chocolat. On s'en sert aussi en France pour le même usage, & même pour parfumer le tabac. On prétend qu'elles sont propres à fortifier l'estomac en les prenant interieurement. Il faut les choisir bien nourries, grosses, nouvelles, pesantes, non ridées ni frottées de baume. Elles doivent aussi être grasses & fort souples, & accompagnées d'une bonne odeur. On doit sur-tout prendre garde qu'elles soient égales ; à cause que le milieu des paquets n'est souvent rempli que de Vanilles petites & seches, & sans nulle odeur. Il faut encore, que la graine du dedans, qui est très-petite soit noire & luisante. Les Espagnols les ont appellées *Vanilles*, de *Vanilla*, Petite graine, à cause qu'elles ont quelque ressemblance avec une gaine.

VANNE. s. f. Maniere de pelle large, qui se leve pour faire couler l'eau de l'écluse dans l'auge d'un moulin, ou qui s'abaisse pour arrêter l'eau de l'écluse. On appelle aussi *Vannes*, De gros ventaux de bois de chêne qui se haussent & se baissent dans des coulisses, pour laisser couler ou retenir l'eau d'un étang ou d'une écluse. Les deux cloisons d'un bâtardeau sont aussi appellées *Vannes*.

VANNER. v. a. Terme de Batteur en grange. Nettoyer le grain, & en faire sortir les pailles, la poussiere & autres ordures, en les secouant & les tournant & retournant dans le van.

On dit aussi, *Vanner de dosses quelque endroit*, pour dire, Y mettre des vantaux de bois, quand on veut arrêter l'eau, ou faire des bâtardeaux.

VANNETS. s. m. On appelle ainsi en termes de Blason, Les coquilles dont on voit les creux. Cela vient de la ressemblance qu'elles ont avec un van à vanner.

VANNETTE. s. f. Sorte de corbeille platte & peu creuse, dont on se sert pour vanner l'avoine, avant que de la donner aux chevaux.

VANTAIL. s. m. Manteau, ou battant d'une porte, qui s'ouvre des deux côtés. On dit aussi *Vantaux de fenêtre*, pour dire, Les volets qui ferment une fenêtre de haut en bas.

Vantail, s'est dit autrefois d'une partie de l'habillement de tête par où respiroit le Cavalier. En ce sens on a dû écrire *Ventail*, comme venant du mot *Vent*.

VANTELER. v. a. Vieux mot. Il s'est dit d'un étendard que l'on voyoit ondoyer.

Li confanons de soye sur hiaume li vantal.

VANTERRE. s. m. Vieux mot. Vanteur. On a dit aussi, *Faire Vantisson*, pour dire, Se vanter.

VANTILLER. v. a. Terme de Charpenterie. Mettre des dosses ou de bonnes planches de deux pouces d'épais pour retenir l'eau.

VAP

VAPORATION. s. f. Terme de Chymie. Il se dit de l'action de la vapeur, & on appelle *Bain de vaporation*, ou de *Vaporatoire*, Certain bain qui fait agir la chaleur ou l'humidité d'une vapeur sur un autre corps qu'on veut échauffer ou humecter.

VAPOREUX. EUSE. adj. Qui est plein de vapeur. Les Chymistes donnent le nom de *Bain vaporeux*, au bain marie.

VAQ

VAQUETTE. s. f. Petite monnoie de Bearn, appellée ainsi à cause des Vaches qui y sont representées, les six font un double. Les Vaches sont les armoiries de Bearn.

VAR

VARANDER. v. a. *En matiere de Harangerie*, dit Nicot, *est seicher, esgoutter & bien conditionner le harenc, si qu'il soit bon & appareillé à encaquer. Ainsi les Harangeres disent*, Le harenc est bien varandé, *quand il est bien assaisonné pour estre transporté avec caques.*

VARANGUAIS. s. m. Terme de Marine. Nom que les Levantins donnent aux marticles. Ce sont de petites cordes disposées par branches en façon de fourches qui viennent aboutir aux poulies que l'on appelle *Araignées*.

VARANGUE. s. f. Membre d'un Navire que l'on pose le premier sur la quille lorsqu'on le construit. Les Varangues en general ne sont autre chose que des chevrons de bois antés & rangés de distance en distance à angles droits & de travers entre la quille & la carlingue, afin de former le fond d'un Vaisseau. On appelle *Maitresse Varangue*, & autrement *Premier Gabarit*, Celle qui se met sous le maître bau, & *Maitresses Varangues de l'avant & de l'arriere*. Celles que l'on place par proportion sur l'avant & sur l'arriere de la quille. Il y à des *Varangues plates*, ou *de fond*, & des *Varangues acculées*. Celles de fond se mettent vers le milieu de la quille, & ont moins de rondeur que les acculées, qui se posent en allant vers les extrémités de la quille proche les fourques, au devant & au derriere des Varangues plattes. Il y a aussi des *Varangues demi acculées*. Celles-là ont moins de concavité que les acculées, & se posent proche les Varangues plates. On dit *Vaisseau à platte Varangue*, pour dire, Un Vaisseau qui a le fond plat, qui tire peu d'eau, & qui porte une plus grande charge. Les Vaisseaux de courte Varangue, non seulement vont mieux à la bouline, & derivent moins que ceux qui ont les Varangues plates, mais aussi ils tirent plus d'eau & resistent mieux aux coups de mer. Il est vrai qu'ils ont le désavantage de courir plus de danger dans les havres de barre, & d'être plus sujets à toucher.

VARASSE. s. f. Bête devorante qui se trouve dans l'Isle de Madagascar. Elle a une grosse & longue queue, & le poil pareil à celui d'un loup. Sa grosseur est à peu près comme celle d'un renard.

VARAUCOCO. s. m. Plante qui croît dans l'Isle de Madagascar, & qui s'entortille à de grands arbres. Les fruits qu'elle porte sont aussi gros qu'une peche, d'un goût agreable qui tient du doux, & de couleur violette, & au milieu quatre gros pepins. Son bois sert à faire des cerceaux pour des seaux & des barils; mais comme ils se vermoulent facilement, ils ne sçauroient durer qu'une année. Il en sort une gomme rouge comme du sang au travers de son écorce, qui est un peu resineuse. Son écorce du milieu, qui est d'une épaisseur mediocre, se fond à la chandelle, de même que la gomme laque, & rend à peu près la même odeur.

VARE. s. f. Terme de Negoce. Espece d'aune dont se servent les Marchands en de certains lieux. La Vare d'Espagne contient une aune & demie de Paris, & est égale à la canne de Toulouse. Ce mot vient de l'Espagnol *Vara*, Aune.

VARECH. s. m. Terme de Marine. Nom que l'on donne sur les Côtes de Normandie à une herbe qui croît en mer sur les roches, & que la mer arrache en montant & jette sur ses bords. C'est ce qu'on appelle *Gouesmon* sur les Côtes de Bretagne, & *Sart* sur celles du pays d'Aunis. Elle tient lieu de fumier aux riverains pour engraisser leurs terres.

On appelle *Varech*, sur les mêmes côtes de Normandie, tout ce que l'eau jette à terre par tourmente ou fortune de mer, ou qui est poussé si près de terre, qu'un homme à cheval y puisse toucher avec sa lance. Les droits que les Seigneurs des fiefs voisins de la mer prétendent en cette Province sur les effets que l'eau jette sur ses bords, sont nommés *Droits de Varech*, Il y a un titre particulier du Varech dans la Coûtume de Normandie, qui appelle autrement *Choses gayves*, Tous les effets que la mer jette sur ses rivages, soit de son cru, soit qu'ils viennent du debris & du naufrage de quelque Vaisseau. M. Ménage fait venir *Varech* de l'Anglois *Vrac*, qu'il dit signifier bris & Naufrage; & Du Cange le derive de *Vvrekum*, comme si on disoit *Derelictum*, Abandonné, d'un mot Saxon qui signifie Abandonner.

VARENNE. s. f. *Certaine étendue de Pays, qu'un Roi, qu'un Prince reserve pour la chasse.* Acad. Fr. Nicot dit que c'est *le platfond d'une vallée, comme quand entre deux costeaux gist une plaine.* Le mot de *Varenne* ne se dit qu'en parlant de chasse, & c'est une plaine ou une étendue de pays qui ne se fauche ni ne se laboure. Ce qu'on appelle *La Varenne du Louvre*, est une capitainerie dans laquelle sont comprises toutes les plaines qui sont six lieues à la ronde autour de Paris, & où il y a une Jurisdiction qui se tient au Louvre, établie pour la conservation de la chasse dans toutes ces plaines. Les Officiers de cette Capitainerie sont un Bailli & Capitaine, un Lieutenant General, un Procureur du Roi, un Greffier, & huit Gardes à cheval & douze à pié. Ce mot vient du Latin *Varenna*, qui signifioit autrefois *Garenne*. Il a été dit tant dans les forêts pour la nourriture des lapins, que des étangs, viviers & autres eaux pour la nourriture des poissons. Quelques-uns tiennent que la permission de chasser & de pêcher étoit appellée *Libera Varenna*.

VARET. s. m. On appelle ainsi, en termes de Marine, un Vaisseau qui a été coulé à fond.

VARIATION. s. f. Changement. Ce terme est usité sur la mer. *La variation de l'aiguille aimantée* est un mouvement inconstant de l'aiguille, qui en de certains parages decline du Nord au Nord-Est, & qui en d'autres se tournent du Nord au Nord-Oüest. La plûpart des Pilotes justifient & determinent la variation de l'aiguille en appliquant & bandant un filet sur le verre dont la boussole est couverte, en sorte que le filet convienne & s'accommode sur la ligne qui va du Nord au Sud; ensuite ayant pris exactement hauteur à midi, ils regardent si dans cet instant l'ombre du fil s'accorde précisement avec les deux pointes de l'aiguille & avec cette ligne qui va du Nord au Sud; quand cela se rencontre, il n'y a point de variation dans le parage où cette observation se fait; mais si les deux pointes de l'aiguille s'écartent de cette ombre meridienne, il y a de la variation, & elle est determinée par l'arc de la boussole, compris entre l'aiguille & l'ombre du fil. Cette variation se prenant du Nord vers l'Orient ou vers l'Occident, on la distingue en Orientale & en Occidentale. Elle est Orientale, lorsque le bout de l'aiguille qui se tourne vers le Septentrion, ne regarde pas le vrai Nord du ciel, mais qu'il s'en écarte du côté de l'Est ou de l'Orient; & elle est Occidentale, quand ce même bout de l'aiguille, c'est-à-dire, sa fleur de lis, se retire du Nord à l'Oüest. La declinaison est la même chose que la variation. Voyez DECLINAISON. On dit que *La variation vaut la route*, quand la variation & le vent sont d'un même côté, & qu'ils font des effets contraires, en sorte que l'un soûtienne la perte que l'autre cause. On dit aussi *Observer la variation*, pour dire, Observer le rumb de vent & le degré où se leve le Soleil, ou celui où il se couche.

VARICE. s. f. Terme de Medecine. *Veine excessivement dilatée par quelque effort.* Acad. Fr. Cette dilatation se fait quelquefois d'un simple rameau; & quelquefois de plusieurs. Les Varices sont courbées & repliées en plusieurs circonvolutions. Quoiqu'elles puissent venir aux temples, au dessous du nombril, à la matrice, au siege & à quelques autres endroits, elles viennent beaucoup plus souvent aux cuisses & aux jambes. Les varices ou enflûres des veines de la jambe surviennent assés ordinairement aux femmes grosses dans les derniers mois de leur grossesse, & disparoissent ensuite. Lorsque par leur grandeur ou leur grosseur on apprehende qu'elles ne se rompent, le meilleur est de les oindre avec de l'huile de laurier & de l'onguent de baies de laurier, ou avec de l'huile de grenouille ou de vers de terre. On doit aussi envelopper les piés où les Varices seront avec de larges linges, qu'il faut tremper dans du vin ou dans une decoction mediocrement astringente. Lorsque les Varices sont fermées, elles causent la manie. L'Histoire Romaine nous en fournit un exemple dans Marius, qui devint maniagre par cette cause; ce qui se trouve contraire à ce qu'Hippocrate assure, que les Varices & les Hemorroïdes survenant, terminent la manie. Ce mot est latin, *Varix*.

Varice, est aussi une maladie de cheval. C'est une grosseur au dedans du jarret proche de l'endroit où la courbe est située. La veine crurale, en se dégorgeant dans cette partie, y cause une tumeur molle & sans douleur, qui est ce qu'on appelle *Varice*.

VARLOPE. s. f. Terme de Menuisier. Outil en maniere de rabot, qui sert à rendre le bois fort uni. Il y en a de plusieurs façons, *La grande Varlope*, *la petite Varlope*, & *la demi-Varlope*. Il y a aussi la *Varlope anglée ou à onglet*. Celle-là est sans poignée, & le fer en est plus étroit.

VAS

VASART. adj. Terme de Marine. On appelle *Fond vasard*, Un fond qui est tout de vase dans quelque endroit de la mer.

VASE. s. m. *Sorte d'ustencile qui est fait pour contenir quelque liqueur, mais dont on ne se sert d'ordinaire que pour l'ornement.* ACAD. FR. Les Orfevres appellent *Vase*, Le milieu d'un chandelier d'Eglise, qui a souvent quelque figure ronde tirant sur la forme de vase.

On appelle *Vases*, en termes d'Architecture, Certains ornemens que l'on met d'ordinaire au dessus des corniches, à cause que ces ornemens representent les vases dont les Anciens se servoient, principalement aux sacrifices. On leur fait porter des fleurs ou exhaler de l'encens. Ces Vases de sacrifices étoient souvent employés dans les bas reliefs des Temples des Anciens, comme ceux qu'ils appelloient *Præfericulum*, *Simpulum*, & autres. Le premier étoit une espece de grande burette ornée de sculpture, & l'autre un plus petit vase en forme de lampe. On appelle *Vases d'amortissement*, Ceux qui terminent la decoration des façades. La plûpart sont isolés, ornés de guirlandes & couronnés de flames. On employe aussi cette sorte d'ornement au dedans des bâtimens, au dessus des portes & des cheminées. Les *Vases d'enfaîtement* sont ceux que l'on met sur les poinçons des combles, & ils sont ordinairement de plomb, & quelquefois dorés. *Vase de treillage*, est un ornement à jour qu'on fait de verges de fer & de bois de boisseau contourné selon un profil, qui sert d'amortissement sur les portiques & les cabinets de treillage. Le corps du chapiteau Corinthien & du Composite est appellé *Vase*, & on donne ce même nom à un ornement de sculpture isolé & creux, qui étant posé sur un piédestal, sert à la decoration des jardins & des bâtimens.

VASE. s. f. Terrain marécageux qui n'a point de consistance. Il faut pilotage ou grille, afin de pouvoir fonder sur la vase.

VASIERE. s. f. Grand bassin dans les salines où on fait venir, & où on laisse chauffer l'eau pour la faire couler dans les œillets par l'arene & les canaux.

VASQUINE. s. f. Vieux mot. Cotte de femme.

VASSAL. s. m. *Celui qui releve d'un Seigneur superieur à cause d'un fief.* ACAD. FR. On appelle *Arriere vassal*, Celui qui releve d'un Seigneur qui est lui-même vassal d'un autre Seigneur. Ce mot *Vassal* vient, selon Cujas, du Latin *Vassus*. Ragueau le derive de l'Allemand *Gesel*, Compagnon d'armes; ou de *Gessi*, Armes anciennes, dit Borel, comme qui diroit, Soldats obligés à servir. Vossius veut qu'il vienne de *Vas*, Caution, d'où vient que les Vassaux ont été nommés *Fidelles* & *Feaux*. On a dit autrefois *Vasseur* pour Vassal, & même *Vas*, comme on le connoît par ces deux vers,

Onques ne vis, n'onques ne soy
Si vas vilain en tout le monde.

Nicot témoigne qu'on a pris aussi *Vassal* pour Gentilhomme. *Es anciens Romans*, dit-il, *Vassal se prend pour le contraire du Souldoyer, d'autant que c'estuicy prend souldée, & le Vassal n'en prent point tant qu'il sert pour le deu de son fief.* Vassal *aussi és anciens Romans est usurpé pour tout Gentilhomme en General, fût-il Roy.*

VASSELAGE. s. m. *Etat, condition de vassal.* ACAD. FR. *Le droict nom seroit* Vasselage, dit Nicot, *car il vient de* Vassal. *C'est le droit de subjection d'un vassal envers son Seigneur feodal. Ainsi ledit Seigneur feodal peut dire*, Tel devoir est de mon Vasselage, *c'est-à-dire, des devoirs à moy deubs par mon vassal, & le vassal*, Mon Vasselage ne s'estend à cela, *c'est-à-dire, Le fief que je tiens de vous ne m'oblige à cela.* Vasselage, *se trouve aussi usurpé és Livres des anciens Romans, pour acte de vaillance, de magnanimité, hardi, & preus. Ce qui est ainsi prins, en ce que les Vassaux, c'est-à-dire, les Gentilshommes feudataires, sont tenus à tous faits hardis, preus & de haut courage. Et voilà pourquoi on dit par ironie, d'un couard, vile & bas acte,* C'est un beau Vasselage.

VASSOLES. s. f. Terme de Marine. Pieces de bois que l'on met entre chaque panne de caillebotis.

VAT

VATICINATEUR. s. m. Vieux mot. Devin, celui qui se mêle de prédire l'avenir. On a dit aussi *Vaticiner*, pour, Prédire l'avenir; & *Vaticination*, pour Divination, prediction des choses futures.

VAV

VAVAIN. s. m. Gros cable de Marine & de riviere.

VAVASSEUR. s. m. Vieux mot de la Jurisprudence feodale. Celui qui a des vassaux, mais dont la Seigneurie dépend d'un autre Seigneur. Ragueau l'explique, *Arriere vassal*, & Nicot en parle ainsi, Vavasseur *est un Seigneur ayant des Subjects & Vassaux, duquel toutefois la Terre & Seigneurie dépend & releve d'un autre Seigneur feodal. Et ne peut ce Vavasseur avoir ou instituer en sa Terre Seneschal ou Juge; ains s'il veut faire convenir en Justice aucun de ses subjects, force luy est de le faire convenir par devant le Juge de son Seigneur feodal.* M. Menage tient que ce mot vient de *Valvasor*, que quelques Ecrivains d'Allemagne ont employé en cette signification. D'autres le dérivent *à valvis*, Battans de portes, comme si le Vavasseur étoit obligé de s'arrêter aux portes du Seigneur, ou qu'il fût digne

digne d'entrer au delà. Cambden dit que *Vavasseur* étoit une dignité en Angleterre, qui tenoit le premier lieu après celle de Baron. Selon Du Cange on a appellé les Vavasseurs *Vasvassores* & *Valvasini*. Il dit qu'il y en avoit de deux sortes; les grands qui relevoient du Roi, ainsi que les Comtes & les Barons, & les petits qui relevoient de ces Comtes & Barons.

VAVASSORERIE. s. f. L'état & la Seigneurie d'un Vavasseur. Il y a beaucoup de Vavassoreries en Normandie. Ceux qui possedent de ces sortes de fiefs n'ont que la basse Justice. Quelquefois *Vavassorerie* a été pris pour une simple Ferme ou un simple tenement.

VAUCRER. v. n. Vieux mot. *C'est*, dit Nicot, *aller çà & là errant & perdant le tems.*

VAUDEVILLE. s. m. Sorte de chansons à plusieurs couplets que le peuple chante, & qui est souvent une espece de satire qui renferme le recit de quelque avanture plaisante. On tient que le premier Auteur des Vaudevilles fut Olivier Bosselin, & qu'ils furent inventés au terroir de Vire, petite Ville de Normandie sur la riviere de ce même nom; ce qui devoit faire dire *Vaudevire*, mais l'usage a établi *Vaudeville*.

VAUDOIS. s. m. Heretiques qui s'éleverent vers le milieu du douziéme siecle, & qui furent appellés ainsi de Pierre de Vaude, leur Auteur, natif du village de Vaude en Dauphiné sur le Rhône. C'étoit un Marchand fort riche, qui faisant de continuelles liberalités aux pauvres, s'acquit quantité d'admirateurs. Il prêchoit l'indépendance, & ne faisant porter que des sandales à ses disciples, à la maniere des Apôtres, il prétendoit que leur pouvoir n'étoit point inferieur à celui des Prêtres, & qu'ils pouvoient consacrer comme eux & administrer les Sacremens. Sa mauvaise doctrine l'ayant fait chasser de Lyon, il en alla infecter les vallées d'Angrogne & de Freissinieres, & elle y jetta de si profondes racines, qu'elle n'en a pû être arrachée depuis ce tems-là. Ils declamerent contre l'autorité du Pape, contre les Indulgences, contre le Purgatoire, & attaquerent plusieurs autres verités de la Religion Catholique. Leurs erreurs s'étant répandues dans les Provinces voisines, un certain Olivier les porta dans le Diocese d'Albi en Languedoc, ce qui les fit appeller aussi *Albigeois*. Ils eurent le nom de *Chaignards* & de *Josephites* dans le Dauphiné, à cause que Chaignard & Josephe y publierent leurs opinions avec plus de succès que les autres. On appella leurs Ministres *Barbes*. Ce qu'ils enseignoient a tant de rapport aux faux dogmes de Calvin, que les Calvinistes d'aujourd'hui reconnoissent les Vaudois pour leurs peres & leurs Précurseurs. Voyez PAUVRES DE LYON.

VAULTRE. s. m. *C'est*, dit Nicot, *une espece de chien entre Allans & Mastin, dont on chasse aux Ours & Sangliers. L'Italien l'appelle aussi* Veltro.

On disoit autrefois *Vaultrer*, pour dire, Chasser avec les Vaultres, & on trouve que *Vaultroy* a été usité en termes de Venerie, pour dire, Sanglier.

VAUNEANT. s. m. Vieux mot. Fripon, qui ne peut être employé en rien. *Un vauneant qui a perdu tous ses biens en meschancetez.*

VAUTOUR. s. m. Gros oiseau de proye qui a le bec crochu, les jambes courtes & couvertes de plumes jusques au dessus des doigts, & les ongles crochus & qui se paît de charogne. Il y en a de tannés, de bruns, de cendrés & d'autres d'un roux doré au col & sous le ventre. Quelques Vautours approchent de l'aigle pour la grandeur. Cet oiseau fait son aire sur des falaises en quelque lieu escarpé & de difficile accès. Il étoit fort consideré par les anciens Augures, qui étoient persuadés que toute l'espece étoit femelle, & que leur generation se faisoit par une voie extraordinaire. La graisse de Vautour est fort estimée contre les maladies des nerfs, & sa peau est très-belle & fort recherchée de plusieurs particuliers.

VAUTRAIT. s. m. Terme de Chasse. Grand équipage entretenu pour courre les Sangliers ou les bêtes noires. Le Vautrait est composé de levriers d'attache & de meutes de chiens courans. On fait venir ce mot de *Veltris*, *veltrahus* ou *veltragus*, qui signifioit un chien de chasse qui a bon nez, & sur la bête. La chasse au Vautrait se doit commencer au mois de Septembre, quand les bêtes noires sont en bon corps.

VAY

VAYVODE. s. m. Titre ou qualité qu'on donne aux Princes Souverains de la Valachie, de la Moldavie & de la Transylvanie. C'étoit le nom qu'on donnoit aux Gouverneurs de ces mêmes Provinces lorsqu'elles étoient sous la domination des Rois de Hongrie. *Vayvode* est un mot fort ancien, qui selon Du Cangé, s'est dit d'un General d'armée chez les Dalmates, chez les Croates & chez les Hongrois. On appelle aussi *Vayvodes*, en Pologne, les Ducs & Gouverneurs, & dans l'Empire du Turc les Gouverneurs particuliers des Villes sous un Bacha, sont pareillement appellés *Vayvodes*.

UBI

UBIQUISTE. s. m. Terme de l'Université de Paris. Docteur de Theologie qui n'est attaché à aucune Maison particuliere, n'étant ni de celle de Sorbonne ni de celle de Navarre. Le Syndic se prend à l'alternative chés les Sorbonistes, les Navarristes & les Ubiquistes. On nomme neanmoins ceux-ci Docteurs de Sorbonne. Ce nom se dit par excellence de la faculté de Theologie de Paris.

UBIQUITAIRES. s. m. Sectateurs de Jean Brentzen, qui après avoir été Chanoine à Vvirtemberg & Prêtre, se fit un des plus zelés disciples de Luther, après la mort duquel il devint Chef de parti, ayant rencheri sur les dogmes & les sentimens de cet Heresiarque. Il enseignoit que toutes sortes de crimes ne s'effaçoient point par le Baptême, à cause que la concupiscence, qu'il appelloit un peché, demeuroit toûjours. L'Evangile, selon lui, n'étoit qu'une nouvelle agreable, & non une Loi, & enfin il inventa une nouvelle maniere de presence du corps de Jesus-Christ en l'Eucharistie, disant que depuis l'Ascension le Fils de Dieu est par tout. C'est de-là que ceux qui donnerent dans ses rêveries, furent appellés *Ubiquitaires*, du mot latin *Ubique*, Par tout.

UBIR. v. a. Vieux mot que Nicot employe dans son Dictionaire. *C'est*, dit-il, *par bonne nourriture eslever & faire parcroistre. Les Veneurs disent* Avier *& eschaper; qui est Mettre à vie & tirer hors d'inconvenient de mort, par bien nourrir ce qu'on esleve, Aucuns l'escrivent & prononcent* Hubir.

VEA

VEABLE. adj. Vieux mot. Agreable.

VEAU. s. m. Animal à quatre piés, qui est le petit de la Vache. On appelle *Veaux de riviere*, des

Veaux extrémement gras qui viennent des environs de Rouen où il y a de bons pâturages, & *Veaux de montagne*, des Veaux nourris dans une Menagerie Royale, du lait de diverses vaches & de quelques autres ingrediens, comme œufs & sucre. C'est une façon de les nourrir qui nous est venue des Italiens.

Veau marin. Animal couvert d'un cuir dur & velu. Il a les poils du dos noirs & cendrés, semés de plusieurs taches, & le corps long & finissant par une petite queue. Cela est accompagné de deux especes de bras courts & imparfaits. Au bout de ces bras est une maniere de main qui est divisée en quatre ou cinq ongles. Sa chair est blanche & tient de celle du cochon de lait. Sa langue n'a point d'âpreté, & ressembleroit entierement à celle d'un veau ordinaire, si ce n'étoit qu'elle est fourchue par le bout. Le Veau marin a un os entre le grand & le petit cerveau, comme les chiens en ont un, & les autres animaux qui vivent de rapine & qui mangent de la chair. Il a plus de cervelle qu'un veau, ce qui est contre l'ordinaire des poissons. Aussi dit-on qu'il n'a pas moins de sagacité que les animaux terrestres. Si l'on en croit Pline, on en a fait voir à Rome qui répondoient à ceux qui les appelloient, & que l'on avoit instruits à saluer le peuple dans le theatre, non seulement par quelque sorte de genuflexion & autres gestes, mais par un son de voix qu'ils faisoient entendre si-tôt qu'on leur en avoit donné l'ordre. On attribue une chose bien particuliere au cuir de veau desseché, qui est de faire connoître les changemens de tems qui arrivent. Son poil se herisse pendant le vent du Midi, & il s'abaisse quand la bise soufle. Il y a de la difference entre le Veau marin de l'Ocean & celui de la Mediterranée. Ce dernier a le col long & la tête moins serrée contre les épaules. Il a une queue fort courte & les piés semblables à ceux des plongeons. Ces piés lui sortent immediatement de la poitrine. Aristote dit qu'il a des oreilles internes, & qu'il n'en a point d'externes; ce qui lui est particulier sur tous les animaux qui engendrent leurs petits vivans. Les Espagnols, ainsi que les Allemans, lui donnent le nom de *Loup marin*, à cause qu'il a des dents de loup, & vit de rapine. Il y en a qui sont grands comme des Ours, & qui ont jusques à vingt piés de longueur sur sept de large. Ils sont hardis & entreprenans, & s'attroupent pour attaquer les plus grands poissons. Il se trouve dans les Indes Occidentales une espece de Veau marin qui est d'une grandeur prodigieuse, & que l'on appelle sur les lieux *Manati* ou *Lamantin*.

Veau en labourage de terre, dit Nicot, *c'est quand en labourant & faisant les royes ou seillons, il demeure quelque endroit de terre que le soc de la charrue n'a point atteinte ne menuisée. Aucuns l'appellent* Faute, *les autres* Banc.

VED

VEDASSE. f. f. Sorte de cendre gravelée qu'on fait venir de Pologne, sur-tout de Dantzic, & même de Moscovie pour l'usage des Teinturiers.

VEDETTE. f. m. Terme de guerre. Cavalier que l'on pose en sentinelle, & que l'on detache du corps de garde pour découvrir si les ennemis ne cherchent point à faire quelque surprise. Si-tôt qu'il s'est apperçu de quelque chose, il en donne avis au corps de garde.

On le dit aussi du lieu où on met les sentinelles sur un rempart, sur les angles d'une fortification.

VEE

VEER. v. a. Vieux mot. Prohiber, défendre. Ainsi on a dit *Choses vées*, pour dire, Choses défendues. Et Perceval:

> *Là ne li deussiez veer*
> *La requeste que il vos fist.*

M. Menage dit que *Veer* a été fait par syncope de *Veter*, du latin *Vetare*, Défendre.

UEF

UEF. f. m. Vieux mot. Oeuf.

VEI

VEILLE. f. f. *Privation volontaire du sommeil.* ACAD. FR. Les Anciens divisoient la nuit en quatre veilles, & chaque veille comprenoit trois heures. M. Rohaut voulant expliquer physiquement ce que c'est que *Veille*, dit que c'est un état auquel nous entendons si l'on nous parle, nous voyons s'il y a des objets éclairés devant nos yeux, enfin nous sentons en toutes les manieres dont nous sommes capables, lorsque des objets agissent avec un peu de force sur les organes de nos sens, ensorte qu'alors notre corps se meut comme il nous plaît de differentes manieres. Il ajoûte que cet état de Veille consiste en ce que les esprits animaux se trouvant en abondance dans le cerveau, & étant facilement déterminés à couler de-là dans tous les nerfs, ils les remplissent de telle sorte, qu'ils en tiennent tous les filets tendus & separés les uns des autres. Cela posé, si un objet agit sur quelque endroit de notre corps, il est facile de concevoir que les filets du nerf qui aboutit à cet endroit-là, pourront transmettre l'impression qu'ils auront reçue jusqu'à l'endroit du cerveau qui excite immediatement l'ame à sentir. L'on peut aussi, poursuit-il, aisément penser que les esprits animaux étant alors déterminés à couler vers certains muscles, feront que les parties du corps où ces muscles seront inserés, se remueront en certaines façons.

VEILLER. v. n. *S'abstenir de dormir pendant le tems destiné au sommeil.* ACAD. FR. On dit en termes de Fauconnerie, *Veiller un oiseau*, pour dire, L'empêcher de dormir, ce qui est un moyen qu'on a trouvé pour le dresser. Dans la reception des Chevaliers on faisoit autrefois une ceremonie qui consistoit à veiller les armes. On mettoit ces armes dans une Chapelle, & le Chevalier qu'on devoit recevoir le lendemain, les gardoit pendant la nuit.

On dit, en termes de Marine, *Veiller le cable* ou *quelqu'autre chose*, pour dire, Y prendre garde; *Veiller une drisse*, pour dire, La tenir à la main toute prête à amener le hunier, & *Veiller une écoute de hune*, pour dire, La tenir prête à être larguée. Quand on veut faire entendre que les mâts d'un Vaisseau sont bons, & qu'il vireroit plûtôt que de démâter, on dit, *Il faut plûtôt veiller le côté que les mâts.* On dit au contraire, *Il faut veiller les mâts & non le côté*, quand on veut faire connoître que le Vaisseau a le côté fort & qu'il porte bien la voile.

VEILLOIR. f. m. Terme de Bourrelier, de Cordonnier & de quelques autres Artisans. Maniere de table fort petite avec des rebords, sur laquelle ces Artisans mettent leur chandelle & quelques petits outils, & autour de laquelle ils se rangent quand ils travaillent le soir.

VEILLOTE. s. f. Terme d'Agriculture. Petit tas de foin qu'on ramasse avec la fourche après que l'herbe du pré est fauchée, & qu'on laisse encore quelque tems sur le lieu, en attendant qu'on la mette en grosses meules, & qu'on l'enleve.

VEINE. s. f. Terme d'Anatomie. Petit vaisseau long & creux qui prend son origine du foye, & qui sert à transporter & à conduire le sang par toutes les parties du corps. Ce vaisseau est composé d'une seule membrane fort mince, en quoi il differe de l'artere qui en a deux. Il y a cinq veines entre autres qui portent ce nom par excellence, sçavoir la Veine cave, la Veine porte, la Veine umbilicale, la Veine arterieuse & l'Artere veineuse. Il y en a une appellée *Veine sans pair*, & par les Grecs ἄζυγος, c'est-à-dire, qui n'est point appariée. On lui a donné ce nom, à cause qu'elle n'a point d'artere qui l'accompagne, comme en ont presque toutes les autres. Les veines ne battent point, ainsi que font les arteres, qui ont une perpetuelle contraction & dilatation; & ce qui empêche qu'elles ne battent, c'est non seulement parce que lorsque le sang entre dans les veines, son impetuosité a été rallentie dans les vaisseaux & dans les pores étroits des parties, mais encore parce que leurs tuniques ou membranes sont molles, & cedent facilement; ce que les tuniques des arteres ne font pas.

On dit *Ouvrir la veine*, *éventer la veine à quelqu'un*, pour dire, Le saigner; & *Dégorger la veine*, pour dire, La fermer de telle sorte, qu'il ne reste plus de sang à l'endroit où elle a été ouverte.

On dit, en termes de Manege, *Barrer la veine à un cheval*, pour dire, Lui ouvrir le cuir qui est au dessus, & après qu'on lui a degagé la veine, la lier dessus & dessous, & la couper ensuite entre les deux ligatures. C'est une operation que fait le Maréchal pour arrêter le cours & l'abondance des humeurs malignes qui se jettent sur les veines des jambes & des parties des chevaux.

Veine se dit aussi des bois & des pierres. Dans les pierres c'est souvent un défaut qui vient d'une inégalité de consistance par le dur & par le tendre, qui fait que la pierre se moye & se delite en cet endroit-là. C'est quelquefois une tache au parement, & cette tache fait que dans les ouvrages propres on rejette les pierres de cette nature. Le contraire arrive dans les marbres, & la varieté des veines fait une beauté dans ceux qui sont mêlés. Il est vrai que les veines grises sont un défaut dans les marbres blancs pour la sculpture, quoique ces mêmes veines fassent la beauté des blancs veinés.

Les veines dans le bois sont une varieté qui fait la beauté des bois durs pour le placage, & en même tems, c'est un défaut dans ceux d'assemblage de menuiserie, à cause que ces veines sont une marque de tendre ou d'aubier.

On appelle *Veines d'eau*, Des filets d'eau qui sont dans la terre & qui viennent d'une petite source, ou se separent d'une grosse branche. On les recueille dans des reservoirs comme les pleurs de terre.

VEIR. v. a. Vieux mot. Voir.

VEL

VELAR. s. m. Plante qui a ses feuilles semblables à la roquette sauvage, & les branches souples comme une corde. Ses fleurs sont jaunes, & de la cime de ses branches sortent des gousses petites & menues & faites à corne comme celle de senegré, & sa graine ressemble à celle du nasitort, étant petite & brûlante au goût. Reduite en looch avec du miel, elle est bonne contre les fluxions & caterres qui tombent dans la poitrine, & sert en la même sorte à la jaunisse, aux sciatiques & contre les poisons & venins. Dioscoride qui en parle ainsi, ajoûte qu'on l'enduit en eau ou en miel sur les chancres cachés & sur les apostumes qui viennent derriere les oreilles & aux duretés des mammelles. Cette plante croît auprès des Villes & des jardins, & parmi les vieilles mazures. Les Grecs l'appellent ἐρύσιμον, qui est une herbe que Theophraste & plusieurs autres anciens mettent entre les sortes de blés & de legumes, disant même que ce blé est semblable à la Jugioline. Surquoi Matthiole dit qu'il faut que Theophraste entende par *Erysimum*, une autre plante que celle que Dioscoride décrit sous le même nom, & que Pline semble avoir voulu suivre ces deux Auteurs quand il a traité de l'Erysimum.

VELET. s. m. Terme de Religieuse. Doublure blanche qu'on attache au voile de dessous.

VELIN. s. m. Peau de veau qui a été travaillée & passée en megie par le Megissier, & que le Parcheminier a ensuite raturée; ce qui la rend bien plus delicate & plus unie que le parchemin ordinaire. M. Ménage fait venir *Velin* de *Vitellinus*, & Du Cange dit qu'on l'a nommé *Francenum* dans la basse Latinité.

VELITE. s. m. Terme de Milice Romaine. C'étoit une sorte de soldat de l'ancienne Rome, armé d'un javelot, d'un casque, d'une cuirasse & d'une rondache. Ces Soldats étoient nommés *Velites*, & portoient des frondes, des pierres & autres choses semblables pour escarmoucher. Ainsi M. d'Ablancourt a traduit dans les Apophtegmes; *Il y avoit dans les Troupes de l'ancienne Rome des Velites frondeurs & des Velites archers.*

VELOURS. s. m. Etoffe toute de soye, dont les filets de traverse sont conduits autour d'une petite verge de cuivre, sur laquelle on les coupe ensuite; ce qui fait paroître un tissu de poils plus courts que ceux de la panne. On appelle *Velours plein*, celui qui est tout uni; *Velours figuré*, ou cizelé, un Velours mince sur lequel quelques figures sont representées; *Velours à ramage*, celui qui est diversifié par plusieurs figures ou couleurs, tel que celui que l'on a accoûtumé d'employer à faire des lits, des carrosses & des ornemens d'Eglises, & que l'on appelle *Grand dessein*; & *Velours ras*, celui dont les filets de traverse ne sont point coupés. En general tous les velours, tant les façonnés & figurés, que ceux qui sont ras ou coupés, ont les chaînes & les poils d'organsin filé, tordu au moulin, & sont tramés de soye cuite & non crue, & ont la même largeur. Nicot fait venir *Velours* de *Villosus*. On a dit dans le vieux langage *Veleuil* & *Veluyau*.

Les plus beaux Velours sont à quatre poils, & on les appelle vulgairement *Velours à six lisses*. Ils se font sur un peigne de vingt portées, qui en font soixante de chaine, & chaque portée est de quatre-vingts filets. Il y a huit fils de poil par chaque dent de peigne. Le Velours doit avoir onze vingt-quatriémes d'aune de largeur entre les deux lisieres, & il faut que ces lisieres soient marquées par quatre chaînettes de soye d'une autre couleur, qui font connoître le velours à quatre poils. Le peigne de celui que l'on appelle *A trois poils*, à vingt portées, & soixante portées de poil & de chaine. Il a aussi quatre-vingts filets avec six fils par chaque dent de peigne. Ses lisieres sont marquées de trois chaînettes. Celles de velours à deux poils, appellé communement *Velours à quatre lisses*, ne l'est que de deux. Il se fait en un peigne de vingt portées & de quarante portées de chaine & de poils, chacune de quatre-vingts fils. Il y a encore une sorte de Velours appellé *Poil & demi*, à cause que d'un côté ses lisieres sont marquées d'une chaînette, & de deux de l'autre. Celui-là est à quatre lisses, & a quarante portées de chaine & trente portées de poil, de quatre-vingts fils. La derniere sorte de Velours est du petit Velours qu'on appelle *Renfoncé à quatre lisses*. Son peigne est de dix-neuf portées, de trente-huit portées de chaine, & de dix-neuf portées de poils, chacune de quatre-vingts filets. La lisiere doit avoir une chaînette de chaque côté. Il faut que les Velours cramoisis ayent au milieu de leur lisiere un filet d'or ou d'argent fin, qui les distingue de ceux où il y a des couleurs communes dans la chaine & dans la trame.

VELOUTÉ, ÉE. adj. Qui tire sur le velours, qui tient du Velours. Les Jouailliers appellent *Velouté*, Une couleur sombre & foncée, telle qu'est ordinairement celle des pierres taillées en cabochon, & sur-tout le saphir bleu.

On appelle *Fleurs veloutées*, en termes de Jardinage, Celles dont la peluche est douce & unie comme le velours.

On dit *Vin velouté*, *vin à seve veloutée*, en parlant d'un vin vieux qui a une couleur vive & vermeille.

Velouté, se dit encore d'une membrane qui revêt d'ordinaire le dedans des ventricules des animaux qui ruminent.

VELOUTER. v. a. Terme de Rubanier. Travailler la soye sur le métier avec un petit instrument en forme de lancette, & donner un air de velours à cette soye.

VELTE. s. f. Terme de Negoce. Sorte de mesure de choses liquides dont on se sert dans le trafic de Hollande. La Velte contient trois pots, le pot deux pintes, & la pinte d'eau de vie pese deux livres & demie. Suivant cette maniere de mesurer, les pipes ou bariques d'eau de vie qu'on vend en Poitou ou à Nantes, contiennent à peu près soixante & dix Veltes.

VELTRE. s. m. *C'est*, dit Nicot, *un ancien mot François qui n'est plus en usage, & signifioit un chien apte à toute sorte de venerie pour la course, ainsi qu'il se peut tirer du sixiéme tiltre de la Loy Salique. L'Italien en use, disant* Veltro, *de* Vertagus *Latin.*

VEN

VENDICATION. s. f. Terme de Pratique. Action par laquelle on a droit de demander la restitution d'une chose qui a été alienée par celui à qui la proprieté n'en appartenoit pas, & qui l'avoit ou volée, ou obtenue par surprise.

VENDIQUER. v. a. Redemander ou saisir une chose qui nous appartient, & que l'on nous a volée. Ce mot vient du Latin *Vendicare*.

VENDITION. s. f. Vieux terme de Palais. Vente d'heritages. On appelle aussi *Vendition*, en quelques Coûtumes, Un certain droit qu'on doit au Seigneur pour les marchandises qu'on a vendues dans les Foires ou dans les Marchés. Ce droit a differens noms suivant les lieux.

VENERABLE adj. Digne de respect. Les Furetieristes disent que le Pape traite les Cardinaux de Venerables Freres. C'est ainsi qu'il appellent les Evêques, pour les Cardinaux il les appelle fils. Voyez le Chapitre *(inter. 6. extra. de fidei instrum.)* où Innocent III. marque cette difference. Les Chartreux & Capucins appellent ainsi leurs Religieux, Ceux-ci ajoûtent quelquefois le superlatif Très. *Très-Reverend Pere*. On a fait la vie d'un frere lai Augustin Déchaussé, qu'on appelle *le Venerable Frere*.

VENERIE. s. f. Art de chasser le gibier, qui se pratique sur la bête à poil & à force de courre avec équipage de meute de chiens courans & de piqueurs. Il se dit aussi de l'équipage de chasse. Il y a quatre Lieutenans & quatre Sous-Lieutenans de la Venerie servant par quartier, avec quarante Gentilshommes, dits *Gentilshommes de la Venerie*, dix à chaque quartier, sans parler des Valets de chiens qui sont montés à cheval.

VENEUR. s. m. Celui qui conduit la chasse & les chiens, qui quête, qui détourne, qui lance la bête, qui laisse courre, qui la suit. Il se dit aussi de tous les chasseurs & de ceux qui suivent la chasse.

On appelle *Grand Veneur de France*, un Officier très-considerable qui commande à tous les Officiers de la Venerie du Roi. Il prête serment de fidelité entre les mains de Sa Majesté, & on l'appelloit autrefois *Le grand Forestier*. Le premier grand Veneur a été Guillaume de Gamaches sous Charles VII. ou un peu auparavant, selon quelques-uns, Hugues, sire de Lesigems. Quand il est question de courre, les Capitaines des meutes doivent presenter le bâton ou la baguette au Grand Veneur, qui la va donner au Roi; & lorsque le cerf ou autre gibier est pris, le piqueur en coupe le pié qu'il donne à son Capitaine, qui le met entre les mains du Grand Veneur, s'il est present, & le Grand Veneur le presente au Roi.

VENGEMENT. s. m. Vieux mot. Vengeance. On a dit aussi *Vengison*, dans le même sens.

Ne leur plaist pas que vengison
Soit prise de la mesprison.

VENIN. s. m. *Ce qui detruit le temperament par quelques qualités malignes, & qui peut causer la mort. Il se dit particulierement de certaine liqueur ou de certain suc qui sort de quelques animaux.* ACAD. FR. Il n'est pas aisé de dire en quoi consiste précisement le venin des animaux. Ceux qui se sont le plus appliqués à cette recherche sont Fr. Redi, Medecin de Florence, dans ses Observations sur la vipere, & Charras, Apothicaire de Paris dans ses Nouvelles Experiences sur la vipere. Le premier assure que ce venin est materiel, & qu'il consiste en la liqueur jaune ramassée dans les vesicules des gencives. L'autre dit qu'il est purement ideal, & qu'il vient de la colere & de la vengeance de la bête; ce que Vanhelmont a soûtenu avant lui. Le fameux M Bourdelot a tâché de terminer cette dispute, en disant que les bêtes venimeuses, & particulierement les viperes, étoient differentes, aussi-bien que leur venin, suivant la diversité des Pays, & que la liqueur jaune pouvoit être venimeuse dans les Pays chauds, sans l'être dans les Pays temperés ou froids, à moins que la vipere en colere n'y joigne ses esprits effarouchés. Ce qu'il y a de fort surprenant, c'est que le venin des animaux avalé ne produit point de mauvais effets. L'humeur saline qui est contenue dans les vesicules entre les dents des viperes, étant prise & avalée dans quelque liqueur que ce soit, ne cause aucun mal; mais si on se frotte legerement en un endroit où la peau soit écorchée, du suc tiré d'une vipere vive ou morte, on en meurt infailliblement, quand même on appliqueroit à la plaie cette pierre fameuse nommée *Serpentine*, composée ou tirée des serpents couronnés des Indes; ce qui a fait dire à Celse que le venin des animaux nuit par la blessure & non pas par la boisson. C'est pourquoi les Psyliens succent hardiment le venin des piquûres des serpents; mais si par malheur ils ont la moindre excoriation à la bouche, ils ne manquent pas de s'empoisonner. Ettmuller ne doute point que le venin des animaux ne consiste dans quelque chose de materiel. Outre les experiences de Redi, il rapporte l'exemple d'un homme à qui une abeille ayant donné de son aiguillon contre l'ongle du pouce, y laissa une goutte de liqueur aussi acre que l'eau forte. On remarque, dit-il, la même chose dans les scorpions, qui jettent en piquant quelque chose de fluide. Comme ce peu de liqueur est fort acre, les Anciens l'ont nommé *Caustique*. La cure de ces venins dépend de la correction de l'acide acre, & les écrevisses écrasées sur les morsures venimeuses sont fort salutaires par cette raison. Le crapaut ou la semence de grenouille remedie aux piquûres des viperes. La pierre du serpent couronné est le contrepoison universel des piquûres venimeuses, à cause qu'elle absorbe puissamment l'acide. C'est une erreur, selon Avicenne, de croire que le venin des serpents soit froid, à cause que ceux qui en sont mordus deviennent froids aussi-tôt, & que les serpents, comme apprehendant le froid, se retirent sous terre ou sous des pierres. Si ceux que les serpents mordent deviennent froids, cela ne vient pas de la froideur du venin, mais de ce que la chaleur naturelle, surmontée par le venin, abandonne les extrémités pour se retirer au cœur. Et quant à ce qu'on trouve les serpents presque immobiles dans les trous où ils se tiennent l'hiver, cela ne vient pas de leur froideur, puisqu'ils sont fort chauds de leur nature, mais de ce qu'ils fuyent leur contraire, de même que les poissons, qui étant froids naturellement, se trouvent étouffés de l'air si-tôt qu'ils sont hors de l'eau.

VENT. s. m. Agitation sensible de l'air, par laquelle une partie notable est transportée d'une contrée de la terre en une autre. M. Rohaut, qui a donné cette definition du Vent, l'appelle le plus commun des meteores. Selon Pline, le Vent peut être engendré ou par une exhalaison seche de la terre, ou par une vapeur qui sortant des eaux ne soit pas épaissie en nuées, ou par l'impulsion du Soleil, parce que l'on entend que le vent n'est autre chose qu'un flux & un coulement d'air en plusieurs autres manieres. Cela nous marque les trois plus celebres opinions des Philosophes, dont les uns rapportent l'origine des vents à la terre, les autres à l'eau, & les autres à l'air. Aristote, principal auteur de la premiere, après avoir distingué deux especes d'exhalaison, l'humide, telle qu'est celle qui vient de l'eau, & la seche, telle qu'est celle qui vient de la terre, veut que comme les impressions aqueuses sont faites de la premiere, les vents soient faits de la derniere, non qu'une de ces exhalaisons soit jamais sans quelque mêlange de l'autre, mais parce qu'il arrive que l'une ou l'autre prédomine. Il s'ensuit delà qu'encore qu'il demeure d'accord en plusieurs endroits que les vents s'engendrent des eaux & des nuées, il ne laisse pas de prétendre que cela se fait, parce qu'il y a des exhalaisons terrestres mêlées, qui étant attirées par la chaleur du Soleil, parviennent jusqu'à la plus haute region de l'air, où elles sont contraintes de tourner par le mouvement circulaire du Ciel, de jaillir par consequent çà & là en poussant l'air, & de prendre un mouvement transversal; de sorte qu'en mettant le principe du mouvement des vents vers le haut, il tire leur origine de la terre. Theophraste, pour donner une autre cause du mouvement du vent, soûtien que l'exhalaison venteuse d'Aristote est en partie de substance ignée, & en partie de substance terrestre, qu'en tant qu'ignée, elle est portée vers le haut, & en tant que terrestre vers le bas; d'où il arrive qu'étant balancé entre deux forces contraires & égales, il se fait un mouvement transversal. Quelques Modernes tiennent que cette même exhalaison d'Aristote étant chaude & seche, tend veritablement vers le haut, mais que n'étant pas assés crasse, ni par consequent assés compacte pour pouvoir resister au froid extrême de la seconde region de l'air, pour la pénétrer & monter plus haut, elle est de necessité portée obliquement. Metrodore & Anaximander, Auteurs de la seconde opinion, rapportent l'origine des vents à la vapeur, c'est-à-dire, aux exhalaisons aqueuses & humides, que la chaleur du Soleil, ou la chaleur souterraine éleve de diverses parties de la terre, de celles-là mêmes qui sont audessous des eaux, soit de la mer, soit des lacs, soit des rivieres: car il se peut faire que ces exhalaisons s'élevant & sortant avec vehemence, emmenent quelque grande suite d'air. Vitruve confirme cette opinion par un exemple aussi juste que familier. On n'a qu'à prendre un Eolipile, c'est-à-dire, un vaisseau de cuivre ou de quelque autre métal, dont la capacité n'est remplie d'abord que d'air, qu'on fait tellement dilater en l'approchant du feu, qu'il en échappe la plus grande partie par le petit goulet. Ensuite on plonge ce goulet dans l'eau, & comme l'air de l'Eolipile se condense en se refroidissant, il arrive que l'eau acheve de remplir la capacité de l'Eolipile. Cela étant fait, il faut mettre l'Eolipile sur des charbons ardents, & elle n'est pas plûtôt échauffée, qu'il en sort un vent fort & vehement. Cette experience a donné lieu à quelques-uns de comparer les creux des montagnes à la cavité d'un Eolipile, la chaleur qui est dans les entrailles de la terre à celle qui dilate l'eau de l'Eolipile, & les fentes de la terre par où les vapeurs peuvent échaper au trou de la même Eolipile. On voit d'ordinaire qu'il sort des vents des abîmes, des gouffres & des antres, ce qui ne sçauroit se mieux rapporter qu'à la chaleur souterraine qui échauffe & qui éleve en vapeur les eaux qu'elle trouve en montant & en traversant ces lieux. On voit même que les vallons & les panchants des montagnes sont plus sujets aux vents que les autres lieux; ce qui ne se peut aussi mieux rapporter qu'aux vapeurs qui ayant été poussées interieurement & élevées par la chaleur souterraine jusques au sommet de la montagne & au-delà à la region de l'air, tombent par leur propre poids, ne trouvant plus d'appui comme au-dedans de la montagne, coulent dans le panchant comme une espece de riviere, & poussant l'air qu'elles rencontrent, produisent le vent qui se fait sentir. Suivant la troisiéme opinion, le vent n'est autre chose qu'un air agité, mû & coulant. Elle paroît très-ancienne, Anaximander, Hippocrate & Anaxagore ayant défini le Vent un flux ou un coulement d'air, & les Stoïciens ayant établi ce dogme celebre, que tout vent étoit un coulement d'air. C'est ce qui a fait dire à Seneque que le Vent est un air coulant, à quoi il a ajoûté que quelques-uns le définissent Un air coulant vers un côté, parce que, comme le flot de la mer n'est pas toute agitation de la mer, puisque la mer dans sa plus grande tranquillité est toûjours quelque peu agitée, mais la chûte ou le mouvement sensible de l'eau vers un certain côté; ainsi le Vent n'est pas l'air en quelque maniere que ce soit agité, puisque l'air a une certaine agitation qui lui est comme naturelle, mais il est Vent lorsqu'il est poussé avec quelque impetuosité vers un certain côté ; ce qui met la même difference entre l'air & le vent, qui se trouve entre un lac & une riviere. M. Bernier, qui a pris soin de rassembler ces opinions, nous fait concevoir la propagation & les forces du Vent par la comparaison des flots. L'air & l'eau, dit-il, étant des corps fluides, de même qu'un flot d'eau une fois produit, en produit un nouveau par son impulsion, ce nouveau un autre, & celui-ci un autre, jusqu'à ce que le rivage rompe le dernier, ou que les flots contraires l'émoussent, ou que dans l'immense étendue les derniers flots s'évanouissent peu à peu, ainsi l'air étant une fois émû, il se crée & se produit comme le premier flot qui en meut un autre, cet autre un troisiéme, & ainsi de suite, jusqu'à ce que les montagnes, les nuées ou les pluyes qui se rencontrent le rompent, ou que les vents contraires l'arrêtent, ou que la vaste étendue dans laquelle il se répand l'affoiblisse & le réduise comme à rien. Le même M. Bernier ajoûte, qu'encore que le Vent semble n'être autre chose que l'agitation de l'air ou l'air même agité, la difficulté ne consiste pas en cela, mais que ce qui fait de la peine, c'est la cause même qui agite l'air, & qui semble par consequent comme par un droit special devoir être appellée *Vent*, puisqu'il semble que l'air de soi soit tranquille & en repos, & que de tranquille il ne doive point devenir agité qu'il ne survienne quelque chose qui le meuve, qui le fasse tantôt chaud & tantôt froid, & qui le pousse tantôt vers le Midi, tantôt vers le Septentrion, & tantôt d'un autre côté. Il fait là-dessus de longs & de curieux raisonnemens, & conclut enfin fort sagement qu'il faut cesser de begayer sur ces grandes choses que Dieu tient enfermées dans ces tresors, & dont la connoissance dépend apparemment des divers mouvemens du Soleil ou de la terre, de la disposition interieure du globe de la terre, de plusieurs observations justes & exactes qu'il faudroit avoir faites dans plusieurs endroits du monde, & peut être de cent autres choses que nous ignorons.

Vent, en termes de Marine, est un mouvement de l'air qui se tourne vers quelqu'une des parties de l'horison, & qui par ce cours different gouverne presque toute la navigation. On appelle *Un vent*, quatre quarts de vent pris ensemble, comme depuis le Nord jusqu'au Nord-Est quart de Nord, ou depuis le Nord jusqu'au Nord-Ouest quart de Nord. *Demi-vent* se dit de deux quarts de vent pris ensemble, & *Un quart de vent* est la trente-deuxiéme partie de la rose du compas. On fait plusieurs divisions des Vents, dont la principale est celle qui partage la circonference de l'horison en trente-deux arcs égaux, chacun de onze degrés quinze minutes, ce qui détermine le nombre de trente-deux Vents ; mais on a établi leur subordination de telle sorte, qu'il y en a huit appellés *Rumbs entiers*, éloignés successivement de quarante-cinq degrés l'un de l'autre, & de ces huit il y en a quatre primitifs, le Nord, l'Est, le Sud & l'Ouest, & quatre collateraux, le Nord-Est, le Sud-Est, le Sud-Ouest, & le Nord-Ouest. Entre ces huit rumbs entiers il y a huit demi-rumbs, & dans les differens intervalles des uns & des autres on compte seize quarts de rumb. On appelle *Vent frais*, un Vent favorable ; *Vent échars*, un Vent peu favorable, & qui saute d'un rumb à l'autre ; *Vent de quartier*, un Vent qui souffle à côté, & qui est meilleur que le vent de pouppe, parce qu'il ne donne pas dans toutes les voiles ; *Vent largue*, Celui qui se prend jusqu'à cinq ou six rumbs éloignés de la route ; *Vent à la bouline* ou *Vent de bouline*, le Vent qui se prend à côté, & qui par son biaisement fait pancher le Navire sur le flanc ; *Vent de terre*, Celui qui venant du continent ou de la terre-ferme, repousse les Vaisseaux en mer, & empêche qu'ils n'abordent ; *Vent tombant*, un Vent qui cesse & fait place au calme ; *Vent traversier*, le Vent qui vient en droiture dans un Port, & qui en empêche la sortie aux Vaisseaux ; *Vent reglé* ou *alisé*, un Vent favorable qui se maintient sans sauter ; *Vent de bise*, un Vent sec & froid qui au plus fort de l'hiver regne & souffle entre l'Est & le Septentrion ; *Vent contraire*, appellé aussi *Vent devant* & *Vent debout*, un Vent que l'on prend par proue, c'est-à-dire, qui vient directement du lieu où l'on veut aller ; *Vent mou*, un Vent qui n'a point de force ; *Vent pesant*, un Vent qui souffle avec vehemence ; *Vent fol*, un Vent qui n'est point arrêté & qui tourne d'un côté ou d'autre ; *Vent fait*, un Vent reglé qu'on croit devoir être de durée ; & *Vent addonné*, Celui qui de contraire qu'il étoit devient un peu plus favorable. On dit *Mettre la voile au vent*, pour dire Partir, & *Mettre le vent sur les voiles*, pour dire, Mettre les voiles paralleles au vent, en sorte qu'il les rase & les fasse barbeyer ou friser sans qu'elles prennent le vent. *Gagner le vent*, *monter*, *passer au vent*, c'est prendre l'avantage du vent, & *Serrer le vent*, *s'approcher du vent*, ou *venir au vent*, c'est prendre l'avantage d'un vent de côté. *Etre sous vent*, c'est avoir le désavantage du vent, & *Etre à vaulevent*, c'est aller sous vent & selon le cours du vent. *Etre au vent d'un Vaisseau*, *passer au vent d'un Vaisseau*, *avoir le dessus du vent*, c'est lorsque le vent porte un Vaisseau sur un autre. On dit *Aller debout au vent*, ou *Avoir le vent par proue*, pour dire, Aller contre vent ou à vent contraire, comme il arrive souvent aux Galeres par le secours qu'elles ont des rames. *Etre trop près du vent*, c'est prendre presque vent devant, quand on porte le cap au vent, au lieu de le prendre en boulinant pour en gagner l'avantage. *Tomber sous le vent de quelque terre ou de quelque bâtiment que l'on poursuit ou que l'on veut éviter*, se dit d'un Vaisseau qui perd l'avantage du vent qu'il avoit gagné ou qu'il tâchoit de gagner. On dit *Partager le vent*, *chicaner le vent*, pour dire, Prendre le vent en louviant, c'est-à-dire, en faisant plusieurs bordées tantôt d'un côté & tantôt d'un autre. *Faire vent arriere*, *porter le vent arriere*, c'est prendre le vent en pouppe. On dit que *Le vent recule*, pour dire qu'Il s'est rendu favorable, & qu'il est devenu plus largue qu'il n'étoit ; & l'on dit que *Le vent se range à l'étoile*, pour dire qu'Il se range vers le Nord, à cause de l'étoile polaire qui est de ce côté-là. *Mettre le cul au vent*, c'est lorsqu'un gros tems contraint de mettre vent en pouppe sans voiles ou autrement ; & *Mettre le vent en pouppe*, c'est tourner le derriere d'un Vaisseau contre le vent. *Soudre au vent*, se dit d'un Navire qui tient bien le vent & qui avance à sa route. On dit encore *Haler le vent*, pour dire, Cingler le plus près qu'il est possible vers l'endroit d'où vient le vent ; *Ralier le Navire au vent*, pour dire, Le mener vers le vent ; & *Ranger le vent*, *pinser le vent*, ou *Aller au plus près du vent*, pour dire, Cingler à six quarts de vent près du rumb d'où il vient. *Eviter au vent*, c'est Tourner l'avant d'un Vaisseau au lieu d'où le vent vient. On dit qu'*Un Vaisseau presente au vent*, lorsqu'il a le cap plus au vent qu'un autre ; & on dit qu'*Un vent se range de l'avant*, pour dire qu'Il prend par proue & qu'il devient contraire à la route. *Dérober le vent*, se dit d'un Vaisseau qui étant au vent d'un autre, empêche par sa grosseur ou par l'étendue de ses voiles que celui qui est sous le vent n'en reçoive dans les siennes. On dit *Faire prendre vent devant*, pour dire, Pousser le gouvernail tout à bord, en sorte que le vent donne sur les voiles du Vaisseau, pour mettre ensuite à l'autre bord & faire une autre route. *Avoir vent & marée*, c'est lorsque le vent & le courant de la mer vont du même côté; & *Entre vent & marée* se dit d'un Vaisseau qui trouve le vent d'un côté, & le courant de la mer de l'autre. On dit que *Le vent mollit*, pour dire, qu'Il diminue de sa force. On appelle *Vents d'aval*, des Vents mal faisans, qui viennent de la mer & du Midi. C'est aussi l'Ouest & Nord-Ouest. Le *Vent d'amont*, appellé aussi *Vent solaire* & *Vent équinoxial*, est un Vent d'Orient qui vient de terre & d'en haut.

Vent. Terme de Venerie. Odeur, sentiment qu'une bête laisse en son passage. On dit en ce sens que *Le cerf est de plus grand vent & sentiment que le liévre*, & qu'*il fuit toûjours à vau-le-vent*. On dit aussi que *Le sanglier prend vent de toutes parts avant que de sortir de sa bauge*, pour dire qu'Il flaire de tous côtés s'il n'y a rien qui lui puisse nuire. *Chasser au vent*, c'est chasser contre le vent; & on dit *Le vent du trait*, lorsque le cerf a eu le matin le vent du limier, ce qui fait qu'il s'en va souvent de hautes erres, & qu'on trouve buisson creux.

On dit en termes de Fauconnerie qu'*Un oiseau va vau-le-vent*, pour dire, qu'Il a le balai ou la queue au vent; qu'*Il va contre le vent*, pour dire, qu'Il a le bec au vent; qu'*Il va aile au vent*, pour dire, qu'il vole à côté du vent; & qu'*Il bande au vent*, pour dire, qu'Il se tient sur les chiens en faisant la crecerelle. On dit aussi qu'*Il tient bec au vent, chevauche le vent*, pour dire, qu'Il resiste au vent sans jamais tourner la queue.

On dit en terme de Manége, *Cheval qui porte au vent*, pour dire, Un cheval qui leve le nés aussi haut que les oreilles, & qui ne porte pas en beau lieu. Le contraire de *Porter au vent*, est s'armer & porter bas. On dit qu'*Un cheval a du vent*, pour dire, qu'Il commence à être poussif.

Vent. Terme de Medecine. Vapeur épaisse & grossiere qui s'engendre dans le corps & qui est causée par des humeurs pituiteuses. Tous les vents sont engendrés dans l'estomac par une fermentation viciée de l'acide avec une matiere visqueuse, pituiteuse & grossiere, étant évident que les vents ne sont point dans les alimens avant qu'on les prenne, puisque de deux hommes qui vivent des mêmes choses, l'un engendrera des vents, & l'autre n'en engendrera point. La diversité des levains de l'estomac en fait la raison. Les hypochondres & les femmes hysteriques engendrent des vents de presque toutes sortes de viandes; ce que ne font pas les autres sujets. On dit communément que les vents sont la cause de la palpitation du cœur; ce que l'on croit qui arrive rarement. Quelques-uns doutent qu'il y ait des vents dans les gros vaisseaux, & par consequent dans les artéres, mais on ne peut démentir les exemples qui les démontrent. Sylvius en dissequant un cadavre dans un Hôpital de Flandre, eut levé à peine les premiers teguments du cœur, que beaucoup de vents sortirent. L'aorte & le ventricule gauche du cœur en étoient si pleins, que ce dernier, qui doit être plus petit que le ventricule droit, le surpassoit de beaucoup à cause des vents qui le distendoient. Du Laurent assure qu'il y a des vents dans les vaisseaux, d'où il infere que la cause des anastomoses & de l'émorragie qui s'en ensuit, peut venir de là.

VENTAILLE. s. m. Terme de Blason. Ouverture d'un heaume près de la bouche pour respirer. C'est la partie inferieure de son ouverture, qui se joint au nazal quand on veut fermer le heaume.

VENTE. s. f. *Alienation à prix d'argent*. ACAD. FR. Il se dit aussi du lieu où l'on a coûtume de vendre de certaines choses, & en ce sens on dit *Acheter du vin sur la vente*.

Ventes, au pluriel, est un droit dû au Seigneur feodal pour avoir vendu un heritage. Il se joint ordinairement avec *Lods*. C'est le vendeur qui est obligé de payer les lods & ventes dans la Coûtume de Meaux. L'acheteur les paye en d'autres Coûtumes, & il y en a d'autres où le vendeur & l'acheteur les payent conjointement. On les appelle selon la diversité des Coûtumes, *Ventes & honneurs*, *Ventes & devoirs*, *Ventes & gants*, *Ventes & issues*.

On appelle aussi *Vente*, Une coupe de bois d'un certain nombre d'arpents qui se fait chaque année en une forêt, & cela s'appelle *Mettre une forêt en coupes ou ventes reglées*. Ce sont les Officiers des Eaux & Forêts qui vont asseoir les ventes, faire les ventes dans les forêts de Sa Majesté. On appelle *Ventes par recepages*, Celles qui se font dans les forêts incendiées ou qui ont été gâtées par delits, ou qui se font de jeunes taillis que les bestiaux ou les gelées ont aboutis excessivement.

VENTEROLLES. s. m. p. Terme de Coûtume. Droit que l'acheteur doit au Seigneur en cas de vente d'heritages censuels, faire francs deniers au vendeur. Il est d'ordinaire de vingt deniers pour livre, & quelquefois il tient lieu de lods & ventes. C'est quelquefois un droit separé. Il y a de certains lieux où les quints & requints dûs pour ventes de fiefs, sont appellés aussi *Venterolles*.

VENTIER. s. m. Nom que l'on donne aux Marchands de bois qui achetent des forêts & qui les font exploiter sur les lieux.

VENTILATION. s. f. Terme de Pratique. Estimation qui se fait des biens pour parvenir à quelque partage. Voyez EVANTILLER.

VENTILER. v. a. Terme de Pratique. Faire une estimation des biens qui sont en commun, pour avoir ensuite plus de facilité à proceder au partage.

Ventiler, est aussi un terme de Medecine, & signifie, Modifier le mouvement circulaire du sang & celui des autres humeurs par le moyen de la saignée.

VENTOLIER. adj. On appelle *Oiseau ventolier*, en termes de Fauconnerie, l'Oiseau qui se plaît au vent, & qui quelquefois s'y laisse emporter, ce qui l'expose à se perdre. On nomme aussi *Bon oiseau ventolier*, Celui qui reside au vent le plus violent, qui s'y bande bec au vent, chevauchant le vent sans jamais tourner queue.

VENTOUSE. s. f. Terme de Chirurgie. Vaisseau ventru qu'on applique sur quelque partie pour attirer avec violence les humeurs du dedans au dehors. On en fait d'argent, de cuivre, de corne, de verre, de terre, de bois. Il y en a de grandes, de moyennes & de petites. On les chauffe avec des étoupes, une bougie, ou à la chandelle, & quand on les a appliquées sur la partie malade, elles en attirent l'humeur dès qu'elles sont refroidies, à cause de la condensation qui se fait de l'air qui y est enfermé. Les Ventouses seches ne s'appliquent que pour faire revulsion ou dérivation. Les Ventouses scarifiées, par le moyen des vaisseaux capillaires, suppléent à l'évacuation universelle du sang, & l'on a coûtume d'y avoir recours, lorsqu'on n'ose se servir de la saignée, ou par le défaut des forces du malade, ou à cause de la lipothymie qui menace ou de la difficulté d'ouvrir la veine. Outre cela, on les applique par maniere de revulsion & de derivation, & elles sont fort salutaires aux jambes, par exemple, avec ou sans scarification, dans la suppression des mois & des vuidanges, au dos entre les épaules dans les maux de tête, & aux mammelles dans le flux immoderé des mois. On en applique aux bras sur l'humerus, aux lombes avec scarification dans les douleurs nephretiques, & au dedans de la cuisse pour la suppression des mois. Les Ventouses évacuent le sang indifferemment, non pas celui d'entre cuir & chair seul, comme le pretendent quelques-uns, qui les appliquent radicalement pour la gale.

Ventouse se dit aussi d'une ouverture ou d'un petit soupirail qu'on laisse dans des conduits de fontaine, pour leur donner de l'air quand il est besoin. C'est un bout de tuyau debout qui sort hors de terre, & qui d'ordinaire est soudé aux coudes des conduites pour faciliter l'échapée des vents qui s'engendrent dans les tuyaux. On fait toûjours les ventouses des grands conduits aussi hautes que la superficie du reservoir, à moins qu'on n'y mette une soupape renversée.

Ventouse, en termes de Maçon, est aussi une ouverture que l'on fait au pié de la muraille, & d'espace en espace, afin de faire écouler les eaux, surtout lorsque les murailles soutiennent des terrasses. C'est ce qu'on appelle autrement *Barbacanes*.

On dit encore *Ventouse d'aisance*. C'est un bout de tuyau de plomb ou de poterie qui se communique à une chausse d'aisance, & sort au dessus du comble, afin que la mauvaise odeur du cabinet d'aisance soit moins sensible & n'incommode pas tant.

VENTRE. s. m. Partie de l'animal qui dans sa capacité renferme ses entrailles & les autres organes necessaires pour faire agir toutes ses facultés. Selon la division des Medecins, il y a trois ventres ou regions dans le corps humain. Le premier est la tête, le second la poitrine jusqu'au diaphragme, & le troisiéme celui où sont renfermés les intestins. C'est ce dernier qui est appellé communément *Ventre*. La division la plus ordinaire est le ventre superieur & le bas ventre. Le *Ventre superieur* est la partie qui comprend les poumons qui sont divisés en plusieurs lobes, & le *Bas ventre* est celle qui s'étend depuis le bout des côtes jusqu'au lieu où naît le poil.

On dit, en termes de Jurisprudence, que l'*Enfant suit le ventre*, pour dire, qu'il est de condition libre ou servile, selon l'état de la mere. On dit *Créer un Curateur au ventre*, en parlant des enfans posthumes qui sont encore dans le ventre de leur mere.

On dit, en termes de Manege, qu'*Un cheval n'a point de ventre*, pour dire, qu'il n'a point de boyau, & qu'il est serré des flancs.

On appelle *Ventre*, en termes de Maçonnerie, Le bombement du mur trop vieux, foible ou chargé, qui bouche & qui est hors de son aplomb. On dit, quand on voit un mur en cet état, qu'*Il fait ventre & qu'il menace ruine*.

Les Medecins disent, *Le ventre d'un muscle*, pour dire, Sa partie charnue la plus enflée.

Les Chymistes appellent *Ventre de cheval*, Le fumier dans lequel en fermant quelques vaisseaux, on fait plusieurs operations par le moyen de la chaleur douce qui s'y trouve contenue.

Ventre, en termes de Tourneur, est une sorte de planchette de bois qu'il met devant son estomach, quand il veut planer ou percer du bois.

Les Potiers d'étaim appellent ventre; La partie du milieu d'une chopine ou d'une pinte, qui est un peu plus grosse, plus large & plus élevée que les autres parties.

VENTREILLER. v. n. Vieux mot. Se veautrer & remuer à terre.

VENTRICULE. s. m. Terme d'Anatomie. La partie où ce qu'on mange est reçû. C'est un organe creux, rond & membraneux destiné à recevoir les viandes & pour faire le chyle. Il est longuet comme une citrouille ou une cornemuse de berger, & situé en l'épigastre, panchant plus du côté gauche que du droit. Sa substance est membraneuse, composée de trois tuniques, de veines, d'arteres & de nerfs. Il est lié au diaphragme par en haut, à la coiffe par en bas, au dos par derriere, au duodenum par le côté droit, & à la rate par le gauche. Les bêtes à cornes qui n'ont point de dents à la maschoire superieure, & qui par consequent ne sçauroient mâcher exactement, ont d'ordinaire quatre ventricules. Le premier qui est fort grand, s'appelle *La panse* ou l'*herbier*. Il a sa tunique interieure couverte de quantité de petites éminences de differentes figures serrées les unes contre les autres. Le second appellé *Reseau* ou *Bonnet*, a en dedans plusieurs lignes éminentes & élevées comme de petits murs, qui forment plusieurs figures quarrées pentagones & hexagones. Le troisiéme est appellé *Le millet*, & le quatriéme *La caillette*. L'aliment ayant été maceré & ramolli, dans l'herbier, est repoussé dans la bouche par le moyen de certaines fibres pour y être remoulu, & c'est ce qu'on appelle *Rumination*. Etant remoulu, il est renvoyé dans le millet, & de là dans la caillette. Ces deux derniers ventricules sont remplis de plusieurs feuillets, entre lesquels la nourriture est serrée, pressée, touchée par beaucoup plus de surface que s'il n'y avoit qu'une simple cavité. Les feuillets du troisiéme viennent de la circonference vers le centre. Les plus grands en ont entre deux d'autres plus petits. Ceux du quatriéme ont entre chacun plusieurs glandes qui ne se rencontrent point dans les trois autres ventricules. Les Oiseaux ont deux ventricules qui sont *le Jabot* & *le Gesier*. Le jabot sert à macerer & à ramolir l'aliment solide, qui ensuite est revomi par les oiseaux pour nourrir leurs petits, ou envoyé au gesier, afin d'en perfectionner la digestion.

Ventricule se dit aussi de deux cavités qui sont dans le cœur. Le ventricule droit est appellé *Veineux* & *Sanguin* par quelques-uns. Le gauche s'appelle *Arterieux* & *airé*, à cause qu'il contient en soi l'air ou l'esprit vital qu'il pousse dans les arteres. Il y a une cloison appellée *Septum medium* qui les separe. Le ventricule droit n'est qu'un accessoire du cœur, & est fait seulement pour les poumons, afin d'y pousser plus commodement le sang qui y doit recevoir une alteration extremement necessaire pour la vie, & la disposition à une sanguification parfaite, & être porté au ventricule gauche, qui est le cœur principal. Par cette raison, il n'y a que les animaux qui ont des poumons, qui ayent deux ventricules au cœur.

Il y a aussi quatre cavités dans le cerveau, qu'on appelle *Ventricules*. Les deux appellés *Ventricules superieurs* sont formés par la rencontre des deux productions rondes qui s'élevent du tronc de la moëlle allongée ou de la base du cerveau, & font une espece de berceau. Ils sont plus grands vers la partie posterieure que vers l'anterieure, & leur figure est comme celle d'un croissant; ce qui a fait dire aux Anciens que la Lune dominoit beaucoup sur le cerveau. On a voulu se persuader qu'ils étoient les

les reservoirs des esprits animaux, mais les serosités dont ils sont remplis, & la situation de l'entonnoir qui est au milieu des deux, font voir qu'ils ne servent que de reservoir à la lymphe. Le troisiéme Ventricule, qui est appellé *Moyen*, à cause qu'il est au milieu des deux autres, a deux conduits, dont le premier, qui est anterieur, est l'entonnoir qui décharge sur la glande pituitaire les serosités contenues dans le cerveau. Le second est posterieur, & va au quatriéme ventricule. Son commencement est nommé *Anus*, & il a de chaque côté deux apophyses ou éminences. Le quatriéme ventricule est dans le cervelet, & a été appellé *Noble* par Bartolin. Il est environné devant & derriere de l'apophyse qu'on nomme *Vermiculaire*. Il y a anterieurement une espece de feuillure qui se continue jusqu'à l'extrêmité posterieure qu'on appelle *Plume*. C'est par cet endroit qu'on a cru que les esprits couloient à la moëlle de l'épine, & qu'elle en laissoit couler plus ou moins, selon qu'elle s'allongeoit ou se raccourcissoit.

VENTRIERE. s. f. Partie du harnois d'un cheval de trait. C'est une longe de cuir qui lui passant sous le ventre tient les traits en état, & empêche que le harnois ne tourne.

Ventriere est aussi le nom que l'on donnoit autrefois aux Sages-femmes. M. Ménage, après avoir rapporté cet exemple de l'Auteur de la Chronique de Louis XI. *Et fut fait visiter par ventrieres & matrones, qui rapporterent à Justice qu'elle n'estoit point grosse*, dit que les Sages-femmes étoient nommées *Ventrieres. A ventre inspiciendo.*

VENTRIERE. s. f. Partie d'un cochon que l'on sale comprise entre les cuisses & les épaules. Ce sont les côtés & les flancs.

VENTROUILLER. v. n. Terme de Chasse. Il se dit du sanglier quand il se veautre & se souille dans la boue.

VENULE. s. f. Petite veine.

VENUS. s. f. Planete inferieure, qui est entre Mercure & la Terre. Voyez PLANETE.

Elle est vingt-huit fois, ou, selon quelques-uns, trente-sept fois plus petite que la terre.

Sa plus grande distance de la terre est de 38000. demi-diametres de la terre & la plus petite est de 6000. Elle tourne autour du Soleil, & ne s'en éloigne jamais de plus de quarante-huit degrés vers l'Orient ou vers l'Occident, & par consequent elle ne lui est jamais opposée. Elle paroît faire en 19. mois une revolution entiere autour du Soleil, mais il faut considerer que comme elle se meut du même sens que le Soleil, ou dans le sistéme de Copernic, que la terre, elle ne nous paroît avoir avancé que de la quantité dont elle a avancé plus que la terre & le Soleil, & le mouvement qui leur a été commun n'est point compté à Venus. Ainsi puisqu'en 19. mois, où Venus paroît avoir fait un tour, le Soleil ou la Terre en ont fait plus d'un & demi, il faut que Venus ait fait aussi ce tour & demi, outre celui qu'elle paroît avoir fait, & 19. mois pour deux tours & demi donnent plus de 7. mois pour une revolution veritable.

Venus doit paroître en Croissant, & pleine aussibien que la Lune selon ses diverses situations à l'égard du Soleil & de la terre. On a observé en Pologne avec de grandes lunettes, que dans la Planete de Venus il y avoit des taches semblables à celles qu'on voit dans la Lune.

Les Chymistes donnent le nom de *Venus* au cuivre, & en termes de Chiromance, on appelle *Mont de Venus*, Une petite éminence qui est dans la paume de la main à la racine de l'un des doigts.

VER

VER. s. m. *Petit insecte rampant qui n'a ni vertebre ni os.* Acad. Fr. Le Ver naît dans les hommes, dans les plantes, dans les fruits & dans la terre, & il y en a de differentes longueurs, grosseurs & couleurs. Le Ver qui naît dans la terre, & qu'on voit ramper dessus, est un insecte menu, long & sans os. Il y en a qui n'ont point de piés, d'autres qui en ont six, & d'autres un plus grand nombre. Ces sortes de vers sont appellés *Lumbrici*, & par les Naturalistes *Intestina terræ*. Ils sortent d'un œuf, après quoi ils ne reçoivent plus aucun changement.

Les enfans sont extrêmement sujets aux Vers, & sur-tout aux longs, dont la generation se fait dans les intestins, principalement dans les grêles. Ils doivent leur origine à la trop grande abondance de lait & des autres alimens, qui étant avalés en trop grande quantité, ne peuvent être bien digerés; ce qui les fait dégenerer en pourriture, specialement la bouillie de farine qui devient facilement vermineuse. Quand ces choses se corrompent dans les intestins, elles se changent en vers avec d'autant plus de promptitude, que les enfans sont forts & qu'ils mangent des fruits d'Automne avec leur bouillie: car ces fruits fermentant facilement, corrompent promptement le lait & la bouillie, & les font dégenerer en vers. Chacun sçait combien le corps & ses humeurs tombent aisément en pourriture, & combien en particulier le chyle est sujet aux vers, à cause des animaux & des végétaux qu'on mange, & qui sont très-sujets eux-mêmes à la corruption, & remplis de semence de vermine. La nature y a remedié en fournissant au chyle, & à tout le corps par le moyen du chyle, un remede préservatif, sçavoir la bile, qui tant interieurement qu'exterieurement est très-ennemie des vers, dont la putrefaction est inséparablement accompagnée. Ainsi tant qu'une bile bien constituée coule dans les intestins, il ne s'y peut engendrer de vers, mais si-tôt que son conduit est bouché, ils y fourmillent.

On appelle *Ver umbilical*, dans les enfans, Une sorte de maladie rare, dans laquelle, quoiqu'ils ayent une bonne nourrice, & qu'ils tetent bien, ils deviennent maigres, inquiets, & se tourmentent comme s'ils avoient des tranchées. On ne sçauroit connoître ce ver par aucun signe évident, qu'en appliquant, quand on le soupçonne, un goujon sur le nombril de l'enfant. Le lendemain on trouve ce poisson à demi rongé par le ver, ce qui en fait remettre un second & un troisiéme, pour n'avoir point à douter de la presence de ce ver umbilical; & quand on s'en tient certain, on remplit la coquille d'une noix de poudre de cristal de Venise pilé, avec un peu de sabine pulverisée, embarassant le tout dans du miel. On applique la coquille le soir sur le nombril de l'enfant, & le lendemain on regarde s'il n'y a rien de rongé. Le ver attiré par la douceur du miel ne manque pas d'en manger, & la sabine & le verre le font mourir. Lorsqu'on s'apperçoit qu'il ne mange plus, on fait prendre interieurement des déterfifs à l'enfant, afin d'évacuer par où l'on peut le ver umbilical mort. De tous les Auteurs, le seul Sennert, dans le chapitre des Maladies de l'abdomen, parle de ce Ver.

Il y a quelquefois des vers dans les dents, qu'il est necessaire de tirer. La sabine cuite dans du vin, & retenue dans la bouche, est excellente pour cela, & tire les vers en abondance. La fumée de semence de jousquiame reçûe dans la bouche par un entonnoir, a auſſi la vertu de les chaſſer. Le parfum ou la fumée des grains d'Alkengi, pilés & mêlés avec de la cire en forme de pâte, & jettés ſur une lame de fer rougi au feu, fait ſortir avec les crachats des vers en foule, quand on reçoit cette fumée dans la bouche, & appaiſe les plus cruelles douleurs. Il n'y a rien auſſi de meilleur contre les vers des dents que le ſuif de cerf. La faim canine eſt quelquefois cauſée par les vers. Skerkius écrit qu'une femme qui avoit un appetit inſatiable, fut guerie par l'uſage de l'Hiera, médicament préparé avec l'Aloé, qui lui fit jetter un ver d'une longueur extraordinaire, après quoi elle ſe trouva délivrée de ſa faim canine. Pluſieurs croyent que la malignité des fiévres conſiſte dans la vermine, ce qu'ils appellent *Putrefaction animée*. Ils prétendent que c'eſt cette putrefaction & le grand nombre de petits vers qui en naiſſent, qui picotent le corps, & qui produiſent les divers ſymptomes des fiévres malignes. Berillus, par le moyen du microſcope, a obſervé de petits vers dans les puſtules de la petite verole, & Pierre de Caſtro a vû dans la peſte de Naples des bubons qui en fourmilloient.

On appelle auſſi *Ver*, Un petit animal qui s'engendre dans les étoffes ou dans les bois qui ſont vieux. C'eſt ce que les Latins nomment *Tinea*. Les Tapiſſeries d'Auvergne ſont fort ſujettes aux vers, à cauſe que les laines n'en ont pas été bien dégraiſſées. On garantit du ver le drap qu'on enferme, en mettant quelques chandelles dedans. Il s'engendre aſſés ordinairement des vers dans les Navires, & ces vers, que les Latins appellent *Teredines*, ſont un peu plus gros que les vers à ſoye, fort tendres, & luiſans d'humidité. Ils ont la tête dure & fort noire, & rongeant inceſſamment, ils trouent les planches & les membres d'un Vaiſſeau. Les pierres ne ſont pas exemptes d'être rongées par les vers. Le Microſcope a fait découvrir que ces vers ſont noirs, & longs d'environ deux lignes, larges de trois quarts de ligne, & enfermés dans une coque griſâtre. Leurs piés, qu'ils ont au nombre de trois de chaque côté, reſſemblent à ceux d'un pou, & ſont proche de leur tête, qui eſt fort groſſe. On voit dans leur gueule quatre eſpeces de mantibules en croix, qu'ils ne ceſſent point de remuer, & qu'ils ouvrent & ferment comme un compas à quatre branches. Ils ont dix yeux, qui ſont extrêmement noirs & ronds. Le mortier eſt auſſi mangé par une infinité de petits vers noirâtres. Ils ont quatre piés aſſés longs de chaque côté, & ne ſont pas plus gros que des miettes de fromage. Les abeilles, qui ont laiſſé quelque eſpace ou des trous vuides dans le haut ou dans le bas de leur ruche, ſont contraintes quelquefois de l'abandonner, à cauſe de certains papillons qui y entrent au mois de Juillet & d'Août, & qui y faiſant leur ponte, engendrent de gros vers courts & durs, qui forment des traces & des toiles d'araignées, qui joignent les rayons enſemble & y mettent le feu, ce qui oblige les mouches à ſortir de la ruche après l'avoir pillée. Ces vers, pour peu qu'ils y demeurent, multiplient de telle ſorte, qu'en moins de cinq ou ſix jours ils n'y laiſſent pas plus d'une once de cire de toute celle que les abeilles y avoient amaſſée. Les vers y pondent d'ailleurs des germes & des coques fort dures, qui avec des toiles d'araignées qu'ils y ont formées, ne ſont plus qu'une pelote dans la ruche.

Ver à ſoye. Inſecte qui tient de la chenille, qui mue quatre fois, & qui filant de la ſoye s'en fait un tombeau, où il ſe transforme en féve, & enfin en papillon, après quoi il pond une infinité d'œufs qui écloſent au Printems. Il fait differentes actions, ſuivant que la conformation de ſon corps ſe change, & il n'entreprend point de voler qu'il n'ait été changé en papillon & qu'il n'ait des aîles. Les vers à ſoye ſe nourriſſent de feuilles de mûrier blanc. Pauſanias parlant des vers que les Seres, Nation de la Scythie Aſiatique, nourriſſent pour faire la ſoye, dit qu'il vient en leur païs un ver, appellé σὴρ par les Grecs, deux fois auſſi grand que le grand Scarabée, & ſemblable à l'araignée dans tout le reſte. Ils prennent grand ſoin de le nourrir, & de lui faire de petites loges, tant pour l'hiver que pour l'été. Il bâtit ſa toile & file des piés, en ayant huit comme l'araignée. On le nourrit de panis environ l'eſpace de quatre ans, & dans la cinquiéme année on lui donne à manger d'un roſeau vert dont il eſt friand. Il s'en remplit & creve de graiſſe, & lorſqu'il eſt mort, on tire beaucoup de filaſſe de ſes entrailles. M. Iſnar, dans un petit Traité qu'il a fait des Vers à ſoye, rapporte quelque choſe de fort curieux & de fort extraordinaire touchant leur naiſſance. Au tems, dit-il, que les feuilles du mûrier ſont prêtes à cueillir, c'eſt-à-dire, quinze jours après qu'elles commencent à boutonner, on prend une vache qui ſoit ſur le point de faire ſon veau. On la nourrit entierement de ces feuilles, ſans lui donner aucune autre choſe, ni herbe, ni foin, ni paille, ni grain, & on continue de la même ſorte huit jours après qu'elle a fait ſon veau; enſuite on fait manger à l'un & à l'autre animal de ces mêmes feuilles de mûrier pendant quelques jours, encore ſans aucun mêlange d'autres alimens. Cela fait, on tue le veau que l'on a raſſaſié du lait de la vache & des feuilles de mûrier. On le hache par morceaux juſqu'à la corne des piés, & ſans rien ôter, on met tous enſemble, la chair, le ſang, les os, la peau & les inteſtins dans une auge de bois, au plus haut d'une maiſon, dans un grenier ou ailleurs, juſqu'à ce que la pourriture s'y mette. Cette putrefaction produit de petits vers qu'on amaſſe avec des feuilles de mûrier pour les élever de la même ſorte que ceux qui ont été formés d'œufs de vers à ſoye, & ceux-là fructifient beaucoup plus que les autres, ce qui fait que ceux qui en font un gros trafic, ne manquent pas tous les dix ou douze ans d'en faire naître de cette maniere.

Ver luiſant. Sorte de petit inſecte qui rampe & qui ſe trouve ſur les herbes, particulierement en Automne. Il a le cul bleu & vert & le corps griſâtre, & jette la nuit une ſorte de lueur. On tient qu'il y a des vers luiſans dans les huîtres. Ils ſont rouges ou blanchâtres, longs de cinq ou ſix lignes, & gros comme un petit fer d'aiguillette, avec vingt-cinq piés de chaque côté. Ils ont le dos comme une anguille écorchée. Il y en a de pluſieurs eſpeces.

VER. ſ. m. Mot purement Latin, qui a été dit dans le vieux langage pour ſignifier le Printems.

Ce fut après la Paſque que Ver vet à declin.

VERBERATION. ſ. f. Terme de Phyſique. C'eſt comme qui diroit Frappement, du Latin *Verberare*, Frapper. On s'en ſert pour expliquer la cauſe du ſon, qui ne provient que de la verberation de l'air, choqué & frappé en pluſieurs manieres qui font les tons differens.

VERBOQUET. ſ. m. Contrelien ou cordeau que les Charpentiers attachent à l'un des bouts d'une piece de bois qu'ils ont à monter, & au cable qui la porte, à deux toiſes ou environ du halement, pour la tenir plus en équilibre, & empêcher qu'elle ne touche à quelque ſaillie ou échafaut, ou qu'elle ne tourne pendant qu'on la monte. On s'en sert aussi quand on monte des colomnes de pierre ou de marbre, ou d'autres grandes pierres. On dit aussi *Virebouquet*, parce que la corde fait tourner la piece dans le sens qu'on veut.

VERCHERE. s. f. Vieux mot qui se trouve dans quelques Coûtumes. Fonds donné en dot & en mariage à une fille. On s'en sert encore en Auvergne, où l'on dit aussi *Valchere*. Ce mot est venu des Savoyards.

VERCOQUIN. s. m. Petit ver qui ronge le bourgeon de la vigne, & qu'on appelle autrement *Lisot*; en Latin *Volucra*, *Convolvulus*. Selon Riolan c'est une apophyse du cerveau, appellée *Processus vermiformis*, à cause qu'elle a la figure d'un ver, & qu'elle se change effectivement en ver, suivant ce que disent quelques-uns. D'autres prétendent que c'est un ver né de pourriture, qui met les chevaux en fougue, & qu'on a dit *Vercoquin*, au lieu de *Verequin* ou *Versequi*, du Latin *Equus*, Cheval & de *Vertere*, Tourner.

VERD. s. m. Couleur verte. C'est celle que la nature donne aux herbes, aux plantes & aux feuilles. Ainsi *Verd naissant* ou *Verd d'émeraude*, se dit de cette vive couleur qu'on voit aux feuilles des arbres, lorsque le Printems commence. On appelle *Verd de mer*, Une couleur semblable à celle que paroît avoir la mer lorsqu'elle est vûe de loin. Elle est plus lavée que l'autre, & tire sur le bleu. Le *Verd brun* est un verd plus foncé & mêlé de noir. Les Teinturiers composent plusieurs sortes de verd de la nuance du jaune & du bleu, sçavoir le Verd jaune, le Verd naissant, le Verd d'herbe, le Verd gai, le Ver brun, le Verd de laurier, le Verd obscur, le Verd molequin, le Ver de celadon, le Ver de mer, le Verd d'œillet & le Verd roux. Il n'y a point d'ingredient seul dont on puisse teindre en verd. Les couleurs d'olive, depuis les brunes jusques aux plus claires, ne sont que du verd rabatu avec de la racine ou du bois jaune ou de la suye de cheminée. Les Peintres se servent de differentes sortes de verd, selon la maniere du travail, y en ayant de propres à huile, qui ne sont pas bons à fraisque ou à détrempe. L'on en compose avec des sucs d'herbe pour peindre en miniature. Celui que l'on fait avec de la fleur de flambe, autrement Iris, est fort beau. Les Italiens le nomment *Verdiglio*. On appelle *Verd de vessie*, Un extrait tiré des bayes du Noir-prun. Après qu'on a tiré le suc de ces bayes, on y mêle du vin blanc & un peu d'alun de glace, & ensuite on verse le tout dans des vessies de porc que l'on pend à un plancher, afin que l'air en ayant dissipé l'humidité, il se réduise en consistance d'extrait, & devienne dur comme de la pierre à force de vieillir. Cet extrait n'a aucun usage en Medecine, & sert seulement à peindre en miniature. Il faut, pour être de la bonne qualité, qu'étant passé sur un papier blanc, il fasse une belle couleur de verd d'herbes. Cependant on s'en est beaucoup moins servi depuis qu'on a reconnu que la gomme gutte & l'Inde font un plus beau verd. Les Peauciers employent le suc de ces bayes pour verdir la basanne, & ceux qui font le papier verd, s'en servent aussi au lieu du verd de gris & du tartre, qui leur coûtent davantage.

On appelle *Verd de terre*, Une espece de borax jaune qui se fait en jettant de l'eau sur des veines minerales.

Verd de gris. Sorte de rouille verte & venimeuse qui vient sur le cuivre & autre métal, lorsqu'il est dans un lieu humide, ou lorsqu'on ne le nettoye point. Le Verd de gris naturel est une espece de marcassite verdâtre semblable à du machefer qui se trouve dans les mines de cuivre, où Dioscoride dit qu'il s'engendre en certaines pierres qui tiennent quelque peu du bronze, & qui jettent le verd de gris comme une fleur, & qu'on le voit distiller d'une certaine caverne dans les Jours Caniculaires. Il ajoûte que quant au premier, on en trouve peu, mais que ce peu est fort bon, & que celui qui sort des cavernes est en quantité & de bonne couleur, quoique tout brouillé du sable qu'il a amassé en s'écoulant.

Le Verd de gris que l'on appelle *Verdet* ou *Rouillure de cuivre*, se fait avec des lames de cuivre & des raffes de raisins imbibés de bon vin. On les met ensemble dans un grand pot de terre, lit sur lit, c'est-à-dire, une poignée de raffes au fond du pot avec des lames de cuivre dessus, ensuite des raffes, & après du cuivre, en continuant ainsi jusqu'à ce que le pot soit plein. On le porte à la cave, & on retire quelques jours après ces lames de cuivre qui sont chargées d'une rouille verte, appellée *Ærugo* par les Latins. Après avoir ratissé cette rouille, on remet les plaques tout de nouveau dans le pot avec des raffes, & on fait toûjours la même chose jusqu'à ce que le cuivre soit consumé ou rendu si mince, qu'il soit en état d'être mêlangé avec le Verdet. Quelques Auteurs disent qu'on peut faire du Verd de gris en mettant des lames de cuivre dans un creuset avec du sel, du souphre & du tartre, & que ces lames de cuivre après avoir été calcinées & refroidies, sont converties en un très-beau Verd de gris. C'est une drogue des plus usitées, & il est presque incroyable combien les Peintres, Teinturiers, Pelletiers, Chapeliers & Maréchaux en employent. Ce qu'il y a de bien remarquable, c'est que le Verd de gris ne sçauroit être employé broyé seul à l'huile. On est obligé d'y mêler de la ceruse pour la Peinture, autrement il feroit noir au lieu de faire verd. Le verd de gris est fort estimé pour manger les chairs; ce qui fait que les Apothicaires en mettent dans quelques onguents, comme dans l'Egyptiat, l'Apostolorum, l'Emplâtre divin & autres.

Le Verd de gris cristallisé, que les Marchands & les Peintres appellent *Verd calciné ou Verd distillé*, est du Verd de gris dissous dans du vinaigre distillé & ensuite filtré, évaporé & cristallisé à la cave. Ces cristaux de verdet ont un peu d'usage dans la Medecine pour manger les chairs. Les Peintres s'en servent aussi pour peindre en verd, sur-tout dans les ouvrages de miniature.

On appelle *Verd de montagne* ou *Verd de Hongrie*, Une maniere de poudre verdâtre qui est en petits grains comme du sable, & qui se trouve dans les montagnes du Kernausen en Hongrie. Ce sont des montagnes qui vont depuis Presbourg jusques en Hongrie. Il s'en trouve aussi dans celles de Moravie. Quelques-uns prétendent que ce Verd de montagne soit ce que les Anciens ont appellé *Fleur d'airain*, qui se fait en jettant de l'eau, ou plûtôt du vin sur le cuivre de rosette encore rouge, c'est-à-dire, de la maniere qu'il sort du fourneau, & veulent qu'il se reçoive, & se trouve attaché à d'autres plaques de cuivre froid que l'on expose dessus en petits grains semblables à ceux du sable. Ce Verd de montagne n'a d'usage que pour la Peinture, principalement pour peindre en verd d'herbe.

VERDAGON. s. m. Nom qu'on donna au vin de 1725. qui étoit de très-mauvaise qualité. Les pauvres Religieux furent réduits au Verdagon. Quand on le laissoit demi-heure en bouteille il devenoit noir. Les Tonneaux où il y en avoit en étant tous corrompus, on n'y pouvoit plus mettre d'autre vin.

VERDE'E. s. f. Sorte de vin blanc fort estimé qui vient de Florence.

VERDERIE. s. f. Etendue de bois & de païs que l'on commet à la garde & à la jurisdiction d'un Verdier. Le Roi a supprimé par son Edit du mois d'Août de l'année *1669.* plusieurs Verderies & Sergenteries qui avoient été fieffées. C'étoient des terres qu'on avoit données à cens à divers particuliers, à la charge de garder les forêts du Roi.

VERDET. s. m. Terme de Teinturier. Sorte de drogue qui se fait de cuivre & de marc de raisin. Elle sert à teindre & à faire les belles couleurs du verd celadon. On l'appelle aussi *Verd de gris*.

VERDIER. s. m. Officier des Eaux & Forêts qui a eu des fonctions differentes selon les tems & les lieux. Verdier, dit Nicot, *est le nom d'un estat & office de ceux qui ont regard sur aucune forêt ou garenne du Roi, & a droit de prendre au corps, accuser & adjourner les delinquants ausdites forêts & garennes. En aucuns Pays de ce Royaume le Verdier est plus que cela, car il est Juge des mesprinses faites esdits lieux, & est appellé à cette cause* Verdier Gruyer. Ce mot de *Verdier* vient du Latin *Viriderius*. Aujourd'hui c'est un Officier préposé pour commander aux Gardes d'une forêt éloignée des Maîtrises, & qui en doit faire la visite en personne tous les quinze jours. Il a une jurisdiction pour les moindres délits, & elle s'étend jusqu'à soixante sols d'amende. Il fait son rapport des autres délits dans les sieges des Eaux & Forêts.

Verdier. Oiseau appellé ainsi à cause qu'il a son plumage verd. Il est un peu plus gros qu'un moineau, vit cinq ou six ans, & a le bec aigu, court, gros & rond, le dos vert & le ventre tirant sur le jaune. Il y a un autre Verdier que les Oiseliers de Paris appellent *Verdier à la sonnette*. Il a la tête verte, les côtés des yeux jaunes, l'échine & les ailes d'une couleur qui tient du rouge, avec une queue qui a quelque chose du gris & du verd. La femelle du Verdier s'appelle *Verdiere*. On tient que cet oiseau tombe du haut mal. Les Verdiers se nourrissent en cage pour chanter. C'est ce que les Latins appellent *Chloris & Luteola*

On appelle aussi *Verdier*, Les crapauts ou grenouilles de terre; en Latin *Rubeta*.

VERDIR. v. a. Terme de Relieur. Employer du verd de gris sur la tranche d'un livre, & le brunir après qu'il est sec.

VERD-MONTANT. s. m. Sorte de petit oiseau qui a presque la tête toute noire, la gorge de même couleur, l'estomac verd & l'échine qui tire sur le violet, avec un peu de mêlange de verd.

VERDON. s. m. Terme de riviere. Quand un Batelier arrive dans une Isle, il dit à son camarade *happe le Verdon*, pour dire, *Prens-toi au bois*.

VERDURIER. s. m. On appelle ainsi chés le Roi Une sorte d'Officier qui fournit d'herbes & de vinaigre.

VERECOND, ONDE. adj. Vieux mot qui n'a d'usage que dans le burlesque, & qui signifie, Honteux d'une honte sotte & niaise. Il vient du Latin *Verecundus*, qui a la même signification.

VERGE. s. f. *Sorte de petite baguette longue & flexible*. ACAD. FR. Les Charlatans font accroire aux simples qu'ils leur feront trouver des mines & des tresors avec une verge de coudrier, & prétendent que cette verge ne manque jamais de s'incliner aux lieux où il y a de l'argent caché. Les Sergents à verge du Châtelet ont été des Huissiers pareils à ceux qui servent à l'Audience. On les a insensiblement multipliés selon la necessité. On appelle *Verge de Bedeau d'Eglise*, Un morceau de baleine plat, large d'un bon doigt & un peu plus. Sa longueur est à peu près de deux piés & demi, & il est ferré d'argent. Le Bedeau le porte quand il fait ses fonctions dans l'Eglise. Cela fait donner le nom de *Porte-verge* aux Bedeaux. C'étoient autrefois des Sergents des Justices Subalternes, qui servoient à la Justice & à l'Eglise de la Seigneurie. On dit *Tenir un heritage par la verge*, quand celui qui l'a acquis est obligé d'en prendre possession par les mains du Seigneur, ou de quelqu'un de ses Officiers qui lui met en main un petit bâton. Cette coûtume qui étoit pratiquée par les Anciens, & qu'ils appelloient *Infestucare*, est encore en usage dans quelques Coûtumes.

Les Tapissiers appellent *Verge de fer*, Un morceau de fer rond & délié en forme de grande baguette. On l'accroche avec des pitons à chaque colomne du lit, & on y enfile les rideaux par le moyen de quelques anneaux. C'est ce que les Serruriers appellent *Tringle*. Il faut trois verges pour soûtenir les rideaux d'un lit. *Verge* se dit aussi d'une maniere de petite baguette de fer quarrée qu'on attache le long des panneaux de vitre, pour les tenir en état avec des liens de plomb. Cette verge est clouée avec deux pointes, l'une à un bout, & l'autre à l'autre.

On ne se servoit autrefois que d'émeril pour couper le verre; & comme il ne pouvoit couper les tables de verre épais, on y employoit une Verge de fer rouge. Pour couper le verre de cette maniere, on pose la Verge contre le verre; & en mouillant seulement le bout du doigt avec de la salive qu'on met sur l'endroit où le verre a touché, il s'y forme une fente que l'on conduit où l'on veut avec la verge rouge. C'est ainsi que se coupe le verre, de telle figure qu'on lui veut donner.

On appelle *Verge d'or*, L'instrument qu'on nomme autrement *Arbalêtre*, *Arbalêtrille*, *Bâton de Jacob & Rayon Astronomique*. Il a des divisions propres à mesurer les hauteurs, & il a reçû le nom de *Verge d'or* par excellence, à cause qu'il est le plus ordinaire, le plus commode, & même celui qui coûte le moins de tous les instrumens, quoiqu'il ne soit pas le plus juste.

Verge de peson, se dit d'une piece de bois ou de métal, longue & déliée, sur laquelle il y a des divisions qui representent des livres, & des parties de livres, quand le peson est petit. C'est sur ces divisions que la masse s'avance & s'arrête, lorsqu'elle est en équilibre avec le poids attaché au crochet qui est de l'autre côté, pour dire que ce poids pese tant de livres.

On appelle dans un Vaisseau *Verge de girouette*, Une verge de fer qui tient le fust de la giroüette sur le haut du mât. La *Verge de pompe* est une verge de fer ou de bois qui tient l'appareil de la pompe; & *Verge de l'ancre* se dit de la partie de l'ancre qui est contenue depuis l'arganeau jusqu'à la croisée.

Les Tisserands nomment aussi *Verge*, Une sorte de baguette déliée & un peu longue, qu'ils passent au travers de la chaine qui est montée sur le métier pour en soûtenir les fils.

On appelle encore *Verge*, Un anneau sans chaton, qu'on donne ordinairement quand on se marie. On s'en sert pour arrêter sur le doigt quelque autre bague.

Verges de fer dont les cloutiers font le clou.

Verge, la petite nervûre qui fait le dos & le fort d'une faulx.

Verge, partie d'un fleau à battre le blé, elle est quelquefois ronde, mais mieux platte de deux piés & demie de long, mobile sur un manche auquel elle tient avec une chappe de cuir & des peaux d'anguille ou de lemproye ou avec des morceaux de nerf de bœuf.

Verge, est la queue ou le manche d'un mât dans un moulin à draps.

Verge, en termes de Negoce, est en de certains lieux, Une sorte de mesure de longueurs, qui répond à l'aune. Ainsi la Verge d'Angleterre contient sept neuviémes de l'aune de Paris. La *Verge de terre* est aussi une mesure de terre dont on se sert en quelques Provinces. C'est à peu près un quartier d'arpent. On appelle *Verge quarrée*, & autrement *Toise quarrée*, Un quarré dont chaque côté est d'une toise. Il s'ensuit delà, que comme une toise courante a six piés courans, une verge ou toise quarrée doit avoir trente-six piés quarrés. A Paris, & aux environs, on se sert de la toise quarrée pour la mesure des bâtimens, & de la perche ou de la verge pour la mesure des terres.

VERGE'E. f. f. Sorte de mesure de terre. C'est la même chose que *Verge de terre*. La Vergée en Normandie est composée de quarante perches.

VERGE', E'E. adj. Terme de Negoce. On appelle *Etoffe vergée*, Une étoffe qui a quelques fils d'une soye un peu plus grossiere que le reste, ou d'une teinture plus forte ou plus foible.

VERGETTE. f. f. Sorte de brosse dont on se sert pour nettoyer les meubles & les habits. Elle est faite de poil de cochon, de sanglier, ou de brins de jonc.

On appelle aussi *Vergettes*, Les cercles de bois ou de métal qui servent à soûtenir & à faire bander les peaux dont un tambour est couvert.

Vergette, en termes de Blason, se dit d'un pal rétressi qui n'a que la troisiéme partie de sa largeur. *D'azur au pal bretessé d'or, chargé d'une vergette de sable.*

VERGETTE', E'E. adj. Terme de Blason. Il se dit d'un Ecu rempli de paux depuis dix & au-delà.

VERGEURE. f. f. Terme de Papetier. Fils de laiton liés sur la forme à quelque distance les uns des autres. On appelle aussi *Vergeure*, Les rayes que font ces fils. Elles regnent sur la largeur du papier, & on les voit un peu éloignées les unes des autres.

VERGLAS. f. m. Glace unie qui s'étend sur la terre, sur les pierres & sur les pavés, & qui se fait par la pluye qui s'y gele en même-tems qu'elle tombe. Le Verglas rend la terre & les pavés fort glissans, en sorte que l'on a peine à s'y soûtenir. Nicot cherchant l'étymologie de *Verglas*; *C'est*, dit-il, *un mot composé de* Verre & Glas, *tous deux non entiers, & signifie cette glace tenue & luisante comme verre, qui se fait ou du brouillas cheant, ou d'une menue pluye estrainte en glace par la rigueur du froid. Aussi tel verglas est luisant comme verre & vernis. Aucuns l'estiment composé de ces deux mots Latins* Viridis glacies, *disans que le Verglas tire sur le verd, là où l'autre glace est blanchâtre, mais c'est abus.*

VERGUE. f. f. Terme de Mariné. Piece de bois longue, arrondie, & qui est une fois plus grosse par le milieu que par les bouts. On la pose quarrément par son milieu sur le mât vers les racages, & elle sert à porter une voile, & quelquefois plusieurs, lorsqu'on met de gros anneaux à ses extrémités avec des bouts dehors pour appareiller des coutelas. On appelle *Vergue d'artimon*, *grande Vergue*, *Vergue de misaine*, *Vergue du grand*, *du petit hunier*, *Vergue de beaupré*, & *Vergue de perroquet*, toutes les vergues ou antennes qui portent ces sortes de voiles. *Vergue de foule*, ou *Vergue de fougue*, est une Vergue où il n'y a point de voile, & qui ne sert qu'à border la voile du perroquet d'artimon. On appelle *Vergue de rechange*, Une Vergue qu'on porte à la mer pour s'en servir quand il arrive qu'une de celles du Vaisseau manque. On appelle *Vergue traversée*, Une vergue qui est trop halée au vent, & qui n'est pas parallele aux autres vergues. On dit *Prolonger* ou *Allonger la vergue*; ce qui ne se dit que de celle de Beaupré, & signifie, Appliquer la longueur de cette vergue sur la longueur de son mât. C'est ce qu'on pratique principalement quand on veut venir à un abordage, qui seroit empêché par la saillie que fait de chaque côté du mât la Vergue de beaupré. Un grand Vaisseau prolonge aussi cette même Vergue lorsqu'il en veut aborder un moindre, afin que le mât renforcé par là, tombe avec force par l'avant sur le Vaisseau ennemi, & le choque avec plus de violence. On dit *Dresser les vergues*, pour dire, Les tenir droites, en sorte qu'elles fassent une croix reguliere avec les mâts. On dit aussi que *Deux Vaisseaux sont vergue à vergue*, qu'*Ils passent vergue à vergue l'un de l'autre*, pour dire, qu'ils sont flanc à flanc, qu'ils ont le côté près l'un de l'autre, en sorte que si leurs vergues étoient prolongées, elles feroient une ligne droite.

VERICLE. f. m. Les Orfevres appellent *Diamans de vericle*, des Diamans de verre ou de cristal. Leurs Statuts leur défendent de tailler de ces sortes de pierres fausses, & il ne leur est pas permis de les mettre en or ou en argent.

VERIFICATEUR. f. m. Terme de Palais. On dit, *Verificateur des criées, des rapports en Chirurgie, d'écritures, &c.*

VERIN. f. m. Machine en forme de presse qui sert à redresser des jambes en surplomb, à reculer des pans de bois, & à d'autres usages. Les Verins grands & petits sont des brins de bois longs de deux ou trois piés, ou davantage, façonnés en vis par un des bouts. Il y a à l'autre bout un goujon ou une cheville percée au collet de la viz, pour y mettre des leviers. Les vis de ces brins de bois se mettent chacune dans un écrou percé à cinq ou six piés l'un de l'autre pour pousser ou élever. L'usage de cette machine est d'ordinaire pour charger de grosses pierres dans des charrettes, ou pour relever quelque logis avec un pointal, qui est une piece de bois que l'on met debout entre les deux vis. Les Verins levent un grand poids, pourvû que les pieces soient fortes, & que les filets des vis soient près à près.

VERJUS. f. m. *Le jus, le suc qu'on tire de certains raisins quand ils sont encore tous verts.* ACAD. FR. Les Grecs appellent le Verjus ὀμφάκιον, & Dioscoride dit que l'Omphacium est le Verjus des raisins des vignes Thasiennes ou Aminéennes, & que pour bien faire ce jus, il le faut tirer des raisins avant les Jours Caniculaires, & les mettre secher au soleil dans un vaisseau de bronze ou de rosette qui soit couvert d'un linge. Il ajoûte que le meilleur est celui qui est roux, frêle, fort piquant & astringent au goût. Matthiole dit qu'au défaut des raisins Thasiens & Aminéens, dont les Anciens composoient leur Verjus, en le faisant secher au soleil, on en fait en Italie de toutes sortes d'autres raisins, & que quelques-uns voulant en avoir de bon, non seulement pour s'en servir en Medecine, mais aussi pour donner du goût aux viandes, le font de grappes de lambrusque. Selon Galien, le Verjus est bon à toutes sortes de maladies chaudes. Comme il est tout-à fait aigre, il ne peut être que refrigeratif & profitable à toutes ardeurs, soit qu'on l'employe à l'orifice de l'estomac, ou aux flancs, ou à quelque partie du corps que ce soit qui ait besoin d'être rafraîchie. Le Verjus ne differe du vin qu'à cause que sa chaleur est moindre. Comme cette chaleur est legere ; & qu'elle digere moins les parties terrestres qu'il contient, cela le fait participer quelque peu de la saveur austere. Quoique Galien ait dit qu'il est aigre, il ne peut pourtant penetrer profondement comme le vinaigre, n'ayant en soi aucune chaleur ni acrimonie, mais seulement une forte astriction.

VERKER. s. m. Sorte de jeu qui se joue sur un trictrac avec des dames & des dés. On fait venir ce mot *Verker*, de l'Allemand *Verkeren*, qui veut dire, Changer, tourner.

VERMEIL. s. m. Couleur que l'on donne à l'or. Après qu'on a matté & repassé l'or pour le conserver, on couche du vermeil dans tous les creux des ornemens de sculpture, afin de donner encore plus de feu à ce même or. Ce Vermeil est composé de gomme gutte, de vermillon & d'un peu de brun rouge pour attendrir le vermillon. On broye le tout ensemble, & on le mêle avec du vernis de Venise, & un peu d'huile de terebenthine. Quelques-uns prennent de la lacque fine, & d'autres du sang de dragon, qui d'ordinaire s'emploie à détrempe avec un peu de colle que l'on met dedans, ou avec de l'eau.

On appelle *Vermeil doré*, De la vaisselle d'argent ou de cuivre doré avec de l'or ducat dissous en poudre par de l'eau forte, & amalgamé avec du mercure. On en fait un enduit sur l'ouvrage, qu'on enduit aussi avec du vermillon ou une couleur rouge de sanguine qu'on gratte & que l'on polit avec le brunissoir d'acier, afin d'en ôter les superfluités.

Vermeil. On appelle ainsi un endroit où il se trouve des vers, & en ce sens on dit que *Les poules vont au vermeil.*

VERMEILLE. s. f. Espece de pierre précieuse qui est d'un rouge cramoisi noirâtre, moins agreable que n'est le rubis. La beauté de cette pierre est parfaite, quand elle est achevée ou creusée en dessous. Elle ne change jamais de couleur, & souffre le feu sans se gâter ni se dépolir. On estime fort la grande Vermeille, & on la met au nombre des plus belles pierres précieuses. Les petites sont fort communes.

VERMEUX, EUSE. adj. Vieux mot. Vermeil.

VERMICELLI. s. m. Pâte composée de la plus belle farine de froment que les Italiens appellent *Semoule*, dont ils font des filets de telle longueur ou grosseur qu'ils veulent. Comme ces filets ont quelque rapport aux vers, cette ressemblance les a fait nommer *Vermicelli*. Plusieurs disent *Du Vermichel* en notre langue. Ils donnent à cette pâte la couleur qu'ils veulent, soit avec du safran ou autres choses. Ils y ajoûtent quelquefois des jaunes d'œufs, du sucre & du fromage. Le Vermichel blanc doit être nouvellement fait, & le plus blanc qu'il se peut ; & le jaune, de la plus belle couleur dorée.

VERMICULE', E'E. adj. On appelle *Travail vermiculé*, Certaines pieces qu'on met principalement dans des ouvrages rustiques. Elles sont travaillées avec certains entrelas gravés avec la pointe, en sorte que cela represente comme des chemins faits par des vers, ainsi qu'il s'en voit dans quelques pierres & dans les carrieres. C'est ce que les Sculpteurs prétendent imiter dans certains Ordres.

VERMIFORME. adj. Qui a la forme de ver. On appelle en termes de Medecine, *Epiphyses vermiformes*, Les parties du cerveau qui tiennent ouverts le passage du troisiéme au quatriéme ventricule. On appelle aussi *Muscles vermiformes*, quatre Muscles qui amenent les doigts vers le pouce, tant aux piés qu'aux mains.

VERMILLER. v. n. Terme de Chasse. Il se dit des sangliers, qui cherchant les vers remuent la terre avec le grouin pour les trouver. On dit aussi dans les bassecourts, que *La volaille vermille*, pour dire, qu'Elle est au vermeil, c'est-à-dire, qu'elle remue le fumier avec les piés pour y découvrir les vers.

VERMILLON. s. m. *Sorte de mineral d'une couleur fort vive & fort éclatante.* ACAD. FR. Le Vermillon ou cinabre mineral, dont les Peintres se servoient anciennement, étoit une couleur en forme de pierre rouge, qu'on tiroit des mines de vif argent. Ils l'appelloient *Minium*. Le Vermillon que l'on emploie aujourd'hui, & qu'on nomme *Cinabre artificiel*, tient lieu aux Peintres de l'ancien *Minium*, qu'on croit avoir été moins beau que celui d'apresent, qui se fait avec le vif argent & le soufre. Dioscoride dit que s'est s'abuser que de croire que le Cinabre & le *Minium* ou Vermillon soient la même chose, & qu'en Espagne on fait le Vermillon d'une certaine pierre mêlée avec un sable blanc comme argent ; qu'en le faisant cuire dans les fourneaux il prend une couleur fort vive & ardente ; que quand on le tire des mines il jette une vapeur qui étouffe ; ce qui oblige ceux qui le tirent à s'envelopper le visage de vessies, pour avoir moyen de regarder par dedans, & pouvoir respirer à leur aise, sans attirer les dangereuses vapeurs du Vermillon. Il ajoûte que les Peintres s'en servent dans leurs plus riches couleurs, mais que le Cinabre vient d'Afrique & est fort cher, & qu'on en apporte si peu, qu'à peine en peuvent-ils recouvrer pour ombrager leurs peintures. Il a les mêmes proprietés que la pierre hematite, & est fort haut & chargé de couleur ; ce qui est cause que plusieurs l'ont nommé *Sang de dragon*. Vitruve parlant du Vermillon, dit qu'il fut premierement trouvé auprès d'Ephese aux Champs Cilbiens, & qu'on le tire d'une certaine pierre rouge appellée ἄνθραξ. Avant que de trouver le Vermillon, on rencontre une veine semblable à la mine de fer, plus rousse neanmoins, & environnée d'une poudre rouge. Quand on tire cette mine, on voit sortir à chaque coup de pioche quantité de gouttes de vif argent, que les pionniers recueillent incontinent. On apporte de Hollande de deux sortes de Vermillon, sçavoir du rouge & du pâle, selon qu'il a été plus ou moins broyé. Plus il est broyé, plus il est fin ; & plus il est pâle, plus on l'estime. Il sert principalement à rougir la cire d'Espagne. Il faut le choisir sec, le moins terreux, le plus pur & le plus net qu'il se peut.

On appelle aussi *Vermillon*, Une graine qui croît sur une espece de petit houx en de certains lieux steriles de la Provence, du Languedoc & du Roussillon. On s'en sert pour faire de la teinture. Dalecham dit que le Vermillon est une petite graine ronde, rougeâtre par dehors, & pleine au dedans d'une liqueur luisante, & qui semble être du sang. Comme cette graine se tourne en petits vers, si on ne la seche, on la nomme *Vermillon*.

VERMILLONNER. v. n. Terme de Chasse. Il se dit du Blereau qui cherche des vers pour sa pâture. On en voit les apparences par la terre qu'il remue.

VERMISSEAU. s. m. Petit ver dont les oiseaux font

leur pâture, & qui sert aussi à faire des appâts pour les poissons. On a observé que pendant l'été il s'engendre presque toutes les nuits dans le Boristene quantité de vermisseaux qui nagent le matin comme des poissons, qui volent sur le midi comme des oiseaux, & qui meurent tous les soirs.

VERNIS, s. m. Liqueur épaisse & luisante, composée de gomme, d'esprit de vin, & d'autres choses par le moyen desquelles on donne au bois de menuiserie un lustre agreable. Il se fait de plusieurs sortes de Vernis pour vernir les Tableaux. Les uns le font avec la terebenthine & le sandarac, & les autres avec l'esprit de vin, le mastic & la gomme lacque, le sandarac ou l'ambre blanc. On se sert de ce Vernis pour mettre sur des miniatures & des estampes, & ce sont les gommes les plus blanches que l'on doit choisir. Lorsqu'on veut avoir un Vernis qui seche en fort peu de tems, on prend seulement de la terebenthine dans une phiole, & on y met autant d'esprit de vin, après quoi remuant le tout ensemble, on en vernit aussi-tôt ce qu'on veut qui soit verni.

Il y a de deux sortes de Vernis propres à graver sur le cuivre, l'un que l'on appelle Mol, & l'autre Dur. Il y a aussi deux sortes d'eau forte, l'une d'affineur, appellée *Eau blanche*, & l'autre nommée *Eau verte*, qui se fait avec du vinaigre, du sel commun, du sel ammoniac & du verd de gris. Cette derniere se coule sur les planches, & l'on peut s'en servir avec les deux vernis. L'autre au contraire n'est bon que pour le Vernis mol, & ne se jette pas comme l'autre. On met la planche sur une table tout à plat, & après l'avoir bordée de cire, on les couvre de cette eaue blanche, qu'on tempere plus ou moins avec de l'eau commune.

Les Serruriers ont aussi leur vernis, dont ils se servent quand ils veulent mettre des feuillages ou des écritures blanches sur le fer après qu'il est mis en couleur. On prend pour cela de ce Vernis qui est fait avec de la mine de plomb & de la cire jaune fondues ensemble; & après qu'on a fait un peu chauffer le fer, on l'applique dessus; & lorsqu'il est refroidi, on dessine ce qu'on y veut faire, comme quand on grave à l'eau forte. Cela étant fait, on fait bouillir de bon vinaigre dans une écuelle sur un rechaud, & avec un linge blanc qu'on trempe dedans, on en mouille le fer, en frappant doucement dessus, jusqu'à ce que la couleur soit emportée par le vinaigre aux endroits qui ont été dessinés sur le Vernis, qu'il faut prendre soin de ne pas ôter. Quand on voit les traits devenir blancs, & perdre leur couleur, on jette la besogne dans de l'eau claire, & ensuite la faisant un peu chauffer, on l'essuie doucement pour en ôter le Vernis, & ce qui a été dessiné étant blanc, le reste demeure violet, ou de quelqu'autre couleur. Toutes ces observations sont de M. Felibien.

On appelle aussi *Vernis*, L'enduit qui se met sur la poterie. Cette sorte de vernis se fait avec du plomb fondu, & c'est avec de la porée qu'on fait celui des plats de fayence.

Il y a aussi un *Vernis de la Chine*, qui se fait ici avec du fromage de Gruyere délayé, en sorte qu'il soit comme de la glu. On jette dessus un peu de chaux vive, & on colore cette chaux avec du cinabre, si l'on veut ce vernis rouge, & avec du noir de fumée, si on le veut noir.

VEROLE. s. f. On appelle *Petite verole*, Une sorte de maladie contagieuse qui couvre la peau de pustules, & qui a coûtume de venir plûtôt aux enfans qu'aux autres personnes. Elle est trois jours sans sortir, neuf à pousser & autant à secher. Les signes qui annoncent la petite verole, sont la douleur du dos & la pulsation à l'épine, bien souvent accompagnée d'un mal de tête avec pesanteur, la douleur des yeux avec tension & les larmes involontaires. La respiration se trouve quelquefois empêchée, ou un peu troublée, & la voix rauque. Les pustules qui paroissent dénotent manifestement cette maladie. Elles sont plus claires dans la rougeole, & plus élevée dans la petite verole. Ces deux maladies different si peu l'une de l'autre, que M. Michaël assûre avoir gueri une femme qui avoit la petite verole à la moitié du corps, & la rougeole à l'autre moitié. C'est une chose étonnante que la sympathie qui se trouve souvent pour ce mal entre plusieurs freres ou sœurs, qui quoiqu'éloignés l'un de l'autre, sont attaqués en même-tems de la petite verole. Plusieurs sont persuadés qu'il n'y a point d'homme qui ne doive avoir la petite verole, & qu'on n'y est plus sujet quand on l'a eue une fois. C'est un préjugé qui a donné lieu à l'hypothese des Arabes, sur-tout d'Avicenne & de Rhasis, que la petite verole s'implantoit en nous dans la matrice de la mere par le sang menstrual. Quoique cette opinion ait eu plusieurs défenseurs, il est certain que quantité de personnes meurent sans avoir eu la petite verole, & qu'au contraire il y en a qui l'ont eue plusieurs fois. Borellus fait mention d'une femme qui après l'avoir eue sept fois, en mourut enfin à l'âge de cent dix-huit ans. On ne peut pourtant nier que des fœtus n'ayent eu la petite verole dès la matrice, puisque Bartholin assûre qu'une femme qui l'avoit, accoucha d'un enfant en qui paroissoit ce même mal. Ettmuller dit qu'il est vrai-semblable qu'il y a dans la petite verole un acide vitié qui donne cette effervescence à la masse du sang, & qui étant concentré dans les pustules, produit de petits abscès, des corrosions à la peau, & enfin de petites cicatrices. Cette maladie se termine même assés ordinairement par la phtisie qui procede de l'acide acre morbifique qui a corrodé les poumons. La malignité l'accompagne aussi quelquefois, en sorte qu'elle fait mourir en foule les enfans quand elle regne. Outre les signes que l'on a déja marqués, ils ont une demangeaison de nez & un resserrement avec une douleur obscure de la gorge, jusqu'à ce qu'au troisiéme ou au quatriéme jour, il commence à s'élever de petites bosses rouges, pointues dans la petite verole, & planes & plates dans la rougeole. Ces bosses rouges sont quelquefois de pourpre, quelquefois livides & d'un mauvais presage. Elles s'enflent successivement, & viennent enfin à suppuration. La petite peau corrompue par le pus se change en écaille, qui ensuite tombe d'elle-même, laissant un trou à la peau plus ou moins grand. La petite verole qui sort le quatriéme jour, & qui ayant suppuré le septiéme, commence à dessecher & à tomber le onziéme, est salutaire, & se guerit fort facilement. Si les bosses en sortant ne sont ni pleines ni rondes, mais plates & creusées au milieu, c'est une marque que l'expulsion ne se fait pas bien, & qu'il y a du danger. Les petites veroles qui suppurent & s'applatissent dans le tems de la suppuration, faisant une espece d'enfoncement au milieu, sont dangereuses. Plus les pustules sont rouges en sortant, plus elles sont douces & favorables; & au contraire plus on les voit livides, plus elles ont de malignité. Dans la petite verole, lorsque les pointes ne paroissent pas encore, on ne doit pas recourir aux expulsifs; il faut seulement donner des remedes propres à adoucir le commencement de la fermentation morbifique, &

à resister à la corruption du sang que le levain veut procurer. Lorsque la petite verole pousse, ou qu'elle est poussée, on doit, suivant les circonstances, pourvoir avec beaucoup de circonspection aux symptomes qui pressent, de peur de troubler la nature en voulant donner un foible soulagement au malade. Ainsi on doit regarder tout ce tems-là comme une crise continuelle, pendant laquelle il y auroit de l'imprudence à rien entreprendre temerairement. On doit aussi apporter de grandes précautions en appliquant des topiques pour effacer les taches & les cicatrices de la petite verole. Avant la maturité ils sont inutiles, & causent même de fâcheux symptomes. Forestus dit que pour avoir frotté de beurre noir le visage d'un malade, il y survint une croute très-forte qui l'exulcera entierement, en sorte qu'il perdit un œil, & que l'on eut de la peine à conserver l'autre. M. Menage fait venir *Verole* de *Variola*, & dit qu'on devoit écrire *Vairole*, comme on faisoit autrefois, à cause que cette maladie marque le visage de diverses taches. Cette même maladie s'appelle *Verole volante*, quand on n'en a qu'un petit nombre de grains répandus par ci par là.

On appelle *Grosse verole*, ou simplement *Verole*, Une autre maladie contagieuse, qui consiste dans la corruption generale de la masse du sang, & qui se gagne par des actes veneriens avec une personne infectée du même mal. On la guerit avec la sueur ou le flux de bouche procuré par le mercure. On l'appelle en France *Mal de Naples*, à cause que ce mal y fut premierement apporté du siege de Naples, & au contraire on l'appelle en Italie *Mal Francese*.

VERON. s. m. Petit poisson de riviere qui a le dos de couleur d'or, le ventre de couleur d'argent, & les côtés un peu rouges. Il est couvert d'une peau unie tachetée de noir, & sa queue finit en aile large & dorée. On l'appelle en Latin *Varius*, à cause qu'il est de differentes couleurs, & peut-être faudroit-il écrire *Vairon*.

VERONIQUE. s. f. Plante que Matthiole dit avoir de grandes proprietés. Il y en a de deux sortes, le mâle & la femelle. Le mâle se traîne & rampe par terre, & a sa tige rouge, velue & haute d'un bon palme & davantage. Ses feuilles sont longues, noirâtres, velues & dentelées tout autour. Elle produit des fleurs rouges au haut de sa tige, & porte sa graine en de petites gousses, faites en maniere de bourse. Sa racine est grêle & menue, & éparpillée en plusieurs parties. La Veronique femelle jette une tige velue, & a ses feuilles un peu grasses & rondes, mais sans être dentelées. Ses fleurs sont jaunes tirant sur le rouge, & sa graine est enfermée en de petites bourses rondes. Elle a sa racine semblable à celle du mâle, & croît aux lieux âpres & non cultivés. La Veronique est astringente & amere au goût, ce qui peut la faire dire chaude & dessiccative. Le mâle est en tout plus efficace. Il guerit les plaies fraîches, & même les vieux ulceres. On l'appelle autrement *Herbe aux ladres*. Aussi quelques-uns disent, au rapport du même Matthiole, qu'un Roi de France fut gueri de ce mal par un de ses Veneurs qui lui enseigna la vertu de cette herbe. Elle resout generalement toutes apostumes & tumeurs, & particulierement celles qui viennent au chignon du cou. On en fait aussi grand cas contre les fievres pestilentielles, & on l'ordonne aux phthisiques, & à ceux qui ont des opilations de foye & de rate.

VERRAT. s. m. Le mâle d'une truye. Ce mot vient du Latin *Verres*, qui veut dire la même chose.

VERRE. s. m. Matiere transparente & plate faite par le moyen du feu, dont on garnit les vitraux & les croisées. Le Verre est fusible, mais il n'est pas malleable. Ses pores, qu'il a tout droits & vis-à-vis les uns des autres, le rendent diaphane & transparent, & sa polissure vient de ce que ces mêmes pores sont extrémement petits, en sorte que les eaux fortes & regales ni sçauroient entrer, quoiqu'elles entrent bien dans ceux de l'or. On tient qu'il peut y avoir quelque flexibilité dans le Verre, & on en donne pour preuve certaines bouteilles qu'on a vues en Allemagne d'un Verre si délié, qu'on pouvoit les rendre concaves ou convexes en soufflant, ou en attirant l'air doucement. Le Verre se fait avec des cailloux blancs & reluisans, ou avec du sable blanc bien lavé, & avec du sel alcali, ou de l'herbe de soude. Pour faire du Verre commun on prend des cendres de fougere, le tout dans un feu de reverbere très-violent. On en fait aussi avec des cristaux de roche fondus. Le beau Verre se fait avec de la soute du Levant & du sable blanc, en y mêlant un peu de manganese pour ôter le verdâtre de la soute. On le fait d'un rouge de pourpre, lorsqu'on y en met beaucoup. Le Verre jaune se fait avec de la seule rouille de fer, & on le fait de couleur bleue ou d'aigue-marine, en y mêlant du cuivre rouge calciné plusieurs fois, à quoi on ajoûte un peu de safre calciné. Le cuivre calciné & la rouille de fer servent à faire le Verre de couleur verte. On le fait aussi avec le minium, c'est-à-dire, avec la chaux rouge de plomb. Tout le Verre qui se fait est par tables, ou par pieces longues ou rondes. Celui qu'on appelle *Verre de Lorraine*, est par tables & par pieces longues & un peu étroites par le bas. Il se coule sur le sable, au lieu que les autres se soufflent avec une verge de fer creuse; ce qui fait qu'ils sont ronds, & ont un nœud que l'on appelle *Oeil de bœuf*, quand on l'emploie.

Les pieces de verre rond se vendent au pannier, où il y en a vingt-quatre, & cela s'appelle *Vingt-quatre plats de Verre*. Les plats ont deux piés six à sept pouces de diametre. Les tables se vendent au balot, qui contient vingt-cinq liens. Le lien contient six tables de Verre blanc, & chaque table a deux piés & demi de verre en quarré, ou environ. Quand le verre est de couleur, il n'y a que douze liens & demi au balot, & trois tables à chaque lien. Il ne se fait du Verre de couleurs qu'en tables. On appelle *Verre peint*, Celui qui quoiqu'il ait beaucoup d'épaisseur, n'est penetré que d'une seule couleur sans apprêt ni demi-teinte, comme sont ceux des vitraux des anciennes Eglises, où l'on voit des couleurs très-belles & très-vives que l'on n'a plus à present, non pas que l'invention en soit perdue, mais parce que l'on ne veut pas faire la dépense, ni se donner tous les soins necessaires pour en faire de pareilles. M. Felibien nous apprend que ces beaux Verres, qui se faisoient dans les Verreries, étoient de deux sortes. Il y en avoit d'entierement coloriés, c'est-à-dire où la couleur étoit répandue dans toute la masse du Verre, & il y en avoit d'autres dont on se servoit d'ordinaire & plus volontiers, où la couleur n'étoit que sur un des côtés des tables de Verre, & ne pénetroit dedans que de l'épaisseur d'un tiers de ligne plus ou moins, selon la nature des couleurs, puisque le jaune entre plus avant que les autres. Quoique les couleurs de ces derniers Verres fussent moins nettes & moins vives que celles des premiers, les Vitriers en trouvoient l'usage plus commode, à cause qu'ils pouvoient faire paroître d'autres sortes de couleurs sur ces mêmes Verres, quoiqu'ils fussent déja coloriés, lorsqu'ils vouloient

vouloient broder les draperies, les enrichir de fleurons, ou representer d'autres ornemens d'or, d'argent & de couleurs differentes. Ils se servoient pour cela d'émeril, avec lequel ils usoient la piece du Verre du côté qu'elle étoit déja chargée de couleur, jusqu'à ce qu'ils eussent découvert le Verre blanc, selon l'ouvrage qu'ils avoient dessein de faire; après quoi ils couchoient du jaune, ou telles autres couleurs qu'ils vouloient, de l'autre côté du Verre, c'est-à-dire, où il étoit blanc, & où ils n'avoient pas gravé avec l'émeril; & ils observoient cela, afin d'empêcher que les nouvelles couleurs ne se brouillassent avec les autres en mettant les pieces au feu, de sorte qu'elles se trouvoient diversement brodées & figurées. Quand ils vouloient que ces ornemens parussent d'argent ou bleus, ils se contentoient de découvrir la couleur du verre, sans y rien mettre de plus, & par ce moyen ils donnoient des rehauts & des éclats de lumieres sur toutes sortes de couleurs. On appelle encore cela *Verre d'apprêt*. Tout Verre qui a des défauts est appellé *Verre défectueux*. Celui qui se casse en le taillant, s'appelle *Verre aigre*; celui qui a de petites taches, *Verre moucheté*, & celui qui a des veines, *Verre ondé*.

On appelle *Verre dormant*, Un panneau de vitre en forme de petite fenêtre, que l'on scelle en plâtre dans le mur qui regarde sur le voisin quand il y a une vûe de servitude. On voit aussi de ces Verres dormans scellés en plâtre dans les croisillons des vitraux des Eglises Gothiques.

Verre, se dit particulierement d'un vase fait de Verre, & dont on se sert pour boire du vin, de la biere & autres liqueurs. Il y en a de diverses sortes, des Verres de cristal, des Verres de cristal de roche, & des Verres de fougere. Ils ont d'ordinaire la figure d'un cone renversé ou d'un cylindre, & sont posés sur un pié ou une patte.

On appelle *Oeil de verre*, Un œil fait d'émail au feu de la lampe, que s'appliquent ceux qui sont borgnes, pour reparer autant qu'ils le peuvent la difformité de l'œil qui leur manque.

Dans la Dioptrique, on considere la figure que les verres doivent avoir pour perfectionner la vision suivant les differens besoins de ceux qui s'en servent. Il y a des Verres qui ramassent & d'autres qui écartent les rayons, il y en a qui font voir les objets sous un plus grand ou sous un plus petit angle. Voyez VISION. M. Descartes a imaginé des Verres de figure elliptique & hyperbolique, qu'il a prouvé devoir être plus parfaits que tous les autres, mais la difficulté de les tailler plus grande que les avantages qu'on en retireroit, fait que l'on s'en tient aujourd'hui à des Verres Spheriques, c'est-à-dire, qui sont une portion de sphere plus grande ou plus petite, selon qu'il en est besoin. Avec une portion de sphere, il en faut encore une autre, ou une superficie plate, pour composer un Verre. Ceux qui ont une superficie plate, sont appellés Verres *Plan-convexes*, ou *Plan-concaves*, selon que la superficie spherique est tournée en dehors du côté convexe ou concave. Ceux qui ont les deux superficies spheriques sont ou *convexes-convexes*, ou *concaves-concaves*, ou *convexes-concaves*. Les premiers sont plus épais au milieu qu'aux extrémités, & rassemblent les rayons, on les appelle aussi *Verres lenticulaires ou loupes*. Les seconds sont plus épais vers les extrémités que vers le milieu, & écartent les rayons. Les troisiémes ont la figure d'un croissant, & sont de peu d'usage. Il est fort important de considerer si les convexités, ou concavités qui composent ces Verres sont égales.

Dans une lunette, on appelle *Verre objectif*, Celui qui est au bout du tuyau du côté des objets, & *Verre oculaire*, Celui qui est du côté de l'œil. On dit aussi simplement, l'*Objectif* & l'*Oculaire*.

On appelle *Verre d'antimoine*, Une préparation qui se fait en faisant fondre l'antimoine calciné dans un creuset, après quoi on jette la matiere sur un marbre bien échauffé, où elle se congele en forme d'un beau verre de couleur de pourpre. On connoît que l'antimoine est suffisamment fondu, en mettant le bout d'une verge de fer dans la matiere. Si elle ne fume plus, elle est assés fondue. Il faut choisir un jour clair & bien serein pour cette operation, & le verre en sera plus beau & plus transparent. Si on calcine l'antimoine avec le quadruple de borax de Venise, le Verre sera de couleur jaune; si on presse le feu, il deviendra blanc; & si on calcine l'antimoine avec huit fois autant de borax, le verre sera de couleur verte. C'est un vomitif si violent, qu'il ne se doit pas donner en substance, mais en infusion, & plûtôt corrigé que cru. On corrige le Verre d'antimoine avant que de le mettre infuser, & on se sert pour cela de quelque acide. On prend du Verre d'antimoine pulverisé, on l'imbibe plusieurs fois de vinaigre distillé, d'esprit de nitre ou d'esprit de sel, & par ce moyen on en fait un purgatif ou un vomitif assés doux.

VERRERIE. s. f. Grand corps de bâtiment, qui est divisé en plusieurs logemens, buchers, fourneaux, salles, galeries & magasins, pour faire toutes sortes d'ouvrages de Verre. Il y a des Verreries où l'on ne fait seulement que souffler les Verres & les Vases, & d'autres qui servent à fondre les glaces & à les polir.

Verrerie, se dit aussi de l'art de faire le Verre. Pline en attribue l'invention au hasard, & rapporte que des Marchands faisant cuire leur viande sur le rivage de la mer, & n'ayant point de pierres pour tenir leur marmite élevée sur le feu, tirerent des morceaux de nitre de leur Vaisseau, & que ces morceaux de nitre s'étant mêlés avec le sable, firent écouler de petits ruisseaux d'une liqueur luisante qui étoit du verre.

VERREUX, EUSE. adj. Il se dit d'un fruit piqué de vers, dans lequel un ver se nourrit, principalement dans la pepiniere.

VERROTERIE. s. m. Terme de Negoce. Menue marchandise de verre, comme grains ou patenôtres de verre ou de cristal, dont on trafique avec les Sauvages dans les Pays éloignés.

VERROUIL. s. m. Ouvrage de Serrurerie qui consiste en un morceau de fer que l'on fait mouvoir dans des crampons sur une platine de tole ciselée ou gravée, pour ouvrir ou pour fermer une porte. Il y a des Verroux plats & des Verroux ronds. Le *Verrouil plat* est un morceau de fer plat, attaché ordinairement sur une platine avec deux crampons entre lesquels il va & vient, ayant au milieu un autre morceau de fer rond appellé *Bouton*, parce qu'il est fait en maniere de bouton. Le *Verrouil rond* est composé du corps du Verrouil, qui est rond, & d'une queue qui sert pour le faire aller & venir. M. Ménage fait venir *Verrouil* du Latin *Veruculus*, qu'il dit se trouver dans les Gloses en cette même signification. D'autres le dérivent de *Veru*, Broche.

On a dit autrefois *Baiser le verrouil*, pour dire, Rendre hommage. Cela venoit de ce que, quand le Vassal étoit Gentilhomme, il baisoit à la bouche le Seigneur du fief dominant, ou seulement à la main, lorsque ce Vassal n'étoit pas noble. Que si le Seigneur étoit absent, il baisoit le vertouil de la porte ou la porte du Fief. Les anciennes Coûtumes font mention de cette sorte d'hommage.

VERRUCAIRE. s. f. Plante dont les feuilles approchent de celles du Basilic, quoique plus grandes, plus blanches & plus velues. Elle pousse dès sa racine quatre ou cinq rejettons qui ont plusieurs ailes & concavités, & porte à la cime des fleurs blanches ou roussâtres, & recourbées comme la queue d'un scorpion, d'où vient qu'elle est appellée *Scorpiurus* par les Grecs, qui la nomment aussi *Heliotropium*, à cause qu'elle se tourne toûjours vers le Soleil. Elle croît dans les lieux âpres, & a sa racine menue & inutile en Medecine. La décoction d'une poignée de son herbe, prise en breuvage, purge par le bas les phlegmes & la colere. Sa graine enduite desseche les porreaux & les verrues, tant plates que pendantes. Dioscoride parle aussi d'une petite Verrucaire qui croît dans les lieux marécageux, & qui a ses feuilles semblables à l'autre, mais plus rondes. Sa graine est ronde, & pend comme les verrues pendantes qu'on appelle *Acrochordon*. Aussi est-elle fort efficace à les ôter lorsqu'on s'en frotte. C'est ce qui fait que les Apothicaires l'appellent *Verrucaria*.

VERRUE. s. f. Porreau, petit durillon long & élevé sur la peau comme un petit pois. Les Verrues qui arrivent aux doigts des piés par la compression du soulier, par le déchirement des petits fibres & par la chaleur, sont appellées *Cors*, & sont quelquefois profondément enracinées jusques dans les tendons qui servent à l'articulation des doigts des piés. Celles-là se peuvent traiter superficiellement, mais il est difficile de les arracher hors du tendon sans danger d'y attirer la gangrene. Les Verrues, selon les racines qui les soûtiennent, sont tantôt pleines & tantôt étroites. On appelle les premieres *Verrues fossiles* ou *Myrmecia*, à cause de la ressemblance qu'elles ont avec les fourmis, & les autres sont appellées *Acrochordones*. Quand elles poussent beaucoup, & qu'elles s'étendent au large avec une dureté considerable, on les nomme *Cornes*. Celles-là sont ordinairement placées sur un os, dont il semble qu'elles tirent leur structure particuliere & leur dureté, moyennant l'aliment de l'os qui exude & dégenere en verrue. Ces porreaux ou durillons se guerissent en general par le suc recent de la grande Chelidoine, qui les fait disparoître insensiblement, sur-tout si on a soin d'en couper auparavant, les parties les plus dures, pour les faire un peu saigner. Il y a une plante nommée *Ciperum*, qui étant pilée & mise sur les Verrues, les fait évanouir, ce que fait aussi le suc blanc de pissenlis ou dent de lion. On peut encore se servir de feuilles de Joubarbe, qui les emportent peu à peu, étant appliquées après qu'on en a ôté la petite peau interieure, pourvû qu'elles soient souvent renouvellées. Les cors des piés se guerissent par l'ammoniac seul dissous dans du vinaigre épaissi & appliqué, ou par le suc du Tithimale oint avec une plume. Quant aux cornes, on les guerit en les coupant jusques dans la racine, à moins qu'elles ne sortent immediatement des sutures du crane. On les peut pourtant couper, mais sans toucher à la racine, qui reproduit tous les mois une nouvelle corne, qu'il faut aussi scier tous les mois ou tous les deux mois.

VERSEAU. s. m. C'est l'onziéme Signe du Zodiaque, que les Astrologues appellent *Aquarius*. Il domine dans le mois de Janvier.

VERSER. v. a. *Epandre une liqueur en la vuidant d'un vase dans un autre, ou en quelque autre sorte que ce soit.* ACAD. FR. On dit, en termes de Chymie, *Verser par inclination*, quand il y a des sels ou des métaux précipités au fond du vaisseau, & qu'on en fait sortir l'eau en le panchant doucement.

VERSO. s. m. Terme de Palais. On appelle ainsi la page qu'on trouve après qu'on a tourné le feuillet. On le dit par opposition au *Recto*, qui est la page qui se presente d'abord.

VERTEBRE. Terme d'Anatomie. *L'un de ces os qui s'emboîtant l'un dans l'autre, composent l'épine du dos de l'animal.* ACAD. FR. Ces os s'étendent depuis le haut du col jusqu'au croupion. Le col a sept vertebres, le dos douze & les lombes cinq. Les vertebres du col sont percées pour donner passage aux veines & aux arteres qui montent au cerveau. On dit ordinairement que la luxation des Vertebres du col cause l'esquinancie; sur quoi Ettmuller fait connoître que ceux qui sçavent la structure des Vertebres, ne peuvent douter que cette opinion ne vienne d'une fausse hypothese, pour n'avoir pas bien entendu un aphorisme d'Hippocrate, qu'on interprete de l'esquinancie par la luxation des Vertebres du col, au lieu qu'Hippocrate ne parle que d'une convulsion semblable à celle que l'on nomme *Emprostotonos*. Il est évident, poursuit Ettmuller, que l'esquinancie ne peut arriver par la luxation des Vertebres du col, puisque cette luxation est impossible, à moins qu'on n'y apportât une extrême violence, & que la moëlle de l'épine ne souffrît une grande contorsion, d'où s'ensuivroit l'abolition du sentiment & du mouvement, & l'apoplexie, plûtôt que l'esquinancie, les apophyses des Vertebres étant tellement accrochées l'une dans l'autre, qu'il n'est pas possible de les luxer sans fracture & sans danger de mort. La luxation des Vertebres des lombes produit l'incontinence d'urine, quand la constriction du sphincter manque. Amatus Lusitanus rapporte l'exemple d'un homme qui étant tombé sur le dos se blessa à la derniere Vertebre, après quoi il ne fut plus en pouvoir de retenir son urine. Le mot de *Vertebre* vient du Latin *Vertere*, Tourner, à cause que c'est par le moyen des Vertebres que le corps se tourne.

VERTENELLES. s. f. Terme de Marine. On appelle ainsi les pentures & les gonds ou charnieres qui entrent reciproquement l'une dans l'autre pour tenir le gouvernail suspendu à l'étambord, & pour lui donner le mouvement.

VERTEVELLE. s. f. Terme de Serrurerie. Especes d'anneaux qui retiennent les verroux. Ces Vertevelles ont une double fiche ou pointe qui entre dans le bois par un seul trou, & qui se rabat par dehors de part & d'autre, ordinairement de cinq à six pouces.

VERTICAL, ALE. adj. Terme d'Astronomie. Qui est perpendiculaire à l'horison, ou à quelque plan horisontal. *Vertical* s'oppose à *horisontal*. Les cercles Verticaux sont les *Azimuths*. Voyez AZIMUTH. Le point Vertical est le *Zenith*. Voyez ZENITH. Il y a des *Quadrans Verticaux*. Voyez QUADRAN.

VERTIGE. s. m. Etourdissement de tête causé, ou par une vapeur noire & grossiere, portée impetueusement des parties basses au cerveau, ou par une agitation violente des esprits & des humeurs dans le cerveau même, en sorte qu'il semble au malade que tout tourne autour de lui, sa tête même & son corps, aussi-bien que toutes les choses qui sont devant lui, quoique ces choses soient stables & ne tournent point. Il y a trois degrés de Vertige; le premier, quand le corps seulement &

les objets externes semblent tourner. Ce tournoyement cesse aussi-tôt, & c'est ce qui fait le *Vertige simple.* Le second, c'est lorsque les yeux sont comme obscurcis par un nuage, en sorte que la vûe se perd, & qu'il paroît diverses couleurs, jaunes, vertes, bleues, avant que les yeux soient occupés de tenebres. Ce degré est appellé *Scotomie* ou *Vertige tenebreux.* Le troisiéme est quand ces tenebres se font si épaisses, que le malade est contraint de chercher à s'appuyer. Ce dernier degré s'appelle *Vertige caduc*, à cause qu'il n'y a qu'un pas delà au mal caduc ou à l'épilepsie, qui survient souvent à cette sorte de vertige. L'essence du Vertige se tire principalement du tournoyement, qui est le symptome principal qui a donné le nom à ce mal, du Latin *Vertere*, Tourner; mais on n'exclut point les autres sens, qui sont attaqués ainsi que les yeux, sur-tout dans le second & le troisiéme degré. Cela paroît dans le tintement, le sifflement & le bourdonnement des oreilles, & en ce que les malades ne pouvant tenir d'une maniere assés ferme les appuis à quoi ils s'attachent, se laissent tomber. Ettmuller fait voir l'erreur de ceux qui croyent que la cause du Vertige est le tournoyement des esprits animaux dans le cerveau, & dit que c'est dans l'œil qu'il se fait, puisque c'est à la vûe que les objets paroissent tourner. Le vice, continue-t'il, doit être necessairement dans l'organe de la vûe, & non pas dans le cerveau, étant certain que ce n'est pas par lui que nous voyons. Comment concevoir que les esprits tournoyant dans le cerveau fassent paroître les choses qui sont hors de l'œil comme si elles tournoient? Ce n'est point dans le voyant ni dans l'objet vû que consiste le vice, mais seulement dans le milieu ou l'organe qui est le lieu. Comme les nuages, les flocons de laine & les mouches qu'il nous semble que nous voyons dans l'air, sont effectivement dans les yeux, sur-tout dans l'humeur aqueuse, ainsi les choses qui paroissent tourner, sont dans l'œil, non pas dehors, soit dans le cerveau, soit dans l'objet. Il n'y a personne qui en toussant la nuit, ou en recevant un coup sur les yeux, ne s'imagine voir des étincelles en l'air, qui sont pourtant effectivement dans l'œil. De même, quand les objets paroissent tourner, c'est assûrément dans l'œil que se fait le tournoyement, ou plûtôt c'est le mouvement dereglé des esprits animaux dans l'œil qui les détermine par sa rondeur concave à un mouvement en cercle. Cette agitation irréguliere se fait de la même sorte dans les autres organes, d'où s'ensuit le tintement d'oreilles, & la debilité à s'attacher aux appuis. Si le mouvement des esprits visuels & des humeurs de l'œil est trop rapide & confus, la vûe en est si troublée, que les yeux s'obscurcissent & se couvrent de tenebres; ce qui est un symptome de la vision qui se perd. Si le mouvement dereglé des esprits animaux se continue jusqu'aux muscles, ils souffrent de legeres convulsions, & même d'assés forts assauts d'épilepsie. Cela fait connoître que les esprits visuels seuls ne sont pas dans le desordre immediatement dans l'œil, mais tout le symptome des esprits animaux dans le cerveau, & en un mot, que les organes des autres sens sont affligés. Le tournoyement des esprits étant plus sensible dans l'œil qu'il ne l'est ailleurs, cette affection a été nommée *Vertige*, de son principal symptome. Il y a des parties qui produisent le Vertige par consentement, & c'est principalement l'estomac. Ainsi plusieurs personnes ont peine à souffrir le jeûne, & tombent dans le vertige tant qu'ils ont l'estomac vuide. Ce mal cesse aussi-tôt qu'on a mangé, & le moindre aliment pris le matin empêche que l'on n'y tombe. La maladie hypochondriaque, qui a sa racine dans l'estomac, rend ceux qui y sont sujets enclins au vertige, principalement quand ils demeurent long-tems à jeun. Les femmes hysteriques y sont aussi exposées. Certains alimens, comme l'oignon, l'ail, le refort, la rave, le chou, donnent le vertige étant dans l'estomac, sur-tout à ceux qui ont de la disposition. Les vers des intestins engendrent aussi des vertiges, & le calcul des reins descendu du bassinet dans l'uretere, cause souvent de grands éblouissemens; mais la question est de sçavoir comment ces Vertiges par consentement arrivent. On a d'ordinaire recours à des vapeurs, à des exhalaisons, ou à des fumées qui s'élevent des parties inferieures à la tête; mais on prétend qu'il est impossible que cela soit, puisque tous les chemins sont bouchés, comme il est démontré par Vanhelmont & par Schneiderus, qui ont dissipé les vapeurs qu'on dit s'élever des membres ou des cavités du corps. Ce sont ordinairement les mouvemens convulsifs des parties internes qui troublent ceux des esprits dans le cerveau. Bertholin parle d'un Vertige où le malade sentoit quelque chose qui montoit du pié gauche avec une douleur vague du corps. Cette chose qui monte ne sçauroit être que le mouvement convulsif des nerfs qui s'étendent jusqu'aux bouts des piés, le long desquels la convulsion monte successivement, & represente la vapeur & la fumée que l'on n'a pas sujet d'accuser. La masse du sang fumeuse & vaporeuse fait le même effet. Tel est le sang des hypochondriaques, dans lesquels l'on voit les veines s'enfler & s'abaisser subitement sans cause apparente. Ce sang étant porté au cerveau, y corrompt les esprits animaux, les remue irréguliérement, & produit le Vertige. Le Vertige est plus difficile à guerir dans un âge avancé, que dans la jeunesse, & il est dangereux selon les degrés, dont le plus funeste est la scotomie & le Vertige caduc.

VERTIGO. s. m. Sorte de maladie de cheval qui lui ôte presque la connoissance, & qui le fait chanceler, & donner de la tête contre les murs.

VERTIR. v. a. Vieux mot. Traduire d'une langue en une autre. On a dit aussi *Vertir à plusieurs choses*, pour dire, S'y appliquer, y fournir. On a dit encore *Vertir en quelque lieu*, pour dire, Tourner de ce côté-là, y aller.

> *Pour ce tribut vous faut partir,*
> *Et devers Bethleem vertir.*

VERTOIL. s. m. Vieux mot. Loquet.

VERTUGADIN. s. m. Piece de l'habillement des femmes, qu'elles mettoient autrefois à leur ceinture, pour relever leurs juppes de quatre ou cinq pouces. Le Vertugadin étoit fait de grosse toile tendue sur un gros fil de fer. Ce mot est venu de l'Espagnol *Vertugado*, qui veut dire le Bourlet du haut d'une juppe. Cette mode nous étoit venue d'Espagne, où elle est demeurée sous le nom de *Guarda infante.*

On appelle *Vertugadin*, en termes de Jardinage, un Glacis de gason en amphitheatre, dont les lignes circulaires qui le renferment ne sont point paralleles. On l'appelle ainsi à cause de la ressemblance de cette figure avec un vertugadin.

VERVEINE. s. f. Plante que Dioscoride divise en Verveine mâle & en Verveine femelle. La Verveine droite ou mâle croît dans les lieux aquatiques, & on l'appelle *Colombine*, à cause que les pigeons aiment fort à être auprès. Elle est haute d'un palme, & quelquefois plus. Ses tiges produisent des feuilles blanchâtres & déchiquetées. Le plus souvent elle ne jette qu'une seule racine, & on trouve ses rejettons simples & sans branches. La Verveine femelle a ses rameaux faits à angles, hauts d'une coudée & quelquefois plus. Ses feuilles sortent par intervalles, & ressemblent à celles du chêne, étant déchiquetées tout autour de la même sorte. Elles sont pourtant plus petites & plus étroites, & d'une couleur qui tire un peu sur le bleu. Ses fleurs sont rouges & minces, & sa racine est longue & menue. On l'appelloit autrefois *Herbe sacrée*, à cause que l'on s'en servoit contre les charmes & pour appaiser les Dieux. Pline dit que les Ambassadeurs portoient ordinairement de cette herbe quand ils alloient parlementer avec l'Ennemi, & qu'on l'employoit pour benir les lieux dont on vouloit chasser les mauvais Esprits. Il marque les ceremonies avec lesquelles on la cueilloit, ce qui se faisoit avant les Jours Caniculaires, en un tems où il n'y avoit apparence ni de Soleil ni de Lune. Il falloit avoir enterré des rayons de miel & du miel pour satisfaire la terre, & après qu'on avoit déchaussé cette herbe avec un pic de fer, on devoit la cueillir de la main gauche, sans la laisser cheoir en terre depuis qu'elle étoit arrachée, & faire secher séparément à l'ombre la tige, les feuilles & la racine. Galien n'a presque point mis de difference entre les deux Verveines, & a dit que c'est une herbe si dessicative, qu'elle peut souder les playes; en Latin *Verbenaca*.

VERVELLE. s. f. Terme de Fauconnerie. Espece de petit anneau ou de plaque que l'on attache aux piés d'un oiseau de proye, & où il y a une empreinte des armes de celui à qui l'oiseau appartient, afin de le faire reconnoître. On lit dans Cretin :

N'est-ce plaisir de voir un Epervier
Langes aux piés, sonnettes & vervelles.

VERVEU. s. m. Panier d'osier noir, haut & rond, où l'on apporte à Paris des cerises, des groseilles, des prunes & autres semblables fruits qu'on va vendre dans les marchés en gros ou en détail.

C'est aussi, selon Nicot, une espece de filet à pêcher du poisson, qu'on dit plus communément au pluriel, *Verveus*, en Latin *Everriculum*.

VERURE. s. f. Vieux mot. Verrue.

Ne le front n'avoit-elle pas
Plein de roigne ne de verruë?

VES

VESCE. s. f. Plante feilluë qui se traîne sur terre & qui a plusieurs tiges & rameaux qui s'entrelacent & jettent de petites feuilles longuettes, étroites, & moindres que celles de la lentille, dont la plûpart sont attachées à une petite queue. Sa fleur est petite, tirant sur le rouge, & quelquefois blanche. Ses gousses ressemblent à celles des pois, si ce n'est qu'elles sont plus courtes & plus grêles. Le grain qu'elles enferment est rond & noirâtre, & on s'en sert pour la nourriture des pigeons, qui en sont friands. On seme la Vesce en Mars, comme les pois & l'avoine. Ce mot vient du Latin *Vicia*; ce qui fait dire à Nicot qu'on devroit écrire *Vece*. Il y en a qui écrivent *Vesse*.

Dioscoride décrit une *Vesce sauvage*, qui vient ordinairement sans être semée. Ses feuilles sont minces & déliées, & ses gousses plus grandes que celles de la lentille. Elles enferment trois ou quatre grains noirs, plus gros que ceux de la vesce. Sa tige est quarrée, & ses fleurs sont de couleur rougeâtre. Matthiole dit qu'elle est ordinaire dans la Goritie, où elle croît parmi les blés, & auprès des hayes. Selon Galien, les Vesces sauvages ne sont pas seulement de mauvais goût, mais de difficile digestion, & resserrent le ventre. Ainsi ceux qui en mangent, engendrent un mauvais sang, & qui se change aisément en un sang mélancolique. Quelques-uns disent que la farine de Vesce, tant sauvage que privée, fait uriner, & qu'étant prise souvent en orge mondé, elle rend l'embonpoint aux Thisiques. Délayée avec du miel & enduite, elle fait partir toutes les lentilles & autres taches qui viennent au visage.

VESICARIA. s. f. Sorte de plante qui porte ses feuilles semblables à la morelle, excepté qu'elles sont plus larges & plus fermes, un peu âpres & moins noirâtres. Ses tiges sont souples, & se recourbent en croissant. Il en sort des fleurs blanches, qui laissent quelques vessies, grosses comme des noix & quelquefois plus, larges au pié, pointues à la cime, & comparties par huit côtes, distantes également. Elles sont vertes d'abord, & dans leur maturité deviennent roussâtres. Il y a au-dedans & au bas de la vessie des perles rousses & vineuses, de la grosseur d'un grain de raisin, lissées & polies, d'un goût amer, & toutes remplies de petite graine blanche. Ces perles sont singulieres pour la difficulté d'uriner. Les Arabes appellent cette plante *Alkekengi*, & on lui a donné le nom de *Vesicaria*, ou à cause des bayes qu'elle porte semblables à des vessies enflées, ou parce qu'elle est bonne contre la pierre & pour la vessie.

Matthiole parle d'une autre sorte de *Vesicaria* fort differente de cette premiere. On s'en sert pour faire des treilles & pour parer les fenêtres des maisons. Ses feuilles sont longues avec des entailles à l'entour; & ses fleurs, qui sont blanches, jaunâtres ou simplement blanches, jettent de petites vessies vertes & presque rondes avec six compartimens. Ces vessies contiennent une graine noire, grosse comme l'ers, au côté de laquelle il y a la figure d'un cœur imprimée en blanc, comme si la nature avoit voulu nous apprendre que cette graine est salutaire aux défauts & affections du cœur, de même qu'elle a formé la graine d'Echium semblable à la tête d'une vipere, comme pour nous avertir qu'elle a beaucoup de vertu contre les morsures de cet animal.

VESICATOIRE. s. m. Médicament externe qui fait élever des vessies sur la peau, & dont on se sert pour évacuer & attirer dehors les matieres sereuses & malignes. Il est ordinairement composé de cantharides pulverisées, de levain, d'un peu de vinaigre, à quoi on ajoûte quelquefois de la poudre d'euphorbe & de la semence de moutarde, qu'on incorpore avec du miel, des gommes & des racines, pour les réduire en telle consistance que l'on veut. On y a recours lorsque le mal presse, tant pour faire revulsion du sang par la douleur excitée, comme quand on les applique dans les fiévres malignes pour prévenir les délires & les convulsions, que pour faire évacuation de la lymphe trop acre, ou du serum infecté d'une saveur viciée, lequel occupe les parties internes. C'est par cette derniere raison que l'on s'en sert pour faire ressortir le pourpre ou la petite verole qui rentre, ou quand la douleur que cause la sciatique ou la goutte est trop violente. Les Vesicatoires s'appliquent ordinairement à la nuque & derriere les oreilles, tant pour soulager les maux des yeux, que les sucs cacochymes aigrissent considerablement, que pour appaiser la douleur de tête, & détourner vers la nuque & les oreilles le ferum morbifique & acre qui picote les membranes du cerveau. Ettmuller, qui considere deux choses dans les Vesicatoires, la douleur & l'évacuation, dit à l'égard de la douleur, qu'en quelque endroit qu'un objet externe l'excite, il s'y fait un tremoussement précipité, ou une vibration des fibres qui détermine les esprits à s'y porter d'abord avec impetuosité, d'où s'ensuit immediatement la contraction convulsive & la rapidité des fibres trop bandée, & la douleur avec pulsation; que tout cela ne peut arriver que les pores ne se retrecissent, & que les conduits ne se resserrent, de sorte que le sang ayant peine à s'en tirer, ce qu'il y a d'heterogene & d'excrementeux, qui ne fait point corps avec le sang, demeure aux passages, s'y accumule, & embarrasse de plus en plus la partie. Il ajoûte que l'objet plus sensible émoussant & effaçant la perception de l'objet moins sensible, lorsqu'il survient quelque symptome douloureux en une partie à l'occasion de l'irritation des fibres nerveuses, si on cause une douleur plus forte en quelque autre endroit par l'application d'un Vesicatoire, la douleur moins forte cesse de se faire sentir, & que pendant que les esprits sont déterminés par la douleur à se mouvoir vers le Vesicatoire, il se fait une alteration successive de la cause morbifique, qui se corrige dans la partie auparavant affligée. Pour l'évacuation, les particules acres du Vesicatoire picotant çà & là, pénétrent, attenuent & fondent la rosée nourriciere ou le sang de la partie, & le Vesicatoire fait en même-tems sur plusieurs endroits, & au large, ce que le cautere ne fait qu'en un seul endroit très-resserré. L'usage des Vesicatoires est dans les maladies de la tête, dans celles des yeux, dans les douleurs croniques des parties causées par un serum trop acre, ou par la retention de quelque humeur nuisible, dans les affections convulsives, & dans plusieurs maux du genre nerveux. On les leve pour le plûtôt six heures après qu'ils ont été appliqués, & douze heures après pour le plus tard. On coupe les ampoules avec des ciseaux, & on met dessus une feuille de chou rouge ou blanc la plus chaude qu'il se peut, en la renouvellant soir & matin, tant que les ampoules sont humides & qu'elles jettent. Cela dure cinq ou six jours, après quoi elles commencent à se dessecher. Quand on veut les faire couler long-tems, on se sert de l'emplâtre de semence de grenouilles pour mettre dessus, à quoi l'on ajoûte un peu de poudre de cantharides; ce qui fait que les ampoules demeurent toûjours humides & nouvelles. Si la place exulcerée fait trop de douleur, ou que l'inflammation soit à craindre, ou qu'on veuille consolider les ampoules, la même emplâtre guerit parfaitement tous ces symptomes. Il faut prendre garde à n'appliquer pas imprudemment des Vesicatoires à toutes sortes de malades, puisqu'ils sont nuisibles dans l'ardeur d'urine & dans son écoulement involontaire, dans l'inflammation du sphincter, dans son exulceration, dans les hemorragies, dans la grossesse, dans l'approche du flux menstrual, & quand les forces sont très-abatues.

VESICULE. s. m. Terme de Medecine. Petit vaisseau qui renferme le fiel dans le corps d'un animal. Il est pendu à la cavité du foye du côté droit, & d'une figure ronde & longuette.

VESPERIE. s. f. Dispute de Theologie qui se fait par un Licentié immediatement avant que de prendre le bonnet. Elle est composée de deux Actes, dont le premier commence à deux heures & demie, & dure environ deux heures. Un Bachelier ou un Ecolier de Theologie répond dans cet Acte, d'un Traité de Theologie, & le Docteur grand Maître qui préside, dispute le premier contre le Soûtenant, & ensuite les Bacheliers. Le Licentié fait son Acte après, qui est ce qu'on appelle proprement *Vesperie.* Il y a deux Docteurs qui disputent contre lui, sur l'Ecriture Sainte, sur l'Histoire Ecclesiastique & sur la Morale, & à la fin de la dispute, qui commence à quatre heures & demie, & finit à six, le Docteur President le paranymphe par un discours qui est un jeu d'esprit, où l'on marque toutes les raisons qu'il y a de le recevoir ou de le rejetter, quoiqu'on ne le puisse plus refuser.

VESPRE. s. m. Vieux mot. Le crepuscule qui se fait le soir. Il commence lorsque le Soleil se couche, & finit quand il est abaissé de dix-huit degrés au-dessous de l'horison. On disoit autrefois, *Je vous donne le bon vêpre*, pour, Je vous donne le bon soir. Ce mot vient du Latin *Vesper* ou *Hesperus*. C'est l'étoile de Venus, ou l'étoile du Berger, qui paroît le soir, quand elle est occidentale au Soleil.

VESPRES. s. f. p. *Cette partie des heures de l'Office divin, qui se disoit autrefois sur le soir, & qu'on dit maintenant à deux ou trois heures après midi.* ACAD. FR. On appelle *Vêpres Siciliennes*, Les meurtres qui furent faits des François par les Siciliens le jour de Pâques quand on commençoit à sonner Vêpres; ce qui arriva dans toute l'Isle en 1280. du tems que Charles d'Anjou étoit Comte de Provence & Roi de Naples & de Sicile. Mezerai dit que leur fureur alla dans un tel excès, que les Religieux mêmes faisoient vanité de tremper leurs mains dans le sang, & de massacrer ces malheureux jusques au pié des Autels. Les peres éventroient leurs filles qui étoient grosses des François, & écrasoient les petits enfans contre les rochers. Ils en tuerent huit mille en deux heures, & ne pardonnerent qu'à un seul à cause de sa rare probité. Il s'appelloit Guillaume de Pourcelets, Gentilhomme Provençal.

VESSELLEMENT. s. m. Vieux mot. Vaisselle.

VESSIE. s. f. Partie membraneuse composée de deux tuniques, qui reçoit l'urine des reins, & qui ensuite la pousse dehors. Elle est située en l'hypogastre, & tient à l'intestin droit par des fibres fort deliées & par les membranes. Aux femmes elle est entre la matrice & l'os barré. Sa figure est ronde & un peu longuette, & sa substance membraneuse, afin qu'elle se puisse étendre & retirer par les trois sortes de fibres qui la composent. Par dedans elle est enduite d'une certaine croûte, & a plusieurs veines & arteres & deux nerfs, l'un qui vient de la moëlle de l'épine, & l'autre de la sixiéme conjugaison. On considere deux parties dans la vessie, le fond qui contient l'urine, & le col qui va en étrecissant peu à peu. Ce col est charneux & entouré de muscle appellé *Sphincter*, qui fermant le passage à l'urine, empêche qu'elle ne sorte involontairement. Les femmes ont le col plus court & plus large que les hommes. L'inflammation de la vessie est un mal qui succede particulierement à la taille de la pierre mal faite ou mal traitée. Cette maladie est rare, à cause que la vessie a des vaisseaux extremement déliés, mais elle est très-dangereuse, & souvent mortelle. Les signes sont l'ardeur, la tumeur & la douleur à la region du pubis & de la vessie, que le moindre attouchement augmente; l'impuissance d'uriner, ou la suppression de l'urine dans la vessie, le tenesme à cause de la connexion de la vessie avec l'anus, la fievre aigue plus ou moins violente, suivant l'inflammation, les délires, les insomnies. Le calcul est une autre maladie de la vessie. Ses signes diagnostiques sont de ressentir une espece d'obstacle à l'urine dans la vessie, qui se place devant le conduit urinaire. L'anus est affligé par consentement & travaillé du tenesme. Le gland souffre une fort grande douleur, accompagnée de démangeaison, & les malades s'imaginent que la pierre y soit arrêtée.

On appelle *Vessie du fiel*, Une maniere de petite ampoule qui attire à soi la bile du fiel.

Vessie, se dit aussi de certaines petites cloches ou ampoules qui font élever la premiere peau, & qui se remplissent de serosités. Il en vient presque toûjours des brûlures. On donne le nom de *Vessie orgueilleuse* à une petite bube qui vient particulierement aux paupieres, & qui aboutit à quelque suppuration.

Les Chymistes appellent *Vessie*, La partie basse d'un alembic; où l'on met la liqueur & les autres matieres qu'on veut élever & sublimer.

VESSIGNON. s. m. Terme de Manege. Enflûre molle qui vient au jarret du cheval dedans & dehors, c'est-à-dire, à droit & à gauche du jarret.

VEST. s. m. Mot, qui est presentement hors d'usage, & qui s'est dit autrefois d'un ensaisinement, ou de la maniere de mettre quelqu'un en possession d'un bien qu'il avoit acquis. On se servoit pour cela de certaines formules, comme de la tradition d'un bâton, ou d'une autre marque qui faisoit connoître le transport de proprieté. Il y a quelques Coûtumes où l'on paye encore le Vest au Seigneur feodal. C'est ce qu'on appelle ailleurs *Ensaisinement*.

VESTALES. s. f. p. Filles vierges qui du tems de l'ancienne Rome étoient dédiées au service de la Déesse Vesta, à laquelle Numa Pompilius, son second Roi, avoit consacré un feu éternel. Les Vestales furent établies pour le conserver, & on les punissoit avec beaucoup de rigueur quand elles le laissoient éteindre. Lorsque cela arrivoit, on ne pouvoit rallumer ce feu qu'avec celui du ciel ou avec les rayons du Soleil. Les Vestales étoient en pouvoir de se marier après qu'elles avoient passé trente ans à le garder, & on les obligeoit à vivre dans une telle pureté, qu'on les enterroit toutes vives, quand l'amour les faisoit tomber dans quelque faute. On les choisissoit depuis l'âge de six ans jusques à dix, & il falloit qu'elles fussent bien faites, & que leurs peres & leurs meres n'eussent pas été dans la servitude. Il y a eu une fête nommée *Vestalies*, que les Romains celebroient au mois de Juin en l'honneur de Vesta. Ils faisoient des festins dans la rue devant leur porte, & choisissoient quelques mets qu'ils envoyoient au Temple de cette Déesse. On conduisoit par la Ville plusieurs ânes couronnés de fleurs, & qui avoient des colliers composés de certains morceaux de pâte en forme de petits pains ronds. Les Dames Romaines alloient piés nuds au Temple de Vesta, & au Capitole, où il y avoit un Autel à Jupiter Pistor.

VESTE. s. f. Espece de camisole qui est ordinairement d'étoffe de soye, & qui va jusques à mi-cuisse avec des boutons le long de devant, & une poche de chaque côté. Tous les Peuples du Levant se servent de Vestes. C'est une sorte de robe longue qui se met par dessus les autres habits. Les presents que le Grand Seigneur fait à ses Bachas, sont d'ordinaire des Vestes fort riches.

VESTIAIRE. s. m. Lieu où dans de certains Couvents on renferme les vieux habits des Religieux, & les étoffes dont on se sert pour les faire. *Vestiaire* se dit aussi de la dépense qu'on fait pour habiller un Religieux, & en ce sens quand on donne des pensions à des Moines, on regle ce qu'il faut pour leur nourriture & leur vestiaire.

VESTIBULE. s. m. Lieu couvert qui sert de passage à divers appartemens d'une maison, & qui est le premier endroit où l'on peut se reposer avant que d'entrer plus avant. C'étoit chés les Anciens un grand espace vuide devant la porte, & selon Martinius, ils l'appelloient *Vestibulum*, à cause qu'il étoit dedié à la Déesse Vesta, d'où il fait venir ce mot, comme qui diroit *Vestæ stabulum*. La raison qu'il en donne est, que comme ils avoient accoûtumé de commencer leurs sacrifices publics par ceux qu'ils faisoient à cette Déesse, c'étoit aussi par le Vestibule, qui lui étoit consacré, qu'ils commençoient à entrer dans la maison. M. Daviler, qui rapporte cette étymologie, dit que *Vestibule* peut encore venir du Latin *Vestis*, Robe, & de *Ambulare*, Marcher, parce que le Vestibule étant aujourd'hui un lieu ouvert au bas d'un grand escalier, pour servir de passage à divers appartemens, c'est dès ce lieu-là que l'on commence à laisser traîner les robes dans les visites de ceremonie.

On appelle *Vestibule simple*, celui qui a ses faces opposées également décorées d'arcades vraies ou feintes; & *Vestibule figuré*, celui qui par des retours forme des avantcorps & des arriere-corps revêtus de pilastres & de colonnes avec symmetrie. *Vestibule tetrastyle* est celui qui a quatre colonnes isolées & respectives à des pilastres ou à d'autres colonnes engagées; & *Vestibule octostyle rond*, celui qui a huit colonnes adossées ou isolées. On dit encore *Vestibule à ailes*, & *Vestibule en peristyle*. Le premier est celui qui outre le grand passage du milieu, est séparé par des colonnes des ailes ou bas côtés, plafonnés de sofites ou voutés; & l'autre est un Vestibule qui est divisé en trois parties avec quatre rangs de colonnes isolées.

Vestibule, se dit aussi de quelques petites chambres qui sont aux étages hauts, & où l'on fait entrer ceux qu'on veut bien faire attendre quelque tems avant que de leur parler.

On appelle aussi *Vestibule*, en termes d'Anatomie, Une partie d'une des cavités de l'oreille. C'est ce qu'on appelle autrement *Le labyrinthe*.

VESTIR. v. a. *Habiller, fournir d'habillement.* Acad. Fr. On dit *Vêtir un moulin à vent*, pour dire, Mettre les toiles aux volans d'un moulin à vent.

Vêtir signifie, en termes de Pratique, Mettre en possession d'un fief ou d'un heritage celui qui en est l'acquereur. Pour prendre cette possession, il falloit autrefois se presenter au Seigneur ou à ses Officiers, & le vendeur alloit déclarer devant eux, qu'il se devêtoit & demettoit de la possession de l'heritage au profit de l'acheteur, qui étoit vêtu & mis en possession par la tradition d'une paille ou d'une verge. Les Notaires gardent encore ce stile ancien en mettant dans leurs Contrats, que le vendeur s'est désaisi & dévêtu de l'heritage, & en a saisi & vêtu l'acquereur.

VESTU, ue. adj. Terme de Blason. Il se dit des espaces que laisse une grande losange qui touche les quatre flancs de l'Ecu, auquel les quatre cantons qui restent aux quatre flancs donnent la qualité de *Vêtu*, à cause que cette figure est composée du chappé par le haut & du chaussé par le bas. *D'or à un tresle de sinople, vêtu de gueules.*

VESTURE. s. f. Ceremonie Ecclesiastique qui se fait dans les Couvents lorsqu'on donne l'habit de Religion à quelque Religieux ou Religieuse. On habille ordinairement selon leur condition les Filles qui doivent prendre l'habit, & après qu'on leur a tous ces ornemens du monde, ou leur coupe quelque peu de leurs cheveux, pour faire connoître le dessein où elles sont de n'y retourner jamais.

VET

VETERAN. s. m. Terme de la milice Romaine. On appelloit *Veterans*, Les Soldats qui avoient vieilli dans le service, à qui on accordoit plusieurs privileges pour les recompenser d'avoir fait un certain nombre de campagnes.

On appelle *Veteran* en France, tout Officier qui a exercé vingt ans une charge, & qui ayant obtenu des lettres du Roi qui font foi de ses services, continue à jouir des honneurs & des privileges attribués à cette charge, encore qu'il s'en soit défait.

Veteran, en termes de College, se dit d'un écolier qui passe une seconde année dans la même classe.

VETHCUNQUOI. s. m. Animal de la Virginie, qui ressemble fort à un chat sauvage.

VETILLE. s. f. Petit instrument fait de deux branches de cuivre, qui sont percées en plusieurs endroits, & par où passent plusieurs petites broches ou petits anneaux, qu'on ne sçauroit ouvrir ni fermer à moins que l'on n'ait autant d'adresse que de patience, ou que l'on ne sçache le secret de l'enlacement de ces anneaux.

Vetille, partie d'un rouet à filer, qui est un petit anneau de corne par où passe le fil.

VETUSTE'. s. m. Vieux mot. Ancienneté, de *Vetus*, Vieux.

VEU

VEU. s. m. Terme de Pratique. Enumeration des pieces & écritures que l'on a produites, & qui ont été vûes par les Juges dans un procès par écrit. On dit en ce sens, qu'*On a chargé le Greffier du soin de dresser le vû de l'Arrêt*.

VEVA. s. m. Petit arbrisseau qui croît dans l'Isle de Madagascar, & qui a ses feuilles semblables à celles de l'amandier. Elles sont d'un vert obscur par dessus, blanches & velues par dessous, & ont la faculté d'attirer.

VEUE. s. f. L'un des cinq sens qui a l'œil pour son organe. La faculté naturelle que l'on a de voir. On appelle *Lunettes à longue vûe*, Celles par le moyen desquelles on voit des objets fort éloignés, & qui servent à les grossir.

On dit en termes de mer, *Etre à vûe, avoir la vûe de terre*, pour dire, Découvrir & avoir connoissance de la terre. On dit d'un Vaisseau, qu'*Il a peri par Non vûe*, pour dire, Faute d'avoir assés de tems & de jour pour appercevoir les côtes & les rochers. On dit encore, *Vûe par vûe & cours par cours*, quand on regle sa navigation par les remarques de l'apparence des terres, ainsi qu'il se pratiquoit avant qu'on eût trouvé la boussole.

On dit en termes de Palais, *Faire une vûe & montrée*, quand on se transporte sur une heritage contentieux pour le montrer à l'œil à sa partie, & l'assurer de ce qu'elle demande. La derniere Ordonnance a abrogé les vûes & montrées. Neanmoins les montrées sont d'un grand usage, & les Juges en ordonnent tous les jours.

On appelle *Vûe*, en termes de Bâtiment, Toute sorte d'ouverture par où l'on reçoit le jour. Il n'y en a point de plus ordinaires que les *Vûes d'appui*. Elles sont à trois piés d'enseuillement & au dessous. *Vûe haute* ou *vûe morte*, se dit dans un mur non mitoyen d'une fenêtre dont l'appui doit être à neuf piés d'enseuillement du rez de chaussée pris au dedans de l'heritage de celui qui en a besoin, & à sept pour les autres étages, ou même à cinq selon l'exhaussement des planchers. Il faut que le tout soit à fer maillé & verre dormant. Il y a une *Vûe de servitude*. C'est celle qu'on est tenu de souffrir, à cause que le voisin a un titre qui lui en permet la jouissance. Quand cette jouissance n'est que pour un tems limité, on l'appelle *Vûe à tems*. Elle differe de la *Vûe de souffrance*, à cause qu'on ne jouit de cette derniere que par tolerance ou consentement du voisin, sans en avoir aucun titre. On dit *Vûe de faitiere*, quand dans les combles & les couvertures, on laisse entre deux chevrons une petite ouverture qui donne jour, & qui est couverte seulement d'une faitiere renversée. On dit *Faire le plan & l'elevation d'un bâtiment à vûe d'hirondelle* ou *à vûe d'oiseau*, Lorsque le point de vûe est si haut, que l'élevation des corps de logis de devant n'empêche point qu'on ne voye ceux de derriere. On appelle *Vûe dérobée*, Une petite fenêtre pratiquée au dessus d'une plinthe ou d'une corniche, ou dans quelque ornement, afin d'éclairer en abajour des entresoles ou petites pieces, sans que la decoration d'une façade soit corrompue. La *Vûe enfilée* est une fenêtre opposée directement à celle d'un voisin, ayant la même hauteur d'appui; & on dit *Vûe superieure*, en parlant de celle, qui étant à six piés d'un mur mitoyen, domine sur l'heritage d'un voisin, à cause de l'exhaussement qu'elle a. *Vûe de terre*, est une maniere de soupirail au rez de chaussée d'une cour, ou même d'un lieu couvert, qui sert à éclairer quelque piece d'un étage souterrain, par le moyen d'une pierre percée, d'un treillis de fer ou d'une grille. On dit encore, *Vûe de prospect*. C'est une vûe libre dont on jouit ou par titre ou par autorité seigneuriale jusqu'à une certaine distance & largeur, devant laquelle il n'est permis à personne ni de bâtir ni de planter aucun arbre.

VEUIL. s. m. Vieux mot. Volonté.

VEULE. adj. On appelle *Terre veule*, La terre qui étant trop legere ne fait point prendre racine à ce qu'on y plante, si elle n'est amendée avec de la terre franche.

On a aussi donné autrefois l'Epithete de *Veules*, à ceux qui étoient foibles, faute d'avoir pris des alimens, ou d'avoir un estomac propre pour les digerer.

VIA

VIABLE. adj. Vieux mot. Qui vivra, qui est en état de vivre. *L'homme n'est point viable s'il est né devant le septiéme mois.*

VIAGE. s. m. Vieux mot. *C'est*, dit Nicot, *ce qui est à jouir durant la vie d'aucun tant seulement, ou bien plustost la jouissance d'une chose à la vie sans plis de qui en jouyst.* On a dit de là *Viagier*, pour dire, Usufructuaire, à cause qu'on disoit *Pension donnée à viage*, ou *viagerement*, c'est-à-dire, pour en jouir pendant la vie.

VIAIRE. s. m. Vieux mot. Visage. On trouve dans Perceforest, *Car la grande beauté de son Viaire.*

VIANDER. v. n. Terme de Venerie. Il se dit des cerfs & autres bêtes fauves, & signifie Manger, paître. Les biches viandent gourmandement, ce que ne font pas les cerfs qui ne viandent qu'à la pointe du bois. On dit, qu'*Un cerf viande de couche*, quand il est si las qu'il ne sçauroit se tenir debout en broutant.

VIANDIS. s. m. Pâture des bêtes fauves. Les cerfs

vont aux jeunes tailles brouter la superficie du jeune bois, & on les reconnoît à leurs viandis qui sont separés des autres.

VIATEUR. s. m. Vieux mot. Voyageur.

VIB

VIBORD. s. m. Terme de Marine. La grosse planche dont le pont d'en haut est entouré, & qui le termine par les deux flancs.

VIBRATION. s. f. Un poids étant suspendu à un filet inflexible, qu'on a attaché à un point fixe, si on tire ce poids de son point de repos, & qu'on le fasse monter par un arc de cercle, dont le point fixe est le centre, & le filet du poids le rayon, si ensuite on laisse retomber ce poids librement, on verra qu'il ne s'arrêtera pas à son point de repos d'où on l'avoit tiré, mais qu'il ira au-delà en remontant, & en décrivant un arc de cercle presque entierement égal à celui qu'on lui avoit fait décrire d'abord, après quoi si on le laisse encore libre, il redescendra, & passant de nouveau au-delà du point de repos, il remontera, mais non pas si haut que le point où l'on l'avoit élevé d'abord, & à chaque fois qu'il descendra & remontera, il décrira un plus petit arc de cercle, jusqu'à ce qu'enfin son mouvement cesse entierement s'il n'est entretenu d'ailleurs. Ce poids s'appelle un *Pendule*, le mouvement par lequel il descend & remonte, *Mouvement de vibration*, ou simplement *Vibration*, le point fixe, où le poids est attaché, *Centre de vibration* ou de *Mouvement reciproque*. Chaque allée & venue du Pendule est une vibration qui se mesure par l'arc plus ou moins grand qu'elle décrit. Quoique les vibrations d'un Pendule dont on n'entretient pas le mouvement, aillent toûjours en diminuant, c'est-à-dire, en décrivant de plus petits arcs, elles sont à peu près égales en durée, & la lenteur des petites recompense leur petitesse. Si l'on compare deux pendules differends, c'est-à-dire, attachés à des filets inégaux, & par conséquent inégalement éloignés de leur centre de mouvement, les plus longs sont ceux qui ont les Vibrations les plus lentes, & qui en font le moins en pareil espace de tems. Un plus long pendule est consideré comme un corps pesant qui tombe de plus haut, & parce que par les regles de l'*acceleration* de la chûte des corps pesans, (voyez ACCELERATION,) les tems employés à la chûte de deux corps qui tombent de deux hauteurs differentes, sont entre eux comme les racines quarrées des hauteurs, il s'ensuit que les tems où deux pendules differens font un nombre égal de Vibrations, sont entre eux comme les racines quarrées des longueurs. Ainsi si un Pendule neuf fois plus long qu'un autre fait dix Vibrations en une minute, le plus court fera dix Vibrations en un tiers de minute, ou si l'on prend les tems égaux, le plus court fera trente vibrations, pendant que le plus long n'en fera que dix, ce qui est la raison de trois à un, ou celle des racines quarrées de neuf & un, longueurs supposées des deux pendules. On a observé combien les Pendules faisoient de vibrations en certains tems, & on a trouvé par l'experience qu'un Pendule ayant trois piés huit lignes & demie de long fait une Vibration en une seconde, & par conséquent soixante vibrations en une minute, & 3600. en une heure. Delà il suit qu'on peut trouver une mesure fixe, & qui ne sera sujette dans l'avenir à aucune équivoque, car quiconque aura un pendule qui fera une vibration en une seconde Astronomique, sera sûr d'avoir la longueur de trois de nos piés, plus huit ligne & demie.

Cependant il faut observer que ce rapport de mesure pour être tout-à-fait exact se doit faire dans un pays qui soit à peu près sous le même parallele. Le mouvement du même pendule est plus lent en approchant de la ligne, & on a trouvé que celui qui fait en une heure 3600. Vibrations à Paris, en fait quelques-unes de moins à la Cayenne à 5. degrés de latitude Septentrionale. Le mot de Vibration vient du Latin *Vibrare*, qui exprime proprement le mouvement d'une chose qui tremble, qui va & vient.

VIBREUX, EUSE. adj. On a dit autrefois *Voix vibreuse*, pour signifier une voix penetrante.

VIC

VICAIRE. s. m. *Celui qui est établi sous un superieur pour tenir sa place en certaines fonctions.* ACAD. FR. Il se dit particulierement de ceux qui soulagent les Evêques & les Curés dans les choses qui sont de leur ministere. Ainsi les Evêques nomment ordinairement deux grands Vicaires, pour leur aider à regler leurs Dioceses & à faire leurs visites. Les Abbés qui ont de grands Benefices, ont aussi un grand Vicaire pour conferer ceux qui sont à leur collation, & les Religieux mêmes établissent des Vicaires pour faire la fonction du General ou du Superieur lorsqu'il est absent, ou que la place est vacante.

On appelle *Vicaire temporel*, Un Ecclesiastique auquel un Curé fait desservir pour un tems un Benefice-Cure, à la difference des *Vicaires perpetuels*, qui sont des Curés qui desservent les Cures & qui ont la charge des ames en titre perpetuel, au lieu des Curés primitifs, qui étant les gros Decimateurs, ne laissent à ces Vicaires que des portions congrues.

Le Pape a aussi un grand Vicaire qui n'étoit qu'un Evêque avant le Pontificat de Pie IV. & qui a été un Cardinal depuis ce tems-là. Il a jurisdiction sur tous les Prêtres seculiers & Reguliers, & même sur les Laïques & Etrangers, quand ils sont de quelque Confrairie, administration ou habitation dans une Communauté. Cette jurisdiction s'étend aussi sur tous ceux qui ont commis quelque crime contre l'Eglise, sur les Juifs de la Cité, sur les Veuves, les orphelins & autres personnes miserables.

Il y avoit autrefois trois Vicaires de l'Empire en Orient, trois en Occident, un en Afrique & un en Espagne. Aujourd'hui il n'y en a que deux, qui sont l'Electeur Palatin du Rhin ou l'Electeur de Baviere, ce droit étant contesté entre eux, & l'Electeur de Saxe. Cette dignité leur vient de la Charge de Grand-Maître qu'ils avoient sous les Empereurs Carlovingiens. C'est en vertu de cette Dignité que lorsque l'Empereur meurt avant qu'on lui ait élû un successeur, le premier de ces deux Vicaires gouverne le Rhin, la Franconie, la Souabe & la Baviere jusqu'aux Alpes, & l'autre tout le Pays où les Loix Saxonnes sont observées; mais ce droit cesse quand il y a un Roi des Romains, parce qu'il est Empereur si-tôt que l'Empire vaque. Lorsqu'il n'y a point de Roi des Romains, la mort de l'Empereur arrivant, les Electeurs Palatin & de Saxe, en qualité de Vicaires de l'Empire, la font sçavoir aux Etats qui reconnoissent leur Vicariat, & envoyent leurs Sceaux à la Chambre de Spire, afin qu'elle s'en serve dans toutes les expeditions qui s'y font, comme elle se servoit auparavant de celui de l'Empereur. Les principales fonctions des Vicaires de l'Empire sont de nommer aux Benefices & de presenter aux Chapitres des Eglises Cathedrales & Collegiales, & des Abbayes, des personnes capables pour remplir la premiere Chanoinie ou Dignité vacante, d'administrer les revenus du domaine de l'Empire,& d'en disposer pour les affaires publiques, de recevoir la foi & hommage des Vassaux de l'Empire & de donner l'investiture des Fiefs, à l'exception de celle des Principautés & autres grands Etats qui est reservée à l'Empereur. Ce nouvel Empereur lorsqu'il est élu confirme tout ce qui a été fait par les Vicaires pendant l'Interregne, sans que cette confirmation dispense ceux qui ont rendu leur hommage entre les mains des Vicaires, de le renouveller à l'Empereur. Ces mêmes Vicaires peuvent legitimer des bâtards, créer des Notaires & Tabellions, & ce qui est très-considerable, l'Electeur Palatin peut racheter ce que l'Empereur a engagé ou vendu, au même prix qu'il a été vendu ou engagé. On peut même agir contre l'Empereur pour dettes par devant cet Electeur.

Les cinq Electeurs Seculiers ont aussi leurs Vicaires pour les grandes charges de la Couronne Imperiale, qui sont celles de grand Echanson, de grand Maître du Palais, de grand Maréchal, de grand Chambellan & de grand Trésorier de l'Empire. Ce sont des Officiers hereditaires, qui en l'absence des Electeurs qu'ils representent, font les fonctions de leurs Charges. Ces Vicaires sont les Seigneurs & Comtes de Limbourg, de VValpourg, de Papenheim & de Hohenzollern, pour le Roi de Bohême, & pour les Electeurs de Baviere, de Saxe & de Brandebourg, qui sont les quatre anciens, & le Comte de Zinzendorf pour l'Electeur Palatin. Aucun des Electeurs Ecclesiastiques n'a de Vicaire, à l'exception de celui de Mayence, qui a un Vice-Chancelier en la Chambre Imperiale de Vienne.

VICAIRERIE. s. f. Eglise que l'on donne pour secours à quelque grande Paroisse, dont la trop grande étendue demande qu'elle ait une aide pour la commodité des Paroissiens. C'est ce qu'on appelle *Annexe* & *Fillette* en de certains lieux.

VICARIAT. s. m. Fonction, emploi de Vicaire. On dit dans la Coûtume de Blois, *Donner vicariat*, pour dire, Donner au Seigneur l'homme vivant & mourant pour lui faire la foi & hommage.

VICE-AMIRAL. s. m. Officier general qui represente l'Amiral, & qui a la seconde dignité dans la Marine. Il y a en France deux Vice-Amiraux, l'un du Ponant, l'autre du Levant. Le Vice-Amiral porte le pavillon quarré blanc au mât d'avant, & est salué seulement du canon par le Contre-Amiral, par les Vaisseaux portant cornette, & par les simples Vaisseaux de guerre.

VICE-BAILLI. s. m. Officier qui tient la place d'un Prevôt des Maréchaux, & qui prend connoissance des causes criminelles contre les voleurs, les faux Monnoyeurs & les vagabonds. Quelques-uns prononcent & écrivent *Visbailli* & *Vibailli*.

VICE-CHANCELIER. s. m. Celui qui fait la fonction de Chancelier en l'absence de ce Magistrat. On appelle à Rome *Vice Chancelier*, un Cardinal, qui est le premier Officier de la Cour, & qui preside à toutes les expeditions de Lettres en matiere Ecclesiastique, envoyées par tout le monde. Il a quantité d'Officiers sous lui, par les mains desquels passent toutes les bulles & signatures pour y mettre leurs paraphes.

VICEGERENT. s. m. Juge Ecclesiastique qui fait les fonctions de l'Official en son absence. On appelle *Vicegerente*, en de certaines Communautés de Filles Religieuses, l'Officiere qui conduit la Communauté au défaut de la Superieure.

Les Furetieristes disent qu'il y a des exemples d'un Vicegerent établi par un Parlement, faute par l'Evêque d'en avoir nommé dans leur ressort. C'est une injure atroce faite aux Parlements, & faire entendre qu'ils mettent la main à l'encensoir. On ne connoît point ces exemples dont le Clergé se seroit plaint, & auroit fait casser l'Arrêt rendu par attentat.

VICELEGAT. s. m. Officier que le Pape envoye à Avignon, ou en quelqu'autre Ville, avec pouvoir d'y faire la fonction de Gouverneur spirituel & temporel, quand il n'y a point de Legat ou de Cardinal qui y commande.

VICE-PROCUREUR. s. m. On appelle ainsi dans l'Ordre de Malte celui qui fait les fonctions du Procureur de l'Ordre, lorsque ce Procureur est absent.

VICE-ROI. s. m. Celui qui a le gouvernement d'un Royaume où il commande au nom du Roi avec une entiere autorité.

VICE-SENECHAL. s. m. Celui qui est Lieutenant du Senechal, soit du Senechal d'épée, soit du Senechal de robe. Ce mot est d'un grand usage en Guienne.

VICOMTE. s. m. Celui qui a une Terre ou Seigneurie érigée sous le titre de Vicomté. C'étoit autrefois le Lieutenant du Comte, & il n'avoit que la moyenne Justice, mais les Vicomtes se firent Seigneurs après que les Comtes se furent érigés en Souverains. Quelques-uns de ces Vicomtes relevent de la Couronne, & quelques autres du Roi. On disoit autrefois *Vicoëns* pour Vicomte. Selon du Cange, c'est un nom de dignité moderne, qui a commencé d'abord à être en usage en Angleterre.

Vicomte se dit aussi en plusieurs lieux, & particulierement en Normandie, d'un homme de robe, qui juge les Procès d'une Seigneurie, soit qu'elle ait titre de Vicomté ou non. C'est aussi un Juge ordinaire devant qui on fait venir en premiere instance ceux qui ne sont point nobles.

Vicomte a signifié autrefois Receveur, & il est porté dans plusieurs Ordonnances, *Les Receveurs & Vicomtes du Domaine, des Aides, des Eaux & Forêts.*

VICOMTIER. adj. Nom qu'on a donné à quelques Seigneurs qui ont été confondus avec les Seigneurs Voyers C'est de-là qu'on a appellé *Chemins Vicomtiers*, dans quelques Coûtumes, Ceux qui different des chemins Royaux & des sentiers.

VICTIME. s. m. Les Anciens ont nommé ainsi l'animal qu'on destinoit à être immolé à une Divinité, dont on vouloit obtenir quelque grace ou appaiser la colere. Les Victimes étoient differentes selon la difference des Dieux. Jamais le Taureau n'étoit immolé à Jupiter, à cause que c'est un animal farouche, & on lui sacrifioit des bœufs ou des coqs blancs. Les Victimes que l'on offroit à Junon étoient une vache ou une brebis. A Diane c'étoit une biche, à Cerés ou à Cibele une truie, à Minerve une cavalle, à Venus une tourterelle ou une colombe, à Isis une oye, à Neptune un cheval, un bouc ou un taureau noir, à Apollon un cheval, à Mars un Taureau furieux, à Pan une chevre ou un chien, à Bacchus un chevreau ou un bouc, & au Dieu Terme un agneau. Quant aux Divinités Infernales, on ne leur sacrifioit que des Victimes steriles. Il y avoit même de certaines Divinités, comme les Nymphes, à qui l'on n'offroit que des fruits, des fleurs & d'autres choses de cette nature. Quelques-uns font venir *Victime* du Latin *Vincere*, Vaincre, parce que les sacrifices où les Victimes étoient immolées, se faisoient souvent en reconnoissance d'une victoire. D'autres le dérivent de *Vincire*, Lier, à cause des fleurs que l'on attachoit autour de la tête des Victimes.

VICTUAILLEUR. s. m. Terme de Marine. Celui qui s'est obligé de fournir les victuailles dans un Vaisseau. C'est à lui aussi à fournir les poudres, les lances à feu, les fausses lances & les menues ustenciles, comme corbillons, bidons & lanternes.

VID

VIDAME. s. m. Titre que l'on donne à de certains Gentilshommes, comme le Vidame de Chartres, le Vidame d'Amiens. Nicot fait venir ce mot de *Vicarius*, & Pasquier de *Vicedominus*, à cause que *Dam* signifioit autrefois Seigneur. Les Vidames ont été originairement institués pour défendre les biens temporels des Evêchés, pendant que les Evêques faisoient leur entiere application des fonctions spirituelles. Comme ils prenoient leur fait & cause en Justice, & qu'ils la rendoient à leurs tenanciers, on les appelloit aussi *Avocats & défenseurs de l'Eglise*. Quand les Evêques étoient obligés d'aller à la guerre, soit pour l'arriereban, soit pour défendre leur temporel, les Vidames qui tenoient leur place & qui les representoient en tant que Seigneurs temporels, conduisoient leurs troupes. Ils empêchoient aussi, quand un Evêque mouroit, qu'on ne pillât sa maison, comme c'étoit la coûtume anciennement par toute l'Eglise. Dans la suite des tems les Vidames qui n'étoient d'abord que des Officiers des Evêques pour conserver les droits de l'Eglise, & pour administrer la Justice, se sont rendus proprietaires de leurs Charges, & en ont fait des Vidamies, c'est-à-dire, des fiefs hereditaires, relevans d'un Evêque. Il n'y peut avoir qu'un Vidame dans chaque Evêché, & il prend son nom de la Ville Episcopale. Le Baron d'Esneval se dit Vidame de Normandie. Il y a aussi des Vidames dans les Abbayes, comme dans celle de S. Denys en France, & même il y en a eu pour les Abbayes de Filles, comme on le voit dans les Capitulaires de Charlemagne. Les Vidames portoient leurs timbres tout d'argent, tarrés de deux tiers, montrant sept barreaux, & ils jouissoient des prerogatives des Vicomtes.

VIDELLE. s. f. Terme de Patissier. Petit instrument de métal que fait le Fondeur, & dont les Patissiers se servent pour couper la pâte lorsqu'ils dressent quelque piece de patisserie. Il est composé d'une roulette & d'un manche de métal.

VIDIMER. v. a. Terme de pratique. Collationner une copie à un titre original, pour voir si cette copie lui est entierement conforme; ce qu'on certifie au bas, afin que foi y soit ajoûtée dans le besoin. On obtient des compulsoires pour faire vidimer & collationner des titres qui sont dans un chartrier, & qu'on ne peut pas confier pour les produire, de crainte qu'ils ne se perdent. Ce mot vient du Latin *Vidimus*, Nous avons vû, dont on a fait en Pratique un nom qui signifie un titre collationné authentiquement à l'original, par autorité de Justice; de sorte que la plûpart des titres qui sont au dessus de cinq cens ans, ne sont que des Vidimus de Juges, qui attestent avoir vû & fait copier des titres originaux.

VIE

VIELIERES. s. m. Vieux mot. Joueur de violon.

Le fils Phœbus fut vielieres.

On a dit aussi *Vielor* dans le même sens, ou pour dire Joueur de vielle.

Jouglet menestrier
Un sien vielor qu'il a.

VIELLE. s. f. Sorte d'Instrument de musique dont quelques pauvres aveugles jouent pour gagner leur vie en réjouissant les gens du Peuple. La Vielle est composée d'une table & d'une anche avec quatre cordes, dont deux servent de bourdon, qu'on peut mettre à l'unisson & à l'octave. Les deux autres sont étendues le long du manche, & servent d'un perpetuel monocorde, faisant toutes sortes de tons comme l'épinette, par le moyen de dix marches qui sont comme une espece de clavier. Chaque marche a deux morceaux de bois perpendiculaires, que l'on peut nommer les touches, parce qu'ils servent pour toucher les deux cordes qui sont à l'unisson. Il y a en haut une roue de bois fort polie, qui se tourne avec une manivelle.

VIENTRAGE. s. m. Terme de Coûtume. Droit seigneurial qui se leve sur les vins & autres breuvages, comme les droits de chantelage, de forage & autres. Il se leve aussi un droit seigneurial sur les marchandises & sur le bétail qui passe pays, qu'on appelle encore *Droit de vientrage*.

VIERGE. s. f. Titre que l'on donne par excellence à la Mere du Sauveur. On appelle aussi *Vierge*, Une personne qui n'a jamais souillé son corps & qui a conservé sa pudicité entiere. Il y a eu de l'erreur dans la lecture des anciens Rituels touchant la fête des onze mille Vierges qui est celebrée par l'Eglise. On y a lû XI. M. V. ce que l'on a expliqué pour *Onze mille Vierges*, quoique ces quatre lettres numerales voulussent dire *Onze Martyres Vierges*.

Vierge se dit aussi de l'un des douze Signes du Zodiaque, où le Soleil entre au mois de Septembre.

VIES. adj. Vieux & vieille.

Cotte avoit vies & desrompuë.

On a dit aussi *Viez*, pour dire Vieux.

S'oirez bons vers nouviaux,
Car li autres sont viez.

On appelle dans l'Infanterie *Les six vieux Corps*, Les six Regimens de la plus ancienne creation, qui sont Picardie, Piémont, Champagne, Navarre, Normandie & la Marine. Ils ont le pas & les prerogatives d'honneur & de commandement après le Regiment des Gardes Françoises & celui des Gardes Suisses. On appelle *Les six petits Vieux*, Six autres Regimens qui furent créés un peu après les six vieux Corps. Ceux-là n'ont point de nom fixe, & prennent celui des Colonels qui les commandent.

VIF

VIF. s. m. Chair vive. On dit en ce sens, *Couper jusqu'au vif*. Il se dit aussi du dedans d'un arbre, du cœur d'un arbre; & en ce sens on dit qu'*Il faut cerner l'arbre par le pié en coupant non seulement l'écorce, mais une partie du vif du bois*

Vif, en termes de Fauconnerie, signifie la proye qui est en vie, & en ce sens on dit *Faire connoître le vif à un oiseau*, comme quand on lui fait tuer une poule. On dit aussi *Jetter le vif aux jeunes faucons*.

On appelle *Vif de l'eau* en termes de mer La haute eau d'une marée. C'est le plus grand accroissement de la marée qui arrive deux fois le jour de douze heures en douze heures, & qui paroît extraordinaire deux fois chaque mois, à la nouvelle & à la pleine Lune.

On appelle en termes d'Architecture, *Vif d'une colomne*, La partie qui est entre le chapiteau & la base, & qui diminue de grosseur & de longueur selon les Ordres. *Vif* se dit aussi du dur d'une pierre, dont le boussin a été ôté. Ainsi on dit qu'*Une pierre est ébousinée jusqu'au vif*, quand avec la pointe du marteau on en a atteint le dur.

VIF, VIVE. adj. Qui est en vie. On dit en termes de Pratique, que *Le mort saisit le vif*, pour dire, que le plus proche heritier d'un homme mort n'a point besoin de faire de demandes en Justice pour être mis en possession des biens qu'il laisse. On appelle *Chair vive*. Celle qui est saine & sensible; ce qui la distingue des chairs mortes des playes, des calus & des durillons.

On dit en termes de Manege qu'*Un cheval est vif*, pour dire, qu'Il a de l'ardeur & qu'il est sensible à l'éperon.

On appelle en termes de Marine, *Oeuvres vives d'un vaisseau*, Les parties qui trempent dans l'eau. Les courants de source sont nommés *Eaux vives*.

On dit en termes d'Architecture, qu'*Un attelier est vif*, pour dire, Le vif d'une Colomne, & qu'il y a un grand nombre d'Ouvriers, & qu'on y montre de l'empressement à travailler. On dit *Bâtir sur la roche vive*, pour dire, Bâtir sur un fondement solide & ferme, dont on n'a point remué les terres. On appelle *Bois coupé, équarri à vive arête*, Le bois de charpente dont on a ôté tout l'obier. Il se dit aussi d'une pierre que l'on a coupée à angle droit & qui a été ébousinée. *Chaux vive*, est de la chaux qui sort du fourneau, & qui n'a été ni éteinte ni fusée.

Les Perruquiers appellent *Cheveux vifs*, ceux qu'ils employent, en faisant leurs perruques dans le même ordre & dans la même situation qu'ils étoient sur la tête de la personne sur laquelle on les a coupés.

On appelle *Vif argent*, Une sorte de corps, ordinairement liquide, & que l'on compte parmi les métaux, à cause qu'on lui peut ôter sa liquidité. Acosta dit dans son Histoire des Indes, qu'on découvrit des mines de Vif argent en 1566. & en 1567. & que peu d'années après on commença à se servir de Vif argent pour affiner l'argent.

Dartre vive, se dit d'une Dartre qui revient toûjours, & qui paroît extrêmement enflammée; *Forêt vive*, de celle qui est fort peuplée de grands arbres dont les branches sont tortues; *Haye vive*, de celle qui est faite d'arbres vivans & qui ont pris racine, & *Garenne vive*, est une Garenne où il y a un très-grand nombre de lapins & de gibier.

VIG

VIGEON. s. m. Sorte de Canard que l'on ne voit point en France; & qui se trouve dans les Isles de l'Amerique. Ces oiseaux quittent de nuit les étangs & les rivieres, & viennent fouir les patates dans les jardins. C'est de là qu'a été fait le mot *Vigeonner* si usité dans les Indes, pour dire, Deraciner les patates avec les doigts.

VIGIE. s. f. Nom qu'on donne à de certaines roches cachées sous l'eau qui se trouvent vers les Isles de Açores.

VIGINTI-VIRAT. s. m. Dignité de Rome, dont parle Tacite. Elle en comprenoit quatre autres, puisque des vingt hommes dont le Viginti-Virat étoit composé, il y en avoit trois qui jugeoient des affaires criminelles, trois autres qui avoient inspection sur la monnoie, & quatre qui avoient soin des rues de Rome. Le reste qui étoit au nombre de dix, jugeoit des affaires civiles.

VIGNE. s. f. Sorte de plante que souvent des échalas soûtiennent, & qui porte les grappes de raisin. On doit faire trois labours ou trois façons à la vigne; il faut aussi la biner, tiercer, fumer & tailler. On couche les sions des seps de vigne pour les faire provigner. L'eau qui sort de ces mêmes seps prise avec du vin chasse la gravelle. Plusieurs ont écrit que pour empêcher les chenilles & autre vermine de manger la vigne, il faut enduire sa serpe de sang de bouc, ou après l'avoir aiguisée, la frotter à une peau de bievre. Matthiole dit que l'on fait grand tort aux vignes de planter des choux auprès, à cause de l'inimitié mortelle qu'ont ensemble ces deux plantes, à quoi il ajoûte qu'un chou cru mangé à l'entrée de table empêche qu'on ne s'enyvre, & qu'il desenyvre quand il est mangé après. Theophraste dit qu'autour du Grand Caire, il y a des vignes qui demeurent toûjours vertes sans porter pourtant qu'une fois l'an. Quelques-uns tiennent que pour avoir des raisins sans pepins, il faut fendre en long toute la partie du provin qui demeure en terre, & ôter toute la moëlle qui est dedans d'un côté & d'autre; après quoi on resserre le provin avec de l'écorce d'orme, & on le couche en terre, comme on fait les autres. La vigne coule quand elle est en fleur & que le grain ne se noue pas & ne peut tomber puisqu'elle n'est pas formée.

On appelle *Vigne sauvage*, Une sorte de plante qui a quelque rapport avec la vigne. Il y en a de deux sortes, dont l'une ne rend jamais son fruit mûr, & produit seulement une fleur que l'on appelle *Oenanthé*. L'autre porte un petit fruit qui vient à maturité, & qui est fait de petits grains noirs & astringens. La vigne sauvage a les mêmes proprietés que la Vigne cultivée.

La *Vigne vierge*, est une Vigne sans fruit qui monte fort haut, & sert à faire des palissades le long des murailles. Elle jette une agreable verdure, & a pris le nom de *Vigne vierge*, à cause qu'elle a été apportée de la Virginie en Amerique.

On appelle *Vigne Porrette*, Une plante qui croît dans les vignes, & qu'on appelle autrement *Porrée de chien*. Les Paysans la mangent en salade ou en compote, & la gardent toute l'année. Le mot *Vigne*, vient du latin *Vinea*, que quelques-uns dérivent de *Vivere*, Vivre, parce que la Vigne vit & fait vivre long-tems.

Les maisons de plaisance que les Cardinaux & autres grands Seigneurs ont aux environs de Rome, sont appellées *Vignes*.

VIGNETTE. s. f. Ornement qu'on met au commencement d'un Livre, ou au haut des chapitres. Ce mot est un diminutif de *Vigne*, à cause qu'anciennement on ornoit les marges des Livres avec des branches de vigne. Cet ornement est gravé sur une planche de bois, ou de cuivre, & on en fait de divers desseins. Il y a des Vignettes appellées *Vignettes de fonte*, & d'autres qu'on nomme *Vignettes gravées*.

VIGNOTS. s. m. p. Especes de coquilles qui ont l'éclat de la nacre, que l'on employe dans les ouvrages de rocailles.

VIGOGNE. s. f. Espece de mouton qu'on trouve au Perou, & dont la laine qu'on appelle aussi *Vigogne*, est fort estimée à cause qu'on en fait de bons chapeaux. Cet animal est de couleur fauve, plus haut qu'une chevre, & si leger à la course qu'aucun levrier ne le peut atteindre. Les Espagnols l'appellent *Vicugna*, & c'est de là que nous avons fait *Vigogne*. Les Vigognes paissent au haut des montagnes & auprès des neiges, & on ne les peut avoir qu'en les tuant à coups d'Arquebuse, ou en les prenant dans les enceintes.

VIGOTE. s. m. Terme d'Artillerie. Modele où l'on entaille les calibres des pieces d'artillerie, pour leur chercher des boulets qui leur conviennent. Ce sont plusieurs trous percés sur une planche de la même grandeur que le calibre.

VIGUERIE. s. f. Charge de Viguier. Il se dit aussi du territoire où le Juge Viguier exerce sa Jurisdiction.

VIGUEROUS. adj. Vieux mot. Vigoureux.

VIGUIER. s. m. Juge en Languedoc & en Provence. C'est le Juge que l'on appelle *Prevôt* dans les autres Provinces de France. Il est comme sont ailleurs les Lieutenans sous les Baillifs. *Viguier* vient du latin *Vicarius*, selon M. Ménage, parce que c'est en effet le Vicaire ou le Lieutenant des Comtes ou des Gouverneurs des Villes. Mezerai dit dans son Abregé que les Ducs ou les Comtes de la premiere race de nos Rois avoient des Viguiers ou des Lieutenans, dont la fonction étoit de rendre la justice en leur absence.

VIL

VILAIN. adj. Vieux mot. Paysan, de *Villanus*, Villageois, fait de *Villa*, Metairie.

N'oncques n'y labora Vilain.

On a appellé *Terre Vilaine*, Une terre rurale, qui n'étoit pas tenue noblement & en fief, dont a été fait *Vilenage*, pour signifier Tenure rurale. *Si tes Vilains achete un fief qui tient de toy franchement, & il lieve & couche en ton vilenage.* On a dit aussi *Vilener quelqu'un*, pour dire, Le deshonorer de paroles, & *Vilener un Ambassadeur*, pour dire, Violer les droits attachés à son caractere; *Vilenaille*, pour Canaille, & *Vileneux*, pour Vilain.

Vilain, est aussi un terme de Monnoie, & on appelloit ainsi autrefois Un certain nombre d'especes qu'il étoit permis de faire sur le poids d'un marc, plus ou moins pesantes que le poids reglé par l'Ordonnance. Celles qui pesoient trop étoient appellées *Vilains forts*, & celles qui ne pesoient pas assés s'appelloient *Vilains foibles*. Quelques reglemens permettent un remede de quatre Vilains forts & de quatre Vilains foibles pour marc.

VILLANELLE. s. f. Chanson de Village, composée de plusieurs couplets qui ont chacun un refrain.

VILEBREQUIN. s. m. Outil dont le Menuisier se sert pour percer. Il est composé de son manche, de son fust, de sa poignée & de sa méche. Il y en a de differentes grosseurs dont se servent la plûpart des Ouvriers, pour trouer, percer du bois, de la pierre, du métal, par le moyen d'un petit fer qui a un taillant arrondi (c'est ce qu'on appelle *Meche*) que l'on fait entrer en le tournant avec une manivelle de bois ou de fer. Quelques-uns veulent que *Vilebrequin*, vienne de l'Allemand *Veinborken*, Percevin. On dit aussi *Virebrequin*, & *Virolet* en quelques lieux.

VILENÉ, ÉE. adj. Terme de Blason. Il se dit du Lion dont on voit le sexe.

VILLE. s. f. *Assemblage de plusieurs maisons disposées par rues, & fermées d'une clôture commune, qui est ordinairement de murs & de fossés.* ACAD. FR. On appelle *Ville ouverte*, Celle qui n'est point environnée de murailles qui la ferment, ce qui la distingue de celle qu'on appelle *Ville close*, ou *Ville fermée*, à cause qu'elle est environnée de murailles; *Ville Capitale*, ou *Ville Metropolitaine*, se dit de celle qui est la premiere d'un Royaume ou d'une Province, & l'on appelle *Ville marchande*, celle où plusieurs Marchands viennent des Païs éloignés pour y trafiquer. On appelle *Ville frontiere*, Celle qui est sur les limites d'un Païs ou d'une Contrée; *Ville Episcopale*, Celle où il y a un Evêché, & *Ville forte*, Une Place fortifiée & qui a un grand nombre de maisons.

Toutes les Villes d'Allemagne sont ou libres ou sujettes, ou en partie libres & en partie sujettes. Les *Villes libres*, qu'on appelle aussi *Villes Impériales*, à cause qu'elles ne reconnoissent que l'Empereur, sont Etats de l'Empire, & participent au droit de souveraineté. Les *Villes sujettes*, sont celles qui relevent des Princes, des Seigneurs ou des Gentilshommes, & qui sont soûmises à leur Justice. Les *Villes en partie libres & en partie sujettes*, sont celles qui ayant été sujettes, ont obtenu des privileges de l'Empereur, de leurs Princes ou de leurs épées. Quoiqu'elles soient presque libres, elles n'ont pourtant ni voix ni séance aux Assemblées, & ne jouissent pas en repos de leurs privileges prétendus. Ces Villes sont puissantes, & abusant de leurs forces, elles tâchent de se soustraire à l'obéissance qu'elles doivent à leurs maîtres, en leur rendant fort peu de devoirs, & en s'efforçant de devenir Imperiales. Telles sont Brunsvvic, Erfort & Embden, qui ont toûjours quelque chose à démêler; la premiere avec le Duc de Brunsvvic, la seconde avec l'Electeur de Mayence, & la troisiéme avec le Prince d'Ostfrise, ou de la Frise Orientale. Il y a des Villes Imperiales de peu d'importance, comme Fridberg, Aalen, Weiler, Gueminde, Biberac, Dulkespiel, & plusieurs autres; & au contraire, il y a des Villes sujettes aux Princes, magnifiques en bâtimens & considerables en richesses. Telles sont Munic, Ingolstat, Dresde, Wirsbourg, Magdebourg, Mayence, Bamberg, Stutgard & Lunebourg, mais elles n'ont pas les mêmes droits que la moindre des Villes Imperiales.

Ville a signifié autrefois, selon Nicot, Un Instrument propre à faire des trous. *Ville*, dit-il, *est une espece de tariere longue, dont le manche est en potence, servant aux Tonneliers à percer les douves par sus le jable à mettre les chevilles qui retiennent les bouts de la barre des tonneaux, par quoi ils l'appellent aussi* Barroir, *le diminutif duquel est* Villette, *Petite Ville en Latin* Terebellum, Le même Nicot ajoûte. *Les Villes ou fleaux, ou tendons de la Vigne, dequoi elle s'aggrappe & se tient à quelque chose.*

VILLEUNE. s. f. Vieux mot. Vieillesse.

Et toutes les dents perdues
Qu'elle n'en avoit pas une,
Tant par estoit de grant Villeune.

VILLICAIN. s. m. Vieux mot. Païsan.

VILLON. s. m. On appelloit ainsi autrefois une fausse monnoie dont le mot *Billon* a été fait. On a dit aussi *Villonner*, pour dire, Tromper, & *Villo-*

nerie & *Vilonnie*, pour Tromperie, méchanceté.

Bien ne amour ne pourroit-on trouver
Là ou seul point y eut de villonnie,
Villonnie ne puet amours amer.

VILLOTE. s. f. Vieux mot. *C'est*, dit Nicot, *un petit meulon de foin déja seché, dont de plusieurs on fait une meule de foin, car on assemble au pré le foin premierement en villotes, puis d'icelles on fait la meule.*

VILLOTIERE. adj. Vieux mot. Criarde, querelleuse. Dans le Roman de la Rose.

Car je ne suis pas jengleresse,
Villotiere ne tenceresse.

VIM

VIMAIRE. s. f. Terme de Coûtume. Force majeure, orage. On dit en termes d'Eaux & Forêts que *la Vimaire est*, quand on peut voir d'une seule vûe cinq arbres tombés. On fait venir ce mot de *Vis major*, Force majeure. On l'entend de toutes sortes de dégât par des causes naturelles, comme, Vent, Grêle, Inondation.

On a dit aussi autrefois *Vimaire*, pour dire, Vicemaire, Lieutenant du Maire.

VIMOIS. s. m. p. Vieux mot. Osiers, du Latin *Vimen*, qui signifie toutes sortes de verges molles & aisées à plier.

VIN

VIN s. m. Suc des raisins tiré par expression, & ensuite déparé & exalté par la fermentation. Le Vin se dépure lorsqu'en fermentant actuellement il se décharge de ses feces, & il s'exalte, parce que dans la fermentation ses esprits se dévelopent & le volatilisent. Avant qu'il fermente on l'appelle *Moût*, & ce moût fermente de ce que l'acide & l'alkali combattent ensemble, pendant quoi les particules heterogenes se séparent, & celles qui sont capables d'union s'unissent ensemble; d'où la generation du vin s'ensuit, c'est-à-dire, le changement de la tissure du moût par la fermentation. Le moût étant bû fermente facilement à cause de ses particules heterogenes, & produit des diarrhées, des dysenteries & des cholera morbus, ce que ne fait pas le vin, qui enyvre par son esprit, qui fixe ou qui cause des mouvemens irréguliers aux esprits de notre corps, mais le moût n'enyvre point, quelque quantité que l'on en boive, & cela vient de ce que ses particules sont confondues, & ne sont point encore exaltées en esprits. La lie du vin se fait des parties heterogenes & immiscibles qui se séparent par la fermentation. Cette fermentation cessera s'il arrive que l'on jette de la limaille d'acier dans le moût. La raison est que les particules acides du moût agissent sur le corps de l'acier & le corrodent, & que pendant ce tems elles ne combattent point avec les particules contraires. L'usage médical du Vin est très-salutaire. Sa partie spiritueuse a la faculté de temperer les humeurs acides ramassées dans notre corps. Il resiste à la corruption par sa substance pénétrante, & il est d'un grand secours dans les ulceres putrides si on le mêle avec la theriaque, ou avec quelque chose de semblable. Le vin à raison de sa partie acide, n'est pas moins favorable à l'estomac, & à ses affections. Il est bon même dans les fiévres ardentes, & on le peut donner avec sûreté, quoiqu'on dise vulgairement que le vin échauffe. On a observé dans des fiévres continues & intermittentes que le vin donnoit un plus grand secours que les juleps & les autres compositions plus laborieuses. Il faut pourtant en cela de la mediocrité, puisqu'on ne sçauroit nier que l'abus du vin ne nous cause de grands maux.

On appelle *Vin de cerneaux*, Un vin qui n'est bon à être bû que dans l'arriere-saison, & *Vin de deux feuilles, de trois feuilles, de quatre feuilles*, Un vin qui est de deux, de trois ou de quatre années. *Vin de liqueur*, se dit d'un Vin doux & piquant, qui d'ordinaire se boit par ragoût à la fin du repas, & dont on ne fait point sa boisson accoûtumée. Tels sont les Vins d'Espagne, de Canarie, de Coindrieux, le Muscat de S. Laurens, celui de la Ciutad. Le *Vin de prunelles*, est un Vin qu'on fait de Vignes sauvages, ou plûtôt d'Epine noire grosse comme des cerises, & le *Vin de palme*, Celui qui se fait de jus de palmier. Ce qu'on appelle *Vin de malvoisie*, est du Vin muscat qui est cuit. Il y a un certain Vin qui vient d'un promontoire de l'Isle de Chio appellé *Arvisium*, qu'on nomme aussi *Malvoisie*. Le vin de Crete, ou de Candie, de Lesbos Gnidos, & autres Isles de la Grece, est mis dans le même rang. Le *Vin brûlé*, est celui que l'on fait bouillir avec du sucre.

Il y a du *Vin d'absinthe* ou d'*aluine* qui se fait de differentes manieres. Les uns prennent trois ou quatre onces d'absinthe, du spica nardi, cinnamomum, cannelle, fleurs de squinanthum, calamus odoratus, écorce de dattes en fleur & de dattes, de chacun deux onces. Le tout ayant été bien pilé, ils jettent ces drogues dans un tonneau de vin où ils les laissent tremper deux ou trois mois, après l'avoir bien bouché. Lorsque le Vin est bien purifié, ils le mettent dans un autre tonneau pour s'en servir lorsqu'ils jugent en avoir besoin. D'autres prennent quatorze drachmes de Nardus Celtique, & quarante drachmes d'absinthe; & les ayant envelopées & liées en un linge blanc, ils les mettent dans un baril de moût qu'ils laissent ainsi quarante jours, après quoi ils versent le vin dans un autre Vaisseau. Il y en a qui mettent une livre d'absynthe, & deux onces de poix resine de pin sur six sestiers de moût, & ayant laissé le tout ensemble pendant dix jours, ils le coulent & le gardent pour s'en servir. Dioscoride qui parle de ces diverses manieres de faire le vin d'absinthe, dit qu'il est bon à l'estomac & à provoquer l'urine, & propre à avancer la digestion. Il est singulier à la jaunisse, aux ventosités & aux gonflemens de la poitrine, & rend l'appetit à ceux qui l'ont perdu.

Vin bourrue. Vin qui a bouilli sous-douvé étant bondé.

On appelle *Vin émetique*, Un Vin où l'on a laissé tremper quelque tems des poudres, du verre ou du regule d'antimoine, du crocus metallorum ou de la magnesie opaline. Il ne prend de cette vertu qu'autant qu'il en peut porter, & le tems n'en augmente point la force. Il sert à purger par haut & par bas.

Il y a des Officiers qu'on appelle *Jurez vendeurs de vin*. Ils sont établis sur l'étappe pour recevoir les deniers du vin vendu, & ils en répondent aux Marchands. Les *Crieurs de Corps & de Vin*, sous ceux qui sont employés à la cérémonie des enterremens. Leur fonction étoit autrefois d'aller annoncer le prix du Vin dans les rues. On donne le nom de *Coureur de Vin*, à celui qui porte le Vin à la suite du Roi.

VINAGE. s. m. Terme de Coûtume. Droit Seigneurial qui se prend en plusieurs lieux, & qui tient lieu de censives. On le doit payer à bord de cuve;

c'est-à-dire, avant qu'on puisse tirer le vin de la cuve.

VINAIGRE. s. m. Vin qui s'est aigri, ou que l'on a fait aigrir exprès en y mettant quelques esprits acides. Le Vinaigre se fait, non pas quand les particules volatiles salines s'exhalent, mais lorsqu'elles sont dominées & déprimées successivement par l'acide du vin, ou bien quand l'acide du vin s'exaltant, fait prendre le dessous, & fixe la partie huileuse & spiritueuse; car l'esprit du vin n'est pas séparé du Vinaigre, il est seulement déprimé & fixé, ce qui se démontre en ce que si on renferme du vin défait dans un vaisseau bien fermé il s'y fera du Vinaigre, quoiqu'il ne se fasse aucune exhalation de l'esprit de vin. Le Vinaigre se radoucit si on met infuser du corail dedans, & cela arrive à cause que le corail concentre le Vinaigre, & donne moyen à la partie volatile de s'exalter. Le Vinaigre est plus ou moins fort, selon que le vin est plus ou moins vigoureux. Quelques-uns y ajoûtent des choses qui ont beaucoup de sel volatile, comme la semence de moutarde, de roquette & le poivre, afin de le faire devenir plus acre. On aiguise le Vinaigre avec le sel ammoniac pour s'en servir à faire des extractions. Si on distille quatre livres de Vinaigre avec demi-once de ce sel, on aura un Vinaigre très-acre & très-propre à dissoudre certains mineraux & certains métaux, & si on le distille avec du nitre & du sel gemme, il enlevera les esprits de ces derniers avec soi, & sa vertu s'exaltera considerablement. L'usage du Vinaigre est très-salutaire en Medecine, & on le regarde comme un alexipharmaque souverain dans la peste, & qui est beaucoup plus sûr que la theriaque. C'est ce qui est cause que l'on a tant de Vinaigres besoardiques. Il corrige la virulence ou la malignité des végétaux, & sur-tout de l'opium & des purgatifs. Ceux qui ont pris trop d'opium reviennent par le Vinaigre qui corrige la fumée maligne des charbons. Selon Galien, le Vinaigre est de parties subtiles & de nature mêlée de froideur & de chaleur, mais la premiere l'emporte sur l'autre, & encore qu'il ait en soi quelque acrimonie qui échauffe, elle n'est pas suffisante pour surmonter la froideur, qui provient de son aigreur, mais bien pour le faire pénétrer avec plus de promptitude. Le Vinaigre est extrêmement desiccatif & incisif, & outre sa faculté de resoudre, il a cela de particulier qu'il repercute & restreint. On demande comment il se peut faire que le Vinaigre ait en soi deux qualités aussi contraires que le sont la chaleur & la froideur, puisque ces deux qualités ne peuvent subsister ensemble en même-tems & dans un même sujet, à quoi l'on répond qu'il est composé de quatre parties que la Chymie nous apprend à séparer. La premiere est un flegme insipide; la seconde, un esprit comme vitriolique; la troisiéme, un sel acre & corrosif; & la quatriéme, un marc insipide & entierement terrestre. Par les deux premieres qui abondent dans le Vinaigre, il est très-rafraîchissant, ce qui est cause qu'il tempere les inflammations, qu'il reprime l'ardeur de la bile, qu'il repercute, & produit d'autres semblables effets de froidure. Son sel corrosif fait qu'il échauffe & desseche. Ainsi Galien a raison de dire, qu'il est de qualité mixte, échauffant & rafraîchissant, à raison des parties heterogenes qui le composent. Il ne laisse pas d'avoir ses inconveniens, son acide pénétrant ne permettant pas de l'employer qu'avec beaucoup de prudence. Il est contraire aux parties nerveuses & aux hypochondriaques qui sont déja remplis d'un acide assés corrosif, & les femmes hysteriques ne doivent pas en user à cause des effervescences qu'il peut exciter dans leurs intestins, & par consequent la suffocation de matrice. Le Vinaigre tient le premier rang entre les menstrues acides végétaux. Il est si puissant, qu'il dissout les métaux mêmes, pourvû qu'ils ayent été un peu ouverts par la calcination. Ainsi le vinaigre distillé tire la teinture du verre d'antimoine. Il dissout le saturne, dont il fait le sel saccarin, & change le cuivre en verdet & le mars en saffran de mars, qui est un remede très-utile.

On appelle *Vinaigre d'antimoine*, Une liqueur ou un esprit acide qu'on retire en petite quantité de la mine d'antimoine, lorsqu'on la distille seule & brute dans une retorte, c'est-à-dire, lorsqu'elle n'a point encore senti le feu, à cause que cet esprit acide, ou ce vinaigre, qui est proprement l'esprit du souphre mineral de l'antimoine, se perd dans la calcination. Ce n'est point assés de distiller cet esprit une seule fois. Il faut le rejetter plusieurs fois sur de la nouvelle mine, le laisser en digestion & le distiller autant de fois qu'on souhaite, & par ce moyen on tire toûjours plus de ce vinaigre, & il est beaucoup meilleur. L'usage en est fort recommandé dans les fiévres malignes, pour éteindre la chaleur fiévreuse & pour tuer les vers, mais il ne sçauroit servir de menstrue universel, comme le prétendent quelques-uns, qui se persuadent que l'antimoine est la racine de tous les autres métaux, & qu'il doit par consequent contenir un menstrue universel.

VINAIGRIER. s. m. Artisan qui fait & qui vend de la moutarde, & toute sorte de vinaigre, blanc, rouge, rosat, commun & autres.

On appelle aussi *Vinaigrier*, Une sorte de petit vase de vermeil doré, d'argent, d'étaim ou de fayence, où le vinaigre se met quand on en veut servir sur la table. Il est composé d'un corps, d'un couvercle, d'une anse, d'un buberon & d'un pié.

VINCETOXICUM. s. m. Plante qui croît aux montagnes & aux lieux arides & pierreux, & qui produit plusieurs tiges souples & vertes, autour desquelles & par intervalles sortent deux à deux des feuilles semblables à celles du laurier, excepté qu'elles sont plus pointues, fermes & lissées. Ses fleurs sont petites, minces, blanchâtres, & suivies de quelques gousses pointues & pleines de bourre blanche & de graine. Cette plante a grand nombre de racines, douces au goût, sans aucune odeur, & qui s'étendent en rond. Elles sont chaudes & seches au premier degré, digestives, resolutives & aperitives, & ont de grandes vertus contre toute sorte de venins, si on les prend en breuvage. C'est delà que cette plante a pris le nom de *Vincetoxicum*, du Latin *Vincere*, Surmonter, & du Grec τοξικὸν, Poison. Ces racines prises en décoction du chardon beni au poids d'une drachme & demie pendant onze jours, sont un remede souverain pour ceux qui ont été mordus d'un chien enragé. C'est aussi un préservatif contre la peste, si on les prend dans du vin tous les matins. Elles ont plusieurs autres proprietés qui sont rapportées par Matthiole, qui tient que ceux qui prennent l'Asclepias pour le Vincetoxicum des Herboristes, sont dans l'erreur.

VINDAS. s. m. Machine dont on se sert pour tirer des pierres & autres fardeaux, & que Vitruve appelle *Ergata*. Elle est composée de deux tables de bois & d'un treuil à plomb qu'on nomme *Fusée*, & qu'on tourne avec des bras.

VINDICATION. s. f. Vieux mot. Vengeance. On a dit aussi *Vindicte*, du Latin *Vindicta*, & ce mot, en termes de Palais, conserve encore quelque usage.

VINTAINE. f. f. *Nom collectif, qui comprend vingt personnes, vingt choses.* ACAD. FR. Les Maçons appellent *Vintaine*, Un petit cordage dont ils se servent à conduire les quartiers de pierre qu'ils élevent pour les mettre sur le tas. Ce cordage est attaché à la pierre, & dans le tems que l'on tire le gros cable, il y a un homme en bas qui tient le bout de cette vintaine, afin d'empêcher que la pierre ne s'écorne en donnant contre les murs.

Vintaine est encore une grosse corde dont se servent les Meûniers pour lever la meule de dessus de leur moulin, quand ils la veulent tailler, empâter ou mettre en état de moudre.

VINTANG. f. m. Arbre de l'Isle de Madagascar qui produit une gomme ou resine dont on se sert particulierement pour guerir les playes. Les Habitans du Païs en font leurs canots, qui ne se vermoulent jamais.

VIO

VIOLE. f. f. Instrument de musique qui se touche avec un archet, & qui est de même figure que le violon, mais bien plus gros & plus grand. Il a six cordes & huit touches divisées par demi tons, & rend un son grave qui est fort doux & fort agreable. Ces six cordes vont toûjours en augmentant de grosseur depuis la chanterelle jusqu'à la sixiéme. La Viole est composée d'une table où sont les ouies, d'un chevalet, de deux croissans, d'une queue, d'un manche, de plusieurs touches de poil dont ce manche est entouré, d'un collet, d'un rouleau, & de chevilles. On appelle *Jeu de violes*, Quatre Violes qui font les quatre parties. Du Cange fait venir *Viole* de *Vitula* ou *Vidula*, *Viella*, ou *Viola*, mots qui se trouvent en la même signification dans la basse Latinité.

VIOLENT, ENTE adj. *Impetueux, qui agit avec force, avec impetuosité.* ACAD. FR. *Violent*, en termes de Teinturier, signifie, Qui est trop d'une certaine couleur. On dit en ce sens, *Gris de lin violent*, *Couleur violente*.

VIOLET. f. m. Sorte de couleur qui tire sur la couleur de la violette. C'est une couleur composée d'un pié de bresil & d'un pié d'orseille, que l'on passe ensuite sur une cuve d'indigo. Le Violet est la couleur de l'Eglise, & celle que les Ecclesiastiques portent, & principalement les Evêques.

VIOLETTE. f. f. Plante fort basse, qui a ses feuilles semblables au lierre, mais plus petites, plus noires & plus menues. Du milieu de sa racine sortent de petites tiges qui portent une fleur purpurine fort odorante, qui est printaniere. Elle croît aux lieux âpres & ombragés, & a une vertu refrigerative. Ses feuilles enduites seules, ou avec griotte seche, sont fort bonnes aux ardeurs de l'estomac, aux inflammations des yeux, & aux relâchemens du fondement. Matthiole dit qu'on trouve des violettes blanches, & sans nulle odeur, dans les lieux froids & humides, & que dans le mois d'Avril on en voit en telle abondance au-dessus de Trente au Val d'Ananie, qu'en les regardant de loin, on croit voir des toiles blanches étendues par les valons. On en voit aussi de jaunes. Il ajoûte qu'il y en a une espece qui croît au Mont Balde en maniere d'arbrisseau, jusqu'à la hauteur de deux coudées, & qui jette plusieurs tiges d'une seule racine. Il parle encore de violettes purpurines qu'il a vûes dans le Comté de Tirol, aussi garnies de feuilles, que nos roses de jardin.

Violette de haute branche est le pié d'Alouette de differentes couleurs. Il n'a point d'odeur. Il y en a de doubles & de simples.

On appelle *Bois de violette*, Une espece d'ébene dont la couleur est semblable à celle de la violette.

VIOLIER. f. m. Plante que Dioscoride dit être fort commune, quoiqu'il y ait grande difference dans ses fleurs, les unes étant perses, les autres jaunes, les autres rouges & les autres blanches. Tous les Violiers, au rapport de Matthiole, sont communs en Italie, & de la hauteur d'une coudée, jettant plusieurs branches & une tige moindre que celle d'un chou. Il y a aussi de la difference dans leurs feuilles. Tous les ont longuettes, mais celui dont les fleurs sont jaunes a ses feuilles encore plus longues, en plus grande quantité, plus pointues au bout, & plus vertes. Le blanc & le purpurin les ont plus courtes, plus larges, non pointues, & blafardes dessus & dessous. Galien parlant des Violiers, dit que toute la plante est absterfive, & que ses fleurs le sont encore plus, & les seches davantage que les vertes. Leur décoction émeut le sang menstrual, & fait sortir l'enfant & l'arrierefais.

Le Pere du Tertre rapporte dans son Histoire naturelle des Antilles, qu'il a trouvé dans les montagnes de la Guadeloupe une sorte de Violier tout-à-fait semblable aux nôtres pour les feuilles. Cette plante porte une petite tige de la grosseur & de la longueur d'un fer d'aiguillette, au sommet de laquelle croissent trois petites fleurs blanches comme neige, qui ont chacune cinq feuilles en forme d'étoile. A la chûte de ces fleurs succedent trois petits fruits ronds, rouges comme du corail, & aussi gros que des grains d'asperges. Il y a trois petites graines noires dans ces fruits. Cette sorte de Violier est assés commune dans les montagnes & dans les endroits humides.

VIOLON. f. m. Sorte d'instrument de musique qu'on fait d'un bois resonnant & qui se touche avec un archet. Son manche est sans touches, & il a aux côtés deux ouvertures qu'on appelle *Ouies*, & quelquefois une en haut qui est faite en forme de cœur. Au-dessous de ces ouies est son chevalet qui porte les cordes qui sont attachées au bas de cet instrument à une petite piece de bois qu'on nomme *La queue*, & qui tient par un bouton qu'on appelle *le Tirant*. Il n'y a point d'instrument plus propre à faire danser que le Violon. Il tient le dessus dans les concerts où il y a d'autres instrumens.

VIORNE. f. f. Arbrisseau dont les rameaux sont de la grosseur du doigt & de la longueur de deux coudées. Ses feuilles sont blanches & semblables à celles de l'orme, mais plus velues & dentelées tout à l'entour. Elles croissent des deux côtés de la branche par nœuds & par intervalles. Sa fleur est blanche & faite en bouquet, & de cette fleur pendent certains grains applatis comme les lentilles. Ils sont verts, ensuite rouges, & quand ils ont atteint leur maturité, ils deviennent noirs. La Viorne a ses racines presque à fleur de terre, & ses branches si flexibles, que les Païsans s'en servent pour en faire les liens de leurs fagots. Elle vient aux hayes & aux buissons & dans les lieux fermes. C'est ce que les Latins nomment *Viburnum*. Ses feuilles sont astringentes & singulieres pour les dents qui branlent & pour les fluxions des gencives, si on les cuit en eau & en vinaigre avec des feuilles d'olive, & qu'on se frotte souvent les dents de cette décoction, qui est bonne aussi à reprimer & à resserrer la luette, si on s'en gargarise. Ses grains séchés avant que d'être en maturité, & pris en poudre, guerissent le flux de ventre. L'écorce de ses racines gardée en terre, cuite ensuite & bien broyée, sert à faire de la glu, propre à prendre les oiseaux.

VIOT. s. m. Vieux mot que Borel explique par celui d'Envie. Il en apporte pour exemple ces vers d'une Epitaphe de S. Jacques de l'Hôpital.

Lors Messire Hugue Aubriot,
Chevalier de renom, qui ot
Tenu long-temps la prevosté
De Paris en paix sans viot.

VIOUCHE. s. m. Vieux mot. Homme qui vit fort long-tems.

VIP

VIPERE. s. f. Sorte de serpent terrestre & venimeux qui a une queue qui va toûjours en diminuant. Sa tête est plate & large auprès du chignon du cou, qu'il a mince naturellement. La Vipere a le bout du museau élevé comme celui d'un cochon, & sa longueur n'excede pas ordinairement une demi-aune. Sa grosseur n'est que d'un pouce. Galien voulant nous donner des marques pour connoître les Viperes mâles d'avec les femelles, dit que les femelles sont roussâtres & fort agiles, ayant le col élevé, le regard hideux & les yeux rougeâtres. Elles ont la tête plus large que celle du mâle. Aussi sont-elles plus grandes de corps, & ont leur nombril plus près de la queue. Le mâle a seulement deux dents de chien dans la bouche, mais la femelle y en a plusieurs. Ces deux grandes dents sont crochues, creuses, transparentes & fort pointues. La Vipere n'a qu'une rangée de dents à chaque mâchoire; ce qui est contraire aux autres serpents qui en ont deux, & dont on a peine à souffrir la puanteur des parties interieures, au lieu que la Vipere n'a rien de puant. Ses deux dents canines, qui sont flexibles dans leur articulation, & situées aux deux côtés de la mâchoire superieure, sont couchées, & elles ne se dressent que quand la Vipere est irritée & qu'elle veut mordre. Leur base est entourée d'une vesicule contenant une bonne goute d'un suc salineux, jaune, fade & innocent. La Vipere femelle a double matrice, & le mâle a ses parties naturelles doubles, couvertes de pointes dures & aigues. Leur corps est de deux couleurs, d'un gris plus clair ou plus obscur, ou d'un jaune plus doré & plus tirant sur le rouge, & il y a quantité de taches longues & brunes dans le fond. Les écailles, qui sont situées en travers sous son ventre, ont la couleur d'un acier poli. La Vipere met bas ses petits vivans, sans couver ses œufs; & ce que Galien & Pline disent que les petits tuent leur mere en lui rongeant les intestins, fait connoître qu'ils n'ont pas pris garde à ce que rapporte Aristote. Entre les serpents, dit-il, la Vipere fait son fruit parfait & en vie, ayant fait premierement ses œufs en son ventre. Son œuf est tout d'une couleur, & couvert d'une petite peau comme les œufs des poissons. Ses petits s'engendrent en la partie de dessus, & ce qui les enferme est tendre. Ainsi elle produit ses petits envelopés de petites peaux qui se rompent le troisiéme jour, & même il arrive quelquefois que ceux qui sont au ventre de la Vipere, rongent leurs pellicules & sortent dehors. Tous les jours elle en fait un, & elle en fait toûjours plus de vingt. Les Anciens ont reconnu par experience que la morsure de la Vipere étoit fort à craindre, à cause de son venin, & la même experience leur a fait voir que la Vipere étoit excellente contre quantité de maladies. Il y a dans Galien plusieurs exemples de gens attaqués de ladrerie, qui ont été gueris en bûvant du vin où des viperes avoient été étouffées. Areteus rapporte celui d'un malade qui non seulement fut gueri en bûvant du moût où une vipere s'étoit noyée, mais qui recouvra sa jeunesse, ayant renouvellé ses cheveux, sa peau & ses ongles. Ceux qui ont raisonné le plus là-dessus, ne voyant point par quelle raison un remede si salutaire & un poison si pernicieux pouvoient subsister ensemble dans un même sujet, ont dit que la Vipere n'avoit du venin qu'en de certaines parties, & non pas par tout. Ces parties sont les dents, les gencives & la vessie du fiel. Abbatius qui a recueilli les opinions des Anciens, dit que l'on ne sçauroit douter qu'il n'y ait naturellement du poison dans les dents de la Vipere, puisque si on s'en blesse, soit qu'elle soit morte ou vive, la playe est mortelle; à quoi il ajoûte que le poison recueilli des animaux venimeux dont se nourrit la Vipere, & attiré par la vesicule du fiel, mais vague & spiritueux, est porté aux parties de la gorge, pour y être mis comme dans un reservoir naturel, & y recevoir le caractere de venin de Vipere. Ettmuller avoue que toutes ces choses sont vraies, à les prendre dans le bon sens, mais il les prétend fondées sur une pure hypothése qui est fausse. On a vû, dit-il, que les Viperes ne communiquoient leur poison qu'en mordant, & on a conclu de là qu'elles avoient les dents venimeuses. On a trouvé de plus dans leurs gencives des vesicules remplies de certaine liqueur, & on a dit que cette liqueur étoit un poison, parce qu'il venoit de la vessie du fiel, les Anciens ayant cru que le fiel étoit le poison le plus pernicieux de chaque animal; mais si les Viperes renferment un baume si précieux pour la conservation, & même pour la prolongation de la vie, on demande d'où ce poison leur vient dans les dents, dans la liqueur du fiel & dans les vesicules des gencives. On prétend que la force de nuire, que les Auteurs attribuent aux dents de la Vipere après sa mort, est une fausse persuasion dont on n'a jamais fait une veritable experience, & Severinus assûre que la dent de la Vipere entiere, ou en poudre, & avalée, loin d'être mortelle, n'est pas même dangereuse. Le même Ettmuller, après un long examen des differentes opinions des Auteurs, sur quoi il rapporte quantité de choses très-curieuses, dit que les Viperes mortes, bien loin de communiquer aucun poison, renferment des remedes divins, qui ne se trouvent dans nulle autre creature, & que l'on voit tous les jours les admirables effets de l'esprit de Vipere poussé par la retorte avec son sel volatile, dans les fievres malignes & pestilentielles, dans l'épilepsie, la lepre, la galle, & dans les autres affections malignes. Il entre ensuite dans le détail des parties de la Vipere, & commençant par le cœur, il rapporte que cinq cœurs desséchés & pris en une fois par un jeune homme, eurent un si grand pouvoir, que jamais aucun poison n'eut la force de lui nuire. Il aimoit les serpens, & il en manioit toûjours, sans les craindre. Les serpens au contraire le craignoient. Zuvelpher enseigne la maniere de preparer une poudre excellente & une eau bezoardique du cœur & du foye de la Vipere. Son foye pulverisé est un remede tres-present dans les dysenteries, & particulierement dans les épidemiques. Un grain de fiel de Vipere desseché garantit de toute sorte de venins, selon Borellus, & l'épine en poudre ou en magistere sert aux mêmes usages que la chair. On tient que la queue guérit la douleur

leur des dents par son seul attouchement, & que la tête pendue au col est efficace pour arrêter les paroxismes des fiévres. Tout cela porte Ettmuller à soutenir que le poison qui se reçoit par la morsure de la Vipere ne consiste en rien de materiel, puisqu'il resteroit toûjours après sa mort; mais seulement dans quelque chose d'intentionnel & de spirituel, animé par la colere & par la fureur. La Vipere même, poursuit-il, étant vivante n'est point venimeuse, & sa malignité ne se trouve nulle part, à moins qu'elle ne la fasse paroître en se mettant en colere. Ainsi la Vipere doit être considerée en deux états, l'un où aucune passion ne l'agitant, elle est traitable, & ne cherche point à nuire, ou du moins lorsqu'elle s'enfuit étant surprise de crainte; l'autre où quelque offense externe la met en fureur, & l'oblige à tirer ses dents aigues pour se venger. Dans le premier état elle est sans malignité, & ne blesse point; dans le second elle est furieuse, & ne fait point de morsures qui ne soient malignes & mortelles. La Vipere aime le vin, & quand elle s'étouffe dedans, au lieu de l'empoisonner, elle lui communique des vertus incomparables. Catinaria rapporte qu'une Vipere ayant été avalée vivante, ne fit aucun mal dans l'estomac, & qu'elle sortit par le fondement. Elle n'attaque jamais ceux qui sont nuds ou qui dorment, à moins qu'elle ne soit irritée: mais quand elle est en colere, il est certain qu'elle fait des morsures venimeuses, & qui deviennent mortelles en fort peu de tems. L'experience a fait voir qu'un chien mordu par une Vipere que l'on a mise en fureur, meurt avant deux ou trois heures, & même plûtôt. Aldrovandus dit qu'une tête de Vipere, séparée du col depuis quelque tems, peut en mordant un animal, le faire mourir par son venin, & il assure qu'il l'a éprouvé sur un coq, qui mourut en demi-heure. Lincius parle d'un garçon Apothicaire, qui ayant voulu prendre avec sa main la tête d'une Vipere, coupée il y avoit deja trois jours, en fut mordu, & eut de la peine à guerir de la morsure, par la bonne theriaque. Cet animal mord avec ses dents pointues & percées de leur longueur, d'où sort certaine liqueur, & il empoisonne par la colere dont il est transporté dans ce moment. Ses dents aigues sont au nombre de quatre, selon quelques-uns, & selon les autres il n'en a que deux. Il y en a qui en placent une au milieu, plus longue que les autres, crochue & pointue. Tout le monde demeure d'accord que ces dents sont percées en long, afin que la liqueur salivale qui passe par ces petits canaux, s'exprime par l'action de la dent, & communique le venin mortel de l'animal en colere. Ce venin consiste en partie dans l'idée de la fureur de l'archée imprimée aux dents & à la salive, & en la partie blessée par le moyen de la morsure qui se communique consequemment aux autres parties, trouble l'archée & le met en une pareille fureur. Il consiste aussi en partie dans la salive en effervescence éjaculée dans la playe par la perçûre de la dent, laquelle se communique à toute la masse du sang par la circulation, & la fait entrer dans une pareille furie & impetuosité. La Vipere blesse plus fort & plus dangereusement ceux qui sont craintifs, parce que l'idée de la fureur de l'archée s'imprime plus avant sur l'archée qui tremble. Les Viperes sont venimeuses à proportion de la chaleur du pays; à cause que la moindre colere les met en effervescence dans les Pays chauds. Plus la Vipere est en amour, plus il y a de danger dans sa morsure, la masse du sang déja agitée par l'esprit genital, étant capable d'une plus grande fermentation, puisque plus l'effervescence est forte, plus l'impression de l'idée de fureur est profonde, à cause que d'un côté l'impetuosité de la colere augmente la force de l'effervescence, & que de l'autre, la force de l'effervescence fortifie l'idée, émeut toute la masse du sang, & imprime plus profondement l'espece dans la salive. Plus la Vipere a les dents aigues, plus sa morsure est maligne, à cause que la salive penetre & est éjaculée plus avant, & qu'elle ne fait point de mal exterieurement sur la peau. Quand quelqu'un a été mordu d'une Vipere, on remarque dans la partie mordue deux petits trous, ou davantage, selon le nombre des dents. Ces trous sont separés l'un de l'autre, & il en sort au commencement du sang pur, ensuite une humeur sanieuse, puis huileuse, écumante, & verte à proportion que le sang de la partie blessée a été changé par le levain venimeux. La partie mordue cause une douleur extraordinaire, à quoi les aiguillons déliés que la Vipere a laissée en mordant, contribuent beaucoup. La douleur s'étend successivement, & elle est par tout le corps en fort peu de tems. La partie s'enfle d'abord excessivement, & tout le corps peu à peu. La couleur de cette partie blessée est rouge au commencement, & à mesure que le sang est alteré par le levain venimeux, elle devient moins rouge, ensuite livide & enfin noire lorsque la gangrene & le sphacele sont survenus. Outre cela le corps brûle, la chaleur en est extrême, & il s'allume une fievre dangereuse. La gorge se seche, le larynx est enflammé. On a des vomissemens bilieux, qui sont suivis d'inquietudes de la poitrine, de lipothimie & de syncopes terribles. Le mal gagne le cerveau, & la démence succede aux assoupissemens & aux delires. Entre plusieurs methodes de remedier aux morsures des Vipires, il y a deux remedes très-efficaces que Severinus prescrit, le feu & le souphre. Hildanus conseille de prendre une crote ou deux de chevre allumées & de les laisser jusqu'à ce qu'elles soient réduites en cendre. Ces crotes gardent aisément le feu, & s'enflamment à raison du soulphre dont elles sont abondamment empreignées, mais il est bien difficile de souffrir long tems une si grande douleur. M. Boyle, pour attirer le poison sans brûlure, propose une maniere plus douce d'employer le feu sans l'appliquer sur la partie blessée. On approche un fer rougi au feu aussi près de la morsure que le malade le peut souffrir, sans se brûler. On le tient jusqu'à ce que le feu ait attiré le venin de la partie. Quelquefois on remarque sur le fer quelques taches jaunes. L'experience qui en a été faite sur un homme du bas peuple en peut faire foi. On lui donna de l'argent pour se laisser mordre à la main par une Vipere en colere. La main s'enfla aussitôt avec excès, & à peine eut-on le tems de faire rougir le fer. On le tint devant la blessure l'espace de dix ou douze minutes, & sa tumeur s'abbaissa pendant ce tems, & disparut ensuite d'elle-même. Les remedes specifiques contre les morsures des Viperes se tirent des Viperes mêmes. Les poudres de Viperes sont de ce genre. Entre les specifiques on a coûtume de recommander le frêne, dont on croit que l'ombre seule chasse les Viperes, & on dit qu'en les touchant avec une baguette de coudrier elles s'engourdissent & se stupefient. On rapporte là-dessus l'experience suivante, sçavoir qu'ayant renfermé une Vipere dans un cerne fait avec une semblable baguette, elle n'osa en sortir. La chair de Vipere cuite & mangée éclaircit la vûe. Elle est bonne aux débilités des nerfs, & empêche les écrouelles de croître. Quand elles sont écorchées, il faut leur ôter la tête & la queue, à cause qu'il n'y a point de chair en ces parties-là. On fait aussi de leur chair une sorte de sel qui est bon à ces mêmes operations. Dioscoride en enseigne la maniere & dit qu'il faut mettre une Vipere vivante dans un pot de terre qui n'ait point encore servi. On y ajoûte du sel & des figues seches, cinq sestiers de chacun, avec six sestiers de miel, après quoi on bouche l'ouverture du pot de terre avec de la terre grasse, & on met cuire le tout dans une fournaise assés long-tems pour voir le sel reduit en charbon, qu'il faut mettre ensuite en poudre. On y met quelquefois de la racine ou de la feuille de nard, & quelque peu de malabathrum, afin de la rendre de meilleur goût. Pour avoir de bonnes Viperes, il ne faut pas les prendre au cœur de l'Eté, parce que leur chair, qui s'enflamme en ce tems-là, cause la soif, ni lorsqu'elles sortent de terre, parce qu'alors cette même chair est froide, seche & extenuée. La meilleure saison pour les choisir est presque la fin du Printems, lorsque l'Eté n'est point encore commencé. Les Viperes ne valent rien quand elles sont pleines, à cause qu'en cet état elles sont maigres & peu succulentes. On prend telle quantité qu'on veut de Viperes grosses & bien nourries, que l'on met dans un vaisseau de cuivre large & profond, afin qu'elles n'en puissent sortir aisément, après quoi on les fustige avec de petits scions de verges, pour leur faire monter leur venin à la tête par l'envie qu'elles ont de se venger. Cela fait, on les tronçonne, les lavant en plusieurs eaux, & les faisant bouillir dans un pot de terre vernissé, ou dans un vaisseau de cuivre étamé avec un peu de sel & une quantité suffisante d'aneth, jusqu'à ce que les os & les épines se puissent séparer facilement. On les prend d'ordinaire par la queue l'une après l'autre avec des gants doubles. On se sert ensuite d'un couteau bien tranchant pour les couper sur un bloc ce bois à deux doigts près de la tête & autant au dessus du nombril; ce qui étant fait, on écorche le tronçon du milieu comme une anguille, & on le nettoye de sa graisse & de ses entrailles après l'avoir fendu en long. Cette chair de Vipere étant bien cuite, on en fait des Trochisques; pour cela on la met sur un linge bien blanc étendu sur une table, & après en avoir ôté tout ce qu'il y a d'os & d'épines, on la pile dans un mortier de marbre avec un pilon de bois, en y ajoûtant la quatriéme ou la cinquiéme partie de pain blanc bien levé, cuit au four & desseché à part, & subtilement pulverisé & tamisé. Il faut en faire une pâte, & la former en trochisques avec les mains ointes de baume. Après cela on les fait secher à l'ombre, & non pas au feu ni au Soleil, sur un tamis renversé qui doit être mis au plus haut de la maison dans un lieu où il n'y ait aucune poussiere, & qui soit tourné au Soleil de midi. On garde ces trochisques pour le besoin dans des pots de verre ou de terre vernissés & bien bouchés, & non pas dans des pots d'étaim à cause du plomb que ceux qui les font y mêlent. On a dit *Vipere* du Latin *Vivipara*, à cause qu'elle met bas ses petits vivans, au lieu que les autres serpents vuident leurs œufs, qu'ils couvent ensuite. M. Callard de la Duquerie dit que cet animal a été ainsi nommé, *Quod vi pariat.*

VIR

VIRAGO, s. f. Fille ou femme d'une taille extraordinaire, qui a de l'air d'un homme, & qui en fait la plûpart des actions.

VIRE. s. f. Vieux mot. Espece de trait d'arbalêtre qui étant tiré vole comme en tournant.

VIRELAI. s. m. Sorte d'ancienne Poësie Françoise, qui est toute de vers courts & sur deux rimes. Elle commence par quatre vers, dont les deux premiers sont repetés dans le corps de l'ouvrage. On en met plusieurs masculins de suite en tel nombre que l'on veut, & ensuite on y en met un feminin. On varie après quelques couplets, en mettant de suite plusieurs rimes feminines, ausquelles on en ajoûte une masculine.

VIREMENT. s. m. On appelle en termes de Marchand, *Virement de partie*, Un expedient de remettre une dette active pour une semblable dette passive, & par ce moyen s'acquitter & sortir d'affaires. Cela se fait quand on donne en payement à un autre un billet ou une lettre de change, en sorte qu'on change de debiteur ou de creancier.

VIRER. v. n. Terme de Marine. Tourner. On dit, *Virer au cabestan*, pour dire, Mettre des hommes sur les barres du cabestan pour le faire tourner. *Virer de bord*, C'est changer de route en mettant au vent un côté du Vaisseau pour l'autre. On dit à l'actif dans ce même sens, *Virer le Vaisseau à stribord, à bas bord, à l'autre bord*. On dit aussi *Virer l'ancre*, pour dire, La tirer du fond de l'eau avec un cabestan ou avec un Virevau. *Virer vent devant*, se dit quand on fait changer de route à un Vaisseau, en mettant le vent sur les voiles, & *Virer vent arriere*, quand cela se fait d'une maniere opposée à celle-ci. Nicot fait venir *Virer* du latin *Gyrus*, ou de *Girare*, Tourner, par le changement du *g* en *u*.

VIRES. s. m. Terme de Blason. Il se dit de plusieurs anneaux passés les uns dans les autres, en sorte que les plus petits sont au milieu des plus grands, & ont tous le même centre, comme aux armoiries d'Albissi & de Virieu. Les Latins les appellent *Viria*.

VIRETON. s. m. Vieux mot. Petit dard, espece de trait, qui semble être un diminutif de *Vire*.

Car ce n'étoit que pour un Vireton,
Maint est battu de son propre baston.

Les fleches des anciens carquois ont été appellées *Viretons*.

VIREVAU, ou *Virevaut*. Terme de Marine. Machine de bois fait en forme d'essieu, dont la longueur est posée horisontalement sur deux pieces de bois qui sont à ses extrémités, & autour desquelles on la fait tourner, par le moyen de deux barres qui traversent l'essieu, autour duquel ces deux barres que l'on conduit à force de bras, font filer des cables, soit pour tirer l'ancre du fond de la mer & la remettre en sa place, soit pour lever tel autre fardeau qu'on veut. Le Virevau se met sur le tillac à l'avant des batimens qui ne passent point trois cens tonneaux & à l'avant de leur misaine, & est de même usage aux Vaisseaux de charge que le cabestan à ceux de guerre.

Les Cordiers de la Marine appellent aussi *Virevau*, Un morceau de bois qui a environ trois piés de longueur, & dont ils se servent pour aider à tourner les grosses cordes.

VIREVOLE. s. f. Terme de Jeu de la bête, ou de quelques Jeux semblables, qui se dit quand celui qui fait jouer loin de faire assés de mains pour gagner ce qui est au jeu, n'en fait aucune. On dit plus communément *Devole*.

VIRGOULEUSE. s. f. Sorte de poire très-bonne à manger dans les mois d'Octobre & de Novembre.

VIROLE. f. f. Piece de fer forgée en rond comme un anneau, qui serre & entoure le petit bout du manche d'une aleine, d'une serpette, d'un marteau, ou d'un peson, & qui sert à tenir l'alumelle ferme dans le manche. On a autrefois appellé *Viroles*, Toutes sortes de carcans, d'anneaux & de bracelets. Il y a aussi des *Viroles de cadenats*. On les fait de fer, & de la largeur qu'on veut que soit l'anse.

VIROLE', E'E. adj. Terme de Blason. Il se dit des boucles, mornes & anneaux, des cors, trompes & huchets. *D'or à trois trompes de gueules virolées d'argent.*

VIROLET. f. m. Terme de Marine. Noix de bois en façon d'olive qui se met dans le hulot du gouvernail. La manivelle passe au travers. On l'appelle aussi *Moulinet*.

VIRON. adv. Vieux mot. Environ, à peu près.

Pour t'envoyer viron l'heure de Sixte.

VIRURE. f. f. Terme de Marine. La partie du bordage qui regne tout le long d'un Vaisseau.

VIS

VIS. f. m. Ce mot a eu autrefois plusieurs significations qu'il n'a plus. On l'a dit pour *Visage*.

Puis que je vis
Vostre gent & gracieux vis.

C'est delà qu'est venu *Vis-à-vis*. On a dit aussi, *Ce m'est vis*, pour dire, Ce me semble.

Elle ot pasle & velu le vis,
Famgale avoit nom, ce m'est vis.

Vis étoit aussi adjectif, & a été dit pour Vivant.

J'aime mieux estre mort que vis.

On l'a encore employé pour Vil.

Bien doit estre Vavassor vis
Qui veut devenir Menestriez.

VIS, ou *Viz*. f. f. *Piece ronde de fer ou de bois qui est cannelée en ligne spirale, & qui entre dans un écrou qui l'est de même.* ACAD. FR. La distance qu'il y a entre les filets ou arrêtes de la Vis, s'appelle *Pas de vis*. La Vis est une surface inclinée qui tourne autour d'un Cylindre, & l'axe de ce Cylindre est aussi celui de la Vis. Quand une puissance éleve un poids à l'aide d'une Vis, il faut qu'elle fasse un tour de la Vis pour faire monter le poids d'un *Pas*, & par conséquent elle fait plus de chemin & a plus de vitesse que le poids en même raison que le tour de la Vis est plus grand qu'un de ses pas. C'est ce qui fait que la Vis est une machine qui multiplie la force. Voyez MACHINE & MOUVEMENT. Plus la Vis est grosse & ses pas serrés, plus elle multiplie la force, car la vitesse de la puissance en devient plus grande, & celle du poids plus petite. Si la puissance au lieu d'être appliquée à la circonference de la Vis, l'étoit à un levier qui par son mouvement circulaire fit tourner la Vis, il est évident que le tour que feroit la puissance pour élever le poids d'un pas, seroit encore plus grand, & qu'il le seroit d'autant plus que le levier seroit plus long, ce qui en augmentant la vitesse de la puissance par rapport à celle du poids, feroit qu'une plus petite puissance pourroit élever un plus grand poids, & cela dans toutes les proportions imaginables.

On appelle *Vis* ou *Noyau* dans une montée, La piece de bois de milieu, dans laquelle toutes les marches sont emmortaisées & tournent autour en ligne spirale. Quand les marches sont de pierre, la Vis est aussi de pierre, & chaque bout de marche en fait partie.

Vis, s'entend encore de tout l'escalier quand il est rond, & on dit *Vis à jour*, Lorsque le noyau d'une montée rampe & tourne, laissant un vuide au milieu; ce qui fait que ceux qui sont au haut de la vis peuvent voir jusqu'à la premiere marche d'en bas.

Ce que l'on appelle *Vis saint Gilles*, est un escalier qui monte en rampe, & qui est vouté par le dessous des marches. Ces sortes de Vis ont été nommées ainsi, à cause de celle qui est au Prieuré de saint Gilles en Languedoc, qui leur a servi de modele.

On dit *Vis de colomne*, pour dire, Le contour en ligne spirale du fût d'une colomne torse. Il se dit aussi de l'escalier d'une colomne creuse.

On appelle *Vis potoyere*, L'escalier d'une cave qui tourne autour d'un noyau & porte de fond sous l'escalier d'une maison.

Vis sans fin, est une machine dont on se sert pour élever de fort gros fardeaux. Elle est composée d'une roue perpendiculaire qui se tourne avec une manivelle, & elle a des dents taillées de biais qui engrainent dans une vis taillée sur un tour posé horisontalement. Le poids est attaché à un cable qui est roulé sur le tour, lequel se tient même suspendu, quoique l'on ne tienne plus la roue arrêtée. Cette machine est appellée *Vis sans fin*, à cause qu'elle fait tourner sans fin la roue aux dents de laquelle elle engraine lorsqu'on la fait tourner elle-même avec un levier ou autrement.

On appelle *Vis d'Archimede*, Une machine hydraulique, par le moyen de laquelle on fait monter les liqueurs en descendant. Elle est composée d'un canal qui tourne en forme de vis autour d'un cylindre, que l'on appelle *Noyau*. On lui donne un peu de pente, & l'une de ses extrémités est placée dans l'eau qu'on veut élever. On peut puiser beaucoup d'eau par le moyen de cette machine; mais à cause de la pente qu'on lui donne, il n'est pas possible de faire monter l'eau bien haut.

VISA. f. m. Terme de Pratique. Acte qui donne l'autorité, ou la confirmation, ou la verification d'une lettre sur laquelle intervient le Superieur qui la rend authentique & executoire. M. le Chancelier met de sa main le mot de *Visa* au bas de ces Lettres, pour faire sçavoir qu'il les a vûes. On le dit aussi des actes que les Juges mettent au bas des Lettres qui leur sont adressées, ou qu'on veut executer dans leur ressort, ce qui leur donne leur derniere solemnité.

On appelle aussi *Visa*, en termes d'Eglise, les Lettres par lesquelles l'Ordinaire témoigne qu'ayant vû les provisions & examiné la personne, il l'a trouvée capable de posseder le Benefice qui lui a été conferé, à condition de subir l'examen devant l'Evêque. Celui qui prend possession avant qu'il ait obtenu le Visa, est censé intrus, & perd son droit. On n'en a pas besoin quand les provisions sont accordées en formes gracieuses.

VISAGERE. f. f. Les faiseurs de bonnets appellent ainsi la partie de devant des bonnets de femme, qui regarde le visage.

VISCERES. f. m. p. Terme de Medecine. Entrailles. Il se dit du cœur, du foye, du poumon, des boyaux & autres parties interieures de l'homme. On se sert principalement de ce mot quand on veut parler en particulier de quelque partie des entrailles, le mot *Entrailles* n'ayant point de singulier. *Viscere* vient du Latin *Viscus*, qui veut dire la même chose, & qui est fait de *Vesci*, Manger, à cause que les alimens appellés en Latin *Vesca*, sont contenus dans les Visceres.

VISIERE. s. f. La partie d'un casque ou habillement de tête qu'on leve lorsqu'on veut prendre un peu d'air, & voir clair entierement. C'est une maniere de petite grille qui s'abbat devant les yeux.

On appelle *Visiere*, en termes d'Arquebusier, Une petite plaque de cuivre au bas du canon d'un fusil, sur laquelle on jette l'œil quand on veut tirer. C'est aussi dans une arbalête, Un petit morceau de bois troué qu'on leve sur le bois de l'arbalête, & au travers duquel on vise.

VISION. s. f. *Action de la faculté de voir*. Acad. Fr. La Vision consiste dans le sentiment que l'ame reçoit de l'image tracée par l'objet sur la retine. Voyez RETINE. Cette image de l'objet n'a presque rien qui lui soit semblable, ce n'est que l'ébranlement que chaque point de l'objet imprime au point de la racine sur lequel il agit, & cet ébranlement est different suivant la differente maniere dont le point de l'objet a reflechi la lumiere, c'est ce qui fait appercevoir les differens degrés de lumiere, & les differentes couleurs. La perfection de cette image consiste dans sa *netteté* ou *distinction*, dans sa *force* ou *vivacité*, & dans sa *grandeur*. Afin que l'image soit parfaitement *nette* ou *distincte*, il faut que les rayons partis d'un seul point de l'objet se réunissent exactement sur un seul point de la retine, c'est ce qui fait le *Pinceau optique*. Voyez PINCEAU. Si les rayons d'un seul point ne se reunissent pas exactement sur un seul point de la retine par les refractions des humeurs de l'œil, & principalement du Crystallin, (voyez CRYSTALLIN,) il est évident qu'un même point de l'objet agit sur plusieurs points de la retine, & qu'un seul point de la retine reçoit l'impression de plusieurs points de l'objet, ce qui confond les actions des diverses points de l'objet, & par conséquent brouille leurs images qui ne consistent que dans leur action, Les refractions du crystallin qui sont destinées à réünir sur un seul point les rayons partis d'un seul point, sont donc la cause de la netteté ou de la confusion de l'image, ces refractions pouvant être défectueuses, il y a des moyens naturels & artificiels de reparer leurs défauts. Voyez CRYSTALLIN. La *force* ou la *vivacité* de l'image dépend de la quantité de rayons qu'envoye chaque point de l'objet. Il est certain qu'un point plus éloigné en envoye moins qu'un plus proche, & que par conséquent son action ou son image est plus foible. C'est pourquoi la nature a fait que la prunelle s'ouvre davantage pour les objets éloignés ou peu éclairés, que pour ceux qui sont plus proches ou plus lumineux, & par-là elle reçoit plus de rayons de ceux dont elle a besoin d'en recevoir davantage. Il y a aussi quelques moyens artificiels de rendre l'image d'un objet plus vive, par exemple, on peut le mettre dans un lieu où la lumiere sera augmentée, ou par reflexion ou par refraction. Voyez FOYER. Une image très confuse peut être très-vive, & une très-foible peut être très-nette. Enfin la *grandeur* de l'image dépend de la grandeur de l'angle que font à l'entrée de l'œil deux rayons partis des deux extrémités de l'objet, qui se croisent. L'image de l'objet sur la retine est la base de cet angle, & cet angle demeurant le même, il est clair que plus la base peut s'en éloigner, plus elle est grande. Ainsi l'image de l'objet seroit plus grande si l'œil étoit plus long, & elle l'est effectivement quand on peut faire que les rayons partis des deux extrémités de l'objet se croisent plus loin de la retine que n'est la prunelle & ne se décroisent plus. C'est ce que font quelquefois les lunettes, qui rendent en quelque façon l'œil plus long de toute la longueur de leur tuyau. Mais leur effet le plus ordinaire est d'augmenter l'angle sous lequel entrent les deux extrémités de l'objet, & alors l'image en est augmentée, & en même-tems il paroît plus proche. Cette augmentation de l'angle est causée par les refractions des verres. Une image grande ou petite peut être nette ou confuse, vive ou foible. Il est aisé de voir comment toutes ces circonstances de la Vision dépendant des principes differens, peuvent être differemment combinées.

La Vision se fait ou par des rayons qui viennent directement de l'objet, ou par des rayons qui n'arrivent de l'objet à l'œil qu'après s'être reflechis sur quelqu'autre corps, comme sur un miroir, ou par des rayons qui avant que d'arriver à l'œil ont souffert quelque refraction, en passant par des verres convexes ou concaves. Ces trois sortes de Vision sont l'objet d'une science qu'on appelle *Optique*, & qui se subdivise en *Optique Catoprique*, & *Dioptrique*. Voyez ces mots.

On appelle *Vision beatifique*, l'Action par laquelle les Anges & les Bienheureux voyent Dieu dans le Ciel.

VISIR. s. m. On appelle *Grand Visir*, ou autrement *Visir Azem*, c'est-à-dire, Chef du Conseil, le premier Ministre de l'Empire Turc, en qui reside toute l'autorité du Sultan. Toute la ceremonie qu'on pratique quand on veut faire un premier Visir, c'est de lui mettre entre les mains le Sceau du Grand Seigneur, sur lequel est gravé le nom du Sultan qui regne, & il le porte toujours dans son sein. En vertu de ce sceau là il est revêtu de tout le pouvoir de l'Empereur, & sans observer aucune formalité, il peut lever tous les obstacles qu'il trouve à la liberté de son administration. Ce fut Amurat I. qui passant en Europe avec Lala Schahin, son Gouverneur, le fit Chef de son Conseil & General de son armée, avec laquelle il prit Andrinople. Les autres Sultans ont toujours fait subsister cette même Charge depuis ce tems-là; & quand ils parlent familierement au premier Visir, ils l'appellent encore *Lala*, ce qui veut dire Gouverneur ou Protecteur. Outre le premier Visir, il y en a encore six autres, qui sont appellés *Visirs du Banc* ou *du Conseil*. Ceux-là n'ont aucune autorité quand il s'agit des affaires de l'Etat & qui regardent le Gouvernement. On a coûtume pour remplir ces Charges, de choisir des personnes graves qui en ont déja exercé quelqu'autre, & qui sont sçavans dans la loi. Ils ont seance dans le Divan avec le premier Visir, mais ils n'ont point de voix déliberative, & ils ne peuvent donner leurs avis, ni rendre aucun jugement sur quelque affaire que ce soit, à moins que le Grand Visir ne les consulte sur quelque point de la loi; ce qui lui arrive rarement, à cause qu'il croiroit faire tort à sa capacité & à son experience. Leurs gages, qui se prennent dans le tresor du Sultan ne vont tout au plus qu'à deux mille écus par an. Chacun de ces six Visirs a pouvoir d'écrire le nom du Grand Seigneur au bas de tous les ordres & commandemens que l'on envoye au dehors de sa part. Le premier Visir soûtient sa Charge avec beaucoup de splendeur, ayant d'ordinaire à sa Cour plus de deux mille Officiers & domestiques. Quand il se montre en public dans quelque cérémonie, il porte deux aigrettes au devant de son turban. Ces aigrettes sont garnies de diamans & d'autres pierres précieuses, & on porte devant lui trois queues de cheval attachées au bout d'un grand bâton, avec un bouton d'or par en haut. Comme il represente le Grand Seigneur, il est l'interprete de la loi ou plûtôt le maître. Il n'y a personne qui ne puisse decliner le cours de la Justice ordinaire, & faire juger sa cause devant lui, si ce n'est que ses grandes occupations, ou le peu de merite de l'affaire, l'obligent à la renvoyer pour être jugée selon la loi. Il va au Divan quatre fois chaque semaine, le Samedi, le Dimanche, le Lundi, le Mardi; & les autres jours, à l'exception du Vendredi, il tient le Divan chez lui. Il n'y va jamais qu'il ne soit suivi de quantité de Chiaoux, & d'une autre sorte d'Officiers qui ne servent qu'à l'accompagner en ce lieu-là. Lorsqu'il descend de cheval pour entrer dans le Divan, ou qu'il en sort pour retourner en son Palais ou Serrail, il est suivi d'une infinité de monde avec des acclamations & des prieres pour sa prosperité & pour sa santé. Son pouvoir égale celui du Grand Seigneur, à la reserve qu'il ne peut faire couper la tête à aucun Bacha, si ce n'est en vertu de la signature du Sultan, écrite de sa propre main, & venant immediatement de lui. Il ne peut non plus punir un Spahis ou un Janissaire, ni aucun autre Soldat sans la participation de leurs Chefs. En toute autre chose son pouvoir est tel, que quand il trouve à propos de proscrire quelque Officier que ce soit, il obtient aussi-tôt un ordre signé de l'Empereur pour le faire executer. On ne presente aucune requête, & on ne fait point de demandes qui n'ayent passé auparavant par les mains du Grand Visir. Comme cette Charge est la plus considerable de l'Empire Turc, elle est aussi la plus exposée à l'envie de tous ceux qui y prétendent, & cela est cause que les uns ne l'ont possedée que peu de jours, d'autres un mois, quelques-uns un an, & d'autres deux ou trois mois. On ôte souvent la vie au Visir en même-tems que sa Charge, & quelquefois on se contente de le releguer à quelque gouvernement qu'on lui laisse posseder en paix, sur-tout s'il est connu pour un homme qui ne soit point d'humeur à chercher à se venger des auteurs de sa disgrace, ou qui ne soit pas assés populaire & assés habile, pour exciter une sedition & pour brouiller. Les revenus que le Grand Visir tire de la Cour, ne vont guere qu'à vingt mille écus par an. Le reste des richesses immenses que cette charge produit, vient de tous les endroits de l'Empire Turc, n'y ayant point de Bachas ou de Ministres importans, qui ne fassent de grands presens à celui qui est revêtu de cette Charge, pour obtenir son consentement avant que d'entrer dans leur emploi, & pour s'y conserver quand ils y sont.

VISITANCE. s. f. Vieux mot. Visite.

Mais d'un riche usurier malade
La visitance est bonne & sade.

VISITATION. s. f. Terme de Pratique. Rapport & Jugement d'un procès. On dit en ce sens, qu'*On a condamné la partie aux dépens de la visitation du procès seulement*, c'est-à-dire, à rembourser les consignations pour les Commissaires, & les épices du Rapporteur. On dit aussi que *les Juges ont ordonné la visitation d'un lieu contentieux*, pour dire, qu'Ils ont nommé des experts pour s'y transporter, afin de verifier & d'estimer les reparations, degradations & autres choses sur lesquelles il y a contestation formée.

On appelle *Visitation*, Une Fête qui se celebre le second jour de Juillet dans l'Eglise Romaine, en memoire de la visite que la Vierge fit à sainte Elisabeth. Les Imagers appellent aussi *Visitation*, Une estampe dans laquelle cette visite est representée. Il y a un Ordre de Religieuses, qui est appellé l'*Ordre de la Visitation*.

VISITEUR. s. m. Celui qui fait la visite dans un Couvent, & qui a droit de la faire, pour voir si tout est dans l'ordre, & si l'on a soin de bien garder la discipline reguliere dans le Monastere qu'il visite. En Espagne il y a un Visiteur & Inquisiteur general. Les *Visiteurs des Vaisseaux*, sont des Officiers établis par l'Ordonnance de la Marine, dont la fonction est d'observer les marchandises des Passagers & leur nombre, l'arrivée & le départ des bâtimens, dont ils sont obligés d'avoir un registre paraphé du Juge. S'il se trouve dans les Vaisseaux des marchandises de contrebande, ils doivent les déclarer, & en empêcher la sortie sans congé enregistré.

VISORIUM. s. m. Terme d'Imprimerie. Maniere de demi-late longue d'un pié ou environ, & large à peu près de trois doigts, que le Compositeur a toûjours devant les yeux, & sur laquelle, quand il compose il met une feuille de la copie qu'il attache avec le mordant.

VISSIER. s. m. Vieux mot. Vivres, Provisions. *Et tuit li Vissier & totes les galies de l'ost.* On a dit aussi *Vissiers*, pour une sorte de barques. Dans Villehardouin, *Et li Vissiers as Barons.*

VIT.

VITAILLE. s. f. Vieux mot. Viande, vivres. Il est fait de *Victuailles*, comme Victuailles est fait du latin *Victus*.

VITAL, ALE. adj. *Qui sert à la conservation de la vie, d'où dépend la conservation de la vie.* ACAD. FR. Les parties vitales sont le cœur, le foye, le poumon & le cerveau. On appelle *Esprits vitaux*, Ceux qui animent & qui font mouvoir tout le corps. *Action vitale*, se dit de celles qui entretiennent la vie, la respiration, la digestion.

VITELOTS. s. m. Morceaux de pâte, de la grosseur à peu près du petit doigt, qu'on fait cuire avec de l'eau & du beurre, & qu'on mange ensuite avec du vinaigre ou sans vinaigre. On appelle aussi *Vitelots*, De petits morceaux de pâte que l'on coupe en tranches, & que l'on fait cuire & assaisonner à l'Italienne. On leur donne divers autres noms dans les Provinces, & quelques-uns leur conservent celui de *Vermicelli*, qu'ils ont parmi les Italiens.

VITESSE. s. f. Terme de Physique. Rapport de l'espace que parcourt un corps au tems dans lequel il le parcourt. Plus l'espace est grand & la durée du tems petite, plus la Vitesse est grande. Le produit de la Vitesse d'un corps par sa masse fait la quantité de son mouvement. Voyez MOUVEMENT.

On divise la Vitesse en *absolue* & *respective*. La Vitesse absolue est celle d'un corps que l'on ne compare à aucun autre. La Vitesse respective est celle par laquelle deux corps s'approchent ou s'éloignent l'un de l'autre, soit que leurs Vitesses absolues soient égales, soit qu'elles soient inégales, soit même qu'il n'y ait que l'un des deux corps qui se meuve. Ainsi si de deux corps qui vont l'un vers l'autre, l'un fait en une minute l'espace d'un pié, & l'autre l'espace de deux, la Vitesse respective dont ils s'approchent, & avec laquelle ils se choqueront, sera de trois piés. C'est la même chose s'ils s'éloignent l'un de l'autre, ou même si l'un étant en repos, l'autre qui va vers lui ou qui s'en éloigne, fait trois piés en une minute.

VITIABLE. adj. Vieux mot. Vitieux.

VITONNIERES. f. m. Terme de Marine. Canaux ou égouts qui regnent à fond de cale de proue à pouppe à côté de la carlingue. Ces canaux sont couverts par des planches qui se levent & se baissent quand on a besoin de les nettoyer.

VITRAIL. f. m. Grande fenêtre d'une Eglise ou d'une Basilique, avec des croisillons de pierre ou de fer.

VITRE. f. f. Assemblage de plusieurs pieces de verre mises en plomb par un Vitrier. On dit aussi *Vitres d'un carrosse.*

Vitre se dit encore d'une grande piece de verre, qui sert de couvercle à la montre que font les Orfevres & les Coûteliers, & qu'ils mettent sur leur boutique. On donne ce même nom de *Vitre*, au verre d'une montre de poche, & à celui que l'on met sur un pastel ou sur une miniature. M. Menage fait venir ce mot de *Vitria*, employé en la même signification par les Auteurs de la basse Latinité. Les panneaux de Vitres qu'on fait aujourd'hui de verre blanc, soit pour les Eglises, soit pour les Maisons particulieres, sont differens selon les differentes figures dont on les compose. Il y en a qui sont appellées *Pieces quarrées*, & d'autres *Losanges*. M. Felibien en fait le dénombrement, & dit qu'on les appelle *De la double borne*, *De la borne en pieces couchées*, ou *quarrées*; *Bornes debout*; *Bornes couchées en tranchoir pointu*; *Tranchoirs en losanges*; *Bornes doubles & simples*; *Bornes couchées doubles*; *Bornes longues en tranchoir pointu*; *Tranchoir pointu à tringlette double*; *Tringlettes en tranchoirs*; *Chesnons*; *Moulinets en tranchoirs*; *Moulinets doubles*; *Moulinets à tranchoirs évidés*; *Croix de Lorraine*; *Croix de Malte*; *Molette d'éperon*; *Feuilles de laurier*; *Bâtons rompus*; *Du dé*; *Façon de la Reine*, & autres differentes manieres, selon que les Ouvriers se plaisent à inventer de nouveaux compartimens.

VITRERIE. f. f. Tout ce qui appartient à l'art d'employer le verre. On ne s'en est servi pour les vitres que long-tems après qu'on l'a inventé. On en avoit fait déja de très-beaux ouvrages, & M. Felibien nous apprend que du tems de Pompée, Marcus Scaurus fit faire de verre une partie de la scene de cee superbe theatre qui fut élevé dans Rome pour le divertissement du peuple. Cependant, ajoûte-t'il, il n'y avoit point alors de vitres aux fenêtres des bâtimens. Si les personnes les plus nobles & les plus riches, vouloient avoir des lieux clos & bien fermés, comme doivent être les étuves & les bains & quelques autres endroits, où pût entrer la lumiere, sans que l'on reçût aucune incommodité du froid & du vent, on fermoit les ouvertures avec des pierres transparentes, telles que sont les agathes, l'albâtre, & d'autres marbres travaillés avec délicatesse; mais lorsqu'ensuite l'utilité du verre a été connue pour un tel usage, on s'en est servi au lieu de ces pierres, & l'on a fait d'abord de petites pieces rondes que l'on assembloit avec des morceaux de plomb refendus des deux côtés, afin d'empêcher que le vent ni l'eau ne puissent passer. C'est ainsi qu'ont été faites les premieres vitres de verre blanc.

Comme l'on faisoit du verre de differentes couleurs dans les fourneaux des Verriers, on en prit quelques morceaux qu'on arrangea par compartimens pour mettre aux fenêtres; & ce fut là l'origine de la Peinture qui a été faite ensuite sur les vitres. L'agreable effet que firent ces morceaux ainsi rangés, fut cause qu'on ne se contenta pas de cet assemblage de diverses pieces coloriées, on voulut representer toutes sortes de figures & même des histoires entieres, ce qui se fit d'abord sur du verre blanc, en se servant de couleurs détrempées avec la colle, & parce que l'on s'apperçût bien-tôt que les injures de l'air les effaceroient en peu de tems, on chercha d'autres couleurs, qui après avoir été couchées sur le verre blanc, & même sur celui qui avoit été déja colorié dans les Verreries se pussent parfondre & incorporer avec le même verre en le mettant au feu. On y réussit si heureusement que la beauté de nos anciennes vitres en est une preuve incontestable.

VITRE', E'E. Qui est garni de vitres, fermé par des vitres.

On appelle en termes d'Anatomie, *Humeur vitrée*, Une des trois humeurs qui se rencontrent dans l'œil. Celle-là se trouve dans sa partie posterieure où elle est envelopée d'une membrane très-fine & très-déliée. Elle brille comme un diamant, & semble être composée d'une quantité de fibres molles. Elle est beaucoup plus grande que les deux autres, qui sont l'aqueuse & la cristaline. On dit aussi *Pituite vitrée*. C'est une pituite transparente.

VITRIFICATION. f. f. Operation Chymique, qui par un feu violent convertit en verre quelque matiere.

VITRIFIER. v. a. Terme de Chymie. Réduire en verre, par un feu très-violent les pierres, les métaux, les mineraux, & autres choses semblables transparentes.

VITRIOL. f. m. *Espece de mineral qui est acide.* ACAD. FR. Le Vitriol s'engendre dans les entrailles de la terre par le moyen de quelque calcination qui s'y fait, lorsque la mine du mars ou du cuivre vient à être rongée par l'esprit acide du souphre qui se coagule avec la mine, & forme le corps qu'on appelle *Vitriol*. Il doit être different selon que la mine corrodée est differente. Si c'en est une de cuivre, la couleur du Vitriol est bleue; si c'en est une de mars, sa couleur est verte; & si c'est l'une & l'autre, il partage ces deux couleurs. Le Vitriol de Chypre & celui de Hongrie, qui sont fort bleus, participent du cuivre; & le Vitriol Romain, qui est vert, tient du mars, comme celui d'Allemagne. On peut connoître comment le Vitriol naturel s'engendre, par la maniere dont se fait l'artificiel. On prend de l'esprit acide de souphre, qu'on délaye avec de l'eau, après quoi on y ajoûte du mars ou du cuivre, que corrode l'esprit acide de souphre. Cette calcination corrosive étant faite, on filtre & on laisse évaporer la matiere calcinée, & on la met ensuite à la cave, où il se forme des cristaux de Vitriol bleus ou verts, c'est-à-dire, qui tiennent du mars ou du cuivre. Ce Vitriol est entierement semblable au naturel. Ettmuller dit dans sa Chymie nouvelle raisonnée, que la plus belle & la plus utile maniere de composer le Vitriol artificiel, est de prendre des lamelles de fer ou de cuivre, de les stratifier & cementer dans un creuset avec de la poudre de souphre, & de les calciner ainsi sur le feu. Lorsque le souphre s'enflamme, l'esprit acide s'en détache pour corroder la substance du mars ou du cuivre, & la calcination étant faite, on met ce mêlange dans de l'eau simple, qui devient verte si c'est du mars, & bleue si c'est du cuivre que l'on employe. Il faut filtrer la liqueur, & la faire évaporer à la quantité requise, & on trouve au fond de très-beaux cristaux. Ce Vitriol artificiel a le même usage & les mêmes effets que le naturel, qui se trouve en terre en forme de Vitriol ou sous la forme d'une pierre sulphureuse nommée *Pyrites*, qui participe au mars ou au cuivre & au souphre, & dont on fait ensuite le Vitriol en la concassant, en la calcinant & en l'exposant ensuite à l'air, pendant quoi le Vitriol se forme de lui-même, ou bien on le tire avec de l'eau par une lessive qu'on en fait. On trouve peu de Vitriol pur & simple, à l'exception de celui de Chypre & de Hongrie. Celui de Rome & d'Allemagne sont d'ordinaire mêlés. Quand on veut en avoir de pur pour l'usage de la Medecine, on le prépare en dissolvant du Vitriol de mars ou de cuivre dans l'eau simple. On fait bouillir la dissolution sur le feu, & pendant cela on y met des verges de fer, ce qui fait précipiter le cuivre au fond, parce que l'acide qui est dans le Vitriol, quitte le cuivre pour s'attacher au mars. On calcine le Vitriol en blancheur pour le distiller, & d'abord il en sort un phlegme, que l'on appelle autrement *Rosée de Vitriol*. Il sort ensuite beaucoup de phlegme insipide, qu'on nomme *Phlegme de Vitriol*. Lorsque la liqueur devient acide, on augmente le feu, & il se forme des nuages qui se coagulent, & qui font *l'esprit de Vitriol*. La distillation se termine par *l'huile de Vitriol*, qui sort la derniere. Toute la difference qui se trouve entre l'huile & l'esprit de Vitriol, c'est le plus ou moins d'acidité. L'huile qui souffre la derniere violence du feu, enleve avec soi des particules metalliques; ce qui la rend grossiere & obscure, & l'esprit est mêlé avec plus de phlegme ou d'eau. Par cette raison, il est moins acide que l'huile, dont l'acide est concentré, & qui a besoin d'un feu plus violent. La tête morte paroît tantôt noire, ce qui fait connoître qu'elle est privée de tous les esprits, & tantôt brune, ce qui est une marque que tous les esprits n'en sont point encore sortis. Cette tête morte calcinée & dissoute dans de l'eau commune donne un *Sel de Vitriol*, qui est acide & joint à quelque partie de mine. On appelle *Terre douce de Vitriol*. La tête morte dont le sel fixe a été tiré à la lessive. C'est proprement un safran stiptique des métaux, ou la partie métallique de la mine qui est restée après la séparation de l'esprit de souphre, qui par sa corrosion a changé le métal en Vitriol. La tête morte du Vitriol de cuivre ou de Venus, renferme la vertu de la poudre de sympathie, qui guerit les playes par une faculté magnetique. On expose pendant les Jours Caniculaires du Vitriol de cuivre au Soleil, pour le calciner en jaune. Il ne faut pas que les rayons soient trop chauds, à cause que la vertu sympathique, ou le souphre de Venus en quoi elle consiste, se dissiperoit. Il faut aussi empêcher que la pluye ne tombe sur la préparation, parce qu'elle en feroit un veritable Vitriol. Le Vitriol pris interieurement échauffe & desséche jusqu'au quatriéme degré. Il est astringent, conserve les chairs qui sont trop humides, & les resserre en consumant leurs humidités. Il empêche la pourriture & fortifie les parties internes. C'est l'alexipharmaque du poison qui vient des champignons que l'on a mangés. Les eaux de Spa & de Pougues, qui sont remplies de qualités vitrioliques, guerissent les maladies les plus desesperées, à cause des facultés qu'elles tirent du Vitriol, par le moyen duquel pénétrant jusques dans les sinuosités de toutes les parties, elles nettoyent ce qui est nuisible, sans toucher à ce qui est profitable; mais comme ce suc mineral est acre & mordicant, & qu'il excite le vomissement, il est fort mauvais pour l'estomac; de sorte que l'on ne s'en doit servir, ainsi que des eaux de Spa, qu'avec de grandes précautions. Le même Vitriol employé exterieurement est astringent, mondifie les ulceres, & ride le cuir, ainsi que l'alun, avec lequel il a grande affinité. M. Ménage fait venir *Vitriol, à vitreo colore*, comme étant luisant, & ayant par là quelque ressemblance avec le verre.

VITRIOLIQUE. adj. Qui renferme une qualité de Vitriol. M. Bernier dit dans son Abregé de la Philosophie de Gassendi, que si on jette du fer dans de l'eau vitriolique, & qu'on fasse fondre la poudre rouge qui naîtra sur la superficie de ce fer, cette poudre se trouvera être du cuivre, ce qui est une preuve de la transmutation.

VIV

VIVANDIER. s. m. Marchand qui suit les Troupes, qui porte des provisions de bouche sur des charrettes & sur des chevaux, & qui vend les vivres dont les Soldats ont besoin dans les divers campemens que fait l'armée. Il se dit aussi de celui qui suit la Cour, pour y vendre des vivres & autres necessités.

VIVE. s. f. Poisson de mer qui a la chair ferme, le ventre blanc & fait en arc, le dos droit & brun, la bouche grande & sans dents, l'ouverture de la bouche oblique, avec des arêtes fort piquantes. La Vive est à peu près de la taille du Maquereau, & a ses aiguillons venimeux, même après sa mort, principalement ceux qui sont au bout de ses ouies. Aussi les Pêcheurs & les Marchands de poisson sont-ils obligés de les couper, suivant les Reglemens de Police. On croit qu'on a appellé ce poisson *Vive*, parce qu'il demeure long-tems en vie.

VIVELLE. s. f. Petit reseau qu'on fait à l'aiguille pour reprendre un trou dans une toile déliée au lieu d'y mettre une piece.

VIVIER. s. m. Reservoir d'eau courante ou dormante, bordé de maçonnerie, où l'on met du poisson pour peupler & pour en avoir dans le besoin.

VIVIFIER. v. a. *Donner la vie & la conserver.* ACAD. FR. Les Chymistes se servent aussi du mot *Vivifier*, pour dire, Donner un nouvel éclat, une nouvelle vigueur aux corps naturels par le moyen de leur art, & particulierement au mercure, lors qu'après qu'il est fixé ou amalgamé, ils le remettent en sa premiere forme, qui est mobile & coulant.

VIVRE. s. f. Terme de Blason. Il se dit d'un serpent tortueux appellé autrement *Guivre* ou *Givre*. Les uns veulent qu'on ait fait ce mot de *Vipera*, Vipere, & les autres de *Hydra*, qui veut dire aussi Serpent.

VIVRE', E'E. adj. Terme de Blason. Il se dit des bandes & fasces qui sont sinueuses & ondées, avec des entailles faites d'angles entrans & sortans, comme des redents de fortification. *De gueules à la bande vivrée d'argent.*

VIZ

VIZCACHA. s. m. Espece de lapin qui se trouve dans le Perou, & qui a la queue aussi longue que celle d'un chat. Ces animaux sont petits & doux, de couleur de gris blanc ou cendré, & s'engendrent dans les deserts pleins de neiges. Sous l'Empire des Yncas, & même depuis, ceux du païs en filoient le poil, dont ils faisoient de riches étoffes pour la beauté.

ULC

ULCERATION. s. f. Petite ouverture du cuir

qu'un ulcere a faite.

ULCERE. f. m. Terme de Medecine. Solution de continuité, faite par une acrimonie qui corrode & consume la substance de la partie. Ce corrosif est un acide qui en corrompt l'aliment propre, & le change en un excrement acre, ou en fanie, selon que cet acide est plus ou moins abondant. La corruption de l'aliment a aussi ses differens degrés, & l'ulcere est plus ou moins opiniâtre ou purulent, ou sanieux, ou vermineux, difficile à réunir, chancreux, douloureux, malin & contagieux, avec carie & gangrene. Ainsi les Ulceres des parties nerveuses sont d'autant plus difficiles à guerir, qu'ils naissent facilement, à cause que leur aliment étant extrêmement temperé & moins empreint de sel volatile acre que celui des parties sanguines, il s'aigrit & se corrompt presque aussi-tôt qu'il s'altere, & par le défaut du correctif, il devient d'autant plus acre, que l'esprit animal se distribue & s'exhale plus promptement dans ces parties. Au contraire les parties sanguines qui abondent en sel volatile, acre & huileux, contractent plus mal-aisément l'acide, qui étant contracté se tempere plus facilement, & rend les Ulceres plus benins. Ils sont opiniâtres & très-douloureux dans les parties glanduleuses, & sur-tout sous les aisselles, & ensuite vers les aines, où elles s'étendent, & par leur acide corrosif rongent les parties voisines. Cet acide, qu'on peut nommer Corrupteur, passant de l'ulcere à l'os voisin, ou s'y engendrant par la corruption de l'aliment de l'os que l'air aura infecté, ou par quelque acide étranger qui aura été distribué avec l'aliment de l'os, le corrode, le rend carieux, & forme un Ulcere compliqué avec carie, incurable, & qui renaîtra cent fois, à moins qu'on ne remedie à cette carie de l'os. On appelle *Ulceres sordides*, ceux qui jettent quantité d'ordures crasses & des excremens mucilagineux. Ils sont nommés *Ulceres putrides*, lorsqu'ils répandent en même-tems une odeur puante & cadavereuse ; & quand la circonference de la playe s'étend de plus en plus au loin & au large avec les mêmes ordures, ce sont des *Ulceres corrosifs*. Tous les Ulceres inveterés, sur-tout ceux des jambes, qui sont enracinés si profondément qu'on a de la peine à les guerir & à les consolider, sont appellés *Ulceres dysepulotiques*, & on les appelle aussi *Phagedeniques*, du Grec φάγομαι, à cause qu'ils gagnent & mangent les parties voisines. L'*Ulcere de l'oreille* est ou veritable ou apparent. Le premier vient d'un abscès qui suit l'inflammation, ou d'une lymphe trop acre qui y est chariée ; & qui exulcere le conduit interne. L'Ulcere apparent, c'est lorsqu'il sort de la sanie des oreilles ; quelquefois sans qu'aucune douleur ait précedé. Ce flux dure même long-tems ; & quand il s'arrête, il survient divers symptomes de la tête & du cerveau, à quoi la continuation du flux remedie. C'est ce qu'on remarque fort souvent dans les enfans qui sont délivrés de diverses maladies par les flux plus ou moins sordides des oreilles. Les veritables Ulceres des oreilles, lorsqu'ils sont durables ou inveterés, dégenerent facilement en fistule, ou en corrodant ils donnent occasion aux membranes de produire une excrescence charnue qui bouche l'ouie, & qui est nommée par les Grecs ὑπερσάρκωμα.

ULCION. f. f. Vieux mot. Vengeance, du Latin *Ultio*, qui veut dire la même chose.

U L M

ULMARIA. f. f. Plante qui croît fort abondamment auprès des fossés pleines d'eau, dans les prés & sur le bord des rivieres, & qu'on a nommée ainsi du Latin *Ulmus*, Orme, à cause que dans toutes ses parties elle ressemble à cet arbre. Elle est dans sa vigueur & fleurit principalement aux mois de Juillet & d'Août. On ne laisse pas d'en trouver quelquefois en cet état dès le mois de Juin. Ses excellentes proprietés la font aussi appeller *Regina prati*. Elle est froide & seche, & a une vertu manifestement astringente. Sa racine en décoction, ou réduite en poudre, est fort bonne à ceux qui ont la dysenterie, & arrête tout flux de sang & de ventre. On tient que ses fleurs bouillies dans du vin emportent les accès de la fiévre quarte.

U M B

UMBILICAL, ALE. adj. Qui appartient au nombril. On appelle *Veine umbilicale*, la Veine nourriciere du fœtus. Elle s'étend depuis la séparation du foye jusques au nombril, & porte la nourriture à l'enfant, lorsqu'il est encore dans le ventre de sa mere. On appelle *Vaisseaux umbilicaux*, des Vaisseaux qui passent entre les deux tuniques du peritoine & se joignent au nombril. Ils sont au nombre de quatre, la veine umbilicale, deux arteres, & l'ouraque dont la veine est la nourrice du fœtus. Il respire ou transpire par le moyen des arteres, & il se décharge de son urine par l'ouraque. Tous ces vaisseaux se flétrissent quand l'enfant est né, & se changent en un ligament qui sert pour attacher le foye ou la vessie. Ce mot *Umbilical* vient d'*Umbilicus*, dérivé d'*Umbo*, qui signifie la bosse ou le bouton, qui est au milieu d'un bouclier, ce qu'on a appliqué au nombril par ressemblance.

UMBILICUS *Veneris*. f. m. Plante qui est de deux sortes. L'une a ses feuilles tournées comme une coupe, & l'autre les a larges, grasses & faites en maniere de cueiller. Voyez COTYLEDON, & CYMBALIUM,

UMBRIL. f. m. Vieux mot. Nombril.

UMBROYER. v. a. Vieux mot. Ombrager.

U N A

UNAU. f. m. Animal monstrueux qui se trouve dans l'Isle de Marignan. Il a la tête ronde presque comme celle d'un homme, le poil d'un chien, quatre piés, & trois ongles longs à trois orteils avec lesquels il s'accroche aux arbres où il veut monter. Il n'en descend qu'après qu'il en a mangé les fruits & toutes les feuilles. Il est fort lent à se remuer, & si paresseux que les Espagnols, à cause de la maniere lente dont il se traîne, lui ont donné le nom de *Paresso*. L'Ecluse qui a vû un de ces animaux qu'on avoit tué, dit que depuis le cou jusqu'au bout du dos il avoit un peu plus d'un pié de long, & que sa grosseur étoit d'environ autant. Son col étoit long de demi-pié, & gros de quatre pouces en y comprenant le poil. Ses jambes de devant jusqu'à la jointure de ses piés qu'il avoit plats comme ceux d'un ours, avoient plus de sept pouces, mais celles de derriere en avoient seulement six & demi, de sorte qu'il s'en falloit presque un pouce qu'elles n'eussent la même longueur que les jambes de devant. Ses piés, tant ceux de devant que ceux de derriere, avoient trois pouces de long depuis leur jointure jusqu'aux ongles, mais ils étoient forts étroits, & c'est ce qui fait que cet animal a tant de peine à marcher. Chaque pié avoit trois ongles proches l'un de l'autre, longs de deux pouces & demi, blancs & fort aigus. Le dessus étoit courbé comme un arc, & le dessous

dessous cave. Tout son corps, depuis le sommet de la tête jusqu'aux ongles, étoit couvert d'un poil long & épais, en partie noir, & en partie cendré comme celui d'un Blereau, plus mol toutefois, & depuis le col le long du dos presque jusqu'aux jambes de derriere, il étoit marqué d'une ligne de poil noir. Un crin noir qui pendoit des deux côtés, couvroit tout le col depuis la tête jusqu'aux jambes de devant. Cette tête étoit petite, & couverte d'un court poil roussâtre, ainsi que la mâchoire d'en-bas & une partie de la gorge. Son museau ressembloit en quelque sorte à un singe dont il avoit les narines. Il étoit plat, court, & sans poil avec des dents courtes & assés larges. Cet animal n'a pas la gueule fort grande.

UNI

UNI, IE. adj. Egal, qui n'est pas plus bas ou plus haut en un endroit qu'en un autre. On appelle en termes de Manége, *Cheval uni*, Un cheval dont les deux trains, devant & derriere, ne font qu'une même action, sans que le cheval change de pié ou galoppe faux. On dit dans ce même sens qu'*Un cheval s'unit*, qu'*Il marche uniment*, pour dire, que Le train de derriere suit, & qu'il accompagne bien celui de devant.

UNION. s. f. *Jonction de plusieurs choses ensemble.* ACAD. FR. On dit en termes de Peinture, qu'*Un tableau est peint avec une belle union de couleurs*, pour dire, que Ces couleurs s'accordent bien toutes ensemble, & à la lumiere qui les éclaire; qu'il n'y en a point de trop fortes qui détruisent les autres, & que le Peintre a si bien traité toutes les parties qu'il n'en est aucune qui ne fasse son effet. M. Daviler dit qu'*Union*, dans l'Architecture, peut signifier l'harmonie des couleurs dans les materiaux, laquelle contribue avec le bon goût du dessein à la décoration des édifices.

UNISSON. s. m. Terme de Musique. Consonance de deux sons ou battemens d'air, que produisent deux corps de même nature & matiere, de même longueur, grosseur ou tension, également touchés dans le même tems, en sorte qu'ils fassent entendre le même ton. Deux cordes d'un même lut, ou de deux luts differens, mais voisins l'un de l'autre, étant à l'unisson, on n'en sçauroit toucher l'une que l'autre ne resonne ou du moins ne tremble en même-tems, ce qui n'arrive pas aux cordes qui font entre elles d'autres accords, si ce n'est quelquefois à celles qui sont à l'octave l'une de l'autre. La raison en est que dans les cordes qui sont à l'unisson l'air poussé par les vibrations de l'une trouve l'autre disposée à de pareilles vibrations, & toutes les impressions qu'il fait sur elle à chaque instant, favorisent ce mouvement. Il en va à peu près de même des cordes qui sont à l'octave. Mais dans celles qui sont montées pour d'autres accords, si on touche l'une, l'autre ne se met pas en mouvement, parce que l'air agité par la premiere donne à l'autre des secousses contraires au mouvement qu'elle est disposée à prendre, & la frape le plus souvent à contretems. On pourroit expliquer de la même façon pourquoi de certains bruits font grincer les dents; pourquoi quelquefois dans les Eglises on voit les vitres trembler à un certain jeu d'orgues, qui ne tremblent pas à un plus fort, &c. Tout cela vient de ce que ces corps sont en quelque sorte montés à l'unisson, c'est-à-dire, que le mouvement imprimé à l'air par les uns trouve les autres précisément disposés à recevoir les mêmes vibrations, au lieu que toutes autres sortes de vibrations, plus promptes, ou plus lentes, ils ne les prendroi ent pas. *Unisson*, se dit aussi de la conjonction de deux ou de plusieurs sons, si parfaitement semblables, que l'oreille qui les reçoit ne croit entendre qu'un unique & même son.

UNITAIRES. s. m. Nom que l'on donne aux Antitrinitaires d'aujourd'hui qu'on appelle aussi *Sociniens*. Ils n'approuvent que le seul Symbole des Apôtres, & en rejettant celui de Nicée, & celui qui est attribué à saint Athanase, ils disent qu'ils n'y trouvent point de conformité à la parole de Dieu, qui n'établit, selon eux, qu'un seul Dieu qui est le Pere. Ainsi ils ne veulent point reconnoître le Fils pour ce souverain Dieu, quoiqu'ils le reconnoissent aussi Dieu, mais ils prétendent qu'il soit inferieur au Pere à qui il rend honneur. La doctrine de ces Unitaires est expliquée assés nettement dans leur Catechisme, qui a été imprimé en 1619. On ne trouve pas beaucoup de litterature dans leurs livres; aussi n'ont-ils jamais eu qu'une connoissance mediocre de l'Ecriture. On tient même qu'il n'y a aucun d'eux qui ait bien sçû les langues Orientales. Il est vrai qu'ils sont grands Dialecticiens. La profession qu'ils font de rejetter toutes les autorités, à l'exception de celles de l'Ecriture, leur a fait avancer plusieurs paradoxes dans la Religion. M. Simon qui a répondu à quelques-uns de ces Unitaires, dit qu'ils n'ont aucune connoissance de l'Histoire Ecclesiastique, & des Ouvrages des anciens Peres de l'Eglise, & qu'ils n'apprennent qu'autant d'Hebreu & de Grec qu'ils ont besoin d'en sçavoir pour pouvoir consulter les Dictionaires & les Concordances de la Bible. Ils se servent de quelques traductions Latines, qui ont été faites sur l'une & sur l'autre langue, & d'un petit nombre de Commentaires à la lettre. S'il leur survient des difficultés, ils ont aussi-tôt recours à la Concordance, & ils expliquent les mots obscurs par d'autres qui semblent plus clairs, & qui en même-tems fournissent le sens qu'ils cherchent. S'ils trouvent ces mots obscurs, expliqués par de plus clairs qui soient contraires à leurs préjugés, ils ne s'embarassent point de ceux-là, & choisissent seulement ceux qui favorisent leurs opinions Voyez SOCINIENS.

UNIVERSAIRE. s. m. Vieux mot. Anniversaire.

UNIVERSALITE'. s. f. Terme de Logique. Il se dit de la qualité des Universaux, & en ce sens l'Universalité des hommes est la nature humaine.

UNIVERSAUX. s. m. p. Terme de Logique. Nature commune qui convient generalement à plusieurs choses de même sorte. On compte cinq Universaux, que l'on appelle autrement *les cinq voix de Porphyre*; sçavoir, le genre, l'espece, la difference, le propre & l'accident.

On donne ce même nom d'*Universaux* aux lettres circulaires qu'envoyent les Rois de Pologne dans les Provinces & aux Grands du Royaume, quand des affaires importantes les obligent à convoquer les Diettes.

UNIVERSITE'. s. f. Assemblée de gens doctes, établis par autorité publique pour enseigner les langues & les sciences. On appelle *Recteur de l'Université*, Celui qui gouverne l'Université, & ceux qui lui sont soûmis, sont appellés ses suppôts. Robert Gaguin, Nicole Gilles, & quelques autres, tiennent que l'Université de Paris a commencé sous Charlemagne qui assigna des lieux à Paris à quatre Anglois, Disciples du Venerable Bede, qui y donnerent les premieres leçons. Ces quatre Anglois furent, selon eux, Alcuin, Raban, Jean & Claude. Paul Emile, Jean du Tillet & Pasquier soûtiennent que l'Université de Paris n'a pris naissance que sous Louis le Jeune, & sous Philippe Auguste son successeur; ce qui arriva au tems de Pierre Lombard, Evêque de Paris, qui en fut un ornement très-considerable. L'Université fait encore un Anniversaire pour lui dans l'Eglise de saint Marcel où il a sa sepulture. En l'an 1340. Philippe de Valois exempta tout le Corps de l'Université & les Ecoliers, de tous peages, de tailles & autres charges personnelles, & il leur donna le Prévôt de Paris pour Juge. C'est par devant lui qu'ils ont eu jusqu'à present leurs causes commises. Le Cardinal d'Estouteville reforma l'Université en 1452. Les Ecoliers y ont été en si grand nombre, que selon ce que Juvenal des Ursins atteste, en une Procession que le Corps de l'Université fit en 1409. de sainte Geneviéve à saint Denys, les premiers y étoient déja arrivés, avant que le Recteur eût encore été que jusqu'à la porte de l'Eglise des Maturins. Il y a quatre Facultés dans l'Université, la Theologie, le Droit, la Medecine & les Arts. La plus ancienne de ces quatre Facultés est celle des Arts, & c'est toûjours de ce Corps que le Recteur de l'Université est élû. Elle est divisée en quatre Nations, de France, de Picardie, de Normandie & d'Allemagne. On divise encore ces Nations en plusieurs Provinces. Il y en a cinq pour la Nation de France; sçavoir celles de Paris, de Sens, de Reims, de Tours & de Bourges, & deux pour la Nation de Picardie. La premiere contient les Dioceses de Beauvais, d'Amiens & autres; & la seconde ceux de Cambrai, de Laon, &c. La Nation de Normandie est pour Rouen & pour les Evêchés suffragans, & celle d'Allemagne a été mise pour la Nation d'Angleterre, qui en fut ôtée pendant les guerres que la France eut contre les Anglois. La Nation d'Allemagne est divisée en trois Provinces, dont la premiere comprend l'Alsace, la Baviere, la Boheme, la Hongrie & la Pologne. La seconde, que l'on appelle *Des bas Allemans*, est pour la Lorraine, la Saxe, la Hollande, &c. & la troisiéme, pour l'Angleterre, pour l'Ecosse & pour l'Irlande. Le Recteur qu'on élit tous les trois mois, & que l'on continue assés souvent, étend l'autorité qu'il a sur toutes les Facultés jusques à faire cesser tous les actes publics, & empêcher que l'on ne fasse leçon. Ainsi le jour qu'il fait sa Procession, ce qui arrive quatre fois de l'année, il défend aux Prédicateurs de monter en chaire. On dit qu'il a rang dans les cérémonies publiques après les Princes du Sang, en qualité de Chef de l'Université, que les Rois de France traitent comme leur Fille aînée. Il marche à côté de l'Archevêque de Paris aux enterremens des Rois. Il porte une robe violette quand il prend son habit de cérémonie, & une ceinture de soye avec des pendans d'or. Une Bourse à l'antique est attachée à cette ceinture, pour marquer sa primauté sur tous les Boursiers de l'Université. Son mantelet, qui lui descend tout autour jusqu'à la moitié des bras, est fourré d'hermine, & son tribunal est formé des trois Doyens des Facultés de Theologie, de Droit & de Medecine, & des quatre Procureurs des Nations.

La Faculté de Theologie est composée de plusieurs maisons & societés, dont la principale est la maison & societé de Sorbonne. Ceux qui aspirent à s'y faire recevoir, doivent professer un cours de Philosophie dans quelque College de l'Université avant ou pendant leur Licence. La seconde maison, est la maison de Navarre. Il y a encore d'autres Colleges, comme ceux de Montaigu & du Cardinal le Moine, qui ont ce même droit de composer une maison particuliere. Les degrés de la Faculté de Theologie, sont le Baccalaureat, la Licence & le Doctorat.

La Faculté de Droit Civil & de Droit Canon, a ses écoles particulieres qui furent reparées en 1464. sans que l'on sçache en quel tems elles ont été bâties. Par une Ordonnance de Blois donnée en 1580. Henri III. défendit que le Droit Civil ne fût enseigné dans ces écoles, & Louis XIV. l'y rétablit en l'année 1679. Six Professeurs y font des leçons publiques, trois le matin, & trois l'après midi.

La Faculté de Medecine a commencé avec l'Université de Paris, & quoique pendant trois siecles, elle semble n'avoir point fait de Corps séparé de la Faculté des Arts, à cause que la Medecine étoit alors enseignée, par ceux qui professoient la Physique, qui en est la principale partie, elle ne laissoit pas de subsister, mais elle n'a eu son parfait établissement que dans le douziéme siecle. Elle fit alors une Faculté séparée, & eut des Professeurs particuliers, tenant au commencement ses Assemblées dans le Cloître des Mathurins, & ensuite à S. Yves. Elle les tient aujourd'hui dans les Ecoles de Medecine qui furent bâties en 1472. dans la rue de la Bucherie, où le grand Theatre Anatomique fut élevé en 1608. Depuis l'année 1646. Il y a eu quatre Professeurs ordinaires, celui de Physiologie & celui des Plantes qui enseignent le matin, & ceux de Pathologie & de Chirurgie, qui donnent des leçons l'après midi. Les Professeurs de Physiologie & de Pathologie, outre les écrits qu'ils dictent & qu'ils expliquent à leurs écoliers, sont obligés de faire chacun tous les ans une anatomie publique, & toutes les operations manuelles y sont demontrées par celui de Chirurgie. La Ville fournit deux cadavres sur lesquels se font les dissections. C'est une coûtume pour le Professeur des plantes, de conduire pendant le Printems ses Ecoliers à la campagne, où il leur fait connoître les simples, dont il leur a enseigné les proprietés. Il y a d'ordinaire cent Docteurs Regens dans la Faculté de Medecine de Paris. On en élit un chaque année, pour en être le chef, & pour avoir soin de toutes les choses qui la regardent. On lui donne le nom de Doyen en charge, pour le distinguer du Doyen d'ancienneté; qu'on appelle simplement Doyen. Le Chancelier de l'Université a le privilege de donner des provisions de benefices en differens cas.

On ne se plaint presque pas des Furetieristes qui disent que l'Université d'Angers ne fut établie qu'en 1364. tant d'autres sont tombés dans cette faute que ce seroit une espece de prodige de la faire remonter deux siecles auparavant comme le prouve l'Auteur de l'histoire de cette Université.

VOA

VOADOUROU. f. m. Fruit d'une plante de l'Isle de Madagascar, appellée *Dourou* ou *Fonsi*, ce qui le fait aussi appeller *Voatfonsi*. Cette plante croît en maniere de panache, & ses feuilles ont une toise de longueur & deux piés de large. Il y en a même qui sont longues de plus de huit ou dix piés, sans compter la tige qui a quelquefois deux piés de longueur. Quand elles sont seches, on les nomme *Rates*, & les tiges appellées *Falafes*, servent à bâtir les murailles des masures. Les unes & les autres se peuvent conserver pendant six ans, & les feuilles vertes servent de nate, d'assiette & de gobelet. Le Voadourou qui est le fruit de la plante croît en forme d'une grappe, longue comme l'épi du blé de Turquie. Elle est enfermée dans une écorce dure, & chaque grain ou baye est comme un gros pois, environné d'une chair bleue dont on fait de l'huile. On se sert des bayes à faire de la farine pour manger avec du lait. Les habitans du Pays ont toûjours de ce fruit dans la bouche, avec une espece de feuille appellée *Betel*, & un peu de chaux qu'ils mâchent, tant pour se faire l'haleine douce que pour la santé.

VOAHELATS. s. m. Meures blanches qui se trouvent dans l'Isle de Madagascar, & qui sont d'un goût si aigre & si âpre, qu'elles emportent la peau de la langue. Elles ont quelque ressemblance avec nos meures, mais les feuilles de l'arbre qui les porte sont fort differentes de celles de nos meuriers.

VOALE'. s. m. Petit arbrisseau qui pousse une fleur semblable au muguet sauvage que les Apothicaires appellent *Lilium convallium*. Il croît dans cette même Isle de Madagascar.

VOAME. s. m. Petits pois ou feves rouges que porte une petite plante qui traîne par terre & qui croît dans les Isles de l'Afrique. Les Orfevres de ce pays à qui le Borax est inconnu, s'en servent pour souder l'or, en mêlant ces pois réduits en poudre ou en farine avec du suc de limon, & l'or qu'ils veulent souder devient souple & maniable quand il est trempé dans ce mélange. Les Indiens du Malais appellent cette sorte de pois *Conduri*, & ceux de Javan *Saga*. Ils s'en servent pour peser au lieu de poids.

VOANANE. s. m. Fruit long d'un demi-pié, & composé de quatre parties. Il a le goût des poires pierreuses, & est estimé un remede souverain contre le flux de ventre. Il se trouve dans l'Isle de Madagascar.

VOANATO. s. m. Fruit d'un gros arbre qui croît au bord de la mer dans la même Isle. La chair en est nourrissante encore qu'elle soit tenace. Les habitans du pays la mangent ou seule, ou avec du lait & du sel. Le bois de cet arbre est fort massif & propre à être employé pour des édifices. Il est d'une netteté particuliere & extremement poli, & n'est sujet ni à se carier ni à se pourrir.

VOANDROU. s. m. Plante qu'on trouve dans l'Isle de Madagascar où elle croît avec assés de facilité. Son fruit qui est une espece de féve demeure caché sous terre, & chaque cosse n'en enferme qu'une. Ses feuilles sont trois à trois comme celles du trefle, & elle n'a ni rameau ni tige, si ce n'est celle de ses feuilles.

VOARVENSARA. s. m. Fruit d'un grand arbre qui a ses feuilles comme celles du laurier, mais plus petites. Ce fruit, qu'il ne porte que de trois ans en trois ans, est comme une grosse noix verte. Il a le goût des clous de girofle aussi bien l'écorce que le dedans. Les feuilles ont aussi le même goût, ainsi que la fleur qui en a la forme. Quand les habitans de Madagascar chés qui croît cet arbre, veulent avoir de son fruit & de ses feuilles, qu'ils mêlent avec du gingembre & des porreaux en apprêtant des poissons, ils ne prennent pas la peine d'y grimper, mais ils le coupent près de sa racine. Il vient sur de hautes montagnes, & on le distingue en mâle & en femelle.

VOASARA. s. m. Mot general dont les Madagascarois se servent pour dire, *Citrons*. Ils en ont de sept sortes; quelques-uns doux, gros & beaux, appellés *Voaseremani*, & d'autres aigres & qui n'ont que la grosseur d'une prune. Ce sont-là les plus communs & ils les appellent *Voaserats*. Il y en a de deux sortes qui sont longs & qui ont le goût du musc. Les uns sont petits & les autres gros, & on les nomme *Voatoulons*. On y en voit aussi d'une espece extraordinaire, étant aussi gros que la tête d'un enfant. On les appelle *Voatrimon*. Ils sont couverts d'une écorce épaisse, qui est bonne pour confire aussi bien que celle des Voatoulons.

VOAT-SOUTRE. s. m. Petit fruit solide comme une muscade, qui a le goût de châtaigne quand il est bouilli ou rôti & qui croît dans la même Isle de Madagascar, aussi bien que le *Voat-zatre*, qui est le fruit d'un arbre de mediocre grosseur, & qui a les feuilles larges. Ses fruits sont ramassés plusieurs ensemble, à peu près comme une botte d'oignon. Chacun est de la grosseur d'un œuf, & plein de suc en dedans, de même que la noix de coco. Sa pelure étant seche est bonne à manger, & a un goût aromatique. Les naturels du pays se servent des feuilles pour faire des cordes, des nates & des corbeilles.

VOAVERONE. s. m. Fruit de couleur violette de l'Isle de Madagascar, où le mot *Voa* signifie fruit, Il est doux & agreable à la bouche, gros seulement comme une groseille rouge, & il teint en noir & en violet.

VOE

VOERRE. s. m. Vieux mot. Verre. On a dit aussi *Voarre*.

VOERST. s. m. Sorte de mesure de chemin dont on se sert en Moscovie, de même qu'on se sert ailleurs de *Mille* & de *Lieue*. Le Voërst est de sept cens cinquante pas geometriques.

VOG

VOGUE. s. f. Mouvement, impulsion, cours d'une Galere ou de quelque autre Vaisseau qu'entraîne la force des rames.

VOGUER. v. a. Ramer, entraîner une Galere, une Chalouppe, ou autre Vaisseau par la force des rames. *Voguer*, se dit aussi d'un Vaisseau qui va sur l'eau à force de rames.

VOGUE-AVANT. s. m. Rameur, vogueur qui tient la queuë de la rame & qui lui donne le branle.

VOI

VOIDIE. s. f. Vieux mot. Vûe.

VOIER. v. a. Vieux mot. Voir.

VOILE. s. f. Assemblage de plusieurs largeurs de toiles cousues ensemble, ausquelles on donne une longueur déterminée, & que l'on attache aux vergues & aux étais pour prendre le vent qui doit pousser le vaisseau. Il y a plusieurs sortes de voiles, & chacune prend son nom du mât où elle est appareillée. Ainsi on appelle *Grande Voile*, ou *Voile de maître*, celle qui se met à la vergue du grand mât; *Voile de misaine*, celle qui se met à la vergue du mât de misaine; *Voile d'artimon*, celle qui se met à la vergue d'artimon, & dont la figure est d'un triangle scalene; & *Voile de sivadiere*, celle qui se met au mât de beaupré. Les *Voiles d'étai* sont des Voiles triangulaires qu'on met sans vergues aux étais du Vaisseau; & *Voile latine*, qu'on appelle autrement *Voile à oreille de lievre* & *Voile à tiers point*, est celle qui a une figure triangulaire. Les Voiles des galeres & presque toutes les Voiles de Mediterranée sont de cette sorte. *Voile quarrée* ou *Voile à trait quarré*, est celle qui est coupée de quatre côtés; comme le sont la plûpart de celles de l'Ocean ; & *Voile Angloise*, est une certaine Voile de chaloupe & de canot, dont la figure est presque en losange, & qui a la vergue pour diagonale. *Voiles de vingt cueilles*, se dit de celles qui sont composées de vingt lés ou bandes de toile. On dit qu'*Une voile porte*, ou qu'*Elle ne porte point*, pour dire, qu'Elle est pleine de vent, ou que le vent ne la fait pas bien aller.

On appelle *Voile deralinguée*, celle qui est décousue ou déchirée autour de la ralingue ; *Voile défoncée* ; celle dont le milieu est déchiré, soit par la force du vent, ou d'une autre sorte ; *Voiles en pantenne*, des Voiles qui n'étant plus dans l'ordre de leur situation ordinaire, se tourmentent au gré du vent ; *Voiles sur les cargues*, celles qui étant déferlées ne sont soûtenues que par les cargues ; *Voiles au sec*, Celles que l'on met dehors & que l'on expose à l'air ou au Soleil, afin qu'elles sechent, & *Voiles en banniere*, celles qui font la figure d'une banniere, voltigeant au gré d'un gros vent, ce qui arrive lorsque les écoutes ont manqué, ou qu'elles sont demarrées. *Voile appareillée* se dit de celle qui est prête à faire route ; *Voile enverguée*, de celle qui est appareillée à sa vergue ; *Voile de rechange*, de celle qui est reservée & que l'on prépare pour suppléer à celles qui sont enverguées ; & *Jet de voiles*, de l'appareil complet de toutes des Voiles d'un Vaisseau. On appelle *Voile de fortune* une Voile quarrée qu'on ne porte que de gros tems dans les galeres, dans les tartanes & dans quelques autres bâtimens de bas bord, dont les Voiles ordinaires sont latines. *Voile* se prend fort souvent pour le Vaisseau même, & en ce sens *Une flote de cent voiles* est une flote omposée de cent Vaisseaux.

On dit *Faire voile*, pour dire, Partir & mettre à la mer ; *Etre sous voiles*, *Se tenir sous voiles*, pour dire, Avoir les Voiles appareillées & déployées ; *Avoir les voiles en vergues*, pour dire, qu'Elles sont amarées aux vergues ; *Porter toutes ses voiles*, *avoir* ou *mettre toutes ses voiles hors*, pour dire les avoir toutes au vent ; *Etre avec les quatre corps de voiles*, pour dire, Ne porter que la grande voile avec la misaine & les deux huniers ; *Etre aux basses voiles*, pour dire, Ne porter que les deux grandes Voiles, qui sont la grande Voile & la Voile de misaine ; *Forcer les voiles*, *faire force de voiles*, pour dire, En mettre autant qu'en peut porter le Vaisseau pour aller plus vîte ; *Mettre les voiles dedans*, pour dire, Les serrer sans en avoir aucune ; *Faire petites voiles*, *Serrer les voils*, pour dire, Ne porter qu'une partie de ses Voiles ; *Donner toute une voile au vent*, pour dire, La porter toute sans la carguer ou bourser ; *Faire servir les voiles*, pour dire Mettre vent dedans ; *Regler ses voiles*, pour dire, Déterminer s'il faut porter plus ou moins de Voiles, selon que le vent est plus ou moins forcé ; *Bander une voile*, pour dire, Coudre des cueilles de travers, afin que la Voile dure plus long-tems ; *Aprêter les voiles*, pour dire, Les déployer, les étendre, afin qu'elles reçoivent le vent ; *Bourcer*, *carguer une voile*, pour dire, La trousser à mi-mât, ou au tiers du mât par le moyen des cargues, afin de retarder le cours du Vaisseau en prenant moins de vent ; *Border une voile*, pour dire, L'étendre par en bas en halant les écoutes, afin de prendre le vent ; *Eventer les voiles*, pour dire, Mettre le vent dedans pour faire route ; *Empeser* ou *Mouiller une voile*, pour dire, Jetter de l'eau sur une Voile un peu usée & dont la toile est si claire par les cueilles du milieu, que le vent passe au travers ; ce qui n'arrive pas quand elle est mouillée, à cause que son tissu se resserre & prend mieux le vent. *Déventer les voiles*, c'est brasser au vent, afin d'empêcher qu'elles ne portent, & *Saluer des voiles*, c'est amener les huniers à mi-mât ou sur le ton.

On dit que *Les voiles fasient*, lorsque le vent n'y donne pas bien, & que la ralingue vacille continuellement. On dit aussi que *Les voiles fouettent le mât*, & cela se dit lorsque dans un calme les Voiles retournent de tems en tems toucher le mât du Vaisseau. On appelle *Vaisseau bon de voile*, *fin de voile*, Celui qui est leger à la voile, & qui fait bien du sillage, & *Vaisseau pesant à la voile*, Celui qui n'avance guere & qui est méchant voilier.

VOILERIE. s. f. Lieu où l'on fait & où l'on raccommode les voiles d'un Vaisseau.

VOILIER. s. m. Celui qui travaille aux voiles, & qui les visite à chaque quart pour voir s'il n'y manque rien. Il a soin aussi de l'envergure, & on l'appelle autrement *Trevier*.

Voilier est aussi un adjectif masculin, & on appelle *Vaisseau bon voilier*, celui qui est fin de voiles, & *Vaisseau méchant voilier*, celui qui étant pesant de voiles, n'avance pas bien.

VOILURE. s. f. Terme de Marine. Maniere de porter les voiles pour prendre le vent. Il n'y a que trois sortes de Voilures pour aller sur mer. On y va de vent arriere, de vent largue & de vent de bouline. On dit que *Deux Vaisseaux ont même voilure*, pour dire, qu'Ils portent tous deux les mêmes voiles. *Regler sa voilure*, c'est ne porter que ce qu'il faut de voiles, pour s'accommoder au sillage ou au peu de chemin que peuvent faire les Vaisseaux avec lesquels on a dessein de faire voyage.

VOIR. v. a. *Appercevoir, recevoir les images des objets dans les yeux ; connoître par les yeux.* ACAD. FR. On dit, en termes de guerre, *Voir en breche* pour dire, Découvrir la breche en telle sorte que l'on puisse faire feu pour la défendre. On dit aussi que *La batterie d'une Place voit la tranchée à revers*, pour dire, A dos, par derriere. On dit encore d'une batterie, qu'*Elle voit le rempart d'une Place*, pour dire, qu'On découvre à plein de là le rempart de la Place.

On dit, en termes de mer, *Voir par proue*, pour dire, voir devant soi.

VOIR. adj. Vieux mot. Vrai. Villon au testament.

> *Bien est voir que j'ay aimé.*

On a dit aussi *Voire* au feminin, pour dire, Vraie.

> *Ce n'est pas bible lozangiere,*
> *Mais fine & voire & droiturie.*

Voici ce que Nicot a dit sur ce mot. Voir *signifie vrai, & vient de* Verum, *latin, & est fait comme* Soir *de* Sero, *&* Veoir *de* Videre, *&* Croire *de* Credere, *&* Douloir *de* Dolere. *Les Anciens en usoient ordinairement disans*, Il est voir, il dit voir ; *mais à present on use de* Vray, *qui est fait dudit mot ancien par transposition de lettres, & mutation de* O *en* A. *Mais quoique ce primitif* Voir *soit maintenant inusité, si en demeurent-ils en usage commun ces deux* Voire, *duquel on use par interrogation ou admiration, quand aucun propos nous est tenu duquel nous redemandons la verité à celui qui parle à nous, ou nous en esbahissons disans* Voire ; *& par affirmation, quand nous le geminons*, Voire, voire ; *& par ironie*, Voire, voire ; *& sans le geminer, comme* Vrayement voire, *ou* Voire vrayement ; *&* Voire delà. *Et en adverbe, ainsi que* Verùm, *latin*; *mais c'est avec l'adjonction de la particule adverbiale* Mais; Voire mais j'en porteray la peine, voire mais dy-moy; *&* Voirement *adverbe, auquel on prépose quelquefois ladite particule* Mais, *comme*, Mais voirement qui me garde que je n'entre.

Nicot ajoûte à cela, Voir disant, *est composé de deux tiers. Celui qui dit vray & parle à la verité. Et est epithete affecté aux Heraults, parce que le devoir de leur office est d'avoir toûjours la verité à la bouche, & ainsi sont-ils nommez au traicté du serment qu'ils doivent prester en leur institution audit estat.*

Les mots *Voire, voire mais*, & *voirement*, qui étoient en usage du tems de Nicot, ne sont reçûs aujourd'hui que dans le stile plaisant & burlesque.

VOIRIE. s. f. Certain endroit particulier où l'on mene les bêtes inutiles pour les y tuer, & où l'on traîne celles qui sont mortes de maladie. On y porte aussi toutes les ordures d'une Ville.

Voirie, parmi les Bouchers, se dit du sang de la bête que l'on a tuée & de tout ce qui n'en vaut rien. C'est dans ce sens que l'on dit *Mettre la voirie dans les baquets.* Nicod veut que *Voiries* ait été dit, *Quasi viarum purgamenta.*

VOISDIE. s. f. Vieux mot. Tromperie, méchanceté.

Qui le cuer & l'entention
Ont plein de fraude & de voisdie.

VOISER. v. n. Vieux mot. Parler. Il vient de *Voix.*

Et vont par la ville en voisant.

VOISINAGE. s. m. Lieu qui est proche de celui où quelqu'un demeure. *Voisinage*, en termes de Pharmacie, est un des quatre accessoires, & on appelle *Accessoire*, un changement qui augmente ou diminue la vertu d'un medicament; ce qui lui arrive par des choses exterieures. Ces quatre accessoires sont, le tems, le lieu, le nombre & le voisinage. Par ce dernier on entend la proximité ou l'éloignement d'une plante avec une autre. Le Voisinage est de deux sortes, Negatif quand une plante est éloignée d'une autre, & Positif quand elle en est proche. On divise encore le Voisinage positif en Mediat & en Immediat. Il est mediat quand il y a quelque entre-deux, comme la scammonée lorsqu'elle est proche du tithymale; & il est immediat, lorsque les plantes se touchent, comme l'épithyme sur le thym. Les plantes qui ont une qualité brûlante, ou trop d'humidité excrementeuse, sont plus mauvaises par le voisinage de celles qui l'augmentent, comme la scammonée proche du tithymale & le polypode sur les murailles, & celles qui ont une qualité foible, deviennent meilleures par le Voisinage de celles qui augmentent cette faculté, comme les hermodactes, lorsqu'ils sont proches de la squille ou du refort, l'épithyme du thym, & le sené de la rue.

VOISINANCE. s. f. Vieux mot. Voisinage.

Qui diffament leur voisinance.

VOISINE. s. f. Vieux mot. Voix, parole.

Quand vit que pour beau supplier
Ne le pourroit amelier,
Si desploya male voisine.

VOIX. s. f. Air [illegible]é & modifié, qui forme differens sons. Il procede d'un certain mouvement imprimé à l'air dans le larynx par le moyen de l'épiglotte, laquelle en pressant l'air qui sort fait une voix aigue & subtile, comme celle des femmes & des enfans, & en le laissant sortir librement, elle fait une voix grave & sonore, ou de quelque autre genre. C'est à quoi contribue beaucoup l'état de la trachée artere. Plus elle est seche, plus la voix est claire; & plus elle est humectée, plus la voix est haute. La Voix des animaux, inarticulée en soi, devient articulée dans quelques-uns, mais sur-tout dans l'homme; ce qui se fait par le moyen de la langue, des dents & des levres, qui modifient & figurent les voyelles, ou la voix même qui a été produite par le mouvement de l'épiglotte, & cette modification fait les consonnes. Tout ceci, dit Ettmuller, est commun aux bruttes & aux hommes, y ayant des brutes qui modifient les voyelles par de certaines consonnes, comme les chiens & les poules; mais cette modification est naturelle, & ne se fait que par l'influence des esprits dans les nerfs qui se distribuent au larynx, qui est formé d'une maniere singuliere dans chaque espece, au lieu que les hommes articulent outre cela artificiellement leur voix à leur volonté. C'est ce qui forme les paroles ou les noms qui ont differentes significations, suivant les diverses intentions de ceux qui les ont imposés. L'air sortant de la poitrine, & étant plus ou moins comprimé par la languette de l'épiglotte, fait la voix; la langue, les dents & les levres la modifient; mais elle a besoin encore d'être moderée par la luette qui sert d'archet, lorsqu'en frappant l'air vocal, elle lui communique un certain tremblement.

Voix, en termes de Musique, se dit des sept tons differens qui sont marqués par les sept notes, *Ut, re, mi, fa, sol, la, si.* D'une voix à l'autre il y a un ton, excepté du *mi* au *fa*, & du *si* à l'*ut.*

Les Organistes nomment *Voix humaine*, Un jeu de l'orgue qui represente la voix de l'homme d'une maniere fort harmonieuse. Il est accordé à l'unison de la trompette; & il a la longueur d'un demi pié, avec une boîte qui le soude au bout, longue de deux pouces.

VOL

VOL. s. m. *Mouvement en l'air de l'animal qui vole.* Acad. Fr. Il n'y a point de Vol plus haut que celui de l'aigle. On dit qu'un bon oiseau a le vol roide & pointu. Le Vol est different selon les oiseaux. Celui de l'alouette est un *Vol toûjours amont.* Celui des moineaux qui vont haut & bas, est un *Vol à grands cernes & ondées*, & le Vol de la colombe est un *Vol bruyant & âpre.* Le Vol du faisan & de la perdrix n'est pas de longue durée. On appelle *Vol terre à terre*, Un vol bas & rasant presque la terre.

Vol, en termes de Fauconnerie, se dit de l'équipage des chiens & des oiseaux de proie qui servent à prendre du gibier. On se sert de quatre oiseaux pour faire le Vol du milan. On commence par lui donner un Sacret, après quoi on jette deux Sacres, & après eux un Gerfaut. Le Vol du Heron se pratique avec trois oiseaux. Le premier qui le va chatouillant & le fait hausser, est appellé *Hausse-pié.* Le second qu'on jette en secours s'appelle *Attombisseur* ou *Tombisseur*, & le troisiéme *Teneur.* C'est d'ordinaire un Gerfaut. On dit aussi *Vol*, en parlant de la maniere de voler sur le gibier. *Vol à la toise*, C'est quand l'oiseau part du poing à tire d'aile, en poursuivant la perdrix au bourrie qu'elle fait de terre; *Vol à la source*, autrement *Vol à leve cul*, quand la perdrix part, ou que l'on fait partir le heron; *Vol à la couverte*, lorsqu'on approche le gibier à couvert derriere une haie, & *Vol à la ren-*

versé, se dit au renverser des perdrix à vau le vent.

Vol, en termes de Blason, se dit de deux ailes d'oiseau posées dos à dos. Quand il n'y en a qu'une seule, on l'appelle *Demi-vol*, & quand il y en a trois, on dit *Trois demi-vols*. On appelle *Vol banneret*, Celui qu'on met au cimier, & qui est fait en banniere, ayant le dessus coupé en quarré comme celui des anciens Chevaliers.

On dit en termes de Coûtume, *Le vol du chapon*, pour signifier, Une étendue de terre pareille à celle où un chapon pourroit parvenir en volant. Elle appartient à l'aîné partageant noblement avec ses freres, outre le manoir principal dans une Seigneurie. Ce vol du chapon est estimé à un trait d'arc ou à un arpent de terre.

VOLAGE. adj. Inconstant, leger, changeant. On disoit autrefois *Oiseau volage*, pour dire, un Oiseau volant.

Et en l'air les oisiax volages.

VOLANT. s. m. Petit morceau de bois, d'os, ou d'ivoire, dans lequel on fait plusieurs trous où l'on met des plumes. On s'en sert pour jouer l'hiver avec une palette ou une raquette, & on se repousse le volant les uns aux autres, comme l'on fait une balle au jeu de la paume.

On appelle *Volants*, ou *Ailes de moulin à vent*, quatre grandes pieces de bois qui traversent en dehors le bout de l'essieu qui fait tourner les roues d'un moulin & qui forment une croix. Chacune a six toises de long & douze pouces de gros, & est garnie d'échelons avec des montans des deux côtés qui servent à attacher & à soutenir les toiles qu'on met & qu'on déploye pour recevoir le vent quand on veut faire aller le moulin. Ces Volants ont des entes au milieu pour y mettre des allonges. On dit aussi *Volée*.

Volant. Terme d'Horloger. Sorte de plaque de laiton qui retarde la sonnerie d'une horloge. Elle fait le même effet que le balancier dans les montres simples.

Volant ou *Croissant*. Grand couteau tourné en faucille, long emmanché à tondre les charmes.

C'est aussi le dessus d'une table legere qu'on pose sur son pliant ou sur une plus petite.

C'est encore une corde pour serrer des manequins sur un cheval, pour en diminuer le branle dans une route.

VOLATILE. adj. Qui se dissipe & s'évapore aisément. On appelle *Sels volatiles*, Ceux qui s'envolent d'eux-mêmes en l'air, ou à une chaleur legere. Toutes les parties des animaux, & même les plus abjectes, comme la fiente, l'urine, le poil, les cornes & la sueur, fournissent une quantité prodigieuse de sel volatile, & il reste si peu de sel fixe dans la tête morte, qu'on croit que si on calcinoit un homme tout entier, on auroit peine à en tirer une drachme de sel fixe. Ce qui volatilise ces sels dans les animaux, c'est la digestion fermentative avec l'inspiration continuelle de l'air.

VOLATILISER. v. a. Terme de Chymie. Rendre un corps capable d'être élevé par le moyen de la chaleur.

VOLATILITE'. s. f. Qualité de ce qui est volatile. Il ne se dit guere que des sels & des esprits.

VOLCAN. s. m. Les Naturalistes donnent le nom de *Volcan* à toutes les montagnes qui vomissent du feu. Ainsi il y a un Volcan dans le Mexique. C'est la grande montagne de Popocatebec, qui est toute couverte de cyprès, de cedres, de pins & de chênes remarquables en grandeur & en beauté de bois. Elle est blanche de neige, & si haute, qu'on la voit de plusieurs lieues. Son sommet fume continuellement, & dans le tems que les Espagnols demeuroient dans la ville de Tlascala, dont elle n'est éloignée que de huit lieues, elle jetta des flammes plus grandes qu'à l'ordinaire, ce qui épouvanta beaucoup tous ceux du Pays. Ce Volcan ayant cessé de fumer pendant dix ans, vomit de nouveau des flammes en 1511. avec un bruit extraordinaire. Non seulement elles brûlerent toutes les herbes, mais aussi les arbres fruitiers, & toutes les campagnes des environs furent couvertes de cendres. Diego de Ordas, Capitaine sous Cortés, fut le premier des Espagnols qui entreprit de monter jusques au sommet de cette montagne, où il remarqua un trou rond, & d'une grande ouverture. Dix ou douze années après, Montano monta aussi au sommet avec quelques Espagnols & des Sauvages. Ils y furent presque gelés de froid, & Montano ayant descendu une corde dans le trou, en tira environ huit arrobes de soufre en six fois, & après lui un autre Espagnol en tira quatre. Ce soufre ayant été cuit & rafiné, il en demeura dix arrobes de très-fin. Cortés en fit de la poudre, dont il avoit grand besoin pour prendre la Ville de Mexique. Il y a aussi auprès de Guatimala dans l'Amerique deux montagnes, dont l'une jette quelquefois des morceaux de roche avec la même violence qu'un boulet sort d'un canon. On l'appelle *Volcan de feu*, & l'autre est appellée *Volcan d'eau*, à cause de la quantité de ruisseaux qui en sortent quelquefois.

VOLE. s. f. Terme de Jeu de cartes, qui se dit quand l'un des Joueurs fait toutes les mains à l'ombre, à la bête & à la triomphe.

Vole, s'est dit autrefois pour signifier la paume de la main, du latin *Vola*, qui veut dire la même chose.

VOLE'E. s. f. Vol d'un oiseau, mouvement qu'il fait en l'air sans s'arrêter. On dit en ce sens que *la Volée des perdrix n'est pas de grande étendue*. On appelle aussi *Volée*, Une bande d'oiseaux de passage qui viennent en troupes. Il se dit encore des sauterelles qui viennent quelquefois en Asie en si grand nombre qu'il semble que l'air soit offusqué d'un nuage. On appelle aussi *Volées de pigeons*, Ceux qui étant éclos dans un même mois, commencent à sortir du nid en de certaines saisons. La Volée de Mars & celle d'Août sont les meilleures de toutes à cause que c'est le tems des semailles & de la recolte, & qu'ils trouvent abondamment de quoi se nourrir.

Volée, en termes d'Artillerie, se dit de la décharge de plusieurs canons ensemble, ou qui sont tirés d'une même batterie. Quand c'est du gros canon que l'on tire, on n'en peut faire que dix volées par heure. Les Fauconneaux tirent jusqu'à deux cens cinquante volées par jour. On appelle *Volée du canon*, Un espace pris sur la longueur d'une piece d'artillerie, c'est-à-dire, La partie qui prend un peu au dessus des tourillons, & qui va jusqu'à l'embouchure de la piece. Sa longueur est d'ordinaire de cinq piés & demi. Quand on a besoin de rafraîchir le canon, on le fait en mettant de l'eau & du vinaigre dans la volée.

On dit en termes de Joueur de Paume, *Prendre une balle de volée, la renvoyer de volée, jouer un coup de volée*, pour dire, Prendre, renvoyer la balle lorsqu'elle est en l'air, & qu'elle n'a point touché la terre. On le dit de même du balon.

Volée. Terme de Charon. Piece de bois d'un carrosse ou d'un chariot de trois ou de quatre doigts d'épaisseur, & où l'on attelle les chevaux. On le dit plus particulierement de la piece de bois qu'on met au bout du timon, & à laquelle on attache les chevaux du second rang d'un attelage. On dit en ce sens que *Des chevaux sont plus propres à la volée qu'au timon*.

On dit aussi, qu'*On a fait plusieurs volées de cloches pendant un enterrement, pendant un service*, pour dire, qu'on les a sonnées en branle à plusieurs reprises.

Volée s'employe dans les Mechaniques pour signifier l'avance de quelque chose. On dit en ce sens que *Le gruau a plus de volée que l'engin, & la grue plus que le gruau*, à cause de la plus grande longueur de leur bec.

Volée, se dit encore du travail de plusieurs hommes qu'on range de front, & qui battent une allée de jardin en même tems. *Une allée battue à trois, à quatre volées*, est une allée que l'on a battue trois ou quatre fois dans toute son étendue.

VOLER. v. n. *Se soûtenir, se mouvoir en l'air par le moyen des ailes*. ACAD. FR. *Voler* est actif en termes de Fauconnerie, & on dit, *Voler la corneille, voler le Heron*, pour dire, Prendre ou poursuivre la corneille, le Heron avec des oiseaux de proie. On dit *Voler de poing en fort*, pour dire, Jetter les oiseaux du poing après le gibier; *Voler d'amont*, pour dire, Laisser voler les oiseaux en liberté, afin de leur faire soûtenir les chiens; & *Voler de hait*, pour dire, De bon gré. On dit aussi *Voler en troupe, en rond, en long, ou en pointe. Voler comme un trait, à reprises, en coupant son vol ou le vent.*

Voler, en termes de Danseurs de corde, signifie, Se couler le long d'une corde attachée fort haut jusqu'à terre, en remuant les bras comme si c'étoit des ailes. Bulenger dans son Theatre, dit que les spectacles des danseurs de corde, n'ont jamais été mis au nombre des Jeux publics, quoiqu'ils ayent quelquefois servi d'intermedes, & que l'on consideroit leur profession comme un exercice de particuliers, plûtôt que comme une dépendance du theatre.

VOLERIE. s. m. Terme de Fauconnerie. Chasse où l'oiseau vole le Heron ou la Corneille. Il y a la haute & la basse Volerie. La premiere est celle du Faucon sur le Heron, sur les Canards & les Grues, & du Gerfaut sur le Sacre & le Milan. La basse Volerie, que l'on appelle aussi *le bas Vol*, est le Laneret. Le Tiercelet de Faucon l'exerce sur les Faisans, les Cailles & les Perdrix.

VOLET. s. m. Petit Colombier que l'on permet aux Bourgeois; il n'a qu'une petite ouverture que l'on ferme avec un ais. Ces ais qu'on abaisse pour la fermer est aussi nommé *Volet*. Quelques-uns font venir ce mot de *Valvula*, comme si on vouloit dire *Valvulet*.

On appelle *Volets de fenêtres*, ce qui sert de fermeture par dedans aux ouvertures des fenêtres comme les portes de menuiserie aux ouvertures des portes. Ils sont de la même longueur & de la même largeur que la vitre. Il y a des *Volets brisés* (ce sont ceux qui se plient sur l'ecoinçon ou qui se doublent dans l'embrasure) & d'autres qui ne le sont point. Les *Volets à deux paremens*, sont ceux qui ont des moulures devant & derriere.

On appelle *Volets d'orgue*, Des especes de grands chassis dont on se sert à couvrir par dehors les tuyaux d'un buffet d'orgue, quand on doit être un peu de tems sans jouer. Ils sont en partie cintrés par leur plan, & en partie droits, & garnis d'une forte toile imprimée des deux côtés.

On appelle aussi *Volets*, les ailerons d'une roue de moulin à eau, c'est-à-dire, Les planches de bois sur lesquelles l'eau qui tombe fait tourner la roue.

Volet, en termes de mer, est une petite boussole, ou un petit compas de route qui est ordinairement à l'usage des barques & des chaloupes. Cette petite boussole n'est point suspendue sur un balancier.

On appelloit autrefois *Volets*, Les fleches menues & legeres qui portoient fort loin.

Volet, en termes de Blason, se dit d'un ornement que les anciens Chevaliers portoient sur leurs heaumes. C'étoit un large ruban pendant par derriere, qui dans leurs marches & dans leurs combats voletoit au gré des vents. Ils l'attachoient avec le tortil dont leur casque étoit couvert. *Volet* est aussi un nom qu'on donne au tourteau de sinople.

VOLETTES. s. f. Les Chanvriers appellent ainsi plusieurs rangs de petites cordes qui tiennent toutes par un bout à une sorte de sangle large, ou à une maniere de couverture de reseau de chanvre. On met cette couverture sur le dos d'un cheval de carrosse ou de harnois, & quand le cheval vient à marcher, ces petites cordes qui brandillent, chassent les mouches qui l'incommodent l'été.

VOLIERE. s. f. Lieu à l'air avec des treillis de fil de fer où l'on enferme differens oiseaux, ou par curiosité, ou pour le plaisir de les entendre chanter. C'est ce qu'on appelle en latin *Aviarium*.

Voliere, se dit aussi d'un petit colombier où l'on met des pigeons domestiques, qui ne vont point à la campagne avec les autres pigeons. On les y nourrit avec du grain.

VOLONTAIRE. s. m. Terme de guerre. Celui qui porte les armes de son plein gré, & qui sert le Roi à ses dépens pour acquerir de la gloire, sans avoir aucun emploi fixe dans les Troupes, ou dans un Regiment commandé.

Volontaire, dit Nicot, *est dit celui ou celle qui se meuvent à dire ou faire quelque chose de leur franche & bonne volonté, & comme les Notaires disent sans induction, force ni contrainte aucune. Selon ce, és galeres, ausquelles les bans ne sont totalement fournis de forçaires ou forçats, ains ont des hommes stipendiés pour tirer la rame & voguer parmi iceux forçaires, on fait distinction entre les rameurs de la ciurme : disans qu'il y en a de Volontaires, lesquels és mers de Levant on nomme* De buona voglia, *& de forçaires; & és armées de terre*, Volontaires *sont dits ceux qui ne sont enroolez de levée sous nul Capitaine, ny ne prennent solde, ains y sont sans devoirs de serment de levée & de leur gré, lesquels on veult dire estre ceux qu'on appelle* Adventuriers, *& telle espece de soldats, que les Latins appelloient* Volones, *mais la raison de l'indisposition dudit mot latin y repugne, car ils furent ainsi nommés du verbe latin* Volo, *non parce que de leur propre mouvement & sans contrainte des Consuls de Rome ils allassent à la guerre, ains d'autant qu'estans enquis s'ils y vouloient aller servir la Republique, ils répondoient*, Nous le voulons, *& tels Soldats appellés* Volones *estoient serfs, achetez de l'argent des coffres de la Republique, afin de l'aller servir à la guerre, ce que Tite-Live enditte tant au vint-deuxiéme qu'au vint-troisiéme livre, où il appert que les Romains n'enroolloient d'ordinaire pour leurs camps & armées, si n'est homme francs de condition, si l'extréme necessité ne les rengeoit à enrooller des Esclaves, & que tels Volons n'estoient de droict militaire usité entre les Romains vrais & legitimes Soldats, & que ce titre de* Miles *n'appartenoit qu'aux Soldats de franche condition, ce qui nous peut servir de regle.* Volontaire *aussi est appellé l'homme ou la femme qui est aisé, soudain & prompt à vouloir faire toutes choses qu'on lui veut suggerer & mettre en la tête.*

VOLPILHAGE. s. f. Vieux mot. Finesse. On trouve dans le Roman de Gerard de Roussillon.

No ya ja coardia ni volpilhage,
Mas proesa e vallor & vasallage.

On a fait venir ce mot de *Vulpes*, Renard, à cause de la finesse de cet animal.

VOLTE. s. f. Terme de Manege. Rond ou piste circulaire sur laquelle on manie un cheval. En general *Faire des voltes, manier sur les voltes*, se dit d'un chemin de deux pistes que le cheval fait quand il est porté de côté ou de biais autour d'un centre, en sorte que les deux pistes soient tracées paralleles, une grande par les piés de devant, & l'autre plus petite par les piés de derriere, la croupe s'approchant vers le centre & les épaules vers le dehors. M. Guillet qui s'en explique en ces termes, ajoûte que quelquefois la Volte est d'une piece, comme lorsque le cheval fait des Voltes à courbettes & à caprioles, en sorte que les hanches suivent les épaules, & cheminent en avant sur une même piste. Dans l'une & l'autre maniere le chemin de la Volte se trace tantôt en rond, tantôt en ovale, & quelquefois sur quatre lignes droites, mais toûjours de telle maniere, que ces pistes, rondes ou quarrées, renferment un terrein dont le milieu est distingué par un pilier ou par un centre que l'on y suppose pour regler les distances & la justesse de la Volte.

On appelle *Volte renversée*, Une piste que fait le cheval ayant la tête du côté du centre, & la croupe en dehors; ce qui fait que le petit cercle se trace par les piés de devant, & le grand par ceux de derriere. On appaise les chevaux inquiets & turbulents par les Voltes renversées au pas, lorsqu'elles se font avec methode. Cette Volte a été nommée *Renversée*, à cause qu'elle est opposée à l'autre en situation.

On dit *Cheval qui fait les six voltes.* Ces six Voltes se font terre à terre, deux à droit, deux à gauche & deux à droit, le tout d'une haleine, en observant le terrain de même cadence, & maniant tride & avec prestesse, le devant en l'air, le cul à terre, la tête & la queue fermes. Ce sont les termes dont se sert M. Guiller, qui pour faire les six voltes dit qu'il faut un cheval sçavant, obéïssant, & qui ait de la ressource pour les fournir.

On dit qu'*Un cheval se couche sur les voltes*, qu'*Il est couché sur les voltes*, quand il plie le cou en dehors, & qu'il porte la tête & la croupe hors la Volte. On dit aussi *Faire manier un cheval sur les quatre coins de la volte*, pour dire, Conduire un cheval si juste, que de quart en quart, & à chacun des coins de la Volte, il fasse une Volte étroite, qui n'occupe que le quart de la grande, la tête & la queue fermes, & qu'il suive ainsi tous les quarts d'une même cadence sans perdre un seul tems, & d'une seule reprise. *Mettre un cheval sur les voltes; Faire de belles voltes, Faire manier un cheval sur les voltes, Embrasser bien toute la volte*, c'est Faire que le cheval en travaillant sur les voltes, prenne tout le terrein, & que ses épaules aillent avant ses hanches. On dit encore *Passeger un cheval sur les voltes*, pour dire, Le promener de deux pistes au pas ou au trot.

Il y a aussi une *demi-Volte.* C'est un demi-rond que le cheval fait d'une piste ou de deux à l'un des coins de la Volte, ou bien à l'extrémité de la ligne de la passade, ensorte qu'étant proche du bout de cette ligne, ou bien de l'un des coins de la Volte, il change de main pour revenir gagner la même ligne par un demi-rond. On appelle *Demi-voltes de la longueur du cheval*, Des demi-ronds de deux pistes qu'il fait en maniant de côté, les hanches basses & la tête haute, tournant fort droit. Lorsque le cheval a fait un demi rond dans cette sorte de manege, qui est très-beau & très difficile, il faut qu'il change de main pour en faire une autre, ce qui doit être encore suivi d'un autre changement de main, & d'un autre demi-rond qui se croise avec le premier. La *Demi-volte de cinq tems*, que l'on nomme aussi *Passade de cinq tems*, est un demi-tour qui se fait au bout d'une ligne droite, une hanche en dedans, en cinq tems de galop sur les hanches. Au cinquiéme tems il faut que le cheval ait fermé la demi-volte, & qu'il soit sur la ligne de la passade, droit & prêt à partir.

Volte, en termes de Marine, s'employe pour Route, & on dit *Prendre telle volte*, pour dire, Prendre telle route, ou virer un Vaisseau pour se dresser au combat.

Volte est aussi un terme de Fauconnerie, & dans la chasse du heron on crie *A la volte*, pour faire entendre qu'on voit le heron.

Volte se dit encore dans les Jeux de Bête & d'ombre, lorsqu'un des joueurs fait toutes les mains. On dit plus ordinairement *Vole.*

Volte. Nom d'une ancienne danse venue des Italiens, parmi lesquels *Volta* signifie Tour. Elle est appellée ainsi à cause que dans cette sorte de danse le Cavalier fait tourner plusieurs fois la Dame, après quoi il lui aide à faire une capriole ou un saut en l'air. C'est une espece de Gaillarde, familiere aux Provençaux, qui se dansoit par une mesure ternaire, & en tournant le corps.

VOLTE', E'E. adj. Terme de Blason, qui veut dire, Double. *De sable à la croix voltée d'argent.*

VOLTEFACE. Terme de guerre. On dit en parlant de Troupes, qu'*On leur fit faire volteface*, pour dire, qu'On leur commanda de se tourner du côté de l'ennemi, de lui faire tête.

VOLTIGER. v. n. Il se dit proprement des oiseaux, & signifie, Commencer à voler, aller çà & là en volant un peu.

Voltiger, en termes de Manege, veut dire, Faire les exercices sur le cheval de bois pour apprendre à monter à cheval & à en descendre legerement. Il se dit aussi de divers tours que fait le Cavalier pour montrer son agilité & son adresse.

Voltiger est aussi un terme de danseur de corde, & signifie, Faire divers tours sur une corde tendue sans être bandée, & qui est élevée à quinze ou seize piés de terre. Les Anciens, au rapport de Bulenger, avoient quatre sortes de danseurs de corde, dont les premiers étoient ceux qui voltigeoient autour d'une corde, comme une roue autour de son essieu, & qui se suspendoient par les piés ou par le cou.

VOLTIGEUR. s. m. Terme de danseur de corde. Celui qui voltige sur la corde, & qui y fait divers tours en se donnant l'estrapade, la double estrapade, & faisant plusieurs autres choses de même nature.

VOLTIGLOLE. s. m. Terme de Marine. Cordon de la pouppe, qui separe le corps de la Galere de l'aissade de pouppe.

VOLUBILIS. s. m. Herbe sarmenteuse qui s'entortille autour des plantes, ce qui lui a fait donner le nom de *Volubilis*, Qui tourne. Mesué en établit de cinq sortes, dont le *grand Volubilis* est la premiere. Il a ses feuilles semblables à celles du lierre, & s'entortille autour des branches des arbres. Sa fleur est blanche & en forme de clochette. Ce Volubilis n'est d'aucun usage, & on l'appelle autrement *Smilax lævis.* La seconde sorte est le *Petit*

Volubilis, qui rampe sur terre, s'attachant aux herbes & aux branches des plantes. C'est l'Helxine de Dioscoride. Selon Galien il a une vertu digestive & resolutive. La troisiéme est celui qui a les feuilles blanchâtres & lanugineuses, qui porte du lait & qui est ulceratif. La quatriéme est le Lupulus & la Scammonée est la cinquiéme.

VOLUE. s. f. Terme dont les Tisserands se servent pour exprimer la petite fusée qui tourne dans la navette & qui porte la tissure.

VOLUME. s. m. Tome de livre qui est relié séparément. *Volume* a été dit *A volvendo*, à cause de l'ancienne façon de faire des livres en rouleaux. Elle dura jusqu'au tems de Ciceron, & long-tems après ils étoient en papier, dont on colloit les feuilles bout à bout. Ces feuilles n'étoient écrites que d'un seul côté, & on attachoit au bas un bâton que l'on appelloit *Umbilicus*. A l'autre bout étoit un morceau de parchemin, sur lequel on écrivoit le titre du livre en lettres d'or. Le Roi Attalus avoit neanmoins donné une forme quarrée à quelques-uns de ses livres, ayant trouvé le secret du parchemin, sur lequel on écrivoit de chaque côté.

Volume, en termes de Papetier, signifie Longueur, & on dit en ce sens *Grand volume* & *Petit volume*.

Il se dit aussi de la surface d'un corps qui est plus ou moins étendu, & en ce sens on dit que deux globes d'un même poids, dont l'un est d'or & l'autre d'argent, ne sont pas d'un égal volume.

Volume se dit encore de la forme, de la grandeur & de l'épaisseur des especes des monnoyes. Leur forme a été differente selon les tems & les lieux. On en voit de rondes, d'ovales, de quarrées, de triangulaires, de longues & par filets, comme les oboles étoient autrefois.

VOLUTE. s. f. Terme d'Architecture. Partie des chapiteaux des Ordres Ionique, Corinthien & Composite qu'on prétend representer des écorces d'arbres tortillées & tournées en lignes spirales. Aussi *Volute* vient-il du Latin *Volvere*, Tourner, tortiller. Les Volutes sont differentes dans ces trois Ordres, & M. Felibien dit que selon Vitruve, les Volutes qui sont au-dessus des Caulicoles dans l'ordre Corinthien, sont au nombre de seize dans chaque chapiteau, au lieu qu'il n'y en a que quatre dans l'ordre Ionique, & huit dans le Composite ; mais que la Volute est particulierement considerable dans le chapiteau de la colomne Ionique. Elle represente une espece d'oreiller ou de coussin posé entre l'abaque & l'échine, comme si on avoit apprehendé que la pesanteur de l'abaque ou de l'entablement qui est au-dessus, ne rompît ou ne gâtât l'échine. C'est ce qui a obligé Vitruve à l'appeller *Pulvinus*. Il dit dans son livre 4. chap. 1. que les Volutes representent la coifure des femmes & les bouc'es des cheveux qui pendent de chaque côté de leur visage. Elles sont appellées *Coquilles* par Leon Baptiste Albert, à cause qu'elles ressemblent à la coquille d'un limaçon. C'est pour cela qu'il y a des Ouvriers qui les appellent *Limaces*. Elles sont toutes sans la partie appellée *Balustre*, à l'exception de l'Ionique antique qui n'a des Volutes qu'à deux faces. Vitruve appelle *Helices* les petites Volutes qui sont au milieu de chaque face du chapiteau Corinthien. Il y a encore des Volutes aux consoles, aux modillons & à d'autres sortes d'ornemens. Dans les modillons, ce sont les deux enroulemens inégaux des côtés du modillon Corinthien, & dans les consoles les enroulemens des côtés de la console, presque semblables aux enroulemens du modillon.

On appelle *Volute arasée*, celle dont le listel est sur une même ligne dans ses trois contours ; *Volute angulaire*, celle qui est pareille dans les quatre faces du chapiteau ; *Volute à l'envers*, celle qui se contourne en-dedans au sortir de la tigette ; *Volute évidée*, celle dont le canal d'une circonvolution est détaché du listel d'un autre par un vuide à jour ; *Volute fleuronnée*, celle qui a son canal embelli d'un rinceau d'ornemens ; *Volute naissante*, celle qui semble sortir de la vase par derriere l'ove, & monte dans le tailloir ; *Volute ovale*, celle dont les circonvolutions ont moins de largeur que de hauteur ; *Volute rentrante*, celle qui a ses circonvolutions rentrées en-dedans ; *Volute saillante*, celle dont les enroulemens se jettent en-dehors, & *Volute à tige droite*, celle dont la tige parallele au tailloir sort de derriere la fleur de l'abaque.

Les Jardiniers appellent *Volutes de parterre*, des Enroulemens de bouis ou de gason dans un parterre.

VOLUTER. v. Devider le fil sur des fusées, faire des Volues.

VOM

VOMBARE. s. m. Papillon qu'on voit dans l'Isle de Madagascar, & qui est bigarré de differentes couleurs. Il y en a qui sont mêlés de couleur d'or, d'argent, & autres.

VOMICA. s. m. Terme de Medecine. Amas de pus dans quelque partie. Quand le pus se ramasse dans les poumons, c'est le *Vomica des poumons*, & quand il se ramasse dans les reins, c'est le *Vomica des reins*. Le Vomica est distingué de l'Empyeme, qui est un épanchement de sang hors de ses vaisseaux, changé en pus & ramassé dans quelque cavité ou ventre du corps.

VOMIQUE. adj. Il n'a d'usage que joint avec *Noix*. On appelle *Noix vomique*, une Noix que Serapion & Avicenne disent être semblable à la noix metelle, excepté qu'au lieu d'épines, Serapion veut qu'elle ait force nœuds. Matthiole dit qu'elle n'a aucune forme de noix, & qu'il vaudroit mieux l'appeller *Noix canine*, que *Noix vomique*, à cause que si quelque chien en mange, il meurt aussi-tôt.

VOMISSEMENT. s. m. Terme de Medecine. Action de vomir. Ettmuller dit que cette action n'est rien autre chose que la contraction du pylore, & successivement de tout le ventricule, causée par une trop forte irritation. Voici comment il explique la maniere dont le Vomissement se fait. Lorsque le pylore se resserre & se ferme fortement, le mouvement peristaltique de tout le ventricule se pervertit tout-à-fait, en commençant du pylore vers l'estomac, c'est-à-dire, vers l'orifice superieur, à cause des fibres nerveuses circulaires qui entrelassent les tuniques de l'estomac, qui se retirent aussi apres la contraction du pylore. Cette convulsion du pylore est suivie par celle du ventricule, & celle-ci par la convulsion de l'œsophage, d'où s'ensuit l'expulsion de tout ce qui est contenu dans l'estomac vers l'œsophage, & de l'œsophage vers la bouche. Un chien qu'on avoit dissequé tout vif, a fait voir d'une maniere claire & manifeste l'action du vomissement. Le pylore se resserroit le premier, & immediatement après la contraction de tout le ventricule suivoit depuis l'orifice inferieur jusque au superieur, & enfin successivement la contraction de l'œsophage avec l'expulsion de la matiere. Le Vomissement étant une contraction convulsive, il paroît qu'il ne doit pas être mis au nombre des actions volontaires. Il y a grande apparence que ceux qui vomissent volontairement ont la même tissure d'estomac que ceux qui ruminent. Ces ruminateurs ont le ventre plus fibreux & plus charnu que les autres, & couvert d'une espece de muscle, par le moyen duquel l'estomac se meut volontairement comme par chacun des autres muscles, & renvoye les alimens à la bouche, ou pour les vomir, ou pour les mâcher. Les choses graisseuses prises souvent, ou en quantité, causent le vomissement, non seulement à cause qu'étant de difficile digestion, elles resistent au levain salin acide de l'estomac, & chargent beaucoup ce viscere, mais parce qu'elles relâchent extrêmement l'orifice superieur. Il y a un Vomissement par consentement. Il est très-frequent & arrive dans la colique & dans la passion iliaque par le consentement des tuniques qui servent à revêtir les intestins & le ventricule. Le Vomissement survient aussi aux playes de la tête, à cause des membranes du cerveau, sur-tout des internes, qui sont communes à l'estomac & à toutes les autres parties. On tient que le Vomissement arrive par la foule des esprits animaux, sur quoi l'observation de Platerus est singuliere d'un homme qui vomit après qu'on lui eut coupé la tête. Bartolin rapporte l'exemple d'un vomissement contagieux suspect de malignité, qui se communiquoit aux autres par contagion. Le Vomissement en general est naturel ou artificiel. Le naturel est spontanée, c'est-à-dire, procuré par la nature qu'une matiere vicieuse a irritée; ou non spontanée, c'est-à-dire, contre nature, quand on rejette des matieres qu'on ne doit pas rejetter. Il y a plusieurs personnes sujettes à des Vomissemens periodiques. Forestus parle d'un homme qui avoit mal à la rate de tems en tems, & qui vomissoit alors periodiquement une humeur noire & mélancolique. Il est parlé dans Panarollus d'un Vomissement reglé tous les matins, qui préservoit de quantité de symptomes. On peut mettre de ce genre le Vomissement de commande des hypochondriaques, qui s'enyvrent tous les mois ou toutes les six semaines une fois, pour recevoir en vomissant du soulagement dans leur santé. Il n'y a rien de meilleur que le Vomissement dans les accouchemens difficiles, dans les asthmes desesperés, dans l'apoplexie & dans la phtisie. Il est salutaire pour prévenir les accès de la nephretique & de la goute, & est bon pour déraciner les maladies de l'estomac, des intestins, du pancreas & du mesentere, les fiévres intermittentes, sur-tout la quarte, toutes les maladies croniques, le mal hypochondriaque & les autres affections de cette nature. Pour faciliter le Vomissement, il faut faire boire de l'eau chaude & même salée, un bouillon gras bien salé, ou bien s'enfoncer le pouce dans la gorge. On l'arrête en donnant à boire du vin tiede, ce qu'il faut réiterer & y ajoûter une bouchée de pain, s'il ne s'arrête point pour avoir bû la premiere fois. L'opium avec quelques aromates & la theriaque prise avec du vin, ont accoûtumé de l'arrêter aussi-tôt. La theriaque avec l'esprit de vin safrané, appliqué chaudement sur le ventricule, fait le même effet.

Le Vomissement des femmes grosses est un symptome fâcheux, s'il arrive le second ou le troisiéme mois de leur grossesse, & il n'est pas toûjours bon de l'arrêter, mais il est dangereux à cause des secousses de l'abdomen, & on doit y donner un prompt remede. Le Vomissement du premier mois s'arrête de lui-même. Au second & au troisiéme mois il vaut mieux faire une saignée pour le guerir, à cause de la suppression des mois, que de donner une purgation inutile. Lorsque le Vomissement resiste aux remedes, & qu'il continue, non seulement au second & au troisiéme mois, mais aux derniers, on doit recourir aux stomachiques appropriés. L'esprit de mastic bû avec l'eau de canelle tient le premier rang, & la conserve de roses ou de menthe rendue acide avec l'esprit de vitriol de mars tient le second. Tous les remedes qu'on tire des coins peuvent aussi s'employer, ainsi que le syrop de citron & le jus de citron. Entre les topiques, une croûte de pain trempée dans de bon vin, saupoudrée d'aromates, & appliquée sur le ventricule, est merveilleuse.

Le Vomissement des enfans vient du lait qui est déja vitié de lui-même, ou qui se corrompt dans l'estomac. L'abondance seule est capable de l'exciter, sur-tout si on en met de nouveau dans l'estomac avant que l'enfant ait digeré le premier. Celui-là se grumele & se coagule, ou du moins il se change en une liqueur mucilagineuse & visqueuse, qui bouche & opile le pylore, & oblige de vomir. Ce Vomissement dure autant que l'obstruction & l'opilation du pylore, & pendant cela les enfans sont inquiets, & font des cris interrompus en dormant. Outre l'abondance du lait, les grumeaux & les viscosités qui s'attachent au pylore, & toutes les autres corruptions du lait dans l'estomac peuvent produire le Vomissement. Les matieres que les enfans jettent, sont tantôt blanches & visqueuses, tantôt jaunes & tenues, & tantôt vertes & acres. Celles-là sont nommées vulgairement *Erugineuses*. Si le lait est nidoreux, le Vomissement sera jaune, & un peu puant; si les sucs vitiés des intestins regorgent dans l'estomac, & si specialement un acide étranger y corrompt le lait, le Vomissement sera vert & érugineux.

Il y a aussi un *Vomissement de sang*. Le sang est souvent vomi comme les autres matieres, & cela arrive par l'ouverture d'une veine de l'estomac, de quelque cause que ce soit, par le vice de la rate & l'ouverture du vaisseau court, ou par le vice du pancreas, puisqu'il suffit qu'une veine ou deux de ce viscere soient corrodées par la lymphe, pour causer des Vomissemens de sang. Les causes éloignées sont particulierement les suppressions des évacuations accoûtumées du sang; ce qui fait que dans la suppression des mois on voit des femmes se purger par le Vomissement de sang, dont les femmes grosses même sont tourmentées quelquefois par leurs ordinaires supprimés, quoique sans aucun péril, parce que c'est un mouvement de la nature qu'il n'est pas facile de changer. Les personnes rateleuses sont sujettes à de continuels Vomissemens, & même à celui de sang; & voici, selon Ettmuller, comment la rate, qu'il suppose opilée, reçoit sans cesse du sang par l'artere splenique, lequel à cause de l'opilation ne sçauroit être repris par la veine splenique pour garder les loix de la circulation. Le mouvement circulaire du sang n'étant point libre dans l'artere & dans la veine splenique, il croupit en quelque façon & s'accumule dans l'artere splenique, principalement vers son vaisseau court, avant l'entrée de l'artere dans la rate & dans le ventricule. C'est delà que viennent les pulsations qu'on sent quelquefois au dos du côté gauche, & après la ruption du vaisseau court arteriel, le dégorgement de sang dans le ventricule, d'où s'ensuit le Vomissement de sang qui est souvent salutaire à ces sortes de sujets. Ce vomissement vient quelquefois du pancreas; ce qui se connoît par la profonde douleur qu'on ressent alors en vomissant, sous l'hypochondre droit. Il est suivi ordinairement par du pus, qui ne peut venir que du pancreas exulceré ou affligé de quelque abscès. Sylvius est là-dessus du même sentiment qu'Ettmuller, & dit que le sang qui est rejetté par le ventricule & par les intestins en même-tems, vient du pancreas, quand quelqu'un de ses vaisseaux est corrodé par son suc trop acre. Le sang qui tombe alors dans les intestins, descend en partie par en bas, & remonte en partie dans le ventricule par l'irritation du duodenum, & le pus même qu'on rejette en vomissant est du pancreas.

VOMITIFS. s. m. Terme de Medecine. Médicamens, qui étant pris interieurement, font sortir par la bouche les mauvaises humeurs que renferme l'estomac. Il y en a qui provoquent le vomissement par une proprieté particuliere qui leur donne de l'inclination à se porter par haut, comme la moyenne écorce du noyer, les fleurs & les feuilles de genêt, la graine de rave & d'arroche, la noix vomique, &c. D'autres contribuent à faire vomir par des causes manifestes en ce qu'ils nagent en quelque façon dans le ventricule, ou qu'ils relavent son orifice superieur, comme l'eau tiede en grande quantité, la tisane avec du miel, des bouillons gras, de l'huile commune avec de l'eau, du beurre, & autres semblables. On fait des Vomitifs en poudre, en prenant une drachme de racine d'asarum, le tout réduit en poudre émetique pour une dose, ou bien cinq ou six grains de tartre émetique de Mysincth pour donner de même. On en fait aussi en bolus. On prend pour cela une drachme de conserve de menthe, deux grains de mercure de vie bien préparé, avec une suffisante quantité de syrop de canelle, & le tout se mêle pour un bolus émetique. On peut prendre aussi quatre cerises noires confites, dont on ôte les noyaux, & on y met quatre ou cinq grains de tartre émetique pour un bolus. Les Vomitifs sont excellens en forme liquide & particulierement d'infusion. Il faut prendre une once d'eau de menthe, demi-once du syrop émetique d'Angelus Sala, deux drachmes d'eau de canelle, & mêler le tout pour une potion émetique; ou bien, on prend une quantité suffisante du safran des métaux absynthé de Mysincth. On met infuser le tout pendant la nuit dans une once & demie de vin blanc sec en un lieu tiede, ce qu'on philtre le matin par le papier gris pour une dose de vin émetique. Si l'estomac est rempli d'une maniere tenace & visqueuse, il faut prendre pour Vomitif, une once d'eau d'hyssope, une drachme d'eau de canelle, demi-once de vinaigre squillitique distillé, demi-once de syrop émetique, demi-drachme, ou une drachme d'esprit de gomme ammoniac avec le verdet. Le tout mêlé fait une potion émetique qui est fort resolutive.

Les Vomitifs sont d'une fort grande utilité dans le manque d'appetit, parce qu'ils purgent immediatement l'estomac, & que dans les maladies d'estomac un seul vomitif fait plus que dix purgatifs. Les Vomitifs d'antimoine y sont convenables. Quoiqu'ils operent par une vertu maligne & contraire à l'estomac, ils ne laissent pas de produire l'effet que l'on en souhaite, pourvû qu'on ait soin de les préparer, & qu'on ne les donne qu'avec circonspection. Les Vomitifs ne font rien dans le veritable catarre suffocatif où le sang croupit dans les poumons, mais rien ne guerit si parfaitement les paroxysmes asthmatiques humides. Le Vomissement vuide également la matiere qui est dans l'estomac & dans la poitrine. Il se fait dans cette action une constriction violente de la poitrine, & pendant que l'œsophage fait son mouvement en enhaut, la trache artere en fait de même, & par consequent la poitrine & le ventricule se déchargent en même-tems. Par cette même raison les Vomitifs font évacuer heureusement le pus qui flotte dans les poumons des phtisiques. Ils sont aussi d'un admirable secours dans les fiévres intermittentes aussi bien que dans la quarte, où ils ont une efficacité particuliere. Il faut les donner une heure ou deux avant l'accès, & dans le premier commencement des fiévres, quoiqu'ils ne soient pas inutiles dans le progrès, où étant réiterés, ils surmontent les fiévres rebelles & chroniques. Il est bon de donner un Vomitif au commencement des fiévres malignes, quand la nausée presse. Plus il y a de malignité, plus le Vomitif doit avoir lieu, sur-tout quand la fiévre vient d'une contagion qui infecte & attaque l'estomac. Un Vomitif donné aussi au commencement de la maladie Hongroise ou militaire, c'est-à-dire, avant que la nature entreprenne de faire aucune expulsion par la peau, est souvent fort salutaire. L'antimoine doit l'emporter sur les autres Vomitifs, à cause de son soufre qui combat singulierement la malignité & qui lui resiste. On emploie rarement les Vomitifs dans l'hydropisie, encore qu'on les ait trouvés quelquefois utiles. Forestus parle d'un Hydropique que les Medecins avoient abandonné. Il monta dans une Chaloupe, & se promena sur la mer, ce qui le fit vomir & le guerit. Comme les vomitifs font difficilement effet sur les hydropiques, principalement sur les inveterés, la dose en doit être grosse. Deux ou trois grains de Mercure de vie qui suffisent pour faire vomir puissamment, n'ont point la vertu d'exciter un hydropique. Cela vient, ou à cause du ressort du ventricule perdu, ou de l'alteration, & fixation du médicament par les serosités acides salées. Les Vomitifs sont aussi d'une grande utilité, non seulement dès le commencement de l'esquinancie maligne, & qui se gagne par contagion, mais encore dans l'état perilleux quand la suppuration est faite, & qu'à cause que le lieu est trop étroit, l'abscès suppuré ne sçauroit s'ouvrir, & menace de suffocation, ou supposé qu'il s'ouvre de lui-même, on a lieu d'apprehender que le pus ne tombe dans les poumons & n'étouffe le malade, ou qu'il ne se jette dans l'estomac & ne le corrompe. En ce cas où l'on n'a aucun secours pour ouvrir l'abscès, on a recours au vomissement, qui secoue puissamment l'abscès, qui l'ouvre & qui pousse le pus par en haut. Celse dit que ce remede est hardi & dangereux, mais qu'il est unique & par consequent sûr. Comme les malades ne peuvent pas bien avaler les Vomitifs, on en enduit une plume pour irriter la gorge de tems en tems; ou bien on verse la liqueur vomitive goute à goute & par intervalles, si ce n'est qu'on aime mieux recevoir du mercure de vie dans du miel pour appliquer à l'entrée de la gorge. L'estomac ayant été irrité par ce moyen pour vomir, l'œsophage est secoué & l'abscès rompu.

VON

VONTACA. s. m. Fruit de la grosseur d'un coin qu'on trouve dans l'Isle de Madagascar. Il est couvert d'une peau aussi dure que celle d'une courge, & plein de pepins plats. Le jus & la chair molle que l'on tire de ce fruit lorsqu'il est mûr, sont d'un goût fort agreable, & il en sort une bonne odeur, mais ils sont désagreables & nuisent à l'estomac, lorsqu'on les tire de ce même fruit avant qu'il soit parvenu à une parfaite maturité. Garcias appelle ces fruits des *Coins de Bengale*. On en fait du vin qui a le goût de la biere & lâche le ventre, mais qui cause aussi quelques tranchées. Quand ils ont atteint leur maturité, on les emploie à la nourriture des pourceaux.

VOQ

VOQUER. v. a. Terme de Potier. Tourner la terre entre ses mains & l'apprêter de telle sorte, qu'on n'y voye plus de sable, & qu'elle soit en état d'être mise en œuvre sur la roue.

VOS

VOSSE. s. m. Animal qui se trouve dans l'Isle de Madagascar, & qui est semblable à un blereau. Il en veut aux poulets & il les mange. Sa chair n'a pas mauvais goût, principalement celle des petits & des femelles.

VOT

VOTER. v. n. Terme qui est en usage parmi quelques Religieux, & qui signifie, Donner sa voix pour quelque affaire qui regarde le Couvent. On a dit delà *Votant*, pour dire, Celui qui a droit de donner sa voix.

VOU

VOUDSIRA. s. m. Petite bête de l'Isle de Madagascar, & qui ressemble à une belette. Elle est d'un rouge obscur, aime fort le miel, & sent le musc.

VOUEDE. s. m. Sorte de plante dont les Teinturiers se servent pour teindre. Elle croît en Normandie.

VOUGE. s. f. Terme de Venerie. Epieu de Veneur à large fer. On le trouve employé dans Coquillard, pour signifier une arme ancienne.

Vouges, sallades, mentonieres.

C'est aujourd'hui une serpe attachée à un long manche que les Païsans portent en forme de bâton.

VOULA. s. m. Sorte d'oiseau de riviere qui se trouve dans l'Isle de Madagascar. Il ressemble à un grand pelican, & a son bec long & blanc.

VOULANCE. s. f. Vieux mot. Volonté. On a dit, *De Voulance*, pour dire, De propos déliberé. *Qui fert un homme, & il l'occist à escient & de voulance, il muire.*

VOULOU. s. m. Espece de canne d'Inde qui tient de l'arbre que Linschot & Acosta, appellent *Mambu & Bambu*, à l'imitation des Indiens, d'où est venu le nom de *Bamboche*, qu'on lui donne ici. On trouve dans cette canne une moëlle humide qui approche du lait nommé *Tabaxir*, par les Medecins Arabes, & *Sacar Mambu* ou *Bambu* par les Indiens. Les Arabes, les Persans, les Indiens & les autres Peuples Orientaux l'estiment beaucoup. Il y a une si grande quantité de ces cannes dans la Province de Ghalemboulou, qu'elle en prend le nom. Tout ce qui y croît consiste presque à du ris & à des bamboches. Les Naturels du païs les coupent & les font brûler, & ils se servent de leurs cendres au lieu de fumier pour faire venir le ris. Il s'en trouve quelquefois de la grosseur de la cuisse. Elles sont toutes hautes, noires, rondes, & font presque tout l'ornement de ce païs-là. Elles n'ont du fruit que de trois ans en trois ans. Ce fruit n'a que la grosseur d'une petite féve, & on en pourroit faire une farine qui ne cederoit en rien à celle que l'on fait du blé. Cette plante n'est pas d'un moindre usage aux Habitans de Madagascar chés qui elle croît, que l'arbre qui porte le coco l'est aux Indiens. Ils en font des pots pour cuire le ris, des seaux, & autres vases propres à puiser de l'eau, des bouteilles à vin & à biere, des couteaux, des plumes à écrire, des violons, des mesures à ris, des étables pour y enfermer leurs bestiaux, des pipes, des boîtes à mettre tout ce qu'il faut pour tirer du feu, de petits bachots capables de contenir deux personnes pour aller sur les rivieres, des toits, des planches, des ais & des étançons pour les maisons, des chaises où les Grands se font porter. C'est dans cette vûe d'en faire des chaises, que dès que ces cannes commencent à croître, ils ont le soin de leur faire prendre un certain pli, & de les courber, afin de les rendre plus propres à faire de ces sortes de sieges qu'ils appellent *Palanquins*. Ces cannes croissent en abondance dans toutes les Indes Orientales, où elles sont employées aux mêmes usages.

VOULT. s. m. Vieux mot. Volonté.

VOULTELE', E'E. adj. Vieux mot. Vouté.

Les tenebres sont voultelées
De petits piliers de cristal,
Et les sommettes cinellées
De fin asur fait à esmail.

VOUSSOIR. s. m. Terme d'Architecture. On appelle *Voussoirs*, ou *Vousseaux*, Les pierres d'assemblage qui forment le cintre d'une arcade ou d'une voute. Chaque Voussoir a six côtés quand il est taillé. M. Felibien dit que le côté qui est creux, & qui doit servir à former le cintre de la voute, se nomme *Douelle interieure du Voussoir*, & quelquefois *Intrados*; que le côté qui lui est opposé, & qui fait le dessus de la voute, est appellé *Douelle exterieure* ou *Extrados*; que les côtés qui sont cachés dans le corps du mur ou de la voute se nomment *Les lits de la pierre*, & que les autres faces qui sont les bouts du Voussoir, sont appellés *Les têtes de la pierre.* On trace les Voussoirs par panneaux & par équarrissement.

On appelle *Voussoir à crossettes*, Celui qui retournant par enhaut fait liaison avec une assise de niveau; & *Voussoir à branches*, Celui qui étant fourchu, fait liaison avec les pendentifs d'une voute d'arête. Lorsque les dessus des portes & des fenêtres ont du creux & sont courbés, ils se construisent de Voussoirs, & on les faits de claveaux, quand ils sont droits & en plafond.

VOUSSURE. s. f. Terme d'Architecture. Hauteur ou élevation de la voute. C'est ce qui forme son cintre. On dit, *Donner quatre ou cinq piés de Voussure sur les impostes*, pour dire, Donner quatre ou cinq piés de courbure ou d'élevation à une voute ou à une arcade. On appelle *Arrieres-voussures*, Les ouvertures des portes ou des fenêtres qui se forment en arc, & comme d'ordinaire leur plan va en s'embrasant & en s'élargissant pour la plus grande commodité des portes, & pour faire que la lumiere entre davantage par les fenêtres, il arrive que ces Arriere-Voussures se haussent vers leurs extrêmités plus ou moins selon la necessité. Cela est cause qu'on les nomme alors *Arrieres voussures bombées.* Si leur plan se trouve placé de biais & obliquement, on les appelle *Arriere-voussures bombées & biaisées.*

VOUT. s. m. Vieux mot. Visage, de *Voult*, & celui-ci du Latin *Vultus*.

VOUTE. s. f. *Structure de pierre, de brique, de bois, qui est en arc, & dont les pierres se soûtiennent les unes les autres.* ACAD. FR. C'est en general le haut de quelque ouvrage d'Architecture, comme des Eglises & des caves qui est fait en arc bandé. Saumaise sur Solin, selon ce qu'observe M. Felibien, remarque trois especes de Voute; la premiere qui est en berceau, qu'il appelle *Fornix*; la seconde qui est en cul de four, qu'il appelle *Testudo*; & la troisiéme qui est en trompe, qu'il nomme *Concha*. Ces trois especes de Voute sont encore subdivisées par les Ouvriers qui leur donnent divers noms selon leurs differentes figures & les lieux où l'usage en est reçû. La plus commune est celle qu'ils nomment *Berceau de cave*, qui est ou droite ou rampante, ou tournante. Il y a outre celle-là les *Voutes reglées* ou *presque droites* & *les Voutes* ou *Trempes suspendues*, appellées *Trompes*, à cause de la ressemblance qu'elles ont à une trompette, qui étant étroite d'un bout, va en s'élargissant. Les Trompes forment comme la moitié d'un cone ou d'un cornet. Il s'en fait quelquefois qui sont plates ou droites sur le devant; d'autres rondes ou en ovale, quarrées, à pans & d'autres figures regulieres ou irregulieres. Il y a aussi les *Voutes d'escalier*, & les *Voutes d'Eglise*, qui sont, ou Voutes d'arrère, ou en arc de cloître, ou à ogives. Les *Voutes d'arrêtes*, sont celles dont les angles paroissent en dehors. Elles tiennent aussi quelque chose des berceaux qui sont faits avec lunettes, faisant à la rencontre des quatre quartiers dont elles sont composées, deux arrêtes pleines qui naissent des angles de leur plan, & qui suivant la courbûre des plans des Voutes, se croisent à la clef des mêmes Voutes, & figurent une croix parfaite, lorsque le plan est quarré, ou une croix de saint André s'il est barlong. *Voute en arc de Cloître*, est celle que forment quatre portions de cercle, & dont les angles en dedans font un effet tout contraire à la Voute d'arrère, c'est-à-dire, quand deux Voutes en berceau s'assemblent pour retourner en équerre, ce qui fait que l'arc qui va d'une encoignure à l'autre, est moitié à arrête & moitié creux. *Voute d'ogive*, que l'on appelle autrement *Voute à la gothique* ou *à la moderne*; est celle qui est composée de formerets, d'arcs doubleaux, d'ogives & de pendentifs, & qui a son ceintre fait de deux lignes courbes égales qui se coupent en un point au sommet. Ces sortes de Voutes sont avec des nerfs qui ont une saillie au dessous du nud de la Voute. Les nerfs d'ogives ont differens noms selon la figure qu'ils composent & les lieux où on les place. Ce sont des corps saillans ornés de differentes moulures qui portent & soutiennent les pendentifs, qui sont les quartiers des Voutes compris entre les nerfs ou branches d'ogives. On les fait quelquefois avec des Voussoirs faits avec coupe, & quelquefois avec des briques, du moilon ou de petits pendans de pierre de taille coupés à l'équerre.

On appelle *Voute en plein cintre*, & autrement *Berceau droit*, Une Voute dont la courbure est en hemicycle ou en demi-cercle; *Voutes à lunette*, Celle qui sur les côtés ou dans les flancs a des ouvertures en arc pour y pratiquer des jours, ou d'autres ouvertures qui ne vont pas jusques au haut de la voute; *Voute surbaissée*, & autrement *Voute en anse de panier*, Celle qui est plus basse que le demi-cercle; *Voute surhaussée* ou *surmontée*, Celle dont la concavité passe en hauteur, & excede la longueur ou le diametre du demi-cercle; & *Voute biaise* ou *de côté*, Celle qui tombe sur un plan biais & qui fait des angles obliques & inégaux. Si les Voutes ou berceaux biaisent & rampent tout ensemble, on les appelle *Voutes* ou *berceaux biais & rampans*. On dit *Voutes spheriques*, en parlant de celles qui sont circulaires par leur plan & par leur profil. On les appelle aussi *Culs de four*. Leur concavité est de la moitié d'un cercle, quand elles ont leur plein cintre; car quelquefois elles sont surbaissées & quelquefois surhaussées. Il y en a qui sont entierement rondes, d'autres en ovale, & d'autres à pans. Il y a encore une difference entre les voutes spheriques simples, & les Voutes spheriques en pendentif; elle consiste dans les assises des Voussoirs. Les coquilles qui servent de couverture aux niches, sont d'ordinaire des parties des voutes spheriques. On dit aussi *Voute en limaçon*. C'est toute Voute spherique ronde ou ovale, surbaissée ou surmontée, dont les assises n'étoient pas posées de niveau, sont conduites en spirale depuis les coussinets jusques à la clef ou fermeture. *Voute sur le noyau* ou *Berceau tournant*, se dit de celle qui tourne autour d'un cylindre, & *Voute en compartiment*, de celle dont le parement interieur est ornée de panneaux de sculpture que séparent des platebandes. Ces compartimens qui sont de differentes figures selon les Voutes, & dorés sur un fond blanc, se font de stuc ou de plâtre sur des courbes de charpente.

Les Maîtres de l'art appellent ordinairement *Maitresses voutes*, Les principales Voutes des édifices, ausquelles sont subordonnées celles qui ne servent que de portes, de fenetres, de descentes ou de passages. Les traits de ces dernieres ont accoûtumé de se faire par panneaux, & les Maîtresses voutes par équarrissement, si ce n'est pour l'execution de quelques traits particuliers. Ces Voutes principales ou grandes Voutes, sont les Voutes d'arrêtes. La clef de la Voute est la pierre du milieu, qui est taillée en coin tronqué, & qui affermit toutes les autres. On appelle *Double voute*, Celle qui étant construite au dessus d'une autre pour le racordement de la décoration exterieure avec l'interieure, laisse une entrecoupe avec la convexité de l'une & la concavité de l'autre. On dit *Remplage de la voute*, *reins de la voute*, pour dire, Les côtés de la Voute qui la soutiennent. L'*Imposte* ou *le Coussinet de la Voute*, est la pierre sur laquelle on met la premiere pierre qui commence à se courber. On appelle *Berceaux rampans* ou *Voutes rampantes*, Ceux qui ne sont pas paralleles à l'horison, comme sont les Voutes & les descentes des caves.

Palladio, selon la remarque de M. Felibien, reconnoît six differentes sortes de Voutes; sçavoir à croisettes ou branches d'ogives; à bandes; à la remenée (c'est ainsi que l'on appelle les Voutes qui sont de portion de cercle, sans arriver tout-à-fait à un demi-cercle) de rondes au cul de four; à lunettes & à coquilles. Les quatre premieres étoient en usage chés les Anciens. Les deux dernieres sont d'invention moderne.

Voutes, se dit aussi des Galeries hautes qui regnent sur les bas côtés d'une Eglise Gothique, comme celles de Notre-Dame de Paris.

On appelle en termes de Marine, *Voute d'un Vaisseau*, La partie exterieure de l'arcasse construite en voutes au dessus du gouvernail. On a accoûtumé de placer au dessus de la voute le fronton ou cartouche qui porte les armes du Prince, & que quelques-uns appellent *Miroir*. On dit aussi *Voutis d'un Vaisseau*.

VOUTER. v.a, Terme d'Architecture. Construire une voute sur des cintres & des dosses, ou sur un noyau de maçonnerie. On dit *Vouter en tas de charge*, pour dire, Mettre les joints de lit, partie en coupe du côté de la douelle, & partie de niveau du côté de l'extrados, afin de rendre la voute spherique.

Vouter. Terme de Maréchal, *Vouter un fer* c'est forger un fer creux pour un cheval qui a le pié comble; ce qui se fait, afin que l'enfoncement du fer empêche qu'il ne porte sur la sole, qui est alors plus haute que la corne. M. Guillet dit que cela ne sert qu'à gâter un pié, parce que la sole étant plus tendre que le fer, elle en prend la forme, & devient plus ronde de jour en jour. Il renvoye au livre du Parfait Maréchal, où M. de Soleisel enseigne la ferrure propre pour rétablir les piés combles.

VOUTIS. s. m. Terme de Marine. C'est la même chose que *Voute*. Ce sont deux pieces de bois de même figure, appellées *Estains*, qui étant mises en œuvre sur l'estambord, font une portion de cercle, & donnent le rond de l'arcasse d'un Vaisseau.

VOUTIS. adj. Vieux mot. Vouté.

Frau reluisant, sourcils voutis,
L'entrœil si n'étoit pas petis.

VOY

VOYAGE. s. m. *Allée ou venue qu'on fait pour aller d'un lieu à un autre assés éloigné.* ACAD. FR. On appelle, en termes de mer, *Voyages de long cours*, ceux qu'on fait sur mer dans des Navires qui doivent être long-tems à revenir, comme les Voyages que l'on fait aux Indes. Il faut qu'un Voyage soit tout au moins de mille lieues, pour avoir le nom de *Voyage de long cours*.

On dit en termes de Palais, *Taxer des voyages & des séjours*, lorsque dans des dépens adjugés on fait entrer les frais des Voyages des Parties après qu'on les a fait affirmer, qu'elles sont venues pour solliciter leur affaire.

VOYANT, ANTE. adj. Qui éclate, qui brille. Il ne se dit guere que des couleurs hautes, qui sont appellées *Couleurs voyantes*, comme le rouge, le bleu & le vert. Il se dit aussi de ce qu'il y a de plus vif dans une nuançe.

VOYE. s. f. Chemin, espace en longueur sur une certaine largeur pour communiquer commodément d'un lieu à un autre. Il ne se dit d'ordinaire que quand on parle des chemins publics des anciens Romains, comme de la Voye d'Appius Claudius. Les Romains, entre les autres Nations, ont fait des dépenses extraordinaires pour rendre ces Voyes spacieuses, commodes & agreables jusqu'aux extrémités de leur Empire.

On appelle *Voye*, en termes de Charronnage, l'Espace d'un essieu qui est entre les deux roues d'une charrette, d'un chariot. On a fait des Reglemens pour la longueur des essieux des carrosses & des charrettes, pour ne point faire tant d'ornieres differentes, afin que les Voyes soient égales.

On dit en termes de Ménage, qu'*Une chose est en voye, est à la voye*, pour dire, que L'on s'en sert ordinairement, & qu'elle n'est point enfermée sous la clef. On dit dans ce sens d'une personne negligente qui ne serre rien, qu'*Elle laisse tout en voye.*

Voye, en termes de Chasse, se dit de l'endroit par où le gibier a passé, quand on le suit à la piste, ou par l'odeur ou l'impression qu'il a laissée dans l'air en passant. C'est aussi la forme du pié d'une bête fauve en terre nette, & en ce sens on dit *Remettre les chiens sur les voyes*. On dit *La voye*, principalement du cerf, & *Piste* pour toutes les autres bêtes. On dit qu'*Un cerf va la voye*, quand il va par les grands chemins qu'on appelle *Voyes* en general; & on appelle *Voyes surmachées*, celles que les chiens & les chevaux foulent dans quelque retour. On crie *Hourvari*, pour faire retourner les chiens quand ils sont hors des Voyes.

Les Vaniers se servent aussi du mot *Voye*, & disent, *A claire voye*, pour dire, A jour, en parlant des ouvrages qui ne sont pas pleins, *Planer à claire voye*. On appelle *Porte de claire voye*, celle qui est faite en treillis de barreaux de fer ou de bois, à travers laquelle le jour passe. On le dit aussi des clayes dont on se sert à passer le sable.

On appelle *Voye de lait*, ou *Voye lactée*, en termes d'Astronomie, Une grande & large bande qui paroît la nuit au ciel en forme de chemin & que nos excellentes lunettes nous font voir dans un tems serein comme un assemblage d'une infinité de très-petites étoiles, qui rendent une lueur blanchâtre. C'est ce que le Peuple appelle *Le chemin de S. Jacques*, & les Grecs γαλαξίας. Les Poëtes ont feint que c'étoit le chemin par où les Dieux se rendoient au Palais de Jupiter. Democrite, qui est suivi des Modernes, dit que ces petites étoiles, quoi qu'obscures, ne laissent pas de jetter quelque lumiere, & que comme elles sont fort proches les unes des autres, elles reflechissent les rayons de lumiere qu'elles reçoivent, ce qui fait paroître cette lueur blanche.

On appelle aussi *Voye de lait*, en termes de Chiromance, Une petite ligne qui prend du côté des rassettes, & qui monte vers le petit doigt de la main. Plus cette voye est rompue, plus elle est méchante.

Voye de bois, est la moitié d'une corde de bois, dont la mesure, selon l'Ordonnance, est de huit piés de long & de quatre de haut. Tout bois à brûler en general, comme celui qu'on vend à la corde & à la voye, doit avoir trois piés & demi de long en y comprenant la taille.

On appelle *Voye de pierre*, Une charettée de pierre. Il y a cinq quarreaux à chaque voye, c'est-à-dire, quinze piés de pierre ou environ. Autrefois on vendoit la pierre au chariot, & le chariot contenoit deux voyes.

Voye de Plâtre, est une quantité de douze sacs de plâtre, chaque sac de deux boisseaux & demi.

On appelle en terme de Marine, *Voye d'eau*, Une fente, une ouverture qui se fait dans le bordage d'un Navire, & par où les vagues trouvent un passage pour y entrer.

On appelle aussi *Voye d'eau*, Deux seaux qui en sont remplis, & que les Porteurs d'eau vont vendre dans les rues & dans les maisons.

VOYER. s. m. Officier commis pour avoir soin que les rues & les voyes publiques soient sûres & commodes. Il n'y a point de Justice qui n'ait son Voyer. La fonction du Voyer est de prendre garde aux auvents, aux enseignes & saillies; de faire étayer les maisons qu'il voit prêtes de tomber, & de donner des alignemens, afin d'empêcher qu'on n'entreprenne sur la voye publique. Il y avoit autrefois un *Grand Voyer*. C'étoit une Charge possedée par une personne très-considerable, non seulement sous ce titre de *Grand Voyer*, mais aussi de *Grand Tresorier de France*. Elle a fini en la personne de M. le Duc de Sulli sous le Roi Louis XIII. Ce sont aujourd'hui les Tresoriers de France qui exercent par Generalité la grande Voyerie. Ils pourvoyent à la construction, à l'entretien & à la reparation des grands chemins; ils en ordonnent les payemens, & reglent les encoignures des Isles & des quartiers des Villes du Royaume, où ils commettent un homme dans chacune pour y exercer la petite Voyerie. Les Coûtumes & Ordonnances parlent aussi des *Seigneurs Voyers*. Ils avoient Justice & Seigneuries sur les chemins, avec connoissance des crimes qu'on y commettoit, ce qui leur donnoit des droits de peage qu'ils levoient pour l'entretien des chemins publics. Il y a quelques Coûtumes où les Voyers se sont appellés *Vicomtes*, & d'autres où ils ont pris le nom de *Ruers*, comme ayant soin des rues & des chemins. Quelques-uns font venir *Voyer* de *Viarius*; d'autres de *Vicarius*.

Voyer v. la lessive. C'est faire passer & couler l'eau chaude sur le linge dans les pannes.

VOYERIE. s. f. Charge de Voyer, partie de la Police qui regarde les grands chemins. Il y a la grande & la petite Voyerie. La *Grande voyerie* est celle dont les fonctions sont presentement remplies par les Tresoriers de France, qui ont soin de pourvoir à l'entretien & à la reparation des grands chemins. La *Petite voyerie* s'exerce par un commis, qu'ils établissent dans chaque Ville du Royaume; & consiste à donner les alignemens des murs de face sur les ruës, à tenir la main à la police des saillies & des étalages, & à en recevoir les droits. Il y a un Edit de 1607. qui les a fixés.

VOYETTE. s. f. Grande écuelle de bois emmanchée pour voyer la lessive. Ces termes sont de Bretagne & d'Anjou.

URA

URAC. s. m. Vieux mot, dont Nicot parle en ces termes. Urac *est un vocable de Poissonniers harengers qui signifie en cas de harenc, Sec, essuyé & bien conditionné, & comme ils disent, Varandé. Ainsi dit-on* Urac nieport, *pour le harenc qui audit lieu a été encacqué après avoir été bien esgoutté, essuyé & varandé, bien appareillé & conditionné.*

VRAI. s. m. Verité, ce qui est de plus conforme à la verité. Il se dit par opposition à *Faux*. On dit en termes de Finances *Etat au vrai*. C'est un état qui a été arrêté au Conseil, & que l'on envoye aux Receveurs. Cet état ordonne des payemens qu'on les oblige de faire, & c'est là-dessus qu'ils comptent à la Chambre.

URB

URBANISTES. s. f. Religieuses de sainte Claire, appellées ainsi du Pape Urbain qui leur a donné leurs Regles. Elles peuvent posseder des fonds, & le Roi a droit de leur nommer des Abbesses.

URBANITE'. s. f. *Politesse que donne l'usage du monde.* ACAD. FR. Ce mot est entierement latin, & a été mis en vogue par M. Balsac. Il n'est pas encore si bien établi dans notre langue, que plusieurs ne se servent d'un correctif quand ils l'employent. Les Romains appelloient *Urbanité*, Une certaine sorte d'agrément, & un genre de politesse qui étoit particulier à certains Auteurs.

URE

URE. s. m. Sorte de bœuf sauvage qui naît dans la Prusse & qui a beaucoup de rapport avec nos bœufs ordinaires. La plus grande difference qui s'y trouve c'est qu'il est plus gros, & qu'il a le poil plus noir & plus herissé.

VREDER. v. n. Vieux mot. Courir vîte, courir deçà & delà. Borel fait venir ce mot de *Veredus*, qui signifie Un cheval agile. Ce mot est encore de quelque usage parmi les Pêcheurs, qui s'en servent lorsqu'ils parlent du mouvement que font les carpes en courant au frai dans les mois de Mai & de Juin.

URETAC. s. m. Terme de Marine. Manœuvre qu'on passe dans une poulie qui est tenue par une herse dans l'éperon, au dessus de la lieure de beaupré. Cette manœuvre sert à renforcer l'amare de misaine, quand elle a besoin d'être renforcée.

URETERE. s. m. Terme de Medecine. On appelle *Ureteres*, Deux vaisseaux fort étroits, creux, blancs, épais & nerveux comme des arteres, par le moyen desquels les reins ont communication avec la vessie, qui d'ordinaire est pleine d'urine, & où l'on trouve aussi de petites pierres semblables à celles qui s'engendrent dans les reins. Ils n'ont qu'une tunique simple, mais épaisse, tissue de filamens obliques, afin qu'ils se dilatent & resserrent aisément. Ils servent à porter dans la vessie l'urine que la vertu des reins a separée du sang sereux. Ce mot vient du Grec οὐρητήρ, du verbe οὐρεῖν, Pisser.

URETHRE. s. m. Terme de Medecine. Le conduit de l'urine par la verge, du Grec οὐρήθρα, qui veut dire la même chose. Dans la strangurie, la douleur se fait sentir principalement dans l'Urethre après que l'on a pissé, & d'une maniere beaucoup plus sensible que celle de la vessie & de son col. Cela vient de ce qu'encore que l'Urethre & la membrane interieure de la vessie soient d'une même substance, neanmoins il y a une mucosité crasse & & visqueuse, qui enduisant interieurement la vessie, la défend contre l'acrimonie acide corrosive de l'urine, & c'est ce qui rend moins vive la douleur de la vessie. Comme l'Urethre est destitué de cet onguent naturel, il est beaucoup plus sensible à l'urine acide qui passe.

VRI

VRILLE. s. f. Outil de fer dont les Charpentiers & les Tonneliers se servent. Il est emmanché comme la tarriere, & fait son effet en le tournant à deux mains.

URILLES. s. f. Terme d'Architecture. Petites volutes ou caulicoles qui sont sous la fleur du chapiteau Corinthien.

URINAL. s. m. Sorte de vase propre à recevoir les urines des malades, que l'on veut garder pour les faire voir au Medecin. Il est fait ordinairement d'un verre fort clair & net.

URINATEUR. s. m. Terme de Mer. Celui qu'on employe à pêcher des perles au fond de la mer, tant aux Indes Orientales qu'aux Occidentales. Les Latins appellent *Urinatores*, ces Plongeons ou pêcheurs de perles, & c'est d'eux que nous avons emprunté ce mot. Toute la mer qui est entre le Cap de Comori, les Basses de Chilao & l'Isle de Zeilan, est appellée *La pescaria delle perle*. Cette pêche dure en Mars & Avril environ cinquante jours; & dans le tems qu'elle se doit faire, on y dresse un grand nombre de cabanes, qu'on abbat aussitôt qu'elle est finie. De bons plongeons, qu'on attache à une corde, vont sous l'eau remplir leurs sacs d'huîtres, & ceux qui tiennent la corde dans des barques, ont soin de les retirer au moindre signal qu'ils donnent. Vincent le Blanc dit dans ses Voyages, qu'il y a certains députés, nommés *Chitini*, pour mettre le prix aux perles selon la saison. Ces perles sont de cinq sortes, les étoiles, les demi-étoiles, celles qu'ils nomment *Petrarie*, les perles de compte, & celles que l'on appelle *Aljofar*. Ils en font comme cinq lots, & les Marchands sont là de rang pour les acheter. Les Portugais ont celles de prix qu'ils appellent *Decuemos*. Ceux de Bengale prennent les secondes. Ceux de Camarane ont les troisiémes. Les plus menues sont à ceux de Cambaye, & les dernieres qui ne sont pas accomplies, vont à certains Juifs qui les accommodent pour tromper ceux qui ne s'y connoissent point. C'est quelque chose de curieux de voir tant de Marchands assemblés de differens lieux, & ces grands monceaux d'huîtres devant les cabanes, qui disparoissent toutes en fort peu de jours. Toute la côte de Malabar depuis Comori, dans l'étendue d'environ de cinquante lieues, n'est frequentée que pour cette pêche, où s'assemblent pour cela plus de cinquante ou soixante mille personnes, Marchands & autres.

URINE. s. f. Terme de Medecine. Serosité du sang, qui étant separée par la force des reins, tombe dans la vessie, & sort ensuite du corps par le conduit destiné pour cela par la nature. Ettmuller dit que l'Urine étant l'excrement immediat de la seconde digestion, sa liqueur doit être considerée comme le superflu du serum de la masse du sang empreigné de sel huileux, pour la plûpart volatile & presque armoniacal avec les parties huileuses détachées de cette même masse du sang; que les matieres contenues dans l'Urine, sont certaines parties du chyle, qui n'ayant pû s'assimiler avec le sang, ont été imbibées par la liqueur lixivieuse; qu'elles sont tantôt dissoutes, & qu'alors il ne paroît rien de contenu dans l'Urine; que tantôt elles sont précipitées & separées, auquel cas elles y paroissent, & que la tissure respective de la liqueur avec les matieres contenues fait les diverses qualités ou proprietés de l'Urine, comme la couleur, l'opacité, la transparence. Quand l'Urine est transparente, poursuit-il, cela vient de l'union exacte des particules salines huileuses avec les pores de la liqueur aqueuse, qui donnent un passage presque égal aux rayons de la lumiere. Lorsqu'elle est opaque, c'est que ces particules sont separées & comme précipitées, ou par l'air externe qui venant à resserrer par sa froideur les pores de la liqueur, chasse en mêmetems les particules imbibées; ou par la fermentation interne des excremens cacochymes de la masse du sang, ce qui empêche que les rayons de la lumiere ne passent.

Le corps des reins est l'instrument & l'organe qui separe l'urine d'avec le sang. On a reconnu que les reins sont composés, sur tout vers leur partie convexe, d'une infinité de petites glandes, qui paroissent rondes comme les yeux de poissons, & de quantité de fibres, ou plûtôt de petits canaux membraneux, qui sont proprement les vaisseaux excretoires des reins. Toutes ces petites glandes sont attachées à autant de rameaux d'arteres, d'où elles reçoivent la matiere de l'Urine, la tirent & la separent du sang, après quoi elles la déchargent dans le bassinet par les fibres membraneuses creuses qui partent de la partie convexe du rein, & qui se ramassant en une espece de faisceau, se terminent aux caroncules papillaires qui sortent du bassinet, & entrent dans les tuyaux avancés. L'urine étant déchargée du rein dans le bassinet, distille successivement dans la vessie par le canal de l'uretere. Quand la vessie n'est pas trop remplie d'urine, elle ne ressent aucune incommodité, mais si-tôt qu'elle l'est trop, elle souffre une distension douloureuse. Si d'ailleurs l'urine est trop acre, trop salée ou acide, elle corrode la vessie, comme il arrive dans la strangurie, & dans ces cas la vessie veut se décharger, & le sphincter se relâche, ce qui fait que l'urine s'écoule par sa propre liquidité, outre que les fibres circulaires de la seconde membrane de la vessie venant à se retirer, retrecissent la vessie, & poussent l'urine en dehors. Les muscles pyramidaux & les muscles droits de l'abdomen servent beaucoup à cela en pressant pareillement la vessie par leur contraction & chassant aussi l'urine. Il y a deux sortes d'urine, celle de la boisson & celle du sang. L'Urine de la boisson démontre les qualités de l'aliment, des alterations qu'il a reçues dans les premieres voies, & de la digestion qui en a été faite. L'Urine du sang fait connoître la constitution du sang qui dépend de la fermentation des particules, sur-tout des salines qui composent sa liqueur, & marque les changemens qui lui arrivent à raison de sa pureté ou de son impureté cacochymique. On appelle *Urine crue*, Celle qui a des signes de crudité hors les maladies aigues & la fievre. On met de ce nombre toutes les Urines qui s'éloignent de l'état naturel par défaut, comme celles qui sont tenues, trop peu teintes, ordinairement claires, & qui se troublent rarement. Ce sont des indices que les alimens n'ont pas été bien digerés dans l'estomac & dans les premieres voies. Quand au contraire l'urine est de la consistance requise, de couleur de citron, ou même d'une couleur plus haute, claire ou un peu obscure, c'est une marque que les alimens ont été bien cuits dans les premieres voies. La consistance naturelle de l'urine tient le milieu entre l'huileux & l'aqueux, & suivant ce que le rapport des sens en fait connoître, c'est une liqueur lixivieuse presque salée, en partie volatile & en partie fixe. Le phlegme ou la liqueur aqueuse qui servoit auparavant de vehicule à l'aliment, devient le vehicule de l'excrement, en s'imbibant des particules salines huileuses de la masse du sang usées par le mouvement intestin ou fermentatif, & par consequent excrementeuses, pour les entraîner dehors avec plus ou moins de particules chyleuses qui n'ont pas été propres à s'assimiler. Si on fait l'anatomie de l'urine par le feu, on trouvera qu'elle est empreignée de beaucoup de sel volatile urineux, c'est-à-dire, composée d'un acide volatile dominant dans le corps de l'Urine, & de beaucoup plus d'alcali volatile. Ces sels sont temperés, ainsi que toutes les autres humeurs du corps, par des particules grasses ou huileuses entremêlées.

Le vice de l'Urine qui vient le plus en pratique, est d'être grasse ou sanglante. L'Urine grasse qui sort, c'est lorsqu'il surnage une croute ou pellicule graisseuse qu'il faut prendre garde à ne pas confondre avec une croute saline qui represente de la graisse, ordinaire aux scorbutiques & aux hypochondriaques. Toute la difference consiste, selon Ettmuller, en ce que si ce sont des sels pris & épaissis qui produisent cette croute sur l'urine, en regardant de côté, elle fera paroître ou la queue d'un paon ou l'arc en ciel, ce qui marque infailliblement le mal hypochondriatique ou le scorbut. Quand c'est la graisse qui surnage l'Urine, elle est sans couleur & distinguée par petites gouttes qui ne se rencontrent point dans la croute saline. L'Urine graisseuse vient de la fusion de la partie grasse du sang & de la graisse du corps. Cela est cause que l'Urine paroît fort souvent graisseuse dans la fievre ardente ou dans l'ectique. Ce qui fait la fusion est le manque

que de l'acide requis dans la masse du sang, lequel épaissit & coagule la graisse alimenteuse, & venant à manquer, la graisse se liquefie & sort avec l'urine.

Quant à l'*Urine de sang*, qui arrive lorsqu'il se trouve plus ou moins de sang mêlé avec elle, elle est quelquefois semblable aux lavûres des chairs. Quelquefois elle est plus rouge, ou même elle tire sur le noir, & teint de couleur de sang les linges que l'on y trempe. Ce sang qui rougit l'urine, vient d'ordinaire des reins, où il se mêle avec elle; tantôt c'est dans les ureteres, & tantôt dans la vessie. Il vient rarement des autres parties, si ce n'est après une chûte, lorsque les urines poussent le sang qui est grumelé en quelque endroit. L'Urine de sang vient aussi de l'anastomose des petits vaisseaux, des conduits urinaires & de leur diærese & diabrosis ou ruption. Elle suit souvent les agitations violentes & le mouvement excessif du corps, & quelquefois elle survient aux suppressions des évacuations de sang ordinaires, comme à celle des hemorroïdes ou des mois. Salmut parle d'un pissement de sang periodique & menstrual, qui en s'arrêtant causa la mort. Zacutus Lusitanus fait mention d'une fievre ardente qui fut guerie par une urine de sang fort abondante; ce qui fait voir que l'urine de sang est aussi critique, & qu'elle termine les maladies. Elle survient quelquefois après une chûte sur le dos ou sur les lombes, & ce pissement de sang est causé par l'anastomose des vaisseaux que cette chûte ouvre. Le diabrosis & la diærese en sont les causes les plus frequentes, lorsque les petits vaisseaux sont corrodés par le serum trop acre, à quoi ont rapport les exulcerations des reins & de la vessie que le pissement de sang accompagne d'ordinaire à cause des érosions des mêmes petits vaisseaux. La déchirure des reins, des ureteres ou de la vessie par l'âpreté du calcul, le donnent aussi. Les cantarides prises interieurement, ou même appliquées exterieurement en vesicatoires sans acides, c'est-à-dire, sans avoir été mêlées avec du vinaigre ou du levain, causent une urine de sang très-douloureuse. Elle survient encore quelquefois aux fievres malignes, sur-tout à la petite verole, par l'érosion des petits vaisseaux des reins, ce qui est un symptome très-funeste. Les signes diagnostiques sont clairs, & il est aisé de voir si l'urine est teinte de sang, pourvû qu'on distingue la rougeur du sang d'avec la rougeur saline, qui vient des sels contenus bien unis avec la liqueur contenante. Il n'est pas bien difficile d'en faire la difference. La rougeur des sels est resplendissante, transparente, claire & tenue, au lieu que celle du sang est opaque, trouble & épaisse, selon qu'il y a plus ou moins de sang. On tient que dans l'Urine gardée il s'engendre des animaux en forme d'anguilles qui sont encore plus petits que ceux que l'on voit dans l'eau de poivre. L'Urine vieille colore d'une couleur d'or une piece d'argent bien nette. L'Urine sert dans les teintures pour nettoyer, & aider à fermenter & à échauffer le pastel. On s'en sert aussi aux cuves pour le bleu au lieu de chaux. On fait venir Urine du Grec οὖρον, qui veut dire la même chose, ou de ὀῤῥὸς, qui signifie le Serum, à cause que l'Urine est une humeur separée du sang par le moyen des reins.

URINEUX. f. m. Les Chymistes appellent *Sels urineux*, Les sels alcalis, à cause qu'ils ont la saveur de l'urine. On les divise en volatiles & en fixes. Les volatiles sont ceux qui s'envolent d'eux mêmes en l'air ou à une chaleur legere, & les fixes ceux qui ne s'envolent point pour le feu & qui le soûtiennent, ainsi que font tous les sels tirés des cendres. Le sel urineux est le principe qui domine dans tous les animaux. Ce principe y est rassasié de son acide, & ce dernier domine même dans quelques-uns, comme dans les grandes fourmis qui jettent une certaine odeur acide quand on les écrase, & donnent dans la distillation un esprit assés acide pour corroder le fer & le convertir en rouille. L'acide des fourmis ne laisse pas d'être temperé par son alcali; ce qui est évident par l'esprit urineux & alcali que quelques-uns tirent de cet esprit acide de fourmis, en le distillant après y avoir ajoûté de la chaux vive & un peu d'eau froide pour y exciter l'effervescence. Il y a un moyen plus court de separer l'urineux d'avec l'acide. C'est de renfermer les fourmis dans un vaisseau de verre bien bouché jusqu'à ce qu'elles soient reduites en putrilage. Alors l'acide & l'urineux combattant ensemble, s'alterent & se changent en un esprit urineux de la nature des alcalis. Parmi les principes naturels dont le sang est composé, & qui lui impriment un certain caractere particulier, les sels volatiles, sçavoir l'urineux & l'acide, ont le premier rang. Tous deux agitent sans cesse la masse du sang par un mouvement fermentatif, doux & reglé, & par ce moyen ils la volatilisent en partie en esprits, en partie ils lui assimilent le chyle, & en partie ils separent & précipitent ce qu'il y a d'héterogene dans toute la masse pour les couler par des colatoires convenables, & les jetter hors du corps. Si-tôt que la proportion requise de ces sels est vitiée, la fermentation naturelle & vitale du sang, & l'assimilation du chyle le sont de même, & enfin les sucs vitiés inondent & infectent la masse du sang.

Les sels volatiles & urineux ont la force de calciner & de dissoudre l'or, pourvû qu'il ait été bien calciné auparavant: car alors l'esprit de sel empreigné d'un sel volatile urineux, dissoudra parfaitement ce métal, & les autres sels volatiles auront la même vertu. Ainsi on prépare la corne de cerf solaire avec le sel volatile de corne de cerf, en stratifiant des lamines de cerf & des lamines d'or dont on remplit un creuset qu'on met calciner dans le four d'un Potier, jusqu'à ce que la calcination paroisse de couleur de pourpre. Le sel volatile de la corne de cerf corrode le Soleil dans cette operation, & le reduit en forme de poudre. C'est un remede très-salutaire dans les fievres malignes & pestilentielles, & particulierement dans le pourpre des femmes.

URN

URNE. f. f. Vase de porcelaine ou de fayence, de mediocre grosseur, rond & enflé par le milieu, dont on ne se sert aujourd'hui que pour mettre sur des cheminées, ou pour en orner des cabinets. C'étoit autrefois un vase de terre, de marbre, de bronze, d'or ou d'argent, selon la qualité des personnes, où les Anciens enfermoient les cendres d'un mort si-tôt qu'on avoit brûlé son corps. On y enfermoit aussi d'autres petits vases, appellés *Lacrymatoires*, *Lampes sans fin*, & même quelques pieces de monnoie, afin que le mort eût de quoi payer le passage de la barque de Caron. On y versoit aussi des parfums, après quoi on fermoit bien l'urne. On la couronnoit de fleurs, & enfin on la mettoit dans un sepulcre, que l'on élevoit ordinairement sur un grand chemin.

On a aussi appellé *Urne*, Une sorte de Vase, où du tems des Anciens les Juges mettoient leurs suffrages quand ils opinoient. On se servoit aussi d'Urnes dans les sacrifices. C'estoient des vases où l'on mettoit des liqueurs. Encore aujourd'hui on dépeint les fleuves appuyés sur des Urnes pour representer leur source par l'eau qui s'en écoule.

On appelle *Urne*, en termes d'Architecture, Une espece de vase large & bas, qui sert d'amortissement sur les balustrades, & d'attribut aux fleuves & aux rivieres dans les grottes & dans les fontaines des jardins. *Urne funeraire* se dit d'une espece de vase couvert avec des ornemens de sculpture, qui sert d'amortissement à un tombeau, à une colomne, à une pyramide, ou à quelque monument funeraire, ce qui se fait à l'exemple des anciens qui renfermoient dans ces sortes d'urnes les cendres des corps des défunts.

URS

URSULINES. s. f. Religieuses qui suivent la Regle de saint Augustin, & qui ont un habit noir avec une jupe grise par dessous. Elles sont obligées par leurs statuts à prendre soin de l'instruction & de l'education des jeunes filles. On les a nommés *Ursulines* à cause qu'elles ont pris sainte Ursule pour leur Patronne. Quelques Auteurs ont écrit qu'il n'y avoit jamais eu de sainte Ursule, mais l'autorité de la fête qu'on celebre le 21. d'Octobre doit convaincre de son martyre toutes les personnes raisonnables. Elle étoit fille d'un Prince de l'Isle de la grande Bretagne, & Conan qui étoit Chrétien & Prince de l'Armorique ou petite Bretagne, après que Maxime qui s'étoit fait saluer Empereur en 382. s'en fut rendu maître, ayant envoyé des députés en la grande Bretagne pour la demander en mariage à son pere Dionnot Roi de Cornouailles, elle lui fut accordée. Quand elle se fut embarquée à Londres, une tempête emporta la flotte sur la côte de la Gaule Belgique, d'où elle se retira à Tiel vers l'embouchure du Rhin ; & delà elle avança vers Cologne par ce fleuve. Les Huns qui tenoient alors la campagne pour l'Empereur Gratien, voyant des Vaisseaux des Bretons leurs ennemis, les attaquerent, s'en saisirent, & ayant voulu forcer la Princesse Ursule qui anima toutes les filles qui l'accompagnoient à leur resister, ces barbares irrités de leur courage & du mépris qu'elles faisoient de la mort, les massacrerent, sans épargner aucun de ceux qui les escortoient. Le nombre de ces saintes Filles n'est pas facile à déterminer. Usuard, qui étoit du huitiéme siecle, dit seulement qu'elles étoient en grand nombre. Sigebert, qui vivoit au commencement du douziéme siecle, en marque onze mille, & quelques-uns prétendent que le chiffre Romain XI.M.V. qui se trouve dans des Titres anciens, veut dire Onze Martyres Vierges, & non pas onze mille Vierges. Lindan, Evêque de Ruremonde, rapporte, suivant l'attestation des gens du pays que le lieu où ces Filles ont été enterrées à Cologne ne sçauroit souffrir aucun autre corps, & qu'il le rejette aussi-tôt, quand ce seroit même le corps d'un enfant. Plusieurs écrivent & prononcent *Urselines*.

URU

URUCU. s. m. Nom que donnent les Indiens à l'arbrisseau qui porte le Roucou. Voyez ROUCOU. Selon quelques-uns c'est un arbre qui a huit ou neuf piés de hauteur, & ses feuilles à peu près semblables à celles du pêcher. Après ces feuilles il naît des gousses garnies de petites épines tout autour, & qui approchent fort de la couverture de nos châtaignes. Elles enferment une petite graine rouge qu'on brise dans un mortier ou sur une pierre ; & qu'on met ensuite dans des vaisseaux remplis d'eau. Le Roucou se fait dans les Isles de l'Amerique de la même sorte qu'on fait ici l'amidon.

US

US. s. m. Vieux mot. Porte.

Et l'us ot de fer une barre.

Us a été dit aussi pour Coûtume, & en ce sens il vient du Latin *Usus*, Usage.

J'aim' par coustume & par us
Là où nus ne peut atteindre.

On se sert encore dans les contrats de cette clause generale, *Pour en jouir selon les Us & coûtumes des lieux*. On dit aussi *Les Us & Coûtumes des Eaux & Forêts*.

On appelle *Us & Coûtumes de la mer*, Une loi par laquelle les Proprietaires & les Maîtres des Vaisseaux Marchands sont obligés de satisfaire aux avaries qui se font en mer. Ces Us & Coûtumes consistent en trois Reglemens, dont on appelle les premiers *Jugemens d'Oleron*. La Reine Eleonor, qui étoit Duchesse de Guienne, en fit faire les premiers projets, lorsqu'elle fut revenue de la Terre-sainte, sur les Memoires qu'elle rapporta des Coûtumes du Levant, où le commerce étoit extrémement florissant. Comme elle avoit établi sa principale demeure dans l'Isle d'Oleron, elle voulut qu'ils fussent nommés *Rolles d'Oleron*. Richard Roi d'Angleterre, son Fils, les augmenta en 1266. Les Marchands de la Ville de Visbui, située dans l'Isle de Gotland, y firent dresser les seconds Reglemens en langage Teuthonique. Cette Ville où toutes les Nations avoient alors leurs quartiers, boutiques ou magasins, & que le commerce rendoit très-celebre, est presentement détruite, mais les Reglemens que l'on y fit pour la mer ne laissent pas d'être observés encore aujourd'hui par tout le Nord. On fit les troisiémes à Lubec vers l'an 1597. & ils furent faits par les Députés des Villes Hanseatiques. C'est sur ces trois pieces qu'on a fait les Ordonnances qui reglent les contrats maritimes, & la jurisdiction de la Marine, tant en France qu'en Espagne.

USA

USAGE. s. m. *Coûtume, pratique reçue.* ACAD. FR. Usage, dit Nicot, *est ce que le Latin dit* Usus, *dont il descend.* Usage *aussi se prend pour coûtume, & selon ce on trouve souvent au Coustumier de France ces deux mots* Usage *&* Coustume *pour une mesme chose, d'autant que* Coustume *n'est autre chose que le commun usage du peuple touchant quelque chose. Et en plurier* Usages *sont pastis ou bois taillis qu'on appelle* Communes *&* Usuelles, *parce que chacun du peuple a droit d'en user pour pasturer son bestail & avoir son chauffage.*

Ce mot *Usages*, au pluriel, signifie encore aujourd'hui les biens possedés en commun par les Communautés de quelques Paroisses pour y faire paître le bétail, comme bois, pâturages, broussailles, terres vaines & vagues, où chaque particulier a droit de mener ses bestiaux, & de prendre du bois pour son usage.

Usages, en termes de Librairie, se dit des Livres d'Eglise, des sortes de Prieres, Breviaires, Missels, Diurnaux, Pontificaux, Processionnels, Rituels & autres. On dit qu'*Un Breviaire est à l'usage de Rome*, *à l'usage de Paris*, pour dire, qu'On s'en sert à Paris, à Rome, quand on celebre le Service Divin. On dit aussi *Breviaire à l'usage de saint Benoit*, *à l'usage de saint Bernard*, suivant les differens Ordres de Religieux.

USANCE. s. f. *Usage reçu*. ACAD. FR. On dit, en termes de Marine, qu'*Un Marchand sçait bien les usances de la mer*, pour dire, qu'Il n'ignore rien de ce qu'il est necessaire de sçavoir pour trafiquer sur la mer.

Usance est aussi un mot de banque, & signifie, Le terme d'un mois. On dit en ce sens qu'*Une lettre de change est payable à usance*, *à deux usances*, *à trois usances*, pour dire, Que l'on a un mois, deux mois ou trois mois pour la payer. On appelle *Interêt à toute usance* ou *à double usance*, Celui qu'on fait payer tous les mois au double.

USANT, ANTE. adj. Terme de Palais. On dit qu'*Une fille est usante & jouissante de ses droits*, pour dire, qu'Elle a la pleine & entiere jouissance du bien qui lui appartient.

USE

USER. v. a. *Consumer la chose dont on se sert*. ACAD. FR. On dit en termes de Miroitier, *User le verre*, pour dire, Le frotter avec du grais.

USI

USINE. s. f. Vieux mot. Ménage.

Et si font aussi bonne usine
Qu'estudians en medecine.

USN

USNE'E. s. f. Terme de Pharmacie. Mousse qui croît sur un crane humain. Elle arrête toutes les hemorragies, & fait la base de l'onguent magnetique. On tient que l'Usnée qui croît sur le crane d'un pendu ou d'un rompu, a une vertu singuliere d'arrêter le sang & de resister à l'épilepsie, ce que n'a pas une autre Usnée. Cela vient de ce que ceux qui meurent d'une mort violente, quoiqu'ils perdent la plûpart leurs esprits influans, gardent materiellement l'esprit implanté qui demeure concentré dans les parties. Cet esprit n'a plus, à la verité, aucune activité formelle de vie, mais c'est de lui que dépendent les merveilleux effets des corps morts. Ainsi, c'est delà que le cadavre d'un homme que l'on a tué avec violence, verse du sang en de certains cas en la presence de son meurtrier, & c'est encore delà qu'un nés enté devient froid & se pourrir malgré la distance & l'éloignement des lieux, sitôt que celui des bras duquel il a été pris, vient à mourir.

Les Droguistes d'Angleterre, & particulierement ceux de Londres, vendent des têtes de morts sur lesquelles il y a une petite mousse verdâtre, qui ressemble assés à l'Usnée, ou à la mousse qui vient des chênes, ce qui lui a fait donner le nom d'*Usnée*. C'est une excrescence semblable à une mousse verte, qui croît jusqu'à la hauteur de deux ou trois lignes au-dessus & aux environs du crane de ceux que l'on a pendus & laissés ensuite long-tems aux fourches patibulaires. Elle ne commence à croître que quand le pannicule charneux étant pourri & consumé par les injures du tems, a quitté le crane, & que l'humeur superflue que la tête fournissoit pour la nourriture des cheveux & de la barbe, ne trouvant plus de partie charneuse pour y faire ses productions accoûtumées, engendre cette mousse en forme de chevelure, joignant le creux où elle est aussi fortement attachée, que la mousse l'est aux chênes & aux rochers. Comme la coûtume est en Irlande de laisser au gibet les corps des pendus jusqu'à ce qu'ils tombent en pièces, c'est delà que les Droguistes Anglois font venir ces têtes. Ils en envoyent plusieurs couvertes de leur Usnée dans les Païs étrangers, & sur-tout en Allemagne, où l'on s'en sert dans la composition de l'onguent sympathique que Crollius a décrit dans sa Chymie Royale, & qu'il vante fort pour la guerison du mal caduc. Ils vendent ces têtes vuides, à cause que tout ce qu'elles contenoient de mol & de corruptible, comme les yeux & la cervelle, a été consumé par le long tems qu'on les a laissées à l'air.

On se sert de l'Usnée de chêne pour faire les poudres de Chypre & de Frangipane que l'on fait venir de Montpellier.

USS

USSIERS. s. m. Vieux mot. Vaisseaux ou Barques plates.

USSUN. s. m. Nom que les Sauvages du Perou donnent à une espece de cerise qui est douce de saveur, & de couleur rouge. Quand on a mangé de ces cerises, l'urine se trouve teinte le lendemain de couleur de sang.

UST

USTENSILE. s. m. *Plusieurs disent* Utensile. *Terme qui se dit proprement de toutes sortes de menus meubles, servant au ménage, & principalement de ceux qui servent à l'usage de la cuisine.* ACAD. FR. *Ustensile*, en termes de guerre, se dit de la fourniture qui est dûe à chaque Soldat par ceux chés qui on l'envoye loger. Cette fourniture consiste en un lit garni de linceuls, à un pot, à un verre, à une écuelle, à une place au feu, & à la chandelle de l'hôte. L'ustensile est quelquefois fourni en argent par les Habitans des lieux où est la garnison, & ils donnent deux sols chaque jour au Soldat à pié.

On appelle *Ustensiles du canon*, La lanterne ou le chargeoir propre à mettre la poudre dans le noyau; le Fouloir qui sert à bourrer quand on a chargé la piece, le Boutefeu, l'Ecouvillon, le Fronteau de mire & les Coins de mire. Toutes ces Ustensiles doivent être proportionnées aux pieces qu'elles servent, ce qui se fait aisément quand on en remarque le calibre & la longueur.

USTION. s. f. Terme de Pharmacie. Assation qu'on fait aux médicamens pour les mettre mieux en poudre, comme aux cornes & aux os, ou pour les corriger de quelque mauvaise qualité, comme la pierre d'azur. Ce mot vient du Latin *Urere*, Brûler.

USU

USUCAPION. s. f. Terme de Jurisprudence. Jouissance d'une chose mobiliaire pendant l'espace d'un an. On s'en sert comme d'une fin de non recevoir, de même qu'on se sert de prescription à l'égard de la jouissance des immeubles.

USUELLES. s. f. Vieux mot. Pastis, ou bois taillis communs à une ou plusieurs Villes, Bourgs ou Villages.

USUFRUIT. s. m. Terme de Palais. Droit d'user & de jouir autant qu'on le peut des choses dont la proprieté appartient à un autre, tant que dure la substance de ces choses. Le don mutuel entre maris & femmes n'a lieu que pour l'usufruit des biens du prédecedé au profit du survivant. On peut assûrer à quelqu'un l'usufruit, non seulement d'une maison, d'une terre, mais encore d'un troupeau, & de tout ce qui ne se consume pas par l'usage qu'on en fait. Quoiqu'il n'y ait point d'apparence de donner des choses qui se consument comme sont le vin, l'huile, le blé, des habits, de l'argent, pour en jouir par usufruit, on ne laisse pas de le faire sous de certaines conditions. Ainsi, si quelqu'un en mourant laisse à un autre l'usufruit de mille écus, de mille muids de vin ou d'huile, ou de mille muids de blé, qui sont des choses qui se consument par l'usage, ce legs peut être reçû selon le Droit Romain, & le legataire peut prendre l'argent, le vin, l'huile ou le blé, en donnant caution qu'après sa mort, soit civile ou naturelle, la même quantité qu'il aura reçûe, sera restituée à celui à qui en appartient la proprieté. Cela se pratiquoit autrefois non seulement à l'égard de ces sortes de choses, mais encore à l'égard des habits, des fruits & de tout ce qui se consume, en sorte que le legataire avoit la jouissance de son legs, après que l'estimation en avoit été faite. Si un tremblement de terre renverse une maison dont quelqu'un a l'usufruit, ou s'il arrive qu'elle tombe à cause qu'elle est trop ancienne, l'usufruit cesse, parce qu'il n'a été établi que sur la maison, & que l'Usufruitier n'a aucun droit ni sur la place, ni dans la cour. L'Usufruit étant éteint par quelque cause que ce puisse être, il est réuni à la chose, & le proprietaire en doit jouir en pleine proprieté.

USURE. s. f. Profit que celui qui prête retire de la chose prêtée, à cause qu'elle est employée à l'usage de la personne qui emprunte. On ne se servoit de l'argent dans les premiers tems que pour entretenir par la vente & par l'achat le commerce qui n'avoit pû être encore assés bien établi par les échanges. Les Banquiers n'étoient point alors connus, non plus que les Usuriers; mais si le péril & la difficulté qu'il y a à transporter de l'argent d'un lieu à un autre, a fait que les Banquiers ont été crûs necessaires, l'avidité sordide du gain a produit les Usuriers. Ainsi on a toûjours pratiqué le prêt de l'argent chés toutes les Nations, sans que les loix les plus saintes ayent pû l'empêcher, quoique ce prêt soit un écueil des plus dangereux pour ceux qui empruntent, & un très-grand crime pour ceux qui en tirent du profit. L'usure étoit exercée à Rome avec tant d'impunité, que le Creancier par l'ancien droit pouvoit exiger de son Débiteur, par la convention qu'ils faisoient ensemble, tel interêt qu'il vouloit des sommes prêtées, quoiqu'il n'y eût point d'alienation du sort principal. Ce mal devint sans remede, parce que les riches qui le commettoient, empêchoient par l'autorité que leur donnoit le gouvernement, que ceux qui avoient de bonnes intentions n'en arrêtassent le cours. Ainsi ce fut inutilement que le vieux Caton, devant qui on agita la question de sçavoir, s'il n'étoit pas avantageux que l'on prerât à usure, demanda s'il pouvoit être permis de tuer un homme. La fureur des Usuriers qui dévoroient sans pitié la substance de leurs freres, dura jusqu'au tems de Justinien. Ceux qui craignirent les peines prononcées par les loix de cet Empereur, & par celles de Dieu, commencerent à se conformer aux regles qu'on leur prescrivit touchant l'usure. Il y a quantité de passages dans l'Ecriture qui font connoître que les loix divines, qui ne recommandent rien tant aux hommes que la charité pour le prochain, condamnent à la mort éternelle ces avares insatiables, qui en prêtant leur argent à interêt, ont la cruauté de profiter du malheur d'autrui. L'usure étoit défendue entre les Israëlites comme un crime abominable, & on ne leur permettoit de l'exercer avec les Etrangers, comme étoient les Cananéens, que parce que Dieu avoit donné aux Juifs la terre de Canaan; & que par consequent tout ce que possedoient ces Gentils appartenoit au Peuple de Dieu. Aussi Jesus-Christ n'eut pas plûtôt annoncé aux hommes la paix universelle qu'il leur a donnée à tous, que la défense devint generale, sans que les Juifs eussent encore la liberté de prêter à usure aux pauvres Etrangers, de même qu'ils ne l'avoient jamais eue de prêter à interêt à leurs freres. Il est inutile de dire que celui qui emprunte se sert de l'argent des Usuriers, & qu'il avoue lui-même qu'ils lui font plaisir. Cette excuse ne sçauroit être reçûe, puisque s'il s'adresse à ces personnes impitoyables, c'est seulement parce que la necessité l'y contraint, & qu'il ne sçauroit trouver du secours d'une autre maniere. Les Peres ont déclamé tous contre l'usure. Saint Augustin doute si celui qui en accable les malheureux n'est pas plus cruel que celui qui les vole; & saint Gregoire dit que l'Usure est la production de l'avarice, de l'iniquité & de l'inhumanité. Sur tant de principes de Religion & d'équité, il est défendu en France de stipuler aucuns interêts par promesse, ni par obligation verbale, & portée par lettres; & quand on n'aliene point le fond, tout ce que l'on exige est Usure, de sorte qu'il n'y a d'interêts legitimes que par l'alienation du sort principal à cause du retardement. La raison est que l'alienation qui se fait du fond par un contrat de constitution, fait contracter une maniere de vente à faculté de rachat. L'Usure ne se prescrit, & ne se couvre par aucun consentement; & en quelque tems que ce puisse être, celui contre qui l'on a rendu un Arrêt, peut obtenir une Requête civile, fondée sur le vice de l'Usure, dont il a eu connoissance depuis qu'il a été condamné. Lorsqu'il s'agit d'instruire extraordinairement le procès d'un Usurier, on se sert de toutes sortes de moyens pour sçavoir la verité, jusqu'à s'éloigner des regles accoûtumées. C'est ce qui fait qu'encore que selon les principes du Droit personne ne doive être contraint de produire des actes qui lui soient nuisibles, on oblige ceux qui sont accusés d'usure, par la haine qu'on a pour ce crime, de representer leurs livres de raison, afin de reconnoître leur commerce. Comme les affaires des Usuriers ne se passent jamais que secrettement, c'est-à-dire, entre eux & leurs débiteurs; on se contente, pour les convaincre & les condamner, de la déposition d'un certain nombre de ces mêmes débiteurs, comme de dix. Les Officiaux connoissent de l'usure que les Clercs commettent, & les Juges Seculiers connoissent de celle qui est commise par toutes autres personnes. On permet les usures sur mer quand on donne son argent à la grosse avanture, à cause du péril qu'on court. Baquet fait mention d'un privilege qu'on accorda aux Lombards, & qui portoit permission de prêter à usure. Il fut verifié à la Chambre des Comptes. Néanmoins les Lombards furent bannis du tems des Rois saint Louis & Philippe le Bel, & entierement exterminés par Philippes de Valois. Tous les Banquiers étoient autrefois appellés *Lombards*; & encore en Allemagne & en Flandre on donne ce nom à tous les Changeurs, Banquiers, Usuriers & Revendeurs de quelque Nation qu'ils soient. C'est delà qu'encore à present on appelle à Amsterdam *Places Lombardes* la place du change, & la friperie. On dit *Usure* comme si on disoit, *Usus rei*, Usage de la chose.

UTE

UTERIN, INE. adj. Qui concerne le ventre ou la matrice des femmes. On appelle *Freres uterins*, *Sœurs uterines*, les freres & les sœurs qui ont une même mere, & qui sont de differents peres. Ce mot vient du Latin *Uterus*, qui veut dire Ventre.

Fureur uterine, se dit d'une maladie de la matrice qui envoye des fumées au cerveau, qui causent quelquefois de fort grands emportemens aux femmes, & une passion d'amour qu'elles ne sçauroient dompter. Ce qu'on voit faire à beaucoup de Religieuses qui passent pour possedées, n'est bien souvent que l'effet des maladies de Fureur uterine.

UVA

UVA-CAVE. s. m. Arbre de la grandeur d'un poirier qui croît aux Indes Occidentales dans l'Isle de Marignan. Il a les feuilles semblables à celles de l'Oranger, & sa fleur jaunâtre. Son fruit est long comme un œuf, jaune, & de bon goût.

UVA EEN. Espece de melon qui vient dans la même Isle de Marignan. C'est un fruit d'un vert gai par dehors, & de la grosseur de la tête d'un homme. Par dedans il est tout rempli d'une chair blanche, mêlée de petits grains noirs, & pleins d'un suc qui est fort doux & fort agreable; on le mange crud comme une pomme. Il se dissout en eau lorsqu'il est coupé par le milieu, & si on ne fait que le creuser, il remplit aussi-tôt le vuide d'une liqueur douce que l'on boit avec plaisir.

UVALRUS. s. m. Animal amphibie & fort monstrueux, qui est une espece de Phoques qu'on trouve en grand nombre dans les petites Isles éparses vers le golfe de Saint Laurent. Quand il est parvenu à sa grandeur ordinaire, il surpasse quelquefois nos bœufs en grosseur. Il a la peau comme celle d'un chien marin, & la gueule d'une vache, ce qui l'a fait appeller par quelques-uns *Vache marine*, avec deux dents qui sortent dehors recourbées en bas, longues quelquefois d'une coudée. On les emploie aux mêmes usages que l'yvoire, & elles sont de même valeur. C'est un animal robuste & fort sauvage d'abord, ce qui le rend extrêmement difficile à prendre On le prend en terre, rarement en l'eau; & il n'a jamais qu'un ou deux petits. Laët dit qu'on en vit un en Hollande en 1412. C'étoit un Faon vieux de dix semaines, comme l'assûroient ceux qui l'avoient apporté de Nova Zembla. Ainsi il n'avoit point encore les dents ou les cornes qui sortent à ceux qui sont [illegible]eux, mais les bosses qu'on lui voyoit dans la machoire haute faisoient connoître qu'elles sortiroient bientôt. Il étoit grand comme un veau ou comme un grand dogue d'Angleterre, ayant la tête ronde, les yeux de bœuf, les narines plates & ouvertes qu'il fermoit & qu'il ouvroit quelquefois. Au lieu d'oreilles il avoit un trou de chaque côté, l'ouverture de la gueule ronde & assés petite, & en la machoire haute une moustache d'un poil cartilagineux gros & rude. La machoire d'en bas étoit en forme de triangle, sa langue épaisse & courte, & le dedans de sa gueule munie de dents plates de chaque côté. Ses piés étoient larges & divisés en cinq doigts joints par une membrane épaisse; il avoit ceux de devant tournés en devant & sans ongles, & ceux de derriere tournés en arriere & avec des ongles. Le derriere de son corps ressembloit tout-à-fait à une Phoque, & il n'avoit point de queue. Sa peau étoit épaisse, coriace & couverte d'un poil court & délié de couleur cendrée. La partie de derriere rampoit plûtôt qu'elle ne marchoit. Il grondoit comme un sanglier, & quelquefois il crioit d'une voix grosse & forte. Il sembloit quand on le touchoit que ce fût un animal robuste & furieux. Sa respiration se faisoit par les narines & étoit très-forte. On le nourrissoit de bouillie d'avoine ou de mil, & il suçoit lentement bien plûtôt qu'il ne mangeoit. Quand son maître lui presentoit à manger, il approchoit de lui avec grand effort & en grondant, & tous les jours on le mettoit dans un tonneau rempli d'eau l'espace d'une heure pour s'y jouer. On montroit en même-tems les têtes de deux grands Uvalrus qui avoient chacun deux dents sortant au-dehors à la maniere des Elephans, longues, grosses & blanches, recourbées en bas vers la poitrine. Les Anglois qui les avoient apportées disoient que ces animaux se servoient de ces dents pour monter sur des rochers, & qu'ils sortoient par troupe à terre pour y dormir. Ils disoient aussi que leur pâture étoit de grandes & longues feuilles d'une certaine herbe qui croissoit au fond de la mer, qu'ils ne mangeoient ni chair ni poisson, & que leurs cuirs pesoient quatre ou cinq cens livres.

UVAMEMBEC. s. m Arbre qui croît dans l'Isle de Marignan, & qui differe fort peu du pommier, tant en grandeur qu'en feuilles, en fleurs & en fruits. Son fruit est jaune & fort délicat, mais on n'en sçauroit manger le noyau à cause de sa trop grande apreté & de son acrimonie.

UVA-OUVASSOURA. s. m. Grand Arbre des Indes Occidentales, qui a ses fleurs blanches, & ses feuilles semblables à celles d'un poirier. Son fruit est de la grosseur des deux poings, ayant la peau jaune, une saveur fort douce, avec un noyau un peu plus gros qu'une amande & de même goût.

UVAPIRUP. s. m. Arbre des Indes Occidentales, fort plein d'aiguillons, & qui a ses feuilles fort agreablement bigarrées de bleu, de jaune & de rouge. Il porte un fruit rond comme une pomme & bon à manger. Il ne faut le cueillir qu'aux mois des pluyes.

WATERGANCK. s. m. Mot Flamand que les nouvelles conquêtes du Roi ont rendu d'usage en France, où il signifie un canal ou fossé plein d'eau, qui sert à séparer les heritages, ou qui donne communication d'un lieu à un autre. On prononce *Ouatregan*. Ce mot est composé de deux mots Flamands, *Vvater*. Eau, & *Ganck* Alleure. Ainsi *Vvaterganck* est proprement un conduit d'eau.

WAYVES. adj. f. Vieux mot que Nicot explique en ces termes. Wayves, *qu'on doit prononcer comme s'il estoit escrit* Ouayves, *pour laquelle prononciation, ou ignorée ou negligée, ou trouvée malaisée par les François, on le trouve escrit en une Chartre de Loys, Roy de France & de Navarre de l'an mil deux cens quatorze*, Choses gueifves, *lequel mot est rendu en Latin* Res vayvas: *en une autre Chartre du Roy Charles de l'an mil trois cens quinze, & qu'on dit aujourd'huy en Normandie* Choses gayves, *sont choses espaves & aulbeines, tiré par advanture de ce mot Latin* Vacantes, *ladite lettre* u *estant prononcée voyelle & non consone, & est un mot particulier aux Normans.*

UVE

UVE'E. s. f. Terme d'Anatomie. Nom qu'on donne à la troisiéme tunique de l'œil à cause qu'elle ressemble à un grain de raisin dont on a ôté la queue. Elle a un trou en devant qui fait la prunelle, dont la tour qui paroît au dehors est nommé *iris* à cause de ses diverses couleurs.

VUEIL. s. m. Vieux mot. Volonté. *Un même Vueil.*

WERPIR. v. a. Vieux mot. Werpir, dit Nicot, *que le François escrit & prononce* Guerpir, *est prendre l'immeuble, dont le contraire est* Desguerpir *ou* Deswerpir *qui signifie Abandonner.*

VVI

WICLEFITES. s. m. Sectateurs de la doctrine de Jean Wiclef Prêtre Anglois, qui ayant été reçû Docteur en l'Université d'Oxford, où il enseigna la Theologie & les saintes Lettres avec beaucoup de réputation, affectoit de faire renaître certaines opinions des anciens Philosophes qu'il faisoit passer pour de nouvelles découvertes dans les sciences, ce qui lui acquit un fort grand credit parmi quantité de Bacheliers & de jeunes Docteurs, qui vantoient par tout la sublimité de son esprit. Le chagrin qu'il eut de se voir exclus de la Principalité du College de Cantorberi, & du refus que lui fit le Pape de l'Evêché de Vigorne, lui fit prendre la resolution de s'en venger, ce qu'il fit sur la fin du quatorziéme siecle, en faisant répandre par ses Disciples un recueil qu'il avoit fait des vieilles Heresies contre l'honneur du Pape & de l'Eglise, contre les professions Religieuses, & contre le saint Sacrement. Les Wiclefites, ou Wiclefvites enseignoient que la substance du pain & du vin demeuroit dans l'Eucharistie; qu'aucun Prêtre ou Evêque ne pouvoit consacrer ou conferer les Ordres lorsqu'il étoit en peché mortel; que la Messe n'a aucun fondement dans l'Ecriture; que la Confession auriculaire n'est d'aucune necessité à ceux qui sont prédestinés; qu'un Pape impie n'a point de pouvoir sur les Fideles; que les personnes Ecclesiastiques ne doivent rien posseder; qu'on ne doit séparer personne de l'Eglise par l'excommunication qu'on ne sçache auparavant s'il est excommunié devant Dieu; que le Prélat qui excommunie un Clerc qui en appelle au Roi est un traître, ainsi que celui qui refuse d'entendre & de prêcher ceux qui sont excommuniés; que les Doyens & les Prêtres peuvent prêcher sans l'autorité de l'Evêque; que le Roi peut s'approprier le revenu de l'Eglise; que les peuples ont le pouvoir de punir leur Souverain; que les Laïques peuvent retenir ou prendre les dixmes; que les prieres particulieres pour quelques-uns n'ont point plus de force que les publiques; que les Ordres Religieux sont illegitimes, & que ceux qui en portent l'habit sont obligés de s'acquerir de quoi vivre par le travail de leurs mains, au lieu d'employer la mendicité; que Constantin & les autres Empereurs avoient peché en enrichissant les Eglises; que celle de Rome est la Synagogue de Satan. Ils rejettoient aussi l'élection du Pape par les Cardinaux, ainsi que la remission, les decrets, les bannissemens du Pape & sa Souveraineté. Ils ajoûtoient à cela, que saint Augustin, saint Benoît, & saint Bernard étoient damnés à cause qu'ils avoient institué des Ordres Religieux; que Dieu doit obéir au Diable; que celui qui fait des aumônes aux Cloîtres devroit être excommunié; que c'est simonie de prier pour les bienfaicteurs ou pour les parens; que c'étoit seulement pour le profit que les Evêques se reservoient la puissance de conferer les Ordres ou de confirmer; que les Academies, les degrés & les écoles de sciences étoient préjudiciables au public; que l'homme n'a point de liberté; que les pechés des prédestinés sont pardonnables, & que ceux des réprouvés sont toûjours mortels; qu'on ne doit point invoquer les Saints, garder leurs reliques, adorer la croix, ni mettre des images dans les Eglises; que le frere & la sœur se pouvoient marier ensemble, & que chaque creature pouvoit être appellée Dieu, parce que sa perfection est en Dieu. Ils condamnoient le chant de l'Eglise, les heures canoniques, les vœux, les jeûnes, les baptêmes des enfans, les benedictions, les onctions & l'Episcopat. Pendant que les Disciples de Jean Wiclef s'exposoient pour débiter sa doctrine, il se tenoit caché dans sa retraite à Leuleuvorth où il étoit Curé: & il y demeura toûjours jusqu'à ce qu'il fut frappé d'une espece d'apoplexie le 29. Decembre 1384. jour de la fête de saint Thomas de Cantorberi, lorsqu'il se préparoit à prêcher dans peu d'heures contre ce Saint, & il mourut le 31. jour de la fête de saint Sylvestre Pape, contre lequel il avoit tant de fois déclamé; parce qu'il avoit souffert que l'on dotât les Eglises. Après sa mort les Wiclefites firent de nouveaux efforts pour soûtenir sa doctrine, en y ajoûtant des erreurs nouvelles: ce qui obligea Jean, Archevêque de Cantorberi, de convoquer à Londres une assemblée d'Evêques & de Docteurs pour y condamner ces opiniâtres Heretiques, à l'exemple de Guillaume de Courtenai, son prédecesseur, qui en qualité de Primat d'Angleterre & de Legat du saint Siege, avoit convoqué en 1382. un Concile national, aussi à Londres, où vingt-quatre propositions tirées des livres de Wiclef avoient été condamnées. Le Roi Richard fit en même-tems publier un Edit très-severe contre les Wiclefites, qui n'ayant plus osé paroître en Angleterre jusqu'au commencement du regne de Henri V. firent alors une nouvelle conspiration contre l'Etat sous un nouveau Chef, mais ce Prince les extermina entierement.

WIDANGE. s. f. *Les décombres, terres ou ordures qu'on ôte d'un lieu qu'on vuide ou qu'on nettoye.* Acad. Fr. On appelle *Vuidanges de terre*, le transport des terres fouillées. On le marchande par toises cubes, & le prix en est reglé selon la qualité de la terre & la distance qu'il y a du lieu où l'on a fouillé les terres, jusqu'à celui où elles doivent être portées.

On appelle aussi *Vuidanges* tout ce que l'on tire des basses fosses des lieux des maisons, des cloaques & des puits.

Vuidanges se dit encore de l'excrement de plusieurs animaux. Ces vuidanges ont divers noms particuliers. Celles du loup sont appellées *fientes*, celles du lapin *crottes*, & celles du cerf *troche* ou *fumier*.

Vuidange d'eau, est l'étanche qui se fait de l'eau d'un bâtardeau par le moyen de differentes machines, comme moulins, chapelets, vis d'Archimede, & autres, afin de le mettre à sec, & de pouvoir y fonder.

On appelle *Vuidange de forêt*, L'enlevement des bois qui sont sur les ventes d'une forêt abbatue. Les Marchands à qui la coupe en a été adjugée, n'ont qu'un certain tems pour en faire la Vuidange.

Vuidange, en termes de Commis des Aides, sont les feuillettes & les muids qu'un Cabaretier a vendus pendant un mois. En ce sens on dit qu'*Il y a tant de vuidange*. *Vuidange* se dit encore de l'état d'un tonneau qui est en perce. On dit alors qu'*Il est en vuidange*.

Vuidanges se dit aussi en termes de Medecine. Ce sont des évacuations que les femmes ont après leur accouchement. Elles leur sont propres comme le flux menstrual. La matrice qui s'étoit étendue d'une maniere extraordinaire, se resserre bien tôt par le moyen de ses propres fibres. Les pores se retrécissent, & les humeurs qui ont été amassées pendant la grossesse, sont exprimées; & c'est ce qui fait les purgations qui suivent l'accouchement. Il sort d'abord un sang délayé de beaucoup de serum, ou de quelque espece de lait, & ensuite on voit une matiere blanche & mucilagineuse, qu'on croit être le reste du suc nourricier du fœtus. On ne doute point que cette matiere ne vienne de la matrice seule, mais on n'est pas encore assuré si le sang délayé ne vient que de la matrice, ou s'il ne vient point des vaisseaux hypogastriques, qui ont leur insertion dans le col de la matrice, selon l'opinion de quelques Auteurs. Ce sont les efforts de l'accouchement qui causent ce flux de sang, en attirant le sang vers les parties. Ce sang les distend & les ouvre, & s'enfuit ensuite. Ettmuller dit qu'il se fait peut-être alors une fermentation semblable à celle du tems des menstrues. On a sujet de le croire par divers symptomes qui arrivent de la suppression des Vuidanges. La durée de leur flux est differente, selon la constitution de l'accouchée. L'ordinaire est de huit jours. Il est quelquefois de quinze, & même de trente. Ce flux est aussi plus ou moins impetueux, & plus ou moins abondant. Enfin il cesse, & quand la matrice est suffisamment dessechée, elle se ramasse en la forme d'une poire.

VUIDE. s. m. Terme de Philosophie. Espace qui selon Epicure & Gassendi n'est rempli d'aucun corps. Ils tiennent qu'il n'y a point de Vuide sensible, parce qu'il n'y a point d'espace où il n'y ait de petits corps si subtils, qu'ils sont imperceptibles; mais qu'il y a de petits Vuides insensibles & extrêmement petits qui sont répandus entre les parties du corps. Ce qui le fait croire, c'est que les choses ne pourroient être mues, s'il n'y avoit point de ces petits Vuides. Les Anciens se sont imaginé que c'étoit par la crainte du Vuide que l'eau s'élevoit dans les pompes aspirantes, au lieu que c'est la pesanteur de l'air qui est cause de cette élevation. La machine pneumatique de M. Boyle est une preuve qu'il y a du vuide, puisqu'on peut pomper l'air d'un vaisseau dans lequel les animaux ne sçauroient plus vivre.

Vuide, en termes de Maçonnerie, signifie une ouverture, une baye qui est dans un mur. On dit en ce sens qu'*On a fait marché à dix francs la toise tant plein que vuide*, pour dire, qu'On doit payer dix francs pour chaque toise, en y comprenant les portes & les fenêtres, comme si le mur étoit tout-à-fait solide. En ce cas la taille des pierres ne se compte point. On dit aussi *Espacer tant plein que vuide*, pour dire, Peupler de solives un plancher, en sorte que l'on donne aux entrevoux autant de largeur qu'en ont les solives. Quand les trumeaux sont aussi larges que les croisées, on dit qu'*Ils sont espacés tant plein que vuide.* On dit encore que *Les vuides d'un mur de face ne sont pas égaux aux pleins*, pour dire, que Les bayes ont plus de largeur que les trumeaux, ou qu'elles sont moindres. *Pousser un vuide, tirer un vuide*, sont des termes dont on se sert pour dire, Deverser & sortir hors de son aplomb.

On appelle *Vuides*, dans des murs de maçonnerie qui sont trop épais, Des chambrettes ou des cavités que l'on pratique, ou pour faire que la charge pese moins, ou pour épargner la dépense de la matiere.

VUIDE', E'E. adj. Terme de Blason. Il se dit des croix & des autres pieces ouvertes, au travers desquelles on voit le champ de l'Ecu. *D'azur à la croix clechée, vuidée & fleuronnée d'argent.* Il se dit aussi de ce qui est échancré, & dont la largeur est diminuée par une ligne courbe. *D'or, à la croix clechée, vuidée & pommetée.*

VUIDER. v. a. *Rendre vuide.* ACAD. FR. On dit en termes de Maçon, *Vuider les terres*, pour dire, Oter de la terre de quelque lieu, afin d'abbaisser une place, & faire qu'elle soit égale à une autre.

On dit, en termes de Peignier, *Vuider un peigne*, pour dire, Faire égaux tous les trous qui sont au pié des dents d'un peigne, ou qui tiennent au dos ou au champ d'un peigne.

Vuider signifie aussi Oter ce qui est au milieu d'une chose, y faire des ouvertures. On dit en ce sens *Vuider une roue, vuider un cercle.* On dit aussi *Vuider un canon*, pour dire, Le percer, le forer.

On dit, en termes de Découpeur, *Vuider du drap, du velours, ou quelque autre étoffe*, pour dire, La figurer de telle sorte qu'elle soit percée à jour, ou la tailler avec des cercles rentrans.

Vuider un oiseau, en termes de Fauconnerie, signifie Le purger; & *Vuider une Volaille*, c'est l'habiller, lui ôter la poche & le gesier. On dit encore *Faire vuider le gibier*, pour dire, Le faire partir, quand les oiseaux sont montés & détournés.

VUIDURE. s. f. Ce qu'on ôte de quelque chose. Les Peigniers appellent *Vuidure bien faite*, L'égalité bien propre du pié des dents d'un peigne. *Vuidure* est aussi un terme de plusieurs autres Artisans, & parmi les Découpeurs ce mot signifie un ouvrage à jour.

WIGH. s. m. Secte chés les Anglois qui commença en 1678. Ce nom fut donné à ceux qui croyoient réelle la conspiration d'Irlande. Il est opposé à *Toris* qui veut dire *assassin.* On appelle aujourd'hui Wigth les Presbyteriens & les partisans du Roi Georges, & *Toris* les Anglicans.

WIRTSCHAF. s. m. Sorte de mascarade qui se fait en Allemagne & en Danemarck, & qui est en plusieurs occasions un divertissement pour les Princes. Ce mot est Allemand, formé de celui de *Vvirth*, qui signifie Hôte, & veut dire, Compagnie de l'Hôte, comme qui diroit Divertissement d'une après soupée d'auberge. Tous ceux que le hazard fait loger ensemble, ayant résolu de faire un Wirtschalf en se déguisant, on fait des billets qui contiennent autant de noms de métier qu'il y a de gens qui doivent former la mascarade. On choisit ordinairement les métiers les plus plaisans, & quelquefois les plus vils, & après que les billets ont été tirés au sort, chacun s'habille selon le métier qui lui est échû.

VUL

VULNERAIRE. adj. Terme de Chirurgie. On appelle, *Potion vulneraire*, Une potion propre pour la guerison des playes, ulceres & fistules desesperées. Elle est composée de plusieurs simples, & sert à tenir les humeurs du malade temperées, & à empêcher l'inflammation & la fievre. A l'égard de ces sortes de potions, il y a une grande difference à faire, suivant les parties blessées, & on doit choisir les simples pour chaque potion. Lorsqu'il s'agit de tirer les ordures mucilagineuses, le pus, les esquilles & les os hors des playes, il faut preparer la potion vulneraire en prenant de la sanicle, de l'armoise, du rob de veronique, de la consonde saracenique, de la pyrole & de la sabine; & si on la veut plus forte, on ajoûte à chaque prise des yeux d'écrevisse & de la nature de baleine. La Sabine est puissante pour faire jetter dehors les choses heterogenes. On en met une partie contre six parties des autres ingrediens, sans oublier la poudre d'yeux d'écrevisses preparés. Ces potions, non plus que les autres Vulneraires, ne doivent pas être données qu'on ne voye une grande dépravation dans la playe, & il faut s'en abstenir peu à peu, si-tôt qu'elle est bien mondifiée & qu'elle commence à se rejoindre. *Vulneraire* vient du Latin *Vulnus*, Playe.

Pour ne pas empêcher la reparation de la partie perdue ou corrodée & la generation d'une chair nouvelle, soit par l'impression de l'air qui altere les ulceres dans le tems qu'on les débande, soit par un vice interne qui corrompt de nouveau l'aliment & renouvelle l'ulcere, après la mondification de l'ulcere, quand la chair nouvelle commence à renaître on doit appliquer les Vulneraires, nommés *Sarcotiques*, qui conservent le baume naturel par leur vertu temperée & un peu astringente, qui mortifient promptement l'acide qui peut naître de nouveau; & qui empêchent par leur vertu doucement astringente que la chair lâche, molle & superflue, ne pousse trop, ainsi qu'il arriveroit, si on négligeoit de seconder la nature par des emplâtres sarcotiques, tels que l'emplâtre de tutie, excellente pour remplir les ulceres, l'emplâtre ou l'onguent diapompholix ou de pierre calamite, l'emplâtre diasulphuri de Rullandus, surtout si on les incorpore avec l'huile de Nicotiane. L'application de ces remedes glutinatifs & consolidans, ou plûtôt astringens, & qui absorbent l'humide, rendent la cicatrice plus ferme par une maniere de dessecher. Les Vulneraires balsamiques, les sarcotiques & les cicatrisans ne different qu'en degrés de force. Les mêmes servent pour cicatriser dans les sujets délicats & tendres, qui dans les sujets plus robustes & plus durs sont seulement sarcotiques. Les remedes Vulneraires internes sont les plantes vulneraires en forme de potion, comme le pié de lion, le lierre terrestre, la veronique, l'hypericum, le cerfueil & autres. Ces remedes Vulneraires contiennent un alcali occulte, avec lequel ils revivifient le mercure, soit precipité, soit sublimé, le mercure prenant differentes formes par le moyen des esprits & des sels acides, & les quittant & se revivifiant de nouveau, si on le fait bouillir dans le suc des plantes Vulneraires. Cela vient de ce que l'acide qui avoit donné au mercure la forme de précipité ou de sublimé, est détruit par les Vulneraires; & quand l'acide est détruit, le mercure rentre dans sa forme naturelle. Comme rien ne détruit plus puissamment l'acide que l'alcali, il faut necessairement qu'il y en ait dans les Vulneraires, mais cet alcali est temperé, & ne se fait point sentir à la langue. C'est de cet alcali que les yeux des écrevisses, & même toute l'écrevisse, tiennent leur vertu Vulneraire, & c'est pour cela qu'étant jettées dans du vinaigre, elles font effervescence par la jonction de l'acide avec l'alcali. Il faut apporter beaucoup d'attention dans le choix des Vulneraires; soit internes, soit externes. Les externes sont les plus necessaires, & entre ceux-ci les simples sont les meilleurs. Quant au dedans, quelques-uns de ces remedes suffisent, comme les écrevisses & l'antimoine diaphoretiques. Quelquefois on donne la liqueur de corne de cerf nourrie de succin dans les parties nerveuses. Dans la chaleur de l'inflammation fievreuse on doit permettre l'usage abondant du nitre antimonié, des yeux d'écrevisses, & de manger des écrevisses de riviere.

Vulneraires de Suisse, sont un Assemblage de toutes sortes d'herbe medicinales que l'on prend comme du Thé. On en fait aussi des decoctions qu'on appelle *Eau vulneraire* ou d'*Arquebusade*.

VULVE. s. Terme de Medecine. Nom qu'on donne à la matrice, du Latin *Vulva*, comme si on disoit *Valva*, Porte. Il y en a d'autres qui font venir ce mot *Ab involvendo fœtu*. Il y a une maladie fâcheuse & très-douloureuse, qu'on appelle *La rupture de la vulve*. Elle arrive lorsque dans un accouchement la grandeur du fœtus déchire la vulve jusques à l'anus.

V V O

VVOETIENS. s. m. Heretiques appellés ainsi de VVoëtius, dont ils suivent la doctrine. Ils soûtiennent que c'est un sacrilege de laisser l'usage des biens Ecclesiastiques à des ventres paresseux qui ne servent ni l'Eglise, ni l'Etat, qu'il ne faut point recevoir à la sainte Cene ceux qu'on appelle *Lombards*, qui pretent à usure, parce qu'ils exercent un métier defendu par la parole de Dieu; qu'il faut observer religieusement & avec grand soin le jour du repos; qu'on ne doit celebrer aucun jour de fête ni de Pâques, ni de Pentecôte, ni de Noël; qu'en parlant des Apôtres, Evangelistes, ou Disciples de Jesus-Christ, il ne faut donner à aucun d'eux le nom de Saint, c'est-à-dire, qu'il ne faut pas dire, Saint Pierre, Saint Paul, Saint Jean, mais seulement Pierre, Paul & Jean; & que tous les Fideles doivent embrasser un genre de vie fort severe, & renoncer à la plûpart des plaisirs, quoiqu'innocens, pour travailler à leur salut avec crainte & tremblement.

VVOLFE. s. m. Golfe marin, ou tournant de mer qui se trouve entre deux Isles à la côte de Norvegue, & où aucun Vaisseau n'oseroit passer, par le peril qu'il y a de couler bas.

V V U

VVULE. s. f. Terme de Medecine. Petite chair spongieuse qui prend du Palais à la bouche auprès des conduits des narines, & qui sert à rompre la force de l'air trop froid, afin qu'il n'entre pas trop vîte dans les poumons.

U Z A

UZAS. s. m. Poisson testacée du genre des cancres, qui est l'ordinaire & la plus commune nourriture non seulement des habitans du Bresil, mais aussi des Negres. Ils sont de bonne saveur & sains, si on boit de l'eau fraîche après qu'on en a mangé; & ils se trouvent dans la boue auprès du rivage en nombre presque infini.

XAG

AGUA. f. m. Arbre de l'Isle de Cuba qui porte son fruit semblable en grosseur & en forme à un roignon de veau. Quoique l'on cueille ces sortes de fruits avant qu'ils soient mûrs, en les trempant trois ou quatre jours dans l'eau, ils s'ouvrent d'eux-mêmes par l'abondance de leur suc. Ils sont fort sains, & d'une saveur agreable & semblable à celle du miel. Oviedo décrit ce fruit d'une autre sorte, le faisant semblable aux têtes de pavot, à l'exception de la couronne qu'il ne lui donne point. Il dit que lorsque son suc est nouvellement épreint, il est blanc & d'un goût fort agreable, mais qu'en le frottant contre la peau il la noircit, en sorte que les marques y demeurent près d'un mois. Quant à l'arbre, il le fait d'une matiere dure & de la grandeur d'un Frêne. C'est le même qu'on appelle *Xahuali* dans la nouvelle Espagne. Son bois est pesant, de couleur grise tirant sur le fauve.

XAL

XALAPA. f. m. Petite racine qui croît aux Indes Occidentales dans la Province de Mechoacan. Elle évacue en general toutes les humeurs peccantes, mais on a besoin de veiller le jour qu'on la prend & le suivant. On en fait un syrop assés utile pour ceux qui sont travaillés de diverses maladies.

XALXOCOTL. f. m. Grand arbre de la nouvelle Espagne, dont Ximenés décrit deux especes. La premiere a ses feuilles comme un Oranger, quoique plus petites & velues, ses fleurs blanches, & son fruit rond & plein de grains comme une figue. Les feuilles sont aigres & astringentes, & ont une bonne odeur. On en use dans les bains & elles guerissent la gale. L'écorce est froide & seche, & très-astringente. Sa decoction dissipe les inflammations des cuisses, & est un remede pour les plaies fistuleuses. On dit qu'elle remedie aussi à la surdité, & qu'elle appaise les douleurs du ventre, à cause de certaines facultés occultes qu'on ne peut connoître. Le fruit est chaud & sec, principalement la partie exterieure qui est la plus solide. Le dedans est d'une chaleur moderée, & sent un peu les punaises. On ne laisse pas pourtant d'en manger, & même quelques-uns en mangent avec plaisir. La seconde espece a son fruit beaucoup plus gros, & n'a pas une si méchante odeur que l'autre. Oviedo parlant du même arbre, dit qu'il est grand, & qu'il a ses feuilles semblables à l'Oranger, mais moins de branches, & qu'elles sont plus éparses. Ces feuilles ne sont pas non plus si vertes, & approchent davantage de celles du laurier pour la forme, si ce n'est qu'elles sont plus larges & plus épaisses, & que les veines en sont plus grosses. Il ajoûte qu'il y en a de deux especes, & que toutes deux portent leurs fruits semblables à une pomme, dont les uns sont ronds & les autres longs. Il y en a qui ont la chair rouge & d'autres blanches, & tous ont l'écorce verte ou jaune quand ils sont mûrs. Comme ils ne sont pas de si bon goût, & qu'ils sont gâtés des vers lorsqu'ils ont atteint leur maturité, on les cueille verts le plus souvent. Au dedans ils sont solides & comme divisés en quatre parties, dans lesquelles sont contenus certains petits grains fort durs. Au sommet ce fruit a une couronne de petites feuilles qui tombent facilement.

XAN

XANTOLINE. f. f. Petite graine que les Persans envoyent tous les ans dans les Caravanes à Alep, à Alexandrette, & à Smirne, d'où elle nous vient par les voies de Hollande, d'Angleterre & de Marseille. La plante qui la porte a ses feuilles si petites que l'on a beaucoup de peine à les separer d'avec la graine, de sorte que ceux du Royaume de Boutan y employent des paniers propres à la vaner, ce qui fait que les feuilles volent en poussiere. Cette graine est appellée autrement *Santoline* ou *Semen contra vermes*.

XE

XE. f. m. Nom que les Chinois donnent à de certains animaux qui se trouvent dans les Provinces de Xensi & de Suchuen. Ils sont de la grandeur d'un chevreuil, & ont quatre dents plus longues que les autres. On en tire de bon musc, non pas de leur sang, comme quelques-uns l'ont dit, mais d'une tumeur qui leur vient sous le ventre quand la Lune est pleine. Ce musc est le plus parfait & le plus odoriferant de tous.

XEN

XENIE. f. f. Vieux mot. Etrenne. Il vient du Grec ξένιον, qui veut dire, proprement le don que l'on fait aux Etrangers, & qui se prend aussi pour toute sorte de presens.

XER

XEROPHTHALMI. f. f. Terme de Medecine. Le second degré de l'affection appellée *Ophthalmie seche*. C'est quand la démangeaison & la douleur sont jointes à quelque pesanteur sans fluxion, & que les yeux ne sont qu'enflés. Ce mot est Grec: ξηροφθαλμία, de ξηρὸς, Sec, & de ὀφθαλμὸς, Oeil.

XIP

XIPHIAS. f. m. Sorte de poisson de mer du genre des Cetacées dont parle Elian. On l'appelle ainsi du Grec ξίφος, Epée, à cause qu'il a le museau aigu en forme d'épée.

XIPHOIDE. adj. Terme de Medecine. On appelle

Cartilage Xiphoide, Un cartilage qui termine la clôture de la poitrine par devant, qui est au bas du sternon ou du brechet. Il est appellé communement *Fourchette*, à cause qu'il se divise en deux comme une fourchette. L'abbaissement du Cartilage Xiphoide, en troublant la retention ou l'expulsion des alimens, a fait bien souvent que la chylification a été dépravée. Il a causé plusieurs autres symptomes du ventricule, comme le témoigne Zacutus Lusitanus qui l'a experimenté. *Xiphoide* est un mot Grec ξιφοειδὴς, & veut dire, Qui se termine en forme d'épée, de ξίφος, Epée, & de εἶδος, Figure, Image.

XOC

XOCHICOPALLI. s. m. Arbre moyen des Indes Occidentales, qui croît dans la Province de Mechoacan. Il a ses feuilles semblables à celles de la Menthe sarrasine, quoiqu'elles ne soient pas découpées si profondement. Elles sont attachées trois à trois aux branches. Le tronc & l'écorce de cet arbre ont une très-bonne odeur, & il en sort une liqueur qui sent parfaitement le limon. On l'estime une espece de Copal, parce qu'elle en a les proprietés.

XOCOATL. s. m. Sorte de boisson des Mexiquains, qu'Ils font en prenant du Mays, cuit & reduit en masse. Après qu'ils y ont mis de l'eau, ils le laissent une nuit à l'air, & ensuite ils le pressent le matin. *Xocoatl* en leur langue est comme qui diroit *Eau aigre*. Dix onces de cette eau bûes à jeun pendant quelques jours temperent merveilleusement l'ardeur de l'urine, & appaisent toute sorte de chaleur.

XOCOXOCHITL. s. m. Arbre domestique qui croît dans la Province de Tabasco aux Indes Occidentales. Il est fort grand, & a ses feuilles fort odorantes & semblables à celles de l'Oranger, dont ses fleurs, qui sont rouges & fort agreables, ont aussi l'odeur. Ses fruits sont ronds & pendent par grappes, étant verts au commencement, ensuite roux, & à la fin noirs. Ils sont d'un goût acre & de bonne odeur, chauds & secs au troisiéme degré, de sorte qu'on s'en peut servir au lieu de poivre. C'est ce qui fait que les Espagnols appellent ce fruit *Poivre de Tabasco*. Il fortifie le cœur & le ventricule, est ami de la matrice, dissipe les vents, débouche les obstructions, provoque l'urine & les mois, appaise les douleurs des coliques & des reins, consume les humeurs épaisses & visqueuses, & diminue les rigueurs des fiévres.

XUT

XUTAS. s. m. Sorte d'oiseaux des Indes Occidentales que les Sauvages de la Province de Quito nourrissent dans leurs habitations. Ils sont fort semblables aux oyes, & assés faciles à apprivoiser.

XYL

XYLOBALSAMUM. s. m. Bois d'un arbrisseau qu'on nous apporte du Caire à Marseille en petits rameaux. Ces rameaux sont frêles, droits & pleins de nœuds inégaux, ayant leur écorce rougeâtre en dehors, & verdâtre en dedans. Le bois est blanchâtre & moëlleux, & étant rompu il rend une odeur fort douce & fort approchante de la liqueur du baume. On coupe ce bois après qu'on en a tiré le suc. Pour être bon il faut qu'il soit mûr & doux, qu'il ne passe pas deux ans, & qu'il ait presque une odeur de baume. Outre ces marques, pour le bien choisir, on doit prendre celui qui étant rompu, a quelque chose de glutineux au dedans, ou s'il est vieux, il doit être au moins solide, tant au dedans qu'au dehors, & ne rien avoir de carié. S'il fait de la poussiere, c'est un signe qu'il est usé de vieillesse, & on doit le rejetter. Son usage principal c'est pour les Trochisques d'Hedycroum. *Xylobalsamum* est un mot Grec ξυλοβάλσαμον, Bois de baume, composé de ξύλον, Bois, & de βάλσαμον, Baume.

XYLON. s. m. Petit arbrisseau qui croît dans la haute Egypte tirant vers l'Arabie, & qu'on trouve aussi en abondance dans la Syrie & la Chypre. Cet arbrisseau porte le coton. Son fruit est comme une noix chevelue, dans laquelle la semence est cachée & enveloppée d'une mousse fort mollette & blanche qu'on appelle particulierement dans les boutiques *Gossipium*. On se sert fort rarement de sa mousse qui n'est autre chose que le coton, mais assés souvent de sa semence, qui est singuliere pour les maladies de la poitrine, du foye & des reins. On en tire une huile par expression, qui efface les pustules & les taches de rousseur du visage. M. Callard de la Duquerie fait venir *Xylon* du Grec ξύειν, Racler, ratisser.

XYR

XYRIS. s. f. Herbe qui a ses feuilles semblables à la Flambe, mais plus larges & plus pointues par le bout. Du milieu de ses feuilles sort une tige assés grosse & haute d'une coudée, à la cime de laquelle sont des gousses faites en triangle qui contiennent une fleur rouge, & comme orangée au milieu. Sa graine qu'elle porte en gousse, est ronde, rouge & acre. Sa racine est longue, rousse, noueuse, & bonne aux fractures & aux plaies de la tête. Dioscoride ajoûte qu'elle attire sans douleur ni violence toutes épines & autres choses qui seroient demeurées dans le corps, en y mettant la troisiéme partie de fleur de bronze, & la cinquiéme, de racine du grand centaurium & de miel. ξυρὶς est le nom que les Grecs lui ont donné. Les Latins l'appellent *Spatula fœtida*, à cause que si on frotte ses feuilles entre les doigts elles rendent une odeur fort puante. Matthiole assure que la *Spatula fœtida* croît par toute l'Italie, sur-tout en Toscane. Galien en parle ainsi. La Xyris est composée de parties subtiles, & a une vertu attractive, resolutive & dessiccative en sa racine, mais principalement en sa graine, qui est bonne à faire uriner & à guerir les duretés de la rate.

XYS

XYSTE. On appelle ainsi chez les Grecs, Un Portique large & spacieux, où les Athletes s'exerçoient à la lutte & à la course. Ce mot vient du Grec ξυστὸς, qui veut dire, Raclé, poli, à cause que la coûtume de ces Athletes étoit de se faire nettoyer & racler la peau du corps, après quoi on le frottoit d'huile pour le rendre plus uni & glissant, afin que les mains des luitteurs eussent moins de prise.

Les Romains ont eu aussi des Xystes. C'étoient de grandes allées d'arbres, où ils pouvoient en quelque façon se promener à couvert.

Y

YAC YAN

ACARANDA. f. m. Arbre qui ſe trouve dans l'Iſle de Madagaſcar, & qui reſſemble beaucoup au Prunier. Son fruit eſt gros comme les deux poings, & bon à manger quand il eſt cuit. Les Sauvages en font une ſorte de bouillie qu'ils appellent *Manipoi*, & qui eſt ſur-tout bonne & ſaine à l'eſtomac.

YACHICA. ſ. m. Arbre qui ſe trouve dans la même Iſle, & qui approche auſſi beaucoup du prunier. Il a ſes fleurs jaunes, ainſi que ſes fruits qui ſont entierement ſemblables aux prunes, & ont un noyau blanc & doux.

YACONDA. ſ. m. Poiſſon tout-à-fait couvert d'un teſt, & long de trois piés. Il ſe pêche dans les mers des Iſles Occidentales, & eſt tout rayé de lignes jaunes, rouges & blanches.

YACTH. ſ. m. Bâtiment ponté & mâté en fourche, qui porte ordinairement un grand mât, un mât d'avant, & un bout de beaupré, avec une corne comme le heu, & une voile d'étai. Il tire fort peu d'eau. & eſt excellent pour de petites bordées. On a coûtume de s'en ſervir à des promenades & à de petites traverſées. C'eſt auſſi un pavillon Anglois.

YAN

YANDON. ſ. m. Nom que donnent ceux de l'Iſle de Madagaſcar à une certaine eſpece d'Autruches. Ce ſont des oiſeaux qu'on peut dire voler moins qu'ils ne ſont portés ſur la terre. Ils ſont plus grands que les hommes, & ont une legereté ſurprenante.

YAP

YAPU. ſ. m. Sorte d'oiſeau du Breſil, qui reſſemble à une pie, & qui a tout le corps noir, à l'exception de ſa queue qui eſt jaunâtre. Il a les yeux bleus & le bec jaune, avec trois pinnules ſur la tête qu'il dreſſe comme ſi c'étoient des cornes. C'eſt un oiſeau qui fait grand plaiſir à voir, mais il rend une fort mauvaiſe odeur quand il eſt fâché. Il uſe d'un fort grand ſoin à chercher ſa vie, & fait ſa nourriture ordinaire des araignées, eſcarbots & grillets qu'il ſçait tirer de leurs trous dans tous les coins des maiſons, mais il y a du peril à le tenir ſur le poing, à cauſe qu'un inſtinct de la nature le porte à fourrer ſon bec dans la prunelle des yeux.

YCO

YCOLT. ſ. m. Arbre de la Nouvelle Eſpagne qui d'une ſeule racine produit deux ou trois troncs qui portent des fleurs blanches & odoriferantes pendues par grappes, & diſtinguées en ſix feuilles, d'où naiſſent des fruits ſemblables aux pommes de pin. Ces

YET YEU

fruits ſont fort beaux, de couleur de châtaigne la plûpart, & de differentes grandeurs & figures. Les Eſpagnols appellent cet arbre *Palmier de montagne*, & les Indiens *Quauhtlepopotli*. Ximenés aſſûre que ſa ſemence eſt froide & glutineuſe, & a remarqué que des feuilles de cet arbre on file un filet plus fort, quoique plus délié que celui qu'on file du Maguei. Les habitans en font de la toile.

YET

YETIN. ſ. m. Nom que donnent ceux du Breſil à une ſorte d'inſecte qui eſt engendré par l'air trop ſubtil de l'Amerique. C'eſt un moucheron qui pique d'une telle ſorte ceux mêmes qui ne ſont que legerement habillés, qu'il ſemble que leurs aiguillons ſoient des aiguilles.

YEU

YEUSE. ſ. m. Arbre ſauvage, dont le bois eſt maſſif & dur, d'un rouge jaunâtre, & d'aſſés belle hauteur. C'eſt une eſpece de chêne qui a ſes feuilles âpres, blanchâtres deſſus, vertes par deſſous, & taillées tout autour en forme de dents de ſcie. On l'appelle autrement *Chêne vert*, à cauſe que ſes feuilles demeurent vertes pendant tout l'hiver. Son écorce eſt rouſſe & noirâtre, & ſi on la fait cuire dans de l'eau, & qu'on l'applique ſur les cheveux pendant une nuit, elle les noircit. Le gland de l'Yeuſe eſt plus petit que celui du chêne. Il y a deux eſpeces d'Yeuſes, l'une qui a des épines, & l'autre qui n'en a point. Celle-ci eſt fort commune en Toſcane, & l'autre en Eſpagne. L'Yeuſe, outre ſon gland, produit certaines galles rougeâtres, qui étant pilées & appliquées avec du vinaigre, ſont fort utiles pour les plaies fraiches & pour la rougeur des yeux. Matthiole dit que le charbon d'Yeuſe eſt le plus eſtimé en Toſcane, tant parce qu'il conſerve le feu fort long-tems, qu'à cauſe qu'il n'entête point. Theophraſte met au nombre des Yeuſes une eſpece d'arbre que ceux d'Arcadie appellent *Smilax*, qui eſt fort ſemblable à l'Yeuſe. Ses feuilles ne ſont pas pourtant piquantes comme celles de cet Arbre ; & d'ailleurs ce Smilax qui n'eſt point l'If que le même Theophraſte nomme auſſi *Smilax*, n'a ſon bois ni ſi dur ni ſi maſſif que celui de l'Yeuſe. Dioſcoride dit que tous les arbres qui portent du gland ſont aſtringens, & particulierement la pelure qui eſt entre l'écorce & le bois, & même la petite peau qui ſe trouve ſous la couverture du gland.

YEUX. ſ. m. C'eſt le pluriel du mot *Oeil*. Parties organiques qui ſont deſtinées pour la vûe auſſi-bien dans les animaux que dans les hommes. L'eſprit influant, qui ſelon Vanhelmont eſt la partie la plus volatile & la plus ſubtile du ſang, outre ſa nature ſaline & balſamique, par laquelle il conſerve les ſujets, eſt encore douée d'une lumiere vitale, par la continuation de laquelle il entretient, fortifie &

soûtient l'esprit implanté dans tout le corps; & c'est le défaut de cette lumiere qui fait que les yeux des morts, qui étoient brillans durant la vie, paroissent obscurs comme de la corne.

Les Yeux d'écrevisses, infusés dans du vin, lui ôtent son acidité, c'est-à-dire, qu'ils imbibent l'acide. Ils ont le pouvoir de radoucir le vinaigre même, & de calmer les douleurs de la strangurie, qui sont causées par l'acide. Le sel volatile des yeux d'écrevisses est vulneraire, & les decoctions de ces yeux sont très-salutaires contre les ulceres & les plaies. Ces mêmes yeux d'écrevisses, en absorbant l'acide dans l'estomac, diminuent la rougeur, l'ardeur & l'inflammation d'une plaie au pié, qu'un peu de vin ou de vinaigre bû augmenteroit. Cela vient en general de ce que les remedes, en corrigeant ou absorbant les saveurs viciées ou les levains morbifiques engendrés dans l'estomac par le vice de la premiere digestion, doivent aussi bien guerir les maladies des parties éloignées en arrachant leurs racines qui sont dans l'estomac, qu'elles ont été produites dans les mêmes parties éloignées, de ce que leur levain ou leur semence a été jettée dans l'estomac.

On appelle *Yeux de perdrix*, De petites taches claires & brillantes qui se forment dans l'étaim, lorsque les Plombiers, pour essayer leur soudure, qu'ils font ordinairement en mêlant ensemble deux livres de plomb & une livre d'étaim, en versent grand comme un écu sur le plancher ou sur une table. Ces yeux de perdrix, quand ils s'y forment, sont des marques assûrées de la bonté de cette soudure. Yeux de bœuf, yeux de pie. Voyez OEIL.

YNA

YNAIA. s. m. Espece de palme de l'Isle de Maragnan, qui produit des fruits en grappes de la grosseur des olives. Il y en a deux cens, & quelquefois jusqu'à trois cens dans une seule grappe, de sorte qu'un homme ne la porte qu'avec peine.

YNC.

YNCA. s. m. Nom que les anciens peuples du Perou donnerent à leurs Rois, & qui veut dire Roi ou Empereur. Ils les appelloient aussi par excellence *Capac-Yncas*, ce qui veut dire Seuls Rois. Ils donnoient le nom de *Coya* à la Reine, celui de *Pallas* aux concubines du Roi, si elles étoient de leur race, & aux autres celui de *Mamacunas*, Matrone. Leur premier Roi fut Ynca Mango Capac, & sa femme Coya Mama Oello Huaca sa sœur, qui bâtirent la ville de Cusco, environ quatre cens ans avant que les Espagnols entrassent dans le Perou. Les enfans mâles des Rois, & ceux qui en descendoient en ligne masculine étoient appellés *Auqui*, & lorsqu'ils étoient mariés on les appelloit *Yncas*. Il y a eu treize Rois Yncas qui adoroient le Soleil. Toutefois le douziéme Ynca, nommé Huaina Capac, disoit qu'il falloit qu'il y eût un Dieu plus puissant que le Soleil auquel il commandoit de marcher incessamment; qu'autrement si le soleil étoit le maître il se reposeroit quelquefois, non pas par necessité, mais parce que le Souverain doit être dans un grand repos & faire tout sans travail. Ce fut lui qui fit faire ces grands chemins si fameux avec leurs palais & hôtelleries depuis Quito jusques à Cusco par plus de cinq cens lieues, l'un par la Montagne, & l'autre le long de la mer par la plaine, qui sont des ouvrages surprenans pour leur longueur & pour la dépense du travail. Il fit aussi faire cette riche chaîne d'or que les Espagnols n'ont sçû trouver. Elle étoit de trois cens cinquante pas de long, pour servir à une danse, & chaque chaînon étoit aussi gros que le poignet. Les murailles de la chambre du Roi, aussi-bien que celles du Temple du Soleil, étoient couvertes de plaques d'or, sur lesquelles il y avoit diverses figures d'hommes & d'animaux. Le Trône Royal étoit d'or pur & placé sur un pavé d'or. Tous les vaisseaux de la maison de l'Ynca, tant grands que petits, étoient du même métal, & il y en avoit un si grand nombre en chacun de ses Palais, que quand il faisoit quelque voyage il n'avoit besoin de faire porter ni vaisselle ni autre meuble. Il y avoit un jardin d'or, où étoient toutes sortes d'herbes ou plantes, arbres, fruits, fleurs, animaux, & de petits bois, faits d'or ou d'argent. Auprès du principal Temple du Soleil, étoient quatre autres Temples dediés à la Lune, à l'Etoile de Venus, au Tonnerre & à l'Iris. Les murailles des trois premiers étoient couvertes de lames d'argent, & le quatriéme étoit tout enrichi d'or par dedans. Il y avoit aussi proche de ces Temples une maison couverte d'or poli depuis le pavé jusqu'en haut. C'étoit où s'assembloient les Souverains Prêtres pour vaquer aux choses saintes. Il falloit qu'ils fussent tous de la lignée Royale. La conquête du Perou ayant été entreprise par les Espagnols en 1531. sous le commandement de Diego d'Almagro, Atabalipa, dernier Ynca, qui tomba entre leurs mains, leur donna pour sa rançon une quantité prodigieuse d'or & d'argent, mais ils ne laisserent pas de le faire étrangler honteusement. Les richesses qu'ils trouverent furent sans nombre, quoique ce fût peu de chose en comparaison de ce que les naturels du pays cacherent ou jetterent dans les lacs & dans la mer. Un Espagnol ayant trouvé la figure du Soleil, qui étoit toute d'or avec ses rayons, la joua aux dés en une nuit, ce qui fit dire en plaisantant, qu'il avoit joué le Soleil avant qu'il fût levé.

YNCHIC. s. m. Fruit qui vient sous terre dans le Perou, & qui a le goût & la moëlle d'une amande. Il offense le cerveau étant mangé crud, & est fort sain & agreable au palais quand il est rôti. On en tire aussi de l'huile fort bonne contre plusieurs maladies.

YOL

YOLATOLE. s. m. Sorte de boisson des Indes Occidentales, qui est composée d'épis de maïs brûlés & reduits en cendres après qu'on en a ôté les grains. On y ajoûte trois parties du même grain, qu'on fait moudre & cuire ensemble, & après que l'on a versé le tout dans un autre vaisseau, on y met un peu de chicoztli, qui est une espece de chille ou poivre de l'Amerique, pour donner une couleur rouge. Cette potion est bonne pour ceux qui ont trop de sang.

YPE

YPEREAU. s. m. Espece d'orme qui a ses feuilles fort larges. On l'a appellé ainsi à cause qu'il a été apporté en Flandre par des Habitans de la Ville d'Ypres en Flandre.

YSA

YSARD. s. m. Espece de chevre sauvage qui se trouve particulierement dans les Pyrenées. Comme cet animal ne se plaît que sur les plus hauts rochers, les Latins l'ont nommé *Rupicapra*. On l'appelle aussi *Chamois*. Il est de la grandeur d'une chevre, & ne se nourrit le plus souvent que du Doronic Romain. Il a les cornes fort petites, noires, recourbées & fort aigues, ce qui fait que quelquefois, en se voulant grater le derriere, il se les enfonce dans la fesse dont il emporte un morceau, ou bien il meurt à force de les tourner. Sa queue n'a guere que trois pouces de longueur. Ses yeux sont grands, & son poil est de couleur fauve avec une raye tout le long du dos. Jamais il ne marche que sur la plante du pié. La vessie de cet animal renferme quelquefois des pierres de differentes couleurs & grosseurs, que les Allemans, qui leur attribuent les proprietés du Bezoard oriental, appellent *Bezoard d'Allemagne*.

YVO

YVOIRE. f. m. *Dent de l'élephant. On ne l'appelle ordinairement ainsi que quand il est détaché de la machoire de l'élephant pour être mis en œuvre.* ACAD. FR. Pausanias est d'opinion contraire, & dit que ceux qui croyent que l'Yvoire vient des dents, & non des cornes de l'élephant, changeront de pensée, s'ils s'informent d'un animal appellé *Alce*, qui se trouve dans les Gaules, & des taureaux Ethiopiques. Les mâles des Alces, poursuit-il, jettent leurs cornes du sourcil des yeux, les femelles n'en ayant point, & les taureaux Ethiopiques, des narines. Ainsi on ne doit pas s'étonner qu'il y ait un animal qui les jette par la bouche. Ce qui persuade davantage que l'Yvoire est une corne, & non une dent, c'est qu'on voit des animaux qui en certains tems déterminés mettent bas leurs cornes, après quoi d'autres cornes leur reviennent, comme il arrive aux chevreuils, aux cerfs & aux élephans, sans qu'on ait jamais entendu dire d'aucun animal âgé, qu'ayant perdu quelques dents, elles lui revinssent : car si ce qui nous donne l'Yvoire étoit une dent, & non une corne, par quel miracle la nature auroit-elle le pouvoir de faire renaître cette dent ? Dioscoride dit que les raclures d'Yvoire appliquées guerissent les apostumes qui viennent aux ongles ; mais il ne dit point ce que quelques-uns rapportent, sur son témoignage, qu'en faisant cuire l'Yvoire avec la racine de mandragore l'espace de six heures, il s'amollit tellement, que l'on en peut faire tout ce que l'on veut. Selon Matthiole l'Yvoire est fort bon pour restreindre les fleurs blanches des femmes, pourvû qu'on le racle avec une pierre de porphyre, & qu'on le prenne en breuvage avec de la graine de laitue broyée & trempée auparavant dans de l'eau ferrée. On fait le faux spode avec de l'Yvoire calciné & réduit en cendres. Les Modernes tiennent que l'Yvoire fait mourir les vers. Le meilleur Yvoire & le plus blanc vient de la Province d'Angole & de Ceylan & autres endroits des grandes Indes. On en tire, par le moyen de la cornue, un esprit & un sel volatile qui est estimé dans les maladies du cœur & dans celles du cerveau.

On appelle *Noir d'yvoire*, de l'Yvoire que l'on brûle, & que l'on retire en feuilles quand il est devenu noir. On le broye à l'eau, & on en fait de petits pains plats, ou des trochisques, dont les Peintres se servent. Ce noir, que l'on appelle autrement *Noir de velours*, doit être bien broyé, tendre & friable, pour être de la bonne qualité.

YVR

YVRESSE. f. f. Etat d'une personne yvre. C'est, au sens de Galien, un symptome ou une production morbifique qui blesse les actions des esprits animaux, & vient du souphre du vin bû trop abondamment ; car le vin étant composé de differentes parties, il n'enyvre pas par toute sa substance. Ce souphre du vin lie immediatement le sentiment & le mouvement ; & la raison par laquelle on prouve qu'il lie les esprits & produit l'yvresse, se prend de sa substance qui est resineuse & visqueuse, & par consequent capable de retarder par sa viscosité les esprits salino-volatiles dans leurs actions. Par cette raison, tous les souphres sont narcotiques, & tous les narcotiques sont sulphureux. Plus les vins contiennent de souphre, plus ils sont prompts à causer l'yvresse. Tels sont les vins bourrus, parce que la sortie du souphre grossier qui s'exhale dans la fermentation, en est empêchée, les vins souphrés, les vins d'Espagne, qui ont plus de souphre que d'acide, & les vins ambrés, que Matthiole dit avancer l'yvresse. On s'en préserve par toutes les choses qui aiguisent les esprits par un sel volatile acre, & qui empêchent les parties resineuses du souphre de les lier. L'yvresse se guerit, ou par les acides qui sont donnés avec beaucoup de succès dans toutes les affections soporeuses & dans l'Yvresse, en ce qu'ils précipitent dans les premieres voies le souphre dissous par le levain du ventricule, ou par les aqueux en ce qu'ils dilatent les pores du menstrue qui est le dissolvant du souphre, & le séparent, de même que l'on voit l'esprit de vin blanchir & laisser sortir son huile de ses pores quand on verse de l'eau dessus. Il est mal aisé de rien dire de certain sur les signes diagnostiques de l'Yvresse, les uns tombant comme des apoplectiques, & les autres comme des fous, forgent cent chimeres. Plateius parle d'un homme yvre, qui s'étant arrêté dans la rue à considerer la clarté de la lune, s'imagina que c'étoit une riviere & se dépouilla pour s'y baigner. On en a pris d'autres pour des phrenetiques. On demande pourquoi, avant que l'Yvresse soit consumée, les uns s'emportent de colere, les autres s'attristent, quelques-uns ronflent, & quelques autres ne cessent point de parler. Ettmuller dit là-dessus qu'il conjecture que l'ame qui regloit les sens auparavant par l'entremise des esprits, ne peut plus remplir ses fonctions faute d'instrument depuis que les parties fumeuses du vin ont offusqué les esprits ; qu'alors avant que d'être entierement opprimés par le souphre, ils exercent seuls leurs actions, suivant les impressions qu'ils ont reçues. Il y a grande apparence que les temperamens, non pas des premieres qualités élementaires, mais des particules du sang, y contribuent quelque chose. Les sanguins qui ont ces particules bien mêlangées, sont joyeux & gais, à cause que leurs esprits circulent plus legerement. Les coleriques, en qui les particules urineuses & huileuses dominent, sont inconstans, parce que leurs esprits trop volatiles se dissipent, & que l'impression des idées, qui est seulement superficielle, les fait changer incessamment d'action. Les mélancoliques ont le sang rempli de particules salino-acides, & comme les esprits que ce sang engendre sont trop fixes, ils reçoivent les impressions plus tard, mais plus profondement, ce qui fait qu'ils sont constans dans le chagrin ou la joie. Enfin les phlegmatiques, qui ont les sels fermentatifs du sang noyez dans la lymphe, engendrent fort peu d'esprits, & c'est ce qui les fait succomber & s'endormir aussi-tôt. Il est bon pour la santé d'éviter l'Yvresse autant que l'on peut, soit en s'abstenant entierement de boire du vin, soit en disposant le corps à rendre par les selles ou par les urines le vin qu'on a bû avant qu'il fasse son effet, soit en fortifiant les esprits pour les délivrer de leurs liens. Platon nous apprend que de son tems on ne bûvoit point de vin avant dix-huit ans; qu'on le bûvoit trempé d'eau depuis dix-huit ans jusqu'à quarante; & qu'après la quarantiéme année on le bûvoit pur & plus largement, mais jamais jusqu'à s'enyvrer. Les Carthaginois ne permettoient point à leur Prince de boire du vin pendant l'année qu'il étoit en charge, & les Persans n'en bûvoient que pour s'éveiller l'esprit, & seulement dans le jour qu'ils faisoient un sacrifice au Soleil. L'yvresse étoit défendue si severement parmi les Romains, que Manatius fit mourir sa femme sous les verges parce qu'elle avoit bû du vin pur.

Il y a plusieurs especes d'Yvresse qui ne sont point causées par le vin. Pline dit, que l'eau de Linceste est agreable & enyvre, à quoi il ajoûte que les peuples du Couchant s'enyvrent avec des décoctions de blé, & qu'ils ont même trouvé le moyen de s'enyvrer avec de l'eau. Les Tartares & les Scythes donnent au lait la force d'enyvrer, en le préparant, ou par la fermentation, ou par la distillation. L'Yvresse de l'opium est si ordinaire chés les Turcs, que pour reprocher que l'on n'a point de raison, ils disent, par une maniere de proverbe, que l'on a mangé de l'opium. Il y a aussi une Yvresse causée par les narcotiques. Tels sont les feuilles de chanvre, dont les Egyptiens font des bolus. La fumée de Nicotiane, & plusieurs autres herbes, semences & racines font le même effet.

YVROYE. s. f. *Espece de mauvaise herbe qui croît parmi le froment, & qui produit une graine noire.* Matthiole dit, que l'Yvroye, appellée *Yvraye* par quelques-uns, s'engendre des grains de froment ou d'orge qui sont semés en lieu trop humide, ou qui ont été putrefiés & corrompus par de trop grandes pluyes en hiver, qui est le tems où cette herbe sort. Elle a une longue feuille, grasse & velue, & sa tige plus grêle que le froment. A la cime de cette tige sort l'épi long & garni de petites gousses piquantes qui l'environnent inégalement, & qui renferment trois ou quatre grains amoncelés & couverts d'une bourre qu'on ne rompt pas aisément. L'Yvroye mûrit avec le froment, & a une vertu mondificative, resolutive & consomptive. Le pain où il y en a beaucoup enyvre, d'où quelques-uns croyent qu'elle a pris le nom d'*Yvroye*. Il cause aussi un tremblement de tête, & ceux qui en ont mangé sont fort endormis, & presque en la même disposition que s'ils avoient des vertiges. Ce pain nuit aux yeux & offusque la vûe, de sorte qu'en Italie, où il y a grande abondance d'yvroie, on est obligé de la séparer du blé avec des cribles que l'on fait exprès. On en fait la nourriture des poules & des chapons qui en deviennent fort gras. Theophraste dit non seulement que le froment & l'orge en se corrompant produisent l'Yvroye, mais que l'Yvroye se change en froment, & pour détruire l'opinion de ceux qui prétendent que le changement des plantes va plûtôt en pis qu'en mieux, il rapporte que l'espeautre & la typha se convertissent en froment tous les trois ans, & que le cyprès femelle est changé en cyprès mâle.

Dioscoride parle d'une *Yvroye sauvage* qui a ses feuilles semblables à l'orge, mais plus courtes & plus étroites. Son épi ressemble à celui de l'Yvroye, & sa racine qui est entortillée de ses tuyaux, longs environ de six doigts, porte sept ou huit épis. Cette Yvroye sauvage croît parmi les champs & sur les toits enduits & faits de nouveau, & comme les souris en vont ronger les épis sur les couvertures des maisons, Pline l'appelle l'Yvroye des souris, autrement ***Lolium murinum***, ***Hordeum murinum*** ou ***Phœnix***. Elle a cette proprieté, qu'étant bûe dans du vin rude elle ressèrre le flux de ventre & restraint l'urine trop abondante. Quelques-uns tiennent que cette herbe liée avec de la laine rouge, & pendue au col, étanche le sang.

YSQ

YSQUIEPATLI. s. m. Animal de la Province de de Guatimala dans les Indes Occidentales, qui ressemble entierement au Renard pour la finesse. Il est long de deux palmes, & a la gueule petite, de petites oreilles, les ongles courbés & la peau noire & velue. Sa queue qu'il a fort longue, est couverte d'un poil mêlé de noir & de blanc. Il vit dans les cavernes entre les rochers, & se nourrit d'escarbots, de vers de terre, de poules & d'autres oiseaux dont il mange la tête quand il en peut attraper. Son urine & sa fiente sont d'une puanteur insupportable, & gâtent tout ce qu'elles touchent. Même le vent qu'il lâche en fuyant, a la même puanteur, & ce sont les armes dont il se défend contre les chasseurs.

YUT

YUTU. s. m. Perdrix du Perou, que ceux du païs appellent ainsi du son de son chant. Il y en a de deux especes, les unes grosses, qui approchent de la grosseur de nos poules, & qui ne se trouvent que dans les lieux qui sont éloignés de toute frequentation des hommes. Les autres sont plus petites que nos perdrix, mais d'une chair bien plus délicate. Les unes & les autres sont de couleur grise, & ont le bec blanc ainsi que les piés.

YZQ

YZQUI-ATOLE. s. m. Sorte de boisson dont on use dans les Indes Occidentales, & qui se fait de faseoles, ou petites féves cuites avec le Chillatole & d'une herbe que ceux du païs nomment *Epazotl*, ayant les feuilles longues & dentelées tout autour, odorantes & chaudes au troisiéme degré. On se sert de la décoction de ces feuilles pour fortifier la poitrine de ceux qui sont sujets à la courte haleine.

Z

ZAC ZAF

ZACINTHE. s. f. Sorte de chicorée que Matthiole dit être appellée *Chicorée verruneuse*, à cause de son effet. Il assûre qu'il a vû des personnes gueries des porreaux, dont ils avoient les mains toutes pleines, pour avoir mangé en salade seulement une fois les feuilles de cette sorte de chicorée. Sa racine est noirâtre, & a plusieurs capillatures. Ses tiges sont de la hauteur d'une coudée, & quelquefois plus minces & âpres. A leur cime sortent de petites fleurs dorées de la même forme que celles de la chicorée, qui, quand elles viennent à flétrir, laissent une graine noire qui sert comme de chapiteau. Elle est tout autour par côtes comme le melon.

ZAF

ZAFRE. s. m. Mineral de couleur d'œil de perdrix, que les Hollandois & les Anglois apportent des grandes Indes, & particulierement de Surate. Il y en a de deux sortes, le fin qui est en pierre de couleur bleuâtre, & le commun qui est celui qu'on envoye en poudre. Il y a grande apparence que ce Zafre en poudre, qui le plus souvent n'est propre à rien, est mêlangé de la roche qui d'ordinaire se rencontre dans les mineraux, puisqu'il est extrêmement pesant, & beaucoup plus que celui qui est en pierre. Outre l'usage que les Verriers & les Fayenciers font du Zafre pour donner une couleur bleue aux verres & à la fayence, on s'en sert à colorer l'étaim calciné, pour en faire du faux lapis. C'est aussi avec le Zafre que l'on colore le verre, pour en faire l'azur. On écrit aussi *Safre* & *Saphre*. Voyez SAFRE.

ZAG

ZAGAIE. s. f. Sorte de grand dard dont se servent les Mores quand ils combattent, & qu'ils lancent à cheval avec beaucoup d'adresse.

ZAI

ZAIM. s. m. Il y a dans l'Empire des Turcs une milice composée de Zaims, qui sont comme des Barons en certains Païs, & de Timariots, qu'on peut comparer à ceux que les Romains appelloient *Decumani*. Ils tirent leur subsistance de certaines terres ou fermes que leur donne le Sultan, & toute la difference qui se trouve entre les Zaims & les Timariots, qui sont d'une même nature, & ont été instituës pour la même fin, est dans leurs Lettres Patentes, qui sont comme les titres des terres qu'ils tiennent du Grand Seigneur. Le revenu d'un Zaim est depuis vingt mille aspres jusques à quatre-vingt-dix-neuf mille neuf cens quatre-vingt-dix-neuf, & pas davantage, parce que si on ajoûte un aspre, il devient le revenu d'un Sangiacbei, qui est depuis cent mille aspres jusqu'à deux cens mille, un aspre moins. Le revenu des Timariots est de beaucoup moindre. Dans toutes les expeditions de guerre on oblige les Zaims de servir avec leurs tentes, qui doivent être accompagnées de cuisines, d'écuries, & d'autres appartemens necessaires proportionnés à leur qualité & à leur bien. Ils doivent mettre en campagne un Cavalier, appellé en Turc *Gebelu*, pour chaque cinq mille aspres que le Grand Seigneur leur donne de revenu, de sorte qu'un Zaim, qui a trente mille aspres, doit amener six Gebelus; & s'il en a quatre-vingts, il doit en amener seize. Chaque Zaim est nommé *Kuliz*, ou *Epée*. Ainsi quand les Turcs font le compte des Troupes qu'un Beiglerbei peut mettre en campagne pour le service du Prince, ils le font sur un tel nombre de Zaims & de Timariots, sans faire le calcul des hommes que ces Zaims & Timariots doivent mener avec eux. Les Zaims sont ordinairement dispensés de servir sur mer en personne, en payant la somme à laquelle ils sont taxés sur les livres du Grand Seigneur. Cet argent sert à lever des Soldats que l'on enrôle dans les Registres de l'Arsenal. Les Zaims, ainsi que les Timariots, sont disposés par Regimens que commandent les Colonels qu'on appelle *Alai-Begler*. Lorsqu'ils marchent ils ont des drapeaux & des timbales. Le nombre des uns & des autres, selon ce que M. Ricaut en a extrait des Registres de l'Empire & des Rôles du Grand Seigneur suivant les Gouvernemens, monte à dix-neuf mille neuf cens quarante-huit Zaims, & à soixante & douze mille quatre cens trente-six Timariots. Quand ils sont invalides, ou dans une grande vieillesse, ils peuvent pendant leur vie resigner leurs terres à leurs fils, ou à leurs plus proches parens. Si un Zaim ou un Timariot meurt à la guerre, la coûtume est en Romanie, de partager les revenus de son Ziamet en autant de fermes de Timariots qu'il a de fils; mais quand les Zaims meurent de mort naturelle dans leurs maisons, le Beiglerbei de la Province a droit de disposer de leurs biens, & il les donne, s'il veut, à leurs heritiers, ou à quelques-uns de ses domestiques, ou bien il les vend à ceux qui lui en donnent le plus. Dans l'Anatolie il y a plusieurs Zaims dont les biens passent par succession des peres à leurs enfans. On ne les oblige point d'aller en personne à la guerre. C'est assés qu'ils y envoyent leurs Gebelus, à proportion de ce que les terres qu'ils possedent ont été estimées; mais s'ils y manquent, on confisque le revenu de cette année-là au profit du Grand Seigneur, & on le porte à l'Epargne. Cette sorte de biens va au plus proche parent, soit du côté du mari, soit du côté de la femme.

ZAIN. s. m. Sorte de pierre metallique que l'on apporte d'Egypte & qui teint le cuivre rouge d'un jaune encore plus beau que celui de la calamine. Comme elle est plus chere & plus rare, on ne s'en sert pas communément. Il vient aussi du Zain d'Allemagne, & il ressemble à du regule d'antimoine. C'est ce qui est cause que quelques-uns le prennent pour de l'étaim de glace. On écrit aussi *Zin*.

ZAIN. adj. Terme de Manége. On appelle *Cheval zain*, un Cheval qui n'est ni gris ni blanc, & qui n'a aucune marque blanche sur le poil.

ZAN

ZANI. s. m. Espece de bouson dans une troupe de danseurs de corde, ou d'autres gens de même nature. Ce mot est plus en usage en Italie qu'il ne l'est en France. M. Ménage fait venir *Zani* du Latin *Sannio*, Moqueur.

ZAP

ZAPOTE. s. m. Sorte de fruit qui vient à un grand arbre appellé *Cochiz-Thápotl* en la Nouvelle Espagne. Cet arbre est assés difforme, & a ses feuilles semblables à celles de l'oranger, rares & jointes trois à trois par intervalles. Le tronc est parsemé de petites marques blanches. Les fleurs de cet arbre sont jaunes & petites, & son fruit est de la forme d'une pomme de coing, & de la même grosseur. Les Espagnols l'appellent *Zapote blanco*. Il est bon à manger & d'un bon goût, mais il n'est pas sain. Son noyau est un venin mortel.

ZAR

ZARZAPARRILLA. s. f. Sorte de racine que les Espagnols apportent des Indes. Matthiole est de l'opinion de ceux qui croyent que ce n'est rien autre chose que la racine du Smilax âpre, quoique quelques-uns ne soient pas de cet avis, à cause de la difference qu'ils remarquent entre la racine de la Zarza parrilla & les racines du Smilax âpre, celles-ci étant fort nouées, & les autres ridées par tout. Il dit, selon Theophraste, que la diversité des climats & la temperature de l'air & du terroir sont souvent cause que les mêmes racines sont differentes en goût, en odeur & en forme, & que le nom de *Zarza parrilla* favorise son sentiment, puisque *Parra*, dont le diminutif est *Parrilla*, signifie une vigne en Espagnol, & *Zarza*, Une ronce; de sorte que *Zarza parrilla* ne veut rien dire autre chose que Ronce de vigne. Il ajoûte qu'en Toscane on appelle le Smilax âpre *Ronce de cerf*, à cause de la ressemblance de ses aiguillons avec la ronce, & *Lierre épineux*, parce qu'il monte & s'entortille sur les grands arbres, comme fait le lierre; ce qui l'oblige à conclure que la Zarza parrilla est le Smilax âpre, ou une plante de même nature. Elle est de qualité chaude & propre à faire suer, & a une proprieté particuliere contre la verole & la douleur des jointures, & même contre toutes infections qui arrivent sur la peau, contre les ulceres malins & qui sont difficiles à guerir. Elle est singuliere aussi contre les apostumes, & peut servir de remede pour toutes les douleurs de têtes, & les maladies de cerveau causées de froideur.

ZED

ZEDOAIRE. s. f. Racine d'une plante étrangere qui ressemble fort au gingembre, mais qui est plus odorante, plus amere & moins acre. Serapion dit que la Zedoaire s'apporte de la region des Sines, qui est au-delà des hautes Indes. Cette racine est semblable, soit en grandeur, soit en forme, à l'aristoloche ronde. Elle est chaude & seche au second degré, & fortifie l'estomac, arrête les vomissemens & les flux de ventre, & dissipe les ventosités. On la tient aussi fort singuliere contre les morsures des bêtes venimeuses, & lorsqu'elle est mangée seule, elle est merveilleuse contre la dyspnée.

ZEL

ZELATEUR. s. m. *Qui se porte, qui agit avec zele. Il ne se dit point absolument & sans regime.* Zelateur de la gloire de Dieu. Acad. Fr. On a appellé *Zelateurs* Certains scelerats qui après avoir commis plusieurs vols à la campagne dans le tems que l'Empereur Titus avoit pris les armes contre les Juifs, se jetterent dans Jerusalem, où ils se permirent toute sorte d'impietés & de cruautés. Ils prenoient le nom de *Zelateurs* ou de *Zelotes*, pour persuader que le seul zele de la gloire de Dieu les animoit. Ananus, grand Sacrificateur, ayant excité le Peuple contre ces factieux, qui s'étoient jettés dans le Temple, d'où il les vouloit chasser, ils furent contraints d'en abandonner la premiere enceinte pour se retirer dans l'interieure. Les Iduméens venus au secours des Zelateurs défirent les corps de garde des Habitans par qui le Temple étoit assiegé, & ces deux partis s'étant joints ensemble, se rendirent maîtres de la Ville, en tuant le grand Sacrificateur Ananus. Les Zelateurs y continuerent leurs violences après que les Iduméens se furent retirés. Elles furent telles, que pour s'en mettre à couvert quantité de Juifs se rendirent aux Romains. Ces séditieux se diviserent ensuite en deux factions. Jean de Giscala, selon ce que rapporte Josephe, demeura le chef de l'une, & exerça sa tyrannie dans Jerusalem.

Dans l'Ordre de S. Benoît le pere Zelateur est un Religieux destiné à veiller sur les jeunes Religieux, & sur certains exercices.

ZEN

ZENITH. s. m. Terme d'Astronomie. Point du ciel qui est élevé perpendiculairement sur quelque lieu que ce soit, & par lequel passent tous les azimuts ou cercles verticaux de ce lieu. C'est l'un des poles de l'horison. Le Meridien d'un lieu passe necessairement par son Zenith. Le point diametralement opposé au Zenith s'appelle *Nadir*, & c'est l'autre pole de l'horison. Comme il y a une infinité d'horisons differens, il y a autant de Zenith & de Nadir. Le Zenith est diametralement opposé à Nadir, qui est le point du ciel directement sur nos piés, & où habitent nos vrais Antipodes.

On appelle, en termes de Gnomonique, *Zenith du plan*, La representation du Zenith sur le plan d'un cadran. C'est le point du cadran qui se trouve coupé par la ligne droite tirée du Zenith au Nadir.

ZEP

ZEPHYR, ou ZEPHYRE. s. m. Vent qui souffle du point cardinal de l'horison du côté d'Occident. Il est appellé *Vent d'Ouest* sur l'Ocean, & on l'appelle sur la Mediterranée *Vent du Ponant* ou *Vent du Couchant*. On tient qu'il est contraire aux chasseurs, à cause qu'il souffle près de terre & qu'il est humide; ce qui lui fait emporter l'odeur du gibier. *Zephyr* vient du Grec ζέφυρος, comme si on disoit τὸ ζῆν φέρων, qui porte la vie, à cause que les fruits augmentent l'Eté lorsque ce vent souffle.

ZER

ZER

ZERO. s. m. Terme d'Arithmetique. Il veutdire un *O*, & cet *O* ne vaut rien étant mis tout seul, mais lorsqu'on le met après un autre chiffre, il le fait valoir dix fois autant, comme 10. où l'o mis après 1. le fait valoir dix. S'il y a deux *o* après quelque chiffre, ils le font valoir cent fois autant, comme 200, où les deux *o* mis après 2, font qu'il vaut 200, & s'il y a trois *o* après ce même chiffre, comme 2000, ils le font valoir mille fois autant, & ainsi toûjours en augmentant selon la proportion decuple.

ZERUMBETH. s. m. Plante qui croît dans les Indes, & que les Malais & les Javans appellent *Canjor.* Elle ressemble au gingembre, si ce n'est que ses feuilles sont plus longues & plus larges. On seche aussi le Zerumbeth, & on le confit au sucre comme le gingembre, mais on l'estime beaucoup davantage. M. Pomet dans son histoire generale des Drogues, dit que le Zerumbeth & la Zedoaire sont deux racines de differente couleur & figure, qui ne laissent pas de provenir de la même plante, dont les feuilles ressemblent à celles du gingembre; que le Zerumbeth est la partie ronde de la racine, qu'on reçoit ici coupée par rouelles comme la Jalap; qu'il doit être gris en dehors & en dedans, pesant, difficile à rompre, non carié, d'un goût chaud & aromatique, & qu'il est de peu d'usage dans la Medecine. Pour la Zedoaire, il dit que c'est la partie longue de la plante, & qui sert comme de pié au Zerumbeth. Il ajoûte qu'elle doit être de la longueur & de la grosseur du petit doigt, d'un blanc rougeâtre au dessus, blanchâtre au dedans, bien nourrie, pesante, mal-aisée à rompre, sans vermoulure à quoi elle est fort sujette, d'un goût chaud, aromatique & approchant de celui du rosmarin.

ZES

ZEST. s. m. Pellicule dure qui est au milieu de la noix, & qui la separe en quatre parties. Il y a des Medecins qui tiennent que le Zest seché & bû environ une demi-once avec du vin blanc, guerit la gravelle.

Zest, se dit aussi d'un petit morceau d'écorce d'orange, dont on exprime dans un verre de vin ce qu'il a de jus, afin de donner au vin un petit goût d'orange. On le passe quelquefois à une chandelle allumée avant qu'on en épreigne le jus.

On donne ce même nom de *Zest* à une maniere de bourse de cuir un peu longue, au bout de laquelle il y a un morceau d'yvoire qui a plusieurs petits trous, par lesquels passe la poudre qu'on soufle sur des cheveux, sur une perruque.

ZET

ZETETIQUE. adj. Terme de Mathematiques. On appelle *Methode Zetetique*, la methode dont on se sert pour resoudre un probleme mathematique. *Zetetique* est un mot Grec, ζητητικὸς, du verbe ζητεῖν, Chercher.

ZEY

ZEYBA. s. m. Grand arbre des Indes Orientales, dont il y a des forêts entieres dans la Province de Nicaraqua. Leur tronc devient quelquefois si gros, que quinze hommes en se tenant par la main, ne le pourroient embrasser.

ZEYBO. s. m. Arbre qui excelle en grandeur parmi tous ceux de la nouvelle Galice. Son bois est spongieux & presque inutile, & on ne s'en sert pour aucun ouvrage. Il porte un fruit comme des écosses, rond, & plein d'une certaine laine déliée, quand les écosses étant en leur maturité se fendent & s'ouvrent. On tient que l'ombre de cet arbre est fort saine.

ZIB

ZIBELINE. s. f. Animal sauvage qui a la peau d'un très-beau noir, & quelquefois d'un blanc fort luisant. On estime extrémement cette peau, qui sert à faire de très-belles fourrures. Quelques-uns disent *Sibeline & Sebeline.* Les Italiens appellent ces animaux *Zibellini.* Olaüs Magnus nomme les Zibelines *Zabelles*, & dit que les peaux en sont extrémement precieuses, & que les femmes des Lapons s'en parent, sur-tout le jour de leurs noces. Elles sont pourtant fort rares dans la Laponie. Quelques Auteurs écrivent que cet animal est fait comme une belette, & d'autres qu'il ressemble aux martres, avec lesquelles il y a bien plus de rapport, soit qu'on ait égard à la grandeur de son corps, soit que l'on considere le reste de sa figure. Plus sa couleur approche de celle de la poix, plus on l'estime.

ZIG

ZIGZAG. s. m. Petite machine qui est composée de plusieurs rangs de tringles plates que l'on dispose en sautoir ou en losange. Elles sont clouées & mobiles, tant dans le centre que par les extrémités, en sorte que la machine s'allonge ou se retire, selon qu'on manie les deux branches par où on la tient.

ZIN

ZIN. s. m. Mineral fort approchant de la nature du bismuth, mais qui contient un souphre plus pur. Ce Zin mineral, que l'on trouve en quantité dans les mines de Gosselar en Saxe, est une maniere de plomb mineral, à la reserve qu'il est plus brillant, plus blanc & plus dur. Quelques-uns l'ont appellé *Antimoine femelle*; ce que plusieurs autres n'approuvent pas. Il doit être blanc, en belles écailles, le moins aigre & le plus difficile à casser qu'il se peut. Plus il a souffert le feu & plus les écailles en sont larges, plus il est estimé des Ouvriers qui l'employent, sur-tout des Fondeurs & de ceux qui font la soudure. Il sert aussi à rendre le cuivre de couleur d'or, principalement quand on y a mêlé du *Terra merita.* Ceux qui croyent que le Zin qu'on met dans l'étaim soit pour en augmenter le poids, sont dans l'erreur, puisque sur une fonte de cinq ou six cens livres d'étaim on met à peine une livre de Zin; & c'est une chose merveilleuse, que ce Zin ait la vertu de blanchir l'étaim, & d'agir comme fait le plomb, sur l'or, sur l'argent & sur le cuivre. On dit aussi *Zinch & Zain.* Voyez ZAIN.

ZINGI. s. m. Sorte de semence que l'on appelle autrement *Semence de Badian*, ou *Anis des Indes*, dont se servent les Orientaux, à l'imitation des Chinois, pour préparer leur Thé & leur Sorbet. Cette semence est semblable à celle de la Coloquinte, excepté qu'elle est d'une couleur tannée & luisante, & d'une couleur assés agreable. On la trouve renfermée dans une petite gousse épaisse & dure, & c'est avec cette graine, jointe à la racine de Nisi, que les Hollandois rendent la boisson du Thé & du Sorbet plus agreable qu'en France.

La dose doit être, deux drachmes de racine de Nisi, quatre onces d'eau bouillante, demi-once de Thé, & une drachme de Zingi ou de semence de Badian.

ZINZOLIN. s. m. Sorte de couleur de laine qui est rougeâtre, & dont la teinture est faite du suc d'une plante que les Grecs appellent ὕσγινον. Quelques-uns disent que de *Hysginolinum* diminutif de *Hysginum*, on a fait *Zinzolin*. Selon Bochard, ce mot derive de *Giolgiolan*, mot Arabe qui signifie Sesame, plante qui a une feuille rouge de couleur gingeoline.

ZIZ

ZIZANIE. s. f. Yvroie, mauvaise graine qui vient parmi le bon grain. Il n'a point d'usage au propre, & veut dire au figuré, Discorde, division, dissention. Il ne se dit guere qu'en parlant de Religion ou de matiere de pieté. *Zizanie* vient du Grec ζιζάνιον, Yvroie.

ZIZYPHE. s. m. Arbre qui n'est pas fort different du prunier, & qui porte un fruit de couleur de pourpre & de la grandeur d'une olive. Ce fruit s'appelle autrement de *Jujube*. Voyez JUJUBE.

ZOC

ZOCLE. s. m. Terme d'Architecture. Membre quarré sur lequel on pose quelque corps, & qui sert comme de plinthe, de base ou piédestal à ce même corps. Ce mot vient de l'Italien *Zoccolo* ou du Latin *Soccus*, Chaussure antique des Comediens. Voyez SOCLE.

ZOD

ZODIAQUE. s. m. Terme d'Astronomie. L'un des grands cercles de la sphere, sur les poles duquel se font tous les mouvemens propres des Astres d'Occident en Orient. Il coupe l'équateur par un angle de 23. degrés & demi, & par conséquent les Poles de ces deux grands cercles sont éloignés de cette quantité. Voyez POLE. Le mouvement annuel du Soleil se faisant toûjours sous le Zodiaque & sur ses Poles, ce cercle a été divisé en quatre parties égales pour les quatre saisons de l'année par les deux colures des Solstices & des équinoxes. Chaque saison comprend une de ces parties ou trois signes, afin de nous donner les douze signes, dont les quatre saisons sont composées, & les douze mois de l'année, ausquels répond chaque signe. La ligne representée au milieu du Zodiaque & appellée Ecliptique, nous marque par ces trois cens soixante degrés la route du Soleil, en allant d'un Tropique à l'autre en l'espace de six mois. Jamais il ne s'écarte de l'Ecliptique au contraire des autres planettes, qui s'en éloignent tantôt vers le midi & tantôt vers le Septentrion, les unes plus, & les autres moins, depuis cinq jusqu'à huit degrés, plus ou moins de part & d'autre. C'est ce qui est cause que l'on a donné environ seize degrés à la largeur du Zodiaque, afin qu'il enferme toutes les planettes. Zodiaque est un mot Grec ζωδιακὸς, & ce grand cercle a été nommé ainsi de ζώδιον, Animal, à cause que les douze signes qu'il contient nous sont presque tous representés sous le nom & sous la figure de quelque animal.

On a accoûtumé de diviser le Zodiaque en douze parties égales appellées *Signes*, dont la suite se compte d'Occident en Orient, en commençant au point de la section vernale, & où le Soleil avançant de son mouvement propre, passe de la partie Meridionale à la Septentrionale. Ces signes se peuvent prendre, ou pour la douziéme partie du Zodiaque, en commençant depuis l'équateur, ou pour les constellations du Belier, du Taureau, & des autres, lesquelles representent ces animaux par la maniere dont leurs étoiles sont disposées. Du tems d'Hipparque, ces constellations étoient dans ces signes, mais depuis elles ont tellement changé de place que la constellation qu'on appelle le Belier, est sortie du signe du Belier, c'est-à-dire, de la premiere douziéme partie du Zodiaque, pour passer dans le signe du Taureau, c'est-à-dire, dans la seconde douziéme partie du Zodiaque, & ainsi des autres, à cause du mouvement particulier des étoiles. Voyez E'TOILES FIXES. C'est pour cela qu'on a distingué deux sortes de Zodiaque, l'un visible & sensible dans le Firmament, où sont les constellations des douze signes qui changent de place, & l'autre rationel dans le premier mobile dont on suppose que chaque douziéme partie a toûjours la même constellation & le même signe fixe & immobile. Ainsi quand on dit que le Soleil est dans le Belier, on n'entend pas au Belier du Firmament, qui n'est plus à l'intersection vernale du Zodiaque & de l'équateur, mais au Belier du premier mobile qu'on suppose y être toûjours.

ZOLLE. s. f. Piece de dessous, un peu en saillie, qui soûtient un corps d'Architecture, soit de pierre, soit de bois, en Italien *Zoccolo*.

ZON

ZONE. s. f. Terme de Geographie. *Chacune des cinq parties du globe, qui sont entre les deux poles, dont celle du milieu est la Zone torride, les deux qui la suivent de chaque côté, les Zones temperées, & les deux autres, les Zones glaciales.* ACAD. FR. Les Zones appellées ainsi du Grec ζώνη, Ceinture, sont des bandes ou ceintures de la terre, que terminent deux petits cercles paralleles entre eux, sçavoir les deux cercles polaires & les deux Tropiques qui divisent toute la terre en cinq Zones, une torride, deux froides, & deux temperées, qui ont pris leur nom de la qualité de la temperature à laquelle leur situation est sujette, selon les divers degrés de la chaleur ou du froid, que leur donne le Soleil par son approche & par son éloignement. La Zone torride est au milieu de toutes les autres terminée par les deux cercles Tropiques, & elle, a quarante-sept degrés de largeur, qui valent mille quatre-vingt-quinze lieues communes de France. On l'appelle *Torride* ou *Brûlée*, à cause qu'étant directement sous le lieu par où passe le Soleil quand il fait son cours, elle est battue à plomb de ses rayons, qui y causent une chaleur si excessive que les anciens ont crû qu'elle étoit inhabitable; mais ils ignoroient que ce pays est plein de grands lacs & de fleuves, avec des pluies qui regnent continuellement depuis la mi-Mai jusqu'à la mi-Août. Ces pluies ne sont que depuis midi jusqu'à minuit, & quant aux lacs & aux fleuves, qui sont le long de la plus grande partie de cette Zone, & particulierement en celle de l'Amerique, & qui l'humectent & la rafraîchissent, ils rendent ces chaleurs fort moderées, en sorte que l'extrémité de l'Hiver est pleine de secheresse, & celle de l'Eté pleine d'humidité & de pluies. Il est vrai que la qualité de l'air n'est pas la même tout le long de cette Zone torride, & qu'il y a plusieurs endroits secs & brûlés faute d'eaux, de lacs, de fontaines ou de rivieres; ou à cause des montagnes hautes & steriles, comme en plusieurs lieux de l'Ethiopie & de la Guinée, dans les deserts de l'Afrique, & dans les montagnes du Perou ; & c'est de-là peut-être qu'il arrive, que selon ces diverses constitutions il naît sous la même ligne des hommes noirs en un lieu, & des hommes blancs en l'autre. Comme cet excès de chaleur & de secheresse rend plusieurs endroits inhabitables, il y en a quelques autres qui le sont aussi à cause des inondations reglées de grandes rivieres, qui étant enflées des fortes pluies de l'Eté sortent de leur lit avec une impetuosité si grande, qu'elles forcent, rompent & emportent tout ce qu'elles rencontrent ; ensorte que la boue & les fanges des marécages & des valons ne laissent aucun passage pour aller d'un lieu à l'autre. Le milieu de la Zone torride doit être plus temperé que ne le sont les extrémités, tant à cause de l'égalité des jours & des nuits, que parce qu'il n'y a pas un long solstice comme sous les tropiques, où se rencontrent les plus brûlantes chaleurs du Soleil, ce qui vient de ce qu'il demeure plus long-tems proche des Solstices que proche de l'Equateur. Ceux qui demeurent précisément au milieu de cette Zone, ayant leur Zenith à l'Equateur, ont un perpetuel Equinoxe, & les jours comme les nuits y sont toûjours de douze heures. Pour les crepuscules, ils y sont très-courts, à cause que le Soleil descendant perpendiculairement sous l'horison, arrive bientôt au dix-huitiéme degré, qui est la fin du crepuscule du soir & le commencement de l'aurore. La Zone torride a neuf mille lieues communes de France en son circuit sous l'Equateur, qui est sa plus grande étendue, & environ huit mille deux cens cinquante trois lieues dans les extrémités sous les Tropiques.

Les deux Zones, appellées *Froides* ou *Glacées* à cause du froid extréme qu'il y fait pendant la plus grande partie de l'année, ce qui vient des longues nuits de plusieurs mois qui s'y rencontrent, & de l'obliquité des rayons du Soleil quand il les éclaire, sont terminées par les deux cercles polaires qui les embrassent, l'une autour du Pole Arctique, & l'autre autour du Pole Antarctique. Ceux qui sont dans ces Zones ont le Soleil très-éloigné de leur Zenith, & ne voyent que le solstice d'été, celui d'hiver étant caché sous l'horison. L'inegalité de jours & de nuits y est si grande, que le Soleil paroît sur l'horison pendant plusieurs jours, & quelquefois pendant plusieurs mois. La même chose arrive pour les nuits, qui y sont aussi de plusieurs jours & de plusieurs mois. Les Anciens ont crû également que les Zones froides ne pouvoient être habitées, à cause du froid excessif. Cependant on va tous les jours dans une partie de la Suede, de la Moscovie & de la Norvegue, habitée par les Lapons, qui sont au-delà des cercles polaires. Ils ont en hiver trois mois de nuit, & autant de jour en été. Il y a deux crepuscules qui sont assés clairs & longs à proportion des jours. On voit la Lune pendant quinze jours entiers. Ainsi, à la reserve d'un petit espace de tems, les Lapons font au clair de Lune ce qui se fait aux autres Pays à la faveur de la lumiere du Soleil ; & même quand il n'y a point de Lune ils ne laissent pas de travailler. L'air serein dont ils jouissent souvent, la clarté des étoiles & la blancheur de la neige, favorisent leur commerce dans les diverses fonctions de la vie. Le froid qu'on souffre l'hiver en Laponie est très-grand, & ne sçauroit être supporté que par les naturels du pays Il prend & arrête les fleuves les plus rapides, & la glace en est épaisse d'une, de deux, & quelquefois de trois coudées. Cependant la chaleur pendant l'été n'y est guere moins excessive, que le froid y est violent durant l'hiver ; car quoique les rayons du Soleil y soient foibles, à cause qu'ils ne donnent pas à plomb sur la terre, ils perdent ce qu'ils ont de foible si-tôt que le Soleil entre dans le signe de l'Ecrevisse. Alors la chaleur de ses rayons s'augmente & continue quelques mois, sans qu'elle soit moderée par la fraîcheur de la nuit. Ce qui la tempere, ce sont les vapeurs de la mer voisine, & les neiges qui demeurent tout l'été dans des fosses aux endroits où il y a de l'ombre, & sur le sommet des hautes montagnes. Les Lapons n'ont ni printems ni automne, & l'espace qui est entre le froid de l'hiver & les chaleurs de l'été dure peu de jours. L'Islande, la Groëlande, & même la nouvelle Zemble, qui s'étendent jusque sous le Pole Arctique, se sont trouvées peuplées d'hommes & d'animaux, ainsi que la Laponie. Chaque Zone froide a environ trois mille cinq cens quatre-vingt-huit lieues communes de France dans son circuit, & environ mille quatre-vingt-quinze de largeur comme la Zone torride.

Les deux *Zones temperées*, appellées ainsi à cause qu'elles jouissent d'une excellente temperature entre l'excès du chaud & du froid, sont situées entre la torride & les deux froides. Leurs extrémités ne laissent pas de participer beaucoup de l'excès du froid & de la chaleur ; de sorte qu'il n'y a que le milieu, comme l'endroit où est située la France, qui soit bien temperé. Les autres parties sont ou trop froides, ou trop chaudes, selon qu'elles sont plus ou moins proches des extrémités des autres Zones. Ceux qui habitent l'une des deux temperées, qui ont chacune quarante-trois degrés de largeur, qui font mille soixante & quinze lieues communes de France, n'ont jamais le Soleil sur leur tête, & les jours y sont toûjours moindres que de vingt-quatre heures, parce que l'horison coupe tous les paralleles du soleil, qui par conséquent se leve & se couche chaque jour. Les crepuscules y sont plus grands que dans la Zone torride, & cela vient de ce que le soleil descendant obliquement sous l'horison, n'arrive pas si-tôt à l'Almicantarath, éloigné de dix-huit degrés de l'horison, que s'il descendoit perpendiculairement. Le plus petit circuit de la Zone temperée est d'environ trois mille cinq cens quatre-vingt-huit lieues communes de France, comme celui de la Zone froide ; & le plus grand est de huit mille deux cens cinquante-trois lieues.

ZOO

ZOOPHYTE. s. m. Corps naturel, appellé ainsi du du Grec ζῶον, Animal, & de φυτὸν, Plante, à cause qu'il est d'une moyenne nature entre la plante & l'animal. On met les éponges au nombre des Zoophytes. Olearius, dans son Histoire de Moscovie & & de Perse, parle d'une espece de Zoophyte qui se trouve auprès de Samara entre le VVolga & le Don. C'est une sorte de melon ou de citrouille faite comme un agneau, dont ce fruit represente tous les membres, tenant à la terre par la souche, qui lui sert de nourriture. Ce melon change de place en croissant autant que sa souche le permet, & fait secher l'herbe dans tous les endroits vers lesquels il se tourne. Les Moscovites appellent cela *Paître* ou *Brouter*, & nomment ce fruit *Boranez*, c'est-à-dire, Agneau. Quand il est mûr, la souche se seche, & il se revêt d'une peau veleue, qu'on peut préparer pour s'en servir au lieu de fourrure. Olearius atteste qu'on lui en fit voir quelques peaux, que l'on avoit déchirées d'une couverture de lit, & qu'on lui juroit être de ce fruit; ce qu'il avoit de la peine à croire. Elles s'étoient couvertes d'une laine douce & frisée, comme celle d'un agneau nouvellement né, ou tiré du ventre d'une brebis. Il dit encore que Jule Scaliger fait mention de ce Zoophyte, comme d'un fruit qui croît toûjours jusqu'à ce que l'herbe manque, & qui ne meurt que faute de nourriture; à quoi il ajoûte que de toutes les bêtes il n'y a que le loup qui en soit friand, & que l'on s'en sert pour l'attraper. Les Moscovites en disent la même chose.

ZOP

ZOPHORE. s. m. Terme d'Architecture. C'est ce qu'on appelle autrement *Frise*, qui dans tous les ordres est la partie de l'entablement qui est entre l'Architrave & la corniche. Les Grecs l'ont nommée *Zophore*, de ζῶον, Animal, & de φέρειν, Porter, à cause des animaux & des autres ornemens que l'on y taille. C'est pour cela, dit M. Felibien, que Philander veut que le mot de *Frise*, en François vienne de *Phrygio*, qui signifie un Brodeur, à cause que les Brodeurs representent à l'aiguille des animaux, des plantes, & toutes les autres choses dont on orne les édifices. Il ajoûte que les Italiens nomment *Fregio pulvinato*, celle qui est bombée & relevée en rond, à cause qu'elle ressemble à un matelas ou à un coussin.

ZOPISSA. s. m. Dioscoride dit que quelques-uns nomment *Zopissa*, La resine mêlée avec la cire que l'on racle des navires, qui est aussi appellée de plusieurs *Apochyma*, & que cette composition a la vertu de resoudre, à cause du sel marin où elle est trempée. D'autres appellent *Zopissa*, La resine de pin. Voici comment se fait le *Zopissa*, autrement *Poix navale*, selon ce que Matthiole en a vû aux environs de Trente dans les montagnes de Fleme. On prend de vieux pins, entierement convertis en torches, que l'on met en pieces comme si on en vouloit faire du charbon. Ensuite on fait une aire un peu élevée & voutée au milieu, & qui pend également vers ses extrémités. Elle est cimentée & pavée de plâtre, afin que la liqueur que doit rendre la torche de pin, puisse plus facilement couler au canal qui environne cette aire. On accommode les pieces de torche en maniere de bucher, & on couvre & environne ce bucher de branches de pesses & de sapin, après quoi on le bouche avec de la terre, afin qu'il n'en puisse sortir ni fumée ni flame. Cela étant fait, on y met le feu par un trou qui est à la cime, ainsi qu'on fait au charbon, & alors la flame qui ne sçauroit s'échaper, rend une chaleur plus vehemente au tas de bois qui est amassé; ce qui fait fondre la poix qui coule par le pavé de l'aire, & tombe dans le canal dont elle est environnée, & de ce canal en d'autres qui rendent la poix en de certains creux faits dans la terre, & bien munis d'ais, afin que la poix ne soit point bûe par la terre. Quand le tas s'abbaisse & qu'il ne coule plus de poix, c'est une marque que l'ouvrage est achevé. *Zopissa* est un mot Grec ζώπισσα, formé de ζέω, Bouillir, & de πίσσα, Poix.

ZUI

ZUINGLIENS. s. m. Heretiques appellés ainsi parce qu'ils suivent la doctrine de Zuingle sur le mystere du Saint Sacrement de l'Autel, & disent que Jesus-Christ n'est point réellement present en l'Eucharistie. Ulric ou Huldric Zuingle, après avoir employé ses premieres années à porter les armes se fit chanoine de Constance, Ville d'Allemagne sur les frontieres de la Suisse, & s'en repentit peu de tems après. Ainsi il n'eut pas plûtôt été informé de la nouvelle doctrine de Luther, qu'il vendit son Benefice & se maria. Il ne prêcha d'abord que contre les Indulgences & contre le celibat des Ecclesiastiques, & voulut ensuite se rendre Chef d'une nouvelle Eglise en Suisse, comme Luther l'étoit devenu en Allemagne; ce qui lui fit prendre sur les autres articles les plus essentiels une route toute differente de celle de cet Heresiarque qui donnoit tout à la Grace pour le salut, au lieu que Zuingle donna tout au libre arbitre. Il disoit que dans le Sacrement de l'Eucharistie on recevoit seulement le pain & le vin, qui representoient le corps de Jesus-Christ, auquel on s'unissoit spirituellement & par la foi; ce qui étoit tout-à-fait contraire à l'opinion de Luther, qui a toûjours reconnu la presence réelle du corps de Jesus-Christ en ce Sacrement, quoiqu'il prétendît que la substance du pain & du vin y demeurât. Les Catholiques s'étant opposés à ces erreurs, le Senat de Zurich convoqua une Assemblée generale en 1525. pour juger ce differend. Les Partisans de Zuingle l'ayant emporté, on ordonna qu'on recevroit sa doctrine dans tout le Canton de Zurich, & toutes les ceremonies de l'Eglise Romaine y furent abolies en peu de tems. Jean Oecolampade ayant comparu ensuite pour Zuingle dans une autre Assemblée generale de tous les Cantons à Bâle, où cet Heresiarque refusa de se trouver, sa doctrine fut condamnée par un Decret solemnel, auquel ceux de Berne ne voulurent point se soumettre; ce qui leur fit convoquer une troisiéme Assemblée en 1528. Zuingle s'y trouva le plus fort, & bientôt après ceux de Bâle embrasserent sa doctrine; de sorte que les Cantons de Zurich, de Schaffouse, de Berne & de Bâle, qui se liguerent ensemble pour obliger leurs voisins à être de leur parti, leur ayant fait diverses insultes, les Cantons de Lucerne, de Zug, d'Uri, d'Undervald & de Schvvits, tous bons Catholiques, entrerent à main armée sur leurs terres, ce qui les fit venir à une bataille, où Zuingle fut tué en combattant vaillamment à la tête d'un Bataillon. Après plusieurs avantages remportés par les Catholiques en divers combats, la paix se fit & chacun demeura dans la liberté de professer sa Religion. Depuis ce tems-là, les quatre Cantons Zuingliens s'étant associés aux Huguenots de Geneve, sont devenus Calvinistes. La Secte des Luthero-Zuingliens est venue de Martin Bucer, qui balança fort long-tems entre Luther & Zuingle, tenant quelque chose de l'un & de l'autre.

ZYG

ZYGOME. s. f. Terme de Medecine. Os qui se forme de deux apophyses ou éminences, qui naissent l'une de l'os des temples, & l'autre de l'os de la machoire d'en haut, qui fait le petit angle de l'œil. On l'appelle autrement *Os jugal*. Il est cavé par dedans, bossu par dehors, & sert pour la défense des muscles de la temple. Ce mot est Grec, ζύγωμα, & vient de ζευγνύω, Je joins.

ZYM

ZYMOSIMETRE. s. m. Instrument dont on se sert pour mesurer le degré de fermentation que cause le mélange des matieres, & pour connoître quelle est la chaleur qu'elles acquierent en se fermentant, & le degré de chaleur, ou le temperament du ſang des animaux. Ce mot eſt formé du Grec ζύμωσις, Fermentation, & de μετρεῖν, Meſurer.

ZYT

ZYTHUM. ſ. m. Breuvage d'orge qui fait uriner, mais qui nuit aux reins, aux nerfs & aux pellicules qui couvrent le cerveau. Il engendre des ventoſités & de mauvaiſes humeurs. C'eſt ce qu'on appelle *Bierre d'orge*. Le Zythum ne differe du Curmi, qui eſt un autre breuvage d'orge, que par la maniere de les faire, qui en augmente ou diminue la proprieté, ſelon qu'on les cuit plus ou moins. Dioſcoride dit que l'yvoire mis en infuſion dans le Zythum, s'adoucit & ſe rend maniable, en ſorte qu'on en fait ce que l'on veut.

FIN DU SECOND VOLUME.

PRIVILEGE DU ROY.

LOUIS PAR LA GRACE DE DIEU ROI DE FRANCE ET DE NAVARRE: A nos amés & feaux Conseillers les Gens tenans nos Cours de Parlement, Maîtres des Requêtes ordinaires de Notre Hôtel, Grand Conseil, Prevôt de Paris, Baillis, Sénéchaux, leurs Lieutenans Civils, & autres nos Justiciers qu'il appartiendra: SALUT. Notre bien amé JEAN-BAPTISTE COIGNARD, l'un de nos Imprimeurs ordinaires, & de notre Académie Françoise, & Libraire à Paris, Nous ayant fait remontrer, qu'ayant depuis plusieurs années exercé avec honneur, & à la satisfaction du Public, sa profession, & imprimé un grand nombre de bons Ouvrages; il auroit dessein d'imprimer, ou faire imprimer un S. Basile Mais, comme il ne le peut faire sans s'engager àbeaucoup de depense, il Nous a très-humblement fait supplier de vouloir bien pour l'en dédommager lui accorder nos Lettres de privilege, tant pour l'impression dudit Livre, que pour la réimpression de plusieurs autres dont les Privileges sont expirés, ou prêts à expirer. A CES CAUSES, voulant favorablement traiter ledit COIGNARD, & encourager par son exemple les autres Imprimeurs & Libraires à entreprendre des Editions utiles pour l'avancement des Sciences; Nous lui avons permis & accordé, permettons & accordons par ces Présentes, de réimprimer ou faire réimprimer le Livre intitulé, *Le Dictionaire des Arts & des Sciences du Sieur Corneille, &c.* en telle forme, marge, caractere, & en autant de Volumes que bon lui semblera; conjointement ou separément, & de les vendre, faire vendre & debiter par tout notre Royaume, pendant le tems & espace de trente années consecutives, à compter du jour de la date desdites Presentes. FAISONS défenses à toutes sortes de personnes de quelque qualité & condition qu'elles soient, d'en introduire d'impression étrangere dans aucun lieu de notre obéissance; comme aussi à tous Imprimeurs, Libraires & autres, d'imprimer, faire imprimer, vendre, faire vendre, debiter, ni contrefaire ledit Livre ci-dessus expliqué, en tout ni en partie, ni d'en faire aucuns extraits, sous quelque prétexte que ce soit, d'augmentation, correction, changement de titre ou autrement, sans la permission expresse & par écrit dudit Exposant, ou de ceux qui auront droit de lui, à peine de confiscation des Exemplaires contrefaits, de dix mille livres d'amende contre chacun des contrevenans, dont un tiers à Nous, un tiers à l'Hôtel-Dieu de Paris, l'autre tiers audit Exposant, & de tous dépens, dommages & interêts. A CONDITION neanmoins que chaque Volume qui paroîtra dans le Public, portera chacun en particulier une Approbation expresse de l'Examinateur, qui aura été commis à cet effet. A LA CHARGE, que ces Presentes seront enregistrées tout au long sur le Registre de la Communauté des Imprimeurs, Libraires de Paris, & ce dans trois mois de la date d'icelles, que l'impression de ces Livres sera faite dans notre Royaume & non ailleurs, en bon papier & en beaux caracteres, conformément aux Reglemens de la Librairie: ET QU'AVANT de les exposer en vente, les Manuscrits ou imprimés qui auront servi de copie pour l'impression desdits Livres, seront remis dans le même état où les Approbations y auront été données, és mains de notre très-cher & féal Chevalier Garde des Sceaux de France le sieur D'ARGENSON, & qu'il en sera ensuite remis deux exemplaires de chacun dans notre Bibliotheque publique, un dans celle de notre Château du Louvre, & dans celle de notre très-cher & féal Chevalier Garde des Sceaux de France le Sieur D'ARGENSON; le tout à peine de nullité des Presentes: DU CONTENU DESQUELLES Vous mandons & enjoignons de faire jouir l'Exposant ou ses ayans cause, pleinement & paisiblement, sans souffrir qu'il leur soit fait aucun trouble ou empêchement: Voulons que la copie desdites Presentes qui sera imprimée au commencement ou à la fin desdits Livres, soit tenue pour dûement signifiée, & qu'aux copies collationnées par l'un de nos amés & féaux Conseillers & Secretaires, foi soit ajoûtée comme à l'original. COMMANDONS au premier notre Huissier ou Sergent, de faire pour l'éxécution d'icelles tous Actes requis & necessaires, sans demander autre permission, & nonobstant Clameur de Haro Charte Normande & Lettres à ce contraires: CAR tel est notre plaisir. DONNE' à Paris le quatorziéme jour du mois de Juillet, l'an de Grace mil sept cent dix-huit, & de notre Regne le troisiéme. Par le Roi en son Conseil. DE SAINT HILAIRE, & scellé.

Registré sur le Registre IV. de la Communauté des Libraires & Imprimeurs de Paris, page 342. N. 368. conformément aux Reglemens, & notamment à l'Arrêt du Conseil du 13. Août 1703. A Paris le 26. Juillet 1718. DELAULNE, *Syndic.*

Ledit Coignard a associé au privilege du Dictionaire des *Arts & des Sciences*, les Sieurs Denys Mariette, Jacques Rollin pere, Jean-Baptiste Delespine, & Jean-Baptiste Coignard fils, Libraires à Paris, chacun pour un cinquiéme, suivant l'accord fait entre eux.